Kommentar zum Arzneimittelgesetz (AMG)

Erwin Deutsch • Hans-Dieter Lippert
Herausgeber

# Kommentar zum Arzneimittelgesetz (AMG)

Dritte Auflage

Unter Mitarbeit von
Rudolf Ratzel, Kerstin Anker, Brigitte Tag
und Adem Koyuncu

Springer

*Herausgeber*
Professor Dr. iur., Dr. iur. h.c., Drs. med. h.c.
Erwin Deutsch
Höltystraße 8
37085 Göttingen
Deutschland
edeutsch@gwdg.de

Dr. iur. Hans-Dieter Lippert
Institut für Rechtsmedizin
im Universitätsklinikum Ulm
Prittwitzstraße 6
89075 Ulm
Deutschland
hans-dieter.lippert@uniklinik-ulm.de

Dr. iur. Rudolf Ratzel
Sozietät Dr. Rehborn
Lenbachplatz 1/Ottostraße 1
80333 München
Deutschland
dr.ratzel@rehborn-m.de

Kerstin Anker
Rechtsanwältin
KNORR-Rechtsanwälte AG
Tal 12
80333 München
Deutschland
kan@knorr.ag

Professorin Dr. iur. utr. Brigitte Tag
Lehrstuhl für Strafrecht,
Strafprozessrecht und Medizinrecht
Universität Zürich
Freiestraße 15
8032 Zürich
Schweiz
Lst.tag@rwi.uzh.ch

Dr. iur. Dr. med. Adem Koyuncu
Rechtsanwalt und Arzt
Mayer Brown LLP
Köln Turm
Im Medienpark 8
50670 Köln
Deutschland
akoyuncu@mayerbrown.com

ISBN 978-3-642-01454-3 e-ISBN 978-3-642-01455-0
DOI 10.1007/978-3-642-01455-0
Springer Heidelberg Dordrecht London New York

Die Deutsche Nationalbibliothek verzeichnet diese Publikation in der Deutschen Nationalbibliografie; detaillierte bibliografische Daten sind im Internet über http://dnb.d-nb.de abrufbar.



*Einbandentwurf:* WMXDesign GmbH, Heidelberg

Gedruckt auf säurefreiem Papier

Springer ist Teil der Fachverlagsgruppe Springer Science+Business Media (www.springer.com)

# Vorwort

Die deutsche Gesetzgebung zum Arzneimittelrecht entbehrt nicht einer gewissen Tragik. Kaum hatte der Gesetzgeber mit den Arzneimittelgesetzen 1961 den bis dahin entstandenen, zersplitterten und unbefriedigenden Rechtszustand beseitigt, scheiterte dieses Gesetz kläglich an seiner ersten Bewährungsprobe, dem Contergan-Komplex.

Auch dem seit 1978 geltenden Folgegesetz blieben die Bewährungsproben nicht erspart. Obwohl es sich im Großen und Ganzen als taugliches Instrument eines vernünftigen Verbraucherschutzes auch in Zeiten europäischer Gesetzgebung erwiesen hat, ist ihm anzumerken, dass es durch die Berücksichtigung der Vorschriften des europäischen Gesetzgebers an Übersichtlichkeit verloren hat. Durch die Problematik von HIV-verseuchten Blutprodukten traten die Grenzen des Gesetzes erneut deutlich zutage. Letztlich gelang es dem Gesetzgeber auch hier nur mittels eines Sondergesetzes, dem HIV-Hilfegesetz, für einen berechtigten Interessenausgleich zu sorgen.

Seit seinem Inkrafttreten hat das Arzneimittelgesetz 1976 fünfzehn Gesetzesnovellen erlebt, im Schnitt rund alle 3 Jahre eine. Demjenigen, der sich mit dem Arzneimittelrecht zu befassen hat und sich in dieses Rechtsgebiet einarbeiten möchte, stehen zwei große Loseblatt-Kommentare und neuestens ein Kurzkommentar zur Verfügung, sowie die Einführung, die Deutsch in seinem Lehrbuch „Medizinrecht" gibt und seine ausführliche Darstellung des „Transfusionsrechts". Das vorliegende Werk befindet sich bis zur nächsten Novelle auf dem (zugegeben fragilen) Stand der letzten Novellierung im Jahre 2009 durch das Gesetz zur Änderung arzneimittelrechtlicher und anderer Vorschriften vom 17. Juli 2009.

Der vorliegende Kommentar möchte als Gegenstück zu den beiden großen Kommentaren und als Ergänzung zum Kurzkommentar eine komprimierte Einführung in das Gesetz geben und so die Lücke zwischen dem Lehrbuch und diesen Kommentaren schließen. Auf künftige Änderungen, die es sicher geben wird, kann so mit einer Neuauflage, die die aktuelle Kommentierung bietet, schnell reagiert werden.

Auch in der vorliegenden dritten Auflage ist das Autorenteam größer geworden: Neu zum Autorenteam gestoßen ist Herr Rechtsanwalt Adem Koyuncu, der zunächst insbesondere die einleitenden Paragraphen kommentiert.

Besonderer Dank gebührt Herrn Prof. Dr. E. Miltner, dem Ärztlichen Direktor der Abteilung Rechtsmedizin im Universitätsklinikum Ulm, der die Arbeit auch an diesem Kommentar nachhaltig unterstützt hat, obwohl das Buch bei der leistungsorientierten Mittelvergabe innerhalb der Medizinischen Fakultät der Universität Ulm nach wie vor nicht berücksichtigt wird. Eigentlich schade. Daran dürfte sich auch bis zum Eintritt des betroffenen Mitautors in den Ruhestand nichts mehr ändern.

Der Kommentar hat keine Berührungsängste, auch die modernen Informationsangebote zu nutzen. So wird der Leser gelegentlich als Fußnoten auch Hinweise auf Web-Sites finden, von wo er sich unmittelbar weitere, aktuelle Informationen über das Internet besorgen kann.

Göttingen, Ulm, München, Zürich, Köln im Frühjahr 2010

Erwin Deutsch, Hans-Dieter Lippert, Rudolf Ratzel,
Kerstin Anker, Brigitte Tag, Adem Koyuncu

Zitiervorschlag: Koyuncu in: Deutsch, Lippert, Ratzel, Anker, Tag, Koyuncu, § 2 Rz. 10

# Inhaltsverzeichnis

# Abkürzungsverzeichnis

| | |
|---|---|
| a. F. | alte Fassung |
| A.A. | anderer Ansicht |
| aaO | am angegebenen Ort |
| ABl. | Amtsblatt |
| AcP | Archiv für civilistische Praxis (Zeitschrift) |
| ADI-Wert | Acceptable Daily Intake |
| AG | Amtsgericht |
| AGBG | Gesetz zur Regelung des Rechts der Allgemeinen Geschäftsbedingungen |
| AHRS | Arzthaftpflichtrechtsprechung (Entscheidungssammlung) |
| AMG | Arzneimittelgesetz |
| AMWHV | Arzneimittel- und Wirkstoffherstellungsverordnung |
| AO | Abgabenordnung |
| ApBetrO | Apothekenbetriebsordnung |
| A&R | Arzneimittel und Recht (Zeitschrift) |
| Art. | Artikel |
| ArztR | Arztrecht (Zeitschrift) |
| AVO | Ausführungsverordnung |
| AZR | Arzt Zahnarzt Recht (Zeitschrift) |
| BAG | Bundesarbeitsgericht |
| BAGE | Entscheidungen des Bundesarbeitsgerichts |
| BAnz | Bundesanzeiger |
| BÄO | Bundesärzteordnung |
| BayObLG | Bayerisches Oberstes Landesgericht |
| BBG | Bundesbeamtengesetz |
| BDSG | Bundesdatenschutzgesetz |
| BfArM | Bundesinstitut für Arzneimittel und Medizinprodukte |
| BfgVV | Bundesinstitut für gesundheitlichen Verbraucherschutz und Veterinärmedizin |
| BGB | Bürgerliches Gesetzbuch |
| BGBl. | Bundesgesetzblatt |
| BGH | Bundesgerichtshof |
| BGHSt | Entscheidungen des Bundesgerichtshofes in Strafsachen |
| BGHZ | Entscheidungen des Bundesgerichtshofs in Zivilsachen |
| BO | Berufsordnung |
| BR-Drucks. | Bundesratsdrucksachen |
| BSE | Bovine Spongiforme Enzephalopathie |

| | |
|---|---|
| BSG | Bundessozialgericht |
| BSGE | Entscheidungen des Bundessozialgerichts |
| BT-Drucks. | Bundestagsdrucksachen |
| BVerfG | Bundesverfassungsgericht |
| BVerfGE | Entscheidungen des Bundesverfassungsgerichts |
| BVerwG | Bundesverwaltungsgericht |
| BVerwGE | Entscheidungen des Bundesverwaltungsgerichts |
| BVL | Bundesamt für Verbraucherschutz und Lebensmittelsicherheit |
| CHMP | Committee for Medicinal Products for Human Use |
| CMS | Concerned Member State |
| CPMP | Committee for Proprietary Medical Products |
| CVMP | Committee for Veterinary Medical Products |
| DÄ | Deutsches Ärzteblatt |
| DAZ | Deutsche Apotheker Zeitung (Zeitschrift) |
| DLR | Deutsches Lebensmittelrecht (Zeitschrift) |
| DMF | Drug Master File |
| DMW | Deutsche Medizinische Wochenschrift |
| EMA | European Medicines Agency |
| EuGH | Europäischer Gerichtshof |
| EWG | Europäische Wirtschaftsgemeinschaft |
| EWR | Europäischer Wirtschaftsraum |
| FamRZ | Familienrechtszeitschrift |
| FDA | Food and Drug Administration |
| FGG | Gesetz über die Freiwillige Gerichtsbarkeit |
| FS | Festschrift |
| GbR | Gesellschaft bürgerlichen Rechts |
| GCP | Good Clinical Practice |
| GesR | GesundheitsRecht (Zeitschrift) |
| GG | Grundgesetz für die Bundesrepublik Deutschland |
| GKV | Gesetzliche Krankenversicherung |
| GmbH | Gesellschaft mit beschränkter Haftung |
| GMP | Good Manufacturing Practice |
| GRUR | Gewerblicher Rechtsschutz und Urheberrecht (Zeitschrift) |
| Hdb. | Handbuch |
| HGB | Handelsgesetzbuch |
| HK-AKM | Heidelberger Kommentar Arztrecht, Krankenhausrecht, Medizinrecht (Hrsg.: Rieger, Dahm, Steinhilper) |
| HMPC | Herbal Medicinal Products Committee |
| Hrsg. | Herausgeber |
| hrsg. | herausgegeben |
| HWG | Heilmittelwerbegesetz |
| i.d.F.v. | in der Fassung vom |
| IFG | Informationsfreiheitsgesetz |
| i.V.m. | in Verbindung mit |

| | |
|---|---|
| JVEG | Justizvergütungs- und -entschädigungsgesetz (zuvor: ZSEG) |
| JZ | Juristenzeitung (Zeitschrift) |
| KammerG | Kammergesetz |
| KG | Kammergericht |
| Komm. | Kommentar |
| KliFoRe | Klinische Forschung und Recht (Zeitschrift) |
| LBG | Landesbeamtengesetz |
| LDSG | Landesdatenschutzgesetz |
| LFGB | Lebensmittel- und Futtermittelgesetzbuch |
| LG | Landgericht |
| LMBG | Lebensmittel und Bedarfgegenständegesetz |
| LMuR | Lebensmittel und Recht (Zeitschrift) |
| LStVG | Landesstraf- und Verordnungsgesetz |
| m. w. Nachw. | mit weiteren Nachweisen |
| m. | mit |
| MAH | Marketing Authorisation Holder |
| MBO | Musterberufsordnung für die deutschen Ärzte |
| MDR | Monatsschrift für Deutsches Recht |
| MedR | Medizinrecht (Zeitschrift) |
| MMW | Münchner Medizinische Wochenschrift |
| MPBetreibV | Verordnung über das Errichten, Betreiben und Anwenden von Medizinprodukten |
| MPG | Gesetz über Medizinprodukte |
| MPJ | Medizinprodukte Journal (Zeitschrift) |
| MPR | Medizinprodukte Recht (Zeitschrift) |
| MPV | Medizinprodukteverordnung |
| MPVerschrV | Verordnung über die Verschreibung von Medizinprodukten |
| MRP | Mutual Recognition Procedure |
| MVertrV | Verordnung über Vertriebswege für Medizinprodukte |
| n.F. | neue Fassung |
| NJW | Neue juristische Wochenschrift (Zeitschrift) |
| NStZ | Neue Zeitschrift für Strafrecht |
| NtA | Notice to Applicants |
| NVwZ | Neue Zeitschrift für Verwaltungsrecht |
| OECD | Organization for Economic Co-operation and Development |
| OLG | Oberlandesgericht |
| OVG | Oberverwaltungsgericht |
| PaPfleReQ | Patienten- und PflegeRecht (Zeitschrift) |
| PartGG | Partnerschaftsgesellschaftsgesetz |
| PatG | Patentgesetz |
| PatR | Patienten Rechte (Zeitschrift) |
| PatR/Q-med | PatientenRechte & Qualitätsmanagement (Zeitschrift) |
| PEI | Paul-Ehrlich-Institut |
| PharmBetrV | Betriebsverordnung für pharmazeutische Unternehmer |
| PharmR | Pharmarecht (Zeitschrift) |

| | |
|---|---|
| PharmInd | Die pharmazeutische Industrie (Zeitschrift) |
| PHG | Produkthaftungsgesetz |
| PHi | Haftpflicht international – Recht & Versicherung (Zeitschrift) |
| PIC | Pharmazeutische Inspektions Konvention |
| RBerG | Rechtsberatungsgesetz |
| RGRK | Reichsgerichtsrätekommentar (zum BGB + Mitarbeiter) |
| RGZ | Entscheidungen des Reichsgerichts in Zivilsachen |
| RiLi | Richtlinie |
| RMS | Reference Member State |
| RöV | Röntgenverordnung |
| RVO | Reichsversicherungsordnung |
| Rz. | Randziffer |
| SGB | Sozialgesetzbuch |
| SIT | Spezifische Immuntherapie |
| SOP | Standard Operating Procedure(s) |
| SPC | Summary of Product Characteristics |
| StGB | Strafgesetzbuch |
| StoffR | Zeitschrift für Stoffrecht |
| StPO | Strafprozessordnung |
| TÄHAV | Verordnung über tierärztliche Hausapotheken |
| UA | Untersuchungsausschuss (des Deutschen Bundestages) |
| UrhG | Urheberrechtsgesetz |
| UWG | Gesetz gegen den unlauteren Wettbewerb |
| VersR | Versicherungsrecht (Zeitschrift) |
| VG | Verwaltungsgericht |
| VGH | Verwaltungsgerichtshof |
| vgl. | vergleiche |
| VO | Verordnung |
| VwGO | Verwaltungsgerichtsordnung |
| VwKostG | Verwaltungskostengesetz |
| VwVfG | Verwaltungsverfahrensgesetz (des Bundes) |
| w. | weiteren |
| WHO | World Health Organization |
| WiKo | Wiesbadener Kommentar zum Medizinproduktegesetz |
| wistra | Zeitschrift für Wirtschaft, Steuer und Strafrecht |
| WRP | Wettbewerb in Recht und Praxis (Zeitschrift) |
| ZMGR | Zeitschrift für das gesamte Medizin- und Gesundheitsrecht |
| ZPO | Zivilprozessordnung |
| ZRP | Zeitschrift für Rechtspolitik |

# Literaturverzeichnis

Baumbach, Duden, Hopt (2008) Kommentar zum Handelsgesetzbuch, 33. Auflage

Benkard (2006) Kommentar zum Patentgesetz, 10. Auflage

Blasius, Cranz (1998) Arzneimittel und Recht in Europa, Wissenschaftliche Verlagsgesellschaft Stuttgart

Blasius, Müller-Römer, Fischer (1998) Arzneimittel und Recht in Deutschland, Wissenschaftliche Verlagsgesellschaft Stuttgart

Bülow, Ring (1996) Heilmittelwerbegesetz, Köln

Collatz (1996) Die neuen europäischen Zulassungsverfahren für Arzneimittel, Editio Cantor Verlag Aulendorf

Deutsch (2000) Unerlaubte Handlung, Schadensersatz und Schmerzensgeld, 4. Auflage

Deutsch (1979) Recht der klinischen Forschung am Menschen, Reihe „Recht und Medizin"

Deutsch, Bender, Eckstein, Zimmermann (2006) Transfusionsrecht, 2 . Auflage

Deutsch, Spickhoff (2008) Medizinrecht, 6. Auflage

Deutsch, Lippert (1998) Ethikkommission und klinische Prüfung

Dieners, Reese (2010) Handbuch des Pharmarechts

Eser, v. Lutterottti, Sporken (1989) Lexikon Medizin, Ethik, Recht

Feiden, Arzneimittelprüfrichtlinien, Loseblattausgabe Stuttgart, Stand: 22. Ergänzungslieferung 2004

Fischer (2009) Strafgesetzbuch 56. Auflage

Fuhrmann, Klein, Fleischfresser (2010) Arzneimitelrecht – Handbuch für die pharmazeutische Praxis

Giesen (1981) Arzthaftungsrecht, Medical Malpractice Law

Giesen (1981) Arzthaftungsrecht

Giesen (1983, 1984) Wandlungen des Arzthaftungsrechts

Graf von Westphalen, Produkthaftungshandbuch (1997/1999) 2 Bände, 2. Auflage

Jarass, Pieroth (2004) Grundgesetz für die Bundesrepublik Deutschland, 7. Auflage

Jessnitzer, Ulrich (2001) Der gerichtliche Sachverständige, 11. Auflage

Kern, Laufs (1983) Die Ärztliche Aufklärungspflicht

Kloesel, Cyran, Arzneimittelgesetz, Kommentar, Loseblattsammlung (Stand: 2010)

Körner (2007) Betäubungsmittelgesetz / Arzneimittelgesetz, 6. Auflage

Kopp, Schenke (1998) Kommentar zur Verwaltungsgerichtsordnung, 11. Auflage

Kopp, Ramsauer (2005) Kommentar zum Verwaltungsverfahrensgesetz, 9. Auflage

Kullmann, Pfister (1987) Produzentenhaftung (Loseblattsammlung)

Larenz, Canaris (1994) Schuldrecht Besonderer Teil, 13. Auflage

Larenz (1987) Schuldrecht I, Allgemeiner Teil 14. Auflage

Larenz, Wolf (2004) BGB Allgemeiner Teil, 9. Auflage

Laufs Katzenmeier, Lipp (2009) Arztrecht, 6. Auflage

Laufs, Uhlenbruck (2002) Hrsg., Handbuch des Arztrechts, 3. Auflage

Maunz, Dürig, Grundgesetz- Kommentar, Loseblattsammlung, Stand: 2004

Medicus (2004) Schuldrecht II, 12. Auflage

Meyer-Goßner (2008) Strafprozeßordnung, Kommentar, 51. Auflage

Mergen (1971) Hrsg., Die juristische Problematik in der Medizin, 3 Bände

Narr (1977) Ärztliches Berufsrecht, 2. Auflage, Loseblattsammlung Stand: 2004

Nöthlichs, (1985) Sicherheitsvorschriften für Medizinprodukte, Loseblattkommentar, Stand: 2009

Palandt (2010) Bürgerliches Gesetzbuch, 69. Auflage

Quaas, Zuck (2008) Medizinrecht 2. Auflage

Ratzel, Lippert (2010) Musterberufsordnung der Deutschen Ärzte, 5. Auflage

Rehmann (2008) Arzneimittelgesetz, Kommentar, 3. Auflage

Rehmann, Wagner (2005) Medizinproduktegesetz, Kommentar

Rieger, Dahm, Steinhilper (Hrsg.), Heidelberger Kommentar Arztrecht, Krankenhausrecht, Medizinrecht, Loseblattsammlung (Stand: 2009) (zuvor: „Lexikon des Arztrechts“)

Sander, Arzneimittelgesetz, Kommentar, Loseblattsammlung Stand: 2009

Schönke, Schröder (2006) Strafgesetzbuch, 26. Auflage

Schorn (1994) Medizinproduktegesetz, Kommentar, Loseblattsammlung (Stand: 2009)

Schroth, König, Gutmann, Oduncu, (2005) Transplantationsgesetz, Kommentar,

Schulin (1994) Handbuch der Sozialversicherung, Band 1 Krankenversicherung

Soergel (1987 ff.) Kommentar zum BGB, 13. Auflage

Staudinger (1978 ff.) Kommentar zum BGB, 14. Auflage

Taschner, Friesch (1990) Produkthaftungsgesetz und EG Produkthaftungsrichtlinie, 2. Auflage

Ulsenheimer (2008) Arztstrafrecht in der Praxis, 4. Auflage

Wiesbadener Kommentar zum Medizinproduktegesetz, Loseblattsammlung, Stand: 2008

# Glossar

**Anabolika:** Hormone, die den Stoffwechsel in Richtung Aufbau, insbesondere Eiweißaufbau (Skelettmuskel) beeinflussen und möglicherweise auch den Abbau hemmender Hormone.

**Androgene:** männliche Sexualhormone.

**Anerkannte pharmazeutische Regeln:** Anerkannt sind pharmazeutische Regeln, wenn sie von der Deutschen Arzneibuch Kommission oder der Europäischen Arzneibuch Kommission beschlossen und im Deutschen Arzneibuch oder dem Europäischen Arzneibuch enthalten sind (siehe § 55 AMG), ferner die Regeln, die in den revidierten Grundregeln der Weltgesundheitsorganisation für die Herstellung von Arzneimitteln und die Sicherung ihrer Qualität enthalten sind (GMP Richtlinien, BANz No. 1, 1978).

**ß-Agonisten:** Stoffe mit anaboler Wirkung.

**Bioäquivalenz:** Arzneimittel mit gleicher Bioverfügbarkeit und therapeutische Identität.

**Biotechnisch:** Mit lebendem Material arbeitende Technik.

**Blutplasma:** Eiweißkörper, Wasser und Transportstoffe des Blutes (55 %).

**Blutstammzellen:** Blutzellen zur Entwicklung der Leukozyten (Leukopoese).

**Eluat:** Durch Auswaschung gewonnene Lösung (z.B. von Radionukleiden).

**Generatoren:** (s. Röntgengeneratoren).

**Gentechnologisch:** Diagnostische, therapeutische und technische Nutzung von Verfahren zur Übertragung von DNA-Fragmenten aus Zellen eines in Zellen eines anderen Organismus.

**Gerinnungsfaktorenzubereitung:** Blutzubereitungen zur Herbeiführung des pathologisch und physiologisch ablaufenden Prozesses der Blutgerinnung zur Blutstillung.

**Gestagene:** Stoffklasse von synthetischen Hormonen.

**Hämodialyse:** Extrakorporales Verfahren zur Blutreinigung.

**Homöopathie:** medikamentöses Therapieprinzip, mit dem Krankheitserscheinungen dadurch behandelt werden, dass der Einsatz von Substanzen mit regelmäßig in niedrigen Dosierungen erfolgt, die in hoher Dosis den Krankheitserscheinungen ähnliche Symptome hervorrufen. Ergänzt wird die Behandlung durch Zuschreibung unter Berücksichtigung des Patienten und des Arzneimittels.

**Indikation:** Das Anwendungsgebiet des Arzneimittels, nämlich die Voraussetzungen beim Patienten, die eine Anwendung des Arzneimittels angezeigt sein lassen können. Wird für einen an sich schon bekannten Wirkstoff eine neue Indikation gefunden, kann dies im deutschen Patentrecht zum Patentschutz führen.

**Inkompatibilität:** Die Unverträglichkeit mit anderen Arzneimitteln, wenn sie gleichzeitig oder als Gemisch verabreicht werden, weil die Kombination zu toxischen Wirkungen führen kann oder die Wirksamkeit aufhebt (§ 11a, Ziff. 9).

**In-vitro:** Außerhalb des lebenden Körpers.

**In-vivo:** Im lebenden Körper.

**Ionisierende Strahlen:** Strahlen, die zu einer Veränderung der Elektronenzahl in der Hülle eines Atoms oder Moleküls durch Entfernung oder Hinzufügung von Elektronen führen.

**Markergene:** Gene, mit deren Hilfe ein körperlicher Zustand festgestellt werden kann.

**Metabolit:** Jeder im biologischem Stoffwechsel umgesetzte Stoff; Zwischenprodukt beim intermediären Stoffwechsel; im Organismus synthetisierter Stoff (z.B. Hormon, Enzym).

**Orphan Drugs:** Arzneimittel für seltene Krankheiten.

**Östrogene:** weibliche Sexualhormone.

**Parenteral:** Unter Umgehung des Magen-Darm-Kanals (Zuführung von Nahrung).

**Peloid:** Terrestrische Substanzen, die zusammen mit Wasser zu Bädern oder Packungen aufbereitet werden.

**Peritonealdialyse:** Intrakorporales Verfahren zur Blutreinigung.

**Pharmakologie:** Lehre von den Wechselwirkungen zwischen Arzneistoffen und Organismus.

**Pharmakovigilanz:** Arzneimittelüberwachung.

**Pharmazie:** Wissenschaft der Arzneimittelherstellung.

**Phytotherapie:** Pflanzenheilkunde; zur Behandlung von Krankheiten werden Pflanzenbestandteile und die darin enthaltenen (meist mehreren) Wirkstoffe eingesetzt.

**Prüfplan:** Schriftlicher Plan zur Vorbereitung der klinischen Prüfung von Arzneimitteln. Der Plan soll Angaben zu den Punkten enthalten, die in den Grundsätzen für die ordnungsgemäße Durchführung der klinischen Prüfung von Arzneimitteln vom 9.12.1987 (BAnz S. 16617) enthalten sind (dort: 2.5), zum Beispiel das

Prüfdesign, die Zahl der Probanden mit Begründung, den Prüfungsablauf mit Untersuchungsterminen, Kriterien für den Abbruch der Prüfung. Für die Prüfung homöopathischer Arzneimittel sind die Sollvorschriften für den Prüfplan in Ziff. 6 der Empfehlungen zur Planung und Durchführung von homöopathischen Arzneimittelprüfungen vom 18. 11. 1998 (BAnz S. 17450) einzuhalten. (§ 11, Abs. 1, Ziff. 1).

**Psychotrop:** Auf die Seele, das Gemüt wirkend.

**Rhesusformel:** Formel, in der das Rh-Blutgruppensystem ausgedrückt wird.

**Röntgengeneratoren:** Elektrische und elektronische Einrichtung zum Betrieb einer Röntgenröhre.

**Somatische Gentherapie:** Gentransfer in Körper, Zellen zu Heilzwecken.

**Stand der wissenschaftlichen Erkenntnis:** Das Gesetz verwendet den Begriff in zwei Varianten: zumeist als "jeweiligen Stand der wissenschaftlichen Erkenntnis", bei der Zulassung oder den Prüfrichtlinien auch als "jeweils gesicherter Stand der wissenschaftlichen Erkenntnis". Trotz der begrifflichen Unbekümmertheit des Gesetzgebers sollte dies einen Unterschied anzeigen. Der jeweilige Stand der Erkenntnis bedeutet in einer Momentaufnahme, dass die wissenschaftliche Diskussion etwas als erkannt akzeptiert hat. Dieser Stand kann stark schwanken. Der jeweils gesicherte Stand bedeutet einen sichereren und verfestigteren Grad der Erkenntnis, dessen Veränderung nicht ohne weiteres zu erwarten steht und der nicht mehr ernsthaft diskutiert wird.

**Stilbene:** synthetische Östrogene.

**Sublimat:** In der Luft befindlicher Stoff.

**Therapeutische Wirksamkeit:** Die Ursächlichkeit zwischen der Anwendung des Arzneimittels und den Heilerfolg.

**Thyreostatika:** Substanzen, die die Schilddrüsenhormonsynthese, die Hormonsekretion oder den Einbau von Jod in deren Vorstufen hemmen.

**Tochterradionuklidzubereitung:** Kurzlebiges Radionuklid (Nuklid = Atomart).

**Topisch:** Örtliche (Anwendung).

**Toxikologie:** Lehre von den schädlichen Wirkungen chemischer Substanzen auf lebende Organismen.

**Transplantat:** Zur Übertragung vorgesehenes (menschliches) Gewebe

# Gesetz über den Verkehr mit Arzneimitteln (Arzneimittelgesetz – AMG) vom 24. August 1976 (BGBl. I S. 2445)

**in der Fassung der Bekanntmachung vom 12. Dezember 2005 (BGBl. I S. 3394), zuletzt geändert durch das Gesetz zur Änderung arzneimittelrechtlicher und anderer Vorschriften vom 17. Juli 2009 (BGBl. I S. 1990) berichtigt am 9. Oktober 2009 (BGBl. I S. 3578)**

## Einleitung

### 1. Funktionen, Geschichte und Entwicklung des Arzneimittelrechts

Die tatsächlichen Gegebenheiten des Arzneimittelrechts haben sich in den letzten 1
Jahrzehnten drastisch verändert. Dem musste auch das Recht Rechnung tragen. Hier sollen nur wenige Eckdaten genannt sein: Von der Apothekenzubereitung einzelner Arzneimittel hat der Weg zur Massenherstellung geführt, so dass die Apotheken im wesentlichen nur noch Verteilerfunktion haben. Etwa um die gleiche Zeit vollzog sich die Verschiebung des Schwergewichts von Naturheilmitteln zu chemisch-synthetischen Medikamenten, wobei freilich die Natur noch oft Vorbild ist und die Synthese nur die industrielle Nachbildung darstellt. Die nunmehr auf den Markt drängenden potenten Mittel brachten Gefahren mit sich: Nebenwirkungen waren zu befürchten – jedenfalls gegen die Hauptwirkung abzuwägen; der Missbrauch des Medikaments, insbesondere in Form der Übermaßbehandlung, wurde zum Problem; Kontraindikationen häuften sich. Diese Gegebenheiten haben im Arzneimittelrecht ein ganzes Bündel von Zwecken wirksam werden lassen.

Chemische, im geringeren Maße auch homöopathische und traditionelle, pflanzli- 2
che Arzneimittel, können sich gegen den Benutzer kehren. Es ist deshalb vor Zulassung des Medikaments auf Neben- und Wechselwirkungen zu untersuchen sowie in Informationen auf Kontraindikationen und mögliche Nebenwirkungen hinzuweisen. Neben diesem vorbeugenden Schutz tritt das Bedürfnis nach Verlagerung des Arzneimittelschadens auf den Hersteller, wenn das Mittel bestimmungsgemäß und ohne Warnung genommen wurde.

Bei Zehntausenden auf dem Markt befindlichen Medikamenten hat der einzelne 3
Arzt bestenfalls einen Überblick über wenige hundert. Viele dieser Arzneimittel sind auch Parallelentwicklungen oder stellen Untergruppen von anderen dar. Die hierin zu Tage tretende Überversorgung des Patienten ist freilich immer noch besser als eine Unterversorgung. Es ist Aufgabe des Arzneimittelrechts, in die Vielzahl der Medikamente eine gewisse Ordnung zu bringen, um dem Arzt und dem

Deutsch, Lippert, Ratzel, Anker, Tag, Koyuncu

E. Deutsch, H.-D. Lippert (Hrsg.), *Kommentar zum Arzneimittelgesetz (AMG)*,
DOI 10.1007/978-3-642-01455-0, 

Patienten die Möglichkeit der Übersicht zu geben. Das ist schon deswegen nötig, weil manches Arzneimittel hochwirksam ist und in der Hand des verordnenden Arztes wie ein medikamentöses Skalpell wirkt. Falsch eingesetzt kann seine Wirkung verheerend sein.

4 Bis zum Jahre 1961 gab es in Deutschland für den Verkehr mit Arzneimitteln keine umfassende gesetzliche Regelung. Von den bis dahin bestehenden einzelnen Vorschriften hatte § 6 Abs. 2 GewO Bedeutung, aufgrund dessen eine kaiserliche Verordnung aus dem Jahre 1901 bestimmte, welche „Apothekerwaren" auf dem freien Markt, d.h. auch außerhalb der Apotheken, gehandelt werden durften. § 80 Abs. 1 GewO zufolge wurde die Deutsche Arzneitaxe erlassen, in der die Gewinnspannen für die in Apotheken abgegebenen Arzneimittel festgelegt wurden. Neben den von den Ländern erlassenen Apothekenbetriebsordnungen hatte das Gesetz über den Verkehr mit Betäubungsmitteln von 1929 (Opiumgesetz), die Verordnung über den Verkehr mit Arzneimitteln von 1941 sowie die Polizeiverordnung aus dem gleichen Jahre über die Werbung auf dem Gebiet des Heilwesens übergreifende Bedeutung.

5 Angesichts des zersplitterten und unbefriedigenden Rechtszustandes und der Tatsache, dass sich die Herstellung der Arzneimittel aus den Apotheken in die Industrie als „Arzneimittelspezialitäten" verlagert hatte, war eine Gesamtbereinigung des Arzneimittelrechts notwendig geworden. Mit dem AMG von 1961 verband der Gesetzgeber dieses Ziel der Rechtsvereinheitlichung. Die Herstellung von Arzneimitteln wurde an persönliche und betriebliche Voraussetzungen geknüpft; nur mit behördlicher Erlaubnis durften Medikamente erzeugt werden; zwecks Überwachung unterlagen sie einer Registrierungspflicht. Freilich wurde damals eine Prüfung auf Wirksamkeit und Gefährlichkeit nicht vorgeschrieben. Die Prinzipien des AMG von 1961 lassen sich wie folgt umreißen: Der Begriff des Arzneimittels wurde von dem der Krankheit gelöst – kennzeichnend sind Einwirkungen auf Körperfunktionen (ausgenommen Lebens- und Futtermittel sowie kosmetische Mittel); Medikamente durften nur kraft einer Erlaubnis hergestellt werden, eine Ausnahme bestand für Hausspezialitäten bei Apotheken; die Erlaubnis war an den Herstellungsleiter gebunden; die Arzneimittel unterlagen der Kennzeichnungspflicht (Registrierungsnummer, Beschaffenheitsangabe, Verfalldatum); Arzneimittelspezialitäten traf eine Registrierungspflicht; ein durch Prüfungsunterlagen zu belegender Bericht war zu erstellen; die Herstellungsbetriebe konnten überwacht werden.

6 Es liegt eine gewisse Tragik darin, dass das AMG von 1961 alsbald von dem Ereignis überrollt wurde, welches dem Arzneimittelrecht bis heute den Stempel aufgedrückt hat: der Contergan-Thalidomid-Fall.

7 Am 27.05.1968 begann vor der Großen Strafkammer des LG Aachen ein Strafprozess gegen sieben leitende Angestellte der Firma Chemie Grünenthal. Grünenthal hatte das Schlafmittel Contergan hergestellt; Contergan war das Warenzeichen für Thalidomid. Die Anklage warf ihnen fahrlässige Tötung und Vergehen gegen arz-

neimittelrechtliche Vorschriften vor. Die thalidomidhaltigen Präparate waren 1957 in den Handel gekommen; in den Jahren 1958 und 1959 trafen einzelne und in den Jahren 1960 und 1961 mehrere Meldungen über Nebenwirkungen bei der Herstellerfirma ein. Insbesondere wurden Nervenschäden in Form von sensibler Polyneuritis gemeldet. Im Mai 1961 ließ die Herstellerfirma Contergan unter Rezeptpflicht stellen. Im November 1961 kam der Verdacht auf, Contergan verursache Missbildungen. Daraufhin zog die Herstellerfirma alle thalidomidhaltigen Präparate aus dem Handel. Kurz danach meldeten sich mehrere hundert Mütter, die Kinder mit schweren Missbildungen geboren hatten. Den Säuglingen fehlten Beine, Arme, Ohren oder Zwischenglieder. In der Bundesrepublik sollen mehrere tausend Kinder missgebildet zur Welt gekommen und etwa tausend lebensunfähige inzwischen verstorben sein. Das LG Aachen hat das Verfahren nach § 153 Abs. 3 StPO eingestellt, da die Schuld der Angeklagten gering und kein öffentliches Interesse an der Strafverfolgung gegeben sei.

Der Gesetzgeber hat dann schließlich mit dem Gesetz über die Errichtung der Stiftung „Hilfswerk für behinderte Kinder" vom 17.12.1971 eingegriffen. In diesem Gesetz wird unter Entziehung von zivilrechtlichen Ansprüchen dem Verletzten ein Rentenanspruch gegen eine Stiftung gewährt. Diese Renten wurden soeben gesetzlich angehoben, da sie nicht mehr auf der Höhe der Zeit waren. **8**

Das Schicksal des AMG von 1961 war durch die sich gleichzeitig abspielende Contergankatastrophe von vornherein besiegelt. Das AMG war nämlich in keiner Weise geeignet, einer erneuten Zwischenfallserie auf dem Arzneimittelmarkt entgegenzuwirken. Weder war eine Prüfung neuer Arzneimittel vorgesehen, noch eine objektive Haftung zugunsten der durch Arzneimittel Geschädigten angeordnet. **9**

Die Erwartung der Verfasser des AMG v. 1976, mit einer relativ scharfen Gefährdungshaftung den nächsten großen Arzneimittelschadensfall zu erfassen, hat sich nur teilweise erfüllt. Er trat nämlich nicht durch Nebenwirkungen eines chemischen Arzneimittels, sondern durch die Verseuchung eines Blutproduktes mit einem bis dahin unbekannten Virus, dem HI-Virus, auf. Die haftungsrechtlichen Konsequenzen wurden kontrovers erörtert. Nach einem aufsehenerregenden Strafprozess in Frankreich, der zur Verurteilung und auch zu hohen Schmerzensgeldsummen führte, hat ein Untersuchungsausschuss des Bundestages einen eher überraschenden Schlussbericht vorgelegt. Als Auffälligkeit genügt schon, darauf hinzuweisen, dass das französische Urteil und der deutsche Schlussbericht hinsichtlich des entscheidenden Zeitpunktes, in welchem nicht wirksam inaktivierte Blutprodukte nicht mehr in den Verkehr gebracht werden durften, zwei Jahre voneinander abweichen. Zunächst hatten die Versicherer der Hersteller von Blutprodukten die Haftungsansprüche im Vergleichswege abgefunden. Nachdem an der Regulierungspraxis Zweifel geäußert wurden, hat hier der Gesetzgeber nach dem Contergan-Vorbild im Wege einer Stiftungsregelung mit Generalabfindung einen Schlussstrich gezogen. Mit dem HIV-Hilfegesetz v. 24.07.1995 wird jetzt den durch Blutprodukte Verletzten ein erleichtert durchzusetzender Anspruch gegen eine Stiftung gewährt. Deren Mittel werden vom Bund, den Ländern, dem Roten **10**

Kreuz und den Pharmaherstellern aufgebracht. Dafür werden den Verletzten und ihren Angehörigen sämtliche Ansprüche mit Ausnahme solcher gegen die an der Stiftung nicht beteiligten Versicherer abgeschnitten. Diese bestehen aber als solche ohnehin wohl kaum.

## 2. Quellen des Arzneimittelrechts

11 Das Arzneimittelrecht ist weitgehend sondergesetzlich geregelt. Indes greifen auch eine Reihe allgemeiner Bestimmungen in das materielle Recht und das Arzneimittelverfahren ein, so die Gesetze über das Verwaltungsverfahren, das verwaltungsgerichtliche Verfahren, Sozialgesetze und die allgemeinen Haftungsvorschriften aus dem Bereich des Zivilrechts ebenso wie die allgemeinen Normen über den Schutz durch Patente oder Marken und das Verbot des unlauteren Wettbewerbs. Im Wesentlichen aber ist das Arzneimittelrecht in zwei großen Gebieten geregelt, einmal im Recht der Arzneimittelherstellung und sodann in dem der Arzneimittelabgabe.

### Internationale Richtlinien und Regeln

12 Deutsche Vorschriften werden heute überlagert von einer Fülle internationaler Leitlinien und Übereinkünften. So werden über die International Conference on Harmonisation (ICH) seit 1991 Lösungen zur Angleichung der bestehenden Unterschiede in Europa, USA und Japan erarbeitet. Die OECD (Organisation for Economic Cooperation and Development) hat Empfehlungen zur guten Laborpraxis verabschiedet, die von der Europäischen Union durch den Erlass entsprechender Richtlinien umgesetzt wurden. Von der World Health Organization (WHO) wurden beispielsweise Programmziele zur Gesundheitsversorgung erarbeitet, die heute weltweit anerkannt sind. Hierzu zählen die auch von der EU berücksichtigten Leitlinien zur Guten Herstellungspraxis (Good Manufacturing Practices – GMP) in der Fassung vom 08.10.2003.

13 Andere Organisationen, wie der PER (Pharmaceutical Evaluation Report), die PIC (Pharmazeutische Inspektions-Convention) und andere Fachgesellschaften ergänzen die internationalen Leitlinien.

14 Von der World Health Organization stammen die „Revidierten Grundregeln der Weltgesundheitsorganisation für die Herstellung von Arzneimitteln und die Sicherung ihrer Qualität". Die Prüfung der Arzneimittel erfolgt regelmäßig aufgrund biomedizinischer Forschung. Für diese gilt die Revidierte Deklaration von Helsinki aus dem Jahr 2009. Den meisten dieser Regelungen geht nach unserem deutschen Rechtsverständnis die Qualifikation als eine Rechtsnorm ab, weil kein Gesetzgebungsorgan sie beschlossen hat. Gleichwohl werden sie von den betroffenen Fachkreisen im Großen und Ganzen beachtet.

## Resolutionen des Europarates

Auch der Europarat ist beim Gesundheitswesen nicht untätig; unter anderem geht das Europäische Arzneibuch auf seine Tätigkeit zurück. Wenn diese Zeilen in Druck gehen, wird noch offen sein, ob die Bundesrepublik Deutschland das Übereinkommen über Menschenrechte und Biomedizin vom 4. April 1997 des Europarates zeichnen und ratifizieren will. Unter der Voraussetzung, dass sie dies dereinst einmal tun wird, enthält dieses Abkommen Vorschriften, die sich auch im nationalen Recht auswirken. Zu nennen ist dabei einmal Art. 5, der die generelle Regel aufstellt, dass Interventionen im Gesundheitsbereich einwilligungspflichtig sind, eine Vorschrift, die in Deutschland wohl keine Probleme bereiten wird. Sie ist natürlich auch auf die Applikation von Arzneimitteln anzuwenden. Zu beachten sein wird ferner Kapitel V über die wissenschaftliche Forschung und hier besonders (heikel und in der Diskussion immer wieder hervorgehoben) die Forschung an nicht einwilligungsfähigen Personen im Rahmen klinischer Prüfung von Arzneimitteln (Art. 17). Das Zusatzabkommen vom 12. Januar 1998 enthält ergänzende Vorschriften zum Verbot des Klonens von menschlichen Lebewesen, dasjenige vom 25. Januar 2005 enthält Regelungen zur biomedizinischen Forschung. Weitere Zusatzabkommen werden sicher folgen. 15

## Richtlinien des Rates der EG

Um einen EG-Binnenmarkt auch im Bereich des Arzneimittelwesens zu schaffen, sind seit geraumer Zeit Richtlinien des Rates erlassen worden, die eine Harmonisierung des Arzneimittelrechts herbeiführen sollen. Aus der Vielzahl von Richtlinien, die das nationale Arzneimittelrecht nachhaltig beeinflusst haben, seien die Richtlinien 2001/82/EG und 2001/83/EG genannt, mit deren Hilfe ein Gemeinschaftskodex für Human- und für Tierarzneimittel geschaffen worden ist. Diese wurden durch die Richtlinien 2002/98/EG, 2003/63/EG, 2004/24/EG und 2004/27/EG zuletzt geändert. Mit zunehmender Regelungsdichte werden sich die nationalen Arzneimittelvorschriften immer ähnlicher aber auch europäischer, was der Normgeber durchaus beabsichtigt. Ziel ist und bleibt die Schaffung eines einheitlichen Binnenmarktes für Arzneimittel. Diese Richtlinien bilden derzeit auch die Grundlage für das Zulassungsverfahren im Wege der gegenseitigen Anerkennung und des neu eingeführten dezentralen Zulassungsverfahrens. Neu auf der Agenda der EU sind derzeit die Themen Verbraucherinformation und Schutz der Verbraucher vor Arzneimittelfälschungen. Die Änderung der einschlägigen Richtlinien ist bereits ziemlich weit fortgeschritten und hat bereits den nationalen Gesetzgeber auf den Plan gerufen. Näheres gibt es sicher in der 4. Auflage zu kommentieren. 16

Zu beachten ist, dass EG-Richtlinien grundsätzlich kein unmittelbar anwendbares Recht schaffen. Sie bedürfen jeweils noch einer Umsetzung in nationales Recht. 17

## Europäische Verordnung

18 Durch die Verordnung (EG) Nr. 726/2004 des Europäischen Parlamentes und des Rates vom 31.03.2004 zur Festlegung von Gemeinschaftsverfahren für die Genehmigung und Überwachung von Human- und Tierarzneimitteln und zur Errichtung einer Europäischen Arzneimittelagentur wurden im Rahmen des im Jahre 2001 begonnenen und des umfassenden „Review" auch die bisher bestehenden Regelungen zum zentralen Zulassungsverfahren überarbeitet. Das zentrale Zulassungsverfahren ist für einige Arzneimittel zwingend vorgeschrieben, für andere ist es fakultativ oder nicht anwendbar. Aktuell können Unternehmen zwischen dem zentralen Zulassungsverfahren, dem Verfahren der gegenseitigen Anerkennung, dem dezentralen Verfahren und dem einzelstaatlichen Zulassungsverfahren – soweit jeweils einschlägig - wählen.

## Nationale Regeln

19 Hauptquelle ist das AMG von 1976, das am 1. Januar 1978 in Kraft getreten ist. Sein Ziel ist, eine optimale Arzneimittelversorgung zu verwirklichen. Zu diesem Zwecke sollen alle Arzneimittel die erforderliche Qualität, Wirksamkeit und Unbedenklichkeit aufweisen. So sieht das AMG im Gegensatz zu seinem Vorgänger die Prüfung neuer Medikamente vor, sowie eine objektive Haftung zugunsten der durch Arzneimittel Geschädigten. Inzwischen ist das AMG in immer schnellerer zeitlicher Reihenfolge, bisher insgesamt fünfzehn Mal, in mehr oder weniger großem Umfang novelliert worden. Auslöser der Novellen waren überwiegend europarechtliche Vorgaben, die ins nationale Recht umzusetzen waren. Zugleich ergab sich in diesem Zusammenhang auch die Möglichkeit, das Gesetz auch an einer Vielzahl von Stellen zu reparieren und Ungereimtheiten klarzustellen.

20 Unterrichtung über Arzneimittel ist unerlässlich; die Werbung auf dem Gebiete des Heilwesens unterscheidet sich von anderer Reklame grundlegend. Aus diesem Grunde hat der Gesetzgeber 1965 ein Heilmittelwerbegesetz erlassen, das heute i.d.F. von 1994 gilt. Es untersagt die irreführende Werbung, die von ihm genauer umschrieben wird, und stellt zwingende Voraussetzungen für die Werbung auf, etwa was die Angabe des Herstellers und die Bezeichnung des Arzneimittels angeht. Das Gesetz enthält weitere Beschränkungen und Kanalisierungen der Werbung, etwa, dass für rezeptpflichtige Arzneimittel nur bei Ärzten und Apothekern geworben werden darf. Eine ganze Reihe inoffizieller Richtlinien ergänzen diese Bestimmungen. Sie sind z.T. von ärztlichen Standesorganisationen erlassen worden, zum Teil von Verbänden der pharmazeutischen Industrie.

21 Das Medizinproduktegesetz von 1994 ist als neue Regelung für vorwiegend physikalisch wirkende Medizinprodukte neben das Arzneimittelrecht getreten. Das hat Änderungen in den Definitionen auch der Arzneimittel erforderlich gemacht. Das Medizinproduktegesetz ist zum Teil parallel zum Arzneimittelgesetz gestaltet, etwa was die klinische Forschung angeht. Jedenfalls ist es ein erheblicher Fort-

schritt, dass durch Verrechtlichung der Entwicklung, Prüfung und Zulassung von Medizinprodukten nunmehr auch dieser Bereich des Gesundheitswesens in ruhigere Gewässer überführt worden ist. Auch dieses Gesetz ist zwischenzeitlich zum vierten Mal novelliert worden. Die vorgesehenen Rechtsverordnungen sind allesamt erlassen, so dass der Anwendungsbereich der Vorschriften für den Normadressaten in der täglichen Praxis inzwischen gesicherte Kontur gewonnen hat. Der Gesetzgeber hat sogar gerade seinen einstigen Geniestreich bereinigt und die Bestimmungen über die klinische Prüfung von Medizinprodukten am Menschen geändert, indem er sie den Vorschriften des AMG angeglichen hat.

Als drittes Gesetz in diesem Bereich ist am 2. Juli 1998 das Transfusionsgesetz **22** (TFG) hinzugekommen. Es regelt als Spezialgesetz die gesicherte Versorgung der Bevölkerung mit Blut und Blutprodukten. Die Vorschriften des Arzneimittelgesetzes gelten grundsätzlich soweit das TFG nicht – wie im Bereich der Gewinnung und der Anwendung von Blut, Blutbestandteilen und Blutprodukten – spezielle Regelungen trifft. Das Transfusionsgesetz gilt ausdrücklich in diesem Bereich nicht.

Die Versorgung der Bevölkerung mit Arzneimitteln an der Basis ist im Bundesge- **23** setz über das Apothekenwesen, im sog. Apothekengesetz von 1960/1994, geregelt. Danach bedarf der Betrieb einer Apotheke der Erlaubnis, die nur einem approbierten Apotheker erteilt werden darf. Die Apotheken unterliegen der Aufsicht. Das Arzneimittelgesetz regelt darüber hinaus, dass Apotheken der Vertrieb bestimmter Medikamente vorbehalten ist. Es handelt sich um die sog. verschreibungspflichtigen Arzneimittel. Soweit es sich um Betäubungsmittel handelt, gelten die besonderen Vorschriften des Betäubungsmittelgesetzes.

Für die Verfahren auf dem Gebiet des Arzneimittelgesetzes kommen die Vor- **24** schriften über das Verwaltungsverfahren, die verwaltungsgerichtliche Anfechtung nach der Verwaltungsgerichtsordnung und, soweit es sich um die sozialrechtliche Auswirkung von Arzneimittelrichtlinien handelt, das Sozialgerichtsgesetz in Betracht. Was die Vermarktung angeht, so ist der gewerbliche Rechtsschutz mit seinen Bestimmungen über Patente, Marken, unlauteren Wettbewerb und Kartelle anwendbar. § 17 HWG erklärt ausdrücklich das UWG weiterhin für anwendbar. Die Anwendung des allgemeinen Haftungsrechts ist schon deswegen wichtig, weil die besonderen Versicherungs- und Haftungsregeln des AMG nicht umfassend sind. Sie weisen, jedenfalls in der Versicherungsdeckung, Höchstgrenzen auf und sind neuestens auch auf Schmerzensgeld ausgerichtet. Die vom AMG vorgesehene Entschädigung erscheint als eine Art Basisversorgung, welche für die überschießende Haftung auf das allgemeine Haftungsrecht zurückverweist. Es kommen insbesondere die Haftung für Verschulden in Betracht.

# Erster Abschnitt
# Zweck des Gesetzes und Begriffsbestimmungen, Anwendungsbereich

## § 1
## Zweck des Gesetzes

**Es ist der Zweck dieses Gesetzes, im Interesse einer ordnungsgemäßen Arzneimittelversorgung von Mensch und Tier für die Sicherheit im Verkehr mit Arzneimitteln, insbesondere für die Qualität, Wirksamkeit und Unbedenklichkeit der Arzneimittel nach Maßgabe der folgenden Vorschriften zu sorgen.**

### I. Die Bedeutung der Norm

1 Das Ziel des AMG 1976 war, „*eine optimale Arzneimittelsicherheit zu verwirklichen*“[1]. Dieses Ziel wurde im Normtext auf die Schwerpunkte konzentriert, wonach in Zukunft alle Arzneimittel die erforderliche Qualität, Wirksamkeit und Unbedenklichkeit aufweisen müssen.[2] Das Arzneimittelrecht ist ein sachbereichsbezogenes „Sicherheitsregulierungsrecht“[3] im Interesse der Risikoverwaltung für Produkte, denen ein unvermeidbar gesteigertes Konsumrisiko anhaftet.[4] Das Arzneimittelgesetz wird auch als „Grundgesetz der Arzneimittelsicherheit“[5] bezeichnet. § 1 ist dennoch lediglich deklaratorischer Natur und enthält keine selbständige Anspruchsgrundlage. Die Norm gibt mithin keine Gewähr oder Garantie für eine absolute Arzneimittelsicherheit.[6]

2 Das Arzneimittelrecht ist in wesentlichen Teilen als Sicherheitsrecht Bestandteil des Gefahrenabwehr- und Risikovorsorgerechts.[7] Dies erklärt sich insbesondere aus der historischen Entwicklung des Arzneimittelgesetzes, das maßgeblich durch die Contergan-Katastrophe geprägt wurde.[8] Da die Sicherheit im Arzneimittelverkehr eine wesentliche Säule der ordnungsgemäßen Arzneimittelversorgung von Mensch und Tier ist, ist auch die ordnungsgemäße Versorgung mit Arzneimitteln ein Schutzgut des Arzneimittelgesetzes.

---

1 Amtliche Begründung des Gesetzentwurfs, vgl. BT-Drucks. 7/3060, S. 1.
2 BT-Drucks. 7/3060, S. 44.
3 Hart, Merkel, in: Hart, Hilken, Merkel, Woggan (Hrsg.), Das Recht des Arzneimittelmarktes, S. 23; zur Risikoverwaltung siehe Di Fabio, Risikoentscheidungen im Rechtsstaat, 1994, S. 5 f.
4 Im US-amerikanischen Recht wird auch der treffende Begriff „unavoidably unsafe products“ verwendet.
5 Hart, in: Glaeske, Greiser, Hart (Hrsg.), Arzneimittelsicherheit und Länderüberwachung, S. 69.
6 Vgl. § 1 in seiner Fassung in BT-Drucks. 7/3060, S. 9 sowie den zugehörigen Ausschussbericht in BT-Drucks. 7/5091, S. 11.
7 Siehe Dettling, PharmR 2005, 162 ff., zum Arzneimittelrecht als Sicherheits- und insb. Risikovorsorgerecht.
8 Vgl. BT-Drucks. 7/3060, S. 43 u. BT-Drucks. 7/5091, S. 5.



E. Deutsch, H.-D. Lippert (Hrsg.), *Kommentar zum Arzneimittelgesetz (AMG),*
DOI 10.1007/978-3-642-01455-0_1, © Springer-Verlag Berlin Heidelberg 2011

3 Durch das Arzneimittelgesetz kommt die Bundesrepublik Deutschland auch ihrer Pflicht zur Umsetzung der einschlägigen Rechtsakte der Europäischen Union, vor allem der Richtlinie 2001/83/EG[9] nach. Das zeigte sich auch jüngst in Gestalt der Regelungen der sog. AMG-Novelle 2009,[10] die in erheblichem Umfang auch der Umsetzung EU-rechtlicher Vorgaben in nationales Recht diente.[11] In den Erwägungsgründen der Richtlinie 2001/83/EG sind auch schon die zwei wesentlichen Ziele vorgegeben, denen ein Gesetz wie das Arzneimittelgesetz zu genügen hat: Zum einen müssen die Vorschriften dem Schutz der öffentlichen Gesundheit dienen. Zum anderen müssen die Vorschriften dies erreichen, ohne Hemmnisse für die Entwicklung und den innereuropäischen Handel mit Arzneimitteln aufzubauen. Das AMG dient damit auch dem freien Warenverkehr.

4 Die Gewährleistung der Arzneimittelsicherheit ist auch eine Aufgabe zugunsten der Verbraucher und der öffentlichen Gesundheit.[12] Das Arzneimittelgesetz ist daher zu einem signifikanten Anteil auch ein Verbraucherschutzgesetz. Daneben verfolgt das Arzneimittelgesetz auch weitere Ziele, auf die sogleich eingegangen wird (vgl. Abschnitt II. unten).

5 Der in § 1 normierte Gesetzeszweck und die in der Norm nicht ausdrücklich genannten Zielsetzungen des Arzneimittelgesetzes sind bei der Gesetzesauslegung zu beachten. Sie bilden daher einen Maßstab für die Normauslegung und Gesetzesanwendung in der Rechtspraxis. Entsprechend haben sich auch gesetzgeberische und administrative Maßnahmen auf dem Gebiet des Arzneimittelrechts an den Zielrichtungen des Gesetzes zu orientieren. Insofern ist das Gemeinwohlinteresse an einer „ordnungsgemäßen Arzneimittelversorgung von Mensch und Tier" ein wesentlicher Maßstab für die Verhältnismäßigkeitsprüfung bei legislativen und administrativen hoheitlichen Maßnahmen auf dem Gebiet des Arzneimittelrechts. Solche Maßnahmen haben sich ferner daran messen zu lassen, ob sie geeignet, erforderlich und angemessen sind, um für die Sicherheit im Verkehr mit Arzneimitteln zu sorgen.

## II. Der Zweck des Gesetzes

### 1. Sicherheit im Verkehr mit Arzneimitteln

6 Das Arzneimittelgesetz ist mit seinem Verbot, bedenkliche Arzneimittel in den Verkehr zu bringen, Sonderpolizeirecht und Verbraucherschutzgesetz in einem. Das Arzneimittelgesetz ist primär Sicherheitsrecht und dient der Gefahrenabwehr sowie ausdrücklich auch der Risikovorsorge. Die Risikovorsorge wird auch tref-

---

9 Richtlinie 2001/83/EG vom 6. November 2001 zur Schaffung eines Gemeinschaftskodexes für Humanarzneimittel, ABl. L 311/67 vom 28.11.2001, S. 67.

10 Gesetz zur Änderung arzneimittelrechtlicher und anderer Vorschriften vom 17.07.2009, BGBl. I S.1990 (im Folgenden: die „AMG-Novelle 2009").

11 Vgl. etwa die Neuerungen in § 2 AMG und die zugehörige Kommentierung dort.

12 Hart, in: Glaeske, Greiser, Hart (Hrsg.), Arzneimittelsicherheit und Länderüberwachung, S. 69.

fend als „Vorverlagerung der Gefahrenabwehr“ charakterisiert.[13] Entsprechend ermächtigt § 6 Abs. 1 das Bundesministerium für Gesundheit zum Erlass von Rechtsverordnungen, „soweit es zur *Risikovorsorge* oder *zur Abwehr einer unmittelbaren oder mittelbaren Gefährdung* der Gesundheit von Mensch oder Tier durch Arzneimittel geboten ist“[14] (Hervorhebung durch Kommentator). Da das Arzneimittelrecht Gefahrenabwehr- und Risikovorsorgerecht zugleich ist, sind die Begriffe Gefahr und Risiko genau zu unterscheiden, da in Abhängigkeit davon, ob eine Gefahr oder ein Risiko vorliegt, abgestufte Eingriffsbefugnisse bestehen. Der Verwaltungstypus des Arzneimittelrechts wird daher auch als Risikoverwaltung umschrieben, wobei hervorgehoben wird, dass Risikoentscheidungen dem Arzneimittelrecht rechtsbegrifflich, organisatorisch und verfahrensrechtlich ein eigenes Profil verleihen.[15] Auch dies ist bei der Gesetzesauslegung zu berücksichtigen.

Der teleologische Hauptauftrag des Arzneimittelgesetzes, für die Sicherheit im Verkehr mit Arzneimitteln zu sorgen, wird inhaltlich weiter dahingehend präzisiert, dass das Gesetz insbesondere dazu bestimmt ist, für die Qualität, Wirksamkeit und Unbedenklichkeit der Arzneimittel zu sorgen. Damit sind die drei sicherheitsrelevanten Merkmale des Produkts Arzneimittel angesprochen, denen sich in unterschiedlicher Gewichtung die meisten Bestimmungen des Arzneimittelgesetzes widmen. Wie aber das „insbesondere“ in § 1 erkennen lässt, sind die sicherheitsrelevanten Merkmale des Produkts Arzneimittel in § 1 nicht enumerativ aufgezählt. In der Tat knüpft das Arzneimittelgesetz zur Verwirklichung der Sicherheit im Verkehr mit Arzneimitteln an weitere Merkmale des Produkts Arzneimittel sowie an mit dem Vertrieb und der Anwendung von Arzneimittel verbundene Schritte an. Hierzu gehören insbesondere auch die Arzneimittelinformation und Werbung, der Vertrieb, die Abgabe, die Einfuhr und Ausfuhr von Arzneimitteln. Das Arzneimittelgesetz setzt verschiedene Instrumente ein, um die Sicherheit des Arzneimittelverkehrs und den Verbraucherschutz zu fördern. **7**

**Verbot der Inverkehrgabe und Anwendung bedenklicher Arzneimittel**

Als die zentrale Bestimmung des Gesetzes verbietet § 5 das Inverkehrbringen und die Anwendung bedenklicher Arzneimittel. Gemäß § 5 Abs. 2 sind Arzneimittel bedenklich, bei denen nach dem jeweiligen Stand der wissenschaftlichen Erkenntnisse der begründete Verdacht besteht, dass sie bei bestimmungsgemäßem Gebrauch schädliche Wirkungen haben, die über ein nach den Erkenntnissen der medizinischen Wissenschaft vertretbares Maß hinausgehen. In § 5 Abs. 2, einer zentralen Definition des Arzneimittelrechts, kommen gleich mehrere Leitbegriffe dieses Rechtsgebietes zur Sprache, die hier hervorgehoben werden: **8**

- der „begründete Verdacht“;
- der „bestimmungsgemäße Gebrauch“;
- die „schädliche Wirkung“;

---

13 Di Fabio, Risikoentscheidungen im Rechtsstaat, 1994, S. 450.

14 Vgl. § 6 Abs. 1 S. 1.

15 Di Fabio, Risikoentscheidungen im Rechtsstaat, 1994, S. 5 f.; ihm zustimmend Dettling, PharmR 2005, 162, 172 f.

- der „jeweilige Stand der wissenschaftlichen Erkenntnisse";
- das „nach den Erkenntnissen der medizinischen Wissenschaft vertretbare Maß" bzw. die „medizinische Vertretbarkeit";
- ohne den Begriff explizit zu nutzen, stellt § 5 Abs. 2 auch auf das „Nutzen-Risiko-Verhältnis" des Arzneimittels ab.[16]

**Zulassungspflicht - Vormarktkontrolle**

9 Als Regelungsinhalte legt das Arzneimittelgesetz des Weiteren fest, dass Arzneimittel für ihre Verkehrsfähigkeit einer Zulassung oder Registrierung bedürfen. Dadurch statuiert das Gesetz – als Instrument der Vormarktkontrolle – ein präventives Verkehrsverbot mit Erlaubnisvorbehalt.[17] Das Arzneimittelrecht als Sicherheitsrecht legt damit die Verkehrsfähigkeitsvoraussetzungen des Produkts Arzneimittel fest.[18] Die Zulassung wurde im Interesse einer verbesserten Arzneimittelsicherheit eingeführt und stellt einen personengebundenen Verwaltungsakt dar.[19]

**Klinische Prüfungen**

10 Ferner wird – insoweit der Zulassung vorgelagert – klargestellt, dass Arzneimittel nicht ungeprüft in den Verkehr gebracht und zum Verbraucher gelangen dürfen. Der Zulassung hat daher eine pharmakologisch-toxikologische Prüfung vorauszugehen, an welcher sich Versuche am Tier anschließen, bis das Arzneimittel sodann in mehreren Phasen am Menschen klinisch geprüft wird (Klinische Prüfung). Die klinische Prüfung eines Arzneimittels bedarf ihrerseits einer behördlichen Genehmigung und zustimmenden Bewertung durch eine Ethikkommission.[20]

**Pharmakovigilanz und Bestellung von Betriebsbeauftragten**

11 Das Arzneimittelgesetz wie auch die gemeinschaftsrechtlichen Rechtsakte normieren für zugelassene Produkte – zur effektiven Nachmarktkontrolle – dezidierte Anforderungen im Hinblick auf die Pflicht zur Produktbeobachtung (Pharmakovigilanz). Pharmazeutische Unternehmen sind verpflichtet, zur Wahrnehmung der Pharmakovigilanz-Pflichten eigens einen Beauftragten (in diesem Fall: den Stufenplanbeauftragten[21]) zu bestellen, der diese Produktbeobachtungs-Aufgaben in persönlicher Verantwortung wahrzunehmen hat. Ähnliche Vorgaben macht das Gesetz an anderer Stelle, wenn es für den Bereich der Herstellung eine eigenverantwortliche sachkundige Person[22] oder für den Bereich der Arzneimittelinformation die Bestellung eines Informationsbeauftragten[23] vorschreibt.[24]

---

16 Siehe dazu die Legaldefinition in § 4 Abs. 28.

17 Hart, in: HK-AKM, Kza. 320, Rz. 1.

18 Hart, ZMGR 2008, 240 ff.

19 BGH, Beschl. v. 01.03.1990 – Az.: IX ZR 147/89, NJW 1990, 2931 f.

20 Zu Ethikkommissionen siehe Lippert, GesR 2009, 355 ff.

21 Vgl. § 63a AMG.

22 Vgl. § 14 AMG.

23 Vgl. § 74a AMG.

**Abgabe, Apothekenpflicht und Verschreibungspflicht**

12 Die Wege der Abgabe von Arzneimitteln an den Endverbraucher sind streng vorgegeben: Arzneimittel kann der Endverbraucher grundsätzlich nur über Apotheken erwerben. Diese primär im Sicherheitsinteresse vorgenommene Kanalisierung des Arzneimittelvertriebs wird ergänzt durch die Unterwerfung eines erheblichen Teils der verkehrsfähigen Arzneimittel unter die Verschreibungspflicht. Diese Arzneimittel dürfen vom Apotheker nur bei Vorliegen einer zugrundeliegenden ärztlichen, zahnärztlichen oder tierärztlichen Verschreibung an Verbraucher abgegeben werden. Das Arzneimittelgesetz ist zur effektiven Zweckerreichung systematisch mit den Bestimmungen des Apothekenrechts und des Arztrechts verwoben. Die Arzneimittelsicherheit basiert auch auf der sach- und fachgerechten Verordnung und Abgabe von Arzneimitteln nebst produktbezogener Beratung und Information durch Apotheker und Ärzte.[25]

**Arzneimittelherstellung**

13 An das Merkmal „Qualität" anknüpfend darf nicht jedermann Arzneimittel herstellen. Vielmehr bedarf es nach dem Arzneimittelgesetz hierfür einer gesonderten Herstellungserlaubnis, zu deren Erlangung spezifische sachliche und personelle Voraussetzungen erfüllt sein müssen. Die Herstellung von Arzneimitteln unterliegt besonderen Anforderungen (Stichwort: Good Manufacturing Practice), die nicht nur im Arzneimittelgesetz, sondern insbesondere in der Arzneimittel- und Wirkstoffherstellungsverordnung (AMWHV)[26] ihren regulatorischen Niederschlag gefunden haben.

**Handel und Einfuhr**

14 Auch wer mit Arzneimitteln Handel treiben will, bedarf einer spezifischen Erlaubnis (Großhandelserlaubnis). Auch wer Arzneimittel einführen möchte, bedarf einer entsprechenden Erlaubnis.

**Arzneimittelinformation und Werbung**

15 Das Arzneimittelgesetz macht pharmazeutischen Unternehmen inhaltliche Vorgaben an die Art und Weise sowie die Inhalte der Information. Zu diesem Zweck hat das Arzneimittelrecht spezifische Informationsinstrumente etabliert, unter denen die Fachinformation für Angehörige der Heilberufe sowie die Packungsbeilage für

---

24 Zu den rechtlichen Konsequenzen aus der Stellung als „Beauftragte" (u.a. Garantenstellung) siehe die ausführliche Kommentierung unter § 74a Rz. 28 ff. Diese Ausführungen gelten auch für den Stufenplanbeauftragten und die sachkundige Person.

25 Siehe Koyuncu, PharmR 2006, 343 ff., mit näheren Ausführungen zum „pharmaceutical informed consent" und zur Aufklärung und Information des Patienten vor der Arzneimitteltherapie.

26 Verordnung über die Anwendung der Guten Herstellungspraxis bei der Herstellung von Arzneimitteln und Wirkstoffen und über die Anwendung der Guten fachlichen Praxis bei der Herstellung von Produkten menschlicher Herkunft (Arzneimittel- und Wirkstoffherstellungsverordnung - AMWHV) vom 03.11.2006 (BGBl. I S. 2523), zuletzt geändert durch Art. 1 der Verordnung vom 26.03.2008 (BGBl. I S. 521).

Verbraucher besonders zu nennen sind.[27] Das Arzneimittelgesetz ist ferner verzahnt mit dem HWG[28], welches der Werbung für Arzneimittel im Interesse der Sicherheit des Arzneimittelverkehrs und des Verbraucherschutzes enge Grenzen setzt. Die Verzahnung zwischen Arzneimittelgesetz und HWG lässt sich insbesondere an § 3a HWG und § 74a Abs. 1 S. 2 ablesen.[29]

**Behördliche Überwachung**

**16** Nicht zuletzt sind Unternehmen, Betriebe und Personen, die Arzneimittel entwickeln, herstellen, klinisch prüfen oder einer Rückstandsprüfung unterziehen, prüfen, lagern, verpacken, in den Verkehr bringen oder sonst mit ihnen Handel treiben, Gegenstand der behördlichen Überwachung und Aufsicht.

**Straf- und Ordnungswidrigkeiten; Produkthaftung**

**17** Flankierend zu den präventiven Gebots- und Verbotsnormen zur Sicherung der Arzneimittelsicherheit und ergänzend zu den Eingriffsbefugnissen im Interesse der behördlichen Überwachung enthält das Arzneimittelgesetz auch eigene straf- und ordnungswidrigkeitenrechtliche Sanktionsnormen. Das Arzneimittelgesetz gehört insoweit auch zum Nebenstrafrecht. Daneben ist im Arzneimittelgesetz ein eigenes sachbereichs- und produktspezifisches Produkthaftungsrecht in Gestalt einer Gefährdungshaftung verankert. Auch diese schadensersatzrechtlichen Bestimmungen des Arzneimittelrechts sind geprägt durch die Contergan-Katastrophe, was sich an der Konzeption der Haftungstatbestände erkennen lässt.

**18** Im Ergebnis kombiniert das Arzneimittelgesetz die präventive ex-ante-Kontrolle mit der repressiven ex-post-Strafbarkeit bzw. der ex-post-Haftung. Das Arzneimittelrecht verstärkt dabei die grundsätzliche Pflicht der pharmazeutischen Unternehmen zur eigenverantwortlichen Selbstkontrolle durch die strafbewehrte Statuierung von Überwachungspflichten und durch die Installierung der oben angesprochenen sachbereichsbezogenen Betriebsbeauftragten.[30]

---

27 Zur Rechtsnatur der Packungsbeilage siehe Koyuncu, GesR 2005, 289 ff.

28 Gesetz über die Werbung auf dem Gebiete des Heilwesens (Heilmittelwerbegesetz – HWG) in der Fassung der Bekanntmachung vom 19. Oktober 1994 (BGBl. I S. 3068), zuletzt geändert durch Art. 2 des Gesetzes vom 26. April 2006 (BGBl. I S. 984).

29 Gemäß § 74a Abs. 1 AMG hat der pharmazeutische Unternehmer einen Informationsbeauftragten zu bestellen, der die Verantwortung für die wissenschaftliche Information über Arzneimittel trägt und dazu auch die – primär dem Regelungsbereich des HWG unterfallende – Werbung für das Produkt prüfen muss. Gemäß § 3a HWG wird der Umfang der zulässigen Werbung für Arzneimittel von der Reichweite der Arzneimittelrechtlichen Zulassung abhängig gemacht.

30 Di Fabio, Risikoentscheidungen im Rechtsstaat, 1994, S. 457. Als Beispiel für die strafbewehrte Überwachungspflicht siehe § 5 i.V.m. § 95 Abs. 1 Nr. 1 AMG.

### 2. Sicherung des freien Warenverkehrs in der EU

19 Im Zuge der europäischen Rechtsvereinheitlichung auf dem Gebiet des Arzneimittelrechts und der nationalen Umsetzung europäischer Rechtsakte, wie insbesondere der RiLi 2001/83/EG, ist auch das AMG ein zunehmend europäisch geprägtes Gesetz geworden. Dies gilt auch für den Gesetzeszweck. Durch die Umsetzung der Gemeinschaftsvorschriften in nationales Recht hat der Gesetzgeber des AMG auch die Ziele der Gemeinschaftsvorschriften im nationalen Recht verankert. Die Gemeinschaftsvorschriften über Arzneimittel verfolgen als wesentlichen Zweck neben dem Schutz der menschlichen Gesundheit auch die Sicherstellung des freien Warenverkehrs.[31] Die Richtlinie 2001/83/EG ist ein „wichtiger Schritt auf dem Wege zur Verwirklichung des freien Verkehrs mit Arzneimitteln"[32] innerhalb der EU.

20 Ausweislich der Erwägungsgründe der RiLi 2001/83/EG, deren Umsetzung das Arzneimittelgesetz bezweckt, müssen alle Rechts- und Verwaltungsvorschriften auf dem Gebiet der Herstellung, des Vertriebs oder der Verwendung von Arzneimitteln zwar einen wirksamen Schutz der öffentlichen Gesundheit gewährleisten. Dieses Ziel muss jedoch mit Mitteln erreicht werden, die die Entwicklung der pharmazeutischen Industrie und den Handel mit Arzneimitteln innerhalb der EU nicht hemmen können. Die RiLi 2001/83/EG zielt daher auch auf die Beseitigung von Hindernissen für den Handel mit Arzneimitteln in der EU und das Funktionieren des Binnenmarktes durch Angleichung der Arzneimittel-bezogenen Vorschriften ab.[33] Diesem gemeinschaftsrechtlichen Zweck ist auch das Arzneimittelgesetz verpflichtet, so dass es – neben dem in § 1 genannten Zweck – auch die Sicherung des freien Warenverkehrs und das Funktionieren des Binnenmarktes innerhalb der EU als Ziel verfolgt. Daher ist auch dieser Gesetzeszweck bei der Gesetzesauslegung und –anwendung zu berücksichtigen. Die Auslegung des Arzneimittelgesetzes darf nicht zu Behinderungen des freien Warenverkehrs führen, die völlig außer Verhältnis zum angestrebten Ziel des Gesundheitsschutzes stehen.[34]

### 3. Bereichsbezogene Umsetzung der Produkthaftungsrichtlinie

21 Das Arzneimittelgesetz ist ferner dazu bestimmt, für die Produktgruppe der zulassungspflichtigen oder durch RVO von der Zulassung befreiten Arzneimittel die Produkthaftungsrichtlinie 85/374/EWG[35] in nationales Recht umzusetzen. Dies wird in Gestalt der §§ 84 ff. verwirklicht. Der haftungsrechtliche Gesetzeszweck resultiert aus dem Umstand, dass die genannten Arzneimittel gem. § 15 ProdHaftG aus dem Anwendungsbereich des allgemeinen Produkthaftungsgeset-

---

31 EuGH, Urt. v. 15.11.2007 – Az.: C-319/05, Rz. 71.

32 So Erwägungsgrund 14 der RiLi 2001/83/EG.

33 Vgl. die Erwägungsgründe 2 bis 6 der RiLi 2001/83/EG.

34 EuGH, Urt. v. 15.11.2007 – Az.: C-319/05, Rz. 71.

35 Richtlinie 85/374/EWG des Rates vom 25. Juli 1985 zur Angleichung der Rechts- und Verwaltungsvorschriften der Mitgliedstaaten über die Haftung für fehlerhafte Produkte, ABl. L 210/29 vom 07.08.1985.

zes herausgenommen sind, das für die meisten anderen Produkte gilt.[36] Die Arzneimittel, die von § 84 AMG erfasst sind, sind aus dem Anwendungsbereich des ProdHaftG herausgenommen.[37]

22 Der Hintergrund für diese produktbezogene Sonderhaftungsnorm im Arzneimittelgesetz liegt darin, dass das Arzneimittelgesetz mit § 84 bereits weit vor Inkrafttreten der Produkthaftungsrichtlinie 85/374/EWG eine nationale Gefährdungshaftung für Schäden durch Fertigarzneimittel geschaffen hatte, die dann auch im AMG belassen wurde. Die Gefährdungshaftung nach § 84 AMG ist deutlich strenger als die Haftung nach § 1 ProdHaftG. Dies war sie auch schon vor den letzten Verschärfungen der AMG-Haftung im Jahre 2002 durch das Zweite Gesetz zur Änderung schadensersatzrechtlicher Vorschriften.[38] Der Gesetzgeber hat die arzneimittelrechtliche Haftung aufgrund der Contergan-geprägten AMG-Historie und später auch unter dem Eindruck der Erfahrungen aus dem HIV-Blutprodukte-Skandal bewusst strenger als die allgemeine Produkthaftung konzipiert und sie auch so belassen. Auch diese Besonderheiten sind bei der Auslegung und Anwendung der betreffenden Bestimmungen des Arzneimittelgesetzes zu beachten.

### 4. Weitere Regelungsgegenstände

#### Regulierung der Preisbildung für Arzneimittel

23 Das AMG beheimatet mit § 78 auch eine Norm zur Regulierung der „Preise" und Preisbildung für Arzneimittel. Diese Vorschrift ist weder mit den vorgenannten Gesetzeszwecken vergleichbar noch steht sie mit diesen in einem sachlichen Zusammenhang. Der heutige § 78 wurde einst mit folgendem gesetzgeberischen Zweck beschlossen: *„Ziel des Entwurfs ist die Senkung des Arzneimittelpreisniveaus"*. Insofern enthält das AMG mit § 78 auch eine Kostendämpfungsvorschrift mit einer spezifischen eigenen Teleologie, die eher im Zusammenhang mit dem Recht der gesetzlichen Krankenversicherung (SGB V) steht. Der § 78 basiert nicht auf Sicherheitserwägungen.[39]

#### Vorgreiflichkeit des Arzneimittelrechts für das Krankenversicherungsrecht

24 Im Zusammenhang mit dem SGB V steht auch die in der Rechtsprechung anerkannte sog. Vorgreiflichkeit der arzneimittelrechtlichen Entscheidungen für das Krankenversicherungs- und Kostenerstattungsrecht. Hiernach entfaltet der Umfang der arzneimittelrechtlichen Zulassung eines Produkts eine positive bzw. ne-

---

[36] Gesetz über die Haftung für fehlerhafte Produkte (Produkthaftungsgesetz - ProdHaftG) vom 15.12.1989 (BGBl. I S. 2198), zuletzt geändert durch Art. 9 Abs. 3 des Gesetzes vom 19.07.2002 (BGBl. I S. 2674).

[37] Siehe Koyuncu, Das Haftungsdreieck Pharmaunternehmen–Arzt–Patient, 2004, S. 73, zum Exklusivitätsverhältnis zwischen den §§ 84 ff. AMG und dem ProdHaftG.

[38] Beispielsweise erfasste die AMG-Produkthaftung nach § 84 stets auch den Entwicklungsfehler, wohingegen das ProdHaftG eine Haftung für Entwicklungsfehler ausschließt.

[39] Vgl. die Kommentierung zu § 78 AMG unten.

gative Vorgreiflichkeitswirkung für den sozialrechtlichen Leistungsanspruch eines Versicherten in der gesetzlichen Krankenversicherung.[40]

**Drittschutz i.S.d. Deliktsrechts**

Viele Vorschriften des Arzneimittelgesetzes sind aufgrund ihrer verbraucherschutzrechtlichen Ausrichtung auch Schutzgesetze im Sinne des Deliktsrechts, da ihnen eine drittschützende Wirkung zukommt. Daher können Verstöße gegen diese drittschützenden Bestimmungen des Arzneimittelgesetzes in Verbindung mit § 823 Abs. 2 BGB eine eigenständige Haftung nach allgemeinem Deliktsrecht begründen. Das Arzneimittelgesetz enthält darüber hinaus eine Vielzahl drittschützender Bestimmungen, deren Verletzung durch Behörden oder Behördenvertreter deliktsrechtlich auch Amtshaftungsansprüche gem. § 839 Abs. 1 BGB begründen kann. 25

**Regelung von Marktverhalten i.S.d. Wettbewerbsrechts**

Ferner sind viele Vorschriften des Arzneimittelgesetzes im Sinne des § 4 Nr. 11 UWG auch „dazu bestimmt, im Interesse der Marktteilnehmer das Marktverhalten zu regeln". Ein Verstoß gegen diese Vorschriften des Arzneimittelgesetzes stellt eine unlautere geschäftliche Handlung im Wettbewerb dar. Das Arzneimittelgesetz regelt daher generell auch wettbewerbsrechtlich relevantes Marktverhalten im Interesse aller Akteure des Arzneimittelmarktes, so dass das Arzneimittelgesetz hierüber auch lauterkeitsrechtliche Wirkungen entfaltet. 26

## III. Die Gesetzgebungskompetenz für das Arzneimittelgesetz

Die Ermächtigungsnorm für das Arzneimittelgesetz ist Art. 74 Nr. 19 GG (konkurrierende Gesetzgebung). Diese Norm ermächtigte den Bund ursprünglich nur zur Regelung des „Verkehrs mit Arzneimitteln". Auch wenn dieser Regelungsbereich begrifflich weit ausgelegt wurde, wurden dem Gesetzgeber durch das BVerfG spürbare Grenzen seiner Gesetzgebungskompetenz aufgezeigt. So entschied das BVerfG in seinem Urteil zur Frischzellen-VO[41], dass der Bund nach Art. 74 Nr. 19 GG a.F. keine Kompetenz zur Regelung der Herstellung von Arzneimitteln hatte, die ein Arzt zur Anwendung bei eigenen Patienten herstellt. Darüber hinaus stellte das BVerfG klar, dass die Gesetzgebungskompetenz für den „Verkehr mit Arzneimitteln" eben nicht auch die Kompetenz zur Regulierung des Umganges eines Arztes mit Arzneimitteln umfasst. Noch weniger umfasste diese Gesetzgebungskompetenz die ärztliche Behandlungsentscheidung, da diese zur ärztlichen Berufsausübung gehört und deren Regulierung kompetenzrechtlich Ländersache ist. Als Reaktion auf das BVerfG-Urteil zur Frischzellen-VO hatte der Gesetzgeber den – bis zur AMG-Novelle 2009 gültigen – § 4a S. 1 Nr. 3 a.F. beschlossen, der unter anderem dazu führte, dass die Herstellung von Arzneimit- 27

---

40 Vgl. BSG, Urt. v. 19.3.2002 – Az.: B 1 KR 37/00 R, PharmR 2002, 371 = NJW 2003, 460 = BSGE 89, 184.

41 BVerfG, Urt. v 16.02.2000 – Az.: 1 BvR 420/97, NJW 2000, 857. Es ging um die Verordnung über das Verbot der Verwendung bestimmter Stoffe zur Herstellung von Arzneimitteln (Frischzellen-Verordnung) vom 04.03.1997, BGBl. I S. 432.

teln in Arztpraxen weitgehend aus dem Anwendungsbereich des AMG herausfiel und auch nicht der behördlichen Überwachung nach dem Arzneimittelgesetz (§ 64) unterlag.[42]

28 Zur Erweiterung der Kompetenzen des Bundes auf dem Gebiet des Arzneimittelrechts wurde mit der Föderalismusreform I[43] die konkurrierende Gesetzgebungskompetenz in Art. 74 Abs. 1 Nr. 19 GG nunmehr erweitert. Jetzt umfasst diese Gesetzgebungskompetenz nicht mehr nur den „Verkehr mit Arzneimitteln", sondern das „Recht der Arzneien". Von der erweiterten Gesetzgebungskompetenz hat der Bund zwischenzeitlich bei der AMG-Novelle 2009 auch Gebrauch gemacht. So wurde die angesprochene Ausnahmenorm § 4a S. 1 Nr. 3 a.F. gestrichen und auch die Arzneimittelherstellung durch einen Arzt zur unmittelbaren Patientenbehandlung der behördlichen Überwachung unterworfen. Einen weiteren Eingriff in die ärztliche Berufsfreiheit stellt der novellierte § 5 Abs. 1 dar, der nunmehr auch die Anwendung bedenklicher Arzneimittel durch einen Arzt bei seinen Patienten verbietet und unter Strafe stellt. Gerade durch die zuletzt genannte Bestimmung greift das AMG auch in die ärztliche Behandlungsentscheidung und damit in die ärztliche Therapie- und Methodenfreiheit ein. Die ärztliche Therapie- und Methodenfreiheit steht wiederum für einen Kernaspekt der durch Art. 12 GG geschützten ärztlichen Berufsausübungsfreiheit.

29 Zusammenfassend basiert die Arzneimittelsicherheit auf mehreren Säulen, und zwar insbesondere auf

1. der Wirksamkeit und Verträglichkeit des Arzneimittels als pharmakologisch-toxikologisches Modell;
2. der spezifikationsgemäßen Herstellung und Qualität des Arzneimittels;
3. der ordnungsgemäßen und vollständigen Arzneimittelinformation;
4. der fachgerechten medizinischen Anwendung des Arzneimittels.

30 Der Regelungsgehalt des Arzneimittelgesetzes erfasst von dieser Aufzählung jedenfalls die Unterpunkte (1) bis (3). Bis zur AMG-Novelle 2009 war unstreitig, dass das Arzneimittelgesetz den Unterpunkt (4) nicht erfasste. Das bedeutete, dass die Anwendung von Arzneimitteln durch den Arzt nicht vom Arzneimittelgesetz reguliert wurde. Das lag an den Grenzen der Kompetenznorm (Art. 74 Nr. 19 GG a.F.). Da aber diese Kompetenznorm zwischenzeitlich auf das „Recht der Arzneien" erweitert wurde, könnte auch die Erweiterung der Verbotsnorm in § 5 Abs. 1 auf den Bereich der ärztlichen Therapieentscheidung einen ersten Schritt des Bundesgesetzgebers in die Richtung einer Regulierung des medizinischen Umganges mit Arzneimitteln darstellen.

---

[42] BVerwG, Urt. v. 18.03.2004 – Az.: 3 C 16/03, GesR 2004, 335 = NVwZ 2005, 89; s.a. BVerwG, Urt. v. 18.03.2004 – Az.: 3 C 17/03, EurUP 2004, 163; alle auch abrufbar unter www.juris.de.

[43] Gesetz zur Änderung des Grundgesetzes vom 28.08.2006, BGBl. I S. 2034.

Vor diesem Hintergrund bedarf die Reichweite der erweiterten Kompetenznorm in Art. 74 Nr. 19 GG n.F. zur Regelung des „Rechts der Arzneien" einer sachgerechten Konturierung. Es erscheint insofern zweifelhaft, ob das „Recht der Arzneien" auch das „Recht der Anwendung der Arzneien" durch einen Arzt oder anderen Angehörigen eines Heilberufes einschließt. Die medizinische Anwendung von Arzneimitteln und die Faktoren, die der ärztlichen Therapieentscheidung zugrunde liegen, gehen über die im Arzneimittelrecht regulierten produktspezifischen Aspekte hinaus. An die konkrete ärztliche Therapieentscheidung zur Anwendung eines bestimmten Arzneimittels darf nicht der gleiche sicherheitsrechtliche Maßstab angelegt werden, der bei der abstrakten Prüfung der Verkehrsfähigkeit eines Arzneimittels gilt. Die Anwendungsfähigkeit eines Arzneimittels aus Sicht des Arztes geht über die arzneimittelzulassungsrechtliche Verkehrsfähigkeit des Produkts hinaus, weil die ärztliche Berufsausübungsfreiheit und damit die ärztliche Therapiefreiheit auf einer anderen, weitergreifenden Legitimation beruhen.[44] Daher muss eine Vermengung der materiell und formell unterschiedlichen rechtlichen Maßstäbe des Arzneimittelrechts mit denen des ärztlichen Berufs- und Heilbehandlungsrechts vermieden werden.[45] **31**

44 Siehe Hart, ZMGR 2008, 240, 243, zu dem Verhältnis von Arzneimittelrecht und Arzt(haftungs)recht.

45 Die Ausführungen gelten entsprechend für andere Heilberufe.

## § 2
## Arzneimittelbegriff

**(1) Arzneimittel sind Stoffe oder Zubereitungen aus Stoffen,**

1. **die zur Anwendung im oder am menschlichen oder tierischen Körper bestimmt sind und als Mittel mit Eigenschaften zur Heilung oder Linderung oder zur Verhütung menschlicher oder tierischer Krankheiten oder krankhafter Beschwerden bestimmt sind oder**
2. **die im oder am menschlichen oder tierischen Körper angewendet oder einem Menschen oder einem Tier verabreicht werden können, um entweder**
   a) **die physiologischen Funktionen durch eine pharmakologische, immunologische oder metabolische Wirkung wiederherzustellen, zu korrigieren oder zu beeinflussen oder**
   b) **eine medizinische Diagnose zu erstellen.**

**(2) Als Arzneimittel gelten**

1. **Gegenstände, die ein Arzneimittel nach Absatz 1 enthalten oder auf die ein Arzneimittel nach Absatz 1 aufgebracht ist und die dazu bestimmt sind, dauernd oder vorübergehend mit dem menschlichen oder tierischen Körper in Berührung gebracht zu werden,**

1a. **tierärztliche Instrumente, soweit sie zur einmaligen Anwendung bestimmt sind und aus der Kennzeichnung hervorgeht, dass sie einem Verfahren zur Verminderung der Keimzahl unterzogen worden sind,**

2. **Gegenstände, die, ohne Gegenstände nach Nummer 1 oder 1a zu sein, dazu bestimmt sind, zu den in Absatz 1 bezeichneten Zwecken in den tierischen Körper dauernd oder vorübergehend eingebracht zu werden, ausgenommen tierärztliche Instrumente,**
3. **Verbandstoffe und chirurgische Nahtmaterialien, soweit sie zur Anwendung am oder im tierischen Körper bestimmt und nicht Gegenstände der Nummer 1, 1a oder 2 sind,**
4. **Stoffe und Zubereitungen aus Stoffen, die, auch im Zusammenwirken mit anderen Stoffen oder Zubereitungen aus Stoffen, dazu bestimmt sind, ohne am oder im tierischen Körper angewendet zu werden, die Beschaffenheit, den Zustand oder die Funktion des tierischen Körpers erkennen zu lassen oder der Erkennung von Krankheitserregern bei Tieren zu dienen.**

**(3) Arzneimittel sind nicht**

1. **Lebensmittel im Sinne des § 2 Abs. 2 des Lebensmittel- und Futtermittelgesetzbuches,**
2. **kosmetische Mittel im Sinne des § 2 Abs. 5 des Lebensmittel- und Futtermittelgesetzbuches,**
3. **Tabakerzeugnisse im Sinne des § 3 des Vorläufigen Tabakgesetzes,**
4. **Stoffe oder Zubereitungen aus Stoffen, die ausschließlich dazu bestimmt sind, äußerlich am Tier zur Reinigung oder Pflege oder zur Beeinflussung des Aussehens oder des Körpergeruchs angewendet zu werden, soweit ihnen keine Stoffe oder Zubereitungen aus Stoffen zugesetzt sind, die vom Verkehr außerhalb der Apotheke ausgeschlossen sind,**

**5. Biozid-Produkte nach § 3b des Chemikaliengesetzes,**
**6. Futtermittel im Sinne des § 3 Nr. 11 bis 15 des Lebensmittel- und Futtermittelgesetzbuches,**
**7. Medizinprodukte und Zubehör für Medizinprodukte im Sinne des § 3 des Medizinproduktegesetzes, es sei denn, es handelt sich um Arzneimittel im Sinne des § 2 Abs. 1 Nr. 2,**
**8. Organe im Sinne des § 1a Nr. 1 des Transplantationsgesetzes, wenn sie zur Übertragung auf menschliche Empfänger bestimmt sind.**

**(3a) Arzneimittel sind auch Erzeugnisse, die Stoffe oder Zubereitungen aus Stoffen sind oder enthalten, die unter Berücksichtigung aller Eigenschaften des Erzeugnisses unter eine Begriffsbestimmung des Absatzes 1 fallen und zugleich unter die Begriffsbestimmung eines Erzeugnisses nach Absatz 3 fallen können.**

**(4) Solange ein Mittel nach diesem Gesetz als Arzneimittel zugelassen oder registriert oder durch Rechtsverordnung von der Zulassung oder Registrierung freigestellt ist, gilt es als Arzneimittel. Hat die zuständige Bundesoberbehörde die Zulassung oder Registrierung eines Mittels mit der Begründung abgelehnt, dass es sich um kein Arzneimittel handelt, so gilt es nicht als Arzneimittel.**

**Übersicht** **Rz.**



**Literatur**

Anhalt, Immunologische Reaktionsweisen als drittes Abgrenzungskriterium, MPJ 2009, 254; Anhalt, Lücker, Wimmer, Abgrenzung Arzneimittel-Medizinprodukt: Pharmakologisch ist nicht biochemisch, PharmR 2007, 45; Bender, Organtransplantation und AMG, VersR 1999, 419; Delewski, Die Entwicklung des Nahrungsergänzungsmittelrechts in den letzten Jahren, LMuR 2010, 1; Dettling, Cholesterinsenker: Arzneimittel, Medizinprodukte oder Lebensmittel? (Teil 2), LMuR 2009, 101; Dettling, Zur Abgrenzung von Arzneimitteln und Medizinprodukten, PharmR 2006, 578; Doepner, Hüttebräuker, Die Abgrenzungsproblematik Arzneimittel/Lebensmittel – nunmehr definitiv höchstrichterlich geklärt?, ZLR 2008, 1; Gutzler, Die Abgrenzung zwischen Arznei- und Lebensmitteln in der gesetzlichen Krankenversicherung – alles beim Alten?, SGb 2008, 341; Hagenmayer, Hahn, Zurück zum Lebensmittel- oder „Back to the roots", WRP 2008, 275; Hasskarl, Arzneimittelrechtliche, medizinprodukterechtliche und transplantationsrechtliche Fragen im Zusammenhang mit der Herstellung von Hauttransplantaten, PharmaR 1998, 412, Heßhaus, Rohstoff, Wirkstoff, Arzneimittel – Abgrenzungsfragen in der „dritten Dimension", StoffR 2006 27; Hobusch, Ochs, Rechtsprechungsübersicht zum Medizinprodukterecht und angrenzende Gebieten, MedR 2009, 15, Jäkel, Die rechtliche Einstufung von Desinfektionsmitteln in Deutschland, PatR/Q-med 2009, 23; Körner, Betäubungsmittelgesetz, Arzneimittelgesetz (Kommentar), 5. Auflage, 2001; Kraft, Röcke, Auswirkungen der neuen Zweifelsregelung in Artikel 2 Absatz 2 der Arzneimittelrichtlinie 2001/83/EG auf die Einstufung von „Grenzprodukten" als Lebens- oder Arzneimittel, ZLR 2006, 19; Krell Zbinden, „Cayenne Pfeffer und Knoblauchöl" – Der Grenzbereich zwischen Lebensmitteln, Arzneimitteln, Kosmetika, Pflanzenschutzmitteln und Bioziden, ZLR 2008, 427; Kügel, Zur Abgrenzung von Arzneimitteln und Lebensmitteln bei einem Produkt zur Förderung der Milchzuckerspaltung, ZLR 2008, 373; Lippert, Die Eigenblutspende, VersR 1992, 790; Ders., Implantate, Transplantate, Infusionen und Transfusionen – Wer haftet wie?, VersR 1994, 153; Messer, Antibiotika – Ihre Verwendung in der Tiermedizin zu therapeutischen Zwecken und in der Landwirtschaft als Futtermittelzusatz, PharmaR 1986, 183; Mestel, Abgrenzung kosmetischer Mittel von Arzneimitteln, StoffR 2005, 230; Meyer, Reinhart, Das neue Lebensmittel- und Futtermittelgesetzbuch – eine Mogelpackung, WRP 2005, 1437; Müller, Anmerkung, Aktuelles zum Funktionsarzneimittel – Grünes Licht für Red Rice?, LMuR 2009, 129; Ders., Grundfragen des Arzneimittelbegriffes und der Zweifelsregelung, NVwZ 2009, 425; Ders., Aktuelle Fragen zum europäischen Arzneimittelbegriff, EuZW 2009, 603; Oelrichs, Abgrenzung von Lebensmitteln und Arzneimitteln bei enzymhaltigen Produkten, ZLR 2007, 111; Ohly, Das Herkunftslandprinzip im Bereich vollständig angeglichenen Lauterkeitsrechts, WRP 2006, 1401; Rabe, Arzneimittel und Lebensmittel, Abgrenzungsprobleme und europarechtliche Dimension, NJW 1990, 1390; Rehmann, Die Abgrenzung der Arzneimittel von den Nahrungsergänzungsmitteln – die neuere Rechtsprechung, A&R 2009, 58; Rehmann, Paal, Die 15. AMG-Novelle – Ein Überblick, A&R 2009, 195; Reinhart, Zur Beweislast in Bezug auf das Vorliegen eines Funktionsarzneimittels, ZLR 2008, 640; Rennert, Der Arzneimittelbegriff in der jüngeren Rechtsprechung des BVerwG, NVwZ 2008, 1179; Roebel, Parzeller, Schulze, Arzneimittel oder Lebensmittel – Unterscheidung anhand der pharmakologischen Wirkung? StoffR 2005, 208 (Teil 1) und StoffR 2005, 233 (Teil 2); Roth, Vier Begriffe für ein Objekt – die arzneimittelrechtliche Begriffsvielfalt beim „menschlichen Gewebe", A&R 2008, 25; Sibbing, Middeler, Wirken Macrogol-haltige Laxanzien und Simeticon-haltige Produkte auf metabolische Art und Weise?, MPJ 2009, 182; Steinbeck, Was ist ein Arzneimittel?, MedR 2009, 145; Terbille, Münchener Anwaltshandbuch Medizinrecht, 2009; Vergho, Strafrechtliche Probleme bei der Abgrenzung von Lebensmitteln und Arzneimitteln – Der Umgang mit § 96 Nr. 5 AMG beim Vertrieb von Grenzprodukten, PharmR 2009, 221; Wille, Neuregelung der arzneimittelähnlichen Medizinprodukte: Antragsverfahren beim G-BA, MPJ 2009, 239; Winkler, Streckmittel und der Arzneimittelbegriff, jurisPR-StrafR 2/2008 Anm. 4.

## I. Die Bedeutung der Norm

1 Bei § 2 handelt es sich um die zentrale Vorschrift des Arzneimittelrechts. In dieser Norm legt der Gesetzgeber den für das gesamte AMG geltenden Begriff des Arzneimittels fest. Der Arzneimittelbegriff ist von grundlegender Bedeutung für den sachlichen Anwendungsbereich und die Reichweite des AMG. Die Definition des Arzneimittelbegriffs in § 2 AMG umfasst sowohl Humanarzneimittel als auch Tierarzneimittel. § 2 verdeutlicht, dass es sich bei dem AMG um ein Stoffgesetz

handelt. Das Arzneimittelrecht ist Stoffrecht. Nur Stoffe oder Zubereitungen aus Stoffen sind Arzneimittel (von fiktiven Arzneimitteln gem. § 2 Abs. 2 abgesehen).

Die Norm definiert in Abs. 1 zunächst, welche Stoffe und Stoffzubereitungen unter den Begriff Arzneimittel fallen. Sodann ergänzt Abs. 2 diesen Kreis an Produkten um Gegenstände, die fiktiv als Arzneimittel gelten sollen (fiktive Arzneimittel). Zu dieser positiven Begriffsbestimmung tritt in Abs. 3 eine Negativabgrenzung zu Produkten hinzu, die keine Arzneimittel sind. In Abs. 3a findet sich eine abgeschwächte Zweifelsfallregelung zur rechtlichen Handhabung von Grenzprodukten. Ferner stellt Abs. 4 eine unwiderlegliche Vermutung auf, die an behördliche Zulassungsentscheidungen anknüpft und der Rechtssicherheit und dem Bestandsschutz dient. **2**

Der Arzneimittelbegriff und die Abgrenzung zu anderen Produkten ist von erheblicher praktischer und rechtlicher Bedeutung. Dies gilt sowohl für das Arzneimittelrecht (als Verwaltungsrecht) als auch für das Wettbewerbsrecht. Die Bestimmung der Arzneimitteleigenschaft eines Produkts ist auch von erheblicher strafrechtlicher Relevanz.[1] Nicht zuletzt ist die Abgrenzung zwischen Arzneimitteln und anderen Produkten relevant für das sachbereichsbezogene Krankenversicherungs- und Kostenerstattungsrecht.[2] **3**

## II. Allgemeines zum Arzneimittelbegriff

Der Arzneimittelbegriff in § 2 Abs. 1 ist durch die letzte AMG-Novelle 2009[3] grundlegend novelliert worden. Nunmehr hat der Gesetzgeber den europarechtlichen Arzneimittelbegriff aus Art. 1 Nr. 2 lit. a) und b) der Richtlinie 2001/83/EG ins AMG implementiert. Der neue Abs. 1 erfasst nun sowohl die sog. „Präsentationsarzneimittel„ (Nr. 1) als auch die sog. „Funktionsarzneimittel" (Nr. 2).[4] Der Meinungsstreit, ob in Gestalt des Art. 1 Nr. 2 RiLi 2001/83/EG eine Vollharmonisierung des Arzneimittelbegriffs zwischen nationalem und europäischem Recht erreicht wurde[5], ist durch die Novelle entschärft worden. Die Abgrenzung zwischen Arzneimitteln und anderen Produkten ist anhand des neuen § 2 vorzunehmen. Eine direkte Anwendung des Art. 1 Nr. 2 der RiLi 2001/83/EG kommt nicht in Betracht. Allein verbindlich ist § 2, der erforderlichenfalls richtlinienkonform auszulegen ist. Insofern ist die Theorie von der Vollharmonisierung abzulehnen, zumal selbst der EuGH wiederholt klargestellt hat, dass es beim Arzneimittelbegriff in **4**

---

1 Vgl. BGH, Urt. v. 08.12.2009 – Az.: 1 StR 277/09, PharmR 2010, 30; BGH, Beschl. v. 06.11.2007 – Az.: 1 StR 302/07, PharmR 2008, 209 = NStZ 2008, 195.

2 Vgl. etwa BSG, Urt. v. 28.02.2008 – Az.: B 1 KR 16/07 R, PharmR 2008, 343, mit Anmerkung von Tillmanns, PharmR 2008, 350. Zur Problematik der Abgrenzung zwischen Arzneimitteln und Lebensmitteln in der GKV s. Gutzler, SGb 2008, 341 ff., m.w.N.

3 Gesetz zur Änderung arzneimittelrechtlicher und anderer Vorschriften vom 17.07.2009, BGBl. I S.1990.

4 BT-Drs. 16/12256, S. 41.

5 Zum Meinungsstand Müller, NVwZ 2009, 425 ff.

der EU noch keine Vollharmonisierung gibt.[6] Die Frage nach der Vollharmonisierung wurde bisher auch nicht dem EuGH vorgelegt.[7] Festzuhalten ist, dass – auch im Falle künftiger Änderungen der RiLi 2001/83/EG – der § 2 den national verbindlichen Arzneimittelbegriff normiert.

**5** Bereits vor Angleichung der Begrifflichkeiten zwischen AMG und Gemeinschaftskodex durch die AMG-Novelle 2009 wurden die gemeinschaftsrechtlichen Vorgaben schon national angewandt. Entsprechend heißt es in der amtlichen Begründung zu dem novellierten Abs. 1: „Diese Änderungen sind weitgehend ohne Auswirkungen in der Anwendungspraxis, weil die Kernelemente der bisherigen deutschen und der gemeinschaftsrechtlichen Arzneimitteldefinition übereinstimmen."[8]

**6** Arzneimittel sind gem. § 2 Abs. 1 „Stoffe" und „Zubereitungen aus Stoffen". Die inhaltliche Reichweite des Stoffbegriffs ergibt sich aus § 3, wo die verschiedenen Stoff-Kategorien normiert sind (siehe die Kommentierung zu § 3). Der Begriff der „Zubereitung" ist im AMG nicht definiert. Das Chemikalienrecht definiert Zubereitungen als „aus zwei oder mehreren Stoffen bestehende Gemenge, Gemische oder Lösungen".[9] Diese Definition erscheint auch im Arzneimittelrecht brauchbar.

## III. Präsentationsarzneimittel (Abs. 1 Nr. 1)

### 1. Regelungsgehalt der Norm

**7** § 2 Abs. 1 Nr. 1 normiert die „Präsentationsarzneimittel", d.h. die „Arzneimittel nach der Bezeichnung". Hierunter fallen alle Stoffe und Zubereitungen aus Stoffen, die zur Anwendung im oder am menschlichen oder tierischen Körper bestimmt sind und als Mittel mit Eigenschaften zur Heilung oder Linderung oder zur Verhütung menschlicher oder tierischer Krankheiten oder krankhafter Beschwerden bestimmt sind. Hiernach kommt es darauf an, wie die Arzneimittel vom pharmazeutischen Unternehmer „bestimmt", d.h. im Verkehr bezeichnet oder – treffender – *präsentiert* werden. Dieses Normverständnis ergibt sich insbesondere auch aus der englischen Übersetzung des von Abs. 1 Nr. 1 in nationales Recht umgesetzten Art. 1 Nr. 2 lit. a) der RiLi 2001/83/EG, wo Präsentationsarzneimittel wie folgt definiert werden: „Any substance or combination of substances *presented* as having properties for treating or preventing disease in human beings" (Hervorhebung durch Kommentator).

---

[6] EuGH, Urt. v. 15.11.2007 – Az.: C-319/05, Rz.37; EuGH, Urt. v. 15.01.2009 – Az.: C-140/07, Rz. 28; so auch Müller, NVwZ 2009, 425. 427; Delewski, LMuR 2010, 1, 7, jeweils m.w.N. auch für die Gegenansicht.

[7] Diese Zurückhaltung des BVerwG bewertet Müller, NVwZ 2009, 425, 428, als „besonders bemerkenswert", da das BVerwG ein Hauptvertreter der Vollharmonisierungs-Theorie ist.

[8] BT-Drs. 16/12256, S. 41.

[9] Legaldefinition in § 3 Nr. 4 ChemG.

Der in der deutschen Übersetzung des Art. 1 Nr. 2 lit. a) der RiLi 2001/83/EG verwendete Ausdruck „bestimmt“ ist nicht vergleichbar klar wie „presented“ im Englischen.[10] Da in § 2 Abs. 1 Nr. 1 AMG der Begriff „bestimmt“ auch noch doppelt verwendet wird, erschwert dies zusätzlich die Erkennbarkeit des an sich normierten Präsentationsarzneimittels im Normtext.[11] Das liegt daran, dass der Begriff „bestimmt“ üblicherweise für die *objektive* „Zweck*bestimmung*“ eines Produkts verwendet wird.[12] Exakt so war bis zur RiLi 2004/27/EG in der deutschen Version des Gemeinschaftskodex das Funktionsarzneimittel definiert. Für die Definition von Präsentationsarzneimitteln wurde damals noch das Wort „bezeichnet“ verwendet. **8**

Wegen des neuen „bestimmt“ in der Definition des Präsentationsarzneimittels in der RiLi 2001/83/EG wird in der Literatur bezweifelt, dass die Norm weiterhin auch Produkte erfasst, die zwar subjektiv den Anschein eines Arzneimittels erwecken, aber objektiv ungeeignet sind, arzneiliche Zwecke zu erfüllen.[13] Es sei fraglich, ob der Begriff Präsentationsarzneimittel immer noch die gleiche Reichweite hat wie vor der RiLi 2004/27/EG. Diese Auffassung ist abzulehnen. Ihr wäre nur dann zuzustimmen gewesen, wenn der Gemeinschaftsgesetzgeber das Verb „bezeichnet“ absichtsvoll durch „bestimmt“ ersetzt hätte. Das ist aber nicht der Fall, was sich aus der Heranziehung – unter anderem – der englischen Übersetzung der RiLi 2001/83/EG und 2004/27/EG ergibt: dort wird in beiden Richtlinien einheitlich das Wort „*presented*“ verwendet. Das gilt u.a. auch für die französische, italienische, spanische und niederländische Übersetzung der Richtlinien.[14] Der Gemeinschaftsgesetzgeber hat also keinen Wechsel des maßgeblichen Verbs in der Definition des Präsentationsarzneimittels bezweckt.[15] **9**

Mithin wurde nur in der deutschen Übersetzung der RiLi 2001/83/EG nach der Novellierung durch die RiLi 2004/27/EG der früher verwendete und sachgerechtere Begriff „bezeichnet“ durch „bestimmt“ ersetzt. Dieser Schritt ist umso fragwür- **10**

---

10 Auch andere Übersetzungen knüpfen direkt an „presented“ an: siehe in der französischen Übersetzung: présentée; in der italienischen Übersetzung: „presentata“; in der spanischen Übersetzung: „presente“, in der niederländischen Übersetzung: „aangedient“.

11 Hiermit weicht der deutsche Gesetzgeber erneut von Art. 1 Nr. 2 a) der RiLi 2001/83/EG ab.

12 Rehmann, § 2 Rz. 6.

13 Rehmann, § 2 Rz. 6.

14 In der französischen, italienischen und spanischen Übersetzung wird auch das nationale Pendant zu dem englischen „presented“ verwendet (présentée, presentata, presente). Besonders treffend ist die niederländische Übersetzung, wo „presented“ mit „aangedient“ (auf Deutsch: angedient) übersetzt wird. Dadurch wird der vertriebsnahe Charakter des Begriffs „Präsentationsarzneimittel“ besonders deutlich.

15 Art. 1 Nr. 2 der RiLi 2001/83/EG lautete zuvor: „Any substance or combination of substances *presented* for treating or preventing disease in human beings.“ Durch die RiLi 2004/27/EG wurde Art. 1 Nr. 2 der RiLi 2001/83/EG wie folgt gefasst: „Any substance or combination of substances *presented* as having properties for treating or preventing disease in human beings“ (Hervorhebungen durch Kommentator).

diger, als die Begriffe „bezeichnet“ (für Präsentationsarzneimittel) und „bestimmt“ (für Funktionsarzneimittel) in der deutschen Übersetzung der RiLi 2001/83/EG und vom EuGH vor der RiLi 2004/27/EG als begriffliches Gegensatzpaar verwendet wurden.[16] Da ausweislich der englischen und anderer Übersetzungen der Richtlinien keine Änderung des maßgeblichen Begriffs vorgesehen war, muss dieser Schritt in der deutschen Übersetzung als wenig geglückte redaktionelle Änderung angesehen werden.[17] Festzuhalten ist, dass der Gemeinschaftsgesetzgeber den Begriff des Präsentationsarzneimittels nicht verobjektivieren, sondern die zuvor gefestigte subjektive Begriffsbestimmung beibehalten wollte. Daher ist in der deutschen Übersetzung der RiLi 2001/83/EG das Wort „bestimmt“ teleologisch als „bezeichnet“ oder „präsentiert“ auszulegen.

**11** Die dargestellte Neuerung in Gestalt des Begriffs „bestimmt“ in der deutschen Übersetzung des Art. 1 Nr. 2 der RiLi 2001/83/EG hat sich mit der AMG-Novelle 2009 auch in § 2 Abs. 1 Nr. 1 AMG fortgepflanzt. Auch hier wird das Wort „bestimmt“ verwendet. Der deutsche Gesetzgeber legt dabei im wahrsten Sinne des Wortes sogar „noch einen drauf“, indem er das „bestimmt“ in Abs. 1 Nr. 1 gleich zweimal nutzt. Trotz dieser sprachlichen Fassung der Definition des Präsentationsarzneimittels ist zu betonen, dass der Begriff nicht auf die objektive (Zweck-)Bestimmung des fraglichen Produkts abstellt, sondern auf die subjektiv determinierte Art und Weise seiner Präsentation. Ausweislich der amtlichen Begründung beabsichtigte der Gesetzgeber mit der AMG-Novelle 2009 nur die Umsetzung der etablierten europarechtlichen Begriffe und nicht deren Modifikation.[18] Daher ist auch bei der Auslegung des neuen § 2 Abs. 1 Nr. 1 das zweifach verwendete „bestimmt“ im Sinne von „bezeichnet“ oder noch sachgerechter als „präsentiert“ auszulegen. Der Begriff „präsentiert“ ist sachgerechter, weil die „Präsentation“ eines Produkts über die „Bezeichnung“ hinausgeht. Auch der EuGH legt in der Definition des Präsentationsarzneimittels das „presented“ (als Übersetzung von „bestimmt“ bzw. früher „bezeichnet“) weit aus.[19]

**12** Die hier befürwortete Auslegung des in Abs. 1 Nr. 1 verwendeten „bestimmt“ im Sinne von „präsentiert“ ist auch aus strafrechtlicher Sicht geboten. Da mehrere AMG-Strafbestimmungen in § 95 und § 96 an den Arzneimittelbegriff des § 2 anknüpfen, ist auch die Bestimmtheit der Strafnormen gem. Art. 103 Abs. 2 GG von einem hinreichend bestimmten Arzneimittelbegriff abhängig. Für die hinreichende Bestimmtheit des Präsentationsarzneimittel-Begriffs ist es aufgrund seiner europarechtlichen Begriffsprägung geboten, dass das in der Norm verwendete Verb „bestimmt“ als deutsche Übersetzung für „presented“ ausgelegt wird, d.h. im Sinne von „präsentiert“.

---

[16] EuGH, Urt. v. 21.03.1991 – Az.: C-369/88; siehe die Schlussanträge der Generalanwältin Verica Trstenjak vom 19.06.2008 in der Rechtssache C-140/07, Rz. 53, m.w.N.; abrufbar unter www.curia.europa.eu.

[17] Auch Steinbeck wertet diesen Schritt als bloße redaktionelle Änderung, vgl. MedR 2009, 145, 146.

[18] BT-Drucks. 16/12256, S. 41.

[19] EuGH, Urt. v. 16.04.1991 - Az.: C-112/89, Rz. 16.

## 2. Begriffsmerkmale und Abgrenzungskriterien

13 Die Entscheidung, ob ein Präsentationsarzneimittel vorliegt, ist unter Heranziehung aller Umstände des Einzelfalles und der Produkt-Präsentation zu treffen. Ein Präsentationsarzneimittel ist anzunehmen, wenn die Bezeichnung, Aufmachung oder sonstige Präsentation des Produkts bei einem durchschnittlich informierten Verbraucher den schlüssigen Eindruck erweckt, dass das Produkt bei seiner Einnahme die in Abs. 1 Nr. 1 genannten Wirkungen entfalten wird.[20] Ausgangspunkt für die rechtliche Einordnung ist in der Regel die Produktbezeichnung. Ein Präsentationsarzneimittel liegt vor, wenn das Produkt auf seiner Kennzeichnung oder der Packungsbeilage oder mündlich ausdrücklich als ein Arzneimittel bezeichnet oder empfohlen wird. Es kommt darauf an, ob bei einem durchschnittlich informierten Verbraucher nur schlüssig, aber mit Gewissheit der Eindruck entsteht, dass das Mittel in Anbetracht seiner Aufmachung die Eigenschaften aus Abs. 1 Nr. 1 haben müsse. Auch die Produktdarbietung und Bewerbung bieten Hinweise für die rechtliche Einstufung. Die Präsentation i.S.d. Abs. 1 Nr. 1 kann auch konkludent erfolgen. Auch Empfehlungen von dritter Seite, etwa von medizinischen Fachgesellschaften, können den Schluss nahelegen, dass ein Präsentationsarzneimittel vorliegt.

14 Die Annahme eines Präsentationsarzneimittels liegt auch nahe bei der preisenden Nennung von (vermeintlich) arzneilich wirksamen Bestandteilen oder Wirkungen.[21] Eine werbliche, preisende Nennung solcher Aspekte liegt auch vor, wenn ein Unternehmen auf Produktbeschreibungen im Internet hinweist, in denen einem Mittel arzneiliche Wirkungen oder heilende Wirkungen gegen Krankheiten zugeschrieben werden[22] oder Verlinkungen mit (auch ausländischen) Internetseiten angeboten werden, auf denen dem Produkt arzneiliche Qualitäten zugeschrieben werden. Durch solche Hinweise und Verknüpfungen wird das Produkt als Arzneimittel präsentiert, auch wenn es nominell etwa als Nahrungsergänzungsmittel oder Kosmetikum bezeichnet wird.

15 Es kommt bei Abs. 1 Nr. 1 nicht darauf an, ob das Produkt auch tatsächlich geeignet ist, die in Abs. 1 Nr. 1 genannten Wirkungen herbeizuführen. Auch bloße Anscheinsarzneimittel fallen unter den Begriff des Präsentationsarzneimittels.[23] Auch therapeutisch wirkungslose Produkte können Präsentationsarzneimittel sein. Der EuGH hat wiederholt festgestellt, dass das Kriterium der „Bezeichnung" auch solche Produkte erfasst, die nicht ausreichend wirksam sind oder nicht die Wirkung haben, die der Verbraucher nach ihrer Präsentation erwarten darf. Dadurch soll der Verbraucher nicht nur vor schädlichen oder giftigen Arzneimitteln als solchen geschützt werden, sondern auch vor Produkten, die anstelle geeigneter Heilmittel

---

20 BVerwG, Urt. v. 26.05.2009 – Az.: 3 C 5/09, Rz. 21, PharmR 2009, 397 ff.; EuGH, Urt. v. 15.11.2007 – Az.: C-319/05, PharmR 2008, 50, jeweils m.w.N.; Rehmann, § 2 Rz. 3.

21 BVerwG, Urt. v. 26.05.2009 – Az.: 3 C 5/09, Rz. 22, PharmR 2009, 397 ff.

22 BVerwG, Urt. v. 26.05.2009 – Az.: 3 C 5/09, Rz. 23, PharmR 2009, 397 ff.

23 Vgl. EuGH, Urt. v. 16.04.1991 – Az.: C-112/89.

oder wirksamer (auch nichtmedikamentöser) medizinischer Behandlungsoptionen verwendet werden.[24]

16 Anerkannt ist, dass ein Produkt beim Fehlen einer entsprechenden Präsentation nicht alleine wegen seiner Aufmachung „als Kapsel“ als Präsentationsarzneimittel anzusehen ist. Andernfalls wären auch Lebensmittel, die in dieser Darreichungsform vertrieben werden, als Arzneimittel eingestuft. Viele Nahrungsergänzungsmittel werden auch als Kapseln, Pastillen oder Tabletten vertrieben.[25] Die Darreichungsform alleine genügt daher nicht, um ein Produkt als Präsentationsarzneimittel einzuordnen.[26] Allerdings bleibt sie weiterhin ein zu würdigender Gesichtspunkt bei der Abgrenzung zwischen Arzneimitteln und anderen Produkten.

### IV. Funktionsarzneimittel (Abs. 1 Nr. 2)

#### 1. Regelungsgehalt der Norm

17 Der neue § 2 Abs. 1 Nr. 2 definiert die Funktionsarzneimittel (Arzneimittel nach der Funktion) und setzt folgende europarechtliche Definition des Funktionsarzneimittels in Art. 1 Nr. 2 der RiLi 2001/83/EG in nationales Recht um: *„Alle Stoffe oder Stoffzusammensetzungen, die im oder am menschlichen Körper verwendet oder einem Menschen verabreicht werden können, um entweder die menschlichen physiologischen Funktionen durch eine pharmakologische, immunologische oder metabolische Wirkung wiederherzustellen, zu korrigieren oder zu beeinflussen oder eine medizinische Diagnose zu erstellen.“* Diese gemeinschaftsrechtliche Definition des Funktionsarzneimittels wird durch § 2 Abs. 1 Nr. 2 zutreffend umgesetzt.[27]

18 Die Funktionsarzneimittel lassen sich in zwei Gruppen unterteilen.

- Die erste Gruppe meint Arzneimittel, die eingesetzt werden können, weil ihr Einsatz als Maßnahme von außen die physiologischen Funktionen des Organismus wiederherstellen, korrigieren oder anderweitig beeinflussen kann. Hierunter fallen einerseits Arzneimittel, deren Einfluss auf die physiologischen Funktionen eine Interaktion des Mittels mit dem Organismus des Verbrauchers erfordert. Die Definition erfasst auch Arzneimittel, wie z.B. Antibiotika, deren Einfluss auf die physiologischen Funktionen über die Wirkung auf andere Organismen, wie z.B. Bakterien, vermittelt wird. Auch Drogen und Rauschmittel, die nicht direkt medizinisch, sondern zur Berauschung eingesetzt werden („Beeinflussung der physiologischen Funktionen“), fallen unter Abs. 1 Nr. 2 lit a).[28]

---

[24] EuGH, Urt. v. 15.11.2007 – Az.: C-319/05, Rz. 43; EuGH, Urt. v. 16.04.1991 – Az.: C-112/89, Rz. 16; EuGH, Urt. v. 30.11.1983 – Az.: C-227/82, Rz. 17.

[25] Vgl. Art. 2 lit. a) der RiLi 2002/46/EG, der für Nahrungsergänzungsmittel u.a. die Darreichungsformen „Kapseln, Pastillen, Tabletten, Pillen, Pulverbeutel, Flüssigampullen, Flaschen mit Tropfeinsätzen“ nennt.

[26] EuGH, Urt. v. 15.11.2007 – Az.: C-319/05, PharmR 2008, 50.

[27] Rehmann, Paal, A&R 2009, 195; Müller, EuZW 2009, 603, 607.

[28] BGH, Urt. v. 08.12.2009 – Az.: 1 StR 277/09, Rz. 25.

Generell liegt eine Beeinflussung physiologischer Funktionen sowohl bei einer erwünschten Beeinflussung (Heilwirkung) als auch bei einer unerwünschten schädlichen Beeinflussung (Giftwirkung) des Organismus vor.[29]

- Die zweite Gruppe der Funktionsarzneimittel erfasst *diagnostisch* einsetzbare Arzneimittel, bei denen es nicht darauf ankommt, dass sie physiologische Körperfunktionen beeinflussen. Zu diesen Arzneimitteln gehören etwa Kontrastmittel in der radiologischen Diagnostik, Radiopharmazeutika aus der Nuklearmedizin sowie sog. In-vivo-Diagnostika.

### 2. Begriffsmerkmale und Abgrenzungskriterien

Gemäß der gefestigten Rechtsprechung des EuGH sind zur Prüfung, ob ein Funktionsarzneimittel vorliegt, mehrere Kriterien heranzuziehen, von denen einige nicht explizit gesetzlich normiert sind, sondern richterrechtlich entwickelt wurden. Der EuGH fordert, dass bei der Prüfung, ob ein Funktionsarzneimittel vorliegt, von Fall zu Fall vorzugehen ist und dabei alle Merkmale des Produkts zu berücksichtigen sind, insbesondere seine Zusammensetzung, seine pharmakologischen, immunologischen oder metabolischen Eigenschaften – wie sie sich beim jeweiligen Stand der Wissenschaft feststellen lassen –, die Modalitäten seines Gebrauchs, der Umfang seiner Verbreitung, seine Bekanntheit bei den Verbrauchern und die Risiken, die seine Verwendung mit sich bringen kann.[30] Hiernach kann sich die Funktionsarzneimittel-Eigenschaft nicht nur aus der Wirkungsweise des Produkts ergeben, sondern auch aus der Gesamtschau aller Merkmale des Produkts.[31] 19

#### a) Beeinflussung physiologischer Funktionen

Als Voraussetzung zur Einstufung als Funktionsarzneimittel muss das betreffende Produkt eingesetzt werden können, *um* die physiologischen Funktionen des Organismus wiederherzustellen, zu korrigieren oder anderweitig zu beeinflussen. Die menschlichen physiologischen Funktionen sind die normalen Lebensvorgänge, die im menschlichen Körper ablaufen.[32] Der Begriff physiologische Funktion ist sehr weit gefasst. Da die Physiologie die Lehre der natürlichen (biochemischen, physikalischen, zellulären, nervalen) Lebensvorgänge des Organismus und seiner Organsysteme und deren Stoffwechsel ist, umfassen die „physiologischen Funktionen" entsprechend sämtliche körperlichen Funktionen und Vorgänge des Orga- 20

---

29 OVG Saarlouis, Urt. v. 03.02.2006 – Az.: 3 R 7/05, Rz. 127 ff., PharmR 2006, 166 ff.; VG Potsdam, Beschl. v. 08.06.2008 – Az.: 3 L 115/08, PharmR 2009, 250 = NVwZ-RR 2009, 240, m.w.N.

30 EuGH, Urt. v. 30.04.2009 – Az.: C-27/08, Rz. 18; EuGH, Urt. v. 15.01.2009 – Az.: C-140/07, Rz. 39 jeweils m.w.N.

31 EuGH, Urt. v. 30.04.2009 – Az.: C-27/08, Rz. 18; EuGH, Urt. v. 15.01.2009 – Az.: C-140/07, Rz. 39; Zustimmend: Steinbeck, MedR 2009, 145, 147 ff.; Müller, EuZW 2009, 603 ff. Ausweislich der Schlussanträge der Generalanwältin Verica Trstenjak vom 19.06.2008 – Az.: C-140/07, Rz. 87 ff., vertreten auch die EU-Kommission sowie alle Mitgliedstaaten, die sich im Verfahren geäußert haben, die gesamtbetrachtende Prüfung aller Produktmerkmale.

32 BVerwG, Urt. v. 25.07.2007 – Az.: 3 C 22/06, Rz. 22, m.w.N.

nismus.[33] Zu den physiologischen Funktionen im Sinne der Norm gehören neben der körperlichen auch die seelische Funktion des Organismus.[34] Die Einwirkung auf die seelische und zentralnervöse Funktion schließt therapeutisch angewandte Mittel ebenso ein wie Rauschmittel und Drogen. Auch Designer-Drogen[35] und als Streckmittel verwendete Substanzen wie Paracetamol und Koffein, die geeignet sind, im Sinne des § 2 Abs. 1 Nr. 2 die physiologischen Funktionen zu beeinflussen[36], sind Funktionsarzneimittel.[37]

**21** Eine „Beeinflussung physiologischer Funktionen" im Sinne des § 2 liegt sowohl bei einer positiven Beeinflussung (Heilwirkung) als auch bei einer negativen Beeinflussung (Giftwirkung) des Organismus vor.[38] Hiernach umfasst das Funktionsarzneimittel mit seiner pharmakologischen, metabolischen oder immunologischen Wirkung nicht nur den Bereich einer positiven, therapeutischen Beeinflussung der Körperfunktionen, sondern auch den Bereich einer negativen, schädlichen Einwirkung.[39]

**22** Zu dem Tatbestandsmerkmal der „Wiederherstellung, Korrektur oder Beeinflussung physiologischer Funktionen" ist anzumerken, dass viele physiologische Funktionen auch durch nichtmedikamentöse Maßnahmen beeinflussbar sind. Schon die Zufuhr von Wasser kann den Elektrolythaushalt beeinflussen und physiologische Funktionen verbessern.[40] Insofern ist zur Annahme eines Funktionsarzneimittels die bloße Fähigkeit zur Beeinflussung dieser Funktionen nicht hinreichend.[41] Das Produkt muss vielmehr geeignet sein, diese Funktionen „in nennenswerter Weise" zu beeinflussen.[42] Hierdurch werden insbesondere Lebensmittel aus der Definition des Funktionsarzneimittels ausgeschlossen. Ein Produkt beeinflusst physiologische Funktionen dann nennenswert, wenn seine Auswirkungen auf den Organismus über die Wirkungen hinausgehen, die ein „in angemessener

---

33 Dazu gehören beispielsweise der Blutdruck, Blutzuckergehalt, Cholesterinspiegel, Elektrolythaushalt, die Blutgerinnung, die Körpertemperatur, das Zellwachstum, der Hormonhaushalt, das Seh-, Hör-, Geschmacks- und Geruchsvermögen, die Nervenleitfähigkeit, die Immunabwehr auf zellulärer und serologischer Ebene, die Atmung und die Herzfunktion.

34 BGH, Urt. v. 08.12.2009 – Az.: 1 StR 277/09, Rz. 25.

35 BGH, Urt. v. 03.12.1997 – Az.: 2 StR 270/97, BGHSt 43, 336, Rz. 28.

36 Das sind Paracetamol und Koffein, wie in der Entscheidung dargelegt wird. Daher ist es unerheblich, dass sich diese Substanzen in dem konkreten Fall noch im „Stadium des Streckmittels" befanden und noch nicht mit der eigentlichen Droge vermischt wurden.

37 BGH, Beschl. v. 06.11.2007 – Az.: 1 StR 302/07, PharmR 2008, 209. Siehe dazu auch die Anmerkung von Winkler, jurisPR-StrafR 2/2008 Anm. 4.

38 OVG Saarlouis, Urt. v. 03.02.2006 – Az.: 3 R 7/05, Rz. 127 ff., PharmR 2006, 166 ff.; VG Potsdam, Beschl. v. 08.06.2008 – Az.: 3 L 115/08, PharmR 2009, 250 = NVwZ-RR 2009, 240, m.w.N.

39 OVG Saarlouis, Urt. v. 03.02.2006 – Az.: 3 R 7/05, Rz. 133, PharmR 2006, 166 ff.

40 Steinbeck, MedR 2009, 145, 146, mit weiteren Beispielen.

41 Steinbeck, MedR 2009, 145, 146.

42 EuGH, Urt. v. 15.01.2009 – Az.: C-140/07, Rz. 42; EuGH, Urt. v. 15.11.2007 – Az.: C-319/05, Rz. 60; EuGH, Urt. v. 16.04.1991 – Az.: C-112/89, Rz. 21 f.

Menge verzehrtes Lebensmittel" entfalten kann.[43] Die Bestimmung der „angemessenen Menge" des Vergleichs-Lebensmittels ist Sache der Einzelfallprüfung. Auch Modalitäten des Verzehrs sind dabei zu bewerten.[44] Vorzugswürdig ist, auf die Verzehrmenge und -modalitäten bei normaler Nahrungsaufnahme abzustellen.[45] Eine „angemessene Menge" liegt nicht mehr vor, wenn die Wirkungen des fraglichen Produkts nur durch den Verzehr einer von den normalen Ernährungsgewohnheiten abweichenden oder die Gesundheit gefährdenden Menge des Lebensmittels zu erreichen ist.[46] Die Angemessenheit kann im Einzelfall auch schon vor der Stufe der Gesundheitsgefährdung fehlen.

Zusammenfassend muss ein Funktionsarzneimittel mehr als nur ernährungsphysiologische Wirkungen entfalten.[47] Es muss eine erhebliche Veränderung der Funktionsbedingungen des Organismus herbeiführen können und Wirkungen hervorrufen, die außerhalb der normalen im menschlichen Körper ablaufenden Lebensvorgänge liegen.[48] Ein Produkt, das einen Stoff enthält, der auch mit der normalen Nahrung aufgenommen wird, ist erst dann ein Funktionsarzneimittel, wenn es eine gegenüber den Wirkungen bei normaler Nahrungsaufnahme nennenswerte Auswirkung auf den Organismus hat.[49] Im Vergleich mit Stoffen, die auch Teil der normalen Nahrung sind, muss ein Funktionsarzneimittel zusätzliche Wirkungen besitzen oder seine Wirkungen müssen wesentlich stärker, höher oder anders zu beurteilen sein.[50] **23**

Die „nennenswerte" Beeinflussung der physiologischen Funktionen kann sowohl durch eine unmittelbare als auch durch eine mittelbare Einwirkung auf den Organismus erfolgen. **24**

Bei der Beurteilung der „nennenswerten" Beeinflussung der physiologischen Funktionen durch ein Produkt ist auf dessen bestimmungsgemäße Anwendung und Dosierung abzustellen. Wenn mit der bestimmungsgemäßen Anwendung und Dosierung keine arzneilichen Wirkungen erzielt werden können, wird das Produkt **25**

---

43 EuGH, Urt. v. 15.11.2007 – Az.: C-319/05, Rz. 68; BGH, Urt. v. 26.06.2008 – Az.: I ZR 61/05 (L-Carnitin II) – siehe bereits den Leitsatz 2 und Rz. 22 ff., PharmR 2008, 425 ff. = GRUR 2008, 830 ff.; s.a. BGH, Urt. v. 26.06.2008 – Az.: I ZR 112/05 (HMB-Kapseln), Rz. 20 f.; NJW-RR 2008, 1255 ff. = PharmR 2008, 430 ff. = GRUR 2008, 834 ff.

44 Siehe BGH, Urt. v. 14.01.2010 – Az.: I ZR 67/07, und die darin deutlich werdenden unterschiedlichen Auffassungen zwischen BGH und OLG Celle, Urt. v. 29.03.2007 – Az.: 13 U 171/06, beide abrufbar unter www.juris.de.

45 BGH, Urt. v. 26.06.2008 – Az.: I ZR 61/05 (L-Carnitin II), Rz. 21 f.

46 BGH, Urt. v. 14.01.2010 – Az.: I ZR 67/07, Rz. 20.

47 BGH, Urt. v. 26.06.2008 – Az.: I ZR 61/05 (L-Carnitin II).

48 BVerwG, Urt. v. 25.07.2007 – Az.: 3 C 22/06, Rz. 22.

49 So BGH, Urt. v. 26.06.2008 – Az.: I ZR 61/05 (L-Carnitin II), Rz. 21 f.

50 EuGH, Urt. v. 15.11.2007 – Az.: C-319/05, Rz. 67.

durch arzneiliche Wirkungen bei bestimmungswidrig höheren Dosierungen nicht zum Funktionsarzneimittel.[51]

26 Ist ein Produkt aus mehreren Substanzen zusammengesetzt, ist für die Einstufung als Funktionsarzneimittel nicht die Beeinflussung der physiologischen Funktionen eines einzelnen Bestandteils maßgeblich, sondern die Frage, ob das Gesamtprodukt eine derartige Wirkung entfaltet. Diese Wirkung kann aus additiven oder synergistischen Effekten resultieren, obwohl vielleicht jeder einzelne Bestandteil des Gesamtprodukts für eine pharmakologische Wirkung zu gering dosiert ist.

27 Ob das Produkt die physiologischen Funktionen des Organismus durch pharmakologische, immunologische und metabolische Wirkungen „nennenswert" beeinflusst, ist eine Tatsachenfrage, keine Rechtsfrage.[52] Diese Beeinflussung des Organismus durch eine pharmakologische, metabolische oder immunologische Wirkung des Produkts muss positiv festgestellt sein.[53] Die Rechtsprechung verlangt hierfür belastbare wissenschaftliche Erkenntnisse.[54] Hierzu wird regelmäßig die Hinzuziehung eines Sachverständigen erforderlich sein. Ein Sachverständigengutachten muss nicht schriftlich erstellt werden, sondern kann auch in der mündlichen Verhandlung vor Gericht mündlich erstattet werden.[55]

### b) Pharmakologische, immunologische und metabolische Wirkung

28 Die pharmakologische, immunologische oder metabolische Wirkung eines Produkts ist der Faktor, auf dessen Grundlage, ausgehend von den Wirkungsmöglichkeiten des Produkts, zu beurteilen ist, ob es gem. § 2 Abs. 1 Nr. 2 lit. a) im oder am menschlichen Körper zur Wiederherstellung, Besserung oder Beeinflussung der physiologischen Funktionen angewandt werden kann.[56] Die Tatbestandsmerkmale der pharmakologischen, metabolischen oder immunologischen Wirkung hängen eng mit dem Erfordernis der „nennenswerten" Beeinflussung der physiologischen Funktionen zusammen. Um diese nennenswerte Beeinflussung des Organismus zu bewirken, muss entsprechend auch die pharmakologische, metabolische oder immunologische Wirkung des Produktes eine „Erheblichkeitsschwelle" überschreiten.[57]

---

51 EuGH, Urt. v. 15.01.2009 – Az.: C-140/07, Rz. 31 ff., nach Vorlage der zugrundeliegenden Frage durch das BVerwG; bestätigend EuGH, Urt. v. 30.04.2009 – Az.: C-27/08, Rz. 20.

52 BGH, Urt. v. 26.06.2008 – Az.: I ZR 61/05 (L-Carnitin II), Rz. 26.

53 EuGH, Urt. v. 15.01.09 – Az. C-140/07, Rz. 20 ff.; BGH, Urt. v. 26.06.2008 – Az.: I ZR 112/05 (HMB-Kapseln), Rz. 20; BVerwG, Urt. v. 25.07.2007 – 3 C 22/06, Rz. 24.

54 BVerwG, Urt. v. 25.07.2007 – Az.: 3 C 22/06, Rz. 24.

55 OVG NRW, Beschl. v. 11.06.2007 – Az.: 13 A 3903/06, PharmR 2008, 83, Rz. 27/32.

56 EuGH, Urt. v. 30.04.2009 – Az.: C-27/08, Rz. 20, GRUR 2009, 790; BGH, Urt. v. 14.01.2010 – Az.: I ZR 67/07, Rz. 14, abrufbar u.a. unter www.juris.de.

57 BVerwG, Urt. v. 16.05.2007 – Az.: 3 C 34/06, Rz. 29; BVerwG, Urt. v. 25.07.2007 – Az.: 3 C 22/06, Rz. 24, abrufbar unter www.juris.de.

**Pharmakologische Wirkung**

Weder das AMG noch der Gemeinschaftskodex definieren die pharmakologischen, immunologischen oder metabolischen Wirkungen, die für jeweils unterschiedliche arzneiliche Wirkmechanismen stehen sollen. Auch der EuGH hält sich bisher mit einer Definition der pharmakologischen Wirkung zurück.[58] Auch in der deutschen Rechtsprechung gibt es bislang keine gefestigte Definition der pharmakologischen Wirkung – und noch weniger der metabolischen und immunologischen Wirkung.[59] Stellenweise wird auch die pharmakologische Wirkung mit der Beeinflussung der körperlichen Funktionen gleichgesetzt.[60] So wird höchstrichterlich „ausgeführt, die pharmakologische Wirkung stelle eine gezielte Steuerung von Körperfunktionen von außen dar“[61]. Diese „Definition“ der pharmakologischen Wirkung geht nicht über die Beschreibung der bloßen „Beeinflussung der körperlichen Funktionen“ hinaus. **29**

Nunmehr kristallisiert sich in Rechtsprechung und Verwaltungspraxis eine Definition der pharmakologischen Wirkung heraus, die sich an die Definitionen in einer von der EU-Kommission herausgegebenen Leitlinie zur Abgrenzung von Borderline-Produkten anlehnt.[62] In dieser im Jahre 2009 aktualisierten MEDDEV-Leitlinie der EU-Kommission sind die drei Wirkprinzipien zur Abgrenzung von Medizinprodukten und Arzneimitteln definiert. Diese Begriffe waren zunächst nur im Medizinprodukterecht als arzneimitteltypische Eigenschaften verankert und wurden erst mit der RiLi 2004/27/EG ins Arzneimittelrecht überführt. Daher ist die MEDDEV-Leitlinie auch für das Arzneimittelrecht nutzbar. Dies gilt auch deshalb, weil ihre Definitionen auch in anderen EU-Leitlinien, wie z.B. dem ähnlich konzipierten „Guidance Document“ zur Abgrenzung zwischen Kosmetika und Arzneimitteln[63], verwendet werden. Diese Leitlinien sind rechtlich zwar nicht verbindlich. Sie sind aber Resultat eines sachverständigen Beratungsprozesses durch eine Expertengruppe aus Behörden- und Industrievertretern unter Federführung **30**

---

58 Für Kloesel, Cyran, § 2 Anm. 4, führen die Ausführungen des EuGH in der Sache nicht weiter.

59 Vgl. auch Kloesel, Cyran, § 2 Anm. 4.

60 Vgl. BVerwG, Urt. v. 25.07.2007 – Az.: 3 C 40/05, Rz. 14, PharmR 2008, 211 = NVwZ 2007, 591.

61 Siehe exemplarisch BVerwG, Urt. v. 25.07.2007 – Az.: 3 C 40/05, Rz. 14 (PharmR 2008, 211 = NVwZ 2007, 591), m.w.N.

62 „Medical devices: Guidance Document. Borderline products, drug-delivery products and medical devices incorporating, as an integral part, an ancillary medicinal. (MEDDEV 2. 1/3 rev 3)“. Stand: Dezember 2009. Im Folgenden: „MEDDEV-Leitlinie“, http://ec.europa.eu/enterprise/sectors/medical-devices/files/meddev/2_1_3_rev_3-12_2009_en.pdf

63 „Guidance Document on the demarcation between the Cosmetic Products Directive 76/768 and the Medicinal Products Directive 2001/83 as agreed between the Commission services and the competent authorities of Member States“, http://ec.europa.eu/enterprise/sectors/cosmetics/files/doc/guidance_doc_cosm-medicinal_en.pdf.

der EU-Kommission und beanspruchen daher zu Recht auch objektives fachliches Gewicht.[64]

31 Die MEDDEV-Leitlinie definiert die *pharmakologische Wirkung* als „eine Wechselbeziehung zwischen den Molekülen der in Frage stehenden Substanz und einem zellulären Bestandteil, der gewöhnlich als Rezeptor bezeichnet werde, wobei diese entweder in einer direkten Reaktion bestehe oder die Reaktion eines anderen Agens blockiere. Das Vorhandensein einer Dosis-Wirkungs-Beziehung stelle dabei einen Hinweis auf einen pharmakologischen Effekt dar".[65] Diese Definition wird zunehmend auch in der Rechtsprechung und Behördenpraxis des BfArM für Abgrenzungsfragen – nicht nur zwischen Arzneimitteln und Medizinprodukten – genutzt.[66]

32 Eine pharmakologische Wirkung wird von der Rechtsprechung – zu Recht – auch dann angenommen, wenn eine Wechselwirkung des Stoffes mit Mikroorganismen (z.B. Bakterien) im oder auf dem menschlichen Körper erfolgt, wie dies bei Antibiotika der Fall ist.[67] Auch topische Desinfektionsmittel (Antiseptika) sind als Arzneimittel anzusehen.[68]

**Metabolische Wirkung**

33 Auch zu der metabolischen Wirkung im Sinne des § 2 Abs. 1 Nr. 2 lit. a) existiert bisher keine gefestigte Rechtsprechung. Die MEDDEV-Leitlinie definiert die metabolische Wirkung als eine Reaktion, die eine Änderung der normalen chemischen Prozesse, die an normalen Körperfunktionen teilnehmen oder dem Organismus dafür zur Verfügung stehen, bewirkt. Diese Wirkung auf die „normalen" chemischen Prozesse kann erfolgen in Form der Beendigung, des Beginns oder der Geschwindigkeitsänderung dieser normalen chemischen Prozesse.[69] Die Leitlinie stellt auch klar, dass der Umstand, dass ein Stoff selbst verstoffwechselt wird, per se noch nicht bedeutet, dass er seine Wirkung auf metabolischem Wege entfal-

---

64 Vgl. OLG Frankfurt, Urt. v. 29.04.2008 – Az.: 6 U 109/07, Rz. 21 f., PharmR 2008, 550 = GesR 2009, 80; Kügel, in Terbille, Medizinrecht, § 9 Rz. 63, bewertet die MEDDEV-Leitlinie als „hilfreiche Interpretationshilfe".

65 MEDDEV-Leitlinie (s. Fn. 62), S. 6 (aus dem Englischen übersetzt).

66 Vgl. OVG NRW, Urt. v. 17.03.2006 – Az.: 13 A 2098/02, Rz. 92 f., LMuR 2007, 40 ff. („durchaus brauchbar"); OVG NRW, Beschl. v. 11.06.2007 – Az.: 13 A 3903/06, PharmR 2008, 83, Rz. 4; OLG Frankfurt, Urt. v. 29.04.2008 – Az.: 6 U 109/07, Rz. 16, PharmR 2008, 550 = GesR 2009, 80; OLG Stuttgart, Urt. v. 14.02.2008 – Az.: 2 U 81/07, Rz. 65; VG Minden, Urt. v. 14.05.2008 – Az.: 7 K 727/06, Rz. 47; VG Köln, Urt. v. 14.10.2009 – Az.: 24 K 4394/08, PharmR 2010, 35, 36, mit Bezugnahme auf die vom BfArM verwendete Definition der pharmakologischen Wirkung.

67 LG Hamburg, Urt. v. 10.04.2003 – Az.: 315 O 525/02; LG Hamburg, Urt. v. 26.06.2003 – Az.: 315 O 357/02, beide nicht veröffentlicht; zitiert aus Jäkel, PatR/Q-med 2009, 23, 26.

68 MEDDEV-Leitlinie (s. Fn. 62), S. 10; s.a. Jäkel, PatR/Q-med 2009, 23 ff.

69 MEDDEV-Leitlinie (s. Fn. 62), S. 6 (aus dem Englischen übersetzt).

tet.[70] Die metabolische Reaktionsweise knüpft an den normalen Stoffwechsel und die diesem zugrundeliegenden (bio-)chemischen Vorgänge an. Auch der Elektrolythaushalt und die Elektrolytkonzentrationen im Blut gehören hierzu. Eine metabolische Wirkung ist anzunehmen, wenn ein Produkt geeignet ist, einen oder mehrere dieser Stoffwechselvorgänge zu beeinflussen (insb. beenden, initiieren, beschleunigen, abbremsen).[71] Die metabolische und pharmakologische Wirkung sind nicht immer trennscharf voneinander abzugrenzen.

**Immunologische Wirkung**

Eine immunologische Wirkung wird verstanden als „eine (Re-)Aktion im, am oder auf dem Körper, die erreicht wird durch eine Stimulierung und/oder Mobilisierung von Zellen und/oder Produkten, die an einer spezifischen Immunreaktion beteiligt sind".[72] Ein weiterer Unterfall der immunologischen Wirkung, der in der MEDDEV-Leitlinie übersehen wird, ist die Suppression von Zellen und Produkten der Immunabwehr, die z.B. durch viele Arzneimittel in der Transplantationsmedizin bewirkt wird.[73] Zu den immunologischen Arzneimitteln gehören Produkte, die aus Impfstoffen, Toxinen und Sera sowie aus Allergenen zusammengesetzt sind.[74] **34**

### c) Gesamtbetrachtende Würdigung weiterer Merkmale

Zur Annahme eines Funktionsarzneimittels ist die Prüfung des Wirkmechanismus, d.h. ob eine pharmakologische, metabolische oder immunologische Wirkung vorliegt, der wesentliche, aber nicht einzige Prüfungsschritt. Daneben sind weitere produktbezogene Merkmale in einer Gesamtbetrachtung zu würdigen. Bei der Prüfung, ob ein Funktionsarzneimittel vorliegt, ist von Fall zu Fall vorzugehen, wobei alle Merkmale des Produkts zu berücksichtigen sind, *insbesondere* seine Zusammensetzung, seine pharmakologischen, immunologischen oder metabolischen Eigenschaften – wie sie sich beim jeweiligen Stand der Wissenschaft feststellen lassen –, die Modalitäten seines Gebrauchs, den Umfang seiner Verbreitung, seine Bekanntheit bei den Verbrauchern und die Risiken, die seine Verwendung mit sich bringen kann.[75] Die Gesamtbetrachtung aller Merkmale des Produkts ist fester Bestandteil der EuGH-Rechtsprechung zur Abgrenzungsproblematik.[76] **35**

---

70 MEDDEV-Leitlinie (s. Fn. 62), S. 6 (aus dem Englischen übersetzt).

71 Siehe ergänzend Anhalt, MPJ 2009, 254, 256.

72 Vgl. S. 6 der MEDDEV-Leitlinie; ebenso OLG Frankfurt, Urt. v. 29.04.2008 – Az.: 6 U 109/07, Rz. 16, PharmR 2008, 550 = GesR 2009, 80; Gröning, Heilmittelwerberecht, § 1 Rz. 327.

73 So auch Anhalt, MPJ 2009, 254, 260.

74 Siehe auch die Kommentierung dieser Begriffe in § 4.

75 EuGH, Urt. v. 30.04.2009 – Az.: C-27/08, Rz. 18; EuGH, Urt. v. 15.01.2009 – Az.: C-140/07, Rz. 39; EuGH, Urt. v. 15.11.2007 – Az.: C-319/05, Rz. 55, jeweils m.w.N.; siehe exemplarisch für die nationale Rspr. BGH, Urt. v. 14.01.2010 – Az.: I ZR 138/07, Rz. 14, m.w.N.

76 Siehe zu der Gesamtbetrachtung aller Merkmale und zu den einzelnen Produktmerkmalen Müller, EuZW 2009, 603 ff.; ders. NVwZ 2009, 425 ff.; Steinbeck, MedR 2009, 145, 146 ff.

36 Als Merkmale des Produkts und seiner Anwendung, die bei der Prüfung der Funktionsarzneimittel-Eigenschaft gesamtbetrachtend zu bewerten sind, nennt der EuGH ausdrücklich, aber nicht abschließend, folgende Gesichtspunkte:

- *die Zusammensetzung des Produkts*; dieser Aspekt ist bereits bei der Prüfung der arzneilichen Wirkmechanismen (pharmakologisch, metabolisch, immunologisch) zu berücksichtigen. Die Bewertung ist aber nicht auf einen einzelnen Bestandteil zu reduzieren, sondern auf das Gesamtprodukt mit allen Inhaltsstoffen;
- *die Modalitäten seines Gebrauchs*; abzustellen ist primär auf die bestimmungsgemäße Anwendung und Dosierung. Auch die Bewertung einer etwaigen arzneimitteltypischen Darreichungsform fällt hierunter, wenngleich die Bedeutung der Darreichungsform als Abgrenzungskriterium mit der Zunahme der Nahrungsergänzungsmittel abgenommen hat;
- *den Umfang seiner Verbreitung und die Bekanntheit des Produkts bei den Verbrauchern*; bei verständiger Würdigung der EuGH-Rechtsprechung ist hier mit „Bekanntheit" eher die „Vertrautheit" der Verbraucher mit dem Produkt gemeint. Das ergibt sich bei Heranziehung der englischen Übersetzung dieser Rechtsprechung, wo für „Bekanntheit" der englische Begriff „familiarity" verwendet wird. Dieser ist aber im Sinne von „Vertrautheit" und nicht etwa als „eine demoskopisch zu ermittelnde Bekanntheit" zu verstehen[77];
- *die Risiken, die seine Verwendung mit sich bringen kann*; dass die Einnahme eines Produkts mit einem Gesundheitsrisiko einhergeht, führt nicht automatisch zur Annahme einer pharmakologischen Wirkung bzw. eines Funktionsarzneimittels.[78] Risiken des Produkts sind aber zu berücksichtigende Aspekte bei der Abgrenzungsprüfung.[79]

37 Gemäß der EuGH-Rechtsprechung kann sich die Funktionsarzneimittel-Eigenschaft nicht nur aus der Wirkungsweise des Produkts, sondern auch aus diesen weiteren Merkmalen ergeben. Diese Merkmale stellen in der EuGH-Rechtsprechung kein Minus gegenüber der Wirkweise des Produkts dar. Daher kann auch die Gesamtschau dieser Merkmale die Annahme eines Funktionsarzneimittels begründen.[80] Dies gilt vor allem dann, wenn sich in foro bei der Prüfung der Wirkweise des Produkts anhand seiner *„Eigenschaften – wie sie sich beim jeweiligen Stand der Wissenschaft feststellen lassen"*[81] keine sichere Aussage hinsichtlich der Wirkweise machen lässt, auch wenn Anhaltspunkte oder plausible wissenschaftliche Hinweise für eine pharmakologische, immunologische oder metaboli-

---

77 Steinbeck, MedR 2009, 145, 149.

78 EuGH, Urt. v. 30.04.2009 – Az.: C-27/08, Rz. 24-26, m.w.N.

79 So auch Steinbeck, MedR 2009, 145, 148 f.

80 EuGH, Urt. v. 30.04.2009 – Az.: C-27/08, Rz. 18; EuGH, Urt. v. 15.01.2009 – Az.: C-140/07, Rz. 39; Schlussanträge der Generalanwältin Verica Trstenjak vom 19.06.2008 – Az.: C-140/07, Rz. 87 ff.; zustimmend Steinbeck, MedR 2009,. 145, 147 ff.; Müller, EuZW 2009, 603 ff.; a.A.: BVerwG, Urt. v. 26.05.2009 – Az.: 3 C 5/09, Rz. 18; PharmR 2009, 397 ff. (Gesamtschau habe nur die Stellung eines Korrektivs und keine konstitutive Wirkung).

81 Siehe nur EuGH, Urt. v. 15.01.2009 – Az.: C-140/07, Rz. 39, m.w.N.

sche Wirkung bestehen. In diesen Fällen kann die Gesamtschau der weiteren Merkmale des Produkts durchaus konstitutiv die Annahme eines Funktionsarzneimittels begründen.[82]

Wenn eine nennenswerte pharmakologische, immunologische oder metabolische Wirkung des Produkts auf den Organismus feststeht, liegt in der Regel die Annahme eines Funktionsarzneimittels nahe. Die Gesamtbetrachtung der weiteren Merkmale des Produkts kann in solchen Fällen als Korrektiv wirken und mitunter zur Ablehnung der Funktionsarzneimittel-Eigenschaft führen.[83] 38

## V. Verhältnis zwischen Präsentations- und Funktionsarzneimittel

Das rechtliche Verhältnis zwischen den in § 2 Abs. 1 Nr. 1 normierten Präsentationsarzneimitteln und den in § 2 Abs. 1 Nr. 2 normierten Funktionsarzneimitteln ließe sich dahingehend schematisch charakterisieren, dass beide Arzneimittelbegriffe im Arzneimittelrecht zwar dogmatisch gleichwertig sind, das Präsentationsarzneimittel aber gegenüber dem Funktionsarzneimittel funktional subsidiär ist. Vereinfacht formuliert, kann das Präsentationsarzneimittel als die „rechtlich schwächere" Variante des Arzneimittelbegriffs qualifiziert werden. Das ergibt sich insbesondere aus den Heilungsmöglichkeiten bei Rechtsverstößen je nachdem, welcher Arzneimittelbegriff einschlägig ist. Für den Weitervertrieb eines Präsentationsarzneimittels, das ohne Arzneimittelzulassung in den Verkehr gebracht wurde, reicht es aus, wenn die Präsentation des Produkts verändert wird – eventuell reicht schon die Veränderung einzelner Angaben in der Produktwerbung. Handelt es sich bei dem Produkt dagegen um ein Funktionsarzneimittel, wäre ein Weitervertrieb rechtlich nur zulässig, wenn zuvor eine Zulassung/Regis-trierung eingeholt wird und die weiteren AMG-Pflichten beachtet werden (u.a. Herstellungserlaubnis, Beauftragung der AMG-Verantwortlichen). Die bloße Änderung der Präsentation oder Kennzeichnung wäre in diesen Fällen für den Weitervertrieb nicht ausreichend. 39

Noch deutlicher wird die Subsidiarität des Präsentationsarzneimittels gegenüber dem Funktionsarzneimittel im Strafrecht, wo die beiden Arzneimittelbegriffe auch dogmatisch nicht gleichwertig sind. Im Strafrecht darf die subjektive Zweckbestimmung nach der Rechtsprechung des Bundesverfassungsgerichts zum Arzneimittelbegriff, d.h. das Vorliegen eines Präsentationsarzneimittels, lediglich zur Begrenzung der Strafbarkeit herangezogen werden, während die objektive Zweckbestimmung, d.h. die Funktionsarzneimittel-Eigenschaft, die Strafbarkeit zu begründen vermag.[84] 40

---

82 So auch Steinbeck, MedR 2009, 145, 147; zu dieser Konstellation einer unsicheren Erkenntnislage zur Wirkweise nimmt das BVerwG in seiner restriktiven Position zur Wertigkeit der „Gesamtbetrachtung aller Merkmale" (s. Urt. v. 26.05.2009 – Az.: 3 C 5/09, Rz. 18) keine Stellung.

83 So insb. BVerwG, Urt. v. 26.05.2009 – Az.: 3 C 5/09, Rz. 18, PharmR 2009, 397 ff.

84 BGH, Urt. v. 08.12.2009 – Az.: 1 StR 277/09, Rz. 11 ff.; BVerfG, Urt. v. 16.03.2006 – Az.: 2 BvR 954/02, NJW 2006, 2684 ff.: Ein strafschärfendes Abstellen auf die subjek-

41 Das Verhältnis zwischen Präsentations- und Funktionsarzneimittel ist nicht zuletzt dadurch gekennzeichnet, dass beide nicht immer klar voneinander zu trennen sind.[85] Beide stehen auch nicht in einem Exklusivitätsverhältnis zueinander, so dass ein Produkt weiterhin unter beide Definitionen fallen kann.

## VI. Ausnahmen vom Geltungsbereich des AMG

42 Im Zusammenhang mit § 2 ist auch § 4a zu berücksichtigen. § 4a normiert Ausnahmen vom Anwendungsbereich des AMG und grenzt den Geltungsbereich des Gesetzes gegen drei in Sondergesetzen geregelte Bereiche ab, obwohl es sich bei den in § 4a Nr. 1–3 geregelten Produkten um Arzneimittel i.S.d. § 2 handelt (vgl. Kommentierung zu § 4a).

## VII. Abgrenzung zwischen Arzneimitteln und Roh-, Grund- und Ausgangsstoffen

43 Arzneimittel im Sinne des Abs. 1 sind von Roh-, Grund- und Ausgangsstoffen abzugrenzen. Rohstoffe sind alle bei der Herstellung eines Grundstoffs verwendeten Stoffe. Grundstoffe sind Stoffe, die als Ergebnis einer Synthese oder einer Naturstoffaufbereitung, wie beispielsweise Extrakte anzusehen sind. Ausgangsstoffe sind die bei der Herstellung eines Arzneimittels verwendeten Stoffe. Ausgangsstoffe lassen sich weiter aufschlüsseln und nach Funktionalität differenzieren, und zwar in Wirkstoffe, wirksame Bestandteile und Hilfsstoffe.[86]

44 Roh-, Grund- und Ausgangsstoffe fallen in der Regel nicht unter den Arzneimittelbegriff des § 2 Abs. 1. Ausnahmsweise können Roh-, Grund- und Ausgangsstoffe allerdings – auch ohne weitere Be- oder Verarbeitungsschritte – als Arzneimittel einzustufen sein, wenn sie in dieser Form bereits die Voraussetzungen des § 2 Abs. 1 erfüllen.[87] Bei der Prüfung, ob eine Substanz als Präsentations- oder Funktionsarzneimittel einzustufen ist, kommt es nicht auf die bloße Produktionsstufe des Stoffes an. Dies gilt umso mehr in Fällen, in denen die Substanz in dieser Form vertrieben bzw. präsentiert wird. Ferner sind gemäß der zutreffenden BGH-Rechtsprechung für die Abgrenzung zwischen Roh-, Grund- und Ausgangsstoffen und Arzneimitteln nicht dieselben Kriterien anzuwenden, die für die Abgrenzung von Endprodukten (z.B. zwischen Arzneimitteln und Lebensmitteln) verwendet

---

tive Zweckbestimmung eines Arzneimittels ist nicht zulässig. Die subjektive Zweckbestimmung eines Arzneimittels darf nur zur Beschränkung, aber nicht zur Begründung einer Strafbarkeit herangezogen werden.

85 Rehmann, § 2 Rz. 3.

86 Instruktiv zu den Begrifflichkeiten VG Hamburg, Urt. v. 12.12.2001 – Az.: 7 VG 1121/2001, PharmR 2002, 110, 113 f. Das VG zieht dabei die Produktionsstufen heran, wie sie die damalige „Arbeitsgemeinschaft der leitenden Medizinalbeamten der Länder (AGLMB)“ unterschieden hat (veröff. in Bundesgesundheitsblatt 3/1992, S. 158).

87 BGH, Urt. v. 08.12.2009 – Az.: 1 StR 277/09; BGH, Urt. v. 3.12.1997 – Az.: 2 StR 270/97. BGHSt 43, 336; BGH, Beschl. v. 6.11.2007 – Az.: 1 StR 302/07, PharmR 2008, 209; BVerwG, Urt. vom 29.11.1984 – Az.: 3 C 6/84, Rz. 24 ff, BVerwGE 70, 284, Körner, Vorb. AMG, Rz. 29, m.w.N.

werden.[88] Zur Abgrenzung zwischen Arzneimitteln und Roh-, Grund- und Ausgangsstoffen siehe die weitergehende Kommentierung zu § 3.[89]

## VIII. Fiktive Arzneimittel

In § 2 Abs. 2 werden dem Arzneimittelbegriff – entgegen der sonstigen Stoffbezogenheit des Arzneimittelbegriffs – nun *Gegenstände* zugeordnet. Hierin liegt eine Durchbrechung der stoffrechtlichen Systematik des Arzneimittelrechts. Der Gesetzgeber definiert im Wege der gesetzlichen Fiktion die in Abs. 2 unter Nr. 1 bis 4 genannten Gegenstände als Arzneimittel. Diese Gegenstände sind Arzneimitteln gleichgestellt und unterliegen auch dem AMG. Bei genauer Betrachtung werden jedoch nur die Gegenstände des Abs. 2 Nr. 1, d.h. die sog. Berührungsarzneimittel, rechtlich wie „richtige Arzneimittel" behandelt, da nur für sie auch die arzneimittelrechtliche Zulassungspflicht besteht (vgl. § 21 Abs. 1 S. 1). Dies ist bei den Gegenständen unter Abs. 2 Nr. 1a-4 nicht der Fall. Auf diese Produkte sind die Bestimmungen des AMG insoweit anwendbar, als ihr Anwendungsbereich nicht auf spezifische Gruppen von Arzneimitteln beschränkt ist; unter anderem sind die §§ 1, 3-9, 40-42a, 51, 54, 55, 57, 60, 62 bis 69, 73a, 95-98a auf diese Gegenstände anwendbar.[90] **45**

Die Anzahl der in § 2 Abs. 2 aufgeführten fiktiven Arzneimittel hat sich seit Inkrafttreten des MPG[91] deutlich reduziert. Da der Anwendungsbereich des MPG – anders als der des AMG – nicht auch Medizinprodukte zur Anwendung am oder im Tier umfasst, hat der Gesetzgeber im AMG als „fiktive Arzneimittel" des Abs. 2 insbesondere die beim Tier eingesetzten Gegenstände aufgelistet, obwohl sie an sich klassische Medizinprodukte sind. Mithin gelten etwa tierärztliche Instrumente wie Spritzen und Skalpelle als Arzneimittel. **46**

### 1. Gegenstände mit Arzneimittelzusatz (Berührungsarzneimittel)

In Abs. 2 Nr. 1 werden die Berührungsarzneimittel unter den Arzneimittelbegriff gefasst. Es handelt sich hierbei um Gegenstände, die ein „richtiges" Arzneimittel i.S.d. § 2 Abs. 1 enthalten oder auf die ein solches Arzneimittel aufgebracht ist und die dazu bestimmt sind, dauernd oder vorübergehend mit dem menschlichen oder tierischen Körper in Berührung gebracht zu werden. Zu den Berührungsarzneimitteln zählen beispielsweise Pflaster, die mit Arzneimitteln beschichtet sind und bei denen die pharmakologische Wirkung im Vordergrund steht.[92] Auch Hunde- und Katzenhalsbänder mit integrierten Wirkstoffen gegen Parasiten sind Be- **47**

---

88 BGH, Urt. v. 08.12.2009 – Az.: 1 StR 277/09, Rz. 15 f.

89 Siehe die Ausführungen unter § 3 Rz. 11 ff.

90 Kloesel, Cyran, § 2 Anm. 80.

91 Medizinproduktegesetz in der Fassung der Bekanntmachung vom 7. August 2002 (BGBl. I S. 3146), das zuletzt durch Artikel 6 des Gesetzes vom 29. Juli 2009 (BGBl. I S. 2326) geändert worden ist.

92 OVG NRW, Beschl. v. 11.06.2007 – Az.: 13 A 3903/06, PharmR 2008, 83.

rührungsarzneimittel[93] ebenso wie kupferbeschichtete Intrauterinpessare, weil sie gezielt Kupfer-Ionen abgeben, um die physiologischen Funktionen des Körpers zu beeinflussen und empfängnisverhütend zu wirken.[94]

**48** Abzugrenzen sind Berührungsarzneimittel von Medizinprodukten, die Arzneimittelzusätze enthalten. Für diese bestimmt § 3 Nr. 2 MPG, dass Medizinprodukte, die in Ergänzung zu ihrer Funktion als Medizinprodukte auch Stoffe enthalten, die alleine als Arzneimittel anzusehen wären, trotzdem rechtlich Medizinprodukte sind. Die Abgrenzung zwischen § 2 Abs. 1 und § 3 Nr. 2 MPG erfolgt danach, welches die Hauptwirkung des Gesamtprodukts ist. Hat der Arzneimittelzusatz mit seiner pharmakologischen Wirkung im Verhältnis zu der physikalischen Wirkung des Medizinprodukts nur eine „ergänzende Funktion", handelt es sich insgesamt um ein Medizinprodukt, das dem MPG unterliegt. Die Hauptwirkung des Gesamtprodukts ist in diesen Fällen weiterhin als physikalisch oder mechanisch einzustufen. Das gilt etwa für den Knochenzement, der in der Prothesenchirurgie zur Fixierung einer Prothese verwendet wird und der zugleich mit einem Antibiotikum versehen ist. Hier überwiegt weiterhin die physikalische und mechanische Wirkung des Knochenzements, wohingegen der Antibiotikazusatz nur als unterstützende Komponente anzusehen ist. Wenn aber die Hauptwirkung in der pharmakologischen Wirkung liegt, handelt es sich bei dem Gegenstand um ein Arzneimittel nach § 2 Abs. 2 Nr. 1. Das gilt etwa für kupferbeschichtete Intrauterinpessare.

**49** Hinzuweisen ist auch auf die Ausnahmeregelung in § 2 Abs. 3 MPG: Werden die Medizinprodukte so in den Verkehr gebracht, dass Medizinprodukt und Arzneimittel ein einheitliches, miteinander verbundenes Produkt bilden, das ausschließlich zur Anwendung in dieser Verbindung bestimmt und nicht wiederverwendbar ist, gilt das MPG nur insoweit, als das Medizinprodukt die Grundlegenden Anforderungen nach § 7 MPG erfüllen muss. Diese Anforderungen betreffen die sicherheits- und leistungsbezogenen Produktfunktionen. Ansonsten gilt für diese festen Kombinationsprodukte das AMG. Ein Beispiel hierfür ist das Einmalspritzensystem (z.B. Insulinfertigspritzen).[95] Zur Abgrenzung zwischen Arzneimitteln und Medizinprodukten siehe die Kommentierung unter Abschnitt IX. 7 (Rz. 90 ff.) unten.

### 2. Tierärztliche Instrumente

**50** Als fiktive Arzneimittel gelten gem. § 2 Abs. 2 Nr. 1a auch tierärztliche Instrumente, soweit sie zur einmaligen Anwendung bestimmt sind und aus der Kennzeichnung hervorgeht, dass sie einem Verfahren zur Verminderung der Keimzahl unterzogen worden sind. Gemeint sind die als steril gekennzeichneten veterinärmedizinischen Instrumente zum Einmalgebrauch. Dies sind nach dem allgemeinen Verständnis manuell gebräuchliche Gegenstände, die in Abgrenzung zu human-

---

93 Rehmann, § 2 Rz. 22.

94 OLG Stuttgart, Urt. v. 25.07.1986 – Az.: 2 U 301/85, NJW 1987, 1493 = PharmR 1985, 268.

95 OLG Frankfurt, Beschl. v. 16.03.2001 - Az.: 6 W 18/01.

ärztlichen und zahnärztlichen Instrumenten bei der Berufsausübung eines Tierarztes verwendet werden.[96] Abgesehen von dieser Berufsbezogenheit handelt es sich materiell um Instrumente, die auch in der Human- oder Zahnmedizin benutzt werden (z.B. Spritzen, Skalpelle, Katheter, Sonden). Ferner muss sich aus der Kennzeichnung der Produkte die Anwendung eines Sterilisationsverfahrens zur Keimzahlverringerung ergeben. Es muss sich im Übrigen um Instrumente zum Einmalgebrauch handeln, unabhängig davon, ob sie tatsächlich auch nur einmal eingesetzt werden oder nicht.

### 3. Gegenstände, die in den tierischen Körper eingebracht werden

Die von Abs. 2 Nr. 2 erfassten Gegenstände enthalten keine Arzneimittel nach Abs. 1. Alle Gegenstände der hier genannten Art wären Medizinprodukte nach § 3 Nr. 1 MPG, wenn sie in den menschlichen Körper eingebracht würden. Da sie aber in den tierischen Körper eingebracht werden und das MPG – anders als das AMG – nur Human-Medizinprodukte regelt, gelten die Tier-Medizinprodukte des Abs. 2 Nr. 2 als Arzneimittel und unterliegen dem AMG. Die hier normierten Gegenstände müssen zu einem in § 2 Abs. 1 bezeichnetem Zweck in den tierischen Körper eingebracht werden, d.h. zur Heilung, Linderung oder Verhütung tierischer Krankheiten oder krankhafter Beschwerden. Hierunter fallen Implantate und Prothesen.[97] Aus dem Wortlaut der Norm ergibt sich, dass die Produkte in den Körper eingebracht werden müssen. Daher fallen nur äußerliche Anwendungen und Berührungen des tierischen Körpers durch den Gegenstand nicht unter Abs. 2 Nr. 2. 51

### 4. Verbandstoffe und chirurgische Nahtmaterialien

Von Abs. 2 Nr. 3 sind nur Verbandstoffe und chirurgische Nahtmaterialien umfasst, die am oder im tierischen Körper angewendet werden und nicht unter Abs. 2 Nr. 1, 1a und 2 fallen. § 2 Abs. 2 Nr. 3 ist damit subsidiär gegenüber Abs. 2 Nr. 1, 1a und 2.[98] Bei Abs. 2 Nr. 3 handelt es sich um einen Auffangtatbestand. Falls die Verbandstoffe indes Arzneimittel enthalten oder mit diesen beschichtet sind, handelt es sich um Berührungsarzneimittel gem. Abs. 2 Nr. 1. Für diese Produkte gilt dann auch die Zulassungspflicht gem. § 21 Abs. 1 S. 1. 52

### 5. Tierärztliche In-vitro-Diagnostika

Zu der Gruppe der fiktiven Arzneimittel fügt Abs. 2 Nr. 4 auch die veterinärmedizinischen In-vitro-Diagnostika hinzu. Diese umfassen im Labor „im Reagenzglas" genutzte Stoffe oder Zubereitungen, die nicht am oder im tierischen Körper angewendet werden und zur Diagnostik bestimmt sind. Sie werden eingesetzt, um die Beschaffenheit, den Zustand oder die Funktion des tierischen Körpers erkennen zu lassen. In-vitro-Diagnostika können ferner der Erkennung von Krankheitserregern bei Tieren dienen. Die Gruppe der In-vitro-Diagnostika umfasst eine Vielzahl von 53

---

96 Kloesel, Cyran, § 2 Anm. 86.

97 Kloesel, Cyran, § 2 Anm. 92.

98 In Abgrenzung hierzu sind alle am oder im menschlichen Körper angewandte Verbandstoffe und Nahtmaterialien Medizinprodukte nach § 3 Nr. 1 MPG.

Substanzen mit unterschiedlichen Zweckbestimmungen. Dazu zählen Reagenzien für die serologische Diagnostik, Färbemittel für histologische Untersuchungen, Blut-Tests, Testsera, Kontrollsera und Testantigene.[99] Nicht unter § 2 Abs. 2 Nr. 4 fallen sog. Arzneimittelreagenzien, die zur Prüfung der Qualität von Arzneimitteln (z.B. bei Beanstandungen) eingesetzt werden.[100]

### IX. Antidefinitionen (Abs. 3)

54 § 2 Abs. 3 Norm listet acht Produktgruppen auf und stellt klar, dass diese keine Arzneimittel sind. Zur Abgrenzung von Arzneimitteln gegenüber den in Abs. 3 genannten Produkten gelten die oben zum Arzneimittelbegriff dargestellten Begriffsmerkmale und Abgrenzungskriterien.

#### 1. Lebensmittel

55 Die Abgrenzung zwischen Arzneimitteln und Lebensmitteln wird auch als rechtliches „perpetuum mobile“[101] bezeichnet, das als höchstrichterliche Rechtsfrage schon im 19. Jahrhundert dokumentiert ist.[102] Viele der oben dargestellten Abgrenzungskriterien sind anhand von Fällen entwickelt worden, in denen es um die Abgrenzung zwischen Arzneimitteln und Lebensmitteln ging. Trotz der langen Historie dieser Abgrenzungsproblematik und einer in der Zwischenzeit kaum noch zu überblickenden Kasuistik ist festzustellen, dass die Rechtsprechung bei der Einstufung von Produkten weiterhin nahezu durchgehend kasuistisch vorgeht.[103] Dabei sind auch sich widersprechende obergerichtliche Produktklassifizierungen nicht selten.[104] Das liegt sowohl an der rechtlichen Weite der Definitionen des Arzneimittel- und Lebensmittelbegriffes als auch an häufig uneinheitlichen medizinischen, ernährungs- und naturwissenschaftlichen Bewertungen der Eigenschaften der Produkte sowie der anzuwendenden Abgrenzungskriterien.

56 Die Produktgruppe der Lebensmittel lässt sich hinsichtlich der Abgrenzungsproblematik weiter aufschlüsseln. Besonders praxisrelevant sind die Nahrungsergänzungsmittel und die diätetischen Lebensmittel. Entsprechend ist bei der rechtlichen Klassifikation und Abgrenzung gegenüber Arzneimitteln eine Vielzahl von nationalen Gesetzen[105], Verordnungen[106] und europäischen Richtlinien[107] und Ver-

---

[99] Vgl. Kloesel, Cyran, § 2 Anm. 101 ff., mit weiteren Beispielen.

[100] Kloesel, Cyran, § 2 Anm. 104.

[101] Müller, in: Festschrift für Doepner, S. 268.

[102] Siehe den Leitsatz des Urteils des Reichsgerichts vom 13.07.1881 (Az.: 1564/81; RGSt 4, 393 ff.): „Schließt die Eigenschaft, bezw. die Anpreisung eines Präparates als eines Arzneimittels dessen gleichzeitige Auffassung als Genußmittel aus?; s. ergänzend Müller, in: Festschrift für Doepner, S. 268, m.w.N.

[103] Kügel, in: Terbille, Medizinrecht, § 9 Rz. 62.

[104] Siehe die Beispiele bei Kügel, in: Terbille, Medizinrecht, § 9 Rz. 62.

[105] Insbesondere das AMG, LFGB, MPG.

[106] Insbesondere NahrungsergänzungsmittelV (NemV), Verordnung über diätetische Lebensmittel (DiätV).

ordnungen[108] zu berücksichtigen, die jeweils Regelungen für die genannten Produktgruppen treffen.

*Lebensmittel* werden gem. § 2 Abs. 2 LFBG[109] i.V.m. Art. 2 der Basis-VO[110] wie folgt definiert: Lebensmittel sind alle Stoffe oder Erzeugnisse, die dazu bestimmt sind oder von denen nach vernünftigem Ermessen erwartet werden kann, dass sie in verarbeitetem, teilweise verarbeitetem oder unverarbeitetem Zustand von Menschen aufgenommen werden. Diese weit gefasste Definition wird dahingehend eingeschränkt, dass Arzneimittel ausdrücklich nicht zu den Lebensmitteln gehören.[111] Eigenständige Kriterien für die Abgrenzung von Lebensmitteln gegenüber Arzneimitteln sind im nationalen und europäischen Lebensmittelrecht nicht normiert. Vielmehr läuft die Abgrenzung nach diesen Rechtsquellen auf eine Negativabgrenzung zu den Arzneimitteln hinaus, d.h. es ist primär zu fragen, ob ein Arzneimittel vorliegt. **57**

*Nahrungsergänzungsmittel* sind in § 1 NemV und in Art. 2 der RiLi 2002/46/EG definiert. Ein Nahrungsergänzungsmittel ist ein Lebensmittel, das (1) dazu bestimmt ist, die allgemeine Ernährung zu ergänzen, (2) ein Konzentrat von Nährstoffen oder sonstigen Stoffen mit ernährungsspezifischer oder physiologischer Wirkung allein oder in Zusammensetzung darstellt und (3) in dosierter Form, insbesondere in Form von Kapseln, Pastillen, Tabletten, Pillen und anderen ähnlichen Darreichungsformen, Pulverbeuteln, Flüssigampullen, Flaschen mit Tropfeinsätzen und ähnlichen Darreichungsformen von Flüssigkeiten und Pulvern zur Aufnahme in abgemessenen kleinen Mengen, in den Verkehr gebracht wird. Nährstoffe im Sinne der NemV sind Vitamine und Mineralstoffe, einschließlich Spurenelemente.[112] **58**

*Diätetische Lebensmittel* sind Regelungsgegenstand der DiätV. Es handelt sich gem. § 1 Abs. 1 DiätV um Lebensmittel, die für eine besondere Ernährung bestimmt sind. Das ist dann der Fall, wenn sie (1) den besonderen Ernährungserfor- **59**

---

107 RiLi 2001/83/EG (Gemeinschaftskodex für Humanarzneimittel); RiLi 2002/46/EG über Nahrungsergänzungsmittel, RiLi 89/398/EWG über Lebensmittel für besondere Ernährung; RiLi 1999/21/EG über diätetische Lebensmittel für besondere medizinische Zwecke.

108 Verordnung (EG) Nr. 726/2004; Verordnung (EG) Nr. 178/2002 über Grundsätze und Anforderungen des Lebensmittelrechts (Basis-VO).

109 Lebensmittel- und Futtermittelgesetzbuch vom 01.09.2005, in der Fassung der Bekanntmachung vom 24. Juli 2009 (BGBl. I S. 2205), das durch die Verordnung vom 3. August 2009 (BGBl. I S. 2630) geändert worden ist.

110 Verordnung (EG) Nr. 178/2002 vom 28.01.2002 zur Festlegung der allgemeinen Grundsätze und Anforderungen des Lebensmittelrechts, zur Errichtung der Europäischen Behörde für Lebensmittelsicherheit und zur Festlegung von Verfahren zur Lebensmittelsicherheit.

111 Vgl. Art. 2 Abs. 2 Satz 3 lit. d) Basis-VO.

112 Siehe Delewski, LMuR 2010, 1 ff., zur jüngsten Entwicklung des Nahrungsergänzungsmittelrechts.

dernissen bestimmter Verbrauchergruppen entsprechen (Personen mit Verdauungs-, Resorptions- oder Stoffwechselstörungen, Personen in besonderen physiologischen Umständen, die einen besonderen Nutzen aus der kontrollierten Aufnahme bestimmter in der Nahrung enthaltener Stoffe ziehen können, und gesunde Säuglinge oder Kleinkinder), (2) sich für den angegebenen Ernährungszweck eignen und mit dem Hinweis darauf in den Verkehr gebracht werden, dass sie für diesen Zweck geeignet sind, und (3) sich auf Grund ihrer besonderen Zusammensetzung oder des besonderen Verfahrens ihrer Herstellung deutlich von Lebensmitteln des allgemeinen Verzehrs unterscheiden.[113]

**60** Bei der Abgrenzung der genannten Lebensmittel von Arzneimitteln ist von § 2 Abs. 1 auszugehen und zu prüfen, ob das fragliche Produkt als *Präsentations- oder Funktionsarzneimittel* zu qualifizieren ist. Für die Annahme eines Präsentationsarzneimittels muss die Bezeichnung, Aufmachung und sonstige Präsentation des Produkts bei einem durchschnittlich informierten Verbraucher den schlüssigen Eindruck erwecken, dass das Produkt bei seiner Einnahme die in Abs. 1 Nr. 1 genannten Wirkungen entfalten wird.[114] Diese Präsentation kann auch konkludent erfolgen. Daher sind Produkte, die als Nahrungsergänzungsmittel in den Verkehr gebracht werden, aber mit Aussagen beworben werden, die zu behebende Krankheiten benennen oder weite Indikationsangaben enthalten oder bestimmte Krankheitssymptome anführen, als Arzneimittel anzusehen.[115] Zu den Kriterien für die Annahme eines Präsentationsarzneimittels siehe die Ausführungen unter III. 2. (Rz. 13 ff.) oben.

**61** Zu prüfen ist bei der Abgrenzung zwischen Lebensmitteln und Arzneimitteln auch, ob es sich bei dem Produkt um ein *Funktionsarzneimittel* handelt. Hierbei kommt es auf die objektive Zweckbestimmung des Produkts, seine Wirkweise, Dosierung und den Grad der Beeinflussung der physiologischen Funktionen im Körper an. Zur Bestimmung der objektiven Zweckbestimmung ist auch eine etwaige produktbezogene Verkehrsanschauung heranzuziehen.[116] Dient das Produkt nur der Ernährung oder der ergänzenden Zufuhr von Nährstoffen, liegt ein Lebensmittel vor. Dient es hingegen der Beeinflussung physiologischer Funktionen durch pharmakologische, metabolische oder immunologische Wirkungen, liegt ein Arzneimittel vor.

**62** Gerade bei der Abgrenzung zwischen Arzneimitteln und Nahrungsergänzungsmitteln ist regelmäßig zu prüfen, ob es sich bei dem Produkt um ein Funktionsarzneimittel handelt. Der EuGH fordert, dass bei dieser Abgrenzung von Fall zu Fall vorzugehen ist und alle Merkmale des Produkts zu berücksichtigen sind, insbe-

---

[113] Vgl. § 1 Abs. 2 DiätV.

[114] BVerwG, Urt. v. 26.05.2009 – Az.: 3 C 5/09, Rz. 21, PharmR 2009, 397 ff.; EuGH, Urt. v. 15.11.2007 – Az.: C-319/05, PharmR 2008, 50, jeweils m.w.N.; Rehmann, § 2 Rz. 3.

[115] KG Berlin, Urt. v. 18.12.2007 – Az.: 5 U 119/04, PharmR 2008, 503.

[116] Rehmann, § 2 Rz. 29.

sondere seine Zusammensetzung, seine pharmakologischen, immunologischen oder metabolischen Eigenschaften – wie sie sich beim jeweiligen Stand der Wissenschaft feststellen lassen –, die Modalitäten seines Gebrauchs, der Umfang seiner Verbreitung, seine Bekanntheit bei den Verbrauchern und die Risiken, die seine Verwendung mit sich bringen kann.[117] Zur Einstufung als Funktionsarzneimittel muss das Produkt geeignet sein, die physiologischen Funktionen des Organismus „in nennenswerter Weise" wiederherzustellen, zu korrigieren oder zu beeinflussen.[118] Dieses Kriterium dient vor allem der Abgrenzung zu Lebensmitteln.[119] Eine „nennenswerte" Beeinflussung liegt vor, wenn die Wirkungen des Produkts über die Wirkungen hinausgehen, die ein „in angemessener Menge verzehrtes Lebensmittel" auf die Funktionen haben kann.[120] Zur Annahme eines Arzneimittels muss diese Beeinflussung des Organismus ferner durch eine pharmakologische, metabolische oder immunologische Wirkung erfolgen. Rein ernährungsphysiologische Wirkungen sprechen für ein Lebensmittel.

Für den BGH ist ein Produkt, das einen Stoff enthält, der auch mit der normalen Nahrung aufgenommen wird, kein Funktionsarzneimittel, wenn es keine gegenüber den Wirkungen „bei normaler Nahrungsaufnahme" nennenswerte Einflussnahme auf den Stoffwechsel bewirkt.[121] Auch sind Nahrungsergänzungsmittel, die Gesundheitsgefahren bergen, nicht allein deshalb als Arzneimittel zu klassifizieren.[122] Gesundheitsrisiken des Produkts sind aber ein Indiz für die Arzneimitteleigenschaft. 63

Wenn ein Erzeugnis aus einem Stoff besteht, der bereits als Abbauprodukt im Körper bei normaler Ernährung entsteht, so ist dieses Erzeugnis nicht als Arzneimittel anzusehen, wenn die unmittelbare Aufnahme des Stoffes nicht zu einem abweichenden Metabolismus im Körper führt.[123] 64

Eine pharmakologische, metabolische oder immunologische Wirkung des Produktes i.S.d. § 2 Abs. 1 Nr. 2 muss wissenschaftlich bestätigt sein, um es als Arzneimittel einzustufen.[124] Auch die Anwendung der neuen Zweifelsfallregelung in § 2 Abs. 3a setzt voraus, dass die Arzneimitteleigenschaft des Produkts zuvor festge- 65

---

117 EuGH, Urt. v. 30.04.2009 – Az.: C-27/08, Rz. 18; EuGH, Urt. v. 15.01.2009 – Az.: C-140/07, Rz. 39; EuGH, Urt. v. 15.11.2007 – Az.: C-319/05, Rz. 55, jeweils m.w.N.

118 EuGH, Urt. v. 15.01.2009 – Az.: C-140/07, Rz. 42; EuGH, Urt. v. 15.11.2007 – Az.: C-319/05, Rz. 60; EuGH, Urt. v. 16.04.1991 – Az.: C 112/89, Rz. 21 f.

119 Statt vieler EuGH, Urt. v. 15.01.2009 – Az.: C-140/07, Rz. 41.

120 EuGH, Urt. v. 15.11.2007 – Az.: C-319/05, Rz. 68; BGH, Urt. v. 26.06.2008 – Az.: I ZR 61/05 (L-Carnitin II), Rz. 22 ff., PharmR 2008, 425 ff = GRUR 2008, 830 ff. ; s.a. BGH, Urt. v. 26.06.2008 – Az.: I ZR 112/05 (HMB-Kapseln), Rz. 20 f.; NJW-RR 2008, 1255 ff. = PharmR 2008, 430 ff.

121 So BGH, Urt. v. 26.06.2008 – Az.: I ZR 61/05 (L-Carnitin II), Rz. 21 f.

122 EuGH, Urt. v. 15.11.2007 - Az.: C 319/05.

123 BGH, Urt. v. 26.06.2008 - Az.: I ZR 112/05, PharmR 2008, 430 ff.; BGH, Urt. v. 26.06.2008 - Az.: I ZR 61/05, PharmR 2008, 425 ff.

124 BVerwG, Urt. v. 26.05.2009 - Az.: 3 C 5/09, PharmR 2009, 397 ff.

stellt wurde und nicht lediglich vermutet wird.[125] Nur dann gilt der Vorrang des Arzneimittelrechts. Ein Produkt ohne nennenswerte pharmakologische, metabolische oder immunologische Beeinflussung des Organismus ist im Zweifel kein Arzneimittel.

**2. Kosmetika**

**66** Gemäß § 2 Abs. 5 LFBG sind kosmetische Mittel definiert als Stoffe oder Zubereitungen aus Stoffen, die ausschließlich oder überwiegend dazu bestimmt sind, äußerlich am Körper des Menschen oder in seiner Mundhöhle zur Reinigung, zum Schutz, zur Erhaltung eines guten Zustandes, zur Parfümierung, zur Veränderung des Aussehens oder dazu angewendet zu werden, den Körpergeruch zu beeinflussen. Keine kosmetischen Mittel sind allerdings solche Stoffe oder Zubereitungen aus Stoffen, die zur Beeinflussung der Körperformen bestimmt sind (wie etwa Schlankheitscremes). Diese Definition setzt Art. 1 der sog. Kosmetik-Richtlinie 76/768/EWG[126] in deutsches Recht um. Die Regelungen der Kosmetik-Richtlinie wurden zuletzt überarbeitet und in die Rechtsform einer EU-Verordnung überführt. Die neuen Regelungen finden sich in der Verordnung (EG) Nr. 1223/2009[127], die im Wesentlichen am 11.07.2013 in Kraft tritt.

**67** Zu den Merkmalen der Kosmetika gehört, dass sie äußerlich am Körper angewandt werden. Kosmetika werden nicht im Körper angewandt, allenfalls in der Mundhöhle. Produkte, die erst nach Einnahme von innen heraus kosmetisch wirken sollen, sind keine Kosmetika, sondern Arzneimittel.[128] Kosmetika und Arzneimittel unterscheiden sich daneben auch und insbesondere in ihrer Zweckbestimmung. Kosmetika werden angewandt zum Schutz, zur Erhaltung eines guten Zustandes, zur Parfümierung, zur Veränderung des Aussehens oder sollen den Körpergeruch beeinflussen. Sie haben daher keine arzneiliche Wirkung im Sinne des § 2 Abs. 1. Der Anhang I der Kosmetik-Richtlinie enthält eine beispielhafte Aufzählung kosmetischer Mittel.[129]

**68** Für die Abgrenzung zwischen Kosmetika und Arzneimitteln ist ebenfalls danach zu fragen, ob es sich bei dem Mittel um ein Präsentationsarzneimittel oder Funktionsarzneimittel handelt. Ein Produkt ist, auch wenn es unter die Definition der kosmetischen Mittel fällt, dann als Arzneimittel zu behandeln, wenn es als Mittel zur Heilung oder zur Verhütung von Krankheiten präsentiert wird oder objektiv

---

[125] Siehe die Kommentierung zu § 2 Abs. 3a unter Rz. 100 ff.

[126] Richtlinie 76/768/EWG vom 27.07.1976 zur Angleichung der Rechtsvorschriften der Mitgliedstaaten über kosmetische Mittel, ABl. L 262 vom 27.09.1976.

[127] Verordnung (EG) Nr. 1223/2009 des Europäischen Parlaments und des Rates vom 30.11.2009 über kosmetische Mittel, ABl. L 342/59 vom 22.12.2009.

[128] Rehmann, § 2 Rz. 30.

[129] Genannt sind unter anderem Hautpflegemittel, Schönheitsmasken, Gesichts-, Körper- und Fusspuder, Parfums, Badezusätze, Haarentfernungsmittel, schweißhemmende Mittel, Haarbehandlungsmittel, Reinigungsmittel, Zahn- und Mundpflegemittel, Hautbleichmittel und Antifaltenmittel.

geeignet ist, zur Wiederherstellung, Besserung oder Beeinflussung der Körperfunktionen angewandt zu werden. Zu prüfen ist daher einerseits, ob das Produkt aufgrund seiner Präsentation als Arzneimittel zu behandeln ist oder ob es andererseits aufgrund seiner überwiegenden objektiven Zweckbestimmung als Funktionsarzneimittel zu behandeln ist. Zur Einstufung als Kosmetikum muss das Mittel überwiegend eine kosmetische Zweckbestimmung haben.

Wie bei der Abgrenzung zwischen Lebensmitteln und Arzneimitteln ist auch bei der Abgrenzung zwischen Arzneimitteln und kosmetischen Mitteln die an objektive Merkmale anknüpfende überwiegende Zweckbestimmung des Produkts entscheidend, wie sie sich für einen durchschnittlich informierten, aufmerksamen und verständigen Durchschnittsverbraucher darstellt.[130] Diese Zweckbestimmung bestimmt sich nach einem abstrakt-objektiven Maßstab. Hierfür sind alle Merkmale des Erzeugnisses, insbesondere seine Zusammensetzung, seine Eigenschaften, die Modalitäten seines Gebrauchs, die äußere Form und Aufmachung, der Umfang seiner Verbreitung, seine Bekanntheit bei den Verbrauchern und die Risiken, die seine Verwendung mit sich bringen kann, zu berücksichtigen.[131] Die für die Einordnung eines Mittels maßgebliche Verkehrsanschauung wird regelmäßig – insbesondere wenn bereits vergleichbare Produkte auf dem Markt sind – nicht allein durch das konkret fragliche Mittel, sondern durch die gattungsgemäße allgemeine Zweckbestimmung des Mittels geprägt.[132] Für die objektive Zweckbestimmung liefern auch die Inhaltsstoffe des Produkts nebst Konzentration und Dosierung Hinweise.[133] Auch aus der Packungsbeilage und Aufmachung des Produktes kann auf seine Zweckbestimmung geschlossen werden, wenn sich noch keine allgemeine Verkehrsauffassung etabliert hat. Insofern kann gerade bei neuartigen Produkten auch die subjektive Zweckbestimmung des Herstellers für die Feststellung der objektiven Zweckbestimmung relevant sein.[134] Eine bereits existierende objektive Verkehrsauffassung ist jedoch vorrangig zu berücksichtigen.[135] 69

Die zur Festlegung der überwiegenden Zweckbestimmung relevante Vorstellung der Verbraucher kann unter anderem durch die Auffassung der pharmazeutischen oder medizinischen Wissenschaft beeinflusst sein, wobei besondere Bedeutung den pharmakologischen Eigenschaften eines Mittels zukommt, weil ein verständiger Durchschnittsverbraucher im Allgemeinen nicht annehmen wird, ein als kos- 70

---

[130] OLG Köln, Urt. v. 28.04.2006 – Az.: 6 U 178/05, Rz. 17, m.w.N.

[131] VGH Baden-Württemberg, Urt. v. 02.01.2008 – Az.: 9 S 2089/06, PharmR 2008, 285, m.w.N.; Zipfel/Rathke, Lebensmittelrecht-Kommentar, Stand: Juli 2007, C 101, Art. 2 Rz 95: „allgemeine Verkehrsauffassung".

[132] BGH, Urt. v. 07.12.2000 – Az.: I ZR 158/98, PharmR 2001, 336 = NJW-RR 2001, 1329: Einstufung von Franzbranntwein-Gel als Arzneimittel.

[133] OLG Köln, Urt. v. 28.04.2006 – Az.: 6 U 178/05; LG Köln, Urt. v. 30.09.2005 – Az.: 81 O 34/05, beide abrufbar unter www.juris.de.

[134] VGH Mannheim, Beschl. v. 13.12.2007 – Az.: 9 S 509/07, abrufbar unter www.juris.de. Die subjektive Zweckbestimmung bleibt daneben relevant für die Prüfung, ob ein Präsentationsarzneimittel vorliegt.

[135] BGH, Urt. v. 07.12.2000 – Az.: I ZR 158/98, abrufbar unter www.juris.de, dort Rz. 31.

metisches Mittel angebotenes Produkt sei ein Arzneimittel, wenn es in der empfohlenen Dosierung keine pharmakologischen Wirkungen hat.[136] Der Umstand, dass die Verwendung eines Produkts mit Risiken und Gesundheitsgefahren einhergeht, ist für sich genommen kein hinreichendes Kriterium für die Einstufung als Arzneimittel[137], aber ein gewichtiges Indiz in diese Richtung.

**71** Da es zur Einstufung als Kosmetikum auf die überwiegende oder ausschließliche Zweckbestimmung ankommt, ist eine nur untergeordneten arzneiliche Wirkung des Mittels für die Einstufung als Kosmetikum unschädlich. Wenn kosmetische und arzneiliche Zweckbestimmung gleichrangig sind, ist das Mittel allerdings als Arzneimittel einzustufen.

**72** Die EU-Kommission hat nach sachverständiger Beratung ein „Guidance Document" zur Abgrenzung zwischen Kosmetika und Arzneimitteln zur Bewertung von Grenzprodukten veröffentlicht[138]. Dieses Dokument ist ähnlich strukturiert wie die MEDDEV-Leitlinie zur Abgrenzung zwischen Medizinprodukten und Arzneimitteln.[139] Diese Leitlinien sind zwar rechtlich nicht verbindlich. Sie sind aber Resultat eines sachverständigen Beratungsprozesses durch eine Expertengruppe aus Behörden- und Industrievertretern unter Federführung der Europäischen Kommission und beanspruchen daher zu Recht auch objektives fachliches Gewicht.[140]

### 3. Tabakerzeugnisse

**73** Tabakerzeugnisse sind gem. § 3 des Vorläufigen Tabakgesetzes („VTabakG")[141] definiert als „aus Rohtabak oder unter Verwendung von Rohtabak hergestellte Erzeugnisse, die zum Rauchen, Kauen oder anderweitigen oralen Gebrauch oder zum Schnupfen bestimmt sind." Tabakerzeugnissen stehen gem. § 3 Abs. 2 VTabakG gleich: (1) Rohtabak sowie Tabakerzeugnissen ähnliche Waren, die zum Rauchen, Kauen oder anderweitigen oralen Gebrauch oder zum Schnupfen bestimmt sind, (2) Zigarettenpapier, Kunstumblätter und sonstige mit dem Tabaker-

---

[136] OLG Köln, Urt. v. 28.04.2006 – Az.: 6 U 178/05, Rz. 17, m.w.N. Siehe zur Parallele bei Nahrungsergänzungsmitteln: BGH, Urt. v. 03.04.2003 – Az.: I ZR 203/00, PharmR 2003, 297.

[137] VGH Mannheim, Beschl. v. 13.12.2007 – Az.: 9 S 509/07, MedR 2009, 51.

[138] Guidance Document on the demarcation between the Cosmetic Products Directive 76/768 and the Medicinal Products Directive 2001/83 as agreed between the Commission services and the competent authorities of Member States; abrufbar unter http://ec.europa.eu/enterprise/sectors/cosmetics/files/doc/guidance_doc_cosm-medicinal_en.pdf.

[139] Siehe die MEDDEV-Leitlinie (s. Fn. 62).

[140] Vgl. OLG Frankfurt, Urt. v. 29.04.2008 – Az.: 6 U 109/07, Rz. 21 f., PharmR 2008, 550 = GesR 2009, 80; Kügel, in Terbille, Medizinrecht, § 9 Rz. 63, bewertet die MEDDEV-Leitlinie als „hilfreiche Interpretationshilfe".

[141] Vorläufiges Tabakgesetz in der Fassung der Bekanntmachung vom 9. September 1997 (BGBl. I S. 2296), das zuletzt durch Artikel 1 des Gesetzes vom 21. Dezember 2006 (BGBl. I S. 3365) geändert worden ist.

zeugnis fest verbundene Bestandteile mit Ausnahme von Zigarrenmundstücken sowie Rauchfilter aller Art und (3) Erzeugnisse im Sinne der vorgenannten Ziffer (2), soweit sie dazu bestimmt sind, bei dem nicht gewerbsmäßigen Herstellen von Tabakerzeugnissen verwendet zu werden. Diese Produkte sind aus dem Anwendungsbereich des AMG herausgenommen. Daher unterfallen auch nikotinfreie Zigaretten (als „Tabakerzeugnissen ähnliche Waren“ gem. § 3 Abs. 2 Nr. 1 VTabakG) nicht dem AMG, auch wenn sie medizinisch zur Raucherentwöhnung eingesetzt werden.[142].

Die Rechtsprechung hat dagegen extrahiertes flüssiges Nikotin als Arzneimittel dem AMG unterworfen.[143] Daher wurde der Vertrieb flüssigen Nikotins, das für die sog. E-Zigarette bestimmt war, als Vertrieb eines nicht zugelassenen Arzneimittels angesehen. Zur Einstufung flüssigen Nikotins als Arzneimittel nutzte die Rechtsprechung die arzneimittelrechtliche Zweifelsfallregelung (jetzt § 2 Abs. 3a). Es wurde einerseits festgestellt, dass flüssiges Nikotin pharmakologische Wirkungen hat und die physiologischen Funktionen nennenswert beeinflussen kann. Andererseits bestanden (zu Recht) erhebliche Zweifel, ob flüssiges Nikotin ein Tabakerzeugnis ist, so dass für dieses Produkt das AMG Anwendung findet.[144] **74**

Als Tabakerzeugnisse i.S.d. VTabakG und AMG gelten gem. § 3 Abs. 3 VTabakG nicht Erzeugnisse zur Linderung von Asthmabeschwerden, auch wenn sie formal unter die Begriffe in § 3 Abs. 1 u. Abs. 2 Nr. 1 VTabakG fallen. Da diese Erzeugnisse nicht zu den Tabakerzeugnissen zählen und zugleich eine nennenswerte pharmakologische Wirkung entfalten, sind sie als Funktionsarzneimittel anzusehen. Sie dürften im Übrigen wegen ihrer spezifischen Präsentation („zur Linderung von Asthmabeschwerden“) auch als Präsentationsarzneimittel einzustufen sein. **75**

### 4. Tierkosmetika, Reinigungs-, Pflegemittel für Tiere

Nicht unter das AMG fallen gem. § 2 Abs. 3 Nr. 4 ferner Stoffe oder Zubereitungen aus Stoffen, die ausschließlich dazu bestimmt sind, äußerlich am Tier zur Reinigung oder Pflege oder zur Beeinflussung des Aussehens oder des Körpergeruchs angewendet zu werden, soweit ihnen keine apothekenpflichtigen Stoffe oder Zubereitungen aus solchen Stoffen zugesetzt sind. Diese Ausschlussnorm erfasst Reinigungs- und Pflegemittel und kosmetische Mittel für das Tier (Tierkosmetika), die als Zweckbestimmung zur Beeinflussung des Aussehens oder des Körpergeruchs angewandt werden. Entsprechend ähnelt Abs. 3 Nr. 4 in seinem produktbezogenen Regelungsgehalt dem Abs. 3 Nr. 2 (Humankosmetika). Wie in Abs. 3 Nr. 2 umfasst Abs. 3 Nr. 4 *nur äußerlich* anzuwendende Produkte. Im Gegensatz zu Abs. 3 Nr. 2 sind aus Abs. 3 Nr. 4 allerdings Produkte zur Anwendung in der Mundhöhle ausgeklammert. Andererseits umfasst Abs. 3 Nr. 4 – insoweit weiter **76**

---

142 Kloesel, Cyran, § 2 Anm. 145.

143 VG Potsdam, Beschl. v. 08.06.2008 – Az.: 3 L 115/08, PharmR 2009, 250 = NVwZ-RR 2009, 240.

144 VG Potsdam, ebenda.

als Abs. 3 Nr. 2 – unter der Tatbestandsvariante „Beeinflussung des Aussehens" auch Produkte zur Beeinflussung von Körperformen. Nicht von Abs. 3 Nr. 4 erfasst sind solche Produkte, die apothekenpflichtige Stoffe oder Zubereitungen von Stoffen enthalten. Sie sind als Tierarzneimittel anzusehen.

**77** Für die Abgrenzung zwischen Tierarzneimitteln und Tierkosmetika sowie den Reinigungs- und Pflegemitteln in Abs. 3 Nr. 4 sind die gleichen Kriterien heranzuziehen wie bei der Abgrenzung von Humanarzneimitteln und Humankosmetika.[145] Entsprechend ist auch hier beim Arzneimittelbegriff die Unterscheidung nach Präsentations- und Funktionsarzneimittel und die zugehörigen Begriffsmerkmale zu beachten. Auch für die Abgrenzung dieser Produkte gegenüber Funktionsarzneimitteln kommt es maßgeblich auf die objektive Zweckbestimmung der fraglichen Produkte an.[146] Diesbezüglich wird auf die Darstellung der Kriterien zur Annahme eines Funktionsarzneimittels verwiesen.[147] Diese Kriterien werden auch in der Rechtsprechung bei der Abgrenzung von Tierarzneimitteln und Tierkosmetika angewandt.

**78** Um nicht unter den Arzneimittelbegriff zu fallen, müssen die Produkte in Abs. 3 Nr. 4 *ausschließlich* eine reinigende, pflegende oder kosmetische Zweckbestimmung haben. Bei Humankosmetika in Abs. 3 Nr. 2 ist bereits eine „überwiegende" Zweckbestimmung dieser Art ausreichend. Bei den Tierkosmetika und Pflegemitteln für Tiere in Abs. 3 Nr. 4 führt bereits eine untergeordnete oder partielle arzneiliche Zweckbestimmung (präventiv, lindernd oder heilend) zu einer Anwendung des AMG auf diese – ansonsten eher knapp regulierten – Produkte.[148]

### 5. Biozid-Produkte

**79** Mit der AMG-Novelle 2009 wurde in § 2 Abs. 3 Nr. 5 deklaratorisch klargestellt, dass auch die sog. Biozid-Produkte keine Arzneimittel sind.[149] Biozid-Produkte unterliegen einem eigenständigen Zulassungsverfahren. Für Niedrig-Risiko-Produkte wurde ein Registrierungsverfahren entwickelt.[150]

---

145 OVG NRW, Beschl. v. 18.05.2005 – Az.: 13 A 2062/03, Rz. 30, säurehaltiges Klauenpflegemittel ist ein Arzneimittel.

146 OVG NRW, Beschl. v. 18.05.2005 – Az.: 13 A 2062/03, Rz.25 abrufbar unter www.juris.de.

147 BVerwG, Urt. v. 16.05.2007 – Az.: 3 C 34/06, PharmR 2007, 513 = NVwZ-RR 2007, 771 – kampherhaltige Pferdesalbe kein Arzneimittel; OVG NRW, Beschl. v. 18.05.2005 – Az.: 13 A 2062/03

148 Kloesel, Cyran, § 2 Anm. 147.

149 BT-Drucks. 16/12256, S. 41.

150 Siehe zu Fragen des Inverkehrbringens von Biozid-Produkten OVG NRW, Beschl. v. 29.11.2007 – Az.: 8 B 1521/07, abrufbar auf www.juris.de.

Biozid-Produkte sind in § 3b Abs. 1 Nr. 1 ChemG[151] legaldefiniert. Die Definition entstammt der RiLi 98/8/EG[152]. Biozid-Produkte sind hiernach Biozid-Wirkstoffe und Zubereitungen, die einen oder mehrere Biozid-Wirkstoffe enthalten, in der Form, in welcher sie zum Verwender gelangen, die dazu bestimmt sind, auf chemischem oder biologischem Wege Schadorganismen zu zerstören, abzuschrecken, unschädlich zu machen, Schädigungen durch sie zu verhindern oder sie in anderer Weise zu bekämpfen, und (1) die einer Produktart zugehören, die in Anhang V der RiLi 98/8/EG aufgeführt ist, und (2) die nicht einem der in Art. 1 Abs. 2 der RiLi 98/8/EG aufgeführten Ausnahmebereiche (u.a. Arzneimittelrecht) unterfallen. **80**

Biozid-Wirkstoffe sind Stoffe mit allgemeiner oder spezifischer Wirkung auf oder gegen Schadorganismen, die zur Verwendung als Wirkstoff in Biozid-Produkten bestimmt sind; als derartige Stoffe gelten auch Mikroorganismen einschließlich Viren oder Pilze mit entsprechender Wirkung und Zweckbestimmung. Mit „Schadorganismen" sind in diesem Kontext Organismen gemeint, die für den Menschen, seine Tätigkeiten oder für Produkte, die er verwendet oder herstellt, oder für Tiere oder die Umwelt unerwünscht oder schädlich sind. **81**

Der in § 3b Abs. 1 Nr. 1 ChemG in Bezug genommene Anhang V der RiLi 98/8/EG enthält ein erschöpfendes Verzeichnis von 4 Hauptgruppen von Biozid-Produkten, die weiter in 23 Produktarten unterteilt werden: **82**

- Die Hauptgruppe 1 umfasst „Desinfektionsmittel und allgemeine Biozid-Produkte" (u.a. Biozid-Produkte für die menschliche Hygiene und die Hygiene im Veterinärbereich, Desinfektionsmittel für den Privatbereich, das öffentliche Gesundheitswesen und für den Lebens- und Futtermittelbereich).
- Die Hauptgruppe 2 umfasst „Schutzmittel" (u.a. Topf-Konservierungsmittel, Schleimbekämpfungsmittel, Holzschutzmittel).
- Die Hauptgruppe 3 umfasst „Schädlingsbekämpfungsmittel (u.a. Rodentizide, Fischbekämpfungsmittel, Insektizide, Repellentien und Lockmittel).
- Die Hauptgruppe 4 umfasst „Sonstige Biozid-Produkte" (u.a. Schutzmittel für Lebens- und Futtermittel, Antifouling-Produkte, Produkte gegen sonstige Wirbeltiere als Bekämpfungsmittel gegen Schädlinge).

Im Anhang V der RiLi 98/8/EG werden diese Hauptgruppen und Produktarten mit Beispielbeschreibungen für jede Produktart näher erläutert. Das ChemG und die RiLi 98/8/EG haben eine weite Definition des Begriffs „Biozid-Produkt" gewählt, um betroffene biologisch oder chemisch wirkende Produkte einem geordneten Zulassungsverfahren zu unterwerfen und mit entsprechenden Warnhinweisen zu ver- **83**

---

[151] Gesetz zum Schutz vor gefährlichen Stoffen (Chemikaliengesetz) in der Neufassung vom 02.07.2008, BGBl. I S. 1146.

[152] Richtlinie 98/8/EG vom 16.02.1998 über das Inverkehrbringen von Biozid-Produkten, ABl. L 123/1 vom 24.4.1998.

sehen, um Menschen und die Umwelt vor dem schädlichen Einfluss gefährlicher Stoffe und Zubereitungen zu schützen.[153]

**84** Biozid-Produkte sind von Arzneimitteln, Kosmetika, Pflanzenschutzmitteln und Lebensmittelzusatzstoffen abzugrenzen, was im Einzelfall Schwierigkeiten bereitet.[154] Für die Abgrenzung sind die Präsentation des Produkts und/oder seine objektive Zweckbestimmung, wie sie sich bei Gesamtbetrachtung aller Produktmerkmale aus Sicht eines durchschnittlichen Verbrauchers darstellt, maßgeblich.[155] Einen entsprechenden Ansatz und ähnliche Kriterien zur Abgrenzung von Kosmetika und Biozid-Produkten empfiehlt auch die EU-Kommission in einer von ihr herausgegebenen Leitlinie („Guidance Document") zur Abgrenzung bei Grenzprodukten.[156]

**85** Gerade für die Abgrenzung von Biozid-Produkten von Funktionsarzneimitteln sind die unterschiedlichen Zweckbestimmungen hervorzuheben. Im Gegensatz zur gesetzlich niedergelegten Zweckbestimmung der Funktionsarzneimittel (§ 2 Abs. 1 Nr. 2) sind Biozid-Produkte dazu bestimmt, Schadorganismen zu eliminieren und fernzuhalten und Schädigungen durch sie zu verhindern bzw. zu bekämpfen. Daher ist ein Fliegenschutz-Deodorant für Pferde, das mit Lavendelöl Fliegen und andere Stechinsekten fernhält, ein Biozid-Produkt (Produktart: Repellentien) und kein Tierarzneimittel.[157] Auch Produkte, die Kaliummonopersulfat enthalten und dazu bestimmt sind, die Klebefähigkeit von Spulwurmeiern zu beseitigen, sind Spezial-Tierwaschmittel und damit Biozid-Produkte und keine Tierarzneimittel.[158] Auch ein Anti-Marder-Spray, dessen Inhaltsstoffe bestimmungsgemäß über die Geruchsorgane des Tieres aufgenommen werden und nicht unmittelbar auf den Marder einwirken, ist ein Biozid-Produkt.[159]

**86** Abgrenzungsschwierigkeiten bestehen insbesondere dann zwischen Biozid-Produkten und Arzneimitteln, wenn das fragliche Mittel dazu bestimmt ist, Schadorganismen zu eliminieren, um so Krankheiten zu lindern, zu heilen oder zu verhindern (insb. Desinfektionsmittel). Nur da, wo ein Mittel gezielt zur Verhütung oder Heilung einer Krankheit oder zur Wiederherstellung gestörter physiologi-

---

[153] OLG Hamm, Urt. v. 19.01.2010 – Az.: I-4 U 162/09, 4 U 162/09, Rz. 29, abrufbar unter www.juris.de.

[154] Krell Zbinden, ZLR 2008, 427.

[155] VG München, Beschl. v. 22.09.2008 – Az.: M 18 S 08.3886, Rz. 20 ff. PharmR 2009, 534 f.

[156] Vgl. S. 5 des „Guidance document agreed between the Commission services and the competent authorities of Member States for the biocidal products Directive 98/8/EC and for the cosmetic products Directive 76/768/EEC" vom 24.05.2004 (Doc-Biocides-2002/03-rev1), abrufbar unter http://ec.europa.eu/environment/biocides/pdf/cosmetic_products.pdf.

[157] VG München, Beschl. v. 22.09.2008 – Az.: M 18 S 08.3886, PharmR 2009, 534.

[158] OLG Hamm, Urt. v. 19.01.2010 – Az.: I-4 U 162/09, Rz. 30, abrufbar unter www.juris.de.

[159] OLG Hamburg, Urt. v. 16.05.2007 – Az.: 5 U 220/06, GRUR-RR, 2008, 94.

scher Funktionen eingesetzt werden soll, ist der Schutzbereich des Arzneimittelrechts hinreichend konkret betroffen.[160] Bei Desinfektionsmitteln ist daher zu unterscheiden[161]: Flächendesinfektionsmittel zur Desinfizierung von Luft und Oberflächen, Stoffen, Einrichtungen und Möbel sind als Biozid-Produkte einzustufen. Produkte zur Desinfektion von medizinischen Instrumenten und anderen Medizinprodukten fallen gem. § 3 Nr. 9 MPG als Zubehör von Medizinprodukten unter das Medizinprodukterecht. Desinfektionsmittel für allgemeine Hygienezwecke (z.B. Mittel zur Körperhygiene, Beschäftigte in der Gastronomie) sind Biozid-Produkte. Hingegen sind Desinfektionsmittel zur medizinischen, insb. chirurgischen, und hygienischen Haut- und Händedesinfektion als Arzneimittel einzustufen.[162]

### 6. Futtermittel

Auch Futtermittel sind aus dem Anwendungsbereich des AMG herausgenommen. **87** Gemäß § 2 Abs. 4 LFGB i.V.m. Art. 3 Nr. 4 Verordnung (EG) Nr. 178/2002 sind Futtermittel Stoffe oder Erzeugnisse, auch Zusatzstoffe, verarbeitet, teilweise verarbeitet oder unverarbeitet, die zur oralen Tierfütterung bestimmt sind. In § 3 Nr. 12–15 LFGB sind darüber hinaus auch die Begriffe Einzelfuttermittel, Mischfuttermittel, Diätfuttermittel und Futtermittel-Zusatzstoffe näher definiert.

Bei der Abgrenzung von Futtermitteln und Tierarzneimitteln ist entsprechend vor- **88** zugehen wie bei der Abgrenzung von Arzneimitteln und Lebensmitteln. Um ein Futtermittel gegenüber einem Funktions- und/oder Präsentationsarzneimittel abzugrenzen, ist die objektive Zweckbestimmung des fraglichen Produkts bzw. seine Präsentation entscheidend. Die Kriterien zur Abgrenzung von Lebensmitteln und Arzneimitteln sind hierbei entsprechend anwendbar.[163] Produkte, die der Zufuhr von Nährstoffen dienen und die physiologischen Funktionen des Organismus nur auf ernährungsphysiologischem oder diätetischem Weg beeinflussen, entfalten keine pharmakologische Wirkung beim Tier und sind daher als Futtermittel zu qualifizieren.[164]

Hinzuweisen ist auf die besondere Gruppe der Fütterungsarzneimittel. Dies sind **89** Arzneimittel in verfütterungsfertiger Form, die aus Arzneimittel-Vormischungen und Mischfuttermitteln hergestellt werden und die dazu bestimmt sind, zur Anwendung bei Tieren in den Verkehr gebracht zu werden. Für Fütterungsarzneimittel gelten die Sonderbestimmungen in § 56.

160 So VG München, a.a.O. (Fn. 155), Rz. 24.
161 Siehe ausführlich zu Desinfektionsmitteln Jäkel, PatR/Q-med 2009, 23 ff.
162 MEDDEV-Leitlinie (s. Fn. 62), S. 10; Jäkel, PatR/Q-med 2009, 23, 29.
163 VG Hannover, Urt. v. 01.10.2008 – Az.: 11 A 4513/06, Rz. 30 ff., abrufbar unter www.juris.de.
164 VG Hannover, a.a.O. Rz. 48.

### 7. Medizinprodukte

90 Medizinprodukte sind gem. § 3 Nr. 1 MPG alle einzeln oder miteinander verbunden verwendeten Instrumente, Apparate, Vorrichtungen, Stoffe und Zubereitungen aus Stoffen oder andere Gegenstände einschließlich der für ein einwandfreies Funktionieren des Medizinproduktes eingesetzten Software, die vom Hersteller zur Anwendung für Menschen mittels ihrer Funktionen zum Zwecke a) der Erkennung, Verhütung, Überwachung, Behandlung oder Linderung von Krankheiten, b) der Erkennung, Überwachung, Behandlung, Linderung oder Kompensierung von Verletzungen oder Behinderungen, c) der Untersuchung, der Ersetzung oder der Veränderung des anatomischen Aufbaus oder eines physiologischen Vorgangs oder d) der Empfängnisregelung zu dienen bestimmt sind und deren bestimmungsgemäße Hauptwirkung im oder am menschlichen Körper weder durch pharmakologisch oder immunologisch wirkende Mittel noch durch Metabolismus erreicht wird, deren Wirkungsweise aber durch solche Mittel unterstützt werden kann.

91 Auch die In-vitro-Diagnostika zur Diagnostik beim Menschen sind gem. § 3 Nr. 4 MPG Medizinprodukte, wohingegen In-vivo-Diagnostika gem. § 2 Abs. 1 Nr. 2 lit. b) als Arzneimittel einzustufen sind. Für In-vitro-Diagnostika beim Tier gilt das MPG nicht. Diese sind fiktive Arzneimittel gem. § 2 Abs. 2 Nr. 4.

92 Medizinprodukte unterscheiden sich von Arzneimitteln dadurch, dass sie ihre bestimmungsgemäße Hauptwirkung nicht durch eine pharmakologische, metabolische oder immunologische Wirkung entfalten, sondern durch eine physikalische, mechanische oder physiko-chemische Wirkweise.[165] Medizinprodukte als rein mechanisch oder physikalisch wirkende Gegenstände rufen typischerweise keine Wirkungen hervor, die über die körpereigenen Funktionen hinausgehen, so dass unter das MPG jene Produkte fallen, die zwar physiologisch wirken, aber bei bestimmungsgemäßer Anwendung lediglich die normalen Körperfunktionen (physikalisch und mechanisch) unterstützen.[166] In-vitro-Diagnostika haben daneben eine physiko-chemische Wirkweise.

93 Der Begriff „*Haupt*wirkung" lässt erkennen, dass es zur Einstufung als Medizinprodukt nicht auf die alleinige, sondern auf die hauptsächliche bzw. *überwiegende* Wirkweise des Produkts ankommt. Daher kann ein Medizinprodukt neben seiner physikalischen und mechanischen Hauptwirkung auch eine untergeordnete bzw. ergänzende arzneiliche Wirkung haben, ohne rechtlich ein Funktionsarzneimittel zu werden. Zur Einstufung von Arzneimittel-Medizinprodukte-Kombinationsprodukten sowie zur Abgrenzung zwischen Berührungsarzneimitteln und Medizinprodukten, die Arzneimittelzusätze enthalten, siehe die Ausführungen unter Abschnitt VIII. 1. oben (Rz. 47 ff.).

---

[165] Anhalt, MPJ 2009, 254 ff.; Dettling, PharmR 2006, 578.

[166] OLG Köln, Urt. v. 11.12.2009 – Az.: 6 U 90/09, Rz. 16, abrufbar unter www.juris.de.

Als Auslegungshilfe und Leitfaden zur Abgrenzung und Einstufung von Grenzprodukten hat die EU Kommission die MEDDEV-Leitlinie („Guidance Document") herausgegeben.[167] In dieser, Ende 2009 aktualisierten, Auslegungshilfe sind auch die drei arzneimitteltypischen Wirkprinzipien zur Abgrenzung von Arzneimitteln gegenüber Medizinprodukten definiert. Dieses Dokument ist ähnlich strukturiert wie das „Guidance Document" zur Abgrenzung zwischen Kosmetika und Arzneimitteln. Diese Leitlinien sind zwar rechtlich nicht verbindlich. Sie sind aber Resultat eines sachverständigen Beratungsprozesses durch eine Expertengruppe aus Behörden- und Industrievertretern unter Federführung der EU-Kommission und beanspruchen daher zu Recht auch objektives fachliches Gewicht.[168] 94

Ein Medizinprodukt kann auch aufgrund seiner Präsentation gem. § 2 Abs. 1 Nr. 1 als Präsentationsarzneimittel einzustufen sein. Dies ist insbesondere bei den sog. arzneimittelähnlichen Medizinprodukten zu beachten. Bei diesen bestehen auch Abgrenzungsschwierigkeiten zu Funktionsarzneimitteln. 95

Für Meinungsverschiedenheiten zwischen Produktherstellern und der lokalen Aufsichtsbehörde über die Frage der Einstufung eines Produkts als Medizinprodukt bzw. die Abgrenzung zu anderen Produkten enthält § 13 Abs. 3 MPG im Interesse der einheitlichen Verwaltungspraxis eine Sonderregelung. Danach kann die zuständige Behörde die zuständige Bundesoberbehörde um eine Stellungnahme ersuchen. 96

### 8. Organe

Die Regelung in § 2 Abs. 3 Nr. 8 wurde durch das GewebeG[169] neu gefasst. Seither sind Organe i.S.d. § 1a Nr. 1 TPG keine Arzneimittel und aus dem Anwendungsbereich des AMG herausgenommen, wenn sie zur Übertragung auf menschliche Empfänger bestimmt sind. Für sie gelten die speziellen Regelungen des TPG[170]. 97

Nach § 1a Nr. 1 TPG sind Organe, mit Ausnahme der Haut, alle aus verschiedenen Geweben bestehenden Teile des menschlichen Körpers, die in Bezug auf Struktur, Blutgefäßversorgung und Fähigkeit zum Vollzug physiologischer Funktionen eine funktionale Einheit bilden, einschließlich der Organteile und einzelnen Gewebe eines Organs, die zum gleichen Zweck wie das ganze Organ im menschlichen Körper verwendet werden können. Ausgenommen hiervon sind solche Ge- 98

---

167 MEDDEV-Leitlinie (s. Fn. 62).

168 Vgl. OLG Frankfurt, Urt. v. 29.04.2008 – Az.: 6 U 109/07, Rz. 21 f., PharmR 2008, 550 = GesR 2009, 80; Kügel, in Terbille, Medizinrecht, § 9 Rz. 63, bewertet die MEDDEV-Leitlinie als „hilfreiche Interpretationshilfe".

169 Gewebegesetz vom 20.07.2007, BGBl. I S. 1574.

170 Transplantationsgesetz vom 05.11.1997 in der Fassung der Bekanntmachung vom 4. September 2007 (BGBl. I S. 2206), das durch Art. 3 des Gesetzes vom 17.07.2009 (BGBl. I S. 1990) geändert worden ist.

webe, die zur Herstellung von Arzneimitteln für neuartige Therapien gem. § 4 Abs. 9 AMG bestimmt sind. Gewebe wird im TPG definiert als alle aus Zellen bestehenden Bestandteile des menschlichen Körpers, die keine Organe nach Nummer 1 sind, einschließlich einzelner menschlicher Zellen (§ 1a Nr. 4 TPG).

**99** Nicht unter § 1a Nr. 1 TPG fallen hingegen Organe von Tieren und die menschliche Haut.[171] Auf sie ist das Arzneimittelrecht anwendbar, wenn sie gemäß § 2 Abs. 1 als Arzneimittel einzustufen sind. Das gleiche gilt für Gewebe und einzelne Zellen sowie Gewebezubereitungen. Daher werden Gewebetransplantationen im Gegensatz zu Organtransplantationen vom Anwendungsbereich des AMG erfasst.[172]

### X. Die Zweifelsfallregelung (Abs. 3a)

**100** Durch die AMG-Novelle 2009 wurde § 2 Abs. 3a neu ins AMG eingeführt. Die Norm überführt Art. 2 Abs. 2 der RiLi 2001/83/EG in das AMG. Es handelt sich um die sog. Zweifelsfallregelung[173], die auch als Zweifelsregelung[174], Zwitterregelung[175] oder „Zweifelsfall"-Regelung[176] bezeichnet wird. Die europäische Zweifelsfallregelung wurde bereits vor der AMG-Novelle 2009 in der nationalen Rechtsprechung angewandt, so dass Abs. 3a keine grundlegende Neuerung für die Rechtspraxis bedeutet.[177] Die Zweifelsfallregelung in Art. 2 Abs. 2 der RiLi 2001/83/EG lautet:

**101** „In Zweifelsfällen, in denen ein Erzeugnis unter Berücksichtigung aller seiner Eigenschaften sowohl unter die Definition von „Arzneimittel" als auch unter die Definition eines Erzeugnisses fallen kann, das durch andere gemeinschaftliche Rechtsvorschriften geregelt ist, gilt diese Richtlinie."

**102** Der Wortlaut dieser Vorschrift normiert eine echte Zweifelsfallregelung, da hiernach ein Produkt schon dann, wenn es zweifelhaft ist, ob es ein Arzneimittel oder ein anderes Produkt ist, rechtlich als Arzneimittel behandelt wird. Es ist ausreichend, dass das Produkt unter mehrere Definitionen „fallen kann" und seine Arzneimitteleigenschaft nicht positiv festgestellt ist. Diese Auslegung ist vom Wortlaut der Norm gedeckt und wird auch in der Literatur vertreten.[178] Trotz des Wortlauts wendet die Rechtsprechung die Regelung aber einschränkend erst dann an, wenn die Arzneimitteleigenschaft des Produkts feststeht, so dass nur noch zwei-

---

[171] Trotz des Wortbestandteils „Haut" zählt allerdings die Augenhornhaut nicht zu dem Organ „menschliche Haut", sondern zu dem Organ „Auge".

[172] Kloesel, Cyran, § 2 Anm. 160; Rehmann, § 2 Rz. 35.

[173] Von „Zweifelsfallregelung" sprechen u.a. das BVerwG, Urt. v. 25.07.2007 – 3 C 22/06, Rz. 10; Jäkel, PatR/Q-med 2009, 23, 27.

[174] Steinbeck, MedR 2009, 145, 148; Müller, NVwZ, 2009, 425.

[175] Rehmann, A&R 2009, 58, 59.

[176] So BT-Drucks. 16/12256, S. 41.

[177] Vgl. die amtliche Begründung zum Entwurf eines Gesetzes zur Änderung arzneimittelrechtlicher und anderer Vorschriften vom 16.03.2009, BT-Drs. 16/12256, S. 41.

[178] Kraft, Röcke, ZLR 2006, 19, 26 ff.

felhaft ist, ob das Produkt auch unter eine andere Definition fällt.[179] Diese Auslegung ergäbe sich aus dem „Strengegrundsatz" des EuGH und entspräche ausweislich des 7. Erwägungsgrundes der RiLi 2004/27/EG auch dem Willen des Gemeinschaftsgesetzgebers.[180] Dieser EuGH-Rechtsprechung ist im Ergebnis zuzustimmen, auch wenn die Zweifelsfallregelung nach der Wortlautauslegung weiter gefasst ist. Der Wortlaut der Regelung ist sachwidrig zu weit.

Zur Anwendung der Zweifelsfallregelung ist daher nach herrschender Rechtsprechung erforderlich, dass die Arzneimitteleigenschaft des fraglichen Produkt festgestellt ist.[181] Da dann die Arzneimitteleigenschaft aber nicht mehr zweifelhaft ist, passt der Begriff „Zweifelsfallregelung" nicht mehr uneingeschränkt. Dazu wird bemerkt, dass der EuGH die Norm zu einer bloßen „Vorrangregelung" zugunsten der Einstufung als Arzneimittel reduziert habe.[182] Genau genommen ist die Regelung, so wie vom EuGH ausgelegt, noch weniger als eine Vorrangregelung, da sie nur ausspricht, dass auf ein Produkt, dessen Arzneimitteleigenschaft ausdrücklich feststeht, auch das Arzneimittelrecht anwendbar sein soll. Mangels richtiger Zweifel löst die Zweifelsfallregelung in dieser Konstellation auch keine Zweifel zugunsten der Arzneimitteleigenschaft auf. Im Gegenteil: dadurch, dass das Arzneimittelrecht erst anwendbar wird, wenn die Arzneimitteleigenschaft *zweifelsfrei* feststeht, führt diese Auslegung dazu, dass das Arzneimittelrecht für Produkte, deren Einstufung wirklich zweifelhaft ist, gerade nicht anwendbar ist. Es müsste also zutreffend heißen: „im Zweifel kein Arzneimittel". Somit hat die Rechtsprechung den Regelungsgehalt der Zweifelsfallregelung in das Gegenteil dessen verkehrt, was der Wortlaut normiert. Das liegt aber primär daran, dass der Wortlaut der Zweifelsfallregelung in der RiLi 2001/83/EG „wenig geglückt"[183] ist. **103**

Der deutsche Gesetzgeber hat in § 2 Abs. 3a die Zweifelsfallregelung nicht wörtlich aus der RiLi 2001/83/EG übernommen, was aus den vorgenannten Gründen zu begrüßen ist. Vielmehr hat er in § 2 Abs. 3a die zwischenzeitlich zu Art. 2 Abs. 2 der RiLi 2001/83/EG ergangene Rechtsprechung implementiert und die Norm so gefasst, wie sie auch von Rechtsprechung und überwiegendem Schrifttum ausgelegt wird.[184] § 2 Abs. 3a vermeidet auch die Verwendung des Begriffs „Zweifelsfälle", was sachgerecht erscheint, da es bei verständiger Würdigung nicht mehr um die Auflösung „richtiger" Zweifelsfälle geht. Für die nationale Rechts- und Verwaltungspraxis ist nur die Zweifelsfallregelung in § 2 Abs. 3a verbindlich und nicht Art. 2 Abs. 2 der RiLi 2001/83/EG. **104**

---

179 EuGH, Urt. v. 15.01.2009 – Az.: C 140/07, Rz. 20 ff., BVerwG, Urt. v. 26.05.2009 – Az.: 3 C 5/09; Müller, NVwZ 2009, 425; Steinbeck, MedR 2009, 145, 148.

180 Vgl. zum Meinungsstand Steinbeck, MedR 2009, 145, 148, m.w.N. Demnach hat es der Gesetzgeber versäumt, seinen Willen im Normtext sprachlich zutreffend auszudrücken.

181 EuGH, Urt. v. 15.01.2009 – Az.: C-140/07, Rz. 24: „Art. 2 Abs. 2 der Richtlinie 2001/83/EG [beruht] auf dem Postulat, dass das betreffende Produkt die Voraussetzungen eines Arzneimittels erfüllt".

182 Müller, NVwZ 425, 426; ihm zustimmend Delewski, LMuR 2010, 1, 6.

183 Steinbeck, MedR 2009, 145, 148.

184 Müller, NVwZ 2009, 425, 429.

105 Nach § 2 Abs. 3a sind Produkte als Arzneimittel zu behandeln, die Stoffe oder Zubereitungen aus Stoffen sind oder enthalten, die unter Berücksichtigung aller ihrer Eigenschaften unter eine der Arzneimitteldefinitionen in § 2 Abs. 1 fallen und die zugleich auch unter die Begriffsbestimmung eines Produkts nach § 2 Abs. 3 fallen können. Zur Anwendung des § 2 Abs. 3a muss die Arzneimitteleigenschaft positiv feststehen. Andererseits darf das fragliche Produkt nicht eindeutig einer anderen Produktdefinition zuzuordnen sein. Wenn das Produkt eindeutig unter die Begriffsbestimmung eines anderen Erzeugnisses fällt (z.B. als Medizinprodukt), dann gilt § 2 Abs. 3a nicht.

106 Im Gesetzgebungsverfahren zur AMG-Novelle 2009 wurden wegen der Tatbestandsalternative „enthalten" Abgrenzungsprobleme bei Kombinationsprodukten befürchtet, etwa bei Medizinprodukten mit Arzneimittelzusatz.[185] Bei diesen Produkten erfolgt die Abgrenzung indes gemäß den oben zu Abs. 2 Nr. 1 dargestellten Kriterien. Wenn es sich bei dem Erzeugnis um ein Medizinprodukt mit einem Arzneimittelzusatz handelt und der Arzneimittelzusatz im Verhältnis zu der physikalischen Wirkung des Medizinprodukts nur eine untergeordnete und ergänzende Funktion hat (z.B. Antibiotikazusatz im Knochenzement), liegt gem. § 3 Nr. 2 MPG – *zweifelsfrei* – ein Medizinprodukt vor und kein Arzneimittel im Sinne des § 2 Abs. 1. Dann ist das MPG und nicht das AMG anwendbar.

### XI. Die Arzneimittelvermutung (Abs. 4)

107 In § 2 Abs. 4 ist eine unwiderlegliche Vermutung normiert.[186] Diese bestimmt, wann ein „Mittel" – unabhängig von § 2 Abs. 1 bis 3a – kraft einer behördlichen Entscheidung als ein Arzneimittel gilt oder nicht. Die tatbestandliche Grundlage für den Eintritt der Vermutungsfolge ist eine auf das betreffende Mittel bezogene Entscheidung der zuständigen Bundesoberbehörde. Wenn ein Mittel nach dem AMG als Arzneimittel behördlich zugelassen oder registriert oder durch Rechtsverordnung von der Zulassung oder Registrierung freigestellt ist, gilt es als Arzneimittel, auch wenn es materiell kein Arzneimittel i.S.d. Abs. 1 oder Abs. 2 sein sollte. Die Vermutung aus Abs. 4 gilt auch in die umgekehrte Richtung: Hat die Bundesoberbehörde die Zulassung oder Registrierung eines Mittels mit der Begründung abgelehnt, dass es sich um kein Arzneimittel handelt, so gilt es nicht als Arzneimittel. Mithin kommt der behördlichen Entscheidung auch eine negative Bindungswirkung zu.

108 Welche Bundesoberbehörde im Einzelfall zuständig ist, ergibt sich in Abhängigkeit von dem fraglichen Produkt aus § 77. Die gesetzliche Vermutung des Abs. 4 endet mit der Rücknahme oder dem Widerruf der Zulassung oder Registrierung oder ihrem Erlöschen gemäß §§ 30, 31, nicht aber mit dem Ruhen der Zulassung. Durch die Anordnung des Ruhens der Zulassung gem. § 30 Abs. 2 S. 2 wird die Verkehrsfähigkeit des Arzneimittels lediglich vorläufig ausgesetzt, ohne dass sie

---

[185] Vgl. die Stellungnahme des BAH v. 27.04.2009, BT-Ausschussdrucks. 16(14)0514(17), S. 3.

[186] Deutsch, Spickhoff, Rz. 1220.

erlischt. Über die Arzneimitteleigenschaft von Mitteln, für die es keiner Zulassung oder Registrierung bedarf oder die lediglich deshalb nicht zugelassen oder registriert sind, weil kein dahingehender Antrag gestellt wurde, entfaltet Abs. 4 keine Rechtswirkung.[187]

Die Norm dient der Rechtssicherheit im Arzneimittelverkehr und gewährt den betreffenden Produkten regulatorischen Bestandsschutz.[188] Die Entscheidungen der Bundesoberbehörde sind gegenüber anderen Behörden verbindlich, die das Mittel damit nicht anders einstufen dürfen. Die Vermutungswirkung des Abs. 4 gilt auch gegenüber Wettbewerbern. Die Entscheidungen der Bundesoberbehörde unterliegen jedoch der Kontrolle durch die Verwaltungsgerichte. Fraglich ist, ob und inwieweit auch anderen Entscheidungen der Bundesoberbehörden (z.B. der Entscheidung über die Genehmigung einer klinischen Prüfung, vgl. § 42) eine entsprechende Bindungswirkung zukommt. **109**

[187] VG Berlin, Urt. v. 23.07.2007 – Az.: 7 A 205/05, Rz. 9, abrufbar unter www.juris.de.
[188] BT-Drucks. 16/12256, S. 41.

## § 3
## Stoffbegriff

**Stoffe im Sinne dieses Gesetzes sind**

1. **chemische Elemente und chemische Verbindungen sowie deren natürlich vorkommende Gemische und Lösungen,**
2. **Pflanzen, Pflanzenteile, Pflanzenbestandteile, Algen, Pilze und Flechten in bearbeitetem oder unbearbeitetem Zustand,**
3. **Tierkörper, auch lebender Tiere, sowie Körperteile, -bestandteile und Stoffwechselprodukte von Mensch oder Tier in bearbeitetem oder unbearbeitetem Zustand,**
4. **Mikroorganismen einschließlich Viren sowie deren Bestandteile oder Stoffwechselprodukte.**

**Literatur**

Bauer, Lach, REACH: Praktische Auswirkungen für Arzneimittel und Medizinprodukte, PharmR 2007, 408; Brixius, Maur, REACH: Schnittstellen und Handlungsbedarf für die pharmazeutische Industrie. PharmR 2007, 277; Dettling, Anwendungsfähigkeit als Arzneimitteleigenschaft – ein Beitrag zur Abgrenzung von Ausgangsstoffen und Arzneimitteln, PharmR 2003, 79; Ehlers, Willhöft, Rechtliche Rahmenbedingungen in Europa für Werbung beim Handel mit Hilfsstoffen, welche gleichzeitig identisch mit einem zugelassenen Arzneimittel sind, PharmInd 2008, 740; Heßhaus, Rohstoff, Wirkstoff, Arzneimittel – Abgrenzungsfragen in der „dritten Dimension", StoffR 2006 27; Josewski, Relevanz der EU-Verordnung zu REACH für die Pharmaindustrie, PharmInd 2009, 1732; Körner, Betäubungsmittelgesetz, Arzneimittelgesetz (Kommentar), 5. Auflage, 2001; Wimmer, Arzneiwirkstoffe und REACH: Unter Umständen doch betroffen?, PharmR 2008, 136; Winkler, Streckmittel und der Arzneimittelbegriff, jurisPR-StrafR 2/2008 Anm. 4; Wolfslast, Rosenau, Zur Anwendung des Arzneimittelgesetzes auf die Entnahme von Organ- und Gewebetransplantaten, NJW 1993, 2348.

### I. Bedeutung der Norm

1 Das Arzneimittelrecht ist Stoffrecht. Das ergibt sich bereits aus dem Arzneimittelbegriff des § 2 Abs. 1, da Arzneimittel nur Stoffe oder Zubereitungen aus Stoffen sein können[1] (von den fiktiven Arzneimitteln in § 2 Abs. 2 abgesehen). Entsprechend zieht sich der Begriff „Stoff" isoliert oder als Wortbestandteil (z.B. Wirkstoff, Hilfsstoff, Impfstoff, Ausgangsstoff, Trägerstoff) durch das gesamte AMG. Der stoffrechtliche Ansatz des Gesetzes geht auch aus § 3 und seiner systematischen Stellung hervor. Die Verankerung des Stoffbegriffs in einer eigenständigen Norm unterstreicht die Bedeutung, die ihm der Gesetzgeber beimisst. Das AMG als ein „Stoffgesetz" ist daher abzugrenzen von den „Gegenstandsgesetzen" (wie etwa dem MPG).[2] Unterscheiden lassen sich Stoffe und Gegenstände dadurch,

---

1 Zubereitungen sind aus zwei oder mehreren Stoffen bestehende Gemenge, Gemische oder Lösungen, vgl. § 3 Nr. 4 ChemG. Das AMG enthält keine Definition des Begriffs Zubereitung.

2 Siehe die Begrifflichkeiten und weiteren Ausführungen bei Kloesel, Cyran, § 3 Anm. 12.

dass Stoffe gemäß ihrer Zweckbestimmung *ver*braucht werden, wohingegen Gegenstände *ge*braucht werden.[3]

Die Norm entspricht bis auf kleinere Anpassungen nahezu vollständig dem Stoffbegriff des AMG von 1961. Der Stoffbegriff dieser Norm ist damit älter als der europarechtliche Stoffbegriff im Gemeinschaftskodex (Art. 1 Nr. 3 der RiLi 2001/83/EG), der in der englischen Fassung übrigens Stoff mit dem Begriff „substance" übersetzt. 2

Der Stoffbegriff des § 3 gilt für Humanarzneimittel wie für Tierarzneimittel gleichermaßen. 3

## II. Regelungsgehalt

### 1. Der Begriff „Stoff"

Stoff als Oberbegriff für alle Arzneimittelbestandteile wird in § 3 nicht abschließend sprachlich definiert, sondern durch eine Aufzählung von Stoffkategorien, die als Stoffe im Sinne des AMG gelten sollen, konkretisiert. Bezüglich einzelner in § 3 genannter Stoffe ist anzumerken, dass es in dieser Norm lediglich um Stoffe *im Sinne des AMG* geht und nicht um eine naturwissenschaftlich exakte Definition. Entsprechend geht der Stoffbegriff in § 3 weiter als etwa der allgemeine Sprachgebrauch. So erklärt der Gesetzgeber in § 3 auch „lebende Tiere", „Pflanzen" und „Körperteile von Menschen" zu Stoffen. Diese „Stoffe" werden, soweit als Arzneimittel verwendet, rechtspolitisch in den Stoffbegriff des AMG einbezogen, auch wenn sie sprachlich üblicherweise nicht als Stoff gelten.[4] Insoweit wird die Verwendung des Begriffs „Stoff" in § 3 auch als „sprachlicher Missgriff" kritisiert.[5] In jedem Fall werden die Grenzen der gesetzlichen Fiktionsmöglichkeiten durch einige „Stoffe" des § 3 arg strapaziert. Dies gilt besonders da, wo Lebewesen zu „Stoffen" erklärt werden. 4

Im Wortlaut und in der Reihenfolge der Auflistung der einzelnen Stoffkategorien unterscheidet sich § 3 von dem Stoffbegriff in Art. 1 Nr. 3 der RiLi 2001/83/EG. Dennoch sind die beiden Begriffe in ihrem Regelungsgehalt als deckungsgleich anzusehen. Die Abweichungen zwischen § 3 und Art. 1 Nr. 3 der RiLi 2001/83/EG wirken sich in praxi nicht aus. Beim Querblick auf andere stoffrechtliche Rechtsgebiete fällt auf, dass der Begriff „Stoff" jeweils unterschiedlich definiert bzw. konkretisiert wird. Eine deutliche Diskrepanz zeigt sich schon beim Vergleich mit dem Stoffbegriff in § 2 Abs. 1 Nr. 1 BtMG. 5

---

[3] Amtliche Begründung zu AMG 1961, auszugsweise abgedruckt bei Sander, § 3 Anm. 1; Kloesel, Cyran, § 3 Anm. 12; Körner, Vorb. AMG, Rz. 29

[4] So schon die amtliche Begründung zu AMG 1961, Sander, § 3 Anm. 1; Körner, Vorb. AMG, Rz. 29.

[5] Schiwy, Anm. zu § 3, so zitiert bei Kloesel, Cyran, § 3 Anm. 1.

**2. Stoffe im Sinne des § 3 AMG**

6 Die Norm listet vier Stoffarten auf und differenziert dabei nach ihrer Herkunft. Bei genauer Betrachtung handelt es sich dabei sogar um fünf Gruppen, da § 3 Nr. 3 sowohl Stoffe tierischer als auch solche menschlicher Herkunft aufführt.

**Zu Nr. 1**

7 In § 3 Nr. 1 geht es um Stoffe chemischer Herkunft. Hierzu gehören zunächst die sog. Reinstoffe, d.h. chemische Elemente und chemische Verbindungen. Letztere sind Stoffe, die sich aus mehreren chemischen Elementen zusammensetzen und im Gegensatz zu Gemischen eine spezifische chemische Struktur aufweisen. Daneben nennt § 3 Nr. 1 die natürlich vorkommenden Gemische und Lösungen dieser Reinstoffe. Künstliche oder auf synthetischem Wege hergestellte Stoffgemische sind nicht von § 3 Nr. 1 erfasst. An dieser Stelle bleibt § 3 hinter Art. 1 Nr. 3 der RiLi 2001/83/EG zurück, wo auch Zubereitungen, d.h. durch „Verarbeitung oder auf synthetischem Wege gewonnene chemische Verbindungen", genannt sind. Diese Zubereitungen sind allerdings über die Definition des Arzneimittelbegriffs in § 2 Abs. 1 Gegenstand des AMG.

**Zu Nr. 2**

8 In § 3 Nr. 2 werden Stoffe pflanzlicher Herkunft aufgeführt. Das Gesetz nennt hier Pflanzen, Teile von Pflanzen und Pflanzenbestandteile, Algen, Pilze und Flechten (alle jeweils in bearbeitetem oder unbearbeitetem Zustand). Auch Pflanzensekrete und durch Extraktion gewonnene Stoffe gehören hierunter. Ergänzend sei auch auf die Definition des Begriffs „Pflanzliche Stoffe" in Art. 1 Nr. 31 der RiLi 2001/83/EG hingewiesen: „Alle vorwiegend ganzen, zerkleinerten oder geschnittenen Pflanzen, Pflanzenteile, Algen, Pilze, Flechten in unverarbeitetem Zustand, gewöhnlich in getrockneter Form, aber zuweilen auch frisch. Bestimmte pflanzliche Ausscheidungen, die keiner speziellen Behandlung unterzogen wurden, werden ebenfalls als pflanzliche Stoffe angesehen. Pflanzliche Stoffe sind durch den verwendeten Pflanzenteil und die botanische Bezeichnung nach dem binomialen System (Gattung, Art, Varietät und Autor) genau definiert."

**Zu Nr. 3**

9 § 3 Nr. 3 enthält zwei unterschiedliche Stoffgruppen, nämlich solche tierischer und menschlicher Herkunft. Als Stoffe tierischer Herkunft nennt die Norm Tierkörper, ganze – auch lebende – Tiere sowie Körperteile, -bestandteile und Stoffwechselprodukte von Tieren (alle jeweils in bearbeitetem oder unbearbeitetem Zustand). Hierunter sind auch Teile von Organen, tierische Sekrete, Toxine, durch Extraktion gewonnene Stoffe und aus Blut gewonnene Erzeugnisse zu subsumieren. Ferner erfasst § 3 Nr. 3 Körperteile, -bestandteile und Stoffwechselprodukte von Menschen (jeweils in bearbeitetem oder unbearbeitetem Zustand). Dazu gehören auch menschliches Blut und daraus gewonnene Erzeugnisse.

**Zu Nr. 4**

Gemäß § 3 Nr. 4 werden schließlich Mikroorganismen und Viren in den Stoffbegriff des AMG einbezogen. Mikroorganismen, die umgangssprachlich auch „Mikroben" genannt werden, sind Kleinstlebewesen, die nur mikroskopisch sichtbar sind. Zu ihnen gehören Bakterien, eine Vielzahl von Pilzen und sog. Protozoen, d.h. eine Gruppe unterschiedlicher einzelliger Organismen, die einen Zellkern haben. Ferner fallen auch die Bestandteile und Stoffwechselprodukte dieser Mikroorganismen unter § 3 Nr. 4. Zu diesen Stoffwechselprodukten gehören etwa toxisch oder antibiotisch wirksame Substanzen (z.B. Penicillin als antibiotisch wirkendes Stoffwechselprodukt des Schimmelpilzes). 10

## III. Abgrenzungsfragen

### 1. Rohstoffe, Grundstoffe, Ausgangsstoffe, Arzneimittel

In § 3 werden die Stoffe nach ihrer Herkunft differenziert. Der Begriff Stoff wird aber an anderer Stelle im Arzneimittelrecht auch nach anderen Merkmalen differenziert. Hervorzuheben ist die Differenzierung nach Produktionsstufen und Funktionalität. Nach Produktionsstufen sind Rohstoffe, Grundstoffe und Ausgangsstoffe voneinander abzugrenzen. Nach Funktion und Wirkung sind Wirkstoffe, wirksame Bestandteile und Hilfsstoffe zu unterscheiden. 11

Unter Rohstoffen versteht man alle bei der Herstellung eines Grundstoffs verwendeten Stoffe. Grundstoffe sind Stoffe als Ergebnis einer Synthese oder einer Naturstoffaufbereitung, wie beispielsweise Extrakte. Ausgangsstoffe sind die bei der Herstellung eines Arzneimittels verwendeten Stoffe. Ausgangsstoffe lassen sich wieder weiter aufschlüsseln in Wirkstoffe, wirksame Bestandteile und Hilfsstoffe.[6] 12

Roh-, Grund- und Ausgangsstoffe können ferner – auch ohne weitere Be- oder Verarbeitung – als Arzneimittel einzustufen sein, wenn sie in dieser Form bereits die Voraussetzungen des § 2 Abs. 1 erfüllen.[7] 13

### 2. Rechtsfolgen der Abgrenzung

**Arzneimittelrecht und AMG-Strafrecht**

Die Abgrenzung zwischen Rohstoffen, Grundstoffen und Ausgangsstoffen einerseits und Wirkstoffen und Arzneimitteln andererseits ist arzneimittelrechtlich in mehrerer Hinsicht relevant. Wirkstoffe gem. § 4 Abs. 19 sind zwar noch keine Arzneimittel, für sie gelten aber mehrere Vorgaben im AMG und in der AMWHV 14

---

6 Instruktiv zu den Begrifflichkeiten VG Hamburg, Urt. v. 12.12.2001 – Az.: 7 VG 1121/2001, PharmR 2002, 110, 113 f. Das VG zieht dabei die Produktionsstufen heran, wie sie die damalige „Arbeitsgemeinschaft der leitenden Medizinalbeamten der Länder (AGLMB)" unterschieden hat (veröff. in Bundesgesundheitsblatt 3/1992, S. 158).

7 Wie hier BGH, Urt. v. 8.12.2009 – Az.: 1 StR 277/09; BGH, Urt. v. 3.12.1997 – Az.: 2 StR 270/97. BGHSt 43, 336; BGH, Beschl. v. 6.11.2007 – Az.: 1 StR 302/07, PharmR 2008, 209; BVerwG, Urt. v. 29.11.1984 – Az.: 3 C 6/84, Rz. 24 ff, BVerwGE 70, 284; Körner, Vorb. AMG, Rz. 29, m.w.N.

(z.B. Erfordernis der Herstellungs-/Einfuhrerlaubnis). Hierzu wurde entschieden, dass Pflanzenteile, die als Roh- oder Grundstoffe bei der Herstellung von Arzneimitteln verwendet werden, Vorstufen von Arzneimitteln sind und sie ohne Einfuhrerlaubnis importiert werden können[8]. In einem anderen Fall[9] ging es um den Import von Tierorganen und die Frage, ob diese Rohstoffe gem. § 3 oder Wirkstoffe sind. Das VG Hamburg entschied zutreffend, dass es sich bei den Organen um Rohstoffe handelt, da sie noch der weiteren Verarbeitung bedurften, um für die Herstellung von Arzneimitteln verwendet werden zu können[10].

**15** Im Einzelfall bereitet auch die Abgrenzung zwischen einem Arzneimittel und seinen Ausgangsstoffen Schwierigkeiten. In Rechtsprechung und Literatur wird bei der Unterscheidung zwischen Ausgangsstoffen und Arzneimitteln auf die objektive, ausnahmsweise subjektive Zweckbestimmung abgestellt.[11] Dies ist vor allem auch für das Arzneimittelstrafrecht relevant, da das Inverkehrbringen bedenklicher Arzneimittel nach § 95 Abs. 1 Nr. 1 strafbar ist. So hat der BGH in einem Strafurteil aus dem Jahre 2007[12] festgestellt, dass ein als Streckmittel für Heroin bestimmtes Gemisch aus Paracetamol, Koffein und einer geringen Menge Farbstoff ein Arzneimittel im Sinne des § 2 Abs. 1 (a.F.) sei und nicht bloß eine Zubereitung aus Stoffen. Das Gemisch sei dazu geeignet und bestimmt, durch Anwendung am menschlichen Körper die Beschaffenheit, den Zustand oder die Funktionen des Körpers oder seelische Zustände zu beeinflussen. Das Erreichen einer bestimmten Produktionsstufe spiele für die Einordnung eines Stoffes oder eines Stoffgemisches als Arzneimittel keine Rolle.[13] Der BGH hatte bereits im Jahre 1997 gleichgerichtet entschieden, als er „Designer-Drogen" als Arzneimittel qualifizierte und betonte, dass das unerlaubte Herstellen eines Arzneimittels bereits mit dem Anfertigen eines Vor- oder Zwischenprodukts vollendet sei und es nicht auf das Erreichen eines konsumfertigen Endprodukts ankommt.[14]

**16** Dass die Arzneimitteleigenschaft eines Stoffes nicht von der formalen Produktionsstufe abhängt, hat der BGH zuletzt erneut bestätigt und auch klargestellt, dass diese Rechtsprechung auch für den novellierten Arzneimittelbegriff gilt.[15] In dem Fall ging es um den Stoff Gamma-Butyrolacton (GBL), mit dem Angeklagte Handel betrieben hatten. GBL wird industriell unter anderem in Reinigungs- und Lösungsmitteln genutzt. Daneben besteht ein Markt, auf dem GBL in fast reiner

---

8 OVG Niedersachsen, Urt. v. 24.10.2002 – Az.: 11 LC 207/02, Rz. 31.

9 VG Hamburg, Urt. v. 12.12.2001 – Az.: 7 VG 1121/2001, PharmR 2002, 110, 113.

10 VG Hamburg, ebenda.

11 Vgl. BGH, Urt. v. 8.12.2009 – Az.: 1 StR 277/09; BGH, Beschl. v. 6.11.2007 – Az.: 1 StR 302/07, PharmR 2008, 209; OVG Niedersachsen, Urt. v. 24.10.2002 – Az.: 11 LC 207/02, Rz. 36.

12 BGH, Beschl. v. 6.11.2007 – Az.: 1 StR 302/07, PharmR 2008, 209; vgl. auch BVerwG, Urt. v. 29.11.1984 – Az.: 3 C 6/84, BVerwGE 70, 284 = PharmR 1985, 145.

13 BGH, Beschl. v. 6.11.2007 – Az.: 1 StR 302/07, PharmR 2008, 209. Siehe auch die Anmerkung dazu von Winkler, jurisPR-StrafR 2/2008 Anm. 4.

14 BGH, Urt. v. 3.12.1997 – Az.: 2 StR 270/97, BGHSt 43, 336, Rz. 28.

15 BGH, Urt. v. 8.12.2009 – Az.: 1 StR 277/09.

Form als Rauschmittel gehandelt wird. GBL ist chemisch ein Ester der bekannten Droge „liquid ecstasy" und wandelt sich im Körper schnell in „liquid ecstasy" um und entfaltet dieselbe berauschende Wirkung. Der BGH entschied, dass GBL ein Arzneimittel i.S.d. § 2 Abs. 1 Nr. 5 AMG a.F. sei.[16] Er bejahte eine pharmakologische Wirkung für GBL und stellte darauf ab, dass seine Verwendungsmöglichkeit als Droge öffentlich bekannt war und es entsprechend einen Konsumentenmarkt gab. Daher sei GBL auch nach der allgemeinen Verkehrsanschauung aus Sicht eines durchschnittlich informierten, aufmerksamen und verständigen Durchschnittsverbrauchers bei oraler Aufnahme dazu bestimmt, den seelischen Zustand eines Menschen zu beeinflussen.[17] Der BGH bestätigte die Strafbarkeit der Angeklagten nach § 95 Abs. 1 Nr. 1. Die Rechtsprechung des BGH verdient Zustimmung. Sie ist auch im Einklang mit dem Arzneimittelbegriff in § 2 Abs. 1 (a.F. *und* n.F.). So war GBLauch nach § 2 Abs. 1 n.F. als Funktionsarzneimittel einzustufen.[18]

Für die Abgrenzung zwischen Ausgangsstoff und Arzneimittel kommt es mithin nicht darauf an, auf welcher Produktionsstufe der Stoff sich befindet. Noch weniger kann es bei Würdigung des § 2 Abs. 1 (alte *und* neue Fassung) darauf ankommen, ob der Stoff nach Darreichungsform und Dosierung in einer Form dargeboten wurde, in der er unmittelbar „therapeutisch anwendungsfähig" ist.[19] Es kommt in § 2 Abs. 1 nicht auf eine (der Norm als Kriterium fremde) „unmittelbare Anwendungsfähigkeit" an, sondern auf die Funktion und/oder Bestimmung des Stoffes.[20] Nur so wird der Arzneimittelsicherheit und dem Verbotstatbestand des § 5 Abs. 1 angemessen Rechnung getragen. **17**

Soweit ferner gefordert wird, dass die Abgrenzung von Ausgangsstoffen und Arzneimitteln nach denselben Kriterien zu erfolgen habe wie die Abgrenzung von Endprodukten (z.B. zwischen Arzneimitteln und Lebensmitteln)[21], überzeugt diese Forderung nicht, da sie die Besonderheiten bei der Beurteilung gerade von Ausgangsstoffen nicht berücksichtigt. Auch der BGH hat dieser Forderung eine Absa- **18**

---

16 BGH, Urt. v. 8.12.2009 – Az.: 1 StR 277/09, Rz. 13. Die Vorinstanz hatte noch die objektive Arzneimitteleigenschaft abgelehnt und daher auf die subjektive Zweckbestimmung abgestellt. Ein strafschärfendes Abstellen auf die subjektive Zweckbestimmung ist aber nach der Rechtsprechung des BVerfG zum Arzneimittelbegriff, NJW 2006, 2684, nicht zulässig. Hiernach darf die subjektive Zweckbestimmung nur zur Beschränkung, aber nicht zur Begründung einer Strafbarkeit herangezogen werden. Der BGH befand, dass bei GBL auch objektiv die Arzneimitteleigenschaft zu bejahen ist.

17 BGH, Urt. v. 8.12.2009 – Az.: 1 StR 277/09; Rz. 14/19.

18 BGH, Urt. v. 8.12.2009 – Az.: 1 StR 277/09; Rz. 25.

19 So noch BayVGH, Beschl. v. 23.8.1982 – Az.: 11 CS 82 A. 1343; zustimmend Dettling, PharmR 2003, 79, 81 f., Rehmann, § 2 Rz. 7. Siehe dagegen (neben den o.g. BGH-Urteilen) die – vorzugswürdige – Auffassung des BVerwG, Urt. v. 29.11.1984 – Az.: 3 C 6/84, Rz. 24 f., BVerwGE 70, 284 = PharmR 1985, 145.

20 BVerwG, Urt. vom 29.11.1984 – Az.: 3 C 6/84, Rz. 24 f., BVerwGE 70, 284 = PharmR 1985, 145.

21 Dettling, PharmR 2003, 79, 81 f.; Rehmann, § 2 Rz. 7.

ge erteilt.[22] Die Abgrenzung zwischen Endprodukten und die dabei maßgebliche Verkehrsanschauung ist anders gelagert als bei Ausgangsstoffen, da diese Stoffe nicht einheitlich verwendet und wahrgenommen werden.[23] Daher ist es im Einzelfall geboten, bei der Abgrenzung zwischen Ausgangsstoffen und Arzneimitteln auf eine bestimmte Verbraucher-Untergruppe abzustellen. In dem GBL-Urteil war dies die Untergruppe der „am Gebrauch euphorisierend wirkender Mittel Interessierten".[24]

**19** Zusammenfassend sind daher Roh-, Grund- und Ausgangsstoffe auch ohne weitere Be- oder Verarbeitung als Arzneimittel zu qualifizieren, wenn sie bereits in dieser Form hinsichtlich ihrer Funktion und/oder Bestimmung die jeweiligen Voraussetzungen des § 2 Abs.1 erfüllen.[25]

**Chemikalienrecht, REACH**

**20** Die Abgrenzung von Stoffen, die in Arzneimitteln enthalten sind oder bei ihrer Herstellung verwendet werden, ist auch relevant für die Frage, ob die Stoffe nicht (auch) dem Chemikalienrecht, insbesondere der Verordnung (EG) Nr. 1907/2006 zur Registrierung, Bewertung, Zulassung und Beschränkung chemischer Stoffe (REACH), unterworfen sind. Die REACH-VO mit ihrem differenzierten Pflichtenkatalog gilt grundsätzlich für alle chemischen Stoffe, lässt aber für Human- oder Tierarzneimittel nach der VO (EG) Nr. 726/2004, der RiLi 2001/82/EG und RiLi 2001/83/EG Bereichsausnahmen zu.[26] Die Ausnahmen gelten für Stoffe, die in diesen Arzneimitteln verwendet werden.[27] Insoweit wird in der Literatur angenommen, dass Stoffe und Zwischenprodukte, die nicht in dem Fertigarzneimittel enthalten sind, der REACH-VO unterfallen: dies wird bejaht für Ausgangsstoffe, die für die Herstellung der Wirk- und Hilfsstoffe verwendet werden, für Lösemittel, die bei der Herstellung des Arzneimittels verwendet werden, ohne Bestandteil des Arzneimittels zu werden sowie für Prozess- und Synthesestoffe.[28] Daher ist bei der Beurteilung von Stoffen, die bei oder für die Herstellung von Arzneimitteln verwendet werden, auch diese weitere Differenzierungsstufe des Stoffbegriffs zu beachten.

---

22 BGH, Urt. v. 8.12.2009 - Az.: 1 StR 277/09, Rz. 15 f.

23 BGH, ebenda.

24 BGH, Urt. v. 8.12.2009 – Az.: 1 StR 277/09; Rz. 14.

25 So auch BGH, Urt. v. 8.12.2009 - Az.: 1 StR 277/09; so für § 2 Abs. 1 a.F.: BGH, Urt. v. 3.12.1997 – Az.: 2 StR 270/97, BGHSt 43, 336; BGH, Beschl. v. 6.11.2007 - Az.: 1 StR 302/07, PharmR 2008, 209; BVerwG, Urt. v. 29.11.1984 – Az.: 3 C 6/84, Rz. 24 ff, BVerwGE 70, 284 = PharmR 1985, 145; Körner, Vorb. AMG, Rz. 29, m.w.N.

26 Bauer, Lach, PharmR 2007, 408, 409; zu den Regelungsinhalten von REACH s.a. Brixius, Maur, PharmR 2007, 277.

27 Art. 2 Nr. 5 lit. a der REACH-VO.

28 Wimmer, PharmR 2008, 136; Josewski, PharmInd 2009, 1732; Bauer, Lach, PharmR 2007, 408, 411.

## § 4
## Sonstige Begriffsbestimmungen

**(1) Fertigarzneimittel sind Arzneimittel, die im Voraus hergestellt und in einer zur Abgabe an den Verbraucher bestimmten Packung in den Verkehr gebracht werden oder andere zur Abgabe an Verbraucher bestimmte Arzneimittel, bei deren Zubereitung in sonstiger Weise ein industrielles Verfahren zur Anwendung kommt oder die, ausgenommen in Apotheken, gewerblich hergestellt werden. Fertigarzneimittel sind nicht Zwischenprodukte, die für eine weitere Verarbeitung durch einen Hersteller bestimmt sind.**

**(2) Blutzubereitungen sind Arzneimittel, die aus Blut gewonnene Blut-, Plasma- oder Serumkonserven, Blutbestandteile oder Zubereitungen aus Blutbestandteilen sind oder als Wirkstoffe enthalten.**

**(3) Sera sind Arzneimittel im Sinne des § 2 Absatz 1, die Antikörper, Antikörperfragmente oder Fusionsproteine mit einem funktionellen Antikörperbestandteil als Wirkstoff enthalten und wegen dieses Wirkstoffs angewendet werden. Sera gelten nicht als Blutzubereitungen im Sinne des Absatzes 2 oder als Gewebezubereitungen im Sinne des Absatzes 30.**

**(4) Impfstoffe sind Arzneimittel im Sinne des § 2 Abs. 1, die Antigene oder rekombinante Nukleinsäuren enthalten und die dazu bestimmt sind, bei Mensch oder Tier zur Erzeugung von spezifischen Abwehr- und Schutzstoffen angewendet zu werden und, soweit sie rekombinante Nukleinsäuren enthalten, ausschließlich zur Vorbeugung oder Behandlung von Infektionskrankheiten bestimmt sind.**

**(5) Allergene sind Arzneimittel im Sinne des § 2 Abs. 1, die Antigene oder Haptene enthalten und dazu bestimmt sind, bei Mensch oder Tier zur Erkennung von spezifischen Abwehr- oder Schutzstoffen angewendet zu werden (Testallergene) oder Stoffe enthalten, die zur antigenspezifischen Verminderung einer spezifischen immunologischen Überempfindlichkeit angewendet werden (Therapieallergene).**

**(6) Testsera sind Arzneimittel im Sinne des § 2 Abs. 2 Nr. 4, die aus Blut, Organen, Organteilen oder Organsekreten gesunder, kranker, krank gewesener oder immunisatorisch vorbehandelter Lebewesen gewonnen werden, spezifische Antikörper enthalten und die dazu bestimmt sind, wegen dieser Antikörper verwendet zu werden, sowie die dazu gehörenden Kontrollsera.**

**(7) Testantigene sind Arzneimittel im Sinne des § 2 Abs. 2 Nr. 4, die Antigene oder Haptene enthalten und die dazu bestimmt sind, als solche verwendet zu werden.**

**(8) Radioaktive Arzneimittel sind Arzneimittel, die radioaktive Stoffe sind oder enthalten und ionisierende Strahlen spontan aussenden und die dazu bestimmt sind, wegen dieser Eigenschaften angewendet zu werden; als radioaktive Arzneimittel gelten auch für die Radiomarkierung anderer Stoffe vor der Verabreichung hergestellte Radionuklide (Vorstufen) sowie die zur Herstel-**

**lung von radioaktiven Arzneimitteln bestimmten Systeme mit einem fixierten Mutterradionuklid, das ein Tochterradionuklid bildet, (Generatoren).**

**(9) Arzneimittel für neuartige Therapien sind Gentherapeutika, somatische Zelltherapeutika oder biotechnologisch bearbeitete Gewebeprodukte nach Artikel 2 Absatz 1 Buchstabe a der Verordnung (EG) Nr. 1394/2007 des Europäischen Parlaments und des Rates vom 13. November 2007 über Arzneimittel für neuartige Therapien und zur Änderung der Richtlinie 2001/83/EG und der Verordnung (EG) Nr. 726/2004 (ABl. L 324 vom 10.12.2007, S. 121).**

**(10) Fütterungsarzneimittel sind Arzneimittel in verfütterungsfertiger Form, die aus Arzneimittel-Vormischungen und Mischfuttermitteln hergestellt werden und die dazu bestimmt sind, zur Anwendung bei Tieren in den Verkehr gebracht zu werden.**

**(11) Arzneimittel-Vormischungen sind Arzneimittel, die ausschließlich dazu bestimmt sind, zur Herstellung von Fütterungsarzneimitteln verwendet zu werden. Sie gelten als Fertigarzneimittel.**

**(12) Die Wartezeit ist die Zeit, die bei bestimmungsgemäßer Anwendung des Arzneimittels nach der letzten Anwendung des Arzneimittels bei einem Tier bis zur Gewinnung von Lebensmitteln, die von diesem Tier stammen, zum Schutz der öffentlichen Gesundheit einzuhalten ist und die sicherstellt, dass Rückstände in diesen Lebensmitteln die gemäß der Verordnung (EWG) Nr. 2377/90 des Rates vom 26. Juni 1990 zur Schaffung eines Gemeinschaftsverfahrens für die Festsetzung von Höchstmengen für Tierarzneimittelrückstände in Nahrungsmitteln tierischen Ursprungs (ABl. EG Nr. L 224 S. 1) festgelegten zulässigen Höchstmengen für pharmakologisch wirksame Stoffe nicht überschreiten.**

**(13) Nebenwirkungen sind die beim bestimmungsgemäßen Gebrauch eines Arzneimittels auftretenden schädlichen unbeabsichtigten Reaktionen. Schwerwiegende Nebenwirkungen sind Nebenwirkungen, die tödlich oder lebensbedrohend sind, eine stationäre Behandlung oder Verlängerung einer stationären Behandlung erforderlich machen, zu bleibender oder schwerwiegender Behinderung, Invalidität, kongenitalen Anomalien oder Geburtsfehlern führen; für Arzneimittel, die zur Anwendung bei Tieren bestimmt sind, sind schwerwiegend auch Nebenwirkungen, die ständig auftretende oder lang anhaltende Symptome hervorrufen. Unerwartete Nebenwirkungen sind Nebenwirkungen, deren Art, Ausmaß oder Ausgang von der Packungsbeilage des Arzneimittels abweichen. Die Sätze 1 bis 3 gelten auch für die als Folge von Wechselwirkungen auftretenden Nebenwirkungen.**

**(14) Herstellen ist das Gewinnen, das Anfertigen, das Zubereiten, das Be- oder Verarbeiten, das Umfüllen einschließlich Abfüllen, das Abpacken, das Kennzeichnen und die Freigabe.**

**(15) Qualität ist die Beschaffenheit eines Arzneimittels, die nach Identität, Gehalt, Reinheit, sonstigen chemischen, physikalischen, biologischen Eigenschaften oder durch das Herstellungsverfahren bestimmt wird.**

**(16) Eine Charge ist die jeweils aus derselben Ausgangsmenge in einem einheitlichen Herstellungsvorgang oder bei einem kontinuierlichen Herstellungsverfahren in einem bestimmten Zeitraum erzeugte Menge eines Arzneimittels.**

**(17) Inverkehrbringen ist das Vorrätighalten zum Verkauf oder zu sonstiger Abgabe, das Feilhalten, das Feilbieten und die Abgabe an andere.**

**(18) Der pharmazeutische Unternehmer ist bei zulassungs- oder registrierungspflichtigen Arzneimitteln der Inhaber der Zulassung oder Registrierung. Pharmazeutischer Unternehmer ist auch, wer Arzneimittel unter seinem Namen in den Verkehr bringt, außer in den Fällen des § 9 Abs. 1 Satz 2.**

**(19) Wirkstoffe sind Stoffe, die dazu bestimmt sind, bei der Herstellung von Arzneimitteln als arzneilich wirksame Bestandteile verwendet zu werden oder bei ihrer Verwendung in der Arzneimittelherstellung zu arzneilich wirksamen Bestandteilen der Arzneimittel zu werden.**

**(20) (weggefallen)**

**(21) Xenogene Arzneimittel sind zur Anwendung im oder am Menschen bestimmte Arzneimittel, die lebende tierische Gewebe oder Zellen sind oder enthalten.**

**(22) Großhandel mit Arzneimitteln ist jede berufs- oder gewerbsmäßige zum Zwecke des Handeltreibens ausgeübte Tätigkeit, die in der Beschaffung, der Lagerung, der Abgabe oder Ausfuhr von Arzneimitteln besteht, mit Ausnahme der Abgabe von Arzneimitteln an andere Verbraucher als Ärzte, Zahnärzte, Tierärzte oder Krankenhäuser.**

**(23) Klinische Prüfung bei Menschen ist jede am Menschen durchgeführte Untersuchung, die dazu bestimmt ist, klinische oder pharmakologische Wirkungen von Arzneimitteln zu erforschen oder nachzuweisen oder Nebenwirkungen festzustellen oder die Resorption, die Verteilung, den Stoffwechsel oder die Ausscheidung zu untersuchen, mit dem Ziel, sich von der Unbedenklichkeit oder Wirksamkeit der Arzneimittel zu überzeugen. Satz 1 gilt nicht für eine Untersuchung, die eine nichtinterventionelle Prüfung ist. Nichtinterventionelle Prüfung ist eine Untersuchung, in deren Rahmen Erkenntnisse aus der Behandlung von Personen mit Arzneimitteln anhand epidemiologischer Methoden analysiert werden; dabei folgt die Behandlung einschließlich der Diagnose und Überwachung nicht einem vorab festgelegten Prüfplan, sondern ausschließlich der ärztlichen Praxis; soweit es sich um ein zulassungspflichtiges oder nach § 21a Absatz 1 genehmigungspflichtiges Arzneimittel handelt, erfolgt dies ferner gemäß den in der Zulassung oder der Genehmigung festgelegten Angaben für seine Anwendung.**

**(24) Sponsor ist eine natürliche oder juristische Person, die die Verantwortung für die Veranlassung, Organisation und Finanzierung einer klinischen Prüfung bei Menschen übernimmt.**

**(25) Prüfer ist in der Regel ein für die Durchführung der klinischen Prüfung bei Menschen in einer Prüfstelle verantwortlicher Arzt oder in begründeten Ausnahmefällen eine andere Person, deren Beruf auf Grund seiner wissenschaftlichen Anforderungen und der seine Ausübung voraussetzenden Erfahrungen in der Patientenbetreuung für die Durchführung von Forschungen am Menschen qualifiziert. Wird eine Prüfung in einer Prüfstelle von mehreren Prüfern vorgenommen, so ist der verantwortliche Leiter der Gruppe der Hauptprüfer. Wird eine Prüfung in mehreren Prüfstellen durchgeführt, wird vom Sponsor ein Prüfer als Leiter der klinischen Prüfung benannt.**

**(26) Homöopathisches Arzneimittel ist ein Arzneimittel, das nach einem im Europäischen Arzneibuch oder, in Ermangelung dessen, nach einem in den offiziell gebräuchlichen Pharmakopöen der Mitgliedstaaten der Europäischen Union beschriebenen homöopathischen Zubereitungsverfahren hergestellt worden ist. Ein homöopathisches Arzneimittel kann auch mehrere Wirkstoffe enthalten.**

**(27) Ein mit der Anwendung des Arzneimittels verbundenes Risiko ist**
**a) jedes Risiko im Zusammenhang mit der Qualität, Sicherheit oder Wirksamkeit des Arzneimittels für die Gesundheit der Patienten oder die öffentliche Gesundheit, bei zur Anwendung bei Tieren bestimmten Arzneimitteln für die Gesundheit von Mensch oder Tier,**
**b) jedes Risiko unerwünschter Auswirkungen auf die Umwelt.**

**(28) Das Nutzen-Risiko-Verhältnis umfasst eine Bewertung der positiven therapeutischen Wirkungen des Arzneimittels im Verhältnis zu dem Risiko nach Absatz 27 Buchstabe a, bei zur Anwendung bei Tieren bestimmten Arzneimitteln auch nach Absatz 27 Buchstabe b.**

**(29) Pflanzliche Arzneimittel sind Arzneimittel, die als Wirkstoff ausschließlich einen oder mehrere pflanzliche Stoffe oder eine oder mehrere pflanzliche Zubereitungen oder eine oder mehrere solcher pflanzlichen Stoffe in Kombination mit einer oder mehreren solcher pflanzlichen Zubereitungen enthalten.**

**(30) Gewebezubereitungen sind Arzneimittel, die Gewebe im Sinne von § 1a Nr. 4 des Transplantationsgesetzes sind oder aus solchen Geweben hergestellt worden sind. Menschliche Samen- und Eizellen, einschließlich imprägnierter Eizellen (Keimzellen), und Embryonen sind weder Arzneimittel noch Gewebezubereitungen.**

**(31) Rekonstitution eines Fertigarzneimittels zur Anwendung beim Menschen ist die Überführung in seine anwendungsfähige Form unmittelbar vor seiner Anwendung gemäß den Angaben der Packungsbeilage oder im Rahmen der klinischen Prüfung nach Maßgabe des Prüfplans.**

**(32) Verbringen ist jede Beförderung in den, durch den oder aus dem Geltungsbereich des Gesetzes. Einfuhr ist die Überführung von unter das Arzneimittelgesetz fallenden Produkten aus Drittstaaten, die nicht Vertragsstaaten des Abkommens über den Europäischen Wirtschaftsraum sind, in den zollrechtlich freien Verkehr.**

**(33) Anthroposophisches Arzneimittel ist ein Arzneimittel, das nach der anthroposophischen Menschen- und Naturerkenntnis entwickelt wurde, nach einem im Europäischen Arzneibuch oder, in Ermangelung dessen, nach einem in den offiziell gebräuchlichen Pharmakopöen der Mitgliedstaaten der Europäischen Union beschriebenen homöopathischen Zubereitungsverfahren oder nach einem besonderen anthroposophischen Zubereitungsverfahren hergestellt worden ist und das bestimmt ist, entsprechend den Grundsätzen der anthroposophischen Menschen- und Naturerkenntnis angewendet zu werden.**

**Literatur**

Bender, Dokumentationspflichten bei der Anwendung von Blutprodukten, MedR 2007, 533; Bender, Heilversuch oder klinische Prüfung?, MedR 2005, 511; Broch, Diener, Klümper, Der Regierungsentwurf zur 15. AMG-Novelle – Fast alles gut?, PharmR 2009, 149; Dettling, Wissenschaftlichkeit im Arzneimittelrecht – Zum Begriff des jeweils gesicherten Standes der wissenschaftlichen Erkenntnisse, PharmR 2008, 273 (Teil 1), PharmR 2008, 323 (Teil 2), PharmR 2008, 418 (Teil 3); Ders., Arzneimitteleinheiten, Packungseinheiten und Teilmengen (Teil 1), PharmR 2008, 27; Ders., In-Verkehr-Bringen von Arzneimitteln in Apotheken und im Wege des Versands – Anmerkungen zum Urteil des OVG Münster vom 7. November 2006 – 13 A 1314/06, A&R 2006, 261; Dettling, Kieser, Ulshöfer, Zytostatikaversorgung nach der AMG-Novelle, PharmR 2009, 421 (Teil 1), (Teil 2), PharmR 2009, 546 (Teil 2); Deutsch, Heilversuche und klinische Prüfungen – Zulässigkeit und Voraussetzungen, VersR 2005, 1009; Ders., Das Risiko bei der Zulassung von Arzneimitteln, VersR 1988, 869; Dewitz, Verschlüsselung personenbezogener Daten in der klinischen Prüfung mit Arzneimitteln, A&R 2007, 212; Di Fabio, Risikoentscheidungen im Rechtsstaat. Zum Wandel der Dogmatik im öffentlichen Recht, insbesondere am Beispiel der Arzneimittelverwaltung, 1994; Fries, Die arzneimittelrechtliche Nutzen/Risiko-Abwägung und Pharmakovigilanz, Diss., 2008; Gerstberger, Greifeneder, Die 14. AMG-Novelle – ein kritischer Überblick über die geplanten Änderungen durch den Regierungsentwurf vom 13. April 2005, PharmR 2005, 297; Grau, Kutlu, Die patientenindividuelle Neuverblisterung von Fertigarzneimitteln, A&R 2009, 153; Gruschinske, Klinische Prüfung von Arzneimitteln, Eine kritische Betrachtung der aktuellen GCP-Anforderungen, Teil 1, PharmInd 2009, 2027; Ders., Klinische Prüfung von Arzneimitteln, Eine kritische Betrachtung der aktuellen GCP-Anforderungen, Teil 2, PharmInd 2010, 71; Güdden, Bedenkliche Rezepturarzneien – Zugleich ein Beitrag zur Abgrenzung der Verantwortlichkeiten zwischen Arzt und Apotheker, MedR 1991, 124; Hansmann, Tissue Engineering – Aktuelle Entwicklungen im EU-Recht, MedR 2006, 155; Hart, Die Nutzen/Risiko-Abwägung im Arzneimittelrecht, Ein Element des Health Technology Assessment [1], Bundesgesundheitsblatt 2005, 204; Ders., Kausalität und Unbedenklichkeit in der Arzneimittelhaftung – zugleich Besprechung des Beschlusses des BGH v. 1.7.2008 - VI ZR 287/07 – zur Darlegungslast des Geschädigten im Haftungsprozess, MedR 2009, 253; Hasskarl, Hasskarl, Ostertag, Hämatopoetische Stammzellen aus Nabelschnurblut – Medizinische und rechtliche Aspekte, NJW 2002, 1772; Hasskarl, Ziegler, Pflichten und Aufgaben des Sponsors nach neuem Recht, PharmR

2005, 56; Helle, Frölich, Haindl, Der Heilversuch in der klinischen Prüfung von Arzneimitteln und Medizinprodukten, NJW 2002, 857; Henßler, Irmer, Die klinische Prüfung von Arzneimitteln im Lichte der 15. AMG-Novelle, PharmR 2010, 45; Heßhaus, Die Registrierung traditioneller pflanzlicher Arzneimittel - Zwischen Bestandsschutz und Neuentwicklung, PharmR 2006, 158; Holstein, Felder, Die Delegation der Durchführung der Aufklärung der Teilnehmer an einer klinischen Prüfung gem.§ 40 Abs. 2 Arzneimittelgesetz – Fragestellungen aus Sicht des deutschen Rechts und des Gemeinschaftsrechts, GesR 2009, 291; Horn, Das „Inverkehrbringen" als Zentralbegriff des Nebenstrafrechts, NJW 1977, 2329; Kempe-Müller, Der bestimmungsgemäße Gebrauch von Arzneimitteln gemäß § 84 Arzneimittelgesetz, Diss., 2007; Kielmannsegg, Der Prüferbegriff bei klinischen Arzneimittelstudien, MedR 2008, 423; Kieser, Herstellung eines Rezepturarzneimittels oder erlaubnisfreie Rekonstitution?, Die Zubereitung von Zytostatikalösungen durch Apotheken, A&R 2009, 260; Koyuncu, Compliance und Vertragsgestaltung bei Nichtinterventionellen Studien – unter besonderer Berücksichtigung der Ärztevergütung bei Anwendungsbeobachtungen, PharmR 2009, 211; Ders., Der Sponsorbegriff bei klinischen Prüfungen mit Arzneimitteln, PharmR 2009, 272; Ders., Die 4. MPG-Novelle – Die klinische Forschung mit Medizinprodukten und die neue Sponsor-Definition, MPJ 2009, 200; Ders., Forschung in der Notfallmedizin – Das Haftungsgefüge, Notfall + Rettungsmedizin 2006, 376; Ders., Die Rechtsnatur der Packungsbeilage, GesR 2005, 289; Ders., Haftungs- und Versicherungsfragen in der Medizinischen Forschung – Unter besonderer Berücksichtigung der Probandenversicherung und der Haftung für Ethikkommissionen, PHi 2005, 86 ff.; Kratz, Die Abgrenzung der Arzneimittelstudie nach dem AMG von der Behandlung, VersR 2007, 1448; Kriele, „Stand der medizinischen Wissenschaft" als Rechtsbegriff, NJW 1976, 355; Kügel, Guttmann, Gefährdungen des Schutzgutes Wasser durch Arzneimittel, PharmR 2009, 490; Lieck, Der Parallelhandel mit Arzneimitteln innerhalb der Europäischen Union unter arzneimittel-, marken- und patentrechtlichen Aspekten, Diss., 2008; Lippert, Ethikkommissionen – wie unabhängig sind sie und wie unabhängig sollen sie sein?, GesR 2009, 355; Ders., Nochmals: die Eignung des Prüfers bei der Durchführung klinischer Prüfungen mit Arzneimitteln und Medizinprodukten, GesR 2009, 573; Ders., Die klinische Prüfung von Arzneimitteln nach der 12. Novelle zum AMG – eine erste Bestandsaufnahme, VersR 2005, 48; Ders., Die Eigenblutspende – Medizin – Organisation – Recht –, VersR 1992, 790; Lorenz, Das gemeinschaftliche Arzneimittelzulassungsrecht – Unter besonderer Berücksichtigung der Reform 2004/2005, Diss., 2006; Moelle, Verschärfter Regulierungsrahmen für Arzneimittelgroßhandel, Hersteller und pharmazeutische Unternehmer durch die 12. AMG-Novelle, PharmR 2004, 248; Prinz, Die Zulässigkeit der Herstellung patientenindividueller Rezepturarzneimittel durch pharmazeutische Herstellerbetriebe nach der 15. AMG-Novelle, PharmR 2009, 437; Ders., Die Herstellung von Rezepturarzneimitteln für Apotheken, PharmR 2008, 364; Pühler, Middel, Hübner, Pankreasinseln – Was tun, wenn ein Organ zum Gewebe wird?, MedR 2010, 23; Robbers, Wedel, Auswirkungen der 15. AMG-Novelle im Bereich der Fertigarzneimittel in parenteralen Zubereitungen, Das Krankenhaus 2010, 125; Roth, Beschränkungen beim Umgang mit menschlichem Gewebe durch arzneimittelrechtliche Genehmigungen, PharmR 2008, 108; Ders., Vier Begriffe für ein Objekt – die arzneimittelrechtliche Begriffsvielfalt beim „menschlichen Gewebe", A&R 2008, 25; Saame, Das 12. Gesetz zur Änderung des Arzneimittelgesetzes, PharmR 2004, 309; Samson, Wolz, Bedenklichkeit von Arzneimitteln und Gebrauchsinformation, MedR 1988, 71; Schickert, Heinemann, Tissue Engineering – die Nominierung eines neuen Bereichs des Arzneimittelrechts, PharmR 2006, 408; Schmitz, May, Die rechtlichen Regelungen zur Abgabe von Arzneimitteln – ein aktueller Überblick, A&R 2006, 195; Schüßler-Lenz, Schneider, Klinische Prüfung mit Arzneimitteln für Neuartige Therapien, Bundesgesundheitsblatt 2010, 68; Sickmüller, Wilken, Tissue Engineering vor der Regulierung – EU-Verordnung Advanced Therapies und Entwicklungen in der 14. AMG-Novelle, PharmInd 2005, 901;

Stork, Die neuen Genehmigungsverfahren im Arzneimittelgesetz für menschliche Gewebe, GesR 2008, 287; Stöcker, „Parallelhandel mit Arzneimitteln in der EU“ – Ein Sachstandsbericht, PharmR 2006, 415; Sträter, Wachenhausen, Post-Authorisation Safety Studies (PASS), Neue Anforderungen an Anwendungsbeobachtungen?, PharmR 2008, 177; Sürmann, Arzneimittelfälschungen – Inhalte, Ergebnisse und Handlungsempfehlungen einer BKA-Studie, A&R 2008, 99; Vogel, Pharmakovigilanz – Rechtsfragen der Arzneimittelüberwachung und -sicherheit aus nationaler und gemeinschaftsrechtlicher Perspektive, Diss., 2007; Wille, Bedeutung der zugelassenen Indikation eines Arzneimittels im Sozial-, Arzneimittel- und Wettbewerbsrecht, PharmR 2009, 365; Winkler, Zur Strafbarkeit wegen Handels mit nicht zugelassenen Arzneimitteln- auch nach dem Arzneimittelrecht, A&R 2009, 273; Wolz, Bedenkliche Arzneimittel als Rechtsbegriff, Diss., 1988; Zuck, Impfrecht. Impfempfehlungen. Impfentscheidung., MedR 2008, 410; Ders., Was versteht man unter einem anthroposophischen Arzneimittel?, A&R 2008, 200.

## I. Die Bedeutung der Norm

Die Norm definiert in Ergänzung zu den Definitionen in § 2 und § 3 weitere Begriffe, die im AMG und in den zugehörigen Verordnungen rechtlich relevant sind. Aus dieser Funktion der Norm folgt, dass die betroffenen Begriffe im AMG und in den arzneimittelrechtlichen Verordnungen durchgängig nach den Definitionen des § 4 zu bestimmen sind. Ein erheblicher Teil der Begriffsbestimmungen in § 4 geht auf Definitionen zurück, die über das europäische Arzneimittelrecht (insb. die RiLi 2001/83/EG) ins AMG eingeflossen sind. Auch deshalb ist das Arzneimittelgesetz inzwischen ein sehr europarechtlich geprägtes Gesetz geworden. 1

## II. Begriffsbestimmungen

### 1. Fertigarzneimittel

Die Abgrenzung zwischen Arzneimitteln und Fertigarzneimitteln ist von erheblicher Relevanz, da die Fertigarzneimittel-Eigenschaft mit weitergehenden rechtlichen Pflichten für den pharmazeutischen Unternehmer einhergeht (vgl. alleine §§ 10, 11, 21, 63a, 74a). Mit der 14. AMG-Novelle[1] wurde der Begriff des Fertigarzneimittels an die Vorgaben des Gemeinschaftsrechts angepasst und entsprechend erweitert. § 4 Abs. 1 normiert nunmehr drei Fallgestaltungen, die zur Annahme eines Fertigarzneimittels führen. Fertigarzneimittel sind danach gemäß § 4 Abs. 1 2

- Variante 1: Arzneimittel, die im Voraus hergestellt und in einer zur Abgabe an den Verbraucher bestimmten Packung in den Verkehr gebracht werden;
- Variante 2: Arzneimittel, die zur Abgabe an Verbraucher bestimmt sind und bei deren Zubereitung in sonstiger Weise ein industrielles Verfahren zur Anwendung kommt;
- Variante 3: andere zur Abgabe an Verbraucher bestimmte Arzneimittel, die – ausgenommen in Apotheken – gewerblich hergestellt werden.

---

1 Vierzehntes Gesetz zur Änderung des Arzneimittelgesetzes vom 29. August 2005, BGBl. 2005 I S. 2572.

3 Gemäß Variante 1 liegt ein Fertigarzneimittel vor, wenn Arzneimittel im Voraus – und nicht auf eine Rezeptur hin – hergestellt werden und bereits in einer zur Abgabe an den Verbraucher bestimmten Verpackung in den Verkehr gebracht werden. Die Variante 1 verlangt ein anwendungsfertiges Arzneimittel.[2] Verbraucher im Sinne des § 4 Abs. 1 ist jeder, der Arzneimittel erwirbt, um sie an sich, an anderen oder an Tieren anzuwenden. Dieser Begriff des Verbrauchers umfasst auch Ärzte, Krankenhäuser und andere Einrichtungen der Gesundheitsfürsorge und Krankenversorgung, in denen Arzneimittel angewendet werden.[3]

4 Nach Variante 1 sind Rezepturarzneimittel keine Fertigarzneimittel. Anders als Rezepturarzneimittel müssen Fertigarzneimittel unabhängig von einer ausdrücklichen Bestellung oder Verschreibung für eine unbestimmte Anzahl von Verbrauchern hergestellt und in den Verkehr gebracht werden.[4] Rezepturarzneimittel werden dagegen nach Vorlage einzelner – wenn auch mitunter standardisierter – Rezepte und nach einer individuellen Rezeptur angefertigt.[5] Die besondere Bestellung muss die Rezeptur des Arzneimittels benennen oder sich auf eine solche beziehen. Ein Rezepturarzneimittel liegt dagegen nicht vor, wenn ein Mittel bereits im Voraus hergestellt und gebrauchsfertig an den Apotheker geliefert wird und sich dessen Tätigkeit daher auf das bloße Neuverteilen der seiner Einwirkung im Übrigen nicht mehr unterliegenden Arzneimittel beschränkt.[6]

5 Mit der Aufnahme der Varianten 2 und 3 in die Fertigarzneimittel-Definition werden alle Arzneimittel, die industriell oder gewerblich hergestellt werden, unter den Fertigarzneimittelbegriff subsumiert. Ausgenommen hiervon sind die gewerblich in Apotheken hergestellten Arzneimittel sowie die Zwischenprodukte im Sinne des § 4 Abs. 1 S. 2 (siehe dazu sogleich). Die gewerbliche Herstellung in Apotheken begründet nicht die Fertigarzneimittel-Eigenschaft.

6 Eine industrielle Zubereitung i.S.d. § 4 Abs. 1 S. 1 Var. 2 bedeutet eine breit angelegte Herstellung nach einheitlichen, standardisierten Vorschriften.[7] Hiernach liegt ein Fertigarzneimittel vor, wenn das Produkt zur Abgabe an Verbraucher bestimmt ist und bei seiner Zubereitung in sonstiger Weise ein industrielles Verfahren zur Anwendung kommt. Unter diese Fallgestaltung fallen die sog. „Specifics", d.h. Arzneimittel, die ein pharmazeutischer Unternehmer im Einzelfall auf Anforderung gezielt herstellt. Bei Variante 2 und 3 ist es nicht erforderlich, dass die Arzneimittel im Voraus hergestellt werden. Die Variante 3 erfasst wie ein Auf-

---

2 OLG Schleswig-Holstein, Urt. v. 27.11.2001 – Az.: 6 U 57/01, Rz. 20, abrufbar unter www.juris.de.

3 Rehmann, § 4 Rz. 1.

4 Das Tatbestandsmerkmal Inverkehrbringen ist in § 4 Abs. 17 ebenfalls legaldefiniert.

5 OLG Hamburg, Urt. v. 25.07.2002 – Az.: 3 U 322/01, Rz. 75, PharmR 2003, 46; Prinz, PharmR 2008, 364, 367.

6 BGH, Urt. v. 23.06.2005 – Az.: I ZR 194/02, Rz. 25, NJW 2005, 2705 = PharmR2007, 80.

7 Amtliche Begründung zum Entwurf eines Vierzehnten Gesetzes zur Änderung des Arzneimittelgesetzes, BT-Drucks. 15/5316, S. 33.

fangtatbestand alle weiteren Arzneimittel, die einerseits zur Abgabe an Verbraucher bestimmt sind und die *gewerblich* hergestellt werden, wobei hiervon die (gewerbliche) Herstellung in der Apotheke ausgenommen bleibt. Der Charakter eines Auffangtatbestandes der Variante 3 ergibt sich auch daraus, dass hier alle Herstellungsschritte erfasst sind und nicht nur die in Variante 2 normierte „Zubereitung". Das Tatbestandsmerkmal „gewerblich" in Variante 3 ist nicht näher definiert. Die „gewerbliche Tätigkeit" ist unter Heranziehung der gefestigten gewerberechtlichen Begrifflichkeiten als eine erlaubte, selbständige, nach außen erkennbare Tätigkeit, die planmäßig, für eine gewisse Dauer und zum Zwecke der Gewinnerzielung ausgeübt wird. Der Begriff „gewerblich" entspricht inhaltlich daher dem an anderer Stelle im AMG verwendeten Ausdruck „gewerbsmäßig" (vgl. §§ 13 Abs. 1, 43 Abs. 1, 72 Abs. 1).[8]

Für die Annahme eines Fertigarzneimittels gemäß § 4 Abs. 1 S. 1 Var. 2 und 3 ist **7**
unter beiden Varianten ferner erforderlich, dass das Arzneimittel „zur Abgabe an Verbraucher bestimmt" ist. Es handelt sich hierbei um ein objektiv zu verstehendes Kriterium. Das Arzneimittel muss zur Einstufung als *Fertig*arzneimittel so vorliegen, dass es materiell „fertig" ist, d.h. es muss insbesondere in der Darreichungsform vorliegen, in der es bestimmungsgemäß auch anzuwenden ist.[9] Auf die „fertige Verpackung" kommt es bei § 4 Abs. 1 S. 1 Var. 2 und 3 indes nicht an.

Ergänzend ist darauf hinzuweisen, dass auch Arzneimittel-Vormischungen als **8**
Fertigarzneimittel gelten (vgl. § 4 Abs. 11 S. 2).

**Zu § 4 Abs. 1 Satz 2**

Gemäß § 4 Abs. 1 S. 2 sind Zwischenprodukte keine Fertigarzneimittel. Der Beg- **9**
riff Zwischenprodukt wird in Abs. 1 als Gegenbegriff zum Fertigarzneimittel verwendet, aber weder hier noch sonst im AMG definiert. Zwischenprodukte sind im Leitfaden der Guten Herstellungspraxis (GMP-Leitfaden) wie folgt definiert: *„Ein Material, das bei Bearbeitungsschritten eines Wirkstoffs produziert und das weiterer molekularer Veränderung oder Reinigungen unterzogen werden muss, bevor es zum Wirkstoff wird"*[10]. Der AMG-Gesetzgeber geht in Abs. 1 S. 2 allerdings von einem weiter gefassten Begriff des „Zwischenprodukts" aus. Hätte er den Begriff nämlich wie der GMP-Leitfaden verstanden, wäre Abs. 1 S. 2 überflüssig, da Zwischenprodukte dann nur Zwischen-/Vorstufen des Wirkstoffs wären und ersichtlich nicht in die begriffliche Nähe zum Fertigarzneimittel kämen. Stattdessen versteht der AMG-Gesetzgeber unter „Zwischenprodukt" – jedenfalls in § 4 Abs. 1 S. 2 – diejenigen Produktions- und Vertriebsstufen eines Arzneimittel, die noch nicht als Fertigarzneimittel anzusehen sind. Wenn unter diesen „Zwischenproduk-

---

8 So auch Kloesel, Cyran, § 4 Anm. 9c.

9 Kloesel, Cyran, § 4 Anm. 9a.

10 Leitfaden der Guten Herstellungspraxis - Teil II: Anlage 3 zur Bekanntmachung des Bundesministeriums für Gesundheit zu § 2 Nr. 3 der Arzneimittel-und Wirkstoffherstellungsverordnung vom 27.10.2006 (BAnz. S. 6887), S. 77.

ten" hiernach auch Arzneimittel i.S.d. § 2 zu subsumieren sind, die keine Fertigarzneimittel sind, gilt das AMG insoweit auch für diese Produkte.

10 Der Begriff Zwischenprodukt ist nach § 4 Abs. 1 S. 2 weiter zu verstehen als im GMP-Leitfaden.[11] In diesem Zusammenhang ist streitig, ob Bulkware als Fertigarzneimittel anzusehen ist oder nur als Zwischenprodukt im Sinne des Abs. 1 S. 2.[12] Als Bulkware bezeichnet man Arzneimittel, die in anwendungsfertiger Zubereitung in großen, aber nicht zur Abgabe an Verbraucher bestimmten Mengen und Behältnissen zum Um- oder Abfüllen in den Verkehr gebracht werden.[13] Es handelt sich um „fertiggestellte Arzneimittel, ohne innere und äußere Umschließung"[14]. Im GMP-Leitfaden wird Bulkware als „Produkt, das außer der Endverpackung alle Verarbeitungsstufen durchlaufen hat,"[15] definiert.

11 Zu der Frage, ob Bulkware als Fertigarzneimittel zu behandeln ist oder nicht, hat die Rechtsprechung zu § 4 Abs. 1 a.F. (vor der 14. AMG-Novelle) folgende Linie vertreten: Ausgehend vom OLG Stuttgart hat u.a. auch das BVerwG[16] ein Vorhalten von Arzneimitteln in einem Massegebinde (d.h. Bulkware) jedenfalls dann als Fertigarzneimittel eingestuft, wenn die Arzneimittel in der so gelieferten Form zur Abgabe an Verbraucher bereitgehalten werden. Hierin wurde ein „im voraus" hergestelltes Arzneimittel i.S.d. § 4 Abs. 1 AMG a.F. gesehen, das anschließend in einer für den Verbraucher bestimmten kleineren Verpackungsform in den Verkehr gebracht wurde. Ein Fertigarzneimittel liegt hiernach dann vor, wenn das vom Apotheker abgegebene Arzneimittel in keiner Weise mehr von der ihm gelieferten Bulkware abweicht und der Apotheker die Ware – ohne wesentliche eigene Herstellungsschritte – lediglich abfüllen oder verpacken muss. Die so aus der Bulkware abgegebenen Arzneimittel seien Fertigarzneimittel und keine Rezepturarzneimittel. Mithin nahm die Rechtsprechung nach der früheren und engeren Fassung des § 4 Abs. 1 zwar die „Bulkware als solche vom Begriff des Fertigarzneimittels aus"[17]. Wird Bulkware aber in ein zur Abgabe an den Verbraucher bestimmtes Behältnis abgefüllt und durch Abgabe an den Verbraucher in den Verkehr gebracht, so ist sie als Fertigarzneimittel anzusehen. Dieser Rechtsprechung hat sich

---

11 Vgl. die Kommentierung unter § 3 Rz. 20.

12 Dafür: Kloesel, Cyran, § 4 Anm. 4a; dagegen: Rehmann, § 4 Rz. 1; Sander, § 4 Anm. 3; siehe ferner als vermittelnde Ansicht: Freund, in MünchKomm StGB, § 4 AMG Rz. 3.

13 Kloesel, Cyran, § 4 Anm. 4; Dettling, PharmR 2008, 27, 31.

14 BFH, Urt. v. 30.01.1980 – Az.: I R 89/79, Rz. 18, abrufbar unter juris.de.

15 Leitfaden der Guten Herstellungspraxis - Teil I: Anlage 2 zur Bekanntmachung des Bundesministeriums für Gesundheit zu § 2 Nr. 3 der Arzneimittel-und Wirkstoffherstellungsverordnung vom 27.10.2006 (BAnz. S. 6887), S. 55.

16 OLG Stuttgart, Urt. v. 28.06.1991 – 2 U 18/91, abgedruckt bei Sander, Entscheidungssammlung, § 21 AMG Nr. 14; BVerwG, Urt. v. 09.03.1999 – 3 C 32/98 (Furfurol); OLG Schleswig-Holstein, Urt. v. 27.11.2001 – Az.: 6 U 57/01, Rz. 20, abrufbar unter www.juris.de.

17 BVerwG, Urt. v. 09.03.1999 – Az.: 3 C 32/98, Rz. 27 (Furfurol).

auch der BGH angeschlossen.[18] Diese Rechtsprechung stützte sich auf den „Gesichtspunkt der Arzneimittelsicherheit" und wies darauf hin, dass jede andere Auslegung des § 4 Abs. 1 a.F. der Gesetzesumgehung Tür und Tor öffnen würde. Arzneimittelhersteller könnten in großem Umfang Arzneimittel ohne Zulassung auf den Markt bringen, indem sie lediglich das Abpacken in Kleingebinde und die Kennzeichnung den Apothekern überlassen. Auf diese Art könnten – so die Rechtsprechung – sogar Arzneimittel weiter vermarktet werden, deren Zulassung widerrufen wurde.[19]

Damit ließ sich die Rechtsprechung zur Bulkware nach § 4 Abs. 1 a.F. so zusammenfassen: Ein Fertigarzneimittel liegt vor, wenn das an Verbraucher abgegebene Arzneimittel in keiner Weise mehr von der dem Apotheker angelieferten Bulkware abweicht und sich dessen Tätigkeit auf das bloße Neuverteilen der seiner Einwirkung im Übrigen nicht mehr unterliegenden Arzneimittel beschränkt.[20] Im Umkehrschluss ließ sich daraus folgern, dass die als Bulkware gelieferten Arzneimittel keine Fertigarzneimittel sind, wenn sie vor der Abgabe an Verbraucher noch durch den Apotheker in die anwendungsfertige Form gebracht werden müssen. So liegt kein Fertigarzneimittel vor, wenn das Arzneimittel aus einem zuvor gelieferten Produkt erst durch Pressung mechanisch hergestellt werden muss.[21] 12

Auch nach der Novellierung des § 4 Abs. 1 bleibt diese Rechtsprechung von Bestand. Nunmehr erleichtern auch die neuen Varianten 2 und 3 des § 4 Abs. 1 die rechtliche Einordnung von Bulkware. Hieraus ergibt sich: als Bulkware ausgelieferte Arzneimittel, die industriell zubereitet oder gewerblich hergestellt sind, fallen unter die Definition des Fertigarzneimittels, wenn sie zur Abgabe an den Verbraucher bestimmt sind. Zur Abgabe an den Verbraucher sind sie bestimmt, wenn sie in der Darreichungsform vorliegen, wie sie üblicherweise auch angewendet werden. Zusammenfassend lässt sich zur Bulkware folgendes festhalten: die Bulkware als solche ist vom Begriff des Fertigarzneimittels auszunehmen. Wenn aber Bulkware industriell zubereitet oder gewerblich hergestellt ist und in einer anwendungsfertigen Darreichungsform vorliegt und in dieser Form – vom Abfüllen und Umpacken durch den Apotheker abgesehen – an den Verbraucher abgegeben wird, liegt nach § 4 Abs. 1 ein Fertigarzneimittel vor. Wenn die Bulkware in der ausgelieferten Form (noch) nicht zur Abgabe an Verbraucher, sondern zur weiteren Bearbeitung durch den Apotheker bestimmt ist, liegt kein Fertigarzneimittel vor.[22] 13

---

18 BGH, Urt. v. 23.06.2005 – Az.: I ZR 194/02, Rz. 25 (Atemtest), NJW 2005, 2705 = PharmR 2007, 80.

19 BVerwG, Urt. v. 09.03.1999 – Az.: 3 C 32/98, Rz. 25 ff. (Furfurol).

20 BGH, Urt. v. 23.06.2005 – Az.: I ZR 194/02, Rz. 25 (Atemtest), NJW 2005, 2705 = PharmR 2007, 80.

21 OLG Schleswig-Holstein, Urt. v. 27.11.2001 – Az.: 6 U 57/01; ähnlich OLG München, Urt. v. 23.02.2006 – Az.: 6 U 3721/05, GRUR-RR 2006, 343 = GesR 2006, 466; beide auch abrufbar unter www.juris.de.

22 So auch Freund, in MünchKomm StGB, § 4 AMG Rz. 3.

### 2. Blutzubereitung

**14** In § 4 Abs. 2 wird zunächst klargestellt, dass auch Blutzubereitungen Arzneimittel im Sinne des § 2 sind. Die Definition differenziert dabei nicht nach Fremd- und Eigenblut und unterscheidet auch nicht zwischen menschlichem und tierischem Blut. Mit Blut ist hierbei Vollblut gemeint. Die Norm wurde in der 14. AMG-Novelle dahingehend geändert, dass „arzneilich wirksamer Bestandteil“ durch den Begriff „Wirkstoff“ ersetzt wurde. Diese Änderung wurde zur Anpassung an die im europäischen Recht geltende Terminologie vorgenommen.[23]

**15** Zu beachten ist, dass für das Gewinnen von Blut- und Blutbestandteilen und ihrer Anwendung das Transfusionsgesetz gilt, § 1 TFG. Die Herstellung von Blut- und Blutprodukten vollzieht sich dagegen nach den Vorschriften des AMG. Die Reichweite des Begriffs Blutzubereitung ist weit gefasst. Er schließt insbesondere alle zellhaltigen Blut- und Blutbestandteilkonserven (z.B. Erythrozyten-, Thrombozytenkonserven), gefrorenes Frischplasma und Plasmaderivate wie die Gerinnungsfaktorenkonzentrate ein.[24] Sera gelten gem. § 4 Abs. 3 S. 2 allerdings nicht als Blutzubereitungen.

**16** Blutzubereitungen bedürfen zu ihrer Herstellung der Herstellungserlaubnis nach § 13 AMG. Hiervon ausgenommen ist die Entnahme beim Patienten mit der Zweckbestimmung, das Blut bei Bedarf diesem Patienten selbst zurück zu transfundieren. Dies ist vor allem, wenn die Entnahme und die Retransfusion innerhalb einer Abteilung eines Krankenhauses erfolgt, kein Herstellen im Sinne von §§ 4 Abs. 14, 13 Abs. 1 AMG.[25] Es gelten jedoch bei der Herstellungserlaubnis (§§ 13 Abs. 2 S. 2, 15 Abs. 3) und bezüglich des Vertriebsweges (Abgabe an Ärzte und Krankenhäuser unter Umgehung der Apotheken, § 47 Abs. 1 Nr. 2a) erhebliche Sonderregelungen.

**17** Hinzuweisen ist auch auf die Definition des Oberbegriffs „Blutprodukte“. Gemäß § 2 Nr. 3 TFG umfasst der Begriff „Blutprodukte“ die Blutzubereitungen im Sinne des § 4 Abs. 2, Sera aus menschlichem Blut im Sinne des § 4 Abs. 3 und Blutbestandteile, die zur Herstellung von Wirkstoffen oder Arzneimitteln bestimmt sind.[26]

### 3. Sera

**18** Sera sind Arzneimittel, die gemeinsam mit Produkten, die aus Impfstoffen, Toxinen und Allergenen zusammengesetzt sind, zur Gruppe der immunologischen Arzneimittel gem. Art. 2 Nr. 4 der RiLi 2001/83/EG gehören. Sera sind in diesem

---

23 Amtliche Begründung zum Entwurf eines Vierzehnten Gesetzes zur Änderung des Arzneimittelgesetzes, BT.-Drucks. 15/5316, S. 33.

24 Bender, MedR 2007, 533.

25 Vgl. dazu Lippert, VersR 1992, 790, 791 f.

26 Vgl. zu Dokumentationspflichten bei der Anwendung von Blutprodukten Bender, MedR 2007, 533 ff.

immunologischen therapeutischen Umfeld der Gegenpart zu den Impfstoffen, die entsprechend in systematischer Nähe zu Sera in § 4 Abs. 4 definiert sind. Sera dienen der sog. passiven Immunisierung, wohingegen Impfstoffe zur aktiven Immunisierung (Vakzination) des Geimpften bestimmt sind.[27] Die Wirkstoffe der Sera werden verwendet, um eine passive Immunität des geimpften Organismus hervorzurufen. Als Beispiele nennt der Gemeinschaftskodex das Diphtherie-Antitoxin, Antipocken-Globulin und Antilymphozyten-Globulin. Die passive Immunisierung mit Sera – oder treffender bezeichnet mit *Impfsera* – wird insbesondere nach einem Kontakt des Patienten mit einem bestimmten Krankheitserreger durchgeführt (sog. Postexpositionsprophylaxe). Das Impfserum enthält die zur Bekämpfung des Krankheitserregers erforderlichen Antikörper, die einen vorübergehenden Schutz des Patienten bewirken. Bildlich gesprochen wird dem passiv Immunisierten in einer Akutsituation mit den erforderlichen immunologischen Abwehrinstrumenten passager unter die Arme gegriffen.

Die Definition des Begriffs Sera in § 4 Abs. 3 wurde zuletzt mit der AMG-Novelle 2009 neu gefasst. Vor der Novellierung umfasste der Begriff Sera nur Mittel, die Antikörper enthielten und dazu bestimmt waren, wegen dieser Antikörper angewendet zu werden. Nunmehr umfasst der Begriff auch solche Erzeugnisse, die neben Antikörpern Antikörperfragmente oder Fusionsproteine mit einem funktionellen Antikörperbestandteil als Wirkstoff enthalten und wegen dieses Wirkstoffs angewendet werden. Die Novellierung der Sera-Definition durch die AMG-Novelle 2009 wurde mit der wissenschaftlichen Entwicklung begründet, nach der die „klassischen" Herstellungsweisen der polyklonalen Sera zunehmend durch biotechnologische Verfahren ergänzt werden.[28] In der Tat spricht hierfür, dass mittlerweile nicht mehr nur ganze Antikörper als Wirkstoffe verwendet werden. Mit der Beschränkung auf den funktionellen Antikörperbestandteil werden insbesondere Fusionsproteine vom Serumbegriff ausgenommen, die gleichsam zufällig und eher geringe Aminosäuresequenzhomologie mit dem Antikörper aufweisen.[29] 19

Ein Erzeugnis ist nur dann Serum i.S.d. § 4 Abs. 3, wenn sein Wirkstoff Antikörper, Antikörperfragmente oder Fusionsproteine mit funktionellen Antikörperbestandteil enthält und gerade wegen dieses Wirkstoffs angewendet wird. In der Sera-Definition ist somit zugleich eine Zweckbestimmung enthalten. Mittel, die keinen solchen Wirkstoff enthalten oder nicht *wegen* dieses Wirkstoffs angewandt werden, sind keine Sera i.S.d. § 4 Abs. 3. In diesem Zusammenhang enthält § 4 Abs. 3 S. 2 auch zwei Antidefinitionen: Sera gelten nicht als Blutzubereitungen i.S.d. § 4 Abs. 2 und auch nicht als Gewebezubereitungen i.S.d. § 4 Abs. 30. Die Abgrenzung zwischen Sera und Blutzubereitungen bereitet im Einzelfall Schwierigkeiten, da auch Blutzubereitungen Antikörper enthalten können. Dies alleine macht indes eine Blutzubereitung noch nicht zu einem Serum. Es kommt ent- 20

27 Kloesel, Cyran, § 4 Anm. 21; Rehmann, § 4 Rz. 3.
28 BT-Drucks. 16/12256, S. 42.
29 Siehe dazu insgesamt BT-Drucks. 16/12256, S. 42.

scheidend auf die anwendungsbezogene Zweckbestimmung an. Entsprechend hat das BVerwG entschieden, dass sog. polyvalente Immunglobuline Sera und keine Blutzubereitungen sind, weil sie *wegen* ihres Antikörperbestandteiles angewendet werden.[30] Entsprechend gelten für den Vertrieb von Sera nicht die gem. § 47 Abs. 1 Nr. 2 lit. a) für Blutzubereitungen geltenden Sonderregeln. Für Sera ist gemäß § 77 Abs. 2 als Bundesoberbehörde das Paul-Ehrlich-Institut zuständig.

### 4. Impfstoffe

**21** Impfstoffe sind Arzneimittel zur aktiven Immunisierung (Vakzination) von Mensch und Tier. Bei dieser Form der Immunisierung bildet der geimpfte Organismus eigene Abwehr- und Schutzstoffe als körpereigene Reaktion auf den Impfstoff. Hierin unterscheiden sich Impfstoffe von den nur zur passiven Immunisierung bestimmten Sera nach Abs. 3. Impfstoffe fallen unter den Begriff der immunologischen Arzneimittel in Art. 2 Nr. 4 der RiLi 2001/83/EG. Dieser definiert Impfstoffe als Arzneimittel mit Wirkstoffen, die verwendet werden, um eine aktive Immunität hervorzurufen, z. B. Cholera-Impfstoff, Tuberkulose-Impfstoff, Pocken-Impfstoff oder Poliomyelitis-Impfstoff.

**22** Durch die AMG-Novelle 2009 wurden rekombinante Nukleinsäuren neu als relevante Impfstoff-Bestandteile in die Definition der Impfstoffe aufgenommen. Zugleich wurde im letzten Halbsatz des Abs. 4 eine Einschränkung dahingehend eingefügt, dass Erzeugnisse mit rekombinanten Nukleinsäuren nur dann als Impfstoff unter Abs. 4 fallen, wenn sie *ausschließlich* zur Vorbeugung oder Behandlung von Infektionskrankheiten bestimmt sind. Hintergrund der Einschränkung ist, dass rekombinante Nukleinsäuren an sich unter den Begriff der Gentherapeutika fallen und damit der Verordnung (EG) Nr. 1394/2007 unterworfen sind. Lediglich für Impfstoffe wurde im Anhang I Teil IV der RiLi 2001/83/EG durch die Änderungsrichtlinie 2009/120/EG[31] klargestellt, dass sie, auch wenn sie rekombinante Nukleinsäuren enthalten, nicht als Gentherapeutika gelten. Daher fallen rekombinante Nukleinsäuren in Impfstoffen aus dem strengen Regelungsregime der Verordnung (EG) Nr. 1394/2007 heraus und können im AMG reguliert werden.[32] Sobald rekombinante Nukleinsäuren nicht zur Vorbeugung oder Behandlung von Infektionskrankheiten bestimmt sind, unterliegen sie den Vorgaben der Verordnung (EG) Nr. 1394/2007.

---

[30] BVerwG, Urt. v. 20.11.2003 – Az.: 3 C 44/02, NVwZ-RR 2004, 253.

[31] Siehe neue Begriffsbestimmung der Gentherapeutika in RiLi 2009/120/EG vom 14.09.2009 zur Änderung der RiLi 2001/83/EG des Europäischen Parlaments und des Rates zur Schaffung eines Gemeinschaftskodexes für Humanarzneimittel im Hinblick auf Arzneimittel für neuartige Therapien, ABl. L 242/3 vom 15.09.2009; sowie Kommentierung zu § 4 Abs. 9.

[32] Hierzu kritisch: Bundesverband der Pharmazeutischen Industrie e.V., Vorläufige Stellungnahme zum Entwurf eines Gesetzes zur Änderung arzneimittelrechtlicher und anderer Vorschriften vom 27.04.2009, dort S. 6-12.

Impfstoffe sind im AMG an mehreren Stellen Gegenstand von Sondervorschriften (etwa bzgl. Kennzeichnung, Herstellung, Zulassung, Abgabe und Überwachung). Die für Impfstoffe zuständige Bundesoberbehörde ist gemäß § 77 Abs. 2 das Paul-Ehrlich-Institut.[33] 23

### 5. Allergene

Auch die Produkte, die der Gruppe der Allergene unterfallen, sind Arzneimittel im Sinne des § 2. Die Norm unterscheidet zwischen diagnostisch einzusetzenden Allergenen und therapeutisch wirksamen Allergenen. Testallergene sind dazu bestimmt und geeignet, bei Mensch oder Tier zur Erkennung spezifischer Abwehr- oder Schutzstoffe eingesetzt zu werden. Daneben sind Therapieallergene geeignet und dazu bestimmt, zur Verminderung immunologischer Überempfindlichkeiten eingesetzt zu werden. Beide Gruppen enthalten als maßgebliche Bestandteile Antigene oder Haptene. Im AMG gelten für Allergene stellenweise Sonderregelungen (vgl. § 13 Abs. 2 S. 2). Auf der Ebene der Bundesoberbehörden fallen Allergene gemäß § 77 Abs. 2 in den Zuständigkeitsbereich des Paul-Ehrlich-Instituts. 24

### 6. Testsera

Testsera sind fiktive Arzneimittel gem. § 2 Abs. 2 Nr. 4, die wegen ihrer spezifischen Antikörper zum Nachweis von Krankheitserregern verwendet werden. Die Norm unterscheidet zwischen den unmittelbar diagnostisch anzuwendenden Sera und den dazugehörigen Kontrollsera, d.h. die Referenzproben. Testsera werden nicht *in vivo*, sondern nur *in vitro* angewendet. Entsprechend fallen diese Testsera auch unter den Begriff der „In-vitro-Reagenzien"[34] und sind als In-vitro-Diagnostika anzusehen. Daraus folgt, dass § 4 Abs. 6 nur für veterinärmedizinisch anzuwendende Testsera gilt und nicht für Testsera in der Humanmedizin.[35] Nur Testsera zur Anwendung in der Veterinärmedizin sind fiktive Arzneimittel gem. § 2 Abs. 2 Nr. 4. Die Testsera zur diagnostischen Anwendung in der Humanmedizin fallen als In-vitro-Diagnostika unter das MPG. 25

### 7. Testantigene

Wie Testsera (vgl. Abs. 6), sind auch Testantigene fiktive Arzneimittel nach § 2 Abs. 2 Nr. 4, wenn sie Antigene und Haptene enthalten und dazu bestimmt sind, als solche verwendet werden. Auch unter Abs. 7 sind nur Produkte gemeint, die in der Veterinärmedizin angewandt werden (s. Kommentierung zu Abs. 6). Testantigene werden nicht *in vivo* im oder am Tier, sondern nur in der Labordiagnostik eingesetzt.[36] Eine Zulassung nach § 21 Abs. 1 AMG entfällt daher. 26

---

[33] Zum Impfrecht s. Zuck, MedR 2008, 410 ff.; zur Haftung bei Impfschäden s. Koyuncu, GesR 2010, 49 ff.

[34] Kloesel, Cyran, § 4 Anm. 31.

[35] Kloesel, Cyran, § 4 Anm. 31.

[36] Kloesel, Cyran, § 4 Anm. 34.

**8. Radioaktive Arzneimittel**

27 Ähnlich wie bei Sera und Impfstoffen ist auch für die Annahme eines radioaktiven Arzneimittels gem. § 4 Abs. 8 erforderlich, dass das Produkt zwei Voraussetzungen erfüllt: das Produkt muss (1) ein radioaktiver Stoff sein oder einen solchen enthalten und ionisierende Strahlen aussenden und (2) es muss als Zweckbestimmung wegen dieser Eigenschaft als Arzneimittel angewendet werden. Radioaktive Arzneimittel sind geeignet, sowohl therapeutisch als auch diagnostisch im Sinne des § 2 Abs. 1 Nr. 2 a) und b) eingesetzt zu werden. Entsprechend lassen sich diese Arzneimittel in die Gruppe der Radiotherapeutika und Radiodiagnostika unterteilen.

28 Die Zusammensetzung und objektive Zweckbestimmung sind kumulative Voraussetzungen für die Annahme eines radioaktiven Arzneimittels. Wird ein Produkt nicht wegen dieser Eigenschaften angewendet, liegt kein radioaktives Arzneimittel nach § 4 Abs. 8 vor, so dass auch die Sonderregelungen für diese Arzneimittel nicht anwendbar sind. Generell gilt für Produkte, die ohne medizinische Zweckbestimmung radioaktive Stoffe enthalten, dass sie wegen der radioaktiven Strahlung schädliche Wirkungen entfalten, die eine Einstufung als bedenkliches Arzneimittel gem. § 5 AMG nahelegen können.[37]

29 Den Begriff der radioaktiven Stoffe definiert das Atomgesetz als Kernbrennstoffe und sonstige radioaktive Stoffe (§ 2 AtomG). Ionisierende Strahlen sind von den Kernen radioaktiver Isotope ausgesandte Strahlen wie Alpha-, Beta- und Gammastrahlung; auch Röntgenstrahlung sowie Neutronen und Protonen sind ionisierend und fallen hierunter.[38]

30 Für radioaktive Arzneimittel findet sich in § 7 AMG ein gesondertes Verbot mit Erlaubnisvorbehalt. Es ist verboten, radioaktive Arzneimittel oder Arzneimittel, bei deren Herstellung ionisierende Strahlen verwendet worden sind, in den Verkehr zu bringen, es sei denn, dass dies durch die kraft § 7 Abs. 2 erlassene „Verordnung über radioaktive oder mit ionisierenden Strahlen behandelte Arzneimittel“ (AmRadV)[39] zugelassen ist. Dort ist die Verkehrsfähigkeit radioaktiver Arzneimittel und Arzneimittel, die mit ionisierenden Strahlen behandelt worden sind, geregelt. Außerdem relevant für radioaktive Arzneimittel ist die StrahlenschutzVO[40], die den Schutz vor schädigender Wirkung ionisierender Strahlen bezweckt. Die Behandlung von Arzneimitteln mit ionisierenden Strahlen, das Zusetzen radioaktiver Stoffe zu Arzneimitteln und die Verwendung dieser Arzneimittel am Menschen ist nach der Strahlenschutzverordnung genehmigungspflichtig. Im Üb-

---

37 So auch Rehmann, § 4 Rz. 8.

38 Kloesel, Cyran, § 4 Anm. 37.

39 Verordnung über radioaktive oder mit ionisierenden Strahlen behandelte Arzneimittel in der Fassung der Bekanntmachung vom 19.01.2007 (BGBl. I S. 48).

40 Verordnung über den Schutz vor Schäden durch ionisierende Strahlen (Strahlenschutzverordnung) vom 20.07.2001 (BGBl. I S. 1714, (2002, 1459)), zuletzt geändert durch Artikel 2 des Gesetzes vom 29.08.2008 (BGBl. I S. 1793).

rigen bleiben auch für radioaktive Arzneimittel – neben den angesprochenen Verordnungen – die §§ 13, 21 ff. unberührt. Einerseits ist für diese Arzneimittel eine Herstellungserlaubnis nach § 13 erforderlich. Die generelle Verkehrsfähigkeit des Arzneimittels richtet sich zwar nach der AMRadV. Die Entscheidung nach der AMRadV richtet sich aber auch danach, ob das Arzneimittel etwa nach § 25 Abs. 1 zugelassen ist oder nach § 21 Abs. 2 ohne Zulassung in den Verkehr gebracht werden darf (vgl. §§ 1 Abs. 2 S. 1 Nr. 4, 2 Abs. 1 AMRadV). Für radioaktive Arzneimittel gelten im Übrigen weitere Sonderregelungen, wie etwa gem. § 47 Abs. 1 Nr. 2 lit. f) hinsichtlich des Vertriebsweges.

### 9. Arzneimittel für neuartige Therapien

Das AMG definiert seit der AMG-Novelle 2009 in § 4 Abs. 9 „Arzneimittel für neuartige Therapien" unter Verweis auf Art. 2 der Verordnung (EG) Nr. 1394/2007. Da die Regelungen der Verordnung auch ohne diesen Verweis im AMG in den Mitgliedstaaten der Europäischen Union unmittelbar verbindliches Recht darstellen, ist § 4 Abs. 9 lediglich deklaratorischer Natur.[41] Die Definition ist im Zusammenhang mit § 4b zu sehen, in dem nationale Sonderregelungen für eine bestimmte Gruppe der Arzneimittel für neuartige Therapien getroffen sind.[42] Der Begriff „Arzneimittel für neuartige Therapien" umfasst drei Gruppen von Produkten: 31

1. Gentherapeutika,
2. somatische Zelltherapeutika und
3. biotechnologisch bearbeitete Gewebeprodukte.

**Gentherapeutika**

Anders als § 4 Abs. 9 erwarten lässt, definiert Art. 2 Abs. 1 lit. a) der Verordnung (EG) Nr. 1394/2007 den Begriff „Gentherapeutika" nicht selbst, sondern verweist seinerseits dynamisch auf die Definition in Anhang I Teil IV der RiLi 2001/83/EG. Die hier vorgenommenen Begriffsbestimmungen wurden durch die RiLi 2009/120/EG[43] grundlegend erneuert. Die dort ausformulierte Definition des Gentherapeutikums lautet wie folgt: 32

„Unter einem Gentherapeutikum ist ein biologisches Arzneimittel zu verstehen, das folgende Merkmale aufweist:

a) Es enthält einen Wirkstoff, der eine rekombinante Nukleinsäure enthält oder daraus besteht, der im Menschen verwendet oder ihm verabreicht wird, um eine Nukleinsäuresequenz zu regulieren, zu reparieren, zu ersetzen, hinzuzufügen oder zu entfernen.

---

41 BT-Drucks. 16/12256, S. 42.

42 Siehe die Kommentierung zu § 4b mit weitergehenden Ausführungen zum rechtlichen Hintergrund.

43 Richtlinie 2009/120/EG vom 14.09.2009 zur Änderung der Richtlinie 2001/83/EG des Europäischen Parlaments und des Rates zur Schaffung eines Gemeinschaftskodexes für Humanarzneimittel im Hinblick auf Arzneimittel für neuartige Therapien, ABl. L 242/3 vom 15.09.2009.

b) Seine therapeutische, prophylaktische oder diagnostische Wirkung steht in unmittelbarem Zusammenhang mit der rekombinanten Nukleinsäuresequenz, die es enthält, oder mit dem Produkt, das aus der Expression dieser Sequenz resultiert.
Impfstoffe gegen Infektionskrankheiten sind keine Gentherapeutika."

33 Gentherapeutika wirken im Kern dadurch, dass bei dieser Therapie ein Gen (als Ausschnitt der DNS) in den menschlichen Körper eingebracht wird, um dort ein defektes oder gar fehlendes Gen zu ersetzen oder eine andere Gen-Veränderung herbeizuführen.[44] Neu an dieser Definition der Gentherapeutika ist, dass nun Impfstoffe gegen Infektionskrankheiten keine Gentherapie sind, auch wenn sie rekombinante Nukleinsäuren enthalten.[45]

**Somatische Zelltherapeutika**

34 Auch die somatischen Zelltherapeutika sind nicht direkt in Art. 2 Abs. 1 lit. a) der Verordnung (EG) Nr. 1394/2007 definiert. Vielmehr verweist die Verordnung auch diesbezüglich auf die folgende Definition in Anhang I Teil IV der RiLi 2001/83/EG (zuletzt geändert durch die RiLi 2009/120/EG)[46]:

„Unter einem somatischen Zelltherapeutikum ist ein biologisches Arzneimittel zu verstehen, das folgende Merkmale aufweist:
a) Es besteht aus Zellen oder Geweben, die substanziell bearbeitet wurden, so dass biologische Merkmale, physiologische Funktionen oder strukturelle Eigenschaften, die für die beabsichtigte klinische Verwendung relevant sind, verändert wurden, oder aus Zellen oder Geweben, die im Empfänger im Wesentlichen nicht denselbe(n) Funktion(en) dienen sollen wie im Spender, oder es enthält derartige Zellen oder Gewebe.
b) Ihm werden Eigenschaften zur Behandlung, Vorbeugung oder Diagnose von Krankheiten durch pharmakologische, immunologische oder metabolische Wirkungen der enthaltenen Zellen oder Gewebe zugeschrieben und es wird zu diesem Zweck im Menschen verwendet oder ihm verabreicht.
Die in Anhang I der Verordnung (EG) Nr. 1394/2007 aufgeführten Bearbeitungsverfahren gelten nicht als substanzielle Bearbeitung im Sinne von Buchstabe a dieser Definition."

**Biotechnologisch bearbeitete Gewebeprodukte (Tissue-Engineering-Produkte)**

35 Der Begriff „biotechnologisch bearbeitetes Gewebeprodukt" wird in Art 2 Abs. 1 lit. b) der Verordnung (EG) Nr. 1394/2007 legaldefiniert. Auf diese Definition verweist der in Abs. 9 genannte Art 2 Abs. 1 lit. a) der Verordnung (EG) Nr. 1394/2007:

36 Ein „biotechnologisch bearbeitetes Gewebeprodukt" ist ein Produkt,
- das biotechnologisch bearbeitete Zellen oder Gewebe enthält oder aus ihnen besteht und

---

44 Schickert, Heinemann, PharmR 2006, 408, 409.
45 Siehe dazu die Kommentierung zu § 4 Abs. 4.
46 Vor der 15. AMG-Novelle waren die „somatischen Zelltherapeutika" in § 4 Abs. 20 eigens definiert. Dieser Absatz ist nunmehr weggefallen.

- dem Eigenschaften zur Regeneration, Wiederherstellung oder zum Ersatz menschlichen Gewebes zugeschrieben werden oder das zu diesem Zweck verwendet oder Menschen verabreicht wird.

Ein biotechnologisch bearbeitetes Gewebeprodukt kann Zellen oder Gewebe menschlichen oder tierischen Ursprungs enthalten. Die Zellen oder Gewebe können lebensfähig oder nicht lebensfähig sein. Es kann außerdem weitere Stoffe enthalten wie Zellprodukte, Biomoleküle, Biomaterial, chemische Stoffe und Zellträger wie Gerüst- oder Bindesubstanzen. **37**

Produkte, die ausschließlich nicht lebensfähige menschliche oder tierische Zellen und/oder Gewebe enthalten oder aus solchen bestehen und die keine lebensfähigen Zellen oder Gewebe enthalten und nicht hauptsächlich pharmakologisch, immunologisch oder metabolisch wirken, fallen nicht unter diese Begriffsbestimmung. **38**

Zellen oder Gewebe gelten gem. Art. 2 Abs. 1 lit. c) der Verordnung (EG) Nr. 1394/2007 als „biotechnologisch bearbeitet", wenn sie wenigstens eine der folgenden Bedingungen erfüllen: **39**

- sie wurden substanziell bearbeitet, so dass biologische Merkmale, physiologische Funktionen oder strukturelle Eigenschaften, die für die beabsichtigte Regeneration, Wiederherstellung oder den Ersatz relevant sind, erzielt werden. Nicht als substanzielle Bearbeitungsverfahren gelten insbesondere die in Anhang I aufgeführten Bearbeitungsverfahren;
- sie sind nicht dazu bestimmt, im Empfänger im Wesentlichen dieselbe(n) Funktion(en) auszuüben wie im Spender.

Für Arzneimittel für neuartige Therapien werden in Art. 2 Abs. 2 bis 5 der Verordnung (EG) Nr. 1394/2007 ergänzende Regelungen zur begrifflichen Abgrenzung und rechtlichen Einstufung fraglicher Produkte getroffen. So gilt ein Produkt, auf das sowohl die Definition für „biotechnologisch bearbeitetes Gewebeprodukt" und die Definition für „somatische Zelltherapeutika" zutreffen, als biotechnologisch bearbeitetes Gewebeprodukt. Ferner ist ein Produkt, das unter die Definitionen „somatisches Zelltherapeutikum" oder „biotechnologisch bearbeitetes Gewebeprodukt" *und* „Gentherapeutikum" fallen kann, rechtlich als Gentherapeutikum zu behandeln.[47] **40**

### 10. Fütterungsarzneimittel

Fütterungsarzneimittel sind Arzneimittel gem. § 2 Abs. 1 zur Anwendung im Tier. Sie werden dem Tier in dieser Form zugeführt. In Art. 1 Nr. 6 der RiLi 2001/82/EG sind Fütterungsarzneimittel definiert als jede Mischung aus einem oder mehreren Tierarzneimitteln und einem oder mehreren Futtermitteln, die vor **41**

---

47 Hinzuweisen ist auch auf die Definition des „kombinierten Arzneimittels für neuartige Therapien" in Art. 2 Abs. 1 lit. d) der Verordnung (EG) Nr. 1394/2007 (Kombination mit Medizinprodukten).

dem Inverkehrbringen zubereitet werden und die wegen ihrer vorbeugenden, heilenden oder ihrer anderen Eigenschaften im Sinne der Tierarzneimittel-Definition (Art. 1 Nr. 2 der RiLi 2001/82/EG) ohne Veränderung für die Verwendung bei Tieren bestimmt sind. Für Fütterungsarzneimittel gelten im AMG besondere Regelungen (wie z. B. §§ 21 Abs. 2 Nr. 3, 56). Hergestellt werden dürfen sie nur aus Arzneimittel-Vormischungen im Sinne des § 4 Abs. 11. Gemäß § 21 Abs. 2 Nr. 3 sind Fütterungsarzneimittel von der Zulassungspflicht ausgenommen, wenn sie bestimmungsgemäß aus Arzneimittel-Vormischungen hergestellt sind, für die eine Zulassung nach § 25 erteilt ist. Zur Herstellung eines Fütterungsarzneimittels darf nur eine nach § 25 Abs. 1 zugelassene oder auf Grund des § 36 Abs. 1 von der Pflicht zur Zulassung freigestellte Arzneimittel-Vormischung verwendet werden.

**42** Mischfuttermittel sind gem. § 3 Nr. 13 LFGB Stoffe in Mischungen, mit Futtermittel-Zusatzstoffen oder ohne Futtermittel-Zusatzstoffe, die dazu bestimmt sind, in unverändertem, zubereitetem, bearbeitetem oder verarbeitetem Zustand an Tiere verfüttert zu werden; ausgenommen sind Stoffe, die überwiegend dazu bestimmt sind, zu anderen Zwecken als zur Tierernährung verwendet zu werden. Mischfuttermittel unterliegen nicht dem AMG, sondern dem LFGB.

### 11. Arzneimittel-Vormischungen

**43** Arzneimittel-Vormischungen sind Arzneimittel zur Anwendung am Tier, in der Form, dass sie ausschließlich als arzneilicher Bestandteil zur Herstellung von Fütterungsarzneimitteln (§ 4 Abs. 10) herangezogen werden dürfen. Der Verwendungszweck der Arzneimittel-Vormischungen ist entsprechend eingeengt.[48] In Art. 1 Nr. 5 der RiLi 2001/82/EG werden diese Produkte als „Vormischung für Fütterungsarzneimittel“ bezeichnet. Fütterungsarzneimittel sind mithin das bestimmungsgemäße Endprodukt der Arzneimittel-Vormischungen.

**44** Da Arzneimittel-Vormischungen gem. § 4 Abs. 11 S. 2 als Fertigarzneimittel gelten, finden auf sie die zulassungsrechtlichen Vorschriften des AMG Anwendung, d.h. sie bedürfen der Zulassung nach § 25 Abs. 1 AMG, wenn sie nicht nach § 36 Abs. 1 AMG als von der Zulassungspflicht freigestellt sind. Vorschriften über Herstellungserlaubnis, Kennzeichnung und Packungsbeilage sind ebenfalls anwendbar, wobei dazu und zu anderen Aspekten der Arzneimittel-Vormischungen im AMG besondere Regelungen bestehen. So muss etwa die Packungsbeilage von Arzneimittel-Vormischungen Hinweise für die sachgerechte Herstellung der Fütterungsarzneimittel und Angaben über die Dauer der Haltbarkeit der Fütterungsarzneimittel enthalten. Ferner sind gem. § 23 Abs. 3 im Rahmen des Zulassungsverfahrens für Arzneimittel-Vormischungen spezifische Unterlagen einzureichen.

---

[48] Kloesel, Cyran, § 4 Anm. 45.

## 12. Wartezeit

§ 4 Abs. 12 betrifft Arzneimittel zur Anwendung beim Tier. Werden an Tieren, die zur Gewinnung von Lebensmitteln bestimmt sind, Arzneimittel angewendet, so dürfen diese Tiere erst zur Lebensmittelgewinnung verwendet werden, wenn die durch die Arzneimittelanwendung entstehenden pharmakologisch wirksamen Rückstände wieder abgebaut sind. Diese Wartezeit (einschließlich der Sicherheitsspanne) hängt davon ab, wie schnell diese Rückstände bei der bestimmungsgemäßen Anwendung der fraglichen Tierarzneimittel abgebaut werden. Der Nachweis des Abbaus ist durch Rückstandsprüfungen zu erbringen. Die Wartezeit ist im Antrag auf Zulassung von Tierarzneimitteln nach § 23 Abs. 1 Nr. 1 anzugeben und mit Unterlagen über die Ergebnisse der Rückstandsprüfung, insbesondere über den Verbleib der pharmakologisch wirksamen Bestandteile und deren Umwandlungsprodukte im Tierkörper und über die Beeinflussung der Lebensmittel tierischer Herkunft zu begründen. Gemäß § 25 Abs. 2 Nr. 6 ist die Zulassung zu versagen, wenn die angegebene Wartezeit nicht ausreichend ist. **45**

Die Definition in § 4 Abs. 12 ist an die europäische Definition im Gemeinschaftskodex für Tierarzneimittel (Art. 1 Nr. 9 der RiLi 2001/82/EG) angepasst worden. Die Berechnung der relevanten Rückstände wurde hierdurch modifiziert: nunmehr dürfen pharmakologisch wirksame Stoffe bis zu einer vorab festgesetzten Höchstmenge in dem Lebensmittel enthalten sein. Bis zum Erreichen dieser Höchstmengen wird vom Gesetz unterstellt, dass die Rückstände an pharmakologisch wirksamen Stoffen als vertretbar bzw. unbedenklich anzusehen sind. **46**

## 13. Nebenwirkungen

In § 4 Abs. 13 werden auf den ersten Blick nur die Nebenwirkungen des Arzneimittels definiert. Bei näherer Betrachtung geht der Regelungsgehalt der Norm über die Begriffsdefinition hinaus und legt auch Kriterien für die Annahme einer „schwerwiegenden“ Nebenwirkung sowie für die Annahme einer „unerwarteten“ Nebenwirkung. Nicht zuletzt bestimmt die Norm, dass die für Nebenwirkungen ausgesprochenen Regelungsinhalte in § 4 Abs. 13 auch für die als Folge von Wechselwirkungen auftretenden Nebenwirkungen gelten. **47**

Die Definition in § 4 Abs. 13 wurde mit der 12. AMG-Novelle neu gefasst. Die Ergänzungen zu den Begriffen schwerwiegende Nebenwirkungen, unerwartete Nebenwirkungen und Wechselwirkungen waren im Hinblick auf die seinerzeit ebenfalls neu gefassten Regelungen zur Pharmakovigilanz (insb. § 63b) erforderlich und entsprachen den zugehörigen Definitionen in der RiLi 2000/38/EG und der RiLi 2000/37/EG.[49] Der Begriff „Nebenwirkung“ nach Abs. 13 ist von dem – materiell weitergehenden – Begriff des „mit der Arzneimittelanwendung verbundenen Risikos“ aus § 4 Abs. 27 zu unterscheiden. Gemäß § 4 Abs. 13 kommt es bei der Bestimmung der Nebenwirkungen – anders als in § 4 Abs. 27 – auf den **48**

49 BT-Drucks. 15/2109, S. 25 f.

bestimmungsgemäßen Gebrauch des Arzneimittels an. Nebenwirkungen sind die hierbei auftretenden schädlichen, unbeabsichtigten Reaktionen.

49 § 4 Abs. 13 begrenzt normativ den medizinisch an sich neutralen und weiten Begriff der Nebenwirkungen auf die „schädlichen" und zugleich „unbeabsichtigten" Reaktionen. Es handelt sich hierbei um eine normative und AMG-spezifische Begriffsbestimmung und keine medizinisch-wissenschaftliche.

50 Die Kriterien zur Annahme einer schwerwiegenden Nebenwirkung entsprechen den bereits zuvor in der internationalen Pharmakovigilanz anerkannten Standards und Begrifflichkeiten. Für die Frage, ob eine Nebenwirkung als erwartet oder unerwartet anzusehen ist, kommt es darauf an, ob die aufgetretene Nebenwirkung, ihre Art oder ihr Ausmaß und Ausgang von den Nebenwirkungs-Angaben in der Packungsbeilage des Arzneimittels (§ 11) abweichen.[50] Entsprechend ist bei der Prüfung und Bewertung von Nebenwirkungen vorzugehen, die als Folge von Wechselwirkungen auftreten. Bei diesen wird zuvor die Frage zu beantworten sein, ob die festgestellte schädliche Reaktion tatsächlich auf einer Wechselwirkung des Arzneimittels mit anderen Arzneimitteln oder anderen Mitteln beruht.

51 Im Zusammenhang mit klinischen Prüfungen auftretende Nebenwirkungen und sog. unerwünschte Ereignisse werden gesondert in der GCP-Verordnung[51] nach § 42 definiert (siehe die Kommentierung hierzu unter § 42).[52] Gemäß § 3 Abs. 7 GCP-V ist eine „Nebenwirkung" jede nachteilige und unbeabsichtigte Reaktion auf ein Prüfpräparat, unabhängig von dessen Dosierung. Auch die Begriffe „unerwünschtes Ereignis", „schwerwiegendes unerwünschtes Ereignis oder schwerwiegende Nebenwirkung" und die „unerwartete Nebenwirkung" werden in § 3 Abs. 6 bis 9 GCP-V eigens für den Bereich der klinischen Prüfungen definiert (vgl. auch die Kommentierung zu § 4 Abs. 23 unten).

### 14. Herstellen

52 Der Begriff des Herstellens, den das AMG verwendet, ist umfassend und schließt alle möglichen Handlungen von der Gewinnung, Zubereitung, Kennzeichnung bis zur Freigabe des hergestellten Erzeugnisses ein. Er schließt alle Produktions- und Verarbeitungsprozesse bis zum abgabefertig verpackten und freigegebenen Produkt ein.[53] In der Gesetzesbegründung zum AMG 1976 wurde lediglich klargestellt, dass es nicht als Kennzeichnung im Sinne dieser Norm zu verstehen sei,

---

50 Zur Rechtsnatur der Packungsbeilage vgl. Koyuncu, GesR 2005, 289 ff.

51 Verordnung über die Anwendung der Guten Klinischen Praxis bei der Durchführung von klinischen Prüfungen mit Arzneimitteln zur Anwendung am Menschen (GCP-Verordnung - GCP-V) vom 09.08.2004, (BGBl. I S. 2081), zuletzt geändert durch Artikel 4 der Verordnung vom 03.11.2006 (BGBl. I S. 2523).

52 Gemäß § 3 Abs. 7 GCP-V ist eine „Nebenwirkung jede nachteilige und unbeabsichtigte Reaktion auf ein Prüfpräparat, unabhängig von dessen Dosierung".

53 BGH, Urt. v. 03.12.1997 – Az.: 2 StR 270/97, Rz. 28, noch zur alten Rechtslage vor der 14. AMG-Novelle.

wenn auf der Verpackung des Arzneimittels der Name des pharmazeutischen Unternehmers angebracht wird. Die Reichweite des Begriffs „Herstellen" hat rechtliche Implikationen für die Hersteller, da gem. § 13 Abs. 1 die gewerbs- oder berufsmäßige Herstellung von (unter anderem) Arzneimitteln i.S.d. § 2 Abs. 1 oder Berührungsarzneimitteln nach § 2 Abs. 2 Nr. 1 einer Herstellungserlaubnis bedarf. Die Herstellung von Arzneimitteln unterliegt ferner der aufsichtsbehördlichen Überwachung nach § 64 ff. AMG.

Mit der 14. AMG-Novelle wurde der Begriff des Herstellens um den Akt der „Freigabe" erweitert. Die Freigabe stellt den letzten Akt im Sinne des AMG-spezifischen Herstellens nach § 4 Abs. 14 dar. Auch Unternehmen, die ihre Arzneimittel bei einem Lohnhersteller produzieren lassen, aber selbst etwa als Zulassungsinhaber die Freigabe zum Inverkehrbringen vornehmen, vollenden einen Herstellungsschritt gem. § 4 Abs. 14 und bedürfen hierfür der behördlichen Herstellungserlaubnis nach § 13. Gemäß § 19 ist die sachkundige Person nach § 14 für die Freigabe verantwortlich. Die Freigabe einer Charge zum Inverkehrbringen darf von der sachkundigen Person nur nach von ihr vorher erstellten schriftlichen Anweisungen und Verfahrensbeschreibungen vorgenommen werden (vgl. § 16 AMWHV). **53**

Im Zusammenhang mit der Definition des Herstellens ist ferner auf den mit der AMG-Novelle 2009 neu eingeführten Begriff der „Rekonstitution" hinzuweisen. Dieser ist nunmehr eigenständig in § 4 Abs. 31 normiert, obwohl es sich – so die amtliche Begründung – bei der Rekonstitution um einen „Herstellungsvorgang" handeln soll. Siehe zur Rekonstitution und der Kritik an der Einordnung der Rekonstitution als Herstellungsvorgang die zugehörige Kommentierung zu § 4 Abs. 31 (Rz. 116 ff.). **54**

### 15. Qualität

Als wesentliches Ziel bezweckt das AMG gem. § 1, für die Sicherheit im Verkehr mit Arzneimitteln, und dabei insbesondere für die Qualität der Arzneimittel, zu sorgen. Unter Qualität versteht § 4 Abs. 15 deskriptiv die Beschaffenheit eines Arzneimittels, die nach Identität, Gehalt, Reinheit, sonstigen chemischen, physikalischen, biologischen Eigenschaften oder durch das angewandte Herstellungsverfahren bestimmt wird. Der Begriff ist neutral und produktionsbezogen. Bei Betrachtung der in der Norm genannten Kriterien legt der Zulassungsinhaber bzw. pharmazeutische Unternehmer die Parameter der Qualität des Arzneimittels fest. Die Qualität des Arzneimittels ist im Zulassungsverfahren durch Vorlage eines analytischen Gutachtens nachzuweisen. Die Compliance mit den Anforderungen an die Qualität eines Arzneimittels wird durch eine sorgfältige Auswahl und Gewinnung der Ausgangsstoffe für die Produktherstellung, durch ein ordnungsgemäßes, qualitätskontrolliertes Herstellungsverfahren unter Einhaltung der GMP-Vorgaben und der AMWHV gesichert und nachgewiesen. **55**

56 Nach § 8 Abs. 1 Nr. 1 ist es verboten, Arzneimittel herzustellen oder in den Verkehr zu bringen, die in ihrer Qualität durch Abweichungen von den anerkannten pharmazeutischen Regeln nicht unerheblich gemindert sind. Sie sind nicht verkehrsfähig. Gemäß § 95 Abs. 1 Nr. 3a wird mit Freiheitsstrafe bis zu drei Jahren oder mit Geldstrafe bestraft, wer entgegen § 8 Abs. 1 Nr. 1 Arzneimittel oder Wirkstoffe herstellt oder in den Verkehr bringt.

### 16. Charge

57 Mit dem Begriff Charge ist produktionsbezogen eine abgrenzbare Menge eines Arzneimittels mit gleichen Eigenschaften gemeint, die in einem zusammenhängenden und einheitlichen Herstellungsverfahren produziert wird. Gemeint ist ein bestimmtes Produktions-Los. An den Begriff Charge knüpfen im Arzneimittelrecht verschiedene Regelungen an. So sind Herstellerbetriebe gem. § 10 AMWHV verpflichtet, ein Dokumentationssystem zu unterhalten, so dass die Rückverfolgung des Werdegangs und des Inverkehrbringens *jeder Charge* ermöglicht wird. Gemäß § 13 Abs. 7 ist die Herstellung jeder Charge gemäß der Herstellungsanweisung nach § 13 Abs. 1 durchzuführen und vollständig zu protokollieren (Herstellungsprotokoll). Gemäß § 10 Abs. 1 S. 1 Nr. 4 dürfen Fertigarzneimittel nur in den Verkehr gebracht werden, wenn auf den Behältnissen die Chargenbezeichnung (abgekürzt mit „Ch.-B.") angegeben ist.

58 Besonderheiten bestehen bei Sera, Impfstoffen und Allergenen: gemäß § 32 darf die Charge eines Serums, eines Impfstoffes oder eines Allergens – unbeschadet der Zulassung – nur in den Verkehr gebracht werden, wenn sie von der Bundesoberbehörde freigegeben ist (staatliche Chargenprüfung). Diese Arzneimittel bedürfen unabhängig von ihrer Zulassung zusätzlich einer chargenbezogenen staatlichen Prüfung, ehe sie nach ihrer Freigabe in den Verkehr gebracht werden dürfen.

59 Die Homogenität oder einheitliche Etikettierung ist für die Annahme einer einheitlichen Charge nicht zwingend. Einheitlich hergestellte Produkte sind Teil einer Charge, auch wenn ihre Etiketten unterschiedlich sind; dies gilt auch bei fortlaufender Nummerierung der Produkte. Der „einheitliche Herstellungsvorgang" ist auch nicht deswegen zu verneinen, weil jedes Behältnis eines Arzneimittels mit dem individuellen Namen eines Patienten versehen ist. Der Begriff der Charge ist qualitätsneutral und auf die Produktion bezogen. Nur der einheitliche Herstellungsvorgang ist das wesentliche Qualitätsmerkmal, nicht hingegen die Homogenität der Endprodukte; so ist eine Charge, die trotz der einheitlichen Herstellung – etwa wegen Produktionsmängeln – inhomogen ist, gleichwohl eine Charge im Sinne des AMG. Nichts anderes gilt für solche Packungen aus einem einheitlichen Herstellungsvorgang, die nur mit einem jeweils unterschiedlichen Aufdruck auf den Etiketten versehen sind. Zwar fällt auch das Etikettieren eines Arzneimittels unter den Begriff des „Herstellens" (§ 4 Abs. 14). Aus diesem weit konzipierten Begriff des Herstellens folge – so das OLG Hamburg – aber nicht, dass in einem einheitlichen Herstellungsvorgang erstellte Präparate keine Charge bilden könn-

ten, wenn die Etiketten untereinander nicht identisch sind.[54] Da die Legaldefinition der Charge in der Tat nicht auf ein solches Erfordernis abstellt, verdient die Rechtsprechung des OLG Hamburg Zustimmung.

**17. Inverkehrbringen**

Der Begriff des Inverkehrbringens wird im AMG in umfassendem Sinne gebraucht, weil neben der Abgabe an andere auch das Vorrätighalten, das Feilhalten und das Feilbieten darunter fallen sollen. Die der Abgabe des Arzneimittels vorausgehenden Handlungen müssen allerdings in der Absicht geschehen, das Arzneimittel an andere abzugeben oder zu verkaufen. Die unmittelbare Anwendung eines Arzneimittels durch den Patienten oder am Tier oder durch ärztliches, tierärztliches und nichtärztliches Personal stellt kein Inverkehrbringen im Sinne des § 4 Abs. 17 dar. **60**

Abgabe an andere meint die Verschaffung der tatsächlichen Verfügungsgewalt über das Arzneimittel. Die Verschaffung des Eigentums an dem Produkt ist nicht erforderlich. Dies kann auch durch Abtretung eines Herausgabeanspruchs an dem Arzneimittel gegen einen Dritten geschehen (Besitzkonstitut).[55] **61**

Ob auch die Rückgabe von Arzneimitteln eine „Abgabe an andere" darstellt, ist streitig.[56] Dafür wird § 30 Abs. 4 S. 2 angeführt. Dagegen wird die Subsumtion der „Rückgabe" unter die „Abgabe an andere" abgelehnt, wenn Arzneimittel an „Lieferanten auf Grund Wandlungsrechts" zurückgegeben werden[57] oder Produkte im Wege der Reklamation[58] an Hersteller zurückgesandt werden. Auch bei der Rückgabe eines Arzneimittels an den Apotheker – z.B. bei versehentlicher Herausgabe eines nicht verordneten Arzneimittels – erscheint die Annahme eines Inverkehrbringens zweifelhaft. Der Begriff Inverkehrbringen impliziert die Eröffnung eines Verkehrs und damit die Schaffung eines Risikos für die Sicherheit des Arzneimittelverkehrs. Das ist die materielle Grundlage zur Einordnung der betreffenden Handlung unter § 4 Abs. 17. Bei der angesprochenen Rückgabe von Arzneimitteln wird indes kein neuer Verkehr eröffnet. Vielmehr wird durch die Rückgabe der zuvor (z.T. ungewollt) eröffnete Verkehr wieder geschlossen. Für diese Fälle erscheint es auch teleologisch nicht sachgerecht, ein Inverkehrbringen anzunehmen. Das alleinige Abstellen auf den Wortlaut ohne normative Bewertung der **62**

---

[54] Vgl. dazu OLG Hamburg, Urt. v. 08.03.2007 – Az.: 3 U 281/06, PharmR 2008, 300, 301.

[55] Zum Begriff des Inverkehrbringens siehe Horn, NJW 1977, 2329 ff.

[56] Dafür: Freund, in MünchKomm StGB, § 4 AMG Rz. 32; Rehmann, § 4 Rz. 19; Sander, § 4 Anm. 21. Dagegen: Pelchen, Anders, in: Erbs, Kohlhaas, Strafrechtliche Nebengesetze, § 4 AMG Rz. 24; Horn, NJW 1977, 2329, 2331 (bei „Reklamation"); offenlassend und wohl mit Tendenz dagegen liest sich Kloesel, Cyran, § 4 Anm. 57, wo einzig auf die ablehnende Meinung von Pelchen, Anders hingewiesen wird.

[57] Pelchen, Anders, in: Erbs, Kohlhaas, Strafrechtliche Nebengesetze, § 4 AMG Rz. 24; BGH, Urt. v. 20.01.1982 – Az.: 2 StR 593/81 für die „Abgabe" im BtMG.

[58] Horn, NJW 1977, 2329, 2331.

„Abgabe an andere“ geht hier zu weit. Auch nach *Horn* wird ein Produkt bei Reklamation und Rückgabe an den Hersteller nicht *„in den Besitz anderer“* gebracht.[59] Auch der BGH sieht in der Rückgabe von Betäubungsmitteln keine „Abgabe“ i.S.d. BtMG, wenn der Empfänger zuvor selbst die Verfügungsgewalt über das Produkt hatte und diese an den jetzt Zurückgebenden verloren hat.[60] Diese Rechtsprechung ist auch auf die Rückgabe von Arzneimitteln übertragbar. Dem steht auch nicht § 30 Abs. 4 S. 2 entgegen. Zusammenfassend ist nach der hier vertretenen Auffassung § 4 Abs. 17 daher normativ und insoweit teleologisch reduziert so auszulegen, dass die Person, die zuvor selbst die Verfügungsgewalt über das Arzneimittel hatte und diese Gewalt an den jetzt Zurückgebenden verloren hat, nicht als „anderer“ i.S.d. Norm einzustufen ist. Damit scheidet die Annahme eines Inverkehrbringens bei der Rückgabe von Arzneimitteln aus.

**63** Vorrätighalten im Sinne des § 4 Abs. 17 meint das Lagern von Arzneimitteln zu Zwecken der Veräußerung. Es genügt die Absicht zum Verkauf, die im Übrigen noch nicht äußerlich in Erscheinung getreten sein muss.[61] Feilhalten ist das nach außen erkennbare physische Bereitstellen der Arzneimittel zum Zwecke der Veräußerung.[62] Das Tatbestandsmerkmal Feilbieten meint nach einhelliger Auffassung ein über das bloße Bereitstellen der Produkte zum Zwecke des Verkaufs hinausgehendes „Anregen zum Kauf“.[63] Auch das „Anbieten“ der Arzneimittel fällt unter dieses Tatbestandsmerkmal.[64] Die Begriffe „Feilbieten“ und „Anbieten“ werden einerseits synonym verwendet.[65] Die Überlegung, dass ein „Anbieten“ auch Werbung einschließen soll[66], steht seiner Subsumtion unter § 4 Abs. 17 nicht im Wege.[67]

### 18. Pharmazeutischer Unternehmer

**64** Der pharmazeutische Unternehmer kann als die Schlüsselfigur des Arzneimittelrechts angesehen werden. Daher verwundert es nicht, dass der Begriff in § 4 legaldefiniert wird. Bereits das AMG 1976 enthielt in seinem ersten Entwurf eine Definition des pharmazeutischen Unternehmers. Die aktuelle Fassung des § 4 Abs. 18 geht allerdings über die ursprüngliche Definition hinaus. An die Person

---

[59] Horn, ebenda.

[60] BGH, Urt. v. 20.01.1982 – Az.: 2 StR 593/81, Rz. 4; BGH, Urt. v. 25.11.1980 – Az.: 1 StR 508/80, Rz. 7.

[61] Pelchen, Anders, a.a.O., Rz. 21.

[62] Pelchen, Anders, a.a.O., Rz. 22.

[63] Pelchen, Anders, a.a.O., Rz. 23; Freund, in MünchKomm StGB, § 4 AMG Rz. 30.

[64] Freund, a.a.O. Rz. 31; Rehmann, § 4 Rz. 18; a.A.: Kloesel, Cyran, § 4 Anm. 56.

[65] Vgl. Kurz, Das neue Wörterbuch der Synonyme, 2001, S. 25; siehe auch http://synonyme.woxikon.de/synonyme/feilbieten.php; nach dem Duden ist „feilbieten“ gleichzusetzen mit „zum Verkauf anbieten“, vgl. www.duden.de/definition/feilbieten; siehe auch die Begriffsverwendung bei Horn, NJW 1977, 2329, 2332.

[66] Kloesel, Cyran, § 4 Anm. 56.

[67] Im Gegenteil: wenn schon der bloße nicht werbliche Hinweis auf feilgehaltene Ware unter diese Norm fällt, dann muss dies im Lichte des Gesetzeszwecks des AMG erst recht für mit Werbung verstärkte Hinweise auf feilgehaltene Ware gelten.

des pharmazeutischen Unternehmers knüpfen im AMG zahlreiche rechtliche Pflichten an, die z.T. mit organisatorischen und betrieblichen Vorgaben einhergehen. § 4 Abs. 18 definiert den pharmazeutischen Unternehmer in objektiv feststellbarer Weise, so dass sichergestellt ist, dass der pharmazeutische Unternehmer immer festgestellt werden kann. Deshalb fordert auch § 9 Abs. 1 folgerichtig, dass Arzneimittel, die im Geltungsbereich des AMG in den Verkehr gebracht werden, den Namen oder die Firma und die Anschrift des pharmazeutischen Unternehmers tragen müssen.

Gemäß § 4 Abs. 18 ist pharmazeutischer Unternehmer zum einen derjenige, wer **65** bei zulassungs- oder registrierungspflichtigen Arzneimitteln der Inhaber der Zulassung oder Registrierung ist. Pharmazeutischer Unternehmer ist darüber hinaus – gegebenenfalls kumulativ – auch derjenige, der Arzneimittel (nicht nur Fertigarzneimittel) mit seinem Namen versieht und in den Verkehr bringt (s. die Legaldefinition des Inverkehrbringens in § 4 Abs. 17). Hiernach ist auch der bloße Mitvertreiber, der das Arzneimittel ohne Zulassungsinhaber zu sein unter seinem Namen vertreibt, pharmazeutischer Unternehmer. Auch Parallelimporteure, die Arzneimittel in Deutschland vertreiben, sind pharmazeutische Unternehmer im Sinne der Norm.[68]

Gemäß § 4 Abs. 18 ist der Zulassungsinhaber immer auch pharmazeutischer Un- **66** ternehmer. Generell geht der Gesetzgeber davon aus, dass bei zulassungspflichtigen Arzneimitteln der Zulassungsinhaber und der pharmazeutische Unternehmer personenidentisch sind. Für diese Auffassung spricht auch § 21 Abs. 3 S. 1, wonach die Zulassung stets vom pharmazeutischen Unternehmer zu beantragen ist. Auch der europäische Gesetzgeber geht von einer Personenidentität von Zulassungsinhaber und pharmazeutischem Unternehmer aus. Das geht aus Art. 54k der RiLi 2001/83/EG hervor, wonach die äußere Umhüllung des Arzneimittels stets den Namen und die Anschrift des Zulassungsinhabers ausweisen muss. Das Gemeinschaftsrecht unterscheidet nicht weiter zwischen dem Zulassungsinhaber und dem pharmazeutischen Unternehmer. Auf der äußeren Umhüllung, dem Behältnis und in der Packungsbeilage eines zulassungspflichtigen Fertigarzneimittels muss stets der Zulassungsinhaber als pharmazeutischer Unternehmer angegeben werden.[69]

Der reine Hersteller oder Lohnhersteller eines Arzneimittels ist kein pharmazeuti- **67** scher Unternehmer, wenn er nicht Zulassungsinhaber ist und das Arzneimittel auch nicht unter seinem eigenen Namen in den Verkehr bringt. Auch der Sponsor einer klinischen Prüfung, der seinerseits in § 4 Abs. 24 legaldefiniert ist, ist kein pharmazeutischer Unternehmer. Dies ergibt sich aus § 4 Abs. 18 S. 2 i.V.m. § 9 Abs. 1 S. 2.

---

68 OLG Hamburg, Urt. v. 17.02.2005 – Az.: 3 U 153/03, abrufbar unter www.juris.de.

69 BVerwG, Urt. v. 18.09.2003 – Az.: 3 C 31/02, PharmR 2004, 93 = NVwZ-RR 2004, 179.

### 19. Wirkstoffe

68 Die Definition des Wirkstoffs ist mit der 4. AMG-Novelle in das Gesetz aufgenommen worden. Die Definition ist im Wesentlichen für die Einfuhr und die behördliche Überwachung von Arzneimitteln bedeutsam. Hinsichtlich der rechtlichen Regulierung von Wirkstoffen ist vor allem auch auf die AMWHV hinzuweisen. Das AMG definiert Wirkstoffe als Stoffe, die dazu bestimmt sind, bei der Herstellung von Arzneimitteln als arzneilich wirksame Bestandteile verwendet zu werden oder bei ihrer Verwendung in der Arzneimittelherstellung zu arzneilich wirksamen Bestandteilen der Arzneimittel zu werden. Damit differenziert das Gesetz zwischen dem Begriff des Wirkstoffs und der "arzneilich wirksamen Bestandteile" sowie "weiterer Bestandteile" des Arzneimittels (z.B. Hilfsstoffe). Das AMG verwendet die Begrifflichkeiten allerdings nicht immer einheitlich und konsistent.[70]

69 Der Wirkstoffbegriff wurde im Zuge der 12. AMG-Novelle erweitert. Nunmehr erfasst die Definition auch solche Stoffe, die erst nach Zusammenführung den arzneilich wirksamen Bestandteil bilden, aber die jeder für sich maßgeblich für die Qualität und Wirksamkeit des entstehenden Wirkstoffs und Arzneimittels sind. Dies ist etwa bei den Gentransfer-Arzneimitteln der Fall, bei denen die zur Herstellung des wirksamen Bestandteils (transduzierte Zelle) eingesetzten Zellen und viralen Vektoren qualitätsbestimmend sind und daher bereits dem Wirkstoffbegriff unterstellt werden sollen.[71] Zur Annahme eines Wirkstoffs ist weiterhin erforderlich, dass die Zweckbestimmung des Stoffes bereits vorliegt, nämlich bei der Herstellung von Arzneimitteln als wirksamer Bestandteil verwendet zu werden oder zu arzneilich wirksamen Bestandteilen zu werden. Ohne diese Zweckbestimmung liegt kein Wirkstoff vor.

70 Auch Wirkstoffe sind Stoffe nach § 3, so dass die in § 3 aufgeführten Stoffkategorien auch für Wirkstoffe relevant sind. Zur Unterscheidung der Wirkstoffe von Roh-, Grund- und Ausgangsstoffen sowie von Arzneimitteln im Sinne des § 2 Abs. 1 vgl. die Kommentierung unter § 3 Rz. 11 ff., wo auch die rechtlichen Konsequenzen dieser Abgrenzung aufgezeigt werden. Für die Wirkstoffherstellung gilt auch § 13 Abs. 1 S. 1 Nr. 3: Wer Wirkstoffe, die menschlicher, tierischer oder mikrobieller Herkunft sind oder die auf gentechnischem Wege hergestellt werden, gewerbs- oder berufsmäßig herstellt, bedarf einer Erlaubnis der zuständigen Behörde.

### 21. Xenogene Arzneimittel

71 Die Definition des „Xenogenen Arzneimittels“ wurde durch die AMG-Novelle 2009 neu ins AMG eingeführt. Zuvor wurden in Abs. 21 die „xenogenen Zelltherapeutika“ definiert, und zwar als „zur Anwendung am Menschen bestimmte Arzneimittel, die genetisch modifizierte oder durch andere Verfahren in ihren biologi-

[70] Siehe die Kritik bei Rehmann, § 4 Rz. 21.
[71] Amtl. Begründung zur 12. AMG-Novelle, BT-Drucks. 15/2109, S. 26.

schen Eigenschaften veränderte lebende tierische Körperzellen sind oder enthalten". Der Begriff des xenogenen Arzneimittels ist weiter als der des xenogenen Zelltherapeutikums. Xenogene Arzneimittel erfassen nicht nur Arzneimittel, die von tierischen Körperzellen ausgehen, sondern alle zur Anwendung im oder am Menschen bestimmte Arzneimittel, die lebende tierische Gewebe oder Zellen sind oder enthalten.

Die Neufassung der Definition in Abs. 21 erfolgte gerade mit dem Ziel, auch solche Arzneimittel zu erfassen, die aus tierischem Gewebe (nicht nur Zellen) bestehen oder hergestellt sind. Darüber hinaus sollte durch die Neufassung verdeutlicht werden, dass unter diese Kategorie von xenogenen Arzneimitteln nicht nur die Arzneimittel für neuartige Therapien nach der Verordnung (EG) Nr. 1394/2007 fallen, sondern auch nicht substanziell bearbeitete xenogene Arzneimittel.[72] Hierunter fallen auch solche Zubereitungen, die extrakorporal angewendet werden (z. B. Bioreaktoren). Von § 4 Abs. 21 sind nicht Arzneimittel umfasst, die wie Blutegel oder Fliegenlarven als lebende Tiere am menschlichen Körper angewendet werden.[73] **72**

### 22. Großhandel mit Arzneimitteln

Die Definition des Großhandels mit Arzneimitteln in § 4 Abs. 22 setzt die entsprechende europarechtliche Definition aus Art. 1 Nr. 17 der RiLi 2001/83/EG sowie aus Art. 1 Nr. 17 der RiLi 2001/82/EG (Tierarzneimittel) in nationales Recht um. § 4 Abs. 22 gilt für Human- und Tierarzneimittel. Die begriffliche Definition des Großhandels mit Arzneimitteln wurde erforderlich, weil dieser im Arzneimittelrecht gem. § 52a erlaubnispflichtig geworden ist. Die Großhandelserlaubnis ist sowohl personen- als auch betriebsbezogen.[74] Großhandelsbetriebe sind ferner der Betriebsverordnung für Arzneimittelgroßhandelsbetriebe[75] unterworfen. **73**

Wesentliches Tatbestandsmerkmal des Großhandels mit Arzneimitteln ist die berufs- oder gewerbsmäßig zum Zwecke des Handeltreibens ausgeübte Tätigkeit, die in der Beschaffung, der Lagerung, der Abgabe oder Ausfuhr von Arzneimitteln besteht. Das Handeltreiben wird im AMG nicht definiert, obwohl es auch in den Strafvorschriften relevant ist. Nach der gefestigten BGH-Rechtsprechung ist der Begriff Handeltreiben in § 95 Abs. 1 Nr. 4 deckungsgleich mit dem entsprechenden Begriff im BtMG und umfasst jede eigennützige, auf den Umsatz von Arznei- oder Betäubungsmitteln gerichtete Tätigkeit.[76] Ein vollendetes Handeltreiben liegt bereits vor, wenn ein „Täter" bei einem beabsichtigten Ankauf von zum gewinn- **74**

---

[72] Vgl. BT-Drucks. 16/12256, S. 42.

[73] So ausdrücklich die amtliche Begründung zu § 4 Abs. 21 in BT-Drucks. 16/12256, S. 42.

[74] BVerwG, Urt. v. 15.09.2008 – Az.: 3 B 36/08, Rz. 10.

[75] Betriebsverordnung für Arzneimittelgroßhandelsbetriebe (AMGrHdlBetrV) vom 10.11.1987 (BGBl. I S. 2370), zuletzt geändert durch Artikel 5 des Gesetzes vom 20.07.2007 (BGBl. I S. 1574).

[76] BGH, Urt. v. 26.10.2005 – Az.: GSSt 1/05, Rz. 19, NJW 2005, 3790 ff.

bringenden Weiterverkauf bestimmten Betäubungs- oder Arzneimitteln in ernsthafte Verhandlungen mit dem potentiellen Verkäufer eintritt.[77] Handeltreiben geht materiell weiter als das Inverkehrbringen nach § 4 Abs. 17.[78]

**75** Der Großhandel mit Arzneimitteln, d.h. alle in Abs. 22 genannten Einzeltätigkeiten *zum Zwecke des Handeltreibens,* umfasst auch alle vorbereitenden Handlungen des Handeltreibens. Dabei stehen die in Abs. 22 aufgezählten Einzeltätigkeiten rechtlich gleichwertig nebeneinander: jede einzelne dieser Tätigkeiten, die zum Zwecke des Handeltreibens ausgeübt wird, erfüllt den Tatbestand des Großhandels mit Arzneimitteln.[79] Das Gesetz unterwirft nicht nur die Vertriebstätigkeit in Form der rechtsgeschäftlichen Betätigung der Erlaubnispflicht nach § 52a, sondern auch die Abwicklung der Handelsverträge, d.h. die Beschaffung, Lagerung, Lieferung, Abgabe und Ausfuhr der Produkte zum Zwecke des Handeltreibens.[80]

**76** Mit gewerbsmäßiger Tätigkeit ist eine erlaubte, selbständige, nach außen erkennbare Tätigkeit gemeint, die planmäßig, für eine gewisse Dauer und zum Zwecke der Gewinnerzielung ausgeübt wird. Berufsmäßig ist eine Tätigkeit, wenn sie auf Dauer ausgerichtet ist und der Einkunftserzielung dient ohne dabei gewerbsmäßig zu sein. Das Merkmal berufsmäßig dient als Auffangtatbestand, um andere als gewerbsmäßige Tätigkeiten einzuschließen.[81]

### 23. Klinische Prüfung

**77** Die Definition der klinischen Prüfung ist erst mit der 12. AMG-Novelle ins AMG aufgenommen worden. § 4 Abs. 23 dient daher der nationalen Umsetzung der entsprechenden europarechtlichen Definition in Art. 2a der RiLi 2001/20 EG. Die Definitionen weichen im Wortlaut zwar voneinander ab. Ausweislich der amtlichen Begründung zur 12. AMG-Novelle soll aber § 4 Abs. 23 der zugehörigen Definition in der RiLi 2001/20/EG „entsprechen“[82]. Für klinische Prüfungen im Sinne des § 4 Abs. 23 S. 1 gelten die Bestimmungen der §§ 40 ff. sowie die spezifischen Vorschriften der GCP-Verordnung[83], die eigens die Anwendung der Vorgaben der „Guten Klinischen Praxis“ bei der Durchführung von klinischen Prüfungen mit Humanarzneimitteln normiert. Auch sie entspricht europarechtlichen Vorgaben.

---

[77] BGH, Urt. v. 26.10.2005 – Az.: GSSt 1/05, Rz. 19, NJW 2005, 3790 ff.

[78] Vgl. Kloesel/Cyran, § 4 Anm. 68a, m.w.N.

[79] VG Stuttgart, Urt. v. 19.10.2006 – Az.: 4 K 2196/06, PharmR 2007, 36, 39.

[80] BVerwG, Urt. v. 15.09.2008 – Az.: 3 B 36/08, Rz. 5.

[81] Kloesel/Cyran, § 4 Anm. 67.

[82] BT-Drucks. 15/2109, S. 26.

[83] Verordnung über die Anwendung der Guten Klinischen Praxis bei der Durchführung von klinischen Prüfungen mit Arzneimitteln zur Anwendung am Menschen (GCP-Verordnung - GCP-V) GCP-V vom 09.08.2004, (BGBl. I S. 2081), zuletzt geändert durch Artikel 4 der Verordnung vom 03.11.2006 (BGBl. I S. 2523).

Die klinische Prüfung nach § 4 Abs. 23 S. 1 ist eine Untersuchung am Menschen, die sich durch eine doppelte Zweckbestimmung charakterisieren lässt: 78

1. Zum einen müssen klinische Prüfungen im Hinblick auf ihren Untersuchungsgegenstand dazu bestimmt sein, klinische oder pharmakologische Wirkungen von Arzneimitteln zu erforschen oder nachzuweisen oder Nebenwirkungen festzustellen oder die Resorption, die Verteilung, den Stoffwechsel oder die Ausscheidung zu untersuchen;
2. darauf aufbauend muss die klinische Prüfung das Ziel verfolgen, sich von der Unbedenklichkeit oder Wirksamkeit der untersuchten Arzneimittel zu überzeugen.

Der Begriff der Unbedenklichkeit in § 4 Abs. 23 S. 1 zielt primär auf die Untersu- 79
chung der Verträglichkeit und damit der Sicherheit des Arzneimittels ab. Zur Auslegung der Begriffe Unbedenklichkeit und Bedenklichkeit ist auch auf § 5 hinzuweisen. Im Zusammenhang mit klinischen Prüfungen wird für die untersuchten Arzneimittel der Begriff Prüfpräparat verwendet, der in § 3 Abs. 3 GCP-V legaldefiniert wird. Er schließt Placebos und Vergleichspräparate, die in einer klinischen Prüfung verwendet werden, ein.

Die Definition der klinischen Prüfung in § 4 Abs. 23 gilt nur für Untersuchungen 80
am Menschen und nicht am Tier. Zur klinischen Prüfung und Rückstandsprüfung bei Tieren siehe § 59. Klinische Prüfungen am Menschen sind von dem sog. individuellen Heilversuch sowie von nichtinterventionellen Prüfungen abzugrenzen.[84] Weder der Heilversuch noch die nichtinterventionelle Prüfung unterfallen den in §§ 40 ff. niedergelegten Voraussetzungen der Anforderungen an klinische Prüfungen.

Durch § 4 Abs. 23 S. 3 wird klargestellt, dass nichtinterventionelle Prüfungen kei- 81
ne klinischen Prüfungen sind und deshalb nicht den §§ 40 ff. unterliegen. Nichtinterventionelle Prüfungen sind Untersuchungen, in deren Rahmen Erkenntnisse aus der Behandlung von Personen mit Arzneimitteln anhand epidemiologischer Methoden analysiert werden und bei denen die Behandlung der Patienten – einschließlich Diagnostik, Überwachung und Nachsorge – ausschließlich der ärztlichen Praxis folgt und nicht einem vorab festgelegten Prüfplan oder Studienprotokoll. Bei nichtinterventionellen Prüfungen folgt die Entscheidung für oder gegen eine bestimmte medizinische Maßnahme ausschließlich der ärztlichen Praxis, wohingegen sich dies bei klinischen Prüfungen in der Regel nach dem Prüfplan richtet. Bildlich gesprochen, schaut die nichtinterventionelle Prüfung dem Arzt während seiner regulären Tätigkeit über die Schulter, ohne seine Entscheidungen zu beeinflussen. Dies folgt aus dem Grundsatz der Nichtintervention.[85]

---

84 Kratz, VersR 2007, 1448 ff.; Deutsch, VersR 2005, 1009; Bender, MedR 2005, 511; Helle, Frölich, Haindl, NJW 2002, 857.

85 Vgl. Koyuncu, PharmR 2009, 211 ff., mit näheren Ausführungen zur rechtlichen Compliance bei nichtinterventionellen Prüfungen.

82 Dem Grundsatz der Nichtintervention trägt auch § 4 Abs. 23 S. 3 a.E. Rechnung: die Anwendung des bei der nichtinterventionellen Prüfung untersuchten Arzneimittels darf, soweit es zulassungspflichtig oder nach § 21a Abs. 1 genehmigungspflichtig ist, nur gemäß den in der Zulassung oder Genehmigung festgelegten Angaben erfolgen. Daher scheidet die Annahme einer nichtinterventionellen Prüfung bei der Untersuchung eines zulassungsüberschreitenden Arzneimitteleinsatzes (Off-Label-Use) aus. Im Übrigen ist eine nichtinterventionelle Prüfung auch bei nicht zulassungs- und registrierungspflichtigen Arzneimitteln möglich.[86]

83 Der bekannteste Vertreter aus der Gruppe der nichtinterventionellen Prüfungen ist die sog. Anwendungsbeobachtung. Diese ist in § 4 nicht legaldefiniert. Die Anwendungsbeobachtungen werden aber in § 67 Abs. 6 beschrieben als „Untersuchungen, die dazu bestimmt sind, Erkenntnisse bei der Anwendung zugelassener oder registrierter Arzneimittel zu sammeln". Für die Durchführung von Anwendungsbeobachtungen haben die Bundesoberbehörden „Gemeinsame Empfehlungen" veröffentlicht.[87] Gemäß § 67 Abs. 6 bestehen auch spezifische Anzeigepflichten bei der Durchführung von Anwendungsbeobachtungen.

### 24. Sponsor

84 Die Sponsor-Definition in § 4 Abs. 24 dient der Umsetzung der europarechtlichen Definition des Sponsors in Art. 2e der RiLi 2001/20/EG.[88] Damit sind für die Auslegung des Abs. 24 auch die Erwägungen zu dieser Richtlinie heranzuziehen. Dem Sponsor wird gesetzlich die Verantwortung für die Veranlassung, Organisation und Finanzierung der klinischen Prüfung zugewiesen. Er übernimmt damit die Gesamtverantwortung für eine klinische Prüfung. Er ist der zentrale Akteur der klinischen Prüfung. Die klinische Prüfung eines Arzneimittels darf nur durchgeführt werden, wenn und solange ein Sponsor oder ein Vertreter des Sponsors vorhanden ist, der seinen Sitz in einem Mitgliedstaat der Europäischen Union oder in einem anderen Vertragsstaat des Abkommens über den Europäischen Wirtschaftsraum hat (vgl. § 40 Abs. 1 S. 3 Nr. 1).

85 Gemäß Abs. 24 dürfen nur natürliche und juristische Personen die Rolle des Sponsors wahrnehmen. Damit scheiden nach dem Wortlaut Personengesellschaften als Sponsoren aus, so dass z.B. Unternehmen in der Rechtsform einer KG, GbR oder GmbH & Co.KG nicht Sponsoren im Sinne der Norm sein dürfen. Diese Ausgren-

---

86 VG Ansbach, Urt. v. 17.09.2009 – Az.: AN 16 K 08.01752, abrufbar unter www.juris.de.

87 Gemeinsame Empfehlungen des Bundesinstituts für Arzneimittel und Medizinprodukte und des Paul-Ehrlich-Instituts zur Planung, Durchführung und Auswertung von Anwendungsbeobachtungen; Entwurfsfassung vom 09.05.2007, abrufbar unter www.bfarm.de.

88 Richtlinie 2001/20/EG des Europäischen Parlaments und des Rates vom 4. April 2001 zur Angleichung der Rechts- und Verwaltungsvorschriften der Mitgliedstaaten über die Anwendung der guten klinischen Praxis bei der Durchführung von klinischen Prüfungen mit Humanarzneimitteln, ABl. L 121/34 vom 01.05.2001.

zung von Personengesellschaften ist vom Gesetzgeber – ausweislich der amtlichen Begründung zu Abs. 24 – nicht bewusst vorgenommen worden, denn diese Definition soll dem Art. 2e der RiLi 2001/20/EG entsprechen. Dieser definiert den Sponsor wiederum als „Person, Unternehmen, Institution oder Organisation, die bzw. das die Verantwortung für die Einleitung, das Management und/oder die Finanzierung einer klinischen Prüfung übernimmt." Danach dürfen auch Personengesellschaften als „Unternehmen" Sponsor sein. Vor diesem Hintergrund muss für Abs. 24 festgestellt werden, dass die Norm entgegen der RiLi 2001/20/EG den Kreis der als Sponsor zulässigen Personen einschränkt. Dies verstößt gegen die gemeinschaftsrechtlichen Vorgaben.[89] Daher muss § 4 Abs. 24 gemeinschaftsrechtskonform so ausgelegt und angewandt werden, dass auch Personengesellschaften Sponsor einer klinischen Prüfung mit Arzneimitteln sein dürfen.[90]

Der Sponsor ist neben der Finanzierung des Projekts dafür verantwortlich, dass die **86**
klinische Prüfung gemäß den regulatorischen Vorgaben veranlasst, durchgeführt und beendet wird. Er hat hierbei die regulatorische Compliance sicherzustellen, was sich in eine Reihe weiterer Einzelpflichten untergliedern lässt. Diese Pflichten ergeben sich aus dem AMG und insbesondere aus der GCP-V. Besonders hervorzuheben sind die Sponsorpflichten zur Einholung der zustimmenden Bewertung einer Ethik-Kommission (§ 42 Abs. 1) und zur Beantragung der behördlichen Genehmigung für die klinische Prüfung (§ 42 Abs. 2).[91]

Neben dem Sponsor sind auch dem Prüfer (vgl. Legaldefinition in § 4 Abs. 25) **87**
originäre eigene Verantwortlichkeiten im Rahmen der klinischen Prüfung gesetzlich zugewiesen. In einigen Teilbereichen überlappen sich die Verantwortlichkeiten des Sponsors und des Prüfers. Vor der klinischen Prüfung sollten die projektspezifischen Verantwortungsbereiche von Sponsor und Prüfer klar vertraglich abgegrenzt werden.[92] Sponsor und Prüfer dürfen personenidentisch sein. Das AMG schließt eine solche Personalunion nicht aus. Für diese Fälle wird auch der Begriff Investigator-Initiated-Trial (IIT) verwendet (synonym sind auch die Begriffe „Investigator-Sponsored-Trial", "Investigator-Sponsored-Study" anzutreffen).

---

[89] Koyuncu, PharmR 2009, 272 ff.; ihm zustimmend: Henßler, Irmer, PharmR 2010, 45, 49.

[90] Bei klinischen Studien mit Medizinprodukten besteht diese Problematik in gleicher Weise, da in das MPG mit der 4. MPG-Novelle die Sponsor-Definition aus dem AMG übernommen wurde (die neue MPG-Definition tritt ab dem 21.03.2010 in Kraft); siehe zu der Parallelproblematik im Medizinprodukterecht Koyuncu, MPJ 2009, 200 ff.

[91] Vgl. zu den Pflichten und Aufgaben des Sponsors Hasskarl, Ziegler, PharmR 2005, 56 ff.

[92] Vgl. Koyuncu, PHi 2005, 86 ff.; ders., Notfall+Rettungsmedizin 2006, 376 ff., mit ergänzenden Ausführungen zur Rollen- und Haftungsverteilung bei klinischen Prüfungen mit Arzneimitteln und Medizinprodukten.

88 Der Sponsor ist berechtigt, einzelne oder sogar alle Sponsoraufgaben zu delegieren – in der Regel an externe Dienstleister (sog. Contract Research Organization - CRO). Dies ergibt sich auch aus Art. 7 Abs. 1 der RiLi 2005/28/EG[93], in dem ausdrücklich normiert ist, dass Sponsoren studienbezogene Verantwortlichkeiten ganz oder teilweise an eine Einzelperson, ein Unternehmen, eine Institution oder eine Einrichtung delegieren können. Der Sponsor darf zwar die operative Wahrnehmung seiner Pflichten delegieren, nicht aber seine rechtliche Verantwortung. Entsprechend hat er Auswahl- und Überwachungspflichten gegenüber den externen Dienstleistern und Auftragsforschungsinstituten. Der delegierende Sponsor bleibt auch trotz Delegation der behördlichen Überwachung und Inspektionen unterworfen. Diese umfassen bei der Delegation an externe Dienstleister auch die Dienstleister sowie die zugrundeliegenden Abreden. Der Umfang der an Dienstleister übertragenen Aufgaben sowie die Kontroll- und Aufsichtsbefugnisse des Sponsors sind vertraglich festzulegen.

### 25. Prüfer

89 Die Prüfer-Definition im AMG dient der Umsetzung der entsprechenden Definition in Art. 2f der RiLi 2001/20/EG. Damit sind für die Auslegung des Abs. 25 auch die Erwägungen der Ausgangsdefinition in der RiLi 2001/20/EG heranzuziehen. Bei näherer Betrachtung enthält Abs. 25 drei Begriffsdefinitionen. Die Norm definiert die Begriffe *Prüfer*, *Hauptprüfer* und *Leiter der klinischen Prüfung*. Die Benennung dieser Funktionen hängt davon ab, wie viele Prüfer und Prüfstellen an der klinischen Prüfung beteiligt sind. Wenn es in einer Prüfstelle mehrere Prüfer gibt, so geht Abs. 25 davon aus, dass einer von ihnen die Verantwortung für die Gruppe trägt und „Hauptprüfer" wird. Wenn die klinische Prüfung multizentrisch, d.h. an mehreren Prüfstellen, durchgeführt wird, hat der Sponsor einen Prüfer zum Leiter der klinischen Prüfung zu bestellen.

90 Die Differenzierung der unterschiedlichen Prüferrollen ist von rechtlicher und praktischer Relevanz. So bestimmt § 42 Abs. 1 S. 2 für die Beantragung der zustimmenden Bewertung bei der Ethik-Kommission, dass bei einer klinischen Prüfung, die von mehreren Prüfern durchgeführt wird, der Antrag bei der für den Hauptprüfer oder dem Leiter der klinischen Prüfung zuständigen Ethik-Kommission zu stellen ist. Daher wird durch die Bestimmung dieser Prüferrollen festgelegt, bei welcher Ethik-Kommission der Antrag einzureichen ist. Für den Leiter der Klinischen Prüfung bestehen gem. § 40 Abs. 1 S. 3 Nr. 5 auch gesteigerte Anforderungen an seine persönliche Qualifikation und Erfahrung. § 40 Abs. 1 S. 3 Nr. 5 schreibt sowohl für den Prüfer als auch für die Prüfstelle vor, dass die klinische Prüfung nur durchgeführt werden darf, wenn und solange sie in einer geeigneten Einrichtung und von einem angemessen qualifizierten Prüfer geleitet

---

93 Richtlinie 2005/28/EG der Kommission vom 08.04.2005 zur Festlegung von Grundsätzen und ausführlichen Leitlinien der guten klinischen Praxis für zur Anwendung beim Menschen bestimmte Prüfpräparate sowie von Anforderungen für die Erteilung einer Genehmigung zur Herstellung oder Einfuhr solcher Produkte, ABl. L 91/13 vom 09.05.2005.

wird. Für die Annahme der Eignung muss der Leiter der klinischen Prüfung daher zusätzlich zu der beruflichen Qualifikation mindestens auch eine einschlägige Erfahrung in der klinischen Prüfung von Arzneimitteln nachweisen, die mindestens einen Zeitraum von zwei Jahren umfassen muss. Mit der Änderung des § 40 Abs. 1 S. 3 Nr. 5 durch die AMG-Novelle 2009 wurde klargestellt, dass gleich, ob ein Prüfer allein tätig ist oder ein Prüfteam existiert oder ob eine Prüfung mono- oder multizentrisch durchgeführt wird, mindestens eine Person die beschriebene Erfahrung aufzuweisen hat.[94]

Die Norm erlaubt, dass in einer Prüfstelle mehrere Prüfer tätig sind. In diesem **91** Punkt geht das AMG über die Prüfer-Definition in der Ausgangsdefinition in Art. 2f der RiLi 2001/20/EG hinaus. Letztere sieht vor, dass in einer Prüfstelle nur ein Prüfer tätig ist und alle anderen in der Prüfstelle beteiligten Personen sein „Team" bilden.[95]

Um die Prüfer-Funktion wahrzunehmen, muss die Person spezifischen Anforde- **92** rungen gerecht werden. Sie muss in der Regel Arzt sein.[96] Nur in begründeten Ausnahmefällen ist es zulässig, einen Nichtmediziner als Prüfer zu benennen, und zwar dann, wenn der Beruf dieser Person wissenschaftlich geprägt ist und die Betreuung von Patienten notwendiger Bestandteil seiner Ausübung ist. Als Beispiel für einen solchen nicht ärztlichen Beruf ist der des psychologischen Psychotherapeuten zu nennen. Nicht ausreichend ist hingegen die Ausübung des Heilpraktikerberufs, da diesem der erforderliche wissenschaftliche Hintergrund fehlt.[97] Bei Prüfpräparaten, die entwickelt werden, um ausschließlich oder überwiegend in der Zahnmedizin eingesetzt zu werden, kann auch ein Zahnarzt Prüfer, Hauptprüfer oder Leiter der klinischen Prüfung sein. Die Einbeziehung von Nichtmedizinern als Prüfer wird letztlich auch dadurch erheblich beschränkt, dass bestimmte Aufgaben bei der klinischen Prüfung nach arztrechtlichen Grundsätzen (Arztvorbehalt) und kraft Gesetzes nur Ärzten oder Zahnärzten vorbehalten sind (z.B. die Probandenaufklärung gem. § 40 Abs. 2 S. 1).

In Abs. 25 wird auch der Begriff „Prüfstelle" verwendet, aber nicht definiert. Als **93** Prüfstellen sind Krankenhäuser, Arztpraxen, Medizinische Versorgungszentren und andere Einrichtungen der Krankenversorgung und Forschung zulässig. Auch die Prüfstelle muss über die erforderliche „Eignung" zur Teilnahme an der klinischen Prüfung verfügen (vgl. §§ 40 Abs. 1 Nr. 5, 42 Abs. 2 S. 3 Nr. 4, die eine geeignete Einrichtung voraussetzen). Für die Prüfstelle bedeutet das, dass sie über die sachlichen, logistischen und personellen Voraussetzungen verfügen muss, um eine ordnungsgemäße Durchführung der klinischen Prüfung zu gewährleisten. Die Prüfstelle hat eine Organisationsverantwortung und muss entsprechende Organisa-

---

94 BT-Drucks. 16/12256, S. 50.

95 Vgl. Kielmannsegg, MedR 2008, 423 ff.

96 Beschlussempfehlung des Gesundheitsausschusses zur 12. AMG-Novelle, BT-Drucks. 15/2849, S. 54.

97 Amtliche Begründung zur 12. AMG-Novelle, BT-Drucks. 15/2109, S. 26.

tionspflichten beachten. Das zustimmende Votum der Ethik-Kommission ist zu widerrufen, wenn die Kommission nachträglich Kenntnis davon erlangt, dass die Anforderungen an die Eignung des Prüfers und der Prüfstelle nicht gegeben sind, vgl. § 42a Abs. 4a Nr. 1. Der Prüfer und die Prüfstelle sind arzneimittelrechtlich der Überwachung durch die Aufsichtsbehörde unterworfen, was behördliche Inspektionen der Prüfstelle und der Studiendurchführung einschließt.

**94** Inwieweit der Prüfer die operative Wahrnehmung seiner studienbezogenen Pflichten delegieren kann, ist umstritten. Der Umfang der möglichen Delegation lässt sich nur im Lichte der konkreten Umstände des Einzelfalles beurteilen. Hierbei gelten die allgemeinen arztrechtlichen Regeln zum Arztvorbehalt und zur Delegation ärztlicher Tätigkeiten. Einige Aufgaben im Zusammenhang mit der klinischen Prüfung sind allerdings durch das AMG ausdrücklich einem Arzt zugewiesen. Dies gilt – wie angesprochen – gem. § 40 Abs. 2 S. 1 für die Aufklärung der Probanden. Der Proband muss durch einen Prüfer, der Arzt oder bei einer zahnmedizinischen Prüfung Zahnarzt ist, über Wesen, Bedeutung und Tragweite der klinischen Prüfung aufgeklärt werden. Diese gesetzliche Vorgabe begrenzt die Möglichkeit zur Benennung nichtärztlicher Prüfer, da diese nicht zur Durchführung der Aufklärung berechtigt sind.[98]

**95** Neben dem Prüfer sind auch dem Sponsor (vgl. § 4 Abs. 24) originäre eigene Verantwortlichkeiten bei klinischen Prüfungen gesetzlich zugewiesen. Der Sponsor ist der zentrale und generalverantwortliche Akteur bei klinischen Prüfungen mit Arzneimitteln. In einigen Teilbereichen überlappen sich allerdings die Verantwortlichkeiten von Prüfer und Sponsor. So ist der Prüfer bei der Probandenaufklärung auf die Informationen des Sponsors zu dem Arzneimittel angewiesen, deren Richtigkeit und Vollständigkeit er nicht immer abschließend beurteilen kann. Vor der klinischen Prüfung sollten daher die studienbezogenen Verantwortungsbereiche und Pflichten des Prüfers und des Sponsors vertraglich festgelegt und abgegrenzt werden. Der Prüfer darf im Übrigen in Personalunion zugleich auch Sponsor sein. Für diese Fallgestaltungen wird auch der Begriff Investigator-Initiated-Trial (oder auch Investigator-Sponsored-Trial oder Investigator-Sponsored-Study) verwendet.

### 26. Homöopathische Arzneimittel

**96** Mit der 14. AMG-Novelle wurde der Begriff der homöopathischen Arzneimittel in § 4 aufgenommen. Hiermit sollte eine Angleichung an die Terminologie im europäischen Recht und die dortige Definition in Art. 1 Nr. 5 der RiLi 2001/83/EG (und Art. 1 Nr. 8 der RiLi 2001/82/EG) vorgenommen werden. Die Definition in § 4 Abs. 26 entspricht nahezu wortgleich dem Art. 1 Nr. 5 der RiLi 2001/83/EG.

**97** Vergleicht man die Definition des homöopathischen Arzneimittels mit derjenigen des anthroposophischen Arzneimittels (§ 4 Abs. 33), so fällt auf, dass in Abs. 26 keine Zweckbestimmung als Voraussetzung einer Einordnung als homöopathi-

[98] Vgl. Holstein/Felder, GesR 2009, 291 ff., zu Rechtsfragen der Delegation der Probandenaufklärung.

sches Arzneimittel normiert ist. Die Definition in Abs. 26 stellt ausschließlich auf die Herstellung nach einem homöopathischen Zubereitungsverfahren ab, wobei die Norm dieses Zubereitungsverfahren selbst nicht definiert. Auch die Darreichungsform des Arzneimittels ist rechtlich nicht maßgeblich.[99] Homöopathische Arzneimittel können als Fertigarzneimittel zulassungs- oder registrierungspflichtig sein.

Das homöopathische Zubereitungsverfahren im Europäischen Arzneibuch hat Vorrang vor den Verfahren aus den nationalen Pharmakopöen. Erst wenn im Europäischen Arzneibuch das konkrete Verfahren nicht beschrieben ist, finden die nationalen Arzneibücher (z.B. das Homöopathische Arzneibuch – HAB) Anwendung.[100] Dies ergibt sich aus dem Wortlaut der Norm, wonach nur „*in Ermangelung*" einer Regelung im Europäischen Arzneibuch die nationalen Arzneibücher anwendbar sind. **98**

### 27. Mit der Arzneimittelanwendung verbundene Risiken

Die in § 4 Abs. 27 und Abs. 28 aufgenommenen Definitionen der Begriffe „mit der Verwendung des Arzneimittels verbundenes Risiko" und „Nutzen-Risiko-Verhältnis" hängen zusammen und sind im Hinblick auf die Regelungen zur Zulassung und der Überwachung erforderlich. Mit § 4 Abs. 27 setzt der Gesetzgeber Art. 1 Nr. 28 der RiLi 2001/83/EG in nationales Recht um. **99**

Die in § 4 Abs. 27 normierten Risiken müssen „mit der Anwendung des Arzneimittels verbunden" sein. Die Risiken müssen durch die Anwendung des Arzneimittels hervorgerufen werden. Allerdings stellt § 4 Abs. 27 hierbei – anders als die Nebenwirkungs-Definition in § 4 Abs. 13 – nicht auf die bestimmungsgemäße Anwendung des Arzneimittels ab, sondern auf seine (bloße) Anwendung. Auch Risiken aus der bestimmungswidrigen Anwendung oder einem Off-Label-Use sind unter die Norm zu subsumieren. Das AMG spricht im Übrigen auch in § 28 Abs. 2 Nr. 1 lit. a) von „bei der Anwendung des Arzneimittels" drohenden Gefährdungen der Gesundheit von Mensch oder Tier. Für die Kausalität, d.h. für die Annahme einer solchen „bei der Anwendung des Arzneimittels" drohenden Gefährdung der Gesundheit von Mensch und Tier ist es ausreichend, dass die Anwendung des Arzneimittels die in Rede stehende Gefahr hervorruft oder mehr als unwesentlich erhöht, auch wenn zur Realisierung der Gefahr weitere Umstände hinzutreten müssen.[101] **100**

Der Risikobegriff in § 4 Abs. 27 unterscheidet nach dem Kreis der durch die Risiken Gefährdeten: einerseits nennt die Norm in lit. a) als Gefährdete die jeweiligen Patienten, die öffentliche Gesundheit sowie (im Falle von Tierarzneimitteln) Mensch und Tier. In lit. b) subsumiert die Norm auch unerwünschte Auswirkungen des Arzneimittels auf die Umwelt (Umweltrisiken) unter die mit der Arznei- **101**

---

[99] Kloesel, Cyran, § 4 Anm. 78.
[100] Kloesel, Cyran, § 4 Anm. 79.
[101] OVG NRW, Urt. v. 11.02.2009 – Az.: 13 A 977/07, MedR 2009, 406.

mittelanwendung verbundenen Risiken. In Abs. 27 lit. a) begrenzt die Norm den Kreis der Risiken für Mensch, Tier und öffentliche Gesundheit auf solche Risiken, die im Zusammenhang mit der Qualität, Sicherheit oder Wirksamkeit des Arzneimittels stehen.

**102** Hinzuweisen ist in diesem Zusammenhang auf die „Allgemeine Verwaltungsvorschrift zur Beobachtung, Sammlung und Auswertung von Arzneimittelrisiken (Stufenplan) nach § 63 AMG vom 9. Februar 2005“. Nach dem Stufenplan kommen als Arzneimittelrisiken insbesondere in Betracht:

- Nebenwirkungen, einschließlich solcher, die durch Wechselwirkungen mit anderen Mitteln bedingt sind,
- Resistenzbildungen bei Antiinfektiva, unzureichende Wirksamkeit von Impfstoffen,
- Missbrauch, Fehlgebrauch,
- Gewöhnung, Abhängigkeit,
- nicht ausreichende Wartezeit bei Arzneimitteln für Tiere,
- Mängel der Qualität; bei Gegenständen, die als Arzneimittel gelten, auch Mängel technischer Art,
- Mängel der Behältnisse und äußeren Umhüllungen,
- Mängel der Kennzeichnung und der Fach- und Gebrauchsinformation,
- Arzneimittelfälschungen und
- potentielle Risiken für die Umwelt aufgrund der Anwendung eines Tierarzneimittels.

**103** Die von § 4 Abs. 27 erfassten Risiken sind für die Nutzen-Risiko-Abwägung des Arzneimittels nach § 4 Abs. 28 und entsprechend für alle mit dem Nutzen-Risiko-Verhältnis des Produkts zusammenhängenden Entscheidungen und Regelungen des Arzneimittelrechts von maßgeblicher Bedeutung.

### 28. Nutzen-Risiko-Verhältnis

**104** Mit § 4 Abs. 28 setzt der deutsche Gesetzgeber Art. 1 Nr. 28a der RiLi 2001/83/EG in nationales Recht um. Die Definition stellt nicht auf den bestimmungsgemäßen Gebrauch des Arzneimittels ab, sondern auf seine bloße Anwendung. Das Nutzen-Risiko-Verhältnis ist einer der prägenden Begriffe des gesamten Arzneimittelrechts und sowohl für den Bereich der Fertigarzneimittel als für die klinische Forschung relevant. Die in § 4 Abs. 28 vorgenommene Begriffsbestimmung in Verbindung mit dem vorangehenden Risikobegriff aus Absatz 27 ist von erheblicher Bedeutung für den gesamten Bereich der Zulassung, der Arzneimittelüberwachung (Pharmakovigilanz) und der klinischen Forschung.

**105** Die Definition des Nutzen-Risiko-Verhältnisses erfordert den Umgang mit einer Reihe unbestimmter Rechtsbegriffe, die für sich gesehen zum Teil auch noch aus weiteren unbestimmten Begriffen zusammengesetzt sind („positive therapeutische Wirkungen“; „Risiken“, „unerwünschte Auswirkungen auf die Umwelt“, „bei der Anwendung des Arzneimittels“). Die Bestimmung der Nutzen-Risiko-Bilanz eines

Arzneimittels ist ein Prozess, der grob in die nachfolgenden drei Stufen unterteilt werden kann[102], wobei sich diese drei Stufen in weitere Unterstufen aufgliedern lassen.

1. Auf der ersten Stufe ist der Nutzen des Arzneimittels zu ermitteln: vorliegend spricht der Normtext des § 4 Abs. 28 nicht vom „Nutzen“, sondern den „positiven therapeutischen Wirkungen“ des Arzneimittels.
2. Auf der zweiten Stufe sind die Risiken des Arzneimittels gem. § 4 Abs. 27 lit a) bzw. § 4 Abs. 27 lit a) und b) festzustellen. Auch die Häufigkeit der Risiken, ihre Schwere, Dauer, Reversibilität und Auftretenswahrscheinlichkeit sind als Unterstufen dieser zweiten Stufe zu ermitteln.
3. Auf der dritten Stufe ist eine „maßstabsbezogene Abwägung“[103] der positiven therapeutischen Wirkungen und Risiken vorzunehmen. Den für die Nutzen-Risiko-Bilanz ausschlaggebenden Maßstab bildet der in § 1 formulierte Gesetzeszweck (v.a. Sicherheit im Verkehr mit Arzneimitteln).

Die gesamtbetrachtende Nutzen-Risiko-Abwägung muss eine Vielzahl von allgemeinen medizinischen und insbesondere konkret produkt- und krankheitsbezogenen Faktoren berücksichtigen. Zu diesen gehört unter anderem die Schwere, Häufigkeit und Prognose der Erkrankung, gegen die das Arzneimittel eingesetzt werden kann. Je schwerer und häufiger die Erkrankung, umso eher werden die Risiken des Arzneimittels als vertretbar anzusehen sein – und umgekehrt. Auch die neben dem fraglichen Arzneimittel verfügbaren diagnostischen und therapeutischen (auch nichtmedikamentösen) medizinischen Möglichkeiten sind zu bestimmen und in der Gesamtschau zu bewerten. Durch diesen Aspekt wird das pharmazeutische bzw. therapeutische Umfeld des Produkts berücksichtigt. Eine Nutzen-Risiko-Abwägung kann für ein Arzneimittel mithin absolut, aber auch relativ vorgenommen werden. Bei der relativen Nutzen-Risiko-Abwägung wird das Nutzen-Risiko-Verhältnis des Arzneimittels gegenüber anderen Arzneimitteln oder medizinisch verfügbaren Behandlungsoptionen (z.B. operative Behandlung, Bestrahlung) bestimmt.[104] **106**

Das Nutzen-Risiko-Verhältnis bildet die sachliche Beurteilungsgrundlage für eine Vielzahl von AMG-Vorschriften, unter denen zentrale Vorschriften wie die §§ 25 Abs. 2 Nr. 5, 29 Abs. 1a, 40 Abs. 1 S. 3 Nr. 2, 63a Abs. 1 genannt seien. Nur Arzneimittel mit einem günstigen Nutzen-Risiko-Verhältnis sind nach gefestigter Rechtsprechung arzneimittelrechtlich verkehrsfähig.[105] Auch deshalb haben pharmazeutische Unternehmer das Nutzen-Risiko-Verhältnis ihrer Arzneimittel kontinuierlich zu prüfen und sorgfältig zu dokumentieren. Dies ergibt sich sowohl aus der haftungs-, straf- und verwaltungsrechtlichen Bedeutung des Nutzen-Risiko- **107**

---

[102] Hart, Bundesgesundheitsblatt 2005, 204.

[103] Hart, ebenda.

[104] Wolz, S. 84 ff.

[105] Vgl. jüngst OVG NRW, Beschl. v. 17.09.2009 – Az.: 13 A 1428/08, PharmR 2010, 84 ff., zur Versagung der Nachzulassung wegen des ungünstigen Nutzen-Risiko-Verhältnisses eines Arzneimittels.

Verhältnisses, wie auch die im Folgenden aufzuzeigende Frage der Darlegungs- und Beweislast für das Nutzen-Risiko-Verhältnis belegt.

**108** Die Rechtsprechung vertritt bei der Frage, wer die Darlegungs- und Beweislast für das Vorliegen einer günstigen bzw. negativen Nutzen-Risiko-Bilanz trägt, folgende Linie: bei ernstlichen Hinweisen oder entsprechenden Erkenntnissen, die auf unvertretbare schädliche Wirkungen des Arzneimittels bzw. ein ungünstiges Nutzen-Risiko-Verhältnis hindeuten, hat der pharmazeutische Unternehmer nachzuweisen, dass das Arzneimittel nicht bedenklich ist bzw. ein günstiges Nutzen-Risiko-Verhältnis hat.[106]

### 29. Pflanzliche Arzneimittel

**109** Die Definition des pflanzlichen Arzneimittels wurde erst mit der 14. AMG-Novelle in das AMG eingeführt. Ihre Aufnahme ins AMG wurde zur Identifikation der traditionellen pflanzlichen Arzneimittel erforderlich, da für diese Produkte in § 39a ein spezifisches Registrierungsverfahren etabliert wurde. Im Hinblick auf die Auslegung der Begriffe „pflanzliche Stoffe“ und „pflanzliche Zubereitungen“ finden die zugehörigen Begriffsbestimmungen auf europäischer Ebene in Art. 1 Nr. 31 und 32 der RiLi 2001/83/EG Anwendung.[107] Ferner ist auch § 3 zu beachten.[108] Bei traditionellen pflanzlichen Arzneimitteln müssen gem. §§ 10 Abs. 4a, 11 Abs. 3b u. 4 auf der Kennzeichnung und Packungsbeilage spezifische weitere Angaben gemacht werden.

**110** Die Definition des pflanzlichen Arzneimittels in § 4 Abs. 29 entspricht wörtlich der Definition in Art. 1 Nr. 30 der RiLi 2001/83/EG. Die Einstufung eines Erzeugnisses als pflanzliches Arzneimittel hängt kumulativ von zwei Voraussetzungen ab: es muss (1) die Arzneimitteleigenschaft vorliegen und (2) die in § 4 Abs. 29 genannten Voraussetzungen bezüglich seiner Bestandteile müssen erfüllt sein. Die Einstufung des Erzeugnisses als Arzneimittel i.S.d. § 2 ist grundlegend erforderlich.[109] Zur Einstufung als pflanzliches Arzneimittel muss das Produkt ferner als Wirkstoff ausschließlich einen oder mehrere pflanzliche Stoffe oder eine oder mehrere pflanzliche Zubereitungen oder eine oder mehrere solcher pflanzlichen Stoffe in Kombination mit einer oder mehreren solcher pflanzlichen Zubereitungen enthalten. Diese Definition des pflanzlichen Arzneimittels bedingt, dass zur Annahme eines pflanzlichen Arzneimittels der Wirkstoff des fraglichen Arzneimittels – nicht aber seine Hilfsstoffe – *ausschließlich* aus pflanzlichen Stoffen und/oder Zubereitungen bestehen muss. Arzneimittel mit Wirkstoffen, die (halb-)

---

[106] OVG NRW, Beschl. v. 17.09.2009 – Az.: 13 A 1428/08, PharmR 2010, 84, 85.

[107] BT-Drucks. 15/5316, S. 33.

[108] Siehe die Kommentierung zum Stoffbegriff und zu pflanzlichen Stoffen in § 3, wo auch die Abgrenzung von Roh-, Grund- und Ausgangsstoffen von Wirkstoffen und Arzneimitteln behandelt wird.

[109] Siehe dazu den Fall des BayVGH, Beschl. v. 24.08.2009 – Az.: 9 CS 09.1023, PharmR 2009, 573 ff., in dem Granulate der traditionellen chinesischen Medizin „aus Arzneipflanzen“ als Funktionsarzneimittel eingestuft wurden.

synthetisch hergestellt sind, dürfen nicht als „pflanzliche Arzneimittel“ bezeichnet werden.

Pflanzliche Stoffe sind gem. Art. 1 Nr. 31 der RiLi 2001/83/EG alle vorwiegend ganzen, zerkleinerten oder geschnittenen Pflanzen, Pflanzenteile, Algen, Pilze, Flechten in unverarbeitetem Zustand, gewöhnlich in getrockneter Form, aber zuweilen auch frisch Bestimmte pflanzliche Ausscheidungen, die keiner speziellen Behandlung unterzogen wurden, werden ebenfalls als pflanzliche Stoffe angesehen. Pflanzliche Stoffe sind durch den verwendeten Pflanzenteil und die botanische Bezeichnung nach dem binomialen System (Gattung, Art, Varietät und Autor) genau definiert. **111**

Pflanzliche Zubereitungen sind gem. Art. 1 Nr. 32 der RiLi 2001/83/EG alle Zubereitungen, die dadurch hergestellt werden, dass pflanzliche Stoffe Behandlungen wie Extraktion, Destillation, Pressung, Fraktionierung, Reinigung, Konzentrierung oder Fermentierung unterzogen werden. Diese umfassen zerriebene oder pulverisierte pflanzliche Stoffe, Tinkturen, Extrakte, ätherische Öle, Presssäfte und verarbeitete Ausscheidungen von Pflanzen. **112**

### 30. Gewebezubereitungen

Gewebezubereitungen werden unter Verweis auf die Definition von Gewebe im Transplantationsgesetz (TPG) definiert. Gewebe sind in § 1a Nr. 4 TPG definiert als „alle aus Zellen bestehenden Bestandteile des menschlichen Körpers, die keine Organe nach Nummer 1 sind, einschließlich einzelner menschlicher Zellen“. Nur menschliches Gewebe ist von dieser Definition erfasst. Ferner meint der Begriff „Zellen“ „Bestandteile des menschlichen Körpers, die durch eine Zellmembran umschlossen werden und metabolisch aktiv und weder Organe noch Gewebe sind. Der Begriff „Zellen“ erfasst auch funktionell einheitliche Zellansammlungen.[110] Gewebezubereitungen sind damit Arzneimittel, die aus solchen Geweben bestehen sowie Erzeugnisse, die aus solchen Geweben hergestellt werden (Zubereitungen). Insoweit ist die Definition als Gewebezubereitung bewusst weiter gefasst als der Gewebebegriff. **113**

Organe sind aus dem Begriff der Gewebezubereitung ausgenommen. Dass zur Übertragung auf menschliche Empfänger bestimmte Organe keine Arzneimittel sind, ergibt sich im Übrigen auch aus § 2 Abs. 3 Nr. 8. Hingegen sind Gewebezubereitungen ausdrücklich Arzneimittel. Als Beispiele für Arzneimittel aus Zellansammlungen nennt die amtliche Begründung der Norm „Hautstücke, Herzklappen, Dura Mater, Augenhornhäute, Plazenta, Knochen, Tumorgewebe, Knochenmark, embryonale und fötale Gewebe, Operations- und Sektionsreste, aber auch einzelne Zellen, wie Stammzellen oder menschliche Ei- und Samenzellen“.[111] Nicht von diesem Begriff umfasst seien menschliche Substanzen wie Urin, Eiter oder Noso- **114**

---

[110] Entwurf eines Gesetzes über Qualität und Sicherheit von menschlichen Geweben und Zellen (Gewebegesetz), vom 25.10.2006, BT-Drucks. 16/3146, S. 24.

[111] BT-Drucks. 16/3146, S. 37.

den, die nach einer homöopathischen Verfahrensweise hergestellt werden. Für Blutzubereitungen ist eine gesonderte Definition in § 4 Abs. 2 enthalten, die auch die Blutstammzellen aus peripherem Blut und aus Nabelschnurblut umfasst. Bei begrifflichen Überschneidungen mit Spezialdefinitionen (z. B. Gentherapeutika, somatische Zelltherapeutika) gehen diese Spezialdefinitionen vor, damit den höheren Anforderungen bei den davon betroffenen Arzneimitteln Rechnung getragen wird.[112] Zu beachten ist die Ausnahmeregelung in § 4a Nr. 3: das AMG findet keine Anwendung auf Gewebe, die innerhalb eines Behandlungsvorgangs einer Person entnommen werden, um auf diese ohne Änderung ihrer stofflichen Beschaffenheit rückübertragen zu werden.[113]

**115** In § 4 Abs. 30 S. 2 wird ferner klargestellt, dass menschliche Samen- und Eizellen, einschließlich imprägnierter Eizellen (Keimzellen), und Embryonen weder Arzneimittel noch Gewebezubereitungen sind.[114] Im Übrigen normiert § 4 Abs. 3 S. 2, dass Sera nicht als Gewebezubereitungen gelten.

### 31. Rekonstitution

**116** Durch die AMG-Novelle 2009 wurde der Begriff „Rekonstitution“ neu in das AMG eingeführt. Die amtliche Begründung zu § 4 Abs. 31 sieht in der Rekonstitution eines Fertigarzneimittels einen Herstellungsvorgang im Sinne des § 4 Abs. 14.[115] Diese Annahme erscheint allerdings zweifelhaft. Auch in der Rechtsprechung wurde zuvor entschieden, dass die Rekonstitution (in Form der Verflüssigung eines Arzneimittels vor seiner Anwendung gemäß den Herstellerangaben) kein Herstellen im Sinne des § 4 Abs. 14 AMG sei.[116] In der Tat spricht für die Richtigkeit dieser Rechtsprechung, dass das AMG-spezifische Herstellen eines Arzneimittels im Sinne des § 4 Abs. 14 mit der Freigabe des Arzneimittels zum Inverkehrbringen beendet ist.[117] Die Rekonstitution des bereits freigegebenen Fertigarzneimittels wird erst anschließend – in der Regel durch den Verbraucher – vorgenommen, ohne dass das rekonstituierte Arzneimittel noch einmal freigegeben werden muss. Im Übrigen stellt sich bei gesetzestechnischer und systematischer Betrachtung die Frage, weshalb der Gesetzgeber die Rekonstitution – wenn er hierin schon einen Herstellungsvorgang sieht – nicht unmittelbar in die Definition des Herstellens in § 4 Abs. 14 integriert hat.

**117** Da aber bei der AMG-Novelle 2009 die Rekonstitution als ein Herstellungsvorgang angesehen wurde, sind nunmehr alle Verbraucher, die etwa eine Arzneimittel-Brausetablette auflösen, zu Herstellern von Arzneimitteln i.S.d. § 4 Abs. 14 geworden und benötigen an sich eine Herstellungserlaubnis gem. § 13. Da dieses Ergebnis wohl auch dem Gesetzgeber nicht ganz angemessen erschien, wurde in

---

[112] BT-Drucks. 16/3146, S. 37.
[113] Siehe die Kommentierung zu § 4a Rz. 6 ff.
[114] Siehe ergänzend die Kommentierung zu § 4a Rz. 4 ff.
[115] BT-Drucks. 16/12256, S. 42.
[116] VG Oldenburg, Beschl. v. 19.12.2007 – Az.: 7 B 3409/07, Rz. 11, GesR 2008, 161.
[117] Vgl. die Kommentierung zu § 4 Abs. 13: Freigabe ist der letzte Akt der Herstellung.

§ 13 Abs. 1a Nr. 4 festgelegt, dass für die Rekonstitution keine Herstellungserlaubnis erforderlich ist. Die Rekonstitution von Fertigarzneimitteln – nicht aber von Prüfpräparaten – ist erlaubnisfrei. Dem liegt die gesetzgeberische Vorstellung zugrunde, dass die Rekonstitution einen einfachen Prozess darstellt. Als Beispiele nennt die amtliche Begründung etwa das „Auflösen eines Arzneimittels, das Verdünnen für die bestimmte Patientin/den Patienten oder das Mischen mit einem für die Anwendung erforderlichen Hilfsstoff".[118] Hierzu gehört die Auflösung der Arzneimittel-Brausetablette in einem Glas Wasser oder die Verflüssigung der Antibiotika-Trockensubstanz zur anschließenden Einnahme.[119] Die Rekonstitution soll so kurz wie möglich vor der Anwendung des Mittels und in Übereinstimmung mit der Packungsbeilage erfolgen (bzw. bei klinischen Prüfungen mit dem Prüfplan). In jedem Fall muss das betreffende Arzneimittel schon vor der Rekonstitution vorliegen und darf nicht erst durch den Rekonstitutions-Prozess hergestellt werden.[120] Gerade diese Aussage aus der amtlichen Begründung verdeutlicht, dass der Gesetzgeber die Auffassung, dass die Rekonstitution ein Herstellungsvorgang sei, nicht konsequent durchhalten kann, denn hiernach soll das zu rekonstituierende Arzneimittel bereits vollständig hergestellt und anwendungsfertig vorliegen und nicht erst durch die Rekonstitution hergestellt werden.

Nicht unter die Rekonstitution fällt die Herstellung des anzuwendenden Arznei- **118**
mittels aus einem Wirkstoff. Keine Rekonstitution i.S.d. § 4 Abs. 31 ist ferner das Mischen verschiedener (Fertig-)Arzneimittel.[121] Das folgt aus § 4 Abs. 31, da die Norm von der Rekonstitution *eines* Arzneimittels ausgeht und nicht davon, dass mehrere (Fertig-)Arzneimittel erst zu dem final einzunehmenden zubereitet werden. Daher stellt auch die Zubereitung onkologischer Zytostatika aus Fertigarzneimitteln keine Rekonstitution dar, zumal es sich hierbei einerseits nicht um einen „einfachen Prozess" handelt und die Zytostatika in der Regel auch nicht anhand der Angaben aus der Packungsbeilage zuzubereiten sind.[122] Daher ist die Rekonstitution von der individuellen Herstellung von Rezepturarzneimitteln zu unterscheiden.[123]

§ 4 Abs. 31 unterscheidet zwischen der Rekonstitution von Fertigarzneimitteln **119**
gegenüber der Rekonstitution von Arzneimitteln, die zur klinischen Prüfung bestimmt sind (Prüfpräparate). Für die Rekonstitution von Prüfpräparaten gelten im AMG strengere Bestimmungen. Dies zeigt sich bei Betrachtung der im AMG für die Rekonstitution geltenden Sonderregelungen: wie angesprochen, regelt § 13 Abs. 1a Nr. 4, dass es für die Rekonstitution außerhalb klinischer Prüfungen keiner Herstellungserlaubnis bedarf. Weiterhin finden auf die Rekonstitution die Bestimmungen zur aufsichtsbehördlichen Überwachung nach § 64 Abs. 1 und § 67

[118] BT-Drucks. 16/12256, S. 42.
[119] Vgl. Kieser, A&R 2009, 260, 263.
[120] BT-Drucks. 16/12256, S. 42.
[121] BT-Drucks. 16/12256, S. 42.
[122] Dettling, Kieser, Ulshöfer, PharmR 2009, 546, 547.
[123] Vgl. Kieser, A&R 2009, 260 ff.

Abs. 1 keine Anwendung, soweit es sich nicht um Arzneimittel handelt, die zur klinischen Prüfung bestimmt sind.

### 32. Verbringen und Einfuhr

120 Mit der AMG-Novelle 2009 neu hinzugekommen sind die Definitionen des Verbringens und der Einfuhr. Der Gesetzgeber kommt damit einer Aufforderung des Bundesrates nach, einheitliche und verbindliche Definitionen der Begriffe „Transit“ und „Einfuhr“ zu schaffen.[124] Durch die Ablösung der PharmBetrV durch die AMWHV sollte in einem seinerzeit vorgesehenen (aber nicht umgesetzten) § 26 Abs. 3 AMWHV eine einheitliche Regelung für den Transithandel mit Wirkstoffen verankert werden. Der Bundesrat sah allerdings Unsicherheiten in der Auslegung der Begriffe Einfuhr und Transit.[125] Hierauf beruhen im Kern die neuen Definitionen in dem neuen Abs. 32. Mit Verbringen ist nunmehr die physische Beförderung in den, durch den oder aus dem Geltungsbereich des AMG gemeint. Ein Verbringen setzt nicht voraus, dass der Verbringer im Fall des Verbringens der Ware ins Inland diese selber in Empfang nimmt oder ausgehändigt bekommt. Der Gesetzgeber definierte damit anstelle des Begriffs „Transit“ den Begriff „Verbringen“ und ging dabei inhaltlich über die Anregung des Bundesrates hinaus: von „Verbringen“ ist nämlich nicht nur der Transit, also die Beförderung durch den Geltungsbereich des AMG umfasst, sondern auch die Beförderung in den und aus dem Geltungsbereich des Gesetzes. Diese weite Definition wurde „im Hinblick auf die Überwachung und Gewährleistung eines einheitlichen Vollzuges der Voraussetzungen für das Verbringen und die Einfuhr von Arzneimitteln und Wirkstoffen“ als erforderlich angesehen.[126] Der Begriff des Verbringens ist allerdings nicht identisch mit dem Begriff des Inverkehrbringens aus § 4 Abs. 17.[127]

121 Der Begriff „Einfuhr“ meint die physische Beförderung im Sinne der Überführung von unter das AMG fallenden Produkten aus Drittstaaten in den zollrechtlich freien Verkehr. Drittstaaten im Sinne der Norm sind Staaten, die nicht Vertragsstaaten des Abkommens über den Europäischen Wirtschaftsraum sind.[128]

### 33. Anthroposophische Arzneimittel

122 Mit der AMG-Novelle 2009 ist die Definition des anthroposophischen Arzneimittels neu in das AMG aufgenommen worden. Die Aufnahme dieser Legaldefinition in § 4 Abs. 33 steht im Zusammenhang mit Bestrebungen, Regelungen für diese Therapierichtung im europäischen Recht zu verankern.

---

[124] BR-Drucks. 398/06 vom 07.07.2006, Entschließung Nr. 3.

[125] BR-Drucks. 398/06 vom 07.07.2006, Entschließung Nr. 3.

[126] Amtliche Begründung des Entwurf eines Gesetzes zur Änderung arzneimittelrechtlicher und anderer Vorschriften vom 16.03.2009, BT-Drucks. 16/12256, S. 42.

[127] BT-Drucks. 16/12256, S. 42.

[128] BT-Drucks. 16/12256, S. 42.

Die Definition stellt weitgehend auf die „anthroposophische Menschen- und Naturerkenntnis“ ab sowie ergänzend (unter anderem) auf „besondere anthroposophische Zubereitungsverfahren“.[129] Im Gemeinschaftskodex findet sich bislang keine Definition der „anthroposophischen Arzneimittel“. Lediglich in seinem 22. Erwägungsgrund heißt es: „Anthroposophische Arzneimittel, die in einer offiziellen Pharmakopöe beschrieben und nach einem homöopathischen Verfahren zubereitet werden, sind hinsichtlich der Registrierung und der Genehmigung für das Inverkehrbringen homöopathischen Arzneimitteln gleichzustellen". **123**

Anthroposophische Medizin beruht auf der Konzeption, wonach der Mensch aus vier Wesensgliedern bestehen soll: dem physischen Leib, dem Ätherleib, dem Astralleib und dem „Ich“.[130] Anthroposophische Arzneimittel sollen dazu bestimmt sein, das Gleichgewicht zwischen diesen Wesensgliedern wiederherzustellen.[131] Krankheit bedeutet nach dieser Lehre, dass die Wechselwirkung zwischen den vier Wesensgliedern gestört ist, so dass eine Heilung durch Beeinflussung der Wechselwirkungen erzielt wird.[132] Diese Arzneimittel werden nach bestimmten Methoden zubereitet und können pflanzliche, mineralische oder tierische Substanzen enthalten. **124**

Im AMG waren anthroposophische Arzneimittel bisher nur vereinzelt erwähnt bzw. geregelt. Ausdrücklich genannt werden sie in § 25 Abs. 6 S. 6 u. Abs. 7a S. 5 (Entscheidung über eine Zulassung) und § 39 Abs. 2 Nr. 7a (Versagungsgrund einer Registrierung). Sie werden dort wie Arzneimittel der Phytotherapie und Homöopathie behandelt und bedürfen einer Zulassung gemäß § 21 oder einer Registrierung nach §§ 38, 39.[133] Auf diese Weise wird im AMG einer Entscheidung des EuGH aus dem Jahre 2007 Rechnung getragen: darin hatte der EuGH entschieden, dass anthroposophische Arzneimittel nur dann in den Verkehr gebracht werden dürfen, wenn sie nach einem der in Art. 6 der RiLi 2001/83/EG genannten Verfahren zugelassen worden sind.[134] **125**

Die Definition des § 4 Abs. 33 unterscheidet je nach Zubereitungsverfahren zwischen zwei Fallgruppen anthroposophischer Arzneimittel: **126**

- Arzneimittel, die nach einem im Europäischen Arzneibuch oder, in Ermangelung dessen, nach einem in den offiziell gebräuchlichen Pharmakopöen der Mitgliedstaaten der Europäischen Union beschriebenen homöopathischen Zubereitungsverfahren hergestellt worden ist[135];

---

[129] Amtliche Begründung des Entwurfs eines Gesetzes zur Änderung arzneimittelrechtlicher und anderer Vorschriften vom 16.03.2009, BT-Drucks. 16/12256, S. 42.
[130] EuGH, Urt. v. 20.09.2007 – Az.: C-84/06, PharmR 2008, 120, 121.
[131] EuGH, ebenda.
[132] Kloesel, Cyran, § 4 Anm. 79a.
[133] Kloesel, Cyran, § 4 Anm. 79a.
[134] EuGH, Urt. v. 20.09.2007 – Az.: C-84/06, PharmR 2008, 120 ff.
[135] Vgl. zum Vorrangverhältnis zugunsten des Europäischen Arzneibuches gegenüber den nationalen Arzneibüchern die entsprechende Kommentierung zu § 4 Abs. 26, Rz. 98 oben.

- Arzneimittel, die nach einem besonderen anthroposophischen Zubereitungsverfahren hergestellt worden sind.

**127** Für beide Arzneimittel-Gruppen gilt die Zweckbestimmung aus dem letzten Halbsatz des Abs. 33: das Arzneimittel muss, um als anthroposophisches Arzneimittel eingestuft werden zu können, auch *dazu bestimmt sein*, gemäß der anthroposophischen Menschen- und Naturerkenntnis angewendet zu werden. Eine ähnliche Regelung zu diesen Mitteln findet sich auch in der Schweiz, wo ein Arzneimittel zur Einstufung als anthroposophisches Arzneimittel zur Anwendung nach den anthroposophischen Prinzipien bestimmt sein muss.[136] Diese Zweckbestimmung hebt die Besonderheit anthroposophischer Arzneimittel hervor. Da diese Arzneimittel und ihr Wirkprinzip auf der anthroposophischen Lehre beruhen, ist ihre Anwendung nach dieser Lehre auch für die Annahme eines anthroposophischen Arzneimittels unerlässlich. Entsprechend nehmen anthroposophische Arzneimittel auch nicht für sich in Anspruch, dass sie nach schulmedizinischen Prinzipien wirksam und anwendbar sind.[137]

**128** Folglich ist die vom Gesetzgeber in § 4 Abs. 33 – trotz im Gesetzgebungsverfahren dagegen erhobener Einwände – eingefügte Zweckbestimmung sachlich gerechtfertigt. Das hat zur Folge, dass kein anthroposophisches Arzneimittel vorliegt, wenn das Produkt nicht dazu bestimmt ist, entsprechend den Grundsätzen der anthroposophischen Menschen- und Naturerkenntnis angewendet zu werden.

---

[136] Vgl. Art. 4 S. 2 lit. f) der Schweizerischen Komplementär- und Phytoarzneimittelverordnung vom 22.06.2006; abrufbar unter: http://www.admin.ch/ch/d/sr/8/812.212.24.de.pdf.

[137] Vgl. Zuck, A&R 2008, 200, 203, für den sich „durchaus" die Frage stellt, ob „das anthroposophische Arzneimittel außerhalb der anthroposophischen Medizin seinen Zweck erfüllen kann".

## § 4a
## Ausnahmen vom Anwendungsbereich

**Dieses Gesetz findet keine Anwendung auf**

1. **Arzneimittel, die unter Verwendung von Krankheitserregern oder auf biotechnischem Wege hergestellt werden und zur Verhütung, Erkennung oder Heilung von Tierseuchen bestimmt sind,**
2. **die Gewinnung und das Inverkehrbringen von Keimzellen zur künstlichen Befruchtung bei Tieren,**
3. **Gewebe, die innerhalb eines Behandlungsvorgangs einer Person entnommen werden, um auf diese ohne Änderung ihrer stofflichen Beschaffenheit rückübertragen zu werden.**

**Satz 1 Nr. 1 gilt nicht für § 55.**

**Übersicht** **Rz.**



### I. Die Bedeutung der Norm

Die Norm bestimmt, für welche Produkte und Verfahren das AMG nicht anwendbar ist, auch wenn es sich dabei um Arzneimittel i.S.d. § 2 handelt. Die ratio legis dafür ist, dass diese Produkte und Verfahren Gegenstand der Regulierung durch speziellere Rechtsgebiete sind. Ferner spiegelt § 4a auch die Grenzen der Gesetzgebungskompetenz des Bundes (Art. 74 Abs. 1 Nr. 19 GG) für das Arzneimittelrecht im Verhältnis zur verfassungsrechtlich garantierten Therapiefreiheit der Ärzte wider. 1

Die Ausnahmen vom Anwendungsbereich des AMG hatten bis 2002 ihren Standort im damaligen § 80.[1] Da sie aber systematisch eher in den ersten Abschnitt des AMG passen, erhielten sie mit der 11. AMG-Novelle[2] zur Präzisierung des Anwendungsbereiches des AMG mit § 4a einen neuen Standort. Die Norm wurde seither viermal – z.T. weitreichend – novelliert: durch die 12. AMG-Novelle[3], das Gewebegesetz vom 20.07.2007[4], das sog. Anti-Doping-Gesetz[5] und durch die 2

[1] Siehe die Anmerkungen zu § 80 AMG a.F. bei Bender, VersR 1999, 419 ff.

[2] Elftes Gesetz zur Änderung des Arzneimittelgesetzes vom 21.08.2002, BGBl. I S. 3348.

[3] Zwölftes Gesetz zur Änderung des Arzneimittelgesetzes vom 30.07.2004, BGBl. I S. 2031.

[4] Gesetz über Qualität und Sicherheit von menschlichen Geweben und Zellen (Gewebegesetz) vom 20.07.2007 BGBl. I S. 1574.

[5] Gesetz zur Verbesserung der Bekämpfung des Dopings im Sport vom 24.10.2007, BGBl. I S. 2510.

AMG-Novelle 2009.[6] Alleine seit der Vorauflage dieses Kommentars wurde die Norm damit dreimal novelliert, wobei einige der zwischenzeitlichen Neuerungen infolge späterer Änderungen wieder wegfielen.[7]

## II. Arzneimittel zur Erkennung, Verhütung oder Heilung von Tierseuchen (S. 1 Nr. 1)

3 Gemäß § 4a S. 1 Nr. 1 werden Sera, Impfstoffe und Antigene, die unter Verwendung von Krankheitserregern oder auf biotechnischem Wege hergestellt werden und zur Verhütung, Erkennung oder Heilung von Tierseuchen bestimmt sind, vom Anwendungsbereich des AMG ausgeklammert. Für sie gilt das Tierseuchengesetz.[8] Diese Arzneimittel dürfen gem. § 17c Abs. 1 TierSG nur in den Verkehr gebracht oder angewendet werden, wenn sie entweder vom Friedrich-Loeffler-Institut oder vom Paul-Ehrlich-Institut zugelassen worden sind oder wenn ihr Inverkehrbringen durch Rechtsakt der Europäischen Gemeinschaft genehmigt worden ist.[9]

4 Gemäß § 4a S. 2 sind für die unter § 4a S. 1 Nr. 1 genannten Arzneimittel aber die Vorschriften über das Arzneibuch (§ 55) anwendbar (siehe Kommentierung dort). Der Gesetzgeber wollte dadurch die Einbeziehung der Tierimpfstoffe in das Arzneibuch sicherstellen.[10]

## III. Keimzellen zur künstlichen Befruchtung beim Tier (S. 1 Nr. 2)

5 Die Gewinnung und das Inverkehrbringen von Keimzellen zur künstlichen Befruchtung beim Tier ist aus dem AMG ausgeklammert, da sie im Tierzuchtgesetz[11] geregelt sind. Einschlägig sind insbesondere die §§ 13 ff. TierZG. Bis August 2007 enthielt § 4a S. 1 Nr. 2 eine weiterreichende Ausnahme für die „Gewinnung und das Inverkehrbringen von Sperma zur künstlichen Besamung" bei Mensch und Tier. Mit dem Gewebegesetz wurde die Norm nur auf Tiere beschränkt. Den

---

6 Gesetz zur Änderung arzneimittelrechtlicher und anderer Vorschriften vom 17.07.2009, BGBl. I S. 1990.

7 Siehe z.B. den durch das Anti-Doping-Gesetz eingefügten § 4a S. 3: „Satz 1 Nr. 3 gilt nicht für Arzneimittel, die zu Dopingzwecken im Sport hergestellt worden sind". Dieser galt vom 1.11.2007 bis zum 22.07.2009.

8 Tierseuchengesetz vom 22.06.2004 (BGBl. I S. 1260; 3588), zuletzt geändert durch Artikel 1 § 5 Absatz 3 des Gesetzes vom 13.12.2007 (BGBl. I S. 2930).

9 In § 4a S. 1 Nr. 1 wird unterschieden zwischen Arzneimitteln, die unter Verwendung von Krankheitserregern oder auf biotechnischem Wege hergestellt werden. Die Verordnung (EG) Nr. 726/2004 nennt in ihrem Anhang folgende drei biotechnologische Verfahren: (1) die Technologie der rekombinierten DNS, (2) die kontrollierte Expression in Prokaryonten und Eukaryonten, einschl. transformierter Säugetierzellen, von Genen, die für biologisch aktive Proteine kodieren, (3) Verfahren auf der Basis von Hybridomen und monoklonalen Antikörpern.

10 BT-Drucks. 12/6480, S. 23.

11 Tierzuchtgesetz vom 21.12.2006 (BGBl. I S. 3294), zuletzt geändert durch die Verordnung vom 20.08.2008 (BGBl. I S. 1749).

Ausnahmetatbestand erweiternd wurde sie aber dahingehend umformuliert, dass nun auch Eizellen zur künstlichen Befruchtung beim Tier erfasst sind.[12]

§ 4a S. 1 Nr. 2 gilt nicht für menschliche Keimzellen, was aber nicht heißt, dass diese uneingeschränkt dem AMG unterworfen sind. Auf sie sind nur bestimmte Regelungen des AMG anwendbar. Das gilt insb. deshalb, weil menschliche Keimzellen per definitionem gem. § 4 Abs. 30 „weder Arzneimittel noch Gewebezubereitungen“ sind. Für menschliche Keimzellen, die „Gewebe“ im Sinne des § 1a Nr. 4 TPG sind, bleiben aber die §§ 20b, 20c, 72b und die Regelungen zur behördlichen Überwachung (§ 64) anwendbar.[13] Für die künstliche Befruchtung bzw. die „assistierte Reproduktion“ beim Menschen sind, soweit gesetzlich geregelt, in erster Linie die Vorschriften des Embryonenschutzgesetzes einschlägig. Ferner gelten die berufsrechtlichen Richtlinien zur Durchführung der assistierten Reproduktion[14] i.V.m. § 13 MBO und Nr. 15 der ergänzenden Bestimmungen zu einzelnen ärztlichen Berufspflichten (D Nr. 15 MBO).[15] 6

### IV. Gewebe (S. 1 Nr. 3)

Die Norm nimmt Gewebe, die innerhalb eines Behandlungsvorgangs einer Person entnommen werden, um auf diese ohne Änderung ihrer stofflichen Beschaffenheit rückübertragen zu werden, aus dem Anwendungsbereich des AMG heraus. Gewebe sind gemäß § 1a Nr. 4 TPG[16] alle aus Zellen bestehenden Bestandteile des menschlichen Körpers, die keine Organe nach § 1a Nr. 1 TPG sind, einschließlich einzelner menschlicher Zellen. 7

Der Ausnahmetatbestand in § 4a S. 1 Nr. 3 hat den sehr weit gefassten früheren § 4a Nr. 4 a.F.[17] ersetzt. Die Streichung des Letzteren wurde damit begründet, dass die EG-Geweberichtlinie 2004/23/EG eine solche Ausnahme nicht vorsehe und dass die Norm die Bildung von staatlich unbeaufsichtigten Grauzonen fördern könne.[18] § 4a S. 1 Nr. 3 dient der nationalen Umsetzung des Art. 2 Abs. 2 lit. a) 8

---

12 Amtl. Begründung, BT-Drucks. 16/5443, S. 56.

13 BT-Drucks. 16/5443, S. 56.

14 Vgl. die (Muster-)Richtlinie zur Durchführung der „assistierten Reproduktion“ der Bundesärztekammer (BÄK) vom 17.02.2006, vgl. Deutsches Ärzteblatt 2006 A 1392. Für Ärzte verbindlich sind nur die von ihrer Landesärztekammer beschlossenen Richtlinien. Diese entsprechen aber regelmäßig dem Muster der BÄK.

15 In D Nr. 15 MBO geht es um „In-vitro-Fertilisation, Embryotransfer“. Für Ärzte verbindlich sind nur die von ihren Landesärztekammern beschlossenen Berufsordnungen. Diese entsprechen aber regelmäßig der MBO.

16 Entwurf eines Gesetzes über Qualität und Sicherheit von menschlichen Geweben und Zellen (Gewebegesetz) BT-Drucks. 16/3146.

17 § 4a Nr. 4 a.F. (Stand bis 31.07.2007): lautete: „Dieses Gesetz findet keine Anwendung auf menschliche Organe, Organteile und Gewebe, die unter der fachlichen Verantwortung eines Arztes zum Zwecke der Übertragung auf Menschen entnommen werden, wenn diese Menschen unter der fachlichen Verantwortung dieses Arztes behandelt werden.“

18 Vgl. BT-Drucks. 16/3146.

der RiLi 2004/23/EG.[19] Dieser lautet: „Diese Richtlinie gilt nicht für Gewebe und Zellen, die innerhalb ein und desselben chirurgischen Eingriffs als autologes Transplantat verwendet werden." Zugleich wird in Art. 3 lit. q) der RiLi 2004/23/EG die „autologe Verwendung" definiert als „die Entnahme von Zellen oder Geweben und ihre Rückübertragung auf ein und dieselbe Person".

9 Voraussetzung für § 4a S. 1 Nr. 3 ist, dass die Entnahme und Rückübertragung des Gewebes im Rahmen eines Behandlungsvorgangs erfolgt und damit in engem fachlichen Zusammenhang stehen muss.[20] Die Norm soll auch Behandlungsvorgänge erfassen, die länger andauern oder unterbrochen werden und an denen mehrere Ärzte beteiligt sein können.[21] Der als Auslegungshilfe nutzbare Art. 2 Abs. 2 lit. a der RiLi 2004/23/EG stellt darauf ab, ob das Gewebe „innerhalb ein und desselben chirurgischen Eingriffs" entnommen wird.

10 Die Norm gilt nur für „autologe Verwendungen" des Gewebes. Anders als in dem bis 31.07.2007 gültigen § 4a S. 1 Nr. 4 a.F. ist die allogene Verwendung nicht mehr von § 4a S. 1 Nr. 3 erfasst. Eine allogene Verwendung liegt vor, wenn der Gewebespender und -empfänger personenverschieden sind.

11 Ferner wird § 4a S. 1 Nr. 3 auch dahingehend eingeschränkt, dass das entnommene Gewebe „ohne Änderung ihrer stofflichen Beschaffenheit" auf den Patienten rückübertragen werden muss. Das soll den Ausnahmecharakter der Norm unterstreichen.[22] Als Beispiele für geringfügige Arbeitsschritte, durch die die stoffliche Beschaffenheit nicht verändert wird, werden das Säubern und Spülen des Gewebes, das Glätten seiner Schutzränder oder seine sachgerechte Aufbewahrung bis zur Anwendung genannt.[23] Es geht um Maßnahmen, die noch als Teil des Behandlungsvorganges anzusehen sind. Eine Züchtung des Gewebes bzw. eine Vermehrung seiner Zellen ist hiervon nicht mehr erfasst.

12 Die Norm sagt nichts dazu, wer das Gewebe entnehmen und rückübertragen soll. In der Vorgänger-Norm (§ 4a S. 1 Nr. 4 a.F.) stand noch, dass die Maßnahmen „unter der fachlichen Verantwortung eines Arztes" zu erfolgen haben. Lediglich in der Begründung des Gesetzentwurfs heißt es, dass die „Entnahme und Anwendung von Gewebe durch ein und dieselbe *ärztliche Person*" gemeint sei.[24] Diese enge Sichtweise findet sich allerdings in dieser Form im Gesetzestext nicht wieder. Sie ergibt sich auch nicht zwingend aus der Sache heraus und noch weniger aus der EG-Geweberichtlinie. Vielmehr erscheint eine weitergehende Auslegung der Norm sachgerechter, und zwar unter Rückgriff auf das frühere Tatbestandsmerkmal „unter der fachlichen Verantwortung eines Arztes". Es erscheint sachlich

---

19 BT-Drucks. 16/5443, S. 56.
20 BT-Drucks. 16/5443, S. 56.
21 BT-Drucks. 16/5443, S. 56.
22 BT-Drucks. 16/12256, S. 43.
23 Vgl. BT-Drucks. 16/12256, S. 43; BR-Drucks. 171/09, S. 68.
24 BT-Drucks. 16/3146, S. 37.

nicht zwingend und ginge auch an den Realitäten der medizinischen Versorgung vorbei, wenn verlangt würde, dass der verantwortliche Operateur auch sämtliche Einzelmaßnahmen im Zusammenhang mit der Entnahme und Rückübertragung des Gewebes (einschl. seiner Säuberung) persönlich durchführt. Angesichts der arbeitsteiligen und regelmäßig auch zeitkritischen Ausgestaltung chirurgischer Eingriffe ist es ausreichend, wenn die Gewebeentnahme und -rückübertragung (einschl. der Arbeiten am Gewebe) unter der fachlichen Verantwortung eines Arztes erfolgen. Diese Auslegung ist mit Wortlaut und Zweck der Norm und des Art. 2 Abs. 2 lit. a) der EG-Geweberichtlinie vereinbar. Nach der hier vertretenen Auffassung ist es für die Anwendung der Norm daher erst recht unschädlich, wenn innerhalb eines chirurgischen Eingriffs ein Arzt das Gewebe entnimmt und ein anderer Arzt dieses rücküberträgt.

## V. Wegfall des „Ärzteprivilegs"

Durch die AMG-Novelle 2009 ist der frühere § 4a S. 1 Nr. 3 mit dem sog. „Ärzte- 13
privileg" weggefallen. Der § 4a S. 1 Nr. 3 a.F. sah vor, dass das AMG nicht anwendbar ist auf „Arzneimittel, die ein Arzt, Tierarzt oder eine andere Person, die zur Ausübung der Heilkunde befugt ist, bei Mensch oder Tier anwendet, soweit die Arzneimittel ausschließlich zu diesem Zweck unter der unmittelbaren fachlichen Verantwortung des anwendenden Arztes, Tierarztes oder der anwendenden Person, die zur Ausübung der Heilkunde befugt ist, hergestellt worden sind". Der Ausnahmetatbestand war eine Reaktion auf das bekannte BVerfG-Urteil zur Frischzellen-VO[25], wonach der Bund keine Kompetenz zur Regelung der Herstellung von Arzneimitteln hatte, die der Arzt zur Anwendung bei eigenen Patienten herstellt. Der § 4a S. 1 Nr. 3 a.F. hatte erhebliche praktische Auswirkungen. Er führte u.a. dazu, dass die Herstellung von Arzneimitteln in Arztpraxen i.S.d. § 4a S. 1 Nr. 3 a.F. nicht der behördlichen Überwachung gem. § 64 unterlag.[26]

Nachdem der Bund mit der Föderalismusreform I[27] seine Gesetzgebungskompe- 14
tenz in Art. 74 Abs. 1 Nr. 19 erweitert hat und nicht mehr nur den Verkehr mit Arzneimitteln, sondern das „Recht der Arzneien" regeln darf, hat er § 4a S. 1 Nr. 3 a.F. gestrichen. Damit regelt das AMG jetzt auch Arzneimittel, die vom Arzt/Tierarzt selbst zur Anwendung bei seinen Patienten hergestellt werden. Diese Streichung wurde knapp mit „Gründen der Arzneimittelsicherheit" begründet, ohne einzelne Gründe zu nennen. Weiterhin erscheint fraglich, ob die Gesetzgebungskompetenz des Bundes für das „Recht der Arzneien" auch das „Recht der Anwendung der Arzneien" einschließt.

---

25 BVerfG, Urt. v 16.02.2000 – Az.: 1 BvR 420/97, NJW 2000, 857. Es ging um die Verordnung über das Verbot der Verwendung bestimmter Stoffe zur Herstellung von Arzneimitteln (Frischzellen-Verordnung) vom 4. März 1997, BGBl. I S. 432.

26 BVerwG, Urt. v. 18.03.2004 – Az.: 3 C 16/03, GesR 2004, 335= NVwZ 2005, 89; s.a. BVerwG, Urt. v. 18.03.2004 – Az.: 3 C 17/03, EurUP 2004, 163; alle auch abrufbar unter www.juris.de.

27 Gesetz zur Änderung des Grundgesetzes vom 28.08.2006, BGBl. I S. 2034.

**15** Mit der AMG-Novelle 2009 wurde in § 144 Abs. 7 eine Übergangsvorschrift zugunsten der zuvor auf Basis des § 4a S. 1 Nr. 3 a.F. tätigen Ärzte geschaffen.[28]

**16** Ferner wurden wegen der Streichung des § 4a Nr. 3 a.F. Ersatzregelungen geschaffen (§§ 13 Abs. 2b u. 2c und 20d), die aber nicht mehr eine vollständige Ausnahme von der Anwendung des AMG normieren, sondern nur Ausnahmen von der Pflicht zur Einholung einer Herstellungserlaubnis bzw. Genehmigung. Auch wenn die Ersatzregelungen mit der früheren Rechtslage bei Weitem nicht gleichwertig sind, erlauben sie zumindest, dass ein Arzt[29] weiterhin ohne Herstellungserlaubnis Arzneimittel herstellt, wenn dies unter seiner unmittelbaren fachlichen Verantwortung zum Zwecke der persönlichen Anwendung bei einem bestimmten Patienten erfolgt.[30] Das stellt eine erhebliche Erleichterung dar, zumal viele Handlungsschritte in der Praxis ein Herstellen i.S.d. § 4 Abs. 14 wären (z.B. Zubereiten, Umfüllen, Abfüllen). Der Arzt darf also weiterhin ohne Herstellungserlaubnis z.B. zum Impfen eines Patienten den in Mehrdosisbehältnissen erhaltenen Impfstoff für seine Impfungen aufteilen und umfüllen.[31] Nach der neuen Rechtslage ist aber die Herstellung von Arzneimitteln beim Arzt nunmehr auch Gegenstand der behördlichen Überwachung (§ 64 ff.). Auch dies war schon länger ein besonderes Anliegen des Bundesgesetzgebers.[32]

---

28 § 144 Abs. 7 besagt: Wer am 23.07.2009 Arzneimittel nach § 4a S. 1 Nr. 3 a.F. herstellte, musste dies der zuständigen Behörde (§ 67) bis zum 01.02.2010 anzeigen. Wer am 23.07.2009 eine Tätigkeit nach § 4a S. 1 Nr. 3 a.F. ausübte, für die es nun einer Erlaubnis nach §§ 13, 20b oder § 20c bedarf, und bis zum 1. August 2011 die Erlaubnis beantragt, darf diese Tätigkeit bis zur Entscheidung über den Antrag weiter ausüben.

29 Die Ausführungen gelten auch für Tierärzte und sonst zur Ausübung der Heilkunde befugte Personen.

30 Dies gilt u.a. nicht für Arzneimittel für neuartige Therapien und Prüfpräparate, vgl. § 13 Abs. 2b S. 2.

31 So auch Kuhlen, PaPfleReQ 2009, 86 f.

32 Vgl. die diesbezüglichen Äußerungen des Vertreters des Bundesinteresses in dem Urteil des BVerwG vom 18.03.2004 – Az.: 3 C 16/03 (s. Fn. 26), dort Rz. 13.

## § 4b
## Sondervorschriften für Arzneimittel für neuartige Therapien

**(1) Für Arzneimittel für neuartige Therapien, die im Geltungsbereich dieses Gesetzes**
1. **als individuelle Zubereitung für einen einzelnen Patienten ärztlich verschrieben,**
2. **nach spezifischen Qualitätsnormen nicht routinemäßig hergestellt und**
3. **in einer spezialisierten Einrichtung der Krankenversorgung unter der fachlichen Verantwortung eines Arztes angewendet**

**werden, finden der Vierte und Siebte Abschnitt dieses Gesetzes keine Anwendung. Die übrigen Vorschriften des Gesetzes sowie Artikel 14 Absatz 1 und Artikel 15 Absatz 1 bis 6 der Verordnung (EG) Nr. 1394/2007 gelten entsprechend mit der Maßgabe, dass die dort genannten Amtsaufgaben und Befugnisse entsprechend den ihnen nach diesem Gesetz übertragenen Aufgaben von der zuständigen Behörde oder der zuständigen Bundesoberbehörde wahrgenommen werden und an die Stelle des Inhabers der Zulassung im Sinne dieses Gesetzes oder des Inhabers der Genehmigung für das Inverkehrbringen im Sinne der Verordnung (EG) Nr. 1394/2007 der Inhaber der Genehmigung nach Absatz 3 Satz 1 tritt.**

**(2) Nicht routinemäßig hergestellt im Sinne von Absatz 1 Satz 1 Nummer 2 werden insbesondere Arzneimittel,**
1. **die in geringem Umfang hergestellt werden, und bei denen auf der Grundlage einer routinemäßigen Herstellung Abweichungen im Verfahren vorgenommen werden, die für einen einzelnen Patienten medizinisch begründet sind, oder**
2. **die noch nicht in ausreichender Anzahl hergestellt worden sind, so dass die notwendigen Erkenntnisse für ihre umfassende Beurteilung noch nicht vorliegen.**

**(3) Arzneimittel nach Absatz 1 Satz 1 dürfen nur an andere abgegeben werden, wenn sie durch die zuständige Bundesoberbehörde genehmigt worden sind. § 21a Absatz 2 bis 8 gilt entsprechend. Können die erforderlichen Angaben und Unterlagen nach § 21a Absatz 2 Nummer 6 nicht erbracht werden, kann der Antragsteller die Angaben und Unterlagen über die Wirkungsweise, die voraussichtliche Wirkung und mögliche Risiken beifügen. Der Inhaber der Genehmigung hat der zuständigen Bundesoberbehörde in bestimmten Zeitabständen, die die zuständige Bundesoberbehörde durch Anordnung festlegt, über den Umfang der Herstellung und über die Erkenntnisse für die umfassende Beurteilung des Arzneimittels zu berichten. Die Genehmigung ist zurückzunehmen, wenn nachträglich bekannt wird, dass eine der Voraussetzungen von Absatz 1 Satz 1 nicht vorgelegen hat; sie ist zu widerrufen, wenn eine der Voraussetzungen nicht mehr gegeben ist. § 22 Absatz 4 gilt entsprechend.**

**(4) Über Anfragen zur Genehmigungspflicht eines Arzneimittels für neuartige Therapien entscheidet die zuständige Behörde im Benehmen mit der zuständigen Bundesoberbehörde. § 21 Absatz 4 gilt entsprechend.**

**Übersicht** **Rz.**



**Literatur**

Boergen, Jäkel, Spiegel, Lebende Arzneimittel – Ein Überblick über die Verordnung (EG) Nr. 1394/2007 über Arzneimittel für neuartige Therapien, PharmR 2008, 357; Friese, EMEA and EU Commission - Topical News: Advanced Therapy Medicinal Products – Further Steps for Implementation of the Advanced Therapy Regulation, PharmInd 2009, 1712; Gassner, Regenerative Medizin auf der Regulierungsagenda, StoffR 2005, 120; Heyer, Bedürfen Therapien auf der Grundlage der Verabreichung körpereigener adulter Stammzellen einer Zulassung oder Genehmigung? Eine Einschätzung. Veröffentlicht unter www.stammzellen.nrw.de; Pühler, Middel, Hübner, Pankreasinseln – Was tun, wenn ein Organ zum Gewebe wird?, MedR 2010, 23; Roth, Vier Begriffe für ein Objekt – die arzneimittelrechtliche Begriffsvielfalt beim menschlichen Gewebe, A&R 2008, 25; Sickmüller, Wilken, Tissue Engineering vor der Regulierung- EU-Verordnung Advanced Therapies und Entwicklungen in der 14. AMG-Novelle, PharmInd 2005, 901.

## I. Die Bedeutung der Norm

1 Die Norm wurde durch das letzte AMG-Änderungsgesetz[1] neu ins AMG eingeführt. Sie legt besondere Regelungen für die zunehmend an Bedeutung gewinnende Gruppe der Arzneimittel für neuartige Therapien fest. Gemäß § 4 Abs. 9 erfasst der Begriff „Arzneimittel für neuartige Therapien" drei Gruppen von Produkten:

- Gentherapeutika,
- somatische Zelltherapeutika und
- biotechnologisch bearbeitete Gewebeprodukte (Tissue-Engineering).[2]

2 Diese Arzneimittel für neuartige Therapien sind mit Wirkung vom 30. Dezember 2008 an eigentlich Gegenstand der europaweiten Regulierung durch die Verordnung (EG) Nr. 1394/2007.[3] Aufgrund der Neuheit, Komplexität und technischen Besonderheiten dieser Arzneimittel wurde auf EU-Ebene der Bedarf gesehen, eigens auf sie zugeschnittene harmonisierte Vorschriften in Gestalt der Verordnung

---

[1] Gesetz zur Änderung arzneimittelrechtlicher und anderer Vorschriften vom 17.07.2009, BGBl. I S. 1990, (im Folgenden: „AMG-Novelle 2009").

[2] Siehe die Kommentierung zu § 4 Abs. 9 mit den jeweiligen Definitionen.

[3] Verordnung (EG) Nr. 1394/2007 vom 13.11.2007 über Arzneimittel für neuartige Therapien und zur Änderung der Richtlinie 2001/83/EG und der Verordnung (EG) Nr. 726/2004, S. 8, Abl. L 324 vom 10.12.2007, S. 121.

(EG) Nr. 1394/2007 zu schaffen, damit „der freie Verkehr dieser Arzneimittel innerhalb der Gemeinschaft und das wirksame Funktionieren des Binnenmarktes im Biotechnologiesektor gewährleistet werden können".[4] Diese Verordnung ist lex specialis gegenüber der RiLi 2001/83/EG (Gemeinschaftskodex für Humanarzneimittel) und damit auch gegenüber dem AMG als nationalem Umsetzungsakt des Gemeinschaftskodex.

3 Die Verordnung (EG) Nr. 1394/2007 klammert aber eine bestimmte Gruppe von Arzneimitteln für neuartige Therapien aus ihrem Anwendungsbereich aus. Es handelt sich um die sog. „non-routine" Arzneimittel für neuartige Therapien. Die rechtliche Regulierung dieser Gruppe wird den EU-Mitgliedstaaten überlassen und eben dieser Regulierung in Deutschland dient die Einführung des neuen § 4b. In § 4b werden nationale Regeln für diese „non-routine" Arzneimittel für neuartige Therapien festgelegt. Unter anderem schreibt § 4b für diese Arzneimittel ein spezifisches Genehmigungsverfahren durch die zuständige Bundesoberbehörde vor, wobei für diese Produkte das Paul-Ehrlich-Institut zuständig ist.[5]

## II. Europarechtlicher Hintergrund

4 Die Verordnung (EG) Nr. 1394/2007 legt spezielle Vorschriften für die Genehmigung, Überwachung, Rückverfolgbarkeit und Pharmakovigilanz von Arzneimitteln für neuartige Therapien fest. Sie hat erstmals eine einheitliche europaweite Regulierung für diese neue Produktklasse geschaffen. Für Produkte aus Gewebezüchtungen existierten bis dato keine Rechtsvorschriften auf EU-Ebene.[6] Wesentliche Regelungsinhalte sind die Unterwerfung dieser Produkte unter das zentrale Zulassungsverfahren (Art. 8), die Schaffung eines gesonderten (Sachverständigen-)Ausschusses für neuartige Therapien (Art. 20 ff.), besondere Bestimmungen für (z.B. mit Medizinprodukten) kombinierte Arzneimittel für neuartige Therapien (Art. 9), abweichende Bestimmungen für die Kennzeichnung, Packungsbeilage, die Zusammenfassung der Merkmale des Arzneimittels und Verpackung der Arzneimittel (Art. 10-13).

5 Ein besonderes Anliegen der Verordnung (EG) Nr. 1394/2007 ist die Beobachtung der Nebenwirkungen *und* Wirksamkeit (Art. 14) sowie die Sicherstellung der effizienten Rückverfolgbarkeit der Arzneimittel für neuartige Therapien (Art. 15). So werden im Interesse der Rückverfolgbarkeit auch Krankenhäuser und Arztpraxen und andere medizinische Einrichtungen, die Arzneimittel für neuartige Therapien anwenden, zur Einrichtung eines Systems zur Rückverfolgbarkeit verpflichtet. Dieses System hat hinreichend detaillierte Angaben zu enthalten, die es erlauben, jedes einzelne Arzneimittel mit dem Patienten in Verbindung zu bringen, der es erhielt, und umgekehrt. Die Verordnung trat am 30.12.2007 in Kraft, findet allerdings erst seit dem 30.12.2008 EU-weit unmittelbar Anwendung. Für Produkte,

---

4 Vgl. Erwägungsgrund 5 der Verordnung (EG) Nr. 1394/2007.

5 Vgl. § 77 Abs. 2: Das Paul-Ehrlich-Institut ist ausdrücklich für Arzneimittel für neuartige Therapien zuständig.

6 Sickmüller, Wilken, PharmInd 2005, 901; Gassner, StoffR 2005, 120.

die sich am 30. Dezember 2008 bereits rechtmäßig in der EU im Verkehr befanden, räumt die Verordnung einen Übergangszeitraum ein (Art. 29 u. 30: bis 30.12.2011 für Gentherapeutika und somatische Zelltherapeutika; bis 30.12.2012 für biotechnologisch bearbeitete Gewebeprodukte).

6 Die Einführung des § 4b wurde wegen Art. 28 Nr. 2 der Verordnung (EG) Nr. 1394/2007 erforderlich. Hiernach sind aus dem Anwendungsbereich dieser Verordnung ausgenommen:

> „Arzneimittel für neuartige Therapien, die nicht routinemäßig nach spezifischen Qualitätsnormen hergestellt und in einem Krankenhaus in demselben Mitgliedstaat unter der ausschließlichen fachlichen Verantwortung eines Arztes auf individuelle ärztliche Verschreibung eines eigens für einen einzelnen Patienten angefertigten Arzneimittels verwendet werden.“

7 Aufgrund dieser Ausnahme und vor allem wegen des folgenden zweiten Absatzes in Art. 28 Nr. 2 der Verordnung musste der nationale Gesetzgeber mit § 4b eine Regelung für die genannten Arzneimittel treffen:

> „Die Herstellung dieser Arzneimittel muss durch die zuständige Behörde des Mitgliedstaats genehmigt werden. Die Mitgliedstaaten stellen sicher, dass die einzelstaatlichen Rückverfolgbarkeits- und Pharmakovigilanzanforderungen sowie die in diesem Absatz genannten spezifischen Qualitätsnormen denen entsprechen, die auf Gemeinschaftsebene für Arzneimittel für neuartige Therapien gelten, für die eine Genehmigung gemäß der Verordnung (EG) Nr. 726/2004 … erforderlich ist.“

8 Die Verordnung (EG) Nr. 1394/2007 hat damit den Mitgliedstaaten aufgegeben und überlassen, diese Produkte Bestimmungen zur Rückverfolgbarkeit und Pharmakovigilanz zu unterwerfen und sicherzustellen, dass ihre Herstellung behördlich genehmigt wird und die Qualitätsnormen den Standards auf Gemeinschaftsebene entsprechen. Insofern bezweckt die Verordnung durch diese, den Mitgliedstaaten übertragenen Regelungsinhalte, die Einhaltung eines EU-weiten Standards für die Herstellung, Pharmakovigilanz und Rückverfolgbarkeit der in Art. 28 Nr. 2 und in § 4b genannten Arzneimittel für neuartige Therapien. Diese Vorgaben hat der deutsche Gesetzgeber in Gestalt des § 4b nunmehr in nationales Recht umgesetzt.

### III. Regelungsgehalt

9 In seinem Regelungsgehalt hält sich § 4b AMG eng an die Vorgaben des Art. 28 Nr. 2 der Verordnung (EG) Nr. 1394/2007 und schließt die Lücke, die durch die Ausklammerung der hier normierten Arzneimittel aus dem Anwendungsbereich dieser Verordnung entsteht.

### 1. Zu § 4b Absatz 1

Absatz 1 legt fest, welche Produkte von § 4b erfasst sind und bestimmt, welche rechtlichen Regelungen für diese Produkte anwendbar sind. Bei der Festlegung der Arzneimittel übernimmt § 4b Abs. 1 nahezu wörtlich die Terminologie der Verordnung. 10

#### a) Arzneimittel im Sinne des § 4b Abs. 1

Die Arzneimittel i.S.d. § 4b müssen zunächst als individuelle Zubereitung für einen einzelnen Patienten ärztlich verschrieben sein (Abs. 1 S. 1 Nr. 1). Es kommt auf den Individualbezug an. Es darf sich also nicht um Arzneimittel handeln, die losgelöst von dem Bedarf eines einzelnen Patienten oder von einer zugrundeliegenden ärztlichen Verordnung für mehrere Patienten zubereitet werden. 11

Ferner sollen die Arzneimittel gem. Abs. 1 S. 1 Nr. 2 „nach spezifischen Qualitätsnormen nicht routinemäßig hergestellt" werden. Hier ist der Gesetzgeber vom Wortlaut des Art. 28 Nr. 2 der Verordnung (EG) Nr. 1394/2007 abgewichen. Gemeint sind danach Arzneimittel, die „nicht routinemäßig nach spezifischen Qualitätsnormen" hergestellt werden. Die Betonung liegt auf der „nicht routinemäßigen Herstellung", die begrifflich in § 4b Abs. 2 weiter präzisiert wird. Der Begriff „spezifische Qualitätsnormen" stammt ebenfalls aus der Verordnung (EG) Nr. 1394/2007 und soll ausweislich der Gesetzesbegründung sowohl Aspekte der Herstellungs- als auch der Produktqualität erfassen.[7] Dazu gehören vor allem, aber nicht nur, § 14 Abs. 1 Nr. 6a und Abschnitt 8 des AMG („Sicherung und Kontrolle der Qualität"). Auch die GMP-Anforderungen finden für die Herstellung von Arzneimitteln für neuartige Therapien Anwendung. Soweit für diese Arzneimittel noch keine oder keine hinreichenden Anforderungen nach dem Stand von Wissenschaft und Technik oder pharmazeutische Regeln bestehen, ist es zulässig, auf Hersteller-spezifische Anforderungen zurück zu greifen.[8] 12

Gemäß Abs. 1 S. 1 Nr. 3 müssen die Arzneimittel „in einer spezialisierten Einrichtung der Krankenversorgung unter der fachlichen Verantwortung eines Arztes angewendet" werden. Bei diesem Tatbestandsmerkmal ist der Wortlaut des Art. 28 Nr. 2 der Verordnung (EG) Nr. 1394/2007 enger, der nämlich nur die Anwendung in „einem Krankenhaus" erfasst. Der im AMG verwendete Begriff „spezialisierte Einrichtung der Krankenversorgung" geht über Krankenhäuser hinaus und schließt gem. § 14 Abs. 2 S. 2 TFG auch jede „andere ärztliche Einrichtung, die Personen behandelt" ein. Daher können gem. § 4b AMG auch Arztpraxen und Medizinische Versorgungszentren die hier regulierten Arzneimittel anwenden.[9] Gegen die hier beschlossene Zulassung ärztlicher Einrichtungen außerhalb von Krankenhäusern hatten sich im Gesetzgebungsverfahren die Apothekerverbände gewandt und dafür 13

---

7 BR-Drucks. 171/09, S. 68.
8 BR-Drucks. 171/09, S. 68.
9 BR-Drucks. 171/09, S. 68/69.

Gründe der Arzneimittelsicherheit angeführt.[10] Für die Apotheker wäre die Unterstellung dieser Produkte unter den siebenten Abschnitt des AMG (vgl. Abs. 1 S. 2) und damit die Apothekenpflicht wohl auch aus anderen Gründen wünschenswert gewesen. Festzuhalten ist auch deshalb, dass der Gesetzgeber den Kreis der zulässigen medizinischen Einrichtungen in Abs. 1 S. 1 Nr. 3 absichtsvoll weit konzipiert hat.

**14** Im Gegenzug zu dem in Abs. 1 Nr. 3 großzügig zugeschnittenen Kreis der zulässigen medizinischen Einrichtungen verlangt das AMG allerdings, dass diese Einrichtungen „spezialisiert" sein müssen. Hiermit geht das AMG wiederum über Art. 28 Nr. 2 der Verordnung (EG) Nr. 1394/2007 hinaus. Die verlangte Spezialisierung ist produktbezogen auszulegen. Die Einrichtung muss neben der als Mindestvoraussetzung erforderlichen Fachqualifikation auch mit dem konkret anzuwendenden Arzneimittel und seiner Anwendung vertraut sein. Hierzu heißt es in der amtlichen Begründung: *„Die Einrichtung ... muss spezialisiert sein, weil es sich um technisch höchst anspruchsvolle Arzneimittel handelt. So ist z.B. bei der Anwendung autologer Chondrozytenprodukte neben der notwendigen Fachqualifikation ein produktspezifisches Fachwissen erforderlich, das z.B. durch Schulungen seitens des pharmazeutischen Unternehmens vermittelt werden kann"*[11].

### b) Rechtsfolgen gem. § 4b Abs. 1

**15** In der Rechtsfolge bestimmt § 4b Abs. 1, dass für die hier genannten Arzneimittel das AMG – bis auf den vierten Abschnitt (§§ 21-37: Zulassung der Arzneimittel) und den siebten Abschnitt (§§ 43-53: Abgabe von Arzneimitteln) – anwendbar ist und dass ergänzend die Art. 14 Abs. 1 und Art. 15 Abs. 1 der Verordnung (EG) Nr. 1394/2007 gelten. Anstelle der Vorschriften über die Zulassung trifft § 4b Abs. 3 eigenständige Bestimmungen, die im Ergebnis ein eigenes Genehmigungsverfahren normieren.

**16** Ferner legt § 4b Abs. 1 in der Rechtsfolge fest, dass für die hier genannten Arzneimittel Art. 14 Abs. 1 und Art. 15 Abs. 1-6 der Verordnung (EG) Nr. 1394/2007 unmittelbar anwendbar sind. Art. 14 ist betitelt mit „Beobachtung der Wirksamkeit und der Nebenwirkungen sowie das Risikomanagement nach der Genehmigung" und legt in Absatz 1 folgendes fest:

> „Ergänzend zu den Pharmakovigilanzvorschriften in den Artikeln 21 bis 29 der Verordnung (EG) Nr. 726/2004 erläutert der Antragsteller in seinem Antrag auf Genehmigung für das Inverkehrbringen ausführlich die Maßnahmen, die er vorgesehen hat, um die Nachbeobachtung der Wirksamkeit und der Nebenwirkungen von Arzneimitteln für neuartige Therapien zu gewährleisten."

---

[10] Stellungnahme der ABDA, S. 2 f, Ausschuss-Drucks. 16(14)0514(27), abrufbar unter: www.bundestag.de/bundestag/ausschuesse/a14/anhoerungen/2009/119/stllg/ABDA.pdf.

[11] BR-Drucks. 171/09, S. 69.

Ferner sind für die in Abs. 1 genannten Arzneimittel über die Verweisung in Abs. 1 S. 2 auch die folgenden Bestimmungen in Art. 15 Abs. 1 bis 6 („Rückverfolgbarkeit") der Verordnung (EG) Nr. 1394/2007 unmittelbar anwendbar: 17

„(1) Der Inhaber der Genehmigung für das Inverkehrbringen eines Arzneimittels für neuartige Therapien erstellt und betreibt ein System, durch das sichergestellt wird, dass jedes einzelne Arzneimittel und seine Ausgangs- und Rohstoffe, einschließlich aller mit den möglicherweise darin enthaltenen Geweben oder Zellen in Berührung kommenden Stoffe, über Bezug, Herstellung, Verpackung, Lagerung, Transport und Abgabe an das Krankenhaus, die Einrichtung oder private Praxis, in dem/der das Produkt verwendet wird, rückverfolgt werden können.

(2) Das Krankenhaus, die Einrichtung oder die private Praxis, in dem/der das Arzneimittel für neuartige Therapien verwendet wird, richtet ein System zur Rückverfolgbarkeit von Patienten und Arzneimitteln ein und betreibt es. Dieses System beinhaltet hinreichend detaillierte Angaben, die es erlauben, jedes einzelne Arzneimittel mit dem Patienten in Verbindung zu bringen, der es erhielt, und umgekehrt.

(3) Enthält ein Arzneimittel für neuartige Therapien menschliche Zellen oder Gewebe, so stellt der Genehmigungsinhaber ebenso wie das Krankenhaus, die Einrichtung oder die private Praxis, in dem/der das Arzneimittel verwendet wird, sicher, dass die in Übereinstimmung mit den Absätzen 1 und 2 des vorliegenden Artikels eingerichteten Rückverfolgbarkeitssysteme die Anforderungen der Artikel 8 und 14 der Richtlinie 2004/23/EG in Bezug auf menschliche Zellen und Gewebe außer Blutzellen und der Artikel 14 und 24 der Richtlinie 2002/98/EG in Bezug auf menschliche Blutzellen ergänzen und mit ihnen vereinbar sind.

(4) Der Genehmigungsinhaber bewahrt die in Absatz 1 genannten Daten mindestens 30 Jahre nach dem Verfallsdatum des Arzneimittels auf; die Kommission kann auch eine längere Aufbewahrungsdauer als Genehmigungsbedingung vorschreiben.

(5) Befindet sich der Genehmigungsinhaber in Konkurs oder Liquidation und hat er die Genehmigung für das Inverkehrbringen keiner anderen Rechtsperson übertragen, so werden die in Absatz 1 genannten Daten an die Agentur weitergegeben.

(6) Wird die Genehmigung für das Inverkehrbringen ausgesetzt, zurückgenommen oder widerrufen, so gelten die Absätze 1, 3 und 4 für den Genehmigungsinhaber weiterhin."

Der Inhaber der Genehmigung nach § 4b Abs. 3 ist danach verpflichtet, ein System zu errichten und zu betreiben, durch das sichergestellt wird, dass jedes Arzneimittel und seine Ausgangs- und Rohstoffe rückverfolgt werden können. Dies betrifft den Bezug, die Herstellung, die Verpackung, die Lagerung, den Transport und die Abgabe des Arzneimittels. Nach § 4b Abs. 1 S. 2 i.V.m. Art. 15 Abs. 2 der Verordnung (EG) Nr. 1394/2007 muss auch die Gesundheitseinrichtung, in der das Arzneimittel verwendet wird, ein solches System der Rückverfolgbarkeit einrichten. Für Arzneimittel für neuartige Therapien, die menschliche Zellen oder Gewebe enthalten, ist ferner auf die spezifische Sonderregel in Art. 15 Abs. 3 hinzuweisen. Die vom Genehmigungsinhaber zu beachtende Aufbewahrungsfrist für die Daten des Systems zur Rückverfolgbarkeit beträgt mindestens 30 Jahre nach dem Verfallsdatum des Arzneimittels. 18

### 2. Zu § 4b Absatz 2

19 In § 4b Abs. 2 wird näher erläutert, aber nicht definiert, was mit dem Begriff „nicht routinemäßig hergestellt" im Sinne des Abs. 1 zu verstehen ist.

20 Nach Abs. 2 Nr. 1 sind zunächst solche Arzneimittel nicht routinemäßig hergestellt, die in geringem Umfang hergestellt werden und bei denen auf der Grundlage einer routinemäßigen Herstellung Abweichungen im Verfahren vorgenommen werden, die für einen einzelnen Patienten medizinisch begründet sind. Eine Herstellung in geringem Umfang soll vorliegen, wenn sie für eine kleine Patientenzahl in einer geringen Menge erfolgt, wobei auch nur eine geringe Häufigkeit gegeben sein darf.[12] Ferner müssen neben dem „geringen Umfang" bei der Herstellung „auf der Grundlage einer routinemäßigen Herstellung Abweichungen im Verfahren vorgenommen werden, die für einen einzelnen Patienten medizinisch begründet sind". Die kumulative Forderung dieser Bedingungen führt zu einer – aus praktischer Sicht nicht unproblematisch erscheinenden – sehr engen Auslegung des Begriffs „nicht routinemäßig", denn im Umkehrschluss ist danach eine Herstellung in geringem Umfang, die ohne Abweichung von der routinemäßigen Herstellung erfolgt, als routinemäßig anzusehen und muss die Verordnung (EG) Nr. 1394/2007 beachten (zentrale Zulassung etc.). Im Gesetzgebungsverfahren zur AMG-Novelle 2009 wurde ausdrücklich auf diese Konsequenzen hingewiesen.[13] Der Gesetzgeber hat sich aber trotzdem und mithin absichtsvoll für diese enge Fassung des Abs. 2 Nr. 1 entschieden.

21 Die in § 4b Abs. 2 Nr. 2 weiterhin beispielhaft genannten Varianten der nicht routinemäßigen Herstellung betreffen Arzneimittel, die noch nicht in ausreichender Anzahl hergestellt worden sind, so dass die notwendigen Erkenntnisse für ihre umfassende Beurteilung noch nicht vorliegen. In diesen Fällen konnten sich wegen der geringen Zahl hergestellter Arzneimittel noch keine gefestigten Qualitätsnormen herausbilden.

22 Die Konkretisierung des Begriffs „nicht routinemäßig hergestellt" in Abs. 2 ist im Übrigen nicht abschließend, sondern nur eine exemplarische Aufzählung („insbesondere"). Diese Beispiele und die in ihnen zum Ausdruck kommenden Fallgestaltungen können für andere Fälle als Orientierung und Auslegungshilfe herangezogen werden.

### 3. § 4b Absatz 3

23 In § 4b Abs. 3 wird für die in Abs. 1 genannten Arzneimittel für neuartige Therapien ein eigenständiges Genehmigungsverfahren festgelegt. Diese Arzneimittel dürfen nur dann an andere abgegeben werden, wenn sie zuvor durch die zuständi-

---

12 Vgl. BR-Drucks. 171/09, S. 69.

13 Siehe die Stellungnahme der BIO Deutschland e.V., S. 4; Ausschuss-Drucks. 16(14)0514(32), abrufbar unter: www.bundestag.de/bundestag/ausschuesse/a14/anhoerungen/2009/119/stllg/BIO_Deutschland.pdf.

ge Bundesoberbehörde genehmigt worden sind. Diesbezüglich ist für die Tatbestandsseite hervorzuheben, dass die bloße Anwendung eines Arzneimittels am Patienten durch einen Arzt oder eine sonst zur Heilkunde befugte Person keine Abgabe und kein Inverkehrbringen im Sinne des § 4 Abs. 17 AMG darstellt.[14] Auch die unmittelbare Anwendung etwa einer Zellzubereitung am Patienten ist daher keine Abgabe im Sinne des § 4 Abs. 17 und des § 4b.[15]

Abs. 3 regelt die Voraussetzungen einer Genehmigung durch die zuständige Bundesoberbehörde, d.h. vorliegend gem. § 77 Abs. 2 durch das Paul-Ehrlich-Institut. Was die erforderlichen Angaben und Unterlagen angeht, die im Antrag auf die Genehmigung beizubringen sind, finden auf die Arzneimittel für neuartige Therapien die Vorschriften für die Genehmigung von Gewebezubereitungen in § 21a Abs. 2 bis 8 entsprechende Anwendung. Die für die Genehmigung vorzulegenden Unterlagen umfassen demnach auch Daten zu nichtklinischen Untersuchungen und zur klinischen Anwendung am Menschen (vgl. § 21a Abs. 2 Nr. 7 und 8). Nach § 4b Abs. 3 S. 3 werden diese Anforderungen aber herabgesetzt, wenn bestimmte Unterlagen und Angaben noch nicht beigebracht werden können.

Die Bundesoberbehörde darf die Genehmigung nur versagen, wenn die vorgeleg- **24**
ten Unterlagen unvollständig sind, das Arzneimittel nicht dem Stand der wissenschaftlichen Erkenntnisse entspricht oder das Arzneimittel nicht die vorgesehene Funktion erfüllt oder das Nutzen-Risiko-Verhältnis ungünstig ist.

In Abs. 3 S. 5 werden die Rücknahme und der Widerruf der Genehmigung (durch **25**
die Bundesoberbehörde) geregelt. Diese sind gesetzlich, wie in diesen Sachlagen üblich[16], als gebundene Entscheidung verankert. Die Bundesoberbehörde hat daher zwar kein Ermessen auf der Rechtsfolgenseite ihrer Entscheidung. Sie hat aber auf der Tatbestandsebene ihrer Entscheidungsfindung angesichts der verschiedenen, hier relevanten ausfüllungsbedürftigen und gesetzlich nicht abschließend definierten Begriffe[17] einen erheblichen Beurteilungsspielraum. Die Tatbestandseite wird daher – wie auch bei den vergleichbaren Entscheidungen in §§ 21a Abs. 8, 30 Abs. 1, 42a Abs. 1 – für die finale Entscheidung die maßgebliche Ebene der Entscheidungsfindung sein.

### 4. Zu § 4b Absatz 4

Nach der amtlichen Begründung zu § 4b Abs. 4 S. 1 soll die Bestimmung dem **26**
§ 11 S. 2 der Allgemeinen Verwaltungsvorschrift zur Durchführung des Arzneimittelgesetzes nachgebildet sein und im Bereich des Vollzugs eine bundeseinheit-

---

14 BVerwG, Urt. v. 02.12.1993 – Az.: 3 C 42/91, BVerwGE 94, 341, OVG NRW, Urt. v. 20.02.1997 – Az.: 13 A 568/95, PharmR 1997, 239 = NJW 1998, 847; beide Urteile auch abrufbar unter www.juris.de; s. a. Kloesel, Cyran, § 4 Anm. 58.

15 Heyer, a.a.O., Anm. II. (3).

16 Siehe die gebundenen Entscheidungen auch in §§ 21a Abs. 8, 30 Abs. 1, 42a Abs. 1.

17 Siehe alleine die oben besprochenen Begriffe „nicht routinemäßig" oder „spezialisierte Einrichtung".

liche Anwendung von § 4b im Hinblick auf die Besonderheiten dieser Arzneimittel gewährleisten.[18] Ferner wirkt diese Norm auch wie eine Entsprechung zu Art. 17 der Verordnung (EG) Nr. 1395/2007. In diesem Art. 17 sind Anfragen allerdings an die Europäische Arzneimittel-Agentur (als Genehmigungsbehörde) zu richten. Es erscheint – auch im Interesse der bundeseinheitlichen Anwendung – gerade bei diesen komplexen Produkten vorzugswürdiger, auch national die insoweit spezialisiertere Bundesoberbehörde als Genehmigungsbehörde über Anfragen zur Genehmigungspflicht entscheiden zu lassen[19], da es um „technisch höchst anspruchsvolle Arzneimittel" geht[20]. Dass die Landesbehörde gem. Abs. 4 „im Benehmen" mit der Bundesoberbehörde entscheiden soll, bleibt hinter dem hier vertretenen Vorschlag zurück, denn „im Benehmen" bedeutet, dass die Bundesoberbehörde zwar ihre Auffassung mitteilen darf, aber die Landesbehörde sich darüber hinwegsetzen und anders entscheiden kann.

**27** Gemäß § 4b Abs. 4 S. 2 i.V.m. § 21 Abs.4 ist auch vorgesehen, dass die zuständige Bundesoberbehörde auch unabhängig von einem Zulassungsantrag eines Herstellers auf Antrag einer zuständigen Landesbehörde über die Zulassungspflicht eines Arzneimittels für neuartige Therapien entscheiden kann.

## IV. Übergangsvorschriften

**28** Im Zusammenhang mit dem in § 4b Abs. 3 neu eingeführten Genehmigungserfordernis wurden für die in § 4b Abs. 1 genannten Arzneimittel für neuartige Therapien in § 144 auch gesonderte Übergangsvorschriften erlassen: (1) Wer die in Abs. 1 genannten Arzneimittel am 23.07.2009 befugt herstellte und bis zum 01.01.2010 eine Herstellungserlaubnis beantragt hat, darf diese Arzneimittel bis zur Entscheidung über seinen Antrag weiter herstellen; (2) wer die in § Abs. 1 genannten Arzneimittel mit Ausnahme biotechnologisch bearbeiteter Gewebeprodukte am 23.07.2009 befugt in den Verkehr brachte und bis zum 01.08.2010 eine Genehmigung nach Abs. 3 S. 1 beantragt, darf diese Arzneimittel bis zur Entscheidung über seinen Antrag auch weiter in den Verkehr bringen; (3) wer biotechnologisch bearbeitete Gewebeprodukte i.S.d. Abs. 1 am 23.07.2009 befugt in den Verkehr bringt und bis zum 01.01.2011 eine Genehmigung nach Abs. 3 S. 1 beantragt, darf diese Arzneimittel ebenfalls bis zur Entscheidung über seinen Antrag weiter in den Verkehr bringen.[21]

---

18 Allgemeine Verwaltungsvorschrift zur Durchführung des Arzneimittelgesetzes vom 29.03.2006, BAnz. S. 2287.

19 Das macht sie nach § 11 der Allgemeinen Verwaltungsvorschrift zur Durchführung des Arzneimittelgesetzes etwa gegenüber pharmazeutischen Unternehmen machen, die ihren Sitz nicht in Deutschland haben.

20 So die amtliche Begründung in BR-Drucks. 171/09, S. 69.

21 Siehe dazu im Einzelnen § 144.

## V. Sanktionen

Verstöße gegen § 4b sind im AMG als Straftat oder Ordnungswidrigkeit sanktionsbewehrt. Gemäß § 96 Nr. 1 wird mit Freiheitsstrafe bis zu einem Jahr oder mit Geldstrafe bestraft, wer entgegen § 4b Abs. 3 S. 1 ein Arzneimittel abgibt, d.h. wer Arzneimittel für neuartige Therapien ohne die erforderliche Genehmigung abgibt. Gemäß § 97 Abs. 1 i.V.m. § 96 Nr. 1 handelt ordnungswidrig, wer diese in § 96 Nr. 1 unter Strafe gestellte Handlung fahrlässig begeht. 29

# Zweiter Abschnitt
# Anforderungen an die Arzneimittel

## Vorbemerkungen vor §§ 5ff.

1 Die §§ 5-12 a zeigen einen doppelten Weg auf: Es besteht ein absolutes Verbot bedenklicher oder täuschender Arzneimittel; im Übrigen gilt ein Verbot mit Erlaubnisvorbehalt, wonach zugelassene oder bei homöopathischen Arzneimitteln registrierte Medikamente in Verkehr gebracht werden können. Die Ordnung und Zusammenstellung der Bestimmungen des zweiten Abschnitts erschließt sich jedenfalls nicht auf den ersten Blick. Die §§ 5-8 stecken den Verbotsbereich ab. § 9 regelt die persönliche Verantwortlichkeit. Die §§ 10-12 befassen sich in unendlicher Genauigkeit mit der Kennzeichnung der Fertigarzneimittel, der Packungsbeilage, der Fachinformation und den damit verbundenen Ermächtigungen. Beide Bereiche haben miteinander wenig zu tun und scheinen eher zufällig gemischt worden zu sein.

Deutsch

E. Deutsch, H.-D. Lippert (Hrsg.), *Kommentar zum Arzneimittelgesetz (AMG),*
DOI 10.1007/978-3-642-01455-0_2, 

## § 5
## Verbot bedenklicher Arzneimittel

**(1) Es ist verboten, bedenkliche Arzneimittel in den Verkehr zu bringen oder bei einem anderen Menschen anzuwenden.**

**(2) Bedenklich sind Arzneimittel, bei denen nach dem jeweiligen Stand der wissenschaftlichen Erkenntnisse der begründete Verdacht besteht, dass sie bei bestimmungsgemäßem Gebrauch schädliche Wirkungen haben, die über ein nach den Erkenntnissen der medizinischen Wissenschaft vertretbares Maß hinausgehen.**

**Übersicht** **Rz.**



**Literatur**

Birkenstock, Die Bestimmtheit von Straftatbeständen mit unbestimmten Gesetzesbegriffen (Diss. Marburg 2004) S. 61; Führmann, Sicherheitsentscheidungen im AMR, 2005; Hart, Die Bedenklichkeit von Arzneimitteln, MedR 1989, 15; Hauke, Kraemer, Der bestimmungsgemäße Gebrauch eines Arzneimittels, PharmaR 1992, 162; Hopf, Schäfer, „Bedenkliche Arzneimittel" oder „bedenkliches Verordnen"?, RhÄBl. August 1997, S. 20; Letzel, Wartensleben, „Begründeter Verdacht" und „Jeweils gesicherter Stand der wissenschaftlichen Erkenntnis", PharmaR 1989, 2; Prütting, Bedenkliche Arzneimittel, Muss der Apotheker abgeben, wenn der Arzt verordnet?, DAZ 1987, 310; Räpple, Das Verbot bedenklicher Arzneimittel, 1991; Ratajczak, Der „begründete Verdacht" in § 5 AMG und § 4 MPG, in: Arzneimittel und Medizinprodukte, 1997, 75; Wagener, Arzneimittel-Delinquenz, 1984, 74ff; Wolz, Bedenkliche Arzneimittel als Rechtsbegriff, 1988.

## I. Die Bedeutung der Norm

Nach § 5 ist es verboten, bedenkliche Arzneimittel in den Verkehr zu bringen. Es **1**
handelt sich um ein absolutes Verbot, das nicht nur zulassungspflichtige, sondern alle Arzneimittel betrifft.[1] Unter Inverkehrbringen ist nach § 4 Abs. 17 das Vorrätighalten zum Verkauf oder zur sonstigen Abgabe, das Feilhalten, das Feilbieten und die Abgabe an andere zu verstehen. Dieser sehr weit gefasste Begriff des Inverkehrbringens umfasst nicht nur die Veräußerung gegen Entgelt, sondern auch die Abgabe von Ärztemustern. Ebenso ist der Export und der Nicht-Rückruf betroffen. Bei Prüfpräparaten zur klinischen Prüfung wird man den strengen Maßstab des § 5 nicht anlegen können.[2] Vielmehr ist hier auf den Zweck der Norm zu sehen. Eine klinische Prüfung eines Sedativums an über 1.000 Patienten bedeutet

[1] Sander, § 5, Anm. 1; Rehmann, § 5 Rn. 1, Deutsch, Spickhoff, Rn. 864f.
[2] Anders offenbar Sander, § 4, Anm. 21.

eine Benutzung des Warenzeichens.[3] Arzneimittel in der Erprobung können jedoch sowohl für die Testgruppe als auch für die Kontrollgruppe die Gefahr nicht unerheblicher Verletzungen beinhalten. Sie nach § 5 Abs. 2 zu verbieten, wäre kontraproduktiv. Vielmehr gelten hier die besonderen Voraussetzungen des § 40.

2 Der parallele § 4 MPG vermeidet das Wort „bedenklich". Vielmehr werden Medizinprodukte verboten, bei denen der begründete Verdacht besteht, dass sie Personen über ein den Erkenntnissen der medizinischen Wissenschaft vertretbares Maß hinausgehend gefährden. Trotz der doppelten Potentialität (begründeter Verdacht, gefährden) ist wohl das Gleiche gemeint wie in § 5: Übermäßig gefährliche Medizinprodukte sind ebenso wie derartige Arzneimittel verboten.

3 Adressat der Verbotsnorm des § 5 ist jedermann, nicht nur der pharmazeutische Unternehmer oder Apotheker. Es ist eine absolute Verbotsnorm.[4] Sie richtet sich auch gegen Behörden, welche die Zulassung des Arzneimittels ruhen lassen oder zurücknehmen müssen, bzw. im Verdachtsfalle die vorgesehenen Verfahren anregen müssen.[5]

## II. Bedenklichkeit

4 Mit dem Wort „bedenklich" soll die Gefährlichkeit angesprochen werden, welche als Ergebnis eines Denkprozesses aufscheint. Das Bedenken ist auch nicht im juristischen Sinne gemeint, bei dem eine zweifelhafte Auslegung als bedenklich bezeichnet wird, wenn man sie nicht ganz und gar ablehnen will. In Wirklichkeit ist der Ausdruck „bedenklich" unpassend und wird auch nicht im MPG verwendet. Trotz der Bedenken gegen den Begriff „bedenkliche Arzneimittel" genügt der Tatbestand dem Bestimmtheitserfordernis des Art. 103 Abs. 2 GG.[6]

5 Die Bedenklichkeit beruht auf mehrfachen Abwägungen. Einmal muss ein Verdacht bestehen. Ein vager Verdacht genügt nicht.[7] Der Verdacht muss sich auf die schädlichen Wirkungen richten, die im allgemeinen Neben- oder Wechselwirkungen sein werden.

6 § 5 betrifft den bestimmungsgemäßen Gebrauch des Arzneimittels. Bestimmungsgemäß ist der Gebrauch, wenn er nach Indikation, Umfang und unter Berücksichtigung von Gegenanzeigen und Einschränkungen erfolgt.[8] Der bestimmungsgemäße Gebrauch wird also im wesentlichen vom pharmazeutischen Unternehmer in der Fachinformation und dem Beipackzettel abgesteckt. Auch die Duldung bestimmungswidrigen Gebrauchs kann auf die Dauer zur Bestimmungsgemäßheit

---

3 BGH PharmaR 1980, 268.
4 Sander, § 5, Anm. 1.
5 Kloesel, Cyran, § 5, Anm. 1.
6 BGHSt 43, 342ff.
7 Kloesel, Cyran, § 5, Nr. 7.
8 Wolz, Bedenkliche Arzneimittel, a.a.O.; Hauke, Kraemer, PharmaR 1992, 162. Führmann aaO 109ff.

führen. In der Literatur wird zwischen absoluter und relativer Bedenklichkeit unterschieden.[9] Absolut bedenklich soll ein Arzneimittel sein, dass unwirksam und mit schädlichen Wirkungen belastet ist, gleichgültig wo und aus welcher Indikation es eingesetzt wird. Relativ bedenklich ist unter den Arzneimitteln gleicher Indikation und gleicher Wirksamkeit dasjenige, was hinsichtlich der Schadensgröße und der Schadenswahrscheinlichkeit riskanter ist als Vergleichspräparate. Mit dieser Unterscheidung wird aber wohl das Bedenken gegen die „Bedenklichkeit" noch eher unterstrichen.

Unter schädlicher Wirkung wird jede nachteilige Beeinflussung der Gesundheit 7 des Patienten verstanden. Dabei ist es gleichgültig, ob die schädliche Wirkung unmittelbar eintritt, mittelbar geschieht oder sich gar erst als Spätschaden äußert. Die schädliche Wirkung genügt allerdings nicht allein. Vielmehr ist eine erneute Abwägung erforderlich, wonach ein nach den Erkenntnissen der medizinischen Wissenschaft vertretbares Maß überschritten ist. Es wird also abzuwägen sein, ob der therapeutische Zweck die Nebenwirkungen und Wechselwirkungen noch tolerierbar erscheinen lässt. Bei schlichten Indikationen dürfen keine schwerwiegenden Folgen in Kauf genommen werden. Bei lebensgefährlicher Diagnose hingegen sind auch schwerste Nebenwirkungen noch akzeptabel.[10] Die Abwägung der Vertretbarkeit nach den Erkenntnissen der medizinischen Wissenschaft darf nicht nur zu Beginn des Inverkehrbringens erfolgen, sondern hat ständig, auch durch Beobachtung des Arzneimittels sowie unter Berücksichtigung anderer Medikamente dauernd zu erfolgen. So kann ein Arzneimittel, das anfangs wissenschaftlich vertretbare Nebenwirkungen hatte, mit der Zeit bedenklich werden. Auch die schädliche Wirkung steht unter dem Vorbehalt der Geringfügigkeit. Nicht schon jede unerwünschte Wirkung oder reine Befindlichkeitsstörung fällt darunter. Es muss sich um mehr als Bagatellbeeinträchtigungen handeln.[11]

Ungeklärt ist immer noch die Problematik der sehr seltenen Nebenwirkungen. Das 8 AMG spricht sie auch an anderer Stelle nicht an. Nun sind Arzneimittel in den seltensten Fällen nebenwirkungsfrei. Auch Medikamente mit geringer Wirkung können zu einem anaphylaktischen Schock mit Todesfolge führen. Bei sehr seltenen Nebenwirkungen sollte § 5 nicht angewendet werden, auch nicht aufgrund einer neuen Abwägung, welche die seltene Nebenwirkung schon einbezieht.[12]

### III. In Verkehr bringen oder Anwenden

Der Anwendungsbereich des § 5 ist dadurch erweitert worden, dass zusätzlich zu 9 dem Verbot, bedenkliche Arzneimittel in den Verkehr zu bringen, das Anwendungsverbot hinzugetreten ist. Es ist jetzt ebenso verboten, bedenkliche Arznei-

[9] Wolz 96; Kloesel, Cyran § 5, Anm. 13.

[10] Kloesel, Cyran, § 5, Nr. 7; Sander, § 5, Anm. 4.

[11] OVG Berlin, PharmaR 1988, 57; PharmaR 1992, 246. Dagegen Wolz, 59; Kloesel, Cyran, § 5 Anm. 16.

[12] Anders Kloesel, Cyran, § 5, Anm. 11.

mittel bei einem anderen Menschen anzuwenden. Die Anwendungsform, also etwa äußerlich oder innerlich, ist unerheblich.

### IV. Rechtsfolgen

#### Im Zivilrecht

10 § 5 stellt ein Schutzgesetz nach § 823 Abs. 2 BGB dar, so dass bei einem Verstoß voller Schadensersatz und Schmerzensgeld geschuldet wird.[13] Allerdings muss die Übertretung der Norm vorsätzlich oder fahrlässig geschehen, § 823 Abs. 2 S. 2 BGB.

11 Die Parallelität der Wortwahl in § 5 und § 84 zeigt auch, dass, hier ganz ohne die Voraussetzung des Verschuldens, die Gefährdungshaftung nach § 84 eingreift. Sie ist freilich der Höhe nach beschränkt. Auf Schadensersatz haften nach § 823 Abs. 2 BGB auch Ärzte und Apotheker, ja sogar der Staat, dessen Behörden die erforderlichen Maßnahmen unterlassen, Art. 34 GG.[14]

12 Dabei hat sich der Geschädigte ein Mitverschulden anrechnen zu lassen, § 254 BGB. Wird etwa das Arzneimittel bestimmungswidrig aber geduldetermaßen angewendet, wird kein voller Schadensersatzanspruch bestehen.[15]

### V. Sanktionen

#### Im Strafrecht

13 Die vorsätzliche oder fahrlässige Übertretung des § 5 ist strafbar, § 95 Abs. 1 Nr. 1, Abs. 4. Strafbar macht sich, wer Arzneimittel in den Verkehr bringt, bei denen der begründete Verdacht besteht, dass sie schädliche Wirkungen haben und damit bedenkliche Arzneimittel sind, § 95 Abs. 1 Nr. 1. Trotz der Ungewöhnlichkeit des Begriffs „bedenklicher Arzneimittel“ genügt der Tatbestand dem Bestimmtheitserfordernis des Art. 103 Abs. 2 GG.[16] Bei vorsätzlicher Übertretung ist auch der Versuch strafbar. Normadressaten sind in erster Linie pharmazeutische Unternehmer, pharmazeutische Großhändler und Apotheker.

---

13 Sander, § 5, Anm. 3.; Rehmann, § 5 Rn. 4.

14 Rehmann, § 5 Rn. 1.

15 Weitergehend Kloesel, Cyran, § 5 Anm. 41, der wohl bei Mitverschulden den Schadensersatzanspruch überhaupt ausschließt.

16 BGHSt 43, 342.

## § 6
## Ermächtigung zum Schutz der Gesundheit

**(1) Das Bundesministerium für Gesundheit (Bundesministerium) wird ermächtigt, durch Rechtsverordnung mit Zustimmung des Bundesrates die Verwendung bestimmter Stoffe, Zubereitungen aus Stoffen oder Gegenstände bei der Herstellung von Arzneimitteln vorzuschreiben, zu beschränken oder zu verbieten und das Inverkehrbringen und die Anwendung von Arzneimitteln, die nicht nach diesen Vorschriften hergestellt sind, zu untersagen, soweit es zur Risikovorsorge oder zur Abwehr einer unmittelbaren oder mittelbaren Gefährdung der Gesundheit von Mensch oder Tier durch Arzneimittel geboten ist. Die Rechtsverordnung nach Satz 1 wird vom Bundesministerium für Ernährung, Landwirtschaft und Verbraucherschutz im Einvernehmen mit dem Bundesministerium erlassen, soweit es sich um Arzneimittel handelt, die zur Anwendung bei Tieren bestimmt sind.**

**(2) Die Rechtsverordnung nach Absatz 1 ergeht im Einvernehmen mit dem Bundesministerium für Umwelt, Naturschutz und Reaktorsicherheit, soweit es sich um radioaktive Arzneimittel und um Arzneimittel handelt, bei deren Herstellung ionisierende Strahlen verwendet werden.**

**Zugehörige Verordnungen:**

**Verordnung über das Verbot der Verwendung bestimmter Stoffe bei der Herstellung von Arzneimitteln zur Anwendung bei Tieren vom 21. Oktober 1981 (BGBI. I S. 1135) zuletzt geändert durch Artikel 2 der Verordnung vom 24. Oktober 2004 (BGBl. I S.2653)**

**Arzneimittelfarbstoffverordnung (AMFarbV) vom 25. August 1982 (BGBI. I S. 1237), zuletzt geändert durch Artikel 5 des EWR- Ausführungsgesetzes vom 27. April 1993 (BGBI. I S. 512, 514) zuletzt geändert durch Art. 8 des Gesetzes vom 17. Juli 2009 (BGBl. I S. 1990)**

**Verordnung über ein Verbot der Verwendung von Ethylenoxid bei Arzneimitteln vom 11. August 1988 (BGBI. I S. 1586) geändert durch die 1. ÄndV vom 26. September 1989 (BGBI. I S. 1792) zuletzt geändert durch Art. 9 des Gesetzes vom 17. Juli 2009 (BGBl. I S. 1990)**

**Verordnung zum Verbot der Verwendung bestimmter Stoffe zur Vermeidung des Risikos der Übertragung transmissibler spongioformer Enzephalopathien durch Arzneimittel (Arzneimittel- TSE- Verordnung) Vom 9. Mai 2001 (BGBl. I S. 856) zuletzt geändert durch Art. 11 des Gesetzes vom 17. Juli 2009 (BGBl. I S. 1990)**

### I. Die Bedeutung der Norm

Die gesetzlichen Verbote der §§ 5, 6a und 7 werden ergänzt durch eine Verord- **1**
nungsermächtigung. Umfassend wird durch Rechtsverordnung mit Bezug auf Arzneimittel die Möglichkeit geschaffen, die unmittelbare oder mittelbare Gefährdung der Gesundheit von Mensch oder Tier durch Arzneimittel zu verhüten. Der Ge-

genstandsbereich ist außerordentlich weit gefasst: Alles, was bei der Herstellung von Arzneimitteln Verwendung finden kann, kann vorgeschrieben, beschränkt oder verboten werden. Ebenso kann das Inverkehrbringen von Arzneimitteln, die nicht erlaubtermaßen hergestellt sind, untersagt werden. Als Adressaten kommen nicht nur Hersteller, sondern auch alle Personen, Unternehmen in Betracht, die Arzneimittel in den Verkehr bringen. Dabei ist es gleichgültig, ob es sich um zugelassene oder registrierte Arzneimittel handelt. Schließlich kann sich das Verbot auch an die Ärzte richten, welche nach § 13 Abs. 1 S. 3 das Arzneimittel selbst herstellen.[1] Soweit eine EU-Richtlinie die Verwendung bestimmter Stoffe bei der Herstellung von Arzneimitteln untersagt, bedarf es der Umsetzung in deutsches Recht. Anders als eine Verordnung wirkt eine Richtlinie nicht unmittelbar.[2]

### II. Die zugehörigen Verordnungen

2 Auf die Verordnungsermächtigung des § 6 gestützt hat der Verordnungsgeber bisher fünf Rechtsverordnungen erlassen. Zum einen war dies 1981 die Verordnung über das Verbot der Verwendung bestimmter Stoffe bei der Herstellung von Arzneimitteln zur Anwendung bei Tieren, 1982 die Arzneimittelfarbstoffverordnung, 1988 die Verordnung über ein Verbot der Verwendung von Ethylenoxid bei Arzneimitteln, 1997 die Frischzellenverordnung und schließlich 2001 die Verordnung zum Verbot der Verwendung bestimmter Stoffe zur Vermeidung des Risikos der Übertragung transmissibler spongioformer Enzephalopathien durch Arzneimittel (Arzneimittel- TSE- Verordnung). Die fünfte, die FrischzellenVO hat das BVerfG für nichtig erklärt[3], weil sich aus § 6 keine ausreichende Rechtsgrundlage für ein derartiges Verbot ergebe, soweit die Frischzellen durch den sie am Patienten anwendenden Arzt selbst gewonnen würden.

3 Der Gesetzgeber hat diese Entscheidung des Bundesverfassungsgerichtes offenbar als Niederlage aufgefasst, mit welcher er sich nicht abfinden wollte. Anders ist es nämlich nicht zu verstehen, dass er in der 12. Novelle zum AMG initiativ geworden ist und auf der Begründung des BVerfG aufbauend in § 6 Abs. 1 den folgenden wesentlichen Zusatz „...das Inverkehrbringen **und die Anwendung** von Arzneimitteln... zu untersagen,... soweit es **zur Risikovorsorge** oder ... geboten ist." Der Verordnungsgeber könnte auf dieser Rechtsgrundlage nun auch eine Verordnung erlassen, die zur Risikovorsorge die Anwendung bestimmter Stoffe bei der Anwendung von Arzneimitteln untersagt, weil von ihnen eine unmittelbare oder mittelbare Gefährdung der Verbraucher ausgehen kann.

---

1 Kloesel, Cyran, § 6 Nr. 9.

2 Sander, § 6, Einleitung.

3 VO vom 04.03.1997 (BGBl. I S. 432), Urt. v 16.02.2000, NJW 2000, 857 vgl. Auch Kommentierung zu § 4 Rz. 5.

### III. Rechtsfolgen

#### Im Zivilrecht

Die Verordnungen sind Schutzgesetze nach § 823 Abs. 2 BGB, denn Gesetz im Sinne des BGB ist jede Rechtsnorm, Art. 2 EGBG. Wird einer Verordnung, die aufgrund des § 6 erlassen worden ist, zuwider gehandelt, wird bei Verschulden Schadensersatz und Schmerzensgeld geschuldet. **4**

### IV. Sanktionen

#### Im Strafrecht

Strafbar macht sich, wer einer Rechtsverordnung nach § 6 zuwiderhandelt, die die Verwendung bestimmter Stoffe, Zubereitungen aus Stoffen oder Gegenständen bei der Herstellung von Arzneimitteln vorschreibt, beschränkt oder verbietet, soweit sie für einen bestimmten Tatbestand auf diese Vorschrift verweist. Dies ist in der Verordnung über das Verbot der Verwendung bestimmter Stoffe bei der Herstellung von Arzneimitteln zur Anwendung bei Tieren geschehen. § 2 verweist auf § 95 Abs. 1 Nr. 2, Abs. 2 verweist auf § 96 Nr. 1. Dieselbe Verweisung findet sich jeweils in § 2 der Arzneimittelfarbstoffverordnung sowie in der Verordnung über das Verbot der Verwendung von Ethylenblau bei Arzneimitteln und bei der AMG-TSE-Verordnung, § 3. **5**

#### Im Ordnungswidrigkeitenrecht

Werden die Zuwiderhandlungen fahrlässig begangen, so sind die Verstöße nach § 97 Abs. 1 als Ordnungswidrigkeit zu ahnden. **6**

## § 6a
## Verbot von Arzneimitteln zu Dopingzwecken im Sport

**(1) Es ist verboten, Arzneimittel zu Dopingzwecken im Sport in den Verkehr zu bringen, zu verschreiben oder bei anderen anzuwenden.**

**(2) Absatz 1 findet nur Anwendung auf Arzneimittel, die Stoffe der im Anhang des Übereinkommens gegen Doping (Gesetz vom 2. März 1994 zu dem Übereinkommen vom 16. November 1989 gegen Doping, BGBl. 1994 II S. 334) aufgeführten Gruppen von verbotenen Wirkstoffen oder Stoffe enthalten, die zur Verwendung bei den dort aufgeführten verbotenen Methoden bestimmt sind, sofern das Doping bei Menschen erfolgt oder erfolgen soll. In der Packungsbeilage und in der Fachinformation dieser Arzneimittel ist folgender Warnhinweis anzugeben: „Die Anwendung des Arzneimittels [Bezeichnung des Arzneimittels einsetzen] kann bei Dopingkontrollen zu positiven Ergebnissen führen.“ Kann aus dem Fehlgebrauch des Arzneimittels zu Dopingzwecken eine Gesundheitsgefährdung folgen, ist dies zusätzlich anzugeben. Satz 2 findet keine Anwendung auf Arzneimittel, die nach einer homöopathischen Verfahrenstechnik hergestellt worden sind.**

**(2a) Es ist verboten, Arzneimittel und Wirkstoffe, die im Anhang zu diesem Gesetz genannte Stoffe sind oder enthalten, in nicht geringer Menge zu Dopingzwecken im Sport zu besitzen, sofern das Doping bei Menschen erfolgen soll. Das Bundesministerium bestimmt im Einvernehmen mit dem Bundesministerium des Innern nach Anhörung von Sachverständigen durch Rechtsverordnung mit Zustimmung des Bundesrates die nicht geringe Menge der in Satz 1 genannten Stoffe. Das Bundesministerium wird ermächtigt, im Einvernehmen mit dem Bundesministerium des Innern nach Anhörung von Sachverständigen durch Rechtsverordnung mit Zustimmung des Bundesrates**
1. **weitere Stoffe in den Anhang dieses Gesetzes aufzunehmen, die zu Dopingzwecken im Sport geeignet sind, hierfür in erheblichem Umfang angewendet werden und deren Anwendung bei nicht therapeutischer Bestimmung gefährlich ist, und**
2. **die nicht geringe Menge dieser Stoffe zu bestimmen.**

**Durch Rechtsverordnung nach Satz 3 können Stoffe aus dem Anhang dieses Gesetzes gestrichen werden, wenn die Voraussetzungen des Satzes 3 Nr. 1 nicht mehr vorliegen.**

**(3) Das Bundesministerium wird ermächtigt, im Einvernehmen mit dem Bundesministerium des Innern durch Rechtsverordnung mit Zustimmung des Bundesrates weitere Stoffe oder Zubereitungen aus Stoffen zu bestimmen, auf die Absatz 1 Anwendung findet, soweit dies geboten ist, um eine unmittelbare oder mittelbare Gefährdung der Gesundheit des Menschen durch Doping im Sport zu verhüten.**

**Übersicht** **Rz.**



**Literatur**

Derleder, Deppe, Die Verantwortung des Sportarztes gegenüber Doping, JZ 1992, 116; Deutsch, Doping als pharmazeutisches und zivilrechtliches Problem, VersR 2008, 145; Dury, Kann das Strafrecht die Doping-Seuche ausrotten? SpuRt 2005, 137 ff.; Feiden, Schärfere Maßnahmen gegen Doping im Sport, DAZ 2007, 2318; Feiden, Blasius, Doping im Sport (2002); Feiden, Hofmann, Verbot von Dopingarzneimitteln (1998) 3626; Franz, Hartl, „Doping" durch den Arzt als „ärztliche Tätigkeit", NJW 1988, 2277; Hauptmann, Abschlussbericht der Rechtskommission des Sports gegen Doping (ReSpoDo) - Zusammenfassung - SpuRt 2005, 239 ff.; Heger, Zur Strafbarkeit von Doping im Sport JA 2003, 76ff.; Kerner, Türg, Betrugsstrafrechtliche Relevanz des Dopings, JuS 2004, 140 Körner, Doping: Der Drogenmissbrauch im Sport und im Stall, ZRP 1989, 420; Markowetz, Haftungsrechtliche Ansprüche im Zusammenhang mit Doping, ÖFZ 2004, 401; Parzeller, Die strafrechtliche Verantwortung des Arztes beim Doping, D.Z.f. Sportmedizin 2001, 162; Petri, Die Sanktionsregeln des World-Anti-Doping-Codes, SPUR, 2003, 183; Röhricht, Vieweg, Doping-Forum – Aktuelle rechtliche und medizinische Aspekte (2000); Schlund, Rechtliche Aspekte des Arzneimittelmissbrauchs, DÄBl, 1998, C 713; Schröder, Bedau, Doping: Zivilrechtliche Ansprüche des Konkurrenten gegen den gedopten Sportler, NJW 1999, 3367; Turner, Rechtsprobleme beim Doping im Sport, MDR 1991, 569; Winkler, Doping im Sport, DAZ 2000, 459.

## I. Die Bedeutung der Norm

§ 6a statuiert Arzneimittel zu Dopingzwecken im Sport in den Verkehr zu bringen, zu verschreiben oder bei anderen anzuwenden. Damit wird der weite Begriff des Inverkehrbringens nach § 4 Abs. 17 verwendet, der auch das Vorrätighalten und das Feilhalten beinhalten. Normadressaten sind jeder Hersteller des Arzneimittels, aber auch der Arzt, der es verschreibt, oder jeder, der es bei einem anderen anwendet, also etwa auch ein Trainer. Nicht betroffen ist der Sportler selbst, sofern er das Dopingmittel an sich selbst anwendet. Er verletzt die Norm auch nicht, wenn er einen anderen in seinem Falle zu ihrer Verletzung überredet oder jedenfalls mitwirkt. Andernfalls wäre er stets von dem Verbot auch betroffen. **1**

## II. Begriff des Doping

Unter Doping versteht man den Versuch, eine unphysiologische Steigerung der Leistungsfähigkeit des Sportlers durch Anwendung einer pharmazeutischen Substanz vor einem Wettkampf, während eines Wettkampfs oder im Training vorzunehmen. Als Dopingsubstanzen kamen früher insbesondere Weckamine, Ephi- **2** drine, Narkotika und Analeptika in Betracht.[1] Neue Dopingmittel werden entdeckt werden und auf den Markt kommen. Da es ganz selten sein wird, dass ein Arzneimittel ausschließlich Dopingzwecken dient, bedarf es einer genauen Abgrenzung. Diese wird, wie § 6a zeigt, hauptsächlich aus den Umständen und dem Zweck der Arzneimittelvergabe zu erschließen sein. Es muss sich also um einen Wettkampf oder ähnliches handeln, sodann muss nicht etwa eine Krankheit zu behandeln, sondern eine Leistungssteigerung bezweckt sein.

### III. Dopingmittel

3 Mittel zum Zwecke des Dopings sind fest umschrieben. Einmal finden sie sich im Anhang des Übereinkommens gegen Doping und sodann können auch weitere Stoffe oder Zubereitungen aus Stoffen durch eine Verordnung als Dopingmittel bezeichnet werden. Sportlernahrung, die der gezielten Nahrungsergänzung dient, ist kein Arzneimittel, sondern unterfällt dem Lebensmittelrecht. Neben Arzneimitteln werden jetzt auch Wirkstoffe von dieser Bestimmung erfasst. Leider gibt es immer noch eher selten klinisch kontrollierte Versuche, welche die Auswirkungen der Dopingmittel in Wirklichkeit belegen.[2]

### IV. Verbotsbereich

4 Arzneimittel, die auch Dopingzwecken dienen können, sollten als normale Medikamente verschrieben, in Verkehr gebracht und angewendet werden können. Deshalb schränkt § 6a Abs. 2 das Verbot ein. Soweit es sich um eine Behandlung einer Krankheit handelt, gilt das Dopingverbot nicht. Ferner ist das Doping nur untersagt, soweit es beim Menschen erfolgt oder erfolgen soll. Damit ist das Doping von Tieren nicht unter diese Norm zu subsumieren.

5 Schwer verständlich ist jedoch das Verhältnis der beiden ersten Absätze des § 6a. Zunächst wird dort ausgeführt, dass es verboten ist, Arzneimittel zu Dopingzwecken im Sport in Verkehr zu bringen, usw. Abs. 2 hingegen will es schon genügen lassen, dass das Inverkehrbringen, Verschreiben oder Anwenden zu anderen Zwecken als der Behandlung von Krankheiten erfolgt. Man wird diesen Widerspruch nur so auflösen können, dass positiv zu Dopingzwecken gehandelt worden sein muss. Negativ scheidet jedenfalls die Behandlung einer Krankheit aus. Der Graubereich zwischen beidem bleibt ungeregelt. Man wird wahrscheinlich nicht einmal aus der Tatsache, dass das Medikament nicht zur Behandlung von Krankheiten verschrieben worden ist, schließen können, dass es zu Dopingzwecken verordnet wurde.

---

1 Vgl. den Katalog bei Turner, MDR 1991, 569; und bei Markowetz, ÖJZ 2004, 402ff.

2 Petri, SPUR, 2003, 183.

### V. Erweiterung auf den Sportler

Nach § 6 a Abs. 2 a ist es nun auch verboten, Dopingmittel „in nicht geringer Menge zu Dopingzwecken im Sport zu besitzen, sofern das Doping bei Menschen erfolgen soll“. Damit wird zum ersten Mal der Sportler selbst in den Strafbereich des Dopings einbezogen. Bisher konnte er nur bestraft werden, wenn er als Anstifter an andere herangetreten ist. Schon diese Strafbarkeit war zweifelhaft, weil der Sportler eigentlich von Strafe freigestellt werden sollte. Es wurde diskutiert, ob diese Freistellung als „eigenhändiges Delikt“ zu verstehen sein sollte. Das ist nun nicht mehr der Fall. Das Bundesministerium kann übrigens weitere Stoffe in den Anhang des Gesetzes aufnehmen, die zu Dopingzwecken im Sport geeignet sind und die nicht geringe Menge dieses Stoffs bestimmen. Allerdings hat schon der BGH[3] die geringe Menge des Betäubungsmittels Metamfetamin mit 5g beginnen lassen. Dabei ist zu beachten, dass unter Besitz nach § 854 BGB als die „tatsächliche Gewalt“ über die Sache definiert ist. Der Empfang des Dopingmittels durch eine Spritze oder das Herunterschlucken des von einem anderen in den Mund gesteckten Mittels, wird verstoffwechselt und unterfällt dem Persönlichkeitsrecht, aber nicht mehr der tatsächlichen Gewalt. Der Sportler hat es also niemals in Besitz gehabt. 6

### VI. Rechtsfolgen

#### Im Zivilrecht

§ 6a ist ein Schutzgesetz nach § 823 Abs. 2 BGB, so dass der Verletzte Schadensersatz und Schmerzensgeld fordern kann. Jedoch wird wegen Zustimmung des Sportlers ein Mitverschulden oder Handeln auf eigene Gefahr zu berücksichtigen sein. Regelmäßig wird bei Dopingvergaben auch eine Verletzung des Körpers bzw. der Gesundheit nach § 823 Abs. 1 BGB vorliegen, insofern greift jedoch auch wiederum das Mitverschulden anspruchsermäßigend ein. 7

Neuerdings werden auch andere Ansprüche erörtert, etwa die des Vereins gegen den gedopten Wettkämpfer, des Veranstalters, der Zuschauer gegen den Veranstalter, des Sponsors gegen den Wettkämpfer und schließlich der Wettkampfkonkurrenten gegen den gedopten Athleten.[4] Die meisten dieser Ansprüche werden an der Voraussetzung eines Schadens scheitern. Das gilt auch für vertragliche Ansprüche, welche etwa ein Sponsor oder der Verein, dem der Gedopte angehört, geltend machen kann. Die Annahme eines Vertrages mit Schutzwirkung zugunsten Dritter geht wohl zu weit, wenn als Dritter der Mitkonkurrent der Sportveranstaltung angesehen wird. Der Schutzbereich des Vertrages reicht nicht so weit.[5] 8

---

[3] BGHSt, Urteil v. 3.12.2008, A&R 2009, 83.

[4] Schröder, Bedau, Doping, NJW 1999, 3367; Markowetz, ÖJZ 2004, 404ff., der einen Schadensersatzanspruch des Mitbewerbers auch als unlautern Wettbewerb ansehen will.

[5] Anders Schröder, Bedau und Markowetz, a.a.O.

## VII. Sanktionen

### Im Strafrecht

9 Nach § 95 Abs. 1 Nr. 2a macht sich strafbar, wer entgegen § 6a Abs. 1 Arzneimittel zu Dopingzwecken im Sport in den Verkehr bringt, verschreibt oder bei anderen anwendet. Ebenso ist strafbar, wer Arzneimittel in nicht geringer Menge zu Dopingzwecken im Sport besitzt, § 95 Abs. 1 Nr. 2b. Der Versuch ist nach § 95 Abs. 2 i.V.m. § 6a, die Fahrlässigkeit nach § 95 Abs. 4 mit Strafe bedroht.

10 Seit der Bestrafung des Besitzes beim Sportler wird man auch nicht mehr die vorhergehenden Bestimmungen als eigenhändige Straftaten ansehen können. Seine bisher verlangte Freistellung kann jetzt angesichts der Besitzbestrafung nicht mehr aufrechterhalten werden.[6] Das Doping bei Minderjährigen stellt einen besonders schweren Fall im Sinne von § 95 Abs. 3 Nr. 4 dar. Normadressat kann ein pharmazeutischer Unternehmer, ein pharmazeutischer Großhändler, ein Apotheker, aber auch ein Arzt, sowie jeder sein, der sich Arzneimittel beschafft, um sie zu Dopingzwecken anzuwenden – auch der Sportler selbst, der sie an andere Sportler weitergibt.[7] Schließlich auch der Sportler, der das Dopingmittel in nicht geringer Menge zu Dopingzwecken im Sport besitzt, sofern das Doping beim Menschen (also auch an sich selbst) erfolgen soll.

### Im Berufsrecht

11 Sowohl nach dem Standesrecht der Apotheker wie dem der Ärzte kann eine Verurteilung wegen Verstoßes gegen § 6 a berufsrechtlich geahndet werden und dazu führen, dass der Betreffende für unwürdig erklärt wird, den Beruf des Apothekers oder Arztes auszuüben. Für die berufsgerichtliche Maßnahme wird im Regelfall ein besonderer berufsrechtlicher Tatbestand zur Verfügung stehen.

---

6 Vgl. die Vorauflage Rn. 7; näher Kerner und Türk.

7 Vgl. dazu genauer Kloesel/Cyran, § 6a, Rn. 46 f; Deutsch, VersR 2008, 145; Feiden, DAZ 2007, 2318.

## § 7
## Radioaktive und mit ionisierenden Strahlen behandelte Arzneimittel

**(1) Es ist verboten, radioaktive Arzneimittel oder Arzneimittel, bei deren Herstellung ionisierende Strahlen verwendet worden sind, in den Verkehr zu bringen, es sei denn, dass dies durch Rechtsverordnung nach Absatz 2 zugelassen ist.**

**(2) Das Bundesministerium wird ermächtigt, im Einvernehmen mit dem Bundesministerium für Umwelt, Naturschutz und Reaktorsicherheit durch Rechtsverordnung mit Zustimmung des Bundesrates das Inverkehrbringen radioaktiver Arzneimittel oder bei der Herstellung von Arzneimitteln die Verwendung ionisierender Strahlen zuzulassen, soweit dies nach dem jeweiligen Stand der wissenschaftlichen Erkenntnisse zu medizinischen Zwecken geboten und für die Gesundheit von Mensch oder Tier unbedenklich ist. In der Rechtsverordnung können für die Arzneimittel der Vertriebsweg bestimmt sowie Angaben über die Radioaktivität auf dem Behältnis, der äußeren Umhüllung und der Packungsbeilage vorgeschrieben werden. Die Rechtsverordnung wird vom Bundesministerium für Ernährung, Landwirtschaft und Verbraucherschutz im Einvernehmen mit dem Bundesministerium und dem Bundesministerium für Umwelt, Naturschutz und Reaktorsicherheit erlassen, soweit es sich um Arzneimittel handelt, die zur Anwendung bei Tieren bestimmt sind.**

**Zugehörige Verordnung:**
**Verordnung über radioaktive oder mit ionisierenden Strahlen behandelte Arzneimittel (AMRadV) Vom 28. Januar 1987 (BGBI. I S. 502), in der Fassung der Neubekanntmachung vom 19. Januar 2007 (BGBI. I S. 48)**

### I. Die Bedeutung der Norm

§ 7 enthält nichts weiter als ein Verbot mit Erlaubnisvorbehalt, wobei die Erlaubnis durch eine Verordnung gewährt wird. Die Verordnung reicht so weit, dass auch der Vertriebsweg bestimmt und Angaben auf dem Behältnis vorgeschrieben werden können. **1**

Es gilt heute die Verordnung über radioaktive oder mit ionisierenden Strahlen behandelte Arzneimittel vom 28.01.1987 (BGBI. I S. 502). Diese Verordnung ist weitgehend europäischem Recht angeglichen worden. Die klinische Prüfung radioaktiver Arzneimittel ist in § 41 Strahlenschutz-VO geregelt. Diese Regelung ergänzt die §§ 40ff. AMG. **2**

§ 7 gilt übrigens nicht für von der EMEA zugelassene Arzneimittel. Einer nationalen Zulassung unter Anwendung des § 7 bedarf es dann nicht. **3**

## II. Sanktionen

### Im Strafrecht

4 Nach § 95 Abs. 1 Nr. 3 bzw. Abs. 4 ist das vorsätzliche bzw. fahrlässige Zuwiderhandeln gegen das Verbot des § 7 Abs. 1, nach § 95 Abs. 2 i.V.m. § 7 Abs. 1 der Versuch mit Strafe bedroht.

### Im Ordnungswidrigkeitenrecht

5 Eine Ordnungswidrigkeit begeht, wer einer nach § 7 Abs. 2 Satz 2 erlassenen Rechtsverordnung zuwiderhandelt, soweit sie für einen bestimmten Tatbestand auf diese Bußgeldvorschrift verweist, § 97 Abs. 2 Nr. 31. Dies ist in § 5 der Verordnung über radioaktive oder mit ionisierenden Strahlen behandelte Arzneimittel (AMRadV) geschehen. Ordnungswidrig handelt, wer vorsätzlich oder fahrlässig radioaktive Arzneimittel ohne die dort vorgeschriebenen Angaben in den Verkehr bringt. Normadressat kann der pharmazeutische Unternehmer, der pharmazeutische Großhändler, ggf. der Apotheker sein.

## § 8
## Verbote zum Schutz vor Täuschung

**(1) Es ist verboten, Arzneimittel oder Wirkstoffe herzustellen oder in den Verkehr zu bringen, die**

**1. durch Abweichung von den anerkannten pharmazeutischen Regeln in ihrer Qualität nicht unerheblich gemindert sind,**

**1a. hinsichtlich ihrer Identität oder Herkunft falsch gekennzeichnet sind (gefälschte Arzneimittel, gefälschte Wirkstoffe) oder**

**2. in anderer Weise mit irreführender Bezeichnung, Angabe oder Aufmachung versehen sind. Eine Irreführung liegt insbesondere dann vor, wenn**

**a) Arzneimitteln eine therapeutische Wirksamkeit oder Wirkungen oder Wirkstoffen eine Aktivität beigelegt werden, die sie nicht haben,**

**b) fälschlich der Eindruck erweckt wird, dass ein Erfolg mit Sicherheit erwartet werden kann oder dass nach bestimmungsgemäßem oder längerem Gebrauch keine schädlichen Wirkungen eintreten,**

**c) zur Täuschung über die Qualität geeignete Bezeichnungen, Angaben oder Aufmachungen verwendet werden, die für die Bewertung des Arzneimittels oder Wirkstoffs mitbestimmend sind.**

**(2) Es ist verboten, Arzneimittel in den Verkehr zu bringen, deren Verfalldatum abgelaufen ist.**

**Übersicht** **Rz.**



**Literatur**

Heßhonis, Pannenbecker, Zur Bezeichnung von Arzneimitteln, PharmaR 2001, 382.

### I. Die Bedeutung der Norm

Der in der Überschrift des § 8 verwendete Begriff „Täuschung" deckt nicht den 1
ganzen Inhalt. Im allgemeinen wird unter Täuschung das Hervorrufen eines Irrtums bei einem anderen verstanden, das für gewöhnlich vorsätzlich erfolgt. Jedenfalls fällt § 8 Abs. 1 Nr. 1, der die Abweichung von den anerkannten pharmazeutischen Regeln aufgreift, nicht unter den klassischen Begriff der Täuschung. Vielmehr ist es die Erwartungshaltung, die von den anerkannten pharmazeutischen Regeln geprägt wird und sich nunmehr nicht verwirklicht. Vielmehr kommt es darauf an, ob bei den angesprochenen Verkehrskreisen, sowohl bei Verbrauchern

als auch bei Ärzten und Apothekern, eine unrichtige Vorstellung über die wesentlichen Eigenschaften des Arzneimittels hervorgerufen wird.[1]

2 Es handelt sich um eine Verbotsnorm zum Schutze des Patienten, nicht etwa der Mitbewerber. Das bedeutet freilich nicht, dass nicht auch der Schutz der Wettbewerber mittelbar von der Norm bezweckt ist. Für die Auslegung steht jedoch das Verständnis und die Erwartungshaltung des Patienten ganz im Vordergrund. Dabei kommt es zu Überschneidungen mit spezielleren Normen, welche als Verhaltensanweisung in der Packungsbeilage oder der Fachinformation Mitteilungen vorschreiben, deren Auslassung oder unrichtige Angabe ebenso unter § 8 fallen könnte. Es liegt dann eine sog. Idealkonkurrenz vor, d.h. beide Normen kommen zur Anwendung.

3 Der sachliche Geltungsbereich betrifft alle Arzneimittel. Der persönliche Verbotsbereich richtet sich auf das Herstellen und das Inverkehrbringen.

4 § 8 gilt nicht, wenn ein Arzt das Arzneimittel zur Anwendung bei eigenen Patienten hergestellt hat. Das ergibt eine verfassungskonforme Anwendung des § 8, nach dem das BVerfG insoweit die Nichtigkeit des Verbots der Frischzellenbehandlung durch Ärzte ausgesprochen hat. Der Bund darf nach Art. 74 Abs. 1 Nr. 19 GG nicht die Herstellung solcher Arzneimittel regeln. Allerdings kann ein entsprechendes Verbot von den Ländern erlassen werden.[2]

### II. Qualitätsminderung

5 Ein Medikament darf nicht hergestellt oder in den Verkehr gebracht werden, wenn es in seiner Qualität gemäß den anerkannten pharmazeutischen Regeln nicht unerheblich gemindert ist. Mit dem Wort „unerheblich" ist die Sozialadäquanz gemeint, also eine Abweichung, die vom Verkehr hingenommen wird.

6 Die anerkannten pharmazeutischen Regeln finden sich u.a. in den Arzneibüchern und Arzneimittel-Prüfrichtlinien. Typische Beispiele der Qualitätsminderung sind Fehlchargen, Beimengung nicht ausreichender Wirkstoffe, unsachgemäßer Lagerung verdorbene Arzneimittel[3].

### III. Irreführung

7 Die Irreführung hat sich auf Bezeichnung, Angabe oder Aufmachung zu beziehen. Die Bestimmung ist umfassend. Die folgenden Aufzählungen stellen nur Beispielsgruppen dar. Irreführend bezeichnend ist z.B. ein Arzneimittel, bei dem der Aufkleber verwechselt worden ist. Ebenso steht es mit einer unrichtigen Herkunftsangabe des Medikaments.

---

1 Heßhonis, Pannenbecker, PharmaR 2001, 382; Rehmann, AMG, § 8 Rn. 3.

2 Kloesel, Cyran, Anm. 2

3 Sander, § 8, Anm. 2.

Der Patient erwartet vom Arzneimittel die Erhaltung oder Verbesserung der Gesundheit. Deshalb versteht es sich von selbst, dass einem Medikament keine therapeutische Wirksamkeit beigelegt werden darf, die es nicht aufweist. So sind etwa die Zusatzbezeichnungen „Doppel“ bzw. „forte“ irreführend, wenn ein nicht erheblich höherer als der normale Gehalt in der Darreichungsform vorhanden ist.[4] Das ist der Fall, wenn behauptet wird, dass das Medikament „Teufelskrallenkapsel“ rheumatische Muskelbeschwerden, Arthritis und Arthrose bzw. Gelenkrheuma verhüten kann. So wird ihm eine nicht bestehende therapeutische Wirksamkeit beigelegt.[5] Eine Irreführung von mehr als 10 % der maßgeblichen Verkehrskreise reicht als Täuschungsgefahr aus.[6] **8**

Kein Arzneimittel wirkt mit Sicherheit und alle Arzneimittel haben irgendwelche Nebenwirkungen. Wird der Patient in dieser Hinsicht getäuscht, nämlich wird ihm die Sicherheit des Erfolgseintritts vorgespielt oder erklärt, dass nach bestimmungsgemäßem oder längerem Gebrauch keine schädlichen Wirkungen eintreten, so greift das Verbot des § 8 Abs. 1 Nr. 2b ein. **9**

Schwer einzuordnen ist die Täuschung über die Qualität durch Bezeichnungen, Angaben oder Aufmachungen, die für die Bewertung des Arzneimittels mitbestimmend sind. Dabei wird es insbesondere auf „Nebenbei-“Äußerungen ankommen, etwa vitaminhaltig, Naturheilmittel, keine Tierversuche. Die Rechtsprechung ist insoweit eher zurückhaltend. Von vitaminhaltig darf gesprochen werden, wenn die Hälfte des Tagesbedarfs gedeckt wird; von Naturmittel darf auch gesprochen werden, wenn Alkohol nach einem anerkannten Herstellungsverfahren zugesetzt wurde.[7] **10**

## IV. Gleichstellung von Wirkstoffen mit Arzneimitteln

Durch die letzte Novelle wurde an allen Stellen zu Arzneimitteln „Wirkstoffe“, „gefälschte Wirkstoffe“, oder „Wirkstoffen eine Aktivität“ hinzugefügt. Das Verbot soll also nicht nur für Arzneimittel selbst, sondern auch schon für die Wirkstoffe gelten. **11**

## V. Verfalldatum

Medikamente haben nur eine beschränkte Lebensdauer. Deshalb sollen abgelaufene Arzneimittel nicht in den Verkehr gebracht werden. Das Verfalldatum ist auf dem Arzneimittel selbst angegeben. Eine spätere Abgabe ist verboten. **12**

---

4 LG München u. LG Düsseldorf, dargestellt bei Sander, AMG, § 8, Nr. 6.

5 VG Berlin, PharmaR 1982, 70. Vgl. Rehmann, AMG, § 8 Rn. 3.

6 Rehmann, AMG, § 8, Rn. 4.

7 OVG Berlin (zum Lebensmittelrecht) u. KG bei Sander, § 8, Anm. 9.

### VI. Rechtsfolgen

#### Im Zivilrecht

13 § 8 ist ein Schutzgesetz i.S. von § 823 Abs. 2 BGB. Im persönlichen Schutzbereich der Norm steht der Patient, nicht der Mitbewerber. Dieser Schadensersatzanspruch kann mit einem Anspruch aus § 84 Abs. 1 S. 2 Nr. 2 in Idealkonkurrenz stehen, soweit die Täuschung oder Irreführung in den Informationen geschieht. Auch kann das Wettbewerbsrecht anwendbar sein, das dann dem Mitbewerber eine Klagemöglichkeit gibt.

### VI. Sanktionen

#### Im Strafrecht

14 Strafbar macht sich, wer Arzneimittel herstellt oder in den Verkehr bringt, die in ihrer Qualität nicht unerheblich von den anerkannten pharmazeutischen Regeln abweichen, § 96 Nr. 2 und 3. Vorsätzliche Verstöße gegen § 8 Abs. 1 Nr. 2, auch in Verbindung mit § 73a, werden als Straftat sanktioniert, um dem Anstieg an Arzneimittelfälschungen nachdrücklicher als bisher mit Mitteln des Strafrechts Einhalt zu bieten. Der bisher nach § 96 Nr. 2 aufgeführte vorsätzliche Verstoß gegen § 8 Abs. 1 Nr. 1 wird daher – ebenso wie die vorsätzliche Zuwiderhandlung gegen den neu eingefügten § 8 Abs. 1 Nr.1a als Straftat nach § 95 sanktioniert.[8] Normadressat kann sowohl der pharmazeutische Unternehmer wie der pharmazeutische Großhändler, aber auch der Apotheker sein.

#### Im Ordnungswidrigkeitenrecht

15 Vorsätzliche Verstöße gegen § 8 Abs. 2 und fahrlässige Verstöße gegen § 8 Abs. 1 und 2 werden als Ordnungswidrigkeit geahndet. Normadressat kann sowohl der pharmazeutische Unternehmer wie der pharmazeutische Großhändler, aber auch der Apotheker, ausnahmsweise bei der Ordnungswidrigkeit auch der Arzt sein.

---

[8] BtDrS. 748/03, S. 88.

## § 9
## Der Verantwortliche für das Inverkehrbringen

**(1) Arzneimittel, die im Geltungsbereich dieses Gesetzes in den Verkehr gebracht werden, müssen den Namen oder die Firma und die Anschrift des pharmazeutischen Unternehmers tragen. Dies gilt nicht für Arzneimittel, die zur klinischen Prüfung bei Menschen bestimmt sind.**

**(2) Arzneimittel dürfen im Geltungsbereich dieses Gesetzes nur durch einen pharmazeutischen Unternehmer in den Verkehr gebracht werden, der seinen Sitz im Geltungsbereich dieses Gesetzes, in einem anderen Mitgliedstaat der Europäischen Union oder in einem anderen Vertragsstaat des Abkommens über den Europäischen Wirtschaftsraum hat. Bestellt der pharmazeutische Unternehmer einen örtlichen Vertreter, entbindet ihn dies nicht von seiner rechtlichen Verantwortung.**

### I. Die Bedeutung der Norm

Das Arzneimittel muss den Hersteller anzeigen. Deshalb sind Name oder Firma 1
des Herstellers auf der Packung oder dem Arzneimittel selber anzugeben. Wird das Arzneimittel aus einem Behältnis in ein anderes um- oder abgefüllt, muss das neue Behältnis den Namen des pharmazeutischen Unternehmers tragen, der das Um- und Abfüllen veranlasst hat. Mit Zustimmung des Erstherstellers kann auch dessen Name angegeben werden. Die Ausnahme für die klinische Prüfung ist von der 12. Novelle eingeführt worden. Sie ist durchaus nachvollziehbar, da Arzneimittel, die zur klinischen Prüfung bestimmt sind, im Allgemeinen nachforschbar sein müssen.

### II. Inverkehrbringen durch pharmazeutischen Unternehmer

Um den Vorschriften des Gesetzes und möglichen Haftungsansprüchen Geltung 2
zu verschaffen, dürfen nur im EWR-Raum beheimatete Pharmaunternehmer Arzneimittel in Verkehr bringen. Dabei handelt es sich um ein Schutzgesetz zugunsten der Patienten und der Mitbewerber. Der Begriff des Inverkehrbringens ist in § 4 Abs. 17 umfassend geregelt. Dass der pharmazeutische Unternehmer sich nicht durch Bestellung eines örtlichen Vertreters aus der Verantwortung schleichen kann, ist gleichfalls mit der 12. Novelle in das Gesetz gekommen. Der Satz ist eigentlich überflüssig, da die rechtliche Verantwortung des pharmazeutischen Unternehmers stets als solche besteht und nicht durch eine Vertreterbestellung unterlaufen werden konnte.

### III. Rechtsfolgen

### Im Zivilrecht

§ 9 ist Schutzgesetz im Sinne von § 823 Abs. 2 BGB. 3

**Im Verwaltungsrecht**

4 Auf § 9 gestützt kann die zuständige Verwaltungsbehörde das Inverkehrbringen nicht gekennzeichneter Arzneimittel untersagen. Gegen die Untersagungsverfügung kann im Verwaltungsrechtswege vorgegangen werden.

**IV. Sanktionen**

**Im Ordnungswidrigkeitenrecht**

5 Wer nicht mit den Angaben des § 9 gekennzeichnete Arzneimittel in Verkehr bringt, handelt ordnungswidrig, § 97 Abs. 1 Nr. 2, auch wenn er keinen Sitz innerhalb der Europäischen Union oder im Europäischen Wirtschaftsraum hat, § 97 Abs. 1 Nr. 3. Normadressaten können pharmazeutische Unternehmer, pharmazeutische Großhändler und Apotheker sein.

## § 10
## Kennzeichnung

**(1) Fertigarzneimittel, die Arzneimittel im Sinne des § 2 Abs. 1 oder Abs. 2 Nr. 1 und nicht zur klinischen Prüfung bei Menschen bestimmt oder nach § 21 Abs. 2 Nr. 1a oder 1b von der Zulassungspflicht freigestellt sind, dürfen im Geltungsbereich dieses Gesetzes nur in den Verkehr gebracht werden, wenn auf den Behältnissen und, soweit verwendet, auf den äußeren Umhüllungen in gut lesbarer Schrift, allgemeinverständlich in deutscher Sprache und auf dauerhafte Weise und in Übereinstimmung mit den Angaben nach § 11a angegeben sind**

1. **der Name oder die Firma und die Anschrift des pharmazeutischen Unternehmers und, soweit vorhanden, der Name des von ihm benannten örtlichen Vertreters,**
2. **die Bezeichnung des Arzneimittels, gefolgt von der Angabe der Stärke und der Darreichungsform, und soweit zutreffend, dem Hinweis, dass es zur Anwendung für Säuglinge, Kinder oder Erwachsene bestimmt ist, es sei denn, dass diese Angaben bereits in der Bezeichnung enthalten sind,**
3. **die Zulassungsnummer mit der Abkürzung „Zul.-Nr.“,**
4. **die Chargenbezeichnung, soweit das Arzneimittel in Chargen in den Verkehr gebracht wird, mit der Abkürzung „Ch.-B.“, soweit es nicht in Chargen in den Verkehr gebracht werden kann, das Herstellungsdatum,**
5. **die Darreichungsform,**
6. **der Inhalt nach Gewicht, Rauminhalt oder Stückzahl,**
7. **die Art der Anwendung,**
8. **die Wirkstoffe nach Art und Menge und sonstige Bestandteile nach der Art, soweit dies durch Auflage der zuständigen Bundesoberbehörde nach § 28 Abs. 2 Nr. 1 angeordnet oder durch Rechtsverordnung nach § 12 Abs. 1 Nr. 4, auch in Verbindung mit Abs. 2, oder nach § 36 Abs. 1 vorgeschrieben ist; bei Arzneimitteln zur parenteralen oder zur topischen Anwendung, einschließlich der Anwendung am Auge, alle Bestandteile nach der Art,**

8a. **bei gentechnologisch gewonnenen Arzneimitteln der Wirkstoff und die Bezeichnung des bei der Herstellung verwendeten gentechnisch veränderten Mikroorganismus oder die Zellinie,**

9. **das Verfalldatum mit dem Hinweis „verwendbar bis“,**
10. **bei Arzneimitteln, die nur auf ärztliche, zahnärztliche oder tierärztliche Verschreibung abgegeben werden dürfen, der Hinweis „Verschreibungspflichtig“, bei sonstigen Arzneimitteln, die nur in Apotheken an Verbraucher abgegeben werden dürfen, der Hinweis „Apothekenpflichtig“,**
11. **bei Mustern der Hinweis „Unverkäufliches Muster“,**
12. **der Hinweis, dass Arzneimittel unzugänglich für Kinder aufbewahrt werden sollen, es sei denn, es handelt sich um Heilwässer,**
13. **soweit erforderlich besondere Vorsichtsmaßnahmen für die Beseitigung von nicht verwendeten Arzneimitteln oder sonstige besondere Vorsichtsmaßnahmen, um Gefahren für die Umwelt zu vermeiden,**
14. **Verwendungszweck bei nicht verschreibungspflichtigen Arzneimitteln.**

**Sofern die Angaben nach Satz 1 zusätzlich in einer anderen Sprache wiedergegeben werden, müssen in dieser Sprache die gleichen Angaben gemacht werden. Ferner ist Raum für die Angabe der verschriebenen Dosierung vorzusehen; dies gilt nicht für die in Absatz 8 Satz 3 genannten Behältnisse und Ampullen und für Arzneimittel, die dazu bestimmt sind, ausschließlich durch Angehörige der Heilberufe angewendet zu werden. Arzneimittel, die nach einer homöopathischen Verfahrenstechnik hergestellt werden und nach § 25 zugelassen sind, sind zusätzlich mit einem Hinweis auf die homöopathische Beschaffenheit zu kennzeichnen. Weitere Angaben, die nicht durch eine Verordnung der Europäischen Gemeinschaft vorgeschrieben oder bereits nach einer solchen Verordnung zulässig sind, sind zulässig, soweit sie mit der Anwendung des Arzneimittels im Zusammenhang stehen, für die gesundheitliche Aufklärung der Patienten wichtig sind und den Angaben nach § 11a nicht widersprechen.**

**(1a) Bei Arzneimitteln, die nicht mehr als drei Wirkstoffe enthalten, muss die internationale Kurzbezeichnung der Weltgesundheitsorganisation angegeben werden oder, soweit eine solche nicht vorhanden ist, die gebräuchliche Kurzbezeichnung; dies gilt nicht, wenn in der Angabe nach Absatz 1 Satz 1 Nr. 2 die Bezeichnung des Wirkstoffes nach Absatz 1 Satz 1 Nr. 8 enthalten ist.**

**(1b) Bei Arzneimitteln, die zur Anwendung bei Menschen bestimmt sind, ist die Bezeichnung des Arzneimittels auf den äußeren Umhüllungen auch in Blindenschrift anzugeben. Die in Absatz 1 Satz 1 Nr. 2 genannten sonstigen Angaben zur Darreichungsform und zu der Personengruppe, für die das Arzneimittel bestimmt ist, müssen nicht in Blindenschrift aufgeführt werden; dies gilt auch dann, wenn diese Angaben in der Bezeichnung enthalten sind. Satz 1 gilt nicht für Arzneimittel,**

1. **die dazu bestimmt sind, ausschließlich durch Angehörige der Heilberufe angewendet zu werden oder**
2. **die in Behältnissen von nicht mehr als 20 Milliliter Rauminhalt oder einer Inhaltsmenge von nicht mehr als 20 Gramm in Verkehr gebracht werden.**

**(2) Es sind ferner Warnhinweise, für die Verbraucher bestimmte Aufbewahrungshinweise und für die Fachkreise bestimmte Lagerhinweise anzugeben, soweit dies nach dem jeweiligen Stand der wissenschaftlichen Erkenntnisse erforderlich oder durch Auflagen der zuständigen Bundesoberbehörde nach § 28 Abs. 2 Nr. 1 angeordnet oder durch Rechtsverordnung vorgeschrieben ist.**

**(3) Bei Sera ist auch die Art des Lebewesens, aus dem sie gewonnen sind, bei Virusimpfstoffen das Wirtssystem, das zur Virusvermehrung gedient hat, anzugeben.**

**(4) Bei Arzneimitteln, die in das Register für homöopathische Arzneimittel eingetragen sind, sind an Stelle der Angaben nach Absatz 1 Satz 1 Nr. 1 bis 14 und außer dem deutlich erkennbaren Hinweis „Homöopathisches Arzneimittel“ die folgenden Angaben zu machen:**

1. **Ursubstanzen nach Art und Menge und der Verdünnungsgrad; dabei sind die Symbole aus den offiziell gebräuchlichen Pharmakopöen zu verwenden; die wissenschaftliche Bezeichnung der Ursubstanz kann durch einen Phantasienamen ergänzt werden,**
2. **Name und Anschrift des pharmazeutischen Unternehmers und, soweit vorhanden, seines örtlichen Vertreters,**
3. **Art der Anwendung,**
4. **Verfalldatum; Absatz 1 Satz 1 Nr. 9 und Absatz 7 finden Anwendung,**
5. **Darreichungsform,**
6. **der Inhalt nach Gewicht, Rauminhalt oder Stückzahl,**
7. **Hinweis, dass Arzneimittel unzugänglich für Kinder aufbewahrt werden sollen, weitere besondere Vorsichtsmaßnahmen für die Aufbewahrung und Warnhinweise, einschließlich weiterer Angaben, soweit diese für eine sichere Anwendung erforderlich oder nach Absatz 2 vorgeschrieben sind,**
8. **Chargenbezeichnung,**
9. **Registrierungsnummer mit der Abkürzung „Reg.-Nr.“ und der Angabe „Registriertes homöopathisches Arzneimittel, daher ohne Angabe einer therapeutischen Indikation“,**
10. **der Hinweis an den Anwender, bei während der Anwendung des Arzneimittels fortdauernden Krankheitssymptomen medizinischen Rat einzuholen,**
11. **bei Arzneimitteln, die nur in Apotheken an Verbraucher abgegeben werden dürfen, der Hinweis „Apothekenpflichtig“,**
12. **bei Mustern der Hinweis „Unverkäufliches Muster“.**

**Satz 1 gilt entsprechend für Arzneimittel, die nach § 38 Abs. 1 Satz 3 von der Registrierung freigestellt sind; Absatz 1b findet keine Anwendung.**

**(4a) Bei traditionellen pflanzlichen Arzneimitteln nach § 39a müssen zusätzlich zu den Angaben in Absatz 1 folgende Hinweise aufgenommen werden:**

1. **Das Arzneimittel ist ein traditionelles Arzneimittel, das ausschließlich auf Grund langjähriger Anwendung für das Anwendungsgebiet registriert ist, und**
2. **der Anwender sollte bei fortdauernden Krankheitssymptomen oder beim Auftreten anderer als der in der Packungsbeilage erwähnten Nebenwirkungen einen Arzt oder eine andere in einem Heilberuf tätige qualifizierte Person konsultieren.**

**An die Stelle der Angabe nach Absatz 1 Satz 1 Nr. 3 tritt die Registrierungsnummer mit der Abkürzung „Reg.-Nr.“.**

**(5) Bei Arzneimitteln, die zur Anwendung bei Tieren bestimmt sind, gelten die Absätze 1 und 1a mit der Maßgabe, dass anstelle der Angaben nach Absatz 1 Satz 1 Nummer 1 bis 14 und Absatz 1a die folgenden Angaben zu machen sind:**

**1. Bezeichnung des Arzneimittels, gefolgt von der Angabe der Stärke, der Darreichungsform und der Tierart, es sei denn, dass diese Angaben bereits in der Bezeichnung enthalten sind; enthält das Arzneimittel nur einen Wirkstoff, muss die internationale Kurzbezeichnung der Weltgesundheitsorganisation angegeben werden oder, soweit eine solche nicht vorhanden ist, die gebräuchliche Bezeichnung, es sei denn, dass die Angabe des Wirkstoffs bereits in der Bezeichnung enthalten ist,**
**2. die Wirkstoffe nach Art und Menge und sonstige Bestandteile nach der Art, soweit dies durch Auflage der zuständigen Bundesoberbehörde nach § 28 Absatz 2 Nummer 1 angeordnet oder durch Rechtsverordnung nach § 12 Absatz 1 Nummer 4 auch in Verbindung mit Absatz 2 oder nach § 36 Absatz 1 vorgeschrieben ist,**
**3. die Chargenbezeichnung,**
**4. die Zulassungsnummer mit der Abkürzung „Zul.-Nr.“,**
**5. der Name oder die Firma und die Anschrift des pharmazeutischen Unternehmers und, soweit vorhanden, der Name des von ihm benannten örtlichen Vertreters,**
**6. die Tierarten, bei denen das Arzneimittel angewendet werden soll,**
**7. die Art der Anwendung,**
**8. die Wartezeit, soweit es sich um Arzneimittel handelt, die zur Anwendung bei Tieren bestimmt sind, die der Gewinnung von Lebensmitteln dienen,**
**9. das Verfalldatum entsprechend Absatz 7,**
**10. soweit erforderlich, besondere Vorsichtsmaßnahmen für die Beseitigung von nicht verwendeten Arzneimitteln,**
**11. der Hinweis, dass Arzneimittel unzugänglich für Kinder aufbewahrt werden sollen, weitere besondere Vorsichtsmaßnahmen für die Aufbewahrung und Warnhinweise, einschließlich weiterer Angaben, soweit diese für eine sichere Anwendung erforderlich oder nach Absatz 2 vorgeschrieben sind,**
**12. der Hinweis „Für Tiere“,**
**13. die Darreichungsform,**
**14. der Inhalt nach Gewicht, Rauminhalt oder Stückzahl,**
**15. bei Arzneimitteln, die nur auf tierärztliche Verschreibung abgegeben werden dürfen, der Hinweis „Verschreibungspflichtig“, bei sonstigen Arzneimitteln, die nur in Apotheken an den Verbraucher abgegeben werden dürfen, der Hinweis „Apothekenpflichtig“,**
**16. bei Mustern der Hinweis „Unverkäufliches Muster“.**

**Arzneimittel zur Anwendung bei Tieren, die in das Register für homöopathische Arzneimittel eingetragen sind, sind mit dem deutlich erkennbaren Hinweis „Homöopathisches Arzneimittel“ zu versehen; anstelle der Angaben nach Satz 1 Nummer 2 und 4 sind die Angaben nach Absatz 4 Satz 1 Nummer 1, 9 und 10 zu machen. Die Sätze 1 und 2 gelten entsprechend für Arzneimittel, die nach § 38 Absatz 1 Satz 3 oder nach § 60 Absatz 1 von der Registrierung freigestellt sind. Bei traditionellen pflanzlichen Arzneimitteln zur Anwendung bei Tieren ist anstelle der Angabe nach Satz 1 Nummer 4 die Re-**

**gistrierungsnummer mit der Abkürzung „Reg.-Nr." zu machen; ferner sind die Hinweise nach Absatz 4a Satz 1 Nummer 1 und entsprechend der Anwendung bei Tieren nach Nummer 2 anzugeben. Die Angaben nach Satz 1 Nummer 13 und 14 brauchen, sofern eine äußere Umhüllung vorhanden ist, nur auf der äußeren Umhüllung zu stehen.**

**(6) Für die Bezeichnung der Bestandteile gilt folgendes:**

**1. Zur Bezeichnung der Art sind die internationalen Kurzbezeichnungen der Weltgesundheitsorganisation oder, soweit solche nicht vorhanden sind, gebräuchliche wissenschaftliche Bezeichnungen zu verwenden; das Bundesinstitut für Arzneimittel und Medizinprodukte bestimmt im Einvernehmen mit dem Paul-Ehrlich-Institut und dem Bundesamt für Verbraucherschutz und Lebensmittelsicherheit die zu verwendenden Bezeichnungen und veröffentlicht diese in einer Datenbank nach § 67a;**

**2. Zur Bezeichnung der Menge sind Maßeinheiten zu verwenden; sind biologische Einheiten oder andere Angaben zur Wertigkeit wissenschaftlich gebräuchlich, so sind diese zu verwenden.**

**(7) Das Verfalldatum ist mit Monat und Jahr anzugeben.**

**(8) Durchdrückpackungen sind mit dem Namen oder der Firma des pharmazeutischen Unternehmers, der Bezeichnung des Arzneimittels, der Chargenbezeichnung und dem Verfalldatum zu versehen. Auf die Angabe von Namen und Firma eines Parallelimporteurs kann verzichtet werden. Bei Behältnissen von nicht mehr als 10 Milliliter Nennfüllmenge und bei Ampullen, die nur eine einzige Gebrauchseinheit enthalten, brauchen die Angaben nach den Absätzen 1, 1a, 2 und 5 nur auf den äußeren Umhüllungen gemacht zu werden; jedoch müssen sich auf den Behältnissen und Ampullen mindestens die Angaben nach Absatz 1 Satz 1 Nummer 2, 4, 6, 7, 9 sowie nach den Absätzen 3 und 5 Satz 1 Nummer 1, 3, 7, 9, 12, 14 befinden; es können geeignete Abkürzungen verwendet werden. Satz 3 findet auch auf andere kleine Behältnisse als die dort genannten Anwendung, sofern in Verfahren nach § 25b abweichende Anforderungen an kleine Behältnisse zugrunde gelegt werden.**

**(8a) Bei Frischplasmazubereitungen und Zubereitungen aus Blutzellen müssen mindestens die Angaben nach Absatz 1 Satz 1 Nummer 1, 2, ohne die Angabe der Stärke, Darreichungsform und der Personengruppe, Nummer 3, 4, 6, 7 und 9 gemacht sowie die Bezeichnung und das Volumen der Antikoagulans- und, soweit vorhanden, der Additivlösung, die Lagertemperatur, die Blutgruppe und bei allogenen Zubereitungen aus roten Blutkörperchen zusätzlich die Rhesusformel, bei Thrombozytenkonzentraten und autologen Zubereitungen aus roten Blutkörperchen zusätzlich der Rhesusfaktor angegeben werden. Bei autologen Blutzubereitungen muss zusätzlich die Angabe „Nur zur Eigenbluttransfusion" gemacht und bei autologen und gerichteten Blutzubereitungen zusätzlich ein Hinweis auf den Empfänger gegeben werden.**

**(8b) Bei Gewebezubereitungen müssen mindestens die Angaben nach Absatz 1 Satz 1 Nummer 1 und 2 ohne die Angabe der Stärke, der Darreichungsform und der Personengruppe, Nummer 3 oder die Genehmigungsnummer mit der Abkürzung „Gen.-Nr.", Nummer 4, 6 und 9 sowie die Angabe „Biologische Gefahr" im Falle festgestellter Infektiosität gemacht werden. Bei autologen Gewebezubereitungen müssen zusätzlich die Angabe „Nur zur autologen Anwendung" gemacht und bei autologen und gerichteten Gewebezubereitungen zusätzlich ein Hinweis auf den Empfänger gegeben werden.**

**(9) Bei den Angaben nach den Absätzen 1 bis 5 dürfen im Verkehr mit Arzneimitteln übliche Abkürzungen verwendet werden. Die Firma nach Absatz 1 Nr. 1 darf abgekürzt werden, sofern das Unternehmen aus der Abkürzung allgemein erkennbar ist.**

**(10) Für Arzneimittel, die zur Anwendung bei Tieren und zur klinischen Prüfung oder zur Rückstandsprüfung bestimmt sind, finden Absatz 5 Satz 1 Nummer 1, 3, 5, 7, 8, 13 und 14 sowie die Absätze 8 und 9, soweit sie sich hierauf beziehen, Anwendung. Diese Arzneimittel sind soweit zutreffend mit dem Hinweis „Zur klinischen Prüfung bestimmt" oder „Zur Rückstandsprüfung bestimmt" zu versehen. Durchdrückpackungen sind mit der Bezeichnung, der Chargenbezeichnung und dem Hinweis nach Satz 2 zu versehen.**

**(11) Aus Fertigarzneimitteln entnommene Teilmengen, die zur Anwendung bei Menschen bestimmt sind, dürfen nur mit einer Kennzeichnung abgegeben werden, die mindestens den Anforderungen nach Absatz 8 Satz 1 entspricht. Absatz 1b findet keine Anwendung.**

**Übersicht** **Rz.**



## I. Die Bedeutung der Norm

1 § 10, der die Kennzeichnung der Fertigarzneimittel vorschreibt, dient dem Verbraucherschutz. Der Verbraucher soll vor der Abgabe falscher oder anderer Arzneimittel geschützt werden. Jedoch gilt dieser Schutz auch für Apotheker, denen die richtige Abgabe erleichtert werden soll. Die genaue Kennzeichnung nach § 10 ist eine Folge des Übergangs zu Fertigarzneimitteln, bei denen die Gefahr der Falschabgabe und die Notwendigkeit der Erkennbarkeit der Wirkstoffe außen auf der Verpackung besonders nahe liegt. Überblickt man den Katalog der Kennzeichnungen, so drängt sich auf, dass der Gesetzgeber hier dem Streben nach Vollständigkeit erlegen ist. Warum es etwa „Unverkäufliches Muster" heißen soll oder in einer anderen Sprache nur die gleichen Angaben wie in Deutsch gemacht

werden dürfen, ist Übermaß und vom Standpunkt des Verbrauchers nicht einsichtig, § 10 S. 1 Nr. 11, S. 2.

## II. Anwendungsbereich

Betroffen ist das Inverkehrbringen. Es ist gekennzeichneten Fertigarzneimitteln vorbehalten, soweit sie in Deutschland in Verkehr gebracht werden. Das gilt für Arzneimittel, die zugelassen worden sind oder von der Zulassung freigestellt worden sind und für registrierte homöopathische Arzneimittel. 2

Besonderheiten gelten für die europäische Zulassung. Ein Fertigarzneimittel, das eine Zulassung durch die EMEA erhalten hat, muss einheitlich nach der Richtlinie 92/27/EWG gekennzeichnet sein. Insofern gilt § 10 nicht. Aus Gründen des Verbraucherschutzes ist es freilich notwendig, dass jeweils in der Landessprache des Abgabeortes die wesentlichen Mitteilungen gemacht werden.[1] Im Falle der dezentralen Zulassung gilt § 10 in vollem Umfang, d.h. alle dort vorgesehenen Kennzeichnungen sind nach deutschem Recht und in deutscher Sprache zu erfüllen. Das gilt auch für importierte Arzneimittel, vgl. §§ 72ff. 3

## III. Pflichtkennzeichnung

### 1. Formen der Kennzeichnung

Die Pflichtangaben sind auf den Behältnissen und auf äußeren Umhüllungen anzugeben. Als Behältnis sind anzusehen: Flaschen, Dosen, Schachteln, Röhrchen, Ampullen oder Tuben. Die äußeren Umhüllungen umschließen regelmäßig die Behältnisse und bestehen aus Schachteln, Pappe, Kunststoff oder Folien. Das bedeutet nicht selten eine Doppelangabe. Soweit freilich die Umhüllung mitverzehrt werden soll, ist sie wesentlicher Bestandteil des Arzneimittels.[2] 4

Was eine lesbare Schrift darstellt, lässt sich nicht mit Gewissheit sagen. Früher hat man Schrifthöhen von 0,9 oder 1 mm nicht genügen lassen, jedoch solche von 2 mm.[3] Mit dem BGH in einem Urteil zu § 4 Abs. 5 HWG wird man davon ausgehen müssen, das es erforderlich ist, die Angaben ohne besondere Konzentration oder Anstrengung lesen zu können. Insgesamt kommt es nicht nur auf die Schriftgröße, sondern auch auf die Art der Schrift, die Farbe und den Kontrast, die Papierqualität und die Papieroberfläche an.[4] 5

Den Begriff „allgemein verständlich in deutscher Sprache“ wird man nicht zu eng auslegen dürfen. Fremdwörter sind durchaus angebracht, etwa Infusion. Soweit allerdings ein deutsches Wort zur Verfügung steht, sollte die Fachsprache des Medi- 6

---

1 § 10 Nr. 7 AMG.
2 Kloesel, Cyran, Nr. 8.
3 BayObLG, DLR 1957, 87; LG Stuttgart und LG Konstanz sowie AG Bonn, alle bei Kloesel, Cyran, § 10 Nr. 10.
4 BGH, PharmaR 1987, 61.

ziners vermieden werden. Die Kennzeichnung richtet sich nämlich in erster Linie an den Verbraucher.

7 Dauerhaft ist die Kennzeichnung, wenn sie nur schwer unleserlich bzw. entfernt oder geändert werden kann. Das ist im Regelfall bei Druckangaben gegeben. Aufkleber müssen besonders fest mit dem Behältnis verbunden sein.

### 2. Normale Kennzeichnung

8
- Pharmazeutischer Unternehmer: Name oder Firma sind anzugeben. Pharmazeutischer Unternehmer ist, wer Arzneimittel unter seinem Namen in Verkehr bringt, § 4 Abs. 18 AMG. Zur genaueren Identifizierung ist auch die Anschrift anzugeben. Mehrere Firmennamen sind möglich, sie sind sogar notwendig, wenn ein inländischer Vertriebsunternehmer ein ausländisches Erzeugnis in den Verkehr bringt. Die übliche Abkürzung einer Firma ist erlaubt, § 10 Abs. 9. Auch der Name eines eventuellen örtlichen Vertreters ist anzugeben.
- Bezeichnung des Arzneimittels: Üblich sind generische Bezeichnungen und Warenzeichen. Sie hat mit derjenigen übereinzustimmen, unter der das Fertigarzneimittel zugelassen bzw. registriert worden ist. Auch sind Darreichungsformen und Stärken bei verschiedenen möglichen Stärken anzugeben.
- Zulassungsnummer: Für zugelassene bzw. registrierte Arzneimittel hat die Abkürzung „Zul.-Nr." angegeben zu werden. Das gilt nicht für solche, die nach den §§ 103, 105 als zugelassen gelten. Für sie ist die Registrierungsnummer anzuwenden.
  Etwas besonderes gilt für die Nummer der EU-Zulassung: Die erste Ziffer steht für Humanarzneimittel (1), für Tierarzneimittel (2); die nachfolgenden zwei Zahlen für das Zulassungsjahr; die weiter nachfolgenden drei Zahlen für die Nummer, die dem Fertigarzneimittel zugeordnet ist und die nachfolgenden Zahlen (im allgemeinen drei) für Packungsgröße, Dosierung und Darreichungsform. Zwischen der jeweiligen Bedeutung der einzelnen Zahlen ist ein Punkt zu setzen, so dass es etwa heissen muss: EU 1.98.101.654.
- Chargenbezeichnung: Diese wird durch die Abkürzung „Ch-B" erbracht, sonst ist das Herstellungsdatum anzugeben.
- Darreichungsform: Hier wird die galenische Form angesprochen. Es muss also etwa heißen: Tabletten oder Tropfen.
- Mengenangabe: Der Inhalt muss nach Gewicht, Rauminhalt oder Stückzahl mitgeteilt werden. Das folgt aus der Eigenschaft als Fertigarzneimittel.
- Art der Anwendung: Dem Verbraucher soll mitgeteilt werden, ob das Arzneimittel zum Einnehmen, Tropfen, zur rektalen Anwendung usw. zu verwenden ist. Auf diese Weise soll verhindert werden, dass, wie in der Praxis geschehen, etwa zuviel von einem arsenhaltigen Mittel zur Warzenbehandlung eingenommen wird.[5]

---

[5] BGH, NJW 1970, 511.

- Wirksame Bestandteile: Neben den arzneilich wirksamen Bestandteilen müssen auch Hilfsstoffe, z.B. Lösungsmittel angegeben werden. Nicht mitgeteilt werden müssen Ausgangsstoffe oder Zwischenfertigungsstoffe.
- Gentechnologische Gewinnung: Insoweit ist der Wirkstoff und die Bezeichnung des veränderten Mikroorganismus oder die Zelllinie anzugeben. Gentechno-logisch hergestellte Arzneimittel werden von der EMEA beurteilt; ihre Etikettierung richtet sich nach der Richtlinie 92/27/EWG.
- Verfalldatum: Diese Angabe soll den Zeitpunkt nennen, bis zu dem das Arzneimittel bei sachgerechter Lagerung und Aufbewahrung beim Verbraucher seine bestimmungsgemäße Wirkung entfalten kann. Haben die Bestandteile eine unterschiedliche Haltbarkeitsdauer, so ist die kürzeste anzugeben. Als Verfalldatum ist der Hinweis „verwendbar bis" zu verwenden. Nach dem Ablauf des Verfalldatums entfällt die Haftung für die Qualität des Erzeugnisses sowohl nach § 84 als auch nach § 823 BGB.
- Verschreibungs- bzw. Apothekenpflicht: Diese sich aus anderen Bestimmungen des AMG ergebende Voraussetzung ist auf dem Arzneimittel bzw. der Verpackung anzubringen. Das ist auch durch ein Piktogramm möglich, Art. 2 Abs. 2 Richtlinie 92/27/EWG.
- Muster: Hier hat es „Unverkäufliches Muster" zu heißen. Die Norm dient nicht dem Verbraucherschutz, sondern dem Interesse der Hersteller und Verteiler.
- Aufbewahrungshinweis: Abgesehen von Heilwässern ist mitzuteilen, dass das Arzneimittel unzugänglich für Kinder aufbewahrt werden soll. Damit soll der Gefahr kindlichen Fehlgebrauchs begegnet werden.
- Vorsichtsmaßnahmen für die Beseitigung: Nur falls erforderlich, ist auf besondere Vorsichtsmaßnahmen für die Beseitigung nicht verwendeter Arzneimittel wegen Gefahren für die Umwelt hinzuweisen. Dies wird nur in Ausnahmefällen notwendig sein, da nach der Allgemeinen Verwaltungsvorschrift zum Abfallgesetz[6] Altarzneimittel zum Hausmüll gehören.
- Fremde Sprache: Wird zusätzlich eine Fremdsprache verwendet, so hat sie die gleichen Angaben zu enthalten, die auch für die deutschsprachige Verpackung vorgesehen ist.
- Gewebezubereitungen müssen mindestens die Angaben des Herstellers sowie die Bezeichnung, die Zulassungsnummer, die Chargenbezeichnung und den Inhalt nach Gewicht, Rauminhalt oder Stückzahl enthalten.
- Weitere Angaben: Diese sind zulässig, wenn sie mit der Verwendung des Arzneimittels im Zusammenhang stehen, für die gesundheitliche Aufklärung wichtig sind und nicht der Fachinformation widersprechen.

### 3. Warnhinweise

Die vom Stand der wissenschaftlichen Erkenntnis geforderten Warnhinweise, **9**
Aufbewahrungshinweise und Lagerhinweise sind anzugeben. Dabei brauchen nicht alle Warnungen aus dem Beipackzettel oder der Fachinformation übernommen zu werden. Vielmehr ist es erforderlich, dass wegen der Besonderheit des

---

6 Allgemeine Verwaltungsvorschrift zum Abfallgesetz BAnz 93, Nr. 99a.

Arzneimittels oder der Gefährdung in bestimmten Situationen ein deutlicher Hinweis, vielleicht schon auf der Außenseite der Packung, erforderlich ist. Die Warnung vor Übermaßgebrauch von Alupent-Aerosol und der Hinweis auf die Gefahr der Verwendung des Kurznarkotikums Estil in der Nähe von Arterien sind Beispiele aus der Rechtsprechung.[7]

### 4. Homöopathische Arzneimittel

10 Bei diesen in das Register eingetragenen Arzneimitteln muss der Hinweis „Homöopathisches Arzneimittel" angegeben werden. Dazu tritt noch die Registriernummer. Angaben über Anwendungsgebiete dürfen nicht gemacht werden. Weiterhin ist zwingend, dass bei Humanarzneimitteln der Hinweis angebracht wird, dass medizinischer Rat einzuholen ist, wenn während der Behandlung die Krankheitssymptome fortdauern. Jedenfalls ist es nicht notwendig, eine Warnung vor Kindergebrauch anzubringen. In letzter Zeit sind für homöopathische Arzneimittel genaue Angaben vorgeschrieben, u. a. auch ein Hinweis auf die homöopathische Beschaffenheit.

### 5. Tierarzneimittel

11 Mit den Worten „Für Tiere" oder eine Tierart nennend, z.B. „Für Rinder", sind Fertigarzneimittel, die zur Anwendung bei Tieren bestimmt sind, zu kennzeichnen. Üblicherweise ist auch noch eine Wartezeit einzuhalten, wenn das Arzneimittel zur Anwendung bei Tieren bestimmt ist, die der Gewinnung von Lebensmitteln dienen. Ist es einmal nicht vorgeschrieben, so wird jetzt eine ausdrückliche Angabe verlangt. Die Wartezeit dient der Erfahrung über die Auswirkung des Tierarzneimittels auf die Nahrung.

12 Sofern es sich nicht um Lebensmitteltiere handelt, ist der Zusatz erforderlich, dass aus besonderen Gründen das Arzneimittel ausschließlich zur Anwendung bei Tieren bestimmt ist, die nicht zur Gewinnung von Lebensmitteln dienen. Das gleiche gilt für die Hinweise „Nur durch den Tierarzt selbst anzuwenden" oder für Arzneimittelvormischungen.

13 Mit der neuesten Novelle ist ein ganzer Katalog über Hinweise, Dareichungsformen, Inhalt und Verschreibungspflicht aufgenommen worden.

## IV. Besondere Kennzeichnungen

### 1. Bestandteile

14 Der vorher vorgesehene Umfang der Kennzeichnung lässt sich je nach Arzneimittel nicht durchhalten. Daher wird erlaubt, bei Ampullen und Arzneimitteln von geringem Rauminhalt die Angaben nach § 10 Abs. 1-5 nur auf der äußeren Umhüllung zu machen. Das gilt jedoch nicht für die von der Rechtsprechung im Patienteninteresse vorgesehenen deutlichen Warnhinweise. Auch hier gibt es einen Min-

[7] BGHZ 106, 273; BGH, NJW 1972, 2217.

deststandard. Die Angaben nach § 10 Abs. 1 Nr. 2, 4, 6, 7 und 9 sowie nach den Absätzen 3 u. 5 Nr. 1 müssen sich weiterhin auf den Behältnissen befinden. Vorherrschend sind internationale Kurzbezeichnungen der WHO sowie solche, die von BfArM bestimmt worden sind.

**2. Frischplasmazubereitungen**

Wegen ihrer Gefährlichkeit sind hier die Angaben nach Abs. 1 S. 1 Nr. 1, 2 ohne die Angabe der Stärke, Dareichungsform oder der Personengruppe, Nr. 3, 4, 6, 7 und 9 bekannt gemacht werden sowie zusätzlich Blutkennzeichnungen und Rhesusformel anzugeben. Bei autologen Blutzubereitungen gehört die Angabe „Zur Eigenbluttransfusion“ als Hinweis auf die Zubereitung. **15**

**3. Gewebezubereitungen**

Nach Abs. 8b ist jetzt auch für Gewebezubereitungen die wesentlichen Nummern über Angabe in das Gesetz aufgenommen worden, u. a. muss auch „Nur zur autologen Anwendung“ mit einem Hinweis auf den Empfänger angegeben werden. **16**

**4. Abkürzungen**

Die üblichen Abkürzungen dürfen im Verkehr mit Arzneimitteln verwendet werden. Das gilt sogar für die Firma, wenn das Unternehmen aus der Abkürzung allgemein erkennbar ist, § 10 Abs. 9. **17**

**5. Zur klinischen Prüfung bestimmt**

Bei einem Arzneimittel, das sich noch in klinischer Prüfung befindet oder bei dem eine Rückstandsprüfung vorgesehen ist, finden die vorher genannten Voraussetzungen nicht durchgehend Anwendung. Immerhin muss der Hinweis „Zur klinischen Prüfung bestimmt“ gemacht werden. Entsprechendes gilt für die Rückstandsprüfung. Durchdrückpackungen sind mit der allgemeinen Bezeichnung und der eventuellen Chargenbezeichnung zu versehen. Auch hier gelten die zurückgenommenen Voraussetzungen des § 40 Abs. 1. **18**

Die Mindestkennzeichnung muss folgende Angaben umfassen: Name oder Firma und Anschrift des pharmazeutischen Unternehmers, Bezeichnung des Arzneimittels, Chargenbezeichnung, Darreichungsform, Inhalt nach Gewicht, Rauminhalt oder Stückzahl und Art der Anwendung. Das klinische Prüfpräparat verlangt zusätzlich die Angabe des Namens des Sponsors, die Prüfnummer, die Chargenbezeichnung, die Patientennummer, die Lagerungsbedingungen und das Verfalldatum. Im Falle des Verblindens kann die Chargen-Nummer getrennt angegeben werden. **19**

### V. Rechtsfolgen

#### Im Zivilrecht

*Haftung nach § 823 Abs. 1 BGB*

20 Der Hinweis in deutlicher Form kann sich aus der Gefährlichkeit des Arzneimittels, insbesondere daraus ergeben, dass es in dramatischen Situationen verwendet wird. Der BGH hat hierauf ganz unabhängig von § 10 reagiert und das allgemeine Haftungsrecht in Gestalt des § 823 Abs. 1 BGB angewendet.[8]

*Haftung nach § 823 Abs. 2 BGB*

21 Die Bestimmungen des § 10 sind Schutzgesetze i.S. des § 823 Abs. 2 BGB, soweit sie deutlich zivilrechtliche Funktion haben und den Verbraucher schützen wollen. Ihre Verletzung verpflichtet zum Schadensersatz. Das gilt etwa nicht für § 10 Abs. 1 Nr. 11 mit dem Hinweis „Unverkäufliches Muster". Ebenso wenig wird es stets für die doppelte Wiedergabe in zwei Sprachen anzuwenden sein, § 10 Abs. 1 S. 2.

*Haftung nach § 84 Abs. 1 S. 2 Nr. 2*

22 Die Angabenhaftung wird in § 84 Abs. 1 S. 2 Nr. 2 angesprochen. Hiernach wird gehaftet, wenn ein Schaden infolge einer nicht den Erkenntnissen der medizinischen Wissenschaft entsprechenden Kennzeichnung eingetreten ist. Dieses ist die Kennzeichnung des § 10. Zur Haftung führen können hier auch schon kleinere Verstöße, etwa zu geringe Größe oder zu schwere Lesbarkeit. Die Angabe hat der Kenntnis der medizinischen Wissenschaft zum Zeitpunkt des Inverkehrbringens zu entsprechen.[9]

### VI. Sanktionen

#### Im Ordnungswidrigkeitenrecht

23 Ordnungswidrig handelt, wer vorsätzlich oder fahrlässig entgegen § 10 Arzneimittel ohne die vorgeschriebene Kennzeichnung in Verkehr bringt, § 97 Abs. 2 Nr. 4. Diese Bestimmung kann schnell verwirklicht sein, da angesichts der Vielzahl der Kennzeichnungen und der etwas unglücklichen Form ihres Ausdrucks der Fehlgebrauch nahe liegt.

24 Zugleich kann ein Verstoß i.S. von § 1 UWG vorliegen.

---

[8] BGHZ 106, 273.

[9] OLG Stuttgart, VersR 1990, 631; Kullmann, Pfister, 3800, S. 30.

## § 11
## Packungsbeilage

(1) Fertigarzneimittel, die Arzneimittel im Sinne des § 2 Abs. 1 oder Abs. 2 Nr. 1 sind und die nicht zur klinischen Prüfung oder Rückstandsprüfung bestimmt oder nach § 21 Abs. 2 Nr. 1a oder Nr. 1b von der Zulassungspflicht freigestellt sind, dürfen im Geltungsbereich dieses Gesetzes nur mit einer Packungsbeilage in den Verkehr gebracht werden, die die Überschrift „Gebrauchsinformation" trägt sowie folgende Angaben in der nachstehenden Reihenfolge allgemein verständlich in deutscher Sprache, in gut lesbarer Schrift und in Übereinstimmung mit den Angaben nach § 11a enthalten muss:

1. zur Identifizierung des Arzneimittels:
   a) die Bezeichnung des Arzneimittels, § 10 Abs. 1 Satz 1 Nr. 2 und Abs. 1a finden entsprechende Anwendung,
   b) die Stoff- oder Indikationsgruppe oder die Wirkungsweise;
2. die Anwendungsgebiete;
3. eine Aufzählung von Informationen, die vor der Einnahme des Arzneimittels bekannt sein müssen:
   a) Gegenanzeigen,
   b) entsprechende Vorsichtsmaßnahmen für die Anwendung,
   c) Wechselwirkungen mit anderen Arzneimitteln oder anderen Mitteln, soweit sie die Wirkung des Arzneimittels beeinflussen können,
   d) Warnhinweise, insbesondere soweit dies durch Auflage der zuständigen Bundesoberbehörde nach § 28 Abs. 2 Nr. 2 angeordnet oder durch Rechtsverordnung nach § 12 Abs. 1 Nr. 3 vorgeschrieben ist;
4. die für eine ordnungsgemäße Anwendung erforderlichen Anleitungen über
   a) Dosierung,
   b) Art der Anwendung,
   c) Häufigkeit der Verabreichung, erforderlichenfalls mit Angabe des genauen Zeitpunkts, zu dem das Arzneimittel verabreicht werden kann oder muss, sowie, soweit erforderlich und je nach Art des Arzneimittels,
   d) Dauer der Behandlung, falls diese festgelegt werden soll,
   e) Hinweise für den Fall der Überdosierung, der unterlassenen Einnahme oder Hinweise auf die Gefahr von unerwünschten Folgen des Absetzens,
   f) die ausdrückliche Empfehlung, bei Fragen zur Klärung der Anwendung den Arzt oder Apotheker zu befragen;
5. die Nebenwirkungen; zu ergreifende Gegenmaßnahmen sind, soweit dies nach dem jeweiligen Stand der wissenschaftlichen Erkenntnisse erforderlich ist, anzugeben; den Hinweis, dass der Patient aufgefordert werden soll, dem Arzt oder Apotheker jede Nebenwirkung mitzuteilen, die in der Packungsbeilage nicht aufgeführt ist;

6. einen Hinweis auf das auf der Verpackung angegebene Verfalldatum sowie
   a) Warnung davor, das Arzneimittel nach Ablauf dieses Datums anzuwenden,
   b) soweit erforderlich besondere Vorsichtsmaßnahmen für die Aufbewahrung und die Angabe der Haltbarkeit nach Öffnung des Behältnisses oder nach Herstellung der gebrauchsfertigen Zubereitung durch den Anwender,
   c) soweit erforderlich Warnung vor bestimmten sichtbaren Anzeichen dafür, dass das Arzneimittel nicht mehr zu verwenden ist,
   d) vollständige qualitative Zusammensetzung nach Wirkstoffen und sonstigen Bestandteilen sowie quantitative Zusammensetzung nach Wirkstoffen unter Verwendung gebräuchlicher Bezeichnungen für jede Darreichungsform des Arzneimittels, § 10 Abs. 6 findet Anwendung,
   e) Darreichungsform und Inhalt nach Gewicht, Rauminhalt oder Stückzahl für jede Darreichungsform des Arzneimittels,
   f) Name und Anschrift des pharmazeutischen Unternehmers und, soweit vorhanden, seines örtlichen Vertreters,
   g) Name und Anschrift des Herstellers oder des Einführers, der das Fertigarzneimittel für das Inverkehrbringen freigegeben hat;
7. bei einem Arzneimittel, das unter anderen Bezeichnungen in anderen Mitgliedstaaten der Europäischen Union nach den Artikeln 28 bis 39 der Richtlinie 2001/83/EG des Europäischen Parlaments und des Rates zur Schaffung eines Gemeinschaftskodexes für Humanarzneimittel vom 6. November 2001 (ABl. EG Nr. L 311 S. 67), geändert durch die Richtlinien 2004/27/EG (ABl. EU Nr. L 136 S. 34) und 2004/24/EG vom 31. März 2004 (ABl. EU Nr. L 136 S. 85), für das Inverkehrbringen genehmigt ist, ein Verzeichnis der in den einzelnen Mitgliedstaaten genehmigten Bezeichnungen;
8. das Datum der letzten Überarbeitung der Packungsbeilage.

Erläuternde Angaben zu den in Satz 1 genannten Begriffen sind zulässig. Sofern die Angaben nach Satz 1 in der Packungsbeilage zusätzlich in einer anderen Sprache wiedergegeben werden, müssen in dieser Sprache die gleichen Angaben gemacht werden. Satz 1 gilt nicht für Arzneimittel, die nach § 21 Abs. 2 Nr. 1 einer Zulassung nicht bedürfen. Weitere Angaben, die nicht durch eine Verordnung der Europäischen Gemeinschaft vorgeschrieben oder bereits nach einer solchen Verordnung zulässig sind, sind zulässig, soweit sie mit der Anwendung des Arzneimittels im Zusammenhang stehen, für die gesundheitliche Aufklärung der Patienten wichtig sind und den Angaben nach § 11a nicht widersprechen. Bei den Angaben nach Satz 1 Nr. 3 Buchstabe a bis d ist, soweit dies nach dem jeweiligen Stand der wissenschaftlichen Erkenntnisse erforderlich ist, auf die besondere Situation bestimmter Personengruppen, wie Kinder, Schwangere oder stillende Frauen, ältere Menschen oder Personen mit spezifischen Erkrankungen einzugehen; ferner sind, soweit erforderlich, mögliche Auswirkungen der Anwendung auf die Fahrtüchtigkeit oder die Fähigkeit zur Bedienung bestimmter Maschinen anzugeben.

(1a) Ein Muster der Packungsbeilage und geänderter Fassungen ist der zuständigen Bundesoberbehörde unverzüglich zu übersenden, soweit nicht das Arzneimittel von der Zulassung oder Registrierung freigestellt ist.

(2) Es sind ferner in der Packungsbeilage Hinweise auf Bestandteile, deren Kenntnis für eine wirksame und unbedenkliche Anwendung des Arzneimittels erforderlich ist, und für die Verbraucher bestimmte Aufbewahrungshinweise anzugeben, soweit dies nach dem jeweiligen Stand der wissenschaftlichen Erkenntnisse erforderlich oder durch Auflage der zuständigen Bundesoberbehörde nach § 28 Abs. 2 Nr. 2 angeordnet oder durch Rechtsverordnung vorgeschrieben ist.

(2a) Bei radioaktiven Arzneimitteln gilt Absatz 1 entsprechend mit der Maßgabe, dass die Vorsichtsmaßnahmen aufzuführen sind, die der Verwender und der Patient während der Zubereitung und Verabreichung des Arzneimittels zu ergreifen haben, sowie besondere Vorsichtsmaßnahmen für die Entsorgung des Transportbehälters und nicht verwendeter Arzneimittel.

(3) Bei Arzneimitteln, die in das Register für homöopathische Arzneimittel eingetragen sind, gilt Absatz 1 entsprechend mit der Maßgabe, dass die in § 10 Abs. 4 vorgeschriebenen Angaben, ausgenommen die Angabe der Chargenbezeichnung, des Verfalldatums und des bei Mustern vorgeschriebenen Hinweises, zu machen sind sowie der Name und die Anschrift des Herstellers anzugeben sind, der das Fertigarzneimittel für das Inverkehrbringen freigegeben hat, soweit es sich dabei nicht um den pharmazeutischen Unternehmer handelt. Satz 1 gilt entsprechend für Arzneimittel, die nach § 38 Abs. 1 Satz 3 von der Registrierung freigestellt sind.

(3a) Bei Sera gilt Absatz 1 entsprechend mit der Maßgabe, dass auch die Art des Lebewesens, aus dem sie gewonnen sind, bei Virusimpfstoffen das Wirtssystem, das zur Virusvermehrung gedient hat, und bei Arzneimitteln aus humanem Blutplasma zur Fraktionierung das Herkunftsland des Blutplasmas anzugeben ist.

(3b) Bei traditionellen pflanzlichen Arzneimitteln nach § 39a gilt Absatz 1 entsprechend mit der Maßgabe, dass bei den Angaben nach Absatz 1 Satz 1 Nr. 2 anzugeben ist, dass das Arzneimittel ein traditionelles Arzneimittel ist, das ausschließlich auf Grund langjähriger Anwendung für das Anwendungsgebiet registriert ist. Zusätzlich ist in die Packungsbeilage der Hinweis nach § 10 Abs. 4a Satz 1 Nr. 2 aufzunehmen.

(3c) Der Inhaber der Zulassung hat dafür zu sorgen, dass die Packungsbeilage auf Ersuchen von Patientenorganisationen bei Arzneimitteln, die zur Anwendung bei Menschen bestimmt sind, in Formaten verfügbar ist, die für blinde und sehbehinderte Personen geeignet sind.

**(3d) Bei Heilwässern können unbeschadet der Verpflichtungen nach Absatz 2 die Angaben nach Absatz 1 Satz 1 Nr. 3 Buchstabe b, Nr. 4 Buchstabe e und f, Nr. 5, soweit der dort angegebene Hinweis vorgeschrieben ist, und Nr. 6 Buchstabe c entfallen. Ferner kann bei Heilwässern von der in Absatz 1 vorgeschriebenen Reihenfolge abgewichen werden.**

**(4) Bei Arzneimitteln, die zur Anwendung bei Tieren bestimmt sind, gilt Absatz 1 mit der Maßgabe, dass anstelle der Angaben nach Absatz 1 Satz 1 die folgenden Angaben nach Maßgabe von Absatz 1 Satz 2 und 3 in der nachstehenden Reihenfolge allgemein verständlich in deutscher Sprache, in gut lesbarer Schrift und in Übereinstimmung mit den Angaben nach § 11a gemacht werden müssen:**

1. **Name und Anschrift des pharmazeutischen Unternehmers, soweit vorhanden seines örtlichen Vertreters, und des Herstellers, der das Fertigarzneimittel für das Inverkehrbringen freigegeben hat;**
2. **Bezeichnung des Arzneimittels, gefolgt von der Angabe der Stärke und Darreichungsform; die gebräuchliche Bezeichnung des Wirkstoffes wird aufgeführt, wenn das Arzneimittel nur einen einzigen Wirkstoff enthält und sein Name ein Phantasiename ist; bei einem Arzneimittel, das unter anderen Bezeichnungen in anderen Mitgliedstaaten der Europäischen Union nach den Artikeln 31 bis 43 der Richtlinie 2001/82/EG des Europäischen Parlaments und des Rates zur Schaffung eines Gemeinschaftskodexes für Tierarzneimittel vom 6. November 2001 (ABl. EG Nr. L 311 S. 1), geändert durch die Richtlinie 2004/28/EG (ABl. EU Nr. L 136 S. 58), für das Inverkehrbringen genehmigt ist, ein Verzeichnis der in den einzelnen Mitgliedstaaten genehmigten Bezeichnungen;**
3. **Anwendungsgebiete;**
4. **Gegenanzeigen und Nebenwirkungen, soweit diese Angaben für die Anwendung notwendig sind; können hierzu keine Angaben gemacht werden, so ist der Hinweis „keine bekannt“ zu verwenden; der Hinweis, dass der Anwender oder Tierhalter aufgefordert werden soll, dem Tierarzt oder Apotheker jede Nebenwirkung mitzuteilen, die in der Packungsbeilage nicht aufgeführt ist;**
5. **Tierarten, für die das Arzneimittel bestimmt ist, Dosierungsanleitung für jede Tierart, Art und Weise der Anwendung, soweit erforderlich Hinweise für die bestimmungsgemäße Anwendung;**
6. **Wartezeit, soweit es sich um Arzneimittel handelt, die zur Anwendung bei Tieren bestimmt sind, die der Gewinnung von Lebensmitteln dienen; ist die Einhaltung einer Wartezeit nicht erforderlich, so ist dies anzugeben;**
7. **besondere Vorsichtsmaßnahmen für die Aufbewahrung;**
8. **besondere Warnhinweise, insbesondere soweit dies durch Auflage der zuständigen Bundesoberbehörde angeordnet oder durch Rechtsverordnung vorgeschrieben ist;**

**9. soweit dies nach dem jeweiligen Stand der wissenschaftlichen Erkenntnisse erforderlich ist, besondere Vorsichtsmaßnahmen für die Beseitigung von nicht verwendeten Arzneimitteln oder sonstige besondere Vorsichtsmaßnahmen, um Gefahren für die Umwelt zu vermeiden.**

**Das Datum der letzten Überarbeitung der Packungsbeilage ist anzugeben. Bei Arzneimittel-Vormischungen sind Hinweise für die sachgerechte Herstellung der Fütterungsarzneimittel und Angaben über die Dauer der Haltbarkeit der Fütterungsarzneimittel aufzunehmen. Weitere Angaben sind zulässig, soweit sie mit der Anwendung des Arzneimittels im Zusammenhang stehen, für den Anwender oder Tierhalter wichtig sind und den Angaben nach § 11a nicht widersprechen. Bei Arzneimitteln zur Anwendung bei Tieren, die in das Register für homöopathische Arzneimittel eingetragen sind, oder die nach § 38 Absatz 1 Satz 3 oder nach § 60 Absatz 1 von der Registrierung freigestellt sind, gelten die Sätze 1, 2 und 4 entsprechend mit der Maßgabe, dass die in § 10 Absatz 4 vorgeschriebenen Angaben mit Ausnahme der Angabe der Chargenbezeichnung, des Verfalldatums und des bei Mustern vorgeschriebenen Hinweises zu machen sind. Bei traditionellen pflanzlichen Arzneimitteln zur Anwendung bei Tieren ist zusätzlich zu den Hinweisen nach Absatz 3b Satz 1 ein der Anwendung bei Tieren entsprechender Hinweis nach § 10 Absatz 4a Satz 1 Nummer 2 anzugeben.**

**(5) Können die nach Absatz 1 Satz 1 Nr. 3 Buchstabe a und c sowie Nr. 5 vorgeschriebenen Angaben nicht gemacht werden, so ist der Hinweis „keine bekannt" zu verwenden. Werden auf der Packungsbeilage weitere Angaben gemacht, so müssen sie von den Angaben nach den Absätzen 1 bis 4 deutlich abgesetzt und abgegrenzt sein.**

**(6) Die Packungsbeilage kann entfallen, wenn die nach den Absätzen 1 bis 4 vorgeschriebenen Angaben auf dem Behältnis oder auf der äußeren Umhüllung stehen. Absatz 5 findet entsprechende Anwendung.**

**(7) Aus Fertigarzneimitteln entnommene Teilmengen, die zur Anwendung bei Menschen bestimmt sind, dürfen nur zusammen mit einer Ausfertigung der für das Fertigarzneimittel vorgeschriebenen Packungsbeilage abgegeben werden. Absatz 6 Satz 1 gilt entsprechend. Abweichend von Satz 1 müssen bei der im Rahmen einer Dauermedikation erfolgenden regelmäßigen Abgabe von aus Fertigarzneimitteln entnommenen Teilmengen in neuen, patientenindividuell zusammengestellten Blistern Ausfertigungen der für die jeweiligen Fertigarzneimittel vorgeschriebenen Packungsbeilagen erst dann erneut beigefügt werden, wenn sich diese gegenüber den zuletzt beigefügten geändert haben.**

**Übersicht** **Rz.**



**Literatur**


Diercksen, in: „Der Beipackzettel" in medizinischen Präparatepackungen, Fortschritt oder Rückschritt in der Medizin, MedR 1984, 137; Hager, Schäden infolge Unvereinbarkeit mehrerer Medikamente, VersR 1987, 1053; Hasskarl, Sicherheit durch Information im Arzneimittelrecht, NJW 1988, 2265; Kimbel, Patientengerechte Arzneimittelinformation, DÄBl 1980, A 331.


## I. Die Bedeutung der Norm

1 Die Packungsbeilage enthält die Gebrauchsinformation für den Patienten. Mit der Gebrauchsinformation des § 11 erfüllt der pharmazeutische Unternehmer seine Verpflichtung zur Aufklärung des Patienten in schriftlicher Form. Die Aufklärung hat eine positive und eine negative Seite. Es werden Anwendungsgebiete, arzneilich wirksame Bestandteile usw. angegeben; es werden aber auch Gegenanzeigen, Wechselwirkungen, Vorsichtsmaßnahmen usw. genannt. Die wichtigste Bedeutung erlangt § 11 im Zusammenwirken mit §§ 21ff. u. § 84, soweit es um den bestimmungsgemäßen Gebrauch geht. Sie sind für die Zulassungsunterlagen, die Zulassung selbst und die Haftungsbegrenzung außerordentlich wichtig. Die Bestimmung über den Gebrauch des Medikaments sollte also mit besonderer Vorsicht und Vorausschau erfolgen. Gegen einen Missbrauch ist übrigens Vorsorge zu treffen, wenn dieser üblich geworden ist. Die Packungsbeilage muss mit den Inhalten des Zulassungsbescheids übereinstimmen. Sie sollte also auch an die Zulassungsunterlagen angepasst werden, soweit sie nicht durch den Zulassungsbescheid überholt sind.

## II. Allgemeine Angaben

### 1. Parallelen zu §§ 10, 11a

2 Die Packungsbeilage wiederholt in erheblichen Bereichen die Angaben zur Kennzeichnung und nimmt die Fachinformation vorweg. Das kann man schon aus dem Vergleich des Umfangs der drei Vorschriften erkennen. § 11 Abs. 6 lässt die Packungsbeilage überhaupt entfallen, wenn die vorgeschriebenen Angaben auf dem Behältnis oder der äußeren Umhüllung stehen. Eine Wiederholung ist hier also nicht erforderlich. Schließlich wird auch von § 11 eine allgemein verständliche deutsche Sprache und eine gut lesbare Schrift verlangt.

## 2. Herkunft

Die Herkunftsangaben müssen auch hier angegeben sein, einschließlich der Anschrift, wobei neben pharmazeutischen Unternehmen auch der Hersteller, der das Fertigarzneimittel für das Inverkehrbringen freigegeben hat, anzugeben ist. Allgemein gebräuchliche Abkürzungen sind auch hier erlaubt, vgl. § 10 Abs. 9. 3

## 3. Bestandteile

Die Bestandteile im weitesten Sinne sollten in der Packungsbeilage genannt sein, also die arzneilich wirksamen nach Art und Menge, die Darreichungsform, das Gewicht, der Rauminhalt oder die Stückzahl, die Stoff- oder Indikationsgruppe oder die Wirksamkeitsweise sowie schließlich auch die Dosierungsanleitung. Damit wird umfassend über die wirksamen Bestandteile, insbesondere die arzneilich wirksamen Bestandteile, Auskunft gegeben. Ist diese Auskunft nicht zutreffend, so wird ein Schutzgesetz verletzt, § 823 Abs. 2 BGB. Die Bußgeldvorschrift des § 97 Abs. 2 Nr. 5 bezieht sich allerdings nur auf das Inverkehrbringen ohne die vorgeschriebene Packungsbeilage. 4

## 4. Indikationen usw.

Die wesentlichste Angabe in der Packungsbeilage betrifft die Anwendungsgebiete. Hier muss der erwartete therapeutische Erfolg in dem in Frage kommenden Gebiet genannt werden. Ebenso wichtig wie die Anwendungsgebiete sind die Gegenanzeigen, welche den Einsatz des Arzneimittels ausschließen sollen, § 11 Abs. 1. In diesen Bereich gehören auch die Vorsichtsmaßnahmen sowie die Wechselwirkungen mit anderen Mitteln, soweit sie die Wirkung des Arzneimittels beeinflussen können.[1] 5

In diesem Bereich liegt die „Bestimmungsgemäßheit“ des Gebrauchs, von welchem insbesondere die Haftung, aber auch schon die Zulassung des Arzneimittels abhängen. An dieser Stelle werden Kautelarjuristen häufig tätig. Zwar ist nach § 10 Abs. 5 für Neben- und Wechselwirkungen ausgeführt, dass eventuell „keine bekannt“ anzugeben ist. Nicht selten wird dort darüber hinaus mitgeteilt, dass entsprechende klinische Versuche keine Neben- oder Wechselwirkungen ergeben hätten. 6

## 5. Warnhinweise

Mitteilungen, dass das Medikament unter bestimmten Umständen entweder nur mit Vorsicht oder gar nicht eingenommen werden soll, Hinweise für den Fall der Überdosierung und der zu ergreifenden Gegenmaßnahmen gegen Nebenwirkungen werden zusammengefasst als Warnhinweise bezeichnet. Sie sind wesentliches Merkmal der Instruktionspflicht des Arzneimittelherstellers.[2] 7

---

1 Hager, VersR 1987, 1053.

2 Der deutsche Verkehrsgerichtstag in Goslar hat verlangt, dass die pharmazeutische Industrie Warnhinweise verbrauchsgerechter formulieren soll. Dazu gehören die präzise

### 6. Dosierung und Überdosierung

8 Wesentlich für die Patienten ist die Dosierungsanleitung mit Art und Anwendung und eventuell auch der Dauer der Behandlung. Hierzu gehören auch Hinweise für den Fall der Überdosierung bzw. der unterlassenen Einnahme oder die Hinweise auf die Gefahr von unerwünschten Folgen des Absetzens, soweit erforderlich. Diese Vorschriften sind deswegen außerordentlich wichtig, weil die Überdosierung ein nicht seltener Gegenstand der Haftung ist.[3]

### 7. Schlussvorschriften

9 In § 11 Abs. 1 werden weitere Regelungen getroffen, die von zu ergreifenden Gegenmaßnahmen über den Ablauf des Arzneimittels bis hin zur Angabe des Herkunftslandes bei humanem Blutplasma reicht.

## III. Weitere Angaben

10 Der Katalog des § 11 Abs. 1 ist nicht abschließend. Weitere Angaben sind zulässig, wenn sie durch eine VO der EU vorgeschrieben sind. Im Übrigen ist es für die Zulässigkeit erforderlich, dass diese Angaben mit der Verwendung des Arzneimittels im Zusammenhang stehen, für die gesundheitliche Aufklärung wichtig sind und nicht den Zwangsangaben widersprechen. Auch dürfen besondere Personengruppen, wie Kinder, Schwangere und stillende Frauen, ältere Menschen oder Personen mit spezifischen Erkrankungen, besonders unterrichtet werden. Schließlich ist auch die Auswirkung der Arzneimittel auf die Fahrtüchtigkeit usw. anzugeben. Werbliche Hinweise sind nicht erlaubt. Die weiteren Angaben müssen von den gesetzlichen Pflichtangaben drucktechnisch abgesetzt sein.[4]

11 Ein Muster der Packungsbeilage ist dem BfArM zu übersenden. In der Packungsbeilage ist darauf hinzuweisen, dass bestimmte Aufbewahrungsformen eingehalten werden müssen, § 11 Abs. 1a.

## IV. Zusatzangaben

### 1. Radioaktive Arzneimittel

12 Vorsichtsmaßnahmen, die der Verwender oder der Patient während der Zubereitung oder Verabreichung eines radioaktiven Arzneimittels zu ergreifen hat, sowie besondere Vorsichtsmaßnahmen für die Entsorgung sind im Beipackzettel anzugeben, § 11 Abs. 2a.

---

und verständliche Angabe der Beeinträchtigungen mit den entsprechenden Handlungsanweisungen und eine klare Kennzeichnung auf der Verpackung, VersR 1999, 288.

3 OLG München, VersR 1978, 285 (Übermaß an Penicillin); OLG Hamm, VersR 1986, 603 (Überdosis an Blutersatzmitteln).

4 Rehmann, AMG[2], § 11 Rn. 16.

## 2. Homöopathische Arzneimittel

Besonders vorsichtig steht der Gesetzgeber homöopathischen Arzneimitteln gegenüber. Diese müssen als solche gekennzeichnet sein, aber es darf nicht die Angabe einer therapeutischen Indikation gemacht werden. Schließlich ist noch der Hinweis anzubringen, dass bei Fortdauern der Krankheitssymptome medizinischer Rat einzuholen ist. 13

## 3. Sera

Bei Sera ist auch die Art des Lebewesens, aus denen sie gewonnen sind, bei Virusimpfstoffen das Wirtsystem, das zur Virusvermehrung gedient hat, anzugeben. 14

## 4. Tierarzneimittel

Wegen der Besonderheit von Medikamenten für Tiere ist in § 11 Abs. 4 eine Sonderregelung getroffen worden. Hier geht es insbesondere um die sachgerechte Herstellung, der Fütterung der Arzneimittel, der Mischfuttermitteltypen, der Herstellungsverfahren, der Wechselwirkung, den zugelassen Zusatzstoffen sowie die Dauer der Haltbarkeit der Fütterungsmittel. Hinzugekommen sind Angaben über Arzneimittel, die zur Anwendung bei Tieren vorgesehen sind und in das Register für homöopathische Arzneimittel eingetragen sind oder von der Registrierung freigestellt sind. Bei traditionellen pflanzlichen Arzneimitteln zur Anwendung bei Tieren ist zusätzlich auf diese Herstellungsform hinzuweisen. 15

## V. Rechtsfolgen

### Im Zivilrecht

Die Bestimmung des § 11 sind Schutzgesetze im Sinne von § 823 Abs. 2 BGB. Ihre Verletzung verpflichtet zum Schadenersatz. Bei Fehlangaben kommt die Gefährdungshaftung nach § 84 Abs. 1 S. 2 Nr. 2 in Betracht. 16

### Im Verwaltungsrecht

Die zuständige Behörde kann im Rahmen ihrer Aufsichtsbefugnis vom pharmazeutischen Unternehmer die Packungsbeilage einfordern. 17

## VI. Sanktionen

### Im Ordnungswidrigkeitenrecht

Ordnungswidrig handelt, wer Arzneimittel ohne die vorgeschriebene Packungsbeilage in den Verkehr bringt, § 97 Abs. 2 Nr. 5, wobei der unterschiedliche Umfang der Angaben für die einzelnen Arzneimittel zu berücksichtigen ist. Normadressat ist der pharmazeutische Unternehmer, der Herstellungsleiter, der Kontrollleiter und/oder der Vertriebsleiter. Daneben kann ggf. eine Strafbarkeit nach dem Kernstrafrecht vorliegen, wenn aufgrund des Verstoßes gegen § 11 beim Benutzer eine Gesundheitsbeeinträchtigung oder -gefährdung eintritt. 18

## § 11a
## Fachinformation

**(1) Der pharmazeutische Unternehmer ist verpflichtet, Ärzten, Zahnärzten, Tierärzten, Apothekern und, soweit es sich nicht um verschreibungspflichtige Arzneimittel handelt, anderen Personen, die die Heilkunde oder Zahnheilkunde berufsmäßig ausüben, für Fertigarzneimittel, die der Zulassungspflicht unterliegen oder von der Zulassung freigestellt sind, Arzneimittel im Sinne des § 2 Abs. 1 oder Abs. 2 Nr. 1 und für den Verkehr außerhalb der Apotheken nicht freigegeben sind, auf Anforderung eine Gebrauchsinformation für Fachkreise (Fachinformation) zur Verfügung zu stellen. Diese muss die Überschrift „Fachinformation“ tragen und folgende Angaben in gut lesbarer Schrift in Übereinstimmung mit der im Rahmen der Zulassung genehmigten Zusammenfassung der Merkmale des Arzneimittels und in der nachstehenden Reihenfolge enthalten:**

1. **die Bezeichnung des Arzneimittels, gefolgt von der Stärke und der Darreichungsform;**
2. **qualitative und quantitative Zusammensetzung nach Wirkstoffen und den sonstigen Bestandteilen, deren Kenntnis für eine zweckgemäße Verabreichung des Mittels erforderlich ist, unter Angabe der gebräuchlichen oder chemischen Bezeichnung; § 10 Abs. 6 findet Anwendung;**
3. **Darreichungsform;**
4. **klinische Angaben:**
   a) **Anwendungsgebiete,**
   b) **Dosierung und Art der Anwendung bei Erwachsenen und, soweit das Arzneimittel zur Anwendung bei Kindern bestimmt ist, bei Kindern,**
   c) **Gegenanzeigen,**
   d) **besondere Warn- und Vorsichtshinweise für die Anwendung und bei immunologischen Arzneimitteln alle besonderen Vorsichtsmaßnahmen, die von Personen, die mit immunologischen Arzneimitteln in Berührung kommen und von Personen, die diese Arzneimittel Patienten verabreichen, zu treffen sind, sowie von dem Patienten zu treffenden Vorsichtsmaßnahmen, soweit dies durch Auflagen der zuständigen Bundesoberbehörde nach § 28 Abs. 2 Nr. 1 Buchstabe a angeordnet oder durch Rechtsverordnung vorgeschrieben ist,**
   e) **Wechselwirkungen mit anderen Arzneimitteln oder anderen Mitteln, soweit sie die Wirkung des Arzneimittels beeinflussen können,**
   f) **Verwendung bei Schwangerschaft und Stillzeit,**
   g) **Auswirkungen auf die Fähigkeit zur Bedienung von Maschinen und zum Führen von Kraftfahrzeugen,**
   h) **Nebenwirkungen,**
   i) **Überdosierung: Symptome, Notfallmaßnahmen, Gegenmittel;**
5. **pharmakologische Eigenschaften:**
   a) **pharmakodynamische Eigenschaften,**
   b) **pharmakokinetische Eigenschaften,**
   c) **vorklinische Sicherheitsdaten;**

6. pharmazeutische Angaben:
   a) Liste der sonstigen Bestandteile,
   b) Hauptinkompatibilitäten,
   c) Dauer der Haltbarkeit und, soweit erforderlich, die Haltbarkeit bei Herstellung einer gebrauchsfertigen Zubereitung des Arzneimittels oder bei erstmaliger Öffnung des Behältnisses,
   d) besondere Vorsichtsmaßnahmen für die Aufbewahrung,
   e) Art und Inhalt des Behältnisses,
   f) besondere Vorsichtsmaßnahmen für die Beseitigung von angebrochenen Arzneimitteln oder der davon stammenden Abfallmaterialien, um Gefahren für die Umwelt zu vermeiden;
7. Inhaber der Zulassung;
8. Zulassungsnummer;
9. Datum der Erteilung der Zulassung oder der Verlängerung der Zulassung;
10. Datum der Überarbeitung der Fachinformation.

Weitere Angaben, die nicht durch eine Verordnung der Europäischen Gemeinschaft vorgeschrieben oder bereits nach dieser Verordnung zulässig sind, sind zulässig, wenn sie mit der Anwendung des Arzneimittels im Zusammenhang stehen und den Angaben nach Satz 2 nicht widersprechen; sie müssen von den Angaben nach Satz 2 deutlich abgesetzt und abgegrenzt sein. Satz 1 gilt nicht für Arzneimittel, die nach § 21 Abs. 2 einer Zulassung nicht bedürfen oder nach einer homöopathischen Verfahrenstechnik hergestellt sind.

(1a) Bei Sera ist auch die Art des Lebewesens, aus dem sie gewonnen sind, bei Virusimpfstoffen das Wirtssystem, das zur Virusvermehrung gedient hat, und bei Arzneimitteln aus humanem Blutplasma zur Fraktionierung das Herkunftsland des Blutplasmas anzugeben.

(1b) Bei radioaktiven Arzneimitteln sind ferner die Einzelheiten der internen Strahlungsdosimetrie, zusätzliche detaillierte Anweisungen für die extemporane Zubereitung und die Qualitätskontrolle für diese Zubereitung sowie, soweit erforderlich, die Höchstlagerzeit anzugeben, während der eine Zwischenzubereitung wie ein Eluat oder das gebrauchsfertige Arzneimittel seinen Spezifikationen entspricht.

(1c) Bei Arzneimitteln, die zur Anwendung bei Tieren bestimmt sind, muss die Fachinformation unter der Nummer 4 „klinische Angaben" folgende Angaben enthalten:

a) Angabe jeder Zieltierart, bei der das Arzneimittel angewendet werden soll,
b) Angaben zur Anwendung mit besonderem Hinweis auf die Zieltierarten,
c) Gegenanzeigen,
d) besondere Warnhinweise bezüglich jeder Zieltierart,
e) besondere Warnhinweise für den Gebrauch, einschließlich der von der verabreichenden Person zu treffenden besonderen Sicherheitsvorkehrungen,

**f) Nebenwirkungen (Häufigkeit und Schwere),**
**g) Verwendung bei Trächtigkeit, Eier- oder Milcherzeugung,**
**h) Wechselwirkungen mit anderen Arzneimitteln und andere Wechselwirkungen,**
**i) Dosierung und Art der Anwendung,**
**j) Überdosierung: Notfallmaßnahmen, Symptome, Gegenmittel, soweit erforderlich,**
**k) Wartezeit für sämtliche Lebensmittel, einschließlich jener, für die keine Wartezeit besteht.**

**Die Angaben nach Absatz 1 Satz 2 Nr. 5 Buchstabe c entfallen.**

**(1d) Bei Arzneimitteln, die nur auf ärztliche, zahnärztliche oder tierärztliche Verschreibung abgegeben werden dürfen, ist auch der Hinweis „Verschreibungspflichtig", bei Betäubungsmitteln der Hinweis „Betäubungsmittel", bei sonstigen Arzneimitteln, die nur in Apotheken an Verbraucher abgegeben werden dürfen, der Hinweis „Apothekenpflichtig" anzugeben; bei Arzneimitteln, die einen Stoff oder eine Zubereitung nach § 48 Absatz 1 Satz 1 Nummer 3 enthalten, ist eine entsprechende Angabe zu machen.**

**(1e) Für Zulassungen von Arzneimitteln nach § 24b können Angaben nach Absatz 1 entfallen, die sich auf Anwendungsgebiete, Dosierungen oder andere Gegenstände eines Patents beziehen, die zum Zeitpunkt des Inverkehrbringens noch unter das Patentrecht fallen.**

**(2) Der pharmazeutische Unternehmer ist verpflichtet, die Änderungen der Fachinformation, die für die Therapie relevant sind, den Fachkreisen in geeigneter Form zugänglich zu machen. Die zuständige Bundesoberbehörde kann, soweit erforderlich, durch Auflage bestimmen, in welcher Form die Änderungen allen oder bestimmten Fachkreisen zugänglich zu machen sind.**

**(3) Ein Muster der Fachinformation und geänderter Fassungen ist der zuständigen Bundesoberbehörde unverzüglich zu übersenden, soweit nicht das Arzneimittel von der Zulassung freigestellt ist.**

**(4) Die Verpflichtung nach Absatz 1 Satz 1 kann bei Arzneimitteln, die ausschließlich von Angehörigen der Heilberufe verabreicht werden, auch durch Aufnahme der Angaben nach Absatz 1 Satz 2 in der Packungsbeilage erfüllt werden. Die Packungsbeilage muss mit der Überschrift „Gebrauchsinformation und Fachinformation" versehen werden.**

**Übersicht** **Rz.**

## I. Die Bedeutung der Norm

Die Fachinformation, die erst etwas später in das Gesetz eingefügt wurde, soll dem Arzt eine zusätzliche, mehr auf ihn bezogene, Information gewähren. Zu gleicher Zeit soll sie ihm die Möglichkeit geben, mit dem Patienten das Arzneimittel und dessen Risiko zu besprechen. Der Arzt wird auch nicht selten als sog. *learned intermediary* tätig, d.h. er gibt den Inhalt der Fachinformation als Fachmann an den Patienten als Laien weiter. Viele Arzneimittelhersteller müssen sich auf diese Weitergabe verlassen, etwa wenn es sich um eine Infusion handelt. Es kann auch sein, dass eine große Klinikpackung nur einen einzigen Beipackzettel enthält, so dass die Patienten auf die Fachinformation durch den behandelnden Arzt angewiesen sind. 1

Das Verhältnis der drei Bestimmungen (§ 11, § 12 u. § 11a) ist das der Kumulation. Der Hersteller des Arzneimittels hat alle drei Voraussetzungskataloge zu erfüllen. Diese Arbeit wird ihm dadurch erleichtert, dass oft in den Katalogen auf die gleichen Erscheinungen Bezug genommen wird, ja, bisweilen sogar die gleichen Worte und die gleichen Regelungen verwendet werden. 2

## II. Zwangsangaben

### 1. Bezeichnungen

In der Fachinformation muss das Arzneimittel wie schon nach § 10 bezeichnet werden. Außerdem ist anzugeben, ob es nur auf Verschreibung abzugeben oder apothekenpflichtig ist. Danach sind auch die Stoffe und Indikationsgruppen mitzuteilen, welche die arzneilich wirksamen Bestandteile nach Art und Menge enthalten müssen. 3

### 2. Anwendungen

Die Abs. 4ff. des § 11a wiederholen die Notwendigkeit der Angabe von Anwendungsgebieten, Gegenanzeigen, Nebenwirkungen und Wechselwirkungen. Sie unterscheiden sich insoweit nicht von § 10 und § 11. Allerdings kann, da der Empfänger Arzt ist, die Gegenanzeige und die Nebenwirkungen medizinisch ausgeformter mitgeteilt werden. Das wird schon mit dem Hinweis auf Mitteilung der Inkompatibilitäten und der besonderen Warnhinweise des § 11a Abs. 1 Nr. 8 gezeigt. 4

### 3. Dosierung

Die Dosierung im weiteren Sinne erscheint auch in der Fachinformation, und zwar nicht nur mit Einzel- und Tagesangaben, sondern auch was die Dauer der Anwendung angeht sowie im Hinblick auf Notfallmaßnahmen, Symptome und Gegenmittel. Schließlich sollen auch die pharmakologisch und toxikologischen Eigenschaften des Medikaments bis hin zur Pharmakokinetik und Bioverfügbarkeit erscheinen. 5

6 Seit der 12. Novelle sind auch klinische Angaben erforderlich, welche die Anwendungsgebiete, sowie Gegenanzeigen, besondere Warn- und Vorsichtshinweise, Wechselwirkungen, Verwendung bei Schwangerschaft und während der Stillzeit, die Auswirkung auf die Fähigkeit zur Bedienung von Maschinen und zum Führen von Kraftfahrzeugen, Nebenwirkungen und die Regeln über die Überdosierung enthalten müssen.

7 Auch pharmakologische Eigenschaften gehören nunmehr zu den Zwangsangaben, gefolgt von den pharmazeutischen Angaben.

8 Ebenfalls in der 12. Novelle ist vorgesehen, dass aufgeführt werden müssen: der Inhaber der Zulassung, die Zulassungsnummer, das Datum der Erteilung oder Verlängerung der Zulassung und das Datum der Überarbeitung der Fachinformation.

### 4. Dauer und Lagerung

9 Die Dauer und Haltbarkeit sowie die Lager- und Aufbewahrungsmaßnahmen sind dem Arzt mitzuteilen, damit er sie dem Patienten weitergeben kann, § 11a Abs. 1.

### 5. Firma und Zeitpunkt

10 Im Gegensatz zu den beiden vorherigen Bestimmungen erscheint der Name und die Firma des arzneilichen Herstellers erst gegen Schluss. Das scheint wohl Zufall zu sein. Wichtig ist hingegen der Zeitpunkt der Herausgabe der Informationen, da dieser weit zurückliegen kann und sich der Informationsstand mittlerweile geändert haben könnte.

## III. Weitere Angaben

11 Weitere Angaben, wenn sie nicht schon nach einer VO der EU vorgeschrieben oder zugelassen sind, sind zulässig, wenn sie mit der Verwendung des Arzneimittels im Zusammenhang stehen und nicht widersprüchlich sind. Sie müssen allerdings deutlich abgesetzt sein. Bei Sera sind auch Angaben des Lebewesens, bei Virusimpfstoffen das Wirtsystem, bei radioaktiven Arzneimitteln Einzelheiten der inneren Strahlungsdosismetrie usw. anzugeben. Ebenso ist bei Arzneimitteln aus humanem Blutplasma das Herkunftsland anzugeben.

12 Bei Tierarzneimitteln sind nunmehr besonders genaue Angaben verlangt, die von der Angabe der Zieltierart bis zur Wartezeit für sämtliche Lebensmittel reichen.

## IV. Übersendung und Änderung

13 Die Fachinformation ist dem BfArM zu übersenden. Änderungen der Fachinformation sind für Fachkreise in geeigneter Form zugänglich zu machen und gleichfalls dem BfArM zuzusenden.

## V. Ausnahme für Verwendung ausschließlich durch Angehörige der Heilberufe

Wird das Medikament ausschließlich Angehörigen der Heilberufe verordnet, so können Fachinformation und Packungsbeilage zusammenfallen. Dann lautet die Überschrift „Gebrauchsinformation und Fachinformation", § 11a Abs. 4. 14

## VI. Klinische Versuche

Medikamente, die für klinische Versuche Verwendung finden sollen, brauchen in der Fachinformation nicht als solche gekennzeichnet zu werden. Das wäre Übermaß. Der Arzt weiß bereits um diesen Verwendungszweck Bescheid. 15

## VII. Rechtsfolgen

### Im Zivilrecht

Die Bestimmung des § 11a ist ein Schutzgesetz im Sinne von § 823 Abs. 2 BGB. 16 Anspruchsberechtigt sind Patienten, aber auch Ärzte, die wegen der mangelnden Information oder aufgrund eines sonstigen Fehlers vom Patienten in Anspruch genommen worden sind. Bei Verletzung entsteht eine Pflicht zum Schadensersatz und auf Schmerzensgeld. Bei einer nicht den Erkenntnissen der medizinischen Wissenschaft entsprechenden Fachinformation tritt auch die Gefährdungshaftung nach § 84 Abs. 1 S. 2 Nr. 2 ein. Sie geht gleichfalls auf Schadensersatz und Schmerzensgeld.

### Im Verwaltungsrecht

Die im Verwaltungsrecht zuständige Behörde kann im Rahmen ihrer Aufsichtsbe- 17 fugnis vom pharmazeutischen Unternehmer die Fachinformation einfordern und verlangen, dass sie sachgemäß abgefasst ist.

## § 12
## Ermächtigung für die Kennzeichnung, die Packungsbeilage und die Packungsgrößen

**(1) Das Bundesministerium wird ermächtigt, im Einvernehmen mit dem Bundesministerium für Wirtschaft und Technologie durch Rechtsverordnung mit Zustimmung des Bundesrates**

**1. die Vorschriften der §§ 10 bis 11a auf andere Arzneimittel und den Umfang der Fachinformation auf weitere Angaben auszudehnen,**

**2. vorzuschreiben, dass die in den §§ 10 und 11 genannten Angaben dem Verbraucher auf andere Weise übermittelt werden,**

**3. für bestimmte Arzneimittel oder Arzneimittelgruppen vorzuschreiben, dass Warnhinweise, Warnzeichen oder Erkennungszeichen auf**

   **a) den Behältnissen, den äußeren Umhüllungen, der Packungsbeilage oder**

   **b) der Fachinformation**

**anzubringen sind,**

**4. vorzuschreiben, dass bestimmte Bestandteile nach der Art auf den Behältnissen und den äußeren Umhüllungen anzugeben sind oder auf sie in der Packungsbeilage hinzuweisen ist,**

**soweit es geboten ist, um einen ordnungsgemäßen Umgang mit Arzneimitteln und deren sachgerechte Anwendung im Geltungsbereich dieses Gesetzes sicherzustellen und um eine unmittelbare oder mittelbare Gefährdung der Gesundheit von Mensch oder Tier zu verhüten, die infolge mangelnder Unterrichtung eintreten könnte.**

**(1a) Das Bundesministerium wird ferner ermächtigt, durch Rechtsverordnung mit Zustimmung des Bundesrates für Stoffe oder Zubereitungen aus Stoffen bei der Angabe auf Behältnissen und äußeren Umhüllungen oder in der Packungsbeilage oder in der Fachinformation zusammenfassende Bezeichnungen zuzulassen, soweit es sich nicht um wirksame Bestandteile handelt und eine unmittelbare oder mittelbare Gefährdung der Gesundheit von Mensch oder Tier infolge mangelnder Unterrichtung nicht zu befürchten ist.**

**(1b) Das Bundesministerium wird ferner ermächtigt, im Einvernehmen mit dem Bundesministerium für Wirtschaft und Technologie durch Rechtsverordnung mit Zustimmung des Bundesrates**

**1. die Kennzeichnung von Ausgangsstoffen, die für die Herstellung von Arzneimitteln bestimmt sind, und**

**2. die Kennzeichnung von Arzneimitteln, die zur klinischen Prüfung bestimmt sind,**

**zu regeln, soweit es geboten ist, um eine unmittelbare oder mittelbare Gefährdung der Gesundheit von Mensch oder Tier zu verhüten, die infolge mangelnder Kennzeichnung eintreten könnte.**

**(2) Soweit es sich um Arzneimittel handelt, die zur Anwendung bei Tieren bestimmt sind, tritt in den Fällen des Absatzes 1, 1a, 1b oder 3 an die Stelle des Bundesministeriums das Bundesministerium für Ernährung, Landwirtschaft**

**und Verbraucherschutz, das die Rechtsverordnung jeweils im Einvernehmen mit dem Bundesministerium erlässt. Die Rechtsverordnung nach Absatz 1, 1a oder 1b ergeht im Einvernehmen mit dem Bundesministerium für Umwelt, Naturschutz und Reaktorsicherheit, soweit es sich um radioaktive Arzneimittel und um Arzneimittel handelt, bei deren Herstellung ionisierende Strahlen verwendet werden, oder in den Fällen des Absatzes 1 Nr. 3 Warnhinweise, Warnzeichen oder Erkennungszeichen im Hinblick auf Angaben nach § 10 Abs. 1 Satz 1 Nr. 13 oder Absatz 5 Satz 1 Nummer 10, § 11 Abs. 4 Satz 1 Nr. 9 oder § 11a Abs. 1 Satz 2 Nr. 6 Buchstabe f vorgeschrieben werden.**

**(3) Das Bundesministerium wird ferner ermächtigt, durch Rechtsverordnung ohne Zustimmung des Bundesrates zu bestimmen, dass Arzneimittel nur in bestimmten Packungsgrößen in den Verkehr gebracht werden dürfen und von den pharmazeutischen Unternehmern auf den Behältnissen oder, soweit verwendet, auf den äußeren Umhüllungen entsprechend zu kennzeichnen sind. Die Bestimmung dieser Packungsgrößen erfolgt für bestimmte Wirkstoffe und berücksichtigt die Anwendungsgebiete, die Anwendungsdauer und die Darreichungsform. Bei der Bestimmung der Packungsgrößen ist grundsätzlich von einer Dreiteilung auszugehen:**
**1. Packungen für kurze Anwendungsdauer oder Verträglichkeitstests,**
**2. Packungen für mittlere Anwendungsdauer,**
**3. Packungen für längere Anwendungsdauer.**

**Zugehörige Verordnungen**

**Verordnung über die Angabe von Arzneimittelbestandteilen vom 4. Oktober 1991 (BGBl. I S. 1968)**

**Arzneimittel-Warnhinweisverordnung (AMWarnV) vom 21. Dezember 1984 (BGBl. I S. 22), geändert durch Verordnungen vom 5. Dezember 1985 (BGBl.I S. 2167) und vom 24. Oktober 1987 (BGBl.I S. 2333) sowie durch Anlage I Kapitel X Sachgebiet D Abschnitt II Nr. 26) des Einigungsvertrages vom 31. August 1990 i. V. m. Artikel 1 des Gesetzes – Einigungsvertragsgesetz – vom 23. September 1990 (BGBl.II S. 885, 1085)**

**Verordnung über die Kennzeichnung von Arzneimitteln in Blindenschrift bei Kleinstmengen (Blindenschrift-Kennzeichnungs-Verordnung) vom 14. Juli 2006 BGBl. I. S. 1696**

**Übersicht** **Rz.**

## I. Die Bedeutung der Norm

1 Die Verordnungsermächtigungen sind außerordentlich verschieden. Manche setzen die Zustimmung anderer Ministerien voraus, etwa solche für Umwelt, Naturschutz und Reaktorsicherheit. Wiederum andere werden nur wirksam mit Zustimmung des Bundesrats. Dritte Verordnungen können auch ohne Zustimmung des Bundesrats wirksam werden. Insgesamt ist § 12 eher unübersichtlich und erlaubt außerordentlich umfangreiche Regelungen durch Verordnung.

## II. Verschärfung der gesetzlichen Bestimmungen

2 Die Vorschriften der §§ 11a ff. können auf andere Arzneimittel und den Umfang der Fachinformationen auf weitere Angaben ausgedehnt werden. Ferner können Warnhinweise, Warnzeichen oder Erkennungszeichen auch schon auf den Behältnissen usw. anzubringen sein, wie es die Rechtsprechung zum Teil schon jetzt verlangt.[1]

## III. Erleichternde Kennzeichnung

3 Bei der Angabe auf Behältnissen, in der Packungsbeilage und in der Fachinformation können zusammenfassende Bezeichnungen zugelassen werden, soweit es sich nicht um wirksame Bestandteile handelt und eine unmittelbare oder mittelbare Gefährdung der Gesundheit nicht zu befürchten ist, § 12 Abs. 1a.

## IV. Packungsgrößen

4 Durch einfache Verordnung ohne Zustimmung des Bundesrats können bestimmte Packungsgrößen vorgeschrieben werden. Bei der Bestimmung der Packungsgrößen ist von einer Dreiteilung auszugehen, nämlich von Packungen für kurze Anwendungsdauer oder Verträglichkeitstests, für mittlere Anwendungsdauer und für längere Anwendungsdauer. Die Bestimmung dieser Packungsgrößen erfolgt auf Grundlage der arzneilich wirksamen Bestandteile und berücksichtigt die Anwendungsgebiete, die Anwendungsdauer und die Darreichungsform.

## V. Klinische Prüfung

5 Auch die Kennzeichnung von Arzneimitteln bzw. ihrer Ausgangsstoffe, die zur klinischen Prüfung bestimmt sind, kann durch Verordnung geregelt werden, so weit es geboten ist um eine unmittelbare oder mittelbare Gefährdung der Gesundheit von Mensch oder Tier zu verhüten, die infolge mangelnder Kennzeichnung eintreten könnte.

---

1 BGHZ 106, 213 (Alupent-Aerosolspray).

## VI. Rechtsfolgen

### Im Zivilrecht

Auch die aufgrund des § 12 erlassenen Verordnungen können Schutzgesetze nach § 823 Abs. 2 BGB sein. Gesetz im Sinne des BGB ist jede Rechtsnorm, also auch eine Verordnung, Art. 2 EGBGB. 6

### Im Verwaltungsrecht

Die zuständige Behörde kann im Rahmen ihrer Aufsichtsbefugnis die Anwendung der aufgrund des § 12 erlassenen Verordnungen beim pharmazeutischen Unternehmer durchsetzen. 7

## VII. Sanktionen

### Im Ordnungswidrigkeitenrecht

Ordnungswidrig handelt, wer nach § 4 der Arzneimittel-Warnhinweisverordnung (AMWarnV) Arzneimittel ohne den vorgeschriebenen Warnhinweis in den Verkehr bringt, § 97 Abs. 2 Nr. 4 oder entgegen § 3 Abs. 1, 2 oder 3 dieser Verordnung Arzneimittel ohne den vorgeschriebenen Warnhinweis in den Verkehr bringt, § 97 Abs. 2 Nr. 5. Aufgrund der ausgeprägten Blankettform dieser Norm ist die Vereinbarkeit mit dem Bestimmtheitsgrundsatz, Art. 103 Abs. 2 GG, fraglich. 8

# Dritter Abschnitt
# Herstellung von Arzneimitteln

## Vorbemerkungen vor §§ 13ff.

1 Während sich der 4. Abschnitt mit der Verkehrsfähigkeit des Produkts befasst, geht es im 3. Abschnitt um die Lizenz zur Herstellung. Deshalb steht hier nicht die Produktqualität, sondern die Produzentenqualität im Vordergrund. Durch die Ausweitung des Herstellungsbegriffs in § 4 Abs. 14 ist auch die Frage der Erlaubnispflicht auf deutlich mehr Lebenssachverhalte ausgedehnt worden, als dies früher der Fall war. Neben der formalen Erlaubniserteilung geht es darüber hinaus um innerbetriebliche Zuständigkeits- und Verantwortungsbereiche.

Ratzel

E. Deutsch, H.-D. Lippert (Hrsg.), *Kommentar zum Arzneimittelgesetz (AMG)*,
DOI 10.1007/978-3-642-01455-0_3, © Springer-Verlag Berlin Heidelberg 2011

## § 13
## Herstellungserlaubnis

(1) Wer
1. Arzneimittel im Sinne des § 2 Absatz 1 oder Absatz 2 Nummer 1,
2. Testsera oder Testantigene,
3. Wirkstoffe, die menschlicher, tierischer oder mikrobieller Herkunft sind oder die auf gentechnischem Wege hergestellt werden, oder
4. andere zur Arzneimittelherstellung bestimmte Stoffe menschlicher Herkunft

gewerbs- oder berufsmäßig herstellt, bedarf einer Erlaubnis der zuständigen Behörde. Das Gleiche gilt für juristische Personen, nicht rechtsfähige Vereine und Gesellschaften bürgerlichen Rechts, die Arzneimittel zum Zwecke der Abgabe an ihre Mitglieder herstellen. Satz 1 findet auf eine Prüfung, auf deren Grundlage die Freigabe des Arzneimittels für das Inverkehrbringen erklärt wird, entsprechende Anwendung. § 14 Absatz 4 bleibt unberührt.

(1a) Absatz 1 findet keine Anwendung auf
1. Gewebe im Sinne von § 1a Nummer 4 des Transplantationsgesetzes, für die es einer Erlaubnis nach § 20b oder § 20c bedarf,
2. die Gewinnung und die Laboruntersuchung von autologem Blut zur Herstellung von biotechnologisch bearbeiteten Gewebeprodukten, für die es einer Erlaubnis nach § 20b bedarf,
3. Gewebezubereitungen, für die es einer Erlaubnis nach § 20c bedarf,
4. die Rekonstitution, soweit es sich nicht um Arzneimittel handelt, die zur klinischen Prüfung bestimmt sind.

(2) Einer Erlaubnis nach Absatz 1 bedarf nicht
1. der Inhaber einer Apotheke für die Herstellung von Arzneimitteln im Rahmen des üblichen Apothekenbetriebs, oder für die Rekonstitution oder das Abpacken einschließlich der Kennzeichnung von Arzneimitteln, die zur klinischen Prüfung bestimmt sind, sofern dies dem Prüfplan entspricht,
2. der Träger eines Krankenhauses, soweit er nach dem Gesetz über das Apothekenwesen Arzneimittel abgeben darf, oder für die Rekonstitution oder das Abpacken einschließlich der Kennzeichnung von Arzneimitteln, die zur klinischen Prüfung bestimmt sind, sofern dies dem Prüfplan entspricht,
3. der Tierarzt im Rahmen des Betriebes einer tierärztlichen Hausapotheke für
   a) das Umfüllen, Abpacken oder Kennzeichnen von Arzneimitteln in unveränderter Form,
   b) die Herstellung von Arzneimitteln, die ausschließlich für den Verkehr außerhalb der Apotheken freigegebene Stoffe oder Zubereitungen aus solchen Stoffen enthalten,
   c) die Herstellung von homöopathischen Arzneimitteln, die, soweit sie zur Anwendung bei Tieren bestimmt sind, die der Gewinnung von

**Lebensmitteln dienen, ausschließlich Wirkstoffe enthalten, die in Anhang II der Verordnung (EWG) Nr. 2377/90 aufgeführt sind,**

**d) das Zubereiten von Arzneimitteln aus einem Fertigarzneimittel und arzneilich nicht wirksamen Bestandteilen,**

**e) das Mischen von Fertigarzneimitteln für die Immobilisation von Zoo-, Wild- und Gehegetieren,**

**soweit diese Tätigkeiten für die von ihm behandelten Tiere erfolgen,**

**4. der Großhändler für das Umfüllen, Abpacken oder Kennzeichnen von Arzneimitteln in unveränderter Form, soweit es sich nicht um zur Abgabe an den Verbraucher bestimmte Packungen handelt,**

**5. der Einzelhändler, der die Sachkenntnis nach § 50 besitzt, für das Umfüllen, Abpacken oder Kennzeichnen von Arzneimitteln zur Abgabe in unveränderter Form unmittelbar an den Verbraucher,**

**6. der Hersteller von Wirkstoffen, die für die Herstellung von Arzneimitteln bestimmt sind, die nach einer im Homöopathischen Teil des Arzneibuches beschriebenen Verfahrenstechnik hergestellt werden.**

**Die Ausnahmen nach Satz 1 gelten nicht für die Herstellung von Blutzubereitungen, Gewebezubereitungen, Sera, Impfstoffen, Allergenen, Testsera, Testantigenen und radioaktiven Arzneimitteln.**

**(2a) (weggefallen)**

**(2b) Einer Erlaubnis nach Absatz 1 bedarf ferner nicht eine Person, die Arzt ist oder sonst zur Ausübung der Heilkunde bei Menschen befugt ist, soweit die Arzneimittel unter ihrer unmittelbaren fachlichen Verantwortung zum Zwecke der persönlichen Anwendung bei einem bestimmten Patienten hergestellt werden. Satz 1 findet keine Anwendung auf**

**1. Arzneimittel für neuartige Therapien und xenogene Arzneimittel, soweit diese genetisch modifizierte oder durch andere Verfahren in ihren biologischen Eigenschaften veränderte lebende Körperzellen sind oder enthalten, sowie**

**2. Arzneimittel, die zur klinischen Prüfung bestimmt sind, soweit es sich nicht nur um eine Rekonstitution handelt.**

**(2c) Absatz 2b Satz 1 gilt für Tierärzte im Rahmen des Betriebes einer tierärztlichen Hausapotheke für die Anwendung bei von ihnen behandelten Tieren entsprechend.**

**(3) Eine nach Absatz 1 für das Umfüllen von verflüssigten medizinischen Gasen in das Lieferbehältnis eines Tankfahrzeuges erteilte Erlaubnis umfasst auch das Umfüllen der verflüssigten medizinischen Gase in unveränderter Form aus dem Lieferbehältnis eines Tankfahrzeuges in Behältnisse, die bei einem Krankenhaus oder anderen Verbrauchern aufgestellt sind.**

**(4) Die Entscheidung über die Erteilung der Erlaubnis trifft die zuständige Behörde des Landes, in dem die Betriebsstätte liegt oder liegen soll. Bei Blutzubereitungen, Gewebezubereitungen, Sera, Impfstoffen, Allergenen, Arzneimitteln für neuartige Therapien, xenogenen Arzneimitteln, gentechnisch**

**hergestellten Arzneimitteln sowie Wirkstoffen und anderen zur Arzneimittelherstellung bestimmten Stoffen, die menschlicher, tierischer oder mikrobieller Herkunft sind oder die auf gentechnischem Wege hergestellt werden, ergeht die Entscheidung über die Erlaubnis im Benehmen mit der zuständigen Bundesoberbehörde.**

**Übersicht** **Rz.**



**Literatur**

Anhalt, Herstellung von Arzneimitteln gemäß GMP-Regeln (Qualitätssicherungssystem, Validierung, verantwortliche Personen) in: Franken u.a. Handbuch moderne Biotechnologie, B IV 2420; Bender, Gewinnung von Nabelschnurblut durch die Geburtsklinik nur mit Nabelschnurblut?, PharmR 2002, 244; Grau/Kutlu, Die patientenindividuelle Neuverblisterung von Fertigarzenimitteln, A&R 2009, 153ff.; Hasskarl, Ostertag, Hämatopoetische Stammzellen aus Nabelschnurblut - Medizinische und rechtliche Aspekte, NJW 2002, 1772; Hoppe, Arzneimittelherstellung durch Ärzte - Zulässigkeit und Stellvertretung – ein Überblick, MedR 1996, 72; Kieser, Beschränkte Versandmöglichkeit von Defekturarzeimitteln? PharmR 2008, 413ff.; Lippert, Die Eigenblutspende, Medizin, Organisation, Recht, VersR 1992, 790; Prinz, Die Zulässigkeit der Herstellung patientenindividueller Rezepturarzneimittel durch pharmazeutische Herstellerbetriebe nach der 15. AMG-Novelle, PharmR 2009, 437ff.; Räth, Herzog, Rehborn, Heimversorgung und Apotheke, Deutscher Apotheker Verlag, 2003.

## I. Die Bedeutung der Norm

§ 13 ist durch die AMG-Novelle 2009[1] in wesentlichen Teilen neu strukturiert 1
worden. § 13 Abs. 1 beschreibt diejenigen Arzneimittel, deren gewerbs- oder berufsmäßige Herstellung erlaubnispflichtig ist. Die Regelung erfasst jedwede Herstellung; der früher geforderte Zweck zur Abgabe an andere ist entfallen. „Gewerbsmäßig" bedeutet „gegen Entgelt" zur Erzielung laufender Einkünfte. Kostenlose Abgabe wird i.d.R. durch das Merkmal „berufsmäßig" abgedeckt. Berufsmäßig ist eine Tätigkeit, die auf Dauer zur Schaffung und Erhaltung einer Lebensgrundlage dient.[2] Satz 3 erstreckt die Erlaubnispflicht auch auf solche Betriebe, in denen Arzneimittelprüfungen durchgeführt werden, die Grundlage für die Freigabe des Arzneimittels sind. Hintergrund der Regelung ist die weitreichende Vernetzung der pharmazeutischen Industrie und die dadurch begünstigte Auslagerung von Teilschritten im Produktionsprozess auf außerhalb des eigentlichen Her-

[1] BGBl. I Nr. 43, S. 1990ff, v 17.7.2009
[2] BVerfGE 7, 377, 397; BVerwGE 22, 286, 287.

stellerbetriebs liegende Standorte. Dies soll der Transparenz innerhalb der EU dienen. Die Möglichkeit des § 14 Abs. 4, wonach diese Prüfungen teilweise außerhalb der Betriebsstätte des Herstellers in beauftragten Betrieben durchgeführt werden können, bleibt allerdings erhalten. Anders als im MPG, wo mehr auf die rechtliche Herstellerstellung abgestellt wird[3], knüpft die Herstellererlaubnis gem. § 13 Abs. 1 eher an das faktische Eingebundensein in den Herstellungsprozess gem. § 4 Abs. 14 an. Folgerichtig muss der Hersteller nicht gleichzeitig der pharmazeutische Unternehmer gem. § 9 sein. Liegen keine der Versagensgründe gem. § 14 Abs. 1 AMG vor, besteht für den Hersteller ein Rechtsanspruch auf Erteilung der Erlaubnis. Die Genehmigungsbehörde hat dann keinen Ermessenspielraum.[4] Dementsprechend bedarf auch der Lohnhersteller, der im Auftrag eines anderen in die Herstellung eingebunden ist (im Gegensatz zum MPG) der Erlaubnis gem. § 13. Erlaubnisfrei ist hingegen die bloße Produktion von Roh- und Grundstoffen sowie von solchen Stoffen, deren Arzneimitteleigenschaft noch nicht feststeht.[5] Erlaubnispflichtig wird auch diese Tätigkeit aber immer dann, wenn der nächste Schritt zur Zweckverwirklichung im Sinne von § 13 Abs. 1 (Arzneimittelfunktion) getan wird und die sonstigen Voraussetzungen vorliegen.

2 Die Herstellung von Wirkstoffen, die menschlicher, tierischer oder mikrobieller Herkunft sind oder auf gentechnischem Wege hergestellt werden, sowie anderer zur Arzneimittelherstellung bestimmte Stoffe menschlicher Herkunft ist gemäß § 13 Abs. 1 S.1 erlaubnispflichtig. Wirkstoffe sind gemäß § 4 Abs. 19 Stoffe, die dazu bestimmt sind, bei der Herstellung von Arzneimitteln als arzneilich wirksame Bestandteile verwendet zu werden oder bei ihrer Verwendung in der Arzneimittelherstellung zu arzneilich wirksamen Bestandteilen der Arzneimittel zu werden.

3 Für die Herstellung selbst sind neben den §§ 14 und 15 die GMP-Leitlinien und die Vorschriften der Arzneimittel- und Wirkstoffherstellungsverordnung (AMWHV) zu beachten mit der insbesondere die EG-Richtlinie 2003/94 EG in deutsches Recht umgesetzt wurde. Ermächtigungsnorm ist § 54 AMG. Mit der ÄnderungsVO zur AMWHV v. 26.3.2008 sind die Vorgaben des Gewebegesetzes umgesetzt worden.[6] Gemäß § 55 AMG enthält das Deutsche Arzneibuch (DAB) weitere spezielle pharmazeutische Regelungen. Die Regelungen des DAB werden von der Arzneibuch-Kommission beim BfArM beschlossen und vom BMG im Bundesanzeiger bekannt gemacht. Daneben gibt es noch das Europäische Arzneibuch (EuAB) der Europäischen Arzneibuch-Kommission beim Europarat mit Sitz in Straßburg. Das EuAB ist in das DAB integriert. Die nach Landesrecht zuständigen Behörden haben zur Überprüfung der Voraussetzungen des § 13 ein uneingeschränktes Betretungsrecht.[7]

---

[3] Ratzel § 3 Nr. 15. in: Deutsch, Lippert, Ratzel, Tag, Komm.z.MPG, 2. Aufl. 2010.

[4] Kloesel, Cyran § 13 Rz. 30.

[5] Beispiele bei Kloesel, Cyran, § 13 Rz. 6, Glycerin, Pfefferminzblätter, Sauerstoff.

[6] BGBl. I . 2007, 1574 v. 20.7.2007

[7] OVG Münster, Beschl. v. 24.01.2003-13 A 451/01.

## II. Ausnahmen (Abs. 1 a)

Die bisher in Absatz 1 Satz 4 mit dem Gewebegesetz aufgenommene Ausnahmeregelung wird nach der Begründung zur AMG-Novelle 2009 zur besseren Lesbarkeit in den neuen Absatz 1 a überführt. Dabei werden die erleichterten Anforderungen über die Gewinnung von Gewebe (§ 20 b) auch auf die Gewinnung von autologem Blut zur Herstellung von biotechnologisch bearbeiteten Gewebeprodukten i.S.v. § 4 Abs. 9 (für die Aufarbeitung dieses Blutes findet weiterhin § 13 Anwendung) und die Laboruntersuchungen des Spenders oder der Spenderin ausgedehnt. Die Norm sieht vor, dass autologes Blut, das zur Herstellung von Tissue Engineering Produkten eines Patienten entnommen wird, vom Anwendungsbereich des Absatz 1 ausgenommen wird, weil sich diese Entnahme künftig nach § 20 b richten soll. 4

## III. Blut- und Blutprodukte

Nachdem es sich sowohl bei menschlichem als auch tierischem Blut um einen Stoff im Sinne von § 3 Nr. 3 handelt, sind Blutspendeeinrichtungen oder Plasmapherese-Stationen gem. § 13 erlaubnispflichtig. Hinsichtlich der Betriebsabläufe und der verantwortlichen Personen sind neben dem AMG die Vorschriften des Transfusionsgesetzes[8] zu beachten. Keiner Erlaubnispflicht unterliegt hingegen die so genannte „ Eigenblutspende"[9], sofern ihre Gewinnung und Anwendung unter Verantwortung derselben Person erfolgt, was in der Regel dann anzunehmen ist, wenn sowohl die Entnahme als auch Aufbereitung im selben Krankenhaus/ Einrichtung erfolgt. Eine Herstellungserlaubnis ist aber sicher auch bei Eigenblutspenden immer dann erforderlich, wenn ein Krankenhaus/Einrichtung für ein anderes Haus die Herstellung von Eigenblutpräparaten übernimmt. In diesem Fall ist nicht mehr von einem einheitlichen Verantwortungsbereich auszugehen, so dass eine Erlaubnis gem. § 13 einzuholen ist. Ob dies auch dann schon der Fall ist, wenn Abnahme und Verabreichung von unterschiedlichen Abteilungen eines Hauses vorgenommen werden[10], überzeugt jedenfalls dann nicht, wenn für derartige Abläufe von der Krankenhausleitung ein Organisationsstatut festgelegt worden ist, in dem die jeweiligen Verantwortlichkeiten festgehalten sind und sich daher der Betriebsablauf nicht von der Abnahme und Verwendung in einer einzigen Abteilung unterscheidet. Wer allerdings Eigenblutzubereitungen berufsmäßig herstellt, um sie danach dem Spender zur Selbstanwendung oder zur Injizierung durch den Hausarzt zu überlassen, bedarf einer Erlaubnis nach § 13 Abs. 1.[11] 5

---

8 Gesetz vom 01.07.1998, BGBl I S. 1752.

9 Lippert, VersR 1992, 790; Zur Aufklärungsproblematik BGH VersR 1992, 314.

10 So Kloesel, Cyran, § 13 Rz. 17.

11 BVerwG NJW 1999, 882; OVG Münster NJW 1995, 802 für die gewerbsmäßige Herstellung von Blutsera; LSG Berlin NZS 1999, 248 Eigenblutprodukte für die ATC-Therapie nach Klehr; BVerwG, GesR 2004, 335ff.

6 Jetzt ist klargestellt, dass nicht nur die allogene, sondern auch die autologe Stammzellmobilisierung, einer Herstellungserlaubnis bedarf.[12] Dies spielt z.B. für Geburtskliniken eine Rolle, in denen Nabelschnurrestblut zur Einlagerung entnommen wird. Die Asservierung von Stammzellen aus der Nabelschnur ist z. Z. in zweifacher Hinsicht von besonderer Bedeutung: Das Nabelschnurblut-(Cord-Blood = CB-)Transplantat kann zum einen als gerichtete Spende verwendet werden, also gezielt für ein erkranktes Familienmitglied (unter 40 kg ), und dies mit gutem klinischen Erfolg, und zum anderen als ungerichtete Spende für die Behandlung Dritter. In beiden Fällen handelt es sich um ein allogenes CB-Transplantat. Transplantate aus Nabelschnurblut unterliegen als Arzneimittel den Vorschriften des AMG § 2 Abs. 1 und als Blutprodukte den Regelungen des Transfusionsgesetzes. Es spielt dabei keine Rolle, ob das Transplantat allogen (verwandt bzw. unverwandt) oder autolog verwendet wird. Der Zweck des Transfusionsgesetzes (TFG) ist nicht nur, die gerichtete und sichere Versorgung der Bevölkerung mit Blutprodukten zu garantieren, sondern auch die sichere Gewinnung sowohl von Blut und Blutbestandteilen vom Menschen als auch die optimale Gewinnung von Nabelschnurblut aus der Plazenta respektive Nabelschnur. Entsprechend unterliegt die Logistik der Stammzellgewinnung aus CB und ihrer Aufarbeitung sowie die Transplantation den Vorschriften des TFG (§ 12, 18). Die hierzu erlassenen Richtlinien der Bundesärztekammer vom 14.05.1999 sollen den Ärzten, die unter anderem bei der Gewinnung, Aufbereitung, Lagerung und Übertragung von aus CB gewonnenen Stammzellen tätig sind, die notwendigen Grundlagen geben, um u.a. die Entnahme von CB unter medizinisch-technischen und regulatorischen Aspekten so sicher wie möglich zu gestalten. Die Richtlinien sind über §§ 12, 18 TFG verbindlich. Die Vorschriften des AMG sind sowohl für die Geburtsklinik als Entnahmezentrum, als auch für den Hersteller (=Nabelschnurblutbank bzw. Verarbeitungszentrum), unabhängig davon, ob autologe oder allogene Transplantate hergestellt werden, zwingend. Für die Geburtsklinik, die das Nabelschnurblut entnimmt, bedeutet dies, dass sie laut § 67 AMG (Anzeige- und Erlaubnispflicht) verpflichtet ist, die Sammlung von Nabelschnurblut vor Aufnahme der Tätigkeit der zuständigen Landesbehörde, i.d.R. die Bezirksregierung oder das Regierungspräsidium, anzuzeigen. Gleichzeitig muss der Hersteller, also die Nabelschnurblutbank, entsprechend § 13 eine Herstellungserlaubnis beantragen. Früher reichte es z.T. aus, die Geburtsklinik im Idealfall als externe Entnahmestelle einzubeziehen. Sie war dann in der Herstellungserlaubnis der Nabelschnurblutbank explizit aufzuführen. Heute braucht die Geburtsklinik eine eigene Herstellungserlaubnis.[13]

---

[12] VG Sigmaringen, Beschl. v. 19.01.2005 – 8 K 2018/04, NJOZ 2005, 2820.Ein Unternehmen, das sich auf die Gewinnung, Konservierung und Einlagerung von Nabelschnurblut zur Gewinnung von Stammzellen spezialisiert hat und durch eine in seinem Auftrag handelnde Entbindungsklinik entnehmen, es abfüllen und transportieren lässt, um es selbst in Empfang zu nehmen und dann in einem Laboratorium weiter zu bearbeiten, bedarf nach § 13 I Satz 1 AMG in der seit dem 06.08.2004 geltenden Fassung einer Herstellungserlaubnis.

[13] In diesem Sinne auch Bender, PharmR 2002, 244ff.; für die frühere Rechtslage a.A. Hasskarl, Ostertag, NJW 2002, 1772 unter Berufung auf LG Hamburg, PharmR 2002, 408; das Urteil betraf aber einen Sonderfall und dürfte im Ergebnis unzutreffend sein.

7 Entsprechend § 14 gilt es, die Sachkenntnis des für die Herstellung tätigen wie verantwortlichen Personals, die Eignung der Räume und Einrichtungen, sowie die GMP-konforme Herstellung (Leitfaden einer guten Herstellungspraxis für Arzneimittel) mit entsprechender Qualitätssicherung, Vorschriften und Dokumentation, zu überprüfen. So sollte u.a. vor Abnahme des Nabelschnurblutes laut § 14 Absatz 1 Nr. 6a die GMP-konforme Herstellung und Prüfung gewährleistet sein. Hierzu sollte zum einen ein funktionierendes Qualitätssicherungssystem in jeder Einrichtung (auch im Entnahmezentrum = Geburtsklinik) vorhanden sein, in dem Aufbau, Zuständigkeit, Verfahren, Abläufe und Leitung schriftlich festgelegt sind und das regelmäßig auf Funktionsfähigkeit (Audits, Trendanalysen, Beanstandungsprüfung) überprüft wird. Zum anderen sollte ein Dokumentationssystem eingeführt werden, welches alle Abläufe beschreibt und die Aktualisierung, die Mehrausfertigung, Verteilung, Rückgabe und Archivierung übernimmt. Des weiteren müssen nach dem AMG die Verantwortungsbereiche geklärt sein, so dass ein schriftlicher Vertrag mit der Herstellerfirma über die Verantwortlichkeit der Herstellung, Lagerung und Kennzeichnung selbstverständlich sein sollte. Für das Personal (u.a. Hebammen, Geburtshelfer) müssen Organigramme, Stellen bzw. Arbeitsplatzbeschreibungen, Vertretungsregelungen und regelmäßige Schulung sowie deren Nachweise vorgelegt werden. Im Entnahmezentrum ist der Geburtshelfer verantwortlich für die Einholung des schriftlichen Einverständnisses, für die Festlegung der Eignung der Schwangeren zur Spende von Nabelschnurblut, für die Aufklärung über die freiwillige Spende und die korrekte Entnahme des Blutes entsprechend der schriftlichen Arbeitsanweisung des Verarbeitungszentrums. Die sich aus dem Ablauf ergebenden Zuständigkeiten sind zwischen Entnahme- und Verarbeitungszentrum schriftlich zu regeln. In regelmäßigen gemeinsamen Arbeitsbesprechungen zwischen Entnahmezentrum und Verarbeitungszentrum werden die Qualitätsparameter gemeinsam festgesetzt. Jeweils innerhalb von 48 Stunden vor oder nach Entbindung muss eine Blutabnahme (20 ml) bei der Mutter erfolgen, um die erforderlichen Gewebemerkmale sowie die notwendigen Infektionsparameter bestimmen zu können.

8 Wenn Transplantate aus CB nicht gezielt für eine bestimmte Person (ungerichtete allogene Stammzelltransplantation) hergestellt und bei einer Nabelschnurblutbank gelagert werden, handelt es sich bei diesem Transplantat um Fertigarzneimittel, für deren Inverkehrbringen eine Zulassung nach § 21ff. durch die zuständige Bundesbehörde, das Paul-Ehrlich-Institut, erforderlich ist. Dies bedeutet, dass das Nabelschnurblut-Präparat, wenn es nicht für das Kind selbst (autologes Transplantat), sondern für die Geschwister oder Familienangehörige (allogenes Transplantat) als wertvolle Stammzellquelle verwendet werden soll, nur dann eingesetzt werden kann, wenn vor Entnahme eine Zulassung durch das Paul-Ehrlich-Institut vorliegt. Fehlvorstellungen der Eltern, zur Not könne das für das Kind entnommene Nabelschnurblut ja auch – abweichend vom ursprünglichen Plan – später Geschwisterkindern oder Dritten zukommen, sind zu korrigieren. Abgesehen von den arzneimittelrechtlichen Hürden dürfen nicht angewendete Eigenblutentnahmen nicht für andere Personen verwendet werden (§ 17 Abs. 1 Satz 3 TFG).

### IV. Organ- und Gewebetransplantate

9 Herz, Niere, Leber, Lunge, Bauchspeicheldrüse und Darm sowie Augenhornhäute sind keine Arzneimittel im Sinne des AMG.[14] Sie dürfen gem. § 9 TPG nur in zugelassenen Transplantationszentren auf Menschen übertragen werden. Da alle anderen Organe und Organteile aber prinzipiell Arzneimittel im Sinne von § 2 Abs. 1 Nr. 5 sein können (§ 3 Nr. 3), ist eine Herstellungserlaubnis jedenfalls dann erforderlich, wenn eine einheitliche fachliche Leitung und Verantwortung von Entnahme und Implantierung/Transplantation nicht mehr gegeben ist. Dies liegt immer dann vor, wenn eine Einrichtung für Dritte Organe, Organteile oder Gewebe nur entnimmt oder nur verarbeitet.[15] Für Gewebe und Gewebezubereitungen sind die Voraussetzungen jetzt in § 20 b und § 20 c geregelt. Schließlich sind hier die neuen Regelungen durch das Gewebegesetz[16], insbesondere die Änderungen im TPG sowie der TPG-GewV zu beachten.

### V. Ausnahmen (Abs. 2, Abs. 2 b, Abs. 2 c)

#### 1. Apotheken

10 Durch die AMG-Novelle 2009 wurde die bisherige Regelung in Absatz 2 a in Absatz 2 Nr. und 2 überführt (Absatz 2a wurde gestrichen). Damit wurden die Möglichkeiten der erlaubnisfreien Arzneimittelherstellung in Apotheken zusammengefasst. Dabei erfolgte eine Präzisierung, wonach eine Apotheke auch die Rekonstruktion von Fertigarzneimitteln (§ 4 Nr. 31) erlaubnisfrei durchführen darf.[17] Hinsichtlich der für Arzneimittel, die im Rahmen einer klinischen Prüfung eingesetzt werden sollen, genannten erlaubnisfreien Herstellungstätigkeiten wird die bisher nur den Krankenhaus versorgenden Apotheken und Krankenhausapotheken vorbehaltene Möglichkeit grundsätzlich auf alle öffentlichen Apotheken ausgeweitet, die dann auch Arztpraxen, die an multizentrischen Prüfungen teilnehmen, mit Prüfarzneimitteln beliefern können. Erlaubnisfrei ist neben der Rekonstitution auch das Abpacken[18] (einschl. der erforderlichen Kennzeichnung) beispielsweise beim Verblinden; dazu gehört auch das Umpacken in eine andere Darreichungsform, nicht hingegen das Umarbeiten, z.B. Zermörsern von Tabletten und überführen in die neue Darreichungsform Kapsel.

11 § 13 Abs. 2 Nr. 1 hat offensichtlich die Herstellung von Arzneimittelspezialitäten oder auch Rezepturarzneimittel gem. § 21 Abs. 2 Nr. 1 im Auge. Prinzipiell könnte eine Apotheke aber auch Fertigarzneimittel herstellen, ohne dafür einer Erlaub-

---

14 Hierzu auch Bender, VersR 1999, 419, 423.

15 Beispiel zur Rechtslage bei Knochenbanken, Bender, VersR 1999, 419, 421 sowie Richtlinien zum Führen einer Knochenbank, DÄ 1996 (B) 1715, 1717; heute durch die TPG-Gewebeverordnung v. 26.3.2008, BGBl. I 512ff. überholt.

16 BGBl. I, 1574ff.v. 20.7.2007.

17 VG Oldenburg, Beschl.v. 19.12.2007, 7 B 3409/07, Rekonstitution eines Arzneimittels durch Verflüssigung ist keine Herstellung.

18 OVG Lüneburg, Urt.v. 16.5.2006, 11 LC 265/05, GesR 2006, 461, Verblisterung von Arzneimitteln durch Apotheker zulässig.

nis zu bedürfen, wenn das fertige Arzneimittel im üblichen Apothekenbetrieb, d.h. für eigene Kunden, hergestellt wird[19]. Ausgenommen von Rezepturarzneimitteln und homöopathischen Arzneimitteln sowie den Fällen der §§ 72ff. dürfen vom Apotheker jedoch nur zugelassene Arzneimittel abgegeben werden, da § 13 Abs. 2 Nr. 1 nur die Herstellererlaubnis betrifft. Die Herstellung von Arzneimittel ist einem Apotheker im üblichen Apothekenbetrieb ohne Herstellererlaubnis nach § 13 Abs. 2 Nr. 1 aber grundsätzlich nur zur Abgabe in der eigenen Apotheke gestattet.[20] Andererseits muss eine Krankenhaus versorgende Apotheke auch die Möglichkeit haben, derartige Arzneimittel im Rahmen des Kooperationsvertrages für das Vertragskrankenhaus herzustellen. Nachdem das Regionalprinzip in § 14 ApoG abgeschafft wurde[21] und Apotheken und Krankenhäuser innerhalb der gesamten EU/EWR einen Vertrag über die Arzneimittelversorgung schließen können, der in Deutschland vom jeweiligen Bundesland genehmigt werden muss, kann die Ausnahmevorschrift in § 13 Abs. 2 Nr. 1 u.U. erhebliche Bedeutung gewinnen. Voraussetzung für die Genehmigung ist unter anderem, dass (1.) die Apotheke dem Krankenhaus Arzneimittel zur akuten medizinischen Versorgung unverzüglich und bedarfsgerecht zur Verfügung stellt, dass (2.) im Notfall auch eine unverzügliche persönliche Beratung des Personals erfolgt, (3.) die Apotheke das Krankenhauspersonal kontinuierlich im Hinblick auf zweckmäßige und wirtschaftliche Arzneimitteltherapie berät und (4.) der Leiter der versorgenden Apotheke oder der von ihm beauftragte Apotheker Mitglied der Arzneimittelkommission des Krankenhauses ist.

Bedeutung kann diese Ausnahme im übrigen für die Heimversorgung[22] haben. Seit dem 28.08.2003 darf die Heimversorgung gemäß § 12 a ApoG nur noch auf Grundlage eines Versorgungsvertrags erfolgen, der von der zuständigen Behörde genehmigt werden muss. Es hat sich gezeigt, dass zwar die inhaltlichen Anforderungen an den Heimversorgungsvertrag klar geregelt sind, sich aber in der praktischen Durchführung zahlreiche Einzelprobleme ergeben. Dies beginnt bereits bei der Frage, welche Apotheke den Zuschlag zur Heimversorgung erhält und ob weitere kreisansässige Apotheken ein Aufnahme in das Versorgungssystem verlangen können. Weitere Streitfragen resultieren zu einem großen Teil aus dem Spannungsverhältnis zwischen der Heimversorgung gemäß § 12 a Abs. 1 und 2 ApoG einerseits und der Eigenversorgung der Heimbewohner gemäß § 12 a Abs. 3 ApoG andererseits. Auslegungshilfe geben die Empfehlungen der Bundesapothekerkammer zur Qualitätssicherung bei der Versorgung von Bewohnern von Heimen.[23] 12

19 OLG Frankfurt, Urt.v. 21.9.2006, 6 U 91/05, GesR 2007, 162, Herstellung arzneimittelähnlicher Medizinprodukte zulässig (Hyaluronspritzen).
20 OVG Hamburg, Beschl. v. 11.01.2000 – 5 Bs 282/99, NordÖR 2000, 508.
21 BGBl. I 2005, 1642ff.
22 Eingehend Räth, Herzog, Rehborn, 2003.
23 DAZ, 2003, 2567.

### 2. Krankenhaus- und Bundeswehrapotheken

13 Eine gem. § 14 Apothekengesetz genehmigte Krankenhausapotheke darf nicht nur das eigene Krankenhaus, sondern gem. § 14 Abs. 4 Apothekengesetz auch andere Krankenhäuser und Stationen versorgen, mit denen rechtswirksame Verträge bestehen oder für deren Versorgung eine Genehmigung erteilt worden ist. Gem. § 15 Apothekengesetz sind Bundeswehrapotheken aus dem Geltungsbereich dieses Gesetzes ausgenommen. Der Bundesminister für Verteidigung hat jedoch sicherzustellen, dass die Angehörigen der Bundeswehr hinsichtlich der Arzneimittelversorgung und der Arzneimittelsicherheit nicht anders als Zivilpersonen gestellt sind.

### 3. Tierärzte

14 Die Ausnahme gilt für solche Arzneimittel, die der Tierarzt im Rahmen seiner laufenden Behandlung an Tiere abgibt und für Fütterungsarzneimittel, soweit sie unter seiner Aufsicht aus Arzneimittel-Vormischungen und Mischfuttermitteln durch einen anderen hergestellt werden. Näheres siehe auch § 56. Eine weitere Ausnahme enthält Abs. 2 c für die Anwendung bei der Behandlung von Tieren mit Arzneimitteln aus der tierärztlichen Hausapothek.

### 4. Großhändler für Umfüllen, Abpacken und Kennzeichnen

15 Da es sich bereits um Arzneimittel handelt, müssen diese Produkte aus einem Betrieb stammen, der selbst über eine Erlaubnis gem. § 13 verfügt. Geht die Tätigkeit des Großhändlers über den in Nr. 4 genannten Umfang hinaus, bedarf auch er einer eigenen Erlaubnis gem. § 13. Außerdem dürfen die von ihm umgepackten oder neu gekennzeichneten Produkte nicht direkt an den Endabnehmer ausgeliefert werden.

### 5. Einzelhändler und § 50

16 Die Befreiung entspricht Nr. 4 und gilt für Arzneimittel, die nicht apothekenpflichtig sind. Das Abfüllen von Heilkräutertees in der zentralen Betriebsstätte eines Reformhauses zwecks Weitergabe an die Filialen unterfällt aber nicht § 13 II Nr. 5 und ist deshalb ohne Herstellungserlaubnis nach § 13 I nicht zulässig.[24]

### 6. Ärzte

17 Absatz 2 b enthält eine Privilegierung für Ärzte als Folge der Änderung von § 4 a. Ärzte dürfen mithin erlaubnisfrei Arzneimittel für die Behandlung eigener Patienten herstellen. Sowohl Herstellung wie auch Anwendung haben unter unmittelbarer fachlicher Verantwortung zu erfolgen. Dies galt schon nach bisheriger Rechtslage, wenn der Arzt ein Arzneimittel direkt in seinem Verantwortungsbereich an seine Patienten appliziert, da hier kein Wechsel in der Verfügungsgewalt stattfin-

---

24 OVG Hamburg, Urt.v. 17.02.1999-5 Bf 98/98, NordÖR 1999, 526.

det[25]. Ein Arzt wird sich aber nicht auf diese Ausnahmeregelung berufen können, wenn er als Hersteller eines Arzneimittels dieses Arzneimittel Patienten oder deren Angehörigen mit der Maßgabe aushändigt, dass die Injektion durch einen anderen Arzt erfolgt.[26]

Die Einschränkung für die in Absatz 2 b Nr. 1 und Nr. 2 aufgeführten Arzneimittel sind zu beachten. **18**

Es wird ausdrücklich festgehalten, dass die Ausnahmetatbestände unter Nr. 1-6 nicht für die Herstellung von Blutzubereitungen, Sera, Impfstoffen, Testallergenen, Testsera, Testantigene und radioaktive Arzneimittel gelten, da diesen Arzneimitteln ein besonders hohes Gefährdungspotential eigen ist. Im übrigen muss in all denjenigen Fällen, in denen eine Erlaubnis gem. § 13 nicht erforderlich ist, das Herstellen von Arzneimitteln gem. § 67 angezeigt werden. **19**

## VI. Zuständigkeit

Die Zuständigkeit der Behörden richtet sich nach Landesrecht. Eine Ausnahme besteht für Sera, Impfstoffe, Blutzubereitungen, Testallergene, Testsera und Testantigene. Dort liegt die Entscheidung beim PEI; auf die Kommentierung zu § 77 wird verwiesen. **20**

## VII. Sanktionen

### Im Strafrecht

Strafbar macht sich, wer Arzneimittel im Sinne von § 2 Abs. 1 oder Abs. 2 Nr. 1, Testsera oder Testantigene oder Wirkstoffe, die menschlicher oder tierischer Herkunft sind oder auf gentechnische Weise hergestellt werden, ohne Erlaubnis herstellt, § 96 Nr. 4. **21**

### Im Ordnungswidrigkeitenrecht

Ordnungswidrig handelt, wer die o.g. Straftat fahrlässig begeht, § 97 Abs. 1. **22**

---

25 Ähnlich zur Problematik des in Verkehrbringens OLG Bremen, PharmaR 1987, 242.

26 BVerwG NVwZ-RR 1998, 654; gleiches gilt für die berufsmäßige Herstellung von Eigenblut- oder Eigenurinzubereitungen, die danach dem Spender zur oralen Selbstanwendung oder Subkutaninjektion überlassen werden, BayObLG NJW 1998, 3430.

## § 14
## Entscheidung über die Herstellungserlaubnis

**(1) Die Erlaubnis darf nur versagt werden, wenn**

**1. nicht mindestens eine Person mit der nach § 15 erforderlichen Sachkenntnis (sachkundige Person nach § 14) vorhanden ist, die für die in § 19 genannte Tätigkeit verantwortlich ist,**

**2. (weggefallen)**

**3. die sachkundige Person nach Nummer 1 oder der Antragsteller die zur Ausübung ihrer Tätigkeit erforderliche Zuverlässigkeit nicht besitzt,**

**4. die sachkundige Person nach Nummer 1 die ihr obliegenden Verpflichtungen nicht ständig erfüllen kann,**

**5. (weggefallen)**

**5a. in Betrieben, die Fütterungsarzneimittel aus Arzneimittel-Vormischungen herstellen, die Person, der die Beaufsichtigung des technischen Ablaufs der Herstellung übertragen ist, nicht ausreichende Kenntnisse und Erfahrungen auf dem Gebiete der Mischtechnik besitzt,**

**5b. der Arzt, in dessen Verantwortung eine Vorbehandlung der spendenden Person zur Separation von Blutstammzellen oder anderen Blutbestandteilen durchgeführt wird, nicht die erforderliche Sachkenntnis besitzt,**

**5c. entgegen § 4 Satz 1 Nr. 2 des Transfusionsgesetzes keine leitende ärztliche Person bestellt worden ist oder diese Person nicht die erforderliche Sachkunde nach dem Stand der medizinischen Wissenschaft besitzt oder entgegen § 4 Satz 1 Nr. 3 des Transfusionsgesetzes bei der Durchführung der Spendeentnahme von einem Menschen keine ärztliche Person vorhanden ist,**

**6. geeignete Räume und Einrichtungen für die beabsichtigte Herstellung, Prüfung und Lagerung der Arzneimittel nicht vorhanden sind oder**

**6a. der Hersteller nicht in der Lage ist zu gewährleisten, dass die Herstellung oder Prüfung der Arzneimittel nach dem Stand von Wissenschaft und Technik und bei der Gewinnung von Blut und Blutbestandteilen zusätzlich nach den Vorschriften des Zweiten Abschnitts des Transfusionsgesetzes vorgenommen wird.**

**(2) (weggefallen)**

**(2a) Die leitende ärztliche Person nach § 4 Satz 1 Nr. 2 des Transfusionsgesetzes kann zugleich die sachkundige Person nach Absatz 1 Nr. 1 sein.**

**(2b) (weggefallen)**

**(3) (weggefallen)**

**(4) Abweichend von Absatz 1 Nr. 6 kann teilweise außerhalb der Betriebsstätte des Arzneimittelherstellers**

**1. die Herstellung von Arzneimitteln zur klinischen Prüfung am Menschen in einer beauftragten Apotheke,**

**2. die Änderung des Verfalldatums von Arzneimitteln zur klinischen Prüfung am Menschen in einer Prüfstelle durch eine beauftragte Person des Herstellers, sofern diese Arzneimittel ausschließlich zur Anwendung in dieser Prüfstelle bestimmt sind,**
**3. die Prüfung der Arzneimittel in beauftragten Betrieben,**
**4. die Gewinnung oder Prüfung, einschließlich der Laboruntersuchungen der Spenderproben, von zur Arzneimittelherstellung bestimmten Stoffen menschlicher Herkunft, mit Ausnahme von Gewebe, in anderen Betrieben oder Einrichtungen,**

**die keiner eigenen Erlaubnis bedürfen, durchgeführt werden, wenn bei diesen hierfür geeignete Räume und Einrichtungen vorhanden sind und gewährleistet ist, dass die Herstellung und Prüfung nach dem Stand von Wissenschaft und Technik erfolgt und die sachkundige Person nach Nummer 1 ihre Verantwortung wahrnehmen kann.**

**(5) Bei Beanstandungen der vorgelegten Unterlagen ist dem Antragsteller Gelegenheit zu geben, Mängeln innerhalb einer angemessenen Frist abzuhelfen. Wird den Mängeln nicht abgeholfen, so ist die Erteilung der Erlaubnis zu versagen.**

**Übersicht** **Rz.**



**Literatur**

Hasskarl, Verantwortung der sachkundigen Person nach § 14 AMG, in Festschrift f. Deutsch 2009, S. 217; Hasskarl, Ziegler, Rechtliche Verantwortung und Aufgaben der sachkundigen Person, PharmR 2005, 15.

## I. Die Bedeutung der Norm

Die Vorschrift ist Ausfluss der GMP-Grundsätze. Sie enthält in Absatz 1 einen abschließenden Katalog von Versagungsgründen. Die nähere Ausgestaltung der einzelnen Versagungsgründe findet sich wiederum in ganz unterschiedlichen Rechtsquellen, wie z.B. der Arzneimittel- und Wirkstoffherstellungsverordnung[1] oder auch dem Transfusionsgesetz. In § 14 Abs. 1 ist jetzt nur noch von der „sachkundigen Person„ die Rede. Die Verantwortungsbereiche der sachkundigen Person ergeben sich aus § 19. Die Absätze 2, 2 b und 3 sind durch die 15. AMG-Novelle v. 17.7.2009 weggefallen. Absatz 2 a nimmt auf die besondere Qualifikation des transfusionsverantwortlichen Arztes Rücksicht. Absatz 4 trägt den Bedürfnissen der Praxis Rechnung. Absatz 5 dient dem Schutz des Antragstellers, um ihn bei Mängeln nicht mit einer sofortigen Absage zu konfrontieren, sondern ihm Gele- 1

[1] BGBl. I 2523 v. 3.11.2006 i.d.F.v. 26 .3.2008 BGBl. I 521ff.v. 26.3.2008.

genheit zur „Nachbesserung" zu geben. Bereits durch die 14. AMG-Novelle ist der sog. „Vertriebsleiter" entfallen.

### II. Zuverlässigkeit

2 Wie im sonstigen Gewerberecht auch, ist eine berufsbezogene, spartentypische Zuverlässigkeit gefragt. Unzuverlässig ist danach eine Person, die entweder durch körperliche oder mentale Defekte nicht erwarten lässt, die nach dem AMG erforderliche Qualität sicherstellen zu können. Entscheidend ist die Prognose, weniger in der Vergangenheit liegende abgeschlossene Vorkommnisse, wenn sie keinen aktuellen Bezug zur konkreten Situation mehr haben[2]. Bloße Gerüchte genügen nicht. Da es sich um einen sehr schwerwiegenden Versagungsgrund handelt, muss die Behörde diesen Versagungsgrund anhand konkreter Tatsachen nachweisen. Die Behörde trägt insoweit die Darlegungs- und Beweislast[3]. Die erforderliche Sachkenntnis für Herstellungsleiter und Kontrolleiter ist in § 15 definiert.[4]

### III. Präsenzpflicht

3 Die sachkundige Person muss ihre Aufgaben lückenlos erfüllen können. Dies bedeutet jedoch nicht, dass sie sich „rund um die Uhr" oder überwiegend im Betrieb aufhalten muss. Es ist lediglich erforderlich, dass die in § 19 definierten Verantwortungsbereiche ausreichend abgedeckt werden. Deshalb können sachkundige Personen ihre Aufgabe durchaus auch nebenberuflich oder für mehrere Betriebe wahrnehmen. Ist ein Herstellungsleiter z.B. im Urlaub, muss alleine deswegen kein zweiter Herstellungsleiter benannt werden. Aus § 16 Abs. 6 AMWHV ergibt sich, dass es in diesen Fällen der kurzfristigen Verhinderung, insbesondere bei Krankheit oder Urlaub ausreicht, wenn anstelle des eigentlichen Herstellungsleiters ein Beauftragter, der über ausreichende Ausbildung und Kenntnisse verfügt, die Aufgaben des verhinderten Herstellungsleiters übernimmt. Es darf dadurch nur keine Risikoerhöhung eintreten. Außerdem ist erforderlich, dass sowohl die Herstellungsanweisungen als auch die Prüfanweisungen in schriftlicher Form niedergelegt sind (§ 4 Abs. 2 i.V.m. § 12 AMWHV). Ein Betrieb kann selbstverständlich auch mehrere sachkundige Personen beschäftigen. Allerdings sind dann deren Zuständigkeitsbereiche in einem Organisationsstatut schriftlich niederzulegen.

---

[2] BVerwG, NJW 1993, 806; VG Kassel NJW 1986, 2390; VG Frankfurt (Oder), Beschl.v. 9.9 2008, 4 L 278/08

[3] VGH Kassel, Beschl. v. 28.06.2000 - 8 TZ 439/00, GewA 2000,424: die Vorschriften des Arzneimittelgesetzes über den Widerruf der arzneimittelrechtlichen Herstellungserlaubnis und das Verbot des Inverkehrbringens davon betroffener Arzneimittel stellen keine die Anwendbarkeit der Absätze 1 bis 7a ausschließende Sonderregelung gem. § 35 VIII GewO dar.

[4] VG Köln, Urt.v. 17.12.2007, 24 K 2342/07, GesR 2008, 159.

## IV. Personalunion

Die Aufgaben der Qualitätskontrolle sind in § 12 AMWHV geregelt. Gemäß § 12 Abs. 2 AMWHV müssen Herstellungs- und Kontrollleitung getrennt sein. Die Aufgaben der Herstellungsleitung werden in § 13 AMWHV geregelt. Beiden Leitern kommt eine eigenständige öffentlich-rechtliche Verantwortung zu.[5] 4

## V. Arzneimittelprüfung

Routineuntersuchungen und -prüfungen, wie die Eingangs-, Inprozeß- und Endkontrolle, sollen grundsätzlich im Herstellungsbetrieb, für den eine Herstellungserlaubnis erteilt wird, möglich sein und auch durchgeführt werden. Spezialuntersuchungen, die einen besonders hohen personellen oder apparativen Aufwand erfordern und nur gelegentlich notwendig sind, können in beauftragten Betrieben oder Einrichtungen, die dafür geeignet sind, durchgeführt werden. Die sogenannte „Auftragsprüfung" darf nicht zu einer Risikoerhöhung führen. Es müssen daher dieselben Voraussetzungen wie bei einer betriebsinternen Arzneimittelprüfung sichergestellt und nachgewiesen werden. Die Räume bzw. Betriebsstätte, in der die ausgelagerte Auftragsprüfung durchgeführt werden soll, ist daher ebenso zu visitieren wie der antragstellende Betrieb selbst. Der externe Prüfbetrieb ist nach § 14 Abs. 4 in die Erlaubnisurkunde aufzunehmen, wofür das Benehmen mit der für den beauftragten Betrieb zuständigen Überwachungsbehörde erforderlich ist, § 12 Abs. 5 AMGVwV. Dies setzt wiederum voraus, dass zwischen Auftraggeber und Auftragnehmer ein schriftlicher Vertrag besteht, in dem die Aufgaben und Verantwortlichkeiten jeder Seite klar festgelegt und abgegrenzt sind. Außerdem muss durch eine entsprechende Abnahmebesichtigung festgestellt werden, ob der externe Prüfbetrieb geeignet und auf Grund von qualifiziertem Personal in der Lage ist, die Prüfung nach dem Stand von Wissenschaft und Technik durchzuführen. Der Dienstvertrag[6] zwischen auftraggebendem Betrieb und ausgelagerter Prüfeinrichtung ist der Antragstellung beizufügen. Inhaltlich müssen die Vorschriften von Kap. 7 des EG/PIC-Leitfadens berücksichtigt werden. Ob die Betriebsstätte, in der die Auftragsprüfung durchgeführt wird, im Inland liegen muss oder zumindest innerhalb des EWR liegen kann, ist umstritten. Für die letzte Auffassung spricht, dass es sich bei den Mitgliedsstaaten des EWR um Mitgliedsstaaten der PIC handelt, was z.B. im Falle von § 72a zum gegenseitigen Qualitätsnachweis ausreicht. Schließlich kann auch im Bereich des Zertifizierungsverfahrens im Rahmen des MPG jede benannte Stelle in der EU angegangen werden. 5

---

5 Hasskarl aaO. S.227.

6 Siehe auch Deutsch, Lippert, Ethikkommission und klinische Prüfung, S. 97; Lippert, Rechtsfragen bei Forschungsprojekten am Menschen, VersR 1997, 545.

## § 15
## Sachkenntnis

**(1) Der Nachweis der erforderlichen Sachkenntnis als sachkundige Person nach § 14 wird erbracht durch**
**1. die Approbation als Apotheker oder**
**2. das Zeugnis über eine nach abgeschlossenem Hochschulstudium der Pharmazie, der Chemie, der Biologie, der Human- oder der Veterinärmedizin abgelegte Prüfung**
**sowie eine mindestens zweijährige praktische Tätigkeit auf dem Gebiet der qualitativen und quantitativen Analyse sowie sonstiger Qualitätsprüfungen von Arzneimitteln.**

**(2) In den Fällen des Absatzes 1 Nr. 2 muss der zuständigen Behörde nachgewiesen werden, dass das Hochschulstudium theoretischen und praktischen Unterricht in mindestens folgenden Grundfächern umfasst hat und hierin ausreichende Kenntnisse vorhanden sind:**
**Experimentelle Physik**
**Allgemeine und anorganische Chemie**
**Organische Chemie**
**Analytische Chemie**
**Pharmazeutische Chemie**
**Biochemie**
**Physiologie**
**Mikrobiologie**
**Pharmakologie**
**Pharmazeutische Technologie**
**Toxikologie**
**Pharmazeutische Biologie.**
**Der theoretische und praktische Unterricht und die ausreichenden Kenntnisse können an einer Hochschule auch nach abgeschlossenem Hochschulstudium im Sinne des Absatzes 1 Nr. 2 erworben und durch Prüfung nachgewiesen werden.**

**(3) Für die Herstellung und Prüfung von Blutzubereitungen, Sera, Impfstoffen, Allergenen, Testsera und Testantigenen findet Absatz 2 keine Anwendung. An Stelle der praktischen Tätigkeit nach Absatz 1 muss eine mindestens dreijährige Tätigkeit auf dem Gebiet der medizinischen Serologie oder medizinischen Mikrobiologie nachgewiesen werden. Abweichend von Satz 2 müssen an Stelle der praktischen Tätigkeit nach Absatz 1**
**1. für Blutzubereitungen aus Blutplasma zur Fraktionierung eine mindestens dreijährige Tätigkeit in der Herstellung oder Prüfung in plasmaverarbeitenden Betrieben mit Herstellungserlaubnis und zusätzlich eine mindestens sechsmonatige Erfahrung in der Transfusionsmedizin oder der medizinischen Mikrobiologie, Virologie, Hygiene oder Analytik,**
**2. für Blutzubereitungen aus Blutzellen, Zubereitungen aus Frischplasma sowie für Wirkstoffe und Blutbestandteile zur Herstellung von Blutzube-**

reitungen eine mindestens zweijährige transfusionsmedizinische Erfahrung, die sich auf alle Bereiche der Herstellung und Prüfung erstreckt,
3. für autologe Blutzubereitungen eine mindestens sechsmonatige transfusionsmedizinische Erfahrung oder eine einjährige Tätigkeit in der Herstellung autologer Blutzubereitungen,
4. für Blutstammzellzubereitungen zusätzlich zu ausreichenden Kenntnissen mindestens zwei Jahre Erfahrungen in dieser Tätigkeit, insbesondere in der zugrunde liegenden Technik,

nachgewiesen werden. Zur Vorbehandlung von Personen zur Separation von Blutstammzellen oder anderen Blutbestandteilen muss die verantwortliche ärztliche Person ausreichende Kenntnisse und eine mindestens zweijährige Erfahrung in dieser Tätigkeit nachweisen. Für das Abpacken und Kennzeichnen verbleibt es bei den Voraussetzungen des Absatzes 1.

(3a) Für die Herstellung und Prüfung von Arzneimitteln für neuartige Therapien, xenogenen Arzneimitteln, Gewebezubereitungen, Arzneimitteln zur In-vivo-Diagnostik mittels Markergenen, radioaktiven Arzneimitteln und Wirkstoffen findet Absatz 2 keine Anwendung. Anstelle der praktischen Tätigkeit nach Absatz 1 muss

1. für Gentherapeutika und Arzneimittel zur In-vivo-Diagnostik mittels Markergenen eine mindestens zweijährige Tätigkeit auf einem medizinisch relevanten Gebiet, insbesondere der Gentechnik, der Mikrobiologie, der Zellbiologie, der Virologie oder der Molekularbiologie,
2. für somatische Zelltherapeutika und biotechnologisch bearbeitete Gewebeprodukte eine mindestens zweijährige Tätigkeit auf einem medizinisch relevanten Gebiet, insbesondere der Gentechnik, der Mikrobiologie, der Zellbiologie, der Virologie oder der Molekularbiologie,
3. für xenogene Arzneimittel eine mindestens dreijährige Tätigkeit auf einem medizinisch relevanten Gebiet, die eine mindestens zweijährige Tätigkeit auf insbesondere einem Gebiet der in Nummer 1 genannten Gebiete umfasst,
4. für Gewebezubereitungen eine mindestens zweijährige Tätigkeit auf dem Gebiet der Herstellung und Prüfung solcher Arzneimittel in Betrieben und Einrichtungen, die einer Herstellungserlaubnis nach diesem Gesetz bedürfen oder eine Genehmigung nach dem Gemeinschaftsrecht besitzen,
5. für radioaktive Arzneimittel eine mindestens dreijährige Tätigkeit auf dem Gebiet der Nuklearmedizin oder der radiopharmazeutischen Chemie und
6. für andere als die unter Absatz 3 Satz 3 Nummer 2 aufgeführten Wirkstoffe eine mindestens zweijährige Tätigkeit in der Herstellung oder Prüfung von Wirkstoffen

nachgewiesen werden.

(4) Die praktische Tätigkeit nach Absatz 1 muss in einem Betrieb abgeleistet werden, für den eine Erlaubnis zur Herstellung von Arzneimitteln durch einen Mitgliedstaat der Europäischen Union, einen anderen Vertragsstaat des Abkommens über den Europäischen Wirtschaftsraum oder durch einen

**Staat erteilt worden ist, mit dem eine gegenseitige Anerkennung von Zertifikaten nach § 72a Satz 1 Nr. 1 vereinbart ist.**

**(5) Die praktische Tätigkeit ist nicht erforderlich für das Herstellen von Fütterungsarzneimitteln aus Arzneimittel-Vormischungen; Absatz 2 findet keine Anwendung.**

### I. Die Bedeutung der Norm

1 Die Vorschrift definiert für die Sachkenntnis von sachkundigen Personen gemäß § 14 (früher: Herstellungs- und Kontrolleitern) sowohl formelle als auch materielle Grundvoraussetzungen. Für die Studienabschlüsse bzw. die Approbation als Apotheker gelten, soweit sie innerhalb der EU, jedoch außerhalb Deutschlands abgelegt worden sind, die einschlägigen Anerkennungsrichtlinien.[1] Die in § 15 Abs. 1 geforderte mindestens zweijährige praktische Tätigkeit in der Arzneimittelherstellung oder in der Arzneimittelprüfung muss jedenfalls in einem PIC-Mitgliedsstaat erworben worden sein. Dies ergibt sich aus Abs. 4, der außerdem voraussetzt, dass der Betrieb über eine Herstellungserlaubnis verfügen muss. Es reicht daher nicht aus, wenn der Betrieb gem. § 13 Abs. 2 von der Herstellungserlaubnis befreit wäre. „Praktische Tätigkeit" in der Arzneimittelherstellung und Arzneimittelprüfung heißt im übrigen, dass eine sonstige Tätigkeit z.B. als Pharmareferent nicht ausreicht.[2]

### II. Blutzubereitungen und andere Arzneimittel gem. Abs. 3

2 Abs. 3 geht auf das Transfusionsgesetz[3] zurück. Das Erfordernis der zweijährigen praktischen Tätigkeit in der Arzneimittelherstellung oder in der Arzneimittelprüfung gem. Abs. 1 wird durch ein sehr differenziertes, abgestuftes System ersetzt, das jeweils produktbezogen aufgebaut ist. Eine weitere Besonderheit gegenüber der Sachkenntnis gem. Abs. 1 besteht darin, dass die besonderen Erfahrungen in der Transfusionsmedizin nicht in einem Betrieb mit Herstellungserlaubnis gem. § 13 Abs. 1 gewonnen worden sein müssen. Abs. 4 gilt insoweit nicht. Durch das 8. Änderungsgesetz zum AMG wurde in Abs. 3a für Arzneimittel zur Gentherapie und zur In-vivo-Diagnostik mittels Markergenen, Transplantaten, radioaktiven Arzneimitteln und Wirkstoffen eine Abs. 3 vergleichbare Regelung geschaffen. Das Verhältnis zu Abs. 1 und Abs. 4 ist entsprechend. Durch die AMG-Novelle 2009 wurden in Absatz 3 a Nr. 2 für somatische Zelltherapeutika und biotechnologisch bearbeitete Gewebeprodukte spezielle Anforderungen an die Sachkunde gestellt; gleiches gilt xenogene Arzneimittel gemäß Absatz 3 a Nr. 3.

---

1 Für Apotheker z.B. Richtlinie 85/432/EWG zur Koordinierung der Ausbildungen und Richtlinie 85/433/EWG zur Anerkennung der jeweiligen Diplome.

2 VG Köln, Urt.v. 17.12.2007, 24 K 2342/07, GesR 2008, 159.

3 Gesetz vom 01.07.1988, BGBl. I S. 1752.

## III. Fütterungsarzneimittel aus Arzneimittel-Vormischungen

Für die Sachkenntnis bei der Herstellung dieser Tierarzneimittel gibt es zwei Erleichterungen. Der Herstellungsleiter muss weder die praktische Tätigkeit gem. Abs. 1 noch das Studium der in Abs. 2 genannten Grundfächer nachweisen[4]. 3

4 Zur Herstellung von Fütterungsarzneimitteln im Auftrag von Tierärzten, Auslegungshinweise der Arbeitsgemeinschaft der leitenden Veterinärbeamten der Länder vom 28.09.1987, Deutsches Tierärzteblatt 1988, 250, abgedruckt bei Kloesel, Cyran A 2.22a.

## § 16
## Begrenzung der Herstellungserlaubnis

**Die Erlaubnis wird dem Antragsteller für eine bestimmte Betriebsstätte und für bestimmte Arzneimittel und Darreichungsformen erteilt, in den Fällen des § 14 Abs. 4 auch für eine bestimmte Betriebsstätte des beauftragten oder des anderen Betriebes. Soweit die Erlaubnis die Prüfung von Arzneimitteln oder Wirkstoffen umfasst, ist die Art der Prüfung aufzuführen.**

### Die Bedeutung der Norm

1 Nachdem der Hersteller im Rahmen seiner Antragstellung alle konkreten Umstände nachzuweisen hat, ist es eine Selbstverständlichkeit, dass die Erlaubnis nur für eine konkrete Betriebsstätte sowie für bestimmte Arzneimittel und Arzneimittelformen erteilt wird. Zur Auftragsprüfung wird auf die Kommentierung zu § 14 Abs. 4 Bezug genommen. Mit Arzneimittelformen sind Darreichungsformen (Dragees, Salbe etc.) gemeint. Vor Erteilung der Herstellererlaubnis ist eine Abnahmeprüfung durchzuführen. Die Erlaubnis ist ein begünstigender Verwaltungsakt, auf dessen Erlass bei Vorliegen aller Voraussetzungen ein Rechtsanspruch besteht.

## § 17
## Fristen für die Erteilung

**(1) Die zuständige Behörde hat eine Entscheidung über den Antrag auf Erteilung der Erlaubnis innerhalb einer Frist von drei Monaten zu treffen.**

**(2) Beantragt ein Erlaubnisinhaber die Änderung der Erlaubnis in Bezug auf die herzustellenden Arzneimittel oder in Bezug auf die Räume und Einrichtungen im Sinne des § 14 Abs. 1 Nr. 6, so hat die Behörde die Entscheidung innerhalb einer Frist von einem Monat zu treffen. In Ausnahmenfällen verlängert sich die Frist um weitere zwei Monate. Der Antragsteller ist hiervon vor Fristablauf unter Mitteilung der Gründe in Kenntnis zu setzen.**

**(3) Gibt die Behörde dem Antragsteller nach § 14 Abs. 5 Gelegenheit, Mängeln abzuhelfen, so werden die Fristen bis zur Behebung der Mängel oder bis zum Ablauf der nach § 14 Abs. 5 gesetzten Frist gehemmt. Die Hemmung beginnt mit dem Tage, an dem dem Antragsteller die Aufforderung zur Behebung der Mängel zugestellt wird.**

### Die Bedeutung der Norm

Hält die Behörde die 3-Monatsfrist gem. Abs. 1 nicht ein, kann der Hersteller ohne 1
Umschweife Verpflichtungsklage zum Verwaltungsgericht erheben. Auf die Durchführung eines Widerspruchsverfahrens ist er nicht mehr angewiesen.

Für Änderungsanträge gilt gemäß Abs. 2 eine kürzere Frist. Dabei handelt es sich 2
aber nur um eine Regelfrist, die verlängert werden kann.

Die Hemmungsregelung in Abs. 3 gilt für beide Fristarten. Die Hemmung beginnt 3
mit der Zustellung der Beanstandung und endet am Tage der Beseitigung, spätestens jedoch mit Ablauf der für die Beseitigung gesetzten Frist.

## § 18
## Rücknahme, Widerruf, Ruhen

**(1) Die Erlaubnis ist zurückzunehmen, wenn nachträglich bekannt wird, dass einer der Versagungsgründe nach § 14 Abs. 1 bei der Erteilung vorgelegen hat. Ist einer der Versagungsgründe nachträglich eingetreten, so ist sie zu widerrufen; an Stelle des Widerrufs kann auch das Ruhen der Erlaubnis angeordnet werden. § 13 Abs. 4 findet entsprechende Anwendung.**

**(2) Die zuständige Behörde kann vorläufig anordnen, dass die Herstellung eines Arzneimittels eingestellt wird, wenn der Hersteller die für die Herstellung und Prüfung zu führenden Nachweise nicht vorlegt. Die vorläufige Anordnung kann auf eine Charge beschränkt werden.**

### I. Die Bedeutung der Norm

1 Es handelt sich hierbei um allgemeines Verwaltungsrecht. Anstelle des Widerrufs, also bei nachträglicher Änderung der Verhältnisse, kann als milderes Mittel das Ruhen der Erlaubnis angeordnet werden, wenn zu erwarten ist, dass die Mängel vom Hersteller innerhalb von angemessener Frist beseitigt werden können. Ab Zustellung der Entscheidung muss der Hersteller die Produktion des betroffenen Arzneimittels sofort einstellen. Durch den Verweis auf § 13 Abs. 4 wird deutlich, dass sich die Zuständigkeit für die Rücknahme, den Widerruf oder das Ruhen der Erlaubnis danach richtet, wer für die Erteilung der Erlaubnis zuständig gewesen ist. Die Anordnung des Ruhens wird insbesondere dann in Betracht kommen, wenn mit einer alsbaldigen Abhilfe der Beanstandung durch den Hersteller zu rechnen ist.

2 Die Unterscheidung zwischen Widerruf und Rücknahme besteht darin, dass im Falle der Rücknahme der Hersteller so zu betrachten ist, als habe er nie eine Erlaubnis besessen, während der Widerruf bzw. das Ruhen ab Zustellung der Entscheidung für die Zukunft gilt.

3 Abs. 2 sieht vorläufige Anordnungen für den Fall vor, dass der Hersteller vorzulegende Nachweise nicht vorlegt. Diese vorläufigen Maßnahmen können sich auch auf einzelne Chargen beziehen, was den Bedürfnissen der Praxis entgegenkommt.

4 Alle die in § 18 genannten Maßnahmen stellen Verwaltungsakte dar. Rechtsmittel haben zwar grundsätzlich aufschiebende Wirkung. Allerdings kann die Behörde bei Gefahr in Verzug die sofortige Vollziehbarkeit anordnen. Dann bleibt dem Hersteller nur, bei Gericht die Wiederherstellung der aufschiebenden Wirkung seines Widerspruchs zu beantragen.

## II. Sanktionen

### Im Ordnungswidrigkeitenrecht

Im Falle der fahrlässigen Begehung § 97 Abs. 1; Ordnungswidrig handelt aber auch, wer einer vorläufigen vollziehbaren Anordnung, die Herstellung von Arzneimitteln einzustellen (§ 18 Abs. 2), zuwiderhandelt, § 97 Abs. 2 Nr. 6. Normadressat ist der pharmazeutische Unternehmer, der Arzneimittel herstellt, aber auch der Apotheker oder ein Hersteller, der nicht selbst pharmazeutischer Unternehmer ist. 5

## § 19
## Verantwortungsbereiche

**Die sachkundige Person nach § 14 ist dafür verantwortlich, dass jede Charge des Arzneimittels entsprechend den Vorschriften über den Verkehr mit Arzneimitteln hergestellt und geprüft wurde. Sie hat die Einhaltung dieser Vorschriften für jede Arzneimittelcharge in einem fortlaufenden Register oder einem vergleichbaren Dokument vor deren Inverkehrbringen zu bescheinigen.**

### Die Bedeutung der Norm

1 § 19 enthält Definitionen für Personen, deren Aufgabenstellung u.a. im Bereich der Erlaubniserteilung – bzw. Versagung von Bedeutung ist (§ 14). Die sachkundigen Personen haben die allgemeinen PIC-Grundsätze zu beachten und ein internes Qualitätssicherungssystem AMWHV sicherzustellen.[1] Die Grundzüge sollten in einem Qualitätsmanagementhandbuch niedergelegt werden. Diese werden ergänzt durch Standardverfahrensanweisungen (SOP's) sowie produkt- und anlagenspezifische Vorschriften.[2]

2 Die Verantwortungsbereiche der sachkundigen Person sind umfassend. Sie trägt für jede Charge die Produktverantwortung, nicht zuletzt auch für die Übereinstimmung mit den aktuell geltenden Regeln. Dazu zählt als sehr wichtige Aufgabe, die Freigabe zum Inverkehrbringen des Arzneimittels. Über jede Charge ist gemäß § 13 Abs. 7 AMWHV ein Herstellungsprotokoll und gemäß § 14 Abs. 4 AMWHV ein Prüfprotokoll zu erstellen.

---

1 BGH, Urt. v. 19.04.2000 – 3 StR 442/99, Zur Garantenstellung des Stellvertreters des Leiters eines Universitätsinstituts für Blutgerinnungswesen und Transfusionsmedizin.

2 Anhalt in: Franken u.a. B IV 2420 Rz. 29ff.

## § 20
## Anzeigepflichten

**Der Inhaber der Erlaubnis hat jede Änderung einer der in § 14 Abs. 1 genannten Angaben unter Vorlage der Nachweise der zuständigen Behörde vorher anzuzeigen. Bei einem unvorhergesehenen Wechsel der sachkundigen Person nach § 14 hat die Anzeige unverzüglich zu erfolgen.**

### I. Die Bedeutung der Norm

Eine Änderung ist immer dann wesentlich, wenn sie Bereiche betrifft, die Gegenstand des Erlaubnisverfahrens waren. Betroffene Räume i.S. der Norm sind Räume und Betriebsteile, die der Herstellung dienen, also nicht reine Büroräume. Ein Austausch von Maschinen mit identischer Funktionsweise (Ersatz) ist bei unverändertem Produktionsprozess nicht anzeigepflichtig. 1

### II. Sanktionen

### Im Ordnungswidrigkeitenrecht

Ordnungswidrig handelt, wer den Wechsel in der Person des Herstellers-, Kontroll- oder Vertriebsleiters nicht, nicht richtig oder nicht vollständig oder nicht rechtzeitig anzeigt, § 97 Abs. 2 Nr. 7. Normadressat ist der pharmazeutische Unternehmer sowie der Hersteller, soweit er nicht mit dem pharmazeutischen Unternehmer übereinstimmt. 2

## § 20a
## Geltung für Wirkstoffe und andere Stoffe

**§ 13 Abs. 2 und 4 und die §§ 14 bis 20 gelten entsprechend für Wirkstoffe und für andere zur Arzneimittelherstellung bestimmte Stoffe menschlicher Herkunft, soweit ihre Herstellung oder Prüfung nach § 13 Abs. 1 einer Erlaubnis bedarf.**

### Die Bedeutung der Norm

1 Die Norm ist Konsequenz der Erlaubnispflicht für die Herstellung oder Prüfung von Wirkstoffen, die menschlicher oder tierischer Herkunft sind oder auf gentechnischem Wege hergestellt werden. Der Querverweis auf die genannten Normen macht deutlich, dass hinsichtlich der Anforderungen an Hersteller derartiger Wirkstoffe identische Grundsätze wie für Hersteller von Arzneimitteln gelten.

## § 20b
## Erlaubnis für die Gewinnung von Gewebe und die Laboruntersuchungen

**(1) Eine Einrichtung, die zur Verwendung bei Menschen bestimmte Gewebe im Sinne von § 1a Nr. 4 des Transplantationsgesetzes gewinnen (Entnahmeeinrichtung) oder die für die Gewinnung erforderlichen Laboruntersuchungen durchführen will, bedarf einer Erlaubnis der zuständigen Behörde. Gewinnung im Sinne von Satz 1 ist die direkte oder extrakorporale Entnahme von Gewebe einschließlich aller Maßnahmen, die dazu bestimmt sind, das Gewebe in einem be- oder verarbeitungsfähigen Zustand zu erhalten, eindeutig zu identifizieren und zu transportieren. Die Erlaubnis darf nur versagt werden, wenn**
**1. eine angemessen ausgebildete Person mit der erforderlichen Berufserfahrung nicht vorhanden ist, die, soweit es sich um eine Entnahmeeinrichtung handelt, zugleich die ärztliche Person im Sinne von § 8d Abs. 1 Satz 1 des Transplantationsgesetzes sein kann,**
**2. weiteres mitwirkendes Personal nicht ausreichend qualifiziert ist,**
**3. angemessene Räume für die jeweilige Gewebegewinnung oder für die Laboruntersuchungen nicht vorhanden sind oder**
**4. nicht gewährleistet wird, dass die Gewebegewinnung oder die Laboruntersuchungen nach dem Stand der medizinischen Wissenschaft und Technik und nach den Vorschriften der Abschnitte 2, 3 und 3a des Transplantationsgesetzes vorgenommen werden.**

**Von einer Besichtigung im Sinne von § 64 Abs. 3 Satz 2 kann die zuständige Behörde vor Erteilung der Erlaubnis nach dieser Vorschrift absehen. Die Erlaubnis wird der Entnahmeeinrichtung von der zuständigen Behörde für eine bestimmte Betriebsstätte und für bestimmtes Gewebe und dem Labor für eine bestimmte Betriebsstätte und für bestimmte Tätigkeiten erteilt. Dabei kann die zuständige Behörde die zuständige Bundesoberbehörde beteiligen.**

**(2) Einer eigenen Erlaubnis nach Absatz 1 bedarf nicht, wer diese Tätigkeiten unter vertraglicher Bindung mit einem Hersteller oder einem Be- oder Verarbeiter ausübt, der eine Erlaubnis nach § 13 oder § 20c für die Be- oder Verarbeitung von Gewebe oder Gewebezubereitungen besitzt. In diesem Fall hat der Hersteller oder der Be- oder Verarbeiter die Entnahmeeinrichtung oder das Labor der für diese jeweils örtlich zuständigen Behörde anzuzeigen und der Anzeige die Angaben und Unterlagen nach Absatz 1 Satz 3 beizufügen. Nach Ablauf von einem Monat nach der Anzeige nach Satz 2 hat der Hersteller oder der Be- oder Verarbeiter die Entnahmeeinrichtung oder das Labor der für ihn zuständigen Behörde anzuzeigen, es sei denn, dass die für die Entnahmeeinrichtung oder das Labor zuständige Behörde widersprochen hat. In Ausnahmefällen verlängert sich die Frist nach Satz 3 um weitere zwei Monate. Der Hersteller oder der Be- oder Verarbeiter ist hiervon vor Fristablauf unter Mitteilung der Gründe in Kenntnis zu setzen. Hat die zuständige Behörde widersprochen, sind die Fristen in Satz 3 und 4 gehemmt, bis der Grund für den Widerspruch behoben ist. Absatz 1 Satz 3 bis 6 gilt entspre-**

**chend mit der Maßgabe, dass die Erlaubnis nach Absatz 1 Satz 5 dem Hersteller oder dem Be- oder Verarbeiter erteilt wird.**

**(3) Die Erlaubnis ist zurückzunehmen, wenn nachträglich bekannt wird, dass einer der Versagungsgründe nach Absatz 1 Satz 3 bei der Erteilung vorgelegen hat. Ist einer dieser Versagungsgründe nachträglich eingetreten, so ist die Erlaubnis zu widerrufen; an Stelle des Widerrufs kann auch das Ruhen der Erlaubnis angeordnet werden. Die zuständige Behörde kann die Gewinnung von Gewebe oder die Laboruntersuchungen vorläufig untersagen, wenn die Entnahmeeinrichtung, das Labor oder der Hersteller oder der Be- oder Verarbeiter die für die Gewebegewinnung oder die Laboruntersuchungen zu führenden Nachweise nicht vorlegt.**

**(4) Die Absätze 1 bis 3 gelten entsprechend für die Gewinnung und die Laboruntersuchung von autologem Blut für die Herstellung von biotechnologisch bearbeiteten Gewebeprodukten.**

### Die Bedeutung der Norm

1 Durch das Gewebegesetz vom 20.7.2007, das am 1.8.2007 in Kraft getreten ist,[1] sind maßgebliche Änderungen außer im TPG auch Im TFG und AMG notwendig geworden. Das Gesetz setzt die EU-Richtlinie 2004/23/EG[2] vom 31.3.2004 in deutsches Recht um und unterstellt die Gewebeentnahme weitgehend, wie schon zuvor die Organentnahme, den Regelungen des TPG. Der erste Entwurf der Bundesregierung war nahezu geschlossener Kritik der gesamten Fachöffentlichkeit begegnet,[3] zumal er über die europäischen Vorgaben deutlich hinausgegangen war. In der verabschiedeten Gesetzesfassung wurden jedoch wesentliche Einwände berücksichtigt, insbesondere der Vorrang der Organspende vor der Gewebeentnahme.

2 Alle Einrichtungen, die menschliches Gewebe i.S.v. § 1 a Nr.4 TPG zur Verwendung bei Menschen gewinnen sowie die für die Gewinnung erforderlichen Laboruntersuchungen durchführen (Gewebespendelabore), bedürfen grundsätzlich der Erlaubnis. Die Gewinnungserlaubnis in § 20 b ist arzneimittelrechtlich ausgestaltet, unabhängig davon, ob das Gewebe später als Arzneimittel (§ 4 Nr. 30) oder als Medizinprodukt in den Verkehr gebracht wird. Es kann sich um Gewebe von lebenden oder toten Spendern handeln oder auch extrakorporale Entnahmen von Herzklappen oder Leberzellen aus nicht vermittlungsfähigen Organen. Eine Entnahmeeinrichtung ist von einer Gewebeeinrichtung wie z.B. einer Gewebebank zu unterscheiden. Absatz 2 ermöglicht eine Ausnahme von der Erlaubnispflicht, wenn die Entnahmeeinrichtung vertragliche Kooperationen mit Herstellern gemäß § 13 bzw. mit Be- oder Verarbeitern gemäß § 20 c haben.

---

1 BGBl I, 1574.

2 Abl.EU Nr. L 102, 48.

3 Stellungnahmen der Bundesärztekammer v. 4.9.2006 und 24.1.2007; Heinemann, Löllgen, Die Umsetzung der Europäischen Geweberichtlinie durch das deutsche Gewebegesetz, PharmR 2007, 183 ff.

Durch die AMG-Novelle 2009 wurde die Erlaubnis gemäß § 20 b auch für die Gewinnung und Untersuchung von autologem Blut für die Herstellung für die Bearbeitung von biotechnologisch hergestellten Gewebeprodukten erweitert. Ohne diese Ergänzung hätte die Entnahmeeinrichtung für die geringe Menge Blut zur Zellanzüchtung eine weitere Erlaubnis gemäß § 13 neben der Erlaubnis nach § 20 b erwirken müssen. 3

Von der Zentralstelle der Länder für Gesundheitsschutz bei Arzeimitteln und Medizinprodukten (ZLG) können Verfahrensanweisungen einschl. Checklisten und Antragsformulare bezogen werden.[4] 4

4 Verfahrensanweisung 15111601 v.23.7.2008, Qualitätssicherungshandbuch der ZLG, Kap.15.

## § 20c
## Erlaubnis für die Be- oder Verarbeitung, Konservierung, Prüfung, Lagerung oder das Inverkehrbringen von Gewebe oder Gewebezubereitungen

**(1) Eine Einrichtung, die Gewebe oder Gewebezubereitungen, die nicht mit industriellen Verfahren be- oder verarbeitet werden und deren wesentliche Be- oder Verarbeitungsverfahren in der Europäischen Union hinreichend bekannt sind, be- oder verarbeiten, konservieren, prüfen, lagern oder in den Verkehr bringen will, bedarf abweichend von § 13 Abs. 1 einer Erlaubnis der zuständigen Behörde nach den folgenden Vorschriften. Dies gilt auch im Hinblick auf Gewebe oder Gewebezubereitungen, deren Be- oder Verarbeitungsverfahren neu, aber mit einem bekannten Verfahren vergleichbar sind. Die Entscheidung über die Erteilung der Erlaubnis trifft die zuständige Behörde des Landes, in dem die Betriebsstätte liegt oder liegen soll, im Benehmen mit der zuständigen Bundesoberbehörde.**

**(2) Die Erlaubnis darf nur versagt werden, wenn**

1. **eine Person mit der erforderlichen Sachkenntnis und Erfahrung nach Absatz 3 (verantwortliche Person nach § 20c) nicht vorhanden ist, die dafür verantwortlich ist, dass die Gewebezubereitungen und Gewebe im Einklang mit den geltenden Rechtsvorschriften be- oder verarbeitet, konserviert, geprüft, gelagert oder in den Verkehr gebracht werden,**
2. **weiteres mitwirkendes Personal nicht ausreichend qualifiziert ist,**
3. **geeignete Räume und Einrichtungen für die beabsichtigten Tätigkeiten nicht vorhanden sind,**
4. **nicht gewährleistet ist, dass die Be- oder Verarbeitung einschließlich der Kennzeichnung, Konservierung und Lagerung sowie die Prüfung nach dem Stand von Wissenschaft und Technik vorgenommen werden, oder**
5. **ein Qualitätsmanagementsystem nach den Grundsätzen der Guten fachlichen Praxis nicht eingerichtet worden ist oder nicht auf dem neuesten Stand gehalten wird.**

**Abweichend von Satz 1 Nummer 3 kann außerhalb der Betriebsstätte die Prüfung der Gewebe und Gewebezubereitungen in beauftragten Betrieben, die keiner eigenen Erlaubnis bedürfen, durchgeführt werden, wenn bei diesen hierfür geeignete Räume und Einrichtungen vorhanden sind und gewährleistet ist, dass die Prüfung nach dem Stand von Wissenschaft und Technik erfolgt und die verantwortliche Person nach § 20c ihre Verantwortung wahrnehmen kann.**

**(3) Der Nachweis der erforderlichen Sachkenntnis der verantwortlichen Person nach § 20c wird erbracht durch das Zeugnis über eine nach abgeschlossenem Hochschulstudium der Humanmedizin, Biologie, Biochemie oder einem als gleichwertig anerkannten Studium abgelegte Prüfung sowie eine mindestens zweijährige praktische Tätigkeit auf dem Gebiet der Be- oder Verarbeitung von Geweben oder Gewebezubereitungen.**

**(4) Bei Beanstandungen der vorgelegten Unterlagen ist dem Antragsteller Gelegenheit zu geben, Mängeln innerhalb einer angemessenen Frist abzuhelfen. Wird den Mängeln nicht abgeholfen, so ist die Erteilung der Erlaubnis zu versagen. Die Erlaubnis wird für eine bestimmte Betriebsstätte und für bestimmte Gewebe oder Gewebezubereitungen erteilt.**

**(5) Die zuständige Behörde hat eine Entscheidung über den Antrag auf Erteilung der Erlaubnis innerhalb einer Frist von drei Monaten zu treffen. Beantragt ein Erlaubnisinhaber die Änderung der Erlaubnis, so hat die Behörde die Entscheidung innerhalb einer Frist von einem Monat zu treffen. In Ausnahmefällen verlängert sich die Frist um weitere zwei Monate. Der Antragsteller ist hiervon vor Fristablauf unter Mitteilung der Gründe in Kenntnis zu setzen. Gibt die Behörde dem Antragsteller nach Absatz 4 Satz 1 Gelegenheit, Mängeln abzuhelfen, so werden die Fristen bis zur Behebung der Mängel oder bis zum Ablauf der nach Absatz 4 Satz 1 gesetzten Frist gehemmt. Die Hemmung beginnt mit dem Tag, an dem dem Antragsteller die Aufforderung zur Behebung der Mängel zugestellt wird.**

**(6) Der Inhaber der Erlaubnis hat jede Änderung einer der in Absatz 2 genannten Angaben unter Vorlage der Nachweise der zuständigen Behörde vorher anzuzeigen und darf die Änderung erst vornehmen, wenn die zuständige Behörde eine schriftliche Erlaubnis erteilt hat. Bei einem unvorhergesehenen Wechsel der verantwortlichen Person nach § 20c hat die Anzeige unverzüglich zu erfolgen.**

**(7) Die Erlaubnis ist zurückzunehmen, wenn nachträglich bekannt wird, dass einer der Versagungsgründe nach Absatz 2 bei der Erteilung vorgelegen hat. Ist einer dieser Versagungsgründe nachträglich eingetreten, so ist die Erlaubnis zu widerrufen; an Stelle des Widerrufs kann auch das Ruhen der Erlaubnis angeordnet werden. Absatz 1 Satz 3 gilt entsprechend. Die zuständige Behörde kann vorläufig anordnen, dass die Be- oder Verarbeitung von Gewebe oder Gewebezubereitungen eingestellt wird, wenn der Be- oder Verarbeiter die für die Be- oder Verarbeitung zu führenden Nachweise nicht vorlegt. Wird die Be- oder Verarbeitung von Geweben oder Gewebezubereitungen eingestellt, hat der Be- oder Verarbeiter dafür zu sorgen, dass noch gelagerte Gewebezubereitungen und Gewebe weiter qualitätsgesichert gelagert und auf andere Hersteller, Be- oder Verarbeiter oder Vertreiber mit einer Erlaubnis nach Absatz 1 oder § 13 Abs. 1 übertragen werden. Das gilt auch für die Daten und Angaben über die Be- oder Verarbeitung, die für die Rückverfolgung dieser Gewebezubereitungen und Gewebe benötigt werden.**

## I. Die Bedeutung der Norm

1 Durch das Gewebegesetz vom 20.7.2007, das am 1.8.2007 in Kraft getreten ist,[1] sind maßgebliche Änderungen außer im TPG auch Im TFG und AMG notwendig geworden. Das Gesetz setzt die EU-Richtlinie 2004/23/EG[2] vom 31.3.2004 in deutsches Recht um und unterstellt die Gewebeentnahme weitgehend, wie schon zuvor die Organentnahme, den Regelungen des TPG. Der erste Entwurf der Bundesregierung war nahezu geschlossener Kritik der gesamten Fachöffentlichkeit begegnet,[3] zumal er über die europäischen Vorgaben deutlich hinausgegangen war. In der verabschiedeten Gesetzesfassung wurden jedoch wesentliche Einwände berücksichtigt, insbesondere der Vorrang der Organspende vor der Gewebeentnahme.

2 Die Erlaubnis in § 20 c ist arzneimittelrechtlich ausgestaltet, unabhängig davon, ob das Gewebe später als Arzneimittel (§ 4 Nr. 30) oder als Medizinprodukt in den Verkehr gebracht wird. Diese Erlaubnis gilt u.a. für Gewebebanken oder auch Samenbanken. Hinsichtlich eines vorläufigen Bestandsschutzes für bisherige Einrichtungen ist § 144 Abs. 3 von Interesse.

## II. Abgrenzung zwischen § 20 c und § 13

3 § 20 c gilt nicht für Gewebe und Gewebezubereitungen, die nicht unter die Definition von § 4 Nr. 30 fallen. Dies sind Gewebe tierischen Ursprungs, xenogene Arzneimittel, xenogene somatische Zelltherapeutika sowie Blutzubereitungen. Hier ist eine Erlaubnis gemäß § 13 erforderlich. Stammzellen des blutbildenden Systems sind Arzneimittel gemäß § 2 Abs. 1 AMG. Für sie gilt § 13 (z.B. Nabelschnurblut). Stammzellzubereitungen aus dem Knochenmark gelten gemäß § 4 Nr. 30 i.V.m. § 1 a Nr. 4 TPG als Gewebezubereitung. Für sie gilt § 20 c. Bei Gewinnung und Verarbeitung gelten zusätzlich die Vorschriften des TPG, insbesondere § 8 d und § 8 e TPG.

4 Ein weiteres Abgrenzungskriterium ist die Unterscheidung zwischen industriellen und nicht industriellen Verfahren sowie dem Einsatz hinreichend bekannter gegenüber nicht hinreichend bekannten Verarbeitungsverfahren (letzteres, es sei denn vergleichbar mit hinreichend bekannten Verfahren). Nach der Beschlussempfehlung des Ausschusses für Gesundheit[4] liegt eine Herstellung durch ein industrielles Verfahren vor, wenn bei der Be- oder Verarbeitung von Gewebe anspruchsvolle technische oder aufwändige Verfahren eingesetzt werden. Ein weiteres Indiz sei die Herstellung in einem größeren Umfang oder auf Vorrat für einen

---

1 BGBl I, 1574.

2 Abl.EU Nr. L 102, 48.

3 Stellungnahmen der Bundesärztekammer v. 4.9.2006 und 24.1.2007; Heinemann/Löllgen, Die Umsetzung der Europäischen Geweberichtlinie durch das deutsche Gewebegesetz, PharmR 2007, 183 ff.

4 BT-Drucksache 16/5443, S. 57.

unbekannten Abnehmerkreis.[5] Als „hinreichend bekannt“ wird ein Verfahren i.d.R. dann zu bezeichnen sein, wenn es seit zehn Jahren oder länger in der EU bekannt. Aber auch kürzere „Bekanntheitszeiten“ können ausreichen, wenn das Verfahren mit bereits bekannten Verfahren vergleichbar ist.

[5] Antwort der Bundesregierung BT-Drucksache 16/9988 S.5.

## § 20d
## Ausnahme von der Erlaubnispflicht für Gewebe und Gewebezubereitungen

**Einer Erlaubnis nach § 20b Absatz 1 und § 20c Absatz 1 bedarf nicht eine Person, die Arzt ist oder sonst zur Ausübung der Heilkunde bei Menschen befugt ist und die dort genannten Tätigkeiten mit Ausnahme des Inverkehrbringens ausübt, um das Gewebe oder die Gewebezubereitung persönlich bei ihren Patienten anzuwenden. Dies gilt nicht für Arzneimittel, die zur klinischen Prüfung bestimmt sind.**

### Die Bedeutung der Norm

1 Die im Rahmen der 15. AMG-Novelle eingeführte Ausnahmeregelung entspricht der Ausnahmeregelung in § 13 Abs. 2 b. Es wird deutlich, dass die Erlaubnispflicht nur für die Abgabe von Gewebe an andere gilt.

2 Verbleibt das Gewebe bei dem, der es entnimmt, entfällt die Erlaubnispflicht auch dann, wenn der Arzt das Gewebe nach Be- oder Verarbeitung bei seinen Patienten anwendet. Bei der Be- und Verarbeitung darf er sich von seinem Personal helfen lassen, die Anwendung hat persönlich zu erfolgen.

# Vierter Abschnitt
# Zulassung der Arzneimittel

## Vorbemerkungen vor §§ 21ff.

**Übersicht** **Rz.**



**Literatur**

Blattner, Verwaltungsverfahrensfehler und deren Folgen im zentralisierten europäischen Arzneimittelzulassungsverfahren, PharmaR 2002, 277; Friese, Der Review des Europäischen Arzneimittelrechts – Insbesondere Änderungen im Verfahren der gegenseitigen Anerkennung, PharmaR 2002, 161; Friese, Jentges, Muazzam, Guide to Drug Regulatory Affairs, Cantor Verlag 2007; Koenig, Veränderungen und Perspektiven im europäischen Arzneimittelzulassungsrecht, Europäisches Arzneimittelrecht 1/2002; Weiß, Zur Bündelung zentral zugelassener Arzneimittel, PharmaR 2003, 158; Zuck, In welchem Umfang harmonisiert der Gemeinschaftskodex das Inverkehrbringen von Arzneimitteln?, A & R 2008, 71.

### I. Das Zulassungsverfahren

Das Zulassungsverfahren für ein Arzneimittel ist oft für alle Beteiligten ein steiniger, komplizierter und nicht zuletzt zeit- und kostenintensiver Prozess. Von der Entwicklung bis hin zur Vermarktung vergehen leicht mehrere Jahre. Von Grund auf neue Präparate auf den Markt zu bringen, ist heute so teuer, dass der pharmazeutische Mittelstand hierzu nur ausnahmsweise in der Lage ist. Die Entwicklung wird auch vom Zulassungsverfahren beeinflusst. Aber selbst bei ausreichender Liquidität des pharmazeutischen Unternehmers gleichen die Zulassungsvorschriften im Einzelfall einem Dschungel; wer ihn betreten will, sollte wissen, was auf ihn zukommt. 1

Die Idee, einen gemeinsamen Markt in Europa zu errichten, hat auch vor dem Arzneimittel und seiner Zulassung keinen Halt gemacht. Die verschiedenen Rechtsvorschriften wurden harmonisiert; weiter erfuhr das Arzneimittelrecht dadurch wesentliche Veränderungen, dass eigene Vorschriften sowie Behörden auf 2

Anker

E. Deutsch, H.-D. Lippert (Hrsg.), *Kommentar zum Arzneimittelgesetz (AMG),*
DOI 10.1007/978-3-642-01455-0_4, 

europäischer Ebene geschaffen wurden. Der Grundstock für diese Entwicklung wurde von der EU bereits in den sechziger Jahren gelegt. Die Entwicklung auf europäischer Ebene hat mit der Einführung des zentralen Zulassungsverfahrens über die Europäische Agentur in London[1] und die verbesserten Möglichkeiten des Verfahrens der gegenseitigen Anerkennung Anfang des Jahres 1998 ihren ersten Höhepunkt erreicht. Sodann wurde der Gemeinschaftskodex für Humanarzneimittel (Richtlinie 2001/83)[2] und der für Tierarzneimittel (Richtlinie 2001/82)[3] erlassen, in denen die wesentlichen Rechts- und Verwaltungsvorschriften gebündelt wurden. Es folgte weiter eine umfassende Novellierung durch den sogenannten „Review", der im Frühjahr 2004 beendet wurde. Mit dem „Review" wurde unter anderem der Gemeinschaftskodex für Humanarzneimittel[4] und für Tierarzneimittel[5] geändert. Er enthält auch Regelungen zum Verfahren der gegenseitigen Anerkennung und zum – neu eingeführten - dezentralisierten Verfahren. Diese Änderungen sind am 30.04.2004 in Kraft getreten und waren bis zum 30.10.2005 in nationales Recht umzusetzen. Seither folgten weitere Änderungen im Hinblick auf Kinderarzneimittel[6] und auf Arzneimittel für neuartige Therapien[7].

3 Der pharmazeutische Unternehmer wird heute nicht umhin können, sich mit den Vor- und Nachteilen einer rein nationalen Zulassung nach den Vorschriften der §§ 21ff.. AMG und denen der drei anderen genannten Wege zu beschäftigen. Die Entscheidung für eine der vier Möglichkeiten hängt vom Produkt, vom potentiellen Markt, der zu erwartenden Dauer des einzelnen Zulassungsverfahrens, seines Umfanges und seiner Kosten ab. Für bestimmte innovative Arzneimittel ist der Weg über London zwingend, für andere fakultativ oder nicht eröffnet. Letztere Arzneimittel können innerhalb der Europäischen Union durch das Institut der gegenseitigen Anerkennung oder durch das dezentralisierte Verfahren in den Markt gebracht werden. Nur für den Fall, dass ein Arzneimittel ausschließlich in einem Staat vertrieben werden soll und seine Zulassung nicht zwingend in London zu beantragen ist, bietet es sich auch künftig an, einen rein deutschen Zulassungsantrag zu stellen.

4 Sich allein mit dem deutschen Zulassungsverfahren zu beschäftigen, ist nach dem oben Gesagten nicht mehr ausreichend. Im Vierten Abschnitt soll der Versuch un-

---

1 Siehe hierzu näher Ziffer II.

2 Richtlinie 2001/83/EG des Europäischen Parlamentes und des Rates vom 06.11.2001 zur Schaffung eines Gemeinschaftskodex für Humanarzneimittel, ABl. L 311 vom 28.11.2001, S. 67, zuletzt geändert durch die Richtlinie 2008/29/EG des Europäischen Parlamentes und des Rates vom 11.03.2008, ABl. L 81 vom 20.03.2008, S. 51.

3 Richtlinie 2001/82/EG des Europäischen Parlamentes und des Rates vom 06.11.2001 zur Schaffung eines Gemeinschaftskodex für Tierarzneimittel, ABl. L 311 vom 28.11.2001, S. 1.

4 Richtlinie 2004/24/EG vom 31.03.2004, ABl. L 136 vom 30.04.2004, S. 85 und Richtlinie 2004/27/EG vom 31.03.2004, ABl. L 136 vom 30.04.2004, S. 34.

5 Richtlinie 2004/28/EG vom 31.03.2004, ABl. L 136 vom 30.04.2004, S.58.

6 Verordnung (EG) Nr. 1901/2006 des Europäischen Parlamentes und des Rates vom 12.12.2006, ABl. L 378 vom 27.12.2006, S. 1.

7 Verordnung (EG) Nr. 1394/2007 des Europäischen Parlamentes und des Rates vom 13.11.2007, ABl. L 324 vom 10.12.2007, S. 121.

ternommen werden, diesen geänderten Bedürfnissen Rechnung zu tragen. In der Kommentierung nicht behandelt sind die Fragen, die sich bei bezugnehmenden Anträgen stellen (siehe §§ 24a und 24b), sowie die Problematik, was bei Verfahren, die in die Umstellungszeiten der Rechtsvorschriften fallen, zu unternehmen ist. Anhand von Schemata sollen die Verfahren des zentralen Zulassungsverfahren, die der gegenseitigen Anerkennung und des dezentralisierten Verfahrens vereinfacht, nicht aber unbedingt vollständig, dargestellt werden. Soweit die Begriffe „Zulassung" und „Genehmigung für das Inverkehrbringen" synonym verwendet werden, liegt dies an der sprachlich unterschiedlichen Verwendung durch die Gesetzgeber; inhaltliche Unterschiede sind damit nicht verbunden.

## II. Zentrales Zulassungsverfahren für Humanarzneimittel

### 1. Entwicklung

Für solche Arzneimittel, die der europäische Gesetzgeber als technologisch hochwertig einstuft, insbesondere für solche aus der Biotechnologie, wurde durch die Richtlinie 87/22/EWG zunächst ein Konzertierungsverfahren[8] eingeführt. Der Rat erkannte die Notwendigkeit, einen Gemeinschaftsmechanismus zu schaffen, der den Fortschritt in der Branche und den Gesundheitsschutz der Bürger in der gesamten EU sicherstellt und Know-how bündelt. Aus diesen Gründen sah diese Richtlinie zunächst vor, dass die Mitgliedstaaten den Europäischen Ausschuss für Arzneispezialitäten (Committee for Proprietary Medicinal Products – CPMP) vor Erlass eines nationalen Zulassungsbescheides konsultieren sollten. Dies galt für bestimmte, in den Listen A und B der Richtlinie enthaltenen Arzneimittel; in anderen Fällen bestand gegenüber dem Ausschuss eine Informationspflicht. Die zuständigen Behörden der Mitgliedstaaten sollten die vom CPMP abgegebene Stellungnahme bei ihrer Entscheidung über den Zulassungsantrag des pharmazeutischen Unternehmers entsprechend berücksichtigen. Die Richtlinie 87/22/EWG wurde durch die Verordnung (EWG) Nr. 2309/93 des Rates vom 02.07.1993[9] abgelöst. Mit dieser seit dem 01.01.1995 bestehenden Verordnung wurde das zentrale Zulassungsverfahren über die Europäische Zulassungsagentur in London (European Medicines Agency, kurz: EMA) eingeführt. Durch den genannten „Review" ist die Verordnung 2309/93 ihrerseits durch die Verordnung Nr. 726/2004[10] ersetzt worden. Sie trat am 20.05.2004 in Kraft und findet in weiten Teilen seit dem 20.11.2005 Anwendung. Sie gilt auch für Norwegen, Island und Liechtenstein (die sogenannte „EEA"-European Economic Area). 5

---

[8] Richtlinie des Rates zur Angleichung der einzelstaatlichen Maßnahmen betreffend das Inverkehrbringen technologisch hochwertiger Arzneimittel, insbesondere aus der Biotechnologie vom 22.12.1986, ABl. L 15 vom 17.01.1987, S. 38.

[9] ABl. L 214 vom 24.08.1993, S. 1.

[10] Verordnung (EG) Nr. 726/2004 des Europäischen Parlamentes und des Rates vom 31.03.2004 zur Festlegung von Gemeinschaftsverfahren für die Genehmigung und Überwachung von Human- und Tierarzneimitteln und zur Errichtung einer Europäischen Arzneimittel-Agentur, ABl. L 136 vom 30.04.2004, S. 1, zuletzt geändert durch die Verordnung (EG) des Europäischen Parlamentes und des Rates vom 06.05.2009, ABl. L 152/11 vom 16.06.2009, S. 11.

**2. Stand seit dem 20. Mai 2008**

6 Während der Gang zur Europäischen Arzneimittel-Agentur (nachstehend „Agentur“) zunächst im wesentlichen nur für solche Arzneimittel zwingend war, die nach einem biotechnologischen Verfahren hergestellt werden, ist er seit dem 20.05.2008 für folgende Arzneimittel obligatorisch:

- Arzneimittel, die mit Hilfe einer von drei biotechnologischen Verfahren der Gentechnik hergestellt werden[11];
- Arzneimittel für neuartige Therapien;
- Tierarzneimittel, die zur Anwendung als Leistungssteigerungsmittel vorgesehen sind;
- Humanarzneimittel, die einen neuen Wirkstoff enthalten, dessen therapeutische Behandlung für Erkrankungen des erworbenen Immundefizienz-Syndroms vorgesehen sind, für Krebs, neurodegenerative Erkrankungen, Diabetes, Autoimmunerkrankungen und andere Immunschwächen sowie für Viruserkrankungen;
- Arzneimittel für seltene Leiden.

7 Optional kann eine zentrale Zulassung für solche Arzneimittel beantragt werden, die einen neuen Wirkstoff enthalten, der bisher nicht in der EU genehmigt wurde und für solche, bei denen der Antragsteller nachweist, dass ein Interesse der Patienten oder Tiergesundheit vorliegt. Weiter ist ein Antrag bei der Agentur möglich, wenn der Antragsteller den Nachweis erbringt, dass das Arzneimittel eine bedeutende Innovation in therapeutischer, wissenschaftlicher oder technischer Hinsicht darstellt. Auch Generika können unter bestimmten Umständen über die EMA zugelassen werden.

8 Neben dem Anwendungsbereich wurde durch die Verordnung 726/2004 der Umfang und die Zusammensetzung der Ausschüsse und ihre Bezeichnungen verändert. So wurde beispielsweise der bisherige CPMP in CHMP (Committee for Medicinal Products for Human Use) umbenannt. Weiter bestehen unter anderem separate Ausschüsse für Tierarzneimittel, für Arzneimittel für seltene Leiden und für pflanzliche Arzneimittel.

9 Das Verfahren selbst sieht Beschleunigungsmöglichkeiten (sog. „fast track procedures“) vor sowie die Option, eine Zulassung zunächst befristet auf ein Jahr zu erhalten. Darüber hinaus erlischt eine einmal erteilte Zulassung grundsätzlich bei Nichteinführung des Mittels im Markt nach drei Jahren. Die Vorschriften über den erlaubten Zugang von Humanarzneimitteln vor deren Zulassung (sog. „compassionate use“)[12] wurden vereinheitlicht. Ist die Zulassung einmal erteilt, gilt sie zunächst für fünf Jahre, danach wird sie in der Regel unbegrenzt erteilt, soweit der Antragsteller sechs Monate vor Ablauf einen Verlängerungsantrag stellt.

---

[11] Dies sind: Technologie der rekombinierten DNS; kontrollierte Expression in Prokaryonten und Eukaryonten, einschließlich transformierter Säugetierzellen, von Genen, die für biologisch aktive Proteine kodieren sowie das Verfahren auf der Basis von Hybridomen und monoklonalen Antikörpern.

[12] Zur Definition siehe Art. 83 Abs. 2 der Verordnung 726/2004.

### 3. Hinweise auf das zentrale Verfahren im AMG

Die Verordnung 726/2004 ist in allen ihren Teilen zwingend und gilt unmittelbar in jedem Mitgliedstaat. Sie geht den nationalen Vorschriften vor. Die vereinzelten Hinweise auf das zentrale Zulassungsverfahren im AMG haben daher nur deklaratorischen Charakter: Dem Verbot mit Erlaubnisvorbehalt nach § 21 Abs. 1 Satz 1, 2 HS und Satz 2 unterliegen auch Arzneimittel, über deren Zulassung die Kommission oder der Rat der Europäischen Union entscheidet. In § 37 Abs. 1 S. 1 AMG stellt der deutsche Gesetzgeber die Genehmigung durch die zuständige europäische Behörde einer nationalen Zulassung gleich. Weitere Hinweise finden sich beispielsweise in § 25 Abs. 5 (Überprüfung von zulassungsbezogenen Angaben und Unterlagen), in § 29 Abs. 4 (Anzeigepflicht und Neuzulassung) sowie in § 34 Abs. 1c (Information der Öffentlichkeit). **10**

### 4. Verfahren

Grundsätzlich stellt sich das Verfahren vereinfacht wie folgt dar:

a. Vor einem Zulassungsantrag kann und sollte sich der Antragsteller vom zuständigen Ausschuss beraten lassen. Um ein möglichst problemloses Verfahren zu gewährleisten, sollte sich der Antragsteller dieser unverbindlichen Hilfestellungen der Agentur bedienen. Mit einem sog. pre-submission-Gesuch[13] können offene Fragen besprochen werden, insbesondere solche, bei denen keine Publikationen, Verordnungen oder Richtlinien weiterhelfen. Hält die Agentur einen späteren Zulassungsantrag für erfolgversprechend, wird der Antragsteller aufgefordert, mehr Informationen einzureichen; auch ein persönliches Gespräch kann stattfinden. Die EMA lädt ausdrücklich im Vorfeld des Zulassungsverfahrens ein, fachliche Hilfe in Anspruch zu nehmen[14]. Sieben Monate vor Antragstellung sollte dann eine detaillierte Notifikation über den geplanten Zulassungsantrag bei der Agentur eingehen (sog. „letter of intent to submit"), die unter anderem bereits einen Entwurf der SPC (Summary of Product Characteristics), Angaben über den DMF (Drug Master File) und Vorschläge für einen auszuwählenden Bericht- und Mitberichterstatter (Rapporteur und Co-Rapporteur) enthält. Danach wird ein Projekt-Manager für das Verfahren eingesetzt und der zuständige Ausschuss prüft, ob er ein zentrales Zulassungsverfahren für erfolgversprechend hält oder nicht. Hält der Ausschuss das Arzneimittel für grundsätzlich geeignet, wird der Rapporteur und der Co-Rapporteur vom Ausschuss ernannt. Als Berichterstatter koordinieren sie das Verfahren zwischen der Agentur, dem Antragsteller und den Mitgliedstaaten; sie werden etwa drei bis vier Monate vor Antragstellung aus der Mitte des Ausschusses gewählt. Schließlich wird zur weiteren Koordinierung ein Produkt-Team gebildet, bestehend aus dem Leiter (PTL – Product Team Leader) und den Mitgliedern (PTM – Product Team Members). **11**

---

13 sog.„Pre-Submission Meeting Request Form, ein Teil der Anleitungen, die unter www.ema.europa.eu - Human Medicines – Application Procedures – ‚Pre-Submission Guidance' zu finden ist.

14 Sog. scientific advice/protocol assistance procedures, detailierte Informationen sind zum Beispiel zu finden unter: http://www.ema.europa.eu - Human Medicines – Application Procedures – ‚Scientific advice'.

12 Vor Antragstellung sollte weiter der offizielle Einreichungstag mit der Agentur abgestimmt werden. Formal beginnt das Verfahren mit dem Tag der Einreichung.

13 b. Das Verfahren führt grundsätzlich so zu einer Zulassung:

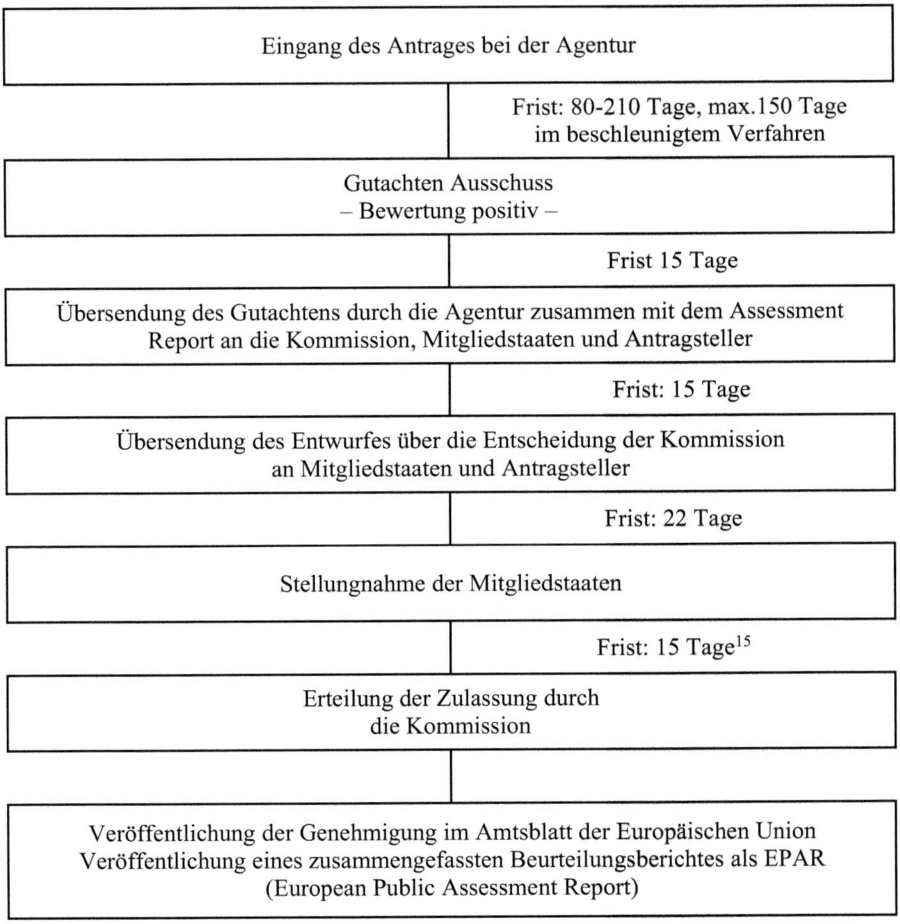


[15] Die Frist verlängert sich um in der Regel einen Monat, wenn der Ständige Ausschuss bei der Kommission mit einbezogen werden muß, vgl. Art. 4 und 7 des Beschusses 1999/168/EG, ABl. L 184 vom 17.07.199, S. 23, zuletzt geändert durch den Beschluss 2006/512/EG vom 17.07.2006, ABl. Nr. L 200, S. 11.

c. Bei Komplikationen oder Versagung der Zulassung sieht der Ablauf grundsätzlich wie folgt aus: 14

Eingang des Antrages bei der Agentur

Frist: 80-210 Tage, Verlängerung bei begründetem Antrag des Ausschusses möglich

„clock-stop“, Vervollständigung der Unterlagen, schriftliche oder mündliche Erklärungen werden vom Ausschuss gewünscht

Frist: 3 bis 6 Monate

Vorläufiges Gutachten des Ausschusses, Bewertung negativ oder mit Bedingungen, Auflagen, Vorbehalten

Frist: 15 Tage

Gesuch des Antragstellers auf Überprüfung

Frist: 45 Tage

Begründung des Gesuchs auf Überprüfung

Frist: 60 Tage

Endgültiges Gutachten des Ausschusses, Bewertung negativ

Frist: 15 Tage

Übersendung des Gutachtens und der Beurteilungsberichte an den Antragsteller, die Mitgliedstaaten und an die Kommission

Frist: 15 Tage

Übersendung des Entwurfs einer Entscheidung der Kommission an die Mitgliedstaaten und Antragsteller

Frist: 22 Tage

Stellungnahme der Mitgliedstaaten

Frist: 15 Tage[16]

---

[16] Siehe Fn. 15.

Ablehnung der Zulassung durch endgültige Entscheidung der Kommission

Veröffentlichung der Versagung mit Gründen (nach Streichung vertraulicher Angaben)

Frist: 2 Monate

Klage zum Europäischen Gerichtshof

#### 4. Formalitäten, Kosten

15 a. Eine detailliertere Darstellung des zentralen Zulassungsverfahren ist hier nicht möglich; die Kommission hat in Zusammenarbeit mit den Mitgliedstaaten und der Agentur genaue Leitlinien herausgegeben, die zwar nicht rechtsverbindlich sind, dem Antragsteller aber Hilfestellungen unter anderem über die konkreten Anforderungen für das zentrale – neben dem Verfahren der gegenseitigen Anerkennung und des dezentralisierten – Zulassungsverfahren geben. Diese sogenannten Notice to Applicants (NtA), bestehen für Humanarzneimittel aus drei Bänden; Volume 2A stellt das Prozedere näher dar. Volume 2B beinhaltet die Anforderungen, die an die Präsentation und den Inhalt von Anträgen gestellt werden, weitere Regelungen sind in Volume 2C enthalten. Für Tierarzneimittel gilt Volume 6, der seinerseits in Volume A bis C untergliedert ist.[17]

16 b. Die EMA erhebt für das zentrale Zulassungsverfahren derzeit in der Regel eine Grundgebühr von 242.600 Euro.[18] Für bestimmte Arzneimittel, zum Beispiel solche gegen seltene Leiden und Generika, werden deutlich reduzierte Beträge verlangt.[19]

### III. Tierarzneimittel im zentralen Zulassungsverfahren

17 Während der europäische Gesetzgeber in seiner ersten Richtlinie 65/65/EWG[20] Human- und Tierarzneimittel gemeinsam behandelte, wurde später den Besonderheiten von Tierarzneimitteln durch separate Vorschriften Rechnung getragen. So erging zunächst am 28.09.1981 eine Richtlinie zur Angleichung der Rechtsvorschriften der Mitgliedstaaten über Tierarzneimittel[21] sowie eine weitere über Ver-

---

17 The rules governing medicinal products in the European Union, abrufbar unter http://ec.europa.eu/enterprise/sectors/pharmaceuticals/documents/eudralex/index_en.htm.

18 Verordnung (EG) Nr. 297/95 vom 10.02.1995, ABl. L 035 vom 15.02.1995, S. 1., zuletzt geändert durch die Verordnung (EG) Nr. 312/2008 der Kommission vom 03.04.2008, Abl. L93 vom 04.04.2008, S. 8.

19 Vgl. die „Explanatory note on fees payable to the EMA", Stand 01.04.2010, abzurufen unter: www.ema.europa.eu/pdfs/general/admin/fees/explanatory_note.pdf

20 Vom 09.02.1965, ABl. L22, S. 369.

21 Richtlinie 81/851/EWG vom 28.09.1981, ABl. L 317 vom 06.11.1981, S. 1.

suche mit ihnen.[22] Zur Verbesserung des Schutzes der öffentlichen Gesundheit beim Verzehr von Lebensmitteln tierischen Ursprungs wurde ein Gemeinschaftsverfahren für die Festsetzung von Toleranzen für Tierarzneimittelrückstände[23] eingeführt. Eine Ergänzung erfolgte durch die Richtlinie 96/22/EG.[24] Durch sie wurden die Mitgliedstaaten verpflichtet, weitere Vorkehrungen gegen den Missbrauch von Stoffen mit hormonalen und thyreostatischen Wirkungen und von ß-Agonisten, die regelmäßig zu Mastzwecken eingesetzt wurden, zu treffen. Daneben wurden durch die Richtlinie 96/23/EG[25] zusätzliche Kontrollmaßnahmen bei bestimmten Stoffen und deren Rückständen in Tieren und tierischen Erzeugnissen angeordnet. Durch die Richtlinie 2001/82 wurde sodann, analog den Vorschriften über Humanarzneimittel, ein Gemeinschaftskodex für Tierarzneimittel geschaffen.[26] Schließlich wurde es als notwendig erachtet, die Verfahren zur Festsetzung der Rückstandshöchstmengen zu ändern, das System zur Festsetzung derartiger Höchstmengen insgesamt aber beizubehalten. So wurde die bisherige Verordnung (EWG) Nr. 2377/90 aufgehoben und die Richtlinie 2001/82/EG erneut geändert, ebenso wie die Verordnung 726/2004[27]. Sie enthält heute separate Vorschriften für Tierarzneimittel, verweist jedoch unter anderem auch auf die separat bestehenden Regelungen. Das Zulassungsverfahren für Tierarzneimittel entspricht im wesentlichen dem für Humanarzneimittel, wie unter Ziffer II dargestellt. Für das Zulassungsverfahren bei Tierarzneimitteln nicht vorgesehen ist die Mindestprüfpflicht von 80 Tagen. Ebenfalls ist es nicht möglich, eine vorläufige Genehmigung für zunächst ein Jahr zu erhalten. Bei einem Antrag auf ein beschleunigtes Verfahren werden statt 150 nur 120 Tage zur Erstellung des Gutachtens zugrundegelegt.

---

[22] Richtlinie 81/852/EWG vom 28.09.1981, ABl. L 317 über die analytischen, toxikologisch-pharmakologischen und tierärztlichen oder klinischen Vorschriften und Nachweise über Versuche mit Tierarzneimitteln; beide Richtlinien zuletzt geändert durch Richtlinie 93/40/EWG des Rates vom 14.06.1993, ABl. L 214 vom 24.08.1993, S. 31.

[23] Verordnung (EWG) Nr. 2377/90 des Rates vom 26.06.1990, ABl. L 224 vom 18.08.1990, S. 1, geändert durch Verordnung (EG) Nr. 1029/2003, ABl. Nr. L 149 vom 17.06.2003, S. 15.

[24] Richtlinie 96/22/EG des Rates über das Verbot der Verwendung bestimmter Stoffe mit hormonaler bzw. thyreostatischer Wirkung und von ß-Agonisten in der tierischen Erzeugung und zur Aufhebung der Richtlinien 81/602/EWG, 88/146/EWG und 88/299/EWG vom 29.04.1996, ABl. L 125 vom 23.05.1996, S. 3.

[25] Richtlinie 96/23/EG des Rates über Kontrollmaßnahmen hinsichtlich bestimmter Stoffe und ihrer Rückstände in lebenden Tieren und tierischen Erzeugnissen und zur Aufhebung der Richtlinien 85/358/EWG und 86/469/EWG und der Entscheidungen 89/17/EWG und 91/664/EWG vom 29.04.1996, ABl. L 125 vom 23.05.1996, S. 10.

[26] Richtlinie 2001/82/EG vom 06.11.2001 zur Schaffung eines Gemeinschaftskodex für Tierarzneimittel, ABl. L 311 S.1, geändert durch die Richtlinie 2009/9/EG der Kommission vom 10.02.2009, ABl. L 44 vom 14.02.2009, S. 10.

[27] Verordnung (EG) Nr. 470/2009 des Europäischen Parlaments und des Rates vom 06.05.2009 über die Schaffung eines Gemeinschaftsverfahrens für die Festsetzung von Höchstmengen für Rückstände pharmakologisch wirksamer Stoffe in Lebensmitteln tierischen Ursprungs, ABl. Nr. L 152 vom 16.06.2009, S. 11.

## IV. Verfahren der gegenseitigen Anerkennung und dezentralisiertes Verfahren

### 1. Entwicklung

18 Bereits seit dem Jahre 1975 besteht die Möglichkeit, Arzneimittel in anderen Staaten der EU im Wege des Verfahrens der gegenseitigen Anerkennung zuzulassen. Das seit dem 01.01.1995 bestehende Verfahren (mutual recognition procedure)[28] wurde durch den Gemeinschaftskodex des Jahres 2001[29] modifiziert. Seither besteht auch die Möglichkeit, ein Arzneimittel in anderen Ländern zuzulassen, wenn eine bisher erforderliche Basiszulassung nicht besteht (dezentralisiertes Verfahren-decentralised procedure). Parallele Zulassungsanträge in mehreren EU-Staaten mit der Folge, dass die zeitlich späteren Länder das Verfahren zunächst aussetzen konnten, sind bereits seit dem 01.01.1998 nicht mehr möglich. Die Prozeduren sind immer dann anzuwenden, wenn das zentrale Verfahren nicht eröffnet ist, oder dann, wenn der Gang über London zwar fakultativ möglich, aber nicht gewünscht wird, das Arzneimittel aber dennoch in mehr als einem Mitgliedstaat der EU auf den Markt gebracht werden soll. Weiter besteht ein Vorteil für den Antragsteller darin, dass er die Zulassungsbehörde als RMS („reference member state“) aussuchen kann, die im Vergleich am schnellsten arbeitet oder als besonders kompetent eingestuft wird. Bei Unstimmigkeiten zwischen den beteiligten Mitgliedstaaten wird zunächst eine Koordinierungsgruppe auf europäischer Ebene eingesetzt (coordination group for mutual recognition and decentralised procedure for medicinal products, CMD). Kann dort keine Einigung erzielt werden, kommt es zu einem Schiedsverfahren bei der EMA. Weiter wurden die Vorschriften durch den Gemeinschaftskodex an das zentrale Verfahren angeglichen: Eine Genehmigung gilt auch hier für zunächst fünf Jahre und kann danach unbefristet erteilt werden, wenn innerhalb von sechs Monaten vor Ablauf ein entsprechender Antrag gestellt wird und nicht aus Gründen der Pharmacovigilanz nur für zunächst weitere fünf Jahre erteilt wird. Weiter erlischt die Genehmigung grundsätzlich nach drei Jahren, wenn das Arzneimittel nicht auf den Markt gebracht wurde.

19 Der Antragsteller kann seinen Antrag in jedem Stadium der Verfahren wieder zurücknehmen es sei denn, das Arzneimittel ist Gegenstand von Untersuchungen in der Koordinierungsgruppe aufgrund eines Verdachtes von möglichen Gefährdungen der öffentlichen Gesundheit und wenn der Antragsteller den Antrag nicht in allen von ihm zunächst gewünschten Mitgliedstaaten zurückgenommen hat.

20 Die für das Verfahren der gegenseitigen Anerkennung und des dezentralisierten Verfahrens vorgesehenen Fristen sind, verglichen mit der Praxis beim deutschen Zulassungsverfahren[30], nach wie vor relativ kurz bemessen. Die Mitgliedstaaten haben sich strikt an diese Vorschriften zu halten. Verstößt ein Mitgliedstaat gegen

[28] Richtlinie 93/39/EWG des Rates vom 14.06.1993, ABl. L 214 vom 24.08.1993, S. 22.
[29] Siehe Fn. 2-5.
[30] Vgl. Wille, Arzneimittel & Recht 2005, 47.

die Vorschriften, kann dies zu Schadenersatzansprüchen des Antragstellers führen[31].

## 2. Hinweise auf das Verfahren der gegenseitigen Anerkennung und dezentralisiertes Verfahren

Weil die Vorschriften über die Zulassung eines Arzneimittels außerhalb des zentra- **21**
len Verfahrens regelmäßig in nationales Recht umzusetzen sind, finden sich im AMG mehr Regelungen hierzu. Insbesondere wurden mit der 14. Novelle in § 25a die Absätze 4 und 5 eingefügt und das Verfahren der gegenseitigen Anerkennung und des dezentralisierte Verfahren ausdrücklich in § 25b aufgenommen. Weiter hat der Antragsteller nach § 22 Abs. 6 unter anderem eine Kopie der in einem anderen Mitgliedstaat bereits erteilten Zulassung beizufügen. Rücknahme, Widerruf, das Ruhen der Zulassung und die Befugnis der Behörde, Auflagen zu erteilen, richten sich nach § 30 Abs. 1a und Abs. 2a. Die Vorschriften in § 37 Abs. 1 S. 2 und Abs. 2 enthalten die Gleichstellung von Zulassungen aus anderen Ländern, soweit dies durch Rechtsverordnung bestimmt wird. Aufgrund der Gemeinschaftsregelungen hat sie keine Bedeutung mehr und sollte gestrichen werden.

Weiter ist zu beachten, dass nach § 39 Abs. 2a das Verfahren der gegenseitigen **22**
Anerkennung nun grundsätzlich auch auf die Registrierung homöopathischer Arzneimittel anwendbar ist. Gleiches gilt nach § 39d Abs. 2 für traditionelle pflanzliche Arzneimittel.

## 3. Gang des Verfahrens der gegenseitigen Anerkennung

a. Der Antrag ist von „der für das Inverkehrbringen verantwortlichen Person" **23**
(Marketing Authorisation Holder – MAH) zu stellen, der in der EU niedergelassen sein muß. Da Herstellung und Vertrieb auch innerhalb der EU-Staaten bei den beteiligten Unternehmen nicht zwangsläufig in einer Hand liegen müssen, ist bei der Antragstellung auf diesen Punkt, wie auf die Bearbeitungszeiten der mitgliedstaatlichen Behörden, besonderes Augenmerk zu richten. Regelmäßig wird der MAH zunächst die Länder wählen, in denen er sein Arzneimittel tatsächlich auch vertreiben wird. Weiter erheblich ist vor Antragstellung die Wahl des sogenannten Reference Member State (RMS). Die zuständige Behörde des RMS erteilt nicht nur die erste nationale Basiszulassung im MR-Verfahren, sondern erstellt oder aktualisiert auch den Beurteilungsbericht (Assessment Report) für die Behörden der anderen Länder (Concerned Member States – CMS), in denen die Zulassung des Arzneimittels gewünscht wird. Liegt noch keine Basiszulassung vor, erstellt der RMS den Entwurf eines Beurteilungsberichtes. Der Assessment Report („AR") oder sein entsprechender Entwurf ist die Grundlage dafür, dass das Verfahren der gegenseitigen Anerkennung und des dezentralisierten Verfahrens durchgeführt wird. Weiter hat der Zulassungsantrag den Hinweis auf die Durchführung des entsprechenden Verfahrens zu enthalten. Der MAH hat weiter zu versichern, dass seine vorgelegten Unterlagen mit denen identisch sind, die der Behörde des RMS

---

[31] Vgl. Urteil des EuGH vom 16.10.2008, – Synthon – in: PharmaR 12/2008, S. 614ff., in dem ein hinreichender Verstoß des Vereinigten Königreiches gegen Art. 28 der RiLi 2001/83 festgestellt wurde, der zu einer Haftung des Staates führt.

vorliegen; es gilt der Grundsatz, wonach jedem Mitgliedstaat das vollständige Dossier zur Verfügung stehen muss.

**24** b. Im Wege der gegenseitigen Anerkennung führt folgender Ablauf grundsätzlich zu einer Zulassung:

Einreichung der Anfrage des Antragsstellers an den RMS zur Aktualisierung des AR, Vergabe einer Projektnummer

Frist: bis 90 Tage vor dem offiziellen Beginn des Verfahrens

Übermittlung des Dossiers vom Antragsteller an die CMS, RMS übermittelt den AR an die CMS

Frist: bis 14 Tage vor dem offiziellen Beginn des Verfahrens

RMS beginnt mit dem Verfahren (Tag 0)

Stellungnahme des Antragstellers an den RMS und die CMS

Frist: 60 Tage

Stellungnahmen des RMS und der CMS

Frist: 25 Tage

Endgültige Stellungnahmen der CMS an den RMS und Antragsteller – Entscheidung positiv – RMS beendet das Verfahren

Frist: 5 Tage

Antragsteller übersendet nationale Übersetzungen an RMS und CMS

Frist: 5 Tage

Umsetzung der Entscheidung über die Zulassung durch die CMS

Frist: 25 Tage

Veröffentlichung

Nach Tag 120

c. Der Ablauf führt nicht zu einer Zulassung im Wege der gegenseitigen Anerken- 25
nung:

Einreichung der Anfrage des Antragsstellers an den RMS zur Aktualisierung des AR, Vergabe einer Projektnummer

Frist: bis 90 Tage vor dem offiziellen Beginn des Verfahrens

Übermittlung des Dossiers vom Antragsteller an die CMS, RMS übermittelt den AR an die CMS

Frist: bis 14 Tage vor dem offiziellen Beginn des Verfahrens

RMS beginnt mit dem Verfahren (Tag 0)

Stellungnahme des Antragstellers an den RMS und die CMS

Frist: 60 Tage

Stellungnahmen des RMS und der CMS

Frist: 25 Tage

Endgültige Stellungnahmen der CMS an den RMS und Antragsteller – Entscheidung negativ – Übermittlung an den CMD der EMA

Frist: 5 Tage

Stellungnahme des RMS an CMD
Durchführung des coordination group procedure

Frist: 7 Tage

Entscheidung im CMD – negativ -

Frist: 53 Tage

Übersendung der Unterlagen an den CHMP zur Durchführung eines Schiedsverfahrens

26 d. Der Ablauf führt so zu einer Zulassung im Wege des dezentralisierten Verfahrens:

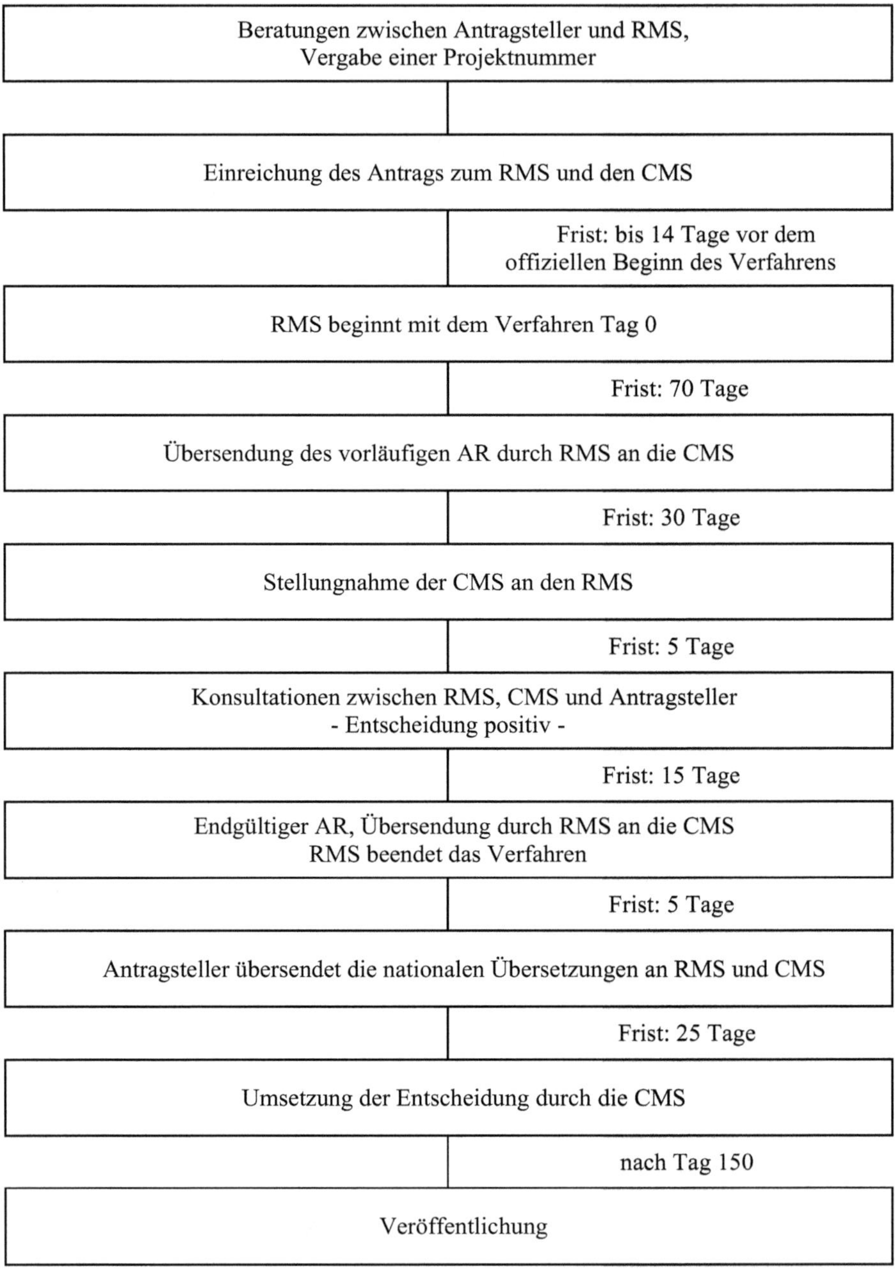

e. Der Ablauf führt so nicht zu einer Zulassung im Wege des dezentralisierten 27
Verfahrens, wobei es nach dem Tag 105 zusätzlich noch zu einer clock-off period von drei Monaten oder länger kommen kann:

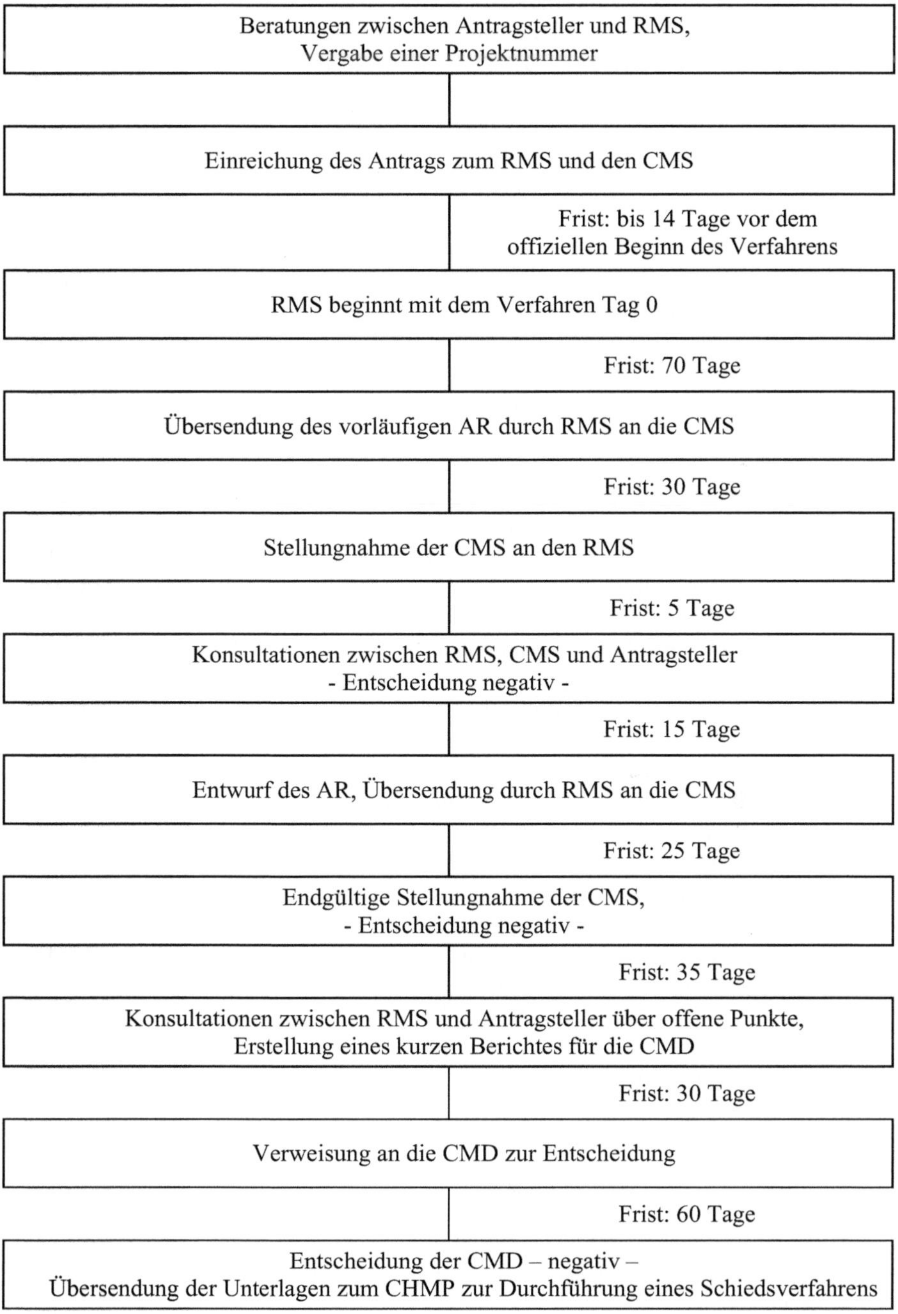

28 f. Scheitert das jeweilige Schiedsverfahren nach dem Ablauf von 60 Tagen bei der Koordinierungsgruppe, zum Beispiel weil ein Mitgliedstaat Risiken für die öffentliche Gesundheit befürchtet, gibt der RMS das Verfahren formell an die Agentur ab. Sie erstellt innerhalb von längstens 90 Tagen eine detailliertes Gutachten gegen das der Antragsteller innerhalb von 15 Tagen Widerspruch einlegen kann und diesen innerhalb von weiteren 45 Tagen begründen muss. Nach weiteren 60 Tagen erstellt die Agentur ihr endgültiges Gutachten und übermittelt dieses mit einem Beurteilungsbericht innerhalb einer 15-tages Frist an die Mitgliedstaaten, den Antragsteller und an die Kommission. Letztere entscheidet endgültig über die Zulassung, nachdem sie einen Entscheidungsentwurf gefertigt hat und dieser unter Berücksichtigung der Beteiligten das Verfahren im Ständigen Ausschuss durchlaufen hat. Längstens 15 Tage nach Abschluss des Verfahren im Ständigen Ausschuss erlässt die Kommission ihre endgültige Entscheidung, die den Mitgliedstaaten und dem Antragsteller übermittelt wird.

29 g. Die Entscheidung der Kommission ist für die betroffenen Mitgliedstaaten bindend und innerhalb von 30 Tagen umzusetzen, beispielsweise dann, wenn sie keine Bedenken gegen die Genehmigung sehen und daher das Arzneimittel unbeschadet des Ausschussverfahrens auf Antrag des MAH/Antragstellers bereits in ihrem Land zulassen. Das weitere Verfahren ist für den Antragsteller doppelt belastend: Die Vorschriften der europäischen Gesetzgebung nehmen den Mitgliedstaaten nicht ihre Befugnis, über eigene behördliche Entscheidungen zu urteilen. Dies führt dazu, dass der Antragsteller national in Deutschland Verpflichtungsklage erheben muss[32], daneben gemäß Art. 230 Abs. 4 EGV, 225 EGV Nichtigkeitsklage zum Europäischen Gerichtshof erster Instanz.[33] Dies bedeutet weiter, dass der Antragsteller unter Umständen nicht nur zwei Rechtsmittel bemühen muss, sondern die entsprechenden nationalen Rechtsbehelfe in jedem Land, ob RMS oder CMS, einzulegen hat. Dieses Ergebnis ist unbefriedigend und im Hinblick darauf, dass die Verfahren der gegenseitigen Anerkennung und das dezentralisierte Verfahren schnell und relativ unkompliziert sein soll, kontraproduktiv, wenn es zu Unstimmigkeiten kommt. Zudem werden dem Antragsteller Kosten aufgebürdet, die kaum noch zu übersehen sind. Ob es daher ratsam ist, sich auf die Entscheidung des Europäischen Gerichtshofes zu verlassen, die dann jeweils national zu berücksichtigen ist, sollte im Einzelfall besonders geprüft werden. Bemerkenswert ist jedoch, dass ein Widerspruch eines Staates innerhalb des Verfahrens dazu führen kann, dass eine bereits bestehende Basiszulassung versagt wird. Bei dieser Sachlage sollte der Antragsteller die Anträge, bei denen Komplikationen in den jeweiligen Ländern aufgetreten sind, von sich aus zurückziehen. Eine unabhängige einzelstaatliche Zulassung in dem Land, das Widerspruch eingelegt hat, wäre dann allerdings rechtswidrig.

[32] Ein Vorverfahren nach § 68 der VwGO entfällt, vgl. § 30 Abs. 1a AMG.
[33] Vgl. Rehmann, vor § 21 Rn. 20.

### 5. Formalitäten, Kosten

Detaillierte Informationen über die Durchführung der Verfahren sind den NtAs zu entnehmen,[34] einschließlich den Besonderheiten der nationalen Behörden, Sprachregelungen und Anforderungen an die vorzulegenden Unterlagen. Die Kosten der Verfahren richten sich nach den jeweiligen nationalen Bestimmungen; für Deutschland nach § 33 AMG. 30

## V. Besonderheiten für Tierarzneimittel im Verfahren der gegenseitigen Anerkennung und im dezentralisierten Verfahren

### 1. Entwicklung

Für Tierarzneimittel im Verfahren der gegenseitigen Anerkennung war zunächst die Richtlinie 81/851/EWG in der durch die Richtlinie 93/40/EWG geänderten Fassung wesentlich. Diese wurden durch die Schaffung des Gemeinschaftskodex für Tierarzneimittel[35] abgelöst. Mit diesen Vorschriften, insbesondere des IV. Kapitels der zuletzt genannten Richtlinie, wurde eine Angleichung von Human- und Tierarzneimitteln vorgenommen, die im wesentlichen einen Gleichlauf bei den Verfahren der gegenseitigen Anerkennung und des dezentralisierten Verfahren gewährleisten. 31

### 2. Besonderheiten

Wesentliche Besonderheit ist auch hier die Einrichtung des separaten Ausschusses CVMP (Committee for Medicinal Products for Veterinary Use), der sich ausschließlich mit Tierarzneimitteln beschäftigt und als Schiedsrichter tätig wird, wenn Unstimmigkeiten über die Verkehrsfähigkeit des Arzneimittels bestehen. 32

## VI. Das Zulassungsverfahren in den USA

### 1. Entwicklung, Grundsätzliches

Das Arzneimittelrecht in den USA ist auch für Europa bedeutsam. Die USA sind ein sehr großer Binnenmarkt. Dessen Profitchancen begünstigen die Entwicklung neuer Arzneimittel. Ferner haben die amerikanische Zulassungsbehörde Food and Drug Administration (FDA) und die EMA im Rahmen einer Kooperation am 16. September 2004 einen Informationsaustausch vereinbart, der auch vorsieht, dass parallel in der Produktentwicklung Scientific Advice der beiden Behörden eingeholt werden kann. In einem Meeting am 13. März 2006 wurde die Fortführung der Zusammenarbeit bekräftigt. Das amerikanische Zulassungssystem ist auch schnell: Die Zulassung bei der FDA dauert im Schnitt 350 Tage. Auch Kanada prüft derzeit die Synchronisation mit der US-Behörde. 33

---

[34] Vgl. Fn. 15.

[35] Richtlinie 2001/82 des Europäischen Parlaments und des Rates vom 06.11.2001, ABl. L 311, S. 1. vom 28.11.2001, zuletzt geändert durch die Richtlinie 2004/28/EG, ABl. L 136, S. 58. vom 30.04.2004 und auch Rz. 2.

34 Auch in den USA hat ein Skandal geholfen, das Arzneimittelrecht weiterzuentwickeln. Das Arzneimittelrecht der USA geht zurück auf ein Bundesgesetz aus dem Jahre 1906, das nicht besonders effektiv darin war, den Patienten vor Schäden aus der Einnahme von Arzneimitteln zu schützen. Deshalb wurde 1933 ein Gesetzesentwurf in den Kongress eingebracht, der eine deutliche Verschärfung vorsah. Das rief die Lobby der betroffenen Industrie auf den Plan und die Gesetzesänderung kam nicht voran. 1937 kam ein antibakteriell wirkender Sirup namens „Elixir Sulfanilamide" auf den Markt. Durch dessen Einnahme starben zumindest 75 Menschen; die FDA war fieberhaft bemüht, alle ausgelieferten Mengen des Mittels sicherzustellen. Der Vorfall mobilisierte die öffentliche Meinung und 1938 konnte der Kongress den „Food, Drug and Cosmetic Act" erlassen, der erstmals vorsah, dass Hersteller die Sicherheit ihrer Produkte vor ihrer Markteinführung nachzuweisen hatten.

35 Dieser Act ist im US Code, der die Bundesgesetze zusammenfasst, als Titel 21, Kapitel 9 noch immer für die Zulassung von Arzneimitteln maßgeblich. Er gilt nur für „interstate commerce", (Section 355 a), also für Arzneimittel, die über die Grenzen eines einzelnen Bundesstaates hinaus vertrieben werden.

36 Die Zuständigkeit liegt beim „Secretary of Health and Human Services", der praktisch durch die FDA handelt. Die Einrichtung der FDA ist in Section 393 des Acts geregelt.

### 2. Verfahren

37 Das Zulassungsverfahren ist im Groben in der Section 355 des Acts wie folgt geregelt:

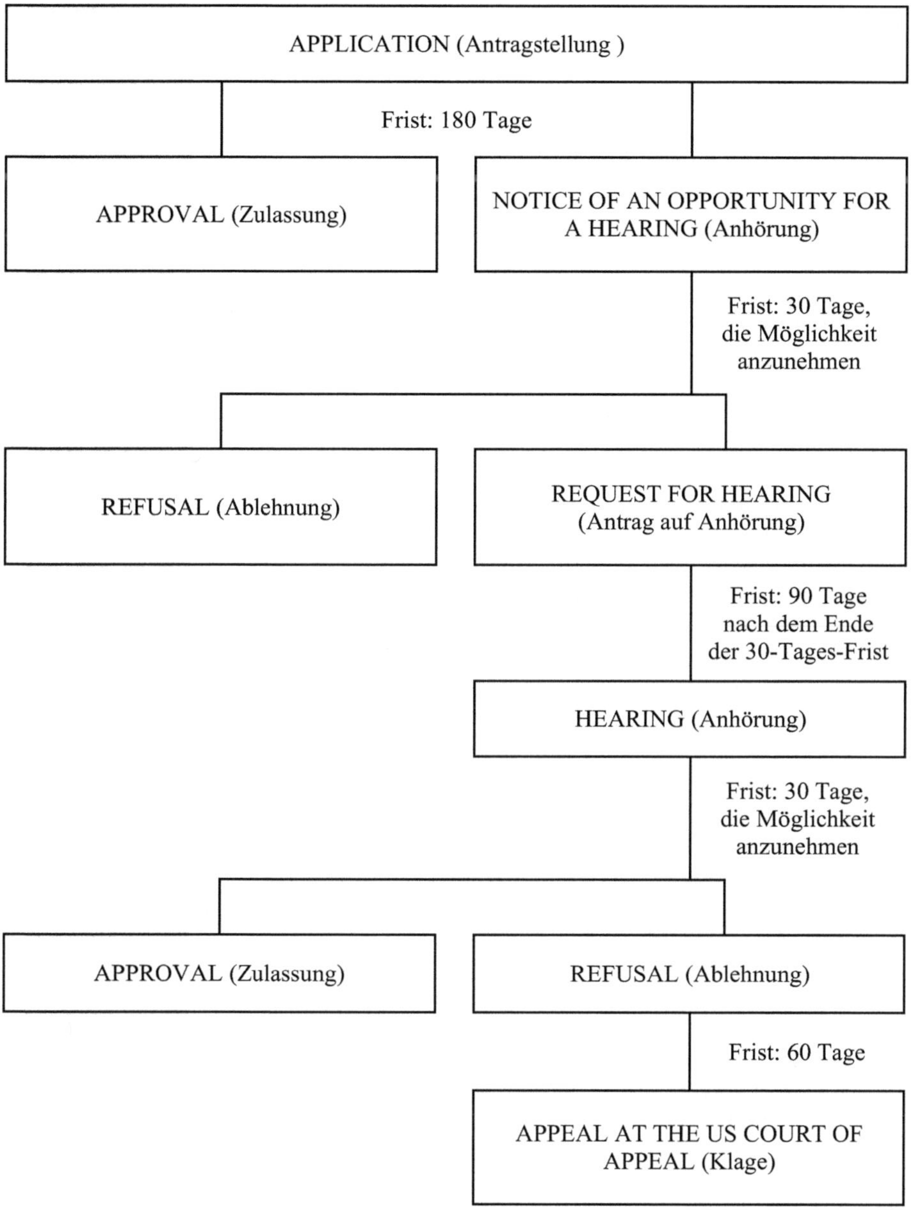


Im Wege der Vereinbarung können alle Fristen verändert werden.

### 3. Besonderheiten

38 Jeder kann einen Antrag auf Zulassung stellen, also nicht nur ein pharmazeutischer Unternehmer. Die folgenden Unterlagen sind beizufügen:

a) Untersuchungsberichte mit Aussagen, dass die Benutzung des Arzneimittels sicher und wirksam ist;
b) eine Liste der Bestandteile des Arzneimittels;
c) eine vollständige Erklärung der Zusammensetzung des Arzneimittels;
d) Beschreibung der Methoden, der Gerätschaften und Kontrollen, die zur Herstellung, Verarbeitung und Verpackung des Arzneimittels benutzt werden;
e) Muster des Arzneimittels und u. U. auch seiner Bestandteile;
f) Muster der vorgesehenen Etikettierung.

39 Ein besonderes Merkmal des amerikanischen Zulassungsrechts ist seine Verwobenheit mit dem Patentrecht. Der Antragsteller muss deshalb mit der Antragstellung etwa bestehende Patentnummern angeben, ferner das Datum, wann die Patente erlöschen, und zwar für alle solche Patente, die durch das angemeldete Arzneimittel oder durch die Methoden seiner Herstellung verletzt werden könnten; werden solche Patente im Laufe des Zulassungsverfahrens erteilt, hat der Antragsteller dies nachzubessern. Fehlen diese Angaben, ist das ein Versagungsgrund.

40 Die FDA lehnt die Zulassung eines Arzneimittels ab, wenn einer der folgenden Versagungsgründe vorliegt:

a) dass die Untersuchungsberichte keine ausreichenden Versuche nach vernünftigerweise anzuwendenden Methoden enthalten, die besagen, ob das Arzneimittel in der Benutzung sicher oder nicht sicher ist;
b) dass die Ergebnisse der Untersuchungen besagen, dass das Arzneimittel für die vorgesehene Verwendung nicht sicher ist oder nicht ergeben, dass es sicher ist;
c) dass die Methoden, Gerätschaften und Kontrollen zur Herstellung, Verarbeitung und Verpackung des Arzneimittels nicht zureichend sind, seine Identität, Stärke, Qualität und Reinheit zu bewahren;
d) dass die Information, die der Antragsteller mit dem Zulassungsantrag gegeben hat oder jede weitere der Behörde zugänglichen Information zu dem betreffenden Arzneimittel nicht ausreicht, um festzustellen, ob das Arzneimittel für den vorgesehenen Gebrauch sicher ist;
e) dass ein aussagefähiger Nachweis fehlt, dass das Arzneimittel für den vorgesehenen Gebrauch wirksam ist;
f) dass die Anmeldung nicht die vorgeschriebene Information über Patente enthält, die von dem Arzneimittel betroffen sein könnten;
g) dass die Etikettierung im einzelnen unzutreffend oder irreführend ist.

41 Dass das eigentliche Zulassungsverfahren in den USA schneller funktioniert als bei uns, mag einen Grund darin haben, dass die Behörde dort früher involviert wird als in Deutschland. Während in Deutschland Arzneimittel nicht zugelassen sein müssen, wenn sie zur klinischen Prüfung bei Menschen bestimmt sind (§ 21 Absatz 2 Ziffer 2), ist in den USA, insbesondere vor klinischen Tests, ein soge-

nannter IND (Investigational New Drug) zur Erlangung einer Genehmigung für die Tests einzureichen.

Zudem ist für das Zulassungsverfahren nicht das Gesetz die eigentliche Rechtsquelle, weil es nur die Grundlagen regelt. Die Details stehen in der nachrangigen Rechtsquelle des „Code of Federal Regulations", Titel 21, Kapitel I, Teil 314 („Application for FDA Approval to Market a New Drug"). 42

Die Gebühren der FDA werden von dieser jährlich festgesetzt. Im Jahre 2010 kostet eine Zulassung, bei der klinische Daten benötigt werden, 1.405.500 USD. 43

## VII. Namen und Adressen der zuständigen Behörden: 44

1. European Medicines Agency (EMA)
   7 Westferry Circus, Canary Wharf, London, E 14 4HB
   Tel.: (++44) 207 418 84 00
   Hompage:http://www.ema.europa.eu

2. Bundesinstitut für Arzneimittel und Medizinprodukte (BfArM)
   Kurt-Georg-Kiesinger-Allee 3
   53175 Bonn
   Tel.: 0228 99 307-0
   Fax: 0228 99 307-5207
   Homepage:http://www.bfarm.de

3. Paul-Ehrlich Institut (PEI)
   Bundesamt für Sera und Impfstoffe
   Paul-Ehrlich-Straße 51-59
   63255 Langen
   Tel.: (06103) 770
   Fax: (06103) 77 1234
   Homepage:http://www.pei.de

4. US Food and Drug Administration
   10903 New Hampshire Ave
   Silver Spring, MD 20993-002
   Tel.: (++1) 888 463 6332
   Homepage: http://www.fda.gov

## § 21
## Zulassungspflicht

**(1) Fertigarzneimittel, die Arzneimittel im Sinne des § 2 Abs. 1 oder Abs. 2 Nr. 1 sind, dürfen im Geltungsbereich dieses Gesetzes nur in den Verkehr gebracht werden, wenn sie durch die zuständige Bundesoberbehörde zugelassen sind oder wenn für sie die Kommission der Europäischen Gemeinschaften oder der Rat der Europäischen Union eine Genehmigung für das Inverkehrbringen gemäß Artikel 3 Abs. 1 oder 2 der Verordnung (EG) Nr. 726/2004 des Europäischen Parlaments und des Rates vom 31. März 2004 zur Festlegung von Gemeinschaftsverfahren für die Genehmigung und Überwachung von Human- und Tierarzneimitteln und zur Errichtung einer Europäischen Arzneimittel-Agentur (ABl. EU Nr. L 136 S. 1) auch in Verbindung mit der Verordnung (EG) Nr. 1901/2006 des Europäischen Parlaments und des Rates vom 12. Dezember 2006 über Kinderarzneimittel und zur Änderung der Verordnung (EWG) Nr. 1768/92, der Richtlinien 2001/20/EG und 2001/83/EG sowie der Verordnung (EG) Nr. 726/2004 (ABl. L 378 vom 27.12.2006, S. 1) oder der Verordnung (EG) Nr. 1394/2007 erteilt hat. Das gilt auch für Arzneimittel, die keine Fertigarzneimittel und zur Anwendung bei Tieren bestimmt sind, sofern sie nicht an pharmazeutische Unternehmer abgegeben werden sollen, die eine Erlaubnis zur Herstellung von Arzneimitteln besitzen.**

**(2) Einer Zulassung bedarf es nicht für Arzneimittel, die**

**1. zur Anwendung bei Menschen bestimmt sind und auf Grund nachweislich häufiger ärztlicher oder zahnärztlicher Verschreibung in den wesentlichen Herstellungsschritten in einer Apotheke in einer Menge bis zu hundert abgabefertigen Packungen an einem Tag im Rahmen des üblichen Apothekenbetriebs hergestellt werden und zur Abgabe im Rahmen der bestehenden Apothekenbetriebserlaubnis bestimmt sind,**

**1a. Arzneimittel sind, bei deren Herstellung Stoffe menschlicher Herkunft eingesetzt werden und die entweder zur autologen oder gerichteten, für eine bestimmte Person vorgesehene Anwendung bestimmt sind oder auf Grund einer Rezeptur für einzelne Personen hergestellt werden, es sei denn, es handelt sich um Arzneimittel im Sinne von § 4 Absatz 4,**

**1b. andere als die in Nummer 1a genannten Arzneimittel sind und für Apotheken, denen für einen Patienten eine Verschreibung vorliegt, aus im Geltungsbereich dieses Gesetzes zugelassenen Arzneimitteln**

**a) als Zytostatikazubereitung oder für die parenterale Ernährung sowie in anderen medizinisch begründeten besonderen Bedarfsfällen, sofern es für die ausreichende Versorgung des Patienten erforderlich ist und kein zugelassenes Arzneimittel zur Verfügung steht, hergestellt werden oder**

**b) als Blister aus unveränderten Arzneimitteln hergestellt werden oder**

**c) in unveränderter Form abgefüllt werden,**

1c. zur Anwendung bei Menschen bestimmt sind, antivirale oder antibakterielle Wirksamkeit haben und zur Behandlung einer bedrohlichen übertragbaren Krankheit, deren Ausbreitung eine sofortige und das übliche Maß erheblich überschreitende Bereitstellung von spezifischen Arzneimitteln erforderlich macht, aus Wirkstoffen hergestellt werden, die von den Gesundheitsbehörden des Bundes oder der Länder oder von diesen benannten Stellen für diese Zwecke bevorratet wurden, soweit ihre Herstellung in einer Apotheke zur Abgabe im Rahmen der bestehenden Apothekenbetriebserlaubnis oder zur Abgabe an andere Apotheken erfolgt,
1d. Gewebezubereitungen sind, die der Pflicht zur Genehmigung nach den Vorschriften des § 21a Abs. 1 unterliegen,
1e. Heilwässer, Bademoore oder andere Peloide sind, die nicht im Voraus hergestellt und nicht in einer zur Abgabe an den Verbraucher bestimmten Packung in den Verkehr gebracht werden, oder die ausschließlich zur äußeren Anwendung oder zur Inhalation vor Ort bestimmt sind,
1f. medizinische Gase sind und die für einzelne Personen aus im Geltungsbereich dieses Gesetzes zugelassenen Arzneimitteln durch Abfüllen und Kennzeichnen in Unternehmen, die nach § 50 zum Einzelhandel mit Arzneimitteln außerhalb von Apotheken befugt sind, hergestellt werden,
1g. als Therapieallergene für einzelne Patienten auf Grund einer Rezeptur hergestellt werden,
2. zur klinischen Prüfung bei Menschen bestimmt sind,
3. Fütterungsarzneimittel sind, die bestimmungsgemäß aus Arzneimittel-Vormischungen hergestellt sind, für die eine Zulassung nach § 25 erteilt ist,
4. für Einzeltiere oder Tiere eines bestimmten Bestandes in Apotheken oder in tierärztlichen Hausapotheken unter den Voraussetzungen des Absatzes 2a hergestellt werden,
5. zur klinischen Prüfung bei Tieren oder zur Rückstandsprüfung bestimmt sind oder
6. unter den in Artikel 83 der Verordnung (EG) Nr. 726/2004 genannten Voraussetzungen kostenlos für eine Anwendung bei Patienten zur Verfügung gestellt werden, die an einer zu einer schweren Behinderung führenden Erkrankung leiden oder deren Krankheit lebensbedrohend ist, und die mit einem zugelassenen Arzneimittel nicht zufrieden stellend behandelt werden können; dies gilt auch für die nicht den Kategorien des Artikels 3 Absatz 1 oder 2 der Verordnung (EG) Nr. 726/2004 zugehörigen Arzneimitteln; Verfahrensregelungen werden in einer Rechtsverordnung nach § 80 bestimmt.

(2a) Arzneimittel, die für den Verkehr außerhalb von Apotheken nicht freigegebene Stoffe und Zubereitungen aus Stoffen enthalten, dürfen nach Absatz 2 Nr. 4 nur hergestellt werden, wenn für die Behandlung ein zugelassenes Arzneimittel für die betreffende Tierart oder das betreffende Anwendungsgebiet nicht zur Verfügung steht, die notwendige arzneiliche Versorgung der Tiere sonst ernstlich gefährdet wäre und eine unmittelbare oder

**mittelbare Gefährdung der Gesundheit von Mensch und Tier nicht zu befürchten ist. Die Herstellung von Arzneimitteln gemäß Satz 1 ist nur in Apotheken zulässig. Satz 2 gilt nicht für das Zubereiten von Arzneimitteln aus einem Fertigarzneimittel und arzneilich nicht wirksamen Bestandteilen sowie für das Mischen von Fertigarzneimitteln zum Zwecke der Immobilisation von Zoo-, Wild- und Gehegetieren. Als Herstellen im Sinne des Satzes 1 gilt nicht das Umfüllen, Abpacken oder Kennzeichnen von Arzneimitteln in unveränderter Form, soweit**

1. **keine Fertigarzneimittel in für den Einzelfall geeigneten Packungsgrößen im Handel verfügbar sind oder**
2. **in sonstigen Fällen das Behältnis oder jede andere Form der Arzneimittelverpackung, die unmittelbar mit dem Arzneimittel in Berührung kommt, nicht beschädigt wird.**

**Die Sätze 1 bis 4 gelten nicht für registrierte oder von der Registrierung freigestellte homöopathische Arzneimittel, die, soweit sie zur Anwendung bei Tieren bestimmt sind, die der Gewinnung von Lebensmitteln dienen, ausschließlich Wirkstoffe enthalten, die in Anhang II der Verordnung (EWG) Nr. 2377/90 aufgeführt sind.**

**(3) Die Zulassung ist vom pharmazeutischen Unternehmer zu beantragen. Für ein Fertigarzneimittel, das in Apotheken oder sonstigen Einzelhandelsbetrieben auf Grund einheitlicher Vorschriften hergestellt und unter einer einheitlichen Bezeichnung an Verbraucher abgegeben wird, ist die Zulassung vom Herausgeber der Herstellungsvorschrift zu beantragen. Wird ein Fertigarzneimittel für mehrere Apotheken oder sonstige Einzelhandelsbetriebe hergestellt und soll es unter deren Namen und unter einer einheitlichen Bezeichnung an Verbraucher abgegeben werden, so hat der Hersteller die Zulassung zu beantragen.**

**(4) Die zuständige Bundesoberbehörde entscheidet ferner unabhängig von einem Zulassungsantrag nach Absatz 3 auf Antrag einer zuständigen Landesbehörde über die Zulassungspflicht eines Arzneimittels.**

**Übersicht** **Rz.**

**Literatur**

Bauer, Übertragung von Arzneimittelzulassungen mit Anmerkung Sedelmaier, PharmaR 1994, 378; Blasius, Verordnung über Kinderarzneimittel und elektronische Einreichung, Arzneimittel & Recht 4/2007, S. 173; Bopp, Holzapfel, Inverkehrbringen nicht zugelassener Arzneimittel, PharmaR 2006, 87; Dettling, Kieser, Ulshöfer, Zytostatikaversorgung nach der AMG-Novelle, (Teil 1 und Teil 2), PharmaR 2009, 421 und PharmaR 2009, 546; Gassner, Ergänzendes Schutzzertifikat und pädiatrische Marktexklusivität, Arzneimittel & Recht 2008 269; Heinemann, Tieben, Die EU-Verordnung zu Kinderarzneimitteln, Arzneimittel & Recht 2007, 53; Hiltl, Formalzulassung von Parallelimporten, PharmaR 1997, 84; Jäkel, Hemmnisse für den Compassionate Use durch die 15. AMG-Novelle, PharmaR 2009, 323; Kieser, Beschränkte Versandmöglichkeit von Defekturarzneimitteln?, PharmaR 2008, 413; Kraft, Der Anwendungsbereich des „Compassionate Use" von Arzneimitteln, Arzeimittel & Recht 2007, 252; Pabel, Sind Verkehrsverbote nach dem Arzneimittelgesetz auch Anwendungsverbote für den behandelnden Arzt?, NJW 1989, 759; Prinz, Die Herstellung von Rezepturarzneimitteln in Apotheken, PharmaR 2008, 364; Prinz, Die Zulässigkeit der Herstellung patientenindividueller Rezepturarzneimittel durch pharmazeutische Herstellerbetriebe nach der 15. AMG-Novelle, PharmaR 2009, 437; Rehmann, Ist die arzneimittelrechtliche Zulassung personenbezogen?, PharmaR 1996, 287; Rehmann, Formalzulassung von Parallelimporten, PharmaR 1997, 326; Schreiber, Schäfer, Arzneimittel in der Erprobung, Arzneimittel & Recht 2006, 117; Sedelmaier, Übertragung von Arzneimittelzulassungen, PharmaR 1994, 3; Sickmüller, Porstner, Europarechtliche Veränderungen des Arzneimittelbegriffs und seine Umsetzung in das deutsche Arzneimittelgesetz – Auswirkungen auf die Zulassungspflicht neuartiger Arzneimittel, GesR 2005, 392.

## I. Die Bedeutung der Norm

Während es in früheren Zeiten im wesentlichen Aufgabe der Apotheker war, Arzneispezialitäten herzustellen und abzugeben, wandelte sich spätestens in der zweiten Hälfte des 20. Jahrhunderts das Bild. Anfang der sechziger Jahre wurden bereits circa 80 % der Arzneispezialitäten industriell hergestellt und zum Großteil ohne Rezept an den Verbraucher abgegeben. Die Herstellung von Arzneimitteln in der Apotheke war strengstens geregelt, nicht so die außerhalb der Apotheke. Aus diesem Grund wurde 1961 zunächst die Einführung von Arzneispezialitäten erlaubnispflichtig und die Registrierung im Spezialitätenregister gesetzlich geregelt. Contergan mit dem Wirkstoff Thalidomid tat sein übriges;[1] die Diskussionen mündeteten schließlich in die Neuordnung des Arzneimittelgesetzes im Jahre 1976 und in die Einführung des Zulassungsverfahrens[2]. Die Regelungen wurden seither immer wieder geändert und ergänzt, nicht zuletzt zur Umsetzung europäischer Vorschriften. 1

In Deutschland wurden 2008 4.365 Anträge auf Zulassung oder Registrierung gestellt, 2.463 wurden im gleichen Zeitraum abgeschlossen. Im Jahre 200 wurden bis Juni 1.700 Anträge eingereicht und 1.280 Verfahren abgeschlossen.[3] Bereits an- 2

1 Vgl. ausführlich Deutsch, Spickhoff, Rn. 819ff.

2 Vgl. amtliche Begründung zum Arzneimittelgesetz 1976, abgedruckt in Kloesel, Cyran, Materialien M 1.

3 Quelle: www.bfarm.de (Statistiken).

hand der Zahlen wird deutlich, dass das Zulassungsverfahren ein Kernstück des Arzneimittelgesetzes bildet. Es dient in erster Linie dem Schutz der Verbraucher. Die Regelungen stellen, wie viele öffentlich-rechtlichen Vorschriften, einen Eingriff in die freie Marktwirtschaft dar: Bevor der Unternehmer sein Produkt im Markt anbieten kann, hat er den unbequemen Weg über eine Behörde zu beschreiten. Daneben haben die Vorschriften über das Zulassungsverfahren im vierten Abschnitt seit 1961 ein bemerkenswertes Eigenleben entwickelt. Sie sind Ausdruck einer permanenten Gratwanderung zwischen den Interessen der Industrie, der Verantwortung des Staates gegenüber dem Verbraucher sowie der Tatsache, dass durch die Globalisierung der Märkte nationale Regelungen, selbst gespickt mit Vorschriften, wie sie in Brüssel verabschiedet wurden, nicht mehr ausreichen.

**3** Nie vergessen werden sollte auch, dass Arzneimittel dazu bestimmt sind, dem Menschen zu helfen, die Zulassungsbehörde aber eine Barriere zwischen dem Patienten und dieser Hilfe sein kann.

**4** Ein gemeinsames Verständnis von Naturwissenschaftlern und Juristen zu entwickeln, das klare und sinnvolle Regelungen schafft, ist schwer. Das ist den Texten, die Gesetz werden, anzusehen.

## II. Gesetzliche Grundlagen

**5** Die Vorschriften der §§ 21ff. wurden auf der Grundlage von Art. 74 Abs. 1 Nr. 19 GG erlassen. Der Artikel stellt die Regelungskompetenz für den Bund bereit: Der Verkehr mit Arzneien unterliegt der konkurrierenden Gesetzgebung, von der der Bund Gebrauch gemacht hat. Was freilich unter dem Verkehr genau zu subsumieren ist, hat das Grundgesetz bis zum Jahre 2006 offen gelassen und erschließt sich teilweise durch die Definition des § 4 Abs. 17. Da Art. 74 Abs. 1 Nr. 19 GG auf die Kontrolle von Arzneimitteln abstellt, die in den Handel gebracht werden sollen, hat das Bundesverfassungsgericht erstmals im Jahre 2000 die Abgrenzung zwischen „Umgang" und „Verkehr" vorgenommen: Die Bundeskompetenz bestand nicht für solche Arzneimittel, die vom Arzt selbst hergestellt und an seinem Patienten unmittelbar angewendet werden.[4] Dem ist der Gesetzgeber durch die Förderalismusreform entgegengetreten: Nach deren Inkraftreten erstreckt sich die konkurrierende Gesetzgebung des Art. 74 Abs. 1 Nr. 19 GG unter anderem nicht nur auf den Verkehr mit Arzneien, sondern auf das Recht der Arzneien[5].

**6** Die Möglichkeit zur Errichtung bundeseigener Behörden ist in Art. 86 GG enthalten, vgl. § 77. Sofern keine speziellen Regelungen bestehen, gelten für das Zulassungsverfahren die Vorschriften über das allgemeine Verwaltungsverfahren, die im BVwVfG enthalten sind.

---

[4] Vgl. BVerfGE 102, 26, zur Frischzellen-Verordnung vom 04.03.1997.
[5] BGBl. I Nr. 41 vom 31.08.2006, S. 2034.

## III. Grundsatz der Zulassungspflicht

Das Erfordernis der Zulassung gilt für ein Fertigarzneimittel gemäß § 2 Abs. 1oder Abs. 2 Nr. 1 i.V.m. § 4 Abs. 1. Zur Definition des Fertigarzneimittels, seiner Abgrenzung zum Rezepturarzneimittel und zur Bulkware siehe die Kommentierungen zu §§ 2 und 4. Die Zulassungspflicht gilt zwingend für Fertigarzneimittel mit neuen Stoffen, neue Zubereitungen mit bekannten Stoffen, Arzneimittel mit neuen Kombinationen arzneilich wirksamer Stoffe und für Fertigarzneimittel mit bekannten Stoffen. Durch Rechtsverordnung ist es dem Bund nach § 35 Abs. 1 Nr. 2 erlaubt, die Zulassungspflicht auf andere Arzneimittel auszudehnen, soweit dies geboten ist, um eine unmittelbare oder mittelbare Gefährdung der Gesundheit von Mensch und Tier zu verhüten. Das zuständige Bundesgesundheitsministerium hat von seiner Befugnis zur Erweiterung des zulassungspflichtigen Kreises Gebrauch gemacht (siehe näher Kommentierung zu § 35). 7

Die Zulassungspflicht bedeutet, dass jeder, der ein unter § 21 fallendes Arzneimittel in den Verkehr bringen möchte, dieses zuvor bei der zuständigen Bundesoberbehörde beantragen muss. Liegen die Voraussetzungen der §§ 21ff. vor, so wird die Zulassung nach § 25 erteilt. Liegen sie nicht vor, ist der Vertrieb untersagt. Bei diesem Verfahren handelt es sich damit um ein Verbot mit Erlaubnisvorbehalt, wobei der Antragsteller einen Anspruch auf Erteilung hat, wenn keiner der in § 25 enthaltenen abschließenden Versagungsgründe gegeben ist. 8

## IV. Produkt- und Personenbezogenheit der Zulassung?

In der Rechtssprechung und Literatur wird die Frage, ob die Zulassung produkt- oder personenbezogen ist, kontrovers diskutiert.[6] Sie spielt für die Fälle von Parallel- oder Reimporteuren, die Produkte einführen, ohne eine eigene Zulassung nachweisen zu können, eine Rolle.[7] Der BGH sowie teilweise andere Gerichte sind wohl der Auffassung, dass die Zulassung personenbezogen sei[8] mit der Folge, dass der Zweitimporteur nach § 1 UWG i.V.m. §§ 21, 25 und 29 AMG gegenüber dem Erstimporteur zur Unterlassung und unter Umständen auch zum Schadenersatz verpflichtet sei, weil er ein Arzneimittel in Deutschland ohne Zulassung in den Verkehr bringt. 9

Bei genauerer Betrachtung zeigt sich, dass die Zulassung personen- und produktbezogen ist: Das Zulassungsverfahren wird vom Antragsteller betrieben; er erhält einen Zulassungsbescheid, der an ihn adressiert ist. Weiter ergeht der Bescheid auf der Grundlage der vom Antragsteller eingereichten Angaben nach §§ 22 f. nebst Sachverständigengutachten gemäß § 24 für das konkret bezeichnete Arzneimittel, vgl. § 25 Abs. 1; nur dieses stellt das verkehrsfähige Präparat dar. 10

6 Vgl. zum Meinungsstreit Rehmann, Einführung, Rn.14.
7 Vgl. hierzu die Ausführungen von Deutsch, Spickhoff, Rn. 900.
8 BGH, NJW 1990, 2931; OLG in: PharmaR 1995, 195ff., LG Frankfurt, PharmaR 1996, 189ff.

11 Aus der Übertragbarkeit der Zulassung auf einen Dritten,[9] vgl. § 29 Abs. 1 S. 1 i.V.m. § 22 Abs. 1 Nr. 1 ergibt sich weiter, dass die Zulassung an eine Person gebunden ist: Ohne Inhaber kein Vertrieb. Wer der konkrete Inhaber ist, spielt hingegen solange keine Rolle, wie er pharmazeutischer Unternehmer ist.

12 Bringt also der Importeur ein Arzneimittel auf den Markt, welches vom Hersteller der Originalzulassung gefertigt wird, so handelt es sich in diesem Falle um dasselbe, von der Zulassung umfasste Produkt. Bringt der Importeur hingegen ein Mittel auf den Markt, welches nicht identisch, sondern nur ähnlich hergestellt wird oder weicht er auch nur minimal von den Angaben des Zulassungsbescheides ab, so kann er sich nicht auf eine einem Dritten erteilte Zulassung berufen: Dieses Produkt ist gerade nicht zugelassen. Dies gilt auch dann, wenn ausschließlich die Bezeichnung des Produktes eine andere ist; diese ist Inhalt der Zulassung, vgl. § 22 Abs. 1 Nr. 2 und § 29 Abs. 2 S. 1. So ist der BGH in seiner Entscheidung aus dem Jahre 1994[10] zu verstehen, wonach nur reimportierte, identische Arzneimittel verkehrsfähig sind. Unter Identität fällt auch die Bezeichnung. Aus diesem Grunde war auch in der Entscheidung „TIAPRIDAL“[11] eine Änderungsanzeige des Parallelimporteurs erforderlich. In diesem Fall besteht für den Importeur unter Umständen die Möglichkeit der Bezugnahme nach §§ 24a, 24b oder die der gegenseitigen Anerkennung und des dezentralisierten Verfahrens innerhalb der EU; ein Antrag bei der zuständigen Behörde ist erforderlich. Macht er hiervon keinen Gebrauch, hat die zuständige Bundesoberbehörde die Befugnis, das Arzneimittel gemäß § 8 zu verbieten. Der Inhaber der betroffenen Zulassung kann als Wettbewerber dann Ansprüche geltend machen, wenn die Nachahmung wettbewerbswidrig ist.

### V. Zuständige Behörde

13 1. Nach § 77 Abs. 1 erteilt das BfArM als zuständige Bundesoberbehörde für Humanarzneimittel den Zulassungsbescheid. Für die Erteilung einer Zulassung von Sera, Impfstoffen, Blut- und Knochenmarkzubereitungen, Gewebezubereitungen, Gewebe, Allergene, Arzneimittel für neuartige Therapien, xenogene Arzneimittel sowie gentechnisch hergestellte Blutbestandteile ist das Bundesamt für Sera und Impfstoffe (Paul-Ehrlich-Institut) unter anderem die zuständige Bundesoberbehörde, § 77 Abs. 2. Die Behörden gehören der bundeseigenen Verwaltung an; sie sind eigene, rechtlich unselbständige, zentrale oder nachgeordnete Behörden des Bundes. Alle Behörden beraten und erteilen Auskünfte vor Antragstellung und im Verfahren nach §§ 25 und 71c BVwVfG.

14 2. Absatz 4 enthält eine Regelung, wonach die Landesbehörden einen Antrag auf Entscheidung über die Zulassungspflicht eines Arzneimittels an die zuständige Bundesoberbehörde richten kann. Nach landesrechtlichen Vorschriften (für Bay-

---

9 Vgl. Deutsch, Spickhoff Rn. 886 m. w. Nachw.; Zum Streit über die zivilrechtliche Einordnung von Verkauf und Änderungsanzeige: Sedelmaier, PharmaR 1994, 3ff. und Bauer mit Anmerkung Sedelmaier, PharmaR 1994, 378f.

10 BGH, WRP 1994, 818.

11 BGH, GRUR 1998, 407ff.

ern beispielsweise nach Art. 31, 33 LStVG) sind die Länder berechtigt, Vorschriften über die Erlaubnispflicht für das Zubereiten, Feilhalten, Verkaufen oder sonstiges Überlassen von Arzneien, sowie die Ausübung einer erteilten Erlaubnis zum Zubereiten oder Feilhalten von Arzneien, zu erlassen. Wollen oder können die Landesbehörden die Frage, ob ein Mittel der Zulassungspflicht unterliegt, nicht selbst beantworten, können sie nach Abs. 4 die Hilfe der zuständigen Bundesoberbehörde in Anspruch nehmen.

## VI. Antragsteller

Die Zulassung ist grundsätzlich vom pharmazeutischen Unternehmer zu beantragen, Abs. 3 S. 1, er wird Inhaber der Zulassung. Pharmazeutischer Unternehmer ist grundsätzlich auch derjenige, der Arzneimittel unter seinem Namen in den Verkehr bringt, § 4 Abs. 18. Die Einschränkung, wonach nicht der Erfinder, der Hersteller oder sonstige Beteiligte bei der Erstellung von Rezeptur oder Verfahren den Antrag auf Zulassung stellen können, ist nicht aus sich heraus verständlich. Früher war die Eintragung grundsätzlich noch vom Hersteller selbst anzumelden; der europäische Gesetzgeber bestimmt „den Inhaber der Genehmigung“,[12] was nicht zwangsläufig mit der deutschen Definition des pharmazeutischen Unternehmers deckungsgleich sein muss. Jedenfalls sollte der Antragsteller seine Eigenschaft prüfen: Die zuständigen Bundesoberbehörden versagen die Zulassung, wenn sie den pharmazeutischen Unternehmer in eigener Kompetenz nicht als solchen anerkennen, obwohl im abschließenden Katalog der Versagungsgründe des § 25 nicht etwa Anforderungen an die Eigenschaft des pharmazeutischen Unternehmers gestellt werden. Diese Praxis ist gesetzeswidrig. 15

Der pharmazeutische Unternehmer muss seinen Sitz nicht in Deutschland haben. Wohl aber ist die Antragstellung nach § 9 Abs. 2 auf diejenigen Unternehmer beschränkt, die ihren Sitz in der EU und/oder im Raum der EWG haben. 16

Der Herausgeber der Herstellungsvorschrift ist dann der richtige Antragsteller nach Abs. 3 Satz 2, wenn es sich um ein Arzneimittel handelt, das in der Apotheke oder von sonstigen Einzelhandelsbetrieben unter Anwendung von einheitlichen Vorschriften und Bezeichnungen produziert wird. Weiter ist der Antragsteller nach § 22 Abs. 4 S. 2 nicht verpflichtet, die Herstellungserlaubnis des Herstellers nachzuweisen. 17

Ausnahmsweise ist der Hersteller befugt, einen Zulassungsantrag zu stellen. Dies gilt für solche Arzneimittel nach Abs. 3 S. 3, die von ihm für die Apotheke oder den sonstigen Einzelhandelsbetrieb in Lohnherstellung hergestellt und unter einer einheitlichen Bezeichnung abgegeben werden. Hier wird mit umgekehrten Vorzeichen zu S. 2 dem Umstand Rechnung getragen, dass der eigentlich Verantwort- 18

12 Art. 2 der VO 726/2004 vom 31.03.2004, ABl. L 136 vom 30.04.2004, S.1, zuletzt geändert durch die VO (EG) Nr. 1394/2007 des Europäischen Parlaments und des Rates vom 13.11.2007, ABl. L 324, S. 121.

liche nicht der Apotheker, der das Präparat in den Verkehr bringt, sondern der Hersteller ist.

### VII. In den Verkehr bringen

**19** In den Verkehr bringen bedeutet nach der Begriffsbestimmung des § 4 Abs. 17, dass das Arzneimittel vorrätig zum Verkauf oder zu sonstiger Abgabe gehalten wird einschließlich des Feilhaltens, des Feilbietens und der Abgabe an andere.[13] Die reine Lagerhaltung von Arzneimitteln fällt dann nicht unter die Begriffsbestimmung, soweit der Verkauf oder die Abgabe nicht im Geltungsbereich dieses Gesetzes erfolgen soll. Gleiches dürfte für solche Arzneimittel gelten, bei denen lediglich ein Austausch zwischen verbundenen Unternehmen erfolgt, um den Export zu ermöglichen. Zu Parallel- und Reimporten, Einfuhr und Ausfuhr, siehe näher §§ 72ff.

### VIII. Ausnahmen von der Zulassungspflicht

**20** Von der Zulassungspflicht nicht betroffen sind in der Regel homöopathische Arzneimittel; sie sind zwar Fertigarzneimittel im Sinne von § 2 Abs. 1 jedoch wegen ihrer nicht nachweisbaren therapeutischen Wirksamkeit nach §§ 38 und 39 beim BfArM zu registrieren. Kann das Arzneimittel hingegen die Anforderungen nach § 39 nicht erfüllen, so bedarf es zur Verkehrsfähigkeit der Zulassung. Traditionelle pflanzliche Arzneimittel sind nach §§ 39aff. zu registrieren. Liegen die Voraussetzungen für eine Zulassung pflanzlicher Arzneimittel vor, bleibt diese Möglichkeit für diese Mittel unberührt.

**21** Mit Standardzulassungen kann durch Rechtsverordnung in den in § 36 genannten Ausnahmefällen eine Befreiung von der Zulassungspflicht für bestimmte Arzneimittel erfolgen (siehe Kommentierung dort).

**22** Nach Abs. 2 bedürfen folgende Humanarzneimittel keiner Zulassung:

#### 1. Rezepturarzneimittel, verlängerte Rezeptur

**23** Sie sind in Mengen bis zu 100 abgabefertigen Packungen pro Tag von der Zulassungspflicht freigestellt, wenn ihre wesentlichen Herstellungsschritte von einer Apotheke durchgeführt werden und die Herstellung auf nachweislich häufiger ärztlicher oder zahnärztlicher Verschreibung beruht. Weiter müssen die Arzneimittel dazu bestimmt sein, im Rahmen der bestehenden Apothekenbetrieberlaubnis abgegeben zu werden. Durch diese Regelung können bis zu vier Apotheken beliefert werden; die Hauptapotheke kann ihre hergestellten Arzneimittel an die Filialen abgeben.

---

[13] Zur Auslegung des Begriffs: Urt. des LG München I vom 29.04.1984, PharmaR 1984, 157ff. und 196ff. sowie Rn. 3.

Diese Vorschrift ist aus Gründen der Wirtschaftlichkeit für Apotheken, insbesondere Krankenhausapotheken, grundsätzlich zu begrüßen, selbst wenn die vom Gesetzgeber gewählten unbestimmten Rechtsbegriffe „häufig" und „üblich" im Einzelfall zu Schwierigkeiten bei der Beurteilung führen können. Unter „üblich" versteht das HansOLG Hamburg jedenfalls, dass die verlängerte Rezeptur nur in dem regional begrenzten Gebiet erfolgt, nämlich der übliche Versorgungs- und Einzugsbereich der Apotheke, die die Rezeptur vertreibt[14]. Dennoch verstößt diese Regelung, ähnlich wie die 1000-Regelung in § 38 Abs. 1, gegen europäische Vorschriften:[15] Art. 3 Nummer 1 und 2 der Richtlinie 2001/83[16] enthält entsprechende Ausnahmetatbestände und besagt, dass Arzneimittel, die nach einer formula magistralis oder nach einer formula officinalis hergestellt werden, nicht zulassungspflichtig sind. Bei der formula magistralis handelt es sich um solche Arzneimittel, die in einer Apotheke nach ärztlicher Vorschrift für einen bestimmten Patienten hergestellt werden. Unter die formula officinalis fallen alle Arzneimittel, die nach Vorschrift eines amtlichen Arzneibuchs zubereitet sind und für die unmittelbare Abgabe an solche Patienten bestimmt sind, die Kunden der herstellenden Apotheke sind. Die Ausnahme des § 21 Abs. 2 Nr. 1 ist hingegen weder auf die Herstellung nach einem amtlichen Arzneibuch beschränkt noch auf ärztliche Verschreibung. Die Häufigkeit der Verschreibung dürfte nach der europäischen Regelung allein nicht ausreichen, um die Unbedenklichkeit des Mittels zu rechtfertigen; ebenso nicht, dass es in den wesentlichen Schritten in der Apotheke hergestellt wird[17]. **24**

### 2. Human-Tissue-Engineering-Produkte

Nach Absatz 2 Nr. 1a werden grundsätzlich solche Produkte, die durch regenerative Reproduktion körpereigener Substanzen entstehen, wie zum Beispiel Haut für Verbrennungen am Körper oder der Knorpelersatz für den Einsatz in der Arthrose-Therapie, von der Zulassungspflicht ausgenommen. Der Gesetzgeber hat durch die neue Fassung in der AMG-Novelle 2009 klarstellen wollen, dass sich diese Ausnahme nur auf Stoffe menschlicher Herkunft bezieht. Die Erlaubnis zur Herstellungnach § 13 Abs. 1 Nr. 3 bleibt von dieser Ausnahme unberührt und soll die Qualität und Unbedenklichkeit der Präparate sicherstellen. Die Zweckmäßigkeit und Praktikabilität dieser Regelung ist im Einzelfall zumindest fragwürdig[18]. Handelt es sich beispielsweise um einen behandelnden Arzt, der in seiner Praxis Hautgewebe entnimmt, „züchtet" und dem Patienten wieder implementiert, bedarf er einer Herstellungserlaubnis. **25**

---

14 HansOLG Hamburg, Urteil vom 11.10.2007, PharmaR 9/2008, S. 448.

15 Nach Sander steht die Regelung mit europäischen Vorschriften nicht völlig im Einklang, vgl. § 21 Anm. 9.

16 Vgl. vor § 21 Fn. 2.

17 Zur Frage der wesentlichen Herstellungsschritte auch: LG Hamburg, Urteil vom 22.06.2007, PharmaR 11/2007, S. 466.

18 Kritik am neuen Arzneimittelgesetz (14.Novelle), PharmaR 2005, I.

### 3. Stoffe, die nicht menschlicher Herkunft sind

26 a. Absatz 2 Nr. 1b enthält die zulassungsfreien Stoffe, die anderer als menschlicher Herkunft sind. Hierbei handelt es sich um parenterale Ernährungslösungen und Lösungen in der Onkologie. Die Apotheke kann diese Stoffe bei einem Hersteller in Auftrag geben, wenn eine solche Rezeptur für einzelne Patienten verschrieben wurde. Der Begriff Zytostatika ist nach dem Willen des Gesetzgebers[19] weit zu verstehen, andere Lösungen können beigemischt werden oder es kann sich auch um eine Lösung handeln, die nicht spezifisch zytostatisch wirksam ist, aber eine zytostatische Therapie unterstützt. Für Patienten ohne onkologische Grunderkrankung kann Ziffer 1b) a) dann Anwendung finden, wenn es sich um einen „anderen medizinisch begründeten besonderen Bedarfsfall" handelt. Blister fallen nur dann unter Ziffer 1b, wenn diese nicht verändert werden und eine individuell auf den Patienten zugeschnittene Verpackung erfolgt. Die verblisterten Arzneimittel selbst dürfen weder verändert noch in eine andere Darreichungsform überführt werden.

b. Auch die Abfüllung in unveränderter Form, zum Beispiel in kleinere Flaschen, ist zulässig. Handelt es sich um zugelassene Arzneimittel, die auf Kundenanfrage außerhalb von Apotheken abgefüllt werden sollen, ist dies nur für medizinische Gase nach Ziffer 1f. erlaubt.

### 4. Arzneimittel mit antibakterieller oder antiviraler Wirkung

27 Im Seuchenfall kann den Apotheken die Befugnis eingeräumt werden, Arzneimittel mit antibakterieller oder antiviraler Wirkung, abweichend von Absatz 2 Nr. 1 hinaus auch über 100 Packungen täglich, herzustellen oder durch Dritte herstellen zu lassen. Weiter sind die Apotheken in diesem Fall befugt, diese Arzneimittel auch an andere Apotheken, über die eigentliche Betriebserlaubnis hinaus, abzugeben.

### 5. Gewebezubereitungen

28 Sie werden dann nicht der Zulassungspflicht nach § 21 unterworfen, wenn sie unter die Genehmigung durch die zuständige Bundesoberbehörde nach § 21a fallen, siehe näher die Kommentierung zu § 21a.

### 6. Heilwässer

29 Sogenannte ortsgebundene Heilmittel in Ziffer 1.e unterfallen ebenfalls nicht der Zulassungspflicht. Solche Produkte werden in der Regel nicht über örtliche Kureinrichtungen hinaus vertrieben. Sie unterliegen im übrigen auch nicht der Apothekenpflicht, vgl. § 44.

---

[19] Bundestagsdrucksache 16/12256 vom 16.03.2009, S. 47.

### 7. Therapieallergene

Bei der spezifischen Immuntherapie (SIT) werden Therapieallergene eingesetzt. Soweit die Anwendung von Fertigpräparaten für den Allergiepatienten nicht in Betracht kommt, werden individuelle Rezepturen erforderlich. Aufgrund dieser Einzelfälle ist eine Zulassung entbehrlich. Weiter fallen unter die Ausnahme des Absatzes 2 Nr. 1g beispielsweise verschiedene bereits zugelassene, aber gemeinsam neuverblisterte Arzneimittel. 30

### 8. Arzneimittel, die zur klinischen Prüfung am Menschen bestimmt sind

Abs. 2 Nr. 2 hat klarstellenden Charakter: Bei vielen Arzneimitteln hat der Antragsteller nach § 22 Abs. 2 Nr. 3 seine Wirksamkeit und Unbedenklichkeit durch die klinische Prüfung nachzuweisen, vgl. §§ 40ff. Die Verwendung dieser Mittel ist im Stadium der klinischen Prüfung folglich noch nicht zugelassen; es befindet sich in der Erprobung. Daher stellt Abs. 2 Nr. 2 solche Arzneimittel von der Zulassung frei und erlaubt ihre Verabreichung im Prüfungsumfang. Begrifflich ist die Vorschrift misslungen: Gemeint ist, dass die klinische Prüfung kein Inverkehrbringen ist und die Chargen aller Produktionsgrößen, die zu diesem Zweck produziert werden, außerhalb der Zulassung stehen. 31

### 9. compassionate use

Bereits der europäische Gesetzgeber hat in Art. 83 der VO 726/2004 zum zentralen Zulassungsverfahren[20] eine Ausnahmeregelung vorgesehen. Danach darf ein Arzneimittel, für das eine Genehmigung zum Inverkehrbringen beantragt wurde oder Gegenstand einer noch nicht abgeschlossenen klinischen Prüfung ist, an Patienten verabreicht werden. Voraussetzung dafür ist, dass es sich um Patienten handelt, die an einer zu Invalidität führenden chronischen oder schweren Krankheit leiden oder deren Krankheit lebensbedrohlich ist und eine Behandlung mit bereits zugelassenen Arzneimitteln nicht zufriedenstellend verläuft. Diese humanitären Erwägungen hat der deutsche Gesetzgeber im wesentlichen in Absatz 2 Nr. 6 aufgegriffen. Vor seiner Einführung war die Verwendung solcher Arzneimittel allenfalls unter Berufung auf den strafrechtlich rechtfertigenden Notstand nach § 34 StGB oder im Rahmen von klinischen Studien denkbar. Weitere Voraussetzung ist, dass der Hersteller des Arzneimittels ausreichende Dokumentationen vorlegt, damit der Arzt und der Patient über die Eigenschaft des Mittels aufgeklärt werden können. 32

Durch die AMG-Novelle 2009 wurde neu eingefügt, dass solche Arzneimittel vom pharmazeutischen Unternehmer kostenlos zur Verfügung gestellt werden müssen und auch solche umfasst sind, die der nationalen Zulassung unterliegen. Begründet wird die kostenlose Abgabe damit, dass ein Arzneimittel erst durch den positiven Zulassungsbescheid verkehrsfähig wird und daher eine Umgehung dieser Voraus- 33

[20] Vgl. vor § 21 Fn. 10.

setzung entgegengewirkt werden soll.[21] Diese Regelung ist in der Fachwelt auf erhebliche Bedenken gestoßen. Es wird unter anderem befürchtet, dass die Behandlung der betroffenen Patienten auf dem Rücken der Industrie ausgetragen wird. Dies gelte insbesondere auch deswegen, weil das deutsche Zulassungsverfahren bis heute rund viermal länger dauert, als vom Gesetzgeber vorgesehen. Damit liegt die Frage, wann eine Vergütung verlangt werden kann, auch in den Händen der Zulassungsbehörden. Der Vorschlag, nur solche Arzneimittel von der Kostenpflicht auszunehmen, für die noch kein Zulassungsantrag gestellt wurde, konnte sich jedoch nicht durchsetzen.

**34** Fraglich ist die Regelung unter dem Gesichtspunkt der Kostenerstattungspflicht der gesetzlichen Krankenversicherungen für solche Fälle. Das BVerfG hat hierzu entschieden, dass für die Krankenversicherungen in lebensbedrohlichen oder regelmäßig tödlich verlaufenden Erkrankungen eine Einstandspflicht der gesetzlichen Krankenversicherung auch für neue Behandlungsmethoden besteht, wenn für den Patienten nicht mit einer allgemein anerkannten, zum medizinischem Standard gehörenden Methode geholfen werden kann[22]. Auch das Hessische LSG hat eine endgültige Kostenübernahme für noch nicht zugelassenen Fertigarzneimitteln bei lebensbedrohlichen Erkrankungen befürwortet und sie auch auf solche Arzneimittel ausgedehnt, die zwar nicht unmittelbar auf die aktut lebensbedrohliche Erkrankung einwirkt, sie aber erst ermöglicht[23]. Wenn aber die gesetzlichen Krankenkassen die Kosten für diese Behandlungen und Arzneimittel auch aus dem Hintergrund des Art. 2 GG übernommen werden müssen, sollten sie auch nicht von dem Unternehmen, welches solche Arzneimittel gerade entwickelt, kostenlos abgegeben werden müssen.

**35** Jäkel sieht darüber hinaus in der kostenlosen Abgabe ein Verstoß gegen die europarechtlichen Regelungen, wonach das „Wie" eines compassionate use dort in Art. 83 der VO (EG) Nr. 726/2004 abschließend geregelt sei. Art. 83 enthält jedoch keine kostenlose Abgabe[24].

**36** Verfahrensregelungen nach § 80 wurden bisher noch nicht bestimmt.

### 10. Kinderarzneimittel

**37** § 21 Abs. 1 bezieht ausdrücklich die VO (EG) 1901/2006 in den Geltungsbereich des Zulassungsverfahrens ein[25]. Einer der Gründe für die spezielle Regelung für Kinderarzneimittel war, dass bei mehr als 50 Prozent der bei Kindern angewandten Mittel keine Prüfungen vorliegen. Daher soll die Entwicklung von Kinderarzneimitteln gefördert werden ohne die Zulassung neuer Arzneimittel zu erschweren.

---

21 Bundesstagsdrucksache 16/12256 vom 16.03.2009, S. 47.

22 Bioresonanztherapie, BVerfG, Beschluß vom 06.12.2005, NJW 2006, S. 891.

23 Hessisches LSG, Urteil vom 15.01.2009, AZ: L 1 KR 51/05.

24 Jäkel.,a.a.O., S. 327.

25 VO (EG) 1901/2006 des Europäischen Parlamentes und des Rates vom 12.12.2006, ABl. L 378 vom 27.12.2006, S.1.

Der Europäische Gesetzgeber verspricht sich hiervon eine sachgerechtere Behandlung von Kindern, wobei auch klinische Prüfungen an Kindern vermieden werden sollen.

Seit dem 26. Juli 2008 hat der Antragsteller einer Zulassung dieser grundsätzlich ein pädiatrisches Prüfkonzept in englischer Sprache beizufügen (paediatric investigation plan – PIP). Dieses wird vom Pädiatrieausschuss bei der EMA genehmigt und ist Bestandteil der Zulassung, wobei es nicht darauf ankommt, für welches Zulassungsverfahren (national oder international) sich der Antragsteller entschieden hat. Die Genehmigung (Paediatric use marketing authorisation (PUMA) kann für jedes Arzneimittel erteilt werden und ist dann entsprechend den EU-Vorgaben entsprechend zu kennzeichnen. In Deutschland wurde gemäß § 25 Abs. 7a beim BfArM eine entsprechende Kommission für Arzneimittel für Kinder und Jugendliche (KAKJ) eingerichtet, die bei der Entscheidung der EMA mitwirkt. **38**

Wird eine Genehmigung für das PIP erteilt, erhält der pharmazeutische Unternehmer ein ergänzendes Schutzzertifikat von sechs Monaten auf sein Arzneimittel und für Arzneimittel für seltene Leiden eine Verlängerung seiner Marktexklusivität von zwei Jahren. **39**

## IX. Sanktionen

### Im Strafrecht

Strafbar macht sich, wer Fertigarzneimittel oder Arzneimittel, die zur Anwendung bei Tieren bestimmt sind, ohne Zulassung oder ohne Genehmigung der Kommission der Europäischen Gemeinschaft in den Verkehr bringt (§ 96 Nr. 5). **40**

### Im Ordnungswidrigkeitenrecht

Ordnungswidrig handelt, wer die Straftat nach § 96 Nr. 5 fahrlässig begeht (§ 97 Abs. 1). **41**

## § 21a
## Genehmigung von Gewebezubereitungen

**(1) Gewebezubereitungen, die nicht mit industriellen Verfahren be- oder verarbeitet werden und deren wesentliche Be- oder Verarbeitungsverfahren in der Europäischen Union hinreichend bekannt und deren Wirkungen und Nebenwirkungen aus dem wissenschaftlichen Erkenntnismaterial ersichtlich sind, dürfen im Geltungsbereich dieses Gesetzes nur in den Verkehr gebracht werden, wenn sie abweichend von der Zulassungspflicht nach § 21 Abs. 1 von der zuständigen Bundesoberbehörde genehmigt worden sind. Dies gilt auch im Hinblick auf Gewebezubereitungen, deren Be- oder Verarbeitungsverfahren neu, aber mit einem bekannten Verfahren vergleichbar sind. Satz 1 gilt entsprechend für Blutstammzellzubereitungen, die zur autologen oder gerichteten, für eine bestimmte Person vorgesehenen Anwendung bestimmt sind. Die Genehmigung umfasst die Verfahren für die Gewinnung, Verarbeitung und Prüfung, die Spenderauswahl und die Dokumentation für jeden Verfahrensschritt sowie die quantitativen und qualitativen Kriterien für Gewebezubereitungen. Insbesondere sind die kritischen Verarbeitungsverfahren daraufhin zu bewerten, dass die Verfahren die Gewebe nicht klinisch unwirksam oder schädlich für die Patienten machen.**

**(1a) Einer Genehmigung nach Absatz 1 bedarf es nicht für Gewebezubereitungen, die zur klinischen Prüfung bei Menschen bestimmt sind.**

**(2) Dem Antrag auf Genehmigung sind vom Antragsteller folgende Angaben und Unterlagen beizufügen:**

1. **der Name oder die Firma und die Anschrift des Verarbeiters,**
2. **die Bezeichnung der Gewebezubereitung,**
3. **die Anwendungsgebiete sowie die Art der Anwendung und bei Gewebezubereitungen, die nur begrenzte Zeit angewendet werden sollen, die Dauer der Anwendung,**
4. **Angaben über die Gewinnung und Laboruntersuchung der Gewebe sowie über die Be- oder Verarbeitung, Konservierung, Prüfung und Lagerung der Gewebezubereitung,**
5. **die Art der Haltbarmachung, die Dauer der Haltbarkeit und die Art der Aufbewahrung,**
6. **eine Beschreibung der Funktionalität und der Risiken der Gewebezubereitung,**
7. **Unterlagen über die Ergebnisse von mikrobiologischen, chemischen und physikalischen Prüfungen sowie die zur Ermittlung angewandten Methoden, soweit diese Unterlagen erforderlich sind, sowie**
8. **alle für die Bewertung des Arzneimittels zweckdienlichen Angaben und Unterlagen.**

**§ 22 Absatz 4 gilt entsprechend.**

**(3) Für die Angaben nach Absatz 2 Nr. 3 kann wissenschaftliches Erkenntnismaterial eingereicht werden, das auch in nach wissenschaftlichen Methoden aufbereitetem medizinischen Erfahrungsmaterial bestehen kann. Hierfür**

kommen Studien des Herstellers der Gewebezubereitung, Daten aus Veröffentlichungen oder nachträgliche Bewertungen der klinischen Ergebnisse der hergestellten Gewebezubereitungen in Betracht.

(4) Die zuständige Bundesoberbehörde hat eine Entscheidung über den Antrag auf Genehmigung innerhalb einer Frist von fünf Monaten zu treffen. Wird dem Antragsteller Gelegenheit gegeben, Mängeln abzuhelfen, so werden die Fristen bis zur Behebung der Mängel oder bis zum Ablauf der für die Behebung gesetzten Frist gehemmt. Die Hemmung beginnt mit dem Tag, an dem dem Antragsteller die Aufforderung zur Behebung der Mängel zugestellt wird.

(5) Die zuständige Bundesoberbehörde erteilt die Genehmigung schriftlich unter Zuteilung einer Genehmigungsnummer. Sie kann die Genehmigung mit Auflagen verbinden. § 28 findet entsprechende Anwendung.

(6) Die zuständige Bundesoberbehörde darf die Genehmigung nur versagen, wenn
1. die vorgelegten Unterlagen unvollständig sind,
2. die Gewebezubereitung nicht dem Stand der wissenschaftlichen Erkenntnisse entspricht oder
3. die Gewebezubereitung nicht die vorgesehene Funktion erfüllt oder das Nutzen-Risiko-Verhältnis ungünstig ist.

(7) Der Antragsteller oder nach der Genehmigung der Inhaber der Genehmigung hat der zuständigen Bundesoberbehörde unter Beifügung entsprechender Unterlagen unverzüglich Anzeige zu erstatten, wenn sich Änderungen in den Angaben und Unterlagen nach Absatz 2 und 3 ergeben. Im Falle einer Änderung in den Unterlagen nach Absatz 3 darf die Änderung erst vollzogen werden, wenn die zuständige Bundesoberbehörde zugestimmt hat.

(8) Die Genehmigung ist zurückzunehmen, wenn nachträglich bekannt wird, dass einer der Versagungsgründe nach Absatz 6 Nr. 2 und 3 vorgelegen hat. Sie ist zu widerrufen, wenn einer dieser Versagungsgründe nachträglich eingetreten ist. In beiden Fällen kann auch das Ruhen der Genehmigung befristet angeordnet werden. Vor einer Entscheidung nach den Sätzen 1 bis 3 ist der Inhaber der Genehmigung zu hören, es sei denn, dass Gefahr im Verzuge ist. Ist die Genehmigung zurückgenommen oder widerrufen oder ruht die Genehmigung, so darf die Gewebezubereitung nicht in den Verkehr gebracht und nicht in den Geltungsbereich dieses Gesetzes verbracht werden.

(9) Abweichend von Absatz 1 bedürfen Gewebezubereitungen, die in einem Mitgliedstaat der Europäischen Union oder in einem anderen Vertragsstaat des Abkommens über den Europäischen Wirtschaftsraum in den Verkehr gebracht werden dürfen, bei ihrem erstmaligen Verbringen in den Geltungsbereich dieses Gesetzes einer Bescheinigung der zuständigen Bundesoberbehörde. Vor der Erteilung der Bescheinigung hat die zuständige Bundesoberbehörde zu prüfen, ob die Be- oder Verarbeitung der Gewebezubereitungen den Anforderungen an die Entnahme- und Verarbeitungsverfahren, ein-

**schließlich der Spenderauswahlverfahren und der Laboruntersuchungen, sowie die quantitativen und qualitativen Kriterien für die Gewebezubereitungen den Anforderungen dieses Gesetzes und seiner Verordnungen entsprechen. Die zuständige Bundesoberbehörde hat die Bescheinigung zu erteilen, wenn sich die Gleichwertigkeit der Anforderungen nach Satz 2 aus der Genehmigungsbescheinigung oder einer anderen Bescheinigung der zuständigen Behörde des Herkunftslandes ergibt und der Nachweis über die Genehmigung in dem Mitgliedstaat der Europäischen Union oder dem anderen Vertragsstaat des Abkommens über den Europäischen Wirtschaftsraum vorgelegt wird. Eine Änderung in den Anforderungen nach Satz 2 ist der zuständigen Bundesoberbehörde rechtzeitig vor einem weiteren Verbringen in den Geltungsbereich dieses Gesetzes anzuzeigen. Die Bescheinigung ist zurückzunehmen, wenn eine der Voraussetzungen nach Satz 2 nicht vorgelegen hat; sie ist zu widerrufen, wenn eine der Voraussetzungen nach Satz 2 nachträglich weggefallen ist.**

**Übersicht** **Rz.**



**Literatur**

Roth, Beschränkungen beim Umgang mit menschlichem Gewebe durch arzneimittelrechtliche Genehmigungen, PharmaR 2008, 108.

## I. Die Bedeutung der Norm

1 Grundlage der Vorschrift, wie auch für §§ 20b und 20c, ist das Gewebegesetz vom 20.07.2007[1]. Es dient unter anderem der Umsetzung der europäischen Richtlinie 2004/23/EG vom 31. März 2004 zur Festlegung von Qualitäts- und Sicherheitsstandards für die Spende, Beschaffung, Testung, Verarbeitung, Konservierung, Lagerung und Verteilung von menschlichen Geweben und Zellen[2]. Neben zahlreichen Änderungen des Transplantationsgesetzes sieht das Gewebegesetz im AMG innerhalb der Zulassungsvorschriften eine Genehmigungspflicht für bestimmte

[1] Gesetz über Qualität und Sicherheit von menschlichen Geweben und Zellen (Gewebegesetz) vom 20.07.2007, BGBl. I, S. 1574.

[2] ABl. EU Nr. L 102, S. 48 nebst Durchführungs- und Umsetzungsrichtlinien 2006/17/EG vom 08.02.2006, ABl. EU L 38 vom 09.02.2006 und 2006/86/EG vom 24.10.2006, ABl. L 294 vom 25.10.2006.

Gewebezubereitungen, die als Arzneimittel eingestuft werden, vor. Nach Inkrafttreten des Gesetzes hatten Antragsteller, die bereits vorher mit Gewebezubereitungen auf dem Markt waren bis zum 01. September 2008 Gelegenheit, einen Genehmigungsantrag zu stellen. Von dieser Gelegenheit haben 341 Antragsteller Gebrauch gemacht. Aktuell liegen der zuständigen Bundesoberbehörde 181 Anträge vor, bis Ende 2008 wurden 15 Gewebezubereitungen genehmigt, unter anderem beispielsweise solche für Knochenpulver und Knorpelgewebe[3].

## II. Gewebezubereitungen

Industriell hergestellte Gewebezubereitungen und solche, die zwar nicht industriell, aber mit einem unbekannten Verfahren hergestellt werden, unterliegen der Herstellungserlaubnis nach § 13 Abs. 1 und der Zulassungspflicht nach § 21 Abs. 1. Hiervon abweichend enthält § 21a eigene Vorschriften für solche Gewebezubereitungen, die nicht industriell und nach einem bekannten Verfahren hergestellt werden. Diese Zubereitungen bedürfen einer Gewinnungs- und Verarbeitungserlaubnis nach §§ 20b und 20c sowie der Genehmigung für das Inverkehrbringen[4] nach § 21a. Nach § 4 Abs. 30 und § 1a Nr. 4 TPG sind Gewebezubereitungen alle aus Zellen bestehenden Bestandteile des menschlichen Körpers, einschließlich einzelner menschlicher Zellen, die keine Organe im Sinne von § 1a Nr. 1 TPG sind, oder aus solchen Geweben hergestellt worden sind. 2

Die Abgrenzung zum industriellen Verfahren erfolgt nach § 4 Abs. 1. Die Herstellung mittels einem handwerklichen Verfahren, die hinreichende Bekanntheit des Be- und Verarbeitungsverfahrens spricht für die Genehmigungsfähigkeit nach § 21a ebenso wie, dass das Erkenntnismaterial Angaben zu den Wirkungen und Nebenwirkungen enthält. Auch solche Be- und Verarbeitungsverfahren fallen unter § 21a, die zwar nicht bekannt sind, wohl aber mit bekannten Verfahren vergleichbar sind. Wann dies der Fall ist, bleibt offen. Hier dürften sich in der Praxis Abgrenzungsschwierigkeiten ergeben. Der Gesetzgeber führt hierzu aus, dass ein „hinreichender Bekanntheitsgrad" auch dann angenommen werden kann, wenn das Verfahren zwar erst seit wenigen Jahren bekannt ist, es aber mit bekannten Verfahren vergleichbar ist oder das Gefährdungspotential sicher einzuschätzen sei[5]. 3

Unter § 21a fallen beispielsweise muskulo-skelettale Gewebe, kardio-vaskuläre Gewebe und solche von Haut und Augen. 4

## III. Ausnahmen von der Genehmigungspflicht

Kein Arzneimittel ist nach § 4a Nr. 4 solches Gewebe, welches deshalb von einer Person entnommen wurde, um es auf diese zurückzuübertragen. Weiter nimmt 5

3 Vgl. Jahresbericht des PEI 2008, abrufbar unter www.pei.de.
4 Zur Definition des Inverkehrbringen siehe § 21 Rn. 19.
5 BT-Drs. 16/5443, S. 57.

Abs. 1a solche Gewebezubereitungen von der Pflicht zur Genehmigung aus, die zur klinischen Prüfung beim Menschen bestimmt sind.

### IV. Dem Antrag beizufügende Unterlagen

6 Das Paul-Ehrlich-Institut hat für die Beantragung der Genehmigung fünf Antragsmodule entwickelt, die dem CTD (Common Technical Document) entsprechen. So wird beispielsweise mit dem CTD-Modul 1 das Arzneimittel als solches erfasst, das CTD-Modul 3 enthält Daten zur Qualität, das CTD-Modul 5 solche über die klinischen Daten. Alle Module sind mit Hinweisen von der homepage des PEI abrufbar. Weiter hat das PEI eine Gewebehotline für Fragen zur Genehmigung von Gewebezubereitungen eingerichtet. Im übrigen wird im Hinblick auf die in Abs. 2 aufgeführten Angaben auf § 22 Rn. 3 bis 10 verwiesen.

### V. Fristen, Mängelrüge

7 Abs. 4 ermöglicht der zuständigen Bundesoberbehörde, Mängel bei der Antragstellung gegenüber dem Antragsteller zu rügen, vgl. die Kommentierung zu § 25 Rn. 7. Anderenfalls hat die zuständige Bundesoberbehörde die Genehmigung innerhalb eines Zeitraumes von fünf Monaten zu erteilen.

### VI. Genehmigung

8 Der in Abs. 6 enthaltene Katalog über die Versagung der Genehmigung sind abschließend. Liegt keiner der in Ziffer 1 bis 3 aufgeführten Gründe vor, hat der Antragsteller einen Anspruch auf Genehmigung. Sie wird schriftlich unter Vergabe einer Nummer erteilt und gilt unbefristet. Weiter sieht § 8f TPG ein separates Register vor, dass von dem Deutschen Institut für Medizinische Dokumentation und Information geführt wird.

### VII. Rücknahme, Widerruf und Ruhen der Genehmigung; Auflagenbefugnis

9 Zu den Regelungen gemäß Abs. 8 wird auf die Kommentierung des § 30 verwiesen. Die Auflagenbefugnis in Abs. 5 wurde durch die AMG-Novelle 2009 eingefügt, vgl. die Kommentierungen zu § 28.

### VIII. Änderungsanzeige, Bescheinigung

10 Zur Änderungsanzeige siehe die Kommentierungen zu § 29. Weitere Dokumentations- und Meldepflichten sieht § 63c vor.

11 Vor der Erteilung einer Bescheinigung nach Abs. 9 für Gewebezubereitungen, die aus einem anderen Mitgliedstaat der Europäischen Gemeinschaft oder dem EWR, die in Deutschland erstmals in den Verkehr gebracht werden sollen, wird von der zuständigen Bundesoberbehörde zunächst inhaltlich geprüft, ob die Zubereitungen den Anforderungen des Gesetzes und seiner Verordnungen entsprechen.

§ 72b enthält unter anderem weitere Bestimmungen über die Einfuhrerlaubnis und Zertifikate für bestimmte Gewebezubereitungen. 12

## IX. Zuständige Behörden

Für die Beurteilung, ob es sich bei dem Verfahren der Gewebezubereitung um ein industrielles Verfahrens handelt oder nicht, sind die Landesbehörden zuständig, im übrigen ist das Paul-Ehrlich-Institut als Bundesoberbehörde zuständig. 13

## X. Sanktionen

### Im Strafrecht

Strafbar macht sich, wer ohne Genehmigung nach § 21a Gewebezubereitungen in den Verkehr bringt (§ 95 Nr. 5a). 14

### Im Ordnungswidrigkeitenrecht

Eine Ordnungswidrigkeit begeht, wer ohne Genehmigung nach §21a fahrlässig Gewebezubereitungen in den Verkehr bringt (§ 97 Abs. 1). 15

## § 22
## Zulassungsunterlagen

**(1) Dem Antrag auf Zulassung müssen vom Antragsteller folgende Angaben beigefügt werden:**

**1. der Name oder die Firma und die Anschrift des Antragstellers und des Herstellers,**
**2. die Bezeichnung des Arzneimittels,**
**3. die Bestandteile des Arzneimittels nach Art und Menge; § 10 Abs. 6 findet Anwendung,**
**4. die Darreichungsform,**
**5. die Wirkungen,**
**6. die Anwendungsgebiete,**
**7. die Gegenanzeigen,**
**8. die Nebenwirkungen,**
**9. die Wechselwirkungen mit anderen Mitteln,**
**10. die Dosierung,**
**11. Angaben über die Herstellung des Arzneimittels,**
**12. die Art der Anwendung und bei Arzneimitteln, die nur begrenzte Zeit angewendet werden sollen, die Dauer der Anwendung,**
**13. die Packungsgrößen,**
**14. die Art der Haltbarmachung, die Dauer der Haltbarkeit, die Art der Aufbewahrung, die Ergebnisse von Haltbarkeitsversuchen,**
**15. die Methoden zur Kontrolle der Qualität (Kontrollmethoden).**

**(1a) Die Angaben nach Absatz 1 Satz 1 Nummer 1 bis 10 müssen in deutscher, die übrigen Angaben in deutscher oder englischer Sprache beigefügt werden; andere Angaben oder Unterlagen können im Zulassungsverfahren statt in deutscher auch in englischer Sprache gemacht oder vorgelegt werden, soweit es sich nicht um Angaben handelt, die für die Kennzeichnung, die Packungsbeilage oder die Fachinformation verwendet werden.**

**(2) Es sind ferner vorzulegen:**

**1. die Ergebnisse physikalischer, chemischer, biologischer oder mikrobiologischer Versuche und die zu ihrer Ermittlung angewandten Methoden (analytische Prüfung),**
**2. die Ergebnisse der pharmakologischen und toxikologischen Versuche,**
**3. die Ergebnisse der klinischen Prüfungen oder sonstigen ärztlichen, zahnärztlichen oder tierärztlichen Erprobung,**
**4. eine Erklärung, dass außerhalb der Europäischen Union durchgeführte klinische Prüfungen unter ethischen Bedingungen durchgeführt wurden, die mit den ethischen Bedingungen der Richtlinie 2001/20/EG des Parlaments und des Rates vom 4. April 2001 zur Angleichung der Rechts- und Verwaltungsvorschriften der Mitgliedstaaten über die Anwendung der guten klinischen Praxis bei der Durchführung von klinischen Prüfungen mit Humanarzneimitteln (ABl. EG Nr. L 121 vom 1.5.2001, S. 34) gleichwertig sind,**

5. eine detaillierte Beschreibung des Pharmakovigilanz- und, soweit zutreffend, des Risikomanagement-Systems, das der Antragsteller einführen wird,
6. den Nachweis, dass der Antragsteller über eine qualifizierte Person nach § 63a verfügt, die mit den notwendigen Mitteln zur Wahrnehmung der Verpflichtungen nach § 63b ausgestattet ist,
7. eine Kopie jeder Ausweisung des Arzneimittels als Arzneimittel für seltene Leiden gemäß der Verordnung (EG) Nr. 141/2000 des Europäischen Parlaments und des Rates vom 16. Dezember 1999 über Arzneimittel für seltene Leiden (ABl. EG Nr. L 18 S. 1).

Die Ergebnisse nach Satz 1 Nr. 1 bis 3 sind durch Unterlagen so zu belegen, dass aus diesen Art, Umfang und Zeitpunkt der Prüfungen hervorgehen. Dem Antrag sind alle für die Bewertung des Arzneimittels zweckdienlichen Angaben und Unterlagen, ob günstig oder ungünstig, beizufügen. Dies gilt auch für unvollständige oder abgebrochene toxikologische oder pharmakologische Versuche oder klinische Prüfungen zu dem Arzneimittel.

(3) An Stelle der Ergebnisse nach Absatz 2 Nr. 2 und 3 kann anderes wissenschaftliches Erkenntnismaterial vorgelegt werden, und zwar
1. bei einem Arzneimittel, dessen Wirkstoffe seit mindestens zehn Jahren in der Europäischen Union allgemein medizinisch oder tiermedizinisch verwendet wurden, deren Wirkungen und Nebenwirkungen bekannt und aus dem wissenschaftlichen Erkenntnismaterial ersichtlich sind,
2. bei einem Arzneimittel, das in seiner Zusammensetzung bereits einem Arzneimittel nach Nummer 1 vergleichbar ist,
3. bei einem Arzneimittel, das eine neue Kombination bekannter Bestandteile ist, für diese Bestandteile; es kann jedoch auch für die Kombination als solche anderes wissenschaftliches Erkenntnismaterial vorgelegt werden, wenn die Wirksamkeit und Unbedenklichkeit des Arzneimittels nach Zusammensetzung, Dosierung, Darreichungsform und Anwendungsgebieten auf Grund dieser Unterlagen bestimmbar sind.

Zu berücksichtigen sind ferner die medizinischen Erfahrungen der jeweiligen Therapierichtungen.

(3a) Enthält das Arzneimittel mehr als einen Wirkstoff, so ist zu begründen, dass jeder Wirkstoff einen Beitrag zur positiven Beurteilung des Arzneimittels leistet.

(3b) Bei radioaktiven Arzneimitteln, die Generatoren sind, sind ferner eine allgemeine Beschreibung des Systems mit einer detaillierten Beschreibung der Bestandteile des Systems, die die Zusammensetzung oder Qualität der Tochterradionuklidzubereitung beeinflussen können, und qualitative und quantitative Besonderheiten des Eluats oder Sublimats anzugeben.

(3c) Ferner sind Unterlagen vorzulegen, mit denen eine Bewertung möglicher Umweltrisiken vorgenommen wird, und für den Fall, dass die Aufbewahrung des Arzneimittels oder seine Anwendung oder die Beseitigung seiner Abfälle besondere Vorsichts- oder Sicherheitsmaßnahmen erfordert, um Gefahren

**für die Umwelt oder die Gesundheit von Menschen, Tieren oder Pflanzen zu vermeiden, dies ebenfalls angegeben wird. Angaben zur Verminderung dieser Gefahren sind beizufügen und zu begründen. Für Arzneimittel, die für die Anwendung bei Tieren bestimmt sind, sind auch die Ergebnisse der Prüfungen zur Bewertung möglicher Umweltrisiken vorzulegen; Absatz 2 Satz 2 bis 4 findet entsprechend Anwendung.**

**(4) Wird die Zulassung für ein im Geltungsbereich dieses Gesetzes hergestelltes Arzneimittel beantragt, so muss der Nachweis erbracht werden, dass der Hersteller berechtigt ist, das Arzneimittel herzustellen. Dies gilt nicht für einen Antrag nach § 21 Abs. 3 Satz 2.**

**(5) Wird die Zulassung für ein außerhalb des Geltungsbereiches dieses Gesetzes hergestelltes Arzneimittel beantragt, so ist der Nachweis zu erbringen, dass der Hersteller nach den gesetzlichen Bestimmungen des Herstellungslandes berechtigt ist, Arzneimittel herzustellen, und im Falle des Verbringens aus einem Land, das nicht Mitgliedstaat der Europäischen Union oder anderer Vertragsstaat des Abkommens über den Europäischen Wirtschaftsraum ist, dass der Einführer eine Erlaubnis besitzt, die zum Verbringen des Arzneimittels in den Geltungsbereich dieses Gesetzes berechtigt.**

**(6) Soweit eine Zulassung in einem anderen Staat oder in mehreren anderen Staaten erteilt worden ist, ist eine Kopie dieser Zulassung beizufügen. Ist eine Zulassung ganz oder teilweise versagt worden, sind die Einzelheiten dieser Entscheidung unter Darlegung ihrer Gründe mitzuteilen. Wird ein Antrag auf Zulassung in einem Mitgliedstaat oder in mehreren Mitgliedstaaten der Europäischen Union geprüft, ist dies anzugeben. Kopien der von den zuständigen Behörden der Mitgliedstaaten genehmigten Zusammenfassungen der Produktmerkmale und der Packungsbeilagen oder, soweit diese Unterlagen noch nicht vorhanden sind, der vom Antragsteller in einem Verfahren nach Satz 3 vorgeschlagenen Fassungen dieser Unterlagen sind ebenfalls beizufügen. Ferner sind, sofern die Anerkennung der Zulassung eines anderen Mitgliedstaates beantragt wird, die in Artikel 28 der Richtlinie 2001/83/EG oder in Artikel 32 der Richtlinie 2001/82/EG vorgeschriebenen Erklärungen abzugeben sowie die sonstigen dort vorgeschriebenen Angaben zu machen. Satz 5 findet keine Anwendung auf Arzneimittel, die nach einer homöopathischen Verfahrenstechnik hergestellt worden sind.**

**(7) Dem Antrag ist der Wortlaut der für das Behältnis, die äußere Umhüllung und die Packungsbeilage vorgesehenen Angaben sowie der Entwurf einer Zusammenfassung der Produktmerkmale beizufügen, bei der es sich zugleich um die Fachinformation nach § 11a Absatz 1 Satz 2 handelt, soweit eine solche vorgeschrieben ist. Der zuständigen Bundesoberbehörde sind bei Arzneimitteln, die zur Anwendung bei Menschen bestimmt sind, außerdem die Ergebnisse von Bewertungen der Packungsbeilage vorzulegen, die in Zusammenarbeit mit Patienten-Zielgruppen durchgeführt wurden. Die zuständige Bundesoberbehörde kann verlangen, dass ihr ein oder mehrere Muster oder Verkaufsmodelle des Arzneimittels einschließlich der Packungsbeilagen**

**sowie Ausgangsstoffe, Zwischenprodukte und Stoffe, die zur Herstellung oder Prüfung des Arzneimittels verwendet werden, in einer für die Untersuchung ausreichenden Menge und in einem für die Untersuchung geeigneten Zustand vorgelegt werden.**

**Literatur**

Gassner, Unterlagenschutz im Europäischen Arzneimittelrecht, GRUR Int. 2004, 983; Gerstberger, Greifender, Die 14. AMG-Novelle – ein kritischer Überblick über die geplanten Änderungen durch den Regierungsentwurf vom 13. April 2005, PharmaR 2005, 297; Nink, Schröder, Zu Risiken und Nebenwirkungen: Lesen Sie die Packungsbeilage?, PharmaR 2006, 118; Schäfer, Packungsbeilagenbewertung und Lesbarkeitstest nach der 14. AMG-Novelle, Arzneimittel&Recht 2005, 104.

## I. Die Bedeutung der Norm

Die Vorschrift macht deutlich, dass der Antragsteller die zuständige Bundesober- 1
behörde mit erheblichem Aufwand in die Lage versetzen muss, über seinen Antrag zu entscheiden. Zwar ermittelt sie den Sachverhalt von Amts wegen, vgl. § 24 BVwVfG; sie hat jedoch stets die Möglichkeit, die Zulassung zu versagen, wenn die vorgelegten Unterlagen unvollständig sind, vgl. § 25 Abs. 2 Nr. 1. Umso wichtiger ist es für den Antragsteller, zu erfahren, welche Voraussetzungen die Behörde an die vorzulegenden Unterlagen stellt. Weiter ist die AMG-Einreichungsverordnung vom 21.12.2000 zur elektronischen und schriftlichen Einreichung zu beachten[1], deren Inhalt das BfArM nebst Erläuterungen zur jeweils geltenden Version auf ihrer homepage[2] zur Verfügung stellt. Weiter wurde durch die AMG-Novelle 2009 die Möglichkeit erweitert, Unterlagen über § 25b hinaus für die Ziffern 11 bis 15 in englischer statt in deutscher Sprache vorzulegen. Dies gilt auch für andere Angaben, soweit es sich nicht um solche Informationen handelt, die zur Kennzeichnung, Packungsbeilage oder der Fachinformation benötigt werden.

## II. Dem Antrag beizufügende Unterlagen

Die Unterlagen bestehen aus Angaben, die der Antragsteller machen muss (der 2
Wortlaut scheint auf das „Beifügen" größten Wert zu legen). Dies sind die Nummern 1 bis 15 des Abs. 1.

Ferner müssen Versuchsergebnisse für das betroffene Arzneimittel mit den zuge- 3
hörigen Versuchsmethoden vorgelegt werden und zwar so, dass Art, Umfang, Qualität und Zeitpunkt der Versuche transparent werden. Hinzu kommen bewertende Gutachten nach § 24 (siehe näher Kommentierung dort). Und, methodisch unglücklich versteckt, findet sich noch eine Generalklausel in Abs. 2 Satz 3: Alle für die Bewertung des Arzneimittels zweckdienlichen Angaben und Unterlagen

---

1 Zuletzt geändert am 31.10.2006, BGBl. I 2006, 2407.
2 www.bfarm.de.

sind beizufügen. Dieser Programmsatz wäre bei herkömmlicher Gesetzestechnik an den Anfang zu stellen.

4 Weil der Antragsteller einen Anspruch hat, eine Zulassung zu erhalten, wenn keine der in § 25 enthaltenen Versagungsgründe vorliegen, muss die Zweckdienlichkeit zur Bewertung des Arzneimittels so verstanden werden, dass es nur darum gehen kann, festzustellen, ob einer dieser Versagungsgründe vorliegt. Wird ein Dokument unterdrückt oder nicht erstellt, das dazu benötigt wird, heißt das, dass die vorgelegten Unterlagen unvollständig sind. Dann kann die zuständige Bundesoberbehörde die Zulassung auch später nach § 30 Abs. 2 Nr. 1 zurücknehmen.

5 Die Angaben sind deshalb von Bedeutung, weil ihre Inhalte vom Antragsteller selbst stammen. Im Gegensatz hierzu sind die Anlagen entweder die bloße Wiedergabe von faktischem Geschehen (Studien, Ergebnisse, Beschreibungen) oder Ausführungen Dritter (Sachverständigengutachten, Erklärungen). Bei den Angaben nach Abs. 1 dienen die Ziffern 1 bis 4 zum Zwecke der Identifikation, die Ziffern 5 bis 15 und im wesentlichen auch Abs. 2 der Bewertung des Arzneimittels.

### III. Einzelheiten für die beizufügenden Unterlagen

6 Für alle Angaben gilt, dass sie konkret und detailgenau sein müssen.

#### 1. Für Antragsteller und Hersteller

7 Name und Anschrift. Die Firma bezeichnet den Namen, unter dem im Handel Geschäfte betrieben werden und mit dem unterzeichnet wird (§ 17 HGB). Impliziert ist, dass dieser Name vom bürgerlichen Namen abweicht. Die Angaben über den Hersteller wären zur Bewertung des Arzneimittels selbst unerheblich; jedoch fordert die Vorschrift in Abs. 4 und Abs. 5 ausdrücklich die Nachweise über die Berechtigung des Herstellers zu seinem Tun.

#### 2. Bezeichnung des Arzneimittels

8 Die Bezeichnung ist der Name, unter dem das Mittel in den Verkehr gebracht werden soll. Er dient der Identifikation; vgl. dazu § 10 Abs. 1 Ziffer 2 und § 10 Abs. 1a zur internationalen Kurzbezeichnung. Als Bestandteil der Zulassung ist die Bezeichnung so anzubringen, dass sie vollständig zweifelsfrei erkennbar ist.[3] Im übrigen ist sie im Rahmen des sonst rechtlich Zulässigen frei wählbar.

#### 3. Bestandteile des Arzneimittels nach Art und Menge

9 Wie genau zu bezeichnen ist, beschreibt § 10 Abs. 6. Es sind alle Bestandteile, auch in der konkret vorgesehenen Menge, mitzuteilen.

---

[3] OLG Hamburg, PharmaR 1998, 173ff.

**4. Die Darreichungsform**

Siehe hierzu § 10 Abs. 1 Nr. 5 **10**

**5. Die Wirkungen**

Gemeint ist nicht etwa der beabsichtigte therapeutische Erfolg, sondern der direkte gewünschte Effekt im Körper, wie zum Beispiel die Neutralisierung von Magensäften. **11**

**6. Die Anwendungsgebiete**

Siehe § 11 Abs. 1 Nr. 2. **12**

**7. Die Gegenanzeigen**

Siehe § 11 Abs. 1 Nr. 3a. **13**

**8. Die Nebenwirkungen**

Siehe § 4 Abs. 13 und § 11 Abs. 1 Nr. 5. **14**

**9. Die Wechselwirkungen mit anderen Mitteln**

Siehe § 11 Abs. 1 Nr. 3c. **15**

**10. Die Dosierung**

Siehe § 11 Abs. 1 Nr. 4a. Dort wird freilich eine laienverständliche Anleitung gefordert. **16**

**11. Die Herstellung**

Siehe § 4 Abs. 14. Dort ist nur gesagt, was das Herstellen ist. Im Zulassungsantrag muss aber angegeben werden, wie hergestellt wird. Diese Angaben können wesentliches und geheimes Know-how enthalten. Sie können sich nach Streichung des Wortes „kurzgefasste" wohl nicht mehr auf das Wesentliche beschränken. Die Bewertung des Arzneimittels im Hinblick auf Versagungsgründe bleibt hingegen das Kriterium, nicht etwa, dass die Angaben den Leser auch tatsächlich in die Lage versetzen, selbst herzustellen. **17**

**12. Die Art und Dauer der Anwendung**[4]

18 Siehe § 10 Abs. 1 Nr. 7 und § 11 Abs. 1 Nr. 4b zur Art der Anwendung. Die Dauer der Behandlung ist in § 11 Abs. 1 Nr. 4d enthalten, wobei sie nur dann anzugeben ist, wenn sie tatsächlich festgelegt werden soll.

**13. Die Packungsgrößen**

19 Siehe § 12 Abs. 3.

**14. Die Art der Haltbarmachung und Dauer der Haltbarkeit**

20 Die Haltbarmachung kann sich durch die Rezeptur oder durch die Herstellungstechniken ergeben. Wie, das ist anzugeben. Die Dauer der Haltbarkeit ist eine Angabe des Antragstellers, die zusätzlich durch die Ergebnisse von Studien zu belegen ist. Die Art der Aufbewahrung ist dann anzugeben, wenn sie eine Bedingung für die Haltbarkeitsdauer darstellt. Die Art der Aufbewahrung kann die Haltbarkeit des Arzneimittels beeinflussen, siehe § 11 Abs. 1 Nr. 6b und 6c. Sofern Art der Aufbewahrung, Anwendung oder Entsorgung des Arzneimittels eine Gefahr für Mensch, Tier oder Umwelt darstellen kann, hat der Antragsteller nach Abs. 3 c die besonderen Vorkehrungen anzugeben, die als Vorsichts- oder Sicherheitsmaßnahmen hierfür nötig sind. Können diese Risiken vermindert werden, sind auch hierzu entsprechende Informationen und Begründungen erforderlich.

**15. Die Kontrollmethoden**

21 Die Anforderungen an die Kontrollmethoden ergeben sich aus den Arzneimittelprüfrichtlinien, die auf der Grundlage des § 26 erlassen wurden. § 22 Abs. 1 Nr. 15 sagt nur, dass es solche Methoden geben muss. Sie dienen zum Nachweis dafür, dass die gleichbleibende Qualität des Arzneimittels gesichert ist. Weiter finden die Richtlinie über die gute Praxis der Herstellung (Good Manufacturing Practice – GMP) Anwendung[5], die der Gesetzgeber bei Erlass der Arzneimittelprüfrichtlinien beachtet (siehe näher Kommentierung zu § 26). Die GMP wurden im Laufe der Jahrzehnte im Wesentlichen in Zusammenarbeit von den Mitgliedern der Pharmazeutischen Inspektions Konvention (PIC) entwickelt und stellen den internationalen Industriestandard dar.

---

[4] Zur Zulässigkeit eines Importarzneimittels, das eine Bezeichnung über die Art der Anwendung enthält, die nicht Inhalt der Zulassung in Deutschland ist: OLG Köln, PharmaR 1997, 187ff.

[5] Richtlinie 2003/94/EG der Kommission vom 08.10.2003 zur Festlegung der Grundsätze und Leitlinien der Guten Herstellungspraxis für Humanarzneimittel und für zur Anwendung beim Menschen bestimmte Prüfpräparate, ABl. L 262 vom 14.10.2003, S. 22, zuletzt geändert durch die Richtlinie 2005/28/EG, ABl. L 91 vom 09.04.2005, S. 13.

## 16. Studienergebnisse

### a. Die Ergebnisse der analytischen Prüfung

Der Antragsteller hat ferner Studienergebnisse vorzulegen. Dabei sind die Ergebnisse der analytischen Prüfung in jedem Falle vorzulegen, weil sie sich auf die konkrete, vom Antragsteller gewählte Herstellungsart des Arzneimittels bezieht. Diese Prüfung ist eine in vitro-Prüfung des Präparates, das mit dem vorgesehenen konkreten Verfahren hergestellt wurde. Unabhängig von der Zusammensetzung, die bei verschiedenen Anträgen gleich sein kann, können verschiedene Qualitätsfaktoren eine Rolle spielen. Es wird daher geprüft, ob der Wirkstoff als solcher vorhanden ist sowie seine Freisetzung im Körper, die Qualität des Wirkstoffes und ob Verunreinigungen bestehen oder den Vorschriften entsprechen. **22**

### b. Die Ergebnisse der pharmakologisch-toxikologischen Prüfung

Dies sind die Prüfungen der präklinischen Phase, also Tierversuche. Sie beginnen als Sicherheitsprüfungen vor jeder klinischen Prüfung am Menschen und dienen als Raster sowohl für die therapeutische als auch für toxische Wirkungen, die eine Fortführung mit klinischen Prüfungen am Menschen ausschließen können. In Fällen des Abs. 3 kann diese Prüfung entfallen. Sie laufen teilweise mit der klinischen Prüfung parallel, müssen aber vor ihr beginnen. **23**

### c. Die Ergebnisse der klinischen Prüfung

In dieser Phase wird die Verträglichkeit, die Kinetik und die therapeutische Wirksamkeit des Arzneimittels an Menschen untersucht; zum Schutz der Probanden und Patienten sind die Vorschriften der §§ 40ff. zu beachten. Auch hier kann die Prüfung in den Fällen des Abs. 3 entfallen. Soweit klinische Prüfungen nicht innerhalb der Europäischen Union durchgeführt werden, ist nach Abs. 2 Nr. 4 eine Gleichwertigkeitserklärung erforderlich die besagt, dass diese Prüfungen den ethischen Anforderungen der Richtlinie 2001/20/EG[6] entsprechen. Wer die Erklärung abzugeben hat, lässt sowohl der deutsche als auch der europäische Gesetzgeber in Artikel 8 Abs. 3 Nr. ib der Richtlinie 2001/83/EG offen. Jedenfalls soll mit diesen Regelungen ein Gleichlauf der Anforderungen gewährleistet werden. **24**

Die Regelung, auch Material zu unvollständigen oder abgebrochenen Versuchen oder Prüfungen vorzulegen, gilt nur für solches Material, das für die Bewertung des Arzneimittels zweckdienlich ist. Die Vorlage dient dem Ziel, Erkenntnisquellen dafür auszuschöpfen, ob Versagungsgründe vorliegen oder nicht. **25**

---

[6] GCP-Richtlinie des Europäischen Parlaments und des Rates vom 04.04.2001 zur Angleichung der Rechts- und Verwaltungsvorschriften der Mitgliedstaaten über die Anwendung der guten klinischen Praxis bei der Durchführung von klinischen Prüfungen mit Humanarzneimitteln, ABl. L 121 vom 01.05.2001, S. 34.

### 17. Pharmakovigilanz- und Risikomanagement-System, Stufenplanbeauftragter

26 Nach dem 54. und 55. Erwägungsgrund der Richtlinie 2001/83/EG soll die dauerhafte Unbedenklichkeit eines Arzneimittels sichergestellt werden. Um dies zu gewährleisten, sollen die Arzneimittel-Überwachungssysteme (Pharmakovigilanzsysteme) innerhalb der Europäischen Gemeinschaft permanent an den wissenschaftlichen und technischen Fortschritt angepasst werden. Auch Änderungen aufgrund von internationalen Harmonisierungen, einschließlich technischer Entwicklungen, sind zu berücksichtigen. Der Betrieb eines Pharmakovigilanz-Systems auf der europäischen Ebene hat direkte Folgen für den Antragsteller einer Zulassung: Er muss in seinem Betrieb die Voraussetzungen für die Datenerhebungen und Überwachungen schaffen und durchführen. Er hat daher bereits bei Antragstellung entsprechende Unterlagen beizubringen. Weiter hat der Antragsteller die erforderliche Qualifikation seines Stufenplanbeauftragten nachzuweisen, der für die Dokumentations- und Meldepflichten nach § 63b verantwortlich ist. Der Stufenplanbeauftragte ist nach Art. 8 Abs. 3 Nr. n der Richtlinie 2001/83/EG ferner mit den nötigen Mittel zur Umsetzung auszustatten und hat jede Nebenwirkung zu melden (siehe näher die Ausführungen bei § 63b).

### 18. Orphan Drugs

27 Dass es sich bei einem beantragten Arzneimittel um ein solches für seltene Leiden handelt, hat der Antragsteller durch Vorlage einer Kopie gemäß der VO (EG) Nr. 141/2000[7] nachzuweisen, aus der sich die Ausweisung als Arzneimittel für seltene Leiden durch die EMA ergibt. Dies hat der deutsche Gesetzgeber aus der Richtlinie 2001/83 in Abs. 2 Nr. 7 übernommen. Nicht übernommen hat er die Verpflichtung nach dem dortigen Artikel 8 Absatz 3 m, wonach der Antragsteller zusätzlich die Kopie einer entsprechenden Stellungnahme der Europäischen Agentur vorzulegen hat.

### 19. Literaturzulassung

28 Die pharmakologisch-toxikologische Prüfung sowie die klinische Prüfung sollen vermieden werden, wenn anderes wissenschaftliches Erkenntnismaterial ausreicht. Diese praktisch bedeutsame Regelung dient zum einen dazu, Tierversuche und Versuche mit Probanden auf das Notwendige zu beschränken. Andererseits wird durch die Vorlage von anderem wissenschaftlichen Erkenntnismaterial die Entwicklungszeit des Arzneimittels beschleunigt und werden Kosten eingedämmt[8]. Die Vorschrift findet regelmäßig dann Anwendung, wenn es sich bei dem Arzneimittel zwar nicht um eine Standardzulassung handelt, wohl aber die Prüfungs-

---

[7] Verordnung (EG) Nr. 141/2000 des Europäischen Parlaments und des Rates vom 16.12.1999 über Arzneimittel für seltene Leiden, ABl. L 18 vom 22.01.2000, S.1.

[8] Zur eigenen Sachkunde des Gerichtes über die vorgelegten Unterlagen ohne Sachverständige: OVG NRW, Beschluss vom 24.02.2009, PharmaR 2009, S. 297.

ergebnisse des Arzneimittels durch Forschung und Entwicklung in der Vergangenheit bereits hinreichend bekannt sind.[9]

Bei generischen Arzneimitteln fällt unter diese Vorschrift in der Regel die Vorlage einer Bioäquivalenzstudie. Dabei ist genau reguliert, welche präklinischen Prüfungen vorhanden sein müssen, um entsprechende klinische Prüfungen auszuschließen. Die gleiche Wirksamkeit und die gleiche Verträglichkeit wie beim Referenzpräparat wird bei generischen Arzneimitteln dann unterstellt, wenn Bioäquivalenz nachgewiesen wird, siehe näher § 24b[10]. **29**

### 20. „well established use"

Nach Abs. 3 Nr. 1 ist die Vorlage von anderem Erkenntnismaterial nun auch für solche Arzneimittel ausreichend, deren Wirkstoffe mindestens zehn Jahre in der Europäischen Union verwendet wurden. Voraussetzung ist, dass deren Wirkungen und Nebenwirkungen bekannt sind und dies den Unterlagen entnehmbar ist. Diese Regelung entspricht inhaltlich Artikel 10a der Richtlinie 2001/83, wobei der deutsche Gesetzgeber darauf verzichtet hat, auf die Unbeschadetheit von Rechten zum Schutz auf das gewerbliche und kommerzielle Eigentum hinzuweisen. Möglicherweise, um keine Diskussion darüber zu beginnen, ob der Antragsteller alle Patentunterlagen Dritter zum Arzneimittel vorlegen muss und die Behörde die betroffenen Wettbewerber über den Antrag auf Zulassung eines neuen Arzneimittels informiert. So geschieht es in den USA. **30**

### 21. Kombinierte Arzneimittel

Kombinierte Arzneimittel[11] sind solche, bei denen die Wirkungen im Körper durch das Zusammenspiel mehrerer Wirkstoffe eintritt oder potenziert wird. Der Gesetzgeber verlangt nicht, dass jeder Bestandteil als solcher unmittelbar therapeutische Wirkungen erzeugt. Er verlangt aber, dass die Bestandteile in ihrer Kombination dazu beitragen, dass eine positive Beurteilung des Arzneimittels erfolgen kann. Ein Bestandteil mit hohen Nebenwirkungen kann zum Beispiel mit einem anderen Bestandteil kombiniert werden, der die unerwünschten Wirkungen des ersteren reduziert. **31**

### 22. Radioaktive Arzneimittel

Der Begriff des radioaktiven Arzneimittels ist in § 4 Abs. 8 definiert. Nicht für alle radioaktiven Arzneimittel müssen zusätzliche Unterlagen eingereicht werden. **32**

---

9 Zur Beachtung der beschriebenen charakteristischen Merkmale eines Extraktes in veröffentlichten Monographien bei Antragstellung nach § 22 Abs. 2: OLG Köln, GesR 2004, 437ff.

10 Zum fehlenden Drittschutz für Unterlagen eines Originators nach § 22 Abs. 3 siehe näher: VG Köln, Beschluss vom 25.07.2008, AZ 7 L 988/08 (www.justiz.nrw.de).

11 Zur Verlängerung der Zulassung für ein homöopathisches Kombinationspräparat: BVerwG, Beschluss vom 08.01.2007 in: PharmaR 2007, S. 159ff.

Die Sondervorschrift des Abs. 3b beschränkt sich auf solche, die Generatoren sind. Das sind die Systeme zur Herstellung von Arzneimitteln mit einem fixierten Mutterradionuklid, das ein Tochterradionuklid bildet. Solche Systeme gelten als Arzneimittel. Das System muss allgemein beschrieben werden und mit einer detaillierten Beschreibung seiner Bestandteile versehen sein, soweit diese Bestandteile die Zusammensetzung oder die Qualität der Tochterradionuklidzubereitung beeinflussen könnte. Das Eluat ist eine durch Auswaschung gewonnene Lösung von Radionukliden; das Sublimat stellt ein Ergebnis in Gasform dar. Qualitative und quantitative Besonderheiten sind für beide Ergebnisse des Prozesses anzugeben.

### 23. Nachweis der Herstellungserlaubnis

33 Mit Ausnahme derjenigen Arzneimittel, die nach § 21 Abs. 3 Satz 2, also für mehrere Apotheken und Einzelhandelsbetriebe hergestellt werden, hat der Antragsteller die Erlaubnis des Herstellers für sein Tun nachzuweisen. Weiter unterscheidet der Gesetzgeber, wo das Arzneimittel hergestellt werden soll:

a) Für in Deutschland hergestellte Arzneimittel ist der Nachweis über die Erlaubnis nach § 13 vorzulegen. Die geschieht regelmäßig durch die Vorlage der verwaltungsrechtlichen Genehmigung durch die zuständige Landesbehörde (vgl. Kommentierung zu § 13).
b) Wird das Arzneimittel zwar im Ausland hergestellt, aber im Inland in den Verkehr gebracht, ist die Herstellungserlaubnis dann anzuerkennen, wenn sie von der Behörde eines Staates der Europäischen Union oder des Europäischen Wirtschaftsraumes erteilt wurde. Die gilt auch für die Einfuhr von Arzneimitteln aus Ländern außerhalb des Europäischen Wirtschaftsraumes; für diese ist jedoch zusätzlich eine Einfuhrerlaubnis für Deutschland nachzuweisen.

### 24. Äußere und innere Beschriftung des Arzneimittels

34 Die zuständige Bundesoberbehörde prüft die Zulässigkeit der vorgesehenen Beschriftung auf der Verpackung, einschließlich Blister und sonstigen Umhüllungen. Weiter prüft sie zum Schutze des Verbrauchers die Beschriftung der Packungsbeilage. Ein Entwurf der geplanten Fachinformation gehört, streng genommen, nicht zu den Unterlagen, die zur Beurteilung des Arzneimittels im Hinblick auf die unmittelbare Sicherheit des Endverbrauchers erforderlich wäre. Abs. 7 S. 1 sieht die Vorlage jedoch ausdrücklich deshalb vor, weil Ärzte und Apotheker nach ihnen handeln sollen. Der Hinweis, wonach es sich bei dem Entwurf der Fachinformation gleichzeitig um die Zusammenfassung der Produktmerkmale handelt soweit eine solche vorgeschrieben ist, hat klarstellenden Charakter. Anders die Regelung durch die 14. AMG-Novelle, wonach die Ergebnisse über Bewertungen der Packungsbeilage beizufügen sind, die mit Patienten-Zielgruppen durchgeführt wurden.[12] Hierbei handelt es sich um die Einführung von Lesbarkeitstests. Die Vorlage solcher Ergebnisse fußt auf dem Bedürfnis, die Sprache, Schrift und den Auf-

---

[12] Vgl. Auch Nink, Schröder, PharmaR 2006, 118ff.

bau von Packungsbeilagen zu verbessern[13], wobei die Organisationen, die die Interessen von Patienten vertreten, berücksichtigt werden sollen. Weiter kann auf Mustertexte der zuständigen Behörde für bestimmte Arzneimittel zurückgegriffen werden[14], was im Einzelfall sehr hilfreich und kostensparend ist.

## 25. Muster

Eine allgemeine Verpflichtung, bei der Stellung des Zulassungsantrages ein Muster des Arzneimittels vorzulegen, besteht nicht. Die zuständige Bundesoberbehörde kann aber im laufenden Zulassungsverfahren verlangen, dass Muster, Verkaufsmodelle inklusive der Packungsbeilage als solche, vorgelegt werden. Diese Vorschrift konnte zumindest in der Vergangenheit dem Antragsteller von generischen Arzneimitteln Probleme bereiten, soweit die Schutzfrist des Patentes für das Originalpräparat noch nicht abgelaufen ist. Der bloße Zulassungsantrag verletzt das Patent nicht. Die Einfuhr eines geschützten Arzneimittels ist nach dem geltenden Patentrecht zur Patentverletzung geworden. Der Europäische Gerichtshof hat mit Urteil vom 09.07.1997[15] entschieden, dass die Vorlage eines Musters auf Verlangen der zuständigen Behörde eine Patentverletzung darstellen kann und auch eine Sanktionierung mit einem Vertriebsverbot nach Ablauf der Patentschutzfrist nicht gegen geltendes EG-Recht verstößt. Bei der Anwendung dieser Entscheidung wäre der pharmazeutische Unternehmer, der ein generisches Produkt sofort nach Ablauf der Patentlaufzeit des Originalarzneimittels auf den Markt bringen möchte, hieran unter Umständen zeitweise gehindert. 35

An dieser Situation hat sich streng genommen auch durch die Einführung des § 24b und die Aufnahme der sogenannten Bolarregelung in § 11 2b PatG nichts geändert.[16] Im Patentgesetz war bisher nicht klar, ob Versuche, die mit dem geschützten Präparat unternommen werden, Patentverletzungen darstellen oder nicht. Mit der 14. AMG-Novelle wurde deshalb auch das Patentgesetz verändert und zu den erlaubten Handlungen, die der Patentinhaber nicht verbieten kann, folgendes aufgenommen: „Studien und Versuche und die sich daraus ergebenden praktischen Anforderungen die für die Erlangung einer arzneimittelrechtlichen Genehmigung für das Inverkehrbringen in der Europäischen Union oder einer arzneimittelrechtlichen Zulassung in den Mitgliedstaaten der Europäischen Union oder in Drittstaaten erforderlich sind“. Dass die Vorlage eines Musters bei der zuständigen Behörde keine Patentverletzung darstellt, wird in keiner der Vorschriften erwähnt. § 11 2b PatG geht zurück auf die entsprechende Regelung in Art. 10 36

---

13 Gerstberger, Greifender, PharmaR 2005, 297ff. (302).

14 Schäfer, Arzneimittel&Recht 2005, 104f.

15 EuGH, Rs. C-31695: Generics BV vs. Smith Kline & French Laboratories Ltd in: EWS 1997, 307ff.

16 Sie geht zurück auf die Entscheidung des Court of Appeals vom 23.04.1984, RocheProducts Inc vs. Bolar Pharmaceutical – Dalmane, GRUR Int. 1984, 769ff. vgl. die Übersicht bei Buse, Patentgesetz, § 11 Rz. 17.

Abs. 6 des Gemeinschaftskodex für Humanarzneimittel[17], wonach die Durchführung von Studien und Versuche und die sich daraus ergebenden praktischen Anforderungen keine Patentverletzungen darstellen. Im gemeinsamen Standpunkt der europäischen Gesetzgebungsorgane zu dieser Vorschrift heißt es in der Begründung, dass die Vorlage von Proben durch die Formulierung „und die sich daraus ergebenden praktischen Anforderungen" abgedeckt seien.[18] Dies spricht gegen eine Patentverletzung auch im deutschen Recht, wenn der Antragsteller eines Generikums auf Verlangen der Behörde Proben vorlegt. Für eine Patentverletzung spricht freilich, dass das europäische Parlament während des Gesetzgebungsverfahrens vorschlug, Art. 10 Abs. 6 ausdrücklich auf die Vorlage von Proben, auf die Erteilung der Genehmigung und auf die Ausfuhr auszudehnen. Diese Formulierung hat sich nicht durchgesetzt.[19] Eine Klarstellung durch den deutschen Gesetzgeber im Patentgesetz wäre wünschenswert.

### 26. Vorlage von Stoffen

**37** Die zuständige Bundesoberbehörde kann verlangen, dass Ausgangsstoffe, Zwischenprodukte und Stoffe, die zur Herstellung oder zur Prüfung des Arzneimittels verwendet werden, zu eigenen Prüfungszwecken vorgelegt werden. Der Begriff des Stoffes ist in § 3 definiert. Die Stoffmenge wird von der Behörde bestimmt; die Qualität orientiert sich an den Angaben des Antragstellers selbst. Diese Vorlagepflicht kann, ähnlich wie Möglichkeit, die Betriebsstätten zu kontrollieren, für den Antragsteller in Einzelfall unangenehm sein, weil mit der Offenbarung ein tiefer Einblick in Forschung und Entwicklung gegeben werden muss. Solche Offenbarungen können neuheitsschädlich sein und damit die Patentfähigkeit gefährden. Hier hilft jedoch die Rechtsprechung zur Benutzung nach § 3 PatG: Es wird nicht als neuheitsschädliche Benutzungshandlung angesehen, wenn der Antragsteller Unterlagen einer öffentlichen Behörde zugänglich macht. Dies bedeutet, dass diese Vorlage nicht dazu führt, dass die Patentfähigkeit als solches aus diesem Grunde in Frage gestellt werden könnte.[20] Dies hilft jedoch nicht bei der Frage, ob Patente Dritter verletzt werden. Zur patentrechtlichen Schutzmöglichkeit von Arzneimitteln siehe ferner Benkard.[21]

## IV. Sanktionen

### Im Strafrecht

**38** Strafbar macht sich, wer eine von § 22 erforderliche Angabe nicht vollständig oder nicht richtig macht oder eine erforderliche Unterlage nicht vollständig oder mit nicht richtigem Inhalt vorlegt (§ 96 Nr. 6).

---

[17] Siehe Vorb. § 21, Fn. 2.
[18] Gassner, GRUR Int. 2004, 983ff. (991) mwN.
[19] a.a.O., S. 990.
[20] Vgl. Benkard, § 3 Rn. 66 m.w.N.
[21] § 3 Rn. 88.

## § 23
## Besondere Unterlagen bei Arzneimitteln für Tiere

**(1) Bei Arzneimitteln, die zur Anwendung bei Tieren bestimmt sind, die der Gewinnung von Lebensmitteln dienen, ist über § 22 hinaus**

1. **die Wartezeit anzugeben und mit Unterlagen über die Ergebnisse der Rückstandsprüfung, insbesondere über den Verbleib der pharmakologisch wirksamen Bestandteile und deren Umwandlungsprodukte im Tierkörper und über die Beeinflussung der Lebensmittel tierischer Herkunft, soweit diese für die Beurteilung von Wartezeiten unter Berücksichtigung festgesetzter Höchstmengen erforderlich sind, zu begründen und**
2. **bei einem Arzneimittel, dessen pharmakologisch wirksamer Bestandteil in Anhang I, II oder III der Verordnung (EWG) Nr. 2377/90 nicht aufgeführt ist, eine Bescheinigung vorzulegen, durch die bestätigt wird, dass bei der Europäischen Arzneimittel-Agentur vor mindestens sechs Monaten ein Antrag nach Anhang V auf Festsetzung von Rückstandshöchstmengen gemäß der genannten Verordnung gestellt wurde.**

**Satz 1 Nr. 2 gilt nicht, soweit § 25 Abs. 2 Satz 5 Anwendung findet.**

**(2) Bei Arzneimittel-Vormischungen ist das als Trägerstoff bestimmte Mischfuttermittel unter Bezeichnung des Futtermitteltyps anzugeben. Es ist außerdem zu begründen und durch Unterlagen zu belegen, dass sich die Arzneimittel-Vormischungen für die bestimmungsgemäße Herstellung der Fütterungsarzneimittel eignen, insbesondere dass sie unter Berücksichtigung der bei der Mischfuttermittelherstellung zur Anwendung kommenden Herstellungsverfahren eine homogene und stabile Verteilung der wirksamen Bestandteile in den Fütterungsarzneimitteln erlauben; ferner ist zu begründen und durch Unterlagen zu belegen, für welche Zeitdauer die Fütterungsarzneimittel haltbar sind. Darüber hinaus ist eine routinemäßig durchführbare Kontrollmethode, die zum qualitativen und quantitativen Nachweis der wirksamen Bestandteile in den Fütterungsarzneimitteln geeignet ist, zu beschreiben und durch Unterlagen über Prüfungsergebnisse zu belegen.**

**(3) Aus den Unterlagen über die Ergebnisse der Rückstandsprüfung und über das Rückstandsnachweisverfahren nach Absatz 1 sowie aus den Nachweisen über die Eignung der Arzneimittel-Vormischungen für die bestimmungsgemäße Herstellung der Fütterungsarzneimittel und den Prüfungsergebnissen über die Kontrollmethoden nach Absatz 2 müssen Art, Umfang und Zeitpunkt der Prüfungen hervorgehen. An Stelle der Unterlagen, Nachweise und Prüfungsergebnisse nach Satz 1 kann anderes wissenschaftliches Erkenntnismaterial vorgelegt werden.**

**Übersicht** **Rz.**



## I. Die Bedeutung der Norm

1 Das Erfordernis, die Abgabe von Arzneimitteln an Tiere zu kontrollieren, wenn sie der Gewinnung von Lebensmitteln dienen, wurde vom Gesetzgeber erstmals 1974 berücksichtigt.[1] In den Mitgliedstaaten der EU bestanden zum Teil erheblich unterschiedliche Vorschriften, die zunächst 1981 durch zwei Richtlinien zur Angleichung der Rechts- und Verwaltungsvorschriften[2] vereinheitlicht werden sollten. Wartezeit und Rückstandsnachweisverfahren sollen gewährleisten, dass diese Nahrungsmittel keine Rückstände enthalten, die die Gesundheit des Menschen gefährden können. Mit einer weiteren Verordnung, die der Gesetzgeber unter anderem durch § 23 Abs. 1 Nr. 2 (Grundsatz, dass das Arzneimittel nach europäischen Vorgaben zugelassen wird) und § 31 Abs. 1 Nr. 3a ( grundsätzliches Erlöschen der Zulassung nach europäischen Vorgaben) berücksichtigt, wurden Höchstmengen bei Rückständen eingeführt, um einheitliche Regelungen und einheitliche Standards zu schaffen.[3] Schließlich wurde durch die Richtlinie 2001/82/EG der Gemeinschaftskodex für Tierarzneimittel eingeführt.[4] Diese Richtlinien und die Verordnung bestimmen das nationale Zulassungsverfahren für Tierarzneimittel wesentlich. Durch die neu entwickelten Methoden zum Nachweis von Rückständen

---

1 Änderungsgesetz vom 05.06.1974, abgedruckt im BGBl. I S. 1245, sog. Tierarzneimittelnovelle.

2 Richtlinien des Rates vom 28.09.1981 zur Angleichung der Rechtsvorschriften der Mitgliedstaaten über Tierarzneimittel und über die analytischen, toxikologisch-pharmakologischen und tierärztlichen oder klinischen Vorschriften und Nachweise über Versuche mit Tierarzneimitteln, 81/851/EWG und 81/852/EWG, ABl. L 317 vom 06.11.1981, S. 1ff. und S. 16ff.

3 Verordnung (EWG) Nr. 2377/90 vom 26.06.1990 zur Schaffung eines Gemeinschaftsverfahrens für die Festsetzung von Höchstmengen für Tierarzneimittelrückstände in Nahrungsmitteln tierischen Ursprungs, ABl. L 224 vom 18.08.1990, S. 1ff., zuletzt geändert durch die Verordnung (EG) Nr. 582/2009, ABl. L 175 vom 04.07.2009, S. 5.

4 Richtlinie 2001/82/EG des Europäischen Parlaments und des Rates vom 06.11.2001 zur Schaffung eines Gemeinschaftskodex für Tierarzneimittel, ABl. L 311 vom 28.11.2001, S.1, zuletzt geändert durch die Richtlinie 2009/53/EG, ABl. L 168 vom 30.06.2009, S. 33.

konnte die Sicherheit für den Verbraucher erhöht und der Handel innerhalb der Gemeinschaft durch einheitliche Vorschriften erleichtert werden.

## II. Gliederung

Die Kommentierung dieser Vorschrift erfolgt unter Berücksichtigung aller einschlägigen Vorschriften zum vierten Abschnitt des AMG. Diese Form der Gliederung soll das Auffinden der in diesem Abschnitt verstreuten Regelungen erleichtern und zum anderen den Besonderheiten des Zulassungsverfahrens für Tierarzneimittel Rechnung tragen. Auf einen nochmaligen Abdruck der Normen innerhalb des § 23 wird verzichtet; ihr Wortlaut steht der Kommentierung der einzelnen Paragraphen voran. Das Zulassungsverfahren für Tierarzneimittel läuft dem für Humanarzneimitteln im übrigen gleich; soweit nachstehend keine Ausführungen zu finden sind, gelten die Regelungen des vierten Abschnitts für Humanarzneimittel. Weitere Besonderheiten enthält der neunte Abschnitt für Arzneimittel, die bei Tieren angewendet werden. 2

## III. Zulassungspflicht von Tierarzneimitteln

### 1. Umfang

Sie besteht grundsätzlich für alle Arzneimittel im Sinne von § 2 Abs. 1 oder Abs. 2 Nr. 1 bis 4 gleichviel, ob für Mensch oder Tier. Daneben wird die Zulassungspflicht durch § 21 Abs. 1 S. 2 auf Arzneimittel, die keine Fertigarzneimittel sind und zur Anwendung bei Tieren bestimmt sind, ausgedehnt, soweit diese Arzneimittel nicht zur Abgabe an den pharmazeutischen Unternehmer mit Herstellungserlaubnis bestimmt sind. Hierunter fallen insbesondere solche Tierarzneimittel, die aufgrund ihrer Menge nicht im voraus hergestellt werden, aber direkt an den Tierhalter weitergegeben werden. Der Gesetzgeber wollte damit sicherstellen, dass die Abgabe aller Tierarzneimittel der öffentlichen Kontrolle unterliegt. Die Herstellung und die kontrollierte Abgabe der Arzneimittel für Tiere, die der Gewinnung von Lebensmitteln dienen, hat der Gesetzgeber in §§ 56ff. gesondert geregelt. 3

### 2. Zuständige Behörde

Das Bundesamt für Verbraucherschutz und Lebensmittelsicherheit ist die zuständige Behörde für Tierarzneimittel, § 77 Abs. 3. 4

### 3. Ausnahmen von der Zulassungspflicht

**a.** Arzneimittel, die keine Fertigarzneimittel sind, benötigen im Umkehrschluss zu § 21 Abs. 1 Satz 2 dann keine Zulassung, wenn sie nicht an den Tierhalter oder beliebige Dritte, sondern an den pharmazeutischen Unternehmer, der gleichzeitig eine Herstellungserlaubnis besitzt, abgegeben werden. Nach dem Wortlaut hängt die Zulassungspflicht an einer subjektiven Absicht. 5

6 **b.** Fütterungsarzneimittel sind nach § 21 Abs. 2 Nr. 3 von der Zulassungspflicht befreit, wenn sie Arzneimittel-Vormischungen enthalten, die bereits nach § 25 zugelassen wurden. Anderenfalls wäre der pharmazeutische Unternehmer mit einer doppelten Zulassungspflicht belastet. Voraussetzung ist allerdings, dass die Arzneimittel-Vormischung bestimmungsgemäß für Fütterungsarzneimittel hergestellt wird, also nicht nur zufällig für sie verwendet werden kann.

7 **c.** Bei Arzneimitteln, die für einen bestimmten Bestand oder für ein einzelnes Tier vorgesehen sind, und die in Apotheken oder vom Tierarzt in seiner Hausapotheke hergestellt werden, besteht nach § 21 Abs. 2 Nr. 4 grundsätzlich keine Pflicht zur Zulassung. Eine Einschränkung für diese sogenannten Rezepturarzneimittel sieht § 21 Abs. 2a vor: Die Herstellung von apothekenpflichtigen Arzneimitteln für Tiere wird danach zur Behandlung von Einzeltieren oder von Tieren eines bestimmtes Bestandes nur bei Gefahr in Verzug gestattet: Voraussetzung ist, dass andere zugelassene Arzneimittel nicht zur Verfügung stehen, die Versorgung anderenfalls gefährdet würde und eine Gefahr für Mensch und Tier nicht zu befürchten ist. Weiter ist bei diesem sogenanntem Therapienotstand die Herstellung nur in Apotheken zulässig.

8 **d.** Für Arzneimittel, die zur klinischen Prüfung oder zur Rückstandsprüfung bei Tieren erforderlich sind, ist eine vorherige Zulassung nicht erforderlich, zur Begründung siehe Kommentierung zu § 21.

### 4. Angabe der Wartezeit

9 Die Wartezeit ist nach § 4 Abs. 12 die Zeit, die nach der Verabreichung des Arzneimittels an das Tier bis zu seiner Schlachtung einzuhalten ist. Voraussetzung für die Angabe und die Einhaltung der Wartezeit ist, dass das Arzneimittel bestimmungsgemäß eingesetzt wurde, aber bedenkliche Stoffe in seinen Rückständen zu erwarten sind, die den Verzehr des tierischen Fleisches oder der sonstigen tierischen Produkte durch den Menschen zunächst verbietet. Dies ist insbesondere dann der Fall, wenn zulässige Konzentrationen überschritten werden. Dann ist der Abbau des Arzneimittels im tierischen Körper abzuwarten. Ein Verzehr ist erst dann unbedenklich, wenn nach Ablauf der Wartezeit die Konzentration des Stoffes im tierischen Körper auf ein vertretbares Maß gesunken ist.

10 Die nach § 23 Abs. 1 Nr. 1 bei Antragstellung anzugebende Wartezeit wird aus dem Resultat der Rückstandsprüfung berechnet, deren Ergebnisse vorzulegen und zu begründen sind. Reicht die Wartezeit nicht aus, ist die Zulassung nach § 25 Abs. 2 Nr. 6 zu versagen. Die Berechnung der Wartezeit erfolgt anhand des ADI-Wertes (Acceptable Daily Intake[5]).

---

5 Vgl. näher, Kloesel; Cyran, § 23 Anm.16.

## 5. EU-Angleichung

Der Rat der Europäischen Union hat mit der Verordnung (EWG) Nr. 2377/90[6] wesentliche Regelungen für Tierarzneimittel erlassen, auf die der Gesetzgeber in § 23 Abs. 1 Nr. 2 ausdrücklich verweist. Sie dienen auch der Angleichung der neuen Artikel 12 Abs. 1 Unterabsatz 1 und 2 und Abs. 3 Buchstabe h und p der geänderten Richtlinie 2001/82/EG. Beantragt der pharmazeutische Unternehmer eine Zulassung für ein Tierarzneimittel, dessen wirksamer Bestandteil im Anhang I bis III der Verordnung nicht aufgeführt ist, so prüft die Europäische Arzneimittel-Agentur (EMA), ob das Arzneimittel in die Anhänge I bis III aufgenommen werden kann und damit verkehrsfähig wird. Dieser Antrag ist auf der Grundlage der Angaben, die in Anhang V der Verordnung enthalten sind, bei der EMA mindestens sechs Monate vor Beantragung der nationalen Zulassung zu stellen. Wird der Antrag bei der EMA durch die Stellungnahme des zuständigen Ausschusses abgelehnt, kann der pharmazeutische Unternehmer nach Art. 7 der Verordnung 2377/90 Widerspruch einlegen. Weiter ist der pharmazeutische Unternehmer verpflichtet, der zuständigen Bundesoberbehörde eine Bestätigung der EMA vorzulegen, aus der sich die vorherige Antragstellung nach Anhang V ergibt. Eine nationale Entscheidungsbefugnis, etwas in diese Anhänge aufzunehmen, ist damit nicht verbunden. 11

Ergänzenden Verbraucherschutz sieht ferner § 10 LFGB vor: Nach dieser Vorschrift ist es aus lebensmittelrechtlichen Gründen verboten, vom Tier gewonnene Lebensmittel in den Verkehr zu bringen, wenn sie Stoffe mit pharmakologischer Wirkung enthalten, die nicht von der Verordnung 2377/90 gedeckt sind. 12

## 6. Arzneimittel-Vormischungen

Arzneimittel-Vormischungen sind nach § 4 Abs. 11 solche, die zur Herstellung von Fütterungsarzneimitteln bestimmt sind. Fütterungsarzneimittel bestehen nach § 4 Abs. 10 aus Arzneimittel-Vormischungen und Mischfuttermitteln und sind dazu bestimmt, zur Anwendung bei Tieren in den Verkehr gebracht zu werden (vgl. Kommentierung dort). Das Mischfuttermittel dient als Trägerstoff für die Arzneimittel-Vormischung und muss den Anforderungen der §§ 8 bis 15 der Futtermittelverordnung[7] entsprechen. 13

Der pharmazeutische Unternehmer hat nach § 23 Abs. 2 bei Arzneimittel-Vormischungen das Herstellungsverfahren anzugeben und zu belegen. Ferner ist eine analytische Kontrollmethode zu beschreiben und mit Unterlagen zu untermauern sowie Angaben über die Haltbarkeit zu machen. Zur Herstellung und Abgabe von Fütterungsarzneimitteln siehe näher Kommentierung zu § 56. 14

---

6 Siehe Fn. 3.

7 Bekanntmachung vom 24.05.2007, BGBl. I, S. 770, zuletzt geändert durch Artikel 1 de des Gesetzes zur Änderung des Lebensmittel- und Futtermittelgesetzes vom 29.06.2009, BGBl. I, S. 1659.

### IV. Anforderungen an die vorzulegenden Unterlagen

**15** § 23 Abs. 3 enthält für alle besonderen Unterlagen nach Abs. 1 und Abs. 2, die zusätzlich zu den sonstigen Unterlagen vorzulegen sind, eine Klarstellung: Aus den Unterlagen zur Rückstandsprüfung und zur Herstellung eines Fütterungsarzneimittels müssen Zeitpunkt, Art und Umfang der Prüfungen hervorgehen. Diese Regelung korrespondiert mit § 22 Abs. 2 Satz 2 und Abs. 3. Da die Beschreibung des Rückstandsnachweisverfahren durch die 14. AMG-Novelle entfallen ist, handelt es sich in Abs. 3 um einen redaktionellen Fehler, soweit auf das Rückstandsnachweisverfahren hingewiesen wird. Dafür spricht auch die Änderung in § 24 Abs. 1 Nr. 4, der eine entsprechende Streichung erfuhr. Abs. 3 ist daher so auszulegen, dass weder die Beschreibung noch weitere Unterlagen zum Rückstandsnachweisverfahren vorgelegt werden müssen.

### V. Sachverständigengutachten

**16** § 24 Abs. 1 Nr. 4 sieht vor, dass der pharmazeutische Unternehmer die Unterlagen und Prüfungen zur Wartezeit und zur Rückstandsprüfung vorab durch einen Sachverständigen begutachten lässt. Es wird eine zusammenfassende Bewertung verlangt, aus der hervorgeht, dass der Sachverständige die Angaben des pharmazeutischen Unternehmers überprüft hat und auch er zu dem Ergebnis kommt, dass die angegebene Wartezeit ausreicht und die Höchstmengen im Sinne der Verordnung 2377/90 eingehalten werden.

### VI. Bezugnahme

**17** Ein Vorantragsteller kann unter den in § 24a näher dargelegten Voraussetzungen[8] auf Unterlagen und Sachverständigengutachten des Vorantragstellers Bezug nehmen. Dies gilt auch für Anträge, die nach § 23 Abs. 1 gestellt werden. Eine Bezugnahme nach Abs. 2 für Arzneimittel-Vormischungen hingegen ist ausgeschlossen.

### VII. Entscheidung über die Zulassung eines Tierarzneimittels

**18** Die Zulassung eines Tierarzneimittels ist zu versagen, wenn nach § 25 Abs. 2 Nr. 6 die angegebene Wartezeit nicht ausreicht. Die Beurteilung erfolgt auf der Grundlage der Ergebnisse, die bei der Rückstandsprüfung erzielt werden. Reicht der zuständigen Bundesoberbehörde die Wartezeit nicht, kann der Antragsteller aufgrund der zunächst erhobenen Mängelrüge nachbessern. Tut er dies nicht oder schlägt die Nachbesserung fehl, ist die Zulassung zu versagen.

**19** Hat es der Antragsteller nach § 25 Abs. 2 Nr. 6a versäumt, eine routinemäßig durchführbare Kontrollmethode nebst Unterlagen für Arzneimittel-Vormischungen vorzulegen, wird, vorbehaltlich seiner Nachbesserungen, die Zulassung ebenfalls versagt.

---

[8] Vgl. Kommentierung zu § 24a.

Der Wortlaut des Versagungsgrundes nach § 25 Abs. 2 Nr. 6b ist bedenklich. Danach ist die Zulassung für ein Tierarzneimittel zu versagen, wenn es einen pharmazeutisch wirksamen Bestandteil erhält, der sich nicht in den Anhängen I bis III der Verordnung 2377/90 EWG wiederfindet. Die Vorschrift lässt außer Acht, dass die Aufnahme dieser Tierarzneimittel in den Anhang bei der zuständigen europäischen Behörde nach § 23 Abs. 1 Nr. 2 beantragt werden muss und diese zunächst über die Aufnahme in einen der Anhänge der Verordnung entscheidet. Tierarzneimittel, deren pharmazeutisch wirksamen Bestandteile zwar bei Antragstellung nicht in den Anhängen zu finden sind, später aber von der europäischen Behörde aufgenommen werden, sind zuzulassen. **20**

Gemäß § 25 Abs. 8a ist die zuständige Bundesoberbehörde befugt, vor Erteilung einer Zulassung eigene Untersuchungen im Hinblick auf die Kontrollmethoden anzustellen. Hierzu kann sie Betriebs- und Geschäftsräume des Antragstellers oder des Herstellers betreten und Besichtigungen durchführen. Schließlich ist der zuständigen Bundesoberbehörde auf Verlangen das Herstellungsverfahren mitzuteilen. Diese Vorschrift hat für Tierarzneimittel keine eigenständige Bedeutung: Die Befugnis, zur Entscheidungsfindung Betriebe und Einrichtungen aufzusuchen und Unterlagen einzusehen, ergibt sich bereits aus § 25 Abs. 5. Die Vorschrift nach Abs. 8 hat nur für Sera und Impfstoffe im Hinblick auf die Verpflichtung, das Herstellungsverfahren bekannt zugeben, besondere Bedeutung. Bei der Angabe der Kontrollmethoden ergibt sich die Verpflichtung im Wesentlichen bereits aus den Sonderbestimmungen des § 23. **21**

## VIII. Arzneimittelprüfrichtlinien für Tierarzneimittel

Auf der Grundlage des § 26 hat das Bundesgesundheitsministerium eine separate allgemeine Verwaltungsvorschrift[9] erlassen.[10] Im wesentlichen verweist die Vorschrift darauf, dass die zuständige Bundesoberbehörde den Anhang der Richtlinie 2001/82/EG einzuhalten hat. Der Anhang der Richtlinie enthält die Anforderungen, die an immunologische und andere als immunologische Tierarzneimittel zu stellen sind: An die analytischen Versuche und die Versuche zur Unbedenklichkeit und zu Rückständen; Anforderungen an die vorklinische und klinische Prüfung und Anforderungen an die Wirksamkeit.[11] Die in der Richtlinie enthaltenen Vorgaben entsprechen den Maßstäben, die die nationalen Behörden bei der Beurteilung über die Zulassungsfähigkeit des Tierarzneimittels ansetzen. **22**

---

9 Zur Bedeutung allgemeiner Verwaltungsvorschriften siehe § 26 Rn. 2.

10 Allgemeine Verwaltungsvorschrift zur Anwendung der Tierarzneimittelprüfrichtlinien vom 30.05.1995, abgedruckt im BAnz. S. 4241, zuletzt geändert durch Artikel 5 der zweiten Allgemeinen Verwaltungsvorschrift vom 11.10.2004, BAnz. S. 22037.

11 Abgedruckt bei Feiden, 2. 10.

### IX. Bekanntmachung, Anzeigepflicht, Neuzulassung

23 Bekanntmachungen über die Zulassung von Tierarzneimitteln erfolgen nach § 34 im Bundesanzeiger.[12]

24 Die Anzeigepflichten des pharmazeutischen Unternehmers, der Tierarzneimittel in den Verkehr bringt, unterscheiden sich in § 29 nicht von denen anderer pharmazeutischer Unternehmer. Gleiches gilt für die Aufzeichnungspflichten. Zu beachten ist allerdings, dass bei einer Verkürzung der Wartezeit für ein Tierarzneimittel nach § 29 Abs. 3 Nr. 5 eine Änderungsanzeige nicht ausreicht. Hier ist grundsätzlich eine neue Zulassung erforderlich. Eine Änderung ist jedoch dann ausreichend, wenn es sich um eine nach § 29 Abs. 2a Satz 1 Nr. 6 handelt, also die Wartezeit in der Verordnung 2377/90 geändert wurde oder der die Wartezeit bedingte Bestandteil einer fixen Kombination nicht mehr im Arzneimittel enthalten ist.

### X. Rücknahme, Widerruf und Ruhen

25 Die strengen Regelungen zur Rücknahme, zum Widerruf und zum Ruhen einer Zulassung nach § 30 gelten auch für Tierarzneimittel (siehe näher Kommentierung dort). Sofern nachträglich bekannt wird, dass die Wartezeit bereits bei Antragstellung unzureichend war, muss die Zulassung zurückgenommen werden. Ändert sich der wissenschaftliche Stand zur Wartezeit und bessert der pharmazeutische Unternehmer nicht nach, ist die Zulassung zu widerrufen. In beiden Fällen kann auch das Ruhen befristet angeordnet werden.

26 Sollte sich nachträglich herausstellen, dass bereits bei Antragstellung die Erfordernisse des § 25 Abs. 2 Nr. 6a und 6b nicht vorlagen oder treten sie später ein, so kann die zuständige Bundesoberbehörde die Zulassung zurücknehmen oder widerrufen; auch das Ruhen der Zulassung kann befristet angeordnet werden.

### XI. Erlöschen und Änderung

27 Für gefährliche Tierarzneimittel enthält § 31 Abs. 1 Nr. 3a ein besonderes Verfahren für das Erlöschen der Zulassung: Ist es nach Zulassung nicht möglich, für einen Stoff Höchstmengen festzulegen, obwohl dies notwendig wäre, nimmt die Europäische Kommission diesen pharmakologisch wirksamen Stoff des Arzneimittels in Anhang IV der Verordnung 2377/90 auf; der Vertrieb des Stoffes ist dann deshalb verboten, weil die festgestellten Rückstände in jeder Konzentration eine Gefahr für die Gesundheit des Verbrauchers darstellen. Die Verabreichung solcher Stoffe an Tiere, die der Gewinnung von Lebensmitteln dienen, ist nach Aufnahme in Anhang IV gemäß Art. 5 der Verordnung in der Europäischen Union verboten. Auch § 95 Abs. 1 Nr. 11 stellt dies unter Strafe. Abweichend davon sieht § 31 Abs. 1 Nr. 3a vor, dass die Zulassung für dieses Arzneimittel erst 60 Tage nach Veröffentlichung der Liste des Anhangs IV der Verordnung 2377/90 im Europä-

12 Bekanntmachung über die Zulassung von Tierarzneimitteln sowie andere Amtshandlungen vom 15.05.2009, BAnz, vom 16.06.2009, S. 2079.

ischen Amtsblatt erlischt. Ein Vertrieb des Tierarzneimittels nach Veröffentlichung der Liste und vor Ablauf der 60 Tage stellt trotz des missverständlichen Wortlauts in § 31 Abs. 1 Nr. 3a einen Verstoß gegen Art. 5 der Verordnung 2377/90 dar; die Verordnung hat Vorrang.

Der pharmazeutische Unternehmer hat in diesem Fall die Möglichkeit, eine Änderungsanzeige nach § 29 Abs. 1 einzureichen, in dem er auf die verbotenen Anwendungsgebiete für sein Arzneimittel beschränkt verzichtet. Die Anzeige hat innerhalb der Frist von 60 Tagen zu erfolgen, anderenfalls erlischt die Zulassung. Der pharmazeutische Unternehmer kann alternativ nach § 29 Abs. 2a eine Änderungsanzeige bei der zuständigen Bundesoberbehörde mit dem Inhalt einreichen, dass der verbotene wirksame Bestandteil aus der Zulassung herausgenommen wird. Welches Verfahren der pharmazeutische Unternehmer wählt, richtet sich im Einzelfall danach, welcher Stoff in Anhang IV der Verordnung 2377/90 aufgenommen wurde. Dies gilt auch für die Entscheidung, ob eine Änderungsanzeige überhaupt möglich ist. **28**

Der Gesetzgeber sieht in § 31 Abs. 1 Nr. 3a weiter vor, dass die 60-Tages Frist bis zur Entscheidung über die Änderung nach § 29 Abs. 2a gehemmt ist und die Zulassung solange ruht, bis die zuständige Bundesoberbehörde eine Entscheidung getroffen hat. Fast nebenbei erfährt der Leser durch den letzten Halbsatz des § 31 Abs. 1 Nr. 3a, dass das oben beschriebene Verfahren auch dann zur Anwendung kommt, wenn es sich um Änderungen auf der Grundlage der Verordnung 1084/2003[13] handelt, also im wesentlichen um Änderungen von Zulassungen, die im Verfahren der gegenseitigen Anerkennung erteilt wurden. Dieses Verfahren gilt für Human- ebenso wie für Tierarzneimittel und sieht unterschiedliche Vorgehensweisen vor, je nachdem, ob geringfügige oder wesentliche Änderungen der Zulassung betroffen sind. **29**

## XII. Sanktionen

### Im Strafrecht

Strafbar macht sich, wer eine von § 23 geforderte Angabe nicht vollständig oder nicht richtig macht oder eine erforderliche Unterlage nicht vollständig oder mit nicht richtigem Inhalt vorlegt (§ 96 Nr. 6 und Nr. 20b). Strafbar macht sich weiter, wer entgegen des Artikel 5 Abs. 2 der Verordnung 2377/90 einen Stoff einem dort genannten Tier verabreicht, vgl. § 95 Abs. 1 Nr. 11. **30**

---

13 Verordnung (EG) Nr. 1084/2003 vom 03.06.2003 über die Prüfung von Änderungen einer Zulassung für Human- und Tierarzneimittel, die von einer zuständigen Behörde eines Mitgliedstaates erteilt wurde, ABl. L 159 vom 27.06.2003, S.1.

## § 24
## Sachverständigengutachten

**(1) Den nach § 22 Abs. 1 Nr. 15, Abs. 2 und 3 und § 23 erforderlichen Unterlagen sind Gutachten von Sachverständigen beizufügen, in denen die Kontrollmethoden, Prüfungsergebnisse und Rückstandsnachweisverfahren zusammengefasst und bewertet werden. Im Einzelnen muss aus den Gutachten insbesondere hervorgehen:**

**1. aus dem analytischen Gutachten, ob das Arzneimittel die nach den anerkannten pharmazeutischen Regeln angemessene Qualität aufweist, ob die vorgeschlagenen Kontrollmethoden dem jeweiligen Stand der wissenschaftlichen Erkenntnisse entsprechen und zur Beurteilung der Qualität geeignet sind,**

**2. aus dem pharmakologisch-toxikologischen Gutachten, welche toxischen Wirkungen und welche pharmakologischen Eigenschaften das Arzneimittel hat,**

**3. aus dem klinischen Gutachten, ob das Arzneimittel bei den angegebenen Anwendungsgebieten angemessen wirksam ist, ob es verträglich ist, ob die vorgesehene Dosierung zweckmäßig ist und welche Gegenanzeigen und Nebenwirkungen bestehen,**

**4. aus dem Gutachten über die Rückstandsprüfung, ob und wie lange nach der Anwendung des Arzneimittels Rückstände in den von den behandelten Tieren gewonnenen Lebensmitteln auftreten, wie diese Rückstände zu beurteilen sind und ob die vorgesehene Wartezeit ausreicht.**

**Aus dem Gutachten muss ferner hervorgehen, dass die nach Ablauf der angegebenen Wartezeit vorhandenen Rückstände nach Art und Menge die nach der Verordnung (EWG) Nr. 2377/90 festgesetzten Höchstmengen unterschreiten.**

**(2) Soweit wissenschaftliches Erkenntnismaterial nach § 22 Abs. 3 und § 23 Abs. 3 Satz 2 vorgelegt wird, muss aus den Gutachten hervorgehen, dass das wissenschaftliche Erkenntnismaterial in sinngemäßer Anwendung der Arzneimittelprüfrichtlinien erarbeitet wurde.**

**(3) Den Gutachten müssen Angaben über den Namen, die Ausbildung und die Berufstätigkeit der Sachverständigen sowie seine berufliche Beziehung zum Antragsteller beigefügt werden. Die Sachverständigen haben mit Unterschrift unter Angabe des Datums zu bestätigen, dass das Gutachten von ihnen erstellt worden ist.**

### I. Die Bedeutung der Norm

1 Der Gesetzgeber verlangt nicht nur die Vorlage aller zur Zulassungsprüfung in § 22 und § 23 aufgelisteten Unterlagen und Nachweise. Er verlangt darüber hinaus in § 24, dass diese Nachweise auf Kosten des Antragstellers bereits durch einen oder mehrere Sachverständige begutachtet wurden. Durch die Bewertung dieser Unterlagen und ihre Zusammenfassung durch einen Sachverständigen spart die Zulassungsbehörde Arbeit. Die Vorschrift soll so der Beschleunigung der Zulas-

sung dienen. Vorteilhaft für den Antragsteller ist die Möglichkeit, den oder die Sachverständigen seiner Wahl, auch innerhalb seines eigenen Betriebes, für die Erfüllung der Vorschriften des § 24 auszuwählen. Mit diesen Regelungen ist eine Vorprüfung durch Dritte vorgesehen, die die Richtigkeit und Glaubwürdigkeit der Angaben des Antragstellers belegen und die Prüfung der Zulassung eines Arzneimittels für die zuständige Bundesoberbehörde erleichtern. Nach Begutachtung durch Sachverständige sollten keine grundsätzlichen Zweifel an den vorgelegten Unterlagen bestehen.

## II. Sachverstand

Der Sachverständige ist nach Abs. 3 gehalten, Angaben über seine Person und seine Qualifikation zu machen; auch hat er mit seiner Unterschrift unter Datumsangabe zu bestätigen, dass das Gutachten von ihm selbst erstellt wurde. Die Erfordernisse dienen zum einen dazu, dass die zuständige Bundesoberbehörde die Richtigkeit der Angaben nachprüfen kann und zum anderen, den Sachverständigen bei Verstößen nach §§ 96 und 97 belangen zu können. 2

Wann die vom Sachverständigen absolvierte Ausbildung ausreicht, sagt die Vorschrift nicht. Das Gesetz erwähnt den Begriff des Sachverständigen an vielen Stellen, beispielsweise in § 53 i.V.m. § 36 Abs. 1, § 45 Abs. 1 und § 46 Abs. 1, ohne nähere Anforderungen zu definieren. Gleiches gilt im übrigen auch für die parallele Regelung in Art. 12 der Richtlinie 2001/83/EG[1] auf europäischer Ebene, die darüber hinaus die Vorlage eines kurzen Lebenslaufes des Sachverständigen vorsieht. 3

Für die Voraussetzungen des Sachverständigen und des Gegensachverständigen nach § 25 Abs. 5 Satz 6 sei auf § 25 Abs. 6 Satz 5 und 6 verwiesen: Als ausreichender Sachverstand für ein Mitglied der Kommission wird angesehen, wenn jemand auf den jeweiligen Anwendungsgebieten, auf dem Gebiet der jeweiligen Stoffgruppe und in der jeweiligen Therapierichtung über wissenschaftliche Erkenntnisse verfügt und praktische Erfahrungen gesammelt hat; der Gegensachverständige ist geeignet, soweit er die erforderliche Sachkenntnis und die zur Ausübung seiner Tätigkeit erforderliche Zuverlässigkeit besitzt. Zur Einordnung dieser Zuverlässigkeit empfiehlt sich eine Orientierung an § 15: Wer die erforderliche Sachkenntnis als Herstellungsleiter oder Kontrollleiter mitbringt, wird in der Lage sein, die Nachweise in § 22 Abs. 1 Nr. 15, Abs. 2 und 3 sowie § 23 zu begutachten und zu beurteilen. 4

---

1 Richtlinie 2001/83/EG des Europäischen Parlaments und des Rates vom 06.11.2001 zur Schaffung eines Gemeinschaftskodex für Humanarzneimittel, ABl. L 311 vom 28.11.2001, S. 67, zuletzt geändert durch die Richtlinie 2009/53/EG vom 18. Juni 2009, ABl L 168, S. 33.

5 Fehlt der Sachverstand, fehlt es an den vorgeschriebenen Gutachten. Die zuständige Bundesoberbehörde hat im Wege der Mängelrüge auf diesen Sachverhalt hinzuweisen; hilft der pharmazeutische Unternehmer der Rüge nicht innerhalb der gesetzten Frist ab, ist eine Zulassung zu versagen, wenn die zuständige Bundesoberbehörde den oder die Sachverständigen nicht akzeptiert. Praktisch wird allerdings in einem solchen Fall das Gutachten mangelhaft sein und das vom Gesetz Vorgeschriebene nicht aus ihm „hervorgehen", so dass das inhaltliche Problem ein persönliches überlagert. Empfehlenswert ist daher, nur solche Gutachter einzusetzen, die zweifellos unter die Kategorie der § 25 Abs. 6 und des § 15 fallen. Nach der amtlichen Begründung kann der Sachverständige auch aus dem Betrieb des pharmazeutischen Unternehmers ausgewählt werden.[2]

### III. Inhalt der Sachverständigengutachten

6 Während dem Antragsteller in § 22 auferlegt wird, Prüfungsergebnisse vorzulegen, hat er über die Vorlage der von den Sachverständigen zu erstellenden Gutachten weiter die Verpflichtung, die Nachweise zu erbringen, dass seine Prüfungen die Zulassungsreife des Produktes ergeben haben. Es reicht dabei nicht, dass der Gutachter eine Meinung äußert. Diese Meinung muss auch – innerhalb des Gutachtens – nachvollziehbar sein. Eigene Prüfungen muss der Sachverständige nicht anstellen. Sofern die Prüfungsergebnisse keine oder keine befriedigenden Aussagen zulassen und das Gutachten dennoch fertiggestellt und vorgelegt wird, führt dies dazu, dass ein Versagungsgrund nach § 25 Abs. 2 vorliegt. Fehlt die Aussage, liegt der Grund nach § 25 Abs. 2 Nr. 1 vor, weil die Unterlagen nicht vollständig sind; ist die Aussage nicht zufriedenstellend, liegt ein Grund nach der jeweils betroffenen folgenden Ziffer des § 25 Abs. 2 vor.

#### 1. Analytisches Gutachten

7 Das Gutachten muss die Ergebnisse der analytischen Prüfung zusammenfassen und, damit zusammenhängend, die Qualität des Arzneimittels und deren Kontrolle bewerten. Messlatte sind die anerkannten pharmazeutischen Regeln, der Stand der wissenschaftlichen Erkenntnisse bei den Kontrollmethoden und ihre Eignung zur Beurteilung der Qualität; also jener Problemkreis, der in den GMP-Richtlinien abgehandelt wird.

#### 2. Pharmakologisch-toxikologisches Gutachten

8 Auch hier sind die Prüfungsergebnisse der entsprechenden Prüfungen zusammenzufassen und zu bewerten. Hieraus abzuleiten sind die toxischen Wirkungen, wenn es solche gibt, und ihre Einschätzung, ferner die Wechselwirkungen zwischen dem Organismus und dem Arzneimittel.

---

2 Sander, § 24 A.

### 3. Klinische Gutachten

Das Gutachten über die klinische Prüfung muss nachvollziehbar darlegen, ob das Arzneimittel verträglich ist, ob die Dosierung zweckmäßig ist, welche Gegenanzeigen und Nebenwirkungen bestehen. Ferner muss aus ihm hervorgehen, ob das Arzneimittel bei „den angegebenen Anwendungsgebieten angemessen wirksam ist". 9

Letzteres ist ein Kernpunkt des Arzneimittelrechts. Es will nicht nur den Patienten vor Schaden durch Arzneimittel bewahren. Es fordert vielmehr einen nachweisbaren Nutzen. Der ist – zumindest bei älteren Produkten – keinesfalls selbstverständlich. Das klinische Gutachten ist die Stelle des Zulassungsverfahrens, an der sich nach der Logik die Weichen stellen. Ein plausibles Gutachten, gegründet auf klinischen Ergebnissen, ist notwendig, aber auch hinreichend für die Zulassung. Zum Begriff der Wirksamkeit sei hier auf die Kommentierung in § 25 verwiesen. Der pharmazeutische Unternehmer muss in seinem Zulassungsantrag Angaben zu den Wirkungen und der Anwendung machen. Er kann dabei nicht behaupten, dass die angegebenen Wirkungen immer einträfen. Der Sinn des Gutachtens ist, dass eine Bestätigung durch sachverständige Analyse gegeben werden kann, dass die behaupteten Wirkungen auch tatsächlich eintreten und dass sie auf die Darreichung des Arzneimittels zurückzuführen sind. Die Messlatte ist damit das, was der Antragsteller angibt; davon muss der Gutachter ausgehen und das Ergebnis muss angemessen sein. 10

### 4. Zum Gutachten über die Rückstandsprüfung und zur Wartezeit

(Vgl. die Kommentierung zu § 23). 11

### 5. Wissenschaftliches Erkenntnismaterial

Das weitere wissenschaftliche Erkenntnismaterial ist zumeist eine Bioäquivalenzstudie. Diese ist an den Arzneimittelprüfrichtlinien zu messen. Sofern das Erkenntnismaterial außerhalb der üblichen Substitutionsstudien liegt, sind Ausführungen dazu angebracht, ob die Voraussetzungen des § 22 Abs. 3 vorliegen und auf klinische Prüfung und pharmakologisch-toxikologische Prüfung verzichtet werden kann. 12

## § 24a
## Verwendung von Unterlagen eines Vorantragstellers

**Der Antragsteller kann auf Unterlagen nach § 22 Abs. 2, 3, 3c und § 23 Abs. 1 einschließlich der Sachverständigengutachten nach § 24 Abs. 1 Satz 2 eines früheren Antragstellers (Vorantragsteller) Bezug nehmen, sofern er die schriftliche Zustimmung des Vorantragstellers einschließlich dessen Bestätigung vorlegt, dass die Unterlagen, auf die Bezug genommen wird, die Anforderungen der Arzneimittelprüfrichtlinien nach § 26 erfüllen. Der Vorantragsteller hat sich auf eine Anfrage auf Zustimmung innerhalb einer Frist von drei Monaten zu äußern. Eine teilweise Bezugnahme ist nicht zulässig.**

**Übersicht** **Rz.**



**Literatur**

Collatz, Die Verschreibungspflicht nach § 49 AMG als Voraussetzung des Unterlagenschutzes nach § 24a AMG, PharmaR 1997, 2; Deutsch, Gewerblicher Rechtsschutz und Zweitanmeldung im Arzneimittelrecht, PharmaR 1985, 44 ; Hiltl, Unterlagenschutz für forschende Arzneimittelhersteller nach europäischem Recht, PharmaR 1999, 42; Hocks, Ergänzendes Schutzzertifikat für Arzneimittel, PharmaR 1992, 290; Papier, Verfassungs- und verwaltungsrechtliche Problem der Zweitanmeldung, NJW 1985, 12.

### I. Die Bedeutung der Norm

1 Die Vorschrift regelt die Zulässigkeit der Bezugnahme von Unterlagen bei der Zweitanmeldung von Arzneimitteln. Bei der Zweitanmeldung handelt es sich um solche Arzneimittel, für die es auf dem Markt bereits ein zugelassenes Vorbild gibt. Unproblematisch ist die Verwendung von Unterlagen des Vorantragstellers für den – so vereinfacht und kostengünstig zu erstellenden – Zulassungsantrag für Generika, soweit es unter § 24b fällt oder der Vorantragsteller der Verwendung zustimmt. Problematisiert wurde die Frage der Bezugnahme im Hinblick auf die Gewährleistung des Eigentums nach Art. 14 GG an diesen Unterlagen in der Vergangenheit, wenn der Vorantragsteller einer Verwendung seiner Unterlagen nicht zustimmte.[1] Hier sah der Gesetzgeber ein Regelungsbedürfnis, das durch § 24a geschlossen werden sollte. Ergänzt wird die Vorschrift durch die speziellen Regelungen für Generika in § 24b. Mit der Bezugnahme will der Gesetzgeber der Wiederholung von Versuchen entgegenwirken, deren Ergebnisse bekannt sind. Weiter

---

[1] Vgl. beispielsweise Papier, NJW 1985, 12. und ausführlich zum früheren Meinungsstand: Kloesel, Cyran, § 24a Anm. 1; VG Köln, Beschluss vom 11.11.2005, PharmaR 2006, 34ff. (zur Frage der aufschiebenden Wirkung eines Drittwiderspruchs des Originalherstellers).

hat die Regelung drittschützenden Charakter.[2] Sowohl § 24a als auch § 25b setzen ein Drei-Personen-Verhältnis voraus. Aus diesem Grunde ist eine vorbeugende Feststellungsklage unter Berufung auf diese Vorschriften unzulässig[3].

Die Regelung war zunächst nur auf verschreibungspflichtige Arzneimittel anwendbar. Diese Einschränkung hat der Gesetzgeber durch die 14. AMG-Novelle aufgegeben, so dass sich die Diskussion um die Rechtmäßigkeit dieser Einschränkung[4] erübrigt. Weiter ist nun auch die Bezugnahme auf Unterlagen zur analytischen Prüfung gestattet. Beide Änderungen stellen eine erhebliche Erleichterung für Zweitantragsteller dar, wobei jedoch zu beachten bleibt, dass nur eine vollständige Bezugnahme zulässig ist. 2

## II. Vorantragsteller

Vorantragsteller ist, wer innerhalb der Europäischen Gemeinschaft zeitlich früher eine Zulassung für ein Arzneimittel beantragt hat, soweit diese Zulassung unter Berücksichtigung der EU-Regelungen erteilt wurde. Der Vorantragsteller hat in der Regel die nach § 22 erforderlichen Ergebnisse der Forschung und Entwicklung nebst den Sachverständigengutachten nach § 24 für das Originalprodukt erstellt oder erstellen lassen; sie liegen der zuständigen Bundesoberbehörde vor. 3

## III. Umfang der Bezugnahme durch den Zweitantragsteller

Will sich der Zweitantragsteller auf § 24a berufen, muss das von ihm beantragte Arzneimittel den oder die quantitativ und qualitativ gleichen Wirkstoffe nebst Darreichungsform und Dosierung enthalten, wie das bereits zugelassene des Vorantragstellers. Entscheidend ist, dass die Unterlagen des Vorantragstellers auch für die neu beantragte Zulassung die erforderliche Aussagekraft besitzen müssen. Der Zweitantragsteller kann dann auf die Erstellung und Vorlage der Ergebnisse und Gutachten von analytischen, präklinischen und klinischen Prüfungen verzichten; ebenso darauf, Angaben über die besondere Aufbewahrung, Beseitigung oder Anwendung zu machen. 4

In jedem Falle hat der Zweitantragsteller selbst alle Angaben nach § 22 Abs. 1 zu machen. Eine Bezugnahme auf Unterlagen eines Dritten ist ausgeschlossen. Dies hat seinen Grund darin, dass Unterlagen des Vorantragstellers, auf dessen konkrete Herstellung bezogen sind und keine Beurteilung über die Herstellung des Zweitanmelders zulassen. Der Gesetzgeber sieht weiter vor, dass der Zweitantragsteller auf anderes, nach § 22 Abs. 3 ersatzweise vorgelegtes Material des Vorantragstellers, Bezug nehmen kann. Da es sich hierbei regelmäßig um Bioäquivalenzstudien für generische Produkte handelt, die nicht unter § 24b fallen, wird die Zulassung von Generika auch durch diese Bezugnahme erleichtert. 5

---

2 Vgl. VG Köln, Beschluss vom 21.12.2000, PharmaR 2001, 68ff; OVG NRW, Beschluss vom 26.06.2008, PharmaR 2008, 498ff.

3 Vgl. OVG NRW, Beschluss vom 22.07.2008, A&R 6/2008, 284ff.

4 Vgl. zur alten Regelung Collatz, PharmaR 1997, 2ff.

### IV. Bezugnahme ohne Zutun des Zweitantragstellers

6 Ist eine eingereichte Dokumentation lückenhaft, ist es denkbar, dass die Behörde solche Lücken auch ohne Zutun des pharmazeutischen Unternehmers durch Unterlagen schließt, die von Dritten in anderen Zulassungsverfahren eingereicht wurden. Da die Vorschriften des Verwaltungsverfahrensgesetzes regelmäßig neben denen des AMG gelten, ist die zuständige Bundesoberbehörde nach § 26 BVwVfG gehalten, im Rahmen der Amtsermittlung des zu entscheidenden Sachverhaltes tätig zu werden. Prinzipiell kann es deshalb kein Verbot geben, vorhandenes Wissen zu berücksichtigen. Ihre Grenze findet die Ermittlung freilich bei gesetzlichen Verboten und rechtswidrigen Eingriffen in die Rechte Dritter; Grenzen setzt hierbei insbesondere der § 24d (vgl. die dortige Kommentierung). § 24a ist kein Verbotsgesetz. Er beschreibt nur, wann die zuständige Bundesoberbehörde Drittunterlagen heranziehen muss, nicht, wann sie darf.

### V. Zustimmungserfordernis

#### 1. Adressat

7 Adressat der Regelung ist zunächst der Zweitantragsteller, der neben der Zustimmung des Vorantragstellers dessen Bestätigung, dass die Prüfungen qualitativ den Arzneimittelprüfrichtlinien entsprechen, bei der zuständigen Bundesoberbehörde vorzulegen hat. Daneben wird dem Vorantragsteller eine Frist von drei Monaten auferlegt: Innerhalb dieses Zeitraumes hat er, wenn eine Anfrage des Zweitantragstellers vorliegt, zu antworten. Materiell hat diese Frist nur die Bedeutung, dass die zuständige Bundesoberbehörde nicht vor deren Ablauf entscheiden kann.

8 Das Gesetz sprich davon, dass der „Vorantragsteller", also der frühere Antragsteller zustimmen muss. Dass lässt außer acht, dass sich im Rahmen des § 29 auch der pharmazeutische Unternehmer ändern kann. Sachgerecht ist es also, dass der jeweils betroffene pharmazeutische Unternehmer zustimmt.

#### 2. Nachbesserungen

9 Es kommt vor, dass sich im Laufe der Zeit die Anforderungen an die Inhalte der vorzulegenden Unterlagen ändern. Die Unterlagen des Vorantragstellers, also etwa die klinische Prüfung, können im Zeitpunkt der Zweitanmeldung unzureichend sein. Die Möglichkeit der Bezugnahme präjudiziert die zuständige Bundesoberbehörde nicht: Die Unterlagen sind dann zwar vollständig, aber können zu Mängelrügen Anlass geben. Ein anderes Verfahren könnte dazu führen, dass von der Zustimmung abhinge, welche Anforderungen bei ansonsten gleichen Präparaten gestellt werden: Die aktuellen, oder die überholten aus Zeiten der ersten Antragstellung.

## § 24b
## Zulassung eines Generikums, Unterlagenschutz

**(1) Bei einem Generikum im Sinne des Absatzes 2 kann ohne Zustimmung des Vorantragstellers auf die Unterlagen nach § 22 Abs. 2 Satz 1 Nr. 2 und 3 und § 23 Abs. 1 einschließlich der Sachverständigengutachten nach § 24 Abs. 1 Satz 2 Nr. 2 bis 4 des Arzneimittels des Vorantragstellers (Referenzarzneimittel) Bezug genommen werden, sofern das Referenzarzneimittel seit mindestens acht Jahren zugelassen ist oder vor mindestens acht Jahren zugelassen wurde; dies gilt auch für eine Zulassung in einem anderen Mitgliedstaat der Europäischen Union. Ein Generikum, das gemäß dieser Bestimmung zugelassen wurde, darf frühestens nach Ablauf von zehn Jahren nach Erteilung der ersten Genehmigung für das Referenzarzneimittel in den Verkehr gebracht werden. Der in Satz 2 genannte Zeitraum wird auf höchstens elf Jahre verlängert, wenn der Inhaber der Zulassung innerhalb von acht Jahren seit der Zulassung die Erweiterung der Zulassung um eines oder mehrere neue Anwendungsgebiete erwirkt, die bei der wissenschaftlichen Bewertung vor ihrer Zulassung durch die zuständige Bundesoberbehörde als von bedeutendem klinischem Nutzen im Vergleich zu bestehenden Therapien beurteilt werden.**

**(2) Die Zulassung als Generikum nach Absatz 1 erfordert, dass das betreffende Arzneimittel die gleiche Zusammensetzung der Wirkstoffe nach Art und Menge und die gleiche Darreichungsform wie das Referenzarzneimittel aufweist und die Bioäquivalenz durch Bioverfügbarkeitsstudien nachgewiesen wurde. Die verschiedenen Salze, Ester, Ether, Isomere, Mischungen von Isomeren, Komplexe oder Derivate eines Wirkstoffes gelten als ein und derselbe Wirkstoff, es sei denn, ihre Eigenschaften unterscheiden sich erheblich hinsichtlich der Unbedenklichkeit oder der Wirksamkeit. In diesem Fall müssen vom Antragsteller ergänzende Unterlagen vorgelegt werden, die die Unbedenklichkeit oder Wirksamkeit der verschiedenen Salze, Ester, Ether, Isomere, Mischungen von Isomeren, Komplexe oder Derivate des Wirkstoffes belegen. Die verschiedenen oralen Darreichungsformen mit sofortiger Wirkstofffreigabe gelten als ein und dieselbe Darreichungsform. Der Antragsteller ist nicht verpflichtet, Bioverfügbarkeitsstudien vorzulegen, wenn er auf sonstige Weise nachweist, dass das Generikum die nach dem Stand der Wissenschaft für die Bioäquivalenz relevanten Kriterien erfüllt. In den Fällen, in denen das Arzneimittel nicht die Anforderungen eines Generikums erfüllt oder in denen die Bioäquivalenz nicht durch Bioäquivalenzstudien nachgewiesen werden kann oder bei einer Änderung des Wirkstoffes, des Anwendungsgebietes, der Stärke, der Darreichungsform oder des Verabreichungsweges gegenüber dem Referenzarzneimittel sind die Ergebnisse der geeigneten vorklinischen oder klinischen Versuche vorzulegen. Bei Arzneimitteln, die zur Anwendung bei Tieren bestimmt sind, sind die entsprechenden Unbedenklichkeitsuntersuchungen, bei Arzneimitteln, die zur Anwendung bei Tieren bestimmt sind, die der Lebensmittelgewinnung dienen, auch die Ergebnisse der entsprechenden Rückstandsversuche vorzulegen.**

**(3) Sofern das Referenzarzneimittel nicht von der zuständigen Bundesoberbehörde, sondern der zuständigen Behörde eines anderen Mitgliedstaates zugelassen wurde, hat der Antragsteller im Antragsformular den Mitgliedstaat anzugeben, in dem das Referenzarzneimittel genehmigt wurde oder ist. Die zuständige Bundesoberbehörde ersucht in diesem Fall die zuständige Behörde des anderen Mitgliedstaates, binnen eines Monats eine Bestätigung darüber zu übermitteln, dass das Referenzarzneimittel genehmigt ist oder wurde, sowie die vollständige Zusammensetzung des Referenzarzneimittels und andere Unterlagen, sofern diese für die Zulassung des Generikums erforderlich sind. Im Falle der Genehmigung des Referenzarzneimittels durch die Europäische Arzneimittel-Agentur ersucht die zuständige Bundesoberbehörde diese um die in Satz 2 genannten Angaben und Unterlagen.**

**(4) Sofern die zuständige Behörde eines anderen Mitgliedstaates, in dem ein Antrag eingereicht wird, die zuständige Bundesoberbehörde um Übermittlung der in Absatz 3 Satz 2 genannten Angaben oder Unterlagen ersucht, hat die zuständige Bundesoberbehörde diesem Ersuchen binnen eines Monats zu entsprechen, sofern mindestens acht Jahre nach Erteilung der ersten Genehmigung für das Referenzarzneimittel vergangen sind.**

**(5) Erfüllt ein biologisches Arzneimittel, das einem biologischen Referenzarzneimittel ähnlich ist, die für Generika geltenden Anforderungen nach Absatz 2 nicht, weil insbesondere die Ausgangsstoffe oder der Herstellungsprozess des biologischen Arzneimittels sich von dem des biologischen Referenzarzneimittels unterscheiden, so sind die Ergebnisse geeigneter vorklinischer oder klinischer Versuche hinsichtlich dieser Abweichungen vorzulegen. Die Art und Anzahl der vorzulegenden zusätzlichen Unterlagen müssen den nach dem Stand der Wissenschaft relevanten Kriterien entsprechen. Die Ergebnisse anderer Versuche aus den Zulassungsunterlagen des Referenzarzneimittels sind nicht vorzulegen.**

**(6) Zusätzlich zu den Bestimmungen des Absatzes 1 wird, wenn es sich um einen Antrag für ein neues Anwendungsgebiet eines bekannten Wirkstoffes handelt, der seit mindestens zehn Jahren in der Europäischen Union allgemein medizinisch verwendet wird, eine nicht kumulierbare Ausschließlichkeitsfrist von einem Jahr für die Daten gewährt, die auf Grund bedeutender vorklinischer oder klinischer Studien im Zusammenhang mit dem neuen Anwendungsgebiet gewonnen wurden.**

**(7) Absatz 1 Satz 3 und Absatz 6 finden keine Anwendung auf Generika, die zur Anwendung bei Tieren bestimmt sind. Der in Absatz 1 Satz 2 genannte Zeitraum verlängert sich**

1. **bei Arzneimitteln, die zur Anwendung bei Fischen oder Bienen bestimmt sind, auf dreizehn Jahre,**
2. **bei Arzneimitteln, die zur Anwendung bei einer oder mehreren Tierarten, die der Gewinnung von Lebensmitteln dienen, bestimmt sind und die einen neuen Wirkstoff enthalten, der am 30. April 2004 noch nicht in der Gemeinschaft zugelassen war, bei jeder Erweiterung der Zulassung auf**

**eine weitere Tierart, die der Gewinnung von Lebensmitteln dient, die innerhalb von fünf Jahren seit der Zulassung erteilt worden ist, um ein Jahr. Dieser Zeitraum darf jedoch bei einer Zulassung für vier oder mehr Tierarten, die der Gewinnung von Lebensmitteln dienen, insgesamt dreizehn Jahre nicht übersteigen.**

**Die Verlängerung des Zehnjahreszeitraums für ein Arzneimittel für eine Tierart, die der Lebensmittelgewinnung dient, auf elf, zwölf oder dreizehn Jahre erfolgt unter der Voraussetzung, dass der Inhaber der Zulassung ursprünglich auch die Festsetzung der Rückstandshöchstmengen für die von der Zulassung betroffenen Tierarten beantragt hat.**

**(8) Handelt es sich um die Erweiterung einer Zulassung für ein nach § 22 Abs. 3 zugelassenes Arzneimittel auf eine Zieltierart, die der Lebensmittelgewinnung dient, die unter Vorlage neuer Rückstandsversuche nach der Verordnung (EWG) Nr. 2377/90 und neuer klinischer Versuche erwirkt worden ist, wird eine Ausschließlichkeitsfrist von drei Jahren nach der Erteilung der Zulassung für die Daten gewährt, für die die genannten Versuche durchgeführt wurden.**

**Übersicht** **Rz.**



**Literatur**

Bobb, Lux, „Das Salz-Problem" – Gelöst?, PharmaR 2000, 2; Buchberger, Bolar Provision, PharmaR 2006, 106; Epping, Gerstberger, Europa auf dem Weg zur „BOLAR"- Ein regulatorisches Korrektiv des Versuchsprivilegs?, PhamaR 2003, 257; Fähndrich, Tilmann, Patentnutzende Bereitstellungshandlungen bei Versuchen, GRUR 2001, 901; Gassner, Unterlagenschutz im Europäischen Arzneimittelrecht, GRUR Int.2004, 983; Hufnagel, Wann endet der Patentschutz? – Hindernisse für den Markteintritt von Generika, PharmaR 2003, 267; Hiltl, Unterlagenschutz für forschende Arzneimittelhersteller nach europäischem Recht, PhamaR 1999, 42; Hufnagel, Ausweitung des Versuchsprivilegs in Europa und den USA, PharmaR 2006, 209; Koenig, Müller, EG-rechtliche Privilegierung der Hersteller von Arzneimitteln für seltene Krankheiten (Orphan Medicinal Products) durch Einräumung von Alleinvertriebsrechten versus Patentrecht?, GRUR Int. 2000, 121; Fulda, Unterlagenschutz und Marktschutz für Arneimittel oder: Über die Entfernung von Münster nach Brüssel, PharmaR 2008, 589ff; Rehmann, Rechtliche Rahmenbedingungen für einen effizienten Marktzugang von Generika, A&R 2008, 147ff.

## I. Die Bedeutung der Norm

1 Die durch die 14. AMG-Novelle eingefügte Vorschrift ist das Ergebnis der auf europäischer Ebene beschlossenen Reformen[1], wobei die Interessen von innovativen Arzneimittelherstellern, die der wachsenden Anzahl von Generikaherstellern, der staatlichen Gesundheitswesen und die Interessen der Verbraucher zu berücksichtigen waren. Der Forschungs- und Entwicklungsaufwand für innovative Arzneimittel ist für das Unternehmen ernorm groß und nimmt viele Jahre in Anspruch. Die Gesamtkosten für die großen Arzneimittelhersteller sollen sich, bezogen auf die Entwicklung eines Medikamentes, auf durchschnittlich Euro 870 Millionen belaufen.[2] In der Regel wird ein Patent für ein neues Arzneimittel oder ein neues Verfahren zur Herstellung zu Beginn der Entwicklung angemeldet mit der Folge, dass bei den langen Entwicklungszeiten eine weitaus kürzere Patentlaufzeit verbleibt, wenn das Mittel schließlich auf den Markt kommt, als dies bei anderen Verbrauchsgütern der Fall ist. Um Großunternehmen in der Arzneimittelbranche einen Anreiz für Forschung und Entwicklung zu bieten, wurde für das Patentrecht zunächst ein sogenanntes ergänzendes Schutzzertifikat eingeführt. Es kann die Laufzeit eines Arzneipatentes bis zu fünf Jahre verlängern. Darüber hinaus besteht für die sogenannten Orphan Drugs eine Sonderregelung, wonach diesen Mitteln ein Marktexklusivitätsrecht für zehn Jahre eingeräumt wird.[3] Einen weiteren Schutz stellt der Schutz von Unterlagen vor einer Verwertung für einen späteren Antragsteller dar. Diesen Schutzmechanismen stehen nicht nur die Interessen der stetig wachsenden Anzahl von Generikaherstellern gegenüber, sondern auch die leeren Kassen der staatlichen Gesundheitssysteme. Dadurch werden auch die Patienten belastet, die Kosten auch für hochpreisige Arzneimittel aus eigener Tasche bezahlen.

2 Das Ergebnis der Reformen ist für Originalhersteller wie für die Hersteller von Nachahmerprodukten von großer Bedeutung, wobei es nicht um die Frage geht, ob Generika zugelassen werden können. Dies war auch bisher der Fall. Vielmehr geht es um die Frage, wie lange sich der Hersteller des Originalproduktes auf den Unterlagenschutz berufen kann. Hier hat sich die Situation für Generikahersteller erheblich verbessert: Bestand bisher ein Unterlagenschutz von zehn Jahren, so beträgt dieser nach § 24b nunmehr acht Jahre für Referenzarzneimittel, deren Genehmigung nach dem 30. Oktober 2005 beantragt wurde. Zwar darf der Zweitantragsteller das Konkurrenzprodukt nach wie vor erst nach zehn Jahren auf den Markt bringen, jedoch kann er den Zulassungsantrag bereits nach acht Jahren stellen. Er gewinnt damit zwei Jahre Zeit. Ergänzt wird die Verbesserung durch die

---

1 Vgl. Art. 10 bis 10 c der Richtlinie 2001/83 des Europäischen Parlaments und des Rates vom 06.11.2001 zur Schaffung eines Gemeinschaftskodex für Humanarzneimittel, ABl. L 311 vom 28.11.2001, S. 67, zuletzt geändert durch die Richtlinie 2009/53/EG, ABl. L 168 vom 30.06.2009, S. 33.

2 Gassner, S. 983 mwN.

3 Art. 8 der Verordnung EG 141/2000 des Europäischen Parlaments und des Rates vom 16.12.1999 über Arzneimittel für seltene Leiden, ABl. L 18 vom 22.01.2000, S. 1.

sogenannte Bolar-Regelung im Patentrecht[4], welche die Entwicklung wirkungsgleicher Arzneimittel vereinfacht. Eine Ausweitung des Unterlagenschutzes zugunsten des Originalherstellers um ein weiteres Jahr ist nur noch in Ausnahmefällen möglich.

## II. Definition eines Generikums, Referenzarzneimittel

### 1. Generikum

Die Definition des Generikums ist in Abs. 2 enthalten. Sie geht auf die vom EuGH aufgestellten Kriterien zurück[5]: Im Vergleich zum Referenzarzneimittel gilt ein Arzneimittel als Generikum, wenn es die gleiche Zusammensetzung der Wirkstoffe nach Art und Menge enthält, die gleiche Darreichungsform aufweist und die Bioäquivalenz nachgewiesen wird. Entgegen früherer Definitionen wurde auf die Formulierung „wesentliche Ähnlichkeit“ verzichtet. Verschiedene orale Darreichungsformen werden wie eine behandelt, soweit die Wirkstoffe jeweils sofort freigegeben werden. Weiter werden verschiedene Salze, Ester, Isomere, Mischungen von Isomeren, Komplexe oder Derivate eines Wirkstoffes grundsätzlich als derselbe Wirkstoff behandelt.[6] Dies gilt nur dann nicht, wenn die Zulassungsbehörde bei den Eigenschaften einen erheblichen Unterschied bei der Sicherheit oder der Wirksamkeit feststellt.[7] 3

### 2. Referenzarzneimittel

Als Referenzarzneimittel gilt ein Arzneimittel nur, wenn seine Zulassung auf der Basis vorklinischer und klinischer Prüfungen bereits erteilt wurde. Bei Tierarzneimitteln gehören auch die entsprechenden Versuche zur Unbedenklichkeit und Rückständen dazu.[8] Nach der Rechtsprechung des EuGH kann ein Arzneimittel dann nicht als Referenzarzneimittel im Sinne des Art. 10 Abs. 2a VO (EG) Nr. 726/2004 angesehen werden, wenn für sein Inverkehrbringen die nach dem neuen, geltendem Recht erforderliche Genehmigung fehlt.[9] 4

## III. Dauer des Unterlagenschutz, generelle und spezielle Marktexklusivität

Kann der Zweitantragsteller nachweisen, dass das Arzneimittel innerhalb der Europäischen Union bereits seit mindestens acht Jahren zugelassen ist oder vor min- 5

---

4 Siehe § 22 Rn. 36.

5 EuGH, Urteil vom 03.12.1998, Rechtssache C-368/96, The Queen vs. Licensing Authority et.al., Slg. 1998, I-7967, Rz. 32ff.-Generics.

6 Zur ähnlichen Diskussion beim ergänzenden Schutzzertifikat vgl. Bopp, Lux, PharmaR 2000, 2.

7 So bereits der EuGH, wonach Unterschiede in der Einnahmeform dann die gleiche Darreichungsform darstellt, wenn die Unterschiede wissenschaftlich nicht erheblich erscheinen, Urteil vom 29.04.2004, Rechtssache C-106/01, The Queen vs. SangStat UK et al, - SangStat, EuZW 2004, S. 408ff.

8 Siehe die Begründung zum Regierungsentwurf vom 13.04.2005, S. 89 (BT-Drucksache 15/5316, abrufbar unter www.bundestag.de.

9 EuGH, Urteil vom 18.06.2009 – Generics, PharmaR 2009, S. 445.

destens acht Jahren zugelassen wurde, ist die Zustimmung des Vorantragstellers auf die Bezugnahme seiner Unterlagen entbehrlich.[10] Ist das Referenzarzneimittel nicht in Deutschland zugelassen oder werden an das BfArM Anfragen von anderen Zulassungsbehörden zu einem deutschen Referenzarzneimittel gerichtet, sehen die Abs. 3 und 4 eine Zusammenarbeit der Behörden vor.

**6** Die Regelung gibt nur die Befugnis, auf Unterlagen eines Vorantragstellers bei einer weiteren Anmeldung Bezug zu nehmen. Zu diesen Unterlagen zählen auch die veröffentlichten Berichte von Europäischen und US-amerikanischen Behörden über das Arzneimittel des Originalherstellers[11]. Ausdrücklich ist in Abs. 1 Satz 2 geregelt, dass das Generikum dennoch erst dann in den Verkehr gebracht werden darf, wenn zehn Jahren seit der Zulassung für den Originalhersteller vergangen sind (generelle Marktexklusivität)[12]. Eine Erweitung der Schutzfrist für den Zeitraum einer fiktiven Bearbeitungszeit eines Zulassungsantrages über den zehn-Jahreszeitraum hinaus ist im übrigen ausgeschlossen[13].

**7** Soweit der Erstantragsteller gemäß Abs. 1 Satz 3 innerhalb der ersten acht Jahre nach Antragstellung die Zulassung erweitert und diese Erweiterung um eines oder mehrerer Anwendungsgebiete einen bedeutenden klinischen Nutzen darstellen, tritt eine spezielle Marktexklusivität für das Produkt von einem weiteren Jahr, auf insgesamt also elf Jahre ein. Von einem bedeutenden klinischen Nutzen gegenüber bestehenden Therapien („therapeutischer Mehrwert") kann ausgegangen werden, wenn es für das neue Anwendungsgebiet oder die neuen Anwendungsgebiete bisher keine anerkannte Therapie gegeben hat oder aber die neue Therapie ein günstigeres Nutzen-Risikoverhältnis im Vergleich zu bekannten Therapien aufweist. Der Begriff Therapie schließt prophylaktische und diagnostische Anwendungen ein. Weiter sind nach der Begründung zur 14. AMG-Novelle der Nachweis der Wirksamkeit für Personengruppen oder speziellen Unterformen einer Erkrankung, die bisher nicht von der Zulassung umfasst waren, eingeschlossen. Dies gilt jedenfalls, soweit das Ausmaß der Wirkungen klinisch bedeutsam ist.[14] Mit „klinisch" ist nicht etwa eine Beschränkung gemeint.

**8** Es wäre denkbar, dass eine solche Marktexklusivität nicht eine Sache der Behörde, sondern wie die Geltendmachung eines Patentes eine Sache zwischen dem Originalhersteller und dem Hersteller eines Generikums ist. Dafür spricht auch, dass ein in den Verkehr bringen innerhalb der Marktexklusivität weder als Straftatbestand noch als Ordnungswidrigkeit ausgestaltet ist. Formuliert ist die Vorschrift allerdings wie ein öffentlich rechtliches Vertriebsverbot.

---

[10] Zur Frage, ob bei der Bezugnahme der Antrag versagt werden darf, wenn die Arzneimittel keinen gemeinsamen Ursprung haben: EuGH, Urteil vom 01.04.2004- Chiesi-, PharmaR 2004, 199ff.

[11] OVG NRW, Beschluss vom 26.09.2008, PharmaR 2008, S. 603.

[12] Zur Frage des Drittschutzes im Rahmen der gemischten Zulassung eines Arzneimittels: VG Köln, Beschluss vom 05.08.2008, PharmaR 2009, S. 93f.

[13] OVG NRW, Beschluss vom 26.09.2008, PharmaR 2008, S. 607ff.

[14] Siehe Fn. 8, a.a.O. S. 88.

## IV. Unterlagenschutz bei neuem Anwendungsgebiet bekannter Wirkstoffe

Die Sonderregelung in Abs. 6 befasst sich mit dem Datenschutz von Zulassungsunterlagen für solche Arzneimittel, deren zugrundeliegender Wirkstoff nicht neu ist, wohl aber sein Anwendungsgebiet. Ist dieses neue Anwendungsgebiet durch bedeutende Studien erlangt worden, soll dies mit einem Unterlagenschutz von einem weiteren Jahr belohnt werden. Bisher hat es in Europa keinen Schutz für bekannte Wirkstoffe gegeben. In Anlehnung an die Vorschriften in den USA, wo für solche Fälle eine Schutzfrist von drei Jahren besteht, soll mit dieser Vorschrift ein Forschungsanreiz geschaffen werden.[15] 9

Die Ausschließlichkeitsfrist ist nicht kumulierbar. Diese Formulierung ist unklar, weil sie nichts darüber aussagt, mit welchen Fristen sie nicht kumulierbar ist. Die Vorschrift kann bedeuten, dass die Ausschließlichkeitsfrist nicht zu den acht Jahren und zwei Jahren nach Abs. 1 Satz 1 und 2 hinzugezählt werden darf. Dann aber liefe die Vorschrift leer, weil es eingangs in Abs. 6 heißt: „Zusätzlich zu den Bestimmungen des Abs. 1 (...)". Eine Verlängerung im Anschluss der Fristen nach Abs. 1 Satz 2 ist folglich zulässig. Die Regelung könnte daher bedeuten, dass sich dieser Datenschutz nur auf den neuen therapeutischen Anwendungsbereich bezieht. Richtigerweise wird sich die Regelung auf Abs. 1 Satz 3 beziehen: Wenn ein Vorantragsteller bereits innerhalb der ersten acht Jahre nach Zulassung eine Erweiterung der Zulassung seines Arzneimittels auf ein oder mehrere neue Anwendungsgebiete bei bedeutendem klinischen Nutzen erlangt hat, so soll sich diese spezielle Marktexklusivität von dann elf Jahren nicht deshalb auf zwölf Jahre verlängern, weil diesem Arzneimittel ein bekannter Wirkstoff zugrunde lag und bedeutende Studien durchgeführt wurden. Im Ergebnis heißt dies für den Vorantragsteller: Entweder er kann sich auf Abs. 1 Satz 3 oder auf Abs. 6 berufen, nicht aber auf beide Regelungen, selbst wenn die Voraussetzungen von Abs. 1 Satz 3 und Satz 6 kumulativ vorliegen sollten. Hierfür spricht auch die Begründung zum Gesetzentwurf in dem es heißt, dass die Schutzfrist für ein bestimmtes Arzneimittel nur einmal gewährt werden kann.[16] Die Bedeutung der Studien liegt in ihrem Umfang oder ihrem Preis, nicht etwa in ihrem wissenschaftlichen Gehalt. 10

## V. Unterlagenschutz bei Umstufungen

Ergänzend enthält § 48 Abs. 3 Satz 3 einen Verweis auf Art. 74a des Gemeinschaftskodex[17]: Solchen Arzneimitteln, denen eine Ausschließlichkeitsfrist nach Abs. 6 gewährt wird, soll dieser Vorteil auch dann zugute kommen, wenn daraufhin die Umstufung des Arzneimittels beispielsweise von der Verschreibungspflicht zur bloßen Apothekenpflicht erfolgt. Andere Antragsteller müssen folgerichtig ein Jahr warten, bis sie sich bei der Frage der Umstufung auf die Unterlagen der bedeutenden vorklinischen und klinischen Versuche beziehen dürfen. 11

---

15 Gassner, GRUR Int. 2001, 992.
16 Siehe Fn. 8.
17 Siehe Fn. 1.

### VI. Zulassung eines Biogenerikums

12 Von einem Biogenerikum nach Abs. 5 spricht man, wenn es sich um Nachahmungen von Originalarzneimitteln handelt, deren Wirkstoffe mit Hilfe biotechnischer Verfahren aus meist rekombinanten Zellkulturen gewonnen werden[18]. Hierunter fallen beispielsweise aus Plasma gewonnene Arzneimittel und Vakzine. Sie unterscheiden sich regelmäßig von dem Referenzarzneimittel, weil die Ausgangsstoffe und die molekularen Eigenschaften unterschiedlich sein können, ebenso kann die therapeutische Wirkungsweise abweichen. Deshalb spricht der Gesetzgeber in Abs. 5 von einem biologischen Arzneimittel, das einem biologischen Referenzarzneimittel „ähnlich" ist (auch „Biosimilars" genannt) und verlangt an dieser Stelle zusätzliche Angaben, insbesondere zur toxikologischen und klinischen Prüfung.

### VII. Rechtsfolgen

13 Sollten Unterlagen innerhalb der Acht-Jahres-Frist ohne die Zustimmung des Vorantragstellers verwendet werden, so hat dieser die Möglichkeit, über den Verwaltungsrechtsweg Drittwiderspruch gegen eine Entscheidung, die ohne erforderliche Zustimmung des Vorantragstellers erfolgt, nach § 68ff. VwGO einzulegen; das BfArM ist keine oberste Bundesbehörde nach § 68 Abs. 1 Nr. 1 VwGO, bei deren Erlass ein Vorverfahren entbehrlich wäre.

---

[18] Nach dem Verband Forschender Arzneimittelhersteller gibt es bisher keine einheitliche Definition; er definiert: Ein biologisches/biotechnologisches Arzneimittel ist ein Arzneimittel zur Prophylaxe oder zur Therapie oder ein In-vivo-Diagnostikum. Sein Wirkstoff leitet sich von biologischem Gewebe oder Ausgangsmaterial von lebenden Zellen ab und besitzt eine große, komplexe, zwangsläufig heterogene Molekülstruktur, abrufbar unter: www.vfa. de/de/presse/positionen/biotech-generika.html.

## § 24c
## Nachforderungen

**Müssen von mehreren Zulassungsinhabern inhaltlich gleiche Unterlagen nachgefordert werden, so teilt die zuständige Bundesoberbehörde jedem Inhaber der Zulassung mit, welche Unterlagen für die weitere Beurteilung erforderlich sind, sowie Namen und Anschrift der übrigen beteiligten Zulassungsinhaber. Die zuständige Bundesoberbehörde gibt den beteiligten Inhabern der Zulassung Gelegenheit, sich innerhalb einer von ihr zu bestimmenden Frist zu einigen, wer die Unterlagen vorlegt. Kommt eine Einigung nicht zustande, so entscheidet die zuständige Bundesoberbehörde und unterrichtet hiervon unverzüglich alle Beteiligten. Diese sind, sofern sie nicht auf die Zulassung ihres Arzneimittels verzichten, verpflichtet, sich jeweils mit einem der Zahl der beteiligten Inhaber der Zulassung entsprechenden Bruchteil an den Aufwendungen für die Erstellung der Unterlagen zu beteiligen; sie haften als Gesamtschuldner. Die Sätze 1 bis 4 gelten entsprechend für die Nutzer von Standardzulassungen sowie, wenn inhaltlich gleiche Unterlagen von mehreren Antragstellern in laufenden Zulassungsverfahren gefordert werden.**

**Übersicht** **Rz.**



### I. Die Bedeutung der Norm

1 § 24c unterstellt, dass die Nachforderung von Unterlagen, gleich zu welchem zulassungspflichtigen Arzneimittel, durch die zuständige Bundesoberbehörde auch nach erteilter Zulassung zulässig ist. Eine Rechtsgrundlage hierzu ergibt sich aus § 24c nicht. Ähnlich der Befugnis, wonach die zuständige Bundesoberbehörde Auflagen nach erteilter Zulassung nachträglich anordnen kann, will der Gesetzgeber mit der Befugnis der zuständigen Bundesoberbehörde, Unterlagen zur Prüfung nachzufordern, den möglichen Gefahren von Arzneimitteln begegnen: Stellt sich vor oder nach einer Zulassung, auch einer Standardzulassung, heraus, dass das oder die Arzneimittel nicht den gesetzlichen Anforderungen entsprechen, oder treten neue Erkenntnisse im Rahmen der Auswertung von Arzneimittelrisiken auf, ist die zuständige Bundesoberbehörde gehalten, diesen Gefahren mit geeigneten Mitteln zu begegnen, den erforderlichen Aufwand aber auf ein Mindestmaß zu beschränken. Um eine koordinierte Vorgehensweise zu gewährleisten, sieht § 24c Regelungen dafür vor, falls mehrere pharmazeutische Unternehmer bei der Nachforderung von Unterlagen betroffen sind.

## II. Koordination der Vorlage von Unterlagen

2 § 24c bezieht sich ausschließlich auf schriftliches Erkenntnismaterial, das zur Klärung von der zuständigen Bundesoberbehörde über die Arzneimittel benötigt wird. Sie wendet sich bei Bedarf an Antragsteller oder Zulassungsinhaber und teilt unter Angabe des Gewollten diejenigen Namen und Adressen mit, die ebenfalls von der Vorlagepflicht betroffen sind. Die pharmazeutischen Unternehmer sind sodann innerhalb gesetzter Frist gehalten, sich intern zu einigen. Läuft die Frist ohne Einigung ab, verpflichtet die zuständige Bundesoberbehörde einen der Beteiligten, die gewünschten Unterlagen beizubringen. Diese Vorschrift dient zwar ökonomischen Belangen, ist inhaltlich aber nicht unproblematisch. Sie unterstellt zunächst, dass bei allen Inhabern ein gleich großes Interesse besteht, die Zulassung zu erlangen oder aufrecht zu erhalten. Gibt es in diesem Bereich Unterschiede, ist die aufgenötigte Gemeinschaft unsicher.

3 Weiter werden die Kosten gesamtschuldnerisch nach Anteilen verteilt. Praktisch ist der von der zuständigen Bundesoberbehörde Verpflichtete gezwungen, in Vorlage zu treten. Diese Regelung ist jedoch nicht unbillig, weil der Verpflichtete ohne die Vorschrift ebenfalls diese Investitionen aufbringen müsste. Weiter unterstellt die Vorschrift, dass der Verpflichtete zur Beibringung nicht nur wirtschaftlich, sondern auch tatsächlich in der Lage ist, das Geforderte zu erstellen und vorzulegen. Legt er die Unterlagen nicht vor, sieht das Gesetz keinerlei Folgen vor. Sofern Nachteile drohen, hat die zuständige Bundesoberbehörde die anderen Beteiligten jedenfalls zu konsultieren und ihnen die Möglichkeit zur Reaktion zu geben. Legt der Verpflichtete die Unterlagen vor und drohen dadurch Nachteile, muss das gleiche gelten, sofern die zuständige Bundesoberbehörde nicht zwingend sofort handeln muss.

4 Legt ein anderer, der nicht hierzu verpflichtet wurde, die gewünschten Unterlagen vor, so kann er dies tun. Eine Kostenerstattungspflicht entsteht hierdurch öffentlich-rechtlich nicht. Zivilrechtlich kann – etwa in Form der Geschäftsführung ohne Auftrag nach § 677 BGB – etwas anderes gelten. Hat sich durch die Vorlage das Informationsbedürfnis der Behörde erledigt, muss der von ihr erlassene Verwaltungsakt gegenüber dem zunächst etwaigen Verpflichteten nach § 49 Abs. 1 BVwVfG widerrufen werden.

5 Ändert sich die Zahl der Betroffenen, erhöht oder ermäßigt sich die anteilige Kostenlast der pharmazeutischen Unternehmer. Das Gesetz macht die Erstattungspflicht im übrigen nicht davon abhängig, wann die Kosten entstehen.

6 Nach dem Wortlaut der Vorschrift besteht die Gruppe, um die es geht, entweder aus Zulassungsinhabern oder Antragstellern. Danach wäre es nicht möglich, in das gleiche Nachforderungsverfahren sowohl Inhaber von Zulassungen als auch Antragsteller einzubeziehen. Das ist deshalb von Belang, weil § 24d die Verwertung von Unterlagen für alle Betroffenen erlaubt, solange ein Nachforderungsverfahren läuft.

Einigen sich die Beteiligten auf einen Inhaber, der nach außen gegenüber der zuständigen Bundesoberbehörde auftritt, so handelt es sich im Innenverhältnis um eine Gesellschaft bürgerlichen Rechts. Die Rechte und Pflichten der Gesellschafter regeln, soweit untereinander nichts anderes vereinbart wird, die §§ 705ff. BGB. 7

## III. Mitwirkungspflichten

Das Gesetz lässt offen, ob denjenigen Beteiligten, die nicht von der zuständigen Bundesoberbehörde zur Erstellung und Vorlage von Unterlagen verpflichtet werden, gegenüber dem von der zuständigen Bundesoberbehörde bestimmten Beteiligten Pflichten obliegen. Denkbar ist im Einzelfall, dass der Betroffene auf Informationen der anderen Beteiligten, die nicht in die Pflicht genommen wurden, angewiesen ist. Da in diesem Fall eine zivilrechtliche Verpflichtung in der Regel nicht besteht, kann sich der von der zuständigen Bundesoberbehörde Bestimmte nur an die Behörde selbst wenden. Diese sollte per Verwaltungsakt die Einzelnen zu entsprechenden Handeln verpflichten, sofern hierfür eine Rechtsgrundlage besteht. 8

## IV. Bindungswirkung

Kein Antragsteller ist gehindert, die von der zuständigen Bundesoberbehörde geforderten Unterlagen auf seine Kosten einzureichen; ob nun eine Einigung unter den Beteiligten erfolgt, oder nicht. Trägt er nicht zur Beibringung bei, so muss er sich daran festhalten lassen, was der oder die anderen Beteiligten vorlegen. 9

## V. Pflichten der zuständigen Bundesoberbehörde

Das Gesetz sieht weiter keine Mitteilungspflicht der zuständigen Bundesoberbehörde darüber vor, ob und was ein Beteiligter an geforderten Unterlagen eingereicht hat. Mangelt es intern an Abstimmung, so wird dem Beteiligten nur der Weg über die Akteneinsicht auf Antrag bleiben. 10

## VI. Rechtsfolgen

Hält der Verpflichtete die von der zuständigen Bundesoberbehörde vorgesehene Frist nicht ein und/oder legt er keine oder unvollständige Unterlagen vor, so hat der Gesetzgeber von Sanktionen nach §§ 95ff. abgesehen. Dennoch besteht im Verwaltungsverfahren nach § 10 i.V.m. § 26 Abs. 2 BVwVfG die Pflicht zur Mitwirkung.[1] Verstößt ein Beteiligter hiergegen, so kann er zwar mit den entsprechenden Rechtsbehelfen gegen etwaige negative Entscheidungen der zuständigen Bundesoberbehörde, die hierauf folgen, vorgehen. Er muss sich aber sein Verhalten beispielsweise bei der Frage der Beweiswürdigung zurechnen lassen.[2] 11

---

1 Kopp, Ramsauer, § 24 Rn. 12aff.
2 Kopp, Ramsauer, § 24 Rn. 50.

## § 24d
## Allgemeine Verwertungsbefugnis

**Die zuständige Bundesoberbehörde kann bei Erfüllung ihrer Aufgaben nach diesem Gesetz ihr vorliegende Unterlagen mit Ausnahme der Unterlagen nach § 22 Abs. 1 Nr. 11, 14 und 15 sowie Abs. 2 Nr. 1 und des Gutachtens nach § 24 Abs. 1 Satz 2 Nr. 1 verwerten, sofern die erstmalige Zulassung des Arzneimittels in einem Mitgliedsstaat der Europäischen Union länger als acht Jahre zurückliegt oder ein Verfahren nach § 24c noch nicht abgeschlossen ist oder soweit nicht die §§ 24a und 24b speziellere Vorschriften für die Bezugnahme auf Unterlagen eines Vorantragstellers enthalten.**

### I. Die Bedeutung der Norm

1 Diese Vorschrift betrifft alle Aufgaben der zuständigen Bundesoberbehörde nach diesem Gesetz. Ihre Bedeutung geht also über das Zulassungsverfahren hinaus. Für alle diese Aufgaben kann die zuständige Bundesoberbehörde „ihr vorliegende Unterlagen" verwerten. Da nach § 24 BVwVfG die Behörde den Sachverhalt von Amts wegen zu ermitteln hat und Art und Umfang der Ermittlungen bestimmt, ferner alle für den Einzelfall bedeutsamen Umstände zu berücksichtigen hat, wäre die Vorschrift als Regel überflüssig. Ihre Bedeutung liegt in den speziellen Voraussetzungen, nämlich des Abstandes zur Erstzulassung des Arzneimittels, und des Ausschlusses der Verwertung in der Vorschrift aufgezählter Unterlagen, sämtlich solche, die ein Vorantragsteller vorgelegt hat. Während § 24d allgemein die Grenzen der Verwertung regelt, ermöglichen die §§ 24a und 24b die aktive Bezugnahme eines Antragstellers auf Unterlagen eines Vorantragstellers. Mit diesen Vorschriften wurden die europäischen Vorgaben abschließend umgesetzt[1]. Der Hinweis auf deren Spezialität soll den Vorrang der §§ 24a und 24b unterstreichen.

### II. Verwertungsbefugnis

2 Prinzipiell sind die Unterlagen, welche die zuständige Bundesoberbehörde im Einzelfall verwertet, nicht beschrieben oder anders als durch diese Vorschrift oder anderen Rechtsvorschriften begrenzt. Deshalb entscheidet die zuständige Bundesoberbehörde im Einzelfall. Im Zulassungsverfahren muss sie sicher die Unterlagen berücksichtigen, die der Antragsteller nach dem Gesetz vorlegen muss. Sie kann die Unterlagen eines Vorantragstellers verwerten, sofern § 24d dies nicht untersagt. Sie kann eigene Erkenntnisse verwerten. Auch die Art der Verwertung ist nicht begrenzt: Sie kann sich auf bloßes Heranziehen zu Informationszwecken oder auf die konkrete Bearbeitung des Zulassungsantrages eines Mitbewerbers beziehen.

### III. Grenzen der Verwertungsbefugnis

3 Da es der eigentliche Zweck der Regelung ist, der Amtsverwertung Grenzen zu setzen, sind diese Grenzen und ihr Sinn zu beleuchten. Dies ist insbesondere von

---

[1] Drucksache 16/12256 des Deutschen Bundestages vom 16.03.2009, S. 48.

Bedeutung, weil die Formulierung des Gesetzes nicht besonders glücklich ist. Nimmt man die Vorschrift nämlich wörtlich, so wäre die zuständige Bundesoberbehörde gezwungen, in einem Zulassungsverfahren für ein Arzneimittel, das in gleicher Form schon einmal zugelassen wurde, die vom Zweitantragsteller vorgelegten Angaben über die Herstellung des Arzneimittels oder die Art der Haltbarmachung unberücksichtigt zu lassen. Das kann nicht gewollt gewesen sein.

Die Verwertungsverbote sachlicher Art beziehen sich aber sämtlich auf Unterlagen, die regelmäßig Betriebsgeheimnisse enthalten: Das Know-how der Herstellung, der Haltbarmachung, die Kontrollmethoden, ferner vom Antragsteller teuer bezahlte Sachverständigengutachten. Die zeitlichen Beschränkungen (acht Jahre) machen nur Sinn, wenn mit ihnen eine Begünstigung des Erstantragstellers gewollt ist. Daraus ergeben sich folgende Konsequenzen: Die aufgezählten sachlichen Begrenzungen sind nicht absolut. Es mag sein, dass es Aufgaben des Gesetzes gibt, für die sie durchaus verwertet werden können oder gar müssen. Nur sollen diese Unterlagen, auf die sie sich beziehen, keinem weiteren Antragsteller zugänglich werden und die Mühe, die in ihnen steckt, auch ihm nicht zu seinem Verfahren zugute kommen – und zwar ohne zeitliche Begrenzung. Soweit für andere Unterlagen die zeitliche Begrenzung von acht Jahren nicht noch gilt, können sie verwertet werden. Dabei stellt sich die Frage, ob sie dem zweiten Antragsteller auch zugänglich gemacht werden dürfen. Prinzipiell hat ein am Verfahren Beteiligter nach § 29 des BVwVfG des Recht auf Akteneinsicht. Das gilt nicht für Unterlagen, die wegen der berechtigten Interessen der Beteiligten oder dritter Personen geheimgehalten werden müssen, § 29 Abs. 2 BVwVfG. Nach § 30 BVwVfG haben die Beteiligten Anspruch darauf, dass ihre Geheimnisse, insbesondere Betriebs- und Geschäftsgeheimnisse, von der Behörde nicht unbefugt offenbart werden. § 24d erlaubt aber nur die Verwertung, nicht die Offenbarung von Unterlagen, deren Offenbarung nach anderen Vorschriften verboten ist. **4**

Im Lichte des Zusammenspiels dieser Vorschriften ist auch die von Sander[2] aufgeworfene Frage der Verfassungswidrigkeit der Vorschrift zu sehen. Sicher enthält sie keine Regelung, dass ein Vorantragsteller zu entschädigen wäre. Das ist aber auch nicht erforderlich, denn von einer Enteignung kann keine Rede sein. Die Vorschrift setzt Begrenzungen für eine Verwertungsbefugnis, die ohne sie nicht begrenzt wäre und gefährdet nicht die von der zuständigen Bundesoberbehörde geschuldete Geheimhaltung von speziellem Know-how eines Vorantragstellers. Darin ist genauso keine Enteignung zu sehen. **5**

2 Zur bisherigen Vorschrift des § 24c: Sander, § 24c Anm. 3.

## § 25
## Entscheidung über die Zulassung

**(1) Die zuständige Bundesoberbehörde erteilt die Zulassung schriftlich unter Zuteilung einer Zulassungsnummer. Die Zulassung gilt nur für das im Zulassungsbescheid aufgeführte Arzneimittel und bei Arzneimitteln, die nach einer homöopathischen Verfahrenstechnik hergestellt sind, auch für die in einem nach § 25 Abs. 7 Satz 1 in der vor dem 17. August 1994 geltenden Fassung bekannt gemachten Ergebnis genannten und im Zulassungsbescheid aufgeführten Verdünnungsgrade.**

**(2) Die zuständige Bundesoberbehörde darf die Zulassung nur versagen, wenn**

**1. die vorgelegten Unterlagen, einschließlich solcher Unterlagen, die auf Grund einer Verordnung der Europäischen Gemeinschaft vorzulegen sind, unvollständig sind,**

**2. das Arzneimittel nicht nach dem jeweils gesicherten Stand der wissenschaftlichen Erkenntnisse ausreichend geprüft worden ist oder das andere wissenschaftliche Erkenntnismaterial nach § 22 Abs. 3 nicht dem jeweils gesicherten Stand der wissenschaftlichen Erkenntnisse entspricht,**

**3. das Arzneimittel nicht die nach den anerkannten pharmazeutischen Regeln angemessene Qualität aufweist,**

**4. dem Arzneimittel die vom Antragsteller angegebene therapeutische Wirksamkeit fehlt oder diese nach dem jeweils gesicherten Stand der wissenschaftlichen Erkenntnisse vom Antragsteller unzureichend begründet ist,**

**5. das Nutzen-Risiko-Verhältnis ungünstig ist,**

**5a. bei einem Arzneimittel, das mehr als einen Wirkstoff enthält, eine ausreichende Begründung fehlt, dass jeder Wirkstoff einen Beitrag zur positiven Beurteilung des Arzneimittels leistet, wobei die Besonderheiten der jeweiligen Arzneimittel in einer risikogestuften Bewertung zu berücksichtigen sind,**

**6. die angegebene Wartezeit nicht ausreicht,**

**6a. bei Arzneimittel-Vormischungen die zum qualitativen und quantitativen Nachweis der Wirkstoffe in den Fütterungsarzneimitteln angewendeten Kontrollmethoden nicht routinemäßig durchführbar sind,**

**6b. das Arzneimittel zur Anwendung bei Tieren bestimmt ist, die der Gewinnung von Lebensmitteln dienen, und einen pharmakologisch wirksamen Bestandteil enthält, der nicht in Anhang I, II oder III der Verordnung (EWG) Nr. 2377/90 enthalten ist,**

**7. das Inverkehrbringen des Arzneimittels oder seine Anwendung bei Tieren gegen gesetzliche Vorschriften oder gegen eine Verordnung oder eine Richtlinie oder eine Entscheidung des Rates oder der Kommission der Europäischen Gemeinschaften verstoßen würde.**

**Die Zulassung darf nach Satz 1 Nr. 4 nicht deshalb versagt werden, weil therapeutische Ergebnisse nur in einer beschränkten Zahl von Fällen erzielt worden sind. Die therapeutische Wirksamkeit fehlt, wenn der Antragsteller nicht entsprechend dem jeweils gesicherten Stand der wissenschaftlichen Er-**

gebnisse nachweist, dass sich mit dem Arzneimittel therapeutische Erzeugnisse erzielen lassen. Die medizinischen Erfahrungen der jeweiligen Therapierichtung sind zu berücksichtigen. Die Zulassung darf nach Satz 1 Nr. 6b nicht versagt werden, wenn das Arzneimittel zur Behandlung einzelner Einhufer bestimmt ist, bei denen die in Artikel 6 Abs. 3 der Richtlinie 2001/82/EG genannten Voraussetzungen vorliegen, und es die übrigen Voraussetzungen des Artikels 6 Abs. 3 der Richtlinie 2001/82/EG erfüllt.

(3) Die Zulassung ist für ein Arzneimittel zu versagen, das sich von einem zugelassenen oder bereits im Verkehr befindlichen Arzneimittel gleicher Bezeichnung in der Art oder der Menge der Wirkstoffe unterscheidet. Abweichend von Satz 1 ist ein Unterschied in der Menge der Wirkstoffe unschädlich, wenn sich die Arzneimittel in der Darreichungsform unterscheiden.

(4) Ist die zuständige Bundesoberbehörde der Auffassung, dass eine Zulassung auf Grund der vorgelegten Unterlagen nicht erteilt werden kann, teilt sie dies dem Antragsteller unter Angabe von Gründen mit. Dem Antragsteller ist dabei Gelegenheit zu geben, Mängeln innerhalb einer angemessenen Frist, jedoch höchstens innerhalb von sechs Monaten abzuhelfen. Wird den Mängeln nicht innerhalb dieser Frist abgeholfen, so ist die Zulassung zu versagen. Nach einer Entscheidung über die Versagung der Zulassung ist das Einreichen von Unterlagen zur Mängelbeseitigung ausgeschlossen.

(5) Die Zulassung ist auf Grund der Prüfung der eingereichten Unterlagen und auf der Grundlage der Sachverständigengutachten zu erteilen. Zur Beurteilung der Unterlagen kann die zuständige Bundesoberbehörde eigene wissenschaftliche Ergebnisse verwerten, Sachverständige beiziehen oder Gutachten anfordern. Die zuständige Bundesoberbehörde kann in Betrieben und Einrichtungen, die Arzneimittel entwickeln, herstellen, prüfen oder klinisch prüfen, zulassungsbezogene Angaben und Unterlagen, auch im Zusammenhang mit einer Genehmigung für das Inverkehrbringen gemäß Artikel 3 Abs. 1 oder 2 der Verordnung (EG) Nr. 726/2004 überprüfen. Zu diesem Zweck können Beauftragte der zuständigen Bundesoberbehörde im Benehmen mit der zuständigen Behörde Betriebs- und Geschäftsräume zu den üblichen Geschäftszeiten betreten, Unterlagen einsehen sowie Auskünfte verlangen. Die zuständige Bundesoberbehörde kann ferner die Beurteilung der Unterlagen durch unabhängige Gegensachverständige durchführen lassen und legt deren Beurteilung der Zulassungsentscheidung und, soweit es sich um Arzneimittel handelt, die der Verschreibungspflicht nach § 48 Abs. 2 Nr. 1 unterliegen, dem der Zulassungskommission nach Absatz 6 Satz 1 vorzulegenden Entwurf der Zulassungsentscheidung zugrunde. Als Gegensachverständiger nach Satz 5 kann von der zuständigen Bundesoberbehörde beauftragt werden, wer die erforderliche Sachkenntnis und die zur Ausübung der Tätigkeit als Gegensachverständiger erforderliche Zuverlässigkeit besitzt. Dem Antragsteller ist auf Antrag Einsicht in die Gutachten zu gewähren. Verlangt der Antragsteller, von ihm gestellte Sachverständige beizuziehen, so

**sind auch diese zu hören. Für die Berufung als Sachverständiger, Gegensachverständiger und Gutachter gilt Absatz 6 Satz 5 und 6 entsprechend.**

**(5a) Die zuständige Bundesoberbehörde erstellt ferner einen Beurteilungsbericht über die eingereichten Unterlagen zur Qualität, Unbedenklichkeit und Wirksamkeit; bei Arzneimitteln, die zur Anwendung bei Tieren bestimmt sind, die der Gewinnung von Lebensmitteln dienen, bezieht sich der Beurteilungsbericht auch auf die Ergebnisse der Rückstandsprüfung. Der Beurteilungsbericht ist zu aktualisieren, wenn hierzu neue Informationen verfügbar werden.**

**(5b) Absatz 5a findet keine Anwendung auf Arzneimittel, die nach einer homöopathischen Verfahrenstechnik hergestellt werden, sofern diese Arzneimittel dem Artikel 16 Abs. 2 der Richtlinie 2001/83/EG oder dem Artikel 19 Abs. 2 der Richtlinie 2001/82/EG unterliegen.**

**(6) Vor der Entscheidung über die Zulassung eines Arzneimittels, das den Therapierichtungen Phytotherapie, Homöopathie oder Anthroposophie zuzurechnen ist und das der Verschreibungspflicht nach § 48 Abs. 2 Nr. 1 unterliegt, ist eine Zulassungskommission zu hören. Die Anhörung erstreckt sich auf den Inhalt der eingereichten Unterlagen, der Sachverständigengutachten, der angeforderten Gutachten, die Stellungnahmen der beigezogenen Sachverständigen, das Prüfungsergebnis und die Gründe, die für die Entscheidung über die Zulassung wesentlich sind, oder die Beurteilung durch die Gegensachverständigen. Weicht die Bundesoberbehörde bei der Entscheidung über den Antrag von dem Ergebnis der Anhörung ab, so hat sie die Gründe für die abweichende Entscheidung darzulegen. Das Bundesministerium beruft, soweit es sich um zur Anwendung bei Tieren bestimmte Arzneimittel handelt im Einvernehmen mit dem Bundesministerium für Ernährung, Landwirtschaft und Verbraucherschutz, die Mitglieder der Zulassungskommission unter Berücksichtigung von Vorschlägen der Kammern der Heilberufe, der Fachgesellschaften der Ärzte, Zahnärzte, Tierärzte, Apotheker, Heilpraktiker sowie der für die Wahrnehmung ihrer Interessen gebildeten maßgeblichen Spitzenverbände der pharmazeutischen Unternehmer, Patienten und Verbraucher. Bei der Berufung sind die jeweiligen Besonderheiten der Arzneimittel zu berücksichtigen. In die Zulassungskommissionen werden Sachverständige berufen, die auf den jeweiligen Anwendungsgebieten und in der jeweiligen Therapierichtung (Phytotherapie, Homöopathie, Anthroposophie) über wissenschaftliche Kenntnisse verfügen und praktische Erfahrungen gesammelt haben.**

**(7) Für Arzneimittel, die nicht der Verschreibungspflicht nach § 48 Abs. 2 Nr. 1 unterliegen, werden bei der zuständigen Bundesoberbehörde Kommissionen für bestimmte Anwendungsgebiete oder Therapierichtungen gebildet. Absatz 6 Satz 4 bis 6 findet entsprechende Anwendung. Die zuständige Bundesoberbehörde kann zur Vorbereitung der Entscheidung über die Verlängerung von Zulassungen nach § 105 Abs. 3 Satz 1 die zuständige Kommission beteiligen. Betrifft die Entscheidung nach Satz 3 Arzneimittel einer bestimm-**

**ten Therapierichtung (Phytotherapie, Homöopathie, Anthroposophie), ist die zuständige Kommission zu beteiligen, sofern eine vollständige Versagung der Verlängerung nach § 105 Abs. 3 Satz 1 beabsichtigt oder die Entscheidung von grundsätzlicher Bedeutung ist; sie hat innerhalb von zwei Monaten Gelegenheit zur Stellungnahme. Soweit die Bundesoberbehörde bei der Entscheidung nach Satz 4 die Stellungnahme der Kommission nicht berücksichtigt, legt sie die Gründe dar.**

**(7a) Zur Verbesserung der Arzneimittelsicherheit für Kinder und Jugendliche wird beim Bundesinstitut für Arzneimittel und Medizinprodukte eine Kommission für Arzneimittel für Kinder und Jugendliche gebildet. Absatz 6 Satz 4 bis 6 findet entsprechende Anwendung. Zur Vorbereitung der Entscheidung über den Antrag auf Zulassung eines Arzneimittels, das auch zur Anwendung bei Kindern oder Jugendlichen bestimmt ist, beteiligt die zuständige Bundesoberbehörde die Kommission. Die zuständige Bundesoberbehörde kann ferner zur Vorbereitung der Entscheidung über den Antrag auf Zulassung eines anderen als in Satz 3 genannten Arzneimittels, bei dem eine Anwendung bei Kindern oder Jugendlichen in Betracht kommt, die Kommission beteiligen. Die Kommission hat Gelegenheit zur Stellungnahme. Soweit die Bundesoberbehörde bei der Entscheidung die Stellungnahme der Kommission nicht berücksichtigt, legt sie die Gründe dar. Die Kommission kann ferner zu Arzneimitteln, die nicht für die Anwendung bei Kindern oder Jugendlichen zugelassen sind, den anerkannten Stand der Wissenschaft dafür feststellen, unter welchen Voraussetzungen diese Arzneimittel bei Kindern oder Jugendlichen angewendet werden können. Für die Arzneimittel der Phytotherapie, Homöopathie und anthroposophischen Medizin werden die Aufgaben und Befugnisse nach den Sätzen 3 bis 7 von den Kommissionen nach Absatz 7 Satz 4 wahrgenommen.**

**(8) Bei Sera, Impfstoffen, Blutzubereitungen, Gewebezubereitungen, Allergenen, xenogenen Arzneimitteln, die keine Arzneimittel nach § 4 Absatz 9 sind, erteilt die zuständige Bundesoberbehörde die Zulassung entweder auf Grund der Prüfung der eingereichten Unterlagen oder auf Grund eigener Untersuchungen oder auf Grund der Beobachtung der Prüfungen des Herstellers. Dabei können Beauftragte der zuständigen Bundesoberbehörde im Benehmen mit der zuständigen Behörde Betriebs- und Geschäftsräume zu den üblichen Geschäftszeiten betreten und in diesen sowie in den dem Betrieb dienenden Beförderungsmitteln Besichtigungen vornehmen. Auf Verlangen der zuständigen Bundesoberbehörde hat der Antragsteller das Herstellungsverfahren mitzuteilen. Bei diesen Arzneimitteln finden die Absätze 6, 7 und 7a keine Anwendung.**

**(8a) Absatz 8 Satz 1 bis 3 findet entsprechende Anwendung auf Kontrollmethoden nach § 23 Abs. 2 Satz 3.**

**(9) Werden verschiedene Stärken, Darreichungsformen, Verabreichungswege oder Ausbietungen eines Arzneimittels beantragt, so können diese auf Antrag des Antragstellers Gegenstand einer einheitlichen umfassenden Zulassung**

**sein; dies gilt auch für nachträgliche Änderungen und Erweiterungen. Dabei ist eine einheitliche Zulassungsnummer zu verwenden, der weitere Kennzeichen zur Unterscheidung der Darreichungsformen oder Konzentrationen hinzugefügt werden müssen. Für Zulassungen nach § 24b Abs. 1 gelten Einzelzulassungen eines Referenzarzneimittels als einheitliche umfassende Zulassung.**

**(10) Die Zulassung lässt die zivil- und strafrechtliche Verantwortlichkeit des pharmazeutischen Unternehmers unberührt.**

**Übersicht** **Rz.**



**Literatur**

Ehlers, Die Fristsetzung nach § 25 Abs. 4 AMG, PharmaR 1992, 98; Fegert, Kölch, Lippert, Sichere und wirksame Arzneimittel auf für Kinder – eine Herausforderung für die 12. Novelle zum Arzneimittelgesetz, ZRP 2003, 446; Meier, von Czettritz, Verfassungswidrigkeit der Präklusionsregelungen § 25 IV 3 AMG und § 105 V 3 AMG, PharmaR 2003, 333; Räpple, Rechtswirksamkeit von mangelhaften Anträgen im Rahmen der Zulassung, Nachzulassung und Zulassungsverlängerung von Arzneimitteln, PharmaR 1991, 263; v. Graevenitz/Besen, Übertragung von Arzneimittelzulassungen im Lichte der Fusionskontrolle, PharmaR 2009, 1.

## I. Die Bedeutung der Norm

1 § 25 ist eine der zentralen Vorschriften für das nationale Zulassungsverfahren von Arzneimitteln. Die Vorschrift regelt – wenig übersichtlich, denn sie beginnt mit der Erteilung – das Verfahren selbst bis zur Erteilung der Zulassung. Weiter enthalten die Regelungen einen abschließenden Katalog der Gründe, die die zuständige Bundesoberbehörde berechtigen, eine Zulassung zu versagen.

## II. Zulassungsverfahren

### 1. Antrag

2 Nach § 21 Abs. 3 ist die Zulassung vom pharmazeutischen Unternehmer zu beantragen; er hat seinem Antrag die in § 22 detailliert beschriebenen Unterlagen beizufügen. Ist der Antrag eingegangen, so soll die zuständige Bundesoberbehörde nach § 25a eine Vorprüfung über die Vollständigkeit der eingereichten Unterlagen und über die ausreichende Prüfung des Arzneimittels vornehmen. Ist der Antrag vollständig und das Arzneimittel anhand dem jeweils gesicherten Stand der wis-

senschaftlichen Erkenntnis vom Antragsteller geprüft worden,[1] so legt § 25 das weitere Prozedere fest. Anordnungen darüber, was der Antrag enthalten muss, gibt § 22.

## 2. Beurteilung der eingereichten Unterlagen

Ob eine Zulassung erteilt wird oder nicht, entscheidet die zuständige Bundesober- 3
behörde anhand eigener Sachkenntnis und/oder der Sachkenntnis derer, die zur Beurteilung von ihr herangezogen werden. Hierbei handelt es sich neben einer der Zulassungskommissionen um Gegensachverständige. Sie prüfen die Gutachten, die der Antragsteller nach § 24 vorgelegt hat. Ergänzende Hilfestellung gibt der Gesetzgeber der Behörde mit der in Abs. 5 enthaltenen Befugnis: Mitarbeiter der Behörde sind befugt, sofern sie sich an die üblichen Geschäftszeiten halten, sich vor Ort ein Bild über die dort vorhandenen und für die Zulassung erheblichen Unterlagen zu machen und Auskünfte von Mitarbeitern des pharmazeutischen Unternehmers und anderer Beteiligter einholen. Bemerkenswert ist, dass sich diese Befugnis der Behörde nicht nur auf die Betriebs- und Geschäftsräume des pharmazeutischen Unternehmers beschränkt, sondern in allen Betrieben und Einrichtungen, die entwickeln, prüfen oder herstellen, zulassungsbezogene Unterlagen von der zuständigen Bundesoberbehörde geprüft werden können. Diese Befugnis spiegelt die Arbeitsteilung bei der Entwicklung von Arzneimitteln wider.

Werden Gutachten von Gegensachverständigen, die nach Abs. 5 Satz 5 beauftragt 4
werden können und nach Abs. 5 Satz 6 die erforderliche Sachkenntnis und Zuverlässigkeit besitzen müssen, erstellt, erhält der Antragsteller nicht automatisch Kenntnis vom Inhalt der Gutachten. Er hat hierzu Akteneinsicht zu beantragen. Der Grundsatz des rechtlichen Gehörs wird dadurch gewahrt, dass nach Einsicht die vom Antragsteller etwaig bestellten Sachverständigen vor einer endgültigen Entscheidung der zuständigen Bundesoberbehörde von ihr zu hören sind. Sinnvollerweise sollten in den Fällen, in denen Gegensachverständige Gutachten erstellen, diese auch ohne Akteneinsicht an den Betroffenen versandt werden. Dieses dient der Schnelligkeit des Verfahrens und verwirklicht den Gedanken des § 26 BVwVfG, wonach die Beteiligten an der Aufklärung des Sachverhaltes mitwirken sollen. So sollte auch mit dem Beurteilungsbericht nach Abs. 5a verfahren werden, den die zuständige Bundesoberbehörde nunmehr grundsätzlich zur Qualität, Unbedenklichkeit und Wirksamkeit und bei Tierarzneimitteln auch zu den Ergebnissen der Rückstandprüfung, zu erstellen hat.

## 3. Beteiligung von Kommissionen

a. Bei verschreibungspflichtigen Arzneimitteln ist nach Abs. 6 vor der Entschei- 5
dung der zuständigen Bundesoberbehörde eine Zulassungskommission zu hören. Sie hat die Aufgabe, die im Verfahren vorhandenen, beigeschafften Unterlagen und Stellungnahmen der Gutachter zu beurteilen und eine Stellungnahme über die Zulassungsfähigkeit des zu prüfenden Arzneimittels abzugeben. Die Beurteilung

[1] Siehe hierzu näher unten § 25a.

der Kommission bindet die zuständige Bundesoberbehörde nicht. Sie kann, soweit sie nach Abs. 6 ihre Gründe darlegt, von ihr abweichen.[2]

6 Die Zulassungskommission wird vom Bundesgesundheitsministerium unter Berücksichtigung der Vorschläge der Kammern, Fachgesellschaften, Spitzenverbände der pharmazeutischen Unternehmer, Patienten und Verbraucher nach Abs. 6 bestellt. Das Gremium wird zusammengesetzt, wie es das jeweils konkret betroffene Arzneimittel erfordert. Die Mitglieder geben sich eine Geschäftsordnung und wählen aus ihrer Mitte einen Vorsitzenden.[3] Die Führung der Geschäfte obliegt der zuständigen Bundesoberbehörde.[4]

7 b. Bei Arzneimitteln, die der Verschreibungspflicht nicht unterliegen, wird eine Kommission analog den Vorschriften der Zulassungskommission gebildet. Sie wird jedoch grundsätzlich nicht an der Entscheidungsfindung über die Zulassungsfähigkeit eines Arzneimittels beteiligt, sie bereitet auf[5]. Nach dem Wortlaut des Abs. 7 beschränkt sich die Tätigkeit dieser Kommission darauf, dass sie von der zuständigen Bundesoberbehörde bei der Entscheidungsfindung über die Verlängerung von Arzneimitteln nach § 105 Abs. 3 S. 1 hinzugezogen werden kann. Beabsichtigt die zuständige Bundesoberbehörde eine vollständige Versagung der Verlängerung für Arzneimittel der Phytoherapie, Homöopathie oder Anthroposophie, so hat sie die Kommission vorab zu hören[6]. Die Kommission ist gehalten, innerhalb von zwei Monaten eine Stellungnahme über die geplante vollständige Versagung der Verlängerung abzugeben. Auch bei dieser Entscheidung ist die zuständige Bundesoberbehörde nicht gezwungen, der Auffassung der Kommission zu folgen. Weicht sie von ihr ab, hat sie ihre Gründe darzulegen.

8 c. Bei Arzneimitteln, die auch zur Anwendung bei Kindern und Jugendlichen bestimmt sind, wird die Kommission für Arzneimittel für Kinder und Jugendliche nach Abs. 7a zur Vorbereitung der Entscheidung über den Antrag auf Zulassung beteiligt. Diese Kommission wurde neu durch die 12. AMG-Novelle eingeführt und soll unter anderem dem sogenannten off-label-use entgegenwirken, wonach der Einsatz von Arzneimitteln, deren Gebrauch für Erwachsene vorgesehen ist, auch bei Kindern und Jugendlichen erfolgt[7]. Die Kommission kann auch beteiligt

---

[2] In den letzten Jahren wurden in der Regel 10 Zulassungen jährlich ohne oder gegen das Votum der Kommission beurteilt, vgl. Deutsch/Spickhoff, Rn. 876.

[3] Vgl. die Geschäftsordnung der zu hörenden Kommissionen vom 02.02.2009, abrufbar unter www.bfarm.de

[4] Vgl. Fn 3, dort § 9..

[5] Vgl. die vorläufige Geschäftsordnung der Aufbereitungskommissionen, abgedruckt bei Sander, Anhang I/25d.

[6] Zur Frage des Umfangs der Begründung der Kommission bei einer neuen Festlegung für eine ganze Therapieeinrichtung: OVG NRW, Urteil vom 11.02.2009, PharmaR 2009, 288.

[7] Vgl. auch die GCP-Richtlinie 2001/20/EG des Europäischen Parlamentes und des Rates vom 04.04.2001 zur Angleichung der Rechts- und Verwaltungsvorschriften der Mit-

werden, wenn der Antragsteller sein Arzneimittel zwar nicht für die Anwendung von Kindern und Jugendlichen deklariert hat, eine solche Anwendung aber dennoch in Betracht kommt.[8] Auch hier hat die Bundesoberbehörde keine Verpflichtung, der Kommission zu folgen, sondern legt ihre Gründe dar, wenn sie von deren Auffassung abweicht.

### 4. Mängelrüge

In jeder Phase des Verfahrens ist die zuständige Bundesoberbehörde befugt, die vom pharmazeutischen Unternehmer vorgelegten Unterlagen über § 25a Abs. 2 hinaus zu beanstanden. Nach Abschluss dieser Vorprüfung wird es sich regelmäßig um inhaltliche Beanstandungen handeln, die der pharmazeutische Unternehmer zu beheben hat. Die hierfür gesetzten Fristen müssen angemessen sein, weil die Durchführung ergänzender Studien erhebliche Zeit in Anspruch nehmen kann; im Zweifel sind die Fristen großzügig zu bemessen.[9] Hierin liegt einer der vielen Gründe für das in der Praxis teilweise extrem lange Zulassungsverfahren: Weil die vom Gesetzgeber vorgesehene Frist für die Erteilung nach § 27 Abs. 2 bei der Behebung von Mängelrügen gehemmt wird, ist die Einhaltung der Frist von sieben Monaten praktisch kaum möglich. Um Verzögerungen zu vermeiden, sollte der pharmazeutische Unternehmer, wenn irgendwie möglich, detailliert darauf achten, dass seine Unterlagen schon bei Einreichung nicht nur vollständig sind, sondern auch qualitativ den gewünschten Anforderungen entsprechen. Dass das Zulassungsverfahren auch wegen Organisationsmängeln der zuständigen Bundesoberbehörde lange dauert, hat jedoch dazu geführt, dass bewusst noch mangelhafte Unterlagen eingereicht werden, um früher in die Warteschleife zu gelangen und die Zeit bis zur Mängelrüge zu benutzen, Defizite nachzubessern. 9

Nach dem Wortlaut des Abs. 4 wird für die Mängelbeseitigung eine Frist von sechs Monaten gesetzt. Die Behebungsfrist darf nur dann für einen längeren Zeitraum als sechs Monate gewährt werden, wenn sich die Mängel auf einem gegenüber dem Zeitpunkt der Antragstellung geänderten wissenschaftlichen Erkenntnisgrad beziehen. In der Literatur wird im übrigen die Auffassung vertreten, dass die Vorschrift in Satz 4, wonach Unterlagen nach der Versagung der Zulassung nicht mehr eingereicht werden dürfen, verfassungswidrig sei.[10] Anders als in der Vorauflage ist dem nicht zuzustimmen. Das OVG NRW hat sich mit Urteil vom 10

gliedstaaten über die Anwendung der guten klinischen Praxis bei der Durchführung von klinischen Prüfungen mit Humanarzneimitteln, ABl. L121 vom 01.05.2001, S. 34.

8 Vgl. ausführlich mit Vergleichen zum US-Amerikanischem Recht: Fegert, Kölch, Lippert, ZRP 2003, 446.

9 Vgl. Ehlers, PharmaR 1992, 98, IV (3) mit Ausführungen auch zu den Rechtsfolgen zu kurzer Fristsetzungen für den Antragsteller sowie OVG NRW, Urteil vom 27.05.2009, das eine ein monatige Frist für die Behebung gravierender Mängel nicht für ausreichend hält, wohl aber eine Frist von 12 Monaten, PharmaR 2009, S. 460.

10 Vgl. Meier, v. Czettritz, PharmaR 2003, 333.

19. April 2007 eingehend mit der Frage der Präklusionswirkung der Vorschrift befasst; die Argumente überzeugen[11].

### 5. Verfahrensbesonderheiten

11 Nach Abs. 8 unterliegt das Zulassungsverfahren bei Sera, Impfstoffen, Blutzubereitungen, Gewebezubereitungen, Allergenen, , xenogenen Arzeimitteln, die keine Arzneimittel nach § 4 Abs. 9 sind, modifizierten Regeln. Eine Zulassungskommission ist in keinem Falle erforderlich, auch nicht für Arzneimittel für Kinder und Jugendliche. Dies deshalb, weil beispielsweise bei Impfstoffen der eigene Sachverstand der Behörde nach Ansicht des Gesetzgebers allein ausreicht.[12] Weiter kann die Behörde ihre Entscheidung auf verschiedenen Grundlagen treffen: Entweder, sie orientiert sich an den eingereichten Unterlagen, an ihren eigenen Untersuchungen, oder an ihren Beobachtungen der Prüfungen direkt beim Hersteller. Das heißt aber nicht, dass die Behörde eingereichte Unterlagen nicht zur Kenntnis nehmen muss. Der Grund dieser Besonderheiten liegt darin, dass in der Herstellung dieser Arten von Arzneimitteln nicht so sehr die Rezeptur im Vordergrund steht, sondern die Verfahrenstechnik.[13] Der pharmazeutische Unternehmer ist auf Anfrage der zuständigen Bundesoberbehörde gehalten, das Herstellungsverfahren mitzuteilen. Dieses Prozedere sollte nach dem Grundsatz der Verhältnismäßigkeit auf das Wesentliche beschränkt werden. Beobachtungen vor Ort, die sich auf die Räumlichkeiten und, ausdrücklich erwähnt, auf Transportmittel beziehen, sind beim Zulassungsverfahren in diesem Bereich wesentlich.

## III. Erteilung und Inhalt des Zulassungsbescheides

12 Wird die Zulassung erteilt, erfolgt der Bescheid schriftlich als begünstigender Verwaltungsakt.[14] Weiter wird dem pharmazeutischen Unternehmer eine Zulassungsnummer zugeteilt. Bei Arzneimitteln, die in unterschiedlichen Darreichungsformen, Stärken, Verabreichungswegen oder Ausbietungen angeboten aber unter einer gleicher Bezeichnung vertrieben werden sollen, wird auf Antrag des pharmazeutischen Unternehmers eine einheitliche Zulassungsnummer mit Untergruppierungen vergeben. Das Ausbieten ist das Anbieten in unterschiedlichen Verkaufsformen, wie Packungsgrößen oder Behältnissen. Dass die Zulassung nur für das im Bescheid konkret bezeichnete Arzneimittel gilt, versteht sich fast von selbst. Folglich ist beispielsweise eine Neuzulassung erforderlich, wenn die Arzneiverpackung von einer Einzeldosis auf Mehrdosenbehältnis umgestellt wird[15] oder die Anwendungsgebiete erweitert werden[16].

---

[11] OVG NRW, Urteil vom 17.04.2007, Arzneimittel & Recht 2007, 126.
[12] Vgl. § 24b Fn. 8, S. 91.
[13] Zur Patentierbarkeit von Verfahrenstechniken siehe Benkard, § 5 Rn.18ff.
[14] Zur Auflagenbefugnis der Behörde siehe § 28.
[15] Vgl. OVG NRW, Beschluss vom 21.08.2008, PharmaR 2009, S. 89.
[16] Vgl. OVG NRW, Beschluss vom 03.04.2009, PharmaR 2009, S. 465.

Ebenso verhält es sich mit den Arzneimitteln, die nach einer homöopathischen Verfahrenstechnik hergestellt werden: Für sie gilt die Zulassung unter den in Abs. 1 näher aufgeführten Einschränkungen auch für die im Zulassungsbescheid aufgeführten Verdünnungsgrade. Die Zulassung wird für fünf Jahre erteilt und erlischt automatisch, soweit der pharmazeutische Unternehmer nicht innerhalb der Frist von sechs Monaten vor Ablauf der fünf Jahre nach § 31 eine Verlängerung beantragt, die dann grundsätzlich ohne zeitliche Beschränkung erteilt wird. **13**

## IV. Wirkung der Zulassung

Hat der pharmazeutische Unternehmer einen positiven Zulassungsbescheid erhalten, so ist er, sofern er nicht gegen andere, beispielsweise patentrechtliche Vorschriften verstößt, befugt, das Arzneimittel auf dem deutschen Markt zu vertreiben. Er hat sich jedoch nicht nur akribisch an die von ihm selbst gesetzten Vorgaben, beispielsweise den Inhalt der Packungsbeilage, zu halten, sondern etwaige Auflagen der zuständigen Bundesoberbehörde nach § 28 zu beachten und die gesetzlichen Vorgaben, wie Stufenpläne (§ 63ff.) und Anzeigepflichten (§ 29), einzuhalten. Weiter entledigt die Zulassung ihn nicht, was in Abs. 10 ausdrücklich klargestellt wird, seiner Verantwortung im zivilen und strafrechtlichen Bereich. Die Zulassung ist kein Freibrief; der pharmazeutische Unternehmer hat vielmehr Vorsorge auf allen Ebenen zu treffen, um die ihm gestellten gesetzlichen Anforderungen dauerhaft zu erfüllen. Zur Frage, ob die Zulassung personen- oder produktbezogen ist, vgl. die Kommentierungen zu § 21. **14**

## V. Versagung der Zulassung

Abs. 2 der Vorschrift enthält einen abschließenden Katalog der Gründe, wegen derer eine Versagung der Zulassung durch die zuständige Bundesoberbehörde erfolgt. Die Formulierung „darf nur versagen, wenn…“ besagt, dass der Antragsteller ansonsten einen Rechtsanspruch auf Erteilung hat. Die zuständige Bundesoberbehörde hat indes keine Möglichkeit, ein Arzneimittel zuzulassen, obwohl einer der Versagungsgründe des § 25 gegeben ist. Dies ergibt sich sowohl aus dem Ausschussbericht zum § 25,[17] als auch aus dem eindeutigen Wortlaut des Art. 26 der Richtlinie über den Gemeinschaftskodex für Arzneimittel,[18] wo es heißt: „(…) Die Genehmigung wird versagt (…) wenn“. Die Befugnis, nach § 28 Abs. 3, Auflagen zur weiteren Prüfung anzuordnen, bleibt hiervon freilich unberührt. **15**

Der pharmazeutische Unternehmer kann mit der Erteilung der Zulassung rechnen, sofern es keine Versagungsgründe, die nicht kumulativ, sondern alternativ vorliegen können, gibt. Für jeden Versagungsgrund gilt, dass dem Antragsteller vor einer Versagung die Möglichkeit zur Behebung der Mängel innerhalb angemessener Frist nach Abs. 4 eingeräumt werden muss. Der pharmazeutische Unternehmer darf also nicht durch den Versagungsbescheid überrascht werden. Hat der pharmazeutische Unternehmer von der zuständigen Bundesoberbehörde monierte **16**

---

17 Vgl .Sander, § 25 B.
18 Vgl. Fn. 2 Vor § 21.

Mängel nicht innerhalb der ihm auferlegten Frist behoben, wird die Zulassung nicht erteilt. Dies ist nur dann vom Gesetz gedeckt, wenn es sich um solche Mängel handelt, die sich auf die Versagungsgründe des § 25 oder auf die Anforderungen nach § 22 beziehen.

**17** Zu den einzelnen weiteren Versagungsgründen:

### 1. Unvollständigkeit der Unterlagen

**18** Dieser Versagungsgrund ist zwingend, wenn schon in der Vorprüfung die Unvollständigkeit erkannt wird. Die Kommission nach Abs. 6 ist in diesem Falle nicht zu hören. Vollständig sind die Unterlagen dann, wenn alles eingereicht wurde, was in § 22 vorgesehen ist. Durch die AMG-Novelle 2009 wurde klargestellt, dass auch solche Unterlagen eingeschlossen sind, die aufgrund einer Verordnung der Europäischen Gemeinschaft vorzulegen sind.

### 2. Unzureichende Prüfung

**19** Auch diese Versagungsgründe sind, wie Ziffer 1., formaler Natur. Auch hier kann die zuständige Bundesoberbehörde ohne Anhörung der Kommission nach Abs. 6 die Zulassung versagen. Ob eine ausreichende Prüfung vorliegt, richtet sich nach den jeweils aktuellen Arzneimittelprüfrichtlinien, vgl. § 26. Hierbei kann es sich um die analytische, pharmakologisch-toxikologische oder um die klinische Prüfung handeln. Andere Prüfungen können grundsätzlich nicht verlangt werden. Die zuständige Bundesoberbehörde kann ein Präparat aber zulassen und dem Antragsteller im Einzelfall nach § 28 Abs. 3 Auflagen erteilen und anordnen, dass zusätzliche analytische, pharmakologisch-toxikologische oder klinische Prüfungen durchgeführt werden. Voraussetzung ist, dass es sich bei dem Arzneimittel um eines von großen therapeutischen Wert handeln kann. Diese Verfahren werden als Schnellzulassung bezeichnet.[19]

**20** Nach der amtlichen Begründung wurde der Hinweis auf die Notwendigkeit des jeweils gesicherten Standes der wissenschaftlichen Erkenntnisse von anderem wissenschaftlichen Erkenntnismaterial nach § 22 Abs. 3 als zusätzlicher Versagungsgrund aufgenommen, um hervorzuheben, dass die Zulassungsbehörde die Pluralität therapeutischer und wissenschaftlicher Richtungen und Denkansätze zu respektieren hat.[20] De facto wird aber eine Lücke geschlossen. Das Erkenntnismaterial wird vom Antragsteller vorgelegt. Er kann es selektiert haben. Es kann auch sein, dass es alt ist und neuere Erkenntnisse gesichert sind.

---

[19] Vgl. Deutsch/Spickhoff, Rn. 881.

[20] Vgl. Fn. 8 zu § 24b.

### 3. Unzureichende Qualität

Das Arzneimittel muss die nach den anerkannten pharmazeutischen Regeln angemessene Qualität aufweisen. Wann dies der Fall ist, sagt die Vorschrift nicht. In § 4 Abs. 15 wird der Qualitätsbegriff definiert: Die Beschaffenheit des Arzneimittels wird vom Antragsteller selbst vorgegeben. Er ist jedoch gehalten, seine eigenen Vorgaben mit den zur Verfügung stehenden Möglichkeiten einzuhalten. Werden Unterlagen hierüber, nämlich die Art der Herstellung, die Haltbarkeit, die Kontrollmethoden und die analytische Prüfung anhand der jeweils aktuellen Fassung der Arzneimittelprüfrichtlinien nach § 26 erstellt und das Arzneimittel hiernach hergestellt, entspricht es den anerkannten pharmazeutischen Regeln. Daran muss sich der Hersteller auf Dauer halten: § 8 Abs. 1 Nr. 1 legt fest, dass Herstellung und Vertrieb von Arzneimitteln, deren Qualität durch Abweichung von den anerkannten pharmazeutischen Regeln erheblich gemindert ist, verboten ist.[21] 21

### 4. Fehlende therapeutische Wirksamkeit

Das Arzneimittel muss wirksam sein. Die Wirksamkeit ist ein Kernpunkt des Arzneimittelrechtes, der allerdings nicht für alle Arzneimittel durchgehalten werden kann. Für homöopathische und traditionell pflanzliche Arzneimittel hat der Gesetzgeber Lücken gelassen. Und der Begriff ist auch nicht ohne Probleme: Die Tatsache, dass vielfach der Placebo-Effekt sehr groß ist, dass also die Erwartung des Patienten, er werde ein Verbesserung erfahren, die Verbesserung bereits herbeiführt, gibt zu denken. 22

Dennoch wird als Regelfall vom Gesetzgeber therapeutische Wirksamkeit gefordert. Sie liegt vor, wenn die Anwendung des Arzneimittels für den Heilerfolg ursächlich ist.[22] Die Anwendung des Arzneimittels muss zu einer größeren Zahl an therapeutischen Erfolgen führen als seine Nichtanwendung. Folglich kann die Zulassung versagt werden, wenn dem Arzneimittel die vom Antragsteller angegebene Wirksamkeit fehlt oder diese nach dem Stand der wissenschaftlichen Erkenntnisse unzureichend begründet ist, so der Wortlaut des Gesetzes. 23

Die Inhalte, die sich hinter den Begriffen verbergen, erschließen sich aus dem Zusammenspiel der gesetzlichen Regelungen. Der Gesetzgeber hat „Wirksamkeit" nicht definiert. Zunächst muss der Antragsteller im Zulassungsverfahren Angaben zu den Wirkungen und Anwendungsgebieten seines Arzneimittels machen, § 22 Abs. 1 Ziffer 5 und 6. Zwar ist damit nicht eine Darstellung der therapeutischen Wirksamkeit gemeint, vgl. § 22 Rz. 3, aber aus den Angaben muss ersichtlich sein, dass das Arzneimittel zu einem therapeutischen Erfolg führt. Denkbar ist der Fall, dass alle Wirkungen im Körper, die das Arzneimittel bewirken soll, in angemessenem Umfang eintreten, dennoch aber diese Wirkungen keinen therapeutischen Erfolg für das Anwendungsgebiet darstellen. Hier kommt der Stand der Wissenschaft ins Spiel. Aus ihm kann sich ergeben, dass die Wirkung therapeuti- 24

---

[21] Siehe näher Kommentierung zu § 8.

[22] Vgl. BVerwG, PharmaR 1994, 77 (80).

scher Art ist oder therapeutisch nutzlos. Ändert sich davon nichts bis zur Entscheidung über die Zulassung, ist die wissenschaftliche Schlüssigkeit das inhaltlich erste Entscheidungskriterium. Allerdings kann in besonderen Fällen der Stand der wissenschaftlichen Erkenntnis auch durch die im Zulassungsantrag erkennbar werdende Wissenschaft verändert werden.

**25** Das Gutachten (§ 24) zur Wirksamkeit hat die Behauptungen des Antragstellers zu belegen. Dabei geht es in erster Linie darum, durch die Bewertung der Versuchszeiten zu plausibilisieren, dass die Wirkungen eintreten und auf das Arzneimittel zurückzuführen sind. Zumeist ist dann auch die therapeutische Wirksamkeit nach dem Stande der Wissenschaft dargetan. In einzelnen Fällen kann auch zum Stand der Wissenschaft, seiner Fortschreibung und zum therapeutischen Effekt der Darreichung Überzeugungsarbeit geleistet werden.

**26** Die therapeutische Wirksamkeit spiel erneut eine Rolle, wenn es um die Rücknahme und den Widerruf der Zulassung geht, vgl. § 30 Rz. 3 und 6. Auch das europäische Recht kennt keine Definition der „Wirksamkeit“. Die Richtlinie 2001/83 des Gemeinschaftskodex für Humanarzneimittel stellt in seinen Gründen schon in Ziffer 7 klar, dass der Begriff „therapeutische Wirksamkeit“ nur eine relative Bedeutung hat, die nach Maßgabe des Standes der Wissenschaft und unter Berücksichtigung der Zweckbestimmung des Arzneimittels beurteilt wird.

### 5. Unvertretbare Nebenwirkungen

**27** Dieser Versagungsgrund orientiert sich einerseits an dem Grundsatz der Arzneimittelsicherheit und andererseits daran, dass der Gesetzgeber eine ausreichende Arzneimittelversorgung sichergestellt wissen will. Mit der Aufnahme des Begriffes „Nutzen-Risiko-Verhältnis“ folgt der Gesetzgeber der europäischen Definition gemäß Artikel 1 Ziffer 28a der Richtlinie 2001/83, will aber keine inhaltliche Änderung zu der bisherigen Wortwahl über die unvertretbaren Nebenwirkungen verbunden wissen. Unerwünschte Begleiterscheinungen können also weiter nur dann in Kauf genommen werden, wenn diese, im Vergleich zu therapeutischen Wirksamkeit, vertretbar erscheinen. Der Versagungsgrund fordert eine Ermessensentscheidung der Behörde: Wann ein begründeter Verdacht vorliegt und wann die schädlichen Wirkungen über ein vertretbares Maß hinausgehen, entscheidet sie unter Abwägung aller Umstände. Selbst wenn die Zulassung erteilt wird, aber der Verdacht später aufkommt, ist das Arzneimittel nicht verkehrsfähig. Dies wird in § 5 klargestellt, der den Verkehr mit bedenklichen Arzneimitteln verbietet und die Bedenklichkeit in Abs. 2 definiert.

### 6. Fehlen einer ausreichenden Begründung bei Arzneimitteln, die mehr als einen wirksamen Bestandteil enthalten

**28** Abs. 2 Nr. 5a korrespondiert mit § 22 Abs. 3a: Ist die Begründung, dass die Wirkstoffe in einem Kombinationspräparat jeweils einen positiven Beitrag für das Arzneimittel leisten, nach Auffassung der zuständigen Bundesoberbehörde unzureichend, ist die Zulassung zu versagen. Hierbei hat die zuständige Bundesoberbehörde eine Risikoabstufung vorzunehmen: Je riskanter ein Wirkstoff ist, desto intensiver hat der pharmazeutische Unternehmer zu begründen, warum dieser Wirkstoff einen Beitrag zur positiven Beurteilung des Arzneimittels leistet. Auch hier muss die zuständige Bundesoberbehörde ihr pflichtgemäßes Ermessen ausüben bei der Entscheidung, ob die Begründung für eine Zulassung ausreicht oder nicht.

### 7. Verstoß gegen gesetzliche Vorschriften

Die zuständige Bundesoberbehörde wird ein Arzneimittel weiter dann nicht zulassen, wenn Rechtsvorschriften, nationale oder die der Europäischen Gemeinschaft, durch die Zulassung verletzt würden. Dies bedeutet, dass die zuständige Bundesoberbehörde vor Erlass des Verwaltungsaktes zu prüfen hat, ob andere Rechtsnormen einer positiven Entscheidung entgegenstehen. Ein entgegen dieser generalklauselartigen Vorschrift ergangener Verwaltungsakt ist nicht nichtig, sondern vom pharmazeutischen Unternehmer anfechtbar; er kann auch von der zuständigen Bundesoberbehörde selbst nach § 30 Abs. 1 zurückgenommen oder widerrufen werden. 29

## VI. Verantwortung des pharmazeutischen Unternehmers

Trotz der Prüfung umfassender Unterlagen und trotz der Möglichkeit der zuständigen Bundesoberbehörde, sich Einblick in die Betriebe und Einrichtungen zu verschaffen, Gegengutachten fertigen zu lassen und Kommissionen, die mit Fachleuten besetzt ist, zu befragen, sieht das Gesetz in Abs. 10 vor, dass dies für sich genommen nicht ausreicht, den pharmazeutischen Unternehmer Dritten gegenüber zu exkulpieren. Vertragsverletzungen, Delikts- und Produkthaftungsvorschriften können und sollen mit verwaltungsrechtlichen Regelungen nicht außer Kraft gesetzt werden. Die Vorschrift des Abs. 10 kann nur klarstellend verstanden werden. Ohne diese Regelung ergäbe sich im übrigen nichts anderes. Dies gilt ebenso für die strafrechtliche Verantwortlichkeit des pharmazeutischen Unternehmers. 30

## VII. Rechtsfolgen

Widerspruch und Anfechtungsklage des pharmazeutischen Unternehmers sind die richtigen Rechtsbehelfe, wenn die zuständige Bundesoberbehörde die Zulassung versagt. Unzulässig ist ein Widerspruch des Herstellers gegen einen Zulassungsbescheid, der zugunsten eines Parallelimporteurs erlassen wurde: Das VG Berlin[23] hält den Rechtsbehelf zu unzulässig, weil der Hersteller nicht in seinen Rechten verletzt ist. 31

---

[23] PharmaR 1999, 86.

## § 25a
## Vorprüfung

**(1) Die zuständige Bundesoberbehörde soll den Zulassungsantrag durch unabhängige Sachverständige auf Vollständigkeit und daraufhin prüfen lassen, ob das Arzneimittel nach dem jeweils gesicherten Stand der wissenschaftlichen Erkenntnisse ausreichend geprüft worden ist. § 25 Abs. 6 Satz 5 findet entsprechende Anwendung.**

**(2) Bei Beanstandungen im Sinne des Absatzes 1 hat der Sachverständige dem Antragsteller Gelegenheit zu geben, Mängeln innerhalb von drei Monaten abzuhelfen.**

**(3) Ist der Zulassungsantrag nach Ablauf der Frist unter Zugrundelegung der abschließenden Stellungnahme des Sachverständigen weiterhin unvollständig oder mangelhaft im Sinne des § 25 Abs. 2 Nr. 2, so ist die Zulassung zu versagen. § 25 Abs. 4 und 6 findet auf die Vorprüfung keine Anwendung.**

**(4) Stellt die zuständige Bundesoberbehörde fest, dass ein gleich lautender Zulassungsantrag in einem anderen Mitgliedstaat der Europäischen Union geprüft wird, lehnt sie den Antrag ab und setzt den Antragsteller in Kenntnis, dass ein Verfahren nach § 25b Anwendung findet.**

**(5) Wird die zuständige Bundesoberbehörde nach § 22 unterrichtet, dass sich ein Antrag auf ein in einem anderen Mitgliedstaat der Europäischen Union bereits zugelassenes Arzneimittel bezieht, lehnt sie den Antrag ab, es sei denn, er wurde nach § 25b eingereicht.**

**Übersicht** **Rz.**



### I. Die Bedeutung der Norm

1 Die Vorschrift dient der Beschleunigung des Zulassungsverfahrens. Sie gibt dem Antragsteller keinen Anspruch auf Vorprüfung, sondern räumt der zuständigen Bundesoberbehörde die Möglichkeit ein, von ihr Gebrauch zu machen. Ob sie durchgeführt wird, liegt im Ermessen der zuständigen Bundesoberbehörde. Weil es sich um eine Soll- und keine Kann-Vorschrift handelt, ist davon auszugehen, dass der Gesetzgeber eine regelmäßige Vorprüfung wünscht und ihr Unterbleiben die Ausnahme sein soll. Die Vorprüfung nützt dem Antragsteller und der zuständigen Bundesoberbehörde: Fehlende Unterlagen oder die Mangelhaftigkeit der bisher durchgeführten Prüfungen können vorab festgestellt und vor der Einschal-

tung einer Zulassungskommission in der Hauptprüfung des Antrages behoben werden. Sollte der Antragsteller trotz Fristsetzung nicht in der Lage sein nachzubessern, wird die zuständige Bundesoberbehörde entlastet: Die Zulassung ist bereits ohne sonstige inhaltliche Überprüfung zu versagen.

## II. Unabhängige Sachverständige

Verwaltungsbehörden sind nach § 26 BVwVfG befugt, zur Ermittlung des Sachverhaltes Sachverständige zu einzuschalten. Die Einsetzung als Sachverständiger bei der Vorprüfung eines Zulassungsantrages für ein Arzneimittel unterliegt aufgrund seiner beschränkten Aufgaben nicht den strengen Anforderungen, die an die Mitglieder der Zulassungskommission gestellt werden; die Anwendung von § 25 Abs. 6 wird in Abs. 3 ausdrücklich ausgeschlossen, mit Ausnahme des Satzes 5 durch Abs. 1 Satz 2. Die Folge ist, dass grundsätzlich jeder, der nicht mit dem pharmazeutischen Unternehmer oder der zuständigen Bundesoberbehörde in einer geschäftlichen Beziehung steht – sonst wäre er nicht unabhängig – als Vorprüfer eingesetzt werden kann. Allerdings muss der Vorprüfer vom Fach kommen und es müssen bei seiner Beauftragung die Besonderheiten des jeweiligen Arzneimittels berücksichtigt werden. 2

Es ist der Sachverständige, nicht die zuständige Bundesoberbehörde, der dem Antragsteller im Rahmen der Vorprüfung etwaige Beanstandungen mitteilt und ihm Fristen setzt, innerhalb derer die Mängel behoben werden müssen. Eine behördliche Kontrolle bei der Vorprüfung ergibt sich erst durch Abs. 3, wonach die Zulassung von der zuständigen Bundesoberbehörde selbst, und nicht vom Sachverständigen, zu versagen ist. 3

## III. Inhalt der Vorprüfung

Die Vorprüfung beschränkt sich auf die Vollständigkeit der eingereichten Unterlagen und darauf, ob das Arzneimittel nach dem gesicherten Stand der wissenschaftlichen Erkenntnisse geprüft worden ist (vgl. hierzu näher Kommentierung zu § 25). Die Bewertung der Ergebnisse hingegen ist nicht Aufgabe des Sachverständigen. 4

## IV. Bindungswirkung der zuständigen Bundesoberbehörde

Die Vorschrift lässt offen, ob die zuständige Bundesoberbehörde eine abweichende Einschätzung über die Vollständigkeit des Antrages und über die ausreichenden Prüfungen treffen kann. Die Antwort ergibt sich aus der Betrachtung der rechtlichen Beziehungen zwischen den Beteiligten: Das Rechtsverhältnis zwischen dem Sachverständigen und der zuständigen Bundesoberbehörde ist in der Regel zivilrechtlich ausgestaltet: Dem Sachverständigen wird ein Auftrag erteilt. Gegenüber dem Antragsteller ist der Sachverständige Beliehener; es besteht eine öffentlichrechtliche Rechtsbeziehung. Dies bedeutet zunächst, dass sich die zuständige Bundesoberbehörde die Handlungen, die der Sachständige gegenüber Dritten vornimmt, zurechnen lassen muss. Weiter kann die zuständige Bundesoberbehörde 5 eine abweichende Entscheidung über die Vollständigkeit oder ausreichenden Prüfungen treffen, sofern sie zuvor etwaige Amtshandlungen des Sachverständigen förmlich aufhebt.

### V. Mitwirkung des pharmazeutischen Unternehmers

6 Es obliegt dem pharmazeutischen Unternehmer, Mängel innerhalb gesetzter Frist zu beheben. Die vorgeschriebene Frist von drei Monaten ist in der Regel angemessen; der pharmazeutische Unternehmer hat grundsätzlich die Möglichkeit, sich vor der Einreichung seines Antrages darüber zu vergewissern, welche Unterlagen einzureichen und welche Prüfungen durchzuführen sind. Dennoch sind längere Fristen und auch Verlängerungen im Einzelfall denkbar.[1]

### VI. Versagung der Zulassung

7 Der Zulassungsantrag wird abgelehnt, wenn der pharmazeutische Unternehmer die vom Sachverständigen gerügten Mängel nicht innerhalb der gesetzten Frist behoben hat. Die Ablehnung erfolgt durch die zuständige Bundesoberbehörde, nicht durch den Sachverständigen.

### VII. Antragsablehnung

8 Die Abs. 4 und 5 sind durch die 14. AMG-Novelle aufgenommen worden. Danach werden solche Zulassungsanträge, die in zwei oder mehreren Staaten innerhalb der EU gestellt wurden, aber sonst gleich sind, nur im Wege der gegenseitigen Anerkennung oder des dezentralisierten Verfahren behandelt. Die Aufnahme in § 25a scheint wenig glücklich. Systematisch gehören diese rein klarstellenden Regelungen zu § 25b. Mit ihnen soll Mehr- und Doppelarbeit der Behörden vermieden werden. Allerdings ist vom Wortlaut auch umfasst, dass ein späterer Antrag in einem anderen Lande eine Ablehnung verursacht.

### VIII. Rechtsfolgen

9 Als belastender Verwaltungsakt kann der pharmazeutische Unternehmer nach § 68 VwGO gegen die ablehnende Entscheidung Widerspruch und danach Anfechtungsklage erheben. Im Einzelfall durchaus sinnvoll ist es, wenn sich der pharmazeutische Unternehmer vorab, nämlich nach Erhebung der Mängelrüge, mit dem Sachverständigen oder der zuständigen Bundesoberbehörde, ins Einvernehmen setzt um eine negative Entscheidung zu verhindern. Dies gilt für jede Mängelrüge der zuständigen Bundesoberbehörde und wird gerne gesehen, soweit Unklarheiten bestehen und diese nicht selbständig vom pharmazeutischen Unternehmer geklärt werden können.

---

[1] Vgl. § 25 Fn. 9.

## § 25b
## Verfahren der gegenseitigen Anerkennung und dezentralisiertes Verfahren

**(1) Für die Erteilung einer Zulassung oder Genehmigung in mehr als einem Mitgliedstaat der Europäischen Union hat der Antragsteller einen auf identischen Unterlagen beruhenden Antrag in diesen Mitgliedstaaten einzureichen; dies kann in englischer Sprache erfolgen.**

**(2) Ist das Arzneimittel zum Zeitpunkt der Antragstellung bereits in einem anderen Mitgliedstaat der Europäischen Union genehmigt oder zugelassen worden, ist diese Zulassung auf der Grundlage des von diesem Staat übermittelten Beurteilungsberichtes anzuerkennen, es sei denn, dass Anlass zu der Annahme besteht, dass die Zulassung des Arzneimittels eine schwerwiegende Gefahr für die öffentliche Gesundheit, bei Arzneimitteln zur Anwendung bei Tieren eine schwerwiegende Gefahr für die Gesundheit von Mensch oder Tier oder für die Umwelt darstellt. In diesem Fall hat die zuständige Bundesoberbehörde nach Maßgabe des Artikels 29 der Richtlinie 2001/83/EG oder des Artikels 33 der Richtlinie 2001/82/EG zu verfahren.**

**(3) Ist das Arzneimittel zum Zeitpunkt der Antragstellung noch nicht zugelassen, hat die zuständige Bundesoberbehörde, soweit sie Referenzmitgliedstaat im Sinne des Artikels 28 der Richtlinie 2001/83/EG oder des Artikels 32 der Richtlinie 2001/82/EG ist, Entwürfe des Beurteilungsberichtes, der Zusammenfassung der Merkmale des Arzneimittels und der Kennzeichnung und der Packungsbeilage zu erstellen und den zuständigen Mitgliedstaaten und dem Antragsteller zu übermitteln. § 25 Absatz 5 Satz 5 gilt entsprechend.**

**(4) Für die Anerkennung der Zulassung eines anderen Mitgliedstaates finden Kapitel 4 der Richtlinie 2001/83/EG und Kapitel 4 der Richtlinie 2001/82/EG Anwendung.**

**(5) Bei einer abweichenden Entscheidung bezüglich der Zulassung, ihrer Aussetzung oder Rücknahme finden die Artikel 30, 32, 33 und 34 der Richtlinie 2001/83/EG und die Artikel 34, 36, 37 und 38 der Richtlinie 2001/82/EG Anwendung. Im Falle einer Entscheidung nach Artikel 34 der Richtlinie 2001/83/EG oder nach Artikel 38 der Richtlinie 2001/82/EG ist über die Zulassung nach Maßgabe der nach diesen Artikeln getroffenen Entscheidung der Kommission der Europäischen Gemeinschaften oder des Rates der Europäischen Union zu entscheiden. Ein Vorverfahren nach § 68 der Verwaltungsgerichtsordnung findet bei Rechtsmitteln gegen Entscheidungen der zuständigen Bundesoberbehörden nach Satz 2 nicht statt. Ferner findet § 25 Abs. 6 keine Anwendung.**

**(6) Die Absätze 1 bis 5 finden keine Anwendung auf Arzneimittel, die nach einer homöopathischen Verfahrenstechnik hergestellt worden sind, sofern diese Arzneimittel dem Artikel 16 Abs. 2 der Richtlinie 2001/83/EG oder dem Artikel 19 Abs. 2 der Richtlinie 2001/82/EG unterliegen.**

### I. Die Bedeutung der Norm

1 Mit dieser Vorschrift wurden die bisherigen Regelungen der § 25 Abs. 5b bis 5e ersetzt und weiter ergänzt. Sie dienen der Umsetzung von europäischen Richtlinien. Die Zulassungsverfahren innerhalb Europas haben, insbesondere für mittelständische Arzneimittelhersteller, erhebliche praktische Bedeutung. Insoweit kann auf die Ziffern I und V der Vorbemerkungen zu § 21 verwiesen werden. Der deutsche Gesetzgeber vermeidet es in § 25b im wesentlichen, die Verfahren selbst zu beschreiben, er begnügt sich mit Verweisen auf das europäische Recht.

### II. Verfahren der gegenseitigen Anerkennung und dezentralisiertes Verfahren

2 Die Entwicklung und der Ablauf der jeweiligen Verfahren werden in Ziffer V und VI der Vorbemerkungen zu § 21 ausführlich dargestellt. Mit der AMG-Novelle 2009 neu eingeführt wurde die Möglichkeit der Behörde, auch in den europäischen Verfahren externe Sachverständige einzusetzen. Diese Maßnahme soll der Beschleunigung der Zulassungsverfahren zugute kommen.

### III. Ausnahme vom Verfahren der gegenseitigen Anerkennung und des dezentralisierten Verfahrens

3 Nach Abs. 6 finden die Vorschriften der Abs. 1 bis 5 dann keine Anwendung, wenn es sich um Arzneimittel handelt, die nach einem homöopathischen Verfahren hergestellt worden sind, wenn sie Art. 16 Abs. 2 des Gemeinschaftskodex für Humanarzneimittel oder der entsprechenden Vorschrift für Tierarzneimittel unterliegen. Art. 16 Abs. 2 lautet wie folgt:

4 „Ein Mitgliedstaat kann in seinem Hoheitsgebiet entsprechend den dortigen Grundsätzen und besonderen Merkmalen der homöopathischen Medizin besondere Vorschriften für die vorklinischen und klinischen Versuche der homöopathischen Arzneimittel, die nicht dem Art. 14 Abs. 1 unterliegen (Anm: dem vereinfachten Registrierungsverfahren), einführen oder beibehalten."

5 Die Richtlinie gibt den Mitgliedstaaten hier aufgrund der bestehenden Unterschiede bei der Behandlung von homöopathischen Arzneimitteln die Möglichkeit, besondere Vorschriften vorzusehen. Es bleibt abzuwarten, ob und ein Anwendungsbereich des Abs. 6 in der Praxis eröffnet wird.

## § 25c
## Maßnahmen der zuständigen Bundesoberbehörde zu Entscheidungen der Europäischen Kommission oder des Rates der Europäischen Union

**Die zuständige Bundesoberbehörde trifft die zur Durchführung von Entscheidungen der Organe der Europäischen Gemeinschaften nach Artikel 127a der Richtlinie 2001/83/EG oder nach Artikel 95b der Richtlinie 2001/82/EG erforderlichen Maßnahmen.**

### I. Die Bedeutung der Norm

Die Ermächtigungsgrundlage für die zuständige Bundesoberbehörde wurde mit der AMG-Novelle 2009 eingeführt. Sie soll nach der Gesetzesbegründung[1] der Behörde die Befugnis verleihen, Entscheidungen der Europäischen Kommission im zentralen Zulassungsverfahren, die mit Handlungsanweisungen an die Mitgliedstaaten ergehen, umzusetzen. 1

### II. Europäische Grundlagen

Artikel 127a des Gemeinschaftskodex für Humanarzneimittel[2] lautet: „Soll ein Arzneimittel gemäß der Verordnungen (EG) Nr. 726/2004 genehmigt werden und verweist der wissenschaftliche Ausschuss in seinem Gutachten auf empfohlene Bedingungen oder Beschränkungen hinsichtlich der sicheren und wirksamen Verwendung des Arzneimittels im Sinne des Artikels 9 Absatz 4 Buchstabe c) jener Verordnung, so ergeht nach dem in den Artikeln 33 und 34 dieser Richtlinie vorgesehenen Verfahren ein Beschluss an die Mitgliedstaaten über die Umsetzung dieser Bedingungen oder Beschränkungen." 2

Der Artikel 95b des Gemeinschaftskodex für Tierarzneimittel[3] enthält eine entsprechende Vorschrift. Was die „Bedingungen" oder „Beschränkungen" sein können, lässt der Gesetzestext offen. Im wesentlichen handelt es sich um Auflagen, wie sie im § 28 geregelt sind, denkbar ist aber auch, dass sie darüber hinausgehen. 3

---

1 BT-Drucksache 16/12256 v. 16.03.2009, S. 49.

2 Richtlinie 2001/83/EG vom 06.11.2001,ABl. Nr. L 311 vom 28.11.2001, S. 67, zuletzt geändert durch die Richtlinie 2009/53/EG vom 18.06.2009, ABl. L 168/33 vom 30.06.2009.

3 Richtlinie 2001/82/EG vom 06.11.2001, ABl. L 311 vom 28.11.2001, S. 1, zuletzt geändert durch die Richtlinie 2009/53/EG vom 18.06.2009, ABl. L 168/33 vom 30.06.2009.

## § 26
## Arzneimittelprüfrichtlinien

**(1) Das Bundesministerium wird ermächtigt, nach Anhörung von Sachverständigen aus der medizinischen und pharmazeutischen Wissenschaft und Praxis durch Rechtsverordnung mit Zustimmung des Bundesrates Anforderungen an die in den §§ 22 bis 24, auch in Verbindung mit § 38 Abs. 2 bezeichneten Angaben, Unterlagen und Gutachten sowie deren Prüfung durch die zuständige Bundesoberbehörde zu regeln. Die Vorschriften müssen dem jeweils gesicherten Stand der wissenschaftlichen Erkenntnisse entsprechen und sind laufend an diesen anzupassen, insbesondere sind Tierversuche durch andere Prüfverfahren zu ersetzen, wenn dies nach dem Stand der wissenschaftlichen Erkenntnisse im Hinblick auf den Prüfungszweck vertretbar ist. Die Rechtsverordnung ergeht, soweit es sich um radioaktive Arzneimittel und um Arzneimittel handelt, bei deren Herstellung ionisierende Strahlen verwendet werden und soweit es sich um Prüfungen zur Ökotoxizität handelt, im Einvernehmen mit dem Bundesministerium für Umwelt, Naturschutz und Reaktorsicherheit und, soweit es sich um Arzneimittel handelt, die zur Anwendung bei Tieren bestimmt sind, im Einvernehmen mit dem Bundesministerium für Ernährung, Landwirtschaft und Verbraucherschutz. Auf die Berufung der Sachverständigen findet § 25 Abs. 6 Satz 4 und 5 entsprechende Anwendung.**

**(2) Die zuständige Bundesoberbehörde und die Kommissionen nach § 25 Abs. 7 haben die Arzneimittelprüfrichtlinien sinngemäß auf das wissenschaftliche Erkenntnismaterial nach § 22 Abs. 3 und § 23 Abs. 3 Satz 2 anzuwenden, wobei die Besonderheiten der jeweiligen Arzneimittel zu berücksichtigen sind. Als wissenschaftliches Erkenntnismaterial gilt auch das nach wissenschaftlichen Methoden aufbereitete medizinische Erfahrungsmaterial.**

**Literatur**

Auterhoff, Arzneimittelprüfrichtlinien, das Zertifikatssystem des Europäischen Arzneibuches und das Verfahren „Europäische Arzneimittelstammdatei" für wirksame Bestandteile, PharmaR 1995, 148; Dierks, Arzneimittelrichtlinien und das Verordnungsverhalten des Arztes, PharmaR 1998, 128; Feiden, Neue Arzneimittelprüfrichtlinien, PharmaR 1995, 150.

### I. Die Bedeutung der Norm

1 Die nach § 26 erlassen Arzneimittelprüfrichtlinien definieren, welche Anforderungen die zuständige Bundesoberbehörde an die nach §§ 22 bis 24, 38 Abs. 2 vom Antragsteller vorzulegenden Unterlagen und Prüfungen stellt. § 26 setzt europäische Vorschriften[1] für einen einheitlichen Maßstab bei der Prüfung der Qua-

[1] Richtlinie 75/318/EWG zur Angleichung der Rechts- und Verwaltungsvorschriften der Mitgliedstaaten über die analytischen, toxikologisch-pharmakologischen und ärztlichen oder klinischen Vorschriften und Nachweise über Versuche mit Arzneimitteln, ABl. L 147 vom 09.06.1975, S. 1; zuletzt geändert durch die Richtlinie 1999/83/EG der Kommission, ABl. L 243 vom 15.09.1999, S.9.

lität, Wirksamkeit und Unbedenklichkeit eines zulassungs- oder registrierungspflichtigen Arzneimittels innerhalb der Europäischen Union um. Zuletzt wurde durch die 2. Änderung der allgemeinen Verwaltungsvorschrift vom 11. Oktober 2004[2] die Richtlinie 2003/63/EG[3] in nationales Recht umgesetzt. Die deutschen Arzneimittelprüfrichtlinien unterscheiden sich daher im wesentlichen nicht von Regelungen der Mitgliedsländer der EU. Weiter werden sie ergänzt durch Vorschriften, die sich aus anderen internationalen Richtlinien, nämlich die der OECD, der Pharmazeutischen Inspektions Convention (PIC) und der WHO, ergeben.[4] Wichtige Grundlagen in Europa bilden die GMP-Richtlinie über die Gute Herstellungspraxis (Good Manufacturing Practice- GMP)[5] und die GCP-Richtlinie über die Gute Klinische Praxis (Good Clinical Practice-GCP)[6]. Der deutsche Gesetzgeber hat die entsprechenden europäischen Vorgaben mit der GCP-Verordnung – GCP-V) 2004 umgesetzt[7]. Diese Richtlinien nebst weiteren Hinweisen auf internationaler Ebene sind für den Antragsteller von erheblicher Bedeutung, weil sie den jeweils gesicherten Stand der wissenschaftlichen Erkenntnisse innerhalb der jeweiligen Therapierichtung konkretisieren[8] und dem pharmazeutischen Unternehmer diese Kenntnis bei der Antragstellung verwerten kann.

Während in der früheren Fassung der Vorschrift konkret bezeichnet wurde, wofür genau Anforderungen festgelegt werden können, findet sich heute ein recht allgemeiner Verweis auf die Anlagen, Unterlagen und Gutachten sowie deren Prüfung „nach den §§ 22 bis 24". Damit wurde die Ermächtigung nicht unwesentlich erweitert und das Zulassungsverfahren im Detail weiter vom Gesetzgeber auf die Verwaltung verlagert. 2

---

2 Banz. S. 22037.

3 Richtlinie 2003/63/EG der Kommission vom 25.06.2003 zur Änderung der Richtlinie 2001/83/EG des Europäischen Parlaments und des Rates zur Schaffung eines Gemeinschaftskodex für Humanarzneimittel, ABl. L 159, S. 46.

4 Aufschlussreich Feiden, bei dem alle wesentlichen Richtlinien abgedruckt sind.

5 Richtlinie 2003/94/EG der Kommission vom 08.10.2003 zur Festlegung der Grundsätze und Leitlinien der Guten Herstellungspraxis für Humanarzneimittel und für zur Anwendung beim Menschen bestimmte Prüfpräparate, ABl. L 262 vom 14.10.2003, S. 22.

6 Richtlinie 2001/20/EG des Europäischen Parlaments und des Rates vom 04.04.2001 zur Angleichung der Rechts- und Verwaltungsvorschriften der Mitgliedstaaten über die Anwendung der guten klinischen Praxis bei der Durchführung von klinischen Prüfungen mit Humanarzneimitteln, ABl. L 121 vom 01.05.2001, S. 34, zuletzt geändert durch die Verordnung (EG) Nr. 1901/2006 des Europäischen Parlaments und des Rates vom 12.12.2006, ABl. L 378, S. 1.

7 Verordnung über die Anwendung der Guten Klinischen Praxis bei der Durchführung von klinischen Prüfungen mit Arzneimitteln zur Anwendung am Menschen vom 09.08.2004, BGBl. I. S. 2081, zuletzt geändert durch Artikel 4 der Verordnung vom 03.11.2006, BGBl. I. S.2523.

8 Vgl. § 2 der Allgemeinen Verwaltungsvorschrift zur Anwendung der Arzneimittelprüfrichtlinien vom 11.10.2004, abgedruckt bei Feiden, 1.1.

## II. Allgemeine Verwaltungsvorschriften

3 Arzneimittelprüfrichtlinien sind als allgemeine Verwaltungsvorschriften abstrakte und generelle Regelungen, die sich nicht an den Antragsteller, sondern an die Verwaltung richten. Sie geben ihr die Maßstäbe an die Hand, die bei der Beurteilung der Prüfungen nach §§ 22 bis 24 und § 38 Abs. 2 anzulegen sind, um eine einheitliche Handhabung innerhalb der zuständigen Bundesoberbehörden zu gewährleisten. Bedeutung für den Antragsteller gewinnen die Verwaltungsvorschriften, wenn die zuständige Bundesoberbehörde sie auf seinen Antrag anwendet. Die Arzneimittelprüfrichtlinien können dann anspruchsbegründende Außenwirkung erlangen, wenn sich bei der zuständigen Bundesoberbehörde durch die Berücksichtigung der für sie bindenden Richtlinien bei der Anwendung und Auslegung im Zulassungsverfahren eine feste Verwaltungspraxis herausgebildet hat, auf die sich der Antragsteller verlassen darf. Hiervon ist bei den Arzneimittelprüfrichtlinien in der Regel auszugehen. Aufgrund der allgemeinen Verwaltungspraxis tritt eine Selbstbindung der Verwaltung ein; unter Anwendung des Gleichheitssatzes in der Verwaltung kann sich der Antragsteller deshalb darauf berufen, dass sein Antrag unter Berücksichtigung der Arzneimittelprüfrichtlinien und deren Anwendung durch die Verwaltung behandelt wird. Voraussetzung hierfür ist freilich, dass die bisherige Praxis der zuständigen Bundesoberbehörde selbst nicht rechtswidrig war. In diesen Fällen gilt der Grundsatz „keine Gleichheit im Unrecht".

4 Die Arzneimittelprüfrichtlinien stellen sog. antizipierte Sachverständigengutachten im Verwaltungsverfahren dar. Dies bedeutet, ähnlich wie bei den im Immissionsschutz anerkannten technischen Normen,[9] dass sie als repräsentative Erfahrungen und als allgemein anerkannte wissenschaftliche Erkenntnisse grundsätzlich auch im gerichtlichen Prozess zur Beurteilung herangezogen werden können.

5 Die Arzneimittelprüfrichtlinien werden nach Anhörung der Sachverständigen gemäß § 25 Abs. 6 Satz 4 und 5 erlassen. Weiter muss der Bundesrat, wie bei dem Erlass von Rechtsverordnungen nach § 35 und § 36, zustimmen. Bei radioaktiven Arzneimitteln sowie solchen, die für Tiere bestimmt sind, ist zusätzlich das Einvernehmen der hierfür zuständigen Bundesministerien vorab einzuholen.

## III. Inhalt der Arzneimittelprüfrichtlinien

6 Auf der Grundlage des § 26 hat das Bundesministerium bisher drei Prüfrichtlinien erlassen: Die Arzneimittelprüfrichtlinien in der Fassung von 2004;[10] die Arzneimittelprüfrichtlinien für die Registrierung homöopathischer Arzneimittel zur Anwendung bei Tieren in der Fassung von 2004,[11] sowie die Tierarzneimittelprüf-

---

9 Vgl. Kopp, Ramsauer, § 24 Rn. 24 zu den anerkannten technischen Normen der TA-Luft.

10 Vgl. Fn 6.

11 Allgemeine Verwaltungsvorschrift zur Registrierung homöopathischer Arzneimittel zur Anwendung bei Tieren vom 18.12. 1992, abgedruckt im BAnz 1992, S. 9704ff., zuletzt geändert am 11.10.2004, abgedruckt bei Feiden, 1.2.

richtlinien.[12] Die Arzneimittelprüfrichtlinien enthalten im Wesentlichen die Anforderungen, die die zuständige Bundesoberbehörde bei ihrer Prüfung an die chemischen, pharmazeutischen und biologischen Versuche mit Arzneimitteln sowie an die Versuche toxikologischer und pharmakologischer Art zu stellen hat. Sie sind Entscheidungsgrundlage der zuständigen Bundesoberbehörde. Weiter enthalten sie Anforderungen an die vorzulegenden klinischen Unterlagen. Die Richtlinie für homöopathische Arzneimittel zur Anwendung bei Tieren befasst sich im Wesentlichen mit der Qualitätsprüfung. Die Verordnung für Tierarzneimittel verweist lediglich auf den Anhang der Richtlinie des Rates 2001/82/EG.[13] Diese enthält detaillierte Regelungen für die vorklinische und klinische Prüfung, für die analytischen Versuche, für Versuche zur Unbedenklichkeit, Wirksamkeit und zum Rückstandsnachweisverfahren sowie besondere Regelungen für die Anforderungen, die an immunologische Tierarzneimittel gestellt werden.

Die Sammlung von Feiden beinhaltet mehrere Dutzende weitere, allein national erlassene Richtlinien, Bekanntmachungen, Empfehlungen und Mitteilungen, die für den Antragsteller hilfreich sind. Internationale Standards, die Feiden in seine Sammlung aufgenommen hat, sind für den Antragsteller deshalb von Bedeutung, weil er mit ihnen die Voraussetzungen für weitere Zulassungen in anderen Staaten, auch außerhalb der EU, schaffen kann. 7

Allerdings enthält die Vorschrift auch Begrenzungen für Detailregelungen: Sie müssen dem jeweils gesicherten Stand der wissenschaftlichen Erkenntnis entsprechen. Damit sind stets Möglichkeiten eröffnet, über die Gültigkeit von Rechtsverordnungen nachzudenken. Sofern sie dem gesicherten Stand der wissenschaftlichen Erkenntnis nicht entsprechen, sind sie durch die Ermächtigung nicht mehr gedeckt. Bemerkenswert ist, dass die Deckung auch entfallen kann, wenn sich der Stand der medizinischen Erkenntnis ändert – allerdings nur in praktischer Erkenntnis, denn theoretisch war ein solcher Stand, der sich ändert, eben nicht gesichert. 8

## IV. Rechtsfolgen

§ 26 richtet sich an das Bundesministerium für Gesundheit. Die zuständigen Bundesoberbehörden haben die von ihm erlassenen Richtlinien zu beachten. Tun sie es nicht, bleibt dem Antragsteller der Weg über das Verwaltungsverfahren und über den Verwaltungsprozess. 9

---

[12] Verordnung zur Anwendung der Arzneimittelprüfrichtlinien, soweit es sich um Arzneimittel handelt, die zur Anwendung bei Tieren bestimmt sind, BGBl. I vom 26.02.2010, S. 130.

[13] Richtlinie 2001/82/EG des Europäischen Parlaments und des Rates vom 06.11.2001 zur Schaffung eines Gemeinschaftskodexes für Tierarzneimittel, ABl. L 311 vom 28.11.2001, S.1, zuletzt geändert durch die Richtlinie 2009/9/EG der Kommission vom 10.02.2009, ABl. L 44 vom 14.02.2009.

## § 27
## Fristen für die Erteilung

**(1) Die zuständige Bundesoberbehörde hat eine Entscheidung über den Antrag auf Zulassung innerhalb einer Frist von sieben Monaten zu treffen. Die Entscheidung über die Anerkennung einer Zulassung ist innerhalb einer Frist von drei Monaten nach Erhalt des Beurteilungsberichtes zu treffen. Ein Beurteilungsbericht ist innerhalb einer Frist von drei Monaten zu erstellen.**

**(2) Gibt die zuständige Bundesoberbehörde dem Antragsteller nach § 25 Abs. 4 Gelegenheit, Mängeln abzuhelfen, so werden die Fristen bis zur Behebung der Mängel oder bis zum Ablauf der nach § 25 Abs. 4 gesetzten Frist gehemmt. Die Hemmung beginnt mit dem Tage, an dem dem Antragsteller die Aufforderung zur Behebung der Mängel zugestellt wird. Das Gleiche gilt für die Frist, die dem Antragsteller auf sein Verlangen hin eingeräumt wird, auch unter Beiziehung von Sachverständigen, Stellung zu nehmen.**

**(3) Bei Verfahren nach § 25b Abs. 3 verlängert sich die Frist zum Abschluss des Verfahrens entsprechend den Vorschriften in Artikel 28 der Richtlinie 2001/83/EG und Artikel 32 der Richtlinie 2001/82/EG um drei Monate.**

**Literatur**

Hiltl, Die gerichtliche Durchsetzung der Fristen zur Entscheidung über Arzneimittel-Zulassungsanträge, PharmaR 1991, 112; Müller, Die Haftung für die verzögerte Zulassung von Arzneimitteln, PharmaR 1991, 226; Tomuschat, Rechtsgutachten zur Frage der Bearbeitungsfristen für die Zulassung von Arzneimitteln, PharmaR 1992, 322.

### I. Die Bedeutung der Norm

1 § 27 setzt Bearbeitungsfristen für einen Zulassungsantrag. Sie dient, zumindest theoretisch, der Rechtssicherheit des Antragstellers. In der deutschen Praxis stellt diese Vorschrift zur Sieben-Monats-Frist nach wie vor die Achillesferse im Zulassungsverfahren dar: Die Fristen werden regelmäßig überschritten.

### II. Überschreitung der Fristen

#### 1. Aktuelle Lage

2 Dass die Fristen, insbesondere vom BfArM, nicht eingehalten werden, liegt nicht daran, dass der einzelne Mitarbeiter dort nicht über eine entsprechende Fachkenntnis verfügen würde. Die langen Bearbeitungszeiten gründen auf der Tatsache, dass in Deutschland vergleichsweise viele Zulassungsanträge gestellt werden und Nachzulassungen zu bewältigen waren, denen keine hinreichende Zahl an Mitarbeitern innerhalb der zuständigen Bundesoberbehörde gegenübersteht. Dieses Dilemma besteht seit vielen Jahren; ein Ende ist kaum absehbar. Der Antragsteller ist bis zur Zulassung gehindert, sein Produkt auf dem Markt anzubieten. Handelt es sich um ein neues Produkt, ist der Schaden bei entsprechender therapeutischen Wirksamkeit möglicherweise enorm. Hinzu kommt die Laufzeit von Patenten: Je länger die Zulassung auf sich warten lässt, desto kürzer der Zeitraum,

indem der Antragsteller sein Produkt konkurrenzlos anbieten kann. Aber auch bei Generika gilt der Grundsatz: Wer als erster den Markt bedienen kann, hat die besten Chancen, sich den größten Marktanteil zu sichern. Wie kann dem Antragsteller geholfen werden?

**2. Rechtliche Möglichkeiten des Antragstellers**

a. Das BVerwG hat bereits 1991 festgestellt, dass die Überschreitung der gesetzlichen Fristen durch die zuständige Bundesoberbehörde rechtswidrig ist.[1] Bestätigt wird diese Auffassung auch durch das Gutachten von Tomuschat, welches vom Bundesfachverband in Auftrag gegeben wurde.[2] Das Kammergericht Berlin hat diese Auffassung 2001[3] ebenfalls geteilt.[4] Daher kann der Antragsteller im Verwaltungsrechtsweg ohne vorheriges Widerspruchsverfahren Untätigkeitsklage erheben, wenn die zuständige Bundesoberbehörde innerhalb von sieben Monaten keine Entscheidung gefällt hat.[5] Der Klageantrag nach § 75 VwGO wird in der Regel auf Verpflichtung der zuständigen Bundesoberbehörde zum Erlass eines Zulassungsbescheides lauten. Da keine nur vorübergehende Überlastung der zuständigen Bundesoberbehörde vorliegt, liegt auch kein zureichender Grund dafür vor, das Verfahren nach § 75 S. 3 VwGO auszusetzen.[6] Das Urteil enthält bei Spruchreife die Verpflichtung der zuständigen Bundesoberbehörde, die beantragte Zulassung innerhalb einer bestimmten Frist zu erteilen. Das Urteil ersetzt nicht, auch nicht bei Rechtskraft, die Entscheidung über die Zulassung; die zuständige Bundesoberbehörde hat vielmehr ihrer Verpflichtung nachzukommen. Tut sie es nicht, kann nach § 172 VwGO ein Zwangsgeld verhängt werden. 3

b. Ein zivilrechtliches Verfahren, dem Antragsteller das durch eine verspätete Zulassung entstehenden Schaden zu ersetzen, mit der Anspruchsgrundlage der Amtshaftung nach § 839 BGB ist nur dann erfolgreich, wenn zuvor der Verwaltungsrechtsweg ausgeschöpft wurde und wenn dem zuständigen Mitarbeiter der Bundesoberbehörde zumindest Fahrlässigkeit nachgewiesen werden kann. Dies deshalb, weil die Amtshaftung nach § 839 BGB subsidiär ist; allerdings ist ein Organisationsverschulden des BfArM zu bejahen.[7] Weiter hat der Kläger seinen durch die Untätigkeit kausal entstandenen Schaden nachzuweisen. Dies ist im Einzelfall nicht leicht. Das Landgericht Berlin hat entsprechend den Vorschriften über die 4

---

1 BVerwG, PharmaR 1991, 327ff.

2 Tomuschat, PharmaR 1992, 333.: Die Fristen entfalten eine unmittelbare Rechtswirksamkeit zugunsten des Antragstellers.

3 KG, PharmaR 2001, 410ff.

4 Zum Meinungsstreit, wenn eine fristgemäße Umsetzung objektiv unmöglich ist vgl. Rehmann, § 27 Rn. 2.

5 Vgl. auch Hiltl, PharmaR 1991, 112.

6 Vgl. Kopp, Schenke, § 75 Rn. 13: Bei länger andauernder Überlastung muss die Verwaltung für Ausgleich sorgen.

7 So auch: Müller, PharmaR 1991, 226.

Amtshaftung das BfArM zur Schadenersatzpflicht aufgrund der überschrittenen Fristen des § 27 dem Grunde nach verurteilt.[8]

5 c. Weiter hat die Bundesrepublik zwar die Vorschriften der Richtlinie 2001/82 und 2001/83 EWG[9] formal dadurch umgesetzt, dass sie die Sieben-Monats-Frist gesetzlich in § 27 verankert hat. Eine materielle Umsetzung ist jedoch nicht erfolgt. Art. 17 der Richtlinie 2001/83 wurde dort wie folgt gefasst: „Die Mitgliedstaaten treffen alle zweckdienlichen Maßnahmen, um sicherzustellen, dass das Verfahren zur Erteilung einer Genehmigung für das Inverkehrbringen eines Arzneimittels innerhalb von höchstens 210 Tagen nach dem Zeitpunkt der gültigen Antragstellung abgeschlossen wird." Die Richtlinie ist an die Mitgliedstaaten gerichtet. Allein die Einfügung der Sieben-Monats-Frist in § 27 ist nicht ausreichend, um dieser Verpflichtung nachzukommen; Papier ist geduldig.

6 **3.** Aufgrund der Rechtssprechung des EuGH[10] ist denkbar, dass neben Amtshaftungsansprüchen des pharmazeutischen Unternehmers auch der Verbraucher direkt einen Schadenersatzanspruch gegenüber der Bundesrepublik Deutschland aufgrund fehlender materieller Umsetzung der Richtlinien 2001/82 und 2001/83 haben kann. Leider dürfte auch in einem solchen Verfahren der für den Verbraucher entstandene Schaden, beispielsweise, dass ein neues Arzneimittel für ihn nicht erreichbar ist, schwer messbar sein. Praktisch werden solche Fälle selten sein, weil innovative Arzneimittel heute regelmäßig über die EMA in London in den deutschen Markt kommen.

7 Im Ergebnis wird der Antragsteller den praktischen Weg wählen: Entweder er kann bei einem innovativen Arzneimittel den Weg über London wählen oder er wählt das Verfahren der gegenseitigen Anerkennung oder das dezentralisierte Verfahren und sucht sich den Referenzstaat auch danach aus, bei welcher Behörde sein Verfahren erfahrungsgemäß zügig durchgeführt wird. Deutschland als Referenzstaat wird er besser aussparen. Deshalb besteht die Hoffnung, dass das BfArM in einigen Jahren wieder die gesetzlichen Fristen tatsächlich wird einhalten können.

### III. Hemmung

8 Vom Abs. 2 wird in der Praxis reger Gebrauch gemacht. Durch die Versendung von Mängelrügen und durch die Einräumung von Stellungnahmen auf Seiten des Antragstellers wird die Sieben-Monats-Frist solange ausgesetzt, bis entsprechende Maßnahmen behoben oder die gesetzten Fristen abgelaufen sind (sog. „clockstop"). Gleiches Verfahren wird eingesetzt, wenn die zuständige Bundesoberbehörde plant, die Zulassung nach § 28 mit Auflagen zu versehen, vgl. § 28 Abs. 4; auch hier wird der Antragsteller bei Hemmung der Frist zunächst gehört.

---

8 LG Berlin, PharmaR 2000, 50ff.

9 Vgl. Fn. 2 und 3 vor § 21.

10 Vgl. beispielsweise: EuGH, Slg. 1991, I, S. 357f. (verbundene Rechtssachen C-6/90 und 9/90), NJW 1991, 758ff. – Francovic.

## § 28
## Auflagenbefugnis

**(1) Die zuständige Bundesoberbehörde kann die Zulassung mit Auflagen verbinden. Bei Auflagen nach den Absätzen 2 bis 3d zum Schutz der Umwelt, entscheidet die zuständige Bundesoberbehörde im Einvernehmen mit dem Umweltbundesamt, soweit Auswirkungen auf die Umwelt zu bewerten sind. Hierzu übermittelt die zuständige Bundesoberbehörde dem Umweltbundesamt die zur Beurteilung der Auswirkungen auf die Umwelt erforderlichen Angaben und Unterlagen. Auflagen können auch nachträglich angeordnet werden.**

**(2) Auflagen nach Absatz 1 können angeordnet werden, um sicherzustellen, dass**

**1. die Kennzeichnung der Behältnisse und äußeren Umhüllungen den Vorschriften des § 10 entspricht; dabei kann angeordnet werden, dass angegeben werden müssen**
   **a) Hinweise oder Warnhinweise, soweit sie erforderlich sind, um bei der Anwendung des Arzneimittels eine unmittelbare oder mittelbare Gefährdung der Gesundheit von Mensch oder Tier zu verhüten,**
   **b) Aufbewahrungshinweise für den Verbraucher und Lagerhinweise für die Fachkreise, soweit sie geboten sind, um die erforderliche Qualität des Arzneimittels zu erhalten,**

**2. die Packungsbeilage den Vorschriften des § 11 entspricht; dabei kann angeordnet werden, dass angegeben werden müssen**
   **a) die in der Nummer 1 Buchstabe a genannten Hinweise oder Warnhinweise,**
   **b) die Aufbewahrungshinweise für den Verbraucher, soweit sie geboten sind, um die erforderliche Qualität des Arzneimittels zu erhalten,**

**2a. die Fachinformation den Vorschriften des § 11a entspricht; dabei kann angeordnet werden, dass angegeben werden müssen**
   **a) die in Nummer 1 Buchstabe a genannten Hinweise oder Warnhinweise,**
   **b) besondere Lager- und Aufbewahrungshinweise, soweit sie geboten sind, um die erforderliche Qualität des Arzneimittels zu erhalten,**
   **c) Hinweise auf Auflagen nach Absatz 3,**

**3. die Angaben nach den §§ 10, 11 und 11a den für die Zulassung eingereichten Unterlagen entsprechen und dabei einheitliche und allgemein verständliche Begriffe und ein einheitlicher Wortlaut verwendet werden, wobei die Angabe weiterer Gegenanzeigen, Nebenwirkungen und Wechselwirkungen zulässig bleibt; von dieser Befugnis kann die zuständige Bundesoberbehörde allgemein aus Gründen der Arzneimittelsicherheit, der Transparenz oder der rationellen Arbeitsweise Gebrauch machen; dabei kann angeordnet werden, dass bei verschreibungspflichtigen Arzneimitteln bestimmte Anwendungsgebiete entfallen, wenn zu befürchten ist, dass durch deren Angabe der therapeutische Zweck gefährdet wird,**

4. **das Arzneimittel in Packungsgrößen in den Verkehr gebracht wird, die den Anwendungsgebieten und der vorgesehenen Dauer der Anwendung angemessen sind,**
5. **das Arzneimittel in einem Behältnis mit bestimmter Form, bestimmtem Verschluss oder sonstiger Sicherheitsvorkehrung in den Verkehr gebracht wird, soweit es geboten ist, um die Einhaltung der Dosierungsanleitung zu gewährleisten oder um die Gefahr des Missbrauchs durch Kinder zu verhüten.**

**(2a) Warnhinweise nach Absatz 2 können auch angeordnet werden, um sicherzustellen, dass das Arzneimittel nur von Ärzten bestimmter Fachgebiete verschrieben und unter deren Kontrolle oder nur in Kliniken oder Spezialkliniken oder in Zusammenarbeit mit solchen Einrichtungen angewendet werden darf, wenn dies erforderlich ist, um bei der Anwendung eine unmittelbare oder mittelbare Gefährdung der Gesundheit von Menschen zu verhüten, insbesondere, wenn die Anwendung des Arzneimittels nur bei Vorhandensein besonderer Fachkunde oder besonderer therapeutischer Einrichtungen unbedenklich erscheint.**

**(3) Die zuständige Bundesoberbehörde kann durch Auflagen ferner anordnen, dass weitere analytische, pharmakologisch-toxikologische oder klinische Prüfungen durchgeführt werden und über die Ergebnisse berichtet wird, wenn hinreichende Anhaltspunkte dafür vorliegen, dass das Arzneimittel einen großen therapeutischen Wert haben kann und deshalb ein öffentliches Interesse an seinem unverzüglichen Inverkehrbringen besteht, jedoch für die umfassende Beurteilung des Arzneimittels weitere wichtige Angaben erforderlich sind. Satz 1 gilt entsprechend für Unterlagen über das Rückstandsnachweisverfahren nach § 23 Abs. 1 Nr. 2.**

**(3a) Die zuständige Bundesoberbehörde kann, wenn dies im Interesse der Arzneimittelsicherheit erforderlich ist, durch Auflagen ferner anordnen, dass nach der Zulassung ein Risikomanagementsystem eingeführt wird, das die Zusammenstellung von Tätigkeiten und Maßnahmen im Bereich der Pharmakovigilanz beschreibt, einschließlich der Bewertung der Effizienz derartiger Maßnahmen, und dass nach der Zulassung Erkenntnisse bei der Anwendung des Arzneimittels systematisch gesammelt, dokumentiert und ausgewertet werden und ihr über die Ergebnisse dieser Untersuchung innerhalb einer bestimmten Frist berichtet wird.**

**(3b) Bei Auflagen nach den Absätzen 3 und 3a kann die zuständige Bundesoberbehörde Art und Umfang der Untersuchung oder Prüfungen sowie Tätigkeiten, Maßnahmen und Bewertungen im Rahmen des Risikomanagementsystems bestimmen. Die Ergebnisse sind durch Unterlagen so zu belegen, dass aus diesen Art, Umfang und Zeitpunkt der Untersuchung oder Prüfungen hervorgehen.**

**(3c) Die zuständige Bundesoberbehörde kann durch Auflage ferner anordnen, dass bei der Herstellung und Kontrolle solcher Arzneimittel und ihrer Ausgangsstoffe, die biologischer Herkunft sind oder auf biotechnischem Wege hergestellt werden,**
1. **bestimmte Anforderungen eingehalten und bestimmte Maßnahmen und Verfahren angewendet werden,**
2. **Unterlagen vorgelegt werden, die die Eignung bestimmter Maßnahmen und Verfahren begründen, einschließlich von Unterlagen über die Validierung,**
3. **die Einführung oder Änderung bestimmter Anforderungen, Maßnahmen und Verfahren der vorherigen Zustimmung der zuständigen Bundesoberbehörde bedarf,**

**soweit es zur Gewährleistung angemessener Qualität oder zur Risikovorsorge geboten ist. Die angeordneten Auflagen sind sofort vollziehbar. Widerspruch und Anfechtungsklage haben keine aufschiebende Wirkung.**

**(3d) Bei Arzneimitteln, die zur Anwendung bei Tieren bestimmt sind, kann die zuständige Bundesoberbehörde in begründeten Einzelfällen ferner anordnen, dass weitere Unterlagen, mit denen eine Bewertung möglicher Umweltrisiken vorgenommen wird, und weitere Ergebnisse von Prüfungen zur Bewertung möglicher Umweltrisiken vorgelegt werden, sofern dies für die umfassende Beurteilung der Auswirkungen des Arzneimittels auf die Umwelt erforderlich ist. Die zuständige Bundesoberbehörde überprüft die Erfüllung einer Auflage nach Satz 1 unverzüglich nach Ablauf der Vorlagefrist. Absatz 1 Satz 2 und 3 findet entsprechende Anwendung.**

**(4) Soll die Zulassung mit einer Auflage verbunden werden, so wird die in § 27 Abs. 1 vorgesehene Frist bis zum Ablauf einer dem Antragsteller gewährten Frist zur Stellungnahme gehemmt. § 27 Abs. 2 findet entsprechende Anwendung.**

**Übersicht** **Rz.**



**Literatur**

von Czettritz, Meier, Auflagen im arzneimittelrechtlichen Zulassungsbescheid – Rechtsmittel, Rechtsfolgen und Konsequenzen, PharmaR 2006, 101; Denninger, Grenzen der Auflagenbefugnis im arzneimittelrechtlichen Zulassungsverfahren, PharmaR 2009, 327; Wagner, Die Beauflagbarkeit von Versagungsgründen des § 25 Absatz 2 AMG nach § 36 VwVfG, PharmaR 2003, 306.

## I. Die Bedeutung der Norm

1 Die Auflagenbefugnis nach § 28 dient der Arzneimittelsicherheit. Sie liegt zudem im Interesse des Antragstellers, dem eine Zulassung unter Auflagen angenehmer sein kann als eine Versagung der Zulassung. Die Regelung ist nach verwaltungsrechtlichen Grundsätzen erforderlich, um Auflagen möglich zu machen. Die Zulässigkeit, Auflagen auch nachträglich anordnen zu können, spielt bei neuen Präparaten eine besondere Rolle: Auswirkungen und Nebenwirkungen können aufgrund mangelnder praktischer Erfahrung mit dem Mittel möglicherweise noch nicht voll übersehen werden. Es besteht für diese Fälle für alle Beteiligten ein praktisches Bedürfnis, auf veränderte Umstände schnell reagieren zu können, ohne den Vertrieb des Arzneimittels sofort ganz zu unterbinden. Die Erteilung von Zulassungen mit Auflagen ist deshalb von großer Konsequenz, weil sie nach Art der Auflagen dazu führt, dass die zuständige Bundesoberbehörde das Arzneimittel auch nach der Zulassung noch weiterverfolgen muss. Dies gilt insbesondere auch für die Regelungen über die Einrichtung eines Risikomanagementsystems nach der erteilten Zulassung im Rahmen der Pharmakovigilanz. Die Nachverfolgung der Zulassung ist auch Gegenstand der folgenden §§ 29 bis 31.

## II. Umfang der Befugnis, Nebenbestimmungen zu erlassen

2 Soweit keine der Versagungsgründe des § 25 vorliegen, hat der Antragsteller einen Rechtsanspruch auf Zulassung seines Arzneimittels. § 36 Abs. 1 Satz 1 BVwVfG bestimmt für solche Fälle, dass eine Nebenbestimmung im Zulassungsbescheid nur dann zulässig ist, wenn eine Rechtsvorschrift dies vorsieht. Ohne § 28 wäre die zuständige Bundesoberbehörde also gehindert, Auflagen zu erteilen. Im Umkehrschluss bedeutet dies, dass die zuständige Bundesoberbehörde mangels einer Vorschrift im AMG nicht befugt ist, den Zulassungsbescheid mit einer anderen Nebenbestimmung, wie beispielsweise einer Befristung, Bedingung oder einem Widerrufsvorbehalt zu versehen. Als Minus zur Auflagenbefugnis ist hingegen der Vorbehalt einer nachträglichen Aufnahme, Änderung oder Ergänzung einer Auflage von § 28 gedeckt. Von ihr macht die zuständige Bundesoberbehörde vielfach Gebrauch.[1]

3 Mit einer Auflage kann dem Antragsteller grundsätzlich ein Tun, Dulden oder Unterlassen aufgegeben werden, sofern die Bestimmung dem Zweck des Zulassungsbescheides nicht zuwiderläuft.[2] Der in den Absätzen 2 bis 3d enthaltene Katalog ist allerdings abschließend, soweit es sich nicht um solche Auflagen handelt, die nach § 36 Abs. 1 2. HS BVwVfG sicherstellen sollen, dass die gesetzlichen Voraussetzungen des Zulassungsbescheides als solches erfüllt werden.[3] Der abschließende Charakter wurde vom VG Berlin bestätigt, welches feststellte, dass eine vom BfArM erteilte Auflage nicht unter die Vorschrift des § 28 zu subsumieren

---

1 Vgl. DeutschSpickhoff, Rn. 882.

2 Vgl. § 36 Abs. 2 Nr. 4 und Abs. 3 BVwVfG.

3 Vgl. OVG Berlin, Beschluss vom 24.07.1990, abgedruckt bei Sander, Entscheidungssammlung, § 28 Nr. 4.

und damit unzulässig sei.[4] Unzulässig ist nach der Entscheidung des OVG NRW beispielsweise die Anordnung eines Anwenderausschlusses für eine bestimmte Patientengruppe mittels Auflage.[5] Weiter unzulässig ist eine selbständige Auflage wenn deren Gegenstand die Gegenanzeigen für ganze Personengruppen von der Anwendung des Arzneimittels ausschließt[6]. Kein Raum besteht weiter für eine Auflage, in der die Anbringung eines Warnhinweis angeordnet wird, wenn es sich um ein traditionelles Arzneimittel in der Nachzulassung handelt[7]. Zulässig ist dagegen eine Auflage, soweit ein differentialdiagnostischer Hinweis auf Einschlaf- und Beruhigungsmittel angeordnet wird [8] .

Die Vorschrift, wonach Auflagen auch nachträglich angeordnet werden können, 4
dient ebenfalls als Rechtsgrundlage für die zuständige Bundesoberbehörde. Sachlich hat sie diesen Schritt, und nicht den des Widerrufs, zu gehen, wenn die nachträgliche Auflage zur Erreichung des Zweckes geeignet ist und sie sich für den Zulassungsinhaber als den weniger schweren Eingriff darstellt.[9]

Die Auflagen, wonach weitere Prüfungen durchzuführen und zu berichten sind 5
oder Erkenntnisse in der Arzneimittelanwendung zu sammeln und zu berichten sind, sind jährlich zu „überprüfen“, § 30 Abs. 2 Ziffer 2 am Ende. Darüber hinaus stellt § 30 Abs. 2a fest, dass auch in den Fällen des § 30 Abs. 1 und 1a die Zulassung durch Auflage geändert werden kann.

## III. Rechtliches Gehör des Antragstellers

Der Anspruch des Antragstellers, vor dem Bescheid der zuständigen Bundesober- 6
behörde gehört zu werden, ergibt sich bereits aus § 28 BVwVfG und gilt abweichend vom Wortlaut des Abs. 4 auch dann, wenn eine Auflage nachträglich angeordnet werden soll. Dies gilt nicht, soweit die Anhörung nach den Umständen des Einzelfalls nicht geboten ist. § 28 Abs. 2 BVwVfG enthält einen abschließenden Katalog darüber, unter welchen Voraussetzungen die zuständige Bundesoberbehörde von einer Anhörung absehen darf.

## IV. Mitwirkung des Bundesumweltamtes

Für den Fall, dass Auswirkungen auf die Umwelt zu bewerten sind, ist das Amt zu 7
hören. Hierbei handelt es sich regelmäßig um Fragen der Herstellung und der Entsorgung. Sofern es für die umfassende Beurteilung der Auswirkungen auf die Umwelt erforderlich ist, kann die zuständige Bundesoberbehörde bei Tierarzneimitteln darüber hinaus nach Absatz 3d anordnen, dass weitere Unterlagen und

---

4 VG Berlin, Urteil vom 08.06.1999, PharmaR 2000, 58ff.: Die Auflage betraf Hinweise für den Fall der Überdosierung bei einem Arzneimittel mit Alkoholgehalt.

5 OVG NRW, Urteil v. 27.09.2005, Arzneimittel & Recht 2006, 128ff.

6 OVG NRW, Beschluss vom 11.05.2009, PharmaR 2009, S. 400.

7 BVerwG, Beschluss vom 20.12.2006, PharmaR 2007, S. 303.

8 OVG NRW, Urteil vom 11.02.2009, PharmaR 2009, S. 281.

9 Vgl. Kopp, Ramsauer; § 36 Rn. 53.

Prüfergebnisse vom Inhaber der Zulassung vorgelegt werden. Auch bei diesen zusätzlichen Informationen, deren Vorlage unter Fristsetzung verlangt wird, ist das Bundesumweltamt einzubeziehen.

### V. Sofortige Vollziehbarkeit

8 Nach § 80 Abs. 2 Nr. 3 VwGO kann die sofortige Vollziehung von Verwaltungsakten durch Bundesgesetz angeordnet werden. Hiervon hat der Gesetzgeber in Abs. 3c Gebrauch gemacht. Dieser Einzelfallregelung hätte es nicht bedurft; die zuständige Bundesoberbehörde ist nach § 80 Abs. 2 Nr. 4, Abs. 3 VwGO hieran nicht gehindert, soweit die sofortige Vollziehbarkeit im öffentlichen Interesse erfolgt oder gar Gefahr im Verzug ist. Die sofortige Vollziehbarkeit bedeutet, dass der Antragsteller gegen die Auflage – bei unselbstständiger Auflage gegen den gesamten Zulassungsbescheid –, zwar Widerspruch und Anfechtungsklage erheben kann. Diese Rechtsmittel führen aber nicht dazu, dass die behördlichen Regelungen bis zu einer endgültigen Entscheidung nicht beachtet werden müssten.

### VI. Rechtsfolgen

9 Der Verstoß gegen eine angeordnete Auflage hat zur Folge, dass die zuständige Bundesoberbehörde dem Betroffenen nach der versteckten Regelung in § 30 Abs. 2 Nr. 2 eine angemessene Nachfrist setzt, innerhalb er das Gewünschte nachzuholen hat. Kommt er dieser Aufforderung nicht nach, liegt es im Ermessen der zuständigen Bundesoberbehörde, ob sie die Zulassung nach § 30 Abs. 2 Nr. 2 widerruft.

## § 29
## Anzeigepflicht, Neuzulassung

**(1) Der Antragsteller hat der zuständigen Bundesoberbehörde unter Beifügung entsprechender Unterlagen unverzüglich Anzeige zu erstatten, wenn sich Änderungen in den Angaben und Unterlagen nach den §§ 22 bis 24a und 25b ergeben. Die Verpflichtung nach Satz 1 hat nach Erteilung der Zulassung der Inhaber der Zulassung zu erfüllen.**

**(1a) Der Inhaber der Zulassung hat der zuständigen Bundesoberbehörde zusätzlich zu den Verpflichtungen nach Absatz 1 und § 63b unverzüglich alle Verbote oder Beschränkungen durch die zuständigen Behörden jedes Landes, in dem das betreffende Arzneimittel in Verkehr gebracht wird, sowie alle anderen neuen Informationen mitzuteilen, die die Beurteilung des Nutzens und der Risiken des betreffenden Arzneimittels beeinflussen könnten. Er hat auf Verlangen der zuständigen Bundesoberbehörde auch alle Angaben und Unterlagen vorzulegen, die belegen, dass das Nutzen-Risiko-Verhältnis weiterhin günstig zu bewerten ist. Die Sätze 1 und 2 gelten nicht für einen Parallelimporteur.**

**(1b) Der Inhaber der Zulassung hat der zuständigen Bundesoberbehörde den Zeitpunkt für das Inverkehrbringen des Arzneimittels unter Berücksichtigung der unterschiedlichen zugelassenen Darreichungsformen und Stärken unverzüglich mitzuteilen.**

**(1c) Der Inhaber der Zulassung hat der zuständigen Bundesoberbehörde nach Maßgabe des Satzes 2 anzuzeigen, wenn das Inverkehrbringen des Arzneimittels vorübergehend oder endgültig eingestellt wird. Die Anzeige hat spätestens zwei Monate vor der Einstellung des Inverkehrbringens zu erfolgen. Dies gilt nicht, wenn Umstände vorliegen, die der Inhaber der Zulassung nicht zu vertreten hat.**

**(1d) Der Inhaber der Zulassung hat alle Daten im Zusammenhang mit der Absatzmenge des Arzneimittels sowie alle ihm vorliegenden Daten im Zusammenhang mit dem Verschreibungsvolumen mitzuteilen, sofern die zuständige Bundesoberbehörde dies aus Gründen der Arzneimittelsicherheit fordert.**

**(2) Bei einer Änderung der Bezeichnung des Arzneimittels ist der Zulassungsbescheid entsprechend zu ändern. Das Arzneimittel darf unter der alten Bezeichnung vom pharmazeutischen Unternehmer noch ein Jahr, von den Groß- und Einzelhändlern noch zwei Jahre, beginnend mit dem auf die Bekanntmachung der Änderung im Bundesanzeiger folgenden 1. Januar oder 1. Juli, in den Verkehr gebracht werden.**

**(2a) Eine Änderung**

**1. der Angaben nach den §§ 10, 11 und 11a über die Dosierung, die Art oder die Dauer der Anwendung, die Anwendungsgebiete, soweit es sich nicht um die Zufügung einer oder Veränderung in eine Indikation handelt, die**

einem anderen Therapiegebiet zuzuordnen ist, eine Einschränkung der Gegenanzeigen, Nebenwirkungen oder Wechselwirkungen mit anderen Mitteln,
2. der wirksamen Bestandteile, ausgenommen der arzneilich wirksamen Bestandteile,
3. in eine mit der zugelassenen vergleichbaren Darreichungsform,
3a. in der Behandlung mit ionisierenden Strahlen,
4. des Herstellungs- oder Prüfverfahrens oder die Angabe einer längeren Haltbarkeitsdauer bei Sera, Impfstoffen, Blutzubereitungen, Allergenen, Testsera und Testantigenen sowie eine Änderung gentechnologischer Herstellungsverfahren,
5. der Packungsgröße und
6. der Wartezeit eines zur Anwendung bei Tieren bestimmten Arzneimittels, wenn diese auf der Festlegung oder Änderung einer Rückstandshöchstmenge gemäß der Verordnung (EWG) Nr. 2377/90 beruht oder der die Wartezeit bedingende Bestandteil einer fixen Kombination nicht mehr im Arzneimittel enthalten ist

darf erst vollzogen werden, wenn die zuständige Bundesoberbehörde zugestimmt hat. Satz 1 Nr. 1 gilt auch für eine Erweiterung der Zieltierarten bei Arzneimitteln, die nicht zur Anwendung bei Tieren bestimmt sind, die der Gewinnung von Lebensmitteln dienen. Die Zustimmung gilt als erteilt, wenn der Änderung nicht innerhalb einer Frist von drei Monaten widersprochen worden ist.

(3) Eine neue Zulassung ist in folgenden Fällen zu beantragen:
1. bei einer Änderung der Zusammensetzung der Wirkstoffe nach Art oder Menge,
2. bei einer Änderung der Darreichungsform, soweit es sich nicht um eine Änderung nach Absatz 2a Nr. 3 handelt,
3. bei einer Erweiterung der Anwendungsgebiete, soweit es sich nicht um eine Änderung nach Absatz 2a Nr. 1 handelt,
3a. bei der Einführung gentechnologischer Herstellungsverfahren und
4. (weggefallen)
5. bei einer Verkürzung der Wartezeit, soweit es sich nicht um eine Änderung nach Absatz 2a Satz 1 Nr. 6 handelt.

Über die Zulassungspflicht nach Satz 1 entscheidet die zuständige Bundesoberbehörde.

(4) Die Absätze 1, 2, 2a und 3 finden keine Anwendung auf Arzneimittel, für die von der Kommission der Europäischen Gemeinschaften oder dem Rat der Europäischen Union eine Genehmigung für das Inverkehrbringen erteilt worden ist. Für diese Arzneimittel gelten die Verpflichtungen des pharmazeutischen Unternehmers nach der Verordnung (EG) Nr. 726/2004 mit der Maßgabe, dass im Geltungsbereich des Gesetzes die Verpflichtung zur Mitteilung an die Mitgliedstaaten oder zur Unterrichtung der Mitgliedstaaten gegenüber der jeweils zuständigen Bundesoberbehörde besteht.

**(5) Die Absätze 2a und 3 finden keine Anwendung, soweit für Arzneimittel die Verordnung (EG) Nr. 1084/2003 der Kommission vom 3. Juni 2003 über die Prüfung von Änderungen einer Zulassung für Human- und Tierarzneimittel, die von einer zuständigen Behörde eines Mitgliedstaates erteilt wurde (ABl. EU Nr. L 159 S. 1) Anwendung findet.**

**Übersicht** **Rz.**



## I. Die Bedeutung der Norm

Die Vorschrift hat doppelten Charakter. Einerseits entlastet sie den Zulassungsinhaber, belastet ihn aber auf der anderen Seite. Entlastend wirkt die Vorschrift, weil sie bewirkt, dass nicht jede Änderung gegenüber dem bisherigen Stand eine erneute Zulassung erforderlich macht, sondern die Änderungsanzeige genügt; schließlich definiert sich das Arzneimittel, dessen Inverkehrbringen erlaubt ist, aus den Angaben des Zulassungsinhabers. Entlastend wirkt sie allerdings nur für die vom Zulassungsinhaber gewollten Änderungen. Für ungewollte Änderungen, etwa in der Bewertung oder der faktischen Grundlage des wissenschaftlichen Begleitmaterials, hat die Vorschrift belastenden Ausnahmecharakter. **1**

Zwischen der zuständigen Bundesoberbehörde und Antragsteller besteht für die Zeit nach der Einreichung seines Zulassungsantrages ein Verfahrensrechtsverhältnis. Dieses endet grundsätzlich spätestens mit dem Eintritt der Unanfechtbarkeit des Bescheides, der auf der Grundlage des Antrages ergeht, vgl. § 9 BVwVfG. § 29 zeigt, dass bei der Zulassung von Arzneimitteln das Verfahrensverhältnis zwischen Zulassungsinhaber und zuständiger Bundesoberbehörde nicht endet. Grund für diese Ausnahme ist der sicherheitsrechtliche Aspekt, der alle Regelungen über den Verkehr mit Arzneien zum Schutze des Verbrauchers durchzieht: Aufgrund der erforderlichen Produktbeobachtung und -überwachung eines verkehrsfähigen Arzneimittels, die teilweise dem Zulassungsinhaber, bei der Entscheidung über das weitere Vorgehen teilweise der zuständigen Bundesoberbehörde obliegen, wird eine dauerhafte Zusammenarbeit erwartet. Sie besteht mindestens solange, wie sich aus dem Vertrieb des zugelassenen Arzneimittels Gefahren für die Verbraucher und nützliche Informationen für die zuständige Bundesoberbehörde ergeben können. **2**

## II. Anzeigepflichten

**1.** Alle Änderungen von Angaben, die gemäß §§ 22 bis 24a und § 25b bei Antragstellung gemacht wurden oder von Unterlagen, die vorgelegt wurden, sind der zuständigen Bundesoberbehörde anzuzeigen. Da die Vorlage dieser Informationen **3**

für die zuständige Bundesoberbehörde zur Bewertung der Zulassungsfähigkeit des Arzneimittels wesentlich ist und sie das Arzneimittel definieren, ist auch jede Änderung derselben von Bedeutung. Formal kann eine Änderung zur Folge haben, dass es sich um ein anderes Arzneimittel handelt, für das keine Zulassung besteht. Da die zuständige Bundesoberbehörde bei einer wesentlichen Änderung der Sachlage die erteilte Zulassung nach § 30 unter den dort genannten Voraussetzungen zurücknehmen kann oder ein erneutes Zulassungsverfahren erforderlich werden kann, stellt die Vorlagepflicht nach § 29 ein zulässiges Minus hierzu dar. Weiter muss die zuständige Bundesoberbehörde zunächst in die Lage versetzt werden, die geänderte Sachlage zu beurteilen und ihre Schlüsse hieraus zu ziehen. Dies geht nur, wenn sie die nötigen Informationen hierzu vom Zulassungsinhaber erhält.

4 **2.** Mit der 12. AMG-Novelle wurden die bisher in § 29 enthaltenen weitere Dokumentations- und Meldepflichten separat in § 63b aufgenommen. Mit der 14. AMG-Novelle hat der Gesetzgeber nun neue Anzeigepflichten in Abs. 1a bis 1d des § 29 eingeführt, die im Wesentlichen den europäischen Vorgaben in Art. 23 und Art. 23a der Richtlinie 2001/83[1] entsprechen. Sie dienen der Pharmakovigilanz. Es sind Verbote und Beschränkungen für ein Arzneimittel durch Behörden eines jeden Landes zu melden, ebenso neue Informationen im Hinblick auf das Nutzen-Risiko-Verhältnis. Die Vorschrift ist insgesamt recht weitgehend. Informationen die geliefert werden müssen, brauchen nicht notwendigerweise nur das eigene Präparat des Herstellers betreffen. Daten über die Absatzmenge des Arzneimittels sind nach Abs. 1d dann anzuzeigen, wenn die zuständige Behörde dies einfordert und aus Gründen der Arzneimittelsicherheit gerechtfertigt ist. Von großer praktischer Bedeutung sind die Regelungen in Abs. 1b und Abs. 1c: Die Zulassung eines Arzneimittels erlischt gemäß § 31 Abs. 1 Nr. 1 drei Jahre nach ihrer Erteilung, wenn das Arzneimittel bis dahin nicht in den Verkehr gebracht wurde oder es sich in drei aufeinander folgenden Jahren nicht mehr im Verkehr befindet. Um diese sogenannte „sunset-clause" in die Praxis umzusetzen, sind Meldepflichten des pharmazeutischen Unternehmers bei der zuständigen Behörde erforderlich. Folglich sieht Abs. 1b vor, dass der Zeitpunkt des Inverkehrbringens mitzuteilen ist. Nach Abs. 1c ist ebenfalls eine Anzeige erforderlich, wenn der Verkehr mit dem Arzneimittel vorübergehend oder endgültig eingestellt wird. Diese Anzeige ist spätestens zwei Monate im Voraus erforderlich, es sei denn es liegen Umstände vor, die der pharmazeutische Unternehmer nicht zu vertreten hat. An dieser Stelle übernimmt der deutsche Gesetzgeber nicht den Wortlaut der europäischen Regelung: Sie besagt, dass außergewöhnliche Umstände vorliegen müssen. Ob außergewöhnliche Umstände nur solche sind, die der pharmazeutische Unternehmer nicht zu vertreten hat, ist zumindest fraglich.

5 Das BfArM hat zur Umsetzung der An- und Abmeldepflichten ein Online-Formular entwickelt und hilfreiche Erläuterungen auf seiner Homepage[2] hierzu eingestellt. Gebühren werden derzeit nicht erhoben; die An- und Abmeldungen

1 Vgl. vor § 21 Fn. 2.

2 www.bfarm.de.

selbst können in deutscher oder in englischer Sprache erfolgen. Bei einer geplanten Einstellung des Vertriebs eines Arzneimittels ist weiter das Datum des Ablaufes der Haltbarkeit der letzten Charge anzugeben. Mit diesem Tag beginnt die Berechnung der Drei-Jahresfrist nach § 31 Abs. 1 Nr. 1, vgl. § 31 Ziffer III. Dies ist ein Gebot der Zweckmäßigkeit.

### III. Folgen der Anzeige

#### 1. „sunset-clause“

Der Tag an dem das Arzneimittel in den Verkehr gebracht wird, ist der Tag, an dem die Frist nach § 31 Abs. 1 Nr. 1 zu laufen beginnt. Bringt niemand sein Arzneimittel binnen dreier Jahre nach Erteilung der Zulassung in den Markt, erlischt die Zulassung automatisch nach drei Jahren. Gleiches gilt, wenn der Inhaber der Zulassung nach dem Tag der Erteilung innerhalb von drei Jahren keine Anmeldung einreicht, wann sein Arzneimittel auf den Markt kommen soll. Auch greift die „sunset-clause“, wenn der pharmazeutische Unternehmer die vorübergehende Einstellung im geschäftlichen Verkehr erklärt und sodann drei Jahre ungenutzt verstreichen. 6

Nach Abs. 1b und Abs. 1c sind mitzuteilen: Der Zeitpunkt des Inverkehrbringens und wann das Inverkehrbringen des Arzneimittels vorübergehend oder endgültig eingestellt wird. Diese Mitteilungen dienen als Grundlage für die Berechnung der Fristen des § 31 Abs. 1 Ziffer 1, nachdem die Zulassungen für Arzneimittel innerhalb bestimmter Fristen erlöschen. Diese Regelung ist nicht ganz so einfach, wie sie zunächst aussieht. Das „Inverkehrbringen“ ist ein zentraler Begriff des Arzneimittelrechts, weil es nur mit einer wirksamen Zulassung legal ist. Das Inverkehrbringen ist gesetzlich in § 4 Abs. 17 definiert: 7

„Vorrätighalten zum Verkauf oder zu sonstiger Abgabe, das Feilhalten, das Feilbieten und die Abgabe an andere“. Maßgeblich für die Folgen des § 31 sind die tatsächlichen Geschehnisse, nicht die Daten, die in den Meldungen genannt werden. Sie sind nur für Beweiszwecke von Bedeutung. Angesichts der Definition des Inverkehrbringens und der Tatsache, dass die maßgeblichen Akte nicht nur solche des Zulassungsinhabers sein müssen, ist die Ermittlung der tatsächlichen Ereignisse denkbarerweise nicht unbedingt einfach. Sprachlich muss auch hier gedeutet werden. Die Mitteilung des „Zeitpunktes für das Inverkehrbringen“ soll wohl bedeuten, dass der Zeitpunkt des ersten Inverkehrbringens mitgeteilt werden soll. 8

#### 2. Änderung der Produktbezeichnung

Für Änderungen in der Bezeichnung des Arzneimittels sieht Abs. 2 die Bekanntmachung der Änderung im Bundesanzeiger vor; dem pharmazeutischen Unternehmer wird eine Aufbrauchsfrist von einem Jahr, dem Groß- und Einzelhändler von zwei Jahren, eingeräumt. Dies ist erforderlich, weil die Zulassung sich durch die andere Bezeichnung inhaltlich ändert und das Arzneimittel mit der alten Bezeichnung sonst nicht mehr zugelassen wäre. 9

### 3. Zustimmungserfordernis durch die zuständige Bundesoberbehörde

10 Der Gesetzgeber sieht für den in Abs. 2a aufgeführten Katalog vor, nämlich unter anderem für Änderungen der in den §§ 10, 11 und 11a enthaltenen Angaben der arzneilich nicht wirksamen Bestandteile, der vergleichbaren Darreichungsform und für die Packungsgröße, dass Veränderungen der Zustimmung der zuständigen Bundesoberbehörde bedürfen und nur dann umgesetzt werden dürfen, wenn die Zustimmung tatsächlich gegeben wurde. Die Vorschrift wurde weiter mit der AMG-Novelle 2009 auf nicht apothekenpflichtige Arzneimittel ausgedehnt, weil es auch bei solchen Arzneimitteln zu Änderungen kommen kann, die für die Sicherheit von Bedeutung sein können[3]. Der Gesetzgeber sieht für das Zustimmungserfordernis eine Verfahrenserleichterung vor: Nach Abs. 2a letzter Satz gilt die Zustimmung der zuständigen Bundesoberbehörde als erteilt, wenn sie nicht innerhalb von drei Monaten nach Eingang der Änderungsanzeige gegenüber dem Zulassungsinhaber widerspricht. Voraussetzung für den Eintritt dieser Fiktion ist, dass die Änderungsanzeige inhaltlich einer Prüfung zugänglich ist und allen sonstigen formalen Anforderungen entspricht.[4] Die Vorschrift erlaubt weiter den Gegenschluss, dass Änderungen anderer Art, soweit sie nicht zwingend zu einem neuen Zulassungsverfahren führen, ohne Zustimmung der zuständigen Bundesoberbehörde umgesetzt werden dürfen.

### 4. Neuzulassungen, Beispiele

11 Bei denjenigen Änderungen, die in Abs. 3 näher aufgeführt sind, ist die bloße Änderungsanzeige nicht ausreichend. In diesen Fällen ist eine neue oder weitere Zulassung erforderlich. Da die zuständige Bundesoberbehörde über all die Unterlagen, die nicht von der Änderung betroffen sind, verfügt, kann sie auf diese zurückgreifen. Was zusätzlich erforderlich ist bemisst sich nach der Art der Änderung. Eine Änderung der Darreichungsform kann sowohl bloße Änderung sein oder eine neue Zulassung erfordern. Das Ergebnis folgt aus medizinischen und nicht aus rechtlichen Erwägungen.

12 Eine Neuzulassung ist beispielsweise erforderlich, wenn der Hersteller eine krankheitswertige Indikation ändert, weil in diesem Fall die Anwendungsgebiete geändert wurden[5]. Wird der Herstellungsprozess eines Arzneimittels geändert und entspricht das Arzneimittel damit nicht mehr inhaltlich dem Ergebnis der bisherigen Hydrolyse, bedarf es ebenfalls einer neuen Zulassung[6]. Auch wenn ein Nicht-Heilmittel zum Heilmittel wechselt, wird der Anwendungsbereich verlassen und eine neue Zulassung nach Absatz 3 ist erforderlich[7]. Gleiches gilt für ein – bishe-

---

3 BT-Drucksache 16/12256 vom 16.03.2009, S. 49.
4 VG Berlin, PharmaR 1992, 190ff.
5 OVG NRW, Beschluss vom 12.12.2008, PharmaR 2009, S. 186.
6 OVG NRW, Beschluss vom 02.01.2009, PharmaR 2009, S. 176.
7 OVG-NRW, Beschluss vom 02.12.2008, PharmaR 2009, S. 92.

riges – Vorbeugemittel, wenn aus ihm ein Arzneimittel mit kranheitswertiger Indikation wird[8].

## IV. Europäische Vorschriften

### 1. Ausländische Verdachtsfälle

Bei Arzneimitteln, die von der EMA zugelassen wurden, gilt die Anzeigepflicht grundsätzlich ihr gegenüber. Dies stellt Abs. 4 ausdrücklich klar. Die ergänzende Mitteilungs- und Unterrichtungspflicht an die zuständigen nationalen Bundesoberbehörden bleiben nach Abs. 4 jedoch unberührt; sie dienen der Arzneimittelsicherheit. 13

### 2. Ausblick

Nach Absatz 5 finden die Vorschriften über die Änderungsanzeigen und Neuzulassungen keine Anwendung, soweit die Arzneimittel der Verordnung (EG) Nr. 1084/2003 der Kommission vom 03. Juni 2003 unterliegen, also solche, die im dezentralen und im Verfahren der gegenseitigen Anerkennung zugelassen wurden. Diese Verordnung tritt mit Wirkung zum 01.01.2010 außer Kraft und wird durch die Verordnung (EG) 1234/2008 der Kommission vom 24.11.2008 ersetzt[9]. Praktisch dürften damit nicht unerhebliche Änderungen bei der Erstellung und Einreichung von Änderungsanzeigen erforderlich werden. 14

## V. Untätigkeit der zuständigen Bundesoberbehörde

Die zivil- und strafrechtliche Verantwortung des pharmazeutischen Unternehmers wird nach § 25 Abs. 10 durch die erteilte Zulassung nicht berührt. Was aber, wenn der Zulassungsinhaber nach § 29 ordnungsgemäß Angaben an die zuständige Bundesoberbehörde weitergibt, diese jedoch untätig bleibt? Die Vorschrift des § 25 Abs. 10 reicht nach ihrem Wortlaut nicht soweit, dass der pharmazeutische Unternehmer in diesem Falle auch zivilrechtlich oder gar strafrechtlich für Handlungen zur Verantwortung gezogen werden kann, die der zuständigen Bundesoberbehörde obliegen. Hier ist zu differenzieren: Seine Verantwortung bleibt bestehen; bei pflichtwidriger Untätigkeit der zuständigen Bundesoberbehörde kann deren Verantwortung allerdings nicht auf den pharmazeutischen Unternehmer verlagert werden; sie hat in diesem Fall etwaige Schäden bei Verbrauchern mit zu verantworten. 15

## VI. Sanktionen

### Im Ordnungswidrigkeitenrecht

Ordnungswidrig handelt, wer eine nach § 29 erforderliche Änderungsanzeige nicht, nicht richtig, nicht vollständig oder nicht rechtzeitig erstattet (§ 97 Abs. 2 Nr. 7). 16

---

8 OVG-NRW, Beschluss vom 20.11.2008, A&R 2009, S. 46.

9 ABl. L 334 vom 12.12.2008, S. 7.

## § 30
## Rücknahme, Widerruf, Ruhen

**(1) Die Zulassung ist zurückzunehmen, wenn nachträglich bekannt wird, dass einer der Versagungsgründe des § 25 Abs. 2 Nr. 2, 3, 5, 5a, 6 oder 7 bei der Erteilung vorgelegen hat; sie ist zu widerrufen, wenn einer der Versagungsgründe des § 25 Abs. 2 Nr. 3, 5, 5a, 6 oder 7 nachträglich eingetreten ist. Die Zulassung ist ferner zurückzunehmen oder zu widerrufen, wenn**

1. **sich herausstellt, dass dem Arzneimittel die therapeutische Wirksamkeit fehlt,**
2. **in den Fällen des § 28 Abs. 3 die therapeutische Wirksamkeit nach dem jeweiligen Stand der wissenschaftlichen Erkenntnisse unzureichend begründet ist.**

**Die therapeutische Wirksamkeit fehlt, wenn feststeht, dass sich mit dem Arzneimittel keine therapeutischen Ergebnisse erzielen lassen. In den Fällen des Satzes 1 kann auch das Ruhen der Zulassung befristet angeordnet werden.**

**(1a) Die Zulassung ist ferner ganz oder teilweise zurückzunehmen oder zu widerrufen, soweit dies erforderlich ist, um einer Entscheidung der Kommission der Europäischen Gemeinschaften oder des Rates der Europäischen Union nach Artikel 34 der Richtlinie 2001/83/EG oder nach Artikel 38 der Richtlinie 2001/82/EG zu entsprechen. Ein Vorverfahren nach § 68 der Verwaltungsgerichtsordnung findet bei Rechtsmitteln gegen Entscheidungen der zuständigen Bundesoberbehörde nach Satz 1 nicht statt. In den Fällen des Satzes 1 kann auch das Ruhen der Zulassung befristet angeordnet werden.**

**(2) Die zuständige Bundesoberbehörde kann die Zulassung**

1. **zurücknehmen, wenn in den Unterlagen nach den §§ 22, 23 oder 24 unrichtige oder unvollständige Angaben gemacht worden sind oder wenn einer der Versagungsgründe des § 25 Abs. 2 Nr. 6a oder 6b bei der Erteilung vorgelegen hat,**
2. **widerrufen, wenn einer der Versagungsgründe des § 25 Abs. 2 Nr. 2, 6a oder 6b nachträglich eingetreten ist oder wenn eine der nach § 28 angeordneten Auflagen nicht eingehalten und diesem Mangel nicht innerhalb einer von der zuständigen Bundesoberbehörde zu setzenden angemessenen Frist abgeholfen worden ist; dabei sind Auflagen nach § 28 Abs. 3 und 3a jährlich zu überprüfen,**
3. **im Benehmen mit der zuständigen Behörde widerrufen, wenn die für das Arzneimittel vorgeschriebenen Prüfungen der Qualität nicht oder nicht ausreichend durchgeführt worden sind.**

**In diesen Fällen kann auch das Ruhen der Zulassung befristet angeordnet werden.**

**(2a) In den Fällen der Absätze 1 und 1a ist die Zulassung durch Auflage zu ändern, wenn dadurch der in Absatz 1 genannte betreffende Versagungsgrund entfällt oder der in Absatz 1a genannten Entscheidung entsprochen wird. In den Fällen des Absatzes 2 kann die Zulassung durch Auflage geän-**

**dert werden, wenn dies ausreichend ist, um den Belangen der Arzneimittelsicherheit zu entsprechen.**

**(3) Vor einer Entscheidung nach den Absätzen 1 bis 2a muss der Inhaber der Zulassung gehört werden, es sei denn, dass Gefahr im Verzuge ist. In den Fällen des § 25 Abs. 2 Nr. 5 ist die Entscheidung sofort vollziehbar. Widerspruch und Anfechtungsklage haben keine aufschiebende Wirkung.**

**(4) Ist die Zulassung für ein Arzneimittel zurückgenommen oder widerrufen oder ruht die Zulassung, so darf es**
**1. nicht in den Verkehr gebracht und**
**2. nicht in den Geltungsbereich dieses Gesetzes verbracht werden.**
**Die Rückgabe des Arzneimittels an den pharmazeutischen Unternehmer ist unter entsprechender Kenntlichmachung zulässig. Die Rückgabe kann von der zuständigen Behörde angeordnet werden.**

**Übersicht** **Rz.**



**Literatur**

Jäckel, Rücknahme einer Arzneimittelzulassung durch die Europäische Kommission nach Richtlinie 75/319/EWG, PharmaR 2001, 280 (zur den alten europäischen Regelungen).

## I. Die Bedeutung der Norm

§ 30 regelt den Handlungsspielraum der zuständigen Bundesoberbehörde, wenn 1
sich nach Erlass des Zulassungsbescheides Änderungen ergeben, die eine abweichende Beurteilung der Verkehrsfähigkeit des zugelassenen Arzneimittels zur Folge haben. Die Vorschrift entspricht im Wesentlichen Art. 116 und Art. 117 der Richtlinie 2001/83.[1] Der Rechtsgedanke des § 30 durchbricht den Grundsatz, dass einmal erlassene Verwaltungsakte nach Ablauf der Widerspruchsfrist bestandskräftig sind. Die Bestandskraft dient der Rechtssicherheit aller Beteiligten. Sie findet allerdings ihre Grenzen dort, wo im öffentlichen Interesse Änderungen erforderlich sind; im Einzelfall dient die Änderung auch zur Wahrung der Rechte

[1] Vgl. Vor § 21 Fn. 2.

Betroffener.[2] Die Regelungen über Rücknahme, Widerruf und Ruhen eines bestandskräftigen Zulassungsbescheides erfahren durch § 30 eine gesonderte Behandlung. Soweit die Vorschrift Abweichungen von den allgemeinen Regelungen in §§ 48 und 49 BVwVfG enthält, sind diese nicht anwendbar. Die Vorschriften der §§ 50f. BVwVfG über die Möglichkeiten der Rücknahme und den Widerruf während eines laufenden Rechtsbehelfsverfahrens, ebenso wie die Vorschriften über die Wiederaufnahme des Verfahrens gelten, mangels spezieller Regelungen, ergänzend.

**2** Der Gesetzgeber stellt es in Abs. 1 nicht in das Ermessen der zuständigen Bundesoberbehörde, ob eine Zulassung zurückzunehmen oder zu widerrufen ist: Ist ein Verwaltungsakt seit seinem Erlass rechtswidrig, ist er – mit Wirkung für die Vergangenheit oder für die Zukunft – zurückzunehmen. War ein Verwaltungsakt bisher rechtmäßig, wird – mit Wirkung für die Zukunft – widerrufen, wenn Gründe vorliegen, die seinen weiteren Bestand untragbar machen. Es liegt weiter im Ermessen der zuständigen Bundesoberbehörde, in den Fällen des Satzes 1 alternativ – als Minus – befristet das Ruhen der Zulassung anzuordnen oder nach Abs. 2a Satz 2 die Zulassung in Fällen des Abs. 2 durch Auflage zu ändern. In den Fällen des Abs. 2 liegt die Entscheidung, ob die Zulassung widerrufen oder zurückgenommen wird, ebenfalls im Ermessen der zuständigen Bundesoberbehörde. Die Ermessensentscheidung soll eine flexible Beurteilung und Abwägung des konkreten Einzelfalls durch die zuständige Bundesoberbehörde ermöglichen.[3]

## II. Rücknahme

### 1. Voraussetzungen

**3** Die zuständige Bundesoberbehörde muss einen Zulassungsbescheid zurücknehmen, wenn folgende Sachverhalte nachträglich bekannt werden:

a. Das Arzneimittel wurde nicht nach dem während des Zulassungsverfahrens gesicherten Stand der wissenschaftlichen Erkenntnisse geprüft (vgl. § 25 Rz. 14);
b. Das Arzneimittel weist nicht die Qualität auf, die die zum Zeitpunkt der Zulassung anerkannten pharmazeutischen Regeln vorsehen (vgl. § 25 Rz. 15);
c. Bei dem Arzneimittel bestand zum Zeitpunkt der Zulassung der begründete Verdacht, dass die schädlichen Wirkungen über ein vertretbares Maß hinausgehen (vgl. § 25 Rz. 17). Ausreichend hierfür ist, dass ernstzunehmende Erkenntnisse irgendwelcher Art den Schluss nahe legen, dass das Arzneimittel unvertretbare schädliche Wirkungen besitzt.[4]
d. Der pharmazeutische Unternehmer hat im Zulassungsverfahren keine ausreichende Begründung vorgelegt, warum die einzelnen wirksamen Bestandteile

---

2 Vgl. im einzelnen: Kopp, Ramsauer, § 48 Rn. 1ff.

3 Zum Begriff des Ermessens und seiner Bedeutung siehe Kopp, Ramsauer, § 40 Rn. 1ff.

4 Vgl. z.B. VG Berlin vom 15.01.1979, – Clofibrat – abgedruckt bei Sander, Entscheidungssammlung, § 30 AMG Nr. 1.

eines Kombinationspräparates jeweils einen positiven Beitrag zur Beurteilung des Arzneimittels leisten.

Die zuständige Bundesoberbehörde muss einen Zulassungsbescheid zurücknehmen, wenn sie ihn nicht widerrufen will und folgende Voraussetzungen bestehen: **4**

a. Dem Arzneimittel fehlt die therapeutische Wirksamkeit (vgl. § 25 Rz. 16).
b. Der pharmazeutische Unternehmer hat bei einem innovativen Arzneimittel nach § 28 Abs. 3 dessen therapeutische Wirksamkeit nicht hinreichend begründet.

Dass in diesen Fällen eine Handlungspflicht der zuständigen Bundesoberbehörde besteht, ist nicht selbstverständlich. Zuvor ist mangelnde therapeutische Wirksamkeit im Zulassungsverfahren ein Versagungsgrund, aber stringent ist die Notwendigkeit therapeutischer Wirksamkeit im Gesetz nicht durchgehalten, vgl. § 25 Rz. 16. Das Gesetz sagt, wann die therapeutische Wirksamkeit fehlt: Es muss feststehen, dass sich mit dem Arzneimittel keine therapeutischen Ergebnisse erzielen lassen. Dies, nachträglich bekannt geworden, deutet auf eine massive Änderung des Standards der wissenschaftlichen Erkenntnisse hin. Bei einem innovativen Arzneimittel nach § 28 Abs. 3 hingegen haben sich Erwartungen nicht erfüllt. **5**

Die zuständige Bundesoberbehörde kann einen Zulassungsbescheid zurücknehmen, wenn in den Unterlagen nach §§ 22 bis 24 unvollständige oder unrichtige Angaben gemacht wurden. Analog ist Abs. 2 Nr. 1 auf § 24b anwendbar, das Fehlen des § 24b wäre sonst eine systemwidrige Lücke, die vom Gesetzgeber nicht gewollt sein dürfte. **6**

## 2. Wirkungen der Rücknahme

Die Rücknahme der Zulassung nimmt dem betroffenen Arzneimittel die Verkehrsfähigkeit, weil das Arzneimittel aufgrund der unter Ziffer 1. aufgelisteten Sachverhalte von Beginn an nicht hätte zugelassen werden dürfen. Ob die Rücknahme nur Wirkung für die Zukunft hat oder auch für die Vergangenheit gilt, entscheidet die zuständige Bundesoberbehörde unter Berücksichtigung der allgemeinen verwaltungsrechtlichen Grundsätze: Ist der Antragsteller schutzwürdig, ist die Rückwirkung in der Regel aus Gründen des Vertrauensschutzes abzulehnen; hat er sich hingegen die Zulassung erschlichen, vorsätzlich falsche Angaben gemacht oder die Verkehrsunfähigkeit des Arzneimittels gekannt oder grob fahrlässig nicht gekannt, entfällt dieses Vertrauen. Eine rückwirkende Entscheidung ist dann ermessensfehlerfrei möglich. Praktische Bedeutung hat die Frage der Rückwirkung für die Entscheidung über die Rückgabe des Arzneimittels und dafür, ob die Behörde nach § 69 Abs. 1 Nr. 1 den Rückruf und die Sicherstellung der Arzneimittel anordnet. **7**

### III. Widerruf

#### 1. Voraussetzungen

8 Die zuständige Bundesoberbehörde muss einen Zulassungsbescheid widerrufen, wenn

a. das Arzneimittel nach Zulassung nicht mehr die Qualität aufweist, die Grundlage der Zulassung war und die tatsächliche Qualität gegen anerkannte pharmazeutische Regeln verstößt (vgl .§ 25 Rz. 15);
b. der begründete Verdacht entsteht, dass die schädlichen Wirkungen des Arzneimittels ein nicht mehr vertretbares Maß übersteigen (vgl. § 25 Rz. 17);
c. die ursprüngliche Begründung zur positiven Beurteilung des Beitrages von jedem wirksamen Bestandteil eines Kombinationspräparates nachträglich als unzureichend einzustufen ist.

9 Sie muss den Zulassungsbescheid widerrufen, wenn sie ihn nicht zurücknehmen will, wenn sich nach Zulassung neue Erkenntnisse ergeben, die dazu führen, dass die Beurteilung der therapeutischen Wirksamkeit negativ ausfällt, wofür die zuständige Bundesoberbehörde praktisch allerdings grundsätzlich beweisbelastet ist. Dies gilt auch, wenn die nach § 28 Abs. 3 weiterzuführenden Studien bei einer Schnellzulassung zu diesem Ergebnis führen.

10 Die zuständige Bundesoberbehörde kann eine Zulassung widerrufen, wenn

a. sich die Anforderungen der Arzneimittelprüfrichtlinien geändert haben und die Prüfungen, die Grundlage der Zulassung waren, ihnen nicht mehr entsprechen;
b. der Zulassungsinhaber der Erfüllung von Auflagen nach § 28 nicht nachkommt, obwohl er hierzu unter Fristsetzung aufgefordert wurde;
c. sich durch Überprüfung der Arzneimittelüberwachung herausstellt, dass der Zulassungsinhaber die von ihm selbst genannten Kontrollmethoden zur Qualitätsprüfung nicht einhält.

#### 2. Wirkungen des Widerrufs

11 Auch der Widerruf des Zulassungsbescheides bewirkt, dass dem betroffenen Arzneimittel die Verkehrsfähigkeit genommen wird. Von seiner Befugnis zum Widerruf hat das damalige BGA beispielsweise beim Kombinationspräparat mit den Substanzen Phenylbutazon und Dexamethason Gebrauch gemacht.[5]

### IV. Ruhen

12 Wird das Ruhen der Zulassung angeordnet, bedeutet dies, dass dem Arzneimittel nicht endgültig, sondern vorläufig die Verkehrsfähigkeit genommen wird. Die Anordnung kann für alle in § 30 Abs. 2 enthaltenen Sachverhalte erfolgen. Die Entscheidung ist eine Ermessensentscheidung der zuständigen Bundesoberbehörde und als milderes Mittel gegenüber Rücknahme und Widerruf zulässig. Das Ruhen kann nur für eine bestimmte Zeitspanne vorgesehen werden; anderenfalls entstün-

---

[5] Vgl. VG Berlin, PharmaR 1988, 102ff.

de eine unzumutbare Unsicherheit für den Zulassungsinhaber. Dieser wird die Zeit dafür nützen, die Voraussetzung der Verkehrsfähigkeit, beispielsweise bei veränderten Anforderungen durch die Arzneimittelprüfrichtlinien, wieder herzustellen, womit er Anspruch auf Aufhebung des das Ruhen anordnenden Verwaltungsaktes hat. Gelingt dies nicht, wird die Zulassung entweder widerrufen oder zurückgenommen.

Von der Anordnungsbefugnis nach § 30 Abs. 1 i.V.m. § 25 Abs. 2 Nr. 5 hat das **13**
BfArM beispielsweise 1996 für Arzneimittel Gebrauch gemacht, bei denen die Gefahr der Infizierung mit der bovinen spongiformen Enzephalopathie (BSE) bestand.[6] Aus dem eindeutigem Wortlaut der Vorschrift ergibt sich, dass die zuständige Bundesoberbehörde in anderen Fällen als dem ausdrücklich im Gesetz erwähnten kein Ermessen hat, als Minus zum Widerruf oder zur Rücknahme das Ruhen der Zulassung anzuordnen.

## V. Grundsatz der Verhältnismäßigkeit

Dem Zulassungsinhaber ist vor Entscheidung über Rücknahme, Widerruf oder **14**
Ruhen von der zuständige Bundesoberbehörde nach Abs. 3 grundsätzlich Gelegenheit zu geben, zum geplanten Vorgehen Stellung zu nehmen. Die vorherige Anhörung soll unter anderem gewährleisten, dass der Betroffene auf den Gang des Verfahrens Einfluss nehmen und zur Sachverhaltsaufklärung beitragen kann. Die zuständige Bundesoberbehörde hat bei ihrer Entscheidungsfindung die Argumente des Zulassungsinhabers zu berücksichtigen. Weiter besagt der Grundsatz, dass die zuständige Bundesoberbehörde im Einzelfall das mildeste Mittel anzuwenden hat, mit dem das Ziel erreicht werden kann, nämlich das Ruhen anordnen, statt die Zulassung sofort zu widerrufen.

## VI. Gefahr in Verzug

Eine Ausnahme vom Gebot der Anhörung des Zulassungsinhabers ist nur dann ge- **15**
rechtfertigt, wenn der Sachverhalt die zuständige Bundesoberbehörde zu einer sofortigen Entscheidung zwingt. Dies ist nach dem Wortlaut des Abs. 3 der Fall, wenn Gefahr im Verzug ist, also Maßnahmen zur Sicherheit der Verbraucher dringend erforderlich sind, die eine sofortige, nicht aufschiebbare Entscheidung nötig machen.[7] Konsequenterweise hat der Rechtsbehelf des Zulassungsinhabers gegen die Entscheidung über den Widerruf, die Rücknahme oder auch über das Ruhen der Zulassung keine aufschiebende Wirkung; die Maßnahmen sind vielmehr sofort vollziehbar,[8] wenn der Verdacht besteht, dass die schädlichen Wirkungen des Arzneimittels über ein vertretbares Maß im Sinne von § 25 Abs. 2

---

6 Bekanntmachung über die Zulassung und Registrierung von Arzneimitteln vom 28.03.1996, Abwehr von Arzneimittelrisiken, Stufe II, in: PharmaR 1996, 228ff.

7 Zum Begriff der Gefahr im Verzug siehe Kopp, Ramsauer, § 28 Rn. 51ff.

8 Aufschlussreich die Entscheidungen des VG und OVG Berlin, PharmaR 1988, 53ff. mit Anmerkungen Lewandowski; S. 61ff. und S. 105ff.

Nr. 5 hinausgehen.[9] Diese Vorschrift korrespondiert mit dem Verbot nach § 5, vgl. näher dort.

### VII. Stufenplan

16 Die Anhörung von anderen Beteiligten, wie beispielsweise der Zulassungskommissionen nach § 25 Abs. 6 und 7, ist in § 30 nicht ausdrücklich vorgesehen. Tatsächlich wird die Beteiligung aller betroffenen Stellen über den Stufenplan nach § 63 koordiniert. Die auf der Grundlage dieser Vorschrift erlassene Allgemeine Verwaltungsvorschrift zum Stufenplan[10] sieht unter anderem die Zusammenarbeit der darin aufgeführten beteiligten Behörden und Stellen vor, wenn Gefahren eines Arzneimittels bekannt werden und wenn über die einzuleitenden Maßnahmen, wie beispielsweise Rücknahme oder Widerruf eines Zulassungsbescheides, entschieden werden muss. Damit wird praktisch dem Bedürfnis nach Beteiligung aller fachlich kompetenten Stellen Rechnung getragen. Auch wird das Fehlerrisiko der zuständigen Bundesoberbehörde minimiert und die Sicherheit für den Verbraucher erhöht (vgl. näher Kommentierungen zu § 63).

### VIII. Ergänzend anwendbare Regelungen des allgemeinen Verwaltungsrechts

17 **1.** § 30 enthält abschließend die Gründe, die die Bestandskraft einer Zulassung durchbrechen können. Wegen anderer, nicht in der Vorschrift enthaltenen Sachverhalte darf eine Zulassung weder widerrufen, noch zurückgenommen werden. Abschließend sind ebenfalls die Fälle, in denen die zuständige Bundesoberbehörde das Ruhen befristet der Zulassung anordnen kann.

18 **2.** Ob der Antragsteller, wenn er auf den Bestand der Zulassung vertrauen durfte, unter bestimmten Voraussetzungen einen Anspruch darauf hat, dass ihm der durch Rücknahme oder Widerruf entstandene Vermögensnachteil auszugleichen ist, sagt das Gesetz nicht.

19 Kern dieser Problematik ist die Frage, ob die allgemeinen verwaltungsrechtlichen Vorschriften des Bundes, hier §§ 48 Abs. 3 und 49 Abs. 6 BVwVfG, gelten, oder diese Regelungen durch die Sondervorschriften des § 30 außer Kraft gesetzt werden. Richtigerweise ist das BVwVfG in der Regel ergänzend heranzuziehen; es ist jedoch wie folgt zu unterscheiden:

a. Grundsätzlich darf der Antragsteller nicht darauf vertrauen, dass sein Zulassungsbescheid nicht aufgrund der wissenschaftlichen Entwicklung, beispielsweise durch Änderung der Arzneimittelprüfrichtlinien, in Gefahr gerät. Durch Ände-

---

9 Zum Vorrang des Sofortvollzuges bei Interessengleichheit zwischen Verbraucherrisiko und Arzneimittelhersteller: Beschluss des VG Berlin vom 09.04.1987, bei Sander, Entscheidungssammlung, § 30 AMG Nr. 6.

10 Bekanntmachung der Neufassung der Allgemeinen Verwaltungsvorschrift zur Beobachtung, Sammlung und Auswertung von Arzneimittelrisiken (Stufenplan) nach § 63 AMG abgedruckt bei § 63.

rungsanzeige oder Mängelbeseitigung kann er einem Widerruf entgegenwirken. Wird dennoch aufgrund von neuen wissenschaftlichen Erkenntnissen widerrufen, ist § 49 Abs. 6 BVwVfG anwendbar und der letzte HS einschlägig, in dem es heißt „ (...) soweit sein Vertrauen schutzwürdig ist.“ Dann ist ein Vermögensnachteil nicht auszugleichen.

b. Wird der Zulassungsbescheid zurückgenommen, weil nachträglich die in § 30 enthaltenen Gründe bekannt werden, die von Anfang an zu einer Versagung der Zulassung hätten führen müssen, gilt § 48 Abs. 3 BVwVfG entsprechend, wenn der Fehler in der Sphäre der zuständigen Bundesoberbehörde zu finden ist. In diesem Fall ist das Vertrauen des Antragstellers schutzwürdig. Bei Verschulden beider Parteien ist der Rechtsgedanke des § 254 BGB über das Mitverschulden heranzuziehen. In anderen Fällen, in denen die Erteilung der Zulassung beispielsweise erfolgte, weil falsche Angaben des Antragstellers die zuständige Bundesoberbehörde bei ihrer Entscheidung täuschten, kann Vertrauensschutz nicht gewährt werden.

Diese Unterscheidung wird gestützt durch den Gesetzeswortlaut des § 1 Abs. 1 letzter HS und § 1 Abs. 2 S.1 letzter HS BVwVfG. Danach ist das BVwVfG subsidiär, wenn Sondervorschriften des Bundes inhaltsgleiche oder entgegenstehende Bestimmungen enthalten. Bei Sachverhalten, für die ein Spezialgesetz schweigt, bleibt das BVwVfG ergänzend anwendbar. Es gilt nur dann nicht ergänzend, wenn der Gesetzgeber erkennbar eine abschließende Regelung treffen wollte. Anhaltspunkte hierfür sind nicht ersichtlich; § 30 regelt das Verfahren über Rücknahme, Widerruf und Ruhen der Zulassung vielmehr nur im Hinblick auf ihre sachlichen Voraussetzungen. Für diese Auffassung spricht auch, dass der Sinn des BVwVfG unter anderem ist, das deutsche Verwaltungsverfahren zu vereinheitlichen.[11] Der Lauf der Jahresfrist für die Behörde, einen Verwaltungsakt nach § 48 Abs. 4 BVwVfG zurücknehmen zu können, beginnt erst dann, wenn sich die Behörde über die Rechtswidrigkeit des Verwaltungsaktes bewusst wird und Kenntnis aller relevanten Tatsachen erworben hat.[12] 20

**3.** Das Gesetz schweigt ferner zu möglichen Fristen, die die Behörde nach Kenntnis der Umstände einzuhalten hat, um tätig zu werden; es gilt auch hier grundsätzlich das Prinzip des Vertrauensschutzes, vgl. § 48 Abs. 4, § 49 Abs. 2 S. 2 BVwVfG: Diese allgemeinen Regelungen sehen vor, dass die Rücknahme und der Widerruf durch die Behörde grundsätzlich nur innerhalb Jahresfrist nach Kenntnisnahme des Sachverhaltes, der eine Rücknahme oder einen Widerruf rechtfertigt, zulässig ist. 21

Handelt es sich bei einem der Rücknahme- oder Widerrufsgründe um einen, der ausschließlich den Antragsteller und die zuständige Bundesoberbehörde betreffen, so hat letztere die Jahresfrist zu beachten. Handelt es sich dagegen um Gründe, die 22

[11] Vgl. Kopp, Ramsauer, Einführung Rn. 26 und Rn. 10.
[12] Vgl. Kopp, Ramsauer, § 48 Rn. 152 f.

die Gesundheit des Arzneimittelanwenders gefährden, muss die Rücknahme oder der Widerruf – wie ebenso das Ruhen und die Änderung durch Auflage – auch angeordnet werden können, wenn die zuständige Bundesoberbehörde die Frist nicht eingehalten hat. In diesen Fällen geht die Sicherheit der Verbraucher den Interessen des Antragstellers vor. Hierfür spricht bereits der in § 1 beschriebenen Zweck des AMG. Ein Widerruf nach § 49 Abs. 2 Nr. 5 BVwVfG ist immer möglich, um schwere Nachteile für das Gemeinwohl zu verhüten oder zu beseitigen.

23 **4.** In der Vorschrift fehlen Hinweise, wie zu verfahren ist, wenn die zuständige Bundesoberbehörde einen Verwaltungsakt widerruft oder zurücknimmt, der den Antragsteller belastet. Dies ist bei der Versagung der Zulassung ebenso der Fall wie bei der Anordnung von Auflagen und Änderungen. In diesen Fällen gelten mit umgekehrten Vorzeichen die Ausführungen zum Widerruf und zur Rücknahme eines begünstigenden Verwaltungsaktes: Hat die zuständige Bundesoberbehörde eine Zulassung versagt oder Auflagen angeordnet, obwohl sie bei Erlass hätte erkennen müssen, dass diese Entscheidung nicht den tatsächlichen Gegebenheiten entsprach, kann für den Antragsteller ein Anspruch auf Folgenbeseitigung, in der Regel auf Erlass eines begünstigenden Bescheides, und unter Umständen auch auf Ausgleich des entstandenen Vermögensnachteils, bestehen.[13]

## IX. Auswirkungen von Rücknahme, Widerruf und Ruhen der Zulassung

24 Gemäß Abs. 4 und unter den Voraussetzungen des § 31 Abs. 4 darf das Arzneimittel nach der Bestandskraft der Entscheidung, im Falle des § 25 Abs. 2 Nr. 5 sofort nach ihrer Bekanntmachung, nicht mehr vertrieben werden. Diese Rechtsfolge hat erhebliche Auswirkungen auf den bisherigen Inhaber der Zulassung, seine Lizenznehmer und Lieferanten, auf Ärzte, Apotheker und nicht zuletzt auf den Verbraucher:

### 1. Verwaltungsrechtliche Auswirkungen

25 Grundsätzlich ist es nach § 9 Aufgabe des pharmazeutischen Unternehmers, dafür Sorge zu tragen, dass nur zugelassene Arzneimittel in den Verkehr gebracht werden.[14] Kommt er seiner Verpflichtung nicht nach, kann die Überwachungsbehörde auf der Grundlage von § 69 Abs. 1 Nr. 1 den Rückruf und nach Abs. 4 Satz 3 die Rückgabe des Arzneimittels anordnen. Die zusätzlich vorgesehenen Folgen des § 30 Abs. 4 beschränken sich auf den Vertrieb; die Herstellung eines nicht verkehrsfähigen Arzneimittels ist in den in § 8 genannten Fällen verboten.

26 Lieferanten und Lizenznehmer sind von dem Verkehrsverbot betroffen; auch sie sind Adressaten des Verbotes nach Abs. 4, der sich nicht an einen bestimmten Personenkreis richtet. Gleiches gilt für Apotheker, die auch ohne Hinweis des bisherigen Zulassungsinhabers nach Veröffentlichung im Bundesanzeiger verpflichtet sind, das betroffene Arzneimittel nicht abzugeben und entsprechende Maß-

[13] Vgl. Kopp, Ramsauer, § 48 Rn. 175.

[14] Zum Begriff des Inverkehrbringen siehe die Kommentierungen zu § 4 Nr. 17.

nahmen nach § 21 der Betriebsordnung für Apotheken[15] zu veranlassen. Die Rückgabe durch sie an den Anragsteller ist nach Abs. 4 Satz 2 unproblematisch.

### 2. Zivilrechtliche Auswirkungen

Die Gefährdungshaftung nach § 84 gilt unabhängig vom Bestand der Zulassung; sie tritt ein, wenn es sich um ein zulassungspflichtiges Arzneimittel handelt oder um eines, welches nach § 36 freigestellt wurde. Die zivil- und strafrechtliche Verantwortlichkeit des Zulassungsinhabers besteht gegenüber dem Verbraucher ebenfalls ohne Rücksicht darauf, ob der Zulassungsbescheid zurückgenommen, widerrufen oder sein Ruhen angeordnet wurde. Ist das Arzneimittel nicht mehr verkehrsfähig, so spielt dieser Umstand allerdings für die Frage des Verschuldens eine wesentliche Rolle. **27**

Hersteller, Lieferanten, Lizenznehmer, Pharmaberater und Beseitigungsunternehmen sind in den Fällen der Rückgabe nach Abs. 4 zivilrechtlich seltener als Verrichtungsgehilfen des pharmazeutischen Unternehmers nach § 831 BGB, sondern als seine Erfüllungsgehilfen nach § 278 BGB einzuordnen. Daraus folgt, dass dieser sich Handlungen dieser Personen gegenüber dem Verbraucher in der Regel zurechnen lassen muss; die Verantwortung dafür, dass ein nicht verkehrsfähiges Arzneimittel nicht vertrieben wird, liegt damit grundsätzlich auch dann bei ihm, wenn Herstellung, Vertrieb und Beseitigung durch Dritte ausgeführt werden. Oft werden dem bisherigen Zulassungsinhaber vertragliche Regelungen und allgemeine Geschäftsbedingungen zur Seite stehen, die einen internen Ausgleich vorsehen. **28**

Anders ist grundsätzlich die Sachlage bei Ärzten und Apothekern. Vergeben Ärzte Muster, geben Apotheker Präparate an den Verbraucher, für die ein Verkehrsverbot besteht, so haften sie selbst für etwaige Schäden, die dem Betroffenen hierdurch entstehen. Dies ergibt sich direkt aus § 21 Nr. 7 ApBetrO[16] und mittelbar aus der Generalklausel des § 1 der Berufsordnung deutscher Ärzte,[17] die unter anderem den Arzt zum Schutze der Gesundheit verpflichtet. **29**

## X. Zuständigkeiten innerhalb der EU

Nach Abs. 1a erfolgt die Rücknahme, der Widerruf oder das (befristete) Ruhen der Zulassung auch dann, wenn eine Entscheidung der Kommission oder des Rates hierzu Anlass geben. Nicht hingegen kann diese Anordnung aus Brüssel selbst erfolgen; die Zuständigkeit der nationalen Behörden zur Umsetzung der Entscheidungen bleibt unberührt, siehe EuGH, Urteil vom 24.7.2003, PharmaR 2003, S. 314ff. **30**

---

[15] Bekanntmachung der Neufassung der Apothekenbetriebsordnung abgedruckt im Anschluss an die Kommentierung des ApoG.

[16] Vgl. Fn.15.

[17] Abgedruckt bei Sander, Anh. II/40i.

### XI. Rechtsbehelfe

31 **1.** Verbraucher können keine eigenen Rechte aus den hoheitlichen Entscheidungen der zuständigen Bundesoberbehörde herleiten: Weder die Zulassung noch ihr Widerruf begründen oder beseitigen Rechte von Patienten.[18]

32 **2.** Der pharmazeutische Unternehmer, der von § 30 betroffen ist, kann gegen die Entscheidung der zuständigen Bundesoberbehörde Widerspruch und, nach dessen Erfolglosigkeit, Klage erheben.

### XII. Sanktionen

#### Im Ordnungswidrigkeitenrecht

33 Ordnungswidrig handelt, wer ein Arzneimittel, dessen Zulassung ruht, in Verkehr bringt, § 30 Abs. 4, oder es in den Geltungsbereich dieses Gesetzes bringt, § 73 Abs. 1 (§ 97 Abs. 2 Nr. 8).

---

[18] BVerwG, PharmaR 1993, 298f.

## § 31
## Erlöschen, Verlängerung

**(1) Die Zulassung erlischt**

**1. wenn das zugelassene Arzneimittel innerhalb von drei Jahren nach Erteilung der Zulassung nicht in den Verkehr gebracht wird oder wenn sich das zugelassene Arzneimittel, das nach der Zulassung in den Verkehr gebracht wurde, in drei aufeinander folgenden Jahren nicht mehr im Verkehr befindet,**

**2. durch schriftlichen Verzicht,**

**3. nach Ablauf von fünf Jahren seit ihrer Erteilung, es sei denn, dass spätestens sechs Monate vor Ablauf der Frist ein Antrag auf Verlängerung gestellt wird,**

**3a. bei einem Arzneimittel, das zur Anwendung bei Tieren bestimmt ist, die der Gewinnung von Lebensmitteln dienen und das einen pharmakologisch wirksamen Bestandteil enthält, der in den Anhang IV der Verordnung (EWG) Nr. 2377/90 aufgenommen wurde, nach Ablauf einer Frist von 60 Tagen nach Veröffentlichung im Amtsblatt der Europäischen Union, sofern nicht innerhalb dieser Frist auf die Anwendungsgebiete bei Tieren, die der Gewinnung von Lebensmitteln dienen, nach § 29 Abs. 1 verzichtet worden ist; im Falle einer Änderungsanzeige nach § 29 Abs. 2a, die die Herausnahme des betreffenden pharmakologisch wirksamen Bestandteils bezweckt, ist die 60-Tage-Frist bis zur Entscheidung der zuständigen Bundesoberbehörde oder bis zum Ablauf der Frist nach § 29 Abs. 2a Satz 2 gehemmt und es ruht die Zulassung nach Ablauf der 60-Tage-Frist während dieses Zeitraums; die Halbsätze 1 und 2 gelten entsprechend, soweit für die Änderung des Arzneimittels die Verordnung (EG) Nr. 1084/2003 Anwendung findet.**

**4. wenn die Verlängerung der Zulassung versagt wird.**

**In den Fällen des Satzes 1 Nr. 1 kann die zuständige Bundesoberbehörde Ausnahmen gestatten, sofern dies aus Gründen des Gesundheitsschutzes für Mensch oder Tier erforderlich ist.**

**(1a) Eine Zulassung, die verlängert wird, gilt ohne zeitliche Begrenzung, es sei denn, dass die zuständige Bundesoberbehörde bei der Verlängerung nach Absatz 1 Satz 1 Nr. 3 eine weitere Verlängerung um fünf Jahre nach Maßgabe der Vorschriften in Absatz 1 Satz 1 Nr. 3 in Verbindung mit Absatz 2 als erforderlich beurteilt und angeordnet hat, um das sichere Inverkehrbringen des Arzneimittels weiterhin zu gewährleisten.**

**(2) Der Antrag auf Verlängerung ist durch einen Bericht zu ergänzen, der Angaben darüber enthält, ob und in welchem Umfang sich die Beurteilungsmerkmale für das Arzneimittel innerhalb der letzten fünf Jahre geändert haben. Der Inhaber der Zulassung hat der zuständigen Bundesoberbehörde dazu eine überarbeitete Fassung der Unterlagen in Bezug auf die Qualität, Unbedenklichkeit und Wirksamkeit vorzulegen, in der alle seit der Erteilung der Zulassung vorgenommenen Änderungen berücksichtigt sind; bei Arzneimit-**

**teln, die zur Anwendung bei Tieren bestimmt sind, ist anstelle der überarbeiteten Fassung eine konsolidierte Liste der Änderungen vorzulegen. Bei Arzneimitteln, die zur Anwendung bei Tieren bestimmt sind, die der Gewinnung von Lebensmitteln dienen, kann die zuständige Bundesoberbehörde ferner verlangen, dass der Bericht Angaben über Erfahrungen mit dem Rückstandsnachweisverfahren enthält.**

**(3) Die Zulassung ist in den Fällen des Absatzes 1 Satz 1 Nr. 3 oder des Absatzes 1a auf Antrag nach Absatz 2 Satz 1 innerhalb von sechs Monaten vor ihrem Erlöschen um fünf Jahre zu verlängern, wenn kein Versagungsgrund nach § 25 Abs. 2 Nr. 3, 5, 5a, 6, 6a oder 6b, 7 oder 8 vorliegt oder die Zulassung nicht nach § 30 Abs. 1 Satz 2 zurückzunehmen oder zu widerrufen ist oder wenn von der Möglichkeit der Rücknahme nach § 30 Abs. 2 Nr. 1 oder des Widerrufs nach § 30 Abs. 2 Nr. 2 kein Gebrauch gemacht werden soll. § 25 Abs. 5 Satz 5 und Abs. 5a gilt entsprechend. Bei der Entscheidung über die Verlängerung ist auch zu überprüfen, ob Erkenntnisse vorliegen, die Auswirkungen auf die Unterstellung unter die Verschreibungspflicht haben.**

**(4) Erlischt die Zulassung nach Absatz 1 Nr. 2 oder 3, so darf das Arzneimittel noch zwei Jahre, beginnend mit dem auf die Bekanntmachung des Erlöschens nach § 34 folgenden 1. Januar oder 1. Juli, in den Verkehr gebracht werden. Das gilt nicht, wenn die zuständige Bundesoberbehörde feststellt, dass eine Voraussetzung für die Rücknahme oder den Widerruf nach § 30 vorgelegen hat; § 30 Abs. 4 findet Anwendung.**

**Literatur**

Gerstenberger, Greifeneder, Die 14. AMG-Novelle – ein kritischer Überblick über die geplanten Änderungen durch den Regierungsentwurf vom 13. April 2005, PharmaR 2005, 297; Linse, Porstner, Auslegungsfragen des „Inverkehrbringens" von Arzneimitteln im Rahmen der „Sunset Clause", PharmaR 2005, 420; Sickmüller, Knauer, Sander, Die „Sunset Clause" im Arzneimittelgesetz, PharmaR 2009, 60.

## I. Die Bedeutung der Norm

1 § 31 enthält für den pharmazeutischen Unternehmer bedeutende Regelungen über die Verlängerung der Zulassung, ihr automatisches Erlöschen sowie über Auslauffristen bei Verzicht auf eine Verlängerung der Zulassung. Durch die Umsetzung europäischer Vorgaben mit der 14. AMG-Novelle sieht die Vorschrift auf der einen Seite erhebliche Verschlechterungen für den Zulassungsinhaber vor (Grundsatz des automatischen Erlöschens der Zulassung nach drei Jahren, Vorlage weiterer Unterlagen bei Verlängerung und Antragstellung bereits sechs Monate statt bisher drei Monate vor Ablauf der 5-Jahres-Frist). Auf der anderen Seite wird der Grundsatz der zeitlich unbegrenzten Zulassung eingeführt, was für den pharmazeutischen Unternehmer und auch die Zulassungsbehörde eine nicht unerhebliche Entlastung bedeutet.

## II. Voraussetzungen für die Verlängerung der Zulassung

**1.** § 31 impliziert, dass eine Zulassung von der zuständigen Bundesoberbehörde für einen Zeitraum von zunächst fünf Jahren, gerechnet ab Zugang des Verwaltungsaktes beim pharmazeutischen Unternehmer, erteilt wird. Systematisch richtig wäre diese Zeitbegrenzung in § 25 besser aufgehoben. Für den Verlängerungsantrag ist der Zulassungsinhaber antragsberechtigt. Er kann spätestens sechs Monate vor Ablauf der ersten fünf Jahre, gerechnet ab dem Tag, an dem der Zulassungsbescheid zugestellt wurde, einen Verlängerungsantrag bei der zuständigen Bundesoberbehörde einreichen. Aus Abs. 1a ergibt sich, dass eine einmal nach fünf Jahren verlängerte Zulassung grundsätzlich zeitlich unbegrenzt gilt, wenn die Voraussetzungen des § 31 vorliegen. Dies bedeutet weiter, dass der Zulassungsinhaber einen Anspruch auf zeitlich unbefristete Verlängerung hat, sofern keiner der in Abs. 3 enthaltenen Versagungs-, Rücknahme- oder Widerrufsgründe vorliegt und er die sonstigen Formalitäten einhält. Ausnahmsweise kann die Zulassungsbehörde eine Verlängerung von fünf Jahren anordnen, wenn das besondere Nutzen-Risiko-Profil des Arzneimittels dies erfordert. Die Beweislast für diese Einschränkung liegt bei der zuständigen Behörde. Entgegen des Wortlautes des Gesetzes ist nicht eine „weitere Verlängerung", sondern nur eine befristete Verlängerung um fünf Jahre gemeint. 2

**2.** Voraussetzung dafür, dass der pharmazeutische Unternehmer eine unbefristete Verlängerung der Zulassung erhält ist, dass er seinem Antrag einen Beurteilungsbericht nach Abs. 2 beifügt. Dieser hat sich mit allen Änderungen der Beurteilungsmerkmale seines Arzneimittels seit der Zulassung zu befassen. Es sind hierzu die überarbeiteten Unterlagen zur Qualität, Wirksamkeit und Unbedenklichkeit vorzulegen. Diese erweiterte Verpflichtung korrespondiert mit dem Anspruch des pharmazeutischen Unternehmers, wonach die Zulassung sodann grundsätzlich ohne Befristung erteilt wird. Wer den Bericht erstellt, kann der Vorschrift nicht entnommen werden. Er kann vom Inhaber der Zulassung selbst oder von Dritten erstellt werden. 3

**3.** Weitere Voraussetzung für die Verlängerung der Zulassung ist, dass keine sonstigen gesetzlichen Versagungsgründe, auf die in Abs. 3 hingewiesen wird, vorliegen. Insoweit sei auf § 30 und § 25 verwiesen. 4

Mit diesen Einschränkungen soll der zuständigen Bundesoberbehörde die Möglichkeit eingeräumt werden, die Verkehrsfähigkeit des Arzneimittels unabhängig von den nach erteilter Zulassung vorzulegenden Unterlagen überprüfen zu können. Umgekehrt bedeutet dies, dass keine anderen als die aufgeführten Gründe zu einer Versagung der Verlängerung führen dürfen; die in Abs. 3 enthaltenen Gründe sind abschließend.[1] Dies bedeutet weiter, dass es sich bei dem Verlängerungsverfahren nicht um die Wiederholung des Zulassungsverfahrens handelt und § 30 Abs. 3 im Lichte der Art. 116 und 126 der Richtlinie 2001/83/EG auszulegen ist. In dem ei- 5

---

[1] VG Köln, Urteil vom 11.02.2004, PharmaR 2005, 186ff.

gens ausgestalteten, gesondertem Verfahren sind daher zwar beispielsweise Berichte zur Pharmakovigilanz, nicht aber weitere Studien vorzulegen.[2] Von ihrer Auflagenbefugnis nach § 28 kann die zuständige Bundesoberbehörde freilich weiter Gebrauch machen.

6 Die zuständige Bundesoberbehörde überprüft den Verlängerungsantrag schließlich darauf, ob das betroffene Arzneimittel der Verschreibungspflicht unterstellt oder es von ihr ausgenommen werden kann. Mit dieser Regelung in Abs. 3 letzter Satz wird gewährleistet, dass einmal gefällte Entscheidungen auch hier nach fünf Jahren auf ihre Richtigkeit hin überprüft werden.

7 Die Verlängerung der Zulassung ist innerhalb von sechs Monaten vor ihrem Erlöschen zu erteilen, sofern keine Versagungsgründe vorhanden sind. Dies ist der wesentliche Sinn des Abs. 3 der Vorschrift. Allerdings statuiert der Abs. 3 auch, dass die Verlängerung nur um fünf Jahre vorzunehmen ist. Das ist ein offener Widerspruch zu Abs. 1a, wonach die Verlängerung grundsätzlich unbefristet zu erteilen ist. Da wohl nur der durch Abs. 1a geschaffene Änderungsbedarf nicht vollzogen wurde, hat Abs. 1a in diesem Widerspruch den Vorrang.

### III. Erlöschen der Zulassung

8 **1.** Bringt niemand das zugelassene Arzneimittel innerhalb von drei Jahren ab Erteilung der Zulassung in den Verkehr, so erlischt die Zulassung für dieses Arzneimittel automatisch. Sie erlischt ferner, wenn ein Arzneimittel in den Markt gebracht wurde, aber sich drei aufeinander folgende Jahre nicht mehr im Verkehr befindet. Abs. 1 Nr. 1 korrespondiert mit den Anzeigepflichten nach § 29 Abs. 1b und Abs. 1c. Will der pharmazeutische Unternehmer das betreffende Arzneimittel nicht in den Verkehr bringen, hat er dies der zuständigen Behörde nach § 141 Abs. 7 anzuzeigen. Entgegen dem Wortlaut letzterer Vorschrift hat er aber nach wie vor auch die Wahl, das Arzneimittel noch in den Verkehr zu bringen.

9 Ausnahmsweise kann die zuständige Bundesoberbehörde aus Gründen des Gesundheitsschutzes Ausnahmen vom automatischen Erlöschen der Zulassung gestatten. Dies könnte beispielsweise bei Impfstoffen der Fall sein, weil diese nur in bestimmten Bedarfsfällen zum Einsatz kommen.[3] Nach Art. 24 der Richtlinie 2001/83/EG[4] sind solche Ausnahmen gebührend zu begründen.

10 Diese sogenannte „sunset-clause“[5] wurde eingeführt, um den Verwaltungsaufwand der Behörden zu vermindern und könnte Probleme im Hinblick auf Exportarzneimittel mit sich bringen. Dies deshalb, weil solche Arzneimittel nicht den

---

2 VG Berlin, Urteil vom 15.12.2004, PharmaR 2005, 107ff. mit Hinweisen zur europäischen Rechtsprechung.

3 Gerstenberger, Greifeneder, PharmaR 2005, 305.

4 Siehe Fn. 2 vor § 21.

5 Insbesondere zur Frage der Anwendung der Klausel auf das Konzept der „globalen Zulassung“: Sickmüller, Knauer, Sander, a.a.O.

Geltungsbereich des Gesetzes gebracht werden sollen.[6] Darüber hinaus schweigt der Gesetzgeber zu solchen Arzneimitteln, bei denen die zuständige Bundesoberbehörde das (befristete) Ruhen nach § 30 angeordnet hat. In diesen Fällen darf das Arzneimittel nach § 30 Abs. 4 Nr. 1 nicht in den Verkehr gebracht werden, obwohl das Arzneimittel zuvor zugelassen wurde. Wenn Abs. 1 Nr. 1 auch für solche Arzneimittel gelten würde, deren Zulassungen ruhen, würden deren Inhaber schlechter gestellt als solche, deren Ruhen nicht angeordnet wurde. Weiter hätte es in diesen Fällen die zuständige Bundesoberbehörde „in der Hand", ob ein Arzneimittel überhaupt noch verkehrsfähig sein kann, wenn sie zum Beispiel das Ruhen für drei Jahre anordnet. Hier ist Linse, Porstner grundsätzlich zuzustimmen: Analog zu § 27 Abs. 2 wird die Drei-Jahres-Frist des Abs. 1 Nr. 1 solange gehemmt, bis das Ruhen der Zulassung aufgehoben wurde. Allerdings sollte dies für alle Fälle gelten, für die die Behörde das Ruhen der Zulassung angeordnet hat, nicht nur für solche aus Gründen der Pharmakovigilanz.[7]

Die Regelung ist allerdings nicht besonders zweckmäßig ausgefallen. Es ist nicht 11
gut, wenn wesentliche Folgen wie das Erlöschen der Zulassung an Fristen gebunden wird, dessen Ende nur schwer ermittelt werden kann. Zwar steht der Tag der Zulassung fest, aber das Inverkehrbringen ist keinesfalls nur durch den Hersteller möglich. Dass nach drei Jahren keine Benachrichtigung gemäß § 29 über das Inverkehrbringen bei der zuständigen Bundesoberbehörde eingegangen ist, besagt nicht darüber, ob das Arzneimittel in den Verkehr gebracht wurde oder nicht. Was „Inverkehrbringen" ist, definiert das Gesetz in § 4 Abs. 17. Was aber heißt „im Verkehr sein"? Praktisch hat sich die zuständige Bundesoberbehörde so beholfen, dass bei einer Mitteilung über die geplante Einstellung des Vertriebs eines Arzneimittels das Datum des Ablaufs der Haltbarkeit der letzten Charge anzugeben ist und mit diesem Datum die Berechnung der Jahresfristen für das „Im Verkehr sein". Zwingend ist das nicht. Mit der missratenen Formulierung „in drei aufeinander folgenden Jahren nicht mehr im Verkehr befindet" ist wohl gemeint, „für einen Zeitraum von drei Jahren nicht im Verkehr befindet".

**2.** Jedem pharmazeutische Unternehmer, der Inhaber einer Zulassung ist, steht es 12
frei, auf seine Rechte zu verzichten. Der Verzicht ist schriftlich gegenüber der zuständigen Bundesoberbehörde zu erklären; er stellt – wie eine Kündigung – eine einseitige, empfangsbedürftige Willenserklärung dar. Die zuständige Bundesoberbehörde hat diese Entscheidung zu akzeptieren. Der Gesetzgeber sieht ausdrücklich die Schriftform vor. Sie dient Beweiszwecken. Für einen mündlichen oder gar konkludenten Verzicht, beispielsweise wenn der Zulassungsinhaber das Arzneimittel dauerhaft nicht vertreibt oder vertreiben lässt, ist kein Raum. Die Vorschrift wird vor allem dann praktisch relevant, wenn der pharmazeutische Unternehmer selbst aus gegebenem Anlass seinem Produkt die Verkehrsfähigkeit nehmen will.

---

6 Ausführlich: Linse, Porstner, a.a.O., S. 420ff.

7 Linse, Porstner a.a.O., S. 424.

13 **3.** Die zuständige Bundesoberbehörde ist nicht verpflichtet, den Zulassungsinhaber auf den Fristenlauf hinzuweisen. Der Zeitraum von fünf Jahren, für den die Zulassung erteilt wurde, ist eine materielle Ausschlussfrist. Versäumt der pharmazeutische Unternehmer, innerhalb der vorgesehenen sechs Monate, einen Antrag auf Verlängerung zu stellen, ist selbst eine Widereinsetzung in den vorherigen Stand nach § 32 BVwVfG nicht mehr möglich.[8] Die Zulassung entfällt; Verschulden spielt für das Versäumnis keine Rolle. Der bisherige Zulassungsinhaber hat dann nur noch die Möglichkeit, die in Abs. 4 vorgesehene Aufbrauchfrist zu nutzen und einen neuen Zulassungsantrag zu stellen, der auch innerhalb der Frist beschieden sein müsste, § 27. Es empfiehlt sich daher, eine exakte Fristenkontrolle zu führen. Einzelheiten der Fristberechnung richten sich nach den Vorschriften des § 31 BVwVfG.

14 **4.** Die Zulassung erlischt ferner, soweit einer oder mehrere der in Abs. 3 enthaltenen Versagungsgründe vorliegen und die zuständige Bundesoberbehörde deshalb einem Verlängerungsantrag nicht stattgibt. Nur bei den Versagungsgründen nach § 30 Abs. 2 Nr. 1 und Nr. 2 hat die zuständige Bundesoberbehörde einen Entscheidungsspielraum, weil es sich dort um Kann-Vorschriften handelt. Dieses Ermessen hat sie freilich bei der Entscheidung über die grundsätzlich unbefristete Verlängerung fehlerfrei auszuüben.

### IV. Aufbrauchfrist

15 Wenn der Zulassungsinhaber schriftlich auf eine Verlängerung verzichtet hat oder einen Verlängerungsantrag nicht innerhalb der gesetzten Frist stellt, darf das betroffene Arzneimittel noch zwei weitere Jahre in den Verkehr gebracht werden. Diese Frist beginnt jeweils an dem auf die Bekanntmachung des Erlöschens im Bundesanzeiger folgenden 1. Januar oder 1. Juli. Die Vorschriften über den Stufenplan gelten für diese Zeit weiter, so dass eine ausreichende Kontrollmöglichkeit gewährleistet wird. Aufbrauchfristen sind ausgeschlossen, wenn trotz Verzichtes oder trotz fehlendem Verlängerungsantrag ein oder mehrere der Rücknahme- oder Widerrufsgründe des § 30 vorliegen. Dann darf das Arzneimittel nicht mehr vertrieben werden; die zuständige Behörde kann in diesen Fällen auch die Rückgabe des Arzneimittels nach § 30 Abs. 4 anordnen.

---

[8] OVG Berlin, Entscheidungen vom 11.07.1990, 01.08.1990 und 19.11.1992, abgedruckt in Sander, Entscheidungsband, § 31 Nr. 1, 1a und 2; Zur fristgerechten Verlängerung der arzneimittelrechtlichen Zulassung auch: VG Köln, Urteil vom 11.07.2001, PharmaR 2003, 285ff.

## § 32
## Staatliche Chargenprüfung

**(1) Die Charge eines Serums, eines Impfstoffes oder eines Allergens darf unbeschadet der Zulassung nur in den Verkehr gebracht werden, wenn sie von der zuständigen Bundesoberbehörde freigegeben ist. Die Charge ist freizugeben, wenn eine Prüfung (staatliche Chargenprüfung) ergeben hat, dass die Charge nach Herstellungs- und Kontrollmethoden, die dem jeweiligen Stand der wissenschaftlichen Erkenntnisse entsprechen, hergestellt und geprüft worden ist und dass sie die erforderliche Qualität, Wirksamkeit und Unbedenklichkeit aufweist. Die Charge ist auch dann freizugeben, soweit die zuständige Behörde eines anderen Mitgliedstaates der Europäischen Union nach einer experimentellen Untersuchung festgestellt hat, dass die in Satz 2 genannten Voraussetzungen vorliegen.**

**(1a) Die zuständige Bundesoberbehörde hat eine Entscheidung nach Absatz 1 innerhalb einer Frist von zwei Monaten nach Eingang der zu prüfenden Chargenprobe zu treffen. § 27 Abs. 2 findet entsprechende Anwendung.**

**(2) Das Bundesministerium erlässt nach Anhörung von Sachverständigen aus der medizinischen und pharmazeutischen Wissenschaft und Praxis allgemeine Verwaltungsvorschriften über die von der Bundesoberbehörde an die Herstellungs- und Kontrollmethoden nach Absatz 1 zu stellenden Anforderungen und macht diese als Arzneimittelprüfrichtlinien im Bundesanzeiger bekannt. Die Vorschriften müssen dem jeweiligen Stand der wissenschaftlichen Erkenntnisse entsprechen und sind laufend an diesen anzupassen.**

**(3) Auf die Durchführung der staatlichen Chargenprüfung finden § 25 Abs. 8 und § 22 Abs. 7 Satz 3 entsprechende Anwendung.**

**(4) Der Freigabe nach Absatz 1 Satz 1 bedarf es nicht, soweit die dort bezeichneten Arzneimittel durch Rechtsverordnung nach § 35 Abs. 1 Nr. 4 oder von der zuständigen Bundesoberbehörde freigestellt sind; die zuständige Bundesoberbehörde soll freistellen, wenn die Herstellungs- und Kontrollmethoden des Herstellers einen Entwicklungsstand erreicht haben, bei dem die erforderliche Qualität, Wirksamkeit und Unbedenklichkeit gewährleistet sind.**

**(5) Die Freigabe nach Absatz 1 oder die Freistellung durch die zuständige Bundesoberbehörde nach Absatz 4 ist zurückzunehmen, wenn eine ihrer Voraussetzungen nicht vorgelegen hat; sie ist zu widerrufen, wenn eine der Voraussetzungen nachträglich weggefallen ist.**

**Übersicht** **Rz.**

## I. Die Bedeutung der Norm

1 Sera, Impfstoffe und Allergene erfahren in § 32 eine Sonderbehandlung, soweit Chargen von ihnen in den Verkehr gebracht werden sollen. Sie sind zwar per Definition keine Fertigarzneimittel, werden diesen aber durch Abs. 3 bis 5 des § 4 gleichgestellt. Sofern durch Rechtsverordnung keine Freistellung vorgesehen ist, sind sie vorab vom PEI als zuständiger Bundesoberbehörde freizugeben. Unter einer Charge versteht der Gesetzgeber die Menge eines Arzneimittels, die in einem einheitlichen Herstellungsvorgang oder bei einem kontinuierlichen Herstellungsverfahren in einem bestimmte Zeitraum erzeugt wird (vgl. hierzu näher Kommentierung zu § 4). Nach Art. 114 der Richtlinie 2001/83/EG[1] besteht für die Mitgliedstaaten die Möglichkeit, diese Prüfungen für immunologische Arzneimittel nach § 32 durchzuführen, soweit die enthaltenen Einschränkungen beachtet werden. Der Auffassung von Rehmann,[2] wonach staatliche Chargenprüfungen aufgrund der dort enthaltenen Einschränkungen nur durchgeführt werden dürften, wenn sie erforderlich seien, kann nicht gefolgt werden. Auch der nunmehr gültige Art. 114 der Richtlinie 2001/83/EG enthält eine andere Formulierung. Er besagt, dass die Mitgliedstaaten diese Prüfungen dann durchführen können, wenn sie es im Interesse der öffentlichen Gesundheit für erforderlich halten. Der deutsche Gesetzgeber kann daher selbst entscheiden, wann er diese Erforderlichkeit für gegeben hält; diese Entscheidung wird ihm vom Europäischen Gesetzgeber gerade nicht verwehrt. Allerdings gilt dies nur, soweit nicht bereits die Charge von einer anderen Behörde in einem Mitgliedstaat geprüft und für konform erklärt wurde.

2 Mit den Kontrollmaßnahmen nach § 32 soll die Virussicherheit gestärkt und der Gefahr, dass Infektionskrankheiten übertragen werden können, entgegengewirkt werden. Der Hersteller hat daher nachzuweisen, dass er in der Lage ist, eine dauerhafte Übereinstimmung der Fabrikationsansätze zu erzielen.

## II. Freigabe der Charge

### 1. Antragstellung

3 Die Vorschrift unterstellt, dass die Freigabe der Charge beantragt und ein Verwaltungsverfahren durchgeführt wird. Das PEI entscheidet auch hier in Form eines Verwaltungsaktes über die Freigabe. Weiter schweigt die Regelung darüber, wer den Antrag zu stellen hat. Dies kann jeder sein, der die Charge in den Verkehr bringen möchte, meist ist es der pharmazeutische Unternehmer, der die Zulassung beantragt, auch der Antragsteller, der eine Chargenfreigabe benötigt. Aus Abs. 1a und aus der Verweisung auf § 22 Abs. 7 Satz 3 ergibt sich, dass dem Antrag eine Chargenprobe beizufügen ist, wenn das PEI dies verlangt.

---

1 Vgl. Fn. 2 Vor § 21.

2 Vgl. Rehmann, § 32 Rz. 1

### 2. Verfahren

Nach Eingang des Antrages prüft das PEI auf der Grundlage der wissenschaftlichen Erkenntnisse die Qualität, Wirksamkeit und Unbedenklichkeit des immunologischen Arzneimittels und orientiert sich hierbei an den Anforderungen, die in den Arzneimittelprüfrichtlinien vorgegeben sind.[3] Das PEI ist weiter befugt, nach § 25 Abs. 8 vorzugehen: Die zuständige Bundesoberbehörde kann die Geschäftsräume des pharmazeutischen Unternehmers und die des Herstellers betreten um sich Informationen über das Herstellungsverfahren vor Ort zu verschaffen (siehe näher Kommentierung zu § 25). Nach § 80 Nr. 2 können Einzelheiten über das Verfahren per Rechtsverordnung geregelt werden (vgl. Kommentierung dort). **4**

### 3. Entscheidung

Eine Entscheidung über die Freigabe hat das PEI innerhalb einer Frist von 60 Tagen zu treffen, sofern nicht vom „clock-stop" des § 27 Abs. 2 Gebrauch gemacht wird: Werden Mängelrügen erteilt, wird die Entscheidung über die Freigabe bis zum Ablauf der dem pharmazeutischen Unternehmer aufgegebenen Frist zur Behebung des Mangels gehemmt. Wie Mängel an den Arzneimitteln nach der Produktion der Charge noch behoben werden können ist nicht recht erkennbar. Denkbar ist es allenfalls bei formalen Mängeln, bei der Verpackung oder bei fehlenden Unterlagen. Liegen keine Bedenken für die Freigabe vor, hat der pharmazeutische Unternehmer einen Rechtsanspruch auf Freigabe. Wird die Freigabe verweigert, kann der pharmazeutische Unternehmer der Weg über den Widerspruch und die Verpflichtungsklage beschreiten. **5**

### 4. Bindungswirkung für das PEI

Ohne weitere Ermessensausübung und ohne eigene Prüfung ist das Institut zur Freigabe verpflichtet, wenn dem Antrag eine Freigabe durch eine zuständige Behörde aus einem anderen Mitgliedstaat der Europäischen Gemeinschaft vorausging und diese Behörde festgestellt hat, dass die Voraussetzungen für die Freigabe vorliegen. **6**

## III. Freistellung und Ausdehnung

Ermächtigungsgrundlagen für die Freistellung von der staatlichen Chargenprüfung für bestimmte immunologischer Arzneimittel finden sich in § 35 Abs. 1 Nr. 4 und § 80 Nr. 2. Von ihnen wurde bisher kein Gebrauch gemacht. Erlassen wurde allerdings die VO zur Ausdehnung der Vorschriften über die Zulassung und staatlichen Chargenprüfung auf Testsera und Antigene in der Fassung vom 06.07.1993.[4] Sie enthält die Maßgabe, dass seither eine staatliche Chargenprüfung auch für Blutzubereitungen erforderlich ist (vgl. Kommentierung zu § 35). **7**

---

[3] Es gelten die Arzneimittelprüfrichtlinien in der Fassung vom 11.10.2004, siehe näher § 26 Rn. 1.

[4] BGBl. I S. 1148.

### IV. Rücknahme und Widerruf

8 Die Regelungen des Abs. 5 dienen der Klarstellung; Rücknahme und Widerruf von Entscheidungen der zuständigen Bundesoberbehörde wären auch ohne den Abs. 5 auf der Grundlage des BVwVfG möglich. Für das Verfahren gelten die Vorschriften der §§ 48 und 49 BVwVfG ergänzend (vgl. Kommentierung zu § 30).

### V. Sanktionen

#### Im Strafrecht

9 Strafbar macht sich, wer eine Charge ohne Freigabe in Verkehr bringt (§ 96 Nr. 8).

**§ 33**
**Kosten**

**(1) Die zuständige Bundesoberbehörde erhebt für die Entscheidungen über die Zulassung, über die Genehmigung von Gewebezubereitungen, über die Freigabe von Chargen, für die Bearbeitung von Anträgen, die Tätigkeit im Rahmen der Sammlung und Bewertung von Arzneimittelrisiken, für das Widerspruchsverfahren gegen einen auf Grund dieses Gesetzes erlassenen Verwaltungsakt oder gegen die auf Grund einer Rechtsverordnung nach Absatz 2 Satz 1 oder § 39 Abs. 3 Satz 1 Nr. 2 oder § 39d Abs. 6 Nr. 2 erfolgte Festsetzung von Kosten sowie für andere Amtshandlungen einschließlich selbständiger Beratungen und selbständiger Auskünfte, soweit es sich nicht um mündliche und einfache schriftliche Auskünfte im Sinne des § 7 Nr. 1 des Verwaltungskostengesetzes handelt, nach diesem Gesetz und nach der Verordnung (EG) Nr. 1084/2003 Kosten (Gebühren und Auslagen).**

**(2) Das Bundesministerium wird ermächtigt, im Einvernehmen mit dem Bundesministerium für Wirtschaft und Technologie und, soweit es sich um zur Anwendung bei Tieren bestimmte Arzneimittel handelt, auch mit dem Bundesministerium für Ernährung, Landwirtschaft und Verbraucherschutz durch Rechtsverordnung, die der Zustimmung des Bundesrates nicht bedarf, die gebührenpflichtigen Tatbestände näher zu bestimmen und dabei feste Sätze oder Rahmensätze vorzusehen. Die Höhe der Gebühren für die Entscheidungen über die Zulassung, über die Genehmigung von Gewebezubereitungen, über die Freigabe von Chargen sowie für andere Amtshandlungen bestimmt sich jeweils nach dem Personal- und Sachaufwand, zu dem insbesondere der Aufwand für das Zulassungsverfahren, bei Sera, Impfstoffen und Allergenen auch der Aufwand für die Prüfungen und für die Entwicklung geeigneter Prüfungsverfahren gehört. Die Höhe der Gebühren für die Entscheidung über die Freigabe einer Charge bestimmt sich nach dem durchschnittlichen Personal- und Sachaufwand, wobei der Aufwand für vorangegangene Prüfungen unberücksichtigt bleibt; daneben ist die Bedeutung, der wirtschaftliche Wert oder der sonstige Nutzen der Freigabe für den Gebührenschuldner angemessen zu berücksichtigen.**

**(3) Das Verwaltungskostengesetz findet Anwendung. Abweichend von § 20 Absatz 1 Satz 1 des Verwaltungskostengesetzes verjährt der Anspruch auf Zahlung von Kosten, die nach § 33 Absatz 1 in Verbindung mit der Therapieallergene-Verordnung zu erheben sind, drei Jahre nach der Bekanntgabe der abschließenden Entscheidung über die Zulassung.**

**(4) Soweit ein Widerspruch nach Absatz 1 erfolgreich ist, werden notwendige Aufwendungen im Sinne von § 80 Abs. 1 des Verwaltungsverfahrensgesetzes bis zur Höhe der in einer Rechtsverordnung nach Absatz 2 Satz 1 oder § 39 Abs. 3 Satz 1 Nr. 2 oder § 39d Abs. 6 Nr. 2 für die Zurückweisung eines entsprechenden Widerspruchs vorgesehenen Gebühren, bei Rahmengebühren bis zu deren Mittelwert, erstattet.**

**(5) Für die Nutzung von Monographien für Arzneimittel, die nach § 36 von der Pflicht zur Zulassung freigestellt sind, verlangt das Bundesinstitut für Arzneimittel und Medizinprodukte Entgelte. Dabei können pauschale Entgeltvereinbarungen mit den Verbänden, denen die Nutzer angehören, getroffen werden. Für die Bemessung der Entgelte findet Absatz 2 Satz 3 entsprechende Anwendung.**

**Übersicht** **Rz.**



**Literatur**

Kügel, Der maßgebliche Zeitpunkt für Gebühren im arzneimittelrechtlichen Zulassungsverfahren, PharmaR 2005, 434; Thiele, Mayer, Porstner, Kostenpflicht von redaktionellen Änderungsanzeigen, PharmaR 2008, 43.

## I. Die Bedeutung der Norm

**1** Personal- und Sachaufwand der zuständigen Bundesoberbehörde sind nach dem Kostendeckungsprinzip vom Antragsteller zu ersetzen. Mit diesem Prinzip soll die Funktionsfähigkeit der Behörden gewährleistet werden. Weiter wird bei der Festsetzung der Höhe der Kosten berücksichtigt, welchen Wert und welche Bedeutung die Amtshandlungen für den Antragsteller haben, vgl. § 3 VwKostG (Äquivalenzprinzip). Die Höhe der vom Antragsteller zu bezahlenden Kosten ist für diesen von wesentlicher Bedeutung; sie sind seit Ende der achtziger Jahre enorm gestiegen: Während beispielsweise für die Zulassung eines neuen Arzneimittels, das der automatischen Verschreibungspflicht nach § 49 unterliegt, bis zum 31.12.1988 DM 18 000,00 veranschlagt wurden, waren es seit dem 01.07.1990 bereits DM 37 000,00. Für Zulassungsanträge ab dem 01.10.1993 war ein Regelsatz von DM 110 800,00 vorgesehen, seit dem Jahre 2008 für Anträge mit einem neuen Stoff Euro 57.500,00. Mit der 12. AMG-Novelle wurde der Kostentatbestand für die Bearbeitung von Anträgen und für behördliche Tätigkeiten im Rahmen der Pharmakovigilanz geschaffen und mit der 14. AMG-Novelle die Kostenfreiheit von Widerspruchsverfahren aufgehoben. Zuletzt nun wurden zusätzliche Entgelte für die Nutzung von Monographien für Standardzulassungen gemäß Absatz 5 eingeführt.

**2** Derzeit gilt die Kostenverordnung für die Zulassung von Arzneimitteln durch das Bundesinstitut für Arzneimittel und Medizinprodukte und das Bundesamt für Verbraucherschutz und Lebensmittelsicherheit (AMG-Kostenverordnung) vom

10.12.2003[1]. Für das PEI gilt die Kostenverordnung für Amtshandlungen des Paul-Ehrlich-Institutes nach dem Arzneimittelgesetz in der Fassung der Bekanntmachung vom 04.10.2002.[2]

## II. Kosten

Kosten ist der Oberbegriff für Gebühren und Auslagen. Gebühren werden für die Tätigkeit der Behörde berechnet, Auslagen für Aufwendungen, die bei ihrer Tätigkeit und durch Fremdleistungen anfallen. 3

### 1. Gebühren

Die Höhe der Gebühren, die an die Behörde zu entrichten sind, werden durch die Kostenverordnungen nach Abs. 2 festgelegt. Bei ihrer Bemessung ist es ohne Bedeutung, wie die Entscheidung der Behörde ausfällt.[3] Voraussetzung für deren Rechtmäßigkeit ist allerdings, dass es sich bei der behördlichen Tätigkeit nicht lediglich um mündliche und einfache schriftliche Auskünfte handelt; diese sind nicht gebührenpflichtig. Die zuständige Bundesoberbehörde erhebt unter anderem Gebühren für die Bearbeitung des Zulassungsantrages, einer Änderung der Zulassung, die Erteilung einer Auflage, die Anordnung eines Warnhinweises, die Rücknahme, den Widerruf und der Verlängerung der Zulassung. Auch separat gestellte Anträge, wie beispielsweise zur Erstellung von wissenschaftlichen Stellungnahmen, über die Wiedereinsetzung in den vorherigen Stand, nicht einfache schriftliche Auskünfte und Akteneinsicht, sind gebührenpflichtig.[4] Im Rahmen der Pharmakovigilanz werden Gebühren erhoben, weil die zuständige Bundesoberbehörde auch nach der Zulassung weitere Tätigkeiten wie die Überwachung, Sammlung und Auswertung von Arzneimittelrisiken ausübt. Saame[5] hält diese Vorschrift für bedenklich: Auf der einen Seite würde der pharmazeutische Unternehmer nach § 63b verpflichtet, Anzeigen und Berichte einzureichen. Auf der anderen Seite erfülle er mit der Wahrnehmung seiner Verpflichtung einen Gebührentatbestand, den er begleichen muss. Dem ist nicht zuzustimmen. In § 7 VwKostG ist die sachliche Gebührenfreiheit abschließend geregelt. Er sieht keine Kostenfreiheit bei Maßnahmen vor, die der öffentlichen Sicherheit, wie der Pharmakovigilanz, dienen. Auch im Rahmen des Zulassungsverfahrens werden dem pharmazeutischen Unternehmer Verpflichtungen zu Vorlage auferlegt, die die zuständige Bundesoberbehörde gebührenpflichtig prüft. 4

---

1 BGBl. I, S. 2510, zuletzt geändert durch die zweite Verordnung zur Änderung der AMG-Kostenverordnung vom 23.04.2008, BGBl. I S. 749.

2 BGBl. I S. 4017, zuletzt geändert durch die Vierte Verordnung zur Änderung der Kostenverordnung für Amtshandlungen des Paul-Ehrlich-Institutes nach dem Arzneimittelgesetz vom 30.06.2009, BGBl. I S.1671.

3 BVerwG, DÖV 1985, 110.

4 Zur Rechtswidrigkeit von Gebührenerhebungen aufgrund der alten Rechtslage, wenn die Behörde keine Entscheidung getroffen hat: VG Köln, PharmaR 2005, 281ff.

5 PharmaR 2004, 309ff. (313).

5 Dem Gesetzgeber erschien es aufgrund des Gebotes der Kostendeckung weiter nicht mehr gerechtfertigt, an der bisherigen Kostenfreiheit des Widerspruchsverfahrens festzuhalten.[6] Abs. 4 sieht jedoch eine Erstattung vor, sofern das Widerspruchsverfahren vom Beschwerdeführer erfolgreich betrieben wurde. Da sich der Inhalt der Kostenentscheidung nach dem materiellem Recht richtet[7], erscheint die Regelung sachgerecht. Die Höhe der Gebühren wurde mit der Zweiten Verordnung zur Änderung der AMG-Kostenverordnung geregelt[8].

### 2. Auslagen

6 Die Erstattung der angefallenen Auslagen richtet sich nach § 10 VwKostG. Danach sind unter anderem Aufwendungen für die Kommunikation, zur Erstellung von Kopien, für Übersetzungen und öffentliche Bekanntmachungen sowie von Kosten von Sachverständigen zu ersetzen[9] und zwar unabhängig davon, ob die den Auslagen zugrundeliegende Tätigkeit der Behörde selbst gebührenpflichtig ist.

## III. Entstehung, Fälligkeit und Verjährung der Kostenschuld

7 In der Regel entsteht die Kostenschuld für die Gebühren nach Beendigung der jeweiligen Amtshandlungen; die für Auslagen mit deren Anfall. Die Kosten werden dem Schuldner in Form einer Kostenentscheidung bekannt geben, in der Praxis zusammen mit der Sachentscheidung. Sie sind dann zur Bezahlung fällig. Die zuständige Bundesoberbehörde kann jedoch nach § 16 VwKostG eine Bearbeitung von der Entrichtung eines angemessenen Vorschusses abhängig machen. Die Verjährung[10] und Erstattung von Kosten richten sich nach § 20 und § 21 des VwKostG. Eine Sonderstellung bei der Verjährung nehmen seit der AMG-Novelle 2009 die Zulassungsverfahren für Therapieallergene ein: Der Beginn der Verjährung wird abweichend von dem VwKostG auf die Bekanntgabe der abschließenden Entscheidung über die Zulassung hinausgeschoben. Damit soll ein Leerlauf der Verjährungsregelungen für Therapieallergene verhindert werden, weil diese Verfahren aufgrund ihrer Besonderheiten sehr lange dauern[11].

## IV. Kostenschuldner

8 Mit Ausnahme der Nachforderungen in § 24c ist der Antragsteller Kostenschuldner. Denkbar ist auch, dass ein Dritter die Übernahme der Kosten gegenüber der zuständigen Bundesoberbehörde erklärt, vgl. § 13 Abs. 1 Nr. 2 VwKostG. In die-

---

6 Vgl. BT-Drucksache 15/5316, S. 95.
7 Kopp, Schenke, § 73 Rn. 16.
8 Siehe Fn. 1.
9 Vgl. auch § 4 der AMG-Kostenverordnung.
10 Zur Verjährung: BVerwG, Urteil vom 24.02.2005, PharmaR 2005, 339ff; OVG Berlin, Urteil vom 11.12.2003, PharmaR 2004, 152ff; BVerwG, Beschluss vom 24.02.2005, PharmaR 2005, 278ff. In allen Fällen wurde zu Lasten der zuständigen Bundesoberbehörde der Eintritt der Verjährung festgestellt.
11 BT-Drucksache 16/12256 vom 16.03.2009, S. 49.

sem Falle ist der Dritte als Schuldübernehmender nach §§ 414ff. BGB zur Zahlung verpflichtet.

## V. Kostenermäßigung

**1.** Die AMG-Kostenverordnung sieht Tatbestände vor, die zu einer Reduzierung der Kosten für die Bearbeitung durch die zuständige Bundesoberbehörde führen. Hierunter fallen beispielsweise die teilweise oder vollständige Bezugnahme oder, wenn der Antragsteller zwar einen neuen Zulassungsantrag stellt, dieser aber ausschließlich darauf beruht, weil sich die Mengenverhältnisse der wirksamen Bestandteile eines bereits zugelassenen Arzneimittels geändert haben. Auch ermäßigt die zuständige Bundesoberbehörde ihre Gebühren, wenn der Antragsteller die Zulassungen seines Arzneimittels mit verschiedenen Konzentrationen oder Darreichungsformen beantragt; hier wird auf eine bereits bestehende Zulassung aufgesetzt. **9**

**2.** Eine weitere Ermäßigung sieht § 3 Abs. 3 der AMG-Kostenverordnung vor: **10** Der Antragsteller kann Gebührenermäßigung von bis zu einem Viertel der vorgesehenen Gebühr beantragen, wenn er begründet darlegt, dass die von ihm zu erbringenden Entwicklungs- und Zulassungskosten im Verhältnis zu dem zu erwartenden wirtschaftlichen Nutzen erheblich höher sind und diese bei ihm anfallenden Kosten deshalb auch durch den Vertrieb des Arzneimittels nicht ausgeglichen werden. Zusätzlich hat der Antragsteller begründet darzulegen, dass sein Arzneimittel einen großen therapeutischen Wert für die Allgemeinheit hat oder es sich bei seinem Arzneimittel um eines handelt, das zur Bekämpfung einer sehr seltenen Krankheit dient: Soweit die von ihm zu erwartenden Aufwendungen in einem ungleichen Verhältnis zu wirtschaftlichen Nutzen stehen, sollte eine Gebührenermäßigung möglich sein. Hier ist der Gedanke, die Forschung und Entwicklung von sog. Orphan drugs[12] zu fördern, enthalten.

**3.** § 3 Abs. 2 der AMG-Kostenverordnung sieht weiter generalklauselartig vor, **11** dass die Gebühr bis auf die Hälfte der vorgesehenen Gebühr ermäßigt werden kann, wenn die Abwägung zwischen dem Personal- und Sachaufwand und der wirtschaftliche Wert oder der sonstige Nutzen der Amtshandlung für den Gebührenschuldner dies rechtfertigt.

Der Antragsteller sollte von diesen Vorschriften Gebrauch machen, wenn An- **12** haltspunkte bestehen, dass ein solcher Sachverhalt dargetan werden kann. Da es sich um Ermessensentscheidungen der zuständigen Bundesoberbehörde handelt, ist ein konkreter und detaillierter Antrag zu empfehlen.

---

[12] Vgl. Verordnung (EG) Nr. 141/2000 des Europäischen Parlaments und des Rates vom 16.12.1999 über Arzneimittel für seltene Leiden, ABl. L 18 vom 22.01.2000, S. 1.

13 **4.** In Einzelfällen ist zumindest denkbar, dass über § 19 VwKostG die dem Antragsteller auferlegten Kosten gestundet, erlassen oder niedergeschlagen werden. Diese Maßnahmen richten sich, weil Gläubiger der Forderungen der Bund ist, nach der Bundeshaushaltsordnung.

14 **5.** Nimmt der pharmazeutische Unternehmer seinen Antrag vor Erlass einer Entscheidung durch die zuständige Bundesoberbehörde zurück, werden ihm nach § 2 der AMG-Kostenverordnung geringere Kosten in Rechnung gestellt. Sie ermäßigen sich regelmäßig um ein Viertel und können, wenn dies der Billigkeit entspricht, ganz erlassen werden.

## VI. Entgelte

15 Da die Erstellung und Aktualisierung von Monographien für Standardzulassungen ein nicht unerheblicher Kostenfaktor darstellt, wurde mit der AMG-Novelle 2009 die Erhebung von Entgelten für deren Nutzung eingeführt. Der Begriff „Entgelt" ist dem VwKostG fremd. Begründet wird die Erhebung eines Entgeltes damit, dass die Nutzung der Monographien keine hoheitliche Entscheidung der Bundesoberbehörde voraussetze. Daher könnten die Kosten der Behörde im Wege von Entgelten an die Nutzer weitergegeben werden, wobei für die Bemessung dieser Entgelte die für Gebühren geltenden Grundsätze anzuwenden sind[13]. Diese Regelung ist nicht ganz unproblematisch, weil eine neuer Begriff eingeführt wird, der als solcher nicht näher definiert wird und außerhalb des Rahmens des VwKostG liegt. Ebenfalls bedenklich ist die Regelung, wonach die Behörde für Verbände pauschale Entgeltvereinbarungen treffen kann. Diese Vorschrift könnte gegen den Gleichheitssatz verstoßen, soweit keine hinreichende Begründung für die ungleiche Behandlung von Nutzern, die nicht in Verbänden organisiert sind, gegeben werden kann; Pauschalen für diese Nutzer sind nicht vorgesehen.

## VII. Rechtsbehelfe

16 In der Entscheidung werden die Kosten und deren Höhe festgesetzt. Der Entscheidung kann als Verwaltungsakt gesondert mit Widerspruch und Anfechtungsklage begegnet werden; sie ist nicht untrennbar mit der sachlichen Entscheidung der zuständigen Bundesoberbehörde verbunden und damit selbstständig anfechtbar.

---

[13] BT-Drucksache 16/12256 vom 16.03.2009, S. 49.

## § 34
## Information der Öffentlichkeit

**(1) Die zuständige Bundesoberbehörde hat im Bundesanzeiger bekannt zu machen:**
1. **die Erteilung und Verlängerung einer Zulassung,**
2. **die Rücknahme einer Zulassung,**
3. **den Widerruf einer Zulassung,**
4. **das Ruhen einer Zulassung,**
5. **das Erlöschen einer Zulassung,**
6. **die Feststellung nach § 31 Abs. 4 Satz 2,**
7. **die Änderung der Bezeichnung nach § 29 Abs. 2,**
8. **die Rücknahme oder den Widerruf der Freigabe einer Charge nach § 32 Abs. 5,**
9. **eine Entscheidung zur Verlängerung einer Schutzfrist nach § 24b Abs. 1 Satz 3 oder Abs. 7 oder zur Gewährung einer Schutzfrist nach § 24b Abs. 6 oder 8.**

**Satz 1 Nr. 1 bis 5 und Nr. 7 gilt entsprechend für Entscheidungen der Kommission der Europäischen Gemeinschaften oder des Rates der Europäischen Union.**

**(1a) Die zuständige Bundesoberbehörde stellt der Öffentlichkeit Informationen**
1. **über die Erteilung einer Zulassung zusammen mit der Zusammenfassung der Produktmerkmale und**
2. **den Beurteilungsbericht mit einer Stellungnahme in Bezug auf die Ergebnisse von pharmazeutischen, pharmakologisch-toxikologischen und klinischen Versuchen für jedes beantragte Anwendungsgebiet und bei Arzneimitteln, die zur Anwendung bei Tieren bestimmt sind, die der Gewinnung von Lebensmitteln dienen, auch von Rückstandsuntersuchungen nach Streichung aller vertraulichen Angaben kommerzieller Art,**
3. **im Falle einer Zulassung mit Auflagen für ein Arzneimittel, das zur Anwendung am Menschen bestimmt ist, die Auflagen zusammen mit Fristen und den Zeitpunkten der Erfüllung**

**unverzüglich zur Verfügung; dies betrifft auch Änderungen der genannten Informationen.**

**(1b) Ferner sind Entscheidungen über den Widerruf, die Rücknahme oder das Ruhen einer Zulassung öffentlich zugänglich zu machen.**

**(1c) Die Absätze 1a und 1b finden keine Anwendung auf Arzneimittel, die nach der Verordnung (EG) Nr. 726/2004 genehmigt sind.**

**(1d) Die zuständige Bundesoberbehörde stellt die Informationen nach den Absätzen 1a und 1b elektronisch zur Verfügung.**

**(2) Die zuständige Bundesoberbehörde kann einen Verwaltungsakt, der auf Grund dieses Gesetzes ergeht, im Bundesanzeiger öffentlich bekannt machen, wenn von dem Verwaltungsakt mehr als 50 Adressaten betroffen sind. Dieser**

**Verwaltungsakt gilt zwei Wochen nach dem Erscheinen des Bundesanzeigers als bekannt gegeben. Sonstige Mitteilungen der zuständigen Bundesoberbehörde einschließlich der Schreiben, mit denen den Beteiligten Gelegenheit zur Äußerung nach § 28 Abs. 1 des Verwaltungsverfahrensgesetzes gegeben wird, können gleichfalls im Bundesanzeiger bekannt gemacht werden, wenn mehr als 50 Adressaten davon betroffen sind. Satz 2 gilt entsprechend.**

**Übersicht** **Rz.**



## I. Die Bedeutung der Norm

1 Das Gesetz verfolgt im Wesentlichen auch den Zweck, den Verbraucher zu schützen. Daher soll allen Verkehrsteilnehmern die Möglichkeit gegeben werden, sich kundig zu machen. Es muss öffentlich bekannt sein, dass ein Arzneimittel verkehrsfähig ist und wenn es seine Verkehrsfähigkeit, sei es auch nur vorübergehend, verloren hat. Apotheker, die Arzneimittel an den Endverbraucher abgeben, oder Ärzte, die sie verschreiben, erhalten durch die Veröffentlichung die Möglichkeit, auf Änderungen bei der Zulassung eines Arzneimittels zu reagieren. Praktisch übernehmen Fachzeitschriften seine Informationen. Diese Informationsmöglichkeit ist für alle Beteiligten, über den pharmazeutischen Unternehmer hinaus, aus sicherheits- und haftungsrechtlichen Gesichtpunkten heraus wesentlich.

2 Die Erweiterung zur Information der Öffentlichkeit durch die 14. AMG-Novelle dient der Umsetzung europäischer Regelungen. Die Bedeutung der Abs. 1a und 1b sind erheblich: Jeder Mitwerber innerhalb der pharmazeutischen Industrie kann sich nun Informationen über Produktmerkmale, den Beurteilungsbericht des Arzneimittels samt inhaltlicher Stellungnahme und über Auflagen bei der Zulassung eines Mitbewerbers beschaffen. Auch Entscheidungen, die in der Regel mit Gründen versehen sind, über das Ruhen, den Widerruf und der Rücknahme einer Zulassung eines Mitbewerbers sind zugänglich. Freilich dienen diese Informationsmöglichkeiten auf der anderen Seite dem Verbraucherschutz.

## II. Bekanntmachung

3 Die Bekanntgabe ist der Erlass des Verwaltungsaktes mit Wissen und Wollen der zuständigen Bundesoberbehörde. Der Erlass ist die Tatsache, dass der Verwaltungsakt und sein Inhalt ergeht.[1] Er erfolgt in der Regel durch Schriftform, vgl. § 25 Abs. 1 S. 1 und durch Zustellung an den Adressaten. Der Verwaltungsakt wird erst mit seiner Bekanntgabe gegenüber dem Adressaten wirksam. Die Be-

1 Vgl. Kopp, Ramsauer, § 41 Rn. 6.

kanntmachung unterscheidet sich dadurch, dass sie öffentlich erfolgt: Nach § 41 Abs. 3 S. 1 BVwVfG darf ein Verwaltungsakt dann öffentlich bekannt gegeben werden, wenn eine Rechtsvorschrift, hier § 34, dies so vorsieht. Weiter ist ungeschriebene Voraussetzung, dass für die öffentliche Bekanntmachung besondere Rechtfertigungsgründe[2] gegeben sind. Die amtliche Begründung zum § 34 enthält allerdings nur einen Grund für die öffentliche Bekanntmachung nach Abs. 1 und Abs. 2. Er soll darin liegen, dass die Übersichtlichkeit über die im Verkehr befindlichen Arzneimittel gewahrt wird.[3] Diese Begründung ist zwar verkürzt, deckt sich aber mit dem Wortlaut des BVwVfG. Es geht allerdings auch um die Konsequenzen, die sich aus den bekannt gemachten Entscheidungen der zuständigen Bundesoberbehörde ergeben. Gemeint ist die Sicherheit für den Verbraucher; sie soll sich durch die Transparenz ergeben. Als Mittel der Bekanntgabe sieht der Gesetzgeber die Veröffentlichung den Bundesanzeiger zwingend vor. Die zuständige Bundesoberbehörde ist zur Gefahrenabwehr nicht gehindert, etwa durch Pressemitteilungen, eine weitere Publizität zu schaffen.

## III. Allgemeinverfügungen

Die Möglichkeit der zuständigen Bundesoberbehörde, Verwaltungsakte im Bundesanzeiger öffentlich bekannt zu machen, wird durch Abs. 2 erweitert. Er regelt 4 die Fälle, in denen mehrere Unternehmen oder Personen von der Entscheidung der zuständigen Bundesoberbehörde direkt betroffen sind. Diese Entscheidungen können, müssen aber nicht, öffentlich bekannt gegeben werden, wenn mehr als 50 Adressaten zugleich betroffen sind. Diese Form der Verwaltungsakte wird nach § 35 S. 2 BVwVfG Allgemeinverfügung genannt, weil sie sich nach allgemeinen Merkmalen an einen bestimmten oder bestimmbaren Personenkreis richtet. In Abs. 2 wird die Zulässigkeit von Allgemeinverfügungen wiederholt. Folge einer Allgemeinverfügung ist, dass der einzelne Betroffene keine separate Entscheidung mehr erhält; für ihn gelten die in Abs. 2 enthaltenen Fristen. Weiter können Mitteilungen an 50 und mehr Betroffene öffentlich bekannt gemacht werden, um ihnen zu einem konkreten Sachverhalt, gleich welcher Art, Gelegenheit zur Stellungnahme zu geben. Von dieser Möglichkeit wird beispielsweise im Rahmen des rechtlichen Gehörs Gebrauch gemacht, wenn die zuständige Bundesoberbehörde den Adressaten vorab nach § 28 Abs. 1 BVwVfG mitteilt, welchen Verwaltungsakt – in Form einer Allgemeinverfügung – sie zu erlassen gedenkt. Da dies dem Wortlaut nach für alle Mitteilungen der zuständigen Bundesoberbehörde gelten kann, soweit eine entsprechende Anzahl von Betroffenen vorhanden ist, haben diese die Last, entsprechende Veröffentlichungen im Bundesanzeiger zu verfolgen. Anderenfalls laufen sie Gefahr, Fristen zu Stellungnahme oder zur Einlegung eines Rechtsbehelfs zu versäumen.

2 Vgl. Kopp, Ramsauer, § 41 Rn. 47.
3 Vgl. Sander, § 34 C. A.

5 Allgemeinverfügungen sind immer dann zulässig, wenn sich ihre Rechtsgrundlage im AMG findet, die Zahl der Adressaten ausreichend groß ist und der Personenkreis bestimmt oder zumindest bestimmbar ist.

### IV. Fristen

6 **1.** Abs. 1 entlastet die zuständige Bundesoberbehörde nicht, dem Antragsteller den Bescheid nebst Rechtsbehelfsbelehrung direkt bekanntzugeben. Die Widerspruchsfristen hierfür beginnen an dem der Zustellung folgenden Tag zu laufen, vgl. § 31 BVwVfG.

7 **2.** Bei Allgemeinverfügungen sieht der Gesetzgeber eine längere Frist vor: Erst zwei Wochen nach der tatsächlichen Bekanntgabe im Bundesanzeiger gilt die Fiktion nach § 41 Abs. 4 BVwVfG, sofern die Verfügung keinen abweichenden Tag enthält. Der Beginn für die Fristberechnung richtet sich folglich entweder nach der Regelung in der Verfügung oder nach der gesetzlichen Fiktion, die Berechnung erfolgt nach § 31 BVwVfG.

### V. Inhalt der Bekanntmachung

8 Abs. 1 enthält einen abschließenden Katalog der Verwaltungsakte, die im Zuge des Zulassungsverfahrens und seiner Änderung sowie für Schutzfristen öffentlich bekanntgemacht werden. Andere Verwaltungsakte, die sich regelmäßig an den pharmazeutischen Unternehmer richten, dürfen nicht öffentlich bekannt gegeben werden. Die öffentliche Bekanntgabe ist verfassungsrechtlich unbedenklich.[4] Das Erlöschen einer Zulassung allerdings ist kein Verwaltungsakt. Soweit es seine Ursache darin hat, dass der Inhaber der Zulassung keinen Verlängerungsantrag gestellt hat, scheint die Veröffentlichung unproblematisch. Soweit es sich aber um das Inverkehrbringen oder im Verkehr sein von Arzneimitteln handelt, ist die Behörde gegebenenfalls gehalten, Tatsachen zu ermitteln, weil fehlerhafte Veröffentlichungen für das Unternehmen schadensträchtig sind.

### VI. Information der Öffentlichkeit

9 **1.** In Umsetzung von Art. 21 Abs. 3 und 4 sowie Art. 22 der Richtlinie 2001/83[5] wurden die Absätze 1a bis 1d eingefügt. Die zuständige Bundesoberbehörde stellt der Öffentlichkeit elektronisch weitere Informationen über Produktmerkmale und Berichte nebst Stellungnahmen der Beurteilungsberichte zur Verfügung. Auch Änderungen, Auflagen, Entscheidungen über den Widerruf, der Rücknahme und das Ruhen einer Zulassung werden zugänglich gemacht.

---

[4] Vgl. zum Planfeststellungsverfahren: BVerfG (Vorprüfungsausschuss), NJW 1985, S. 729.

[5] Siehe Vor § 21 Fn. 2.

**2.** Nicht umgesetzt wurde die Klausel, wonach Beurteilungsberichte und die Begründung für die Stellungnahme „nach Streichung aller vertraulichen Angaben kommerzieller Art" der Öffentlichkeit zur Verfügung gestellt werden. Eine Streichung ist nach Abs. 1a Nr. 2 nur bei der Veröffentlichung von Rückstandsuntersuchungen vorgesehen. Was also, wenn es um Informationen geht, die für den pharmazeutischen Unternehmer so relevant sind, dass sie aus seiner Sicht geheim gehalten werden müssen? In der Begründung zur 14. AMG-Novelle ist lediglich der Hinweis zu finden, dass die zuständige Bundesoberbehörde die betroffenen pharmazeutischen Unternehmer vor Veröffentlichung hierüber dann informieren wird, wenn dies zur Vermeidung möglicher Konflikte mit dem Schutz von Betriebs- oder Geschäftsgeheimnissen sachdienlich sei[6]. Eine Streichung von vertraulichen Angaben ist entgegen den europäischen Vorgaben gerade nicht vorgesehen. Auch die stattdessen vorgesehene Vorabinformation ist für den pharmazeutischen Unternehmer wenig hilfreich: Er hat keinen Einfluss darauf, dass eine Veröffentlichung unterbleibt, er wird lediglich hierüber in Kenntnis gesetzt, nicht angehört. Weiter beurteilt die zuständige Bundesoberbehörde, ob sie vorab informiert. Dies bedeutet, sie entscheidet selbst ohne Konsultation des pharmazeutischen Unternehmers, ob die zu veröffentlichen Informationen im Einzelfall zu Konflikten mit dem Schutz von Betriebs- oder Geschäftsgeheimnissen führen können oder nicht. 10

Richtigerweise ist dem pharmazeutischen Unternehmer nach § 6 des am 01.01.2006 in Kraft getretenen Informationsfreiheitsgesetz (IFG)[7] Schutz zu gewähren. Da Spezialregelungen gemäß dem dortigen § 1 Abs. 3 in § 34 oder an anderer Stelle des AMG fehlen, ist das IFG anwendbar. Nach § 6 IFG besteht für Dritte dann kein Anspruch auf Zugang von amtlichen Informationen gegenüber Bundesbehörden, wenn der Schutz geistigen Eigentums entgegensteht. Weiter darf der Zugang zu Betriebs- und Geschäftsgeheimnissen nur dann gewährt werden, wenn der Betroffene einwilligt. Gleiches gilt für personenbezogene Daten.[8] Auf diese Vorschrift sollte sich der betroffene pharmazeutische Unternehmer berufen, wenn es zu Konflikten mit der zuständigen Bundesoberbehörde kommt, die Informationen nach Abs. 1a und 1b zur Verfügung stellen will oder stellt. 11

---

6 Vgl. BT-Drucksache 15/5316, S. 96.

7 BGBl. I vom 13.09.2005, S. 2722.

8 Ebenso: Schmit, Blick nach Berlin, Arzneimittel & Recht 2005, 161.

**§ 35**
**Ermächtigungen zur Zulassung und Freistellung**

**(1) Das Bundesministerium wird ermächtigt, durch Rechtsverordnung mit Zustimmung des Bundesrates**
**1. (weggefallen)**
**2. die Vorschriften über die Zulassung auf andere Arzneimittel auszudehnen, soweit es geboten ist, um eine unmittelbare oder mittelbare Gefährdung der Gesundheit von Mensch oder Tier zu verhüten,**
**3. die Vorschriften über die Freigabe einer Charge und die staatliche Chargenprüfung auf andere Arzneimittel, die in ihrer Zusammensetzung oder in ihrem Wirkstoffgehalt Schwankungen unterworfen sind, auszudehnen, soweit es geboten ist, um eine unmittelbare oder mittelbare Gefährdung der Gesundheit von Mensch oder Tier zu verhüten,**
**4. bestimmte Arzneimittel von der staatlichen Chargenprüfung freizustellen, wenn das Herstellungsverfahren und das Prüfungsverfahren des Herstellers einen Entwicklungsstand erreicht haben, bei dem die Qualität, Wirksamkeit und Unbedenklichkeit gewährleistet sind.**

**(2) Die Rechtsverordnungen nach Absatz 1 Nr. 2 bis 4 ergehen im Einvernehmen mit dem Bundesministerium für Wirtschaft und Technologie und, soweit es sich um radioaktive Arzneimittel und um Arzneimittel handelt, bei deren Herstellung ionisierende Strahlen verwendet werden, im Einvernehmen mit dem Bundesministerium für Umwelt, Naturschutz und Reaktorsicherheit und, soweit es sich um Arzneimittel handelt, die zur Anwendung bei Tieren bestimmt sind, im Einvernehmen mit dem Bundesministerium für Ernährung, Landwirtschaft und Verbraucherschutz.**

Verordnung über die Einführung der staatlichen Chargenprüfung
bei Blutzubereitungen
Vom 15. Juli 1994 (BGBl. I S. 1614)

Auf Grund des § 33 Abs. 2 und des § 35 Abs. 1 Nr. 3 des Arzneimittelgesetzes vom 24. August 1976 (BGBl. I S. 2445, 2448) in Verbindung mit dem 2. Abschnitt des Verwaltungskostengesetzes vom 23. Juni 1970 (BGBl. I S. 821) verordnet das Bundesministerium für Gesundheit im Einvernehmen mit dem Bundesministerium für Wirtschaft:

Artikel 1

Verordnung zur Ausdehnung der Vorschriften über die staatliche Chargenprüfung auf Blutzubereitungen, geändert durch die 1. ÄndV vom 26. Juni 1995 (BGBl. I S. 854)

§ 1

Die Vorschriften über die staatliche Chargenprüfung werden auf Blutzubereitungen ausgedehnt, die aus Mischungen von humanem Blutplasma hergestellt werden und die Blutbestandteile als arzneilich wirksame Bestandteile enthalten.

§ 2

Die zuständige Bundesoberbehörde hat eine Entscheidung über die Freigabe der Charge innerhalb einer Frist von zwei Monaten nach Eingang der zu prüfenden Chargenprobe zu treffen. § 27 Abs. 2 des Arzneimittelgesetzes findet entsprechende Anwendung.

§ 3

Die zuständige Bundesoberbehörde hat die Charge auch dann freizugeben, wenn die zuständige Behörde eines anderen Mitgliedstaates der Europäischen Union oder eines anderen Vertragsstaates des Abkommens über den Europäischen Wirtschaftsraum nach einer experimentellen Untersuchung festgestellt hat, daß die Charge nach Herstellungs- und Kontrollmethoden, die dem jeweiligen Stand der wissenschaftlichen Erkenntnisse entsprechen, hergestellt und geprüft worden ist und daß sie die erforderliche Qualität, Wirksamkeit und Unbedenklichkeit aufweist.

§ 4

(1) Für die Blutzubereitungen nach dieser Verordnung. die nicht Blutgerinnungsfaktor IX- oder Prothrombinkomplex-Präparate sind, findet die Verordnung ab dem 1. Januar 1996 Anwendung. Auf Chargen dieser Blutzubereitungen, die sich am 1. Januar 1996 bereits im Verkehr befinden, findet die Verordnung keine Anwendung.

(2) Die Verordnung findet keine Anwendung auf solche Chargen, die sich zum Zeitpunkt des Inkrafttretens dieser Verordnung bereits im Verkehr befinden.

Artikel 2

Die Kostenverordnung für Amtshandlungen des Paul-Ehrlich-Institutes nach dem Arzneimittelgesetz vom 20. Oktober 1981 (BGB. I S.1132), geändert durch die Verordnung vom 26. März 1990 (BGBl. I S. 593), wird wie folgt geändert:

(Die Änderung ist im Abdruck der KostenVO im Anhang berücksichtigt.)

Artikel 3

Diese Verordnung tritt am Tage nach der Verkündung in Kraft.

## Verordnung zur Ausdehnung der Vorschriften über die Zulassung und staatliche Chargenprüfung auf Testsera und Testantigene

Vom 31. Oktober 1978 (BGBl. I S. 1720), zuletzt geändert durch Artikel 20 des Gesetzes vom 14. August 2006 (BGBl. I S. 1869)

Auf Grund des § 35 Abs. 1 Nr. 2 und 3 des Arzneimittelgesetzes vom 24. August 1976 (BGBl. I S. 2445, 2448) wird im Einvernehmen mit dem Bundesminister für Wirtschaft mit Zustimmung des Bundesrates verordnet:

§ 1

**Die Vorschriften des Arzneimittelgesetzes über die Zulassung und staatliche Chargenprüfung werden ausgedehnt auf Testsera und Testantigene, die dazu bestimmt sind, beim Menschen**

1. **die Erreger von Krankheiten, die in der Anlage 1 genannt sind, sowie die durch sie hervorgerufenen Antikörper zu erkennen,**
2. **die Erreger von Krankheiten, die in der Anlage 2 genannt sind, sowie die durch diese hervorgerufenen spezifischen Antikörper zu erkennen,**
3. **die Blutgruppenmerkmale A, B und Rh,7D zu bestimmen,**
4. **die Erreger der Cytomegalie, der Röteln, der Toxoplasmose, des Erworbenen Immundefektsyndroms oder der Hepatitis oder deren Antigerie sowie die durch sie hervorgerufenen Antikörper zu erkennen.**
5. **Immunglobuline der Klassen A, G und M oder die Komplementeigenschaft C 3 c quantitativ zu bestimmen.**
6. **Arzneimittel gegen Epilepsie quantitativ zu bestimmen.**

§ 2

**(1) Die Überleitungsvorschriften in Artikel 3 § 5 des Gesetzes zur Neuordnung des Arzneimittelrechts vom 24. August 1976 (BGBl. 1 S. 2445) gelten für die Testsera und Testantigene nach § 1 entsprechend mit der Maßgabe, daß eine Zulassung auch für Testsera und Testantigene als erteilt gilt, die nach § 19 d Abs. 2 Satz 2 des Arzneimittelgesetzes 1961 von der Zulassung freigestellt worden sind.**

**(2) Testsera und Testantigene nach § 1, die sich bei Inkrafttreten dieser Verordnung im Verkehr befinden, aber von Absatz 1 nicht erfaßt werden, dürfen bis zur Entscheidung über ihre Zulassung weiter ohne Zulassung und Freigabe der Chargen in den Verkehr gebracht werden, sofern der Antrag auf Zulassung innerhalb einer Frist von sechs Monaten nach Inkrafttreten dieser Verordnung gestellt wird. Nach der Zulassung bedarf es der Freigabe jeder einzelnen Charge, es sei denn, daß das Paul-Ehrlich-Institut davon freistellt.**

§ 3

**(gestrichen)**

§ 4

**Diese Verordnung tritt am 1. Januar 1979 in Kraft.**

**Anlage 1 zu § 1 Nr. 1**

1. **Chlamydia-Infektionen,**
2. **Paratyphus A, B und C,**
3. **Hämolytisch-Urämischen Syndroms einschließlich ihrer Shiga- (Vero-)Toxine,**
4. **Shigellenruhr,**
5. **Typhus abdominalis,**
6. **virusbedingtem hämorrhagischem Fieber.**

**Anlage 2 zu § 1 Nr.2**

**Syphilis (Lues)**

# Verordnung zur Festlegung von Anforderungen an den Antrag auf Zulassung, Verlängerung der Zulassung und Registrierung von Arzneimitteln
## Vom 21. Dezember 1989 (BGBl. I S. 2547)

**Auf Grund des § 35 Abs. 1 Nr. 1 des Arzneimittelgesetzes vom 24. August 1976 (BGBl. I S. 2445, 2448) wird verordnet:**

### § 1
### Antragsformulare

**Ein Antrag nach § 21 Abs. 3 Satz 1 des Arzneimittelgesetzes auf Zulassung und nach Artikel 3 § 7 Abs. 3 Satz 1 des Gesetzes zur Neuordnung des Arzneimittelrechts auf Verlängerung der Zulassung eines Arzneimittels sowie ein Antrag auf Registrierung eines Arzneimittels nach § 38 Abs. 2 des Arzneimittelgesetzes ist auf Antragsformularen zu stellen, die von der zuständigen Bundesoberbehörde herausgegeben und im Bundesanzeiger bekanntgemacht werden.**

### § 2
### Analytisches Gutachten

**(1) Das analytische Gutachten nach § 24 Abs. 1 Satz 2 Nr. 1 des Arzneimittelgesetzes faßt die einzelnen Aussagen in den vorgelegten Unterlagen in Formblättern zur Kurzdokumentation der Qualität zusammen, die von der zuständigen Bundesoberbehörde herausgegeben und im Bundesanzeiger bekanntgemacht werden, und bewertet die Kontrollmethoden und Prüfungsergebnisse unter Berücksichtigung der Anforderungen der Arzneimittelprüfrichtlinien nach § 26 des Arzneimittelgesetzes. Sind die bekanntgemachten Formblätter zur kurzgefaßten Beschreibung eines Ausgangsstoffes oder einer Darreichungsform nicht geeignet, ist hierfür die kurzgefaßte Beschreibung formlos, in Anlehnung an die Formblätter zur Kurzdokumentation, zu erbringen.**

**(2) Die Formblätter zur Kurzdokumentation der Qualität gliedern die nach den anerkannten pharmazeutischen Regeln zu fordernden Angaben nach § 22 Abs. 1 Nr. 11, 14 und 15 und Abs. 2 Nr. 1 des Arzneimittelgesetzes unter Berücksichtigung der Arzneimittelprüfrichtlinien nach § 26 des Arzneimittelgesetzes.**

### § 3
### Berlin-Klausel

**Die Verordnung gilt nach § 14 des Dritten Überleitungsgesetzes in Verbindung mit § 99 des Arzneimittelgesetzes auch im Land Berlin.**

### § 4
### Übergangsvorschrift

**Die §§ 1 und 2 finden keine Anwendung auf Anträge, die vor dem Inkrafttreten dieser Verordnung eingereicht worden sind.**

### § 5
### Inkrafttreten

**Diese Verordnung tritt am Tage nach der Verkündung in Kraft.**

## Verordnung über die Einreichung von Unterlagen in Verfahren für die Zulassung und Verlängerung der Zulassung von Arzneimitteln (AMG-Einreichungsverordnung – AMG-EV) vom 21. Dezember 2000 (BGBl I S. 2036)

**Auf Grund des § 35 Abs. 1 Nr. 1 des Arzneimittelgesetzes in der Fassung der Bekanntmachung vom 11. Dezember 1998 (BGBl. I S. 3586) verordnet das Bundesministerium für Gesundheit:**

### § 1
### Verwendung elektronischer Speichermedien für die Einreichung von Unterlagen

**(1) In Verfahren der Zulassung nach § 21 des Arzneimittelgesetzes, der Verlängerung der Zulassung nach § 31 des Arzneimittelgesetzes oder nach § 105 des Arzneimittelgesetzes sowie zur Erfüllung von Anzeigepflichten nach § 29 des Arzneimittelgesetzes sind Unterlagen beim Bundesinstitut für Arzneimittel und Medizinprodukte, beim Bundesamt für Verbraucherschutz und Lebensmittelsicherheit und beim Paul-Ehrlich-Institut nach Maßgabe der nachfolgenden Vorschriften unter Verwendung elektronischer Speichermedien einzureichen.**

**(2) Für die Einreichung ist elektronischer Postaustausch in einem, auch im Falle der Verschlüsselung, für die zuständigen Bundesoberbehörden mit angemessenem Aufwand lesbaren Dateiformat zu verwenden.**

### § 2
### Pflicht zur Verwendung elektronischer Speichermedien für die Einreichung von Unterlagen

**(1) Folgende Unterlagen sind auf elektronischen Speichermedien einzureichen:**
1. **Entwürfe für die Kennzeichnung nach § 10, die Packungsbeilage nach § 11 und die Fachinformation nach § 11a des Arzneimittelgesetzes und**
2. **Sachverständigengutachten nach § 24 des Arzneimittelgesetzes.**

**(2) Die verantwortende Person muss das elektronische Dokument mit einer qualifizierten elektronischen Signatur nach dem Signaturgesetz versehen.**

### § 3
### Ausnahmen

**Abweichend von § 2, auch in Verbindung mit § 4 Abs. 2, kann die zuständige Bundesoberbehörde die ausschließliche schriftliche Einreichung von Unterlagen gestatten oder fordern, wenn**
1. **für Antragsteller oder sonstige Betroffene eine unbillige Härte vorliegt oder**
2. **die elektronische Einreichung aus technischen Gründen unzweckmäßig ist.**

### § 4
### Übergangsvorschrift

**(1) § 2 gilt nicht für Unterlagen, die vor dem Inkrafttreten dieser Verordnung eingereicht worden sind.**

**(2) Abweichend von § 2 Abs. 2 muss die verantwortende Person bis zum Vorliegen der Voraussetzungen für eine qualifizierte elektronische Signatur nach dem Signaturgesetz ein geeignetes, von der zuständigen Bundesoberbehörde verwendbares Signatur-**

**system verwenden; bis dahin sind die in § 2 Abs. 1 genannten Unterlagen zusätzlich auch schriftlich einzureichen.**

**§ 5**
**Inkrafttreten**

**(1) Diese Verordnung tritt vorbehaltlich des Absatzes 2 am 1. Januar 2001 in Kraft.**

**(2) § 2 Abs. 2 tritt in Kraft, sobald sichergestellt ist, dass die Voraussetzungen für eine qualifizierte elektronische Signatur nach dem Signaturgesetz bei der zuständigen Bundesoberbehörde gegeben sind. Das Bundesministerium für Gesundheit gibt den Tag des Inkrafttretens des § 2 Abs. 2 im Bundesgesetzblatt bekannt.**

**Literatur**

Brixius, Rechtmäßigkeit der AMG-Einreichungsverordnung unter besonderer Berücksichtigung von Nachzulassung und Registrierung traditioneller pflanzlicher Arzneimittel, PharmaR 2005, 173.

## I. Die Bedeutung der Norm

Art. 80 Abs. 1 GG erlaubt den Erlass von Rechtsverordnungen durch die Exekutive, wenn ihr Inhalt, Zweck und Ausmaß im Gesetz bestimmt werden. Mit dieser Befugnis soll der Gesetzgeber entlastet werden. Die Bestimmtheitsanforderungen sollen allerdings verhindern, dass sich Entscheidungen unkontrolliert auf die Ebene unter der des Gesetzes verlagern. Dem Bundesministerium für Gesundheit ist daher in § 35 ein klar definierter Spielraum zugewiesen was es durch Rechtsverordnung regeln kann. Die Zustimmung des Bundesrats ist erforderlich, weil auch eine Gesetzesänderung nur mit Zustimmung des Bundesrates möglich wäre. Anders verhält es sich jedoch bei § 80 zu Verfahrens- und Härtefallregelung (siehe näher die Kommentierung dort). Das nach Abs. 2 erforderliche Einvernehmen der jeweils betroffenen Ministerien soll gewährleisten, dass Rechtsverordnungen vor ihrem Erlass eine weitere fachliche Instanz durchlaufen. **1**

## II. Formale Anforderungen an Rechtsverordnungen

Nach Art. 82 Abs. 1 Satz 2 GG werden die auf der Grundlage des § 35 Abs. 1 erlassenen Rechtsverordnungen vom Bundesministerium für Gesundheit ausgefertigt und im Bundesgesetzesblatt verkündet. Nach Art. 82 Abs. 2 GG ist es obligatorisch, in der Rechtsverordnung den Zeitpunkt anzugeben, an welchem sie in Kraft tritt. Fehlt eine derartige Regelung, gilt sie vierzehn Tage nach Ausgabe des jeweiligen Bundesgesetzesblattes als in Kraft getreten. **2**

## III. Umfang der Verordnungsermächtigung

1. Auf der Grundlage des bisherigen § 35 Abs. 1 Nr. 1 waren Rechtsverordnungen erlaubt, die die formalen und organisatorischen Einzelheiten über das Zulassungsverfahren regelten. So erging am 21. 12. 1989 die Verordnung zur Festlegung von Anforderungen an den Antrag auf Zulassung, Verlängerung der Zulassung und **3**

Registrierung von Arzneimitteln.[1] Sie enthält im Wesentlichen die zu verwendenden Antragsformulare sowie die Anforderungen, die die zuständige Bundesoberbehörde an das analytische Gutachten stellt. Die Verordnung wird durch verschiedene Bekanntmachungen des BfArM ergänzt[2]. Diese Bekanntmachungen beinhalten den aktuellen Satz der Zulassungsanträge und wertvolle Hinweise zur Antragstellung. Die letzte Rechtsverordnung, die auf der Grundlage des alten Abs. 1 Nr. 1 erlassen wurde, ist die AMG-Einreichungsverordnung. Auch hier stellt das BfArM auf seiner Homepage aktualisierte Bekanntmachungen zur Handhabung zur Verfügung[3].

**4** Die bisherige Vorschrift des Abs. 1 Nr. 1 wurde durch die 12. Novelle gestrichen und in § 80 zentral geregelt. Beachtlich ist, dass dort eine Zustimmung des Bundesrates nicht erforderlich ist.

**5** 2. Auf der Grundlage des Abs. 1 Nr. 2 und Nr. 3 ergingen Rechtsverordnungen zur Ausdehnung der Vorschriften über die Zulassung und der staatlichen Chargenprüfung auf Testsera und Testantigene. Inhaltlich wurden unter anderem Blutzubereitungen aufgenommen. Eine weitere Ausdehnung der Zulassungspflicht von Arzneimitteln sieht die Therapieallergene-Verordnung vor[4].

**6** 3. Ferner ist die Verordnung über die Einführung der staatlichen Chargenprüfung bei Blutzubereitungen vom 15.07.1994 zu beachten. Sie erging auf der Grundlage von Abs. 1 Nr. 3 und dehnt den Anwendungsbereich von § 32 auf Blutzubereitungen aus, die bisher nicht erfasst waren. Von der Möglichkeit nach Abs. 1 Nr. 4, Arzneimittel von der staatlichen Chargenprüfung freizustellen, hat das Bundesministerium für Gesundheit bisher keinen Gebrauch gemacht.

### IV. Rechtsbehelfe

**7** Zur Überprüfbarkeit von Rechtsverordnungen siehe Kommentierung zu § 36.

---

[1] BGBl. I S. 2547, siehe Abdruck vorne.

[2] Veröffentlicht unter www.bfarm.de.

[3] Zur Frage des Erlöschens einer Zulassung, wenn die Vorgaben der AMG-EV nicht eingehalten wurden: VGKöln vom 13.07.2005, abrufbar unter www.arzneimittel-und-recht.de.

[4] BGBl. 2008 vom 13. November 2008, S. 2177.

## § 36
## Ermächtigung für Standardzulassungen

**(1) Das Bundesministerium wird ermächtigt, nach Anhörung von Sachverständigen durch Rechtsverordnung mit Zustimmung des Bundesrates bestimmte Arzneimittel oder Arzneimittelgruppen oder Arzneimittel in bestimmten Abgabeformen von der Pflicht zur Zulassung freizustellen, soweit eine unmittelbare oder mittelbare Gefährdung der Gesundheit von Mensch oder Tier nicht zu befürchten ist, weil die Anforderungen an die erforderliche Qualität, Wirksamkeit und Unbedenklichkeit erwiesen sind. Die Freistellung kann zum Schutz der Gesundheit von Mensch oder Tier von einer bestimmten Herstellung, Zusammensetzung, Kennzeichnung, Packungsbeilage, Fachinformation oder Darreichungsform abhängig gemacht sowie auf bestimmte Anwendungsarten, Anwendungsgebiete oder Anwendungsbereiche beschränkt werden. Die Angabe weiterer Gegenanzeigen, Nebenwirkungen und Wechselwirkungen durch den pharmazeutischen Unternehmer ist zulässig.**

**(2) Bei der Auswahl der Arzneimittel, die von der Pflicht zur Zulassung freigestellt werden, muss den berechtigten Interessen der Arzneimittelverbraucher, der Heilberufe und der pharmazeutischen Industrie Rechnung getragen werden. In der Wahl der Bezeichnung des Arzneimittels ist der pharmazeutische Unternehmer frei.**

**(3) Die Rechtsverordnung nach Absatz 1 ergeht im Einvernehmen mit dem Bundesministerium für Wirtschaft und Technologie und, soweit es sich um radioaktive Arzneimittel und um Arzneimittel handelt, bei deren Herstellung ionisierende Strahlen verwendet werden, im Einvernehmen mit dem Bundesministerium für Umwelt, Naturschutz und Reaktorsicherheit und, soweit es sich um Arzneimittel handelt, die zur Anwendung bei Tieren bestimmt sind, im Einvernehmen mit dem Bundesministerium für Ernährung, Landwirtschaft und Verbraucherschutz.**

**(4) Vor Erlass der Rechtsverordnung nach Absatz 1 bedarf es nicht der Anhörung von Sachverständigen und der Zustimmung des Bundesrates, soweit dies erforderlich ist, um Angaben zu Gegenanzeigen, Nebenwirkungen und Wechselwirkungen unverzüglich zu ändern und die Geltungsdauer der Rechtsverordnung auf längstens ein Jahr befristet ist. Die Frist kann bis zu einem weiteren Jahr einmal verlängert werden, wenn das Verfahren nach Absatz 1 innerhalb der Jahresfrist nicht abgeschlossen werden kann.**

**(5) Die der Rechtsverordnung nach Absatz 1 zugrunde liegenden Monographien sind von der zuständigen Bundesoberbehörde regelmäßig zu überprüfen und soweit erforderlich, an den jeweils gesicherten Stand der Wissenschaft und Technik anzupassen. Dabei sind die Monographien daraufhin zu prüfen, ob die Anforderungen an die erforderliche Qualität, Wirksamkeit und Unbedenklichkeit einschließlich eines positiven Nutzen-Risiko-Verhältnisses, für die von der Pflicht zur Zulassung freigestellten Arzneimittel, weiterhin als erwiesen gelten können.**

**Übersicht** **Rz.**



## I. Die Bedeutung der Norm

1 § 36 enthält eine weitere Verordnungsermächtigung. Zur Bedeutung, Zulässigkeit und den formalen Anforderungen von Rechtsverordnungen und dem Einvernehmen der betroffenen Ministerien, siehe die Kommentierung zu § 35. § 36 ermöglicht Standardzulassungen. Für die Arzneimittel, die unter die Standardzulassung fallen, ist ein Zulassungsverfahren nach §§ 21ff. entbehrlich, weil für sie durch das Verfahren nur Bekanntes wiederholt würde. Die Anforderungen, die an diese Arzneimittel zu stellen sind, haben sich im Hinblick auf Qualität, Wirksamkeit und Unbedenklichkeit als wissenschaftlich bereits erwiesen herausgestellt; Versuche sind hier unnötig und können vermieden werden. Durch die Freistellung soll weiter der pharmazeutische Unternehmer von der Einzelzulassung und der hierdurch anfallenden Kosten entlastet werden sowie die zuständige Bundesoberbehörde von einer Vielzahl gleicher oder gleichartiger Zulassungsanträge befreit werden. Fällt ein Arzneimittel unter den Katalog der Standardzulassungen, ist eine Einzelzulassung nach § 25 Abs. 2 Nr. 8 ausgeschlossen.

## II. Umfang der Verordnungsermächtigung

2 Das zuständige Bundesministerium hat von der Ermächtigungsgrundlage durch die Verordnung über Standardzulassungen von Arzneimitteln Gebrauch gemacht. Sie wurde bisher mehrfach ergänzt[1] und enthält in ihrer Anlage mehr als 300 Arzneimittel, die unter die Freistellung fallen. Die Auflistung der Arzneimittel reicht von Isländischem Moos über Thymian bis hin zu Paracetamol und Formaldehyd-Lösung 36 Prozent. Eine Freistellung kommt nur in Betracht, wenn Zusammensetzung, Qualität, Herstellungsverfahren und Unbedenklichkeit, deren Anforderungen den in der Verordnung aufgeführten Monographien zu entnehmen ist, sowie wenn die Allgemeinen Bestimmungen zur Packungsbeilage und für die Prüfungsmethoden exakt eingehalten werden. In der Regel handelt es sich um solche Arzneimittel, die im Arzneibuch nach § 55 enthalten sind oder denen Rezepturen zu Grunde liegen, die veröffentlicht sind und den Anforderungen an die Zulassung

---

[1] VO vom 03.12.1982, (BGBl. I S. 1601), zuletzt geändert durch die Elfte ÄnderungsVO vom 19.10.2006, BGBl. I S. 2287.

nach §§ 21ff. entsprechen.[2] Im Jahre 2008 befanden sich aufgrund der Freistellung rund 3.500 Produkte im Markt.[3]

### III. Sachverständige

Eine Rechtsverordnung nach § 36 darf unter anderem nur erlassen werden, sofern vorab Sachverständige angehört wurden. Auf der Grundlage des § 53 Abs. 1 wurde hierfür ein Sachverständigen-Ausschuss gebildet, der sich aus Mitgliedern aller Fachrichtungen zusammensetzt (siehe näher § 2 der Verordnung zur Errichtung von Sachverständigenausschüssen nach § 53). Der Sachverständigenausschuss dient als Kontrollorgan. Eine Freistellung von Arzneimitteln gegen die ausdrückliche Empfehlung des Sachverständigenausschusses ist allerdings denkbar; eine Zustimmung der Sachverständigen fordert das Gesetz nicht. 3

### IV. Berechtigte Interessen

Die Vorschrift des Abs. 2 sieht vor, dass das Bundesministerium für Gesundheit bei der Auswahl, welche Fertigarzneimittel von der Einzelzulassung ausgenommen werden, über die Anhörung des Sachverständigen-Ausschusses hinaus die berechtigten Interessen der Verbraucher, der Industrie und der Heilberufe zu berücksichtigen hat. Wesentlicher Zweck des gesamten AMG ist es, die Interessen der Arzneimittelverbraucher zu schützen; einer ausdrücklichen Verpflichtung hätte es innerhalb der Vorschrift über Standardzulassungen nicht bedurft. Weiter besteht der vorab anzuhörende Sachverständigen-Ausschuss unter anderem aus drei Vertretern der Pharmazeutischen Industrie und mehreren Vertretern der Heilberufe. Ihre Interessen werden in diesem Plenum gewahrt, wenn es um die Frage geht, ob ein Arzneimittel von der Pflicht zur Einzelzulassung freizustellen ist oder nicht. Auch Sander[4] geht davon aus, dass die berufenen Sachverständigen jeweils als Vertreter die Aufgaben wahrnehmen, die den Interessen ihrer Branche entsprechen. Abs. 2 Satz 1 ist überflüssig; auch die Erklärung, wonach mit dieser Verpflichtung eine restriktive Handhabung von Standardzulassungen bei neuen Arzneimitteln ausgedrückt werden sollte,[5] findet sich im Wortlaut nicht wieder. 4

### V. Anzeigepflicht

Nach § 67 Abs. 5 unterliegt der pharmazeutische Unternehmer der Anzeigepflicht gegenüber der zuständigen Bundesoberbehörde, wenn er ein Arzneimittel vertreiben will, welches zwar als Standardzulassung freigestellt ist, aber der Apothekenpflicht unterliegt (vgl. näher § 67). Die Verpflichtung, die Bezeichnung und die verwendeten, nicht wirksamen Bestandteile im Einzelfall anzugeben, dient der 5

---

2 Vgl. Amtliche Begründung zur Neuordnung des Arzneimittelrechts, abgedruckt bei Sander, § 36 A.

3 Denninger, Standardzulassungen und europäisches Arzneimittelrecht, A&R 2008, S. 126.

4 Siehe Fn. 2, Erl. § 36 Nr. 4.

5 Vgl. Ausschussbericht; abgedruckt bei Sander, § 36 AMG, B.

Transparenz für die zuständige Bundesoberbehörde und der Sicherheit des Verbrauchers.

### VI. Bezeichnung

**6** Abs. 2 Satz 2 enthält den Hinweis, dass der pharmazeutische Unternehmer die Bezeichnung seines Arzneimittels frei wählen kann. Die Vorschrift dient der Klarstellung und besagt, dass trotz der Vorgaben bei Standardzulassungen, die inhaltlich vom pharmazeutischen Unternehmer, beispielsweise auf der Grundlage der herausgegebenen Monographien, einzuhalten sind, dieser in der Bezeichnung des Arzneimittels, unter der es im Verkehr angeboten wird, frei ist. Dies gilt freilich unbeschadet von Rechten Dritter, insbesondere von deren Markenrechten.

### VII. Überprüfung von Monographien

**7** Aus Gründen der Arzneimittelsicherheit sieht Absatz 5 seit der AMG-Novelle 2009 die Überprüfung der Monographien vor. Unter Umständen sind sie an den jeweils gesicherten Stand anzupassen. Diese Regelung ist konsequent und gewährleistet einen Gleichlauf mit den Anforderungen an zulassungspflichtige Arzneimittel nach § 21.

### VIII. Rechtsbehelfe

**8** Bei unterbliebener Anhörung des Sachverständigen-Ausschusses oder beim Erlass einer Rechtsverordnung ohne die Zustimmung des Bundesrates handelt es sich um einen Verfahrensverstoß, der nach Art. 93 Abs. 1 Nr. 2 GG, § 76 BVerfGG durch Normenkontrollantrag überprüfbar ist; unter Umständen kommt auch eine Verfassungsbeschwerde eines Einzelnen nach Art. 93 Abs. I Nr. 4a GG in Betracht.

## § 37
## Genehmigung der Kommission der Europäischen Gemeinschaften oder des Rates der Europäischen Union für das Inverkehrbringen, Zulassungen von Arzneimitteln aus anderen Staaten

**(1) Die von der Kommission der Europäischen Gemeinschaften oder dem Rat der Europäischen Union gemäß der Verordnung (EG) Nr. 726/2004 auch in Verbindung mit der Verordnung (EG) Nr. 1901/2006 oder der Verordnung (EG) Nr. 1394/2007 erteilte Genehmigung für das Inverkehrbringen steht, soweit in den §§ 11a, 13 Abs. 2a, § 21 Abs. 2 und 2a, §§ 40, 56, 56a, 58, 59, 67, 69, 73, 84 oder 94 auf eine Zulassung abgestellt wird, einer nach § 25 erteilten Zulassung gleich. Als Zulassung im Sinne des § 21 gilt auch die von einem anderen Staat für ein Arzneimittel erteilte Zulassung, soweit dies durch Rechtsverordnung des Bundesministeriums bestimmt wird.**

**(2) Das Bundesministerium wird ermächtigt, eine Rechtsverordnung nach Absatz 1, die nicht der Zustimmung des Bundesrates bedarf, zu erlassen, um eine Richtlinie des Rates der Europäischen Gemeinschaften durchzuführen oder soweit in internationalen Verträgen die Zulassung von Arzneimitteln gegenseitig als gleichwertig anerkannt wird. Die Rechtsverordnung ergeht im Einvernehmen mit dem Bundesministerium für Ernährung, Landwirtschaft und Verbraucherschutz, soweit es sich um Arzneimittel handelt, die zur Anwendung bei Tieren bestimmt sind.**

### Die Bedeutung der Norm

§ 37 hat klarstellenden Charakter. Er besagt, dass auch die Arzneimittel, die über die EMEA zugelassen wurden,[1] in Deutschland verkehrsfähig sind. Die Verantwortung desjenigen, der ein so zugelassenes Arzneimittel in den Verkehr bringt, wird von der Regelung hingegen nicht berührt: Die Vorschriften über die Deckungsvorsorge nach § 94 und die über die Gefährdungshaftung nach § 84 beispielweise gelten für ihn ebenso, wie wenn er Inhaber einer rein deutschen Zulassung wäre. **1**

Von der Rechtsverordnungsbefugnis, ausländische Zulassungen den deutschen als gleichwertig anzuerkennen, wurde bisher kein Gebrauch gemacht. Für Zulassungen innerhalb der Europäischen Union besteht aufgrund des zentralen Zulassungsverfahrens (siehe § 21 Abs. 1) und des Verfahrens der gegenseitigen Anerkennung und des dezentralisierten Verfahrens (siehe § 25b Abs. 2 und Abs. 4) hierfür auch kein Bedürfnis. **2**

---

1 Vgl. näher Vorbemerkung Vor § 21.

# Fünfter Abschnitt Registrierung von Arzneimitteln

## Vorbemerkungen vor §§ 38ff.

### I. Homöopathische Arzneimittel

1 In Deutschland ist das homöopathische Heilverfahren, im Gegensatz zu einigen anderen europäischen Staaten, anerkannt. Ein Wirksamkeitsnachweis von homöopathischen Fertigarzneimitteln im Sinne von § 25 Abs. 2 Nr. 4 kann oft nicht geführt werden, so dass die im Zulassungsverfahren geforderte therapeutische Wirksamkeit im Sinne der Schulmedizin nicht nachweisbar ist. Um der Wissenschaftsfreiheit und damit den Anforderungen des Grundgesetzes Rechnung zu tragen, entschied sich der Gesetzgeber, homöopathische Arzneimittel unter bestimmten Voraussetzungen auch ohne Nachweis ihrer therapeutischen Wirksamkeit als verkehrsfähig anzusehen. Aufgrund ihrer Besonderheiten sowie der anderen Art der Herstellung hielt er es weiter für erforderlich, für homöopathische Arzneimittel separate Vorschriften im Gesetz sowie ein eigenes Register bei der zuständigen Bundesoberbehörde einzuführen. Die Regelungen der §§ 38 und 39 sind europäischen Richtlinien angeglichen: Diese sehen vor, dass homöopathische Human- und Tierarzneimittel ohne therapeutische Indikation wegen ihrer sehr geringen Wirkstoffkonzentration und auf Grund der Schwierigkeiten bei der Anwendung herkömmlicher statistischer Methoden bei klinischen Prüfungen einem vereinfachten Registrierungsverfahren unterliegen sollten.

2 Der Gesetzgeber hat sich bei seinen Regelungen der §§ 38 und 39 AMG bemüht, vereinfachte Vorschriften für Arzneimittel zu erlassen, die, von Ausnahmen abgesehen, zwar unter den Begriff des Fertigarzneimittels gemäß § 2 Abs. 1 oder Abs. 2 Nr. 1 fallen, jedoch im homöopathischen Heilverfahren eingesetzt werden. Diese Fertigarzneimittel sind in der Regel nicht zulassungspflichtig, sondern bedürfen der Registrierung im hierfür vorgesehenen Register. Erfüllt der Antragsteller die Anforderungen an die Registrierungsvoraussetzungen nicht, ist er gehalten, die Zulassung des Arzneimittels zu beantragen, vgl. § 25 Abs. 1 Satz 2 2. HS. Besteht bereits eine Zulassung, ist die Registrierung ausgeschlossen, § 39 Abs. 2 Nr. 8. Ein Vergleich des Negativkataloges in § 39 Abs. 2 mit dem des § 25 Abs. 2 zeigt, dass die Versagungsgründe bei der Registrierung von homöopathischen Arzneimitteln den Versagungsgründen bei der Zulassung teilweise sehr nahe kommen.

Anker

E. Deutsch, H.-D. Lippert (Hrsg.), *Kommentar zum Arzneimittelgesetz (AMG),*
DOI 10.1007/978-3-642-01455-0_5, © Springer-Verlag Berlin Heidelberg 2011

## II. Traditionell pflanzliche Arzneimittel

Das durch die 14. AMG-Novelle neu eingeführte Registrierungsverfahren für traditionell pflanzliche Arzneimittel geht auf die Richtlinie 2004/24/EG[1] zurück. Die Vorschriften wurden in den Gemeinschaftskodex für Humanarzneimittel (Richtlinie 2001/83[2]) eingefügt. Hintergrund ist unter anderem eine Studie der Europäischen Kommission, wonach die rechtliche Einordnung pflanzlicher Zubereitungen innerhalb der Europäischen Union große Unterschiede aufzeigte. Die Richtlinie soll zur Harmonisierung der Regelungen und Verfahren in den Mitgliedstaaten beitragen[3] und den Gesundheitsschutz der Verbraucher erhöhen. Während die Richtlinie selbst das Registrierungsverfahren nur für Humanarzneimittel vorsieht, ist das Verfahren in Deutschland auch für Tierarzneimittel anwendbar. 3

Das Registrierungsverfahren selbst ist dem der homöopathischen Arzneimittel ähnlich. Neben den für eine Antragstellung üblichen formalen Angaben ist zusätzlich grundsätzlich eine mindestens 30-jährige Tradition nachzuweisen, wobei diese mindestens 15 Jahre innerhalb der Europäischen Union bestehen muss. Weiter ist die Unbedenklichkeit und die Plausibilität der pharmakologischen Wirkungen oder der Wirksamkeit zu belegen. Traditions- und Unbedenklichkeitsnachweise können entfallen, wenn sich der pharmazeutische Unternehmer auf eine gemeinschaftliche Pflanzenmonographie oder eine Listenposition beruft. Diese Monographien und Listen werden von einem seit dem Jahre 2004 speziell bei der EMA in London eingerichteten ständigem Ausschuss für Phytotherapeutika (Herbal Medicinal Products Committee – HMPC) erstellt. Darüber hinaus hat die EMA unter Mitwirkung des HMPC bereits verschiedene „guidelines", unter anderem zur Qualität, Spezifikation und Herstellung traditionell pflanzlicher Arzneimittel erlassen. Sie sind auf der homepage der EMA verfügbar. Der Antragsteller sollte sie bei Zusammenstellung seiner Unterlagen mit einbeziehen, auch wenn es sich um eine rein deutsche Antragstellung handelt. 4

Die zuständige Bundesoberbehörde hat zur Umsetzung dieses neuen Registrierungsverfahrens eine Abteilung für „Besondere Therapierichtungen und Traditionelle Arzneimittel" eingerichtet, um die Anträge bearbeiten und bescheiden zu können. Weiter hat die zuständige Bundesoberbehörde auf ihrer homepage[4] Hinweise für die Durchführung des Verfahrens zur Verfügung gestellt. 5

---

1 Richtlinie 2004/24/EG des Europäischen Parlaments und des Rates vom 31.03.2004 zur Änderung der Richtlinie 2001/83/EG zur Schaffung eines Gemeinschaftskodex für Humanarzneimittel hinsichtlich traditioneller pflanzlicher Arzneimittel, ABl. L 135 vom 30.04.2004, S. 85.

2 Vgl. Fn. 2 Vor § 21.

3 Zum Verstoß eines Mitgliedstaates gegen Art. 28 und 30 EG, wenn er sich nicht an die Harmonisierung bei traditionell pflanzlichen Arzneimitteln hält: EuGH, Urteil vom 05.03.2009, Rechtssache C-88/07 – Kommission gegen Königreich Spanien, abrufbar unter www.curia.europa.eu.

4 www.bfarm.de.

Abgrenzungsschwierigkeiten werden in der Praxis zwischen den traditionell pflanzlichen Arzneimitteln und dem „well established medicinal use" von Arzneimitteln befürchtet. Letztere Arzneimittel werden nach §§ 21ff. zugelassen, so dass auf nationaler Ebene eine klare Einordnung zwischen der Zulassung und der Registrierung möglich ist, vgl. § 39c Abs. 2 Nr. 9. Anders verhält es sich jedoch, wenn die zuständigen Behörden der Mitgliedstaaten eine abweichende Einordnung der pflanzlichen Stoffe vornehmen: Wenn beispielsweise ein Präparat auf der Grundlage von Baldrian von einem Mitgliedstaat als „traditional use" eingestuft wird, während es in Deutschland als „well established medicinal use" nach § 21ff. bewertet wird, könnte die deutsche Zulassung im Wege der gegenseitigen Anerkennung in dem anderen Mitgliedstaat problematisch werden. Dies gilt jedenfalls, wenn die dann einzuschaltende HMPC die deutsche Auffassung nicht teilt.

## § 38
## Registrierung homöopathischer Arzneimittel

**(1) Fertigarzneimittel, die Arzneimittel im Sinne des § 2 Abs. 1 oder Abs. 2 Nr. 1 sind, dürfen als homöopathische Arzneimittel im Geltungsbereich dieses Gesetzes nur in den Verkehr gebracht werden, wenn sie in ein bei der zuständigen Bundesoberbehörde zu führendes Register für homöopathische Arzneimittel eingetragen sind (Registrierung). Einer Zulassung bedarf es nicht; § 21 Abs. 1 Satz 2 und Abs. 3 findet entsprechende Anwendung. Einer Registrierung bedarf es nicht für Arzneimittel, die von einem pharmazeutischen Unternehmer in Mengen bis zu 1 000 Packungen in einem Jahr in den Verkehr gebracht werden, es sei denn, es handelt sich um Arzneimittel,**

**1. die Zubereitungen aus Stoffen gemäß § 3 Nr. 3 oder 4 enthalten,**

**2. die mehr als den hundertsten Teil der in nicht homöopathischen, der Verschreibungspflicht nach § 48 unterliegenden Arzneimitteln verwendeten kleinsten Dosis enthalten oder**

**3. bei denen die Tatbestände des § 39 Abs. 2 Nr. 3, 4, 5, 6, 7 oder 9 vorliegen.**

**(2) Dem Antrag auf Registrierung sind die in den §§ 22 bis 24 bezeichneten Angaben, Unterlagen und Gutachten beizufügen. Das gilt nicht für die Angaben über die Wirkungen und Anwendungsgebiete, für die Unterlagen und Gutachten über die klinische Prüfung sowie für Angaben nach § 22 Absatz 2 Nummer 5 und Absatz 7 Satz 2. Die Unterlagen über die pharmakologisch-toxikologische Prüfung sind vorzulegen, soweit sich die Unbedenklichkeit des Arzneimittels nicht anderweitig, insbesondere durch einen angemessen hohen Verdünnungsgrad ergibt. § 22 Absatz 1a gilt entsprechend.**

**Übersicht** **Rz.**



**Literatur**

Helmstädter, Hahnemann und die Homöopathie: Alternativ seit 250 Jahren, PharmaR 2006, 13; Pannenbecker, Natz, Defizite der 14. AMG-Novelle im Hinblick auf homöopathische Humanarzneimittel, PharmaR 2005, 266.

### I. Die Bedeutung der Norm

§ 38 impliziert, dass Bestandteile homöopathischer Arzneimittel Gefahren für den 1
Verbraucher beinhalten können; sie sind auch deshalb zur Kontrolle und Übersicht der zuständigen Behörden registrierungspflichtig. Dem Antragsteller wird in Abs. 2 aufgegeben, seinem Antrag auf Registrierung im Wesentlichen die Unter-

lagen beizufügen, die auch für einen Zulassungsantrag erforderlich sind. Einzige Ausnahmen sind Angaben über Wirkungen und Anwendungsgebiete sowie die Vorlage und Sachverständigengutachten über die klinische Prüfung. Unterlagen über die pharmakologisch-toxikologische Prüfung sind dann nicht entbehrlich, wenn der pharmazeutische Unternehmer die Unbedenklichkeit nicht anderweitig nachweisen kann. Diese kann sich in der Regel aus dem angemessen hohen Verdünnungsgrad des Arzneimittels ergeben. Das Registrierungsverfahren unterscheidet sich ansonsten nicht wesentlich vom Zulassungsverfahren. Weiter besagen § 10 Abs. 4 Nr. 9 und § 11 Abs. 3, dass es dem Antragsteller untersagt ist, bei Kennzeichnung und Packungsbeilage eines homöopathischen Arzneimittels Angaben über die Anwendungsgebiete zu machen; der Hinweis „ohne Angabe einer therapeutischen Indikation" ist zwingend. Diese Besonderheiten haben den Gesetzgeber dazu veranlasst, separate Vorschriften über homöopathische Arzneimittel aufzunehmen. Ob dies wirklich erforderlich war, ist aufgrund der Parallelen von §§ 38 und 39 zum Zulassungsverfahren fraglich. Jedenfalls dient die Trennung von Zulassungen und die Eintragung von homöopathischen Fertigarzneimitteln in das hierfür vorgesehene Register, wie auch das für traditionell pflanzliche Arzneimittel, der Übersichtlichkeit.

### II. Homöopathische Arzneimittel

2 Was unter die Bezeichnung des homöopathischen Arzneimittels fällt, ist im Gesetz in § 4 Abs. 26 definiert. Sie ist rein formal. Inhaltlich ist die Homöopathie ein Heilverfahren, mit dem durch die Verabreichung von geringen Dosen eines Arzneimittels an Kranke, Heilung erreicht werden soll, dessen Hingabe in starken Dosen bei Gesunden die Symptome der Krankheit hervorruft, die bei den Kranken geheilt werden soll. Nach dem Begründer Hahnemann soll Ähnliches durch Ähnliches geheilt werden. Aufgrund der regelmäßig hohen Verdünnungsgrade sowie der unterschiedlichen Art der Anwendung der Arzneimittel wird angenommen, dass ein Nachweis von objektiv nachprüfbaren Wirkungen bei Anwendung des Heilverfahrens nicht zu führen ist.[1] Dies ist der eigentliche Unterschied zum klassischen Arzneimittel, wie die Schulmedizin es versteht.[2]

3 Darüber, welche Stoffe und Zubereitungen im Rahmen des homöopathischen Heilverfahrens verabreicht werden, und damit unter den Begriff homöopathische Arzneimittel fallen, gibt das Europäische Arzneibuch Aufschluss. Es enthält Regeln darüber, wann ein Arzneimittel nach einer homöopathischen Verfahrenstechnik zubereitet wurde und als solches bezeichnet wird. Alternativ werden in § 4 Abs. 26 ausdrücklich auch die in der Europäischen Union offiziell gebräuchlichen Pharmakopöen für anthroposophische Arzneimittel anerkannt. Kein registrierungsfähiges homöopathisches Fertigarzneimittel liegt vor, wenn die Anwendung der einzelnen Wirkstoffe als homöopathisches oder anthroposophisches Arzneimittel nach § 39 Abs. 2 Nr. 7a nicht allgemein bekannt ist. Aus dieser Vorschrift

---

1 Amtliche Begründung zur Neuordnung des Arzneimittelrechts, abgedruckt bei Sander, § 38 A.

2 Deutsch, Spickhoff, Rz. 891.

ergibt sich nicht, dass es einen Grund gäbe, innovative Verfahrenstechniken mit bekannten Stoffen und Zubereitungen von der Registrierung auszunehmen und auch solche homöopathischen Arzneimittel der Zulassungspflicht zu unterwerfen, die zwar allgemein bekannte Wirkstoffe enthalten, diese jedoch neu kombiniert werden.[3] Solche Gründe gibt es auch nicht.[4]

### III. Grundsatz der Registrierungspflicht

Die Pflicht, das homöopathische Arzneimittel bei der zuständigen Bundesoberbehörde registrieren zu lassen, bedeutet, dass das homöopathische Arzneimittel vor Registrierung nicht verkehrsfähig ist; ein Inverkehrbringen ohne Registrierung ist ohne sanktionierten Verstoß gegen die Regelungen des AMG nicht möglich. Auch hier handelt es sich, wie beim Zulassungsverfahren auch, um ein Verbot mit Erlaubnisvorbehalt, vgl. näher § 21 Rz. 4. **4**

Nach § 38 Abs.1 S.2 i.V.m. § 21 Abs. 1 S. 2 ist eine Registrierung auch für solche homöopathischen Arzneimittel erforderlich, die per Definition keine Fertigarzneimittel sind, aber bei Tieren angewendet werden sollen, wenn sie nicht an einen mit einer Herstellungserlaubnis ausgestatteten pharmazeutischen Unternehmer abgegeben werden sollen. **5**

Der Antragsteller ist nicht gehindert und im Einzelfall sogar gehalten, statt der Registrierung den Weg über das Zulassungsverfahren zu wählen. Dies wird beispielsweise aus der Regelung des § 21 Abs. 2a S. 5 deutlich, wonach diese Arzneimittel nicht von der Zulassung freigestellt sind. Ist eine Zulassung erteilt, hat die zuständige Bundesoberbehörde nach dem Wortlaut des § 39 Abs. 2 Nr. 8 die Registrierung zu versagen. **6**

### IV. Zuständige Bundesoberbehörde, Antragsteller

Antragstellung und Registrierung erfolgt beim Bundesinstitut für Arzneimittel und Medizinprodukte und dem dort eingerichteten Register für homöopathische Arzneimittel, vgl. § 77 Abs. 1. Der Antrag ist nach § 38 Abs. 1 S. 2 2. HS i.V.m. § 21 Abs. 3 vom pharmazeutischen Unternehmer zu stellen. Zu den Ausnahmen für Fertigarzneimittel, die in Apotheken oder sonstigen Einzelhandelsbetrieben hergestellt werden, vgl. § 21 Rz. 20. **7**

### V. Ausnahmen von der Registrierungspflicht

1. Soweit ein pharmazeutischer Unternehmer ein homöopathisches Arzneimittel bis zu 1 000 Packungen jährlich in den Verkehr bringt, ist eine Registrierung grundsätzlich nicht erforderlich.[5] Diese Einschränkung ist nicht aus sich heraus **8**

---

[3] Sander, § 39 Anm. 10a.

[4] Siehe näher § 39 Rn. 17.

[5] Zur Frage, in welchem Zeitraum unter welchen Bedingungen die 1000-Regelung eingehalten wird, siehe: Sander, § 38 Anm. 5a.

erklärbar. Einerseits wird Wert auf Qualität und Unbedenklichkeit dadurch gelegt, dass an das Registrierungsverfahren für homöopathische Arzneimittel im Wesentlichen die Anforderungen gestellt werden, die für das Zulassungsverfahren vorgesehen sind. Andererseits sind diese Anforderungen dann nicht einzuhalten, wenn der Vertrieb von Mengen bis zu 1 000 Packungen erfolgt. Die Regelung bedeutet, dass es dem Gesetzgeber bei homöopathischen Arzneimitteln, die bis zu 1 000 Packungen pro Jahr auf den Markt kommen, auf Qualität und Unbedenklichkeit nicht ankommt. Erklärt wird die 1 000-Regelung als eine Art der industriellen Rezeptur, die im Einzelfall den speziellen Wünschen homöopathischer Ärzte nachkommen kann.[6] Weiter wird dem pharmazeutischen Unternehmer eine gewisse Eigenverantwortlichkeit unterstellt; durch die Möglichkeit der Überprüfung im Rahmen der Betriebsverordnung für pharmazeutische Unternehmer sei dem Risiko ebenfalls Rechnung getragen. Hält man die Regulierung homöopathischer Arzneimittel für notwendig, wie der Gesetzgeber dies tut, überzeugen diese Argumente nicht, zumal eine Kontrolle über die Abgabe in dem vorgesehen Umfang schwierig ist. Tatsächlich hat die Einfügung der 1 000-Regelung zu einer nicht unerheblichen Entlastung des BfArM geführt.

**9** Entgegen der Auffassung von Kloesel/Cyran[7] ist die Ausnahme auch unter Berücksichtigung der Einschränkungen durch § 38 Abs. 1 S. 3 2. HS Nr. 1 bis 3 nicht von Art. 5 Abs. 1 der Richtlinie 2001/83[8] gedeckt: Danach kann ein Mitgliedstaat in besonderen Bedarfsfällen Arzneimittel dann von der Genehmigung für das Inverkehrbringen ausnehmen, wenn sie aufgrund einer nach Treu und Glauben aufgegebenen Bestellung (. . .) geliefert werden und nach Angabe eines zugelassenen Angehörigen der Gesundheitsberufe hergestellt werden und zur Verabreichung an einen bestimmten Patienten unter seiner unmittelbaren persönlichen Verantwortung bestimmt sind. Diese Ausnahme findet sich in § 38 Abs. 1 S. 3 nicht wieder. Die Vorschrift enthält weder einen besonderen Bedarfsfall noch die Abgabe an den praktizierenden Arzt für die Anwendung bei dessen Patienten.

**10** 2. Enthalten die Fertigarzneimittel, die vom pharmazeutischen Unternehmer in einer Menge bis zu 1 000 Packungen in den Verkehr gebracht werden, Tierkörper oder Mikroorganismen, entfällt die Ausnahmeregelung. Gleiches gilt für die homöopathischen Arzneimittel, die nach Abs. 1 Nr. 2 Stoffe nicht homöopathischer Natur kleiner einem hundertsten Teil enthalten, die der Verschreibungspflicht unterliegen. Konsequent ist, dass die Ausnahme nach Abs. 1 Nr. 3 nicht für Arzneimittel gilt, die unter die Ziffern des § 39 Abs. 2 Nr. 3 bis 7 und 9 fallen und die deshalb nicht registriert werden könnten. Sprachlich ist die Regelung verunglückt: Gemeint ist, dass diese Arzneimittel nicht in den Verkehr gebracht werden dürfen, nicht, dass nicht registrierungsfähige Mittel einer Registrierung bedürfen.

---

[6] Kloesel, Cyran,§ 38 Nr. 15.
[7] § 38 Nr. 16.
[8] Vgl. Vor § 21 Fn. 2.

## VI. Registrierungsverfahren

### 1. Antrag, Vorprüfung

Nach § 38 Abs. 2 finden die Vorschriften der §§ 22 bis 24 für die Zulassung Anwendung einschließlich der Möglichkeit, die in § 22 Abs. 1a definierten Unterlagen auch in englischer Sprache einzureichen. Wesentliche Unterschiede bei der Antragstellung gibt es nicht (vgl. insbesondere Kommentierung zu § 22 und Kommentierung zu § 24). Ausgenommen von der Vorlagepflicht sind Angaben über Wirkungen und Anwendungsgebiete. Unterlagen und Gutachten über die klinische Prüfung sind nicht erforderlich, solche über die pharmakologisch-toxikologische Prüfung nur dann, wenn sich die Unbedenklichkeit des Arzneimittels nicht anderweitig nachweisen lässt. Auch sind für homöopathische Arzneimittel die Ergebnisse über die Durchführung von Lesbarkeitstests über die Packungsbeilage durch Patienten-Zielgruppen[9] nicht einzureichen. Diese Aspekte sind für den Antragsteller wesentlich: Weil diese Prüfungen einen großen Teil der Kosten im Vorfeld verursachen, ist für ihn der Weg über die Registrierung als homöopathisches Arzneimittel erheblich günstiger. Dies gilt jedenfalls dann, wenn er sich nicht auf eine Literaturzulassung berufen kann. Im übrigen hat der Antragsteller die Anforderungen zu erfüllen, die auch einem Antrag auf Zulassung eines nichthomöopathischen Arzneimittels gelten. 11

Eine Vorprüfung, die § 25a für andere Arzneimittel ermöglicht, ist für das Registrierungsverfahren nach dem Wortlaut des § 38 nicht vorgesehen. 12

### 2. Beurteilung der eingereichten Unterlagen

Bei der Beurteilung des Registrierungsverfahrens werden die auf der Grundlage des § 82 erlassenen Arzneimittelprüfrichtlinien für die Registrierung homöopathischer Arzneimittel zugrundegelegt.[10] Diese Richtlinien enthalten im Wesentlichen Vorschriften über die Qualitätsprüfung. Ihre Beachtung gewährleistet, dass ein Antrag auf Registrierung hinreichende Aussicht auf Erfolg hat. 13

### 3. Mängelrügen

Der Antragsteller hat die Möglichkeit, Mängel nach deren Rüge zu beseitigen sowie einen Anspruch auf die Beiziehung von Sachverständigen, vgl. § 39 Abs. 1 S. 6 i.V.m. § 28 Abs. 4, § 27 Abs. 2. Auch hier läuft das Registrierungsverfahren mit dem Zulassungsverfahren gleich. 14

### 4. Verfahrensbesonderheiten

Es fehlt beim Registrierungsverfahren eine Verweisung der §§ 24a, 24c und 24d (Verwendung von Unterlagen des Vorantragstellers, Nachforderung und allgemeine Verwertungsbefugnis). Dies bedeutet, dass der Antragsteller nicht auf Unterla- 15

---

9 Siehe näher § 22 Rn. 19.

10 Siehe näher § 26.

gen eines Vorantragstellers Bezug nehmen kann und auch die zuständige Bundesoberbehörde für homöopathische Arzneimittel nicht auf die für sie vorteilhaften Vorschriften über die Nachforderungen und der Allgemeinen Verwertungsbefugnis zurückgreifen kann. Anhaltspunkte, die eine Analogie der Vorschriften begründen könnten, sind nicht erkennbar. Da jedoch kein Verwertungsverbot besteht, hat dies nur geringe Bedeutung.

### VII. Sanktionen

#### Im Strafrecht

16 Strafbar macht sich, wer Fertigarzneimittel als homöopathische Arzneimittel ohne Registrierung in den Verkehr bringt, § 96 Nr. 9. Normadressat ist der pharmazeutische Unternehmer, ggf. auch der Apotheker.

#### Im Ordnungswidrigkeitenrecht

17 Ordnungswidrig handelt, wer fahrlässig Fertigarzneimittel als homöopathische Arzneimittel ohne Registrierung in den Verkehr bringt, § 97 Abs. 1. Normadressaten sind dieselben wie im Strafrecht.

## § 39
## Entscheidung über die Registrierung homöopathischer Arzneimittel, Verfahrensvorschriften

**(1) Die zuständige Bundesoberbehörde hat das homöopathische Arzneimittel zu registrieren und dem Antragsteller die Registrierungsnummer schriftlich zuzuteilen. § 25 Abs. 4 und 5 Satz 5 findet entsprechende Anwendung. Die Registrierung gilt nur für das im Bescheid aufgeführte homöopathische Arzneimittel und seine Verdünnungsgrade. Die zuständige Bundesoberbehörde kann den Bescheid über die Registrierung mit Auflagen verbinden. Auflagen können auch nachträglich angeordnet werden. § 28 Abs. 2 und 4 findet Anwendung.**

**(2) Die zuständige Bundesoberbehörde hat die Registrierung zu versagen, wenn**
**1. die vorgelegten Unterlagen unvollständig sind,**
**2. das Arzneimittel nicht nach dem jeweils gesicherten Stand der wissenschaftlichen Erkenntnisse ausreichend analytisch geprüft worden ist,**
**3. das Arzneimittel nicht die nach den anerkannten pharmazeutischen Regeln angemessene Qualität aufweist,**
**4. bei dem Arzneimittel der begründete Verdacht besteht, dass es bei bestimmungsgemäßem Gebrauch schädliche Wirkungen hat, die über ein nach den Erkenntnissen der medizinischen Wissenschaft vertretbares Maß hinausgehen,**
**4a. das Arzneimittel zur Anwendung bei Tieren bestimmt ist, die der Gewinnung von Lebensmitteln dienen, und es einen pharmakologisch wirksamen Bestandteil enthält, der nicht in Anhang II der Verordnung (EWG) Nr. 2377/90 aufgeführt ist,**
**5. die angegebene Wartezeit nicht ausreicht,**
**5a. das Arzneimittel, sofern es zur Anwendung bei Menschen bestimmt ist, nicht zur Einnahme und nicht zur äußerlichen Anwendung bestimmt ist,**
**5b. das Arzneimittel mehr als einen Teil pro Zehntausend der Ursubstanz oder bei Arzneimitteln, die zur Anwendung bei Menschen bestimmt sind, mehr als den hundertsten Teil der in allopathischen der Verschreibungspflicht nach § 48 unterliegenden Arzneimitteln verwendeten kleinsten Dosis enthält,**
**6. das Arzneimittel der Verschreibungspflicht unterliegt; es sei denn, dass es ausschließlich Stoffe enthält, die in Anhang II der Verordnung (EWG) Nr. 2377/90 aufgeführt sind,**
**7. das Arzneimittel nicht nach einer im Homöopathischen Teil des Arzneibuches beschriebenen Verfahrenstechnik hergestellt ist,**
**7a. wenn die Anwendung der einzelnen Wirkstoffe als homöopathisches oder anthroposophisches Arzneimittel nicht allgemein bekannt ist,**
**8. für das Arzneimittel eine Zulassung erteilt ist,**
**9. das Inverkehrbringen des Arzneimittels oder seine Anwendung bei Tieren gegen gesetzliche Vorschriften verstoßen würde.**

**(2a) Ist das Arzneimittel bereits in einem anderen Mitgliedstaat der Europäischen Union oder in einem anderen Vertragsstaat des Abkommens über den Europäischen Wirtschaftsraum registriert worden, ist die Registrierung auf der Grundlage dieser Entscheidung zu erteilen, es sei denn, dass ein Versagungsgrund nach Absatz 2 vorliegt. Für die Anerkennung der Registrierung eines anderen Mitgliedstaates findet Kapitel 4 der Richtlinie 2001/83/EG und für Arzneimittel, die zur Anwendung bei Tieren bestimmt sind, Kapitel 4 der Richtlinie 2001/82/EG entsprechende Anwendung; Artikel 29 Abs. 4, 5 und 6 und die Artikel 30 bis 34 der Richtlinie 2001/83/EG sowie Artikel 33 Abs. 4, 5 und 6 und die Artikel 34 bis 38 der Richtlinie 2001/82/EG finden keine Anwendung.**

**(2b) Der Antragsteller hat der zuständigen Bundesoberbehörde unter Beifügung entsprechender Unterlagen unverzüglich Anzeige zu erstatten, wenn sich Änderungen in den Angaben und Unterlagen nach § 38 Absatz 2 Satz 1 ergeben. § 29 Absatz 2 und 2a gilt entsprechend. Die Verpflichtung nach Satz 1 hat nach Erteilung der Registrierung der Inhaber der Registrierung zu erfüllen. Eine neue Registrierung ist in folgenden Fällen zu beantragen:**
1. **bei einer Änderung der Zusammensetzung der Wirkstoffe nach Art oder Menge, einschließlich einer Änderung der Potenzstufe,**
2. **bei einer Änderung der Darreichungsform, soweit es sich nicht um eine Änderung nach § 29 Absatz 2a Satz 1 Nummer 3 handelt,**
3. **bei einer Verkürzung der Wartezeit, soweit es sich nicht um eine Änderung nach § 29 Absatz 2a Satz 1 Nummer 6 handelt.**

**(2c) Die Registrierung erlischt nach Ablauf von fünf Jahren seit ihrer Erteilung, es sei denn, dass spätestens sechs Monate vor Ablauf der Frist ein Antrag auf Verlängerung gestellt wird. Für das Erlöschen und die Verlängerung der Registrierung gilt § 31 entsprechend mit der Maßgabe, dass die Versagungsgründe nach Absatz 2 Nr. 3 bis 9 Anwendung finden.**

**(2d) Für Rücknahme, Widerruf und Ruhen der Registrierung gilt § 30 Absatz 1 Satz 1, Absatz 2, 2a, 3 und 4 entsprechend mit der Maßgabe, dass die Versagungsgründe nach Absatz 2 Nummer 2 bis 9 Anwendung finden.**

**(2e) § 34 Absatz 1 Satz 1 Nummer 1 bis 7, Absatz 1a Nummer 1, 3 und Absatz 1b gilt entsprechend.**

**(3) Das Bundesministerium wird ermächtigt, für homöopathische Arzneimittel entsprechend den Vorschriften über die Zulassung durch Rechtsverordnung ohne Zustimmung des Bundesrates Vorschriften über die Kosten und die Freistellung von der Registrierung zu erlassen. Die Rechtsverordnung ergeht im Einvernehmen mit dem Bundesministerium für Ernährung, Landwirtschaft und Verbraucherschutz, soweit es sich um Arzneimittel handelt, die zur Anwendung bei Tieren bestimmt sind. § 36 Abs. 4 gilt für die Änderung einer Rechtsverordnung über die Freistellung von der Registrierung entsprechend.**

**Übersicht** **Rz.**



## I. Die Bedeutung der Norm

§ 39 enthält, ebenso wie § 38, Regelungen die den Besonderheiten der homöopathischen Arzneimittel gerecht werden sollen. Sie lehnen sich in vielen Fällen an das Zulassungsverfahren an. Die Entscheidung darüber, ob ein Arzneimittel als homöopathisch eingestuft und als solches registriert wird, hat die gleiche Bedeutung wie eine Entscheidung über die Zulassung (vgl. Kommentierung zu § 25). Erst mit seiner Registrierung wird es verkehrsfähig. Sofern keine speziellen Vorschriften bestehen, sind für das Registrierungsverfahren ergänzend die Vorschriften des allgemeinen Verwaltungsverfahren heranzuziehen es sei denn, dass dies dem Willen des Gesetzgeber im Einzelfall entgegensteht. 1

## II. Erteilung und Inhalt der Registrierung, Verlängerung

Der Bescheid über die Registrierung ist ein begünstigender Verwaltungsakt. Er ist dem Antragsteller bekannt zu geben. Schriftform sieht die Vorschrift zwar nur für die Mitteilung der zugeteilten Registrierungsnummer vor, in der Praxis wird die Schriftform auch für jeden Bescheid über den Registrierungsantrag beachtet werden; anderenfalls verlängert sich die Frist über den möglichen Widerspruch entsprechend der allgemeinen verwaltungsrechtlichen Vorschriften auf ein Jahr. Der Bescheid über die Registrierung hat das konkrete homöopathische Arzneimittel sowie seine Verdünnungsgrade, welches im Register aufgenommen wird, zu enthalten. 2

Soweit der Antragsteller die nach § 38 Abs. 2 erforderlichen Unterlagen eingereicht hat, hat die zuständige Bundesoberbehörde das homöopathische Arzneimittel innerhalb eines Zeitraumes von sieben Monaten zu registrieren. Dies ergibt sich aus der Verweisung des § 39 Abs. 1 Satz 6, der § 28 Abs. 4 für anwendbar erklärt. Dieser verweist auf § 27 Abs. 1, wo die Sieben-Monats-Frist zu finden ist. Die Registrierung, nicht die Mitteilung an den pharmazeutischen Unternehmer hierüber, macht das Produkt verkehrsfähig. Die Frist wird gehemmt, wenn die zuständige Bundesoberbehörde von ihrer Auflagenbefugnis Gebrauch machen will. 3

In diesem Falle ist der Antragsteller berechtigt, eine Stellungnahme abzugeben (vgl. auch Kommentierung zu § 27).

4 Die Registrierung wird nach § 39 Abs. 2c zunächst für fünf Jahre erteilt. Eine zeitlich unbegrenzte Verlängerung ist in dem Zeitraum von sechs Monaten vor Ablauf der Frist zu beantragen. Im übrigen gelten die Ausführungen zu § 31 über die Verlängerung und das Erlöschen der Zulassung entsprechend.

### III. Wirkung der Registrierung

5 Die Registrierung bewirkt, dass das homöopathische Arzneimittel verkehrsfähig wird. Weiter verpflichtet der Gesetzgeber ihren Inhaber: Er hat alle sonstigen, für nicht verschreibungspflichtige Arzneimittel erforderlichen Anforderungen zu erfüllen. Hierzu zählen beispielsweise die Vorschriften über den Vertriebsweg nach § 47 und die Anzeigepflicht nach § 29.

### IV. Auflagenbefugnis

6 Nach § 39 Abs. 1 Satz 3 und 4 kann die zuständige Bundesoberbehörde den Bescheid über die Registrierung mit Auflagen verbinden oder diese nachträglich anordnen (vgl. die Kommentierungen zu § 28).

### V. Standardregistrierungen

7 Über Abs. 3 können homöopathische Arzneimittel durch Rechtsverordnung des Bundesgesundheitsministerium von der Registrierung freigestellt werden. Hierin liegt die eigentliche Erleichterung für den pharmazeutischen Unternehmer: Gegenwärtig sind 336 Monographien, die im Homöopathischen Arzneibuch enthalten sind, von der Freistellung umfasst.[1] Dies bedeutet, dass pharmazeutische Unternehmer, die homöopathischen Arzneimittel vertreiben, die auf der Grundlage dieser Monographien hergestellt werden, keine Einzelregistrierung beantragen müssen. Die Freistellung hat auch zu einer Entlastung der zuständigen Bundesoberbehörde geführt.

### VI. Versagung der Registrierung

8 Der in § 39 Abs. 2 Nr. 1 bis 9 geregelte Katalog der Versagungsgründe über die Registrierung von homöopathischen Arzneimitteln ist abschließend; die Gründe müssen nicht kumulativ vorliegen.[2] Weiter ergibt sich aus der Formulierung „hat“ im ersten Teilsatz, dass die zuständige Bundesoberbehörde keinen Ermessensspielraum bei der Frage hat, ob registriert wird, wenn einer der Versagungsgründe vorliegt. Das Ermessen bei der Beurteilung, ob im Einzelfall ein Versagungsgrund vorliegt oder nicht, wird von der Formulierung nicht berührt. Im Einzelnen:

---

1 VO über Standardregistrierungen von Arzneimitteln vom 03.12.1982, BGBl. I S. 1602, zuletzt geändert durch VO vom 07.07.2007, BGBl. I S. 1387.

2 So auch Sander, § 39 Anm. 3.

## 1. Unvollständige Unterlagen

Es müssen alle Unterlagen eingereicht werden, die § 38 Abs. 2 fordert. Jede Unterlage muss alle für sie erforderlichen Inhalte aufweisen[3]. 9

Nach § 25 Abs. 4 ist dem Antragsteller bei Beanstandungen der zuständigen Bundesoberbehörde Gelegenheit zu geben, seine Unterlagen innerhalb angemessener Frist zu vervollständigen (vgl. zur Mängelrüge die Kommentierung zu § 25). Auch Unvollständigkeit ist ein Mangel. 10

## 2. Unzureichende analytische Prüfung

Die Vorlage der Ergebnisse über physikalische, chemische, biologische oder mikrobiologische Versuche sowie die zu ihrer Ermittlung angewandten Methoden ist für den Antragsteller eines homöopathisches Arzneimittels obligatorisch und führt bei fehlender oder unzureichender Prüfung zur Zurückweisung des Registrierungsantrages. Die Prüfung ist dann ausreichend, wenn sie dem jeweils gesicherten Stand der einschlägigen Wissenschaft entspricht. Regelmäßig wird die analytische Prüfung dem jeweils gesicherten Stand der wissenschaftlichen Erkenntnisse dann entsprechen, wenn die Vorgaben der nationalen Arzneimittelprüfrichtlinien vollständig eingehalten werden. Alternativ können die Vorschriften des Anhang I der Richtlinie 2001/83/EG[4] herangezogen werden (vgl. die Kommentierungen zu § 26). Dennoch könnte die Wortwahl der „ausreichenden" analytischen Prüfung der zuständigen Bundesoberbehörde im Einzelfall einen Ermessensspielraum einräumen, der theoretisch zu einem anderen Ergebnis führen kann, falls Richtlinien und Stand der Wissenschaft erkennbar nicht mehr korrespondieren. 11

## 3. Keine angemessene Qualität des Arzneimittels

Der Wortlaut des Abs. 2 Nr. 3 korrespondiert mit der Vorschrift zur Qualität des § 25 Abs. 2 Nr. 3 im Zulassungsverfahren. Zur Entscheidungsfindung hilft auch hier das Gutachten eines Sachverständigen, das darüber Aufschluss geben muss, ob das Arzneimittel die nach den anerkannten pharmazeutischen Regeln angemessene Qualität aufweist, § 24 Abs. 1 Nr. 1. Während der Versagungsgrund nach Nr. 2 sich auf die Qualität der analytischen Prüfung bezieht, ist die Registrierung nach Nr. 3 dann zu versagen, wenn der Qualitätsnachweis nicht geführt werden kann. Die analytische Prüfung muss ergeben, dass das Arzneimittel in seiner Beschaffenheit, die nach Identität, Gehalt, Reinheit, sonstigen chemischen, physikalischen, biologischen Eigenschaften oder durch das Herstellungsverfahren bestimmt wird, § 4 Abs.. 15, den anerkannten pharmazeutischen Regeln entspricht. 12

---

3 Zur Vorlage von Nachweisen über eine ausreichende Begründung von Kombinationspräparaten im Nachzulassungsverfahren: BVG, Urteil vom 16.10.2008, AZ BVerwG 3 C 23.07, abrufbar unter www.arzneimittel-und-recht.de.

4 Siehe Fn. 2 Vor § 21.

### 4. Verdacht auf schädliche Wirkungen

13 Abs. 2 Nr. 4 enthält unbestimmte Rechtsbegriffe, die im Einzelfall zu Abgrenzungsschwierigkeiten führen können. Grundsätzlich gilt das zur Kommentierung des § 25 Gesagte. Wesentlicher Unterschied beim homöopathischen Arzneimittel ist jedoch, dass eine therapeutische Wirksamkeit regelmäßig nicht nachweisbar ist. Folglich ist der Ansatz der Nutzen-Risiko-Bilanz bei der Beurteilung der schädlichen Wirkungen für homöopathische Arzneimitteln nicht brauchbar: Diese Bilanz wird aus der Abwägung zwischen der Schädlichkeit einerseits und dem therapeutischen Nutzen andererseits gebildet. Wo auf den Nachweis der therapeutischen Wirksamkeit verzichtet wird, kann auch der therapeutische Nutzen kaum gegenüber der Schädlichkeit abgewogen werden. Dieser Versagungsgrund ist überwiegend theoretischer Natur.

14 Dennoch geht der Gesetzgeber davon aus, dass auch bei einem registrierungspflichtigen homöopathischen Arzneimittel nicht ausgeschlossen werden könne, dass es nach § 5 so bedenklich ist, dass es verboten werden könnte und somit auch eine Registrierung zu versagen sein würde. Auch diesem Ansatz wird kaum praktische Bedeutung zukommen: Wenn der Gesetzgeber etwas als Arzneimittel definiert, für dieses aufgrund seiner hohen Verdünnungsgrade eine therapeutische Wirksamkeit nicht nachgewiesen werden kann, so ist es unwahrscheinlich, dass bei diesen Produkten mit geringen Gehalten an wirksamen Bestandteilen schädliche Wirkungen auftreten. Dies ergibt sich auch aus Artikel 14 der Richtlinie 2001/83, wonach ein homöopathisches Arzneimittel dann dem vereinfachten Registrierungsverfahren unterliegen kann, wenn gewährleistet ist, dass es einen Verdünnungsgrad aufweist, der die Unbedenklichkeit des Arzneimittels garantiert.[5] Ist das Arzneimittel im Homöopathischen Arzneibuch, im Arzneibuch der Europäischen Union oder eines anerkannten Drittlandes enthalten, wird auf europarechtlicher Ebene unterstellt, dass keine schädlichen Wirkungen auftreten.[6] Für Abs. 2 Ziffer 4 bleibt damit wenig Raum.

### 5. Arzneimittel, das zur Anwendung bei Tieren bestimmt ist

15 Ein vereinfachtes Registrierungsverfahren ist für Anträge nur noch für homöopathische Tierarzneimittel für solche Tiere möglich, die nicht der Gewinnung von Lebensmitteln dienen, soweit sie einen pharmakologisch wirksamen Bestandteil haben und dieser nicht in den definierten Vorgaben der europäischen Bestimmungen zu finden ist.

### 6. Wartezeit

16 Was die Wartezeit ist, definiert § 4 Abs. 12.

---

[5] Siehe Fn. 3 zu den Vorbemerkungen dieses Abschnittes.

[6] So auch Sander, § 39 Anm. 7.

### 7. Injektionspräparate

Der Europäische Gesetzgeber hat die Einschränkung für Darreichungsformen, die nicht zur Einnahme oder zur äußerlichen Anwendung bestimmt sind, mit der Begründung für erforderlich gehalten, dass sie potentielle Risiken bergen.[7] Wenn Injektionen zur Verletzung des Körpers führen können, so wäre auch eine Einschränkung dergestalt, dass nur an Ärzte abgegeben werden darf, ausreichend gewesen und hätte das mildeste Mittel zu Risikominimierung dargestellt. Stattdessen unterliegen diese homöopathischen Arzneimittel komplett den Vorschriften über die Zulassungspflicht – ohne therapeutisch nachweisbare Wirksamkeit wird eine Zulassung allerdings nicht erteilt. 17

### 8. Die 1:10.000er Regelung

Diese Einschränkung folgt Art. 14 Abs. 1 3. Spiegelstrich der Richtlinie 2001/83 über die Regelungen zum vereinfachten Registrierungsverfahren von homöopathischen Arzneimitteln. Die 1:10.000er Regelung wird auf die Ursubstanz, also die Endkonzentration des Wirkstoffes, bezogen. Diese Ursubstanz selbst kann ihrerseits bereits eine Verdünnung sein. 18

### 9. Verschreibungspflicht

Diese Einschränkung folgt § 48, der Regelungen zur Verschreibungspflicht beinhaltet (vgl. Kommentierung zu § 48). Aus Gründen des Verbraucherschutzes ist die Versagung der Registrierung nachvollziehbar und richtig. Nr. 5b enthält im 2. Halbsatz eine Ausnahme: Arzneimittel, die zur Anwendung bei Menschen bestimmt sind und nicht mehr als den hundersten Teil der verwendeten kleinsten Dosis enthält die der allopathischen Verschreibungspflicht unterliegen, werden registriert. 19

### 10. Verfahrenstechnik

Nicht erforderlich ist, dass das homöopathische Arzneimittel selbst im homöopathischen Teil des Arzneibuches enthalten ist. Zwingend erforderlich ist jedoch nach Ziffer 7, dass die Herstellung des Präparates auf der Grundlage der dort beschriebenen Technik erfolgt. Faktisch werden damit nur diejenigen homöopathischen Arzneimittel registriert, die im Arzneibuch enthalten sind, weil die Verfahrenstechnik sich jeweils auf ein konkretes Mittel bezieht und nicht abstrakt beschrieben wird. Darüber hinaus ist § 4 Abs. 26 bei der Beurteilung nach Nr. 7 ergänzend heranzuziehen: § 4 Abs. 26 stellt klar, dass es sich nicht um ein deutsches Arzneibuch handeln muss, sondern um eines, welches in der Europäischen Union 20

---

[7] Vgl. zu den alten Vorschriften: Einleitung der RiLi 92/73/EWG zur Erweiterung des Anwendungsbereiches der RiLi 65/65/EWG und der RiLi 75/319/EWG zur Angleichung der Rechts- und Verwaltungsvorschriften über Arzneimittel und zur Festlegung zusätzlicher Vorschriften für homöopathische Arzneimittel vom 22.09.1992, ABl. L 297 vom 13.10.1992, S. 8.

vorhanden ist. Weiter hat eine Registrierung auch dann zu erfolgen, wenn kein Arzneibuch vorhanden ist, wohl aber das Arzneimittel nach einer gebräuchlichen Pharmakopöen (für antrophosophische Arzneimittel) hergestellt wurde, die in den Mitgliedstaaten der Europäischen Union offiziell anerkannt sind. Insoweit wäre eine Klarstellung in Nr. 7 hilfreich.

### 11. Allgemeine Bekanntheit

**21** Die bisherige Vorschrift lautete: „wenn die Anwendung als homöopathisches oder anthroposophisches Arzneimittel nicht allgemein bekannt ist". Nach der 14. AMG-Novelle lautet sie: „wenn die Anwendung der einzelnen Wirkstoffe (...) nicht allgemein bekannt sind". Eine Begründung hierzu ist nicht zu finden.

**22** Die Historie erklärt sich wie folgt: Der Gesetzgeber sah die alte Vorschrift im Einklang mit der zunächst geltenden Richtlinie für homöopathische Arzneimittel.[8] Dieser Auffassung haben wir bereits in der Vorauflage widersprochen: Die Richtlinie enthielt keine Beschränkung darauf, dass ein homöopathisches Arzneimittel allgemein bekannt sein muss. Den Erwägungen war lediglich zu entnehmen, dass es in einigen Mitgliedstaaten eine homöopathische Tradition gibt; Art. 7 der Richtlinie sah die allgemeine Bekanntheit gerade nicht vor. Mit Sander[9] ist auch dem Europäischen Gerichtshof zu folgen, wonach der nationale Gesetzgeber nicht befugt ist, andere als in den europäischen Vorschriften abschließend aufgeführte Versagungsgründe vorzusehen.[10] Dies gilt nicht nur für die Versagungsgründe bei der Zulassung, dem Ruhen oder dem Widerruf eines Arzneimittels, sondern auch für die Registrierung homöopathischer Arzneimittel. Auch die Auffassung des OVG Berlin,[11] wonach es nicht nur darauf ankäme, dass ein homöopathisches Arzneimittel nach den Regeln der Homöopathie hergestellt, sondern auch vom Verbraucher so angewendet werden müsse, findet im Wortlaut der Richtlinie 92/73/EWG keine Stütze. § 39 Abs. 7a wurde in der Literatur auch von Pannenbecker kritisiert.[12] Dass diese Kritik berechtigt war, hat der EuGH mit seinem Urteil vom 12.5.2005 bestätigt[13]: Der Wortlaut verstieß gegen die nunmehr geltenden Art. 14 und Art. 15 der Richtlinie 2001/83; allein der oder die Wirkstoff (e), nicht das Arzneimittel selbst, muss allgemein bekannt sein. Diese Entscheidung dürfte der Grund der gesetzlichen Änderung sein.

---

8 Siehe Fn. 7.

9 Erl. § 39 Nr. 10a.

10 Rs. C-83/92 Pierrel SpA u.a./Ministero della Sanita.

11 OVG Berlin vom 23.06.1994, bei: Sander, Entscheidungssammlung, § 39 Nr. 1.

12 Die allgemeine Bekanntheit der Anwendung als homöopathisches Arzneimittel i.S.d. § 39 Abs. 2 Nr. 7a AMG als „K.O.-Kriterium" bei der Registrierung?, PharmaR 2004, 181ff.

13 PharmaR 2005, 274ff.

### 12. Vorliegen einer Zulassung

Nr. 8 des Abs. 2 stellt klar, dass eine Registrierung nicht mehr erfolgt, wenn bereits eine Zulassung nach §§ 21ff. besteht. Der Vorschrift ist weiter zu entnehmen, dass dem Antragsteller die Wahl verbleibt, ein homöopathisches Arzneimittel nicht „nur" registrieren zu lassen, sondern dem Zulassungsverfahren zu unterwerfen. Dies bedeutet auch, dass die zuständige Bundesoberbehörde den Antragsteller im laufenden Zulassungsverfahren nicht auf den Weg der Registrierung verweisen darf. Der Wortlaut lässt offen, ob die Registrierung nur bei einer rechtsbeständigen Zulassung versagt werden darf. Da die Anforderungen an eine Registrierung zwingend sind, ist es zu bejahen. **23**

### 13. Verstoß gegen geltendes Recht

Aus dem Rechtstaatsprinzip des Art. 20 Abs. 3 GG ergibt sich bereits die Verpflichtung der vollziehenden Gewalt, Gesetz und Recht zu beachten; die Vorschrift, wonach die Registrierung zu versagen ist, wenn das Inverkehrbringen des Arzneimittels gegen gesetzliche Vorschriften verstoßen würde, hat deshalb nur deklaratorischen Charakter. Der Grundsatz richtet sich an die Verwaltung, nicht an den Bürger. Weiter ist die Regelung einschränkend dahingehend auszulegen, dass unter „gesetzlichen Vorschriften" ausschließlich öffentlich-rechtliche Vorschriften zu subsumieren sind. Anderenfalls würde gegen das Gebot der Gewaltenteilung verstoßen, wenn die zuständige Bundesoberbehörde die Befugnis darüber eingeräumt würde, über privatrechtliche Fragen, wie beispielsweise die Verletzung von gewerblichen Schutzrechten, zu befinden und ihre Ergebnisse hierüber bei der Entscheidung über die Registrierung einfließen würden. Dies bleibt den Gerichten vorbehalten. **24**

Bei Nr. 9 kommen alle öffentlichen Rechtsvorschriften, insbesondere solche zur Sicherheit der Verbraucher, in Betracht. Die allgemeine Wortwahl, die sich wie § 25 Abs. 7 nur auf Tiere, nicht auf Menschen bezieht, ermöglicht eine schnelle Reaktion der Behörden für den Fall, dass neue Rechtsvorschriften erlassen werden, die die Anwendung von Arzneimitteln bei Tieren verbietet. **25**

## VII. Rücknahme, Widerruf und Ruhen der Registrierung

Mit der AMG-Novelle 2009 wurde ein weiter Gleichlauf mit den Vorschriften des Zulassungsverfahrens dadurch eingeführt, dass durch den Absatz 2d die Anwendbarkeit des § 30 eingeführt wurde. Die bisherige Rechtsverordnungsermächtigung in Abs. 3 Nr. 1 ist überflüssig und daher aufgehoben worden. Der Gesetzgeber hat damit die Aufspaltung zwischen Gesetz und Rechtsverordnung aus Gründen der Vereinfachung aufgegeben.[14] Die Änderungen sind zu begrüßen. Inhaltlich wird auf die Ausführungen von § 30 verwiesen. **26**

---

[14] BT-Drucksache 16/12296 vom 15.03.2009, S. 49.

### VIII. Änderungsanzeige, Information der Öffentlichkeit

27 Nach Abs. 2(b) ist der Inhaber einer Registrierung verpflichtet, es der Bundesoberbehörde anzuzeigen, wenn sich Änderungen in den nach § 38 Abs. 2 S. 1 vorgelegten Unterlagen ergeben. Sie bedürfen unter den Voraussetzungen des § 29 Abs. 2a der Zustimmung der Bundesoberbehörde, siehe insoweit die Kommentierung zu § 29. Eine neue Registrierung ist nach Abs. 2(b) dann erforderlich, wenn es sich um Änderungen in der Zusammensetzung der Wirkstoffe, der Änderung der Darreichungsform oder um die Verkürzung der Wartezeit handelt. Bei der Darreichungsform und der Verkürzung der Wartezeit ist dann jedoch keine neue Registrierung, sondern nur die Zustimmung der Bundesoberbehörde erforderlich, wenn diese Änderungen bereits von § 29 Abs. 2a umfasst werden. Wenn es sich beispielsweise bei der Darreichungsform um eine solche handelt, die mit der bereits zugelassenen vergleichbar ist, ist die Zustimmung der Bundesoberbehörde ausreichend.

28 Die Informationspflicht nach Abs. 2(e) entspricht inhaltlich im Wesentlichen der bisherigen Regelung.

### IX. Verantwortung des Antragstellers

29 Trotz Prüfung durch die zuständige Bundesoberbehörde bleibt der pharmazeutische Unternehmer dafür verantwortlich, dass sein Arzneimittel in den Verkehr und zur Anwendung durch den Verbraucher kommt; § 25 Abs. 10, der dies klarstellt, gilt entsprechend (vgl. Kommentierungen zu § 25).

### X. Kosten

30 Auf der Grundlage des § 39 Abs. 3 hat die Bundesregierung am 24. 10. 2003 eine Kostenverordnung für die Registrierung homöopathischer Arzneimittel erlassen.[15] Ein Vergleich mit den Kosten, die im Zulassungsverfahren anfallen können, zeigt, dass der pharmazeutische Unternehmer von homöopathischen Arzneimittel ein großes Interesse an der Registrierungsfähigkeit seines Arzneimittels haben muss: Je nach Menge der arzneilich wirksamen Bestandteile werden Gebühren zwischen Euro 1.080,00 für einen wirksamen Bestandteil und Euro 2.350,00 für mehr als vier arzneilich wirksame Bestandteile erhoben. Erhöhungsmöglichkeiten, auch bei verschiedenen Darreichungsformen, wegen hohen Aufwandes oder der Erteilung von Auflagen, sind nicht inbegriffen. Zur selbständigen Anfechtbarkeit von Kostenbescheiden (vgl. die Kommentierungen zu § 33).

### XI. Verfahren der gegenseitigen Anerkennung und dezentralisiertes Verfahren für homöopathische Arzneimittel

31 Nach der Änderung durch die 14. AMG-Novelle ist es gemäß Abs. 2a möglich, homöopathische Arzneimittel in den Ländern der Europäischen Union durch diese

[15] BGBl. I, S. 2158.

Verfahren registrieren zu lassen. Der Verfahrensablauf ergibt sich im Wesentlichen aus den Vorbemerkungen Vor § 21 mit der Einschränkung, dass die Europäische Agentur nicht als Schiedsbehörde und die Kommission nicht als Entscheidungsträger fungieren, auch die Bildung von Ausschüssen ist nicht vorgesehen.

## XII. Rechtsverordnungsermächtigung

Das Bundesministerium hat von der Verordnungsermächtigung Gebrauch gemacht: Erlassen wurden Kostenverordnungen sowie solche über die Standardzulassungen. Die bisherige Verordnung über homöopathische Arzneimittel wurde durch die Ergänzungen der Verfahrensvorschriften in vorliegendem § 39 aufgehoben und die bisherige Ermächtigung des Abs. 3 Nr. 1 gestrichen, siehe Rz. 26. **32**

## XIII. Rechtsbehelfe

Widerspruch und Anfechtungsklage des Antragstellers sind die richtigen Rechtsbehelfe, wenn die zuständige Bundesoberbehörde die Registrierung nicht erteilt hat. Unzulässig ist ein Widerspruch durch den Hersteller gegen einen Registrierungsbescheid, der zugunsten eines Parallelimporteurs erlassen wurde: Das VG Berlin[16] hält den Rechtsbehelf für unzulässig, weil der Hersteller nicht in seinen Rechten verletzt ist. **33**

[16] PharmaR 1999, 86ff.

## § 39a
## Registrierung traditioneller pflanzlicher Arzneimittel

**Fertigarzneimittel, die pflanzliche Arzneimittel und Arzneimittel im Sinne des § 2 Abs. 1 sind, dürfen als traditionelle pflanzliche Arzneimittel nur in den Verkehr gebracht werden, wenn sie durch die zuständige Bundesoberbehörde registriert sind. Dies gilt auch für pflanzliche Arzneimittel, die Vitamine oder Mineralstoffe enthalten, sofern die Vitamine oder Mineralstoffe die Wirkung der traditionellen pflanzlichen Arzneimittel im Hinblick auf das Anwendungsgebiet oder die Anwendungsgebiete ergänzen.**

**Übersicht** **Rz.**



**Literatur**

Heßhaus, Die Registrierung traditioneller pflanzlicher Arzneimittel – Zwischen Bestandsschutz und Neuentwicklung, PharmaR 2006, S. 158; Krüger, Registrierung traditioneller pflanzlicher Arzneimittel – Chancen und Möglichkeiten, PharmaR 2006, S. 572; Stolte, Pflanzliche und traditionelle Arzneimittel, PharmaR 2008, S. 133; Winnands, Traditionelle pflanzliche Arzneimittel zwischen Nachzulassung und Registrierung, Arzneimittel & Recht 2006, S. 159; Zuck, Anthroposophic Use (2008), abrufbar unter www.ivaa.info.

### I. Die Bedeutung der Norm

**1** Bisher konnten traditionelle Arzneimittel nach § 109a im Wege des erleichterten Nachzulassungsverfahren in den Markt gebracht werden. Mit der Richtlinie 2004/24/EG[1] wurden innerhalb der Europäischen Union einheitliche Regelungen für traditionelle pflanzliche Arzneimittel geschaffen. Die §§ 39a bis d dienen im Wesentlichen der Umsetzung dieser Richtlinie, deren Regelungen als Art. 16a bis Art. 16i in die Richtlinie 2001/83 aufgenommen wurden (siehe auch der Überblick in den Vorbemerkungen zu §§ 38ff., Rz. 3). Dieses spezielle vereinfachte Registrierungsverfahren kommt dann in Betracht, wenn zureichende veröffentlichte wissenschaftliche Literatur zum Nachweis der allgemeinen medizinischen Verwendung des Arzneimittels vorliegt, die Wirksamkeit anerkannt und der Sicherheitsgrad gewährleistet ist. Statt dem Nachweis durch veröffentlichte wissenschaftliche Literatur kann sich der Antragsteller auf gemeinschaftliche Pflanzenmonographien oder darauf berufen, dass das Arzneimittel in einer Listenposition enthalten ist, die von dem speziell Ausschuss eingerichteten Ausschuss HMPC bei der Europäischen Agentur erstellt wurde. Weiter ist es nach den Erwägungsgründen der Richt-

---

[1] Siehe Fn. 1 zu den Vorbemerkungen dieses Abschnittes.

linie 2004/24 erforderlich, dass das Arzneimittel in der Europäischen Union ausreichend lange medizinisch verwendet wurde und die notwendigen physikalisch-chemischen, biologischen und mikrobiologischen Tests nachgewiesen werden. Konkret bedeutet dies, dass ein traditionell pflanzliches Arzneimittel dann registriert wird, wenn es mindestens 30 Jahre verwendet wurde und grundsätzlich davon die Verwendung 15 Jahre innerhalb der Europäischen Union stattfand (§ 39b Abs. 1 Nr. 4), die Wirksamkeit des Mittels plausibel ist (§ 39b Abs. 1 Nr. 4), die Anwendung oral, äußerlich oder zur Inhalation vorgesehen ist (§ 39c Abs. 2 Nr. 7), die Anwendung ohne ärztliche Aufsicht erfolgt (§ 39c Abs. 2 Nr. 2) und das Arzneimittel nach § 39c Abs. 2 Nr. 6 ausschließlich Wirkstoffe in einer bestimmten Dosierung und Stärke enthält.

Wie § 38 impliziert auch § 39a, dass Bestandteile eines traditionellen pflanzlichen Arzneimittels Gefahren für den Verbraucher beinhalten können. Das Registrierungsverfahren entspricht ebenfalls wie das Verfahren für homöopathische Arzneimittel im Wesentlichen dem Zulassungsverfahren. Auf die Durchführung der pharmakologisch-toxikologischen und auf die klinische Prüfung, einschließlich der Vorlage aller Unterlagen gemäß § 22 Abs. 2 Nr. 2 bis 7 wird hingegen verzichtet. Die Vorlage von Unterlagen nach § 22 Abs. 3 (anderes wissenschaftliches Erkenntnismaterial) ist nicht möglich. Abweichend von dem Registrierungsverfahren nach § 38 Abs. 2 Satz 1 wird bei den Unterlagen für traditionell pflanzliche Arzneimittel nicht auf die Vorlage des sogenannten Lesbarkeitstests der Packungsbeilage verzichtet. 2

Nach § 10 Abs. 4a hat der pharmazeutische Unternehmer zusätzliche Angaben auf der Verpackung und nach § 11 Abs. 3b auf der Packungsbeilage anzubringen. Er darf nach § 4 HWG nur werben, wenn er angibt: „Traditionelles pflanzliches Arzneimittel zur Anwendung bei (...) ausschließlich aufgrund langjähriger Anwendung“. 3

Dem Verfahren kommt deshalb eine große Bedeutung zu, weil es nach der Übergangsfrist zwingend durchzuführen ist, wenn der pharmazeutische Unternehmer nicht den Weg des „well established medicinal use“ nach §§ 21ff. beschreiten kann oder will. Die Übergangsfrist ist Ende 2008 ausgelaufen. Wenn für diese Arzneimittel nach § 141 Abs. 14 keinen Antrag auf Registrierung nach §39a oder auf Zulassung nach § 21 gestellt wurde, erlischt die Zulassung am 30.04.2011. 4

## II. Traditionell pflanzliche Arzneimittel

Pflanzliche Arzneimittel sind nach der Definition des § 4 Abs. 29 solche, deren Wirkstoff ausschließlich einen oder mehrere pflanzliche Stoffe oder Zubereitungen enthalten, wobei Kombinationen möglich sind. Als traditionell wird ein pflanzliches Arzneimittel definiert, wenn eine ausreichend lange Verwendung nachgewiesen werden kann. Als ausreichend lange definiert der Gesetzgeber in § 39b Abs. 1 Ziffer 4 mehr als 30 Jahre, davon grundsätzlich mindestens eine 15-jährige Verwendung innerhalb der Europäischen Union. Der Nachweis der 30ig- 5 jährigen Verwendung ist dann erbracht, wenn der pharmazeutische Unternehmer nachweisen kann, dass diese Verwendung innerhalb der letzten 30 Jahre vor Antragstellung erfolgt ist, wobei eine spezielle Genehmigung für diese Zeit nicht vorliegen muss, vgl. § 39b Abs. 1 Satz 2. Dies bedeutet, dass der Zeitpunkt der Antragstellung für die Fristberechnung ausschlaggebend ist. Nicht erforderlich ist, dass die betroffenen Mitgliedstaaten der Europäischen Union selbst mindestens 30 Jahre angehören. Alle 27 Staaten werden berücksichtigt.

6 Nach § 39a S. 2 werden den traditionell pflanzlichen Arzneimitteln solche gleichgestellt, die zusätzlich Vitamine oder Mineralstoffe enthalten, wenn diese Vitamine oder Mineralstoffe die Wirkung des traditionell pflanzlichen Arzneimittels ergänzen. Das heißt, dass die Vitamine und Mineralstoffe wirken müssen. Solche Mittel fallen nicht unter die Definition von § 4 Abs. 29, sind also keine pflanzlichen Arzneimittel. Dennoch bezeichnet § 39a sie als solche.

### III. Grundsatz der Registrierungspflicht

7 Die Pflicht, das traditionell pflanzliche Arzneimittel bei der zuständigen Bundesoberbehörde registrieren zu lassen, bedeutet, dass diese Arzneimittel ihre Verkehrsfähigkeit verlieren werden, wenn sie nicht registriert werden, siehe Rz. 1. Der EuGH hat ausdrücklich entschieden, dass es keine Ausnahmen von der Pflicht bei der Genehmigung für das Inverkehrbringen anthroposophischer Arzneimittel gibt. Die Vorschriften sind zwingend[2].

### IV. Zuständige Bundesoberbehörde, Antragsteller

8 Antragstellung und Registrierung erfolgt beim Bundesinstitut für Arzneimittel und Medizinprodukte und dem dort eingerichteten Register für traditionell pflanzliche Arzneimittel, vgl. § 77 Abs. 1. Von wem der Antrag zu stellen ist, lässt das Gesetz offen, eine Verweisung auf den pharmazeutischen Unternehmer nach § 21 Abs. 3 fehlt. In Art. 16b Abs. 1 der zugrundeliegenden Richtlinie 2001/83 heißt es lediglich, dass der Antragsteller und Registrierungsinhaber in der Gemeinschaft niedergelassen sein muss. Da nach § 4 Abs. 18 derjenige pharmazeutischer Unternehmer ist, der den Antrag stellt, ist auch derjenige, der ein traditionell pflanzliches Arzneimittel registrieren lässt, auch ohne Verweisung auf § 21 Abs. 3 per Definition pharmazeutischer Unternehmer.

### V. Registrierungsverfahren

9 Nach § 39b Abs.1 finden die Vorschriften über das Zulassungsverfahren Anwendung. Es gelten daher die Ausführungen der Rz. 11ff. zu § 38.

---

[2] EuGH, Urteil vom 20.09.2007, Rechtssache C84/06, Niederlande/Antroposana u.a., PharmaR 2008, S. 120.

## VI. Verlängerung der Registrierung

Aufgrund der angeglichenen Vorschriften gilt auch für traditionell pflanzliche Arzneimittel eine zunächst auf fünf Jahre befristete Registrierung. Sie wird zeitlich unbegrenzt erteilt, wenn spätestens sechs Monate vor Ablauf ein Antrag auf Verlängerung gestellt wird, vgl. § 39c Abs. 3. **10**

## VII. Sanktionen

### Im Strafrecht

Strafbar macht sich, wer Fertigarzneimittel als traditionell pflanzliches Arzneimittel ohne Registrierung in den Verkehr bringt, § 96 Nr. 9. Normadressat ist der pharmazeutische Unternehmer. **11**

### Im Ordnungswidrigkeitenrecht

Ordnungswidrig handelt, wer fahrlässig Fertigarzneimittel als traditionell pflanzliches Arzneimittel ohne Registrierung in den Verkehr bringt, § 97 Abs. 1. Normadressaten sind dieselben wie im Strafrecht. **12**

## § 39b
## Registrierungsunterlagen für traditionelle pflanzliche Arzneimittel

**(1) Dem Antrag auf Registrierung müssen vom Antragsteller folgende Angaben und Unterlagen beigefügt werden:**

1. **die in § 22 Abs. 1, 3c, 4, 5 und 7 und § 24 Abs. 1 Nr. 1 genannten Angaben und Unterlagen,**
2. **die in § 22 Abs. 2 Satz 1 Nr. 1 genannten Ergebnisse der analytischen Prüfung,**
3. **die Zusammenfassung der Merkmale des Arzneimittels mit den in § 11a Abs. 1 genannten Angaben unter Berücksichtigung, dass es sich um ein traditionelles pflanzliches Arzneimittel handelt,**
4. **bibliographische Angaben über die traditionelle Anwendung oder Berichte von Sachverständigen, aus denen hervorgeht, dass das betreffende oder ein entsprechendes Arzneimittel zum Zeitpunkt der Antragstellung seit mindestens 30 Jahren, davon mindestens 15 Jahre in der Europäischen Union, medizinisch oder tiermedizinisch verwendet wird, das Arzneimittel unter den angegebenen Anwendungsbedingungen unschädlich ist und dass die pharmakologischen Wirkungen oder die Wirksamkeit des Arzneimittels auf Grund langjähriger Anwendung und Erfahrung plausibel sind,**
5. **bibliographischer Überblick betreffend die Angaben zur Unbedenklichkeit zusammen mit einem Sachverständigengutachten gemäß § 24 und, soweit zur Beurteilung der Unbedenklichkeit des Arzneimittels erforderlich, die dazu notwendigen weiteren Angaben und Unterlagen,**
6. **Registrierungen oder Zulassungen, die der Antragsteller in einem anderen Mitgliedstaat oder in einem Drittland für das Inverkehrbringen des Arzneimittels erhalten hat, sowie Einzelheiten etwaiger ablehnender Entscheidungen über eine Registrierung oder Zulassung und die Gründe für diese Entscheidungen.**

**Der Nachweis der Verwendung über einen Zeitraum von 30 Jahren gemäß Satz 1 Nr. 4 kann auch dann erbracht werden, wenn für das Inverkehrbringen keine spezielle Genehmigung für ein Arzneimittel erteilt wurde. Er ist auch dann erbracht, wenn die Anzahl oder Menge der Wirkstoffe des Arzneimittels während dieses Zeitraums herabgesetzt wurde. Ein Arzneimittel ist ein entsprechendes Arzneimittel im Sinne des Satzes 1 Nr. 4, wenn es ungeachtet der verwendeten Hilfsstoffe dieselben oder vergleichbare Wirkstoffe, denselben oder einen ähnlichen Verwendungszweck, eine äquivalente Stärke und Dosierung und denselben oder einen ähnlichen Verabreichungsweg wie das Arzneimittel hat, für das der Antrag auf Registrierung gestellt wird.**

**(1a) Die Angaben nach § 22 Absatz 1 Satz 1 Nummer 1 bis 10 müssen in deutscher, die übrigen Angaben in deutscher oder englischer Sprache beigefügt werden; andere Angaben oder Unterlagen können im Registrierungsverfahren statt in deutscher auch in englischer Sprache gemacht oder vorgelegt werden, soweit es sich nicht um Angaben handelt, die für die Kennzeichnung, die Packungsbeilage oder die Fachinformation verwendet werden.**

**(2) Anstelle der Vorlage der Angaben und Unterlagen nach Absatz 1 Satz 1 Nr. 4 und 5 kann bei Arzneimitteln zur Anwendung am Menschen auch Bezug genommen werden auf eine gemeinschaftliche Pflanzenmonographie nach Artikel 16h Abs. 3 der Richtlinie 2001/83/EG oder eine Listenposition nach Artikel 16f der Richtlinie 2001/83/EG.**

**(3) Enthält das Arzneimittel mehr als einen pflanzlichen Wirkstoff oder Stoff nach § 39a Satz 2, sind die in Absatz 1 Satz 1 Nr. 4 genannten Angaben für die Kombination vorzulegen. Sind die einzelnen Wirkstoffe nicht hinreichend bekannt, so sind auch Angaben zu den einzelnen Wirkstoffen zu machen.**

## I. Die Bedeutung der Norm

§ 39b entspricht im Wesentlichen Art. 16c der Richtlinie 2001/83.[1] Ergänzend gelten die Ausführungen in Rz. 1 zu § 22 entsprechend. 1

## II. Dem Antrag beizufügende Unterlagen

Die Unterlagen bestehen aus Angaben, die der Antragsteller machen muss. Weil der Antragsteller einen Anspruch hat, eine Registrierung zu erhalten, wenn keine der in § 39c enthaltenen Versagungsgründe vorliegen, muss auch bei der Registrierung von traditionell pflanzlichen Arzneimitteln die Zweckdienlichkeit zur Bewertung des Arzneimittels so verstanden werden, dass es nur darum gehen kann, festzustellen, ob einer dieser Versagungsgründe vorliegt, vgl. näher § 22 Rz. 2. 2

## III. Einzelheiten für die beizufügenden Unterlagen

Für alle Angaben gilt, dass sie konkret und detailgenau sein müssen. Sie müssen nur noch teilweise in deutscher Sprache vorgelegt werden. Gemäß Abs. 1a wird dem Antragsteller seit der AMG-Novelle 2009 aus praktischen Gründen die Möglichkeit eingeräumt, andere als nach § 22 Abs. 1 S. 1 Nr. 1 bis 10 vorzulegenden Unterlagen in englischer Sprache einzureichen, soweit es sich nicht um solche Angaben handelt, die für die Kennzeichnung, Packungsbeilage oder Fachinformation benötigt werden. 3

### 1. Allgemeine Angaben und Unterlagen nach § 22 und § 24

Es gelten die Ausführungen in Rz. 3ff. zu § 22 und Rz. 1 bis 5 zu § 24 entsprechend. 4

[1] Siehe Fn. 2 Vor § 21.

**2. Besondere Angaben (Traditionsbeleg)**

5 Um welche Angaben es sich bei den bibliographischen Angaben nach Abs. 1 Nr. 4 und Nr. 5 genau handeln muss, ergibt sich zunächst aus Abs. 2. Es kann sich um gemeinschaftliche Pflanzenmonographien oder Listenpositionen handeln, die vom ständigen Ausschuss bei der EMA, dem Herbal Medicinal Products Committee (HMPC) erstellt werden, vgl. Art. 16h der Richtlinie 2001/83. Die zuständige Bundesoberbehörde akzeptiert statt dessen auch die Vorlage von anderen Traditions- und Unbedenklichkeitsbelegen einschließlich dem Gutachten eines Sachverständigen. Dies gilt dann, wenn sich aus diesen Unterlagen ergibt, dass das traditionell pflanzliche Arzneimittel bereits seit mindestens 30 Jahren verwendet wird und die Verwendung davon mindestens 15 Jahre innerhalb der Europäischen Union erfolgte (zu den Ausnahmen von diesem Grundsatz siehe die Kommentierung zu § 39d Abs. 4). Weiter muss den Unterlagen zu entnehmen sein, dass das traditionell pflanzliche Arzneimittel unbedenklich ist und die pharmakologischen Wirkungen oder die Wirksamkeit des Arzneimittels aufgrund der langjährigen Anwendung und Erfahrung plausibel sind. Zum Nachweis der Unbedenklichkeit bietet sich beispielsweise die Vorlage einer stoffspezifischen Literaturabfrage an, die durch das Sachverständigengutachten entsprechend bewertet wird. Ein Nachweis der Wirksamkeit ist jedoch nicht erforderlich.

6 Der Nachweis der 30-jährigen Tradition gilt auch dann als erfüllt, wenn die Anzahl oder Menge der Inhaltsstoffe herabgesetzt wurden (Minusvarianten).

7 Ebenfalls kann auf ein vergleichbares Arzneimittel Bezug genommen werden. Ein Arzneimittel ist dann vergleichbar, wenn es einen ähnlichen Verwendungszweck hat, eine äquivalente Stärke und Dosierung aufweist und denselben oder einen ähnlichen Weg der Verabreichung vorsieht. Bei Kombinationspräparaten sind die Unterlagen für die Kombination erforderlich. Sollten einzelne Wirkstoffe einer Kombination nicht hinreichend bekannt sein, sind auch Angaben zu den Wirkstoffen erforderlich. Auch hier ist zu empfehlen, auf die „guidelines“ des HMCPs zurückzugreifen.

## § 39c
## Entscheidung über die Registrierung traditioneller pflanzlicher Arzneimittel

**(1) Die zuständige Bundesoberbehörde hat das traditionelle pflanzliche Arzneimittel zu registrieren und dem Antragsteller die Registrierungsnummer schriftlich mitzuteilen. § 25 Abs. 4 sowie 5 Satz 5 findet entsprechende Anwendung. Die Registrierung gilt nur für das im Bescheid aufgeführte traditionelle pflanzliche Arzneimittel. Die zuständige Bundesoberbehörde kann den Bescheid über die Registrierung mit Auflagen verbinden. Auflagen können auch nachträglich angeordnet werden. § 28 Abs. 2 und 4 findet entsprechende Anwendung.**

**(2) Die zuständige Bundesoberbehörde hat die Registrierung zu versagen, wenn der Antrag nicht die in § 39b vorgeschriebenen Angaben und Unterlagen enthält oder**

1. **die qualitative oder quantitative Zusammensetzung nicht den Angaben nach § 39b Abs. 1 entspricht oder sonst die pharmazeutische Qualität nicht angemessen ist,**
2. **die Anwendungsgebiete nicht ausschließlich denen traditioneller pflanzlicher Arzneimittel entsprechen, die nach ihrer Zusammensetzung und dem Zweck ihrer Anwendung dazu bestimmt sind, am Menschen angewandt zu werden, ohne dass es der ärztlichen Aufsicht im Hinblick auf die Stellung einer Diagnose, die Verschreibung oder die Überwachung der Behandlung bedarf,**
3. **das Arzneimittel bei bestimmungsgemäßem Gebrauch schädlich sein kann,**
4. **die Unbedenklichkeit von Vitaminen oder Mineralstoffen, die in dem Arzneimittel enthalten sind, nicht nachgewiesen ist,**
5. **die Angaben über die traditionelle Anwendung unzureichend sind, insbesondere die pharmakologischen Wirkungen oder die Wirksamkeit auf der Grundlage der langjährigen Anwendung und Erfahrung nicht plausibel sind,**
6. **das Arzneimittel nicht ausschließlich in einer bestimmten Stärke und Dosierung zu verabreichen ist,**
7. **das Arzneimittel nicht ausschließlich zur oralen oder äußerlichen Anwendung oder zur Inhalation bestimmt ist,**
8. **die nach § 39b Abs. 1 Satz 1 Nr. 4 erforderliche zeitliche Vorgabe nicht erfüllt ist,**
9. **für das traditionelle pflanzliche Arzneimittel oder ein entsprechendes Arzneimittel eine Zulassung gemäß § 25 oder eine Registrierung nach § 39 erteilt wurde.**

**Für Arzneimittel, die zur Anwendung bei Tieren bestimmt sind, gilt Satz 1 entsprechend.**

**(3) Die Registrierung erlischt nach Ablauf von fünf Jahren seit ihrer Erteilung, es sei denn, dass spätestens sechs Monate vor Ablauf der Frist ein Antrag auf Verlängerung gestellt wird. Für das Erlöschen und die Verlängerung**

**der Registrierung gilt § 31 entsprechend mit der Maßgabe, dass die Versagungsgründe nach Absatz 2 Anwendung finden.**

**Übersicht** **Rz.**



## I. Die Bedeutung der Norm

1 Es gelten die Ausführungen in der Rz. 1 des § 39 entsprechend.

## II. Erteilung und Inhalt der Registrierung, Verlängerung

2 Es gelten die Ausführungen in Rz. 2 bis Rz. 4 zu § 39 entsprechend.

## III. Wirkung der Registrierung

3 Es gelten die Ausführungen in Rz. 5 zu § 39 entsprechend.

## IV. Auflagenbefugnis

4 Es gelten die Ausführungen in Rz. 6 zu § 39 entsprechend.

## V. Versagung der Registrierung

5 Wie auch für die homöopathischen Arzneimittel in § 39, so ist der in Abs. 2 Nr. 1 bis 9 geregelte Katalog der Versagungsgründe über die Registrierung von traditionell pflanzlichen Arzneimitteln abschließend, siehe näher, auch zum Ermessenspielraum der zuständigen Bundesoberbehörde und zum Anspruch des Antragstellers auf Registrierung, Rz. 8 zu § 39. Im Einzelnen:

### 1. Unvollständige Unterlagen

6 Es gelten die Ausführungen in Rz. 9 zu § 39 entsprechend.

### 2. Keine angemessene Qualität des Arzneimittels

7 Es gelten die Ausführungen in Rz. 12 zu § 39 entsprechend.

### 3. Ärztliche Aufsicht

Nach Artikel 16a Abs. 1 lit. a) der Richtlinie 2001/83[1] genügen traditionell pflanzliche Arzneimittel unter anderem nur dann den Anforderungen des vereinfachten Registrierungsverfahrens, wenn „ihre Anwendungsgebiete ausschließlich denen (...) entsprechen, die nach ihrer Zusammensetzung und ihrem Verwendungszweck dazu bestimmt und konzipiert sind, ohne ärztliche Aufsicht zwecks Stellung einer Diagnose, Verschreibung oder Überwachung der Behandlung angewendet zu werden“. Folgerichtig sieht Abs. 2 Nr. 2 in der Notwendigkeit ärztlicher Aufsicht bei der Anwendung eines traditionell pflanzlichen Arzneimittels einen Versagungsgrund für die Registrierung. 8

### 4. Verdacht auf schädliche Wirkungen

Abs. 2 Nr. 3 enthält den unbestimmten Rechtsbegriff der „Schädlichkeit“. Es gelten die Ausführungen in Rz. 13 zu § 39 entsprechend mit der Maßgabe, dass bei traditionell pflanzlichen Arzneimitteln eine Abwägung mit dem therapeutischen Nutzen des Arzneimittels gar nicht erst stattfindet. 9

### 5. Vitamine und Mineralstoffe

Der Versagungsgrund entspricht im Wesentlichen Abs. 2 des Art. 16a der Richtlinie 2001/83, wonach Vitamine oder Mineralstoffe in einem traditionell pflanzlichen Arzneimittel unter anderem dann enthalten sein dürfen, wenn deren Unbedenklichkeit „ausreichend“ nachgewiesen wurde. Der deutsche Gesetzgeber sieht die Zurückweisung eines Antrages auf Registrierung dann vor, wenn die Unbedenklichkeit dieser Stoffe nicht nachgewiesen ist. Das ist, für die Versagung, die Konsequenz der Voraussetzungen der Richtlinie. 10

### 6. Mangelnde Plausibilität, langjährige Verwendung

Abs. 2 Nr. 5 korrespondiert mit § 39b Abs. 1 Nr. 4. Die Vorschriften lassen offen, wann von einem plausiblem Nachweis der pharmakologischen Wirkungen oder der Wirksamkeit ausgegangen werden kann. Jedenfalls wenn die Angaben nach Nr. 8 über einen Zeitraum von mindestens 30 Jahren über die Verwendung vorliegen, davon mindestens 15 Jahre innerhalb der Europäischen Union, sollte Plausibilität vorliegen. Die zuständige Bundesoberbehörde hat bei der Beurteilung einen Ermessenspielraum, weil „Plausibilität“ ein unbestimmter Rechtsbegriff ist. Es ist fraglich ob es ausreicht, dass die Angaben einleuchtend sind oder die zuständige Bundesoberbehörde vom Antragsteller verlangt, dass die Angaben glaubhaft gemacht werden. Beide Auslegungen sind denkbar. Jedenfalls ist eine Sammlung von Einzelfallberichten oder Erfahrungsmaterial hilfreich, wenn sie nach wissenschaftlichen Methoden aufbereitet sind. Zum Nachweis der Tradition bieten sich ebenfalls Arzneibücher oder Magistralrezepturen an. 11

---

[1] Siehe Fn. 2 Vor § 21.

12 Sollten alle sonstigen Voraussetzungen für die Registrierung des traditionell pflanzlichen Arzneimittels vorliegen, nur die 15-jährige Verwendung innerhalb der Europäischen Union nicht gegeben sein, darf die zuständige Bundesoberbehörde abweichend von Abs. 2 Nr. 8 den Antrag nicht versagen, sondern hat zunächst das Verfahren nach § 39d Abs. 4 einzuleiten, siehe näher die Anmerkungen zu § 39d Rz. 7.

### 7. Stärke und Dosierung

13 Die Stärke eines Arzneimittels ist je nach Verabreichungsform der Wirkstoffanteil pro Dosierungs-, Volumen- oder Gewichtseinheit. Die Dosierung ist die Menge der jeweiligen Einzelgabe die verabreicht wird sowie die Dauer der Anwendung. Fehlen konkrete Angaben, wird die Registrierung versagt.

### 8. Injektionspräparate, Inhalation

14 Nach Abs. 2 Nr. 7 dürfen traditionell pflanzliche Arzneimittel, anders als homöopathische Arzneimittel, neben der oralen und äußerlichen Anwendung auch zu Inhalationszwecken im Wege der Registrierung in den Verkehr gebracht werden. Ein Grund für diese unterschiedliche Behandlung ist nicht erkennbar. Darüber hinaus sollten zweifelsfrei solche traditionell pflanzlichen Arzneimittel registriert werden, die zur Behandlung von Haaren, Haut und Nägeln dienen. Unklar ist jedoch, ob auch beispielsweise Augen- und Ohrentropfen unter die „äußere Verwendung" fallen. Solche Verwendungen werden im Wege des Einzelfalls zu prüfen sein. Im übrigen gelten die Ausführungen in Rz. 17 zu § 39 entsprechend.

### 9. Vorliegen einer Zulassung

15 Nr. 9 des Abs. 2 stellt klar, dass eine Registrierung nicht mehr erfolgt, wenn bereits eine Zulassung nach §§ 21ff. oder eine Registrierung nach § 39 besteht, vgl. näher die Ausführungen in Rz. 23 zu § 39. Die Registrierung erlischt, wenn kein Verlängerungsantrag gestellt wird, nach Ablauf von fünf Jahren (Abs. 3). Das mag für Arzneimittel, die nach 30 Jahren Anwendung registriert werden, verwundern.

## VI. Verantwortung des Antragstellers

16 Trotz Prüfung durch die zuständige Bundesoberbehörde bleibt der pharmazeutische Unternehmer dafür verantwortlich, dass sein Arzneimittel in den Verkehr und zur Anwendung durch den Verbraucher kommt; § 25 Abs. 10, der dies klarstellt, gilt entsprechend (vgl. Kommentierungen zu § 25).

## VII. Rechtsbehelfe

17 Widerspruch und Anfechtungsklage des Antragstellers sind die richtigen Rechtsbehelfe, wenn die zuständige Bundesoberbehörde die Registrierung nicht erteilt hat.

## § 39d
## Sonstige Verfahrensvorschriften für traditionelle pflanzliche Arzneimittel

**(1) Die zuständige Bundesoberbehörde teilt dem Antragsteller, sowie bei Arzneimitteln, die zur Anwendung am Menschen bestimmt sind, der Kommission der Europäischen Gemeinschaften und der zuständigen Behörde eines Mitgliedstaates der Europäischen Union auf Anforderung eine von ihr getroffene ablehnende Entscheidung über die Registrierung als traditionelles Arzneimittel und die Gründe hierfür mit.**

**(2) Für Arzneimittel, die Artikel 16d Abs. 1 der Richtlinie 2001/83/EG entsprechen, gilt § 25b entsprechend. Für die in Artikel 16d Abs. 2 der Richtlinie 2001/83/EG genannten Arzneimittel ist eine Registrierung eines anderen Mitgliedstaates gebührend zu berücksichtigen.**

**(3) Die zuständige Bundesoberbehörde kann den nach Artikel 16h der Richtlinie 2001/83/EG eingesetzten Ausschuss für pflanzliche Arzneimittel auf Antrag um eine Stellungnahme zum Nachweis der traditionellen Anwendung ersuchen, wenn Zweifel über das Vorliegen der Voraussetzungen nach § 39b Abs. 1 Satz 1 Nr. 4 bestehen.**

**(4) Wenn ein Arzneimittel zur Anwendung bei Menschen seit weniger als 15 Jahren innerhalb der Europäischen Gemeinschaft angewendet worden ist, aber ansonsten die Voraussetzungen einer Registrierung nach den §§ 39a bis 39c vorliegen, hat die zuständige Bundesoberbehörde das nach Artikel 16c Abs. 4 der Richtlinie 2001/83/EG vorgesehene Verfahren unter Beteiligung des Ausschusses für pflanzliche Arzneimittel einzuleiten.**

**(5) Wird ein pflanzlicher Stoff, eine pflanzliche Zubereitung oder eine Kombination davon in der Liste nach Artikel 16f der Richtlinie 2001/83/EG gestrichen, so sind Registrierungen, die diesen Stoff enthaltende traditionelle pflanzliche zur Anwendung bei Menschen bestimmte Arzneimittel betreffen und die unter Bezugnahme auf § 39b Abs. 2 vorgenommen wurden, zu widerrufen, sofern nicht innerhalb von drei Monaten die in § 39b Abs. 1 genannten Angaben und Unterlagen vorgelegt werden.**

**(6) § 34 Absatz 1 Satz 1 Nummer 1 bis 7, Absatz 1a Nummer 1 und 3 und Absatz 1b gilt entsprechend.**

**(7) Der Antragsteller hat der zuständigen Bundesoberbehörde unter Beifügung entsprechender Unterlagen unverzüglich Anzeige zu erstatten, wenn sich Änderungen in den Angaben und Unterlagen nach § 39b Absatz 1 Satz 1 in Verbindung mit Absatz 2 ergeben. § 29 Absatz 2 und 2a gilt entsprechend. Die Verpflichtung nach Satz 1 hat nach Erteilung der Registrierung der Inhaber der Registrierung zu erfüllen. Eine neue Registrierung ist in folgenden Fällen zu beantragen:**
1. **bei einer Änderung der Anwendungsgebiete, soweit es sich nicht um eine Änderung nach § 29 Absatz 2a Satz 1 Nummer 1 handelt,**

**2. bei einer Änderung der Zusammensetzung der Wirkstoffe nach Art oder Menge,**
**3. bei einer Änderung der Darreichungsform, soweit es sich nicht um eine Änderung nach § 29 Absatz 2a Satz 1 Nummer 3 handelt,**
**4. bei einer Verkürzung der Wartezeit, soweit es sich nicht um eine Änderung nach § 29 Absatz 2a Satz 1 Nummer 6 handelt.**

**(8) Für Rücknahme, Widerruf und Ruhen der Registrierung gilt § 30 Absatz 1 Satz 1, Absatz 2, 2a, 3 und 4 entsprechend mit der Maßgabe, dass die Versagungsgründe nach § 39c Absatz 2 Anwendung finden.**

**(9) Das Bundesministerium wird ermächtigt, für traditionelle pflanzliche Arzneimittel entsprechend den Vorschriften der Zulassung durch Rechtsverordnung ohne Zustimmung des Bundesrates Vorschriften über die Kosten der Registrierung zu erlassen. Die Rechtsverordnung ergeht im Einvernehmen mit dem Bundesministerium für Ernährung, Landwirtschaft und Verbraucherschutz, soweit es sich um Arzneimittel handelt, die zur Anwendung bei Tieren bestimmt sind.**

**Übersicht** **Rz.**



## I. Die Bedeutung der Norm

1 § 39d enthält ergänzende Vorschriften zur Vereinheitlichung der Verfahren zur Registrierung von traditionell pflanzlichen Arzneimitteln innerhalb der Europäischen Union. Hierbei kommt insbesondere dem dafür eingerichteten ständigen Ausschuss bei der EMA erhebliche Bedeutung zu. Die Vorschriften richten sich im Wesentlichen nicht an den Antragsteller, sondern an die zuständige Bundesoberbehörde. Ihr werden weitreichende zusätzliche Verpflichtungen auferlegt.

## II. Mitteilungspflichten

2 Hat die zuständige Bundesoberbehörde einen Antrag nach §§ 39aff. abgelehnt, hat sie dies zunächst dem Antragsteller im Wege des Verwaltungsverfahrens mitzuteilen. Darüber hinaus hat sie nach Abs. 1 auf Wunsch der Europäischen Kommission und jeder zuständigen Behörde auf Europäischer Ebene, also insbesondere dem Herbal Medicinal Products Committee (HMPC) bei der EMA, ihre Entscheidung nebst Gründen mitzuteilen. Diese Verpflichtung ist deshalb zu begrüßen, weil dadurch dem HMPC die Möglichkeit einer umfassenden Dokumentation über die Entscheidungspraxis innerhalb der Mitgliedstaaten gegeben wird. Was freilich

passiert, wenn ein traditionell pflanzliches Arzneimittel in einem Mitgliedstaat national registriert wird und in einem anderen nicht, ist auch der Richtlinie 2001/83 nicht zu entnehmen. Jedenfalls besteht seitens des HMPC kein Weisungsrecht gegenüber der zuständigen Bundesoberbehörde, ihre ablehnende Entscheidung zu revidieren.

## III. Verfahren der gegenseitigen Anerkennung und dezentralisiertes Verfahren

Abs. 2 stellt klar, dass auch traditionell pflanzliche Arzneimittel, wie auch homöopathische, im Wege des Verfahrens der gegenseitigen Anerkennung oder des dezentralisierten Verfahrens in dem Markt gebracht werden können, vgl. näher die Ausführungen in Rz. 31 zu § 39. Nachdem der HMPC in das Verfahren einzubinden ist, wird sich praktisch eine Einschränkung auf solche Präparate ergeben, die vom HMPC als Listenposition oder Monographie aufgenommen wurde. 3

## IV. Herbal Medicinal Products Committee (HMPC)

Nach Art. 16h der Richtlinie 2001/83 wurde bei der EMA für traditionell pflanzliche Arzneimittel ein ständiger Ausschuss eingerichtet. Er ist unter anderem dafür zuständig europäische Pflanzenmonographien (in der Regel mit Vitaminen und Mineralstoffen) zu erstellen. Weiter entwirft er eine Liste pflanzlicher Stoffe und Zubereitungen sowie Kombination hieraus (in der Regel ohne den Zusatz von Vitaminen und Mineralstoffen). Diese Liste enthält für jeden pflanzlichen Stoff das Anwendungsgebiet, die Stärke und Dosierung und die Art der Verabreichung. Sie dient als Grundlage für die Listenposition nach § 39b Abs. 2. 4

Der HMPC setzt sich aus je einem Mitglied aus jedem Mitgliedsstaat sowie jeweils einem Stellvertreter zusammen, die jeweils für drei Jahre gewählt werden und in drei verschiedene Arbeitsgruppen aufgeteilt sind. Der HMPC wird von weiteren fünf Experten unterstützt. 5

Der HMPC ist nach Abs. 3 auch zuständig, wenn Zweifel bei der zuständigen Bundesoberbehörde bestehen, dass die langjährige Verwendung des traditionell pflanzlichen Arzneimittels gegeben ist. Praktisch dürfte dies nach Erteilung einer Mängelrüge an den Antragsteller erfolgen. Nach diesem Zeitpunkt sind dem Antragsteller die Zweifel bekannt. Dann kann er beantragen, seinen Antrag vom HMPC beurteilen zu lassen. Kommt der HMPC zu dem Ergebnis, dass die langjährige Verwendung gemäß § 39b Abs. 1 Nr. 4 vorliegt, ist die zuständige Bundesoberbehörde an diese Entscheidung jedoch nicht gebunden, weil eine Rechtsgrundlage hierfür fehlt. 6

## V. Ausnahmen von der langjährigen Verwendung

Nach Art. 16c Abs. 4 der Richtlinie 2001/83 können Ausnahmen von der 15-jährigen Verwendung des traditionell pflanzlichen Arzneimittels innerhalb der Europäischen Union gemacht werden. Abs. 4 trägt diesem Umstand Rechnung. 7

Wenn im übrigen alle Anforderungen der §§39aff. vorliegen, lediglich die Verwendung der 15 Jahre nicht nachgewiesen sind, verweist die zuständige Bundesoberbehörde die Entscheidung über das Produkt zwingend durch Antrag an den HMPC, wobei sie entsprechende Unterlagen zur Begründung ihres Antrages beifügen muss. Auch hier ist die Entscheidung des HMPC für die zuständige Bundesoberbehörde jedoch nicht bindend. Dieser Umstand könnte dem Verfahren seine Intention nämlich einheitliche Beurteilungen innerhalb der Europäischen Union zu finden, im Einzelfall nehmen.

### VI. Rücknahme, Widerruf und Ruhen der Registrierung

**8** Abs. 5 sieht vor, dass eine einmal erteilte Registrierung über die in § 30 enthaltenen Gründe hinaus von der zuständigen Bundesoberbehörde widerrufen werden muss, wenn die Registrierung des traditionell pflanzlichen Arzneimittels auf der Grundlage einer Listenposition erfolgte, dieses Mittel jedoch von der Liste gestrichen wurde. Den Widerruf kann der Antragsteller vermeiden, wenn er innerhalb von drei Monaten ergänzend andere Monographien nach § 39b Abs. 1 Nr. 4 und 5 vorlegt.

**9** Die neu eingeführten Regelungen zur Rücknahme und zum Ruhen der Registrierung entsprechen den Vorschriften über die homöophatischen Arzneimitteln, siehe § 39 Rz. 26. Die bisherige Rechtsverordnungsermächtigung wurde insoweit aufgehoben.

### VII. Änderungsanzeige, Information der Öffentlichkeit

**10** Es gelten die Ausführungen zu § 39 Rz. 27 entsprechend.

### VIII. Rechtsverordnungsermächtigung

**11** Von ihr hat das zuständige Bundesministerium bisher keinen Gebrauch gemacht.

# Sechster Abschnitt
# Schutz des Menschen bei der klinischen Prüfung

## Vorbemerkungen vor §§ 40ff.

1 Die §§ 40ff. sind durch die 12. Novelle außerordentlich verändert und an die europäische Vorgabe angepasst worden. Es geht im Wesentlichen um die Vereinheitlichung der Regeln über die Arzneimittelentwicklung. Arzneimittel können schließlich nur am Menschen getestet werden. Die Voraussetzungen dieser Prüfung sind ganz verschieden: Zum Teil sind es grundsätzliche und selbstverständliche Anforderungen, wie etwa Aufklärung und Einwilligung. Zum Teil sind es auch spezialisierte Bestimmungen, wie die Regeln über den Umgang mit pharmakologisch-toxikologischen Prüfungen oder den gewonnenen Daten. Schließlich lässt sich das Gesetz auch eine Kontrolle einfallen, die sowohl als Vorweg-Kontrolle als auch als Im-Nachhinein-Kontrolle bezeichnet werden kann. Im sechsten Abschnitt geht es im Wesentlichen um die Vorweg-Kontrolle. Die klinischen Prüfungen am Menschen sind von einer Reihe von Normativbedingungen abhängig gemacht worden. Diese Normativbedingungen werden doppelt auf ihre Einhaltung geprüft. Einmal durch eine hauptsächlich aus Fachleuten bestehende Ethik-Kommission, zweitens durch die obere Bundesbehörde für Arzneimittelfragen. Besonders kompliziert sind hierbei die Regeln über die Prüfung an Minderjährigen oder psychisch Behinderten. Auch die §§ 40ff. gewähren ein Stück Im-Nachhinein-Kontrolle einmal dadurch, dass eine ganze Reihe der dortigen Normen als Schutzgesetze im Sinne des § 823 Abs. 2 BGB aufzufassen sind, so dass sie im Falle ihrer Verletzung Schadensersatz und Schmerzensgeld gewähren. Sodann hat von Gesetzes wegen eine sog. Probandenversicherung genommen zu sein, die auch den materiellen Schaden ausgleicht, wenn niemand sonst für Verletzungen aus Teilnahme an einer klinischen Prüfung haftet. Ein Schmerzensgeld durch die Probandenversicherung ist nicht vorgesehen. Auch hat der Gesetzgeber in seinen Regelungen nicht Bezug genommen auf die modernen Formen der klinischen Prüfung von Arzneimitteln. So liest man in den folgenden Normen nichts von den Phasen I–IV, es wird weder von der klinisch kontrollierten Studie, von der Doppelblindstudie, von der Randomisierung, vom Placebo, von der Auswaschphase, von der Pilotphase usw. gesprochen. Der Gesetzestext scheint den Anschein zu erwecken, als ließen sich alle diese verschiedenen Formen der klinischen Prüfung über einen Leisten brechen.

Deutsch

E. Deutsch, H.-D. Lippert (Hrsg.), *Kommentar zum Arzneimittelgesetz (AMG),*
DOI 10.1007/978-3-642-01455-0_6, © Springer-Verlag Berlin Heidelberg 2011

**§ 40**
**Allgemeine Voraussetzungen der klinischen Prüfung**

**(1) Der Sponsor, der Prüfer und alle weiteren an der klinischen Prüfung beteiligten Personen haben bei der Durchführung der klinischen Prüfung eines Arzneimittels bei Menschen die Anforderungen der guten klinischen Praxis nach Maßgabe des Artikels 1 Abs. 3 der Richtlinie 2001/20/EG einzuhalten. Die klinische Prüfung eines Arzneimittels bei Menschen darf vom Sponsor nur begonnen werden, wenn die zuständige Ethik-Kommission diese nach Maßgabe des § 42 Abs. 1 zustimmend bewertet und die zuständige Bundesoberbehörde diese nach Maßgabe des § 42 Abs. 2 genehmigt hat. Die klinische Prüfung eines Arzneimittels darf bei Menschen nur durchgeführt werden, wenn und solange**

**1. ein Sponsor oder ein Vertreter des Sponsors vorhanden ist, der seinen Sitz in einem Mitgliedstaat der Europäischen Union oder in einem anderen Vertragsstaat des Abkommens über den Europäischen Wirtschaftsraum hat,**
**2. die vorhersehbaren Risiken und Nachteile gegenüber dem Nutzen für die Person, bei der sie durchgeführt werden soll (betroffene Person), und der voraussichtlichen Bedeutung des Arzneimittels für die Heilkunde ärztlich vertretbar sind,**
**2a. nach dem Stand der Wissenschaft im Verhältnis zum Zweck der klinischen Prüfung eines Arzneimittels, das aus einem gentechnisch veränderten Organismus oder einer Kombination von gentechnisch veränderten Organismen besteht oder solche enthält, unvertretbare schädliche Auswirkungen auf**
   **a) die Gesundheit Dritter und**
   **b) die Umwelt**
   **nicht zu erwarten sind,**
**3. die betroffene Person**
   **a) volljährig und in der Lage ist, Wesen, Bedeutung und Tragweite der klinischen Prüfung zu erkennen und ihren Willen hiernach auszurichten,**
   **b) nach Absatz 2 Satz 1 aufgeklärt worden ist und schriftlich eingewilligt hat, soweit in Absatz 4 oder in § 41 nichts Abweichendes bestimmt ist und**
   **c) nach Absatz 2a Satz 1 und 2 informiert worden ist und schriftlich eingewilligt hat; die Einwilligung muss sich ausdrücklich auch auf die Erhebung und Verarbeitung von Angaben über die Gesundheit beziehen,**
**4. die betroffene Person nicht auf gerichtliche oder behördliche Anordnung in einer Anstalt untergebracht ist,**
**5. sie in einer geeigneten Einrichtung von einem angemessen qualifizierten Prüfer verantwortlich durchgeführt wird und die Prüfung von einem Prüfer mit mindestens zweijähriger Erfahrung in der klinischen Prüfung von Arzneimitteln geleitet wird,**
**6. eine dem jeweiligen Stand der wissenschaftlichen Erkenntnisse entsprechende pharmakologisch-toxikologische Prüfung des Arzneimittels durchgeführt worden ist,**

7. jeder Prüfer durch einen für die pharmakologisch-toxikologische Prüfung verantwortlichen Wissenschaftler über deren Ergebnisse und die voraussichtlich mit der klinischen Prüfung verbundenen Risiken informiert worden ist,
8. für den Fall, dass bei der Durchführung der klinischen Prüfung ein Mensch getötet oder der Körper oder die Gesundheit eines Menschen verletzt wird, eine Versicherung nach Maßgabe des Absatzes 3 besteht, die auch Leistungen gewährt, wenn kein anderer für den Schaden haftet, und
9. für die medizinische Versorgung der betroffenen Person ein Arzt oder bei zahnmedizinischer Behandlung ein Zahnarzt verantwortlich ist.

Kann die betroffene Person nicht schreiben, so kann in Ausnahmefällen statt der in Satz 3 Nummer 3 Buchstabe b und c geforderten schriftlichen Einwilligung eine mündliche Einwilligung in Anwesenheit von mindestens einem Zeugen, der auch bei der Information der betroffenen Person einbezogen war, erteilt werden. Der Zeuge darf keine bei der Prüfstelle beschäftigte Person und kein Mitglied der Prüfgruppe sein. Die mündlich erteilte Einwilligung ist schriftlich zu dokumentieren, zu datieren und von dem Zeugen zu unterschreiben.

(2) Die betroffene Person ist durch einen Prüfer, der Arzt oder bei zahnmedizinischer Prüfung Zahnarzt ist, über Wesen, Bedeutung, Risiken und Tragweite der klinischen Prüfung sowie über ihr Recht aufzuklären, die Teilnahme an der klinischen Prüfung jederzeit zu beenden; ihr ist eine allgemein verständliche Aufklärungsunterlage auszuhändigen. Der betroffenen Person ist ferner Gelegenheit zu einem Beratungsgespräch mit einem Prüfer über die sonstigen Bedingungen der Durchführung der klinischen Prüfung zu geben. Eine nach Absatz 1 Satz 3 Nr. 3 Buchstabe b erklärte Einwilligung in die Teilnahme an einer klinischen Prüfung kann jederzeit gegenüber dem Prüfer schriftlich oder mündlich widerrufen werden, ohne dass der betroffenen Person dadurch Nachteile entstehen dürfen.

(2a) Die betroffene Person ist über Zweck und Umfang der Erhebung und Verwendung personenbezogener Daten, insbesondere von Gesundheitsdaten zu informieren. Sie ist insbesondere darüber zu informieren, dass
1. die erhobenen Daten soweit erforderlich
   a) zur Einsichtnahme durch die Überwachungsbehörde oder Beauftragte des Sponsors zur Überprüfung der ordnungsgemäßen Durchführung der klinischen Prüfung bereitgehalten werden,
   b) pseudonymisiert an den Sponsor oder eine von diesem beauftragte Stelle zum Zwecke der wissenschaftlichen Auswertung weitergegeben werden,
   c) im Falle eines Antrags auf Zulassung pseudonymisiert an den Antragsteller und die für die Zulassung zuständige Behörde weitergegeben werden,

d) im Falle unerwünschter Ereignisse des zu prüfenden Arzneimittels pseudonymisiert an den Sponsor und die zuständige Bundesoberbehörde sowie von dieser an die Europäische Datenbank weitergegeben werden,
2. die Einwilligung nach Absatz 1 Satz 3 Nr. 3 Buchstabe c unwiderruflich ist,
3. im Falle eines Widerrufs der nach Absatz 1 Satz 3 Nr. 3 Buchstabe b erklärten Einwilligung die gespeicherten Daten weiterhin verwendet werden dürfen, soweit dies erforderlich ist, um
   a) Wirkungen des zu prüfenden Arzneimittels festzustellen,
   b) sicherzustellen, dass schutzwürdige Interessen der betroffenen Person nicht beeinträchtigt werden,
   c) der Pflicht zur Vorlage vollständiger Zulassungsunterlagen zu genügen,
4. die Daten bei den genannten Stellen für die auf Grund des § 42 Abs. 3 bestimmten Fristen gespeichert werden.

Im Falle eines Widerrufs der nach Absatz 1 Satz 3 Nr. 3 Buchstabe b erklärten Einwilligung haben die verantwortlichen Stellen unverzüglich zu prüfen, inwieweit die gespeicherten Daten für die in Satz 2 Nr. 3 genannten Zwecke noch erforderlich sein können. Nicht mehr benötigte Daten sind unverzüglich zu löschen. Im Übrigen sind die erhobenen personenbezogenen Daten nach Ablauf der auf Grund des § 42 Abs. 3 bestimmten Fristen zu löschen, soweit nicht gesetzliche, satzungsmäßige oder vertragliche Aufbewahrungsfristen entgegenstehen.

(3) Die Versicherung nach Absatz 1 Satz 3 Nr. 8 muss zugunsten der von der klinischen Prüfung betroffenen Personen bei einem in einem Mitgliedstaat der Europäischen Union oder einem anderen Vertragsstaat des Abkommens über den Europäischen Wirtschaftsraum zum Geschäftsbetrieb zugelassenen Versicherer genommen werden. Ihr Umfang muss in einem angemessenen Verhältnis zu den mit der klinischen Prüfung verbundenen Risiken stehen und auf der Grundlage der Risikoabschätzung so festgelegt werden, dass für jeden Fall des Todes oder der dauernden Erwerbsunfähigkeit einer von der klinischen Prüfung betroffenen Person mindestens 500 000 Euro zur Verfügung stehen. Soweit aus der Versicherung geleistet wird, erlischt ein Anspruch auf Schadensersatz.

(4) Auf eine klinische Prüfung bei Minderjährigen finden die Absätze 1 bis 3 mit folgender Maßgabe Anwendung:
1. Das Arzneimittel muss zum Erkennen oder zum Verhüten von Krankheiten bei Minderjährigen bestimmt und die Anwendung des Arzneimittels nach den Erkenntnissen der medizinischen Wissenschaft angezeigt sein, um bei dem Minderjährigen Krankheiten zu erkennen oder ihn vor Krankheiten zu schützen. Angezeigt ist das Arzneimittel, wenn seine Anwendung bei dem Minderjährigen medizinisch indiziert ist.
2. Die klinische Prüfung an Erwachsenen oder andere Forschungsmethoden dürfen nach den Erkenntnissen der medizinischen Wissenschaft keine ausreichenden Prüfergebnisse erwarten lassen.

3. **Die Einwilligung wird durch den gesetzlichen Vertreter abgegeben, nachdem er entsprechend Absatz 2 aufgeklärt worden ist. Sie muss dem mutmaßlichen Willen des Minderjährigen entsprechen, soweit ein solcher feststellbar ist. Der Minderjährige ist vor Beginn der klinischen Prüfung von einem im Umgang mit Minderjährigen erfahrenen Prüfer über die Prüfung, die Risiken und den Nutzen aufzuklären, soweit dies im Hinblick auf sein Alter und seine geistige Reife möglich ist; erklärt der Minderjährige, nicht an der klinischen Prüfung teilnehmen zu wollen, oder bringt er dies in sonstiger Weise zum Ausdruck, so ist dies zu beachten. Ist der Minderjährige in der Lage, Wesen, Bedeutung und Tragweite der klinischen Prüfung zu erkennen und seinen Willen hiernach auszurichten, so ist auch seine Einwilligung erforderlich. Eine Gelegenheit zu einem Beratungsgespräch nach Absatz 2 Satz 2 ist neben dem gesetzlichen Vertreter auch dem Minderjährigen zu eröffnen.**
4. **Die klinische Prüfung darf nur durchgeführt werden, wenn sie für die betroffene Person mit möglichst wenig Belastungen und anderen vorhersehbaren Risiken verbunden ist; sowohl der Belastungsgrad als auch die Risikoschwelle müssen im Prüfplan eigens definiert und vom Prüfer ständig überprüft werden.**
5. **Vorteile mit Ausnahme einer angemessenen Entschädigung dürfen nicht gewährt werden.**

**(5) Der betroffenen Person, ihrem gesetzlichen Vertreter oder einem von ihr Bevollmächtigten steht eine zuständige Kontaktstelle zur Verfügung, bei der Informationen über alle Umstände, denen eine Bedeutung für die Durchführung einer klinischen Prüfung beizumessen ist, eingeholt werden können. Die Kontaktstelle ist bei der jeweils zuständigen Bundesoberbehörde einzurichten.**

**Übersicht** **Rz.**



**Literatur**

Bender, Heilversuch oder klinische Prüfung? MedR 2005, 511; Burkhardt, Kienle, Controlled clinial trials and medical ethics, The Lancet 1978, 1356; Dähne, Die Doppelfunktion öffentlich-rechtlicher Ethik-Kommissionen, MedR 2003, 164; Deutsch, Lippert, Ethik-Kommission und klinische Prüfung, 1998; Deutsch, Comparison of German and American law concerning clinical and drug trials, in: Dev.Pharmacol.Ther. 1985, 356; Deutsch, Die rechtstatsächliche Situation der Probandenversicherung in Deutschland, in: Jahrbuch des Arbeitskreises medizinischer Ethik-Kommissionen, Bd. 3, 1991, 141ff.; Deutsch, Klinische Prüfung von Arzneimitteln: Eine europäische Richtlinie setzt Standards und vereinheitlicht Verfahren, NJW 2001, 3361; Deutsch, Veröffentlichungsklauseln in den Protokollen über klinische Studien, in: Gallus, Der juristische Lektor als Mittler zwischen Autor und Leser (2003) 37; Deutsch, Heilversuche und klinische Prüfungen, VersR 2005, 1009; Dewitz, Luft, Pestalozza, Ethikkommissionen in der medizinischen Forschung, 2004; Ehling u.Vogeler, Der Probandenvertrag, MedR 2008, 273; Fincke, Arzneimittelprüfung, Strafbare Versuchsmethoden, 1977; Freund u. Georgy, Täuschung bei der Aufklärung für die Teilnahme an Arzneimittelprüfungen, Arbeitskreis medizinischer Ethikkkomissionen empfohlen, JZ 2009, 504; Freund u. Reus, Probandenversicherung gem. dem AMG, PharmR, 205; Görlich, Anzeige von Nebenwirkungen aus klinischen Prüfungen, PharmaR 1995, aktuelle Seiten I f.; Hart, u.a., Arzneimittelsicherheit, 1993, 206.; Hasskarl, Kleinsorge, Arzneimittelprüfung/Arzneimittelrecht, 2. Aufl., 1979; Heubeck, Neue rechtliche Entwicklungen in der Probandenversicherung für Arzneimittelprüfungen in Deutschland, PHi 2007, 210; Holzhauer, Zur klinischen Prüfung von Medikamenten an Betreuten, NJW 1992, 2325; Jung, Die Zulässigkeit biomedizinischer Versuche am Menschen, 1996; Koyuncu, Der Sponsorbegriff bei klinischen Prüfungen mit Arzneimitteln, PharmR 2009, 272; Laufs, Die neue europäische Richtlinie zur Arzneimittelprüfung und das deutsche Recht, MedR 2004, 583; Laufs, Reiling, Ethik-Kommissionen - Vorrecht der Ärztekammern? (1991); Lippert, Rechtsprobleme der experimentellen medizinischen Doktorarbeit, Wissenschaftsrecht 1998, 43; Lippert, Die zustimmmende Bewertung einer Ethikkommission bei der klinischen Prüfung von Arzneimitteln nach dem novellierten Arzneimittelgesetz und der GCP-Verordnung, FS Adolf Laufs, 2006, 973; Lippert, Adler, Forschung am Menschen. Der Proband-Patient im Dschungel der Haftungsnorm, VersR 1993, 277; Pisami, Versicherungsrechtliche Aspekte bei der Durchführung klinischer Studien, MPJ, 2009, 19; Rittner, Taupitz, Walter-Sack u. Wessler, Die neuen Musterbedingungen für die Probandenversicherung, VersR 2008, 158; Saame, Der Entwurf der 12. AMG-Novelle, PharmaR 2003; Schwarz, Leitfaden klinischer Prüfungen, 2. Aufl. 2000; Sickmüller u.a., Durchführung klinischer Prüfungen, PharmInd 2001, 793; Staak, Das Humanexperiment in der klinischen Forschung - Notwendigkeit und Grenzen, in: Madea u.a., Innere Medizin und Recht, 1996; Staak, Weiser, Klinische Prüfung von Arzneimitteln, 1978; Stock, Der Probandenschutz bei der medizinischen Forschung am Menschen 1998; Taupitz, Fröhlich, Medizinische Forschung mit nicht einwilligungsfähigen Personen, VersR 1997, 91; Tiedemann, Zur strafrechtlichen Bedeutung des sog. kontrollierten Versuchs bei der klinischen Arzneimittelprüfung, FS Rudolf Schmitt, 1992, 1139.

## I. Die Bedeutung der Norm

1 Die klinische Prüfung von Medikamenten dient der Feststellung der Wirksamkeit und Sicherheit des Arzneimittels. Zwar soll die klinische Forschung gefördert werden, zugleich sollen aber auch unwirksame und gefährliche Arzneimittel vom Markt ferngehalten werden. So ist die ausreichende klinische Prüfung die Voraussetzung für die Zulassung des Medikaments, § 25 Abs. 2 Nr. 2.

2 Die klinische Prüfung ist nicht frei, sondern in ein System von Normativbestimmungen eingeordnet. Diese sind im wesentlichen in § 40 Abs. 1 enthalten. Begleitet werden sie von der Hinterlegung von Unterlagen beim BfArM sowie der zustimmenden Bewertung durch die Ethik-Kommission und des BfArM bzw. den

Nichtwiderspruch des BfArM innerhalb von 30 Tagen. Damit unterscheidet sich das deutsche Recht deutlich von anderen Rechten, die eine Zulassung der klinischen Prüfung durch die Behörde verlangen.[1]

Die Normativbestimmungen des § 40 Abs. 1 sind zum Teil nur Ausdruck der allgemeinen Verkehrssicherungspflicht, wie etwa die medizinische Vertretbarkeit.[2] 3
Über die nach allgemeinem Recht selbstverständlichen Sicherungsvorkehrungen statuiert § 40 weitere Voraussetzungen und Verbote, die als abstrakte Gefährdungsnormen einzustufen sind, etwa die Qualifikation des Prüfungsleiters oder das Verbot von Versuchen an behördlich untergebrachten Personen.

Parallelen finden sich für die Prüfung von Medizinprodukten in den §§ 20 f. MPG 4
und für die Spenderimmunisierung in § 8 TFG. Als internationale Vorgaben kommen die Deklaration von Helsinki i.d.F. von Edinburgh des Weltärztebundes über die medizinische Forschung am Menschen und europäische Papiere in Betracht.

Die EU hat im Jahre 2001 eine Richtlinie geschaffen, die Standards vorsieht und 5
das Verfahren vereinheitlicht.[3]

Nach dem Vorbild des französischen Gesetzes vom 20.12.1988 wird unterschie- 6
den zwischen kontrollierten klinischen Prüfungen und Heilversuchen. Die letztgenannten sind in §§ 40 ff. nicht geregelt. Allerdings können manche dieser Bestimmungen, etwa die des § 41, analog angewandt werden. Die klinisch kontrollierten Prüfungen werden unterschieden in therapeutische und rein wissenschaftliche. Der therapeutisch kontrollierte klinische Versuch muss die unmittelbare Möglichkeit einer Verbesserung oder Linderung für die Patienten in der Testgruppe beinhalten. Alle anderen Versuche, insbesondere die rein wissenschaftlichen Versuche, dienen nicht, jedenfalls nicht unmittelbar, der Förderung der Gesundheit. In der Entscheidung des LG Göttingen vom 13.11.2008 (noch nicht veröffentlicht, aber negativer Hinweisbeschluss des OLG Braunschweig vom 21.07.2009) werden Heilversuch und kontrollierte klinische Prüfung nicht getrennt. Ein Heilversuch ist ein an einem bestimmten Patienten oder einer Reihe bestimmter Patienten vorgenommene andersartige Behandlung, als es in der Schuldmedizin geschehen würde. In dem Fall des LG Göttingen handelte es sich nicht allein um die Teilnahme eines „Auch Probanden", an dem ebenso ein Heilversuch vorgenommen werden sollte. Vielmehr ging es um eine von der Ethikkommission erlaubte Prüfung zur Erhöhung des Eisenanteils im Blut. An dieser nahm die betroffene Person in der Testgruppe teil, da sie nicht wie vorgesehen und in der Aufklärung betont das Testpräparat zerkaute, sondern unzerkaut runterschluckte, traten widrige Folgen ein. Es handelt sich also um einen echten klinisch kontrollierten Versuch mit

---

1 Deutsch, Dev.Pharmacol.Ther. 1985, 356.
2 Vgl. Feiden, Pabel, AMG, Vorbem. zu § 84, Bl. 103a; RGRK/Steffen, § 823, Rn. 534.
3 Deutsch, NJW 2001, 3361.

einem unmittelbaren therapeutischen Zweck, nämlich der Verbesserung des Eisenspiegels im Blut.

7 Die klinische Prüfung von Arzneimitteln in allen Formen ist erlaubt und nicht strafbar. Nicht zutreffend ist die Ansicht, dass die Bildung von Gruppen beim Doppelblindversuch notwendigerweise den Vorsatz einschließe, dass die Mitglieder einer Gruppe schlechter fahren als die der anderen. Bei begründeter Hoffnung auf die Wirkung eines neuen Arzneimittels seien das vor allen Dingen die der Kontrollgruppe.[4] Dagegen spricht neben der Anerkennung dieser medizinischen Forschung auf der ganzen Welt, dass die relative Unsicherheit des Ergebnisses am Beginn jeder klinischen Prüfung zu stehen hat. Wenn ein Medikament sich als besonders wirksam erweist, wie etwa Penicillin, dürfen klinische Versuche nicht (mehr) durchgeführt werden.

8 Die 12. Novelle zum AMG hat im Jahre 2004 die europäische Richtlinie in die § 40ff. übernommen und das Recht der klinischen Forschung fortgeschrieben. Dabei ist es einseitig prüferfreundlich vorgegangen und hat den Schutz der Probanden nicht erweitert. Belege dafür bilden der Fortfall des Arztvorbehalts für den Prüfer, der nur noch „angemessen qualifiziert“ sein muss, das Abstellen ausschließlich auf den „Sponsor“, was sog. „investor-initiated studies“ nicht berücksichtigt, die Verwendung personenbezogener Daten auch im Falle des Widerrufs zulässt und bei Versuchen an Kindern ein Gruppennutzen ausreicht. Zudem genügt teilweise in Abweichung von der europäischen Richtlinie bei multizentrischen Studien die Zustimmung der für den Hauptprüfer zuständigen Ethik-Kommission. Die lokalen Ethik-Kommissionen kommen im Text des Gesetzes nicht vor.

## II. Allgemeine Voraussetzungen: § 40 Abs. 1

### 1. Anwendungsbereich

9 Die klinische Prüfung eines Arzneimittels ist grundsätzlich jeder Medikamententest am Menschen. Der klinische Versuch reicht von der Pilotstudie über den therapeutischen Versuch mit wenigen Patienten bis zur klinisch kontrollierten Studie. Abgrenzungskriterium ist, dass die Gewinnung wissenschaftlicher Daten auch für eine künftige Behandlung im Vordergrund steht. Deshalb sind keine Arzneimittelprüfung: Heilversuche (vgl. § 41), Therapiemaximierungsstudien und Anwendungsbeobachtungen.[5] Die Abgrenzung ist vor allem wichtig für die Vorlage bei der Ethik-Kommission (möglich aber nicht notwendig) und den Versicherungsschutz, der etwa bei Einzelheilversuchen nicht angebracht ist.

---

[4] Fincke, 1977.

[5] Vgl. Sander, § 40, Anm. 1; Kloesel, Cyran, AMG, § 40, Nr. 1b. Zu den Heilversuchen vgl. Deutsch, VersR 2005, 1009; nicht zutreffend ist die Ansicht von Bender, MedR 2005, 514, wonach ein anderer als der Arzt darüber entscheidet, ob es sich um eine klinische Prüfung handelt, vgl. BGHZ 20, 66.

Die gesetzlichen Voraussetzungen beziehen sich auf alle Phasen der klinischen Prüfung. Zuerst sind sie für die Phase I bis III gedacht, also für die Erstanwendung am Menschen, die Pilotstudie und die klinisch kontrollierte Studie. Auch Arzneimittelprüfungen nach Zulassung, also solche der Phase IV, unterfallen den allgemeinen Voraussetzungen. 10

Auch Medikamentenstudien, hinter denen kein Sponsor steht, unterfallen dem § 40. Dann wird stets der Text des Gesetzes so zu lesen sein, dass der klinische Prüfer auch als Sponsor angesehen wird (vgl. § 4 Abs. 13 Nr. 24). Nicht von den §§ 40ff. ergriffen werden andere klinische Versuche am Menschen, die nicht Arzneimittelprüfungen sind, d.h. Grundlagenforschung, Prüfung neuer, nicht medikamentöser Behandlungsformen am Menschen usw. 11

Nach § 42 i.d.F. der 4. Novelle unterfielen auch Arzneimittelprüfungen nach Zulassung, also solche der Phase IV, den allgemeinen Voraussetzungen. Ausgenommen ist die pharmakologisch-toxikologische Prüfung und die Vorlegung der Ergebnisse dieser Prüfung sowie das Votum einer Ethik-Kommission. Die Freistellung von der Vorlagepflicht an die Ethik-Kommission war eine rein arzneimittelrechtliche: Die Verpflichtung der behandelnden Ärzte nach der Revidierten Deklaration von Helsinki und § 15 MBO blieb erhalten. 12

### 2. Medizinische Vertretbarkeit

§ 40 Abs. 1 S. 3 Nr. 2 verlangt, dass die Risiken, die mit der klinischen Prüfung eines Arzneimittel für die Person verbunden sind, an der sie durchgeführt werden soll, gemessen an der voraussichtlichen Bedeutung des Arzneimittels für die Heilkunde ärztlich vertretbar sind. Damit wird ein paternalistisches Merkmal aufgestellt, das im wesentlichen auf die Annahmen der ärztlichen Wissenschaft und ärztlichen Ethik verweist.[6] Im allgemeinen wird der Maßstab der Revidierten Deklaration von Helsinki herangezogen. Der Begriff der ärztlichen Vertretbarkeit enthält jedoch auch schließlich eine rechtliche Wertung. Missbräuchlich entwickelte Vertretbarkeiten oder die Akzeptanz übermäßig gefährlicher Versuche werden von Nr. 2 nicht gedeckt. 13

Die medizinische Vertretbarkeit ist durch eine Abwägung zu gewinnen. Soweit es sich um gesunde Probanden handelt, ist deren Interesse am Gesundheitsschutz mit dem Fortschritt der Heilkunde zu vergleichen, was nur vorübergehende, erträgliche Belastungen zulässt. Sofern es sich um Patienten handelt, ist in die Abwägung die Schwere der Erkrankung und die Besserungserwartung einzubeziehen. Im Falle eines Karzinoms dürfen Chemotherapeutika angewendet werden, sonst regelmäßig nicht. Die ärztliche Vertretbarkeit hat übrigens während der ganzen Durchführung des Versuchs gegeben zu sein. Unvertretbar gewordene Studien, etwa solche, welche die Mitglieder der Test- oder Kontrollgruppe offensichtlich benachteiligen, sind abzubrechen. 14

---

6 Sander, § 40, Anm. 6; Kloesel, Cyran, § 40, Nr. 4.

15 Liest man das Gesetz genau, müssen die vorhersehbaren Risiken und Nachteile gegenüber dem Nutzen für die betroffene Person *und* der voraussichtlichen Bedeutung des Arzneimittels für die Heilkunde ärztlich vertretbar sein. Wörtliche genommen sind damit nur klinisch kontrollierte therapeutische Versuche zulässig, sonst dürfte es nicht „und" heißen. Man wird also entweder durch eine abändernde Auslegung oder durch eine teleologische Reduktion neben das Wort „und" auch das Wort „oder" setzen müssen, am besten vielleicht sogar ersetzen. Der Text der europäischen Richtlinie von 2001 erlaubt in seinen Erwägungen deutlich nicht unmittelbar therapeutische, ja sogar rein wissenschaftliche klinische Prüfungen für den Vorbereich der Arzneimittelprüfung. Allerdings ist der Text des Gesetzes dem Art. 3 der europäischen Richtlinie von 2001 nachgebildet. Dort findet sich ebenso die jedenfalls missverständliche Kumulierung.

### 3. Aufklärung und Einwilligung

16 Die informierte Einwilligung der Versuchsperson hat zu erfolgen, nachdem diese durch einen Arzt über Wesen, Bedeutung, Risiken und Tragweite der klinischen Prüfung aufgeklärt worden ist. Wesen heißt, dass unbedingt mitgeteilt werden muss, dass ein Versuchsprogramm stattfindet, was sowohl für die Testgruppe als auch die Kontrollgruppe zutrifft. In groben Zügen muss die Art der klinischen Prüfung und die Behandlungsunsicherheit als Ausgangspunkt der Studie erklärt werden. Auch die Zuteilung nach Zufallsgesichtspunkten bei der randomisierten Studie hat mitgeteilt zu werden. Mit der Tragweite ist das Risiko des klinischen Versuchs als solchem gemeint. Dabei braucht dem Patienten keine Angst gemacht zu werden, da er möglicherweise eine viel günstigere Behandlung erfährt. Besonders ausführlich hat die Aufklärung bei rein wissenschaftlichen Versuchen zu sein. Regelmäßig geht sie über die Information bei einer Behandlung hinaus.[7] Dem Probanden ist eine allgemein verständliche Aufklärungsunterlage auszuhändigen. Auch ist ihm Gelegenheit zu einem Beratungsgespräch mit dem Prüfer geben.

17 Die betroffenen Person kann ihre Einwilligung jederzeit widerrufen, ohne dass ihr dadurch Nachteile entstehen dürfen. Im Gesetz steht „gegenüber dem Prüfer". Der Widerruf sollte aber auch gegenüber anderem Krankenhauspersonal möglich sein, der Prüfer ist ja nicht stets anwesend. Über das Widerrufsrecht ist der Proband zu belehren.

18 Kann die betroffene Person nicht schreiben, so kann eine mündliche Einwilligung in Anwesenheit von mindestens einem Zeugen erteilt werden. Der Zeuge darf keine bei der Prüfstelle beteiligte Person und kein Mitglied der Prüfgruppe sein.

19 Der wichtige informed consent wird vom Gesetz unglücklich überfrachtet. Die Erhebung und Verwendung personenbezogener insbesondere von Gesundheitsdaten ist in erheblichem Maß zulässig. Unglücklich ist die seit der 5. AMG-Novelle

[7] BGHZ 20, 61 (Thorotrast); Halushka v. University of Saskatchewan 52 Western Weekly Reports, 608 (Court of Appeals Saskatchewan 1965: Fluoromar).

geschehene Verbindung von Einwilligung in die klinische Prüfung mit der Aufzeichnung von Krankheitsdaten, ihrer Weitergabe zur Überprüfung und die Einsichtnahme in personenbezogene Daten durch Beauftragte des Auftraggebers oder der Behörden. Einwilligung und Aufklärung sind eigentlich zum Schutze der Versuchspersonen gedacht. Das Junktim macht nun ihre Wirksamkeit von der Aufgabe persönlicher Rechte abhängig. Dennoch handelt es sich bei dem Junktim nicht um eine Wirksamkeitsvoraussetzung: Hat versehentlich der Patient eine der mehreren Zustimmungen hinsichtlich der Dokumentation nicht abgegeben, bleibt es bei der Einwilligung nach Aufklärung in die klinische Prüfung. Die hier angesprochenen Monitore[8] sind zur Sicherung der Daten als wesentliche Stütze des klinischen Versuchs wichtig. Ihr Einsichtsrecht reicht aber nicht weiter als die vom Gesetz geforderte Zustimmung des Patienten, reicht also über das Einsichtsrecht des Patienten nicht hinaus. Nach der Rechtsprechung ist das Einsichtsrecht des Patienten auf Aufzeichnungen oder objektive physische Befunde und Berichte über Behandlungsmaßnahmen beschränkt.[9] Dem entspricht auch das Wort „Gesundheitsdaten". Die Einsicht in die ganze Krankenakte bedarf der besonderen Rechtfertigung durch die Mitwirkung der Klinik usw. Auch im Falle des Widerrufs der Einwilligung dürfen die gespeicherten Daten regelmäßig weiter verwendet werden, da es genügt, dass dies erforderlich ist, um die Wirkung des zu prüfenden Arzneimittels festzustellen oder der Pflicht zur Vorlage vollständiger Zulassungsunterlagen zu genügen. Eher scheinheilig wird dann angeordnet, dass im Falle eines Widerrufs die verantwortlichen Stellen unverzüglich zu prüfen haben, inwieweit die gespeicherten Daten für die genannten Zwecke noch erforderlich sein können. Nicht mehr benötigte Daten sind dann unverzüglich zu löschen. Diese Norm erscheint auch nicht sanktioniert.

### 4. Verwahrte

Verwahrte Personen, seien es Strafgefangene, seien es psychiatrische Patienten, **20**
sind von der Teilnahme am Versuch generell ausgeschlossen, § 40 Abs. 1 S. 3 Nr. 4. Das absolute Verbot zieht die Konsequenzen aus der Geschichte und unterstellt den gegen ihren Willen Festgehaltenen, ihren Willen nicht frei bestimmen zu können.[10] Bei Verwahrten, die dringend ein noch nicht zugelassenes Arzneimittel benötigen, wird das Verbot durch den Notstand verdrängt.[11] Sofern die klinische Prüfung eines Arzneimittels überhaupt nur an Verwahrten möglich ist, etwa ein Medikament gegen die Gewalttätigkeit, welche den Verwahrten überhaupt erst in die Verwahrung gebracht hat, kommt eine Durchbrechung des Verbots im Wege der teleologischen Reduktion in Betracht. Damit wird dem Sinn der Norm entgegen seinem Wortlaut Gewicht verschafft.[12]

---

8 Lippert, MedR 1993, 17.

9 BGHZ 85, 327; Steffen, Dressler, Arzthaftungsrecht, Rn. 455ff.

10 Sander, § 40, Anm. 8; Kloesel, Cyran, § 40, Anm. 6.

11 Kloesel, Cyran, a.a.O.; einschränkend Bork, NJW 1985, 656.

12 Fischer, 1979, 68; Deutsch, Spickhoff, Rn. 929.

### 5. Persönliche und sachliche Voraussetzungen

21 Nr. 5 verlangt, dass die klinische Prüfung von einem angemessen qualifizierten Prüfer verantwortlich durchgeführt wird und die Leitung von einem Prüfer wahrgenommen wird, der mit mindestens zweijährige Erfahrung in der klinischen Prüfung von Arzneimitteln geleitet wird. Damit ist der Arztvorbehalt gefallen; auch Nichtärzte können angemessen qualifizierte Prüfer sein, etwa Psychologen. Die zweijährige Erfahrung wird übrigens jetzt nur noch vom Leiter der klinischen Prüfung verlangt. Ergänzend ist § 4 Abs. 25 aus dem Wust von Definitionen heranzuziehen. Danach ist Prüfer in der Regel ein „Arzt oder in begründeten Ausnahmefällen eine andere Person, deren Beruf aufgrund seiner wissenschaftlichen Anforderungen und seiner Ausübung voraussetzenden Erfahrung in der Patientenbetreuung für die Durchführung von Forschung am Menschen qualifiziert" ist. Damit ist der Arztvorbehalt nur in der Regel bestätigt worden.

22 Nach Nr. 6 muss eine dem jeweiligen Stand der wissenschaftlichen Erkenntnisse entsprechende pharmakologisch-toxikologische Prüfung durchgeführt sein. Hier werden Angaben über Wirkungen und das biochemische Verhalten, vor allem im tierischen Organismus und an Organpräparaten hergestellt sein. Der Stand der wissenschaftlichen Erkenntnisse ist auch aus den Arzneimittelprüfrichtlinien zu gewinnen.

### 6. Prüfplan

23 Der Prüfplan, das research protocol, hat ein abwechslungsreiches gesetzgeberisches Schicksal gehabt. In der Urfassung des AMG war der Prüfplan nicht enthalten. In der 2. Novelle zum AMG ist er grundsätzlich gefordert worden. Von späteren Änderungsgesetzen ist er dann in § 40 Abs. 1 Nr. 6 übernommen worden. In der Neufassung des § 40 wird wiederum nur mittelbar vom Prüfplan gesprochen, nämlich erstens durch die Verweisung auf die Richtlinie der EG und in § 42 Abs. 1 Nr. 2, wonach die Ethik-Kommission den Antrag nur ablehnen kann, wenn die vorgelegten Unterlagen „einschließlich des Prüfplans" nicht dem Stand der wissenschaftlichen Erkenntnisse entsprechen. Daraus ist zu schließen, dass der Prüfplan sowohl dem BfArM als auch der Ethik-Kommission übergeben werden muss.

24 Der Prüfplan, das research protocol, wurde schon von der Revidierten Deklaration von Helsinki gefordert und ist nunmehr seit der 2. Novelle ausdrücklich Voraussetzung der klinischen Prüfung. Der Prüfplan hat Stand der Wissenschaft, Fragestellung, Ergebnis einer eventuellen Pilotstudie, Vorgehen, insbesondere die Gruppenbildung und die Zuteilung zu den Gruppen, Auswahl und Kontrollmechanismen, teilnehmende Stellen, Zahl der Versuchspersonen, erwartetes Ergebnis, Aufklärung und Einwilligung, Abbruchkriterien und eventuelle Kontrollausschüsse anzugeben. Der Prüfplan ist nichts Starres, vielmehr hat er dem Stand der wissenschaftlichen Erkenntnisse angepasst zu werden, wenn dieser sich verändert

hat.[13] Hier ist es das Zeichen eines lebenden Prüfplans, dass dieser verändert wird, bei wesentlichen Änderungen wird er dann neu durch die Ethik-Kommission zu beurteilen sein.

### 7. Zustimmende Bewertung durch die Ethik-Kommission

Schließlich hat das Votum der für den Leiter der klinischen Prüfung zuständigen Ethik-Kommission dem BfArM vorgelegt zu werden. Damit wird eine Konzentrierung der Meinungen der Ethik-Kommissionen bei multizentrischen Studien erreicht. Jedoch schließt diese Bestimmung nicht die Verpflichtung zur Vorlage bei lokalen Ethik-Kommissionen aus, auf denen auch die „zuständige Ethik-Kommission" bestehen sollte, schon weil sie die örtlichen Gegebenheiten und Besonderheiten meist nicht kennen wird. Die federführende Ethik-Kommission formuliert ihre Stellungnahme im Benehmen mit den anderen beteiligten Ethik-Kommissionen, § 8 Abs. 5 GCP-V. 25

Die Nr. 7 verlangt, dass der Leiter der klinischen Prüfung durch einen für die pharmakologisch-toxikologische Prüfung verantwortlichen Wissenschaftler über die Ergebnisse dieser Prüfung und die voraussichtlichen Risiken informiert worden ist. 26

### 8. Abschluss einer Probandenversicherung

Schließlich verlangt Nr. 8, dass eine Probandenversicherung besteht, wenn bei der Durchführung der klinischen Prüfung ein Mensch getötet oder der Körper oder die Gesundheit eines Menschen verletzt wird. Damit hat der Gesetzgeber, anders als in Frankreich, das System der Drittversicherung, in Wirklichkeit eine Unfallversicherung, gewählt. Haftungsrechtlich besteht die Besonderheit, dass die Leistung der Versicherung auf den Anspruch auf Schadensersatz angerechnet wird, § 40 Abs. 3. 27

### 9. Ethik-Kommission

Mit der Anrufungspflicht von Ethik-Kommissionen in §40 Abs. 1 S. 2 ist der Streit entschärft worden, ob durch Standesrecht die Vorlage bei Ethik-Kommissionen gefordert werden kann.[14] Die Ethik-Kommission muss nach Landesrecht gebildet sein und nicht nur eine Begutachtung, sondern ein zustimmendes Votum abgegeben haben. Das zustimmende Votum stützt sich auf die Einhaltung der Normativbestimmungen des Abs. 1. Die zustimmende Bewertung durch die zuständige Ethik-Kommission ist unabdingbar. Anders als nach bisherigem Recht kann sie nicht durch das Schweigen des BfArM beseitigt werden. Wegen dieser Unabdingbarkeit ist wohl auch die zustimmende Bewertung durch die Ethik-Kommission als Verwaltungsakt anzusehen, da es sonst dagegen keinen Rechts- 28

---

[13] Anders Sander, § 40, Anm. 12a „von einem Prüfplan darf grundsätzlich nicht abgewichen werden".

[14] Vgl. dazu VGH Kassel NJW 1994, 812; Laufs, Reiling, (1991). Vgl. VGH Baden-Württemberg MedR 2003, 109 (zum MPG); Dähne, MedR 2003, 164.

schutz geben würde, was Art. 19 Abs. 4 GG vorsieht. Durch die Verweigerung der Zustimmung kann der Antragsteller in seinen Rechten verletzt sein. Bildung, Zusammensetzung und Finanzierung der Ethik-Kommissionen wird durch Landesrecht bestimmt, § 42 Abs. 1 S. 3.

**29** Die Bildung der Ethik-Kommissionen nach Landesrecht hat im Wege des materiellen Rechts zu erfolgen. Üblicherweise enthalten die Heilberufsgesetze eine Ermächtigung zum Erlass einer Satzung, in welcher bestimmte Regelungen, etwa die Zusammensetzung, die Zuständigkeit, die Verfahrensweise u.a. zu regeln sind.

**30** Ethik-Kommissionen haben eine dreifache Funktion. In erster Linie sollen sie Patienten und Probanden vor der übermäßigen Gefahr einer körperlichen Verletzung schützen.[15] Ebenso sollen sie auf die voll informierte Zustimmung der Versuchsperson hinwirken und deren Privatsphäre sichern. Sodann soll die Ethik-Kommission den Forscher davor bewahren, im Drang nach Wahrheit die zulässigen Grenzen zu überschreiten. Schließlich ist die institutionelle Ethik-Kommission auch aufgerufen, Schaden von der Institution fernzuhalten, der durch die Publizität von unethischen Versuchen eintreten könnte. Einen erwerbswirtschaftlichen Zweck haben Ethik-Kommissionen nicht.[16]

**31** Für multizentrische Studien ist gegenüber dem BfArM die für den Prüfleiter zuständige Ethik-Kommission als leitende und koordinierende Kommission bestimmt worden. Ihre Aufgabe besteht in der Koordinierung und Zusammenfassung der Stellungnahmen der berührten Ethik-Kommissionen, welche in ihre Entscheidung einfließen.

**32** Die zustimmende Bewertung durch die Ethik-Kommission darf nur versagt werden, wenn die vorgelegten Unterlagen auch nach Ergänzung unvollständig sind oder Prüfplan, Prüferinformation und Auswahl der Prüfungsteilnehmer nicht dem Stand der wissenschaftliche Erkenntnisse entsprechen oder sonst die materiellen Voraussetzungen der §§ 40f. nicht erfüllt sind. Dabei ist insbesondere darauf zu achten, dass die klinische Prüfung geeignet ist, den Nachweis der Unbedenklichkeit oder Wirksamkeit eines Arzneimittels einschließlich einer unterschiedlichen Wirkungsweise bei Frauen und Männern zu erbringen, § 42 Abs. 1.

**33** Die Ethik-Kommission hat die Entscheidung innerhalb einer Frist von höchstens 60 Tagen nach Eingang der erforderlichen Unterlagen zu übermitteln. Die Frist kann aufgrund der GCP-V verlängert oder verkürzt werden. Soll die Prüfung nur in einer einzigen Prüfeinrichtung durchgeführt werden, beträgt die Frist 30 Tage. Bei mehreren Teilschritten im Prüfplan gilt für zweite und folgende Teilschritte der Phase I eine Frist von 14 Tagen. Ist der Antrag unvollständig oder die Begrün-

---

[15] Deutsch, MedR 1995, 483. Ein Fall der Haftung des Klinikums für seine Ethik-Kommission findet sich in Weiss v. Solomon, Cour Supérieur de Québec 48, C.C.L.T. 280, 1989.

[16] Anders Schenke, NJW 1996, 745.

dung nicht ausreichend, so wird der Antragsteller innerhalb einer Frist von höchstens 10 Tagen zur Vervollständigung oder zur Abgabe einer Begründung aufgefordert. Er hat dann eine Frist von 14 Tagen zur Ergänzung. Die Frist von 60 Tagen beginnt dann mit dem Eingang der vervollständigten Unterlagen oder der erweiterten Begründung. Erhält die Ethik-Kommission innerhalb von 14 Tagen keine Antwort ist ohne Antwort zu entscheiden.

Der Antrag an die Ethik-Kommission soll 20 Unterlagen enthalten, § 7 Abs. 2 GCP-V. Neu ist dabei, dass die Vergütung der Prüfer und die Entschädigung der Prüfungsteilnehmer mitgeteilt werden müssen. Vorgesehen ist auch bei multizentrischen Studien, dass die anderen beteiligten Ethik-Kommissionen eine Ausfertigung des Antrags vorzulegen ist. Undeutlich ist § 7 Abs. 3 Nr. 11 über die Verhinderung der Teilnahme von betroffenen Personen an mehreren klinischen Prüfungen oder der Ablauf der Karenzzeit. Die Probandenversicherung hat jedenfalls zu bestehen. Auch sind haftungsbeschränkende Abreden, wie stets im Medizinbetrieb, unwirksam.[17] Gegen die ablehnende Entscheidung der Ethik-Kommission sind Rechtsmittel gegeben. Verzögert die Ethik-Kommission ihre Entscheidung oder unterlaufen ihr sonst gravierende Verfahrensmängel, ist die Beschwerde an die Dienstaufsichtsbehörde zu richten. Dieses ist bei Universitäten der Präsident, bei Ärztekammern der Vorstand der Kammer. Auch gegen eine sachlich ablehnende Entscheidung der Ethik-Kommission sind Rechtsmittel zulässig. Da es sich bei den öffentlich-rechtlichen Ethik-Kommissionen um die Ausübung von „öffentlicher Gewalt“ handelt, ist nach Art. 19 Abs. 4 GG der Rechtsweg eröffnet. Hier führt der Rechtsweg vor die Verwaltungsgerichte, bei denen entweder eine Untätigkeitsklage oder eine Feststellungsklage erhoben werden kann. Ist man der Überzeugung, dass die Versagung der zustimmenden Bewertung durch die Ethik-Kommission einen Verwaltungsakt darstellt, ist auch die Anfechtungsklage nach § 40 VwGO gegeben. Nach der herkömmlichen Definition des Verwaltungsaktes ist die Versagung der zustimmenden Bewertung ein solcher Verwaltungsakt.[18] 34

### 10. Genehmigung durch die zuständige Bundesoberbehörde

Auf Antrag des Sponsors kann die zuständige Bundesoberbehörde, also das BfArM bzw. das PIE, die erforderliche Genehmigung aussprechen. Dem Antrag ist insbesondere der Prüfplan und die Prüferinformation beizulegen, § 7 Abs. 2 f. GCP-V. Die Genehmigung darf nur versagt werden, wenn die vorgelegten Unter- 35

---

[17] Halushka v. University of Saskatchewan, 52 Western Weekly Reports 608 (Court of Appeals, Saskatchewan 1965): Haftungsausschluss bei Versuch mit Anästhetikum unwirksam. Zur Unwirksamkeit einer Haftungsfreistellung vgl. die Urteile bei Deutsch, Spickhoff, Medizinrecht, Rn. 98.

[18] BÄK intern, Mai 2004, S. 6 spricht davon, dass die Bundesärztekammer befürchtet, dass die Verweigerung der Zustimmung ein Verwaltungsakt ist. Die dort angegebene haftungsrechtliche Konsequenz, dass die Trägerorganisationen der Ethik-Kommissionen für Verfahrensfehler einstehen müssten, ist im Ergebnis zutreffend. Jedoch auch, wenn es sich nicht um Verwaltungsakte handelt, haftet die Behörde wegen Amtspflichtverletzung nach Art. 34 GG.

lagen auch nach vorgesehener Ergänzung unvollständig sind, wenn sie nicht dem Stand der wissenschaftlichen Erkenntnisse entsprechen, insbesondere nicht dartun, dass die klinische Prüfung geeignet ist, den Nachweis der Unbedenklichkeit oder der Wirksamkeit eines Arzneimittels zu erbringen. Die Genehmigung gilt als erteilt, wenn die zuständige Bundesoberbehörde dem Sponsor innerhalb von höchstens 30 Tagen nach dem Eingang der Antragsunterlagen keine mit Gründen versehene Einwände übermittelt. Innerhalb von zehn Tagen nach Eingang hat ein Mängelbescheid zu ergehen. Der Antragsteller hat dann 14 Tage Zeit, darauf zu antworten. Die Dreißig-Tage-Frist beginnt mit dem Eingang der Antwort. Wird innerhalb von zehn Tagen nach Eingang des Mängelbescheids keine Antwort gegeben, so gilt der Antrag als zurückgenommen. Wenn der Antrag eine Studie der Phase I betrifft, die mehrere Teilschritte umfasst, verkürzt sich die Frist von 30 Tagen für den zweiten und jeden weiteren Teilschritt auf höchstens 14 Tage. Der ablehnende Bescheid des BfArM oder PEI ist ein Verwaltungsakt, er kann vor den Verwaltungsgerichten angefochten werden. Für Amtspflichtsverletzungen der Behörden haftet der Bund nach Art. 34 GG.

### 11. Pharmakovigilanz und Überwachung

**36** Die Genehmigung kann widerrufen bzw. zurückgenommen werden, wenn entweder jetzt ein Versagungsgrund besteht oder ein früherer Versagungsgrund deutlich wird. Auch das Ruhen der Genehmigung kann angeordnet werden, § 42a. Dagegen sind Widerspruch und Anfechtungsklage möglich, sie haben keine aufschiebende Wirkung.

**37** Die prüfende Person hat erhebliche Pflichten. Wenn ein schwerwiegendes, unerwünschtes Ereignis auftritt, hat sie sofort den Sponsor zu unterrichten, im Falle des Todes eines Prüfungsteilnehmers auch die Ethik-Kommission, bei multizentrischen Studien alle beteiligten Ethik-Kommissionen, § 12 GCP-V. Nebenwirkungen sind nach § 4 Abs. 13 die beim bestimmungsgemäßen Gebrauch eines Arzneimittels auftretenden unerwünschten Begleiterscheinungen. Dabei ist unerwünschtes Ereignis jedes negative Vorkommnis, das einem Prüfungsteilnehmer widerfährt, dem ein Prüfpräparat verabreicht wurde. Ein solches Ereignis wird als schwerwiegendes, unerwünschtes Ereignis bezeichnet, wenn es tödlich oder lebensbedrohlich ist, eine stationäre Behandlung oder die eine Verlängerung erforderlich macht oder zu bleibende oder schwerwiegender Behinderung, kongenitalen Anomalien, Invalidität oder Geburtsfehlern führt, § 3 Abs. 8 GCP-V.

**38** Der Sponsor hat über unerwartete schwerwiegende Nebenwirkungen unverzüglich, spätestens aber innerhalb von 15 Tagen, die Ethik-Kommission, die zuständige Bundesbehörde und die anderen an der Prüfung beteiligten Prüfer sowie die zuständigen Behörden anderer Mitgliedsstaaten der EU zu benachrichtigen, in deren Hoheitsgebiet die klinische Prüfung durchgeführt wird. Bei Todesfällen verkürzt sich die Frist auf sieben Tage. Die Ethik-Kommission hat der zuständigen Bundesoberbehörde bzw. anderen Behörden der EU während der Dauer der Prüfung einmal jährlich eine Liste aller während der Prüfung aufgetretenen Verdachtsfälle schwerwiegender Nebenwirkungen sowie einen Bericht über die Sicherheit der Prüfungsteilnehmer vorzulegen, § 13 GCP-V.

Es wird nicht gesagt, welche Folgerungen die Ethik-Kommissionen aus den ihr mitgeteilten schwerwiegenden oder unerwarteten, unerwünschten Ereignissen ziehen soll. § 42a erlaubt der Behörde Rücknahme, Widerruf bzw. Ruhenlassen der Zustimmung. Für die Ethik-Kommission ist solches nicht vorgesehen. Angesichts des Doppelschritts von zustimmender Bewertung durch die Ethik-Kommission und Genehmigung durch die Aufsichtsbehörde wird man wohl sagen müssen, dass die Aufsichtsbehörde für diese Maßnahmen ausschließlich zuständig ist. Die Ethik-Kommission kann ihr mitteilen, dass sie an ihrer früheren Bewertung nicht mehr festhält oder bestimmte Bedingungen zum Gegenstand der Bewertung gemacht haben würde. Am besten wäre es gewesen, in § 42a ein Zusammenwirken von Ethik-Kommission und Behörde vorzusehen. 39

Auf die Anzeige hin hat die Ethik-Kommission, jedenfalls eine Unterkommission oder ein beauftragtes Mitglied zu prüfen, ob die Nebenwirkungen die Zulässigkeit der Studie beeinträchtigen. Dabei wird es wesentlich auf die Kausalität und das örtliche Vorkommnis ankommen. Sind die Nebenwirkungen gravierender Art, so hat sich die Ethik-Kommission erneut mit der Studie zu befassen. Sie kann der Behörde mitteilen, dass sie an ihrem Votum nicht mehr festhält oder Auflagen machen würde, etwa eine Trendaufklärung verlangen oder neue Ein- oder Ausschlusskriterien festsetzen.[19] 40

Rechtfertigen Tatsachen die Annahme, dass der Sponsor, ein Prüfer oder ein anderer Beteiligter seine Verpflichtungen im Rahmen der ordnungsgemäßen Durchführung der klinischen Prüfung nicht mehr erfüllt, informiert die zuständige Bundesbehörde die betreffende Person unverzüglich und ordnet Abhilfemaßnahmen an. Betrifft diese Annahme nicht den Sponsor, so ist er von den Abhilfemaßnahmen zu unterrichten, § 42a Abs. 5. 41

### 12. § 40 als Schutzgesetz

Die Bestimmungen des § 40 sind Schutzgesetze nach § 823 Abs. 2 BGB. Fehlt es also an einer Probandenversicherung, so wird auch ohne Verschulden wegen Verletzung der Versicherungspflicht gehaftet. Allerdings begrenzt der persönliche und sachliche Schutzbereich der verletzten Norm den Schadensersatzanspruch. So ist dieser nicht stets gegeben, wenn dem Prüfungsleiter die vorausgesetzte zweijährige Erfahrung fehlt, § 40 Abs. 1 S. 3 Nr. 5. 42

## III. Wirksamkeit von Aufklärung und Einwilligung

Nach § 40 Abs. 1 S. 3 Nr. 3 hat die betroffene Person volljährig und in der Lage zu sein, Wesen, Bedeutung und Tragweite der klinischen Prüfung zu erkennen und ihren Willen danach auszurichten. Sie muss aufgeklärt worden sein und schriftlich 43

[19] Vgl. Görlich, PharmaR 1995, aktuelle Seiten If.

eingewilligt haben. Die Einwilligung muss sich ausdrücklich auch auf die Erhebung und Verarbeitung von Angaben über die Gesundheit beziehen. Die Einwilligung ist im Wesentlichen durch die Aufklärung und deren Inhalt ausgefüllt. Die Einwilligung enthält das zweite wesentliche Merkmal der Rechtfertigung der klinischen Prüfung: Nach der Vertretbarkeit bildet die Einwilligung die Erlaubnis, bei der klinischen Prüfung Körper und Gesundheit des Probanden nahe zu treten. Früher galt der Grundsatz der Zweispurigkeit: Der Einwilligende hatte geschäftsfähig zu sein und die Besonderheiten der klinischen Prüfung verstanden zu haben und seinen Willen danach bestimmen zu können. Heute klingt das anders. Verlangt wird nur noch, dass der Proband volljährig ist; die Geschäftsfähigkeit wird nicht mehr ausdrücklich verlangt. Mit der Volljährigkeit wird offenbar die Abgrenzung gegenüber § 40 Abs. 4 betreffend die Prüfung bei Minderjährigen vollzogen. Das Absehen von der Geschäftsfähigkeit erlaubt nicht nur die antizipierte Einwilligung wie früher, sondern auch eine Einwilligung durch einen Vertreter. Mit Schriftlichkeit ist die handschriftliche Unterzeichnung gemeint, § 126 Abs. 1 BGB. Es handelt sich aber wohl um eine Beweisförmlichkeit, deren Fehlen die klinische Prüfung nicht als solche unwirksam macht, wenn nur der aufgeklärte Patient einverstanden ist. Das Fehlen der Schriftlichkeit ist also kein Haftungsgrund. Das wäre nur die mangelnde Einwilligung selbst. Die Einwilligung kann jederzeit ohne Begründung und ohne Nachteile zurückgenommen werden. Dieses kann ausdrücklich oder durch konkludentes Verhalten geschehen. § 40 Abs. 2 spricht zwar nur davon, dass die Einwilligung „gegenüber dem Prüfer schriftlich oder mündlich widerrufen" werden kann. Damit ist jedoch keine Einschränkung gemeint. Konkludentes Verhalten, etwa Nichterscheinen zur Durchführung der Prüfung ist gleichermaßen wirksam. Die Freiheit des Rücktritts wird freilich teilweise dadurch unterlaufen, dass das Entgelt für die Versuchsperson zeitlich steigend gestaffelt wird.

### IV. Personenbezogene Daten des Probanden

44 § 40 Abs. 2a unterwirft den Probanden in erheblichem Maße der Verwendung seiner Daten. Das geschieht dadurch, dass gesagt wird, der Proband sei über Zweck und Umfang der Erhebung und Verwendung personenbezogener Daten zu informieren, insbesondere, dass die erhobenen Daten soweit erforderlich zur Einsichtnahme an die Überwachungsbehörde und Beauftragten des Sponsors bereit gehalten werden, pseudonymisiert und an den Sponsor oder eine von diesem beauftragte Stelle zum Zwecke der wissenschaftlichen Auswertung weitergegeben werden, im Falle des Antrags auf Zulassung pseudonymisiert an den Antragsteller und die zuständige Behörde weitergegeben werden und im Falle unerwünschter Ereignisse des zu prüfenden Arzneimittels pseudonymisiert an den Sponsor und die zuständige Bundesoberbehörde bzw. an die Europäische Datenbank weitergegeben werden. Meint man, dass damit der Schutz der Daten des Probanden schon erheblich eingeschränkt ist, so kommt es noch schlimmer. Die Einwilligung wird als unwiderruflich behandelt bzw. die gespeicherten Daten dürfen trotz des Widerrufs weiterhin verwendet werden, soweit dies erforderlich ist, um die Wirkung des zu prüfenden Arzneimittels festzustellen, sicher zu stellen, dass schutzwürdige Interes-

sen des Probanden nicht beeinträchtigt werden und der Pflicht zur Vorlage vollständiger Zulassungsunterlagen zu genügen. Zwar sind die erhobenen personenbezogenen Daten nach Ablauf der Fristen zur Aufbewahrung zu löschen, soweit nicht gesetzliche, satzungsmäßige oder vertragliche Aufbewahrungsfristen entgegenstehen. Nicht mehr benötigte Daten sind schon vorher unverzüglich zu löschen. Diese Pflichten sind freilich nicht für den Fall ihrer Verletzung sanktioniert.

Die wesentlichen Unterlagen der klinischen Prüfung werden nach dem Abschluss oder dem Abbruch der Prüfung für wenigstens 15 Jahre aufbewahrt. Nach Erteilung der letzten Zulassung in der EU beträgt diese Frist mindestens zwei Jahre und nach dem tatsächlichen Abbruch des klinischen Entwicklungsprüfverfahrens gleichfalls mindestens zwei Jahre, § 11 Abs. 3 GCP-V. 45

§ 40 Abs. 2a ist erst später in den Referentenentwurf der 12. AMG-Novelle eingefügt worden.[20] Man kann nur vermuten, dass die Regelung der Datenerfassung, Datenweitergabe und (Nicht-)Löschung von Daten auf Vorschlag interessierter Kreise in das Gesetz gekommen ist. Die Interessen der Probanden sind offensichtlich nicht besonders ins Gewicht gefallen. 46

## V. Probandenversicherung

Schon der Beginn der klinischen Prüfung ist davon abhängig, dass eine Unfallversicherung zugunsten der Prüfperson, die sog. Probandenversicherung, abgeschlossen ist. Sie muss bei einem im Europäischen Wirtschaftsraum zugelassenen Versicherer genommen werden. Ihr Umfang hat in einem angemessenen Verhältnis zu den der klinischen Prüfung verbundenen Risiken zu stehen und auf Grundlage der Risikoabschätzung so festgelegt zu werden, dass für jeden Fall des Todes oder der dauernden Erwerbsunfähigkeit mindestes 500 000 € zur Verfügung stehen. In der Praxis hat es sich herausgebildet, dass die Mindestgrenze zur Höchstgrenze geworden ist, was dem Gesetzeswortlaut widerspricht und den Versicherer bei höheren Schäden wegen Verschuldens bei Vertragsschluss haftbar sein lassen könnte. 47

Für die Probandenversicherung sind allgemeine Versicherungsbedingungen erlassen worden. Manche dieser AVB sind gesetzeswidrig, etwa die Dreijahresfrist nach Abschluss der klinischen Prüfung (Ausschluss von Spätschäden), das Verbot einer anderen medizinischen Behandlung, nämlich ohne Einvernehmen mit dem klinischen Prüfer und der Ausschluss genetischer Schäden. Bedenklich ist auch die Aufteilung der Höchstleistung, z.B., wenn mehr als 3.000 Personen an der klinischen Prüfung teilnehmen, so dass es möglich wäre, dass pro Versuchsperson nur eine geringe Versicherungsdeckung bestehen würde.[21] Wird aus der Probandenversicherung gezahlt, so erlischt ein Anspruch auf Schadensersatz aus Vertrag oder unerlaubter Handlung gegen den Leiter der klinischen Prüfung, das Pharma- 48

---

20 Vgl. PPI-Synopse 12. AMG-Novelle, § 40 Abs. 2 und Abs. 3.

21 Hart, u.a., Arzneimittelsicherheit, 1993, 206f.; Rittner, u.a., VersMed 1996, 21; Deutsch, Die rechtstatsächliche Situation , 1991, 141ff.

unternehmen oder einzelne Prüfärzte. In dieser Anrechnung zeigt sich die Grundlage der Schadensunfallversicherung zugunsten eines Dritten. Sie basiert auf einer Aufopferungserwartung[22], weshalb sie auf einen Schadensersatzanspruch angerechnet wird. Probandenversicherung und Verschuldenshaftung sind zwingenden Rechts; auf sie kann im vorhinein nicht verzichtet werden.[23]

**49** In der Literatur ist jüngst vorgetragen worden[24], dass die Probandenversicherung nicht, jedenfalls nicht mehr den immateriellen Schaden umfasst. Die Argumentation geht im Wesentlichen darauf zurück, dass jahrzehntelang für diesen Schaden aus der Versicherung nicht geleistet worden ist, dass es sich um eine der Gefährdungshaftung vergleichbare Leistung handelt und dass der Gesetzgeber in den zurückliegenden Novellen des AMG davon abgesehen hat § 40 Abs. III AMG entsprechend zu ändern. Dagegen lässt sich bequem aus dem Grundsatz des derogierenden Gewohnheitsrechts argumentieren. Das Gewohnheitsrecht kann eine Norm nur ändern, wenn eine *longa consetudo* und eine *opinio necessitatis* gegeben sind. Gegen das lange Verhalten der Versicherer nach ihren Probanden-Versicherungsbedingungen wird man zudem einwenden können, dass diese Bedingungen dem Gesetzestext des § 40 deutlich widersprechen. Die Mindestschadenssumme muss so ausgestaltet sein, dass „einer von der klinischen Prüfung betroffenen Person im Falle des Todes oder der dauernden Erwerbsunfähigkeit *mindestens* 500.000 € zur Verfügung stehen". Daraus haben die Versicherer *höchstens* 500.000 € gemacht. Die anderen Widersprüche der Versicherungsbedingungen, etwa Herbabsetzung bei einer größeren Zahl von Versicherten auf 3.000 €, die drei Jahres Grenze für das Auftreten von Schäden, der Ausschluss genetischer Schäden werden einhellig in der Literatur kritisiert. In dem Unterausschuss des Deutschen Bundestages, in welchem 1975/76 das neue Arzneimittelgesetz beraten wurde, war man allgemein der Überzeugung, dass die Probanden selbst entschädigt werden sollten. Dabei wurde nicht nur an den Ausgleich der materiellen Schäden gedacht, die ohnehin auf die Soziaversicherung, private Versicherung oder den Dienstherrn übergehen, sondern an den Ausgleich für den Probanden selbst. Dieser ist nur im Wege einer Zahlung für immateriellen Schaden möglich. Als Sachverständiger vor dem damaligen Ausschuss kann ich diese Grundhaltung der Ausschussmitglieder und der Sachverständigen wiedergeben. In der Zwischenzeit hat sich wirklich nicht eine herrschende Meinung gebildet, dass der immaterielle Schaden nicht versichert sein soll. Dass jedoch die allgemeine oder auch nur überwiegende Ansicht dahingegangen ist, den immateriellen Schaden des Probanden nicht mehr zu versichern, wird kaum jemand behaupten können. Wenn sogar schon bei der Gefährdungshaftung für die Arzneimittelanwendung nach § 84 jetzt Schmerzensgeld eingeführt worden ist, wird man kaum die Untätigkeit des Gesetzgebers heranziehen können, um bei klinisch kontrollierten Versuchen Verunglückte, die sich auch noch aufopfernd zur Verfügung gestellt haben, einen Ausgleich für den immateriellen Schaden nicht zu gewähren. Übrigens tritt bei den Versuchen der Phase IV ein Ersatz

---

22 Anders Granitza, FS Weitnauer, 1980, 315.
23 S. jetzt OLG München v. 26.11.2009 (zur Kausalität).
24 Rittner, Taupitz u. Walter-Sack, VersR 2008, 158.

durch Schmerzensgeld ein, weil das Medikament schon zugelassen ist.[25] Gerade für die erst im Versuch Befindlichen und deshalb besonders gefährlichen Prüfsubstanzen sollte ein erheblicher Schutz auf objektiver Basis erfolgen. Das ist der schlichte Schluss aus dem *a minore ad majus:* Wenn schon der Patient für das zugelassene Arzneimittel objektiv durch ein Schmerzensgeld geschützt ist, sollte der Proband in der gefährlicheren Prüfungssituation noch eher die gleichen oder sogar mehr Rechte erhalten. Wenn allerdings die vom Gesetz zu fordernde Versicherung nicht zu erhalten ist, dann hat der Sponsor wegen Verletzung eines Schutzgesetzes nach § 823 Abs. 2 BGB persönlich für den Schaden aufzukommen oder eine Ausgleichzahlung als Aufopferungsentschädigung zu leisten.

## VI. Minderjährige

§ 40 Abs. 4 regelt die Prüfung an Minderjährigen und zwar sowohl für die Prüfung generell als auch für die Prüfung an Kranken. Das Medikament muss zum Erkennen oder zum Verhüten von Krankheiten bei Minderjährigen bestimmt sein. Außerdem muss seine Anwendung angezeigt sein, um bei dem einzelnen Minderjährigen Krankheiten zu erkennen oder ihn vor Krankheiten zu schützen. Andererseits darf die klinische Prüfung an Erwachsenen keine ausreichenden Prüfergebnisse erwarten lassen. Die Zulässigkeit der klinischen Prüfung an Minderjährigen ist also nur subsidiär gegeben.[26] Die Einwilligung wird durch den gesetzlichen Vertreter abgegeben. Sie muss dem mutmaßlichen Willen des Minderjährigen entsprechen, soweit ein solcher feststellbar ist. Der Minderjährige ist vor Beginn der klinischen Prüfung von einem im Umgang mit Minderjährigen erfahrenen Prüfer über die Prüfung, die Risiken und die Nutzen aufzuklären, soweit dies im Hinblick auf sein Alter und seine geistige Reife möglich ist. Erklärt der Minderjährige, nicht an der klinischen Prüfung teilnehmen zu wollen oder bringt er dies in sonstiger Weise zum Ausdruck, so ist dies zu beachten. Ist der Minderjährige in der Lage, Wesen, Bedeutung und Tragweite der klinischen Prüfung zu erkennen und seinen Willen hiernach auszurichten, so ist auch seine Einwilligung erforderlich. Eine Gelegenheit zu einem Beratungsgespräch ist neben dem gesetzlichen Vertreter auch dem Minderjährigen zu eröffnen.[27] 50

Die klinische Prüfung an einem Minderjährigen, der an einer Krankheit leidet, ist zusätzlich in § 41 Abs. 2 geregelt. Hierbei gibt es zwei Varianten. Die Anwendung des zu prüfenden Arzneimittels muss angezeigt sein das Leben zu retten, die Gesundheit wieder herzustellen oder das Leiden zu erleichtern. Außerdem ist der Versuch möglich, wenn die klinische Prüfung „für die Gruppe der Patienten“, die an der gleichen Krankheit leiden wie die betroffene Person, mit einem direkten Nutzen verbunden“ ist. Zusätzlich muss die Forschung für die Bestätigung von Daten, die bei klinischen Prüfungen anderen Personen oder mittels anderer Forschungsmethoden gewonnen wurden, unbedingt erforderlich sein. Die Forschung muss sich auf den klinischen Zustand beziehen, unter dem der betroffene Minder- 51

[25] Vgl. Sander, § 40 Anm. 17.
[26] Kloesel, Cyran, § 40, Anm. 25.
[27] Kloesel, Cyran, § 40, Anm. 25b.

jährige leidet. Und die Forschung darf für die betroffene Person nur mit minimalem Risiko und mit einer minimalen Belastung verbunden sein. Ein minimales Risiko ist dann gegeben, wenn zu erwarten ist, dass allenfalls eine „sehr geringfügige und vorübergehende Beeinträchtigung der Gesundheit" in Betracht kommt. Die Prüfung weist eine minimale Belastung auf, wenn zu erwarten ist, dass die Unannehmlichkeiten für die betroffene Person allenfalls vorübergehend auftreten oder sehr geringfügig sein werden. Damit ist deutlich geworden, dass auch ein „Gruppennutzen" an Kindern ausreicht.[28] Es bleibt abzuwarten, ob dadurch künftig mehr Arzneimittel auf die pädiatrische Anwendung klinisch geprüft und zugelassen werden.

### VII. Klinische Prüfverordnung

**52** Die §§ 12 und 42 erlauben die Verordnung über die Anwendung der Guten Klinischen Praxis bei der Durchführung von klinischen Prüfungen mit Humanarzneimitteln (GCP-V). Diese Verordnung beginnt mit den unvermeidlichen Begriffsbestimmungen, die von der multizentrischen klinischen Prüfung bis zum unerwünschten Ereignis reichen. Auch hier sind wieder in den Begriffsbestimmungen Regelungen enthalten, z.B. dass Prüfungsteilnehmer auch die Mitglieder der Kontrollgruppe sind. Danach wird von den Prüfpräparaten gehandelt, des Weiteren von den Anträgen an die Ethik-Kommissionen und die Bundesoberbehörde. Die Verfahren der Ethik-Kommissionen und der zuständigen Bundesoberbehörde sind die nächste Regelung. Dann wird über die Änderung und Beendigung der klinischen Prüfung gesprochen. Den Schluss bildet die Pharmakovigilanz und die Überwachung sowie der Informationsaustausch auf europäischer Ebene.

### VIII. Veröffentlichungsklauseln

**53** Regelmäßig enthält auch der Forschungsplan eine Regelung über den Zugang zu den Forschungsdaten und über die Modalitäten der Veröffentlichung der Forschungsergebnisse. Im Allgemeinen sind sie im Vertrag zwischen dem Sponsor und den Prüfern enthalten. Eine gesetzliche Regelung gibt es hier nicht.[29] Nicht zulässig, weil gegen die grundsätzliche Freiheit der Wissenschaft verstoßend, ist die Maulkorbklausel. Danach darf der Forschungsleiter nur mit Zustimmung des Sponsors veröffentlichen.[30] Allerdings hat auch die forschende Industrie ein berechtigtes Interesse daran, dass nicht vorzeitige Veröffentlichungen geschehen oder unpassende Ausführungen gemacht werden. Daher kann sie auf Konsultation und Kommentierung bestehen. Schließlich sollte auch vor Beginn der Studie eine

---

[28] Saame, PharmaR 2003, 190.

[29] Deutsch, Veröffentlichungsklauseln in den Protokollen über klinische Studien, in: FS Frohn (2003) 37.

[30] Viens u. Savulesccu, Introduction to the Olivieri Symposium, Journal of Medical Ethics, 2004; 30: 1–7: Hier war eine Vertraulichkeitsklausel im Vertrag aufgenommen, die die Beschränkung für drei Jahre nach Beendigung der Studie vorsah. Dennoch wurden die Ergebnisse im New England Journal of Medicine veröffentlicht.

vertragliche Einigung zwischen den Beteiligten darüber erfolgen, wer Zugang zu den Forschungsdaten hat und wer über Teilergebnisse der Studie berichtet.[31]

### IX. Kontaktstelle

Nach § 40 Abs. 5 steht der betroffenen Person, ihrem gesetzlichen Vertreter oder einem von ihr Bevollmächtigten eine zuständige Kontaktstelle zur Verfügung, bei der Informationen über alle Umstände, denen eine Bedeutung für die Durchführung einer klinischen Prüfung beizumessen ist, eingeholt werden können. Die Kontaktstelle ist bei der zuständigen Bundesoberbehörde einzurichten. Diese Bestimmung dient der Transparenz bei den klinischen Prüfungen, auch für Patienten und Probanden. Sie sollen bei der Kontaktstelle erfahren können, wie es um ihre Teilnahme an der klinischen Prüfung steht und ob diese etwa beendet worden ist oder welches Ergebnis sie gehabt hat. **54**

### X. Rechtsfolgen

#### Im Zivilrecht

Soweit die Vorschriften der §§ 40ff. die Person oder sogar den Gewerbebetrieb des Sponsors schützen sollen, handelt es sich um Schutzgesetze im Sinne des § 823 Abs. 2 BGB. Die in klinische Prüfungen einbezogenen Patienten und Probanden können also bei Verletzung des Schutzgesetzes durch den Sponsor oder Prüfer Schadensersatz und Schmerzensgeld verlangen. Soweit es sich um eine Amtshaftung handelt, also soweit Ethik-Kommissionen oder die Bundesoberbehörde betroffen sind, besteht eine Staatshaftung nach Art. 34 GG. Die Staatshaftung trifft die Ärztekammer, Universität oder im Falle der Bundesoberbehörde den Bund. Voraussetzung der Haftung ist, dass eine öffentlich-rechtliche Pflicht verletzt wurde. Ein Rückgriff ist nur bei grober Fahrlässigkeit und Verletzung von Amtpflichten durch die Institutionen bzw. ihre Beamten gegeben. **55**

#### Im Verwaltungsrecht

Die Aufsichtsbehörde kann im Rahmen ihrer Befugnisse die Durchführung von klinischen Prüfungen untersagen, wenn die Voraussetzungen dafür nicht vorliegen. **56**

### XI. Sanktionen

#### Im Strafrecht

Strafbar macht sich, wer vorsätzlich entgegen § 40 Abs. 1 Satz 3 Nr. 2, 2a Buchstabe a, Nr. 3, 4, 5, 6 oder 8, jeweils auch in Verbindung mit Abs. 4 oder § 41 die klinische Prüfung eines Arzneimittels durchführt, § 96 Nr. 10 oder entgegen § 40 Abs. 1 Satz 2 die klinische Prüfung eines Arzneimittels beginnt, § 96 Nr. 11. D.h. unter Strafe gestellt ist, wer eine klinische Prüfung durchführt, wenn das Risiko nicht vertretbar ist, die erforderliche Einwilligung des Probanden oder Patienten **57**

[31] Vgl. genauer Deutsch, NJW 1984, 2611.

nicht vorliegt, die klinische Prüfung an Untergebrachten durchgeführt wird, der Arzt, der sie durchführt, nicht die erforderliche Qualifikation besitzt, die pharmakologisch-toxikologische Prüfung nicht durchgeführt worden ist, eine unverhältnismäßige klinische Prüfung eines Arzneimittel aus gentechnisch veränderten Mechanismen durchgeführt wurde, die Probandenversicherung nicht geschlossen, mit der Prüfung begonnen, ohne die positive Bewertung der Ethik-Kommission und die Genehmigung der Bundesoberbehörde erhalten zu haben oder die klinische Prüfung an Minderjährigen entgegen § 40 Abs. 4 Nr. 1– 4 durchgeführt wird. Normadressat ist der Leiter der klinischen Prüfung sowie der Prüfarzt.

**Im Ordnungswidrigkeitenrecht**

**58** Ordnungswidrig handelt zunächst, wer eine Straftat nach § 40 fahrlässig begeht, § 97 Abs.1. Ordnungswidrig handelt auch, wer eine klinische Prüfung durchführt, ohne durch einen für die pharmakologisch-toxikologische Prüfung verantwortlichen Wissenschaftler über die Ergebnisse und die voraussichtlich mit der klinischen Prüfung verbundenen Risiken informiert worden zu sein. Normadressat sind die vorher genannten sowie „jeder Prüfer".

**Im Berufsrecht**

**59** Berufsrechtlich kann derjenige Leiter der klinischen Prüfung oder Prüfarzt zur Verantwortung gezogen werden, der entgegen § 15 MBO keine berufsrechtliche und berufsethische Beratung durch die zuständige Ethik-Kommission der Ärztekammer oder einer Universität gesucht hat.

## § 41
## Besondere Voraussetzungen der klinischen Prüfung

**(1) Auf eine klinische Prüfung bei einer volljährigen Person, die an einer Krankheit leidet, zu deren Behandlung das zu prüfende Arzneimittel angewendet werden soll, findet § 40 Abs. 1 bis 3 mit folgender Maßgabe Anwendung:**

**1. Die Anwendung des zu prüfenden Arzneimittels muss nach den Erkenntnissen der medizinischen Wissenschaft angezeigt sein, um das Leben dieser Person zu retten, ihre Gesundheit wiederherzustellen oder ihr Leiden zu erleichtern, oder**

**2. sie muss für die Gruppe der Patienten, die an der gleichen Krankheit leiden wie diese Person, mit einem direkten Nutzen verbunden sein.**

**Kann die Einwilligung wegen einer Notfallsituation nicht eingeholt werden, so darf eine Behandlung, die ohne Aufschub erforderlich ist, um das Leben der betroffenen Person zu retten, ihre Gesundheit wiederherzustellen oder ihr Leiden zu erleichtern, umgehend erfolgen. Die Einwilligung zur weiteren Teilnahme ist einzuholen, sobald dies möglich und zumutbar ist.**

**(2) Auf eine klinische Prüfung bei einem Minderjährigen, der an einer Krankheit leidet, zu deren Behandlung das zu prüfende Arzneimittel angewendet werden soll, findet § 40 Abs. 1 bis 4 mit folgender Maßgabe Anwendung:**

**1. Die Anwendung des zu prüfenden Arzneimittels muss nach den Erkenntnissen der medizinischen Wissenschaft angezeigt sein, um das Leben der betroffenen Person zu retten, ihre Gesundheit wiederherzustellen oder ihr Leiden zu erleichtern, oder**

**2. a) die klinische Prüfung muss für die Gruppe der Patienten, die an der gleichen Krankheit leiden wie die betroffene Person, mit einem direkten Nutzen verbunden sein,**

**b) die Forschung muss für die Bestätigung von Daten, die bei klinischen Prüfungen an anderen Personen oder mittels anderer Forschungsmethoden gewonnen wurden, unbedingt erforderlich sein,**

**c) die Forschung muss sich auf einen klinischen Zustand beziehen, unter dem der betroffene Minderjährige leidet und**

**d) die Forschung darf für die betroffene Person nur mit einem minimalen Risiko und einer minimalen Belastung verbunden sein; die Forschung weist nur ein minimales Risiko auf, wenn nach Art und Umfang der Intervention zu erwarten ist, dass sie allenfalls zu einer sehr geringfügigen und vorübergehenden Beeinträchtigung der Gesundheit der betroffenen Person führen wird; sie weist eine minimale Belastung auf, wenn zu erwarten ist, dass die Unannehmlichkeiten für die betroffene Person allenfalls vorübergehend auftreten und sehr geringfügig sein werden.**

**Satz 1 Nr. 2 gilt nicht für Minderjährige, für die nach Erreichen der Volljährigkeit Absatz 3 Anwendung finden würde.**

**(3) Auf eine klinische Prüfung bei einer volljährigen Person, die nicht in der Lage ist, Wesen, Bedeutung und Tragweite der klinischen Prüfung zu erkennen und ihren Willen hiernach auszurichten und die an einer Krankheit leidet, zu deren Behandlung das zu prüfende Arzneimittel angewendet werden soll, findet § 40 Abs. 1 bis 3 mit folgender Maßgabe Anwendung:**

1. **Die Anwendung des zu prüfenden Arzneimittels muss nach den Erkenntnissen der medizinischen Wissenschaft angezeigt sein, um das Leben der betroffenen Person zu retten, ihre Gesundheit wiederherzustellen oder ihr Leiden zu erleichtern; außerdem müssen sich derartige Forschungen unmittelbar auf einen lebensbedrohlichen oder sehr geschwächten klinischen Zustand beziehen, in dem sich die betroffene Person befindet, und die klinische Prüfung muss für die betroffene Person mit möglichst wenig Belastungen und anderen vorhersehbaren Risiken verbunden sein; sowohl der Belastungsgrad als auch die Risikoschwelle müssen im Prüfplan eigens definiert und vom Prüfer ständig überprüft werden. Die klinische Prüfung darf nur durchgeführt werden, wenn die begründete Erwartung besteht, dass der Nutzen der Anwendung des Prüfpräparates für die betroffene Person die Risiken überwiegt oder keine Risiken mit sich bringt.**
2. **Die Einwilligung wird durch den gesetzlichen Vertreter oder Bevollmächtigten abgegeben, nachdem er entsprechend § 40 Abs. 2 aufgeklärt worden ist. § 40 Abs. 4 Nr. 3 Satz 2, 3 und 5 gilt entsprechend.**
3. **Die Forschung muss für die Bestätigung von Daten, die bei klinischen Prüfungen an zur Einwilligung nach Aufklärung fähigen Personen oder mittels anderer Forschungsmethoden gewonnen wurden, unbedingt erforderlich sein. § 40 Abs. 4 Nr. 2 gilt entsprechend.**
4. **Vorteile mit Ausnahme einer angemessenen Entschädigung dürfen nicht gewährt werden.**

**Übersicht** **Rz.**



## I. Die Bedeutung der Norm

1 Die in § 41 genannten Voraussetzungen schließen an § 40 an: Diese Regeln finden „mit folgender Maßgabe Anwendung". Das Verhältnis der §§ 40, 41 zueinander ist das einer unvollständigen Spezialität, wobei einzelne Teile der Generalnorm erhalten, andere ganz abgeschafft und Dritte modifiziert werden. Beim Lesen des § 41 wird offenbar, dass der Gesetzgeber vielleicht auch an den Heilversuch gedacht hat.

Leider ist § 41 nicht auf die heute üblichen Formen der Arzneimittelprüfung abgestellt. Von klinisch kontrollierten Versuchen, Doppelblindversuchen, Placebos, Auswechselung der Gruppen und Einschleichphasen ist nicht die Rede. Die Norm ist deshalb mit ihrer Grundnorm auf diese Formen anwendbar zu machen. 2

Wenn in § 41 Abs. 1 u. Abs. 2 davon die Rede ist, dass das Arzneimittel zur „Behandlung" angewendet werden soll, so scheinen Diagnose und Impfung nicht darunter zu fallen. Wenigstens auf die Prüfung von Diagnostika und die Impfung von schon Kranken ist § 41 analog anzuwenden.[1] In der Praxis sind klinische Prüfungen von Arzneimitteln an Kranken häufiger als an gesunden Probanden. Deshalb steht im Vordergrund der Untersuchung § 41, der freilich von § 40 ergänzt wird. In Wirklichkeit sind beide Bestimmungen zusammen zu lesen, wobei die Prüfung an Minderjährigen und an psychisch Behinderten in § 41 besonderen Raum einnimmt. 3

## II. Grundsatz

Als Grundsatz gilt, dass die klinische Prüfung am Kranken nur durchgeführt werden darf, wenn die Anwendung des zu prüfenden Arzneimittels nach den Erkenntnissen der medizinischen Wissenschaft angezeigt ist, um das Leben des Kranken zu retten, seine Gesundheit wieder herzustellen oder seine Leiden zu erleichtern, § 41 Abs. 1 Nr. 1. Alternativ ist die Prüfung zulässig, wenn sie für die Gruppe der Patienten, die an der gleichen Krankheit leiden wie der Proband, mit einem direkten Nutzen verbunden ist, § 41 Abs. 1 Nr. 2. Damit wird der „Gruppennutzen" auch in die Versuche mit Kranken eingeführt. 4

Trotz des auf den Einzelversuch ausgerichteten Wortlauts sind in diesem Bereich kontrollierte Studien zulässig, welche die randomisierte Zuteilung der Patienten auf verschiedene Therapiearme vorsehen. Für die Mitglieder der Kontrollgruppe gilt, dass sie regelmäßig die bisherige Standardbehandlung erhalten.[2] Bei minderen Leiden, etwa Kopfschmerzen, Neuralgien und Schlaflosigkeit kann das neue Mittel sogar gegen ein Placebo, also ein Leer- oder Zuckerpräparat getestet werden.[3] Bei schwereren Krankheitsbildern wird zusätzlich zur Standardbehandlung der Testgruppe das neue Präparat, der Kontrollgruppe außer der Standardbehandlung ein Placebo gegeben (add on placebo). 5

## III. Minderjährige

Auch für Minderjährige wird der gleiche Doppelschritt vollzogen. Leidet der Minderjährige an einer Krankheit, so ist die Arzneimittelprüfung zulässig, wenn das nach den Erkenntnissen der medizinischen Wissenschaft angezeigt ist, um das 6

---

1 Dabei wird § 41 nicht angewendet, wenn die Prüfung zwar Kranke, aber nicht ihre Indikationen betrifft.

2 Deklaration von Helsinki C 29.

3 Hippius u.a., Das Placebo-Problem, 1986. Umgekehrt sind Kloesel, Cyran, AMG, § 41, Nr. 1 der Überzeugung, daß die Anwendung von Placebos „nicht angezeigt" ist.

Leben des Minderjährigen zu retten, seine Gesundheit wieder herzustellen oder sein Leiden zu erleichtern. Es kann aber auch möglich sein, dass die klinische Prüfung nur für die Gruppe der Patienten, die an der gleichen Krankheit leiden wie der Minderjährige mit direktem Nutzen verbunden ist. Dann muss die Forschung für die Bestätigung von Daten, die bei klinischen Prüfungen anderer Personen oder mittels anderer Forschungsmethoden gewonnen wurden, unbedingt erforderlich sein. Die Forschung muss sich auf einen klinischen Zustand beziehen, unter dem der betroffene Minderjährige leidet und die Forschung darf für den Minderjährigen nur mit einem minimalen Risiko und einer minimalen Belastung verbunden sein. Ein minimales Risiko ist nur gegeben, wenn nach Art und Umfang der Intervention zu erwarten ist, dass sie allenfalls zu einer sehr geringfügigen und vorübergehenden Beeinträchtigung der Gesundheit des Minderjährigen führen wird. Eine minimale Belastung soll dann zulässig sein, wenn zu erwarten ist, dass die Unannehmlichkeiten für die betroffene Person allenfalls vorübergehend auftreten und sehr geringfügig sein werden, § 41 Abs. 2. Aus diesen abstrakten Beschreibungen des Gesetzes, die zum Teil wiederholend sind, lässt sich wenig entnehmen. Wie steht es mit Blutentnahmen? Fällt unter die Erlaubnis das tägliche mehrminütige Inhalieren, insbesondere wenn der inhalierte Stoff ein Placebo darstellt? Wie steht es überhaupt mit der Kontrollgruppe von Minderjährigen?

### IV. Willensbeschränkte

7 Handelt es sich um einen Volljährigen, der nicht in der Lage ist, Wesen, Bedeutung und Tragweite der klinischen Prüfung zu erkennen und seinen Willen hiernach auszurichten und der an einer Krankheit leidet, zu deren Behandlung das zu prüfende Arzneimittel angewendet werden soll, gilt Folgendes: Die Anwendung des Arzneimittels muss nach den Erkenntnissen der medizinischen Wissenschaft angezeigt sein, um das Leben der betroffenen Person zu retten, ihre Gesundheit wieder herzustellen oder ihr Leiden zu erleichtern. Außerdem müssen sich derartige Forschungen unmittelbar auf einen lebensbedrohlichen oder sehr geschwächten klinischen Zustand beziehen, in dem sich die betroffene Person befindet und die klinische Prüfung muss für die betroffene Person mit möglichst wenig Belastung und anderen vorhersehbaren Risiken verbunden sein. Sowohl der Belastungsgrad als auch die Risikoschwelle müssen im Prüfplan eigens definiert und vom Prüfer ständig überprüft werden. Die klinische Prüfung darf nur durchgeführt werden, wenn die begründete Erwartung besteht, dass der Nutzen der Anwendung des Prüfpräparates für die betroffene Person die Risiken überwiegt oder keine Risiken mit sich bringt. Diese Aufzählung in § 41 Abs. 3 Nr. 1 ist außerordentlich eng. Danach dürfen klinische Prüfungen an Willensunfähigen nur im Falle des lebensbedrohlichen oder sehr geschwächten klinischen Zustands vorgenommen werden. Eine Kontrollgruppe ist offenbar überhaupt nicht vorgesehen. Die Einwilligung wird durch den gesetzlichen Vertreter oder Bevollmächtigten abgegeben, der angemessen aufgeklärt worden ist. Der Willensbeschränkte ist von einem mit seiner Krankheit erfahrenen Prüfer über die Prüfung, die Risiken und den Nutzen aufzuklären, soweit das möglich ist. Erklärt der Proband, nicht an der Prüfung teilnehmen zu wollen oder bringt er dies in sonstiger Weise zum Ausdruck, so ist dies zu

beachten. Ob das bedeutet, dass dann die Prüfung zu unterbleiben hat oder nur in die Zulässigkeitserwägung einzufließen hat, ist unklar. Ebenso undeutlich ist die Verweisung darauf, dass die Einwilligung dem mutmaßlichen Willen des Probanden entsprechen muss, soweit ein solcher feststellbar ist, § 41 Abs. 3 Nr. 2. Jedenfalls wird bei einem nur vermindert Einwilligungsfähigen dessen Zustimmung zusätzlich einzuholen sein.[4] Sodann ist erforderlich, dass die Forschung für die Bestätigung von Daten, die bei klinischen Prüfungen an zur Einwilligung nach Aufklärung fähigen Personen oder mittels anderer Forschungsmethoden gewonnen wurden, unbedingt erhalten bleiben. Dabei muss die klinische Prüfung an Einwilligungsfähigen ausreichende Prüfergebnisse erwarten lassen.

Praktischer Fall: Eine Klinik für Brandopfer verfügt über keine regelmäßig wirk- **8**
same Behandlung von Patienten mit mehr als 60% Hautverlust. Nunmehr möchte sie ein zusätzliches Medikament klinisch prüfen. Dabei sollen zwei Gruppen gebildet werden. Die eine Gruppe, die Testgruppe, erhält das neue Medikament, die Kontrollgruppe nur die normale Behandlung. Brandopfer mit schweren Hautschäden sind nach psychiatrischer Meinung nicht willensfähig. Eine süddeutsche Ethikkommission hatte diesen Versuch auf Antrag einer dortigen Klinik als unethisch abgelehnt, da sie die schlechten Aussichten der Kontrollgruppe für unethisch hielt. Ebenso hatte zunächst die Ethikkommission der Medizinischen Hochschule Hannover entschieden. Auf den erneuten dringenden Wunsch der hannoverschen Klinik hat sich die Ethikkommission der MHH erneut mit dem Vorgang befasst. Sie konnte ihre Entscheidung jederzeit ändern, da es für diese keine Rechtskraft gibt. Die Ethikkommission hat den Versuch erlaubt, weil sie meinte, die 50%ige Chance einer Rettung würde dem mutmaßlichen Willen des Patienten noch entsprechen. Insoweit wurde § 683 BGB analog angewendet. Ein subjektiver Wille, ja nicht einmal zu befragende Angehörige als Auskunftspersonen, waren schon aus Gründen der Dringlichkeit der Behandlung nicht festzustellen. Der dann an die Stelle des subjektiven Willens tretende objektive Wille erlaubte diesen Versuch mit einer 50%igen Chance.

Nicht geregelt ist die Prüfung von Arzneimitteln bei erst vor kurzer Zeit willens- **9**
unfähig Gewordenen, etwa durch Verkehrsunfälle oder andere traumatische Ereignisse. Hier die Bestellung eines Vertreters abzuwarten, würde heißen, dass wesentliche Forschungsvorhaben überhaupt nicht durchgeführt werden könnten, etwa wenn der Unfall zur Nachtzeit geschehen ist oder das traumatische Ereignis auf ein Wochenende oder einen Feiertag fällt. Eine automatische Notvertretung durch die nächsten Angehörigen kennt das deutsche Recht noch nicht. Man wird deshalb diesen Teil der Norm des § 41 funktional dahin auslegen müssen, dass dieser Bereich nicht geregelt ist. Nicht geregelt bedeutet, dass jedenfalls durch das Erfordernis der Zustimmung des gesetzlichen Vertreters diese Versuche nicht per se ausgeschlossen sind. Man sollte dann nach der allgemeinen Regel über die mutmaßliche Einwilligung nach § 683 BGB analog vorgehen, wonach die medizinische Maßnahme, auch eine versuchsweise durchgeführte, dann zulässig ist, wenn

---

4 Bork, NJW 1985, 654.

sie dem objektiv verstandenen Interesse und dem subjektiv erkennbaren wirklichen oder mutmaßlichen Willen des Patienten entspricht. Der mutmaßliche Wille des Patienten kann angenommen werden, wenn mit dem Versuch die Chance besteht, seinen schweren Zustand irgendwie zu behandeln. Anwesende nächste Angehörige sind über einen möglichen mutmaßlichen Willen zu befragen. Besonders schwierig ist das Problem des klinisch kontrollierten Versuchs: Darf man von einer mutmaßlichen Zustimmung ausgehen, wenn der bewusstlose Patient unmittelbar nach dem Unfall die Chance hat, zu 50 % eine neue Prüfsubstanz zu bekommen, zu den anderen 50 % im Rahmen einer Kontrollgruppe die Standardbehandlung erhält, die jedoch wenig Aussicht bietet. Betrachtet man den normalen Patienten, so wird er auch nur die 50 %ige Chance eines Erfolges herbeiwünschen und man wird deshalb von der Zustimmung zur Teilnahme am Versuch ausgehen können. Allerdings ist, sobald die Möglichkeit der Bestellung eines Betreuers besteht, diese Form der gesetzlichen Vertretung nachzuholen. Insoweit wird auch auf die nächsten Angehörigen einzuwirken sein. Die Möglichkeit, klinisch kontrollierte Versuche an Einwilligungsunfähigen kraft mutmaßlicher Zustimmung vornehmen zu können, ergibt sich auch aus einer verfassungskonformen Auslegung. Es wäre eine Verletzung der Würde des Patienten und würde seinem Anspruch auf Selbstentfaltung der Persönlichkeit und Erhaltung seiner Gesundheit widersprechen, wenn man dringende Versuche unmittelbar nach dem Eintritt der Einwilligungsunfähigkeit und vor der Möglichkeit der Bestellung eines Vertreters überhaupt nicht mehr zulassen würde. Auch solche Kranke haben das Recht, an vielversprechenden Versuchen teilzunehmen. Freilich hat sich der Versuch bewusst auf die Schwere der Erkrankung und ihr plötzliches Entstehen zu beziehen.

**10** Nach § 41 Nr. 5 u. Nr. 7 a. F. bedurfte es der Einwilligung des gesetzlichen Vertreters dann nicht, wenn die Behandlung ohne Aufschub erforderlich war, um das Leben des Kranken zu retten, seine Gesundheit wiederherzustellen oder sein Leiden zu erleichtern, und eine Erklärung über die Einwilligung nicht herbeigeführt werden konnte. Das Gleiche galt für Aufklärung und Einwilligung von Seiten des Kranken in besonders schweren Fällen, wenn dadurch der Behandlungserfolg gefährdet wurde und ein entgegenstehender Wille des Kranken nicht erkennbar war. Insoweit konnte auch etwa eine Teilaufklärung erfolgen und der Rest unterbleiben. Beide Bestimmungen waren Ausdruck des humanitären Prinzips, wonach die Rettung des Kranken gegenüber zeitlichen Verzögerungen oder psychischen Blockaden Vorrang hat[5]. Diese Bestimmungen sind mit der 12. Novelle zum AMG weggefallen. § 41 Nr. 7 ersetzt die alten Regelungen nicht. Hier geht es nur um die Aufklärung und Einwilligung des Kranken, nicht etwa um die Einwilligung des gesetzlichen Vertreters. Da es sich bei den alten Bestimmungen jedoch um Notstandsregelungen handelte, dürfte der Sache nach immer noch nach ihrem Vorbild vorgegangen werden.

---

[5] Zum humanitären Prinzip vgl. Deutsch, Spickhoff, Rn. 248ff.

## V. Rechtsfolgen

### Im Zivilrecht

Die Vorschriften des § 41 sind ebenfalls Schutzgesetze im Sinne von § 823 Abs. 2 BGB zugunsten der in klinische Prüfungen einbezogenen Patienten und Probanden. 11

### Im Verwaltungsrecht

Die Aufsichtsbehörde kann im Rahmen ihrer Befugnisse die Durchführung von klinischen Prüfungen untersagen, wenn die Voraussetzungen dafür nicht vorliegen. 12

## VI. Sanktionen

### Im Strafrecht

Die Strafbewehrung richtet sich nach § 96 Nr. 10 (vgl. die Ausführungen zu § 40 Rn. 36). Strafbar macht sich, wer eine klinische Prüfung durchführt, wenn das Risiko nicht vertretbar ist, die erforderliche Einwilligung des Probanden oder Patienten nicht vorliegt, die klinische Prüfung an Untergebrachten durchgeführt wird, der Arzt, der sie durchführt, nicht die erforderliche Qualifikation besitzt, die pharmakologisch-toxikologische Prüfung nicht durchgeführt worden ist, die zustimmende Bewertung durch die Ethikkommission nicht eingeholt worden ist, die Probandenversicherung nicht geschlossen oder die klinische Prüfung an Minderjährigen entgegen § 40 Abs. 4 Nr. 1–4 durchgeführt wird, § 96 Nr. 10. Normadressat ist der Sponsor, der Leiter der klinischen Prüfung sowie der Prüfarzt und der Leiter der Einrichtung, an der die klinische Prüfung durchgeführt wird. Die früher geübte Praxis, eine nach § 41 unzulässige, aber als solche nicht mit Strafe bedrohte klinische Prüfung über die Generalnorm des § 40 AMG und auf der Grundlage des § 96 AMG zu bestrafen (BayObLG NStZ 1990, 288ff.), wurde durch die Erweiterung von § 96 Nr. 10 ins Gesetz übernommen. 13

### Im Ordnungswidrigkeitenrecht

Ordnungswidrig handelt zunächst, wer eine Straftat nach § 41 fahrlässig begeht, § 97 Abs.1. Ordnungswidrig handelt auch, wer eine klinische Prüfung durchführt, ohne dass jeder Prüfer durch einen für die pharmokologisch- toxikologische Prüfung verantwortlichen Wissenschaftler über deren Ergebnisse und die voraussichtlich mit der klinischen Prüfung verbundenen Risiken informiert worden ist, § 97 Abs. 2 Nr. 9. 14

### Im Berufsrecht

Berufsrechtlich kann derjenige Leiter der klinischen Prüfung oder Prüfarzt zur Verantwortung gezogen werden, der entgegen § 15 MBO keine berufsrechtliche und berufsethische Beratung durch die zuständige Ethikkommission der Ärztekammer oder einer Universität gesucht hat. 15

## § 42
## Verfahren bei der Ethik-Kommission, Genehmigungsverfahren bei der Bundesoberbehörde

**(1) Die nach § 40 Abs. 1 Satz 2 erforderliche zustimmende Bewertung der Ethik-Kommission ist vom Sponsor bei der nach Landesrecht für den Prüfer zuständigen unabhängigen interdisziplinär besetzten Ethik-Kommission zu beantragen. Wird die klinische Prüfung von mehreren Prüfern durchgeführt, so ist der Antrag bei der für den Hauptprüfer oder Leiter der klinischen Prüfung zuständigen unabhängigen Ethik-Kommission zu stellen. Das Nähere zur Bildung, Zusammensetzung und Finanzierung der Ethik-Kommission wird durch Landesrecht bestimmt. Der Sponsor hat der Ethik-Kommission alle Angaben und Unterlagen vorzulegen, die diese zur Bewertung benötigt. Zur Bewertung der Unterlagen kann die Ethik-Kommission eigene wissenschaftliche Erkenntnisse verwerten, Sachverständige beiziehen oder Gutachten anfordern. Sie hat Sachverständige beizuziehen oder Gutachten anzufordern, wenn es sich um eine klinische Prüfung bei Minderjährigen handelt und sie nicht über eigene Fachkenntnisse auf dem Gebiet der Kinderheilkunde, einschließlich ethischer und psychosozialer Fragen der Kinderheilkunde, verfügt oder wenn es sich um eine klinische Prüfung von xenogenen Arzneimitteln oder Gentherapeutika handelt. Die zustimmende Bewertung darf nur versagt werden, wenn**

1. **die vorgelegten Unterlagen auch nach Ablauf einer dem Sponsor gesetzten angemessenen Frist zur Ergänzung unvollständig sind,**
2. **die vorgelegten Unterlagen einschließlich des Prüfplans, der Prüferinformation und der Modalitäten für die Auswahl der Prüfungsteilnehmer nicht dem Stand der wissenschaftlichen Erkenntnisse entsprechen, insbesondere die klinische Prüfung ungeeignet ist, den Nachweis der Unbedenklichkeit oder Wirksamkeit eines Arzneimittels einschließlich einer unterschiedlichen Wirkungsweise bei Frauen und Männern zu erbringen, oder**
3. **die in § 40 Abs. 1 Satz 3 Nr. 2 bis 9, Abs. 4 und § 41 geregelten Anforderungen nicht erfüllt sind.**

**Das Nähere wird in der Rechtsverordnung nach Absatz 3 bestimmt. Die Ethik-Kommission hat eine Entscheidung über den Antrag nach Satz 1 innerhalb einer Frist von höchstens 60 Tagen nach Eingang der erforderlichen Unterlagen zu übermitteln, die nach Maßgabe der Rechtsverordnung nach Absatz 3 verlängert oder verkürzt werden kann; für die Prüfung xenogener Arzneimittel gibt es keine zeitliche Begrenzung für den Genehmigungszeitraum.**

**(2) Die nach § 40 Abs. 1 Satz 2 erforderliche Genehmigung der zuständigen Bundesoberbehörde ist vom Sponsor bei der zuständigen Bundesoberbehörde zu beantragen. Der Sponsor hat dabei alle Angaben und Unterlagen vorzulegen, die diese zur Bewertung benötigt, insbesondere die Ergebnisse der analytischen und der pharmakologisch-toxikologischen Prüfung sowie den Prüf-**

plan und die klinischen Angaben zum Arzneimittel einschließlich der Prüferinformation. Die Genehmigung darf nur versagt werden, wenn

1. die vorgelegten Unterlagen auch nach Ablauf einer dem Sponsor gesetzten angemessenen Frist zur Ergänzung unvollständig sind,
2. die vorgelegten Unterlagen, insbesondere die Angaben zum Arzneimittel und der Prüfplan einschließlich der Prüferinformation nicht dem Stand der wissenschaftlichen Erkenntnisse entsprechen, insbesondere die klinische Prüfung ungeeignet ist, den Nachweis der Unbedenklichkeit oder Wirksamkeit eines Arzneimittels einschließlich einer unterschiedlichen Wirkungsweise bei Frauen und Männern zu erbringen,
3. die in § 40 Abs. 1 Satz 3 Nr. 1, 2, 2a und 6, bei xenogenen Arzneimitteln auch die in Nummer 8 geregelten Anforderungen insbesondere im Hinblick auf eine Versicherung von Drittrisiken nicht erfüllt sind oder
4. der zuständigen Bundesoberbehörde Erkenntnisse vorliegen, dass die Prüfeinrichtung für die Durchführung der klinischen Prüfung nicht geeignet ist oder dass von dieser die in Nummer 2 bezeichneten Anforderungen an die klinische Prüfung nicht eingehalten werden können.

Die Genehmigung gilt als erteilt, wenn die zuständige Bundesoberbehörde dem Sponsor innerhalb von höchstens 30 Tagen nach Eingang der Antragsunterlagen keine mit Gründen versehenen Einwände übermittelt. Wenn der Sponsor auf mit Gründen versehene Einwände den Antrag nicht innerhalb einer Frist von höchstens 90 Tagen entsprechend abgeändert hat, gilt der Antrag als abgelehnt. Das Nähere wird in der Rechtsverordnung nach Absatz 3 bestimmt. Abweichend von Satz 4 darf die klinische Prüfung von Arzneimitteln,

1. die unter die Nummer 1 oder 1a des Anhangs der Verordnung (EG) Nr. 726/2004 fallen,
2. die Arzneimittel für neuartige Therapien, xenogene Arzneimittel sind,
3. die genetisch veränderte Organismen enthalten oder
4. deren Wirkstoff ein biologisches Produkt menschlichen oder tierischen Ursprungs ist oder biologische Bestandteile menschlichen oder tierischen Ursprungs enthält oder zu seiner Herstellung derartige Bestandteile erfordert,

nur begonnen werden, wenn die zuständige Bundesoberbehörde dem Sponsor eine schriftliche Genehmigung erteilt hat. Die zuständige Bundesoberbehörde hat eine Entscheidung über den Antrag auf Genehmigung von Arzneimitteln nach Satz 7 Nr. 2 bis 4 innerhalb einer Frist von höchstens 60 Tagen nach Eingang der in Satz 2 genannten erforderlichen Unterlagen zu treffen, die nach Maßgabe einer Rechtsverordnung nach Absatz 3 verlängert oder verkürzt werden kann; für die Prüfung xenogener Arzneimittel gibt es keine zeitliche Begrenzung für den Genehmigungszeitraum.

(2a) Die für die Genehmigung einer klinischen Prüfung nach Absatz 2 zuständige Bundesoberbehörde unterrichtet die nach Absatz 1 zuständige Ethik-Kommission, sofern ihr Informationen zu anderen klinischen Prüfungen vorliegen, die für die Bewertung der von der Ethik-Kommission begut-

**achteten Prüfung von Bedeutung sind; dies gilt insbesondere für Informationen über abgebrochene oder sonst vorzeitig beendete Prüfungen. Dabei unterbleibt die Übermittlung personenbezogener Daten, ferner sind Betriebs- und Geschäftsgeheimnisse dabei zu wahren.**

**(3) Das Bundesministerium wird ermächtigt, durch Rechtsverordnung mit Zustimmung des Bundesrates Regelungen zur Gewährleistung der ordnungsgemäßen Durchführung der klinischen Prüfung und der Erzielung dem wissenschaftlichen Erkenntnisstand entsprechender Unterlagen zu treffen. In der Rechtsverordnung können insbesondere Regelungen getroffen werden über:**

1. **die Aufgaben und Verantwortungsbereiche des Sponsors, der Prüfer oder anderer Personen, die die klinische Prüfung durchführen oder kontrollieren einschließlich von Anzeige-, Dokumentations- und Berichtspflichten insbesondere über Nebenwirkungen und sonstige unerwünschte Ereignisse, die während der Studie auftreten und die Sicherheit der Studienteilnehmer oder die Durchführung der Studie beeinträchtigen könnten,**
2. **die Aufgaben der und das Verfahren bei Ethik-Kommissionen einschließlich der einzureichenden Unterlagen, auch mit Angaben zur angemessenen Beteiligung von Frauen und Männern als Prüfungsteilnehmerinnen und Prüfungsteilnehmer, der Unterbrechung oder Verlängerung oder Verkürzung der Bearbeitungsfrist und der besonderen Anforderungen an die Ethik-Kommissionen bei klinischen Prüfungen nach § 40 Abs. 4 und § 41 Abs. 2 und 3,**
3. **die Aufgaben der zuständigen Behörden und das behördliche Genehmigungsverfahren einschließlich der einzureichenden Unterlagen, auch mit Angaben zur angemessenen Beteiligung von Frauen und Männern als Prüfungsteilnehmerinnen und Prüfungsteilnehmer, und der Unterbrechung oder Verlängerung oder Verkürzung der Bearbeitungsfrist, das Verfahren zur Überprüfung von Unterlagen in Betrieben und Einrichtungen sowie die Voraussetzungen und das Verfahren für Rücknahme, Widerruf und Ruhen der Genehmigung oder Untersagung einer klinischen Prüfung,**
4. **die Anforderungen an die Prüfeinrichtung und an das Führen und Aufbewahren von Nachweisen,**
5. **die Übermittlung von Namen und Sitz des Sponsors und des verantwortlichen Prüfers und nicht personenbezogener Angaben zur klinischen Prüfung von der zuständigen Behörde an eine europäische Datenbank,**
6. **die Befugnisse zur Erhebung und Verwendung personenbezogener Daten, soweit diese für die Durchführung und Überwachung der klinischen Prüfung oder bei klinischen Prüfungen mit Arzneimitteln, die aus einem gentechnisch veränderten Organismus oder einer Kombination von gentechnisch veränderten Organismen bestehen oder solche enthalten, für die Abwehr von Gefahren für die Gesundheit Dritter oder für die Umwelt in ihrem Wirkungsgefüge erforderlich sind; dies gilt auch für die Verarbeitung von Daten, die nicht in Dateien verarbeitet oder genutzt werden,**

**7. die Aufgaben und Befugnisse der Behörden zur Abwehr von Gefahren für die Gesundheit Dritter und für die Umwelt in ihrem Wirkungsgefüge bei klinischen Prüfungen mit Arzneimitteln, die aus einem gentechnisch veränderten Organismus oder einer Kombination von gentechnisch veränderten Organismen bestehen oder solche enthalten;**

**ferner kann die Weiterleitung von Unterlagen und Ausfertigungen der Entscheidungen an die zuständigen Behörden und die für die Prüfer zuständigen Ethik-Kommissionen bestimmt sowie vorgeschrieben werden, dass Unterlagen in mehrfacher Ausfertigung sowie auf elektronischen oder optischen Speichermedien eingereicht werden. In der Rechtsverordnung sind für zugelassene Arzneimittel Ausnahmen entsprechend der Richtlinie 2001/20/EG vorzusehen.**

**Zugehörige Verordnung**
**Verordnung über die Anwendung der Guten Klinischen Praxis bei der Durchführung von klinischen Prüfungen mit Arzneimitteln zur Anwendung am Menschen (GCP-Verordnung – GCP-V) vom 9. August 2004 (BGBl. I S. 2081) zuletzt geändert durch Artikel 4 der Verordnung vom 3. November 2006 (BGBl. I S. 2523)**

**Literatur:**

Beecher, Ethics and Clinical Research, N. Engl. J. Med. 66, 1354; Bork, Das Verfahren vor den Ethik-Kommissionen der medizinischen Fachbereiche (1984); Czwalinna, Ethikkommissionen, Forschungslegitimation durch Verfahren (1987); Deutsch, Das neue Bild der Ethikkommissionen, MedR 2006, 441; Deutsch/Lippert, Ethikkommission und klinische Prüfung (1998); von Dewitz, Luft, Pestalozza, Ethik-Kommissionen in der medizinischen Forschung (2004); Eser, Das Humanexperiment, Gedächtnisschrift Schröder (1978), 213; Fischer, Medizinische Versuche am Menschen (1979); Laufs, Medizin und Recht im Zeichen des technischen Fortschritts (1978), 25; Luf, Zur Ethik der Ethikkommissionen, FS Krejci II (2001); Wiesing (Hrsg.), Die Ethikkommissionen (2003); Wilkening, Der Hamburger Sonderweg bei der Bildung von Ethikkommissionen (2000).

## I. Die Bedeutung der Norm

Die Norm des § 42 stellt die Ethikkommission und die obere Bundesbehörde vor 1
völlig neue Aufgaben. Sie haben jetzt die klinische Prüfung eines Arzneimittels positiv zu bewerten und zu genehmigen. Beides sind Verwaltungsakte. Der Sponsor bekommt ein subjektives öffentliches Recht auf positive Bewertung und Genehmigung des Versuchs. Die Gründe der Ablehnung sind für beide Institutionen im Gesetz vorgegeben. Jenseits dieser Gründe gibt es keine Verhinderung oder Aufschiebung der klinischen Prüfung.

## II. Ethikkommissionen

### 1. Definition

Die europäische Richtlinie 2001/20/EG des Europäischen Parlaments und Rats 2
vom 04.04.2001definiert die Ethikkommissionen in Art. 2 k:

3 „Ethik-Kommission ist ein unabhängiges Gremium in einem Mitgliedstaat, das sich aus im Gesundheitswesen und in nicht-medizinischen Bereichen tätigen Personen zusammensetzt und dessen Aufgabe es ist, den Schutz der Rechte, die Sicherheit und das Wohlergehen von an einer klinischen Prüfung teilnehmenden Person zu sichern und diesbezüglich Vertrauen in der Öffentlichkeit zu schaffen, in den es u.a. zu dem Prüfplan, der Eignung, der Prüfer und der Angemessenheit der Einrichtungen sowie zu den Methoden, die zur Unterrichtung der Prüfungsteilnehmer und zur Erlangung ihrer Einwilligung nach Aufklärung benutzt werden, und zu den dabei verwendeten Informationsmaterial Stellung nimmt."

4 Diese Definition ist nicht vollständig, da sie die Anleitung von Prüfern, den Schutz der prüfenden Einrichtung und den Anspruch des Sponsors außer Betracht lässt.

## 2. Herkunft und Entstehen

5 Die Vorwegkontrolle der medizinischen Versuche am Menschen geht zurück auf zwei Vorfälle in den USA. Durch die Berichterstattung über den Fall *Hyman v. Jewish Chronic Disease Hospital* in New York wurde die Furcht vor rücksichtslosen Versuchen an unwissenden Patienten geweckt.[1] Im Jahr darauf veröffentlichte *Beecher* einen berühmten Aufsatz über die Ethik in der medizinischen Forschung, in welchem er nachwies, dass aus hundert fortlaufenden Untersuchungen in einer angesehenen amerikanischen Fachzeitschrift wenigstens zwölf anfechtbar waren.[2] Als Reaktion darauf hat das National Institute of Health die Regel aufgestellt, dass Bundesmittel nur noch vergeben werden, wenn das Forschungsprojekt vorher von einer Kommission der antragstellenden Institution (*Institutional Review Board*) zum Schutz von Versuchspersonen gebilligt worden ist.

6 Der Weltärztebund hat im Jahre 1975 die Deklaration von Helsinki in Tokio neu gefasst. Dort heißt es:

7 „Die Planung und Durchführung jedes Versuchs am Menschen sollte eindeutig in einem Versuchsprotokoll niedergelegt werden; dieses sollte einem besonders berufenen, vom Prüfarzt und Sponsor unabhängigen Ausschuss zur Beratung, Stellungnahme und Orientierung vorgelegt werden (I 2)."

8 Diese bald Ethikkommission genannten Ausschüsse verbreiteten sich auf der ganzen Welt, nicht zuletzt deswegen, weil die Herausgeber wissenschaftliche Zeitschriften unethisch erzielte Versuche nicht veröffentlichen sollten. Daraus entwickelte sich die Praxis. Nur Veröffentlichungen anzunehmen, welche das Plazet einer Ethikkommission trugen.

## 3. Öffentlich-rechtliche Ethikkommissionen

9 Als der Bundestag 1994 Ethikkommissionen in das Gesetz aufnehmen wollte, war der Streit zwischen privaten und öffentlich-rechtlichen Kommissionen derart eska-

---

1 206 N. E. 2d 338, Court of Appeals (1965).
2 Beecher, N. Engl. J. Med. 66, 1354.

liert, dass erst der Vermittlungsausschuss zwischen Bundestag und Bundesrat sich auf die Seite der öffentlich-rechtlichen Kommissionen geschlagen hat, nachdem sowohl der Bundesrat, als auch die Bundesregierung dafür eingetreten waren. Die Verfassungsmäßigkeit der öffentlich-rechtlichen Ethikkommissionen wurde in verschiedenen Gerichtsverfahren bestätigt.[3]

## 4. Bildung und Zusammensetzung der Ethikkommissionen

Nach dem Gesetzeswortlaut bleibt es den Ländern überlassen Regeln über Bildung und Zusammensetzung der Ethikkommissionen aufzustellen. Dies geschieht regelmäßig in Landesgesetzen, kann aber auch durch eine ermächtigte Verordnung geschehen. **10**

Die Ethikkommissionen werden an Universitäten und Medizinischen Hochschulen sowie an Ärztekammern errichtet. Die zuerst genannten sind für alle Forschungen an der Institution und durch mit ihr verbundene Personen zuständig. Die Kommission der Ärztekammer betreut alle anderen Ärzte. **11**

Der Umfang der Ethikkommissionen variiert von 5 bis 15, wobei die Hamburger Ethikkommission dadurch hervorsticht, dass sie Universität und Ärztekammer betreut, zur Hälfte aus Laien besteht und der Vorsitz stets nach einigen Jahren zwischen Mann und Frau wechselt.[4] Durchschnittlich besteht eine Ethikkommission aus 7 bis 11 Mitgliedern. **12**

## 5. Aufgabe der Ethikkommissionen

Wichtigstes Ziel der Ethikkommissionen ist es Patienten und Probanden vor gefährlicher oder überraschender Forschung zu bewahren.[5] Ebenso ist es Aufgabe der Ethikkommission den Forscher davor zu bewahren im Drang nach Wahrheit die Grenzen des ethisch Zulässigen zu überschreiten.[6] Schließlich ist es Aufgabe der Ethikkommission auch die Forschungseinrichtung vor den nachteiligen Folgen rechtlich und ethisch bedenklicher Forschung zu bewahren, etwa gegen eine negative Publizität. **13**

Nun mehr ist mit dem durch die Ethikkommission auszusprechenden Verwaltungsakt auf Antrag des Sponsors eine weitere Aufgabe hinzugetreten. Die Ethikkommission hat auch das Interesse des Sponsors wahrzunehmen, klinische Prüfungen in einer Weise durchzuführen, die akzeptiert wird. **14**

---

3 Vgl. die Angaben in den Fn. 18 ff. zu Rn. 1009 in Deutsch, Spickhoff, Medizinrecht[6], S. 624.

4 Wilkening, (2000).

5 Fischer, (1979), 71; Laufs, Arztrecht[5], Rn. 687 f.; Eser, Gedächtnisschrift Schröder (1978), 213 f.

6 Laufs, (1978), 25.

### 6. Verfahren vor der Ethikkommission

15 Über das Verfahren vor der Ethikkommission ist eine eigene sog. GCP-VO ergangen, die aber keineswegs vollständig ist. Zusätzlich findet das VwVfG Anwendung, ebenso wie die allgemeinen Regeln des Verwaltungsrechts. Für das Verfahren sind entscheidend:

- **Unabhängigkeit:** Die Kommission hat von der Behördenspitze höchstens formelle Anweisungen entgegenzunehmen, etwa solche sich mit der Sache in angemessener Frist zu befassen. Die Leitung der Behörde darf nicht die Entscheidung der Kommission an deren Stelle treffen.
- **Parteibetrieb:** Die Ethikkommission wird nur auf Antrag tätig. Wird der Antrag zurückgenommen, ist ihre Tätigkeit beendet.
- **Rechtliches Gehör:** Der Antragsteller ist auf Bedenken gegenüber seinen Antrag hinzuweisen und ihm muss Gelegenheit zur Erwiderung gegeben werden. Vor einer Ablehnung ist regelmäßig eine mündliche Anhörung ratsam.
- **Zeitlich angemessene Behandlung:** Die Ethikkommission muss zügig über den Antrag entscheiden. Forscher und Auftraggeber haben ein Recht, innerhalb von wenigstens 60 Tagen zu erfahren, woran sie sind, § 42 Abs. 1, § 8 Abs. 2 GCP-V.
- **Sprache des Antrags:** Die Beratung und Entscheidung der Ethikkommission ergehen in deutscher Sprache. Zur Erleichterung der Antragstellung können jedoch auch englische oder französische Forschungspläne angenommen werden. Der eigentliche Antrag, in welchem auf den Forschungsplan Bezug genommen wird sowie Aufklärung und Zustimmung haben auf deutsch verfasst zu werden, vgl. § 7 Abs. 1 GCP-V.
- **Beratung:** Die Beratung innerhalb der Ethikkommission kann schriftlich oder mündlich erfolgen. Auf Antrag eines Mitglieds hat eine mündliche Beratung stattzufinden.
- **Ausschluss von der Mitwirkung:** Ein Mitglied sollte bei der Beratung und Bewertung nicht teilnehmen, wenn es selbst den Antrag gestellt hat oder der Sache oder der Person des Antragstellers gegenüber befangen ist. Der Antragsteller kann ein befangenes Mitglied ablehnen.
- **Quorum:** Der Ausschuss ist entscheidungsbefugt, wenn wenigstens die Hälfte seiner Mitglieder anwesend sind.
- **Mehrheit:** Die Kommission entscheidet mit einfacher Mehrheit.
- **Entscheidung:** Die Kommission kann den Antrag entweder zustimmend oder ablehnend bewerten. Damit erfüllt sie ihre gesetzliche und regelmäßig auch ihre standesrechtliche Aufgabe.
- **Begründung der Entscheidung:** Früher war es üblich, nur ablehnende Entscheidungen zu begründen. Heute müssen hingegen alle Bewertungen mit Gründen versehen sein.
- **Vertraulichkeit:** Sponsoren und Forscher stehen nicht selten in Konkurrenz zueinander. Aus diesem Grunde kann man von ihnen eine offene Mitwirkung nur erwarten, wenn Vertraulichkeit gewährleistet ist.

– **Multi-zentrische Studie:** Bei multi-zentrischen Studien findet die klinische Bewertung durch die Ethikkommission statt, die den Leiter der klinischen Prüfung kontrolliert, § 42 Abs. 1 S. 2, § 8 Abs. 5 GCP-V. Die beteiligten Ethikkommissionen werden unterrichtet und haben ihrerseits Stellung zu nehmen, vor allen Dingen, was die Qualifikation ihrer Forscher und ihrer Einrichtungen betrifft.

### 7. Verwaltungsakt

Die zustimmende und die ablehnende Bewertung stellen einen Verwaltungsakt **16**
dar. Denn es handelt sich um eine Verfügung, die von einer Behörde zur Regelung eines Einzelfalls auf dem Gebiet des öffentlichen Rechts getroffen worden ist und die auf unmittelbare Rechtswirkung nach außen gerichtet ist. Lange Zeit hat man bezweifelt, dass eine Ethikkommission als Behörde anzusehen sei. Mittlerweile ist dies jedoch durch das BSG ausdrücklich bestätigt worden.[7]

### 8. Rechtsmittel

Gegen eine ablehnende Bewertung kann Klage vor dem Verwaltungsgericht erho- **17**
ben werden. Eine Anfechtungsklage ist nur zulässig, wenn der Kläger geltend macht, durch den Verwaltungsakt in seinen Rechten verletzt zu sein, § 42 Abs. 2 VwGO. Als Anfechtungsgrund kommt z. B. die ablehnende Bewertung, ohne einen der drei Ablehnungsgründe zu nennen.

### 9. Haftung

Es ist mittlerweile schon mehrfach zur Haftung von Kliniken gekommen, deren **18**
Ethikkommissionen nicht aufmerksam genug gearbeitet hatten.[8] Generell bietet sich als Anfechtungsgrund die Amtshaftung nach Art. 34 GG an, welche an die Stelle der Beamtenhaftung nach § 839 BGB tritt, bei welcher der Beamte eine zum Schutz des Verletzten bestehende Dienstpflicht schuldhaft verletzt haben muss.

Da die Ethikkommission nun mehr Entscheidungsbefugnis hat, kommt auch eine **19**
Haftung ihres Trägers gegenüber dem Sponsor in Betracht. Wird durch eine unzulässige ablehnende Bewertung ein Eingriff in den eingerichteten und ausgeübten Gewerbebetrieb des Sponsors vorgenommen, ist eine Haftung nach den §§ 823 Abs. 1, 839 BGB, Art. 34 GG gegeben. Allerdings muss angenommen werden, dass die Bewertungspflicht auch im Hinblick auf den Sponsor besteht.

---

7 BSG, Urteil v. 23.04.2009, Az. B 9 VJ 1/08 R: Es ging um den guten Glauben an die Anscheinsvollmacht einer Behörde zur Impfempfehlung.

8 Vgl. Weiss v. Solomon, Cour Supérieur de Québec, v. 23.02.1989, 48 C.C.L.T., 280: Versuche mit Augentropfen in einem Raum, der für die Notfallbehandlung eines Herzanfalls nicht eingerichtet war; Rechtsbank Gent, NjW 2005, 112: Der Probandin wurde 11 statt 3 Monate ein Appetitzügler gegeben, worauf beide Lungenflügel transplantiert werden mussten.

### III. Besonderheiten des Verfahrens

#### 1. Antrag an die Ethikkommission

20 Nach § 42 Abs. 1 hat der Sponsor der Ethikkommission alle Angaben und Unterlagen vorzulegen, die diese zur Bewertung benötigt. Sie kann eigene wissenschaftliche Erkenntnisse bewerten, Sachverständige beiziehen oder Gutachten anfordern. Ist kein Kinderarzt Mitglied der Kommission, so hat sie bei Versuchen an Minderjährigen einen solchen hinzuzuziehen.

#### 2. Voraussetzungen der ablehnenden Bewertung

21 Nur aus drei Gründen darf die zustimmende Bewertung versagt werden, § 42 Abs. 1. Es handelt sich um die folgenden:

- Die vorgelegten Unterlagen sind auch nach einer Ergänzungsfrist unvollständig. Ethikkommissionen verlangen oft ergänzende Stellungnahmen oder Ergänzungen des Forschungsplans. Die Angemessenheit der Frist wird den Umständen zu entnehmen sein, also ob es sich um eine einfache Änderung oder eine erst wissenschaftliche Erkenntnisse erforderliche Ergänzung handelt.
- Der Prüfplan, die Prüferinformation sowie die Modalitäten für die Auswahl der Prüfungsteilnehmer entsprechen nicht dem Stand der wissenschaftlichen Erkenntnisse, insbesondere, wenn die klinische Prüfung ungeeignet ist, den Nachweis der Unbedenklichkeit oder Wirksamkeit eines Arzneimittels, einschließlich der unterschiedlichen Wirkungsweise bei Frauen und Männern zu erbringen.
- Außerdem müssen die in § 40 Abs. 1 und 4 sowie § 41geregelten Anforderungen zum Schutz des Patienten erfüllt sein. Dazu gehören vor allem Einwilligung und Aufklärung sowie die besonderen Erfordernisse der Prüfung an Kranken nach § 41.

22 Nur aus einem der drei genannten Gründe kann eine negative Bewertung erfolgen. Dieser Grund ist in der schriftlichen negativen Bewertung ausdrücklich anzugeben. Die Ethikkommission oder bei der multi-zentrischen Prüfung die Ethikkommission des Leiters der klinischen Prüfung hat eine Frist von 60 Tagen; beginnend mit dem Eingang aller, auch der nachgeforderten Unterlagen. Die Frist der nur mitwirkenden Ethikkommission beträgt 30 Tage, § 8 Abs. 5 GCP-V. Handelt es sich gar um eine Prüfung nur in einer Prüfstelle beträgt die Frist gleichfalls 30 Tage, § 8 Abs. 3 GCP-V. Nur bei der Prüfung von xenogener Zelltherapeutika gibt es keine zeitliche Begrenzung.

### IV. Bundesoberbehörde

#### 1. In Betracht kommende Bundesoberbehörden

23 Es handelt sich hierbei um das Bundesinstitut für Arzneimittel und Medizinprodukte (BfArM), das Robert-Koch-Institut (für Infektionskrankheiten) und das Paul-Ehrlich-Institut (für Sera, Impfstoffe, Testallergene, Testsera, Testantigene und Blutzubereitungen).

## 2. Antrag

24 Der Sponsor hat bei der zuständigen Bundesoberbehörde die erforderliche Genehmigung zu beantragen. Er hat alle Unterlagen und Angaben vorzulegen, insbesondere die Ergebnisse der analytischen und der pharmakologisch-toxikologischen Prüfung sowie den Prüfplan und die Prüferinformation. Die Bundesoberbehörde kann weiteres Material nachfordern. Die Frist für ihre Entscheidung beginnt erst mit deren Eingang.

## 3. Versagungsgründe

25 Der Sponsor hat ein subjektives öffentliches Recht auf Erteilung der Genehmigung. Diese darf nur versagt werden, wenn einer der aufgezählten vier Versagungsgründe vorliegt. Es handelt sich um die folgenden:

- Die vorgelegten Unterlagen sind auch nach Anforderung innerhalb einer angemessenen Frist unvollständig. Die Angemessenheit der Frist richtet sich wieder nach den Umständen.
- Die vorgelegten Unterlagen, besonders der Prüfplan einschließlich der Prüferinformation, entsprechen nicht dem Stand der wissenschaftlichen Erkenntnisse. Darin ist nicht etwa enthalten, dass mit der klinischen Prüfung neue wissenschaftliche Erkenntnisse gewonnen werden sollen. Das ist geradezu der Zweck der klinischen Prüfung. Wenn jedoch die Prüfung ungeeignet ist, den Nachweis der Wirksamkeit oder der Unbedenklichkeit des Arzneimittels einschließlich einer unterschiedlichen Wirkungsweise bei Frauen und Männern zu erbringen, dann ist die Genehmigung zu verweigern.
- Die in § 40 Abs. 1 zu Gunsten des Probanden geregelten Anforderungen sind nicht eingehalten. Sie sind in Abs. 1 S. 3 Nr. 1, 2, 2a und 6 sowie bei xenogenen Arzneimitteln auch in Nr. 8 enthalten. Sodann muss noch auf eine Versicherung von „Drittrisiken" geachtet werden. Darunter ist jedenfalls die Probandenversicherung zu verstehen. Der Wortlaut spricht aber dafür, dass noch andere Risiken versichert werden sollten, etwa sollte eine Wegeversicherung abgeschlossen werden.
- Liegen der Bundesoberbehörde Erkenntnisse vor, dass die Anforderungen an die klinische Prüfung nicht eingehalten werden können, dann fällt die klinische Prüfung ins Leere. Also ist auch eine Genehmigung ausgeschlossen.

## 4. Fiktion der Erteilung und der Ablehnung

26 Wohl zur Erleichterung der Arbeit der Bundesoberbehörden, arbeitet das Gesetz mit einer Reihe von Fiktionen. Zunächst gilt die Genehmigung als erteilt, wenn dem Sponsor nicht innerhalb von 30 Tagen nach Eingang der Unterlagen keine mit Gründen versehenen Einwände übermittelt worden sind. Als zweite Fiktion kommt die Ablehnung des Antrags in Betracht. Sie ist gegeben, wenn der Sponsor aufgrund der Einwände den Antrag nicht innerhalb von 90 Tagen entsprechend abgeändert hat. Er muss also die gerügten Teile des Antrags neu gestaltet oder ganz weggelassen haben. Widerspricht er nur den Einwänden mit noch so guten Gründen, gilt der Antrag gleichfalls als abgelehnt.

27 Die zuständige Bundesoberbehörde hat aber bei einer Reihe genannter Arzneimittel ausdrücklich zu genehmigen, etwa der neuartigen Therapien mit xenogenen Medikamenten, Arzneimitteln mit genetisch veränderten Organismen oder Medikamenten, deren Wirkstoff ein biologisches Produkt oder biologische Bestandteile enthält, die menschlichen oder tierischen Ursprungs sind. In diesem Bereich ist zum Beginn der klinischen Prüfung eine schriftliche Genehmigung der Behörde notwendig. Diese hat innerhalb einer Frist von 60 Tagen zu ergehen.

**5. GCP-V**

28 In § 9 GCP-V sind die Einzelheiten der fiktiven Genehmigung oder Ablehnung sowie der schriftlichen Genehmigung im Einzelnen geregelt.

**6. Information**

29 Die Bundesoberbehörde unterrichtet die zuständige Ethikkommission darüber, dass ihr Informationen zu anderen klinischen Prüfungen vorliegen, die bei der Bewertung von Bedeutung sind, insbesondere über abgebrochene oder sonst vorzeitig beendete Prüfungen

**7. Rechtsmittel**

30 Die Verweigerung der Genehmigung stellt einen Verwaltungsakt dar, § 35 VwVfG. Gegen diesen ist die Anfechtungsklage möglich, wenn die Verletzung einer öffentlich-rechtlichen Pflicht gerügt wird, § 42 Abs. 2 VwGO. Als Anfechtungsgründe kommen verspätete Entgegnungen der Behörde oder Nichteinhalten der vier Ablehnungsgründe in Betracht.

**8. Haftung**

31 Die Behörde trifft die Pflicht gegenüber dem Sponsor, die erforderliche Sorgfalt zu beachten. Fehlt es an dieser, tritt nach § 839 BGB, Art. 34 GG die Amtshaftung des Bundes ein. Vorausgesetzt ist auch hier, dass es sich um eine Pflicht zu Gunsten des Sponsors gehandelt hat. Die nicht in den Ablehnungsgründen vorgesehenen Merkmale sind jedoch dem Schutz der Behörde anheim gestellt.

## § 42a
## Rücknahme, Widerruf und Ruhen der Genehmigung oder der zustimmenden Bewertung

**(1) Die Genehmigung ist zurückzunehmen, wenn bekannt wird, dass ein Versagungsgrund nach § 42 Abs. 2 Satz 3 Nr. 1, Nr. 2 oder Nr. 3 bei der Erteilung vorgelegen hat; sie ist zu widerrufen, wenn nachträglich Tatsachen eintreten, die die Versagung nach § 42 Abs. 2 Satz 3 Nr. 2, Nr. 3 oder Nr. 4 rechtfertigen würden. In den Fällen des Satzes 1 kann auch das Ruhen der Genehmigung befristet angeordnet werden.**

**(2) Die zuständige Bundesoberbehörde kann die Genehmigung widerrufen, wenn die Gegebenheiten der klinischen Prüfung nicht mit den Angaben im Genehmigungsantrag übereinstimmen oder wenn Tatsachen Anlass zu Zweifeln an der Unbedenklichkeit oder der wissenschaftlichen Grundlage der klinischen Prüfung geben. In diesem Fall kann auch das Ruhen der Genehmigung befristet angeordnet werden. Die zuständige Bundesoberbehörde unterrichtet unter Angabe der Gründe unverzüglich die anderen für die Überwachung zuständigen Behörden und Ethik-Kommissionen sowie die Kommission der Europäischen Gemeinschaften und die Europäische Arzneimittel-Agentur.**

**(3) Vor einer Entscheidung nach den Absätzen 1 und 2 ist dem Sponsor Gelegenheit zur Stellungnahme innerhalb einer Frist von einer Woche zu geben. § 28 Abs. 2 Nr. 1 des Verwaltungsverfahrensgesetzes gilt entsprechend. Ordnet die zuständige Bundesoberbehörde die sofortige Unterbrechung der Prüfung an, so übermittelt sie diese Anordnung unverzüglich dem Sponsor. Widerspruch und Anfechtungsklage gegen den Widerruf, die Rücknahme oder die Anordnung des Ruhens der Genehmigung sowie gegen Anordnungen nach Absatz 5 haben keine aufschiebende Wirkung.**

**(4) Ist die Genehmigung einer klinischen Prüfung zurückgenommen oder widerrufen oder ruht sie, so darf die klinische Prüfung nicht fortgesetzt werden.**

**(4a) Die zustimmende Bewertung durch die zuständige Ethik-Kommission ist zurückzunehmen, wenn die Ethik-Kommission nachträglich davon Kenntnis erlangt, dass ein Versagungsgrund nach § 42 Absatz 1 Satz 7 vorgelegen hat; sie ist zu widerrufen, wenn die Ethik-Kommission davon Kenntnis erlangt, dass nachträglich**

1. **die Anforderungen an die Eignung des Prüfers oder der Prüfstelle nicht mehr gegeben sind,**
2. **keine ordnungsgemäße Probandenversicherung mehr besteht,**
3. **die Modalitäten für die Auswahl der Prüfungsteilnehmer nicht mehr dem Stand der medizinischen Erkenntnisse entsprechen, insbesondere die klinische Prüfung ungeeignet ist, den Nachweis der Unbedenklichkeit oder der Wirksamkeit eines Arzneimittels einschließlich einer unterschiedlichen Wirkungsweise bei Frauen und Männern zu erbringen, oder**

**4. die Voraussetzungen für die Einbeziehung von Personen nach § 40 Absatz 4 oder § 41 nicht mehr gegeben sind.**

**Die Absätze 3 und 4 gelten entsprechend. Die zuständige Ethik-Kommission unterrichtet unter Angabe der Gründe unverzüglich die zuständige Bundesoberbehörde und die anderen für die Überwachung zuständigen Behörden.**

**(5) Wenn der zuständigen Bundesoberbehörde im Rahmen ihrer Tätigkeit Tatsachen bekannt werden, die die Annahme rechtfertigen, dass der Sponsor, ein Prüfer oder ein anderer Beteiligter seine Verpflichtungen im Rahmen der ordnungsgemäßen Durchführung der klinischen Prüfung nicht mehr erfüllt, informiert die zuständige Bundesoberbehörde die betreffende Person unverzüglich und ordnet die von dieser Person durchzuführenden Abhilfemaßnahmen an; betrifft die Maßnahme nicht den Sponsor, so ist dieser von der Anordnung zu unterrichten. Maßnahmen der zuständigen Überwachungsbehörde gemäß § 69 bleiben davon unberührt.**

**Übersicht** **Rz.**



## I. Die Bedeutung der Norm

1 Durch § 42a werden insbesondere verwaltungsrechtliche Bestimmungen eingefügt, die sich auf die Genehmigung durch die Bundesoberbehörde beziehen. Es geht um die Rücknahme der Genehmigung, ihren Widerruf und das Verfahren bei beiden Formen. Wohl mit auf der Eile der Gesetzgebung beruhend ist Ähnliches für das Votum der Ethikkommission nicht vorgesehen.

## II. Zurücknahme und Widerruf der Genehmigung

2 Die Genehmigung ist zurückzunehmen, wenn einer der bekannten Versagungsgründe des § 42 Abs. 2 bei der Erteilung vorgelegen hat. Die Genehmigung ist auch zu widerrufen, wenn nachträglich Tatsachen eintreten, die die Versagung nach diesen Bestimmungen rechtfertigen würden. In Fällen des ersten Absatzes kann auch das Ruhen der Genehmigung befristet angeordnet werden. Das ist ein vorläufiger verwaltungsrechtlicher Akt, der nicht selten ergeht.

3 Ein erweiterter Widerruf ist in § 42a Abs. 2 enthalten. Grund dafür ist, dass die Gegebenheiten nicht mit den Angaben im Genehmigungsantrag übereinstimmen oder wenn Tatsachen Anlass zu Zweifeln an der Unbedenklichkeit oder der wissenschaftlichen Grundlage der klinischen Forschung geben. In diesem Falle kann auch das Ruhen der Genehmigung befristet angeordnet werden. Die zuständige Bundesoberbehörde unterrichtet unter Angabe der Gründe unverzüglich die anderen für die Überwachung zuständigen Behörden und Ethikkommissionen sowie

die Kommission der Europäischen Gemeinschaften und die Europäische Agentur für die Beurteilung von Arzneimitteln. Hier wird deutlich, dass dem Gesetzgeber bei der Konzentrierung der multizentrischen Studien auf die Ethikkommission und überhaupt die Institution, an der der Leiter der klinischen Prüfung tätig ist, nicht ganz wohl ist. Hier möchte man im Nachhinein die Möglichkeit schaffen, doch noch einzugreifen. Die hier genannten „Ethik-Kommissionen" sind sicherlich nicht nur die beim Leiter der klinischen Prüfung angesiedelten Ethikkommissionen, sondern auch alle anderen Ethikkommissionen an Orten, wo der Versuch durchgeführt wird. Hier sind sie auf einmal wieder außerordentlich wichtig geworden.

Dem Sponsor soll von solchen Maßnahmen innerhalb einer Woche Mitteilung 4
gemacht werden, in Eilfällen können sie unmittelbar vollzogen werden. Widerspruch und Anfechtungsklage haben keine aufschiebende Wirkung. Ist die Genehmigung einer klinischen Prüfung zurückgenommen oder widerrufen worden oder ruht sie, so darf die klinische Prüfung nicht fortgesetzt werden. Das bedeutet allerdings nicht, dass Kranken, die dringend schon auf das bisherige Prüfpräparat eingestellt worden sind, dieses nun urplötzlich vorenthalten wird. Der Arzt hat nach wie vor sich die Frage vorzulegen, ob er die plötzliche Beendigung der Vergabe dieser Arzneimittel verantworten kann. Nach dieser Abwägung kann er dann auch zu dem Ergebnis kommen, dass das Prüfpräparat außerhalb der Prüfung den bisherigen Probanden und Patienten weiter verabreicht werden soll.

Die Rücknahme und der Widerruf der zustimmenden Bewertung durch die Ethik- 5
kommission erfolgt in gleicher Weise, wie in den Abs. 1-4 geregelt. Die Versagungsgründe richten sich nach § 42 Abs. 1 S.7. Damit wird der Gleichklang der Entscheidung über die Ethikkommission und der Behörde hergestellt. Schon wenn die Ethikkommission ihre zustimmende Bewertung zurücknimmt, ist eine weitere Entscheidung der Behörde nicht notwendig. Es genügt also, nach allgemeinem Verwaltungsrecht einen Grund für die Rücknahme oder den Widerruf der positiven Bewertung durch die Ethikkommission. Bei multizentrischen Studien ist dies die Kommission am Sitz des Leiters der klinischen Prüfung, auch wenn dieser mittlerweile den Ort gewechselt hat. Die Zuständigkeit folgt der Person des Leiters der klinischen Prüfung.

## III. Verfahren

§ 42a Abs. 5 statuiert das Untersuchungsprinzip. Wenn der zuständigen Bundes- 6
oberbehörde, bei welcher Tätigkeit auch überhaupt, Tatsachen bekannt werden, dass der Sponsor, ein Prüfer oder ein anderer Beteiligter seinen Verpflichtungen nicht nachkommt, so ordnet diese Abhilfemaßnahmen an. Wenn die Maßnahme nicht den Sponsor betrifft, ist dieser zu unterrichten. Es handelt sich dabei unter anderem auch teilweise um eine Norm der sogenannten „whistle-blower". Allerdings ist im Gesetz nicht vorgesehen, dass Mitteilende irgendwie geschützt werden. Bei einer Neufassung sollte jedenfalls auf die Vertraulichkeit von eventuellen Mitteilungen Wert gelegt werden.

### IV. Ethikkommission

7 Für die Bewertung durch die zuständige Ethikkommission ist jetzt in Abs. 4a der Inhalt im Hinblick auf die Bundesoberbehörde auch für die Ethikkommissionen übernommen worden. Schon bisher hat die Ethikkommission mit ihrer Bewertung einen Verwaltungsakt erlassen, der nach den üblichen Regeln zurückgenommen, widerrufen oder zur Ruhe gebracht werden kann. Auch kann sich die Ethikkommission erst an die Bundesoberbehörde wenden und das Verfahren parallel laufen lassen.

### V. GCP-V

8 Die Regelung über Rücknahme, Widerruf und Ruhen der Genehmigung klingt auch schon in § 10 GCP-V an. Dort werden jedoch die Einzelheiten nicht so weit ausgeführt wie in § 42a.

# Siebenter Abschnitt
# Abgabe von Arzneimitteln

## Vorbemerkungen vor §§ 43ff.

1 Der siebente Abschnitt des Gesetzes widmet sich der Abgabe von Fertigarzneimitteln vom pharmazeutischen Unternehmer an den Endverbraucher. In § 43 AMG regelt das Gesetz den Grundsatz der Apothekenpflicht, in §§ 44 und 45 AMG die Ausnahmen davon. Arzneimittel sollen grundsätzlich über die Apotheke in den Verkehr gelangen. Der Apotheker. soll Kraft seiner Kenntnisse und Fähigkeiten im Bereich der Vermarktung von Fertigarzneimitteln eine geregelte Versorgung der Bevölkerung gewährleisten. Ergänzend zum AMG sind daher die Vorschriften des Apothekengesetzes und die Apothekenbetriebsordnung heran zu ziehen. Durch diese Regelung will der Gesetzgeber sicherstellen, dass der Zweck des Gesetzes auch noch beim Verbraucher umgesetzt werden und Missbräuchen bei der Verwendung von Arzneimitteln vorgebeugt werden kann. Der Gesetzgeber hat dem Apotheker das Monopol übertragen, die Bevölkerung mit apotheken- und verschreibungspflichtigen Arzneimitteln/Tierarzneimitteln zu versorgen.

2 In § 44 AMG hat es der pharmazeutische Unternehmer selbst in der Hand, abweichend von der Regel des objektiven Arzneimittelbegriffes zu § 2 AMG bei seinem von ihm hergestellten Stoff den Heilzweck und damit die Apothekenpflicht entfallen zu lassen. Nach § 45 AMG kann die Exekutive durch Rechtsverordnung weitere Stoffe für den Verkehr außerhalb von Apotheken freigeben. Dies ist mit der Verordnung über apothekenpflichtige und frei verkäufliche Arzneimittel geschehen. § 46 AMG geht in die andere Richtung, da er eine unter bestimmten weiteren Voraussetzungen Ausweitung der Apothekenpflicht für Arzneimittel ermöglicht. Dies ist durch die bereits angesprochene Verordnung über apothekenpflichtige und frei verkäufliche Arzneimittel geschehen. Verschreibungspflichtige Arzneimittel sind zugleich auch apothekenpflichtige Arzneimittel. Durch die Verschreibung soll sichergestellt werden, dass für die Abgabe des verschreibungspflichtigen Arzneimittels auch eine ärztliche, zahn- oder tierärztliche Indikation besteht. Auf diese Weise wird bei der Abgabe von Arzneimitteln/Tierarzneimitteln an den Verbraucher so etwas wie das Vier-Augen-Prinzip eingeführt und umgesetzt. Soll der Apotheker das Monopol bei der sicheren Versorgung der Bevölkerung mit Arzneimitteln/Tierarzneimitteln und der Beratung der Verbraucher darüber haben, so bedeutet dies auch, dass er von diesem Monopol leben können muss. Daher gilt es, den Vertriebsweg von Arzneimitteln vom pharmazeutischen Unternehmer bis zum Verbrau-



E. Deutsch, H.-D. Lippert (Hrsg.), *Kommentar zum Arzneimittelgesetz (AMG),*
DOI 10.1007/978-3-642-01455-0_7, 

cher zu kanalisieren und gegen Umgehungen zu sichern. Diesen Komplex regelt § 47 AMG. Ergänzend hierzu werden bestimmte Vertriebsformen für die Abgaben von Arzneimitteln/Tierarzneimitteln an Verbraucher, wie etwa die Selbstbedienung, die Abgabe im Reisegewerbe, als Vertriebsweg ausgeschlossen.

**3** Diese Vertriebsformen vertragen sich nicht mit der Beratungspflicht des Apothekers. Selbst beim Einzelhandel, mit außerhalb der Apotheke frei verkäuflichen Arzneimitteln/Tierarzneimitteln, sieht der Gesetzgeber eine Sachkunde des verkaufenden Personals vor. Nur unter dieser Prämisse ist die Abgabe frei verkäuflicher Arzneimittel an Verbraucher außerhalb der Apotheke zu rechtfertigen.

**4** Der technische Fortschritt hat auch vor dem Handel mit Arzneimitteln nicht Halt gemacht. Zunehmend haben sich Verwender von Arzneimitteln diese nicht mehr über die Apotheke, sondern über das Internet und zudem über das Ausland und zudem noch auf elektronischem Wege beschafft[1]. Die beteiligten Verkehrskreise und der Gesetzgeber haben diesem neuen Vertriebsweg gegenüber zunächst ebenso hilfs- wie tatenlos agiert. Mit der vor allem im ApoG nun Gesetz gewordenen Regelung glaubt der Gesetzgeber hier verlorenes Terrain gut machen zu können. Deutsche Apotheker dürfen, wenn sie im Besitz einer Erlaubnis nach § 11a ApoG sind und dessen weitere Voraussetzungen erfüllen, Arzneimittel auch an Abnehmer versenden, auch im elektronischen Handel, vorausgesetzt, sie halten auch die ergänzenden Regelungen der ApBetrO ein. So viel Neuerung war auf einem verkrusteten Markt selten.

**5** Der Umsetzung der Richtlinie 2001/83/EU des Europäischen Parlamentes und des Rates vom 6. November 2001[2] zur Schaffung eines Gemeinschaftskodexes für Humanarzneimittel dient der neu geschaffene § 52a , der die Erlaubnispflicht für den Großhandel mit Arzneimitteln zum Gegenstand hat.

---

1 Vgl hierzu Hanika, Arzneimittelhandel im Internet in: Rieger (Hrsg.) LdA Nr. 245 m.w. Nachw.; Koyuncu, Das Haftungsdreieck Pharmaunternehmer-Arzt-Patient, 2004, S. 177. Vgl. auch unten die Kommentierung des ApoG.

2 ABl. EG Nr. L 311 S. 67.

## § 43
## Apothekenpflicht, Inverkehrbringen durch Tierärzte

**(1) Arzneimittel im Sinne des § 2 Abs. 1 oder Abs. 2 Nr. 1, die nicht durch die Vorschriften des § 44 oder der nach § 45 Abs. 1 erlassenen Rechtsverordnung für den Verkehr außerhalb der Apotheken freigegeben sind, dürfen außer in den Fällen des § 47 berufs- oder gewerbsmäßig für den Endverbrauch nur in Apotheken und ohne behördliche Erlaubnis nicht im Wege des Versandes in den Verkehr gebracht werden; das Nähere regelt das Apothekengesetz. Außerhalb der Apotheken darf außer in den Fällen des Absatzes 4 und des § 47 Abs. 1 mit den nach Satz 1 den Apotheken vorbehaltenen Arzneimitteln kein Handel getrieben werden. Die Angaben über die Ausstellung oder Änderung einer Erlaubnis zum Versand von Arzneimitteln nach Satz 1 sind in die Datenbank nach § 67a einzugeben.**

**(2) Die nach Absatz 1 Satz 1 den Apotheken vorbehaltenen Arzneimittel dürfen von juristischen Personen, nicht rechtsfähigen Vereinen und Gesellschaften des bürgerlichen Rechts und des Handelsrechts an ihre Mitglieder nicht abgegeben werden, es sei denn, dass es sich bei den Mitgliedern um Apotheken oder um die in § 47 Abs. 1 genannten Personen und Einrichtungen handelt und die Abgabe unter den dort bezeichneten Voraussetzungen erfolgt.**

**(3) Auf Verschreibung dürfen Arzneimittel im Sinne des § 2 Abs. 1 oder Abs. 2 Nr. 1 nur von Apotheken abgegeben werden. § 56 Abs. 1 bleibt unberührt.**

**(4) Arzneimittel im Sinne des § 2 Abs. 1 oder Abs. 2 Nr. 1 dürfen ferner im Rahmen des Betriebes einer tierärztlichen Hausapotheke durch Tierärzte an Halter der von ihnen behandelten Tiere abgegeben und zu diesem Zweck vorrätig gehalten werden. Dies gilt auch für die Abgabe von Arzneimitteln zur Durchführung tierärztlich gebotener und tierärztlich kontrollierter krankheitsvorbeugender Maßnahmen bei Tieren, wobei der Umfang der Abgabe den auf Grund tierärztlicher Indikation festgestellten Bedarf nicht überschreiten darf. Weiterhin dürfen Arzneimittel im Sinne des § 2 Abs. 1 oder Abs. 2 Nr. 1, die zur Durchführung tierseuchenrechtlicher Maßnahmen bestimmt und nicht verschreibungspflichtig sind, in der jeweils erforderlichen Menge durch Veterinärbehörden an Tierhalter abgegeben werden. Mit der Abgabe ist dem Tierhalter eine schriftliche Anweisung über Art, Zeitpunkt und Dauer der Anwendung auszuhändigen.**

**(5) Zur Anwendung bei Tieren bestimmte Arzneimittel, die nicht für den Verkehr außerhalb der Apotheken freigegeben sind, dürfen an den Tierhalter oder an andere in § 47 Abs. 1 nicht genannte Personen nur in der Apotheke oder tierärztlichen Hausapotheke oder durch den Tierarzt ausgehändigt werden. Dies gilt nicht für Fütterungsarzneimittel und für Arzneimittel im Sinne des Absatzes 4 Satz 3.**

**(6) Arzneimittel dürfen im Rahmen der Übergabe einer tierärztlichen Praxis an den Nachfolger im Betrieb der tierärztlichen Hausapotheke abgegeben werden.**

**Übersicht** **Rz.**



**Literatur**

Geiger, EG-Vertrag, Kommentar, 4. Aufl. 2004; Koyuncu, Das Haftungsdreieck Pharmaunternehmer-Arzt-Patient, 2004; Riemer, Berendes, Rücknahme und Wiederausgabe angebrochener Medikamente in Arztpraxen, DMW 2005, 1273; Schiedermair, Pieck, Apothekengesetz, Kommentar, 3. Aufl. 1981; Schnapp, Wigge, Handbuch des Vertragsarztrechts, 2. Auflage 2006.

## I. Die Bedeutung der Norm

1 Sowohl das AMG wie das Apothekengesetz sind geprägt von dem Ziel, eine ordnungsgemäße Versorgung der Bevölkerung mit Arzneimitteln zu gewährleisten. § 43 normiert das Monopol der Apotheken beim Inverkehrbringen von Arzneimitteln und Tierarzneimitteln in Deutschland. Die Begründung für das Monopol der Apotheken fußt dabei auf drei wesentlichen Überlegungen: zum einen soll die leichte Erhältlichkeit und damit verbundener Arzneimittelmissbrauch verhindert werden.[1] Zum anderen soll dem Verbraucher im Apotheker ein fachkundiger Berater und Kontrolleur gegenüberstehen[2] und drittens soll das Monopol die Existenzfähigkeit der Apotheken zur Verwirklichung der beiden ersten Ziele erhalten.[3]

2 In einem sehr subtil gestalteten System von Regeln und Ausnahmen in den §§ 44 bis 51 AMG wird versucht, den Weg des Arzneimittels vom Hersteller zum Endverbraucher jedenfalls für den Kernbestand der Arzneimittel/Tierarzneimittel möglichst lange und weitgehend über Apotheken festzuschreiben. Bei den frei verkäuflichen Arzneimitteln ist die Monopolisierung nicht zu halten gewesen (§§ 50, 51 AMG). Es darf dabei nicht außer Acht gelassen werden, dass § 43 AMG primär als Handelshemmnis im Sinne des EWG-Vertrages nicht unumstritten ist. Allerdings kann sich die Vorschrift auf Artikel 30 EWG-Vertrag stützen. Danach kann ein Einfuhr-, Ausfuhr- oder Durchführverbot aus Gründen des Schutzes des Lebens und der Gesundheit der Menschen gerechtfertigt sein. Ein Apothekenmonopol wird unter diesem Gesichtspunkt – jedenfalls für den Kernbereich der Arzneimittel nach § 2, Abs. 1 und 2 Nr. 2 AMG – mit Art. 28, 30 EWG-

---

1 Schiedermair, Pieck, § 1 Rn. 100; zur Versorgung mit Arzneimitteln im Vertragsarztrecht vgl. Wigge, Wille in: Schnapp, Wigge, § 19 m.w. Nachw.
2 BVerfGE 9,73, (80), 17, 232, (239 f.), Schiedermair, Pieck, § 1 Rn. 10ff.
3 BVerfGE 7, 377, (439), 9, 73, (80 f).

Vertrag in Einklang zu bringen sein.[4] Das „natürliche Monopol“[5] war auch in der Bundesrepublik Deutschland nicht immer unumstritten, insbesondere als Verstoß gegen Art. 12 GG betrachtet worden, ehe das Bundesverfassungsgericht in einer seiner frühen, bahnbrechenden Entscheidungen die bayerische Regelung als nicht mit Art. 12 GG in Einklang stehend ansah. Die Versorgung der Bevölkerung mit Arzneimitteln wird danach als ein herausragendes Rechtsgut angesehen, dessen Schutz aber eine objektive Zulassungsschranke zum Beruf des Apothekers mit Bedürfnisprüfung nicht rechtfertige.[6] Dem Gesetzgeber stünden in ausreichendem Umfang Kompetenzen und Möglichkeiten zur Verfügung, diesen Komplex in differenzierter Weise zu regeln. Diese Regelung ist unter anderem durch das AMG getroffen worden, dessen subtile Regelungen dem Schutz der Bevölkerung bei der Versorgung mit Arzneimitteln und den der Berufsfreiheit der in diesem Bereich tätigen Berufe hinreichend Rechnung trägt.

## II. Inhalt und Umfang der Apothekenpflicht

Der Kernbestand der Arzneimittel nach § 2 Abs. 1, Abs. 2 Nr. 1 AMG ist apotheken- aber auch verschreibungspflichtig. Folglich dürfen sie nur gegen Vorlage einer ärztlichen, zahn- oder tierärztlichen Verschreibung und nur über Apotheken und nur unter bestimmten Voraussetzungen im Versandhandel an Verbraucher abgegeben werden. Diese Regelung bezieht sich nicht nur auf Fertigarzneimittel sondern auch auf solche, die für einen Patienten auf besondere Bestellung angefertigt werden. 3

## III. Ausnahmen von der Apothekenpflicht

Von der Apothekenpflicht ausgenommen sind Arzneimittel, die nicht der Beseitigung oder Linderung von Krankheiten, Leiden, Körperschäden oder krankhaften Beschwerden dienen. Der Zweck, dem das Arzneimittel dient, wird ihm vom pharmazeutischen Unternehmer beigegeben. Hierin liegt eine deutliche Abkehr vom objektiven Arzneimittelbegriff des § 2 Abs. 1 AMG. Es liegt also ein möglicher Missbrauch nicht fern. Als Ausnahmevorschrift zur Apothekenpflicht wie als solche zu § 2 Abs. 1 AMG ist sie äußerst restriktiv auszulegen. Es gibt allerdings die Möglichkeit, diese Arzneimittel über die Rechtsverordnung nach § 48 Abs. 2 AMG der Apotheken- und Verschreibungspflicht zu unterstellen. Nicht apotheken- und verschreibungspflichtig sind auch Arzneimittel, die durch Rechtsverordnung nach § 45 AMG ausdrücklich davon befreit sind.[7] 4

---

[4] Vgl. Entscheidung des EuGH v. 21.03.1991 (Apothekenmonopol). Auch in seiner neuesten Entscheidung billigt der EuGH dem nationalen Gesetzgeber einen Spielraum für gesetzgeberische Maßnahmen zum Schutz der Gesundheit und der Abwehr von Gefahren für diese zu – DocMorris, Urt. v. 19.5.2009 C 171/07.

[5] Sander, § 43 Anm. 1.

[6] BVerfGE 9, 73 = NJW 1958, 1035.

[7] Verordnung über apothekenpflichtige und freiverkäufliche Arzneimittel v. 24.11.1988 (BGBl. I S. 2150) in der Fassung vom 21.06.2004 (BGBl. I S. 1298).

### IV. Abgabe von Tierarzneimitteln

5 Ausgenommen von der Apothekenpflicht war bisher auch das Inverkehrbringen von Tierarzneimitteln an Halter von Tieren durch Tierärzte für von ihnen behandelte Tiere. Apothekenpflichtige Tierarzneimittel dürfen nach der Änderung von Abs. 4 durch die 11. Novelle zum AMG nur noch über eine Apotheke, eine tierärztliche Hausapotheke in den Verkehr gebracht [8] oder durch den Tierarzt unmittelbar ausgehändigt werden. Damit sollte den Missbräuchen auf dem Markt für Tierarzneimittel (Autobahnapotheken) entgegengewirkt werden.

### V. Versandhandelsverbot

6 Das definitive Verbot des Inverkehrbringens von apotheken- und verschreibungspflichtigen Arzneimitteln über den Versandhandel ist zur Klarstellung durch die Neufassung von Abs. 1 Satz 1 über das 8. Gesetz zur Änderung des Arzneimittelgesetzes ins Gesetz gekommen. So weit sich die Vorschriften auf den Versandhandel mit Impfstoffen beziehen, hat das BVerfG[9] sie für nichtig erklärt, da sie gegen Art. 12 GG verstießen. Das Verbot des Versandhandels erfasst dabei auch die Belieferung von Patienten aufgrund von Bestellungen über das Internet, jedenfalls soweit die Geschäfte in Deutschland im Geltungsbereich des AMG abgewickelt werden und wohl auch aus den Staaten der EU und des EWR.

7 Der technische Fortschritt hat aber auch vor dem Handel mit Arzneimitteln nicht Halt gemacht. Zunehmend haben sich Verwender von Arzneimitteln diese über das Internet und zudem über das Ausland und zudem noch auf elektronischem Weg unter Ausschaltung des legalen Weges beschafft[10]. Die beteiligten Verkehrskreise und der Gesetzgeber haben diesem neuen Vertriebsweg gegenüber zunächst ebenso hilfs- wie tatenlos agiert. Als dann auch noch der EuGH das Versandhandelsverbot als Handelshemmnis qualifizierte, für das es auch aus Art.. 30 EWGV keine so richtige Rechtfertigung gab[11], entschloss sich der Gesetzgeber zum Handeln.

8 Deutsche Apotheker dürfen, wenn sie im Besitz einer Erlaubnis nach § 11a ApoG sind und dessen weitere Voraussetzungen erfüllen, Arzneimittel auch an Abnehmer versenden, auch im elektronischen Handel, vorausgesetzt, sie halten auch die ergänzenden Regelungen der ApoBetrO ein. So viel Neuerung war auf einem verkrusteten Markt selten.

9 In der direkten Belieferung deutscher Besteller aus dem Ausland mit Arzneimitteln, die dem § 43 unterfallen liegt auch ein Verstoß gegen §§ 72ff. AMG (vgl.

---

8 Vgl. § 4 VO über apothekenpflichtige und freiverkäufliche Arzneimittel.

9 BVerfG NJW 2003, 1027.

10 Vgl hierzu Hanika, Arzneimittelhandel im Internet in: Rieger (Hrsg.) LdA Nr. 245 m.w. Nachw.; Koyuncu, S. 177.

11 Vgl. EuGH Urt. vom 11. Dezember 2003 – C 322/01 (DocMorris).

Kommentierung dort), der wohl aber nicht zu sanktionieren, weil er nicht zu beweisen ist.

Die Einfuhr geringer Mengen von Arzneimitteln im Rahmen der Ausnahmen des § 73 AMG (Diplomatenprivileg, Eigenverbrauch, kleiner Grenzverkehr) ist möglich (vgl. Kommentierung zu § 73). 10

## VI. Verbot des Direktbezuges

Außer in der Notfallbehandlung eines Patienten, der der medikamentösen Behandlung unmittelbar bedarf, ist die Abgabe von apotheken- und verschreibungspflichtigen Arzneimitteln, unter Ausschluss der Apotheke, unzulässig. Der Personalverkauf von Arzneimitteln ist ebenso unzulässig, wie die Gründung von rechtsfähigen juristischen Personen oder nicht rechtsfähigen Personenhandelsgesellschaften zur Abgabe von Arzneimitteln an ihre Mitglieder. Einkaufsgenossenschaften der Apotheker fallen aber nicht unter Abs. 2, da sie ein anderes Ziel im Auge haben, nämlich die preisgünstige Einkaufsmöglichkeit für Arzneimittel durch Apotheken. 11

Die Lieferung apothekenpflichtiger Arzneimittel an Krankenhäuser ohne eigene Apotheke hat stets über eine Apotheke zu erfolgen und zwar aufgrund eines Versorgungsvertrages nach § 14 Abs. 5 ApoG mit der beliefernden Apotheke. 12

Die Mitgabe von Ärztemustern von Arzneimitteln durch den Arzt an den Patienten stellt eine (zulässige) Durchbrechung des Direktbezugsverbotes dar, die ihre Rechtfertigung in § 47 Abs. 3 und 4 AMG hat. Einen Verstoß gegen das Direktbezugsverbot stellt es ebenfalls dar, wenn ein Arzt im Rahmen des „Arzneimittelrecyclings“ für einen Patienten verschriebene, überlassene aber nicht verbrauchte Arzneimittel unmittelbar an einen anderen Patienten weitergibt.[12] Die Abgabe von apothekenpflichtigen Arzneimitteln durch den Apotheker an Werks- oder Betriebsärzte zur Behandlung von Betriebsangehörigen stellt einen Verstoß gegen das Verbot des Direktbezuges dar, sofern nicht sichergestellt wird, dass die Arzneimittel nur zur Behandlung von Bediensteten im Rahmen von Erkrankungen (z.B. Notfällen) verwendet werden und eine darüber hinausgehende Abgabe ausgeschlossen ist.[13] Die Direktbestellung von apotheken- und verschreibungspflichtigen Arzneimitteln eines Arztes beim Großhändler unter Auslieferung über eine Apotheke verstößt gegen die Apothekenpflicht.[14] 13

---

12 Man mag zu diesem gesundheitspolitischen (berechtigten) Anliegen stehen wie man will, so lange der Gesetzgeber § 43 nicht geändert hat, verstößt es hiergegen und zieht eine Ahndung als Ordnungswidrigkeit nach sich. Vgl. hierzu AG Detmold, MedR 2003, 351 m. Anm. Riemer; zum Umfeld vgl. auch Riemer, Berendes, DMW 2005, 1273 m.w. Nachw. Im übrigen dürfte dieses Verhalten des Arztes auch berufswidrig sein.

13 Sander § 43 Anm. 3, BGH Urt. v. 11.02.1988 (I ZR 117/86) Entscheidungsband Nr. 1b zu § 43 AMG.

14 Sander, LG Heilbronn, Urt. v. 24.02.1995, Entscheidungsband Nr. 5 zu § 43 AMG; entgeltliche Abgabe von Arzneimitteln durch einen Arzt, Landesberufsgericht für Heilberufe bei dem OLG Koblenz, NJW 1994, 813.

## VII. Rechtsbehelfe

### Im Verwaltungsrecht

14 Gegen Maßnahmen, die von der Behörde auf § 43 AMG gestützt werden, kann auf dem Verwaltungsrechtsweg vorgegangen werden.

## VIII. Sanktionen

### Im Strafrecht

15 Straftat ist die vorsätzliche (§ 95 Abs. 1 Nr. 4) oder fahrlässige (§ 95 Abs. 4) Abgabe verschreibungspflichtiger Arzneimitteln außerhalb von Apotheken sowie der Handel mit apothekenpflichtigen Arzneimittel außerhalb von Apotheken, soweit kein gesetzlich benannter Ausnahmefall vorliegt (§ 43 Abs. 1 Satz 2, Abs. 2, Abs. 3, Satz 1, § 95 Abs. 1 Nr. 4). Der Versuch ist strafbewehrt.

16 Normadressat nach Abs. 1: Jedermann, der Arzneimittel außerhalb der Apotheke in Verkehr bringt[15] (Vorrätighalten zum Verkauf, Feilhalten, Feilbieten und Abgabe an andere). Nach Abs. 2: Organe juristischer Personen, nicht rechtsfähige Vereine, Gesellschaften bürgerlichen Rechts, Gesellschaften des Handelsrechts an Mitglieder und Bedienstete. Nach Abs. 3: Apotheker. Das Tatbestandsmerkmal des Handeltreibens, ist als deckungsgleich mit dem entsprechenden Begriff des Betäubungsmittelrechts zu verstehen.[16] Nach der umstrittenen, aber jüngst vom Grossen Senat des BGH bestätigten Rechtspraxis reicht es für die Annahme vollendeten Handeltreibens aus, dass der Täter bei einem beabsichtigten Ankauf von zum Gewinn bringenden Weiterverkauf bestimmten Betäubungsmitteln in ernsthafte Verhandlungen mit dem potenziellen Verkäufer eintritt[17].

### Im Ordnungswidrigkeitenrecht

17 Ordnungswidrig handelt der Täter, der vorsätzlich oder fahrlässig, entgegen § 43 Abs. 1, 2 oder 3 Satz 1 Arzneimittel berufs- oder gewerbsmäßig in den Verkehr bringt oder mit Arzneimitteln, die ohne Verschreibung an Verbraucher abgegeben werden dürfen, Handel treibt oder diese Arzneimittel abgibt, § 97 Abs. 2 Nr. 10. Die Normadressaten sind dieselben wie bei der Straftat.

### Im Berufsrecht

18 In der Folge einer strafrechtlichen Verurteilung kann gegen den Täter, der der Berufsgerichtsbarkeit unterliegt, wie etwa ein Apotheker oder Arzt, auch berufsgerichtlich wegen des berufsrechtlichen Überhangs der Tat vorgegangen werden.

---

[15] Dazu BGH Urt. v. 03.07.2003, 1 StR 453/02.

[16] BGH GS NJW 2005, 3790; BGH NStZ 2004, 457, 458; Pelchen in: Erbs, Kohlhaas, Strafrechtliche Nebengesetze 142. Erg.Lfg. § 95 AMG Rn. 9.

[17] BGH GS NJW 2005, 3790.

## § 44
## Ausnahme von der Apothekenpflicht

**(1) Arzneimittel, die von dem pharmazeutischen Unternehmer ausschließlich zu anderen Zwecken als zur Beseitigung oder Linderung von Krankheiten, Leiden, Körperschäden oder krankhaften Beschwerden zu dienen bestimmt sind, sind für den Verkehr außerhalb der Apotheken freigegeben.**

**(2) Ferner sind für den Verkehr außerhalb der Apotheken freigegeben:**
**1. a) natürliche Heilwässer sowie deren Salze, auch als Tabletten oder Pastillen,**
**b) künstliche Heilwässer sowie deren Salze, auch als Tabletten oder Pastillen, jedoch nur, wenn sie in ihrer Zusammensetzung natürlichen Heilwässern entsprechen,**
**2. Heilerde, Bademoore und andere Peloide, Zubereitungen zur Herstellung von Bädern, Seifen zum äußeren Gebrauch,**
**3. mit ihren verkehrsüblichen deutschen Namen bezeichnete**
**a) Pflanzen und Pflanzenteile, auch zerkleinert,**
**b) Mischungen aus ganzen oder geschnittenen Pflanzen oder Pflanzenteilen als Fertigarzneimittel,**
**c) Destillate aus Pflanzen und Pflanzenteilen,**
**d) Presssäfte aus frischen Pflanzen und Pflanzenteilen, sofern sie ohne Lösungsmittel mit Ausnahme von Wasser hergestellt sind,**
**4. Pflaster,**
**5. ausschließlich oder überwiegend zum äußeren Gebrauch bestimmte Desinfektionsmittel sowie Mund- und Rachendesinfektionsmittel.**

**(3) Die Absätze 1 und 2 gelten nicht für Arzneimittel, die**
**1. nur auf ärztliche, zahnärztliche oder tierärztliche Verschreibung abgegeben werden dürfen oder**
**2. durch Rechtsverordnung nach § 46 vom Verkehr außerhalb der Apotheken ausgeschlossen sind.**

## § 45
## Ermächtigung zu weiteren Ausnahmen von der Apothekenpflicht

**(1) Das Bundesministerium wird ermächtigt, im Einvernehmen mit dem Bundesministerium für Wirtschaft und Technologie nach Anhörung von Sachverständigen durch Rechtsverordnung mit Zustimmung des Bundesrates Stoffe, Zubereitungen aus Stoffen oder Gegenstände, die dazu bestimmt sind, teilweise oder ausschließlich zur Beseitigung oder Linderung von Krankheiten, Leiden, Körperschäden oder krankhaften Beschwerden zu dienen, für den Verkehr außerhalb der Apotheken freizugeben,**
**1. soweit sie nicht nur auf ärztliche, zahnärztliche oder tierärztliche Verschreibung abgegeben werden dürfen,**
**2. soweit sie nicht wegen ihrer Zusammensetzung oder Wirkung die Prüfung, Aufbewahrung und Abgabe durch eine Apotheke erfordern,**
**3. soweit nicht durch ihre Freigabe eine unmittelbare oder mittelbare Gefährdung der Gesundheit von Mensch oder Tier, insbesondere durch unsachgemäße Behandlung, zu befürchten ist oder**

**4. soweit nicht durch ihre Freigabe die ordnungsgemäße Arzneimittelversorgung gefährdet wird.**

**Die Rechtsverordnung[1] wird vom Bundesministerium für Ernährung, Landwirtschaft und Verbraucherschutz im Einvernehmen mit dem Bundesministerium und dem Bundesministerium für Wirtschaft und Technologie erlassen, soweit es sich um Arzneimittel handelt, die zur Anwendung bei Tieren bestimmt sind.**

**(2) Die Freigabe kann auf Fertigarzneimittel, auf bestimmte Dosierungen, Anwendungsgebiete oder Darreichungsformen beschränkt werden.**

**(3) Die Rechtsverordnung ergeht im Einvernehmen mit dem Bundesministerium für Umwelt, Naturschutz und Reaktorsicherheit, soweit es sich um radioaktive Arzneimittel und um Arzneimittel handelt, bei deren Herstellung ionisierende Strahlen verwendet werden.**

### I. Die Bedeutung der Norm

1 §§ 44 und 45 AMG regeln, außer den bereits in § 43 AMG vorgesehenen Ausnahmen von der Apotheken- und Verschreibungspflicht, inhaltliche und formale Ausnahmen hiervon.

### II. Inhalt und Umfang der Ausnahmen von der Apothekenpflicht

2 In § 44 AMG hat es ausschließlich der pharmazeutische Unternehmer in der Hand, zu bestimmen, ob ein Arzneimittel von der Apotheken- und Verschreibungspflicht befreit ist oder nicht. Er legt den Zweck fest, dem das Arzneimittel dienen soll. Lässt er den Heilzweck entfallen und dient es nicht mehr der Beseitigung oder der Linderung von Krankheiten, Leiden, Körperschäden oder krankhaften Beschwerden, so ist es für den Verkehr außerhalb der Apotheke freigegeben (vgl. auch die Kommentierung zu § 43 AMG).

3 Zu beachten ist, dass der Gesetzgeber in § 44 Abs. 1 AMG von den 4 in § 2 Abs. 1, Nr. 1 AMG genannten Begriffen (Heilen, Lindern, Verhüten, Erkennen) nur die Linderung ausdrücklich nennt und den der „Beseitigung“ offenbar synonym mit dem der Heilung verwendet. Arzneimittel, die der Verhütung oder der Erkennung von Krankheiten dienen, fallen demnach nicht unter die Vorschrift, sonst hätte ansonsten auch der Bezug auf Arzneimittel nach § 2 Abs. 1, Abs. 2 Nr. 1 AMG ausgereicht.

4 In § 45 Absatz 1 AMG verwendet der Gesetzgeber eine identische Terminologie: gemeint sind offenbar Arzneimittel, für die sich der Begriff der Vorbeugemittel eingeprägt hat[2].

---

1 Verordnung über apothekenpflichtige und freiverkäufliche Arzneimittel in der Fassung der Bekanntmachung vom 30.08.1990 (BGBl I S. 1866) erfährt fortlaufende Änderungen in ihrer Anlage. Daher wird vom Abdruck der Verordnung und der Anlage hierzu abgesehen.

2 Vgl. auch Rehmann, § 44 Rz. 1 m. Nachw. aus der Rechtsprechung.

Ganz in das Belieben des pharmazeutischen Unternehmers ist die Zweckbestimmung für das Arzneimittel allerdings nicht gestellt. Die bei der Zulassung gemachten Angaben, die im Beipackzettel angegebenen Indikationen und die Aussagen in der Werbung müssen in einem Duktus stehen. Daher ist einer willkürlichen Änderung der Indikation Grenzen gesetzt. Für den Verkehr außerhalb der Apotheke freigegeben sind schließlich auch die in § 44 Abs. 2 AMG genannten, katalogartig aufgeführten Arzneimittel. 5

Dies alles gilt nicht, wenn Arzneimittel nur auf ärztliche – zahn- oder tierärztliche Verschreibung abgegeben werden dürfen oder durch Rechtsverordnung nach § 46 AMG vom Verkehr außerhalb der Apotheke ausgeschlossen sind. 6

Welche Arzneimittel der Verschreibungspflicht unterliegen, ergibt sich aus § 48 AMG und der dazu erlassenen Rechtsverordnung. Es sind dies Arzneimittel, die bestimmte Stoffe, Zubereitungen aus Stoffen enthalten oder Gegenstände sind, oder denen solche Stoffe oder Zubereitungen aus Stoffen zugesetzt sind, die in der Rechtsverordnung genannt sind. Ferner fallen darunter Arzneimittel, die durch Rechtsverordnung nach § 46 AMG ausdrücklich vom Verkehr außerhalb der Apotheke ausgeschlossen sind. 7

## III. Weitere Ausnahmen von der Apothekenpflicht nach § 45 AMG

Durch Rechtsverordnung zu § 45 AMG können auch Stoffe, die teilweise oder ausschließlich als Arzneimittel zur Beseitigung oder Linderung von Krankheiten, Leiden, Körperschäden oder krankhaften Beschwerden dienen sollen, für den Verkehr außerhalb von Apotheken freigegeben werden. Für diese Stoffe gilt im Gegensatz zu § 44 AMG wieder der objektive Arzneimittelbegriff und nicht die subjektive Bestimmung, die der pharmazeutische Unternehmer dem Stoff beigibt. Da die freigegebenen Stoffe mindestens teilweise Heilzwecken dienen, unterfallen § 45 AMG und der hierzu erlassenen Rechtsverordnung auch Mehrzweckmittel. 8

Stoffe, die nur auf Verschreibung abgegeben werden, können nicht von der Apothekenpflicht befreit werden. Es entstünde sonst ein Widerspruch zu § 43 AMG, der die Abgabe verschreibungspflichtiger Arzneimittel stets der Apotheke vorbehält. 9

Ausgenommen von der Freigabe sind auch Stoffe, die wegen ihrer Beschaffenheit unter der Kontrolle des Apothekers bleiben sollen. Ferner solche, bei denen durch unsachgemäße Anwendung eine Gefährdung von Mensch oder Tier zu befürchten ist. 10

Dem Bestandsschutz der Apotheken dient die Einschränkung nach Abs. 1 Nr. 4: wird durch die Freigabe die ökonomische Basis der Apotheke beeinträchtigt, und damit die ordnungsgemäße Versorgung der Bevölkerung mit Arzneimitteln, dann soll die Freigabe unterbleiben. 11

Die Freigabe kann bei Fertigarzneimitteln auf bestimmte Dosierungen, Anwendungsgebiete und Darreichungsformen beschränkt werden. Es ist dies eine der Ausprägungen des hier anzuwendenden Grundsatzes der Verhältnismäßigkeit. 12

## § 46
## Ermächtigung zur Ausweitung der Apothekenpflicht

**(1) Das Bundesministerium wird ermächtigt, im Einvernehmen mit dem Bundesministerium für Wirtschaft und Technologie nach Anhörung von Sachverständigen durch Rechtsverordnung mit Zustimmung des Bundesrates Arzneimittel im Sinne des § 44 vom Verkehr außerhalb der Apotheken auszuschließen, soweit auch bei bestimmungsgemäßem oder bei gewohnheitsmäßigem Gebrauch eine unmittelbare oder mittelbare Gefährdung der Gesundheit von Mensch oder Tier zu befürchten ist. Die Rechtsverordnung wird vom Bundesministerium für Ernährung, Landwirtschaft und Verbraucherschutz im Einvernehmen mit dem Bundesministerium und dem Bundesministerium für Wirtschaft und Technologie erlassen, soweit es sich um Arzneimittel handelt, die zur Anwendung bei Tieren bestimmt sind.**

**(2) Die Rechtsverordnung nach Absatz 1 kann auf bestimmte Dosierungen, Anwendungsgebiete oder Darreichungsformen beschränkt werden.**

**(3) Die Rechtsverordnung ergeht im Einvernehmen mit dem Bundesministerium für Umwelt, Naturschutz und Reaktorsicherheit, soweit es sich um radioaktive Arzneimittel und um Arzneimittel handelt, bei deren Herstellung ionisierende Strahlen verwendet werden.**

**Übersicht** **Rz.**



### I. Die Bedeutung der Norm

1 Die Vorschrift stellt eine Ausnahme von der Ausnahme dar. Sie eröffnet die Möglichkeit, die Apothekenpflicht in bestimmten Fällen nicht einzuschränken, wie dies durch Regelung nach § 44, 45 AMG möglich wäre, sondern diese im Gegenteil auszuweiten.

### II. Tierarzneimittel

2 Die Rechtsverordnung, die Arzneimittel gemäß § 44 AMG, also frei verkäufliche Arzneimittel der Apothekenpflicht unterwirft, gilt für frei verkäufliche Tierarzneimittel ebenfalls (vgl. z.B. § 10 der Verordnung für apothekenpflichtige und frei verkäufliche Arzneimittel).

### III. Die Ausweitung der Apothekenpflicht

3 Die Ausweitung der Apothekenpflicht durch Rechtsverordnung bezieht sich nicht auf alle möglichen Arzneimittel sondern auf solche, die nach § 44 AMG von der Apothekenpflicht befreit sind, weil sie anderen Zwecken als der Heilung dienen

und der pharmazeutische Unternehmer eben diesen Zweck ausgeschlossen sehen will. Hinzu kommen muss die konkrete Befürchtung, dass der bestimmungsgemäße Gebrauch dieser Arzneimittel zu einer Gefährdung der Gesundheit von Mensch und Tier führen kann. Eine solche Gesundheitsgefährdung kann auch über den bestimmungsgemäßen Gebrauch hinaus bei einem gewohnheitsmäßigen Gebrauch zu befürchten sein und zu einer Ausweitung der Apothekenpflicht führen.

## IV. Die Beschränkung der Ausweitung

Die an sich mögliche Ausweitung der Apothekenpflicht auf Arzneimittel nach § 44 AMG kann jedoch auf bestimmte Dosierungen, Anwendungsgebiete oder Darreichungsformen beschränkt werden. Durch §§ 1, 2 der Verordnung über apothekenpflichtige und frei verkäufliche Arzneimittel ist diese Ermächtigung ausgefüllt worden. **4**

## V. Rechtsfolgen

### Im Verwaltungsrecht

Gegen die Rechtsverordnung unmittelbar keine. Gegen Maßnahmen, die hierauf gestützt sind, kann der pharmazeutische Unternehmer und der Apotheker im Verwaltungsrechtswege vorgehen. **5**

## § 47
## Vertriebsweg

**(1) Pharmazeutische Unternehmer und Großhändler dürfen Arzneimittel, deren Abgabe den Apotheken vorbehalten ist, außer an Apotheken nur abgeben an**

**1. andere pharmazeutische Unternehmer und Großhändler,**

**2. Krankenhäuser und Ärzte, soweit es sich handelt um**

**a) aus menschlichem Blut gewonnene Blutzubereitungen oder gentechnologisch hergestellte Blutbestandteile, die, soweit es sich um Gerinnungsfaktorenzubereitungen handelt, von dem hämostaseologisch qualifizierten Arzt im Rahmen der ärztlich kontrollierten Selbstbehandlung von Blutern an seine Patienten abgegeben werden dürfen,**

**b) Gewebezubereitungen oder tierisches Gewebe,**

**c) Infusionslösungen in Behältnissen mit mindestens 500 ml, die zum Ersatz oder zur Korrektur von Körperflüssigkeit bestimmt sind, sowie Lösungen zur Hämodialyse und Peritonealdialyse, die, soweit es sich um Lösungen zur Peritonealdialyse handelt, auf Verschreibung des nephrologisch qualifizierten Arztes im Rahmen der ärztlich kontrollierten Selbstbehandlung seiner Dialysepatienten an diese abgegeben werden dürfen,**

**d) Zubereitungen, die ausschließlich dazu bestimmt sind, die Beschaffenheit, den Zustand oder die Funktion des Körpers oder seelische Zustände erkennen zu lassen,**

**e) medizinische Gase, bei denen auch die Abgabe an Heilpraktiker zulässig ist,**

**f) radioaktive Arzneimittel,**

**g) Arzneimittel, die mit dem Hinweis „Zur klinischen Prüfung bestimmt" versehen sind, sofern sie kostenlos zur Verfügung gestellt werden,**

**h) Blutegel und Fliegenlarven, bei denen auch die Abgabe an Heilpraktiker zulässig ist, oder**

**i) Arzneimittel, die im Falle des § 21 Absatz 2 Nummer 6 zur Verfügung gestellt werden,**

**3. Krankenhäuser, Gesundheitsämter und Ärzte, soweit es sich um Impfstoffe handelt, die dazu bestimmt sind, bei einer unentgeltlichen auf Grund des § 20 Abs. 5, 6 oder 7 des Infektionsschutzgesetzes vom 20. Juli 2000 (BGBl. I S. 1045) durchgeführten Schutzimpfung angewendet zu werden oder soweit eine Abgabe von Impfstoffen zur Abwendung einer Seuchen- oder Lebensgefahr erforderlich ist,**

**3a. anerkannte Impfzentren, soweit es sich um Gelbfieberimpfstoff handelt,**

**3b. Krankenhäuser und Gesundheitsämter, soweit es sich um Arzneimittel mit antibakterieller oder antiviraler Wirkung handelt, die dazu bestimmt sind, auf Grund des § 20 Abs. 5, 6 oder 7 des Infektionsschutzgesetzes zur spezifischen Prophylaxe gegen übertragbare Krankheiten angewendet zu werden,**

3c. Gesundheitsbehörden des Bundes oder der Länder oder von diesen im Einzelfall benannte Stellen, soweit es sich um Arzneimittel handelt, die für den Fall einer bedrohlichen übertragbaren Krankheit, deren Ausbreitung eine sofortige und das übliche Maß erheblich überschreitende Bereitstellung von spezifischen Arzneimitteln erforderlich macht, bevorratet werden,
4. Veterinärbehörden, soweit es sich um Arzneimittel handelt, die zur Durchführung öffentlich-rechtlicher Maßnahmen bestimmt sind,
5. auf gesetzlicher Grundlage eingerichtete oder im Benehmen mit dem Bundesministerium von der zuständigen Behörde anerkannte zentrale Beschaffungsstellen für Arzneimittel,
6. Tierärzte im Rahmen des Betriebes einer tierärztlichen Hausapotheke, soweit es sich um Fertigarzneimittel handelt, zur Anwendung an den von ihnen behandelten Tieren und zur Abgabe an deren Halter,
7. zur Ausübung der Zahnheilkunde berechtigte Personen, soweit es sich um Fertigarzneimittel handelt, die ausschließlich in der Zahnheilkunde verwendet und bei der Behandlung am Patienten angewendet werden,
8. Einrichtungen von Forschung und Wissenschaft, denen eine Erlaubnis nach § 3 des Betäubungsmittelgesetzes erteilt worden ist, die zum Erwerb des betreffenden Arzneimittels berechtigt,
9. Hochschulen, soweit es sich um Arzneimittel handelt, die für die Ausbildung der Studierenden der Pharmazie und der Veterinärmedizin benötigt werden.

Die Anerkennung der zentralen Beschaffungsstelle nach Satz 1 Nr. 5 erfolgt, soweit es sich um zur Anwendung bei Tieren bestimmte Arzneimittel handelt, im Benehmen mit dem Bundesministerium für Ernährung, Landwirtschaft und Verbraucherschutz.

(1a) Pharmazeutische Unternehmer und Großhändler dürfen Arzneimittel, die zur Anwendung bei Tieren bestimmt sind, an die in Absatz 1 Nr. 1 oder 6 bezeichneten Empfänger erst abgeben, wenn diese ihnen eine Bescheinigung der zuständigen Behörde vorgelegt haben, dass sie ihrer Anzeigepflicht nach § 67 nachgekommen sind.

(1b) Pharmazeutische Unternehmer und Großhändler haben über den Bezug und die Abgabe zur Anwendung bei Tieren bestimmter verschreibungspflichtiger Arzneimittel, die nicht ausschließlich zur Anwendung bei anderen Tieren als solchen, die der Gewinnung von Lebensmitteln dienen, bestimmt sind, Nachweise zu führen, aus denen gesondert für jedes dieser Arzneimittel zeitlich geordnet die Menge des Bezugs unter Angabe des oder der Lieferanten und die Menge der Abgabe unter Angabe des oder der Bezieher nachgewiesen werden kann, und diese Nachweise der zuständigen Behörde auf Verlangen vorzulegen.

(1c) Pharmazeutische Unternehmer und Großhändler haben bis zum 31. März jedes Kalenderjahres nach Maßgabe einer Rechtsverordnung nach Satz 2 elektronisch Mitteilung an das zentrale Informationssystem über Arz-

**neimittel nach § 67a Absatz 1 zu machen über Art und Menge der von ihnen im vorangegangenen Kalenderjahr an Tierärzte abgegebenen Arzneimittel, die**

**1. Stoffe mit antimikrobieller Wirkung,**
**2. in Anhang IV der Verordnung (EWG) Nr. 2377/90 aufgeführte Stoffe oder**
**3. in einer der Anlagen der Verordnung über Stoffe mit pharmakologischer Wirkung aufgeführte Stoffe**

**enthalten. Das Bundesministerium für Ernährung, Landwirtschaft und Verbraucherschutz wird ermächtigt, im Einvernehmen mit dem Bundesministerium, durch Rechtsverordnung mit Zustimmung des Bundesrates**

**1. Näheres über Inhalt und Form der Mitteilungen nach Satz 1 zu regeln und**
**2. vorzuschreiben, dass**
   **a) in den Mitteilungen die Zulassungsnummer des jeweils abgegebenen Arzneimittels anzugeben ist,**
   **b) die Mitteilung der Menge des abgegebenen Arzneimittels nach den ersten beiden Ziffern der Postleitzahl der Anschrift der Tierärzte aufzuschlüsseln ist.**

**In Rechtsverordnungen nach Satz 2 können ferner Regelungen in entsprechender Anwendung des § 67a Absatz 3 getroffen werden.**

**(2) Die in Absatz 1 Nr. 5 bis 9 bezeichneten Empfänger dürfen die Arzneimittel nur für den eigenen Bedarf im Rahmen der Erfüllung ihrer Aufgaben beziehen. Die in Absatz 1 Nr. 5 bezeichneten zentralen Beschaffungsstellen dürfen nur anerkannt werden, wenn nachgewiesen wird, dass sie unter fachlicher Leitung eines Apothekers oder, soweit es sich um zur Anwendung bei Tieren bestimmte Arzneimittel handelt, eines Tierarztes stehen und geeignete Räume und Einrichtungen zur Prüfung, Kontrolle und Lagerung der Arzneimittel vorhanden sind.**

**(3) Pharmazeutische Unternehmer dürfen Muster eines Fertigarzneimittels abgeben oder abgeben lassen an**

**1. Ärzte, Zahnärzte oder Tierärzte,**
**2. andere Personen, die die Heilkunde oder Zahnheilkunde berufsmäßig ausüben, soweit es sich nicht um verschreibungspflichtige Arzneimittel handelt,**
**3. Ausbildungsstätten für die Heilberufe.**

**Pharmazeutische Unternehmer dürfen Muster eines Fertigarzneimittels an Ausbildungsstätten für die Heilberufe nur in einem dem Zweck der Ausbildung angemessenen Umfang abgeben oder abgeben lassen. Muster dürfen keine Stoffe oder Zubereitungen**

**1. im Sinne des § 2 des Betäubungsmittelgesetzes, die als solche in Anlage II oder III des Betäubungsmittelgesetzes aufgeführt sind, oder**
**2. die nach § 48 Absatz 2 Satz 3 nur auf Sonderrezept verschrieben werden dürfen,**

**enthalten.**

**(4) Pharmazeutische Unternehmer dürfen Muster eines Fertigarzneimittels an Personen nach Absatz 3 Satz 1 nur auf jeweilige schriftliche Anforderung, in der kleinsten Packungsgröße und in einem Jahr von einem Fertigarzneimittel nicht mehr als zwei Muster abgeben oder abgeben lassen. Mit den Mustern ist die Fachinformation, soweit diese nach § 11a vorgeschrieben ist, zu übersenden. Das Muster dient insbesondere der Information des Arztes über den Gegenstand des Arzneimittels. Über die Empfänger von Mustern sowie über Art, Umfang und Zeitpunkt der Abgabe von Mustern sind gesondert für jeden Empfänger Nachweise zu führen und auf Verlangen der zuständigen Behörde vorzulegen.**

**Übersicht** **Rz.**



## I. Die Bedeutung der Norm

1 § 47 AMG ist im Zusammenhang mit § 43 AMG zu sehen. § 43 AMG legt den Grundsatz der Apothekenpflicht bei der Abgabe von Arzneimitteln fest. Ausnahmen hiervon sieht das Gesetz in den §§ 44 und 45 vor. Das Gegenteil, also die Ausweitung der Apothekenpflicht für frei verkäufliche Arzneimittel, ist in § 46 AMG geregelt. § 47 AMG will dagegen den Vertriebsweg für apothekenpflichtige Arzneimittel über Apotheken sichern und eine Belieferung bestimmter Empfänger mit bestimmten Arzneimitteln durch den pharmazeutischen Unternehmer oder den Großhändler unter Umgehung der Apotheke direkt nur ausnahmsweise und in definierten Ausnahmefällen zulassen.

## II. Tierarzneimittel

2 Die Vorschrift gilt grundsätzlich auch für den Verkehr mit Tierarzneimitteln, hier allerdings mit Spezialregelungen. Pharmazeutische Unternehmer und Großhändler dürfen Tierarzneimittel, die über die Apotheke abgegeben werden, an Tierärzte abgeben, wenn sie zur Anwendung bei von diesen behandelten Tieren und zur Abgabe an deren Halter erfolgt. Die Abgabe ist erst zulässig, wenn die Empfänger, also andere pharmazeutische Unternehmer und Großhändler sowie die bereits genannten Tierärzte, der zuständigen Behörde angezeigt haben, dass sie Tierarzneimittel auf diesem Weg in den Verkehr bringen wollen. Über den Bezug und die Abgabe verschreibungspflichtiger Tierarzneimittel, die nicht bei Tieren angewendet werden, die ausschließlich der Gewinnung von Lebensmitteln dienen, haben pharmazeutische Unternehmer und Großhändler Nachweise zu führen. Diese Pflicht gilt für Lieferanten wie Empfänger gleichermaßen. Diese Tierärzte dürfen die Tierarzneimittel nur für den eigenen Bedarf und zur Erfüllung ihrer Aufgabe

beziehen. Pharmazeutische Unternehmer dürfen Muster eines Tierarzneimittels/ Fertigtierarzneimittels an Tierärzte abgeben oder abgeben lassen.

### III. Der Vertriebsweg

3 In § 47 AMG will der Gesetzgeber – mit den üblichen Ausnahmen – sicherstellen, dass Arzneimittel an den Endverbraucher nur über Apotheken in Verkehr gebracht werden. Er verpflichtet den pharmazeutischen Unternehmer und den Großhändler zur Einhaltung dieses Vertriebsweges. Es handelt sich aber auch um eine Ausnahmevorschrift. Sie ist daher eng auszulegen. In Abs. 1 sind weitere neun Einrichtungen abschließend aufgezählt, die außer anderen pharmazeutischen Unternehmern und Großhändlern berechtigt sein sollen, Arzneimittel direkt vom pharmazeutischen Unternehmer oder vom Großhändler – im Normalfall vom Umfang her auf den Zweck der Einrichtung beschränkt – unter Ausschluss der Apotheken beziehen zu dürfen. Die Vorschrift umfasst sich Arzneimittel, die der Apothekenpflicht unterliegen und nicht dagegen die von dieser ausgenommenen oder freigestellten.

### Zu § 47 Abs. 1 Ziffer 1 und 3

4 Krankenhäuser sind Einrichtungen, in denen durch ärztliche und pflegerische Hilfsleistungen, Krankheiten, Leiden oder Körperschäden festgestellt, geheilt oder gelindert werden sollen oder Geburtshilfe geleistet wird und in denen die zu versorgenden Patienten untergebracht und verpflegt werden können. So umschreibt § 2 des Gesetzes zur wirtschaftlichen Sicherung der Krankenhäuser und zur Regelung der Pflegesätze den Begriff des Krankenhauses (zur inhaltsgleichen Definition vergleiche: § 107 SGB V). Nicht darunter fallen Rehabilitationseinrichtungen und Krankenhäuser, die aufgrund ihrer Größe über eine eigene Krankenhausapotheke verfügen.

### Zu § 47 Abs.1 Ziffer 8 und 9

5 Durch das 8. Gesetz zur Änderung des AMG sind in Absatz 1 die Nrn. 8 und 9 neu aufgenommen worden. Beide regeln unterschiedliches. Warum aber in Nr. 8 von Einrichtungen von Forschung und Wissenschaft die Rede ist und in Nr. 9 von Hochschulen, ist der Gesetzesbegründung nicht zu entnehmen und wird wohl das Geheimnis des Gesetzgebers bleiben müssen. Hochschulen sind jedenfalls sofern solche im Sinne von § 1 HRG gemeint sein sollten, per definitionem immer Einrichtungen, in denen Forschung und Wissenschaft betrieben wird.

### IV. Bezug in Eigenbedarf

6 Die in Abs. 1 Nr. 5–9 genannten Einrichtungen, die pharmazeutische Unternehmer oder Großhändler mit Arzneimitteln, unter Ausschluss der Apotheken, beliefern dürfen, dürfen diese so bezogenen Arzneimittel nur zur Erfüllung ihrer eigenen Aufgaben und nur für den eigenen Bedarf beziehen. Für Krankenhäuser sind die Arzneimittel in Ziffer 1 Buchstabe a – g ausdrücklich genannt, sowie die Impfstoffe gemäß Nr. 3. Andere als die genannten Arzneimittel dürfen nicht direkt abge-

geben werden. Nr. 6 wurde durch die 11. Novelle neu gefasst: Tierarzneimittel dürfen danach an Tierärzte direkt nur noch im Rahmen des Betriebes einer tierärztlichen Hausapotheke abgegeben werden.

### V. Abgabe von Mustern und Proben

Muster von Arzneimitteln sind als „unverkäufliche Muster" eigens gekennzeichnete Packungen von zugelassenen oder registrierten Fertigarzneimitteln. Empfangsberechtigt sind ausschließlich die in Abs. 3 Nr. 1 genannten Personen und Einrichtungen. Die Modalitäten für die Abgabe sind in Abs. 4 geregelt. Die Abgabe von Bulkware als Arzneimittelmuster ist danach ausgeschlossen[1]. Außer Ärzten und Zahnärzten dürfen auch Heilpraktiker, die im Besitz einer Erlaubnis nach § 1 HPG bemustert werden. Die Vorschrift erstreckt sich auf apothekenpflichtige wie nicht apothekenpflichtige Fertigarzneimittel gleichermaßen[2]. Nicht bemustert werden dürfen dagegen Apotheken. Die Bemusterung von Ausbildungsstätten für Heilberufe ist auf nicht verschreibungspflichtige Arzneimittel beschränkt. Die Absolventen dieser Ausbildungsstätten dürfen die Heilkunde nicht, jedenfalls nicht selbständig, ausüben[3]. 7

Die Bemusterungsregelungen sind von dem Gedanken getragen, dem unkontrollierten Arzneimittelgebrauch möglichst vorzubeugen. Sie sind nicht dazu gedacht, die Kosten für Arzneimittelverordnungen in der Gesetzlichen Krankenversicherung durch die Hintertüre zu senken. 8

Für Arzneimittelproben[4] gibt es, obwohl sie den Vorschriften des Arzneimittelgesetzes unterfallen, keine dem § 47 Abs. 3 und 4 AMG vergleichbare Regelung. Betroffen davob sind Gratisproben von Fertigarzneimitteln, die in Apotheken (apothekenpflichtige Arzneimittel) oder im sonstige Einzelhandel nach § 50 AMG zulässigerweise abgegeben werden dürfen. Als „unverkäufliche Muster „ nach § 10 Abs. 1 Nr. 11 AMG dürfen sie nicht gekennzeichnet werden. Das Ausweichen auf „Proben" darf jedenfalls nicht dazu führen, dass Arzneimittel in den Verkehr gelangen, die als Muster oder gar als Fertigarzneimittel so nicht dorthin gelangen dürften. 9

Ärgerlich ist, dass der Gesetzgeber in Abs. 3 Nr. 3 im Gegensatz zu Abs. 1 Nr. 8 und 9 nun gar mit einem dritten Begriff, dem der „Ausbildungsstätten für Heilberufe" operiert. Klar ist hier nur, dass damit die Schulen für nichtärztliche, medizinische Berufe nicht damit gemeint sein sollen. Vermutlich sind die unterschiedlichen Bezeichnungen Folgen der fortwährenden Novellierung von § 47 AMG. Vielleicht könnte die nächste Novelle hier die wünschenswerte Klarheit schaffen. Es geht doch wohl um die Ausbildungsstätten für Ärzte, Zahnärzte, Tierärzte und Pharmazeuten, worum sonst. 10

---

[1] Allg. Meinung Kloesel, Cyran § 47 Nr. 41, Rehmann, § 47 Rz. 16, Sander § 47 Nr. 20.

[2] Rehmann, § 47 Rz. 16, Kloesel, Cyran, § 47 Nr. 42, Sander, § 47 Nr. 18.

[3] So auch Kloesel, Cyran, § 47 Nr. 47, im Ergebnis auch Sander, § 47 Nr. 19b.

[4] Sander, § 47 Nr. 18, Kloesel, Cyran, § 47 Nr. 43, Rehmann, § 47 Rz. 16.

11 Eine entsprechende Regelung für Medizinprodukte findet sich in der Verordnung über Vertriebswege für Medizinprodukte (MPVertrV)[5] für Hämodialysekonzentrate und Medizinprodukte nach § 3 Nr. 2 MPG (auf die ein Stoff aufgebracht ist, der Arzneimittel im Sinne von § 2 Abs. 1 AMG ist), §§ 1, 2 MPVertrV deckt sich dabei nicht voll mit § 47 AMG. So ist z. B. die kostenlose Abgabe von Medizinprodukten zur klinischen Prüfung nicht enthalten. Auch die Abgabe von Medizinprodukten an Einrichtungen zur Ausbildung fehlt.

### VI. Sanktionen

#### Im Strafrecht

12 Strafbar macht sich, wer Arzneimittel, die nur auf Verschreibung an Verbraucher abgegeben werden dürfen, entgegen § 47 Abs. 1 an andere als die dort bezeichneten Personen und Stellen abgibt oder entgegen § 47 Abs. 1 a abgibt. Strafbar macht sich auch derjenige, der entgegen § 47 Abs. 2 Satz 1 Arzneimittel nicht zum eigenen Bedarf oder im Rahmen seiner Aufgaben bezieht (§ 95 Abs. 1, Nr. 5). Normadressat nach Abs. 1 und 1a können pharmazeutische Unternehmer und Großhändler sein, nach Abs. 2 die in Ziffern 5–9 genannten Personen und Leiter der genannten Einrichtungen

#### Im Ordnungswidrigkeitenrecht

13 Ordnungswidrig handelt wer vorsätzlich oder fahrlässig Arzneimittel, die ohne Verschreibung abgegeben werden dürfen, entgegen § 47 Abs. 1 an andere als die dort bezeichneten Personen und Stellen oder entgegen § 47 Abs. 1 a abgibt. Ordnungswidrig handelt auch wer vorsätzlich oder fahrlässig Arzneimittel nicht zum eigenen Bedarf oder im Rahmen seiner Aufgaben bezieht (§ 97 Abs. 2 Nr. 12) oder entgegen § 47 Abs. 4 Satz 1 Muster ohne schriftliche Anforderung, in einer anderen als der kleinsten Packungsgröße oder über die zulässige Menge hinaus abgibt oder abgeben lässt (§ 97 Abs. 2 Nr. 12a).

14 Normadressat nach Abs. 1 und 1a können pharmazeutische Unternehmer und Großhändler sein, nach Abs. 2 die in Ziff. 5-9 genannten Personen und Leiter der genannten Einrichtungen.

---

[5] VO vom 17.12.1997 BGBl. I S. 3148 in der Fassung vom 13.12.2001 BGBl. I S. 3586.

## § 47a
## Sondervertriebsweg, Nachweispflichten

**(1) Pharmazeutische Unternehmer dürfen ein Arzneimittel, das zur Vornahme eines Schwangerschaftsabbruchs zugelassen ist, nur an Einrichtungen im Sinne des § 13 des Schwangerschaftskonfliktgesetzes vom 27. Juli 1992 (BGBl. I S. 1398), geändert durch Artikel 1 des Gesetzes vom 21. August 1995 (BGBl. I S. 1050), und nur auf Verschreibung eines dort behandelnden Arztes abgeben. Andere Personen dürfen die in Satz 1 genannten Arzneimittel nicht in den Verkehr bringen.**

**(2) Pharmazeutische Unternehmer haben die zur Abgabe bestimmten Packungen der in Absatz 1 Satz 1 genannten Arzneimittel fortlaufend zu nummerieren; ohne diese Kennzeichnung darf das Arzneimittel nicht abgegeben werden. Über die Abgabe haben pharmazeutische Unternehmer, über den Erhalt und die Anwendung haben die Einrichtung und der behandelnde Arzt Nachweise zu führen und diese Nachweise auf Verlangen der zuständigen Behörde zur Einsichtnahme vorzulegen.**

**(2a) Pharmazeutische Unternehmer sowie die Einrichtung haben die in Absatz 1 Satz 1 genannten Arzneimittel, die sich in ihrem Besitz befinden, gesondert aufzubewahren und gegen unbefugte Entnahme zu sichern.**

**(3) Die §§ 43 und 47 finden auf die in Absatz 1 Satz 1 genannten Arzneimittel keine Anwendung.**

**Literatur**

Deutsch, Ein Arzneimittel außerhalb der Apotheke, NJW 1999, 3393.

### I. Die Bedeutung der Norm

1 Die Norm ist durch die 9. Novelle zum Arzneimittelgesetz ins Gesetz aufgenommen worden. Sie etabliert für Arzneimittel, die für einen legalen Schwangerschaftsabbruch verwendet werden sollen, einen vom sonstigen Vertriebsweg für Arzneimittel abweichenden Weg, den Sondervertriebsweg.

### II. Der Sondervertriebsweg

2 Arzneimittel, die zur Vornahme eines nicht rechtswidrigen oder eines unter den Voraussetzungen des § 218 a StGB nicht strafbaren Schwangerschaftsabbruches bestimmt sind, dürfen nach den gesetzlichen Vorgaben nur von einem Arzt in einer Einrichtung zur Vornahme von Schwangerschaftsabbrüchen (§ 13 Schwangerschaftskonfliktgesetz in der Fassung vom 21.08.1995 BGBl. I S. 1050) angewendet werden. Daher macht es Sinn, für diese Arzneimittel einen Sondervertriebsweg zu schaffen, der vom pharmazeutischen Unternehmer direkt zum Arzt führt, der das Arzneimittel anwenden will. Dem pharmazeutischen Unternehmer ist es ebenso wie den anderen Personen (außer dem das Arzneimittel anwendenden Arzt) verboten, diese Arzneimittel in den Verkehr zu bringen. Andere Personen dürfen diese Arzneimittel auch nicht besitzen.

3 Der Weg der Arzneimittel soll nachvollzogen werden können. Deshalb müssen die Packungen, in denen die Arzneimittel abgegeben werden, fortlaufend nummeriert sein. Nachweise zu führen haben sowohl der pharmazeutische Unternehmer (bezüglich der Abgabe) die Einrichtungen wie auch der das Arzneimittel anwendende Arzt über dessen Erhalt und Anwendung. Diese Nachweise sind der zuständigen Behörde auf Verlangen zur Einsichtnahme vorzulegen. Das Inverkehrbringen über Apotheken (§ 43 AMG) ist ebenso ausgeschlossen wie der allgemeine Vertriebsweg wie er in § 47 AMG vorgesehen ist.

### III. Folgeänderungen

4 Durch die Änderungen in § 64 Abs. 1 AMG wird klargestellt, dass sich die Arzneimittelüberwachung auch auf Arzneimittel für den Schwangerschaftsabbruch bezieht.

5 Arzneimittel für den Schwangerschaftsabbruch dürfen nur an die zum Empfang und Besitz berechtigten Einrichtungen nach § 47 a Abs. 1 in den Geltungsbereich des Arzneimittelgesetzes verbracht werden (§ 73 Abs. 1 AMG).

### IV. Sanktionen

#### Im Strafrecht

6 Strafbar macht sich, wer Arzneimittel zum Schwangerschaftsabbruch außerhalb des Sondervertriebsweges an Schwangere abgibt und zwar als Gehilfe zur Tat nach § 218 StGB oder als Täter nach § 218b StGB. Zudem bleibt § 219b StGB unberührt.

7 Strafbar macht sich, wer ein Arzneimittel zum Schwangerschaftsabbruch an eine andere als die in § 47 a Abs. 1 genannte Einrichtung abgibt oder es in den Verkehr bringt, § 95 Abs. 1 Nr. 5 a oder subsidiär nach § 96 Nr. 12. Normadressat ist der pharmazeutische Unternehmer.

8 Strafbar macht sich auch derjenige, der ein Arzneimittel zum Schwangerschaftsabbruch ohne Verschreibung abgibt, sofern die Tat nicht bereits nach § 96 Abs. 1 Nr. 10 a strafbar ist.

#### Im Ordnungswidrigkeitenrecht

9 Ordnungswidrig handelt, wer die Aufzeichnungen über die Abgabe von Arzneimitteln zum Schwangerschaftsabbruch über deren Erhalt und Anwendung nicht, nicht richtig oder der zuständigen Behörde auf Verlangen nicht vorlegt (§ 97 Abs. 2 Nr. 13.

10 Normadressat ist der pharmazeutische Unternehmer, der Leiter der Einrichtung, aber auch der das Arzneimittel anwendende Arzt.

11 Ordnungswidrig handelt ferner ein pharmazeutischer Unternehmer, der Arzneimittel zum Schwangerschaftsabbruch ohne die vorgeschriebene Kennzeichnung abgibt, § 97 Abs. 2 Nr. 13 a.

## § 47b
## Sondervertriebsweg Diamorphin

**(1) Pharmazeutische Unternehmer dürfen ein diamorphinhaltiges Fertigarzneimittel, das zur substitutionsgestützten Behandlung zugelassen ist, nur an anerkannte Einrichtungen im Sinne des § 13 Absatz 3 Satz 2 Nummer 2a des Betäubungsmittelgesetzes und nur auf Verschreibung eines dort behandelnden Arztes abgeben. Andere Personen dürfen die in Satz 1 genannten Arzneimittel nicht in Verkehr bringen.**

**(2) Die §§ 43 und 47 finden auf die in Absatz 1 Satz 1 genannten Arzneimittel keine Anwendung.**

### I. Die Bedeutung der Norm

1 Die Norm ist durch das Gesetz zur diamorphingestützten Substitutionsbehandlung[1] neu in das Arzneimittelgesetz eingefügt worden. Sie schafft – wie schon § 47a für Arzneimittel zum Schwangerschaftsabbruch – einen Sondervertriebsweg für Diamorphin, welches in der Substitutionsbehandlung von Schwerstopiatabhängigen eingesetzt werden kann.

2 Die Ergebnisse der Arzneimittelstudie „ Das bundesdeutsche Modellprojekt zur heroingestützten Behandlung Opiatabhängiger – eine multizentrische, randomisierte, kontrollierte Therapiestudie" sowie weiterer Spezialstudien zur diamorphingestützten Substitutionsbehandlung haben den Gesetzgeber nach langer und kontrovers geführter Diskussion dazu bewogen, die Diamorphinbehandlung in Deutschland als zusätzliche Option zur Behandlung schwerstkranker Opiatabhängiger einzuführen. . Zu diesem Zweck ist es erforderlich, dass Diamorphin als verschreibungsfähiges Betäubungsmittel eingestuft wird und dass die Modalitäten, unter denen Diamorphin zur Substitution verwendet werden soll, geregelt werden.

### II. Der Sondervertriebsweg

3 Durch die Einfügung eines neuen § 47b wird für Diamorphin ein Sondervertriebsweg verankert, der den Besonderheiten dieser Substanz und der medizinischen Behandlung mit Diamorphin Rechnung trägt: Diamorphin soll nicht über den vom Arzneimittelgesetz üblicherweise vorgesehenen Vertriebsweg vom Hersteller über den pharmazeutischen Großhändler und die Apotheke, sondern unmittelbar vom pharmazeutischen Unternehmer zur behandelnden Einrichtung geliefert werden.

4 Damit wird dem Umstand Rechnung getragen, dass Diamorphinbestände, auch in der Form einer Arzneimittelzubereitung, in hohem Maße gefährdet sind, weil eine erhebliche kriminelle Energie auf die Beschaffung dieses Stoffes gerichtet ist. Dies macht Sicherheitsvorkehrungen erforderlich, die von Apotheken nicht erwartet werden können. Außerdem müssen die Transporte, die besonders gefährdet

---

[1] Gesetz vom 15.07.2009 (BGBl. I S. 1801).

sind, möglichst reduziert und auf die Versorgung der zugelassenen Behandlungseinrichtungen beschränkt werden.

5 Durch die Regelung in Absatz 2 wird klargestellt, dass die Abgabe von Diamorphin über die Apotheke oder als Muster ausgeschlossen ist.

### III. Folgeänderungen

6 Im AMG sind keine Folgeänderungen erforderlich geworden. Die eigentlich relevanten Änderungen zur Erleichterung der Substitutionsbehandlung Schwerstopiatabhängiger sind im BtMG und in der BtMVV getroffen worden. Dies gilt für die verschreibbare Menge des Diamorphins ebenso wie für die Qualifikation dessen, der die Behandlung durchführt (suchtmedizinische Qualifikation).

### IV. Sanktionen

7 Für Verstöße gegen § 47b sieht das AMG keine Sanktionen vor.

## § 48
## Verschreibungspflicht

(1) Arzneimittel, die
1. durch Rechtsverordnung nach Absatz 2, auch in Verbindung mit den Absätzen 4 und 5, bestimmte Stoffe, Zubereitungen aus Stoffen oder Gegenstände sind oder denen solche Stoffe oder Zubereitungen aus Stoffen zugesetzt sind,
2. nicht unter Nummer 1 fallen und zur Anwendung bei Tieren, die der Gewinnung von Lebensmitteln dienen, bestimmt sind oder
3. Arzneimittel im Sinne des § 2 Absatz 1 oder Absatz 2 Nummer 1 sind, die Stoffe mit in der medizinischen Wissenschaft nicht allgemein bekannten Wirkungen oder Zubereitungen solcher Stoffe enthalten,

dürfen nur bei Vorliegen einer ärztlichen, zahnärztlichen oder tierärztlichen Verschreibung an Verbraucher abgegeben werden. Satz 1 Nr. 1 gilt nicht für die Abgabe zur Ausstattung von Kauffahrteischiffen durch Apotheken nach Maßgabe der hierfür geltenden gesetzlichen Vorschriften. Satz 1 Nummer 3 gilt auch für Arzneimittel, die Zubereitungen aus in ihren Wirkungen allgemein bekannten Stoffen sind, wenn die Wirkungen dieser Zubereitungen in der medizinischen Wissenschaft nicht allgemein bekannt sind, es sei denn, dass die Wirkungen nach Zusammensetzung, Dosierung, Darreichungsform oder Anwendungsgebiet der Zubereitung bestimmbar sind. Satz 1 Nummer 3 gilt nicht für Arzneimittel, die Zubereitungen aus Stoffen bekannter Wirkungen sind, soweit diese außerhalb der Apotheken abgegeben werden dürfen. An die Stelle der Verschreibungspflicht nach Satz 1 Nummer 3 tritt mit der Aufnahme des betreffenden Stoffes oder der betreffenden Zubereitung in die Rechtsverordnung nach Absatz 2 Nummer 1 die Verschreibungspflicht nach der Rechtsverordnung.

(2) Das Bundesministerium wird ermächtigt, im Einvernehmen mit dem Bundesministerium für Wirtschaft und Technologie durch Rechtsverordnung mit Zustimmung des Bundesrates
1. Stoffe oder Zubereitungen aus Stoffen zu bestimmen, bei denen die Voraussetzungen nach Absatz 1 Satz 1 Nummer 3 auch in Verbindung mit Absatz 1 Satz 3 vorliegen,
2. Stoffe, Zubereitungen aus Stoffen oder Gegenstände zu bestimmen,
   a) die die Gesundheit des Menschen oder, sofern sie zur Anwendung bei Tieren bestimmt sind die Gesundheit des Tieres, des Anwenders oder die Umwelt auch bei bestimmungsgemäßem Gebrauch unmittelbar oder mittelbar gefährden können, wenn sie ohne ärztliche, zahnärztliche oder tierärztliche Überwachung angewendet werden,
   b) die häufig in erheblichem Umfang nicht bestimmungsgemäß gebraucht werden, wenn dadurch die Gesundheit von Mensch oder Tier unmittelbar oder mittelbar gefährdet werden kann, oder
   c) sofern sie zur Anwendung bei Tieren bestimmt sind, deren Anwendung eine vorherige tierärztliche Diagnose erfordert oder Auswirkungen haben kann, die die späteren diagnostischen oder therapeutischen Maßnahmen erschweren oder überlagern,

3. die Verschreibungspflicht für Arzneimittel aufzuheben, wenn auf Grund der bei der Anwendung des Arzneimittels gemachten Erfahrungen die Voraussetzungen nach Nummer 2 nicht oder nicht mehr vorliegen, bei Arzneimitteln nach Nummer 1 kann frühestens drei Jahre nach Inkrafttreten der zugrunde liegenden Rechtsverordnung die Verschreibungspflicht aufgehoben werden,
4. für Stoffe oder Zubereitungen aus Stoffen vorzuschreiben, dass sie nur abgegeben werden dürfen, wenn in der Verschreibung bestimmte Höchstmengen für den Einzel- und Tagesgebrauch nicht überschritten werden oder wenn die Überschreitung vom Verschreibenden ausdrücklich kenntlich gemacht worden ist,
5. zu bestimmen, dass ein Arzneimittel auf eine Verschreibung nicht wiederholt abgegeben werden darf,
6. vorzuschreiben, dass ein Arzneimittel nur auf eine Verschreibung von Ärzten eines bestimmten Fachgebietes oder zur Anwendung in für die Behandlung mit dem Arzneimittel zugelassenen Einrichtungen abgegeben werden darf oder über die Verschreibung, Abgabe und Anwendung Nachweise geführt werden müssen,
7. Vorschriften über die Form und den Inhalt der Verschreibung, einschließlich der Verschreibung in elektronischer Form, zu erlassen.

Die Rechtsverordnungen nach Satz 1 Nummer 2 bis 7 werden nach Anhörungen von Sachverständigen erlassen. In der Rechtsverordnung nach Satz 1 Nummer 7 kann für Arzneimittel, deren Verschreibung die Beachtung besonderer Sicherheitsanforderungen erfordert, vorgeschrieben werden, dass

1. die Verschreibung nur auf einem amtlichen Formblatt (Sonderrezept), das von der zuständigen Bundesoberbehörde auf Anforderung eines Arztes ausgegeben wird, erfolgen darf,
2. das Formblatt Angaben zur Anwendung sowie Bestätigungen enthalten muss, insbesondere zu Aufklärungspflichten über Anwendung und Risiken des Arzneimittels, und
3. eine Durchschrift der Verschreibung durch die Apotheke an die zuständige Bundesoberbehörde zurückzugeben ist.

(3) Die Rechtsverordnung nach Absatz 2, auch in Verbindung mit den Absätzen 4 und 5, kann auf bestimmte Dosierungen, Potenzierungen, Darreichungsformen, Fertigarzneimittel oder Anwendungsbereiche beschränkt werden. Ebenso kann eine Ausnahme von der Verschreibungspflicht für die Abgabe an Hebammen und Entbindungspfleger vorgesehen werden, soweit dies für eine ordnungsgemäße Berufsausübung erforderlich ist. Die Beschränkung auf bestimmte Fertigarzneimittel zur Anwendung am Menschen nach Satz 1 erfolgt, wenn gemäß Artikel 74a der Richtlinie 2001/83/EG die Aufhebung der Verschreibungspflicht auf Grund signifikanter vorklinischer oder klinischer Versuche erfolgt ist; dabei ist der nach Artikel 74a vorgesehene Zeitraum von einem Jahr zu beachten.

**(4) Die Rechtsverordnung wird vom Bundesministerium für Ernährung, Landwirtschaft und Verbraucherschutz im Einvernehmen mit dem Bundesministerium und dem Bundesministerium für Wirtschaft und Technologie erlassen, soweit es sich um Arzneimittel handelt, die zur Anwendung bei Tieren bestimmt sind.**

**(5) Die Rechtsverordnung ergeht im Einvernehmen mit dem Bundesministerium für Umwelt, Naturschutz und Reaktorsicherheit, soweit es sich um radioaktive Arzneimittel und um Arzneimittel handelt, bei deren Herstellung ionisierende Strahlen verwendet werden.**

**(6) Das Bundesministerium für Ernährung, Landwirtschaft und Verbraucherschutz wird ermächtigt, im Einvernehmen mit dem Bundesministerium durch Rechtsverordnung mit Zustimmung des Bundesrates im Falle des Absatzes 1 Satz 1 Nr. 2 Arzneimittel von der Verschreibungspflicht auszunehmen, soweit die auf Grund des Artikels 67 Doppelbuchstabe aa der Richtlinie 2001/82/EG festgelegten Anforderungen eingehalten sind.**

## Verordnung über die Verschreibungspflicht von Arzneimitteln (Arzneimittelverschreibungsverordnung -AMVV) [1] vom 21. Dezember 2005

**(BGBl I S. 3632) zuletzt geändert durch Artikel 1 der Achten Verordnung zur Änderung der Arzneimittelverschreibungsverordnung vom 18. Dezember 2009 (BGBl I S. 3947)**

### § 1

**Arzneimittel,**

1. **die in der Anlage 1 zu dieser Verordnung bestimmte Stoffe oder Zubereitungen aus Stoffen sind oder**
2. **die Zubereitungen aus den in der Anlage 1 bestimmten Stoffen oder Zubereitungen aus Stoffen sind oder**
3. **denen die unter Nummer 1 oder 2 genannten Stoffe und Zubereitungen aus Stoffen zugesetzt sind oder**
4. **die in den Anwendungsbereich des § 48 Abs. 1 Satz 1 Nr. 2 des Arzneimittelgesetzes fallen,**

**dürfen nur bei Vorliegen einer ärztlichen, zahnärztlichen oder tierärztlichen Verschreibung abgegeben werden (verschreibungspflichtig Arzneimittel), soweit in den nachfolgenden Vorschriften nichts anderes bestimmt ist.**

---

[1] Diese Verordnung dient der Umsetzung der Richtlinie 206/130/EG der Kommission vom 11. Dezember 2006 zur Durchführung der Richtlinie 2001/82/EG des Europäischen Parlaments und des Rates in Bezug auf die Festlegung von Kriterien für die Ausnahme bestimmter Tierarzneimittel, die für die zur Nahrungsmittelerzeugung genutzte Tiere bestimmt sind, von der Pflicht der tierärztlichen Verschreibung (ABl. EU Nr. L 349 S. 15).
Vom Abdruck der Anlagen wird abgesehen.

§ 2

**(1) Die Verschreibung muss enthalten:**
**1. Name, Berufsbezeichnung und Anschrift der verschreibenden ärztlichen, tierärztlichen oder zahnärztlichen Person (verschreibende Person),**
**2. Datum der Ausfertigung,**
**3. Name und Geburtsdatum der Person, für die das Arzneimittel bestimmt ist,**
**4. Bezeichnung des Fertigarzneimittels oder des Wirkstoffes einschließlich der Stärke**
**4a. bei einem Arzneimittel, das in der Apotheke hergestellt werden sollen, die Zusammensetzung nach Art und Menge oder die Bezeichnung des Fertigarzneimittels, von dem Teilmengen abgegeben werden sollen,**
**5. Darreichungsform, sofern dazu die Bezeichnung nach Nummer 4 oder Nummer 4a nicht eindeutig ist,**
**6. abzugebende Menge des verschriebenen Arzneimittels,**
**7. Gebrauchsanweisung bei Arzneimitteln, die in der Apotheke hergestellt werden sollen,**
**8. Gültigkeitsdauer der Verschreibung,**
**9. bei tierärztlichen Verschreibungen zusätzlich**
   **a) die Dosierung pro Tier und Tag,**
   **b) die Dauer der Anwendung und**
   **c) sofern das Arzneimittel zur Anwendung bei Tieren verschrieben wird, die der Gewinnung von Lebensmitteln dienen, die Indikation und die Wartezeit, sowie anstelle der Angaben nach Nummer 3 der Name des Tierhalters und Zahl und Art der Tiere, bei denen das Arzneimittel angewendet werden soll, sowie bei Verschreibungen für Tiere, die der Gewinnung von Lebensmitteln dienen, die Identität der Tiere,**
**10. die eigenhändige Unterschrift der verschreibenden Person oder, bei Verschreibungen in elektronischer Form, deren qualifizierte elektronische Signatur nach dem Signaturgesetz.**

**(2) Ist die Verschreibung für den Praxisbedarf einer verschreibenden Person, für ein Krankenhaus, für Einrichtungen oder Teileinheiten von Einrichtungen des Rettungsdienstes, für Bordapotheken von Luftfahrzeugen gemäß § 1 Abs. 2 Nr. 1 und 2 der Betriebsordnung für Luftfahrtgerät vom 4. März 1970 (BGBI. I S. 262), die zuletzt durch Artikel 449 der Verordnung vom 29. Oktober 2001 (BGBI. I S. 2785) geändert worden ist, für eine Tierklinik oder einen Zoo bestimmt, so genügt an Stelle der Angaben nach Absatz 1 Nr. 3, 7 und 9 ein entsprechender Vermerk.**

**(3) In die Verschreibung eines Arzneimittels, das zur Vornahme eines Schwangerschaftsabbruchs zugelassen ist und das nur in einer Einrichtung im Sinne des § 13 des Schwangerschaftskonfliktgesetzes vom 27. Juli 1992 (BGBI. I S. 1398), das durch Artikel 1 des Gesetzes vom 21. August 1995 (BGBI. I S. 1050) geändert worden ist, angewendet werden darf, ist an Stelle der Angaben nach Absatz 1 Nr. 3 ein entsprechender Vermerk zu setzen.**

**(4) Fehlt bei Arzneimitteln in abgabefertigen Packungen die Angabe der Menge des verschriebenen Arzneimittels, so gilt die kleinste Packung als verschrieben.**

**(5) Fehlt die Angabe der Gültigkeitsdauer, so gilt die Verschreibung drei Monate.**

**(6) Fehlt das Geburtsdatum der Person, für die das Arzneimittel bestimmt ist, oder fehlen Angaben nach Absatz 1 Nr. 2, 5 oder 7 oder sind sie unvollständig, so kann der Apotheker, wenn ein dringender Fall vorliegt und eine Rücksprache mit der verschreibenden Person nicht möglich ist, die Verschreibung insoweit ergänzen.**

**(7) Ist die Verschreibung eines Arzneimittels für ein Krankenhaus bestimmt, in dem zur Übermittlung derselben ein System zur Datenübertragung vorhanden ist, das die Verschreibung durch eine befugte verschreibende Person sicherstellt, so genügt an Stelle der eigenhändigen Unterschrift nach Absatz 1 Nr. 10 die Namenswiedergabe der verschreibenden Person oder, bei Verschreibungen in elektronischer Form, ein geeignetes elektronisches Identifikationsverfahren.**

**(8) Ist die Verschreibung für ein Krankenhaus bestimmt, kann sie auch ausschließlich mittels eines Telefaxgerätes übermittelt werden.**

**§ 3**

**Die Verschreibung eines Arzneimittels im Sinne des § 2 Abs. 3 ist in zwei Ausfertigungen (Original und Durchschrift) zu erstellen. Das Original und die Durchschrift ist dem pharmazeutischen Unternehmer zu übermitteln. Dieser hat auf Original und Durchschrift die fortlaufenden Nummern der abgegebenen Packungen nach § 47a Abs. 2 Satz 1 des Arzneimittelgesetzes und das Datum der Abgabe einzutragen und die Durchschrift mit dem Arzneimittel der Einrichtung im Sinne des § 13 des Schwangerschaftskonfliktgesetzes zuzustellen. Die Originale verbleiben bei dem pharmazeutischen Unternehmer. Dieser hat die Originale zeitlich geordnet fünf Jahre aufzubewahren und der zuständigen Behörde auf Verlangen vorzulegen. Die verschreibende Person hat auf der Durchschrift der Verschreibung das Datum des Erhalts und der Anwendung des Arzneimittels sowie die Zuordnung zu den konkreten Patientenakten in anonymisierter Form zu vermerken. Sie hat die Durchschriften zeitlich geordnet fünf Jahre aufzubewahren und der zuständigen Behörde auf Verlangen zur Einsichtnahme vorzulegen. Für Verschreibungen in elektronischer Form gelten die Sätze 1 bis 7 entsprechend.**

**§ 3a**

**(1) Eine Verschreibung von Arzneimitteln, welche die Wirkstoffe Thalidomid oder Lenalidomid enthalten, darf nur auf einem nummerierten zweiteiligen amtlichen Vordruck (Original und Durchschrift) des Bundesinstituts für Arzneimittel und Medizinprodukte erfolgen. Die Vordrucke nach Satz 1 sind ausschließlich zur Verschreibung der in Satz 1 genannten Arzneimittel bestimmt.**

**(2) Verschreibungen nach Absatz 1 Satz 1 müssen die Bestätigung der ärztlichen Person enthalten, dass die Sicherheitsmaßnahmen gemäß der aktuellen Fachinformation des entsprechenden Fertigarzneimittels eingehalten werden, insbesondere, dass erforderlichenfalls ein Schwangerschafts- Präventionsprogramm durchgeführt wird und dass der Patientin oder dem Patienten vor Beginn der medikamentösen Behandlung geeignete medizinische Informationsmaterialien und die aktuelle Gebrauchsinformation des entsprechenden Fertigarzneimittels ausgehändigt wurden. Ferner muss auf der Verschreibung vermerkt sein, ob eine Behandlung innerhalb oder außerhalb der jeweils zugelassenen Anwendungsgebiete erfolgt.**

**(3) Die Höchstmenge der auf Verschreibungen nach Absatz 1 Satz 1 verordneten Arzneimittel darf je Verschreibung für Frauen im gebärfähigen Alter den Bedarf für vier Wochen, ansonsten den für zwölf Wochen nicht übersteigen.**

**(4) Abweichend von § 2 Abs. 5 ist eine Verschreibung nach Absatz 1 Satz 1 bis zu sechs Tagen nach dem Tag ihrer Ausstellung gültig.**

**(5) Vordrucke nach Absatz 1 Satz 1werden vom Bundesinstitut für Arzneimittel und Medizinprodukte auf Anforderung an die ärztliche Person gegen Nachweis der ärztlichen Approbation ausgegeben. Der Anforderung muss eine Erklärung der ärztlichen Person beigefügt sein, dass**

1. **ihr die medizinischen Informationsmaterialien zu Thalidomid oder Lanalidomid gemäß der aktuellen Fachinformation entsprechender Fertigarzneimittel vorliegen,**
2. **sie bei der Verschreibung von Arzneimitteln nach Absatz 1 Satz 1 alle Sicherheitsmaßnahmen gemäß der aktuellen Fachinformation entsprechender Fertigarzneimittel einhalten wird und**
3. **sie über ausreichende Sachkenntnisse zur Verschreibung von Arzneimitteln nach Absatz 1 Satz1 verfügt.**

**(6) Das Bundesinstitut für Arzneimittel und Medizinprodukte macht ein Muster des Vordrucks nach Absatz 1Satz 1 öffentlich bekannt.**

**(7) Apotheken übermitteln dem Bundesinstitut für Arzneimittel und Medizinprodukte vierteljährlich die Durchschriften der Vordrucke nach Absatz 1 Satz 1.**

§ 4

**(1) Erlaubt die Anwendung eines verschreibungspflichtigen Arzneimittels keinen Aufschub, kann die verschreibende Person den Apotheker in geeigneter Weise, insbesondere fernmündlich, über den Inhalt der Verschreibung unterrichten. Der Apotheker hat sich über die Identität der verschreibenden Person Gewissheit zu verschaffen. Die verschreibende Person hat dem Apotheker die Verschreibung in schriftlicher oder elektronischer Form unverzüglich nachzureichen.**

**(2) Für den Eigenbedarf einer verschreibenden Person bedarf die Verschreibung nicht der schriftlichen oder elektronischen Form. Absatz 1 Satz 2 gilt entsprechend.**

**(3) Die wiederholte Abgabe eines verschreibungspflichtigen Arzneimittels auf dieselbe Verschreibung über die verschriebene Menge hinaus ist unzulässig.**

§ 5

**Von der Verschreibungspflicht sind Arzneimittel ausgenommen, die aus den in der Anlage zu dieser Verordnung genannten Stoffen und Zubereitungen aus Stoffen nach einer homöopathischen Verfahrenstechnik, insbesondere nach den Regeln des Homöopathischen Arzneibuches hergestellt sind oder die aus Mischungen solcher Stoffe oder Zubereitungen aus Stoffen bestehen, wenn die Endkonzentration dieser Arzneimittel im Fertigprodukt die vierte Dezimalpotenz nicht übersteigt. Diese Arzneimittel dürfen auch mit nicht verschreibungspflichtigen Stoffen und Zubereitungen aus Stoffen gemischt werden.**

§ 6

**Von der Verschreibungspflicht nach § 48 Abs. 1 Satz 1 Nr. 2 des Arzneimittelgesetzes sind Arzneimittel ausgenommen, die weder ein in Anlage 2 aufgeführter Stoff, dessen Zubereitung oder Salz sind noch einen solchen Stoff, eine solche Zubereitung oder ein solches Salz enthalten.**

§ 7

**Arzneimittel, die gemäß Anlage 1 Position „Ernährungslösungen unter Verwendung von Kohlehydraten, kalorienhaltigen Zuckeraustauschstoffen, Fettemulsionen oder glucogenen oder ketogenen Aminosäuren – zur parenteralen Ernährung – „der Verschreibungspflicht erst ab dem 1. Oktober 2007 unterliege, sich am 30. September 2007 im Verkehr befinden und den an diesem Tag geltenden Kennzeichnungsvorschriften nach § 10 Abs. 1 Nr. 10 und § 11a Abs. 1d des Arzneimittelgesetzes entsprechen, dürfen bis zum 31. März 2009 mit einer Kennzeichnung und Fachinformation in den Verkehr gebracht werden, die den bis zum 30.September 2007 geltenden Vorschriften entspricht.**

§ 8

**Abweichend von § 1 in Verbindung mit Anlage 1 darf, soweit der Stoff „Lactobacillus Salivarius" oder der Stoff „Nifurpirinol" betroffen ist, ein Tierarzneimittel, das ausschließlich zur Anwendung bei den in § 60 Abs. 1 des Arzneimittelgesetzes genannten Tieren bestimmt und vor dem 1. Oktober 2007 in Verkehr gebracht worden ist, noch bis 1. Oktober 2010 ohne Verschreibung abgegeben werden.**

§ 9

**Abweichend von § 1 in Verbindung mit Anlage 1 darf, soweit der Stoff Na- Nifurstyrenat oder der Stoff Sarafloxazin betroffen ist, ein Tierarzneimittel, das ausschließlich zur Anwendung bei den in § 60 Absatz 1 des Arzneimittelgesetzes genannten Tierarten bestimmt und vor den 1. Januar 2010 in Verkehr gebracht worden ist, noch bis zum 1. Januar 2012 ohne Verschreibung abgegeben werden.**

§ 10
**Inkrafttreten**

**Diese Verordnung tritt vorbehaltlich des Absatzes 2 am 1. Oktober 2007 in Kraft.**

**(Anm.: Absatz 2 bezieht sich auf Positionen in der - hier nicht abgedruckten - Anlage, bezüglich derer die Verordnung zum 1. Januar 2009 in Kraft tritt).**

**Übersicht** **Rz.**



**Literatur**

Koyuncu, Das Haftungsdreieck Pharmaunternehmer- Arzt- Patient, 2004; Schnapp, Wigge, Handbuch des Vertragsarztrechts, 2. Auflage 2006.

## I. Die Bedeutung der Norm

1 § 48 AMG ergänzt die Vorschriften über das Inverkehrbringen von Arzneimitteln und Tierarzneimitteln in soweit, als die Abgabe bestimmter Arzneimittel/Tierarzneimittel von der Vorlage einer ärztlichen, zahnärztlichen oder tierärztlichen Verschreibung abhängig gemacht wird, ehe sie an den Endverbraucher (im Normalfall über die Apotheke) abgegeben werden dürfen. Die §§ 48 und 49 sind durch die 14. Novelle zum AMG zu einer Vorschrift zusammengefasst worden.

## II. Tierarzneimittel

2 Die Vorschrift findet auf Human- wie Tierarzneimittel gleichermaßen Anwendung, da sie sich auf Arzneimittel nach § 2 Abs. 1 und Abs. 2 Nr. 1 AMG gleichermaßen bezieht und diese in die Rechtsverordnung nach § 48 Abs. 2[2] aufgenommen sind.

3 Die Änderung in Abs. 1 Satz 1 Nr. 2 greift Änderungen bei der Unterstellung unter die Verschreibungspflicht in Art. 67 Doppelbuchstabe aa der geänderten Richtlinie 2001/82/EG auf. Bei Lebensmittel liefernden Tieren sollen hiernach Arzneimittel dem Grundsatz nach nur dann eingesetzt werden, wenn eine (tierärztliche festgestellte) Indikation vorliegt. Dies soll dadurch erreicht werden, das Arzneimittel, die zur Anwendung bei Lebensmittel liefernden Tieren bestimmt sind, der Verschreibungspflicht unterstellt werden. Die Ausnahmen, in denen von diesem Grundsatz abgewichen werden kann, sollen durch eine Rechtsverordnung nach Absatz 6 bestimmt werden. Voraussetzung hierfür ist, dass die Mitgliedstaaten auf Gemeinschaftsebene entsprechende Kriterien für die Abweichung festlegen.

## III. Die Verschreibungspflicht

4 Die Pflicht zur Verschreibung von Arzneimitteln, die im Normalfall apothekenpflichtig sind, dient der Arzneimittelsicherheit. Auch der Apotheker soll bestimmte Arzneimittel, die ein Gefährdungspotential in sich bergen, nicht an den Endverbraucher abgeben können, ohne dass ein Arzt, Zahn- oder Tierarzt zuvor die medizinische Indikation für die Abgabe in schriftlicher Form niedergelegt hat. Von der Verschreibung darf der Apotheker auch nicht von sich aus abweichen. Damit wird sichergestellt, dass das rezeptierte Arzneimittel auch in der verordneten Form an den Verbraucher gelangt.

## IV. Die Verschreibung (Rezept)

5 Die Verschreibung muss nach § 2 der Verordnung über verschreibungspflichtige Arzneimittel enthalten:

---

2 Bisher auf § 49 gestützt: Verordnung über die automatische Verschreibungspflicht für Arzneimittel vom 26. Juni 1978 (BGBl. I S. 917) in der Fassung vom 21. Juni 2004 (BGBl. I S. 1300). Vom Abdruck des Textes der VO samt der Anlage hierzu wird abgesehen, da letztere wegen der häufigen Änderung (bisher mehr als 60) kaum jemals aktuell abgedruckt sein und den Umfang des Werkes sprengen würde.

- Name, Berufsbezeichnung und Anschrift des verschreibenden Arztes, Zahnarztes oder Tierarztes,
- Datum der Ausfertigung,
- Name der Person, für die das Arzneimittel bestimmt ist; bei tierärztlichen Verschreibungen Name des Tierhalters und Zahl und Art der Tiere, bei der das Arzneimittel angewendet werden soll,
- Indikation, Arzneimittelbezeichnung, Dosierung pro Tier und Tag, Dauer der Anwendung und die Wartezeit bei Arzneimitteln, die für Tiere bestimmt sind, die der Gewinnung von Lebensmitteln dienen,
- abzugebende Menge des verschriebenen Arzneimittels,
- Gebrauchsanweisung bei Arzneimitteln, die in der Apotheke hergestellt werden sollen,
- Gültigkeitsdauer der Verschreibung,
- eigenhändige Unterschrift des Verschreibenden.

Fehlt bei Arzneimitteln in abgabefertigen Packungen die Angabe der Menge des 6
verschriebenen Arzneimittels, so gilt die kleinste Packung als verschrieben. Die wiederholte Abgabe eines verschreibungspflichtigen Arzneimittels auf dieselbe Verschreibung über die verschriebene Menge hinaus ist unzulässig.

Nicht im AMG sondern in § 129 SGB V ist mit der Aut-idem- Regelung die Mög- 7
lichkeit geschaffen worden, dass der Apotheker dann von der Verordnung des Arztes (für den Kassenpatienten) abweichen kann, wenn ein preisgünstigeres Arzneimittel auf dem Markt zur Verfügung steht[3] .

## V. Umfang der Verschreibungspflicht

Voraussetzung dafür, dass Arzneimittel und Tierarzneimittel der Pflicht zur Ver- 8
schreibung unterliegen ist, dass die Stoffe Zubereitungen von Stoffen und die Gegenstände in die Verordnung über verschreibungspflichtige Arzneimittel aufgenommen sind. Die Verschreibungspflicht gilt, wenn und solange das Arzneimittel/Tierarzneimittel in diese Verordnung aufgenommen ist. Die Ermächtigungsgrundlage in Abs. 2 enthält Einschränkungen in zweierlei Weise. Zum einen präzisiert sie, welche Stoffe Zubereitungen aus Stoffen und welche Gegenstände der Verschreibungspflicht unterworfen werden sollen, nämlich solche, bei denen mit einer Gefährdung des Verbrauchers gerechnet werden muss (Ziff. 1 a, b) und in welchen Dosierungen und auf welche Darreichungsformen die Verschreibungspflicht beschränkt wird (Abs. 3). Zum anderen werden besondere Anforderungen an die Art der Verschreibung geknüpft, etwa hinsichtlich der Höchstmengen, der wiederholten Abgabe auf eine Verschreibung oder die Verschreibung durch den Arzt eines bestimmten Fachgebietes (Nr. 4, 5 und 6).

---

[3] Vgl. zur Aut-idem- Regelung Koyuncu, S. 183 ff. , der ausführlich die Folgen der Regelung (bis hin zur Haftung) abhandelt. Vgl. auch Wigge, Wille in: Schnapp, Wigge, § 19 IX m.w.N.

9 Eine ausdrückliche Ermächtigung zur Ausnahme von der Verschreibungspflicht sieht Abs. 3 für die Abgabe von Arzneimitteln an Hebammen und Entbindungspfleger vor. Der Verordnungsgeber hat von der Ermächtigung mit der Verordnung über verschreibungspflichtige Arzneimittel, die inzwischen über 26 mal geändert worden ist, Gebrauch gemacht.

10 Eine entsprechende Regelung für Medizinprodukte findet sich in der Verordnung über die Verschreibung von Medizinprodukten (MPVerschrV)[4] für Intrauterinpessare, die Epidermisschicht der Haut von Schweinen zur Anwendung als biologischer Verband sowie für Stoffe und Zubereitungen von Stoffen, die der Verschreibungspflicht nach der VO zu § 48 AMG unterliegen, oder auf die solche Stoffe aufgetragen sind, § 1 MPVerschrV.

11 Nach der Zusammenlegung der §§ 48 und 49 ist die Verschreibungspflicht für Arzneimittel/Tierarzneimittel nur noch in einer Verordnung geregelt. Dies betrifft auch die Entlassung von Arzneimitteln aus der Verschreibungspflicht nach Absatz 2 Nr. 3.die bisherige automatische Entlassung aus der Verschreibungspflicht (§ 49 Abs. 3) ist nicht in § 48 aufgenommen worden.

### VI. Rechtsbehelfe

12 Gegen die Rechtsverordnung unmittelbar keine. Gegen Maßnahmen der Verwaltungsbehörde auf der Grundlage der Rechtsverordnung im Verwaltungsrechtsweg.

### VII. Sanktionen

#### Im Strafrecht

13 Strafbar macht sich, wer Arzneimittel, die zur Anwendung bei Tieren bestimmt sind, die der Gewinnung von Lebensmitteln dienen und die nur auf Verschreibung abgegeben werden dürfen, gegen § 48 Abs. 1 AMG in Verbindung mit einer Rechtsverordnung nach § 48 Abs. 2 Nr. 1 oder 2 ohne Vorlage der erforderlichen Verschreibung abgibt (§ 95 Abs. 1 Nr. 6 AMG). Strafbar macht sich auch, wer entgegen § 48 Abs. 1 in Verbindung mit einer Rechtsverordnung nach § 48 Abs. 2 Nr. 1 oder 2 ohne Vorlage der erforderlichen Verschreibung Arzneimittel abgibt, wenn die Tat nicht nach § 95 Abs. 1 Nr. 6 AMG mit Strafe bedroht ist (§ 96 Nr. 13 AMG). „Abgabe" ist die Einräumung der Verfügungsgewalt an einen anderen durch körperliche Übergabe des Arzneimittels seitens des Verfügungsberechtigten.[5] Normadressat ist der Apotheker.

---

4 VO vom 17.Dezember 1997 (BGBl. I S. 3146) in der Fassung vom 22.August 2002 BGBl. I S. 3393.

5 OLG Celle NJW 1985, 2206.

**Im Ordnungswidrigkeitenrecht**

Ordnungswidrig handelt, wer fahrlässig eine Handlung nach § 96 Nr. 13 AMG begeht und Arzneimittel entgegen § 48 Abs. 1 AMG ohne Vorlage der erforderlichen Verschreibung abgibt, vgl. § 97 Abs. 1 AMG. Normadressat ist der Apotheker. **14**

## § 49
## (weggefallen)

## § 50
## Einzelhandel mit freiverkäuflichen Arzneimitteln

**(1) Einzelhandel außerhalb von Apotheken mit Arzneimitteln im Sinne des § 2 Abs. 1 oder Abs. 2 Nr. 1, die zum Verkehr außerhalb der Apotheken freigegeben sind, darf nur betrieben werden, wenn der Unternehmer, eine zur Vertretung des Unternehmens gesetzlich berufene oder eine von dem Unternehmer mit der Leitung des Unternehmens oder mit dem Verkauf beauftragte Person die erforderliche Sachkenntnis besitzt. Bei Unternehmen mit mehreren Betriebsstellen muss für jede Betriebsstelle eine Person vorhanden sein, die die erforderliche Sachkenntnis besitzt.**

**(2) Die erforderliche Sachkenntnis besitzt, wer Kenntnisse und Fertigkeiten über das ordnungsgemäße Abfüllen, Abpacken, Kennzeichnen, Lagern und Inverkehrbringen von Arzneimitteln, die zum Verkehr außerhalb der Apotheken freigegeben sind, sowie Kenntnisse über die für diese Arzneimittel geltenden Vorschriften nachweist. Das Bundesministerium wird ermächtigt, im Einvernehmen mit dem Bundesministerium für Wirtschaft und Technologie und dem Bundesministerium für Bildung und Forschung durch Rechtsverordnung mit Zustimmung des Bundesrates Vorschriften darüber zu erlassen, wie der Nachweis der erforderlichen Sachkenntnis zu erbringen ist, um einen ordnungsgemäßen Verkehr mit Arzneimitteln zu gewährleisten. Es kann dabei Prüfungszeugnisse über eine abgeleistete berufliche Aus- oder Fortbildung als Nachweis anerkennen. Es kann ferner bestimmen, dass die Sachkenntnis durch eine Prüfung vor der zuständigen Behörde oder einer von ihr bestimmten Stelle nachgewiesen wird und das Nähere über die Prüfungsanforderungen und das Prüfungsverfahren regeln. Die Rechtsverordnung wird, soweit es sich um Arzneimittel handelt, die zur Anwendung bei Tieren bestimmt sind, vom Bundesministerium für Ernährung, Landwirtschaft und Verbraucherschutz im Einvernehmen mit dem Bundesministerium, dem Bundesministerium für Wirtschaft und Technologie und dem Bundesministerium für Bildung und Forschung erlassen.**

**(3) Einer Sachkenntnis nach Absatz 1 bedarf nicht, wer Fertigarzneimittel im Einzelhandel in den Verkehr bringt, die**
1. **im Reisegewerbe abgegeben werden dürfen,**
2. **zur Verhütung der Schwangerschaft oder von Geschlechtskrankheiten beim Menschen bestimmt sind,**
3. **(weggefallen)**
4. **ausschließlich zum äußeren Gebrauch bestimmte Desinfektionsmittel oder**
5. **Sauerstoff sind.**

**Zugehörige Verordnung**
**Verordnung über den Nachweis der Sachkenntnis im Einzelhandel mit freiverkäuflichen Arzneimitteln vom 20. Juni 1978 (BGBl. I S. 753), geändert durch Anlage 1 Kapitel X Sachgebiet D Abschnitt 11 Nr. 31 1a) des Einigungsvertrages vom 31. August 1990 i.V.m. Artikel 1 des Gesetzes – Einigungsvertragsgesetz – vom 23. September 1990 (BGBl. I S. 885, 1086) in der Fassung vom 6. August 1998 (BGBl. I S. 2044)**

**Übersicht** **Rz.**



## I. Die Bedeutung der Norm

1 § 50 AMG stellt wie § 51 auch eine Ausnahme vom Monopol der Apotheken für das Inverkehrbringen von Arzneimitteln dar. Die Vorschrift regelt, unter welchen weiteren Voraussetzungen der Einzelhandel mit den außerhalb von Apotheken freiverkäuflichen Arzneimitteln möglich ist. Die 11. Novelle zum AMG hat in Abs. 2 die Zuständigkeit für den Erlass einer Rechtsverordnung geregelt, sofern es sich um Arzneimittel zur Anwendung bei Tieren handelt.

## II. Der Freiverkauf

2 Über den Einzelhandel dürfen nur Arzneimittel/Tierarzneimittel in den Verkehr gebracht werden, wenn sie hierfür zugelassen sind und der Unternehmer, eine zu seiner Vertretung befugte Person oder eine mit dem Verkauf dieser Arzneimittel betraute Person über eine für diesen Verkauf erforderliche Sachkenntnis verfügt.

## III. Die Sachkenntnis

3 Die Ausnahme von der Apothekenpflicht bei der Abgabe von frei verkäuflichen Arzneimitteln/Tierarzneimitteln im Einzelhandel kompensiert das Gesetz insoweit, als das Personal, welches diese Arzneimittel abgeben darf, über eine entsprechende Sachkenntnis verfügen muss. Dabei geht das Gesetz davon aus, dass in jeder Betriebsstätte eine Person vorhanden sein muss, die über diese erforderliche Sachkenntnis verfügt. Die Betreuung mehrerer Betriebsstätten durch eine einzige sachkundige Person genügt diesen Anforderungen nicht. Die für den Einzelhandel mit Arzneimitteln/Tierarzneimitteln vorgesehene Präsenz sachkundigen Personals orientiert sich an den Bedingungen, wie sie im Grundsatz für Apotheken auch gelten. Die erforderliche Beratung des Verbrauchers kann nur geleistet werden, wenn sachkundiges Personal dauernd anwesend ist.

4 Wie die erforderliche Sachkenntnis erworben werden kann, ist in der Verordnung über den Nachweis der Sachkenntnis im Einzelhandel mit freiverkäuflichen Arzneimitteln geregelt.[1]

---

1 Verordnung vom 20.06.1978 (BGBl. I S. 755) i.d.F. v. 29.09.1990 (BGBl. I S. 885, 1086).

### IV. Ausnahmen von der Sachkenntnis

5 Keine Regel ohne Ausnahme. Auch für das Vorliegen der Sachkenntnis bei der Abgabe frei verkäuflicher Arzneimittel/Tierarzneimittel gibt es Ausnahmen. Bestimmte, in Absatz 3 abschließend aufgezählte Arzneimittel dürfen auch ohne entsprechende Sachkenntnis des sie verkaufenden Personals in den Verkehr gebracht werden. Die in Absatz 3 genannten Arzneimittel können unter dem Gesichtspunkt der Arzneimittelsicherheit als unbedenklich angesehen und deshalb auch ohne Sachkenntnis in Verkehr gebracht werden.[2]

### V. Sanktionen

#### Im Ordnungswidrigkeitenrecht

6 Ordnungswidrig handelt, wer vorsätzlich oder fahrlässig ohne Sachkenntnis oder Beschäftigung einer sachkundigen Person Einzelhandel mit Arzneimitteln/Tierarzneimitteln nach § 2 Abs. 1, Abs. 2 Nr. 1 treibt (§ 97 Abs. 2 Nr. 14). Normadressat ist jeder, der Handel mit Arzneimitteln treibt.

---

2 Wie hier Sander, § 50 Anm. 6.

## § 51
## Abgabe im Reisegewerbe

**(1) Das Feilbieten von Arzneimitteln und das Aufsuchen von Bestellungen auf Arzneimittel im Reisegewerbe sind verboten; ausgenommen von dem Verbot sind für den Verkehr außerhalb der Apotheken freigegebene Fertigarzneimittel, die**

**1. mit ihren verkehrsüblichen deutschen Namen bezeichnete, in ihren Wirkungen allgemein bekannte Pflanzen oder Pflanzenteile oder Presssäfte aus frischen Pflanzen oder Pflanzenteilen sind, sofern diese mit keinem anderen Lösungsmittel als Wasser hergestellt wurden, oder**

**2. Heilwässer und deren Salze in ihrem natürlichen Mischungsverhältnis oder ihre Nachbildungen sind.**

**(2) Das Verbot des Absatzes 1 erster Halbsatz findet keine Anwendung, soweit der Gewerbetreibende andere Personen im Rahmen ihres Geschäftsbetriebes aufsucht, es sei denn, dass es sich um Arzneimittel handelt, die für die Anwendung bei Tieren in land- und forstwirtschaftlichen Betrieben, in gewerblichen Tierhaltungen sowie in Betrieben des Gemüse-, Obst-, Garten- und Weinbaus, der Imkerei und der Fischerei feilgeboten oder dass bei diesen Betrieben Bestellungen auf Arzneimittel, deren Abgabe den Apotheken vorbehalten ist, aufgesucht werden. Dies gilt auch für Handlungsreisende und andere Personen, die im Auftrag und im Namen eines Gewerbetreibenden tätig werden.**

### I. Die Bedeutung der Norm

§ 51 AMG normiert ein grundsätzliches Verbot, Arzneimittel aller Art über das Reisegewerbe anzubieten und in den Verkehr zu bringen, weil dies nicht die adäquate Form des Handels mit Arzneimitteln darstelle, so die Gesetzesbegründung. 1

### II. Umfang des Verbotes

Ein Reisegewerbe betreibt, wer gewerbsmäßig ohne vorherige Bestellung außerhalb seiner gewerblichen Niederlassung oder ohne eine solche zu haben, selbständig oder unselbständig in eigener Person Waren feilbietet oder Bestellungen aufsucht (oder ankauft, Leistungen anbietet, Bestellungen auf Leistungen aufsucht). § 55 Abs. 1 Nr. 1 GewO definiert das Reisegewerbe, das einer Erlaubnis bedarf, in dieser Weise. § 51 AMG ist ein Sondertatbestand zu § 56 GewO, in welchem die für das Reisegewerbe verbotenen Tätigkeiten aufgeführt sind. Das Verbot erstreckt sich auf alle Arzneimittel, nicht nur auf Fertigarzneimittel. Verboten ist nicht nur das Inverkehrbringen von Arzneimitteln über das Reisegewerbe, also im Umherziehen. Verboten ist es auch im Umherziehen Aufträge zur Beschaffung von Arzneimitteln oder Bestellungen bei Verbrauchern zu sammeln. Es handelt sich bei dieser Variante um eine Vorbereitungshandlung zur Abgabe von Arzneimitteln im Rahmen des Reisegewerbes. 2

## III. Ausnahmen vom Verbot

3 Aus verfassungsrechtlichen Gründen[1] wird das Verbot aber nicht konsequent durchgehalten, sondern von zwei Ausnahmen durchbrochen, die sich auf nicht apothekenpflichtige Fertigarzneimittel beziehen: zum einen sind es Pflanzen, Pflanzenteile oder Presssäfte aus frischen Pflanzen oder Pflanzenteilen, sofern als Lösungsmittel nur Wasser verwendet wird. Diese Arzneimittel müssen mit ihrem verkehrsüblichen deutschen Namen bezeichnet und in der Wirkung allgemein bekannt sein. Letzteres Merkmal geht über die Umschreibung dieser Fertigarzneimittel, die in § 44 Abs. 2 Nr. 3 AMG von der Apothekenpflicht ausgenommen sind, hinaus. Dabei spezifiziert § 44 Abs. 2 Nr. 3 AMG weiter. Dort sind auch Destillate und Pflanzen, Pflanzenteile von der Apothekenpflicht ausgenommen, sofern sie mit ihrem verkehrsüblichen deutschen Namen bezeichnet werden. Sie sind für den Vertrieb im Reisegewerbe aber nicht zugelassen.

4 Zweitens sind ausgenommen die Heilwässer und deren Salze in ihrem natürlichen Mischungsverhältnis sowie Nachbildungen. Auch hier unterscheidet sich die Freistellung von der Apothekenpflicht in § 44 Abs. 2 Nr. 1 a AMG im Umfang in soweit als dies auch die Darreichungsformen in Tabletten und Pastillen einschließt. Bei den Heilwässern und ihren Nachbildungen wird weder der verkehrsübliche deutsche Name noch der Nachweis der allgemein bekannten Wirkung verlangt.

5 Für die Abgabe von Fertigarzneimitteln im Rahmen des Reisegewerbes, soweit sie nach § 51 AMG zulässig ist, bedarf es, anders als bei der (zulässigen) Abgabe im Einzelhandel (§ 50 AMG) keiner besonderen Sachkunde (§ 50 Abs. 3 Nr. 1 AMG). Eine weitere Ausnahme vom Verbot des Feilbietens von Fertigarzneimitteln im Wege des Reisegewerbes bezieht sich nicht auf die feilgebotenen Fertigarzneimittel, sondern auf die Art, wie im Reisegewerbe feilgeboten werden soll. Das Verbot gilt dann nicht, wenn der im Reisegewerbe tätige andere Personen im Rahmen ihres Geschäftsbetriebes aufsucht. Das Aufsuchen von Privatpersonen in ihren Wohnungen ist allerdings verboten. Gleiches gilt für Handlungsreisende und andere Personen, die für Gewerbetreibende tätig werden. Die Ausnahme vom Verbot des Feilbietens von Fertigarzneimitteln und der Aufnahme von Bestellungen im Wege des Reisegewerbes gilt nicht für apothekenpflichtige Tierarzneimittel. Frei verkäufliche Tierarzneimittel unterliegen dem Verbot einer Abgabe im Wege des Reisegewerbes nicht.[2]

---

1 Vgl. BVerfGE 17, 269.

2 BVerfGE 17, 269.

## IV. Sanktionen

### Im Ordnungswidrigkeitenrecht

Eine Ordnungswidrigkeit begeht, wer entgegen dem Verbot des § 51 Abs. 1 im Reisegewerbe Arzneimittel feil bietet oder hierauf Bestellungen aufnimmt, § 97 Abs. 2 Nr. 15. Normadressat kann jedermann sein. Zusätzlich ist eine Einziehung der betroffenen Arzneimittel nach § 98 möglich. 6

## § 52
## Verbot der Selbstbedienung

**(1) Arzneimittel im Sinne des § 2 Abs. 1 oder Abs. 2 Nr. 1 dürfen**
**1. nicht durch Automaten und**
**2. nicht durch andere Formen der Selbstbedienung in den Verkehr gebracht werden.**

**(2) Absatz 1 gilt nicht für Fertigarzneimittel, die**
**1. im Reisegewerbe abgegeben werden dürfen,**
**2. zur Verhütung der Schwangerschaft oder von Geschlechtskrankheiten beim Menschen bestimmt und zum Verkehr außerhalb der Apotheken freigegeben sind,**
**3. (weggefallen)**
**4. ausschließlich zum äußeren Gebrauch bestimmte Desinfektionsmittel oder**
**5. Sauerstoff sind.**

**(3) Absatz 1 Nr. 2 gilt ferner nicht für Arzneimittel, die für den Verkehr außerhalb der Apotheken freigegeben sind, wenn eine Person, die die Sachkenntnis nach § 50 besitzt, zur Verfügung steht.**

### I. Die Bedeutung der Norm

1 Die Vorschrift dient zusammen mit § 51 und 52 der Sicherstellung des Vertriebsweges für Arzneimittel und des Inverkehrbringens von Arzneimitteln über Apotheken.

### II. Das Verbot der Selbstbedienung

2 Die geordnete Abgabe und das in Verkehr bringen von Arzneimitteln setzt eine Beratung des Kunden durch sachkundiges Personal voraus. Daher ist es grundsätzlich verboten apothekenpflichtige Arzneimittel über Automaten in Verkehr zu bringen. Dieses Verbot gilt für alle Arzneimittel im Sinne von § 2 Abs. 1 sowie für diejenigen fiktiven Arzneimittel nach § 2 Abs. 2 Nr. 1 AMG. Diese Arzneimittel dürfen auch nicht in anderen Formen der Selbstbedienung in den Verkehr gebracht werden.[1] Von diesem generellen Verbot der Selbstbedienung mit Arzneimitteln gibt es in Abs. 2 der Vorschrift 4 Ausnahmen für Fertigarzneimittel, also Arzneimittel, die im voraus hergestellt und in einer zur Abgabe an den Verbraucher bestimmten Packung in den Verkehr gebracht werden (§ 4 Abs. 1 AMG).

3 Das Verbot gilt nicht für Arzneimittel, die im Reisegewerbe abgegeben werden dürfen und es sind dies Fertigarzneimittel, die für den Verkehr außerhalb der Apotheken freigegeben sind (§ 51 Abs. 1 AMG). Es gilt nicht für Fertigarzneimittel zur Verhütung von Schwangerschaften und Geschlechtskrankheiten beim Menschen, die zum Verkehr außerhalb von Apotheken freigegeben sind, ferner für

[1] BVerfG NJW 1987, 2919.

Desinfektionsmittel, die ausschließlich zum äußeren Gebrauch bestimmt sind und für Sauerstoff.

## III. Sanktionen

### Im Ordnungswidrigkeitenrecht

Wer Arzneimittel unter Verstoß gegen § 52 Abs. 1 im Wege der Selbstbedienung 4
in den Verkehr bringt, begeht eine Ordnungswidrigkeit nach § 97 Abs. 2 Nr. 16. Normadressat kann jedermann sein.

## § 52a
## Großhandel mit Arzneimitteln

**(1) Wer Großhandel mit Arzneimitteln im Sinne des § 2 Abs. 1 oder Abs. 2 Nr. 1, Testsera oder Testantigenen betreibt, bedarf einer Erlaubnis. Ausgenommen von dieser Erlaubnispflicht sind die in § 51 Abs. 1 zweiter Halbsatz genannten für den Verkehr außerhalb der Apotheken freigegebenen Fertigarzneimittel sowie Gase für medizinische Zwecke.**

**(2) Mit dem Antrag hat der Antragsteller**
1. **die bestimmte Betriebsstätte zu benennen, für die die Erlaubnis erteilt werden soll,**
2. **Nachweise darüber vorzulegen, dass er über geeignete und ausreichende Räumlichkeiten, Anlagen und Einrichtungen verfügt, um eine ordnungsgemäße Lagerung und einen ordnungsgemäßen Vertrieb und, soweit vorgesehen, ein ordnungsgemäßes Umfüllen, Abpacken und Kennzeichnen von Arzneimitteln zu gewährleisten,**
3. **eine verantwortliche Person zu benennen, die die zur Ausübung der Tätigkeit erforderliche Sachkenntnis besitzt, und**
4. **eine Erklärung beizufügen, in der er sich schriftlich verpflichtet, die für den ordnungsgemäßen Betrieb eines Großhandels geltenden Regelungen einzuhalten.**

**(3) Die Entscheidung über die Erteilung der Erlaubnis trifft die zuständige Behörde des Landes, in dem die Betriebsstätte liegt oder liegen soll. Die zuständige Behörde hat eine Entscheidung über den Antrag auf Erteilung der Erlaubnis innerhalb einer Frist von drei Monaten zu treffen. Verlangt die zuständige Behörde vom Antragsteller weitere Angaben zu den Voraussetzungen nach Absatz 2, so wird die in Satz 2 genannte Frist so lange ausgesetzt, bis die erforderlichen ergänzenden Angaben der zuständigen Behörde vorliegen.**

**(4) Die Erlaubnis darf nur versagt werden, wenn**
1. **die Voraussetzungen nach Absatz 2 nicht vorliegen,**
2. **Tatsachen die Annahme rechtfertigen, dass der Antragsteller oder die verantwortliche Person nach Absatz 2 Nr. 3 die zur Ausübung ihrer Tätigkeit erforderliche Zuverlässigkeit nicht besitzt oder**
3. **der Großhändler nicht in der Lage ist, zu gewährleisten, dass die für den ordnungsgemäßen Betrieb geltenden Regelungen eingehalten werden.**

**(5) Die Erlaubnis ist zurückzunehmen, wenn nachträglich bekannt wird, dass einer der Versagungsgründe nach Absatz 4 bei der Erteilung vorgelegen hat. Die Erlaubnis ist zu widerrufen, wenn die Voraussetzungen für die Erteilung der Erlaubnis nicht mehr vorliegen; anstelle des Widerrufs kann auch das Ruhen der Erlaubnis angeordnet werden.**

**(6) Eine Erlaubnis nach § 13 oder § 72 umfasst auch die Erlaubnis zum Großhandel mit den Arzneimitteln, auf die sich die Erlaubnis nach § 13 oder § 72 erstreckt.**

**(7) Die Absätze 1 bis 5 gelten nicht für die Tätigkeit der Apotheken im Rahmen des üblichen Apothekenbetriebes.**

**(8) Der Inhaber der Erlaubnis hat jede Änderung der in Absatz 2 genannten Angaben sowie jede wesentliche Änderung der Großhandelstätigkeit unter Vorlage der Nachweise der zuständigen Behörde vorher anzuzeigen. Bei einem unvorhergesehenen Wechsel der verantwortlichen Person nach Absatz 2 Nr. 3 hat die Anzeige unverzüglich zu erfolgen.**

**Übersicht** **Rz.**



**Literatur**

Plassmann, Großhandel mit Arzneimitteln, 2009.

## I. Die Bedeutung der Norm

1 Man reibt sich die Augen und wundert sich, dass der deutsche Gesetzgeber den Bereich des Großhandels mit Arzneimitteln erst im 29. Geltungsjahres des Arzneimittelgesetzes gesetzlich definiert und geregelt hat. Als einzige Regelung existierte bisher eine BetriebsV für Arzneimittelgroßhandelsbetriebe nach § 54. Es bedurfte erst einer Richtlinie der Europäischen Union[1], ehe es in Deutschland zu einer gesetzlichen Regelung kam.

## II. Der Großhandel mit Arzneimitteln

2 Großhandel mit Arzneimitteln ist jede berufs- oder gewerbsmäßige zum Zwecke des Handelstreibens ausgeübte Tätigkeit, die in der Beschaffung, der Lagerung, der Abgabe oder Ausfuhr von Arzneimitteln besteht, mit Ausnahme der Abgabe von Arzneimitteln an andere Verbraucher als Ärzte, Tierärzte oder Krankenhäuser (§ 4 Abs. 22).

## III. Die Erlaubnis zum Betreiben des Großhandels mit Arzneimitteln

3 Die Erlaubnis nach § 52a ist eine gebundene Erlaubnis. Das heißt, der Antragsteller hat einen Rechtsanspruch auf ihre Erteilung, wenn die Voraussetzungen für ihre Erteilung erfüllt sind. Folglich regelt Abs. 4 auch die Voraussetzungen unter denen die Erlaubnis versagt werden darf. Der Erteilung der Erlaubnis hat eine Inspektion der Betriebsstätte nach § 64 Abs. 3 durch die zuständige Behörde vorauszugehen.

---

[1] 2001/83/EG des Europäischen Parlaments und des Rats vom 6. November 2001 zur Schaffung eines Gemeinschaftskodex für Humanarzneimittel (ABl EG Nr. L 311 S. 67).

4

Die Erlaubnis zur Herstellung von Arzneimitteln umfasst im erteilten Umfang auch diejenige zum Großhandel mit den hergestellten Arzneimitteln (Abs. 6). Apotheken sind von der Erlaubnispflicht ausgenommen.

### IV. Rechtsbehelfe

5 Gegen eine Ablehnung des Antrags auf Erlaubnis kann der Antragsteller Widerspruch einlegen und sodann den Verwaltungsrechtsweg beschreiten.

### V. Sanktionen

#### Im Strafrecht

6 Wer ohne die erforderliche Erlaubnis den Großhandel mit Arzneimitteln betreibt, begeht nach § 96 Nr. 14 eine Straftat.

## § 52b
## Bereitstellung von Arzneimitteln

**(1) Pharmazeutische Unternehmer und Betreiber von Arzneimittelgroßhandlungen, die im Geltungsbereich dieses Gesetzes ein tatsächlich in Verkehr gebrachtes und zur Anwendung im oder am Menschen bestimmtes Arzneimittel vertreiben, das durch die zuständige Bundesoberbehörde zugelassen worden ist oder für das durch die Kommission der Europäischen Gemeinschaften oder durch den Rat der Europäischen Union eine Genehmigung für das Inverkehrbringen gemäß Artikel 3 Absatz 1 oder 2 der Verordnung (EG) Nr. 726/2004 erteilt worden ist, stellen eine angemessene und kontinuierliche Bereitstellung des Arzneimittels sicher, damit der Bedarf von Patienten im Geltungsbereich dieses Gesetzes gedeckt ist.**

**(2) Pharmazeutische Unternehmer müssen im Rahmen ihrer Verantwortlichkeit eine bedarfsgerechte und kontinuierliche Belieferung vollversorgender Arzneimittelgroßhandlungen gewährleisten. Vollversorgende Arzneimittelgroßhandlungen sind Großhandlungen, die ein vollständiges, herstellerneutral gestaltetes Sortiment an apothekenpflichtigen Arzneimitteln unterhalten, das nach Breite und Tiefe so beschaffen ist, dass damit der Bedarf von Patienten von den mit der Großhandlung in Geschäftsbeziehung stehenden Apotheken werktäglich innerhalb angemessener Zeit gedeckt werden kann; die vorzuhaltenden Arzneimittel müssen dabei mindestens dem durchschnittlichen Bedarf für zwei Wochen entsprechen. Satz 1 gilt nicht für Arzneimittel, die dem Vertriebsweg des § 47 Absatz 1 Satz 1 Nummer 2 bis 9 oder des § 47a unterliegen oder die aus anderen rechtlichen oder tatsächlichen Gründen nicht über den Großhandel ausgeliefert werden können.**

**(3) Vollversorgende Arzneimittelgroßhandlungen müssen im Rahmen ihrer Verantwortlichkeit eine bedarfsgerechte und kontinuierliche Belieferung der mit ihnen in Geschäftsbeziehung stehenden Apotheken gewährleisten. Satz 1 gilt entsprechend für andere Arzneimittelgroßhandlungen im Umfang der von ihnen jeweils vorgehaltenen Arzneimittel.**

**(4) Die Vorschriften des Gesetzes gegen Wettbewerbsbeschränkungen bleiben unberührt.**

### I. Die Bedeutung der Norm

Absatz 1 dient der Umsetzung von Artikel 81 der Richtlinie 2001/83/EG [1]. Durch die Änderung wird pharmazeutischen Unternehmern und Arzneimittelgroßhändlern im erforderlichen Umfang ein öffentlicher Sicherstellungsauftrag für die Versorgung mit Arzneimitteln zugewiesen. Die Regelung trägt den Veränderungen **1**

[1] Richtlinie des Europäischen Parlaments und des Rates vom 6. November 2001 zur Schaffung eines Gemeinschaftskodexes für Humanarzneimittel (ABl. EG Nr. L 311 S. 67), geändert durch die Richtlinie 2004/27/EG des Europäischen Parlaments und des Rates vom 31. März 2004 (ABl. EU Nr. L 136 S. 34). Vgl. auch die Amtliche Begründung zum Entwurf S. 74.

des Arzneimittelmarktes, dem gestiegenen Bedürfnis der Patienten nach einer schnellen Verfügbarkeit der von ihnen benötigten Arzneimittel sowie der Bedeutung der Rolle der pharmazeutischen Unternehmen und des Großhandels bei der Arzneimittelversorgung Rechnung. Bislang oblag nach § 1 Apothekengesetz nur den Apotheken ein gesetzlicher Versorgungsauftrag.

## II. Der Sicherstellungsauftrag für pharmazeutische Unternehmer und Großhändler

2 § 52b bezieht die gesamte Lieferkette in den Sicherstellungsauftrag ein. Dies war bisher nicht so. Daher klaffte zwischen Apotheken einerseits und dem Großhandel und dem Hersteller andererseits eine Lücke, die nunmehr geschlossen wird. Sollen Großhandel und Apotheken ihrem gesetzlichen Sicherstellungsauftrag nachkommen können, müssen sie einen Anspruch auf Belieferung mit den entsprechenden Arzneimitteln, auf die sich der Sicherstellungsauftrag bezieht, haben. Der Anspruch ist gerichtet auf die „bedarfsgerechte“ Belieferung zur Erfüllung des Versorgungsauftrags vollversorgender Arzneimittelgroßhändler für den hiesigen Markt. Es besteht ein besonderes öffentliches Interesse daran, dass Großhandelsbetriebe vorhanden sind, die ein möglichst breites Sortiment, auch an niedrigpreisigen Arzneimitteln, dauerhaft zu Gunsten der Apotheken und der Patienten vorhalten können. Großhandelsbetriebe, die sich vertraglich oder satzungsmäßig zur Wahrnehmung einer solchen Funktion verpflichten, muss umgekehrt ein entsprechender Belieferungsanspruch gegen pharmazeutische Unternehmen eingeräumt werden, damit sie diese Funktion wahrnehmen können.

3 Der Bedarf für den sonstigen Handel, insbesondere für Exportgeschäfte oder der Zwischenhandel innerhalb der Europäischen Union wird hiervon nicht erfasst. Ebenso wenig gilt die Regelung für Arzneimittelgroßhandelsbetriebe, die nur ein Teilsortiment vorhalten. Jedoch gilt auch für diese Arzneimittelgroßhändler im Umfang ihrer Tätigkeit die grundsätzliche Verpflichtung des Absatzes 1[2].

## III. Der Sicherstellungsauftrag der Apotheken

4 Auch Apotheken sind zur Erfüllung ihres Versorgungsauftrages auf eine kontinuierliche Belieferung mit Arzneimitteln und eine funktionierende Infrastruktur zur Distribution und Lagerung von Arzneimitteln angewiesen. Sie müssen zur Erfüllung ihres Auftrages auf eine kontinuierliche Belieferung durch pharmazeutische Unternehmer und Großhändler vertrauen können.

---

2 Vgl. auch die Amtliche Begründung zum Entwurf S. 74.

## § 53
## Anhörung von Sachverständigen

**(1) Soweit nach § 36 Abs. 1, § 45 Abs. 1 und § 46 Abs. 1 vor Erlass von Rechtsverordnungen Sachverständige anzuhören sind, errichtet hierzu das Bundesministerium durch Rechtsverordnung ohne Zustimmung des Bundesrates einen Sachverständigen-Ausschuss. Dem Ausschuss sollen Sachverständige aus der medizinischen und pharmazeutischen Wissenschaft, den Krankenhäusern, den Heilberufen, den beteiligten Wirtschaftskreisen und den Sozialversicherungsträgern angehören. In der Rechtsverordnung kann das Nähere über die Zusammensetzung, die Berufung der Mitglieder und das Verfahren des Ausschusses bestimmt werden. Die Rechtsverordnung wird vom Bundesministerium für Ernährung, Landwirtschaft und Verbraucherschutz im Einvernehmen mit dem Bundesministerium erlassen, soweit es sich um Arzneimittel handelt, die zur Anwendung bei Tieren bestimmt sind.**

**(2) Soweit nach § 48 Abs. 2 vor Erlass der Rechtsverordnung Sachverständige anzuhören sind, gilt Absatz 1 entsprechend mit der Maßgabe, dass dem Ausschuss Sachverständige aus der medizinischen und pharmazeutischen Wissenschaft und Praxis und der pharmazeutischen Industrie angehören sollen.**

**Zugehörige Verordnung**
**Verordnung zur Errichtung von Sachverständigen-Ausschüssen für Standardzulassungen, Apothekenpflicht und Verschreibungspflicht von Arzneimitteln vom 2. Januar 1978 (BGBl. I S. 30), zuletzt geändert durch Artikel 352 der Verordnung vom 31. Oktober 2006 (BGBl. I S. 2407)**

### I. Die Bedeutung der Norm

Rechtsverordnungen nach § 36 Abs. 1 – Ermächtigung für Standardzulassungen –, § 45 Abs. 1 AMG Ermächtigung zu weiteren Ausnahmen von der Apothekenpflicht und § 46 Abs. 1 AMG Ermächtigung zur Ausweitung der Apothekenpflicht, § 48 Abs. 2 – Verschreibungspflicht, ergehen nach Anhörung von Sachverständigen, ohne dass in diesen Vorschriften gesagt wird, wie deren Auswahl erfolgen soll. Nach § 53 Abs. 1 AMG errichtet das BMG durch Rechtsverordnung einen Sachverständigenausschuss. Die 11. Novelle zum AMG hat in Absatz 1 die Zuständigkeit für den Erlass einer Rechtsverordnung geregelt, wenn es sich um Arzneimittel handelt, die bei Tieren angewendet werden sollen. 1

### II. Die Errichtung von Sachverständigenausschüssen

Mit Rechtsverordnung vom 08.01.1978 hat der BMG drei Ausschüsse eingesetzt, den für Standardzulassungen, den für Apothekenpflicht und denjenigen für Verschreibungspflicht. Die Mitglieder und ihre Stellvertreter (15–22 je nach Ausschuss) werden für eine Amtszeit für 5 Jahre berufen. 2

# Achter Abschnitt
# Sicherung und Kontrolle der Qualität

## Vorbemerkungen vor §§ 54 ff.

1 Arzneimittel/Tierarzneimittel sollen auf einem qualitativ möglichst hohen Niveau entwickelt, hergestellt, geprüft, gelagert, verpackt und in den Verkehr gebracht werden. Ein Gesetz, welches nicht auch auf die Sicherung der erforderlichen Qualität und ihre Kontrolle Wert legt, wäre wohl unvollständig.

2 Das Gesetz macht in mehrfacher Weise Vorgaben für Betriebe und Einrichtungen, in denen die genannten Produktionsschritte stattfinden. Der Verordnungsgeber hat bisher drei Rechtsverordnungen erlassen und zwar die Arzneimitten- und Wirkstoffherstellungsverordnung, die für Arzneimittel-Großhandelsbetriebe und diejenige über tierärztliche Hausapotheken.

3 Die 12. Novelle zum Arzneimittelgesetz wirkt sich auch auf den achten Abschnitt aus, auch wenn die Genehmigungspflicht für den Großhandel mit Arzneimitteln in § 52a AMG geregelt ist. Denn die Folgen machen sich in der Betriebsverordnung für Arzneimittelgroßhandelsbetriebe bemerkbar, die auf § 54 gestützt ist. Umgesetzt wird mit der Neufassung des Gesetzes und der Verordnung die Richtlinie 2001/83/EG zur Schaffung eines Gemeinschaftskodexes für Humanarzneimittel[1].

4 Neben diesen eher formalen Anforderungen, treten die an die Qualität bei der Herstellung von Arzneimitteln zu stellenden inhaltlichen Qualitätsanforderungen. Das Arzneibuch, das deutsche wie das europäische, soll als Sammlung anerkannter pharmazeutischer Regeln der Qualitätssicherung im Pharmabereich dienen. Das Arzneibuch hat nicht die Form einer Rechtsnorm gefunden, sondern soll Kraft seiner inhaltlichen Autorität Beachtung finden.

---

[1] Richtlinie vom 6. November 2001 ( ABl. EG Nr. L 311 S.67).



E. Deutsch, H.-D. Lippert (Hrsg.), *Kommentar zum Arzneimittelgesetz (AMG),*
DOI 10.1007/978-3-642-01455-0_8, 

## § 54
## Betriebsverordnungen

**(1) Das Bundesministerium wird ermächtigt, im Einvernehmen mit dem Bundesministerium für Wirtschaft und Technologie durch Rechtsverordnung mit Zustimmung des Bundesrates Betriebsverordnungen für Betriebe oder Einrichtungen zu erlassen, die Arzneimittel in den Geltungsbereich dieses Gesetzes verbringen oder in denen Arzneimittel entwickelt, hergestellt, geprüft, gelagert, verpackt oder in den Verkehr gebracht werden, soweit es geboten ist, um einen ordnungsgemäßen Betrieb und die erforderliche Qualität der Arzneimittel sicherzustellen; dies gilt entsprechend für Wirkstoffe und andere zur Arzneimittelherstellung bestimmte Stoffe sowie für Gewebe. Die Rechtsverordnung wird vom Bundesministerium für Ernährung, Landwirtschaft und Verbraucherschutz im Einvernehmen mit dem Bundesministerium und dem Bundesministerium für Wirtschaft und Technologie erlassen, soweit es sich um Arzneimittel handelt, die zur Anwendung bei Tieren bestimmt sind. Die Rechtsverordnung ergeht jeweils im Einvernehmen mit dem Bundesministerium für Umwelt, Naturschutz und Reaktorsicherheit, soweit es sich um radioaktive Arzneimittel oder um Arzneimittel handelt, bei deren Herstellung ionisierende Strahlen verwendet werden.**

**(2) In der Rechtsverordnung nach Absatz 1 können insbesondere Regelungen getroffen werden über die**

1. **Entwicklung, Herstellung, Prüfung, Lagerung, Verpackung, Qualitätssicherung, den Erwerb, die Bereitstellung, die Bevorratung und das Inverkehrbringen,**
2. **Führung und Aufbewahrung von Nachweisen über die in der Nummer 1 genannten Betriebsvorgänge,**
3. **Haltung und Kontrolle der bei der Herstellung und Prüfung der Arzneimittel verwendeten Tiere und die Nachweise darüber,**
4. **Anforderungen an das Personal,**
5. **Beschaffenheit, Größe und Einrichtung der Räume,**
6. **Anforderungen an die Hygiene,**
7. **Beschaffenheit der Behältnisse,**
8. **Kennzeichnung der Behältnisse, in denen Arzneimittel und deren Ausgangsstoffe vorrätig gehalten werden,**
9. **Dienstbereitschaft für Arzneimittelgroßhandelsbetriebe,**
10. **Zurückstellung von Chargenproben sowie deren Umfang und Lagerungsdauer,**
11. **Kennzeichnung, Absonderung oder Vernichtung nicht verkehrsfähiger Arzneimittel,**
12. **Voraussetzungen für und die Anforderungen an die in Nummer 1 bezeichneten Tätigkeiten durch den Tierarzt (Betrieb einer tierärztlichen Hausapotheke) sowie die Anforderungen an die Anwendung von Arzneimitteln durch den Tierarzt an den von ihm behandelten Tieren.**

**(2a) (weggefallen)**

**(3) Die in den Absätzen 1 und 2 getroffenen Regelungen gelten auch für Personen, die die in Absatz 1 genannten Tätigkeiten berufsmäßig ausüben.**

**(4) Die Absätze 1 und 2 gelten für Apotheken im Sinne des Gesetzes über das Apothekenwesen, soweit diese einer Erlaubnis nach § 13, § 52a oder § 72 bedürfen.**

## Verordnung über die Anwendung der Guten Herstellungspraxis bei der Herstellung von Arzneimitteln und Wirkstoffen und über die Anwendung der Guten fachlichen Praxis bei der Herstellung von Produkten menschlicher Herkunft (Arzneimittel- und Wirkstoffherstellungsverordnung – AMWHV)*)

**Vom 3. November 2006 (BGBl. I S. 2523)**
**geändert durch Artikel 1 der Verordnung vom 26. März 2008 (BGBl. I S. 521)**

---

* Diese Verordnung dient zur Umsetzung der

- Richtlinie 91/412/EWG der Kommission vom 23. Juli 1991 zur Festlegung der Grundsätze und Leitlinien der Guten Herstellungspraxis für Tierarzneimittel (ABl. EG Nr. L 228 S. 70),
- Richtlinie 2001/20/EG des Europäischen Parlaments und des Rates vom 4. April 2001 zur Angleichung der Rechts- und Verwaltungsvorschriften der Mitgliedstaaten über die Anwendung der guten klinischen Praxis bei der Durchführung von klinischen Prüfungen mit Humanarzneimitteln (ABl. EG Nr. L 121 S. 34),
- Richtlinie 2001/82/EG des Europäischen Parlaments und des Rates vom 6. November 2001 zur Schaffung eines Gemeinschaftskodexes für Tierarzneimittel (ABl. EG Nr. L 311 S. 1), geändert durch die Richtlinie 2004/28/EG des Europäischen Parlaments und des Rates vom 31. März 2004 (ABl. EU Nr. L 136 S. 58),
- Richtlinie 2001/83/EG des Europäischen Parlaments und des Rates vom 6. November 2001 zur Schaffung eines Gemeinschaftskodexes für Humanarzneimittel (ABl. EG Nr. L 311 S. 67), zuletzt geändert durch die Richtlinie 2004/27/EG des Europäischen Parlaments und des Rates vom 31. März 2004 (ABl. EU Nr. L 136 S. 34),
- Richtlinie 2003/94/EG der Kommission vom 8. Oktober 2003 zur Festlegung der Grundsätze und Leitlinien der Guten Herstellungspraxis für Humanarzneimittel und für zur Anwendung beim Menschen bestimmte Prüfpräparate (ABl. EU Nr. L 262 S. 22),
- Richtlinie 2004/33/EG der Kommission vom 22. März 2004 zur Durchführung der Richtlinie 2002/98/EG des Europäischen Parlaments und des Rates hinsichtlich bestimmter technischer Anforderungen für Blut und Blutbestandteile (ABl. EU Nr. L 91 S. 25),
- Richtlinie 2004/23/EG des Europäischen Parlaments und des Rates vom 31. März 2004 zur Festlegung von Qualitäts- und Sicherheitsstandards für die Spende, Beschaffung, Testung, Verarbeitung, Konservierung, Lagerung und Verteilung von menschlichen Geweben und Zellen (ABl. EU Nr. L 102 S. 48),
- Richtlinie 2005/61/EG der Kommission vom 30. September 2005 zur Durchführung der Richtlinie 2002/98/EG des Europäischen Parlaments und des Rates in Bezug auf die Anforderungen an die Rückverfolgbarkeit und die Meldung ernster Zwischenfälle und ernster unerwünschter Reaktionen (ABl. EU Nr. L 256 S. 32),
- Richtlinie 2005/62/EG der Kommission vom 30. September 2005 zur Durchführung der Richtlinie 2002/98/EG des Europäischen Parlaments und des Rates in Bezug auf gemeinschaftliche Standards und Spezifikationen für ein Qualitätssystem für Blutspendeeinrichtungen (ABl. EU Nr. L 256 S. 41),
- Richtlinie 90/167/EWG des Rates vom 28. März 1990 zur Festlegung der Bedingungen für die Herstellung, das Inverkehrbringen und die Verwendung von Fütterungsarzneimitteln in der Gemeinschaft (ABl. EG Nr. L 92 S. 42).

**Abschnitt 1**
**Anwendungsbereich**
**und Begriffsbestimmungen**

**§ 1**
**Anwendungsbereich**

**(1) Diese Verordnung findet Anwendung auf Betriebe und Einrichtungen, die**
1. **Arzneimittel,**
2. **Wirkstoffe, die zur Herstellung von Arzneimitteln bestimmt sind und die menschlicher oder tierischer oder mikrobieller Herkunft sind oder die auf gentechnischem Wege hergestellt werden,**

2a. **Gewebe im Sinne von § 1a Nr. 4 des Transplantationsgesetzes in der Fassung der Bekanntmachung vom 4. September 2007 (BGBl. I S. 2206),**

3. **zur Arzneimittelherstellung bestimmte Stoffe menschlicher Herkunft,**
4. **andere als die in Nummer 2 genannten Wirkstoffe, die zur Herstellung von Arzneimitteln bestimmt sind, oder**
5. **andere als die in Nummer 3 genannten und zur Herstellung von Arzneimitteln zur Anwendung am Menschen bestimmte Stoffe, soweit deren Herstellung nach den Grundsätzen der Guten Herstellungspraxis durch Rechtsakte der Europäischen Kommission gestützt auf Artikel 46 Buchstabe f der Richtlinie 2001/83/EG des Europäischen Parlaments und des Rates vom 6. November 2001 zur Schaffung eines Gemeinschaftskodexes für Humanarzneimittel (ABl. EG Nr. L 311 S. 67), geändert durch die Richtlinie 2004/27/EG des Europäischen Parlaments und des Rates vom 31. März 2004 (ABl. EU Nr. L 136 S. 34), festgelegt wurde (bestimmte Hilfsstoffe),**

**gewerbsmäßig herstellen, prüfen, lagern, in den Verkehr bringen, in den oder aus dem Geltungsbereich des Arzneimittelgesetzes verbringen, einführen oder ausführen. Sie findet auch Anwendung auf Personen, die diese Tätigkeiten berufsmäßig ausüben.**

**(1a) Auf Entnahme- und Gewebeeinrichtungen sowie Gewebespenderlabore findet Abschnitt 3 dieser Verordnung keine Anwendung.**

**(2) Die Verordnung ist auch anzuwenden auf**
1. **Apotheken, den Einzelhandel mit Arzneimitteln außerhalb von Apotheken, Ärzte, Zahnärzte, Tierärzte, tierärztliche Hausapotheken und Arzneimittelgroßhandelsbetriebe, soweit sie einer Erlaubnis nach § 13 oder § 72 Abs. 1 des Arzneimittelgesetzes bedürfen, und**
2. **pharmazeutische Unternehmer nach § 4 Abs. 18 des Arzneimittelgesetzes.**

**(3) Die Anforderungen dieser Verordnung gelten nicht für**
1. **Stoffe gemäß Homöopathischem Arzneibuch, die zur Herstellung von Homöopathischen Zubereitungen als Ausgangsstoffe eingesetzt werden,**
2. **Wirkstoffe, die Stoffe nach § 3 Nr. 2 des Arzneimittelgesetzes in unbearbeitetem oder in bearbeitetem Zustand sind oder enthalten, soweit die Bearbeitung nicht über die Trocknung, erste Zerkleinerung und initiale Extraktion hinausgeht,**
3. **Wirkstoffe tierischer Herkunft, die Stoffe nach § 3 Nr. 3 des Arzneimittelgesetzes in unbearbeitetem oder bearbeitetem Zustand sind oder enthalten, soweit die Bearbeitung nicht über eine Zerkleinerung, eine Mischung und beziehungsweise oder erste Verarbeitungsschritte hinausgeht,**

4. Wirkstoffe, die zur Herstellung von Testallergenen zur Epicutantestung bestimmt sind,
5. Wirkstoffe, die natürlich vorkommende Mineralien in unbearbeitetem Zustand oder in bearbeitetem Zustand sind oder als Wirkstoffe enthalten, soweit die Bearbeitung nicht über die Gewinnung oder Zerkleinerung hinausgeht,
6. Wirkstoffe für Ektoparasitika zur Anwendung an Tieren sowie
7. Wirkstoffe für Arzneimittel, die ausschließlich zur Anwendung bei Heimtieren nach § 60 des Arzneimittelgesetzes bestimmt sind und für den Verkehr außerhalb der Apotheken zugelassen sind.

Im Falle des Satzes 1 ist durch die Einhaltung vergleichbarer Standards und Verfahren sicherzustellen, dass die Qualität der Herstellung und Prüfung gleichwertig zu den in den Abschnitten 2 bis 4 festgelegten Anforderungen ist.

(4) Die Verordnung findet keine Anwendung auf Betriebe und Einrichtungen, die einer Erlaubnis nach § 72 Abs. 2 des Arzneimittelgesetzes bedürfen. Die Verordnung gilt nicht für Personen und Einrichtungen, die Arzneimittel sammeln.

(5) Diese Verordnung findet keine Anwendung auf Wirkstoffe, Hilfsstoffe und Zwischenprodukte, die ausschließlich zum Zwecke des Verbringens in Länder, die nicht Mitgliedstaaten der Europäischen Union oder andere Vertragsstaaten des Abkommens über den Europäischen Wirtschaftsraum sind, bestimmt sind und unter zollamtlicher Überwachung und ohne Herstellungsschritte im Sinne des Artikels 46a Abs. 1 der Richtlinie 2001/83/EG oder des Artikels 50a Abs. 1 der Richtlinie 2001/82/EG des Europäischen Parlaments und des Rates vom 6. November 2001 zur Schaffung eines Gemeinschaftskodexes für Tierarzneimittel (ABl. EG Nr. L 311 S. 1), geändert durch die Richtlinie 2004/28/EG des Europäischen Parlaments und des Rates vom 31. März 2004 (ABl. EU Nr. L 136 S. 58), durch den Geltungsbereich der Verordnung befördert werden oder in ein Zolllagerverfahren oder eine Freizone des Kontrolltyps I oder II übergeführt werden (Transit).

## § 2
## Begriffsbestimmungen

Im Sinne dieser Verordnung
1. sind Produkte menschlicher Herkunft für die Arzneimittelherstellung bestimmte Wirkstoffe im Sinne von § 4 Abs. 19 des Arzneimittelgesetzes, die menschlicher Herkunft sind, oder Stoffe im Sinne von § 3 Nr. 3 des Arzneimittelgesetzes, die menschlicher Herkunft sind, in bearbeitetem oder unbearbeitetem Zustand, ausgenommen Blutprodukte im Sinne von § 2 Nr. 3 des Transfusionsgesetzes in der Fassung der Bekanntmachung vom 28. August 2007 (BGBl. I S. 2169) und andere Blutbestandteile,
2. sind bestimmte Hilfsstoffe für die Arzneimittelherstellung bestimmte Ausgangsstoffe im Sinne von Artikel 46 Buchstabe f Satz 2 (bestimmte Arzneiträgerstoffe) der Richtlinie 2001/83/EG,
3. ist der EG-GMP Leitfaden (BAnz. S. 6887) der Leitfaden für die Gute Herstellungspraxis für Arzneimittel und Prüfpräparate einschließlich seiner Anhänge, mit dem die Kommission der Europäischen Gemeinschaften die ausführlichen Leitlinien nach Artikel 47 der Richtlinie 2001/83/EG und nach Artikel 51 der Richtlinie 2001/82/EG veröffentlicht hat und der zur Auslegung der Grundsätze und Leitlinien der Guten Herstellungspraxis gemäß Artikel 3 Abs. 2 der Richtlinie 2003/94/EG der Kommission vom 8. Oktober 2003 zur Festlegung der Grundsätze und Leitlinien der Guten Herstellungspraxis für Humanarzneimittel und für zur

**Anwendung beim Menschen bestimmte Prüfpräparate (ABl. EU Nr. L 262 S. 22) und gemäß Artikel 3 der Richtlinie 91/412/EWG der Kommission vom 23. Juli 1991 zur Festlegung der Grundsätze und Leitlinien der Guten Herstellungspraxis für Tierarzneimittel (ABl. EG Nr. L 228 S. 70) dient; das Bundesministerium für Gesundheit macht die jeweils aktuelle Fassung des Leitfadens in deutscher Sprache im Bundesanzeiger oder im elektronischen Bundesanzeiger bekannt,**

4. **ist Qualitätsmanagementsystem (QM-System) ein System, das die Qualitätssicherung, die Gute Herstellungspraxis oder die Gute fachliche Praxis einschließlich der Qualitätskontrolle und der periodischen Produktqualitätsüberprüfungen beinhaltet,**
5. **sind Spezifikationen Festlegungen und Anforderungen, denen Ausgangsstoffe oder Zwischenprodukte für die Arzneimittel- oder Wirkstoffherstellung, Wirkstoffe, Arzneimittel oder Gewebe entsprechen müssen; sie dienen als Grundlage der Qualitätsbewertung,**
6. **sind Inprozesskontrollen während der Herstellung vorgenommene Überprüfungen zur Überwachung und erforderlichenfalls Anpassung des Prozesses und zur Sicherstellung, dass das Produkt seiner Spezifikation entspricht,**
7. **sind Prüfpräparate Arzneimittel im Sinne von § 3 Abs. 3 der GCP-Verordnung vom 9. August 2004 (BGBl. I S. 2081), die durch die Verordnung vom 15. März 2006 (BGBl. I S. 542) geändert wurde,**
8. **ist Leitung der Herstellung oder Leitung der Qualitätskontrolle der Leiter oder die Leiterin der Herstellung oder der Qualitätskontrolle im Sinne von § 14 Abs. 1 Nr. 2 des Arzneimittelgesetzes,**
9. **ist Blutspendeeinrichtung eine Einrichtung im Sinne von § 2 Nr. 2 des Transfusionsgesetzes, die Blut oder Blutbestandteile entnimmt, testet, verarbeitet, kennzeichnet, verpackt, freigibt, lagert, im Sinne von § 4 Abs. 17 des Arzneimittelgesetzes in den Verkehr bringt, einführt, ausführt oder in den oder aus dem Geltungsbereich des Arzneimittelgesetzes verbringt,**
10. **ist Gewebeeinrichtung eine Einrichtung, die die in § 20c Abs. 1 oder § 72b Abs. 1 des Arzneimittelgesetzes aufgeführten Tätigkeiten ausübt oder die Gewebe oder Gewebezubereitungen aus Mitgliedstaaten der Europäischen Union oder anderer Vertragsstaaten des Abkommens über den Europäischen Wirtschaftsraum in den oder aus dem Geltungsbereich des Arzneimittelgesetzes verbringt oder ausführt; sofern die Gewebeeinrichtung auch Gewebe gewinnt, ist sie auch eine Entnahmeeinrichtung im Sinne von Nummer 11; sofern die Gewebeeinrichtung auch die für die Gewinnung erforderlichen Laboruntersuchungen durchführt, ist sie auch ein Gewebespenderlabor im Sinne von Nummer 13,**
11. **ist Entnahmeeinrichtung eine Einrichtung, die zur Verwendung bei Menschen bestimmte Gewebe im Sinne von § 1a Nr. 4 des Transplantationsgesetzes gewinnt, einschließlich aller Maßnahmen, die dazu bestimmt sind, das Gewebe in einem be- oder verarbeitungsfähigen Zustand zu erhalten, eindeutig zu identifizieren und zu transportieren,**
12. **ist spendende Person eine Person, der eine Spende im Sinne von § 2 Nr. 1 des Transfusionsgesetzes oder der eine Gewebespende entnommen wird**
13. **ist Gewebespenderlabor ein Labor, das die für die Gewebegewinnung erforderlichen Laboruntersuchungen durchführt,**
14. **sind Arbeitsplatzbeschreibungen schriftliche Festlegungen über die spezifischen Aufgaben, Zuständigkeiten und Verantwortlichkeiten, die den einzelnen Mitarbeitern oder Mitarbeiterinnen eines Betriebs oder einer Einrichtung von ihren jeweiligen Leitungen zugewiesen wurden,**

15. ist Standardarbeitsanweisung (SOP) eine schriftliche Anweisung zur Beschreibung der einzelnen Schritte wiederkehrender Arbeitsgänge (Standardarbeitsverfahren), einschließlich der zu verwendenden Materialien und Methoden,
16. ist Validierung das Erbringen eines dokumentierten Nachweises, der mit hoher Sicherheit belegt, dass durch einen spezifischen Prozess oder ein Standardarbeitsverfahren ein Produkt hergestellt wird, das den vorher festgelegten Spezifikationen und Qualitätsmerkmalen entspricht,
17. ist Qualifizierung das Erbringen eines dokumentierten Nachweises, der mit hoher Sicherheit belegt, dass ein spezifischer Ausrüstungsgegenstand oder eine spezifische Umgebungsbedingung für die Herstellung eines Produktes, das den vorher festgelegten Spezifikationen und Qualitätsmerkmalen entspricht, geeignet ist,
18. sind kritische Herstellungs- oder Prüfverfahren Verfahren, die einen signifikanten Einfluss auf die Qualität oder Sicherheit der Produkte haben können, und kritische Zusatzstoffe Materialien, die einen solchen Einfluss haben können,
19. sind kritische Ausrüstungsgegenstände oder Geräte solche, die mit den Produkten in Berührung kommen oder einen anderen Einfluss auf die Qualität oder Sicherheit der Produkte haben können.

## Abschnitt 2
## Allgemeine Anforderungen

### § 3
### Qualitätsmanagementsystem, Gute Herstellungspraxis und gute fachliche Praxis

(1) Die Betriebe und Einrichtungen müssen ein funktionierendes Qualitätsmanagementsystem (QM-System) entsprechend Art und Umfang der durchgeführten Tätigkeiten betreiben. Das QM-System muss in den Fällen nach Absatz 2 die Gute Herstellungspraxis und in den Fällen nach Absatz 3 die gute fachliche Praxis beinhalten und die aktive Beteiligung der Leitung der Betriebe und Einrichtungen und des Personals der einzelnen betroffenen Bereiche vorsehen. Alle Bereiche, die mit der Erstellung, Pflege und Durchführung des QM-Systems befasst sind, sind angemessen mit kompetentem Personal sowie mit geeigneten und ausreichenden Räumlichkeiten und Ausrüstungen auszustatten. Das QM-System muss vollständig dokumentiert sein und auf seine Funktionstüchtigkeit kontrolliert werden.

(2) Zur Auslegung der Grundsätze der Guten Herstellungspraxis gilt für Arzneimittel, Blutprodukte im Sinne von § 2 Nr. 3 des Transfusionsgesetzes und andere Blutbestandteile sowie für Produkte menschlicher Herkunft der Teil I und für Wirkstoffe der Teil II des EG-GMP Leitfadens.

(3) Absatz 2 findet keine Anwendung auf Entnahme- und Gewebeeinrichtungen sowie Gewebespenderlabore, die ihre Tätigkeiten nach den Standards der guten fachlichen Praxis ausüben.

### § 4
### Personal

(1) Die Betriebe und Einrichtungen müssen über sachkundiges und angemessen qualifiziertes Personal in ausreichender Zahl verfügen. Das Personal darf nur entsprechend seiner Ausbildung und seinen Kenntnissen eingesetzt werden und ist über die bei den jeweiligen Tätigkeiten gebotene Sorgfalt nachweislich zu Anfang und danach

**fortlaufend zu unterweisen. Die Unterweisung muss sich insbesondere auf die Theorie und Anwendung des Qualitätssicherungskonzepts und der Guten Herstellungspraxis oder in den Fällen des § 3 Abs. 3 der Guten fachlichen Praxis sowie auf Besonderheiten der Produktgruppe erstrecken, die hergestellt, geprüft oder gelagert wird. Der Erfolg der Unterweisung ist zu prüfen.**

**(2) Die Aufgaben der Mitarbeiter in leitender oder verantwortlicher Stellung, die für die Einhaltung der Guten Herstellungspraxis in den Fällen des § 3 Abs. 2 oder in den Fällen des § 3 Abs. 3 der Guten fachlichen Praxis zuständig sind, müssen in Arbeitsplatzbeschreibungen festgelegt werden. Zwischen den Verantwortungsbereichen des Personals dürfen keine Lücken oder unbegründete Überlappungen bestehen. Die hierarchischen Beziehungen sind in einem Organisationsschema zu beschreiben. Organisationsschemata und Arbeitsplatzbeschreibungen sind nach betriebsinternen Verfahren zu genehmigen. Den in Satz 1 genannten Mitarbeitern sind ausreichende Befugnisse einzuräumen, damit sie ihrer Verantwortung nachkommen können.**

## § 5
## Betriebsräume und Ausrüstungen

**(1) Die Betriebsräume müssen nach Art, Größe, Zahl und Ausrüstung für die beabsichtigten Zwecke geeignet sein und so ausgestaltet und genutzt werden, dass das Risiko von Fehlern auf das kleinstmögliche Maß eingeschränkt und jeder die Qualität des Produkts beeinträchtigende Effekt vermieden wird. Die Betriebsräume sollen so angeordnet sein, dass die Produktion in logisch aufeinander folgenden Schritten erfolgen kann, entsprechend der Reihenfolge der Arbeitsgänge und, soweit für die Produktqualität erforderlich, der Reinheitsklassen der Räume.**

**(2) Soweit die Betriebsräume und ihre Ausrüstungen für Herstellungsvorgänge bei Produkten der Abschnitte 3 und 5 verwendet werden, die für die Produktqualität von entscheidender Bedeutung sind, müssen sie auf ihre Eignung überprüft werden (Qualifizierung).**

**(3) Die Betriebsräume müssen sich in einem ordnungsgemäßen baulichen Zustand befinden. Sie müssen ausreichend beleuchtet sein und geeignete klimatische Verhältnisse aufweisen. Die Betriebsräume sind durch geeignete Maßnahmen vor dem Zutritt Unbefugter zu schützen.**

**(4) Die Betriebsräume und ihre Ausrüstungen müssen gründlich zu reinigen sein und instand gehalten werden, um Verunreinigungen und Kreuzkontaminationen sowie jeden die Qualität des Produkts beeinträchtigenden Effekt zu vermeiden. Vor jedem Verarbeitungsvorgang ist sicherzustellen, dass der Arbeitsbereich und die Ausrüstung sauber und frei von allen für die geplanten Arbeitsgänge nicht benötigten Ausgangsstoffen, Produkten, Produktrückständen, Unterlagen und sonstigen Materialien sind.**

## § 6
## Hygienemaßnahmen

**(1) Betriebsräume und ihre Ausrüstungen müssen regelmäßig gereinigt und, soweit erforderlich, desinfiziert oder sterilisiert werden. Es soll nach einem schriftlichen Hygieneplan verfahren werden, in dem insbesondere**
1. **die Häufigkeit der Maßnahmen,**
2. **die durchzuführenden Reinigungs-, Desinfektions- oder Sterilisationsverfahren und die zu verwendenden Geräte und Hilfsmittel,**

3. sofern zutreffend, die Art und Weise der Probenahme für die Überprüfung der Effektivität der Maßnahmen und
4. die mit der Aufsicht betrauten Personen

festgelegt sind. Die Wirksamkeit von Reinigungs- und Sterilisationsverfahren ist zu validieren, soweit es das Herstellungsverfahren oder das Produkt erfordert.

(2) Unbeschadet des Hygieneplans nach Absatz 1 müssen schriftliche Hygieneprogramme vorhanden sein, die den durchzuführenden Tätigkeiten angepasst sind. Sie sollen insbesondere Vorschriften zur Gesundheit, über hygienisches Verhalten und zur Schutzkleidung des Personals enthalten.

(3) Soweit zur Herstellung und Prüfung von Produkten, auf die sich diese Verordnung bezieht, Tiere verwendet werden, müssen bei ihrer Haltung die hygienischen Erfordernisse beachtet werden.

## § 7
## Lagerung und Transport

(1) Ausgangsstoffe, Zwischen- und Endprodukte sowie Rückstellmuster sind so zu lagern, dass ihre Qualität nicht nachteilig beeinflusst wird und Verwechslungen vermieden werden. Kritische Parameter der Lagerung und des Transports müssen kontrolliert und aufgezeichnet werden, um die Übereinstimmung mit den Anforderungen zu bestätigen. Satz 1 gilt entsprechend für Behältnisse, äußere Umhüllungen, Kennzeichnungsmaterial und, soweit verwendet, auch für Packungsbeilagen. Besondere Vorsichtsmaßnahmen sind bei bedruckten Verpackungs- und Kennzeichnungsmaterialien einzuhalten.

(2) Die Vorratsbehältnisse und die innerbetrieblichen Transportbehältnisse müssen so beschaffen sein, dass die Qualität des Inhalts nicht beeinträchtigt wird. Sie müssen mit deutlichen Aufschriften versehen sein, die den Inhalt eindeutig bezeichnen. Soweit Bezeichnungen durch Rechtsverordnung nach § 10 Abs. 6 Nr. 1 des Arzneimittelgesetzes vorgeschrieben sind, sind diese zu verwenden. Der Inhalt ist durch zusätzliche Angaben zu kennzeichnen, soweit dies zur Vermeidung von Verwechslungen erforderlich ist. Die Zugriffsberechtigung zu den Behältnissen nach Satz 1 ist durch entsprechende Maßnahmen auf dafür befugte Personen einzuschränken.

(3) Absatz 2 findet entsprechende Anwendung auf Behältnisse für die Auslieferung der Zwischen- oder Endprodukte. Sofern Produkte für die Weiterverarbeitung durch andere Betriebe außerhalb der Kontrolle des Herstellers versandt werden, sollen ihre Behältnisse so verschlossen sein, dass ein zwischenzeitig erfolgtes Öffnen festgestellt werden kann.

(4) Die für die Lagerung verantwortliche Person hat sich in regelmäßigen Abständen davon zu überzeugen, dass die Produkte und Materialien ordnungsgemäß gelagert werden.

(5) Die Verfahren für die Lagerung und den Transport sind schriftlich festzulegen. Soweit sie einen Einfluss auf die Qualität der Ausgangsstoffe und Zwischenprodukte für die Arzneimittelherstellung oder für die Arzneimittel haben können, ist die Geeignetheit der Verfahren nachzuweisen.

(6) Während des Transports bis zur Übergabe in den Verantwortungsbereich des Empfängers ist dafür Sorge zu tragen, dass kein Unbefugter Zugriff hat und die Qualität der Produkte nicht beeinträchtigt wird.

**§ 8**
**Tierhaltung**

**(1) Der Gesundheitszustand von Tieren, die für die Herstellung oder Prüfung von Arzneimitteln oder Wirkstoffen gehalten werden, ist von einem Tierarzt fortlaufend zu kontrollieren.**

**(2) Soweit vor der Verwendung der Tiere eine Quarantäne erforderlich ist, sind sie in einem Quarantänestall unterzubringen und von einem Tierarzt zu überwachen. Die Quarantänezeit beträgt für Kleintiere mindestens zwei Wochen, für Rinder, Schweine, Schafe und Ziegen mindestens drei Wochen, für Einhufer sowie für andere Großtiere mindestens vier und für Affen mindestens sechs Wochen. Der Quarantänestall muss von den übrigen Ställen getrennt sein. Die mit der Pflege und Wartung der im Quarantänestall untergebrachten Tiere beauftragten Personen dürfen nicht ohne ausreichende Maßnahmen, insbesondere zur Verhinderung einer Übertragung möglicher Infektionen, in anderen Bereichen beschäftigt werden.**

**(3) Bei der Herstellung und Prüfung von Produkten, auf die diese Verordnung Anwendung findet, dürfen nur Tiere verwendet werden, die nach dem Ergebnis der tierärztlichen Untersuchung keine Anzeichen von übertragbaren Krankheiten aufweisen und nicht an Krankheiten leiden, die die Herstellung oder Prüfung nachteilig beeinflussen können.**

**(4) Betriebe und Einrichtungen, die Tiere gemäß Absatz 1 halten, haben über die Tiere nach Tierarten getrennte Aufzeichnungen zu führen, die mindestens Angaben enthalten über**
1. **Herkunft und Datum des Erwerbs,**
2. **Rasse oder Stamm,**
3. **Anzahl,**
4. **Kennzeichnung,**
5. **Beginn und Ende der Quarantänezeit,**
6. **Ergebnis der tierärztlichen Untersuchungen,**
7. **Art, Datum und Dauer der Verwendung und**
8. **Verbleib der Tiere nach der Verwendung.**

**(5) Räume, in denen Tiere gehalten werden, müssen von anderen Bereichen abgetrennt sein und über einen eigenen Eingang sowie über eigene Belüftungsanlagen verfügen.**

**§ 9**
**Tätigkeiten im Auftrag**

**(1) Für jede Tätigkeit im Auftrag, insbesondere die Herstellung, Prüfung und das Inverkehrbringen oder jeden damit verbundenen Vorgang, der im Auftrag ausgeführt wird, muss ein schriftlicher Vertrag zwischen Auftraggeber und Auftragnehmer bestehen. In dem Vertrag müssen die Verantwortlichkeiten jeder Seite klar festgelegt und insbesondere die Einhaltung der Guten Herstellungspraxis in den Fällen des § 3 Abs. 2 oder der Guten fachlichen Praxis in den Fällen des § 3 Abs. 3 geregelt sein.**

**(2) Der Auftraggeber hat sich zu vergewissern, dass der Auftragnehmer die Tätigkeit entsprechend der vorgegebenen Anweisungen durchführt und über eine Erlaubnis verfügt, soweit diese nach den §§ 13 und 72 des Arzneimittelgesetzes erforderlich ist.**

**(3) Der Auftragnehmer darf keine ihm vom Auftraggeber vertraglich übertragene Arbeit ohne dessen schriftliche Genehmigung an Dritte weiter vergeben. Er muss im Falle einer Auftragsherstellung oder Auftragsprüfung die Grundsätze und Leitlinien der Guten Herstellungspraxis oder der Guten fachlichen Praxis und insbesondere die vorgegebenen Herstellungs- und Prüfanweisungen einhalten.**

## § 10
## Allgemeine Dokumentation

**(1) Betriebe und Einrichtungen müssen ein Dokumentationssystem entsprechend der jeweils durchgeführten Tätigkeiten unterhalten. Die Gesamtheit der Unterlagen muss die Rückverfolgung des Werdegangs und des Inverkehrbringens jeder Charge sowie der im Verlauf der Entwicklung eines Prüfpräparats vorgenommenen Änderungen ermöglichen. Die Unterlagen müssen klar und deutlich, fehlerfrei und auf dem neuesten Stand sein. Der ursprüngliche Inhalt einer Eintragung darf nicht unleserlich gemacht werden. Es dürfen keine Veränderungen vorgenommen werden, die nicht erkennen lassen, ob sie bei der ursprünglichen Eintragung oder erst später gemacht worden sind. Die Unterlagen dürfen nur dafür autorisierten Personen zugänglich sein.**

**(2) Werden die Aufzeichnungen mit elektronischen, fotographischen oder anderen Datenverarbeitungssystemen gemacht, ist das System ausreichend zu validieren. Es muss mindestens sichergestellt sein, dass die Daten während der Dauer der Aufbewahrungsfrist verfügbar sind und innerhalb einer angemessenen Frist lesbar gemacht werden können. Die gespeicherten Daten müssen gegen Verlust und Beschädigung geschützt werden. Wird ein System zur automatischen Datenverarbeitung oder -übertragung eingesetzt, so genügt statt der eigenhändigen Unterschrift der jeweils verantwortlichen Personen deren Namenswiedergabe, wenn in geeigneter Weise sichergestellt ist, dass nur befugte Personen die Bestätigung über die ordnungsgemäße Ausführung der jeweiligen Tätigkeiten vornehmen können.**

**(3) Die Aufzeichnungen über das Inverkehrbringen sind so zu ordnen, dass sie den unverzüglichen Rückruf des jeweiligen Produkts ermöglichen.**

## § 11
## Selbstinspektionen und Lieferantenqualifizierung

**(1) Um die Beachtung der Vorschriften dieser Verordnung sicherzustellen, müssen regelmäßig Selbstinspektionen nach einem im Voraus festgelegten Programm durchgeführt werden. Über die Selbstinspektionen und die anschließend ergriffenen Korrekturmaßnahmen müssen Aufzeichnungen geführt und aufbewahrt werden.**

**(2) Die Qualifizierung von Lieferanten für Ausgangsstoffe und primäre und sekundäre Verpackungsmaterialien, die zur Arzneimittelherstellung eingesetzt werden, ist im Rahmen des QM-Systems des verarbeitenden Betriebs nach schriftlich festgelegtem Verfahren durchzuführen. Das Verfahren nach Satz 1 muss grundsätzlich die Durchführung von Überprüfungen vor Ort (Audits) durch hierzu ausreichend geschultes Personal des Arzneimittelherstellers vorsehen, soweit es sich um Hersteller von Wirkstoffen oder gegebenenfalls auch anderen kritischen Ausgangsmaterialien für die Arzneimittelherstellung handelt. Anstelle eigener Audits kann der Arzneimittelhersteller auf geeignete Kenntnisse Dritter zurückgreifen, sofern die Anforderungen für die Durchführung der Audits denen des eigenen QM-Systems entsprechen. Die Spezifikationen sollen die betriebsintern akzeptierten Hersteller und Lieferanten wiederge-**

**ben. Die Sätze 1 und 4 gelten entsprechend für kritische Ausgangsstoffe, die für die Wirkstoffherstellung eingesetzt werden.**

**Abschnitt 3**
**Arzneimittel, Blutprodukte und andere Blutbestandteile sowie Produkte menschlicher Herkunft**

**§ 12**
**Personal in leitender und in verantwortlicher Stellung**

**(1) Der Verantwortungsbereich der sachkundigen Person ist nach Maßgabe von § 19 des Arzneimittelgesetzes schriftlich festzulegen. Die Aufgaben der Leitung der Herstellung und der Leitung der Qualitätskontrolle sind ebenfalls schriftlich festzulegen. Zu den Aufgaben der Leitung der Herstellung gehören insbesondere**
1. **Sicherstellung, dass die Produkte vorschriftsmäßig hergestellt und gelagert werden,**
2. **Genehmigung der Herstellungsanweisung nach § 13 Abs. 1 und Sicherstellung, dass diese eingehalten wird,**
3. **Kontrolle der Wartung, der Räumlichkeiten und der Ausrüstung für die Herstellung,**
4. **Sicherstellung, dass die notwendigen Validierungen der Herstellungsverfahren durchgeführt werden, und**
5. **Sicherstellung der erforderlichen anfänglichen und fortlaufenden Schulung des Personals, das im Bereich der Herstellung tätig ist.**

**Zu den Aufgaben der Leitung der Qualitätskontrolle gehören insbesondere**
1. **Billigung oder Zurückweisung von Ausgangsstoffen, Verpackungsmaterial und Zwischenprodukten,**
2. **Genehmigung von Spezifikationen, Anweisungen zur Probenahme und von Prüfanweisungen nach § 14 Abs. 1 sowie Sicherstellung, dass diese eingehalten werden,**
3. **Sicherstellung, dass alle erforderlichen Prüfungen durchgeführt wurden,**
4. **Zustimmung zur Beauftragung sowie Überwachung der Analysenlabors, die im Auftrag tätig werden,**
5. **Kontrolle der Wartung, der Räumlichkeiten und der Ausrüstung für die Durchführung der Prüfungen,**
6. **Sicherstellung, dass die notwendigen Validierungen der Prüfverfahren durchgeführt werden, und**
7. **Sicherstellung der erforderlichen anfänglichen und fortlaufenden Schulung des Personals, das im Bereich der Prüfung tätig ist.**

**Die Leitung der Herstellung und die Leitung der Qualitätskontrolle muss, abgesehen von den Fällen des § 14 Abs. 2 des Arzneimittelgesetzes, voneinander unabhängig sein.**

**(2) Soweit Fertigarzneimittel in den Verkehr gebracht werden, sind zusätzlich die Verantwortungsbereiche von Stufenplanbeauftragten nach Maßgabe des § 63a des Arzneimittelgesetzes und von Informationsbeauftragten nach Maßgabe des § 74a des Arzneimittelgesetzes festzulegen.**

**(3) Wer Arzneimittel oder Produkte menschlicher Herkunft herstellt oder einführt, ohne einer Erlaubnis nach § 13 oder § 72 des Arzneimittelgesetzes zu bedürfen, hat Personen festzulegen, die für die Herstellung einschließlich der Freigabe, für die Lagerung und für die Qualitätskontrolle verantwortlich sind.**

## § 13
## Herstellung

**(1) Die Herstellungsvorgänge sind mit Ausnahme der Freigabe unter Verantwortung der Leitung der Herstellung nach vorher erstellten schriftlichen Anweisungen und Verfahrensbeschreibungen (Herstellungsanweisung) durchzuführen. Sie müssen in Übereinstimmung mit der Guten Herstellungspraxis sowie den anerkannten pharmazeutischen Regeln erfolgen.**

**(2) Bei Arzneimitteln, die zugelassen oder registriert sind, muss die Herstellungsanweisung den Zulassungs- oder Registrierungsunterlagen, bei Prüfpräparaten den Genehmigungsunterlagen für die klinische Prüfung, in der sie zur Anwendung kommen, entsprechen. Bei Blutstammzellzubereitungen, die nach § 21a des Arzneimittelgesetzes genehmigt worden sind, muss die Herstellungsanweisung den Genehmigungsunterlagen entsprechen.**

**(3) Zur Herstellung von Arzneimitteln sind nur Wirkstoffe und bestimmte Hilfsstoffe im Sinne von § 1 Abs. 1 Nr. 5 als Ausgangsstoffe zu verwenden, die gemäß der Guten Herstellungspraxis hergestellt wurden. Satz 1 gilt für die Herstellung von Prüfpräparaten entsprechend, wobei die Anforderungen an den Wirkstoff dem jeweiligen Entwicklungsstadium des Prüfpräparates anzupassen sind. Es dürfen nur Ausgangsstoffe und Arzneimittel verwendet werden, deren Qualität festgestellt und entsprechend kenntlich gemacht worden ist.**

**(4) Durch räumliche oder zeitliche Trennung der einzelnen Herstellungsvorgänge oder durch andere geeignete technische oder organisatorische Maßnahmen ist Vorsorge zu treffen, dass Kreuzkontaminationen und Verwechslungen vermieden werden. Bei der Herstellung von Prüfpräparaten sind darüber hinaus besondere Vorsichtsmaßnahmen während und nach der Verblindung im Sinne von § 3 Abs. 10 der GCP-Verordnung einzuhalten.**

**(5) Die zur Herstellung angewandten Verfahren sind nach dem jeweiligen Stand von Wissenschaft und Technik zu validieren. Kritische Phasen eines Herstellungsverfahrens müssen regelmäßig revalidiert werden. Abweichend von Satz 1 ist bei Prüfpräparaten der Herstellungsprozess als Ganzes zu validieren, soweit dies angezeigt ist, wobei der Produktentwicklungsphase Rechnung zu tragen ist; kritische Prozessschritte sind stets zu validieren. Alle Schritte für die Auslegung und die Entwicklung des Herstellungsprozesses für das Prüfpräparat sind vollständig zu dokumentieren.**

**(6) Es müssen angemessene und ausreichende Mittel für die Durchführung der Inprozesskontrollen zur Verfügung stehen.**

**(7) Die Herstellung jeder Charge ist gemäß der Herstellungsanweisung nach Absatz 1 durchzuführen und vollständig zu protokollieren (Herstellungsprotokoll). Alle Abweichungen im Prozess und von der Festlegung der Spezifikation sind zu dokumentieren und gründlich zu untersuchen. Soweit das Produkt nicht in Chargen hergestellt wird, gilt Satz 1 entsprechend.**

**(8) Im Herstellungsprotokoll ist von der Leitung der Herstellung mit Datum und Unterschrift zu bestätigen, dass die Charge entsprechend der Herstellungsanweisung hergestellt wurde.**

## § 14
## Prüfung

**(1) Ausgangsstoffe und Endprodukte sowie erforderlichenfalls auch Zwischenprodukte sind unter Verantwortung der Leitung der Qualitätskontrolle nach vorher erstellten schriftlichen Anweisungen und Verfahrensbeschreibungen (Prüfanweisung) zu prüfen. Die Prüfung muss in Übereinstimmung mit der Guten Herstellungspraxis sowie den anerkannten pharmazeutischen Regeln erfolgen. Die Sätze 1 und 2 gelten entsprechend für Behältnisse, äußere Umhüllungen, Verpackungs- und Kennzeichnungsmaterialien sowie Packungsbeilagen.**

**(2) Bei Arzneimitteln, die zugelassen oder registriert sind, muss die Prüfanweisung den Zulassungs- oder Registrierungsunterlagen, bei Prüfpräparaten den Genehmigungsunterlagen für die klinische Prüfung, in der sie zur Anwendung kommen, entsprechen. Bei Blutstammzellzubereitungen, die nach § 21a des Arzneimittelgesetzes genehmigt worden sind, muss die Prüfanweisung den Genehmigungsunterlagen entsprechen.**

**(3) Die zur Prüfung angewandten Verfahren sind nach dem jeweiligen Stand von Wissenschaft und Technik zu validieren. Kritische Prüfverfahren müssen regelmäßig dahingehend bewertet werden, ob sie noch valide sind und erforderlichenfalls revalidiert werden.**

**(4) Die Prüfung ist gemäß der Prüfanweisung nach Absatz 1 durchzuführen und vollständig zu protokollieren (Prüfprotokoll). Alle Abweichungen im Prozess und von der Festlegung in der Spezifikation sind zu dokumentieren und gründlich zu untersuchen. Die Leitung der Qualitätskontrolle hat im Prüfprotokoll mit Datum und Unterschrift zu bestätigen, dass die Prüfung entsprechend der Prüfanweisung durchgeführt worden ist und das Produkt die erforderliche Qualität besitzt.**

**(5) Wurde die erforderliche Qualität festgestellt, sind die Produkte entsprechend kenntlich zu machen; bei zeitlicher Begrenzung der Haltbarkeit ist das Enddatum anzugeben.**

**(6) Ausgangsstoffe, Zwischen- und Endprodukte, die den Anforderungen an die Qualität nicht genügen, sind als solche kenntlich zu machen und abzusondern. Über die weiteren Maßnahmen ist von dazu befugtem Personal zu entscheiden. Die Maßnahmen sind zu dokumentieren.**

## § 15
## Kennzeichnung

**(1) Arzneimittel, die zur Anwendung bei Menschen bestimmt und keine Fertigarzneimittel oder Prüfpräparate sind, dürfen im Geltungsbereich des Arzneimittelgesetzes nur in den Verkehr gebracht werden, wenn ihre Behältnisse und, soweit verwendet, die äußeren Umhüllungen nach § 10 Abs. 1 Nr. 1, 2, 4, 6 und 9 des Arzneimittelgesetzes in gut lesbarer Schrift, in deutscher Sprache und auf dauerhafte Weise gekennzeichnet sind.**

**(2) Fertigarzneimittel, die Arzneimittel im Sinne des § 2 Abs. 2 Nr. 1a, 2 oder 3 des Arzneimittelgesetzes sind, dürfen nur in den Verkehr gebracht werden, wenn ihre Behältnisse und, soweit verwendet, ihre äußeren Umhüllungen nach § 10 des Arzneimittelgesetzes gekennzeichnet sind. Die Angaben über die Darreichungsform, die Wirkstoffe und die Wartezeit können entfallen. Bei diesen Arzneimitteln sind auf dem**

**Behältnis oder, soweit verwendet, auf der äußeren Umhüllung oder einer Packungsbeilage zusätzlich anzugeben**
**1. die Anwendungsgebiete,**
**2. die Gegenanzeigen,**
**3. die Nebenwirkungen,**
**4. die Wechselwirkungen mit anderen Mitteln.**

**(3) Fertigarzneimittel, die Arzneimittel im Sinne des § 2 Abs. 2 Nr. 4 des Arzneimittelgesetzes sind, dürfen nur in den Verkehr gebracht werden, wenn ihre Behältnisse und, soweit verwendet, ihre äußeren Umhüllungen nach § 10 Abs. 1, 2, 6, 8 und 9 des Arzneimittelgesetzes gekennzeichnet sind. Die Angaben über die Darreichungsform können entfallen. Die Wirkstoffe sind bei Arzneimitteln im Sinne des § 2 Abs. 2 Nr. 4 des Arzneimittelgesetzes nach Art und Menge anzugeben, soweit sie für die Funktion des Arzneimittels charakteristisch sind. Besteht das Fertigarzneimittel aus mehreren Teilen, so sind auf dem Behältnis und, soweit verwendet, auf der äußeren Umhüllung die Chargenbezeichnungen der einzelnen Teile anzugeben. Ist die Angabe der Wirkstoffe nach Art und Menge auf dem Behältnis aus Platzmangel nicht möglich, so ist sie auf der äußeren Umhüllung oder, sofern auch dies aus Platzmangel nicht möglich ist, in einem dem Behältnis beigefügten Informationsblatt vorzunehmen.**

**(4) Bei Arzneimitteln, die der Zulassung oder Registrierung nicht bedürfen, entfällt die Angabe der Zulassungsnummer oder Registrierungsnummer.**

**(5) Produkte menschlicher Herkunft sind auf ihren Behältnissen und, soweit verwendet, ihren äußeren Umhüllungen in gut lesbarer Schrift in deutscher oder englischer Sprache und auf dauerhafte Weise mindestens wie folgt zu kennzeichnen:**
**1. Name oder Firma und Anschrift des Herstellers des Produkts und, soweit unterschiedlich, des Herstellers, der das Produkt abgefüllt, umgefüllt, umgepackt oder umgekennzeichnet hat,**
**2. Bezeichnung oder Identifizierungscode des Produkts, verbunden mit dem Hinweis „menschlicher Herkunft" und, soweit möglich und zutreffend, seines Reinheitsgrades, der Referenz zu einem Arzneibuch sowie die internationale Kurzbezeichnung der Weltgesundheitsorganisation,**
**3. soweit zutreffend, Inhalt nach Gewicht oder Rauminhalt; sind biologische Einheiten oder andere Angaben zur Wertigkeit wissenschaftlich gebräuchlich, so sind diese zu verwenden,**
**4. Chargenbezeichnung des Fertigprodukts oder, soweit das Produkt nicht in Chargen hergestellt wird, das Herstellungsdatum und, soweit zutreffend, zusätzlich auch des abgefüllten, umgefüllten, umgepackten oder umgekennzeichneten Produkts,**
**5. Verfalldatum oder Nachtestdatum und**
**6. besondere Transport- oder Lagerbedingungen, soweit für die Aufrechterhaltung der Qualität des Produkts erforderlich.**

**In begründeten Fällen kann die zuständige Behörde Ausnahmen über die Kennzeichnung zulassen.**

## § 16
## Freigabe zum Inverkehrbringen

**(1) Die Freigabe einer Charge zum Inverkehrbringen darf von der sachkundigen Person nach § 14 des Arzneimittelgesetzes, die mit dem Produkt und mit den für dessen Herstellung und Prüfung eingesetzten Verfahren vertraut ist, nur nach von ihr vorher**

erstellten schriftlichen Anweisungen und Verfahrensbeschreibungen nach Absatz 2 oder 3 Satz 2 vorgenommen werden.

(2) Die Freigabe darf nur erfolgen, wenn
1. das Herstellungsprotokoll und das Prüfprotokoll ordnungsgemäß unterzeichnet sind,
2. zusätzlich zu den analytischen Ergebnissen essenzielle Informationen wie die Herstellungsbedingungen und die Ergebnisse der Inprozesskontrollen berücksichtigt wurden,
3. die Überprüfung der Herstellungs- und Prüfunterlagen die Übereinstimmung der Produkte mit ihren Spezifikationen, einschließlich der Endverpackung, bestätigt hat und
4. bei zugelassenen oder registrierten Arzneimitteln die Übereinstimmung mit den Zulassungs- oder Registrierungsunterlagen und bei Prüfpräparaten die Übereinstimmung mit den Unterlagen für die Genehmigung für die klinische Prüfung, in der sie zur Anwendung kommen, vorliegt.

(3) Soweit verflüssigte medizinische Gase nach § 13 Abs. 3 des Arzneimittelgesetzes umgefüllt werden, ist abweichend von Absatz 2 nur das Lieferbehältnis des Tankfahrzeuges vor dem Inverkehrbringen freizugeben. Die Dokumentation zur Befüllung des Endbehältnisses ist der Leitung der Herstellung und der sachkundigen Person nachträglich unverzüglich vorzulegen und von diesen schriftlich zu bestätigen. Der in § 19 des Arzneimittelgesetzes definierte Verantwortungsbereich der sachkundigen Person bleibt unberührt.

(4) Sofern die Herstellung oder Qualitätskontrolle in mehreren Stufen, gegebenenfalls auch an unterschiedlichen Orten oder bei unterschiedlichen Herstellern ausgeführt wird oder die komplette Herstellung mit Ausnahme der Freigabe in anderen Betrieben und Einrichtungen erfolgt, kann die sachkundige Person nach § 14 des Arzneimittelgesetzes die von anderen sachkundigen Personen vorgenommenen Bestätigungen über die Teilherstellungsstufen oder Prüfungen innerhalb eines von ihr anerkannten Qualitätssystems zur Entscheidung über die Freigabe der Fertigproduktcharge heranziehen. Sie ist für die Freigabe zum Inverkehrbringen der Charge insgesamt persönlich verantwortlich. Satz 1 gilt entsprechend für Bestätigungen, die von sachkundigen Personen nach Artikel 48 der Richtlinie 2001/83/EG oder Artikel 52 der Richtlinie 2001/82/EG vorgelegt werden.

(5) In den Fällen des Absatzes 4 hat sich die sachkundige Person nach § 14 des Arzneimittelgesetzes durch persönliche Kenntnisnahme oder durch Bestätigung anderer ausreichend sachkundiger und geeigneter Personen davon zu überzeugen, dass der Hersteller in der Lage ist, in Übereinstimmung mit der Guten Herstellungspraxis und entsprechend der Herstellungs- und Prüfanweisung herzustellen und zu prüfen. Die Herstellung muss in einem Land, das nicht Mitgliedstaat der Europäischen Union oder anderer Vertragsstaat des Abkommens über den Europäischen Wirtschaftsraum ist, nachweislich nach Standards erfolgen, die den von der Europäischen Gemeinschaft festgelegten Standards der Guten Herstellungspraxis zumindest gleichwertig sind. Der Hersteller muss für die Durchführung der jeweiligen Tätigkeit nach nationaler Regelung befugt sein.

(6) Die sachkundige Person nach § 14 des Arzneimittelgesetzes kann sich in Fällen kurzfristiger Verhinderung, insbesondere durch Krankheit oder Urlaub, nur von Personen vertreten lassen, die über die Sachkenntnis nach § 15 des Arzneimittelgesetzes verfügen.

**(7) Der Inhaber einer Erlaubnis nach § 13 oder § 72 des Arzneimittelgesetzes hat der sachkundigen Person nach § 14 des Arzneimittelgesetzes die Durchführung ihrer Aufgabe zu ermöglichen und ihr insbesondere alle erforderlichen Mittel zur Verfügung zu stellen.**

### § 17
### Inverkehrbringen und Einfuhr

**(1) Arzneimittel, Blutprodukte und andere Blutbestandteile sowie Produkte menschlicher Herkunft, die im Geltungsbereich des Arzneimittelgesetzes hergestellt und geprüft wurden, dürfen nur in den Verkehr gebracht werden, wenn sie gemäß § 16 freigegeben wurden. Soweit die Arzneimittel, Blutprodukte und anderen Blutbestandteile sowie Produkte menschlicher Herkunft in den Geltungsbereich des Arzneimittelgesetzes verbracht oder eingeführt wurden, darf die Freigabe nach § 16 zum Inverkehrbringen nur erfolgen, wenn die Herstellung in einem Betrieb durchgeführt wurde, der dafür nach dem jeweiligen nationalen Recht befugt ist, und die Prüfung nach § 14 im Geltungsbereich des Arzneimittelgesetzes durchgeführt wurde. Die Prüfung soll neben der vollständigen qualitativen und quantitativen Analyse, insbesondere der Wirkstoffe, auch alle sonstigen Überprüfungen erfassen, die erforderlich sind, um die jeweilige Produktqualität zu gewährleisten. Satz 2 gilt nicht für Prüfpräparate.**

**(2) Bei einem Verbringen aus einem Mitgliedstaat der Europäischen Union oder einem anderen Vertragsstaat des Abkommens über den Europäischen Wirtschaftsraum in den Geltungsbereich des Arzneimittelgesetzes kann von der Prüfung nach Absatz 1 abgesehen werden, wenn die Prüfung in dem Mitgliedstaat oder in dem anderen Vertragsstaat nach den dort geltenden Rechtsvorschriften durchgeführt und die von der sachkundigen Person unterzeichneten Kontrollberichte beigefügt wurden.**

**(3) Bei einer Einfuhr aus Ländern, die nicht Mitgliedstaaten der Europäischen Union oder andere Vertragsstaaten des Abkommens über den Europäischen Wirtschaftsraum sind, kann von der Prüfung nach Absatz 1 abgesehen werden, wenn die Voraussetzungen nach § 72a Satz 1 Nr. 1 des Arzneimittelgesetzes, bei Blutprodukten, die keine Arzneimittel sind und bei Produkten menschlicher Herkunft auch nach § 72a Satz 1 Nr. 2 des Arzneimittelgesetzes erfüllt sind oder die Prüfung schon in einem anderen Mitgliedstaat der Europäischen Union durchgeführt wurde und entsprechende Kontrollberichte übermittelt wurden.**

**(4) Sofern Prüfpräparate, die in einem Land hergestellt wurden, das nicht Mitgliedstaat der Europäischen Union oder anderer Vertragsstaat des Abkommens über den Europäischen Wirtschaftsraum ist und für die eine Genehmigung für das Inverkehrbringen im Herkunftsland vorliegt, in einer klinischen Prüfung als Vergleichspräparate eingesetzt werden sollen, trägt die sachkundige Person nach § 14 des Arzneimittelgesetzes die Verantwortung dafür, dass jede Herstellungscharge allen erforderlichen Prüfungen unterzogen wurde, um die Qualität der Präparate gemäß den Genehmigungsunterlagen für die klinische Prüfung, in der sie zur Anwendung kommen, zu bestätigen. Satz 1 gilt auch dann, wenn der sachkundigen Person nach § 14 des Arzneimittelgesetzes keine Unterlagen erhältlich sind, die bestätigen, dass jede Produktionscharge nach Standards hergestellt wurde, die den von der Gemeinschaft festgelegten Standards der Guten Herstellungspraxis mindestens gleichwertig sind.**

**(5) Die sachkundige Person nach § 14 des Arzneimittelgesetzes hat gemäß § 19 Satz 2 des Arzneimittelgesetzes in einem fortlaufenden Register oder einem hierfür vorgesehenen vergleichbaren Dokument für jede Arzneimittelcharge die Einhaltung der Vor-**

schriften des Arzneimittelgesetzes und der vorliegenden Verordnung zu bescheinigen, bevor die Charge in den Verkehr gebracht wird. Sofern anschließend Chargen zurückgerufen werden, ist dies in dem Register oder einem vergleichbaren Dokument zu vermerken.

(6) Soweit durch Rechtsvorschrift nichts anderes zugelassen ist, dürfen Fertigarzneimittel nur an Betriebe und Einrichtungen geliefert werden, die über eine Erlaubnis nach § 13, § 52a oder § 72 des Arzneimittelgesetzes verfügen oder zur Abgabe an den Endverbraucher befugt sind oder an andere Einrichtungen oder Personen, die gemäß § 47 des Arzneimittelgesetzes Arzneimittel beziehen dürfen. Satz 1 gilt entsprechend für Betriebe, die im Besitz einer Erlaubnis nach Artikel 40 oder einer Genehmigung nach Artikel 77 der Richtlinie 2001/83/EG oder einer Erlaubnis nach Artikel 44 oder einer Genehmigung nach Artikel 65 der Richtlinie 2001/82/EG sind. Den Lieferungen sind ausreichende Unterlagen beizufügen, aus denen insbesondere das Datum der Auslieferung, die Bezeichnung und Menge des Arzneimittels sowie Name und Anschrift des Lieferanten und des Empfängers hervorgehen. Im Falle der Lieferung an Betriebe und Einrichtungen, die entsprechend Satz 1 oder Satz 2 über eine Erlaubnis oder eine Genehmigung verfügen, muss zusätzlich die Chargenbezeichnung des jeweiligen Arzneimittels angegeben werden. Darüber hinaus muss unter Angabe der ausstellenden Behörde und des Ausstellungsdatums bestätigt werden, dass der Lieferant über eine Erlaubnis nach § 13, § 52a oder § 72 des Arzneimittelgesetzes verfügt. Die Verpflichtung zur zusätzlichen Angabe der Chargenbezeichnung gilt auch

1. bei der Abgabe von Arzneimitteln an Krankenhausapotheken und krankenhausversorgende Apotheken für die Zwecke der Belieferung von Krankenhäusern,
2. im Falle von Blutzubereitungen, Sera aus menschlichem Blut und Zubereitungen aus anderen Stoffen menschlicher Herkunft sowie gentechnisch hergestellten Blutbestandteilen, die fehlende Blutbestandteile ersetzen, auch bei Lieferung an Betriebe und Einrichtungen zur Abgabe an den Endverbraucher sowie
3. bei Abgabe von zur Anwendung bei Tieren bestimmten verschreibungspflichtigen Arzneimitteln.

## § 18
## Rückstellmuster

(1) Die für die Freigabe nach § 16 verantwortliche sachkundige Person nach § 14 des Arzneimittelgesetzes hat sicherzustellen, dass Rückstellmuster von jeder Charge eines Fertigarzneimittels in ausreichender Menge zum Zwecke einer gegebenenfalls erforderlichen analytischen Nachtestung und zum Nachweis der Kennzeichnung einschließlich der Packungsbeilage mindestens ein Jahr über den Ablauf des Verfalldatums hinaus aufbewahrt werden. Wenn der Betrieb, in dem die Freigabe erfolgt, nicht gleichzeitig der pharmazeutische Unternehmer ist, oder wenn mehr als ein Betrieb in die Herstellung einer Charge involviert ist, ist die Verantwortlichkeit für die Rückstellmusterlagerung im Sinne des § 9 vertraglich zu regeln. Für den Fall einer Schließung des Betriebs, in dem die Rückstellmusterlagerung erfolgt, hat der pharmazeutische Unternehmer Vorsorge zu treffen, dass die Rückstellmuster während des gesamten Aufbewahrungszeitraums nach Satz 1 vorgehalten werden. Sofern eine Charge in zwei oder mehreren Arbeitsgängen endgültig verpackt wird, ist grundsätzlich jeweils mindestens ein Rückstellmuster pro Verpackungsvorgang aufzubewahren. Bei parallel importierten oder parallel vertriebenen Arzneimitteln findet Satz 4 nur Anwendung, sofern deren Sekundärverpackung zum Zwecke der Änderung der Kennzeichnung oder der Packungsbeilage geöffnet wird. Bei Arzneimitteln, deren Herstellung für den Einzelfall oder in kleinen Mengen erfolgt und deren Lagerung besondere

**Probleme bereitet, kann die zuständige Behörde Ausnahmen über die Muster und ihre Aufbewahrung zulassen.**

**(2) Die für die Freigabe nach § 16 verantwortliche sachkundige Person nach § 14 des Arzneimittelgesetzes hat sicherzustellen, dass Rückstellmuster von jeder Charge der für die Arzneimittelherstellung verwendeten Ausgangsstoffe mindestens zwei Jahre nach Freigabe der unter Verwendung dieser Ausgangsstoffe hergestellten Arzneimittel aufbewahrt werden, es sei denn, in den Zulassungsunterlagen ist eine kürzere Haltbarkeit angegeben. Satz 1 gilt nicht für Lösungsmittel, Gase und Wasser. Absatz 1 Satz 6 findet entsprechende Anwendung.**

**(3) Abweichend von Absatz 1 hat die für die Freigabe nach § 16 verantwortliche sachkundige Person nach § 14 des Arzneimittelgesetzes sicherzustellen, dass von Prüfpräparaten sowie deren Kennzeichnungs- und bedruckte Verpackungsmaterialien ausreichende Muster jeder Herstellungscharge mindestens zwei Jahre nach Abschluss oder Abbruch der letzten klinischen Prüfung, bei der die betreffende Charge zur Anwendung kam, aufbewahrt werden. Soweit Angaben nach § 5 der GCP-Verordnung in Begleitdokumenten gemacht werden, sind auch die Muster dieser Begleitdokumente für jede Charge aufzubewahren.**

**(4) Die Aufbewahrung der Rückstellmuster eines Fertigarzneimittels nach Absatz 1 muss im Geltungsbereich des Arzneimittelgesetzes erfolgen. Von Satz 1 kann abgesehen werden, wenn die Rückstellmuster in einem Mitgliedstaat der Europäischen Union oder in einem anderen Vertragsstaat des Abkommens über den Europäischen Wirtschaftsraum gelagert werden.**

## § 19
## Beanstandungen und Rückruf

**(1) Der oder die Stufenplanbeauftragte ist dafür verantwortlich, dass alle bekannt gewordenen Meldungen über Arzneimittelrisiken nach schriftlich festgelegtem Verfahren gesammelt sowie alle Beanstandungen systematisch aufgezeichnet werden. Dabei ist die sofortige Überprüfung der Meldungen unverzüglich zu veranlassen und daraufhin zu bewerten, ob ein Arzneimittelrisiko vorliegt, wie schwerwiegend es ist und welche Maßnahmen zur Risikoabwehr geboten sind. Die notwendigen Maßnahmen sind zu koordinieren und der sachkundigen Person nach § 14 des Arzneimittelgesetzes zur Kenntnis zu bringen, damit diese erforderlichenfalls die ihrerseits notwendigen Maßnahmen ergreifen kann, insbesondere, wenn es sich um ein Qualitätsproblem handeln könnte. Die Wirksamkeit der Verfahren ist regelmäßig zu überprüfen.**

**(2) Der oder die Stufenplanbeauftragte hat die zuständige Behörde über jeden Mangel, der zu einem Rückruf oder zu einer ungewöhnlichen Einschränkung des Vertriebs führen könnte, unverzüglich zu unterrichten und dabei auch mitzuteilen, in welche Staaten das Arzneimittel verbracht oder ausgeführt wurde. Darüber hinaus ist die Behörde auch über jeden begründeten Verdacht einer Arzneimittelfälschung unverzüglich zu unterrichten.**

**(3) Der oder die Stufenplanbeauftragte hat die nach dem Arzneimittelgesetz bestehenden Anzeigepflichten zu erfüllen, soweit sie Arzneimittelrisiken betreffen. Die Meldeverpflichtungen nach § 14 der GCP-Verordnung bleiben unberührt.**

**(4) Absatz 1 gilt für Prüfpräparate entsprechend. Der oder die Stufenplanbeauftragte ist dafür verantwortlich, dass in Zusammenarbeit mit dem Sponsor Beanstandungen systematisch aufgezeichnet, überprüft und wirkungsvolle systematische Vorkehrun-**

gen getroffen werden, damit eine weitere Anwendung der Prüfpräparate verhindert werden kann, sofern dies notwendig ist. Jeder Mangel, der zu einem Rückruf oder zu einer ungewöhnlichen Einschränkung des Vertriebs führen könnte, ist zu dokumentieren und zu untersuchen und die zuständige Behörde unverzüglich davon zu unterrichten und dabei auch mitzuteilen, an welche Prüfstellen innerhalb oder außerhalb des Geltungsbereiches des Arzneimittelgesetzes das Prüfpräparat ausgeliefert wurde. Sofern das Prüfpräparat ein zugelassenes Arzneimittel ist, muss der oder die Stufenplanbeauftragte in Zusammenarbeit mit dem Sponsor den Zulassungsinhaber über jeden Mangel informieren, der mit dem zugelassenen Arzneimittel in Verbindung stehen kann.

(5) Über den Inhalt der Meldungen, die Art der Überprüfung und die dabei gewonnenen Erkenntnisse, das Ergebnis der Bewertung, die koordinierten Maßnahmen und die Benachrichtigungen hat der oder die Stufenplanbeauftragte Aufzeichnungen zu führen.

(6) Der oder die Stufenplanbeauftragte soll von den Verkaufs- oder Vertriebseinheiten unabhängig sein und kann sich nur von Personen vertreten lassen, die über die Sachkenntnis nach § 63a Abs. 2 des Arzneimittelgesetzes verfügen und muss im Geltungsbereich des Arzneimittelgesetzes oder in einem anderen Mitgliedstaat der Europäischen Union ansässig sein.

(7) Soweit ein pharmazeutischer Unternehmer andere als die in § 63a Abs. 1 Satz 1 des Arzneimittelgesetzes genannten Produkte in den Verkehr bringt, hat er eine entsprechende Person mit der Wahrnehmung der Aufgaben des oder der Stufenplanbeauftragten zu beauftragen. Die entsprechend beauftragte Person ist für die Einhaltung der Verpflichtungen nach den Absätzen 1 bis 5 verantwortlich.

(8) Der pharmazeutische Unternehmer hat dafür zu sorgen, dass alle im Betrieb eingehenden Meldungen über Arzneimittelrisiken und Beanstandungen sowie Informationen für die Beurteilung des Nutzen-Risiko-Verhältnisses eines Arzneimittels unverzüglich dem oder der Stufenplanbeauftragten oder der nach Absatz 7 Satz 1 entsprechend beauftragten Person mitgeteilt werden.

## § 20
## Aufbewahrung der Dokumentation

(1) Alle Aufzeichnungen über den Erwerb, die Herstellung einschließlich der Freigabe, die Prüfung, Lagerung, das Verbringen in den oder aus dem Geltungsbereich des Arzneimittelgesetzes, die Einfuhr oder die Ausfuhr, das Inverkehrbringen einschließlich der Auslieferung sowie Aufzeichnungen über die Tierhaltung und Aufzeichnungen der oder des Stufenplanbeauftragten oder der nach § 19 Abs. 7 Satz 1 entsprechend beauftragten Person sind vollständig und mindestens bis ein Jahr nach Ablauf des Verfalldatums, jedoch nicht weniger als fünf Jahre aufzubewahren. Die Aufbewahrung muss in einem geeigneten Bereich der von der Erlaubnis nach § 13 oder § 72 des Arzneimittelgesetzes erfassten Räume erfolgen. Die Zugriffsberechtigung zu den Aufzeichnungen nach Satz 1 ist durch geeignete Maßnahmen auf dazu befugte Personen einzuschränken. Für den Fall einer Schließung des Hersteller- oder Prüfbetriebs, in dem die Aufbewahrung der Dokumentation nach Satz 1 erfolgt, hat der pharmazeutische Unternehmer Vorsorge zu treffen, dass die Dokumentation während der gesamten Aufbewahrungszeit vorgehalten wird.

(2) Abweichend von Absatz 1 sind bei Blutzubereitungen, Sera aus menschlichem Blut und gentechnisch hergestellten Plasmaproteinen zur Behandlung von Hämostasestörungen zum Zwecke der Rückverfolgbarkeit Aufzeichnungen mit Angaben

1. zur Identifizierung der Spendeeinrichtung,
2. zur Identifizierung der spendenden Person,
3. über die Bezeichnung des Arzneimittels,
4. zur Chargenbezeichnung,
5. zur Gewinnung der Spende (Jahr, Monat, Tag),
6. zum Datum der Abgabe und
7. über den Namen oder die Firma des Empfängers

in lesbarer Form in einem geeigneten Speichermedium mindestens 30 Jahre und die anderen Aufzeichnungen über die Spendenentnahme und die damit verbundenen Maßnahmen gemäß § 11 Abs. 1 des Transfusionsgesetzes mindestens 15 Jahre aufzubewahren oder zu speichern. Die Angaben müssen gelöscht werden, wenn die Aufbewahrung oder Speicherung nicht mehr erforderlich ist. Werden die Aufzeichnungen länger als 30 Jahre aufbewahrt oder gespeichert, sind sie zu anonymisieren.

(3) (weggefallen)

(4) Absatz 1 gilt bei Prüfpräparaten mit der Maßgabe, dass die Unterlagen mindestens fünf Jahre nach Abschluss oder Abbruch der letzten klinischen Prüfung, bei der die betreffende Charge zur Anwendung kam, aufzubewahren sind.

## Abschnittt 4
## Wirkstoffe nichtmenschlicher Herkunft

### § 21
### Organisationsstruktur

(1) Das QM-System nach § 3 muss insbesondere die Organisationsstruktur sowie die Verfahren, Prozesse und alle Aktivitäten umfassen, die notwendig sind, um sicherzustellen, dass der Wirkstoff die vorgesehenen Spezifikationen für Qualität und Reinheit erfüllt. Es muss mindestens eine Qualitätssicherungseinheit aufweisen, die von der Produktion unabhängig ist. Die Qualitätssicherungseinheit muss in alle qualitätsbezogenen Angelegenheiten einbezogen werden.

(2) Soweit Wirkstoffe hergestellt oder eingeführt werden, die der Erlaubnispflicht nach § 13 oder § 72 des Arzneimittelgesetzes unterliegen, findet § 12 Abs. 1 Anwendung.

(3) Wer Wirkstoffe herstellt oder einführt, ohne einer Erlaubnis nach § 13 oder § 72 des Arzneimittelgesetzes zu bedürfen, hat die zur Freigabe von Zwischenprodukten und Wirkstoffen berechtigten Personen entsprechend festzulegen.

### § 22
### Herstellung

(1) Die Herstellungsvorgänge einschließlich der Inprozesskontrollen sind nach vorher erstellten schriftlichen Anweisungen und Verfahrensbeschreibungen (Herstellungsanweisung) und in Übereinstimmung mit der Guten Herstellungspraxis durchzuführen.

**(2) Bei der nach § 13 des Arzneimittelgesetzes erlaubnispflichtigen Wirkstoffherstellung ist die Leitung der Herstellung verantwortlich für die Genehmigung der Herstellungsanweisung, soweit nicht die Freigabe betroffen ist. In anderen Betrieben und Einrichtungen ist es die Qualitätssicherungseinheit.**

**(3) Es dürfen nur Ausgangs- oder Zwischenprodukte verwendet werden, deren Qualität festgestellt und entsprechend kenntlich gemacht worden ist.**

**(4) Durch räumliche oder zeitliche Trennung der einzelnen Herstellungsvorgänge oder durch andere geeignete technische oder organisatorische Maßnahmen ist Vorsorge zu treffen, dass Kreuzkontaminationen und Verwechslungen vermieden werden.**

**(5) Die zur Herstellung angewandten Verfahren sind, soweit diese kritisch für die Qualität oder Reinheit des Wirkstoffs sind, nach dem jeweiligen Stand von Wissenschaft und Technik zu validieren. Kritische Phasen eines Herstellungsverfahrens sind regelmäßig zu revalidieren.**

**(6) Die Herstellung jeder Charge einschließlich ihrer Verpackung ist gemäß der Herstellungsanweisung nach Absatz 1 durchzuführen und vollständig zu protokollieren (Herstellungsprotokoll). Alle Abweichungen im Prozess und von der Festlegung in der Spezifikation sind zu dokumentieren und zu bewerten; kritische Abweichungen sind zu untersuchen. Soweit der Wirkstoff nicht in Chargen hergestellt wird, gelten die Sätze 1 und 2 entsprechend.**

**(7) Im Herstellungsprotokoll ist in Betrieben und Einrichtungen, die der Erlaubnispflicht nach § 13 des Arzneimittelgesetzes unterliegen, von der Leitung der Herstellung mit Datum und Unterschrift zu bestätigen, dass die Charge entsprechend der Herstellungsanweisung hergestellt wurde. In anderen Betrieben und Einrichtungen sind eine oder mehrere entsprechende Personen festzulegen, die für die Überprüfung der Protokolle auf Vollständigkeit und Richtigkeit verantwortlich sind.**

## § 23
## Prüfung

**(1) Ausgangsstoffe, Zwischenprodukte und Wirkstoffe sind nach vorher erstellten schriftlichen Anweisungen und Verfahrensbeschreibungen (Prüfanweisung) und in Übereinstimmung mit der Guten Herstellungspraxis zu prüfen. Satz 1 gilt entsprechend für Behältnisse, Packmittel und Kennzeichnungsmaterial der Wirkstoffe.**

**(2) Bei Wirkstoffen, deren Herstellung einer Erlaubnis nach § 13 des Arzneimittelgesetzes bedarf, ist die Leitung der Qualitätskontrolle verantwortlich für die Genehmigung der Prüfanweisung. In anderen Betrieben und Einrichtungen ist es die Qualitätssicherungseinheit.**

**(3) Die für die Prüfung angewandten Verfahren sind nach dem jeweiligen Stand von Wissenschaft und Technik zu validieren, soweit sie nicht in einem Arzneibuch oder einem vergleichbaren Regelwerk aufgeführt sind. Kritische Prüfverfahren müssen regelmäßig dahingehend bewertet werden, ob sie noch valide sind und erforderlichenfalls revalidiert werden.**

**(4) Die Prüfung ist gemäß der Prüfanweisung nach Absatz 1 durchzuführen und vollständig zu protokollieren (Prüfprotokoll). Alle Abweichungen im Prozess und von der Festlegung in der Spezifikation sind zu dokumentieren und gründlich zu untersuchen.**

**(5) In Betrieben und Einrichtungen, die einer Erlaubnis nach § 13 des Arzneimittelgesetzes bedürfen, hat die Leitung der Qualitätskontrolle im Prüfprotokoll mit Datum und Unterschrift zu bestätigen, dass die Prüfung entsprechend der Prüfanweisung durchgeführt worden ist und das Produkt die erforderliche Qualität besitzt. In anderen Betrieben und Einrichtungen sind entsprechende Verantwortlichkeiten festzulegen.**

**(6) Wurde die erforderliche Qualität festgestellt, sind die Wirkstoffe entsprechend kenntlich zu machen; bei zeitlicher Begrenzung der Haltbarkeit ist das Enddatum anzugeben. Sofern angezeigt, kann anstelle des Verfalldatums auch ein Nachprüfdatum angegeben werden.**

**(7) Ausgangsstoffe, Zwischenprodukte und Wirkstoffe, die den Anforderungen an die Qualität nicht genügen, sind als solche kenntlich zu machen und abzusondern. Über die weiteren Maßnahmen ist von dazu befugtem Personal zu entscheiden. Die Maßnahmen sind zu dokumentieren.**

## § 24
## Kennzeichnung

**(1) Die Kennzeichnung der Zwischenprodukte und Wirkstoffe ist nach vorher erstellten schriftlichen Anweisungen und Verfahrensbeschreibungen und in Übereinstimmung mit der Guten Herstellungspraxis durchzuführen. Bei der nach § 13 des Arzneimittelgesetzes erlaubnispflichtigen Wirkstoffherstellung ist die Leitung der Herstellung verantwortlich für die Genehmigung der Anweisung und Verfahrensbeschreibung. In anderen Betrieben und Einrichtungen ist es die Qualitätssicherungseinheit.**

**(2) Zwischenprodukte und Wirkstoffe sind vor ihrem Inverkehrbringen auf ihren Behältnissen und, soweit verwendet, ihren äußeren Umhüllungen in gut lesbarer Schrift und auf dauerhafte Weise mindestens wie folgt zu kennzeichnen:**

1. **Name oder Firma und zusätzlich Anschrift des Herstellers,**
2. **Bezeichnung oder Identifizierungscode des Produkts, soweit möglich auch seines Reinheitsgrades; soweit zutreffend, Referenz zu einem Arzneibuch und - soweit vorhanden - internationale Kurzbezeichnung der Weltgesundheitsorganisation,**
3. **Inhalt nach Gewicht oder Rauminhalt; sind biologische Einheiten oder andere Angaben zur Wertigkeit wissenschaftlich gebräuchlich, so sind diese zu verwenden,**
4. **Chargenbezeichnung oder, soweit das Zwischenprodukt oder der Wirkstoff nicht in Chargen hergestellt wird, das Herstellungsdatum,**
5. **Verfalldatum oder Nachtestdatum,**
6. **besondere Transport- oder Lagerbedingungen, soweit für die Aufrechterhaltung der Qualität des Wirkstoffs oder Stoffs erforderlich,**
7. **bei gentechnologisch gewonnenen Wirkstoffen die Bezeichnung des bei der Herstellung verwendeten gentechnisch veränderten Mikroorganismus oder der Zelllinie und**
8. **bei Wirkstoffen mikrobieller Herkunft die Angabe, dass es sich um einen Wirkstoff mikrobieller Herkunft handelt und bei Wirkstoffen tierischer Herkunft die Bezeichnung der zur Herstellung verwendeten Tierspezies.**

**(3) Sofern das Zwischenprodukt oder der Wirkstoff nachträglich von einem anderen Betrieb als dem Originalhersteller umgefüllt, umverpackt, umgekennzeichnet oder freigegeben wurde, ist zusätzlich der Name oder die Firma und die Anschrift dieses**

**Betriebs sowie die neue Chargenbezeichnung auf dem Behältnis und, soweit verwendet, der äußeren Umhüllung des Zwischenprodukts oder des Wirkstoffs anzugeben. Die Angaben sind in deutscher Sprache zu machen, sofern das Zwischenprodukt oder der Wirkstoff im Geltungsbereich des Arzneimittelgesetzes in den Verkehr gebracht wird. Weitere Angaben sind zulässig, soweit sie den deutschen Angaben nicht widersprechen. Die Sätze 1 bis 3 finden keine Anwendung, sofern es sich um Tätigkeiten im Einzelfall handelt, die aufgrund einer nachweislichen Beschädigung des Originalbehältnisses oder seiner Verpackung erforderlich sind. Eine Tätigkeit im Sinne von Satz 4 gilt nicht als Herstellungsschritt. Der Vorgang ist zu dokumentieren und auf Verlangen der zuständigen Behörde vorzulegen.**

### § 25
### Freigabe zum Inverkehrbringen

**(1) Die Freigabe zum Inverkehrbringen darf nur nach vorher erstellten schriftlichen Anweisungen und Verfahrensbeschreibungen nach Absatz 3 oder Absatz 4 Satz 1 von Personen vorgenommen werden, die mit den Produkten und mit den für deren Herstellung und Prüfung eingesetzten Verfahren vertraut sind.**

**(2) In Betrieben und Einrichtungen, die der Erlaubnispflicht nach § 13 oder § 72 des Arzneimittelgesetzes unterliegen, ist die sachkundige Person nach § 14 des Arzneimittelgesetzes verantwortlich für die Freigabe derjenigen Produkte, die die Erlaubnispflicht auslösen; § 16 Abs. 1 und 4 bis 7 findet entsprechende Anwendung. Im Übrigen ist für die Freigabe die Qualitätssicherungseinheit verantwortlich; die zur Freigabe berechtigten Personen sind schriftlich festzulegen.**

**(3) Die Freigabe nach Absatz 1 darf nur erfolgen, wenn das Herstellungsprotokoll und das Prüfprotokoll ordnungsgemäß unterzeichnet sind, zusätzlich zu den analytischen Ergebnissen essenzielle Informationen wie die Herstellungsbedingungen und die Ergebnisse der Inprozesskontrollen berücksichtigt wurden und die Überprüfung der Herstellungs- und Prüfunterlagen die Übereinstimmung der Produkte mit ihren Spezifikationen bestätigt hat.**

**(4) Bei Zwischenprodukten und Wirkstoffen, die ausschließlich umgefüllt, abgefüllt, abgepackt oder gekennzeichnet werden, darf die Freigabe nach Absatz 1 nur erfolgen, wenn**
1. **mindestens die Identität dieser Produkte festgestellt wurde und darüber ein ordnungsgemäß unterzeichnetes Prüfprotokoll vorliegt,**
2. **über das Umfüllen, Abfüllen, Abpacken und Kennzeichnen ein ordnungsgemäß unterzeichnetes Herstellungsprotokoll vorliegt,**
3. **alle erforderlichen qualitäts- oder zulassungsbezogenen Informationen vom Originalhersteller und, sofern zutreffend, weiterer Hersteller der Wirkstoffe oder Zwischenprodukte einschließlich der Analysenzertifikate vorliegen,**
4. **ausreichende Kenntnisse über den Originalhersteller und, sofern zutreffend, weiterer Hersteller und deren Qualitätsmanagementsystem vorliegen und**
5. **die Rückverfolgbarkeit bis zum Originalhersteller des Produkts gewährleistet wird.**

**Wenn die Zwischenprodukte oder Wirkstoffe in Primärbehältnisse anderen als des ursprünglichen Materials gefüllt oder gepackt werden, ist das vom Originalhersteller vorgegebene Verfalldatum oder das Nachtestdatum anhand von zusätzlichen Stabilitätsdaten zu überprüfen und erforderlichenfalls entsprechend anzupassen. Bei Zwischenprodukten und Wirkstoffen, die ausschließlich freigegeben werden, darf die**

**Freigabe nach Absatz 1 nur erfolgen, wenn die Anforderungen von Satz 1 Nr. 3 bis 5 erfüllt sind.**

**§ 26**
**Inverkehrbringen und Einfuhr**

**(1) Wirkstoffe oder Zwischenprodukte, die im Geltungsbereich des Arzneimittelgesetzes hergestellt und geprüft wurden oder die in den Geltungsbereich des Arzneimittelgesetzes verbracht oder eingeführt wurden, dürfen nur in den Verkehr gebracht werden, wenn sie gemäß § 25 freigegeben wurden. Die §§ 72 und 72a Abs. 1 und 2 des Arzneimittelgesetzes bleiben unberührt.**

**(2) Alle qualitäts- oder zulassungsbezogenen Informationen, einschließlich der Analysenzertifikate und des Namens oder der Firma und der Anschrift des Originalherstellers sind dem Empfänger des Wirkstoffs oder Zwischenprodukts mitzuteilen. Soweit wesentliche, insbesondere sicherheitsrelevante Informationen über den Wirkstoff oder die Zwischenprodukte vom Empfänger erhalten werden, sind diese an den Wirkstoff- oder Zwischenprodukthersteller unverzüglich weiterzuleiten.**

**§ 27**
**Rückstellmuster**

**(1) Von jeder Wirkstoffcharge sind ordnungsgemäß gekennzeichnete Muster in einem geeigneten Behältnis und in ausreichender Menge aufzubewahren. Satz 1 gilt auch in den Fällen des ausschließlichen Umfüllens, Abfüllens, Abpackens und Kennzeichnens. Bei Wirkstoffen, deren Herstellung für den Einzelfall oder in kleinen Mengen erfolgt oder deren Lagerung besondere Probleme bereitet, kann die zuständige Behörde Ausnahmen über die Muster und ihre Aufbewahrung zulassen.**

**(2) Soweit für den Wirkstoff ein Verfalldatum festgelegt worden ist, sind die Muster nach Absatz 1 mindestens ein Jahr über den Ablauf des Verfalldatums, aber mindestens drei Jahre über den vollständigen Vertrieb der Charge hinaus aufzubewahren.**

**(3) Von Wirkstoffen, für die anstelle des Verfalldatums ein Nachtestdatum festgelegt wurde, sind Muster gemäß Absatz 1 mindestens drei Jahre über den vollständigen Vertrieb der Charge hinaus aufzubewahren.**

**§ 28**
**Beanstandungen und Rückruf**

**(1) Alle qualitätsbezogenen Beanstandungen sind in Betrieben und Einrichtungen, die Wirkstoffe im Geltungsbereich des Arzneimittelgesetzes herstellen oder in den Geltungsbereich des Gesetzes verbringen oder einführen, von der Qualitätssicherungseinheit nach schriftlich festgelegtem Verfahren zu dokumentieren, zu untersuchen und zu bewerten. Soweit erforderlich, ist auch der Originalhersteller über die Beanstandungen zu informieren.**

**(2) Sofern der Verdacht besteht, dass es sich um einen schwerwiegenden Mangel handelt, ist die Notwendigkeit eines Rückrufs nach schriftlich festgelegtem Verfahren zu prüfen. Die Voraussetzungen, unter denen ein Produktrückruf in Betracht zu ziehen ist, sowie das Rückrufverfahren selbst sind schriftlich festzulegen. Im Falle einer schwerwiegenden oder lebensbedrohlichen Situation sind die zuständige Behörde sowie die betroffenen Arzneimittelhersteller oder anderen Empfänger, an die der Wirkstoff geliefert wurde, unverzüglich zu informieren.**

(3) Über den Inhalt der Meldungen, die Art der Überprüfung und die dabei gewonnenen Erkenntnisse, das Ergebnis der Bewertung, die Maßnahmen und die Benachrichtigungen sind Aufzeichnungen zu führen.

§ 29
Aufbewahrung der Dokumentation

(1) Alle Aufzeichnungen über den Erwerb, die Herstellung einschließlich der Freigabe, die Laborkontrollen, die Lagerung, das Verbringen in den oder aus dem Geltungsbereich des Arzneimittelgesetzes, die Einfuhr oder Ausfuhr und das Inverkehrbringen einschließlich der Auslieferung sowie über die Tierhaltung und die Aufzeichnungen nach § 28 sind vollständig und mindestens ein Jahr über den Ablauf des Verfalldatums hinaus, jedoch nicht weniger als fünf Jahre aufzubewahren.

(2) Abweichend von Absatz 1 sind die Aufzeichnungen bei Wirkstoffen, für die anstelle des Verfalldatums ein Nachtestdatum festgelegt wurde, mindestens drei Jahre über das vollständige Inverkehrbringen der Charge durch den Hersteller hinaus aufzubewahren.

(3) Zum Zwecke der Rückverfolgbarkeit der im Geltungsbereich des Arzneimittelgesetzes hergestellten oder in den oder aus dem Geltungsbereich des Gesetzes verbrachten oder der in den Geltungsbereich des Gesetzes eingeführten oder ausgeführten Wirkstoffe oder Zwischenprodukte sind zusätzlich zu allen Analysenzertifikaten, einschließlich derer des Originalherstellers, Unterlagen aufzubewahren, die mindestens Angaben aufweisen über:

1. die Bezeichnung des Wirkstoffs oder Zwischenprodukts, einschließlich der Chargenbezeichnung des Originalherstellers, und, soweit zutreffend, weiterer Hersteller,
2. den Namen oder die Firma und die Anschrift des Originalherstellers, und, soweit zutreffend, weiterer Hersteller,
3. den Transport und Vertrieb,
4. den Namen oder die Firma und die Anschrift der Empfänger.

Abschnitt 5
Sondervorschriften

§ 30
Ergänzende Regelungen
für Fütterungsarzneimittel

(1) Zur Herstellung von Fütterungsarzneimitteln dürfen nur Mischfuttermittel verwendet werden, die den futtermittelrechtlichen Vorschriften entsprechen und kein Kokzidiostatikum enthalten.

(2) § 3 Abs. 2 ist mit der Maßgabe anzuwenden, dass die sich nach dem Stand der Wissenschaft ergebenden Besonderheiten von Fütterungsarzneimitteln zu berücksichtigen sind. Der Hersteller hat dafür Sorge zu tragen, dass das Fütterungsarzneimittel keine nach dem Stand der Technik vermeidbaren Kontaminationen mit pharmakologisch wirksamen Stoffen enthält und die Arzneimittel-Vormischung in vorgeschriebener Menge und in homogener und stabiler Verteilung enthält und ordnungsgemäß abgegeben wird. Die Beförderung darf nur dann in Tankwagen oder ähnlichen Behältnissen erfolgen, wenn diese geeignet sind und vor jeder erneuten Benutzung nach

**den allgemein anerkannten Regeln der Technik so gereinigt wurden, dass eine unerwünschte Beeinflussung oder Kontamination des Fütterungsarzneimittels vermieden wird. Werden Fütterungsarzneimittel in Tankwagen oder ähnlichen Behältnissen befördert, so genügt es, wenn die nach den §§ 10 und 11 des Arzneimittelgesetzes sowie die nach Absatz 4 erforderlichen Angaben in mitgeführten, für den Tierhalter bestimmten Begleitpapieren enthalten sind.**

**(3) § 14 findet auf Fütterungsarzneimittel mit der Maßgabe Anwendung, dass die Prüfung stichprobenweise durchgeführt werden kann. Dabei ist mindestens die Prüfung der Homogenität und die Prüfung auf Kontamination mit pharmakologisch wirksamen Stoffen durchzuführen. Von einer darüber hinausgehenden Prüfung kann abgesehen werden, wenn sich keine Anhaltspunkte ergeben haben, die Zweifel an der einwandfreien Beschaffenheit des Fütterungsarzneimittels begründen. Bei der zur Herstellung des Fütterungsarzneimittels verwendeten Arzneimittel-Vormischung darf von einer über die sensorische Prüfung hinausgehenden Prüfung abgesehen werden, wenn sich keine Anhaltspunkte ergeben haben, die Zweifel an der einwandfreien Beschaffenheit der Arzneimittel-Vormischung begründen. Hinsichtlich der Prüfung des verwendeten Mischfuttermittels gelten die futtermittelrechtlichen Vorschriften.**

**(4) Unbeschadet sonstiger Vorschriften über die Kennzeichnung dürfen Fütterungsarzneimittel nur in Verkehr gebracht werden, wenn sie durch das deutlich sichtbare Wort „Fütterungsarzneimittel" gekennzeichnet sowie mit der Angabe darüber versehen sind, zu welchem Prozentsatz sie den Futterbedarf zu decken bestimmt sind.**

**(5) Abweichend von § 16 kann in Fällen kurzfristiger Verhinderung anstelle der sachkundigen Person nach § 14 des Arzneimittelgesetzes eine beauftragte Person, die über ausreichende Ausbildung und Kenntnisse verfügt, Fütterungsarzneimittel vorläufig für das Inverkehrbringen freigeben. Diese vorläufige Freigabe ist nachträglich der sachkundigen Person, die auch in diesem Falle neben der beauftragten Person die Verantwortung für die Freigabe trägt, vorzulegen und von dieser schriftlich zu bestätigen. Die sachkundige Person hat unmittelbar im Anschluss an die Bestätigung den Eintrag nach § 17 Abs. 5 durchzuführen.**

**(6) Abweichend von § 18 Abs. 1 müssen Muster von jeder Charge mindestens sechs Monate über den Ablauf des Verfalldatums hinaus aufbewahrt werden. Sie sind in gut lesbarer Schrift und auf dauerhafte Weise mit dem Herstellungsdatum, der Bezeichnung der Arzneimittel-Vormischung sowie der Chargennummer zu kennzeichnen.**

**(7) Die für die Abgabe von Fütterungsarzneimitteln erforderliche tierärztliche Verschreibung muss in vier Ausfertigungen (Original und drei Durchschriften), die dem Muster der Anlage 1 der Verordnung über tierärztliche Hausapotheken in der Fassung der Bekanntmachung vom 27. März 1996 (BGBl. I S. 554), die zuletzt durch Artikel 2 der Verordnung vom 3. November 2006 (BGBl. I S. 2523) geändert worden ist, in der jeweils geltenden Fassung entsprechen, vorgelegt werden. Die Vorlage einer Fernkopie der Verschreibung ist zulässig, wobei das Original vom verschreibenden Tierarzt unverzüglich nachzureichen ist. Der Hersteller hat die Verschreibung vor der Abgabe des Fütterungsarzneimittels durch die von ihm einzutragenden Angaben zu ergänzen. Er hat die bei ihm verbleibenden Originale zeitlich geordnet ab dem Zeitpunkt der Abgabe des Fütterungsarzneimittels fünf Jahre aufzubewahren und der zuständigen Behörde auf Verlangen unverzüglich vorzulegen oder auszuhändigen.**

**(8) Abweichend von Absatz 7 darf das Fütterungsarzneimittel an einen Tierhalter mit Sitz in einem anderen Mitgliedstaat der Europäischen Union oder einem anderen Vertragsstaat des Abkommens über den Europäischen Wirtschaftsraum nur nach Vorlage**

einer tierärztlichen Verschreibung, die den Vorschriften des Bestimmungslandes entspricht, abgegeben werden. Sofern die Vorschriften des Bestimmungslandes dies vorsehen, ist dem Fütterungsarzneimittel eine Begleitbescheinigung in der vom Bestimmungsland geforderten Form beizugeben.

## § 31
## Ergänzende Regelungen für Blutspendeeinrichtungen

(1) Das QM-System nach § 3 Abs. 1 muss nach Maßgabe der im Anhang der Richtlinie 2005/62/EG der Kommission vom 30. September 2005 zur Durchführung der Richtlinie 2002/98/EG des Europäischen Parlaments und des Rates in Bezug auf gemeinschaftliche Standards und Spezifikationen für ein Qualitätssystem für Blutspendeeinrichtungen (ABl. EU Nr. L 256 S. 41) aufgeführten Standards eingerichtet werden und insbesondere

1. gewährleisten, dass alle kritischen Arbeitsabläufe und die Standardarbeitsverfahren in geeigneten Standardarbeitsanweisungen festgelegt werden,
2. ausreichende Verfahren zum Rückruf und zur Rückverfolgbarkeit nach Absatz 4 Satz 3 und bei Blutzubereitungen im Sinne von § 63b Abs. 2 Satz 3 des Arzneimittelgesetzes zur Meldung schwerwiegender Zwischenfälle, schwerwiegender unerwünschter Reaktionen und zu deren Verdachtsfällen beinhalten,
3. sicherstellen, dass verwendungsfähige Produkte oder für die Sicherheit der Produkte und das Rückverfolgungsverfahren relevante Unterlagen von einer Einrichtung, die ihre Tätigkeit beendet, an andere Einrichtungen, die über eine Erlaubnis im Sinne von § 13 des Arzneimittelgesetzes verfügen, übergeben werden,
4. durch eine mit der Qualitätssicherung beauftragte Person unterstützt werden, die insbesondere für die Genehmigung aller qualitätsbezogenen Unterlagen verantwortlich ist und in alle qualitätsbezogenen Fragen einbezogen werden soll, soweit nicht die Leitung der Herstellung oder die Leitung der Qualitätskontrolle zuständig ist, sowie
5. von der Leitung der Betriebe und Einrichtungen regelmäßig auf Effizienz überprüft und erforderlichenfalls angepasst werden.

Die mit der Qualitätssicherung beauftragte Person kann mit der sachkundigen Person nach § 14 des Arzneimittelgesetzes identisch sein, soweit diese nicht gleichzeitig Leitung der Herstellung ist. Soweit Blutprodukte oder andere Blutbestandteile aus Blutspendeeinrichtungen in Ländern bezogen werden, die nicht Mitgliedstaaten der Europäischen Union oder andere Vertragsstaaten über den Europäischen Wirtschaftsraum sind, muss sich die sachkundige Person nach § 14 des Arzneimittelgesetzes rückversichern, dass diese Blutspendeeinrichtungen über ein QM-System verfügen, das nach Standards eingerichtet ist, die den von der Europäischen Gemeinschaft festgelegten Standards zumindest gleichwertig sind.

(2) Abweichend von § 4 Abs. 2 Satz 1 sind in Blutspendeeinrichtungen Arbeitsplatzbeschreibungen für das gesamte Personal vorzuhalten, dessen Tätigkeiten Auswirkungen auf die Qualität der Blutzubereitungen haben können.

(3) Die allgemeinen Anforderungen an Betriebsräume und Ausrüstungen in § 5 sind auch auf zeitweilige oder bewegliche Einrichtungen, die sich außerhalb, aber unter der Kontrolle der Blutspendeeinrichtung befinden (mobiler Standort), anzuwenden. Die Besonderheiten der Betriebsräume, einschließlich mobiler Standorte, richten sich nach den jeweiligen Tätigkeiten. Insbesondere müssen

1. der Bereich für die Feststellung der Eignung und Tauglichkeit der spendenden Personen eine ausreichende Vertraulichkeit sicherstellen und von den Spendenverarbeitungsbereichen abgetrennt sein,
2. der Spendenbereich die sichere Entnahme sowie eine gegebenenfalls erforderliche Behandlung der spendenden Person ermöglichen,
3. der Laborbereich vom Bereich für die Feststellung der Eignung und Tauglichkeit der spendenden Person sowie vom Bereich für die Spendenverarbeitung abgetrennt und nur Befugten zugänglich sein,
4. im Lagerbereich eine getrennte Lagerung von Produkten mit unterschiedlichem Status oder von Produkten, die nach besonderen Kriterien hergestellt wurden, sichergestellt und Vorkehrungen getroffen werden für den Fall des Versagens der Ausrüstung oder der Energieversorgung,
5. abgetrennte Bereiche für die Abfallentsorgung potenziell infektiöser Materialien vorhanden sein.

(4) Die Herstellungsanweisung nach § 13 Abs. 1 muss Einzelheiten aufweisen zur spendenden Person und zur Spende sowie der damit in Zusammenhang stehenden Dokumentation. Sie muss mindestens Festlegungen, die bei jeder Spende einzuhalten sind, enthalten über die
1. Information der potenziell spendenden oder spendenden Person oder von dieser zu erhaltenden Informationen nach Maßgabe von Anhang II der Richtlinie 2004/33/EG der Kommission vom 22. März 2004 zur Durchführung der Richtlinie 2002/98/EG des Europäischen Parlaments und des Rates hinsichtlich bestimmter technischer Anforderungen für Blut und Blutbestandteile (ABl. EU Nr. L 91 S. 25),
2. Art und Weise einer sicheren Identifizierung der spendenden Person bei der Feststellung ihrer Eignung und Tauglichkeit sowie vor der Proben- und Spendenentnahme,
3. Feststellung der Eignung und Tauglichkeit der spendenden Person nach Maßgabe der in Anhang III der Richtlinie 2004/33/EG festgelegten Eignungs- und Ausschlusskriterien,
4. Entnahme der Spenden und, soweit zutreffend, deren Weiterverarbeitung, einschließlich der Festlegung des Zeitraums bis zur Weiterverarbeitung,
5. Anforderungen an die Spenden-, Verarbeitungs- und Endproduktbehältnisse,
6. Kennzeichnung von Unterlagen und Behältnissen, einschließlich der spenderspezifischen Nummern oder Kennzeichnungscodes der Spender und
7. Bedingungen der Lagerung und des Transports der Blutzubereitungen oder anderen Blutbestandteile nach Maßgabe von Anhang IV der Richtlinie 2004/33/EG.

Unbeschadet des § 13 Abs. 7 muss das Herstellungsprotokoll eine vollständige Rückverfolgbarkeit sicherstellen zwischen spendender Person und Spende sowie daraus gewonnener Zwischenprodukte und Blutzubereitungen einschließlich der für die Gewinnung und Verarbeitung eingesetzten sterilen Einmalsysteme und deren Chargenbezeichnungen sowie der verwendeten Geräte und der aus der Probe erhaltenen Testergebnisse, unabhängig vom Verwendungszweck der Spenden. Der Spendenentnahme- und Verarbeitungsprozess ist angemessen mikrobiologisch zu überwachen. Für die Gewinnung von Eigenblutspenden findet darüber hinaus der allgemein anerkannte Stand der medizinischen Wissenschaft und Technik Anwendung.

(5) Die Prüfanweisung nach § 14 Abs. 1 muss den Besonderheiten der Blutspenden und Blutzubereitungen Rechnung tragen und insbesondere festlegen, dass
1. die Entnahme der Laborproben in geeigneten, mit spenderspezifischen Nummern oder Kennzeichnungscodes gekennzeichneten Behältnissen zum Zeitpunkt der

**Spende erfolgt, die Laborproben vor der Testung ordnungsgemäß gelagert werden und die Testung innerhalb eines vorgegebenen Zeitraums durchzuführen ist,**

2. **jeder Spender anlässlich jeder Spende nach dem Stand von Wissenschaft und Technik mindestens auf Hepatitis B, Hepatitis C und Humanes Immundefektvirus (HIV) zu testen ist,**
3. **zusätzlich die AB0-Gruppe, soweit es sich nicht um Plasma zur Fraktionierung handelt, und im Falle von Zubereitungen aus Erythrozyten die Rhesusformel oder im Falle von Zubereitungen aus Thrombozyten die Rh-D-Gruppe bei jeder Spende festzustellen ist,**
4. **bei blutgruppenserologischen Untersuchungen auch Verfahren zur Testung spezifischer Spendergruppen vorzusehen sind und**
5. **die Blutzubereitungen die Qualitätsanforderungen nach Maßgabe von Anhang V der Richtlinie 2004/33/EG erfüllen müssen.**

**Von den Spezifikationen abweichende Ergebnisse, insbesondere bei einem wiederholt reaktiven oder positiven Testergebnis nach Satz 1 Nummer 2 sind umgehend aufzuklären und entsprechende Maßnahmen zur Bestätigung der Ergebnisse und zum Ausschluss der Verwendung der betroffenen Produkte zu ergreifen. Für die Prüfung von Eigenblutspenden findet darüber hinaus der allgemein anerkannte Stand der medizinischen Wissenschaft und Technik Anwendung.**

**(6) Für die Prüfung der Spenden und der Spenderproben dürfen nur Laborreagenzien und andere Materialien von betriebsintern akzeptierten Lieferanten verwendet werden. Die Laborreagenzien müssen für ihre Zwecke geeignet sein und vor ihrer Verwendung von einer dafür qualifizierten Person freigegeben werden. Die Qualität der Prüfverfahren ist regelmäßig durch Teilnahme an einem formalen Leistungstestsystem zu überprüfen.**

**(7) Während aller Herstellungsstadien müssen aus der Kennzeichnung der jeweilige Status des Produkts und die Rückverfolgbarkeit zur spendenden Person eindeutig hervorgehen, soweit dies nicht durch andere Maßnahmen sichergestellt wird.**

**(8) Zubereitungen aus Frischplasma und aus Blutzellen müssen, soweit sie nach § 21 Abs. 2 Nr. 1a des Arzneimittelgesetzes nicht der Zulassung bedürfen, der Kennzeichnung nach § 10 Abs. 8 Satz 4 des Arzneimittelgesetzes entsprechen. Eigenblutspenden müssen eindeutig als solche gekennzeichnet werden.**

**(9) Vor der Freigabe nach § 16 sind die Produkte verwaltungsmäßig und physisch von freigegebenen Produkten getrennt zu lagern. Eigenblutspenden müssen getrennt gelagert werden. Produkte, die von den Spezifikationen abweichen, dürfen nicht freigegeben werden. Sofern ein Produkt aufgrund der Testergebnisse nicht freigegeben werden kann, ist sicherzustellen, dass alle aus der gleichen und, soweit zutreffend, aus früheren Spenden dieser spendenden Person erhaltenen Produkte identifiziert und abgesondert werden; die Maßnahmen sind zu dokumentieren. Satz 4 zweiter Halbsatz findet entsprechende Anwendung, wenn nachträgliche Kenntnisse über fehlerhafte, infektiöse oder potenziell infektiöse Produkte erhalten werden, die bereits in den Verkehr gebracht wurden.**

**(10) Abweichend von § 16 kann in Fällen kurzfristiger Verhinderung und wenn dies aus medizinischen Gründen dringend erforderlich ist, anstelle der sachkundigen Person nach § 14 des Arzneimittelgesetzes eine beauftragte Person, die über ausreichende Ausbildung und Kenntnisse verfügt, die Blutzubereitungen zur unmittelbaren Anwendung bei Menschen vorläufig für das Inverkehrbringen freigeben und den Eintrag nach § 17 Abs. 5 vornehmen. Diese vorläufige Freigabe und der vorläufige Eintrag**

**nach § 17 Abs. 5 sind nachträglich der sachkundigen Person, die auch in diesem Falle neben der beauftragten Person die Verantwortung für die Freigabe trägt, vorzulegen und von dieser schriftlich zu bestätigen.**

**(11) § 18 findet auf Zubereitungen aus Blutzellen oder Frischplasma keine Anwendung. Die sachkundige Person nach § 14 des Arzneimittelgesetzes hat als Rückstellmuster Nachuntersuchungsproben der Spender in ausreichender Menge zum Zwecke einer gegebenenfalls erforderlichen analytischen Nachtestung aufzubewahren.**

**(12) Unbeschadet des § 19 ist der oder die Stufenplanbeauftragte dafür verantwortlich, dass alle Meldungen über schwerwiegende unerwünschte Reaktionen, die die Qualität und Sicherheit der Blutzubereitungen beeinflussen oder auf diese zurückgeführt werden können, nach schriftlich festgelegtem Verfahren gesammelt, bewertet und der zuständigen Bundesoberbehörde oder der zuständigen Behörde entsprechend § 63c des Arzneimittelgesetzes gemeldet werden. Satz 1 gilt auch für Verdachtsfälle solcher Reaktionen. Dabei muss**

1. **die Erstmeldung alle notwendigen Angaben enthalten, insbesondere zur Identifizierung der Blutspendeeinrichtung, der betroffenen spendenden Person und der Spende, zum Meldedatum und der Spende, zum Transfusionsdatum, zur Art der vermuteten Reaktion nach Maßgabe von Anhang II der Richtlinie 2005/61/EG der Kommission vom 30. September 2005 zur Durchführung der Richtlinie 2002/98/EG des Europäischen Parlaments und des Rates in Bezug auf die Anforderungen an die Rückverfolgbarkeit und die Meldung ernster Zwischenfälle und ernster unerwünschter Reaktionen (ABl. EU Nr. L 256 S. 32); sie muss auch den Grad der Wahrscheinlichkeit für einen Zusammenhang zwischen Verabreichung der Blutzubereitung und der Empfängerreaktion (Zuordnungsstufe) angeben,**
2. **die Erstmeldung konkretisiert werden, sobald ausreichende Erkenntnisse dafür vorliegen; insbesondere ist anzugeben, ob die Erstmeldung und ihre Zuordnungsstufe hinsichtlich der Wahrscheinlichkeit für einen Zusammenhang zu bestätigen oder ob und gegebenenfalls in welcher Weise eine Änderung der ersten Einstufung zu vermelden ist; soweit bekannt, ist dabei auch der klinische Verlauf beim Empfänger anzugeben. Bei der Zuordnungsstufe soll insbesondere unterschieden werden, ob ein Zusammenhang ausgeschlossen, unwahrscheinlich, möglich, wahrscheinlich oder sicher ist oder nicht bewertet werden kann.**

**Die näheren Einzelheiten, insbesondere zu den technischen Spezifikationen und Formaten der Meldungen an die zuständige Bundesoberbehörde, können in einer Bekanntmachung der zuständigen Bundesoberbehörde geregelt werden.**

**(13) Absatz 12 Satz 1 bis 3 gilt entsprechend für schwerwiegende Zwischenfälle:**

1. **Die Erstmeldung muss alle notwendigen Angaben enthalten, insbesondere, ob es sich um Produktfehler, defekte Ausrüstung oder um menschliches Versagen handelt, und ob der Fehler bei der Gewinnung, Verarbeitung, Testung, Lagerung, dem Transport, dem Inverkehrbringen oder einer anderen Tätigkeit oder bei Materialien, die bei der Gewinnung, Testung oder Verarbeitung eingesetzt wurden, aufgetreten ist.**
2. **Die Erstmeldung ist zu konkretisieren, sobald ausreichende Erkenntnisse dafür vorliegen. Insbesondere ist die Hauptursache zu analysieren und über getroffene Korrekturmaßnahmen zu berichten.**

## Abschnitt 5a
## Sondervorschriften für Entnahme- und Gewebeeinrichtungen sowie für Gewebespenderlabore

### § 32
### Ergänzende allgemeine Anforderungen

**(1) Das QM-System nach § 3 Abs. 1 muss für Gewebeeinrichtungen unter Verantwortung der verantwortlichen Person nach § 20c des Arzneimittelgesetzes insbesondere**

1. **gewährleisten, dass alle Arbeitsabläufe, die die Qualität und Sicherheit der Gewebe und Gewebezubereitungen berühren, sowie die Standardarbeitsverfahren in geeigneten Standardarbeitsanweisungen festgelegt, unter kontrollierten Bedingungen durchgeführt und dokumentiert werden,**
2. **sicherstellen, dass die verwendete Ausrüstung, die Arbeitsumgebung sowie die Bedingungen für die Be- oder Verarbeitung sowie der Lagerung der Gewebe und Gewebezubereitungen geeignet sind und regelmäßig kontrolliert werden,**
3. **ausreichende Verfahren zur Aussonderung und zum Umgang mit verworfenen Gewebe oder Gewebezubereitungen und zur Abfallentsorgung beinhalten,**
4. **ausreichende Verfahren zur Rückverfolgbarkeit sowie zur unverzüglichen Meldung schwerwiegender Zwischenfälle, schwerwiegender unerwünschter Reaktionen und zu deren Verdachtsfällen beinhalten,**
5. **sicherstellen, dass verwendungsfähige Gewebe und Gewebezubereitungen oder für deren Sicherheit oder das Rückverfolgungsverfahren relevante Unterlagen von einer Einrichtung, die ihre Tätigkeit beendet, an andere Einrichtungen, die über eine Erlaubnis im Sinne von § 20c des Arzneimittelgesetzes verfügen, übergeben werden und**
6. **regelmäßig im Hinblick auf kontinuierliche und systematische Verbesserungen überprüft und erforderlichenfalls angepasst werden.**

**Wenn Gewebe oder Gewebezubereitungen aus Einrichtungen in Ländern bezogen werden, die nicht Mitgliedstaaten der Europäischen Union oder andere Vertragsstaaten über den Europäischen Wirtschaftsraum sind, muss sich die verantwortliche Person nach § 20c des Arzneimittelgesetzes rückversichern, dass diese Einrichtungen über ein Qualitätssystem verfügen, das nach Standards eingerichtet ist, die den von der Europäischen Gemeinschaft festgelegten Standards zumindest gleichwertig sind. Abweichend von § 3 Abs. 1 Satz 1 müssen Entnahmeeinrichtungen und Gewebespenderlabore über ein an ihre Tätigkeiten angepasstes System der Qualitätssicherung nach den Grundsätzen der guten fachlichen Praxis verfügen. Damit muss insbesondere die Einhaltung der unter den Nummern 1, 3 und 4 aufgeführten Anforderungen gewährleistet werden.**

**(2) Der Vertrag nach § 9 Abs. 1 einer Gewebeeinrichtung mit der Entnahmeeinrichtung muss insbesondere Einzelheiten über die Spenderauswahlkriterien und die Gewebeentnahme und mit dem Gewebespenderlabor und, soweit verwendet, anderen Laboren, die durchzuführenden Laboruntersuchungen und Prüfungen sowie die erforderliche Dokumentation nach dieser Verordnung und nach § 3 oder § 6 der TPG-Gewebeverordnung beinhalten. Satz 1 gilt entsprechend für die Verfahren zur unverzüglichen Meldung über Verdachtsfälle schwerwiegender unerwünschter Reaktionen und schwerwiegender Zwischenfälle. Die Verträge sind in der be- oder verarbeitenden Gewebeeinrichtung in einer vollständigen Liste zu führen und auf Verlangen der zuständigen Behörde vorzulegen.**

**(3) Unbeschadet des § 10 muss durch das Dokumentationssystem einer Gewebeeinrichtung mindestens sichergestellt werden, dass**

1. **die sichere Identifizierung jeder Spende und jedes daraus hervorgegangenen Gewebes oder jeder daraus hervorgegangenen Gewebezubereitung in jeder Verarbeitungsphase möglich ist und alle Schritte nachvollziehbar sind,**
2. **für jede kritische Tätigkeit die entsprechenden Materialien und Ausrüstungen sowie das ausführende Personal identifiziert werden können,**
3. **die Gewebe oder Gewebezubereitungen nur dann für die Be- oder Verarbeitung weitergegeben oder zum Inverkehrbringen freigegeben werden, wenn sie allen Anforderungen in den jeweiligen Spezifikationen entsprochen haben,**
4. **die Aufzeichnungen zuverlässig sind und nur Unterlagen Verwendung finden, die von dafür autorisierten Personen genehmigt wurden, und die versehentliche Verwendung überholter Fassungen eines Dokuments durch geeignete Maßnahmen verhindert wird.**

**Das Dokumentationssystem muss von der verantwortlichen Person nach § 20c des Arzneimittelgesetzes regelmäßig auf Aktualität und Effizienz überprüft werden.**

**(4) Die Selbstinspektionen nach § 11 Abs. 1 sind in Gewebeeinrichtungen mindestens alle zwei Jahre von dafür geschulten und kompetenten Personen durchzuführen, § 11 Abs. 2 findet keine Anwendung.**

## § 33
## Feststellung der Spendereignung und für die Gewinnung erforderliche Laboruntersuchungen

**(1) Die Feststellung der Spendereignung in der Entnahmeeinrichtung und die für die Gewinnung erforderlichen Laboruntersuchungen in dem Gewebespenderlabor sind nach vorher erstellten Standardarbeitsanweisungen in Übereinstimmung mit der guten fachlichen Praxis durchzuführen. Dabei sind insbesondere die Anforderungen nach den §§ 3 bis 6 der TPG-Gewebeverordnung zu beachten.**

**(2) Die Standardarbeitsanweisungen nach Absatz 1 müssen bei Gewebezubereitungen, die nach § 21a des Arzneimittelgesetzes genehmigt wurden, den Genehmigungsunterlagen entsprechen.**

**(3) Die für die Laboruntersuchungen angewandten Verfahren sind nach dem Stand von Wissenschaft und Technik zu validieren. Kritische Prüfverfahren müssen regelmäßig dahingehend bewertet werden, ob sie noch valide sind und erforderlichenfalls revalidiert werden. Die Qualität der in Satz 2 genannten Prüfverfahren ist durch regelmäßige Teilnahme an einem formalen Leistungstestsystem zu überprüfen. Für die Laboruntersuchung dürfen nur Reagenzien und andere Materialien von betriebsintern akzeptierten Lieferanten verwendet werden. Die Laborreagenzien müssen für ihre Zwecke geeignet sein und vor ihrer Verwendung von einer dafür qualifizierten Person freigegeben werden.**

**(4) Die Laboruntersuchungen sind gemäß den Standardarbeitsanweisungen nach Absatz 1 (Prüfanweisung) durchzuführen und vollständig zu protokollieren (Prüfprotokoll). Die für die Laborergebnisse im Gewebespenderlabor verantwortliche Person hat im Prüfprotokoll mit Datum und Unterschrift zu bestätigen, dass die Laboruntersuchungen entsprechend der Prüfanweisung durchgeführt worden sind und die Prüfergebnisse richtig sind.**

## § 34
## Gewinnung von Gewebe durch die Entnahmeeinrichtung

**(1) § 4 findet für Entnahmeeinrichtungen keine Anwendung. Das Personal, das das Gewebe entnimmt, muss vor der Ausführung dieser Tätigkeit erfolgreich eine Schulung nach vorgegebenem Programm absolviert haben, an dessen Erstellung ein klinisches Team, welches sich auf die zu entnehmenden Gewebe spezialisiert hat und im Falle des § 20b Abs. 2 des Arzneimittelgesetzes auch die jeweilige be- oder verarbeitende Gewebeeinrichtung oder der Inhaber einer Erlaubnis nach § 13 des Arzneimittelgesetzes beteiligt war. Die Schulung muss auch den Umgang mit den Medizinprodukten für die Gewebeentnahme beinhalten.**

**(2) Die §§ 5 und 6 finden für Entnahmeeinrichtungen mit der Maßgabe Anwendung, dass die Betriebsräume und Ausrüstungen sowie die Hygienemaßnahmen geeignet sein müssen, die Eigenschaften des Gewebes zu schützen, die für seine Verwendung erforderlich sind und das Risiko einer mikrobiellen Verunreinigung während der Entnahme minimieren:**

1. **Für die Gewebeentnahme sind sterile Medizinprodukte zu verwenden. Soweit Medizinprodukte erneut angewendet werden, muss deren Aufbereitung nach § 4 Abs. 2 der Medizinprodukte-Betreiberverordnung erfolgt sein.**
2. **Die Entnahme bei lebenden Spendern muss in einer Umgebung erfolgen, die dem Ausmaß und dem Gefährdungsgrad der Eingriffe angepasst ist. Die Räume gelten grundsätzlich als geeignet, wenn diese für eine vergleichbare medizinische Behandlung unter Einhaltung der dort üblichen Anforderungen einschließlich der Hygienemaßnahmen eingesetzt werden.**
3. **Die Spendeentnahme bei verstorbenen Spendern soll in sauberen Räumen erfolgen, in denen der Entnahmebereich mit sterilen Tüchern abgedeckt wird.**
4. **Sofern die Gewebeentnahme durch von der Entnahmeeinrichtung entsandtes Personal (mobile Teams) außerhalb der von der Erlaubnis nach § 20b des Arzneimittelgesetzes erfassten Räume erfolgen muss und die Möglichkeit der Entnahme durch mobile Teams grundsätzlich in der Erlaubnis vorgesehen ist, finden die Nummern 1 und 3 entsprechende Anwendung.**

**(3) Die Gewebeentnahme einschließlich aller Maßnahmen, die dazu bestimmt sind, das Gewebe in einem be- oder verarbeitungsfähigen Zustand zu erhalten, zu kennzeichnen und zu transportieren, ist nach vorher erstellter Standardarbeitsanweisung (Entnahmeanweisung) unter Beachtung der Anforderungen des § 2 der TPG-Gewebeverordnung und in Übereinstimmung mit der guten fachlichen Praxis durchzuführen.**

**(4) Bei Gewebezubereitungen, die nach § 21a des Arzneimittelgesetzes genehmigt wurden, muss die Entnahmeanweisung nach Absatz 3 den Genehmigungsunterlagen entsprechen.**

**(5) Die Entnahmeanweisung nach Absatz 3 muss mindestens folgende Regelungen enthalten:**

1. **zur Überprüfung der Identität und Feststellung der Spendereignung,**
2. **zur Entnahme der Spenden und der Proben für die Laboruntersuchung sowie zum Umgang mit dem entnommenen Material, einschließlich**
   a) **der einzusetzenden Ausrüstung,**
   b) **des Verfahrens zur Entnahme und zur Verhinderung einer bakteriellen oder sonstigen Kontamination bei der Entnahme, sowie erforderlichenfalls weiterer Maßnahmen zur Minimierung von Kontaminationen der Gewebe,**

**c) zur Angabe des Entnahmeortes, soweit dieser außerhalb der von der Erlaubnis erfassten Räume liegt, und dort erforderlichenfalls einzuhaltender Bedingungen, sowie bei verstorbenen Spendern zur Dokumentation des Zeitraums zwischen Eintritt des Todes und der Entnahme der Spende,**

**3. zu Anforderungen an die Spenden- und Probenbehältnisse sowie an die verwendeten Aufbewahrungs- und Transportlösungen und anderen Produkte und Materialien, die mit den Spenden in Berührung kommen und Auswirkungen auf ihre Qualität und Sicherheit haben können,**

**4. zur Kennzeichnung der Spenden und der Proben nach Absatz 6,**

**5. zu Bedingungen einer Zwischenlagerung der Spenden oder der Proben bis zu ihrem Transport zur Be- oder Verarbeitung oder zur Laboruntersuchung, die geeignet ist, deren Merkmale und biologischen Funktionen zu erhalten.**

**Das Entnahmeverfahren muss der spendenden Person und der Art der Spende angemessen sein, die für ihre Verwendung erforderlichen Eigenschaften der Gewebe bewahren sowie das Risiko einer mikrobiellen Verunreinigung der Spende minimieren.**

**(6) Die Gewebespenden sind zum Zeitpunkt ihrer Entnahme mindestens mit folgenden Angaben zu versehen:**

**1. Art der Spende und Spenderidentität oder, soweit zuerkannt, die von der Entnahmeeinrichtung für die spendende Person vergebene Zuordnungsnummer,**

**2. Tag und, sofern möglich, Uhrzeit der Entnahme,**

**3. Warnung vor einem möglichen Gefährdungspotenzial,**

**4. sofern vorhanden, Art der verwendeten Zusätze,**

**5. bei autologen Spenden der Hinweis „Nur zur autologen Verwendung" und bei gerichteten Spenden die Angaben zum Empfänger.**

**Sofern die Angaben nach Satz 1 Nr. 2 bis 5 nicht auf dem Behältnis gemacht werden können, sind sie in einem Begleitdokument aufzuführen, das dem Behältnis beigefügt wird. Aus der Kennzeichnung der Proben für die Laboruntersuchung müssen insbesondere die Zuordnung zur spendenden Person zweifelsfrei möglich sein und Angaben über Ort und Zeit der Probenahme hervorgehen.**

**(7) Die Gewebeentnahme und die Probenahme sind gemäß der Entnahmeanweisung nach Absatz 3 durchzuführen und unbeschadet der ärztlichen Dokumentationspflichten nach § 8d Abs. 2 des Transplantationsgesetzes vollständig aufzuzeichnen (Entnahmebericht). Der Entnahmebericht muss mindestens folgende Angaben enthalten:**

**1. Name und Anschrift der Gewebeeinrichtung, die das Gewebe erhalten soll;**

**2. Spenderidentität mit Angaben zu Familienname, Vorname, Geschlecht, Tag der Geburt und bei lebenden Spendern Anschrift oder, soweit zuerkannt, die von der Entnahmeeinrichtung für den Gewebespender vergebene Zuordnungsnummer;**

**3. Beschreibung und Kennzeichnungscode des entnommenen Gewebes;**

**4. Familienname, Vorname und Anschrift des für die Entnahme verantwortlichen Arztes;**

**5. Tag, Uhrzeit und Ort der Entnahme sowie die Art und Weise der Entnahme und einer eventuellen Zwischenlagerung;**

**6. bei verstorbenen Spendern Zeitpunkt des Todes, Beschreibung der Bedingungen, unter denen die Leiche aufbewahrt wird; sofern eine Kühlung durchgeführt wird, Zeitpunkt des Beginns und des Endes der Kühlung;**

**7. Identifizierung/Chargennummer der verwendeten Aufbewahrungs- und Transportlösungen.**

**Alle Abweichungen im Prozess und von der Festlegung der Spezifikation sind zu dokumentieren und gründlich zu untersuchen. Gegebenenfalls während der Entnahme aufgetretene Zwischenfälle sind einschließlich der daraufhin erfolgten Untersuchungen ebenfalls zu dokumentieren. Die für die Entnahme verantwortliche Person hat im Entnahmebericht mit Datum und Unterschrift zu bestätigen, dass die Entnahme entsprechend der Entnahmeanweisung durchgeführt worden ist und die Gewebe für die Aufbereitung, Be- oder Verarbeitung, Konservierung oder Aufbewahrung im Sinne des § 8d Abs. 1 Satz 2 Nr. 4 des Transplantationsgesetzes freigegeben sind. Der Entnahmebericht ist der Gewebeeinrichtung, die das entnommene Gewebe be- oder verarbeitet, zu übermitteln. Die Anforderungen an die Spenderakte gemäß § 5 der TPG-Gewebeverordnung bleiben unberührt.**

### § 35
### Transport zur Be- oder Verarbeitung und Entgegennahme in der Gewebeeinrichtung

**(1) Der Transport ist nach vorher erstellter Standardarbeitsanweisung durchzuführen. Das Verfahren muss der Spende angemessen sein und die Eigenschaften der Gewebe schützen, die für ihre Verwendung erforderlich sind, sowie das Risiko einer mikrobiellen Verunreinigung der Spende minimieren. Es muss die Art des Transportbehältnisses und dessen Kennzeichnung nach Absatz 2, die Mitgabe eventueller Proben sowie des Entnahmeberichts nach § 34 Abs. 7 an die be- oder verarbeitende Gewebeeinrichtung festlegen.**

**(2) Unbeschadet des § 7 Abs. 3 sind die Behältnisse für den Transport des Gewebes zur Be- oder Verarbeitung mindestens mit folgenden Angaben zu versehen:**
1. **„Vorsicht“ und „Gewebe und Zellen“,**
2. **Anschriften und Telefonnummern der Entnahmeeinrichtung und der Gewebeeinrichtung, die die Gewebe oder Gewebezubereitungen zur Be- oder Verarbeitung erhalten soll, sowie die Namen der jeweiligen Ansprechpartner,**
3. **Datum und Uhrzeit des Transportbeginns, relevante Transport- und Lagerungsbedingungen,**
4. **Vorsichtsmaßnahmen und Hinweise für die Handhabung und die Verwendung.**

**(3) Die Entgegennahme in der Gewebeeinrichtung zur Be- oder Verarbeitung der Gewebe einschließlich der zugehörigen Unterlagen und Proben aus den Entnahmeeinrichtungen ist nach vorher erstellter Standardarbeitsanweisung durchzuführen. Das Verfahren muss insbesondere die Überprüfung der**
1. **Unversehrtheit der Verpackung,**
2. **Kennzeichnung,**
3. **Einhaltung der Transportbedingungen sowie**
4. **der mitgelieferten Dokumentation und, soweit zutreffend, mitgelieferter Proben**

**erfassen. Die Gewebe sind in Quarantäne zu halten, bis über ihre Verwendungsfähigkeit entschieden worden ist. Soweit sie den Anforderungen nicht entsprechen, sind sie zu verwerfen. Die Annahme oder Ablehnung entgegengenommener Gewebe ist zu dokumentieren.**

### § 36
### Be- oder Verarbeitung und Lagerung durch die Gewebeeinrichtung

**(1) Unbeschadet des § 4 Abs. 1 muss das Personal unter Verantwortung der verantwortlichen Person nach § 20c des Arzneimittelgesetzes über den rechtlichen und**

**ethischen Zusammenhang seiner Tätigkeit unterrichtet werden. Abweichend von § 4 Abs. 2 Satz 1 sind Arbeitsplatzbeschreibungen für das gesamte Personal vorzuhalten.**

**(2) Die Betriebsräume und Ausrüstungen nach § 5 und die Hygienemaßnahmen nach § 6 müssen geeignet sein, die Eigenschaften des Gewebes zu schützen, die für seine Verwendung erforderlich sind und das Risiko einer mikrobiellen Verunreinigung während der Be- oder Verarbeitung minimieren:**

1. **Soweit die Gewebe während ihrer Be- oder Verarbeitung der Umgebung ausgesetzt werden, muss dies in einer Umgebung mit festgelegter Luftqualität und Sauberkeit erfolgen. Die Wirksamkeit dieser Maßnahmen ist zu validieren und zu überwachen.**
2. **Sofern die Gewebe nach Nummer 1 keinem Inaktivierungs- oder Sterilisationsverfahren unterzogen werden, ist während der Be- oder Verarbeitung ein Luftreinheitsgrad für Keimzahl und Partikelzahl entsprechend Klasse A der Definition des EG-GMP Leitfadens, Anhang 1 (Bekanntmachung vom 12. März 2008, BAnz. S. 1217), mit einer für die Be- oder Verarbeitung des Gewebes geeigneten Hintergrundumgebung, die in Bezug auf Partikel- und Keimzahl mindestens der Klasse D des Anhangs 1 des Leitfadens entspricht, erforderlich. Von den Anforderungen an die Umgebung kann abgewichen werden, wenn**
   a) **ein validiertes Verfahren zur Inaktivierung der Keime oder zur Endsterilisation angewendet wird oder**
   b) **nachgewiesen wird, dass die Exposition gegenüber einer Umgebung der Klasse A schädliche Auswirkungen auf die erforderlichen Eigenschaften der Gewebe hat, oder**
   c) **nachgewiesen wird, dass mit der Art und Weise der Verwendung der Gewebe beim Empfänger oder bei der Empfängerin ein erheblich geringeres Risiko der Übertragung einer bakteriellen oder Pilzinfektion auf den Empfänger oder die Empfängerin einhergeht als bei der Gewebetransplantation, oder**
   d) **es technisch nicht möglich ist, das erforderliche Verfahren in einer Umgebung der Klasse A durchzuführen.**

**Es ist nachzuweisen und zu dokumentieren, dass mit der gewählten Umgebung die erforderliche Qualität und Sicherheit des Gewebes oder der Gewebezubereitung erreicht wird, mindestens unter Berücksichtigung des Bestimmungszwecks, der Art der Verwendung und des Immunstatus des Empfängers oder der Empfängerin.**

**(3) Alle kritischen Ausrüstungen und Geräte sind nach vorher erstellten Standardarbeitsanweisungen, die auch Maßnahmen bei eventuellen Fehlfunktionen festlegen, zu qualifizieren sowie regelmäßigen Inspektionen zu unterziehen. Sie sind nach den Anweisungen des Herstellers vorbeugend zu warten. Ausrüstungen mit einer kritischen Messfunktion sind zu kalibrieren. Neue und reparierte Ausrüstungen sind bei der Installation zu testen und vor Gebrauch freizugeben. Die durchgeführten Tätigkeiten sind zu dokumentieren.**

**(4) Die Be- oder Verarbeitung, einschließlich eventueller Inaktivierungsmaßnahmen sowie der Kennzeichnung und Verpackung, ist nach einer vorher erstellten Standardarbeitsanweisung (Be- oder Verarbeitungsanweisung), die auch kritische Zusatzstoffe festlegt, in Übereinstimmung mit der guten fachlichen Praxis durchzuführen.**

**(5) Bei Gewebezubereitungen, die nach § 21a des Arzneimittelgesetzes genehmigt wurden, muss die Be- oder Verarbeitungsanweisung nach Absatz 4 den Genehmigungsunterlagen entsprechen.**

**(6) Die Be- oder Verarbeitungsverfahren sind regelmäßig zu bewerten, um sicherzustellen, dass sie weiterhin die angestrebten Ergebnisse erzielen. Kritische Be- oder Verarbeitungsverfahren einschließlich eventueller Inaktivierungsmaßnahmen sind nach dem jeweiligen Stand von Wissenschaft und Technik zu validieren und dürfen die Gewebe oder Gewebezubereitungen nicht klinisch unwirksam oder schädlich für die Empfänger werden lassen.**

**(7) Während aller Be- oder Verarbeitungsstufen muss aus der Kennzeichnung die Identifizierung und der jeweilige Status des Gewebes oder der Gewebezubereitung sowie die Rückverfolgbarkeit zur spendenden Person hervorgehen, soweit dies nicht durch andere Maßnahmen sichergestellt wird. Sofern es sich um eine autologe oder gerichtete Gewebezubereitung handelt, ist auch dies anzugeben. Gewebe oder Gewebezubereitungen von spendenden Personen, die auf Infektionen positiv getestet wurden oder deren Laboruntersuchungsergebnisse noch nicht verfügbar sind, sind entsprechend zu kennzeichnen.**

**(8) Unbeschadet der Anforderungen des § 10 Abs. 8 Satz 5 und 6 des Arzneimittelgesetzes müssen Gewebe und Gewebezubereitungen vor ihrem Inverkehrbringen mit folgenden Angaben und Informationen auf dem äußeren Behältnis und, soweit verwendet, auf den äußeren Umhüllungen oder in einem Begleitdokument versehen werden:**
1. **Beschreibung und, soweit erforderlich, Maße des Gewebes, Morphologie und funktionelle Daten,**
2. **Ergebnisse der für die Gewinnung erforderlichen Laboruntersuchungen,**
3. **Datum der Abgabe,**
4. **Lagerungsempfehlungen,**
5. **Anleitung zum Öffnen des Behälters, der Verpackung und, soweit erforderlich, zur Handhabung,**
6. **Verfalldatum nach Öffnung oder nach der vorgegebenen Handhabung,**
7. **soweit zutreffend, Vorliegen potenziell schädlicher Rückstände.**

**Darüber hinaus ist für die Empfänger der Gewebe oder Gewebezubereitungen eine Anleitung zur Meldung schwerwiegender unerwünschter Reaktionen oder schwerwiegender Zwischenfälle entsprechend § 40 beizufügen.**

**(9) Die Be- oder Verarbeitung ist gemäß der Anweisung nach Absatz 4 durchzuführen und vollständig zu protokollieren (Be- oder Verarbeitungsprotokoll). Alle Abweichungen im Prozess und von der Festlegung der Spezifikation sind zu dokumentieren und gründlich zu untersuchen. Die für die Be- oder Verarbeitung verantwortliche Person hat im Protokoll mit Datum und Unterschrift zu bestätigen, dass die Be- oder Verarbeitung entsprechend der Anweisung durchgeführt worden ist. Das Be- oder Verarbeitungsprotokoll muss eine vollständige Rückverfolgbarkeit zwischen spendender Person und Spende sowie daraus gewonnener Zwischen- und Endprodukte einschließlich der dafür eingesetzten Materialien und deren Chargenbezeichnungen sowie der jeweiligen Testergebnisse sicherstellen, soweit diese Auswirkungen auf die Qualität und Sicherheit der Gewebe oder Gewebezubereitungen haben.**

**(10) Unbeschadet des § 7 muss die Lagerung nach vorher erstellter Standardarbeitsanweisung unter kontrollierten Bedingungen erfolgen und geeignet sein, die Qualität der Gewebe und Gewebezubereitungen aufrechtzuerhalten. Für jede Art der Lagerbedingungen ist die Höchstlagerdauer festzulegen. Vor der Freigabe nach § 38 sind die Gewebe und Gewebezubereitungen verwaltungsmäßig oder physisch in Quarantäne und von freigegebenen Geweben und Gewebezubereitungen getrennt zu lagern. Sofern Gewebe oder Gewebezubereitungen verworfen wurden, sind diese gesondert zu lagern, um Verwechslungen und Kreuzkontaminationen zu vermeiden.**

## § 37
## Prüfung von Gewebe und Gewebezubereitungen

(1) Die Prüfung auf Einhaltung der festgelegten Spezifikation ist nach vorher erstellter Standardarbeitsanweisung (Prüfanweisung) in Übereinstimmung mit der guten fachlichen Praxis durchzuführen. § 33 Abs. 3 gilt entsprechend.

(2) Bei Gewebezubereitungen, die nach § 21a des Arzneimittelgesetzes genehmigt wurden, muss die Prüfanweisung den Unterlagen über die Genehmigung entsprechen.

(3) Die Prüfung ist gemäß der Prüfanweisung nach Absatz 1 durchzuführen und vollständig zu protokollieren. Alle Abweichungen im Prozess und von den Festlegungen der Spezifikation sind zu dokumentieren und gründlich zu untersuchen. Die für die Prüfung verantwortliche Person hat im Prüfprotokoll mit Datum und Unterschrift zu bestätigen, dass die Prüfung entsprechend der Prüfanweisung durchgeführt worden ist und die Ergebnisse richtig sind.

## § 38
## Freigabe durch die Gewebeeinrichtung

(1) Die Freigabe von Gewebe oder Gewebezubereitungen darf nur von der verantwortlichen Person nach § 20c des Arzneimittelgesetzes und nur nach von ihr vorher genehmigter Standardarbeitsanweisung vorgenommen werden. Das Verfahren muss die versehentliche Freigabe der Gewebe oder Gewebezubereitungen verhindern, wenn die Voraussetzungen nach Absatz 2 nicht erfüllt sind.

(2) Die Freigabe darf nur erfolgen, wenn die Überprüfung aller dafür erforderlichen Unterlagen die Übereinstimmung der Gewebe oder Gewebezubereitungen mit ihren Spezifikationen, einschließlich der Endverpackung, bestätigt hat und bei Gewebezubereitungen, die der Genehmigungspflicht nach § 21a des Arzneimittelgesetzes unterliegen, die Übereinstimmung mit den Genehmigungsunterlagen vorliegt.

(3) Die verantwortliche Person nach § 20c des Arzneimittelgesetzes kann sich nur von Personen vertreten lassen, die über die Sachkenntnis nach § 20c Abs. 3 des Arzneimittelgesetzes verfügen. Aus den Aufzeichnungen muss klar hervorgehen, wer die Freigabe durchgeführt hat.

(4) Die verantwortliche Person nach § 20c des Arzneimittelgesetzes muss eine Risikobewertung für solche Gewebe und Gewebezubereitungen vornehmen, die nach ihrer Freigabe noch nicht ausgeliefert wurden und deren Verfalldatum noch nicht abgelaufen ist, wenn nachträgliche Erkenntnisse zu einer Änderung der Gewinnungs-, Be- oder Verarbeitungs- oder der Testverfahren oder der Spenderauswahlkriterien oder der Laboruntersuchungsverfahren mit dem Ziel einer Qualitätsverbesserung geführt haben. Die Gewebe und Gewebezubereitungen dürfen nur nach positivem Abschluss der Risikobewertung und schriftlicher Bestätigung der Freigabe ausgeliefert werden. Die Risikobewertung ist zu dokumentieren. Bereits ausgelieferte Gewebe und Gewebezubereitungen dürfen nur wieder in den Bestand zurückgenommen werden, wenn sie nach schriftlich festgelegtem Verfahren beurteilt und als übereinstimmend mit der Spezifikation eingestuft wurden.

## § 39
## Inverkehrbringen, Einfuhr und Transport durch die Gewebeeinrichtung

(1) Gewebe und Gewebezubereitungen dürfen nur in den Verkehr gebracht werden, wenn sie gemäß § 38 freigegeben wurden.

(2) Bei einem Verbringen der Gewebezubereitungen aus einem Mitgliedstaat der Europäischen Union oder einem anderen Vertragsstaat des Abkommens über den Europäischen Wirtschaftsraum in den Geltungsbereich des Arzneimittelgesetzes muss sich die verantwortliche Person nach § 20c des Arzneimittelgesetzes vor der Freigabe nach § 38 insbesondere rückversichern, dass die Voraussetzungen nach § 21a Abs. 9 des Arzneimittelgesetzes erfüllt sind.

(3) Bei einer Einfuhr von Gewebe oder Gewebezubereitungen aus Ländern, die nicht Mitgliedstaaten der Europäischen Union oder andere Vertragsstaaten des Abkommens über den Europäischen Wirtschaftsraum sind, muss sich die verantwortliche Person nach § 20c des Arzneimittelgesetzes vor der Freigabe nach § 38 insbesondere rückversichern, dass die Voraussetzungen nach § 72b Abs. 1 und 2 des Arzneimittelgesetzes erfüllt sind. § 32 Abs. 1 Satz 2 bleibt unberührt.

(4) Der Transport ist nach vorher festgelegter Standardarbeitsanweisung durchzuführen. Das Verfahren muss dem Gewebe oder der Gewebezubereitung angemessen sein und die Eigenschaften des Gewebes oder der Gewebezubereitung schützen, die für ihre Verwendung erforderlich sind sowie das Risiko einer mikrobiellen Verunreinigung des Gewebes oder der Gewebezubereitung minimieren.

(5) Unbeschadet des § 7 Abs. 3 sind die Transportbehältnisse mindestens mit folgenden Angaben zu versehen:
1. „Vorsicht“ und „Gewebe und Zellen“,
2. Kennung der Gewebeeinrichtung, die die Gewebe oder Gewebezubereitungen be- oder verarbeitet hat, sowie der Einrichtung, die die Gewebe oder Gewebezubereitungen erhalten soll, einschließlich ihrer Anschriften und Telefonnummern, sowie
3. relevante Transport- und Lagerungsbedingungen sowie erforderlichenfalls weitere Vorsichtsmaßnahmen und Hinweise für die Handhabung.

## § 40
## Meldung schwerwiegender unerwünschter Reaktionen und schwerwiegender Zwischenfälle und Rückruf

(1) Unbeschadet des § 13c des Transplantationsgesetzes ist in Entnahmeeinrichtungen im Sinne des § 20b Abs. 1 des Arzneimittelgesetzes die dort in Satz 3 Nr. 1 genannte Person verantwortlich, dass die betroffenen Gewebeeinrichtungen nach vorher erstellter Standardarbeitsanweisung über alle bekannt gewordenen schwerwiegenden unerwünschten Reaktionen im Sinne von § 63c Abs. 7 des Arzneimittelgesetzes und entsprechende Verdachtsfälle, die die Qualität und Sicherheit der Gewebe oder Gewebezubereitungen beeinflussen oder auf diese zurückgeführt werden können, unverzüglich in Kenntnis gesetzt werden. Absatz 3 Satz 2 gilt entsprechend.

(2) Absatz 1 gilt entsprechend für Entnahmeeinrichtungen und für Gewebespenderlabore im Falle von schwerwiegenden Zwischenfällen im Sinne von § 63c Abs. 6 des Arzneimittelgesetzes und entsprechenden Verdachtsfällen, die im Zusammenhang mit der Gewinnung oder den für die Gewinnung erforderlichen Laboruntersuchungen aufgetreten sind. Absatz 3 Satz 2 gilt entsprechend.

(3) In Gewebeeinrichtungen ist die verantwortliche Person nach § 20c des Arzneimittelgesetzes dafür verantwortlich, dass alle bekannt gewordenen Meldungen über schwerwiegende unerwünschte Reaktionen nach Absatz 1 nach vorher erstellter Standardarbeitsanweisung gesammelt und bewertet werden. Die Meldungen sind der zuständigen Bundesoberbehörde oder der zuständigen Behörde entsprechend § 63c

**Abs. 2 oder Abs. 3 des Arzneimittelgesetzes unverzüglich zu übermitteln. Satz 1 gilt auch für Verdachtsfälle solcher Reaktionen. Dabei muss**

1. **die Erstmeldung alle notwendigen Angaben enthalten, insbesondere zur Identifizierung der Entnahme- und der Gewebeeinrichtung, des Gewebespenderlabors, der betroffenen spendenden Person und der Spende, zum Meldedatum sowie zum Datum der Spendengewinnung und der vermuteten Reaktion, zur Art der an der vermuteten Reaktion beteiligten Gewebe oder Gewebezubereitung und der vermuteten Reaktion sowie den Grad der Wahrscheinlichkeit für einen Zusammenhang zwischen Verabreichung des Gewebes oder der Gewebezubereitung und der Empfängerreaktion,**
2. **die Erstmeldung konkretisiert werden, sobald ausreichende Erkenntnisse dafür vorliegen; insbesondere ist anzugeben, ob die Erstmeldung zu bestätigen oder ob und gegebenenfalls in welcher Weise eine Änderung der ersten Einstufung zu vermelden ist; soweit bekannt, sind dabei auch der klinische Verlauf beim Empfänger oder bei der Empfängerin und eventuelle weitere Schlussfolgerungen anzugeben, einschließlich eventueller Korrekturmaßnahmen und Maßnahmen, die in Bezug auf andere betroffene, zur Verwendung beim Menschen ausgelieferte Gewebe und Gewebezubereitungen ergriffen wurden.**

**(4) Absatz 3 Satz 1 bis 3 findet auf schwerwiegende Zwischenfälle im Sinne von § 63c Abs. 6 des Arzneimittelgesetzes entsprechende Anwendung. Dabei muss:**

1. **die Erstmeldung alle notwendigen Angaben enthalten, insbesondere zur Identifizierung der Entnahme- und der Gewebeeinrichtung, des Gewebespenderlabors, der betroffenen Spende, zum Meldedatum und zum Datum des schwerwiegenden Zwischenfalls, ob es sich um Defekte bei dem Gewebe oder der Gewebezubereitung, defekte Ausrüstung oder um menschliches Versagen handelt, und ob der Fehler bei der Gewinnung, der für die Gewinnung erforderlichen Laboruntersuchung, dem Transport zur be- oder verarbeitenden Gewebeeinrichtung, der Be- oder Verarbeitung, der Testung, der Freigabe, der Lagerung, dem Transport, dem Inverkehrbringen oder einer anderen Tätigkeit aufgetreten ist,**
2. **die Erstmeldung konkretisiert werden, sobald ausreichende Erkenntnisse dafür vorliegen. Insbesondere ist die Hauptursache zu analysieren und über getroffene Korrekturmaßnahmen zu berichten.**

**(5) Die verantwortliche Person nach § 20c des Arzneimittelgesetzes ist dafür verantwortlich, dass Gewebe und Gewebezubereitungen, die von Meldungen nach den Absätzen 1 bis 4 betroffen sind oder betroffen sein könnten, identifiziert, ausgesondert und zurückgerufen werden können. Sie hat nach schriftlich festgelegtem Verfahren die Notwendigkeit eines Rückrufs zu bewerten und die nötigen Maßnahmen innerhalb vorher festgelegter Zeiträume zu koordinieren sowie die zuständige Behörde über jeden Rückruf unverzüglich zu unterrichten und dabei auch mitzuteilen, an welche Einrichtungen die Gewebe oder Gewebezubereitungen ausgeliefert wurden und welche Maßnahmen sie in Bezug auf andere möglicherweise betroffene Gewebe und Gewebezubereitungen ergriffen hat. Die Wirksamkeit der Verfahren ist regelmäßig zu überprüfen.**

**(6) Die näheren Einzelheiten, insbesondere zu den technischen Spezifikationen und Formaten der Meldungen nach den Absätzen 3 und 4 an die zuständige Bundesoberbehörde, können in einer Bekanntmachung der zuständigen Bundesoberbehörde geregelt werden.**

**(7) Über den Inhalt der Meldungen, die Art der Überprüfung und die dabei gewonnenen Erkenntnisse, das Ergebnis der Bewertung, die koordinierten Maßnahmen und**

die Benachrichtigungen sowie den Umgang mit zurückgegebenen Gewebe oder Gewebezubereitungen hat die verantwortliche Person nach § 20c des Arzneimittelgesetzes Aufzeichnungen zu führen. Satz 1 gilt für die Personen nach § 20b Abs. 1 Satz 3 Nr. 1 des Arzneimittelgesetzes entsprechend.

§ 41
Aufbewahrung der Dokumentation

(1) Für die Aufbewahrung von Aufzeichnungen über die Gewinnung, Laboruntersuchung, Be- oder Verarbeitung, Prüfung, Freigabe, Lagerung, das Verbringen in den oder aus dem Geltungsbereich des Arzneimittelgesetzes, die Einfuhr oder die Ausfuhr, das Inverkehrbringen einschließlich der Auslieferung und der endgültigen Bestimmung des Gewebes oder der Gewebezubereitung sowie von Aufzeichnungen der verantwortlichen Person nach § 20c des Arzneimittelgesetzes findet § 15 des Transplantationsgesetzes Anwendung.

(2) Die Aufbewahrung muss unbeschadet des § 14 des Transplantationsgesetzes in einem geeigneten Bereich der von der Genehmigung nach § 20b oder § 20c des Arzneimittelgesetzes erfassten Räume erfolgen. Die Zugriffsberechtigung zu den Aufzeichnungen nach Absatz 1 ist durch geeignete Maßnahmen auf dazu befugte Personen einzuschränken.

(3) Für den Fall einer Schließung der Entnahme- oder Gewebeeinrichtungen oder der Gewebespenderlabore, in denen die Aufbewahrung der Dokumentation nach Absatz 1 erfolgt, hat der pharmazeutische Unternehmer Vorsorge zu treffen, dass die Dokumentation während der gesamten Aufbewahrungszeit vorgehalten wird.

Abschnittt 6
Ordnungswidrigkeiten

§ 42
Ordnungswidrigkeiten

Ordnungswidrig im Sinne des § 97 Abs. 2 Nr. 31 des Arzneimittelgesetzes handelt, wer vorsätzlich oder fahrlässig
1. entgegen § 16 Abs. 1 oder § 25 Abs. 1 eine Charge oder einen Wirkstoff nicht menschlicher Herkunft zum Inverkehrbringen freigibt,
2. entgegen § 17 Abs. 1 Satz 1 oder § 26 Abs. 1 Satz 1 ein dort genanntes Produkt ohne vorherige Freigabe in den Verkehr bringt,
3. entgegen § 18 Abs. 1 Satz 1 oder Abs. 2 Satz 1 nicht sicherstellt, dass ein dort genanntes Rückstellmuster aufbewahrt wird,
4. entgegen § 18 Abs. 3 Satz 1 nicht sicherstellt, dass ein dort genanntes Muster aufbewahrt wird,
5. entgegen § 30 Abs. 1 ein Mischfuttermittel verwendet,
6. entgegen § 30 Abs. 4 ein Fütterungsarzneimittel in Verkehr bringt,
7. entgegen § 30 Abs. 7 Satz 3 eine Verschreibung nicht, nicht richtig, nicht vollständig oder nicht rechtzeitig ergänzt oder
8. entgegen § 30 Abs. 7 Satz 4 das Original nicht oder nicht mindestens fünf Jahre aufbewahrt oder nicht oder nicht rechtzeitig vorlegt und nicht oder nicht rechtzeitig aushändigt.

**Abschnitt 7**
**Schlussvorschriften**

### § 43
### Übergangsregelung

**Diese Verordnung findet keine Anwendung auf Wirkstoffe, die zum Zeitpunkt des Inkrafttretens dieser Verordnung im Geltungsbereich des Arzneimittelgesetzes gelagert oder aufgrund einer bestehenden vertraglichen Verpflichtung bezogen werden und die bis zum 9. November 2008 in Staaten außerhalb der Europäischen Union oder des Europäischen Wirtschaftsraums ausgeführt werden.**

## Betriebsverordnung für Arzneimittelgroßhandelsbetriebe[2]
**vom 10. November 1987 (BGBl. I S. 2370), zuletzt geändert durch Artikel 5 des Gesetzes vom 20. Juli 2007 (BGBl. I S. 1574)**

### § 1
### Anwendungsbereich

**Diese Verordnung findet Anwendung auf Betriebe und Einrichtungen, soweit sie Großhandel mit Arzneimitteln treiben, soweit nicht nach § 1 Abs. 2 der Arzneimittel- und Wirkstoffherstellungsverordnung vom 3. November 2006 (BGBl. I S. 2523), deren Vorschriften Anwendung finden. Die Verordnung gilt nicht für Betriebe und Einrichtungen, soweit sie Großhandel mit den in § 51 Abs. 1 zweiter Halbsatz des Arzneimittelgesetzes genannten für den Verkehr außerhalb der Apotheken freigegebenen Fertigarzneimitteln oder mit Gasen für medizinische Zwecke treiben.**

### § 1a
### Qualitätssicherungssystem

**Betriebe und Einrichtungen müssen die EU-Leitlinien für die Gute Vertriebspraxis von Arzneimitteln einhalten und hierfür ein funktionierendes Qualitätssicherungssystem entsprechend Art und Umfang der durchgeführten Tätigkeiten betreiben, das die aktive Beteiligung der Geschäftsführung vorsieht. Das Qualitätssicherungssystem muss insbesondere gewährleisten, dass Arzneimittel nur von hierfür berechtigten Betrieben und Einrichtungen bezogen und nur an solche geliefert werden, die Qualität der Arzneimittel auch während Lagerung und Transport nicht nachteilig beeinflusst wird, Verwechslungen vermieden werden und ein ausreichendes System der Rückverfolgung einschließlich der Durchführung eines Rückrufs besteht. Die nach § 2 Abs. 1 bestellte verantwortliche Person muss insbesondere dafür Sorge tragen, dass Bezug und Auslieferung der Arzneimittel gemäß den §§ 4a und 6 erfolgen und die schriftlichen Verfahrensbeschreibungen in regelmäßigen Abständen geprüft, erforderlichenfalls an den Stand von Wissenschaft und Technik angepasst und befolgt werden.**

---

[2] Amtl. Anm.:
Diese Verordnung dient der Umsetzung der Richtlinie 92/95/EWG des Rates vom 31. März 1992 über den Großhandelsbetrieb von Humanarzneimitteln (ABl. Nr. L 113, S. 112) und der Richtlinie 2001/83/EG des Europäischen Parlaments und des Rates 6. November 2001 zur Schaffung eines Gemeinschaftskodexes für Humanarzneimittel vom (ABl. EG Nr. L 311 S. 67).

## § 2
## Personal

**(1) Wer einen Arzneimittelgroßhandel betreibt, hat für jede Betriebsstätte mindestens eine Person zu bestellen, die für den ordnungsgemäßen Betrieb, insbesondere für die Einhaltung der Vorschriften der §§ 1a, 4 bis 7c dieser Verordnung verantwortlich ist.**

**(2) Personal muß mit ausreichender fachlicher Qualifikation und in ausreichender Zahl vorhanden sein, um die Einhaltung der Vorschriften dieser Verordnung zu ermöglichen. Es darf nur entsprechend seiner Ausbildung und seinen Kenntnissen beschäftigt werden und ist über die beim Umgang mit Arzneimitteln gebotene Sorgfalt regelmäßig zu unterweisen.**

## § 3
## Beschaffenheit, Größe und Einrichtung der Betriebsräume

**(1) Die Betriebsräume müssen nach Art, Größe, Zahl, Lage, Zustand und Einrichtung einen ordnungsgemäßen Betrieb des Großhandels mit Arzneimitteln gewährleisten.**

**(2) Die Betriebsräume müssen geeignete klimatische Verhältnisse aufweisen und sind durch geeignete Maßnahmen vor dem Zutritt Unbefugter zu schützen.**

**(3) Die verwendeten Geräte sollen leicht zu reinigen sein und müssen instand gehalten werden.**

**(4) Betriebsräume und deren Einrichtungen müssen regelmäßig gereinigt werden. Soweit in Betriebsräumen Arzneimittel umgefüllt, abgepackt oder gekennzeichnet werden, soll nach einem schriftlichen Hygieneplan verfahren werden, in dem insbesondere folgendes festgelegt ist:**
**1. die Häufigkeit der Maßnahmen,**
**2. die durchzuführenden Reinigungsverfahren und die zu verwendenden Geräte und Hilfsmittel,**
**3. die mit der Aufsicht betrauten Personen.**

## § 4
## Umfüllen, Abpacken und Kennzeichnen von Arzneimitteln

**(1) Es dürfen nur solche Arzneimittel zum Zwecke der Abgabe umgefüllt oder abgepackt werden, deren erforderliche Qualität festgestellt ist.**

**(2) Durch räumliche oder zeitliche Trennung der einzelnen Arbeitsvorgänge oder durch andere geeignete technische oder organisatorische Maßnahmen ist Vorsorge zu treffen, daß eine gegenseitige nachteilige Beeinflussung der Arzneimittel sowie Verwechslungen vermieden werden.**

**(3) Arzneimittel dürfen nur in Behältnisse umgefüllt oder abgepackt werden, die gewährleisten, daß die Qualität nicht mehr als unvermeidbar beeinträchtigt wird.**

**(4) Arzneimittel, die zur Anwendung bei Menschen bestimmt und keine Fertigarzneimittel sind, dürfen nur in den Verkehr gebracht werden, wenn ihre Behältnisse und, soweit verwendet, die äußeren Umhüllungen nach § 10 Abs. 1 Nr. 1, 2, 4, 8 und 9 des Arzneimittelgesetzes in gut lesbarer Schrift, in deutscher Sprache und auf dauerhafte Weise gekennzeichnet sind. Zur Anwendung bei Tieren bestimmte Arzneimittel, die keine Fertigarzneimittel sind, dürfen nur in den Verkehr gebracht werden, wenn**

**die Behältnisse und, soweit verwendet, die äußeren Umhüllungen mit den Angaben nach den §§ 10 und 11 des Arzneimittelgesetzes versehen sind.**

**§4a**
**Bezug von Arzneimitteln**

**(1) Arzneimittel dürfen nur von Betrieben und Einrichtungen bezogen werden, die über eine Erlaubnis gemäß § 13 oder § 52a des Arzneimittelgesetzes verfügen. Arzneimittel können auch aus Betrieben und Einrichtungen, die über eine Erlaubnis nach § 52a des Arzneimittelgesetzes oder nach dem Gesetz über das Apothekenwesen verfügen, oder die sonst zur Abgabe an den Endverbraucher berechtigt sind, zurückgenommen werden.**

**(2) Die Lieferungen sind bei der Annahme daraufhin zu überprüfen, ob die Behältnisse unbeschädigt sind, die Lieferung mit der Bestellung übereinstimmt und der Lieferant unter Angabe der ausstellenden Behörde und des Ausstellungsdatums bestätigt hat, dass er über die notwendige Erlaubnis verfügt.**

**§ 5**
**Lagerung**

**(1) Arzneimittel sind so zu lagern, daß ihre Qualität nicht nachteilig beeinflußt wird und Verwechslungen vermieden werden. Die für bestimmte Arzneimittel erforderliche Lagertemperatur ist durch Kühleinrichtungen oder sonstige Maßnahmen sicherzustellen. Lagerungshinweise sind zu beachten.**

**(2) Die Vorratsbehältnisse müssen so beschaffen sein, daß die Qualität des Inhalts nicht beeinträchtigt wird. Sie müssen mit deutlichen Aufschriften versehen sein, die den Inhalt eindeutig bezeichnen. Soweit Bezeichnungen durch Rechtsverordnung nach § 10 Abs. 6 Nr. 1 des Arzneimittelgesetzes vorgeschrieben sind, sind diese zu verwenden. Der Inhalt ist durch zusätzliche Angaben zu kennzeichnen, soweit dies zur Vermeidung von Verwechslungen erforderlich ist. Sätze 2 bis 4 gelten nicht für Vorratsbehältnisse, in denen ordnungsgemäß gekennzeichnete Fertigarzneimittel gelagert werden.**

**(3) Gefälschte Arzneimittel, die im Vertriebsnetz festgestellt werden, sowie andere nicht verkehrsfähige Arzneimittel sind bis zur Entscheidung über das weitere Vorgehen getrennt von verkehrsfähigen Arzneimitteln und gesichert aufzubewahren, um Verwechslungen zu vermeiden und einen unbefugten Zugriff zu verhindern. Sie müssen eindeutig als nicht zum Verkauf bestimmte Arzneimittel gekennzeichnet werden. Über das Auftreten von Arzneimittelfälschungen ist die zuständige Behörde unverzüglich zu informieren.**

**(4) Arzneimittel, die nicht verkehrsfähig sind, sind zu vernichten oder, soweit eine Rückgabe an den Lieferanten vorgesehen ist, zurückzugeben.**

**§ 6**
**Auslieferung**

**(1) Soweit durch Rechtsvorschrift nichts anderes zugelassen ist, dürfen Lieferungen von Arzneimitteln nur an Betriebe und Einrichtungen erfolgen, die über eine Erlaubnis nach § 13 oder nach § 52a des Arzneimittelgesetzes verfügen oder die zur Abgabe an den Endverbraucher befugt sind.**

**(2) Den Lieferungen sind ausreichende Unterlagen beizufügen, aus denen insbesondere das Datum der Auslieferung, die Bezeichnung und Menge des Arzneimittels sowie Name und Anschrift des Lieferanten und des Empfängers hervorgehen. Im Falle der Lieferung an andere Betriebe und Einrichtungen, die über eine Erlaubnis nach § 52a des Arzneimittelgesetzes verfügen, muss zusätzlich die Chargenbezeichnung des jeweiligen Arzneimittels angegeben werden. Darüber hinaus muss unter Angabe der ausstellenden Behörde und des Ausstellungsdatums bestätigt werden, dass der Lieferant über eine Erlaubnis gemäß § 52a des Arzneimittelgesetzes verfügt. Die Verpflichtung zur zusätzlichen Angabe der Chargenbezeichnung gilt auch**
1. **bei der Abgabe von Arzneimitteln an pharmazeutische Unternehmer, Krankenhausapotheken und krankenhausversorgende Apotheken für die Zwecke der Belieferung von Krankenhäusern,**
2. **im Falle der Abgabe von Blutzubereitungen, Sera aus menschlichem Blut und Zubereitungen aus anderen Stoffen menschlicher Herkunft sowie gentechnisch hergestellten Blutbestandteilen, die fehlende Blutbestandteile ersetzen, auch bei Lieferung an Betriebe und Einrichtungen zur Abgabe an den Endverbraucher sowie**
3. **bei Abgabe von zur Anwendung bei Tieren bestimmten Arzneimitteln.**

**(3) Während des Transports der Arzneimittel ist bis zur Übergabe in den Verantwortungsbereich des Empfängers dafür Sorge zu tragen, dass kein Unbefugter Zugriff zu den Arzneimitteln hat und die Qualität der Arzneimittel nicht beeinträchtigt wird.**

## § 7
## Dokumentation

**(1) Über jeden Bezug und jede Abgabe von Arzneimitteln sind Aufzeichnungen in Form von Einkaufs-/Verkaufsrechnungen, in rechnergestützter Form oder in jeder sonstigen Form zu führen, die die Angaben nach § 6 Abs. 2 enthalten.**

(1a) (weggefallen)

**(2) Aufzeichnungen sind ferner zu führen über das Umfüllen und das Abpacken von Arzneimitteln sowie über die Rücknahme, Rückgabe oder das Vernichten von Arzneimitteln, die nicht in den Verkehr gebracht werden dürfen; dabei sind Angaben über den Zeitpunkt sowie über Art und Menge der Arzneimittel zu machen. Die Aufzeichnungen sind von der nach § 2 Abs. 1 bestellten oder einer von ihr beauftragten Person mit Namenszeichen zu versehen.**

**(3) Die Aufzeichnungen nach den Absätzen 1 und 2 sowie die Nachweise nach § 47 Abs. 1b des Arzneimittelgesetzes sind mindestens fünf Jahre nach der letzten Eintragung aufzubewahren. Bei Blutzubereitungen, Sera aus menschlichem Blut und Zubereitungen aus anderen Stoffen menschlicher Herkunft sowie gentechnisch hergestellten Blutbestandteilen, die fehlende Blutbestandteile ersetzen, sind die Aufzeichnungen nach Absatz 1 mindestens dreißig Jahre aufzubewahren oder zu speichern. Sie sind zu vernichten oder zu löschen, wenn die Aufbewahrung oder Speicherung nicht mehr erforderlich ist. Werden die Aufzeichnungen länger als 30 Jahre aufbewahrt oder gespeichert, sind sie zu anonymisieren. Der ursprüngliche Inhalt einer Eintragung darf weder mittels Durchstreichens noch auf andere Weise unleserlich gemacht werden. Es dürfen keine Veränderungen vorgenommen werden, die nicht erkennen lassen, ob sie bei der ursprünglichen Eintragung oder erst später gemacht worden sind.**

**(4) Bei der Aufbewahrung der Aufzeichnungen auf Datenträgern muß insbesondere sichergestellt sein, daß die Daten während der Dauer der Aufbewahrungsfrist verfügbar sind und innerhalb einer angemessenen Frist lesbar gemacht werden können.**

**§ 7a**
**Rückrufplan, Rückrufe von Arzneimitteln**

**(1) Wer einen Arzneimittelgroßhandel betreibt, muß einen Rückrufplan bereithalten, der die Durchführung jedes Rückrufes eines Arzneimittels gewährleistet, der nach Angaben der zuständigen Behörden oder des pharmazeutischen Unternehmers erfolgt.**

**(2) Der Rückrufplan und die hierzu erforderlichen organisatorischen Abläufe müssen schriftlich festgelegt sein. Über die Durchführung von Rückrufen müssen Aufzeichnungen geführt werden. § 7 Abs. 3 gilt entsprechend.**

**§ 7b**
**Rücknahme von Arzneimitteln**

**(1) Nimmt der Betreiber eines Arzneimittelgroßhandels gelieferte Arzneimittel vom Empfänger zurück, so sind diese bis zu einer Entscheidung über ihre weitere Verwendung getrennt von den zur Abgabe bestimmten Beständen zu lagern.**

**(2) Handelt es sich bei den zurückgenommenen Arzneimitteln nach Angaben des Zurückgebenden um nicht verkehrsfähige Arzneimittel oder macht er keine Angaben zur Verkehrsfähigkeit, so sind diese als nicht verkehrsfähig kenntlich zu machen, abzusondern und der Vernichtung zuzuführen. Soweit eine Rückgabe an den pharmazeutischen Unternehmer angeordnet oder mit diesem vereinbart wurde, sind sie nach entsprechender Kennzeichnung zurückzugeben.**

**(3) Handelt es sich bei den zurückgenommenen Arzneimitteln nach Angaben des Zurückgebenden um verkehrsfähige Arzneimittel, so sind sie vor der Entscheidung über ihre weitere Verwendung einer Prüfung zu unterziehen. Die Arzneimittel dürfen nur in die zum Verkauf bestimmten Bestände wieder aufgenommen werden, wenn**

1. **der Zurückgebende durch Geschäftsunterlagen wie Lieferscheine oder Rechnungen belegt, daß er sie vom Arzneimittelgroßhandel bezogen hat,**
2. **der Zurückgebende schriftlich bestätigt, daß sie seit der Lieferung ordnungsgemäß gelagert und gehandhabt wurden, insbesondere seinen Verantwortungsbereich nicht verlassen haben,**
3. **sie sich in den Originalbehältnissen und in ordnungsgemäßem Zustand befinden,**
4. **sie eine vertretbare Haltbarkeitsdauer haben,**
5. **keine Angaben des pharmazeutischen Unternehmers oder der zuständigen Behörde über das Fehlen der Verkehrsfähigkeit vorliegen,**
6. **keine sonstigen Anhaltspunkte für eine fehlende Verkehrsfähigkeit bestehen. Dabei sind die Art des Arzneimittels, die erforderlichen Lagerungsbedingungen und der seit der Auslieferung verstrichene Zeitraum zu berücksichtigen. Dies gilt insbesondere für Arzneimittel mit besonderen Anforderungen an die Lagerungsbedingungen.**

**(4) Die Prüfung und Entscheidung nach Absatz 3 muß durch dafür besonders eingewiesenes Personal erfolgen. Die Prüfanweisung und die organisatorischen Abläufe sind schriftlich festzulegen.**

**§ 7c**
**Selbstinspektion**

**(1) Um die Beachtung der Vorschriften dieser Verordnung sicherzustellen, müssen regelmäßig Selbstinspektionen durchgeführt werden. Über die Selbstinspektionen und anschließend ergriffene Maßnahmen müssen Aufzeichnungen geführt und aufbewahrt werden.**

**(2) Die nach § 2 Abs. 1 bestellte Person hat sich zu vergewissern, dass Arzneimittel nur von Lieferanten bezogen werden, die für den Handel mit Arzneimitteln befugt sind.**

**§ 8**
**Dienstbereitschaft in Krisenzeiten**

**Die zuständige Behörde kann die Dienstbereitschaft für Arzneimittelgroßhandelsbetriebe anordnen, wenn und solange die notwendige Belieferung der Apotheken und tierärztlichen Hausapotheken mit Arzneimitteln sonst ernstlich gefährdet wäre. Die Anordnung ist zu befristen; sie kann verlängert werden.**

**§ 9**

**(weggefallen)**

**§ 10**
**Ordnungswidrigkeiten**

**Ordnungswidrig im Sinne des § 97 Abs. 2 Nr. 31 des Arzneimittelgesetzes handelt, wer vorsätzlich oder fahrlässig**
**1. als Betreiber eines Arzneimittelgroßhandels**
   **a) entgegen § 2 Abs. 1 eine verantwortliche Person nicht bestellt oder**
   **b) (weggefallen)**
**2. als nach § 2 Abs. 1 bestellte Person**
   **a) entgegen § 4 Abs. 1 oder 3 Arzneimittel umfüllt oder abpackt,**
   **b) entgegen § 4a Abs. 1 Satz 1 Arzneimittel von Betrieben und Einrichtungen bezieht, die nicht über eine Erlaubnis verfügen,**
   **c) entgegen § 5 Abs. 1 Arzneimittel nicht in der vorgeschriebenen Weise lagert,**
   **d) entgegen § 5 Abs. 3 Satz 1 Arzneimittel nicht in der vorgeschriebenen Weise aufbewahrt,**
   **e) entgegen § 5 Abs. 3 Satz 2 Arzneimittel nicht kennzeichnet,**
   **f) entgegen § 5 Abs. 3 Satz 3 die zuständige Behörde nicht oder nicht rechtzeitig informiert,**
   **g) entgegen § 6 Abs. 2 den Lieferungen keine Unterlagen oder Unterlagen mit nicht richtigen oder nicht vollständigen Angaben beifügt,**
   **h) entgegen § 7 Abs. 1 oder Abs. 2 Satz 1 Aufzeichnungen nicht, nicht richtig oder nicht vollständig führt,**
   **i) Aufzeichnungen oder Nachweise nicht entsprechend § 7 Abs. 3 Satz 1 oder 2, auch in Verbindung mit § 7a Abs. 2 Satz 3, aufbewahrt oder**
   **j) entgegen § 7 Abs. 3 Satz 5 oder 6, jeweils auch in Verbindung mit § 7a Abs. 2 Satz 3 Aufzeichnungen oder Nachweise unleserlich macht oder Veränderungen vornimmt.**

**§ 11**
**Übergangsbestimmungen**

**(1) Arzneimittel, die vor dem Inkrafttreten dieser Verordnung nicht den Vorschriften dieser Verordnung entsprechend umgefüllt, abgepackt oder gekennzeichnet wurden, dürfen noch bis zum 31. Dezember 1988 in den Verkehr gebracht werden.**

**(2) Betriebsräume und Einrichtungen müssen spätestens am 31. Dezember 1988 den Vorschriften dieser Verordnung entsprechen. Die zuständige Behörde kann darüber hinaus befristete Ausnahmen zulassen, wenn ein wichtiger Grund vorliegt.**

**(3) Wer bei Inkrafttreten dieser Verordnung einen Großhandel mit Arzneimitteln im Sinne des § 9 Abs. 1 betreibt, dem gilt die amtliche Anerkennung im Sinne des § 9 vorläufig als erteilt. Die vorläufige amtliche Anerkennung erlischt,**
1. **wenn nicht bis zum 30. Juni 1988 die Erteilung einer endgültigen amtlichen Anerkennung beantragt wird,**
2. **im Falle rechtzeitiger Antragstellung mit Eintritt der Unanfechtbarkeit der Entscheidung über den Antrag.**

**(4) Arzneimittel, die in dem in Artikel 3 des Einigungsvertrages genannten Gebiet nicht den Vorschriften dieser Verordnung entsprechend umgefüllt, abgepackt oder gekennzeichnet werden, dürfen dort noch bis zum 31. Dezember 1991 in den Verkehr gebracht werden.**

**(5) Betriebsräume und Einrichtungen in dem in Artikel 3 des Einigungsvertrages genannten Gebiet müssen spätestens am 31. Dezember 1992 den Vorschriften dieser Verordnung entsprechen. Die zuständige Behörde kann darüber hinaus befristete Ausnahmen zulassen, wenn ein wichtiger Grund vorliegt.**

**(6) Wer bei Wirksamwerden des Beitritts in dem in Artikel 3 des Einigungsvertrages genannten Gebiet einen Großhandel mit Arzneimitteln im Sinne des § 9 Abs. 1 betreibt, dem gilt die amtliche Anerkennung im Sinne des § 9 vorläufig als erteilt. Die vorläufige amtliche Anerkennung erlischt, wenn nicht bis zum 30. Juni 1991 die Erteilung einer endgültigen amtlichen Anerkennung beantragt wird und, im Falle rechtzeitiger Antragstellung, mit Eintritt der Unanfechtbarkeit der Entscheidung über den Antrag.**

**§ 12**
**Berlin-Klausel**

**(gestrichen)**

**§ 13**
**Inkrafttreten**

**Diese Verordnung tritt am 1. Januar 1988 in Kraft.**

# Verordnung über tierärztliche Hausapotheken in der Fassung der Bekanntmachung vom 8. Juli 2009 (BGBl. I S. 1760)

## § 1 Anwendungsbereich

Die Vorschriften dieser Verordnung gelten für den Erwerb, die Herstellung, die Prüfung, die Lagerung und die Abgabe von Arzneimitteln durch Tierärzte und durch Apotheken der tierärztlichen Bildungsstätten sowie für die Verschreibung und Anwendung von Arzneimitteln durch Tierärzte.

## § 1a Regeln der Wissenschaft

Beim Betrieb einer tierärztlichen Hausapotheke sind die Regeln der veterinärmedizinischen Wissenschaft zu beachten. Bei der Herstellung, Prüfung, Lagerung und Abgabe von Arzneimitteln sind darüber hinaus die Regeln der pharmazeutischen Wissenschaft zu beachten.

## § 2 Verantwortlichkeit des Tierarztes

(1) Der Tierarzt, der den Betrieb der tierärztlichen Hausapotheke nach § 67 Abs. 1 des Arzneimittelgesetzes der zuständigen Behörde angezeigt hat, hat persönlich für den ordnungsgemäßen Betrieb der tierärztlichen Hausapotheke Sorge zu tragen. Darüber hinaus hat jeder Tierarzt, der beim Betrieb einer tierärztlichen Hausapotheke tätig wird, entsprechend Art und Umfang seiner Tätigkeit für die Einhaltung der Vorschriften dieser Verordnung Sorge zu tragen.

(2) Hilfskräfte dürfen nur ihrer Ausbildung und ihren Kenntnissen entsprechend beschäftigt werden. Sie sind vom Tierarzt zu beaufsichtigen.

(3) Arzneimittel, die nicht für den Verkehr außerhalb der Apotheken freigegeben sind, dürfen nur vom Tierarzt oder auf dessen ausdrückliche Weisung für den betreffenden Einzelfall an Tierhalter ausgehändigt werden.

## § 3 Betriebsräume

(1) Wer eine tierärztliche Hausapotheke betreibt, muss über geeigneten Betriebsraum verfügen. Betriebsraum ist jeder Raum, in dem Arzneimittel hergestellt, geprüft, gelagert, verpackt oder in Verkehr gebracht werden.

(2) Die Betriebsräume müssen Art und Umfang der jeweiligen tierärztlichen Tätigkeit entsprechend nach Art, Zahl, Anordnung, Größe und Einrichtung so beschaffen sein, dass sie eine einwandfreie Herstellung, Prüfung, Lagerung und Abgabe der Arzneimittel ermöglichen; sie müssen sich in einem ordnungsgemäßen baulichen und hygienischen Zustand befinden, insbesondere sauber, trocken und gut belüftbar sein.

(3) Betriebsräume dürfen zu praxisfremden Zwecken nicht verwendet werden.

**§ 4**
**Geräte und Rechtsvorschriften**

**(1) In den Betriebsräumen müssen die Geräte vorhanden sein, die für den ordnungsgemäßen Betrieb der betreffenden tierärztlichen Hausapotheke benötigt werden. Die Geräte müssen sich in einwandfreiem Zustand befinden.**

**(2) In den Betriebsräumen müssen die einschlägigen Rechtsvorschriften über den Verkehr mit Arzneimitteln, Betäubungsmitteln, die Arzneimittelpreisverordnung und, soweit entsprechend Art und Umfang der Tätigkeit erforderlich, die amtliche Ausgabe des Arzneibuches in der jeweils aktuellen Fassung verfügbar sein.**

**§ 5**

**(weggefallen)**

**§ 6**

**(weggefallen)**

**§ 6a**

**(weggefallen)**

**§ 7**
**Verschreibung von Fütterungsarzneimitteln**

**(1) Fütterungsarzneimittel dürfen nur auf einem Formblatt nach dem Muster der Anlage[3] 1 in drei Ausfertigungen (Original und zwei Durchschriften) im Durchschreibeverfahren verschrieben werden. Die Verschreibung darf auch durch Fernkopie erteilt werden; die Originalfassung der Verschreibung ist unverzüglich nachzureichen.**

**(2) Abweichend von Absatz 1 dürfen Fütterungsarzneimittel zur Herstellung in einem anderen Mitgliedstaat der Europäischen Union oder in einem anderen Vertragsstaat des Abkommens über den Europäischen Wirtschaftsraum nur auf einem Formblatt nach dem Muster der Anlage 1a in drei Ausfertigungen (Original und zwei Durchschriften) im Durchschreibeverfahren verschrieben werden.**

**§ 8**
**Prüfung der Arzneimittel**

**(1) Der Tierarzt hat sich zu vergewissern, dass Arzneimittel, die von ihm vorrätig gehalten, abgegeben oder angewendet werden, einwandfrei beschaffen sind. Zum Nachweis der einwandfreien Beschaffenheit hat der Tierarzt die Arzneimittel zu prüfen oder unter seiner Verantwortung prüfen zu lassen, es sei denn, er hat die Arzneimittel unmittelbar aus der Apotheke oder mit einem Zertifikat über die erfolgte Prüfung bezogen.**

**(2) Von pharmazeutischen Unternehmern, Großhändlern oder aus Apotheken bezogene Fertigarzneimittel sind stichprobenweise zu prüfen. Dabei darf von einer über die Sinnenprüfung hinausgehenden Prüfung abgesehen werden, wenn sich keine Anhaltspunkte ergeben haben, die Zweifel an der einwandfreien Beschaffenheit des Arzneimittels begründen.**

---

[3] Vom Abdruck wird abgesehen.

(3) Ergibt die Prüfung, dass ein Arzneimittel nicht einwandfrei beschaffen ist oder das Verfalldatum abgelaufen ist, so ist es der Vernichtung zuzuführen. Bis zur Zuführung zur Vernichtung ist das Arzneimittel unter Kenntlichmachung des Erfordernisses der Vernichtung gesondert zu lagern.

§ 9
Lagerung der Arzneimittel

(1) Der Tierarzt muss alle Arzneimittel in Betriebsräumen an einem einzigen Standort lagern. Abweichend von Satz 1 dürfen Arzneimittel auch in anderen Betriebsräumen gelagert werden, die sich in Zoologischen Gärten, Tierheimen, Versuchstierhaltungen, Tierkliniken, Hochschulen, Besamungsstationen oder höchstens einer Untereinheit der Praxis befinden, wenn
1. die Arzneimittel ausschließlich zur arzneilichen Versorgung der dort vorhandenen oder, im Falle einer Untereinheit der Praxis, von dort behandelten Tiere bestimmt sind und
2. die Betriebsräume ausschließlich der Verfügungsgewalt des Tierarztes unterstehen.

Die Praxis und die Untereinheit der Praxis müssen innerhalb desselben Kreises oder derselben kreisfreien Stadt oder in einem angrenzenden Kreis oder einer angrenzenden kreisfreien Stadt liegen.

(2) Arzneimittel sind in übersichtlicher Anordnung und getrennt von anderen Mitteln zu lagern. Sie sind so zu lagern, dass ihre einwandfreie Beschaffenheit erhalten bleibt und sie Unbefugten nicht zugänglich sind.

(3) Vorratsbehältnisse müssen mit dauerhaften und deutlichen Aufschriften versehen sein, die den Inhalt eindeutig bezeichnen. Für Arzneimittel, die im Arzneibuch aufgeführt sind, muss eine der dort angegebenen Bezeichnungen verwendet werden. Für Arzneimittel, die im Arzneibuch nicht aufgeführt sind, ist eine gebräuchliche wissenschaftliche Bezeichnung zu verwenden.

§ 10
Abgabebehältnisse

(1) Arzneimittel dürfen nur in Behältnissen abgegeben werden, die gewährleisten, dass die einwandfreie Beschaffenheit des Arzneimittels nicht beeinträchtigt wird.

(2) Der Tierarzt hat Behältnisse, in denen Arzneimittel vom Tierarzt an den Tierhalter abgegeben werden, auch sofern es sich nicht um Fertigarzneimittel handelt, mit den Angaben nach den §§ 10 und 11 des Arzneimittelgesetzes zu kennzeichnen. Abweichend von Satz 1 dürfen vom Tierarzt in unveränderter Form umgefüllte oder abgepackte Arzneimittel abgegeben werden, soweit die Anforderungen nach § 10 Abs. 8 Satz 1 sowie § 11 Abs. 7 Satz 1 und 2 des Arzneimittelgesetzes erfüllt und die Arzneimittel zusätzlich mit dem Namen und der Praxisanschrift des behandelnden Tierarztes sowie der abgegebenen Menge gekennzeichnet sind.

§ 11
In der Außenpraxis mitgeführte Arzneimittel

(1) Arzneimittel dürfen in der Außenpraxis nur in allseits geschlossenen Transportbehältnissen mitgeführt werden, die Schutz bieten vor einer nachteiligen Beeinflussung der Arzneimittel, insbesondere durch Licht, Temperatur, Witterungseinflüsse oder Verunreinigungen. Von pharmazeutischen Unternehmern, Großhändlern oder aus

**Apotheken bezogene Fertigarzneimittel dürfen darüber hinaus nur in ihrem Originalbehältnis mitgeführt werden. § 9 Abs. 2 gilt entsprechend.**

**(2) Der Tierarzt darf Arzneimittel nur in einer solchen Menge und in einem solchen Sortiment mit sich führen, dass der regelmäßige tägliche Bedarf seiner tierärztlichen Tätigkeit nicht überschritten wird.**

## § 12
## Abgabe der Arzneimittel an Tierhalter durch Tierärzte

**(1) Arzneimittel, die für den Verkehr außerhalb der Apotheken nicht freigegebene Stoffe oder Zubereitungen aus Stoffen enthalten oder auf Grund ihres Verabreichungsweges oder ihrer Indikation apothekenpflichtig sind, dürfen von Tierärzten an Tierhalter nur im Rahmen einer ordnungsgemäßen Behandlung von Tieren oder Tierbeständen abgegeben werden.**

**(2) Eine Behandlung im Sinne des Absatzes 1 schließt insbesondere ein, dass nach den Regeln der tierärztlichen Wissenschaft**
1. **die Tiere oder der Tierbestand in angemessenem Umfang untersucht worden sind und**
2. **die Anwendung der Arzneimittel und der Behandlungserfolg vom Tierarzt kontrolliert werden.**

**(3) Als Tierbestand gelten auch Tiere verschiedener Eigentümer oder Besitzer, wenn die Tiere gemeinsam gehalten oder auf Weiden zusammengebracht werden.**

**(4) (weggefallen)**

## §12a
## Informationspflichten

**(1) Wird ein Arzneimittel vom Tierarzt bei Tieren, die der Gewinnung von Lebensmitteln dienen, angewendet oder zur Anwendung bei diesen Tieren von ihm selbst oder auf seine ausdrückliche Weisung abgegeben, so hat der Tierarzt den Tierhalter unverzüglich auf die Einhaltung der Wartezeit hinzuweisen oder hinweisen zu lassen. Im Falle der Abgabe hat sich der Tierarzt ferner von der Möglichkeit der ordnungsgemäßen Arzneimittelanwendung durch den Tierhalter zu vergewissern. § 13 Abs. 1 bleibt unberührt.**

**(2) Im Rahmen des Hinweises nach Absatz 1 hat der Tierarzt mindestens die Wartezeit, die auf einem Fertigarzneimittel für die zu behandelnde Tierart angegeben ist, zugrunde zu legen. Bei Abweichung von den Zulassungsbedingungen ist die Wartezeit so zu bemessen, dass die in der Verordnung (EWG) Nr. 2377/90 des Rates vom 26. Juni 1990 zur Schaffung eines Gemeinschaftsverfahrens für die Festsetzung von Höchstmengen für Tierarzneimittelrückstände in Nahrungsmitteln tierischen Ursprungs (ABl. EG Nr. L 224 S. 1) in der jeweils geltenden Fassung festgesetzten Höchstmengen nicht überschritten werden. Sofern auf einem Arzneimittel keine Wartezeit für die betreffende Tierart angegeben ist, darf, auch im Falle des Satzes 2, die im Rahmen des Hinweises nach Absatz 1 festzulegende Wartezeit folgende Zeiträume nicht unterschreiten:**
1. **bei Eiern sieben Tage,**
2. **bei Milch sieben Tage,**
3. **bei essbarem Gewebe von Geflügel und Säugetieren 28 Tage,**

4. bei essbarem Gewebe von Fischen die Zahl (Anzahl der Tage), die sich aus der Division von 500 durch die mittlere Wassertemperatur in Grad Celsius ergibt,
5. bei essbarem Gewebe von Einhufern, die der Gewinnung von Lebensmitteln dienen und bei denen Arzneimittel gemäß § 56a Abs. 2a des Arzneimittelgesetzes angewendet wurden, sechs Monate.

Die Wartezeit für homöopathische Arzneimittel, die ausschließlich Wirkstoffe enthalten, die in Anhang II der Verordnung (EWG) Nr. 2377/90 aufgeführt sind, darf auf null Tage festgesetzt werden. Satz 3 gilt nicht für Arzneimittel, die für den Verkehr außerhalb der Apotheken freigegeben sind.

## § 13
## Nachweispflicht

(1) Der Tierarzt hat über den Erwerb, die Prüfung, sofern sie über eine Sinnenprüfung hinausgeht, und den Verbleib der Arzneimittel in der jeweiligen tierärztlichen Hausapotheke, ferner über die Verschreibung von Fütterungsarzneimitteln sowie über die Herstellung von Arzneimitteln Nachweise zu führen. Bei der Anwendung von Arzneimitteln bei Tieren, die der Gewinnung von Lebensmitteln dienen, sowie bei der Abgabe von Arzneimitteln, die zur Anwendung bei diesen Tieren bestimmt sind, ist ein Nachweis auszufüllen, der mindestens folgende Angaben in übersichtlicher Weise enthält:
1. Anwendungs- oder Abgabedatum,
2. fortlaufende Belegnummer des Tierarztes im jeweiligen Jahr,
3. Name des behandelnden Tierarztes und Praxisanschrift,
4. Name und Anschrift des Tierhalters,
5. Anzahl, Art und Identität der Tiere,
6. Arzneimittelbezeichnung,
7. angewendete oder abgegebene Menge des Arzneimittels und
8. Wartezeit.

Im Falle der Abgabe von Arzneimitteln muss der Nachweis zusätzlich folgende Angaben enthalten:
1. Diagnose,
2. Chargenbezeichnung,
3. Dosierung des Arzneimittels pro Tier und Tag sowie Art, Dauer und Zeitpunkt der Anwendung und
4. soweit erforderlich, weitere Behandlungsanweisungen an den Tierhalter.

Der Tierarzt hat dem Tierhalter den Nachweis unverzüglich auszuhändigen oder im Falle des Absatzes 3 Satz 2 unverzüglich zu übermitteln. Die Sätze 1 bis 4 gelten nicht für Arzneimittel, die für den Verkehr außerhalb der Apotheken freigegeben sind. Satz 1 gilt nicht für die Herstellung von Arzneimitteln, sofern diese ausschließlich aus dem Umfüllen, Abpacken oder Kennzeichnen von Arzneimitteln in unveränderter Form besteht. Satz 2 gilt nicht, sofern nach der Anwendung des Arzneimittels durch den Tierarzt die Dokumentation nach § 2 Satz 1 der Tierhalter-Arzneimittel-Nachweisverordnung unverzüglich vorgenommen wird und der Tierarzt die entsprechende Eintragung durch seine Unterschrift und die Angabe seiner Praxis bestätigt. Im Falle der elektronischen Nachweisführung ist die Authentizität der tierärztlichen Bestätigung nach Satz 7 sicherzustellen.

(2) Als Nachweise im Sinne des Absatzes 1 Satz 1 gelten:
1. für den Erwerb die geordnete Zusammenstellung der Lieferscheine, Rechnungen oder Warenbegleitscheine, aus denen sich Lieferant, Art und Menge und, soweit vorhanden, die Chargenbezeichnung der Arzneimittel ergeben müssen,

2. für die Herstellung Aufzeichnungen in einem Herstellungsbuch oder auf Karteikarten, aus denen das Datum der Herstellung, die Art und Menge der hergestellten Arzneimittel und die zugrunde liegenden Herstellungsvorschriften hervorgehen,
3. für die Prüfung Aufzeichnungen in einem Prüfungsbuch oder auf Karteikarten oder Prüfungsberichte, wenn die Prüfung nicht in der tierärztlichen Hausapotheke durchgeführt worden ist; die Aufzeichnungen müssen Angaben über Lieferant, Art und Menge der untersuchten Arzneimittel, über das Datum des Erwerbs oder der Herstellung sowie über Ort, Art und Datum der Untersuchung enthalten,
4. für die
   a) Anwendung von Arzneimitteln bei Tieren, die der Gewinnung von Lebensmitteln dienen, die Informationen nach Absatz 1 Satz 2,
   b) Abgabe von Arzneimitteln, die zur Anwendung bei solchen Tieren bestimmt sind, die Informationen nach Absatz 1 Satz 2 und 3,
   c) Abgabe und Anwendung der übrigen Arzneimittel Aufzeichnungen im Tagebuch der Praxis oder in der Patientenkartei über Art und Menge sowie Name und Anschrift des Empfängers, wobei diese Eintragungen gegenüber anderen Eintragungen besonders hervortreten müssen,

4a. für die Verschreibung von Fütterungsarzneimitteln die beim Tierarzt verbliebene Durchschrift der Verschreibung,

5. für den sonstigen Verbleib Aufzeichnungen in einem besonderen Arzneimitteltagebuch oder auf Unterlagen nach den Nummern 1, 2 oder 4.

(2a) Die zuständige Behörde kann anordnen, dass der Tierarzt für Arzneimittel, die für den Verkehr außerhalb von Apotheken nicht freigegebene Stoffe oder Zubereitungen aus Stoffen enthalten oder auf Grund ihres Verabreichungsweges oder ihrer Indikation apothekenpflichtig sind, weitergehende Nachweise zu führen hat, wenn
1. ihr Tatsachen bekannt sind, die darauf schließen lassen, dass Vorschriften über den Verkehr mit Arzneimitteln nicht beachtet worden sind, oder
2. die vorgelegten Unterlagen nach Absatz 2 den Nachweis über den ordnungsgemäßen Bezug und den Verbleib der Arzneimittel nicht erlauben.

Die Nachweise nach Satz 1 müssen zeitlich geordnet die Menge des Bezuges unter Angabe des oder der Lieferanten und die Menge der Abgabe erkennen lassen. Aus den Nachweisen über die Abgabe müssen ferner das Untersuchungsdatum, Art, Zahl und Alter der behandelten Tiere, Name und Adresse des Tierhalters, die Diagnose, das verabreichte oder abgegebene Arzneimittel sowie dessen Chargenbezeichnung, die verabreichte oder verordnete Dosis pro Tier und Tag sowie die Dauer der Anwendung der Arzneimittel und der einzuhaltenden Wartezeiten ersichtlich sein.

(3) Die Nachweise sind in übersichtlicher und allgemein verständlicher Form zu führen und mindestens fünf Jahre aufzubewahren und der zuständigen Behörde auf Verlangen vorzulegen. Sie können auch als elektronisches Dokument geführt und aufbewahrt werden. Bei der Aufbewahrung der Nachweise als elektronisches Dokument muss insbesondere sichergestellt sein, dass die Daten während der Aufbewahrungszeit jederzeit lesbar gemacht werden können und unveränderlich sind. Im Falle der Übermittlung des Nachweises nach Absatz 1 Satz 2 an den Tierhalter in elektronischer Form ist die Authentizität der Daten sicherzustellen. Die Nachweise sind der Behörde zeitlich und im Falle des Absatzes 2 Nr. 4 und 4a auf Verlangen nach Tierhaltern geordnet vorzulegen.

(4) Mindestens einmal jährlich hat der Tierarzt im Rahmen einer Prüfung die Ein- und Ausgänge gegen die vorhandenen Bestände verschreibungspflichtiger Arzneimittel in der jeweiligen tierärztlichen Hausapotheke aufzurechnen und etwaige Abweichungen festzustellen.

### § 13a
### Verschreibung von Arzneimitteln

(1) Außer im Falle des § 4 Abs. 2 der Arzneimittelverschreibungsverordnung dürfen verschreibungspflichtige Arzneimittel, die zur Anwendung bei Tieren bestimmt sind, die der Gewinnung von Lebensmitteln dienen, nur in drei Ausfertigungen (Original und zwei Doppel), sonstige Verschreibungen nur in zwei Ausfertigungen (Original und ein Doppel) verschrieben werden.

(2) Das Original der Verschreibung sowie das für die Apotheke bestimmte erste Doppel sind dem Tierhalter auszuhändigen. Im Falle von Verschreibungen von Arzneimitteln, die zur Anwendung bei Tieren bestimmt sind, die der Gewinnung von Lebensmitteln dienen, verbleibt das zweite Doppel beim Tierarzt. Das Doppel ist vom Tierarzt zeitlich geordnet mindestens fünf Jahre aufzubewahren und der zuständigen Behörde auf Verlangen vorzulegen.

### § 14
### Apotheken der tierärztlichen Bildungsstätten

(1) Die Vorschriften dieser Verordnung finden auf die Apotheken der tierärztlichen Bildungsstätten, die der Ausbildung der Studierenden der Veterinärmedizin und der arzneilichen Versorgung tierärztlich behandelter Tiere im Hochschulbereich dienen, entsprechende Anwendung.

(2) Der Leiter der Apotheke der tierärztlichen Bildungsstätte hat die nach den Vorschriften dieser Verordnung dem Tierarzt obliegenden Verpflichtungen zu erfüllen. Er darf sich auch durch einen Apotheker vertreten lassen.

(3) Arzneimittel dürfen nur zu den in Absatz 1 bezeichneten Zwecken erworben, hergestellt, gelagert oder abgegeben werden.

### § 15
### Ordnungswidrigkeiten

Ordnungswidrig im Sinne des § 97 Abs. 2 Nr. 31 des Arzneimittelgesetzes handelt, wer vorsätzlich oder fahrlässig als Tierarzt oder als Leiter der Apotheke einer tierärztlichen Bildungsstätte

1. entgegen § 3 Abs. 3 einen Betriebsraum zu praxisfremden Zwecken verwendet,
2. entgegen § 8 Abs. 1 Satz 1 sich nicht vergewissert, dass die dort genannten Arzneimittel einwandfrei beschaffen sind,
3. entgegen § 8 Abs. 3 Satz 2 Arzneimittel nicht oder nicht richtig lagert,
4. entgegen § 9 Abs. 1 Satz 1 oder Abs. 2 Arzneimittel nicht oder nicht richtig lagert,
5. entgegen § 10 Abs. 2 ein Behältnis nicht oder nicht richtig kennzeichnet,
6. entgegen § 11 Arzneimittel oder Fertigarzneimittel mitführt,
7. entgegen § 12a Abs. 1 Satz 1 auf die Wartezeit nicht, nicht richtig oder nicht rechtzeitig hinweist oder nicht, nicht richtig oder nicht rechtzeitig hinweisen lässt,
8. entgegen § 13 Abs. 1 Satz 1 oder 4 oder Abs. 3 Satz 1 einen Nachweis nicht, nicht richtig oder nicht vollständig führt, nicht oder nicht rechtzeitig aushändigt, nicht oder nicht rechtzeitig übermittelt, nicht oder nicht mindestens fünf Jahre aufbewahrt oder nicht oder nicht rechtzeitig vorlegt oder
9. entgegen § 13a Abs. 2 Satz 3 das Doppel nicht oder nicht mindestens fünf Jahre aufbewahrt oder nicht oder nicht rechtzeitig vorlegt.

§ 15a

**(weggefallen)**

§ 16

**(weggefallen)**

§ 17

**(Inkrafttreten)**

## I. Die Bedeutung der Norm

1 § 54 AMG dient als Rechtsgrundlage für den Erlass von Rechtsverordnungen, die dafür sorgen sollen, dass in Betrieben und Einrichtungen, in denen Arzneimittel entwickelt, hergestellt, geprüft, gelagert, verpackt und in den Verkehr gebracht werden, ein ordnungsgemäßer Betrieb und eine möglichst gleichbleibende Qualität der Arzneimittel gesichert ist. Damit wird nicht nur die Richtlinie 91/356 EWG umgesetzt, sondern auch der Richtlinie der WHO über die Grundregeln für die Herstellung von Arzneimitteln Rechnung getragen. Mit der 12. Novelle zum AMG wurde in § 52a die Genehmigungspflicht für den Großhandel mit Arzneimitteln eingeführt und damit die Richtlinie 2001/83/EG umgesetzt. Daher war § 54 Abs. 2a entbehrlich geworden. Über § 138 Abs. 5 gilt die Anerkennung aufgrund der Rechtsverordnung nach § 54 Abs. 2a auch für den Bereich der Tierarzneimittel.

## II. Inhalt der Betriebsverordnungen

2 Bisher sind aufgrund der Ermächtigung des § 54 AMG drei Betriebsverordnungen erlassen worden; zum einen die Arzneimittel- und Wirkstoffherstellungsverordnung, (die die Betriebsverordnung für pharmazeutische Unternehmer ersetzt hat), zum anderen die für Arzneimittel-Großhandelsbetriebe und drittens die Verordnung für die tierärztlichen Hausapotheken. Die Verordnungen treffen bisher unter anderem Regelungen über das Qualitätssicherungssystem, die Anforderungen, die an die Qualifikation der eingesetzten Mitarbeiter zu stellen sind, sowie die Anforderungen, die an die Betriebsräume, die Hygiene, die Verpackungen und ihre Kennzeichnung zu stellen sind, sowie die Rückstellung von Chargen und Proben, bei der Anwendung von Tierarzneimitteln an Tieren, die zur Herstellung von Lebensmitteln verwendet werden auch der Nachweis, wo, in welchem Umfang und von wem sie angewandt worden sind .

## III. Geltungsbereich der Betriebsverordnungen

3 Nach § 54 Absatz 1 AMG sollen die zu erlassenden Betriebsverordnungen für Betriebe und Einrichtungen gelten, die Arzneimittel oder Wirkstoffe in den Geltungsbereich des AMG verbringen, in denen Arzneimittel oder Wirkstoffe entwickelt, hergestellt, geprüft, gelagert, verpackt oder in den Verkehr gebracht werden.

Betrieb ist dabei eine von der Rechtsform unabhängige, planmäßig, nicht nur vorübergehend zusammengefügte Einheit von Personen, Räumen und Sachmitteln unter einheitlicher Leitung mit dem arbeitstechnischen Zweck, bestimmte Leistungen hervorzubringen oder zur Verfügung zu stellen. 4

Einrichtungen sind alle Organisationen auf die die für den Betrieb genannten Kriterien nicht oder nicht vollständig zutreffen und in denen die vom Gesetz genannten Tätigkeiten ausgeübt werden. 5

Die Verordnungen richten sich an pharmazeutische Unternehmen, an Arzneimittel-Großhandelsbetriebe und an Tierärzte. Nicht erfasst werden Apotheken. Für sie gelten das Apothekengesetz und die Apothekenbetriebsordnung als Sondervorschriften. Bedürfen Apotheken für die Herstellung von Arzneimitteln einer Erlaubnis nach § 13 AMG, so fallen sie ebenfalls unter § 54 und die entsprechenden Betriebsverordnungen. 6

Um keine Regelungslücke auftreten zu lassen, gilt § 54 AMG samt den hierzu erlassenen Rechtsverordnungen auch für Einzelpersonen, sofern sie eine, der in Absatz 1 aufgeführten, Tätigkeiten berufsmäßig ausüben. 7

## IV. Sanktionen

### Im Ordnungswidrigkeitenrecht

Der vorsätzliche oder fahrlässige Verstoß gegen die in § 54 AMG erlassenen Betriebsverordnungen wird nach § 97 Abs. 2 Nr. 31 AMG als Ordnungswidrigkeit geahndet, sofern die Rechtsverordnung für einen bestimmten Tatbestand auf diese Bußgeldvorschriften verweist. Dies ist in § 42 AMWHV, § 10 BetrV für Arzneimittel-Großhandelsbetriebe und in § 15 der Verordnung über tierärztliche Hausapotheken der Fall. Normadressaten können die nach den einzelnen Betriebsverordnungen Verpflichteten sein 8

## § 55
## Arzneibuch

**(1) Das Arzneibuch ist eine vom Bundesinstitut für Arzneimittel und Medizinprodukte im Einvernehmen mit dem Paul-Ehrlich-Institut und dem Bundesamt für Verbraucherschutz und Lebensmittelsicherheit bekannt gemachte Sammlung anerkannter pharmazeutischer Regeln über die Qualität, Prüfung, Lagerung, Abgabe und Bezeichnung von Arzneimitteln und den bei ihrer Herstellung verwendeten Stoffen. Das Arzneibuch enthält auch Regeln für die Beschaffenheit von Behältnissen und Umhüllungen.**

**(2) Die Regeln des Arzneibuches werden von der Deutschen Arzneibuch-Kommission oder der Europäischen Arzneibuch-Kommission beschlossen. Die Bekanntmachung der Regeln kann aus rechtlichen oder fachlichen Gründen abgelehnt oder rückgängig gemacht werden.**

**(3) Die Deutsche Arzneibuch-Kommission hat die Aufgabe, über die Regeln des Arzneibuches zu beschließen und die zuständige Bundesoberbehörde bei den Arbeiten im Rahmen des Übereinkommens über die Ausarbeitung eines Europäischen Arzneibuches zu unterstützen.**

**(4) Die Deutsche Arzneibuch-Kommission wird beim Bundesinstitut für Arzneimittel und Medizinprodukte gebildet. Das Bundesinstitut für Arzneimittel und Medizinprodukte beruft im Einvernehmen mit dem Paul-Ehrlich-Institut und dem Bundesamt für Verbraucherschutz und Lebensmittelsicherheit die Mitglieder der Deutschen Arzneibuch-Kommission aus Sachverständigen der medizinischen und pharmazeutischen Wissenschaft, der Heilberufe, der beteiligten Wirtschaftskreise und der Arzneimittelüberwachung im zahlenmäßig gleichen Verhältnis, stellt den Vorsitz und erlässt eine Geschäftsordnung. Die Geschäftsordnung bedarf der Zustimmung des Bundesministeriums im Einvernehmen mit dem Bundesministerium für Ernährung, Landwirtschaft und Verbraucherschutz.**

**(5) Die Deutsche Arzneibuch-Kommission soll über die Regeln des Arzneibuches grundsätzlich einstimmig beschließen. Beschlüsse, denen nicht mehr als drei Viertel der Mitglieder der Kommission zugestimmt haben, sind unwirksam. Das Nähere regelt die Geschäftsordnung.**

**(6) Die Absätze 2 bis 5 finden auf die Tätigkeit der Deutschen Homöopathischen Arzneibuch-Kommission entsprechende Anwendung.**

**(7) Die Bekanntmachung erfolgt im Bundesanzeiger. Sie kann sich darauf beschränken, auf die Bezugsquelle der Fassung des Arzneibuches und den Beginn der Geltung der Neufassung hinzuweisen.**

**(8) Bei der Herstellung von Arzneimitteln dürfen nur Stoffe und die Behältnisse und Umhüllungen, soweit sie mit den Arzneimitteln in Berührung kommen, verwendet werden und nur Darreichungsformen angefertigt werden, die den anerkannten pharmazeutischen Regeln entsprechen. Satz 1 findet bei Arzneimitteln, die ausschließlich für den Export hergestellt werden,**

**mit der Maßgabe Anwendung, dass die im Empfängerland geltenden Regelungen berücksichtigt werden können.**

**(9) Abweichend von Absatz 1 Satz 1 erfolgt die Bekanntmachung durch das Bundesamt für Verbraucherschutz und Lebensmittelsicherheit im Einvernehmen mit dem Bundesinstitut für Arzneimittel und Medizinprodukte und dem Paul-Ehrlich-Institut, soweit es sich um Arzneimittel handelt, die zur Anwendung bei Tieren bestimmt sind.**

**Zugehörige Verordnung**
**Arzneibuchverordnung (ABV) vom 27. September 1986 (BGBl. I S. 1610), zuletzt geändert durch die Anlage 1 Kapitel X Sachgebiet D Abschnitt 11 Nr. 292 des Einigungsvertrages vom 31. August 1990 i.V.m. Artikel 1 des Gesetzes – Einigungsvertragsgesetz – vom 23. September 1990 (BGBl. I S. 885, 1086) und durch die 6. ÄndV vom 20. Dezember 1993 (BGBl. I S. 2371).**

## I. Die Bedeutung der Norm

Das Arzneimittelbuch soll – nach dem Vorbild des deutschen Lebensmittelbuchs – 1
als amtliche Sammlung von Qualitätsnorm ausgestaltet werden. Eine solche amtliche Sammlung der anerkannten pharmazeutischen Regeln ohne Rechtsverordnungscharakter genügt den fachlichen Anforderungen, weil diese Regeln als „präfabrizierte" Sachverständigen- Gutachten fachlich Geltung beanspruchen. Der Verzicht auf den Rechtsverordnungscharakter erlaubt eine rasche Umsetzung von Monographien des europäischen Arzneibuches.

## II. Das deutsche und das europäische Arzneibuch und das Verbot nach § 55 Absatz 8 AMG

Die Vorschrift über Einrichtung und Führung des deutschen und des europäischen 2
Arzneimittelbuches ist aus sich heraus verständlich und fordert keine nähere Kommentierung. Über die Sinnhaftigkeit von § 55 Absatz 8 AMG kann indessen gestritten werden. Es stellt sich durchaus die berechtigte Frage, warum der Gesetzgeber neben dem durch § 95 Abs. 1 Nr. 1 AMG mit Strafe sanktionierten Verbot des § 5 AMG bedenkliche Arzneimittel in den Verkehr zu bringen, noch ein weiteres Verbot in § 55 Absatz 8 AMG erlassen hat und ob nicht ein Verweis auf diese Vorschrift denselben Effekt gehabt hätte. Arzneimittel, die nicht den anerkannten pharmazeutischen Regeln entsprechen, weil die verwendeten Stoffe und Behältnisse und Umhüllungen diesen Qualitätsanforderungen nicht entsprechen, dürften in der Regel auch keine unbedenklichen Arzneimittel sein, also dem Grundgebot des § 5 AMG widersprechen und daher nicht verkehrsfähig sein. Warum der Gesetzgeber aufgrund anderer Voraussetzungen ein im Ergebnis identisches Verbot ausgesprochen hat, bleibt wohl dessen Geheimnis, weil die Motive hierzu keine näheren Ausführungen bieten. Das Arzneimittelbuch und die darin enthaltenen anerkannten pharmazeutischen Regeln sind sicher Teil der wissenschaftlichen Erkenntnis, auf die es bei der Beurteilung eines Arzneimittels als wirkungsvoll ankommt (§ 6 AMG). Das Arzneibuch wird samt Bezugsquelle durch Rechtsverordnung des BMG bekannt gemacht. Es gilt derzeit gemäß der 5. Ver-

ordnung zur Änderung der Arzneibuchverordnung. Arzneimittelstoffe unter Bezugnahme der Vorschriften des Arzneibuches in den Verkehr gebracht, so ist mit dem Hinweis hierauf eine Qualitätszusicherung verbunden. Der Lieferant haftet für das Vorlegen der zugesicherten Eigenschaft. Auf Diagnostika gemäß § 2 Absatz 2 Nr. 4 a AMG ist § 55 Absatz 8 Satz 1 und 2 AMG nicht anwendbar.

### III. Sanktionen

3 Ordnungswidrig handelt wer Arzneimittel in den Verkehr bringt, die nicht den über § 55 anerkannten Regeln entsprechen (§ 97 Abs. 2 Nr. 17). Normadressaten können Apotheker und pharmazeutische Unternehmer sein.

## § 55a
## Amtliche Sammlung von Untersuchungsverfahren

**Die zuständige Bundesoberbehörde veröffentlicht eine amtliche Sammlung von Verfahren zur Probenahme und Untersuchung von Arzneimitteln und ihren Ausgangsstoffen. Die Verfahren werden unter Mitwirkung von Sachkennern aus den Bereichen der Überwachung, der Wissenschaft und der pharmazeutischen Unternehmer festgelegt. Die Sammlung ist laufend auf dem neuesten Stand zu halten.**

Die Vorschrift ist aus sich heraus verständlich. Eine Kommentierung ist entbehrlich. **1**

### Rechtsfolgen

Die Missachtung der veröffentlichten Untersuchungsverfahren kann für den pharmazeutischen Unternehmer haftungsrechtliche Konsequenzen haben. Zum einen kann sich die Missachtung im Bereich der Gefährdungshaftung nach § 84 auswirken, aber auch in der Produzentenhaftung nach § 823 Abs.1 BGB[1]. Da die amtliche Sammlung ein Schutzgesetz darstellt, kommt auch eine Haftung nach § 832 Abs. 2 BGB in Betracht. **2**

---

1 So auch Rehmann, § 55a Rz. 2.

# Neunter Abschnitt Sondervorschriften für Arzneimittel, die bei Tieren angewendet werden

## Vorbemerkungen vor §§ 56ff.

1 Viele der im neunten Abschnitt enthaltenen Regelungen gehen auf europäische Vorschriften zurück; hormonelle Mastzucht, BSE und andere Problemkreise haben auf europäischer Ebene zu einem sensiblen Umgang auch mit der Materie Tierarzneimittel geführt. Der neunte Abschnitt enthält unter anderem ausführliche Sondervorschriften über die Herstellung und begrenzte Befugnis zum Besitz, zur Abgabe und der Verschreibung von Fütterungs- und anderen Tierarzneimitteln. Selbst Stoffe, aus denen Tierarzneimittel hergestellt werden können, werden erfasst. Tierärztliche akademische Bildungsstätten sind Tierärzten in § 61 gleichgestellt. Besonderen Wert wurde zum Schutze des Verbrauchers auf die Handhabung bei Arzneimitteln gelegt, die an Tiere verabreicht werden, die der Gewinnung von Lebensmitteln dienen. Neben der Herstellung, Verschreibung und Abgabe sieht dieser Abschnitt – in eher zufälliger Reihenfolge – Reglements für den Besitz von Arzneimitteln, die Registrierung des Besitzes und der Verabreichung an Tiere, sowie Spezialvorschriften zur klinischen Prüfung, Rückstandsprüfung und zur Durchführung von Rückstandskontrollen vor. Wesentlicher Zweck der auch in diesem Abschnitt ungewöhnlich ausführlichen Vorschriften ist der Schutz des Verbrauchers, der sich von Tieren ernährt, die vor Schlachtung mit Arzneimitteln behandelt werden. Folgerichtig nimmt § 60 einzelne Tiergruppen, die nicht als Nahrung für den Menschen bestimmt sind, von den strengen Vorschriften aus.

2 Die §§ 56ff. haben durch die 11. AMG-Novelle erhebliche Neuerungen erhalten, mit dem Ziel, die Menge verschreibungspflichtiger Tierarzneimittel, die den Landwirten bisher zur Verfügung stand, zu verringern. Diese Regelungen stellten eine erhebliche Verschärfung bei der Herstellung, Abgabe und Verschreibung von Tierarzneimitteln durch die Tierärzte dar. So durfte der Tierarzt beispielsweise verschreibungspflichtige Arzneimittel an Tiere, die der Gewinnung von Lebensmitteln dienen, nur für den Bedarf von 7 Tagen an den Tierhalter abgeben. Diese Verschärfungen sind mit der 13. AMG-Novelle teilweise relativiert worden. Die 7 Tage Frist wurde, mit Ausnahme von systemisch wirksamen Antibiotika, nun auf den Behandlungsbedarf von 31 Tagen ausgeweitet. Dafür wurde, für den Tierarzt von großer praktischer Bedeutung, in § 56a faktisch ein monatlicher Besuchszyklus eingeführt für den Fall, dass der Tierarzt ein verschreibungspflichtiges Arz-

Anker

E. Deutsch, H.-D. Lippert (Hrsg.), *Kommentar zum Arzneimittelgesetz (AMG),*
DOI 10.1007/978-3-642-01455-0_9, 

neimittel länger als 31 Tage zur Behandlung eines Bestandes einsetzen möchte. Auch das zunächst bestehende Abgabeverbot von umgewidmeten Tierarzneimitteln wurde wieder aufgehoben. Darüber hinaus sieht die 13. AMG-Novelle die Einrichtung einer Tierarzneimittelanwendungskommission vor.

Es wäre aus Gründen der Übersichtlichkeit wünschenswert, wenn der Gesetzgeber **3**
nach europäischen Vorbild eine komplette Trennung von Human- und Tierarzneimitteln vorgesehen hätte. Der Teilbereich des neunten Abschnitts allein ist leider nicht abschließend. Eine solche Trennung würde die Transparenz und Klarheit des Gesetzes erhöhen.

## § 56
## Fütterungsarzneimittel

**(1) Fütterungsarzneimittel dürfen abweichend von § 47 Abs. 1, jedoch nur auf Verschreibung eines Tierarztes, vom Hersteller nur unmittelbar an Tierhalter abgegeben werden; dies gilt auch, wenn die Fütterungsarzneimittel in einem anderen Mitgliedstaat der Europäischen Union oder in einem anderen Vertragsstaat des Abkommens über den Europäischen Wirtschaftsraum unter Verwendung im Geltungsbereich dieses Gesetzes zugelassener Arzneimittel-Vormischungen oder solcher Arzneimittel-Vormischungen, die die gleiche qualitative und eine vergleichbare quantitative Zusammensetzung haben wie im Geltungsbereich dieses Gesetzes zugelassene Arzneimittel-Vormischungen, hergestellt werden, die sonstigen im Geltungsbereich dieses Gesetzes geltenden arzneimittelrechtlichen Vorschriften beachtet werden und den Fütterungsarzneimitteln eine Begleitbescheinigung nach dem vom Bundesministerium für Ernährung, Landwirtschaft und Verbraucherschutz bekannt gemachten Muster beigegeben ist. Im Falle des Satzes 1 zweiter Halbsatz hat der verschreibende Tierarzt der nach § 64 Abs. 1 für die Überwachung der Einhaltung der arzneimittelrechtlichen Vorschriften durch den Tierhalter zuständigen Behörde unverzüglich eine Kopie der Verschreibung zu übersenden. Die wiederholte Abgabe auf eine Verschreibung ist nicht zulässig. Das Bundesministerium für Ernährung, Landwirtschaft und Verbraucherschutz wird ermächtigt, im Einvernehmen mit dem Bundesministerium und dem Bundesministerium für Wirtschaft und Technologie durch Rechtsverordnung Vorschriften über Form und Inhalt der Verschreibung zu erlassen.**

**(2) Zur Herstellung eines Fütterungsarzneimittels darf nur eine nach § 25 Abs. 1 zugelassene oder auf Grund des § 36 Abs. 1 von der Pflicht zur Zulassung freigestellte Arzneimittel-Vormischung verwendet werden. Auf Verschreibung darf abweichend von Satz 1 ein Fütterungsarzneimittel aus höchstens drei Arzneimittel-Vormischungen, die jeweils zur Anwendung bei der zu behandelnden Tierart zugelassen sind, hergestellt werden, sofern**

1. **für das betreffende Anwendungsgebiet eine zugelassene Arzneimittel-Vormischung nicht zur Verfügung steht,**
2. **im Einzelfall im Fütterungsarzneimittel nicht mehr als zwei Arzneimittel-Vormischungen mit jeweils einem antimikrobiell wirksamen Stoff enthalten sind oder höchstens eine Arzneimittel-Vormischung mit mehreren solcher Stoffe enthalten ist und**
3. **eine homogene und stabile Verteilung der wirksamen Bestandteile in dem Fütterungsarzneimittel gewährleistet ist.**

**(3) Werden Fütterungsarzneimittel hergestellt, so muss das verwendete Mischfuttermittel vor und nach der Vermischung den futtermittelrechtlichen Vorschriften entsprechen und es darf kein Antibiotikum oder Kokzidiostatikum als Futtermittelzusatzstoff enthalten.**

**(4) Für Fütterungsarzneimittel dürfen nur Mischfuttermittel verwendet werden, die einer Rechtsverordnung nach § 4 Abs. 1 des Futtermittelgesetzes ent-**

**sprechen. Die Arzneimitteltagesdosis muss in einer Menge Mischfuttermittel enthalten sein, die die tägliche Futterration der behandelten Tiere, bei Wiederkäuern den täglichen Bedarf an Ergänzungsfuttermitteln, ausgenommen Mineralfutter, mindestens zur Hälfte deckt. Die verfütterungsfertigen Mischungen müssen durch das deutlich sichtbare Wort „Fütterungsarzneimittel" gekennzeichnet sowie mit der Angabe darüber versehen sein, zu welchem Prozentsatz sie den Futterbedarf nach Satz 2 zu decken bestimmt sind.**

**(5) Der Tierarzt darf Fütterungsarzneimittel nur verschreiben,**

**1. wenn sie zur Anwendung an den von ihm behandelten Tieren bestimmt sind,**
**2. wenn sie für die in den Packungsbeilagen der Arzneimittel-Vormischungen bezeichneten Tierarten und Anwendungsgebiete bestimmt sind,**
**3. wenn ihre Anwendung nach Anwendungsgebiet und Menge nach dem Stand der veterinärmedizinischen Wissenschaft gerechtfertigt ist, um das Behandlungsziel zu erreichen, und**
**4. wenn die zur Anwendung bei Tieren, die der Gewinnung von Lebensmitteln dienen, verschriebene Menge von Fütterungsarzneimitteln, die**
   **a) vorbehaltlich des Buchstaben b, verschreibungspflichtige Arzneimittel-Vormischungen enthalten, zur Anwendung innerhalb der auf die Abgabe folgenden 31 Tage bestimmt ist, oder**
   **b) antimikrobiell wirksame Stoffe enthalten, zur Anwendung innerhalb der auf die Abgabe folgenden sieben Tage bestimmt ist,**

   **sofern die Zulassungsbedingungen der Arzneimittel-Vormischung nicht eine längere Anwendungsdauer vorsehen.**

**§ 56a Abs. 2 gilt für die Verschreibung von Fütterungsarzneimitteln entsprechend. Im Falle der Verschreibung von Fütterungsarzneimitteln nach Satz 1 Nr. 4 gilt zusätzlich § 56a Abs. 1 Satz 2 entsprechend.**

**Übersicht** **Rz.**



**Literatur**

Messer, Antibiotika: Ihre Verwendung in der Tiermedizin zu therapeutischen Zwecken und in der Landwirtschaft als Futtermittelzusatz, PharmaR 1986, 103.

### I. Die Bedeutung der Norm

1 Fütterungsarzneimittel bestehen aus Mischfuttermitteln und Arzneimittel-Vormischungen. Sie werden eingesetzt, wenn hohe Tierzahlen behandelt werden müssen, da es schwer ist, jedes Tier einzeln zu behandeln. Weil Fütterungsarzneimittel in großen Mengen an behandlungsbedürftige Tiere verabreicht werden, ist es für den Tierarzt und dem Tierhalter regelmäßig unpraktisch, wenn nicht gar unmöglich, diese jeweils vom Apotheker zu beziehen. Weil eine Vermischung beider Komponenten erforderlich ist, darf weder vom Hersteller der Futtermittel, der keine Erlaubnis nach § 13 hat, verlangt, noch vom Apotheker erwartet werden, diese vorrätig zu halten. Aus diesen Erwägungen heraus sieht der Gesetzgeber in § 56 Erleichterungen vor. Jedoch ist seit dem 01.01.2006 die Herstellung im Wege des Herstellungsauftrages durch den Tierarzt untersagt. Sie dürfen nur noch nach Verschreibung durch den Tierarzt direkt an den Tierhalter abgegeben werden.

2 Im Vergleich zu anderen Europäischen Staaten sind die Regelungen streng. Während vielfach Fütterungsarzneimittel als Futtermittel gelten, bedarf es in anderen Europäischen Staaten auch keiner Herstellungserlaubnis des Mischfuttermittelherstellers nach § 13. Der Bedarf an Fütterungsarzneimitteln ist auch nicht zuletzt in den letzten Jahren deshalb beträchtlich zurückgegangen. Darüber hinaus ist die Besteuerung nach dem reduzierten Steuersatz entfallen, was den Absatz weiter erschwert hat.

### II. Fütterungsarzneimittel

3 Nach § 2 Abs. 3 Nr. 6 sind Futtermittel, Zusatzstoffe und Vormischungen im Sinne des § 3 Nr. 11 bis 15 des Futtermittelgesetzes keine Arzneimittel. Ein Arzneimittel im Sinne des Gesetzes entsteht erst, wenn eine Kombination aus einer Arzneimittel-Vormischung mit Mischfuttermitteln in verfütterungsfertiger Form an Tiere, gleich welcher Art, verabreicht werden soll. Diese Zusammensetzung ist als Fütterungsarzneimittel in § 4 Abs. 10 definiert (vgl. Kommentierung zu § 4).

### III. Arzneimittel-Vormischungen

4 Arzneimittel-Vormischungen, die nach § 4 Abs. 11 dazu bestimmt sind, zur Herstellung von Fütterungsarzneimitteln verwendet zu werden, bilden die arzneiliche Grundlage des Fütterungsarzneimittels. Eine Arzneimittel-Vormischung ist zur Verkehrsfähigkeit nach § 25 zuzulassen oder muss nach § 36 Abs. 1 von der Zulassung freigestellt sein. Das Mischfuttermittel ist der Trägerstoff, der den Voraussetzungen des Futtermittelgesetzes zu entsprechen hat.

### IV. Abgabebefugnis

5 In § 56 wird der Direktvertrieb vom Hersteller an den Tierhalter geregelt, wenn der Tierarzt das Mittel verschrieben hat und der Hersteller eine Arzneimittel-Vormischung verwendet, die von der zuständigen Bundesoberbehörde zugelassen wurde oder von der Zulassung freigestellt ist. § 43 Abs. 3 und 5 nehmen Fütte-

rungsarzneimittel von der Apothekenpflicht aus; ihre Abgabe wird in § 56 ergänzend hierzu geregelt. Die Abgabe verläuft wie folgt:

Der Hersteller gibt das Fütterungsarzneimittel unmittelbar an den Tierhalter ab, soweit die Abgabe zuvor vom Tierarzt durch Verschreibung gestattet wurde. Der Tierhalter darf das Fütterungsarzneimittel allerdings nur dem Tier oder dem Tierbestand verabreichen, wenn es in der Behandlung des Tierarztes steht und das Arzneimittel tatsächlich genau hierfür verschrieben wurde. Mit dieser Einschränkung soll, ergänzt durch § 56a, die kontrollierte Abgabe auch ohne den Weg über die Apotheke gewährleistet werden. **6**

Ein Fütterungsarzneimittel, welches innerhalb des EWR hergestellt wurde, kann innerhalb des Geltungsbereiches dieses Gesetzes nach Abs. 1 2. HS in Verbindung mit § 73 Abs. 1a dann abgegeben werden, wenn die jeweils verwendete Arzneimittel-Vormischung in Deutschland zugelassen wurde oder sie qualitativ und quantitativ den deutschen Vorschriften entspricht. Weiter sind alle sonstigen Bestimmungen dieses Gesetzes einzuhalten und dem einzuführenden Fütterungsarzneimittel eine Begleitbescheinigung beizufügen.[1] Konkret sieht das Muster auf der Grundlage der RiLi 90/167 EWG (Anhang B)[2] vor, dass Tierarzt und Hersteller auf ihm Angaben über Indikation, Behandlung und Herstellung machen, die von der zuständigen Veterinärbehörde abgezeichnet werden. Das Original verbleibt beim Fütterungsarzneimittel für denjenigen, der es verabreicht. Weiter übersendet der verschreibende Tierarzt nach Abs. 1 Satz 2 der nach § 64 Abs. 1 für die Überwachung der Einhaltung der arzneimittelrechtlichen Vorschriften zuständigen Stelle eine Kopie der Verschreibung. **7**

Fütterungsarzneimittel dürfen vom Tierarzt nach Abs. 5 Nr. 1 bis 3 nur für das angegebene Anwendungsgebiet, für die vom Tierarzt zu behandelnden Tiere und nur für die nach der Packungsbeilage angegebene Tierart verschrieben werden, wobei eine Umwidmung nach § 56a Abs. 2 gemäß Abs. 5 Satz 2 möglich ist. Handelt es sich bei den erkrankten Tieren um solche, die der Gewinnung von Lebensmitteln dienen, darf der Tierarzt eine Menge für maximal 31 Behandlungstage vorsehen, wenn keine antimikrobiell wirksamen Stoffe im Fütterungsarzneimittel enthalten sind. Anderenfalls ist die Verschreibung nur für einen Zeitraum von 7 Tagen zulässig. Eine Abweichung von der 31/7-Tage-Regelung ist nur dann erlaubt, wenn die Zulassungsbedingungen der jeweiligen Arzneimittel-Vormischung eine längere Anwendungsdauer vorsehen. Eine nochmalige Verschreibung ist nur dann gestattet, wenn der Tierarzt die Tiere oder den Tierbestand zuvor untersucht hat, vgl. Abs. 5 Satz 3 i.V.m. § 56a Abs. 1 Satz 2. **8**

---

[1] Bekanntmachung einer Begleitbescheinigung für Fütterungsarzneimittel gemäß § 56 Abs. 1 des Arzneimittelgesetzes durch das Bundesministerium für Gesundheit vom 29.06.1995, BAnz. Nr. 128 vom 19.06.1995, S. 5722.

[2] RiLi 90/167/EWG zur Festlegung der Bedingungen für die Herstellung, das Inverkehrbringen und die Verwendung von Fütterungsarzneimitteln in der Gemeinschaft vom 26.03.1990, ABl. L 92 vom 07.04.1990, S. 42.

9 Die Regelungen über das Erfordernis, die verfütterungsfertigen Arzneimittel mit dem Begriff „Fütterungsarzneimittel" in deutlich sichtbarer Form zu kennzeichnen, sowie prozentuale Angaben über den Umfang der täglichen Futterration zu machen, passen von der Systematik des Gesetzes zu § 10. Die Kennzeichnungspflicht ergänzt die Anforderungen, die an Behältnisse und Umhüllungen von Fertigarzneimitteln gestellt werden. Das Bedürfnis nach Kennzeichnung ist groß, denn Fütterungsarzneimittel und bloße Futtermittel sind äußerlich kaum zu unterscheiden.

### V. Herstellungserlaubnis

10 Fütterungsarzneimittel dürfen nur verwendet werden, wenn ihre Herstellung in zulässiger Form erfolgte. Der Gesetzgeber sieht folgende Erfordernisse für die Herstellung vor:

11 Die zur Herstellung des Fütterungsarzneimittel verwendete Arzneimittel-Vormischung wurde auf der Grundlage des § 25 zugelassen oder nach § 36 Abs. 1 von der Zulassung freigestellt.

12 Um die Qualität der Futtermittel und den Gleichlauf der Gesetze zu gewährleisten, darf der Hersteller nach Abs. 3 nur solche Mischfuttermittel verwenden, die sowohl vor der Vermischung mit der Arzneimittel-Vormischung als auch danach die Bedingungen des Futtermittelgesetzes erfüllen. Weitere Voraussetzung ist, dass das Mischfuttermittel kein Antibiotikum oder Kokzidiostatikum enthält. Hier soll eine Verstärkung der Dosen verhindert werden.

13 Die Bestandteile des Mischfuttermittels müssen den Anforderungen der Futtermittelverordnung[3] entsprechen, wie beispielsweise die zulässige Menge der Zusatzstoffe und der Höchstgehalt an zulässigen Schadstoffen. Auch sind die in Absatz 4 beschriebenen Dosen bei der Verabreichung an die jeweiligen Tierarten einzuhalten, um eine Überdosierung zu verhindern.

14 Der Gesetzgeber sieht weiter vor, dass das Fütterungsarzneimittel regelmäßig nur eine Arzneimittel-Vormischung enthalten soll. Soweit eine zugelassene Vormischung im Einzelfall für das betreffende Anwendungsgebiet nicht erhältlich ist, können in einem Fütterungsarzneimittel bis zu drei Vormischungen verschrieben werden sofernhöchstens in zwei von diesen Vormischungen jeweils nur ein antimikrobieller Stoff enthalten ist. Anderenfalls ist nur eine Vormischung erlaubt. Weiter muss nach Abs. 2 Satz 2 Nr. 3 die stabile und homogene Verteilung der wirksamen Bestandteile gewährleistet sein. Diese Arten der Herstellung eines Fütterungsarzneimittels versteht der Gesetzgeber allerdings als Ausnahme.

---

3 Futtermittelverordnung, BGBl. I vom 07.02.2005, S. 2715, zuletzt geändert durch Art. 2 der Verordnung vom 02.10.2009, BGBl. I, S. 3230.

Die vom Tierarzt einzuhaltenden Anforderungen für die Herstellung sind ausführlich in der Verordnung über tierärztliche Hausapotheken[4] festgelegt; die Verschreibungsbefugnis richtet sich nach § 56a sowie nach § 48 nebst Rechtsverordnungen, siehe unten Ziffer VI.

## VI. Rechtsverordnung

Das Bundesministerium für Gesundheit hat auf der Grundlage von § 56 Abs. 1 letzter HS, § 48 Abs. 2 Nr. 4 die Verordnung über verschreibungspflichtige Arzneimittel[5] erlassen, die sich auch an Tierärzte richtet und Ausführungsbestimmungen über Inhalt und Umfang der Verschreibungen von Arzneimitteln enthält (vgl. Kommentierung zu § 48). Im übrigen gilt die RiLi 90/167/EWG[6] ergänzend. 15

## VII. Sanktionen

### Im Strafrecht

Strafbar macht sich, wer Fütterungsarzneimittel ohne die erforderliche Verschreibung an den Tierhalter abgibt (§ 95 Abs. 1 Nr. 7). 16

### Im Ordnungswidrigkeitenrecht

Ordnungswidrig handelt, wer es versäumt oder nicht rechtzeitig eine Kopie der ärztlichen Verschreibung übersendet oder Arzneimittel entgegen § 56 Abs. 2 S. 1, Abs. 3 oder 4 S. 1 oder S. 2 herstellt. Weiter stellt die unzulässige Verschreibung oder mangelnde Kennzeichnung eine Ordnungswidrigkeit dar (§ 97 Abs. 2 Nr. 17a bis 20). 17

---

4 TÄHAV vom 08.07.2009, BGBl. I S. 1761, abgedruckt bei § 54.

5 Verordnung über verschreibungspflichtige Arzneimittel (AMVV) vom 21.12.2005, BGBl. I, S. 3632, zuletzt geändert durch Verordnung vom 18.12.2009, BGBl. I S. 3947.

6 Siehe Fn. 2.

## § 56a
## Verschreibung, Abgabe und Anwendung von Arzneimitteln durch Tierärzte

**(1) Der Tierarzt darf für den Verkehr außerhalb der Apotheken nicht freigegebene Arzneimittel dem Tierhalter nur verschreiben oder an diesen nur abgeben, wenn**
**1. sie für die von ihm behandelten Tiere bestimmt sind,**
**2. sie zugelassen sind oder sie auf Grund des § 21 Abs. 2 Nr. 4 in Verbindung mit Abs. 1 in Verkehr gebracht werden dürfen oder in den Anwendungsbereich einer Rechtsverordnung nach § 36 oder § 39 Abs. 3 Satz 1 Nr. 2 fallen oder sie nach § 38 Abs. 1 in den Verkehr gebracht werden dürfen,**
**3. sie nach der Zulassung für das Anwendungsgebiet bei der behandelten Tierart bestimmt sind,**
**4. ihre Anwendung nach Anwendungsgebiet und Menge nach dem Stand der veterinärmedizinischen Wissenschaft gerechtfertigt ist, um das Behandlungsziel zu erreichen, und**
**5. die zur Anwendung bei Tieren, die der Gewinnung von Lebensmitteln dienen,**
   **a) vorbehaltlich des Buchstaben b, verschriebene oder abgegebene Menge verschreibungspflichtiger Arzneimittel zur Anwendung innerhalb der auf die Abgabe folgenden 31 Tage bestimmt ist, oder**
   **b verschriebene oder abgegebene Menge von Arzneimitteln, die antimikrobiell wirksame Stoffe enthalten und nach den Zulassungsbedingungen nicht ausschließlich zur lokalen Anwendung vorgesehen sind, zur Anwendung innerhalb der auf die Abgabe folgenden sieben Tage bestimmt ist,**

   **sofern die Zulassungsbedingungen nicht eine längere Anwendungsdauer vorsehen.**

**Der Tierarzt darf verschreibungspflichtige Arzneimittel zur Anwendung bei Tieren, die der Gewinnung von Lebensmitteln dienen, für den jeweiligen Behandlungsfall erneut nur abgeben oder verschreiben, sofern er in einem Zeitraum von 31 Tagen vor dem Tag der entsprechend seiner Behandlungsanweisung vorgesehenen letzten Anwendung der abzugebenden oder zu verschreibenden Arzneimittel die behandelten Tiere oder den behandelten Tierbestand untersucht hat. Satz 1 Nr. 2 bis 4 gilt für die Anwendung durch den Tierarzt entsprechend. Abweichend von Satz 1 darf der Tierarzt dem Tierhalter Arzneimittel-Vormischungen, die nicht zugleich als Fertigarzneimittel zugelassen sind, weder verschreiben noch an diesen abgeben.**

**(1a) Absatz 1 Satz 3 gilt nicht, soweit ein Tierarzt Arzneimittel bei einem von ihm behandelten Tier anwendet und die Arzneimittel ausschließlich zu diesem Zweck von ihm hergestellt worden sind.**

**(2) Soweit die notwendige arzneiliche Versorgung der Tiere ansonsten ernstlich gefährdet wäre und eine unmittelbare oder mittelbare Gefährdung der Gesundheit von Mensch und Tier nicht zu befürchten ist, darf der Tierarzt bei Einzeltieren oder Tieren eines bestimmten Bestandes abweichend von Ab-**

**satz 1 Satz 1 Nr. 3, auch in Verbindung mit Absatz 1 Satz 3, nachfolgend bezeichnete zugelassene oder von der Zulassung freigestellte Arzneimittel verschreiben, anwenden oder abgeben:**

1. **soweit für die Behandlung ein zugelassenes Arzneimittel für die betreffende Tierart und das betreffende Anwendungsgebiet nicht zur Verfügung steht, ein Arzneimittel mit der Zulassung für die betreffende Tierart und ein anderes Anwendungsgebiet;**
2. **soweit ein nach Nummer 1 geeignetes Arzneimittel für die betreffende Tierart nicht zur Verfügung steht, ein für eine andere Tierart zugelassenes Arzneimittel;**
3. **soweit ein nach Nummer 2 geeignetes Arzneimittel nicht zur Verfügung steht, ein zur Anwendung beim Menschen zugelassenes Arzneimittel oder, auch abweichend von Absatz 1 Satz 1 Nr. 2, auch in Verbindung mit Absatz 1 Satz 3, ein Arzneimittel, das in einem Mitgliedstaat der Europäischen Union oder einem anderen Vertragsstaat des Abkommens über den Europäischen Wirtschaftsraum zur Anwendung bei Tieren zugelassen ist; im Falle von Tieren, die der Gewinnung von Lebensmitteln dienen, jedoch nur solche Arzneimittel aus anderen Mitgliedstaaten der Europäischen Union oder anderen Vertragsstaaten des Abkommens über den Europäischen Wirtschaftsraum, die zur Anwendung bei Tieren, die der Gewinnung von Lebensmitteln dienen, zugelassen sind;**
4. **soweit ein nach Nummer 3 geeignetes Arzneimittel nicht zur Verfügung steht, ein in einer Apotheke oder durch den Tierarzt nach § 13 Abs. 2 Satz 1 Nr. 3 Buchstabe d hergestelltes Arzneimittel.**

**Bei Tieren, die der Gewinnung von Lebensmitteln dienen, darf das Arzneimittel jedoch nur durch den Tierarzt angewendet oder unter seiner Aufsicht verabreicht werden und nur pharmakologisch wirksame Stoffe enthalten, die in Anhang I, II oder III der Verordnung (EWG) Nr. 2377/90 aufgeführt sind. Der Tierarzt hat die Wartezeit anzugeben; das Nähere regelt die Verordnung über tierärztliche Hausapotheken. Die Sätze 1 bis 3 gelten entsprechend für Arzneimittel, die nach § 21 Abs. 2 Nr. 4 in Verbindung mit Abs. 2a hergestellt werden. Registrierte oder von der Registrierung freigestellte homöopathische Arzneimittel dürfen abweichend von Absatz 1 Satz 1 Nr. 3 verschrieben, abgegeben und angewendet werden; dies gilt für Arzneimittel, die zur Anwendung bei Tieren bestimmt sind, die der Gewinnung von Lebensmitteln dienen, nur dann wenn sie ausschließlich Wirkstoffe enthalten, die in Anhang II der Verordnung (EWG) Nr. 2377/90 aufgeführt sind.**

**(2a) Abweichend von Absatz 2 Satz 2 dürfen Arzneimittel für Einhufer, die der Gewinnung von Lebensmitteln dienen und für die diese Eigenschaft in Teil III - A des Kapitels IX des Equidenpasses im Sinne der Entscheidung 93/623/EWG der Kommission vom 20. Oktober 1993 über das Dokument zur Identifizierung eingetragener Equiden (Equidenpass) (ABl. EG Nr. L 298 S. 45), geändert durch die Entscheidung 2000/68/EG der Kommission vom 22. Dezember 1999 (ABl. EG Nr. L 23 S. 72), eingetragen ist, auch angewendet, verschrieben oder abgegeben werden, wenn sie Stoffe enthalten, die in der**

**auf Grund des Artikels 10 Abs. 3 der Richtlinie 2001/82/EG erstellten Liste aufgeführt sind. Die Liste wird vom Bundesministerium für Ernährung, Landwirtschaft und Verbraucherschutz im Bundesanzeiger bekannt gemacht, sofern die Liste nicht Teil eines unmittelbar geltenden Rechtsaktes der Kommission der Europäischen Gemeinschaften oder des Rates der Europäischen Union ist.**

**(3) Das Bundesministerium für Ernährung, Landwirtschaft und Verbraucherschutz wird ermächtigt, im Einvernehmen mit dem Bundesministerium durch Rechtsverordnung mit Zustimmung des Bundesrates Anforderungen an die Abgabe von Arzneimitteln zur Anwendung an Tieren festzulegen und dabei vorzuschreiben, dass**

1. **Tierärzte über die Verschreibung und Anwendung von für den Verkehr außerhalb der Apotheken nicht freigegebenen Arzneimitteln Nachweise führen müssen,**
2. **bestimmte Arzneimittel nur durch den Tierarzt selbst angewendet werden dürfen, wenn diese Arzneimittel**
   a) **die Gesundheit von Mensch oder Tier auch bei bestimmungsgemäßem Gebrauch unmittelbar oder mittelbar gefährden können, sofern sie nicht fachgerecht angewendet werden, oder**
   b) **häufig in erheblichem Umfang nicht bestimmungsgemäß gebraucht werden und dadurch die Gesundheit von Mensch oder Tier unmittelbar oder mittelbar gefährdet werden kann.**

**In der Rechtsverordnung können Art, Form und Inhalt der Nachweise sowie die Dauer der Aufbewahrung geregelt werden. Die Nachweispflicht kann auf bestimmte Arzneimittel, Anwendungsbereiche oder Darreichungsformen beschränkt werden.**

**(4) Der Tierarzt darf durch Rechtsverordnung nach Absatz 3 Satz 1 Nr. 2 bestimmte Arzneimittel dem Tierhalter weder verschreiben noch an diesen abgeben.**

**(5) Das Bundesministerium für Ernährung, Landwirtschaft und Verbraucherschutz wird ermächtigt, im Einvernehmen mit dem Bundesministerium durch Rechtsverordnung mit Zustimmung des Bundesrates eine Tierarzneimittelanwendungskommission zu errichten. Die Tierarzneimittelanwendungskommission beschreibt in Leitlinien den Stand der veterinärmedizinischen Wissenschaft, insbesondere für die Anwendung von Arzneimitteln, die antimikrobiell wirksame Stoffe enthalten. In der Rechtsverordnung ist das Nähere über die Zusammensetzung, die Berufung der Mitglieder und das Verfahren der Tierarzneimittelanwendungskommission zu bestimmen. Ferner können der Tierarzneimittelanwendungskommission durch Rechtsverordnung weitere Aufgaben übertragen werden.**

**(6) Es wird vermutet, dass eine Rechtfertigung nach dem Stand der veterinärmedizinischen Wissenschaft im Sinne des Absatzes 1 Satz 1 Nr. 4 oder des § 56 Abs. 5 Satz 1 Nr. 3 gegeben ist, sofern die Leitlinien der Tierarzneimittelanwendungskommission nach Absatz 5 Satz 2 beachtet worden sind.**

**Übersicht** **Rz.**



## I. Die Bedeutung der Norm

1 Der Gesetzgeber sieht in § 43 Abs. 4 vor, dass der Tierarzt apothekenpflichtige Arzneimittel an den Tierhalter abgeben kann, soweit er dessen Tiere behandelt. In diesem Fall ist der Tierarzt auch befugt, diese Arzneimittel vorrätig zu halten. Weiter bestimmt § 43 Abs. 5 – mit Ausnahme der Fütterungsarzneimittel – ein Versandverbot. § 56a schafft Einschränkungen, die der Tierarzt bei der Abgabe oder Verschreibung beachten muss; es handelt sich um Sonderregelungen zur allgemeinen Verschreibungspflicht nach § 48.

2 In § 56a wurde zunächst die Richtlinie 96/23/EG[1] eingefügt. Weiter wurde der Gemeinschaftskodex für Tierarzneimittel[2] durch die Richtlinie 2004/28 geändert. Auch diese Änderungen spiegeln sich insbesondere in Abs. 2 und Abs. 2a wider. Neben den Regelungen über die Herstellung von Fütterungsarzneimitteln ist § 56a für den Tierarzt eine zentrale Vorschrift, die er bei Behandlung kranker Tiere zu beachten hat. Ergänzt wird § 56a durch die auf der Grundlage des Abs. 3 erlassene Verordnung über tierärztliche Hausapotheken (TÄHAV).[3]

## II. Umfang der Verschreibungsbefugnis, Abgabe

3 Abs. 1 Nr. 1 bis 4 regeln die Bedingungen, unter denen der Tierarzt ein apothekenpflichtiges Arzneimittel grundsätzlich verschreiben und abgeben kann. Die Regelungen beziehen sich auf die Behandlung aller Tierarten. Arzneimittel, die außerhalb von Apotheken vertrieben werden dürfen, können sowohl vom Tierarzt als auch vom Tierhalter ohne besondere Auflagen verabreicht werden.

4 Der Tierarzt ist nach Abs. 1 Nr. 1 befugt, ein apothekenpflichtiges Arzneimittel zu verschreiben oder direkt an den Tierhalter abgeben, wenn die betroffenen Tiere von ihm behandelt werden und das Arzneimittel gemäß Abs. 1 Nr. 2 zugelassen ist[4] oder nach Abs. 1 Nr. 2 keiner Zulassung bedarf. Nach Abs. 1 Nr. 3 muss das Arzneimittel darüber hinaus nach der Zulassung für das Anwendungsgebiet der behandelnden Tiere bestimmt sein. Weitere Voraussetzung für die Zulässigkeit der

---

1 RiLi 96/23/EG vom 29.04.1996 über Kontrollmaßnahmen hinsichtlich bestimmter Stoffe und ihrer Rückstände in lebenden Tieren und tierischen Erzeugnissen, ABl. L 125 vom 23.05.1996, S. 10, zuletzt geändert durch die VO (EG) Nr. 882/2004 vom 29.04.2004, ABl. L 191, S. 1.

2 Vgl. Fn. 4 zu § 23.

3 Vgl. Fn. 4 zu § 56.

4 Klarstellend: OLG Köln, PharmaR 1993, 59ff.

Verschreibung oder Abgabe ist, dass die Anwendung des Arzneimittels nach Anwendungsgebiet und Menge nach dem Stand der veterinärmedizinischen Wissenschaft gerechtfertigt ist, um das Behandlungsziel zu erreichen. Hier sieht Abs. 6 eine Vermutungswirkung vor: Hat sich der Tierarzt an die von der nach Abs. 5 einzusetzenden Tierarzneimittelanwendungskommission gehalten, so wird vermutet, dass die Anwendung dem jeweiligen Stand der Wissenschaft entspricht.

**5** Mit diesen Anforderungen, die kumulativ erfüllt sein müssen, soll die kontrollierte Abgabe von Arzneimitteln für Tiere sichergestellt werden; der Tierarzt wird in die Pflicht genommen. Er muss feststellen, dass die Voraussetzungen in Beziehung auf das Arzneimittel und seinem Einsatz gegeben sind. Hierbei sollen ihm die Leitlinien nach Abs. 5 zur Seite stehen. Die Vorschrift geht Hand in Hand mit den Standesregeln für Tierärzte und der TÄHAV. Eine Abgabe auf Vorrat ist nicht mehr zulässig, der Tierarzt kann nur in der erforderlichen Menge abgeben.

**6** Für die Verschreibung und Abgabe von Arzneimitteln, die zur Anwendung an Tieren, die der Gewinnung von Lebensmitteln diesen, sieht der Gesetzgeber in Abs. 1 Nr. 5 eine weitere Einschränkung vor: Wie auch bei Fütterungsarzneimitteln ist die Menge beschränkt auf 31 Tage, bei Arzneimitteln mit einem antimikrobiell wirksamen Stoff auf 7 Tage, vgl. § 56 Rz. 8. Ergänzend sehen § 12 und § 13a TÄHAV vor, unter welchen Voraussetzungen die Abgabe der Arzneimittel erlaubt ist. In jedem Fall ist bei erneuter Verschreibung eine vorherige Untersuchung durch den Tierarzt erforderlich.

### III. Umwidmungskaskade, Ausnahmen

**7** Nach Abs. 2 ist der Tierarzt befugt, unter bestimmten Voraussetzungen von der starren Regelung des Abs. 1 abzuweichen: Es wird ihm zunächst gestattet, zugelassene Arzneimittel außerhalb ihres Anwendungsbereiches für die gleiche Tierart zu verschreiben, anwenden oder abgeben. Ist ein solches Arzneimittel nicht verfügbar, so ist auch die Verschreibung eines Arzneimittels für andere Tierarten und andere Anwendungsgebiete erlaubt. Ist schließlich auch ein solches Arzneimittel nicht verfügbar, so kann auch ein Humanarzneimittel oder eines, welches in einem anderen Staat des EWR für Tiere zugelassen ist, verschrieben werden. Dient die Abgabe an Tiere, die der Gewinnung von Lebensmitteln dienen, ist dies nur gestattet, wenn das im EWR zugelassene Arzneimittel seinerseits für solche Tiere, die der Gewinnung von Lebensmitteln dienen, zugelassen ist. Ist letztlich auch ein solches Arzneimittel nicht verfügbar, kann das Arzneimittel in einer Apotheke oder durch den Tierarzt nach § 13 Abs. 2 Satz 1 Nr. 3 hergestellt und angewendet werden.

**8** Grundvoraussetzung für diese vom Tierarzt in der Reihenfolge einzuhaltende Kaskade ist, dass die notwendige arzneiliche Versorgung der Tiere ansonsten ernstlich gefährdet wäre und eine unmittelbare oder mittelbare Gefährdung der Gesundheit von Mensch und Tier nicht zu befürchten ist. Die Entscheidung hierüber wird dem Tierarzt übertragen, sie unterliegt hingegen der Kontrolle durch die Verwaltung.

Diese Umwidmungskaskade der Arzneimittel ist für Tiere, die der Gewinnung von Lebensmitteln dienen, nach Abs. 2 S. 2 weiter eingeschränkt: Diese Arzneimittel dürfen nur vom Tierarzt selbst oder unter seiner direkten Aufsicht verabreicht werden. Die Aufsicht beinhaltet, dass der Tierarzt bindende Anweisungen zur Verabreichung erteilt und entsprechend kontrolliert. Der Tierarzt hat schließlich die Wartezeit anzugeben (der Begriff ist in § 4 Abs. 12 definiert) und die Vorschriften der TÄHAV einzuhalten. Weiter dürfen die Arzneimittel nur dann angewendet werden, wenn sie nur pharmakologisch wirksame Bestandteile enthalten, die in den Anhängen I bis III der Verordnung 2377/90 enthalten sind. Eine Ausnahme sieht der Gesetzgeber in Abs. 2a für Einhufer vor, die der Gewinnung von Lebensmitteln dienen und diese Eigenschaft im Equidenpass eingetragen ist. Ihnen darf der Tierarzt solche Arzneimittel verschreiben, anwenden oder abgeben, die in der Stoffliste nach Artikel 10 Abs. 3 der geänderten Richtlinie 2001/82 enthalten sind. 9

Registrierte oder von der Registrierung freigestellten homöopathischen Arzneimittel dürfen auch dann verschrieben, abgegeben und angewendet werden, wenn sie nicht für das entsprechende Anwendungsgebiet der zu behandelnden Tierart bestimmt ist. Soll jedoch an Tiere, die der Gewinnung von Lebensmitteln dienen, verabreicht, verschrieben oder anwendet werden, so darf das Arzneimittel nur solche Stoffe enthalten, die in Anhang II der Verordnung 2377/90 aufgeführt sind. 10

Mit der Möglichkeit der Umwidmungen sollen Therapielücken geschlossen werden. Bei den Formulierungen „Gefährdung der notwendigen arzneilichen Versorgung“ und „unmittelbarer oder mittelbarer Gefährdung der Gesundheit von Mensch und Tier“ handelt es sich um unbestimmte Rechtsbegriffe, die im Einzelfall der Auslegung bedürfen. Die Vorschrift zu begrüßen, weil mit ihr einer arzneilichen Fehl- oder Unterversorgung für Tiere begegnet werden kann. Auch muss dem behandelnden Tierarzt ein Spielraum bei seiner Behandlung eingeräumt werden; dieser ist aufgrund der restriktiven Vorschriften der §§ 56ff. ohnedies gering. Schließlich sind die wenn- dann- Regelungen in Abs. 2 deutlich zu unübersichtlich ausgefallen. 11

## IV. Rechtsverordnung

Das Bundesministerium hat von der Regelungsbefugnis des Absatzes 3 Gebrauch gemacht durch die TÄHAV, wodurch dem Tierarzt unter anderem in § 13 Nachweispflichten auferlegt wurden.[5] Sie dient auch der Umsetzung der RiLi 96/23/EG[6]. 12

---

5 Abgedruckt bei § 54.

6 Siehe Fn. 1.

13 Darüber hinaus hat hat das Bundesministerium am 19.06.2009 einen Leitfaden für die orale Anwendung von Tierarzneimitteln im Nutztierbereich über das Futter oder das Trinkwasser herausgegeben[7].

### V. Tierarzneimittelanwendungskommission, Vermutungswirkung

14 Diese mit der am 29. 8.2005 durch die 13. AMG-Novelle eingeführten Vorschriften dienen im wesentlichen als Orientierungshilfe für den Tierarzt und den Überwachungsbehörden der Länder. Diese Kommission, die in erster Linie Leitlinien über den jeweiligen Stand der Wissenschaft erarbeiten soll, ist noch nicht eingesetzt. Wird sie tätig, so entfällt für den Tierarzt die Notwendigkeit des Nachweises, dass seine Handlungen dem Stand der veterinärmedizinischen Wissenschaft entsprochen hat, wenn er sich an die Leitlinien gehalten hat.

### VI. Sanktionen

#### Im Strafrecht

15 Strafbar macht sich ein Tierarzt, der entgegen § 56a Abs. 1 Satz 1, auch in Verbindung mit Satz 3, oder entgegen Satz 3 Arzneimittel, die nicht für den Verkauf außerhalb von Apotheken freigegeben sind, verschreibt, abgibt oder anwendet, wenn er die Tiere nicht behandelt, die Arzneimittel nicht zugelassen sind oder nicht ohne Zulassung in Verkehr gebracht werden dürfen, sie entgegen der Zulassung bei anderen Tieren anwendet, ihre Anwendung nicht veterinärmedizinisch durch das Behandlungsziel gerechtfertigt ist (§ 95 Abs. 1 Nr. 8). Strafbar macht sich derjenige Tierarzt, der Arzneimittel, die nur durch den Tierarzt selbst angewendet werden dürfen, dem Tierhalter verschreibt oder an diesen abgibt (§ 96 Nr. 15).

#### Im Ordnungswidrigkeitenrecht

16 Ordnungswidrig handelt, wer als Tierarzt, entgegen § 56a Abs. 1 Arzneimittel, die ohne Verschreibung an Verbraucher abgegeben werden dürfen, verschreibt, abgibt oder anwendet oder Arzneimittel-Vormischungen verschreibt oder abgibt (§ 97 Abs. 2 Nr. 21 und 21a).

---

[7] Abrufbar unter: www.bmelv.de

## § 56b
## Ausnahmen

**Das Bundesministerium für Ernährung, Landwirtschaft und Verbraucherschutz wird ermächtigt, im Einvernehmen mit dem Bundesministerium durch Rechtsverordnung mit Zustimmung des Bundesrates Ausnahmen von § 56a zuzulassen, soweit die notwendige arzneiliche Versorgung der Tiere sonst ernstlich gefährdet wäre.**

Von der Rechtsverordnungsermächtigung hat der Gesetzgeber durch den Erlass der AMG-Blauzungenkrankheit-Ausnahmeverordnung vom 07.04.2008, BGBl. I, S. 721, Gebrauch gemacht.

## § 57
## Erwerb und Besitz durch Tierhalter, Nachweise

**(1) Der Tierhalter darf Arzneimittel, die zum Verkehr außerhalb der Apotheken nicht freigegeben sind, zur Anwendung bei Tieren nur in Apotheken, bei dem den Tierbestand behandelnden Tierarzt oder in den Fällen des § 56 Abs. 1 bei Herstellern erwerben. Andere Personen, die in § 47 Abs. 1 nicht genannt sind, dürfen solche Arzneimittel nur in Apotheken erwerben. Satz 1 gilt nicht für Arzneimittel im Sinne des § 43 Abs. 4 Satz 3. Abweichend von Satz 1 darf der Tierhalter Arzneimittel-Vormischungen, die nicht zugleich als Fertigarzneimittel zugelassen sind, nicht erwerben.**

**(1a) Tierhalter dürfen Arzneimittel, bei denen durch Rechtsverordnung vorgeschrieben ist, dass sie nur durch den Tierarzt selbst angewendet werden dürfen, nicht im Besitz haben. Dies gilt nicht, wenn die Arzneimittel für einen anderen Zweck als zur Anwendung bei Tieren bestimmt sind oder der Besitz nach der Richtlinie 96/22/EG des Rates vom 29. April 1996 über das Verbot der Verwendung bestimmter Stoffe mit hormonaler beziehungsweise thyreostatischer Wirkung und von ß-Agonisten in der tierischen Erzeugung und zur Aufhebung der Richtlinien 81/602/EWG, 88/146/EWG und 88/299/EWG (ABl. EG Nr. L 125 S. 3) erlaubt ist.**

**(2) Das Bundesministerium für Ernährung, Landwirtschaft und Verbraucherschutz wird ermächtigt, im Einvernehmen mit dem Bundesministerium durch Rechtsverordnung mit Zustimmung des Bundesrates vorzuschreiben, dass**

1. **Betriebe oder Personen, die Tiere halten, die der Gewinnung von Lebensmitteln dienen, und diese oder von diesen stammende Erzeugnisse in Verkehr bringen, und**
2. **andere Personen, die nach Absatz 1 Arzneimittel nur in Apotheken erwerben dürfen,**

**Nachweise über den Erwerb, die Aufbewahrung und den Verbleib der Arzneimittel und Register oder Nachweise über die Anwendung der Arzneimittel zu führen haben, soweit es geboten ist, um eine ordnungsgemäße Anwendung von Arzneimitteln zu gewährleisten und sofern es sich um Betriebe oder Personen nach Nummer 1 handelt, dies zur Durchführung von Rechtsakten der Europäischen Gemeinschaften auf diesem Gebiet erforderlich ist. In der Rechtsverordnung können Art, Form und Inhalt der Register und Nachweise sowie die Dauer ihrer Aufbewahrung geregelt werden.**

**Zugehörige Rechtsverordnung**
**Verordnung über Nachweispflichten der Tierhalter für Arzneimittel, die zur Anwendung bei Tieren bestimmt sind (ANTHV) vom 20.12.2006, (BGBl. I S. 3450)**

**Übersicht** **Rz.**



## I. Die Bedeutung der Norm

§ 56a richtet sich an den Tierarzt, § 57 ist an den Tierhalter adressiert. Ihm werden Verpflichtungen beim Erwerb, der Aufbewahrung und der Anwendung von Arzneimitteln, die an Tiere verabreicht werden, auferlegt. Obwohl sich die Einschränkungen aus den Regelungen der §§ 43 und 48 (Vertriebsweg und Verschreibungspflicht) sowie aus § 56a ergeben, hielt es der Gesetzgeber für erforderlich, dem Tierhalter weitere Bestimmungen aufzuerlegen. Besondere Bedeutung gewinnt die Vorschrift durch Abs. 2; mit ihm wurde die Richtlinie 96/22/EG des Rates vom 29.04.1996[1] umgesetzt. Das dort enthaltene Verbot von Stoffen mit hormonaler oder thyreostatischer Wirkung sowie von ß-Agonisten in der tierischen Erzeugung sieht einen Katalog von Stoffen vor, die sich nicht im Besitz des Tierhalters befinden dürfen. Damit soll die Verabreichung von Stoffen mit anaboler, thyreostatischer, östrogener, androgener oder gestagener Wirkung zum Schutze des Verbrauchers kontrollierbarer gemacht werden. Eine strafbewehrte Verbotsnorm in dieser Form ist für den Tierhalter bei seiner beruflichen Tätigkeit erheblich. 1

## II. Begriff des Tierhalters

Tierhalter ist, wer an der Haltung des Tieres ein eigenes Interesse, eine, auch mittelbar und grundsätzlich nicht nur vorübergehende Besitzstellung und die Befugnis hat, über die Betreuung und Existenz des Tieres zu entscheiden. Dies können eine oder mehrere Personen sein; nicht erforderlich ist, dass der Tierhalter das Tier visuell kennt.[2] In Abweichung zu der zivilrechtlichen Definition ist für § 57 allerdings Geschäftsfähigkeit des Tierhalters erforderlich; für minderjährige Tierhalter tragen die gesetzlichen Vertreter die Verantwortung. 2

## III. Verpflichtungen des Tierhalters

Der Tierhalter hat bei Arzneimitteln der Verabreichung an seine Tiere folgende Regelungen zu beachten: 3

1. Nicht freigegebene Arzneimittel dürfen von ihm grundsätzlich nur in der Apotheke erworben werden;

---

[1] Richtlinie 96/22/EG vom 29.04.1996 über das Verbot der Verwendung bestimmter Stoffe mit hormonaler bzw. thyreostatischer Wirkung und von ß-Agonisten in der tierischen Erzeugung, ABl. L 125 vom 23.05.1996, S. 3, zuletzt geändert durch die Richtlinie 2008/97/EG des Europäischen Parlaments und des Rates vom 19.11.2008, ABl. L 319 vom 18.11.2008, S. 9.

[2] Vgl. Palandt, Thomas, § 833 Rz. 10.

2. Nur wenn sich seine kranken Tiere bereits in tierärztlicher Behandlung befinden, kann der Tierhalter die Arzneimittel direkt vom Tierarzt erwerben;
3. Fütterungsarzneimittel können unter den Voraussetzungen des § 56 direkt vom Hersteller erworben werden (vgl. dort Rz. 4).
4. Er darf keine Arzneimittel, die nach § 56a Abs. 3 ausschließlich der Anwendung durch den Tierarzt vorbehalten sind, in seinem Besitz halten es sei denn:
   a) Die Arzneimittel sind nicht zur Anwendung bei Tieren bestimmt oder
   b) Der Besitz ist aufgrund der Richtlinie 96/22/EG des Rates vom 29.04.1996 erlaubt. Der dort enthaltene Ausschlusskatalog sieht insbesondere in den Artikeln 2, 3 und 4 die Stoffe vor,[3] die der Tierhalter nicht besitzen darf; die pauschale Verweisung des Gesetzgebers auf die Richtlinie erschwert ihre Umsetzung im Einzelfall.
5. Er darf keine Arzneimittel-Vormischungen erwerben, wenn diese nicht zugleich als Fertigarzneimittel zugelassen sind.

**4** Wie der Nachweis darüber zu führen ist, zu welchem Zweck das Arzneimittel beim Tierhalter aufbewahrt wird, sagt § 57 freilich nicht. Hier trägt die zuständige Behörde die Beweislast.

### IV. Andere Personen

**5** Nach § 57 Abs. 1 S. 2 ist es Dritten, soweit es sich nicht um Krankenhäuser, Ärzte, pharmazeutische Unternehmer oder Großhändler handelt (vgl. näher § 47 Rz. 2), nicht gestattet, apothekenpflichtige Arzneimittel, die zur Anwendung bei Tieren bestimmt sind, außerhalb von Apotheken zu erwerben. Für den Tierhalter reicht hingegen bloße Besitz eines Arzneimittels aus, um sich wegen Verstoßes nach § 96 Nr. 16 strafbar zu machen.

### V. Rechtsverordnung

**6** Abs. 2 schafft die Rechtsgrundlage, Nachweise über den Erwerb, die Aufbewahrung und den Verbleib von Tierarzneimitteln zu fordern. Das Bundesministerium für Ernährung, Landwirtschaft und Verbraucherschutz hat von dieser Möglichkeit durch die Tierhalter-Arzneimittel-Nachweisverordnung Gebrauch gemacht. Sie richtet sich an diejenigen, die Tiere, die der Gewinnung von Lebensmitteln dienen, halten und an Personen, die zwar keine Zulassung zum tierärztlichen Beruf haben, Arzneimittel aber berufs- oder gewerbsmäßig bei Tieren anwenden. Abs. 2 dient im wesentlichen der Umsetzung der Richtlinie 96/23/EG.[4]

---

[3] Siehe ABl.Nr. 125/4 vom 23.05.1996, z.B: Stilbenen und ß-Agonisten.

[4] Richtlinie 96/23/EG vom 29.04.1996 über Kontrollmaßnahmen hinsichtlich bestimmter Stoffe und ihrer Rückstände in lebenden Tieren und tierischen Erzeugnissen, ABl. L 125 vom 23.05.1996, S. 10, zuletzt geändert durch die VO (EG) Nr. 882/2004 des Europäischen Parlaments und des Rates vom 29.04.2004, ABl.Nr. L 191, S. 1.

## VI. Sanktionen

### Im Strafrecht

Strafbar macht sich derjenige Tierhalter, der Arzneimittel, die nur auf Verschreibung abgegeben werden dürfen, nicht in einer Apotheke, beim behandelnden Tierarzt oder in den zugelassenen Fällen beim Hersteller direkt erwirbt (§ 95 Nr. 9). Strafbar macht sich auch, wer als Tierhalter Arzneimittel in Besitz hat, bei denen durch Rechtsverordnung vorgeschrieben ist, dass sie nur durch den Tierarzt selbst angewendet werden dürfen oder die der Tierarzt wegen der Gefährdung für die Gesundheit von Mensch und Tier nur selbst anwenden darf (§ 96 Nr. 16). **7**

### Im Ordnungswidrigkeitenrecht

Ordnungswidrig handelt, wer Arzneimittel, die ohne Verschreibung an Verbraucher abgegeben werden dürfen, nicht in der Apotheke, beim behandelnden Tierarzt oder bei bestimmten Herstellern erwirbt (§ 97 Abs. 2 Nr. 22). **8**

Die Verordnung über Nachweispflichten enthält unter § 6 Vorschriften über Ordnungswidrigkeiten. **9**

Auch in Art. 28 der RiLi 96/23/EG des Rates sind Restriktionen zu Lasten des Tierhalters enthalten: Hat der Eigentümer oder der Verantwortliche des Schlachtbetriebes nachweislich dazu beigetragen, eine vorschriftswidrige Verwendung verbotener Stoffe zu verschleiern, so hat der Mitgliedstaat zu veranlassen, dass für den Betreffenden während eines Zeitraumes von 12 Monaten keinerlei Möglichkeit besteht, Gemeinschaftsbeihilfen zu erhalten oder zu beantragen. Eine Umsetzung kann den bestehenden Vorschriften allerdings nicht entnommen werden. **10**

## § 58
## Anwendung bei Tieren, die der Gewinnung von Lebensmitteln dienen

**(1) Tierhalter und andere Personen, die nicht Tierärzte sind, dürfen verschreibungspflichtige Arzneimittel oder andere vom Tierarzt verschriebene oder erworbene Arzneimittel bei Tieren, die der Gewinnung von Lebensmitteln dienen, nur nach einer tierärztlichen Behandlungsanweisung für den betreffenden Fall anwenden. Nicht verschreibungspflichtige Arzneimittel, die nicht für den Verkehr außerhalb der Apotheken freigegeben sind und deren Anwendung nicht auf Grund einer tierärztlichen Behandlungsanweisung erfolgt, dürfen nur angewendet werden,**
**1. wenn sie zugelassen sind oder in den Anwendungsbereich einer Rechtsverordnung nach § 36 oder § 39 Abs. 3 Satz 1 Nr. 2 fallen oder sie nach § 38 Abs. 1 in den Verkehr gebracht werden dürfen,**
**2. für die in der Kennzeichnung oder Packungsbeilage der Arzneimittel bezeichneten Tierarten und Anwendungsgebiete und**
**3. in einer Menge, die nach Dosierung und Anwendungsdauer der Kennzeichnung des Arzneimittels entspricht.**
**Abweichend von Satz 2 dürfen Arzneimittel im Sinne des § 43 Abs. 4 Satz 3 nur nach der veterinärbehördlichen Anweisung nach § 43 Abs. 4 Satz 4 angewendet werden.**

**(2) Das Bundesministerium für Ernährung, Landwirtschaft und Verbraucherschutz wird ermächtigt, im Einvernehmen mit dem Bundesministerium durch Rechtsverordnung mit Zustimmung des Bundesrates zu verbieten, dass Arzneimittel, die zur Anwendung bei Tieren bestimmt sind, die der Gewinnung von Lebensmitteln dienen, für bestimmte Anwendungsgebiete oder -bereiche in den Verkehr gebracht oder zu diesen Zwecken angewendet werden, soweit es geboten ist, um eine mittelbare Gefährdung der Gesundheit des Menschen zu verhüten.**

**Übersicht** **Rz.**



### I. Die Bedeutung der Norm

1 Während bereits die Regelungen des § 57 für den Tierhalter starke Einschränkungen bedeuten, geht § 58 noch weiter: Tierhalter und andere Personen, die nicht Tierärzte sind, sind gehalten, sich bei der Anwendung von verschreibungspflichtigen Arzneimitteln an die tierärztliche Behandlungsanweisung zu halten. Abs. 1 Satz 2 regelt darüber hinaus den Umgang mit nicht verschreibungspflichtigen Arzneimitteln für Tiere, die in die Nahrungskette gelangen können. Die Vorschrif-

ten scheinen auf den ersten Blick übertrieben und unangemessen streng; in der Regel wird ein – zumindest aufgeklärter – Verbraucher auch ohne veterinärmedizinische Beratung einen Blick auf die Packung und deren Beilage werfen und sich daran halten; eine gesetzliche Verpflichtung hierzu schießt über das erklärte Ziel hinaus, zumal eine Kontrolle im Einzelfall äußerst schwierig ist. Erfahrungen in der Vergangenheit bei der Anwendung von Arzneimitteln bei Tieren, deren Fleisch für den menschlichen Verzehr gedacht sind, haben abweichend von der oben vertretenen Meinung, zu einer anderen Beurteilung auf europäischer Ebene und damit zum § 58 geführt.

## II. Verhalten bei verschreibungspflichtigen Arzneimittel

Nur der Veterinärmediziner ist befugt, über die Art, das Ausmaß und die Dosierung von Arzneimitteln für Tiere, die der Gewinnung von Lebensmitteln dienen, zu befinden. Andere Personen sind nach § 58 verpflichtet, solche Arzneimittel ausschließlich für den konkreten Einzelfall und nach der Anweisung des behandelnden Tierarztes zu verabreichen. Mit dieser Klarstellung soll Selbstmedikationen entgegengewirkt werden. 2

## III. Verhalten bei nicht verschreibungspflichtigen Arzneimitteln

Bei verschreibungsfreien, aber apothekenpflichtigen Arzneimitteln, die ohne Mitwirkung eines Tierarztes verabreicht werden dürfen, hat der Tierhalter und jeder Dritte zu beachten, dass 3

1. das Arzneimittel zugelassen ist, keiner Zulassung oder Registrierung bedarf oder als homöopathisches Arzneimittel registriert ist;
2. es für die betroffene Tierart und das Anwendungsgebiet in der Packungsbeilage oder Kennzeichnung vorgesehen ist und
3. die in seiner Kennzeichnung vorgesehene Dosierung und Anwendungsdauer eingehalten werden.

Diese Vorgaben stellen konkrete Handlungsanweisungen dar. Im Hinblick auf die Verpflichtung nach Abs. 1 Nr. 1, wonach der Verabreicher die Zulassungspflicht des Arzneimittels prüfen muss, ist fraglich, wie weit die Pflichten gehen: Einem Laien aufzuerlegen, die Zulassung über den Bundesanzeiger herauszufinden, kann nicht gewollt sein. Hier läuft die Verantwortung faktisch über den Apotheker: Erwirbt der Tierhalter – oder ein Dritter, der selbst nicht Tierarzt ist – in der Apotheke ein nicht verschreibungspflichtiges Arzneimittel, muss er sich auf den Apotheker verlassen können, dessen Aufgabe es ist, nur solche Arzneimittel abzugeben, die entweder zugelassen oder von der Zulassung freigestellt sind. 4

Darüber, wie im konkreten Einzelfall der Nachweis geführt werden kann, ob derjenige, der das Arzneimittel verabreicht, tatsächlich Anwendungsgebiet, Dosierung und Dauer der Anwendung eingehalten hat, schweigt der Gesetzgeber. Ein Nachweis ist praktisch nur über die Prüfung von Rückständen möglich; eine Buchführung nach § 59c ist – jedenfalls bisher – nicht vorgesehen. Auch die nach 5

§ 57 Abs. 2 erlassene Verordnung regelt lediglich die Nachweispflichten über den Bezug und Verbleib von Tierarzneimitteln, nicht über ihren konkreten Einsatz.

**IV. Rechtsverordnung**

6 Die Verordnungsermächtigung in Abs. 2 entspricht in ihrer Zielsetzung § 10 Abs. 4 LFGB, worin dem Bundesministerium für Ernährung, Landwirtschaft und Verbraucherschutz die Befugnis zum Erlass von Rechtsverordnungen eingeräumt wurde, um zu verhindern, dass Stoffe mit pharmakologischer Wirkung nicht oder nur im zulässigen Umfang in den Verkehr kommen. Eine Verordnung nach Abs. 2 ist bisher nicht erlassen worden.

**V. Rechtsfolgen**

**Im Zivilrecht**

7 § 58 ist Schutzgesetz im Sinne von § 823 Abs. 2 BGB, weil die Norm den Verbraucher von Tierprodukten schützen will.

**VI. Sanktionen**

**Im Strafrecht**

8 Strafbar macht sich, wer verschreibungspflichtige Arzneimittel oder andere vom Tierarzt verschriebene oder erworbene Arzneimittel bei Tieren, die der Gewinnung von Lebensmitteln dienen, nicht nach der tierärztlichen Behandlungsanweisung für den betreffenden Fall anwendet, § 95 Abs. 1 Nr. 10. Normadressat ist der Tierhalter oder andere Personen.

**Im Ordnungswidrigkeitenrecht**

9 Ordnungswidrig handelt, wer nicht verschreibungspflichtige Arzneimittel, die apothekenpflichtig sind und die nicht aufgrund einer tierärztlichen Behandlungsanweisung angewendet werden, ohne Zulassung nicht für die bezeichneten Tierarten und Anwendungsgebiete und in einer Menge, die nach Dosierung und Anwendungsdauer der Kennzeichnung widerspricht, anwendet, § 97 Abs. 2 Nr. 23. Normadressat ist der Tierhalter oder andere Personen.

# § 59
# Klinische Prüfung und Rückstandsprüfung bei Tieren, die der Lebensmittelgewinnung dienen

**(1) Ein Arzneimittel im Sinne des § 2 Abs. 1 oder Abs. 2 Nr. 1 darf abweichend von § 56a Abs. 1 vom Hersteller oder in dessen Auftrag zum Zweck der klinischen Prüfung und der Rückstandsprüfung angewendet werden, wenn sich die Anwendung auf eine Prüfung beschränkt, die nach Art und Umfang nach dem jeweiligen Stand der wissenschaftlichen Erkenntnisse erforderlich ist.**

**(2) Von den Tieren, bei denen diese Prüfungen durchgeführt werden, dürfen Lebensmittel nicht gewonnen werden. Satz 1 gilt nicht, wenn die zuständige Bundesoberbehörde eine angemessene Wartezeit festgelegt hat. Die Wartezeit muss**

1. **mindestens der Wartezeit nach der Verordnung über tierärztliche Hausapotheken entsprechen und gegebenenfalls einen Sicherheitsfaktor einschließen, mit dem die Art des Arzneimittels berücksichtigt wird, oder**
2. **wenn Höchstmengen für Rückstände von der Gemeinschaft gemäß der Verordnung (EWG) Nr. 2377/90 festgelegt wurden, sicherstellen, dass diese Höchstmengen in den Lebensmitteln, die von den Tieren gewonnen werden, nicht überschritten werden.**

**Der Hersteller hat der zuständigen Bundesoberbehörde Prüfungsergebnisse über Rückstände der angewendeten Arzneimittel und ihrer Umwandlungsprodukte in Lebensmitteln unter Angabe der angewandten Nachweisverfahren vorzulegen.**

**(3) Wird eine klinische Prüfung oder Rückstandsprüfung bei Tieren durchgeführt, die der Gewinnung von Lebensmitteln dienen, muss die Anzeige nach § 67 Abs. 1 Satz 1 zusätzlich folgende Angaben enthalten:**

1. **Name und Anschrift des Herstellers und der Personen, die in seinem Auftrag Prüfungen durchführen,**
2. **Art und Zweck der Prüfung,**
3. **Art und Zahl der für die Prüfung vorgesehenen Tiere,**
4. **Ort, Beginn und voraussichtliche Dauer der Prüfung,**
5. **Angaben zur vorgesehenen Verwendung der tierischen Erzeugnisse, die während oder nach Abschluss der Prüfung gewonnen werden.**

**(4) Über die durchgeführten Prüfungen sind Aufzeichnungen zu führen, die der zuständigen Behörde auf Verlangen vorzulegen sind.**

**Übersicht** **Rz.**

**Literatur**

Lippert, Die klinische Prüfung von Tierarzneimitteln, MedR 2003, 451.

## I. Die Bedeutung der Norm

1 § 59 ist sachlich als Pendant zu den Regelungen über die klinische Prüfung in §§ 40, 41, formal als Ergänzung von § 67 Abs. 1 zu sehen, der unter anderem denjenigen eine Anzeigepflicht auferlegen, die solche Prüfungen durchführen. Die Vorschrift ist zur Kontrolle für die im Zulassungsverfahren nach § 22 Abs. 2 Nr. 3 und § 23 Abs. 1 Nr. 1 erforderliche klinische Prüfung und die Rückstandsprüfung bei Tieren, die der Gewinnung von Lebensmitteln dienen, konzipiert. Für die Rückstandsprüfung stellt sie eine Ergänzung und gleichzeitig eine Verschärfung zu § 23 Abs. 1 Nr. 1 dar. Die Vorschrift soll verhindern, dass Nahrungsmittel tierischen Ursprungs im Markt erhältlich sind, die Rückstände aufgrund der mit ihnen durchgeführten klinischen Prüfungen enthalten können. Weiter wird in § 59 klargestellt, dass die zur klinischen Prüfung erforderlichen Arzneimittel nicht der Verschreibungspflicht unterliegen. Zur Arzneimittelsicherheit sind schließlich Anzeige- und Vorlagepflichten vorgesehen.

## II. Adressat der Norm

2 Nach dem Wortlaut der Vorschrift treffen die Pflichten des § 59 den Hersteller des Arzneimittels; nach dem Sinn der Vorschrift treffen sie vorwiegend den pharmazeutischen Unternehmer, der die Zulassung des Arzneimittels beantragt. Bei der Verwendung des Herstellerbegriffes handelt es sich offensichtlich um ein Redaktionsversehen; der Hersteller eines Tierarzneimittels ist im Zulassungsverfahren weder zur Durchführung von Prüfungen noch zur Vorlage von Ergebnissen nach § 22 und § 23 verpflichtet. Für ein Redaktionsversehen spricht auch, dass die amtliche Begründung zum Vierten Gesetz zur Änderung des Arzneimittelgesetzes davon spricht, dass der pharmazeutische Unternehmer in die Pflicht genommen werden soll.[1] Die Bezeichnung des Herstellers ist folglich durch die des pharmazeutischen Unternehmers zu ersetzen.

---

1 Abgedruckt bei: Sander, § 59, S. 2.

## III. Klinische Prüfung und Rückstandsprüfung

Tierarzneimittel werden unter anderem nur zugelassen, wenn das Ergebnis der Rückstandsprüfung die einzuhaltende Wartezeit aufzeigt und ein taugliches Verfahren für die Rückstandsprüfung angeben wird und dieses nachweisbar ist. Um diese Voraussetzungen erfüllen zu können, muss es dem pharmazeutischen Unternehmer im erforderlichen Umfang möglich sein, bei den hierfür nötigen Prüfungen und Verfahren Arzneimittel einzusetzen, die noch nicht zugelassen sind, ohne dass sie von einem Tierarzt verschrieben oder abgegeben wurden oder sonst Voraussetzungen in § 56a einzuhalten sind.[2] Diese Möglichkeit schafft § 59 Abs. 1. Voraussetzung ist, dass Art und Umfang des Einsatzes der Arzneimittel beschränkt wird auf das, was nach dem jeweiligen wissenschaftlichen Stand erforderlich ist, also regelmäßig den Arzneimittelprüfrichtlinien entspricht. 3

## IV. Voraussetzungen für die Durchführung klinischer Prüfungen von Tierarzneimitteln

Das Arzneimittelgesetz gilt für Human - wie Tierarzneimittel gleichermaßen. Jedoch enthält es an einer Vielzahl von Stellen Sonderregelungen für Tierarzneimittel. So gelten für die klinische Prüfung von Tierarzneimitteln, deren Ergebnis für die Zulassung von Tierarzneimitteln vorzulegen sind, nicht die §§ 40ff. sondern ausschließlich § 59. Danach darf ein Arzneimittel i. S. von § 2 Abs. 1 und § 2 Abs. 2 Nr. 1 vom Hersteller oder in dessen Auftrag zum Zweck der klinischen Prüfung angewendet werden, wenn sich die Anwendung auf eine Prüfung beschränkt, die nach Art und Umfang nach dem jeweiligen Stand der wissenschaftlichen Erkenntnisse erforderlich ist. 4

§ 59 Abs. 2 enthält das Verbot, an Tieren, die in eine klinische Prüfung von Tierarzneimitteln einbezogen waren, Lebensmittel zu gewinnen, es sei denn, mit Rückständen oder Umwandlungsprodukten dieser Arzneimittel ist nicht zu rechnen. Der Hersteller hat eine entsprechende Rückstandsprüfung durchzuführen oder durchführen zu lassen. Der zuständigen Behörde sind die Ergebnisse der Rückstandsprüfung mitzuteilen. 5

Wie für die klinische Prüfung von Humanarzneimitteln gilt auch für die der Tierarzneimittel die Pflicht zur Anzeige nach § 67 Abs. 1. Zusätzliche Angaben, in die in der Anzeige mitzuteilen sind, enthält § 59 Abs. 2. Außer diesen eher formalen Voraussetzungen, und der Voraussetzung, dass die klinische Prüfung nach dem jeweiligen Stand der wissenschaftlichen Erkenntnisse erforderlich sein muss, enthält § 59 keine weiteren Voraussetzungen. Ein Rückgriff auf §§ 40ff. als allgemeinen Vorschriften für die Durchführung von klinischen Prüfungen am Menschen ist zwar denkbar und läge nahe, verbietet sich aber. § 59 ist Spezialvorschrift zu den §§ 40ff. 6

---

[2] Zur klinischen Prüfung und Rückstandsprüfung siehe Kommentierungen zu § 40 und § 4.

## V. Die klinische Prüfung von Tierarzneimitteln als Tierversuch

7 Alle gängigen Kommentare zum Arzneimittelgesetz beschränken ihre Kommentierung zu § 59 auf den eher lapidaren Hinweis, dass bei der Durchführung klinischer Prüfungen von Tierarzneimitteln die Vorschriften des Tierschutzgesetzes zu beachten seien.[3]

8 Zu Anwendung des Tierschutzgesetzes gelangt man aber nur dann, sofern man in der klinischen Prüfung eines Tierarzneimittels (zum Zwecke der Zulassung) einen Tierversuch sieht, der dann nach den Voraussetzungen des Tierschutzgesetzes durchzuführen ist.

9 Nach § 7 Abs. 1 TSchG ist ein Tierversuch ein Eingriff oder eine Behandlung zu Versuchszwecken an Tieren, wenn er mit Schmerzen, Leiden oder Schäden für das Tier verbunden sein kann. Ein Tierversuch darf nur durchgeführt werden, wenn er zur Prüfung von Stoffen oder Produkten auf ihre Unbedenklichkeit für die Gesundheit von Tieren unerlässlich ist (Abs. 2 Nr. 3). Das Vorliegen beider Voraussetzungen wird man bei der Durchführung von klinischen Prüfungen von Tierarzneimitteln als gegeben ansehen können. Die Durchführung klinischer Prüfungen von Arzneimitteln an Tieren, die der Gewinnung von Lebensmitteln dienen, steht dazuhin unter dem Vorbehalt, dass sich der verfolgte Zweck nicht durch andere Methoden oder Verfahren erreichen lässt (Abs. 2 Satz 2). Dies wird für die klinische Prüfung von Arzneimitteln wie Tierarzneimitteln in aller Regel nicht der Fall sein. Schließlich dürfen Versuche an Wirbeltieren nur durchgeführt werden, wenn die zu erwartenden Schmerzen, Leiden oder Schäden der Versuchstiere im Hinblick auf den Versuchszweck ethisch vertretbar sind. Führen derartige Versuche zur länger anhaltenden oder sich wiederholenden erheblichen Schmerzen oder Leiden, so dürfen sie nur durchgeführt werden, wenn die angestrebten Ergebnisse vermuten lassen, dass sie für wesentliche Bedürfnisse von Mensch und Tierversuche einschließlich der Lösung wissenschaftlicher Probleme von hervorragender Bedeutung sein werden (so der Gesetzestext).

10 Tierversuche bedürfen im allgemeinen der Genehmigung durch die zuständigen Behörden, es sei denn das Versuchsvorhaben wäre durch Gesetz vorgeschrieben. § 59 ist eine derartige gesetzliche Vorschrift. Eine Genehmigung für die Durchführung klinischer Prüfungen von Tierarzneimitteln durch die zuständigen Behörden ist daher nicht erforderlich. Wie die klinische Prüfung von Humanarzneimitteln ist auch diejenigen von Tierarzneimitteln mit den nach § 59 Abs. 3 geforderten Angaben vor Beginn der zuständigen Behörde anzuzeigen. In die nach § 8 a TSchG (parallel dazu) zu erstattende Anzeige geht über den Inhalt von § 59 Abs. 3 hinaus, denn sie fordert zusätzlich Angaben zu Befähigung des Leiters der Versuche und Angaben zum Grund der Genehmigungsfreiheit.

---

[3] Anker. in : Deutsch, Lippert, Ratzel, Anker, § 59, Rehmann, § 59, Kloesel, Cyran, § 59, 4.; Sander, § 59.

## VI. Weitere Voraussetzungen für die Durchführung klinischer Prüfungen von Tierarzneimitteln

Sieht man sich die einschlägigen Vorschriften (§§ 59 AMG, 7 TSchG) einmal genauer an, unter welchen Voraussetzungen klinische Prüfungen von Arzneimitteln als Tierversuch zulässig sein sollen, so fällt auf, dass die Vorschriften ersichtlich nicht aufeinander abgestimmt sein können. § 59 knüpft die Zulässigkeit daran, dass die klinische Prüfung nach Art und Umfang nach dem jeweiligen Stand der wissenschaftlichen Erkenntnisse erforderlich ist. 11

Versuche an Tieren stehen nach dem Tierschutzgesetz unter dem generellen Vorbehalt der Subsidiarität. Gibt es andere Möglichkeiten die gewünschten wissenschaftlichen Erkenntnisse zu gewinnen, sind Tierversuche unzulässig. In § 7 Abs. 2 Satz 2 TSchG verwendet das TSchG den Begriff der Unerlässlichkeit von Tierversuchen. Prüfungsmaßstab nach den Vorschriften des Arzneimittelgesetzes wie des Tierschutzgesetzes ist der Stand der wissenschaftlichen Erkenntnisse. Versuche an Wirbeltieren, die zur länger anhaltenden oder sich wiederholenden erheblichen Schmerzen oder Leiden führen, dürfen nur durchgeführt werden, wenn die angestrebten Ergebnisse vermuten lassen, dass sie für wesentliche Bedürfnisse von Tier und Mensch einschließlich der Lösung wissenschaftlicher Probleme von hervorragender Bedeutung sein werden, § 7 Abs. 3 Satz 2 TSchG. Überdies müssen Tierversuche im Hinblick auf den Versuchszweck ethisch vertretbar sein wenn sie mit Leiden oder Schäden für die Versuchstiere verbunden sind 12

## VII. Wer entscheidet über die Vertretbarkeit klinischer Prüfungen von Tierarzneimitteln?

§ 59 normiert als Spezialregelung für die Durchführung klinischer Prüfungen von Tierarzneimitteln keine weiteren Voraussetzungen. Während § 40 für die klinische Prüfung von Humanarzneimitteln als weitere Voraussetzungen die Einschaltung einer nach Landesrecht gebildeten Ethikkommission vorsieht, enthält § 59 eine derartige Verpflichtung nicht. Eine (auch analoge) Anwendung von § 40 AMG auf die klinische Prüfung von Tierarzneimitteln nach § 59 scheidet daher auch in soweit, wie bereits gesagt, aus. 13

Da – wie oben dargelegt – die klinische Prüfung von Tierarzneimitteln an Tieren einen Tierversuch nach dem Tierschutzgesetz darstellt, ist zu prüfen, ob das TSchG für diesen Bereich zusätzliche, weitere Voraussetzungen vorsieht. § 15 Abs. 1 Satz 2 TSchG bestimmt, dass der zuständigen Behörden zur Beratung bei der Genehmigung von Anträgen auf Zulassung von Tierversuchen eine Tierethikkommission als beratendes Gremium zur Seite steht. Obwohl ihre Zuständigkeiten in § 15 TSchG nicht näher konkretisiert werden, ist davon auszugehen, dass die Tierethikkommission bei der Entscheidung der Frage zu beraten hat, ob genehmigungspflichtige Tierversuche nach § 7 Abs. 3 Satz 1 TSchG ethisch vertretbar sind. Da die Durchführung klinischer Prüfungen von Tierarzneimitteln - da gesetzlich in § 59 geregelt - aber nach § 7 Abs. 7 TSchG keiner Genehmigung bedürfen, sondern der zuständigen Behörde nur anzuzeigen sind, besteht keine Pflicht, vor 14 ihrer Durchführung das Votum einer Tierethikkommission nach § 15 Abs. 1 Satz 2 TSchG einzuholen. Ein zwingendes, wenngleich vielleicht auch überraschendes Ergebnis. Gleichwohl vollzieht sich die klinische Prüfung von Tierarzneimitteln nicht ohne Kontrolle: zum einen sind die Prüfungen der zuständigen Behörde anzuzeigen, zum anderen haben Einrichtungen, in denen Tierversuche, also auch klinische Prüfungen von Tierarzneimitteln durchgeführt werden, einen (oder auch mehrere) Tierschutzbeauftragte zu bestellen, § 8 b TSchG. Ihm ist die Aufgabe übertragen, die Durchführung von Tierversuchen zur klinischen Prüfung von Tierarzneimitteln anhand der im Gesetz genannten Kriterien zu überwachen.

### VIII. Anzeigepflicht

15 Soweit Prüfungen mit Tieren durchführt werden, die der Gewinnung von Lebensmitteln dienen, hat der pharmazeutische Unternehmer neben der Anzeigepflicht nach § 67 Abs. 1 Satz 1 ergänzende Angaben zu machen, die in Abs. 3 detailliert aufgeführt sind. Sie dienen in erster Linie der Kontrolle und der Möglichkeit, den Weg der Tiere und aus ihnen gefertigte Erzeugnisse nachverfolgen zu können. Weiter gewährleistet die Angabe des pharmazeutischen Unternehmers und seiner Auftragnehmer eine schnelle Reaktionsmöglichkeit für die Behörden bei Kenntnis von Unregelmäßigkeiten oder von Verstößen gegen § 59.

### IX. Aufzeichnungspflicht

16 Der pharmazeutische Unternehmer und seine Auftragnehmer sind nach Absatz 4 bei jeder Prüfung verpflichtet, Aufzeichnungen über sie zu erstellen und sie der Behörde auf Verlangen vorzulegen. Diese Verpflichtung besteht unabhängig davon, ob die tierischen Erzeugnisse später in die Nahrungskette gelangen oder nicht. Auch mit dieser Verpflichtung will der Gesetzgeber für den Erstfall die erforderliche lückenlose Aufklärung über die Verwendung der Arzneimittel, die noch nicht zugelassen sind, sowie über den Verbleib und die Behandlung der eingesetzten Tiere erreichen. Freilich fehlt eine Regelung, wie genau diese Aufzeichnungen sein müssen, um den Vorgaben des Abs. 4 zu genügen. Ausreichend ist, wenn das prüfungsrelevante Geschehen dokumentiert ist und ein Sachverständiger die Unterlagen nachvollziehen kann.

### X. Tiere, die zur klinischen Prüfung und zur Rückstandsprüfung eingesetzt werden

17 Grundsätzlich ist es nach Absatz 2 verboten, Tiere oder deren Umwandlungsprodukte in die Nahrungskette gelangen zu lassen, wenn sie bei klinischen und Rückstandsprüfungen verwendet wurden. Dieses Verbot richtet sich an diejenigen, die Tiere schlachten und in den Kreislauf der Nahrungskette einbringen wollen. Eine Ausnahme von dem Verbot sieht der Gesetzgeber vor, wenn mit einer Gefahr für den Menschen beim Verzehr dieser Produkte nicht zu rechnen ist. Die Formulierung ist ungenau; eine Entscheidung über eine Erlaubnis trifft die zuständige Bundesoberbehörde nach Studium der vom pharmazeutischen Unternehmer vorgelegten Prüfungsergebnisse über Rückstände und der angewandten Nachweisverfah-

ren. Nicht erforderlich ist, dass Rückstände gänzlich ausgeschlossen werden können, womit der zuständigen Behörde ein gewisser Ermessenspielraum eingeräumt wird wenn der pharmazeutische Unternehmer nach Abs. 3 Nr. 5 angibt, dass die tierischen Erzeugnisse in die Nahrungskette gelangen sollen.

### XI. Rechtsfolgen

#### Im Zivilrecht

§ 59 ist Schutzgesetz im Sinne von § 823 Abs. 2 BGB. Die Norm will den Verbraucher vor schädlichen Tierprodukten schützen. **18**

### XII. Sanktionen

#### Im Strafrecht

Strafbar macht sich, wer von Tieren, an denen klinische Prüfungen und Rückstandsprüfungen vorgenommen werden, Lebensmittel gewinnt, bei denen mit Rückständen der geprüften Arzneimittel oder ihrer Umwandlungsprodukte zu rechnen ist, § 96 Nr. 12. Normadressat kann sein der pharmazeutische Unternehmer, der Tierarzt als Leiter der klinischen Prüfung sowie der Tierhalter. **19**

#### Im Ordnungswidrigkeitenrecht

Ordnungswidrig handelt, wer die Straftat nach § 96 Nr. 12 fahrlässig begeht, § 97 Abs. 1. Ordnungswidrig handelt auch, wer der Anzeigepflicht im Rahmen klinischer Prüfungen beim Tier nach § 59 Abs. 4 nicht nachkommt, § 97 Abs. 2 Nr. 24. Normadressat ist derjenige, der die klinische Prüfung am Tier durchführt bzw. durchführen lässt. **20**

## § 59a
## Verkehr mit Stoffen und Zubereitungen aus Stoffen

**(1) Personen, Betriebe und Einrichtungen, die in § 47 Abs. 1 aufgeführt sind, dürfen Stoffe oder Zubereitungen aus Stoffen, die auf Grund einer Rechtsverordnung nach § 6 bei der Herstellung von Arzneimitteln für Tiere nicht verwendet werden dürfen, zur Herstellung solcher Arzneimittel oder zur Anwendung bei Tieren nicht erwerben und für eine solche Herstellung oder Anwendung nicht anbieten, lagern, verpacken, mit sich führen oder in den Verkehr bringen. Tierhalter sowie andere Personen, Betriebe und Einrichtungen, die in § 47 Abs. 1 nicht aufgeführt sind, dürfen solche Stoffe oder Zubereitungen nicht erwerben, lagern, verpacken oder mit sich führen, es sei denn, dass sie für eine durch Rechtsverordnung nach § 6 nicht verbotene Herstellung oder Anwendung bestimmt sind.**

**(2) Tierärzte dürfen Stoffe oder Zubereitungen aus Stoffen, die nicht für den Verkehr außerhalb der Apotheken freigegeben sind, zur Anwendung bei Tieren nur beziehen und solche Stoffe oder Zubereitungen dürfen an Tierärzte nur abgegeben werden, wenn sie als Arzneimittel zugelassen sind oder sie auf Grund des § 21 Abs. 2 Nr. 3 oder 5 oder auf Grund einer Rechtsverordnung nach § 36 ohne Zulassung in den Verkehr gebracht werden dürfen. Tierhalter dürfen sie für eine Anwendung bei Tieren nur erwerben oder lagern, wenn sie von einem Tierarzt als Arzneimittel verschrieben oder durch einen Tierarzt abgegeben worden sind. Andere Personen, Betriebe und Einrichtungen, die in § 47 Abs. 1 nicht aufgeführt sind, dürfen durch Rechtsverordnung nach § 48 bestimmte Stoffe oder Zubereitungen aus Stoffen nicht erwerben, lagern, verpacken, mit sich führen oder in den Verkehr bringen, es sei denn, dass die Stoffe oder Zubereitungen für einen anderen Zweck als zur Anwendung bei Tieren bestimmt sind.**

**(3) Die futtermittelrechtlichen Vorschriften bleiben unberührt.**

### I. Die Bedeutung der Norm

1 Diese Vorschrift enthält die verschiedensten Verbote für Personen nach § 47, insbesondere pharmazeutische Unternehmer und Großhändler, sonstige Dritte, Tierärzte und Tierhalter; diese detaillierten und unnötig kompliziert formulierten Regelungen führen jedoch nicht zu einer erhöhten Sicherheit für Mensch und Tier. Wesentlicher Inhalt der Vorschrift ist, dass jeglicher Erwerb, Handel, Vertrieb und Besitz von solchen Stoffen für den Zweck zu unterbleiben hat, der aufgrund einer Verordnung nach § 6, der hierfür eine Rechtsgrundlage bildet, untersagt wurden. Ein Beispiel:

2 Für Tierärzte besteht nach Abs. 2 die Verpflichtung, nur dann Stoffe oder Zubereitungen aus Stoffen, die nicht für den Verkehr außerhalb der Apotheke freigegeben sind, einzusetzen, wenn sie zugelassen sind oder von der Zulassung freigestellt wurden. Der Sinn der Vorschrift erschließt sich zumindest nicht auf den ersten Blick: Wenn die Verwendung bestimmter Stoffe per Rechtsverordnung untersagt

wird, so richtet sich diese Verordnung an jeden Bürger, also auch an die in der Arzneimittelbranche tätigen, auch an den Tierhalter und den Tierarzt. Dass Arzneimittel ohne Zulassung oder ohne Freistellung von der Zulassung nicht in den Verkehr gebracht werden dürfen, ergibt sich bereits aus den umfangreichen Vorschriften des Vierten Abschnitts. Wesentlicher Inhalt ist, dass § 59a einen Schritt vor der Verabreichung ansetzt: Allein das „Besorgen" von Stoffen und Zubereitungen aus Stoffen wird hier untersagt, selbst dann, wenn diese nicht an das Tier selbst verabreicht werden sollen. Die Regelungen wollen damit auch das Vorfeld einer verbotenen Verwendung umfassend regulieren und gehen damit extrem weit. Daneben haben sie klarstellende Funktion und enthalten weiter versteckt Ausnahmen von den Verboten bei der Verwendung für andere Zwecke.

## II. Stoffbegriff

Auf der Grundlage von § 6, § 54 Abs. 1, § 56a Abs. 3 und § 83 Abs. 1 als weitere Ermächtigungsnorm hat das zuständige Bundesministerium – zur Umsetzung weiterer europäischer Regelungen – die Verordnung über Stoffe mit pharmakologischer Wirkung geändert. Sie enthält in ihren Anlagen die Stoffe, die den dort konkret bezeichneten Tieren für die dort genannten Anwendungsgebiete nicht zugeführt werden dürfen[1]. 3

## III. Bezug und Abgabebefugnis von Stoffen und den Zubereitungen aus Stoffen

Den in § 47 Abs. 1 aufgeführten Personen, Betrieben und Einrichtungen wird durch § 59a Abs. 1 untersagt, die Stoffe oder Zubereitungen aus den Stoffen zu verwenden und in den Verkehr gelangen zu lassen. Dem Tierhalter und allen anderen, die nicht in § 47 aufgeführt sind, ist es ebenfalls untersagt, die Stoffe dann zu erwerben, zu lagern, zu verpacken oder mit sich zu führen, wenn sie zu Herstellung eines Tierarzneimittels oder zur Anwendung bei Tieren gedacht sind. 4

Erlaubt ist der Umgang mit diesen Stoffen, wenn sie eine andere Zweckbestimmung haben, also zum „normalen" Handel bestimmt sind. Wer für die Zweckbestimmung beweisbelastet ist, lässt der Gesetzgeber offen. Nach allgemeinen Grundsätzen obliegt der Verwaltung von Amts wegen eine Ermittlungspflicht. Daher können die zuständigen Behörden nach § 69 Abs. 2a die betroffenen Stoffe sicherstellen, wenn Tatsachen die Annahme rechtfertigen, dass sie bestimmungsfremd angewendet oder verabreicht werden sollen. Es ist damit zunächst Aufgabe der Verwaltung, einen Anfangsverdacht darzulegen und danach die des betroffenen Bürgers oder des Unternehmens, etwaige Verdachtsmomente zu entkräften. 5

Absatz 2 besagt, dass Stoffe und die Zubereitungen aus Stoffen, die nicht für den Verkehr außerhalb der Apotheken freigegeben sind, vom Tierarzt nur bezogen oder von Dritten an ihn abgegeben werden dürfen, wenn sie zugelassen sind, nach 6

---

[1] Verordnung über Stoffe mit pharmakologischer Wirkung vom 07.03.2005, BGBl. I S. 730, zuletzt geändert durch die Verodnung vom 16.03.2009, BGBl. I, S. 510.

§ 36 Abs. 1 keiner Zulassung bedürfen, unter § 59 Abs. 1 fallen oder es sich um ein Fütterungsarzneimittel handelt, dessen Arzneimittel-Vormischung nach § 25 zugelassen oder zur klinischen Prüfung bei Tieren oder zur Rückstandsprüfung bestimmt sind oder das Arzneimittel nach § 36 Abs. 1 von der Zulassung freigestellt ist. Diese Stoffe oder Zubereitungen aus diesen Stoffen darf der Tierhalter nur dann erwerben oder lagern, soweit sie vom Tierarzt verschrieben oder von diesem abgegeben wurde. Nicht in § 47 Abs. 1 aufgeführte Dritte dürfen verschreibungspflichtige Stoffe und deren Zubereitungen weder erwerben, lagern, verpacken, mit sich führen noch in den Verkehr bringen. Die Einschränkungen bestehen nicht, wenn diese Stoffe oder die Zubereitung aus ihnen einem anderen Verwendungszweck als zu Verabreichung an Tiere dienen.

7 Der Gesetzgeber will mit diesen Regelungen ausschließen, dass Rohstoffe, Zubereitungen aus Rohstoffen und andere Verbindungen, die nicht als „Arzneimittel" definiert sind, in den Verkehr geraten und so die gewollt restriktive Handhabe zur Anwendung bei Tieren umgangen wird. Ob das Ziel erreicht wird, ist fraglich, insbesondere im Hinblick auf die Zweckverwendung der Stoffe bei Tieren und deren Nachweisbarkeit.

## IV. Sanktionen

### Im Strafrecht

**8** Strafbar macht sich, wer Stoffe und Zubereitungen aus Stoffen, die aufgrund einer zu § 6 AMG erlassenen Rechtsverordnung bei der Herstellung von Tierarzneimitteln für Tiere nicht verwendet werden dürfen, erwirbt, anbietet, lagert, verpackt, mit sich führt oder in den Verkehr bringt, § 96 Nr. 18. Normadressat kann sein ein pharmazeutischer Unternehmer, ein pharmazeutischer Großhändler, tierärztliche Einrichtungen, Betriebe, Tierhalter sowie die in § 47 Abs. 1 Nr. 1–9 genannten Personen, Betriebe und Einrichtungen.

### Im Ordnungswidrigkeitenrecht

**9** Ordnungswidrig handelt, wer die Straftat nach § 96 Nr. 18 fahrlässig begeht, § 97 Abs. 1. Normadressaten sind dieselben wie bei der Straftat.

## § 59b
## Stoffe zur Durchführung von Rückstandskontrollen

**Der pharmazeutische Unternehmer hat für Arzneimittel, die zur Anwendung bei Tieren bestimmt sind, die der Gewinnung von Lebensmitteln dienen, der zuständigen Behörde die zur Durchführung von Rückstandskontrollen erforderlichen Stoffe auf Verlangen in ausreichender Menge gegen eine angemessene Entschädigung zu überlassen. Für Arzneimittel, die von dem pharmazeutischen Unternehmer nicht mehr in den Verkehr gebracht werden, gelten die Verpflichtungen nach Satz 1 bis zum Ablauf von drei Jahren nach dem Zeitpunkt des letztmaligen Inverkehrbringens durch den pharmazeutischen Unternehmer, höchstens jedoch bis zu dem nach § 10 Abs. 7 angegebenen Verfalldatum der zuletzt in Verkehr gebrachten Charge.**

**Übersicht** **Rz.**



### I. Die Bedeutung der Norm

1 Aufgrund der europäischen Angleichung verzichtet der deutsche Gesetzgeber seit der 14. AMG-Novelle beim Zulassungsantrag auf die Vorlage von Beschreibungen für das Rückstandsnachweisverfahren. Weiter sieht Art. 27 des geänderten Gemeinschaftskodex für Tierarzneimittel 2001/82[1] einen Überwachungsmechanismus über die Kontrolle bei der Durchführung von Rückstandskontrollen vor, der nun in § 59b teilweise Berücksichtigung findet. Die Vorschrift soll die Kontrollmöglichkeit der zuständigen Behörden erweitern und sicherstellen, dass diese Kontrollen zur Identifizierung von Rückständen der betreffenden Tierarzneimittel durchgeführt werden können.

### II. Vorratshaltung

2 Soweit das Verfahren über die Durchführung von Rückstandskontrollen routinemäßig durchführbar ist, soll sich die zuständige Behörde ein Bild davon machen können, wie Rückstände von bedenklichen Stoffen zuverlässig nachgewiesen werden können und welche Stoffe von den Rückständen betroffen sind. Um im konkreten Fall diese Möglichkeit der Behörde zu eröffnen, wird dem Antragsteller aufgegeben, diejenigen Stoffe, die zur Durchführung der Kontrollen erforderlich sind, vorrätig zu halten und ihr gegen angemessene Entschädigung zur Verfügung zu stellen. Die Verpflichtung gilt für den pharmazeutischen Unternehmer, der Arzneimittel für Tiere beantragt, die der Gewinnung von Lebensmitteln dienen.

---

[1] Siehe Fn. 4 zu § 23.

### III. Ausnahmen von der Vorratshaltung

3 Eine Vorratshaltung ist nicht erforderlich, wenn die Stoffe handelsüblich sind, also von der zuständigen Behörde selbst erworben werden können.

4 Soweit ein Arzneimittel nicht mehr vertrieben wird, macht auch die Reproduzierbarkeit der Stoffe für die Durchführung von Rückstandskontrollen keinen Sinn mehr. Dies gilt nach Satz 2 jedenfalls dann, wenn die letzte Charge vom pharmazeutischen Unternehmer drei Jahre zuvor in den Verkehr gebracht wurde. Sieht das Verfalldatum eine längere Aufbewahrungsmöglichkeit für den Anwender vor, gilt dieses Datum. Der pharmazeutische Unternehmer sollte sich, wenn er den Vertrieb der Arzneimittel eingestellt hat, eine Frist notieren, nach der er die entsprechende Berechnung berücksichtigt hat.

### IV. Rechtsfolgen

#### Im Verwaltungsrecht

5 Die Aufforderung der Behörde ist Verwaltungsakt, gegen den der pharmazeutische Unternehmer mit den Mitteln des Verwaltungsverfahrens rechts- und ggf. verwaltungsgerichtlich vorgehen kann.

### V. Sanktionen

#### Im Ordnungswidrigkeitenrecht

6 Ordnungswidrig handelt, wer die Stoffe und die für die Durchführung der Rückstandskontrollen nicht vorrätig hält oder auf Anforderung nicht rechtzeitig überlässt, § 97 Abs. 2 Nr. 24a. Normadressat ist der pharmazeutische Unternehmer.

## § 59c
## Nachweispflichten für Stoffe, die als Tierarzneimittel verwendet werden können

**Betriebe und Einrichtungen, die Stoffe oder Zubereitungen aus Stoffen, die als Tierarzneimittel oder zur Herstellung von Tierarzneimitteln verwendet werden können und anabole, infektionshemmende, parasitenabwehrende, entzündungshemmende, hormonale oder psychotrope Eigenschaften aufweisen, herstellen, lagern, einführen oder in den Verkehr bringen, haben Nachweise über den Bezug oder die Abgabe dieser Stoffe oder Zubereitungen aus Stoffen zu führen, aus denen sich Vorlieferant oder Empfänger sowie die jeweils erhaltene oder abgegebene Menge ergeben, diese Nachweise mindestens drei Jahre aufzubewahren und auf Verlangen der zuständigen Behörde vorzulegen. Satz 1 gilt auch für Personen, die diese Tätigkeiten berufsmäßig ausüben. Soweit es sich um Stoffe oder Zubereitungen aus Stoffen mit thyreostatischer, östrogener, androgener oder gestagener Wirkung oder ß-Agonisten mit anaboler Wirkung handelt, sind diese Nachweise in Form eines Registers zu führen, in dem die hergestellten oder erworbenen Mengen sowie die zur Herstellung von Arzneimitteln veräußerten oder verwendeten Mengen chronologisch unter Angabe des Vorlieferanten und Empfängers erfasst werden.**

**Übersicht** **Rz.**



### I. Die Bedeutung der Norm

1 Aufgrund des Missbrauchs von hormonalen Stoffen zur Wachstumsförderung bei Tieren, die der Gewinnung von Lebensmitteln dienen, ist innerhalb der Europäischen Union die Überzeugung gewachsen, dieser Art der Verwendung von Arzneimitteln in bestimmten Konstellationen entgegenzutreten; sie kann unter Umständen zu einer ernsthaften Gefährdung des Menschen führen.[1] Folgerichtig werden nicht nur Tierärzte und Tierhalter in die Verantwortung genommen, sondern über § 59 c vorbeugend auch der Hersteller, andere Betriebe und Einrichtungen, die mit diesen Stoffen umgehen.

---

[1] Vgl. beispielsweise die Erwägungsgründe Nr. 3 bis 6 der RiLi 96/22/EG des Rates vom 29.04.1996, ABl. Nr. 125 S. 7ff. vom 23.05.1996, zuletzt geändert durch die Richtlinie 2008/97/EG des Europäischen Parlaments und des Rates vom 19.11.2008, ABl. L 319 vom 18.11.2008, S. 9.

### II. Umfang der Nachweispflichten

2 Soweit es sich um Stoffe handelt, die als Tierarzneimittel einsetzbar oder mit ihnen Tierarzneimittel herstellbar sind, hat jeder Betrieb und jede Einrichtung dann Buch zu führen, wenn diese Stoffe anabole, infektionshemmende, parasitenabwehrende, entzündungshemmende, hormonale oder psychotrope Eigenschaften aufweisen. Bei diesen Stoffen ist deren Menge, Bezug und Abgabe namentlich zu benennen; die Aufbewahrungsfristen für die Bücher sind auf drei Jahre begrenzt.

3 Aufgrund der Richtlinie 96/22/EG vom 29.04.1996[2] haben die Mitgliedstaaten dafür Sorge zu tragen, dass die Abgabe, der Erwerb, die Herstellung und der Handel von Stoffen mit thyreostatischer, östrogener, androgener oder gestagener Wirkung oder mit ß-Agonisten kontrolliert geschieht. Diese Verpflichtung hat der Gesetzgeber in Satz 3 berücksichtigt und ergänzt. Unbeachtlich ist, wozu die Stoffe tatsächlich eingesetzt werden sollen; eine Zweckbestimmung ist in diesen Fällen unbeachtlich. Ausschlaggebend ist allein, ob sie zur Herstellung von Tierarzneimitteln geeignet sind oder als Tierarzneimittel Verwendung finden können.

4 Für diese Stoffe sind von den Betroffenen Bücher in Form eines chronologischen Registers zu führen; Inhalt und Frist der Nachweise entsprechen Ziffer 1.

5 Die Unterlagen sind auf Verlangen der überwachenden Behörde vorzulegen.

### III. Adressat

6 Die Vorschrift richtet sich an alle gewerblichen Betriebe und Einrichtungen sowie an Private, die über die oben dargestellten Stoffe und deren Zubereitungen, gleich welcher Art, verfügen. Die Verpflichtung besteht unabhängig davon, ob der Wille vorhanden ist, aus diesen Stoffen Tierarzneimittel herzustellen oder diese als solche zu verwenden oder anzupreisen.

### IV. Rechtsfolgen

#### Im Verwaltungsrecht

7 Die zuständige Behörde kann vom Adressaten die erforderlichen Nachweise verlangen. Dieser kann gegen die Anforderung mit den Mitteln des Verwaltungsverfahrensrechts oder verwaltungsgerichtlich vorgehen.

### V. Sanktionen

#### Im Ordnungswidrigkeitenrecht

8 Ordnungswidrig handelt, wer den Nachweis der in § 59c Satz 1 und 2 genannten Stoffe nicht, nicht richtig oder nicht vollständig führt, nicht oder nicht mindestens drei Jahre aufbewahrt, oder nicht oder nicht rechtzeitig vorlegt, § 97 Abs. 2

---

[2] Vgl. Fn. 1.

Nr. 24b. Normadressaten sind Einrichtungen und Betriebe, die Stoffe oder Zubereitungen aus Stoffen zur Herstellung von Tierarzneimitteln herstellen, lagern, einführen oder in den Verkehr bringen, wohl auch pharmazeutische Unternehmer.

## § 60
## Heimtiere

**(1) Auf Arzneimittel, die ausschließlich zur Anwendung bei Zierfischen, Zier- oder Singvögeln, Brieftauben, Terrarientieren, Kleinnagern, Frettchen oder nicht der Gewinnung von Lebensmitteln dienenden Kaninchen bestimmt und für den Verkehr außerhalb der Apotheken zugelassen sind, finden die Vorschriften der §§ 21 bis 39d und 50 keine Anwendung.**

**(2) Die Vorschriften über die Herstellung von Arzneimitteln finden mit der Maßgabe Anwendung, dass der Nachweis einer zweijährigen praktischen Tätigkeit nach § 15 Abs. 1 entfällt.**

**(3) Das Bundesministerium für Ernährung, Landwirtschaft und Verbraucherschutz wird ermächtigt, im Einvernehmen mit dem Bundesministerium für Wirtschaft und Technologie und dem Bundesministerium durch Rechtsverordnung mit Zustimmung des Bundesrates die Vorschriften über die Zulassung auf Arzneimittel für die in Absatz 1 genannten Tiere auszudehnen, soweit es geboten ist, um eine unmittelbare oder mittelbare Gefährdung der Gesundheit von Mensch oder Tier zu verhüten.**

**(4) Die zuständige Behörde kann Ausnahmen von § 43 Abs. 5 Satz 1 zulassen, soweit es sich um die Arzneimittelversorgung der in Absatz 1 genannten Tiere handelt.**

**Übersicht** **Rz.**



### I. Die Bedeutung der Norm

1 Im Mittelpunkt der arzneimittelrechtlichen Regelungen steht die Gesundheit des Menschen und auch des Tieres. Letztere werden nicht nur dann einbezogen, wenn die tierischen Erzeugnisse über die Nahrungskette zum Menschen gelangen können. Der Schutz der Tiere insgesamt soll durch die Vorschriften im AMG gewährleistet werden. Für den in § 60 konkret genannte Tierkreis gelten Erleichterungen, um Überregulierungen zu vermeiden. Da sich die Erleichterungen ausschließlich auf freigegebene Arzneimittel bezieht, werden auch Heimtiere durch das Gesetz ausreichend geschützt.

### II. Heimtiere

2 Der Eindruck, wonach durch die in Absatz 1 aufgezählten Tiergruppen mit dem Begriff „Heimtiere" definiert wird, hätte durch eine andere Wortwahl der Überschrift verhindert werden können. Um Umgehungen zu verhindern, wurde die

Tierarten Zierfische, Zier- oder Singvögel, Brieftauben, Terrarientiere, Kleinnager, Frettchen oder nicht der Gewinnung von Lebensmitteln dienenden Kaninchen bewusst einzeln aufgezählt während unter der Bezeichnung „Heimtiere" weitaus mehr Tierarten subsumiert werden könnten. Die zeigt bereits die europäische Beschreibung, wonach ein Tier, das der Mensch insbesondere in seinem Haushalt zu seiner eigenen Freude und als Gefährten hält oder das für diesen Zweck bestimmt ist,[1] als Heimtier bezeichnet wird. Dieser subjektive Ansatz ist für § 60 nicht brauchbar; anderenfalls wäre eine klare Trennung zwischen Tieren, die unter § 60 fallen oder nicht, unmöglich. Der Katalog ist abschließend. Bei Abgrenzungsschwierigkeiten ist auf die wissenschaftlichen Definitionen zurückzugreifen.

## III. Befreiung von der Zulassungspflicht

Soweit das Tierarzneimittel nach §§ 44 und 45 nicht der Apothekenpflicht unterliegt und ausschließlich zur Anwendung für die aufgeführten Tierarten bestimmt ist, muss es weder ein Zulassungsverfahren durchlaufen, noch braucht es, soweit es sich um ein homöopathisches Präparat handelt, registriert werden. Weiter dürfen diese Mittel ohne besondere Sachkenntnis des Veräußerers im Handel frei angeboten werden. 3

## IV. Befreiung von der Apothekenpflicht

Im Einzelfall kann die zuständige Behörde weiter zulassen, dass Tierarzneimittel, die der Apothekenpflicht unterliegen, ausnahmsweise nicht über die Apotheke, tierärztliche Apotheke oder den Tierarzt selbst abgegeben werden müssen. Voraussetzung für die Versandmöglichkeit ist auch hier, dass das Arzneimittel ausschließlich zur Anwendung der in Absatz 1 enthaltenen Tierarten bestimmt sind. 4

## V. Weitere Erleichterungen

Bei der Herstellung von Tierarzneimitteln für die in Abs. 1 aufgeführten Tiere werden praktische Tätigkeitsnachweise von den nach § 13 zur Herstellung befugten Personen nicht gefordert. Die übrigen Vorschriften über die Leitung der Herstellung bleiben allerdings anwendbar. 5

## VI. Rechtsverordnung

Von der Befugnis, durch Rechtsverordnung Einschränkungen des § 60 vorzusehen, hat das zuständige Bundesministerium für Ernährung, Landwirtschaft und Verbraucherschutz bisher keinen Gebrauch gemacht. 6

---

1 Vgl. Art. 1 Abs. 1 des Gesetzes zum Europäischen Übereinkommen vom 13.11.1987 zum Schutz von Heimtieren, BGBl. II, S. 402.

## § 61
## Befugnisse tierärztlicher Bildungsstätten

**Einrichtungen der tierärztlichen Bildungsstätten im Hochschulbereich, die der Arzneimittelversorgung der dort behandelten Tiere dienen und von einem Tierarzt oder Apotheker geleitet werden, haben die Rechte und Pflichten, die ein Tierarzt nach den Vorschriften dieses Gesetzes hat.**

### I. Die Bedeutung der Norm

1 Während historisch unter die Gleichstellungsnorm nur Apotheken in tierärztlichen Bildungsstätten fielen, spricht § 61 heute generell von „der Einrichtung". Mit dieser Wortwahl wird klargestellt, dass mit diesen Einrichtungen keine Apotheke im strengen Sinn gemeint ist. Erforderlich ist lediglich, dass sie von einem Tierarzt oder Apotheker geleitet werden und die Arzneimittelversorgung den Tieren gilt, die im Rahmen der tierärztlichen Bildungsstätten, also im wesentlichen der Hochschulen, behandelt werden.

### II. Dispensierrecht

2 Soweit die Einrichtung von einem Tierarzt geleitet wird und dieser Tierarzneimittel innerhalb des Hochschulbetriebs herstellt oder abgibt, ändert sich durch die Befugnisnorm des § 61 nichts. Anders, wenn der Tierarzt zwar die Leitung der Einrichtung übernommen hat, Aufgaben jedoch auf Dritte delegiert. Diesem Dritten werden dann alle Rechte und Pflichten des Tierarztes nach dem AMG zuteil. Ebenso verhält es sich bei der Leitung durch einen Apotheker. Der Gesetzgeber vertraut hier der Aufsicht durch Tierarzt und Apotheker; die Vorschrift kommt Forschung und Lehre entgegen.

# Zehnter Abschnitt Beobachtung, Sammlung und Auswertung von Arzneimittelrisiken

## Vorbemerkungen vor §§ 62ff.

Die §§ 62ff. dienen der Pharmakovigilanz. Sie enthalten Regeln über die Organisation der Kontrolle von Arzneimittelrisiken, einmal in allgemeiner Form, sofern jedoch die Risiken eine besondere Stufe erreicht haben, ist ein sog. Stufenplan in Kraft zu setzen, der nach Gefahrenstufen geordnet ist und der Kontrolle und Abwehr von Risiken durch Arzneimittel dient. Der Stufenplan wird im Zusammenwirken zwischen oberer Bundesbehörde, pharmazeutischer Industrie und anwendenden Ärzten gestaltet. Die Pharmakovigilanz wird personalisiert gestärkt dadurch, dass ein Stufenplanbeauftragter ernannt werden muss. Ihn persönlich treffen die Verpflichtungen zur Beobachtung von möglichen Arzneimittelnebenwirkungen und der Ingangsetzung und Mitwirkung bei den verschiedenen Stufen des Stufenplans. Nunmehr ist auch eine besondere Bestimmung über Pflichten betreffend Dokumentation und Meldung in das Gesetz aufgenommen worden. Nach § 63 hat der Zulassungsinhaber Unterlagen über alle Verdachtsfälle von Nebenwirkungen sowie Angaben über Rückrufe zu sammeln. Außerdem wird je nach Einordnung der Nebenwirkung, auf die ein Verdacht besteht, dem Zulassungsinhaber eine Frist für die Mitteilung gesetzt. Nach Aufforderung hat der Zulassungsinhaber unverzüglich einen aktualisierten regelmäßigen Bericht über die Unbedenklichkeit des Arzneimittels einzureichen. Für Arzneimittel, die aufgrund einer Gesamtzulassung in die Europäische Union gekommen sind, gelten diese Bestimmungen nicht, vielmehr besondere Verordnungen der EU. 1

Deutsch

E. Deutsch, H.-D. Lippert (Hrsg.), *Kommentar zum Arzneimittelgesetz (AMG)*,
DOI 10.1007/978-3-642-01455-0_10, © Springer-Verlag Berlin Heidelberg 2011

## § 62
## Organisation

**Die zuständige Bundesoberbehörde hat zur Verhütung einer unmittelbaren oder mittelbaren Gefährdung der Gesundheit von Mensch oder Tier die bei der Anwendung von Arzneimitteln auftretenden Risiken, insbesondere Nebenwirkungen, Wechselwirkungen mit anderen Mitteln, Verfälschungen sowie potenzielle Risiken für die Umwelt auf Grund der Anwendung eines Tierarzneimittels, zentral zu erfassen, auszuwerten und die nach diesem Gesetz zu ergreifenden Maßnahmen zu koordinieren. Sie wirkt dabei mit den Dienststellen der Weltgesundheitsorganisation, der Europäischen Arzneimittel-Agentur, den Arzneimittelbehörden anderer Länder, den Gesundheits- und Veterinärbehörden der Bundesländer, den Arzneimittelkommissionen der Kammern der Heilberufe, nationalen Pharmakovigilanzzentren sowie mit anderen Stellen zusammen, die bei der Durchführung ihrer Aufgaben Arzneimittelrisiken erfassen. Die zuständige Bundesoberbehörde kann die Öffentlichkeit über Arzneimittelrisiken und beabsichtigte Maßnahmen informieren.**

### Literatur

Bertelsmann, Grundzüge der Abwehr von Arzneimittelrisiken, Stufenplanverfahren, in: Zulassung und Nachzulassung von Arzneimitteln, 1987; Deutsch, Arzneimittelkritik durch Ärztekommissionen, VersR 1997, 398; Ramsauer, Die staatliche Ordnung der Arzneimittelversorgung, 1988.

### I. Die Bedeutung der Norm

1 Nach Art. 102 des europäischen Gemeinschaftskodex sind die Mitgliedsstaaten der EU verpflichtet, ein Pharmakovigilanzsystem einzurichten. Diese Verpflichtung hat der Bundesgesetzgeber in § 62 erfüllt. Die zuständige Bundesoberbehörde hat gegen unmittelbare oder mittelbare Gefährdung der Gesundheit von Mensch und Tier durch Arzneimittelrisiken einzuschreiten und Maßnahmen zu koordinieren. Die Gefährdung besteht insbesondere in Nebenwirkungen, Wechselwirkungen mit anderen Mitteln, Gegenanzeigen und Verfälschungen. Dazu gehört auch der zu erwartende Fehlgebrauch.[1] Die genannten Nebenwirkungen beziehen sich auf den bestimmungswidrigen Gebrauch; § 62 erfasst jedoch jede unmittelbare oder mittelbare Gefährdung. Die Maßnahmen des BfArM bestehen in der zentralen Erfassung, Auswertung und der Koordinierung der zu ergreifenden Maßnahmen, etwa im Zusammenhang mit der Überwachung nach § 64.

### II. Koordinierung

2 Die Koordinierung der Gefahrabwehrmaßnahmen geschieht im Zusammenwirken mit den Dienststellen der WHO, der Europäischen Arzneimittelagentur, den Arzneimittelbehörden anderer Länder, den Gesundheits- und Veterinärbehörden der

---

[1] Bertelsmann, S. 133; Raumsauer, S. 67ff.

Bundesländer, den Arzneimittelkommissionen der Kammern, der Heilberufe, nationalen Pharmakovigilanzzentren sowie mit anderen Stellen, die bei der Durchführung ihrer Aufgabe Arzneimittelrisiken erfassen. Unter anderen Stellen sind auch die von den Pharmafirmen bzw. von Stiftungen geführten Sammlungen über solche Gefährdungen, insbesondere Nebenwirkungen, gemeint. Schließlich gibt es auch international eine von der WHO inaugurierte Überwachung.[2]

Der letzte Satz des § 62 ist neu: Das BfArM kann die Öffentlichkeit über Arznei- 3
mittelrisiken und beabsichtigte Maßnahmen informieren. Hintergrund dieser Regelung ist ein Beschluss des OVG Münster[3], das durch einstweilige Anordnung der Arzneimittelkommission der deutschen Ärzteschaft untersagt hatte, Einzelheiten des Anhörungsschreibens des BfArM ein Arzneimittel betreffend, kommentierend zu veröffentlichen. Als Grund wurde angeführt, dass die Arzneimittelkommission nicht durch Vorabveröffentlichung der vorläufigen Risikoeinschätzungen die Entscheidung des Bundesinstituts praktisch vorwegnehmen und damit die weitere Anwendung des Arzneimittels beeinträchtigen könnten. Die in diesem Beschluss zutagetretende Haltung, dass wirtschaftlichen Gesichtspunkten der Vorzug vor dem Informationsinteresse der Öffentlichkeit und dem umfassenden Gesundheitsschutz gegeben werde, ist nicht zu billigen. Nach § 62 AMG n.F. ist diesem Beschluss die Grundlage entzogen, da die Arzneimittelkommission im Zusammen-wirken mit dem BfArM diese Information nunmehr vornehmen kann.

2 Vgl. Bertelsmann, a.a.O., 135, International Monitoring of Adverse Reactions to Drugs.
3 OVG Münster PharmaR 1996, 140; dagegen Deutsch, VersR 1997, 398.

## § 63
## Stufenplan

**Die Bundesregierung erstellt durch allgemeine Verwaltungsvorschrift mit Zustimmung des Bundesrates zur Durchführung der Aufgaben nach § 62 einen Stufenplan. In diesem werden die Zusammenarbeit der beteiligten Behörden und Stellen auf den verschiedenen Gefahrenstufen, die Einschaltung der pharmazeutischen Unternehmer sowie die Beteiligung der oder des Beauftragten der Bundesregierung für die Belange der Patientinnen und Patienten näher geregelt und die jeweils nach den Vorschriften dieses Gesetzes zu ergreifenden Maßnahmen bestimmt. In dem Stufenplan können ferner Informationsmittel und -wege bestimmt werden.**

### Allgemeine Verwaltungsvorschrift zur Beobachtung, Sammlung und Auswertung von Arzneimittelrisiken (Stufenplan) nach § 63 des Arzneimittelgesetzes (AMG) Vom 9. Februar 2005 (BAnz. vom 15. Februar 2005, S. 2383)

Nach § 63 des Arzneimittelgesetzes in der Fassung der Bekanntmachung vom 11. Dezember 1998 (BGBl. I S. 3586), der zuletzt durch Artikel 23 des Gesetzes vom 14. November 2003 (BGBl. I S. 2190) geändert worden ist, erlässt die Bundesregierung die folgende allgemeine Verwaltungsvorschrift:

### Artikel 1

#### 1 Zweck der allgemeinen Verwaltungsvorschrift

Die allgemeine Verwaltungsvorschrift regelt die Zusammenarbeit zwischen der nach § 77 AMG zuständigen Bundesoberbehörde und anderen beteiligten Behörden und Stellen, die Einschaltung der pharmazeutischen Unternehmer, das Vorgehen nach Gefahrenstufen und die Informationswege. Sie gilt entsprechend bei Verfahren zur Risikovorsorge.

#### 2 Beteiligte Behörden und Stellen

Die zuständige Bundesoberbehörde wirkt im Rahmen ihrer Aufgaben gemäß § 62 AMG insbesondere mit den folgenden Behörden und Stellen zusammen:

2.1 den obersten Landesgesundheits- und -veterinärbehörden oder jeweils einer beauftragten Stelle (nachstehend oberste Landesgesundheits- und -veterinärbehörden) und der Zentralstelle der Länder für Gesundheitsschutz bei Arzneimitteln und Medizinprodukten,

2.2 den Arzneimittelkommissionen der Kammern der Heilberufe, der Ärzte- und Tierärzteverbände der besonderen Therapierichtungen und der Heilpraktikerschaft,

2.3 den Bundesverbänden der pharmazeutischen Industrie und den von ihnen benannten Stellen, die Informationen über Arzneimittelrisiken sammeln,

2.4 dem Bundesministerium für Gesundheit und Soziale Sicherung, dem Bundesministerium für Verbraucherschutz, Ernährung und Landwirtschaft, anderen betroffenen Bundesministerien und den zuständigen Stellen im Geschäftsbereich der Bundesministerien,

**2.5 dem oder der Beauftragten der Bundesregierung für die Belange der Patientinnen und Patienten,**
**2.6 den Kommissionen nach § 25 Abs. 6, 7 und 7a AMG, der oder den Expertengruppe/n „Anwendung von Arzneimitteln außerhalb des zugelassenen Indikationsbereichs",**
**2.7 den nationalen Pharmakovigilanzzentren,**
**2.8 den Informations- und Behandlungszentren für Vergiftungsfälle,**
**2.9 den Dienststellen der Weltgesundheitsorganisation,**
**2.10 den zuständigen Stellen der Mitgliedstaaten der Europäischen Union und der anderen Vertragsstaaten des Abkommens über den Europäischen Wirtschaftsraum,**
**2.11 der Europäischen Arzneimittelagentur und ihren zuständigen Ausschüssen und der Europäischen Direktion für die Qualität von Arzneimitteln des Europarats (EDQM),**
**2.12 den zuständigen Stellen der Staaten, mit denen ein Abkommen über die gegenseitige Anerkennung (MRA) abgeschlossen wurde,**
**2.13 den Mitgliedern des Pharmaceutical Inspection Cooperation Scheme,**
**2.14 den Arzneimittelbehörden anderer Staaten.**

### 3 Arzneimittelrisiken

**Als Arzneimittelrisiken kommen insbesondere in Betracht:**
**3.1 Nebenwirkungen, einschließlich solcher, die durch Wechselwirkungen mit anderen Mitteln bedingt sind,**
**3.2 Resistenzbildungen bei Antiinfektiva, unzureichende Wirksamkeit von Impfstoffen,**
**3.3 Missbrauch, Fehlgebrauch,**
**3.4 Gewöhnung, Abhängigkeit**
**3.5 nicht ausreichende Wartezeit bei Arzneimitteln für Tiere,**
**3.6 Mängel der Qualität; bei Gegenständen, die als Arzneimittel gelten, auch Mängel technischer Art,**
**3.7 Mängel der Behältnisse und äußeren Umhüllungen,**
**3.8 Mängel der Kennzeichnung und der Fach- und Gebrauchsinformation,**
**3.9 Arzneimittelfälschungen,**
**3.10 potentielle Risiken für die Umwelt aufgrund der Anwendung eines Tierarzneimittels.**

### 4 Sammlung von Meldungen über Arzneimittelrisiken

**4.1 Die zuständige Bundesoberbehörde sammelt zentral Meldungen über Verdachtsfälle von Arzneimittelrisiken.**
**4.2 Die zuständige Behörde unterrichtet unverzüglich die zuständige Bundesoberbehörde über bekannt gewordene Verdachtsfälle von Arzneimittelrisiken.**
**4.3 Die zuständige Bundesoberbehörde unterrichtet unverzüglich die zuständige oberste Landesgesundheits- oder -veterinärbehörde und erforderlichenfalls die zuständige Behörde über bekannt gewordene Verdachtsfälle von Arzneimittelrisiken nach den Nummern 3.6 bis 3.10.**
**4.4 Die Arzneimittelkommissionen der Kammern der Heilberufe, der Ärzte- und Tierärzteverbände der besonderen Therapierichtungen und der Heilpraktikerschaft und die nationalen Pharmakovigilanzzentren geben Meldungen über Verdachtsfälle von Arzneimittelrisiken an die zuständige Bundesober- oder Landesbehörde weiter.**

**4.5 Die Benachrichtungspflicht eines Apothekenleiters gegenüber der zuständigen Behörde nach den Bestimmungen der Apothekenbetriebsordnung sowie die Anzeige- und Mitteilungspflichten des pharmazeutischen Unternehmers gemäß den einschlägigen nationalen und europäischen Rechtsvorschriften bleiben unberührt.**

**5 Vorgehen nach Gefahrenstufen**

**5.1 Weisen Meldungen oder sonstige Informationen über Arzneimittelrisiken auf die Möglichkeit einer unmittelbaren oder mittelbaren Gefährdung der Gesundheit von Mensch oder Tier hin, so tritt die zuständige Bundesoberbehörde zunächst mit dem betroffenen pharmazeutischen Unternehmer unter gleichzeitiger Benachrichtigung der für diesen zuständigen obersten Landesgesundheits- und -veterinärbehörde und dann in der Regel mit anderen der unter Nummer 2 genannten Behörden und Stellen in einen Informationsaustausch ein (Gefahrenstufe I).**
**Der Informationsaustausch erstreckt sich insbesondere auf die Häufigkeit der vermuteten Arzneimittelrisiken, ihre möglichen Ursachen und den Grad der Gefährdung, auch unter Berücksichtigung der Abgabemenge und des Umsatzanteils an der Arzneimittelgruppe. Bei Blutzubereitungen und bei Arzneimitteln die der Chargenprüfung nach § 32 Abs. 1 AMG unterliegen, sind die vermuteten Arzneimittelrisiken chargenspezifisch zu bewerten.**
**Ergibt der Informationsaustausch in Gefahrenstufe I oder ergeben die Meldungen und sonstigen Informationen über Arzneimittelrisiken den Verdacht auf eine unmittelbare oder mittelbare Gefährdung der Gesundheit von Mensch oder Tier und hat der pharmazeutische Unternehmer selbst keine notwendigen risikomindernden Maßnahmen ergriffen, so wird er zu vorgesehenen risikomindernden Maßnahmen angehört (Gefahrenstufe II). Darüber hinaus bleiben die Verpflichtungen der zuständigen Behörde unberührt, unverzüglich die zur Gefahrenabwehr notwendigen Maßnahmen zu treffen.**
**5.2 Bei Arzneimittelrisiken nach den Nummern 3.6 bis 3.9 bestimmt sich das Vorgehen der Landesbehörden nach deren Verfahrensanweisungen.**
**5.3 Sofern die betroffenen Arzneimittel im Rahmen der gegenseitigen Anerkennung oder im zentralen Verfahren zugelassen worden sind oder bei ihnen ein Schiedsverfahren gemäß den Artikeln 31 oder 36 der Richtlinie 2001/83/EG oder Artikel 35 oder 36 der Richtlinie 2001/82/EG anhängig ist oder durchgeführt wurde, wird auf § 69 Abs. 1a AMG verwiesen.**

**6 Maßnahmenkatalog**

**Zur Gefahrenabwehr werden durch die Behörden insbesondere die folgenden Maßnahmen getroffen:**
**6.1 durch die zuständige Bundesoberbehörde:**
**6.1.1 Einholung weiterer Stellungnahmen von Sachverständigen. Durchführung von Expertenanhörungen, Einschaltung von Referenzzentren, Vergabe von Forschungsaufträgen,**
**6.1.2 Anwendungsempfehlungen für die Heilberufe und Abgabeempfehlungen für die Apotheken und die tierärztlichen Hausapotheken, jeweils in Zusammenarbeit mit den Arzneimittelkommissionen der Kammern der Heilberufe, der Ärzte- und Tierärzteverbände der besonderen Therapierichtungen oder der Heilpraktikerschaft,**
**6.1.3 Auflagen nach § 11a Abs. 2 Satz 2 AMG, § 28 AMG, § 39 Abs. 1 Sätze 4 bis 6 AMG, § 110 AMG, § 119 AMG, § 36 VwVfG oder Anordnung der sofortigen Vollziehung nach § 80 Abs. 2 Nr. 4 VwGO,**

**6.1.4 Rücknahme oder Widerruf der Freigabe einer Charge oder der Freistellung von der Chargenprüfung bei Sera, Impfstoffen, Allergenen und Blutzubereitungen aus Mischungen von humanem Blutplasma nach § 32 Abs. 5 AMG,**
**6.1.5 Rücknahme, Widerruf oder Ruhen der Zulassung nach § 30 AMG,**
**6.1.6 Rückruf und öffentliche Warnung nach § 69 AMG,**
**6.1.7 Feststellung nach § 31 Abs. 4 Satz 2 AMG;**
**6.2 durch die zuständige Behörde:**
**6.2.1 Maßnahmen nach §§ 64, 65 AMG,**
**6.2.2 Untersagung des Inverkehrbringens, Anordnung des Rückrufs und Sicherstellung nach § 69 AMG;**
**6.3 durch das Bundesministerium für Gesundheit und Soziale Sicherung und, in den Fällen der Nummern 6.3.1, 6.3.2, 6.3.5 und 6.3.6, durch das Bundesministerium für Verbraucherschutz, Ernährung und Landwirtschaft, soweit es sich um Arzneimittel handelt, die zur Anwendung bei Tieren bestimmt sind:**
**6.3.1 Maßnahmen zum Schutze der Gesundheit (Rechtsverordnung nach § 6 AMG),**
**6.3.2 Anordnung von Warnhinweisen, Warnzeichen oder Erkennungszeichen (Rechtsverordnung nach § 12 Abs. 1 Nr. 3 AMG),**
**6.3.3 Maßnahmen im Bereich der Zulassung und Chargenprüfung (Rechtsverordnung nach § 35 Abs. 1 Nr. 2 oder 3 AMG),**
**6.3.4 Aufhebung der Standardzulassung (Rechtsverordnung nach § 36 AMG),**
**6.3.5 Ausweitung der Apothekenpflicht (Rechtsverordnung nach § 46 AMG),**
**6.3.6 Unterstellung unter die Verschreibungspflicht (Rechtsverordnung nach § 48 oder § 49 AMG),**
**6.3.7 Untersagung der Einfuhr (Rechtsverordnung nach § 72a Abs. 2 AMG),**
**6.3.8 Unterstellung unter die Vorschriften des Betäubungsmittelrechts (Rechtsverordnung nach § 1 Abs. 3 BtMG);**
**6.4 durch andere Bundesministerien:**
**6.4.1 Maßnahmen im Überwachungsbereich nach § 70 AMG in Verbindung mit §§ 64, 65 und 69 AMG,**
**6.4.2 Maßnahmen im Überwachungsbereich der Einfuhr (Rechtsverordnung nach § 74 Abs. 2 AMG).**
**Bevor durch die zuständige Bundesoberbehörde Maßnahmen nach Nummer 6.1.5 getroffen und Auflagen nach § 28 AMG angeordnet werden, ist den Kommissionen nach § 25 Abs. 6 und 7 AMG Gelegenheit zur Stellungnahme binnen angemessener Frist zu geben. Die Verpflichtung der zuständigen Bundesoberbehörde, bei Gefahr im Verzuge unverzüglich zu handeln, bleibt unberührt.**

### 7 Gegenseitige Information der Beteiligten

**7.1 Die Maßnahmen nach den Nummern 6.1.3 bis 6.1.7 sowie ihre Änderung und Aufhebung sind mit einer Begründung von der zuständigen Bundesoberbehörde den betroffenen pharmazeutischen Unternehmern, den Behörden und Stellen nach den Nummern 2.1 bis 2.7 und dem Bundesverband des pharmazeutischen Großhandels schriftlich oder gegebenenfalls gemäß § 34 Abs. 2 AMG bekannt zu geben.**
**7.2 Die zuständige Behörde unterrichtet die zuständige Bundesoberbehörde umgehend über Maßnahmen nach der Nummer 6.2.2 und über den Rückruf eines Arzneimittels oder einzelner Chargen durch den pharmazeutischen Unternehmer. Dabei ist bei allen Maßnahmen mitzuteilen, in welche Staaten das betreffende Arzneimittel oder die betreffende Arzneimittelcharge ausgeführt wurde und für welche Staaten ein Zertifikat, insbesondere nach dem Zertifikationssystem der Weltgesundheitsorganisation, erteilt wurde. Soweit erforderlich werden die unter den Nummern 2.1 bis 2.7 ge-**

**nannten Behörden und Stellen und der Bundesverband des pharmazeutischen Großhandels unterrichtet.**

**7.3 Die obersten Landesgesundheits- und -veterinärbehörden sorgen, soweit erforderlich, für die Benachrichtigung der für den Vollzug des Arzneimittelgesetzes zuständigen Behörden, Stellen und Sachverständigen in ihrem Verantwortungsbereich. Die nach § 70 Abs. 2 AMG oder § 74 AMG zuständigen Bundesministerien und Stellen treffen eine entsprechende Regelung.**

**7.4 Bei Umsetzung von Kommissionsentscheidungen wird die Europäische Kommission von der zuständigen Bundesoberbehörde innerhalb von 30 Tagen über die erfolgte Maßnahme unterrichtet. Darüber hinaus findet ein Informationsaustausch mit den ausländischen Behörden gemäß den einschlägigen gesetzlichen Vorgaben statt.**

**7.5 Die zuständige Bundesoberbehörde tritt mit den unter 2.9 bis 2.14 genannten Stellen und gegebenenfalls den Einfuhrländern, die von bekannt gewordenen Arzneimittelrisiken betroffen sind, und anderen internationalen Stellen, mit denen ein entsprechendes Abkommen besteht, in einen Informationsaustausch ein gemäß den jeweiligen gemeinschaftlichen Verfahrensanweisungen zum Schnellinformationssystem bei Arzneimittelrisiken einschließlich solcher auf Grund von Qualitätsmängeln.**

## 8 Routinesitzung

**8.1 Das Bundesinstitut für Arzneimittel und Medizinprodukte lädt Vertreterinnen und Vertreter der unter den Nummern 2.1 bis 2.5 und 2.7 genannten Stellen, das Paul-Ehrlich-Institut und das Bundesamt für Verbraucherschutz und Lebensmittelsicherheit unter Mitteilung der Tagesordnung jährlich zu zwei oder mehr Routinesitzungen ein, in denen durch die zuständigen Bundesoberbehörden ein allgemeiner Sachstandsbericht gegeben, die Auswertung eingegangener Meldungen über Arzneimittelrisiken, insbesondere Fälle von Nebenwirkungen, erörtert und über Maßnahmen zur Beschaffung weiterer Informationen beraten wird. Vorschläge zur Tagesordnung können von diesen Beteiligten eingebracht werden.**

**8.2 Über die Routinesitzung fertigt das Bundesinstitut für Arzneimittel und Medizinprodukte jeweils ein Ergebnisprotokoll an und übersendet es den in den Nummern 2.6, 2.7 und 8.1 genannten Stellen.**

## 9 Sondersitzung

**9.1 Die zuständige Bundesoberbehörde kann in der Gefahrenstufe II eine Sondersitzung durchführen. In diesem Fall werden unter Nennung des Anlasses und der Fragestellung Vertreter der unter den Nummern 2.1 bis 2.6 genannten Stellen eingeladen, sowie die beiden anderen Bundesoberbehörden, Sachverständige und die betroffenen pharmazeutischen Unternehmer, die Sachverständige ihrer Wahl mitbringen können. Diese sind jeweils berechtigt, Stellungnahmen abzugeben.**

**9.2 Gilt die Sondersitzung als Anhörung im Sinne des § 30 Abs. 3 AMG, so sind die Inhaber der Zulassung bereits bei der Einladung darauf hinzuweisen.**

**9.3 Die Sondersitzung findet unter Vorsitz eines Vertreters der zuständigen Bundesoberbehörde statt; sie schließt mit einer zusammenfassenden Darstellung des Sachverhalts durch den Vorsitzenden und Bekanntgabe des Termins, an dem mit einer Entscheidung in der Sache gerechnet werden kann. Dabei soll auf die möglicherweise in Betracht kommenden Maßnahmen hingewiesen werden.**

**10 Information der Öffentlichkeit**

**10.1 Die zuständige Bundesoberbehörde kann die Öffentlichkeit über Arzneimittelrisiken und beabsichtigte Maßnahmen informieren. Die zuständigen Behörden entscheiden über die Information der Öffentlichkeit im Rahmen ihrer Zuständigkeit und nach pflichtgemäßem Ermessen. Art und Inhalt der Information ist bei Bedarf zwischen den zuständigen Behörden abzustimmen. Werden Maßnahmen gegenüber pharmazeutischen Unternehmen getroffen, so soll die Information der Öffentlichkeit nicht vor dem Datum der Bekanntgabe der Entscheidung gegenüber dem betreffenden pharmazeutischen Unternehmen erfolgen. Die Möglichkeit, bei Gefahr im Verzuge die Öffentlichkeit unmittelbar zu informieren, bleibt unberührt.**
**10.2 Wurde die Öffentlichkeit über eine getroffene Maßnahme informiert, so wird sie auch über eine diesbezügliche Änderung oder Aufhebung mit Begründung unterrichtet.**

**Artikel 2**
**Inkrafttreten, Außerkrafttreten**

**Diese allgemeine Verwaltungsvorschrift tritt am Tage nach der Bekanntmachung im Bundesanzeiger in Kraft. Gleichzeitig tritt die Allgemeine Verwaltungsvorschrift zur Beobachtung, Sammlung und Auswertung von Arzneimittelrisiken (Stufenplan) nach § 63 des Arzneimittelgesetzes (AMG) in der seit dem 4. März 1990 geltenden Fassung (BAnz. Nr. 44 vom 3. März 1990) außer Kraft.**

**Der Bundesrat hat zugestimmt.**

**Berlin, den 9. Februar 2005**

**Literatur**

Hart, Arzneimittelsicherheit und Länderüberwachung, MedR 1993, 207ff.; Thiele, Das nationale Risikoverfahren (Stufenplan) BGesBlatt 1997, 11.

## I. Die Bedeutung der Norm

Gefahrenabwehr geschieht aufgrund eines Stufenplans, § 63. Beteiligt sind neben 1 dem BfArM die Gesundheitsbehörden der Länder, die Pharmakovigilanzzentren, die Arzneimittelkommissionen, die Bundesverbände der pharmazeutischen Industrie und die Bundesministerien.[1] Der Stufenplan hat seinen Namen von der Einteilung in eine Reihung. Die Stufe 1 betrifft den gezielten Informationsaustausch bei geringer Gefahr und einzelnen gemeldeten Nebenwirkungen. Besteht der begründete Verdacht auf ein gesundheitliches Risiko, so dass Schutzmaßnahmen für Patienten erforderlich erscheinen, ist der Übergang zur Stufe 2 vollzogen. Der begründete Verdacht ist schon gegeben, wenn das Risiko noch nicht sicher auf ein Arzneimittel zurückzuführen ist und auch nicht in einer Regelmäßigkeit auftritt, aber der Verdacht plausibel erscheint. In der Stufe 2 kommt es insbesondere bei einer Mehrzahl von Herstellern zu Koordinationen und abgestimmten Stellungnahmen und schließlich zu einer Sondersitzung, die in einer mündlichen Anhö-

[1] Hart, MedR 1993, 207ff.

rung erfolgt. In der Sitzung äußern sich die Beteiligten und es werden Sachverständige gehört.

2 Nach der ursprünglichen Vorstellung sollte die Beratung in der Stufe 2 mündlich erfolgen und in einem Gedankenaustausch bestehen. Mittlerweile steht es aber so, dass nur noch wenige mündliche Sitzungen stattfinden, vielmehr die Koordinierung in der Stufe 2 auch im schriftlichen Verfahren erfolgt. Nach der Anhörung werden die zur Risikobegrenzung notwendigen Maßnahmen durch die Behörden des Bundes und der Länder getroffen. Diese können bis zum Ruhen, zur Zurücknahme oder zum Widerruf der Zulassung führen. Das Bundesministerium hat eine Allgemeine Verwaltungsvorschrift zur Beobachtungssammlung und Auswertung von Arzneimittelrisiken (Stufenplan) erlassen.

## II. Verfahren des Stufenplans

3 Das Stufenplanverfahren richtet sich nach dem VwVfG, wonach der Grundsatz der Parteiöffentlichkeit gilt. Wegen besonderen öffentlichen Interesses kann auch die Öffentlichkeit an sich zugelassen werden. Das öffentliche Interesse am Stufenplanverfahren hängt vom Medikament, der Vielzahl seiner Verwendung und dem besonderen Risiko ab. Auch haben die Massenmedien ein Interesse zu erfahren, welche Verdachtsmomente auf Arzneimittelrisiken bestehen. Andererseits wird sogar die Parteiöffentlichkeit in dieser Phase schon als schädlich bezeichnet, da der Umsatz des Arzneimittels wegen vorschneller Verbreitung und nicht unbefangener Diskussion zurückgehen könnte. Die Gerichte haben sich meistens für die Öffentlichkeit ausgesprochen. So hat das Berliner Oberverwaltungsgericht dem Antrag eines Stufenplanbeteiligten auf Erlass einer einstweiligen Anordnung zur nicht öffentlichen Durchführung der Stufenplansitzung nicht stattgegeben.[2]

---

2 OVG Berlin, PharmaR 1981,17; Kloesel, Cyran, § 63 Anm. 11a.; anders Sander, Stufenplan, Anh. I/63.

## § 63a
## Stufenplanbeauftragter

**(1) Wer als pharmazeutischer Unternehmer Fertigarzneimittel, die Arzneimittel im Sinne des § 2 Abs. 1 oder Abs. 2 Nr. 1 sind, in den Verkehr bringt, hat eine in einem Mitgliedstaat der Europäischen Union ansässige qualifizierte Person mit der erforderlichen Sachkenntnis und der zur Ausübung ihrer Tätigkeit erforderlichen Zuverlässigkeit (Stufenplanbeauftragter) zu beauftragen, ein Pharmakovigilanzsystem einzurichten, zu führen und bekannt gewordene Meldungen über Arzneimittelrisiken zu sammeln, zu bewerten und die notwendigen Maßnahmen zu koordinieren. Satz 1 gilt nicht für Personen, soweit sie nach § 13 Absatz 2 Satz 1 Nummer 1, 2, 3, 5 oder Absatz 2b keiner Herstellungserlaubnis bedürfen. Der Stufenplanbeauftragte ist für die Erfüllung von Anzeigepflichten verantwortlich, soweit sie Arzneimittelrisiken betreffen. Er hat ferner sicherzustellen, dass auf Verlangen der zuständigen Bundesoberbehörde weitere Informationen für die Beurteilung des Nutzen-Risiko-Verhältnisses eines Arzneimittels, einschließlich eigener Bewertungen, unverzüglich und vollständig übermittelt werden. Das Nähere regelt die Arzneimittel- und Wirkstoffherstellungsverordnung. Andere Personen als in Satz 1 bezeichnet dürfen eine Tätigkeit als Stufenplanbeauftragter nicht ausüben.**

**(2) Der Stufenplanbeauftragte kann gleichzeitig sachkundige Person nach § 14 oder verantwortliche Person nach § 20c sein.**

**(3) Der pharmazeutische Unternehmer hat der zuständigen Behörde und der zuständigen Bundesoberbehörde den Stufenplanbeauftragten und jeden Wechsel vorher mitzuteilen. Bei einem unvorhergesehenen Wechsel des Stufenplanbeauftragten hat die Mitteilung unverzüglich zu erfolgen.**

**Literatur**

Bertelsmann, Grundzüge der Abwehr von Arzneimittel, Stufenplanverfahren, in: Zulassung und Nachzulassung von Arzneimitteln, 1987; Hasskarl, Sicherheit durch Information im Arzneimittelrecht, NJW 1988, 2265ff.; Hohm, Der Stufenplanbeauftragte, MedR 1988, 15; Mandry, Die Beauftragten im Pharmarecht, Diss. 2004.

**Übersicht** **Rz.**



### I. Die Bedeutung der Norm

Der pharmazeutische Unternehmer hat einen Stufenplanbeauftragten zu bestimmen. Dieser hat Meldungen über Arzneimittelrisiken zu sammeln, zu bewerten und die notwendigen Maßnahmen zu koordinieren. Wer keiner Herstellungserlaubnis bedarf, ist auch von der Bestimmung eines Stufenplanbeauftragten befreit, 1 es sei denn, dass es sich um einen Großhändler für das Umfüllen, Abpacken oder Kennzeichnen von Arzneimitteln in unveränderter Form handelt, § 13 Abs. 2 Nr. 4. Der Stufenplanbeauftragte ist für die Erfüllung der Anzeigepflichten persönlich verantwortlich. Damit wird das Anzeigewesen im Pharmarecht personalisiert[1]: Unterlässt der Stufenplanbeauftragte seine Tätigkeit, so ist er auch persönlich verantwortlich. Neben der Personalisierung der Verantwortlichkeit ist auch eine Systematisierung in einem Pharmakovigilanzsystem gefordert, das aus mehreren Personen besteht und wohl auch eine eigene Abteilung bildet.

### II. Person des Stufenplanbeauftragten

2 Als Stufenplanbeauftragter kommt nur eine Person mit der erforderlichen Sachkenntnis und Zuverlässigkeit in Betracht. Dazu ist ein abgeschlossenes Hochschulstudium, eine entsprechende Prüfung und eine mindestens zweijährige Berufserfahrung erforderlich. Allerdings kann der Stufenplanbeauftragte gleichzeitig sachkundige Person nach § 14 oder verantwortliche Person nach § 20 c sein.

### III. Mitteilung an die Behörde

3 Der zuständigen Behörde und der Bundesoberbehörde ist der Stufenplanbeauftragte und wohl auch das Vigilanzsystem mitzuteilen. Dies gilt auch für jeden Wechsel, der vorher mitzuteilen ist.

### IV. Stufenplan und Produktbeobachtungspflicht

4 Das Stufenplanverfahren ergänzt die Produktbeobachtungspflicht des Herstellers, die nach allgemeinem Zivilrecht für die Produzentenhaftung entwickelt worden ist.[2] Der Hersteller, der ein Produkt auf den Markt gebracht hat, hat dieses Produkt zu beobachten und eventuellen Gefahren durch Rückruf, Aufklärung usw. entgegenzuwirken. Unterlässt er dieses, ist er haftbar. Übrigens kann die automatisch eintretende Haftung wegen mangelnder Produktbeobachtung früher eintreten als die Ergebnisse des langsameren Stufenplanverfahrens.[3] Durch die 12. Novelle zum AMG ist nunmehr eine Pflicht zur Information der zuständigen Bundesoberbehörde für die Beurteilung des Nutzen-Risiko-Verhältnisses unverzüglich und vollständig zu übermitteln.

### V. Sanktionen

#### Im Ordnungswidrigkeitenrecht

5 Ordnungswidrig handelt, wer keinen Stufenplanbeauftragten bestellt oder eine unrichtige bzw. verspätete Anzeige durch den pharmazeutischen Unternehmer erstattet, § 97 Nr. 24 c. Normadressat ist der pharmazeutische Unternehmer oder der

---

1 Hohm, MedR 1988, 15; Bertelsmann, a.a.O., 145f.

2 Larenz, Schuldrecht II 113, § 41a; Medicus, Schuldrecht II10, § 77; RGRK-Steffen[12], § 823 Rn. 282.

3 Vgl. RGRK-Steffen, a.a.O.

pharmazeutische Großhändler, der Arzneimittel in unveränderter Form umfüllt, abpackt oder kennzeichnet. Übt der Stufenplanbeauftragte entgegen Abs. 1 Satz 5 eine Tätigkeit aus, obgleich er nicht über die erforderliche Sachkunde verfügt, so trifft ihn die ordnungswidrigkeitenrechtliche Verantwortung nach § 97 Abs. 2 Nr. 24 d. Führt der Verstoss gegen die in § 63a normierten Pflichten zudem zu einer körperlichen Beeinträchtigung des Arzneimittelkonsumenten, so bleibt eine Strafbarkeit wegen fahrlässiger Körperverletzung, § 229 StGB, ggf. i.V. m. § 13 StGB unberührt.

## § 63b
## Dokumentations- und Meldepflichten

**(1) Der Inhaber der Zulassung hat ausführliche Unterlagen über alle Verdachtsfälle von Nebenwirkungen, die in der Gemeinschaft oder einem Drittland auftreten, sowie Angaben über die abgegebenen Mengen, bei Blut- und Gewebezubereitungen, mit Ausnahme der Blutzubereitungen im Sinne von Absatz 2 Satz 3 und der Gewebezubereitungen im Sinne von § 21a, auch über die Anzahl der Rückrufe zu führen.**

**(2) Der Inhaber der Zulassung hat ferner**

**1. jeden ihm bekannt gewordenen Verdachtsfall einer schwerwiegenden Nebenwirkung, der im Geltungsbereich dieses Gesetzes aufgetreten ist, zu erfassen und der zuständigen Bundesoberbehörde unverzüglich, spätestens aber innerhalb von 15 Tagen nach Bekanntwerden,**

**2. a) jeden ihm durch einen Angehörigen eines Gesundheitsberufes bekannt gewordenen Verdachtsfall einer schwerwiegenden unerwarteten Nebenwirkung, der nicht in einem Mitgliedstaat der Europäischen Union aufgetreten ist,**

**b) bei Arzneimitteln, die Bestandteile aus Ausgangsmaterial von Mensch oder Tier enthalten, jeden ihm bekannt gewordenen Verdachtsfall einer Infektion, die eine schwerwiegende Nebenwirkung ist und durch eine Kontamination dieser Arzneimittel mit Krankheitserregern verursacht wurde und nicht in einem Mitgliedstaat der Europäischen Union aufgetreten ist,**

**unverzüglich, spätestens aber innerhalb von 15 Tagen nach Bekanntwerden, der zuständigen Bundesoberbehörde sowie der Europäische Arzneimittel-Agentur, und**

**3. häufigen oder im Einzelfall in erheblichem Umfang beobachteten Missbrauch, wenn durch ihn die Gesundheit von Mensch oder Tier unmittelbar gefährdet werden kann, der zuständigen Bundesoberbehörde unverzüglich**

**anzuzeigen. Die Anzeigepflicht nach Satz 1 Nr. 1 und Nr. 2 Buchstabe a gilt entsprechend für Nebenwirkungen beim Menschen auf Grund der Anwendung eines zur Anwendung bei Tieren bestimmten Arzneimittels. Die Anzeigepflicht nach Satz 1 Nr. 2 Buchstabe a und b besteht gegenüber der Europäischen Arzneimittel-Agentur nicht bei Arzneimitteln aus Blut und Geweben im Sinne der Richtlinie 2002/98/EG des Europäischen Parlaments und des Rates vom 27. Januar 2003 zur Festlegung von Qualitäts- und Sicherheitsstandards für die Gewinnung, Testung, Verarbeitung, Lagerung und Verteilung von menschlichem Blut und Blutbestandteilen und zur Änderung der Richtlinie 2001/83/EG (ABl. EU Nr. L 33 S. 30) und der Richtlinie 2004/23/EG des Europäischen Parlaments und des Rates vom 31. März 2004 zur Festlegung von Qualitäts- und Sicherheitsstandards für die Spende, Beschaffung, Testung, Verarbeitung, Konservierung, Lagerung und Verteilung von menschlichen Geweben und Zellen (ABl. EU Nr. L 102 S. 48).**

**(3) Der Inhaber der Zulassung, der die Zulassung im Wege der gegenseitigen Anerkennung oder im dezentralisierten Verfahren erhalten hat, stellt ferner sicher, dass jeder Verdachtsfall**

1. **einer schwerwiegenden Nebenwirkung oder**
2. **einer Nebenwirkung beim Menschen auf Grund der Anwendung eines zur Anwendung bei Tieren bestimmten Arzneimittels,**

**der im Geltungsbereich dieses Gesetzes aufgetreten ist, auch der zuständigen Behörde des Mitgliedstaates zugänglich ist, dessen Zulassung Grundlage der Anerkennung war oder die im Rahmen eines Schiedsverfahrens nach Artikel 32 der Richtlinie 2001/83/EG oder Artikel 36 der Richtlinie 2001/82/EG Berichterstatter war.**

**(4) Der zuständigen Bundesoberbehörde sind alle zur Beurteilung von Verdachtsfällen oder beobachteten Missbrauchs vorliegenden Unterlagen sowie eine wissenschaftliche Bewertung vorzulegen.**

**(5) Der Inhaber der Zulassung hat, sofern nicht durch Auflage oder in Satz 5 oder 6 anderes bestimmt ist, auf der Grundlage der in Absatz 1 und in § 63a Abs. 1 genannten Verpflichtungen der zuständigen Bundesoberbehörde einen regelmäßig aktualisierten Bericht über die Unbedenklichkeit des Arzneimittels unverzüglich nach Aufforderung oder mindestens alle sechs Monate nach der Zulassung bis zum Inverkehrbringen vorzulegen. Ferner hat er solche Berichte unverzüglich nach Aufforderung oder mindestens alle sechs Monate während der ersten beiden Jahre nach dem ersten Inverkehrbringen und einmal jährlich in den folgenden zwei Jahren vorzulegen. Danach hat er die Berichte in Abständen von drei Jahren oder unverzüglich nach Aufforderung vorzulegen. Die regelmäßigen aktualisierten Berichte über die Unbedenklichkeit von Arzneimitteln umfassen auch eine wissenschaftliche Beurteilung des Nutzens und der Risiken des betreffenden Arzneimittels. Die zuständige Bundesoberbehörde kann auf Antrag die Berichtsintervalle verlängern. Bei Arzneimitteln, die nach § 36 Abs. 1 von der Zulassung freigestellt sind, bestimmt die zuständige Bundesoberbehörde den Zeitpunkt der Vorlage der regelmäßigen aktualisierten Berichte über die Unbedenklichkeit des Arzneimittels in einer Bekanntmachung, die im Bundesanzeiger veröffentlicht wird. Bei Blut- und Gewebezubereitungen, mit Ausnahme der Blutzubereitungen im Sinne von Absatz 2 Satz 3 und der Gewebezubereitungen im Sinne von § 21a, hat der Inhaber der Zulassung auf der Grundlage der in Satz 1 genannten Verpflichtungen der zuständigen Bundesoberbehörde einen aktualisierten Bericht über die Unbedenklichkeit des Arzneimittels unverzüglich nach Aufforderung oder, soweit Rückrufe oder Fälle oder Verdachtsfälle schwerwiegender Nebenwirkungen betroffen sind, mindestens einmal jährlich vorzulegen. Die Sätze 1 bis 7 gelten nicht für einen Parallelimporteur.**

**(5a) Die zuständige Bundesoberbehörde kann in Betrieben und Einrichtungen, die Arzneimittel herstellen oder in den Verkehr bringen oder klinisch prüfen, die Sammlung und Auswertung von Arzneimittelrisiken und die Koordinierung notwendiger Maßnahmen überprüfen. Zu diesem Zweck können**

**Beauftragte der zuständigen Bundesoberbehörde im Benehmen mit der zuständigen Behörde Betriebs- und Geschäftsräume zu den üblichen Geschäftszeiten betreten, Unterlagen einsehen sowie Auskünfte verlangen.**

**(5b) Der Inhaber der Zulassung darf im Zusammenhang mit dem zugelassenen Arzneimittel keine die Pharmakovigilanz betreffenden Informationen ohne vorherige oder gleichzeitige Mitteilung an die zuständige Bundesoberbehörde öffentlich bekannt machen. Er stellt sicher, dass solche Informationen in objektiver und nicht irreführender Weise dargelegt werden.**

**(6) Die zuständige Bundesoberbehörde hat jeden ihr zur Kenntnis gegebenen Verdachtsfall einer schwerwiegenden Nebenwirkung, der im Geltungsbereich dieses Gesetzes aufgetreten ist, unverzüglich, spätestens aber innerhalb von 15 Tagen nach Bekanntwerden, an die Europäische Arzneimittel-Agentur und erforderlichenfalls an den Inhaber der Zulassung zu übermitteln. Dies gilt nicht für die in Absatz 2 Satz 3 genannten Arzneimittel.**

**(7) Die Verpflichtungen nach den Absätzen 1 bis 5b gelten entsprechend**
**1. für den Inhaber der Registrierung nach § 39a,**
**2. für einen pharmazeutischen Unternehmer, der nicht Inhaber der Zulassung oder Inhaber der Registrierung nach § 39a ist und der ein zulassungspflichtiges oder ein von der Pflicht zur Zulassung freigestelltes oder ein traditionelles pflanzliches Arzneimittel in den Verkehr bringt.**

**Die Verpflichtungen nach den Absätzen 1 bis 4 gelten entsprechend**
**1. für den Inhaber der Registrierung nach § 38,**
**2. für einen pharmazeutischen Unternehmer, der nicht Inhaber der Registrierung nach § 38 ist und ein registrierungspflichtiges oder von der Pflicht zur Registrierung freigestelltes homöopathisches Arzneimittel in den Verkehr bringt,**
**3. für den Antragsteller vor Erteilung der Zulassung.**

**Die Absätze 1 bis 4 gelten unabhängig davon, ob sich das Arzneimittel noch im Verkehr befindet oder die Zulassung oder die Registrierung noch besteht. Die Erfüllung der Verpflichtungen nach den Absätzen 1 bis 5 kann durch schriftliche Vereinbarung zwischen dem Inhaber der Zulassung und dem pharmazeutischen Unternehmer, der nicht Inhaber der Zulassung ist, ganz oder teilweise auf den Inhaber der Zulassung übertragen werden.**

**(8) Die Absätze 1 bis 7 finden keine Anwendung auf Arzneimittel, für die von der Kommission der Europäischen Gemeinschaften oder dem Rat der Europäischen Union eine Genehmigung für das Inverkehrbringen erteilt worden ist. Für diese Arzneimittel gelten die Verpflichtungen des pharmazeutischen Unternehmers nach der Verordnung (EG) Nr. 726/2004 und seine Verpflichtungen nach der Verordnung (EG) Nr. 540/95 der Kommission der Europäischen Gemeinschaften oder des Rates der Europäischen Union zur Festlegung der Bestimmungen für die Mitteilung von vermuteten unerwarteten, nicht schwerwiegenden Nebenwirkungen, die innerhalb oder außerhalb der Gemeinschaft an gemäß der Verordnung (EWG) Nr. 2309/93 zugelassenen Human- oder Tierarzneimitteln festgestellt werden (ABl. EG Nr. L 55 S. 5) in**

**der jeweils geltenden Fassung mit der Maßgabe, dass im Geltungsbereich des Gesetzes die Verpflichtung zur Mitteilung an die Mitgliedstaaten oder zur Unterrichtung der Mitgliedstaaten gegenüber der jeweils zuständigen Bundesoberbehörde besteht. Bei Arzneimitteln, bei denen eine Zulassung der zuständigen Bundesoberbehörde Grundlage der gegenseitigen Anerkennung ist oder bei denen eine Bundesoberbehörde Berichterstatter in einem Schiedsverfahren nach Artikel 32 der Richtlinie 2001/83/EG oder Artikel 36 der Richtlinie 2001/82/EG ist, übernimmt die zuständige Bundesoberbehörde die Verantwortung für die Analyse und Überwachung aller Verdachtsfälle schwerwiegender Nebenwirkungen, die in der Europäischen Gemeinschaft auftreten; dies gilt auch für Arzneimittel, die im dezentralisierten Verfahren zugelassen worden sind.**

**(9) Die Dokumentations- und Meldepflichten der Absätze 1 bis 7 finden keine Anwendung auf Arzneimittel, die im Rahmen einer klinischen Prüfung als Prüfpräparate angewendet werden.**

**Übersicht** **Rz.**



## I. Die Bedeutung der Norm

Durch die 12. Novelle zum AMG sind die Dokumentationspflichten und Meldepflichten des Zulassungsinhabers oder früheren Zulassungsinhabers erstmalig im Einzelnen geregelt worden. Schon durch die 14. Novelle, also nur knapp ein Jahr später ist § 63b erheblich redaktionell, teilweise aber auch inhaltlich verändert worden. Zweck dieser Norm ist, die Verdachtsfälle von Nebenwirkungen oder jedenfalls von schwerwiegenden Nebenwirkungen durch Unterlagen zu dokumentieren, bzw. an die zuständigen Behörden weiterzugeben. Das Ganze führt zu einer noch deutlicheren Pharmakovigilanz, die zwar im Wesentlichen bisher schon bestand, aber nunmehr ausdrücklich und im Einzelnen sowie unter zeitlichen Vorgaben geregelt worden ist. **1**

## II. Führung von Unterlagen

Der Zulassungsinhaber hat ausführliche Unterlagen über alle Verdachtsfälle von Nebenwirkungen zu führen. Dieses gilt nicht nur für die Bundesrepublik, sondern ebenso für den Verdacht von Nebenwirkungen in anderen Ländern der EU oder sogar in Drittländern. Dabei sind Angaben über die abgegebenen Mengen, bei Blutzubereitungen auch über die Anzahl der Rückrufe, niederzulegen. Diese Un- **2** terlagen hat er der zuständigen Bundesoberbehörde vorzulegen. Dabei sind auch wissenschaftliche Bewertungen mitzuliefern, § 63b Abs. 4.

3 Von der Anzeigepflicht ausgenommen sind nach Abs. 2 Arzneimittel aus Blut und Blutzubereitungen. Hier sehen die Richtlinien 2002/98 EG und 2004/23 EG ein eigenständiges Recht vor, in welches die Europäische Arzneimittel-Agentur nicht eingebunden ist. Sie hat damit keine Befugnis entsprechende Angaben anzunehmen und zu verwerten.

### III. Anzeigepflicht

4 Der Zulassungsinhaber hat jeden Verdachtsfall einer schwerwiegenden Nebenwirkung, der in Deutschland aufgetreten ist, zu erfassen und der zuständigen Bundesoberbehörde unverzüglich, spätestens innerhalb von 15 Tagen nach Bekanntwerden, mitzuteilen. Die Mitteilung bezieht sich nicht nur auf Nebenwirkungen, sondern auch auf den Missbrauch. Bei häufigem oder im Einzelfall in erheblichem Umfang beobachteten Missbrauch, der zur unmittelbaren Gefährdung der Gesundheit von Mensch oder Tier führen kann, ist gleichfalls diese Anzeige zu machen, § 63b Abs. 2. Für Verdachtsfälle einer schwerwiegenden unerwarteten Nebenwirkung in Drittländern, die bekannt geworden sind, gilt gleichfalls eine Anzeigepflicht. Dieser ist unverzüglich, spätestens innerhalb von 15 Tagen, nachzukommen.

### IV. Arzneimittel bei gegenseitiger Anerkennung

5 Wenn die Zulassung im Wege der gegenseitigen Anerkennung geschehen ist, hat der Zulassungsinhaber jeden Verdachtsfall einer schwerwiegenden Nebenwirkung und der Nebenwirkung beim Menschen, aufgrund der Anwendung eines zur Anwendung bei Tieren bestimmten Arzneimittels anzuzeigen. Anzeigeempfänger ist die zuständige Behörde des Mitgliedsstaates, deren Zulassung Grundlage der Anerkennung war, § 63 b Abs. 3.

### V. Regelmäßiger Bericht

6 Der Zulassungsinhaber hat nach § 63b Abs. 5 der zuständigen Bundesoberbehörde einen regelmäßig aktualisierten Bericht über die Unbedenklichkeit des Arzneimittels vorzulegen. Dieser Pflicht ist jedenfalls nach Aufforderung unverzüglich nachzukommen. Ansonsten hat die Vorlage für Arzneimittel nach der Zulassung, aber vor dem Inverkehrbringen alle sechs Monate zu erfolgen. Das gleiche Intervall gilt in den ersten zwei Jahren nach dem Inverkehrbringen. In den nächsten zwei Jahren muss jährlich ein Bericht vorgelegt werden. Schließlich besteht die Vorlagepflicht alle drei Jahre. Bei dieser Gelegenheit ist nicht nur über die Unbedenklichkeit des Arzneimittels zu berichten, sondern auch eine wissenschaftliche Beurteilung des Nutzens und der Risiken vorzulegen. Die Bundesoberbehörde kann auf Antrag die Berichtsintervalle verlängern. Sofern das Arzneimittel von der Zulassung freigestellt ist, bestimmt die zuständige Bundesoberbehörde den Zeitpunkt der Vorlage der regelmäßig aktualisierten Berichte über die Unbedenk-

lichkeit des Arzneimittels in einer Bekanntmachung des Bundesanzeigers. Bei Blutzubereitungen ist auf Aufforderung ein aktualisierter Bericht unverzüglich und soweit Rückrufe oder Verdachtsfälle schwerwiegender Nebenwirkungen betroffen sind, mindestens einmal jährlich vorzulegen. Der Bericht bezieht sich auf die Unbedenklichkeit des Arzneimittels, § 63b Abs. 5.

### VI. Europäische Pharmavigilanz

Die zuständige Bundesoberbehörde hat jeden Verdachtsfall einer schwerwiegen- **7** den Nebenwirkung unverzüglich, spätestens innerhalb von 15 Tagen nach Bekanntwerden, an die Europäische Agentur für die Beurteilung von Arzneimitteln und erforderlichenfalls auch an den Zulassungsinhaber zu übermitteln, § 63b Abs. 6.

Neu eingeführt werden mit Abs. 5a und 5b Pharmakovigilanz- Inspektionen. Da- **8** mit erhält die Bundesoberbehörde die Möglichkeit, im Benehmen mit der zuständigen Überwachungsbehörde die Einhaltung der Verpflichtungen nach § 63b vor Ort zu überprüfen. Dies macht deshalb Sinn, weil die Zulassungsbehörden aufgrund ihrer Aufgaben im Pharmakovigilanzbereich über eine hohe Sachkompetenz und zudem über den Zugang zu den einschlägigen Daten verfügen.

### VII. Erweiterte Verpflichtungen

Die vorherstehend genannten Verpflichtungen gelten entsprechend für den Inhaber **9** der Registrierung nach § 39 a sowie nebst Unternehmern, die sonst ein zulassungspflichtiges oder ein von der Zulassung frei gestelltes oder ein traditionelles pflanzliches Arzneimittel in den Verkehr bringt. Ist das Arzneimittel nicht mehr im Verkehr, so hat der Zulassungsinhaber oder Registrierungsinhaber dennoch die Mitteilung zu machen. Das Gleiche gilt für einen pharmazeutischen Unternehmer, der nicht Zulassungsinhaber ist.

### VIII. Europa-Zulassung

Für von der EMEA zugelassene Arzneimittel finden die genannten Dokumentati- **10** ons- und Meldepflichten nicht unmittelbar Anwendung. Wenn dem Arzneimittel von der Kommission der Europäischen Gemeinschaft oder dem Rat der Europäischen Union eine Genehmigung für das Inverkehrbringen erteilt worden ist, gelten die in den Bestimmungen der VO (EG) Nr. 726/2004 und VO (EG) Nr. 540/95 vorgesehenen Verpflichtungen. Hierbei handelt es sich um die Mitteilung von vermuteten, unerwarteten, auch nicht schwerwiegenden Nebenwirkungen, die innerhalb oder außerhalb der Gemeinschaft festgestellt werden. Diese Verpflichtung ist gleichfalls durch Mitteilung an die zuständige Bundesoberbehörde zu erfüllen, § 63b Abs. 8.

### IX. Klinische Prüfung

11 In Abs. 9 wird verfügt, dass die Dokumentations- und Meldepflichten keine Anwendung im Rahmen einer klinischen Prüfung zu prüfende Arzneimittel finden. Für diese gibt es ausreichende eigene Bestimmungen. Eine Kumulation der Prüfungspflichten aus beiden Gebieten, nämlich dem der Arzneimittelprüfung und dem des Arzneimittelvertriebs, soll nicht stattfinden.

## § 63c
## Besondere Dokumentations- und Meldepflichten bei Blut- und Gewebezubereitungen

**(1) Der Inhaber einer Zulassung oder Genehmigung für Blutzubereitungen im Sinne von § 63b Abs. 2 Satz 3 oder für Gewebezubereitungen im Sinne von § 21a hat ausführliche Unterlagen über Verdachtsfälle von schwerwiegenden Zwischenfällen oder schwerwiegenden unerwünschten Reaktionen, die in den Mitgliedstaaten der Europäischen Union oder in den Vertragsstaaten des Abkommens über den Europäischen Wirtschaftsraum oder in einem Drittland aufgetreten sind und die die Qualität und Sicherheit von Blut- oder Gewebezubereitungen beeinflussen oder auf sie zurückgeführt werden können, sowie über die Anzahl der Rückrufe zu führen.**

**(2) Der Inhaber einer Zulassung oder Genehmigung für Blut- oder Gewebezubereitungen im Sinne von Absatz 1 hat ferner jeden Verdacht eines schwerwiegenden Zwischenfalls, der sich auf die Qualität oder Sicherheit der Blut- oder Gewebezubereitungen auswirken kann, und jeden Verdacht einer schwerwiegenden unerwünschten Reaktion, die die Qualität oder Sicherheit der Blut- oder Gewebezubereitungen beeinflussen oder auf sie zurückgeführt werden kann, zu dokumentieren und unverzüglich, spätestens aber innerhalb von 15 Tagen nach Bekanntwerden, der zuständigen Bundesoberbehörde anzuzeigen. Die Anzeige muss alle erforderlichen Angaben enthalten, insbesondere Name oder Firma und Anschrift des pharmazeutischen Unternehmers, Bezeichnung und Nummer oder Kennzeichnungscode der Blut- oder Gewebezubereitung, Tag und Dokumentation des Auftretens des Verdachts des schwerwiegenden Zwischenfalls oder der schwerwiegenden unerwünschten Reaktion, Tag und Ort der Blutbestandteile- oder Gewebeentnahme, belieferte Betriebe oder Einrichtungen sowie Angaben zu der spendenden Person. Die nach Satz 1 angezeigten Zwischenfälle oder Reaktionen sind auf ihre Ursache und Auswirkung zu untersuchen und zu bewerten und die Ergebnisse der zuständigen Bundesoberbehörde unverzüglich mitzuteilen, ebenso die Maßnahmen zur Rückverfolgung und zum Schutz der Spender und Empfänger.**

**(3) Die Blut- und Plasmaspendeeinrichtungen oder die Gewebeeinrichtungen haben bei nicht zulassungs- oder genehmigungspflichtigen Blut- oder Gewebezubereitungen sowie bei Blut und Blutbestandteilen und bei Gewebe jeden Verdacht eines schwerwiegenden Zwischenfalls, der sich auf die Qualität oder Sicherheit der Blut- oder Gewebezubereitungen auswirken kann, und jeden Verdacht einer schwerwiegenden unerwünschten Reaktion, die die Qualität oder Sicherheit der Blut- oder Gewebezubereitungen beeinflussen oder auf sie zurückgeführt werden kann, unverzüglich der zuständigen Behörde zu melden. Die Meldung muss alle notwendigen Angaben wie Name oder Firma und Anschrift der Spende- oder Gewebeeinrichtung, Bezeichnung und Nummer oder Kennzeichnungscode der Blut- oder Gewebezubereitung, Tag und Dokumentation des Auftretens des Verdachts des schwerwie-**

**genden Zwischenfalls oder der schwerwiegenden unerwünschten Reaktion, Tag der Herstellung der Blut- oder Gewebezubereitung sowie Angaben zu der spendenden Person enthalten. Absatz 2 Satz 3 gilt entsprechend. Die zuständige Behörde leitet die Meldungen nach den Sätzen 1 und 2 sowie die Mitteilungen nach Satz 3 an die zuständige Bundesoberbehörde weiter.**

**(4) Der Inhaber einer Zulassung oder Genehmigung für Blut- oder Gewebezubereitungen im Sinne von Absatz 1 hat auf der Grundlage der in Absatz 1 genannten Verpflichtungen der zuständigen Bundesoberbehörde einen aktualisierten Bericht über die Unbedenklichkeit der Arzneimittel unverzüglich nach Aufforderung oder, soweit Rückrufe oder Fälle oder Verdachtsfälle schwerwiegender Zwischenfälle oder schwerwiegender unerwünschter Reaktionen betroffen sind, mindestens einmal jährlich vorzulegen.**

**(5) Die Vorschriften des § 63b Abs. 5a gelten für Blut- und Plasmaspendeeinrichtungen oder für Gewebeeinrichtungen, die Vorschriften des § 63b Abs. 5b gelten für die Inhaber einer Zulassung von Blut- oder Gewebezubereitungen entsprechend.**

**(6) Schwerwiegender Zwischenfall im Sinne der vorstehenden Vorschriften ist jedes unerwünschte Ereignis im Zusammenhang mit der Gewinnung, Untersuchung, Aufbereitung, Be- oder Verarbeitung, Konservierung, Aufbewahrung oder Abgabe von Geweben oder Blutzubereitungen, das die Übertragung einer ansteckenden Krankheit, den Tod oder einen lebensbedrohenden Zustand, eine Behinderung oder einen Fähigkeitsverlust von Patienten zur Folge haben könnte oder einen Krankenhausaufenthalt erforderlich machen oder verlängern könnte oder zu einer Erkrankung führen oder diese verlängern könnte.**

**(7) Schwerwiegende unerwünschte Reaktion im Sinne der vorstehenden Vorschriften ist eine unbeabsichtigte Reaktion, einschließlich einer übertragbaren Krankheit, beim Spender oder Empfänger im Zusammenhang mit der Gewinnung von Gewebe oder Blut oder der Übertragung von Gewebe- oder Blutzubereitungen, die tödlich oder lebensbedrohend verläuft, eine Behinderung oder einen Fähigkeitsverlust zur Folge hat oder einen Krankenhausaufenthalt erforderlich macht oder verlängert oder zu einer Erkrankung führt oder diese verlängert.**

### I. Die Bedeutung der Norm

1 Diese neu in das Gesetz eingestellte Norm ist eine Folge der Aufnahme der Blutzubereitung und der Gewebezubereitung in das AMG. Es sollen ausführliche Unterlagen über Verdachtsfälle und schwerwiegende Zwischenfälle aufgestellt werden. Diese Dokumentation ist dann innerhalb von 15 Tagen nach Bekanntwerden der Bundesoberbehörde anzuzeigen. Blut- und Plasmaspendeeinrichtungen sowie Gewebeeinrichtungen haben jeden Verdacht schwerer Zwischenfälle unverzüglich der Behörde zu melden. Schließlich werden noch schwerwiegende Zwischenfälle und die schwerwiegende unerwünschte Reaktion umschrieben.

## II. Dokumentations- und Meldepflichten

Der Inhaber einer Zulassung oder Genehmigung zur Blut oder Gewebezubereitung hat ausführliche Unterlagen auf Verdachtsfälle von schwerwiegenden Zwischenfällen oder schwerwiegenden unerwünschten Reaktionen, die im Bereich des europäischen Wirtschaftsraums oder in einem Drittland aufgetreten sind, zu dokumentieren. Erforderlich ist, dass die Qualität oder Sicherheit von Blut oder Gewebezubereitung beeinflusst werden. Ferner ist notwendig, dass die Zwischenfälle auf den Inhaber der Zulassung oder Genehmigung zurückgeführt werden können. Schließlich ist auch über die Anzahl der Rückrufe eine ausführliche Dokumentation anzulegen. Damit wird den Inhabern der Zulassung oder Genehmigung für Blutzubereitung eine besondere Pflicht auferlegt, ausführliche Unterlagen herzustellen. Der Hintergrund dieser Pflicht besteht darin, dass diese Unterlagen innerhalb einer bestimmten Frist der zuständigen Bundesoberbehörde zu überreichen sind. 2

Die soeben beschriebene Dokumentation ist von dem Inhaber einer Zulassung oder einer Genehmigung für Blut- oder Gewebezubereitung nebst den ausführlichen Unterlagen unverzüglich, spätesten aber innerhalb von 14 Tagen, der zuständigen Bundesoberbehörde anzuzeigen. Die Anzeige muss Namen, Firma und Anschrift des pharmazeutischen Unternehmens, Bezeichnung und Nummer oder Kennzeichnungscode der Blut- oder Gewebezubereitung, Tag und Dokumentation des Auftretens und Verdachts des schwerwiegenden Zwischenfalls oder der schwerwiegenden unerwünschten Reaktion enthalten. Sodann sind anzugeben: Tag und Ort der Blutbestandteile oder Gewebeentnahme, belieferte Betriebe oder Einrichtungen, die Angaben zu der spendenden Person. Die zuständige Bundesoberbehörde hat gleichfalls zu erfahren, welche Ursache und Auswirkung die angezeigten Zwischenfälle oder Reaktionen haben, und wie diese bewertet werden. Schließlich ist auch noch mitzuteilen, welche Maßnahmen, zum Beispiel die Zurückverfolgung zum Schutz der Spender und Empfänger, ergriffen worden sind. Diese Norm schließt eng an die Bestimmungen des TFG an, die eine große Zahl von Pflichten über die Qualitätssicherung und Rückverfolgung von Blut enthalten.[1] 3

Die gleichen Regeln wie nach Abs. 2 treffen Blut- und Plasmaspendeeinrichtungen oder Gewebeeinrichtungen. Auch hier ist jeder Verdacht eines schwerwiegenden Zwischenfalls sowie jeder Verdacht einer schwerwiegenden, ungünstigen Reaktion der Behörde zu melden. Die Meldung hat den gleichen Inhalt wie nach Abs. 2. Die zuständige Behörde reicht die Meldung und Mitteilung an die zuständige Bundesoberbehörde weiter. 4

Eine jährliche Vorlagepflicht trifft den Inhaber einer Zulassung oder Genehmigung für Blut oder Gewebeeinrichtung. Er hat der zuständigen Bundesoberbehör- 5

[1] Vgl. Deutsch, Bender, Eckstein, Zimmermann, S.356 ff.

de einen aktualisierten Bericht über die Unbedenklichkeit der Arzneimittel entweder unverzüglich nach Aufforderung oder mindestens einmal jährlich vorzulegen.

**6** Wie schon für andere Arzneimittel in § 63 b Abs. 5 a bestimmt, können auch Blut- und Plasmaspendeeinrichtungen sowie Gewebeeinrichtungen von der oberen Bundesbehörde jederzeit kontrolliert werden Hierbei handelt es sich um eine Erstreckung der Möglichkeit, unangemeldet bei dem Unternehmen zu erscheinen, um seine Räume, sein Vorgehen und seine Dokumentation u. a. zu prüfen. Auch insoweit werden die Vorschriften des TFG ergänzt.

**7** In den Abs. 6 und 7 verfällt der Gesetzgeber in seine Gewohnheit, nach Möglichkeit Definitionen aufzustellen. So ist ein schwerwiegender Zwischenfall, jedes unerwünschte Ereignis im Zusammenhang mit der Gewinnung, Untersuchung, Aufbereitung, Be- oder Verarbeitung, Konservierung, Aufbewahrung oder Abgabe von Geweben oder Blutzubereitungen. Das Ereignis besteht in der Übertragung einer ansteckenden Krankheit, die den Tod oder einen lebensbedrohlichen Zustand, eine Behinderung oder einen Fähigkeitsverlust von Patienten zur Folge haben könnte oder einen Krankenhausaufenthalt erforderlich machen oder verlängern könnte und zu einer Erkrankung führen oder sie verlängern könnte. Kurz gesagt, jede nachteilige Beeinträchtigung der Gesundheit eines Patienten ist als schwerwiegender Zwischenfall anzusehen. Dabei ist es gleichgültig ob der Zwischenfall zum Tod oder nur zu einer Erkrankung führt. Solche Zwischenfälle können bei Verschulden zu Ansprüchen auf Schadensersatz führen, §§ 280, 823 BGB.[2]

**8** Schwerwiegende unerwünschte Reaktion ist eine unbeabsichtigte Reaktion einschließlich einer übertragbaren Krankheit beim Spender oder Empfänger im Zusammenhang mit der Gewinnung von Geweben oder Blut. Kommt es bei der Übertragung von Gewebe- oder Blutzubereitungen zum Tod oder einem lebensbedrohenden Zustand, einer Behinderung oder einem Fähigkeitsverlust, oder wird ein Krankenhausaufenthalt erforderlich oder verlängert oder kommt es zu einer Erkrankung oder ihrer Verlängerung, ist eine schwerwiegende unerwünschte Reaktion gegeben. Wiederum sind alle möglichen Reaktionen gemeint, welche zu einer Beeinträchtigung der Gesundheit einer Person führen.[3] Man wird auch wohl eine Nervverletzung bei der Spendeentnahme unter diesen Begriff zu bringen haben. Bei mangelnder Aufklärung über dieses Risiko hat der BGH übrigens Schadensersatz und Schmerzensgeld zugesprochen.[4]

---

[2] Für Blut und Blutprodukte hat sich eine Rechtsprechung gebildet, die an Zwischenfälle bei der Entnahme von Blut anschließt, vgl. die Zitate bei Deutsch u. a. Transfursionsrecht[2] Rn. 740 ff.

[3] Einen solchen Fall behandelt das BSG in seinem Urteil vom 23.04.2009 Az. B 9 VJ 1/08 R. Dort ging es um einen Impfschaden bei einem Kind, bei dem neben der Sechsfachimpfung eine weitere Impfung zum Schutz von Meningo-Kokken versuchsweise vorgenommen wurde.

[4] BGH NJW 2006, 2108 m. Anm. Spickhoff.

# Elfter Abschnitt
# Überwachung

## Vorbemerkungen vor §§ 64ff.

Der Gesetzgeber sieht in der Sicherheit im Verkehr mit Arzneimitteln ein hohes Rechtsgut. Daher wird der Verkehr mit Arzneimitteln, einschließlich der Produktionsprozesse, bis hin zur Werbung für Arzneimittel, einer (auch präventiv wirkenden) staatlichen Überwachung unterworfen, die auch an den Grenzen von EWR und EU nicht Halt machen. Dabei strebt das AMG, jedenfalls auf dem Papier, eine möglichst umfassende persönliche wie sachliche Kontrolle der Entwicklung, der Herstellung und des Vertriebs von Fertigarznei- und Tierarzneimitteln, also letztlich der Einhaltung der Vorschriften des AMG an. Während die Erteilung der Herstellungserlaubnis und die Zulassung bzw. Registrierung von Arzneimitteln sowie die Erlaubnis zum Großhandel mit Arzneimitteln eher punktuelle Maßnahmen staatlicher Kontrolle darstellen, soll durch die Überwachung eine kontinuierliche staatliche Kontrolle des Verkehrs mit Arzneimitteln ermöglicht werden. Der Überwachung durch staatliche Behörden des Bundes und der Länder unterliegen Betriebe und Einrichtungen, in denen Arzneimittel hergestellt, geprüft, gelagert und dann in den Verkehr gebracht werden, aber auch Personen, die in diesen Bereichen tätig sind. 1

Die Überwachungsbehörden können zu Zwecken der Überwachung Grundstücke und Betriebseinrichtungen betreten, dort beschäftigte Personen um Auskünfte ersuchen, sie zur Mitwirkung bei diesen Maßnahmen auffordern und deren Duldung verlangen sowie Proben von Stoffen und Arzneimitteln nehmen. Die Duldungs- und Mitwirkungspflicht hat dort ihre Grenzen, wo die Personen, auf die sich die Überwachung erstreckt, sich durch ihre Auskünfte oder die Mitwirkung einer strafbaren Handlung oder einer Ordnungswidrigkeit bezichtigen müssten. 2

Überwachungsmaßnahmen sollen zum frühestmöglichen Zeitpunkt erfolgen können. Deshalb sind Betriebe und Einrichtungen sowie Personen, die am Verkehr mit Arzneimitteln beteiligt sind oder sich daran beteiligen wollen verpflichtet, die Aufnahme dieser Tätigkeiten vor der Aufnahme anzuzeigen. 3

Überwachung, auch staatliche, lebt von Informationen, ihrer Verarbeitung und ihrer Weitergabe. Dass die zweckmäßige Verarbeitung der Informationsmengen, die aus der Arzneimittelüberwachung gewonnen werden, nur noch edv-mäßig möglich 4



E. Deutsch, H.-D. Lippert (Hrsg.), *Kommentar zum Arzneimittelgesetz (AMG)*,
DOI 10.1007/978-3-642-01455-0_11, 

ist, beleuchtet § 67a eindrucksvoll, durch den ein zentral geführtes, datenbankgestütztes Informationssystem geschaffen wird. Der Austausch der durch die Überwachung gewonnenen Informationen darf aber heute an den nationalen Grenzen nicht Halt machen. Die Neufassung der Mitteilungs- und Unterrichtungspflichten in § 69 trägt der zunehmenden Internationalisierung des Verkehrs mit Arzneimitteln Rechnung.

**5** Die Überwachungsbehörden können streng am Grundsatz der Verhältnismäßigkeit von Mittel und Zweck orientierte Maßnahmen zum Schutz des Verbrauchers ergreifen, bis hin zur Betriebsschließung. Auch vorläufige Maßnahmen sind denkbar, sogar die öffentliche Warnung vor Arzneimitteln, wenn der begründete Verdacht besteht, dass Arzneimittel bei bestimmungsgemäßem Gebrauch schädliche Wirkungen haben.

**6** Die 12. Novelle zum AMG hat in diesem Abschnitt Präzisierungen im Detail gebracht. Ein neues Instrument der Überwachung stellt die Inspektion der klinischen Prüfungen in § 15 GCP-V dar. Damit wird Art. 15 RiLi 2001/20/EG in deutsches Recht umgesetzt.[1] Trotz aller Versuche, aus dem AMG ein Verbraucherschutzgesetz zu machen, stellt dieser Abschnitt des Gesetzes eindrücklich unter Beweis, dass das AMG im innersten doch ein polizeirechtliches Gesetz geblieben ist, für das der Grundsatz der Gesetzmäßigkeit der Verwaltung noch ein einen hohen Stellenwert besitzt.

---

1 Vgl. hierzu die Kommentierung zu § 15 GCP-V.

## § 64
## Durchführung der Überwachung

**(1) Betriebe und Einrichtungen, in denen Arzneimittel hergestellt, geprüft, gelagert, verpackt oder in den Verkehr gebracht werden oder in denen sonst mit ihnen Handel getrieben wird, unterliegen insoweit der Überwachung durch die zuständige Behörde; das Gleiche gilt für Betriebe und Einrichtungen, die Arzneimittel entwickeln, klinisch prüfen, einer Rückstandsprüfung unterziehen oder Arzneimittel nach § 47a Abs. 1 Satz 1 oder zur Anwendung bei Tieren bestimmte Arzneimittel erwerben oder anwenden. Die Entwicklung, Herstellung, Prüfung, Lagerung, Verpackung und das Inverkehrbringen von Wirkstoffen und anderen zur Arzneimittelherstellung bestimmten Stoffen und von Gewebe sowie der sonstige Handel mit diesen Wirkstoffen und Stoffen unterliegen der Überwachung, soweit sie durch eine Rechtsverordnung nach § 54, nach § 12 des Transfusionsgesetzes oder nach § 16a des Transplantationsgesetzes geregelt sind. Im Falle des § 14 Absatz 4 Nummer 4 und des § 20b Abs. 2 unterliegen die Entnahmeeinrichtungen und die Labore der Überwachung durch die für sie örtlich zuständige Behörde. Satz 1 gilt auch für Personen, die diese Tätigkeiten berufsmäßig ausüben oder Arzneimittel nicht ausschließlich für den Eigenbedarf mit sich führen, für den Sponsor einer klinischen Prüfung oder seinen Vertreter nach § 40 Abs. 1 Satz 3 Nr. 1 sowie für Personen oder Personenvereinigungen, die Arzneimittel für andere sammeln. Satz 1 findet keine Anwendung auf die Rekonstitution, soweit es sich nicht um Arzneimittel handelt, die zur klinischen Prüfung bestimmt sind.**

**(2) Die mit der Überwachung beauftragten Personen müssen diese Tätigkeit hauptberuflich ausüben. Die zuständige Behörde kann Sachverständige beiziehen. Sie soll Angehörige der zuständigen Bundesoberbehörde als Sachverständige beteiligen, soweit es sich um Blutzubereitungen, Gewebe und Gewebezubereitungen, radioaktive Arzneimittel, gentechnisch hergestellte Arzneimittel, Sera, Impfstoffe, Allergene, Arzneimittel für neuartige Therapien, xenogene Arzneimittel oder um Wirkstoffe oder andere Stoffe, die menschlicher, tierischer oder mikrobieller Herkunft sind oder die auf gentechnischem Wege hergestellt werden, handelt. Bei Apotheken, die keine Krankenhausapotheken sind oder die einer Erlaubnis nach § 13 nicht bedürfen, kann die zuständige Behörde Sachverständige mit der Überwachung beauftragen.**

**(3) Die zuständige Behörde hat sich davon zu überzeugen, dass die Vorschriften über den Verkehr mit Arzneimitteln, über die Werbung auf dem Gebiete des Heilwesens, des Zweiten Abschnitts des Transfusionsgesetzes, der Abschnitte 2, 3 und 3a des Transplantationsgesetzes und über das Apothekenwesen beachtet werden. Sie hat regelmäßig in angemessenem Umfang unter besonderer Berücksichtigung möglicher Risiken Besichtigungen vorzunehmen und Arzneimittelproben amtlich untersuchen zu lassen; Betriebe und Einrichtungen, die einer Erlaubnis nach §§ 13, 20c, 72 oder § 72b Absatz 1 bedürfen, sowie tierärztliche Hausapotheken sind in der Regel alle zwei Jahre**

**zu besichtigen. Eine Erlaubnis nach §§ 13, 20c, 52a, 72 oder § 72b Absatz 1 wird von der zuständigen Behörde erst erteilt, wenn sie sich durch eine Besichtigung davon überzeugt hat, dass die Voraussetzungen für die Erlaubniserteilung vorliegen. Innerhalb von 90 Tagen nach einer Inspektion wird dem Erlaubnisinhaber ein Zertifikat über die Gute Herstellungspraxis ausgestellt, wenn die Inspektion zu dem Ergebnis führt, dass dieser die Grundsätze und Leitlinien der Guten Herstellungspraxis des Gemeinschaftsrechts einhält. Die Bestätigung ist zurückzunehmen, wenn nachträglich bekannt wird, dass die Voraussetzungen nicht vorgelegen haben; sie ist zu widerrufen, wenn die Voraussetzungen nicht mehr gegeben sind. Die Angaben über die Ausstellung, die Versagung, die Rücknahme oder den Widerruf sind in eine Datenbank nach § 67a einzugeben. Die Sätze 4 bis 6 gelten nicht, sofern die Betriebe und Einrichtungen ausschließlich Fütterungsarzneimittel herstellen. Satz 6 findet für die Ausstellung, die Rücknahme, den Widerruf oder das Ruhen einer Erlaubnis nach §§ 13, 20b, 20c, 52a, 72 oder § 72b Absatz 1 entsprechende Anwendung.**

**(4) Die mit der Überwachung beauftragten Personen sind befugt**

1. **Grundstücke, Geschäftsräume, Betriebsräume, Beförderungsmittel und zur Verhütung dringender Gefahr für die öffentliche Sicherheit und Ordnung auch Wohnräume zu den üblichen Geschäftszeiten zu betreten, zu besichtigen sowie in Geschäftsräumen, Betriebsräumen und Beförderungsmitteln zur Dokumentation Bildaufzeichnungen anzufertigen, in denen eine Tätigkeit nach Absatz 1 ausgeübt wird; das Grundrecht des Artikels 13 des Grundgesetzes auf Unverletzlichkeit der Wohnung wird insoweit eingeschränkt,**
2. **Unterlagen über Entwicklung, Herstellung, Prüfung, klinische Prüfung oder Rückstandsprüfung, Erwerb, Lagerung, Verpackung, Inverkehrbringen und sonstigen Verbleib der Arzneimittel sowie über das im Verkehr befindliche Werbematerial und über die nach § 94 erforderliche Deckungsvorsorge einzusehen,**

2a. **Abschriften oder Ablichtungen von Unterlagen nach Nummer 2 oder Ausdrucke oder Kopien von Datenträgern, auf denen Unterlagen nach Nummer 2 gespeichert sind, anzufertigen oder zu verlangen, soweit es sich nicht um personenbezogene Daten von Patienten handelt,**

3. **von natürlichen und juristischen Personen und nicht rechtsfähigen Personenvereinigungen alle erforderlichen Auskünfte, insbesondere über die in Nummer 2 genannten Betriebsvorgänge zu verlangen,**
4. **vorläufige Anordnungen, auch über die Schließung des Betriebes oder der Einrichtung zu treffen, soweit es zur Verhütung dringender Gefahren für die öffentliche Sicherheit und Ordnung geboten ist.**

**(4a) Soweit es zur Durchführung dieses Gesetzes oder der auf Grund dieses Gesetzes erlassenen Rechtsverordnungen oder der Verordnung (EG) Nr. 726/2004 erforderlich ist, dürfen auch die Sachverständigen der Mitgliedstaaten der Europäischen Union, soweit sie die mit der Überwachung beauftragten Personen begleiten, Befugnisse nach Absatz 4 Nr. 1 wahrnehmen.**

**(5) Der zur Auskunft Verpflichtete kann die Auskunft auf solche Fragen verweigern, deren Beantwortung ihn selbst oder einen seiner in § 383 Abs. 1 Nr. 1 bis 3 der Zivilprozessordnung bezeichneten Angehörigen der Gefahr strafrechtlicher Verfolgung oder eines Verfahrens nach dem Gesetz über Ordnungswidrigkeiten aussetzen würde.**

**(6) Das Bundesministerium wird ermächtigt, durch Rechtsverordnung mit Zustimmung des Bundesrates Regelungen über die Wahrnehmung von Überwachungsaufgaben in den Fällen festzulegen, in denen Arzneimittel von einem pharmazeutischen Unternehmer im Geltungsbereich des Gesetzes in den Verkehr gebracht werden, der keinen Sitz im Geltungsbereich des Gesetzes hat, soweit es zur Durchführung der Vorschriften über den Verkehr mit Arzneimitteln sowie über die Werbung auf dem Gebiete des Heilwesens erforderlich ist. Dabei kann die federführende Zuständigkeit für Überwachungsaufgaben, die sich auf Grund des Verbringens eines Arzneimittels aus einem bestimmten Mitgliedstaat der Europäischen Union ergeben, jeweils einem bestimmten Land oder einer von den Ländern getragenen Einrichtung zugeordnet werden. Die Rechtsverordnung wird vom Bundesministerium für Ernährung, Landwirtschaft und Verbraucherschutz im Einvernehmen mit dem Bundesministerium erlassen, soweit es sich um Arzneimittel handelt, die zur Anwendung bei Tieren bestimmt sind.**

**Übersicht** **Rz.**



**Literatur**

Gubernatis, Zur Offenbarungspflicht bei ärztlicher Fehlbehandlung, JZ 1982, 363; Hanau, Arzt und Patient – Partner oder Gegner? In: FS Baumgärtel, 1990, 123; Hart, Arzneimittelsicherheit und Länderüberwachung, MedR 1993, 207; Lippert, Informationsrecht, Überwachungspflicht und gesamtschuldnerische Haftung des Aufsichtsrates nach dem AktG 1965, 1976; ders. Pflicht zur Selbst- und Fremdbezichtigung durch ärztliche Dokumentation, Klinikarzt, 1992, 254; ders., Strobel, Die Überwachung Klinischer Prüfungen nach dem AMG, VersR 1995, 637; Ramsauer, Die staatliche Ordnung der Arzneimittelversorgung, 1988; Taupitz, Die zivilrechtliche Pflicht zur unaufgeforderten Offenbarung eigenen Fehlverhaltens, 1989; ders. Aufklärung über Behandlungsfehler: Rechtspflicht gegenüber dem Patienten oder ärztliche Ehrenpflicht? NJW 1992, 713; Uhlenbruck, Das Recht und die Pflicht des Arztes zur restitutio ad integrum, in: FS für Weißauer, 1986, 150.

### I. Die Bedeutung der Norm

1 Die §§ 64ff. dienen dem Ziel, die Überwachung des Verkehrs mit Arzneimitteln sicherzustellen. Durch ausdrückliche Einbeziehung auch der Überwachung der Arzneimittelwerbung sollen die Überwachungsbehörden in den Stand gesetzt werden, neben Verstößen gegen das AMG auch solchen gegen das Heilmittelwerbegesetz (HWG) schnell und wirksam begegnen zu können.

2 Arzneimittel werden heute individuell von wenigen Pharmaherstellern entwickelt, gefertigt und vertrieben. Das AMG strebt daher eine möglichst umfassende persönliche und sachliche Kontrolle der Entwicklung, der Herstellung und des Vertriebs von Fertigarzneimitteln und der Werbung für sie an. Damit wird den veränderten Verhältnissen auf dem Arzneimittelmarkt Rechnung getragen.

3 Die staatliche Einflussnahme beginnt mit der Notwendigkeit einer Herstellungserlaubnis für den Hersteller von Arzneimitteln oder Tierarzneimitteln (§ 13), leitet über zur Zulassung bzw. bei Naturheilmitteln zur Registrierung von Arzneimitteln (§§ 21, 38) und geht in die Überwachung des Vertriebs (§ 64ff.). Informationen über Nebenwirkungen von Arzneimitteln werden durch einen Datenaustausch zwischen dem Bundesinstitut für Arzneimittel und Medizinprodukte und der Arzneimittelkommission der Deutschen Ärzteschaft registriert. Die Aufgaben der staatlichen Arzneimittelverwaltung sind zwischen Bund und Ländern geteilt. Zulassung und Registrierung von Arzneimittel erfolgen durch eine Bundesoberbehörde. Die Erteilung der Herstellungs-, Großhandels- sowie der Einfuhrerlaubnis ist, wie auch die Arzneimittelüberwachung Aufgabe der Länder. Bund und Länder arbeiten bei der Arzneimittelverwaltung zusammen. Obwohl nicht zur Arzneimittelüberwachung im engeren Sinne gehörig, sei hier auch die (ebenfalls durch die 12. Novelle zum AMG neu geregelte) Dokumentations- und Mitteilungspflicht des Inhabers einer Zulassung für ein Arzneimittel gegenüber der Bundesoberbehörde über Verdachtsfälle von Nebenwirkungen in § 63b genannt.

4 Staatliche Überwachung zum Zweck der Gefahrenabwehr ist an sich nichts ungewöhnliches. Sie findet eigentlich in allen staatlichen Lebensbereichen statt.[2] Die Abwendung von Gefahren für das Gemeinwesen und den Einzelnen im Rahmen staatlicher Überwachung wirkt sich allerdings auch auf Grundrechtspositionen des von der Überwachung Betroffenen aus (z. B. Art. 13, Art. 14), so dass ihr Umfang streng am Grundsatz der Verhältnismäßigkeit von Mitteln und Zweck auszurichten ist.

### II. Gegenstand der Überwachung

5 Die staatliche Einflussnahme folgt sowohl dem Personal- wie dem Sachprinzip. Die Überwachung bezieht sich somit zum einen auf Betriebe und Einrichtungen, in denen Arzneimittel hergestellt (§ 4 Abs. 14), geprüft, gelagert oder in den Verkehr gebracht werden (§ 4 Abs. 17) oder in denen sonst mit ihnen Handel getrie-

---

[2] Lippert, Informationsrecht, S. 55ff. (60).

ben wird, sowie auf Betriebe und Einrichtungen, die Arzneimittel entwickeln, klinisch prüfen, einer Rückstandsprüfung unterziehen und zur Anwendung bei Tieren bestimmte Arzneimittel erwerben oder anwenden. Zum anderen erstreckt sie sich auf Personen, die Arzneimittel herstellen, prüfen, als Sponsor der Prüfung von Arzneimitteln auftreten, Arzneimittel lagern oder in den Verkehr bringen, entwickeln, klinisch prüfen, einer Rückstandsprüfung unterziehen, mit ihnen handeln (auch Großhandel treiben) oder Tierarzneimittel erwerben oder anwenden. Die o.g. Tätigkeiten müssen in Betrieben und Einrichtungen gewerbs- und berufsmäßig ausgeführt werden.[3]

Betrieb ist daher eine von der Rechtsform unabhängige, planmäßig nicht nur vorübergehend zusammengefügte Einheit von Personen, Räumen und Sachmitteln unter einheitlicher Leitung mit dem arbeitstechnischen Zweck, bestimmte Leistungen hervorzubringen oder zur Verfügung zu stellen.[4] Unter den Begriff des Betriebes fallen alle gewerblichen Niederlassungen, in denen die o. g. Tätigkeiten ausgeführt werden. (§ 13 führt unter denjenigen, die neben natürlichen Personen einer Herstellererlaubnis bedürfen, u. a. juristische Personen, Gesellschaften des bürgerlichen Rechts und nicht rechtsfähige Vereine besonders auf). 6

Der Begriff des „Prüfens von Arzneimitteln“ ist im weiten Sinne zu verstehen. Eine Prüfung von Arzneimitteln findet etwa nach § 14 Abs. 1 und 4 AMG, nach § 54 Abs. 2 Nr. 1AMG statt. Haltbarkeitsversuche (§ 22 Abs. 1 Nr. 4 AMG) Qualitätskontrollen (§22 Abs. 1 Nr. 5 AMG) und Rückstandsprüfungen (§§ 23 Abs. 1, 59 Nr. 1 AMG), die analytische aber auch die pharmakologisch-toxikologische Prüfung stellt eine Prüfung im Sinne von § 64 Abs.1 AMG dar[5]. 7

Betriebe und Einrichtungen, in denen klinische Prüfungen mit Arzneimitteln stattfinden, unterliegen ebenso wie die Personen, die dies tun, der Überwachung nach § 64 AMG mit der Ergänzung, die § 15 GCP-V für die Durchführung von Inspektionen der Gemeinschaft vorsieht. Nicht der Überwachung nach §§ 64 AMG, 15 GCP-V unterliegen die Ethikkommissionen. Sie sind keine Einrichtungen, in denen klinische Prüfungen mit Arzneimitteln durchgeführt werden. Ihre Mitglieder führen auch keine derartigen Prüfungen durch[6] 8

Einrichtungen müssen demnach Stellen sein, in denen die o. g. Tätigkeiten ebenfalls durchgeführt werden, ohne dass sie als Betriebe oder Betriebsstätten zu qualifizieren sind, denn sonst würde die Unterscheidung, die das Gesetz trifft, keinen Sinn machen, weil die Tätigkeiten, die der Überwachung unterliegen, dieselben sind, wie bei den Betrieben. Sander[7] subsumiert hierunter Krankenhäuser, Ge- 9

---

3 Sander, § 64 Anm. 2 der dies aus § 13 Abs. 1 folgert.

4 Wie hier: Lenckner in: Schönke, Schröder, § 14 Rz. 28; Göhler, § 9 Rn. 43; Nöthlichs, § 26 Anm. 2.

5 So auch Kloesel, Cyran § 64 Nr. 20.

6 So im Ergebnis auch Kloesel, Cyran, § 64 Nr. 21a.

7 § 67 Anm. 2.

sundheitsämter und zentrale Beschaffungsstellen. Apotheken sind, da sie in die Arzneimittelüberwachung ausdrücklich einbezogen worden sind, den Betrieben zuzurechnen.

**10** Warum der Gesetzgeber in § 64 Abs. 1 1. Hs. zunächst die Herstellung, Prüfung, Lagerung, Verpackung etc. und dann im 2. Hs. die Entwicklung, klinische Prüfung etc. regelt, bleibt unerfindlich. In § 67 Abs. 1, Satz 1 AMG ist die Reihenfolge den Entwicklungsschritten des Arzneimittels angepasst. Sie beginnt also mit der Entwicklung, gefolgt von der Herstellung und endet mit dem Verkauf. Schließlich unterliegen Personen und Personenvereinigungen, die Arzneimittel für andere sammeln, der Überwachung. Nicht der Überwachung unterliegt, wer Arzneimittel für sich sammelt, herstellt oder lagert.

**11** Arzneimittel im Sinne der Vorschrift sind alle Arzneimittel nach § 2, also auch die fiktiven (§ 2 Abs. 2 Nr. 1). Abs. 1 hat durch die 12. Novelle zum AMG eine Klarstellung gebracht: wenn es bisher bestritten wurde, dass sich die Überwachung auch auf die Tätigkeit an und mit Grundstoffen erstreckt, die bereits für die Herstellung von Arzneimitteln bestimmt sind, so bestimmt dies nun Abs. 1 Satz 2. Danach unterliegt auch der Überwachung die Entwicklung, Herstellung, Prüfung, Lagerung, Verpackung und das Inverkehrbringen von Wirkstoffen und anderen zur Arzneimittelherstellung bestimmten Stoffen menschlicher oder tierischer oder mikrobieller Herkunft sowie der sonstige Handel mit diesen Wirkstoffen und Stoffen. Es gilt der Stoff-Begriff des § 3. Örtlich und räumlich erstreckt sind die Überwachung auf Betriebe, Betriebsteile und Einrichtungen, in denen die in Abs. 1 Satz 1 aufgeführten Tätigkeiten durchgeführt werden und nur auf diese und die darin mit den entsprechenden Tätigkeiten betrauten Personen.

**12** Soweit sie durch Betriebsverordnungen nach § 54 geregelt ist, unterliegt auch die Entwicklung, Herstellung, Prüfung, Lagerung und das Inverkehrbringen von Wirkstoffen der Überwachung. Auf § 54 gestützt sind die Arzneimittel- und Wirkstoffherstellungsverordnung (AMWHV)[8] , die Betriebs-VO für Großhandelsbetriebe[9] sowie die Verordnung über tierärztliche Hausapotheken[10] erlassen worden.

---

[8] Verordnung über die Anwendung der Guten Herstellungspraxis bei der Herstellung von Arzneimitteln und Wirkstoffen und über die Anwendung der Guten fachlichen Praxis bei der Herstellung von Produkten menschlicher Herkunft (Arzneimittel- und Wirkstoffherstellungsverordnung – AMWHV) Vom 3. November 2006 (BGBl. I S. 2523) geändert durch Verordnung vom 26. März 2008 (BGBl I S. 521) abgedruckt bei § 54.

[9] Betriebsverordnung für Arzneimittelgroßhandelsbetriebe vom 10. November 1987 (BGBl. I S. 2370), zuletzt geändert durch Artikel 5 des Gesetzes vom 20. Juli 2007 (BGBl. I S. 1574) abgedruckt bei § 54.

[10] Verordnung über tierärztliche Hausapotheken in der Bekanntmachung der Neufassung vom 20. Dezember 2006 (BGBl. I S. 3455) abgedruckt bei § 54.

Die mit der Überwachung beauftragten Personen müssen diese Tätigkeit hauptberuflich ausüben. Die Überwachungsbehörde kann Sachverständige zuziehen. Dies können auch Bundesoberbehörden sein. Bei Apotheken kann die Überwachungsbehörde sogar die Überwachung Sachverständigen übertragen. 13

### III. Zweck der Überwachung

Zweck der Überwachung ist es zu kontrollieren, dass die Ziele des AMG, nämlich die Sicherheit des Verkehrs mit Arzneimitteln und die ordnungsgemäße Versorgung der Bevölkerung mit Arzneimitteln und Tierarzneimitteln verwirklicht werden. In erster Linie bedeutet dies die Einhaltung der im Bereich der Arzneimittelherstellung und Arzneimittelversorgung geltenden Vorschriften. 14

Die bisher in Abs. 3 Satz 2 enthaltene zweijährige Regelfrist für die Inspektion ist der 12. Novelle zum Opfer gefallen und durch eine wesentlich flexiblere Formulierung ersetzt worden. Danach hat die Überwachungsbehörde nun regelmäßig in angemessenem Umfang unter besonderer Berücksichtigung möglicher Risiken Besichtigungen vorzunehmen und Arzneimittelproben amtlich untersuchen zu lassen. Man wird genau beobachten müssen, ob sich dieser vom Gesetzgeber ersichtlich gewollte Übergang von einer starren (Regel-)frist für alle Betriebe und Einrichtungen auf eine risikobezogene Überwachung in der Praxis auf die Überwachungsfrequenz positiv auswirkt oder nicht. 15

Die erneute Änderung von Abs. 3 geht auf Art. 111 Abs. 5 Richtlinie 2001/83/EG und Art. 80 Abs. 5 Richtlinie 2001/82/EG zurück. Danach ist dem Hersteller von Arzneimitteln, Wirkstoffen oder Ausgangsstoffen oder dem Zulassungsinhaber, so weit erforderlich, innerhalb 90 Tagen nach einer durch die zuständige Behörde durchgeführten Inspektion ein Zertifikat über die Einhaltung der Guten Herstellungspraxis auszustellen. Die Informationen sind in eine Datenbank nach § 67a einzugeben. Die Herstellung von Fütterungsarzneimitteln ist hiervon ausgenommen (Abs. 3 Satz 7). Die Formulierung in Satz 5 und 6 erweckt im unbefangenen Betrachter den Anschein, als ob es sich bei dem Zertifikat um einen Verwaltungsakt handelt, der nach den Vorschriften des Verwaltungsverfahrensgesetzes widerrufen oder zurückgenommen werden könne. Ob der Gesetzgeber diesen Weg hat beschreiten wollen, erscheint fraglich. 16

### IV. Befugnis der Behörden

Das Gesetz ermöglicht den von den Überwachungsbehörden beauftragten Personen zum Zwecke der Überwachung des Betriebes oder der Einrichtung, die Einsicht in Unterlagen, sowie das Befragen von Personen, deren Tätigkeit der Überwachung nach dem AMG unterliegt. 17

### 1. Betretungs- und Besichtigungsrecht

18 Die mit der Überwachung beauftragten Personen haben das Recht, Grundstücke, Geschäfts- und Betriebsräume sowie Beförderungsmittel, in denen Tätigkeiten durchgeführt werden, die der Überwachung unterliegen, zu betreten und zu besichtigen. Zur Verhinderung einer dringenden Gefahr für die öffentliche Sicherheit und Ordnung dürfen sie auch Wohnräume besichtigen und betreten. Das Recht auf Unverletzlichkeit der Wohnung aus Art. 13 GG wird insoweit durch eine gesetzliche Vorschrift, nämlich § 64, wie es Art. 13 GG vorsieht, eingeschränkt. Die Ermächtigung in Abs. 4 Nr. 1 trägt den Bedenken des Bundesverfassungsgerichtes[11] Rechnung. Das Betretungs- und Besichtigungsrecht wird, außer bei Gefahr im Verzuge, zu den üblichen Betriebszeiten ausgeübt. Die Gefahr für die öffentliche Sicherheit und Ordnung braucht nicht bereits eingetreten zu sein. Die Überwachungsbehörde kann bereits zur Vermeidung derartiger Gefahren tätig werden und entsprechende Maßnahmen zur Gefahrenabwehr treffen.

### 2. Einsichtsrecht

19 Überwachungsbehörden dürfen auch alle Geschäftsunterlagen einsehen, die sich auf die Tätigkeiten nach Abs. 1 beziehen. Werbematerial allerdings nur, sofern es sich bereits im Verkehr befindet[12], also auslieferungsfertig ist. Überwachungsbehörden sind auch befugt, die Nachweise über die erforderliche Deckungsvorsorge des pharmazeutischen Herstellers einzusehen. Die einzusehenden Unterlagen brauchen sich nicht im Besitz des Normadressaten zu befinden. Ggf. hat er sie allerdings zu beschaffen. Nur auf § 64 Abs. 4 Nr. 2 gestützt kann eine Herausgabe von Unterlagen, die sich im Besitz Dritter befinden, nicht verlangt werden weil im Verwaltungsverfahren diese Vorschriften nicht gelten. Hierzu müsste der Weg über §§ 46 OwiG, 94ff. StPO gewählt werden. Die Überwachungsbehörden dürfen von den einzusehenden Unterlagen in begründeten Fällen auch Abschriften oder Ablichtungen fertigen.[13] Von der Fertigung von Abschriften oder Ablichtungen ausgenommen sind, weil es dafür keine Rechtfertigung gibt, personenbezogene Patientendaten, die im Rahmen klinischer Prüfungen von Arzneimitteln angefallen sind. Die Unterlagen können beim Normadressaten eingesehen werden. Die Behörde kann allerdings auch fordern, dass ihr diese Unterlagen in den Amtsräumen vorgelegt werden. Kenntnisse, die durch die Überwachungstätigkeit erlangt werden, unterliegen der Verschwiegenheitspflicht nach §§ 203ff. StGB und, sofern die Voraussetzungen vorliegen, auch der Pflicht zur Amtsverschwiegenheit, § 353 b StGB. Personen, die in der Überwachung tätig sind, können sich dementsprechend strafbar machen.

---

[11] NJW 1971, 2299; zur unangemeldeten Besichtigung vgl. VGH Mannheim, MedR 2005, 107.

[12] Vgl. hierzu unten die Kommentierung zu § 69 Rn. 17; wie hier auch Sander, § 64 Anm. 12.

[13] So Nöthlichs, § 26 Anm. 8.5.

### 3. Auskunftspflicht

Weiteres Beweismittel im Überwachungsverfahren ist die Auskunft, die die Behörden von natürlichen und juristischen Personen und nicht rechtsfähigen Personenvereinigungen über alle Vorgänge nach Abs. 3 Nr. 2 fordern kann. In der Literatur wird die Auffassung vertreten, Abs. 4 Nr. 3 lasse offen, welcher Personenkreis zur Auskunft gegenüber den Behörden verpflichtet sei, insbesondere könnten Mitarbeiter in Betrieben des pharmazeutischen Unternehmers nicht als Auskunftsperson in Betracht kommen.[14] Bei den genannten Personenvereinigungen und juristischen Personen sind in jedem Fall die gesetzlichen Vertreter zur Auskunft verpflichtet. Umstritten sein kann daher nur, wie groß der Kreis der natürlichen Personen (bei juristischen Personen und nicht rechtsfähigen Personenvereinigungen) zu ziehen ist. Sander begrenzt den Personenkreis unter Hinweis auf § 66.[15] Dabei wird wohl übersehen, dass § 64 Abs. 1, Satz 3 den Kreis der der Überwachung nach § 64ff. unterliegt, auf natürliche Personen erweitert, die Tätigkeiten, die der Überwachung unterliegen, berufsmäßig ausüben. Dies sind alle Stufen der Herstellung von Arzneimitteln einschließlich der Werbung für sie und der Vertrieb. Nöthlichs[16] grenzt den zur Auskunft verpflichteten Kreis natürlicher Personen derart ein, dass nur Personen auskunftspflichtig sein sollen, für die das (MPG) AMG und die auf seiner Grundlagen erlassenen Rechtsverordnungen und Verwaltungsvorschriften Pflichten begründen. 20

Letztlich kann die Kontroverse darum, wie groß der Kreis der zur Auskunft nach §§ 64 Abs. 3 Nr. 3 und 66 AMG verpflichteten natürlichen Personen ist, auf sich beruhen. Grenzt man Arbeitnehmer und Nichtfunktionsträger aus, so kann die Behörde diesen Personenkreis im Rahmen des Verwaltungsverfahrens gleichwohl als Zeugen anhören, sofern ihre Aussage zur Aufklärung des Sachverhaltes beitragen kann. 21

## V. Aussageverweigerungsrecht

Die Pflicht zur Mitwirkung an Maßnahmen zur Überwachung hat da ihre Grenzen, wo der Mitwirkende sich durch seine Angaben oder seine Mitwirkung selbst oder seine Angehörigen einer Straftat oder Ordnungswidrigkeit bezichtigen müsste. Hier gilt wie auch sonst der Grundgedanke, dass niemand sich selbst oder einen Angehörigen einer Straftat bezichtigen oder an ihrer Aufklärung mitwirken muss, nemo tenetur se ipsum accusare.[17] Das Recht, keine Angaben zu machen, bezieht sich grundsätzlich nicht auf die Personalien iSv. § 111 OWiG.[18] Der Betroffene ist ausdrücklich darauf hinzuweisen, daß eine Aussagepflicht nicht besteht (§ 163 a 22

---

[14] Sander, § 64 Anm. 13; Nöthlichs, § 26 Anm. 8.3.

[15] Sander, § 64 Anm. 13.

[16] § 26 Anm. 8.6.

[17] Lippert, Klinikarzt 1992, 254; Hanau, Festschrift für Baumgärtel, S. 121; Taupitz, NJW 1992, 713; Uhlenbruck, Festschrift für Weißauer, S. 153ff.

[18] BayObLG NJW 1969, 2057; OLG Düsseldorf NJW 1970, 1888; Göhler, Gesetz über Ordnungswidrigkeiten, 14. Aufl. 2006, § 111 OWiG Rn. 17.

Abs. 3 S. 2, Abs. 4 S. 2, § 136 Abs. 1 S. 2 StPO iVm. § 46 Abs. 1 OWiG). Unterbleibt die nach § 136 StPO erforderliche Belehrung über das **Schweigerecht,** so hat dies im Strafverfahren grundsätzlich ein Beweisverwertungsverbot zur Folge.[19] Der Bundesgerichtshof hat ausdrücklich offengelassen, ob das von ihm angenommene Verwertungsverbot auch in Verfahren wegen Ordnungswidrigkeiten gilt.[20] In der Praxis darf allerdings nicht verkannt werden, dass immer feinere Methoden der Qualitätssicherung auch in der Produktion von Arzneimitteln es demjenigen, der in der Produktion tätig ist, nahezu unmöglich macht, sich noch auf diesen Grundsatz berufen zu können. Es gibt viel zu viele, zumeist elektronische Aufzeichnungen, die den objektiven Tatbestand einer Straftat nahezu lückenlos dokumentieren. Das Aussageverweigerungsrecht reduziert sich daher in weiten Bereichen auf Aussagen zum subjektiven Tatbestand.

### VI. Erlass von vorläufigen Anordnungen

**23** Nach Abs. 4 Nr. 4 ist die Behörde ermächtigt, im ersten Zugriff auch schwere Eingriffe bis hin zur Schließung des Betriebes zu verfügen, sofern sich bei der Durchführung der Überwachung Sachverhalte ergeben, die zu einer dringenden und akuten Gefahr für die öffentliche Sicherheit und Ordnung führen würden, sofern die Behörde nicht eingreift. Ein Handeln der Behörde muss sich gegen eine unmittelbar drohende Gefahr für die öffentliche Sicherheit und Ordnung, d.h. einen größeren Kreis von Betroffenen richten. Der Schutz der öffentlichen Sicherheit richtet sich gegen Schäden, die den Bestand des Staates und seiner Einrichtungen, Leben, Gesundheit, Freiheit und Ehre des Einzelnen oder das Vermögen im Allgemeinen gefährden. Der Schutz der öffentlichen Ordnung umfasst alle Normen, die ein gedeihliches und geordnetes staatsbürgerliches Zusammenleben gewährleisten sollen. Diese Definitionen lassen Maßnahmen zu, die sich nicht nur auf den Schutz des Lebens und der Gesundheit beziehen. Die zu treffenden Maßnahmen müssen sich aber immer am Zweck des Arzneimittelgesetzes messen lassen.[21]

**24** Die Behörde erhält durch Abs. 4 Nr. 4 die Möglichkeit, schnell und effektiv auf eine drohende Gefahr zu reagieren. Dies bedeutet aber wiederum, dass eine sorgfältige Abwägung von Mitteln und Zweck erfolgen und der Grundsatz der Verhältnismäßigkeit beachtet werden muss. Die Eilbedürftigkeit wird noch dadurch unterstrichen, dass es sich bei den zu treffenden Anordnungen um vorläufige handelt. D. h. die Behörde hat im Rahmen ihres pflichtgemäßen Ermessens bald zu entscheiden, ob die Maßnahme aufgehoben, in eine andere dauernde und endgültige überführt wird, oder ob gar ganz andere Maßnahmen zur Gefahrenabwehr ergriffen werden sollen. Dauernde Maßnahmen können nicht auf Abs. 4 Nr. 4 gestützt werden, wohl aber auf § 69.

---

[19] BGHSt 38, 214ff.; zum Strafverfahren vgl. Meyer-Goßner, § 136 StPO Rn. 20, m. w. N.

[20] BGHSt. 34, 214, 228; diff. Wache, KK-OWiG, 2. Aufl. 2000, § 55 Rn. 16; vgl auch Göhler § 55 OWiG Rn. 9 m. w. N.

[21] Vgl. Kommentierung zu § 1.

Auch die vorläufigen Anordnungen der Behörde sind Verwaltungsakte. Gegen sie kann der pharmazeutische Unternehmer Widerspruch einlegen, mit der Folge, dass die Maßnahmen zunächst nicht befolgt werden müssen, da dem Widerspruch Suspensivwirkung zukommt. Die Überwachungsbehörde wird jedoch auf die Beachtung dringen und kann hierzu die sofortige Vollziehung nach § 80 Abs. 2 Nr. 4 VwGO mit besonderer Begründung anordnen, es sei denn, es handle sich um einen Fall der Gefahr im Verzuge. In diesem Fall bleibt dem pharmazeutischen Unternehmer nur die Möglichkeit, im gerichtlichen Verfahren die aufschiebende Wirkung des Widerspruches wieder herstellen zu lassen. Die vorläufigen Anordnungen der Überwachungsbehörde sind sofort zu befolgen. Die Behörde hat die Anordnung jedoch aufzuheben, sofern der mit ihr verfolgte Zweck erreicht worden ist und die Gefahr nicht mehr besteht. Sie kann und muss die Anordnung modifizieren, sofern der beabsichtigte Zweck auch mit anderen als den angeordneten Mitteln erreicht werden kann. Dazu ist die Behörde von Amts wegen verpflichtet. Eines gesonderten Antrages des pharmazeutischen Unternehmers bedarf es dazu nicht. Setzt die Behörde, die über den Widerspruch zu entscheiden hat, die Vollziehung der vorläufigen Anordnungen nicht aus (§ 80 Abs. 4 VwGO), so kann der pharmazeutische Unternehmer noch vor Erhebung der Anfechtungsklage beim Gericht die Wiederherstellung der aufschiebenden Wirkung beantragen (§ 80 Abs. 5 VwGO). Ansonsten kann er gegen die vorläufige Anordnung nach Abschluss des Vorverfahrens (§ 68 VwGO) Anfechtungsklage beim Verwaltungsgericht erheben. **25**

## VII. Sanktionen

Wer einer vollziehbaren Anordnung nach § 64 Abs. 4 Nr. 4 auch über die Schließung des Betriebes oder der Einrichtung zuwider handelt, kann eine Ordnungswidrigkeit nach § 97 Abs. Abs. 2 Nr. 25 begehen. **26**

## § 65
## Probenahme

**(1) Soweit es zur Durchführung der Vorschriften über den Verkehr mit Arzneimitteln, über die Werbung auf dem Gebiete des Heilwesens, des Zweiten Abschnitts des Transfusionsgesetzes, der Abschnitte 2, 3 und 3a des Transplantationsgesetzes und über das Apothekenwesen erforderlich ist, sind die mit der Überwachung beauftragten Personen befugt, gegen Empfangsbescheinigung Proben nach ihrer Auswahl zum Zwecke der Untersuchung zu fordern oder zu entnehmen. Diese Befugnis erstreckt sich insbesondere auf die Entnahme von Proben von Futtermitteln, Tränkwasser und bei lebenden Tieren, einschließlich der dabei erforderlichen Eingriffe an diesen Tieren. Soweit der pharmazeutische Unternehmer nicht ausdrücklich darauf verzichtet, ist ein Teil der Probe oder, sofern die Probe nicht oder ohne Gefährdung des Untersuchungszwecks nicht in Teile von gleicher Qualität teilbar ist, ein zweites Stück der gleichen Art, wie das als Probe entnommene, zurückzulassen.**

**(2) Zurückzulassende Proben sind amtlich zu verschließen oder zu versiegeln. Sie sind mit dem Datum der Probenahme und dem Datum des Tages zu versehen, nach dessen Ablauf der Verschluss oder die Versiegelung als aufgehoben gelten.**

**(3) Für Proben, die nicht bei dem pharmazeutischen Unternehmer entnommen werden, ist durch den pharmazeutischen Unternehmer eine angemessene Entschädigung zu leisten, soweit nicht ausdrücklich darauf verzichtet wird.**

**(4) Als privater Sachverständiger zur Untersuchung von Proben, die nach Absatz 1 Satz 2 zurückgelassen sind, kann nur bestellt werden, wer**
1. **die Sachkenntnis nach § 15 besitzt. Anstelle der praktischen Tätigkeit nach § 15 Abs. 1 und 4 kann eine praktische Tätigkeit in der Untersuchung und Begutachtung von Arzneimitteln in Arzneimitteluntersuchungsstellen oder in anderen gleichartigen Arzneimittelinstituten treten,**
2. **die zur Ausübung der Tätigkeit als Sachverständiger zur Untersuchung von amtlichen Proben erforderliche Zuverlässigkeit besitzt und**
3. **über geeignete Räume und Einrichtungen für die beabsichtigte Untersuchung und Begutachtung von Arzneimitteln verfügt.**

**Übersicht** **Rz.**

## I. Die Bedeutung der Norm

1 Die Vorschrift hat durch die 11. und die 12. Novelle zum AMG Ergänzungen erfahren. § 65 räumt den Überwachungsbehörden die Möglichkeit ein, im Rahmen ihrer Überwachungstätigkeit zum Zweck der Überwachung Proben von Arzneimitteln, Wirk- und Hilfsstoffen, die bereits Arzneimittel sind, sowie (neuestens auch) anderen zur Arzneimittelherstellung bestimmten Stoffen menschlicher oder tierischer oder mikrobieller Herkunft zu nehmen, um überprüfen zu können, ob die Arzneimittel den Vorschriften des AMG entsprechen. Diese Befugnis erstreckt sich insbesondere auch darauf Proben von Futtermitteln, Tränkwasser und bei lebenden Tieren entnehmen zu dürfen. Auch von Werbematerial kann die Behörde Proben nehmen.

2 § 65 ist eine Ausformung von § 64 Abs. 3, der die Probennahme im Rahmen der Routineüberwachung ausdrücklich vorsieht. Das Verfahren der Probennahme ist in Abs. 1 ausführlich beschrieben. Eine Kommentierung erübrigt sich daher.

3 Die Beweissicherung durch Probennahme konkretisiert für den Bereich der Arzneimittelhersteller den Grundsatz, der für die Beweiserhebung durch Beweismittel im Verwaltungsverfahren, in § 26 VwVfG festgelegt ist. Die Beweismittel, die die Behörde heranziehen kann, sind in § 26 VwVfG nur beispielhaft und keineswegs abschließend geregelt.

## II. Gegenproben

4 Mit der Möglichkeit, von den gezogenen Proben eine Gegenprobe zu erhalten, wird die Beweissituation des pharmazeutischen Unternehmers gestärkt und ihm zusätzlich die Möglichkeit eröffnet, die Probe seinerseits durch einen Sachverständigen untersuchen zu lassen, der die Qualifikationsvoraussetzungen des Abs. 4 erfüllen muss. Das Ergebnis der Begutachtung kann dem pharmazeutischen Unternehmer auch bei der Verfolgung von Schadensersatzansprüchen gegen Vorlieferanten beanstandeter Stoffe helfen.

## III. Probennahme bei Dritten

5 Abs. 3 regelt, dass Proben auch bei einem anderen Unternehmer als dem überwachten pharmazeutischen Unternehmer genommen werden können, was an sich nicht selbstverständlich ist. Da ein derartiger Unternehmer nicht der Überwachung durch die staatlichen Behörden unterliegt, braucht er die Probennahme auch nicht zu dulden, ohne dass ihm für die entnommene Probe eine finanzielle Entschädigung durch den pharmazeutischen Unternehmer gewährt wird (Einkaufspreis + MwSt. ohne Gewinn). So sieht es die nunmehr durch die 11. Novelle zum AMG getroffene Regelung auch vor.

### IV. Eigentumsverhältnisse an den Proben

6 Die entnommene Probe bleibt Eigentum des pharmazeutischen Unternehmers. An der Probe wird ein öffentlich-rechtliches Verwahrungsverhältnis begründet, welches mit der Rückgabe der Proben (ganz oder teilweise) beendet wird. Für Schäden, die nicht notwendigerweise mit der Probennahme und der Probenuntersuchung verbunden sind, haftet die Behörde nach den privatrechtlichen Grundsätzen der positiven Forderungsverletzung. Nicht ausgeschlossen sind auch Ersatzansprüche wegen Amtspflichtverletzung (Art. 34 GG, § 839 BGB). Wird die Probe durch die Analyse verbraucht, so hat der Betroffene dies zu dulden.

### V. Kosten der Untersuchung

7 Die Kosten der Untersuchung der Probe hat der Betreffende zunächst nicht zu tragen. Schließt sich an die Probennahme ein Ordnungswidrigkeiten- oder gar Strafverfahren an, so ist im Rahmen der in diesem Verfahren zu treffenden Kostenentscheidung auch über die Kosten der Probenuntersuchung zu entscheiden.

### VI. Sanktionen

#### Im Ordnungswidrigkeitenrecht

8 Wer sich, obwohl er der Überwachung nach den Vorschriften des AMG unterliegt, und die Pflicht hat, Maßnahmen der Überwachung zu dulden und an ihnen mitzuwirken, entzieht, wozu auch die Mitwirkung an der Probennahme gehört, kann eine Ordnungswidrigkeit nach § 97 Abs. 2 Nr. 26 begehen. Normadressaten sind die Leiter von Betrieben und Einrichtungen.

## § 66
## Duldungs- und Mitwirkungspflicht

**Wer der Überwachung nach § 64 Abs. 1 unterliegt, ist verpflichtet, die Maßnahmen nach den §§ 64 und 65 zu dulden und die in der Überwachung tätigen Personen bei der Erfüllung ihrer Aufgaben zu unterstützen, insbesondere ihnen auf Verlangen die Räume und Beförderungsmittel zu bezeichnen, Räume, Behälter und Behältnisse zu öffnen, Auskünfte zu erteilen und die Entnahme der Proben zu ermöglichen. Die gleiche Verpflichtung besteht für die sachkundige Person nach § 14, die verantwortliche Person nach § 20c, den Stufenplanbeauftragten, Informationsbeauftragten, die verantwortliche Person nach § 52a und den Leiter der klinischen Prüfung sowie deren Vertreter, auch im Hinblick auf Anfragen der zuständigen Bundesoberbehörde.**

### I. Die Bedeutung der Norm

§ 66 ergänzt § 64 um eine wichtige Komponente, die die Effektivität der Arzneimittelüberwachung steigern soll: Personen, die der Arzneimittelüberwachung unterliegen, sollen nicht nur die dazu erforderlichen, in § 64 genannten Maßnahmen, durch die Überwachungsbehörde dulden, sondern auch aktiv daran mitwirken müssen. 1

### II. Inhalt und Umfang der Duldungs- und Mitwirkungspflicht

§ 66 legt fest, wer Maßnahmen der Überwachungsbehörden zu dulden und die in der Überwachung tätigen Personen zu unterstützen hat. 2

Dazu nimmt § 66 Satz 1 die §§ 64 und 65 in Bezug, die regeln, wer der Arzneimittelüberwachung unterliegt. Derselbe Personenkreis, der der Überwachung unterliegt, ist zur Duldung der Überwachungsmaßnahmen und zur Unterstützung der in der Überwachung tätigen Personen verpflichtet. Es handelt sich hier um denselben Personenkreis, der nach § 64 Abs. 4 Nr. 3 auch zur Auskunft verpflichtet ist.[1] Zusätzlich wird dieselbe Verpflichtung der sachkundigen Person nach § 14, dem Herstellungsleiter, dem Kontrollleiter, dem Vertriebsleiter, dem Stufenplanbeauftragten, dem Informationsbeauftragten, der verantwortlichen Person nach § 52a sowie dem Leiter der klinischen Prüfung sowie deren jeweiligen Vertretern auferlegt. Inhaltlich ausgedehnt wird die Verpflichtung auch auf Anfragen der zuständigen Bundesoberbehörde. 3

Die Aufzählung der zur Unterstützung der Aufsichtspersonen zu erbringenden Handlungen ist nur beispielhaft und nicht abschließend. Die Auskunftspflicht wird jedoch nochmals genannt. Die Auskunftspflicht kann sich auf alle betrieblichen Vorgänge erstrecken und auch in der Erläuterung von Unterlagen bestehen. Das Recht auf Verweigerung der Auskunft gilt auch hier, wenn die Besorgnis besteht, sich selbst oder einen Angehörigen einer Straftat oder Ordnungswidrigkeit be- 4

---

[1] Vgl. Kommentierung zu § 64 IV.3.

schuldigen zu müssen. Der Normadressat muss nicht von sich auch aktiv werden, sondern erst auf Verlangen des Überwachungspersonals.

5 Die in § 66 genannten sowie weitere notwendige Mitwirkungshandlungen können im Wege des Verwaltungszwangs angedroht und durchgesetzt werden.[2] Maßnahmen der mit der Überwachung betrauten Personen hat der der Arzneimittelüberwachung Unterliegende zu dulden.

### III. Sanktionen

#### Im Ordnungswidrigkeitenrecht

6 Ordnungswidrig handelt, wer einer Duldungs- und Mitwirkungspflicht nach § 66 AMG vorsätzlich oder fahrlässig zuwiderhandelt (§ 97 Abs. 2 Nr. 26). Dieser Vorwurf kann sich zunächst gegen die in § 66 Abs. 2 genannten Personen richten, aber auch gegen Sonstige, die Pflichten nach dem AMG zu erfüllen haben.[3] Normadressaten sind Leiter von Betrieben und Einrichtungen. Eine sanktionierbare Zuwiderhandlung setzt freilich eine ausreichende Konkretisierung der Pflichten durch die Behörde voraus.

---

2 Wie hier Sander, § 66 Anm. 2.

3 Vgl. Kommentierung zu § 64 IV.

## § 67
## Allgemeine Anzeigepflicht

**(1) Betriebe und Einrichtungen, die Arzneimittel entwickeln, herstellen, klinisch prüfen oder einer Rückstandsprüfung unterziehen, prüfen, lagern, verpacken, in den Verkehr bringen oder sonst mit ihnen Handel treiben, haben dies vor der Aufnahme der Tätigkeiten der zuständigen Behörde, bei einer klinischen Prüfung bei Menschen auch der zuständigen Bundesoberbehörde anzuzeigen. Die Entwicklung von Arzneimitteln ist anzuzeigen, soweit sie durch eine Rechtsverordnung nach § 54 geregelt ist. Das Gleiche gilt für Personen, die diese Tätigkeiten selbständig und berufsmäßig ausüben, sowie für Personen oder Personenvereinigungen, die Arzneimittel für andere sammeln. In der Anzeige sind die Art der Tätigkeit und die Betriebsstätte anzugeben; werden Arzneimittel gesammelt, so ist das Nähere über die Art der Sammlung und über die Lagerstätte anzugeben. Ist nach Satz 1 eine klinische Prüfung bei Menschen anzuzeigen, so sind der zuständigen Behörde auch deren Sponsor, sofern vorhanden dessen Vertreter nach § 40 Absatz 1 Satz 3 Nummer 1 sowie sämtliche Prüfer, soweit erforderlich auch mit Angabe der Stellung als Hauptprüfer oder Leiter der klinischen Prüfung, namentlich zu benennen. Die Sätze 1 bis 4 gelten entsprechend für Betriebe und Einrichtungen, die Wirkstoffe oder andere zur Arzneimittelherstellung bestimmte Stoffe herstellen, prüfen, lagern, verpacken in den Verkehr bringen oder sonst mit ihnen Handel treiben, soweit diese Tätigkeiten durch eine Rechtsverordnung nach § 54 geregelt sind. Satz 1 findet keine Anwendung auf die Rekonstitution, soweit es sich nicht um Arzneimittel handelt, die zur klinischen Prüfung bestimmt sind.**

**(2) Ist die Herstellung von Arzneimitteln beabsichtigt, für die es einer Erlaubnis nach § 13 nicht bedarf, so sind die Arzneimittel mit ihrer Bezeichnung und Zusammensetzung anzuzeigen.**

**(3) Nachträgliche Änderungen sind ebenfalls anzuzeigen. Ist nach Absatz 1 der Beginn einer klinischen Prüfung bei Menschen anzuzeigen, so sind deren Verlauf, Beendigung und Ergebnisse der zuständigen Bundesoberbehörde mitzuteilen; das Nähere wird in der Rechtsverordnung nach § 42 bestimmt.**

**(4) Die Absätze 1 bis 3 gelten mit Ausnahme der Anzeigepflicht für die klinische Prüfung nicht für diejenigen, die eine Erlaubnis nach § 13, § 52a oder § 72 haben, und für Apotheken nach dem Gesetz über das Apothekenwesen. Absatz 2 gilt nicht für tierärztliche Hausapotheken.**

**(5) Wer als pharmazeutischer Unternehmer ein Arzneimittel, das nach § 36 Absatz 1 von der Pflicht zur Zulassung freigestellt ist, in den Verkehr bringt, hat dies zuvor der zuständigen Bundesoberbehörde und der zuständigen Behörde anzuzeigen. In der Anzeige sind der Hersteller, die verwendete Bezeichnung, die verwendeten nicht wirksamen Bestandteile, soweit sie nicht in der Verordnung nach § 36 Absatz 1 festgelegt sind, sowie die tatsächliche Zusammensetzung des Arzneimittels, soweit die Verordnung nach § 36 Absatz 1 diesbezügliche Unterschiede erlaubt, anzugeben. Anzuzeigen sind auch jede Änderung der Angaben und die Beendigung des Inverkehrbringens.**

**(6) Der pharmazeutische Unternehmer hat Untersuchungen, die dazu bestimmt sind, Erkenntnisse bei der Anwendung zugelassener oder registrierter Arzneimittel zu sammeln, den kassenärztlichen Bundesvereinigungen, dem Spitzenverband Bund der Krankenkassen sowie der zuständigen Bundesoberbehörde unverzüglich anzuzeigen. Dabei sind Ort, Zeit, Ziel und Beobachtungsplan der Anwendungsbeobachtung anzugeben sowie gegenüber der Kassenärztlichen Bundesvereinigung und dem Spitzenverband Bund der Krankenkassen die beteiligten Ärzte namentlich zu benennen. Entschädigungen, die an Ärzte für ihre Beteiligung an Untersuchungen nach Satz 1 geleistet werden, sind nach ihrer Art und Höhe so zu bemessen, dass kein Anreiz für eine bevorzugte Verschreibung oder Empfehlung bestimmter Arzneimittel entsteht. Sofern beteiligte Ärzte Leistungen zu Lasten der gesetzlichen Krankenversicherung erbringen, sind bei Anzeigen nach Satz 1 auch die Art und die Höhe der an sie geleisteten Entschädigungen anzugeben sowie jeweils eine Ausfertigung der mit ihnen geschlossenen Verträge zu übermitteln; hiervon sind Anzeigen gegenüber den zuständigen Bundesoberbehörden ausgenommen. Für Arzneimittel, die zur Anwendung bei Tieren bestimmt sind, sind die Anzeigen nach Satz 1 nur gegenüber der zuständigen Bundesoberbehörde zu erstatten.**

**Literatur**

Lippert, Strobel, Die Überwachung Klinischer Prüfungen nach dem AMG, VersR 1995, 637; Tag, Tröger, Taupitz, Drittmitteleinwerbung – strafbare Dienstpflicht ?, 2004.

**Übersicht** **Rz.**



## I. Die Bedeutung der Norm

**1** Die Vorschrift will die Arzneimittelüberwachung möglichst wirkungsvoll machen. Sie eröffnet den Arzneimittelüberwachungsbehörden die Möglichkeit, noch vor Aufnahme der Tätigkeit eines pharmazeutischen Unternehmers Überwachungsmaßnahmen zu ergreifen, indem sie die Anzeige entsprechender Tätigkeiten verlangt.

## II. Die Anzeige

**2** Normadressat ist, wer als Einrichtung, Betrieb oder als Einzelperson eine der in § 67 Abs. 1 S. 1 aufgeführten Tätigkeiten auch in der nunmehr erweiterten und präzisierten Form selbständig und berufsmäßig ausübt. Es sind dies exakt dieselben Tätigkeiten, die auch einer Überwachung durch die Arzneimittelbehörden unterliegen.[1] Der Anzeigepflicht unterliegen auch Ärzte, die nach § 116 weiterhin ihre nach Landesrecht erworbenen Befugnisse zur Herstellung und Abgabe von Arzneimitteln an die von Ihnen behandelnden Personen wahrnehmen, Ärzte, die Ärztemuster aufbewahren und abgeben, Tierärzte, die Arzneimittel an die Halter der von ihnen behandelten Tiere abgeben. Dieselbe Pflicht trifft auch Betriebe und Einrichtungen, die Wirkstoffe herstellen, in den Verkehr bringen oder sonst mit ihnen Handel treiben. Nach Abs. 2 anzuzeigen ist die Herstellung von Arzneimitteln, für die nach § 13 keine Herstellungserlaubnis erforderlich ist.

Die Anzeige ist vor Aufnahme der Tätigkeit zu erstatten. Es ist (oh Wunder) keine 3 Form vorgeschrieben und keine Frist für ihre Abgabe bestimmt. Die Beendigung der anzeigepflichtigen Tätigkeit ist nicht anzeigebedürftig. Wird die anzeigepflichtige Tätigkeit beendet und zu einem späteren Zeitpunkt wieder aufgenommen, dann ist vor ihrer Wiederaufnahme erneut Anzeige zu erstatten.[2] Eine Eingangsbestätigung der Behörde braucht der Betroffene nicht abzuwarten. Ergeben sich nachträgliche Änderungen bei der anzeigepflichtigen Tätigkeit, so sind diese der Überwachungsbehörde ebenfalls anzuzeigen.

### III. Inhalt der Anzeige

In der Anzeige ist die Art der nach Abs. 1 Satz 1 anzeigepflichtigen Tätigkeit so- 4 wie die Betriebsstätte anzugeben. Bei Sammlungen von Arzneimitteln für andere ist die Art der Sammlung sowie der Lagerort anzugeben. Die Anzeige klinischer Prüfungen ist durch das 2. Gesetz zur Änderung des AMG aufgenommen und durch das 12. Gesetz zur Änderung des AMG noch präzisiert worden. Es ist nicht nur die klinische Prüfung selbst, sondern auch deren Sponsor, dessen Vertreter sowie sämtliche Prüfer zu benennen. Die Pflicht zur Anzeige trifft neben dem Leiter des Betriebes und der Einrichtung, in der klinische Prüfungen durchgeführt werden, auch Personen, die klinische Prüfungen selbst oder berufsmäßig durchführen.

Die Anzeige klinischer Prüfungen macht keine Probleme, soweit und so lange ein 5 Betrieb diese durchführt und einer seiner Mitarbeiter als Leiter der klinischen Prüfung fungiert. Gleiches gilt für die klinische Prüfung, die in einer Einrichtung – etwa einem Universitätsklinikum – durchgeführt wird, ohne dass dafür ein pharmazeutischer Unternehmer als Sponsor zur Verfügung steht. In diesen Fällen trifft jedenfalls den Leiter des Betriebes oder der Einrichtung die Anzeigepflicht. Fällt, wie im Normalfall, bei der Durchführung einer klinischen Prüfung die Verantwortlichkeit derart auseinander, dass der Betriebsleiter die klinische Prüfung veranlasst und sie in einer anderen Einrichtung (Universitätsklinikum) tatsächlich durchgeführt wird, so muss der Betriebsleiter (pharmazeutischer Unternehmer) die klinische Prüfung und ihren Leiter benennen. Es ist jede einzelne Prüfung anzu-

---

1 Vgl. hierzu Kommentierung zu § 64.
2 Vgl. Nöthlichs, § 25 Anm. 2.

zeigen.[3] Ob darüber hinaus auch die Leitung der Einrichtung, an welcher die klinische Prüfung durchgeführt wird, eine Anzeige erstatten muss, ist fraglich. Die Anzeige hat den Sinn, der Überwachungsbehörde die Überwachung auch klinischer Prüfungen zu ermöglichen. Teilt der pharmazeutische Unternehmer in seiner Anzeige auch den oder die Orte und Einrichtungen mit, in denen die klinischen Prüfungen durchgeführt werden und benennt er die Leiter der klinischen Prüfungen, so erscheint eine weitere Anzeige entbehrlich, weil der Überwachungsbehörde die mitzuteilenden Fakten bereits bekannt sind. In der Praxis übernimmt der pharmazeutische Unternehmer im Regelfall die Anzeigepflicht auch für den Leiter der klinischen Prüfung, wenn dieser kein Mitarbeiter des pharmazeutischen Unternehmers ist.[4]

6 Führt eine Einrichtung, wie etwa ein Universitätsklinikum, in seinen Kliniken klinische Prüfungen durch, die von Professoren selbst initiiert sind, so trifft jedenfalls die Einrichtung die Anzeigepflicht. Sie hat mitzuteilen, was wo mit wem und unter wessen Leitung als klinische Prüfung durchgeführt wird. Zur Anzeige verpflichtet ist auch der Leiter der klinischen Prüfung. Nicht zur Anzeige verpflichtet ist hingegen der einzelne Prüfer.[5]

7 Bei klinischen Prüfungen, die von pharmazeutischen Unternehmern mit Sitzen im EU-Ausland veranlasst werden, sind die gesetzlichen Vertreter des Sponsors der klinischen Prüfung oder die Prüfer (je nach Design der Prüfung) zur Anzeige verpflichtet und dafür auch verantwortlich.[6]

### IV. Befreiungen von der Anzeigepflicht (Abs. 4)

8 Sinn der Anzeigepflicht ist es, die Überwachungsbehörden von anzeigepflichtigen Tatbeständen in Kenntnis zu setzen. In denjenigen Fällen, in denen die Überwachungsbehörden auf anderem Wege bereits Kenntnis erlangt haben, sieht das Gesetz konsequenterweise Ausnahmen vor. Wer eine Herstellungs- Großhandels- oder Importerlaubniserlaubnis besitzt oder als Apotheke am Markt ist, muss keine Anzeige erstatten.

### V. Standardzulassungen (Abs. 5)

9 Beabsichtigt ein pharmazeutischer Unternehmer Arzneimittel in den Verkehr zu bringen, die zwar apothekenpflichtig aber nach § 36 Abs. 1 von der Zulassung freigestellt sind, so hat er dies der zuständigen Bundesoberbehörde anzuzeigen. Obwohl es für die Anzeige ein Formular der Bundesoberbehörde gibt, dürfte die Anzeige nach wie vor formfrei erstattet werden können.

---

3 Wie hier: Kloesel, Cyran, § 67 Anm. 7.
4 Wie hier: Kloesel Cyran, § 67 Anm. 7.
5 Lippert, Strobel, VersR 1995, 637.
6 Kloesel, Cyran, § 67 Anm. 7.

## VI. Anwendungsbeobachtungen

Anwendungsbeobachtungen, bei denen die Anwendung eines registrierten oder zugelassenen Arzneimittels in der therapeutischen Praxis untersucht werden soll, ohne dass ein Studienplan vorliegt oder zusätzlich nicht im Rahmen der Behandlung des Patienten erforderliche Untersuchungen durchgeführt werden, sind nicht bei der Überwachungsbehörde nach Landesrecht, sondern bei der zuständigen Bundesoberbehörde (BfArM, PEI) und der KBV anzuzeigen. Es sind dies die nicht- interventionellen Prüfungen, die der Definition nach § 4 Abs. 23 S. 3 unterfallen[7]. Dabei sind nunmehr auch Ort, Zeit, Ziel der Anwendungsbeobachtung und die daran beteiligte Ärzte anzugeben. Die Durchführung von Anwendungsbeobachtungen in Institutionen bedarf regelmäßig einer vertraglichen Absprache mit dem Sponsor. Den strafrechtlichen Implikationen (§§ 333ff. StGB, §§ 30ff. MBOÄ) ist dabei besondere Aufmerksamkeit zu schenken.[8] **10**

Eine Anwendungsbeobachtung ist keine klinische Prüfung und schon gar keine klinische Prüfung „light". Wenn sie dennoch einer Ethik- Kommission zur Bewertung vorgelegt wird, so hat dies nur den Grund, sie möglichst nahe an eine klinische Prüfung heranzurücken, um die mit ihr gewonnenen Daten in der Pharmakovigilanz (zu der der pharmazeutische Unternehmer verpflichtet ist) verwerten zu können[9]. Der sie durchführende Arzt ist nach § 16 BO verpflichtet sich vor deren Beginn von einer Ethik-Kommission beraten zu lassen. Ethik-Kommissionen scheinen sich dieses Unterschieds nicht immer bewusst zu sein. Anders ist es nämlich nicht zu erklären, dass auch Anwendungsbeobachtungen eine meist zustimmende Bewertung nach §§ 42ff. AMG (!) erhalten. Der Pharmaüberwachung unterliegt eine Anwendungsbeobachtung dagegen nicht[10]. Dass es Anwendungsbeobachtungen überhaupt gibt hat seine Ursache darin, dass der Zeitraum, in welchem ein neues Arzneimittel für Zwecke der Zulassung klinisch geprüft wird zeitlich so bemessen ist, dass darin nicht alle Neben- und Wechselwirkungen erkannt werden können. Eine Verlängerung der klinischen Prüfung führte zwangsläufig zu einer späteren Einführung des Arzneimittels auf dem Markt, an der der pharmazeutische Unternehmer verständlicherweise kein großes Interesse haben kann. **11**

---

7 Vgl. oben die Kommentierung zu § 4 Abs. 23.

8 Vgl. hierzu die Kommentierungen bei Lippert in: Ratzel, Lippert, §§ 30ff. m.w.Nachw. aus dem inzwischen reichen Schrifttum; vgl. auch Tag, Tröger, Taupitz, sowie Ulsenheimer in: Laufs, Uhlenbruck, Handbuch, § 151a m.w.Nachw.; ders. in Arztstrafrecht § 13 m.w.Nachw. Die Rolle der AWB als Drittmittelgenerator in den Universitätklinika wird (leider) gerne verniedlicht.

9 Kritisch sind in diesem Zusammenhang Bestrebungen der BOB´s zu sehen, über den Arbeitskreis Medizinischer Ethikkommissionen für derartige Projekte doch noch eine Bewertung durch eine Ethikkommission einzuführen und ihnen damit gleichsam eine ethische Salbung zu geben, die ihnen nicht zusteht.

10 Vgl. hierzu auch Kloesel, Cyran, § 67 Nr. 21 ff. Kritisch und zu den Risiken von AWB auch Rehmann, § 67 Rz. 6

### VII. Sanktionen

### Im Ordnungswidrigkeitenrecht

12 Wer eine Anzeige nach § 67 Abs. 1 nicht, nicht richtig, nicht vollständig oder nicht rechtzeitig erstattet, handelt, wenn dies vorsätzlich oder fahrlässig geschieht, ordnungswidrig ( § 97 Abs. 2 Nr. 7). Normadressaten sind Leiter von Betrieben und Einrichtungen.

13 Unberührt bleibt die allgemeine strafrechtliche Verantwortlichkeit der zuständigen Amtsträger.

## § 67a
## Datenbankgestütztes Informationssystem

**(1) Die für den Vollzug dieses Gesetzes zuständigen Behörden des Bundes und der Länder wirken mit dem Deutschen Institut für Medizinische Dokumentation und Information (DIMDI) zusammen, um ein gemeinsam nutzbares zentrales Informationssystem über Arzneimittel, Wirkstoffe und Gewebe sowie deren Hersteller oder Einführer zu errichten. Dieses Informationssystem fasst die für die Erfüllung der jeweiligen Aufgaben behördenübergreifend notwendigen Informationen zusammen. Das Deutsche Institut für Medizinische Dokumentation und Information errichtet dieses Informationssystem auf der Grundlage der von den zuständigen Behörden oder Bundesoberbehörden nach der Rechtsverordnung nach Absatz 3 zur Verfügung gestellten Daten und stellt dessen laufenden Betrieb sicher. Daten aus dem Informationssystem werden an die zuständigen Behörden und Bundesoberbehörden zur Erfüllung ihrer im Gesetz geregelten Aufgaben sowie an die Europäische Arzneimittel-Agentur übermittelt. Die zuständigen Behörden und Bundesoberbehörden erhalten darüber hinaus für ihre im Gesetz geregelten Aufgaben Zugriff auf die aktuellen Daten aus dem Informationssystem. Eine Übermittlung an andere Stellen ist zulässig, soweit dies die Rechtsverordnung nach Absatz 3 vorsieht. Für seine Leistungen kann das Deutsche Institut für Medizinische Dokumentation und Information Entgelte verlangen. Diese werden in einem Entgeltkatalog festgelegt, der der Zustimmung des Bundesministeriums bedarf.**

**(2) Das Deutsche Institut für Medizinische Dokumentation und Information kann auch allgemein verfügbare Datenbanken, die einen Bezug zu Arzneimitteln haben, bereitstellen.**

**(3) Das Bundesministerium wird ermächtigt, Befugnisse zur Verarbeitung und Nutzung von Daten für die Zwecke der Absätze 1 und 2 und zur Erhebung von Daten für die Zwecke des Absatzes 2 im Einvernehmen mit dem Bundesministerium des Innern und dem Bundesministerium für Wirtschaft und Technologie durch Rechtsverordnung mit Zustimmung des Bundesrates einzuräumen und Regelungen zu treffen hinsichtlich der Übermittlung von Daten durch Behörden des Bundes und der Länder an das Deutsche Institut für Medizinische Dokumentation und Information, einschließlich der personenbezogenen Daten für die in diesem Gesetz geregelten Zwecke, und der Art, des Umfangs und der Anforderungen an die Daten. In dieser Rechtsverordnung kann auch vorgeschrieben werden, dass Anzeigen auf elektronischen oder optischen Speichermedien erfolgen dürfen oder müssen, soweit dies für eine ordnungsgemäße Durchführung der Vorschriften über den Verkehr mit Arzneimitteln erforderlich ist. Die Rechtsverordnung wird vom Bundesministerium für Ernährung, Landwirtschaft und Verbraucherschutz im Einvernehmen mit dem Bundesministerium, dem Bundesministerium des Innern und dem Bundesministerium für Wirtschaft und Technologie erlas-**

**sen, soweit es sich um Arzneimittel handelt, die zur Anwendung bei Tieren bestimmt sind.**

**(4) Die Rechtsverordnung nach Absatz 3 ergeht im Einvernehmen mit dem Bundesministerium für Umwelt, Naturschutz und Reaktorsicherheit, soweit es sich um radioaktive Arzneimittel oder um Arzneimittel handelt, bei deren Herstellung ionisierende Strahlen verwendet werden.**

**(5) Das Deutsche Institut für Medizinische Dokumentation und Information ergreift die notwendigen Maßnahmen, damit Daten nur den dazu befugten Personen übermittelt werden und nur diese Zugang zu diesen Daten erhalten.**

**Zugehörige Rechtsverordnung**

**Verordnung über das datenbankgestütze Informationssystem über Arzneimittel des Deutschen Instituts für Medizinische Dokumentation und Information (DIMBI Arzneimittel Verordnung – DIMBI-AMV vom 24. Februar 2010 (BGBl. I S. 140).**

### I. Die Bedeutung der Norm

1 Die Norm wurde durch das 8. Gesetz zur Änderung des AMG 1998 eingefügt und durch das 12. und das 14. Gesetz zur Änderung des AMG leicht verändert. Sie ergänzt das Instrument der Arzneimittelüberwachung um ein Informationssystem, welches für Medizinprodukte bereits in § 29 MPG vorgesehen ist.

### II. Das datengestützte Informationssystem

2 Mit § 67a gibt es nunmehr eine Rechtsgrundlage aufgrund derer beim Bund ein datenbankgestützes Informationssystem geschaffen werden kann, welches durch Zusammenwirken der in der Arzneimittelüberwachung tätigen Behörden des Bundes und der Länder errichtet wird. Durch seine Einrichtung wird der Datenaustausch zwischen den Zulassungsbehörden, den Landesüberwachungsbehörden und den zuständigen Behörden der EU erleichtert. Das System wird bei DIMDI, das zum Geschäftsbereich des Bundesministers der Gesundheit gehört, aufgebaut. Die hierfür erforderliche Rechtsverordnung ist bisher noch nicht erlassen. Sie wird auch für den Bereich der Arzneimittelüberwachung eine bereichsspezifische Datenschutzregelung enthalten, da in das Informationssystem personenbezogene Daten übermittelt werden müssen. Dem Schutz dieser Daten dient auch die Regelung des Absatzes 5, die den technischen Datenschutz anspricht. Die 12. Novelle hat in Abs. 3 zusätzlich eine Zuständigkeitsregelung für den Erlass der Verordnung geschaffen, sofern es sich um Arzneimittel zur Anwendung an Tieren handelt. Das Gesetz regelt nunmehr ausdrücklich, dass die zuständigen Behörden und die Bundesoberbehörden auf die aktuellen Daten des Informationssystems zur Erfüllung ihrer Aufgaben sollen zugreifen dürfen.

---

Bei Redaktionsschluss lag lediglich ein Referentenentwurf dafür vor.

## § 68
## Mitteilungs- und Unterrichtungspflichten

**(1) Die für die Durchführung dieses Gesetzes zuständigen Behörden und Stellen des Bundes und der Länder haben sich**
**1 . die für den Vollzug des Gesetzes zuständigen Behörden, Stellen und Sachverständigen mitzuteilen und**
**2. bei Zuwiderhandlungen und bei Verdacht auf Zuwiderhandlungen gegen Vorschriften des Arzneimittelrechts oder Heilmittelwerberechts für den jeweiligen Zuständigkeitsbereich unverzüglich zu unterrichten und bei der Ermittlungstätigkeit gegenseitig zu unterstützen.**

**(2) Die Behörden nach Absatz 1**
**1. erteilen der zuständigen Behörde eines anderen Mitgliedstaates der Europäischen Union auf begründetes Ersuchen Auskünfte und übermitteln die erforderlichen Urkunden und Schriftstücke, soweit dies für die Überwachung der Einhaltung der arzneimittelrechtlichen und heilmittelwerberechtlichen Vorschriften oder zur Verhütung oder zur Abwehr von Arzneimittelrisiken erforderlich ist,**
**2. überprüfen alle von der ersuchenden Behörde eines anderen Mitgliedstaates mitgeteilten Sachverhalte und teilen ihr das Ergebnis der Prüfung mit.**

**(3) Die Behörden nach Absatz 1 teilen den zuständigen Behörden eines anderen Mitgliedstaates alle Informationen mit, die für die Überwachung der Einhaltung der arzneimittelrechtlichen und heilmittelwerberechtlichen Vorschriften in diesem Mitgliedstaat oder zur Verhütung oder zur Abwehr von Arzneimittelrisiken erforderlich sind. In Fällen von Zuwiderhandlungen oder des Verdachts von Zuwiderhandlungen können auch die zuständigen Behörden anderer Mitgliedstaaten, das Bundesministerium, soweit es sich um Arzneimittel handelt, die zur Anwendung bei Tieren bestimmt sind, auch das Bundesministerium für Ernährung, Landwirtschaft und Verbraucherschutz sowie die Europäische Arzneimittel-Agentur und die Kommission der Europäischen Gemeinschaften unterrichtet werden.**

**(4) Die Behörden nach Absatz 1 können, soweit dies zur Einhaltung der arzneimittelrechtlichen und heilmittelwerberechtlichen Anforderungen oder zur Verhütung oder zur Abwehr von Arzneimittelrisiken erforderlich ist, auch die zuständigen Behörden anderer Staaten und die zuständigen Stellen des Europarates unterrichten. Absatz 2 Nummer 1 findet entsprechende Anwendung. Bei der Unterrichtung von Vertragsstaaten des Abkommens über den Europäischen Wirtschaftsraum, die nicht Mitgliedstaaten der Europäischen Union sind, erfolgt diese über die Kommission der Europäischen Gemeinschaften.**

**(5) Der Verkehr mit den zuständigen Behörden anderer Staaten, Stellen des Europarates, der Europäischen Arzneimittel-Agentur und der Kommission der Europäischen Gemeinschaften obliegt dem Bundesministerium. Das Bundesministerium kann diese Befugnis auf die zuständigen Bundesoberbe-**

**hörden oder durch Rechtsverordnung mit Zustimmung des Bundesrates auf die zuständigen obersten Landesbehörden übertragen. Ferner kann das Bundesministerium im Einzelfall der zuständigen obersten Landesbehörde die Befugnis übertragen, sofern diese ihr Einverständnis damit erklärt. Die obersten Landesbehörden können die Befugnisse nach den Sätzen 2 und 3 auf andere Behörden übertragen. Soweit es sich um Arzneimittel handelt, die zur Anwendung bei Tieren bestimmt sind, tritt an die Stelle des Bundesministeriums das Bundesministerium für Ernährung, Landwirtschaft und Verbraucherschutz. Die Rechtsverordnung nach Satz 2 ergeht in diesem Fall im Einvernehmen mit dem Bundesministerium.**

**(5a) Im Fall der Überwachung der Werbung für Arzneimittel, die zur Anwendung bei Menschen bestimmt sind, obliegt dem Bundesamt für Verbraucherschutz und Lebensmittelsicherheit der Verkehr mit den zuständigen Behörden anderer Mitgliedstaaten der Europäischen Union und der Kommission der Europäischen Gemeinschaften zur Durchführung der Verordnung (EG) Nr. 2006/2004 des Europäischen Parlaments und des Rates vom 27. Oktober 2004 über die Zusammenarbeit zwischen den für die Durchsetzung der Verbraucherschutzgesetze zuständigen nationalen Behörden (ABl. EU Nr. L 364 S. 1), geändert durch Artikel 16 Nr. 2 der Richtlinie 2005/29/EG des Europäischen Parlaments und des Rates vom 11. Mai 2005 (ABl. EU Nr. L 149 S. 22) als zentraler Verbindungsstelle.**

**(6) In den Fällen des Absatzes 3 Satz 2 und des Absatzes 4 unterbleibt die Übermittlung personenbezogener Daten, soweit durch sie schutzwürdige Interessen der Betroffenen beeinträchtigt würden, insbesondere wenn beim Empfänger kein angemessener Datenschutzstandard gewährleistet ist. Personenbezogene Daten dürfen auch dann übermittelt werden, wenn beim Empfänger kein angemessener Datenschutzstandard gewährleistet ist, soweit dies aus Gründen des Gesundheitsschutzes erforderlich ist.**

**Literatur**

Meier, Europäische Amtshilfe, EuR 1989, 237; Riegel, Amtshilfe und Datenschutz, DÖV 1979, 76; Rüfner, Rechts- und Amtshilfe, in: Handbuch des Staatskirchenrechts der Bundesrepublik Deutschland, Bd. II, 1975, 839; Schnapp, Amtshilfe, behördliche Mitteilungspflichten und Geheimhaltung, NJW 1980, 2165; Stelkens, Bonk, Sachs, Verwaltungsverfahrensgesetz, 6. Aufl., 2001.

## I. Die Bedeutung der Norm

1 Die Vorschrift regelt den Informationsaustausch der mit der Arzneimittelüberwachung betrauten Behörden, nicht nur auf gleicher Ebene, sondern auch auf unterschiedlichen Ebenen sowie im Verhältnis zu Behörden im EU Bereich sowie im Verhältnis zu Behörden der Staaten des Europäischen Wirtschaftsraumes und außerhalb. Der Austausch der Informationen soll der Komplettierung der Arzneimittelüberwachung dienen.

## II. Amtshilfe

Die Verpflichtung der Behörden innerhalb der Bundesrepublik zur Amtshilfe ist grundsätzlich in Art. 35 GG und allgemein für das Verwaltungsverfahren in den Verwaltungsverfahrensgesetzen des Bundes und der Länder geregelt. So gesehen stellt § 68 eine Sonderregelung für den Geltungsbereich des AMG dar, derer es eigentlich nicht bedurft hätte. 2

Nach Art. 35 GG leisten sich alle Behörden des Bundes und der Länder in der Bundesrepublik gegenseitig Rechts- und Amtshilfe. Diese Verfassungsnorm ist unmittelbar geltendes aber konkretisierungsfähiges Recht und begründet unmittelbare verfassungsrechtliche Rechte und Pflichten der Behörden und ihrer Rechtsträger in ihrem Verhalten zueinander auf allen staatlichen Ebenen von Bund, Ländern und Gemeinden. Das verfassungsrechtlich begründete Amtshilfegebot des Art. 35 GG ist einerseits die Antwort auf ein Föderalismusproblem welches mit der Gewaltenteilung in Bund und Ländern zusammenhängt und soll andererseits ein Mindestmaß von Hilfs- und Unterstützungsmaßnahmen der Behörden untereinander sicherstellen.[1] Grenzen der Amtshilfe können sich aus den allgemeinen Gesetzen aber auch etwa aus den Vorschriften des Datenschutzes ergeben. Insbesondere erweitert die Amtshilfe nicht die Kompetenzen der um sie ersuchenden Behörde. Auch sind Amtshilfeverbote wegen der Wahrung von Geschäft- und Betriebsgeheimnissen oder wegen anderer geschützter personenbezogener Informationen zu beachten. Gleiches gilt für Informationsverbote. Ob und inwieweit solche Einschränkungen und Verbote bestehen, hat die ersuchte Behörde in eigener Zuständigkeit zu prüfen. 3

Amtshilfe ist dem Inhalt nach nicht nur Information im Sinne der Weitergabe von Wissensmitteilungen aus dem Bereich der ersuchten Behörde, sondern umfasst auch unterschiedliche Real- oder sonstige Handlungen, zu denen die ersuchte Behörde nach dem für sie maßgeblichen Recht befugt ist, wie etwa die Erteilung von Auskünften, Übersendung von Akten und Urkunden, die Bereitstellung von Räumen und Einrichtungen oder auch das Bereitstellen von Personal, die Feststellung eines Sachverhaltes vor Ort durch Ortsbesichtigung und ähnliches.[2] Amtshilfe wird nicht von Amts wegen sondern nur auf Ersuchen geleistet. Hierbei hat die ersuchende Behörde die Einschränkung nach § 5, 6 VwVfG zu beachten. 4

## III. Die Mitteilungs- und Informationspflicht

§ 68 Abs. 1 normiert eine Mitteilungspflicht der für die Arzneimittelüberwachung zuständigen Behörden des Bundes und der Länder bezüglich der zuständigen Behördenstellen und Sachverständigen bei Zuwiderhandlungen gegen die Vorschriften des AMG oder beim Verdacht einer Zuwiderhandlung. Behörden der Arzneimittelüberwachung erteilen auf Ersuchen Behörden eines Mitgliedstaates der EU Auskünfte und übersenden Urkunden und Schriftstücke soweit dies zur Überwa- 5

---

1 Bonk in: Stelkens, Bonk, § 4 Rn. 1ff.

2 Bonk in: Stelkens, Bonk, § 4 Rn. 26f.

chung der Einhaltung der arzneimittelrechtlichen Vorschriften erforderlich ist und überprüfen von diesen mitgeteilte Sachverhalte. Schließlich können die Arzneimittelüberwachungsbehörden auch Behörden anderer Staaten unterrichten, wobei bei Staaten des Europäischen Wirtschaftsraumes, die nicht Mitgliedsstaaten der EU sind, die Information über die Kommission der EU erfolgt. Die Mitteilungs- und Informationspflichten der Mitgliedsstaaten der EU und des EWR im Rahmen und zu Zwecken der Arzneimittelüberwachung sind durch das 8. Gesetz zur Änderung des AMG eingeführt worden. Sie sind als Reaktion auf die zunehmende Internationalisierung und Europäisierung des Verkehrs mit Arzneimitteln zu verstehen.

**6** Neu einbezogen in den Kreis der zu Informierenden sind die zuständigen Stellen des Europarates. Im übrigen werden die Zuständigkeitsänderungen berücksichtigt, die sich aus der Neuorganisation des gesundheitlichen Verbraucherschutzes und der dabei erfolgten Aufteilung der Zuständigkeiten zwischen dem Bundesministerium für Gesundheit und Soziale Sicherung und dem Bundesministerium für Verbraucherschutz, Ernährung und Landwirtschaft ergeben.

## § 69
## Maßnahmen der zuständigen Behörden

**(1) Die zuständigen Behörden treffen die zur Beseitigung festgestellter Verstöße und die zur Verhütung künftiger Verstöße notwendigen Anordnungen. Sie können insbesondere das Inverkehrbringen von Arzneimitteln oder Wirkstoffen untersagen, deren Rückruf anordnen und diese sicherstellen, wenn**

1. **die erforderliche Zulassung oder Registrierung für das Arzneimittel nicht vorliegt oder deren Ruhen angeordnet ist,**
2. **das Arzneimittel oder der Wirkstoff nicht nach den anerkannten pharmazeutischen Regeln hergestellt ist oder nicht die nach den anerkannten pharmazeutischen Regeln angemessene Qualität aufweist,**
3. **dem Arzneimittel die therapeutische Wirksamkeit fehlt,**
4. **der begründete Verdacht besteht, dass das Arzneimittel bei bestimmungsgemäßem Gebrauch schädliche Wirkungen hat, die über ein nach den Erkenntnissen der medizinischen Wissenschaft vertretbares Maß hinausgehen,**
5. **die vorgeschriebenen Qualitätskontrollen nicht durchgeführt sind,**
6. **die erforderliche Erlaubnis für das Herstellen des Arzneimittels oder des Wirkstoffes oder das Verbringen in den Geltungsbereich des Gesetzes nicht vorliegt oder ein Grund zur Rücknahme oder zum Widerruf der Erlaubnis nach § 18 Abs. 1 gegeben ist oder**
7. **die erforderliche Erlaubnis zum Betreiben eines Großhandels nach § 52a nicht vorliegt oder ein Grund für die Rücknahme oder den Widerruf der Erlaubnis nach § 52a Abs. 5 gegeben ist.**

**Im Falle des Satzes 2 Nr. 4 kann die zuständige Bundesoberbehörde den Rückruf eines Arzneimittels anordnen, sofern ihr Tätigwerden im Zusammenhang mit Maßnahmen nach § 28, § 30, § 31 Abs. 4 Satz 2 oder § 32 Abs. 5 zur Abwehr von Gefahren für die Gesundheit von Mensch oder Tier durch Arzneimittel geboten ist.**

**(1a) Bei Arzneimitteln, für die eine Genehmigung für das Inverkehrbringen oder Zulassung**

1. **gemäß der Verordnung (EG) Nr. 726/2004 oder**
2. **im Verfahren der Anerkennung gemäß Kapitel 4 der Richtlinie 2001/83/EG oder Kapitel 4 der Richtlinie 2001/82/EG oder**
3. **auf Grund eines Gutachtens des Ausschusses gemäß Artikel 4 der Richtlinie 87/22/EWG vom 22. Dezember 1986 vor dem 1. Januar 1995**

**erteilt worden ist, unterrichtet die zuständige Bundesoberbehörde den Ausschuss für Humanarzneimittel oder den Ausschuss für Tierarzneimittel über festgestellte Verstöße gegen arzneimittelrechtliche Vorschriften nach Maßgabe der in den genannten Rechtsakten vorgesehenen Verfahren unter Angabe einer eingehenden Begründung und des vorgeschlagenen Vorgehens. Bei diesen Arzneimitteln können die zuständigen Behörden vor der Unterrichtung des Ausschusses nach Satz 1 die zur Beseitigung festgestellter und zur Verhütung künftiger Verstöße notwendigen Anordnungen treffen, sofern diese zum**

**Schutz der Gesundheit von Mensch oder Tier oder zum Schutz der Umwelt dringend erforderlich sind. In den Fällen des Satzes 1 Nr. 2 und 3 unterrichten die zuständigen Behörden die Kommission der Europäischen Gemeinschaften und die anderen Mitgliedstaaten, in den Fällen des Satzes 1 Nr. 1 die Kommission der Europäischen Gemeinschaften und die Europäische Arzneimittel-Agentur über die zuständige Bundesoberbehörde spätestens am folgenden Arbeitstag über die Gründe dieser Maßnahmen. Im Fall des Absatzes 1 Satz 2 Nr. 4 kann auch die zuständige Bundesoberbehörde das Ruhen der Zulassung anordnen oder den Rückruf eines Arzneimittels anordnen, sofern ihr Tätigwerden zum Schutz der in Satz 2 genannten Rechtsgüter dringend erforderlich ist; in diesem Fall gilt Satz 3 entsprechend.**

**(2) Die zuständigen Behörden können das Sammeln von Arzneimitteln untersagen, wenn eine sachgerechte Lagerung der Arzneimittel nicht gewährleistet ist oder wenn der begründete Verdacht besteht, dass die gesammelten Arzneimittel mißbräuchlich verwendet werden. Gesammelte Arzneimittel können sichergestellt werden, wenn durch unzureichende Lagerung oder durch ihre Abgabe die Gesundheit von Mensch und Tier gefährdet wird.**

**(2a) Die zuständigen Behörden können ferner zur Anwendung bei Tieren bestimmte Arzneimittel sowie Stoffe und Zubereitungen aus Stoffen im Sinne des § 59a sicherstellen, wenn Tatsachen die Annahme rechtfertigen, dass Vorschriften über den Verkehr mit Arzneimitteln nicht beachtet worden sind.**

**(3) Die zuständigen Behörden können Werbematerial sicherstellen, das den Vorschriften über den Verkehr mit Arzneimitteln und über die Werbung auf dem Gebiete des Heilwesens nicht entspricht.**

**(4) Im Falle des Absatzes 1 Satz 3 kann auch eine öffentliche Warnung durch die zuständige Bundesoberbehörde erfolgen.**

**Literatur**

Leidinger, Hoheitliche Warnungen, Empfehlungen und Hinweise im Spektrum staatlichen Informationshandelns, DÖV 1993, 930; Phillip, Staatliche Verbraucherinformation im Umwelt- und Gesundheitsrecht, 1989; Tremml, Luber, Amtshaftungsansprüche wegen rechtswidriger Produktinformationen, NJW 2005, 1745.

**Übersicht** **Rz.**

## I. Die Bedeutung der Norm

Die Überwachungsbehörde trifft die notwendigen Anordnungen, um die Beseitigung festgestellte und künftiger Verstöße gegen Vorschriften des AMG zu verfügen. Bei sieben Fallgestaltungen kann das Inverkehrbringen von Arzneimitteln untersagt bzw. der Rückruf von Arzneimitteln angeordnet werden. Die Aufzählung der Maßnahmen in Satz 2 ist nicht abschließend.[1] **1**

Mit § 69 wird Art. 11 der Richtlinie 65/65 EWG in nationales Recht umgesetzt und mit Abs. 1a das (Anordnungs-)Verfahren festgelegt, sofern das Human-(Tier-) arzneimittel eine Zulassung gemäß der Verordnung (EG) Nr. 726/2004 oder im Verfahren der Anerkennung nach den Kapiteln 4 der Richtlinien 2001/82/EG oder 2001/83/EG besitzt. **2**

## II. Zuständigkeiten

Die zuständigen Überwachungsbehörden der Länder haben – soweit nach Abs. 1 Satz 3 nicht die Bundesoberbehörde tätig werden kann – alle Maßnahmen zu treffen, die notwendig sind, um eingetretene Verstöße gegen das Arzneimittelgesetz zu beseitigen und drohende zu vereiteln. Die Überwachungsbehörden sind verpflichtet, die notwendigen Maßnahmen zu treffen. Lediglich in der Wahl der zu ergreifenden Maßnahmen steht ihnen ein Ermessen zu, wobei wiederum der Grundsatz der Verhältnismäßigkeit von Mitteln und Zweck zu beachten ist. Dies gilt auch für die Anordnung des Ruhens einer klinischen Prüfung an den Sponsor nach § 15 Abs. 8 GCP-V als einer vorläufigen Maßnahme bis zur Entscheidung der Bundesoberbehörde über den Widerruf der Genehmigung zur Durchführung der klinischen Prüfung [2], sowie den (nunmehr möglichen) Widerruf der zustimmenden Bewertung der klinischen Prüfung durch die zuständige Ethik- Kommission. **3**

Diese Zuständigkeit gilt auch für Human- und Tierarzneimittel, die eine Zulassung gemäß der Verordnung (EG) Nr. 726/2004 oder im Verfahren der Anerkennung nach den Kapiteln 4 der Richtlinien 2001/82/EG oder 2001/83/EG besitzen. Die Information der Kommission der Europäischen Gemeinschaften durch die zuständige Behörde über die ergriffenen Maßnahmen erfolgt über die Bundesoberbehörde, also auf dem Dienstweg. **4**

## III. Das Anordnungsverfahren

Das Anordnungsverfahren richtet sich, sofern das AMG keine Sondervorschriften enthält, nach den Vorschriften der Landesverwaltungsverfahrensgesetze. **5**

---

1 Sander, § 69 Anm. 1.

2 Vgl. hierzu Kloesel, Cyran, § 69 Nr. 16.

6 Erhält die Überwachungsbehörde Informationen über Verstöße gegen das AMG oder erfährt sie durch ihre Überwachungstätigkeit hiervon, so hat sie den Sachverhalt zu ermitteln. Das Instrumentarium, mit dem die Behörde den Sachverhalt ermittelt, ist in § 64, 65 speziell für das Verfahren zur Überwachung des Arzneimittelverkehrs geregelt.[3] Ergänzend gilt für die Beweismittel § 26 VwVerfG. Die Überwachungsbehörde hat alle für den Sachverhalt bedeutsamen Umstände, auch die für die Beteiligten günstigen, zu berücksichtigen. Insoweit gilt der Untersuchungsgrundsatz in den entsprechenden Vorschriften der Verwaltungsverfahrensgesetze der Länder, insbesondere § 24ff. Die Behörde entscheidet unter Würdigung des Gesamtergebnisses des Verfahrens, § 69 VwVerfG. Welcher Grad an Überzeugung gegeben sein muss, damit Maßnahmen nach dem AMG ergriffen werden, ergibt sich aus diesen Vorschriften. Bevor Anordnungen erlassen werden, hat die Überwachungsbehörde dem Betroffenen Gelegenheit zur Stellungnahme zu geben, auch wenn diese über die Duldungs- und Mitwirkungspflichten bereits in das Verfahren einbezogen worden sind. Ein Verwaltungsakt kann sowohl mündlich als auch schriftlich erlassen werden, wenn – wie im Arzneimittelgesetz – die Schriftform nicht vorgeschrieben ist. Anders als bei vorläufigen Anordnungen, die wegen Eilbedürftigkeit auch mündlich ergehen werden, wird eine Anordnung nach § 69 normalerweise schriftlich ergehen und eine schriftliche Begründung enthalten, die vor allem die für die Ermessensentscheidung maßgeblichen Gesichtspunkte enthalten wird.

7 Ein nur mündliche erlassene Anordnung ist auch dann schriftlich zu bestätigen, wenn der Betreffende hieran kein Interesse hat (§ 37 Abs. 2 VwVfG). Die Betroffenen haben – schon um ihre Rechte geltend zu machen und sich sachgerecht zu verteidigen zu können – das Recht auf Einsicht in die Behördenakten.

8 Die Anordnung wird wirksam wenn sie dem Betroffenen bekannt gemacht ist. Eine Zustellung ist nicht vorgesehen, aber zweckmäßig, um den Zeitpunkt des Zuganges festzuhalten. Einschlägig für die Durchführung sind die Verwaltungszustellungsgesetze des Bundes und der Länder. Ein Widerspruchsbescheid muss zugestellt werden. Die Anordnung bleibt wirksam, solange sie nicht aufgehoben, widerrufen oder abgeändert wird.

9 Ordnet die Überwachungsbehörde wegen Gefahr im Verzug oder im öffentlichen Interesse (§ 80 Abs. 2, Nr. 2, 4 VwGO), die sofortige Vollziehung der Anordnung an, so muss der Betreffende die Anordnung zunächst befolgen. Das besondere Interesse in § 80 Abs. 2, Nr. 4 VwGO ist schriftlich zu begründen, es sei denn die Behörde handelt bei Gefahr im Verzuge. Die Begründung des besonderen Interesses an der sofortigen Vollziehung hat fallbezogen zu erfolgen. Formelhaft, vorgefertigte Begründungen pflegen die Verwaltungsgerichte nicht zu akzeptieren. Sie machen die Anordnung sofortigen Vollzuges fehlerhaft.

---

[3] Vgl. Kommentierungen zu §§ 64, 65.

Gegen die Anordnung des sofortigen Vollzuges kann der Betroffene Antrag auf Wiederherstellung der aufschiebenden Wirkung beim Verwaltungsgericht beantragen. Der Antrag ist schon vor Erhebung der Anfechtungsklage zulässig, setzt aber voraus, dass wenigstens Widerspruch gegen die Anordnung erhoben wurde. 10

Das Verwaltungsgericht entscheidet über die Wiederherstellung der aufschiebenden Wirkung unter Abwägung der widerstreitenden Interessen des Betroffenen und der Überwachungsbehörde sowie nach den Erfolgsaussichten einer Klage. 11

Die aufschiebende Wirkung des Widerspruches oder der Anfechtungsklage kann ganz oder teilweise wieder hergestellt oder angeordnet werden (§ 80 Abs. 2, Nr. 2 VwGO). Soweit gegen die Entscheidung des Gerichts die Beschwerde möglich ist, muss diese zunächst vom Gericht der zweiten Instanz zugelassen werden (§ 146 Abs. 4 VwGO). 12

## IV. Veröffentlichung von Anordnungen

Die Überwachungsbehörde kann unanfechtbare oder für sofort vollziehbar erklärte Anordnungen bekannt machen. Der Veröffentlichung hat eine Güterabwägung der Interessen des pharmazeutischen Unternehmers und der Behörde auf Information der gefährdeten Kreise über gefährliche Arzneimittel vorauszugehen. Leben und Gesundheit der Bevölkerung sind hohe Rechtsgüter, deren Schutz vor gefährlichen oder mangelhaften Arzneimitteln ein legitimes Anliegen der Überwachungsbehörde sein muss. Die Veröffentlichung einer bestandskräftigen Anordnung dürfte nicht den Tatbestand eines rechtswidrigen Eingriffes den eingerichteten und ausgeübten Gewerbebetriebes des pharmazeutischen Unternehmers erfüllen, so dass Ersatzansprüche regelmäßig ausgeschlossen sein werden.[4] 13

Ist die Anordnung noch nicht bestandskräftig, so wird man von der Überwachungsbehörde verlangen müssen, dass sie auf diesen Umstand hinweist. Wird die Anordnung aufgehoben, so wird dieser Umstand ebenfalls in einer Veröffentlichung mitgeteilt werden müssen.[5] 14

Ist die Anordnung bestandskräftig geworden, weil keine Rechtsmittel mehr möglich sind und hält sich der Betroffene nicht daran, so stellt sich die Frage ihrer Durchsetzung. Die Anordnung kann nach den Verwaltungsvollstreckungsgesetzen der Länder vollstreckt werden. Als Zwangsmittel kommen Zwangsgeld, Ersatzvornahme oder unmittelbarer Zwang in Betracht. Die Zwangsmittel müssen in angemessenem Verhältnis zu ihrem Zweck stehen und sind so zu bemessen, dass sie den Betroffenen möglichst wenig beeinträchtigen. Die Zwangsmittel sind dem Betroffenen gegenüber vorher schriftlich anzudrohen. Es ist ihm eine Frist zur Erfüllung der Verpflichtung zu setzen. Die Androhung kann mit der Anordnung ver- 15

---

4 Wie hier: Nöthlichs, § 26 Anm. 7.6.

5 Wie hier Nöthlichs, § 26 Anm. 7.6, der auf die Rechtsprechung des BGH zu unvollständigen Presseveröffentlichungen Bezug nimmt.

bunden sein; ist sofortiger Vollzug angeordnet, soll sie mit ihm verbunden sein. Die Androhung ist dem Betroffenen nach den Vorschriften des Verwaltungszustellungsgesetzes zuzustellen. Kommt der Betroffene der Androhung nicht nach, so kann die Behörde das angedrohte Zwangsmittel anwenden, sofern es nicht, wie in einigen Bundesländern, zunächst noch festgesetzt werden muss. Die Festsetzung entfällt beim sofortigen Vollzug.

**16** Sofern die zugrunde liegende Anordnung noch nicht bestandskräftig ist, ist gegen die Vollstreckung dasjenige Rechtsmittel zulässig, das gegen die Anordnung selbst zulässig ist. Ist die Anordnung dagegen rechtskräftig, so kann die Androhung des Zwangsmittels nur soweit angefochten werden, als eine Rechtsverletzung durch die Androhung selbst vorliegt.

**17** Anordnungen der Überwachungsbehörden sind Verwaltungsakte. Gegen sie kann der Betroffene Widerspruch einlegen, gegen den Widerspruchbescheid klagen. Widerspruch und Anfechtungsklage haben aufschiebende Wirkung, d.h. die Anordnung der Behörde braucht zunächst nicht beachtet zu werden. Widerspruch und Klage ist binnen einer Frist von 4 Wochen einzulegen bzw. zu erheben, sofern die Bescheide eine entsprechende Rechtsbehelfsbelehrung enthielten. Ansonsten gilt für die Einlegung des Widerspruches eine Jahresfrist. Gegen ein klageabweisendes Urteil des Gerichts findet ein Berufungsverfahren nur dann statt, wenn das Gericht zweiter Instanz dieses Rechtsmittel zugelassen hat.

### V. Die Maßnahmen

**18** Nach § 69 Abs. 1, Satz 2 kann die Überwachungsbehörde bei Vorliegen der Voraussetzungen nach Nr. 1–6 und des Absatzes 1a das Inverkehrbringen von Arzneimitteln untersagen, deren Rückruf anordnen, sie sicher stellen bzw. den Ausschuss für Arzneispezialitäten oder Tierarzneimittel gemäß Abs. 1a über das geplante Vorgehen unterrichten. Es handelt sich um eine Ermessensvorschrift. Daher sind auch weniger einschneidende Maßnahmen denkbar. Einerlei welche Maßnahme die Überwachungsbehörde trifft, sie muss begründet werden. Das Verfahren richtet sich nach dem Verwaltungsverfahrensgesetz bzw. der Verwaltungsgerichtsordnung.

**19** Auch das Sammeln von Arzneimitteln kann untersagt werden, wenn eine sachgerechte Lagerung der Arzneimittel nicht sichergestellt ist oder der Verdacht besteht, die Arzneimittel könnten missbräuchlich verwendet werden. Werbematerial, welches gegen Vorschriften über den Verkehr mit Arzneimitteln oder der Werbung auf dem Gebiet des Heilwesens widerspricht, kann sichergestellt werden.

### VI. Öffentliche Warnung

**20** Besteht bei einem Arzneimittel der begründete Verdacht, dass es bei bestimmungsgemäßen Gebrauch schädliche Wirkung hat, die über das nach den Erkenntnissen der Medizinischen Wissenschaft vertretbare Maß hinausgehen, so kann die Bundesoberbehörde den Rückruf eines Arzneimittels anordnen, aber auch eine öffentliche Warnung vor dem Arzneimittel veranlassen. Die Auswahl der Medien steht im pflichtgemäßen Ermessen der Bundesoberbehörden. Voraussetzung ist, dass der betreffende pharmazeutische Unternehmer seinerseits keine entsprechenden Maßnahmen trifft und die Gefahr besteht, dass eine Vielzahl von Verbrauchern durch das Arzneimittel Schaden erleiden könnte. Unberührt bleibt die Befugnis des Staates die Öffentlichkeit auch bei bloßem Verdacht zu informieren.[6] Bestätigt sich der Verdacht nicht, so muss der Staat mit Schadenersatzforderungen rechnen, wenn ihm vorgeworfen werden kann, den Sachverhalt nicht ausreichend aufgeklärt und eine sofortige Güterabwägung vorgenommen zu haben.[7]

## VII. Sicherstellung von Werbematerial

Zu den gesetzlichen Vorschriften, deren Einhaltung der Überwachung durch die **21** Aufsichtsbehörden unterliegt zählt nach § 64 auch das HWG. Korrespondierend dazu sieht § 69 Abs. 3 vor, dass Werbematerial, welches den Vorschriften des HWG zuwiderläuft, behördlich sichergestellt werden kann. Aus § 64 Abs. 4 Nr. 2 ist zu folgern, dass sich die Befugnis zur Sicherstellung von Werbematerial nur auf fertiggestelltes und in Verkehr befindliches Material beziehen kann. So wird beim pharmazeutischen Unternehmer bereitliegendes, zur Verteilung bestimmte Werbematerial, welches dem HWG widerspricht, bei diesem sichergestellt werden können. Gleiches wird auch in der Druckerei möglich sein, sofern die Auslieferung unmittelbar bevorsteht. Die Verhinderung der Veröffentlichung von Anzeigen, die dem HWG widersprechen, dürfte mit Abs. 3 nicht möglich sein, jedenfalls nicht beim Verleger, in dessen Zeitschrift die Anzeige erscheinen soll. In diesem Fall dürfte es einer Anordnung gegenüber dem pharmazeutischen Unternehmer bedürfen, dafür zu sorgen, dass die Anzeige nicht erscheint. Ein Vorgehen gegen den Verleger direkt ist nur unter den gesteigerten Anforderungen der presserechtlichen Vorschriften an ein solches Vorgehen und nur bei gravierenden Gesetzesverstößen denkbar und möglich.

---

6 BVerwG NJW 1991, 1766 (Glykolwein).

7 LG Stuttgart NJW 1984, 2257; OLG Stuttgart NJW 1990, 2690 (Birkel-Nudeln); vgl. zur Rechtslage nach dem neuen Geräte- und Produktsicherheitsgesetz (welches allerdings auf Arzneimittel nicht anwendbar ist) Tremml, Luber, NJW 2005, 1745 m. Nachw. aus der (noch alten) Rechtsprechung.

## § 69a
## Überwachung von Stoffen, die als Tierarzneimittel verwendet werden können

**Die §§ 64 bis 69 gelten entsprechend für die in § 59c genannten Betriebe, Einrichtungen und Personen sowie für solche Betriebe, Einrichtungen und Personen, die Stoffe, die in den Anhang IV der Verordnung (EWG) Nr. 2377/90 aufgenommen sind, herstellen, lagern, einführen oder in den Verkehr bringen.**

**Literatur**

Lippert, Die 12. Novelle zur Änderung des AMG – Eine erste Bestandsaufnahme, GesR 2004, 505.

### I. Die Bedeutung der Norm

1 Die Norm ist durch die 7. Novelle zum Arzneimittelgesetz 1998 ins Gesetz aufgenommen worden. Sie bezieht sich auf Betriebe, Einrichtungen und Personen, die Stoffe und Zubereitungen herstellen und lagern, die als Tierarzneimittel oder zur Herstellung von Tierarzneimittel verwendet werden können. § 69a überträgt die für Humanarzneimittel geltenden Vorschriften über die Überwachung auch auf den Bereich der Tierarzneimittel tätigen Betreibe, Einrichtungen und Personen. Auch auf sie sind die §§ 64- 69 entsprechend anwendbar. Die 11. Novelle zum AMG, die im Bereich der Tierarzneimittel teilweise erhebliche Veränderungen mit sich gebracht hat, hat die Überwachung unangetastet gelassen. Die zu den § 64–69 AMG gemachten Aussagen gelten für sie entsprechend.

2 Der Gesetzgeber war im übrigen im Zweifel gut beraten, an den (ohnehin schon umfänglich geratenen) Vorschriften nichts zu verändern, denn die Probleme der staatlichen Überwachung ganz generell und die der Arzneimittelüberwachung im speziellen liegen nicht in einem Mangel an gesetzlichen Vorschriften, sondern sie krankt vorrangig an deren Umsetzung in der Praxis (Umsetzungsdefizit).[1]

---

1 Vgl. hierzu meine kritischen, aber ernst gemeinten Ausführungen in GesR 2004, 505.

## § 69b
## Verwendung bestimmter Daten

**(1) Die nach der Viehverkehrsverordnung für die Erhebung der Daten für die Anzeige und die Registrierung Vieh haltender Betriebe zuständigen Behörden übermitteln der für die Überwachung nach § 64 Abs. 1 Satz 1 zweiter Halbsatz zuständigen Behörde auf Ersuchen die zu deren Aufgabenerfüllung erforderlichen Daten.**

**(2) Die Daten dürfen für die Dauer von drei Jahren aufbewahrt werden. Die Frist beginnt mit Ablauf desjenigen Jahres, in dem die Daten übermittelt worden sind. Nach Ablauf der Frist sind die Daten zu löschen, sofern sie nicht auf Grund anderer Vorschriften länger aufbewahrt werden dürfen.**

### Die Bedeutung der Norm

Die Vorschrift war im ursprünglichen Entwurf des 13. Gesetzes zur Änderung des Arzneimittelgesetzes gar nicht enthalten. Erst im Verlauf des Gesetzgebungsverfahrens wurde sie auf Drängen des Bundesrates ins Gesetz aufgenommen. Auslöser für diesen Sinneswandel war die durch das 12. Gesetz zur Änderung des Arzneimittelgesetzes vorgenommene Änderung von § 64 Abs. 3. Danach sind u.a. auch tierärztliche Hausapotheken in aller Regel alle zwei Jahre durch die Aufsichtsbehörden zu besichtigen. Damit soll die Überwachung auch auf mögliche Risiken in landwirtschaftlichen Betrieben mit Nutztierhaltung, die zur Lebensmittelgewinnung dient, erstreckt werden. 1

Dafür erforderliche Daten werden aber bereits auf Grund anderer Vorschriften wie etwa der Viehverkehrsverordnung erhoben. Die Vorschrift ermöglicht es, diese bereits vorhandenen Daten auch für Zwecke der Arzneimittelüberwachung zu nutzen indem diese Behörden, sie anfordern können (Zweckänderung). 2

# Zwölfter Abschnitt
# Sondervorschriften für Bundeswehr, Bundespolizei, Bereitschaftspolizei, Zivilschutz

## § 70
## Anwendung und Vollzug des Gesetzes

**(1) Die Vorschriften dieses Gesetzes finden auf Einrichtungen, die der Arzneimittelversorgung der Bundeswehr, der Bundespolizei und der Bereitschaftspolizeien der Länder dienen, sowie auf die Arzneimittelbevorratung für den Zivilschutz entsprechende Anwendung.**

**(2) Im Bereich der Bundeswehr obliegt der Vollzug dieses Gesetzes bei der Überwachung des Verkehrs mit Arzneimitteln den zuständigen Stellen und Sachverständigen der Bundeswehr. Im Bereich der Bundespolizei obliegt er den zuständigen Stellen und Sachverständigen der Bundespolizei. Im Bereich der Arzneimittelbevorratung für den Zivilschutz obliegt er den vom Bundesministerium des Innern bestimmten Stellen; soweit Landesstellen bestimmt werden, bedarf es hierzu der Zustimmung des Bundesrates.**

### Die Bedeutung der Norm

1 Die Vorschrift stellt klar, dass Angehörige der dort genannten Personen in Ausübung ihres Dienstes nicht weniger schutzwürdig sind als „normale" Zivilpersonen. Allerdings liegt die Überwachung der Einhaltung der Vorschriften nicht in den Händen der nach dem AMG zuständigen Landesbehörden, sondern bei der Bundeswehr bzw. den in der Norm genannten Einheiten. Die Zuständigkeit der jeweiligen Bundesoberbehörden bleibt unberührt. Soweit die für den zivilen Bereich zuständigen Behörden tätig werden müssen, sind die bei der Bundeswehr bzw. den sonstigen genannten Einheiten zuständigen Stellen zur Amtshilfe verpflichtet.

Ratzel

E. Deutsch, H.-D. Lippert (Hrsg.), *Kommentar zum Arzneimittelgesetz (AMG),*
DOI 10.1007/978-3-642-01455-0_12, 

## § 71
## Ausnahmen

**(1) Die in § 10 Abs. 1 Nr. 9 vorgeschriebene Angabe des Verfalldatums kann entfallen bei Arzneimitteln, die an die Bundeswehr, die Bundespolizei sowie für Zwecke des Zivil- und Katastrophenschutzes an Bund oder Länder abgegeben werden. Die zuständigen Bundesministerien oder, soweit Arzneimittel an Länder abgegeben werden, die zuständigen Behörden der Länder stellen sicher, dass Qualität, Wirksamkeit und Unbedenklichkeit auch bei solchen Arzneimitteln gewährleistet sind.**

**(2) Das Bundesministerium wird ermächtigt, durch Rechtsverordnung Ausnahmen von den Vorschriften dieses Gesetzes und der auf Grund dieses Gesetzes erlassenen Rechtsverordnungen für den Bereich der Bundeswehr, der Bundespolizei, der Bereitschaftspolizeien der Länder und des Zivil- und Katastrophenschutzes zuzulassen, soweit dies zur Durchführung der besonderen Aufgaben in diesen Bereichen gerechtfertigt ist und der Schutz der Gesundheit von Mensch oder Tier gewahrt bleibt. Die Rechtsverordnung wird vom Bundesministerium für Ernährung, Landwirtschaft und Verbraucherschutz im Einvernehmen mit dem Bundesministerium erlassen, soweit es sich um Arzneimittel handelt, die zur Anwendung bei Tieren bestimmt sind.**

**(3) Die Rechtsverordnung ergeht, soweit sie den Bereich der Bundeswehr berührt, im Einvernehmen mit dem Bundesministerium der Verteidigung, und, soweit sie den Bereich der Bundespolizei und des Zivilschutzes berührt, im Einvernehmen mit dem Bundesministerium des Innern, jeweils ohne Zustimmung des Bundesrates; soweit die Rechtsverordnung den Bereich der Bereitschaftspolizeien der Länder oder des Katastrophenschutzes berührt, ergeht sie im Einvernehmen mit dem Bundesministerium des Innern mit Zustimmung des Bundesrates.**

**Zugehörige Verordnungen**
**Verordnung zur Abgabe von kaliumiodidhaltigen Arzneimitteln zur Iodblockade der Schilddrüse bei radiologischen Ereignissen (Kaliumiodidverordnung – KIV) vom 5. Juni 2003 (BGBl. I S. 850) geändert durch Art. 70 des Gesetzes vom 21. Juni 2005 (BGBl. I S. 1618)**

**Verordnung über die Zulassung von Ausnahmen von Vorschriften des Arzneimittelgesetzes für die Bereiche des Zivil- und Katastrophenschutzes, der Bundeswehr, der Bundespolizei sowie der Bereitschaftspolizeien der Länder (AMG- Zivilschutzausnahmeverordnung) Vom 17. Juni 2003 (BGBl. I S. 851) geändert durch Verordnung vom 29. März 2006 (BGBl. I S. 594)**

### Die Bedeutung der Norm

Die Vorschrift ist insgesamt von geringer Bedeutung. Der Verzicht auf die Anga- **1**
be des Verfallsdatums soll dem Umstand Rechnung tragen, dass Arzneimittel im Rahmen der Bundeswehr unter kontrollierten Bedingungen gelagert werden, was ihre Haltbarkeit verlängere. Nach der amtlichen Begründung würde die Kenn-

zeichnung aller Fertigarzneimittel mit offenem Verfalldatum dazu führen, dass jährlich beträchtliche Mengen qualitativ einwandfreier und unbedenklicher Arzneimittel wegen überschrittener Verfalldaten umweltbelastend vernichtet und kostenverursachend nachbeschafft werden müssten.

**2** Von der Verordnungsermächtigung in Abs. 2 ist zwischenzeitlich mit den beiden oben genannten Rechtsverordnungen Gebrauch gemacht worden. Die dort vorgesehenen Ausnahmen gehen zum Teil sehr weit. So dürfte es durchaus strittig sein, ob der Ausschluss der Gefährdungshaftung des Pharmazeutischen Unternehmers noch durch die Ermächtigungsnorm gedeckt ist.

# Dreizehnter Abschnitt
# Einfuhr und Ausfuhr

## § 72
## Einfuhrerlaubnis

**(1) Wer**
1. **Arzneimittel im Sinne des § 2 Absatz 1 oder Absatz 2 Nummer 1,**
2. **Wirkstoffe, die menschlicher, tierischer oder mikrobieller Herkunft sind oder die auf gentechnischem Wege hergestellt werden, oder**
3. **andere zur Arzneimittelherstellung bestimmte Stoffe menschlicher Herkunft**

**gewerbs- oder berufsmäßig aus Ländern, die nicht Mitgliedstaaten der Europäischen Union oder andere Vertragsstaaten des Abkommens über den Europäischen Wirtschaftsraum sind, in den Geltungsbereich dieses Gesetzes einführen will, bedarf einer Erlaubnis der zuständigen Behörde. § 13 Absatz 4 und die §§ 14 bis 20a sind entsprechend anzuwenden.**

**(2) Auf Personen und Einrichtungen, die berufs- oder gewerbsmäßig Arzneimittel menschlicher Herkunft zur unmittelbaren Anwendung bei Menschen einführen wollen, findet Absatz 1 mit der Maßgabe Anwendung, dass die Erlaubnis nur versagt werden darf, wenn der Antragsteller nicht nachweist, dass für die Beurteilung der Qualität und Sicherheit der Arzneimittel und für die gegebenenfalls erforderliche Überführung der Arzneimittel in ihre anwendungsfähige Form nach dem Stand von Wissenschaft und Technik qualifiziertes Personal und geeignete Räume vorhanden sind.**

**(3) Die Absätze 1 und 2 finden keine Anwendung auf**
1. **Gewebe im Sinne von § 1a Nummer 4 des Transplantationsgesetzes, für die es einer Erlaubnis nach § 72b bedarf,**
2. **autologes Blut zur Herstellung von biotechnologisch bearbeiteten Gewebeprodukten, für das es einer Erlaubnis nach § 72b bedarf,**
3. **Gewebezubereitungen im Sinne von § 20c, für die es einer Erlaubnis nach § 72b bedarf, und**
4. **Wirkstoffe, die für die Herstellung von nach einer im Homöopathischen Teil des Arzneibuches beschriebenen Verfahrenstechnik herzustellenden Arzneimitteln bestimmt sind.**

**Übersicht** **Rz.**





E. Deutsch, H.-D. Lippert (Hrsg.), *Kommentar zum Arzneimittelgesetz (AMG),*
DOI 10.1007/978-3-642-01455-0_13, © Springer-Verlag Berlin Heidelberg 2011

## I. Die Bedeutung der Norm

1 Gemäß § 9 Abs. 2 dürfen Arzneimittel in Deutschland nur von pharmazeutischen Unternehmen in Verkehr gebracht werden, die ihren Sitz in Deutschland, der EU oder dem EWR haben. Dies soll sicherstellen, dass eine direkte Kontrolle der Einhaltung einschlägiger Vorschriften ermöglicht wird. Durch die 12. AMG-Novelle wurde auch für diese Regelung eine Anpassung in dem Sinne vorgenommen, dass jetzt auch Wirkstoffe, die menschlicher, tierischer oder mikrobieller Herkunft sind oder Wirkstoffe, die auf gentechnischem Wege hergestellt werden, sowie andere zur Arzneimittelherstellung bestimmte Stoffe menschlicher Herkunft unter die Erlaubnispflicht[1] fallen. Durch die AMG-Novelle 2009 wurde Absatz 1 der neuen Fassung von § 13 angepasst. In Absatz 2 wurden die Versagungsgründe für die besondere Erlaubnis zur Einfuhr von bestimmten Arzneimitteln zur unmittelbaren Anwendung am Menschen präzisiert. Dabei wurde klargestellt, dass von dieser Sonderregelung auch geringfügige Arbeitsschritte erfasst sind, die für die Anwendung am Menschen bewältigt werden müssen. Daraus folgt, dass Absatz 1 Satz 2 in diesem Rahmen keine Anwendung findet. Eine Firma oder Person, die die in § 72 beschriebenen Arzneimittel, Stoffe und Präparate nicht selbst herstellt, sondern z.B. aus den USA gewerbs- oder berufsmäßig[2] zur Abgabe an Dritte bezieht, benötigt eine Einfuhrerlaubnis gemäß § 72.[3] Eine erlaubnispflichtige Einfuhr ist auch der Parallel- und Re-Import aus einem Drittstaat.[4] Unter „Parallelimport" versteht man im allgemeinen die Einfuhr solcher Arzneimittel, die zwar nicht in der Bundesrepublik hergestellt wurden, unter Berufung auf eine bestehende Zulassung aber eingeführt werden sollen, wie man es oft bei Konzernware, die von verbundenen Unternehmen im Ausland und der Bundesrepublik vertrieben werden, vorfindet. Re-Import ist die Einfuhr zuvor im Inland zugelassener und exportierter Arzneimittel, die jedoch nur dann eine Einfuhrerlaubnis benötigen, wenn sie aus Nicht-EWR-Staaten reimportiert werden.[5] Keine erlaubnispflichtige Einfuhr aus einem Nicht-EWR-Drittstaat liegt dann vor, wenn das Arzneimittel oder der Wirkstoff zuvor in der EU oder einem EWR-Staat hergestellt und zulässig in den Verkehr gebracht wurde,[6] Keine Einfuhr ist die Durchfuhr, da in diesen Fällen kein Inverkehrbringen beabsichtigt ist. Es sind allerdings die zollamtlichen Überwachungsvorschriften zu beachten (§ 74). Keine Einfuhr i.S. von § 72 AMG ist schließlich die Mitnahme eines zum persönlichen Gebrauch bestimmten Arzneimittels (§ 73 Abs. 2 Nr.6) sowie sämtliche Fälle der Verbringung von Arzneimitteln gemäß § 73 Abs. 2 und Abs. 3 (siehe dort). Die genannten Erweiterungen beziehen sich auch auf im Arzneimittelgesetz nachfolgende Regelungen zur Ausstel-

---

1 Für Gewebe siehe § 72 b.

2 Zu diesen Begriffen siehe § 13.

3 BayVGH, Beschl.v. 24.8.2009, 9 CS 09.1023, GewArch 2009, 497, wer Granulate, die ausschließlich dazu bestimmt sind, in der traditionellen chinesischen Medizin TCM Anwendung finden, einführt, bedarf einer Erlaubnis.

4 Kloesel, Cyran, § 72 Anm. 3.

5 Kein neues arzneimittelrechtliches Verfahren bei Re-Import aus EWR, „Adalat" aus Österreich, EuGH NJW 1993, 2987.

6 BayObLGSt, Beschl. v. 20.4.1998, 4 St RR 46/98, NStZ 1998, 578ff.

lung von Zertifikaten durch die zuständige Behörde des Herstellungslandes (siehe § 72a, „Zertifikate"). Für den großen Bereich des Arzneimittelimports aus der EU und dem EWR gelten die Beschränkungen dieses Abschnitts nicht. Hier zeigen sich erhebliche Auswirkungen des freien Warenverkehrs im Arzneimittelbereich. Das zentralisierte europäische Zulassungsverfahren[7] zeigt sich schon heute als gegenüber nationalen Zulassungsregelungen konkurrenzfähig. Bei besonders innovativen Produkten, die schnell in den Markt gebracht werden sollen, erhält es von großen Pharmakonzernen sogar den Vorzug[8] (näheres siehe Einführung vor dem 4. Abschnitt). Daneben besteht weiterhin das dezentrale Verfahren, wonach andere Mitgliedstaaten der EU die in einem Land erteilte Zulassung anerkennen. Die Anerkennung kann nur unter Berufung auf unvertretbare Risiken und eine damit verbundene Gefahr für die öffentliche Gesundheit versagt werden (näheres siehe §§ 21ff.). Ist ein Arzneimittel aus einem Drittstaat in ein anderes Mitgliedsland vorschriftsgemäß importiert worden, kommt § 72 ebenfalls nicht zur Geltung, wenn vom Kontrollleiter des Einfuhrbetriebes unterzeichnete Prüfprotokolle beigefügt sind.[9] Voraussetzung ist aber auch dann eine Verkehrsfähigkeit in diesem Mitgliedsstaat[10] (§ 73 Abs.1), sofern nicht eine der Ausnahmen gemäß § 73 Abs. 2 oder 3 vorliegen. Wurde das Arzneimittel im übrigen z.B. aus den USA über ein Zollfreilager eines EU/EWR-Staates eingeführt, ohne dass es dort in den Verkehr gelangt ist, ist wiederum eine Einfuhrerlaubnis erforderlich. Eine mengenmäßige Beschränkung als Marktzutrittsregulierung kann über die Erlaubnis nach § 72 nicht erreicht werden.[11] Absatz 3 i.d.F. der AMG-Novelle 2009 fasst die Ausnahmen von § 72 zusammen und verweist bezüglich der Gewebezubereitungen auf die Spezialregelung in § 72 b.

## II. Die Erlaubnis

Die Voraussetzungen für die Erteilung der Einfuhrerlaubnis als Grundlage für den Vertrieb in Deutschland gleichen weitgehend der Herstellungserlaubnis. Das bedeutet, dass das Unternehmen eine sachkundige Person i.S. der §§ 14ff. nachweisen muss. Die notwendige Sachkenntnis wird entweder durch die Approbation als Apotheker oder das Zeugnis über einen nach abgeschlossenem Hochschulstudium der Pharmazie, der Chemie, der Biologie, der Human- oder der Veterinärmedizin abgelegten Prüfung und einer mindestens zweijährigen praktischen Tätigkeit in der Arzneimittelherstellung oder in der Arzneimittelprüfung erbracht (§ 15). National zuständig ist der Mitgliedsstaat, in den das Arzneimittel als Ware **2**

---

7 Einf. vor dem 4. Abschnitt.

8 Zuständig ist die EMEA (Europäische Arzneimittelagentur) in London. Begünstigt werden Arzneimittel, die vom Spezialitätenausschuß (CPMP), bestehend aus je zwei Vertretern pro Mitgliedstaat, als innovativ anerkannt werden.

9 Kloesel, Cyran, § 72 Anm. 6ff.

10 Vertrauensgrundsatz durch Richtlinie der Kommission zur Festlegung der Grundsätze und Leitlinien der guten Herstellungspraxis für zur Anwendung beim Menschen bestimmte Arzneimittel (91/356/EWG) v. 13.06.1991 (ABl. Nr. L 193/30 v. 17.07.1991 S. 30).

11 EuGH, NJW 1991, 2951

eingeführt wird. Der Sitz der Hauptverwaltung eines Konzerns oder der Vertriebszentrale ist nicht maßgeblich. Die Erlaubnis wird betriebsstätten- und produktbezogen erteilt. Im Geltungsbereich des AMG richtet sich die Zuständigkeit der Genehmigungsbehörde nach Landesrecht, in der Regel die Regierungspräsidien.

### III. Rechtsbehelfe

3 Gegen die Versagung der Einfuhrerlaubnis gibt es die gleichen Rechtsbehelfe wie bei der Versagung der Herstellungserlaubnis Eine einmal erteilte Einfuhrerlaubnis kann widerrufen oder zurückgenommen werden. Als mildere Maßnahme kann das Ruhen der Einfuhrerlaubnis in Betracht kommen. Auch hier kommen die bei vergleichbaren Maßnahmen im Herstellungsverfahren genannten Rechtsbehelfe zum Zuge.

### IV. Haftungsrechtliche Gesichtspunkte

4 Da der Importeur gemäß § 9 Abs. 2 als Hersteller gilt, haftet er wie dieser, soweit sich die Ansprüche des Geschädigten auf das AMG stützen lassen. Daneben kann der ausländische Hersteller nach den allgemeinen internationalen Haftungsgrundsätzen herangezogen werden. Für den Geschädigten ist dies dann günstig, wenn das anzuwendende Recht im Heimatland des Herstellers strenger ist. Stützt der Geschädigte seinen Anspruch auf § 84, hat er im übrigen den Vorzug, die Klage an seinem allgemeinen Gerichtsstand erheben zu können (§ 94 a Abs. 1). Dies gilt allerdings nicht bei der Ermittlung der internationalen Zuständigkeit der Gerichte eines ausländischen Staates gemäß § 328 Abs. 1 Nr. 1 ZPO (§ 94 a Abs. 2) und bei Ansprüchen, deren Grundlage nicht in § 84 zu suchen ist. Diese Einschränkung spielt allerdings nur noch eine geringe Rolle, nachdem nun auch im Rahmen der Haftung nach § 84 Schmerzensgeld verlangt werden kann (§ 87).

### V. Sanktionen

#### Im Strafrecht

5 Die Einfuhr nicht zugelassener Arzneimittel, Stoffe oder Präparate ohne Erlaubnis gemäß § 72 – mit Ausnahme der in § 73 Abs. 2 und 3 genannten Fällen – ist verboten. Handelt der Betroffene vorsätzlich, kann dies mit Freiheitsstrafe bis zu einem Jahr oder mit Geldstrafe geahndet werden (§ 96 Nr.4).

#### Im Ordnungswidrigkeitenrecht

6 Bei fahrlässiger Begehung kommt gemäß § 97 Abs.1 eine Ahndung als Ordnungswidrigkeit in Betracht.

## § 72a
## Zertifikate

**(1) Der Einführer darf Arzneimittel im Sinne des § 2 Abs. 1 und 2 Nr. 1, 1a, 2 und 4 oder Wirkstoffe nur einführen, wenn**

1. **die zuständige Behörde des Herstellungslandes durch ein Zertifikat bestätigt hat, dass die Arzneimittel oder Wirkstoffe entsprechend anerkannten Grundregeln für die Herstellung und die Sicherung ihrer Qualität, insbesondere der Europäischen Gemeinschaften oder der Weltgesundheitsorganisation, hergestellt werden und solche Zertifikate für Arzneimittel im Sinne des § 2 Abs. 1 und 2 Nr. 1, die zur Anwendung bei Menschen bestimmt sind, und Wirkstoffe, die menschlicher, tierischer oder mikrobieller Herkunft sind, oder Wirkstoffe, die auf gentechnischem Wege hergestellt werden, gegenseitig anerkannt sind,**
2. **die zuständige Behörde bescheinigt hat, dass die genannten Grundregeln bei der Herstellung der Arzneimittel sowie der dafür eingesetzten Wirkstoffe, soweit sie menschlicher, tierischer oder mikrobieller Herkunft sind, oder Wirkstoffe, die auf gentechnischem Wege hergestellt werden, oder bei der Herstellung der Wirkstoffe eingehalten werden oder**
3. **die zuständige Behörde bescheinigt hat, dass die Einfuhr im öffentlichen Interesse liegt.**

**Die zuständige Behörde darf eine Bescheinigung nach**

1. **Satz 1 Nummer 2 nur ausstellen, wenn ein Zertifikat nach Satz 1 Nummer 1 nicht vorliegt und sie oder eine zuständige Behörde eines Mitgliedstaates der Europäischen Union oder eines anderen Vertragsstaates des Abkommens über den Europäischen Wirtschaftsraum sich regelmäßig im Herstellungsland vergewissert hat, dass die genannten Grundregeln bei der Herstellung der Arzneimittel oder Wirkstoffe eingehalten werden,**
2. **Satz 1 Nummer 3 nur erteilen, wenn ein Zertifikat nach Satz 1 Nummer 1 nicht vorliegt und eine Bescheinigung nach Satz 1 Nummer 2 nicht vorgesehen oder nicht möglich ist.**

**(1a) Absatz 1 Satz 1 gilt nicht für**

1. **Arzneimittel, die zur klinischen Prüfung beim Menschen bestimmt sind,**
2. **Arzneimittel menschlicher Herkunft zur unmittelbaren Anwendung oder Blutstammzellzubereitungen, die zur gerichteten, für eine bestimmte Person vorgesehenen Anwendung bestimmt sind,**
3. **Wirkstoffe, die menschlicher, tierischer oder mikrobieller Herkunft sind und für die Herstellung von nach einer im Homöopathischen Teil des Arzneibuches beschriebenen Verfahrenstechnik herzustellenden Arzneimitteln bestimmt sind,**
4. **Wirkstoffe, die Stoffe nach § 3 Nr. 2 in unbearbeitetem oder bearbeitetem Zustand sind oder enthalten, soweit die Bearbeitung nicht über eine Trocknung, Zerkleinerung und initiale Extraktion hinausgeht,**

**5. Gewebe im Sinne von § 1a Nummer 4 des Transplantationsgesetzes, für die es eines Zertifikates oder einer Bescheinigung nach § 72b bedarf,**
**6. autologes Blut zur Herstellung von biotechnologisch bearbeiteten Gewebeprodukten, für das es eines Zertifikates oder einer Bescheinigung nach § 72b bedarf, und**
**7. Gewebezubereitungen im Sinne von § 20c, für die es eines Zertifikates oder einer Bescheinigung nach § 72b bedarf.**

**(1b) Die in Absatz 1 Satz 1 Nr. 1 und 2 für Wirkstoffe, die menschlicher, tierischer oder mikrobieller Herkunft sind, oder für Wirkstoffe, die auf gentechnischem Wege hergestellt werden, enthaltenen Regelungen gelten entsprechend für andere zur Arzneimittelherstellung bestimmte Stoffe menschlicher Herkunft.**

**(1c) Arzneimittel und Wirkstoffe, die menschlicher, tierischer oder mikrobieller Herkunft sind oder Wirkstoffe, die auf gentechnischem Wege hergestellt werden, sowie andere zur Arzneimittelherstellung bestimmte Stoffe menschlicher Herkunft, ausgenommen die in Absatz 1a Nr. 1 und 2 genannten Arzneimittel, dürfen nicht auf Grund einer Bescheinigung nach Absatz 1 Satz 1 Nr. 3 eingeführt werden.**

**(1d) Absatz 1 Satz 1 findet auf die Einfuhr von Wirkstoffen sowie anderen zur Arzneimittelherstellung bestimmten Stoffen menschlicher Herkunft Anwendung, soweit ihre Überwachung durch eine Rechtsverordnung nach § 54 geregelt ist.**

**(2) Das Bundesministerium wird ermächtigt, durch Rechtsverordnung mit Zustimmung des Bundesrates zu bestimmen, dass Stoffe und Zubereitungen aus Stoffen, die als Arzneimittel oder zur Herstellung von Arzneimitteln verwendet werden können, nicht eingeführt werden dürfen, sofern dies zur Abwehr von Gefahren für die Gesundheit des Menschen oder zur Risikovorsorge erforderlich ist.**

**(3) Das Bundesministerium wird ferner ermächtigt, durch Rechtsverordnung mit Zustimmung des Bundesrates die weiteren Voraussetzungen für die Einfuhr von den unter Absatz 1a Nr. 1 und 2 genannten Arzneimitteln, zu bestimmen, sofern dies erforderlich ist, um eine ordnungsgemäße Qualität der Arzneimittel zu gewährleisten. Es kann dabei insbesondere Regelungen zu den von der sachkundigen Person nach § 14 durchzuführenden Prüfungen und der Möglichkeit einer Überwachung im Herstellungsland durch die zuständige Behörde treffen.**

**(4) (weggefallen)**

## I. Die Bedeutung der Norm

1 Nach der amtlichen Begründung soll die Vorschrift bei importierten Arzneimitteln aus Staaten außerhalb der EU und des EWR sicherstellen, dass die laufende Produktion dem von der Weltgesundheitsorganisation vorgesetzten Standard entspricht, den auch die Arzneimittel aufweisen müssen, die im Geltungsbereich des AMG hergestellt werden. Im Gegensatz zu § 72 gilt die Norm nicht nur für Fertigarzneimittel, sondern für alle Arzneimittel. Für Einfuhren aus dem EWR und der EU gilt die Norm nicht. Auf Reimporte ist die Vorschrift ebenfalls nicht anwendbar, wenn es sich um nachweislich in der Bundesrepublik hergestellte Arzneimittel handelt. Wirkstoffe für die Herstellung homöopathischer Arzneimittel sind ebenfalls ausgenommen. Durch die AMG-Novelle 2009 wurde der bisherige Verweis auf Zertifikate entsprechend der Pharma-Inspektions-Konvention (PIC) gestrichen. Gemäß Absatz 1 a Nr.2 können Arzneimittel menschlicher Herkunft, die zur unmittelbaren Anwendung bestimmt sind, grundsätzlich ohne Zertifikat oder Bescheinigung der zuständigen Behörde eingeführt werden. Diese Erleichterung wurde durch die AMG-Novelle 2009 auf Blutstammzellzubereitungen erweitert. Die Erleichterung ermöglicht es, für einzelne Patienten bestimmte Blutstammzellzubereitungen einzuführen (z.B. zur Lebensrettung in Notfällen). Für Gewebe i.S.v. § 1 a Nr.4 TPG und Gewebezubereitungen gilt nicht § 72 a, sondern § 72 b.

## II. Die Zertifikats-Verfahren

2 Abs. 1 sieht in den Nummern 1 bis 3 verschiedene Verfahren vor, die nicht gleichberechtigt nebeneinander stehen, sondern nacheinander im Wege einer Stufensystematik zur Anwendung gelangen. Idealfall sind zwischenstaatliche Verträge über die gegenseitige Anerkennung von Überwachungsmaßnahmen und darauf beruhender Zertifikate oder Inspektionsberichte. Voraussetzung hierfür ist die jeweilige Anerkennung der GMP-Richtlinien der WHO. Liegen derartige zwischenstaatliche Verträge vor, ist eine Fremdinspektion im jeweils anderen Vertragsstaat überflüssig.

3 Kann eine Bescheinigung nach Nr. 1 nicht vorgelegt werden, muss eine Fremdinspektion der für die Arzneimittelsicherheit zuständigen Behörde des Herkunftslands im Bestimmungsland durchgeführt werden. Örtlich zuständig ist die Behörde am Sitz des Einführers. Erst wenn eine derartige Fremdinspektion nicht möglich ist, kommt eine Bescheinigung gem. Abs. 1 Nr. 3 in Betracht (öffentliches Interesse). Bei Arzneimitteln und Wirkstoffen, die Blutzubereitungen sind oder enthalten, scheidet auch diese Möglichkeit aus. Von der Verordnungsermächtigung in Abs. 2 ist bis jetzt im übrigen noch nicht Gebrauch gemacht worden.

### III. Sanktionen

### Im Strafrecht

4 Strafbar macht sich, wer Arzneimittel im Sinne von § 2 Abs. 1 oder Abs. 2 Nr. 1, Testsera oder Testantigene oder Wirkstoffe, die menschlicher oder tierischer Natur sind oder auf gentechnischem Wege hergestellt werden, ohne die nach § 72a erforderlichen Zertifikate aus Ländern, die nicht Mitgliedstaaten der EU oder andere Vertragsstaaten des Abkommens über den europäischen Wirtschaftsraum sind, in den Geltungsbereich des AMG verbringt, § 96 Nr. 4. Normadressat ist jeder deutsche Staatsbürger, der eine Straftat im Inland oder im Ausland begeht. Ebenfalls Normadressat kann ein Ausländer sein, der die Tat in Deutschland begeht.

### Im Ordnungswidrigkeitenrecht

5 Ordnungswidrig handelt, wer die o.g. Straftat fahrlässig begeht, § 97 Abs. 1.

## § 72b
## Einfuhrerlaubnis und Zertifikate für Gewebe und bestimmte Gewebezubereitungen

**(1) Wer Gewebe im Sinne von § 1a Nr. 4 des Transplantationsgesetzes oder Gewebezubereitungen im Sinne von § 20c gewerbs- oder berufsmäßig zum Zwecke der Abgabe an andere oder zur Be- oder Verarbeitung einführen will, bedarf einer Erlaubnis der zuständigen Behörde. § 20c Abs. 1 Satz 3 und Abs. 2 bis 7 ist entsprechend anzuwenden. Für die Einfuhr von Gewebezubereitungen zur unmittelbaren Anwendung gilt § 72 Absatz 2 entsprechend.**

**(2) Der Einführer nach Absatz 1 darf die Gewebe oder Gewebezubereitungen nur einführen, wenn**

**1. die Behörde des Herkunftslandes durch ein Zertifikat bestätigt hat, dass die Gewinnung, Laboruntersuchung, Be- oder Verarbeitung, Konservierung, Lagerung oder Prüfung nach Standards durchgeführt wurden, die den von der Gemeinschaft festgelegten Standards der Guten fachlichen Praxis mindestens gleichwertig sind, und solche Zertifikate gegenseitig anerkannt sind, oder**

**2. die für den Einführer zuständige Behörde bescheinigt hat, dass die Standards der Guten fachlichen Praxis bei der Gewinnung, Laboruntersuchung, Be- oder Verarbeitung, Konservierung, Lagerung oder Prüfung eingehalten werden, nachdem sie oder eine zuständige Behörde eines anderen Mitgliedstaates der Europäischen Union oder eines anderen Vertragsstaates des Abkommens über den Europäischen Wirtschaftsraum sich darüber im Herstellungsland vergewissert hat, oder**

**3. die für den Einführer zuständige Behörde bescheinigt hat, dass die Einfuhr im öffentlichen Interesse ist, wenn ein Zertifikat nach Nummer 1 nicht vorliegt und eine Bescheinigung nach Nummer 2 nicht möglich ist.**

**Abweichend von Satz 1 Nr. 2 kann die zuständige Behörde von einer Besichtigung der Entnahmeeinrichtungen im Herkunftsland absehen, wenn die vom Einführer eingereichten Unterlagen zu keinen Beanstandungen Anlass geben oder ihr Einrichtungen oder Betriebsstätten sowie das Qualitätssicherungssystem desjenigen, der im Herkunftsland das Gewebe gewinnt, bereits bekannt sind.**

**(3) Das Bundesministerium wird ermächtigt, durch Rechtsverordnung mit Zustimmung des Bundesrates die weiteren Voraussetzungen für die Einfuhr von Geweben oder Gewebezubereitungen nach Absatz 2 zu bestimmen, um eine ordnungsgemäße Qualität der Gewebe oder Gewebezubereitungen zu gewährleisten. Es kann dabei insbesondere Regelungen zu den von der verantwortlichen Person nach § 20c durchzuführenden Prüfungen und der Durchführung der Überwachung im Herkunftsland durch die zuständige Behörde treffen.**

**(4) Absatz 2 Satz 1 findet auf die Einfuhr von Gewebe und Gewebezubereitungen im Sinne von Absatz 1 Anwendung, soweit ihre Überwachung durch eine Rechtsverordnung nach § 54, nach § 12 des Transfusionsgesetzes oder nach § 16a des Transplantationsgesetzes geregelt ist.**

**(5) Die Absätze 1 bis 4 gelten entsprechend für autologes Blut für die Herstellung von biotechnologisch bearbeiteten Gewebeprodukten.**

## I. Die Bedeutung der Norm

1 § 72 b ist mit Inkrafttreten des Gewebegesetzes[1] am 1. 8. 2007 in das AMG aufgenommen worden. Das Gesetz setzt die EU-Richtlinie 2004/23/EG[2] vom 31.3.2004 in deutsches Recht um und unterstellt die Gewebeentnahme weitgehend, wie schon zuvor die Organentnahme, den Regelungen des TPG. Die Norm fasst die Einfuhrvorschriften für Gewebe zur Be- oder Verarbeitung oder zur Abgabe an andere, auch für Keimzellen, die unter den Gewebebegriff fallen sowie für bekannte Gewebezubereitungen wie Herzklappen, Augenhornhäute oder Knochenmark zusammen. Sie gleicht bezüglich der Voraussetzungen in weiten Teilen § 72 a Abs. 1, die zuständige Behörde wird allerdings von der Verpflichtung freigestellt, in jedem Einzelfall eine Fremdbesichtigung der Entnahmeeinrichtung in einem Drittland durchzuführen. Sie kann von einer Besichtigung absehen, wenn der Einführer Unterlagen aus dem Herstellerbereich des Drittlandes einreicht, die so überzeugend sind, das keine Zweifel an der Ordnungsmäßigkeit der Entnahme oder Herstellung entstehen, oder die Behörde die Entnahmeeinrichtung bereits – positiv – kennt. Es ist eine Ermessensentscheidung, die die Behörde ggfls. in Abstimmung mit dem PEI trifft (siehe auch § 72 b Abs. 1 Satz 2 i.V.m. § 20 c Abs. 1 Satz 3). Für die Einfuhr von Geweben zur unmittelbaren Anwendung am Menschen sieht § 72 b Absatz 1 Satz 3 i.V.m. § 72 Abs. 2 ein vereinfachtes Erlaubnisverfahren vor. Neben der Einfuhrerlaubnis nach § 72 b Abs. 1 ist für das Inverkehrbringen grundsätzlich zu prüfen, ob zusätzlich eine Genehmigung nach § 21 a Abs. 1 erforderlich ist.

## II. Beispiele

### 1. Spendermenisken aus den USA für eine Klinik

2 Ein menschlicher Spendermeniskus stellt ein Gewebe im Sinne des § 1 a Nr. 4 TPG dar. Als solches ist er gemäß § 4 Abs. 30 AMG weiterhin auch als Arzneimittel zu klassifizieren. Daher müssen die Vorschriften des AMG zur Einfuhr beachtet werden. Nach dem neuen Absatz 32 zu § 4 AMG versteht man unter Einfuhr die Überführung von unter das Arzneimittelgesetz fallenden Produkten aus Drittstaaten, die nicht Vertragsstaaten des Abkommens über den Europäischen Wirtschaftsraum sind, in den zollrechtlich freien Verkehr. Hierzu schreibt § 72 b Abs. 1 S. 1 AMG vor, dass der, der derartiges Gewebe gewerbs- oder berufsmäßig zum Zwecke der Abgabe an andere oder zur Be- oder Verarbeitung einführen will, einer Erlaubnis der zuständigen Behörde bedarf. Da die Abgabe durch ein Krankenhaus in Ausübung seines Versorgungsauftrags – im übertragenen Sinne – erfolgt (auf den Arzt ist hier nicht abzustellen, da es um das Krankenhaus als Besteller und damit Einführer des Gewebes geht) handelt es sich auch um eine berufsmäßige Abgabe i.S.d. § 72 b AMG. Dass die Abgabe jeweils für den spezifischen

---

1 BGBl. I 2007, 1574.
2 Abl.EU Nr. L 102, 48.

Einzelfall in Form der konkreten Bestellung eines einzelnen Meniskus erfolgt, vermag hieran nichts zu ändern. Für die Erteilung einer solchen Erlaubnis wäre die Behörde des Landes zuständig, in dem die Betriebsstätte liegt oder liegen soll, im Benehmen mit der zuständigen Bundesoberbehörde, dem Paul-Ehrlich-Institut. Die zuständige Landesbehörde wäre z.B. die Leitstelle Arzneimittelüberwachung in einem Bundesland, angesiedelt bei einem Regierungspräsidium, als landesweit zuständige Einrichtung. Weiterhin sind über § 72 b Abs. 1 S. 2 die Anforderungen des § 20 c Abs. 1 S. 3, Abs. 2-7 zu beachten, aus denen sich erstens die oben genannte Behörde ergibt sowie bestimmte Versagensgründe. Fraglich ist ferner, ob ein Krankenhaus eine Gewebeeinrichtung i.S.d. § 1 a Nr. 8 TPG mit den entsprechenden Anforderungen und Pflichten nach § 8 d ff. TPG darstellt. Eine Gewebeeinrichtung ist eine Einrichtung, die Gewebe zum Zweck der Übertragung entnimmt, untersucht, aufbereitet, be- oder verarbeitet, konserviert, kennzeichnet, verpackt, aufbewahrt oder an andere abgibt. Im Regelfall wird dies zu bejahen sein. Deshalb ergeben sich Pflichten aus den §§ 8 d ff. TPG. Weiterhin besteht die Möglichkeit der Notwendigkeit einer Erlaubnis nach § 20 c AMG. Danach bedarf eine Einrichtung, die Gewebe oder Gewebezubereitungen, die nicht mit industriellen Verfahren be- oder verarbeitet werden und deren wesentliche Be- oder Verarbeitungsverfahren in der Europäischen Union hinreichend bekannt sind, be- oder verarbeiten, konservieren, prüfen, lagern oder in den Verkehr bringen will, abweichend von § 13 Abs. 1 einer Erlaubnis der zuständigen Behörde nach den folgenden Vorschriften.

Dies gilt auch im Hinblick auf Gewebe oder Gewebezubereitungen, deren Be- **3**
oder Verarbeitungsverfahren neu, aber mit einem bekannten Verfahren vergleichbar sind. Unstreitig stellt ein Krankenhaus gemäß § 1 a Nr. 9 TPG jedenfalls eine Einrichtung der medizinischen Versorgung dar. Die an diese gestellten Anforderungen der §§ 13 a ff. TPG i.V.m. §§ 7 ff. der Verordnung über die Anforderungen an Qualität und Sicherheit der Entnahme von Geweben und deren Übertragung nach dem Transplantationsgesetz (TPG-GewVO) sind zu beachten. Dass eine Gewebeeinrichtung gleichzeitig eine Einrichtung der medizinischen Versorgung ist schließt sich auch nicht aus. Für Einrichtungen der medizinischen Versorgung ergeben sich konkrete Dokumentationspflichten, sowie die Verpflichtung zur Meldung schwerwiegender Zwischenfälle und unerwünschter Reaktionen. Im Falle des begründeten Verdachts, dass das Gewebe eine Krankheit auslösen kann, sind Einrichtungen der medizinischen Versorgung zur Rückverfolgung des konkreten Gewebes verpflichtet. Näheres ergibt sich aus den genannten Normen. Auch die Arzneimittel- und Wirkstoffherstellungsverordnung (AMWHV) stellt Anforderungen für Gewebeeinrichtungen auf. Gemäß § 2 Nr. 10 AMWHV ist eine Gewebeeinrichtung eine Einrichtung, die Tätigkeiten nach § 20 c und 72 b AMG ausführt. Zu beachten sind im Normalfall die AMWHV die Anforderungen der §§ 32 – 41, insbesondere auch § 39 Abs. 3 AMWHV, wonach sich bei einer Einfuhr von Gewebe oder Gewebezubereitungen aus Ländern, die nicht Mitgliedstaaten der Europäischen Union oder andere Vertragsstaaten des Abkommens über den Europäischen Wirtschaftsraum sind, die verantwortliche Person nach § 20c des Arzneimittelgesetzes vor der Freigabe nach § 38 rückversichern muss, dass die Voraussetzungen nach § 72 b Abs. 1 und 2 des AMG erfüllt sind.

## 2. Einfuhr von Keimzellen zur künstlichen Befruchtung aus den USA durch eine deutsche Samenbank

4 Nach Berichten werden männliche Keimzellen aus den USA zur künstlichen Befruchtung z.B. lesbischer Paare oder alleinstehender Frauen in Deutschland bestellt. Die heterologe Insemination bei einem lesbischen Paar ist unzulässig, sofern man die (Muster-)Richtlinien zur Durchführung der assistierten Reproduktion aus 2006 insoweit als verbindlich ansieht, als nur bei Vorliegen der dort genannten Indikationen reproduktionsmedizinische Verfahren zulässig sind.[3] Zum selben Ergebnis kommt man über geweberechtliche Vorschriften. § 1a Nr. 4 TPG wird Gewebe definiert als „alle aus Zellen bestehenden Bestandteile des menschlichen Körpers, die keine Organe nach Nummer 1 sind, einschließlich einzelner menschlicher Zellen". Der Gesetzesbegründung zum Gewebegesetz ist zu entnehmen, dass zu den humanbiologischen Materialien, die von dem Gesetz erfasst werden sollen, auch Keimzellen gehören[4]. Das Gewebegesetz gilt sowohl für Gewebeeinrichtungen als auch für Einrichtungen der medizinischen Versorgung. Eine Gewebeeinrichtung ist nach § 1 a Nr. 8 TPG n.F. eine Einrichtung, die Gewebe zum Zwecke der Übertragung entnimmt, untersucht, aufbereitet, be- oder verarbeitet, konserviert, kennzeichnet, verpackt, aufbewahrt oder an andere abgibt. Eine Samenbank ist eine Gewebeeinrichtung. § 8b Abs. 2 TPG bezieht sich konkret auf menschliche Samenzellen und ordnet an, dass sein Abs. 1, der Regelungen für die Aufklärung und Einwilligung trifft, auch für die Gewinnung von Samenzellen im Rahmen einer medizinisch unterstützen Befruchtung gilt.

5 Nach § 16a TPG kann das Bundesministerium für Gesundheit durch Rechtsverordnung die Anforderungen an Qualität und Sicherheit der Entnahme von Geweben und deren Übertragung regeln. Auf dieser Grundlage wurde die „Verordnung über die Anforderungen an Qualität und Sicherheit der Entnahme von Geweben und deren Übertragung nach dem Transplantationsgesetz (TPG-Gewebeverordnung – TPG-GewV)" erlassen und trat am 5. April 2008 in Kraft. Diese Verordnung gilt nach ihrem § 1 für Gewebeeinrichtungen i.S.d. § 1a Nr. 8 TPG, die Gewebe zum Zwecke der Übertragung entnehmen oder die die für Gewebespender erforderlichen Laboruntersuchungen in einem Untersuchungslabor nach § 8e TPG durchführen oder durchführen lassen. Diese Verpflichtung ist in § 6 i.V.m. Anlage 4 TPG-GewV präzisiert worden. Zweifellos gilt die TPG-GewV daher unter verschiedenen Aspekten auch für eine eine Samenbank. § 6 TPG-GewV regelt Voraussetzungen für die Verwendung von Keimzellen im Rahmen von Maßnahmen einer medizinisch unterstützten Befruchtung. Nach dessen Abs. 1 ist es erforderlich, dass die Verwendung nach ärztlicher Beurteilung medizinisch indiziert ist. Die künstliche Befruchtung einer lesbischen Frau ist keine Sterilitätsbehandlung, so dass eine medizinische Indikation in diesen Fällen nicht gegeben ist. Gleiches gilt im Falle einer alleinstehenden Frau. Unter Verwendung ist nicht nur die Insemination an sich, sondern auch die Abgabe an die Frau durch die Samenbank zu

---

3 Ratzel, GesR 2009, 281ff.

4 BT Drucksache 16/3146 S. 21.

verstehen, so dass im Falle einer lesbischen/alleinstehenden Frau beide Einrichtungen widerrechtlich handeln würden.

Die Problematik in Bezug auf eine Anonymitätszusage bei derartigen Konstellationen hat sich durch das Gewebegesetz ebenso erledigt, da § 8 d Abs. 2 TPG unbeschadet ärztlicher Dokumentationspflichten eine Dokumentationspflicht für Gewebeeinrichtungen aufstellt. Jede Gewebeentnahme und -abgabe ist u.a. für im TPG geregelte Zwecke, Zwecke der Rückverfolgung oder auch für Zwecke der Risikoerfassung und Überwachung nach dem AMG oder anderer Vorschriften nach Maßgabe einer Rechtsverordnung nach § 16 a TPG zu dokumentieren. Auf dieser Grundlage legt § 6 Abs. 1 S. 3 TPG-GewV die Anwendung des § 5 TPG-GewV auch bei der Verwendung von Keimzellen fest. § 5 Abs. 1 Nr. 1 TPG-GewV verlangt neben anderem explizit die Dokumentation der Spenderidentität in einer Spenderakte. Nach dessen Abs. 2 ist die Spenderidentität auch in dem von der Entnahmeeinrichtung ferner zu verfassenden Entnahmebericht anzugeben. Sollte die Gewinnung nicht in einer Entnahmeeinrichtung erfolgen, gilt § 6 Abs. 1 S. 4 i.V.m. § 5 Abs. 2 TPG-GewV. Die Spenderidentität ist aber auch hier zu dokumentieren. Eine Anonymitätszusage kann den Spendern somit nicht mehr gegeben werden. Ferner haben auch die Einrichtungen der medizinischen Versorgung Dokumentationspflichten. Diese sind in § 13a TPG i.V.m. § 16a TPG und § 7 TPG-GewV enthalten. Diese Dokumentationen sind gemäß § 15 Abs. 2 TPG mindestens 30 Jahre nach Ablauf des Gewebes bzw. der Übertragung des Gewebes aufzubewahren. Weitere Anforderungen ergeben sich für Gewebeeinrichtungen zum Beispiel aus §§ 8 d - f TPG, für Einrichtungen der medizinischen Versorgung zum Beispiel aus §§ 13 b, c TPG. Die TPG-GewV trifft ebenso weitergehende Konkretisierungen. Schließlich sind auch die Regelungen der „Verordnung über die Anwendung der Guten Herstellungspraxis bei der Herstellung von Arzneimitteln und Wirkstoffen und über die Anwendung der Guten fachlichen Praxis bei der Herstellung von Produkten menschlicher Herkunft (AMWHV)" zu beachten, die nach ihrem § 1 Abs. 1 Nr. 2a für Gewebe im Sinne des § 1 a Nr. 4 TPG gilt. Da bei Einfuhrvorgängen aus vielen außereuropäischen Samenbanken diese Voraussetzungen nicht nachgewiesen werden können, kann eine Erlaubnis nach § 72 b i.d.R. nicht erteilt werden. 6

## § 73
## Verbringungsverbot

**(1) Arzneimittel, die der Pflicht zur Zulassung oder Genehmigung nach § 21a oder zur Registrierung unterliegen, dürfen in den Geltungsbereich dieses Gesetzes nur verbracht werden, wenn sie zum Verkehr im Geltungsbereich dieses Gesetzes zugelassen, nach § 21a genehmigt, registriert oder von der Zulassung oder der Registrierung freigestellt sind und**

**1. der Empfänger in dem Fall des Verbringens aus einem Mitgliedstaat der Europäischen Union oder einem anderen Vertragsstaat des Abkommens über den Europäischen Wirtschaftsraum pharmazeutischer Unternehmer, Großhändler oder Tierarzt ist, eine Apotheke betreibt oder als Träger eines Krankenhauses nach dem Apothekengesetz von einer Apotheke eines Mitgliedstaates der Europäischen Union oder eines anderen Vertragsstaates des Abkommens über den Europäischen Wirtschaftsraum mit Arzneimitteln versorgt wird,**

**1a. im Falle des Versandes an den Endverbraucher das Arzneimittel zur Anwendung am oder im menschlichen Körper bestimmt ist und von einer Apotheke eines Mitgliedstaates der Europäischen Union oder eines anderen Vertragsstaates des Abkommens über den Europäischen Wirtschaftsraum, welche für den Versandhandel nach ihrem nationalen Recht, soweit es dem deutschen Apothekenrecht im Hinblick auf die Vorschriften zum Versandhandel entspricht, oder nach dem deutschen Apothekengesetz befugt ist, entsprechend den deutschen Vorschriften zum Versandhandel oder zum elektronischen Handel versandt wird oder**

**2. der Empfänger in dem Fall des Verbringens aus einem Land, das nicht Mitgliedstaat der Europäischen Union oder ein anderer Vertragsstaat des Abkommens über den Europäischen Wirtschaftsraum ist, eine Erlaubnis nach § 72 besitzt.**

**Die in § 47a Abs. 1 Satz 1 genannten Arzneimittel dürfen nur in den Geltungsbereich dieses Gesetzes verbracht werden, wenn der Empfänger eine der dort genannten Einrichtungen ist. Das Bundesministerium veröffentlicht in regelmäßigen Abständen eine aktualisierte Übersicht über die Mitgliedstaaten der Europäischen Union und die anderen Vertragsstaaten des Europäischen Wirtschaftsraums, in denen für den Versandhandel und den elektronischen Handel mit Arzneimitteln dem deutschen Recht vergleichbare Sicherheitsstandards bestehen.**

**(1a) Fütterungsarzneimittel dürfen in den Geltungsbereich dieses Gesetzes nur verbracht werden, wenn sie**

**1. den im Geltungsbereich dieses Gesetzes geltenden arzneimittelrechtlichen Vorschriften entsprechen und**

**2. der Empfänger zu den in Absatz 1 genannten Personen gehört oder im Falle des § 56 Abs. 1 Satz 1 Tierhalter ist.**

**(1b) Es ist verboten, gefälschte Arzneimittel oder gefälschte Wirkstoffe in den Geltungsbereich dieses Gesetzes zu verbringen. Die zuständige Behörde kann in begründeten Fällen, insbesondere zum Zwecke der Untersuchung oder Strafverfolgung, Ausnahmen zulassen.**

**(2) Absatz 1 Satz 1 gilt nicht für Arzneimittel, die**

**1. im Einzelfall in geringen Mengen für die Arzneimittelversorgung bestimmter Tiere bei Tierschauen, Turnieren oder ähnlichen Veranstaltungen bestimmt sind,**

**2. für den Eigenbedarf der Einrichtungen von Forschung und Wissenschaft bestimmt sind und zu wissenschaftlichen Zwecken benötigt werden, mit Ausnahme von Arzneimitteln, die zur klinischen Prüfung bei Menschen bestimmt sind,**

**2a. in geringen Mengen von einem pharmazeutischen Unternehmer als Anschauungsmuster oder zu analytischen Zwecken benötigt werden,**

**3. unter zollamtlicher Überwachung durch den Geltungsbereich des Gesetzes befördert oder in ein Zolllagerverfahren oder eine Freizone des Kontrolltyps II übergeführt oder in eine Freizone des Kontrolltyps I oder ein Freilager verbracht werden,**

**3a. in einem Mitgliedstaat der Europäischen Union oder einem anderen Vertragsstaat des Abkommens über den Europäischen Wirtschaftsraum zugelassen sind und nach Zwischenlagerung bei einem pharmazeutischen Unternehmer oder Großhändler wiederausgeführt oder weiterverbracht oder zurückverbracht werden,**

**4. für das Oberhaupt eines auswärtigen Staates oder seine Begleitung eingebracht werden und zum Gebrauch während seines Aufenthalts im Geltungsbereich dieses Gesetzes bestimmt sind,**

**5. zum persönlichen Gebrauch oder Verbrauch durch die Mitglieder einer diplomatischen Mission oder konsularischen Vertretung im Geltungsbereich dieses Gesetzes oder Beamte internationaler Organisationen, die dort ihren Sitz haben, sowie deren Familienangehörige bestimmt sind, soweit diese Personen weder Deutsche noch im Geltungsbereich dieses Gesetzes ständig ansässig sind,**

**6. bei der Einreise in den Geltungsbereich dieses Gesetzes in einer dem üblichen persönlichen Bedarf entsprechenden Menge eingebracht werden,**

**6a. im Herkunftsland in Verkehr gebracht werden dürfen und ohne gewerbs- oder berufsmäßige Vermittlung in einer dem üblichen persönlichen Bedarf entsprechenden Menge aus einem Mitgliedstaat der Europäischen Union oder einem anderen Vertragsstaat des Abkommens über den Europäischen Wirtschaftsraum bezogen werden,**

**7. in Verkehrsmitteln mitgeführt werden und ausschließlich zum Gebrauch oder Verbrauch der durch diese Verkehrsmittel beförderten Personen bestimmt sind,**

**8. zum Gebrauch oder Verbrauch auf Seeschiffen bestimmt sind und an Bord der Schiffe verbraucht werden,**

**9. als Proben der zuständigen Bundesoberbehörde zum Zwecke der Zulassung oder der staatlichen Chargenprüfung übersandt werden,**
**10. durch Bundes- oder Landesbehörden im zwischenstaatlichen Verkehr bezogen werden.**

**(3) Abweichend von Absatz 1 Satz 1 dürfen Fertigarzneimittel, die zur Anwendung bei Menschen bestimmt sind und nicht zum Verkehr im Geltungsbereich dieses Gesetzes zugelassen, nach § 21a genehmigt, registriert oder von der Zulassung oder Registrierung freigestellt sind, in den Geltungsbereich dieses Gesetzes verbracht werden, wenn**
**1. sie von Apotheken auf vorliegende Bestellung einzelner Personen in geringer Menge bestellt und von diesen Apotheken im Rahmen der bestehenden Apothekenbetriebserlaubnis abgegeben werden,**
**2. sie in dem Staat rechtmäßig in Verkehr gebracht werden dürfen, aus dem sie in den Geltungsbereich dieses Gesetzes verbracht werden, und**
**3. für sie hinsichtlich des Wirkstoffs identische und hinsichtlich der Wirkstärke vergleichbare Arzneimittel für das betreffende Anwendungsgebiet im Geltungsbereich des Gesetzes nicht zur Verfügung stehen**

**oder wenn sie nach den apothekenrechtlichen Vorschriften oder berufsgenossenschaftlichen Vorgaben oder im Geschäftsbereich des Bundesministeriums der Verteidigung für Notfälle vorrätig zu halten sind oder kurzfristig beschafft werden müssen, wenn im Geltungsbereich dieses Gesetzes Arzneimittel für das betreffende Anwendungsgebiet nicht zur Verfügung stehen. Die Bestellung und Abgabe bedürfen der ärztlichen oder zahnärztlichen Verschreibung für Arzneimittel, die nicht aus Mitgliedstaaten der Europäischen Union oder anderen Vertragsstaaten des Abkommens über den Europäischen Wirtschaftsraum bezogen worden sind. Das Nähere regelt die Apothekenbetriebsordnung.**

**(3a) Abweichend von Absatz 1 Satz 1 dürfen Fertigarzneimittel, die nicht zum Verkehr im Geltungsbereich dieses Gesetzes zugelassen oder registriert oder von der Zulassung oder Registrierung freigestellt sind zum Zwecke der Anwendung bei Tieren, in den Geltungsbereich dieses Gesetzes nur verbracht werden, wenn**
**1. sie von Apotheken für Tierärzte oder Tierhalter bestellt und von diesen Apotheken im Rahmen der bestehenden Apothekenbetriebserlaubnis abgegeben werden oder vom Tierarzt im Rahmen des Betriebs einer tierärztlichen Hausapotheke für die von ihm behandelten Tiere bestellt werden,**
**2. sie in einem Mitgliedstaat der Europäischen Union oder einem anderen Vertragsstaat des Abkommens über den Europäischen Wirtschaftsraum zur Anwendung bei Tieren zugelassen sind und**
**3. im Geltungsbereich dieses Gesetzes kein zur Erreichung des Behandlungsziels geeignetes zugelassenes Arzneimittel, das zur Anwendung bei Tieren bestimmt ist, zur Verfügung steht.**

**Die Bestellung und Abgabe in Apotheken dürfen nur bei Vorliegen einer tierärztlichen Verschreibung erfolgen. Absatz 3 Satz 3 gilt entsprechend. Tierärzte, die Arzneimittel nach Satz 1 bestellen oder von Apotheken beziehen oder verschreiben, haben dies unverzüglich der zuständigen Behörde anzuzeigen. In der Anzeige ist anzugeben, für welche Tierart und welches Anwendungsgebiet die Anwendung des Arzneimittels vorgesehen ist, der Staat, aus dem das Arzneimittel in den Geltungsbereich dieses Gesetzes verbracht wird, die Bezeichnung und die bestellte Menge des Arzneimittels sowie seine Wirkstoffe nach Art und Menge.**

**(4) Auf Arzneimittel nach Absatz 2 Nummer 4 und 5 finden die Vorschriften dieses Gesetzes keine Anwendung. Auf Arzneimittel nach Absatz 2 Nummer 1 bis 3 und 6 bis 10 und Absatz 3 finden die Vorschriften dieses Gesetzes keine Anwendung mit Ausnahme der §§ 5, 6a, 8, 13 bis 20a, 52a, 64 bis 69a und 78, ferner in den Fällen des Absatzes 2 Nummer 2 und des Absatzes 3 auch mit Ausnahme der §§ 48, 95 Absatz 1 Nummer 1 und 3a, Absatz 2 bis 4, § 96 Nummer 3, 10 und 11 sowie § 97 Absatz 1, 2 Nummer 1 und 9 sowie Absatz 3. Auf Arzneimittel nach Absatz 3a finden die Vorschriften dieses Gesetzes keine Anwendung mit Ausnahme der §§ 5, 6a, 8, 48, 52a, 56a, 57, 58 Absatz 1 Satz 1, der §§ 59, 64 bis 69a, 78, 95 Absatz 1 Nummer 1, 2a, 2b, 3a, 6, 8, 9 und 10, Absatz 2 bis 4, § 96 Nummer 3, 13, 14 und 15 bis 17, § 97 Absatz 1, 2 Nummer 1, 21 bis 24 sowie 31 und Absatz 3 sowie der Vorschriften der auf Grund des § 12 Absatz 1 Nummer 1 und 2 sowie Absatz 2, des § 48 Absatz 2 Nummer 4 und Absatz 4, des § 54 Absatz 1, 2 und 3 sowie des § 56a Absatz 3 erlassenen Verordnung über tierärztliche Hausapotheken und der auf Grund der §§ 12, 54 und 57 erlassenen Verordnung über Nachweispflichten für Arzneimittel, die zur Anwendung bei Tieren bestimmt sind.**

**(5) Ärzte und Tierärzte dürfen bei der Ausübung ihres Berufes im kleinen Grenzverkehr nur Arzneimittel mitführen, die zum Verkehr im Geltungsbereich dieses Gesetzes zugelassen oder registriert oder von der Zulassung oder Registrierung freigestellt sind. Abweichend von Satz 1 dürfen Tierärzte, die als Staatsangehörige eines Mitgliedstaates der Europäischen Union oder eines anderen Vertragsstaates des Abkommens über den Europäischen Wirtschaftsraum eine Dienstleistung erbringen, am Ort ihrer Niederlassung zugelassene Arzneimittel in kleinen Mengen in einem für das Erbringen der Dienstleistung unerlässlichen Umfang in der Originalverpackung mit sich führen, wenn und soweit Arzneimittel gleicher Zusammensetzung und für gleiche Anwendungsgebiete auch im Geltungsbereich dieses Gesetzes zugelassen sind; der Tierarzt darf diese Arzneimittel nur selbst anwenden und hat den Tierhalter auf die für das entsprechende, im Geltungsbereich dieses Gesetzes zugelassene Arzneimittel festgesetzte Wartezeit hinzuweisen.**

**(6) Für die zollamtliche Abfertigung zum freien Verkehr im Falle des Absatzes 1 Nr. 2 sowie des Absatzes 1a Nr. 2 in Verbindung mit Absatz 1 Nr. 2 ist die Vorlage einer Bescheinigung der für den Empfänger zuständigen Behörde erforderlich, in der die Arzneimittel bezeichnet sind und bestätigt wird, dass**

**die Voraussetzungen nach Absatz 1 oder Absatz 1a erfüllt sind. Die Zolldienststelle übersendet auf Kosten des Zollbeteiligten die Bescheinigung der Behörde, die diese Bescheinigung ausgestellt hat.**

**(7) Im Falle des Absatzes 1 Nr. 1 hat ein Empfänger, der Großhändler ist oder eine Apotheke betreibt, das Bestehen der Deckungsvorsorge nach § 94 nachzuweisen.**

**Literatur**

Goecke, Der zulassungsüberschreitende Einsatz von Arzneimitteln (Off-Label-Use), NZS 2002, 620; ders. Verfassungsrechtliche Vorgaben für die Leistungspflicht der Krankenkassen beim Off-Label-use von Arzneimitteln, NZS 2006, 291ff.; Hart, Heilversuch, Entwicklung therapeutischer Strategien, klinische Prüfung und Humanexperiment, MedR 1994, 94; Klaus, Leitfaden zur Abgrenzung von Lebensmitteln und Arzneimitteln in der Rechtspraxis aller EU-Mitgliedstaaten auf Grundlage der gemeinschaftsrechtlich harmonisierten Begriffsbestimmungen, ZLR 2004, 569; Mahn, Anm.z. Beschl. OVG Niedersachsen vom 29.9.2004 - 11 ME 303/03, ZLR 2005, 151, 152; Niemann, Die Verordnung eines Arzneimittels außerhalb der zugelassenen Indikation – „Off-Label-Use", NZS 2004, 254; Rabe, Arzneimittel und Lebensmittel, Abgrenzungsprobleme und europarechtliche Dimension, NJW 1990, 1390; Saalfrank, Versendung von Arzneimitteln im begründeten Einzelfall verboten?, DAZ 1999, 317; ders. Versandhandel mit apothekenpflichtigen Arzneimitteln, A&R 2005, 11; Schimmelpfeng- Schütte, Der Vertragsarzt zwischen ärztlichem Eid und seinen Pflichten als Leistungserbringer – unter Berücksichtigung der Beschlüsse des Bundesverfassungsgerichts zum Off-Label-Use und zum Ausschluss neuer Behandlungsmethoden, GesR 2004, 361, 364; dies., Recht auf Behandlung und Off-Label-Use in der Gesetzlichen Krankenversicherung, MedR 2004, 655; Schroeder, Die rechtliche Einstufung von Nahrungsergänzungsmitteln als Lebens- oder Arzneimittel – eine endlose Geschichte? ZLR 2005, 411; Tillmans, Die Änderung des § 73 Abs. 3 AMG durch die 15. AMGNovelle: Ein Fall für den EuGH?, PharmR 2009, 616ff.; Wölk, „Off-Label-Use" in der ambulanten Versorgung in der gesetzlichen Krankenversicherung – Öffnung der GKV für individuelle Heilversuche?!, ZMGR 2006, 3;

**Übersicht** **Rz.**



## I. Die Bedeutung der Norm

1 Während § 72 AMG die gewerbs- und berufsmäßige Einfuhr regelt, soll § 73 AMG nach der amtlichen Begründung dafür Sorge tragen, Arzneimittel, die den arzneimittelrechtlichen Vorschriften nicht entsprechen, schon an der Grenze abzufangen und die Einfuhr zu verhindern. Absatz 1 bestimmt den Grundsatz, dass zum Import auch in Deutschland zugelassener und registrierter Arzneimittel aus EU und EWR-Staaten grundsätzlich nur Pharmazeutische Unternehmer, Großhändler, Tierärzte oder Apotheken sind. Sollen derartige Arzneimittel aus einem Drittland importiert werden, bedarf der Importeur einer Erlaubnis gemäß § 72.

Absatz 1 a trifft die Regelungen für den Versandhandel[1], für den Bezug derartiger Arzneimittel durch innerhalb der EU und des EWR zugelassenen (Versand-)Apotheken. Eine ganze Reihe von Ausnahmen schränkt dieses Verbringungsverbot vornehmlich zum persönlichen Gebrauch (Reisebedarf), in Ansehung ausländischer Staatsgäste und Angehörige diplomatischer Missionen (Diplomatenvorrecht) sowie zu Demonstrationszwecken ein. Diese Arzneimittel sind im wesentlichen von den Vorschriften mit den in Abs.4 genannten Einschränkungen ausgenommen. Der früher mögliche Direktbezug von Arzneimittelspezialitäten durch den „Endverbraucher" ist grundsätzlich ausgeschlossen. Es muss der Weg über die Apotheke gewählt werden. Eine Ausnahme besteht für die in Abs. 2 Nr. 6 a genannte Fallgruppe. Diese Vorschrift musste als Konsequenz auf zwei Entscheidungen des EuGH[2] in das AMG aufgenommen werden. Komme ein Arzneimittel in einem Mitglied-/Vertragsstaat zulässig in den Verkehr, sei den Sicherheitsanforderungen im Inland genüge getan.

Abs. 5 betrifft den kleinen Grenzverkehr und trägt den Bedürfnissen der Praxis 2
Rechnung. Im übrigen wird man § 73 sicher immer am freien Warenverkehr messen müssen. Bisherige Versuche, Marktregulierung gegenüber in anderen Mitgliedstaaten verkehrsfähigen Arzneimitteln über diese Regelung zu versuchen, sind nahezu regelmäßig gescheitert.[3] Deshalb wirft Tillmanns[4] zurecht die Frage auf, ob die durch die AMG-Novelle 2009[5] eingeführte Beschränkung in Absatz 3 und 3a, auch die Apothekeneinfuhr aus EU und EWR-Staaten, also nicht nur bei sonstigen Drittstaaten, nur noch dann zuzulassen, wenn in Deutschland keine hinsichtlich des Wirkstoffs identischen und hinsichtlich der Wirkstärke vergleichbaren Fertigarzneimittel verfügbar sind, mit Art. 28, 30 EGV vereinbar sind. Abs. 6 betrifft die Zollbescheinigung für Arzneimittel, die nicht aus dem EWR stammen und nicht im Wege der Ausnahmebestimmungen gemäß Abs. 2 und 3 eingeführt werden. Da die Zollbehörden fachlich nicht in der Lage sind, die arzneimittelrechtlichen Vorschriften zu prüfen (Verkehrsfähigkeit), muss der Empfänger eine Bescheinigung der für seinen Sitz örtlich zuständigen Arzneimittelüberwachungsbehörde vorlegen. Gemäß Abs. 7 haben Großhändler und Apotheker, die Arzneimittel nach Abs.1 einführen[6] und nicht unter ihrem Namen in Verkehr bringen, nachzuweisen, dass ein Dritter die notwendige Deckungsvorsorge gemäß § 94 erfüllt hat. Der Nachweis der Deckungsvorsorge kann von den Zollbehörden unter Berufung auf die allgemeine polizeiliche Generalklausel geprüft werden, obwohl er nicht in Abs.1 aufgeführt ist, da das Inverkehrbringen ohne Deckungsvorsorge gemäß § 96 Nr. 14 strafbar ist.

---

1 EuGH, Urt.v. 11.12.2003, GRUR 2004, 593; siehe auch die Kommentierung zu § 43,
2 EuGH, NJW 1989, 2185; EuGH PharmR 1992, 29.
3 EuGH, NJW 1989, 2185; OLG Frankfurt, PharmaR 1995, 383; OLG Hamburg, PharmR 1997, 484, der Nachweis einer Versorgungslücke ist nicht notwendig.
4 Tillmanns, PharmR 2009, 616.
5 BGBl. 2009, Nr. 43
6 Also nicht im Falle der Ausnahmeregelung in Abs.3.

## II. Arzneimittel und Nahrungsergänzungsmittel

3 Nicht wenige Produkte, die im Ausland als Nahrungsergänzungsmittel –zulässig- in den Verkehr gebracht werden dürfen, fallen in Deutschland unter den Arzneimittelbegriff. Im Falle der Einfuhr dieser Produkte stellt sich daher die Frage, ob sie überhaupt unter das AMG fallen und speziell § 73 Anwendung findet. Kommt die Verwendung eines Stoffes sowohl als Arzneimittel als auch als Lebensmittel in Betracht, so ist die Abgrenzung nach der überwiegenden Zweckbestimmung objektiv vorzunehmen. Die Bezeichnung des Stoffes, die Anpreisung oder die Gebrauchsanweisung können eine Rolle spielen. Eine nach der herrschenden Verkehrsauffassung bestimmende objektive Zweckbestimmung kann der Hersteller eines Lebensmittels nicht durch eine Gebrauchsanweisung ändern. Die mit der Abgrenzung Arzneimittel – Lebensmittel zusammenhängenden Probleme sind in der Praxis am Beispiel der Vitamine und Multivitaminpräparate abgehandelt worden.[7] Das seinerzeitige Bundesgesundheitsamt hat die Zulassung von Multivitaminpräparaten als Arzneimittel regelmäßig abgelehnt.[8] Vitaminbonbons sind normalerweise keine Arzneimittel.[9] Letztlich kommt es ganz wesentlich auf die Dosierung und die Aufmachung an. Denn gerade diese Produkte können nicht selten als sog. „Präsentationsarzneimittel" eingestuft werden.

### VO 178/2002 EWG

4 Der Begriff „Lebensmittel" hat sich mittlerweile durch Inkrafttreten der Verordnung 178/2002 EWG vom 28.02.2002 etwas geändert.[10] Gemäß Art. 2 der Verordnung, die als unmittelbar geltendes Gemeinschaftsrecht entgegenstehendes nationales Recht verdrängt, sind Lebensmittel alle Stoffe oder Erzeugnisse, die dazu bestimmt sind oder von denen nach vernünftigem Ermessen erwartet werden kann, dass sie in verarbeitetem, teilweise verarbeitetem oder unverarbeitetem Zustand von Menschen aufgenommen werden. Mithin sind die in § 1 LFGB genannten Kriterien „Verzehr" und „Genuss" heute nicht mehr elementare Bestandteile des Lebensmittelbegriffs. Gewichtiger ist, dass im Gegensatz zum Wortlaut des § 1 LFGB nicht erst eine überwiegende anderweitige Zweckbestimmung die Einstufung als Lebensmittel ausschließt. Das OVG Nordrhein-Westfalen hat aus dieser Definition der EG-Basisverordnung gefolgert, dass es für die Abgrenzung von Lebens- und Arzneimitteln künftig nicht mehr auf ein Überwiegen der „objektiven Zweckbestimmung" ankomme. Ein Produkt, das sowohl die lebensmittelrechtlichen als auch die arzneimittelrechtlichen Voraussetzungen erfülle, könne vielmehr nur ein Arzneimittel sein.[11] Hinzu kommt, dass mittlerweile durch die Richtlinie

---

7 Rabe, NJW 1990, 1390.

8 Sander, § 2 Anm. 34 m.w.Nachw.

9 BVerwG, DAZ 1964, 1538, EuGHE, 1984, 3883

10 Verordnung EG Nr. 178/2002 zur Festlegung der allgemeinen Grundsätze und Anforderungen des Lebensmittelrechts, zur Errichtung der Europäischen Behörde für Lebensmittelsicherheit und zur Festlegung von Verfahren zur Lebensmittelsicherheit (Lebensmittel-Basis VO).

11 OVG Münster, ZLR 2003, 583ff.; vgl. auch Klaus. ZLR 2004, 580ff. sowie Mahn, ZLR 2005, 152.

2004/27/EG vom 30. April 2004 der Begriff des Arzneimittels teilweise neu definiert und durch Artikel 2 Abs. 2 ein besonderer Auffangtatbestand geschaffen wurde: In Zweifelsfällen, in denen ein Erzeugnis unter Berücksichtigung aller seiner Eigenschaften sowohl unter die Definition von ‚Arzneimittel' als auch unter die Definition eines Erzeugnisses fallen kann, das durch andere gemeinschaftliche Rechtsvorschriften geregelt ist, gilt diese Richtlinie. Soweit Arzneimittelrecht anwendbar ist, scheidet gemäß Art. 2 Abs. 3 Nr. d) der Verordnung 178/2002 EWG die Einordnung als Lebensmittel aus.[12] So kann er z.B. nicht ein Erzeugnis als „Nahrungsergänzungsmittel" ausgeben, das definitionsgemäß ein Arzneimittel.[13] Weichen Angaben in den Werbematerialien, Verkaufsgesprächen oder auch der Gebrauchsanweisung voneinander ab, darf sich der Importeur oder Besteller nicht das Heraussuchen, was ihm am günstigsten ist. Vielmehr muss er sich beim Hersteller oder Versender vergewissern, welche Angaben maßgeblich sind.[14] Ein Erzeugnis, das einen Stoff enthält, der auch mit der normalen Nahrung aufgenommen wird, ist nicht als Arzneimittel anzusehen, wenn durch das Erzeugnis keine gegenüber den Wirkungen bei normaler Nahrungsaufnahme nennenswerte Einflußnahme auf den Stoffwechsel erzielt wird.[15] Ist die pharmakologische Wirkung nicht wissenschaftlich belegt, kommt eine Einstufung als Arzneimittel nicht in Betracht; dass eine Eigenschaft als Funktionsarzneimittel nicht ausgeschlossen werden könne, rechtfertige nicht die Anwendung der Zweifelsfallregelung in der Richtlinie 2001/83/EG.[16]

---

[12] So nun auch EuGH, Urt. v. 09.06.2005, Az.: C-211/03, 299/03, 316/03 bis 318/03, A&R 2005, 84 ff, womit der teilweise vertretenen Auffassung, die ein Produkt in Zweifelsfällen als Lebensmittel einstufte, OLG Hamburg, Urt. v. 27.01.2005, Az.: 3 U 28/03, die Grundlage entzogen wurde. Vgl. auch Wille, A&R 2005, S. 92ff.

[13] Zur Problematik der Präsentationsarzneimittel, BGH, Urt. v. 19.1.1995 – I ZR 209/92 (Knoblauchkapsel), NJW 1995, 1615; BGH, Urt. v. 10.2.2000 – I ZR 97/98 (L-Carnitin),GRUR 2000, 528; BGH, Urt. v. 6.5.2004 – I ZR 275/01 (Sportlernahrung), GRUR 2004, 793, 796; KG, Urt. v. 30.11.2004 - 5 U 55/04 (Vitaminpräparate zur Krebsbehandlung), GesR 2005, 184. Siehe aber neuerdings EuGH – C-319/05 (Knoblauchkapseln kein Arzneimittel), PharmR 2008, 59; BVerwG, Urt. v. 25.7.2007 – 3 C 21.06 und 3 C 23.06 (Nahrungsergänzungsmittel nur dann als AM, wenn belastbare wissenschaftliche Erkenntnisse, dass Funktionsbedingungen im menschlichen Körper erheblich beeinflusst werden), PharmR 2008, 67, 78;dagegen BVerwG, Urt. v. 25.7.2007 – 3 C 22.06 (im Falle eines hoch dosierten Vitamin-E-Präparats), PharmR 2008, 73. KG, Beschl.v. 15.6.2000, 25 W 2146/00, Sättigungsmittel ist Medizinprodukt, nicht Lebensmittel. Baumann, ZLR 2000, 790; BSG, Urt.v. 28. 2. 2008 – B 1 KR 16/07, GesR 2008, 375ff.=PhamR 2008, 343ff. mit Anm.Tillmannns, „Lorenzos Öl" sowohl Einordnung als Lebensmittel oder als Fertigarzneimittel möglich, aber nicht zu Lasten der GKV verordnungsfähig; OLG Stuttgart, Urt.v. 14.2.2008 – 2 U 81/07, A&R 2008, 144, Lactase kein Arzneimittel, sondern Lebensmittel..

[14] Nöthlichs, § 3 Anm. 2.10.

[15] BGH, Urt.v. 26.6.2008 – I ZR 61/05, PharmR 2008, 425 (L-Carnitin II)=GesR 2008, 532;; BGH, Urt.v. 26.6.2008 – I ZR 112/05, PharmR 2008, 430 (HMB-Kapseln)=GesR 2008, 532=A&R 2008, 235 m.Anm.Tillmanns.

[16] EuGH, Urt.v. 15.1.2009 – C 140/07 (Red Rice 330 mg GPH-Kapseln) auf Vorlage des BVerwG, Beschl.v. 14.12.2006, 3 C 38.06, gegen OVG Lüneburg; siehe dann

**Nahrungsergänzungsmittel**

5 Die (deutsche) „Verordnung über Nahrungsergänzungsmittel – NemV“[17] definiert Nahrungsergänzungsmittel (food supplements) als ein Lebensmittel, das

1. dazu bestimmt ist, die allgemeine Ernährung zu ergänzen,
2. ein Konzentrat von Nährstoffen oder sonstigen Stoffen mit ernährungsspezifischer oder physiologischer Wirkung allein oder in Zusammensetzung darstellt und
3. in dosierter Form, insbesondere in Form von Kapseln, Pastillen, Tabletten, [...] in den Verkehr gebracht wird.“

6 Nahrungsergänzungsmittel sind mit anderen Worten Lebensmittel mit bestimmten Nährstoffen, deren Aufnahme durch die normale Ernährung nicht ausreichend gesichert ist. Laut amtlicher Begründung zum Verordnungsentwurf dürfen nur Erzeugnisse, die dieser Definition – die im Übrigen aus der Nahrungsergänzungsmittel-Richtlinie übernommen wurde – entsprechen, als Nahrungsergänzungsmittel in den Verkehr gebracht werden. Die Begriffsbestimmung dient auch der Abgrenzung von Nahrungsergänzungsmitteln, die im Übrigen Lebensmittel sind, von den Arzneimitteln.

7 Werden Mittel in den Geltungsbereich des Arzneimittelgesetzes eingeführt, die nach dem Recht des Einfuhrlandes als Nahrungsergänzungsmittel, nach deutschem Arzneimittelrecht jedoch als Fertigarzneimittel anzusehen sind, so ist deren Einfuhr ohne Zulassung im Hinblick auf § 73 nicht zulässig.[18]

### III. Apothekeneinfuhr

8 Gemäß Abs. 3 dürfen Apotheken nur Fertigarzneimittel (keine anderen Arzneimittel i.S. des AMG) auch dann einführen, wenn sie zwar nicht im Geltungsbereich dieses Gesetzes zugelassen, registriert oder von der Registrierung freigestellt sind, jedoch in ihrem Herkunftsland verkehrsfähig sind. Seit Inkrafttreten der AMG-Novelle 2009 am 17.7.2009 ist nicht nur bei der Apothekeneinfuhr aus Drittstaaten, sondern auch bei Einfuhr aus EU- und EWR-Staaten erforderlich, dass in Deutschland eine inländische Versorgungslücke besteht. Es spricht viel dafür, dass diese Beschränkung gegen die Warenverkehrsfreiheit verstößt.[19] Es erschließt sich auch nicht, welche zwingenden Gründe bestehen sollen, die durch die 14. AMG-Novelle für Drittstaaten eingeführte Begrenzung auf die EU und den EWR auszudehnen. Die Bestellung muss für eine einzelne Person erfolgen und darf nur geringe Mengen umfassen. Eine Vorratsbestellung ist danach unzulässig. Die geringe

---

BVerwG, Urt.v.26.5.2009 – 3 C 5.09, PharmR 2009, 397; EuGH, Urt.v. 30.4.2009 C-27/08

17 Verordnung v. 24.05.2004 BGBl. I 2004, 1011.

18 BGH, Urt. v. 11.07.2002, Az.: I ZR 34/01; BGH, GRUR 2004, 793,796 (Sportlernahrung II); 1995, 419, 420; KG, Urt. v. 30.11.2004, Az.: 5 U 55/04, GesR 2005, 184, 185 (Vitaminpräparate zur Krebsbehandlung).EuGH, Urt. v. 09.06.2005, A&R 2005, 84ff. m. Anm. Wille; hierzu auch Schroeder, ZLR 2005, 411ff.

19 so zurecht Tillmanns, PharmR 2009, 616.

Menge ist nach den Umständen des Einzelfalls zu bemessen. Sie richtet sich nach den üblicherweise für die entsprechende Indikation veranlassten Verordnungsmengen.[20] Eine Richtschnur könnte die Menge sein, die eine Einzelperson gemäß § 73 Abs.2 Nr. 6, 6a persönlich einführen dürfte. Zu restriktiv sollte diese Klausel nicht gehandhabt werden, da nur eine Abgabe an den Endverbraucher beabsichtigt- und kein weiterer Handel zu erwarten ist. Die notwendige Sicherheit wird durch die Bezugnahme auf die Verkehrsfähigkeit im Herkunftsland gewährleistet. Soll das Arzneimittel aus einem Staat außerhalb des EWR bezogen werden, ist außerdem eine individuelle ärztliche, zahnärztliche oder tierärztliche Verordnung notwendig. Dies gilt auch dann, wenn das Arzneimittel im Herkunftsland nicht der Verschreibungspflicht unterliegen würde. Die weitere Einschränkung, dass das Arzneimittel nur im Rahmen des üblichen Apothekenbetriebs abgegeben werden darf, bedeutet, dass das Arzneimittel entweder in den Apothekenbetriebsräumen übergeben oder in den engen Grenzen eines zulässigen Botendienstes an den Endverbraucher gelangt. Eine Sammelbestellung für mehrere Apotheken ist ebenso wenig möglich wie die Direktabgabe des Arzneimittels durch ein deutsches Zolllager an den Endverbraucher, auch wenn das Einverständnis der Apotheke vorliegt. Für Tierarzneimittel gilt die Ausnahmebestimmung in Abs. 3 im übrigen nur, wenn die Tiere nicht der Lebensmittelgewinnung dienen. Eine Befreiung ist nur in den engen Grenzen von Abs. 3 Satz 2, 2.HS möglich.

Eine Werbung für die Apothekeneinfuhr gemäß § 73 Abs. 3 oder die Einzeleinfuhr gemäß § 73 Abs. 2 Nr. 6a ist untersagt, §§ 3 a, 8 Abs. 1 HWG.[21] 9

## IV. Versandhandel

§ 43 Abs. 1 sieht vor, dass apothekenpflichtige Arzneimittel ohne behördliche Erlaubnis nicht im Wege des Versandes in den Verkehr gebracht werden dürfen. 10 Diese im Zuge des GMG eingeführte Regelung zieht einen Schlussstrich unter das mit der 8. AMG-Novelle eingeführte allgemeine Versandhandelsverbot und eröffnet heute allen Apotheken in der Bundesrepublik Deutschland, die die Anforderungen erfüllen, nach erfolgreich beendetem Erlaubnisverfahren apothekenpflichtige Arzneimittel zu versenden. Die Einzelheiten regelt § 11a Apothekengesetz für den Versandhandel innerhalb Deutschlands. Die Frage, welche Voraussetzungen an eine Versandhandelsapotheke mit Sitz innerhalb der EU/EWR zu stellen sind, ist in § 73 Abs. 1 Nr. 1 a angesprochen. Danach muss das Sicherheitsniveau in dem EU/EWR-Staat für den Versandhandel entweder dem deutschen Niveau entsprechen oder die EU/EWR-Versandhandelsapotheke müsste eine deutsche Erlaubnis nach § 11 a ApoG beantragen. Das BMG veröffentlicht das in regelmäßigen Abständen eine Liste von solchen EU/EWR Staaten, in denen nach Auffassung des BMG ein den deutschen Sicherheitsvorschriften entsprechendes Niveau vorliegt. Es handelt sich zwar um keine echte „Positiv- oder Negativliste". Die vom KG vertretene Auffassung diene lediglich der Orientierung und binde die Ge-

---

[20] Kloesel, Cyran, § 73 Anm. 18.

[21] BGH, Urt. v. 11.07.2002 – I ZR 34/01, GRUR 2002, 910=NJW 2002, 3469.

richte nicht[22] , diese könnten nach wie vor das Vorliegen der Voraussetzungen von § 73 Abs. 1 Nr. 1 a eigenständig prüfen[23], ist vom BGH nicht bestätigt worden.[24] Die Veröffentlichung einer derartigen Liste binde die Gerichte insoweit, als sie Feststellungen dazu enthalte, dass in bestimmten Mitgliedstaaten der EU vergleichbare Sicherheitsstandards wie in Deutschland gelten.

**11** Noch nicht abschließend geklärt ist die Frage, inwieweit Pharmazeutische Unternehmer oder Großhändler unter Umgehung der Apotheken Ärzte oder Krankenhäuser jenseits der Möglichkeiten in § 47 direkt beliefern dürfen. Unter dem generellen Versandhandelsverbot hat das Bundesverfassungsgericht bereits entschieden, dass das Verbot des Versandes von Impfstoffen an Ärzte wegen Verstoßes gegen Art. 12 Abs. 1 GG verfassungswidrig sei.[25] Das Versandhandelsverbot sei unvereinbar und nichtig, soweit es auch das Verbot enthalte, Impfstoffe an Ärzte zu versenden und hierfür zu werben. Es sei nicht erkennbar, wie und wodurch das Verbot, Impfstoffe zwischen Apotheker und Arzt zu versenden, dem legitimen Gemeinwohlbelang des Gesundheitsschutzes dienen könne. Nicht nachvollziehbar sei, wie dadurch Gesundheitsgefahren für die Bevölkerung bei Vorsorgeimpfungen begegnet werden könnte. Die Prüfung, ob das Versandverbot für Impfstoffe für die Verbesserung und Gewährleistung der Arzneimittelsicherheit Bedeutung hat, habe von den tatsächlichen Gegebenheiten auszugehen: Impfstoffe werden regelmäßig vom Arzt am Patienten angewendet. Dadurch verlängert sich der Vertriebsweg um die Abgabe zwischen Apotheker und Arzt, es sei denn, der Patient verschafft dem Arzt auf Verordnung hin den Impfstoff vor oder nach der Impfung. Der Versand zwischen Apotheker und Arzt sei nicht risikoreicher als der zwischen Großhandel und Apotheker oder der zwischen Großhandel und Arzt. Das Versandverbot könne auch nicht mit den für die Gesundheit der Bevölkerung wichtigen Beratungs- und Informationsaufgaben des Apothekers begründet werden. Beratungsbedarf gegenüber den Ärzten werde es eher selten und nur ausnahmsweise geben. Der Arzt könne auch bei der Versendung von Impfstoff schriftlich oder telefonisch beraten und informiert werden. Höchstrichterlich nicht geklärt ist die Frage, ob der Versand apothekenpflichtiger Arzneimittel an Ärzte heute genehmigungspflichtig ist.[26] Die Entscheidung des Bundesverfassungsgerichts zum Impfstoffversand, welche das erhöhte Schutzbedürfnis des privaten Endverbrauchers hervorhebt, dürfte eher gegen eine Genehmigungspflicht sprechen, zumal der

---

22 Saalfrank, S. 13.

23 KG, Urt. v. 09.11.2004 – 5 U 300/01, GRUR 2005, 170, das allerdings vor der erstmaligen Veröffentlichung der Liste des BMG ergangen ist; zur Erstattung des Rabatts gemäß § 130 a Abs. 5 SGB V, SG Berlin, Urt. v. 16.11 2005-S 89 KR 2244/03; siehe jetzt BSG, Urt.v. 28.7.2008, B 1 KR 4/08 R, kein Anspruch von DocMorris auf Erstattung des Herstellerrabatts. Ausländische Versandapotheken sind an deutsches Arzneimittelpreisbindungsrecht gebunden, OLG München, Urt.v. 2.7.2009, 29 U 3648/08 (Revision zugelassen); OLG Hamburg, Urt.v. 19.2.2009, 3 U 225/06; dagegen OLG Köln, Urt.v. 8.5.2009, 6 U 213/08; hierzu Greiff, GesR 2009, 626.

24 BGH, Urt.v.20.12.2007 – I ZR 205/04, GesR 2008, 215.

25 BVerfGE 107, 186.

26 Dazu Dettling in: Cyran, Rotta, § 17 Rn. 353.

Großhandel ja selbst genehmigungspflichtig ist, § 52a. Der Pharmazeutische Unternehmer müsste ggf. eine entsprechende Genehmigung beantragen.

### V. Exkurs: Verordnung nicht zugelassener Arzneimittel

Die Verordnung nicht zugelassener Arzneimittel bzw. Verordnung von Arzneimitteln außerhalb des Indikationsgebiets, für das eine Zulassung besteht, wirft immer wieder grundsätzliche haftungsrechtliche und verordnungsrechtliche Fragen auf, die im Folgenden dargestellt werden sollen. 12

Dabei ergeben sich verschiedene Fallkonstellationen: 13

- Ein Arzneimittel hat weltweit noch keine Zulassung, Erfahrungen liegen aus klinischen Studien vor.
- Ein Arzneimittel ist in Deutschland nicht zugelassen, aber in anderen Ländern besteht bereits eine Zulassung für die beabsichtigte Indikation.
- Ein Arzneimittel ist in Deutschland zugelassen, die Zulassung richtet sich jedoch nicht auf die beabsichtigte Indikation.
- Ein Arzneimittel war zugelassen, die Zulassung ist jedoch erloschen oder zurückgezogen.

#### 1. Rechtliche Grundlagen

**a.** Nach herrschender Meinung in Literatur und Rechtsprechung[27] richten sich die Zulassungsvorschriften des Arzneimittelgesetzes an den Pharmazeutischen Unternehmer, nicht an den Arzt. Dem Arzt ist es im Rahmen der sog. „Therapiefreiheit" gestattet, auch nicht zugelassene Arzneimittel bzw. Arzneimittel außerhalb des Indikationsgebiets, für das sie zugelassen sind, anzuwenden. Auf die Vorschriften zur klinischen Prüfung gem. §§ 40, 41 brauchen sich die betroffenen Personen nicht verweisen zu lassen. Denn die Verordnung und Abgabe des nicht zugelassenen Arzneimittels erfolgt nicht zur Gewinnung neuer Erkenntnisse über Wirksamkeit und Unbedenklichkeit eines Arzneimittels, sondern ausschließlich im Patienteninteresse. Dies gilt erst recht, wenn die Erkenntnisse über die Wirkweise des Arzneimittels bereits – wenn auch teilweise im Ausland – vorliegen. 14

**b.** Wie der BGH[28] festgestellt hat, stellt die arzneimittelrechtliche Zulassung eine Art „Gütesiegel" dar. Mit anderen Worten existiert eine Vermutung für die Einhaltung des Standards, wenn ein zugelassenes Arzneimittel im Rahmen des entsprechenden Indikationsgebietes und der Vorgaben des Herstellers eingesetzt wird. Hieraus den Umkehrschluss zu ziehen, dass die Verordnung und Abgabe eines nicht zugelassenen Arzneimittels bzw. eines zugelassenen Arzneimittels außerhalb des Indikationsgebietes, für das es die Zulassung hat, als „nicht standardgemäß" oder gar fahrlässig zu bewerten sei, ist jedoch nicht vertretbar. Der Standard ist keine statische, sondern eine dynamische Größe, was sogar dazu führen kann, dass 15

---

27 OLG München, VersR 1991, 471, 473; OLG Köln, VersR 1991, 186; BGH, MedR 1996, 22.

28 BGH, MedR 1996, 22, 23 (Surgibone).

der Stand der medizinischen Erkenntnisse es erfordern kann, ein noch nicht zugelassenes Arzneimittel zu verordnen, wenn es wissenschaftlich bereits als gegenüber herkömmlichen Methoden wirksamer eingestuft wird.[29] Der BGH[30] in anderem Zusammenhang: „Die Anwendung solcher allgemein nicht anerkannter Therapieformen und sogar ausgesprochen paraärztlicher Behandlungsformen ist rechtlich grundsätzlich erlaubt. Es kann dahingestellt bleiben, ob dies schon deswegen der Fall sein muss, weil sich eine Beschränkung der Methodenfreiheit aus Rechtsgründen als Hemmnis des medizinischen Fortschritts, bzw. als Stillstand der Medizin darstellen würde. Jedenfalls aber folgt dies aus dem Selbstbestimmungsrecht eines um die Tragweite seiner Entscheidung wissenden Patienten. Denn da dieser das Recht hat, jede nicht gegen die guten Sitte verstoßende Behandlungsmethode zu wählen, kann aus dem Umstand, dass der Heilbehandler den Bereich der Schulmedizin verlassen hat, nicht von Vornherein auf einen Behandlungsfehler geschlossen werden.“

### c. Grundsatz

16 Wendet ein Arzt ein Arzneimittel außerhalb seines Zulassungsbereichs an, ist von besonderem Interesse, ob er dadurch den Deckungsschutz im Rahmen seiner Berufshaftpflichtversicherung gefährdet oder gar gänzlich verliert. In den meisten Heilwesenbedingungen der in der Bundesrepublik Deutschland tätigen Haftpflichtversicherungen heißt es: „Versichert ist die gesetzliche Haftpflicht aus Behandlungen (...), soweit diese in der Heilkunde anerkannt sind.“ Deckungsschutz besteht danach in all denjenigen Off-Label-Use-Anwendungen, in denen die Voraussetzungen, die das Bundessozialgericht für die Erstattungsfähigkeit im Rahmen der GKV aufgestellt hat (siehe Rn. 9) vorliegen. Anders als im Falle der restriktiven Haltung im Rahmen der Frage der Erstattungsfähigkeit dürfte es sogar ausreichen, dass über den Off-Label-Use in einschlägigen Fachkreisen ein Konsens über den voraussichtlichen Nutzen des zulassungsüberschreitenden Einsatzes des Arzneimittels besteht. Dies ist in vielen Anwendungssituationen z.B. in der Anästhesie oder auch der Kinderonkologie gegeben.

### d. Haftung des pharmazeutischen Unternehmens

17 Eine andere Situation liegt allerdings bei der Haftpflichtversicherung der pharmazeutischen Unternehmen im Rahmen der Gefährdungshaftung des § 84 AMG vor. Zwar vertritt das Bundesministerium für Gesundheit (BMG) die Auffassung, die Deckung müsse sich jedenfalls auf solche Fälle des Off-Label-Use erstrecken, in denen die Anwendung allgemein konsentiert wird. Die Hersteller und ihre Versicherer wenden jedoch zu Recht ein, dass sie im Wege der beantragten Zulassung die Verkehrsfähigkeit ihres Produktes bestimmen.

---

[29] OLG Köln, VersR 1991, 186 (Aciclovir).
[30] BGH, NJW 1991, 1536; BGHSt 37,385, 387.

### e. Erstattungsfähigkeit in der GKV

Von der grundsätzlichen Zulässigkeit einer Anwendung eines Arzneimittels außerhalb seines Zulassungsbereichs ist die Frage der Erstattungsfähigkeit im Rahmen der gesetzlichen Krankenversicherung zu unterscheiden. Mit Urteil vom 19.3.2002 hatte das BSG[31] entschieden, dass im Rahmen der gesetzlichen Krankenversicherung grundsätzlich nur dann Kosten für Arzneimittel getragen werden können, wenn sie im Rahmen der Indikationen, für die die Zulassung erteilt worden ist, verabreicht werden. Das BSG hält einen zulassungsüberschreitenden Einsatz von Fertigarzneimitteln nur dann für gerechtfertigt, wenn folgende drei Voraussetzungen kumulativ gegeben sind: 18

- Das Fertigarzneimittel soll zur Behandlung einer schwerwiegenden Krankheit eingesetzt werden. Dabei versteht das BSG unter einer schwerwiegenden Krankheit solche Krankheiten, die entweder lebensbedrohlich sind oder die Lebensqualität auf Dauer nachhaltig beeinträchtigen.
- Es darf keine vertretbare andere Behandlungsalternative verfügbar sein.
- In einschlägigen Fachkreisen muss ein Konsens über den voraussichtlichen Nutzen des zulassungsüberschreitenden Einsatzes des Arzneimittels bestehen.

Trotz der scheinbaren Klarheit dieser drei Voraussetzungen hat die Entscheidung des BSG zahlreiche Folgefragen aufgeworfen (z.B. bei Tumorbehandlung von Kindern), die in der Praxis immer noch einer befriedigenden Lösung harren[32]. Eine gewisse Öffnung folgt aus einer Entscheidung des BSG[33]. Danach kann eine Kostentragungspflicht im Rahmen der GKV angenommen werden, wenn das Arzneimittel im Ausland zugelassen ist und für einen seltenen Einzelfall, also nicht für eine abstrakte Indikationsgruppe, über die erlaubte Apothekeneinfuhr (§ 73 Abs. 3 AMG a.F.) importiert wird. 19

### f. Regelungsmodelle

Infolge der Entscheidung des BSG hat das BMG (damals noch BMGS) eine Expertengruppe „Off-Label-Use" eingerichtet. Die Expertengruppe soll Feststellungen darüber treffen, ob die – nicht in einem Zulassungsverfahren getestete – Anwendung eines Arzneimittels „medizinisch sinnvoll" erscheint. Dadurch sollen Rechtssicherheit und Rechtsklarheit gefördert werden. Der Gesetzgeber hat diese Überlegungen aufgegriffen und in dem seit dem 1.1.2004 geltenden neuen § 35b Abs. 3 SGB V umgesetzt. Danach beruft das Bundesministerium für Gesundheit 20

---

31 BSG, Urt.v. 19.3.2002, B 1 KR 37/00 R, BSGE 89, 184ff.; in diesem Sinne jetzt auch LSG NRW , Urt.v.19.8.2002, L 16 KR 79/03.

32 Zu den rechtlichen Folgefragen Goecke, NZS 2002, 620 ff.; Schimmelpfennig-Schütte, GesR 2004, 361, 364; dies., MedR 2004, 655 ff.; Wölk, ZMGR 2006, 3 ff.; BVerfG – 1 BvR 1586/02 – NJW 2003, 1236; BVerfG – 1 BvR 131/04 – GesR 2004, 246 ff.; Niemann, NZS 2004, 254 ff.

33 BSG – B 1 KR 27/02 R – GesR 2005, 322; Visudyne (zugelassen in der Schweiz und den USA) zur Therapie des Aderhautkolons im Kindesalter; siehe auch BVerfG – 1 BvR 347/98 – GesR 2006, 72.

Expertengruppen beim Bundesinstitut für Arzneimittel und Medizinprodukte, die Bewertungen zum Stand der wissenschaftlichen Erkenntnis über die Anwendung von zugelassenen Arzneimitteln für Indikationen und Indikationsbereiche, für die sie nach dem Arzneimittelgesetz nicht zugelassen sind, abgeben sollen. Diese Bewertungen sollen dann dem gemeinsamen Bundesausschuss als Empfehlung zur Beschlussfassung gemäß § 92 Abs. 1 S. 2 Nr. 6 SGB V zugeleitet werden. Eine entsprechende Bewertung soll im Übrigen nur mit Zustimmung des pharmazeutischen Unternehmens erstellt werden. Diese Einschränkung erfolgte offensichtlich im Hinblick auf die Befugnis des Herstellers, das Ausmaß der Verkehrsfähigkeit des von ihm zu verantwortenden Produkts zu bestimmen (Ziff. 3 a.E. siehe Rn ###). Aus der Gesetzesbegründung ergibt sich, dass der Gesetzgeber eine derartige Zustimmung bzw. Billigung der Ausweitung der Verkehrsfähigkeit offenbar auch als Haftungsvoraussetzung im Rahmen der Gefährdungshaftung nach § 84 AMG betrachtet. Der § 25 Abs. 7a AMG, eingeführt durch das 12. Änderungsgesetz, sieht mittlerweile vor, dass die beim BfArM gebildete Kommission für Arzneimittel für Kinder und Jugendliche zu Arzneimitteln, die nicht für die Anwendung bei Kindern und Jugendlichen zugelassen sind, den anerkannten Stand der Wissenschaft dafür feststellen kann, unter welchen Voraussetzungen diese Arzneimittel bei Kindern oder Jugendlichen angewendet werden können (§ 25 Abs. 7a S. 7 AMG).

### g. Neues Prüfschema

**21** Nach einer Entscheidung des BVerfG vom 6.12.2005[34], durch die eine die Leistungspflicht der GKV für eine nicht anerkannte Arzneimitteltherapie ablehnende Entscheidung des BSG aufgehoben wurde, bekam die Diskussion neuen Auftrieb. Danach sind innerhalb der GKV auch Kosten für nicht anerkannte Methoden oder Off-Label-Anwendungen zu erstatten, wenn

- eine lebensbedrohliche oder regelmäßig tödlich verlaufende Erkrankung vorliegt,
- bzgl. dieser Krankheit eine allgemein anerkannte, medizinischem Standard entsprechende Behandlung nicht zur Verfügung steht,
- bzgl. der beim Versicherten ärztlich angewandten (neuen, nicht allgemein anerkannten) Behandlungsmethode eine „auf Indizien gestützte" nicht ganz fern liegende Aussicht auf Heilung oder wenigstens auf eine spürbare positive Einwirkung auf den Krankheitsverlauf besteht.

**22** Die grundsätzliche Bindung an den Leistungskatalog der GKV und die Kompetenz des G-BA zur Konkretisierung und Prüfung neuer Behandlungsmethoden hat das BVerfG nicht angetastet[35]. Dementsprechend hat das BSG in aktuellen Ent-

---

[34] BVerfG, Beschl.v. 6.12.2005,1 BvR 347/98, GesR 2006, 72; BVerfG, Beschl.v. 29.11.2007 – 1 BvR 2496/07, NZS 2008, 365.

[35] Deshalb erscheinen erste Bewertungen der Entscheidung in der Publikumspresse zu allgemein. Dies hat das BSG im anschließenden Vergleich, mit dem das Verfahren nach der Aufhebung durch das BVerfG abgeschlossen wurde, deutlich herausgearbeitet, sie-

scheidungen[36] seine Rechtsprechung unter Beachtung der vom BVerfG aufgestellten Grundsätze fortentwickelt, ohne dass jedoch damit die Off-Label-Problematik deutlich „liberalisiert“ worden wäre. Praktische Hilfe wird eine neu geschaffene Anlage VI zu den Arzneimittel-Richtlinien zu anerkannten Off-Label-Use Indikationen solcher Arzneimittel bringen (Teil A), nachdem der Aufnahme ein positives Votum der Expertengruppe und eine Anerkennung dieses Off-Label-Use durch den pharmazeutischen Unternehmer als bestimmungsgemäßen Gebrauch vorausgegangen ist. Die abschließende Beschlussfassung hierfür erfolgt durch den G-BA.

### h. Konsequenzen für die Praxis

Die Anwendung von Fertigarzneimitteln außerhalb der bestehenden Zulassung ist **23** im Rahmen der gesetzlichen Krankenkassen nur verordnungsfähig, wenn die vom BSG gegebenen Voraussetzungen erfüllt sind. Verordnungen zulasten der GKV, die nicht unter diese Voraussetzungen fallen, können zu einem Regress der KVen gegenüber dem verordnenden Arzt führen. Dabei haben die KVen wegen der erschöpfenden Vorgaben des BSG keinen Ermessensspielraum. Die Expertengruppen beim BMG haben bisher nur für ganz wenige Arzneimittel Stellungnahmen für die Anwendung außerhalb ihrer zugelassenen Indikation oder Indikationsgebiete abgegeben. Wenn für ein Arzneimittel eine derartige Stellungnahme fehlt, besteht keine Gefährdungshaftung des Herstellers nach § 84 AMG. Für den Arzt besteht aber Deckungsschutz im Rahmen seiner Berufshaftpflicht, wenn für die Anwendung eines Arzneimittels die Voraussetzungen gegeben sind, die das BSG gezogen hat. Es besteht auch Deckungsschutz, wenn ein Präparat nach gesicherter wissenschaftlicher Kenntnis im Rahmen einer nicht zugelassenen Indikation sinnvoll eingesetzt werden kann. Praktische Hilfe für den Off-label-Bereich wird eine neu geschaffene Anlage VI zu den Arzneimittel-Richtlinien zu anerkannten Off-Label-Use Indikationen solcher Arzneimittel bringen, nachdem der Aufnahme ein positives Votum der Expertengruppe und eine Anerkennung dieses Off-Label-Use durch den pharmazeutischen Unternehmer als bestimmungsgemäßer Gebrauch vorausgegangen ist. Die abschließende Beschlussfassung hierfür erfolgt durch den G-BA. Für den allgemeinen Therapiebereich wird vorgeschlagen,[37] sich an der Verfahrensordnung des G-BA (dort § 18 Abs. 2, 3 und § 20) und den dort angeführten Prüfmaßstäben zu orientieren. Problematisch dürfte die Deckung allerdings in den Fällen sein, in denen es zugelassene Alternativ-Arzneimittel gibt und der Einsatz eines nicht zugelassenen Arzneimittels ausschließlich oder überwiegend aus Kostengesichtspunkten erfolgt. Über die beabsichtigte Anwendung eines für die geplante Indikation nicht zugelassenen Fertigarzneimittels muss der Patient entsprechend aufgeklärt werden und er muss seine Einverständniserklärung zu der

---

he hierzu veröffentlichtes Sitzungsprotokoll vom 27.3.2006, B 1 KR 28/05 R, Termin-Bericht des BSG Nr. 20/06.

[36] BSG, Urt.v. 4.4.2006, B 1 KR 12/05 R, GesR 2006, 421; BSG, Urt.v. 4.4.2006, B 1 KR 12/04 R, NZS 2007, 88 (beide ablehnend); BSG, Urt.v. 4.4.2006, B 1 KR 7/05 R, GesR 2007, 24 (zustimmend).

[37] Hauck, NJW 2007, 1320, 1323.

Behandlung geben. Die Weiterverordnung eines Arzneimittels, das z.B. wegen bestimmter Nebenwirkungen durch den Hersteller vom Markt genommen worden ist, ist auch haftungsrechtlich nicht vertretbar. Es besteht weder durch den Hersteller eine Gefährdungshaftung noch besteht Deckung durch den Haftpflichtversicherer des Arztes.

## § 73a
## Ausfuhr

**(1) Abweichend von den §§ 5 und 8 Abs. 1 dürfen die dort bezeichneten Arzneimittel ausgeführt werden, wenn die zuständige Behörde des Bestimmungslandes die Einfuhr oder das Verbringen genehmigt hat. Aus der Genehmigung nach Satz 1 muss hervorgehen, dass der zuständigen Behörde des Bestimmungslandes die Versagungsgründe bekannt sind, die dem Inverkehrbringen im Geltungsbereich dieses Gesetzes entgegenstehen.**

**(2) Auf Antrag des pharmazeutischen Unternehmers, des Herstellers, des Ausführers oder der zuständigen Behörde des Bestimmungslandes stellt die zuständige Behörde oder die zuständige Bundesoberbehörde, soweit es sich um zulassungsbezogene Angaben handelt und der Zulassungsinhaber seinen Sitz außerhalb des Geltungsbereiches des Arzneimittelgesetzes hat, ein Zertifikat entsprechend dem Zertifikatsystem der Weltgesundheitsorganisation aus. Wird der Antrag von der zuständigen Behörde des Bestimmungslandes gestellt, ist vor Erteilung des Zertifikats die Zustimmung des Herstellers einzuholen.**

### I. Die Bedeutung der Norm

In der Bundesrepublik dürfen bedenkliche (§ 5 AMG) und minderwertige Arzneimittel (§ 8 Abs. 1 AMG) nicht in Verkehr gebracht werden. Für die Ausfuhr ermöglicht § 73a eine Ausnahme, wenn die zuständige Behörde im Bestimmungsland nach vollständiger Information über die nach deutschem Recht bestehenden Bedenken die Einfuhr dennoch genehmigt. Typische Fälle sind Hilfssendungen staatlicher und/oder karitativer Institutionen. Durch die Beschränkung auf § 8 Abs. 1 wird im übrigen deutlich, dass eine Ausfuhr von Arzneimitteln nach Ablauf des Verfalldatums ausnahmslos unzulässig ist. 1

Die Norm stellt keinen Freibrief dafür dar, Arzneimittel mit einem hohen Gefährdungspotential in Drittländer auszuführen. Deshalb kann die Zolldienststelle bei möglichen Zweifeln über die Voraussetzungen gem. § 73a Abs. 1 die zuständige Landesbehörde für die Arzneimittelsicherheit hinzuziehen und die Arzneimittellieferung vorläufig sicherstellen. Mit der AMG-Novelle 2009 wurde bestimmt, dass auch die Bundesoberbehörde ein Zertifikat ausstellen kann, wenn die Zuständigkeit einer Landesbehörde nicht besteht, weil z.B. der Zulassungsinhaber seinen Sitz im Ausland hat. 2

### II. Ausfuhr-Zertifikat

Bei den in §§ 5 und 8 Abs. 1 genannten Arzneimitteln ist es verständlich, dass die Behörden der Bestimmungsländer Zweifel an der Qualität dieser Produkte haben können. Um diesen Zweifeln zu begegnen, soll auf Antrag des pharmazeutischen Unternehmers oder der zuständigen Behörde des Bestimmungslandes wenigstens bescheinigt werden, dass die GMP-Richtlinien eingehalten wurden. Mit den Zertifikaten nach § 72a haben diese Bescheinigungen jedoch nichts zu tun, da sie nicht 3 auf Gegenseitigkeit beruhen. Bei diesen Zertifikaten handelt es sich um ein formalisiertes Verfahren nach bestimmten Mustern.[1] Die zum Teil gegen die Einschränkung in Abs. 2 Satz 2 vorgebrachte Kritik[2] erscheint nicht gerechtfertigt. Schließlich ist zu berücksichtigen, dass der Hersteller möglicherweise überhaupt kein Interesse an einer Ausfuhr des Arzneimittels hat, wenn er befürchten muss, dass durch dieses letztlich ja bedenkliche Arzneimittel Haftungsansprüche ausgelöst werden könnten. Durch das Zustimmungserfordernis, das nicht umgangen werden kann, kann nicht über den Kopf des Herstellers hinweg entschieden werden. Zuständig ist die nach Landesrecht für die Arzneimittelüberwachung zuständige Behörde in dem Land, in dem der Pharmazeutische Unternehmer seinen Sitz hat. Wenn ein Arzneimittel eine zentrale europäische Zulassung hat, kann auch die EMEA ein Zertifikat ausstellen.

---

1 Abgedruckt bei Kloesel, Cyran, Nr. A 2.15a.
2 Rehmann § 73a Rn. 2.

## § 74
## Mitwirkung von Zolldienststellen

**(1) Das Bundesministerium der Finanzen und die von ihm bestimmten Zolldienststellen wirken bei der Überwachung des Verbringens von Arzneimitteln und Wirkstoffen in den Geltungsbereich dieses Gesetzes und der Ausfuhr mit. Die genannten Behörden können**

**1. Sendungen der in Satz 1 genannten Art sowie deren Beförderungsmittel, Behälter, Lade- und Verpackungsmittel zur Überwachung anhalten,**
**2. den Verdacht von Verstößen gegen Verbote und Beschränkungen dieses Gesetzes oder der nach diesem Gesetz erlassenen Rechtsverordnungen, der sich bei der Wahrnehmung ihrer Aufgaben ergibt, den zuständigen Verwaltungsbehörden mitteilen,**
**3. in den Fällen der Nummer 2 anordnen, dass die Sendungen der in Satz 1 genannten Art auf Kosten und Gefahr des Verfügungsberechtigten einer für die Arzneimittelüberwachung zuständigen Behörde vorgeführt werden.**

**Das Brief- und Postgeheimnis nach Artikel 10 des Grundgesetzes wird nach Maßgabe der Sätze 1 und 2 eingeschränkt.**

**(2) Das Bundesministerium der Finanzen regelt im Einvernehmen mit dem Bundesministerium durch Rechtsverordnung, die nicht der Zustimmung des Bundesrates bedarf, die Einzelheiten des Verfahrens nach Absatz 1. Es kann dabei insbesondere Pflichten zu Anzeigen, Anmeldungen, Auskünften und zur Leistung von Hilfsdiensten sowie zur Duldung der Einsichtnahme in Geschäftspapiere und sonstige Unterlagen und zur Duldung von Besichtigungen und von Entnahmen unentgeltlicher Proben vorsehen. Die Rechtsverordnung ergeht im Einvernehmen mit dem Bundesministerium für Umwelt, Naturschutz und Reaktorsicherheit, soweit es sich um radioaktive Arzneimittel und Wirkstoffe oder um Arzneimittel und Wirkstoffe handelt, bei deren Herstellung ionisierende Strahlen verwendet werden, und im Einvernehmen mit dem Bundesministerium für Ernährung, Landwirtschaft und Verbraucherschutz, soweit es sich um Arzneimittel und Wirkstoffe handelt, die zur Anwendung bei Tieren bestimmt sind.**

### Die Bedeutung der Norm

Es liegt in der Natur der Sache, dass die in diesem 13. Abschnitt enthaltenen Pflichten nur mit Hilfe der jeweiligen Zolldienststellen überwacht werden können. Damit gewinnen die Zolldienststellen jedoch keine eigenständige Zuständigkeit im Rahmen der Arzneimittelüberwachung. Vielmehr können sie lediglich die in Abs. 1 genannten vorläufigen Maßnahmen treffen. An die Entscheidung der zuständigen Überwachungsbehörden bezüglich der Arzneimittelsicherheit sind sie gebunden. Durch die AMG-Novelle 2009 ist § 74 neu gefasst worden. Die Neufassung soll eine verbesserte Überwachung des grenzüberschreitenden Arzneimittelverkehrs per Post bzw. als Folge der vermehrten Bestellung über das Internet ermöglichen. Dies soll auch der verbesserten Aufdeckung von Arzneimittelfälschungen dienen. **1**

# Vierzehnter Abschnitt
# Informationsbeauftragter, Pharmaberater

## § 74a
## Informationsbeauftragter

**(1) Wer als pharmazeutischer Unternehmer Fertigarzneimittel, die Arzneimittel im Sinne des § 2 Abs. 1 oder Abs. 2 Nr. 1 sind, in den Verkehr bringt, hat eine Person mit der erforderlichen Sachkenntnis und der zur Ausübung ihrer Tätigkeit erforderlichen Zuverlässigkeit zu beauftragen, die Aufgabe der wissenschaftlichen Information über die Arzneimittel verantwortlich wahrzunehmen (Informationsbeauftragter). Der Informationsbeauftragte ist insbesondere dafür verantwortlich, dass das Verbot des § 8 Abs. 1 Nr. 2 beachtet wird und die Kennzeichnung, die Packungsbeilage, die Fachinformation und die Werbung mit dem Inhalt der Zulassung oder der Registrierung oder, sofern das Arzneimittel von der Zulassung oder Registrierung freigestellt ist, mit den Inhalten der Verordnungen über die Freistellung von der Zulassung oder von der Registrierung nach § 36 oder § 39 Abs. 3 übereinstimmen. Satz 1 gilt nicht für Personen, soweit sie nach § 13 Abs. 2 Satz 1 Nr. 1, 2, 3 oder 5 keiner Herstellungserlaubnis bedürfen. Andere Personen als in Satz 1 bezeichnet dürfen eine Tätigkeit als Informationsbeauftragter nicht ausüben.**

**(2) Der Nachweis der erforderlichen Sachkenntnis als Informationsbeauftragter wird erbracht durch das Zeugnis über eine nach abgeschlossenem Hochschulstudium der Humanmedizin, der Humanbiologie, der Veterinärmedizin, der Pharmazie, der Biologie oder der Chemie abgelegte Prüfung und eine mindestens zweijährige Berufserfahrung oder durch den Nachweis nach § 15. Der Informationsbeauftragte kann gleichzeitig Stufenplanbeauftragter sein.**

**(3) Der pharmazeutische Unternehmer hat der zuständigen Behörde den Informationsbeauftragten unter Vorlage der Nachweise über die Anforderungen nach Absatz 2 und jeden Wechsel vorher mitzuteilen. Bei einem unvorhergesehenen Wechsel des Informationsbeauftragten hat die Mitteilung unverzüglich zu erfolgen.**

**Übersicht** **Rz.**



Koyuncu

E. Deutsch, H.-D. Lippert (Hrsg.), *Kommentar zum Arzneimittelgesetz (AMG)*,
DOI 10.1007/978-3-642-01455-0_14, © Springer-Verlag Berlin Heidelberg 2011

**Literatur**

Anhalt, Aufgaben und Verantwortungsbereiche des Informationsbeauftragten, PharmInd 2007, 768; Böse, Die Garantenstellung des Betriebsbeauftragten, NStZ 2003, 636; Di Fabio, Risikoentscheidungen im Rechtsstaat. Zum Wandel der Dogmatik im öffentlichen Recht, insbesondere am Beispiel der Arzneimittelverwaltung, 1994; Hasskarl, Sicherheit durch Information im Arzneimittelrecht, NJW 1988, 2265; Koyuncu, Die Rechtsnatur der Packungsbeilage, GesR 2005, 289; Ders. Das Haftungsdreieck Pharmaunternehmen-Arzt-Patient. Verschulden und Mitverschulden bei der Haftung für Arzneimittelschäden 2004; Kroth, Der Stufenplanbeauftragte, A&R 2007, 114; Mandry, Die Beauftragten im Pharmarecht, 2004; Salje, Zivilrechtliche und strafrechtliche Verantwortung des Betriebsbeauftragten für Umweltschutz, BB 1993, 2297; Straile, Betriebsbeauftragte in der gewerblichen Wirtschaft, BB 1999, 1.

## I. Die Bedeutung der Norm

Die Norm spiegelt den Stellenwert wider, den der Gesetzgeber der wissenschaftlichen Information über Arzneimittel einräumt. Die Arzneimittelsicherheit als Kernanliegen des AMG basiert auf mehreren Säulen. Neben den drei produktbezogenen Säulen Qualität, Wirksamkeit und Verträglichkeit wird die Arzneimittelsicherheit vor allem auch durch die ordnungsgemäße Information über Arzneimittel gewährleistet. Diesem Umstand trägt § 74a Rechnung, indem hier dem pharmazeutischen Unternehmer aufgegeben wird, eine mit besonderer Sachkunde ausgestattete und zuverlässige Person damit zu beauftragen, die wissenschaftliche Information über die in Verkehr gebrachten Arzneimittel des pharmazeutischen Unternehmers in eigener Verantwortung sicherzustellen. Das Arzneimittelrecht bezieht pharmazeutische Unternehmer insgesamt in ein Geflecht von Informationsverpflichtungen ein.[1] Durch § 74a wird im AMG eine personale Bündelung der Verantwortung für die wissenschaftliche Information über Arzneimittel vorgenommen, und zwar in Gestalt des Informationsbeauftragten. 1

## II. Europarechtlicher Hintergrund

Die Vorschrift und damit der Informationsbeauftragte waren, wie sich anhand der Nummerierung der Norm erkennen lässt, nicht Teil des ursprünglichen AMG 1976. Vielmehr wurde § 74a erst durch das 5. AMG-Änderungsgesetz eingefügt und trat – zwei Jahre nach Verkündung der 5. AMG-Novelle – im Jahre 1996 in Kraft. Seinerzeit diente die Vorschrift der nationalen Umsetzung des Art. 13 der Richtlinie 92/28/EWG über die Werbung für Humanarzneimittel.[2] Diese Richtlinie wurde zwischenzeitlich durch den Gemeinschaftskodex für Humanarzneimittel[3] abgelöst, so dass § 74a heute der Umsetzung des Artikel 98 Abs. 1 der Richtlinie 2001/83/EG dient. Diese Bestimmung lautet: 2

---

1 Hasskarl, NJW 1988, 2265, 2270 f.

2 Richtlinie 92/28/EWG über die Werbung für Humanarzneimittel vom 31.3.1992, ABl. L 113 vom 30. 4. 1992, S. 13.

3 Richtlinie 2001/83/EG vom 6. November 2001 zur Schaffung eines Gemeinschaftskodexes für Humanarzneimittel, ABl. L 311 vom 28.11.2001, S. 67.

„Der Inhaber der Genehmigung für das Inverkehrbringen errichtet innerhalb seines Unternehmens eine wissenschaftliche Stelle, die mit der Information über die von ihm in den Verkehr gebrachten Arzneimittel beauftragt wird."

3 Die Regelung in § 74a weicht bei näherer Betrachtung allerdings von dieser europäischen Regelung in einigen Punkten ab: So spricht die Richtlinie einerseits nicht von der Person eines Informationsbeauftragten, sondern allgemein von einer „wissenschaftlichen Stelle", die mit der Information über die in Verkehr gebrachten Arzneimittel beauftragt wird. Hier hat sich der deutsche Gesetzgeber für eine natürliche Person in der Funktion eines „Beauftragten" entschieden. Dies dürfte auch daran liegen, dass die Figur des „Beauftragten" dem deutschen öffentlichen Recht bereits zuvor aus anderen Rechtsgebieten vertraut war.[4]

4 Eine weitere, auch eher formale, Abweichung besteht darin, dass das EU-Recht die Pflicht zur Errichtung der wissenschaftlichen Stelle dem das Arzneimittel in den Verkehr bringenden Zulassungsinhaber auferlegt und nicht wie das deutsche Recht jedem pharmazeutischen Unternehmer, der das Arzneimittel in den Verkehr bringt. An dieser Stelle ist das deutsche Recht strenger, da hiernach auch ein pharmazeutischer Unternehmer, der (z.B. als Mitvertreiber) nicht selbst Zulassungsinhaber ist, einen Informationsbeauftragten beauftragen muss. Trotz dieser Abweichung liegt aber keine ernsthafte Diskrepanz zwischen AMG und Gemeinschaftskodex vor. Denn der Gemeinschaftskodex unterstellt einerseits bei der Person des Inverkehrbringenden, dass es sich hierbei auch um den Inhaber der Genehmigung handelt, so dass auch der Gemeinschaftskodex davon ausgeht, dass jede Person, die ein Arzneimittel in den Verkehr bringt, auch eine „wissenschaftliche Stelle" beauftragen muss. Letztlich ist auch in Art. 98 der RiLi 2001/83/EG das „Inverkehrbringen" der rechtlich maßgebliche Anknüpfungspunkt für die Pflicht zur Beauftragung der „wissenschaftlichen Stelle" und nicht die Inhaberschaft der Zulassung.

5 Das deutsche Recht ist bzgl. der personellen Anforderungen an den Informationsbeauftragten ersichtlich konkreter als der Gemeinschaftskodex. Während letzterer nur die Beauftragung einer *wissenschaftlichen* Stelle fordert, hat das AMG spezifische Erwartungen an die Person, Ausbildung und Berufserfahrung des Informationsbeauftragten.[5]

6 Als weiteren Unterschied erwartet das – insoweit konkretere – EU-Recht, dass die wissenschaftliche Stelle *„innerhalb des Unternehmens"* beauftragt wird. Hiernach wäre eine Auslagerung des Informationsbeauftragten aus dem Unternehmen an externe Dienstleister nicht zulässig. Diesbezüglich ist wiederum das deutsche Recht großzügiger, denn § 74a verlangt vom pharmazeutischen Unternehmer nicht, dass der Informationsbeauftragte innerhalb des eigenen Unternehmens angesiedelt sein muss.

---

4 Siehe hierzu die weitergehenden Ausführungen unter VI.

5 Zu den personellen Anforderungen an den Informationsbeauftragten siehe sogleich III.

## III. Adressaten der Norm

Die Verantwortung zur Beauftragung des Informationsbeauftragten obliegt dem pharmazeutischen Unternehmer, der Fertigarzneimittel in den Verkehr bringt. Die Pflicht knüpft an die Tatbestandsmerkmale „Fertigarzneimittel" und „Inverkehrbringen" an. Der bloße Zulassungsinhaber, der keine Fertigarzneimittel in den Verkehr bringt, muss keinen Informationsbeauftragten beauftragen. Auch ein Sponsor, der nur Prüfpräparate in den Verkehr bringt, ist nicht zur Beauftragung eines Informationsbeauftragten verpflichtet. Ebenso wenig verpflichtet § 74a den bloßen (Lohn-)Hersteller.[6] Andererseits haben Parallel- und Reimporteure, die ihren Sitz in Deutschland haben, gemäß § 74a einen Informationsbeauftragten zu bestellen, wenn sie Arzneimittel in Deutschland in den Verkehr bringen. 7

Auch wenn sich die Regelungen des § 74a Abs. 1 an Personen richten, die Fertigarzneimittel in den Verkehr bringen, lässt die Norm Ausnahmen für diejenigen Personen zu, die gem. § 13 Abs. 2 Nr. 1, 2, 3 und 5 keiner Herstellungserlaubnis bedürfen, d.h. Apothekeninhaber (Nr. 1), Krankenhausträger (Nr. 2), Tierärzte (Nr. 3) und Einzelhändler (Nr. 5), wenn sie die in § 13 Abs. 2 für sie genannten Voraussetzungen erfüllen. 8

Gemäß § 74a wird primär eine öffentlich-rechtliche Organisationspflicht des pharmazeutischen Unternehmers gegenüber der Allgemeinheit statuiert, deren Erfüllung der pharmazeutische Unternehmer gegenüber der zuständigen Behörde nachzuweisen hat. 9

Zusätzlich zu den pharmazeutischen Unternehmern richtet sich § 74a aber auch an die Informationsbeauftragten selbst, denn die Norm formuliert positiv (und nicht abschließend) den Aufgaben- und Verantwortungsbereich dieser Personen. Mithin enthält § 74a den Pflichtenkatalog des Informationsbeauftragten und richtet sich insoweit an die Beauftragten selbst. Die Verletzung dieser Pflichten kann zu haftungs-, verwaltungs- und strafrechtlichen Sanktionen führen. 10

Ferner richtet sich § 74a auch an alle Stellvertreter des Informationsbeauftragten. Auch der Stellvertreter, der bei Abwesenheit des Informationsbeauftragten dessen Tätigkeit ausübt, muss über die in § 74a Abs. 1 S. 1 und 2 genannten Voraussetzungen verfügen. 11

Nicht zuletzt untersagt die Norm sanktionsbewehrt jedermann, der nicht über das geforderte persönliche und berufliche Anforderungsprofil für die Funktion des Informationsbeauftragten verfügt, die Ausübung der Tätigkeit des Informationsbeauftragten (Abs. 1 S. 4). 12

## IV. Anforderungen an Informationsbeauftragte

In § 74a Abs.1 S.1 und Abs. 2 sind die persönlichen Voraussetzungen normiert, um die Tätigkeit eines Informationsbeauftragten ausüben zu dürfen. Die Person 13

---

[6] Siehe die Kommentierung zu § 4 Abs. 1 und der Definition „Fertigarzneimittel".

muss (1) die erforderliche Sachkenntnis und (2) die zur Ausübung ihrer Tätigkeit erforderliche Zuverlässigkeit besitzen.

**14** Die erforderliche Sachkenntnis wird in § 74a Abs. 2 näher präzisiert. Der Absatz enthält eine enumerative Aufzählung von geeigneten Hochschul-Studienfächern. Der Nachweis der erforderlichen Sachkenntnis kann erbracht werden durch das Zeugnis über eine nach abgeschlossenem Hochschulstudium der Humanmedizin (auch Zahn-, Mund- und Kieferheilkunde), der Humanbiologie, der Veterinärmedizin, der Pharmazie, der Biologie oder der Chemie abgelegte Prüfung und eine mindestens zweijährige Berufserfahrung *oder* – alternativ – durch den Nachweis nach § 15. Bezüglich des Erfordernisses eines Hochschulstudiums wird davon ausgegangen, dass ein *universitäres* Studium gemeint ist und kein Fachhochschulstudium.[7] Für diese Auffassung spricht insbesondere, dass die Aufgabe des Informationsbeauftragten die „wissenschaftliche" Information ist und dass dafür der Abschluss eines Studiums an einer wissenschaftlichen Hochschule erforderlich erscheint.

**15** Die Anforderungen an die nach Abs. 2 erforderliche zweijährige Berufserfahrung ergeben sich auch aus den Aufgaben des Informationsbeauftragten. Es muss sich um eine einschlägige Berufserfahrung handeln, die für die Aufgaben des Informationsbeauftragten qualifiziert und dafür erforderliche Kenntnisse und Erfahrungen vermittelt. Nicht jede berufliche Vorerfahrung ist ausreichend. Ausreichend dürfte es sein, wenn ein Bewerber als Arzt kurativ tätig war. Problematisch sind Fälle, in denen ein Bewerber nach dem Studium keine fachspezifische Berufserfahrung gesammelt hat, weil er in fachfremden Gebieten tätig war (z.B. als Unternehmensberater oder im kaufmännischen Bereich). In diesen Fällen fehlt es an der erforderlichen Sachkenntnis.

**16** Auch die Anforderungen an die Zuverlässigkeit des Informationsbeauftragten ergeben sich aus seinen gesetzlichen Aufgaben. Es kommt auf die „zur Ausübung ihrer Tätigkeit erforderliche" Zuverlässigkeit an. Ähnlich geht es im Gewerberecht um „die für den Gewerbebetrieb erforderliche Zuverlässigkeit"[8], so dass eine Person zuverlässig ist, wenn Sie die Gewähr dafür bietet, ihr Gewerbe in Zukunft ordnungsgemäß auszuüben.[9] Der pharmazeutische Unternehmer hat die Unterlagen und Erwägungen, die seiner Zuverlässigkeitsprognose zugrunde liegen, zu dokumentieren und auf Verlangen der Behörde vorzulegen. Zur Zuverlässigkeitsprüfung gehört zumindest die Einsicht in das Führungszeugnis nach § 30 BZRG.[10] Die Aussagekraft des an Privatpersonen übersandten Führungszeugnisses (§ 30 Abs. 1 BZRG) ist allerdings gering, da dieses eine Vielzahl von Vorstrafen nicht aufführt (u.a. Verurteilungen zu Freiheitsstrafen bis 3 Monate oder Geldstrafen bis 90 Tagessätze, § 32 Abs. 2 BZRG). Zweifel an der Zuverlässigkeit bestehen, wenn die Person einschlägig wegen Straftaten gegen das Leben und körperliche Unversehrtheit vorbestraft ist. Zweifel bestehen auch bei Vorstrafen und wiederholten

---

7 Kloesel, Cyran, § 74a Anm. 7.
8 Vgl. alleine §§ 33a, 34, 34a, 34b, 34c, 34d GewO.
9 BVerwGE 65, 1 ff.
10 Umgangssprachlich das sog. „polizeiliche Führungszeugnis".

Ordnungswidrigkeiten aufgrund von Verstößen gegen das Arzneimittel-, Apotheken-, Betäubungsmittel- oder Heilmittelwerberecht. Zweifel an der Zuverlässigkeit können ferner aus gesundheitlichen und psychischen Beeinträchtigungen resultieren (insb. bei Alkohol-, Drogen- oder Medikamentenabhängigkeit).

Den pharmazeutischen Unternehmer treffen bei der Auswahl (und Überwachung) des Informationsbeauftragten gesteigerte Sorgfaltspflichten. Verletzungen der Pflicht zur ordentlichen Auswahl und Überwachung stellen neben den Sanktionstatbeständen des AMG auch eine Ordnungswidrigkeit gem. § 130 OWiG dar. **17**

Auch der Stellvertreter des Informationsbeauftragten muss die Anforderungen des § 74a Abs. 1 und Abs. 2 an Sachkenntnis und Zuverlässigkeit erfüllen. Der Stellvertreter tritt während einer Abwesenheit des Informationsbeauftragten vollumfänglich in dessen Stellung ein und übt dessen Tätigkeit im Sinne des § 74a Abs. 1 S. 4 aus. **18**

Das deutsche Arzneimittelrecht ist hinsichtlich der personellen Anforderungen an den Informationsbeauftragten erheblich konkreter als der dem § 74a zugrunde liegende Art. 98 Abs. 1 der RiLi 2001/83/EG. Ähnlich war die Situation bis zur AMG-Novelle 2009 auch beim Stufenplanbeauftragten, der gem. § 63a a.F. konkrete Anforderungen erfüllen musste, wohingegen für die korrespondierende Person auf EU-Ebene, die „Qualified Person for Pharmacovigilance", keine vergleichbar detaillierten Anforderungen normiert waren. Nun hat der Gesetzgeber mit der AMG-Novelle 2009 aus § 63a Abs. 2 die früheren Sachkenntnis-Anforderungen herausgenommen. Dieser Schritt könnte bei einer der nächsten AMG-Novellen auch für den Informationsbeauftragten vollzogen werden. **19**

## V. Aufgaben und Verantwortung des Informationsbeauftragten

Der Aufgaben- und Verantwortungsbereich des Informationsbeauftragten in § 74a ist offen konzipiert und nicht abschließend niedergelegt. Hiernach hat der Informationsbeauftragte die wissenschaftliche Information über die Arzneimittel, die der pharmazeutische Unternehmer in den Verkehr bringt, „verantwortlich wahrzunehmen". Der Begriff „wissenschaftliche Information" wird nicht definiert. Diese Aufgabenzuweisung wird lediglich exemplarisch durch folgende Verantwortungsbereiche näher konkretisiert: **20**

- Der Informationsbeauftragte ist dafür verantwortlich, dass das in § 8 Abs. 1 Nr. 2 niedergelegte Irreführungsverbot beachtet wird.
- Der Informationsbeauftragte ist ferner dafür verantwortlich, dass die Angaben in der Kennzeichnung (§ 10), Gebrauchsinformation/Packungsbeilage (§ 11), Fachinformation (§ 11a) und der Werbung mit dem Inhalt der Zulassung oder der Registrierung übereinstimmen. Sofern das Arzneimittel von der Zulassung oder Registrierung freigestellt ist, müssen die genannten Angaben mit den Inhalten der Verordnungen über die Freistellung von der Zulassung oder von der Registrierung nach § 36 oder § 39 Abs. 3 übereinstimmen.

21 Das Irreführungsverbot gem. § 8 Abs. 1 Nr. 2 und die damit verbundenen Aufgaben lassen sich weiter aufschlüsseln. Der Informationsbeauftragte ist dafür verantwortlich, dass keine Arzneimittel oder Wirkstoffe in den Verkehr gebracht werden, die „in anderer Weise (als in § 8 Abs. 1 Nr. 1 und Nr. 1a genannt) mit irreführender Bezeichnung, Angabe oder Aufmachung versehen sind. Eine Irreführung liegt insbesondere dann vor, wenn

- Arzneimitteln eine therapeutische Wirksamkeit oder Wirkungen oder Wirkstoffen eine Aktivität beigelegt wird, die sie nicht haben,
- fälschlich der Eindruck erweckt wird, dass ein Erfolg mit Sicherheit erwartet werden kann oder dass nach bestimmungsgemäßem oder längerem Gebrauch keine schädlichen Wirkungen eintreten,
- zur Täuschung über die Qualität geeignete Bezeichnungen, Angaben oder Aufmachungen verwendet werden, die für die Bewertung des Arzneimittels oder Wirkstoffs mitbestimmend sind.

22 Das Irreführungsverbot in § 8 Abs. 1 Nr. 2 AMG entspricht den Irreführungsverboten aus § 3 Nr. 1, Nr. 2 lit. a) und b) und Nr. 3 HWG. Der Informationsbeauftragte ist persönlich verantwortlich für die Einhaltung dieser Verbote.

23 Nach dem zweiten in § 74a Abs. 1 exemplarisch genannten Aufgabenkreis muss der Informationsbeauftragte die Übereinstimmung der Werbung und der Angaben in der Packungsbeilage, Fachinformation und Kennzeichnung mit den Daten aus der Zulassung bzw. Registrierung oder Freistellungsverordnung der Arzneimittel sicherstellen. Er hat diesbezüglich eine eigene Prüfpflicht. Damit ist er erneut eingebunden in die Überprüfung der Werbeaussagen des pharmazeutischen Unternehmers. Aus den Bestimmungen des HWG sind damit – zusätzlich zu den o.g. Unterfällen des § 3 HWG – auch die Einhaltung der §§ 3a, 4, Abs. 1, Abs. 1a, Abs. 2 und § 5 HWG im Verantwortungsbereich des Informationsbeauftragten.[11] Dieser Aufgabenbereich des Informationsbeauftragten umfasst auch die Sicherstellung, dass die zur Werbung und Arzneimittelinformation verwendeten Unterlagen auf dem aktuellen Stand sind.

24 Da die Aufgabenzuweisung in § 74a nicht abschließend ist und der Begriff „wissenschaftliche Information“ weiter reicht als die in Abs. 1 exemplarisch genannten Tätigkeiten, sind hier auch diejenigen Aufgaben relevant, die in Art. 98 Abs. 2 der RiLi 2001/83/EG im Zusammenhang mit der einen Absatz zuvor normierten „wissenschaftlichen Stelle“ aufgelistet sind:

25 „Der Inhaber der Genehmigung für das Inverkehrbringen

- hält ein Exemplar jedes von seinem Unternehmen verbreiteten Werbetextes sowie ein Datenblatt mit Angabe des Empfängers, der Verbreitungsart und des Datums der ersten Verbreitung zur Verfügung der für die Kontrolle der Arzneimittelwerbung verantwortlichen Behörden oder Stellen oder übermittelt ihnen diese Unterlagen,
- vergewissert sich, dass die von seinem Unternehmen durchgeführte Arzneimittelwerbung diesem Titel entspricht,

---

11 So auch Anhalt, PharmInd 2007, 768.

- prüft, ob die von seinem Unternehmen beschäftigten Arzneimittelvertreter sachgemäß ausgebildet sind und die ihnen aufgrund von Artikel 93 Absätze 2 und 3 obliegenden Verpflichtungen einhalten,
- gibt den mit der Kontrolle der Arzneimittelwerbung beauftragten Behörden oder Stellen die Informationen und die Hilfe, deren sie zur Durchführung ihres Auftrags bedürfen,
- sorgt dafür, dass die Anordnungen der für die Kontrolle der Arzneimittelwerbung verantwortlichen Behörden oder Stellen unverzüglich und vollständig befolgt werden."

Auch diese Tätigkeiten, insbesondere die regelmäßige Schulung und Überwachung des Außendienstes, sind im Zusammenhang mit der wissenschaftlichen Information zu sehen und unterfallen dem Aufgabenbereich des vom pharmazeutischen Unternehmer beauftragten Informationsbeauftragten.[12] **26**

Der Informationsbeauftragte fungiert bzgl. seines Aufgabenbereichs als Ansprechpartner gegenüber Behörden. Falls er selbst nicht erreichbar ist, hat sein Stellvertreter diese Aufgabe wahrzunehmen. **27**

## VI. Rechtsfolgen der Beauftragten-Stellung, Garantenstellung

Der Informationsbeauftragte ist – nach Einführung des Stufenplanbeauftragten im Jahre 1988 – ein weiterer „Beauftragter" im AMG. Die Figur des Beauftragten ist ein in vielen Bereichen des öffentlichen Rechts, insbesondere in der Umweltverwaltung, häufig anzutreffendes Instrument (siehe z.B.: Betriebsbeauftragter für Abfall, Immissionsschutzbeauftragter, Strahlenschutzbeauftragter, Gefahrgutbeauftragter, Geldwäschebeauftragter, Datenschutzbeauftragter)[13]. Mit dem Konzept der Beauftragten-Funktion verfolgt der Gesetzgeber generell das Ziel einer „intensivierten betrieblichen Selbstkontrolle"[14], bei der der Beauftragte entweder als Ergänzung der behördlichen Überwachung agiert oder eine Kooperation des Beauftragten mit den Behörden bezweckt ist.[15] Es wird auch bildlich von der „Wächterfunktion" des Beauftragten gesprochen, wobei der Informationsbeauftragte mehr ist als ein bloßer „Wächter", sondern auch selbst exekutive Pflichten hat.[16] **28**

Der Informationsbeauftragte ist organisatorischer Anknüpfungspunkt im Unternehmen für die wissenschaftliche Information über die in Verkehr gebrachten Arzneimittel und steht auch in direkter Rechtsbeziehung mit der Aufsichtsbehörde.[17] Das unterscheidet den Informationsbeauftragten (und die anderen AMG-Verantwortlichen) von den meisten Beauftragten in anderen Rechtsgebieten, denen oft **29**

---

12 Kloesel, Cyran, § 74a Anm. 2.

13 Di Fabio, Risikoentscheidungen im Rechtsstaat (1994), 243 f.; Straile, BB 1999, 1 ff. mit weiteren Beispielen für Beauftragte.

14 Di Fabio, S. 244.

15 Di Fabio, S. 244, m.w.N.

16 Kuhlen, Die Abgrenzung von Täterschaft und Teilnahme, insbesondere bei den sog. Betriebsbeauftragten, in: Amelung, Individuelle Verantwortung und Beteiligungsverhältnisse bei Straftaten in bürokratischen Organisationen des Staates, der Wirtschaft und der Gesellschaft (2000), S. 71.

17 Mandry, S. 224, der herausarbeitet, dass der Informationsbeauftragte und die anderen AMG-Verantwortlichen – anders als die meisten anderen Betriebsbeauftragten – nicht bloß ein „Mann des Betriebes" sind.

keine direkte Rechtsbeziehung zu den Überwachungsbehörden eingeräumt wird[18]. Hingegen agiert der Informationsbeauftragte wie ein Scharnier zwischen pharmazeutischem Unternehmer und der Aufsichtsbehörde.[19]

**30** Zur rechtlichen Verstärkung der Beauftragtenrolle hat der Gesetzgeber ferner eine persönliche Verantwortlichkeit eingeführt, so dass der Informationsbeauftragte kraft persönlicher Verantwortung die Einhaltung der von ihm zu beachtenden rechtlichen Vorgaben sicherstellen muss. Daher hat der Informationsbeauftragte rechtlich auch eine Garantenstellung für die gesetzeskonforme Umsetzung der ihm obliegenden Aufgaben.[20]

**31** Diese Garantenstellung kraft gesetzlicher Aufgabenzuweisung haben alle AMG-Verantwortlichen. Aus der Garantenstellung resultiert für den Informationsbeauftragten eine Handlungspflicht zur Verhinderung von Verstößen gegen die von ihm wahrzunehmenden Pflichten. Die Garantenstellung des Informationsbeauftragten verpflichtet diesen gegenüber der Allgemeinheit und insbesondere den Arzneimittelverbrauchern. Durch die Einrichtung der Funktion des Informationsbeauftragten, seine individuelle Aufgabenzuweisung verbunden mit den strengen Anforderungen an seine Sachkenntnis und Zuverlässigkeit werden auch Sicherheitserwartungen Außenstehender begründet.

**32** Der Informationsbeauftragte hat aufgrund seiner Garantenstellung eine Handlungspflicht, wenn er feststellt, dass entgegen den gesetzlichen Vorgaben für die wissenschaftliche Information Arzneimittel durch den pharmazeutischen Unternehmer in den Verkehr gebracht oder beworben werden. Der Informationsbeauftragte hat daher eine Handlungspflicht, wenn er beispielsweise bemerkt, dass Arzneimittel irreführend beworben werden oder mit Packungsbeilagen in den Verkehr gebracht werden, die von den Angaben aus der Zulassung abweichen. Die Garantenstellung beginnt mit der tatsächlichen Übernahme der Tätigkeit und Verantwortung und nicht etwa erst ab der förmlichen Mitteilung an die Behörde.[21]

**33** Somit kommt dem Informationsbeauftragten und den anderen AMG-Verantwortlichen eine gewisse Zwitterrolle zu, da sie einerseits als Mitarbeiter (oder Dienstleister) des pharmazeutischen Unternehmers diesem gegenüber und den Unternehmenszielen verpflichtet sind und zugleich auch (Garanten-)Pflichten mit persönlicher Verantwortung gegenüber der Allgemeinheit haben. Dadurch erscheint

---

18 Mandry, S. 224.

19 Entsprechend wird in der Literatur zutreffend die Situation für den Stufenplanbeauftragten bewertet, vgl. Di Fabio, S. 244.

20 Mandry, S. 118; Mayer, Strafrechtliche Produkthaftung für Arzneimittelschäden (2008), S. 589 (für den Stufenplanbeauftragten); Schneider, Podpetschnig-Fopp, Sieling, Völler, PharmInd 2007, 217, 218 f. (für die sachkundige Person gem. § 14 AMG). Siehe für Beauftragte in anderen Rechtsgebieten: OLG Frankfurt am Main, NJW 1987, 2753, 2756; Böse, NStZ 2003, 636; Schmitz, in: Münchener Kommentar zum StGB, § 324 Rz. 124; Salje, BB 1993, 2297, 2299 f.; Straile, BB 1999, 1, 3; Steinmark, BB 1983, 867; Kuhlen, a.a.O. (Fn 16), S. 71, 87, m.w.N.

21 BGH, NJW 2009, 3173 ff.

der Informationsbeauftragte wie ein „Diener zweier Herren", was zu internen und externen Konfliktsituationen führt[22] (siehe dazu die Ausführungen unter VII.).

## VII. Stellung im Unternehmen, Weisungsfreiheit

Dem rechtlichen Verhältnis zwischen pharmazeutischem Unternehmer und seinem Informationsbeauftragten liegt ein privatrechtlicher Vertrag zugrunde. Die Vorgaben des § 74a ändern nichts an dieser privatrechtlichen Einordnung. Bei der Frage nach der organisatorischen Einordnung des Informationsbeauftragten ist danach zu unterscheiden, ob es sich bei ihm um einen betriebsinternen Mitarbeiter des pharmazeutischen Unternehmers handelt oder einen externen Dienstleister. 34

### 1. Informationsbeauftragter als Unternehmensmitarbeiter

Für den Fall, dass es sich bei dem Informationsbeauftragten um einen Mitarbeiter des pharmazeutischen Unternehmers handelt, macht das Gesetz keine Vorgaben dazu, wie der Informationsbeauftragte unternehmensorganisatorisch einzugliedern ist. Daher kann er sowohl in einer Linien-Managementfunktion als auch als eine gesonderte Einheit im Unternehmens-Organigramm verankert werden. Organisatorisch wird die Funktion des Informationsbeauftragten in der Praxis häufig in den sog. Abteilungen für Medizinische Wissenschaft (auch kurz: „MedWiss") eingegliedert. 35

Der Mitarbeiter, der zugleich Informationsbeauftragter ist, muss allerdings unabhängig von seiner organisatorischen Einbettung im Unternehmen genügend Befugnisse haben, um seine Aufgaben wirksam wahrzunehmen. Hierbei bedeutet „verantwortlich wahrnehmen", dass er in eigener Verantwortung tätig wird. Das setzt begrifflich die Freiheit des Handelns und damit die weisungsfreie Befugnis zur Entscheidung voraus.[23] Mithin muss der Informationsbeauftragte in seinem gesetzlichen Aufgabenbereich selbstbestimmt und weisungsfrei handeln können.[24] Als Fazit ist daher festzuhalten, dass der Informationsbeauftragte – wie auch die anderen AMG-Verantwortlichen – im Bereich seiner AMG-Verantwortung eigenverantwortlich und weisungsfrei handeln können muss.[25] 36

Das arbeitsrechtliche Direktionsrecht des pharmazeutischen Unternehmers wird daher überlagert durch die im Interesse der Allgemeinheit zugewiesenen AMG-Pflichten des Informationsbeauftragten. Wenn die Weisungen des Arbeitgebers der Einhaltung der Pflichten aus § 74a dienen, sind sie vom Informationsbeauftragten zu beachten. Der Informationsbeauftragte muss sich aber bei einer Anweisung des pharmazeutischen Unternehmers, die zu einem Verstoß gegen seine gesetzlichen 37

22 Dahs, NStZ 1986, 97, 98, für die (vergleichbare) Situation des Gewässerschutzbeauftragten.

23 Lenckner, Perron, in: Schönke, Schröder, StGB, § 14 Rz. 35, m.w.N.

24 Lenckner, Perron, in: Schönke, Schröder, StGB, § 14 Rz. 35, m.w.N.

25 Hiob, PharmInd 2006, 1409, 1410 (für die sachkundige Person gem. § 14 AMG); Gößl, in: Sieder, Zeitler, Dahme, Knopp, WasserhaushaltsG und AbwasserabgabenG (Kommentar), § 21b Rz. 47 (für den Gewässerschutzbeauftragten).

Pflichten führen würde, verweigern.[26] Ihm kann wegen der Weigerung, eine gesetzwidrige Weisung zu befolgen, nicht gekündigt werden.[27]

**38** Zur organisationsinternen Absicherung der Unabhängigkeit des Informationsbeauftragten und seiner Entscheidungsfindung werden in der Praxis Vorkehrungen getroffen, wonach etwa in Verfahrensanweisungen festgelegt wird, dass Entscheidungen zu Fragen des Verantwortungsbereichs des Informationsbeauftragten (oder Stufenplanbeauftragten) nicht gegen dessen Stimme getroffen werden dürfen. Auf diese Weise können Konflikte zwischen den AMG-Verantwortlichen und anderen Abteilungen durch verfahrenstechnische Regelungen austariert werden.[28]

**39** Im Übrigen hat der pharmazeutische Unternehmer gegenüber dem Informationsbeauftragten eine Förderungspflicht.[29] Er hat dem Informationsbeauftragten die für die Erfüllung seiner AMG-Pflichten erforderlichen finanziellen, sachlichen, personellen und funktionalen Mittel zur Verfügung zu stellen. Auch eine angemessene Fortbildung des Informationsbeauftragten und seiner Mitarbeiter fällt hierunter.

### 2. Auslagerung des Informationsbeauftragten

**40** Das AMG erlaubt die Auslagerung der Funktion des Informationsbeauftragten auf externe Dienstleister. Von einem solchen Outsourcing der wissenschaftlichen Information wird in der Praxis aus unterschiedlichen Gründen vermehrt Gebrauch gemacht.[30] Eine Auslagerung der Funktion bedarf angesichts ihrer verwaltungs-, haftungs- und strafrechtlichen Bedeutung einer eingehenden vertraglichen Grundlage.[31] Auch bei Auslagerung des Informationsbeauftragten gelten im Übrigen die obigen Ausführungen zur eigenverantwortlichen Aufgabenwahrnehmung, Weisungsfreiheit und Förderungspflicht des pharmazeutischen Unternehmers. Der externe Informationsbeauftragte muss durch geeignete Verfahrensanweisungen in die Abläufe beim pharmazeutischen Unternehmer einbezogen sein, so dass er zur Aufgabenerfüllung in das Unternehmen „hineinregieren“[32] kann.

---

26 Mandry, S. 190 f.

27 So auch Mandry, S. 192 f., m.w.N. Die Argumentation gilt auch für die weiteren AMG-Verantwortlichen.

28 Solche Vorkehrungen sind in praxi auch zur Absicherung der Unabhängigkeit und Entscheidungsfindung der anderen AMG-Verantwortlichen anzutreffen.

29 Mandry, S. 194.

30 Buchkremer-Ratzmann, Dehnhardt, PharmInd 2008, 1453.

31 Das gilt auch für die Auslagerung anderer AMG-Verantwortlicher, was sich nicht zuletzt aus § 9 Abs. 1 AMWHV ergibt. § 9 Abs. 1 S. 1 AMWHV lautet: „Für jede Tätigkeit im Auftrag, insbesondere die Herstellung, Prüfung und das Inverkehrbringen oder jeden damit verbundenen Vorgang, der im Auftrag ausgeführt wird, muss ein schriftlicher Vertrag zwischen Auftraggeber und Auftragnehmer bestehen.“

32 So Axel Thiele, BfArM, für den Fall des Outsourcings des Stufenplanbeauftragten in seinem bisher unveröffentlichten Vortrag auf der Veranstaltung „Compliance in der Pharmakovigilanz“ am 9. Juli 2009 in Frankfurt am Main. Die Argumentation ist ohne Weiteres auf den Informationsbeauftragten übertragbar.

## VIII. Personalunion, mehrere Informationsbeauftragte

Das Aufgabengebiet des Informationsbeauftragten kann sich mit denen anderer Unternehmensmitarbeiter und anderer AMG-Verantwortlicher überschneiden. Dies gilt insbesondere im Verhältnis zum Stufenplanbeauftragten (§ 63a).[33] Dieses Überschneidungspotenzial hat auch der Gesetzgeber erkannt und in § 12 Abs. 2 AMWHV verankert, dass pharmazeutische Unternehmer, die Fertigarzneimittel in den Verkehr bringen, die Verantwortungsbereiche des Stufenplanbeauftragten und des Informationsbeauftragten vorab (schriftlich) festzulegen haben. 41

### 1. Personalunionen

Der Informationsbeauftragte kann gem. § 74a Abs. 2 S. 2 in Personalunion gleichzeitig auch die Funktion des Stufenplanbeauftragten wahrnehmen, wenn er dabei weiterhin „in der Lage ist, seinen Verpflichtungen nachzukommen".[34] Auch wenn dies nicht (mehr) expressis verbis in § 74a normiert ist, kann der Informationsbeauftragte darüber hinaus auch die zusätzliche – dritte – Funktion der sachkundigen Person nach § 14 oder der verantwortlichen Person nach § 20c wahrnehmen. Das liegt daran, dass der Stufenplanbeauftragte bei Vorliegen der erforderlichen (weitergehenden) Voraussetzungen in Personalunion auch die Funktion der sachkundigen Person nach § 14 oder der verantwortlichen Person nach § 20c auf sich vereinigen darf. 42

Wenn mithin ein und dieselbe Person kumulativ die (jeweils unterschiedlichen) Voraussetzungen für die AMG-Beauftragten erfüllt, ist es rechtlich zulässig, dass sie zugleich bis zu drei AMG-Beauftragtenfunktionen auf sich vereinigen darf: sie kann Informationsbeauftragter, Stufenplanbeauftragter und sachkundige Person nach § 14 oder Informationsbeauftragter, Stufenplanbeauftragter und verantwortliche Person nach § 20c sein. 43

Neben den personellen Anforderungen setzen alle Personalunion-Konstellationen voraus, dass der Informationsbeauftragte weiterhin seine gesetzlichen Pflichten aus den übernommenen Funktionen effektiv wahrnehmen kann.[35] Andernfalls liegt der Vorwurf eines Organisationsmangels/-verschuldens gegen den pharmazeutischen Unternehmer nahe. Gegen den Mitarbeiter, der zu viele Funktionen auf sich vereinigt hat, obwohl er hätte erkennen müssen, dass er diese Tätigkeiten nicht mehr mit der gebotenen Sorgfalt ausüben kann, kann der Vorwurf des Übernahmeverschuldens erhoben werden. 44

### 2. Mehrere Informationsbeauftragte

Das AMG lässt offen, ob ein pharmazeutischer Unternehmer mehr als einen Informationsbeauftragten bestellen kann. Der Gesetzeswortlaut lässt hier Interpretationsspielraum zu, auch wenn § 74a zunächst nur von einem Informationsbeauftragten spricht. Vom Sinn und Zweck der Norm ausgehend und unter Heranzie- 45

---

[33] Zum Aufgabenbereich des Stufenplanbeauftragten siehe die Kommentierung zu § 63a ff.

[34] So die amtliche Begründung zur 5. AMG-Novelle, vgl. BT-Drucks. 12/6480, S. 23.

[35] BT-Drucks.12/6480, S. 23.

hung der Funktion des Informationsbeauftragten sprechen aber die überzeugenderen Argumente dafür, dass es gem. § 74a zulässig ist, mehrere Informationsbeauftragte zu bestellen. Dafür spricht nicht zuletzt der Umstand, dass ein einzelner Informationsbeauftragter ab einer gewissen Größe des Unternehmens und Produktsortiments nicht alle oben aufgezeigten Aufgaben in der gebotenen Sorgfalt wahrnehmen kann.

**46** Wenn mehrere Informationsbeauftragte bestellt werden, muss der pharmazeutische Unternehmer sicherstellen, dass die Aufgaben- und Kompetenzgrenzen stets trennscharf festgelegt werden. Hierzu bietet sich eine nach Arzneimitteln aufgeteilte Zuordnung an. Nicht unüblich, wenn auch weniger trennscharf, ist die Zuordnung der Aufgaben nach Indikationsgebieten, so dass also ein Informationsbeauftragter alle Arzneimittel in der ihm zugewiesenen Indikation zu betreuen hat. Bei dieser Aufgabenzuweisung muss stets überwacht werden, ob Zulassungserweiterungen um neue Indikationsgebiete eine Anpassung der Aufgabenverteilung erforderlich machen.

### IX. Mitteilungspflichten gegenüber Behörden

**47** In § 74a Abs. 3 werden formale Pflichten statuiert, die der sachgerechten behördlichen Überwachung dienen. Der pharmazeutische Unternehmer – nicht der Informationsbeauftragte – ist verpflichtet, der zuständigen Behörde die Angaben zu der Person mitzuteilen, dem die Aufgabe des Informationsbeauftragten übertragen wurde. Auch die Nachweise, aus der die gesetzlich geforderte Sachkenntnis des Informationsbeauftragten (Abs. 2) hervorgeht, sind vorzulegen. Das Gesetz verlangt nicht die Vorlage des Nachweises der persönlichen Zuverlässigkeit. Jedoch sind der Behörde auf Verlangen auch hierzu Nachweise vorzulegen. In der Praxis ist es üblich, dass sich Unternehmen schon im Vorfeld vor der geplanten Besetzung der Stelle des Informationsbeauftragten an die Behörde wenden und abklären, ob ein Kandidat die geforderten Voraussetzungen erfüllt.

**48** Der pharmazeutische Unternehmer hat die Aufsichtsbehörde auch über jeden bevorstehenden Wechsel des Informationsbeauftragten zu informieren. Erfolgt der Wechsel unvorhergesehen, so hat er dies der Behörde unverzüglich, d.h. ohne schuldhaftes Zögern, mitzuteilen. Konstellationen, die von der zuletzt genannten Fallgestaltung erfasst sein können, lägen etwa vor, wenn der bisherige Informationsbeauftragte plötzlich verstirbt, verunfallt oder mit sofortiger Wirkung das Unternehmen verlässt oder aus anderen Gründen sein Mandat als Informationsbeauftragter mit sofortiger Wirkung niederlegt. Abgesehen von der Pflicht zur unverzüglichen Mitteilung trifft den pharmazeutischen Unternehmer in diesen Fallkonstellationen vor allem die Pflicht zur sofortigen Neu-Beauftragung eines anderen Informationsbeauftragten, da das Inverkehrbringen von Arzneimitteln ohne einen Informationsbeauftragten beauftragt zu haben, eine Ordnungswidrigkeit darstellt (dazu sogleich mehr).

**49** Die Mitteilung der Person des Informationsbeauftragten an die Aufsichtsbehörde ist für die Übernahme der Beauftragtenstellung nicht konstituierend. Die Mitteilung ist lediglich administrativ-formaler Natur. Für den Informationsbeauftragten ergeben sich Rechte und Pflichten nicht durch die Mitteilung an die Behörde, sondern durch seine privatrechtliche Beauftragung und deren Annahme.

Die Rechte und Pflichten aus der Funktion des Informationsbeauftragten erlöschen mit der Beendigung der zugrundeliegenden Beauftragung. Auch hierbei ist die Mitteilung an die zuständige Behörde nicht konstitutiv. Aus Gründen der Transparenz und im Interesse der rechtlichen Prävention sollte die Beendigung der Beauftragten-Stellung präzise dokumentiert werden. Der einzelne (Ex-)Informationsbeauftragte ist im Übrigen nicht daran gehindert, seinerseits der Behörde die Beendigung seiner Tätigkeit mitzuteilen. **50**

An § 74a Abs. 3 ist beim Vergleich mit dem § 63a bemerkenswert, dass der pharmazeutische Unternehmer den Informationsbeauftragten nur gegenüber der für ihn zuständigen Landesaufsichtsbehörde mitteilen muss und nicht auch gegenüber der zuständigen Bundesoberbehörde. Die Mitteilungspflichten in § 63a Abs. 3 wurden erst im Jahre 2009 mit der letzten AMG-Novelle erweitert. **51**

## X. Sanktionen

### 1. Strafrecht

Sowohl gemäß § 96 Nr. 3 als auch gem. § 14 HWG sind Zuwiderhandlungen gegen das (u.a. in § 8 Abs. 1 Nr. 2) normierte Irreführungsverbot strafbar. Täter gem. § 14 HWG ist, wer für die Gewährleistung einer nicht irreführenden Werbung verantwortlich ist.[36] Dies ist gem. § 74a Abs. 1 der Informationsbeauftragte. Neben ihm ist aufgrund seiner Universalverantwortung auch der pharmazeutische Unternehmer verantwortlich. Für den Informationsbeauftragten kommt somit eine Strafbarkeit gem. § 14 HWG in Betracht. Aufgrund seiner Garantenstellung kann er auch wegen Unterlassens als Täter bestraft werden. Ähnliches gilt bei Personenschäden: bei Schäden infolge seinem Pflichtenkreis zurechenbarer Informationsfehler kommt eine Strafbarkeit des Informationsbeauftragten wegen Körperverletzungs- und Tötungsdelikten in Betracht. Seine Garantenstellung bezweckt auch die Schadensvermeidung bei Verbrauchern. Nicht zuletzt ist eine Strafbarkeit des Informationsbeauftragten über § 14 Abs. 2 Nr. 2 StGB i.V.m. einem einschlägigen Straftatbestand möglich, wenn es sich bei dem pharmazeutischen Unternehmer um eine juristische Person handelt.[37] **52**

### 2. Ordnungswidrigkeitenrecht

Ordnungswidrig handelt derjenige pharmazeutische Unternehmer, der entgegen § 74a Abs. 1 S. 1 einen Informationsbeauftragten nicht beauftragt oder es unterlässt, der zuständigen Behörde die Person des Informationsbeauftragten, den Nachweis über dessen Sachkenntnis sowie jeden Wechsel in der Person des Informationsbeauftragten mitzuteilen, eine Mitteilung nach Abs. 3 nicht, nicht rechtzeitig oder nicht vollständig erstattet (§ 97 Abs. 2 Nr. 27a). Die nicht ordnungsge- **53**

[36] Bülow, Ring, HWG, § 14 Rz. 2.

[37] Bülow, Ring, HWG, § 14 Rz. 2, für § 14 HWG, wobei in der Kommentierung allerdings übersehen wird, dass der Informationsbeauftragte bereits aufgrund eigener Verantwortungszuweisung gem. § 74a AMG Täter des § 14 HWG sein kann.

mäße Auswahl und Überwachung des Informationsbeauftragten und der anderen AMG-Verantwortlichen ist aus Sicht des pharmazeutischen Unternehmers auch eine Ordnungswidrigkeit gem. § 130 OwiG.[38]

**54** Ordnungswidrig handelt auch, wer entgegen § 74a Abs. 1 Satz 4 eine Tätigkeit als Informationsbeauftragter ausübt ohne die erforderliche Sachkenntnis oder Zuverlässigkeit zu haben (§ 97 Abs. 2 Nr. 27b). Für den Informationsbeauftragten sind auch die Ordnungswidrigkeitentatbestände des § 15 Nr. 1 u. 2 HWG relevant.

### 3. Haftungsrecht

**55** Aufgrund seiner Garantenstellung kommt ferner eine zivilrechtliche Haftung des Informationsbeauftragten in Betracht. Ohne vertragliche Beziehung zwischen dem Informationsbeauftragten und dem Geschädigten kommt eine Haftung gem. § 823 Abs. 1 oder § 823 Abs. 2 i.V.m. einem Schutzgesetz in Frage. Eine vertragliche Haftung ist dann möglich, wenn der Informationsbeauftragte auf eine individuelle Anfrage pflichtwidrig eine fehlerhafte Information erteilt. In dieser Interaktion kann im Einzelfall ein Auskunftsvertrag gesehen werden. Ein Geschädigter kann sich bei der Vertragshaftung auch auf eine gegenüber seinem Arzt erteilte fehlerhafte Auskunft berufen, da hierin je nach Fallgestaltung ein Auskunftsvertrag (zwischen Unternehmen und Arzt) mit Schutzwirkung für Dritte (nämlich für den Patienten) gesehen werden kann.[39] Insgesamt bestehen für den Informationsbeauftragten auch persönliche Haftungsrisiken für Schäden infolge fehlerhafter wissenschaftlicher Information.

---

38 Mandry, S. 227.

39 Zur Frage, ob und wann ein Auskunftsvertrag bei der Beantwortung einer individuellen Anfragen zustande kommt, siehe ausführlich Koyuncu, Das Haftungsdreieck Pharmaunternehmen-Arzt-Patient (2004), S. 47 ff.

## § 75
## Sachkenntnis

**(1) Pharmazeutische Unternehmer dürfen nur Personen, die die in Absatz 2 bezeichnete Sachkenntnis besitzen, beauftragen, hauptberuflich Angehörige von Heilberufen aufzusuchen, um diese über Arzneimittel im Sinne des § 2 Abs. 1 oder Abs. 2 Nr. 1 fachlich zu informieren (Pharmaberater). Satz 1 gilt auch für eine fernmündliche Information. Andere Personen als in Satz 1 bezeichnet dürfen eine Tätigkeit als Pharmaberater nicht ausüben.**

**(2) Die Sachkenntnis besitzen**
1. **Apotheker oder Personen mit einem Zeugnis über eine nach abgeschlossenem Hochschulstudium der Pharmazie, der Chemie, der Biologie, der Human- oder der Veterinärmedizin abgelegte Prüfung,**
2. **Apothekerassistenten sowie Personen mit einer abgeschlossenen Ausbildung als technische Assistenten in der Pharmazie, der Chemie, der Biologie, der Human- oder Veterinärmedizin,**
3. **Pharmareferenten.**

**(3) Die zuständige Behörde kann eine abgelegte Prüfung oder abgeschlossene Ausbildung als ausreichend anerkennen, die einer der Ausbildungen der in Absatz 2 genannten Personen mindestens gleichwertig ist.**

**Übersicht** **Rz.**



### I. Die Bedeutung der Norm

Die Norm und der mit ihr normierte Pharmaberater sind Teil des arzneimittelrechtlichen Geflechts von Informationsinstrumenten und -pflichten, um die Sicherheit im Verkehr mit Arzneimitteln und die ordnungsgemäße Arzneimittelversorgung zu gewährleisten. Der Gesetzgeber geht davon aus, dass Arzneimittel komplexe Produkte sind, für deren sachgerechte Anwendung ein intensiverer Informationsbedarf besteht als bei anderen Produkten. Der Pharmaberater soll bei dem objektiven und kritischen Informationsaustausch zwischen pharmazeutischem Unternehmer und Heilberufen „eine gewichtige Rolle" spielen.[1] Da ihm „im Rahmen des Verkehrs mit Arzneimitteln eine bedeutsame Funktion"[2] zukommt, verlangt das Gesetz eine Mindestqualifikation für die Ausübung dieser Tätigkeit. Eben diese Mindestqualifikation legt § 75 fest. Der Pharmaberater ist auch eine wichtige Informationsquelle im Interesse der Pharmakovigilanz, was seinen Niederschlag in dieser Vorschrift und in § 76 gefunden hat. Man fragt sich, weshalb § 75 statt „Sachkenntnis" nicht die Überschrift „Pharmaberater" trägt.[3] Womöglich wollte der Ge- 1

[1] BT-Drucks. 7/3060, S. 60.
[2] BT-Drucks. 7/3060, S. 60.
[3] Siehe im Gegensatz dazu die §§ 63a, 74a AMG.

setzgeber, ein absichtsvolles Vorgehen unterstellt, hierdurch zusätzlich das Sachkenntnis-Erfordernis betonen.

## II. Regelungsgehalt

2 Die Norm definiert primär, welche Anforderungen hinsichtlich ihrer Ausbildung an Pharmaberater zu stellen sind. Sie beschreibt, wann die Sachkenntnis gegeben ist, um Angehörige der Heilberufe fachlich über Arzneimittel im Sinne des § 2 Abs. 1 oder Abs. 2 Nr. 1 informieren zu dürfen. Bei der Festlegung der Sachkenntnis geht der Gesetzgeber formal vor und unterstellt, dass die in Abs. 2 genannten Berufe über die erforderliche Sachkenntnis verfügen. Somit sagt § 75 nicht, welchen materiellen Inhalt die hier geforderte „Sachkenntnis" haben soll. Gegenständlicher Anknüpfungspunkt für die Beauftragung des Pharmaberaters sind – anders als bei §§ 63a und 74a – nicht Fertigarzneimittel, sondern Arzneimittel gem. § 2 Abs. 1 (Präsentations- und Funktionsarzneimittel) und fiktive Arzneimittel nach § 2 Abs. 2 Nr. 1.[4]

3 Die Sachkenntnis zur Ausübung der Tätigkeit des Pharmaberaters wird unterstellt bei Apothekern oder Personen mit einem Zeugnis über eine nach abgeschlossenem Hochschulstudium der Pharmazie, der Chemie, der Biologie, der Human- oder der Veterinärmedizin abgelegte Prüfung (Abs. 2 Nr. 1).[5] Zusätzlich zu den akademischen Berufen in Nr. 1 wird die Sachkenntnis bei den Assistenzberufen, die in Abs. 2 Nr. 2 genannt sind, unterstellt. Gemäß Abs. 2 Nr. 3 werden auch geprüfte Pharmareferenten zur Ausübung der Tätigkeit des Pharmaberaters zugelassen. Die Prüfung als Pharmareferent erfolgt gemäß der Verordnung über die Prüfung zum anerkannten Abschluss Geprüfter Pharmareferent/Geprüfte Pharmareferentin (PharmRefPrV).

4 Nicht erforderlich ist bei § 75 der Nachweis einer bestimmten Berufserfahrung (anders bei den AMG-Verantwortlichen, vgl. §§ 15, 20c Abs. 3, 74a, 63a). Bemerkenswert ist, dass § 75 nicht auch eine für die Ausübung der Tätigkeit als Pharmaberater erforderliche „Zuverlässigkeit" verlangt. Hierbei kann es sich nur um ein gesetzgeberisches Versehen handeln, da davon auszugehen ist, dass der Gesetzgeber ausweislich der Gesetzesbegründung die fachliche Information über Arzneimittel nicht unzuverlässigen Personen anvertrauen wollte.[6]

5 Der Gesetzgeber definiert den Pharmaberater als Person, die hauptberuflich Angehörige der Heilberufe aufsucht, um sie über Arzneimittel im Sinne des § 2 Abs. 1 oder Abs. 2 Nr. 1 fachlich zu informieren. Auch die Ausübung der Tätigkeit in Gestalt einer fernmündlichen Informationserteilung führt gem. Abs. 1 S. 2 zur Einstufung als Pharmaberater, so dass auch für diese Tätigkeit die Sachkenntnis gem. Abs. 2 vorliegen muss. Der Abs. 1 S. 2 wurde in § 75 durch das 2. AMG-Änderungsgesetz eingefügt.[7] Mithin müssen auch Mitarbeiter in Call-Centern, die

---

4 Siehe die Kommentierung zu § 2 mit weiteren Einzelheiten.

5 Siehe die Kommentierung hierzu unter § 74a.

6 Vgl. BT-Drucks. 7/3030, S. 60.

7 Zweites Gesetz zur Änderung des Arzneimittelgesetzes vom 16.08.1986, BGBl. I S. 1296.

fachliche Informationen zu den Arzneimitteln des pharmazeutischen Unternehmers erteilen, die Sachkenntnis-Anforderungen des Pharmaberaters aus § 75 Abs. 2 erfüllen. Ferner sind unter den Begriff fernmündliche Information neben dem Telefon auch die Informationserteilung per Telefax und weitere Formen der Telekommunikation, wie insbesondere die E-Mail-Kommunikation, zu subsumieren.[8] Dies ergibt sich auch daraus, dass die Norm ausweislich der amtlichen Begründung bezweckt, im Interesse der Arzneimittelsicherheit für die gesamte fachliche Information von Heilberufen durch Pharmaberater ein Mindestqualifikations-Niveau festzulegen.[9]

In Absatz 3 wird der Aufsichtsbehörde ein Ermessen eingeräumt, andere als in Abs. 2 genannte Prüfungen oder Ausbildungen als ausreichend anzuerkennen. Voraussetzung ist, dass die andere Prüfung oder Ausbildung einer der in Abs. 2 genannten Ausbildungen mindestens gleichwertig ist. Bei der Beurteilung der Gleichwertigkeit hat die Behörde – zusätzlich zu dem Ermessen auf der Rechtsfolgenseite – auch einen Beurteilungsspielraum auf der Tatbestandsebene. Für die Beurteilung der Gleichwertigkeit kommt es weder auf eine langjährige Berufstätigkeit noch darauf an, ob die zu vergleichenden Ausbildungsgänge dieselben Zugangsvoraussetzungen fordern.[10] Das Gesetz stellt in Abs. 3 vielmehr ausdrücklich auf die Gleichwertigkeit der abgelegten Prüfung oder abgeschlossenen Ausbildung ab.[11] 6

## III. Pharmaberater

### 1. Beauftragung, Ausbildung und Überwachung

Der Pharmaberater kann sowohl angestellter Mitarbeiter des pharmazeutischen Unternehmers als auch ein externer Dienstleister sein. § 76 lässt beide Alternativen zu. In praxi lässt sich die Tendenz erkennen, dass pharmazeutische Unternehmer zunehmend sog. „Leihaußendienste" bzw. rechtlich zutreffender „Mietaußendienste" beauftragen, für sie Heilberufe aufzusuchen und fachlich zu informieren. 7

Gemäß Art. 93 der RiLi 2001/83/EG müssen Pharmaberater (dort: „Arzneimittelvertreter") von ihrem Arbeit- bzw. Auftraggeber „entsprechend ausgebildet werden und über ausreichende Kenntnisse verfügen, um genaue und möglichst vollständige Auskünfte über die Arzneimittel zu erteilen, die sie anbieten". Diese Pflicht wird auch in den Aufgabenbereich des Informationsbeauftragten fallen, der die Verantwortung für die wissenschaftliche Information hat. Er hat die Sachkenntnis der Pharmaberater zu überprüfen und die regelmäßige fachliche Schulung (mit Erfolgskontrolle) und Überwachung der Pharmaberater sicherzustellen.[12] Er hat die Pharmaberater auch über den jeweils aktuellen Stand der Informationen zu den von diesen betreuten Arzneimitteln zu informieren.[13] Vorgaben für die 8

---

8 Kloesel, Cyran, § 75 Anm. 6.
9 BT-Drucks. 7/3060, S. 60.
10 VG Saarland, Urt. v. 14.2.2007 – Az.: 3 K 253/07, abrufbar unter www.juris.de.
11 VG Saarland, Urt. v. 14.2.2007 – Az.: 3 K 253/07, abrufbar unter www.juris.de.
12 Siehe dazu auch die Kommentierung zu § 74a, dort Rz. 25 f.
13 Kloesel, Cyran, § 75 Anm. 8.

Schulung der Pharmaberater sowie für die inhaltlichen Aspekte ihrer Tätigkeit machen im Übrigen auch brancheninterne Kodices wie etwa der Kodex zur Zusammenarbeit mit Fachkreisen des Freiwillige Selbstkontrolle für die Arzneimittelindustrie e.V.[14]

## 2. Aufgaben des Pharmaberaters

**9** Gemäß § 75 Abs. 1 S. 1 gehört die „fachliche Information" von Angehörigen der Heilberufe zu der Kernaufgabe des Pharmaberaters. Ausweislich § 76 ist der Pharmaberater ferner auch eingebunden in die Pharmakovigilanz-Aktivitäten des pharmazeutischen Unternehmers, da er verpflichtet ist, Hinweise auf Nebenwirkungen und Gegenanzeigen oder sonstige Risiken bei Arzneimitteln schriftlich aufzuzeichnen und dem Auftraggeber schriftlich mitzuteilen. In der Gesamtschau der Regelungen zum Pharmaberater zeigt sich, dass das AMG die Tätigkeit des Pharmaberaters primär insoweit rechtlichen Regelungen unterwirft als sicherheitsrelevante Aspekte betroffen sind.[15] Die Rolle und Aufgaben des Pharmaberaters sind daher im Lichte der Zielsetzung zu sehen, dass er durch fachliche Information der Heilberufe zur Sicherheit im Arzneimittelverkehr und zur ordnungsgemäßen Arzneimittelversorgung beizutragen hat.

**10** Die Aufgabe des Pharmaberaters ist die fachliche Information der Heilberufe. Hierbei geht es um sachliche Information und Aufklärung der Heilberufe über Arzneimittel und ihre Anwendung. Damit regelt § 75 – anders als der Gemeinschaftskodex – nicht die Werbung durch Pharmaberater im Sinne von Produktabsatzförderung. Die Norm bezweckt eine sachliche Information und Beratung der Heilberufe. Hierzu heißt es in der Gesetzesbegründung:

**11** „Es ist unerlässlich, dass die wissenschaftlichen Ergebnisse der Arzneimittelforschung objektiv und kritisch an die Angehörigen der Heilberufe gelangen, um diesen eine sachgerechte Anwendung insbesondere der neuentwickelten Arzneimittel zu ermöglichen. Dabei spielt der Pharmaberater infolge seiner ständigen persönlichen Kontakte mit den Ärzten eine gewichtige Rolle. Er dient dem Informationsaustausch zwischen Arzneimittelhersteller und Arzneimittelanwender. In diesem Zusammenhang fällt auch ins Gewicht, dass die Ärzte dem Pharmaberater nicht selten im Verlauf der mit ihm geführten Fachgespräche Beobachtungen, die sie in ihrer Praxis über Nebenwirkungen, Gegenanzeigen und sonstige Risiken des Arzneimittels gemacht haben, mitteilen. Der Pharmaberater soll diese ihrer Bedeutung wegen schriftlich aufzeichnen und sie seinem Auftraggeber übermitteln".[16]

**12** Neben der fachlichen Information der Heilberufe wird die absatzfördernde Werbewirkung als mittelbarer Effekt als rechtlich zulässig angesehen.[17] In der Tat umfasst die reale Ausgestaltung der Pharmaberater-Tätigkeit auch absatzfördernde Elemente, was sich schon bei oberflächlicher Durchsicht der Stellenanzeigen für Pharmaberater entnehmen lässt.

---

[14] Abrufbar unter http://www.fs-arzneimittelindustrie.de/verhaltenskodex.html.

[15] Fries, Die arzneimittelrechtliche Nutzen/Risiko-Abwägung und Pharmakovigilanz, 2009, S. 131.

[16] BT-Drucks. 7/3060, S. 60.

[17] Freund, in: Münchener Kommentar zum StGB, § 76 AMG Rz. 4; Rehmann, § 75 Rz. 1.

Weil in realiter die Tätigkeit des Pharmaberaters auch auf Absatzförderung abzielt, wird vertreten, dass der Pharmaberater der „Handelsvertreter der Pharmabranche" sei.[18] Dazu wird angeführt, dass Pharmaberater daran gemessen würden, ob ihre Beratung zu einer Umsatzsteigerung führt oder nicht. Selbst die Tätigkeit als Klinikreferent werde in der Regel anhand von Provisionszahlungen vergütet[19]. Ferner gehe auch die RiLi 92/28/EWG davon aus, dass der Pharmaberater Werbung für Arzneimittel betreibt. Gegen die Einstufung des Pharmaberaters als Handelsvertreter ist aber anzuführen, dass gem. § 75 diese Tätigkeit gerade keine Absatzförderung oder Geschäftsvermittlung bezweckt. Letzteres wäre aber für die Einordnung als Handelsvertreter erforderlich, da gem. § 84 Abs. 1 HGB nur Handelsvertreter ist, wer als selbständiger Gewerbetreibender ständig damit betraut ist, für einen anderen Unternehmer Geschäfte zu vermitteln oder in dessen Namen abzuschließen. Der Pharmaberater erfüllt diese Kriterien nicht. Er übt keine Vermittlungstätigkeit aus, sondern informiert lediglich Heilberufe über Arzneimittel und auch wenn er dabei Werbung betreibt, vermittelt er kein Geschäft zwischen Arzt und Unternehmen. Die rein faktischen Gegebenheiten wären alleine auch nicht ausreichend, um den Pharmaberater entgegen § 75 als Handelsvertreter einzustufen.[20] Der Pharmaberater ist daher kein Handelsvertreter und hat auch keinen Ausgleichsanspruch nach § 89b HGB. Ähnlich hat das LG Dortmund entschieden[21] und ausgeführt, dass der Pharmaberater kein Handelsvertreter sei. Die Eigenart des Arzneimittelvertriebs bestünde gerade darin, dass der eigentliche Konsument das Arzneimittel nicht selbst auswählt, sondern es sich vom Arzt verordnen lässt. Die Bemühungen, die Produkte des eigenen Unternehmens anzupreisen, sei eine Werbetätigkeit und keine Vermittlung von Geschäften.[22] 13

Allerdings ist *Anker*[23] zuzugeben, dass die reale, auch auf Absatzförderung ausgelegte, Ausgestaltung der Tätigkeit des Pharmaberaters diesen durchaus in die Nähe eines Handelsvertreters bringt, auch wenn er formal nicht unter die Definition des Handelsvertreters zu subsumieren ist. Insofern kann die reale Ausgestaltung der Tätigkeit der Pharmaberater aufgrund der Eigenart des Vertriebs von Arzneimitteln als eine Kombination von fachlicher Information und Verkaufs- und Absatzförderung sui generis angesehen werden. 14

### 3. Hauptberufliche Tätigkeitsausübung

§ 75 regelt allerdings nur den hauptberuflichen Pharmaberater. Der „nebenberufliche" Pharmaberater bleibt vermeintlich außen vor, wobei aber mit dem Begriff „nebenberuflich" wohl nur eine „gelegentliche" Information von Heilberufen gemeint sein kann und nicht eine nebenberufliche im Sinne einer regelmäßigen Berufsausübung mit reduziertem zeitlichen Umfang.[24] Daher muss jede Person, die 15

---

[18] So Anker, in der Vorauflage dieses Kommentars (s. § 75 Rz. 3).

[19] Anker, § 75 Rz. 3 in der Vorauflage dieses Kommentars, m.w.N.

[20] So auch Freund, in: Münchener Kommentar zum StGB, § 76 AMG Rz. 4.

[21] LG Dortmund, DB 1971, 524; Siehe auch LG Münster, MDR 1978, 230. Beide Entscheidungen ergingen zu dem damals noch so genannten „Ärztepropagandisten".

[22] Vgl. LG Dortmund, DB 1971, 524.

[23] Anker, § 75 Rz. 3 in der Vorauflage dieses Kommentars.

[24] Ähnlich Kloesel, Cyran, § 75 Anm. 5.

berufsmäßig (systematisch) Heilberufe mit der Absicht aufsucht, sie über Arzneimittel zu informieren, die Sachkenntnis-Anforderungen aus § 75 erfüllen. Wenn beispielsweise jemand einen anderen Hauptberuf ausübt und nur zwei Tage pro Woche – im Nebenberuf – Heilberufe aufsucht, um sie über Arzneimittel zu informieren, muss er über die Sachkenntnis gem. § 75 verfügen. Sollte diese nebenberuflich tätige Person nicht an die Sachkenntnis-Anforderungen gebunden sein, läge eine erhebliche Gesetzeslücke vor, die kaum mit der Zielsetzung des § 75 (Sicherheit im Verkehr mit Arzneimitteln durch sachgerechte Arzneimittelinformation) vereinbar wäre. Anders ist die Situation beispielsweise, wenn ein nicht über die Sachkenntnis verfügender Unternehmensmitarbeiter anlässlich eines Treffens mit einem Arzt diesem – auf eine spontane Frage hin – ad hoc eine fachliche Information zu einem Arzneimittel erteilt.[25] Das begriffliche Gegensatzpaar, um das es in § 75 eigentlich geht, ist daher „hauptberuflich" *versus* „gelegentlich" und nicht „hauptberuflich" *versus* „nebenberuflich". Letztlich wäre der treffendere – und wohl auch vom Gesetzgeber gemeinte – Begriff für § 75 „berufsmäßig" statt „hauptberuflich".

### 4. Entwicklungstendenzen

16 Die Bedeutung des „klassischen" Pharmaberaters, der Ärzte aufsucht und diese über die von ihm betreuten bzw. „beworbenen" Arzneimittel informiert, nimmt ab. Der Bedeutungsrückgang liegt daran, dass in den letzten Jahren zunehmend neue Steuerungsinstrumente und neue Akteure die Arzneimittelversorgung beeinflussen. Angesprochen seien etwa die Aut-Idem-Regelung, durch die Apotheker vielfach die Letztentscheidung darüber haben, welches Arzneimittel der Patient erhält. Auch die Zunahme der direkten Rabattverträge mit Krankenversicherern nach § 130a Abs. 8 SGB V ist hier von Bedeutung, zumal diese Verträge vermehrt auch patentgeschützte Arzneimittel erfassen. Neben Apotheken und Krankenversicherungen haben Pharmaunternehmen im aktuellen Regelungsrahmen der Preisbildung und Kostenerstattung für Arzneimittel auch weitere, z.T. neue und für die Arzneimittelverordnung – im Vorfeld der individuellen ärztlichen Verordnungsentscheidung – einflussreiche Gesprächspartner mit spezifischen Informationen zu bedienen, wie etwa den Gemeinsamen Bundesausschuss, das Institut für Qualität und Wirtschaftlichkeit im Gesundheitswesen (IQWiQ), Ärztevereinigungen oder Patientenselbsthilfeorganisationen. Auch dies trägt zum Rückgang der Bedeutung des klassischen Pharmaberaters bei.

## IV. Adressaten der Norm

17 Die Norm richtet sich in erster Linie an den pharmazeutischen Unternehmer, der, wenn er Personen hauptberuflich als Pharmaberater einsetzt, diese nur dann beauftragen darf, wenn sie über die erforderliche Sachkenntnis verfügen. Ferner richtet sich die Vorschrift aber auch an andere Personen, indem sie diesen die Ausübung der Tätigkeit eines Pharmaberaters untersagt, wenn sie nicht über die geforderte Sachkenntnis verfügen. Nicht zuletzt sind die Aufsichtsbehörden Adressaten des § 75.

---

[25] Siehe die Beispiele bei Kloesel, Cyran, § 75 Anm. 5.

## V. Sanktionen

### Im Ordnungswidrigkeitenrecht

Ordnungswidrig handelt, wer als pharmazeutischer Unternehmer einen Pharmaberater beauftragt, der nicht über die erforderliche Sachkenntnis verfügt (§ 97 Abs. 2 Nr. 28). Ordnungswidrig handelt auch, wer die Tätigkeit eines Pharmaberaters ausübt, ohne die dafür erforderliche Sachkenntnis zu besitzen (§ 97 Abs. 2 Nr. 29). 18

## § 76
## Pflichten

**(1) Der Pharmaberater hat, soweit er Angehörige der Heilberufe über einzelne Arzneimittel fachlich informiert, die Fachinformation nach § 11a vorzulegen. Er hat Mitteilungen von Angehörigen der Heilberufe über Nebenwirkungen und Gegenanzeigen oder sonstige Risiken bei Arzneimitteln schriftlich aufzuzeichnen und dem Auftraggeber schriftlich mitzuteilen.**

**(2) Soweit der Pharmaberater vom pharmazeutischen Unternehmer beauftragt wird, Muster von Fertigarzneimitteln an die nach § 47 Abs. 3 berechtigten Personen abzugeben, hat er über die Empfänger von Mustern sowie über Art, Umfang und Zeitpunkt der Abgabe von Mustern Nachweise zu führen und auf Verlangen der zuständigen Behörde vorzulegen.**

**Übersicht** **Rz.**



### I. Die Bedeutung der Norm

1 Die Vorschrift regelt inhaltliche und formale Aspekte der Berufsausübung des Pharmaberaters und legt insbesondere den Rahmen der ihm erlaubten Informationstätigkeit fest, auch soweit diese mittelbar absatzfördernde Wirkungen hat. Die Regelungen in § 76 zielen einerseits auf eine sachliche Information durch Pharmaberater, die Unterstützung der Pharmakovigilanz durch den Pharmaberater sowie andererseits auf eine Begrenzung und Dokumentation der Abgabe von Arzneimittelmustern durch den Pharmaberater ab. Die Norm verdeutlicht, dass der Pharmaberater eine wichtige Informationsquelle für die Pharmakovigilanz ist. Mit § 76 werden auch europäische Vorschriften, insbesondere die Artikel 93 und 96 der RiLi 2001/83/EG, umgesetzt. Das Hauptmerkmal der Tätigkeit des Pharmaberaters ist die hauptberufliche fachliche Information von Angehörigen der Heilberufe über Arzneimittel. Die Norm legt nicht die Inhalte der Tätigkeit als Pharmaberater abschließend fest. Der Bundesverband der Pharmazeutischen Industrie e.V. hat hierzu in Abstimmung mit dem Bundeskartellamt eine Wettbewerbsregel nebst Fachinformation herausgegeben. Sie enthalten für den Pharmaberater wichtige Hinweise.

### II. Vorlage der Fachinformation

2 Der Pharmaberater ist gesetzlich verpflichtet, bei der fachlichen Information von Heilberufen über bestimmte Arzneimittel unaufgefordert die zugehörige Fachinformationen nach § 11a vorzulegen. Die Fachinformation, die sonst auf Anforderung Ärzten zur Verfügung gestellt werden muss, soll auf diese Weise die Grundlage und das Bezugsdokument der fachlichen Information bilden. Hierdurch unterstreicht der Gesetzgeber den Akzent der fachlichen Sachaufklärung, die der Pharmaberater leisten soll. Zu Werbezwecken ist die Fachinformation in der Regel

weniger geeignet. Bei der fernmündlichen Information der Heilberufe durch Pharmaberater, bei der eine direkte Vorlage der Fachinformation nicht möglich ist, ist es erforderlich, aber auch ausreichend, dass der Pharmaberater dem interessierten Angehörigen eines Heilberufes die jeweilige Fachinformation kurzfristig im Nachgang des Gespräches übermittelt.[1]

Diese Vorlagepflicht macht die Fachinformation zum Kern der Beratung. Da nur eine Vorlage, nicht jedoch zwingend die Übergabe vorgeschrieben ist, hat der Gesetzgeber weniger an Übermittlungsfehler im Gespräch gedacht, die er verhüten möchte, sondern eine Diskussionsgrundlage geschaffen, die das Gespräch versachlichen soll. Die Vorlage der Fachinformation soll das Informationsgespräch auch eng an den Inhalten des Zulassungsbescheides des Arzneimittels halten. 3

Die Pflicht zur Vorlage der Fachinformation bedeutet allerdings nicht, dass der Pharmaberater gehalten ist, sein Informations- und Beratungsgespräch nur auf die Fachinformation zu stützen, d.h. er kann ergänzend auch andere Unterlagen und Dokumente für die fachliche Information nutzen. Dies können etwa Fachpublikationen zu dem Arzneimittel sein. 4

## III. Mitteilungen über Arzneimittelrisiken

Der Pharmaberater ist Beteiligter der Pharmakovigilanz-Aktivitäten und der Risikoerfassung beim pharmazeutischen Unternehmer. Seine Bedeutung rührt aus dem Umstand, dass er oft der erste unternehmensseitige Ansprechpartner des Arztes in Bezug auf Risiken der Arzneimittel ist. Daher hat er Mitteilungen von Ärzten und anderen Heilberufen über Nebenwirkungen und Gegenanzeigen oder sonstige Risiken bei Arzneimitteln schriftlich aufzuzeichnen und dem Auftraggeber schriftlich mitzuteilen. Auf diese Möglichkeit des Erkenntnisgewinnes über Arzneimittelrisiken legte der Gesetzgeber besonderen Wert.[2] 5

Die Risikoinformationen hat der Pharmaberater gem. Art. 93 Abs. 3 der RiLi 2001/83/EG an sich dem Informationsbeauftragten („wissenschaftliche Stelle gem. Art. 98 Abs. 1") weiterzuleiten. Diese Angaben müssen aber letztlich dem für die Pharmakovigilanz zuständigen Stufenplanbeauftragten zugeleitet werden. Dazu legt § 19 Abs. 8 AMWHV fest, dass der pharmazeutische Unternehmer dafür zu sorgen hat, dass alle im Betrieb eingehenden Meldungen über Arzneimittelrisiken und Beanstandungen sowie Informationen für die Beurteilung des Nutzen-Risiko-Verhältnisses eines Arzneimittels unverzüglich dem oder der Stufenplanbeauftragten mitgeteilt werden.[3] Der pharmazeutische Unternehmer hat daher die Organisationsplicht, für ein sachgerechtes Informationsmanagement und einen zügigen und 6

---

1 Kloesel, Cyran, § 76, Anm. 1.

2 BT-Drucks. 7/3060, S. 60.

3 Soweit ein pharmazeutischer Unternehmer andere als die in § 63a Abs. 1 S. 1 genannten Produkte in den Verkehr bringt, hat er eine entsprechende Person mit der Wahrnehmung der Aufgaben des oder der Stufenplanbeauftragten zu beauftragen, die für die Einhaltung der Verpflichtungen nach den § 19 Abs. 1 bis 5 AMWHV verantwortlich ist und der alle Risikoinformationen gem. § 19 Abs. 8 AMWHV unverzüglich zugeleitet werden müssen.

vollständigen Informationsfluss zwischen seinem Außendienst und dem Stufenplanbeauftragten zu sorgen. Durch Schulungen des Außendienstes und entsprechende Verfahrensanweisungen ist dieser unternehmensinterne Informationsfluss sicherzustellen. Der Pharmaberater kann seine Mitteilungen auch direkt an den Stufenplanbeauftragten übersenden.

**7** Als Arzneimittelrisiken, die der Pharmaberater zu dokumentieren und an den pharmazeutischen Unternehmer weiterzuleiten hat, kommen gemäß der Verwaltungsvorschrift zum Stufenplan[4] insbesondere in Betracht:

- Nebenwirkungen, einschließlich solcher, die durch Wechselwirkungen mit anderen Mitteln bedingt sind,
- Resistenzbildungen bei Antiinfektiva, unzureichende Wirksamkeit von Impfstoffen,
- Missbrauch, Fehlgebrauch,
- Gewöhnung, Abhängigkeit,
- nicht ausreichende Wartezeit bei Arzneimitteln für Tiere,
- Mängel der Qualität; bei Gegenständen, die als Arzneimittel gelten, auch Mängel technischer Art,
- Mängel der Behältnisse und äußeren Umhüllungen,
- Mängel der Kennzeichnung und der Fach- und Gebrauchsinformation,
- Arzneimittelfälschungen,
- potentielle Risiken für die Umwelt aufgrund der Anwendung eines Tierarzneimittels.

**8** Zur Minimierung von Informationsverlusten muss der Pharmaberater die Angaben über Arzneimittelrisiken schriftlich aufzeichnen und auch schriftlich an den pharmazeutischen Unternehmer weiterleiten. Das Schriftformerfordernis dient auch der Nachweisbarkeit. Unter „schriftlich" sind hier auch Übermittlungen per E-Mail zu subsumieren.

**9** Sanktioniert sind Verstöße gegen die Vorschriften über die Aufnahme von Informationen über Arzneimittelrisiken, die dem Pharmaberater von den Angehörigen der Heilberufe zugetragen werden: Zeichnet er sie nicht auf und gibt er sie nicht an seinen Auftraggeber weiter, handelt er ordnungswidrig. Durch diese Sanktion soll gewährleistet werden, dass der Pharmaberater Hinweise auf bekannte oder unbekannte Nebenwirkungen, Gegenanzeigen und sonstige Risiken an den pharmazeutischen Unternehmer weitergibt.

**10** Die einzelnen Inhalte, die als Risikoinformation aufzunehmen bzw. von den Angehörigen der Heilberufe abzufragen sind, regelt das AMG nicht. Hierbei vertraut der Gesetzgeber auf die kraft Berufsrecht bestehenden Mitteilungspflichten der Ärzte und Apotheker (vgl. § 6 der Muster-Berufsordnung für Ärzte). Das Gesetz verpflichtet den Pharmaberater auch nicht dazu, aktiv und systematisch nach Arzneimittelrisiken zu fragen. Im Übrigen betrifft die Pflicht zur Aufzeichnung und Übermittlung von Risikoinformationen nicht nur das Arzneimittel, das Gegenstand

---

[4] Allgemeine Verwaltungsvorschrift zur Beobachtung, Sammlung und Auswertung von Arzneimittelrisiken (Stufenplan) nach § 63 AMG vom 9.2.2005.

des individuellen Beratungsgesprächs ist, sondern das gesamte Produktsortiment des ihn beauftragenden pharmazeutischen Unternehmers. Der Pharmaberater hat auch Arzneimittelrisiken zu Arzneimitteln aufzuzeichnen und weiterzuleiten, wenn es um Arzneimittel geht, über die er mit dem Arzt aktuell nicht gesprochen hat. Sollten Zweifel bestehen, ob das Arzneimittelrisiko tatsächlich ein Arzneimittel des Auftraggebers betrifft (z.B., weil sich der Arzt nur an den generischen Wirkstoff und nicht den Namen des Fertigarzneimittels erinnert), sollte dennoch eine Aufzeichnung erfolgen.

## IV. Muster

Die Abgabe von Mustern ist im AMG und im Gemeinschaftskodex streng reglementiert. Im AMG ist § 47 der eigentliche Standort hierfür (siehe die Kommentierung dort). § 47 Abs. 3 stellt zur Musterabgabe die allgemeine Regelung dar. § 76 Abs. 2 personalisiert ergänzend die Führung von Abgabenachweisen beim Pharmaberater. Die Einschränkung, dass dies nur gilt, soweit die Abgabe vom pharmazeutischen Unternehmer in Auftrag gegeben wurde, hat wohl keine eigenständige sachliche Bedeutung. Das Muster ist nach der Logik des § 47 eine Ausnahme vom Vertriebsmonopol der Apotheken, soweit dieses besteht. Es dient im Übrigen auch der Absatzförderung des jeweiligen Arzneimittels. Hinsichtlich der Pflicht des Pharmaberaters, Nachweise über abgegebene Muster zu führen, ist unter Hinweis auf § 47 Abs. 4 S. 4 anzumerken, dass auch der pharmazeutische Unternehmer seinerseits verpflichtet ist, über Empfänger von Mustern sowie über Art, Umfang und Zeitpunkt der Abgabe von Mustern für jeden Empfänger gesondert Nachweise zu führen und auf Verlangen der zuständigen Behörde vorzulegen. Die Aufbewahrungsfristen für diese Nachweisdokumentation ergeben sich aus den §§ 20, 29 AMWHV.[5] 11

Im Zusammenhang mit der Musterabgabe muss der Pharmaberater im Übrigen logistisch auch darauf achten, dass er die betreffenden Arzneimittel auch ordnungsgemäß lagert, aufbewahrt und transportiert. Diese Aspekte sind ebenso wie die Dokumentationspflichten Gegenstand der aufsichtsbehördlichen Überwachung und sind der Behörde auf Anforderung und im Rahmen von Inspektionen vorzulegen. 12

## V. Sanktionen

Ordnungswidrig handelt ein Pharmaberater dann, wenn er Mitteilungen von Angehörigen der Heilberufe über Nebenwirkungen und Gegenanzeigen oder sonstige Risiken bei Arzneimitteln nicht schriftlich aufzeichnet oder dem Auftraggeber nicht schriftlich mitteilt oder über die Empfänger von Arzneimittelmuster sowie Art und Umfang und Zeitpunkt ihrer Abgabe keinen Nachweis führt oder diesen auf Verlangen der zuständigen Behörde nicht vorlegt (§ 97 Abs. 2 Nr. 30). Aufgrund seiner Nähe zur Werbung für Arzneimittel sind für den Pharmaberater auch die Ordnungswidrigkeiten des § 15 HWG, die von jedermann begangen werden können[6], relevant. 13

---

5 Sander, § 76 Anm. 7.
6 Bülow, Ring, HWG, § 15 Rz. 1.

# Fünfzehnter Abschnitt
# Bestimmung der zuständigen Bundesoberbehörden und sonstige Bestimmungen

## § 77
## Zuständige Bundesoberbehörde

**(1) Zuständige Bundesoberbehörde ist das Bundesinstitut für Arzneimittel und Medizinprodukte, es sei denn, dass das Paul-Ehrlich-Institut oder das Bundesamt für Verbraucherschutz und Lebensmittelsicherheit zuständig ist.**

**(2) Das Paul-Ehrlich-Institut ist zuständig für Sera, Impfstoffe, Blutzubereitungen, Knochenmarkzubereitungen, Gewebezubereitungen, Gewebe, Allergene, Arzneimittel für neuartige Therapien, xenogene Arzneimittel und gentechnisch hergestellte Blutbestandteile.**

**(3) Das Bundesamt für Verbraucherschutz und Lebensmittelsicherheit ist zuständig für Arzneimittel, die zur Anwendung bei Tieren bestimmt sind. Zum Zwecke der Überwachung der Wirksamkeit von Antibiotika führt das Bundesamt für Verbraucherschutz und Lebensmittelsicherheit wiederholte Beobachtungen, Untersuchungen und Bewertungen von Resistenzen tierischer Krankheitserreger gegenüber Stoffen mit antimikrobieller Wirkung, die als Wirkstoffe in Tierarzneimitteln enthalten sind, durch (Resistenzmonitoring). Das Resistenzmonitoring schließt auch das Erstellen von Berichten ein.**

**(4) Das Bundesministerium wird ermächtigt, durch Rechtsverordnung ohne Zustimmung des Bundesrates die Zuständigkeit des Bundesinstituts für Arzneimittel und Medizinprodukte und des Paul-Ehrlich-Instituts zu ändern, sofern dies erforderlich ist, um neueren wissenschaftlichen Entwicklungen Rechnung zu tragen oder wenn Gründe der gleichmäßigen Arbeitsauslastung eine solche Änderung erfordern.**

**Übersicht** **Rz.**



### I. Die Bedeutung der Norm

1 Obwohl die Durchführung des AMG in den Kompetenzbereich der Länder fällt, liegt es in der Natur der Sache, dass bestimmte Aufgaben besser zentral zu lösen sind (z.B. Zulassung gem. § 21, Erfassung und Auswertung von Arzneimittelrisiken gem. § 62). Diese fakultative Bundesverwaltung gem. Art. 87 Abs. 3 Satz 1, 1. Alternative GG i.V.m. Art. 74 Nr. 19 GG ist für jede selbständige Bundesoberbehörde



E. Deutsch, H.-D. Lippert (Hrsg.), *Kommentar zum Arzneimittelgesetz (AMG)*,
DOI 10.1007/978-3-642-01455-0_15, © Springer-Verlag Berlin Heidelberg 2011

eine dem jeweiligen Bundesministerium nachgeordnete Verwaltungsbehörde mit Zuständigkeit für das gesamte Bundesgebiet. Der Zweck dieses Behördentypus besteht darin, die Regierungstätigkeit von der Verwaltungstätigkeit zu trennen. Der Begriff „selbständige Bundesinstitute" bezieht sich nur auf die organisatorische Selbständigkeit. Die Fachaufsicht obliegt – wie beim früheren Bundesgesundheitsamt – dem Ministerium. Soweit die Bundesinstitute in anderen Geschäftsbereichen als dem des Bundesministeriums für Gesundheit Aufgaben übernehmen, unterstehen sie den fachlichen Weisungen der sachlich zuständigen obersten Bundesbehörde (§ 5 BGA-Nachfolgegesetz). Das Bundesamt für Arzneimittel und Medizinprodukte ist 1994 aus dem 1952 gegründeten Bundesgesundheitsamt hervorgegangen. Grund für die Reorganisation des früheren Bundesgesundheitsamtes und seine Auftrennung in verschiedene neue Behörden war das offenkundige Versagen im Rahmen des sogenannten „HIV-Skandals" bezüglich verseuchter Blutprodukte[1]. Die Richtlinien und Empfehlungen des BGA haben seine Auflösung jedoch „überlebt", soweit sie nicht zwischenzeitlich überarbeitet worden sind. Unter der Dienst- und Fachaufsicht des BMG und des BMELV arbeiten sechs Institute:

## II. Das Bundesinstitut für Arzneimittel und Medizinprodukte[2]

Zu den Hauptaufgaben des BfArM gehört die Zulassung von Arzneimitteln, die Registrierung von homöopathischen Arzneimitteln, die Risikobewertung von Arzneimitteln und Medizinprodukten (etwa Herzschrittmacher, Computertomographen, Implantate) sowie die Überwachung des legalen Verkehrs mit Betäubungsmitteln und Grundstoffen. Der Sitz des Bundesinstituts ist im Herbst 1999 von Berlin nach Bonn verlegt worden. Dies war eine Folge des Umzugsbeschlusses des Deutschen Bundestages zur Verlegung des Regierungssitzes von Bonn nach Berlin. Dadurch wechselt auch die örtliche Zuständigkeit von Klagen und Eilanträgen gegen Entscheidungen des Bundesamtes (früher VG Berlin, nach dem Umzug VG Köln). Gemäß § 1 Abs. 3 BGA-Nachfolgegesetz ist das BfArM insbesondere für folgende Gebiete zuständig: 2

- Zulassung von Fertigarzneimitteln (u.a. Abteilung 1 und 2, letztere soweit Nachzulassung) auf der Grundlage der analytischen, pharmakologisch-toxikologischen und klinischen Prüfungen, soweit nicht das Bundesinstitut für gesundheitlichen Verbraucherschutz und Veterinärmedizin;
- Registrierung homöopathischer Arzneimittel (Abteilung 22), soweit nicht das Bundesinstitut für gesundheitlichen Verbraucherschutz und Veterinärmedizin zuständig ist, auch soweit sie aus Blut gewonnene Blutbestandteile oder Zubereitungen aus Blutbestandteilen sind oder enthalten;
- Arzneimittel aus Blut oder Blutbestandteilen von Tieren, soweit es sich nicht um Zubereitungen von Blutgerinnungsfaktoren, Seren oder Testseren handelt[3];

1 Siehe hierzu Untersuchungsbericht des Untersuchungsausschusses Bundestagsdrucksache 12/8591 mit reichhaltigen Materialien; OLG Koblenz, NJW-RR 1998, 167.

2 Die Regierung Schröder hatte noch den Entwurf eines Gesetzes zur Errichtung einer Deutschen Arzneimittel- und Medizinprodukteagentur (DAMA) beschlossen; damit sollte das Zulassungsverfahren gestrafft und die Pharmakovigilanz verbessert werden. Aufgrund der vorgezogenen Bundestagswahlen konnte das Gesetz nicht mehr verabschiedet werden.

3 Geändert und aus der Zuständigkeit des Paul-Ehrlich-Instituts entnommen gem. § 1 der Verordnung zur Änderung der Zuständigkeit des PEI.

- Risikoerfassung und -bewertung sowie Durchführung von Maßnahmen nach dem Stufenplan (u.a. Abteilung 7);
- Überwachung des Verkehrs mit Betäubungsmitteln (Abteilung 8);
- Arbeiten zur medizinischen und technischen Sicherheit, Eignung und Leistung von Medizinprodukten (Abteilung 9);
- zentrale Risikoerfassung sowie Durchführung von Maßnahmen zur Risikoabwehr bei Medizinprodukten sowie weitere Aufgaben im Bereich des MPG (Abteilung 9).

### III. Robert Koch-Institut in Berlin

**3** Das RKI ist die zentrale Einrichtung des Bundes im Bereich der Öffentlichen Gesundheit zur Erkennung, Verhütung und Bekämpfung von Krankheiten. Es bewertet, analysiert und erforscht dabei Krankheiten von hoher Gefährlichkeit, weitem Verbreitungsgrad oder großer öffentlicher oder gesundheitspolitischer Bedeutung. Außerdem werden gesetzliche und wissenschaftliche Aufgaben auf den Gebieten Gentechnologie und biologische Sicherheit vom RKI wahrgenommen.

### IV. Bundesamt für Verbraucherschutz und Lebensmittelsicherheit (BVL), Bundesinstitut für Risikobewertung (BfR), Bundesforschungsanstalt für Viruskrankheiten der Tiere (BFAV)[4]

**4** Diese Einrichtungen unterstützen Bund und Länder beim Verbraucherschutz. Sie entwickeln z.B. Grenzwerte für Schadstoffe in Lebensmitteln, Kosmetika und sonstigen Bedarfsgegenständen. Durch die AMG-Novelle 2009 erhielt das BVL die Zuständigkeit auf dem Gebiet der Antibiotikaresistenz. Die Trennung von Risikobewertung und Risikomanagement bzw. die Aufteilung auf zwei Behörden soll die Organisation des Verbraucherschutzes in Deutschland verbessern. So ist das BfR bei allen wissenschaftlichen Fragestellungen des BVL zu beteilungen. Es ist bei seiner Bewertung weisungsunabhängig.

### V. Paul-Ehrlich-Institut (PEI)

**5** Das Paul-Ehrlich-Institut (PEI) ist eine selbständige Bundesoberbehörde im Geschäftsbereich des BMG. Das Institut ist zuständig für die Zulassung und Chargenfreigabe von (immun)biologischen Arzneimitteln im Humanbereich und von Mitteln im Veterinärbereich. Die Aufgaben des PEI ergeben sich grundlegend aus Artikel 1 Abs. 2 des Gesetzes über die Errichtung eines Bundesamtes für Sera und Impfstoffe vom 07.07.1972.[5]

**6** Sie werden ergänzt und modifiziert durch die Regelungen des Arzneimittelgesetzes und des Tierseuchengesetzes/der Tierimpfstoffverordnung. Gemäß § 2 der Verordnung zur Änderung der Zuständigkeit des PEI ist es außerdem für Arzneimittel, die gentechnologisch hergestellte Blutgerinnungsfaktoren enthalten sowie für BCG-Bakterien enthaltende Arzneimittel, die zur unspezifischen Stimulierung des Im-

---

[4] Bis zum 31.10.2002 BgVV Bundesinstitut für gesundheitlichen Verbraucherschutz und Veterinärmedizin in Berlin

[5] BGBl. I S. 1163.

munsystems bestimmt sind, zuständig. Seit der 12.AMG Novelle ist das PEI auch für Gentransfer-Arzneimittel, somatische Zelltherapeutika und xenogene Zelltherapeutika zuständig. Durch die Aufnahme von Knochenmark wird klargestellt, dass dies auch die Zuständigkeit für Blutstammzellen aus Knochenmark erfasst, diese also den den Blutstammzellen aus peripherem Blut oder Nablelschnurblut gleichgestellt sind. Mit der 14. AMG-Novelle wurde das PEI auch für Gewebezubereitungen zuständig. Mit der AMG-Novelle 2009 wurde diese Zuständigkeit in Abs. 2 komplettiert und der Text den neuen Begriffen in § 4 angepasst.

Durch die Prüfung von Qualität, Wirksamkeit und Unbedenklichkeit trägt das Paul-Ehrlich-Institut zur Sicherheit der Arzneimittel und Mittel bei. Dazu gehört auch die zentrale Erfassung und Auswertung der Meldungen über die unerwünschten Arzneimittelwirkungen sowie die Koordination der erforderlichen Maßnahmen zur Abwehr von Arzneimittelrisiken. Das Institut berät das BMG und das BMVerbraucherschutz und arbeitet mit verschiedenen europäischen und internationalen Institutionen zusammen. Als externe Sachverständige unterstützen und beraten Mitarbeiter des PEI die Bundesländer bei der Prüfung und Kontrolle von Blutspende-Einrichtungen, Plasmapherese- Zentren und sonstigen Herstellungsstätten. Zur Risikovorsorge kann das Institut Arzneimittelherstellern und Blutspendediensten Auflagen erteilen. 7

Neben den Amtsaufgaben der Zulassung und Chargenprüfung betreiben alle wissenschaftlichen Abteilungen des PEI Grundlagen- und angewandte Forschung. Diese Forschungsarbeiten liefern das wissenschaftliche Rüstzeug, um beispielsweise neue Standardpräparate und standardisierte Messverfahren zu etablieren und um die Qualitätskontrolle für Arzneimittel, Impfstoffe und Diagnostika zu optimieren. Die verschiedenen Forschungsvorhaben werden häufig in enger Kooperation mit anderen Forschungsgruppen aus dem In- und Ausland durchgeführt und in vielen Fällen zumindest teilweise über Drittmittel finanziert. International arbeitet das Paul-Ehrlich-Institut mit verschiedenen Forschungseinrichtungen und Institutionen zusammen, etwa mit der WHO. Es ist gegenwärtig WHO Collaborating Centre für die Standardisierung und Verteilung von Allergenen, für die Qualitätskontrolle von Impfstoffen und WHO Collaborating Sub-Centre für AIDS. 8

Das PEI ist verantwortlich für die Arzneimittelsicherheit (immun)biologischer Präparate im Human- und Veterinärbereich. Diese Aufgabe umfasst die Zulassung und regelmäßige Überprüfung (Chargenprüfung) von Impfstoffen, Sera, Immundiagnostika und Blutprodukten sowie die damit verbundene prüfungsbegleitende Forschung. Auch Grundlagenforschung und angewandte Forschung sind ein Anliegen des PEI. Einen besonderen Stellenwert in den Forschungsarbeiten des Instituts nimmt die Entwicklung von Ersatzmethoden zum Tierversuch ein. Projekte mit diesem Hintergrund finden sich heute in fast allen wissenschaftlichen Abteilungen des PEI. Sie werden von der Abteilung Veterinärmedizin koordiniert. 9

## VI. Deutsches Institut für medizinische Dokumentation und Information in Köln

Das DIMDI hat die Aufgabe, Informationen aus dem gesamten Gebiet der Biowis- 10
senschaften durch elektronische Informationssysteme zugänglich zu machen. Es

betreibt dazu Datenbanken für die medizinische Forschung und Praxis, das Gesundheitswesen und die interessierte Öffentlichkeit.

### VII. Bundeszentrale für gesundheitliche Aufklärung in Köln

**11** Die BZgA hat die Aufgabe, die Bereitschaft der Bürgerinnen und Bürger zu einem verantwortungsbewussten, gesundheitsgerechten Verhalten und zur sachgerechten Nutzung des Gesundheitssystems zu fördern. Sie führt dazu bundesweite Aufklärungskampagnen durch und stärkt durch Qualitätssicherungsmaßnahmen die Effektivität und Effizienz gesundheitlicher Aufklärung.

**12** Obwohl die Durchführung des AMG in den Kompetenzbereich der Länder fällt, liegt es in der Natur der Sache, dass bestimmte Aufgaben besser zentral zu lösen sind (z.B. Zulassung gem. § 21, Erfassung und Auswertung von Arzneimittelrisiken gem. § 62). Diese fakultative Bundesverwaltung gem. Art. 87 Abs. 3 Satz 1, 1. Alternative GG i.V.m. Art. 74 Nr. 19 GG ist für jede selbständige Bundesoberbehörde eine dem jeweiligen Bundesministerium nachgeordnete Verwaltungsbehörde mit Zuständigkeit für das gesamte Bundesgebiet. Der Zweck dieses Behördentypus besteht darin, die Regierungstätigkeit von der Verwaltungstätigkeit zu trennen. Der Begriff „selbständige Bundesinstitute" bezieht sich nur auf die organisatorische Selbständigkeit. Die Fachaufsicht obliegt – wie beim früheren Bundesgesundheitsamt – dem Ministerium. Soweit die Bundesinstitute in anderen Geschäftsbereichen als dem des Bundesministeriums für Gesundheit Aufgaben übernehmen, unterstehen sie den fachlichen Weisungen der sachlich zuständigen obersten Bundesbehörde (§ 5 BGA-Nachfolgegesetz). Das Bundesamt für Arzneimittel und Medizinprodukte ist 1994 aus dem 1952 gegründeten Bundesgesundheitsamt hervorgegangen. Grund für die Reorganisation des früheren Bundesgesundheitsamtes und seine Auftrennung in verschiedene neue Behörden war das offenkundige Versagen im Rahmen des sogenannten „HIV-Skandals" bezüglich verseuchter Blutprodukte.[6] Die Richtlinien und Empfehlungen des BGA haben seine Auflösung jedoch „überlebt", soweit sie nicht zwischenzeitlich überarbeitet worden sind. Der Aufgabenbereich des Bundesinstituts für Arzneimittel und Medizinprodukte ergibt sich nur indirekt aus § 77 durch eine Abgrenzung gegenüber den Aufgaben des Paul-Ehrlich-Instituts (PEI) sowie des früheren Bundesinstituts für gesundheitlichen Verbraucherschutz und Veterinärmedizin (BgVV).

### VIII. Verordnungsermächtigung

**13** Die Verordnungsermächtigung in Abs. 4 ist logische Konsequenz aus den Erfahrungen mit dem früheren Bundesgesundheitsamt. Das BMG kann damit ohne Zustimmung des Bundesrats sehr schnell auf aktuelle (Fehl-)Entwicklungen reagieren und neuen Erkenntnissen Rechnung tragen. Durch die 1. Verordnung zur Änderung der Zuständigkeit des Paul-Ehrlich-Instituts (s.o.) wurde dem bereits in einem Falle Rechnung getragen.

---

[6] Siehe hierzu Untersuchungsbericht des Untersuchungsausschusses Bundestagsdrucksache 12/8591 mit reichhaltigen Materialien; OLG Koblenz, NJW-RR 1998, 167.

## § 77a
## Unabhängigkeit und Transparenz

**(1) Die zuständigen Bundesoberbehörden und die zuständigen Behörden stellen im Hinblick auf die Gewährleistung von Unabhängigkeit und Transparenz sicher, dass mit der Zulassung und Überwachung befasste Bedienstete der Zulassungsbehörden oder anderer zuständiger Behörden oder von ihnen beauftragte Sachverständige keine finanziellen oder sonstigen Interessen in der pharmazeutischen Industrie haben, die ihre Neutralität beeinflussen könnten. Diese Personen geben jährlich dazu eine Erklärung ab.**

**(2) Im Rahmen der Durchführung ihrer Aufgaben nach diesem Gesetz machen die zuständigen Bundesoberbehörden und die zuständigen Behörden die Geschäftsordnungen ihrer Ausschüsse, die Tagesordnungen sowie die Ergebnisprotokolle ihrer Sitzungen öffentlich zugänglich; dabei sind Betriebs-, Dienst- und Geschäftsgeheimnisse zu wahren.**

**Literatur**

Günther, Nebentätigkeitsrecht in der Praxis, ZBR 1989, 164; Lippert, Vorteilsannahme, Bestechlichkeit bei der Einwerbung von Drittmitteln bei der Beschaffung von Medizinprodukten NJW 2000, 1772; ders., Neues aus dem Nebentätigkeitsrecht im öffentlichen Dienst Die Personalvertretung 2000, 402; ders., Die Fälschung von Forschungsdaten ahnden - ein mühsames Unterfangen WissR 2000, 210; ders., Ethik und Monetik - finanzielle Aspekte bei der Durchführung klinischer Prüfungen von Arzneimitteln und Medizinprodukten VersR 2000, 1206; ders. Wechselwirkungen: Korruptionsstrafrecht-ärztliches Standesrecht, in: Tag, Tröger, Taupitz (Hrsg.) Drittmitteleinwerbung- Strafbare Dienstpflicht? S. 177; Schimetta, Pölz, Lenz, Brückner, Deklarierung von Unterstützungen und Finanzierungen bei der Veröffentlichung klinischer Studien, Biometrie und Medizin, 2005, 33.

### I. Die Bedeutung der Rechtsnorm

Die Vorschrift könnte den Kommentator dazu verleiten, sie als typische Welle des Zeitgeistes abzutun, auf dem mitunter auch der Gesetzgeber zu surfen pflegt. Doch ganz so einfach liegen die Dinge nicht. Die Verwunderung geht vielmehr dahin, erstaunt zur Kenntnis zu nehmen, dass eine derartige Vorschrift erst jetzt ins Gesetz kommt und nicht schon bei der Auflösung des ehemaligen Bundesgesundheitsamtes, wo gerade der Aspekt der Unabhängigkeit des Amtes eine wichtige Rolle gespielt hat.[1] Aber wahrscheinlich erinnerte sich bisher niemand mehr an diese Vorgänge (?). Ein Schelm, der böses dabei denkt. 1

Also, die Vorschrift hat Konjunktur und liegt damit voll im Trend. Auch an anderer Stelle, etwa in der gerade erst durch die 12. Novelle ins Gesetz gekommenen Neuregelung der klinischen Prüfung mit Arzneimitteln finden sich in § 7 Abs. 3 Nr. 5 und Nr. 7 GCP- V ebenfalls Offenbarungspflichten, hier allerdings solche der Prüfärzte. 2

1 Günther, ZBR 1989, 164.

### II. Unabhängigkeit von Behörden und ihren Bediensteten

3 Bereiche, in denen viel Geld bewegt wird, sind anfällig für „unkorrektes“ Verhalten. Der Pharmasektor ist ein derartiger Bereich. Es besteht die latente Gefahr, dass auch behördliche Entscheidungen durch Einflussnahme in die eine oder andere Richtung beeinflusst werden könnten. Die Vorgänge im Geschäftsbereich des ehemaligen Bundesgesundheitsamtes haben dies deutlich werden lassen.[2] Und nicht immer helfen die einschlägigen Tatbestände des Korruptionsstrafrechts, die, soeben erst europatauglich gemacht, ihre Bewährungsprobe jedenfalls im ärztlichen Bereich wie auch im Pharmasektor noch vor sich haben dürften. Schließlich muss nicht jede subtile Einflussnahme zugleich auch im strafrechtlichen Bereich landen.

4 Im übrigen ist die Entwicklung neuer Arzneimittel ein langer Weg, der für vielerlei Einflussnahmen offen ist. Auch die Forschung an und mit Arzneimitteln ist ein markanter Meilenstein auf eben diesem Weg. Die klinische Prüfung von Arzneimitteln am Menschen kann, je nachdem wie das Ergebnis ausfällt, Auswirkungen von erheblicher finanzieller Tragweite für den Hersteller des Arzneimittels mit sich bringen. Ein gelegentlicher Blick auf die Kurse börsennotierter Arzneimittelhersteller wird dies unschwer beweisen. Um wie viel stärker mögen sich diese Auswirkungen bei Unternehmen manifestieren, die nicht der Transparenz der Börse unterliegen?

5 Auch Wissenschaftler an den Universitäten, die klinische Prüfungen mit Arzneimitteln im Auftrage der Pharmaindustrie durchführen oder auch als Sachverständiger im Zulassungsverfahren tätig werden, unterliegen ihrerseits den Zwängen zur Geldbeschaffung durch immer unverblümtere Einforderung von Drittmitteln durch den Träger ihrer Einrichtungen. Dies stärkt nicht die Unabhängigkeit, sondern schafft neue Abhängigkeiten.[3] Die immer wieder vorkommende Manipulation von Forschungsergebnissen, auch im Bereich der klinischen Prüfung mit Arzneimitteln, ist Ausdruck für eine mangelnde Unabhängigkeit des Forschers von seinem Auftraggeber.[4]

6 Wer weiß, in welchem Umfang an den Universitätsklinika ganze klinischen Abteilungen inzwischen am Tropf der Einnahmen aus klinischen Prüfungen mit Arzneimitteln – häufig dazu in noch für einen einzigen Hersteller – abhängig sind, dem ringen die Angaben in den Formularen der Sponsoren zur finanziellen Abhängigkeit des Prüfers von diesen, eher ungläubiges Staunen ab. Gefragt wird ja auch nicht nach der Abhängigkeit insgesamt, sondern nur nach der einzelfallbezogenen. So gesehen haben die Erklärungen nach § 7 Abs. 3 Nr. 5 und Nr. 7 GCP-V Sandmännchen-Funktion und verfehlen ihren Zweck gründlich.

---

2 Günther, ZBR 1989, 164.

3 Vgl. zu diesem Komplex Lippert in: Ratzel, Lippert, § 33 m. w. N.; ders. VersR 2000, 210; ders. NJW 2000, 1772; ders. in: Tag, Tröger, Taupitz, S. 177.

4 Vgl. hierzu Lippert, WissR 2000, 210; ders. VersR 2000, 1206.

Absatz 1 richtet sich an die Bundesoberbehörden und zusätzlich auch an die Behörden der Länder, die die Pharmaüberwachung durchführen. Sie haben sicherzustellen, dass die bei ihnen im Bereich der Arzneimittelzulassung und der Pharmaüberwachung tätigen Beamten und Angestellten keine neutralitätsschädlichen Interessenskonflikte im Zusammenhang mit ihrer Tätigkeit im Amt haben. Dies deckt auch den Bereich der (genehmigungs- oder auch anzeigepflichtigen) Nebentätigkeiten dieses Personenkreises ab.[5] Analog zur Erklärung über ausgeübte Nebentätigkeiten müssen die Bediensteten der betroffenen Behörden jährlich Erklärungen abgeben, aus denen sich ergibt, ob neutralitätsschädlichen finanzielle oder andere Interessenskonflikte bestehen. 7

## III. Transparenz

Die Vorschrift ergänzt Absatz 1. Sie ist aus sich heraus verständlich. Nicht gesagt wird, wie die genannten Dokumente und Unterlagen öffentlich zugänglich gemacht werden sollen. Man geht wohl nicht fehl in der Annahme, dass die Veröffentlichung über die Homepages der Einrichtungen erfolgen werden. Dass Betriebs- und Geschäftsgeheimnissen gewahrt werden sollen, ist selbstverständlich. Fraglich kann in diesem Zusammenhang nur sein, wo diese beginnen, also ab wann eine Veröffentlichung im Geschäftsinteresse des Arzneimittelherstellers unterbleiben muss. 8

## IV. Sanktionen

### Im Arzneimittelrecht

§ 77 a ist (der Staat wird sich schon selbst an die erlassenen Vorschriften halten) eine der wenigen Vorschriften im Arzneimittelgesetz, die weder eine straf- noch eine ordnungswidrigkeitenrechtliche Sanktion vorsieht. 9

### Im Strafrecht

Für die betroffenen Bediensteten in den Behörden kommen als Sanktionen die Vorschriften des allgemeinen Strafrechts in Betracht. Es sind dies in erster Linie die §§ 333ff. StGB. 10

### Im Arbeits- und Beamtenrecht

Verletzungen der Auskunftspflicht nach § 77a können je nach Dienststellung, arbeitsrechtliche oder beamtenrechtliche Konsequenzen nach sich ziehen bis hin zur Kündigung bzw. Entlassung aus dem Dienstverhältnis. 11

### Im Berufsrecht

Sind die betroffenen Bediensteten die Ärzte, so kommt bei Verfehlungen gegebenenfalls eine berufsrechtliche Ahndung nach den §§ 32f. Musterberufsordnung in Betracht. Diese Sanktion hat allerdings Nachrang gegenüber den vorgenannten Sanktionen, insbesondere denen des Strafrechts. 12

---

[5] Vgl. hierzu Lippert, Die Personalvertretung 2000, 402; Schimetta, Pölz, Lenz, Brückner, Biometrie und Medizin 2005, 33.

**§ 78**
**Preise**

**(1) Das Bundesministerium für Wirtschaft und Technologie wird ermächtigt, im Einvernehmen mit dem Bundesministerium und, soweit es sich um Arzneimittel handelt, die zur Anwendung bei Tieren bestimmt sind, im Einvernehmen mit dem Bundesministerium für Ernährung, Landwirtschaft und Verbraucherschutz durch Rechtsverordnung mit Zustimmung des Bundesrates**

**1. Preisspannen für Arzneimittel, die im Großhandel, in Apotheken oder von Tierärzten im Wiederverkauf abgegeben werden,**
**2. Preise für Arzneimittel, die in Apotheken oder von Tierärzten hergestellt und abgegeben werden, sowie für Abgabegefäße,**
**3. Preise für besondere Leistungen der Apotheken bei der Abgabe von Arzneimitteln**

**festzusetzen. Abweichend von Satz 1 wird das Bundesministerium für Wirtschaft und Technologie ermächtigt, im Einvernehmen mit dem Bundesministerium durch Rechtsverordnung, die nicht der Zustimmung des Bundesrates bedarf, den Festzuschlag entsprechend der Kostenentwicklung der Apotheken bei wirtschaftlicher Betriebsführung anzupassen.**

**(2) Die Preise und Preisspannen müssen den berechtigten Interessen der Arzneimittelverbraucher, der Tierärzte, der Apotheken und des Großhandels Rechnung tragen. Ein einheitlicher Apothekenabgabepreis für Arzneimittel, die vom Verkehr außerhalb der Apotheken ausgeschlossen sind, ist zu gewährleisten. Satz 2 gilt nicht für nicht verschreibungspflichtige Arzneimittel, die nicht zu Lasten der gesetzlichen Krankenversicherung abgegeben werden.**

**(3) Für Arzneimittel nach Absatz 2 Satz 2, für die durch die Verordnung nach Absatz 1 Preise und Preisspannen bestimmt sind, haben die pharmazeutischen Unternehmer einen einheitlichen Abgabepreis sicherzustellen; für nicht verschreibungspflichtige Arzneimittel, die zu Lasten der gesetzlichen Krankenversicherung abgegeben werden, haben die pharmazeutischen Unternehmer zum Zwecke der Abrechnung der Apotheken mit den Krankenkassen ihren einheitlichen Abgabepreis anzugeben, von dem bei der Abgabe im Einzelfall abgewichen werden kann. Sozialleistungsträger, private Krankenversicherungen sowie deren jeweilige Verbände können mit pharmazeutischen Unternehmern für die zu ihren Lasten abgegebenen verschreibungspflichtigen Arzneimittel Preisnachlässe auf den einheitlichen Abgabepreis des pharmazeutischen Unternehmers vereinbaren.**

**(4) Bei Arzneimitteln, die im Fall einer bedrohlichen übertragbaren Krankheit, deren Ausbreitung eine sofortige und das übliche Maß erheblich überschreitende Bereitstellung von spezifischen Arzneimitteln erforderlich macht, durch Apotheken abgegeben werden und die zu diesem Zweck nach § 47 Abs. 1 Satz 1 Nr. 3c bevorratet wurden, gilt als Grundlage für die nach Absatz 2 festzusetzenden Preise und Preisspannen der Länderabgabepreis. Entspre-**

**chendes gilt für Arzneimittel, die aus für diesen Zweck entsprechend bevorrateten Wirkstoffen in Apotheken hergestellt und in diesen Fällen abgegeben werden. In diesen Fällen gilt Absatz 2 Satz 2 auf Länderebene.**

**Arzneimittelpreisverordnung**
**Arzneimittelpreisverordnung vom 14. November 1980 (BGBl. I S. 2147), die zuletzt durch Artikel 7 u. 7d des Gesetzes vom 17. Juli 2009 (BGBl. I S. 1990) geändert worden ist.**

**§ 1 Anwendungsbereich der Verordnung**

**(1) Für Arzneimittel, die im voraus hergestellt und in einer zur Abgabe an den Verbraucher bestimmten Packung in den Verkehr gebracht werden (Fertigarzneimittel) und deren Abgabe nach § 43 Abs. 1 des Arzneimittelgesetzes den Apotheken vorbehalten ist, werden durch diese Verordnung festgelegt**
1. **die Preisspannen des Großhandels bei der Abgabe im Wiederverkauf an Apotheken oder Tierärzte (§ 2),**
2. **die Preisspannen sowie die Preise für besondere Leistungen der Apotheken bei der Abgabe im Wiederverkauf (§§ 3, 6 und 7),**
3. **die Preisspannen der Tierärzte bei der Abgabe im Wiederverkauf an Tierhalter (§ 10).**

**(2) Für Arzneimittel, die in Apotheken oder von Tierärzten hergestellt werden und deren Abgabe nach § 43 Abs. 1 und 3 des Arzneimittelgesetzes den Apotheken vorbehalten ist, werden durch diese Verordnung festgelegt**
1. **die Preisspannen sowie die Preise für besondere Leistungen der Apotheken (§§ 4 bis 7),**
2. **die Preisspannen der Tierärzte (§ 10).**

**(3) Ausgenommen sind die Preisspannen und Preise der Apotheken, wenn es sich um eine Abgabe handelt**
1. **durch Krankenhausapotheken,**
2. **an Krankenhäuser und diesen nach § 14 Absatz 8 Satz 2 des Apothekengesetzes gleichgestellte Einrichtungen sowie an Justizvollzugsanstalten und Jugendarrestanstalten,**
3. **an die in § 47 Absatz 1 Satz 1 Nummer 2 bis 9 des Arzneimittelgesetzes genannten Personen und Einrichtungen unter den dort bezeichneten Voraussetzungen,**

3a. **von Impfstoffen, die zur Anwendung bei öffentlich empfohlenen Schutzimpfungen im Sinne des § 20 Abs. 3 des Infektionsschutzgesetzes vom 20. Juli 2000 (BGBl. I S. 1045) bestimmt sind und diese Impfstoffe an Krankenhäuser, Gesundheitsämter und Ärzte abgegeben werden,**

4. **von Impfstoffen, die zur Anwendung bei allgemeinen, insbesondere behördlichen oder betrieblichen Grippevorsorgemaßnahmen bestimmt sind,**
5. **an Gesundheitsämter für Maßnahmen der Rachitisvorsorge,**
6. **von Blutkonzentraten, die zur Anwendung bei der Bluterkrankheit, sowie von Arzneimitteln, die zur Anwendung bei der Dialyse Nierenkranker bestimmt sind,**
7. **von aus Fertigarzneimitteln entnommenen Teilmengen, soweit deren Darreichungsform, Zusammensetzung und Stärke unverändert bleibt,**
8. **von Fertigarzneimitteln in parenteralen Zubereitungen.**

**Im Fall von Satz 1 Nr. 7 können Sozialleistungsträger, private Krankenversicherungen oder deren Verbände das Verfahren für die Berechnung der Apothekenabgabepreise für die zu ihren Lasten abgegebenen Arzneimittel mit Apotheken oder deren Verbänden vereinbaren.**

**(4) Ausgenommen sind die Preisspannen und Preise von nicht verschreibungspflichtigen Arzneimitteln.**

**§ 2 Großhandelszuschläge für Fertigarzneimittel**

**(1) Bei der Abgabe von Fertigarzneimitteln, die zur Anwendung bei Menschen bestimmt sind, durch den Großhandel an Apotheken oder Tierärzte dürfen auf den Abgabepreis des pharmazeutischen Unternehmers ohne die Umsatzsteuer höchstens Zuschläge nach Absatz 2 oder 3 sowie die Umsatzsteuer erhoben werden. Bei der Abgabe von Fertigarzneimitteln, die zur Anwendung bei Tieren bestimmt sind, durch den Großhandel an Apotheken oder Tierärzte dürfen auf den Abgabepreis des pharmazeutischen Unternehmers ohne die Umsatzsteuer höchstens Zuschläge nach Absatz 4 oder 5 sowie die Umsatzsteuer erhoben werden.**

**(2) Der Höchstzuschlag nach Absatz 1 Satz 1 ist bei einem Abgabepreis des pharmazeutischen Unternehmers**

| | | |
|---|---|---|
| | bis 3,00 Euro | 15,0 Prozent |
| von 3,75 Euro | bis 5,00 Euro | 12,0 Prozent |
| von 6,67 Euro | bis 9,00 Euro | 9,0 Prozent |
| von 11,57 Euro | bis 23,00 Euro | 7,0 Prozent |
| von 26,83 Euro | bis 1.200,00 Euro | 6,0 Prozent |

**(3) Der Höchstzuschlag nach Absatz 1 Satz 1 ist bei einem Abgabepreis des pharmazeutischen Unternehmers**

| | | |
|---|---|---|
| von 3,01 Euro | bis 3,74 Euro | 0,45 Euro |
| von 5,01 Euro | bis 6,66 Euro | 0,60 Euro |
| von 9,01 Euro | bis 11,56 Euro | 0,81 Euro |
| von 23,01 Euro | bis 26,82 Euro | 1,61 Euro |
| ab 1.200,01 Euro | | 72,00 Euro |

**(4) Der Höchstzuschlag nach Absatz 1 Satz 2 ist bei einem Abgabepreis des pharmazeutischen Unternehmers**

| | | | |
|---|---|---|---|
| | bis 0,84 Euro | 21,0 Prozent | (Spanne 17,4 Prozent) |
| von 0,89 Euro | bis 1,70 Euro | 20,0 Prozent | (Spanne 16,7 Prozent) |
| von 1,75 Euro | bis 2,56 Euro | 19,5 Prozent | (Spanne 16,3 Prozent) |
| von 2,64 Euro | bis 3,65 Euro | 19,0 Prozent | (Spanne 16,0 Prozent) |
| von 3,76 Euro | bis 6,03 Euro | 18,5 Prozent | (Spanne 15,6 Prozent) |
| von 6,21 Euro | bis 9,10 Euro | 18,0 Prozent | (Spanne 15,3 Prozent) |
| von 10,93 Euro | bis 44,46 Euro | 15,0 Prozent | (Spanne 13,0 Prozent) |
| von 55,59 Euro | bis 684,76 Euro | 12,0 Prozent | (Spanne 10,7 Prozent) |
| ab 684,77 Euro | | 3,0 Prozent | zuzüglich 120,53 Euro |

**(5) Der Höchstzuschlag nach Absatz 1 Satz 2 ist bei einem Abgabepreis des pharmazeutischen Unternehmers**

| | | |
|---|---|---|
| von 0,85 Euro | bis 0,88 Euro | 0,18 Euro |
| von 1,71 Euro | bis 1,74 Euro | 0,34 Euro |
| von 2,57 Euro | bis 2,63 Euro | 0,50 Euro |
| von 3,66 Euro | bis 3,75 Euro | 0,70 Euro |
| von 6,04 Euro | bis 6,20 Euro | 1,12 Euro |
| von 9,11 Euro | bis 10,92 Euro | 1,64 Euro |
| von 44,47 Euro | bis 55,58 Euro | 6,67 Euro |

**§ 3 Apothekenzuschläge für Fertigarzneimittel**

**(1) Bei der Abgabe von Fertigarzneimitteln, die zur Anwendung bei Menschen bestimmt sind, durch die Apotheken sind zur Berechnung des Apothekenabgabepreises ein Festzuschlag von 3 Prozent zuzüglich 8,10 Euro sowie die Umsatzsteuer zu erheben. Soweit Fertigarzneimittel, die zur Anwendung bei Menschen bestimmt sind, durch die Apotheken zur Anwendung bei Tieren abgegeben werden, dürfen zur Berechnung des Apothekenabgabepreises abweichend von Satz 1 höchstens ein Zuschlag von 3 Prozent zuzüglich 8,10 Euro sowie die Umsatzsteuer erhoben werden. Bei der Abgabe von Fertigarzneimitteln, die zur Anwendung bei Tieren bestimmt sind, durch die Apotheken dürfen zur Berechnung des Apothekenabgabepreises höchstens Zuschläge nach Absatz 3 oder 4 sowie die Umsatzsteuer erhoben werden.**

**(2) Der Festzuschlag ist zu erheben**
1. **bei Fertigarzneimitteln, die vom Großhandel beziehbar sind, auf den Betrag, der sich aus der Zusammenrechnung des bei Belieferung des Großhandels geltenden Abgabepreises des pharmazeutischen Unternehmers ohne die Umsatzsteuer und des darauf entfallenden Großhandelshöchstzuschlags nach § 2 ergibt,**
2. **bei Fertigarzneimitteln, die nur vom pharmazeutischen Unternehmer beziehbar sind, auf den bei Belieferung der Apotheken geltenden Abgabepreis des pharmazeutischen Unternehmers ohne die Umsatzsteuer.**

**(3) Der Höchstzuschlag nach Absatz 1 Satz 3 ist bei einem Betrag**

| | | | |
|---|---|---|---|
| | bis 1,22 Euro | 68 Prozent | (Spanne 40,5 Prozent) |
| von 1,35 Euro | bis 3,88 Euro | 62 Prozent | (Spanne 38,3 Prozent) |
| von 4,23 Euro | bis 7,30 Euro | 57 Prozent | (Spanne 36,3 Prozent) |
| von 8,68 Euro | bis 12,14 Euro | 48 Prozent | (Spanne 32,4 Prozent) |
| von 13,56 Euro | bis 19,42 Euro | 43 Prozent | (Spanne 30,1 Prozent) |
| von 22,58 Euro | bis 29,14 Euro | 37 Prozent | (Spanne 27,0 Prozent) |
| von 35,95 Euro | bis 543,91 Euro | 30 Prozent | (Spanne 23,1 Prozent) |
| ab 543,92 Euro | | 8,263 Prozent | zuzüglich 118,24 Euro |

**(4) Der Höchstzuschlag nach Absatz 1 Satz 3 ist bei einem Betrag**

| | | |
|---|---|---|
| von 1,23 Euro | bis 1,34 Euro | 0,83 Euro |
| von 3,89 Euro | bis 4,22 Euro | 2,41 Euro |
| von 7,31 Euro | bis 8,67 Euro | 4,16 Euro |
| von 12,15 Euro | bis 13,55 Euro | 5,83 Euro |
| von 19,43 Euro | bis 22,57 Euro | 8,35 Euro |
| von 29,15 Euro | bis 35,94 Euro | 10,78 Euro |

**(5) Sofern die abzugebende Menge nicht in der Verschreibung vorgeschrieben oder gesetzlich bestimmt ist, haben die Apotheken, soweit mit den Kostenträgern nichts anderes vereinbart ist, die kleinste im Verkehr befindliche Packung zu berechnen.**

**(6) Für die erneute Abgabe der an eine Apotheke zurückgegebenen verschreibungspflichtigen Fertigarzneimittel durch die Apotheke beträgt der Festzuschlag 5,80 Euro.**

### § 4 Apothekenzuschläge für Stoffe

**(1) Bei der Abgabe eines Stoffes, der in Apotheken in unverändertem Zustand umgefüllt, abgefüllt, abgepackt oder gekennzeichnet wird, sind ein Festzuschlag von 100 Prozent (Spanne 50 Prozent) auf die Apothekeneinkaufspreise ohne Umsatzsteuer für Stoff und erforderliche Verpackung sowie die Umsatzsteuer zu erheben.**

**(2) Auszugehen ist von dem Apothekeneinkaufspreis der abzugebenden Menge des Stoffes, wobei der Einkaufspreis der üblichen Abpackung maßgebend ist.**

**(3) Trifft die für die Wahrnehmung der wirtschaftlichen Interessen gebildete maßgebliche Spitzenorganisation der Apotheker mit dem Spitzenverband Bund der Krankenkassen Vereinbarungen über Apothekeneinkaufspreise, die der Berechnung zugrunde gelegt werden sollen, so ist der Festzuschlag für die durch diese Vereinbarungen erfaßten Abgaben abweichend von den Absätzen 1 und 2 auf diese Preise zu erheben. Das Gleiche gilt, wenn Sozialleistungsträger, private Krankenversicherungen oder deren Verbände mit Apotheken oder deren Verbänden entsprechende Vereinbarungen treffen; liegt eine solche Vereinbarung nicht vor, kann auf die nach Satz 1 vereinbarten Preise abgestellt werden.**

### § 5 Apothekenzuschläge für Zubereitungen aus Stoffen

**(1) Bei der Abgabe einer Zubereitung aus einem Stoff oder mehreren Stoffen, die in Apotheken angefertigt wird, sind**
**1. ein Festzuschlag von 90 Prozent auf die Apothekeneinkaufspreise ohne Umsatzsteuer für Stoffe und erforderliche Verpackung,**
**2. ein Rezepturzuschlag nach Absatz 3**
**sowie die Umsatzsteuer zu erheben.**

**(2) Auszugehen ist von den Apothekeneinkaufspreisen der für die Zubereitung erforderlichen Mengen an Stoffen und Fertigarzneimitteln. Maßgebend ist**
**1. bei Stoffen der Einkaufspreis der üblichen Abpackung,**
**2. bei Fertigarzneimitteln der Einkaufspreis nach § 3 Abs. 2 der erforderlichen Packungsgröße, höchstens jedoch der Apothekeneinkaufspreis, der für Fertigarzneimittel bei Abgabe in öffentlichen Apotheken gilt.**

**(3) Der Rezepturzuschlag beträgt für**
**1. die Herstellung eines Arzneimittels durch Zubereitung aus einem Stoff oder mehreren Stoffen bis zur Grundmenge von 500 g, die Anfertigung eines gemischten Tees, Herstellung einer Lösung ohne Anwendung von Wärme, Mischen von Flüssigkeiten bis zur Grundmenge von 300 g 2,50 Euro,**
**2. die Anfertigung von Pudern, ungeteilten Pulvern, Salben, Pasten, Suspensionen und Emulsionen bis zur Grundmenge von 200 g, die Anfertigung von Lösungen unter Anwendung von Wärme, Mazerationen, Aufgüssen und Abkochungen bis zur Grundmenge von 300 g 5,00 Euro,**

3. die Anfertigung von Pillen, Tabletten und Pastillen bis zur Grundmenge von 50 Stück, die Anfertigung von abgeteilten Pulvern, Zäpfchen, Vaginal-Kugeln und für das Füllen von Kapseln bis zur Grundmenge von 12 Stück, die Anfertigung von Arzneimitteln mit Durchführung einer Sterilisation, Sterilfiltration oder aseptischen Zubereitung bis zur Grundmenge von 300 g, das Zuschmelzen von Ampullen bis zur Grundmenge von 6 Stück 7,00 Euro.

Für jede über die Grundmenge hinausgehende kleinere bis gleich große Menge erhöht sich der Rezepturzuschlag um jeweils 50 Prozent.

(4) Trifft die für die Wahrnehmung der wirtschaftlichen Interessen gebildete maßgebliche Spitzenorganisation der Apotheker mit dem Spitzenverband Bund der Krankenkassen Vereinbarungen über Apothekeneinkaufspreise, die der Berechnung zugrunde gelegt werden sollen, so ist der Festzuschlag nach Absatz 1 Nr. 1 für die durch diese Vereinbarungen erfaßten Abgaben abweichend von den Absätzen 1 und 2 auf diese Preise zu erheben. Das Gleiche gilt, wenn Sozialleistungsträger, private Krankenversicherungen oder deren Verbände mit Apotheken oder deren Verbänden entsprechende Vereinbarungen treffen; liegt eine solche Vereinbarung nicht vor, kann auf die nach Satz 1 vereinbarten Preise abgestellt werden. Besteht keine Vereinbarung über abrechnungsfähige Einkaufspreise für Fertigarzneimittel in Zubereitungen nach Satz 1 oder Satz 2, ist höchstens der Apothekeneinkaufspreis zu berechnen, der bei Abgabe an Verbraucher auf Grund dieser Verordnung gilt.

(5) Trifft die für die Wahrnehmung der wirtschaftlichen Interessen gebildete maßgebliche Spitzenorganisation der Apotheker mit dem Spitzenverband Bund der Krankenkassen Vereinbarungen über die Höhe des Fest- oder Rezepturzuschlages nach Absatz 1 Nr. 1 oder Nr. 2, so sind die vereinbarten Zuschläge abweichend von Absatz 1 oder Absatz 3 bei der Preisberechnung zu berücksichtigen. Das Gleiche gilt, wenn Sozialleistungsträger, private Krankenversicherungen oder deren Verbände mit Apotheken oder deren Verbänden entsprechende Vereinbarungen treffen; liegt eine solche Vereinbarung nicht vor, kann auf die nach Satz 1 vereinbarten Preise abgestellt werden.

(6) Besteht keine Vereinbarung über Apothekenzuschläge für die Zubereitung von Stoffen nach Absatz 5 Satz 1 oder Satz 2, beträgt der Zuschlag abweichend von Absatz 1 oder Absatz 3 für

1. zytostatikahaltige Lösungen 70 Euro,
2. antibiotika- und virustatikahaltige Lösungen 40 Euro,
3. parenterale Ernährungslösungen 65 Euro,
4. Lösungen mit Schmerzmitteln 40 Euro,
5. sonstige Lösungen 55 Euro.

### § 6 Notdienst

Bei der Inanspruchnahme in der Zeit von 20 bis 6 Uhr, an Sonn- und Feiertagen sowie am 24. Dezember, wenn dieser Tag auf einen Werktag fällt, bis 6 Uhr und ab 14 Uhr können die Apotheken einen zusätzlichen Betrag von 2,50 Euro einschließlich Umsatzsteuer berechnen.

**§ 7 Betäubungsmittel**

**Bei der Abgabe eines Betäubungsmittels, dessen Verbleib nach § 15 der Betäubungsmittel-Verschreibungs-Verordnung in der Fassung der Bekanntmachung vom 25. April 1978 (BGBl. I S. 537) nachzuweisen ist, können die Apotheken einen zusätzlichen Betrag von 0,26 Euro einschließlich Umsatzsteuer berechnen.**

**§ 8 Sonderbeschaffung**

**Unvermeidbare Telegrammgebühren, Fernsprechgebühren, Porti, Zölle und andere Kosten der Beschaffung von Arzneimitteln, die üblicherweise weder in Apotheken noch im Großhandel vorrätig gehalten werden, können die Apotheken mit Zustimmung des Kostenträgers gesondert berechnen.**

**§ 9 Angaben auf der Verschreibung**

**Auf der Verschreibung sind von den Apotheken einzeln anzugeben**

1. **bei Fertigarzneimitteln der Apothekenabgabepreis, zusätzlich berechnete Beträge und die Summe der Einzelbeträge,**
2. **bei Arzneimitteln, die in Apotheken hergestellt werden, außerdem die Einzelbeträge des Apothekenabgabepreises,**
3. **bei einem Betrag nach § 6 auch die Zeit der Inanspruchnahme.**

**§ 10 Zuschläge der Tierärzte**

**(1) Bei der Abgabe von Arzneimitteln durch Tierärzte an Tierhalter dürfen höchstens Zuschläge entsprechend § 3 Abs. 1 Satz 2 und 3 und Abs. 2 bis 4, § 4 Abs. 1 und 2 und § 5 Abs. 1 bis 3 sowie die Umsatzsteuer erhoben werden.**

**(2) Liegt der für den Zuschlag entsprechend § 3 Abs. 2 maßgebliche Betrag über 51,13 Euro, so sind für den 51,13 Euro übersteigenden Betrag folgende Zuschläge zu erheben:**

- **von 51,13 Euro bis 127,82 Euro höchstens 25 Prozent,**
- **von mehr als 127,82 Euro höchstens 20 Prozent.**

**§ 11 Preise in besonderen Fällen**

**Bei der Abgabe von Fertigarzneimitteln in den Fällen des § 78 Abs. 4 des Arzneimittelgesetzes wird bei Anwendung dieser Verordnung der Abgabepreis des pharmazeutischen Unternehmers durch den Länderabgabepreis ersetzt. Bei Abgabe von Stoffen oder Zubereitungen ist zur Berechnung des Apothekeneinkaufspreises sowie bei Vereinbarungen über Apothekeneinkaufspreise nach § 4 Abs. 3 und § 5 Abs. 4 ebenfalls der Länderabgabepreis zugrunde zu legen. Abweichend von § 4 Abs. 3 sowie § 5 Abs. 4 und 5 können auch die für die Wahrnehmung der wirtschaftlichen Interessen gebildeten Verbände der Apotheker mit den Krankenkassen oder ihren Verbänden Vereinbarungen über die Apothekeneinkaufspreise und Zuschläge treffen.**

**§ 12 Inkrafttreten, abgelöste Vorschriften**

**(1) Diese Verordnung tritt am 1. Januar 1981 in Kraft.**

Anmerkung des Kommentators: Gemäß Art. 7a i.V.m. Art. 19 Abs. 8 des Gesetzes zur Änderung arzneimittelrechtlicher und anderer Vorschriften vom 17.07.2009 (BGBI. I S.1990) wird § 5 Abs. 6 AMPreisV mit Wirkung ab dem 31.12.2011 aufgehoben.

**Literatur**

Becker, Die Steuerung der Arzneimittelversorgung im Recht der GKV, 2006; Broch, Diener, Klümper, Nachgehakt: 15. AMG-Novelle mit weiteren Änderungen beschlossen, PharmR 2009, 373; Cassel, Wille, Weiterentwicklung des Arzneimittelmarktes – Kernelemente eines Reformkonzeptes zur wettbewerblichen Regulierung der GKV-Arzneimittelversorgung. In: Wille, Cassel, Ulrich (Hrsg.), Weiterentwicklung des Gesundheitssystems und des Arzneimittelmarktes, 2009, S. 85-173; Dettling, Anspruch ausländischer Versandapotheken auf Erstattung des Abschlags des pharmazeutischen Unternehmers?, A&R 2008, 204; Diekmann, Idel, Der einheitliche Apothekenabgabepreis für verschreibungspflichtige Arzneimittel – Preisbindung auch für ausländische Versandapotheken innerhalb der EU?, Apotheken Recht 2009, 93; Dierks, Nitz, Grau, Mehlitz, IQWiG und Industrie – Rechtliche Fragen zum Institut für Qualität und Wirtschaftlichkeit im Gesundheitswesen, 2008; Engelmann, Die Kontrolle medizinischer Standards durch die Sozialgerichtsbarkeit, MedR 2006, 245; Fastabend, Der Begriff der notwendigen Krankenbehandlung im SGB V, NZS 2000, 299; Francke, Die regulatorischen Strukturen der Arzneimittelversorgung nach dem SGB V, MedR 2006, 683; Francke, Hart, Die Leistungspflicht der gesetzlichen Krankenversicherung für Heilversuche – Zugleich eine Besprechung der Entscheidung des BVerfG vom 6.12.2005 und die Skizzierung eines Regulierungsmodells, MedR 2006, 131; Glaeske, Mehr Rezepte, teurere Arzneimittel, höhere Ausgaben – Die Entwicklung der Arzneimittelversorgung in der ambulanten vertragsärztlichen Versorgung im Jahr 2005 und Aspekte für die Zukunft, MedR 2006, 697; Greß, Niebuhr, Wasem, Regulierung des Marktes für verschreibungspflichtige Arzneimittel im internationalen Vergleich, 2006; Grunert, Arzneimittelpreisrecht/ Heilmittelwerberecht: Barrabattgewährung nach dem AVWG, PharmR 2006, 264; Harney, Zuzahlungsgutscheine für verschreibungspflichtige Arzneimittel, A&R 2009, 212; Hart, Hilken, Merkel, Woggan, Das Recht des Arzneimittelmarktes, 1988; Hoffmann, Glaeske, Pfannkuche, Einfluss von Rabattverträgen auf die Aut-idem-Nutzung, DÄ 2009, 783; IGES, Cassel, Wille, WidO, Steuerung der Arzneimittelausgaben und Stärkung des Pharmastandortes für die pharmazeutische Industrie, Bundesministerium für Gesundheit (Hrsg.) Forschungsbericht 006 Gesundheitsforschung – Gutachten für das Bundesministerium für Gesundheit, 2006; Koyuncu, Die Rolle des Patienten im Gesundheitswesen und in der Gesundheitspolitik. Teil 2: Maßnahmen und Schritte zur Stärkung der Stellung und Mitgestaltungsrechte des Patienten, PatR 2007, 103; Kozianka, Beinhalten §§ 7 HWG und 78 Abs. 3 AMG wirklich ein generelles Geldrabattverbot für verschreibungspflichtige Arzneimittel? In: Wartensleben, Hoffmann, Klapszus, Porstner (Hrsg.), Iuri Pharmaceutico – Festschrift für Sander, 2008, S. 177-185; Mand, Internationaler Anwendungsbereich des deutschen Preisrechts für Arzneimittel gemäß AMG, AMPreisV und § 130a SGB V – Zugleich eine Anmerkung zu BSG, Urt. v. 28.7.2008, Az. B 1 KR 4/08 R, PharmR 2008, 582; Meyer, Die Neuregelung produktbezogener Rabatte im Arzneimittelbereich, A&R 2006, 60; Neises, Clobes, Palsherm, Das Gesetz zur Änderung arzneimittelrechtlicher Vorschriften und seine Folgen für die Vergütung von Fertigarzneimitteln in parenteralen Zubereitungen; PharmR 2009, 506; Neumann, Gerichtliche Kontrolle von Allokationsentscheidungen der Krankenkasse; SGb 2006, 2; Ders., Anspruch auf Krankenbehandlung nach Maßgabe der Richtlinien des Bundesausschusses?, NZS 2001, 515; Schneider, Preisbildung für Arzneimittel auf dem Prüfstand – Reform der Arzneimittelpreisverordnung, Die Ersatzkasse (ErsK) 1997, 269-274; Stüwe, Arzneimittel: Der Traum vom gerechten Preis, DÄ 2008, C-1837; Vorderwülbecke, Darstellung der Steuerungsinstrumente der Arzneimittelversorgung aus der Sicht der pharmazeutischen Industrie, MedR 2006, 693; Wille, Preistreiberei der Pharmaindustrie, Die Krankenversicherung (KrV) 2007, 319; Wille, Cassel, Ulrich, Weiterentwicklung des Gesundheitssystems und des Arzneimittelmarktes, 2009;

Woggan, Preis- und Mengenregulierung. In: Hart, Hilken, Merkel, Woggan, Das Recht des Arzneimittelmarktes, 1988, S. 175-211.

## I. Die Bedeutung der Norm

1 Anders als die Überschrift der Norm erwarten ließe, nimmt § 78 keine abschließende Regulierung der Arzneimittelpreise vor. Das AMG nimmt generell keine Preisregulierung für Arzneimittel vor. Stattdessen hat der Gesetzgeber mit § 78 lediglich eine Ermächtigung zum Erlass einer Verordnung ausgesprochen, durch die einzelne Preisspannen beim Vertrieb von Arzneimitteln festgesetzt werden sollen. Entsprechend erfolgt durch § 78 und die AMPreisV eine nur partielle und indirekte Einflussnahme auf die Apothekenabgabepreise für Arzneimittel.

2 Die Norm sieht davon ab, die Höhe des Abgabepreises der pharmazeutischen Unternehmer zu regulieren. Diese verpflichtet § 78 allerdings dazu, für die Einheitlichkeit ihrer Abgabepreise zu sorgen. Die Norm und die AMPreisV legen hauptsächlich die Preisspannen fest, die der Großhandel und die Apotheken in Abhängigkeit vom Abgabepreis des pharmazeutischen Unternehmers berechnen dürfen bzw. müssen. § 78 und die AMPreisV begrenzen daher die Handelsspannen zwischen Großhandel und Apotheke sowie zwischen Apotheke und Endverbraucher/Kostenträger. Dadurch bezwecken § 78 und die AMPreisV eine Preisbindung entlang der dem Pharmaunternehmen nachgeordneten Handelsstufen. Hierdurch wird – als ein wesentliches Normziel – ein Preiswettbewerb auf diesen Handelsstufen und auf der Ebene des Apothekenabgabepreises weitgehend ausgeschlossen.

3 Mit der Anordnung der Festsetzung der in Abs. 1 niedergelegten Preisspannen und Preise trifft die Norm und die auf ihr beruhende AMPreisV eine Berufsausübungsregelung, die allerdings vom BVerfG als verfassungsgemäß bewertet worden ist.[1] Das Bundesverfassungsgericht hat dabei insbesondere betont, dass die AMPreisV nicht in die Preisfestsetzung durch den pharmazeutischen Unternehmer eingreift.[2]

4 Die in § 78 vorgenommenen Regelungen existierten im wesentlichen Kerngehalt bereits im AMG 1961, in das sie als § 37[3] eingefügt wurden. Ferner gab es auch eine Vorgänger-Verordnung zur AMPreisV. Diese existierte zwischen 1977 und 1980 und trug die begrifflich präzisere Bezeichnung „Verordnung über Preisspannen für Fertigarzneimittel".[4]

---

1 BVerfG, Beschl. v. 20.12.1990 - 1 BvR 1418/90, 1 BvR 1442/90, abrufbar unter www.juris.de.

2 BVerfG, a.a.O., Rz. 5.

3 Gesetzentwurf der Bundesregierung vom 12.01.1976: Entwurf eines Gesetzes über Regelungen auf dem Arzneimittelmarkt, BT-Drucks. 7/4557.

4 Verordnung vom 17. Mai 1977, BGBl. I S. 789.

In der Gesamtschau ist für § 78 festzustellen, dass die Norm im AMG eigentlich fehl am Platz ist. Die Zielsetzungen des AMG und der Norm könnten kaum unterschiedlicher sein: Das AMG bezweckt gem. § 1, für die Sicherheit im Verkehr mit Arzneimitteln, insbesondere für die Qualität, Wirksamkeit und Unbedenklichkeit der Arzneimittel zu sorgen. Der Hauptzweck des § 78 wird in der Begründung der insoweit kongruenten Vorgängernorm indes angegeben mit: *„Ziel des Entwurfs ist die Senkung des Arzneimittelpreisniveaus."*[5] Sekundär bezweckt § 78 einheitliche Apothekenabgabepreise und den Ausschluss eines diesbezüglichen Preiswettbewerbs. Die Norm war eine Kostendämpfungsmaßnahme nach der Kostenexplosion im Gesundheitswesen in den 70er Jahren.[6] Entsprechend spielt im seinerzeitigen Gesetzentwurf die Sicherheit des Arzneimittelverkehrs keine Rolle.[7] Eher finden sich weitere Überlegungen zur Kostensenkung im Arzneimittelmarkt, wie z.B. die Anregung, „geeignete Maßnahmen zu einer Reduzierung der Werbeaufwendungen" der Arzneimittelhersteller zu ergreifen.[8] **5**

Hinzuweisen ist darauf, dass einzelne Fragen, deren Regelung in § 78 und der AMPreisV angesprochen sind bzw. hier zu erwarten wären, nicht hier, sondern in anderen Gesetzen abschließend normiert sind. Das trifft für § 78 Abs. 3 S. 1 zu: die Zuschlagsregelung für nicht verschreibungspflichtige Arzneimittel, die zu Lasten der gesetzlichen Krankenversicherung abgegeben werden, findet sich in § 129 Abs. 5a SGB. Ähnliche Verzahnungen bestehen mit dem Heilmittelwerbegesetz.[9] **6**

§ 78 und die AMPreisV gelten sowohl für Humanarzneimittel als auch für Tierarzneimittel. Dabei unterscheiden sich allerdings die festgelegten Preisspannen für diese beiden Gruppen sowohl in ihrer Struktur als auch inhaltlich in ihrer Höhe. **7**

## II. Regelungsgehalt

### 1. Regelungsgehalt des § 78 Absatz 1

§ 78 ermächtigt das Bundesministerium für Wirtschaft und Technologie, im Einvernehmen mit anderen jeweils betroffenen Bundesministerien, durch Rechtsverordnung und mit Zustimmung des Bundesrats zum Erlass einer Verordnung, mit der **8**

- Preisspannen für Arzneimittel, die im Großhandel, in Apotheken oder von Tierärzten im Wiederverkauf abgegeben werden,
- Preise für Arzneimittel, die in Apotheken oder von Tierärzten hergestellt und abgegeben werden, sowie für Abgabegefäße,

---

5 Siehe die amtliche Begründung zum § 37 AMG 1961, BT-Drucks. 7/4557 vom 12.01.1976, S. 1.

6 Woggan, S. 178.

7 Gesetzentwurf der Bundesregierung vom 12.01.1976: Entwurf eines Gesetzes über Regelungen auf dem Arzneimittelmarkt, BT-Drucks. 7/4557.

8 BT-Drucks. 7/4557, S. 7 f.

9 Dazu kritisch Mand, A&R 2006, 54 ff.

- Preise für besondere Leistungen der Apotheken bei der Abgabe von Arzneimitteln

festgesetzt werden sollen. Mit diesen Gegenständen der Ermächtigungsnorm korrespondieren schließlich die Bestimmungen der AMPreisV:

- Zunächst präzisiert § 1 AMPreisV den Anwendungsbereich der Verordnung und stellt insbesondere klar, für welche Fallgruppen die Verordnung nicht gilt.
- Sodann legen die §§ 2-3 AMPreisV die Zuschläge für den Großhandel und die Apotheken bei der Abgabe von Fertigarzneimitteln (Human- und Tierarzneimittel) fest.
- Die §§ 4, 5 AMPreisV legen spezifische Zuschläge für den Fall fest, dass die Apotheke statt Fertigarzneimitteln Stoffe abgibt oder Zubereitungen aus Stoffen herstellt und abgibt. Diese Zuschläge decken auch die Abgabegefäße und erforderliche Verpackung ab. Die Normen sehen vor, dass die Spitzenorganisation der Apotheker mit dem Spitzenverband Bund der Krankenkassen gesonderte Vereinbarungen zu diesen Zuschlägen treffen können.
- In den §§ 6 bis 8 AMPreisV sind die o.g. „Preise für besondere Leistungen der Apotheken bei der Abgabe von Arzneimitteln“ geregelt. Im Einzelnen geht es um den Notdienst, den Mehraufwand bei der Abgabe von Betäubungsmitteln und Mehrkosten im Zusammenhang mit einer sog. Sonderbeschaffung (z.B. Fälle des Einzelimports eines hierzulande nicht verfügbaren Arzneimittels).
- In § 9 AMPreisV wird kein Zuschlag festgelegt, sondern normiert, welche Angaben die Apotheken auf dem Rezept machen müssen. Diese Bestimmung dient der Nachkontrolle durch die Kostenträger.
- Für die besondere Situation der Tierärzte, die Arzneimittel an Tierhalter abgeben dürfen, sind in § 10 AMPreisV spezifische Zuschläge vorgesehen.
- Schließlich findet sich in § 11 AMPreisV eine neue Regelung für Pandemie-Situationen, die auf dem ebenfalls mit dem GKV-WSG[10] neu eingeführten § 78 Abs. 4 basiert.[11]

**9** Die Höhen und Staffelungen der von der AMPreisV festgelegten Zuschläge ergeben sich aus dem Normtext. Im Hinblick auf die Struktur der Zuschläge unterscheidet die AMPreisV zwischen Höchstzuschlägen und Festzuschlägen. Der Großhandel erhält etwa gem. § 2 AMPreisV nur Großhandelshöchstzuschläge. Diese Beträge darf der Großhandel unterschreiten, z.B. wenn er einer Apotheke einen Preisnachlass einräumen möchte. Für die Apotheken gilt bei der Abgabe von Fertigarzneimitteln, die zur Anwendung bei Menschen bestimmt sind, ein Festzuschlag, der nicht unterschritten werden darf. Ansonsten gelten auch für Apotheken bei der Abgabe von Tierarzneimitteln Höchstzuschläge.

---

[10] Gesetz zur Stärkung des Wettbewerbs in der gesetzlichen Krankenversicherung (GKV-Wettbewerbsstärkungsgesetz – GKV-WSG) vom 26.03.2007, BGBl. I 2007, S. 378.

[11] Siehe dazu die Kommentierung unter II. 4. unten.

Bei der Ermittlung der Höhe der Zuschläge verfolgt die AMPreisV den methodischen Ansatz, dass die Zuschläge in Abhängigkeit vom Abgabepreis des pharmazeutischen Unternehmers prozentual degressiv gestaffelt sind.[12] 10

Bei der Abgabe von Fertigarzneimitteln, die zur Anwendung bei Menschen bestimmt sind, erhält der Großhandel den in § 2 Abs. 1 bis 3 AMPreisV niedergelegten Großhandelshöchstzuschlag. Dieser ist degressiv gestaffelt und ab einem Abgabepreis des pharmazeutischen Unternehmers in Höhe von 1.200 € auf 72 € gedeckelt. Demgegenüber erhält der Apotheker bei der Abgabe dieser Arzneimittel den besagten Festzuschlag in Höhe von 3 % zuzüglich 8,10 €. Die 3% werden erhoben vom Betrag, der sich aus der Zusammenrechnung des bei Belieferung des Großhandels geltenden Abgabepreises des pharmazeutischen Unternehmers (ohne Umsatzsteuer) und des darauf entfallenden Großhandelshöchstzuschlags nach § 2 AMPreisV ergibt.[13] Dem Apotheker ist eine Unterschreitung des Festzuschlags untersagt. Eine Nichterhebung des Festzuschlags kann auch in Gestalt von Bonussystemen oder durch die Nichteinziehung der Patientenzuzahlung vorliegen.[14] 11

Die Struktur und Höhe der Zuschläge bedingt, dass sich bei niedrigpreisigen Arzneimitteln der Abgabepreis des pharmazeutischen Unternehmers durch die Großhandels- und Apothekenzuschläge zzgl. Umsatzsteuer schnell verdoppelt, wohingegen der zuschlagsbedingte Mehrbetrag bei hochpreisigen Arzneimitteln prozentual geringer ausfällt. Das liegt an der degressiven Staffelung. So ergibt sich beispielsweise für ein Arzneimittel mit einem Abgabepreis des pharmazeutischen Unternehmers in Höhe von 10 € ein Brutto-Apothekenabgabepreis in Höhe von 22,88 €. Bei einem Arzneimittel mit einem Abgabepreis des pharmazeutischen Unternehmers in Höhe von 500 € ergibt sich ein Brutto-Apothekenabgabepreis in Höhe von 659,26 €.[15] 12

Gemäß § 78 Abs. 1 S. 2 wird das Bundesministerium für Wirtschaft und Technologie ferner ermächtigt, im Einvernehmen mit dem Bundesministerium für Gesundheit durch – nicht zustimmungsbedürftige – Rechtsverordnung den Festzuschlag der Apotheken aus § 3 Abs. 1 AMPreisV entsprechend der Kostenentwicklung der Apotheken bei wirtschaftlicher Betriebsführung anzupassen. Der Festzuschlag in seiner aktuellen Fassung wurde erst mit dem GKV-Modernisierungsgesetz[16] beschlossen und trat Anfang 2004 in Kraft. 13

---

12 IGES, Cassel, Wille, WidO, S. 40.

13 Wenn die Fertigarzneimittel nur vom pharmazeutischen Unternehmer beziehbar sind, sind die 3 % auf den bei Belieferung der Apotheken geltenden Abgabepreis des pharmazeutischen Unternehmers (ohne die Umsatzsteuer) anzusetzen.

14 OVG Lüneburg, Beschl. v. 16.10.2008 – Az.: 13 ME 162/08 (Nichteinziehung der Zuzahlung); zustimmend Harney, A&R 2009, 212, 216.

15 Daher ist die Behauptung bei IGES, Cassel, Wille, WidO, S. 41, dass sich die Arzneimittelpreise vom Hersteller über die Vertriebsstufen bis zum Verbraucher verdoppeln würden, in dieser Pauschalität nicht zutreffend.

16 Gesetz zur Modernisierung der gesetzlichen Krankenversicherung (GKV-Modernisierungsgesetz) vom 14.11.2003, BGBl. I S. 2190.

14 Mit dem GKV-WSG war ursprünglich ein neuer § 78 Abs. 1a vorgesehen, um die Großhandelsspanne von dem prozentualen, preisabhängigen Zuschlag auf einen preisunabhängigen Fixbetrag plus prozentualem Logistikzuschlag umzustellen[17]. Hierdurch wäre auch den Großhändlern gerade bei niedrigpreisigen Arzneimitteln eine anteilig höhere Spanne ermöglicht worden. Dieser Vorschlag ist im Laufe des Gesetzgebungsverfahrens aber wieder fallengelassen worden.

15 Mit der sog. AMG-Novelle 2009[18] wurde in § 78 Abs. 1 S. 1 eine kleine Korrektur vorgenommen. Aus dem „Bundesministerium für Gesundheit" wurde das „Bundesgesundheitsministerium". Als Begründung wurde auf *„die Legaldefinition in § 6"* hingewiesen.[19] An dieser Stelle muss den Gesetzgeber ein Anflug von Präzisionsfreude übermannt haben. Er hätte diesem Impuls allerdings besser widerstehen sollen: Zunächst ist eine Legaldefinition für das Bundesministerium für Gesundheit im AMG sachlich überflüssig. Dass aber diese Legaldefinition dann auch noch in § 6 (Überschrift: *Ermächtigung zum Schutz der Gesundheit*) untergebracht wird und nicht etwa in § 4, wo die sonstigen Begriffsdefinitionen aufgeführt sind, muss als ein gesetzestechnischer Missgriff bezeichnet werden. Der Leser des § 78 wird bei Unklarheiten darüber, wer mit „Bundesministerium" gemeint ist, wohl nicht direkt in § 6 nachschlagen.

16 In der Zusammenschau mit § 1 AMPreisV bezieht sich § 78 auf Arzneimittel im apothekenpflichtigen Markt und fragt erst in zweiter Linie danach, wer der Kostenträger ist. Dass die Norm ihre Regelungen nunmehr auch ergänzend danach differenziert, wer der Kostenträger ist, lässt sich beispielsweise an § 78 Abs. 2 S. 2 ablesen. Ersichtlich wurde die einst nach Kostenträgern neutral gefasste Norm[20] in der Zwischenzeit zu einer speziell auf die Belange der GKV konzipierten Vorschrift. Trotz dieser Entwicklung treffen § 78 und die AMPreisV weiterhin noch viele Regelungen, deren Auswirkungen für alle Kostenträger (insb. GKV, PKV, Gesetzliche Unfallversicherung) gleichgerichtet sind.

### 2. Regelungsgehalt des § 78 Absatz 2

17 In § 78 Abs. 2 werden mehrere weitreichende Regelungen getroffen und Zielvorgaben ausgesprochen.

#### a) Bemessungsgrundsatz

18 Satz 1 enthält zunächst eine Konkretisierung des Bemessungsgrundsatzes für die Preise und Preisspannen.[21] Hiernach müssen die Preise und die Preisspannen die

---

[17] BT-Drs. 16/12256, S. 56.

[18] Gesetz zur Änderung arzneimittelrechtlicher und anderer Vorschriften vom 17.07.2009, BGBl. I S. 1990.

[19] BT-Drs. 16/12256, S. 56

[20] Siehe zur ursprünglichen Fassung der Vorgängernorm (§ 37 AMG 1961) in BT-Drucks. 7/4557, S. 4.

[21] Kloesel, Cyran, § 78 Anm. 17.

berechtigten Interessen der Arzneimittelverbraucher, der Tierärzte, der Apotheken und des Großhandels Rechnung tragen. Es sind mithin die Interessen derjenigen Akteure zu berücksichtigen, die die Arzneimittel verbrauchen und bezahlen müssen. Dabei stehen in Abs. 2 S. 1 die Arzneimittelverbraucher auch für die gesetzlichen und privaten Krankenversicherungen, die letztlich die Preise zu bezahlen haben. Einer gesonderten Nennung dieser Einrichtungen bedurfte es in Abs. 2 S. 1 daher nicht. Bei der Bemessung der Preise und Preisspannen sollen allerdings die Interessen der Ärzte bzw. Vertragsärzte, die die Schlüsselfiguren der Arzneimittelversorgung sind[22], nicht berücksichtigt werden. Die Nichtnennung der Ärzte liegt daran, dass § 78 lediglich eine Regulierung der Preisbindung im Verlauf der Vertriebskette zum Ziel hat. Daher stellt die Norm auf der Ebene des Bemessungsgrundsatzes auch nur auf die Interessen der Akteure ab, die an der Distributionskette beteiligt sind. Aus dem gleichen Grund sind in Abs. 2 Satz 1 auch nicht die Interessen der pharmazeutischen Unternehmer genannt. Von § 78 und der AMPreisV sind die Interessen der Pharmaunternehmen nicht unmittelbar betroffen, da die Norm keine Vorgaben für die Festsetzung ihrer Abgabepreise macht.

**b) Einheitlicher Apothekenabgabepreis**

§ 78 Abs. 2 S. 2 legt fest, dass der Verordnungsgeber für apothekenpflichtige Arzneimittel einen einheitlichen Apothekenabgabepreis für Arzneimittel gewährleisten muss. Der einheitliche Apothekenabgabepreis ist eines der leitenden Motive des § 78. Allerdings lassen sich nach § 78 Abs. 2 S. 2 u. 3 drei Gruppen von Arzneimitteln unterscheiden: **19**

1. Apothekenpflichtige und verschreibungspflichtige Arzneimittel;
2. Apothekenpflichtige und nicht verschreibungspflichtige Arzneimittel, die aber zu Lasten der GKV abgegeben werden;
3. Apothekenpflichtige und nicht verschreibungspflichtige Arzneimittel, die nicht zu Lasten der GKV abgegeben werden.

Lediglich für die unter (1) und (2) genannten Gruppen ist der einheitliche Apothekenabgabepreis sicherzustellen. Für die unter (3) genannten Arzneimittel, d.h. die apothekenpflichtigen und frei verkäuflichen Arzneimittel, gilt das nicht. Ihre Preisgestaltung wird den Vertriebspartnern überlassen. Apotheken können mithin die Preise für freiverkäufliche Arzneimittel, die nicht zu Lasten der GKV abgegeben werden, selbst festsetzen. **20**

Die Einheitlichkeit der Apothekenabgabepreise wird vom Gesetzgeber als ein Gut angesehen, das „im gesundheitspolitischen Interesse geboten" ist.[23] Für diese Einheitlichkeit wird ein gesundheitspolitisches Bedürfnis angeführt[24]. Im Kern zielen diese Regelungen auf einen Schutz der Arzneimittelverbraucher, d.h. der Patienten sowie Kostenträger, ab. Der Bedarf nach der AMPreisV wird summarisch auch **21**

---

22 So BSG, Urt. v. 17.04.1996 – Az.: 3 RK 19/95; Rz. 21, m.w.N.

23 Amtliche Begründung zu § 37 AMG 1961 (Vorläufer des § 78), BT-Drucks. 7/4557, S. 1.

24 BT-Drucks. 7/4557, S. 1.

damit begründet, dass die Besonderheiten des Arzneimittelmarktes die Bestimmung der Arzneimittelpreise durch die Kräfte des Marktes nur bedingt zulassen.[25] Die AMPreisV soll Verbraucher auch vor einer willkürlichen Preisgestaltung schützen. Letztlich stellt die AMPreisV bei wirtschaftlicher Betrachtung ein Gegengewicht bzw. die Kehrseite zum Apothekenmonopol dar.[26]

**22** Da dem Großhandel nur Höchstzuschläge zustehen und er damit im Einzelfall einem Apotheker Preisnachlässe gewähren darf, ist ein einheitlicher Apothekenabgabepreis an sich nicht selbstverständlich. Er wird gesetzestechnisch dadurch sichergestellt, dass der Apotheker den Apothekenabgabepreis aus dem Abgabepreis des pharmazeutischen Unternehmers, dem Großhandelshöchstzuschlag gem. § 2 AMPreisV (*nicht* einem etwaigen ermäßigten Großhandelszuschlag) und seinem Apotheker-Festzuschlag zzgl. der Umsatzsteuer ermittelt.[27] Aufgrund dieser Berechnungsweise wirken sich Rabatte zwischen Großhändlern und Apothekern auf den finalen Apothekenabgabepreis nicht aus. Diese Rabatte kommen vielmehr nur dem Apotheker zugute, dem sie gewährt wurden.[28] Der Apothekenabgabepreis wird mithin unter Zugrundelegung des Großhandelshöchstzuschlags berechnet und wird unabhängig von Rabatten, die der Großhandel Apotheken einräumt, festgesetzt.

**23** Für die verschreibungspflichtigen Arzneimittel gilt § 3 Abs. 1 u. 2 AMPreisV. Der einheitliche Apothekenabgabepreis für die nicht verschreibungspflichtigen Arzneimittel, die aber zu Lasten der GKV abgegeben werden (§ 78 Abs. 2 S. 2), ergibt sich aus § 129 Abs. 5a SGB V. Diese Norm verweist auf die Zuschläge in der AMPreisV zum 31.12.2003, die noch nicht den aktuellen Festzuschlag für Apotheker (3% zzgl. 8,10 €) vorsah. Daher wirkt sich die AMPreisV zum Stand vom 31.12.2003 entsprechend günstiger bei den nicht verschreibungspflichtigen Arzneimitteln aus, da diese überwiegend niedrigpreisig sind. Gerade bei diesen Arzneimitteln und dem § 129 Abs. 5a SGB V zeigt sich die enge Verzahnung des § 78 und der AMPreisV mit dem Krankenversicherungsrecht und den dortigen Akteuren der Selbstverwaltung im Gesundheitswesen. Über § 129 Abs. 5a SGB V wirken nämlich diese Akteure, allen voran der Gemeinsame Bundesausschuss, an der Preisbildung für nicht verschreibungspflichtige Arzneimittel mit. Da nämlich der Gemeinsame Bundesausschuss die Kompetenz hat, über die Verordnungsfähigkeit nicht verschreibungspflichtiger Arzneimittel zu entscheiden, hat er auch Einfluss auf die Preisbildung für diese Arzneimittel.[29]

---

25 BT-Drucks. 7/4557, S. 1
26 Siehe dazu ausführlich Kloesel, Cyran, § 78 Anm. 4 u. 18.
27 Rehmann, § 78 Rz. 1.
28 Becker, S. 326; Rehmann, § 78 Rz. 1.
29 Becker, S. 327.

Der einheitliche Apothekenabgabepreis steht allerdings nicht für den Endverbraucherpreis im Sinne des für die GKV tatsächlich wirksamen Preises. Das liegt an der Fülle der weiteren sozialrechtlichen Regulierungsinstrumente[30], die sich auf den am Ende von der GKV zu tragenden Preis des Arzneimittels auswirken. Daher täuscht der Wortlaut des § 78 eine nicht gegebene abschließende Regelung bzgl. der Endverbraucherpreise vor. Als Regelung, die sich unmittelbar auf den tatsächlich wirksamen GKV-Preis auswirkt, ist unter anderem § 130 Abs. 1 S. 1 SGB V zu nennen, wonach die Krankenkassen von den Apotheken für verschreibungspflichtige Fertigarzneimittel einen Abschlag von 2,30 Euro je Arzneimittel erhalten und für sonstige Arzneimittel einen Abschlag in Höhe von 5 % auf den für den Versicherten maßgeblichen Arzneimittelabgabepreis. Auch die Auswirkungen der zwischen Krankenkassen und Pharmaunternehmen gem. § 130a Abs. 8 SGB V zunehmend abgeschlossenen Rabattverträge reduzieren den tatsächlich wirksamen Preis für die GKV in relevantem Umfang. 24

### 3. Regelungsgehalt des § 78 Absatz 3

Die Norm wurde durch das GKV-WSG neu ins AMG aufgenommen. In § 78 Abs. 3 hat der Gesetzgeber mehrere Regelungen getroffen, die sich auf den Abgabepreis des pharmazeutischen Unternehmers beziehen. Der Absatz richtet sich daher insbesondere an die pharmazeutischen Unternehmer. Er statuiert in S. 2 – im Zusammenwirken mit § 7 Abs. 1 HWG – im Wesentlichen ein Verbot der Rabattgewährung durch pharmazeutische Unternehmer an die nachgeordneten Handelsstufen bei verschreibungspflichtigen Arzneimitteln. 25

#### a) Einheitlicher Abgabepreis des pharmazeutischen Unternehmers

Zum Einen verpflichtet § 78 Abs. 3 pharmazeutische Unternehmer dazu, einen einheitlichen eigenen Abgabepreis für apothekenpflichtige Arzneimittel sicherzustellen. Hiermit und in Abs. 3 S. 2 macht der Gesetzgeber also Vorgaben für die Preisgestaltung auf der Ebene des pharmazeutischen Unternehmers. Er trifft damit auch Regelungen für das Rechtsverhältnis zwischen pharmazeutischen Unternehmern und Großhändlern sowie zwischen pharmazeutischen Unternehmern und Apotheken. Auch Pharmaunternehmen sind daher Normadressaten der Arzneimittelpreisverordnung und des § 78.[31] Das waren sie im Übrigen auch schon vor dem GKV-WSG.[32] 26

§ 78 und die Vorschriften der AMPreisV setzen einen einheitlichen und gleichen Herstellerabgabepreis voraus, weil anders ein einheitlicher Apothekenabgabepreis nicht zu erzielen wäre.[33] In dieser Regelung liegt nach herrschender Meinung kei- 27

---

30 Siehe dazu unten die Auflistung der Instrumente unter IV.

31 OLG Köln,. Urt. v. 08.12.2006 – Az.: 6 U 115/06, PharmR 2007, 165 = WRP 2007, 471.

32 A.A.: Grunert, PharmR 2006, 264, 266.

33 OLG Hamburg, Urt. v. 23.02.2006 – Az.: 3 U 134/05; A&R 2006, 137; LG Hamburg, Beschl. v. 26.06.2006 – Az.: 312 O 500/06, beide abrufbar unter www.juris.de.

ne verfassungswidrige Einschränkung der Rechte des pharmazeutischen Unternehmers, da dieser in der Festlegung seines Abgabepreises weiterhin frei ist.[34] Er ist lediglich daran gebunden, ihn auch zu fordern und nicht etwa durch Rabattaktionen den Abgabepreis zu unterlaufen, so dass dieser in Wirklichkeit gar nicht mehr der Preis ist, zu dem der Unternehmer das Arzneimittel abgibt oder jedenfalls mehrere solcher Abgabepreise existieren.[35]

**28** Der „geltende Abgabepreis des pharmazeutischen Unternehmers“ ist einer der entscheidenden Begriffe auch in der AMPreisV. Gemäß § 3 Abs. 2 AMPreisV ist dieser Abgabepreis letztlich bestimmend für den Apothekenabgabepreis sowie die Preisspannen des Großhandels und der Apotheken. Zu dem Begriff des „geltenden Abgabepreises des pharmazeutischen Unternehmers“ gilt grundsätzlich die BGH-Rechtsprechung aus dem Apothekerspannen-Fall.[36] Der geltende Abgabepreis des pharmazeutischen Unternehmers ist danach der Preis, den der Unternehmer im Normalfall, also abgesehen von wenigen besonderen Ausnahmefällen, verlangt. Dieser Preis kann sich mit seinem in der Lauer-Taxe angegebenen Listenpreis decken, so dass dann auf die Lauer-Taxe abzustellen ist. Wenn die Listenpreise aber in beachtlichem Umfang (z.B. durch Rabatte oder Vergünstigungen) nicht eingehalten oder unterschritten werden, ist auf den tatsächlich überwiegend verlangten oder jedenfalls durchschnittlichen Abgabepreis des pharmazeutischen Unternehmers abzustellen. Der maßgebliche Zeitpunkt für dessen Berechnung ist die Belieferung der nächsten Handelsstufe. Es stellte bereits vor dem GKV-WSG einen Verstoß gegen die AMPreisV dar, wenn der Pharmaunternehmer seinen Abgabepreis in praxi nachhaltig durch Rabatte unterschreitet, aber dennoch in der Lauer-Taxe den nicht rabattierten Preis angibt.[37] Nicht zulässig ist es auch, Apotheken mit Großhandelserlaubnis beim Kauf von verschreibungspflichtigen Fertigarzneimitteln als Dauerkonditionen Rabatte auf den Abgabepreis des pharmazeutischen Unternehmers, zumal im Rahmen einer Jahresvereinbarung in Höhe von 20%, anzubieten oder zu gewähren.[38]

**29** Der Gesetzgeber hat – über die aufgezeigte Rechtsprechung hinausgehend – mit dem GKV-WSG den insoweit strengeren § 78 Abs. 3 eingeführt und darin beim Vertrieb verschreibungspflichtiger Arzneimittel dem pharmazeutischen Unternehmer auch eine ausnahmsweise oder im Einzelfall erfolgende Rabattgewährung

---

[34] OLG Hamburg, Urt. v. 23.02.2006 – Az.: 3 U 134/05; A&R 2006, 137, mit weiteren Ausführungen und Nachweisen.

[35] OLG Hamburg, Urt. v. 23.02.2006 – Az.: 3 U 134/05; A&R 2006, 137. Siehe auch OLG Köln, Urt. v. 08.12.2006 – Az.: 6 U 115/06, PharmR 2007, 165; LG Hamburg, Beschl. v. 26.06.2006 – Az.: 312 O 500/06.

[36] BGH, Urt. v. 22.02.1984 – Az.: I ZR 13/82, NJW 1986, 1544 = GRUR 1984, 748 (Apothekenspannen-Fall). Das Urteil betraf den damals noch so genannten „Herstellerabgabepreis“.

[37] OLG Köln, Urt. v. 08.12.2006 – Az.: 6 U 115/06, PharmR 2007, 165; LG Köln, Urt. v. 13. April 2006 – Az.: 31 O 777/05, beide abrufbar unter www.juris.de.

[38] LG Hamburg, Beschl. v. 26.06.2006 – Az.: 312 O 500/06, abrufbar unter www.juris.de.

an die Großhändler und Apotheken untersagt (siehe dazu die unten zu c) gemachten Ausführungen).

**b) Sonderfall: nicht verschreibungspflichtige Arzneimittel**

Die Pflicht zur Wahrung des einheitlichen Abgabepreises durch pharmazeutische Unternehmer gilt auch für die nicht verschreibungspflichtigen Arzneimittel, wenn sie apothekenpflichtig sind (vgl. Abs. 3 S. 1 i.V.m. Abs. 2 S. 2). Bei diesen Arzneimitteln erlaubt allerdings Abs. 3 S. 1 HS 2 den pharmazeutischen Unternehmern, von ihrem Abgabepreis „im Einzelfall" abzuweichen. Auch hier knüpft der Gesetzgeber an die zur alten Rechtslage ergangene Rechtsprechung an und geht davon aus, dass eine nicht einzelfallbezogene, sondern systematische Abweichung vom Abgabepreis durch pharmazeutische Unternehmer einen neuen Abgabepreis begründen würde. Daher wird für diese Arzneimittel – anders als für verschreibungspflichtige – die Gewährung von Rabatten in der Vertriebskette zugelassen, aber zugleich auf Einzelfälle beschränkt. Der Gesetzgeber sieht bei diesen Arzneimitteln die Rabattgewährung weiterhin als die Ausnahme von der Regel an. **30**

**c) Rabattverbot bei verschreibungspflichtigen Arzneimitteln**

Anders als bei nicht verschreibungspflichtigen Arzneimitteln ist es pharmazeutischen Unternehmern beim Vertrieb verschreibungspflichtiger Arzneimittel untersagt, Rabatte an Großhändler und Apotheker zu gewähren. Bei diesen Arzneimitteln erwartet § 78, dass pharmazeutische Unternehmer den einheitlichen Abgabepreis entlang des Vertriebsweges sicherstellen. Das wird bereits aus der Zusammenschau mit der oben angesprochenen Regelung für nicht verschreibungspflichtige Arzneimittel deutlich: dort hat der Gesetzgeber noch erlaubt, dass von dem einheitlichen Abgabepreis „im Einzelfall" abgewichen werden kann. Dies ist bei verschreibungspflichtigen Arzneimitteln gerade nicht vorgesehen, auch nicht ausnahmsweise oder im Einzelfall. Noch deutlicher wird § 78 Abs. 3 S. 2, der enumerativ festlegt, wem gegenüber pharmazeutische Unternehmen Preisnachlässe auf ihren einheitlichen Abgabepreis geben dürfen, nämlich Sozialleistungsträgern, privaten Krankenversicherungen sowie deren jeweiligen Verbänden. Nur diesen dürfen pharmazeutische Unternehmer bei verschreibungspflichtigen Arzneimitteln Rabatte gewähren, nicht aber an die Handelsstufen.[39] **31**

Die vor dem GKV-WSG noch umstrittene Frage, ob Pharmaunternehmen den Großhändlern und Apotheken Rabatte auf den Abgabepreis einräumen dürfen, ist (spätestens) mit Einführung des § 78 Abs. 3 zu verneinen. Soweit in der Literatur noch vertreten wird, dass es auch mit § 78 Abs. 3 nicht gelungen sei, ein generelles Geldrabattverbot bei verschreibungspflichtigen Arzneimitteln zu normieren[40], ist diese Auffassung nicht zutreffend. Sie übersieht, dass mit der Neuregelung in § 78 Abs. 3 für verschreibungspflichtige Arzneimittel eine strengere Regelung ge- **32**

---

[39] So explizit BT-Drucks. 16/4237, S. 65 (Bericht des Ausschusses für Gesundheit zum Entwurf der GKV-WSG).

[40] So noch Kozianka, S. 177 ff. zur neuen Rechtslage nach dem GKV-WSG.

troffen wurde, die über die Begriffsbestimmung im Apothekerspannen-Fall des BGH hinausgeht. Diese Literaturmeinung basiert nämlich ausgehend von dieser Rechtsprechung auf der Annahme, dass sich ein einheitlicher Abgabepreis i.S.d. § 78 Abs. 3 und ein Geldrabatt weiterhin nicht ausschließen. Bei verschreibungspflichtigen Arzneimitteln schließen sich diese beiden Begriffe gem. § 78 Abs. 3 mittlerweile indes sehr wohl aus. Das ergibt sich spätestens aus der systematischen Auslegung unter Heranziehung des § 78 Abs. 3 S. 1 HS 2, wo der Gesetzgeber für nicht verschreibungspflichtige Arzneimittel eine Rabattgewährung als Ausnahme „im Einzelfall" noch erlaubt. Eine vergleichbare Regelung für verschreibungspflichtige Arzneimittel fehlt. Im Umkehrschluss sind daher auch „Geldrabatte oder Sonderkonditionen im Einzelfall" nach der neuen Rechtslage für verschreibungspflichtige Arzneimittel nicht zulässig.

**33** Auch nach der zwischenzeitlich ergangenen höchstrichterlichen Rechtsprechung dürfen pharmazeutische Unternehmen Rabatte bei verschreibungspflichtigen Arzneimitteln, die Gegenstand der AMPreisV sind, auf den von ihnen festgelegten Abgabepreis nur noch an Kostenträger gewähren, „nicht aber an die Handelsstufen (Großhändler, Apotheken)".[41]

**34** Eine Rabattgewährung, die entgegen dieser Vorgaben des § 78 und der AMPreisV erfolgt, stellt zugleich auch einen Verstoß gegen das Zugabeverbot des § 7 Abs. 1 HWG dar, was wiederum eine Ordnungswidrigkeit gem. § 15 Abs. 1 Nr. 4 darstellt.

**35** Zulässig bleiben gem. § 78 Abs. 3 auch im Vertrieb verschreibungspflichtiger Arzneimittel allerdings etwaige Vereinbarungen von Skonti und Zahlungsfristen zwischen pharmazeutischen Unternehmen und den Handelsstufen, die sich im Rahmen der marktüblichen Bedingungen bewegen.[42]

### 4. Zu § 78 Absatz 4

**36** § 78 Abs. 4 wurde neu durch das GKV-WSG eingeführt. Er enthält eine Spezialregelung für den Fall von Pandemien oder anderen Fällen einer bedrohlichen übertragbaren Krankheit, deren Ausbreitung eine sofortige und das übliche Maß erheblich überschreitende Bereitstellung von spezifischen Arzneimitteln erforderlich macht, die von Gesundheitsbehörden des Bundes oder der Länder oder von diesen im Einzelfall benannten Stellen bevorratet werden und in diesen Fällen von Apotheken abgegeben werden. Das gleiche gilt auch für Wirkstoffe, die für diesen Zweck von denselben Stellen bevorratet werden und aus denen in Apotheken Arzneimittel hergestellt und abgegeben werden. Angesichts der im Jahre 2009 zur weltweiten Pandemie erklärten sog. Schweinegrippe ist dem neuen Absatz 4 eine gewisse Aktualität nicht abzusprechen.

---

[41] BSG, Urt. v. 28.7.2008 – As.: B 1 KR 4/08 R, Rz. 19.
[42] So auch die amtliche Begründung zum GKV-WSG, BT-Drucks. 16/3100, S. 199.

Die Regelung geht davon aus, dass im Falle einer Pandemie oder einer anderen bedrohlichen übertragbaren Krankheit, deren schnelle Ausbreitung eine sofortige und das übliche Maß erheblich überschreitende Bereitstellung von spezifischen Arzneimitteln erforderlich macht und dass dafür nach § 47 Abs. 1 S. 1 Nr. 3c Arzneimittel von den Behörden des Bundes und der Länder vorsorglich beschafft und gelagert werden.[43] Diese behördlich bevorrateten Arzneimittel sollen im Bedarfsfall über den regulären Vertriebsweg in den Verkehr gebracht werden. Der § 78 Abs. 4 soll für diesen Fall ermöglichen, dass die spezifischen Aufwendungen, die bei den Ländern angefallen sind sowie den Ländern eingeräumte Rabatte, im Länderabgabepreis berücksichtigt werden können. Mit Abs. 4 korrespondiert der neue § 11 AMPreisV. **37**

Unbeschadet der Neuregelung gelten auch die Ausnahmetatbestände des § 1 Abs. 3 AMPreisV fort. Darunter ist in § 1 Abs. 3 Nr. 3a AMPreisV insbesondere die Abgabe von Impfstoffen für öffentlich empfohlene Impfungen anzuführen. Diese Ausnahme vom Anwendungsbereich der AMPreisV gilt auch außerhalb einer Pandemie-Phase. **38**

### 5. Sanktionen und behördliche Überwachung

#### a) Allgemeines

Das AMG enthält keine gesonderten Bestimmungen zur Ahndung von Verstößen gegen § 78. Die Einhaltung des § 78 und der auf § 78 beruhenden AMPreisV ist Gegenstand der Überwachung durch die zuständige Behörde (§§ 64 ff.). Zur Produktwerbung und Absatzförderung begangene Verstöße gegen die Preisvorschriften des § 78 und der AMPreisV sowie gegen § 7 HWG werden in der Regel aber weniger aufsichtsbehördlich, sondern primär von Wettbewerbern als unlautere Wettbewerbshandlung angegriffen (UWG). Entsprechend basiert die Kasuistik zu § 78 und zur AMPreisV überwiegend auf wettbewerbsrechtlichen Gerichtsentscheidungen. **39**

Ein Verstoß gegen das in § 78 Abs. 3 normierte Gebot des einheitlichen Abgabepreises des pharmazeutischen Unternehmers durch unzulässige Rabatte bei verschreibungspflichtigen Arzneimitteln ist zugleich ein Verstoß gegen § 7 Abs. 1 HWG, der wiederum gem. § 15 HWG sanktionsbewehrt ist. Gemäß § 15 Abs. 1 Nr. 4 HWG handelt ordnungswidrig, wer vorsätzlich oder fahrlässig entgegen § 7 Abs. 1 HWG eine mit Zuwendungen oder sonstigen Werbegaben verbundene Werbung betreibt. Die Produktabsatzförderung eines pharmazeutischen Unternehmers durch Unterschreiten seines einheitlichen Abgabepreises erfüllt diesen Tatbestand. Eine Ordnungswidrigkeit in Gestalt des Verstoßes gegen § 7 Abs. 1 HWG kann gem. § 15 Abs. 3 HWG mit einer Geldbuße von bis zu 50.000 EUR geahndet werden. **40**

---

[43] BT-Drucks. 16/3950, S. 43.

### b) Verhältnis zwischen § 78 und der AMPreisV gegenüber § 7 HWG

41 § 7 HWG stellt gegenüber den Preisvorschriften des § 78 und der AMPreisV keine lex specialis dar.[44] Vielmehr sind die Preisvorschriften des § 78 und der AMPreisV und § 7 HWG nebeneinander anwendbar, da sie unterschiedliche Zielsetzungen verfolgen. Während § 7 HWG eine unsachlich beeinflussende Wertreklame im Rahmen der Produktabsatzförderung unterbinden soll, bezwecken die AMPreisV und § 78 den Ausschluss eines Preiswettbewerbs bei Arzneimitteln auf der letzten Handelsstufe.[45]

## III. Anmerkungen zur territorialen Geltung des § 78 und der AMPreisV

42 Hinsichtlich der Anwendung der AMPreisV ist in Literatur und Rechtsprechung weiterhin die Frage umstritten, ob auch ausländische Versandapotheken die Vorgaben des § 78 und die Bestimmungen der AMPreisV verbindlich zu beachten haben. Diese Frage hat das BSG für die Sozialgerichtsbarkeit höchstrichterlich verneint.[46] Hingegen ist die in Wettbewerbssachen hierzu ergangene Rechtsprechung der Oberlandesgerichte uneinheitlich. Unter den Oberlandesgerichten lehnen das OLG Köln[47] und das OLG Hamm[48] die Anwendung der nationalen Preisbestimmungen auf ausländische Versandapotheken ab. Dabei hat das OLG Köln hervorgehoben, dass sich eine missbräuchliche Umgehung der inländischen Apothekenpreisbindung auch nicht daraus ergebe, dass örtliche Apotheken in Deutschland in den Bestell- und Abholvorgang eingebunden sind.[49]

43 Demgegenüber bejahen die Oberlandesgerichte in Hamburg, Frankfurt am Main, München und Stuttgart die Anwendung der nationalen Preisbestimmungen auf ausländische Versandapotheken.[50] Bei dieser Rechtsprechungsdivergenz der Oberlandesgerichte ist es nicht verwunderlich, dass zwischenzeitlich mindestens vier Fälle zu dieser Problematik beim BGH anhängig sind. Es erscheint in diesem Zusammenhang nicht ausgeschlossen, dass der BGH aus wettbewerbsrechtlichem Blickwinkel die Frage anders beurteilt als das BSG, auch weil die jeweiligen Fallgestaltungen und rechtlichen Fragestellungen stellenweise anders gelagert sind.

---

44 OLG Hamburg, Urt. v. 19.02.2009 – Az.: 3 U 225/06, Apotheken Recht 2009, 32 = GesR 2009, 626.

45 OLG Hamburg, ebenda, Rz. 102; s.a. OLG Frankfurt am Main, Urt. v. 29.11.2007 – Az.: 6 U 26/07, GRUR-RR 2008, 306 = Apotheken Recht 2008, 98.

46 BSG, Urt. v. 28.07.2008 – B 1 KR 4/08 R, BSGE 101, 161 = PharmR 2008, 595. Dagegen: Dettling, A&R 2008, 204; Mand, PharmR 2008, 582. Dem BSG zustimmend: Diekmann, Idel, Apotheken Recht 2009, 93. Siehe auch die insgesamt eher zustimmende Anmerkung von Padè, jurisPR-Sozialrecht 7/2009.

47 OLG Köln, Urt. v. 08.05.2009 – 6 U 213/08, Apotheken Recht 2009, 109.

48 OLG Hamm, Urt. v. 21.09.2004 – Az.: 4 U 74/04, RIW 2004, 943 = GesR 2005, 31.

49 OLG Köln, Urt. v. 08.05.2009 – 6 U 213/08, Apotheken Recht 2009, 109.

50 OLG Stuttgart, Urt. v. 10.12.2009 – Az.: 2 U 66/09; OLG Hamburg, Urt. v. 19.02.2009 – Az.: 3 U 225/06, Apotheken Recht 2009, 32 = GesR 2009, 626; OLG München, Urt. v. 02.097.2009 – Az.: 29 U 3992/08, A&R 2009, 184; OLG Frankfurt am Main, Urt. v. 29.11.2007 – Az.: 6 U 26/07, GRUR-RR 2008, 306 = Apotheken Recht 2008, 98.

Auch eine Vorlage an den EuGH bzw. die Befassung des Gemeinsamen Senats der obersten Gerichtshöfe des Bundes mit dieser Frage erscheint denkbar.

## IV. Regulierung der Arzneimittelpreise und -versorgung im SGB V

Bei der Erörterung der Preisspannen für nicht verschreibungspflichtige Arzneimittel wurde eine Verzahnung der Regulierung durch § 78 und die AMPreisV mit dem SGB V aufgezeigt. Über diese Konstellation hinaus werden im SGB V eine Reihe weiterer Instrumente normiert, die über unterschiedliche Ansatzpunkte Einfluss auf die Arzneimittelpreise und die Kosten der Arzneimittelversorgung entfalten. Zu diesen – zusätzlich zu § 78 und der AMPreisV zu berücksichtigenden – Regulierungsinstrumenten des GKV-Arzneimittelmarktes gehören im SGB V insbesondere[51]: 44

Auf der Ebene der pharmazeutischen Unternehmer: 45

- Gesetzlicher Herstellerzwangsabschlag, § 130a I, IIIb SGB V
- Preismoratorien, § 130a IIIa SGB V
- Festbeträge, §§ 31 II, 35 SGB V
- Freistellung bestimmter Arzneimittel von der Zuzahlung, § 31 III S. 4 SGB V
- Erstattungshöchstbeträge, § 31 Abs. 2a SGB V
- Rabattverträge, § 130a Abs. 8 SGB V
- Arzneimittelrichtlinien (AMR) mit mehreren Regelungsabschnitten, § 92 I S. 2 Nr. 6, II SGB V (z.B. Arzneimittelpreis-abhängige Verordnungsausschlüsse u. Therapiehinweise, Preisvergleichsliste, OTC-Ausnahmeliste)

Auf der Ebene der Apotheken: 46

- Gesetzlicher Apothekenzwangsabschlag, § 130 Abs. 1 SGB V
- Aut-Idem-Substitutionspflicht, § 129 Abs. 1 u. 2 SGB V
- Förderung der Importarzneimittelabgabe, § 129 Abs. 1 SGB V
- Rahmenvertrag gem. § 129 II SGB V
- Regionale Zielpreisvereinbarungen, § 129 V S. 3-5 SGB V

Auf der Ebene der Ärzte: 47

- Arzneimittelpreisabhängige Verordnungsausschlüsse, s. AMR
- Arzneimittelpreisabhängige Therapiehinweise, s. AMR
- Verordnung besonderer Arzneimittel („Zweitmeinungsverfahren“), § 73d SGB V
- Arzneimittelvereinbarungen mit Zielvereinbarungen, § 84 SGB V
- Leitsubstanzquoten
- Generikaquoten
- Arztgruppenspezifische Richtgrößen, § 84 VI SGB V
- Ausgabenvolumina mit Kollektivregress/-bonus
- Bonus-Malus-Regelung, § 84 VIIa SGB V

---

[51] Siehe hierzu die anschauliche Übersicht bei Cassel, Wille, S. 86.

- Wirtschaftlichkeitsprüfungen, § 106 SGB V
- Preisvergleichsliste, s. AMR
- Vorgaben bzgl. Krankenhaus-Entlassmedikation, § 115c SGB V
- Dispensierverbot
- Ausschluss der Aut-Idem-Substitution, § 73 V S. 2 SGB V
- Informationspflichten über Aufzahlungsrisiken des Patienten, § 73 V S. 3 SGB V
- Individualvertragliche Arzneimittelvereinbarungen mit Ärzten, § 84 I S. 5 SGB V

**48** Auf der Ebene der Patienten:

- Zuzahlungen der Patienten, §§ 31 Abs. 1, 61 f. SGB V
- Zuzahlungsbefreiungs-Tatbestände
- Festbetrags-Aufzahlungen, § 31 II SGB V
- Erstattungshöchstbetrags-Aufzahlungen, § 31 IIa SGB V

**49** Allgemeine Instrumente mit Relevanz für alle Beteiligten:

- Arzneimittelrichtlinien (AMR)
- Negativliste, § 34 SGB V
- OTC-Ausnahmeliste, s. AMR
- Nutzenbewertungen und Kosten-Nutzen-Bewertungen, §§ 35b, 139a SGB V
- Off-Label-Use-Erstattungsregeln, § 35b III SGB V u. zugehörige BSG/BVerfG-Rechtsprechung
- Erstattungsfähigkeit von Arzneimitteln in klinischen Prüfungen, § 35c SGB V

**50** Einige dieser Regulierungsinstrumente sind miteinander verwoben und haben gleiche Ansatzpunkte und Zielrichtungen. Mehrere Instrumente sind im Übrigen Teil eines gemeinsamen übergeordneten Instruments (s. die Arzneimittelrichtlinien oder die Arzneimittelvereinbarungen gem. § 84 SGB V mit ihren jeweiligen Sub-Inhalten, die in praxi durchaus eigenständige Auswirkungen haben können). Je nach Zählweise werden 27 eigenständige Instrumente zur Regulierung des ambulanten GKV-Arzneimittelmarktes unterschieden.[52]

**51** Neben der Vielzahl der Regulierungsinstrumente und ihrer unterschiedlichen Ansatzpunkte ist auch darauf hinzuweisen, dass diese Instrumente häufig von jeweils anderen Akteuren eingesetzt und gesteuert werden. Auch diese Vielfalt der Akteure, zwischen denen im Übrigen auch Interdependenzen und Interessenüberlappungen bestehen, ist als eine Schwäche anzuführen, die die Transparenz und Konsistenz der Regulierung beeinträchtigt. In der Gesamtschau wird deutlich, dass die Instrumente zur Regulierung der Arzneimittelversorgung im SGB V nicht Teil eines in sich geschlossenen und konsistenten Systems sind. Viele Instrumente sind

---

[52] Cassel, Wille, S. 86. Angesichts dieser Vielfalt an Regulierungsinstrumenten wird hier auf die Darstellung der Bestimmungen zur Regulierung der Arzneimittelversorgung im Krankenhaus verzichtet.

im Laufe der Jahre als Kostendämpfungsmaßnahme zu dem bestehenden hinzugekommen. Einige von ihnen ergänzen sich in ihrer Wirkung, während andere gegenläufig ausgelegt sind.

Viele dieser Regulierungsinstrumente haben einen direkten Einfluss auf die Erstattungsfähigkeit sowie einen mittelbaren Einfluss auf die Preise von Arzneimitteln. 52
Andere Instrumente beeinflussen das ärztliche Verordnungsverhalten, das Nachfrageverhalten der Patienten und das Abgabeverhalten der Apotheker. Angesichts der Vielzahl, Vielfalt und Komplexität dieser Steuerungsinstrumente und wegen ihrer Interaktionen und Interdependenzen, würde ihre eingehende Besprechung den Rahmen dieses Exkurses sprengen. Festzuhalten ist, dass diese Regulierungsvielfalt auch mit einer erheblichen Intransparenz und Inkonsistenz einhergeht.[53] Hierin liegt eine der fundamentalen Schwächen der regulatorischen Steuerung der Arzneimittelversorgung im SGB V. Deshalb ist auch die Wirkung vieler Instrumente – von Ausnahmen wie den Festbeträgen abgesehen – kaum isoliert messbar.[54]

Der Gesetzgeber begründete seinerzeit den Entwurf der Vorgängernorm des § 78 53
damit, dass die Besonderheiten des Arzneimittelmarktes die Bestimmung der Arzneimittelpreise durch die freien Kräfte des Marktes nur bedingt zulassen.[55] Diese Feststellung kann heute dahingehend ergänzt werden, dass die Beeinträchtigung der Kräfte des Marktes auch an der vom Gesetzgeber und der Selbstverwaltung im Gesundheitswesen zu vertretenen Intransparenz der Regulierung der Arzneimittelversorgung im SGB V liegt.

---

53 Koyuncu, PatR 2007, 103, 111 ff.

54 Zu der Regulierungsvielfalt und den (gewollten und ungewollten) Interdependenzen der Regulierungsinstrumente siehe ausführlich Cassel, Wille, S. 85 ff.

55 BT-Drucks. 7/4557, S. 1.

## § 79
## Ausnahmeermächtigungen für Krisenzeiten

**(1) Das Bundesministerium wird ermächtigt, im Einvernehmen mit dem Bundesministerium für Wirtschaft und Technologie durch Rechtsverordnung, die nicht der Zustimmung des Bundesrates bedarf, Ausnahmen von den Vorschriften dieses Gesetzes und der auf Grund dieses Gesetzes erlassenen Rechtsverordnungen zuzulassen, wenn die notwendige Versorgung der Bevölkerung mit Arzneimitteln sonst ernstlich gefährdet wäre und eine unmittelbare oder mittelbare Gefährdung der Gesundheit von Menschen durch Arzneimittel nicht zu befürchten ist; insbesondere können Regelungen getroffen werden, um einer Verbreitung von Gefahren zu begegnen, die als Reaktion auf die vermutete oder bestätigte Verbreitung von krankheitserregenden Substanzen, Toxinen, Chemikalien oder eine Aussetzung ionisierender Strahlung auftreten können.**

**(2) Das Bundesministerium für Ernährung, Landwirtschaft und Verbraucherschutz wird ermächtigt, im Einvernehmen mit dem Bundesministerium und dem Bundesministerium für Wirtschaft und Technologie durch Rechtsverordnung, die nicht der Zustimmung des Bundesrates bedarf, Ausnahmen von den Vorschriften dieses Gesetzes und der auf Grund dieses Gesetzes erlassenen Rechtsverordnungen zuzulassen, wenn die notwendige Versorgung der Tierbestände mit Arzneimitteln sonst ernstlich gefährdet wäre und eine unmittelbare oder mittelbare Gefährdung der Gesundheit von Mensch oder Tier durch Arzneimittel nicht zu befürchten ist.**

**(3) Die Rechtsverordnungen nach Absatz 1 oder 2 ergehen im Einvernehmen mit dem Bundesministerium für Umwelt, Naturschutz und Reaktorsicherheit, soweit es sich um radioaktive Arzneimittel und um Arzneimittel, bei deren Herstellung ionisierende Strahlen verwendet werden, oder um Regelungen zur Abwehr von Gefahren durch ionisierende Strahlung handelt.**

**(4) Die Geltungsdauer der Rechtsverordnung nach Absatz 1 oder 2 ist auf sechs Monate zu befristen.**

**(5) Im Falle eines Versorgungsmangels der Bevölkerung mit Arzneimitteln, die zur Vorbeugung oder Behandlung lebensbedrohlicher Erkrankungen benötigt werden, können die zuständigen Behörden im Einzelfall ein befristetes Inverkehrbringen sowie abweichend von § 73 Absatz 1 die Einfuhr und das Verbringen von Arzneimitteln gestatten, die nicht zum Verkehr im Geltungsbereich dieses Gesetzes zugelassen oder registriert sind, wenn sie in dem Staat in Verkehr gebracht werden dürfen, aus dem sie in den Geltungsbereich dieses Gesetzes verbracht werden. Die Gestattung durch die zuständige Behörde gilt zugleich als Bescheinigung nach § 72a Absatz 1 Satz 1 Nummer 3 oder nach § 72b Absatz 2 Satz 1 Nummer 3, dass die Einfuhr im öffentlichen Interesse liegt. Das Vorliegen eines Versorgungsmangels im Sinne dieses Absatzes sowie dessen Beendigung werden vom Bundesministerium im Wege der Bekanntmachung festgestellt, die im Bundesanzeiger oder im elektronischen**

**Bundesanzeiger zu veröffentlichen ist. Die Bekanntmachung ergeht im Einvernehmen mit dem Bundesministerium für Umwelt, Naturschutz und Reaktorsicherheit, soweit es sich um radioaktive Arzneimittel und um Arzneimittel handelt, bei deren Herstellung ionisierende Strahlen verwendet werden.**

## Die Bedeutung der Norm

Krisenzeiten sind nicht mit dem „Spannungsfall" gem. Art. 80a GG oder mit dem **1** inneren Notstand gleichzusetzen. Es muss sich vielmehr um eine versorgungsspezifische Krisensituation handeln, die eine gleichmäßige Versorgung der Bevölkerung mit Arzneimitteln erheblich und nachhaltig beeinträchtigt. Lokale punktuelle Versorgungslücken – auch soweit sie Katastrophencharakter in einem regional überschaubaren Raum annehmen – können in der Regel noch nicht eine Berufung auf § 79 rechtfertigen. Der vorübergehende Charakter dieser Ausnahmevorschrift (6 Monate) ist im Gesetz festgeschrieben.

## § 80
## Ermächtigung für Verfahrens- und Härtefallregelungen

**Das Bundesministerium wird ermächtigt, durch Rechtsverordnung, die nicht der Zustimmung des Bundesrates bedarf, die weiteren Einzelheiten über das Verfahren bei**

**1. der Zulassung einschließlich der Verlängerung der Zulassung,**
**2. der staatlichen Chargenprüfung und der Freigabe einer Charge,**
**3. den Anzeigen zur Änderung der Zulassungsunterlagen,**
**3a. der zuständigen Bundesoberbehörde und den beteiligten Personen im Falle des Inverkehrbringens in Härtefällen nach § 21 Abs. 2 Satz 1 Nr. 6 in Verbindung mit Artikel 83 der Verordnung (EG) Nr. 726/2004,**
**4. der Registrierung und**
**5. den Meldungen von Arzneimittelrisiken**

**zu regeln; es kann dabei die Weiterleitung von Ausfertigungen an die zuständigen Behörden bestimmen sowie vorschreiben, dass Unterlagen in mehrfacher Ausfertigung sowie auf elektronischen oder optischen Speichermedien eingereicht werden. Das Bundesministerium kann diese Ermächtigung ohne Zustimmung des Bundesrates auf die zuständige Bundesoberbehörde übertragen. In der Rechtsverordnung nach Satz 1 Nr. 3a können insbesondere die Aufgaben der zuständigen Bundesoberbehörde im Hinblick auf die Beteiligung der Europäischen Arzneimittel-Agentur und des Ausschusses für Humanarzneimittel entsprechend Artikel 83 der Verordnung (EG) Nr. 726/2004 sowie die Verantwortungsbereiche der behandelnden Ärzte und der pharmazeutischen Unternehmer oder Sponsoren geregelt werden, einschließlich von Anzeige-, Dokumentations- und Berichtspflichten insbesondere für Nebenwirkungen entsprechend Artikel 24 Abs. 1 und Artikel 25 der Verordnung (EG) Nr. 726/2004. Dabei können auch Regelungen für Arzneimittel getroffen werden, die unter den Artikel 83 der Verordnung (EG) Nr. 726/2004 entsprechenden Voraussetzungen Arzneimittel betreffen, die nicht zu den in Artikel 3 Abs. 1 oder 2 dieser Verordnung genannten gehören. Die Rechtsverordnungen nach den Sätzen 1 und 2 ergehen im Einvernehmen mit dem Bundesministerium für Ernährung, Landwirtschaft und Verbraucherschutz, soweit es sich um Arzneimittel handelt, die zur Anwendung bei Tieren bestimmt sind.**

### Die Bedeutung der Norm

1 Der frühere § 80 hatte einen anderen Platz im Gesetz bekommen und rangiert jetzt als § 4a ziemlich am Beginn des Gesetzes. An seine Stelle ist eine Ermächtigung zum Erlass einer Rechtsverordnung getreten. Von ihr hat der Normgeber bisher noch keinen Gebrauch gemacht. Ziel der Änderung durch die 14. AMG-Novelle durch Nr.3 a war es nämlich, Regelungen zum compassionate use zu ermöglichen.

## § 81
## Verhältnis zu anderen Gesetzen

**Die Vorschriften des Betäubungsmittel- und Atomrechts und des Tierschutzgesetzes bleiben unberührt.**

Die Vorschrift dient nur der Klarstellung. Ein eigenständiger Regelungsgehalt kommt ihr nicht zu. (Vgl. Kommentierung zu § 2). **1**

## § 82
## Allgemeine Verwaltungsvorschriften

**Die Bundesregierung erlässt mit Zustimmung des Bundesrates die zur Durchführung dieses Gesetzes erforderlichen allgemeinen Verwaltungsvorschriften. Soweit sich diese an die zuständige Bundesoberbehörde richten, werden die allgemeinen Verwaltungsvorschriften von dem Bundesministerium erlassen. Die allgemeinen Verwaltungsvorschriften nach Satz 2 ergehen im Einvernehmen mit dem Bundesministerium für Ernährung, Landwirtschaft und Verbraucherschutz, soweit es sich um Arzneimittel handelt, die zur Anwendung bei Tieren bestimmt sind.**

### Die Bedeutung der Norm

**1** Unter Berufung auf § 82 wurde 1983 eine Allgemeine Verwaltungsvorschrift zur Durchführung des AMG (AMGVwV) erlassen[1]. Sie soll die Verwaltungspraxis in den einzelnen Bundesländern vereinheitlichen und ein gleichmäßiges Arzneimittelsicherheitsniveau befördern[2]. Daneben gibt es weitere spezielle Verwaltungsvorschriften wie z.B. Arzneimittelprüfrichtlinien gemäß § 26 und den Stufenplan gemäß § 63.

---

1 Abgedruckt bei Kloesel, Cyran A 2.6.

2 Gilt nicht für den Bereich der Bundeswehr und den Zivilschutz.

## § 83
## Angleichung an Gemeinschaftsrecht

**(1) Rechtsverordnungen oder allgemeine Verwaltungsvorschriften nach diesem Gesetz können auch zum Zwecke der Angleichung der Rechts- und Verwaltungsvorschriften der Mitgliedstaaten der Europäischen Wirtschaftsgemeinschaft erlassen werden, soweit dies zur Durchführung von Verordnungen, Richtlinien oder Entscheidungen des Rates oder der Kommission der Europäischen Gemeinschaften, die Sachbereiche dieses Gesetzes betreffen, erforderlich ist.**

**(2) (weggefallen)**

### Die Bedeutung der Norm

Das Arzneimittelrecht ist zunehmend, in weiten Bereichen sogar ausschließlich, 1
europarechtlich geprägt. Da die EU in der Vergangenheit eine Vielzahl von Richtlinien zum Arzneimittelrecht verabschiedet hat, war und ist das Gesetz einem stetigem Anpassungszwang unterworfen.[1] Nicht in jedem Falle bedarf es jedoch einer ausdrücklichen Gesetzesänderung. Manchmal genügt auch eine Anpassung einer Rechtsverordnung oder Verwaltungsvorschrift. Nur soweit Rechtsverordnungen ausschließlich der Umsetzung von EU-Richtlinien oder Entscheidungen des Rates oder der Kommission dienen, entfällt die Zustimmungspflicht des Bundesrates. § 83 ist in der Rechtsverordnung zu nennen.

---

[1] Siehe hierzu Einführung, Rz 13ff.

# Sechzehnter Abschnitt
# Haftung für Arzneimittelschäden

## Vorbemerkungen vor §§ 84ff.

1 Die Haftung für Arzneimittelschäden hat eine besonders ausführliche und liebevolle Regelung erfahren. Dennoch sind selten Haftungsfälle vor die Gerichte gekommen. Insgesamt ist es erstaunlich, dass die Verschuldenshaftung der Ärzte viel häufiger eingreift, als die Gefährdungshaftung der Arzneimittelhersteller. Der Gesetzgeber hat für übermäßige Neben- und Wechselwirkungen eine Gefährdungshaftung eingeführt, für nicht zureichende Hinweise einer Verschuldenshaftung. Beide führen zum Schadensersatz und zum Schmerzensgeld. Die Haftung hat durch eine Zwangshaftpflichtversicherung abgesichert zu sein. Die Deckungsvorsorge beträgt für jedes zugelassene Arzneimittel € 120 Millionen. Sie wird von einem Pharmapool aufgebracht, wobei allerdings die für den Hersteller zunächst zuständige Haftpflichtversicherung für einen Grundbetrag gerade zu stehen hat. Insgesamt zeigt der sechzehnte Abschnitt, dass sowohl eine Verschuldens- als auch eine Gefährdungshaftung die notwendige Arzneimittelhaftung immer noch nicht sicher erfasst.

Deutsch

E. Deutsch, H.-D. Lippert (Hrsg.), *Kommentar zum Arzneimittelgesetz (AMG)*,
DOI 10.1007/978-3-642-01455-0_16, 

## § 84
## Gefährdungshaftung

**(1) Wird infolge der Anwendung eines zum Gebrauch bei Menschen bestimmten Arzneimittels, das im Geltungsbereich dieses Gesetzes an den Verbraucher abgegeben wurde und der Pflicht zur Zulassung unterliegt oder durch Rechtsverordnung von der Zulassung befreit worden ist, ein Mensch getötet oder der Körper oder die Gesundheit eines Menschen nicht unerheblich verletzt, so ist der pharmazeutische Unternehmer, der das Arzneimittel im Geltungsbereich dieses Gesetzes in den Verkehr gebracht hat, verpflichtet, dem Verletzten den daraus entstandenen Schaden zu ersetzen. Die Ersatzpflicht besteht nur, wenn**

1. **das Arzneimittel bei bestimmungsgemäßem Gebrauch schädliche Wirkungen hat, die über ein nach den Erkenntnissen der medizinischen Wissenschaft vertretbares Maß hinausgehen oder**
2. **der Schaden infolge einer nicht den Erkenntnissen der medizinischen Wissenschaft entsprechenden Kennzeichnung, Fachinformation oder Gebrauchsinformation eingetreten ist.**

**(2) Ist das angewendete Arzneimittel nach den Gegebenheiten des Einzelfalls geeignet, den Schaden zu verursachen, so wird vermutet, dass der Schaden durch dieses Arzneimittel verursacht ist. Die Eignung im Einzelfall beurteilt sich nach der Zusammensetzung und der Dosierung des angewendeten Arzneimittels, nach der Art und Dauer seiner bestimmungsgemäßen Anwendung, nach dem zeitlichen Zusammenhang mit dem Schadenseintritt, nach dem Schadensbild und dem gesundheitlichen Zustand des Geschädigten im Zeitpunkt der Anwendung sowie allen sonstigen Gegebenheiten, die im Einzelfall für oder gegen die Schadensverursachung sprechen. Die Vermutung gilt nicht, wenn ein anderer Umstand nach den Gegebenheiten des Einzelfalls geeignet ist, den Schaden zu verursachen. Ein anderer Umstand liegt nicht in der Anwendung weiterer Arzneimittel, die nach den Gegebenheiten des Einzelfalls geeignet sind, den Schaden zu verursachen, es sei denn, dass wegen der Anwendung dieser Arzneimittel Ansprüche nach dieser Vorschrift aus anderen Gründen als der fehlenden Ursächlichkeit für den Schaden nicht gegeben sind.**

**(3) Die Ersatzpflicht des pharmazeutischen Unternehmers nach Absatz 1 Satz 2 Nr. 1 ist ausgeschlossen, wenn nach den Umständen davon auszugehen ist, dass die schädlichen Wirkungen des Arzneimittels ihre Ursache nicht im Bereich der Entwicklung und Herstellung haben.**

**Übersicht** **Rz.**



**Literatur**


Brock u. Lach, Neues zur Pre-Emption im US-Recht, PharmR 2009, 217; Ehling, Die Geeignetheit und Unmittelbarkeit bei der Arzneimittehaftung, PatR 2007, 137; Göben, Arzneimittelhaftung und Gentechnikhaftung als Beispiele modernen Risikoausgleichs, 1995; Gründel, Individuelle Heilversuche und Gefährdungshaftung des Pharmaherstellers, PharmaR 2001, 106; Hager, Schäden infolge Unvereinbarkeit mehrerer Medikamente, VersR 1987, 1053; Hart, Kausalität und Unbedenklichkeit in der Arzneimittelhaftung, MedR 2009, 253; Hart, Zur Vereinbarkeit einer Reform des arzneimittelrechtlichen Haftungsrechts mit europäischem Recht, liber amicorum, Norbert Reich, 1997, 701; Hibbeler, Korzilius, Lifestyle-Medikamente, DÄBl. 2005, A-3382ff.; Hoxhai, Quo vadis Gentechnikhaftung, 2000; Katzenmeier, Haftung für HIV-kontaminierte Blutprodukte, NJW 2005, 3391ff.; Klevemann, Das neue Recht der AM-Haftung, PharmaR 2002, 393; Kraft u. Dohmen, Rechtliche Aspekte einer Pandemie in Deutschland, PharmR 2008, 401; Krüger, Haftung des pharmazeutischen Unternehmers bei Off-Label-Use, PharmaR 2004, 52; Koyuncu, Haftung für Arzneimittelschäden. Das Haftungsdreieck Pharmaunternehmen – Arzt – Patient, RPG 2005, 69ff.; Kullmann, 20 Jahre höchstrichterlicher Rechtsprechung zur Produzentenhaftung, phj 2002, 21; Madea, Staak, Haftungsprobleme der Arzneimitteltherapie aus rechtsmedizinischer Sicht, FS Steffen 1995, 303; Meyer, Zur Konkurrenz von PHG und AMG, MedR 1990, 77; Müller, Das reformierte Schadensersatzrecht, VersR 2003, 1ff.; Mummenhoff, Schadenseignung als Voraussetzung der Kausalität im Sinne des § 84 Abs. 2 AMG, PharmR 2005, 9ff.; Papier, Der bestimmungsgemäße Gebrauch der Arzneimittel, 1980; Pflüger, Kausalitätsvermutung und Beweislastumkehr in der novellierten Arzneimittelhaftung, PharmaR 2003, 363; Schilling, Mack, Die Verschärfung der Umwelt- und Arzneimittelhaftung, FS Steffen 1995, 413; Stumpf, Der Vertrieb von Arzneimitteln außerhalb zugelassener Indikation, PharmaR 2003, 421; Veuit, Beweisfragen im Arzneimittelhaftungsrecht, FS Sander 2008, S. 367; Vogeler, Die speziellen Haftungsvoraussetzungen des § 84 S. 2 AMG, MedR 1984, 18; Wagner, Die reformierte Arzneimittelhaftung im Praxistest, PharmR 2008, 370; Weitnauer, Die Produkthaftung für Arzneimittel, PharmInd 1978, 425.


## I. Die Bedeutung der Norm

1 Für Arzneimittelunfälle hat der Gesetzgeber eine Gefährdungshaftung angeordnet, welche das Entwicklungsrisiko einschließt. Die Kausalität muss wenigstens anscheinsweise bewiesen werden, es handelt sich nicht um eine Verdachtshaftung, die wohl auch verfassungswidrig wäre. § 84 enthält eine Sonderregelung gegenüber dem PHG; parallele Haftungsbestimmungen sind nicht in das MPG, TFG und

TPG übernommen worden. Ist ein Arzneimittel auf gentechnische Weise hergestellt worden, so gilt ausschließlich § 84, die §§ 32ff. GenTG finden keine Anwendung.[1] Auch im Ausland hat § 84 keine Nachfolge gefunden; Österreich hat die Haftungsbestimmungen in das sonst parallele Österreichische AMG geradezu nicht übernommen. Die Europäische Produkthaftungsrichtlinie[2] lässt weitergehende Haftungen unberührt, Art. 13 PHRiLi. Es ist noch zweifelhaft, wie weit dadurch der Rechtszustand des Jahres 1985 festgeschrieben wird, also Erleichterungen (etwa hinsichtlich der Kausalität) oder Erweiterungen (etwa auf Schmerzensgeld) nachträglich möglich sind. Seit der Reform des Jahres 2002 sind nunmehr alle Produkthaftungen, auch die Arzneimittelhaftung, auf Schmerzensgeld gerichtet. Das ist zulässig nach Art. 15 PHRiLi.

## II. Haftung und Arzneimittelkatastrophe

Die Gefährdungshaftung nach § 84 ist eingeführt worden, weil der Großschaden 2
durch die Contagan-Katastrophe durch das damalige Recht nicht erfasst wurde. Seit dem sind weitere Großschäden aufgetreten, etwa der Faktor VIII/IX (Bluterersatzstoff-Skandal). Manche Firmen haben ihr Arzneimittel wegen Gefährdung aus dem Handel genommen, so Vioxx, Lipobay und Trasylol. Im Falle Vioxx ist nach einer Reihe teurer Prozesse, die zum Größtenteil vom Hersteller gewonnen wurden, ein Vergleich geschlossen worden, der die 27 000 Kläger mit einer Summe von knapp US $ 5 Mrd. abfindet.[3] Die Fälle Lipobay sind offensichtlich verglichen worden. Um Vioxx wird in Deutschland noch erbittert gekämpft. Während der Streit noch um die Kausalität geführt wird, ist in der internationalen Presse berichtet worden, dass die Gefahr für Herz- und Kreislaufsystem schon zwei Jahre vor dem Inverkehrbringen von den Forschern der Beklagten brieflich erörtert wurde. Dennoch findet sich eine entsprechende Warnung in der Packungsbeilage und der Arztinformation in der ersten Zeit nicht. Man fragt sich hier auch, ob nicht erwartet oder gewünscht wurde, dass das Schmerzmittel Off-Label-Use verwendet werden sollte.

## III. Unwirksamkeit und gefahrbelastetes Produkt

Die Arzneimittelhaftung gilt nur für Nebenwirkungen und Wechselwirkungen. Für 3
die Wirksamkeit des Arzneimittels wird nicht eingestanden. Das entspricht dem Grundsatz der Produzentenhaftung, ist aber für Arzneimittel der Präventivmedizin unpassend.[4] Hier tritt anstelle der Gefährdungshaftung die Verschuldenshaftung, welche die Erklärung des Herstellers sowie die Erwartung des Verkehrs zugrunde-

---

1 S. genauer Deutsch, VersR 1990, 1045 m.w.N.

2 Richtlinie 85/374/EWG des Rates zur Angleichung der Rechts- und Verwaltungsvorschriften der Mitgliedstaaten über die Haftung für fehlerhafte Produkte vom 25.07.1985 (ABl. L 210 S. 29).

3 Linhart, VIOXX: Stand der US-amerikanischen Verfahren gegen Merck, PHi 2008, 2.

4 Vgl. BGZ 51, 91: Keine immunisierende Wirkung gegen den Impfstoff, sodann Krankheitserreger wieder aktiv geworden. Vgl. auch Kullmann, Pfister, Produzentenhaftung 1480, S. 4.

legt. So wird für Desinfektionsmittel und Impfstoffe nach den Regeln der Produzentenhaftung gehaftet, welche, wenn der Mangel feststeht, das Verschulden vermutet.

4 Medikamente sind stets der Gefahr von Nebenwirkungen und Wechselwirkungen ausgesetzt. Es gibt keine davon freien Medikamente.[5] Eine objektive Haftung ist wegen der Notwendigkeit einer Abwägung zwischen dem Risiko der Erkrankung und der Gefahr der Nebenwirkung nur möglich, wenn man den Produktfehler nicht zu sehr betont.[6] Wohl auch aus diesem Grunde spricht § 84 Abs. 3 nicht von einem Produktfehler.[7]

### IV. Haftung des Herstellers

5 Die Gefährdungshaftung ist zunächst zusammengefasst und wird später zweifach aufgefächert. Das Gesetz wendet sich der Konkretisierung zu und beginnt danach die Individualisierung der einzelnen Erscheinungen des Arzneimittelgebrauchs zu prüfen. Es bleibt die große Frage, inwieweit es sich dabei um das herkömmliche Vorgehen handelt oder ob das Vorgehen ein neues ist, insbesondere unter dem Aspekt, dass die Typen der heutigen Arzneimittel anders sind als die der früheren. Passiv legitimiert ist nur der pharmazeutische Unternehmer, der das Arzneimittel im Geltungsbereich dieses Gesetzes in Verkehr gebracht hat. Nicht haftbar ist der Hersteller des Packmittels.[8] Der gegenständliche Schutzbereich umfasst Leben, Körper und Gesundheit des Menschen; nicht geschützt ist die örtliche Bewegungsfreiheit des Menschen, wie sie § 823 Abs. 1 BGB wahrnimmt, ebenso wenig wird geschuldet der Unterhalt für ein Kind, das aus einer ungewollt eintretenden Schwangerschaft entstanden ist.[9] Als Schutzgut ist wohl auch der Fötus anzusehen. Eigentum und sonstige Rechte werden nicht geschützt, also etwa auch nicht ein Tier.[10] Dass die Verletzung „nicht unerheblich" gewesen sein muss, bringt die Sozialadäquanz ins Spiel. Dabei ist die Erheblichkeit nicht nur quantitativ, sondern auch qualitativ zu bestimmen. Leichtes Unwohlsein oder belanglose, vorübergehende allergische Reaktionen sind unerheblich.[11]

---

5 Im amerikanischen Recht spricht man von unavoidably unsafe products, Second Restatement of the Law of Torts (1965).

6 Newdieck, The Law Quarterly Review 1985, 405, 430; Huet, Recueil Dalloz Sirey Chr. 1987, 7376.

7 Dem Wortlaut folgend Kullmann, Pfister, Produzentenhaftung 3800, S. 19ff.; Larenz, Canaris, Schuldrecht II[13], § 84 VI 2. Einen Fehler verlangen v. Caemmerer, Karlsruher Forum 1978, 21 u. Sander, § 84 Anm. 14.

8 Wesch, PharmaR 1995, 2.

9 OLG Frankfurt NJW 1993, 2388.

10 Sander, § 84 Anm. 10.

11 Kullmann, PharmaR 1981, 112; Kloesel, Cyran, § 84 Nr. 10.

Im persönlichen Schutzbereich des § 84 befinden sich Patienten, denen das Arzneimittel zugeführt wurde, einschließlich des Fötus und des nondum conceptus.[12] Das entspricht der Einordnung als Norm des Verbraucherschutzes. Außerhalb des persönlichen Schutzbereichs liegen mittelbar Verletzte, die durch Ansteckung oder eine Übermaßreaktion des Patienten (Einschlafen am Steuer, Attacke eines Geisteskranken) verletzt worden sind. Anderer Ansicht ist die Begründung zum Zweiten Gesetz zur Änderung schadensersatzrechtlicher Vorschriften, wonach der Schutzbereich der Arzneimittelhaftung auch sekundär Geschädigte erfasst. Eine Begründung wird dafür nicht angegeben.[13] 6

Es muss sich weiter um ein zum Gebrauch beim Menschen bestimmtes Arzneimittel handeln, das in Deutschland an den Verbraucher abgegeben wurde und der Pflicht zur Zulassung unterliegt. Damit sind homöopathische Arzneimittel ausgeschlossen.[14] 7

Es hat Kausalzusammenhang zwischen der Verletzung und der Einnahme des Arzneimittels sowie Verwirklichung der Gefahr zu bestehen. Tötung, Körper- oder Gesundheitsverletzung müssen als Folge der Anwendung des Medikaments eingetreten sein. Dieses hat also Bedingung des Erfolges zu sein.[15] Nicht erforderlich ist, da es sich um eine Gefährdungshaftung handelt, die sog. adäquate Kausalität, also die allgemeine Vorhersehbarkeit des Erfolges.[16] Der Kausalitätsnachweis wird durch die Möglichkeit des Prima-facie-Beweises erleichtert. Danach genügt der Anschein der Ursächlichkeit aufgrund eines typischen Verlaufs als vorläufiger Beweis bis zur Erschütterung durch die nicht nur theoretische Möglichkeit eines untypischen Verlaufs. Darüber hinaus muss die Verletzung Folge eines typischen Arzneimittelrisikos sein. 8

Seit dem Jahre 2002 ist der Kausalitätsbeweis erleichtert worden, § 84 Abs. 2. Diese Bestimmung enthält eine Vermutung, die freilich von einer Fülle einzelner, aufgeführter und auch nicht aufgeführter Merkmale abhängig ist. Diese Vermutung gilt nicht, wenn ein anderer Umstand den Schaden verursacht haben kann. Der andere Umstand liegt aber nicht in der Anwendung weiterer Arzneimittel, es sei denn, dass Ansprüche aus anderen Gründen als der fehlenden Ursächlichkeit nicht gegeben sind. Diese Bestimmung, die an die Kausalitätsvermutung des Umwelthaftungsgesetzes angelehnt ist und an die Echternacher Springprozession erinnert, hat sich bisher jeder schlüssigen Deutung widersetzt.[17] Zwar wird nicht auf die Typizität ausdrücklich abgehoben, wenn auch der Anscheinsbeweis weiterhin zulässig ist. Der Gesetzgeber geht vielmehr von der Konkretisierung des Ge- 9

---

12 Weitnauer, PharmInd 1978, 425; Kullmann; Pfister, Produzentenhaftung 3800, S. 15f.
13 Begründung zum Zweiten Gesetz zur Änderung schadensersatzrechtlicher Vorschriften S. 43.
14 Kloesel, Cyran, § 84 Nr. 5.
15 LG Traunstein MedR 1995, 241; OLG München VersR 1997, 314.
16 BGHZ 79, 259; Kullmann, PharmaR 1981, 112; Deutsch, VersR 1979, 689.
17 Vgl. etwa Rehmann, AMG, § 84 Rn. 7ff.; Pflüger, PharmaR 2003, 363; Kloesel, Cyran, § 84 Anm. 21ff.

schehnisses aus, um dann noch den Sprung in die Individualisierung zu machen. Es handelt sich also um ein gestuftes Vorgehen. Zunächst wird festgestellt, ob nach den konkreten Gegebenheiten die Eignung für die Kausalität gegeben ist. Auf diese wird dann die Individualität des Einzelfalles und der betroffenen Person gesetzt. Am ehesten wird die Vermutung vielleicht beim Off-Label-Use und bei den Lifestyle-Arzneimitteln eintreten, bei denen die konkret-individuelle Eignung eher gegeben sein wird.

**10** Die Vioxx-Klagen haben in letzter Zeit für Aufmerksamkeit gesorgt. Man hat von einer teleologischen Reduktion des AMG gesprochen.[18] Immerhin hat das Gericht unter Billigung des KG der Patientin eine erhebliche Vortragslast auferlegt. Zu gleicher Zeit wurden ihr die Erleichterungen des Arzthaftungsprozesses versagt. Das Ergebnis war, dass sie sogar „alle sonstigen Gegebenheiten, die im Einzelfall für oder gegen die Schadensverursachung sprechen“ dartun sollte. Trotz der Verteidigung dieses Urteils durch Wagner[19] sind die Bedenken gegen dieses Urteil deutlich geworden.[20] Der BGH hat sich nun mit einem Urteil eingeschaltet, wonach er sich gegen ein „weitgehendes Leerlaufen der Vorschriften über die Haftung für Arzneimittelschäden“ wendet.[21] Man wird wohl, wenn man nicht den ganzen in der Praxis, fast immer Haftungen der Pharmaindustrie vermeidenden, § 84 Abs. 2 ganz abschaffen will, erhebliche teleologische Abstriche an seinem Wortlaut machen müssen.[22] Es geht nicht an, dass ein Anspruchsteller darlegen soll, welche Gegebenheiten gegen die Schadensverursachung sprechen. Das wäre zumindest Übermaß.

**11** § 84 Abs. 1 Nr. 2 verlangt nicht, dass das Arzneimittel „bei bestimmungsgemäßem Gebrauch” eingenommen wurde. Die Frage ist, ob diese Voraussetzung nicht doch stillschweigend bestehen sollte.[23] Die Rechtsprechung hat die 25fache Überdosierung nicht als Hinderungsgrund der Haftung angesehen.[24] Auch im Bereich der allgemeinen Produzentenhaftung kommt eine Haftung bei Fehlgebrauch des Produktes in Betracht, wenigstens wenn es sich um einen naheliegenden oder vom Hersteller geduldeten bestimmungswidrigen Gebrauch handelt.[25]

---

[18] LG Berlin, NJW 2007, 1582; insoweit wohl nicht zustimmend: Wagner, PharmR 2008, 370.

[19] Wagner, PharmR 2008, 370.

[20] Hart, MedR 2009, 253, 255; Spickhoff, NJW 2008, 1639; Deutsch, NJW 2007, 35, 86.

[21] BGH, NJW 2008, 2994.

[22] Vgl. dazu auch: OLG Karlsruhe, MedR 2009, mit Anmerkung Deutsch: Das OLG weist die Klage mit Recht hab, da von Vioxx stets die doppelte Dosis genommen wurde, macht aber vorher in einem obiter dictum grundlegende Ausführungen zu § 84 Abs. 2.

[23] So Sander, § 84 Anm. 13.

[24] BGHZ 106, 273.

[25] Vgl. Weitnauer, PharmInd 1979, 426; Kullmann, Pfister, Produzentenhaftung 3800, S. 16.

## V. Ursachenhaftung im Bereich der Entwicklung und der Herstellung, § 84 Abs. 1 S. 2 Nr. 1

§ 84 Abs. 2 S. 2 Nr. 1 betrifft die Gefährdungshaftung wegen Nebenwirkungen und Wechselwirkungen des Medikaments. Dazu ist erforderlich, dass das Arzneimittel bei bestimmungsgemäßem Gebrauch schädliche Wirkungen hat, die über ein nach den Erkenntnissen der medizinischen Wissenschaft vertretbares Maß hinausgehen. 12

Der bestimmungsgemäße Gebrauch ergibt sich aus den angegebenen Indikationen und wird von den Kontraindikationen verneint.[26] Die Bestimmung wird von dem pharmazeutischen Unternehmer getroffen,[27] nämlich in der Fachinformation und der Packungsbeilage, §§ 11f. Es genügt, dass die Indikation in einer von beiden Angaben enthalten ist. Bestimmungsgemäß ist darüber hinaus eine Verwendung, die auf anerkannten Therapiegewohnheiten beruht. Da die Haftung nur Neben- und Wechselwirkungen betrifft, kann der Unternehmer das Haftungsspektrum beschränken. Unwirksam sind kautelarjuristisch inspirierte Übervorsichtigkeiten, also defensive Angaben aller möglicher negativer Anwendungsbereiche, die ohne wissenschaftliche Begründung sind. Schwierig ist die Empfehlung, das Arzneimittel „soll" oder „nur nach Weisung des Arztes" oder „nur mit Vorsicht" genommen werden. Da die Wortwahl in der Hand des Unternehmers liegt, kann man von ihm erwarten, den bestimmungswidrigen Gebrauch als solchen deutlich zu kennzeichnen. 13

Das Medikament muss darüber hinaus schädliche Wirkungen haben, die über ein nach den Erkenntnissen der medizinischen Wissenschaft vertretbares Maß hinausgehen. Damit ist an die Definition des bedenklichen Arzneimittels in § 5 angeschlossen. Da es verboten ist, solche Arzneimittel in den Verkehr zu bringen, ist eine Gefährdungshaftung angebracht. Die medizinische Vertretbarkeit wird aufgrund einer Abwägung festgestellt, wonach der therapeutische Wert die möglichen schädlichen Wirkungen des Arzneimittels überwiegt.[28] Schädliche Neben- und Wechselwirkungen werden also grundsätzlich in Kauf genommen. Entscheidend ist die Schwere des Leidens und die therapeutische Erwartung, wenn gefragt wird, wie hoch die Neben- und Wechselwirkungen sein können, bis sie den therapeutischen Wert des Arzneimittels besiegen. Das festzustellen ist in erster Linie eine Aufgabe der medizinischen Sachverständigen, in zweiter wohl auch eine Akzeptanz durch den aufgeklärten Patienten.[29] Ob wirtschaftliche Gesichtspunkte eine Rolle spielen, ist im Allgemeinen zu verneinen.[30] 14

---

26 Kullmann, PharmaR 1981, 113f.; Kloesel, Cyran, § 84 Nr. 11; Sander, § 84 Anm. 13.

27 Papier, S. 12ff.

28 Vgl. Sander, § 84 Anm. 14; Kullmann, Pfister, Produzentenhaftung, 3800ff.

29 Kullmann, Pfister, Produzentenhaftung 3800, S. 22 lässt ausschließlich den medizinischen Sachverständigen entscheiden.

30 Kullmann, Pfister, Produzentenhaftung 3800, S. 23. Anders Weitnauer, PharmInd 1979, 427.

**15** Ein Sonderproblem der medizinischen Vertretbarkeit bilden seltene und sehr seltene Nebenwirkungen. Seltene Nebenwirkungen, die also nur in recht geringer Zahl auftreten, sind in die Vertretbarkeitserwägungen mit einzubeziehen. Sehr seltene Nebenwirkungen, etwa ein anaphylaktischer Schock oder eine bisher noch nicht beobachtete allergische Reaktion sollten die medizinische Vertretbarkeit nicht beeinflussen.

**16** Wesentlich ist auch der Zeitpunkt der Beurteilung. Hält man § 84 Abs. 1 S. 2 Nr. 1 für eine Verschuldenshaftung, wird man auf den Zeitpunkt des Inverkehrbringens abstellen müssen.[31] Bei einer echten Gefährdungshaftung kommt es wohl eher auf den Zeitpunkt der letzten mündlichen Verhandlung an.[32] Vordringend ist heute die sog. nachträgliche Prognose. Danach ist das im Zeitpunkt der letzten mündlichen Verhandlung vorhandene Wissen auf den Zeitpunkt des Inverkehrbringens zurückzuprojizieren. Es kommt darauf an, ob die schädlichen Wirkungen, wenn sie bekannt gewesen wären, bei dem damaligen Arzneimittelangebot in Kauf genommen worden wären.[33]

**17** Die schädlichen Wirkungen müssen ihre Ursache im Bereich der Entwicklung oder der Herstellung haben. Damit wird eine Ursachenhaftung statuiert, da das Wort „Fehler" nicht erwähnt wird. Regelmäßig wird jedoch ein Fehler gegeben sein, was die Kausalitätsbeziehung herzustellen erleichtert. Ungenügende Pharmakologie oder Toxikologie, nicht ausreichende Prüfung, Übersehen angegebener Kontraindikationen sind hier zu nennen. Allerdings gehört auch das Entwicklungsrisiko zu den Haftungsgründen, also eine Wirkung, deren Auftreten oder Unvertretbarkeit erst später deutlich geworden ist.

**18** Die besondere Konstitution des Patienten unterbricht den Haftungszusammenhang nicht, soweit es sich nicht um eine sehr seltene Nebenwirkung handelt.[34]

**19** Die Ursachen in der Herstellung sind insbesondere solche, die in der Produzentenhaftung als Fabrikationsfehler bezeichnet werden. Es sind Ausreißer bei der Herstellung, Fehlangaben über das Arzneimittel überhaupt, die Menge, die mangelnde Immunisierung usw. Umstände, die nach dem Inverkehrbringen entstanden sind, etwa die falsche Lagerung oder ein Fehlgebrauch, gehören nicht hierher.

**20** Die Wirkungslosigkeit löst die Gefährdungshaftung nicht aus. Bei einer Reihe von Medikamenten, etwa Diagnosetests, Impfstoffe und Sera, ist die Wirkungslosigkeit trotz Wirkungserwartung so schwer, dass eine vertragliche Garantiehaftung

---

31 Weitnauer, PharmInd 1979, 427; Sander, § 84 Anm. 14.
32 Deutsch, VersR 1979, 687; Medicus, FS Zeuner 1994, 250.
33 Kullmann, Pfister, Produzentenhaftung 3800, 25; Sieger, VersR 1989, 1014. Vgl. auch dritter UA, BT-Drucks. 12/8591, S. 170.
34 Vgl. OLG Celle VersR 1983, 1143: Immundefekt führt nach Schutzimpfung zum Tode.

oder eine Verschuldenshaftung in Betracht kommt. Die „Unterlassungswirkung" eines Medikaments ist also kein Gefährdungshaftungsgrund.[35]

Wechselwirkungen sind seltener Haftungsgrund. Sie geschehen durch eine Interaktion zwischen zwei und mehreren Arzneimitteln, von denen keines an sich fehlerhaft zu sein braucht, aber im Zusammenwirken medizinisch unvertretbare Schäden hervorruft. Das kann daran liegen, dass die Wirkung der Medikamente potenziert wird, ihre Grundstoffe eine gefährliche Verbindung eingehen oder das eine Mittel die Wirkung des anderen aufhebt.[36] 21

## VI. Haftung wegen Arzneimittelinformation, § 84 Abs. 1 S. 2 Nr. 2

Dem Instruktionsfehler bei der Produzentenhaftung entsprechend ist es ein Haftungsgrund, wenn eine nicht den Erkenntnissen der medizinischen Wissenschaft entsprechende Kennzeichnung, Fachinformation oder Gebrauchsinformation vorgelegen hat und der Schaden darauf beruht. Die Information kann in der Kennzeichnung, der Fachinformation oder der Gebrauchsinformation enthalten sein. Damit wird auf die §§ 10ff. AMG zurückverwiesen. Die Kennzeichnung umfasst die Zulassungsnummer, die Chargenbezeichnung, die Darreichungsform, den Inhalt nach Art, Gewicht, Rauminhalt und Stückzahl, die Art der Anwendung, die wirksamen Bestandteile nach Art und Menge sowie das Verfalldatum. Ist also etwa das Arzneimittel falsch bezeichnet worden (unrichtige Aufkleber), ist hierin schon ein Haftungsgrund gegeben. In der Fachinformation und der Packungsbeilage sind darüber hinaus die wirksamen Bestandteile, die Anwendungsgebiete, die Gegenanzeigen, die Nebenwirkungen, die Wechselwirkungen, die Dosierungsanleitung, die Dauer der Anwendung sowie Warnhinweise anzubringen. 22

Zur Information gehören auch die Gebrauchshinweise, in denen der Rahmen der bestimmten Verwendung angegeben ist.[37] Durch Warnhinweise soll der Patient erkennen, dass die Einnahme des Arzneimittels kontraindiziert bzw. wegen einer möglichen Wechselwirkung[38] ein Arzneimittel abgesetzt werden muss. Die Warnung enthält also regelmäßig eine Unterlassensaufforderung. Unwirksam sind Übermaßwarnungen: also Informationen, die nicht auf den Erkenntnissen der medizinischen Wissenschaft beruhen. 23

Der Inhalt der Information richtet sich nach dem letzten Stand der medizinischen Wissenschaft beim Inverkehrbringen des Arzneimittels.[39] Damit gerät die Informationshaftung in die Nähe der Verschuldenshaftung: Wer den gegenwärtigen Stand 24

---

[35] Kullmann, PharmaR 1981, 116.

[36] Kullmann, Pfister Produzentenhaftung 3800, S. 24 f. Z.T.; anders Prütting, DAZ 1978, 258. Vgl. auch Hager, VersR 1987, 1053.

[37] Vogeler, MedR 1984, 58; Andreas, ArztR 1982, 128. Aus der Rspr. vgl. BGHZ 106, 273; OLG Köln MedR 1997, 462.

[38] OLG Frankfurt NJW 1993, 2388.

[39] OLG Stuttgart VersR 1990, 631; Kullmann, Pfister, Produzentenhaftung 3800.

der Wissenschaft bei der Kennzeichnung außer Acht lässt, handelt nicht mit der erforderlichen Sorgfalt.[40]

25 Die Verletzung und der Schaden müssen infolge der fehlerhaften Information eingetreten sein. Damit ist die psychische Kausalität angesprochen, für deren Feststellung im Allgemeinen die Wahrscheinlichkeit genügt.[41] Wahrscheinlich sollte man auch hier, jedenfalls bei Warnhinweisen, es genügen lassen, dass der Patient sich in einem echten Entscheidungskonflikt befunden hat.[42] Danach hätte der Patient darzutun, dass er bei gehöriger Warnung sich in einem echten Entscheidungskonflikt befunden hätte, ob er dennoch das Medikament nehmen sollte oder nicht.

26 Gelegentlich ist ein besonders deutlicher Hinweis erforderlich, da das Kleingedruckte oft nicht gelesen wird. Wird das Arzneimittel in einer dramatischen Situation verwendet oder hat sich eine gefährliche Möglichkeit schon öfters realisiert, dann ist an prominenter Stelle leicht leserlich, nach Möglichkeit schon außen auf der Packung, ein Warnhinweis anzubringen.[43]

### VII. Beweislast

27 Die Voraussetzungen des § 84 sind Anspruchsgrundlagen, die vom Patienten zu beweisen sind, wobei ihm die Beweisvermutung und der Anscheinsbeweis zu Hilfe kommt. Allerdings ist der Patient nur zur Darlegung und zum Beweis der tatsächlichen Grundlagen verpflichtet. Trotz dieser Beweiserleichterungen ergibt sich eine für den Patienten nicht leicht zu überwindende Haftungsschwelle. Zur Haftung kommt es also nur, wenn ein bestimmter Arzneimittelhersteller wegen seines Arzneimittels in Anspruch genommen wird. Eine gewisse Erleichterung verschafft § 830 Abs. 1 S. 2 BGB, der für den Fall der interferierenden Kausalität mehrerer Arzneimittel (der Patient hat etwa Faktor VIII von mehreren Arzneimitteln genommen) eine Gesamtschuld statuiert.

28 In der Praxis ist die Umkehrung der Beweislast hinsichtlich der Kausalität nach § 84 Abs. 2 auf erhebliche Schwierigkeiten gestoßen. Das LG Berlin hat nebst einer nicht notwendigen teleologischen Reduktion den Patienten auferlegt, dass die Eignung im Einzelfall von ihm darzutun ist. Dazu gehören auch „alle sonstigen Gegebenheiten, die im Einzelfall für oder gegen die Schadensverursachung sprechen".[44] Man versteht schwer, dass dieses Urteil auf Zustimmung gestoßen ist.[45] Der BGH musste die Sache ohnehin zurückverweisen, hat aber bei der Gelegen-

---

40 Vogeler, MedR 1984, 58. Erstaunlicherweise anders der 3. UA, BT-Drucks. 12/8591, S. 259.

41 Anders LG Traunstein, MedR 1995, 242 (Vollbeweis); Kullmann, a.a.O., S. 38 (Ancheinsbeweis).

42 Parallel zu der Rspr. wegen mangelnder Aufklärung im Arztrecht: BGHZ 90, 103.

43 BGHZ 106, 273 (dramatische Situation eines akuten Asthmaanfalls); BGH NJW 1972, 2217 (Kurznarkotikum Estil).

44 LG Berlin, NJW 2007, 3582; a.A. OLG München MedR 2009, 352.

45 Wagner, PharmR 2008, 370; ähnlich, Voit, FS Sander (2008), S. 367.

heit eine andere Haltung eingenommen und verlangt, dass an die Haftung für Arzneimittelschäden keine überhöhten Anforderungen gestellt werden.[46] Jedenfalls wird man von einem Anspruchsteller nicht verlangen können alle sonstigen Gegebenheiten, die im Einzelfall gegen die Schadensverursachung bei ihm sprechen, darzulegen. Überhaupt scheint es sinnvoller, den Anscheinsbeweis heranzuziehen, der auf die typische Situation abhebt, die Beweiserleichterung aufgrund individueller Verhältnisse bleibt dahinter zurück.

## VIII. Arzneimittelhaftung nach dem BGB

Die bürgerlich-rechtliche Produzentenhaftung bleibt neben der des AMG bestehen, § 91. Sie gilt insbesondere für die vom AMG nicht gedeckten Haftungssituationen, nämlich für Naturheilmittel, Haftung gegenüber Dritten, Haftung für Nichtwirkung, Haftung bei nicht erwartetem und auch nicht geduldetem, nicht bestimmungsgemäßem Gebrauch. Die Verschuldenshaftung ist auch umfassend. Sie gewährt Schadensersatz jenseits der Höchstgrenzen und ein Schmerzensgeld. Die Produkthaftung tritt regelmäßig aufgrund einer unerlaubten Handlung ein, gelegentlich kann auch eine Vertragsverletzung bestehen.[47] Wer ein fehlerhaftes Produkt in Verkehr bringt, haftet für die daraus entstehende Verletzung und den Schaden, wenn er nicht nachweist, dass ihn kein Verschulden trifft.[48] Auch die Verletzung von Schutzgesetzen kommt für die allgemeine Produkthaftung in Betracht, als solche ist auch das AMG zu nennen. Als Fehler kommen sowohl der Entwicklungsfehler als auch der Herstellungsfehler und der Informationsfehler in Betracht.[49] Allerdings greift die Verschuldenshaftung nicht die Verwirklichung eines bei der Herstellung oder dem Inverkehrbringen noch nicht erkannten Entwicklungsrisikos.[50] 29

## IX. Tierarzneimittelhaftung

§ 84 gilt nicht für Tierarzneimittel. Es ist daher auf das allgemeine Haftungsrecht zurückzugreifen. Soweit es sich bei einem Tierarzneimittel, wie regelmäßig, um ein Produkt handelt, greift das PHG ein. Danach hat bei einem Fehler des Produktes der Hersteller auf den materiellen Schaden zu haften. Er kann allerdings nachweisen, dass er das Produkt nicht in Verkehr gebracht hat oder dass der Fehler erst nach Inverkehrbringen entstanden war bzw. dass der Fehler unerkennbar war. Neben dem PHG greifen die §§ 823ff. BGB ein. Dabei kommt insbesondere die Haftung wegen Verletzung eines Schutzgesetzes nach § 823 Abs. 2 i.V.m. dem Tierschutzgesetz oder dem Futtermittelgesetz in Betracht. Aber auch § 823 Abs. 1 über die Produzentenhaftung generell ist einschlägig. So haftet etwa der Hersteller von Fischfutter, der diesem Breitbandantibiotika als Zusatzstoff hinzugefügt hat, für den Schaden, der dadurch entstanden ist, dass Fische verendet sind, die zu- 30

46 BGH, NJW 2008, 2994. Vgl. auch BGH 26.1.2010 zum Anscheinsbeweis.
47 BGHZ 64, 46.
48 Grundlegend BGHZ 51, 91.
49 BGH VersR 1961, 810; BGHZ 51, 91; BGH NJW 1972, 2217.
50 BGHZ 80, 199.

ständige Behörde ein Verkaufsverbot verhängt hat und Untersuchungskosten aufgewendet worden sind.[51] Eine Gefährdungshaftung für Tierarzneimittel findet im Übrigen nicht statt.

---

[51] BGHZ 105, 346.

## § 84a
## Auskunftsanspruch

**(1) Liegen Tatsachen vor, die die Annahme begründen, dass ein Arzneimittel den Schaden verursacht hat, so kann der Geschädigte von dem pharmazeutischen Unternehmer Auskunft verlangen, es sei denn, dies ist zur Feststellung, ob ein Anspruch auf Schadensersatz nach § 84 besteht, nicht erforderlich. Der Anspruch richtet sich auf dem pharmazeutischen Unternehmer bekannte Wirkungen, Nebenwirkungen und Wechselwirkungen sowie ihm bekannt gewordene Verdachtsfälle von Nebenwirkungen und Wechselwirkungen und sämtliche weiteren Erkenntnisse, die für die Bewertung der Vertretbarkeit schädlicher Wirkungen von Bedeutung sein können. Die §§ 259 bis 261 des Bürgerlichen Gesetzbuchs sind entsprechend anzuwenden. Ein Auskunftsanspruch besteht insoweit nicht, als die Angaben auf Grund gesetzlicher Vorschriften geheim zu halten sind oder die Geheimhaltung einem überwiegenden Interesse des pharmazeutischen Unternehmers oder eines Dritten entspricht.**

**(2) Ein Auskunftsanspruch besteht unter den Voraussetzungen des Absatzes 1 auch gegenüber den Behörden, die für die Zulassung und Überwachung von Arzneimitteln zuständig sind. Die Behörde ist zur Erteilung der Auskunft nicht verpflichtet, soweit Angaben auf Grund gesetzlicher Vorschriften geheim zu halten sind oder die Geheimhaltung einem überwiegenden Interesse des pharmazeutischen Unternehmers oder eines Dritten entspricht. Ansprüche nach dem Informationsfreiheitsgesetz bleiben unberührt.**

**Literatur**

Brock, Auskunftsanspruch tut zu viel des Guten, FAZ v. 24.07.02; Brock, Mohrbach, Die geplante Änderung des § 84 a AMG, PharmR 2009, 108; Kleveman, Das neue Recht der Arzneimittelhaftung, PharmaR 2002, 393ff; Wudy, Auskunftsanspruch des durch Humanarzneimittel Geschädigten gegen Behörden, PharmR 2009, 161.

## I. Die Bedeutung der Norm

1 Der Zweck des Gesetzes besteht zugegebenermaßen darin, die beweisrechtliche Stellung des Geschädigten im Arzneimittelprozess zu stärken.[1] Der Gesetzgeber meinte wohl mit Recht, durch die Reform des § 84 nicht genügend Anschub für Arzneimittelprozesse gegeben zu haben. Der Auskunftsanspruch steht in einer deutlichen Parallele zu den discovery proceedings des amerikanischen Prozessrechts. Die pre-trial discovery geht aber wesentlich weiter, weil hier nicht nur Auskunft gegeben werden muss, sondern Beweisunterlagen in Gegenwart von Anwälten und bisweilen auch von Richtern untersucht werden. Bislang haben die Gerichte die Problematik des Auskunftsanspruchs weitgehend über die prozessuale Beweisführungslast gelöst. In den Prozessen über die Produzentenhaftung, etwa

---

1 BMJ Begründung zum Zweiten Gesetz zur Änderung schadensersatzrechtlicher Vorschriften S. 23.

über das Pflanzenschutzmittel „Benomyl" hat das OLG Celle dem Hersteller die Beweisführung auferlegt, dass er untersucht hat, ob der Erreger des Apfelschorfs mutiert. Die Beweisergebnislast blieb aber nach wie vor beim Verbraucher.[2] Allerdings setzt die Zuweisung der Beweisführungslast erst relativ spät ein und vermag nicht den vollen Auskunftsanspruch zu ersetzen, der bereits auf Gewinnung des Tatsachenmaterials für die Klagebegründung geht. § 84a ist keine absolute Neuerung, parallele Bestimmungen finden sich in §§ 8ff. UmweltHG und § 35 GenTG. Größere Bedeutung haben diese Auskunftsansprüche in der Praxis nicht erlangt.

## II. Der Auskunftsanspruch gegenüber dem pharmazeutischen Unternehmer

### 1. Voraussetzungen des Anspruchs

2 Es müssen Tatsachen vorliegen, welche die Annahme begründen, dass ein Arzneimittel einen Schaden verursacht hat. Ist dies gegeben, kann der Geschädigte vom pharmazeutischen Unternehmer Auskunft verlangen. Der Anspruch ist allerdings ausgeschlossen, wenn er sich auf eine Auskunft richtet, die für den Anspruch nach § 84 nicht erforderlich ist.

### 2. Inhalt des Anspruchs

3 Der Anspruch ergreift dem Unternehmer bekannte Wirkungen, Nebenwirkungen und Wechselwirkungen sowie ihm bekannt gewordene Verdachtsfälle und „sämtliche weiteren Erkenntnisse, die für die Bewertung der Vertretbarkeit schädlicher Wirkungen von Bedeutung sein können". Der Auskunftsanspruch richtet sich nicht auf einen Ausforschungsbeweis. Vielmehr müssen konkrete Tatsachen dargelegt werden, aus denen sich ergibt, dass die Auskunft für den geschehenen Schadensfall und seine Abwicklung von Bedeutung sein können.[3]

### 3. Auskunftsmaß

4 Die Auskunft ist eine Wissenserklärung. Sie hat regelmäßig schriftlich zu erfolgen. Diese Auskunft hat konkret und so verständlich zu sein, dass ein durchschnittlicher Fachmann mit ihr umgehen kann. Nicht vorgesehen ist, dass der pharmazeutische Unternehmer die Auskünfte durch Dokumente zu belegen hat.[4] Die Verweisung auf die §§ 259ff. BGB soll nur die Verpflichtung zur Abgabe einer eidesstattlichen Versicherung statuieren.

### 4. Form der Auskunft

5 Die Auskunft hat regelmäßig schriftlich zu erfolgen. Nur in Ausnahmefällen oder im besonderen Eilfall mag auch eine mündliche Auskunft, vielleicht als vorläufi-

---

2 BGHZ 80, 199.
3 Kleveman, PharmaR 2002, 394.
4 Kleveman, a.a.O.; anderer Ansicht Wagner, VersR 2001, 1342.

ge, genügen. Eine eidesstattliche Versicherung könnte ohnehin nur auf eine schriftliche Auskunft erfolgen.

### 5. Eidesstattliche Versicherung

Durch die Verweisung auf die §§ 259 bis 261 BGB in § 84a Abs. 1 S. 3 wird der pharmazeutische Unternehmer zu einer eidesstattlichen Versicherung verpflichtet. Voraussetzung ist, dass Grund zu der Annahme gegeben ist, dass die Angaben nicht mit der erforderlichen Sorgfalt gemacht worden sind. Die eidesstattliche Versicherung richtet sich darauf, dass nach bestem Wissen die Auskunft erteilt worden ist. 6

### 6. Geheimhaltungsrecht

Der Auskunftsanspruch besteht nicht, soweit die Angaben aufgrund gesetzlicher Vorschriften geheim zu halten sind oder die Geheimhaltung einem überwiegenden Interesse des pharmazeutischen Unternehmers oder eines Dritten entspricht. Die Geheimhaltung aufgrund gesetzlicher Vorschriften wird selten der Fall sein. Hier ist insbesondere das überwiegende Interesse des pharmazeutischen Unternehmers oder eines Dritten zu nennen. Wann ist dieses gegeben? Es ist eventuell anzunehmen, dass Ansätze zu einer späteren Patentanmeldung ausgespäht werden könnten. Das gleiche gilt auch wohl für Fabrikations- und Betriebsgeheimnisse, sofern sie legitim bestehen. Der Ruf des Unternehmens sollte keine Rolle spielen, da es hier um mögliche Ersatzansprüche von Geschädigten geht.[5] 7

### 7. Stellungnahme der Praxis

Das LG Berlin hat den Anspruch auf Auskunft gegen den Hersteller von Vioxx verneint.[6] In Deutschland richtete sich die Klage gegen den Nehmer einer ausschließlichen Lizenz. Das LG verlangte den Vortrag von Tatsachen „die im Rahmen der Plausibilitätsprüfung als Indizien für den behaupteten Verursachungszusammenhang herangezogen werden können.“ In der Literatur ist dazu vorgetragen worden „§ 84 a AMG habe seinen Praxistest bestanden.“[7] Der so verstandene Auskunftsanspruch leistet wenig für die Klage in der Hauptsache. Besser wäre es erleichterte Pflichten oder Darlegungen zu schaffen. 8

## III. Der Anspruch gegen Behörden

### 1. Anspruch gegen welche Behörde?

Als passiv Legitimierte kommen das BfArM sowie das Paul-Ehrlich-Institut in Betracht. Hinzu kommen noch die zuständigen Überwachungsbehörden in den einzelnen Bundesländern, also regelmäßig Regierungspräsidenten. 9

---

[5] Anders wohl Kleveman, PharmaR 2002, 395.

[6] LG Berlin, NJW 2007, 3584. a. A. LG Köln PharmaR 2009, 567.

[7] Wagner, PharmR 2008, 377; vgl. dazu auch Voit, FS Sander, S. 383 ff.

### 2. Umfang des Auskunftsanspruchs

10 Der Auskunftsanspruch gegen die Behörde geht nicht weiter als der gegen den pharmazeutischen Unternehmer. Er definiert sich nach dem Umfang des Anspruchs gegen den pharmazeutischen Unternehmer. Seine Voraussetzungen sind also gleichfalls zu erfüllen.

11 Mit der Hinzufügung eines letzten Satzes in § 84a Abs. 2 wird die Freistellung des Auskunftsanspruchs gegen Behörden nicht von dem Informationsfreiheitsgesetz berührt. Damit soll insbesondere § 1 Abs. 3 IFG nicht anwendbar sein, das entspricht der Interessenlage.[8]

### 3. Förmlichkeiten

12 Die Auskunft hat schriftlich zu erfolgen. Die Behörde ist nicht zur Vorlage von Dokumenten verpflichtet. Sie kann freilich Dokumente beifügen.

### 4. Bezug zum pharmazeutischen Unternehmen

13 Die Behörde kann dem pharmazeutischen Unternehmer mitteilen, dass an sie ein Auskunftsersuchen gerichtet worden ist. Sie hat den Anspruch dann abzulehnen, wenn eine Klage gegen den pharmazeutischen Unternehmer rechtskräftig abgewiesen oder bereits verjährt ist. Auch die Behörde hat die Notwendigkeit der Geheimhaltung zu beachten.

## IV. Gerichtsstand und intertemporales Recht

### 1. Gerichtsstand für Klage gegen den pharmazeutischen Unternehmer

14 Da der Auskunftsanspruch zur Vorbereitung einer Klage dienen soll, ist auch für ihn das Zivilgericht erster Instanz zuständig. Je nach dem Streitwert ist also das Amts- oder Landgericht das Eingangsgericht in Zivilsachen.

### 2. Gericht für den Auskunftsanspruch gegen die Behörde

15 Der Auskunftsanspruch gegen die Behörde richtet sich nach dem Verwaltungsverfahrensgesetz. Ist er nur gerichtlich durchzusetzen, so ist dafür das Verwaltungsgericht die zuständige Instanz.[9]

### 3. Besondere örtliche Zuständigkeit

16 Für Klagen gegen den pharmazeutischen Unternehmer ist auch das Gericht zuständig, in dessen Bezirk der Kläger zur Zeit der Klageerhebung seinen Wohnsitz, in Ermangelung eines solchen, seinen gewöhnlichen Aufenthaltsort hat, § 94a.

---

8 Dagegen Brock u. Mohrbach, PharmR 2009. 108.

9 Kleveman, PharmaR 2002, 395; Brock a.a.O.

Diese Sonderzuständigkeit gilt nur für Zivilsachen, nicht für das Verwaltungsverfahren.[10]

## 4. Rückwirkung des Auskunftsanspruchs

Selbst wenn das schädigende Ereignis vor dem 01.08.2002 eingetreten ist, finden die Vorschriften über den Auskunftsanspruch rückwirkend Anwendung. Das ergibt sich aus Art. 12 Abs. 2 des Zweiten Gesetzes zur Änderung schadensersatzrechtlicher Vorschriften. Diese Bestimmung ist vom Rechtsausschuss des Bundestages aufgenommen worden, da es sich um eine Prozessnorm handelt und dem Arzneimittelanwender die prozessuale Chancengleichheit gewähren soll. **17**

## 5. Verjährung

Eine besondere Bestimmung über die Verjährung des Auskunftsanspruchs besteht nicht. § 90 bezieht sich nur auf § 84 selbst, nicht auf den Auskunftsanspruch. Es gelten die allgemeinen Regeln der §§ 194ff. BGB. Danach beträgt die regelmäßige Verjährungsfrist drei Jahre, § 195 BGB. Entscheidend ist das Jahr der Anspruchsentstehung bzw. der Kenntniserlangung von den Umständen oder der groben Fahrlässigkeit in Bezug auf die Nichterlangung der Kenntnis. Jedenfalls verjährt der Anspruch ohne Rücksicht auf Kenntnis oder grob fahrlässige Unkenntnis zehn Jahre von seiner Entstehung an, § 199 BGB. Mit dieser Verjährungsfrist ist auch die intertemporalrechtliche Rückwirkung des Auskunftsanspruchs eingeschränkt. **18**

---

10 Kritisch Wagner, NJW 2002, 2053.

## § 85
## Mitverschulden

**Hat bei der Entstehung des Schadens ein Verschulden des Geschädigten mitgewirkt, so gilt § 254 des Bürgerlichen Gesetzbuchs.**

**Literatur**

Deutsch, Allgemeines Haftungsrecht, 2. Aufl. 1996; Göben, Jens, Das Mitverschulden des Patienten im Arzthaftungsrecht, 1998.

### I. Die Bedeutung der Norm

1 § 85 verweist auf die Regeln des Mitverschuldens des allgemeinen Zivilrechts, § 254 BGB. Danach trifft den Patienten eine Obliegenheit, den eigenen Schaden hintanzuhalten oder zu verringern. Es handelt sich um eine Rechtsgrundverweisung. Vorausgesetzt ist ein Verschulden gegen sich selbst, das den Schaden erweitert hat. Rechtsfolge ist eine Verteilung nach dem Grad der Kausalität und des Verschuldens. Dabei ist bei der Abwägung der Verschuldensanteile auf Seiten des Patienten eine subjektiv individuelle Betrachtung angebracht.[1] Einzelfälle des Mitverschuldens sind etwa körperliche Überbeanspruchung, Verschlimmerung der Schädigung durch Genussmittel, Nichtbeachtung von körperlichen Warnzeichen und von den Hinweisen in den Informationen.[2]

2 Der Schutzbereich der zu verletzenden Obliegenheit ist begrenzt: Jedes Fehlverhalten des Patienten vor der Verordnung bzw. Einnahme des Arzneimittels wird nicht angerechnet. Hier gilt eine Parallele zum Arzthaftungsrecht. Auch dort wird dem Patienten nicht vorgehalten, er habe sich durch sein Verschulden krank gemacht.[3] Der Schutzbereich der Obliegenheit des Patienten erfasst nicht die Handlungen oder Unterlassen, die ihn erst behandlungsbedürftig gemacht haben. Auch ein zu spätes Aufsuchen des Arztes und die daraus folgende verspätete Verordnung des Medikaments können dem Patienten nicht als Mitverschulden zugerechnet werden.

3 § 254 BGB wird in einzelnen Bereichen bereits durch § 84 selbst verdrängt. Das gilt z. B. für den nichtbestimmungsgemäßen Gebrauch. Die etwa doppelte Dosis ist schon bestimmungswidrig.[4] Die Bestimmungswidrigkeit ist übrigens auch auf die nicht genügende Information des letzten Satzes (Nr. 2) des § 84 Abs. 1 zu übertragen.

---

1 Larenz, Schuldrecht $I_{14}$, § 20 III; Staudinger, Medicus[12], § 254, Rz. 94; Deutsch, Rn. 572.

2 Kloesel, Cyran, § 85, Nr. 3.

3 BGH VersR 1971, 1123; BGHZ 96, 98; anders Kloesel, Cyran, § 85 Nr. 1 u. Sander, § 85 Anm. 2: „Vor oder nach der Arzneimittelanwendung".

4 OLG Karlsruhe, MedR 2009, 474.

## § 86
## Umfang der Ersatzpflicht bei Tötung

**(1) Im Falle der Tötung ist der Schadensersatz durch Ersatz der Kosten einer versuchten Heilung sowie des Vermögensnachteils zu leisten, den der Getötete dadurch erlitten hat, dass während der Krankheit seine Erwerbsfähigkeit aufgehoben oder gemindert oder eine Vermehrung seiner Bedürfnisse eingetreten war. Der Ersatzpflichtige hat außerdem die Kosten der Beerdigung demjenigen zu ersetzen, dem die Verpflichtung obliegt, diese Kosten zu tragen.**

**(2) Stand der Getötete zur Zeit der Verletzung zu einem Dritten in einem Verhältnis, vermöge dessen er diesem gegenüber kraft Gesetzes unterhaltspflichtig war oder unterhaltspflichtig werden konnte, und ist dem Dritten infolge der Tötung das Recht auf Unterhalt entzogen, so hat der Ersatzpflichtige dem Dritten insoweit Schadensersatz zu leisten, als der Getötete während der mutmaßlichen Dauer seines Lebens zur Gewährung des Unterhalts verpflichtet gewesen sein würde. Die Ersatzpflicht tritt auch dann ein, wenn der Dritte zur Zeit der Verletzung erzeugt, aber noch nicht geboren war.**

### I. Die Bedeutung der Norm

In Parallele mit einer ganzen Reihe von anderen Gefährdungshaftungen regelt § 86 den Umfang der Ersatzpflicht bei Tötung, vgl. etwa § 10 StVG. Berechtigt werden die Erben. Im gegenständlichen Schutzbereich der Norm liegen die Kosten der versuchten Heilung sowie die Erwerbsnachteile des Getöteten bis zu der Zeit seines Todes. Dieser Anspruch wird auch nicht selten durch Sondergesetze auf den Dienstherrn, den Sozialversicherungsträger, den Arbeitgeber usw. übergeleitet. Schließlich sind den Erben auch die Kosten einer standesgemäßen Beerdigung zu ersetzen. 1

### II. Angehörigenschaden

Die gesetzlich zum Unterhalt Berechtigten haben einen direkten Anspruch gegen den pharmazeutischen Unternehmer. Es handelt sich um eine Sonderregelung der Schadensliquidation im Drittinteresse durch Gewährung eines eigenen Anspruchs, denn der geschädigte Angehörige ist nicht zu gleicher Zeit der Verletzte. Die Unterhaltsverhältnisse des Berechtigten aufgrund der Leistungen, die der Getötete zur Erfüllung seiner Unterhaltspflicht zu machen im Stande gewesen wäre, sind zu vergleichen mit den Unterhaltsverhältnissen, wie sie sich nach dem Wegfall des Rechts auf jene Leistungen voraussichtlich stellen werden.[1] Danach ist der Verpflichtete nur so weit ersatzpflichtig, als der Getötete tatsächlich in der Lage gewesen wäre, den Unterhaltsanspruch zu befriedigen.[2] Anspruchsberechtigt sind nur die, die kraft Gesetzes Unterhalt erhalten würden, also Ehegatte, Kinder, even- 2

---

1 RGRK[9], § 844 Nr. 6.
2 Sander, § 86 Anm. 7.

tuell Eltern und Adoptierte. Pflegekinder gehören nicht dazu.[3] Entscheidend ist die mutmaßliche Lebensdauer, die nach der Wahrscheinlichkeit geschätzt werden muss. Behauptet der Verpflichtete, der Getötete wäre sowieso bald gestorben, so trägt er dafür die Beweislast.[4] Im Übrigen ist die Vorschrift beinahe wörtlich § 844 Abs. 2 BGB entnommen.

---

[3] Vgl. BGH NJW 1984, 977.

[4] Sander, § 86 Anm. 7.

## § 87
## Umfang der Ersatzpflicht bei Körperverletzung

**Im Falle der Verletzung des Körpers oder der Gesundheit ist der Schadensersatz durch Ersatz der Kosten der Heilung sowie des Vermögensnachteils zu leisten, den der Verletzte dadurch erleidet, dass infolge der Verletzung zeitweise oder dauernd seine Erwerbsfähigkeit aufgehoben oder gemindert oder eine Vermehrung seiner Bedürfnisse eingetreten ist. In diesem Fall kann auch wegen des Schadens, der nicht Vermögensschaden ist, eine billige Entschädigung in Geld verlangt werden.**

**Literatur**

Deutsch, Die Gefährdungshaftung und der BGH, in: 50 Jahre Bundesgerichtshof, Festgabe aus der Wissenschaft (2000) Bd. I 675ff.; Mommsen, Zur Lehre von dem Interesse, 1855; Müller, Das reformierte Schadensersatzrecht, VersR 2003, 11.

### I. Die Bedeutung der Norm

Bei Verletzung des Körpers oder der Gesundheit können als Ersatz die Kosten der **1** Heilung sowie der Vermögensnachteil verlangt werden, der durch Beeinträchtigung der Erwerbsfähigkeit oder durch Vermehrung der Bedürfnisse eingetreten ist. Nach der herrschenden Differenzlehre[1] ist der Vermögensstand vor und nach der Verletzung zu vergleichen. Dabei ist insbesondere auf die Verringerung der Erwerbsfähigkeit und die Vermehrung der Bedürfnisse abzustellen. Auch hier wird nicht selten der Übergang auf den Arbeitgeber, den Sozialversicherungsträger oder den Dienstherrn eintreten. Bei Erwerbsunfähigkeit ist der volle Schaden zu ersetzen, also im Falle der Steuerverpflichtung der Bruttoarbeitslohn und, sofern dies zur Aufrechterhaltung der Ansprüche dient, auch der Sozialversicherungsbeitrag.

### II. Schmerzensgeld

Lange Zeit wurde aus der Arzneimittelhaftung nicht auf Schmerzensgeld gehaftet. **2** Seit dem Jahre 2002 ist nunmehr vorgesehen, dass auch für den Schaden, der nicht Vermögensschaden ist, eine billige Entschädigung in Geld verlangt werden kann. Das wird bereits deutlich in § 253 Abs. 2 BGB. Bislang mussten Gefährdungshaftung und Verschuldenshaftung kumuliert werden, um auf dem Umweg über die §§ 823, 847 BGB an Schmerzensgeld zu kommen. Nunmehr ist Schmerzensgeld auch für die Gefährdungshaftung des § 84 vorgesehen. Soweit es sich um eine Verschuldenshaftung handelt, war dies ohnehin schon bisher zu erwarten. Der Schmerzensgeldanspruch ist deswegen wichtig, weil unzumutbare Nebenwirkungen und Wechselwirkungen von Arzneimitteln in aller Regel auch das körperliche und geistige Wohlbefinden betreffen. Dafür gibt es jetzt eine billige Entschädigung in Geld.

---

1 Mommsen, S. 3; Staudinger, Medicus, § 249, Rn. 4; Soergel, Mertens, Vorbem. § 249, Rn. 43.

## § 88
## Höchstbeträge

**Der Ersatzpflichtige haftet**

1. **im Falle der Tötung oder Verletzung eines Menschen nur bis zu einem Kapitalbetrag von 600.000 Euro oder bis zu einem Rentenbetrag von jährlich 36.000 Euro,**
2. **im Falle der Tötung oder Verletzung mehrerer Menschen durch das gleiche Arzneimittel unbeschadet der in Nummer 1 bestimmten Grenzen bis zu einem Kapitalbetrag von 120 Millionen Euro oder bis zu einem Rentenbetrag von jährlich 7,2 Millionen Euro.**

**Übersteigen im Falle des Satzes 1 Nr. 2 die den mehreren Geschädigten zu leistenden Entschädigungen die dort vorgesehenen Höchstbeträge, so verringern sich die einzelnen Entschädigungen in dem Verhältnis, in welchem ihr Gesamtbetrag zu dem Höchstbetrag steht.**

### I. Die Bedeutung der Norm

1 Wie typisch in fast allen Bereichen der Gefährdungshaftung ist der Ersatzanspruch beschränkt. Nach § 88 ist es ein Kapitalbetrag von 600 000,- € oder bis zu einem Rentenbetrag von jährlich 36 000,- €. Will man diese Grenze überspringen, bedarf es der Haftung nach den allgemeinen Regeln der Verschuldenshaftung, § 823 BGB. Danach haftet der pharmazeutische Unternehmer unbeschränkt auf Schadensersatz und deshalb kann im besonderen Falle zweispurig vorgegangen werden. Die Basisversorgung wird aus § 88 entnommen und die Zusatzansprüche aus dem allgemeinen Deliktsrecht.

### II. Massenschaden

2 Es kann sein, dass es zu einer Tötung oder Verletzung mehrerer Menschen durch das gleiche Arzneimittel gekommen ist. Dann bildet die Obergrenze 120 Mio. € oder jährlich 7,2 Mio. €. Übersteigen die den mehreren Entschädigenden zu leistenden Summen die Höchstbeträge, so verringern sich die einzelnen Entschädigungen in dem Verhältnis, in welchem ihr Gesamtbetrag zu dem Höchstbetrag steht. Auch die Zurückführung der Haftungshöchstsummen beim Massenschaden ist typisch für die Gefährdungshaftung. Auch sie tritt übrigens nicht ein bei der Verschuldenshaftung.

### III. Identität

3 Was ist als „gleiches Arzneimittel" anzusehen? Die Praxis geht einen einfachen Weg. Ein Medikament in unterschiedlicher Darreichungsform, aber gleicher Zusammensetzung wird noch als einheitliches Arzneimittel anzusehen sein. Im Übrigen orientiert man sich an der Zulassungsnummer. Wird für unterschiedliche Darreichungen desselben Arzneimittels mehr als eine Zulassungsnummer erteilt, so handelt es sich nicht um das gleiche Arzneimittel.[1] Sofern jedoch für Arznei-

---

[1] Kloesel, Cyran, § 88 Nr. 2; Sander, § 88 Anm. 4.

mittelschäden mehrere Anspruchsgründe denkbar sind, sollte jedenfalls nach der Abwicklung des ersten Schadensfalles wieder die volle Deckungsvorsorge eintreten.

## § 89
## Schadensersatz durch Geldrenten

**(1) Der Schadensersatz wegen Aufhebung oder Minderung der Erwerbsfähigkeit und wegen Vermehrung der Bedürfnisse des Verletzten sowie der nach § 86 Abs. 2 einem Dritten zu gewährende Schadensersatz ist für die Zukunft durch Entrichtung einer Geldrente zu leisten.**

**(2) Die Vorschriften des § 843 Abs. 2 bis 4 des Bürgerlichen Gesetzbuchs und des § 708 Nr. 8 der Zivilprozessordnung finden entsprechende Anwendung.**

**(3) Ist bei der Verurteilung des Verpflichteten zur Entrichtung einer Geldrente nicht auf Sicherheitsleistung erkannt worden, so kann der Berechtigte gleichwohl Sicherheitsleistung verlangen, wenn die Vermögensverhältnisse des Verpflichteten sich erheblich verschlechtert haben; unter der gleichen Voraussetzung kann er eine Erhöhung der in dem Urteil bestimmten Sicherheit verlangen.**

**Literatur**

Deutsch, Ahrens, Deliktsrecht, 4. Aufl. 2000.

### I. Die Bedeutung der Norm

1 Grundsätzlich ist Ersatz wegen Aufhebung oder Minderung der Erwerbsfähigkeit oder Vermehrung der Bedürfnisse bzw. der einem Dritten zu gewährende Schadensersatz durch Entrichtung einer Geldrente zu leisten. Das entspricht der Verkehrsauffassung. Die Geldrente ist vierteljährlich im Voraus zu bezahlen, § 89 Abs. 2 mit Verweisung auf § 843, 760 BGB. Nach der gleichen Verweisung kann der Berechtigte eine Abfindung in Kapital verlangen, wenn ein wichtiger Grund vorliegt, er etwa in das Ausland ausreisen will oder zur Erleichterung seiner Beschwerden besondere Baumaßnahmen in seinem Haus vornehmen möchte.

2 Die Gewährung einer Rente beschränkt die Position des Berechtigten in einem Sonderfall: Besteht die Möglichkeit, dass ein Ereignis überholender Kausalität eintritt, so entfällt der ursprüngliche Rentenanspruch.[1]

## § 90
## (weggefallen)

[1] Vgl. BGHZ 10, 6; vgl. auch Deutsch, Ahrens, Rn. 70.

## § 91
## Weitergehende Haftung

**Unberührt bleiben gesetzliche Vorschriften, nach denen ein nach § 84 Ersatzpflichtiger im weiteren Umfang als nach den Vorschriften dieses Abschnitts haftet oder nach denen ein anderer für den Schaden verantwortlich ist.**

**Literatur**

Brüggemeier, Staatshaftung für kontaminierte Blutprodukte, 1994; Knothe, Staatshaftung bei der Zulassung von Arzneimitteln, 1990; Möller, Die Haftung für die verzögerte Zulassung von Arzneimitteln, PharmaR 1991, 226.

### I. Die Bedeutung der Norm

Neben der Arzneimittelhaftung nach § 84 kommt die Produzentenhaftung aus vermutetem Verschulden nach den §§ 823ff. BGB in Betracht. Das ergibt sich aus der vom deutschen Recht grundsätzlich bejahten Kumulation der Ansprüche.[1] Während das PHG eine Konkurrenz mit § 84 ausschließt, kommt diese durchaus bei der Verschuldenshaftung in Betracht. Ja, die deliktische Produzentenhaftung ist weitgehend für Arzneimittel entwickelt worden.[2] Die Produzentenhaftung aus Verschulden ist vor allem deswegen wichtig, weil aller Vermögensschaden ohne Höchstgrenzen zu ersetzen ist und zudem auch ein Schmerzensgeld geschuldet wird. Allerdings wird aus Deliktsrecht nicht für die Entwicklungsgefahr gehaftet. 1

Sofern ein Vertrag abgeschlossen ist, bei welchem der Patient und der Hersteller beteiligt sind, etwa der Patient in den Schutzbereich der Norm einbezogen ist, kann auch eine vertragliche Produzentenhaftung in Betracht kommen.[3] Auch hier wird das Verschulden vermutet, wenn, was regelmäßig der Fall sein wird, die Schadensursache in der Sphäre des Unternehmers liegt. Allerdings gibt es nach Vertragsrecht kein Schmerzensgeld. 2

### II. Haftung für Wirksamkeit

Da in § 84 Abs. 1 nur für Nebenwirkungen und Wechselwirkungen gehaftet wird, ist auf die vertragliche und besonders die deliktische Verschuldenshaftung, auf das allgemeine Recht überzugehen. Diese Haftung ist also wichtig, wenn es um die Nicht-Wirkung des Arzneimittels geht. Von manchen Medikamenten erwartet der Verkehr die Wirkung. Dazu gehören etwa Impfstoffe, Naturheilmittel mit schädlichen Folgen, Medikamente zur Blutstillung usw. 3

---

1 Vgl. zu anderen Gefährdungshaftungstatbeständen Medicus, Schuldrecht II8, Rn. 886.

2 BGHZ 51, 91; BGH NJW 1972, 2217.

3 BGHZ 64, 46.

### III. Haftung eines Dritten

4 Die Annahme der Einbeziehung in den Schutzbereich des Vertrages zwischen Hersteller bzw. Verteiler und Abnehmer findet in Deutschland selten Anwendung. Es müsste also das Medikament vom Hersteller unmittelbar an den Verwender geliefert werden, was selten vorkommt. In Österreich wird die Schutzbereichsregelung umfassender gesehen.[4]

5 Durchaus überflüssig lässt das Gesetz die Haftung eines Dritten bestehen. Als solche Dritte kommen entweder Ärzte, welche etwa die Information nicht weitergeben oder die zulassende Behörde in Betracht. Man hat diese Bestimmung benutzt, um die Vergleiche zwischen den Herstellern von Faktor VIII und Faktor IX und den HIV-Infizierten auszuhebeln. In diesen Vergleichen war jedoch ein Haftungsausschluss für Gesamtschuldner vorgesehen. Dieser wurde von den Gerichten für wirksam gehalten.[5] Sinn würde § 91 nur machen, wenn er das Subsidiaritätsprinzip des § 831 Abs. 1 S. 2 BGB Beiseite schieben würde, wonach die Amtshaftung bei Fahrlässigkeit entfällt, wenn ein anderer haftet. Eine weitere Voraussetzung der Haftung des Bundes für die Zulassung eines bedenklichen Arzneimittels ist eine Schutzpflicht des BfArM zugunsten des einzelnen Verbrauchers. Sie sollte bestehen, wird aber auch bezweifelt.[6]

---

4 Österr. OGH, JBl. 1977, 146.

5 LG Heidelberg VersR 1995, 575; LG Koblenz VersR 1995, 577. Anders Brüggemeier, S. 68f.

6 Vgl. genauer Knothe a.a.O.; Möller, PharmaR 1991, 226. Weitere Literatur bei Deutsch, Spickhoff, Medizinrecht[5], Rn. 1027ff.

## § 92
## Unabdingbarkeit

**Die Ersatzpflicht nach diesem Abschnitt darf im Voraus weder ausgeschlossen noch beschränkt werden. Entgegenstehende Vereinbarungen sind nichtig.**

### I. Die Bedeutung der Norm

Gefährdungshaftungen sind unabdingbar. Dieses gilt auch für die Arzneimittelhaftung. Der strengrechtliche Charakter der Ersatzpflicht gilt aber nur bis zum Schadenseintritt. Nachher darf in Verhandlungen die Ersatzpflicht ausgeschlossen oder beschränkt werden. Dies ist etwa in Vergleichen geschehen, in denen Ansprüche gegenüber Gesamtschuldnern ausgeschlossen waren. **1**

## § 93
## Mehrere Ersatzpflichtige

**Sind mehrere ersatzpflichtig, so haften sie als Gesamtschuldner. Im Verhältnis der Ersatzpflichtigen zueinander hängt die Verpflichtung zum Ersatz sowie der Umfang des zu leistenden Ersatzes von den Umständen, insbesondere davon ab, inwieweit der Schaden vorwiegend von dem einen oder dem anderen Teil verursacht worden ist.**

**Literatur**

Bydlinski, Mittäterschaft im Schadensrecht, AcP 158, 410; Hart, HIV-Infektionen durch Blut und Blutprodukte, MedR 95, 61; Weckerle, Die deliktische Verantwortlichkeit mehrerer, 1974.

### I. Die Bedeutung der Norm

1 § 93 setzt voraus, dass mehrere Unternehmer ersatzpflichtig sind. Dabei ist diese Bestimmung nur ein Hinweis auf die normale Gesamtschuldnerschaft von miteinander Haftenden. Deshalb kommt jenseits des § 93 auch eine Gesamtschuldnerschaft zwischen Ärzten und pharmazeutischen Unternehmern, ja eventuell sogar Apothekern, in Betracht. Dabei ist der Rechtsgrund der Haftung gleichgültig: Es kann sich um die Gefährdungshaftung nach § 84, um die Verschuldenshaftung nach § 823 BGB oder um eine Vertragsverletzung handeln.[1] Sie sind Nebentäter und als solche Gesamtschuldner, § 840 Abs. 1 BGB.

### II. Mehrere Ersatzpflichtige

2 Es gelten die Regeln der §§ 830, 840 BGB. Danach sind nebeneinander ersatzpflichtig Mittäter, Teilnehmer und Nebentäter. Wesentlich ist die kausale Verknüpfung.[2] Haftungsbegründend ist auch die alternative Kausalität, § 830 Abs. 1 S. 2 BGB. Lässt sich nämlich nicht ermitteln, wer von mehreren Beteiligten den Schaden durch seine Handlung verursacht hat, so haften alle als Gesamtschuldner. Dies bedeutet allerdings, dass alle beteiligten pharmazeutischen Unternehmer haftbar sind und der Patient die Mittel von allen genommen hat. Die Regel über die Alternativtäterschaft soll nicht etwa eine Verdachtshaftung begründen.

### III. Unabhängige Verursacher und unerkanntes Arzneimittel

3 Haben zwei pharmazeutische Unternehmer fehlerhafte Arzneimittel auf den Markt gebracht, die völlig unterschiedliche und abgeschlossene Verletzungen und Schäden nach sich gezogen haben, so sind sie keine Gesamtschuldner. Ihre Kausalbeiträge stehen unverbunden nebeneinander.

---

[1] Vgl. Sander, § 93 Anm. 2; Larenz, Wolf, Allgemeiner Teil$_8$, § 18, Rn. 26f.

[2] Bydlinski, AcP 158, 410; Weckerle, 59, 93ff.

Keinen Anspruch hat auch der Patient, der nach einer gewissen Latenzperiode nicht mehr in der Lage ist, seine Verletzung und seinen Schaden auf ein bestimmtes Arzneimittel zurückzuführen. Das gilt auch, wenn es sich um einen erkannten Wirkstoff handelt, der jedoch von mehreren Herstellern auf den Markt gebracht wird und der Patient den Hersteller nicht identifizieren kann. Anders als in den USA gibt es in Deutschland keine Haftung nach dem Marktanteil.[3] Die Haftung für unerkannte Arzneimittel würde nur durch einen subsidiär eintretenden Arzneimittelentschädigungsfonds gewährleistet sein, der bisweilen gefordert wird.[4] 4

## IV. Innenverhältnis

§ 93 S. 2 regelt das Innenverhältnis in Anlehnung an § 254 BGB. Er wird auch in dieser Anlehnung ausgelegt werden müssen. Nach ständiger Rechtsprechung ist nicht nur der Anteil an der Verursachung für das Innenverhältnis maßgebend, sondern auch ein eventuelles Verschulden, was hinzukommen kann, oder eine erhöhte Betriebsgefahr.[5] Im Innenverhältnis kann es also zu einer Teilung des Schadens, einer Quotelung in einem anderen Verhältnis oder gelegentlich sogar dazu kommen, dass ein Beteiligter ausschließlich haftet. 5

---

3 Sindell, v. Abott, PharmaR 1981, 300; de Lousanoff, „Market Share" Liability, RIW 1983, 145.

4 Hart, MedR 1995, 61ff.

5 RGZ 75, 256; Soergel, Zeuner$_{11}$, § 840, Rn. 25.

## § 94
## Deckungsvorsorge

**(1) Der pharmazeutische Unternehmer hat dafür Vorsorge zu treffen, dass er seinen gesetzlichen Verpflichtungen zum Ersatz von Schäden nachkommen kann, die durch die Anwendung eines von ihm in den Verkehr gebrachten, zum Gebrauch bei Menschen bestimmten Arzneimittels entstehen, das der Pflicht zur Zulassung unterliegt oder durch Rechtsverordnung von der Zulassung befreit worden ist (Deckungsvorsorge). Die Deckungsvorsorge muss in Höhe der in § 88 Satz 1 genannten Beträge erbracht werden. Sie kann nur**
**1. durch eine Haftpflichtversicherung bei einem im Geltungsbereich dieses Gesetzes zum Geschäftsbetrieb befugten Versicherungsunternehmen oder**
**2. durch eine Freistellungs- oder Gewährleistungsverpflichtung eines inländischen Kreditinstituts oder eines Kreditinstituts eines anderen Mitgliedstaates der Europäischen Union oder eines anderen Vertragsstaates des Abkommens über den Europäischen Wirtschaftsraum**

**erbracht werden.**

**(2) Wird die Deckungsvorsorge durch eine Haftpflichtversicherung erbracht, so gelten die § 113 Abs. 3 und die §§ 114 bis 124 des Versicherungsvertragsgesetzes sinngemäß.**

**(3) Durch eine Freistellungs- oder Gewährleistungsverpflichtung eines Kreditinstituts kann die Deckungsvorsorge nur erbracht werden, wenn gewährleistet ist, dass das Kreditinstitut, solange mit seiner Inanspruchnahme gerechnet werden muss, in der Lage sein wird, seine Verpflichtungen im Rahmen der Deckungsvorsorge zu erfüllen. Für die Freistellungs- oder Gewährleistungsverpflichtung gelten die § 113 Abs. 3 und die §§ 114 bis 124 des Versicherungsvertragsgesetzes sinngemäß.**

**(4) Zuständige Stelle im Sinne des § 117 Abs. 2 des Versicherungsvertragsgesetzes ist die für die Durchführung der Überwachung nach § 64 zuständige Behörde.**

**(5) Die Bundesrepublik Deutschland und die Länder sind zur Deckungsvorsorge gemäß Absatz 1 nicht verpflichtet.**

**Literatur**

Janott, Aspekte zum Arzneimittelhaftpflichtrisiko und seine Rückversicherung, in: 25 Jahre Karlsruher Forum.

**Übersicht** **Rz.**

## I. Die Bedeutung der Norm

Der pharmazeutische Unternehmer ist verpflichtet, eine Deckungsvorsorge für seine gesetzlichen Verpflichtungen zum Schadensersatz beizubringen. Diese Deckungsvorsorge hat schon zu bestehen, wenn das Arzneimittel in den Verkehr gebracht wird. Als gesetzliche Verpflichtungen sind nicht nur die Haftung nach § 84, sondern auch die Haftung wegen Verschuldens nach § 823 BGB anzusehen.[1] 1

## II. Deckungsvorsorge

Die Deckungsvorsorge kann von einem Haftpflichtversicherer, der im EWR-Bereich seine Hauptniederlassung hat oder einer Bank erbracht werden. Freistellungsverpflichtungen durch Banken sind in der Praxis unbekannt, da sie zu 50% in die Bilanz des Unternehmens eingehen. 2

## III. Schutz des Patienten

Durch Verweisung auf die §§ 158c ff. VVG wird der Patient auch dann berechtigt, wenn wegen Obliegenheitsverletzung oder aus anderen Gründen der Versicherer nicht gegenüber dem pharmazeutischen Unternehmer haftet. Hierin prägt sich der soziale Schutz der Haftpflichtversicherung aus, der über die Zwangshaftpflicht Versicherten Gefährdungs- und Verschuldensansprüche gewähren soll. 3

## IV. Pharmapool

Zwar besteht kein Kontrahierungszwang für die Versicherer, jedoch haben diese die Gewährleistung der Deckungsvorsorge in gewisser Weise erleichtert. In der Praxis gilt folgende Regelung: Jeder Haftpflichtversicherer trägt die ersten 5 Mio. € selbst, gleichgültig aus welchem Rechtsgrund sie entstanden sind, ob er sie selbst rückversichert hat oder nicht. Die restlichen 95 Mio. € werden dann im Innenverhältnis vom Pharmapool übernommen. Der Pharmapool stellt eine Mischung zwischen einem mittelbaren Erstversicherer, einem Rückversicherer und einer Risikoverteilung in Gesellschaftsform dar.[2] Der Patient hat übrigens keinen Anspruch gegen den Erstversicherer oder den Pharmapool. Er hat vielmehr den pharmazeutischen Unternehmer selbst in Anspruch zu nehmen. 4

## V. Befreiung von der Deckungsvorsorge

Bund und Länder bedürfen keiner Deckungsvorsorge. Das gilt vor allem für Krankenhausapotheken, Landesimpfanstalten und Einrichtungen der Bundeswehr.[3] 5

---

[1] Sander, § 94 Anm. 3.

[2] Janott, S. 129ff.; Deutsch, Versicherungsvertragsrecht4, Rn. 113.

[3] Kloesel, Cyran, AMG, § 94 Nr. 4.

### VI. Sanktionen

#### Im Strafrecht

6 Strafbar macht sich, wer ein zum Gebrauch beim Menschen bestimmtes Arzneimittel in den Verkehr bringt, obwohl die nach § 94 erforderliche Haftpflichtversicherung oder Freistellungs- oder Gewährleistungsverpflichtung nicht oder nicht mehr besteht, § 96 Nr. 19.

#### Im Ordnungswidrigkeitenrecht

7 Ordnungswidrig handelt, wer ein zum Gebrauch beim Menschen bestimmtes Arzneimittel in den Verkehr bringt, obwohl die nach § 94 erforderliche Haftpflichtversicherung oder Freistellungs- oder Gewährleistungsverpflichtung nicht oder nicht mehr besteht und diese Handlung fahrlässig begeht, § 97 Abs. 1, Abs. 3.

## § 94a
## Örtliche Zuständigkeit

**(1) Für Klagen, die auf Grund des § 84 oder des § 84a Abs. 1 erhoben werden, ist auch das Gericht zuständig, in dessen Bezirk der Kläger zur Zeit der Klageerhebung seinen Wohnsitz, in Ermangelung eines solchen seinen gewöhnlichen Aufenthaltsort hat.**

**(2) Absatz 1 bleibt bei der Ermittlung der internationalen Zuständigkeit der Gerichte eines ausländischen Staates nach § 328 Abs. 1 Nr. 1 der Zivilprozessordnung außer Betracht.**

### I. Die Bedeutung der Norm

Nach den §§ 12ff. ZPO hätte der Patient entweder am Sitz des pharmazeutischen 1
Unternehmers oder am Ort der unerlaubten Handlung, also etwa auch am Ort der Verletzung, zu klagen. Dieses kann für ihn unter Umständen nachteilig sein.

### II. Erweiterte örtliche Zuständigkeit

Für Klagen, die aufgrund des § 84 oder des § 84a Abs. 1 erhoben werden, ist zu- 2
sätzlich zu den schon genannten Gerichtsständen auch das Gericht zuständig, in dessen Bezirk der Kläger zur Zeit der Klageerhebung seinen Wohnsitz bzw. gewöhnlichen Aufenthaltsort hat. Damit soll dem Patientenschutz Rechnung getragen werden. Der Patient soll nicht mühsam und kostenträchtig an einem fremden Ort klagen müssen. Nach dem Wortlaut gilt dies nur für Ansprüche aus der Gefährdungshaftung des § 84. Einen wirksamen Verbraucherschutz würde jedoch § 94a nur dann gewähren, wenn auch die mit der Gefährdungshaftung nach § 84 verbundenen Ansprüche aus Verschuldenshaftung bei demselben Gericht geltend gemacht werden könnten. Nach dem Sachzusammenhang sollte das möglich sein.[1] Für den Auskunftsanspruch gegenüber den Behörden nach § 84a Abs. 2 gilt diese Bestimmung nicht. Insoweit ist der Verwaltungsrechtsweg gegeben.[2]

### III. Internationale Zuständigkeit

Die Sonderregelung des § 94a soll nicht in die Bestimmung der internationalen 3
Zuständigkeit nach § 328 Abs. 1 Nr. 1 ZPO übertragen werden. Damit wird diese Norm auf Deutschland beschränkt und eine Klage eines ausländischen Patienten an einem Heimatgericht bedarf besonderer internationaler Zuständigkeit, wenn das Urteil in Deutschland vollstreckt werden soll.[3] Diese Regel enthält einen deutlichen Verstoß gegen das Gleichbehandlungsgebot im Prozessrecht. Vielleicht ist sie sogar europarechtswidrig.

---

1 Anders der Ausschussbericht zum Ersten Gesetz zur Änderung des AMG; generell gegen die Zuständigkeit kraft Sachzusammenhangs BGHZ 132, 111; vgl. auch Kloesel, Cyran, § 94a.

2 Anders Wagner, NJW 2002, 2053.

3 Wenig verständlich der Bericht des Ausschusses zum Ersten Gesetz zur Änderung des Arzneimittelgesetzes, der Abs. 2 für notwendig hält, „um die Einheitlichkeit der Entwicklung der Rechtsprechung zu diesem neuen Rechtsinstitut zu gewährleisten". Der Gerichtsstand des Deliktsorts bleibt auch für Ansprüche aus § 84 gewahrt.

# Siebzehnter Abschnitt
# Straf- und Bußgeldvorschriften

## § 95
## Strafvorschriften

**(1) Mit Freiheitsstrafe bis zu drei Jahren oder mit Geldstrafe wird bestraft, wer**

**1. entgegen § 5 Absatz 1 ein Arzneimittel in den Verkehr bringt oder bei anderen anwendet,**

**2. einer Rechtsverordnung nach § 6, die das Inverkehrbringen von Arzneimitteln untersagt, zuwiderhandelt, soweit sie für einen bestimmten Tatbestand auf diese Strafvorschrift verweist,**

**2a. entgegen § 6a Abs. 1 Arzneimittel zu Dopingzwecken im Sport in den Verkehr bringt, verschreibt oder bei anderen anwendet,**

**2b. entgegen § 6a Abs. 2a Arzneimittel in nicht geringer Menge zu Dopingzwecken im Sport besitzt,**

**3. entgegen § 7 Abs. 1 radioaktive Arzneimittel oder Arzneimittel, bei deren Herstellung ionisierende Strahlen verwendet worden sind, in den Verkehr bringt,**

**3a. entgegen § 8 Abs. 1 Nr. 1 oder 1a, auch in Verbindung mit § 73 Abs. 4 oder § 73a, Arzneimittel oder Wirkstoffe herstellt oder in den Verkehr bringt,**

**4. entgegen § 43 Abs. 1 Satz 2, Abs. 2 oder 3 Satz 1 mit Arzneimitteln, die nur auf Verschreibung an Verbraucher abgegeben werden dürfen, Handel treibt oder diese Arzneimittel abgibt,**

**5. Arzneimittel, die nur auf Verschreibung an Verbraucher abgegeben werden dürfen, entgegen § 47 Abs. 1 an andere als dort bezeichnete Personen oder Stellen oder entgegen § 47 Abs. 1a abgibt oder entgegen § 47 Abs. 2 Satz 1 bezieht,**

**5a. entgegen § 47a Abs. 1 ein dort bezeichnetes Arzneimittel an andere als die dort bezeichneten Einrichtungen abgibt oder in den Verkehr bringt,**

**6. entgegen § 48 Abs. 1 Satz 1 in Verbindung mit einer Rechtsverordnung nach § 48 Abs. 2 Nr. 1 oder 2 Arzneimittel, die zur Anwendung bei Tieren bestimmt sind, die der Gewinnung von Lebensmitteln dienen, abgibt,**

**7. Fütterungsarzneimittel entgegen § 56 Abs. 1 ohne die erforderliche Verschreibung an Tierhalter abgibt,**

**8. entgegen § 56a Abs. 1 Satz 1, auch in Verbindung mit Satz 3, oder Satz 2 Arzneimittel verschreibt, abgibt oder anwendet, die zur Anwendung bei Tieren bestimmt sind, die der Gewinnung von Lebensmitteln dienen, und nur auf Verschreibung an Verbraucher abgegeben werden dürfen,**

**9. Arzneimittel, die nur auf Verschreibung an Verbraucher abgegeben werden dürfen, entgegen § 57 Abs. 1 erwirbt,**

**10. entgegen § 58 Abs. 1 Satz 1 Arzneimittel, die nur auf Verschreibung an Verbraucher abgegeben werden dürfen, bei Tieren anwendet, die der Gewinnung von Lebensmitteln dienen oder**

Tag

E. Deutsch, H.-D. Lippert (Hrsg.), *Kommentar zum Arzneimittelgesetz (AMG)*,
DOI 10.1007/978-3-642-01455-0_17, 

11. entgegen Artikel 5 Abs. 2 der Verordnung (EWG) Nr. 2377/90 einen Stoff einem dort genannten Tier verabreicht.

(2) Der Versuch ist strafbar.

(3) In besonders schweren Fällen ist die Strafe Freiheitsstrafe von einem Jahr bis zu zehn Jahren. Ein besonders schwerer Fall liegt in der Regel vor, wenn der Täter

1. durch eine der in Absatz 1 bezeichneten Handlungen
   a) die Gesundheit einer großen Zahl von Menschen gefährdet,
   b) einen anderen der Gefahr des Todes oder einer schweren Schädigung an Körper oder Gesundheit aussetzt oder
   c) aus grobem Eigennutz für sich oder einen anderen Vermögensvorteile großen Ausmaßes erlangt oder
2. in den Fällen des Absatzes 1 Nr. 2a
   a) Arzneimittel zu Dopingzwecken im Sport an Personen unter 18 Jahren abgibt oder bei diesen Personen anwendet oder
   b) gewerbsmäßig oder als Mitglied einer Bande handelt, die sich zur fortgesetzten Begehung solcher Taten verbunden hat, oder
3. in den Fällen des Absatzes 1 Nr. 3a gefälschte Arzneimittel oder Wirkstoffe herstellt oder in den Verkehr bringt und dabei gewerbsmäßig oder als Mitglied einer Bande handelt, die sich zur fortgesetzten Begehung solcher Taten verbunden hat.

(4) Handelt der Täter in den Fällen des Absatzes 1 fahrlässig, so ist die Strafe Freiheitsstrafe bis zu einem Jahr oder Geldstrafe.

## § 96
## Strafvorschriften

Mit Freiheitsstrafe bis zu einem Jahr oder mit Geldstrafe wird bestraft, wer

1. entgegen § 4b Absatz 3 Satz 1 ein Arzneimittel abgibt,
2. einer Rechtsverordnung nach § 6, die die Verwendung bestimmter Stoffe, Zubereitungen aus Stoffen oder Gegenständen bei der Herstellung von Arzneimitteln vorschreibt, beschränkt oder verbietet, zuwiderhandelt, soweit sie für einen bestimmten Tatbestand auf diese Strafvorschrift verweist,
3. entgegen § 8 Abs. 1 Nr. 2, auch in Verbindung mit § 73a, Arzneimittel oder Wirkstoffe herstellt oder in den Verkehr bringt,
4. ohne Erlaubnis nach § 13 Absatz 1 Satz 1 oder § 72 Absatz 1 Satz 1 ein Arzneimittel, einen Wirkstoff oder einen dort genannten Stoff herstellt oder einführt,

4a. ohne Erlaubnis nach § 20b Abs. 1 Satz 1 oder Abs. 2 Satz 7 Gewebe gewinnt oder Laboruntersuchungen durchführt oder ohne Erlaubnis nach § 20c Abs. 1 Satz 1 Gewebe oder Gewebezubereitungen be- oder verarbeitet, konserviert, lagert oder in den Verkehr bringt,

5. entgegen § 21 Abs. 1 Fertigarzneimittel oder Arzneimittel, die zur Anwendung bei Tieren bestimmt sind, oder in einer Rechtsverordnung

**nach § 35 Abs. 1 Nr. 2 oder § 60 Abs. 3 bezeichnete Arzneimittel ohne Zulassung oder ohne Genehmigung der Kommission der Europäischen Gemeinschaften oder des Rates der Europäischen Union in den Verkehr bringt,**

**5a. ohne Genehmigung nach § 21a Abs. 1 Satz 1 Gewebezubereitungen in den Verkehr bringt,**

**6. eine nach § 22 Abs. 1 Nr. 3, 5 bis 9, 11, 12, 14 oder 15, Abs. 3b oder 3c Satz 1 oder § 23 Abs. 2 Satz 2 oder 3 erforderliche Angabe nicht vollständig oder nicht richtig macht oder eine nach § 22 Abs. 2 oder 3, § 23 Abs. 1, Abs. 2 Satz 2 oder 3, Abs. 3, auch in Verbindung mit § 38 Abs. 2, erforderliche Unterlage oder durch vollziehbare Anordnung nach § 28 Abs. 3, 3a oder 3c Satz 1 Nr. 2 geforderte Unterlage nicht vollständig oder mit nicht richtigem Inhalt vorlegt,**

**7. entgegen § 30 Abs. 4 Satz 1 Nr. 1, auch in Verbindung mit einer Rechtsverordnung nach § 35 Abs. 1 Nr. 2, ein Arzneimittel in den Verkehr bringt,**

**8. entgegen § 32 Abs. 1 Satz 1, auch in Verbindung mit einer Rechtsverordnung nach § 35 Abs. 1 Nr. 3, eine Charge ohne Freigabe in den Verkehr bringt,**

**9. entgegen § 38 Abs. 1 Satz 1 oder § 39a Satz 1 Fertigarzneimittel als homöopathische oder als traditionelle pflanzliche Arzneimittel ohne Registrierung in den Verkehr bringt,**

**10. entgegen § 40 Abs. 1 Satz 3 Nr. 2, 2a Buchstabe a, Nr. 3, 4, 5, 6 oder 8, jeweils auch in Verbindung mit Abs. 4 oder § 41 die klinische Prüfung eines Arzneimittels durchführt,**

**11. entgegen § 40 Abs. 1 Satz 2 die klinische Prüfung eines Arzneimittels beginnt,**

**12. entgegen § 47a Abs. 1 Satz 1 ein dort bezeichnetes Arzneimittel ohne Verschreibung abgibt, wenn die Tat nicht nach § 95 Abs. 1 Nr. 5a mit Strafe bedroht ist,**

**13. entgegen § 48 Abs. 1 Satz 1 Nr. 1 in Verbindung mit einer Rechtsverordnung nach § 48 Abs. 2 Nr. 1 oder 2 Arzneimittel abgibt, wenn die Tat nicht in § 95 Abs. 1 Nr. 6 mit Strafe bedroht ist,**

**14. ohne Erlaubnis nach § 52a Abs. 1 Satz 1 Großhandel betreibt,**

**15. entgegen § 56a Abs. 4 Arzneimittel verschreibt oder abgibt,**

**16. entgegen § 57 Abs. 1a Satz 1 in Verbindung mit einer Rechtsverordnung nach § 56a Abs. 3 Satz 1 Nr. 2 ein dort bezeichnetes Arzneimittel in Besitz hat,**

**17. entgegen § 59 Abs. 2 Satz 1 Lebensmittel gewinnt,**

**18. entgegen § 59a Abs. 1 oder 2 Stoffe oder Zubereitungen aus Stoffen erwirbt, anbietet, lagert, verpackt, mit sich führt oder in den Verkehr bringt,**

**18a. ohne Erlaubnis nach § 72b Abs. 1 Satz 1 Gewebe oder Gewebezubereitungen einführt,**

**18b. entgegen § 72b Abs. 2 Satz 1 Gewebe oder Gewebezubereitungen einführt,**

**18c. entgegen § 73 Absatz 1b Satz 1 ein gefälschtes Arzneimittel oder einen gefälschten Wirkstoff in den Geltungsbereich dieses Gesetzes verbringt,**

**19. ein zum Gebrauch bei Menschen bestimmtes Arzneimittel in den Verkehr bringt, obwohl die nach § 94 erforderliche Haftpflichtversicherung oder Freistellungs- oder Gewährleistungsverpflichtung nicht oder nicht mehr besteht oder**

**20. gegen die Verordnung (EG) Nr. 726/2004 des Europäischen Parlaments und des Rates vom 31. März 2004 zur Festlegung von Gemeinschaftsverfahren für die Genehmigung und Überwachung von Human- und Tierarzneimitteln und zur Errichtung einer Europäischen Arzneimittel-Agentur (ABl. EU Nr. L 136 S. 1) verstößt, indem er**

**a) entgegen Artikel 6 Abs. 1 Satz 1 der Verordnung in Verbindung mit Artikel 8 Abs. 3 Unterabsatz 1 Buchstabe c bis e, h bis ia oder ib der Richtlinie 2001/83/EG des Europäischen Parlaments und des Rates vom 6. November 2001 zur Schaffung eines Gemeinschaftskodexes für Humanarzneimittel (ABl. EG Nr. L 311 S. 67), zuletzt geändert durch die Richtlinie 2004/27/EG des Europäischen Parlaments und des Rates vom 31. März 2004 (ABl. EU Nr. L 136 S. 34), eine Angabe oder eine Unterlage nicht richtig oder nicht vollständig beifügt oder**

**b) entgegen Artikel 31 Abs. 1 Satz 1 der Verordnung in Verbindung mit Artikel 12 Abs. 3 Unterabsatz 1 Satz 2 Buchstabe c bis e, h bis j oder k der Richtlinie 2001/82/EG des Europäischen Parlaments und des Rates vom 6. November 2001 zur Schaffung eines Gemeinschaftskodexes für Tierarzneimittel (ABl. EG Nr. L 311 S. 1), geändert durch die Richtlinie 2004/28/EG des Europäischen Parlaments und des Rates vom 31. März 2004 (ABl. EU Nr. L 136 S. 58), eine Angabe nicht richtig oder nicht vollständig beifügt.**

**Übersicht** **Rz.**



**Literatur**


Besch, Produkthaftung für fehlerhafte Arzneimittel, 2000; Deutscher, Körner, Die strafrechtliche Produktverantwortung von Mitgliedern kollegialer Geschäftsleitungsorgane, wistra 1996, 292 und 327; Dietmeier, Blankettstrafrecht – Ein Beitrag zur Lehre vom Tatbestand, 2002; Dölling, Duttge, Rössner, Handkommentar Gesamtes Strafrecht (HK-StGB), 1. Aufl., 2008; Erbs, Kohlhaas, Strafrechtliche Nebengesetze, 177. Ergänzungslieferung

2009; Freund, Zur strafrechtlichen Verantwortlichkeit in pharmazeutischen Unternehmen, in: Meurer (Hrsg.), Die Haftung der Unternehmensleitung, 1999, S. 67; ders. Kommentierung Arzneimittelgesetz, in Münchener Kommentar zum Strafrecht, Band 5, 1. Aufl., 2007; Grabenwarter, Europäische Menschenrechtskonvention, 4. Aufl., 2009; Heinrich, Rechtsgutszugriff und Entscheidungsträgerschaft, 2002; Hilgendorf, Zur Kausalität im Arzneimittelstrafrecht, PharmaR 1994, 303; ders., Fragen der Kausalität bei Gremienentscheidungen am Beispiel des Lederspray-Urteils, NJW 1994, 561; Hillenkamp, 32 Probleme aus dem Strafrecht Allg. Teil, 12. Aufl., 2006; Horn, Das Inverkehrbringen als Zentralbegriff des Nebenstrafrechts, NJW 1977, 2329; Ingelfinger, Anstiftervorsatz und Tatbestimmtheit, 1992; Kaufmann, Die Parallelwertung in der Laiensphäre, 1982; Kühl, Probleme der Verwaltungsakzessorietät des Strafrechts, insbesondere des Umweltstrafrechts, FS Lackner, 1987, S. 815; Kuhlen, Strafrechtliche Produkthaftung, FS BGH, 2000, S. 647; Kühne, Strafrechtliche Produkthaftung in Deutschland, NJW 1997, 1951; Leipold, Vollendungszeitpunkt beim BtM-Handeltreiben, NJW-Spezial 2005, 282; ders., Früher Vollendungszeitpunkt beim BtMG-Handeltreiben, NJW-Spezial 2006, 40; Liebau, „Ne bis in idem“ in Europa. Zugleich ein Beitrag zum Kartellsanktionenrecht in der EU und zur Anrechnung drittstaatlicher Kartellsanktionen, Diss. 2005; Mansdörfer, Das Prinzip des ne bis in idem im europäischen Strafrecht, Diss. 2004; Meier, Verbraucherschutz durch Strafrecht? – Überlegungen zur strafrechtlichen Produkthaftung nach der „Lederspray“-Entscheidung des BGH, NJW 1992, 1392; Rotsch, Neues zur Organisationsherrschaft, NStZ 2005, 13, 16f.; Roxin, Strafrecht Allgemeiner Teil, Band I, 4. Aufl., 2006; Satzger, Internationales und Europäisches Strafrecht: Strafanwendungsrecht, Europäisches Straf- und Strafverfahrensrecht, Völkerstrafrecht, 3. Aufl., 2009; Schmidt, Die Entwicklung des Betäubungsmittelstrafrechts bis Mitte 2005, NJW 2005, 3250; Schmidt-Salzer, Konkretisierungen der strafrechtlichen Produkt- und Umweltverantwortung, NJW 1996, 1; Schumann, Zum Einheitstätersystem des § 14 OWiG, 1979; Schünemann, Unternehmenskriminalität und Strafrecht, 1979; ders., Nulla poena sine lege? Rechtstheoretische und verfassungsrechtliche Implikationen der Rechtsgewinnung im Strafrecht, 1978; Tag, Der Körperverletzungstatbestand im Spannungsfeld zwischen Patientenautonomie und Lex artis, 2000; dies., Handeln und Unterlassen – ethische und rechtliche Überlegungen mit Blick auf neue medizinische Forschungsfelder, in: Kick, Taupitz (Hrsg.), Handeln und Unterlassen – Ethik und Recht in den Grenzbereichen von Medizin und Psychologie, 2003, S. 37; dies., Placebo – Rechtsfragen zum Einsatz in der Therapie und in der Forschung in: Eder (Hrsg.), Festschrift 20. Europäische Akademie der Wissenschaften und Künste, 2010, 387 ff.; Tiedemann, Zum Stand der Irrtumslehre, insbesondere im Wirtschafts- und Nebenstrafrecht, in: Festschrift Geerds, 1995, S. 95; Weißauer, Arbeitsteilung und Abgrenzung der Verantwortung zwischen Anästhesist und Operateur, Der Anästhesist, 1962, 239; Weißauer, Lippert, Das Rettungswesen, 1984; Wessels, Beulke, Strafrecht Allgemeiner Teil, 39. Aufl., 2009.

## I. Die Bedeutung der Rechtsnormen

1 Die §§ 95 und 96 AMG regeln strafbare Verstöße gegen einzelne Pflichten aus dem AMG. § 95 Abs. 1 und Abs. 2 AMG sowie § 96 AMG sind jeweils Vergehen, da sie im Mindestmaß mit Freiheitsstrafe unter einem Jahr oder mit Geldstrafe bedroht sind, § 12 Abs. 2 StGB. § 95 Abs. 1 AMG, bedroht mit Freiheitsstrafe bis zu drei Jahren oder Geldstrafe, umfasst einen abstrakten Strafrahmen der angedrohten Freiheitsstrafe von einem Monat Mindeststrafe, § 38 Abs. 2 StGB, bis drei Jahre Höchststrafe; § 96 AMG, bedroht mit Freiheitsstrafe bis zu einem Jahr oder Geldstrafe, hat einen abstrakten Strafrahmen von einem Monat Freiheitsstrafe bis zu

einem Jahr; der Strafrahmen der Geldstrafe beträgt für § 95 Abs. 1 und § 96 AMG fünf bis 360 Tagessätze, § 40 StGB.

§ 95 Abs. 3 AMG sieht eine Strafschärfung für besonders schwere Fälle, bezogen auf einige Tathandlungen von § 95 Abs. 1 vor. Der Strafrahmen der Freiheitsstrafe beträgt hier von einem Jahr bis zu zehn Jahren. Das Gesetz hat diese Regelbeispiele sukzessive, d.h. im Rahmen verschiedener Gesetzesergänzungen, eingeführt. Eine Motivation war, dass die Verstöße nach Absatz 1 die Dimension eines Massendelikts annehmen können und zudem die Gefahr für Leben und Gesundheit der Konsumenten sehr hoch ist. Die Benennung der Regelbeispiele soll die Rechtsanwendung erleichtern, wobei zu beachten ist, dass nicht unter allen Umständen, in denen die Regelbeispiele erfüllt sind, ein besonders schwerer Fall anzunehmen ist. Umgekehrt kann es sog. unbenannte schwere Fälle geben, deren Unrecht wertungsmäßig das der schon für den ordentlichen Strafrahmen beachteten Fälle weit übertrifft. Die indizielle Bedeutung eines Regelbeispiels kann zudem durch andere Strafzumessungsfaktoren kompensiert werden. Maßgebend sind jeweils die Umstände des Einzelfalles. Die Regelbeispiele sind zwar tatbestandsähnlich, haben aber keine Tatbestandsqualität. Daher bleibt diese Strafschärfung für die Einteilung von Vergehen und Verbrechen außer Betracht, § 12 Abs. 3 StGB.[1] 2

Während § 95 Abs. 1 bis 3 AMG und § 96 AMG eine vorsätzliche Begehung voraussetzen, § 15 StGB, bedroht § 95 Abs. 4 AMG die fahrlässige Verwirklichung von § 95 Abs. 1 AMG mit Freiheitsstrafe von einem Monat bis zu einem Jahr bzw. mit fünf bis zu 360 Tagessätzen Geldstrafe. Demgegenüber ist die fahrlässige Begehung von § 96 AMG eine Ordnungswidrigkeit gemäß § 97 Abs. 1 AMG. 3

Wird durch ein Arzneimittel ein Mensch gefährdet, verletzt oder gar getötet, so lassen die §§ 95ff. AMG die Verantwortlichkeit des Täters nach dem Kernstrafrecht unberührt. D.h. die Straftatbestände der Tötung, Körperverletzung etc. können je nach Fallkonstellation in Ideal- bzw. Realkonkurrenz zu allfälligen Straftaten nach § 95 stehen.[2] 4

## II. Bestimmtheitsgrundsatz, Art. 103 Abs. 2 GG

Die besondere, komplexe Struktur des Arzneimittelrechts bringt es mit sich, dass die Praxis sich zusehends vom allgemeinen Strafrecht entfernt und sich das Arzneimittelstrafrecht nach eigenen Grundsätzen entfaltet. Neue Entwicklungen und schnelle technologische Fortschritte im Bereich der Arzneimittelforschung, politische Vorgaben, internationale Zusammenarbeit und Vernetzung verlangen ständige Anpassung und Überprüfung der arzneimittelrelevanten Bereiche. Sie nehmen die Verantwortlichen in die Pflicht, um Chancen und Risiken zu antizipieren und um frühzeitig notwendige Anpassungen durchzuführen. Diese Dynamik macht es dem Gesetzgeber nicht immer leicht, die zu regelnden Sachverhalte im Arzneimit- 5

1 Hölscher, HK-StGB, § 12 Rn. 2.

2 Zur Strafbarkeit wegen Körperverletzung durch Unterlassen bei Placebogaben im Rahmen von §§ 40, 41 vgl. Tag, in: Eder (Hrsg.), 2010, 387ff.

telstrafrecht vorausschauend und in abstrakt generellen Straftatbeständen so zu erfassen, wie es später aus der ex post Betrachtung unter den Gesichtspunkten von Strafwürdigkeit und Strafbedürftigkeit geboten erscheint. Unterzieht man die Straftatbestände der §§ 95f. AMG einer genaueren Überprüfung, so zeigt sich rasch, dass nur wenige strafbewehrte Verhaltensweisen aus sich heraus verständlich sind. Ausgestaltet als Blanketttatbestände lässt sich ihr Sinn erst über komplizierte Verweisungsketten, zum Teil unter Berücksichtigung von Rechtsverordnungen, erschließen, so z.B. bei § 95 Abs. 1 Nr. 2 i.V. mit § 6 AMG i.V. mit den jeweiligen Rechtsverordnungen. Aber auch § 96 Nr. 20 enthält Beispiele, die deutlich aufzeigen, dass die Strafrechtsnorm nur noch ein äußeres Gerüst bildet, der Inhalt des poenalisierten Verhaltens sich nur aufgrund komplexer Verweisungsketten erschließen lässt. Ergänzt wird diese Gesetzestechnik durch zahlreiche Generalklauseln, wie z.B. das „Inverkehrbringen bedenklicher" Arzneimittel i.S. von § 5 AMG, das „Handeltreiben", § 95 Abs. 1 Nr. 4 AMG,[3] die „große Zahl von Menschen", § 95 Abs. 3 Nr. 1 AMG oder „aus grobem Eigennutz", Nr. 3. Diese Formulierungen beruhen auf der kriminalpolitischen Überlegung, die strafwürdigen und -bedürftigen Verhaltensweisen im Umgang mit Arzneimitteln möglichst flächendeckend zu erfassen. Hierzu steht Art. 103 Abs. 2 GG in Spannung. Diese Verfassungsbestimmung gilt namentlich für das Nebenstrafrecht und fordert auch hier Straftatbestände, deren Tragweite und Anwendungsbereich klar zu erkennen sind und deren Inhalt sich auch für den Rechtsunterworfenen noch verstehen und durch Auslegung ermitteln lässt.[4] Die zahlreichen langwierigen, sich ständig ändernden Verweisungsketten der Straftatbestände des AMG zeigen eindrücklich, dass der fragmentarische und subsidiäre Charakter des Strafrechts und dessen Funktion, ethisches Minimum zu sein, verloren gehen. Auch wenn die auf den nulla-poena-Grundsatz zurückgehenden Bedenken von der Rechtspraxis regelmäßig zerstreut werden, indem mit Hilfe der systematischen und teleologischen Auslegung ein Wertungsgleichklang zwischen geregelten und elastisch formulierten Merkmalen hergestellt wird,[5] verbleibt für den Rechtsanwender das ungute Gefühl von Unsicherheit. Zwar vermag der Gesetzgeber ohne die Verwendung auslegungsbedürftiger Begriffe der Vielgestaltigkeit des Arzneimittelwesens nicht immer in zureichendem Maße Rechnung zu tragen. Entgegen der eher großzügigen Ansicht der Rechtsprechung stellt sich im Bereich der §§ 95ff. AMG die Frage, ob bei den einzelnen Ge- und Verboten die Grenze zum inhaltlich unbestimmten und damit rechtsstaatswidrigen Straftatbestand schon überschritten wurde. Soll die Garantiefunktion des Straftatbestandes nicht preisgegeben werden, dürfen die gerade auch auf europäischen und internationalen Vorgaben beruhenden Vorgaben im Arzneimittelrecht nicht dazu führen, dass die nebenstrafrechtlichen Bestimmungen der §§ 95f. AMG zur bloßen Verweisungsquelle von anderswo verortetem Recht degradiert werden. Betrachtet man die sowohl in § 95, aber auch in § 96 anzutreffenden Verweisungsketten, die zum Teil regelrecht ausufern, vgl. z.B. § 96 Nr. 20,

---

3 Hierzu BVerfG Beschl. v. 25.02.1993 – 2 BvR 2229/92; Beschl. 24.10.1999 – 2 BvR 1906/99; BGH GS NJW 2005, 3790, 3792.

4 Vgl. BVerfGE 14, 245, 251; 25, 269, 285; 41, 314, 319; 50, 142, 164f.; 71, 108, 114.

5 Zu § 95 Abs. 1 i.V. mit § 5 AMG a.F. vgl. BVerfG NJW 2000, 3417.

so kann man nicht umhin festzustellen, dass dem Gebot der Rechtsklarheit nicht mehr in ausreichendem Masse Rechnung getragen wird. Kommt die Legislative ihrer Aufgabe, Straftatbestände so bestimmt zu fassen, dass sie gerade auch vom juristischen Laien als solche erkannt und verstanden werden, nur ungenügend nach, ist die Strafrechtspraxis in besonderem Maße gefordert, den Zusammenhang mit dem allgemeinen Strafrecht und den dort geltenden Prinzipien klar herauszuarbeiten.[6]

### III. Räumlicher Geltungsbereich

Das deutsche Strafrecht und damit auch die §§ 95f. AMG beruhen auf dem Grundsatz, dass es die innerhalb seines Staatsgebiets begangenen Taten erfasst. Das sog. Territorialitätsprinzip, § 3 StGB, wird durch das Flaggenprinzip, § 4 StGB, ergänzt. Tatort ist dabei gemäß § 9 Abs. 1 StGB jeder Ort, an dem der Täter gehandelt hat bzw. bei Unterlassen hätte handeln müssen oder an dem der zum Tatbestand gehörende Erfolg eingetreten ist bzw. nach der Vorstellung des Täters hätte eintreten müssen. Bei Mittäterschaft, § 25 Abs. 2 StGB, genügt es, wenn im Inland nur ein Tatbeitrag eines Mittäters geleistet wird.[7] Die Teilnahme ist sowohl an dem Ort begangen, an dem die Tat begangen ist als auch an jedem Ort, an dem der Teilnehmer gehandelt hat oder im Falle des Unterlassens hätte handeln müssen oder an dem nach seiner Vorstellung die Tat begangen werden sollte. Hat der Teilnehmer an einer Auslandstat im Inland gehandelt, so gilt für die Teilnahme das deutsche Strafrecht, auch wenn die Tat nach dem Recht des Tatorts nicht mit Strafe bedroht ist, § 9 Abs. 2 StGB. 6

Auf Straftaten, die im Ausland begangen werden, können unter den Voraussetzungen der §§ 5 – 7 StGB deutsches Strafrecht und damit auch nichtstrafrechtliche Vorschriften, soweit sie für die Voraussetzungen und Folgen rechtswidriger Taten von Bedeutung sind, anwendbar sein. Wurde die fragliche Tat bereits in einem anderen Staat verfolgt oder abgeurteilt, sind die internationalen und europäischen Grundsätze des ne bis inidem zu beachten.[8] 7

---

6 Zu Recht kritisch zur weiten Auslegung des Begriffs des Handeltreibens durch die Rechtsprechung, insbes. BGH GS NJW 2005, 3740; Leipold, NJW Spezial 2006, 40; zu BGH NStZ 2004, 105, s. die Anm. Roxin, StV 2003, 619; zu BGH NJW 2003, 150 s. die Anm. Hardtung, NStZ 2003, 261; Kühl, JZ 2003, 635.

7 BGH NJW 2002, 3846; Hartmann, HK-StGB, § 9 Rn. 14.

8 Zu Art. 4 des 7. Zusatzabkommens zur EMRK vgl. Grabenwarter, EMRK, Rn. 142ff.; T. Liebau, „Ne bis in idem" in Europa, 217ff.; zu *ne bis in idem* nach Art. 54 SDÜ vgl. Mansdörfer, 141ff.; Satzger, Strafanwendungsrecht[3], § 4 N 16ff. Art. 50 der Europäischen Grundrechtscharta konstituiert ebenfalls ein Verbot der Doppelbestrafung und Doppelverfolgung. Die europäische Grundrechtscharta erhält Rechtsverbindlichkeit für die Mitgliedsstaaten als Zusatzprotokoll zum Vertrag von Lissabon, der zum 1.12.2009 in Kraft getreten ist. Der in Art. 50 geregelte *ne bis in idem*-Grundsatz erhält damit transnationale Bedeutung.

### IV. Vollendetes vorsätzliches Delikt

#### 1. Positives Tun – Unterlassung

8 Normalfall der gemäß §§ 95f. StGB mit Strafe bedrohten Verhaltensweisen ist die vollendete Deliktsverwirklichung. Das bedeutet, dass der Täter alle zur Tatbestandsverwirklichung erforderlichen Handlungen entweder durch aktives Tun oder durch pflichtwidriges Unterlassen bewirkt. Die Grenze zwischen beiden Verhaltensformen ist nicht anhand ontologischer Kriterien zu ziehen. Denn sie verwischen – auch im Hinblick auf moderne Techniken und Organisationsformen – den wesensmäßigen Unterschied beider Verhaltensformen und erscheinen regelmäßig willkürlich.[9] Die strafrechtliche Qualität des zu beurteilenden Verhaltens ist vielmehr normativ zu ermitteln. Ob eine bestimmte Erwartung der §§ 95f. AMG enttäuscht und damit unterlassen oder ob ein Verbot durch aktives Tun missachtet wurde, ist mittels des sozialen Sinns des Handelns oder des Schwerpunkts der Vorwerfbarkeit zu klären.[10]

9 Die Unterscheidung zwischen positivem Tun und Unterlassen hat strafrechtlich durchaus Bedeutung. Denn die den in § 95f. genannten Handlungsformen entsprechenden Deliktsarten – Begehungsdelikte und unechte Unterlassungsdelikte – unterscheiden sich in ihren Strafbarkeitsvoraussetzungen und in der konkreten Bestimmung einzelner Tatbestandsmerkmale. So setzt die Bestrafung wegen unechter Unterlassung voraus, dass dem Täter das verletzte Rechtsgut aufgrund einer Garantenstellung anvertraut gewesen ist und das pflichtwidrige Unterlassen dem positiven Tun wertungsmäßig entspricht, § 13 StGB.

10 Die im Unterlassensbereich bedeutsame Garantenstellung ergibt sich entweder aus der Schutzpflicht für bestimmte Rechtsgüter oder aus der Verantwortlichkeit für eine bestimmte Gefahrenquelle.[11] Die Verantwortlichkeiten können einerseits begründet werden durch Gesetz, freiwillige Übernahme, Sonderpflichteneigenschaft, so z.B. als mit bestimmten Aufgaben betraute sachkundige Person, vgl. z.B. § 19 i.V. § 14, oder andererseits durch pflichtwidriges gefährdendes Vorverhalten, Verkehrssicherungspflichten oder auch das Inverkehrbringen von Produkten, so z.B. den Handel mit Arzneimitteln.

#### 2. Kausalität, objektive Zurechung

11 Die strafrechtliche Kausalität wird bei aktivem Tun einerseits und Unterlassen andererseits unterschiedlich bestimmt. Nach der sog. Conditio-sine-qua-non-Formel ist bei positivem Tun Ursache jede Bedingung, die nicht hinweg gedacht werden kann, ohne dass der konkrete Erfolg mit an Sicherheit grenzender Wahrschein-

---

[9] Tag, in: Kick, Taupitz (Hrsg.), 2003, S. 37ff.

[10] BGHSt 6, 46, 59; BGH NStZ 1999, 607; BGH NStZ 2003, 607; BGH 2005, 446; zusammenfassend Schönke, Schröder, Stree, StGB, 27. Auflage 2006, vor §§ 13ff. Rn. 156 m.w.N.; Tag, HK-StGB, § 13 Rn. 6 m.w.N.

[11] Dazu im Einzelnen Schönke, Schröder, Stree, StGB, § 13 Rn. 17ff.

lichkeit entfiele.[12] Im Unterschied dazu liegt es bereits in der Natur des Unterlassens, dass diese Formel der Umkehrung bedarf, um die Kausalität zwischen dem Untätigbleiben und dem tatbestandsmäßigen Erfolg feststellen zu können. Quasikausal ist ein Unterlassen, sofern die unterlassene Handlung nicht hinzugedacht werden kann, ohne dass der konkrete Erfolg mit an Sicherheit grenzender Wahrscheinlichkeit[13] entfiele, d.h. bei Vornahme der pflichtgemäßen Handlung der tatbestandsmäßige Erfolg ausgeblieben wäre.[14]

Entsprechend den allgemein für die strafrechtliche Kausalität geltenden Grundsätzen der Äquivalenztheorie kommt es weder auf die Qualität der einzelnen mitbeteiligten Ursachen noch auf ihren quantitativen Anteil am verursachten Erfolg an. Auch ist die Detailgenauigkeit der kausalen Erklärung normativ zu bestimmen. So ist es z.B. bei Erfolgsdelikten wie der Körperverletzung oder Tötung entbehrlich, das Zusammenspiel der beeinträchtigenden Handlung mit den eingetretenen Folgen naturwissenschaftlich exakt zu identifizieren. Es genügt, den Zusammenhang zwischen Ursache und Wirkung als solchen zu klären. 12

Darüber hinaus bedingt die strafrechtliche Kausalität – gerade auch im Arzneimittelrecht – keine absolute Gewissheit. Ausreichend ist ein nach der Lebenserfahrung ausreichendes Maß an Sicherheit, das keinen vernünftigen Zweifel bestehen lässt.[15] Denn ein absolut sicheres Wissen von Kausalzusammenhängen, dem gegenüber ein entgegen gesetzter Sachverhalt als sicher auszuschließen wäre, gibt es nicht.[16] Dies gilt besonders dann, wenn es um sehr komplexe und naturwissenschaftlich nicht bis in das kleinste Detail erforschte Vorgänge geht,[17] wie z.B. die Schädigung des menschlichen Organismus durch Verabreichen von Medikamenten.[18] Die Grenze der zulässigen Würdigung ist jedoch erreicht, wenn sie den Gesetzen der Logik und dem gesicherten wissenschaftlichen Erfahrungswissen widerspricht.[19] 13

Der Kausalverlauf wird unterbrochen, wenn ein nachfolgendes Ereignis die Fortwirkung einer früheren Bedingung aufhebt und eine andere Ursachenreihe eröffnet, die den Erfolg allein bewirkt, sog. überholende Kausalität. Alternative Kausalität liegt vor, wenn verschiedene, unabhängig voneinander gesetzte Umstände zu- 14

---

12 RGSt 1, 373; 58, 130f.; BGHSt 1, 332; BGH NJW 1987, 2940; a.A. Lehre von der gesetzmäßigen Bedingung, dazu Schönke, Schröder, Lenckner, Eisele, vor § 13 Rn. 43; Puppe, Die Erfolgszurechung im Strafrecht, 2000, 71.

13 BGH NStZ 2000, 583.

14 St. Rechtspr., z.B. RGSt 58, 130, 131; BGH StV 1984, 247f.; BGH NStZ 1985, 26f.; BGHSt 37, 106, 126.

15 Vgl. z.B. BGHR StPO § 261 Überzeugungsbildung 2.

16 Vgl. RGSt 61, 202, 206; 66, 163f.; BGH GA 1954, 152; BGHSt 41, 206; Herdegen, StV 1992, 527, 530.

17 Zur Holzschutzmittelentscheidung des Bundesgerichtshofes vgl. BGH NJW 1995, 2930.

18 Näher Hilgendorf, PharmaR 1994, 303ff.

19 BGHR StGB Vor § 1 Kausalität – Unterlassen 1.

sammenwirken, die zwar auch für sich allein zur Erfolgsherbeiführung genügt hätten, tatsächlich aber alle im eingetretenen Erfolg wirksam geworden sind. Hiervon zu trennen sind die Fälle der kumulativen Kausalität, bei welchen erst das Zusammentreffen zweier unabhängig voneinander vorgenommener Handlungen den pönalisierten Erfolg bewirkt.

15 Mit der Feststellung der Kausalität ist die Frage, ob der im Straftatbestand vorausgesetzte Erfolg dem Täter objektiv zuzurechnen ist, noch nicht geklärt. Erforderlich ist vielmehr, dass das konkrete Geschehen einen Verstoß gegen die in §§ 95f. AMG normierten Ge- und Verbote enthält und der Erfolg bei Vornahme der Handlung als zumindest mögliche Folge vorhersehbar ist. Maßgebend ist, ob der Täter eine rechtlich relevante Gefahr geschaffen hat, die sich im tatbestandsmäßigen Erfolg realisiert. Zentral bei der fahrlässigen Begehung i.S. von § 95 Abs. 4 AMG ist zudem der Pflichtwidrigkeitszusammenhang. Nach der Rechtspraxis ist dem pflichtwidrig handelnden Täter das Risiko, das sich im tatbestandsmäßigen Erfolg niedergeschlagen hat, dann nicht zuzurechnen, wenn der Erfolg mit an Sicherheit grenzender Wahrscheinlichkeit auch bei pflichtgemäßem Verhalten eingetreten wäre.[20]

### 3. Vorsatz, Fahrlässigkeit

16 § 95 Abs. 1 sowie § 96 AMG fordern Vorsatz im Hinblick auf die objektiven Tatbestandsmerkmale, § 95 Abs. 4 AMG verlangt Fahrlässigkeit. Bei der Frage des Vorsatzerfordernisses werden die Strafzumessungsmerkmale der Regelbeispiele des § 95 Abs. 3 AMG wie Tatbestandsmerkmale behandelt. Vorsatzkenntnis bedeutet Kenntnis der Tatumstände. Nicht verlangt ist, dass der Täter den Sachverhalt juristisch exakt subsumiert, er muss freilich den rechtlich-sozialen Bedeutungsgehalt des Tatumstandes nach Laiensicht richtig erfasst haben.[21] Der Vorsatz muss zum Zeitpunkt der Tatbestandsverwirklichung vorliegen, § 15 StGB.[22] Ein irgendwann vor der Tatausführung gefasster Vorsatz, der während der Ausführung nicht vorliegt (sog. dolus antecedens) ist ebenso unbeachtlich wie ein nach der tatbestandsmäßigen Handlung gefasster Vorsatz (sog. dolus subsequenz).

17 Vorsatz kann in drei unterschiedlichen Formen vorliegen: Dolus directus 1. Grades, sog. Absicht, ist gegeben, wenn der tatbestandliche Erfolg das (End- oder notwendige Zwischen-)Ziel des Täterhandelns ist, er mit unbedingtem zielgerichteten Erfolgswillen handelt.[23] Den Eintritt des Erfolges muss der Täter (zumindest) für möglich halten. Dolus directus 2. Grades, sog. direkter Vorsatz, ist anzunehmen, wenn der Täter weiß oder als sicher voraussieht, dass sein Handeln zur Ver-

---

[20] BGH GSt 11, 1; BGH NJW 1990, 2560, 2563 (Lederspray-Entscheidung); OLG Köln NStZ-RR 2002, 304; a.A. die sog. Risikoerhöhungslehre, wonach eine Erfolgszurechung schon erfolgt, wenn das Risiko des Erfolgseintritts bei pflichtgemäßem Täterverhalten geringer gewesen wäre, vgl. Roxin, Strafrecht AT I, § 11 Nr. 87ff.

[21] BGHSt 3, 248; Arthur Kaufmann, 1982.

[22] BGH NStZ 2004, 386.

[23] BGHSt 16, 1; 21, 283.

wirklichung des gesetzlichen Tatbestandes führt. Darauf, ob dem Täter der Eintritt des Erfolges erwünscht oder unerwünscht ist, kommt es nicht an. Dolus eventualis, sog. Eventualvorsatz, liegt vor, wenn der Täter die Verwirklichung des Tatbestandes ernstlich für möglich hält und sich damit abfindet, dass sein Verhalten zur Verwirklichung des Tatbestandes führt. Soweit der jeweilige Straftatbestand keine besondere Vorsatzform erfordert, genügt bereits dolus eventualis den gesetzlichen Anforderungen.

Aufgrund des unterschiedlichen Strafrahmens in § 95 Abs. 4 AMG bzw. der Umstufung in eine Ordnungswidrigkeit, § 97 Abs. 1 AMG, ist die Abgrenzung von dolus eventualis und bewusster Fahrlässigkeit gerade auch im Arzneimittelstrafrecht von erheblicher praktischer Relevanz. Gemeinsam ist beiden Bewusstseinsformen, dass der Täter mit der Tatbestandsverwirklichung als möglich und nicht fernliegend rechnet. Er kennt die Gefahr, die seinem Verhalten innewohnt (intellektuelles Element). Unterschiede finden sich jedoch im Bereich des Wollens. Bei Eventualvorsatz findet sich der Täter mit der Verwirklichung des Tatbestandes ab, steht dem Erfolg gleichgültig gegenüber, während er bei bewusster Fahrlässigkeit auf das Ausbleiben des Erfolges positiv vertraut.[24] Dies ist regelmäßig dann der Fall, wenn er mögliche Gefahren auszuschließen versucht. 18

### 4. Irrtum

Irrt der Täter, so ist zwischen einer Fehleinschätzung über Tatumstände, § 16 Abs. 1 Satz 1 StGB, und dem Verbotsirrtum des Täters, § 17 StGB, zu unterscheiden. Während der Tatbestandsirrtum den Vorsatz des Täters ausschließt, die Strafbarkeit wegen fahrlässiger Begehung aber unberührt bleibt, § 16 Abs. 1 Satz 2 StGB, lässt der Verbotsirrtum ggf. das Unrechtsbewusstsein entfallen. Ist er unvermeidbar, entfällt die Schuld, ist er vermeidbar, so kann die Strafe nach § 49 Abs. 1 StGB gemildert werden. 19

Ein Tatbestandsirrtum liegt vor, wenn der Täter bei Begehung der Tat ein tatsächlich vorliegendes Tatbestandsmerkmal nicht kennt oder über sein Vorliegen irrt.[25] Ein Erlaubnistatbestandsirrtum liegt vor, wenn der Täter sich Umstände vorstellt, die – wären sie in Wirklichkeit gegeben – den Voraussetzungen eines anerkannten Rechtfertigungsgrundes entsprechen und die Tat rechtfertigen würden. 20

Konsequenz des Tatbestandsirrtums ist, dass der Täter ohne Vorsatz handelt; die Strafbarkeit wegen fahrlässiger Begehung ist freilich zu prüfen, wenn – wie in § 95 Abs. 4 AMG – die fahrlässige Begehung des Delikts mit Strafe bedroht ist. Die Konsequenz des Erlaubnistatbestandsirrtums ist umstritten. Die von der Rechtspraxis vertretene eingeschränkte Schuldtheorie stellt den Irrtum über die tatsächlichen Voraussetzungen eines Rechtfertigungsgrundes dem Tatbestandsirr- 21

---

[24] Ein guter Überblick zu den zahlreichen Abgrenzungstheorien findet sich bei Hillenkamp, 2006, 1. Problem m.w.N.

[25] Zur Abgrenzung von Arznei- und Lebensmitteln bei Vitaminpräparaten vgl. BGH NStZ 2001, 488 mit Anm. Hecker, NStZ 2001, 549.

tum des § 16 Abs. 1 StGB gleich.[26] Die Tat ist mithin nicht rechtswidrig. Demgegenüber behandelt die rechtsfolgenverweisende eingeschränkte Schuldtheorie den Erlaubnistatbestandsirrtum nur in den Rechtsfolgen nach § 16 Abs. 1 StGB, indem sie die Vorsatzschuld entfallen lässt. Die Tat ist hier rechtwidrig, aber nicht schuldhaft. Beruht der Irrtum auf einem Sorgfaltsmangel, kommt analog § 16 Abs. 1 Satz 2 StGB eine Fahrlässigkeitsstrafbarkeit – so sie denn im Gesetz existiert – in Betracht.[27] Verkennt der Täter die rechtlichen Grenzen eines anerkannten Rechtfertigungsgrundes oder glaubt er an das Bestehen eines von der Rechtsordnung nicht anerkannten Rechtfertigungsgrundes, so wird dieser Erlaubnisirrtum nach § 17 StGB behandelt.

## V. Die Versuchsstrafbarkeit im AMG

### 1. Allgemeines

22 Versucht wird eine Straftat nach §§ 95 Abs. 1, 96 AMG, wenn der Entschluss zur Tat sich in der Vornahme bzw. pflichtwidrig unterlassenen Handlung widerspiegelt und dadurch zur Verwirklichung des objektiven Tatbestandes unmittelbar angesetzt wird, die Tat als solche aber noch nicht vollendet ist. Obgleich § 95 Abs. 2 AMG den Versuch der Delikte nach Absatz 1 unter Strafe stellt, bleibt für eine Versuchsstrafbarkeit im AMG nur wenig Raum. Vordergründig liegt das daran, dass ein strafbarer Versuch nicht bei § 96 AMG vorgesehen ist. Bei genauer Betrachtung ist jedoch festzustellen, dass die weit in den Versuchbereich hinein vorgelagerte Struktur der Tatbestände in § 95 Abs. 1 und § 96 AMG sehr schnell zu einer Vollendung führen, was sich deutlich bei der durch die Rechtspraxis vorgenommenen Auslegung der Begriffe „in den Verkehr bringen, abgeben, anwenden" etc. zeigt.

### 2. Tatentschluss, unmittelbares Ansetzen

23 Grundlage des Versuches ist der Tatentschluss. Er umfasst den Vorsatz, der sich auf alle objektiven Tatumstände des Deliktes beziehen muss und auf die sonstigen subjektiven Tatbestandsmerkmale. Im objektiven Bereich erfordert der Versuch ein unmittelbares Ansetzen, § 22 StGB. Dieses liegt vor, wenn die vorsätzliche Verhaltensweise zwar den Bereich der regelmäßig straflosen Vorbereitungshandlung, nicht aber den der Vollendung der Tat überschritten hat. Die Schwelle zum Versuch ist stets überschritten, wenn der Täter bereits die tatbestandsmäßige Handlung oder Teile davon verwirklicht hat.[28] Ein unmittelbares Ansetzen ist aber schon dann gegeben, wenn der Täter eine Handlung vornimmt, die nach seiner Vorstellung der tatbestandsmäßigen Handlung so dicht vorgelagert ist, dass sie bei ungestörtem Fortgang ohne wesentliche Zwischenschritte unmittelbar in die Aus-

---

26 BGHSt 3, 105; 3, 194; 31, 264, 286f.; BGH NJW 2004, 1054, 1056; Lackner, Kühl, StGB, 26. Aufl., 2007, § 17 Rn. 10ff.

27 Stellvertretend für viele Fischer, StGB, 56. Aufl., 2009, § 16 Rn. 16.

28 BGHSt 37, 294.

führungshandlung einmündet.[29] Diese abstrakten Vorgaben bedürfen stets der wertenden Konkretisierung unter Beachtung der Umstände des Einzelfalls.[30] Weitere Indizien sind, ob das geschützte Rechtsgut aus der Sicht des Täters bereits unmittelbar in Gefahr geraten ist,[31] ob der Täter die Schwelle zum „jetzt geht's los" überschritten hat.

### 3. Fehlschlag, Rücktritt

Liegt das sog. unmittelbare Ansetzen zur Tat vor, stellt sich unter dem Aspekt des strafbefreienden Rücktritts, vgl. § 24 StGB, die weitere Frage, ob es sich um einen unbeendeten, beendeten oder fehlgeschlagenen Versuch handelt. Nach der von der neueren Rechtsprechung vertretenen Lehre vom Rücktrittshorizont[32] ist auf den Zeitpunkt der letzten Ausführungshandlung abzustellen. Steht dem Täter ohne größere zeitliche, räumliche Zäsur die Möglichkeit zur Verfügung, die Tat noch zu vollenden, sieht er aber davon ab, liegt regelmäßig ein unbeendeter Versuch vor. Hier kann der Täter durch bloßes freiwilliges Aufgeben von der Tat zurücktreten. Bestehen für den Täter keine derartigen Möglichkeiten, müsste er vielmehr neue Kausalverläufe eröffnen, um die Vollendung noch zu bewirken, liegt i.d.R. ein beendeter Versuch vor. Rücktritt ist hier nur möglich, wenn der Täter seine Tathandlung freiwillig rückgängig macht oder sich zumindest ernsthaft um das Ausbleiben des Erfolges bemüht. 24

Untauglich ist ein Versuch, der von vornherein nicht gelingen kann, weil Tatbestandsmerkmale fehlen, die der Täter irrig für gegeben hält. Die fehlerhafte Vorstellung des Täters kann sich auf die Tauglichkeit des Objekts, des Mittels oder des Subjekts (str.)[33] beziehen. Der untaugliche Versuch ist auch im AMG denkbar. So z.B. bei einem Irrtum über das Objekt der Tat, etwa wenn der Täter eine harmlose Substanz erwirbt, die er für ein Dopingmittel hält. Ein den Rücktritt ausschließender Fehlschlag[34] liegt vor, wenn der Täter die Umstände erkennt, die ihn daran hindern, im unmittelbaren Fortgang des Geschehens den Erfolg noch herbeizuführen. Entsprechendes gilt, wenn objektiv die Möglichkeit der Vollendung der Tat noch gegeben wäre, der Täter die Mittel, die er dazu benötigt, aber nicht kennt oder nicht verwenden kann, etwa weil er sie objektiv nicht beherrscht oder subjektiv zu ihrer Anwendung nicht in der Lage ist.[35] 25

---

[29] BGHSt 43, 177; BGH StV 2001, 621, 622; ausführlich zur Anwendbarkeit der Zwischenaktslehre auch im Nebenstrafrecht Hillenkamp, LK-StGB, 12. Aufl., 2007, § 22 Rn. 117f.

[30] NStZ-RR 2004, 361.

[31] BGHSt 30, 363; 36, 249; 40, 299.

[32] BGHSt 35, 90, 94; BGH GS 39, 221, 227; Lilie, Albrecht, LK-StGB, 12. Aufl. 2007, § 24 Rn. 104ff. m.w.N.

[33] Hillenkamp, LK-StGB, § 22 Rn. 230ff. m.w.N.

[34] BGH GS 39, 221, 228; Lilie, Albrecht, LK-StGB, § 24 Rn. 106 m.w.N.

[35] BGH NJW 1986, 2325.

26 Liegt ein wirksamer Rücktritt vor, § 24 StGB, ist der Versuch straflos. Eine im Deliktsversuch ggf. enthaltene vollendete Straftat bleibt grundsätzlich strafbar.[36]

### VI. Täterschaft

#### 1. Allgemeines

27 Das Strafrecht – und damit auch die nebenstrafrechtlichen Bestimmungen der §§ 95f. AMG – kennt verschiedene Täterschafts- und Teilnahmeformen. Damit unterscheidet es sich vom Ordnungswidrigkeitenrecht, das vom sog. Einheitstäterbegriff ausgeht, § 14 OWiG.[37] Ist z.B. eine Ordnungswidrigkeit nach § 97 AMG festgestellt, werden alle Beteiligten zu „Tätern". Bei der Festlegung der Geldbusse, § 17 OWiG, kann die Art der Beteiligung jedoch Berücksichtigung finden.

#### 2. Täterschaft

28 Täterschaft ist die unmittelbare, mittelbare oder gemeinschaftliche Begehung einer eigenen Straftat, § 25 StGB; Teilnahme ist die in §§ 26, 27 StGB umschriebene Beteiligung an einer fremden Tat. Ob ein Tatbeteiligter eine Tat als Täter oder Teilnehmer begeht, wird in wertender Betrachtung nach den gesamten Umständen, die von seiner Vorstellung umfasst sind, beurteilt. Wesentliche Anhaltspunkte für Täterschaft können sein der Grad des eigenen Interesses am Erfolg der Tat, der Umfang der Tatbeteiligung, die Tatherrschaft oder wenigstens der Wille zur Tatherrschaft, so dass Durchführung und Ausgang der Tat maßgeblich auch vom Willen des Betreffenden abhängen.[38] Diese Kriterien ermöglichen es, jeden Tatbeitrag so zu erfassen, wie es seinem sachlichen Gewicht und seinem besonderen Verhaltensunwert entspricht.

29 Unmittelbarer Täter (Alleintäter) ist, wer die Straftat in eigener Person selbst begeht, d.h. in seiner Person alle Deliktsvoraussetzungen erfüllt, also voll tatbestandsmäßig handelt. Mittelbarer Täter ist demgegenüber, wer die Tat „durch einen anderen" begeht, d.h. einen anderen Menschen als Werkzeug einsetzt.[39] Die unterlegene Stellung des Werkzeuges und die überlegene des Hintermannes zeigen sich darin, dass das Werkzeug entweder objektiv tatbestandslos, ohne Vorsatz, ohne die vom Delikt geforderte spezifische Absicht, rechtmäßig, schuldunfähig oder schuldlos handelt und der Hintermann dieses „Defizit" kraft seiner Tatherrschaft und seines planvoll lenkenden Willens zur Tatbestandsverwirklichung ausnutzt. Mittelbarer Täter kann auch derjenige sein, der bestimmte Rahmenbedingungen durch Organisationsstrukturen schafft, die regelhafte Abläufe auslösen, wenn er diese Bedingungen ausnutzt, um die erstrebte Tatbestandsverwirklichung

---

[36] BGHSt 42, 43; str. beim Rücktritt vom Versuch eines privilegierten Delikts, dazu Wessels, Beulke, Strafrecht Allg. Teil, Rn. 653.

[37] Bohnert, OWiG, 2. Aufl., 2007, § 14 Rn. 1; Schumann, 1979.

[38] BGH wistra 2001, 420.

[39] Lackner, Kühl, StGB, § 25 Rn. 2. Zur Konstruktion des Täters hinter dem Täter vgl. BGHSt 40, 218 = JZ 1995, 49 m. Anm. Roxin; Schönke, Schröder, Cramer, Heine, StGB, § 25 Rn. 25a m.w.N.

herbeizuführen. Dies gilt unabhängig davon, ob die unmittelbaren Täter schuldhaft handeln.[40] Nach diesem Maßstab bejahte der BGH die mittelbare Täterschaft eines Tierarztes, der durch Schaffung und bewusster Ausnutzung der streng hierarchischen Organisation seiner Praxis, durch die Umbenennung von Medikamenten und die Anweisungen an die bei ihm angestellten Tierärzte, diese Medikamente in bestimmter Weise zu gebrauchen, die Rahmenbedingungen für zahlreiche unerlaubte Medikamentenabgabe geschaffen hatte.[41] Bei echten Sonderdelikten, d.h. solchen Tatbeständen, bei denen nur Täter ist, wem eine – meist außerstrafrechtliche – strafbarkeitsbegründende Sonderpflicht obliegt (z.B. als Herstellungsleiter), kann nicht nach allgemeinen Kriterien zwischen Täterschaft und Teilnahme unterschieden werden. Der Sonderpflichtige ist stets Täter, ganz gleichgültig, wie sich sein Tatbeitrag phänotypisch darstellt.[42]

Unter Mittäterschaft versteht man die gemeinschaftliche Begehung einer Straftat 30
durch bewusstes und gewolltes Zusammenwirken, § 25 Abs. 2 StGB. Die Mittäterschaft beruht auf dem Prinzip des arbeitsteiligen Zusammenwirkens und der funktionellen Rollenteilung. Der von jedem Mittäter zu leistende objektive Tatbeitrag kann an der Ausführungshandlung, aber auch im Vorbereitungsstadium geleistet werden. Bei Letzterem ist jedoch zu prüfen, ob das Beteiligtenminus bei der Ausführung durch das Beteiligtenplus im Vorbereitungsstadium ausgeglichen wird.[43] Eine Nebentäterschaft liegt vor, wenn mehrere Personen unabhängig voneinander den Eintritt eines tatbestandsmäßigen Erfolges bei ein und demselben Tatobjekt bewirken.

### 3. Handeln für einen anderen, § 14 StGB

Da in Deutschland[44] eine Unternehmensstrafbarkeit im eigentlichen Sinne (noch) 31
nicht existiert, ist der Täterkreis nach §§ 95f. AMG auf natürliche Personen begrenzt. Zudem ist § 14 StGB zu beachten, wenn Normadressat eine juristische Person oder Personengesellschaft des privaten oder öffentlichen Rechts ist und besondere persönliche Merkmale die Strafbarkeit begründen. Hierbei kommen insbesondere die Merkmale in Frage, die den Täter objektiv kennzeichnen und eine Vertretung nicht ausschließen,[45] wie z.B. Hersteller, Unternehmer etc. Dann findet eine Überwälzung strafrechtlicher Haftung auf die für sie handelnden Organe bzw. Organmitglieder statt. Um dies nicht von der Zufälligkeit einer (rechtswirksamen) Bestellung abhängig zu machen, dehnt § 14 Abs. 3 StGB die Haftung auf faktische Organe und Vertreter gemäß § 14 Abs. 1 und 2 StGB aus. Hierbei genügt das einvernehmliche oder geduldete tatsächliche „Handeln-Können" für einen ande-

---

40 BGH Urt. v. 22.06.2000 – 5 StR 268/99; BGH Urt. v. 6.6.1997 – 2 StR 339/96.

41 BGH NStZ 2004, 457f.; dazu auch Rotsch, NStZ 2005, 13, 16f.

42 BGHSt 40, 317.

43 BGHSt 32, 165; 40, 299; Schönke, Schröder, Cramer, Heine, StGB, § 25 Rn. 66, 67. A.A. Rudolphi, FS Bockelmann, 369; Heinrich, 2002, 291, wonach eine Mitwirkung im Ausführungsstadium für die Mittäterschaft zu fordern sei.

44 Anders z.B. Art. 102f. schweizerisches StGB.

45 Lackner, Kühl, StGB § 14 Rn. 9ff. m.w.N.; Tröndle, Fischer, StGB, § 14 Rn. 2.

ren, ohne dass es auf einen, wenngleich unwirksamen zivilrechtlichen Bestellungsakt ankommt.[46] Sind faktisches Organ und formell ordnungsgemäß bestelltes Mitglied der Geschäftsleitung nebeneinander tätig, ist für die Überwälzung nach § 14 Abs. 3 StGB ein deutliches Übergewicht des Ersteren[47] zu fordern. Andererseits fehlt bei den sog. „Strohmann- bzw. Strohfraufällen", deren Besonderheit darin besteht, dass zwar nach außen wirksam bestellte Organe oder Geschäftsführer handeln, die Firma aber faktisch von einem Hintermann geleitet wird, die tatsächliche Herrschaftsfunktion, die allein durch den Rechtsschein der Eintragung ins Handelsregister nicht ersetzt werden kann.[48] Neben der Organ- und Vertreterhaftung ist Substitutenhaftung im Rahmen von §§ 95f. AMG von Bedeutung. § 14 Abs. 2 Nr. 1 StGB setzt voraus, dass der Handelnde vom Inhaber des Betriebes oder dem sonst dazu Befugten zur Leitung eines Betriebes oder Unternehmens oder Teilen davon beauftragt ist. Nr. 2 erweitert die Haftung auf ausdrücklich Beauftragte. Angesprochen ist die Wahrnehmung von Aufgaben, die dem Inhaber des Betriebes obliegen. Die Übertragung erfordert zwar keine Schriftform, aber eine nachdrückliche und unmissverständliche Mitteilung an den Beauftragten, sodass er imstande ist, seine Pflichten aus der Beauftragung klar zu erkennen. Der Auftrag muss weiterhin in Eigenverantwortung wahrgenommen werden,[49] und der Beauftragte muss die aufgrund dieses Auftrages übertragenen Pflichten verletzen.

**32** Die Haftungserweiterung des § 14 StGB entlastet nicht die zunächst Verpflichteten, soweit sie natürliche Personen sind, wenn sie den strafbewehrten Pflichten nicht nachkommen oder sie ihrer Überwachungspflicht den Beauftragten gegenüber vorsätzlich nicht nachgekommen sind. Dies ergibt sich bereits aus dem Wortlaut des § 14 StGB, wonach „auch" der Vertreter oder Beauftragte strafbar ist. Erschöpft sich das Verhalten des Pflichtigen in der fahrlässigen Verletzung seiner Aufsichtspflicht, so kann sein Verhalten – je nach Fallgestaltung – nach § 97 AMG oder § 130 OWiG geahndet werden.

**33** Die in diesem Zusammenhang relevante Frage der persönlichen Verantwortung der Mitglieder einer aus mehreren Personen bestehenden Geschäftsleitung, die über Rückruf oder Nichtrückruf eines Produkts bestimmt, hat die höchstrichterliche Rechsprechung in der sog. Ledersprayentscheidung mit einer weitgehenden Gesamtverantwortung beantwortet.[50] Die vom BGH[51] aufgestellten Leitsätze werden von Kritikern als „Gesamtverantwortung und Allzuständigkeit der Geschäftsleitung"[52] bezeichnet. Danach sind Hersteller und Betriebsleiter, die Produkte in den Verkehr bringen, deren bestimmungsgemäße Verwendung für die Verbrau-

---

[46] BGHSt 21, 101, 105; BGH wistra 1991, 71; ausführlich Schünemann, LK-StGB, § 14 Rn. 67ff.

[47] OLG Düsseldorf wistra 1989, 152; BGHSt 11, 102, 104; 20, 333, 338; 21, 101, 103.

[48] BGHSt 31, 118, 123; OLG Hamm NStZ-RR 2001, 173f. „Strohfrau".

[49] BT-Drs. V/1319, 65 [zu § 9 OWiG]: „Die Verantwortung setzt Freiheit des Handelns und damit die Befugnis zur Entscheidung voraus".

[50] Näher hierzu Deutscher, Körner, wistra 1996, 292 und 327; Kühne, NJW 1997, 1951ff.

[51] BGH NJW 1990, 2569ff.

[52] Schmidt-Salzer, NJW 1990, 2966f.

cher unerwartet die Gefahr des Eintritts gesundheitlicher Schäden begründet, zur Schadensabwendung verpflichtet (Garantenstellung aus vorangegangenem Gefährdungsverhalten). Wird diese Pflicht schuldhaft außer acht gelassen, so haftet dieser Personenkreis strafrechtlich für die verursachten Schäden. Die Garantenstellung erfordert zudem die Verpflichtung zum Rückruf bereits in den Handel gelangter, gesundheitsgefährdender Produkte. Wenn mehrere Personen z.B. als GmbH-Geschäftsführer gemeinsam über die Anordnung des Rückrufs zu entscheiden haben, so ist jeder Geschäftsführer verpflichtet, alles ihm Mögliche und Zumutbare zu tun, um diese Entscheidung herbeizuführen. Beschließen die Geschäftsführer einer GmbH einstimmig, den gebotenen Rückruf zu unterlassen, so haften sie für die Schadensfolgen der Unterlassung als Mittäter.[53]

Dennoch gibt es Fälle, in denen innerhalb eines arbeitsteilig organisierten Produktionsprozesses Fehler geschehen, die nach dem Inverkehrbringen Schäden Dritter auslösen, der Produktfehler aber in der ausschließlichen Verantwortung eines Einzelnen liegt. Dies kommt dann in Betracht, wenn Vorgesetzte und Kollegen berechtigtermassen darauf vertrauen durften, dass der hochqualifizierte Kollege seine Aufgaben ordnungsgemäß (nicht „fehlerhaft") erfüllen würde.[54] Neben der herkömmlichen Produkthaftung ist zudem zu beachten, dass auch andere – unsachgemäße – Ursachen zur Verletzung des Patienten führen können.[55] **34**

## VII. Teilnahme

### 1. Allgemeines

Wegen Anstiftung ist strafbar, wer vorsätzlich einen anderen zu dessen vorsätzlich begangener rechtswidriger[56] Tat bestimmt hat, § 26 StGB. Beihilfe übt, wer vorsätzlich einem anderen zu dessen vorsätzlich begangener rechtswidriger Tat Hilfe geleistet hat, § 27 StGB. Vom mittelbaren Täter und Mittäter unterscheidet sich der Anstifter durch das Fehlen eigener Tatherrschaft; vom Gehilfen durch seine Mitverantwortlichkeit für den vom Haupttäter gefassten Tatentschluss. Die Gehilfenschaft unterscheidet sich von der Mittäterschaft durch das Fehlen der Tatherrschaft. Der Gehilfe beschränkt sich auf die Förderung der Haupttat durch deren physische oder psychische Unterstützung. Bedarf es zur Verwirklichung des Tatbestandes notwendigerweise der Beteiligung zweier oder mehrerer Personen, so liegt ein Fall der notwendigen Teilnahme vor.[57] **35**

---

53 Zur Kausalität bei Gremienentscheidungen vgl. Hilgendorf, NJW 1994, 561.

54 Schmidt-Salzer, NJW 1996, 1f.

55 Zur einem Fall aus dem MGP, unsachgemässe Implantation einer Hüftgelenksprothese, vgl. OLG Köln 5. Zivilsenat, Urteil vom 23.09.2009 - 5 U 220/08.

56 Aufgrund der limitierten Akzessorietät ist die Schuld des Haupttäters nicht erforderlich, § 29 StGB.

57 Schönke, Schröder, Cramer, Heine, StGB, § 25 Rn. 46-47d m.w.N.

36 Der Anstiftung und Beihilfe ist gemeinsam, dass sie im objektiven Tatbestand neben ihrer jeweiligen Teilnahmehandlung eine rechtswidrige Tat gemäß § 11 Abs. 1 Nr. 5 StGB voraussetzen. Dies ist nur gegeben, wenn die Haupttat rechtswidrig – aber nicht notwendigerweise schuldhaft, § 29 StGB – den Tatbestand eines Strafgesetzes verwirklicht. Subjektiv muss sich der Vorsatz des Teilnehmers auf die Vollendung der Haupttat und auf die eigene Teilnahmehandlung richten. Die Strafdrohung des Teilnehmers richtet sich grundsätzlich nach der des Haupttäters, wobei § 27 StGB für den Gehilfen eine obligatorische Strafmilderung vorsieht. Fehlen dem Teilnehmer besondere persönliche Merkmale, die beim Haupttäter die Strafe begründen, so ist die Strafe für ihn zu mildern. Bestimmt das Gesetz, dass besondere persönliche Merkmale die Strafe schärfen, mildern oder ausschließen, so gilt das nur für den Täter oder Teilnehmer, bei dem sie vorliegen, § 28 Abs. 2 StGB.

### 2. Anstiftung

37 Nach § 26 StGB muss der Angestiftete zu der von ihm verübten Straftat bestimmt worden sein. Dies setzt voraus, dass der Anstifter durch unmittelbare Einflussnahme auf die Willensbildung des späteren Täters einwirkt, dieser sich darauf zur Tat entschließt und sie auch tatsächlich begeht. War die vom Anstifter angegangene Person schon zuvor dazu entschlossen, die konkrete Tat zu begehen, sog. „omnimodo facturus", kommen sowohl ein unter den Voraussetzungen von § 30 StGB nur beim Verbrechen strafbarer Anstiftungsversuch als auch psychische Beihilfe[58] in Betracht. Der Vorsatz des Anstifters muss sich auf eine bestimmte Straftat beziehen. Dies erfordert, dass dem Täter die konkrete Angriffsrichtung vorgegeben wird.[59] Die präzise Kenntnis aller Tatumstände wie Zeit, Ort, Objekt, Art der Ausführung ist nicht erforderlich. Die Haupttat muss nach der Vorstellung des Anstifters vollendet werden, anderenfalls fehlt der Anstiftervorsatz.[60]

### 3. Beihilfe

38 Gehilfe ist, wer vorsätzlich dem Täter zu dessen vorsätzlich begangener rechtswidriger Tat Hilfe leistet, § 27 Abs. 1 StGB. Die Hilfeleistung kann, muss aber nicht für den Erfolg ursächlich sein.[61] Es genügt, wenn der Gehilfe dem Täter die Tat erleichtert, ihre Erfolgsaussichten erhöht oder ihre Auswirkungen intensiviert. Als solche ist grundsätzlich jede Handlung geeignet, welche die Herbeiführung des Taterfolgs durch den Täter in irgendeiner Weise objektiv gefördert hat.[62] Dabei genügt es, wenn der Gehilfe den Haupttäter in seinem bereits gefassten Ent-

---

[58] RG 36 404, 59 27, 72 375; BGH wistra 88, 108; vgl. NStZ-RR 96, 1.

[59] Ingelfinger, 1992, S. 82ff., 110ff., 150.

[60] BGH MDR 1954, 335; BGH GA 1975, 333; Hoyer, SK-StGB § 26 Rn. 28; zur Strafbarkeit des agent provocateur vgl. Wessels, Beulke, Strafrecht Allg. Teil, Rn. 573f.; Hillenkamp, 24. Problem m.w.N.

[61] St. Rechtspr., vgl. BGHSt 8, 390; 46, 107; BGH NStZ 2001, 364.

[62] BGHSt 42, 135; 46, 107; BGH NStZ-RR 1999, 218; BayObLG NJW 2002, 1663, 1664.

schluss bestärkt, sog. psychische Beihilfe.[63] Dies kann bereits im Vorbereitungsstadium der später vollendeten oder zumindest ins strafbare Versuchsstadium gelangten Haupttat geschehen, solange die Teilnahmehandlung mit dem Willen und dem Bewusstsein geleistet wird, diese Haupttat zu fördern. Beihilfe durch Unterlassen bemisst sich auch im AMG nach den allgemeinen Grundsätzen. Maßgebend ist, ob eine Rechtspflicht zum Handeln bestand.[64] Die bloße Kenntnis von der Begehung der Tat und deren Billigung ohne einen die Tat objektiv fördernden Beitrag reicht jedoch für die Annahme von Beihilfe nicht aus.

Die Frage, unter welchen Voraussetzungen die Unterstützung fremder Straftaten **39** durch alltägliches Verhalten nach den Teilnahmeregeln zu bestrafen ist, wird von der Rechtspraxis mit Hilfe einer wertenden Betrachtungsweise im Einzelfall beantwortet. Die entwickelten Grundsätze[65] betreffen schwerpunktmäßig den subjektiven Tatbestand. Weiß der Hilfeleistende nicht, wie der von ihm geleistete Beitrag vom Haupttäter verwendet wird, und hält er es im Sinne des Eventualvorsatzes lediglich für möglich, dass sein Tun zur Begehung einer Straftat ausgenutzt wird, ist sein Handeln regelmäßig keine strafbare Beihilfe. Etwas anderes gilt, wenn das von ihm erkannte Risiko strafbaren Verhaltens des von ihm Unterstützten derart hoch war, dass er mit seiner Hilfeleistung einen erkennbar tatgeneigten Täter fördert. Strafbare Beihilfe liegt auch vor, wenn das Handeln des Haupttäters ausschließlich auf eine strafbare Handlung abzielt und dies der Unterstützende weiß. In diesem Fall verliert sein Tun den „Alltagscharakter", ist als Solidarisierung mit dem Täter zu deuten und kann daher auch nicht mehr als sozialadäquat angesehen werden.[66]

## VIII. Die Straftaten nach §§ 95, 96 AMG

Die Straftatbestände werden im Zusammenhang mit den Einzelvorschriften kom- **40** mentiert.

## IX. Regelbeispiele, § 95 Abs. 3 AMG

Der nicht abschließende Katalog des Abs. 3 benennt etliche Regelbeispiele. Nr. 1a **41** stellt darauf ab, dass die Gesundheit einer großen Zahl von Menschen gefährdet wird. Gesundheit ist die auf den Normalzustand abstellende, aus der personalen Einheit von subjektivem Wohlbefinden und objektiver Belastbarkeit erwachsende individuelle körperliche und seelische Leistungsfähigkeit des Menschen sowie seine hierauf bezogenen Verfügungsfreiheit.[67] Unter ihrer Gefährdung ist die Herbeiführung eines Zustandes zu verstehen, bei dem die Möglichkeit einer erheblichen Beeinträchtigung der Gesundheit oder der Verschlimmerung einer Krankheit

---

63 BGHSt 28, 346; 46, 107; BGH NStZ-RR 1999, 218.
64 BGH NStZ 2000, 83.
65 BGHSt 46, 107, 109ff., 112f.; BGHR StGB § 27 Abs. 1 Hilfeleisten 20, § 266 Abs. 1 Beihilfe 3; BGH Urt. v. 21.12.2005 – 3 StR 470/04.
66 BGHSt 46, 107, 112; näher Tag, JR 1997, 49ff. m.w.N.
67 Ausführlich zum Gesundheitsbegriff vgl. Tag, 2000, S. 44ff.

nahe- oder jedenfalls nicht fern liegt.[68] Der Schaden muss ernstlich zu befürchten sein,[69] was aufgrund allgemeinen Erfahrungswissens unter Berücksichtigung aller Umstände des Einzelfalls zu beurteilen ist. Die bedenklich unbestimmte „große Zahl von Menschen", die aufgrund ihrer Unbestimmtheit nur in eindeutigen Fällen zur Anwendung gelangen sollte,[70] bedarf der Begrenzung durch Vergleich mit den Straftatbeständen, die ebenfalls auf eine große Zahl abstellen. Damit schwankt die Zahl zwischen „unübersehbar" i.S.v. § 309 Abs. 2 StGB, 20 Personen[71] i.S.v. § 330 StGB bzw. 14 Personen i.S.v. § 306b StGB.[72] Die zu § 95 Abs. 3 AMG vertretene Ansicht, es müsse sich um mindestens eine dreistellige Zahl handeln,[73] erscheint aufgrund des Strafrahmenvergleichs mit den im Kernstrafrecht angesiedelten, vergleichbaren Regelbeispielen hoch gegriffen.

**42** Für die in Nr. 1b geregelte Gefahr des Todes oder einer schweren Schädigung an Körper oder Gesundheit genügt die Gefährdung einer Einzelperson. Maßgebend ist die Gefährlichkeit der Verletzung. Vorausgesetzt wird, dass das Opfer in eine Situation gebracht wird, in der entweder ein als lebensgefährlich zu beurteilender Verletzungserfolg oder der Eintritt einer langwierigen ernsten Krankheit, einer erheblichen Beeinträchtigung der Arbeitsfähigkeit für längere Zeit oder vergleichbare schwere Folgen im Sinne einer konkreten Gefahrenlage nahe liegen.

**43** Nr. 1 c benennt als weiteres Regelbeispiel, wenn der Täter aus grobem Eigennutz für sich oder einen anderen Vermögensvorteile großen Ausmaßes erlangt. Die Merkmale müssen gleichzeitig vorliegen. Anderenfalls kann nur ein sonstiger unbenannter schwerer Fall in Betracht kommen. Ebenso wenig wie den z.T. ähnlich, z.T. gleich lautenden Strafschärfungen in § 370 Abs. 3 AO, § 263 Abs. 3 Nr. 2, § 264 Abs. 2 Nr. 1, § 335 Abs. 2 Nr. 1, § 266 a Abs. 4 und § 40 Abs. 3 MPG ist der Nr. 3 zu entnehmen, was unter großem Ausmaß bzw. grobem Eigennutz zu verstehen ist. Auch diese Strafzumessungsregel bedarf daher der Konkretisierung im Wege der die Wortlautschranke beachtenden Auslegung. Hierbei ist zunächst das Merkmal des „groben Eigennutzes" gegenüber dem der „einfachen Eigennützigkeit" abzugrenzen. Grob eigennützig handelt regelmäßig, wer sein Gewinnstreben in besonderem Maße oder in besonders anstößiger Weise[74] auf einen eigen- oder fremdnützigen Vorteil richtet. Indizien können sein hohe Gewinne, Grad der Gewinnsucht, große Anzahl der Fälle.[75] Um einer ausufernden Auslegung des Regelbeispiels Grenzen zu setzen, muss der durch Eigen- bzw. Fremdnutz erstrebte Vermögensvorteil einen geldwerten Inhalt haben, der den Täter oder den Dritten tatsächlich besser stellt. Wann ein großes Ausmaß vorliegt, ist nach objektiven Gesichtspunkten zu bestimmen. Zieht man die Rechtsprechung zu den ähnlich ge-

---

68 Schönke, Schröder, Heine, StGB, vor § 306 Rn. 5.
69 BGHSt 22, 341.
70 BGH wistra 87, 296.
71 Fischer, StGB, § 330 Rn. 8.
72 BGHSt 44 178 m. Anm. Ingelfinger, JR 99, 213.
73 Pelchen, in: Erbs, Kohlhaas, AMG, § 95 Rn. 47 AMG.
74 RGSt 75, 237, 240; BGH NStZ 1985, 558.
75 BGH NStZ 1999, 571f.

fassten Regelbeispielen eines besonders schweren Falles gemäß § 264 Abs. 2 Satz 2 Nr. 1 bzw. § 263 Abs. 3 Satz 2 Nr. 2 Alt. 1 StGB und die Gesetzesmaterialien[76] zu Letzteren heran, ergibt sich, dass ein Vorteil unter 50.000 €[77] nicht großen Ausmaßes sein soll.[78]

Nr. 2 wurde durch das 8. Gesetz zur Änderung des Arzneimittelgesetzes eingefügt. Dies geschah im Hinblick auf gesundheitliche Schäden, die beim Missbrauch von Arzneimitteln zu Dopingzwecken insbesondere bei Minderjährigen drohen.[79] **44**

Nr. 3 fand im Rahmen der Novelle 2009 Eingang in das AMG. Diese Erweiterung der Strafbarkeit ist Folge der Einbeziehung der Wirkstoffe in die Verbote zum Schutz vor Täuschung.[80] **45**

## X. Nebenfolge

Wird jemand wegen einer rechtswidrigen Straftat, die er unter Missbrauch seines Berufes oder Gewerbes oder grober Verletzung der mit ihnen verbundenen Pflichten begangen hat, verurteilt oder nur deshalb nicht verurteilt, weil er zur Tatzeit schuldunfähig war oder dies nicht auszuschließen ist, so kann das Gericht die Ausübung des Berufszweiges, des Berufes, des Gewerbes oder des Gewerbezweiges für die Dauer von einem bis fünf Jahren verbieten. Voraussetzung ist, dass der Täter die Ausübung des Berufes oder Gewerbes zur Begehung weiterer Straftaten nutzen wird. Ist das Verbot ausgesprochen, so darf der Täter den Beruf oder Berufszweig, das Gewerbe oder den Gewerbezweig auch nicht für einen anderen ausüben oder für sich durch eine weisungsabhängige Person ausüben lassen, § 70 StGB. **46**

## XI. Verjährung

Straftaten nach § 95 Abs. 1–3 AMG verjähren nach fünf Jahren (§ 78 Abs. 3 Nr. 4 StGB), nach § 95 Abs. 4 (fahrlässige Begehungsweise) und solche nach § 96 AMG nach drei Jahren (§ 78 Abs. 3 Nr. 5 StGB). **47**

---

76 Zu § 263: BT-DrS. 13/8587 S. 43; siehe weiter BGH NStZ-RR 2002, 50.
77 BGHR StGB § 264 Abs. 3 Strafrahmenwahl 1.
78 BGH NJW 2004, 169; BGH NStZ-RR 2002, 50; Kindhäuser, NK-StGB, § 263 Rn. 454.
79 BT-DrS. 13/996 S. 17.
80 BT-DrS. 16/12256 S. 57.

## § 97
## Bußgeldvorschriften

**(1) Ordnungswidrig handelt, wer eine der in § 96 bezeichneten Handlungen fahrlässig begeht.**

**(2) Ordnungswidrig handelt auch, wer vorsätzlich oder fahrlässig**

1. **entgegen § 8 Abs. 2 Arzneimittel in den Verkehr bringt, deren Verfalldatum abgelaufen ist,**
2. **entgegen § 9 Abs. 1 Arzneimittel, die nicht den Namen oder die Firma des pharmazeutischen Unternehmers tragen, in den Verkehr bringt,**
3. **entgegen § 9 Abs. 2 Satz 1 Arzneimittel in den Verkehr bringt, ohne seinen Sitz im Geltungsbereich dieses Gesetzes oder in einem anderen Mitgliedstaat der Europäischen Union oder in einem anderen Vertragsstaat des Abkommens über den Europäischen Wirtschaftsraum zu haben,**
4. **entgegen § 10, auch in Verbindung mit § 109 Abs. 1 Satz 1 oder einer Rechtsverordnung nach § 12 Abs. 1 Nr. 1, Arzneimittel ohne die vorgeschriebene Kennzeichnung in den Verkehr bringt,**
5. **entgegen § 11 Abs. 1 Satz 1, auch in Verbindung mit Abs. 2a bis 3b oder 4, jeweils auch in Verbindung mit einer Rechtsverordnung nach § 12 Abs. 1 Nr. 1, Arzneimittel ohne die vorgeschriebene Packungsbeilage in den Verkehr bringt,**

5a. **entgegen § 11 Abs. 7 Satz 1 eine Teilmenge abgibt,**

6. **einer vollziehbaren Anordnung nach § 18 Abs. 2 zuwiderhandelt,**
7. **entgegen § 20, § 20c Abs. 6, auch in Verbindung mit § 72b Abs. 1 Satz 2, § 21a Abs. 7 und 9 Satz 4, § 29 Abs. 1 oder 1c Satz 1, § 52a Abs. 8, § 63b Abs. 2, 3 oder 4, jeweils auch in Verbindung mit § 63a Abs. 1 Satz 3 oder § 63b Abs. 7 Satz 1 oder Satz 2, § 63c Abs. 2 Satz 1, § 67 Abs. 1, auch in Verbindung mit § 69a, § 67 Abs. 2, 3, 5 oder 6 oder § 73 Absatz 3a Satz 4 eine Anzeige nicht, nicht richtig, nicht vollständig oder nicht rechtzeitig erstattet,**

7a. **entgegen § 29 Abs. 1a Satz 1, Abs. 1b oder 1d eine Mitteilung nicht, nicht richtig, nicht vollständig oder nicht rechtzeitig macht,**

8. **entgegen § 30 Abs. 4 Satz 1 Nr. 2 oder § 73 Abs. 1 oder 1a Arzneimittel in den Geltungsbereich dieses Gesetzes verbringt,**
9. **entgegen § 40 Abs. 1 Satz 3 Nr. 7 die klinische Prüfung eines Arzneimittels durchführt,**
10. **entgegen § 43 Abs. 1, 2 oder 3 Satz 1 Arzneimittel berufs- oder gewerbsmäßig in den Verkehr bringt oder mit Arzneimitteln, die ohne Verschreibung an Verbraucher abgegeben werden dürfen, Handel treibt oder diese Arzneimittel abgibt,**
11. **entgegen § 43 Abs. 5 Satz 1 zur Anwendung bei Tieren bestimmte Arzneimittel, die für den Verkehr außerhalb der Apotheken nicht freigegeben sind, in nicht vorschriftsmäßiger Weise abgibt,**
12. **Arzneimittel, die ohne Verschreibung an Verbraucher abgegeben werden dürfen, entgegen § 47 Abs. 1 an andere als dort bezeichnete Perso-**

nen oder Stellen oder entgegen § 47 Abs. 1a abgibt oder entgegen § 47 Abs. 2 Satz 1 bezieht,

12a. entgegen § 47 Abs. 4 Satz 1 Muster ohne schriftliche Anforderung, in einer anderen als der kleinsten Packungsgröße oder über die zulässige Menge hinaus abgibt oder abgeben lässt,

13. die in § 47 Abs. 1b oder Abs. 4 Satz 3 oder in § 47a Abs. 2 Satz 2 vorgeschriebenen Nachweise nicht oder nicht richtig führt, oder der zuständigen Behörde auf Verlangen nicht vorlegt,

13a. entgegen § 47a Abs. 2 Satz 1 ein dort bezeichnetes Arzneimittel ohne die vorgeschriebene Kennzeichnung abgibt,

14. entgegen § 50 Abs. 1 Einzelhandel mit Arzneimitteln betreibt,

15. entgegen § 51 Abs. 1 Arzneimittel im Reisegewerbe feilbietet oder Bestellungen darauf aufsucht,

16. entgegen § 52 Abs. 1 Arzneimittel im Wege der Selbstbedienung in den Verkehr bringt,

17. entgegen § 55 Absatz 8 Satz 1 auch in Verbindung mit Satz 2, einen Stoff, ein Behältnis oder eine Umhüllung verwendet oder eine Darreichungsform anfertigt,

17a. entgegen § 56 Abs. 1 Satz 2 eine Kopie einer Verschreibung nicht oder nicht rechtzeitig übersendet,

18. entgegen § 56 Abs. 2 Satz 1, Abs. 3 oder 4 Satz 1 oder 2 Fütterungsarzneimittel herstellt,

19. Fütterungsarzneimittel nicht nach § 56 Abs. 4 Satz 3 kennzeichnet,

20. entgegen § 56 Abs. 5 Satz 1 ein Fütterungsarzneimittel verschreibt,

21. entgegen § 56a Abs. 1 Satz 1 Nr. 1, 2, 3 oder 4, jeweils auch in Verbindung mit Satz 3, Arzneimittel,
    a) die zur Anwendung bei Tieren bestimmt sind, die nicht der Gewinnung von Lebensmitteln dienen, und nur auf Verschreibung an Verbraucher abgegeben werden dürfen,
    b) die ohne Verschreibung an Verbraucher abgegeben werden dürfen,

    verschreibt, abgibt oder anwendet,

21a. entgegen § 56a Abs. 1 Satz 4 Arzneimittel-Vormischungen verschreibt oder abgibt,

22. Arzneimittel, die ohne Verschreibung an Verbraucher abgegeben werden dürfen, entgegen § 57 Abs. 1 erwirbt,

23. entgegen § 58 Abs. 1 Satz 2 oder 3 Arzneimittel bei Tieren anwendet, die der Gewinnung von Lebensmitteln dienen,

24. einer Aufzeichnungs- oder Vorlagepflicht nach § 59 Abs. 4 zuwiderhandelt,

24a. entgegen § 59b Satz 1 Stoffe nicht, nicht richtig oder nicht rechtzeitig überlässt,

24b. entgegen § 59c Satz 1, auch in Verbindung mit Satz 2, einen dort bezeichneten Nachweis nicht, nicht richtig oder nicht vollständig führt, nicht oder nicht mindestens drei Jahre aufbewahrt oder nicht oder nicht rechtzeitig vorlegt,

**24c.** **entgegen § 63a Abs. 1 Satz 1 einen Stufenplanbeauftragten nicht beauftragt oder entgegen § 63a Abs. 3 eine Mitteilung nicht, nicht vollständig oder nicht rechtzeitig erstattet,**

**24d.** **entgegen § 63a Abs. 1 Satz 6 eine Tätigkeit als Stufenplanbeauftragter ausübt,**

**24e.** **entgegen § 63c Abs. 3 Satz 1 eine Meldung nicht oder nicht rechtzeitig macht,**

**24f.** **entgegen § 63c Abs. 4 einen Bericht nicht oder nicht rechtzeitig vorlegt,**

**25.** **einer vollziehbaren Anordnung nach § 64 Abs. 4 Nr. 4, auch in Verbindung mit § 69a, zuwiderhandelt,**

**26.** **einer Duldungs- oder Mitwirkungspflicht nach § 66, auch in Verbindung mit § 69a, zuwiderhandelt,**

**27.** **entgegen einer vollziehbaren Anordnung nach § 74 Abs. 1 Satz 2 Nr. 3 eine Sendung nicht vorführt,**

**27a.** **entgegen § 74a Abs. 1 Satz 1 einen Informationsbeauftragten nicht beauftragt oder entgegen § 74a Abs. 3 eine Mitteilung nicht, nicht vollständig oder nicht rechtzeitig erstattet,**

**27b.** **entgegen § 74a Abs. 1 Satz 4 eine Tätigkeit als Informationsbeauftragter ausübt,**

**28.** **entgegen § 75 Abs. 1 Satz 1 eine Person als Pharmaberater beauftragt,**

**29.** **entgegen § 75 Abs. 1 Satz 3 eine Tätigkeit als Pharmaberater ausübt,**

**30.** **einer Aufzeichnungs-, Mitteilungs- oder Nachweispflicht nach § 76 Abs. 1 Satz 2 oder Abs. 2 zuwiderhandelt,**

**30a.** **(weggefallen)**

**31.** **einer Rechtsverordnung nach § 7 Abs. 2 Satz 2, § 12 Abs. 1 Nr. 3 Buchstabe a, § 12 Abs. 1b, § 42 Abs. 3, § 54 Abs. 1, § 56a Abs. 3, § 57 Abs. 2, § 58 Abs. 2 oder § 74 Abs. 2 zuwiderhandelt, soweit sie für einen bestimmten Tatbestand auf diese Bußgeldvorschrift verweist,**

**32.** **entgegen Artikel 16 Abs. 2 Satz 1 oder 2 der Verordnung (EG) Nr. 726/2004 in Verbindung mit Artikel 8 Abs. 3 Unterabsatz 1 Buchstabe c bis e, h bis ia oder ib der Richtlinie 2001/83/EG oder Artikel 41 Abs. 4 Satz 1 oder 2 der Verordnung (EG) Nr. 726/2004 in Verbindung mit Artikel 12 Abs. 3 Unterabsatz 1 Satz 2 Buchstabe c bis e, h bis j oder k der Richtlinie 2001/82/EG, jeweils in Verbindung mit § 29 Abs. 4 Satz 2, der Europäischen Arzneimittel-Agentur oder der zuständigen Bundesoberbehörde eine dort genannte Information nicht, nicht richtig, nicht vollständig oder nicht rechtzeitig mitteilt,**

**33.** **entgegen Artikel 24 Abs. 1 Unterabsatz 1 oder Abs. 2 Satz 1 oder Artikel 49 Abs. 1 Unterabsatz 1 oder Abs. 2 Satz 1 der Verordnung (EG) Nr. 726/2004, jeweils in Verbindung mit § 29 Abs. 4 Satz 2, nicht sicherstellt, dass der zuständigen Bundesoberbehörde oder der Europäischen Arzneimittel-Agentur eine dort bezeichnete Nebenwirkung mitgeteilt wird,**

**34.** **entgegen Artikel 24 Abs. 3 Unterabsatz 1 oder Artikel 49 Abs. 3 Unterabsatz 1 der Verordnung (EG) Nr. 726/2004 eine dort bezeichnete Unterlage nicht, nicht richtig oder nicht vollständig führt,**

35. **entgegen Artikel 1 der Verordnung (EG) Nr. 540/95 der Kommission vom 10. März 1995 zur Festlegung der Bestimmungen für die Mitteilung von vermuteten unerwarteten, nicht schwerwiegenden Nebenwirkungen, die innerhalb oder außerhalb der Gemeinschaft an gemäß der Verordnung (EWG) Nr. 2309/93 zugelassenen Human- oder Tierarzneimitteln festgestellt werden (ABl. EG Nr. L 55 S. 5) in Verbindung mit § 63b Abs. 8 Satz 2 nicht sicherstellt, dass der Europäischen Arzneimittel-Agentur und der zuständigen Bundesoberbehörde eine dort bezeichnete Nebenwirkung mitgeteilt wird oder**
36. **gegen die Verordnung (EG) Nr. 1901/2006 des Europäischen Parlaments und des Rates vom 12. Dezember 2006 über Kinderarzneimittel und zur Änderung der Verordnung (EWG) Nr. 1768/92, der Richtlinien 2001/20/EG und 2001/83/EG sowie der Verordnung (EG) Nr. 726/2004 (ABl. L 378 vom 27.12.2006, S. 1) verstößt, indem er**
    a) **entgegen Artikel 33 Satz 1 ein dort genanntes Arzneimittel nicht oder nicht rechtzeitig mit der pädiatrischen Indikation versehen in den Verkehr bringt,**
    b) **einer vollziehbaren Anordnung nach Artikel 34 Absatz 2 Satz 4 zuwiderhandelt,**
    c) **entgegen Artikel 34 Absatz 4 Satz 1 den dort genannten Bericht nicht oder nicht rechtzeitig vorlegt,**
    d) **entgegen Artikel 35 Satz 1 die Genehmigung für das Inverkehrbringen nicht oder nicht rechtzeitig auf einen dort genannten Dritten überträgt und diesem einen Rückgriff auf die dort genannten Unterlagen nicht gestattet,**
    e) **entgegen Artikel 35 Satz 2 die Europäische Arzneimittel-Agentur nicht oder nicht rechtzeitig von der Absicht unterrichtet, das Arzneimittel nicht länger in den Verkehr zu bringen, oder**
    f) **entgegen Artikel 41 Absatz 2 Satz 2 das Ergebnis der dort genannten Prüfung nicht oder nicht rechtzeitig vorlegt.**

**(3) Die Ordnungswidrigkeit kann mit einer Geldbuße bis zu 25 000 Euro geahndet werden.**

**(4) Verwaltungsbehörde im Sinne des § 36 Abs. 1 Nr. 1 des Gesetzes über Ordnungswidrigkeiten ist in den Fällen des Absatzes 1 in Verbindung mit § 96 Nr. 6, 20 und 21, des Absatzes 2 Nr. 7 in Verbindung mit § 29 Abs. 1 und § 63b Abs. 2, 3 und 4 und des Absatzes 2 Nr. 32 bis 36 die nach § 77 zuständige Bundesoberbehörde.**

**Literatur**

Bohnert, Ordnungswidrigkeitengesetz, 2. Aufl., 2007; Boujong (Hrsg.), Karlsruher Kommentar zum OWiG, 3. Aufl. 2006; Göhler, Ordnungswidrigkeitengesetz, 15. Aufl. 2009; Günther, Das Recht der Ordnungswidrigkeiten – Aufbruch zu neuen Ufern?, Tübinger Rechtswissenschaftliche Abhandlungen, Bd. 69, S. 381; Hannes, Der Vertrauensgrundsatz bei arbeitsteiligem Verhalten, 2002; Lemke, Mosbacher, Ordnungswidrigkeitengesetz, 2. Aufl., 2005; Mandry, Thilo, Die Beauftragten im Pharmarecht, 2004; Mitsch, Recht der

Ordnungswidrigkeiten, 2. Aufl., 2005; Müller-Guggenberger, Wirtschaftsstrafrecht: Handbuch des Wirtschaftsstraf- und Ordnungswidrigkeitenrechts, 4. Aufl., 2006; Schünemann, Nulla poena sine lege?, 1978; ders., Die Gesetzesinterpretation im Schnittfeld von Sprachphilosophie, Staatsverfassung und juristischer Methodenlehre, Festschrift f. Klug I, 1983, S. 169; Thieß, Ordnungswidrigkeitenrecht, 2002.

**Übersicht** **Rz.**



## I. Bedeutung der Norm

1 Der Kreis der Strafvorschriften des AMG wird durch den Ordnungswidrigkeitenkatalog des § 97 ergänzt. Sanktioniert werden Verstöße gegen Ge- und Verbote aus dem AMG, die sich (noch) nicht als strafrechtliches Verhalten darstellen. Die Unterscheidung zwischen Ordnungsunrecht und Kriminalunrecht erfolgt rein formal danach, ob als Folge der Zuwiderhandlung Geldbuße oder Freiheits- bzw. Geldstrafe angedroht wurde.[1] Die Ordnungswidrigkeit ist nach der Art der angedrohten Rechtsfolge im Vergleich zur Straftat ein aluid;[2] die materielle Abgrenzung von strafbarem Unrecht und bloßem Ordnungsunrecht wird nach einer gemischt „qualitativen-quantitativen Betrachtungsweise" vorgenommen.[3] Die auf dieser Grundlage vorgenommene Wertentscheidung des Gesetzgebers, die dazu führt, die in § 97 aufgezählten Handlungen bewusst anders zu behandeln als die Straftaten nach § 95 f. AMG, spiegelt sich im Verzicht auf Strafandrohung wider. Dass dem Gesetzgeber[4] insoweit ein nicht unerheblicher Wertungsspielraum zukommt,[5] ist dann unproblematisch, wenn die auf der Grundlage seiner Entscheidung durchgeführte Qualifizierung nicht in den Kernbereich des Strafrechts eingreift.[6]

2 Nicht nur für die Sanktionen, sondern auch die Verfolgung des zu ahndenden Verhaltens ist die Differenzierung zwischen Straftat und Ordnungswidrigkeit von erheblicher Bedeutung. So gilt im Ordnungswidrigkeitenrecht das Opportunitätsprinzip, § 47 StGB,[7] während das Straf- und Strafprozessrecht primär vom Legalitätsprinzip, § 152 Abs. 2 StPO, beherrscht werden. Die Strafverfolgungsbehörde

---

1 Näher Göhler, Einl. Rn. 9; Rogall, KK-OWiG, § 1Rn. 1, 3ff.
2 Für den Bereich der Verhaltensnorm vgl. Thieß, Rn. 89; a.A. Mitsch, 2005, Teil I, § 3 Rn. 8ff. m.w.N.
3 Roxin, Strafrecht Allg. Teil, Band I, § 2 m.w.N.
4 BVerfGE 37, 201, 212.
5 BVerfGE 22, 78; 27, 18, 28; 80, 182, 186.
6 BVerfGE 27, 18, 30.
7 Näher Mitsch, § 23 Rn. 3ff.

ist bei Vorliegen der Prozessvoraussetzungen zur Strafverfolgung gegen Verdächtige verpflichtet[8] und kann nur in eng begrenzten Fällen hiervon Abstand nehmen, vgl. §§ 153ff. StPO. Demgegenüber entscheidet die Verfolgungsbehörde in Bußgeldsachen nach pflichtgemäßem Ermessen, ob und in welchem Umfang ein Verfahren durchgeführt wird. Dieser praxisrelevante Unterschied beruht auf der Prämisse, dass ein ordnungswidriges Verhalten die Rechtsordnung in der Regel weniger gefährdet als ein strafbares Verhalten.

## II. Das Verhältnis zum Ordnungswidrigkeitengesetz

Für die in § 97 bezeichneten Bußgeldtatbestände gelten gemäß § 2 OWiG ergänzend die allgemeinen Bestimmungen des OWiG. Der Grundsatz, wonach nur vorsätzliches Handeln geahndet werden kann, es sei denn, das Gesetz bedroht fahrlässiges Handeln ausdrücklich mit einer Sanktion, gilt auch[9] im Ordnungswidrigkeitenrecht, § 10 OWiG. Dies entfaltet auch Bedeutung in Bezug auf § 97 Abs. 1 AMG. Wird eine der in § 96 bezeichneten vorsätzlichen, § 15 StGB, Handlungen fahrlässig verwirklicht, so findet eine Umstufung zur Ordnungswidrigkeit statt, die nach § 97 Abs. 3 mit einer Geldbuße bis zu 25.000 Euro bedroht wird. Dabei handelt es sich nicht um eine Strafmilderung gemäß § 12 Abs. 3 StGB, die den Charakter des Vergehens unberührt lässt, sondern um eine qualitativ unterschiedliche Einordnung der Fahrlässigkeitstat im Vergleich zur Vorsatztat. Darüber hinaus normiert § 97 Abs. 2 AMG weitere Ordnungswidrigkeitentatbestände, die sowohl vorsätzlich wie auch fahrlässig verwirklicht werden können. 3

## III. Ordnungswidrigkeit

### 1. Bestimmtheitsgrundsatz, zeitliche, räumliche Geltung

Die Gültigkeit des Bestimmtheitsgrundsatzes und die zeitliche Geltung der Bußgeldvorschriften sind im Ordnungswidrigkeitengesetz geregelt. Entsprechend dem aus Art. 103 Abs. 2 GG abgeleiteten und durch § 3 OWiG wiedergegebenen Verfassungsgebot „keine Ordnungswidrigkeit ohne Gesetz“ muss sich die Möglichkeit der Ahndung zum Zeitpunkt der Tat aus dem Gesetz ergeben.[10] Unterscheiden sich die Gesetze von der Zeit der begangenen Handlung und der Ahnung der Ordnungswidrigkeit, so ist das mildeste Gesetz anzuwenden, § 4 Abs. 3 OWiG. Ausreichend ist ein Gesetz im materiellen Sinne;[11] nach höchstrichterlicher Rechsprechung[12] können Bußgeldnormen auch durch Rechtsverordnungen ausgefüllt werden. Dass sowohl die ermächtigende Norm, d.h. § 97 AMG, als auch die ausfüllende Norm, so z.B. die Rechtsverordnung, auf welche verwiesen wird, dem Bestimmtheitsgebot entsprechen müssen, ist anerkannt.[13] Ob diese Maßgaben im Einzelfall tatsächlich erfüllt sind, kann namentlich bei den komplizierten, langwie- 4

---

8 Näher Meyer-Goßner, § 152 Rn. 1

9 So auch für das Strafrecht vgl. § 15 StGB.

10 Rogall, KK-OWiG, § 3 Rn. 7ff.

11 Näher EOWiG, BtDrS. V/1269, S. 131, 135.

12 BVerfGE 14, 174, 185; 14, 245; 254, 257; 22, 21, 25; 38, 348, 371; 51, 60, 73.

13 BVerfGE 32, 346, 362.

rigen Verweisungsketten, wie sie z.B. in § 97 Abs. 1 Nr. 31-35 AMG anzutreffen sind, mit guten Gründen bezweifelt werden. Der Bestimmtheitsgrundsatz gilt auch für die Sanktionsdrohung.[14] Dem Grundsatz „kein Bußgeld ohne Gesetz" entspricht der in § 97 AMG zur Verfügung gestellte Bußgeldrahmen bis 25.000 €.

5 Aus §§ 3 f. OWiG ergibt sich zudem, dass es unzulässig ist, ein Verhalten mit Geldbusse zu ahnden, wenn es zum Zeitpunkt seiner Begehung noch nicht ahndbar war. Eine Analogie, d.h. die „Übertragung der für einen Tatbestand (A) oder für mehrere, untereinander ähnliche Tatbestände im Gesetz gegebenen Regel auf einen vom Gesetz nicht geregelten, ihm ‚ähnlichen' Tatbestand B"[15] zuungunsten des Täters, ist auch im Ordnungswidrigkeitenrecht unzulässig.[16] Demgegenüber ist die Auslegung der Bestimmungen des Ordnungswidrigkeitenrechts innerhalb der Norm im Rahmen des möglichen Wortsinns statthaft[17] und geboten.

6 Die räumliche Geltung für Ordnungswidrigkeiten nach Bundes- und Landesrecht beruht auf dem Territorialitäts- und Flaggenprinzip, § 5 OWiG. Da abweichende gesetzliche Regelungen zugelassen sind, kann sich aber einfacher als im Strafrecht eine Ausdehnung des räumlichen Geltungsbereichs ergeben.[18]

## 2. Zusammentreffen mehrerer Gesetzesverletzungen

7 Erfüllt eine Handlung bzw. Unterlassung mehrere Ordnungswidrigkeitentatbestände oder einen Tatbestand mehrfach, liegt rechtlich eine Ordnungswidrigkeit vor, sog. Tateinheit. Daher wird auch nur eine einzige Geldbusse festgesetzt. Sie bestimmt sich nach dem Gesetz, das die höchste Geldbusse androht, § 19 OWiG. Erfüllt eine solche natürliche oder rechtliche Handlung[19] gleichzeitig die Voraussetzungen einer Straftat und die einer Ordnungswidrigkeit, so kommt – von wenigen Ausnahmen abgesehen[20] – nur das Strafgesetz zur Anwendung, § 21 OWiG.[21] Dies gilt selbst im Verhältnis der vollendeten vorsätzlichen Ordnungswidrigkeit zur versuchten oder zur fahrlässigen Straftat. Denn die Ordnungswidrigkeit tritt in ihrem Unrechtsgehalt hinter den Unrechtsgehalt der Strafnorm zurück.[22]

---

14 Göhler, § 3 Rn. 10; Rogall, KK-OWiG, § 3 Rn. 36 f.
15 Larenz, Methodenlehre der Rechtswissenschaft, 1991, S. 381.
16 Rogall, KK-OWiG, § 3 Rn. 60ff.
17 Schünemann, Nulla poena, S. 17ff.; ders., FS f. Klug I, 1983, S. 174ff., 180ff.
18 Näher Göhler, § 5 Rn. 5ff.; zu den Vorgaben des internationalen Ordnungswidrigkeitenrechts vgl. Bohnert, § 5 Rn. 15ff.
19 Näher hierzu Thieß, Rn. 253ff.
20 Eine Ausnahme liegt z.B. vor, wenn die Ordnungswidrigkeit lex specialis ist, dazu Göhler, vor § 19 Rn. 34ff.
21 OLG Bremen NJW 1954, 1213.
22 BVerfGE 22, 49.

Sind bei mehreren Zuwiderhandlungen gegen Bestimmungen des Ordnungswidrigkeitenrechts diese Voraussetzungen nicht gegeben, wird jede Geldbuße gesondert festgesetzt, sog. Tatmehrheit, § 20 OWiG. Eine Gesamtbuße wird nicht gebildet. 8

Treffen mehrere Ordnungswidrigkeiten und Straftaten im materiell-rechtlichen Sinn innerhalb einer prozessualen Tat zusammen, gilt § 21 Abs. 1 OWiG nicht.[23] Das Verfahren wird aber dennoch insgesamt als Strafverfahren geführt, §§ 40ff., 45 OWiG. § 42 OWiG regelt den Fall, dass verschiedene Prozessgegenstände zusammengefasst werden, wenn einer strafrechtliche, der andere ordnungswidrigkeitenrechtliche Qualität hat.[24] 9

### 3. Die Ordnungswidrigkeit

Gemäß § 1 Abs. 1 OWiG ist eine Ordnungswidrigkeit eine rechtswidrige und vorwerfbare Handlung, die den Tatbestand eines Gesetzes verwirklicht, das die Ahndung mit einer Geldbuße zulässt. Ebenso wie die Straftat ist die Ordnungswidrigkeit dreiteilig zu prüfen: Es geht 1. um die Verwirklichung des Tatbestandes und somit der konkreten Verbotsmaterie, 2. um die Rechtwidrigkeit, d.h. den Widerspruch gegen das Recht, der im Einzelfall durch Rechtfertigungsgründe[25] aufgehoben werden kann und 3. um die ordnungswidrigkeitenrechtliche Entsprechung zur strafrechtlichen Schuld,[26] die Vorwerfbarkeit. Handlung kann ein positives Tun oder ein Unterlassen sein, wobei Letzteres nur dann zu ahnden ist, wenn entweder das Unterlassen selbst im Tatbestand normiert ist (sog. echtes Unterlassen) oder eine Handlungspflicht aufgrund Garantenstellung[27] bestanden hatte, § 8 OWiG (sog. unechtes Unterlassen). Vorsatz, Fahrlässigkeit, § 10 OWiG, die Irrtumsproblematik, § 11 OWiG, lehnen – von sprachlichen Anpassungen abgesehen – weitgehend an die Regelungen des Strafrechts an.[28] Im Hinblick auf die fahrlässige Begehung der Ordnungswidrigkeit ist allerdings § 17 Abs. 2 OWiG zu beachten: Droht das Gesetz, wie in § 97 Abs. 2 AMG geschehen, für vorsätzliches und fahrlässiges Handeln Geldbuße an, ohne im Höchstmaß zu unterscheiden, so kann fahrlässiges Handeln im Höchstmaß nur mit der Hälfte des angedrohten Höchstbetrages der Geldbuße, d.h. konkret mit 12.500 € geahndet werden. Dies hat auch Auswirkungen für die Verjährung.[29] Wann fahrlässiges Verhalten vorliegt, kann 10

---

23 BGH wistra 2002, 302, 305; Lemke, Mosbacher, OWiG, § 21 Rn. 5.

24 Näher Mitsch, § 21 II. 2 Rn. 12 f.

25 Im OWiG sind die Notwehr, § 15, und der rechtfertigende Notstand, § 16, geregelt. Aufgrund der Einheit der Rechtsordnung kommen aber noch zahlreiche weitere Rechtfertigungsgründe in Betracht; näher Rengier, KK-OWiG, vor §§ 15, 16 Rn. 1ff.

26 Der Begriff der Schuld wurde im OWiG nicht gewählt, um aufzuzeigen, dass das Element sozialethischer Missbilligung in dem Vorwurf eines bloßen Ordnungsverstoßes nicht enthalten ist, vgl. Begründung EOWiG, S. 46; Göhler, OWiG, Vor § 1 Rn. 30; Rogall, KK-OWiG, § 1 Rn. 8.

27 Vgl. hierzu die entsprechend heranzuziehenden Ausführungen zu § 95f.

28 Näher Bohnert, OWiG, § 10 Rn. 1ff.; § 11 Rn. 1, 8ff., 32ff. m.w.N.

29 Vgl. nachfolgend Erläuterungen zu VI.

im Einzelfall dann zweifelhaft sein, wenn in einem Tatbestand vorsätzliche und fahrlässige Elemente zusammentreffen. Eine allgemeine Regel, wie mit Vorsatz-Fahrlässigkeitskombinationen zu verfahren ist, und sie für das Strafrecht in § 11 Abs. 2 StGB enthalten ist, fehlt im OWiG. Bei Fehlen allfälliger Spezialregelungen gilt, dass die Tat bereits dann ein Fahrlässigkeitsdelikt ist, wenn auch nur hinsichtlich eines objektiven Tatbestandsmerkmals nicht der gemäß § 10 OWiG erforderliche Vorsatz, sondern nur Fahrlässigkeit gegeben ist.[30]

## IV. Der Adressat der Ordnungswidrigkeit

**11** Eine Verantwortlichkeit besteht nur für den Beteiligten an einer Ordnungswidrigkeit, § 14 OWiG. Im Unterschied zum Strafrecht wird insoweit von dem sog. Einheitstäterbegriff ausgegangen,[31] der die Täterschafts- und Teilnahmeproblematik weitgehend entschärft. Entsprechend § 14 StGB erweitert § 9 OWiG zudem die Haftung auf Vertreter und Substituten, wenn die besonderen persönlichen Merkmale, die die Möglichkeit der Ahndung begründen, zwar nicht bei ihm, aber bei dem Vertretenen (Abs. 1) bzw. dem Inhaber des Betriebes oder der Stelle der öffentlichen Verwaltung (Abs. 2) vorliegen.[32] Die im Ordnungswidrigkeitenrecht mögliche Verbandsgeldbuße, § 30 OWiG, ergibt insoweit keinen eigenen Ahndungstatbestand. Ihr liegt vielmehr die Konstruktion zugrunde, dass das strafbare oder den Tatbestand einer Ordnungswidrigkeit erfüllende Handeln einer natürlichen Person auf die von ihr repräsentierte juristische Person oder Personenvereinigung „übertragen" wird.[33] Werden durch diese Handlung Pflichten, die die juristische Person oder Personenvereinigung treffen, verletzt oder wurde durch die Handlung die juristische Person oder Personenvereinigung bereichert oder sollte sie bereichert werden, so kann gegen sie eine Geldbuße festgesetzt werden. Sie bemisst sich nach dem in § 97 AMG angedrohten Höchstmaß, § 30 Abs. 2 OWiG.

**12** Im Ordnungswidrigkeitenrecht stellt sich – entsprechend der im Strafrecht geltenden Grundsätze – die Problematik der Verantwortlichkeit für arbeitsteiliges Handeln. Insbesondere mit Blick auf die sich ständig verändernden Kooperationen bei der industriellen Herstellung der Produkte ergeben sich immer wieder neue Fragestellungen. Eine typische Konstellation beschreibt die Verteilung der Verantwortlichkeit und der Handlungen auf mehrere Personen. Dabei ist zunächst vom Grundsatz auszugehen, dass ordnungswidrigkeitsrechtlich auch in einer betrieblichen Organisation jeder für seinen innerbetrieblichen Verantwortungsbereich einzustehen hat. Das Kernproblem besteht freilich bei arbeitsteiligen Produktionsbetrieben in der Ermittlung und Abgrenzung der jeweiligen Pflichten- und Verantwortungsbereiche. Sie erfolgt im Regelfall entsprechend der innerbetrieblich übernommenen bzw. zugewiesenen Tätigkeit des einzelnen Mitarbeiters. Daran orientiert sich die ordnungswidrigkeitsrechtliche Sorgfaltspflicht und entsprechende Verantwortlichkeit.

---

30 Göhler, OWiG, § 17 Rn. 12.
31 Thieß, Rn. 227ff.; Mitsch, § 13 IIff.; näher Anm. zu §§ 95f.
32 Näher Anm. zu §§ 95f.
33 Näher Bohnert, § 30 Rn. 7ff.; Göhler, § 30 Rn. 2ff.

Unabhängig davon, wie letztlich das Unternehmen organisiert ist, verbleibt es auch ordnungswidrigkeitsrechtlich bei der Generalverantwortung und der Generalzuständigkeit der Geschäftsführung für die Erfüllung betriebsbezogener Pflichten. Dazu gehört vor allem, dafür zu sorgen, dass Aufgaben, welche nicht von ihr persönlich wahrgenommen werden, durch ausreichend qualifizierte, in regelmäßigen Abständen geschulte und fachlich entsprechend dem Stand der Technik angeleitete Mitarbeiter erfüllt werden. Die Pflicht zum eigenen Handeln wandelt sich in eine solche zur zweckmäßigen Organisation und zur Überwachung der zur Erfüllung delegierten Aufgaben um. **13**

In diesem Kontext sind die Zuständigkeitsbereiche der Beauftragen im Pharmarecht zu beachten.[34] Obgleich das Gesetz einige innerbetriebliche Verantwortungsbereiche festlegt und Sonderzuständigkeiten schafft, geht es im Regelfall nicht so weit, auch zu bestimmen, auf welchen Hierarchieebenen diese Verantwortungsträger angesiedelt sein sollen. Die arzneimittelrechtlich erforderliche formelle Benennung von Verantwortlichen für die Bereiche Herstellung, Kontrolle, Vertrieb und Information und für die nach dem Stufenplan erforderlichen Maßnahmen verändert nichts am innerbetrieblichen Entscheidungsprozess und damit an den Verantwortlichkeiten. Sie individualisiert lediglich die innerbetrieblichen Verantwortlichkeiten und stellt klar, dass diese Positionen vorhanden und mit entsprechend qualifiziertem Personal besetzt sein müssen. Eine Beteiligung und damit Mitverantwortung von Vorgesetzten und Kollegen wird durch diese Festlegung nicht ausgeschlossen. **14**

Die ordnungswidrigkeitsrechtliche Verantwortlichkeit der Leitungsebene bei Kollegialentscheidungen bemisst sich entsprechend den strafrechtlich entfalteten Grundsätzen des BGH zur sog. Lederspray-Entscheidung. Hat ein Kollegialorgan eine ordnungswidrige Maßnahme beschlossen und durchgeführt, so ist grundsätzlich jedes Mitglied des Kollegiums dafür verantwortlich.[35] Dennoch kommt auch hier der Vertrauensgrundsatz zum Tragen.[36] Jedes Mitglied des Kollegiums führt sein Ressort eigenverantwortlich und darf sich bei seiner Tätigkeit grundsätzlich darauf verlassen, dass die Kollegen ihre Ressorts verantwortungsbewusst wahrnehmen. Fachleute sind allerdings verpflichtet, Nichtfachleuten eine objektive Sachstands- und Bewertungsanalyse für die anstehenden Entscheidungen zu geben, um diesen eine sachgerechte Mitsprache, ggf. auch eine Risikobewertung zu ermöglichen, damit sie sich ggf. auch qualifiziert gegen eine Entscheidung aussprechen können. Es kann durchaus eine Pflicht der Fachleute zum Widerspruch geben.[37] **15**

---

34 Ausführlich Mandry, 2004.
35 BGH NJW 1990, 2640ff.
36 Näher hierzu Hannes, 2002.
37 Vgl. Kommentierungen zu § 95 f.

### V. Einzeltatbestände

16 Die Ordnungswidrigkeiten werden zusammen mit den Einzelvorschriften kommentiert.

### VI. Zuständigkeiten

17 Absatz 4 legt fest, wer in den dort genannten Fällen zuständige Behörde zur Verfolgung der Ordnungswidrigkeiten sein soll: dies ist grundsätzlich das Bundesinstitut für Arzneimittel und Medizinprodukte.

### VII. Sanktionen und Verfolgungsverjährung

18 Für Verstöße gegen Ordnungswidrigkeitstatbestände nach dem AMG kann eine Geldbuße verhängt werden.

19 Die Höhe reicht von fünf Euro, § 17 Abs. 1 OWiG, bis zu 25.000 € – bezogen auf § 97 Abs. 1 und die vorsätzliche Begehung von § 97 Abs. 2 – § 97 Abs. 3 AMG, bei der fahrlässigen Verwirklichung von § 97 Abs. 2 bis zu 12.500 €, vgl. § 17 Abs. 2 OWiG. Die Verfolgungsverjährung – ein Verfahrenshindernis[38] – tritt ein nach Ablauf der in § 31 Abs. 2 OWiG bestimmten Frist. Die Verfolgung der fahrlässigen Ordnungswidrigkeit nach § 97 Abs. 1 AMG verjährt ebenso wie die der vorsätzlichen nach § 97 Abs. 2 AMG in drei Jahren, § 31 Abs. 2 Nr. 1 OWiG, die Verfolgung der fahrlässigen Ordnungswidrigkeit nach § 97 Abs. 2 in zwei Jahren,[39] § 31 Abs. 2 i.V. § 17 Abs. 2 OWiG. Der Lauf der Verjährung beginnt mit Beendigung der tatbestandsmäßigen Handlung, § 31 Abs. 3 OWiG. Tritt der hierzu erforderliche Erfolg erst nach Beendigung der Tat ein, so beginnt die Verjährung zu diesem Zeitpunkt, § 31 Abs. 3 S. 2 OWiG. Bei mehrern Beteiligten, vgl. § 14 OWiG, sind die Fristen für jeden Beteiligten getrennt festzustellen, da sowohl der Fristverlauf wie die Ruhens- und Unterbrechungsmaßnahmen divergieren können. Die sog. absolute Verjährung tritt ein, wenn seit dem erstmaligen Verjährungsbeginn das Zweifache der gesetzlichen Verjährungsfrist – mindestens aber zwei Jahre – verstrichen ist, § 33 Abs. 1 OWiG.

---

38 So auch die Rechtsprechung, näher Weller, KK-OWiG, § 31 Rn. 5ff. m.w.N.

39 Kritisch zur kürzeren Verjährungsfrist bei fahrlässigem Handeln Lemke, Mosbacher, § 17 Rn. 29.

## § 98
## Einziehung

**Gegenstände, auf die sich eine Straftat nach § 95 oder § 96 oder eine Ordnungswidrigkeit nach § 97 bezieht, können eingezogen werden. § 74a des Strafgesetzbuches und § 23 des Gesetzes über Ordnungswidrigkeiten sind anzuwenden.**

### Literatur

Bode, Das neue Recht der Einziehung im Strafrecht nach dem EGOWiG NJW 1969, 1052; Bohnert, OWiG, Kommentar zum Ordnungswidrigkeitenrecht, 2. Aufl., 2007; Eser, Zum Eigentumsbegriff im Einziehungsrecht, JZ 1972, 146; Göhler, Ordnungswidrigkeitengesetz, 15. Aufl., 2009; Lemke, Mosbacher, Ordnungswidrigkeitengesetz, 2. Aufl., 2005; Mitsch, Einziehung und § 241a BGB, NStZ 2005, 543; ders., in. Karlsruher Kommentar zum Ordnungswidrigkeitengesetz, 3. Aufl., 2006; Tröndle, Fischer, StGB, 56. Aufl., 2009.

## I. Die Bedeutung der Norm

Während § 74 Abs. 1 StGB die Einziehung bei vorsätzlichen Straftaten ermöglicht, setzt die Einziehung bei fahrlässigen Straftaten, § 74 Abs. 4 StGB, und vorsätzlichen bzw. fahrlässigen Ordnungswidrigkeiten, § 22 OWiG, eine spezielle Ermächtigungsnorm voraus, wie sie in § 98 AMG geschaffen wurde.[1] Die Einziehung nach § 74 Abs. 2 Nr. 1 StGB, § 22 Abs. 2 Nr. 1 OWiG ist eine straf- bzw. ordnungswidrigkeitenrechtliche Sanktion gegen das Eigentum und ist auf Gegenstände gerichtet. Der Begriff des Gegenstandes wird in einem weiten Sinne verstanden. Er erfasst körperliche Objekte, dh Sachen im Sinne von §§ 90, 90 a BGB und auch Rechte an Sachen, wie Anwartschaftsrecht oder Miteigentum, sofern sie und nicht nur die Sache das Objekt der Einziehung sind.[2] Erfasst werden unter diesen Vorgaben auch Forderungen.[3] Die rein tatsächliche Verfügungsgewalt ist allerdings nicht gemeint. Die Anlasstat muss einerseits ahndbar sein und der einzuziehende Gegenstand muss andererseits nicht die Eigenschaften haben, die für § 74 Abs. 2 Nr. 2 StGB, § 22 Abs. 2 Nr. 2 OWiG erforderlich sind. Die Einziehung zum Schutz gegen Gefahren ist nach § 74 Abs. 2 Nr. 2 StGB, § 22 Abs. 2 Nr. 2 OWiG als gemischtes Institut möglich. § 74 Abs. 3 StGB, § 22 Abs. 3 OWiG regelt die Einziehung als reine präventive Sicherungsmassnahme,[4] sie ist jedoch keine Maßregel iSd §§ 61ff. StGB. Auch die gegen Dritte gerichtete Einziehung stellt eine Sicherungsmaßnahme dar.[5] Die Einziehungsanordnung muss die einzuziehenden Gegenstände so genau beschreiben, dass bei allen Beteiligten und den Vollstreckungsorganen Klarheit über den Umfang der Einziehung be- 1

---

1 Mitsch, KK-OWiG, § 22 Rn. 1.

2 Göhler, § 22 Rn. 2; Bohnert, § 22 Rn. 4.

3 So z.B. BGH NStZ 1991, 456; vgl. auch BayObLGSt 1961, 277; Tröndle, Fischer § 74 RdNr. 3; Bode, Das neue Recht der Einziehung im Strafrecht nach dem EGOWiG, NJW 1969, 1052.

4 Mitsch, KK-OWiG, § 22 Rn. 5.

5 BGHSt 6, 62; OLG Schleswig StV 1989, 156.

steht. Dies kann bei umfangreichem Material in einer besonderen Anlage zum Urteilstenor erfolgen. Die Bezugnahme auf die Anklageschrift oder ein Asservatenverzeichnis genügt jedoch nicht.[6] Die rechtskräftige Einziehungsentscheidung hat den Eigentums- bzw. Rechtsübergang auf den Staat zur Folge. Und sie bewirkt auf der Seite des Betroffenen einen Eigentums- bzw. Rechtsverlust, § 74e StGB, § 26 OWiG. Die Voraussetzungen und Folgen der Einziehung differieren danach, ob der Eigentümer in die Tat als Straftäter oder Beteiligter der Ordnungswidrigkeit involviert war oder Drittperson ist. Gegen letztere ist die Einziehung an höhere Anforderungen geknüpft, vgl. § 74 Abs. 2 Nr. 1 StGB, § 22 Abs. 2 Nr. 1 OWiG, bei beteiligungsähnlicher Befassung gelten § 74a StGB, § 23 OWiG. Der Eigentumsübergang kraft Gesetzes tritt zwar auch bei der Drittperson ein. Sie hat aber im Unterschied zum beteiligten Eigentümer einen Entschädigungsanspruch gegen den Staat aufgrund des Eigentumsverlustes, § 74f. Abs. 1 StGB, § 28 Abs. 1 OWiG.

### II. Der Vorbehalt der Einziehung

2 In § 74b StGB ist vorgesehen, dass die Einziehung vorbehalten bleibt, wenn der Zweck der Einziehung auch durch weniger einschneidende Maßnahmen erreicht werden kann, etwa dadurch, dass die Gegenstände unbrauchbar gemacht werden, an ihnen bestimmte Einrichtungen oder Kennzeichnungen beseitigt oder die Gegenstände geändert werden oder über sie in bestimmter Weise verfügt wird. Wird die entsprechende Anweisung befolgt, wird der Vorbehalt der Einziehung aufgehoben. Die Vorschrift ist eine spezielle gesetzliche Ausprägung des Grundsatzes der Verhältnismäßigkeit[7] und ist auch zu beachten, selbst wenn er in § 74 b StGB nicht ausdrücklich geregelt ist.[8] Die Einziehung darf nur erfolgen, wenn sie tatangemessen ist.

---

6 BGH NStZ-RR 2009, 384.

7 Schönke, Schröder, StGB § 74b Rn 1; zum allg. Verfassungsprinzip vgl. BVerfGE 20, 186f.; BGHSt 20, 255.

8 BGHSt 23, 269; BGH NStZ 1981, 104; Schönke, Schröder, Eser, StGB, § 74b Rn 2.

## § 98a
## Erweiterter Verfall

**In den Fällen des § 95 Abs. 1 Nr. 2a sowie der Herstellung und des Inverkehrbringens gefälschter Arzneimittel nach § 95 Abs. 1 Nr. 3a in Verbindung mit § 8 Abs. 1 Nr. 1a ist § 73d des Strafgesetzbuches anzuwenden, wenn der Täter gewerbsmäßig oder als Mitglied einer Bande, die sich zur fortgesetzten Begehung solcher Taten verbunden hat, handelt.**

### Literatur

Körner, Betäubungsmittelgesetz Arzneimittelgesetz, 6. Aufl., 2007; Rönnau, Vermögensabschöpfung in der Praxis, 2003; Tag, Vorsicht zerbrechlich?! Das Menschenbild im Strafverfahren, in: Hartenstein et al. (Hrsg.), Menschbild und Theologie, Beiträge zum interdisziplinären Gespräch, 2007, 161ff.; Tröndle, Fischer, StGB, 56. Aufl., 2009.

### I. Die Bedeutung der Norm

§ 98a wurde eingefügt durch Art. 2 Nr. 5 des Gesetzes zur Verbesserung der Bekämpfung des Dopings im Sport vom 24.10.2007.[1] § 98a i.V. § 73d StGB sieht erleichterte Beweispflichten beim Einzug illegal erworbenen Vermögens vor, soweit ein Fall des § 95 Abs. 1 Nr. 2a, das Inverkehrbringen von Dopingmitteln, die Verschreibung oder Anwendung bei anderen oder die Herstellung und das Inverkehrbringen gefälschter Arzneimittel nach § 95 Abs. 1 Nr. 3a i.V. § 8 Abs. 1 Nr. 1a, vorliegt und der Täter gewerbsmäßig oder als Mitglied einer Bande, die sich zur fortgesetzten Begehung solcher Taten verbunden hat, handelt. Der erweiterte Verfall knüpft somit an einen besonders schweren Fall gemäss den Regelbeispielen des § 95 Abs. 3 Nr. 2 lit. b und Nr. 3 an.[2] Die Bestimmung entspricht den vergleichbaren Vorschriften über die Gewinnabschöpfung bei anderen Straftaten, die einen engen Bezug zur organisierten Kriminalität haben, namentlich §§ 181c, 256 Abs. 2, 261 Abs. 7, 263 Abs. 7 S. 3 und § 302 StGB, § 33 BtMG.[3] 1

Das BVerfG sieht die in Art. 1 Abs. 1 und 2 Abs. 1 GG garantierte Würde und Eigenverantwortlichkeit des Menschen sowie den Grundsatz „nulla poena sine culpa“[4] durch § 73d StGB als nicht verletzt an.[5] Die Auslegung des § 73d StGB ergibt, dass die angeordnete Entziehung deliktisch erlangter Vermögensvorteile nicht repressiv-vergeltende, sondern präventiv-ordnende Ziele verfolgt. Die Gewinnabschöpfung dient der Beseitigung eines Vorteils, dessen Verbleib den Täter zu weiteren Taten anreizen könnte. Der erweiterte Verfall ist mit der Unschuldsvermutung vereinbar, da seine Anordnung gerade nicht die Schuldfeststellung voraussetzt. Auch die Eigentumsgarantie von Art. 14 Abs. 1 GG ist nicht verletzt, 2

---

1 BT-Drs. 16/5526; 16/5927.
2 BT-Drs. 16/5526, 9.
3 Zu § 33 BtMG vgl. Körner, Betäubungsmittelgesetz, § 33 Nr. 147ff.
4 BVerfG NJW 1992, 2947; Tag, Vorsicht zerbrechlich, 179.
5 BVerfG NJW 2004, 2073.

da § 73d StGB zumindest eine Inhalts- und Schrankenbestimmung des Eigentums i.S. des § 14 Abs. 1 2 GG enthält.

## II. Objekt des erweiterten Verfalls

3 § 98a erfasst nicht nur Gegenstände bzw. ihren Wertersatz, § 73a StGB, die der Täter durch die abzuurteilende Tat erlangt hat. Die Norm gilt auch für individualisierte Sachen oder Rechte, § 74e Abs. 1 StGB, die dem an der rechtswidrigen Tat Beteiligten gehören bzw. zustehen oder wegen eines zivilrechtlich unwirksamen Erwerbsaktes allein auf Grund ihrer kriminellen Herkunft nicht gehören oder zustehen.[6] § 73d StGB ist subsidiär zu §§ 73, 73a StGB.[7] D.h. vor seiner Anwendung muss - unter Ausschöpfen aller prozessual zulässigen Mittel - ausgeschlossen werden, dass die Voraussetzungen der §§ 73, 73 a StGB erfüllt sind.[8]

4 Der Gegenstand muss unmittelbar für die rechtswidrige Tat oder aus ihr erlangt worden sein. Dem Hinweis des BVerfG,[9] dass der erweiterte Verfall die Rechte Tatgeschädigter berühren kann, da im Gegensatz zum einfachen Verfall deren Schadenersatzansprüche keinen Vorrang vor der strafrechtlichen Gewinnabschöpfung haben, wurde durch § 73d Abs. 1 S. 3 i.V. § 73 Abs. 1 S. 2 StGB Rechnung getragen.[10] Danach wird der erweitere Verfall nicht angeordnet, soweit dem Verletzten aus der Tat ein Anspruch erwachsen ist, dessen Erfüllung dem Täter oder Teilnehmer den Wert des aus der Tat Erlangten entziehen würde.

5 Dem erkennenden Gericht stehen Beweiserleichterungen zur Seite. D.h. diese Tat muss weder nach den Regeln des Strengbeweises bewiesen noch Gegenstand der Anklage[11] oder einer Nachtragsanklage, § 266 StPO, sein. Ausreichend ist, wenn das Gericht aufgrund konkreter Umstände zur Annahme gelangt, dass eine Anlasstat vom Täter oder Teilnehmer begangen worden ist.[12] Das Gericht muss jedoch der uneingeschränkten Überzeugung sein, dass die betreffenden Gegenstände deliktischer Herkunft sind bzw. für die rechtwidrige Tat verwendet werden. Die Anordnung des erweiterten Verfalls nach § 73d StGB darf nicht auf Spekulationen beruhen und kommt dann nicht in Betracht, wenn Gründe, die zu vernünftigen Zweifeln an einer deliktischen Herkunft von Tätervermögen Anlass geben, nicht auszuräumen sind.[13]

---

6 BGHSt 31, 145; BT-Drs. 11/6623, 7.

7 BGH NStZ 2006, 560.

8 BGH NStZ-RR 2003, 75ff.

9 BVerfG NJW 2004, 2073.

10 BT-Drs. 16/700, 2.

11 BGH NStZ-RR 2009, 384.

12 BGH NStZ-RR 2009, 384; Fischer, StGB, § 73d Rn 12.

13 So bereits BGH NJW 1994, 672; NJW 1995, 470ff.; NStZ-RR 1998, 25.

Der erweiterte Verfall ist bei Vorliegen seiner Voraussetzungen grundsätzlich obligatorisch[14] und wird i.d.R. im Urteil neben der Strafe ausgesprochen.[15] 6

14 BGH NStZ-RR 97, 302 m.w.N.
15 Lackner, Kühl, StGB, § 73d Rn. 10.

# Achtzehnter Abschnitt Überleitungs- und Übergangsvorschriften

## Erster Unterabschnitt Überleitungsvorschriften aus Anlass des Gesetzes zur Neuordnung des Arzneimittelrechts

## Vorbemerkungen vor §§ 99ff.

1 Das Gesetz zur Neuordnung des Arzneimittelrechts vom 24.08.1976[1] hat das Arzneimittelgesetz 1961 vollständig aufgehoben. Aus Gründen der Rechtssicherheit und zur Verbesserung der Transparenz wurden diejenigen Vorschriften in das AMG aufgenommen, die in den Überleitungsvorschriften gem. Art. 3 des Arzneimittelneuordnungsgesetzes enthalten sind. Ob damit wirklich eine bessere Transparenz hergestellt worden ist, mag man bezweifeln. Aus verfassungsrechtlichen Gründen sind diese Übergangsvorschriften jedoch unabdingbar. Dies wird aus dem verfassungsrechtlich gewährten Vertrauensschutz hergeleitet[2]. Der Gesetzgeber kann dieses Ziel auf verschiedene Weise erreichen. Er kann einen Bestandsschutz für in der Vergangenheit begründete Sachverhalte, Rechte und Rechtsverhältnisse gewähren, einen Vermögensschutz durch kompensatorische Ausgleichs- und Entschädigungsleistungen herstellen oder Altfälle durch formelles und materielles Übergangsrecht (z.B. Übergangsfristen) abfedern[3]. Im 18. Abschnitt findet man sowohl die erste als auch die dritte Variante. Übergangsvorschriften sollen im übrigen gewährleisten, dass eine echte Rückwirkung belastender Gesetze ausscheidet, da diese prinzipiell unzulässig ist[4]. Ausnahmen von diesem Verbot echter Rückwirkung sind nur dann von Fall zu Fall zulässig, wenn kein Vertrauensschutz besteht. Dies ist dann anzunehmen[5], wenn

- der Bürger zu dem Zeitpunkt, auf den sich das rückwirkende Recht bezieht, mit der Neuregelung rechnen musste,
- die bisherige Rechtslage unklar und verworren war;
- die bisherige rechtliche Regelung wegen Verstoßes gegen höherrangiges Recht nichtig war;

---

1 BGBl. I S. 2445.
2 Pieroth, Rückwirkung und Übergangsrecht, 1981, S. 71ff.
3 Pieroth, S. 152.
4 BVerfGE 18, 429, 439; 22, 241, 248; 30, 367, 385.
5 Papier, Verfassungsrechtliche Probleme von Übergangsrecht, Sgb. 1994, 105, 107.

Ratzel

E. Deutsch, H.-D. Lippert (Hrsg.), *Kommentar zum Arzneimittelgesetz (AMG)*,
DOI 10.1007/978-3-642-01455-0_18, © Springer-Verlag Berlin Heidelberg 2011

- durch die Rückwirkung kein oder nur ein unerheblicher Schaden verursacht wird (Bagatellvorbehalt) oder
- zwingende Gründe des Gemeinwohls die Rückwirkung rechtfertigen."[6]

Von der echten Rückwirkung sind Regelungen zu unterscheiden, die auf Rechtsbeziehungen Einfluss nehmen, die zwar in der Vergangenheit begründet, jedoch auf Dauer angelegt und noch nicht abgeschlossen sind. Die Änderung derartiger Regelungen mit Zukunftsbezug, auch als unechte Rückwirkung bezeichnet, ist nicht prinzipiell zulässig, sondern im Gegenteil in der Regel zulässig[7]. 2

Im Bereich des AMG betreffen Überleitungsvorschriften insbesondere Regelungen zur Qualifikation von in den Herstellungsprozess eingebundenen Personen (Art. 12 Abs. 1 GG) als insbesondere auch Fragen der Zulassung bzw. Verkehrsfähigkeit von Arzneimitteln, die im Zeitpunkt des Inkrafttretens der Neuregelungen zulässigerweise bereits eingewendet wurden. Dies ist ein klassischer Fall der Eigentumsgarantie gem. Art. 14 GG. Während im Bereich der persönlichen Qualifikation in der Regel nach dem Bestandsschutzprinzip verfahren wird, herrschte im Bereich der „fiktiven Zulassung" (dazu unten § 105ff.) eher das „Abfederungsprinzip" (Übergangsfristen) vor. Die ursprünglich vorgesehene lange Übergangsfrist für fiktive zugelassene Arzneimittel bis zum 31.12. 2004 war nach entsprechender Kritik der EU-Kommission geändert und durch die Neufassung von § 105 Abs. 5 c ersetzt worden. (siehe hierzu im Einzelnen Kommentierung zu § 105 und 109). 3

---

6 BVerfGE 13, 261, 272; 18, 429, 439; 30, 367, 387; 72, 200, 258.

7 BVerfGE 63, 152, 175; 72, 141, 154.

## § 99
## Arzneimittelgesetz 1961

**Arzneimittelgesetz 1961 im Sinne dieses Gesetzes ist das Gesetz über den Verkehr mit Arzneimitteln vom 16. Mai 1961 (BGBl. I S. 533), zuletzt geändert durch das Gesetz vom 2. Juli 1975 (BGBl. I S. 1745).**

## § 100

**(1) Eine Erlaubnis, die nach § 12 Abs. 1 oder § 19 Abs. 1 des Arzneimittelgesetzes 1961 erteilt worden ist und am 1. Januar 1978 rechtsgültig bestand, gilt im bisherigen Umfange als Erlaubnis im Sinne des § 13 Abs. 1 Satz 1 fort.**

**(2) Eine Erlaubnis, die nach § 53 Abs. 1 oder § 56 des Arzneimittelgesetzes 1961 als erteilt gilt und am 1. Januar 1978 rechtsgültig bestand, gilt im bisherigen Umfange als Erlaubnis nach § 13 Abs. 1 Satz 1 fort.**

**(3) War die Herstellung von Arzneimitteln nach dem Arzneimittelgesetz 1961 von einer Erlaubnis nicht abhängig, bedarf sie jedoch nach § 13 Abs. 1 Satz 1 einer Erlaubnis, so gilt diese demjenigen als erteilt, der die Tätigkeit der Herstellung von Arzneimitteln am 1. Januar 1978 seit mindestens drei Jahren befugt ausübt, jedoch nur, soweit die Herstellung auf bisher hergestellte oder nach der Zusammensetzung gleichartige Arzneimittel beschränkt bleibt.**

### Die Bedeutung der Norm

1 Die Absätze 1 und 2 sind echte bestandsschutzerhaltende Regelungen. Abs. 3 betrifft einen Fall der „unechten Rückwirkung". Diejenigen, die diese fiktive Herstellungserlaubnis besitzen, werden so behandelt, als ob sie eine Herstellungserlaubnis gem. § 13 Abs. 1 hätten. Wichtig ist, dass sich die „Gleichartigkeit" gem. Abs. 3 nicht auf die Wirkungsweise des Arzneimittels, sondern auf seine Zusammensetzung bezieht. Die Wirkstoffe müssen also im Wesentlichen identisch sein; Änderungen sind nur bezüglich der übrigen Bestandteile wie Trägerstoffe, Geschmackskorrigenzien oder arzneilich nicht wirksame Farbstoffe zulässig[1].

---

[1] Kloesel, Cyran, § 100 Rz 5.

## § 101

**(weggefallen)**

## § 102

**(1) Wer am 1. Januar 1978 die Tätigkeit des Herstellungsleiters befugt ausübt, darf diese Tätigkeit im bisherigen Umfang weiter ausüben.**

**(2) Wer am 1. Januar 1978 die Sachkenntnis nach § 14 Abs. 1 des Arzneimittelgesetzes 1961 besitzt und die Tätigkeit als Herstellungsleiter nicht ausübt, darf die Tätigkeit als Herstellungsleiter ausüben, wenn er eine zweijährige Tätigkeit in der Arzneimittelherstellung nachweisen kann. Liegt die praktische Tätigkeit vor dem 10. Juni 1965, ist vor Aufnahme der Tätigkeit ein weiteres Jahr praktischer Tätigkeit nachzuweisen.**

**(3) Wer vor dem 10. Juni 1975 ein Hochschulstudium nach § 15 Abs. 1 begonnen hat, erwirbt die Sachkenntnis als Herstellungsleiter, wenn er bis zum 10. Juni 1985 das Hochschulstudium beendet und mindestens zwei Jahre lang eine Tätigkeit nach § 15 Abs. 1 und 3 ausgeübt hat. Absatz 2 bleibt unberührt.**

**(4) Die Absätze 2 und 3 gelten entsprechend für eine Person, die die Tätigkeit als Kontrollleiter ausüben will.**

Die Vorschrift ist aus sich heraus verständlich. Zu Aufgaben und Definition von Herstellungs- und Kontrollleiter (sachkundige Person) siehe Kommentierung zu § 14 und 19.

## § 102a

**(weggefallen)**

## § 103

**(1) Für Arzneimittel, die nach § 19a oder nach § 19d in Verbindung mit § 19a des Arzneimittelgesetzes 1961 am 1. Januar 1978 zugelassen sind oder für die am 1. Januar 1978 eine Zulassung nach Artikel 4 Abs. 1 des Gesetzes über die Errichtung eines Bundesamtes für Sera und Impfstoffe vom 7. Juli 1972 (BGBl. I S. 1163) als erteilt gilt, gilt eine Zulassung nach § 25 als erteilt. Auf die Zulassung finden die §§ 28 bis 31 entsprechende Anwendung.**

**(2) (weggefallen)**

Die Vorschrift ist aus sich selbst verständlich. Bezüglich des Verweises auf die §§ 28 – 31, siehe dortige Kommentierung.

## § 104

**(weggefallen)**

## Vorbemerkungen vor § 105

§ 105 ist eine der, wenn nicht die zentrale Vorschrift im 18. Abschnitt. Mit dem Übergang vom Registrierungs- zum Zulassungssystem im Jahre 1978 galten die alten Fertigarzneimittel, die sich am 01.09.1976 zulässigerweise im Verkehr befanden oder aufgrund eines Antrags, der bis zu diesem Zeitpunkt gestellt war, und in das Spezialitätenregister nach dem AMG 1961 eingetragen waren, zunächst für 12 Jahre als fiktiv zugelassen. Diese fiktive Zulassung sollte spätestens am 30.04.1990 erlöschen, wenn nicht rechtzeitig zuvor ein Antrag auf Verlängerung der Zulassung oder auf Registrierung gestellt wurde. Von dieser Möglichkeit haben sehr viele pharmazeutische Unternehmer Gebrauch gemacht. Da das BfArM nicht in der Lage war, die Fülle dieser Anträge sachgerecht zu bearbeiten, wurde in § 105 Abs. 5c eine Privilegierung der Antragsrücknahme eingeführt. Mit anderen Worten sollten diese Arzneimittel noch bis zum 01.01.2005 trotz fehlenden Wirksamkeits- und Unbedenklichkeitsnachweises im Verkehr bleiben können, wenn der pharmazeutische Unternehmer seinen Antrag auf Nachzulassung bis zum 31.12.1999 zurückgenommen hatte. Die wirtschaftliche Bedeutung dieser Arzneimittel, für die eine „Gnadenfrist" eingeräumt wurde, ist beträchtlich. Nach einer Stellungnahme des BPI vom 29.04.1999 betraf die Regelung 7.500 Arzneimittel mit einem Jahresumsatz zur Hersteller-Abgabepreisen in Höhe von damals ca. 2,4 Mrd. DM. 1

Die EU-Kommission konnte sich mit dieser 2004-Regelung überhaupt nicht anfreunden. In einem ersten Schreiben vom 24.11.1997 teilte sie dem Bundesaußenministerium mit, sie sei auf Bestimmungen des Deutschen Arzneimittelrechts gestoßen, die im Widerspruch zum geltenden gemeinschaftlichen Arzneimittelrecht stünden. Unter Verweis auf Art. 3 der Richtlinie 65/65/EWG vom 26.01.1965 zur Angleichung der Rechts- und Verwaltungsvorschriften über Arzneimittel (zuletzt geändert durch die Richtlinie 93/39/EWG vom 14.06.1993) dürfe ein Arzneimittel in einem Mitgliedsstaat erst dann in Verkehr gebracht werden, wenn die zuständige Behörde dieses Mitgliedsstaates nach dieser Richtlinie eine Genehmigung für das Inverkehrbringen erteilt habe oder wenn eine „zentrale" Genehmigung für das Inverkehrbringen gem. der Verordnung 2309/93/EWG vom 22.07.1993 erteilt worden sei. Außerdem hätten schon vor Einreichung eines Antrags auf Genehmigung für das Inverkehrbringen Ergebnisse von Versuchen (analytische Prüfungen, pharmakologisch-toxikologische Prüfung und klinische Prüfungen) vorgelegt werden müssen. Hiervon könne nur in drei Ausnahmefällen des Art. 4 Abs. 3 Nr. 8 lit. a sublit. i, ii und iii (eingehende Bezugnahme auf wissenschaftliche Veröffentlichungen oder Verweis auf der Behörde schon vorliegende Versuchsergebnisse bei im wesentlichen gleichen Erzeugnissen) abgesehen werden. Eine weitere Ausnahme bestehe schließlich im Bezug auf homöopathische 2

Arzneimittel in der Richtlinie 92/73 vom 22.09.1992. Die Kommission vertrat die Auffassung, dass § 105 des Deutschen AMG in der geltenden Fassung eine schwerwiegende Verletzung bindender gemeinschaftsrechtlicher Regelungen, insbesondere des Art. 24 der Richtlinie 65/65 darstelle. In einer ersten Reaktion der Bundesregierung vom 23.01.1998 berief man sich darauf, dass die in § 105 geregelte deutsche Nachzulassungsbestimmung aus deutscher Sicht die einzige dem Aufgabenumfang und dem Verhältnismäßigkeitsgrundsatz entsprechende Möglichkeit, die Nachzulassungsaufgabe zu erfüllen, sei und deshalb – wiederum nach Auffassung der Bundesregierung – mit dem EU-Recht vereinbar wäre. Mit Datum vom 21.10.1998 übergab die EU-Kommission der Bundesregierung eine begründete Stellungnahme, in der der deutsche Standpunkt für unzutreffend erklärt und der Bundesrepublik ein Vertragsverletzungsverfahren angedroht wurde, wenn sie nicht binnen zwei Monaten nach Bekanntgabe der Stellungnahme die notwendigen Maßnahmen treffe. Die Bundesregierung habe nicht nachzuweisen vermocht, dass das deutsche AMG eine zwingende „ex-ante"-Verpflichtung eines Antragstellers zur Vorlage pharmakologisch-toxikologischer und klinischer Prüfungsergebnisse enthalte. Die Berufung auf die Eigentumsgarantie des Art. 14 GG zur Rechtfertigung der 2004-Regelung sowie die Berufung auf die praktische Unmöglichkeit einer fristgerechten Umsetzung überzeuge ebenfalls nicht. Die in Art. 39 der Richtlinie 75/319/EWG vorgesehene Frist zur Bereinigung des Altmarktes habe 15 Jahre betragen und somit hinreichend Zeit zur Anpassung gewährt. Mit Datum vom 21.12.1998 teilte die Bundesregierung der EU-Kommission mit, dass – ohne förmliche Anerkennung des Rechtsstandpunkts der Kommission – Bereitschaft bestehe, den Bedenken der Kommission Rechnung zu tragen. Es werde ein entsprechender Entwurf (die damalige 10. AMG-Novelle) vorbereitet.

3 Die 10. AGM-Novelle ging jedoch noch über die Forderungen der EU hinaus. Neben der „ex-ante" Verpflichtung mit der Einreichung von Prüfunterlagen und der Abschaffung der 2004-Regelung gibt es einige weitere Punkte, die der Gesetzgeber „aus eigenem Antrieb" eingebracht hat. Es sind dies die Verkürzung der Mängelbeseitigungsfrist in § 105 Abs. 5 auf 12 Monate (im Gesetzentwurf sogar nur 6 Monate), die Präklusion bei Versäumung dieser Frist im Rechtsmittelverfahren, die Beschränkung der Änderung der Angaben nach § 29 Abs. 2a auf den Fall der Erforderlichkeit zur Behebung von dem Antragsteller mitgeteilten Mängeln bei der Wirksamkeit oder Unbedenklichkeit, sowie die Kennzeichnung dieser Arzneimittel (im Gesetzentwurf noch als „Alt-Arzneimittel" bezeichnet). Der Bundesrat hat in einer Stellungnahme vom 26.11.1999 – in grundsätzlicher Anerkennung der Abhilfebemühungen gegenüber der EU – Detailregelungen bezüglich der Fristen (zu kurz), der Abänderungsmöglichkeiten, der Beschränkungen bezüglich homöopathischer Arzneimittel sowie der Bezeichnung der Arzneimittel während des Nachzulassungsverfahrens als „Alt-Arzneimittel" widersprochen. Bis auf wenige Ausnahmen hat das BMG diese Punkte nicht aufgegriffen.

4 Nachdem die EU-Kommission jedoch gegen die Bundesrepublik Deutschland ein Vertragsverletzungsverfahren eingeleitet hatte, wurde die 2004er-Regelung aufgegeben und durch den Abs. 5 c in seiner jetzigen Fassung ersetzt.

## § 105

**(1) Fertigarzneimittel, die Arzneimittel im Sinne des § 2 Abs. 1 oder Abs. 2 Nr. 1 sind und sich am 1. Januar 1978 im Verkehr befinden, gelten als zugelassen, wenn sie sich am 1. September 1976 im Verkehr befinden oder auf Grund eines Antrags, der bis zu diesem Zeitpunkt gestellt ist, in das Spezialitätenregister nach dem Arzneimittelgesetz 1961 eingetragen werden.**

**(2) Fertigarzneimittel nach Absatz 1 müssen innerhalb einer Frist von sechs Monaten seit dem 1. Januar 1978 der zuständigen Bundesoberbehörde unter Mitteilung der Bezeichnung der wirksamen Bestandteile nach Art und Menge und der Anwendungsgebiete angezeigt werden. Bei der Anzeige homöopathischer Arzneimittel kann die Mitteilung der Anwendungsgebiete entfallen. Eine Ausfertigung der Anzeige ist der zuständigen Behörde unter Mitteilung der vorgeschriebenen Angaben zu übersenden. Die Fertigarzneimittel dürfen nur weiter in den Verkehr gebracht werden, wenn die Anzeige fristgerecht eingeht.**

**(3) Die Zulassung eines nach Absatz 2 fristgerecht angezeigten Arzneimittels erlischt abweichend von § 31 Abs. 1 Nr. 3 am 30. April 1990, es sei denn, dass ein Antrag auf Verlängerung der Zulassung oder auf Registrierung vor dem Zeitpunkt des Erlöschens gestellt wird, oder das Arzneimittel durch Rechtsverordnung von der Zulassung oder von der Registrierung freigestellt ist. § 31 Abs. 4 Satz 1 findet auf die Zulassung nach Satz 1 Anwendung, sofern die Erklärung nach § 31 Abs. 1 Satz 1 Nr. 2 bis zum 31. Januar 2001 abgegeben wird.**

**(3a) Bei Fertigarzneimitteln nach Absatz 1 ist bis zur erstmaligen Verlängerung der Zulassung eine Änderung nach § 29 Abs. 2a Satz 1 Nr. 1, soweit sie die Anwendungsgebiete betrifft, und Nr. 3 nur dann zulässig, sofern sie zur Behebung der von der zuständigen Bundesoberbehörde dem Antragsteller mitgeteilten Mängel bei der Wirksamkeit oder Unbedenklichkeit erforderlich ist; im Übrigen findet auf Fertigarzneimitteln nach Absatz 1 bis zur erstmaligen Verlängerung der Zulassung § 29 Abs. 2a Satz 1 Nr. 1, 2 und 5 keine Anwendung. Ein Fertigarzneimittel nach Absatz 1, das nach einer im Homöopathischen Teil des Arzneibuches beschriebenen Verfahrenstechnik hergestellt ist, darf bis zur erstmaligen Verlängerung der Zulassung abweichend von § 29 Abs. 3**

**1. in geänderter Zusammensetzung der arzneilich wirksamen Bestandteile nach Art und Menge, wenn die Änderung sich darauf beschränkt, dass ein oder mehrere bislang enthaltene arzneilich wirksame Bestandteile nach der Änderung nicht mehr oder in geringerer Menge enthalten sind,**
**2. mit geänderter Menge des arzneilich wirksamen Bestandteils und innerhalb des bisherigen Anwendungsbereiches mit geänderter Indikation, wenn das Arzneimittel insgesamt dem nach § 25 Abs. 7 Satz 1 in der vor dem 17. August 1994 geltenden Fassung bekannt gemachten Ergebnis angepasst wird,**
**3. (weggefallen)**

4. mit geänderter Menge der arzneilich wirksamen Bestandteile, soweit es sich um ein Arzneimittel mit mehreren wirksamen Bestandteilen handelt, deren Anzahl verringert worden ist, oder
5. mit geänderter Art oder Menge der arzneilich wirksamen Bestandteile ohne Erhöhung ihrer Anzahl innerhalb des gleichen Anwendungsbereichs und der gleichen Therapierichtung, wenn das Arzneimittel insgesamt einem nach § 25 Abs. 7 Satz 1 in der vor dem 17. August 1994 geltenden Fassung bekannt gemachten Ergebnis oder einem vom Bundesinstitut für Arzneimittel und Medizinprodukte vorgelegten Muster für ein Arzneimittel angepasst und das Arzneimittel durch die Anpassung nicht verschreibungspflichtig wird,

in den Verkehr gebracht werden; eine Änderung ist nur dann zulässig, sofern sie zur Behebung der von der zuständigen Bundesoberbehörde dem Antragsteller mitgeteilten Mängel bei der Wirksamkeit oder Unbedenklichkeit erforderlich ist. Der pharmazeutische Unternehmer hat die Änderung anzuzeigen und im Falle einer Änderung der Zusammensetzung die bisherige Bezeichnung des Arzneimittels mindestens für die Dauer von fünf Jahren mit einem deutlich unterscheidenden Zusatz, der Verwechslungen mit der bisherigen Bezeichnung ausschließt, zu versehen. Nach einer Frist von sechs Monaten nach der Anzeige darf der pharmazeutische Unternehmer das Arzneimittel nur noch in der geänderten Form in den Verkehr bringen. Hat die zuständige Bundesoberbehörde für bestimmte Arzneimittel durch Auflage nach § 28 Abs. 2 Nr. 3 die Verwendung einer Packungsbeilage mit einheitlichem Wortlaut vorgeschrieben, darf das Arzneimittel bei Änderungen nach Satz 2 Nr. 2 abweichend von § 109 Abs. 2 nur mit einer Packungsbeilage nach § 11 in den Verkehr gebracht werden.

(4) Dem Antrag auf Verlängerung der Zulassung sind abweichend von § 31 Abs. 2 die Unterlagen nach § 22 Abs. 1 Nr. 1 bis 6 beizufügen. Den Zeitpunkt der Einreichung der Unterlagen nach § 22 Abs. 1 Nr. 7 bis 15, Abs. 2 Nr. 1 und Abs. 3a, bei Arzneimittel-Vormischungen zusätzlich die Unterlagen nach § 23 Abs. 2 Satz 1 und 2 sowie das analytische Gutachten nach § 24 Abs. 1 bestimmt die zuständige Bundesoberbehörde im Einzelnen. Auf Anforderung der zuständigen Bundesoberbehörde sind ferner Unterlagen einzureichen, die die ausreichende biologische Verfügbarkeit der arzneilich wirksamen Bestandteile des Arzneimittels belegen, sofern das nach dem jeweiligen Stand der wissenschaftlichen Erkenntnisse erforderlich ist. Ein bewertendes Sachverständigengutachten ist beizufügen. § 22 Abs. 2 Satz 2 und Abs. 4 bis 7 und § 23 Abs. 3 finden entsprechende Anwendung. Die Unterlagen nach den Sätzen 2 bis 5 sind innerhalb von vier Monaten nach Anforderung der zuständigen Bundesoberbehörde einzureichen.

(4a) Zu dem Antrag auf Verlängerung der Zulassung nach Absatz 3 sind die Unterlagen nach § 22 Abs. 2 Nr. 2 und 3 sowie die Gutachten nach § 24 Abs. 1 Satz 2 Nr. 2 und 3 bis zum 1. Februar 2001 nachzureichen, soweit diese Unterlagen nicht bereits vom Antragsteller vorgelegt worden sind; § 22 Abs. 3 findet entsprechende Anwendung. Satz 1 findet keine Anwendung auf Arzneimittel, die nach einer im Homöopathischen Teil des Arzneibuches be-

**schriebenen Verfahrenstechnik hergestellt sind. Für Vollblut, Plasma und Blutzellen menschlichen Ursprungs bedarf es abweichend von Satz 1 nicht der Unterlagen nach § 22 Abs. 2 Nr. 2 sowie des Gutachtens nach § 24 Abs. 1 Satz 2 Nr. 2, es sei denn, dass darin Stoffe enthalten sind, die nicht im menschlichen Körper vorkommen. Ausgenommen in den Fällen des § 109a erlischt die Zulassung, wenn die in den Sätzen 1 bis 3 genannten Unterlagen nicht fristgerecht eingereicht worden sind.**

**(4b) Bei der Vorlage der Unterlagen nach § 22 Abs. 2 Nr. 2 kann bei Tierarzneimitteln, die pharmakologisch wirksame Stoffe enthalten, die nach der Verordnung (EWG) Nr. 2377/90 geprüft und in einen von deren Anhängen I bis III aufgenommen worden sind, auf die nach deren Anhang V eingereichten Unterlagen Bezug genommen werden, soweit ein Tierarzneimittel mit diesem pharmakologisch wirksamen Bestandteil bereits in einem Mitgliedstaat der Europäischen Gemeinschaften zugelassen ist und die Voraussetzungen für eine Bezugnahme nach § 24a erfüllt sind.**

**(4c) Ist das Arzneimittel nach Absatz 3 bereits in einem anderen Mitgliedstaat der Europäischen Union oder anderen Vertragsstaat des Abkommens über den Europäischen Wirtschaftsraum entsprechend der Richtlinie 2001/83/EG oder der Richtlinie 2001/82/EG zugelassen, ist die Verlängerung der Zulassung zu erteilen, wenn**
1. **sich das Arzneimittel in dem anderen Mitgliedstaat im Verkehr befindet und**
2. **der Antragsteller**
   a) **alle in § 22 Abs. 6 vorgesehenen Angaben macht und die danach erforderlichen Kopien beifügt und**
   b) **schriftlich erklärt, dass die eingereichten Unterlagen nach den Absätzen 4 und 4a mit den Zulassungsunterlagen übereinstimmen, auf denen die Zulassung in dem anderen Mitgliedstaat beruht,**

**es sei denn, dass die Verlängerung der Zulassung des Arzneimittels eine Gefahr für die öffentliche Gesundheit, bei Arzneimitteln zur Anwendung bei Tieren eine Gefahr für die Gesundheit von Mensch oder Tier oder für die Umwelt, darstellen kann.**

**(4d) Dem Antrag auf Registrierung sind abweichend von § 38 Abs. 2 die Unterlagen nach § 22 Abs. 1 Nr. 1 bis 4 beizufügen. Die Unterlagen nach § 22 Abs. 1 Nr. 7 bis 15 und Abs. 2 Nr. 1 sowie das analytische Gutachten nach § 24 Abs. 1 sind der zuständigen Bundesoberbehörde auf Anforderung einzureichen. § 22 Abs. 4 bis 7 mit Ausnahme des Entwurfs einer Fachinformation findet entsprechende Anwendung. Die Unterlagen nach den Sätzen 2 und 3 sind innerhalb von zwei Monaten nach Anforderung der zuständigen Bundesoberbehörde einzureichen.**

**(4e) Für die Entscheidung über den Antrag auf Verlängerung der Zulassung oder Registrierung nach Absatz 3 Satz 1 finden § 25 Abs. 5 Satz 5 und § 39 Abs. 1 Satz 2 entsprechende Anwendung.**

**(4f) Die Zulassung nach Absatz 1 ist auf Antrag nach Absatz 3 Satz 1 um fünf Jahre zu verlängern, wenn kein Versagungsgrund nach § 25 Abs. 2 vorliegt; für weitere Verlängerungen findet § 31 Anwendung. Die Besonderheiten einer bestimmten Therapierichtung (Phytotherapie, Homöopathie, Anthroposophie) sind zu berücksichtigen.**

**(4g) Bei Arzneimitteln, die Blutzubereitungen sind, findet § 25 Abs. 8 entsprechende Anwendung.**

**(5) Bei Beanstandungen hat der Antragsteller innerhalb einer angemessenen Frist, jedoch höchstens innerhalb von zwölf Monaten nach Mitteilung der Beanstandungen, den Mängeln abzuhelfen; die Mängelbeseitigung ist in einem Schriftsatz darzulegen. Wird den Mängeln nicht innerhalb dieser Frist abgeholfen, so ist die Zulassung zu versagen. Nach einer Entscheidung über die Versagung der Zulassung ist das Einreichen von Unterlagen zur Mängelbeseitigung ausgeschlossen. Die zuständige Bundesbehörde hat in allen geeigneten Fällen keine Beanstandung nach Satz 1 erster Halbsatz auszusprechen, sondern die Verlängerung der Zulassung auf der Grundlage des Absatzes 5a Satz 1 und 2 mit einer Auflage zu verbinden, mit der dem Antragsteller aufgegeben wird, die Mängel innerhalb einer von ihr nach pflichtgemäßem Ermessen zu bestimmenden Frist zu beheben.**

**(5a) Die zuständige Bundesoberbehörde kann die Verlängerung der Zulassung nach Absatz 3 Satz 1 mit Auflagen verbinden. Auflagen können neben der Sicherstellung der in § 28 Abs. 2 genannten Anforderungen auch die Gewährleistung von Anforderungen an die Qualität, Unbedenklichkeit und Wirksamkeit zum Inhalt haben, es sei denn, dass wegen gravierender Mängel der pharmazeutischen Qualität, der Wirksamkeit oder der Unbedenklichkeit Beanstandungen nach Absatz 5 mitgeteilt oder die Verlängerung der Zulassung versagt werden muss. Satz 2 gilt entsprechend für die Anforderung von Unterlagen nach § 23 Abs. 1 Nr. 1. Im Bescheid über die Verlängerung ist anzugeben, ob der Auflage unverzüglich oder bis zu einem von der zuständigen Bundesoberbehörde festgelegten Zeitpunkt entsprochen werden muss. Die Erfüllung der Auflagen ist der zuständigen Bundesoberbehörde unter Beifügung einer eidesstattlichen Erklärung eines unabhängigen Gegensachverständigen mitzuteilen, in der bestätigt wird, dass die Qualität des Arzneimittels dem Stand der wissenschaftlichen Erkenntnisse entspricht. § 25 Abs. 5 Satz 5, 6 und 8 sowie § 30 Abs. 2 Satz 1 Nr. 2 zweite Alternative gelten entsprechend. Die Sätze 1 bis 6 gelten entsprechend für die Registrierung nach Absatz 3 Satz 1.**

**(5b) Ein Vorverfahren nach § 68 der Verwaltungsgerichtsordnung findet bei Rechtsmitteln gegen die Entscheidung über die Verlängerung der Zulassung nach Absatz 3 Satz 1 nicht statt. Die sofortige Vollziehung soll nach § 80 Abs. 2 Nr. 4 der Verwaltungsgerichtsordnung angeordnet werden, es sei denn, dass die Vollziehung für den pharmazeutischen Unternehmer eine unbillige, nicht durch überwiegende öffentliche Interessen gebotene Härte zur Folge hätte.**

**(5c) Abweichend von Absatz 3 Satz 1 erlischt die Zulassung eines nach Absatz 2 fristgerecht angezeigten Arzneimittels, für das der pharmazeutische Unternehmer bis zum 31. Dezember 1999 erklärt hat, dass er den Antrag auf Verlängerung der Zulassung nach Absatz 3 Satz 1 zurücknimmt am 1. Februar 2001, es sei denn, das Verfahren zur Verlängerung der Zulassung ist nach Satz 2 wieder aufzugreifen. Hatte der pharmazeutische Unternehmer nach einer vor dem 17. August 1994 ausgesprochenen Anforderung nach Absatz 4 Satz 2 die nach Absatz 4 erforderlichen Unterlagen fristgerecht eingereicht oder lag der Einreichungszeitpunkt für das betreffende Arzneimittel nach diesem Datum oder ist die Anforderung für das betreffende Arzneimittel erst nach diesem Datum ausgesprochen worden, so ist das Verfahren zur Verlängerung der Zulassung von der zuständigen Bundesoberbehörde auf seinen Antrag wieder aufzugreifen; der Antrag ist bis zum 31. Januar 2001 unter Vorlage der Unterlagen nach Absatz 4a Satz 1 zu stellen.**

**(5d) Die Absatz 3 Satz 2 und Absätze 3a bis 5c gelten entsprechend für Arzneimittel, für die gemäß § 4 Abs. 2 der EG-Rechts-Überleitungsverordnung vom 18. Dezember 1990 (BGBl. I S. 2915) Anlage 3 zu § 2 Nr. 2 Kapitel II Nr. 1 und 2 bis zum 30. Juni 1991 ein Verlängerungsantrag gestellt wurde.**

**(6) (weggefallen)**

**(7) Die Absätze 1 bis 5d gelten auch für zur Anwendung bei Tieren bestimmte Arzneimittel, die keine Fertigarzneimittel sind, soweit sie der Pflicht zur Zulassung oder Registrierung unterliegen und sich am 1. Januar 1978 im Verkehr befinden.**

**Übersicht** **Rz.**



## I. Die Bedeutung der Norm

§ 105 stellt die abschließende Regelung für solche Fertigarzneimittel dar, die bis zum 30.04.1990 eine fiktive Zulassung hatten und danach entweder aufgrund der Stellung eines Nachzulassungsantrages weiter im Verkehr bleiben durften. Die Norm gilt nur für Fertigarzneimittel. Für Sera, Impfstoffe, Antigene und Halbantigene gilt § 103. Im übrigen gelten für diese fiktiv zugelassenen Arzneimittel die sonstigen Vorschriften des Zulassungsrechts (insbesondere die §§ 28 – 31) entsprechend[1]. **1**

[1] a.A. Hasskarl, NJW 1983, 1354 gegen die h.M., Nachweise bei Kloesel, Cyran, § 105 Rz. 3 und 4.

### II. Abs. 3 Verlängerung der Zulassungsfiktion

2 Wurde der Verlängerungsantrag nicht rechtzeitig bis zum 30.04.1990 gestellt, war die Zulassungsfiktion erloschen. Die Abverkaufsfrist gem. § 31 Abs. 4 Satz 1 findet Anwendung, wenn die Erklärung nach § 31 Abs. 1 Satz 1 Nr.2 bis zum 31.01.2001 abgegeben wurde.

### III. Änderungen gem. § 29 Abs. 2a Nr. 1, 2, 3 und 5

3 Gemäß § 105 Abs. 3a a.F. konnten die in § 29 Abs. 2a angesprochenen Änderungen bei fiktiv zugelassenen Arzneimitteln auch ohne die Zustimmung des BfArM vorgenommen werden. Diese vorgenommenen Änderungen mussten dem BfArM angezeigt werden. Durch die 10. AMG-Novelle wurde diese Erleichterung abgeschafft. Die in § 29 Abs. 2a aufgeführten Änderungen sind danach nur noch zulässig, sofern sie durch das BfArM selbst angeordnet wurden, um Mängel bei der Wirksamkeit oder Unbedenklichkeit zu beseitigen. Nach Meinung des Gesetzgebers ist diese Einschränkung notwendig, um eine Verzögerung des Verfahrens zu verhindern. Für homöopathische Arzneimittel gilt diese Einschränkung jedoch nicht. Strittig war, ob nur einzelne oder auch sämtliche arzneilichen Bestandteile zulassungsunschädlich ausgetauscht werden können. Dies ist vom BVerwG mit Urteil v. 21.5.2008 (3 C 14.07) i.S. der zweiten Alternative entschieden worden. Allerdings muss die gesamte Monographie übernommen werden (OVG NRW, Beschl.v. 15.7.2008, 13 A 1707/05, A&R 2008, 238).

### IV. Ex-ante-Einreichung zusätzlicher Unterlagen

4 Mit dem neugefassten Abs. 4a wird der „ex-ante-Verpflichtung" zur Vorlage der Unterlagen über die Ergebnisse der pharmakologisch-toxikologischen und klinischen Prüfungen mit den entsprechenden Sachverständigengutachten gem. der Kritik der EU-Kommission in das Gesetz aufgenommen. Diese Unterlagen sind bis spätestens zum 01.02.2001 beim BfArM einzureichen. Teilweise wird diese Frist als sehr kurz empfunden. Demgegenüber vertritt der Gesetzgeber die Auffassung, dass sich die pharmazeutischen Unternehmen längst auf diese Entwicklung hätten einstellen können, so dass kein unzumutbarer Zeitdruck entstünde. Homöopathische Arzneimittel, die nach einer im homöopathischen Teil des Arzneibuchs beschriebenen Verfahrenstechnik hergestellt sind, sind von dieser Verpflichtung ausgenommen. Dasselbe gilt für Vollblut, Plasma und Blutzellen menschlichen Ursprungs, soweit darin nicht körperfremde Stoffe enthalten sind. Die Ausnahmeregelung in Abs. 4b für Tierarzneimittel ist logische Konsequenz der Verordnung Nr. 2377/90/EWG. Hier kann eine Bezugnahme ausreichen. Eine weitere wichtige Ausnahme findet sich in Abs. 4c. diese Ausnahmevorschrift ermöglicht die gegenseitige Anerkennung von innerhalb der EU zugelassenen Arzneimittel auch für das Nachzulassungsverfahren. Dies ist einfacher als das reguläre Verfahren der gegenseitigen Anerkennung gem. § 25 Abs. 5a bis 5c.

### V. Mängelbeseitigungsfrist in Abs. 5 und Präklusion

5 Die in Abs. 5 vorgesehene Mängelbeseitigungsfrist von 12 Monaten war ausgesprochen knapp bemessen. Wesentlich schwerwiegender ist darüber hinaus, dass selbst bei Einlegung von Rechtsmitteln nach Ablauf dieser Frist eine Nachbesse-

rung nicht mehr möglich ist. Ob dieses kurze Frist im Zusammenhang mit der Präklusionswirkung nicht schon im Hinblick auf den Grundrechtsschutz gem. Art. 14 und das Übermaßverbot rechtswidrig sein könnte, ist zumindest kritisch zu hinterfragen[2].

## VI. Ausschluss des Vorverfahrens gem. § 68 VwGO

Auf der einen Seite ist der Ausschluss des Vorverfahrens sinnvoll, um einen möglichst effektiven Rechtsschutz angesichts der vorliegenden Entscheidung einer Bundesoberbehörde zu gewährleisten. Auf der anderen Seite wird durch den Verweis in Abs. 5b auf § 80 Abs. 2 Nr. 4 VwGO deutlich, dass im Regelfall die sofortige Vollziehung angeordnet werden soll. Dies entbindet das BfArM jedoch nicht davon, im Einzelfall zu prüfen, ob nicht schützenswerte Belange des pharmazeutischen Unternehmers in einem Maße beeinträchtigt werden, die durch öffentliche Interessen nicht mehr gerechtfertigt sind[3]. Wird der Sofortvollzug angeordnet, kann der pharmazeutische Unternehmer nur noch auf die Möglichkeit gem. § 80 Abs. 5 VwGO verwiesen werden. 6

## VII. Abschaffung der 2004-Regelung

Diese einschneidende Konsequenz als Ergebnis der EU-Beanstandung (siehe hierzu Vorbemerkung zu § 105) ist in Absatz 5c enthalten. 7

Aufgrund der Neufassung des Abs. 5c erlischt die Zulassung eines Arzneimittels, für das bis zum Inkrafttreten der 10. AMG-Novelle die sogenannte 2004-Regelung in Anspruch genommen wurde, am 01.02.2001 wenn nicht spätestens bis zum 31.01.2001 ein Antrag auf Wiedereinsetzung in das Verfahren der Nachzulassung unter Vorlage der Unterlagen gem. § 105 Abs. 4a Satz 1 gestellt wird. Im übrigen war gem. § 105 Abs. 5c Satz 2 eine Rückführung in das Verfahren der Nachzulassung nur dann möglich, wenn ein vor dem 17.08.1994 (Inkrafttreten der 5. AMG-Novelle) erfolgter Taktaufruf bedient bzw. ein Taktaufruf erst nach dem 17.08.1994 erfolgte. Die Wiedereinsetzung erfolgt gem. § 105 Abs. 5c Satz 3 in den Stand des Verfahrens, in dem sich das Arzneimittel zum Zeitpunkt der Abgabe der Rücknahmeerklärung befunden hatte. Mit dieser Neufassung wird eine Rückführung in das Nachzulassungsverfahren ausgeschlossen, wenn ein vor dem 17.08.1994 erfolgter Taktaufruf nicht bedient wurde. Bei all diesen Arzneimitteln führte das Inkrafttreten der 10. AMG-Novelle zum sofortigen Ende der Zulassungsfiktion. Diese sehr harte Wirkung wird nur durch die in Abs. 3 Satz 2 vorgesehene Möglichkeit abgemildert, bei Rücknahme des Antrags auf Nachzulassung binnen 6 Monaten nach Inkrafttreten der 10. AMG-Novelle auf die zweijährige Abverkaufsfrist gem. § 31 Abs. 4 zurückgreifen zu können. 8

---

2 BVerfGE 63, 131, 143.

3 Pabel, PharmR 1995, 184.

## § 105a

**(1) (weggefallen)**

**(2) (weggefallen)**

**(3) Die zuständige Bundesoberbehörde kann bei Fertigarzneimitteln, die nicht der Verschreibungspflicht nach § 49 unterliegen, zunächst von einer Prüfung der vorgelegten Fachinformation absehen und den pharmazeutischen Unternehmer von den Pflichten nach § 11a und den Pharmaberater von der Pflicht nach § 76 Abs. 1 Satz 1 freistellen, bis der einheitliche Wortlaut einer Fachinformation für entsprechende Arzneimittel durch Auflage nach § 28 Abs. 2 Nr. 3 angeordnet ist.**

**(4) Die Absätze 1 bis 3 gelten nicht für Arzneimittel, die zur Anwendung bei Tieren bestimmt sind oder die in die Zuständigkeit des Paul-Ehrlich-Instituts fallen.**

## § 105b

**Der Anspruch auf Zahlung von Kosten, die nach § 33 Abs. 1 in Verbindung mit einer nach § 33 Abs. 2 oder einer nach § 39 Abs. 3 erlassenen Rechtsverordnung für die Verlängerung der Zulassung oder die Registrierung eines Fertigarzneimittels im Sinne des § 105 Abs. 1 zu erheben sind, verjährt mit Ablauf des vierten Jahres nach der Bekanntgabe der abschließenden Entscheidung über die Verlängerung der Zulassung oder die Registrierung an den Antragsteller.**

## § 106

**(weggefallen)**

## § 107

**(weggefallen)**

## § 108

**(weggefallen)**

## § 108a

**Die Charge eines Serums, eines Impfstoffes, eines Testallergens, eines Testserums oder eines Testantigens, die bei Wirksamwerden des Beitritts nach § 16 der Zweiten Durchführungsbestimmung zum Arzneimittelgesetz vom 1. Dezember 1986 (GBl. I Nr. 36 S. 483) freigegeben ist, gilt in dem in Artikel 3 des Einigungsvertrages genannten Gebiet als freigegeben im Sinne des § 32 Abs. 1 Satz 1. Auf die Freigabe findet § 32 Abs. 5 entsprechende Anwendung.**

## § 108b

**(weggefallen)**

## § 109

**(1) Auf Fertigarzneimittel, die Arzneimittel im Sinne des § 2 Abs. 1 oder Abs. 2 Nr. 1 sind und sich am 1. Januar 1978 im Verkehr befunden haben, findet § 10 mit der Maßgabe Anwendung, dass anstelle der in § 10 Abs. 1 Satz 1 Nr. 3 genannten Zulassungsnummer, soweit vorhanden, die Registernummer des Spezialitätenregisters nach dem Arzneimittelgesetz 1961 mit der Abkürzung „Reg.-Nr." tritt. Satz 1 gilt bis zur Verlängerung der Zulassung oder der Registrierung. Die Sätze 1 bis 4 gelten bis zur ersten Verlängerung der Zulassung oder der Registrierung.**

**(2) Die Texte für Kennzeichnung und Packungsbeilage sind spätestens bis zum 31. Juli 2001 vorzulegen. Bis zu diesem Zeitpunkt dürfen Arzneimittel nach Absatz 1 Satz 1 vom pharmazeutischen Unternehmer, nach diesem Zeitpunkt weiterhin von Groß- und Einzelhändlern, mit einer Kennzeichnung und Packungsbeilage in den Verkehr gebracht werden, die den bis zu dem in Satz 1 genannten Zeitpunkt geltenden Vorschriften entspricht.**

**(3) Fertigarzneimittel, die Arzneimittel im Sinne des § 105 Abs. 1 und nach § 44 Abs. 1 oder Abs. 2 Nr. 1 bis 3 oder § 45 für den Verkehr außerhalb der Apotheken freigegeben sind und unter die Buchstaben a bis e fallen, dürfen unbeschadet der Regelungen der Absätze 1 und 2 ab 1. Januar 1992 vom pharmazeutischen Unternehmer nur in den Verkehr gebracht werden, wenn sie auf dem Behältnis und, soweit verwendet, der äußeren Umhüllung und einer Packungsbeilage einen oder mehrere der folgenden Hinweise tragen:**
**„Traditionell angewendet:**
**a) zur Stärkung oder Kräftigung,**
**b) zur Besserung des Befindens,**
**c) zur Unterstützung der Organfunktion,**
**d) zur Vorbeugung,**
**e) als mild wirkendes Arzneimittel."**
**Satz 1 findet keine Anwendung, soweit sich die Anwendungsgebiete im Rahmen einer Zulassung nach § 25 Abs. 1 oder eines nach § 25 Abs. 7 Satz 1 in der vor dem 17. August 1994 geltenden Fassung bekannt gemachten Ergebnisses halten.**

### Die Bedeutung der Norm

Nach der amtlichen Begründung dient die Regelung der Angleichung der Vorschriften über die Nachzulassung an die Neuzulassung. Der gemäß Abs. 1 aufzunehmende Hinweis, dass es sich um ein Arzneimittel handelt, das „nur" aufgrund von Übergangsvorschriften im Verkehr – und seine behördliche Prüfung noch nicht abgeschlossen ist, ist zumindest unverfänglicher als die Gesetzgebungsverfahren geplante Bezeichnung als „Alt-Arzneimittel". Der Gesetzgeber sah in dem Hinweis, der sowohl in der Packungsbeilage als auch der Fachinformation aufzunehmen ist, einen Beitrag zu Transparenz. Pharmazeutische Unternehmer hatten bis zum 31.07.2001 Zeit, die Packungsbeilage entsprechend zu ändern. Groß- und Einzelhändler dürfen auch nach Ablauf der Frist diese Arzneimittel ohne geänderte 1

Fachinformation in Verkehr bringen. Durch die AMG-Novelle 2009 wurden die bisherigen Sätze 2 und 3 in Absatz 1 wegen erheblicher Bedenken im Hinblick auf derartige Angaben in der Packungsbeilage bezüglich ihrer europarechtlichen Zulässigkeit gestrichen.

## § 109a

**(1) Für die in § 109 Abs. 3 genannten Arzneimittel sowie für Arzneimittel, die nicht verschreibungspflichtig und nicht durch eine Rechtsverordnung auf Grund des § 45 oder des § 46 wegen ihrer Inhaltsstoffe, wegen ihrer Darreichungsform oder weil sie chemische Verbindungen mit bestimmten pharmakologischen Wirkungen sind oder ihnen solche zugesetzt sind, vom Verkehr außerhalb der Apotheken ausgeschlossen sind, kann die Verlängerung der Zulassung nach § 105 Abs. 3 und sodann nach § 31 nach Maßgabe der Absätze 2 und 3 erteilt werden.**

**(2) Die Anforderungen an die erforderliche Qualität sind erfüllt, wenn die Unterlagen nach § 22 Abs. 2 Nr. 1 sowie das analytische Gutachten nach § 24 Abs. 1 vorliegen und von Seiten des pharmazeutischen Unternehmers eidesstattlich versichert wird, dass das Arzneimittel nach Maßgabe der allgemeinen Verwaltungsvorschrift nach § 26 geprüft ist und die erforderliche pharmazeutische Qualität aufweist. Form und Inhalt der eidesstattlichen Versicherung werden durch die zuständige Bundesoberbehörde festgelegt.**

**(3) Die Anforderungen an die Wirksamkeit sind erfüllt, wenn das Arzneimittel Anwendungsgebiete beansprucht, die in einer von der zuständigen Bundesoberbehörde nach Anhörung von einer vom Bundesministerium berufenen Kommission, für die § 25 Abs. 6 Satz 4 bis 6 entsprechende Anwendung findet, erstellten Aufstellung der Anwendungsgebiete für Stoffe oder Stoffkombinationen anerkannt sind. Diese Anwendungsgebiete werden unter Berücksichtigung der Besonderheiten der Arzneimittel und der tradierten und dokumentierten Erfahrung festgelegt und erhalten den Zusatz: „Traditionell angewendet“. Solche Anwendungsgebiete sind: „Zur Stärkung oder Kräftigung des ...“, „Zur Besserung des Befindens ...“, „Zur Unterstützung der Organfunktion des ...“, „Zur Vorbeugung gegen ...“, „Als mild wirkendes Arzneimittel bei ...“. Anwendungsgebiete, die zur Folge haben, dass das Arzneimittel vom Verkehr außerhalb der Apotheken ausgeschlossen ist, dürfen nicht anerkannt werden.**

**(4) Die Absätze 1 bis 3 finden nur dann Anwendung, wenn Unterlagen nach § 105 Abs. 4a nicht eingereicht worden sind und der Antragsteller schriftlich erklärt, dass er eine Verlängerung der Zulassung nach § 105 Abs. 3 nach Maßgabe der Absätze 2 und 3 anstrebt.**

**(4a) Abweichend von Absatz 4 finden die Absätze 2 und 3 auf Arzneimittel nach Absatz 1 Anwendung, wenn die Verlängerung der Zulassung zu versagen wäre, weil ein nach § 25 Abs. 7 Satz 1 in der vor dem 17. August 1994 geltenden Fassung bekannt gemachtes Ergebnis zum Nachweis der Wirksamkeit nicht mehr anerkannt werden kann.**

## I. Die Bedeutung der Norm

1 Die Regelung soll die Verkehrsfähigkeit von gewissen Naturheilmitteln, Arzneimitteln der besonderen Therapieeinrichtungen, homöopatischen und antroposophischen Arzneimitteln erleichtern, um sie nicht den strengen Anforderungen des sonstigen Nachzulassungsverfahrens auszusetzen. Die Regelung erfasst allerdings nur freiverkäufliche Arzneimittel, die nicht apothekenpflichtig sind.

## II. Einzelfälle

2 Bei der Entscheidung über die Zulassung von Arzneimitteln im sog. Pauschalen Nachzulassungsverfahren nach § 109 a besteht regelmäßig für eine Wirksamkeits- und Unbedenklichkeitsprüfung durch die Zulassungsbehörde kein Raum, wenn das zuzulassende Arzneimittel einen Stoff oder eine Stoffkombination aus der sog. Traditionsliste entspricht und die dort eingetragenen Anwendungsgebiete übernimmt. Die Festsetzung einer Gegenanzeige, mit der der Anwendungsbereich eines Arzneimittels in Abweichung von dem Zulassungsantrag hinsichtlich der Anwendungsgebiete oder hinsichtlich des Anwendungskreises beschränkt wird, stellt eine an § 25 Abs.2 zu messende Teilversagung der Zulassung dar. Eine mit der Zulassung verbundene Auflage, die die Aufnahme einer Gegenanzeige in den Text der Packungsbeilage anordnet, mit der eine Personengruppe faktisch aus dem Anwendungsbereich des Arzneimittels herausgenommenwird, ist nicht durch die Auflagenermächtigung des AMG gedeckt, wenn die Zulassung selbst unbeschränkt erteilt wurde.[4]

---

[4] OVG NRW, Urt.v. 27.9.2005 – 13 A 4090/03; BVerwG, Urt.v. 21.6.2007 – 3 C 39.06.

## § 110

**Bei Arzneimitteln, die nach § 21 der Pflicht zur Zulassung oder nach § 38 der Pflicht zur Registrierung unterliegen und die sich am 1. Januar 1978 im Verkehr befinden, kann die zuständige Bundesoberbehörde durch Auflagen Warnhinweise anordnen, soweit es erforderlich ist, um bei der Anwendung des Arzneimittels eine unmittelbare oder mittelbare Gefährdung von Mensch oder Tier zu verhüten.**

## § 111

**(weggefallen)**

## § 112

**Wer am 1. Januar 1978 Arzneimittel im Sinne des § 2 Abs. 1 oder Abs. 2 Nr. 1, die zum Verkehr außerhalb der Apotheken freigegeben sind, im Einzelhandel außerhalb der Apotheken in den Verkehr bringt, kann diese Tätigkeit weiter ausüben, soweit er nach dem Gesetz über die Berufsausübung im Einzelhandel vom 5. August 1957 (BGBl. I S. 1121), geändert durch Artikel 150 Abs. 2 Nr. 15 des Gesetzes vom 24. Mai 1968 (BGBl. I S. 503), dazu berechtigt war.**

## § 113

**Arzneimittel dürfen abweichend von § 58 Abs. 1 angewendet werden, wenn aus der Kennzeichnung oder den Begleitpapieren hervorgeht, dass das Arzneimittel nach § 105 Abs. 1 weiter in den Verkehr gebracht werden darf.**

## § 114

**(weggefallen)**

## § 115

**Eine Person, die am 1. Januar 1978 die Tätigkeit eines Pharmaberaters nach § 75 ausübt, bedarf des dort vorgeschriebenen Ausbildungsnachweises nicht.**

### Die Bedeutung der Norm

Eine Person, die am 01.01.1978 die Tätigkeit eines Pharmaberaters nach § 75 ausübt, bedarf des dort vorgeschriebenen Ausbildungsnachweises nicht. Die Tätigkeit besteht im hauptberuflichen Aufsuchens von Angehörigen von Heilberufen, um diese über Arzneimittel im Sinne von § 2 Abs. 1 oder Abs. 2 Nr. 1 fachlich zu informieren. 1

Entgegen dem Wortlaut kommt es nicht darauf an, ob die Tätigkeit am 01.01.1978 tatsächlich ausgeübt wurde und wenn dies tatsächlich geschah, so reicht dies, entgegen dem Wortlaut, nicht aus. Die Entbehrlichkeit des Ausbildungsnachweises 2 gilt auch nicht nur für die Tätigkeit am 01.01.1978, sondern auch über diesen Tag hinaus.

3 Gemeint ist ein Bestandsschutz: Bei den Personen, die beim Inkrafttreten der Vorschrift von ihre Tätigkeit als Pharmaberater leben, wird deren Sachkenntnis unterstellt und nicht an formale Nachweise einer Ausbildung geknüpft. Obwohl dies nicht normiert ist, ergibt die Auslegung der Vorschrift ihrem Sinn nach, dass eine spätere Aufgabe des Berufes auch zum Verlaust des in § 115 enthaltenen Sachkenntnisprinzips führt. Entgegen der Auffassung von Rehmann[5]besteht der Bestandsschutz nur in Deutschland, weil die Regelungsbefugnis nur soweit reicht. Ein Pharmaberater, der vor dem 01.01.1978 außerhalb Deutschlands tätig war, fällt folglich nicht unter die Übergangsvorschrift des § 115.

## § 116

**Ärzte, die am 1. Januar 1978 nach landesrechtlichen Vorschriften zur Herstellung sowie zur Abgabe von Arzneimitteln an die von ihnen behandelten Personen berechtigt sind, dürfen diese Tätigkeit im bisherigen Umfang weiter ausüben. § 78 findet Anwendung.**

## § 117

**(weggefallen)**

## § 118

**§ 84 gilt nicht für Schäden, die durch Arzneimittel verursacht werden, die vor dem 1. Januar 1978 abgegeben worden sind.**

## § 119

**Fertigarzneimittel, die Arzneimittel im Sinne des § 2 Abs. 1 oder Abs. 2 Nr. 1 sind und sich bei Wirksamwerden des Beitritts in dem in Artikel 3 des Einigungsvertrages genannten Gebiet im Verkehr befinden, dürfen ohne die in § 11 vorgeschriebene Packungsbeilage noch von Groß- und Einzelhändlern in Verkehr gebracht werden, sofern sie den vor Wirksamwerden des Beitritts geltenden arzneimittelrechtlichen Vorschriften der Deutschen Demokratischen Republik entsprechen. Die zuständige Bundesoberbehörde kann durch Auflagen Warnhinweise anordnen, soweit es erforderlich ist, um bei der Anwendung des Arzneimittels eine unmittelbare oder mittelbare Gefährdung von Mensch oder Tier zu verhüten.**

---

[5] Dort, Rz. 1 zu § 115

### § 120

**Bei einer klinischen Prüfung, die bei Wirksamwerden des Beitritts in dem in Artikel 3 des Einigungsvertrages genannten Gebiet durchgeführt wird, ist die Versicherung nach § 40 Abs. 1 Nr. 8 abzuschließen.**

### § 121

**(weggefallen)**

### § 122

**Die Anzeigepflicht nach § 67 gilt nicht für Betriebe, Einrichtungen und für Personen in dem in Artikel 3 des Einigungsvertrages genannten Gebiet, die bereits bei Wirksamwerden des Beitritts eine Tätigkeit im Sinne jener Vorschrift ausüben.**

### § 123

**Die erforderliche Sachkenntnis als Pharmaberater nach § 75 Abs. 2 Nr. 2 besitzt auch, wer in dem in Artikel 3 des Einigungsvertrages genannten Gebiet eine Ausbildung als Pharmazieingenieur, Apothekenassistent oder Veterinäringenieur abgeschlossen hat.**

### § 124

**Die §§ 84 bis 94a sind nicht auf Arzneimittel anwendbar, die in dem in Artikel 3 des Einigungsvertrages genannten Gebiet vor Wirksamwerden des Beitritts an den Verbraucher abgegeben worden sind.**

## Zweiter Unterabschnitt
## Übergangsvorschriften aus Anlass des Ersten Gesetzes zur Änderung des Arzneimittelgesetzes

### § 125

**(1) Die zuständige Bundesoberbehörde bestimmt nach Anhörung der Kommissionen nach § 25 Abs. 6 und 7 für Arzneimittel, die am 2. März 1983 zugelassen sind, die Frist, innerhalb derer die Unterlagen über die Kontrollmethode nach § 23 Abs. 2 Satz 3 vorzulegen sind.**

**(2) Für Arzneimittel, deren Zulassung nach dem 1. März 1983 und vor dem 4. März 1998 beantragt worden ist, gelten die Vorschriften des § 23 mit der Maßgabe, dass Unterlagen über die Kontrollmethoden nicht vor dem aus Absatz 1 sich ergebenden Zeitpunkt vorgelegt werden müssen.**

**(3) Ist eine Frist für die Vorlage von Unterlagen über die Kontrollmethode nach Absatz 1 bestimmt worden und werden Unterlagen nicht vorgelegt oder entsprechen sie nicht den Anforderungen des § 23 Abs. 2 Satz 3, kann die Zulassung widerrufen werden.**

### § 126

**Für Arzneimittel, die zur Anwendung bei Tieren bestimmt sind und die bei Wirksamwerden des Beitritts in dem in Artikel 3 des Einigungsvertrages genannten Gebiet zugelassen sind, gilt § 125 Abs. 1 und 3 entsprechend.**

## Dritter Unterabschnitt
## Übergangsvorschriften aus Anlass des Zweiten Gesetzes zur Änderung des Arzneimittelgesetzes

### § 127

**(1) Arzneimittel, die sich am 1. Februar 1987 im Verkehr befinden und den Kennzeichnungsvorschriften des § 10 unterliegen, müssen ein Jahr nach der ersten auf den 1. Februar 1987 erfolgenden Verlängerung der Zulassung oder nach der Freistellung von der Zulassung, oder, soweit sie homöopathische Arzneimittel sind, fünf Jahre nach dem 1. Februar 1987 vom pharmazeutischen Unternehmer entsprechend der Vorschrift des § 10 Abs. 1 Nr. 9 in den Verkehr gebracht werden. Bis zu diesem Zeitpunkt dürfen Arzneimittel nach Satz 1 vom pharmazeutischen Unternehmer, nach diesem Zeitpunkt weiterhin von Groß- und Einzelhändlern ohne Angabe eines Verfalldatums in den Verkehr gebracht werden, wenn die Dauer der Haltbarkeit mehr als drei Jahre oder bei Arzneimitteln, für die die Regelung des § 109 gilt, mehr als zwei Jahre beträgt. § 109 bleibt unberührt.**

**(2) Arzneimittel, die sich am 1. Februar 1987 im Verkehr befinden und den Kennzeichnungsvorschriften des § 10 Abs. 1a unterliegen, dürfen vom pharmazeutischen Unternehmer noch bis zum 31. Dezember 1988, von Groß- und Einzelhändlern auch nach diesem Zeitpunkt ohne die Angaben nach § 10 Abs. 1a in den Verkehr gebracht werden.**

### § 128

**(1) Der pharmazeutische Unternehmer hat für Fertigarzneimittel, die sich am 1. Februar 1987 im Verkehr befinden, mit dem ersten auf den 1. Februar 1987 gestellten Antrag auf Verlängerung der Zulassung oder Registrierung der zuständigen Bundesoberbehörde den Wortlaut der Fachinformation vorzulegen. Satz 1 gilt nicht, soweit die zuständige Bundesoberbehörde bis auf weiteres Arzneimittel, die nicht der Verschreibungspflicht nach § 49 unterliegen, von den Pflichten nach § 11a freigestellt hat; in diesem Fall ist der Entwurf der Fachinformation nach Aufforderung der zuständigen Bundesoberbehörde vorzulegen.**

**(2) In den Fällen des Absatzes 1 gelten die §§ 11a, 47 Abs. 3 Satz 2 und § 76 Abs. 1 ab dem Zeitpunkt der Verlängerung der Zulassung oder Registrierung oder der Festlegung einer Fachinformation durch § 36 Abs. 1 oder in den Fällen des Absatzes 1 Satz 2 sechs Monate nach der Entscheidung der zuständigen Bundesoberbehörde über den Inhalt der Fachinformation. Bis zu diesem Zeitpunkt dürfen Fertigarzneimittel in den Verkehr gebracht werden, bei denen die Packungsbeilage nicht den Vorschriften des § 11 Abs. 1 in der Fassung des Zweiten Gesetzes zur Änderung des Arzneimittelgesetzes entspricht.**

### § 129

**§ 11 Abs. 1a findet auf Arzneimittel, die sich am 1. Februar 1987 im Verkehr befinden, mit der Maßgabe Anwendung, dass ihre Packungsbeilage nach der nächsten Verlängerung der Zulassung oder Registrierung der zuständigen Behörde zu übersenden ist.**

### § 130

**Wer am 1. Februar 1987 als privater Sachverständiger zur Untersuchung von Proben nach § 65 Abs. 2 bestellt ist, darf diese Tätigkeit im bisherigen Umfang weiter ausüben.**

### § 131

**Für die Verpflichtung zur Vorlage oder Übersendung einer Fachinformation nach § 11a gilt § 128 für Arzneimittel, die sich bei Wirksamwerden des Beitritts in dem in Artikel 3 des Einigungsvertrages genannten Gebiet in Verkehr befinden, entsprechend.**

## Übergangsvorschriften aus Anlass des Fünften Gesetzes zur Änderung des Arzneimittelgesetzes

### § 132

**(1) Arzneimittel, die sich am 17. August 1994 im Verkehr befinden und den Vorschriften der §§ 10 und 11 unterliegen, müssen ein Jahr nach der ersten auf den 17. August 1994 erfolgenden Verlängerung der Zulassung oder, soweit sie von der Zulassung freigestellt sind, zu dem in der Rechtsverordnung nach § 36 genannten Zeitpunkt oder, soweit sie homöopathische Arzneimittel sind, fünf Jahre nach dem 17. August 1994 vom pharmazeutischen Unternehmer entsprechend den Vorschriften der §§ 10 und 11 in den Verkehr gebracht werden. Bis zu diesem Zeitpunkt dürfen Arzneimittel nach Satz 1 vom pharmazeutischen Unternehmer, nach diesem Zeitpunkt weiterhin von Groß- und Einzelhändlern mit einer Kennzeichnung und Packungsbeilage in den Verkehr gebracht werden, die den bis zum 17. August 1994 geltenden Vorschriften entspricht. § 109 bleibt unberührt.**

**(2) Der pharmazeutische Unternehmer hat für Fertigarzneimittel, die sich am 17. August 1994 in Verkehr befinden, mit dem ersten auf den 17. August 1994 gestellten Antrag auf Verlängerung der Zulassung der zuständigen Bundesoberbehörde den Wortlaut der Fachinformation vorzulegen, die § 11a in der Fassung dieses Gesetzes entspricht. § 128 Abs. 1 Satz 2 bleibt unberührt.**

**(2a) Eine Herstellungserlaubnis, die nicht dem § 16 entspricht, ist bis zum 17. August 1996 an § 16 anzupassen. Satz 1 gilt für § 72 entsprechend.**

**(2b) Wer am 17. August 1994 die Tätigkeit als Herstellungsleiter für die Herstellung oder als Kontrollleiter für die Prüfung von Blutzubereitungen ausübt und die Voraussetzungen des § 15 Abs. 3 in der bis zum 17. August 1994 geltenden Fassung erfüllt, darf diese Tätigkeit weiter ausüben.**

**(3) § 23 Abs. 1 Nr. 2 und 3 und § 25 Abs. 2 Satz 1 Nr. 6c finden bis zu dem in Artikel 14 der Verordnung (EWG) Nr. 2377/90 aufgeführten Zeitpunkt keine Anwendung auf ein Arzneimittel, dessen pharmakologisch wirksamer Bestandteil am 1. Januar 1992 im Geltungsbereich dieses Gesetzes in einem Arzneimittel zugelassen war, das zur Anwendung bei Tieren bestimmt ist, die der Gewinnung von Lebensmitteln dienen.**

**(4) § 39 Abs. 2 Nr. 4a und 5a findet keine Anwendung auf Arzneimittel, die bis zum 31. Dezember 1993 registriert worden sind, oder deren Registrierung bis zu diesem Zeitpunkt beantragt worden ist oder die nach § 105 Abs. 2 angezeigt worden sind und nach § 38 Abs. 1 Satz 3 in der vor dem 11. September 1998 geltenden Fassung in den Verkehr gebracht worden sind. § 39 Abs. 2 Nr. 4a findet ferner keine Anwendung auf Arzneimittel nach Satz 1, für die eine neue Registrierung beantragt wird, weil ein Bestandteil entfernt werden soll oder mehrere Bestandteile entfernt werden sollen oder der Verdünnungsgrad von Bestandteilen erhöht werden soll. § 39 Abs. 2 Nr. 4a und 5a**

**findet ferner bei Entscheidungen über die Registrierung oder über ihre Verlängerung keine Anwendung auf Arzneimittel, die nach Art und Menge der Bestandteile und hinsichtlich der Darreichungsform mit den in Satz 1 genannten Arzneimitteln identisch sind. § 21 Abs. 2a Satz 5 und § 56a Abs. 2 Satz 5 gelten auch für zur Anwendung bei Tieren bestimmte Arzneimittel, deren Verdünnungsgrad die sechste Dezimalpotenz unterschreitet, sofern sie gemäß Satz 1 oder 2 registriert worden oder sie von der Registrierung freigestellt sind.**

## Fünfter Unterabschnitt
## Übergangsvorschrift aus Anlass des Siebten Gesetzes zur Änderung des Arzneimittelgesetzes

### § 133

**Die Anzeigepflicht nach § 67 in Verbindung mit § 69a gilt für die in § 59c genannten Betriebe, Einrichtungen und Personen, die bereits am 4. März 1998 eine Tätigkeit im Sinne des § 59c ausüben mit der Maßgabe, dass die Anzeige spätestens bis zum 1. April 1998 zu erfolgen hat.**

**Die Bedeutung der Norm**

Mit dieser Übergangsvorschrift wird den Betrieben und Einrichtungen, die Stoffe 1
und Zubereitungen aus Stoffen herstellen, die als Tierarzneimittel verwendet werden könnten, auch wenn sie hierfür nicht bestimmt sind, eine über § 59c hinaus bestehende Verpflichtung auferlegt: Haben sie ihre Tätigkeit bereits vor oder am 04.03.1998 ausgeübt, müssten sie diese der zuständigen Behörde bis zum 01.04.1998 anzeigen. Mit dieser Verschärfung sollte der Missbrauch der betroffenen Mittel verhindert und die Kontrolle der Behörden erhöht werden.

## Sechster Unterabschnitt
## Übergangsvorschriften aus Anlass des Transfusionsgesetzes

### § 134

**Wer bei Inkrafttreten des Transfusionsgesetzes vom 1. Juli 1998 (BGBl. I S. 1752) die Tätigkeit als Herstellungsleiter für die Herstellung oder als Kontrollleiter für die Prüfung von Blutzubereitungen oder Sera aus menschlichem Blut ausübt und die Voraussetzungen des § 15 Abs. 3 in der bis zu dem genannten Zeitpunkt geltenden Fassung erfüllt, darf diese Tätigkeit weiter ausüben. Wer zu dem in Satz 1 genannten Zeitpunkt die Tätigkeit der Vorbehandlung von Personen zur Separation von Blutstammzellen oder anderen Blutbestandteilen nach dem Stand von Wissenschaft und Technik ausübt, darf diese Tätigkeit weiter ausüben.**

## Siebter Unterabschnitt
## Übergangsvorschriften aus Anlass des Achten Gesetzes zur Änderung des Arzneimittelgesetzes

### § 135

**(1) Arzneimittel, die sich am 11. September 1998 im Verkehr befinden und den Vorschriften der §§ 10 und 11 unterliegen, müssen ein Jahr nach der ersten auf den 11. September 1998 erfolgenden Verlängerung der Zulassung oder, soweit sie von der Zulassung freigestellt sind, zu dem in der Rechtsverordnung nach § 36 genannten Zeitpunkt oder, soweit sie homöopathische Arzneimittel sind, am 1. Oktober 2003 vom pharmazeutischen Unternehmer entsprechend den Vorschriften der §§ 10 und 11 in den Verkehr gebracht werden. Bis zu diesem Zeitpunkt dürfen Arzneimittel nach Satz 1 vom pharmazeutischen Unternehmer, nach diesem Zeitpunkt weiterhin von Groß- und Einzelhändlern mit einer Kennzeichnung und Packungsbeilage in den Verkehr gebracht werden, die den bis zum 11. September 1998 geltenden Vorschriften entspricht. § 109 bleibt unberührt.**

**(2) Wer am 11. September 1998 die Tätigkeit als Herstellungs- oder Kontrollleiter für die in § 15 Abs. 3a genannten Arzneimittel oder Wirkstoffe befugt ausübt, darf diese Tätigkeit im bisherigen Umfang weiter ausüben. § 15 Abs. 4 findet bis zum 1. Oktober 2001 keine Anwendung auf die praktische Tätigkeit für die Herstellung von Arzneimitteln und Wirkstoffen nach § 15 Abs. 3a.**

**(3) Homöopathische Arzneimittel, die sich am 11. September 1998 im Verkehr befinden und für die bis zum 1. Oktober 1999 ein Antrag auf Registrierung gestellt worden ist, dürfen abweichend von § 38 Abs. 1 Satz 3 bis zur Entscheidung über die Registrierung in den Verkehr gebracht werden, sofern sie den bis zum 11. September 1998 geltenden Vorschriften entsprechen.**

**(4) § 41 Nr. 6 findet in der geänderten Fassung keine Anwendung auf Einwilligungserklärungen, die vor dem 11. September 1998 abgegeben worden sind.**

## Achter Unterabschnitt
## Übergangsvorschriften aus Anlass des Zehnten Gesetzes zur Änderung des Arzneimittelgesetzes

### § 136

**(1) Für Arzneimittel, bei denen die nach § 105 Abs. 3 Satz 1 beantragte Verlängerung bereits erteilt worden ist, sind die in § 105 Abs. 4a Satz 1 bezeichneten Unterlagen spätestens mit dem Antrag nach § 31 Abs. 1 Nr. 3 vorzulegen. Bei diesen Arzneimitteln ist die Zulassung zu verlängern, wenn kein Versagungsgrund nach § 25 Abs. 2 vorliegt; für weitere Verlängerungen findet § 31 Anwendung.**

(1a) Auf Arzneimittel nach § 105 Abs. 3 Satz 1, die nach einer nicht im Homöopathischen Teil des Arzneibuchs beschriebenen Verfahrenstechnik hergestellt sind, findet § 105 Abs. 3 Satz 2 in der bis zum 12. Juli 2000 geltenden Fassung bis zu einer Entscheidung der Kommission nach § 55 Abs. 6 über die Aufnahme dieser Verfahrenstechnik Anwendung, sofern bis zum 1. Oktober 2000 ein Antrag auf Aufnahme in den Homöopathischen Teil des Arzneibuchs gestellt wurde.

(2) Für Arzneimittel, bei denen dem Antragsteller vor dem 12. Juli 2000 Mängel bei der Wirksamkeit oder Unbedenklichkeit mitgeteilt worden sind, findet § 105 Abs. 3a in der bis zum 12. Juli 2000 geltenden Fassung Anwendung.

(2a) § 105 Abs. 3a Satz 2 findet in der bis zum 12. Juli 2000 geltenden Fassung bis zum 31. Januar 2001 mit der Maßgabe Anwendung, dass es eines Mängelbescheides nicht bedarf und eine Änderung nur dann zulässig ist, sofern sie sich darauf beschränkt, dass ein oder mehrere bislang enthaltene arzneilich wirksame Bestandteile nach der Änderung nicht mehr enthalten sind.

(3) Für Arzneimittel, die nach einer im Homöopathischen Teil des Arzneibuches beschriebenen Verfahrenstechnik hergestellt worden sind, gilt § 105 Abs. 5c weiter in der vor dem 12. Juli 2000 geltenden Fassung.

## Neunter Unterabschnitt
## Übergangsvorschriften aus Anlass des Elften Gesetzes zur Änderung des Arzneimittelgesetzes

### § 137

Abweichend von § 13 Abs. 2, § 47 Abs. 1 Nr. 6, § 56 Abs. 2 Satz 2 und Abs. 5 Satz 1 dürfen Fütterungsarzneimittel noch bis zum 31. Dezember 2005 nach den bis zum 1. November 2002 geltenden Regelungen hergestellt, in Verkehr gebracht und angewendet werden. Bis zum 31. Dezember 2005 darf die Herstellung eines Fütterungsarzneimittels dabei abweichend von § 56 Abs. 2 Satz 1 aus höchstens drei Arzneimittel-Vormischungen, die jeweils zur Anwendung bei der zu behandelnden Tierart zugelassen sind, erfolgen, sofern
1. für das betreffende Anwendungsgebiet eine zugelassene Arzneimittel-Vormischung nicht zur Verfügung steht,
2. im Einzelfall im Fütterungsarzneimittel nicht mehr als zwei antibiotikahaltige Arzneimittel-Vormischungen enthalten sind und
3. eine homogene und stabile Verteilung der wirksamen Bestandteile in dem Fütterungsarzneimittel gewährleistet ist.

Abweichend von Satz 2 Nr. 2 darf im Fütterungsarzneimittel nur eine antibiotikahaltige Arzneimittel-Vormischung enthalten sein, sofern diese zwei oder mehr antibiotisch wirksame Stoffe enthält.

## Zehnter Unterabschnitt
## Übergangsvorschriften aus Anlass des Zwölften Gesetzes zur Änderung des Arzneimittelgesetzes

### § 138

**(1) Für die Herstellung und Einfuhr von Wirkstoffen, die mikrobieller Herkunft sind, sowie von anderen zur Arzneimittelherstellung bestimmten Stoffen menschlicher Herkunft, die gewerbs- oder berufsmäßig zum Zwecke der Abgabe an andere hergestellt oder in den Geltungsbereich dieses Gesetzes verbracht werden, finden die §§ 13, 72 und 72a in der bis zum 5. August 2004 geltenden Fassung bis zum 1. September 2006 Anwendung, es sei denn, es handelt sich um zur Arzneimittelherstellung bestimmtes Blut und Blutbestandteile menschlicher Herkunft. Wird Blut zur Aufbereitung oder Vermehrung von autologen Körperzellen im Rahmen der Gewebezüchtung zur Geweberegeneration entnommen und ist dafür noch keine Herstellungserlaubnis beantragt worden, findet § 13 bis zum 1. September 2006 keine Anwendung.**

**(2) Wer am 5. August 2004 befugt ist, die Tätigkeit des Herstellungs- oder Kontrollleiters auszuüben, darf diese Tätigkeit abweichend von § 15 Abs. 1 weiter ausüben.**

**(3) Für klinische Prüfungen von Arzneimitteln bei Menschen, für die vor dem 6. August 2004 die nach § 40 Abs. 1 Satz 2 in der bis zum 6. August 2004 geltenden Fassung erforderlichen Unterlagen der für den Leiter der klinischen Prüfung zuständigen Ethik-Kommission vorgelegt worden sind, finden die §§ 40 bis 42, 96 Nr. 10 und § 97 Abs. 2 Nr. 9 in der bis zum 6. August 2004 geltenden Fassung Anwendung.**

**(4) Wer die Tätigkeit des Großhandels mit Arzneimitteln am 6. August 2004 befugt ausübt und bis zum 1. Dezember 2004 nach § 52a Abs. 1 einen Antrag auf Erteilung einer Erlaubnis zum Betrieb eines Großhandels mit Arzneimitteln gestellt hat, darf abweichend von § 52a Abs. 1 bis zur Entscheidung über den gestellten Antrag die Tätigkeit des Großhandels mit Arzneimitteln ausüben; § 52a Abs. 3 Satz 2 bis 3 findet keine Anwendung.**

**(5) Eine amtliche Anerkennung, die auf Grund der Rechtsverordnung nach § 54 Abs. 2a für den Großhandel mit zur Anwendung bei Tieren bestimmten Arzneimitteln erteilt wurde, gilt als Erlaubnis im Sinne des § 52a für den Großhandel mit zur Anwendung bei Tieren bestimmten Arzneimitteln. Der Inhaber der Anerkennung hat bis zum 1. März 2005 der zuständigen Behörde dem § 52a Abs. 2 entsprechende Unterlagen und Erklärungen vorzulegen.**

**(6) Wer andere Stoffe als Wirkstoffe, die menschlicher oder tierischer Herkunft sind oder auf gentechnischem Wege hergestellt werden, am 6. August 2004 befugt ohne Einfuhrerlaubnis nach § 72 in den Geltungsbereich dieses Gesetzes verbracht hat, darf diese Tätigkeit bis zum 1. September 2005 weiter ausüben.**

(7) Arzneimittel, die vor dem 30. Oktober 2005 von der zuständigen Bundesoberbehörde zugelassen worden sind, dürfen abweichend von § 10 Abs. 1b von pharmazeutischen Unternehmern bis zur nächsten Verlängerung der Zulassung, jedoch nicht länger als bis zum 30. Oktober 2007, weiterhin in den Verkehr gebracht werden. Arzneimittel, die von pharmazeutischen Unternehmern gemäß Satz 1 in den Verkehr gebracht worden sind, dürfen abweichend von § 10 Abs. 1b von Groß- und Einzelhändlern weiterhin in den Verkehr gebracht werden.

## Elfter Unterabschnitt
## Übergangsvorschriften aus Anlass des Ersten Gesetzes zur Änderung des Transfusionsgesetzes und arzneimittelrechtlicher Vorschriften

### § 139

Wer bei Inkrafttreten von Artikel 2 Nr. 3 des Ersten Gesetzes zur Änderung des Transfusionsgesetzes und arzneimittelrechtlicher Vorschriften vom 10. Februar 2005 (BGBl. I S. 234) die Tätigkeit als Herstellungsleiter oder als Kontrollleiter für die Prüfung von Blutstammzellenzubereitungen ausübt und die Voraussetzungen des § 15 Abs. 3 in der bis zu diesem Zeitpunkt geltenden Fassung erfüllt, darf diese Tätigkeit weiter ausüben.

## Zwölfter Unterabschnitt
## Übergangsvorschriften aus Anlass des Dreizehnten Gesetzes zur Änderung des Arzneimittelgesetzes

### § 140

Abweichend von § 56a Abs. 2 und § 73 Abs. 3 dürfen Arzneimittel bei Tieren, die nicht der Gewinnung von Lebensmitteln dienen, noch bis zum 29. Oktober 2005 nach den bis zum 1. September 2005 geltenden Regelungen in den Geltungsbereich dieses Gesetzes verbracht, verschrieben, abgegeben und angewandt werden.

## Dreizehnter Unterabschnitt
## Übergangsvorschriften aus Anlass des Vierzehnten Gesetzes zur Änderung des Arzneimittelgesetzes

### § 141

**(1) Arzneimittel, die sich am 5. September 2005 im Verkehr befinden und den Vorschriften der §§ 10 und 11 unterliegen, müssen zwei Jahre nach der ersten auf den 6. September 2005 folgenden Verlängerung der Zulassung oder Registrierung oder, soweit sie von der Zulassung oder Registrierung freigestellt sind, zu dem in der Rechtsverordnung nach § 36 oder § 39 genannten Zeitpunkt oder, soweit sie keiner Verlängerung bedürfen, am 1. Januar 2009 vom pharmazeutischen Unternehmer entsprechend den Vorschriften der §§ 10 und 11 in den Verkehr gebracht werden. Bis zu den jeweiligen Zeitpunkten nach Satz 1 dürfen Arzneimittel vom pharmazeutischen Unternehmer, nach diesen Zeitpunkten weiter von Groß- und Einzelhändlern mit einer Kennzeichnung und Packungsbeilage in den Verkehr gebracht werden, die den bis zum 5. September 2005 geltenden Vorschriften entsprechen. § 109 bleibt unberührt.**

**(2) Der pharmazeutische Unternehmer hat für Fertigarzneimittel, die sich am 5. September 2005 im Verkehr befinden, mit dem ersten nach dem 6. September 2005 gestellten Antrag auf Verlängerung der Zulassung der zuständigen Bundesoberbehörde den Wortlaut der Fachinformation vorzulegen, die § 11a entspricht; soweit diese Arzneimittel keiner Verlängerung bedürfen, gilt die Verpflichtung vom 1. Januar 2009 an.**

**(3) Eine Person, die die Sachkenntnis nach § 15 nicht hat, aber am 5. September 2005 befugt ist, die in § 19 beschriebenen Tätigkeiten einer sachkundigen Person auszuüben, gilt als sachkundige Person nach § 14.**

**(4) Fertigarzneimittel, die sich am 5. September 2005 im Verkehr befinden und nach dem 6. September 2005 nach § 4 Abs. 1 erstmalig der Zulassungspflicht nach § 21 unterliegen, dürfen weiter in den Verkehr gebracht werden, wenn für sie bis zum 1. September 2008 ein Antrag auf Zulassung gestellt worden ist.**

**(5) Die Zeiträume für den Unterlagenschutz nach § 24b Abs. 1, 4, 7 und 8 gelten nicht für Referenzarzneimittel, deren Zulassung vor dem 30. Oktober 2005 beantragt wurde; für diese Arzneimittel gelten die Schutzfristen nach § 24a in der bis zum Ablauf des 5. September 2005 geltenden Fassung und beträgt der Zeitraum in § 24b Abs. 4 zehn Jahre.**

**(6) Für Arzneimittel, deren Zulassung vor dem 1. Januar 2001 verlängert wurde, findet § 31 Abs. 1 Nr. 3 in der bis zum 5. September 2005 geltenden Fassung Anwendung; § 31 Abs. 1a gilt für diese Arzneimittel erst dann, wenn sie nach dem 6. September 2005 verlängert worden sind. Für Zulassungen, deren fünfjährige Geltungsdauer bis zum 1. Juli 2006 endet, gilt weiterhin die Frist des § 31 Abs. 1 Nr. 3 in der vor dem 6. September 2005 geltenden Fassung. Die zuständige Bundesoberbehörde kann für Arzneimittel, deren Zu-**

**lassung nach dem 1. Januar 2001 und vor dem 6. September 2005 verlängert wurde, das Erfordernis einer weiteren Verlängerung anordnen, sofern dies erforderlich ist, um das sichere Inverkehrbringen des Arzneimittels weiterhin zu gewährleisten. Vor dem 6. September 2005 gestellte Anträge auf Verlängerung von Zulassungen, die nach diesem Absatz keiner Verlängerung mehr bedürfen, gelten als erledigt. Die Sätze 1 und 4 gelten entsprechend für Registrierungen. Zulassungsverlängerungen oder Registrierungen von Arzneimitteln, die nach § 105 Abs. 1 als zugelassen galten, gelten als Verlängerung im Sinne dieses Absatzes. § 136 Abs. 1 bleibt unberührt.**

**(7) Der Inhaber der Zulassung hat für ein Arzneimittel, das am 5. September 2005 zugelassen ist, sich aber zu diesem Zeitpunkt nicht im Verkehr befindet, der zuständigen Bundesoberbehörde unverzüglich anzuzeigen, dass das betreffende Arzneimittel nicht in den Verkehr gebracht wird.**

**(8) Für Widersprüche, die vor dem 5. September 2005 erhoben wurden, findet § 33 in der bis zum 5. September 2005 geltenden Fassung Anwendung.**

**(9) § 25 Abs. 9 und § 34 Abs. 1a sind nicht auf Arzneimittel anzuwenden, deren Zulassung vor dem 6. September 2005 beantragt wurde.**

**(10) Auf Arzneimittel, die bis zum 6. September 2005 als homöopathische Arzneimittel registriert worden sind oder deren Registrierung vor dem 30. April 2005 beantragt wurde, sind die bis dahin geltenden Vorschriften weiter anzuwenden. Das Gleiche gilt für Arzneimittel, die nach § 105 Abs. 2 angezeigt worden sind und nach § 38 Abs. 1 Satz 3 in der vor dem 11. September 1998 geltenden Fassung in den Verkehr gebracht worden sind. § 39 Abs. 2 Nr. 5b findet ferner bei Entscheidungen über die Registrierung oder über ihre Verlängerung keine Anwendung auf Arzneimittel, die nach Art und Menge der Bestandteile und hinsichtlich der Darreichungsform mit den in Satz 1 genannten Arzneimitteln identisch sind.**

**(11) § 48 Abs. 1 Satz 1 Nr. 2 ist erst ab dem Tag anzuwenden, an dem eine Rechtsverordnung nach § 48 Abs. 6 Satz 1 in Kraft getreten ist, spätestens jedoch am 1. Januar 2008. Das Bundesministerium für Ernährung, Landwirtschaft und Verbraucherschutz gibt den Tag nach Satz 1 im Bundesgesetzblatt bekannt.**

**(12) § 56a Abs. 2a ist erst anzuwenden, nachdem die dort genannte Liste erstellt und vom Bundesministerium Ernährung, Landwirtschaft und Verbraucherschutz im Bundesanzeiger bekannt gemacht oder, sofern sie Teil eines unmittelbar geltenden Rechtsaktes der Kommission der Europäischen Gemeinschaften oder des Rates der Europäischen Union ist, im Amtsblatt der Europäischen Union veröffentlicht worden ist.**

**(13) Für Arzneimittel, die sich am 5. September 2005 im Verkehr befinden und für die zu diesem Zeitpunkt die Berichtspflicht nach § 63b Abs. 5 Satz 2 in der bis zum 5. September 2005 geltenden Fassung besteht, findet § 63b Abs. 5 Satz 3 nach dem nächsten auf den 6. September 2005 vorzulegenden Bericht Anwendung.**

**(14) Die Zulassung eines traditionellen pflanzlichen Arzneimittels, die nach § 105 in Verbindung mit § 109a verlängert wurde, erlischt am 30. April 2011, es sei denn, dass vor dem 1. Januar 2009 ein Antrag auf Zulassung oder Registrierung nach § 39a gestellt wurde. Die Zulassung nach § 105 in Verbindung mit § 109a erlischt ferner nach Entscheidung über den Antrag auf Zulassung oder Registrierung nach § 39a. Nach der Entscheidung darf das Arzneimittel noch zwölf Monate in der bisherigen Form in den Verkehr gebracht werden.**

**Die Bedeutung der Norm**

1 Es handelt sich um die übliche Übergangsbestimmung, hier bezüglich der 14. AMG-Novelle. Abs. 3 enthält eine Besitzstandswahrung für Personen, die bei Inkrafttreten des Gesetzes gemäß § 138 die Aufgaben einer sachkundigen Person wahrgenommen haben. Abs. 4 bewahrt die Verkehrsfähigkeit für solche Arzneimittel, die aufgrund der Erweiterung des Begriffs für Fertigarzneimittel jetzt zulassungspflichtig werden, sofern rechtzeitig ein Zulassungsantrag gestellt worden ist. Abs. 5 bestimmt, dass die neuen Fristen für den Unterlagenschutz nur für solche Referenzarzneimittel gelten, deren Zulassung nach dem EU-rechtlich festgelegten Datum (30.10.2005) beantragt worden ist. Abs. 12 berücksichtigt, dass bei Tierarzneimittel noch Maßnahmen der Europäischen Kommission ausstehen. In Abs. 14 wird entsprechend er Richtlinie 2004/24/EG eine Übergangsregelung für traditionelle pflanzliche Arzneimittel bestimmt, die nach dem bisherigen Verfahren für traditionelle Arzneimittel zugelassen worden sind.

## Vierzehnter Unterabschnitt
## Übergangsvorschriften aus Anlass des Gewebegesetzes

### § 142
### Übergangsvorschriften aus Anlass des Gewebegesetzes

**(1) Eine Person, die am 1. August 2007 als sachkundige Person die Sachkenntnis nach § 15 Abs. 3a in der bis zu diesem Zeitpunkt geltenden Fassung besitzt, darf die Tätigkeit als sachkundige Person weiter ausüben.**

**(2) Wer für Gewebe oder Gewebezubereitungen bis zum 1. Oktober 2007 eine Erlaubnis nach § 20b Abs. 1 oder Abs. 2 oder § 20c Abs. 1 oder eine Herstellungserlaubnis nach § 13 Abs. 1 oder bis zum 1. Februar 2008 eine Genehmigung nach § 21a Abs. 1 oder bis zum 30. September 2008 eine Zulassung nach § 21 Abs. 1 beantragt hat, darf diese Gewebe oder Gewebezubereitungen weiter gewinnen, im Labor untersuchen, be- oder verarbeiten, konservieren, lagern oder in den Verkehr bringen, bis über den Antrag entschieden worden ist.**

**(3) Wer am 1. August 2007 für Gewebe oder Gewebezubereitungen im Sinne von § 20b Abs. 1 oder § 20c Abs. 1 eine Herstellungserlaubnis nach § 13 Abs. 1 oder für Gewebezubereitungen im Sinne von § 21a Abs. 1 eine Zulassung nach § 21 Abs. 1 besitzt, muss keinen neuen Antrag nach § 20b Abs. 1, § 20c Abs. 1 oder § 21a Abs. 1 stellen.**

## Fünfzehnter Unterabschnitt
## Übergangsvorschriften aus Anlass des Gesetzes zur Verbesserung der Bekämpfung des Dopings im Sport

### § 143
### Übergangsvorschriften aus Anlass des Gesetzes zur Verbesserung der Bekämpfung des Dopings im Sport

**(1) Fertigarzneimittel, die vor dem 1. November 2007 von der zuständigen Bundesoberbehörde zugelassen worden sind und den Vorschriften des § 6a Abs. 2 Satz 2 bis 4 unterliegen, dürfen auch ohne die in § 6a Abs. 2 Satz 2 und 3 vorgeschriebenen Hinweise in der Packungsbeilage von pharmazeutischen Unternehmern bis zur nächsten Verlängerung der Zulassung, jedoch nicht länger als bis zum 31. Dezember 2008, in den Verkehr gebracht werden.**

**(2) Wird ein Stoff oder eine Gruppe von Stoffen in den Anhang des Übereinkommens vom 16. November 1989 gegen Doping (BGBl. 1994 II S. 334) aufgenommen, dürfen Arzneimittel, die zum Zeitpunkt der Bekanntmachung des geänderten Anhangs im Bundesgesetzblatt zugelassen sind und die einen dieser Stoffe enthalten, auch ohne die in § 6a Abs. 2 Satz 2 und 3 vorgeschriebenen Hinweise in der Packungsbeilage von pharmazeutischen Unternehmern bis zur nächsten Verlängerung der Zulassung, jedoch nicht länger als bis zum Ablauf eines Jahres nach der Bekanntmachung des Anhangs im Bundesgesetzblatt, in den Verkehr gebracht werden. Satz 1 gilt entsprechend für Stoffe, die zur Verwendung bei verbotenen Methoden bestimmt sind.**

**(3) Arzneimittel, die von pharmazeutischen Unternehmern gemäß Absatz 1 in den Verkehr gebracht worden sind, dürfen von Groß- und Einzelhändlern weiter ohne die in § 6a Abs. 2 Satz 2 und 3 vorgeschriebenen Hinweise in der Packungsbeilage in den Verkehr gebracht werden.**

**(4) Die in Absatz 1 und 2 genannten Fristen gelten entsprechend für die Anpassung des Wortlauts der Fachinformation.**

## Sechzehnter Unterabschnitt
## Übergangsvorschriften aus Anlass des Gesetzes zur Änderung arzneimittelrechtlicher und anderer Vorschriften

### § 144

**(1) Wer die in § 4b Absatz 1 genannten Arzneimittel für neuartige Therapien am 23. Juli 2009 befugt herstellt und bis zum 1. Januar 2010 eine Herstellungserlaubnis beantragt, darf diese Arzneimittel bis zur Entscheidung über den gestellten Antrag weiter herstellen.**

**(2) Wer die in § 4b Absatz 1 genannten Arzneimittel für neuartige Therapien mit Ausnahme von biotechnologisch bearbeiteten Gewebeprodukten am 23. Juli 2009 befugt in den Verkehr bringt und bis zum 1. August 2010 eine Genehmigung nach § 4b Absatz 3 Satz 1 beantragt, darf diese Arzneimittel bis zur Entscheidung über den gestellten Antrag weiter in den Verkehr bringen.**

**(3) Wer biotechnologisch bearbeitete Gewebeprodukte im Sinne von § 4b Absatz 1 am 23. Juli 2009 befugt in den Verkehr bringt und bis zum 1. Januar 2011 eine Genehmigung nach § 4b Absatz 3 Satz 1 beantragt, darf diese Arzneimittel bis zur Entscheidung über den gestellten Antrag weiter in den Verkehr bringen.**

**(4) Eine Person, die am 23. Juli 2009 als sachkundige Person die Sachkenntnis nach § 15 Absatz 3a in der bis zu diesem Zeitpunkt geltenden Fassung besitzt, darf die Tätigkeit als sachkundige Person weiter ausüben.**

**(5) Wer am 23. Juli 2009 für die Gewinnung oder die Laboruntersuchung von autologem Blut zur Herstellung von biotechnologisch bearbeiteten Gewebeprodukten eine Herstellungserlaubnis nach § 13 Absatz 1 besitzt, bedarf keiner neuen Erlaubnis nach § 20b Absatz 1 oder 2.**

**(6) Die Anzeigepflicht nach § 67 Absatz 5 besteht ab dem 1. Januar 2010 für Arzneimittel, die am 23. Juli 2009 bereits in den Verkehr gebracht werden.**

**(7) Wer am 23. Juli 2009 Arzneimittel nach § 4a Satz 1 Nummer 3 in der bis zum 23. Juli 2009 geltenden Fassung herstellt, muss dies der zuständigen Behörde nach § 67 bis zum 1. Februar 2010 anzeigen. Wer am 23. Juli 2009 eine Tätigkeit nach § 4a Satz 1 Nummer 3 in der bis zum 23. Juli 2009 geltenden Fassung ausübt, für die es einer Erlaubnis nach den §§ 13, 20b oder § 20c bedarf, und bis zum 1. August 2011 die Erlaubnis beantragt hat, darf diese Tätigkeit bis zur Entscheidung über den Antrag weiter ausüben.**

1 Übergangsvorschriften aus Anlass des Gesetzes zur Änderung arzneimittelrechtlicher und anderer Vorschriften

2 Es handelt sich um Übergangsvorschriften aus Anlass der AMG-Novelle 2009. Die Absätze erfassen Arzneimittel i.S. des § 4 b Absatz 1 Satz 1. Absatz 4 regelt die Besitzstandswahrung für diejenigen sachkundigen Personen, die bis zum Inkrafttrten der AMG-Novelle 2009 nach bisherigem Recht diese Funktion wahrgenommen haben. Absatz 5 betrifft Inhaber einer Herstellungserlaubnis, deren Erlaubnis sich zum Zeitpunkt des Inkrafttretens der AMG-Novelle 2009 auf die Entnahme autologen Blutes für die Herstellung biotechnologisch bearbeiteter Gewebeprodukte erstreckte. Absatz 6 erfasst Arzneimittel, die auf Grund von Standardzulassungen im Verkehr sind.

**Anhang**[1]
**(zu § 6a Abs. 2a)**

Stoffe gemäß § 6a Abs. 2a Satz 1 sind:

I. Anabole Stoffe
   1. Anabol-androgene Steroide
      a) Exogene anabol-androgene Steroide
         - 1-Androstendiol
         - 1-Androstendion
         - Bolandiol
         - Bolasteron
         - Boldenon
         - Boldion
         - Calusteron
         - Clostebol
         - Danazol
         - Dehydrochlormethyltestosteron
         - Desoxymethyltestosteron
         - Drostanolon
         - Ethylestrenol
         - Fluoxymesteron
         - Formebolon
         - Furazabol
         - Gestrinon
         - 4-Hydroxytestosteron
         - Mestanolon
         - Mesterolon
         - Metandienon
         - Metenolon
         - Methandriol
         - Methasteron
         - Methyldienolon
         - Methyl-1-testosteron
         - Methylnortestosteron
         - Methyltrienolon
         - Methyltestosteron
         - Miboleron
         - Nandrolon
         - 19-Norandrostendion
         - Norboleton
         - Norclostebol
         - Norethandrolon
         - Oxabolon
         - Oxandrolon
         - Oxymesteron
         - Oxymetholon

1 Anh. angef. mWv 1. 11. 2007 durch G v. 24. 10. 2007 (BGBl. I S. 2510).

- Prostanozol
- Quinbolon
- Stanozolol
- Stenbolon
- 1-Testosteron
- Tetrahydrogestrinon
- Trenbolon

b) Endogene anabol-androgene Steroide
- Androstendiol
- Androstendion
- Androstanolon, synonym Dihydrotestosteron
- Prasteron, synonym Dehydroepiandrosteron, DHEA
- Testosteron

2. Andere anabole Stoffe
- Clenbuterol
- Selektive Androgen-Rezeptor-Modulatoren (SARMs)
- Tibolon
- Zeranol
- Zilpaterol

II. Hormone und verwandte Stoffe
1. Erythropoietin und Analoga
2. Wachstumshormon und Insulin-ähnliche Wachstumsfaktoren, synonym Insulin-like Growth Factors, IGF-1
3. Gonadotropine
Choriongonadotropin und Luteinisierendes Hormon
4. Insuline
5. Corticotropine

III. Hormon-Antagonisten und -Modulatoren
1. Aromatasehemmer
- Anastrozol
- Letrozol
- Aminoglutethimid
- Exemestan
- Formestan
- Testolacton

2. Selektive Estrogen-Rezeptor-Modulatoren (SERMs)
- Raloxifen
- Tamoxifen
- Toremifen

3. Andere antiestrogen wirkende Stoffe
- Clomifen
- Cyclofenil
- Fulvestrant

4. Myostatinfunktionen verändernde Stoffe
- Myostatinhemmer.

Die Aufzählung schließt die verschiedenen Salze, Ester, Ether, Isomere, Mischungen von Isomeren, Komplexe oder Derivate mit ein.

**Verordnung**
**zur Festlegung der nicht geringen Menge von Dopingmitteln**
**(Dopingmittel-Mengen-Verordnung – DmMV)** [2]

**Artikel 2**

**Die nicht geringe Menge der Stoffe im Sinne des § 6a Absatz 2a Satz 1 des Arzneimittelgesetzes ist die in der Anlage bestimmte Menge.**

**Anlage**

**I. Anabole Stoffe**

**1. Anabol-androgene Steroide**

**a) Exogene anabol-androgene Steroide**

| | nicht geringe Menge |
|---|---|
| 1-Androstendiol | 3 000 mg |
| 1-Androstendion | 3 000 mg |
| Bolandiol | 3 000 mg |
| Bolasteron | 150 mg |
| Boldenon | 1 500 mg |
| Boldion | 3 000 mg |
| Calusteron | 150 mg |
| Clostebol<br>– Depot-Zubereitungen<br>– andere Zubereitungen | <br>80 mg<br>900 mg |
| Danazol | 3 000 mg |
| Dehydrochlormethyltestosteron | 150 mg |
| Desoxymethyltestosteron | 150 mg |
| Drostanolon | 1 015 mg |
| Ethylestrenol | 450 mg |
| Fluoxymesteron | 150 mg |
| Formebolon | 150 mg |
| Furazabol | 150 mg |
| Gestrinon | 45 mg |
| 4-Hydroxytestosteron | 1 500 mg |
| Mestanolon | 450 mg |
| Mesterolon | 1 500 mg |

2 VO vom 28. September 2009 (BGBl. I S. 3172.

| | nicht geringe Menge |
|---|---|
| **Metandienon** | **150 mg** |
| **Metenolon**<br>**– Depot-Zubereitungen**<br>**– andere Zubereitungen** | <br>**150 mg**<br>**1 500 mg** |
| **Methandriol** | **150 mg** |
| **Methasteron** | **150 mg** |
| **Methyldienolon** | **45 mg** |
| **Methyl-1-testosteron** | **150 mg** |
| **Methylnortestosteron** | **150 mg** |
| **Methyltrienolon** | **45 mg** |
| **Methyltestosteron** | **450 mg** |
| **Miboleron** | **150 mg** |
| **Nandrolon** | **45 mg** |
| **19-Norandrostendion** | **3 000 mg** |
| **Norboleton** | **450 mg** |
| **Norclostebol** | **1 500 mg** |
| **Norethandrolon** | **450 mg** |
| **Oxabolon** | **75 mg** |
| **Oxandrolon** | **150 mg** |
| **Oxymesteron** | **150 mg** |
| **Oxymetholon** | **150 mg** |
| **Prostanozol** | **1 500 mg** |
| **Quinbolon** | **1 500 mg** |
| **Stanozolol**<br>**– Depot-Zubereitungen**<br>**– andere Zubereitungen** | <br>**100 mg**<br>**150 mg** |
| **Stenbolon** | **1 500 mg** |
| **1-Testosteron** | **1 500 mg** |
| **Tetrahydrogestrinon** | **45 mg** |
| **Trenbolon** | **150 mg** |

**b) Endogene anabol-androgene Steroide**

| | nicht geringe Menge |
|---|---|
| **Androstendiol** | **3 000 mg** |
| **Androstendion** | **3 000 mg** |
| **Androstanolon, synonym Dihydrotestosteron** | **1 500 mg** |
| **Prasteron, synonym Dehydroepiandrosteron, DHEA** | |
| **– Depot-Zubereitungen** | **144 mg** |
| **– andere Zubereitungen** | **3 000 mg** |
| **Testosteron** | |
| **– Depot-Zubereitungen** | **632 mg** |
| **– andere Zubereitungen** | **3 000 mg** |
| **ausgenommen Pflaster** | **67,2 mg** |

Bei Stoffen, die als Ester vorliegen, erfolgt Umrechnung auf die freie Verbindung.

**2. Andere anabole Stoffe**

| | nicht geringe Menge |
|---|---|
| **Clenbuterol** | **2,1 mg** |
| **Selektive Androgen-Rezeptoren-Modulatoren (SARMs)** | **90 mg** |
| **Tibolon** | **75 mg** |
| **Zeranol** | **4,5 mg** |
| **Zilpaterol** | **4,5 mg** |

**II. Hormone und verwandte Stoffe**

**1. Erythropoietin und Analoga**

| | nicht geringe Menge |
|---|---|
| **Epoetin alfa** | **24 000 IE** |
| **Epoetin beta** | **24 000 IE** |
| **Epoetin delta** | **24 000 IE** |
| **Epoetin zeta** | **24 000 IE** |
| **Darbepoetin alfa** | **120 µg** |
| **Methoxy-Polyethylenglycol-Epoetin beta, synonym PEG-Epoetin beta** | **90 µg** |

**2. Wachstumshormon und Insulin-ähnliche Wachstumsfaktoren, synonym Insulin-like Growth Factors, IGF-1**

| | nicht geringe Menge |
|---|---|
| Somatropin | 16 mg |
| Mecasermin | 216 mg |

**3. Gonadotropie**

| | nicht geringe Menge |
|---|---|
| Choriongonadotropin (HCG) | 24 000 JE |
| Choriogonadotropin alfa | 6 500 JE |
| Lutropin alfa | 2 250 JE |

**4. Insuline**

| | nicht geringe Menge |
|---|---|
| Insuline | 400 IE |

**5. Corticotropine**

| | nicht geringe Menge |
|---|---|
| Corticotropin | 1 200 JE |
| Tetracosactid<br>- Depot-Zubereitung<br>- andere Zubereitungen | <br>12 mg<br>0,25 mg |

**III. Hormon-Antagonisten und -Modulatoren**

**1. Aromatasehemmer**

| | nicht geringe Menge |
|---|---|
| Anastrozol | 30 mg |
| Letrozol | 75 mg |
| Aminoglutethimid | 30 000 mg |
| Exemestan | 750 mg |
| Formestan | 600 mg |
| Testolacton | 6 000 mg |

**2. Selektive Estrogen-Rezeptor-Modulatoren (SERMs)**

| | nicht geringe Menge |
|---|---|
| Raloxifen | 1 680 mg |
| Tamoxifen | 1 200 mg |
| Toremifen | 1 800 mg |

**3. Andere antiestrogen wirkende Stoffe**

| | nicht geringe Menge |
|---|---|
| Clomifen | 509 mg |
| Cyclofenil | 12 000 mg |
| Fulvestrant | 250 mg |

**4. Myostatintunktionen verändernde Stoffe Myostatinhemmer**

| | nicht geringe Menge |
|---|---|
| Stamulumab | 450 mg |

# Einführung in die Grundzüge weiterer Gesetze

## Medizinproduktegesetz

### A. Entstehungsgeschichte des Gesetzes

Die Medizinproduktrichtlinien des Europäischen Rates beruhten auf der neuen Konzeption der gegenseitigen Anerkennung (praktische Konvergenz) im Gegensatz zur Harmonisierung. Nach diesen Grundsätzen können Produkte, die in einem Mitgliedsstaat nach den dort geltenden Vorschriften auf den Markt gekommen sind, grundsätzlich in der gesamten Union frei vertrieben werden, wenn sie einem gemeinsamen Schutzniveau entsprechen. Dieses Konzept verlagert die technischen Anforderungen an die Produkte, die in den einzelnen Mitgliedsstaaten in unterschiedlicher Weise gesetzlich geregelt waren. Die europäischen Vorgaben für die neue medizinprodukterechtliche Gesetzgebung wurden in Gestalt von vier europäischen Richtlinien, der Richtlinie über aktive implantierbare medizinische Geräte 90/385 EWG, über Medizinprodukte 93/42 EWG, über In-vitro-Diagnostika 98/90 EG und der Richtlinie 2000/70 EG sowie der Richtlinie über Medizinprodukte hinsichtlich Medizinprodukten, die stabile Derivate aus menschlichem Blut oder Blutplasma enthalten, festgelegt. Diese vier großen Rechtsmaterien sind durch das Medizinproduktegesetz in einem einzigen Gesetz vereinheitlicht worden. Vor Inkrafttreten des MPG war die Rechtsmaterie Medizinprodukterecht erheblich zersplittert und bedingt durch rechtliche Überschneidungen verschiedener Gesetze auch von Sicherheitslücken gekennzeichnet. Medizinische Produkte, die in ihrer Wirkungsweise eher physikalischer Natur waren, wie Verbandsstoffe, chirurgisches Nahtmaterial, ärztliche und zahnärztliche Instrumente wurden vor dem Inkrafttreten des MPG als Arzneimittel gem. § 6 Abs. 1a AMG (a.F.) behandelt. Eine sachgerechte Aufteilung nach der Wirkungsweise eines Produkts fehlte, so dass die strengen Anforderungen des AMG auch für Produkte galten, für die sie gar nicht erforderlich waren. Die wohl tiefgreifendste Änderung, die durch das Medizinproduktegesetz erfolgt ist, stellt die Zuordnung der In-vitro-Diagnostika zu den Medizinprodukten i.S.d. MPG dar. Die einschlägige Definition findet sich in § 3 Nr. 4 MPG. Das MPG ist am 1.1.1995 in Kraft getreten, lange Zeit aber wegen der geräumigen Übergangsfristen nur wenig zur Kenntnis genommen worden. Mit dem 1. MPG-ÄndG 1998 und dem 2. MPG-ÄndG zum 1.1.2002 ist das MPG an weitere EG-Richtlinien angepasst worden. Der 3. MPG-Novelle hat der Bundesrat[1] am 16.2.2007 zugestimmt; der Bundestag hat das Gesetz ohne Rücksicht 1

[1] BR-Drucks 4/07.

Ratzel

E. Deutsch, H.-D. Lippert (Hrsg.), *Kommentar zum Arzneimittelgesetz (AMG)*,
DOI 10.1007/978-3-642-01455-0_19, © Springer-Verlag Berlin Heidelberg 2011

auf einige Verbesserungsvorschläge am 14.6.2007 verabschiedet. Das 3. MPG-Änderungsgesetz ist am 30.6.2007 in Kraft getreten.[2] Mit Gesetz vom 29.7.2009 zur Änderung medizinprodukterechtlicher Vorschriften (4.MPG-Novelle)[3] wurde die Richtlinie 2007/47/EG zur Änderung der Richtlinien 90/385/EWG des Rates zur Angleichung der Rechtsvorschriften der Mitgliedstaaten über aktive implantierbare medizinische Geräte und 93/42/EWG des Rates über Medizinprodukte sowie die Richtlinie 98/8/EG über das Inverkehrbringen von Biozid-Produkten in deutsches Recht umgesetzt. Klinische Prüfungen sollen wie Arzneimittelstudien einer Genehmigungspflicht unterliegen. Die Zuständigkeiten der Bundes- und Landesbehörden werden neu geordnet. Eine Verbesserung der Marktüberwachung soll zudem durch die Vereinheitlichung der Akkreditierung durch die Umsetzung der Verordnung765/2008 des Europäischen Parlaments erfolgen.[4]

## B. Begriffsbestimmungen (§ 3 MPG)

### I. Die Bedeutung der Norm

2 Die in der Vorschrift enthaltenen Definitionen ergeben sich im Wesentlichen aus Art. 1 der Richtlinien 90/385/EWG und 93/42 EWG. Die Vorschrift ist wichtig, weil „Medizinprodukte" sprachlich und rechtlich eine Vielzahl unterschiedlicher Instrumente, Vorrichtungen, Stoffe und Zubereitungen aus Stoffen oder andere Gegenstände einschließlich der für ein einwandfreies Funktionieren der Medizinprodukte eingesetzten Software umfassen, die wiederum zahlreichen anderen rechtlichen Regelungen[5] unterworfen sein können. Die Abgrenzung kann im Einzelfall schwierig sein. Deshalb hat die EU Leitlinien[6] herausgegeben, die bei Streitfragen herangezogen werden können.[7] Hat ein Produkt mehrere Funktionen, die es sowohl dem einen wie auch dem anderen Regelungsbereich zugehörig erscheinen lassen könnte, ist die **Zweckbestimmung**, unter der es in den Verkehr gebracht wurde und seine Hauptwirkung maßgeblich. Nicht unproblematisch ist, dass die 3. MPG-Novelle durch eine Einfügung von § 2 Abs. 2 MPG auch solche Produkte dem MPG unterwirft, die vom Hersteller nicht mit der Zweckbestimmung eines Medizinproduktes in Verkehr gebracht worden sind, aber als solche zum Einsatz kommen. Der Bundesrat hatte zu Recht kritisiert, dass dies eigentlich

---

2 BGBl I 2007, 1066 ff.

3 BGBl. I v. 31.7.2009, 2326ff.

4 ABl. L 218, 30 v. 13.8.2008.

5 Siehe nur AMG, Gerätesicherheitsrecht, LFGB v. 2.9.2005, BGBl I 2005, 2618 i.d.Neufassung v. 24.7.2009 BGBl. I 2009, 2205, Eich- und Messrecht, REACH-Anpassungsgesetz v. 20.5.2008, BGBl.I S. 922ff. Elektro- und Elektronikgesetz (ElektroG) für die Entsorgung elektrischer Medizinprodukte u.a.

6 Dok. MEDDEV 13/93 und 14/93 rev. 4, auszugsweise abgedruckt bei Schorn, E.2.4 und E.2.3.

7 Nach der Rili 2007/47/EG (ABl. Nr. L.247/21 vom 5.9.2007, in Kraft seit 21.10.2007) soll ein Mitgliedsstaat künftig bei der Kommission eine verbindliche Entscheidung über die Zuordnung beantragen können. Umsetzungsfrist in nationales Recht ist der 21.12.2008. Die Vorschriften sind ab dem 21. 3. 2010 anzuwenden.

unnötig sei, weil die **Betreiberverantwortung** in diesen Fällen genüge. Nun müssen die Aufsichtsbehörden auch solche Produktanwendungen nach medizinprodukterechtlichen Kriterien kontrollieren, deren Ausgangsprodukte gar nicht erkennbar als Medizinprodukte in Verkehr gebracht wurden. Allerdings wurde der Kritik des Bundesrats insoweit Rechnung getragen, als der Kreis dieser Produkte auf solche beschränkt wurde, die mit der Zweckbestimmung eines Medizinprodukts im Sinne der Anlagen 1 und 2 der MPBetreibVO eingesetzt werden.[8] Mit der 4. MPG-Novelle wird klargestellt, das nur solche software unter das MPG fällt, die zur spezifischen diagnostischen oder therapeutischen Funktionsfähigkeit des MP dient (z.B. Bildauswertungs- und Therapieauswertungsprogramme), nicht hingegen allgemeine software wie Textverarbeitung oder Tabellenkalkulation. Als Konsequenz wurde die software als Zubehör in § 3 Nr. 9 gestrichen.

## II. Die Zweckbestimmung gemäß § 3 Nr. 1 lit. a–d i.V.m. Nr. 10 MPG

Maßgeblich ist die Verwendung in Zusammenhang mit einer Erkrankung am Menschen, Verletzungen und Behinderungen, regelwidrigen Körperzuständen und der Empfängnisregelung. Ob das Produkt im Rahmen (zahn-)ärztlicher Behandlung eingesetzt wird, ist unerheblich. Auf der anderen Seite wird ein Produkt nicht alleine deswegen zum „Medizinprodukt", weil es von Ärzten eingesetzt wird, da Ärzte auch kosmetische[9] Verfahren ohne therapeutischen Charakter durchführen dürfen. Der Hersteller muss die Zweckbestimmung in der Gebrauchsanweisung angeben. Er hat damit prinzipiell die **Definitionsmacht,** aber nicht die Definitionshoheit. So kann er z.B. nicht ein Erzeugnis als „Medizinprodukt" ausgeben, das definitionsgemäß ein Arzneimittel ist oder dem die Zweckbestimmung gemäß § 3 Nr. 1 lit. a–d MPG fehlt.[10] Weichen Angaben in den Werbematerialien, Ver- 3

---

[8] Das ist z.B. ein mit einem Ergometer umfunktionierter Heimtrainer zur Pulsmessung in einer Arztpraxis.

[9] Kosmetika fallen unter das LFGB, nicht unter das MPG. Zahnweißer ist allerdings ein Medizinprodukt, kein Kosmetikum, OVG NRW, Urt.v. 14.8.2003, 13 A 5022/00; a.A. VG Freiburg, Urt.v. 27.7.2006, 3 K 1409/04 (Kosmetikum); . OLG Frankfurt, Urt.v. 29.4.2008 – 6 U 109/07, PharmR 2008, 550 (Mundspülung = Kosmetikum, kein Funktions- oder Präsentationsarzneimittel); OLG München, Urt.v.22.11.2001, 6 U 1860/01 (Applikationsgerät Permanent-Make-up kein MP); ebenso OLG Hamburg, Urt.v. 10.4.2002, 5 U 63/01, GRUR-RR 2002, 360ff. (Pigmentiergerät zur dauerhaften Hautaufhellung); Manche Stoffe können aber auch mit verschiedenen Zweckbestimmungen als Kosmetikum, MP oder AM in Verkehr gebracht werden, z.B. Hyaluronsäure.

[10] Zur Problematik der Präsentationsarzneimittel, BGH, Urt. v. 19.1.1995 – I ZR 209/92 (Knoblauchkapsel), NJW 1995, 1615; BGH, Urt. v. 10.2.2000 – I ZR 97/98 (L-Carnitin),GRUR 2000, 528; BGH, Urt. v. 6.5.2004 – I ZR 275/01 (Sportlernahrung), GRUR 2004, 793, 796; KG, Urt. v. 30.11.2004 - 5 U 55/04 (Vitaminpräparate zur Krebsbehandlung), GesR 2005, 184. Siehe aber neuerdings EuGH – C-319/05 (Knoblauchkapseln kein Arzneimittel), PharmR 2008, 59; BVerwG, Urt. v. 25.7.2007 – 3 C 21.06 und 3 C 23.06 (Nahrungsergänzungsmittel nur dann als AM, wenn belastbare wissenschaftliche Erkenntnisse, dass Funktionsbedingungen im menschlichen Körper erheblich beeinflusst werden), PharmR 2008, 67, 78;dagegen BVerwG, Urt. v. 25.7.2007 – 3 C 22.06 (im Falle eines hoch dosierten Vitamin-E-Präparats), PharmR

kaufsgesprächen oder auch der Gebrauchsanweisung voneinander ab, darf sich der Anwender nicht das Heraussuchen, was ihm am günstigsten ist. Vielmehr muss er sich beim Hersteller vergewissern, welche Angaben maßgeblich sind.[11] Verbindet der Hersteller mit dem Produkt jedoch eine Zweckbestimmung, deren Grund nicht in der Gebrauchstauglichkeit oder Verwendungsfähigkeit des Produkts liegt, sondern Kundenbindung und Konkurrenzabwehr zum Ziel hat, kann sie unter Umständen rechtsmissbräuchlich und damit unbeachtlich sein.[12] Die Beweislast hierfür trägt allerdings derjenige, der sich auf diese Unverbindlichkeit beruft. Medizinprodukte werden schließlich durch eine negative Abgrenzung gegenüber Arzneimitteln definiert. Die Wirkungsweise darf weder pharmakologisch, immunologisch noch metabolisch sein. Eine gesetzliche Definition der pharmakologischen, immunologischen oder metabolischen Wirkung gibt es nicht. **Pharmakologisch** ist die Wirkung als Wechselwirkung zwischen den Molekülen des betreffenden Stoffes und einem gewöhnlich als Rezeptor bezeichneten Zellbestandteil, die entweder zu einer direkten Wirkung führt oder die Wirkung auf einen anderen Wirkstoff blockiert, zu beschreiben.[13] Auf die Frage, ob die Wirkung in Bezug auf eine Gesundheitsgefährdung eintritt, soll es nicht ankommen.[14] Ein Erzeugnis, das einen Stoff enthält, der auch mit der normalen Nahrung aufgenommen wird, ist nicht als Arzneimittel anzusehen, wenn durch das Erzeugnis keine gegenüber den Wirkungen bei normaler Nahrungsaufnahme nennenswerte Einflußnahme auf den Stoffwechsel erzielt wird.[15] Ist die pharmakologische Wirkung nicht wissenschaftlich belegt, kommt eine Einstufung als Arzneimittel nicht in Betracht; dass eine Eigenschaft als Funktionsarzneimittel nicht ausgeschlossen werden könne, rechtfertige nicht die Anwendung der Zweifelsfallregelung in der Richtlinie 2001/83/EG.[16] Als **immunologisch** ist eine Wirkung definiert, die die Bildung

2008, 73. KG, Beschl.v. 15.6.2000, 25 W 2146/00, Sättigungsmittel ist Medizinprodukt, nicht Lebensmittel. Baumann, ZLR 2000, 790; BSG, Urt.v. 28. 2. 2008 – B 1 KR 16/07, GesR 2008, 375ff.=PhamR 2008, 343ff. mit Anm.Tillmannns, „Lorenzos Öl“ sowohl Einordnung als Lebensmittel oder als Fertigarzneimittel möglich, aber nicht zu Lasten der GKV verordnungsfähig; OLG Stuttgart, Urt.v. 14.2.2008 – 2 U 81/07, A&R 2008, 144, Lactase kein Arzneimittel, sondern Lebensmittel..

11 Nöthlichs, § 3 Anm. 2.10.

12 OLG Koblenz, Urt. v. 30.8.2005 – 4 U 244/05 (Laryngialmasken zur Beatmung während Operation), MedR 2006, 213: Bezeichnung als Einmalprodukt keine bindende Zweckbestimmung.

13 Kloesel/Cyran, § 2 Rn 93.

14 Vgl. EuGH, Urt. v. 9.6.2005 – C-211/03, C-299/03 und C-316/03 bis C-318/03, C-211/03, C-299/03, C-316/03, C-317/03, C-318/03 – A&R 2005, 84; siehe auch OVG Münster, Urt. v. 17.3.2006 – 13 A 1977/02 (Lactobact Omni FOS II), ZLR 2006, 302; vgl. jedoch auch Kloesel, Cyran, § 2 Rn 93.

15 BGH, Urt.v. 26.6.2008 – I ZR 61/05, PharmR 2008, 425 (L-Carnitin II)=GesR 2008, 532;; BGH, Urt.v. 26.6.2008 – I ZR 112/05, PharmR 2008, 430 (HMB-Kapseln)=GesR 2008, 532=A&R 2008, 235 m.Anm.Tillmanns;..

16 EuGH, Urt.v. 15.1.2009 – C 140/07 (Red Rice 330 mg GPH-Kapseln) auf Vorlage des BVerwG, Beschl.v. 14.12.2006, 3 C 38.06, gegen OVG Lüneburg; siehe dann BVerwG, Urt.v.26.5.2009 – 3 C 5.09, PharmR 2009, 397; EuGH, Urt.v. 30.4.2009 C-27/08

spezifischer Antikörper zum Gegenstand hat, die ihrerseits eine veränderte Reaktionsbereitschaft des Körpers auf Antigene und einen Schutz vor Infektionen herbeiführen. Als **Metabolismus** wird die Metabolisierung, die Umsetzung eines Stoffes in einen oder mehrere andere Stoffe in einem biochemischen Prozess während der Körperpassage verstanden.[17]

Wie aus der Begriffsbestimmung für Medizinprodukte hervorgeht, können Medizinprodukte in ihrer Wirkungsweise durch pharmakologisch, immunologisch oder metabolisch wirkende Mittel unterstützt werden (§ 3 Nr. 1 MPG). Solche Mittel stammen in der Regel aus dem Bereich der Arzneimittel. Dem trägt § 3 Nr. 2 MPG Rechnung. Dort heißt es: 4

„Medizinprodukte sind auch Produkte nach Nummer 1, die einen Stoff oder eine Zubereitung aus Stoffen enthalten oder auf die solche aufgetragen sind, die bei gesonderter Verwendung als Arzneimittel im Sinne des § 2 Abs. 1 des Arzneimittelgesetzes angesehen werden können und die in Ergänzung zu den Funktionen des Produktes eine Wirkung auf den menschlichen Körper entfalten können." 5

Erst wenn der Zweck des „Arzneistoffes" mehr als nur eine Hilfsfunktion im Vergleich zur Hauptwirkung des Produkts ausübt, handelt es sich bei dem Produkt um ein Arzneimittel. 6

**Beispiel**

Knochenzement ist ein Medizinprodukt, weil er seinen intendierten Zweck (Fixierung einer Prothese) auf mechanische Art und Weise erreicht. Enthält der Knochenzement ein Antibiotikum, während sein beabsichtigter Hauptzweck die Fixierung von Prothesen bleibt, so handelt es sich nach wie vor um ein Medizinprodukt. In diesem Fall erfüllt das Antibiotikum klar eine Hilfsfunktion, nämlich die Reduktion einer möglichen Infektion beim Einbringen des Zements während der Operation. Im Rahmen der **Konformitätsbewertung** muss die benannte Stelle bezüglich des Antibiotikums ein Konsultationsverfahren mit einer Arzneimittel-Zulassungsbehörde ihrer Wahl vornehmen (vgl. Anhang I Nr. 7.4 der Richtlinie 93/42/EWG). Wenn jedoch der intendierte Verwendungszweck die Verabreichung des Antibiotikums ist und der Zement nur das Trägermaterial für diese lokale Anwendung darstellt, ist das Produkt als Arzneimittel zu bewerten. Andere Beispiele für Produkte, bei denen der Arzneimittelanteil die überwiegende Zweckbestimmung darstellt, sind (mit Arzneistoffen) vorgefüllte Spritzen oder (Arzneistoffe enthaltende) Pflaster[18] zur transdermalen Anwendung. Spritzen allein sind jedoch Medizinprodukte (vgl. § 2 Abs. 2 S. 1 MPG); ebenso Pflaster zum Zwecke der Wundbehandlung, auch wenn sie Arzneistoffe enthalten, solange der Hauptzweck auf der Barrierefunktion des Pflasters beruht. 7

---

17 Kloesel, Cyran, § 2 Rn 93.

18 OVG NRW, Beschl. v. 11.6.2007 – 13 A 3903/06, MPJ 2007, 158, Pflaster Arzneimittel, auch wenn es in anderen EU-Staaten als Medizinprodukt auf dem Markt ist; VG Köln, Urt.v. 25.8.2006, 18 K 1232/06, Pflaster mit Kampfer, L-.Menthol, Minz- und Eukalyptusöl zur Erregung von Kälterezeptoren der Haut Arzneimittel, da pharmakologisch, bestätigt OVG NRW, Beschl.v. 15.10.2007, 13 A 5186/04.

8 Typische Beispiele für Medizinprodukte, deren Wirkungsweise durch pharmakologisch, immunologisch oder metabolisch wirkende Mittel unterstützt wird, sind:

- heparinbeschichtete Katheter, bei denen das Heparin die Bioverträglichkeit des Katheters verbessert,
- Wurzelfüllmaterialien mit Antibiotika, bei denen das Antibiotikum eine mögliche, mit dem zahnärztlichen Eingriff einhergehende Infektion reduziert,
- mit Antikoagulantien oder Konservierungsmitteln beschichtete Blutbeutel,
- mit Antiseptika dotierte Heftpflaster, bei denen das Antiseptikum durch seine keimreduzierende Wirkung den Hauptzweck des Heftpflasters als äußere Barriere (u.a. Schutz vor mikrobieller Kontamination) und damit die Wundheilung unterstützt,
- mit Hydoxylapatit oder anderen Materialien beschichtete Implantate, bei denen die Beschichtung der Erhöhung der Bioverträglichkeit und der besseren Verwachsung des Implantats mit dem umgebenden Gewebe dient.

9 Diese Arzneimittel-Medizinprodukt-Kombinationen, deren Haupt-Zweckbestimmung beim Medizinproduktanteil liegt, sind in der Regel gemäß Anhang IX Regel 13 der Richtlinie 93/42/EWG Medizinprodukte der Klasse III und die die Konformitätsbewertung durchführende Benannte Stelle muss bezüglich des Arzneimittelteils die zuständige Arzneimittel-Zulassungsbehörde konsultieren[19] (i.d.R. das BfArM). Diese prüft gemäß Anhang I.7.4 der Richtlinie 93/42/EWG die Sicherheit, die Qualität und den Nutzen des arzneilichen Wirkstoffs unter Berücksichtigung der Zweckbestimmung des Medizinprodukts. Die Benannte Stelle hat bei ihrer Entscheidung die im Rahmen der Konsultation erstellten Gutachten gebührend zu berücksichtigen. Sie teilt die endgültige Entscheidung der zuständigen Behörde mit (siehe Anhang II.4.3 bzw. Anhang III Nr.5 Richtlinie 93/42 EWG). Handelt es sich bei dem zugefügten Arzneimittel um ein stabiles Derivat aus menschlichem Blut oder Blutplasma (z.B. ein albuminbeschichteter Katheter), ist zuständige Konsultationsbehörde nicht das BfArM, sondern die EMEA (Richtlinie 2000/70/EG). Anders als bei Konsultationsverfahren beim BfArM muss die Benannte Stelle das Gutachten der EMEA nicht nur gebührend berücksichtigen, es ist vielmehr bindend und entscheidet somit zwingend über den Erfolg der Konformitätsbewertung.

10 Liegt dagegen bei festen Arzneimittel-Medizinprodukt-Kombinationen der Hauptzweck beim Arzneimittelanteil, so ist das ganze Produkt als Arzneimittel zuzulassen. In § 2 Abs. 3 MPG heißt es dazu:

„Werden die Medizinprodukte (…) so in den Verkehr gebracht, dass Medizinprodukt und Arzneimittel ein einheitliches, miteinander verbundenes Produkt bilden, das ausschließlich zur Anwendung in dieser Verbindung bestimmt und nicht wieder verwendbar ist, gilt dieses Gesetz nur insoweit, als das Medizinprodukt die grundlegenden Anforderungen (…) erfül-

19 Anhalt, Bedürfen Medizinprodukte mit Arzneimittelanteil immer eines Konsultationsverfahrens?, MPJ 2007, 196.

len muss, die sicherheits- und leistungsbezogene Produktfunktionen betreffen. Im Übrigen gelten die Vorschriften des Arzneimittelgesetzes."

Beispiele hierfür sind vorgefüllte Fertigspritzen, Nikotin-, Nitroglyzerin-, Antirheuma- oder Hühneraugenpflaster. 11

Unter nicht wieder verwendbar ist zu verstehen, dass von Seiten des Herstellers/pharmazeutischen Unternehmers eine Wiederbefüllung oder Wiederverwendung des Produkts nicht vorgesehen ist. Insofern fällt auch die Mehrfachdosierung aus einer vorgefüllten Fertigspritze darunter, weil die nach dem Aufbrauchen des Inhalts leere Spritze nicht wieder mit dem Arzneimittel gefüllt wird. Eine Mehrfachentnahme z.B. aus einem Behältnis ist grundsätzlich keine Wiederverwendung. Entsprechend stellt sich die Situation etwa bei einem Nikotinpflaster dar, weil jedes Pflaster bestimmungsgemäß nur einmal verwendet werden kann. 12

Die arzneimittelrechtliche Zulassung dieser Kombinationen erfolgt in der Regel durch das Bundesinstitut für Arzneimittel und Medizinprodukte (BfArM). Es prüft und bewertet u.a. die sicherheits- und leistungsbezogenen Funktionen des Medizinproduktanteils (z.B. des Spritzenkörpers oder des Pflasterträgermaterials). Der Antragsteller stellt die dazu notwendigen Dokumente zur Verfügung. Eine darüber hinausgehende Konformitätsbewertung des Medizinproduktteils durch den Antragsteller oder eine zusätzliche Konformitätsbewertung durch eine Benannte Stelle entfällt. Der Medizinproduktteil trägt auch kein CE-Zeichen. 13

Werden Medizinprodukte und Arzneimittel zusammen (aber lose) als eine (Verkaufs-)Einheit in den Verkehr gebracht (z.B. Vaginalcreme mit Applikator), handelt es sich nicht um eine Kombination im Sinne des § 2 Abs. 3 MPG. Dafür gelten einerseits die medizinproduktrechtlichen Vorschriften einschließlich CE-Kennzeichnung (hier für den Applikator) und andererseits die arzneimittelrechtlichen Vorschriften einschließlich Zulassungsnummer (hier für die Vaginalcreme). Diese Vorschriften sind unabhängig voneinander zu beachten bzw. einzuhalten, etwa im Rahmen der Konformitätsbewertung (des Medizinprodukts) bzw. der Zulassung (des Arzneimittels), der Vertriebswege oder des Schutzes vor Vorkommnissen (z.B. Sicherheitsplan für Medizinprodukte) bzw. Arzneimittelrisiken (z.B. Alarm- und Maßnahmenplan). Dabei sind notwendige gegenseitige Kompatibilitäten bzw. Zusammenhänge zu beachten. Es empfiehlt sich, eine solche Kombinationspackung als (zusätzliche) Packungsgröße für das Arzneimittel im Rahmen der Zulassung anzuzeigen. 14

### III. Sonderproblematik: Tissue Engineering

Tissue Engineering beinhaltet die Kultivierung oder Unterstützung der Kultivierung körpereigener Zellen in vivo oder in vitro. Anders ausgedrückt handelt es sich um die Vermehrung körpereigener Zellen bis hin zu funktionsfähigen „(Er- 15 satz-)Organen", Gewebe und sonstigen Körperteilen.[20] Gerade im Bereich des modernen Tissue Engineering wurde diskutiert, ob diese Produkte Medizinprodukte im Sinne des MPG oder Arzneimittel im Sinne des AMG sind.[21] Dies hat für die Anwendung, das Inverkehrbringen und die Herstellung erhebliche Konsequenzen. Nach schon bislang überwiegender Auffassung sind Tissue Engineering Produkte Arzneimittel im Sinne von § 2 Abs. 1 Nr. 5 AMG i.V.m. § 3 Nr. 3 AMG. Mit Inkrafttreten des Gewebegesetzes[22] am 1. 8. 2007 ist dies nun eindeutig im AMG geregelt.

### IV. In-vitro-Diagnostika (§ 3 Nr. 4–7 MPG)

16 Mit dem 2. MPG-Änderungsgesetz wurden in § 3 MPG spezielle Vorschriften für In-vitro-Diagnostika eingeführt. Gegenstand des MPG sind aber nur Reagenzien zur Messung der in § 3 Nr. 4 lit. a–d MPG beschriebenen Ziele am Menschen bzw. menschlichen Materials. Tierdiagnostika und Mittel zur Umwelt und/oder Lebensmittelanalyse fallen nicht unter das MPG.[23] Unter das MPG fallen auch Probenbehältnisse, soweit sie zur Applikation oder Entnahme des Medizinprodukts notwendig sind, nicht jedoch allgemeiner Laborbedarf. Nr. 5 erfasst die Selbstdiagnosegeräte. Nr. 6 enthält die Definition für „neue" In-vitro-Diagnostika, was wiederum für Umfang und Verantwortlichkeit der Anzeigepflichten im Rahmen des erstmaligen Inverkehrbringens (§ 25 Abs. 3 MPG) eine Rolle spielt. Nr. 7 stellt klar, dass auch Kalibrier- und Kontrollmaterialen unter das MPG fallen. Dies gilt jedoch nicht für Referenzmaterialien im Rahmen externer Qualitätssicherung, also z.B. für Ringversuche.

### V. Sonderanfertigung (§ 3 Nr. 8 MPG)

17 Der Begriff der Sonderanfertigung ist eng auszulegen. Es handelt sich um eine echte E**inzelanfertigung** nach schriftlicher Verordnung mit spezifischen Auslegungsmerkmalen für einen namentlich benannten Menschen und kann daher nicht auf Vorrat hergestellt werden.[24] Ein serienmäßig hergestelltes Medizinprodukt, das für eine einzelne Person angepasst werden muss, wird rechtlich dadurch nicht zur Sonderanfertigung[25]. Werden Sets/Behandlungseinheiten auf Kundenwunsch zusammengestellt, handelt es sich um Serienprodukte, nicht um Sonderanfertigungen.[26] Die Schriftform der notwendigen Verordnung richtet sich nach § 126 BGB. Sonderanfertigungen müssen zwar ein Konformitätsbewertungsverfahren gemäß

---

20 Der Einsatzbereich wächst stark. Beispiele: Haut, Gefäße, Knochenersatzmaterialien, Knorpel, Herzklappen.

21 Gassner, Tissue Engineering im Normendschungel, MedR 2001, 553; siehe auch Argument aus § 2 Abs. 2 Nr. 4 MPG.

22 BGBl. I 2007, 1574.

23 Z.B. Chemikaliengesetz oder AMG.

24 OLG Frankfurt, Urt.v. 21.9.2006 – 6 U 91/06, Apothekenherstellung von Hyaluron-Natrium Fertigspritzen.

25 Bspl. bei Hill, Schmitt, § 3 Rz. 42, Hörgeräte, die justiert werden müssen.

26 Hill, Schmitt, § 3, Rz. 43, es fehlt das Merkmal für einen namentlich benannten Patienten.

§§ 3 Abs. 1, 4 Abs. 2, 7 Abs. 3 MPV durchlaufen, benötigen aber kein CE-Kennzeichen.[27] Serienteile, die in eine Sonderanfertigung eingebaut werden, dürfen ein CE-Kennzeichen tragen, wenn sie ein Konformitätsbewertungsverfahren durchlaufen haben (§ 6 Abs. 2 S. 2 MPG).

### VI. Zubehör (§ 3 Nr. 9 MPG)

Die Zubehöreigenschaft orientiert sich an § 97 BGB. Es muss nach der Zweckbestimmung[28] des Herstellers notwendig sein, damit das Medizinprodukt seine bestimmungsgemäße Aufgabe erfüllen kann, zumindest aber die Zweckbestimmung fördern. Beispiele finden sich in den europäischen Guidelines MEDDEV 2.1/1 (Führungsdrähte für Katheter, Monitore, Elektroden, Ultraschallscanner, Sterilgutverpackungen). Jederzeit austauschbare Hilfsmittel wie z.B. Batterien sind allerdings kein Zubehör und fallen nicht unter das MPG. § 3 Nr. 9 S. 2 MPG ordnet Gegenstände zur Probenentnahme nicht als Zubehör, sondern als eigenständiges Medizinprodukt ein. **18**

### VII. Inverkehrbringen (§ 3 Nr. 11 MPG)

§ 3 Nr. 11 MPG definiert das „Inverkehrbringen" als jede Abgabe von Medizinprodukten an andere. Die Terminologie der Vorschrift geht damit über den Richtlinientext hinaus, der nur das erstmalige „Inverkehrbringen" anspricht. Ausgenommen ist nur die Abgabe im Rahmen einer klinischen Prüfung oder das erneute Überlassen eines Medizinproduktes nach seiner Inbetriebnahme beim Anwender an einen anderen, es sei denn, dass es aufgearbeitet oder wesentlich verändert worden ist. Was eine „wesentliche Änderung" ist, lässt sich dem MPG nicht entnehmen. Nötlichs[29] schlägt vor, eine wesentliche Änderung in Anlehnung an § 2 Abs.6.BetrSichV einer überwachungsbedürftigen Anlage dann anzunehmen, wenn die Anlage sicherheitstechnisch nach der Änderung einer neuen Anlage entspricht. Abgabe an andere ist gleichbedeutend mit der Erlangung des unmittelbaren Besitzes. Die Erlangung des mittelbaren Besitzes reicht ebenso wie die Besitzdienerschaft i.S.v. § 855 BGB nicht aus, da beim mittelbaren Besitz die unmittelbare Sachherrschaft fehlt und der Besitzdiener die Sachherrschaft nur für den Besitzherrn ausübt.[30] Maßgeblich ist vielmehr, dass der Inhaber dder tatsächlichen Gewalt sich dieser mit dem Ziel entäußert, dass ein anderer die tatsächliche Herrschaftsgewalt erlangt, um den Gegenstand nach eigener Entschließung verwenden zu können.[31] Deshalb liegt auch kein „Inverkehrbringen" vor, wenn der Lohnsterilisierer die Produkte nach erfolgter Sterilisation wieder an das Krankenhaus zu- **19**

---

27 Schorn, M 2 - § 12 Rn.2f.

28 LG Lübeck, Urt.v. 20.8.2002, 8 O 64/02, Druckluftanlage zum Betrieb von Narkose- und Beatmungsgeräten sowie für chirurgisches Werkzeug ist Zubehör i.S. des MPG, Konsequenz Konformitätsbewertungsverfahren notwendig.

29 Nöthlichs, § 3, Ziff. 2.11.4.3 a); außerdem verweist der auf die Bekanntmachung des BMA 7.9.2000 (auszugsweise abgedruckt).

30 Ähnlich WiKo § 3 S. 21.

31 Schorn, M 2 - § 3 Rn. 47.

rückgibt, denn er war bestenfalls Besitzdiener. Fraglich ist, ob das Anwenden eines Medizinprodukts am Patienten ein Inverkehrbringen im Sinne des § 3 Nr. 11 MPG sein kann. In der Rechtsprechung zum Arzneimittelrecht wird dies für den Fall verneint, dass der Patient selbst keine unmittelbare Verfügungsgewalt über das Arzneimittel erhält.[32] In die gleiche Richtung geht § 10 Abs. 1 MPG. Danach müssen Medizinprodukte, die eine CE-Kennzeichnung tragen und die entsprechend ihrer Zweckbestimmung innerhalb der vom Hersteller vorgesehenen Anwendungsbeschränkungen zusammengesetzt werden, um in Form eines Systems oder einer Behandlungseinheit erstmalig in den Verkehr gebracht zu werden, keinem Konformitätsbewertungsverfahren unterzogen werden. Angenommen, diese Norm wäre einschlägig, ist allerdings § 10 Abs. 2 MPG von Bedeutung. Denn diese Norm besagt, dass das Gesamtsystem dann einem neuen Konformitätsbewertungsverfahren unterzogen werden muss, wenn es Komponenten enthält, die entgegen ihrer ursprünglichen Zweckbestimmung verwendet wurden. Die Abgabe und Anwendung von Arzneimitteln in Krankenhäusern und Arztpraxen im Rahmen der Patientenbehandlung ist keine Abgabe an andere.[33] Gibt ein Krankenhaus, eine Praxis oder ein Sterilisierer hingegen Medizinprodukte an andere (Häuser) ab, liegt ein „Inverkehrbringen" mit der Folge vor, dass z.B. ein vorgeschriebenes Konformitätsverfahren durchlaufen werden muss.

**20** Gemäß § 11 Abs. 3 MPG wird das BMG ermächtigt, mit Zustimmung des Bundesrats und Einvernehmen des Bundesministeriums für Wirtschaft durch Rechtsverordnung für bestimmte Medizinprodukte Vertriebswege vorzuschreiben. Dies ist mit der Verordnung über **Vertriebswege** für Medizinprodukte[34] geschehen. Medizinprodukte sind dann apothekenpflichtig, wenn sie nach der Verordnung über die Verschreibungspflicht von Medizinprodukten verschreibungspflichtig – oder in der Anlage zur Verordnung aufgeführt sind. Selbst diese Medizinprodukte sind aber dann nicht apothekenpflichtig, wenn sie vom Hersteller an andere Hersteller von Medizinprodukten, deren Bevollmächtigten, Einführer von Medizinprodukten oder Händler von Medizinprodukten abgegeben werden, die ihrerseits diese Produkte nicht an Anwender oder Betreiber mit Ausnahme von Apotheken, Krankenhäusern und Ärzten, Zahnärzten oder anderen anerkannten Arzneimittelbeschaffungsstellen abgeben. Gemäß § 6 MPVerschrV sind im Übrigen solche Medizinprodukte nicht verschreibungs- und damit auch nicht apothekenpflichtig, soweit sie ihrer Zweckbestimmung nach nur von einem Arzt oder Zahnarzt angewendet werden können.

---

[32] OLG Bremen, Urt. v. 4.6.1987 – 2 U 60/87, PharmR 1987, 241; BVerwGE 94, 341; OVG Münster, Urt. v. 20.2.1997 – 13 A 568/95, NJW 1998, 847.

[33] OLG Bremen, Urt. v. 4.6.1987 – 2 U 60/87, PharmR 1987, 241; siehe auch Kloesel, Cyran, § 4 Rn 39.

[34] BGBl I 1997, 3148.

## VIII. Das „als neu aufbereitete" Medizinprodukt

Die Wiederaufbereitung von Medizinprodukten ist seit Jahren sowohl national als auch international ein sehr kontrovers diskutiertes Thema. Im Vordergrund stehen Sicherheitsaspekte im Hinblick auf die zu gewährleistende Hygiene und Funktionsfähigkeit, aber auch ökonomische und ökologische Gesichtspunkte. Innerhalb der EU gibt es (noch) keine einheitliche Sichtweise, sondern zum Teil sogar erhebliche Unterschiede, insbesondere bei Einmalprodukten. Ursprünglich hatte man gehofft, dass aufgrund des „Ulmer-Berichts" des Europäischen Parlaments[35] im Rahmen der Vorbereitung der Richtlinie 2007/47/EG v. 5. 9. 2007[36] eine Lösung gefunden würde. In Art. 12 a der Richtlinie ist es jedoch bei einem eher schwachen Auftrag an die Kommission geblieben, dem EU-Parlament bis zum 5.9. 2010 einen Bericht über die Wiederaufbereitung von Medizinprodukten in der Gemeinschaft vorzulegen, in dem Vorschläge für die Sicherstellung eines hohen Maßes an Gesundheitsschutz enthalten sein sollen.[37] In der Bundesrepublik Deutschland gewinnen Sicherheitsaspekte in der Diskussion zunehmend an Gewicht.[38] Jenseits dieser Diskussion werden in der Praxis Fragen aufgeworfen, die mit der Systematik des MPG zu tun haben. 21

Die Gleichsetzung des „als neu aufbereiteten" Medizinprodukts mit einem neuen Medizinprodukt in § 3 Nr. 14 i.V.m. § 3 Nr. 11 S. 2 MPG ist gesetzestechnisch unbefriedigend gelöst.[39] Sie wird damit erklärt, dass derartige „wieder aufbereitete" Medizinprodukte nur unter den Voraussetzungen der §§ 6, 10, 12 MPG vom Hersteller i.S.v. § 3 Nr. 15 MPG wieder in den Verkehr gebracht werden dürfen.[40] Der Begriff des **„Aufbereitens"** ist in § 3 Nr. 14 MPG definiert. Danach ist die Aufbereitung von bestimmungsgemäß keimarm oder steril zur Anwendung kommenden Medizinprodukte die nach deren Inbetriebnahme zum Zwecke der erneuten Anwendung durchgeführte Reinigung, Desinfektion und Sterilisation einschließlich der damit zusammenhängenden Arbeitsschritte sowie die Prüfung und Wiederherstellung der technisch-funktionellen Sicherheit. Die **Resterilisation** (auch bei Einmalartikeln) und Reparatur für eigene Zwecke ist keine neue Aufbereitung i.S.d. § 3 Nr.14 MPG. Sie fällt vielmehr unter den weiten Oberbegriff der Instandhaltung[41], der auch die Reinigung, Desinfektion und Sterilisation von Medizinprodukten (§ 4 Abs. 2 MPBetreibV) umfasst, da es nicht in den Zustand gebracht wird, wie er einem neuen CE-gekennzeichneten Produkt entspricht.[42] Diese Norm geht dabei auf die Anhänge 1 der Richtlinien 93/42 (Nr. 13.6) und 90/385 (Nr. 14.1) zurück. Reinigung, Desinfektion und Sterilisation sind nach den Anga- 22

---

35 Plenardokument A 6-0332/2006 v. 10.10.2006
36 Richtlinie 2007/47/EG des Europäischen Parlaments und des Rates v. 5.9.2007, ABl. L 247/21 v. 21.10.2007.
37 Schorn, Entscheidungskriterien für zukünftige Regelungen, MPJ 2007, 172ff.
38 Aufbereitung ist möglich, aber Patientenschutz hat Vorrang, MPJ 2007, 211ff.
39 WiKo § 4 Rn. 72.
40 Schorn, § 3 Anm. 22.
41 Ebenso WiKo § 4 Rn. 73.
42 Schorn, M 2 - § 3 Rn.22.

ben des Herstellers in einem validierten Verfahren durchzuführen, so dass der Erfolg dieser Verfahren nachvollziehbar gewährleistet ist. Das Verfahren ist so auszulegen, dass es weder die Gesundheit noch die Sicherheit von Patienten, Anwendern oder Dritten gefährdet. Lagert der Betreiber die Resterilisation auf externe Dienstleister aus, muss er sich überzeugen, dass diese mit validierten Verfahren arbeiten.[43] Gemäß § 4 Abs. 2 Satz 3 MPBetreibV wird die Einhaltung des Standards vermutet, wenn die Empfehlung der Kommission für Krankenhaushygiene und Infektionsprävention des RKI und des BfArM zu den Anforderungen bei der Aufbereitung von Medizinprodukten beachtet wird.[44] Diese Empfehlungen gehen von insgesamt sechs Risikogruppen aus. Diese reichen von unkritisch[45], semikritisch A[46](ohne besondere Anforderungen an die Aufbereitung[47], semikritisch B[48] (mit erhöhten Anforderungen an die Aufbereitung), kritisch A[49] (ohne besondere Anforderungen an die Aufbereitung), kritisch B (mit erhöhten Anforderungen an die Aufbereitung) bis hinzu kritisch C (mit besonders hohen Anforderungen an die Aufbereitung). Nach den Empfehlungen von RKI und BfArM ist Voraussetzung für die Aufbereitung, „dass die Eignung (Produktverträglichkeit) der zur Anwendung kommenden Aufbereitungsverfahren (Gewährleistung der funktionellen und sicherheitsrelevanten Eigenschaften des Medizinprodukts nach Aufbereitung) und die Wirksamkeit im Rahmen einer produktgruppenspezifischen Prüfung und Validierung belegt wurden."

**23** Für die Zuordnung des Produkts zu einer Risikogruppe (s.o.) ist der Betreiber verantwortlich, wobei die Angaben des Herstellers zu berücksichtigen sind. Bei Zweifeln ist das Medizinprodukt der nächsthöheren Risikostufe zuzuordnen. Nach den Empfehlungen (Ziff. 2.2.) besteht eine sachgerechte Aufbereitung angewendeter Medizinprodukte aus folgenden Arbeitsschritten:

**24** Das sachgerechte Vorbereiten (Vorbehandeln, Sammeln, Vorreinigen und gegebenenfalls Zerlegen) der angewendeten Medizinprodukte und deren sicher umschlossenen und Beschädigungen vermeidenden Transport zum Ort der Aufbereitung,

- Die Reinigung/Desinfektion, Spülung und Trocknung,
- Die Prüfung auf Sauberkeit und Unversehrtheit der Oberflächen (z.B. Korrosion, Materialbeschaffenheit) und gegebenenfalls Identifikation zum Zwecke der Entscheidung über eine erneute Aufbereitung,
- Die Pflege und Instandsetzung,

---

43 WiKo § 4 MPBetreibVO Rn. 3 unter Verweis auf VG Arnsberg, Beschl.. 18.2.2005, 3 L 1193/04.

44 Zuletzt Bundesgesundheitsblatt 2001, 1115, abgedr. bei Nöthlichs, Kennzahl 9650; siehe auch Anlage 1 zu § 4 Abs. 1 Nr. 1 DIMDIV

45 Z.B. EKG-Elektroden.

46 Z.B. Spekulum.

47 Empfehlungen RKI und BfArM Ziff. 1.2.

48 Z.B. Flexibles Endoskop,

49 Z.B. Wundhaken.

- Die Prüfung der technisch-funktionellen Sicherheit und, je nach Erfordernis,
- Die Kennzeichnung sowie das Verpacken und die Sterilisation.

Die Aufbereitung endet mit der dokumentierten Freigabe des Medizinprodukts zur erneuten Anwendung. Die Aufzeichnungen über die Einzelschritte der Aufbereitung sind gemäß § 9 Abs. 2 MPBetreibVO aufzubewahren. Der Aufbereiter muss sich zertifizieren lassen. Von der ZLG waren bis[50] folgende Zertifizierungsstellen akkreditiert: DEKRA Certification GmbH Stuttgart, LGA INterCert Zertifizierungsgesellschaft mbH Nürnberg, MEDCERT Zertifizierungs- und Prüfungsgesellschaft für die Medizin GmbH Hamburg, TÜV Rheinland Produkt Safety GmbH Köln. 25

## IX. Sonderproblem: Wiederaufbereitung von Einmal-Medizinprodukten

### 1. Zulässigkeit

Besondere Probleme können sich im Bereich der Aufbereitung von Medizinprodukten ergeben,[51] nachdem der Gesetzgeber in § 3 Nr. 14 MPG i.V.m. § 4 Abs. 2 MPBetreibVO diese Verfahren leichter zugänglich gemacht hat.[52] Bis zum Inkrafttreten der 2. MPG-Novelle am 1.1.2002 war dieses Thema höchst umstritten. Vor Inkrafttreten des MPG im Jahre 1995 galten zahlreiche ärztliche Instrumente als fiktive Arzneimittel im Sinne von § 2 AMG. Die Resterilisation bei Wiederverwendung von Einmalinstrumenten war arzneimittelrechtlich nicht relevant, da die Resterilisation und Wiederverwendung kein „Inverkehrbringen" im Sinne des AMG war.[53] Ein ausdrückliches Verbot der Wiederverwendung fand sich in den einschlägigen gesetzlichen Spezialmaterien also nicht. Ein derartiges Verbot wird auch im Erfahrungsbericht des BMG zur Aufbereitung von Medizinprodukten[54] nicht gefordert. Vielmehr werden Negativlisten von Produkten, die nicht aufbereitet werden dürfen, diskutiert. Diskutiert wird auch ein Genehmigungsvorbehalt für die Aufbereitung besonders kritischer Einmalprodukte. Haftungsrechtlich wird die Problematik immer dann akut, wenn es im Rahmen der Wiederverwendung von Einmalartikeln zu einer Infektion kommt. Es stellt sich dann die Frage, ob die Resterilisation im konkreten Fall überhaupt erlaubt war, ob eventuell. Fehler beim 26

---

50 Stand Mai 2008.

51 Ratzel, Medizinproduktegesetz, Qualitätssicherung und Ressourcensteuerung unter besonderer Berücksichtigung der Wiederaufbereitung von „Einmal-Artikeln", MedR 2000, 560; Haindl, Helle, Die Unzulässigkeit der Wiederverwendung von Einmal-Medizinprodukten, MedR 2001, 411.

52 Schneider, MedR 2002, 453; das Britische Gesundheitsministerium hat 2001 demgegenüber für Hochrisikoeingriffe hinsichtlich vCJK wie z.B. Mandeloperationen, Operationen am vorderen Augenbereich, Blinddarm und neurologische Operationen die Wiederaufbereitung von Einmalinstrumenten untersagt.

53 Kloesel, Cyran, § 2 Rn 54.

54 Erfahrungsbericht des BMG zur Aufbereitung von Medizinprodukten vom März 2008, bmg.bund.de.

Sterilisierungsvorgang gemacht wurden, welcher Hygiene-Standard gilt,[55] wem eine Unterschreitung dieses Hygiene-Standards ggfls. zuzurechnen ist und welche Folgen dieser Verstoß für die Darlegungs- und Beweislast hat. Im Allgemeinen werden Verstöße gegen Hygiene-Standards dem Organisationsverschulden des Krankenhausträgers zugerechnet (bzw. dem für die Einrichtung Verantwortlichen),[56] wobei in der Regel der Zusammenhang zwischen Infektion und Unterschreitung des Hygiene-Standards vermutet wird.[57] Schließlich stellt sich die Frage, ob der Patient – eine ordnungsgemäße Resterilisation von Einmal-Artikeln unterstellt – darüber aufgeklärt werden muss, dass in seinem Fall so vorgegangen wird.[58] Mit Auslaufen der Übergangsfrist im MPG zum 13.6.1998 ist die Wiederverwendung von Einmal-Artikeln ausschließlich nach den Vorschriften des MPG zu bewerten. Es liegt auf der Hand, dass es Einmal-Produkte gibt, bei denen die Qualität derartiger Verfahren eher einfach darzustellen ist[59] (Einwegklemmen, Absaug- und Beatmungsschläuche, Magensondenspritzen, Sauerstoffflaschen, Darmrohre etc.). Gegenbeispiel dürfte die Resterilisation von endoskopischen Scheren, Aortenstanzen oder Herzkathetern sein, zumal man bei diesen Instrumenten nicht nur auf die Keimfreiheit, sondern auch auf die Materialbeschaffenheit (spezielle Beschichtung) Rücksicht nehmen muss. Gemäß § 4 Abs.2 MPBetreibV wird die Einhaltung des Standards vermutet, wenn der Empfehlung der Kommission für Krankenhaushygiene und Infektionsprävention des RKI und des BfArM zu den Anforderungen bei der Aufbereitung von Medizinprodukten[60] beachtet wird (s.o.). Werden z.B. (Einmal-)Produkte mit besonders hohen Anforderungen wiederaufbereitet, muss der Aufbereiter sein Qualitätsmanagement durch eine von der zuständigen Behörde akkreditierte Stelle zertifizieren lassen.[61] Dies gilt erst recht, weil es bei Einmalprodukten i.d.R. begriffsnotwendig keine Empfehlungen des Herstellers für die Aufbereitung geben wird. Also muss der Aufbereiter ein eigenes validiertes System nachweisen.

---

55 Gemäß § 4 Abs. 2 MPBetreibV wird die Einhaltung des Standards vermutet, wenn die Empfehlung der Kommission für Krankenhaushygiene und Infektionsprävention des RKI und des BfArM zu den Anforderungen bei der Aufbereitung von Medizinprodukten beachtet wird; zuletzt Bundesgesundheitsblatt 2001, 1115, abgedr. bei Nöthlichs, Kennzahl 9650; siehe auch Anlage 1 zu § 4 Abs. 1 Nr. 1 DIMDIV.

56 OLG Zweibrücken, Urt. v. 19.10.1982 – 5 U 113/81, MedR 1984, 27, grober Fehler bei Wiederverwendung eines unzureichend gereinigten Herzkatheters.

57 OLG München, Urt. v. 22.2.1990 – 1 U 2287/88, VersR 1991, 425, ungenügend desinfiziertes Darmrohr.

58 Dafür: Kloesel, Cyran, § 2 Rn 54; dagegen: Lutterbeck, Das Krankenhaus 1998, 342, 345.

59 Auf diese wichtige Differenzierung wird in einer Stellungnahme des „nationalen Referenzzentrums für Krankenhaushygiene" zu Aufbereitung und Sterilisation zu Recht hingewiesen, Arzt und Krankenhaus, 1999, 298 ff.

60 BGBl 2001, 1115.

61 OVG NRW, Beschl. v. 9.11.2007 – 13 B 1192/07, DVBl 2008, 133=MedR 2008, 229, Untersagung der Weiterverwendung von aufbereiteten Kathetern durch Krankenhaus, wenn Aufbereiter kein zertifiziertes Qualitätsmanagement hat.

## 2. Zweckbestimmung

Gemäß § 4 Abs. 1 MPG dürfen Medizinprodukte nicht in Verkehr gebracht und angewendet werden, wenn damit eine erhöhte Gefahr, in diesem Fall für die Patienten verbunden ist.[62] Dafür ist die Einhaltung der Zweckbestimmung ein maßgeblicher Faktor. Gemäß § 3 Nr. 10 MPG richtet sich die Zweckbestimmung für die Verwendung des Medizinprodukts nach der Kennzeichnung, der Gebrauchsanweisung oder den Werbematerialien und nach den Angaben des in § 3 Nr. 15 MPG genannten Personenkreises. Dieser Verweis richtet sich also an den Hersteller. Der Hersteller eines Einmal-Artikels definiert die Zweckbestimmung seines Produktes aber zwangsläufig nicht als mehrfach zu verwendendes Produkt. Dies schließt sich begriffsnotwendig aus. Danach könnte man die Auffassung vertreten, schon an dieser Stelle ergebe sich die gesetzliche Unzulässigkeit der Wiederverwendung von Einmal-Artikeln.[63] Schon zur alten Rechtslage[64] wurde jedoch auf die amtliche Begründung zu den §§ 22, 23 MPG a.F., wonach diese Regelungen offenbar nicht von der früheren Medizingeräteverordnung (§§ 6–16 MedGV) abweichen wollten, „da sich diese bewährt haben", verwiesen. Nach der MedGV war die sachgerechte Wiederverwendung von Einmal-Artikeln aber nicht verboten.[65] Die **Resterilisation** von Einmalartikeln im Krankenhaus durch dieses oder durch einen Lohnsterilisierer außerhalb ist also grundsätzlich möglich. Festzuhalten bleibt allerdings, dass der Hersteller die Verantwortung nur für das erstmalige Inverkehrbringen (und Verwenden) übernehmen will.[66] Die Verantwortung für das erneut steril gemachte Medizinprodukt übernimmt derjenige, der es nach dem Verfahren erneut einsetzt und anwendet, ggf. gemeinsam mit demjenigen, der die Resterilisierung durchgeführt hat, als Gesamtschuldner . Mit der Wiederaufbereitung endet die Verantwortung des Herstellers nach dem ProdHaftG. Die Resterilisierung muss nach einem zertifizierten Verfahren erfolgen. Geschieht dies nicht, kann die zuständige Behörde die Weiterverwendung der resterilisierten Gegenstände gemäß § 28 mit Zwangsgeldandrohung untersagen.[67] Ordnungswidrig handelt, wer die Reinigung, Desinfektion oder Sterilisation von Medizinprodukten nicht oder nicht nach den Angaben des Herstellers mit geeigneten validierten Verfahren durchführt (§ 13 Nr. 3 MPBetreibV). 27

---

62 Bei der Aufbereitung von Einmalprodukten zum erneuten Einsatz denkt man in erster Linie an das Hygienerisiko und eine möglicherweise beeinträchtigte Funktionsweise oder Materialbeschaffenheit.

63 Siehe aber OLG Koblenz, Urt.v. 30.8.2005 – 4 U 244/05, MedR 2006, 213 zur Werbung für die Wiederverwendung von Einmalprodukten durch Vertreiber im konkreten Fall zulässig, da die Bezeichnung des Herstellers als Einmalprodukt (single use) nicht zur Zweckbestimmung gehöre.

64 Schneider, Nach wie vor umstritten - Die Wiederverwendung von Einmal-Artikeln, MedR 1996, 267.

65 Schneider, Die Wiederaufbereitung von Einmal-Artikeln - ein nicht nur medizinisch-hygienisches Problem, MedR 1988, 166.

66 Wie hier Nöthlichs, § 4 Anm. 5.2.

67 OVG NRW, Beschl. v. 9.11.2007 – 13 B 1192/07, DVBl 2008, 133=MedR 2008, 229.

### 3. Aufklärung

28 Die weitere Frage, ob der Patient über die Tatsache der Wiederaufbereitung eines Einmal-Artikels auch bei nur minimalem Infektionsrisiko aufgeklärt werden muss, ist meines Erachtens eindeutig zu bejahen.[68] Die Antwort ergibt sich aus den strengen Grundsätzen der Rechtsprechung zur Risikoaufklärung. Ganz allgemein hat die Risikoaufklärung Informationen über die Gefahren eines ärztlichen Eingriffs zu vermitteln, die sich auch bei fehlerfreier Durchführung des Eingriffs nicht mit Gewissheit ausschließen lassen. Der Patient ist zwar grundsätzlich nicht über jedes nur denkbare Risiko aufzuklären, sondern ihm sollen nur „im Großen und Ganzen" die wesentlichen Gefahren eines Eingriffs bewusst gemacht werden, insbesondere soll er vor überraschenden Risiken geschützt und ihm daher das mit dem Eingriff verbundene Risikospektrum verdeutlicht werden. Risikostatistiken haben aber, wie die Judikatur immer wieder betont hat, nur einen geringen Wert. Entscheidend ist vielmehr, ob eingriffspezifische, d.h. typischerweise mit einer bestimmten ärztlichen Maßnahme verbundene Komplikationsmöglichkeiten in Rede stehen. Solche **eingriffspezifischen Risiken** sind auch bei extremer Seltenheit aufklärungspflichtig, falls ihr Eintritt sich auf die beruflichen und privaten Lebensumstände des Patienten erkennbar besonders belastend auswirkt.[69] Hiervon ist im Falle der Unsterilität eines Katheters oder sonstigen Einmal-Artikels auszugehen, da darauf beruhende Infektionen zum einen die Verwirklichung eines eingriffspezifischen Risikos bedeuten und zum anderen in der Regel erhebliche Folgen für die weitere Lebensführung des Patienten haben. Auch die Judikatur hat bereits ein hygienisches Defizit als aufklärungspflichtig angesehen, wenn eine Kompensation des erhöhten Infektionsrisikos durch risikomindernde betrieblich-organisatorische Maßnahmen nicht möglich war. Praktisch bedeutet die Bejahung der Aufklärungspflicht über die Tatsache der Wiederaufbereitung von Einmal-Artikeln, dass ohne Erfüllung dieser Pflicht deren Verwendung eine rechtswidrige Körperverletzung darstellt, im Falle der Einhaltung der Aufklärungspflicht aber wohl die meisten Patienten ihre Einwilligung versagen und aus diesem Grunde der resterilisierte Einmal-Artikel bei der Behandlung nicht eingesetzt werden darf.

## X. Hersteller (§ 3 Nr. 15 MPG)

29 Der Herstellerbegriff des MPG stellt nicht auf die faktische, sondern auf die rechtliche Herstellerstellung ab. Hersteller ist danach auch derjenige, der von anderen gefertigte Medizinprodukte unter eigenem Namen an andere abgibt. Entscheidend

---

68 A.A. Schneider, Nach wie vor umstritten – Die Wiederverwendung von Einmal-Artikeln, MedR 1996, 267; ders., Die Aufbereitung und Wiederverwendung von (Einweg-)Medizinprodukten – (Mehr) Rechtssicherheit durch das Zweite Gesetz zur Änderung des Medizinproduktegesetzes!, MedR 2002, 453; Bender, Die Wiederaufbereitung von Einmalartikeln – ein Aufklärungsproblem?, MedR 2000, 365 und Stellungnahme des nationalen Referenzzentrums für Krankenhaushygiene a.a.O., die Qualität zwischen neuem und wiederaufbereitetem Produkt sei gleich. Darum geht es bei der Aufklärung aber gar nicht, sondern um die Schaffung einer beherrschbaren Risikoquelle.

69 BGH, Urt. v. 9.7.1996 – VI ZR 101/95, MDR 1996, 1015.

ist mithin die Verantwortung für die Abgabe an andere, nicht das Ausmaß des Eingebundenseins in den Herstellungsprozess.[70] Hersteller können nur natürliche oder juristische Personen sein. Danach scheiden z.B. nichtrechtsfähige Vereine als Hersteller aus. Die Frage, ob Personengesellschaften juristische Personen sind, ist für § 3 Nr. 15 MPG eher von „akademischer" Bedeutung,[71] da niemand ernstlich in Zweifel stellt, dass BGB-Gesellschaften, oHGs oder KGs selbstverständlich „Hersteller" i.S.v. § 3 Nr. 15 MPG sein können. Der Herstellerbegriff ist unabhängig davon, ob diese Tätigkeit von dieser Person oder stellvertretend für diese von einer dritten Person ausgeführt wird. Die dem Hersteller nach diesem Gesetz obliegenden Verpflichtungen gelten auch für die natürliche oder juristische Person, die ein oder mehrere vorgefertigte Medizinprodukte montiert, abpackt, behandelt, aufbereitet, kennzeichnet oder für die Festlegung der Zweckbestimmung als Medizinprodukt im Hinblick auf das erstmalige Inverkehrbringen im eigenen Namen verantwortlich ist.[72] Nach § 3 Nr. 15 S. 3 MPG gilt dies nicht für natürliche oder juristische Personen, die – ohne Hersteller im Sinne des Satzes 1 zu sein – bereits in Verkehr gebrachte Medizinprodukte für einen namentlich genannten Patienten entsprechend ihrer Zweckbestimmung montieren oder anpassen. Hersteller ist demnach nicht, wer Medizinprodukte, die bereits eine CE-Kennzeichnung tragen, i.S.v. § 10 Abs. 1 MPG zusammensetzt, um sie in Form eines Systems oder einer Behandlungseinheit in den Verkehr zu bringen. Dies ist deshalb von besonderer Bedeutung, weil man sich jedenfalls in den Fällen, in denen entgegen ausdrücklicher Herstellerangaben fremde Systemkomponenten verwendet wurden, nicht auf die Ausnahmevorschrift in § 10 Abs. 1 MPG (Anwendung gemäß Zweckbestimmung des Herstellers) berufen könnte,[73] es sei denn die Zweckbestimmung wäre einzig mit dem Ziel ausgesprochen, den Kunden zur Abnahme des Gesamtsystems zu verpflichten ohne das hierfür ein sachlicher Grund gegeben ist. Bezieht man sich auf die einschlägige höchstrichterliche arzneimittelrechtliche Rechtsprechung,[74] ist das Tatbestandsmerkmal des „Inverkehrbringens" allerdings nicht erfüllt, wenn man die Auffassung verträte, es handele sich nicht um eine „Abgabe an andere", da es an einem Wechsel der Verfügungsgewalt fehle. Eine einschlägige medizinprodukterechtliche Rechtsprechung hierzu existiert noch nicht. Nach diesseitiger Auffassung erscheint es jedoch problematisch, die arzneimittelrechtliche Rechtsprechung unkritisch auf diesen Fall zu übertragen. Denn im Falle der Verabreichung eines Arzneimittels in der Arztpraxis ist dieses Arzneimittel zwar in der Tat einer Verfügung durch den Patienten entzogen, zumal die Wirkmechanismen in einem überschaubaren Zeitraum abnehmen werden. Im Falle der Prothese kann der Patient zwar auch nicht direkt auf das Medizinprodukt

---

[70] Schorn M 2, § 3 Rn 60.

[71] Ausführlicher Problemaufriss bei Schorn, M 2 – § 3 Rn 50–54.

[72] VG Trier, Urt.v. 5.12.2007 – 5 K 755/07 TR, MPJ 2008, 42ff. (Ersteinführer für in Taiwan hergestellte Medizinprodukte kann Hersteller i.S. v. § 3 Nr. 15 sein, Verpacken, Kennzeichnen).

[73] Deutsch, Lippert, Ratzel, § 10 Rn 2.

[74] OLG Bremen, Urt. v. 4.6.1987 – 2 U 60/87, PharmR 1987, 241; BVerwG, Urt. v. 2.12.1993 – 3 C 42/91, NVwZ 1994, 1013; OVG Münster, Urt. v. 20.2.199 – 13 A 568/95, NJW 1998, 847.

einwirken; es handelt sich jedoch um eine sehr körperliche und plastische, auf Dauer angelegte reale Abgabe. Dementsprechend hat das Bundesministerium für Gesundheit 1996 für Zahnprothesen festgestellt, dass die Zahnarztlabore für diese Prothesen eine Herstellungserlaubnis benötigen, weil es sich bei dem Einsetzen um eine Abgabe an andere handele.[75] Folgt man dieser Auffassung, wird die Möglichkeit der Berufung auf die Ausnahmevorschrift in § 10 Nr. 1 MPG noch wichtiger. Wenn diese Möglichkeit nämlich abgeschnitten wäre, hätte dies zur Folge, dass der Klinikträger als Hersteller des Gesamtsystems ein Medizinprodukt in Verkehr bringt, ohne eine Herstellungserlaubnis gehabt zu haben, geschweige denn, dass ein ordnungsgemäßes Konformitätsbewertungsverfahren vorliegen würde.

### XI. Benannte Stellen (§ 3 Nr. 20 MPG)

30 Benannte Stellen sind für die Durchführung und Prüfung zuständige unabhängige Unternehmen oder Anstalten. Ihre Aufgabe ist die Zertifizierung der Durchführung des Konformitätsbewertungsverfahrens. Ihre Rechtsform ist unerheblich. Sie üben keine hoheitliche Gewalt aus und sind damit keine Beliehenen.[76] Zwar ist ihre Akkreditierung gemäß § 15 MPG öffentlich-rechtlich ausgestaltet; ihre Beziehungen zum Hersteller sind jedoch ausschließlich privatrechtlicher Natur, so dass bei Streitigkeiten zwischen Hersteller und Benannter Stelle über die Erteilung des CE-Kennzeichens im Regelfall der Zivilrechtsweg gegeben ist. In der Regel wird man die vertraglichen Beziehungen zwischen Benannter Stelle und Hersteller als Werkvertrag qualifizieren können. Akkreditierungen Benannter Stellen für nichtaktive Medizinprodukte erfolgten durch die **Zentralstelle der Länder für Gesundheitsschutz bei Arzneimitteln und Medizinprodukten (ZLG)** bzw. bei aktiven Medizinprodukten bis zum 31.12.2009 (siehe unten) durch die **Zentralstellen der Länder für Sicherheitstechnik (ZLS)**. Diese Akkreditierungsstellen sind Körperschaften des öffentlichen Rechts. Streitigkeiten zwischen Benannter Stelle und Akkreditierungskörperschaft z.B. im Rahmen von Ablehnung der Akkreditierung, Rücknahme, Widerruf oder Auflagen gehören daher vor die Verwaltungsgerichte. Die Akkreditierung wird regelmäßig befristet. Ein Hersteller ist nicht verpflichtet, Benannte Stellen seines „Heimatlandes" zu beauftragen. Er kann jede für sein Medizinprodukt geeignete Benannte Stelle innerhalb der EU beauftragen. Deren Zertifikat/Entscheidung gilt innerhalb der gesamten EU. Zwischen Akkreditierungsstelle und Hersteller gibt es keine direkten Rechtsbeziehungen. Ist eine Akkreditierungsstelle mit einem Konformitätsverfahren einer Benannten Stelle und nachfolgender CE-Anbringung durch den Hersteller nicht einverstanden, hat sie mannigfaltige Möglichkeiten, z.B. über die Androhung gegenüber der Benannten Stelle, ggf. deren Akkreditierung (jetzt „Benennung") zu widerrufen, Druck auszuüben, das CE-Kennzeichen auszusetzen oder zurückzuziehen (§ 18 MPG). Ab dem 1.1.2010 wird es nur noch eine einheitliche Akkreditierungsstelle geben, die

---

75 Nachweise bei Nöthlichs, § 3 Anm. 2.11.6.

76 WiKo § 3 Anm. 19. Ihre Stellung ist mit der „zugelassenen Stelle" gemäß § 9 Abs. 1 Gerätesicherheitsgesetz vergleichbar, hierzu BGH, Urt. v. 9.2.1987 – III ZR 160/75, NJW 1978, 2548; OLG Hamm, Urt. v. 27.6.1992 – 11 U 51/90, NVwZ 1990, 1105.

Deutsche Akkreditierungsstelle GmbH (DAkkS).[77] Die Aufgaben der ZLS werden auf die ZLG überführt.

## XII. Früher: In-Haus-Herstellung, seit der 3.MPG-Novelle: Eigenherstellung (§ 3 Nr. 21 MPG)

Gemäß § 3 Nr. 21 MPG sind Medizinprodukte aus Eigenherstellung Produkte, die in einer Gesundheitseinrichtung hergestellt werden, um in der Betriebsstätte angewendet zu werden, ohne dass sie in Verkehr gebracht werden oder die Voraussetzungen nach § 3 Nr. 8 MPG erfüllen. Bezüglich der Inbetriebnahme gelten aber die erleichterten Regelungen für Sonderanfertigungen entsprechend, § 12 Abs. 1 S. 3 MPG. Die Regelungen zur Verantwortlichkeit, § 5 MPG, und zur Überwachung, § 14 MPG i.V.m. MPBetreibVO, gelten ebenfalls für diese Produkte. Für die Inbetriebnahme dieser Produkte müssen auch die für Sonderanfertigungen grundlegenden Anforderungen erfüllt sein. Beliefert ein Krankenhaus andere Krankenhäuser, Heime oder Arztpraxen, gelten nicht die Sondervorschriften für Produkte aus Eigenherstellung, sondern die Regeln für das Inverkehrbringen unter Einschluss der Produkthaftung wie für jeden anderen Hersteller auch.[78] Diese auf den ersten Blick logische Konsequenz führt in der Praxis zu unerwünschten Ergebnissen. Eine Krankenhausapotheke kann nach Abschluss entsprechender Kooperationsverträge problemlos andere Krankenhäuser mit den von ihr hergestellten Arzneimitten beliefern. Viele Medizinprodukte waren vor Inkrafttreten des MPG fiktive Arzneimittel i.S.d. AMG. Die Regelung in § 3 Nr. 21 i.V.m. § 12 MPG führt nun dazu, dass ihre Herstellung und Belieferung beispielsweise in einem Krankenhausverbund gegenüber Arzneimitteln erschwert wird, weil z.B. ein Konformitätsbewertungsverfahren durchgeführt werden muss. Setzt sich ein Krankenhausträger über diese unsinnige Ungleichbehandlung hinweg, bringt er ein Medizinprodukt unerlaubt in den Verkehr und setzt sich damit einem nicht geringen Risiko aus. Der Gesetzgeber sollte hier nachbessern. 31

## XIII. In-vitro-Diagnostika aus Eigenherstellung (§ 3 Nr. 22 MPG i.d.F. der 3. MPG-Novelle)

Darunter versteht man In-vitro-Diagnostika, die in Laboratorien von Gesundheitseinrichtungen hergestellt werden, um in diesen Laboratorien oder in Räumen in unmittelbarer Nähe zu diesen angewendet werden, ohne dass sie in Verkehr gebracht werden. Diese Ausnahmeregelung gilt nicht für In-vitro-Diagnostika, die in industriellem Maßstab hergestellt werden. Was unter „industriellem Maßstab" zu verstehen ist, kann nur durch Rückgriff auf die Entstehungsgeschichte der Norm festgestellt werden. Ursprünglich war nämlich vorgesehen, die Obergrenze bei 2500 Tests p.a. einzuziehen. Diese Zahl ist zwar nicht Gesetz geworden, kann aber zur Orientierung dienen. Letztlich wird es Aufgabe der Aufsichtsbehörden der Länder sein, im Rahmen ihrer Kontrollen die Grenzen zu bestimmen. Dieser Frei- 32

[77] AkkStellG v. 31.7. 2009, BGBl. I S. 2625 v. 6.8.2009.
[78] EuGH, Urt. v. 10.5.2001 – C-203/99, NJW 2001, 2781.

raum ohne konkrete Vorgaben sollte nach Auffassung von Nöthlichs[79] flexibel und einzelfallbezogen gehandhabt werden, da es auf die Ausgangslage einer bestimmten Produktanforderung ankomme.

33 Das Verbot, gefährliche Medizinprodukte in den Verkehr zu bringen, zu errichten, in Betrieb zu nehmen, zu betreiben oder anzuwenden, insbesondere wenn sie Patienten, Anwender oder Dritte gefährden, diesen Personenkreis irreführen, etwa wenn Medizinprodukte vorgegebene Leistungen nicht erbringen oder den Eindruck erwecken, ein Erfolg sei sicher oder ohne schädliche Wirkungen, geht auf Art. 2 der Richtlinien 93 / 42 und 90 / 385 EWG sowie die Grundlegenden Anforderungen in den Anhängen 1 dieser Richtlinien zurück. Es bleibt nach Art. 2 der Richtlinien den Mitgliedsstaaten überlassen, die erforderlichen Maßnahmen zu treffen, damit nur Produkte in Verkehr gebracht und in Betrieb genommen werden dürfen, die bei zweckentsprechender Anwendung Patienten, Anwender und Dritte nicht gefährden.

### XIV. Sponsor (§ 3 Nr. 23)

34 Dieser mit der 4. MPG-Novelle eingeführte Begriff ist dem AMG entlehnt ( § 4 Abs. 24 AMG). Der Begriff „Veranlassung“ geht auf den Begriff „Management“ in den EG-Richtlinien und meint daher nicht nur die Initiierung, sondern auch die gesamte Durchführung. Dies kommt jetzt im MPG deutlicher zum Ausdruck. Eine gesonderte Erwähnung findet der Sponsor jetzt in § 20 Abs. 1 Satz 4 MPG.

### XV. Prüfer ( § 3 Nr. 24)

35 Auch dieser Begriff ist dem AMG entlehnt ( § 4 Abs. 25 AMG). Der Begriff entspricht dem „Investigator“ in den ICH.Guidelines for Good Clinical Practice „A person responsible fort he conduct of clinical trial at a trial site“. Der Prüfer soll grundsätzlich Arzt sein, bei einschlägigen Produkten kann es auch ein Zahnarzt sein. Die Heilpraktikererlaubnis reicht regelmäßig nicht.

### XVI. Klinische Daten (§ 3 Nr. 25)

36 Die Arbeit mit und die Verarbeitung von klinischen Daten unterliegt besonders strengen Sicherheitsanforderungen Deshalb ist es wichtig, klinische Daten von sonstigen Daten abzugrenzen.

### XVI. Einführer ( § 3 Nr. 26)

37 Der Einführer ist in § 5 MPG erwähnt. Durch die Änderungen von § 5 und § 6 Abs. 2 MPG im Rahmen der 4.MPG-Novelle bot es sich, den Einführer zu definieren. Der Einführer unterliegt der Pflicht zur Mitwirkung im Rahmen der Marktüberwachung nach der MPSV. Außerdem ist der Einführer eine Auffanglösung, wenn das Medizinprodukt nicht unter der Verantwortung eines Bevollmächtigten in den EWR eingeführt wird.

---

[79] Nöthlichs, § 3 Ziff. 2.21.3 S. 35.

## C. Betreiben und Instandhalten

### I. Einführung zur Medizinproduktebetreiberverordnung

Der 1. Abschnitt der Medizinproduktebetreiberverordnung (MPBetreibV) [80]enthält die Allgemeinen Vorschriften für das Errichten, den Betrieb und die Anwendung von Medizinprodukten sowie die Regelung über den Anwendungsbereich. Rechtsgrundlage für die MPBetreibV war ursprünglich §§ 22 Abs. 2, 23 Abs. 2, 24 Abs. 2 und 36 Abs. 4 und 5 MPG. Durch das 2. Gesetz zur Änderung des Medizinproduktegesetzes hat sich zwar die Rechtsgrundlage, nicht aber der wesentliche Inhalt der Verordnung verändert. Rechtsgrundlage ist nunmehr § 37 Abs. 5 i.V.m. §§ 14 und 27 Abs. 8 i.V.m. § 33 MPG in der Neufassung. Die Verordnung schreibt dabei im Wesentlichen das fest, was bisher bereits in der (nunmehr aufgehobenen) Medizingeräteverordnung (MedGV) an bewährten Vorschriften für den Betrieb von Medizinprodukten enthalten war und adaptiert sie an das Medizinproduktegesetz. Dies ändert nichts daran, dass in der Praxis (vor allem in den Krankenhäusern, in denen die Mehrzahl der Medizinprodukte betrieben wird), nach wie vor das größte Gefährdungspotential für die Patienten aus der Anwendung nicht ordnungsgemäß eingesetzter und gewarteter Medizinprodukte durch häufig nicht ordentlich eingewiesenes Personal resultiert. Vor allem die MedGV aber auch die MPBetreibV haben dabei das Niveau des Gefahrenbewusstseins von Betreibern wie Anwendern bereits deutlich erhöht. Häufig fehlt aber noch das Verständnis dafür, dass die Vorschriften der MPBetreibV einen stetigen Prozess in Gang gesetzt haben, der alle in ihm Tätigen laufend fordert, den Vorschriften Rechnung zu tragen. Mit einer einmaligen Beachtung der Vorschriften ist es also nicht getan. **38**

### II. Personeller und sachlicher Anwendungsbereich

Die MPBetreibV richtet sich an Errichter, Betreiber, Anwender und Instandhalter von Medizinprodukten. Errichter ist derjenige, der das Medizinprodukt am Betriebsort aufstellt und für den Betrieb vorbereitet. Bei ihm kann es sich um Personal des Herstellers handeln, aber auch um solches des Betreibers.[81] Der Errichter wird dadurch aber weder zum Hersteller noch zum Betreiber. Als **Errichter** muss er über die hierfür erforderlichen Kenntnisse und Erfahrungen oder eine entsprechende Ausbildung verfügen. **Betreiber**[82] eines Medizinproduktes ist derjenige, der die tatsächliche Sachherrschaft über das Medizinprodukt ausübt. Betreiber ist etwa auch der Geräteverantwortliche, der die Aufgaben des Betreibers über Medizinprodukte in einem bestimmten Bereich wahrnimmt. **Anwender**[83] ist diejenige natürliche Person, die das Medizinprodukt tatsächlich anwendet (oder implantiert). Betreiber und Anwender können auch personenidentisch sein. Sowohl der Betreiber wie auch der Anwender müssen über eine entsprechende Ausbildung und die **39**

---

80 Siehe hierzu Lippert in: Deutsch, Lippert, Ratzel ,Tagl, §§ 1 bis 4 MPBetreibV.

81 Anders Nöthlichs/Weber, § 1 Anm. 1.1.1.

82 Nöthlichs/Weber, § 1 Anm. 1.1.1, § 2 Anm. 2.3.

83 Nöthlichs/Weber, § 2 Anm. 2.4.

für das Betreiben und Anwenden erforderlichen Kenntnisse und Erfahrungen verfügen. Sachlich bezieht sich die MPBetreibV auf Medizinprodukte im Sinne von § 3 Nr. 1 MPG samt Zubehör (§ 3 Nr. 9 MPG). Der Verordnung unterfallen ferner Medizinprodukte, die quasi Arzneimittel (§ 3 Nr. 2 MPG) und die quasi Blutprodukte sind (§ 3 Nr. 3 MPG), die In-vitro-Diagnostika und solche zur Eigenanwendung (§ 3 Nr. 4u. 5 MPG), Kalibriermaterial (§ 3 Nr. 7 MPG) sowie Sonderanfertigungen und In-Haus-Herstellungen (§ 3 Nr. 8 MPG). Ausgenommen vom Geltungsbereich sind lediglich Medizinprodukte, die zur klinischen Prüfung oder zur Leistungsbewertungsprüfung bestimmt sind sowie Medizinprodukte, die nicht gewerblich oder wirtschaftlich genutzt werden und an denen keine Arbeitnehmer beschäftigt werden. Die MPBetreibV findet Anwendung auf alle in Deutschland errichteten, betriebenen, angewendeten und instandgehaltenen Medizinprodukte. Dazu zählen auch Medizinprodukte, die in deutschen Luftfahrzeugen und unter deutscher Flagge fahrenden See- und Binnenschiffen[84] errichtet, betrieben, angewendet und instandgehalten werden. Auf wesentliche Änderungen eines Medizinproduktes findet die MPBetreibV keine Anwendung. Die wesentlichen Änderungen sind unter Berücksichtigung von §§ 4 und 14 MPG zu beurteilen.[85]

### III. Allgemeine Anforderungen

#### 1. Sachliche Anforderungen

**40** § 2 MPBetreibV umschreibt die Rahmenbedingungen innerhalb derer Medizinprodukte errichtet, betrieben, angewendet und instandgehalten werden dürfen. Errichter, Betreiber, Anwender und Instandhalter sind dabei einmal an die Zweckbestimmung des Herstellers gebunden, zum anderen an die Vorschriften der MPBetreibV (und wohl auch an die Vorschriften des MPG). § 2 Abs. 1 S. 1 MPBetreibV enthält nunmehr den früher in § 22 MPG a.F. enthaltenen (überflüssigen) Hinweis, dass die Arbeitsschutz- und Unfallverhütungsvorschriften einzuhalten seien. Sie sind geltendes Recht und daher einzuhalten. Einzuhalten sind auch alle anderen in Betracht kommenden geltenden Rechtsvorschriften, auch wenn auf sie in der Verordnung nicht ausdrücklich in Bezug genommen wird. Medizinprodukte werden häufig miteinander verbunden und zu einem neuen Medizinprodukt vereinigt. § 2 Abs. 3 MPBetreibV schreibt vor, dass dies nur geschehen darf, wenn die Einzelkomponenten unter Berücksichtigung ihrer Zweckbestimmung dazu geeignet sind und wenn die Sicherheit von Patienten, Anwendern, Beschäftigten oder Dritten gewährleistet ist.

#### 2. Persönliche Anforderungen

**41** § 2 MPBetreibV will sicherstellen, dass nur ausreichend befähigtes Personal beim Errichten, Betreiben, Anwenden und Instandhalten eingesetzt wird. Die für die jeweilige Fähigkeit zu fordernde Befähigung wird dabei differenziert gesehen werden müssen. Der Anwender wird eine andere Befähigung nachweisen müssen

---

[84] Nöthlichs/Weber, § 1 Anm. 2.2.
[85] Nöthlichs/Weber, § 1 Anm. 6.

als der Errichter oder der Betreiber oder der Instandhalter. Die Befähigung hängt auch wiederum von der Art des Medizinproduktes und von der von ihm bei zweckentsprechender Handhabung ausgehenden Gefährdung ab. § 2 Abs. 2 MPBetreibV schreibt keine bestimmten Kenntnisse und Fähigkeiten vor. Die für die genannten Tätigkeiten erforderliche Befähigung kann nach der Verordnung zum einen durch eine entsprechende Ausbildung erbracht werden (so es eine solche überhaupt gibt) oder durch entsprechende (anderweitig erworbene) Kenntnisse und Erfahrungen. Auf das Vorliegen derjenigen Kenntnisse und Fähigkeiten, die in einer geregelten Ausbildung erworben und durch eine Prüfung nachzuweisen waren, kann sich derjenige, der einen anderen mit einer entsprechenden Aufgabe beauftragt, gemeinhin verlassen, auch wenn stichprobenhafte Kontrollen angebracht sind. Für den Betreiber ist in § 2 Abs. 4 MPBetreibV die Verpflichtung, nur ausreichend befähigtes Personal mit dem Errichten und Anwenden von Medizinprodukten zu betrauen, nochmals ausdrücklich nominiert.

Errichter ist, wer das Medizinprodukt am Anwendungsort aufstellt, damit es in **42**
Betrieb genommen werden kann. Dieser muss nicht die Befähigung des Anwenders haben. Es genügt, wenn er imstande ist, das Medizinprodukt zu errichten.

Betreiber ist derjenige, der die Sachherrschaft über das Medizinprodukt ausübt. **43**
Wendet er das Medizinprodukt etwa als Arzt in der Praxis an, so kann er zugleich Anwender sein. Ansonsten benötigt er die Befähigung des Anwenders nicht. Er hat allerdings dafür zu sorgen, dass nur ausreichend befähigtes Personal Medizinprodukte anwendet.

Der Anwender muss zunächst die allgemeinen Anforderungen des § 2 Abs. 2 **44**
MPBetreibV erfüllen und zusätzlich der Pflicht zur Funktionsprüfung aus Abs. 5 nachkommen. Bei der Anwendung von aktiven Medizinprodukten tritt nach § 5 MPBetreibV noch die entsprechende (auch zu dokumentierende) Einweisung hinzu.

Der Pflicht zur Funktionsprüfung kommt in der Praxis große Bedeutung zu. Sie ist **45**
für den Anwender eigentlich die letzte Chance Funktionsmängel des Medizinproduktes vor seiner Anwendung festzustellen und es stilllegen zu können, ehe es zu einer Gefährdung des Patienten, Dritter oder des Anwenders selbst kommen kann.

In einigen Bereichen im Krankenhaus ist es üblich, dass speziell ausgebildetes **46**
Personal Medizinprodukte aufbereitet, weil dies zu seinen Aufgaben gehört. Dieses Assistenzpersonal wendet das Medizinprodukt aber nicht an, sondern bereitet es lediglich vor. Hier obliegt dem Anwender nach wie vor die Funktionsprüfung. Die Praxis handhabt dies aber wohl nicht immer so.

§ 2 Abs. 7 MPBetreibV enthält eine Sondervorschrift für die Errichtung, das **47**
Betreiben und die Anwendung von Medizinprodukten in explosionsgefährdeten Bereichen. Hier ist die einschlägige Vorschrift zu beachten.

### 3. Vollzug

48 Im Rahmen der Medizinprodukteüberwachung kann die Verwaltungsbehörde durch Anordnungen nach § 28 Abs. 2 MPG und ggf. mit den Mitteln des Verwaltungszwanges auf die Einhaltung und Beachtung der Verpflichtungen aus § 2 MPBetreibV dringen.

## IV. Meldung von Vorkommnissen

49 Die Meldungen von Risiken und Zwischenfällen richtet sich nach der Medizinprodukte-Sicherheitsplanverordnung (dazu unten).

## V. Instandhaltung

### 1. Persönliche Voraussetzungen

50 Die Verpflichtung, Medizinprodukte instandzuhalten, richtet sich ausschließlich an den Betreiber. Er darf damit nur sachkundige Personen, Betriebe und Einrichtungen betrauen. Diese müssen die sachlichen Voraussetzungen für eine ordnungsgemäße Instandhaltung erfüllen.

### 2. Instandhaltung von Medizinprodukten

51 Nicht zu Unrecht legt die Medizinproduktebetreiberverordnung besonderen Wert darauf, dass Medizinprodukte Instand gehalten werden. Denn die Praxis zeigt, dass nicht sachgemäß instandgehaltene Medizinprodukte sehr schnell zu einer Gefahr für Patienten und Anwender werden können. Die Verordnung subsumiert unter dem Begriff der Instandhaltung die Wartung einschließlich der Sterilisation, die Inspektion, die Instandsetzung sowie die Reinigung, Desinfektion und Sterilisation.

52 Der Begriff der **Instandhaltung** lässt sich folgendermaßen definieren. Er umfasst alle Maßnahmen, die vorsorglich zu treffen sind, um zu verhindern, dass ein Medizinprodukt unvorhergesehen versagt.[86] Diese Maßnahmen sind vor Eintritt des Verschleißes notwendig. Eigentlich müsste die **Inspektion** vor der Wartung rangieren, denn die Inspektion ist zeitlich gesehen die erste Instandhaltungsmaßnahme. Geprüft wird, ob das Medizinprodukt sich noch in einem fortdauernd sicheren Zustand befindet oder ob äußerlich erkennbare Mängel bestehen.[87] Die Pflicht zur Inspektion wird nicht schon dadurch erfüllt, dass sich der Anwender von dem ordnungsgemäßen Zustand des Medizinproduktes (Funktionsprüfung) überzeugt. Die **Wartung** geht über die Inspektion hinaus. Sie umfasst Maßnahmen, die erforderlich sind, um Verschleiß- und Alterungserscheinungen zu verhindern, also die ursprüngliche Betriebsfähigkeit des Medizinproduktes zu erhalten.[88] Die Instandsetzung schließlich soll dazu dienen, den Verschleiß oder die Beschädigung von Me-

---

86 Nöthlichs/Weber, § 4 Anm. 2.1.
87 Nöthlichs/Weber, § 4 Anm. 2.1.
88 Nöthlichs/Weber, § 4 Anm. 2.1.

dizinprodukten durch handwerkliche Arbeit zu beseitigen und Medizinprodukte in ihren früheren, betriebsbereiten Zustand zurück zu versetzen.

Eine gesteigerte Pflicht zur Instandhaltung besteht für Medizinprodukte im Sinne der Anlage 1. Diese Medizinprodukte unterliegen zusätzlich einer besonderen sicherheitstechnischen Kontrolle nach § 6.[89] § 11 sieht überdies messtechnische Kontrollen für Medizinprodukte mit Messfunktionen vor. Art, Umfang und zeitliche Intervalle der Instandhaltungsmaßnahmen schreibt der Verordnungsgeber nicht vor. Diese richten sich nach dem Stand der Technik und den Vorgaben des Herstellers. Hat der Hersteller allerdings keine Kontrollintervalle angegeben, sind diese spätestens alle zwei Jahre durchzuführen (§ 6 Abs. 1 S. 3 MPBetreibV). 53

Ebenfalls vom Begriff der Instandhaltung umfasst werden die Reinigung, Desinfektion und Sterilisation von Medizinprodukten (§ 4 Abs. 2 MPBetreibV). Abs. 2 geht dabei auf die Anhänge 1 der Richtlinien 93/42 (Nr. 13.6) und 90/385 (Nr. 14.1) zurück. Reinigung, Desinfektion und Sterilisation sind nach den Angaben des Herstellers in einem validierten Verfahren durchzuführen, so dass der Erfolg dieser Verfahren nachvollziehbar gewährleistet ist. Das Verfahren ist so auszulegen, dass es weder die Gesundheit noch die Sicherheit von Patienten, Anwendern oder Dritten gefährdet. Warum der Verordnungsgeber nur bei den Maßnahmen nach § 4 Abs. 2 MPBetreibV vorschreibt, dass die Verfahren die Gesundheit und Sicherheit von Patienten, Anwendern und Dritten nicht gefährden dürfen, ist nicht so recht einzusehen, denn auch die Instandhaltungsmaßnahmen dürfen dies nicht. Letztlich kann die Frage aber dahingestellt bleiben, denn die erfolgreiche Durchführung aller Instandhaltungsmaßnahmen muss zum Ziel haben, dass der Betrieb jeden Medizinprodukts weder den Patienten noch den Anwender oder gar Dritte gefährdet. Dieser allgemeine Vorbehalt gilt immer und ist daher von Hersteller, Betreiber und Anwender in jedem Fall zu beachten. 54

### 3. Der mit der Instandhaltung Beauftragte

Wen der Betreiber mit der Instandhaltung seiner Medizinprodukte betraut, obliegt seiner freien Entscheidung. Er kann sie selbst mit eigenem Personal durchführen, er kann damit den Hersteller oder eine Einrichtung beauftragen, die sich auf derlei Maßnahmen spezialisiert hat. Wichtig ist dabei lediglich, dass das Ergebnis der Maßnahmen ein Medizinprodukt ist, das weder den Patienten noch den Anwender noch Dritte schädigt oder gefährdet. Die beauftragten Personen, Betriebe oder Einrichtungen müssen die erforderliche Sachkenntnis haben und die Voraussetzungen für die ordnungsgemäße Erfüllung der Aufgabe gewährleisten sowie über die erforderlichen Mittel verfügen. Übernimmt der Betreiber selbst die Instandhaltung, so muss er die Anforderungen von § 4 Abs. 3 MPBetreibV erfüllen. 55

---

[89] Nöthlichs/Weber, § 4 Anm. 2.1.

56 Der mit der Instandhaltung Beauftragte muss entweder aufgrund praktischer Erfahrungen oder durch eine einschlägige Ausbildung die erforderlichen Sachkenntnisse zur Erfüllung dieser Aufgaben haben. Die Sachkenntnisse sind medizinproduktebezogen und hier auf die Art der Instandhaltungsmaßnahme hin zu prüfen und nachzuweisen. Eine Weisungsfreiheit der mit der Instandhaltung Beauftragten braucht, abgesehen von den in Absatz 4 genannten Fallgestaltungen, nicht gegeben zu sein. Obgleich eigentlich selbstverständlich, regelt § 4 Abs. 3 Nr. 2 MPBetreibV, dass dem mit der Instandhaltung Beauftragten die erforderlichen Sachmittel zur Verfügung gestellt werden müssen.

### 4. Reinigung, Desinfektion, Sterilisation

57 Während die Sterilisation eines Medizinproduktes unter die Definition der Instandhaltung nach § 4 Abs. 1 S. 1 MPBetreibV subsumiert wird, erweitert § 4 Abs. 2 MPBetreibV ersichtlich den Begriff auch noch um die Reinigung und Desinfektion. Die Vorschrift geht zurück auf die Anhänge 1 der Richtlinien 90/385 – EWG (Nr. 14.1) und 93/42 – EWG (Nr. 13.6 lit. h), wobei die Sterilisierung im Vordergrund steht. Reinigung, Desinfektion und Sterilisation sind nach Angaben des Herstellers – in validierten also nachvollziehbaren – Verfahren durchzuführen.

58 Die **Resterilisation** von Einmalartikeln im Krankenhaus durch dieses oder durch einen Lohnsterilisierer außerhalb ist möglich. Festzuhalten bleibt allerdings, dass der Hersteller die Verantwortung nur für das erste Inverkehrbringen (und Verwenden) übernehmen will.[90] Die Verantwortung für das erneut steril gemachte Medizinprodukt übernimmt derjenige, der es nach dem Verfahren erneut einsetzt und anwendet, ggf. gemeinsam mit demjenigen, der die Resterilisierung durchgeführt hat, als Gesamtschuldner (siehe oben B VIII und B IX.).

### 5. Eintragung im Medizinproduktebuch

59 § 7 Abs. 2 Nr. 4 MPBetreibV sieht vor, dass Maßnahmen der Instandhaltung im Medizinproduktebuch mit den dort aufgeführten Aufgaben zu dokumentieren sind.

### 6. Vollzug

60 Die Instandhaltung von Medizinprodukten unterliegt der Überwachung nach § 26 Abs. 1 MPG. Stellt die Behörde Mängel fest, so hat sie durch geeignete personelle und sachliche Änderungen auf Abhilfe zu dringen. Dulden Instandhaltungsmaßnahmen keinen Aufschub, so kann die Behörde auch die sofortige Stilllegung des Medizinproduktes anordnen (§ 28 Abs. 2 MPG).

---

90 Wie hier Nöthlichs/Weber, § 4 Anm. 5.2.

### 7. Sanktionen

Ordnungswidrig handelt, wer Personen, Betriebe oder Einrichtungen mit der Instandhaltung von Medizinprodukten beauftragt, die nicht die Sachkenntnis, die Voraussetzungen und die erforderlichen Mittel zur Ausführung der Instandhaltung besitzen (§ 13 Nr. 2 MPBetreibV). 61

Ordnungswidrig handelt, wer die Reinigung, Desinfektion oder Sterilisation von Medizinprodukten nicht oder nicht nach den Angaben des Herstellers mit geeigneten validierten Verfahren durchführt (§ 13 Nr. 3 MPBetreibV). 62

## VI. Kontrolluntersuchungen und Vergleichsmessungen in medizinischen Laboratorien

§ 4a MPBetreibV ist 2002 in die Verordnung eingeführt und ist Folge der Einbeziehung auch von In-vitro-Diagnostika in das Medizinproduktegesetz. § 4a MPBetreibV verpflichtet denjenigen, der quantitative labormedizinische Untersuchungen durchführt zur Teilnahme an Qualitätssicherungsmaßnahmen. Dies geschieht einmal durch Kontrolluntersuchungen als Maßnahme interner Qualitätssicherung und durch Teilnahme an Ringversuchen (externe Qualitätssicherung), und zwar jedes Quartal. Anzuwenden sind die Richtlinien der Bundesärztekammer zur Qualitätssicherung in medizinischen Laboratorien. 63

Eine Ordnungswidrigkeit begeht, wer bei qualitativ labormedizinischen Untersuchungen keine internen und externen Kontrolluntersuchungen durchführt oder die Ergebnisse nicht überwacht (§ 13 Nr. 3a MPBetreibV). Eine Ordnungswidrigkeit begeht auch, wer die Unterlagen über die Kontrolluntersuchungen oder die Bescheinigungen über die Teilnahme an Ringversuchen überhaupt nicht, nicht mindestens fünf Jahre aufbewahrt oder nicht rechtzeitig vorlegt (§ 13 Nr. 3b MPBetreibV). 64

## VII. Aktive Medizinprodukte

### 1. Definition

Eine Definition für aktive Medizinprodukte ist nach dem 2. MPG-ÄndG nicht mehr im Gesetz enthalten. Zusammengefasst handelt es sich um Medizinprodukte, deren Funktion durch eine Energiequelle, i.d.R. Strom, unterstützt oder ermöglicht wird. Verwiesen wird auf die in der Anlage 1 genannten Medizinprodukte. Dies sind ausschließlich aktive nicht implantierbare Medizinprodukte. 65

### 2. Funktionsprüfung vor Inbetriebnahme

Es handelt sich um die Funktionsprüfung durch den Hersteller bzw. eine von ihm beauftragte Person im Rahmen der Übergabe, also nicht um die ggf. tägliche Überprüfung durch das dafür verantwortliche ärztliche und nichtärztliche Personal beim Betreiber. 66

### 3. Vom Betreiber beauftragte Person für Geräteeinweisung

67 Die vom Betreiber zu beauftragende Person muss, wie auch der Anwender, die Qualifikation nach § 2 Abs. 2 MPBetreibV erfüllen. Sie hat ihrerseits wiederum die Anwender einzuweisen. Bei der Einweisung ist festzustellen, ob die Anwender die Voraussetzungen nach § 2 Abs. 2 MPBetreibV erfüllen. Dies setzt je nach Gerät und den damit zusammenhängenden Fachkenntnissen voraus, dass sich die einweisende Person nicht nur auf die Gebrauchsinformation beschränkt,[91] sondern auch die intellektuelle Aufnahme der vermittelten Information zu überprüfen hat.

### 4. Dokumentation der Funktionsprüfung und Einweisung

68 Die Funktionsprüfung und die Einweisung sowie der Name der vom Betreiber beauftragten Person sind im Medizinproduktebuch zu dokumentieren. Dies gilt auch für die Namen der Eingewiesenen sowie den Zeitpunkt der Einweisung (§ 7 Abs. 2 Nr. 2 und 3 MPBetreibV).

### 5. Sicherheitstechnische Kontrollen

69 Die Kontrollpflicht erstreckt sich auf alle aktiven Medizinprodukte, nicht nur die in der Anlage 1 genannten, soweit der Hersteller derartige Kontrollen vorgeschrieben hat. Für die in der Anlage 1 aufgeführten aktiven Medizinprodukte gilt die Kontrollpflicht auch dann, wenn sie der Hersteller nicht vorgeschrieben hat. Für die Fristen sind zunächst die Herstellerangaben maßgeblich. Fehlen sie, gelten Erfahrungswerte. Hat der Betreiber keine eigenen Erfahrungswerte, muss er sich kundig machen. § 6 Abs. 1 S. 3 MPBetreibV sieht als Obergrenze zwei Jahre vor. Sowohl die Herstellerfristen als auch die Regelhöchstfrist kann von der zuständigen Überwachungsbehörde verlängert werden, wenn dadurch keine Risikoerhöhung zu erwarten ist. Für die in Anlage 2 aufgeführten Medizinprodukte gelten gesonderte Kontrolltermine. Nicht jeder festgestellte Mangel führt zu einer Stilllegung oder Meldepflicht. Meldepflichtig sind vielmehr nur die Vorkommnisse nach § 3 MPBetreibV i.V.m. der Medizinprodukte-Sicherheitsplanverordnung.

## VIII. Medizinproduktebuch und Bestandsverzeichnis

70 § 7 MPBetreibV enthält detaillierte Vorschriften über den Inhalt des Medizinproduktebuchs sowie die aufzeichnungspflichtigen Angaben. Das Medizinproduktebuch kann digitalisiert geführt werden, sofern die Verfügbarkeit der Daten gesichert ist. Es handelt sich um eine öffentlich-rechtliche Konkretisierung der ohnehin bestehenden zivilrechtlichen Dokumentationspflichten. Nach der Außerbetriebnahme eines Medizinproduktes ist das Medizinproduktebuch noch fünf Jahre aufzubewahren (§ 9 Abs. 2 S. 2 MPBetreibV). Weiter gehende Aufbewahrungsfristen z.B. für die ärztliche Dokumentation bleiben unberührt. Die jederzeitige Zugänglichkeit des Medizinproduktebuchs ist wichtig, damit sich die Verantwortlichen bei einem Zwischenfall sofort ein Bild machen können. Für die Aufma-

---

[91] OLG Hamm – 3 U 11/99, VersR 2001, 464; zum Umfang der Instruktionspflicht eines Herstellers nach § 3 Abs. 3 GerätesicherheitsG.

chung eines Medizinproduktebuchs gibt es, soweit die Pflichtangaben eingetragen werden können, keine bestimmte Vorgabe. Verbände[92] und andere private Anbieter halten Muster vorrätig.

### IX. Patienteninformation

§ 10 MPBetreibV enthält Vorschriften zur Patienteninformation bei aktiven implantierbaren Medizinprodukten. Sie gehen insoweit über die Vorschriften der ärztlichen Dokumentation hinaus, als die für die Implantation verantwortliche Person verpflichtet wird, dem Patienten nach Abschluss der Implantation eine schriftliche Information über die in § 10 genannten Punkte auszuhändigen. Die Vorschrift konkretisiert mithin Inhalt und Form der sog. Sicherungsaufklärung.[93] 71

## D. Gefahrenprävention

Gemäß § 4 Abs. 1 MPG ist es verboten, Medizinprodukte in den Verkehr zu bringen, zu errichten, in Betrieb zu nehmen, zu betreiben oder anzuwenden, wenn der begründete Verdacht besteht, dass sie die Sicherheit und Gesundheit der Patienten, der Anwender oder Dritter bei sachgemäßer Anwendung, Instandhaltung und ihrer Zweckbestimmung entsprechender Verwendung über ein nach den Erkenntnissen der medizinischen Wissenschaft vertretbares Maß hinausgehend unmittelbar oder mittelbar gefährden, oder das Datum abgelaufen ist, bis zu dem eine gefahrlose Anwendung nachweislich möglich ist. Die Gefahr muss nicht konkret bestehen, es genügt der begründete Verdacht. Für den begründeten Verdacht sind konkrete Anhaltspunkte notwendig, bloße Vermutungen reichen nicht aus. Ist das Medizinprodukt mit einem CE-Kennzeichen versehen, gehen die Prüfbehörden in der Regel davon aus, dass keine konkrete Gefährdung besteht. Hier sind allenfalls Stichproben veranlasst, es sei denn, es liegen entsprechende Zwischenfallmeldungen vor. 72

Der Adressatenkreis der Norm scheint klar. Dennoch wird in der Literatur[94] die Auffassung vertreten, Adressat sei nur der Besitzer eines Medizinprodukts, der dieses Medizinprodukt zu gewerblichen oder wirtschaftlichen Zwecken verwendet oder der im Gefahrenbereich eines Medizinprodukts Arbeitnehmer beschäftigt. Diese Einschränkung hätte zur Folge, dass z.B. ein angestellter Krankenhausarzt nicht Adressat der Norm wäre, so dass sich ein betroffener Patient nur an den 73

[92] Beispielsweise Muster des ZVEI – Zentralverband Elektrotechnik- und Elektronikindustrie e.V.

[93] Siehe aber OLG München, Urt.v. 23.10.2008, 1 U 2046/08, GesR 2009, 444ff., vor der Implantation eines Neurostimulators zur Behebung einer Stuhlinkontinenz keine Risikoaufklärung des Arztes, dass die Funktion der Apparatur durch starke Magnetfelder anderer Geräte beeinträchtigt werden könnte, da dies in der Praxis bisher nicht aufgetreten war; keine Verpflichtung zur Aushändigung einer Bedienungsanleitung vor der Implantation.

[94] Nöthlichs, Weber, § 4 Anm. 2.

rechtlichen Betreiber des Medizinprodukts, in diesem Falle z.B. das Krankenhaus wenden könnte. Nach wohl zutreffender Ansicht[95] dürfte eine derartige Reduktion des Adressatenkreises unzutreffend sein.

**74** § 4 Abs. 1 Nr. 2 MPG a.F. stellte auf das vom Hersteller angegebene Verfallsdatum ab. Ist es abgelaufen, greift die Norm, unabhängig davon, ob von dem Produkt tatsächlich eine Gefahr ausgeht. Hat der Hersteller kein Verfallsdatum angegeben, handelt es sich nicht um einen Fall von § 4 Abs. 1 Nr. 2 MPG, sondern um einen Fall von § 4 Abs. 2 MPG, weil der Hersteller damit den Eindruck erweckt, das Medizinprodukt sei für einen beliebig langen Zeitraum gefahrlos zu benutzen. Ein Medizinprodukt ohne Angabe eines Verfalldatums dürfte darüber hinaus im Grunde genommen kein CE-Kennzeichen bekommen. Weil der Begriff des Verfalldatums durch den Hersteller zum Teil zu eng ausgelegt wurde, wird er jetzt in der Norm gestrichen.

**75** § 4 Abs. 2 MPG enthält keine abschließende Regelung. Ziel der Vorschrift ist es, denjenigen, der Medizinprodukte verwendet, insbesondere auch den Verbraucher, der Medizinprodukte selbst erwirbt und in eigener Verantwortung anwendet, vor Täuschungen zu bewahren, die sich aus marktschreierischer Werbung, überzogenen Angaben und hochgeschraubten Erwartungen ergeben können.

**76** § 4 MPG ist Schutzgesetz im Sinne von § 823 Abs. 2 BGB.

## E. Konformitätsbewertung

**77** Gem. § 6 Abs. 1 S. 1 MPG ist die **CE-Kennzeichnung** Voraussetzung für das Inverkehrbringen und die Inbetriebnahme von Medizinprodukten. Werden bereits im Verkehr befindliche oder in Betrieb genommene CE-zertifizierte Medizinprodukte neu aufbereitet oder wesentlich verändert, dürfen sie nicht ohne neuerliche CE-Kennzeichnung nach erneutem Konformitätsbewertungsverfahren in Verkehr gebracht bzw. in Betrieb genommen werden (siehe hierzu auch § 3 Nr. 11 MPG). Keine erneute Durchführung eines Konformitätsbewertungsverfahrens ist erforderlich, wenn ein bereits CE-zertifiziertes Medizinprodukt im Sinne von § 3 Nr. 14 MPG aufbereitet wird, ohne dass eine Abgabe an andere erfolgt.

**78** Das für ein Medizinprodukt notwendige Konformitätsbewertungsverfahren ergibt sich aus der **Medizinprodukteverordnung (MPV)**. Neben den dort genannten Fällen (§ 4 MPV, aktive implantierbare Produkte; § 5 MPV, Konformitätsbewertungsverfahren für In-vitro-Diagnostika; § 5a MPV, Konformitätsbewertungsverfahren für unter Verwendung von tierischem Gewebe hergestellte Medizinprodukte) bestimmt sich das richtige Verfahren gem. § 6 MPV nach der Klasse, in die ein Medizinprodukt einzuordnen ist. Die Klassifizierung ist in § 13 MPG erwähnt, bislang aber nicht im Detail ausgeführt. Die **Klassifizierungsregeln** ergeben sich

---

[95] Rehmann, Wagner, § 4 Rn 20.

aus Art. 9 der Richtlinie 90/385 und 93/42 EWG i.V.m. Anhang IX der Richtlinie 93/42. Es gibt folgende Klassen: I, II a, II b und III. Künftig soll dies durch den neuen § 13 Abs. 4 MPG transparenter werden. Danach werden alle Entscheidungen über die Klassifizierung von Medizinprodukten und zur Abgrenzung von Medizinprodukten zu anderen Produkten an das DIMDI übermittelt und dort in einer Datenbank gesammelt. Die Zugangsberechtigung zu den DIMDI-Datenbanken richtet sich nach § 5 DIMDIV.

Der Klasse I unterliegen Produkte mit geringem Risikopotential. Folglich erfordern diese Produkte auch nur die geringste Kontrolle (z.B. Tupfer, Fixierbinden, OP-Bekleidung, Krankenpflegeartikel, orthopädische Hilfsmittel). Die Mehrzahl aller Medizinprodukte sind Produkte der Klasse I. Bei Produkten dieser Klasse bringt der Hersteller das CE-Zeichen i.d.R. selbst an. **79**

Klasse II a gilt für Produkte mit mittlerem Risikopotential (z.B. die Mehrzahl der Katheter und invasiven Produkte). Produkte mit erhöhtem Risikopotential unterfallen der Klasse II b (z.B. chirurgisch-invasive Einmalprodukte, Implantate (Brustimplantate aber Klasse III), Blutbeutel und Produkte zur Empfängnisverhütung). **80**

Die Klasse III ist für Produkte mit besonders hohem Risikopotential vorgesehen. Diese Produkte erfordern die umfangreichste Kontrolle (Wundschnellverbände, Herzklappen, Implantate aus resorbierbaren Materialien etc.). Gelenkersatz für Hüfte, Knie und Schulter fällt nach der Änderung von § 9 der MPV[96] ebenfalls unter Klasse III (Übergangsbestimmung in § 11 MPV). Wurde ein Medizinprodukt nicht richtig klassifiziert, also z.B. einer zu niedrigen Risikoklasse zugeordnet, liegt kein ordnungsgemäßes Konformitätsbewertungsverfahren vor. Die CE-Kennzeichnung wurde zu Unrecht angebracht. Das Inverkehrbringen des Medizinprodukts kann untersagt werden. **81**

Ob neben dem CE-Zeichen andere Zeichen angebracht werden dürfen, ist umstritten. Das GS-Zeichen für „geprüfte Sicherheit" darf jedenfalls nicht neben dem CE-Zeichen angebracht werden. Das OLG Frankfurt[97] hielt es allerdings für zulässig, wenn in einem Werbeblatt für ein Medizinprodukt bei der Nennung des Produkts neben der CE-Kennzeichnung Hinweise auf DIN-Normen und Zertifikate enthalten sind, die ein Medizinprodukt erfüllen und erlangen muss, um die CE-Kennzeichnung zu führen. Die Benannte Stelle, kann die von ihr erteilte Bescheinigung einschränken, aussetzen oder zurückziehen, es sei denn, dass der Verantwortliche durch geeignete Abhilfemaßnahmen die Übereinstimmung mit den Voraussetzungen, die im Konformitätsbewertungsverfahren nachzuweisen sind, gewährleistet (§ 18 MPG). **82**

---

96 BGBl I 2007, 155.

97 OLG Frankfurt, Urt. v. 17.8.2000 – 6 U 98/99, EWiR 2000, 1171.

## F. Klinische Bewertung und klinische Prüfung Leistungsbewertung

83 Die Einzelheiten der klinischen Bewertung und der klinischen Prüfung sind in § 19ff. MPG geregelt[98]. Die klinische Bewertung umfasst nicht nur den vorgesehenen Verwendungszweck. Sie schließt auch die Beurteilung von Nebenwirkungen ein.

84 Die 4. Novelle zum MPG hat das System der klinischen Bewertung von Medizinprodukten nicht von Grund auf neu gestaltet, aber das bisherige System im Sinne eines vernünftigen Patientenschutzes auch in dieser Phase der Herstellung von Medizinprodukten deutlich konturiert. Klinische Bewertung ist dabei der Oberbegriff, dem sich die Klinische Prüfung von Medizinprodukten unterordnet. Für In- vitro-Diagnostika heißt das entsprechende Verfahren wegen deren Besonderheiten gegenüber den sonstigen Medizinprodukten Leistungsbewertung. Für jedes Medizinprodukt ist eine klinische Bewertung durchzuführen. Für alle Medizinprodukte der Klasse III und für implantierbare Medizinprodukte sind grundsätzlich klinische Prüfungen durchzuführen.

### 1. Klinische Bewertung (§ 19)

85 Die klinische Bewertung hat auf Grund klinischer Daten (§ 3 Abs.25) umfassend zu erfolgen: Sie schließt die Beurteilung von unerwünschten Wirkungen sowie die Annehmbarkeit des Nutzen-Risiko-Verhältnisses ein. Damit werden an die klinische Bewertung erhöhte Anforderungen als bisher gestellt. Zusätzlich hat die klinische Bewertung gemäß einem definierten und methodisch einwandfreien Verfahren zu erfolgen. Soweit einschlägige harmonisierte Normen gegeben sind, sind diese zu berücksichtigen.

### 2. Klinische Prüfung (§§ 20ff.)

86 Das Verfahren der klinischen Prüfung mit Medizinprodukten ist durch die letzte Novellierung des MPG gründlich umgestaltet worden. Es entspricht - von medizinproduktspezifischen Besonderheiten abgesehen - nunmehr weitgehend dem Verfahren der Klinischen Prüfung mit Arzneimitteln. Hier wie dort hat der Gesetzgeber ein zweigleisiges Verfahren etabliert, das ablaufen muss, ehe mit der Prüfung begonnen werden kann. Zum einen bedarf die Durchführung der klinischen Prüfung der Genehmigung durch die Bundesoberbehörde, zum anderen der zustimmenden Bewertung durch eine nach Landesrecht gebildete Ethikkommission – also eine bei einer Universität oder Landesärztekammer eingerichteten Ethikkommission. Erst wenn beides vorliegt (oder fingiert vorliegt bei der Genehmigung) darf mit der Prüfung begonnen werden. Der Prüfer, der die klinische Prü-

---

[98] Vgl. hierzu im einzelnen Deutsch in: Deutsch, Lippert, Ratzel, MPG 2. Aufl. §§ 19 ff. m.w.Nachweisen. Die anderen vorhandenen Kommentierungen sind nicht mehr zu gebrauchen, weil sie sich auf den alten Rechtsstand beziehen. Wer es mag, kann auch auf die Kommentierung von Deutsch in diesem Werk zu §§ 40 ff und von Lippert zur GCP-V zurückgreifen. Auch der Deutsch, Spickhoff , Medizinrecht in der neuesten Auflage leistet gute Dienste.

fung durchführt, muss ausreichend qualifiziert sein. Die Diskussion darüber, wie viel Qualifikation denn sein muss, dürfte – aus dem AMG hinlänglich bekannt- nun auch ins MPG überschwappen.

Sowohl die Genehmigung als auch die zustimmende Bewertung durch die Ethikkommission kann nur aus den im Gesetz ausdrücklich genannten Gründen versagt werden. Auch für die Rücknahme, den Widerruf oder das Ruhen der Genehmigung oder der zustimmenden Bewertung ist nur aus abschließend im Gesetz aufgezählten Gründen möglich. Vor allem für die Ethikkommissionen bleiben nach der gesetzlichen Regelung wenig Möglichkeiten altbekannte (und von den Sponsoren gefürchtete – überwiegend formale) Steckenpferde bei der Bewertung zu reiten. Dies gilt auch für die Vorschriften für die einzureichenden Unterlagen und das Verfahren bei der Bundesoberbehörde und der Ethikkommission, das – analog zum AMG mit der GCP- Verordnung in einer entsprechenden Verordnung geregelt werden soll. Sie ist derzeit noch nicht erlassen. Mit ihr ist aber zu rechnen. Das Verfahren vor der Ethikkommission ist binnen 60 Tagen abzuschließen. **87**

Die Probandenversicherung soll hier wie beim AMG dem Teilnehmer an der Prüfung einen gewissen finanziellen Ausgleich bieten, wenn er im Rahmen der Prüfung einen Schaden erleidet. Die leidige Diskussion über die AVB- Probandenversicherung und den Umfang der Versicherung wird seit Jahren auch bei derjenigen für Medizinprodukte geführt, wenngleich weniger ausgeprägt. **88**

### 3. Leistungsbewertungsprüfung (§ 24)

Der Hersteller hat in diesem Verfahren die Zuverlässigkeit und die Eignung seines In-vitro-Diagnostikums zu belegen. Dies erfolgt durch geeignete Daten, die der Leistungsbewertung zu Grunde gelegt werden. Es kann durch eine Zusammenstellung der wissenschaftlichen Literatur, die auf das Medizinprodukt und die zum Einsatz kommenden Techniken bezogen ist erbracht werden. Es ist auch ein schriftlicher Bericht mit einer kritischen Würdigung dieser Zusammenstellung möglich. Im Gegensatz zur klinischen Prüfung ist das Verfahren der Leistungsbewertung weniger formal. **89**

Unter bestimmten, in § 24 genannten riskanten Vorgehensweisen finden auch auf das Verfahren der Leistungsbewertung die formalen Vorschriften über die klinische Prüfung Anwendung, wenn z. B. für die Prüfung eine invasive Probenentnahme stattfinden soll. **90**

## G. Haftung

### I. Problemaufriss

91 Die Haftung in Zusammenhang mit Medizinprodukten kann sehr unterschiedliche Fallvarianten betreffen. Typischerweise wird man zunächst an Direktansprüche eines geschädigten Patienten gegenüber dem Hersteller oder Anwender denken. Möglich sind aber auch Ansprüche des Herstellers gegenüber der Benannten Stelle, wenn dieser Fehler im Zertifizierungsverfahren unterlaufen sind. Insbesondere zwischen Hersteller und Anwender kann Streit über die (Haupt-) Verantwortlichkeit für unerwünschte Verläufe entstehen. Auf der anderen Seite gibt es im Krankenhaus, aber nicht nur dort, Fallkonstellationen, in denen der Hersteller zugleich Anwender ist.[99] Wiederum andere Rollen können im Rahmen der sog. „Eigenherstellung" gemäß § 3 Nr. 21 i.V.m. 12 MPG oder zwischen Herstellern unterschiedlicher Komponenten bei Systemen (siehe § 10) auftreten.

### II. Grundtypen der Produkthaftung

92 Grundtypen der Produkthaftung beziehen sich auf Konstruktionsfehler, Fabrikationsfehler, Instruktionsfehler[100] und die Produktbeobachtungspflicht. In diesem Zusammenhang gewinnt insbesondere die Medizinprodukte-Sicherheitsplanverordnung[101] vom 24.6.2002 an Bedeutung. Die in § 3 dieser Verordnung statuierten Meldepflichten sind eine praktische Konkretisierung der Produktbeobachtungspflicht.

### III. Produzentenhaftung

93 Neben der Produkthaftung ist die Produzentenhaftung nach § 823 BGB zu beachten.[102] Für die Produzentenhaftung gelten die unter Nr. 2 dargestellten Fehlergruppen der Produkthaftung gleichermaßen. Sie spielt außerdem im Bereich des Regresses eine Rolle. Wird ein Leistungserbringer im Gesundheitswesen von einem Patienten erfolgreich wegen eines Schadens durch ein Medizinprodukt in Anspruch genommen, kann dieser Leistungserbringer den Produzenten seinerseits in Regress nehmen, wenn der Schaden auf einem Fehler des Produkts beruht und die sonstigen Voraussetzungen der Produkthaftung gegeben sind.

### IV. Haftungsvoraussetzungen

94 Die Produkthaftung des Herstellers nach dem Produkthaftungsgesetz bezieht sich auf den Fehler des Medizinprodukts. Durch ihn muss eine Person getötet, ihr Körper oder ihre Gesundheit verletzt oder eine Sache beschädigt worden sein. Ein

---

[99] EuGH – C-203/99, NJW 2001, 2781.

[100] OLG Hamm – 3 U 11/99, VersR 2001, 464; Gaßner/Reich-Malter, MedR 2006, 147 ff.

[101] BGBl I 2002, 2131 ff.

[102] OLG Düsseldorf – 4 U 154/77, NJW 1978, 1693; OLG Hamburg – 6 U 55/81, VersR 1984, 793; OLG Hamm – 3 U 11/99, VersR 2001, 464; siehe auch Deutsch/Lippert/Ratzel/Tag, Anhang zu § 40, Rn 18.

Medizinprodukt ist fehlerhaft, wenn es nicht die Sicherheit bietet, die unter Berücksichtigung aller Umstände – und des Zeitpunktes, zu dem es in den Verkehr gebracht wurde – berechtigterweise erwartet werden kann.[103] Die Verletzung muss durch den Fehler verursacht worden sein; das bloße „nicht funktionieren" reicht nicht aus. Die Ersatzpflicht des Herstellers entfällt, wenn der Fehler noch nicht zum Zeitpunkt des Inverkehrbringens bestand,[104] wenn das Medizinprodukt nicht für den Verkauf oder eine andere Form des Vertriebs, sondern zu einem wissenschaftlichen Zweck hergestellt wurde, oder wenn der Fehler darauf beruht, dass das Medizinprodukt zwingenden Rechtsvorschriften entsprochen hat. Im MPG wird die Produkthaftung um einen Gefährdungstatbestand ergänzt. Gemäß § 4 Abs. 1 MPG ist es verboten, Medizinprodukte in den Verkehr zu bringen, zu errichten, in Betrieb zu nehmen, zu betreiben oder anzuwenden, wenn der begründete Verdacht besteht, dass sie die Sicherheit und die Gesundheit der Patienten, der Anwender oder Dritter bei sachgemäßer Anwendung, Instandhaltung und ihrer Zweckentsprechung entsprechender Verwendung über ein nach den Erkenntnissen der medizinischen Wissenschaften vertretbares Maß hinausgehend unmittelbar oder mittelbar gefährden oder das Datum abgelaufen ist,[105] bis zu dem eine gefahrlose Anwendung nachweislich möglich ist. Der früher als Zusatz zu § 4 Abs. 1 Nr. 2 MPG enthaltene Begriff des „Verfallsdatums" ist die 3. MPG-Novelle aufgegeben worden. § 4 MPG ist Schutzgesetz im Sinne von § 823 Abs. 2 BGB.[106]

## V. Instruktions- und Warnpflicht

§ 14 MPG i.V.m. § 5 MPBetreibVO stellt eine Spezialnorm für Instruktionsfehler 95
dar. Danach darf der Betreiber ein in der Anlage 1 zur MPBetreibVO aufgeführtes Medizinprodukt erst in Betrieb nehmen, wenn der Hersteller oder eine von ihm dazu befugte Person, die im Einvernehmen mit dem Hersteller handelt, dieses Medizinprodukt am Betriebsort einer Funktionsprüfung unterzogen hat und die vom Betreiber beauftragte Person anhand der Gebrauchsanweisung sowie beigefügter sicherheitsbezogener Informationen in die sachgerechte Handhabung und Anwendung des Medizinproduktes eingewiesen hat. Dabei erstreckt sich die Instruktions- und Warnpflicht bei Medizinprodukten nicht nur auf den bestimmungsgemäßen Verbrauch, sondern auch auf einen nahe liegenden Fehlgebrauch innerhalb des allgemeinen Verwendungszwecks.[107] Es handelt sich um eine wich-

---

103 Rostfrei bei medizinischen Instrumenten bedeutet nicht, dass es nicht zu Korrosion oder Rostbildung kommen kann. Rostfrei ist keine zugesicherte Eigenschaft, OLG Köln, Urt. v. 6.2.2002 – 11 U 269/98, OLGR 2002, 161.

104 Zur Befundsicherungspflicht des Herstellers bei eingesandten Produkten und Umkehr der Beweislast bei unzureichender Aufbewahrung, OLG Hamm – 3 U 133/99, NJW-RR 2001, 1539.

105 BGH – VI ZR 65/93, VersR 1994, 562 zur Verpflichtung des Chefarztes einer Kinderklinik, organisatorisch dafür zu sorgen, dass bei Gummiwärmeflaschen, die zur Verwendung in Inkubatoren bestimmt sind, das Anschaffungsdatum erfasst wird, damit sie nach relativ kurzer Gebrauchsdauer wieder ausgesondert werden können.

106 Deutsch/Lippert/Ratzel, § 4 Rn 15.

107 OLG Hamm – 3 U 11/99, VersR 2001, 464 ff.

tige Schnittstelle zwischen Herstellerverantwortung und Organisationspflicht des Krankenhausträgers. Betriebsintern ist der MP-Verantwortliche z.B. der Chefarzt gefragt. Eine Delegation an MP-Beauftragte ist möglich. Die Dokumentation erfolgt durch Dienstanweisung und MP-Buch.[108]

## VI. Markt- und Produktbeobachtungspflichten

**96** Für Markt- und Produktbeobachtungspflichten gibt es in § 29 MPG i.V.m. der Medizinprodukte-Sicherheitsplanverordnung (MPSV) v. 24.6.2002 Spezialvorschriften gegenüber der allgemeinen Produkthaftung. Die zuständige Bundesoberbehörde hat gegen unmittelbare oder mittelbare Gefährdung der Gesundheit von Menschen durch Medizinprodukte einzuschreiten und Maßnahmen zu koordinieren. Die zuständige Bundesoberbehörde ist in der Regel das Bundesinstitut für Arzneimittel und Medizinprodukte (BfArM).[109] Die Aufgaben der Behörde sind wesentlich konkretisiert worden. Sie hat nicht nur ihr gemeldete Vorkommnisse und Beinahe-Vorkommnisse auszuwerten, sondern kann sich aller Erkenntnisquellen, z.B. Presseberichten bedienen. Die Aufgaben der obersten Bundesbehörde enden mit der Sammlung und Auswertung. Das Ergreifen konkreter Maßnahmen ist Aufgabe der zuständigen Behörden der Länder, die zu informieren sind. Außerdem informiert die oberste Bundesbehörde das DIMDI in einer Art und Weise, die geeignet ist, damit die Daten in die Europäische Datenbank überführt werden können. Die Koordinierung der Gefahrabwehrmaßnahmen geschieht in Abstimmung mit den in § 29 Abs. 3 MPG genannten Organisationen, Einrichtungen und Behörden. Die Aufnahme des Medizinischen Dienstes der Krankenversicherung in diesen Kreis ist neu. Die Einzelheiten der Überwachung sind im Sicherheitsplan gemäß § 37 Abs. 7 MPG beschrieben, auf den § 29 Abs. 4 MPG Bezug nimmt. Wichtig sind die Mitwirkungspflichten des Herstellers und die Meldefristen des MP-Verantwortlichen, bei Gefahr im Verzuge unverzüglich, ansonsten spätestens innerhalb von 30 Tagen nach Kenntniserlangung, § 5 MPSV. Zur Optimierung des Verbraucherschutzes eröffnet § 24 MPSV der zuständigen Behörde des Bundes (i.d.R. BfArM) die Möglichkeit, im Internet unter Wahrung des Datenschutzes über durchgeführte korrektive Maßnahmen, Empfehlungen und Ergebnisse der wissenschaftlichen Aufarbeitung gemäß § 23 MPSV zu informieren.

[108] Gute Darstellung eines Organisationsablaufs bei Steinbach u.a., Pflegerecht 2002, 176 ff.

[109] Soweit nicht das Paul-Ehrlich-Institut (PEI) für In-vitro-Diagnostika, § 32 Abs. 2 MPG, oder die Physikalisch-Technische Bundesanstalt für die Sicherung der Einheitlichkeit des Messwesens in der Heilkunde zuständig sind, § 32 Abs. 3 MPG.

## H. Sicherungssysteme

### I. Anzeigepflicht

Die allgemeine Anzeigepflicht in § 25 MPG will die Medizinprodukteüberwachung möglichst wirkungsvoll machen. Sie eröffnet den Medizinprodukteüberwachungsbehörden die Möglichkeit, noch vor Aufnahme der Tätigkeit eines Medizinprodukteherstellers oder dem erstmaligen Inverkehrbringen Überwachungsmaßnahmen zu ergreifen, indem sie die Anzeige der in der Norm genannten Tätigkeiten verlangt. Die Anzeige muss in jedem Fall vor Aufnahme der Tätigkeit erfolgen. Eine bestimmte Vorlauffrist gibt es jedoch nicht.[110] Wurde die Anzeige versäumt oder vergessen, ist sie zeitnah nachzuholen. Änderungen bezüglich der anzeigepflichtigen Tatsachen sind ebenfalls unverzüglich zu melden (Abs. 4). Anzeigeadressat ist die nach Landesrecht zuständige Behörde. Für aktive Medizinprodukte sind dies in der Regel die staatlichen Gewerbeaufsichtsbehörden, für nicht aktive Medizinprodukte die Gesundheitsüberwachungsbehörden. Die zuständige Behörde wiederum übermittelt die Informationen an das Deutsche Institut für medizinische Dokumentation und Information (DIMDI). Es handelt sich um eine Informationspflicht der Behörde, nicht der anzeigepflichtigen Betriebe und Personen. Der Handel mit Medizinprodukten ist nicht anzeigepflichtig (mit Ausnahme der allgemeinen Anzeige gemäß § 14 GewO), es sei denn, der Handeltreibende ist Importeur. Denn dann stellt die Einfuhr das erstmalige Inverkehrbringen dar, sofern das Medizinprodukt nicht bereits in einem anderen EWR-Vertragsstaat erstmalig in den Verkehr gebracht wurde.[111] Direktimporte von Endverbrauchern fallen nicht unter die Anzeigepflicht. 97

Die Herausnahme der klinischen Prüfung aus der Anzeigepflicht durch die 3. MPG-Novelle stellt keine Verschlechterung dar, weil dies in § 20 Abs. 6 MPG i.V.m. Anlage 4 zu § 4 Abs. 1 Nr. 3 DIMDIV zufrieden stellend gelöst ist. Im übrigen bieten die durch die 4. MPG-Novelle geänderten Vorschriften zur klinischen Prüfung zusätzliche Sicherheit. Wichtig ist die Aufnahme der Anzeigepflicht für Betriebe und Einrichtungen, die Medizinprodukte für andere aufbereiten. Ausdrücklich genannt sind jetzt Betriebe und Einrichtungen, die Medizinprodukte, die bestimmungsgemäß keimarm oder steril zur Anwendung kommen, für andere aufbereiten. Damit will man offensichtlich der Rechtsunsicherheit bei der Wiederaufbereitung bei Einmal-Produkten Rechnung tragen. Ob dies gelingt, bleibt abzuwarten.[112] Durch die 3. MPG-Novelle wird die Anzeigepflicht auf solche Betriebe und Einrichtungen beschränkt, die diese Tätigkeiten ausschließlich für andere durchführen. Gesundheitseinrichtungen, mit einer Sterilisationseinheit, die auch für Dritte Medizinprodukte aufbereiten und sterilisieren, seien den Behörden bereits aufgrund anderer Vorschriften bekannt. Im Gegenzug wird die Überwachung 98

---

110 Nöthlichs § 25, Ziff. 1.3.

111 WiKo § 25 Anm. 11.

112 Ratzel, Medizinproduktegesetz, Qualitätssicherung und Ressourcensteuerung unter besonderer Berücksichtigung der Wiederaufbereitung von „Einmal-Artikeln“, MedR 2000, 560.

von Einrichtungen und Betrieben, die Systeme gemäß § 10 Abs. 1 MPG zusammensetzen und/oder sterilisieren, erweitert. Anzeigepflichtig sind auch Einrichtungen, die Medizinprodukte, ohne das sie zu einem System gehören, i.S.v. § 10 Abs. 3 MPG sterilisieren. Krankenhäuser und Arztpraxen, die nur für sich sterilisieren, sollen allerdings nicht unter die Anzeigepflicht fallen.[113] Abs. 3 beruht bezüglich der In-vitro-Diagnostika auf Art. 10 Abs. 1 und 4 der Richtlinie 98/79/EG. Durch eine Einfügung in Abs. 5 wird sichergestellt, dass die gesammelten Daten auch einer europäischen Datenbank (über das DIMDI) zur Verfügung gestellt werden können.

## II. Durchführung der Überwachung gem. § 26 MPG

99 Die Durchführung der Überwachung in § 26 MPG ist sehr weitgehend. Sie erlaubt eine möglichst umfassende persönliche und sachliche Kontrolle der Entwicklung, der Herstellung und des Vertriebs von Medizinprodukten. Als Regelung zur staatlichen Gefahrenabwehr ist dies allerdings nicht ungewöhnlich, die Regelung ist mit den einschlägigen Bestimmungen im AMG vergleichbar. Mit der Einbeziehung von Betrieben und Einrichtungen, die eine Leistungsbewertung für Medizinprodukte durchführen, wird Art. 98/79 EG Rechnung getragen. Die Einbeziehung der Aufbereitung für andere ist eine Folgeänderung der §§ 10 Abs. 3 S. 2 und 25 MPG. Für den Umfang der Überwachung werden keine Vorgaben getroffen. Dies bleibt den Ländern vorbehalten. Neu ist allerdings die in Abs. 2 vorgesehene „Marktüberwachung". Die CE-Kennzeichnung ist isoliert betrachtet kein Qualitätszertifikat (siehe auch § 27 MPG). Deshalb bedarf es je nach Risikopotential auch Stichproben von solchen Produkten mit CE-Kennzeichnung, die sich bereits auf dem Markt befinden. Auf Initiative der Bundesländer wurde in § 26 Abs. 6 MPG für Sachverständige, die im Rahmen der Überprüfung von Abs. 2 eingesetzt werden, eine besondere Sachkunde, die ggf. durch ein Zertifikat nachgewiesen wird, festgeschrieben.

100 Die mit der Überwachung beauftragten Personen haben das Recht, Grundstücke, Geschäfts- und Betriebsräume sowie Beförderungsmittel, in denen Tätigkeiten durchgeführt werden, die der Überwachung unterliegen, zu betreten und zu besichtigen. Zur Verhinderung einer dringenden Gefahr für die öffentliche Sicherheit und Ordnung dürfen sie auch Wohnräume besichtigen und betreten. Das Recht der Unverletzlichkeit der Wohnung aus Art. 13 GG wird insoweit eingeschränkt. Diese Ermächtigung trägt den Bedenken des Bundesverfassungsgerichts Rechnung. Das Betretungs- und Besichtigungsrecht wird, außer bei Gefahr im Verzug, zu den üblichen Betriebszeiten ausgeübt. Eine Gefahr für die öffentliche Sicherheit und Ordnung braucht nicht eingetreten zu sein. Die Überwachungsbehörde kann bereits prophylaktisch zur Vermeidung derartiger Gefahren tätig werden und entsprechende Maßnahmen zur Gefahrenabwehr treffen.

---

113 Nöthlichs, § 25 Ziff. 3; WiKo, § 25 Rz.21.

Überwachungsbehörden dürfen alle Geschäftsunterlagen einsehen, die sich auf die zu überwachenden Tätigkeiten beziehen. Von den einzusehenden Unterlagen dürfen in begründeten Fällen Abschriften oder Ablichtungen gefertigt werden. Ausgenommen hiervon sind personenbezogene Patientendaten, die im Rahmen klinischer Prüfungen angefallen sind. Diese Unterlagen können beim Normadressaten nicht eingesehen werden, da die Norm eine entsprechende Ermächtigung nicht enthält. 101

Mit den zu überwachenden Tätigkeiten befasste natürliche Personen, juristische Personen und nicht rechtsfähige Personenvereinigungen sind den Überwachungsbehörden gegenüber auskunftspflichtig. Eine z.T. vertretene Einschränkung des auskunftspflichtigen Personenkreises auf gesetzliche Vertreter bzw. leitende Mitarbeiter lässt sich dem Gesetz nicht entnehmen und würde dem Schutzzweck der Norm widersprechen. Die Überwachungsbehörde muss sich gerade durch eine Kontrolle des Produktionsprozesses in allen seinen Gliederungen einen Überblick verschaffen können. Den Befragten steht jedoch ein Aussageverweigerungsrecht zu, wenn sie sich durch ihre Aussage in die Gefahr strafrechtlicher Verfolgung oder eines Verfahrens nach dem Gesetz über Ordnungswidrigkeiten aussetzen würden. Das Aussageverweigerungsrecht entspricht dem prozessualen Zeugnisverweigerungsrecht. 102

### III. Unberechtigte CE-Kennzeichnung (§ 27 MPG)

Das CE[114]-Kennzeichen bedeutet zunächst nur, dass das Produkt das Konformitätsbewertungsverfahren durchlaufen hat.[115] Es ist kein Qualifikationszertifikat an sich.[116] Nach einer offiziellen Stellungnahme der Europäischen Kommission im Oktober 1996 handelt es sich bei der CE-Kennzeichnung um ein zwingend vorgeschriebenes Konformitätszeichen, das an die Marktüberwachungsbehörden der Mitgliedstaaten gerichtet sei. Obwohl es häufig fälschlicherweise als eine Qualitätskennzeichnung angesehen werde, handele es sich bei der CE-Kennzeichnung nicht um eine solche. Der Markt sieht das anders. Deshalb sind die nationalen Behörden berechtigt, die Zulässigkeit der CE-Kennzeichnung auch inhaltlich-materiell zu überprüfen.[117] Führt dies zu der Feststellung, dass die Voraussetzungen zum Führen des CE-Kennzeichens nicht oder nicht mehr gegeben sind, muss die zuständige Behörde die in § 27 Abs. 1 S. 2 MPG angeführten Maßnahmen ergreifen. Lediglich bei der Auswahl der aufgeführten Maßnahmen steht ihr ein Ermessen zu. Die Beweislast liegt bei der Behörde. Abs. 2 der Vorschrift betrifft einen anderen Sachverhalt. Bei dieser Variante ist ein CE-Kennzeichen auf einem Produkt angebracht, das überhaupt kein Medizinprodukt ist. 103

---

114 CE = communauté européenne.

115 Will, Grundlagen der Überwachung und des Vigilanzsystems, 3.Augsburger Forum für Medizinprodukterecht 2008, S.2.

116 A.A. Schorn, M 2 § 9 Rn.8.

117 VG Stuttgart, Urt. v. 22.10.1999 – 4 K 286/99, PharmR 2000, 97; VG Trier, Urt.v. 5. 12. 2007 – 5 K 755/07 TR, MPJ 2008, 42ff.; OVG NRW, Beschl.v. 8.9.2009, 13 B 894/09.

## IV. Verfahren zum Schutz vor Risiken (§ 28 MPG)

### 1. Vorfahrt für die Gefahrenabwehr

104 Die den Behörden in § 28 MPG eingeräumten Befugnisse sind sehr weitgehend. Sie erlauben eine möglichst umfassende persönliche und sachliche Kontrolle der Entwicklung, der Herstellung und des Vertriebs von Medizinprodukten. Als Regelungszweck der staatlichen Gefahrenabwehr ist dies allerdings nichts ungewöhnliches, die Regelung ist mit den einschlägigen Bestimmungen im AMG (§§ 62 ff.) vergleichbar. Gemäß § 28 Abs. 2 MPG ist die Behörde ermächtigt, im ersten Zugriff auch schwere Eingriffe bis hin zur Schließung des Betriebes zu verfügen, sofern sich bei der Durchführung der Überwachung Sachverhalte ergeben, die zu einer dringenden und akuten Gefahr für die öffentliche Sicherheit und Ordnung führen würden. Die Überwachungsbehörde erhält die Möglichkeit, schnell und effektiv auf eine drohende Gefahr zu reagieren. Dies bedeutet aber wiederum, dass eine sorgfältige Abwägung von Mitteln und Zweck zu erfolgen hat und der Grundsatz der Verhältnismäßigkeit beachtet werden muss. Die Eilbedürftigkeit wird noch dadurch unterstrichen, dass es sich bei den zu treffenden Anordnungen um vorläufige Anordnungen handelt. Mit anderen Worten hat die Behörde im Rahmen ihres pflichtgemäßen Ermessens alsbald zu entscheiden, ob die Maßnahme aufgehoben, in eine andere dauernde und endgültige überführt wird, oder ob gar ganz andere Maßnahmen zur Gefahrenabwehr ergriffen werden sollen. Dauernde Maßnahmen können nicht auf § 28 Abs. 2 MPG gestützt werden.

### 2. Vorläufige Maßnahmen

105 Auch die vorläufigen Anordnungen der Behörde sind Verwaltungsakte. Gegen sie kann der Medizinproduktehersteller Widerspruch einlegen. Dies hat zur Folge, dass die Maßnahmen zunächst nicht befolgt werden müssen, da der Widerspruch Suspensivwirkung entfaltet. Die Überwachungsbehörde wird jedoch auf die Beachtung dringen und kann hierzu die sofortige Vollziehung nach § 80 Abs. 2 S. 1 Nr. 4 VwGO mit besonderer Begründung anordnen. Bei Gefahr im Verzuge wird dies regelmäßig der Fall sein. In diesem Fall bleibt dem Medizinproduktehersteller nur die Möglichkeit, im gerichtlichen Verfahren die aufschiebende Wirkung des Widerspruchs wiederherstellen zu lassen. Die vorläufigen Anordnungen der Überwachungsbehörde sind sofort zu befolgen. Die Behörde hat die Anordnung jedoch aufzuheben, sofern der mit ihr verfolgte Zweck erreicht worden ist und die Gefahr nicht mehr besteht. Sie kann und muss die Anordnung modifizieren, sofern der beabsichtigte Zweck auch mit anderen als den angeordneten Mitteln erreicht werden kann. Dazu ist die Behörde von Amts wegen verpflichtet. Eines gesonderten Antrages des Medizinprodukteherstellers bedarf es dazu nicht. Setzt die Behörde, die über den Widerspruch zu entscheiden hat, die Vollziehung der vorläufigen Anordnung nicht aus (§ 80 Abs. 4 VwGO), kann der Medizinproduktehersteller noch vor Erhebung der Anfechtungsklage bei Gericht die Wiederherstellung der aufschiebenden Wirkung beantragen (§ 80 Abs. 5 VwGO). Ansonsten könnte gegen die vorläufige Anordnung nach Abschluss des Vorverfahrens Anfechtungsklage beim Verwaltungsgericht erhoben werden.

### 3. Das Schutzklauselverfahren

Das in § 28 Abs. 3 MPG enthaltene Schutzklauselverfahren nach Art. 8 der Richtlinie über Medizinprodukte ist allen neuen EU-Richtlinien gemein und stellt unter Beachtung öffentlicher Gefahrenabwehr das letzte Mittel dar, den freien Warenverkehr innerstaatlich einzuschränken. Danach kann die zuständige Behörde das Inverkehrbringen von bestimmungsgemäß verwendeten und mit CE-Kennzeichnung versehenen Produkten einschränken oder untersagen bzw. auch eine Rückrufaktion veranlassen. Die einem Medizinprodukt immanente Gefährdung von Gesundheit oder Sicherheit der Patienten, Betreiber, Anwender oder sonstiger Dritter reicht nicht aus, um diese einschneidenden Maßnahmen zu rechtfertigen. Es muss sich vielmehr um ein nach den Erkenntnissen der medizinischen Wissenschaft und der Sicherheitstechnik vertretbares Maß hinausgehende Gefährdung handeln. Die zuständige Behörde kann die Betroffenen in geeigneter Weise auf die Gefährdung hinweisen. Ist der Kreis der Betroffenen nicht genau eingrenzbar, können sogar sehr weit reichende Maßnahmen, wie eine öffentliche Warnung im Fernsehen bzw. Tageszeitung in Betracht kommen. Selbstverständlich können derartige Maßnahmen nur in extremen Ausnahmefällen gerechtfertigt sein, da sie mit weit reichenden wirtschaftlichen Konsequenzen für den betroffenen Hersteller verbunden sind. Im Fall einer fahrlässigen Fehlinformation der Betroffenen bzw. der Öffentlichkeit sind Amtshaftungsansprüche des Herstellers denkbar. **106**

Die zuständige Behörde informiert das Bundesministerium für Gesundheit, das seinerseits wiederum die EU-Kommission,[118] die übrigen Mitgliedstaaten und die Vertragsstaaten des EWR unterrichtet. Die Einleitung des europäischen Schutzklauselverfahrens erfolgt jedoch nur dann, wenn es sich um einen grundsätzlichen Fehler des Medizinprodukts handelt.[119] Die EU-Kommission nimmt daraufhin mit den Betroffenen (Aufsichtsbehörden des Mitgliedstaates, der die Schutzklausel in Anspruch nimmt, anderen betroffenen Mitgliedstaaten sowie Hersteller und Benannte Stellen, die am Konformitätsbeteiligungsverfahren beteiligt waren) Kontakt auf. Führen diese Konsultationen nicht zu einem klaren Ergebnis, kann die EU-Kommission weitere Sachverständige konsultieren. Hält die EU-Kommission nach Abschluss der Untersuchung die Maßnahme des Mitgliedsstaates, der sich auf die Schutzklausel berufen hat, für gerechtfertigt, setzt sie die übrigen Mitgliedstaaten hiervon umgehend in Kenntnis. Diese treffen dann entsprechende Maßnahmen wie der das Verfahren anstoßende Mitgliedstaat, damit das Schutzniveau innerhalb des EWR wieder gleich ist. Teilt die EU-Kommission die Auffassung des die Schutzklausel in Anspruch nehmenden Mitgliedstaates jedoch nicht, fordert sie ihn auf, die belastenden Maßnahmen wieder aufzuheben und den freien Warenverkehr wiederherzustellen. Weigert sich der Mitgliedstaat, kann die EU-Kommission ein Verfahren gemäß Art. 226 EG-Vertrag gegen ihn einleiten. **107**

---

[118] Nach der amtlichen Begründung wird das Schutzklauselverfahren nur bei grundsätzlichen Fehlern des Medizinproduktes und nicht schon bei Fehlern einer einzigen Chargen einzuleiten sein.

[119] Schorn, M 2 - § 28 Rn. 16f.

### 4. Informationsrechte des BfArM

108 § 28 Abs. 4 MPG ist durch das 2. MPG-ÄnderungsG eingefügt worden. Das BfArM kann die Öffentlichkeit über Risiken und beabsichtigte Maßnahmen informieren. Hintergrund dieser Regelung ist ein Beschluss des OVG Münster,[120] das durch einstweilige Anordnung der Arzneimittelkommission der deutschen Ärzteschaft untersagt hatte, Einzelheiten des Anhörungsschreibens des BfArM betreffend ein Arzneimittel kommentierend zu veröffentlichen. Als Grund wurde angeführt, dass die Arzneimittelkommission nicht durch Vorabveröffentlichung der vorläufigen Risikoeinschätzungen die Entscheidung des Bundesinstituts praktisch vorweg nehmen und damit die weitere Anwendung des Arzneimittels beeinträchtigen könnte. Die in diesem Beschluss zutage tretende Haltung, dass wirtschaftlichen Gesichtspunkten der Vorzug vor dem Informationsinteresse der Öffentlichkeit und dem umfassenden Gesundheitsschutz gegeben wird, ist nicht hinzunehmen. Nach § 62 AMG n.F. ist diesem Beschluss die Grundlage entzogen, da die Arzneimittelkommission im Zusammenwirken mit dem BfArM diese Information vornehmen kann. Für das MPG ist diese Regelung jetzt nachvollzogen.

### V. Sicherheitsplan-System

109 Die zuständige Bundesoberbehörde hat gegen unmittelbare oder mittelbare Gefährdung der Gesundheit von Menschen durch Medizinprodukte einzuschreiten und Maßnahmen zu koordinieren. Die zuständige Bundesoberbehörde ist in der Regel das Bundesinstitut für Arzneimittel und Medizinprodukte (BfArM).[121] Die Aufgaben der Behörde sind wesentlich konkretisiert worden. Sie hat nicht nur ihr gemeldete Vorkommnisse und Beinahe-Vorkommnisse auszuwerten, sondern kann sich aller Erkenntnisquellen, z.B. Presseberichten bedienen. Die Aufgaben der obersten Bundesbehörde enden mit der Sammlung und Auswertung. Das Ergreifen konkreter Maßnahmen ist Aufgabe der zuständigen Behörden der Länder, die zu informieren sind. Außerdem informiert die oberste Bundesbehörde das DIMDI in einer Art und Weise, die geeignet ist, die Daten in die Europäische Datenbank zu überführen.

110 Die Koordinierung der Gefahrabwehrmaßnahmen geschieht in Abstimmung mit den in Abs. 3 genannten Organisationen, Einrichtungen und Behörden. Die Aufnahme des Medizinischen Dienstes der Krankenversicherung in diesen Kreis ist neu. Die Einzelheiten der Überwachung sind im Sicherheitsplan gemäß § 37 Abs. 7 beschrieben, auf den § 29 Abs. 4 Bezug nimmt. Diese unscheinbare Verweisung beinhaltet das eigentliche Gewicht der Norm.

---

[120] OVG Münster, Urt. v. 20.11.1995 – 13 B 619/95, PharmR 1996, 140; dagegen Deutsch, Der Ausschluss des Baurisikos in der Rechtsschutzversicherung, VersR 1997, 398.

[121] Soweit nicht das Paul-Ehrlich-Institut (PEI) für In-vitro-Diagnostika, § 32 Abs. 2, oder die Physikalisch-Technische Bundesanstalt für die Sicherung der Einheitlichkeit des Messwesens in der Heilkunde zuständig sind, § 32 Abs. 3.

Die Sicherheitsplan-Verordnung regelt die Verfahren zur Erfassung, Bewertung und Abwehr von Risiken im Verkehr oder im Betrieb befindlicher Medizinprodukte. Sie findet keine Anwendung auf Medizinprodukte zur klinischen Prüfung und In-vitro-Diagnostika für Leistungsbewertungszwecke. Ein Vorkommnis im Sinne dieser Verordnung liegt vor, wenn ein Mangel oder eine Fehlfunktion eines Medizinprodukts zum Tode oder einer schwerwiegenden Verschlechterung des Gesundheitszustands eines Patienten, Anwenders oder Dritten geführt hat, führen könnte oder geführt haben könnte. Die Definition für Vorkommnisse orientiert sich an den Anhängen der Richtlinien 90/385/EWG, 93/42/EWG und 98/79/EG sowie den MEDDEV-Leitlinien zum Medizinprodukte-Beobachtungs- und Meldesystem; sie schließt die sog. Beinahevorkommnisse ein. Rückrufe werden in Anlehnung an die entsprechende Begriffsbestimmung in der harmonisierten Norm EN 46001 definiert. **111**

Wichtig sind die in § 3 der VO genannten Meldepflichten und die in § 5 VO angeführten Meldefristen. Die Meldepflichten für Verantwortliche nach § 5 MPG (Hersteller, Bevollmächtigte oder Einführer) entsprechen den Vorgaben der Anhänge der Richtlinien 90/385/EWG, 93/42/EWG und 98/79/EG und konkretisieren diese unter Berücksichtigung der MEDDEV-Leitlinien zum Medizinprodukte-Beobachtungs- und Meldesystem im Hinblick auf Vorkommnisse, die sich in Drittländern ereignet haben. Der Verantwortliche nach § 5 MPG hat Vorkommnisse, die in Deutschland aufgetreten sind, sowie in Deutschland durchgeführte Rückrufe von Medizinprodukten der zuständigen Bundesoberbehörde zu melden. In anderen Vertragsstaaten des Abkommens über den Europäischen Wirtschaftsraum aufgetretene Vorkommnisse und durchgeführte Rückrufe hat er den dort zuständigen Behörden zu melden. Vorkommnisse, die außerhalb des Europäischen Wirtschaftsraums aufgetreten sind, sind nur meldepflichtig, wenn sie zu korrektiven Maßnahmen mit Relevanz auch für Medizinprodukte geführt haben, die sich im Europäischen Wirtschaftsraum im Verkehr befinden. In diesen Fällen hat die Meldung an die zuständige Behörde des Vertragsstaates zu erfolgen, in dem der Verantwortliche nach § 5 MPG oder, soweit aktive implantierbare Medizinprodukte, In-vitro-Diagnostika nach Anhang II der Richtlinie 98/79/EG oder zur Eigenanwendung oder sonstige Medizinprodukte der Klassen IIa, IIb oder III betroffen sind, die Benannte Stelle ihren Sitz haben. Ärzte können ihre Meldepflicht auch gegenüber der Arzneimittelkommission der Deutschen Ärzteschaft erfüllen. Gemäß § 5 MPVS hat der Verantwortliche nach § 5 MPG Vorkommnisse entsprechend der Eilbedürftigkeit ihrer Bearbeitung umgehend zu melden, spätestens jedoch innerhalb von 30 Tagen, nachdem er Kenntnis hiervon erhalten hat. Bei Gefahr im Verzug hat die Meldung unverzüglich zu erfolgen. Rückrufe und Vorkommnisse im Sinne des § 3 Abs. 1 S. 3 VO sind spätestens mit Beginn der Umsetzung der Maßnahmen zu melden. Die Meldungen und Mitteilungen nach § 3 Abs. 2 und 3 VO haben unverzüglich zu erfolgen. **112**

### I. Sicherheitsbeauftragter (§ 30 MPG)

113 Der Sicherheitsbeauftragte gemäß § 30 MPG entspricht dem Stufenplanbeauftragten gemäß § 63a AMG. Der „Sicherheitsbeauftragte" ist eine deutsche Besonderheit; die anderen Vertragsstaaten kennen ihn – mit Ausnahme von Österreich – nicht.[122] Die Verpflichtung zur Bestellung eines Sicherheitsbeauftragten betrifft nur solche Hersteller, die Medizinprodukte erstmalig in Verkehr bringen. Die Aufgaben des Sicherheitsbeauftragten sind in § 30 Abs. 2 MPG beschrieben. Im Rahmen der Bewertung der ihm mitgeteilten Ereignisse kommt ihm eine große Verantwortung zu. Denn er hat zu entscheiden, ob der ihm mitgeteilte Sachverhalt ein meldepflichtiges Vorkommnis oder „Beinahe-Vorkommnis"[123] darstellt. Im übrigen hat er sämtliche Vorgaben nach der MPVS wie die dort genannten Personen zu beachten. Wichtig sind die in § 3 der VO genannten Meldepflichten und die in § 5 VO angeführten Meldefristen. Die Meldepflichten für Verantwortliche nach § 5 MPG (Hersteller, Bevollmächtigte oder Einführer) entsprechen den Vorgaben der Anhänge der Richtlinien 90/385/EWG, 93/42/EWG und 98/79/EG und konkretisieren diese unter Berücksichtigung der MEDDEV-Leitlinien zum Medizinprodukte-Beobachtungs- und Meldesystem im Hinblick auf Vorkommnisse, die sich in Drittländern ereignet haben. Der Verantwortliche nach § 5 MPG hat Vorkommnisse, die in Deutschland aufgetreten sind, sowie in Deutschland durchgeführte Rückrufe von Medizinprodukten der zuständigen Bundesoberbehörde zu melden. In anderen Vertragsstaaten des Abkommens über den Europäischen Wirtschaftsraum aufgetretene Vorkommnisse und durchgeführte Rückrufe hat er den dort zuständigen Behörden zu melden. Vorkommnisse, die außerhalb des Europäischen Wirtschaftsraums aufgetreten sind, sind nur meldepflichtig, wenn sie zu korrektiven Maßnahmen mit Relevanz auch für Medizinprodukte geführt haben, die sich im Europäischen Wirtschaftsraum im Verkehr befinden. In diesen Fällen hat die Meldung an die zuständige Behörde des Vertragsstaates zu erfolgen, in dem der Verantwortliche nach § 5 MPG oder, soweit aktive implantierbare Medizinprodukte, In-vitro-Diagnostika nach Anhang II der Richtlinie 98/79/EG oder zur Eigenanwendung oder sonstige Medizinprodukte der Klassen IIa, IIb oder III betroffen sind, die Benannte Stelle ihren Sitz haben. Ärzte können ihre Meldepflicht auch gegenüber der Arzneimittelkommission der Deutschen Ärzteschaft erfüllen. Gemäß § 5 MPVS hat der Verantwortliche nach § 5 MPG Vorkommnisse entsprechend der Eilbedürftigkeit ihrer Bearbeitung umgehend zu melden, spätestens jedoch innerhalb von 30 Tagen[124], nachdem er Kenntnis hiervon erhalten hat. Bei Gefahr im Verzug hat die Meldung unverzüglich zu erfolgen. Rückrufe und Vorkommnisse im Sinne des § 3 Abs. 1 S. 3 VO sind spätestens mit Beginn der Umsetzung der Maßnahmen zu melden. Die Meldungen und Mitteilungen nach § 3 Abs. 2 und 3 VO haben unverzüglich zu erfolgen.

---

122 WiKo § 30 Anm. 1.

123 Vorkommnisse, die zum Tod oder zu einer schwerwiegenden Verschlechterung des Gesundheitszustandes geführt haben könnten, Abschn. 5.4.3 der EG-Leitlinien.

124 Stößlein, aaO. S.84ff., der auf die klaren Verbesserungen in der europäischen MP-Vigilanz Leitlinie für Hersteller und Betreiber verweist.

Nach der Neuregelung ist klar, dass bei Ein-Mann-Betrieben auch der Betriebsinhaber selbst Sicherheitsbeauftragter werden kann. § 30 Abs. 5 MPG will die Unabhängigkeit des Sicherheitsbeauftragten stärken. Dies wird insbesondere bei arbeitsrechtlichen Auseinandersetzungen eine Rolle spielen. 114

Ansonsten ist § 30 überwiegend selbsterklärend, wobei Fragen der Gleichwertigkeit anderer Ausbildungsnachweise (Abs. 3 Nr. 2) forensisch bislang unbedeutend ist. Letztlich genügt auch hier die Anzeige; eines Genehmigungsverfahrens bedarf es nicht. Kommt es zu unterschiedlichen Auffassungen zwischen Unternehmen und Behörde kann diese entweder Auflagen verhängen oder ein Ordnungswidrigkeitenverfahren nach § 42 Abs. 2 Nr. 13 MPG einleiten. Im Rahmen dieser Verfahren wird die Qualifikation des Sicherheitsbeauftragten dann inzidenter überprüft. 115

## J. Medizinprodukteberater (§ 31 MPG)

Der Medizinprodukteberater ist dem Pharmaberater gemäß § 75 AMG nachempfunden. Nach der amtlichen Begründung zu § 31 MPG war die Schaffung eines „Medizinprodukteberaters" deshalb notwendig, weil eine große Anzahl von Zwischenfällen auf falsches Betreiben oder auf Mängel in der Anwendung zurückzuführen seien. Deshalb sei es notwendig, dass die fachliche Information und ggf. die richtige Einweisung der Fachkräfte von kompetenten Beratern erfolge. Außerdem ist der Medizinprodukteberater für die Rückkopplung mit dem Hersteller verantwortlich. Er meldet dem Sicherheitsbeauftragten Mitteilungen von Angehörigen der Fachkreise über Nebenwirkungen, wechselseitige Beeinflussungen, Fehlfunktionen, technische Mängel, Gegenanzeigen, Verfälschungen oder sonstige Risiken. Die Meldung hat schriftlich zu erfolgen. Neben den in § 31 Abs. 2 MPG genannten Qualifikationsvoraussetzungen ist eine staatliche Prüfung nicht erforderlich. Die früher vorgesehene Möglichkeit des Bundesministers für Gesundheit, in einer Rechtsverordnung weitere Anforderungen an die erforderliche Sachkenntnis des Medizinprodukteberaters für bestimmte Kategorien von Medizinprodukten oder bestimmte Handelsebenen zu regeln, ist weggefallen. Im Einzelfall bleibt lediglich die Kenntniskontrolle nach Abs. 3. So lange staatliche Vorgaben fehlen, zumal ein einheitliches Berufsbild des „Medizinprodukteberaters" nicht zu erkennen ist, muss auf mehr oder weniger private Empfehlungen zurückgegriffen werden. Anerkannt sind z.B. die BVMed-Richtlinien zum Nachweis der Qualifikation zum Medizinprodukteberater, zu beziehen über den Bundesverband Medizinprodukte in Berlin. 116

Vergleichbar mit Ärzten (§ 4 MBO und § 95 d SGB V) enthält Abs. 3 eine eigene Fortbildungsverpflichtung für den Berater. Spiegelbildlich hierzu obliegt es dem Auftraggeber, den Berater regelmäßig zu schulen bzw. schulen zu lassen. Die zuständige Behörde kann den Berater ggfls. auffordern, die entsprechende Sachkenntnis nachzuweisen. Gelingt der Nachweis nicht, kann die Behörde feststellen, 117 dass der Berater die Sachkenntnis nicht besitzt. Konsequenz ist, dass der Auftraggeber den Berater nicht mehr einsetzen darf, bis die Sachkenntnis durch Fortbildung und/oder Schulung wieder nachgewiesen werden kann. Weil es sich –trotz der gesetzlichen Vorgaben- sowohl ausbildungs- wie auch fortbildungsbezogen- um einen weitgehend deregulierten Bereich handelt, sind entsprechende „Zertifikate“ selbst nicht qualitätsgeprüfter Fortbildungsinstitute kritisch zu überprüfen.

# Transfusionsgesetz

## 1. Einleitung

Der Bundestag hat im Anschluss an die Ergebnisse des 3. Untersuchungsausschusses (HIV- Infektionen durch Blut und Blutprodukte) am 20.01.1995 als Konsequenz aus den Vorgängen um HIV-verseuchte Blutprodukte eine gesetzliche Regelung des Transfusionswesens gefordert und 1998 das Transfusionsgesetz (TFG) beschlossen. 1

Das Transfusionsgesetz regelt zum einen die Gewinnung von Blut und zum anderen die Anwendung der daraus gewonnenen Blutprodukte. Auf alle Vorgänge zwischen Gewinnung und Anwendung sind in vollem Umfang die Vorschriften des Arzneimittelgesetzes (AMG) anzuwenden. Das Transfusionsgesetz ist ein Spezialgesetz zweiter Generation. Es ist Spezialgesetz in erster Linie zum Arzneimittelgesetz, wohl auch zum Medizinproduktegesetz (sofern dies überhaupt betroffen sein kann). Das Arzneimittelgesetz wiederum ist Spezialgesetz für den Verkehr mit Arzneimitteln und geht somit den allgemeinen Gesetzen vor, die aber gelten, soweit nicht das Arzneimittelgesetz und das Transfusionsgesetz Sonderregelungen vorsehen. 2

## 2. Gesetzliche Grundlagen

Rechtsgrundlage für die Regelung des Transfusionswesens ist das Gesetz zur Regelung des Transfusionswesens (Transfusionsgesetz - TFG).[1] Die Zuständigkeit des Bundes für den Erlass des Gesetzes folgt aus Art. 74 Abs. 1 Nr. 26 GG. Nach dem Willen den Verfassungsgesetzgebers umfasst die Formulierung "Regelung zur Transplantation ..." auch die Bluttransfusion. 3

## 3. Der Zweck des Gesetzes

Zweck des Gesetzes ist es einmal, eine gesicherte und sichere Versorgung der Bevölkerung mit Blutprodukten zu schaffen, zum anderen die Selbstversorgung mit Blut und Plasma zu fördern. Ziel des Gesetzes ist es, größtmögliche Sicherheit für die Versorgung der Bevölkerung mit Blutprodukten zu erreichen. Dieses Ziel glaubte der Gesetzgeber durch eine gesetzliche Regelung zu erreichen, welche die bisherigen nicht gesetzlichen Regelungen ersetzen soll. 4

Die rechtlichen Grundlagen des Blut- und Plasmaspende- sowie des Transfusionswesens waren vor Erlass des TFG über mehrere Regelungsebenen von unterschiedlicher Verbindlichkeit und Normqualität verteilt. Neben internationalen und 5

---

[1] Gesetz vom 01.07.1998 (BGBl. I S. 1752) zuletzt geändert durch Artikel 12 des Gesetzes vom17. Juli 2009 (BGBl. I S. 1990).

supranationalen Empfehlungen der WHO[2] und des Europarates[3], europarechtliche Richtlinien[4] und dem AMG kamen auch Richtlinien der Bundesärztekammer zur Anwendung.[5]

6 Nur wenn eine umfassende gesetzliche Regelung bevorzugt wird, konnten insbesondere die Regelungen für Blutprodukte im AMG lückenhaft erscheinen, weil das AMG im Wesentlichen die Herstellung und das Inverkehrbringen von Blutprodukten regelt, nicht dagegen aber die Blutentnahme und die Anwendung von Blutprodukten. Diese vom Gesetz bisher nicht regulierte „Lücke" schließt nunmehr das TFG, wenn auch nicht ganz. Denn die Festlegung der fachlich-inhaltlichen Anforderungen, insbesondere die Festlegung des Standes der medizinischen Wissenschaft und Technik ist der Bundesärztekammer und der zuständigen Bundesoberbehörde (PEI) überantwortet. Sie haben diesen Stand der Technik in Richtlinien festzulegen.

## 4. Begriffsbestimmungen

§ 2
Begriffsbestimmungen

7 Im Sinne dieses Gesetzes

1. ist Spende die einem Menschen entnommene Menge an Blut oder Blutbestandteilen, die Wirkstoff oder Arzneimittel ist oder zur Herstellung von Wirkstoffen oder Arzneimitteln und anderen Produkten zur Anwendung bei Menschen bestimmt ist,
2. ist Spendeeinrichtung eine Einrichtung, die Spenden entnimmt oder deren Tätigkeit auf die Entnahme von Spenden und, soweit diese zur Anwendung bestimmt sind, auf deren Testung, Verarbeitung, Lagerung und das Inverkehrbringen gerichtet ist,
3. sind Blutprodukte Blutzubereitungen im Sinne des § 4 Abs. 2 des Arzneimittelgesetzes, Sera aus menschlichem Blut im Sinne des § 4 Abs. 3 des Arzneimit-

---

2 Anforderungen an die Entnahme, Verarbeitung und Qualitätskontrolle von Blut, Blutbestandteilen und Plasmafraktionen, WHO, 1992; WHO Technical Series No. 840, 1994.

3 Leitfaden für die Zubereitung, Anwendung, Qualitätssicherung von Blutbestandteilen, Anhang zur Empfehlung R 95 v. 12.10.1995, 4. Aufl.

4 Richtlinie 89/381/EWG (ABl Nr. L 181 vom 28.6.1989), Richtlinie 2002/98/EG (ABl Nr. L 33 S. 30 vom 27.01.2003) , Richtlinie 2004/32/EG (ABl Nr. L 102 S. 48 vom 31.03.2004), Europäisches Übereinkommen vom 15.12.1958 über den Austausch therapeutische Substanzen menschlichen Ursprungs, BGBl II 1962, 1442, um nur einige zu nennen.

5 Richtlinien zur Gewinnung von Blut und Blutbestandteilen und zur Anwendung von Blutprodukten (Hämotherapie) BAnz Nr. 209 2005, S.15764 (Beilage), die die vorher gültigen Richtlinien von 1996 (BgesBl 1996, 468ff.) und 2000 BgesBl 2000, 555 – 589 ablösen.

telgesetzes und Blutbestandteile, die zur Herstellung von Wirkstoffen oder Arzneimitteln bestimmt sind.

## 5. Gewinnung von Blutbestandteilen

Zweck des Transfusionsgesetzes ist es zum einen, die sichere Gewinnung von Blut- und Blutprodukten von Menschen zu fördern, zum anderen für eine sichere und gesicherte Versorgung der Bevölkerung mit Blutprodukten zu sorgen. Der zweite Abschnitt des Gesetzes enthält die hierzu erforderlichen Kernvorschriften, soweit sie die Gewinnung von Blut und Blutbestandteilen betreffen. In § 3 TFG wird der Versorgungsauftrag der Spendeeinrichtungen vorgegeben, sodann die an sie zu stellenden Anforderungen festgelegt (§ 4 TFG). **8**

Die §§ 5 bis 7 TFG befassen sich mit der Auswahl des Spenders, seiner Aufklärung in die Spende, deren Verarbeitung und Nutzung und die Einwilligung hierzu sowie seine Identifizierung. **9**

§ 6 macht klare Vorgaben, was den Umfang der Aufklärung angeht, der bei normalem ärztlichen Heileingriff mehr als umstritten ist.[6] Die Empfehlungen des Europarats stellen letztlich nur fest, dass eine Aufklärung und Einwilligung einer spendewilligen Person erfolgen muss.[7] Darüber gehen die vorliegende Norm und die Hämotherapie-Richtlinien weit hinaus. Der Blutspender ist in verständlicher Form über Wesen, Bedeutung und Durchführung der Spendenentnahme und der Untersuchungen sachkundig aufzuklären. Problematisch ist dabei, anders als beim ärztlichen Heileingriff, nie die Frage, ob der Spender spenden will oder nicht. Will er nicht spenden, wird er normalerweise gar keine Spendeeinrichtung aufsuchen. Immerhin hat er noch die Möglichkeit, sich nach durchgeführter Aufklärung anders zu entscheiden. **10**

Der Spender ist vor allem auch über die an seinem Blut durchzuführenden Untersuchungen aufzuklären. § 6 spricht in diesem Zusammenhang nur von Untersuchungen. § 7 TFG scheint dies zu präzisieren, denn hier ist von Laboruntersuchungen die Rede. Es geht also um die Laboruntersuchung des gespendeten Blutes etwa auf HIV und andere Infektionserregern wie Hepatitis. Dass dies gemeint sein muss, ergibt sich aus dem Zusammenhang mit anderen Normen des Gesetzes, wo die Kenntnis dieser Umstände Bedeutung erlangen. Die §§ 8 und 9 TFG regeln die Sonderfälle der Spenderimmunisierung zur Gewinnung spezieller Immunglobuline sowie die Vorbehandlung zur Blutstammzellseparation. Das Verbot, für die Blutspende ein Entgelt zu zahlen, findet sich in § 10 TFG. **11**

In § 11 TFG wird der Datenschutzes für Zwecke der Blutentnahme und der damit verbundenen Maßnahmen (Untersuchungen) geregelt. Es wird erlaubt, Daten für diese Zwecke zu erheben, die Verpflichtung zu deren Dokumentation festgelegt. **12**

---

6 Vgl. die Einzelheiten und zur Rechtsprechung in Laufs, Uhlenbruck, § 61 m.w.N.

7 Council of Europe, Recommendation No. R(95)15.

13 § 12 TFG regelt, dass die Bundesärztekammer nach angemessener Beteiligung der beteiligten Fachkreise in Richtlinien festlegt, was der allgemein anerkannte Stand der medizinischen Wissenschaft und Technik im Bereich der Gewinnung von Blut- und Blutprodukten sein soll. Diese Richtlinien haben die Empfehlungen des Europarates, der Europäischen Union und der WHO zu Blut und Blutbestandteilen zu berücksichtigen. Die korrespondierende Vorschrift für die Anwendung von Blutprodukten findet sich in § 18 TFG. Beide Vorschriften waren im Schrifttum umstritten. Damit habe der Gesetzgeber den Grundsatz der Wesentlichkeit" verletzt, indem er einer privaten Organisation, nämlich der Bundesärztekammer, Gesetzgebungsbefugnisse eingeräumt habe. Nach der Novelle umschreibt § 12 diejenigen Bereiche, die in einer Rechtsverordnung vorbehalten sein sollen. Die Hämotherapierichtlinien haben ihre Rechtsgrundlage nach wie vor in § 12a.

## 6. Die Anwendung von Blutprodukten

14 Zweck des Transfusionsgesetzes ist es unter anderem, für die sichere Anwendung von Blutprodukten zu sorgen. Der dritte Abschnitt des Gesetzes enthält die hierzu erforderlichen Kernvorschriften, soweit sie die Anwendung Blut und Blutprodukten betreffen. Aus dem Transfusionsgesetz ausgeklammert ist der Vorgang der Bearbeitung des entnommenen Bluts und seiner Bestandteile zu Blutprodukten, die Arzneimittel im Sinne von § 4 Abs. 2 AMG sind. Auf alle Produktionsschritte bis zum Blutprodukt ist das AMG, soweit überhaupt einschlägig, anzuwenden.

15 § 13 regelt, dass Blutprodukte nach dem Stand der medizinischen Wissenschaft und Technik anzuwenden sind. § 14 enthält auch die Pflicht zur Dokumentation der Anwendung sowie die bereichsspezifische Datenschutzregelung; dies analog zum § 11. Die Einrichtung eines Systems der Qualitätssicherung für die Anwendung von Blutprodukten nach dem Stand der medizinischen Wissenschaft und Technik wird im § 15 vorgeschrieben. § 16 verpflichtet zur Unterrichtung der nach dem Qualitätssicherungssystem zu informierenden Personen, wenn unerwünschten Ereignissen bei der Anwendung von Blutprodukten und gentechnisch hergestellten Plasmaproteinen zur Behandlung von Hämostasestörungen auftreten. Den Umgang mit nicht angewendeten Blutprodukten regelt § 17. Sie sind zu entsorgen und ihr Verbleib ist zu dokumentieren.

16 § 18 regelt, dass die Bundesärztekammer nach angemessener Beteiligung der beteiligten Fachkreise in Richtlinien festlegt, was der allgemein anerkannte Stand der medizinischen Wissenschaft und Technik im Bereich der Anwendung von Blutprodukten sein soll. Diese Richtlinien haben die Empfehlungen des Europarates, der Europäischen Union und der WHO zu Blut und Blutbestandteilen zu berücksichtigen. Die korrespondierende Vorschrift für die Gewinnung von Blut- und Blutprodukten findet sich in § 12a. Der Gesetzgeber hat zwar § 12 um § 12a ergänzt, § 18 aber unverändert gelassen.

In zwei Paragrafen dieses Abschnitts wird bei bestimmten Maßnahmen der Anwendung von Blutprodukten, wie etwa die Anforderungen an die Durchführung einer Transfusion (§ 13 Abs. 1 Satz 1), die Aufklärung der zu behandelnden Person (§ 13 Abs. 1 Satz 4), und die Qualitätssicherung (§ 15 Abs. 1 Satz 1), explizit darauf hingewiesen, dass diese Maßnahmen entsprechend dem jeweils aktuell gültigen den Stand der medizinischen Wissenschaft und Technik durchzuführen sind. Im § 14 Abs. 1 Satz 1 wird auf die Vorschrift im AMG zur Dokumentation der Risikoerfassung verwiesen. 17

## 7. Rückverfolgung

Der Vierte Abschnitt des Gesetzes enthält die hierzu erforderlichen Kernvorschrift, die die notwendigen Rückverfolgungsverfahren bei Verdacht auf eine Infektionsübertragung durch Transfusion betreffen. 18

§ 19 Abs. 1 regelt das Verfahren der Rückverfolgung des Weges, den Blut oder ein Blutprodukt genommen hat vom Spender über den Anwender bis zum Transfusionsempfänger. Ergibt sich bei einem Spender z. B. im Rahmen einer erneuten Spendenentnahme der begründete Verdacht, dass die spendende Person infiziert sein könnte, so muss die Möglichkeit bestehen, die Transfusionsempfänger von früheren Blutprodukten des betreffenden Blutspenders ausfindig zu machen. Auch muss eine frühere, jetzt als infektiös verdächtige Spende eines solchen Blutspenders gesperrt werden und dies schnellstmöglich. § 19 Abs. 2 regelt das Verfahren der Rückverfolgung des Weges, den Blut oder ein Blutprodukt genommen hat vom Anwender zurück bis zum Spender. Ergibt sich bei einem Transfusionsempfänger der begründete Verdacht, dass die behandelte Person durch ein Blutprodukt infiziert worden ist, so muss gewährleistet werden, bis an die mögliche Quelle der Infektion, also bis zum Spender zurückgehen zu können. 19

Das Verfahren der Überprüfung des Verdachts und der Rückverfolgung ist an den „Stand der wissenschaftlichen Erkenntnisse“[8] gekoppelt und unterliegt damit einem dynamischen Entwicklungsprozess. Der Stand der wissenschaftlichen Erkenntnisse, der für Verfahren nach § 19 anzuwenden ist, orientiert sich an den Hämotherapie- Richtlinien sowie den Voten des „Arbeitskreises Blut“. 20

Durch die Verordnungsermächtigung nach § 20 hat sich der Gesetzgeber wohl eher eine letzte Maßnahme offen gehalten, um das Rückverfolgungsverfahren auch durch eine Rechtsverordnung regeln zu können. So auch die Gesetzesbegründung zu § 20. 21

[8] Nicht: „allgemein anerkannter Stand der medizinischen Wissenschaft und Technik“, der in §§ 12 und 18 TFG sowie den dafür einschlägigen Hämotherapie-Richtlinien festgestellt wird.

## 8. Meldewesen

22 Der fünfte Abschnitt des TFG regelt das Meldewesen. Er ist für die staatliche Einsichtnahme in das Transfusionswesen der bedeutendste Abschnitt und zusammen mit den Vorschriften des AMG über die behördliche Überwachung, die neben der vorliegenden Norm des TFG ebenfalls gelten, zu beachten.

### a. Empfänger der Daten

23 Anders als im AMG und im MPG ist nicht das Deutsche Institut für Medizinische Dokumentation und Information (DIMDI), Köln für das Sammeln der Informationen zuständig. Die Auskünfte nach § 21 sind dem Paul-Ehrlich-Institut (PEI), Langen gegenüber abzugeben, die epidemiologischen Daten nach § 22 TFG dagegen an das Robert-Koch-Institut (RKI), Berlin zu melden.

### b. Adressat der Meldepflicht

24 Daten nach § 21 haben der Träger der Spendeeinrichtung, pharmazeutische Unternehmer und Einrichtungen der Krankenversorgung zu melden und zwar im Nachhinein für das abgelaufene Kalenderjahr. § 21 und so auch § 22 TFG verfügen eine gesetzliche Meldepflicht. Unabhängig hiervon und zusätzlich sind die Spendeeinrichtungen nach § 22 TFG verpflichtet, epidemiologische Daten zu melden.

25 Warum das Gesetz an dieser Stelle vom „Träger der Spendeeinrichtung" spricht, bleibt unerfindlich. In § 22 TFG wird wieder der Begriff der „Spendeeinrichtung“ benutzt, wie er durch § 2 Satz 2 TFG selbst festgelegt wurde.

### c. Inhalt der Meldung

26 Die in § 21 Abs. 1 Satz 1 genannten Einrichtungen und Personen haben unabhängig von der jeweiligen Rechtsform, in der sie betrieben werden, die Meldung zu erstatten. Zweck des Gesetzes ist es unter anderem, eine gesicherte Versorgung der Bevölkerung mit Blutprodukten zu schaffen. Hierzu ist es notwendig, Informationen darüber zu erhalten, in welchem Umfang Blut und Blutprodukte gewonnen, hergestellt, exportiert und importiert werden. Unter die meldepflichtigen Sachverhalte fallen auch die Eigenblutentnahmen. Aus den Angaben soll – so die Gesetzesbegründung – der Grad der Selbstversorgung entnommen werden können.

27 Eine gesonderte Meldepflicht besteht für Personen, die an angeborenen Hämostasestörungen leiden. Meldepflichtig sind die Einrichtungen der Krankenversorgung, in denen sie behandelt werden. Zu melden ist nur die Anzahl der behandelten Personen. Nach der Änderung von § 47 Abs. 1 Ziff. 2a AMG dürfen Blut und Blutprodukte zur Behandlung von Hämostasestörungen anders als andere Arzneimittel vom pharmazeutischen Unternehmer und Großhändler, unter Umgehung der Apotheken direkt an den, diese Patienten behandelnden, Arzt liefern. Vertragsärzte, die diese Behandlungen durchfuhren, fallen daher auch unter den Begriff „Einrichtung der Krankenversorgung“ und sind daher ihrerseits zur Meldung verpflichtet.

### d. Anonymisierung

§ 21 Abs. 2 legt fest, dass das Paul-Ehrlich-Institut als zuständige Bundesoberbehörde die gemeldeten Daten anonymisiert in einem Bericht zusammenstellt. § 22 sieht eine gesetzliche Meldepflicht für epidemiologische Daten vor, die im Rahmen der Testung von Spendern auf in Infektionsmarker erhoben werden. **28**

Empfänger der Daten ist das Robert-Koch-Institut (RKI) als „für die Epidemiologie zuständige Bundesoberbehörde". Das RKI bereitet die Daten auf und gibt die Gesamtübersicht zum 15. März eines jeden Jahres an das Paul-Ehrlich-Institut (PEI) als „zuständige Bundesoberbehörde" weiter. Das PEI wiederum soll die Daten in seinem Bericht nach § 21 Abs. 2 TFG aufnehmen. **29**

Für den Fall, dass die beteiligten Verkehrskreise insbesondere die Ärzte und die pharmazeutischen Unternehmer nicht dafür sorgen, dass die vorgeschriebenen Verfahren zum koordinierten Meldewesen und zur Erfassung epidemiologischer Daten reibungslos funktionieren, behält sich der Gesetzgeber die Regelung dieser Verfahren durch Rechtsverordnung vor. Die Norm ist analog dem § 20 TFG, setzt jedoch anders als dieser keinen besonderen Anlass voraus. **30**

## 9. Sachverständige

Mit § 24 wird der bisher bereits ohne Rechtsgrundlage existierende „Arbeitskreis Blut" beim Bundesministerium der Gesundheit auf gesetzlicher Grundlage als Beratungsgremium eingerichtet. Es entspricht wohl einem Zug der Zeit, in Spezialgesetzen die Einrichtung von Beratungsgremien vorzusehen. Dies ist schon in §§ 34 und 35 MPG mit dem Bund-Länder-Ausschuss und dem Ausschuss für Medizinprodukte geschehen. Die Aufgabe des „Arbeitskreises Blut" besteht darin, die Behörden des Bundes und der Länder zu beraten. **31**

## 10. Mitteilungspflichten

§ 25 TFG begründet für den Bereich der Behörden des Bundes und der Länder eine Pflicht, sich gegenseitig Verdachtsfälle schwerwiegender Natur bei Blutprodukten mitzuteilen. Es handelt sich bei der Pflicht nach § 25 TFG um einen ganz speziellen Fall, nämlich den der Mitteilung von Verdachtsfällen schwerwiegender Nebenwirkungen von Blutprodukten. § 25 Satz 2 TFG schreibt die Weitergabe von Geburtsdatum und Geschlecht des betroffenen Patienten zwischen den Behörden vor. **32**

### 11. Transfusions-, Straf- und Transfusions-Bußgeldvorschriften

33 Das Gesetz enthält in § 31 strafrechtliche und in § 32 Bußgeldvorschriften. Bei den Strafrechtsnormen handelt es sich um Nebenstrafrecht, bei den Bußgeldvorschriften um Sondervorschriften zum Ordnungswidrigkeitengesetz.

# Gesetz über das Apothekenwesen (Apothekengesetz – ApoG)

**Vom 15. Oktober 1980 (BGBl. I S. 1993)
zuletzt geändert durch Art. 36 des Gesetzes zur Stärkung des Wettbewerbs in der gesetzlichen Krankenversicherung (GKV-Wettbewerbsstärkungsgesetz – GKV-WSG) vom 26. März 2007 (BGBl. I S. 378 ), Art. 3 des Gesetzes vom 2.12.2007 (BGBl. I S. 2686) und Art. 16a des Gesetzes vom 28.5.2008 (BGBl. I S. 874)**

## ERSTER ABSCHNITT
## DIE ERLAUBNIS

### § 1

**(1) Den Apotheken obliegt die im öffentlichen Interesse gebotene Sicherstellung einer ordnungsgemäßen Arzneimittelversorgung der Bevölkerung.**

**(2) Wer eine Apotheke und bis zu drei Filialapotheken betreiben will, bedarf der Erlaubnis der zuständigen Behörde.**

**(3) Die Erlaubnis gilt nur für den Apotheker, dem sie erteilt ist, und für die in der Erlaubnisurkunde bezeichneten Räume.**

### § 2

**(1) Die Erlaubnis ist auf Antrag zu erteilen, wenn der Antragsteller**

1. **Deutscher im Sinne des Artikels 116 des Grundgesetzes, Angehöriger eines der übrigen Mitgliedstaaten der Europäischen Union oder eines anderen Vertragsstaates des Abkommens über den Europäischen Wirtschaftsraum oder eines Vertragsstaates, dem Deutschland und die Europäische Union vertraglich einen entsprechenden Rechtsanspruch eingeräumt haben, oder heimatloser Ausländer im Sinne des Gesetzes über die Rechtsstellung heimatloser Ausländer ist;**
2. **voll geschäftsfähig ist;**
3. **die deutsche Approbation als Apotheker besitzt;**
4. **die für den Betrieb einer Apotheke erforderliche Zuverlässigkeit besitzt; dies ist nicht der Fall, wenn Tatsachen vorliegen, welche die Unzuverlässigkeit des Antragstellers in bezug auf das Betreiben einer Apotheke dartun, insbesondere wenn strafrechtliche oder schwere sittliche Verfehlungen vorliegen, die ihn für die Leitung einer Apotheke ungeeignet erscheinen lassen, oder wenn er sich durch gröbliche oder beharrliche Zuwiderhandlung gegen dieses Gesetz, die auf Grund dieses Gesetzes erlassene Apothekenbetriebsordnung oder die für die Herstellung von Arzneimitteln und den Verkehr mit diesen erlassenen Rechtsvorschriften als unzuverlässig erwiesen hat;**

**4a.**
**5. die eidesstattliche Versicherung abgibt, daß er keine Vereinbarungen getroffen hat, die gegen § 8 Satz 2, § 9 Abs. 1, § 10 oder § 11 verstoßen, und den Kauf- oder Pachtvertrag über die Apotheke sowie auf Verlangen der zuständigen Behörde auch andere Verträge, die mit der Einrichtung und dem Betrieb der Apotheke in Zusammenhang stehen, vorlegt;**
**6. nachweist, daß er im Falle der Erteilung der Erlaubnis über die nach der Apothekenbetriebsordnung (§ 21) vorgeschriebenen Räume verfügen wird;**
**7. nicht in gesundheitlicher Hinsicht ungeeignet ist, eine Apotheke ordnungsgemäß zu leiten;**
**8. mitteilt, ob und gegebenenfalls an welchem Ort er in einem Mitgliedstaat der Europäischen Union oder in einem anderen Vertragsstaat des Abkommens über den Europäischen Wirtschaftsraum oder in einem Vertragsstaat, dem Deutschland und die Europäische Union vertraglich einen entsprechenden Rechtsanspruch eingeräumt haben, eine oder mehrere Apotheken betreibt.**

**(2) Abweichend von Absatz 1 ist einem approbierten Antragsteller, der nicht gemäß § 4 Abs. 1 Nr. 4 der Bundes-Apothekerordnung die pharmazeutische Prüfung im Geltungsbereich dieses Gesetzes bestanden hat, die Erlaubnis nur zu erteilen, wenn sie für eine Apotheke beantragt wird, die seit mindestens drei Jahren betrieben wird.**

**(2a) Ergänzend zu Absatz 1 Nr. 1 ist einem Antragsteller, der Bürger eines anderen Staates ist, die Erlaubnis für den Betrieb einer Apotheke in dem in Artikel 3 des Einigungsvertrages genannten Gebiet zu erteilen, wenn er am 1. Januar 1990 seinen ständigen Wohnsitz in dem in Artikel 3 des Einigungsvertrages genannten Gebiet hatte und die übrigen Voraussetzungen des Absatzes 1 erfüllt.**

**(3) Hat der Apotheker nach seiner Approbation oder nach Erteilung eines nach § 4 Abs. 1a bis 1d, 2 oder 3 der Bundes-Apothekerordnung der pharmazeutischen Prüfung gleichwertigen Diploms, Prüfungszeugnisses oder sonstigen Befähigungsnachweises mehr als zwei Jahre lang ununterbrochen keine pharmazeutische Tätigkeit ausgeübt, so ist ihm die Erlaubnis nur zu erteilen, wenn er im letzten Jahr vor der Antragstellung eine solche Tätigkeit mindestens sechs Monate lang wieder in einer in einem Mitgliedstaat der Europäischen Union oder in einem anderen Vertragsstaat des Abkommens über den Europäischen Wirtschaftsraum oder in einem Vertragsstaat, dem Deutschland und die Europäische Union vertraglich einen entsprechenden Rechtsanspruch eingeräumt haben, gelegenen Apotheke oder Krankenhausapotheke ausgeübt hat.**

**(4) Die Erlaubnis zum Betrieb mehrerer öffentlicher Apotheken ist auf Antrag zu erteilen, wenn**
**1. der Antragsteller die Voraussetzungen nach den Absätzen 1 bis 3 für jede der beantragten Apotheken erfüllt und**
**2. die von ihm zu betreibende Apotheke und die von ihm zu betreibenden Filialapotheken innerhalb desselben Kreises oder derselben kreisfreien Stadt oder in einander benachbarten Kreisen oder kreisfreien Städten liegen.**

**(5) Für den Betrieb mehrerer öffentlicher Apotheken gelten die Vorschriften dieses Gesetzes mit folgenden Maßgaben entsprechend:**

1. **Der Betreiber hat eine der Apotheken (Hauptapotheke) persönlich zu führen.**
2. **Für jede weitere Apotheke (Filialapotheke) hat der Betreiber schriftlich einen Apotheker als Verantwortlichen zu benennen, der die Verpflichtungen zu erfüllen hat, wie sie in diesem Gesetz und in der Apothekenbetriebsordnung für Apothekenleiter festgelegt sind. Soll die Person des Verantwortlichen geändert werden, so ist dies der Behörde von dem Betreiber eine Woche vor der Änderung schriftlich anzuzeigen.**

## § 3

**Die Erlaubnis erlischt**

1. **durch Tod;**
2. **durch Verzicht;**
3. **durch Rücknahme oder Widerruf der Approbation als Apotheker, durch Verzicht auf die Approbation oder durch Widerruf der Erlaubnis nach § 2 Abs. 2 der Bundes-Apothekerordnung;**
4. **wenn ein Jahr lang von der Erlaubnis kein Gebrauch gemacht worden ist; die zuständige Behörde kann die Frist verlängern, wenn ein wichtiger Grund vorliegt.**
5. **(weggefallen)**

## § 4

**(1) Die Erlaubnis ist zurückzunehmen, wenn bei ihrer Erteilung eine der Voraussetzungen nach § 2 nicht vorgelegen hat.**

**(2) Die Erlaubnis ist zu widerrufen, wenn nachträglich eine der Voraussetzungen nach § 2 Abs. 1 Nr. 1, 2, 4, 6 oder 7 weggefallen ist. Die Erlaubnis kann widerrufen werden, wenn der Erlaubnisinhaber nachträglich Vereinbarungen getroffen hat, die gegen § 8 Satz 2 auch in Verbindung mit Satz 4, § 9 Abs. 1, § 10 oder § 11 verstoßen.**

## § 5

**Wird eine Apotheke ohne Erlaubnis betrieben, so hat die zuständige Behörde die Apotheke zu schließen.**

## § 6

**Eine Apotheke darf erst eröffnet werden, nachdem die zuständige Behörde bescheinigt hat, daß die Apotheke den gesetzlichen Anforderungen entspricht (Abnahme).**

§ 7

**Die Erlaubnis verpflichtet zur persönlichen Leitung der Apotheke in eigener Verantwortung. Im Falle des § 2 Abs. 4 obliegen dem vom Betreiber nach § 2 Abs. 5 Nr. 2 benannten Apotheker die Pflichten entsprechend Satz 1; die Verpflichtungen des Betreibers bleiben unberührt. Die persönliche Leitung einer Krankenhausapotheke obliegt dem angestellten Apotheker.**

§ 8

**Mehrere Personen zusammen können eine Apotheke nur in der Rechtsform einer Gesellschaft bürgerlichen Rechts oder einer offenen Handelsgesellschaft betreiben; in diesen Fällen bedürfen alle Gesellschafter der Erlaubnis. Beteiligungen an einer Apotheke in Form einer Stillen Gesellschaft und Vereinbarungen, bei denen die Vergütung für dem Erlaubnisinhaber gewährte Darlehen oder sonst überlassene Vermögenswerte am Umsatz oder am Gewinn der Apotheke ausgerichtet ist, insbesondere auch am Umsatz oder Gewinn ausgerichtete Mietverträge sind unzulässig. Pachtverträge über Apotheken nach § 9, bei denen die Pacht vom Umsatz oder Gewinn abhängig ist, gelten nicht als Vereinbarungen im Sinne des Satzes 2. Die Sätze 1 bis 3 gelten für Apotheken nach § 2 Abs. 4 entsprechend.**

§ 9

**(1) Die Verpachtung einer Apotheke oder von Apotheken nach § 2 Abs. 4 ist nur in folgenden Fällen zulässig:**

1. **wenn und solange der Verpächter im Besitz der Erlaubnis ist und die Apotheke aus einem in seiner Person liegenden wichtigen Grund nicht selbst betreiben kann oder die Erlaubnis wegen des Wegfalls einer der Voraussetzungen nach § 2 Abs. 1 Nr. 7 widerrufen oder durch Widerruf der Approbation wegen des Wegfalls einer der Voraussetzungen nach § 4 Abs. 1 Satz 1 Nr. 3 der Bundes-Apothekerordnung erloschen ist;**
2. **nach dem Tode eines Erlaubnisinhabers durch seine erbberechtigten Kinder bis zu dem Zeitpunkt, in dem das jüngste der Kinder das 23. Lebensjahr vollendet. Ergreift eines dieser Kinder vor Vollendung des 23. Lebensjahres den Apothekerberuf, so kann die Frist auf Antrag verlängert werden, bis es in seiner Person die Voraussetzungen für die Erteilung der Erlaubnis erfüllen kann;**
3. **durch den überlebenden erbberechtigten Ehegatten oder Lebenspartner bis zu dem Zeitpunkt der Heirat oder der Begründung einer Lebenspartnerschaft, sofern er nicht selbst eine Erlaubnis gemäß § 1 erhält.**

**Die Zulässigkeit der Verpachtung wird nicht dadurch berührt, daß nach Eintritt der in Satz 1 genannten Fälle eine Apotheke innerhalb desselben Ortes, in Städten innerhalb desselben oder in einen angrenzenden Stadtbezirk, verlegt wird oder daß ihre Betriebsräume geändert werden. Handelt es sich im Falle der Verlegung oder der Veränderung der Betriebsräume um eine Apotheke, die nach Satz 1 Nr. 1 verpachtet ist, so bedarf der Verpächter keiner neuen Erlaubnis. § 3 Nr. 5 bleibt unberührt.**

(1a) Stirbt der Verpächter vor Ablauf der vereinbarten Pachtzeit, so kann die zuständige Behörde zur Vermeidung unbilliger Härten für den Pächter zulassen, daß das Pachtverhältnis zwischen dem Pächter und dem Erben für die Dauer von höchstens zwölf Monaten fortgesetzt wird.

(2) Der Pächter bedarf der Erlaubnis nach § 1. Der Pachtvertrag darf die berufliche Verantwortlichkeit und Entscheidungsfreiheit des pachtenden Apothekers nicht beeinträchtigen.

(3) Für die Dauer der Verpachtung finden auf die Erlaubnis des Verpächters § 3 Nr. 4, § 4 Abs. 2, soweit sich diese Vorschrift auf § 2 Abs. 1 Nr. 6 bezieht, sowie § 7 Satz 1 keine Anwendung.

(4) Die nach Absatz 2 erteilte Erlaubnis ist zurückzunehmen, wenn bei ihrer Erteilung eine der Voraussetzungen nach Absatz 1 nicht vorgelegen hat; sie ist zu widerrufen, wenn nachträglich eine dieser Voraussetzungen weggefallen ist. § 4 bleibt unberührt.

### § 10

Der Erlaubnisinhaber darf sich nicht verpflichten, bestimmte Arzneimittel ausschließlich oder bevorzugt anzubieten oder abzugeben oder anderweitig die Auswahl der von ihm abzugebenden Arzneimittel auf das Angebot bestimmter Hersteller oder Händler oder von Gruppen von solchen zu beschränken.

### § 11

(1) Erlaubnisinhaber und Personal von Apotheken dürfen mit Ärzten oder anderen Personen, die sich mit der Behandlung von Krankheiten befassen, keine Rechtsgeschäfte vornehmen oder Absprachen treffen, die eine bevorzugte Lieferung bestimmter Arzneimittel, die Zuführung von Patienten, die Zuweisung von Verschreibungen oder die Fertigung von Arzneimitteln ohne volle Angabe der Zusammensetzung zum Gegenstand haben. § 140a des Fünften Buches Sozialgesetzbuch bleibt unberührt.

(2) Abweichend von Absatz 1 darf der Inhaber einer Erlaubnis zum Betrieb einer öffentlichen Apotheke auf Grund einer Absprache anwendungsfertige Zytostatikazubereitungen, die im Rahmen des üblichen Apothekenbetriebes hergestellt worden sind, unmittelbar an den anwendenden Arzt abgeben.

(3) Der Inhaber einer Erlaubnis zum Betrieb einer Krankenhausapotheke darf auf Anforderung des Inhabers einer Erlaubnis zum Betrieb einer öffentlichen Apotheke die im Rahmen seiner Apotheke hergestellten anwendungsfertigen Zytostatikazubereitungen an diese öffentliche Apotheke oder auf Anforderung des Inhabers einer Erlaubnis zum Betrieb einer anderen Krankenhausapotheke an diese Krankenhausapotheke abgeben. Dies gilt entsprechend für den Inhaber einer Erlaubnis zum Betrieb einer öffentlichen Apotheke für die Abgabe der in Satz 1 genannten Arzneimittel an eine Kranken-

**hausapotheke oder an eine andere öffentliche Apotheke. Eines Vertrages nach § 14 Abs. 3 oder 4 bedarf es nicht.**

**(4) Im Falle einer bedrohlichen übertragbaren Krankheit, deren Ausbreitung eine sofortige und das übliche Maß erheblich überschreitende Bereitstellung von spezifischen Arzneimitteln erforderlich macht,**

**a) findet Absatz 1 keine Anwendung auf Arzneimittel, die von den Gesundheitsbehörden des Bundes oder der Länder oder von diesen benannten Stellen nach § 47 Abs. 1 Satz 1 Nr. 3c des Arzneimittelgesetzes bevorratet oder nach § 21 Abs. 1c des Arzneimittelgesetzes hergestellt wurden,**

**b) gilt Absatz 3 Satz 1 und 2 entsprechend für Zubereitungen aus von den Gesundheitsbehörden des Bundes oder der Länder oder von diesen benannten Stellen bevorrateten Wirkstoffen.**

## § 11a

**Die Erlaubnis zum Versand von apothekenpflichtigen Arzneimitteln gemäß § 43 Abs. 1 Satz 1 des Arzneimittelgesetzes ist dem Inhaber einer Erlaubnis nach § 2 auf Antrag zu erteilen, wenn er schriftlich versichert, dass er im Falle der Erteilung der Erlaubnis folgende Anforderungen erfüllen wird:**

**1. Der Versand wird aus einer öffentlichen Apotheke zusätzlich zu dem üblichen Apothekenbetrieb und nach den dafür geltenden Vorschriften erfolgen, soweit für den Versandhandel keine gesonderten Vorschriften bestehen.**

**2. Mit einem Qualitätssicherungssystem wird sichergestellt, dass**

**a) das zu versendende Arzneimittel so verpackt, transportiert und ausgeliefert wird, dass seine Qualität und Wirksamkeit erhalten bleibt,**

**b) das versandte Arzneimittel der Person ausgeliefert wird, die von dem Auftraggeber der Bestellung der Apotheke mitgeteilt wird. Diese Festlegung kann insbesondere die Aushändigung an eine namentlich benannte natürliche Person oder einen benannten Personenkreis beinhalten,**

**c) die Patientin oder der Patient auf das Erfordernis hingewiesen wird, mit dem behandelnden Arzt Kontakt aufzunehmen, sofern Probleme bei der Medikation auftreten und**

**d) die Beratung durch pharmazeutisches Personal in deutscher Sprache erfolgen wird.**

**3. Es wird sichergestellt, dass**

**a) innerhalb von zwei Arbeitstagen nach Eingang der Bestellung das bestellte Arzneimittel versandt wird, soweit das Arzneimittel in dieser Zeit zur Verfügung steht, es sei denn, es wurde eine andere Absprache mit der Person getroffen, die das Arzneimittel bestellt hat; soweit erkennbar ist, dass das bestellte Arzneimittel nicht innerhalb der in Satz 1 genannten Frist versendet werden kann, ist der Besteller in geeigneter Weise davon zu unterrichten,**

**b) alle bestellten Arzneimittel geliefert werden, soweit sie im Geltungsbereich des Arzneimittelgesetzes in den Verkehr gebracht werden dürfen und verfügbar sind,**
**c) für den Fall von bekannt gewordenen Risiken bei Arzneimitteln ein geeignetes System zur Meldung solcher Risiken durch Kunden, zur Information der Kunden über solche Risiken und zu innerbetrieblichen Abwehrmaßnahmen zur Verfügung steht,**
**d) eine kostenfreie Zweitzustellung veranlasst wird,**
**e) ein System zur Sendungsverfolgung unterhalten wird und**
**f) eine Transportversicherung abgeschlossen wird.**

**Im Falle des elektronischen Handels mit apothekenpflichtigen Arzneimitteln gilt Satz 1 mit der Maßgabe, dass die Apotheke auch über die dafür geeigneten Einrichtungen und Geräte verfügen wird.**

### § 11b

**(1) Die Erlaubnis nach § 11a ist zurückzunehmen, wenn bei ihrer Erteilung eine der Voraussetzungen nach § 11a nicht vorgelegen hat.**

**(2) Die Erlaubnis ist zu widerrufen, wenn nachträglich eine der Voraussetzungen nach § 11a weggefallen ist. Die Erlaubnis kann widerrufen werden, wenn Tatsachen die Annahme rechtfertigen, dass der Erlaubnisinhaber entgegen einer vollziehbaren Anordnung der zuständigen Behörde die Apotheke nicht den Anforderungen des § 11a Satz 1 Nr. 1 bis 3, Satz 2 oder einer Rechtsverordnung nach § 21 entsprechend betreibt.**

**(3) Wird der Versandhandel ohne Erlaubnis betrieben, gilt § 5 entsprechend.**

### § 12

**Rechtsgeschäfte, die ganz oder teilweise gegen § 8 Satz 2, § 9 Abs. 1, § 10 oder § 11 verstoßen, sind nichtig.**

### § 12a

**(1) Der Inhaber einer Erlaubnis zum Betrieb einer öffentlichen Apotheke ist verpflichtet, zur Versorgung von Bewohnern von Heimen im Sinne des § 1 des Heimgesetzes mit Arzneimitteln und apothekenpflichtigen Medizinprodukten mit dem Träger der Heime einen schriftlichen Vertrag zu schließen. Der Vertrag bedarf zu seiner Rechtswirksamkeit der Genehmigung der zuständigen Behörde. Die Genehmigung ist zu erteilen, wenn**

**1. die öffentliche Apotheke und die zu versorgenden Heime innerhalb desselben Kreises oder derselben kreisfreien Stadt oder in einander benachbarten Kreisen oder kreisfreien Städten liegen,**
**2. die ordnungsgemäße Arzneimittelversorgung gewährleistet ist, insbesondere Art und Umfang der Versorgung, das Zutrittsrecht zum Heim sowie die Pflichten zur Überprüfung der ordnungsgemäßen, bewohnerbezogenen Aufbewahrung der von ihm gelieferten Produkte durch pharmazeuti-**

**sches Personal der Apotheke sowie die Dokumentation dieser Versorgung vertraglich festgelegt sind,**
3. **die Pflichten des Apothekers zur Information und Beratung von Heimbewohnern und des für die Verabreichung oder Anwendung der gelieferten Produkte Verantwortlichen festgelegt sind, soweit eine Information und Beratung zur Sicherheit der Heimbewohner oder der Beschäftigten des Heimes erforderlich sind,**
4. **der Vertrag die freie Apothekenwahl von Heimbewohnern nicht einschränkt und**
5. **der Vertrag keine Ausschließlichkeitsbindung zugunsten einer Apotheke enthält und die Zuständigkeitsbereiche mehrerer an der Versorgung beteiligter Apotheken klar abgrenzt.**

**Nachträgliche Änderungen oder Ergänzungen des Vertrages sind der zuständigen Behörde unverzüglich anzuzeigen.**

**(2) Die Versorgung ist vor Aufnahme der Tätigkeit der zuständigen Behörde anzuzeigen.**

**(3) Soweit Bewohner von Heimen sich selbst mit Arzneimitteln und apothekenpflichtigen Medizinprodukten aus öffentlichen Apotheken versorgen, bedarf es keines Vertrages nach Absatz 1.**

## § 13

**(1) Nach dem Tode des Erlaubnisinhabers dürfen die Erben die Apotheke für längstens 12 Monate durch einen Apotheker verwalten lassen.**

**(1a) Stirbt der Pächter einer Apotheke vor Ablauf der vereinbarten Pachtzeit, so kann die zuständige Behörde zur Vermeidung unbilliger Härten für den Verpächter zulassen, daß dieser die Apotheke für die Dauer von höchstens zwölf Monaten durch einen Apotheker verwalten läßt.**

**(1b) Der Verwalter bedarf für die Zeit der Verwaltung einer Genehmigung. Die Genehmigung ist zu erteilen, wenn er die Voraussetzungen des § 2 Abs. 1 Nr. 1 bis 4, 7 und 8 erfüllt.**

**(2) Die Genehmigung erlischt, wenn der Verwalter nicht mehr die Approbation als Apotheker besitzt. § 4 ist entsprechend anzuwenden.**

**(3) Der Verwalter ist für die Beachtung der Apothekenbetriebsordnung und der Vorschriften über die Herstellung von Arzneimitteln und den Verkehr mit diesen verantwortlich.**

**Übersicht** **Rz.**



**Literatur**

Breyer, Gesetz über das Apothekenwesen, 1961; Henssler, Die Freiberufler-GmbH, ZIP 1994, 844; Koyuncu, Das Haftungsdreieck Pharmaunternehmer-Arzt-Patient, 2004; Rieger, Die Heilkunde-GmbH in der Rechtsprechung MedR 1995, 87; Schiedermair, Pieck, Apo-Gesetz, 1981; Taupitz, Das apothekenrechtliche Verbot des Mehrbesitzes – auf ewig verfassungsfest? NJW 1999, 1751; ders., Zur Verfassungswidrigkeit des Verbots ärztliche Praxen in der Rechtsform einer juristischen Person des Privatrechts zu führen, NJW 1996, 3033.

## I. Die Bedeutung der Normen

Das Gesetz regelt die Voraussetzungen, unter denen eine Apotheke betrieben werden darf und wie sie ausgestattet und eingerichtet sein muss sowie unter welchen weiteren Voraussetzungen die Arzneimittelversorgung über eine Krankenhausapotheke erfolgen darf. Das ApoGesetz selbst gibt keine Definition dessen, was eine Apotheke ist. Der Begriff wird wohl als bekannt vorausgesetzt. Die Zuständigkeit des Bundes zum Erlass des Gesetzes folgt aus Art. 74 Abs. 1 Nr. 19 GG (Verkehr mit Arznei- Heil- und Betäubungsmitteln und Giften). Das Gesetz scheint inzwischen ebenfalls vom Sog der in schöner Regelmäßigkeit vom Arzneimittelgesetz ausgehenden Veränderungen erfasst zu sein. Zunächst wurden Vorschriften über den (nunmehr möglichen) Filialbetrieb von Apotheken und den Versandhandel sowie die Heimversorgung mit Arzneimitteln ins Gesetz aufgenommen, sodann die Vorschrift über den Betrieb von Krankenhausapotheken verändert. Mit der (vorerst) letzten Änderung wurde der kürzlich erst geänderte § 14 ApoG erneut geändert. Die nächste Änderung erfolgtemit der 14. Novelle zum AMG an. 1

## II. Die Apotheke

2 Unter einer Apotheke versteht man einen Gewerbebetrieb, der unter fachlicher Leitung eines approbierten Apothekers steht, der für die Zubereitung und den Verkauf von Arzneimitteln nach ärztlicher Verordnung oder im Freiverkauf zuständig ist.[1]

3 Apotheke und Apotheker sind damit in den Verkehr mit Arzneimitteln einbezogen und erfüllen dadurch einen Teilzweck im Sinne des § 1 AMG, indem sie vor allem für die Sicherheit der Arzneimittelversorgung von Mensch und Tier verantwortlich zeichnen.

## III. Die Erlaubnis zum Betrieb einer Apotheke

4 Der erste Abschnitt des Gesetzes regelt den Grundsatz, dass eine Apotheke nur aufgrund einer behördlichen Erlaubnis eröffnet und betrieben werden darf.

5 § 1 ApoG ist vor dem Hintergrund von Art. 12 GG und dem Umstand zu sehen, dass dem Apotheker bei der Arzneimittelversorgung von Mensch und Tier eine Monopolstellung eingeräumt wird. Das Bundesverfassungsgericht hat sich in einer seiner epochalen Entscheidungen zur Berufsfreiheit, nämlich im Apothekenurteil, für die Berufs- und Niederlassungsfreiheit und gegen eine Zulassungsbeschränkung ausgesprochen. Das Bayerische ApoGesetz hatte eine Vorschrift enthalten, wonach die Erteilung einer Erlaubnis zum Betrieb einer Apotheke u.a. davon abhängig gemacht werden sollte, dass deren wirtschaftliche Grundlage gesichert und durch ihren Betrieb die wirtschaftliche Grundlage benachbarter Apotheken nicht so weit beeinträchtigt wird, dass die Voraussetzungen für den ordnungsgemäßen Apothekenbetrieb beeinträchtigt würden. Das Bundesverfassungsgericht hat diese indirekte objektive Zulassungsvoraussetzung für unvereinbar mit Art. 12 GG erklärt und im genannten Urteil nicht nur seine berühmte Stufentheorie bei der Beschränkung von Berufswahl und Berufsausübung entwickelt, sondern dem Gesetzgeber geradezu ins Stammbuch geschrieben, dass es im Bereich der Arzneimittelversorgung noch eine Fülle von Möglichkeiten zur Regelung gebe, die Sicherheit der Arzneimittelversorgung zu gewährleisten.[2] Der Gesetzgeber hat derlei Regelungen z. B. mit der Festlegung apotheken- und verschreibungspflichtiger Arzneimittel (wenngleich mit Ausnahmen), dem Verbot der Selbstbedienung aber auch durch Überwachung der im Bereich der Arzneimittelversorgung tätigen Betriebe und Einrichtungen (wozu auch die Apotheken gehören) getroffen (vgl. hierzu die Kommentierung zu §§ 43, 53, 64 ff. AMG). Auch der gesetzlichen Vorbehalt, dass nur ein Apotheker eine Apotheke führen dürfe, fällt hierunter. Er dient

---

1 Rieger, Rz. 66.

2 BVerfG NJW 1958 1035; zu der (existentiellen) Frage, ob eine Apotheke auch am Sonntag geöffnet haben darf, wurde ebenfalls das BVerfG bemüht: sie darf, NJW 02, 666.

dem Schutz der Gesundheit der Bevölkerung, auferlegt dem Apotheker im Gegenzug aber eine verschärfte Pflicht zur Beratung der Kunden[3]

Interessant ist in diesem Zusammenhang auch die Entwicklung im Nachbarland Österreich. Hier besteht nach wie vor eine qualifizierte Bedürfnisprüfung bei der Zulassung neuer öffentlicher Apotheken. Auch nach der Entscheidung des Verfassungsgerichtshofes[4] besteht danach ein Bedarf nicht, wenn die Zahl der von einer Betriebsstätte einer öffentlichen Apotheke zu versorgenden Personen sich infolge der Neueinrichtung verringert und weniger als 5 500 betragen wird ( § 10 Abs. 2 Nr. 3 ApoG). Es handelt sich um ein negatives Bedarfskriterium. 6

Die Erlaubnis gilt nur für den Apotheker, dem sie erteilt wurde. Damit nimmt das Gesetz Abstand von der Realkonzession (die verkauft und früher sogar vererbt werden konnte) und geht zur Personalkonzession über. Was mit den alten Realkonzessionen geschehen soll, ist in den Übergangsvorschriften geregelt. 7

Geklärt hat der Gesetzgeber die bisher lebhaft umstrittene Frage, ob ein Apotheker mit einer Erlaubnis mehrere Apotheken betreiben darf[5]. Er darf. Nach der nunmehr Gesetz gewordenen Regelung darf er. bis zu drei Filialapotheken betreiben. Diese müssen aber in räumlicher Nähe der Hauptapotheke liegen, also in derselben kreisfreien Stadt oder im selben Kreis oder auch im Nachbarkreis oder der benachbarten kreisfreien Stadt. Zusätzlich muss der Betreiber eine der Apotheken selbst führen und für die übrigen einen verantwortlichen Apotheker benennen, der den Pflichten des ApoG und der ApBetrO nachzukommen hat. 8

## IV. Persönliche Voraussetzungen des Antragstellers

In § 2 ApoG sind die Voraussetzungen festgelegt, die der Antragsteller in seiner Person erfüllt muss, will er die Erlaubnis erhalten. 9

Im Wesentlichen ist zu unterscheiden zwischen Antragstellern, die Deutsche im Sinne des Art. 116 GG sind und eine Ausbildung als Apotheker mit einer deutschen Abschlussprüfung nachweisen können. 10

Gleichgestellt sind Antragsteller aus den übrigen Mitgliedsstaaten der Europäischen Union und der Vertragsstaaten des Abkommens über den Europäischen Wirtschaftsraum sowie heimatlose Ausländer. Diese Antragsteller müssen die Ausbildung als Apotheker mit einem der in der Anlage zu § 2 ApoG aufgeführten 11

---

3 Vgl. hierzu EuGH, Urt. v. 19.5.2009 C 171/07 – DocMorris.

4 Entscheidung vom 2. März 1998, BGBl. I Nr.53/1998; Serban, Hensler, Apothekengesetz 1998, § 10 S. 80.

5 Was nach dem bisherigen Wortlaut des Gesetzes nicht ausgeschlossen war. Bisher verneinend: Breyer, § 1 Anm. 9, § 3 Anm. 5; Schiedermeir, Pieck, Gr. V, bejahend: Taupitz, NJW 1999, 1751; Das Bundesverfassungsgericht hat das Mehrbetriebsverbot 1964 für verfassungsmäßig gehalten NJW 1964, 1067.

Diplom abgeschlossen haben. Die Erlaubnis wird nur für den Betrieb einer Apotheke erteilt, die bereits seit mindestens drei Jahren betrieben wird.

12 Das Gesetz geht davon aus, dass der Antragsteller, der aus einem Mitgliedstaat der Europäischen Union und des Abkommens über den Europäischen Wirtschaftsraum kommen, kontinuierlich in ihrem Beruf tätig waren. Ist dies nicht der Fall, hat er den Nachweis zu führen, dass er eine entsprechende Tätigkeit im letzten Jahr vor der Antragstellung mindestens sechs Monate lang in einer Apotheke oder als Krankenhausapotheker ausgeübt hat.

### V. Rücknahme und Widerruf der Erlaubnis

13 Rücknahme und Widerruf der Erlaubnis zum Betrieb einer Apotheke sind Verwaltungsakte. Wann die Erlaubnis zurückgenommen oder widerrufen werden kann, richtet sich nach den Verwaltungsverfahrensgesetzen des Bundes und der Länder. Die Rücknahme der Erlaubnis bezieht sich dabei auf eine rechtmäßig erteilte Erlaubnis. Sie ist nur unter besonders engen Voraussetzungen möglich. Der Inhaber der Erlaubnis soll auf deren Bestand vertrauen können. Der Widerruf bezieht sich auf eine rechtswidrig erteilte Erlaubnis. Hier geht es darum, einen rechtswidrigen Zustand zu beseitigen, was der Behörde verständlicherweise jederzeit möglich sein muss.[6]

14 Die Erlaubnis ist in den in § 4 Abs. 2 ApoG genannten Fällen zu widerrufen, wenn die Voraussetzungen für ihre Erteilung weggefallen sind. Sie kann widerrufen werden, wenn der Inhaber Absprachen getroffen hat, die gegen das Apothekengesetz verstoßen, insbesondere beim Betrieb, der Verpachtung einer Apotheke und wenn unzulässige Absprachen oder Vereinbarungen bei der Versorgung mit Arzneimitteln getroffen worden sind.

### VI. Schließung einer widerrechtlich betriebenen Apotheke

15 Liegen die Voraussetzungen für den Betrieb einer Apotheke nicht vor oder sind sie weggefallen, wird die Apotheke also ohne ausreichende Rechtsgrundlage betrieben, so hat die Behörde die Apotheke zu schließen (§ 5 ApoG). Der Behörde steht in diesem Fall kein Ermessensspielraum zu. Sie hat die widerrechtlich betriebene Apotheke zu schließen.

### VII. Rechtsform des Apothekenbetriebes

16 § 8 ApoG begrenzt die Rechtsformen, in denen eine Apotheke betrieben werden kann, sofern dies mehrere Personen tun, auf die Gesellschaft Bürgerlichen Rechts und die Offene Handelsgesellschaft (oHG). Ausgeschlossen ist die Beteiligung an einer Apotheke in der Form einer Stillen Gesellschaft. Parallelen zum Betrieb einer Arztpraxis drängen sich auf. Allerdings ist zu berücksichtigen, dass mehrere Ärzte gemeinschaftlich eine Arztpraxis auch in der Rechtsform einer Partner-

---

[6] Vgl. hierzu Stelkens, Bonk, Kommentierung zu §§ 43 ff.

schaftsgesellschaft nach dem Partnerschaftsgesellschaftsgesetz (PartGG) betreiben können, Apotheker dagegen nicht. Ob der Betrieb einer Arztpraxis in der Rechtsform GmbH zulässig ist, ist ebenso umstritten[7] wie die landesrechtlichen Verbote[8] dies tun zu dürfen. Die Auffassung, dass diese Verbote verfassungswidrig sind, ist im Vordringen.[9]

Für § 8 ApoG stellt sich daher die berechtigte Frage, ob das Verbot anderer Rechtsformen nicht auch hier verfassungswidrig ist, vor allem dann, wenn man bedenkt, dass eine Apotheke im Gegensatz zu einer Arztpraxis ja ein Gewerbebetrieb ist. Warum soll es dem Apotheker verwehrt sein, ein unternehmerisches Risiko durch Wahl einer entsprechenden Rechtsform begrenzen zu können, solange die anderen, für den Betrieb einer Apotheke essentiellen Vorschriften eingehalten werden? Die Beschränkung der Beteiligung an einer in der Rechtsform einer juristischen Person des Privatrechts betriebenen Apotheke auf Apotheker ist sinnvoll und sachgerecht und wohl auch verfassungsrechtlich nicht zu beanstanden, weil hierdurch Besonderheiten bei der Aufgabe der Apotheken, bei der ordnungsgemäßen Versorgung der Bevölkerung mit Arzneimitteln im Vordergrund steht. 17

## VIII. Anforderungen an die Apotheke

Die baulichen und sächlichen Anforderungen an eine Apotheke sind im Wesentlichen in der Apothekenbetriebsordnung festgelegt. Diese Vorschriften bilden den Prüfungsmaßstab, nach welchem die Behörde eine Apotheke abzunehmen hat. 18

## IX. Anforderungen an den Apotheker

Der Apotheker hat den Nachweis der erforderlichen Ausbildung durch Vorlage der Approbation oder ob er Mitglied einer Staates der Europäischen Union oder des Abkommens über den Europäischen Wirtschaftsraumes ist, eines Diploms oder eines entsprechenden Ausbildungsabschlusses zu erbringen. Er muss geschäftsfähig sein, gesundheitlich im Stande sein, eine Apotheke zu leiten und er muss über die erforderliche Zuverlässigkeit verfügen. 19

## X. Unzulässige Absprachen

Eine Apotheke ist ein Gewerbebetrieb und der sie betreibende Apotheker will damit Gewinn erzielen. Dennoch soll er dies nicht um jeden Preis tun können. 20

Zu den verbotenen Maßnahmen zählen vor allem Absprachen, bestimmte Arzneimittel bevorzugt oder ausschließlich anzubieten oder abzugeben oder Arzneimittel nur von bestimmten Herstellern oder deren Gruppen abzunehmen. Rechts- und standeswidrig für den Apotheker sind auch Absprachen mit Ärzten über die Zu- 21

---

7 Der BGH hält die GmbH als Rechtsform für den Betrieb einer Zahnarztpraxis für zulässig, MedR 1994, 152 m. Anm. Taupitz.

8 Vgl. hierzu Bayern, Brandenburg, Nordrhein-Westfalen und Sachsen; vgl. zum Ganzen Ratzel in: Ratzel, Lippert, § 22 Rz. 14 ff.

9 Rieger, MedR 1995, 87; Taupitz, NJW 1996, 3033.

weisung von Patienten und ihren Verschreibungen. § 11 ApoG hat seine Entsprechung im Ärztlichen Standesrecht in § 34 Abs. 5 MBO.[10] Derlei Vereinbarungen sind rechtlich gesehen nichtig.

22 Die strikte und uneingeschränkte Anwendung von § 11 Abs. 1 in der Praxis hat zu Problemen bei der Versorgung von Patienten geführt, die ihr Arzt mit anwendungsfertigen Zytostatikazubereitungen behandeln wollte, weil eine Belieferung dieser Ärzte mit § 11 Abs. 1 nicht zu vereinbaren war. § 11 Abs. 2 regelt nun diese Belieferung als Ausnahme von Abs. 1. zulässig ist künftig auch die Belieferung einer öffentlichen Apotheke mit anwendungsfertigen Zytostatikazubereitungen durch eine Krankenhausapotheke oder die Lieferung von Krankenhausapotheke zu Krankenhausapotheke.

### XI. Der Tod des Erlaubnisinhabers

23 Mit dem Tod des Erlaubnisinhabers erlischt dessen Erlaubnis. Dieser Tod hat aber weitere Folgen für den Bestand der Apotheke: Zunächst dürfen die Erben des Erlaubnisinhabers die Apotheke längstens 12 Monate durch einen Apotheker verwalten lassen. Gleiches gilt, wenn der Pächter einer Apotheke stirbt. Der Verwalter benötigt hierzu eine Genehmigung, die im Vorliegen der Voraussetzungen des § 2 ApoG zu erteilen ist. Eine Apotheke kann auch verpachtet werden, bis nach dem Tod des Erlaubnisinhabers das Jüngste der Kinder das 23. Lebensjahr vollendet hat. Ergreift es vor Vollendung des 23. Lebensjahres den Apothekerberuf, so kann die Frist verlängert werden, bis es die Erlaubnis beantragen kann.

24 Mit diesen Sondervorschriften soll der Erhalt einer Apotheke ermöglicht werden. Parallelen zur Arztpraxis sind unschwer ersichtlich (Praxisverweser gemäß § 20 MBO).

### XII. Die Arzneimittelversorgung von Heimen

25 Die Versorgung von Pflegeheimen durch öffentliche Apotheken ist zum Problem geworden, weil auf diese Einrichtungen § 14 ApoG nicht anwendbar ist. Durch die entsprechende Neuregelung in § 12a wird es nun ermöglicht, dass öffentliche Apotheken diese Einrichtungen mit Arzneimitteln versorgen dürfen, wie dies bei Krankenhäusern über § 14 bereits bisher der Fall war. Auch hier ist ein schriftlicher Vertrag abzuschließen, der die Versorgung eines Trägers innerhalb eines Kreises oder einer kreisfreien Stadt oder eines benachbarten Kreises oder einer benachbarten kreisfreien Stadt zum Inhalt hat. Die öffentliche Apotheke, die die Versorgung sicherstellen will, muss in derselben Stadt oder in demselben Kreis oder im benachbarten Kreis oder der benachbarten kreisfreien Stadt gelegen sein. Der Vertrag darf die freie Wahl der Apotheke durch die Heimbewohner nicht beeinträchtigen und er darf keine Ausschließlichkeitsbindung für eine einzige Apotheke vorsehen.

---

[10] Vgl. hierzu Lippert in: Ratzel, Lippert, § 34 Rz. 7.

## XIII. Der Versand von Arzneimitteln als Versorgungsform

Der technische Fortschritt hat auch vor dem Handel mit Arzneimitteln nicht Halt gemacht. Zunehmend haben sich Verwender von Arzneimitteln diese nicht mehr über die Apotheke, sondern über das Internet und zudem über das Ausland und zudem noch auf elektronischem Wege beschafft[11]. Die beteiligten Verkehrskreise und der Gesetzgeber haben diesem neuen Vertriebsweg gegenüber zunächst ebenso hilfs- wie tatenlos agiert. Mit der nun Gesetz gewordenen Regelung glaubt der Gesetzgeber hier verlorenes Terrain gut zu machen. Deutsche Apotheker dürfen, wenn sie im Besitz einer Erlaubnis nach § 11a sind und dessen weitere Voraussetzungen erfüllen, Arzneimittel auch an Abnehmer versenden, auch im elektronischen Handel, vorausgesetzt, sie halten auch die ergänzenden Regelungen der ApBetrO ein. So viel Neuerung war auf einem verkrusteten Markt selten. 26

## XIV. Die Haftung des Apothekers

Behandlungsfehler im Sinne des Arzthaftungsrechtes kann es beim Apotheker nicht geben, weil er keine Befugnis zur Behandlung von Patienten besitzt. Gleichwohl können Fehler des Apothekers im Rahmen der Versorgung der Patienten mit Arzneimitteln zu Schäden beim Patienten führen, für die der Apotheker dem Patienten gegenüber einzustehen hat. 27

Zu trennen ist dabei zwischen der Abgabe von (rezeptpflichtigen) Fertigarzneimitteln, frei verkäuflichen Arzneimitteln sowie selbst hergestellten, weil die Fehlerquellen und ihre Folgen unterschiedlich sein können. Zu denken ist auch an eine Verletzung der Beratungspflicht, die der Apotheker bei der Abgabe der unterschiedlichen Arzneimittel in unterschiedlichem Umfang gegenüber dem Kunden/ Patienten wahrzunehmen hat. 28

### Vertrag

Der Vertrag über die Abgabe eines rezeptpflichtigen Fertigarzneimittels ist in der Regel als Kaufvertrag über eine vertretbare Sache zu qualifizieren, so lange der Kunde vom Apotheker keine umfangreichere Beratung sowie Auskünfte zu Wirkungen und Nebenwirkungen erbittet[12]. Ist eine Beratung in nennenswertem Umfang zu erbringen dann liegt ein gemischtypischer Vertrag mit Elementen des Kauf- und des Dienstvertrages vor. Verwechselt der Apotheker das rezeptpflichtige Arzneimittel[13], so hat der Kunde zunächst Anspruch auf eine fehlerfreie Nachlieferung. Treten durch Einnahme des falschen Medikamentes weitere Schäden auf, so hat der Apotheker diese nach § 280 Abs. 1 BGB zu ersetzen. Ein mitwirkendes Verschulden des Kunden wirkt sich dabei schadensmindern aus. 29

---

[11] Vgl hierzu Hanika, Arzneimittelhandel im Internet in: Rieger (Hrsg.) LdA Nr. 245 m.w. Nachw.; Koyuncu, S. 177.

[12] So auch LG Itzehoe, VersR 1969, 256; Koyuncu, S. 177 ff.

[13] LG Itzehoe, VersR 1969, 256.

30 Gleiches wird man auch bei frei verkäuflichen Fertigarzneimitteln annehmen können, wobei hier im Grundsatz ein gemischt- typischer Kauf- und Dienstvertrag anzunehmen ist, bei dem das Beratungselement stärker ausgeprägt sein kann, weil der Kunde die Beratung vom Apotheker auch erwartet. Fertigt der Apotheker das Arzneimittel auf entsprechende Rezeptur des Arztes speziell für diesen Kunden an, so liegt ein Werkvertrag vor. Ist das Werk fehlerhaft, weil der Apotheker bei der Herstellung etwa durch Missachtung von Vorschriften der Apothekenbetriebsordnung und durch Verstöße gegen das Arzneimittelbuch Fehler begeht, so hat der Kunde Anspruch auf Lieferung eines fehlerfreien oder auf Nachbesserung des fehlerhaften Werks. Auch hier sind Folgeschäden, gegebenenfalls gekürzt um einen Mitverschuldungsanteil, zu ersetzen.

**Geschäftsführung ohne Auftrag**

31 Eine Haftung des Apothekers unter dem Gesichtspunkt einer fehlerhaften, schuldhaften Geschäftsführung ohne Auftrag ist praktisch nicht denkbar.

**Unerlaubte Handlung**

32 Denkbar ist, dass ein Kunde durch die Anwendung eines vom Apotheker abgegebenen und vom behandelten Arzt rezeptierten Arzneimittel einen Schaden erleidet. Für diesen Schaden hat der Apotheker nach § 823 Abs. 1 BGB einzustehen, wenn die Gesundheit des Patienten geschädigt oder auch dessen Körper verletzt wird.

33 Eine Haftung nach § 823 Abs. 2 BGB ist dann in Betracht zu ziehen, wenn der Apotheker bei der Herstellung eines Arzneimittels Vorschriften der Apothekenbetriebsordnung oder sonstige, für die Herstellung von Arzneimitteln zu beachtende Vorschriften (nicht aber Leitlinien, SOPs u.ä.) schuldhaft außer Acht lässt. Diese Vorschriften sind Schutzgesetze im Sinne von § 823 Abs. 2 BGB.

34 Die Gefährdungshaftung nach § 84 Abs. 1 AMG wird – jedenfalls so lange der Apotheker Arzneimittel auf ärztliche Einzelrezepte für einen bestimmten Patienten herstellt – nicht einschlägig sein. Stellt der Apotheker von bestimmten Arzneimitteln Chargen in mehr oder weniger großem Umfang her, so kommt dem Sinne nach eine Anwendung von § 84 Abs. 1 AMG in Betracht, weil der Apotheker wie ein pharmazeutischer Hersteller auftritt[14].

**Kausalität**

35 Auch die Handlung oder das Unterlassen des Apothekers muss adäquat ursächlich für den eingetretenen Schaden sein. Die Unterbrechung des Kausalzusammenhangs kann dabei den Apotheker entlasten[15]. Die vorsätzliche Eigenschädigung des Patienten wird den Kausalzusammenhang regelmäßig unterbrechen. Nach den

---

[14] Wie hier: Deutsch, Medizinrecht, Rdn. 1194, OLG Karlsruhe, VersR 1989, 805, offengelassen bei Deutsch in Rdn. 1089 ff.

[15] Deutsch, Medizinrecht, Rdn.1194.

allgemeinen Grundsätzen über die Unterbrechung des Haftungszusammenhang darf jedoch das Verhalten des Patienten nicht durch den Fehler des Apothekers herausgefordert worden sein[16]. Keinen Fall der Unterbrechung sieht *Deutsch* folgerichtig dann für gegeben an, wenn der Apotheker ein verschreibungspflichtiges Schlafmittel ohne Rezept abgibt und der Kunde sich damit das Leben nimmt. Dieser Schaden liegt innerhalb Schutzzweckes der Norm. Ein Beschränkung der Apothekerhaftung kann ebenfalls durch Mitverschulden des Kunden eintreten, etwa bei Arzneimittelverwechslungen im Bereich des Apothekers[17].

**Beweislast**

Was die Verteilung der Beweislast im Prozess des Kunden gegen den Apotheker angeht, so wird man den Apotheker insoweit dem Arzt gleichstellen und dem Kunden die üblichen Beweiserleichterungen zuzubilligen haben. Dies gilt vor allem bei schweren Fehlern, die im Herrschaftsbereich des Apothekers ihre Ursache haben Für das Fehlen des Verschuldens hat der Apotheker nach der allgemeinen Vorschrift des § 280 Abs. 1 BGB den Beweis zu erbringen. **36**

## ZWEITER ABSCHNITT KRANKENHAUSAPOTHEKEN, BUNDESWEHRAPOTHEKEN, ZWEIGAPOTHEKEN, NOTAPOTHEKEN

### § 14

**(1) Dem Träger eines Krankenhauses ist auf Antrag die Erlaubnis zum Betrieb einer Krankenhausapotheke zu erteilen, wenn er**

**1. die Anstellung eines Apothekers, der die Voraussetzungen nach § 2 Abs. 1 Nr. 1 bis 4, 7 und 8 sowie Abs. 3, auch in Verbindung mit Abs. 2 oder 2a, erfüllt, und**

**2. die für Krankenhausapotheken nach der Apothekenbetriebsordnung vorgeschriebenen Räume nachweist.**

**Der Leiter der Krankenhausapotheke oder ein von ihm beauftragter Apotheker hat die Ärzte des Krankenhauses über Arzneimittel zu informieren und zu beraten, insbesondere im Hinblick auf eine zweckmäßige und wirtschaftliche Arzneimitteltherapie. Dies gilt auch insoweit, als die ambulante Versorgung berührt ist.**

**(2) Die Erlaubnis ist zurückzunehmen, wenn nachträglich bekannt wird, dass bei der Erteilung eine der nach Absatz 1 Satz 1 erforderlichen Voraussetzungen nicht vorgelegen hat. Sie ist zu widerrufen, wenn eine der Voraussetzun-**

---

16 Deutsch, Medizinrecht, Rdn. 1194.

17 Eugynon versus Enzynorm wie im Fall LG Itzehoe, VersR 1969, 256.

**gen nach Absatz 1 weggefallen ist oder wenn der Erlaubnisinhaber oder eine von ihm beauftragte Person den Bestimmungen dieses Gesetzes, der auf Grund des § 21 erlassenen Rechtsverordnung oder den für die Herstellung von Arzneimitteln oder den Verkehr mit diesen erlassenen Rechtsvorschriften gröblich oder beharrlich zuwiderhandelt. Entsprechend ist hinsichtlich der Genehmigung nach Absatz 5 Satz 1 und 3 zu verfahren, wenn die Voraussetzungen nach Absatz 5 Satz 2 nicht vorgelegen haben oder weggefallen sind.**

**(3) Wer als Inhaber einer Erlaubnis zum Betrieb einer Krankenhausapotheke nach Absatz 1 beabsichtigt, ein weiteres, nicht von ihm selbst getragenes Krankenhaus mit Arzneimitteln zu versorgen, hat dazu mit dem Träger dieses Krankenhauses einen schriftlichen Vertrag zu schließen.**

**(4) Wer als Träger eines Krankenhauses beabsichtigt, das Krankenhaus von dem Inhaber einer Erlaubnis zum Betrieb einer Apotheke nach § 1 Abs. 2 oder nach den Gesetzen eines anderen Mitgliedstaates der Europäischen Union oder eines anderen Vertragsstaates des Abkommens über den Europäischen Wirtschaftsraum versorgen zu lassen, hat mit dem Inhaber dieser Erlaubnis einen schriftlichen Vertrag zu schließen. Erfüllungsort für die vertraglichen Versorgungsleistungen ist der Sitz des Krankenhauses. Anzuwendendes Recht ist deutsches Recht.**

**(5) Der nach Absatz 3 oder 4 geschlossene Vertrag bedarf zu seiner Rechtswirksamkeit der Genehmigung der zuständigen Behörde. Diese Genehmigung ist zu erteilen, wenn sichergestellt ist, dass das Krankenhaus mit einer Apotheke nach Absatz 3 oder 4 einen Vertrag über die Arzneimittelversorgung des Krankenhauses durch diese Apotheke geschlossen hat, der folgende Voraussetzungen erfüllt:**

1. **die ordnungsgemäße Arzneimittelversorgung ist gewährleistet, insbesondere sind die nach der Apothekenbetriebsordnung oder bei Apotheken, die ihren Sitz in einem anderen Mitgliedstaat der Europäischen Union oder einem anderen Vertragsstaat des Abkommens über den Europäischen Wirtschaftsraum haben, nach den in diesem Staat geltenden Vorschriften erforderlichen Räume und Einrichtungen sowie das erforderliche Personal vorhanden;**
2. **die Apotheke liefert dem Krankenhaus die von diesem bestellten Arzneimittel direkt oder im Falle des Versandes im Einklang mit den Anforderungen nach § 11a;**
3. **die Apotheke stellt Arzneimittel, die das Krankenhaus zur akuten medizinischen Versorgung besonders dringlich benötigt, unverzüglich und bedarfsgerecht zur Verfügung;**
4. **eine persönliche Beratung des Personals des Krankenhauses durch den Leiter der Apotheke nach Absatz 3 oder 4 oder den von ihm beauftragten Apotheker der versorgenden Apotheke erfolgt bedarfsgerecht und im Notfall unverzüglich;**

5. die versorgende Apotheke gewährleistet, dass das Personal des Krankenhauses im Hinblick auf eine zweckmäßige und wirtschaftliche Arzneimitteltherapie von ihr kontinuierlich beraten wird;
6. der Leiter der versorgenden Apotheke nach Absatz 3 oder 4 oder der von ihm beauftragte Apotheker ist Mitglied der Arzneimittelkommission des Krankenhauses.

Eine Genehmigung der zuständigen Behörde ist auch für die Versorgung eines anderen Krankenhauses durch eine unter derselben Trägerschaft stehende Krankenhausapotheke erforderlich. Für die Erteilung der Genehmigung gilt Satz 2 entsprechend.

(6) Der Leiter der Krankenhausapotheke nach Absatz 1 oder einer Apotheke nach Absatz 4 oder ein von ihm beauftragter Apotheker hat die Arzneimittelvorräte des zu versorgenden Krankenhauses nach Maßgabe der Apothekenbetriebsordnung zu überprüfen und dabei insbesondere auf die einwandfreie Beschaffenheit und ordnungsgemäße Aufbewahrung der Arzneimittel zu achten. Zur Beseitigung festgestellter Mängel hat er eine angemessene Frist zu setzen und deren Nichteinhaltung der für die Apothekenaufsicht zuständigen Behörde anzuzeigen.

(7) Der Leiter der Krankenhausapotheke nach Absatz 1 oder ein von ihm beauftragter Apotheker oder der Leiter einer Apotheke nach Absatz 4 dürfen nur solche Krankenhäuser mit Arzneimitteln versorgen, mit denen rechtswirksame Verträge bestehen oder für deren Versorgung eine Genehmigung nach Absatz 5 Satz 3 erteilt worden ist. Die in Satz 1 genannten Personen dürfen Arzneimittel nur an die einzelnen Stationen und anderen Teileinheiten des Krankenhauses zur Versorgung von Patienten abgeben, die in dem Krankenhaus vollstationär, teilstationär, vor- oder nachstationär (§ 115a des Fünften Buches Sozialgesetzbuch) behandelt, ambulant operiert oder im Rahmen sonstiger stationsersetzender Eingriffe (§ 115b des Fünften Buches Sozialgesetzbuch) versorgt werden, ferner zur unmittelbaren Anwendung bei Patienten an ermächtigte Ambulanzen des Krankenhauses, insbesondere an Hochschulambulanzen (§ 117 des Fünften Buches Sozialgesetzbuch), psychiatrische Institutsambulanzen (§ 118 des Fünften Buches Sozialgesetzbuch), sozialpädiatrische Zentren (§ 119 des Fünften Buches Sozialgesetzbuch) und ermächtigte Krankenhausärzte (§ 116 des Fünften Buches Sozialgesetzbuch) sowie an Patienten im Rahmen der ambulanten Behandlung im Krankenhaus, wenn das Krankenhaus hierzu ermächtigt (§ 116a des Fünften Buches Sozialgesetzbuch) oder berechtigt (§§ 116b und 140b Abs. 4 Satz 3 des Fünften Buches Sozialgesetzbuch) ist. Bei der Entlassung von Patienten nach stationärer oder ambulanter Behandlung im Krankenhaus darf an diese die zur Überbrückung benötigte Menge an Arzneimitteln nur abgegeben werden, wenn im unmittelbaren Anschluss an die Behandlung ein Wochenende oder ein Feiertag folgt. Unbeschadet des Satzes 3 können an Patienten, für die die Verordnung häuslicher Krankenpflege nach § 92 Abs. 7 Satz 1 Nr. 3 des Fünften Buches Sozialgesetzbuch vorliegt, die zur Überbrückung benötigten Arzneimittel für längstens drei Tage abgegeben werden. An Beschäftigte des

**Krankenhauses dürfen Arzneimittel nur für deren unmittelbaren eigenen Bedarf abgegeben werden.**

**(8) Krankenhäuser im Sinne dieses Gesetzes sind Einrichtungen nach § 2 Nr. 1 des Krankenhausfinanzierungsgesetzes. Diesen stehen hinsichtlich der Arzneimittelversorgung gleich:**

**1. die nach Landesrecht bestimmten Träger und Durchführenden des Rettungsdienstes,**
**2. Kur- und Spezialeinrichtungen, die der Gesundheitsvorsorge oder der medizinischen oder beruflichen Rehabilitation dienen, sofern sie**
   **a) Behandlung oder Pflege sowie Unterkunft und Verpflegung gewähren,**
   **b) unter ständiger hauptberuflicher ärztlicher Leitung stehen und**
   **c) insgesamt mindestens 40 vom Hundert der jährlichen Leistungen für Patienten öffentlich-rechtlicher Leistungsträger oder für Selbstzahler abrechnen, die keine höheren als die den öffentlich-rechtlichen Leistungsträgern berechneten Entgelte zahlen.**

**Die nach Landesrecht bestimmten Träger und Durchführenden des Rettungsdienstes sowie Kur- und Spezialeinrichtungen sind als eine Station im Sinne des Absatzes 7 Satz 2 anzusehen, es sei denn, dass sie in Stationen oder andere Teileinheiten mit unterschiedlichem Versorgungszweck unterteilt sind. Dem Träger einer in Satz 2 genannten Einrichtung darf für diese eine Erlaubnis nach Absatz 1 nicht erteilt werden.**

**(9) Die Absätze 3, 4, 5 Satz 3 und Absatz 7 Satz 1 bis 3 finden keine Anwendung, soweit es sich um Arzneimittel zur Behandlung einer bedrohlichen übertragbaren Krankheit handelt, deren Ausbreitung eine sofortige und das übliche Maß erheblich überschreitende Bereitstellung von spezifischen Arzneimitteln erforderlich macht, und die von den Gesundheitsbehörden des Bundes oder der Länder oder von diesen benannten Stellen nach § 47 Abs. 1 Satz 1 Nr. 3c bevorratet oder nach § 21 Abs. 1c des Arzneimittelgesetzes hergestellt wurden.**

## § 15

**(1) Im Geschäftsbereich des Bundesministeriums der Verteidigung obliegt die Arzneimittelversorgung den Bundeswehrapotheken.**

**(2) Das Bundesministerium der Verteidigung regelt unter Berücksichtigung der besonderen militärischen Gegebenheiten in Dienstvorschriften die Errichtung der Bundeswehrapotheken sowie deren Einrichtung und Betrieb. Dabei stellt er sicher, daß die Angehörigen der Bundeswehr hinsichtlich der Arzneimittelversorgung und der Arzneimittelsicherheit nicht anders gestellt sind als Zivilpersonen.**

**(3) (weggefallen)**

## § 16

**(1) Tritt infolge Fehlens einer Apotheke ein Notstand in der Arzneimittelversorgung ein, so kann die zuständige Behörde dem Inhaber einer nahe gelegenen Apotheke auf Antrag die Erlaubnis zum Betrieb einer Zweigapotheke erteilen, wenn dieser die dafür vorgeschriebenen Räume nachweist.**

**(2) Zweigapotheken müssen verwaltet werden. § 13 gilt entsprechend.**

**(3) Die Erlaubnis nach Absatz 1 soll einem Apotheker nicht für mehr als eine Zweigapotheke erteilt werden.**

**(4) Die Erlaubnis wird für einen Zeitraum von fünf Jahren erteilt; sie kann erneut erteilt werden.**

## § 17

**Ergibt sich sechs Monate nach öffentlicher Bekanntmachung eines Notstandes in der Arzneimittelversorgung der Bevölkerung, daß weder ein Antrag auf Betrieb einer Apotheke noch einer Zweigapotheke gestellt worden ist, so kann die zuständige Behörde einer Gemeinde oder einem Gemeindeverband die Erlaubnis zum Betrieb einer Apotheke unter Leitung eines von ihr anzustellenden Apothekers erteilen, wenn diese die nach diesem Gesetz vorgeschriebenen Räume und Einrichtungen nachweisen. Der Apotheker muß die Voraussetzungen des § 2 Abs. 1 Nr. 1 bis 4 und 7 erfüllen.**

**Übersicht** **Rz.**



**Literatur**

Jäkel, Lippert, Die Versorgung des Rettungsdienstes mit Arznei- und Betäubungsmitteln, Notfall + Rettungsmedizin 2010 (im Druck); Lippert, Der Umgang mit Arzneimitteln im Rettungsdienst in: Sefrin (Hrsg.) Medikamentöse Therapie in der Notfallmedizin, Zuckschwerdt-Verlag, 1991, 13 ff.

### I. Die Bedeutung der Normen

Dieser zweite Abschnitt enthält die Spezialvorschriften für die zweite Säule der Arzneimittelversorgung des Menschen, nämlich die durch Krankenhausapotheken. Mit der Auflösung der strengen Teilung von stationärer und ambulanter Versorgung der Patienten ergeben sich auch Notwendigkeiten, die Vorschriften über die Arzneimittelversorgung durch Apotheken den veränderten Gegebenheiten anzupassen. Ausweislich der Begründung zum Gesetz, sollte die letzte Änderung § 14 europatauglich machen. Die räumliche Beschränkung für die versorgende Krankenhausapotheke auf Stadt- und Landkreise und diesen benachbarte Kreise wurde 1 als nicht europarechtskonform ersatzlos aus dem Gesetz genommen. Der Normanwender darf sich allerdings schon wundern, dass sich eine der alten Fassung von § 14 identische Vorschrift bei der Versorgung von Heimen durch öffentliche Apotheken nach wie vor im Gesetz findet (§ 12a). Warum sollte die Regelung an dieser Stelle nun aber plötzlich europarechtskonform sein?

### II. Krankenhausapotheken

2 Der Träger eines Krankenhauses kann nach entsprechender Erlaubnis und unter Erfüllung der entsprechenden Voraussetzungen eine eigene Krankenhausapotheke einrichten. Der Krankenhausträger, der über eine Erlaubnis zum Betrieb einer Krankenhausapotheke verfügt, kann durch diese Apotheke weitere Krankenhäuser im näheren räumlichen Umkreis mit Arzneimitteln versorgen. Die dazu notwendigen vertraglichen Absprachen bedürfen der behördlichen Genehmigung.

3 Umgekehrt kann der Inhaber einer Erlaubnis zum Betrieb einer Apotheke aufgrund vertraglicher Abmachung (Versorgungsvertrag) Krankenhäuser mit Arzneimitteln versorgen, sofern die räumlichen und personellen Voraussetzungen erfüllt werden und diese Krankenhäuser keine eigene Apotheke besitzen. Werden Patienten im Krankenhaus behandelt, so muss deren Versorgung mit Arzneimitteln für die Zeit nach der Entlassung ebenfalls sichergestellt werden. Krankenhäuser dürfen an diese Patienten, die zur Fortführung einer bereits eingeleiteten Therapie erforderlichen Arzneimittel überbrückungsweise zur Verfügung stellen, sofern die Entlassung unmittelbar vor einem Wochenende oder einem Feiertag erfolgt (§ 14 Abs. 7).

4 Auch die Belieferung der Rettungsdienste mit Arzneimitteln durch Krankenhäuser, an denen diese Einrichtungen stationiert sind, ist nunmehr ebenfalls möglich. § 14 Abs. 8 stellt die entsprechenden Einrichtungen den Krankenhäusern gleich.[18] Ebenfalls Krankenhäusern gleich gestellt werden unter bestimmten weiteren Voraussetzungen, die in Abs. 6 Nr. 2 näher genannt sind auch Kur- und Rehabilitationseinrichtungen.

5 Bei der Änderung in § 14 Abs. 9 handelt es sich um eine Folgeregelung für das Apothekenrecht Sie ergibt sich aus der letzten Änderung von § 47 Abs. 1 Nr. 3 AMG. Hier ist die bereits bisher bestehende Ausnahmeregelung für die Versorgung der Bevölkerung mit Impfstoffen um die Sicherstellung einer schnellen und ausreichenden Versorgung mit antibakteriellen und antiviralen Arzneimitteln – insbesondere im Falle einer möglichen Pandemie – ergänzt und erweitert worden.

### III. Bundeswehrapotheken

6 § 15 ApG enthält einer Sondervorschrift für die Arzneimittelversorgung der Bundeswehr, für deren Einrichtungen das Gesetz im Übrigen nicht gilt. Der Bundesminister der Verteidigung hat dabei sicherzustellen, dass Angehörige der Bundes-

[18] Lippert in: Sefrin (Hrsg.), S. 13 ff.; Jäkel, Lippert, Notfall + Rettungsmedizin 2010 (im Druck).

wehr bei der Versorgung mit Arzneimitteln nicht schlechter gestellt werden als Zivilpersonen.

**IV. Zweigapotheken**

Zweigapotheken sollen im Normalfall nicht eingerichtet werden. Ergibt sich aber, dass die ordnungsgemäße Versorgung der Bevölkerung mit Arzneimitteln in bestimmten Bereichen nicht gesichert ist, so kann der Betrieb einer Zweiapotheke befristet zugelassen werden. **7**

**V. Notapotheken**

§ 17 gibt der Behörde die Möglichkeit auf einen auf andere Weise nicht zu beseitigenden Notstand in der Versorgung mit Arzneimitteln zu reagieren: Eine Gebietskörperschaft kann die Erlaubnis zum Betrieb einer Apotheke erhalten unter Leitung eines angestellten Apothekers. **8**

## DRITTER ABSCHNITT APOTHEKENBETRIEBSORDNUNG UND AUSNAHMEREGELUNGEN FÜR BUNDESPOLIZEI UND BEREITSCHAFTSPOLIZEI

### §§ 18 bis 20

**(weggefallen)**

### § 21

**(1) Das Bundesministerium für Gesundheit wird ermächtigt, durch Rechtsverordnung mit Zustimmung des Bundesrates eine Apothekenbetriebsordnung zu erlassen, um einen ordnungsgemäßen Betrieb der Apotheken, Zweigapotheken und Krankenhausapotheken zu gewährleisten und um die Qualität der dort herzustellenden und abzugebenden Arzneimittel sicherzustellen. Hierbei sind die von der Weltgesundheitsorganisation aufgestellten Grundregeln für die Herstellung von Arzneimitteln und die Sicherung ihrer Qualität, die Vorschriften des Arzneibuches und die allgemein anerkannten Regeln der pharmazeutischen Wissenschaft zu berücksichtigen. Mit Zustimmung des Bundesrates können durch die Apothekenbetriebsordnung nach Satz 1 Regelungen über die Organisation, Ausstattung und Mitwirkung von Apotheken bei der Durchführung von nach dem Fünften Buch Sozialgesetzbuch vereinbarten Versorgungsformen erlassen werden. Weiterhin wird das Bundesministerium ermächtigt, durch Rechtsverordnung mit Zustimmung des Bundesrates Regelungen insbesondere zur Gestaltung einschließlich des Betreibens und der Qualitätssicherung von Informationen in elektronischen Medien, die in Verbindung mit dem elektronischen Handel mit Arzneimitteln verwendet werden, zu treffen.**

**(2) In der Apothekenbetriebsordnung nach Absatz 1 Satz 1 können Regelungen getroffen werden über**

1. **das Entwickeln, Herstellen, Erwerben, Prüfen, Ab- und Umfüllen, Verpacken und Abpacken, Lagern, Feilhalten, Abgeben und die Kennzeichnung von Arzneimitteln sowie die Absonderung oder Vernichtung nicht verkehrsfähiger Arzneimittel und über sonstige Betriebsvorgänge,**

1a. **die Anforderungen an den Versand, an den elektronischen Handel einschließlich Versand, an die Beratung und Information in Verbindung mit diesem Arzneimittelhandel und Sicherstellung der ordnungsgemäßen Aushändigung dieser Arzneimittel an den Endverbraucher, an Dokumentationspflichten sowie zur Bestimmung von Arzneimitteln oder Arzneimittelgruppen, deren Abgabe auf dem Wege des Versandhandels aus Gründen der Arzneimittelsicherheit oder des Verbraucherschutzes nicht zulässig ist, soweit nicht mit angemessenen Mitteln die Arzneimittelsicherheit und der Verbraucherschutz gewährleistet werden können und die Annahme der Risiken begründet ist und die Risiken unverhältnismäßig sind,**

2. **die Führung und Aufbewahrung von Nachweisen über die in Nummer 1 genannten Betriebsvorgänge,**
3. **die besonderen Versuchsbedingungen und die Kontrolle der bei der Entwicklung, Herstellung und Prüfung von Arzneimitteln verwendeten Tiere sowie die Führung und Aufbewahrung von Nachweisen darüber; die Vorschriften des Tierschutzgesetzes und der auf Grund des Tierschutzgesetzes erlassenen Rechtsverordnungen bleiben unberührt,**
4. **die Anforderungen an das Apothekenpersonal und dessen Einsatz,**
5. **die Vertretung des Apothekenleiters,**
6. **die Größe, Beschaffenheit, Ausstattung und Einrichtung der Apothekenbetriebsräume sowie der sonstigen Räume, die den Versand und den elektronischen Handel einschließlich Versand mit Arzneimitteln sowie die Beratung und Information in Verbindung mit diesem Handel betreffen,**
7. **die Beschaffenheit und die Kennzeichnung der Behältnisse in der Apotheke,**
8. **die apothekenüblichen Waren, die Nebengeschäfte, die Dienstbereitschaft und das Warenlager der Apotheken sowie die Arzneimittelabgabe innerhalb und außerhalb der Apothekenbetriebsräume,**
9. **die Voraussetzungen der Erlaubniserteilung für die Errichtung von Rezeptsammelstellen und das dabei zu beachtende Verfahren sowie die Voraussetzungen der Schließung von Rezeptsammelstellen und die Anforderungen an ihren Betrieb,**
10. **die Benennung und den Verantwortungsbereich von Kontrolleitern in Apotheken,**
11. **die Zurückstellung von Chargenproben sowie deren Umfang und Lagerungsdauer,**
12. **die Anforderungen an die Hygiene in den Apotheken und**
13. **die Überprüfung der Arzneimittelvorräte in Krankenhäusern sowie die Führung und Aufbewahrung von Nachweisen darüber.**

**(3) In der Rechtsverordnung nach Absatz 1 Satz 4 können insbesondere folgende Regelungen zur Gestaltung einschließlich des Betreibens und der Qualitätssicherung von Informationen in elektronischen Medien getroffen werden, die in Verbindung mit dem elektronischen Handel mit Arzneimitteln verwendet werden:**

1. **Darbietung und Anwendungssicherheit,**
2. **Bestellformular und dort aufgeführte Angaben,**
3. **Fragebogen zu für die Arzneimitteltherapie relevanten Angaben, soweit diese aus Gründen der Arzneimittelsicherheit erforderlich sein können,**
4. **Informationen zur Arzneimittelsicherheit,**
5. **Vermittlungsart und -qualität der Information,**
6. **Qualitätssicherung, Qualitätskontrolle und Qualitätsbestätigung,**
7. **Zielgruppenorientierung,**
8. **Transparenz,**
9. **Urheberschaft der Webseite und der Informationen,**
10. **Geheimhaltung und Datenschutz,**
11. **Aktualisierung von Informationen,**
12. **Verantwortlichkeit und Ansprechpartner für Rückmeldungen,**
13. **Zugreifbarkeit auf gesundheits- oder arzneimittelbezogene Daten oder Inhalte,**
14. **Verlinkung zu anderen Webseiten und sonstigen Informationsträgern,**
15. **Einrichtungen zur Erkennung und Überprüfung des Status der Überwachung oder Überprüfung der Apotheke und der Webseite sowie deren Grundlagen.**

**(4) Soweit Apotheken eine Erlaubnis zur Herstellung von Arzneimitteln nach den Vorschriften des Arzneimittelgesetzes haben, gelten für den Apothekenbetrieb die Apothekenbetriebsordnung, für den Herstellungsbetrieb die entsprechenden Vorschriften des Arzneimittelrechts.**

## § 22

**Einrichtungen, die der Arzneimittelversorgung der Angehörigen der Bundespolizei und der Bereitschaftspolizeien der Länder im Rahmen der freien Heilfürsorge sowie ihrer Tierbestände dienen, unterliegen nicht den Vorschriften dieses Gesetzes.**

### Literatur

Cyran, Rotta, Apothekenbetriebsordnung, Kommentar, 4. Aufl. 1994, Loseblatts. Stand: 1998; Pfeil, Pieck, Blume, Apothekenbetriebsordnung, Kommentar, 5. Aufl. 1987, Loseblatts. Stand: 1993;

### I. Die Bedeutung der Normen

Dieser Abschnitt enthält die Ermächtigung zum Erlass der Apothekenbetriebsordnung, regelt die Unanwendbarkeit des Gesetzes für Einrichtungen zur Versorgung 1 der Angehörigen des Bundesgrenzschutzes und der Bundeswehr mit Arzneimitteln.

### II. Überwachung der Apotheken

2 Bis zum Erlass des Arzneimittelgesetzes enthielten die aufgehobenen §§ 18–20 die Regeln über die Aufsicht und die Überwachung der Apotheken.

3 Apotheken unterfallen nunmehr als Betriebe oder Einrichtungen, die am Verkehr mit Arzneimitteln teilnehmen, den Aufsichtsvorschriften der §§ 64 ff. AMG (vgl. die Kommentierungen zu § 64 ff. AMG).

### III. Die Apothekenbetriebsordnung

4 Mit der Apothekenbetriebsordnung wird eine annähernd gleiche personelle, räumliche und sächliche Ausstattung der Apotheken hergestellt. Dies dient der Qualitätssicherung beim Umgang mit Arzneimitteln, von deren Entwicklung bis zum Vertrieb. Die Verordnung gilt für alle Apotheken gleichermaßen. Verfügen Apotheken über eine Erlaubnis zur Herstellung von Arzneimitteln, so gelten neben den Vorschriften der Apothekenbetriebsordnung diejenigen des Arzneimittelgesetzes (vgl. Kommentierung dort).

5 § 21, der die Ermächtigungsgrundlage für den Erlass der Apothekenbetriebsordnung enthält, hat durch die Zulassung des Versandhandels mit Arzneimitteln (auch auf elektronischem Weg) eine erhebliche Änderung erfahren (vgl. Abs. 1, Abs. 2 Nr. 1a, 6 sowie Abs. 3 ).

### IV. Ausnahmevorschriften

6 § 22 enthält die üblichen Regelungen, mit denen Bundespolizei und Bundeswehr aus dem Geltungsbereich des Gesetzes herausgenommen werden. Die Arzneimittelversorgung der Einrichtungen der Bundeswehr obliegt nach § 15 ApoG den Bundeswehrapotheken.

## VIERTER ABSCHNITT
## STRAF- UND BUSSGELDBESTIMMUNGEN

### § 23

**Wer vorsätzlich oder fahrlässig ohne die erforderliche Erlaubnis oder Genehmigung eine Apotheke, Krankenhausapotheke oder Zweigapotheke betreibt oder verwaltet, wird mit Freiheitsstrafe bis zu sechs Monaten oder mit Geldstrafe bis zu einhundertachtzig Tagessätzen bestraft.**

### § 24

**(weggefallen)**

## § 25

**(1) Ordnungswidrig handelt, wer vorsätzlich oder fahrlässig**
**1. entgegen § 2 Abs. 5 Nr. 2 einen Verantwortlichen nicht, nicht richtig oder nicht rechtzeitig benennt,**
**2. auf Grund einer nach § 8 Satz 2, § 9 Abs. 1, § 10 oder § 11 Abs. 1 unzulässigen Vereinbarung Leistungen erbringt oder annimmt oder eine solche Vereinbarung in sonstiger Weise ausführt,**
**3. eine Apotheke durch eine Person verwalten läßt, der eine Genehmigung nach § 13 Abs. 1b Satz 1 nicht erteilt worden ist,**
**4. entgegen § 14 Abs. 7 Satz 1 ein Krankenhaus mit Arzneimitteln versorgt oder**
**5. entgegen § 14 Abs. 7 Satz 2, 3 oder 4 Arzneimittel abgibt.**

**(2) Ordnungswidrig handelt auch, wer vorsätzlich oder fahrlässig einer nach § 21 erlassenen Rechtsverordnung zuwiderhandelt, soweit sie für einen bestimmten Tatbestand auf diese Bußgeldvorschrift verweist.**

**(3) Die Ordnungswidrigkeit kann in den Fällen des Absatzes 1 Nr. 2 mit einer Geldbuße bis zu zwanzigtausend Euro, in den Fällen des Absatzes 1 Nr. 1, 3 und 4 und des Absatzes 2 mit einer Geldbuße bis zu fünftausend Euro geahndet werden.**

**Übersicht:** **Rz.**



**Literatur**


Erbs, Kohlhaas, Strafrechtliche Nebengesetze, 5. Aufl. 1988; Horn, Das Inverkehrbringen als Zentralbegriff des Nebenstrafrechts, NJW 1977, 2329; Schmidt-Salzer, Produkthaftung, Band 1, 1988; ders. Strafrechtliche Verantwortung von Herstellungsleitern, Vorgesetzten und Mitarbeitern für das Inverkehrbringen fehlerhafter Arzneimittel, PharmaR 1989, 20; Schünemann, Unternehmenskriminalität und Strafrecht, 1979; Stratenwerth, Arbeitsteilung und ärztliche Sorgfaltspflicht in: FS für Eb. Schmidt, 1961, 383; Taschner, Friesch, Produkthaftungsgesetz und EG-Produkthaftungsrichtlinie, 2. Aufl. 1990; Weißauer, Arbeitsteilung und Abgrenzung der Verantwortung zwischen Anästhesist und Operateur, Der Anästhesist, 1962, 239; Weißauer, Lippert, Das Rettungswesen, 1984.

### I. Die Bedeutung der Normen

1 § 23 enthält die für ein Gesetz wie das ApoG typischen Strafbewehrungen, sofern gegen einzelne Pflichten aus dem ApoG verstoßen wird. Der Gesetzgeber bringt mit dieser Norm zum Ausdruck, dass er die Verletzung gegen die darin genannten Pflichten aus Einzelvorschriften des ApoG als kriminelles Unrecht werten und den Täter entsprechend bestraft sehen will.

2 Ergänzt und abgerundet wird die Strafvorschrift des ApoG durch die Ordnungswidrigkeitendes § 25 ApoG. Sanktioniert wird durch sie ein Verstoß gegen Pflichten aus dem Apothekengesetz, die zwar kein kriminalstrafrechtliches Verhalten darstellen. Mit der Sanktionierung als Ordnungswidrigkeiten will der Gesetzgeber den Normadressaten aber dazu anhalten auch Verwaltungsvorschriften nach dem ApoG einzuhalten und Verstöße hiergegen mittels Androhung von Bußgeld geahndet wissen.

### II. Straftaten

3 Bei den Straftatbeständen des §23 ApoG handelt es sich nicht um solche des Kernstrafrechts, sondern um typische Strafbestände des Nebenstrafrechts.

4 Wird durch ein Arzneimittel ein Mensch verletzt oder getötet, so verbleibt es bei der Bestrafung nach den hierfür einschlägigen Tatbeständen des Strafgesetzbuches (§§ 211, 223 ff. StGB).

### III. Die Straftaten nach § 23 ApoG

5 Auch Straftaten aus dem Bereich des Nebenstrafrechts müssen grundsätzlich den allgemeinen Vorschriften entsprechen, wie sie für Straftaten des Kernstrafrechts nach dem Strafgesetzbuch erfüllt sein müssen.

6 Eine Straftat liegt nur dann vor, wenn die Strafbarkeit gesetzlich bestimmt war, ehe die Straftat begangen wurde. Diesem Grundsatz werden die Straftatbestände des §23 ApoG auch insoweit gerecht, als sie Blankettstraftaten normieren.[19]

7 Eine Straftat ist eine rechtswidrige und vorwerfbare Handlung, die den Tatbestand eines Gesetzes verwirklicht, das die Ahndung mit Strafe zulässt. Eine Handlung ist tatbestandsmäßig, wenn sie der abstrakten Beschreibung der Vorschrift entspricht. Handlung ist dabei nicht nur ein aktives Tun, sondern kann auch in einem Unterlassen bestehen. Ein Unterlassen kann dann strafbar sein, wenn der Täter rechtlich dafür einzustehen hat, dass ein bestimmter Erfolg nicht eintritt (Garantenstellung) und wenn das Unterlassen der Verwirklichung des gesetzlichen Tatbestandes durch ein Tun entspricht (§ 13 StGB).[20]

---

19 Vgl. Eser in: Schönke, Schröder, StGB, § 1 Rz. 8, 18 a, § 2, Rz. 26.

20 Vgl. Sander, AMG § 95 Anm. 3; Erbs, Kohlhaas, Pelchen, Strafrechtliche Nebengesetze, AMG, § 95 Anm. 4.

Die Tat ist auch rechtswidrig, sofern die Rechtswidrigkeit nicht durch das Eingreifen eines Rechtfertigungsgrundes entfällt. In Betracht zu ziehen sind hier insbesondere die Notwehr oder der rechtfertigende Notstand (§§ 33, 34 StGB). Der Einwilligung des durch die Straftatbestände des AMG Geschützten wird keine wesentliche Bedeutung zukommen, da der Einwilligende über die Schutznormen und Rechtsgüter keine Dispositionsbefugnis besitzt.[21] Es handelt sich überwiegend um öffentlich-rechtliche Pflichten, die einzuhalten sind. 8

Die Tat muss auch schuldhaft, also entweder vorsätzlich oder, wo dies vom Gesetz ausdrücklich vorgesehen ist (§ 95 Abs. 4 AMG) fahrlässig begangen worden sein. Vorsätzlich handelt, wer die objektiven Merkmale des Tatbestandes kennt und ihre Verwirklichung will. Wer bei der Begehung der Tat die Umstände nicht kannte, die zum gesetzlichen Tatbestand gehören, handelt zwar nicht vorsätzlich, kann sich aber fahrlässigen Handelns schuldig gemacht haben, § 16 StGB. 9

Fahrlässig handelt, wer die Sorgfalt, zu der er nach den Umständen und seinen persönlichen Kenntnissen und Fähigkeiten entsprechend verpflichtet ist und im Stande ist, außer Acht lässt und deshalb den Erfolg nicht voraussieht. 10

Fehlt dem Täter bei Begehung der Tat die Einsicht, Unerlaubtes zu tun, etwa weil er die entsprechende Rechtsvorschrift nicht kannte, so handelt er nicht schuldhaft, wenn er diesen Irrtum nicht vermeiden konnte, ansonsten bleibt die Tat schuldhaft, kann aber mit einer geringeren Strafe geahndet werden. Die Rechtsprechung verlangt vom Rechtsanwender, dass er sich über geltende Schutzvorschriften unterrichtet. Hat er sich nicht unterrichtet, so wird er sich auf das fehlende Unrechtsbewusstsein nicht berufen können. 11

## IV. Der Normadressat von § 23 ApoG

Strafbar machen kann sich nach § 23 ApoG wie auch nach allgemeinem Strafrecht nur der Normadressat. Im allgemeinen Strafrecht ist dies jede strafmündige natürliche Person. Juristische Personen können sich per se nicht strafbar machen. § 14 StGB erweitert den Kreis derjenigen, die sich unter weiteren Umständen strafbar machen können, auf Personen, die für einen anderen handeln, wie z. B. Organe juristischer Personen und gesetzliche Vertreter. Aber auch Personen, die vom Inhaber oder Leiter eines Betriebes beauftragt worden sind können sich (zusätzlich zum Beauftragenden) strafbar machen. 12

Die strafrechtlichen Normen des ApoG sollen helfen, den Zweck des Gesetzes zu erfüllen, nämlich die Sicherheit im Verkehr mit Arzneimitteln her – und die ordnungsgemäße Versorgung der Menschen und Tiere mit Arzneimitteln sicherzustellen (vgl. § 1 ApoG). 13

21 Vgl. Lenckner in: Schönke, Schröder, StGB, vor § 32 ff. Rz. 29 ff., 35; vgl. zur nahezu identischen Strafvorschrift der §§ 43, 44 MPG, Nöthlichs, MPG, § 43, 2.

### V. Sanktionen

14 Als Strafe kann für Verstöße gegen Strafvorschriften nach dem ApoG eine Geldstrafe verhängt werden. Wird jemand wegen einer rechtswidrigen Straftat, die er unter Missbrauch seines Berufes oder Gewerbes oder grober Verletzung der mit ihnen verbundenen Pflichten begangen, verurteilt oder nur deshalb nicht verurteilt, weil er zur Tatzeit schuldunfähig war oder dies nicht auszuschließen ist, so kann das Gericht die Ausübung des Berufszweiges, des Berufes, des Gewerbes oder des Gewerbezweiges für die Dauer von einem bis fünf Jahren verbieten. Voraussetzung ist, dass der Täter die Ausübung des Berufes oder Gewerbes zur Begehung weiterer Straftaten nutzen wird. Ist das Verbot ausgesprochen, so darf der Täter den Beruf oder Berufszweig, das Gewerbe oder den Gewerbezweig auch nicht für einen anderen ausüben oder für sich durch eine weisungsabhängige Person ausüben lassen.

### VI. Verjährung

15 Straftaten nach § 23 verjähren nach drei Jahren (§ 78 Abs. 3 Nr. 5 StGB).

### VII. Das Verhältnis zum Ordnungswidrigkeitengesetz

16 Bei den Tatbeständen von Ordnungswidrigkeiten nach § 24 ApoG handelt es sich um Sondervorschriften zum Ordnungswidrigkeitengesetz. Für die Beschreibung der Tatbestände der einzelnen Ordnungswidrigkeiten ist zunächst § 24 ApoG und die in ihm genannten weiteren Vorschriften des ApoG und der Apothekenbetriebsordnung maßgeblich. Unter welchen näheren Voraussetzungen ein normwidriges Verhalten den Tatbestand einer Ordnungswidrigkeit erfüllt, ergibt sich allerdings aus dem Ordnungswidrigkeitengesetz.

### VIII. Die Ordnungswidrigkeiten nach § 24 ApoG

17 Ordnungswidrig ist eine rechtswidrige und vorwerfbare Handlung, die den Tatbestand einer Ordnungswidrigkeit nach dem OwiG oder einem anderen, gesetzlich bestimmten Tatbestand einer Ordnungswidrigkeit verwirklicht und der die Ahndung mit Geldbuße zulässt. Eine Handlung ist tatbestandsmäßig, wenn sie der abstrakten Beschreibung einer Vorschrift des ApoG entspricht. Unter der Handlung ist nicht nur jedes aktive Tun, sondern auch jedes Unterlassen zu verstehen. Ordnungswidrig handelt allerdings nur derjenige, der ein aktives Tun unterlässt, wenn er zum aktiven Handeln verpflichtet ist, dafür einzutreten, dass ein vom Gesetz missbilligter Erfolg nicht eintritt. Das Unterlassen muss nach § 8 OwiG dem aktiven Tun entsprechen.

18 Wer durch eine Handlung den Tatbestand einer Bußgeldvorschrift verwirklicht, handelt rechtswidrig, wenn ihm kein Rechtfertigungsgrund zur Seite steht. Dies können wie bei der Straftat etwa die Notwehr oder der rechtfertigende Notstand sein. Die Einwilligung des durch das ApoG Geschützten ist im Regelfall unbeachtlich, weil die entsprechenden Schutznormen und Rechtsgüter öffentlich-rechtliche Pflichten normieren, die nicht dessen Dispositionsbefugnis unterliegen. Gegen eine Bußgeldvorschrift kann normalerweise nur vorsätzlich verstoßen wer-

den. Fahrlässige Verstöße werden nur geahndet, sofern das Gesetz dies ausdrücklich vorsieht.

Vorsatz ist Kenntnis der Tatumstände, die zum gesetzlichen Tatbestand einer Ordnungswidrigkeit gehören. Zum Tatbestand der Ordnungswidrigkeit gehört nicht das Bewusstsein, ordnungswidrig gehandelt zu haben. Wer bei der Begehung der Ordnungswidrigkeit die Tatumstände nicht kannte, die zum gesetzlichen Tatbestand gehören, handelt nicht vorsätzlich. Hier kommt nur eine Ahndung wegen fahrlässiger Handlung in Betracht. **19**

Fahrlässig handelt, wer die Sorgfalt, zu der er nach den Umständen und seinen persönlichen Kenntnissen und Fähigkeiten entsprechend verpflichtet ist und im Stande ist, außer Acht lässt und deshalb den Erfolg nicht voraussieht. **20**

Fehlt dem Täter bei Begehung der Handlung die Einsicht, etwas Unerlaubtes zu tun, handelt er nicht schuldhaft, wenn er diesen Irrtum nicht vermeiden konnte. Konnte er den Irrtum vermeiden, bleibt die Tat schuldhaft; die Geldbuße kann jedoch gemindert werden. **21**

## IX. Der Normadressat der Ordnungswidrigkeit

Einer Ordnungswidrigkeit schuldig machen kann sich nach § 24 ApoG in Verbindung mit der entsprechenden Norm des ApoG nur, wer Normadressat des Tatbestandes der Pflicht aus dem ApoG und der Apothekenbetriebsordnung ist. Im allgemeinen Ordnungswidrigkeitenrecht ist dies jede natürliche, mündige Person. Juristische Personen können per se keine Ordnungswidrigkeiten begehen. § 9 OwiG erweitert den Kreis derjenige Personen, die unter weiteren Umständen eine Ordnungswidrigkeit begehen können auf Personen, die für einen anderen handeln, wie z. B. Organe juristischer Personen oder gesetzliche Vertreter. Aber auch Personen, die vom Inhaber oder Leiter eines Betriebes beauftragt worden sind können (zusätzlich zu diesem) eine Ordnungswidrigkeit verwirklichen. Die bußgeldrechtlichen Vorschriften des ApoG sollen zusätzlich zu den Strafvorschriften des ApoG sicherstellen, dass der Zweck des ApoG auch dort, wo er durch verwaltungsrechtliches Handeln umgesetzt werden soll, erfüllt wird. **22**

## X. Sanktionen

Für Verstöße gegen Ordnungswidrigkeitstatbestände nach dem ApoG kann eine Geldbuße verhängt werden. **23**

## XI. Verjährung

Ordnungswidrigkeiten nach § 24 ApoG verjähren nach drei Jahren (§ 31 Abs. 2 Nr. 1 OwiG). **24**

# FÜNFTER ABSCHNITT
# SCHLUSS- UND ÜBERGANGSBESTIMMUNGEN

## § 26

**(1) Personalkonzessionen, Realkonzessionen und sonstige persönliche Betriebserlaubnisse, die vor dem Inkrafttreten dieses Gesetzes erteilt worden sind, gelten als Erlaubnisse im Sinne des § 1. Dies gilt auch für Berechtigungen, deren Inhaber Gebietskörperschaften sind; die Apotheken können verpachtet werden; § 9 findet keine Anwendung.**

**(2) Die nach bisherigem Recht erteilten Erlaubnisse zum Betrieb einer Krankenhausapotheke gelten in ihrem bisherigen Umfange weiter. Die nach bisherigem Recht erteilten Erlaubnisse zum Betrieb einer Zweigapotheke gelten als Erlaubnisse im Sinne des § 16.**

## § 27

**(1) Inhaber von anderen als den in § 26 bezeichneten Apothekenbetriebsberechtigungen bedürfen zum Betreiben der Apotheke einer Erlaubnis nach § 1. Soweit sie beim Inkrafttreten dieses Gesetzes eine Apotheke auf Grund einer solchen Berechtigung betreiben, gilt die Erlaubnis als erteilt.**

**(2) Soweit eine solche Berechtigung nach Maßgabe der Verleihungsurkunde und der bis zum Inkrafttreten dieses Gesetzes geltenden landesrechtlichen Bestimmungen von einer Person, die nicht eine der Voraussetzungen des § 2 Abs. 1 Nr. 3 erfüllt, genutzt werden durfte, verbleibt es dabei. Die Nutzung hat durch Verpachtung zu erfolgen; § 9 findet keine Anwendung; § 13 bleibt unberührt.**

**(3) Inhabern einer solchen Berechtigung wird eine Erlaubnis zum Betrieb einer anderen Apotheke, die keine Zweigapotheke ist, nur erteilt, wenn sie auf die bisherige Berechtigung verzichten.**

## § 28

**(1) Bei verpachteten Apotheken gilt die dem Pächter verliehene Betriebserlaubnis oder die Bestätigung als Pächter als Erlaubnis nach § 1.**

**(2) Am 1. Mai 1960 bestehende Verträge über die Verpachtung oder Verwaltung einer Apotheke, die den §§ 9 und 13 nicht entsprechen, bleiben bis zum Ablauf der vereinbarten Vertragsdauer in Kraft, wenn sie nicht zu einem früheren Zeitpunkt ihre Gültigkeit verlieren.**

**§ 28a**

**(1) Die staatlichen öffentlichen Apotheken, die Pharmazeutischen Zentren und weitere Einrichtungen des staatlichen Apothekenwesens in dem in Artikel 3 des Einigungsvertrages genannten Gebiet werden in die Treuhandschaft der Treuhandanstalt mit dem Ziel ihrer Privatisierung überführt.**

**(2) Apotheken, die in dem in Artikel 3 des Einigungsvertrages genannten Gebiet vorrangig der Arzneimittelversorgung eines oder mehrerer Krankenhäuser dienen und eine räumliche Einheit mit einem Krankenhaus bilden, werden als Krankenhausapotheken in das Eigentum des jeweiligen Krankenhausträgers überführt. Im Interesse der ordnungsgemäßen Arzneimittelversorgung kann abweichend von § 14 Abs. 7 Satz 2 einer Krankenhausapotheke in dem im Artikel 3 des Einigungsvertrages genannten Gebiet auf Antrag des Trägers des Krankenhauses durch die zuständige Behörde die Genehmigung zur Belieferung von Verschreibungen erteilt werden, die von Ärzten der zum Krankenhaus gehörenden Poliklinik ausgestellt wurden. Die Genehmigung ist zurückzunehmen, wenn in zumutbarer Entfernung vom Krankenhaus eine Apotheke den Betrieb aufnimmt. Die Genehmigung erlischt spätestens am 31. Dezember 1993.**

**(3) Für die zum Zeitpunkt des Wirksamwerdens des Beitritts bestehenden Apotheken in dem in Artikel 3 des Einigungsvertrages genannten Gebiet gilt die Erlaubnis als erteilt, bei staatlichen Apotheken für den jeweiligen Träger. Bei Wechsel des Trägers ist die Erlaubnis neu zu beantragen. Für die Treuhandanstalt und den Träger eines Krankenhauses gilt die Erlaubnis als erteilt.**

**(4) Die Bezirksapothekeninspektionen und Bezirksdirektionen des Apothekenwesens in dem in Artikel 3 des Einigungsvertrages genannten Gebiet sind mit Bildung der Länder aufzulösen. Die Auflösung der Pharmazeutischen Zentren ist bis 30. Juni 1991 abzuschließen.**

**(5) Die Treuhandanstalt ist verpflichtet, Apotheken auf Antrag berechtigter Personen nach Absatz 6**

1. **an diese bis zum 31. Dezember 1991 zu verkaufen oder**
2. **diesen die Verwaltung zu übertragen, wenn auf Grund der Rechtslage ein unmittelbarer Verkauf der Apotheke nicht möglich ist oder der Antragsteller sich nicht mehr als fünf Jahre vor Erreichen des Vorruhestandsalters befindet.**

**Die Verwaltung ist auf höchstens fünf Jahre zu beschränken. Sie ist so auszugestalten, dass sie mit dem 31. Dezember 1996 spätestens endet. Im Interesse der Sicherstellung der Arzneimittelversorgung kann die Dauer der Verwaltung bis zum Eintritt des Rentenalters verlängert werden. § 13 Abs. 2 und 3 findet entsprechende Anwendung.**

**(6) Voraussetzungen für den Kauf und die Verwaltung einer Apotheke sind**

1. **für den Käufer der Besitz einer Erlaubnis nach § 1 Abs. 2,**
2. **für den Verwalter der Besitz einer Genehmigung nach § 13 Abs. 1b,**
3. **eine Option gemäß Absatz 7.**

**Die Erlaubnis oder die Genehmigung und die Option sind dem Antrag nach Absatz 5 beizufügen.**

**(7) Die zuständige Behörde hat die in Treuhandschaft zu überführenden Apotheken zum Kauf oder zur Verwaltung auszuschreiben. Sie erteilt auf Antrag eine Option zum Kauf oder zur Verwaltung einer Apotheke. Die Entscheidung trifft durch Stimmenmehrheit eine Kommission, die sich zusammensetzt aus**
1. **einem Vertreter der zuständigen Behörde als Vorsitzenden,**
2. **einem Vertreter der Treuhandanstalt,**
3. **drei Apothekern, von denen mindestens einer Apothekenleiter und einer Mitarbeiter ist. Diese Apotheker werden von der Landesapothekerkammer benannt. Solange die Landesapothekerkammer noch nicht besteht, werden sie von dem Landesverband des Verbandes der Apotheker benannt.**

**(8) Einem Pharmazieingenieur, der aufgrund einer Ausnahmegenehmigung in dem in Artikel 3 des Einigungsvertrages genannten Gebiet eine Apotheke leitet, kann auf Antrag die Genehmigung zur Verwaltung der von ihm bisher geleiteten Apotheke erteilt werden, wenn der Antragsteller**
a) **diese Apotheke mindestens 10 Jahre zuverlässig geleitet hat und**
b) **die Anforderungen des § 2 Abs. 1 Nr. 4 und 7 erfüllt.**

**Die Erteilung der Genehmigung setzt ferner voraus, daß die vom Pharmazieingenieur verwaltete Apotheke Zweigapotheke einer öffentlichen Apotheke wird. Über entsprechende Anträge ist gemäß Absatz 7 zu entscheiden. Die Genehmigung zur Verwaltung gilt bis zum Eintritt des Rentenalters, höchstens jedoch fünf Jahre.**

**(9) Der Verkauf oder die Übertragung einer Verwaltung von staatlichen Apotheken, die bei Wirksamwerden des Beitritts in dem in Artikel 3 des Einigungsvertrages genannten Gebiet bestehen, ist bis zum 31. Dezember 1992 nur an Antragsteller gestattet, die bei Inkrafttreten dieses Vertrages Bürger des in Artikel 3 genannten Gebietes waren oder nach 1972 als ehemalige Bürger dieses Gebietes ihren ständigen Wohnsitz außerhalb dieses Gebietes hatten und ihren Wohnsitz nach dem 1. Januar 1990 wieder in diesem Gebiet genommen haben.“**

**§ 29**

**(weggefallen)**

**§ 30**

**Auf ärztliche und tierärztliche Abgabestellen für Arzneimittel (Hausapotheken) finden die Vorschriften dieses Gesetzes keine Anwendung.**

**§ 31**

**(Außerkrafttreten)**

## § 32

**(weggefallen)**

## § 33

**(Inkrafttreten)**

## Anlage

**(weggefallen)**

### I. Die Bedeutung der Normen

Der fünfte Abschnitt des Gesetzes enthält die für die Praxis bedeutsamen Bestandsschutz- und Übergangsvorschriften. Sie regeln, was mit denjenigen Sachverhalten geschehen soll, die schon vorhanden sind, wenn das neue Gesetz in Kraft tritt. **1**

### II. Der Bestandsschutz

Das Gesetz leitet den § 26 ApoG Personalkonzessionen, Realkonzessionen und sonstige persönliche Betriebserlaubnisse und Erlaubnisse zum Betrieb einer Krankenhausapotheke sowie der zum Betrieb einer Zweigapotheke in Erlaubnisse nach § 1 ApoG bzw. 16 ApoG über. **2**

Inhaber anderer Berechtigungen benötigen zwar eine Erlaubnis nach § 1 ApoG. Diese gilt allerdings als erteilt, wenn ihre Inhaber eine Apotheke betreiben. Bisher gesetzlich mögliche Nutzungsverhältnisse in Bezug auf eine Apotheke werden generell auf eine Verpachtung umgestellt. **3**

Betriebserlaubnisse von Pächtern von Apotheken werden ebenfalls auf Erlaubnisse nach § 1 ApoG umgestellt. Die bisherigen Pachtverträge bleiben unberührt. Sie enden mit dem Zeitpunkt, für welchen sie geschlossen wurden. **4**

## Anlage
## (zu § 2 Abs. 2 des Gesetzes über das Apothekenwesen)

Pharmazeutische Diplome, Prüfungszeugnisse oder sonstige Befähigungsnachweise der übrigen Mitgliedstaaten der Europäischen Gemeinschaft

a) In Belgien:
   Das von den medizinischen und pharmazeutischen Fakultäten der Universitäten, vom Hauptprüfungsausschuss oder von den staatlichen Prüfungsausschüssen für die Hochschulen ausgestellte „diplôme légal de pharmacien"/„wettelijk diploma van apoteker" (gesetzliches Diplom eines Apothekers).

b) In Dänemark:
Bevis for besået farmaceutisk kandidateksamen (Die Bescheinigung über die erfolgreich abgelegte Prüfung eines Apotheker-Kandidaten.)

c) In Griechenland:
(Das auf Grund einer staatlichen Prüfung von den zuständigen Stellen ausgestellte Zeugnis über die Befähigung zur Ausübung der pharmazeutischen Tätigkeit.)

d) In Frankreich:
Das von den Universitäten ausgestellte "diplôme d'Ètat de pharmacien" (Staatsdiplom eines Apothekers) oder das von den Universitäten ausgestellte "Diplôme d'Ètat de Docteur en pharmacie" (Staatsdiplom eines Doktors der Pharmazeutik).

e) In Irland:
Das Zeugnis eines "Registered Pharmaceutical Chemist".

f) In Italien:
Das auf Grund einer staatlichen Prüfung erworbene Diplom oder Zeugnis über die Befähigung zur Ausübung des Apothekerberufs.

g) In Luxemburg:
Das vom staatlichen Prüfungsausschuss ausgestellte und vom Minister für Erziehungswesen beglaubigte staatliche Apothekerdiplom.

h) In den Niederlanden:
Het getuigschrift van met goed gevolg afgelegd apothekers-examen (das Diplom über die erfolgreiche Ablegung des Apothekerexamens).

i) In Portugal:
Carta de curso de licenciatura em Ciências Farmacêuticas (Prüfungszeugnis über die Oizenz in pharmazeutischen Wissenschaften), das von den Universitäten ausgestellt wird.

j) In Spanien:
Titulo de licenciado en farmacia (Diplom des Lizenziats in der Pharmazie), das vom Ministerium für Ausbildung und Wissenschaft oder von den Universitäten ausgestellt wird.

k) Im Vereinigten Königreich:
Das Zeugnis eines "Registered Pharmaceutical Chemisett".

# Gesetz über die Werbung auf dem Gebiete des Heilwesens (Heilmittelwerbegesetz – HWG)

**Vom 19. Oktober 1994 (BGBl. I S. 3068), zuletzt geändert durch Artikel 2 des Gesetzes zur Verbesserung der Wirtschaftlichkeit in der Arzneimittelversorgung (AVWG) vom 26. April 2006 (BGBl. I S. 984)**

## § 1

(1) Dieses Gesetz findet Anwendung auf die Werbung für

1. Arzneimittel im Sinne des § 2 des Arzneimittelgesetzes,

1a. Medizinprodukte im Sinne des § 3 des Medizinproduktegesetzes,

2. andere Mittel, Verfahren, Behandlungen und Gegenstände, soweit sich die Werbeaussage auf die Erkennung, Beseitigung oder Linderung von Krankheiten, Leiden, Körperschäden oder krankhaften Beschwerden bei Mensch oder Tier bezieht, sowie operative plastisch-chirurgische Eingriffe, soweit sich die Werbeaussage auf die Veränderung des menschlichen Körpers ohne medizinische Notwendigkeit bezieht.

(2) Andere Mittel im Sinne des Absatzes 1 Nr. 2 sind kosmetische Mittel im Sinne des § 4 des Lebensmittel- und Bedarfsgegenständegesetzes. Gegenstände im Sinne des Absatzes 1 Nr. 2 sind auch Gegenstände zur Körperpflege im Sinne des § 5 Abs. 1 Nr. 4 des Lebensmittel- und Bedarfsgegenständegesetzes.

(3) Eine Werbung im Sinne dieses Gesetzes ist auch das Ankündigen oder Anbieten von Werbeaussagen, auf die dieses Gesetz Anwendung findet.

(4) Dieses Gesetz findet keine Anwendung auf die Werbung für Gegenstände zur Verhütung von Unfallschäden.

(5) Das Gesetz findet keine Anwendung auf den Schriftwechsel und die Unterlagen, die nicht Werbezwecken dienen und die zur Beantwortung einer konkreten Anfrage zu einem bestimmten Arzneimittel erforderlich sind.

(6) Das Gesetz findet ferner keine Anwendung beim elektronischen Handel mit Arzneimitteln auf das Bestellformular und die dort aufgeführten Angaben, soweit diese für eine ordnungsgemäße Bestellung notwendig sind.

## § 2

Fachkreise im Sinne dieses Gesetzes sind Angehörige der Heilberufe oder des Heilgewerbes, Einrichtungen, die der Gesundheit von Mensch oder Tier dienen, oder sonstige Personen, soweit sie mit Arzneimitteln, Medizinprodukten, Verfahren, Behandlungen, Gegenständen oder anderen Mitteln erlaubterweise Handel treiben oder sie in Ausübung ihres Berufes anwenden.

## § 3

**Unzulässig ist eine irreführende Werbung. Eine Irreführung liegt insbesondere dann vor,**
1. **wenn Arzneimitteln, Medizinprodukten, Verfahren, Behandlungen, Gegenständen oder anderen Mitteln eine therapeutische Wirksamkeit oder Wirkungen beigelegt werden, die sie nicht haben,**
2. **wenn fälschlich der Eindruck erweckt wird, daß**
   a) **ein Erfolg mit Sicherheit erwartet werden kann,**
   b) **bei bestimmungsgemäßem oder längerem Gebrauch keine schädlichen Wirkungen eintreten,**
   c) **die Werbung nicht zu Zwecken des Wettbewerbs veranstaltet wird,**
3. **wenn unwahre oder zur Täuschung geeignete Angaben**
   a) **über die Zusammensetzung oder Beschaffenheit von Arzneimitteln, Medizinprodukten, Gegenständen oder anderen Mitteln oder über die Art und Weise der Verfahren oder Behandlungen oder**
   b) **über die Person, Vorbildung, Befähigung oder Erfolge des Herstellers, Erfinders oder der für sie tätigen oder tätig gewesenen Personen**

   **gemacht werden.**

## § 3a

**Unzulässig ist eine Werbung für Arzneimittel, die der Pflicht zur Zulassung unterliegen und die nicht nach den arzneimittelrechtlichen Vorschriften zugelassen sind oder als zugelassen gelten. Satz 1 findet auch Anwendung, wenn sich die Werbung auf Anwendungsgebiete oder Darreichungsformen bezieht, die nicht von der Zulassung erfasst sind.**

## § 4

**(1) Jede Werbung für Arzneimittel im Sinne des § 2 Abs. 1 oder Abs. 2 Nr. 1 des Arzneimittelgesetzes muß folgende Angaben enthalten:**
1. **den Namen oder die Firma und den Sitz des pharmazeutischen Unternehmers,**
2. **die Bezeichnung des Arzneimittels,**
3. **die Zusammensetzung des Arzneimittels gemäß § 11 Abs. 1 Satz 1 Nr. 6 Buchstabe d des Arzneimittelgesetzes,**
4. **die Anwendungsgebiete,**
5. **die Gegenanzeigen,**
6. **die Nebenwirkungen,**
7. **Warnhinweise, soweit sie für die Kennzeichnung der Behältnisse und äußeren Umhüllungen vorgeschrieben sind,**

7a. **bei Arzneimitteln, die nur auf ärztliche, zahnärztliche oder tierärztliche Verschreibung abgegeben werden dürfen, der Hinweis „Verschreibungspflichtig",**

8. **die Wartezeit bei Arzneimitteln, die zur Anwendung bei Tieren bestimmt sind, die der Gewinnung von Lebensmitteln dienen.**

**Eine Werbung für traditionelle pflanzliche Arzneimittel, die nach dem Arzneimittelgesetz registriert sind, muss folgenden Hinweis enthalten: „Traditionelles pflanzliches Arzneimittel zur Anwendung bei ... (spezifiziertes Anwendungsgebiet/spezifizierte Anwendungsgebiete) ausschließlich auf Grund langjähriger Anwendung".**

**(1a) Bei Arzneimitteln, die nur einen arzneilich wirksamen Bestandteil enthalten, muß der Angabe nach Absatz 1 Nr. 2 die Bezeichnung dieses Bestandteils mit dem Hinweis: „Wirkstoff:" folgen; dies gilt nicht, wenn in der Angabe nach Absatz 1 Nr. 2 die Bezeichnung des Wirkstoffs enthalten ist.**

**(2) Die Angaben nach den Absätzen 1 und 1a müssen mit denjenigen übereinstimmen, die nach § 11 oder § 12 des Arzneimittelgesetzes für die Packungsbeilage vorgeschrieben sind. Können die in § 11 Abs. 1 Satz 1 Nr. 3 Buchstabe a und c und Nr. 5 des Arzneimittelgesetzes vorgeschriebenen Angaben nicht gemacht werden, so können sie entfallen.**

**(3) Bei einer Werbung außerhalb der Fachkreise ist der Text „Zu Risiken und Nebenwirkungen lesen Sie die Packungsbeilage und fragen Sie Ihren Arzt oder Apotheker" gut lesbar und von den übrigen Werbeaussagen deutlich abgesetzt und abgegrenzt anzugeben. Bei einer Werbung für Heilwässer tritt an die Stelle der Angabe „die Packungsbeilage" die Angabe „das Etikett" und bei einer Werbung für Tierarzneimittel an die Stelle „Ihren Arzt" die Angabe „den Tierarzt". Die Angaben nach Absatz 1 Nr. 1, 3, 5 und 6 können entfallen. Satz 1 findet keine Anwendung auf Arzneimittel, die für den Verkehr außerhalb der Apotheken freigegeben sind, es sei denn, daß in der Packungsbeilage oder auf dem Behältnis Nebenwirkungen oder sonstige Risiken angegeben sind.**

**(4) Die nach Absatz 1 vorgeschriebenen Angaben müssen von den übrigen Werbeaussagen deutlich abgesetzt, abgegrenzt und gut lesbar sein.**

**(5) Nach einer Werbung in audiovisuellen Medien ist der nach Absatz 3 Satz 1 oder 2 vorgeschriebene Text einzublenden, der im Fernsehen vor neutralem Hintergrund gut lesbar wiederzugeben und gleichzeitig zu sprechen ist, sofern nicht die Angabe dieses Textes nach Absatz 3 Satz 4 entfällt. Die Angaben nach Absatz 1 können entfallen.**

**(6) Die Absätze 1, 1a, 3 und 5 gelten nicht für eine Erinnerungswerbung. Eine Erinnerungswerbung liegt vor, wenn ausschließlich mit der Bezeichnung eines Arzneimittels oder zusätzlich mit dem Namen, der Firma, der Marke des pharmazeutischen Unternehmers oder dem Hinweis: „Wirkstoff:" geworben wird.**

## § 4a

**(1) Unzulässig ist es, in der Packungsbeilage eines Arzneimittels für andere Arzneimittel oder andere Mittel zu werben.**

**(2) Unzulässig ist es auch, außerhalb der Fachkreise für die im Rahmen der vertragsärztlichen Versorgung bestehende Verordnungsfähigkeit eines Arzneimittels zu werben.**

## § 5

**Für homöopathische Arzneimittel, die nach dem Arzneimittelgesetz registriert oder von der Registrierung freigestellt sind, darf mit der Angabe von Anwendungsgebieten nicht geworben werden.**

## § 6

**Unzulässig ist eine Werbung, wenn**
1. **Gutachten oder Zeugnisse veröffentlicht oder erwähnt werden, die nicht von wissenschaftlich oder fachlich hierzu berufenen Personen erstattet worden sind und nicht die Angabe des Namens, Berufes und Wohnortes der Person, die das Gutachten erstellt oder das Zeugnis ausgestellt hat, sowie den Zeitpunkt der Ausstellung des Gutachtens oder Zeugnisses enthalten,**
2. **auf wissenschaftliche, fachliche oder sonstige Veröffentlichungen Bezug genommen wird, ohne daß aus der Werbung hervorgeht, ob die Veröffentlichung das Arzneimittel, das Verfahren, die Behandlung, den Gegenstand oder ein anderes Mittel selbst betrifft, für die geworben wird, und ohne daß der Name des Verfassers, der Zeitpunkt der Veröffentlichung und die Fundstelle genannt werden,**
3. **aus der Fachliteratur entnommene Zitate, Tabellen oder sonstige Darstellungen nicht wortgetreu übernommen werden.**

## § 7

**(1) Es ist unzulässig, Zuwendungen und sonstige Werbegaben (Waren oder Leistungen) anzubieten, anzukündigen oder zu gewähren oder als Angehöriger der Fachkreise anzunehmen, es sei denn, dass**
1. **es sich bei den Zuwendungen oder Werbegaben um Gegenstände von geringem Wert, die durch eine dauerhafte und deutlich sichtbare Bezeichnung des Werbenden oder des beworbenen Produktes oder beider gekennzeichnet sind, oder um geringwertige Kleinigkeiten handelt;**
2. **die Zuwendungen oder Werbegaben in**
   a) **einem bestimmten oder auf bestimmte Art zu berechnenden Geldbetrag oder**
   b) **einer bestimmten oder auf bestimmte Art zu berechnenden Menge gleicher Ware gewährt werden;**

   **Zuwendungen oder Werbegaben nach Buchstabe a sind für Arzneimittel unzulässig, soweit sie entgegen den Preisvorschriften gewährt werden, die aufgrund des Arzneimittelgesetzes gelten; Buchstabe b gilt nicht für Arzneimittel, deren Abgabe den Apotheken vorbehalten ist;**
3. **die Zuwendungen oder Werbegaben nur in handelsüblichem Zubehör zur Ware oder in handelsüblichen Nebenleistungen bestehen; als handelsüblich gilt insbesondere eine im Hinblick auf den Wert der Ware oder Leistung angemessene teilweise oder vollständige Erstattung oder Übernahme von Fahrtkosten für Verkehrsmittel des öffentlichen Perso-**

nennahverkehrs, die im Zusammenhang mit dem Besuch des Geschäftslokals oder des Orts der Erbringung der Leistung aufgewendet werden darf;
4. die Zuwendungen oder Werbegaben in der Erteilung von Auskünften oder Ratschlägen bestehen oder
5. es sich um unentgeltlich an Verbraucherinnen und Verbraucher abzugebende Zeitschriften handelt, die nach ihrer Aufmachung und Ausgestaltung der Kundenwerbung und den Interessen der verteilenden Person dienen, durch einen entsprechenden Aufdruck auf der Titelseite diesen Zweck erkennbar machen und in ihren Herstellungskosten geringwertig sind (Kundenzeitschriften).

Werbegaben für Angehörige der Heilberufe sind unbeschadet des Satzes 1 nur dann zulässig, wenn sie zur Verwendung in der ärztlichen, tierärztlichen oder pharmazeutischen Praxis bestimmt sind. § 47 Abs. 3 des Arzneimittelgesetzes bleibt unberührt.

(2) Absatz 1 gilt nicht für Zuwendungen im Rahmen ausschließlich berufsbezogener wissenschaftlicher Veranstaltungen, sofern diese einen vertretbaren Rahmen nicht überschreiten, insbesondere in bezug auf den wissenschaftlichen Zweck der Veranstaltung von untergeordneter Bedeutung sind und sich nicht auf andere als im Gesundheitswesen tätige Personen erstrecken.

(3) Es ist unzulässig, für die Entnahme oder sonstige Beschaffung von Blut-, Plasma- oder Gewebespenden zur Herstellung von Blut- und Gewebeprodukten und anderen Produkten zur Anwendung bei Menschen mit der Zahlung einer finanziellen Zuwendung oder Aufwandsentschädigung zu werben.

## § 8

Unzulässig ist die Werbung, Arzneimittel im Wege des Teleshopping oder bestimmte Arzneimittel im Wege der Einzeleinfuhr nach § 73 Abs. 2 Nr. 6a oder § 73 Abs. 3 des Arzneimittelgesetzes zu beziehen.

## § 9

Unzulässig ist eine Werbung für die Erkennung oder Behandlung von Krankheiten, Leiden, Körperschäden oder krankhaften Beschwerden, die nicht auf eigener Wahrnehmung an dem zu behandelnden Menschen oder Tier beruht (Fernbehandlung).

## § 10

(1) Für verschreibungspflichtige Arzneimittel darf nur bei Ärzten, Zahnärzten, Tierärzten, Apothekern und Personen, die mit diesen Arzneimitteln erlaubterweise Handel treiben, geworben werden.

(2) Für Arzneimittel, die dazu bestimmt sind, bei Menschen die Schlaflosigkeit oder psychische Störungen zu beseitigen oder die Stimmungslage zu beeinflussen, darf außerhalb der Fachkreise nicht geworben werden.

## § 11

**(1) Außerhalb der Fachkreise darf für Arzneimittel, Verfahren, Behandlungen, Gegenstände oder andere Mittel nicht geworben werden**

1. **mit Gutachten, Zeugnissen, wissenschaftlichen oder fachlichen Veröffentlichungen sowie mit Hinweisen darauf,**
2. **mit Angaben, daß das Arzneimittel, das Verfahren, die Behandlung, der Gegenstand oder das andere Mittel ärztlich, zahnärztlich, tierärztlich oder anderweitig fachlich empfohlen oder geprüft ist oder angewendet wird,**
3. **mit der Wiedergabe von Krankengeschichten sowie mit Hinweisen darauf,**
4. **mit der bildlichen Darstellung von Personen in der Berufskleidung oder bei der Ausübung der Tätigkeit von Angehörigen der Heilberufe, des Heilgewerbes oder des Arzneimittelhandels,**
5. **mit der bildlichen Darstellung**
   a) **von Veränderungen des menschlichen Körpers oder seiner Teile durch Krankheiten, Leiden oder Körperschäden,**
   b) **der Wirkung eines Arzneimittels, eines Verfahrens, einer Behandlung, eines Gegenstandes oder eines anderen Mittels durch vergleichende Darstellung des Körperzustandes oder des Aussehens vor und nach der Anwendung,**
   c) **des Wirkungsvorganges eines Arzneimittels, eines Verfahrens, einer Behandlung, eines Gegenstandes oder eines anderen Mittels am menschlichen Körper oder an seinen Teilen,**
6. **mit fremd- oder fachsprachlichen Bezeichnungen, soweit sie nicht in den allgemeinen deutschen Sprachgebrauch eingegangen sind,**
7. **mit einer Werbeaussage, die geeignet ist, Angstgefühle hervorzurufen oder auszunutzen,**
8. **durch Werbevorträge, mit denen ein Feilbieten oder eine Entgegennahme von Anschriften verbunden ist,**
9. **mit Veröffentlichungen, deren Werbezweck mißverständlich oder nicht deutlich erkennbar ist,**
10. **mit Veröffentlichungen, die dazu anleiten, bestimmte Krankheiten, Leiden, Körperschäden oder krankhafte Beschwerden beim Menschen selbst zu erkennen und mit den in der Werbung bezeichneten Arzneimitteln, Gegenständen, Verfahren, Behandlungen oder anderen Mitteln zu behandeln, sowie mit entsprechenden Anleitungen in audiovisuellen Medien,**
11. **mit Äußerungen Dritter, insbesondere mit Dank-, Anerkennungs- oder Empfehlungsschreiben, oder mit Hinweisen auf solche Äußerungen,**
12. **mit Werbemaßnahmen, die sich ausschließlich oder überwiegend an Kinder unter 14 Jahren richten,**
13. **mit Preisausschreiben, Verlosungen oder anderen Verfahren, deren Ergebnis vom Zufall abhängig ist,**

**14. durch die Abgabe von Mustern oder Proben von Arzneimitteln oder durch Gutscheine dafür,**
**15. durch die nicht verlangte Abgabe von Mustern oder Proben von anderen Mitteln oder Gegenständen oder durch Gutscheine dafür.**

**Für Medizinprodukte gilt Satz 1 Nr. 6 bis 9, 11 und 12 entsprechend.**

**(2) Außerhalb der Fachkreise darf für Arzneimittel zur Anwendung bei Menschen nicht mit Angaben geworben werden, die nahe legen, dass die Wirkung des Arzneimittels einem anderen Arzneimittel oder einer anderen Behandlung entspricht oder überlegen ist.**

### § 12

**(1) Außerhalb der Fachkreise darf sich die Werbung für Arzneimittel und Medizinprodukte nicht auf die Erkennung, Verhütung, Beseitigung oder Linderung der in Abschnitt A der Anlage zu diesem Gesetz aufgeführten Krankheiten oder Leiden bei Menschen beziehen, die Werbung für Arzneimittel außerdem nicht auf die Erkennung, Verhütung, Beseitigung oder Linderung der in Abschnitt B dieser Anlage aufgeführten Krankheiten oder Leiden beim Tier. Abschnitt A Nr. 2 der Anlage findet keine Anwendung auf die Werbung für Medizinprodukte.**

**(2) Die Werbung für andere Mittel, Verfahren, Behandlungen oder Gegenstände außerhalb der Fachkreise darf sich nicht auf die Erkennung, Beseitigung oder Linderung dieser Krankheiten oder Leiden beziehen. Dies gilt nicht für die Werbung für Verfahren oder Behandlungen in Heilbädern, Kurorten und Kuranstalten.**

### § 13

**Die Werbung eines Unternehmens mit Sitz außerhalb des Geltungsbereichs dieses Gesetzes ist unzulässig, wenn nicht ein Unternehmen mit Sitz oder eine natürliche Person mit gewöhnlichem Aufenthalt im Geltungsbereich dieses Gesetzes oder in einem anderen Mitgliedstaat der Europäischen Gemeinschaften oder in einem anderen Vertragsstaat des Abkommens über den Europäischen Wirtschaftsraum, die nach diesem Gesetz unbeschränkt strafrechtlich verfolgt werden kann, ausdrücklich damit betraut ist, die sich aus diesem Gesetz ergebenden Pflichten zu übernehmen.**

### § 14

**Wer dem Verbot der irreführenden Werbung (§ 3) zuwiderhandelt, wird mit Freiheitsstrafe bis zu einem Jahr oder mit Geldstrafe bestraft.**

**§ 15**

**(1) Ordnungswidrig handelt, wer vorsätzlich oder fahrlässig**

**1. entgegen § 3a eine Werbung für ein Arzneimittel betreibt, das der Pflicht zur Zulassung unterliegt und das nicht nach den arzneimittelrechtlichen Vorschriften zugelassen ist oder als zugelassen gilt,**
**2. eine Werbung betreibt, die die nach § 4 vorgeschriebenen Angaben nicht enthält oder entgegen § 5 mit der Angabe von Anwendungsgebieten wirbt,**
**3. in einer nach § 6 unzulässigen Weise mit Gutachten, Zeugnissen oder Bezugnahmen auf Veröffentlichungen wirbt,**
**4. entgegen § 7 Abs. 1 und 3 eine mit Zuwendungen oder sonstigen Werbegaben verbundene Werbung betreibt,**
**4a. entgegen § 7 Abs. 1 als Angehöriger der Fachkreise eine Zuwendung oder sonstige Werbegabe annimmt,**
**5. entgegen § 8 eine dort genannte Werbung betreibt,**
**6. entgegen § 9 für eine Fernbehandlung wirbt,**
**7. entgegen § 10 für die dort bezeichneten Arzneimittel wirbt,**
**8. auf eine durch § 11 verbotene Weise außerhalb der Fachkreise wirbt,**
**9. entgegen § 12 eine Werbung betreibt, die sich auf die in der Anlage zu § 12 aufgeführten Krankheiten oder Leiden bezieht,**
**10. eine nach § 13 unzulässige Werbung betreibt.**

**(2) Ordnungswidrig handelt ferner, wer fahrlässig dem Verbot der irreführenden Werbung (§ 3) zuwiderhandelt.**

**(3) Die Ordnungswidrigkeit nach Absatz 1 kann mit einer Geldbuße bis zu fünfzigtausend Euro, die Ordnungswidrigkeit nach Absatz 2 mit einer Geldbuße bis zu zwanzigtausend Euro geahndet werden.**

**§ 16**

**Werbematerial und sonstige Gegenstände, auf die sich eine Straftat nach § 14 oder eine Ordnungswidrigkeit nach § 15 bezieht, können eingezogen werden. § 74a des Strafgesetzbuches und § 23 des Gesetzes über Ordnungswidrigkeiten sind anzuwenden.**

**§ 17**

**Das Gesetz gegen den unlauteren Wettbewerb bleibt unberührt.**

**§18**

**Werbematerial, das den Vorschriften des § 4 nicht entspricht, jedoch den Vorschriften des Gesetzes in der bis zum 10. September 1998 geltenden Fassung, darf noch bis zum 31. März 1999 verwendet werden.**

**Anlage (zu § 12)**
**Krankheiten und Leiden, auf die sich die Werbung gemäß § 12 nicht beziehen darf**

**A. Krankheiten und Leiden beim Menschen**
**1. Nach dem Infektionsschutzgesetz vom 20. Juli 2000 (BGBl. I S. 1045) meldepflichtige Krankheiten oder durch meldepflichtige Krankheitserreger verursachte Infektionen,**
**2. bösartige Neubildungen,**
**3. Suchtkrankheiten, ausgenommen Nikotinabhängigkeit,**
**4. krankhafte Komplikationen der Schwangerschaft, der Entbindung und des Wochenbetts.**

**B. Krankheiten und Leiden beim Tier**
**1. Nach der Verordnung über anzeigepflichtige Tierseuchen und der Verordnung über meldepflichtige Tierkrankheiten in ihrer jeweils geltenden Fassung anzeige- oder meldepflichtige Seuchen oder Krankheiten,**
**2. bösartige Neubildungen,**
**3. bakterielle Eutererkrankungen bei Kühen, Ziegen und Schafen,**
**4. Kolik bei Pferden und Rindern.**

**Übersicht** **Rz.**



**Literatur**


Anhalt, Dieners (Hrsg.) Handbuch des Medizinprodukterechts, 2003; Bülow, Ring Heilmittelwerbegesetz, Kommentar, 1996; Deutsch, Spickhoff, Medizinrecht, 6. Auflage, 2008, Kapitel XXXI; Doepner, Heilmittelwerbegesetz, 2. Auflage, 2000; Gröning, Wiehe-Gröning, Heilmittelwerberecht, 2 Bde, Loseblattsammlung, Stand: 2005; Hart, in: Rieger (Hrsg.) LdA, 2. Auflage, Nr. 2440 (Heilmittelwerbegesetz); Hill, Schmitt, WiKo Medizinprodukterecht, Loseblattsammlung 2003, Stand: 2007; Köhler, Das neue UWG, NJW 2004, 2121; Piper, Ohly, Gesetz gegen den unlauteren Wettbewerb, 4. Aufl. 2006.


## I. Einleitung

Arzneimittel sollen am und im menschlichen (oder tierischen) Körper u. a. Krankheiten heilen, lindern, verhüten oder erkennen helfen. Ungeachtet dieser hehren Zweckbestimmung sind (Fertig-) arzneimittel Produkte, mit denen auf einem nahezu weltweiten Markt in erheblichem Umfang Geld verdient wird. Wie jeder Markt, so lebt auch derjenige mit Arzneimitteln davon, dass die auf ihm angebote- 1 nen Produkte bekannt, also beworben werden. Angesichts der Besonderheiten des Produkts „ Arzneimittel „ hat der Gesetzgeber bei der Werbung schon früh regulierend eingegriffen und Werbebeschränkungen/-verbote vorgesehen.

### II. Gesetzliche Grundlagen

2 Rechtsgrundlage für das Arzneimittelwerberecht ist das Heilmittelwerbegesetz[1] welches in letzter Zeit ebenfalls Gegenstand laufender Ergänzungen gewesen ist. Es wird in allen Kommentierungen[2] nahezu in einem Atemzug mit dem UWG genannt. Ihm gegenüber ist der Spezialgesetz für den Bereich des Heilwesens.

3 Die Zuständigkeit des Bundes zum Erlass des Heilmittelwerbegesetzes wird dem allgemeinen auf Art. 74 Nr. 19 GG (Verkehr mit Arzneimitteln) gestützt[3] , obwohl das Gesetz erhebliche wirtschaftliche Auswirkungen mit sich bringt und sich daher als weitere Basis die Kompetenz aus Art. 74 Nr. 11 GG (Recht der Wirtschaft) anbietet.

4 Die Verfassungsmäßigkeit des HWG ist heute im wesentlichen unstreitig. Dennoch wurden verfassungsrechtliche Zweifel bezüglich einzelner Tatbestände geäußert, wie etwa zu § 4 (unverhältnismäßiger und nicht erforderlicher Eingriff in die Freiheit der Berufsausübung sowie in die Meinungsäußerung der werbenden Unternehmen), § 11 Nr. 1 (Verbot der Publikumswerbung mit Gutachten oder Fachveröffentlichungen als Verstoß gegen die Grundrechte der Meinungsäußerungsfreiheit und die Freiheit der Wissenschaft), um nur einige zu nennen[4]. Mit der Neufassung des Heilmittelwerbegesetzes im Jahr 1994 wurde die Richtlinie über die Werbung für Humanarzneimittel[5] in nationales Recht umgesetzt. In der Literatur[6] ist mit beachtlichen Argumenten bezweifelt worden, ob der nationale Gesetzgeber mit der Neufassung des HWG die genannten Richtlinien vollständig transformiert hat.

---

1 Gesetz über die Werbung auf dem Gebiet des Heilwesens vom 11.7.1965 (BGBl I S. 604 i. d. F. der Bekanntmachung vom 19.10.1994 BGBl I S. 3068, zuletzt geändert durch Art. 2 des Gesetzes vom 26. April 2006 BGBl. I S. 987.

2 Die für beide Gesetze aber noch die alte Fassung betreffen.

3 So weit die Kommentierungen hierauf überhaupt eingehender z. B. Jarass in: Jarass, Pieroth Art. 74 Rz. 46, von Münch, Kunig, Art. 74 Rdnr. 95; Doepner Einl. Rdn. 20f.

4 Vgl. hierzu etwa Doepner, Einl. Rdn. 22 m.w.Nachw; Bülow, Ring § 11Nr. 1 Rdn. 14 ff. m.w.Nachw.

5 Richtlinie 92/28 EWG des Rates vom 31.3.1992, ABl. L 113 S. 13; ebenfalls umgesetzt wird die Richtlinie über die Etikettierung und die Packungsbeilage von Humanarzneimitteln 92/27 EWG des Rates vom 31.3.1992, ABl. L 113 S.5.

6 Z. B. Bülow, Ring Einführung Rdnrn. 10 ff.

## III. Anwendungsbereich des HWG

Das HWG ist nur anwendbar auf die Werbung für Arzneimittel sowie andere Mittel, Verfahren, Behandlungen und Gegenstände sowie Medizinprodukte, so weit sich die Werbeaussage auf die Erkrankung, Beseitigung oder Linderung von Krankheiten, Leiden, Körperschäden oder krankhafte Beschwerden beim Menschen oder Tier bezieht. Neuestens gilt die Werbebeschränkungen des HWG auch für die indikationslosen operativen, plastisch-chirurgischen Eingriffe. Nicht definiert ist dem Gesetz der Begriff der Werbung. Hierzu wird man allerdings auf die in der Richtlinie 93/28 EWG enthaltene Definition zurückgreifen können[7]: 5

„Im Sinne dieser Richtlinie gelten als „Werbung für Arzneimittel" alle Maßnahmen zur Information, zum Marktuntersuchung und zur Schaffung von Anreizen mit dem Ziel, die Verschreibung, die Abgabe, den Verkauf oder den Verbrauch von Arzneimitteln zu fördern. Sie umfasst..." 6

Die Rechtsprechung hat das HWG inzwischen auf produktspezifische Absatzwerbung eingeschränkt und die allgemeine Unternehmenswerbung aus seinem Geltungsbereich ausgeschlossen. Bei der allgemeinen Unternehmenswerbung eines Pharmaunternehmens müssen also nicht die besonderen Voraussetzungen des HWG eingehalten werden. Werbeobjekte sind Arzneimittel i. S. von § 2 Abs. 1 AMG und Medizinprodukte i. S. v. § 3 MPG, letztere sind seit 2001 ausdrücklich im Gesetz genannt (§ 1 Abs. 1 Nr. 1a)[8] . Schutzzweck des HWG ist die private und öffentliche Gesundheit. Normadressat der Vorschriften des HWG ist in erster Linie der pharmazeutische Unternehmer. Aber auch der Apotheker sowie andere Leistungserbringer kommen in Betracht. Adressaten der Werbung sind sowohl Laien wie auch die Fachöffentlichkeit. 7

## IV. Pflichtangaben der Arzneimittelwerbung

§ 4 Abs. 1 enthält (wie im übrigen §§ 11 und 12 AMG für die Packungsbeilage) einen Katalog von Angaben, die in jeder Werbung für Arzneimittel enthalten sein müssen. Diese Pflichtangaben müssen mit denen in der Packungsbeilage identisch sein. Die Zusammensetzung des Arzneimittels braucht in der Publikumswerbung nicht verwendet zu werden. Im übrigen müssen die Pflichtangaben gut lesbar und gegenüber den anderen Werbeäußerungen deutlich abgesetzt und abgegrenzt sein. In der Werbung in audiovisuellen Medien ist ein Satz einzublenden und zu sprechen, den in Deutschland wohl inzwischen jedes Kind kennt („Zu Risiken und Nebenwirkungen lesen Sie die Packungsbeilage und fragen sie ihren Arzt oder Apotheker") und von dem es eine Vielzahl teils scherzhafter Abwandlungen im Volksmund gibt. Darunter sind allerdings keine, welche die gelegentlich beklagte Diskriminierung durch die Herausnahme von Ärztinnen und Apothekerinnen aus 8

---

[7] So zutreffend Hart, LdA Nr. 2440 (Heilmittelwerbegesetz); Bülow, Ring § 1 Rdnr. 2; Zuck in: Quaas, Zuck § 64 Rdnr. 2.

[8] Vgl. zur Werbung für Medizinprodukte im einzelnen: Besen, Räpple, in: Anhalt, Dieners, §21

dem Kreis der Auskunftspersonen beseitigen würde. Hier besteht ein unbedingter und akuter Handlungsbedarf.

9 Ersichtlich gilt § 4 nicht für Medizinprodukte[9]. Die Vorschrift passt nicht. Außerdem sind Medizinprodukte in den nachfolgenden Vorschriften des HWG ausdrücklich genannt (z. B. §§ 11 Satz 2,12)

### V. Adressaten der Arzneimittelwerbung

10 Das Heilmittelwerbegesetz beschränkt die Ansprechkreise für die Arzneimittelwerbung: einmal sind es die Fachkreise, die beworben werden dürfen. Hierunter fallen Ärzte, Zahnärzte, Tierärzte, Apotheker und andere Personen, die mit verschreibungspflichtigen Arzneimitteln erlaubter Weise Handel treiben dürfen (§ 10 HWG). Den Fachkreise zuzurechnen sind ferner Angehörige des Heilberufe sowie Einrichtungen, die der Gesundheit von Mensch und Tier dienen, sowie sonstige Personen so weit sie mit Arzneimitteln, Medizinprodukten, Verfahren, Behandlungen Gegenständen oder anderen Mitteln erlaubterweise Handeltreiben oder sie in Ausübung ihres Berufes anwenden (§ 2 HWG).

11 Für die Werbung außerhalb der Fachkreise sieht § 11 einen umfangreichen Katalog von Werbeaussagen und -maßnahmen vor, die in der Publikumswerbung nicht für Werbeaussagen herangezogen werden dürfen. Dabei handelt es sich sowohl um textliche aber auch um optische Aussagen, die in der Werbung nicht eingesetzt werden dürfen wie z. B. werbende Gutachten, Dankesschreiben auch fotografische Darstellungen des menschlichen Körpers und seiner Veränderungen durch Krankheiten, Körperschäden oder Leiden. Gänzlich verboten ist die Werbung für nicht zugelassene zulassungspflichtige Arzneimittel sowie neuestens auch für Indikationen für die diese Arzneimittel nicht zugelassen sind. Verboten ist auch die Werbung mit dem Argument, ein Arzneimittel sei verordnungsfähig im Rahmen der vertragsärztlichen Versorgung (§ 4a). Verboten ist auch eine irreführende Werbung, wobei § 3 eine beispielhafte Aufzählung enthält was als irreführend i. S. der Vorschrift anzusehen ist. Der Katalog nach § 3 HWG ist aber auch in der Zusammenschau mit dem Verbot nach § 8 AMG zu sehen. Danach ist es verboten, minderwertige, mangelhafte oder täuschende Arzneimittel herzustellen und in den Verkehr zu bringen.

### VI. Weitere Werbebeschränkungen

12 Zwei weitere praktisch bedeutsame Werbebeschränkungen finden sich in §§ 6 und 7 HWG. § 6 verbietet in die Werbung für Arzneimittel und wohl auch Medizinprodukte mittels unwissenschaftlicher Gutachten und Zeugnisse. Der Vorschrift korrespondieren im ärztlichen Berufsrecht § 25 und 34 Abs. 3 MBOÄ. Danach ist der Arzt berufsrechtlich verpflichtet, Gutachten und Zeugnisse sorgfältig zu erstellen und zugleich ist ihm verboten Werbevorträge für Arzneimittel und Medizinprodukte zu halten und für Werbezwecke Gutachten zu erstellen. § 6 verbietet den

---

9 So auch Bülow, Ring § 4 Rdnr. 2.

pharmazeutischen Hersteller bzw. Medizinproduktehersteller die Absatzwerbung mittels unwissenschaftlicher Gutachten und Zeugnisse. Dem korrespondiert berufsrechtlich Das Verbot an den Arzt, sich für derlei Gutachten zur Verfügung zu stellen. Der Arzt ist berufsrechtlich verpflichtet, einer missbräuchlichen Verwendung seiner Gutachten und Zeugnisse für Werbezwecke aktiv entgegenzutreten. § 7 HWG verbietet dem pharmazeutischen Unternehmer und dem Hersteller von Medizinprodukten die Wertwerbung, den Angehörigen der Fachkreise die Annahme derartiger Werbegaben, es sei denn es handle sich um geringwertige Gegenstände, die mit der Bezeichnung des werbenden oder des beworbenen Produkts gekennzeichnet sind.

Der Begriff der „ Zugabe", wie er sich in der Zugabeverordnung fand, ist inhalts- **13**
leer geworden, seit das Rabattgesetz und die zugehörige Zugabeverordnung aufgehoben worden sind. Das HWG verwendet sie daher auch nicht mehr. Für die Beurteilung des Wertes der zugewendeten Werbegaben wird daher künftig auf deren tatsächlichen (geringfügigen) Wert abgestellt.

Für berufsbezogene wissenschaftliche Veranstaltungen gilt das Verbot des § 7 **14**
Abs. 1 HWG sowieso nicht. Die Geringfügigkeit des Abs. 1 ist hier durch die Überschreitung eines vertretbaren Rahmens ersetzt worden. Als Normadressaten dürfen pharmazeutische Unternehmer und Hersteller von Medizinprodukten diesen Rahmen bei ihren Zuwendungen nicht überschreiten. Derjenige Arzt, der die Zuwendung entgegennimmt, muss nach §§ 34,35 MBOÄ entscheiden, ob der die Zuwendung entgegennehmen darf. Damit kann er sich, jedenfalls als Angehöriger des öffentlichen Dienstes der Strafbarkeit nach § 331 StGB aussetzen.

Mit Berufspflichten aus der MBOÄ korrespondiert das Verbot für die Erkennung **15**
oder Behandlung von Krankheiten, die nicht auf eigener Wahrnehmung an dem zu behandelnden Menschen (Tier) beruht, zu werben: § 7 Abs. 3 MBOÄ verbietet dem Arzt die berufsrechtlich eine Behandlung in Ferndiagnose.

Neu ins Gesetz aufgenommen ist durch das Erste Gesetz zur Änderung des Trans- **16**
fusionsgesetzes, das Verbot für die Entnahme oder sonstige Beschaffung von Blut-, Plasma-, oder Gewebespenden zur Herstellung von Blut- und Gewebeprodukten und anderen Produkten zur Anwendung bei Menschen mit der Zahlung einer finanziellen Zuwendung oder Aufwandsentschädigung zu werben. Mit diesen spezifischen Werbeverbot soll § 10 TFG unterstützt werden, der für Blutspenden an den Spender lediglich eine Aufwandsentschädigung für zulässig erklärt.

## VII. Vergleichende Werbung

17 Vergleichende Werbung jedweder Art war in Deutschland lange Zeit verpönt gewesen und von der Rechtsprechung regelmäßig als sittenwidrig qualifiziert worden[10]. Diese Rechtsprechung ist mit der Richtlinie 97/95 EG des Europäischen Parlaments und des Rates zur Änderung der Richtlinie 84/450 EWG über irreführende Werbung zwecks Einbeziehung der vergleichenden Werbung[11] und nach deren Umsetzung in das neue UWG der Boden entzogen. So lässt § 6 UWG[12] nunmehr die vergleichende Werbung grundsätzlich zu, macht aber die (immer noch verbotene) unlautere vergleichende Werbung an bestimmten in § 6 Abs. 2 UWG näher geregelten Fallgestaltungen fest. Vergleichende Werbung auch für Arzneimittel ist folglich zulässig und nicht unlauter, solange keine dieser speziellen Fallgestaltungen erfüllt wird.

## VIII. Unlauterer Wettbewerb mit Arzneimitteln

18 § 17 bestimmt, dass das Gesetz über den unlauteren Wettbewerb durch das HWG unberührt bleibt. Dies bedeutet nichts anderes, als dass es auch für den Arzneimittelmarkt gilt. Allerdings ist es in seiner Neufassung - mit welcher es durch Umsetzung von europarechtlichen Richtlinien europatauglich gemacht worden ist - ziemlich verändert[13]. Daher sind die bisherigen Äußerungen in der Kommentarli-

---

10 Z.B. BGHZ 107, 136; vgl. hierzu auch Hart, LdA Nr. 2440 (Heilmittelwerbegesetz) Rdnrn. 19 ff.

11 Richtlinie vom 6. Oktober 1997, ABl. L 290 S. 18

12 § 6 UWG hat folgenden Wortlaut:

(1) Vergleichende Werbung ist jede Werbung, die unmittelbar oder mittelbar einen Mitbewerber oder die von einem Mitbewerber angebotenen Waren oder Dienstleistungen erkennbar macht.

(2) Unlauter im Sinne von § 3 handelt, wer verglichen wird, wenn der Vergleich

1. sich nicht auf Waren oder Dienstleistungen für den gleichen Bedarf oder dieselbe Zweckbestimmung bezieht,
2. nicht objektiv auf eine oder mehrere wesentliche, relevante, nachprüfbare und typische Eigenschaften oder den Preis dieser Waren oder Dienstleistungen bezogen ist,
3. im geschäftlichen Verkehr zu Verwechslungen zwischen dem werbenden und einem Mitbewerber oder zwischen den von diesen angebotenen Waren oder Dienstleistungen oder den von ihnen verwendeten Kennzeichen führt,
4. die Wertschätzung des von einem Mitbewerber verwendeten Kennzeichens in unlauterer Weise ausnutzt oder beeinträchtigt,
5. die Waren, Dienstleistungen, Tätigkeiten oder persönlichen oder geschäftlichen Verhältnisse eines Mitbewerbers herabsetzt oder verunglimpft oder
6. eine Ware oder Dienstleistung als Imitation oder Nachahmung einer unter einem geschützten Kennzeichen vertriebenen Ware oder Dienstleistung darstellt.

(3) bezieht sich der Vergleich auf ein Angebot mit einem besonderen Preis oder anderen besonderen Bedingungen, so sind der Zeitpunkt des Kindes des Angebots und, wenn dieses noch nicht gilt, der Zeitpunkt des Beginns des Angebots eindeutig abzugeben gilt das Angebot nur solange, wie die Waren oder Dienstleistungen verfügbar sind, so ist darauf hinzuweisen.

13 Gesetz gegen den unlauteren Wettbewerb (UWG) vom 3. Juli 2004 (BGBl I S. 1414).

teratur und in der Rechtsprechung derzeit mit Vorsicht zu genießen, weil sich diese Aussagen allesamt noch auf die alte Fassung des UWG beziehen. Erhalten bleibt nur die Feststellung, dass Verstöße gegen das HWG grundsätzlich wettbewerbsrechtliche Verstöße i. S. des UWG darstellen. Grundsätzlich geändert haben sich allerdings die Voraussetzungen, unter denen dies der Fall ist. Es hängt dies unter anderem damit zusammen, dass das Gesetz in der Neufassung eine andere Struktur aufweist als das bisherige.

Das Gesetz verbietet in § 3 unlauteren Wettbewerb und gibt in § 4 eine (nicht ab- **19**
schließende) Liste von Handlungen, die die Voraussetzungen eines unlauteren Wettbewerbs erfüllen. Für den hier in Rede stehenden Bereich der Versorgung des Verbrauchers mit Arzneimitteln und Medizinprodukten dürfte § 4 Nr. 11 (Rechtsbruch) von Bedeutung sein, wenn Vorschriften des HWG missachtet werden. Subjektive Erfordernisse wie z. B. Kenntnis von der Norm oder Planmäßigkeit des Handelns sind nicht erforderlich[14]. Als weitere Vorschrift von Bedeutung. kommt § 5 (Irreführende Werbung) in Betracht. In § 5 ist die irreführende Werbung als Beispieltatbestand unlauteren Handelns ausgestaltet. Bei der Beurteilung der Frage, ob eine Werbung irreführend ist oder nicht, sind alle ihre Bestandteile zu berücksichtigen, insbesondere in ihr enthaltene Angaben über die Merkmale der Waren.. Zusammensetzung... Verwendungsmöglichkeiten... Beschaffenheit... die von der Verwendung zu erwartenden Ergebnisse..., um nur die für Arzneimittel und Medizinprodukte bedeutsamen Merkmale zu benennen (§ 5 Abs. 2 Nr. 1 UWG). Rechtsfolgen eines Verstoßes gegen diese Vorschriften sind in §§ 8 ff. UWG geregelt. Es ist dies einmal die Beseitigung und das Unterlassen, der Schadenersatz und die Abschöpfung des durch den Verstoß erzielten Gewinns.

---

14 Vgl. Köhler, NJW 2004, 2121.

# Verordnung über die Anwendung der Guten Klinischen Praxis bei der Durchführung von klinischen Prüfungen mit Arzneimitteln zur Anwendung am Menschen (GCP-Verordnung – GCP-V)*

**Vom 9. August 2004 (BGBl. I S. 2081)**
**zuletzt geändert durch Artikel 4 der Verordnung vom 3. November 2006 (BGBl. I S. 2523)**

## Literatur

Vgl. auch die Literatur zu §§ 40, 41; Deutsch, Das Vertragsrecht des Probanden, VersR 2005, 1609; Felder, Das Erfordernis der zweijährigen Erfahrung in der klinischen Prüfung nach § 40 Abs. 1, S. 3, Nr. 5 AMG KliFoRe 2008, 103; Hart in: Rieger (Hrsg.) Lexikon des Arztrechts (LdA) Nr. 2880; Lippert, Die zustimmende Bewertung einer Ethik-Kommission bei der klinischen Prüfung von Arzneimitteln nach dem novellierten Arzneimittelgesetz und der GCP-Verordnung in: Humaniora, Medizin-Recht-Geschichte, Festschrift für Adolf Laufs, Kern, Wadle, Schroeder, Katzenmeier (Hrsg.), Springer, 2005, S. 973; ders., Die 12. Novelle zur Änderung des AMG - Eine erste Bestandsaufnahme, GesR 2004, 505 – 512; ders., Die Klinische Prüfung von Arzneimitteln nach der 12. Novelle zum AMG – eine erste Bestandsaufnahme VersR 2005, 48; ders., Klinische Arzneimittelprüfungen – die 12. Novelle zum Arzneimittelgesetz und ihre Umsetzung in das Landesrecht GesR 2005, 438; ders., Die Umsetzung der 12.Novelle zum Arzneimittelgesetz in das Landesrecht – wie viele Ethik-Kommissionen braucht das Land? VersR 2005, 1368; ders Die Entwicklung der Ethikkommissionen in Deutschland am Beispiel der Ethikkommission der Universität Ulm, MedR 2008, 654; ders. Die Eignung des Prüfers bei der Durchführung klinischer Prüfungen mit Arzneimitteln, GesR 2008, 120; ders. Nochmals: Die Eignung des Prüfers bei der Durchführung klinischer Prüfungen mit Arzneimitteln, GesR 2009, 573; Pestalozza, Risiken und Nebenwirkungen: Die klinische Prüfung von Arzneimitteln am Menschen nach der 12. AMG- Novelle, NJW 2004, 3374.

---

* Diese Verordnung dient der Umsetzung

- der Richtlinie 2001/20/EG des Europäischen Parlaments und des Rates vom 4. April 2001 zur Angleichung der Rechts- und Verwaltungsvorschriften der Mitgliedstaaten über die Anwendung der guten klinischen Praxis bei der Durchführung von klinischen Prüfungen mit Humanarzneimitteln (ABl. EG Nr. L 121 S. 34),
- der Richtlinie 2003/94/EG der Kommission vom 8. Oktober 2003 zur Festlegung der Grundsätze und Leitlinien der Guten Herstellungspraxis für Humanarzneimittel und für zur Anwendung beim Menschen bestimmte Prüfpräparate (ABl. EU Nr. L 262 S. 22) und
- der Richtlinie 2001/18/EG des Europäischen Parlaments und des Rates vom 12. März 2001 über die absichtliche Freisetzung genetisch veränderter Organismen in die Umwelt und zur Aufhebung der Richtlinie 90/220/EWG des Rates (ABl. EG Nr. L 106 S. 1).

### I. Die Bedeutung der Rechtsnorm

1 Die GCP-Verordnung enthält die wesentlichen verfahrensrechtlichen Vorschriften für die Durchführung der klinischen Prüfung eines Arzneimittels beim Menschen. Unter Beachtung von Art. 80 GG regelt der Gesetzgeber die grundlegenden Anforderungen an klinische Prüfungen von Arzneimitteln beim Menschen in §§ 40ff. AMG, die eher prozeduralen Vorschriften in einer Rechtsverordnung dazu. Er spaltet dazu die einheitliche Richtlinie 2001/20/EU, die in Ansätzen auch Prozedurales enthält, in Rechtsnormen unterschiedlicher Hierarchieebenen auf.

2 Bereits die Bezeichnung der Verordnung (GCP-Verordnung) hat dem Normgeber den wohl eher spöttisch gemeinten Hinweis eingetragen, wenn die Amtssprache in Deutschland schon Deutsch sei, dann gelte dies auch für die Gesetzessprache. In der Verordnung hat der Normgeber an mehreren Stellen dann aber seinen Widerstand (so er denn ernsthaft jemals bestanden haben sollte) aufgegeben und pharmadenglische Abkürzungen in den Text eingestreut.[1]

3 Gerade auch im Kreis derjenigen Ethik-Kommissionen, denen der neue Status einer „Behörde„ stolz die Brust schwellen lässt, ist in der praktischen Tätigkeit die Denglisierung noch viel weiter fortgeschritten, und dies, obwohl die (nun) anzuwendenden gesetzlichen Vorschriften klar bestimmen: „Amtssprache ist Deutsch." (§ 23 Abs. 1 VwVfG). Auch haben sich die neuen Begrifflichkeiten noch nicht und vor allem nicht überall durchgesetzt. So ist in offiziellen Papieren immer wieder von „Studien" die Rede, obgleich eine klinische Prüfung mit Arzneimitteln gemeint ist und von „Voten" für die Bewertung der klinischen Prüfung durch die Ethik-Kommission und von Prüfärzten oder Co-Prüfern, wenn Prüfer im Sinne von § 4 Abs. 25 gemeint sein sollen. Hier besteht dringender Änderungsbedarf und die Notwendigkeit von mehr (Selbst-) Disziplin im Umgang mit den rechtlichen Vorschriften, deren Kenntnisse schließlich ein wesentliches Element der Befähigung des Prüfers und der Prüfstelle bilden. Dies wird in der Praxis aber nur allzu häufig negiert. Im übrigen ist der Gesetzgeber selbst hier nicht konsequent: in § 42 Abs. 3 Nr. 1 spricht auch er von einer Studie und meint dabei die klinische Prüfung. Man befindet sich mit seinen terminologischen Nachlässigkeiten in durchaus guter Gesellschaft.

## ABSCHNITT 1
## ALLGEMEINE VORSCHRIFTEN

### § 1
### Zweck der Verordnung

**(1) Zweck dieser Verordnung ist, die Einhaltung der Guten Klinischen Praxis bei der Planung, Durchführung und Dokumentation klinischer Prüfungen**

[1] § 5 Abs. 2 Nr. 1 und 2 (CRO); § 7 Abs. 5 (SmPC).

**am Menschen und der Berichterstattung darüber sicherzustellen. Damit wird gewährleistet, dass die Rechte, die Sicherheit und das Wohlergehen der betroffenen Person geschützt werden und die Ergebnisse der klinischen Prüfung glaubwürdig sind.**

**(2) Bei klinischen Prüfungen mit Arzneimitteln, die aus einem gentechnisch veränderten Organismus oder einer Kombination von gentechnisch veränderten Organismen bestehen oder solche enthalten, bezweckt diese Verordnung darüber hinaus den Schutz der Gesundheit nicht betroffener Personen und der Umwelt in ihrem Wirkungsgefüge.**

## § 2
## Anwendungsbereich

**Die Verordnung regelt die Aufgaben, Verantwortungsbereiche und Verfahren hinsichtlich der Planung, Genehmigung, Durchführung und Überwachung von klinischen Prüfungen am Menschen nach § 4 Abs. 23 des Arzneimittelgesetzes einschließlich Bioverfügbarkeits- und Bioäquivalenzstudien sowie hinsichtlich ihrer Dokumentation und der Berichterstattung über diese klinischen Prüfungen. Sie regelt außerdem den Schutz der Gesundheit nicht betroffener Personen und umweltbezogene Anforderungen bei klinischen Prüfungen mit Arzneimitteln, die aus einem gentechnisch veränderten Organismus oder einer Kombination von gentechnisch veränderten Organismen bestehen oder solche enthalten.**

## § 3
## Begriffsbestimmungen

**(1) Multizentrische klinische Prüfung ist eine nach einem einzigen Prüfplan durchgeführte klinische Prüfung, die in mehr als einer Prüfstelle erfolgt und daher von mehr als einem Prüfer vorgenommen wird, wobei sich die weiteren Prüfstellen auch in anderen Mitgliedstaaten der Europäischen Union oder in Ländern befinden können, die nicht Mitgliedstaaten der Europäischen Union sind.**

**(2) Prüfplan ist die Beschreibung der Zielsetzung, Planung, Methodik, statistischen Erwägungen und Organisation einer klinischen Prüfung. Der Begriff schließt nachfolgende Fassungen und Änderungen des Prüfplans ein.**

**(2a) Betroffene Person ist ein Prüfungsteilnehmer oder eine Prüfungsteilnehmerin, die entweder als Empfänger des Prüfpräparates oder als Mitglied einer Kontrollgruppe an einer klinischen Prüfung teilnimmt.**

**(2b) Einwilligung nach Aufklärung ist die Entscheidung über die Teilnahme an einer klinischen Prüfung, die in Schriftform abgefasst, datiert und unterschrieben werden muss und nach ordnungsgemäßer Unterrichtung über Wesen, Bedeutung, Tragweite und Risiken der Prüfung und nach Erhalt einer entsprechenden Dokumentation freiwillig von einer Person, die ihre Einwilligung geben kann oder aber, wenn die Person hierzu nicht in der Lage ist, von**

**ihrem gesetzlichen Vertreter getroffen wird. Kann die betreffende Person nicht schreiben, so kann in Ausnahmefällen eine mündliche Einwilligung in Anwesenheit von mindestens einem Zeugen erteilt werden.**

**(2c) Ethik-Kommission ist ein unabhängiges Gremium aus im Gesundheitswesen und in nichtmedizinischen Bereichen tätigen Personen, dessen Aufgabe es ist, den Schutz der Rechte, die Sicherheit und das Wohlergehen von betroffenen Personen im Sinne des Absatzes 2a zu sichern und diesbezüglich Vertrauen der Öffentlichkeit zu schaffen, indem es unter anderem zu dem Prüfplan, der Eignung der Prüfer und der Angemessenheit der Einrichtungen sowie zu den Methoden, die zur Unterrichtung der betroffenen Personen und zur Erlangung ihrer Einwilligung nach Aufklärung benutzt werden und zu dem dabei verwendeten Informationsmaterial Stellung nimmt.**

**(3) Prüfpräparate sind Darreichungsformen von Wirkstoffen oder Placebos, die in einer klinischen Prüfung am Menschen getestet oder als Vergleichspräparate verwendet oder zum Erzeugen bestimmter Reaktionen am Menschen eingesetzt werden. Hierzu gehören Arzneimittel, die nicht zugelassen sind, und zugelassene Arzneimittel, wenn diese im Rahmen einer klinischen Prüfung am Menschen in einer anderen als der zugelassenen Darreichungsform oder für ein nicht zugelassenes Anwendungsgebiet oder zum Erhalt zusätzlicher Informationen über das zugelassene Arzneimittel eingesetzt werden.**

**(4) Prüferinformation ist die Zusammenstellung der für die klinische Prüfung am Menschen relevanten klinischen und nichtklinischen Daten über die in der klinischen Prüfung verwendeten Prüfpräparate.**

**(5) Inspektion ist die von der zuständigen Behörde oder Bundesoberbehörde durchgeführte Überprüfung von Räumlichkeiten, Ausrüstungen, Unterlagen, Aufzeichnungen, Qualitätssicherungssystemen und sonstigen nach Beurteilung der Behörde relevanten Ressourcen, die sich in der Prüfstelle, den Einrichtungen des Sponsors oder des Auftragsforschungsinstituts, den Laboratorien, den Herstellungsstätten von Prüfpräparaten oder in sonstigen Einrichtungen befinden. Sie dient dem Ziel, die Einhaltung der Regeln der Guten Klinischen Praxis (GCP), der Guten Herstellungspraxis (GMP) oder die Übereinstimmung mit den Angaben der Antragsunterlagen zu überprüfen.**

**(6) Unerwünschtes Ereignis ist jedes nachteilige Vorkommnis, das einer betroffenen Person widerfährt, der ein Prüfpräparat verabreicht wurde, und das nicht notwendigerweise in ursächlichem Zusammenhang mit dieser Behandlung steht.**

**(7) Nebenwirkung ist jede nachteilige und unbeabsichtigte Reaktion auf ein Prüfpräparat, unabhängig von dessen Dosierung.**

**(8) Schwerwiegendes unerwünschtes Ereignis oder schwerwiegende Nebenwirkung ist jedes unerwünschte Ereignis oder jede Nebenwirkung, das oder die tödlich oder lebensbedrohend ist, eine stationäre Behandlung oder deren**

**Verlängerung erforderlich macht oder zu bleibender oder schwerwiegender Behinderung oder Invalidität führt oder eine kongenitale Anomalie oder einen Geburtsfehler zur Folge hat.**

**(9) Unerwartete Nebenwirkung ist eine Nebenwirkung, die nach Art oder Schweregrad nicht mit der vorliegenden Information über das Prüfpräparat übereinstimmt.**

**(10) Verblindung ist das bewusste Vorenthalten der Information über die Identität eines Prüfpräparates in Übereinstimmung mit den Angaben des Prüfplanes.**

**(11) Entblindung ist die Offenlegung der Identität eines verblindeten Prüfpräparates.**

## I. Die Bedeutung der Rechtsnormen

Mit der GCP-Verordnung macht der Normgeber Gebrauch von der in § 42 Abs. 3 1 AMG enthaltenen Ermächtigung Regelungen zur ordnungsgemäßen Durchführung klinischer Prüfungen und der Erzielung von dem wissenschaftlichen Erkenntnisstand entsprechenden Unterlagen zu treffen. Soweit in Abschnitt 2 der Verordnung die Anforderungen an die Prüfpräparate, insbesondere deren Kennzeichnung geregelt werden, stützt sich die Verordnung auf die Ermächtigung in § 12 Abs. 1b Nr. 1 AMG. Die Verordnung dient auch der Umsetzung der Richtlinie 2001/20/EG und weiterer Richtlinie der EU, so weit diese nicht bereits durch §§ 40ff. AMG selbst erfolgt ist.

## II. Der Zweck der Verordnung

Der Normgeber hat sich ersichtlich nicht leicht getan, den Zweck der Verordnung 2 zu umschreiben. Abs. 1 entspricht, dabei ein wenig redaktionell überarbeitet, Art. 1 Abs. 2 der Richtlinie 2001/20/EG, allerdings mit dem gravierenden Unterschied, dass in der Richtlinie gesagt wird, was unter „Guter klinischer Praxis„ zu verstehen ist. Im ersten Halbsatz des Absatzes 1 der GCP-Verordnung wird unterstellt, dass der Normanwender weiß, dass es sich bei „Guter klinischer Praxis“ um einen Katalog international anerkannter ethischer und wissenschaftlicher Qualitätsanforderungen handelt, die als Leitlinien fortlaufender Überarbeitung und Anpassung unterliegen und dem technischen und wissenschaftlichen Fortschritt Rechnung tragen sollen. Die Bezugnahme von § 40 Abs. 1 Satz 1 AMG auf Art. 1 Abs. 3 der Richtlinie 2001/20/EG hilft da nicht wirklich weiter. In der Urfassung des Entwurfs der Verordnung war denn auch der in Deutschland gebräuchliche Verweis auf den Stand von Wissenschaft und Technik herangezogen worden. Mit beiden Formulierungen kauft man die berühmte Katze im Sack. Was aber hinreichend deutlich wird: der Schutz der Prüfungsteilnehmer steht im Vordergrund. Es sollen nur die unbedingt notwendigen klinischen Prüfungen durchgeführt werden, wiederholte klinische Prüfungen sollen vermieden werden. Durch umfassenden Informationsaustausch unter den Beteiligten soll das Verfahren transparent gestaltet werden. Der Schutzzweck des Absatzes 2 ist Art. 1 Abs. 1 und Art. 4 Abs. 1 der Richtlinie 2001/18/EG entnommen.

### III. Der Anwendungsbereich

3 Die Umschreibung des Anwendungsbereiches deckt sich in weiten Teilen – bei redaktionellen Unterschieden - mit der Formulierung in Art. 1 Abs. 4 der Richtlinie 2001/20/EG und dem Zusatz aus der bereits erwähnten Richtlinie 2001/18/EG.

### IV. Begriffsbestimmungen

4 § 3 enthält die heute in Gesetzen übliche Voranstellung von Definitionen. Bei deren Zuordnung entweder zum AMG oder zu GCP- Verordnung scheint eine gewisse Beliebigkeit Pate gestanden zu haben. Eine Systematik bleibt dem Betrachter jedenfalls verborgen. Sprachliche Vorgaben für die Definitionen finden sich in Art. 2 der Richtlinie 2001/20/EG, wobei der deutschen Normgeber sich bisweilen bemüßigt gefühlt hat, diesen Wortlaut zu paraphrasieren. Eine Notwendigkeit dazu hätte jedenfalls nicht bestanden.

5 Dennoch enthält § 3 auch ein Ärgernis ersten Ranges. Dafür muss man aber nicht den deutschen, sondern den europäischen Normgeber loben: über die 12. Novelle zum AMG ist die Neufassung von § 4 Abs. 13 ins Gesetz gekommen. Ausgangspunkt für diese Neuregelung waren die Richtlinien 2000/38/EG und 2000/37/EG, die zu einer Neufassung der Definition der „ Nebenwirkung„ und weiterer damit zusammenhängender Begriffe geführt hatte. Art. 2 lit. m -p der Richtlinie 2001/20/EG enthält aber ihrerseits Definitionen für eben diese Begriffe. Allerdings keine deckungsgleichen. Sollen etwa die Verwendung eines (noch nicht zugelassenen) Prüfpräparates statt die eines zugelassenen Arzneimittels für die Unterschiede in den Formulierungen den Grund abgeben? So viel Koordination dürfte doch wohl gefordert werden können, auch vom europäischen Normgeber. Die Definitionen in den Absätzen 2a bis 2 c sind erst spät über die Beratungen im Bundesrat in die Verordnung eingefügt worden.

## ABSCHNITT 2
## ANFORDERUNGEN AN PRÜFPRÄPARATE

### § 4
### Herstellung und Einfuhr

**(1) Die Herstellung, die Freigabe sowie die Einfuhr von Prüfpräparaten regelt die Arzneimittel- und Wirkstoffherstellungsverordnung vom 3. November 2006 (BGBl. I S. 2523), in der jeweils geltenden Fassung. Für die Kennzeichnung von Prüfpräparaten gilt § 5.**

**(2) Der Sponsor muss sicherstellen, dass die Herstellung und Prüfung des Prüfpräparates den Angaben des bei der zuständigen Bundesoberbehörde nach § 7 Abs. 4 Nr. 1 eingereichten Dossiers zum Prüfpräparat entspricht und die Herstellungsbetriebe und Prüflaboratorien für diese Tätigkeiten geeignet sowie zu deren Ausübung berechtigt sind. Bei Verwendung zugelassener Arzneimittel im Sinne des § 5 Abs. 8 gelten die Anforderungen als erfüllt, soweit der Sponsor bis auf die Kennzeichnung keine weiteren Herstellungsvorgänge unternimmt.**

## § 5
## Kennzeichnung von Prüfpräparaten

**(1) Bei Prüfpräparaten muss die Kennzeichnung den Schutz der betroffenen Personen und die Rückverfolgbarkeit sicherstellen, die Identifizierung des Arzneimittels und der Prüfung ermöglichen und eine ordnungsgemäße Verwendung des Arzneimittels gewährleisten.**

**(2) Prüfpräparate dürfen außer in den Fällen nach den Absätzen 3 bis 5 oder in sonstigen begründeten Fällen nur in den Verkehr gebracht werden, wenn auf den Behältnissen und, soweit verwendet, auf den äußeren Umhüllungen in gut lesbarer Schrift, allgemein verständlich in deutscher Sprache und auf dauerhafte Weise angegeben sind:**

1. **Name oder Firma und Anschrift des Sponsors und die seines Auftragnehmers (CRO), soweit er nicht selbst Sponsor ist,**
2. **Telefonnummer des Sponsors und die seines Auftragnehmers (CRO), soweit er nicht selbst Sponsor ist, sofern die Telefonnummern nicht in einem Begleitdokument aufgeführt sind, das der betroffenen Person auszuhändigen ist,**
3. **Bezeichnung und Stärke des Prüfpräparates,**
4. **Chargenbezeichnung mit der Abkürzung „Ch.-B." oder Code-Nummer der Prüfung,**
5. **Darreichungsform,**
6. **Inhalt nach Gewicht, Volumen oder Stückzahl,**
7. **Art der Anwendung,**
8. **Dosierungsanleitung mit Einzel- oder Tagesgaben oder diesbezüglicher Verweis auf ein Begleitdokument oder die Anweisung eines Prüfarztes,**
9. **Dauer der Verwendbarkeit (Verfalldatum mit dem Hinweis „verwendbar bis" oder soweit die Art des Prüfpräparates dies erlaubt, Datum der Nachtestung) unter Angabe von Monat und Jahr,**
10. **Prüfplancode, der die Identifizierung der klinischen Prüfung, der Prüfstelle, des Prüfers und des Sponsors ermöglicht, sofern nicht in einem Begleitdokument enthalten, das der betroffenen Person ausgehändigt werden kann,**
11. **von der europäischen Datenbank vergebene EudraCT-Nummer, sofern diese nicht in einem Begleitdokument enthalten ist,**

**12. Identifizierungscode der betroffenen Person, und, sofern erforderlich, Kennzeichnung der Einnahmesequenz, sofern nicht in einem Begleitdokument enthalten, das der betroffenen Person ausgehändigt werden kann,**
**13. Hinweis, dass das Arzneimittel zur klinischen Prüfung bestimmt ist,**
**14. Aufbewahrungs- oder Lagerungshinweise, sofern dies in der Genehmigung für die klinische Prüfung vorgesehen ist,**
**15. Hinweis, dass das Prüfpräparat unzugänglich für Kinder aufbewahrt werden soll, sofern das Prüfpräparat dazu bestimmt ist, der betroffenen Person ausgehändigt zu werden,**
**16. besondere Vorsichtsmaßnahmen für die Beseitigung von nicht verwendeten Prüfpräparaten oder sonstige besondere Vorsichtsmaßnahmen, um Gefahren für die Gesundheit nicht betroffener Personen und die Umwelt zu vermeiden, oder Angaben für die Rückgabe.**

**Wenn Behältnis und äußere Umhüllung fest verbunden sind, ist die Kennzeichnung auf der äußeren Umhüllung ausreichend. Die Angabe nach Satz 1 Nr. 3 kann im Fall einer Verblindung der Prüfpräparate entfallen oder auf geeignete Weise verschlüsselt werden.**

**(3) Sofern Behältnis und äußere Umhüllung des Prüfpräparates dauernd zusammengehalten werden sollen und die äußere Umhüllung die unter Absatz 2 Satz 1 aufgeführten Angaben aufweist, muss das Behältnis mindestens die Angaben nach Absatz 2 Satz 1 Nr. 1, 3, 4, 5, 6, 7, 10 und 12 aufweisen, die Angabe nach Absatz 2 Satz 1 Nr. 7 kann bei festen oralen Darreichungsformen entfallen. Absatz 2 Satz 3 gilt entsprechend.**

**(4) Durchdrückpackungen sind mit den Angaben nach Absatz 2 Nr. 1, 3, 4, 7, 10 und 12 zu versehen, die Angabe nach Absatz 2 Satz 1 Nr. 7 kann bei festen oralen Darreichungsformen entfallen. Absatz 2 Satz 3 gilt entsprechend.**

**(5) Bei Behältnissen von nicht mehr als zehn Milliliter Volumen und bei Ampullen brauchen die Angaben nach Absatz 2 nur auf den äußeren Umhüllungen gemacht zu werden, jedoch müssen sich auf den Behältnissen und den Ampullen mindestens die Angaben nach Absatz 2 Satz 1 Nr. 1, 3, 4, 7, 10 und 12 befinden. Absatz 2 Satz 3 gilt entsprechend.**

**(6) Angaben nach Absatz 2, die zusätzlich in einer anderen Sprache wiedergegeben werden, müssen in beiden Sprachversionen inhaltsgleich sein. Weitere Angaben sind zulässig, sofern sie mit der Verwendung des Prüfpräparates in Zusammenhang stehen, für die gesundheitliche Aufklärung wichtig sind und den Angaben nach Absatz 2 nicht widersprechen.**

**(7) Wenn die Dauer der Verwendbarkeit nachträglich verlängert werden soll, ist ein zusätzliches Etikett auf dem Behältnis und, soweit verwendet, auf der äußeren Umhüllung anzubringen, das das neue Verfalldatum oder das Datum der Nachtestung sowie die Chargenbezeichnung aufweist. Mit dem Etikett kann das frühere Datum, nicht aber die bereits vorhandene Chargenbezeichnung überdeckt werden.**

**(8) Bei Prüfpräparaten, die durch die zuständige Bundesoberbehörde zugelassene Arzneimittel sind oder für die die Kommission der Europäischen Gemeinschaften oder der Rat der Europäischen Union eine Genehmigung für das Inverkehrbringen gemäß Artikel 3 Abs. 1 oder 2 der Verordnung (EG) Nr. 726/2004 des Europäischen Parlaments und des Rates vom 31. März 2004 zur Festlegung von Gemeinschaftsverfahren für die Genehmigung und Überwachung von Human- und Tierarzneimitteln und zur Errichtung einer Europäischen Arzneimittel-Agentur (ABl. EU Nr. L 136 S. 1) erteilt hat, und die ohne zusätzliche Herstellungsmaßnahmen zur Verwendung in der klinischen Prüfung bestimmt sind, kann auf besondere Kennzeichnungen auf den Behältnissen und den äußeren Umhüllungen nach den Absätzen 2 bis 7 verzichtet werden, soweit es das Konzept der klinischen Prüfung erlaubt. Angaben nach Absatz 1 können auch in einem Begleitdokument aufgeführt werden.**

## § 6
## Entblindung in Notfallsituationen und Rücknahme

**Bei verblindeten Prüfpräparaten muss der Sponsor ein Verfahren zur unverzüglichen Entblindung etablieren, das eine sofortige Identifizierung und, sofern erforderlich, eine unverzügliche Rücknahme der Prüfpräparate ermöglicht. Dabei ist sicherzustellen, dass die Identität eines verblindeten Prüfpräparates nur so weit offen gelegt wird, wie dies erforderlich ist.**

### I. Die Bedeutung der Rechtsnormen

Der gesamte 2. Abschnitt der Verordnung handelt den Umgang mit den Prüfpräparaten für die Durchführung klinischer Prüfungen mit Arzneimitteln am Menschen ab. **1**

### II. Die Anforderungen an die Prüfpräparate

Die für die klinische Prüfung eingesetzten Arzneimittel werden, wenn auch nur zum Zwecke ihrer Durchführung begrenzt, in den Verkehr gebracht. Der Schutz der Patienten und Probanden, also der Prüfungsteilnehmer, muss daher auch in dieser Situation gewährleistet sein. Diesen Schutz sollen die §§ 4 bis 6 der Verordnung sicherstellen. Die Kennzeichnung der Prüfpräparates unterliegt nicht § 10 AMG. Deshalb sind die Kennzeichnungsmerkmale umfänglich ausgefallen. **2**

# ABSCHNITT 3
# GENEHMIGUNG DURCH DIE BUNDESOBERBEHÖRDE UND BEWERTUNG DURCH DIE ETHIK-KOMMISSION

## § 7
## Antragstellung

**(1) Der Sponsor reicht in schriftlicher Form bei der für das zu testende Prüfpräparat zuständigen Bundesoberbehörde einen Antrag auf Genehmigung der klinischen Prüfung und bei der zuständigen Ethik-Kommission einen Antrag auf zustimmende Bewertung der klinischen Prüfung ein. Die dem Antrag beizufügenden Unterlagen können in deutscher oder in englischer Sprache abgefasst sein, soweit im Folgenden nichts anderes bestimmt ist. Antrag und Unterlagen sind zusätzlich auf einem elektronischen Datenträger einzureichen. Bei multizentrischen klinischen Prüfungen, die im Geltungsbereich des Arzneimittelgesetzes in mehr als einer Prüfstelle erfolgen, erhält jede weitere nach Landesrecht für einen Prüfer zuständige Ethik-Kommission (beteiligte Ethik-Kommission) zeitgleich eine Kopie des Antrags und der Unterlagen. Die nach § 42 Abs. 1 Satz 2 des Arzneimittelgesetzes zuständige Ethik-Kommission ist federführend für die Bearbeitung.**

**(2) Dem Antrag an die zuständige Ethik-Kommission und dem Antrag an die zuständige Bundesoberbehörde müssen vom Antragsteller die folgenden Angaben und Unterlagen beigefügt werden:**
1. **Kopie des Bestätigungsschreibens für die von der Europäischen Datenbank vergebene EudraCT-Nummer des Prüfplans,**
2. **vom Sponsor oder seinem Vertreter unterzeichnetes Begleitschreiben in deutscher Sprache, das die EudraCT-Nummer, den Prüfplancode des Sponsors und den Titel der klinischen Prüfung angibt, Besonderheiten der klinischen Prüfung hervorhebt und auf die Fundstellen der diesbezüglichen Informationen in den weiteren Unterlagen verweist,**
3. **vom Hauptprüfer oder vom Leiter der klinischen Prüfung sowie vom Sponsor oder seinem Vertreter unterzeichneter Prüfplan unter Angabe des vollständigen Titels und des Arbeitstitels der klinischen Prüfung, der EudraCT-Nummer, des Prüfplancodes des Sponsors, der Fassung und des Datums,**
4. **Name oder Firma und Anschrift des Sponsors und, sofern vorhanden, seines in der Europäischen Union oder in einem Vertragsstaat des Abkommens über den Europäischen Wirtschaftsraum niedergelassenen Vertreters,**
5. **Namen und Anschriften der Einrichtungen, die als Prüfstelle oder Prüflabor in die klinische Prüfung eingebunden sind, sowie der Hauptprüfer und des Leiters der klinischen Prüfung,**
6. **Angabe der Berufe von Prüfern, die nicht Arzt sind, der wissenschaftlichen Anforderungen des jeweiligen Berufs und der seine Ausübung voraussetzenden Erfahrungen in der Patientenbetreuung sowie Darlegung,**

**dass der jeweilige Beruf für die Durchführung von Forschungen am Menschen qualifiziert und Darlegung der besonderen Gegebenheiten der klinischen Prüfung, die die Prüfertätigkeit eines Angehörigen des jeweiligen Berufs rechtfertigen,**

7. **Prüferinformation,**
8. **Bezeichnung und Charakterisierung der Prüfpräparate und ihrer Wirkstoffe,**
9. **Gegenstand der klinischen Prüfung und ihre Ziele,**
10. **Anzahl, Alter und Geschlecht der betroffenen Personen,**
11. **Erläuterung der Kriterien für die Auswahl der betroffenen Personen sowie der hierzu zu Grunde gelegten statistischen Erwägungen,**
12. **Begründung dafür, dass die gewählte Geschlechterverteilung in der Gruppe der betroffenen Personen zur Feststellung möglicher geschlechtsspezifischer Unterschiede bei der Wirksamkeit oder Unbedenklichkeit des geprüften Arzneimittels angemessen ist,**
13. **Plan für eine Weiterbehandlung und medizinische Betreuung der betroffenen Personen nach dem Ende der klinischen Prüfung,**
14. **mit Gründen versehene Angaben ablehnender Bewertungen der zuständigen Ethik-Kommissionen anderer Mitgliedstaaten der Europäischen Union oder anderer Vertragsstaaten des Abkommens über den Europäischen Wirtschaftsraum sowie Versagungen beantragter Genehmigungen durch die zuständigen Behörden anderer Mitgliedstaaten der Europäischen Union oder anderer Vertragsstaaten des Abkommens über den Europäischen Wirtschaftsraum; sollten zustimmende Bewertungen einer Ethik-Kommission oder eine Genehmigung durch eine zuständige Behörde mit Auflagen versehen worden sein, sind diese anzugeben,**
15. **die Bestätigung, dass betroffene Personen über die Weitergabe ihrer pseudonymisierten Daten im Rahmen der Dokumentations- und Mitteilungspflichten nach § 12 und § 13 an die dort genannten Empfänger aufgeklärt werden; diese muss eine Erklärung enthalten, dass betroffene Personen, die der Weitergabe nicht zustimmen, nicht in die klinische Prüfung eingeschlossen werden.**

**(3) Der zuständigen Ethik-Kommission ist ferner vorzulegen:**

1. **Erläuterung der Bedeutung der klinischen Prüfung,**
2. **Bewertung und Abwägung der vorhersehbaren Risiken und Nachteile der klinischen Prüfung gegenüber dem erwarteten Nutzen für die betroffenen Personen und zukünftig erkrankte Personen,**
3. **Rechtfertigung für die Einbeziehung von Personen nach § 40 Abs. 4 und § 41 Abs. 2 und 3 des Arzneimittelgesetzes in die klinische Prüfung,**
4. **Erklärung zur Einbeziehung möglicherweise vom Sponsor oder Prüfer abhängiger Personen,**
5. **Angaben zur Finanzierung der klinischen Prüfung,**
6. **Lebensläufe oder andere geeignete Qualifikationsnachweise der Prüfer,**
7. **Angaben zu möglichen wirtschaftlichen und anderen Interessen der Prüfer im Zusammenhang mit den Prüfpräparaten,**

8. Angaben zur Eignung der Prüfstelle, insbesondere zur Angemessenheit der dort vorhandenen Mittel und Einrichtungen sowie des zur Durchführung der klinischen Prüfung zur Verfügung stehenden Personals und zu Erfahrungen in der Durchführung ähnlicher klinischer Prüfungen,
9. Informationen und Unterlagen, die die betroffenen Personen erhalten, in deutscher Sprache sowie eine Darstellung des Verfahrens der Einwilligung nach Aufklärung,
10. Beschreibung der vorgesehenen Untersuchungsmethoden und eventuelle Abweichungen von den in der medizinischen Praxis üblichen Untersuchungen,
11. Beschreibung der vorgesehenen Verfahrensweise, mit der verhindert werden soll, dass betroffene Personen gleichzeitig an anderen klinischen Prüfungen oder Forschungsprojekten teilnehmen oder vor Ablauf einer erforderlichen Karenzzeit an der klinischen Prüfung teilnehmen,
12. Beschreibung, wie der Gesundheitszustand gesunder betroffener Personen dokumentiert werden soll,
13. Nachweis einer Versicherung nach § 40 Abs. 1 Satz 3 Nr. 8 und Abs. 3 des Arzneimittelgesetzes,
14. hinsichtlich der Vergütung der Prüfer und der Entschädigung der betroffenen Personen getroffene Vereinbarungen,
15. Erklärung zur Einhaltung des Datenschutzes,
16. alle wesentlichen Elemente der zwischen dem Sponsor und der Prüfstelle vorgesehenen Verträge,
17. Kriterien für das Aussetzen oder die vorzeitige Beendigung der klinischen Prüfung,
18. bei multizentrischen klinischen Prüfungen, die im Geltungsbereich des Arzneimittelgesetzes in mehr als einer Prüfstelle erfolgen, eine Liste der Bezeichnungen und Anschriften der beteiligten Ethik-Kommissionen,
19. eine Zusammenfassung der wesentlichen Inhalte des Prüfplans in deutscher Sprache, wenn der Prüfplan nach Absatz 2 Nr. 3 in englischer Sprache vorgelegt wird.

(4) Der zuständigen Bundesoberbehörde ist ferner vorzulegen:
1. das Dossier zum Prüfpräparat mit folgendem Inhalt:
   a) Unterlagen über Qualität und Herstellung,
   b) Unterlagen über die pharmakologisch-toxikologischen Prüfungen,
   c) vorgesehene Kennzeichnung,
   d) Herstellungserlaubnis,
   e) Einfuhrerlaubnis,
   f) Unterlagen über Ergebnisse von bisher durchgeführten klinischen Prüfungen sowie weitere bekannt gewordene klinische Erkenntnisse,
   g) zusammenfassende Nutzen-Risiko-Bewertung;
2. der Nachweis einer Versicherung nach § 40 Abs. 1 Satz 3 Nr. 8 und Abs. 3 des Arzneimittelgesetzes, wenn es sich bei dem Prüfpräparat um ein xenogenes Zelltherapeutikum handelt;

3. bei Prüfpräparaten, die aus einem gentechnisch veränderten Organismus oder einer Kombination von gentechnisch veränderten Organismen bestehen oder solche enthalten, gemäß Anhang II der Richtlinie 2001/18/EG des Europäischen Parlaments und des Rates vom 12. März 2001 über die absichtliche Freisetzung genetisch veränderter Organismen in die Umwelt und zur Aufhebung der Richtlinie 90/220/EWG des Rates (ABl. EG Nr. L 106 S. 1) eine Darlegung und Bewertung der Risiken für die Gesundheit nicht betroffener Personen und die Umwelt sowie eine Darlegung der vorgesehenen Vorkehrungen und gemäß Anhang III dieser Richtlinie Informationen über den gentechnisch veränderten Organismus, Informationen über die Bedingungen der klinischen Prüfung und über die den gentechnisch veränderten Organismus möglicherweise aufnehmende Umwelt, Informationen über die Wechselwirkungen zwischen dem gentechnisch veränderten Organismus und der Umwelt, ein Beobachtungsplan zur Ermittlung der Auswirkungen auf die Gesundheit nicht betroffener Personen und die Umwelt, eine Beschreibung der geplanten Überwachungsmaßnahmen und Angaben über entstehende Reststoffe und ihre Behandlung sowie über Notfallpläne. Der Sponsor kann insoweit auch auf Unterlagen Bezug nehmen, die ein Dritter in einem vorangegangenen Verfahren vorgelegt hat, sofern es sich nicht um vertrauliche Angaben handelt;
4. Bezeichnung und Anschrift der nach § 42 Abs. 1 Satz 1 und 2 des Arzneimittelgesetzes zuständigen Ethik-Kommission und Bezeichnung und Anschrift der zuständigen Behörden anderer Mitgliedstaaten der Europäischen Union und anderer Vertragsstaaten des Abkommens über den Europäischen Wirtschaftsraum, in denen die klinische Prüfung durchgeführt wird.

(5) Abweichend von Absatz 4 Nr. 1 kann anstelle des Dossiers die Zusammenfassung der Merkmale des Arzneimittels (SmPC) vorgelegt werden, wenn es sich bei dem Prüfpräparat um ein Arzneimittel handelt, das in einem Mitgliedstaat der Europäischen Union zugelassen ist oder für das die Kommission der Europäischen Gemeinschaften oder der Rat der Europäischen Union eine Genehmigung für das Inverkehrbringen gemäß Artikel 3 Abs. 1 oder 2 der Verordnung (EG) Nr. 726/2004 des Europäischen Parlaments und des Rates vom 31. März 2004 zur Festlegung von Gemeinschaftsverfahren für die Genehmigung und Überwachung von Human- und Tierarzneimitteln und zur Errichtung einer Europäischen Arzneimittel-Agentur (ABl. EU Nr. L 136 S. 1) erteilt hat und das in der klinischen Prüfung gemäß der Zusammenfassung der Merkmale des Arzneimittels (SmPC) angewendet werden soll. Soll das zugelassene Arzneimittel abweichend von der Zusammenfassung der Merkmale des Arzneimittels (SmPC) angewendet werden, und handelt es sich dabei ausschließlich um eine Abweichung von dem zugelassenen Anwendungsgebiet, so sind in der Regel keine zusätzlichen Daten zu Qualität, zu den Ergebnissen der pharmakologisch-toxikologischen Prüfung und zu klinischen Ergebnissen vorzulegen; bei anderen Abweichungen sind in Abhängigkeit von der Art der Abweichung zusätzliche Daten zu Qualität, zu den Ergebnis-

**sen der pharmakologisch-toxikologischen Prüfung und zu klinischen Ergebnissen nur dann vorzulegen, wenn die in der Zusammenfassung der Merkmale des Arzneimittels (SmPC) enthaltenen Angaben für die im Prüfplan vorgesehenen Anwendungsbedingungen nicht ausreichend sind. Wird das zugelassene Arzneimittel oder sein Wirkstoff von einem anderen als dem in der Zusammenfassung der Merkmale des Arzneimittels (SmPC) bezeichneten Hersteller oder nach einem anderen Verfahren hergestellt, so sind in Abhängigkeit von der Art der Änderungen zusätzliche Daten zur Qualität vorzulegen. Soweit erforderlich, sind darüber hinaus weitere Ergebnisse zu pharmakologisch-toxikologischen Prüfungen und zusätzliche klinische Ergebnisse vorzulegen. Wird das zugelassene Arzneimittel verblindet, so sind in Abhängigkeit von den durchgeführten Maßnahmen zur Verblindung zusätzliche Angaben zur Qualität vorzulegen.**

**(6) Ist das Prüfpräparat Gegenstand einer dem Sponsor durch die zuständige Bundesoberbehörde bereits genehmigten klinischen Prüfung, so kann der Sponsor auf die im Rahmen des vorhergehenden Genehmigungsverfahrens vorgelegten Unterlagen zum Prüfpräparat Bezug nehmen. Liegen dem Sponsor weitere Ergebnisse zu Qualität und Herstellung, zu pharmakologisch-toxikologischen Prüfungen oder klinische Ergebnisse vor, die nicht Bestandteil der in Bezug genommenen Unterlagen zum Prüfpräparat sind, so sind diese vorzulegen.**

**(7) Sofern das Prüfpräparat ein Placebo ist, beschränkt sich der Inhalt des Dossiers zum Prüfpräparat auf die Angaben nach Absatz 4 Nr. 1 Buchstabe a.**

### § 8
### Bewertung durch die Ethik-Kommission

**(1) Die nach § 42 Abs. 1 Satz 1 oder 2 des Arzneimittelgesetzes zuständige Ethik-Kommission bestätigt dem Sponsor innerhalb von zehn Tagen den Eingang des ordnungsgemäßen Antrags unter Angabe des Eingangsdatums oder fordert ihn auf, die von ihr benannten Formmängel innerhalb einer Frist von 14 Tagen zu beheben, wenn Unterlagen zum Antrag ohne Begründung hierfür fehlen oder der Antrag aus sonstigen Gründen nicht ordnungsgemäß ist.**

**(2) Innerhalb der nach § 42 Abs. 1 Satz 9 des Arzneimittelgesetzes geltenden Frist von höchstens 60 Tagen nach Eingang des ordnungsgemäßen Antrags übermittelt die zuständige Ethik-Kommission dem Sponsor und der zuständigen Bundesoberbehörde ihre mit Gründen versehene Bewertung. Während der Prüfung des Antrags auf zustimmende Bewertung kann die zuständige Ethik-Kommission nur ein einziges Mal zusätzliche Informationen vom Sponsor anfordern. Die Frist wird bis zum Eingang der zusätzlichen Informationen gehemmt. Die Hemmung beginnt mit Ablauf des Tages, an dem die Anforderung von der zuständigen Ethik-Kommission abgesendet wurde.**

**(3) Betrifft der Antrag eine klinische Prüfung, die im Geltungsbereich des Arzneimittelgesetzes nur in einer einzigen Prüfstelle durchgeführt wird, verkürzt sich die in Absatz 2 genannte Frist auf höchstens 30 Tage. Ist diese klinische Prüfung eine klinische Prüfung der Phase I, die als Teil eines mehrere klinische Prüfungen umfassenden Entwicklungsprogramms auf einer von dieser Ethik-Kommission zustimmend bewerteten klinischen Prüfung desselben Entwicklungsprogramms aufbaut, verkürzt sich die Frist auf 14 Tage. Diese Fristverkürzungen gelten nicht bei klinischen Prüfungen der in Absatz 4 genannten Arzneimittel.**

**(4) Bei klinischen Prüfungen von somatischen Zelltherapeutika und Arzneimitteln, die gentechnisch veränderte Organismen enthalten, verlängert sich die in Absatz 2 genannte Frist auf 90 Tage; eine weitere Verlängerung der Frist auf insgesamt 180 Tage tritt ein, wenn die zuständige Ethik-Kommission zur Vorbereitung ihrer Bewertung Sachverständige beizieht oder Gutachten anfordert. Für die klinische Prüfung von Gentransfer-Arzneimitteln beträgt die Frist höchstens 180 Tage. Für die Prüfung xenogener Zelltherapeutika gibt es keine zeitliche Begrenzung für den Bewertungszeitraum.**

**(5) Multizentrische klinische Prüfungen, die im Geltungsbereich des Arzneimittelgesetzes in mehr als einer Prüfstelle durchgeführt werden, bewertet die federführende Ethik-Kommission im Benehmen mit den beteiligten Ethik-Kommissionen. Die beteiligten Ethik-Kommissionen prüfen die Qualifikation der Prüfer und die Geeignetheit der Prüfstellen in ihrem Zuständigkeitsbereich. Ihre diesbezügliche Bewertung muss der federführenden Ethik-Kommission innerhalb von 30 Tagen nach Eingang des ordnungsgemäßen Antrags vorliegen.**

## § 9
## Genehmigung durch die zuständige Bundesoberbehörde

**(1) Die zuständige Bundesoberbehörde bestätigt dem Sponsor innerhalb von zehn Tagen den Eingang des ordnungsgemäßen Antrags unter Angabe des Eingangsdatums oder fordert ihn auf, die von ihr benannten Formmängel innerhalb einer Frist von 14 Tagen zu beheben, wenn Unterlagen zum Antrag ohne Begründung hierfür fehlen oder der Antrag aus sonstigen Gründen nicht ordnungsgemäß ist.**

**(2) Die Prüfung des ordnungsgemäßen Antrags muss innerhalb der nach § 42 Abs. 2 des Arzneimittelgesetzes jeweils geltenden Frist abgeschlossen werden. Übermittelt die zuständige Bundesoberbehörde dem Sponsor mit Gründen versehene Einwände, kann dieser ein einziges Mal den Antrag innerhalb einer Frist von höchstens 90 Tagen nach Zugang entsprechend ändern. Nach Eingang der Änderung übermittelt die zuständige Bundesoberbehörde dem Sponsor innerhalb von 15 Tagen schriftlich die Genehmigung des Antrags oder, unter Angabe von Gründen, dessen endgültige Ablehnung. Die zuständige Ethik-Kommission erhält davon eine Kopie. Bei den in § 42 Abs. 2 Satz 7 Nr. 2 bis 4 des Arzneimittelgesetzes genannten Arzneimitteln beträgt die in**

**Satz 3 genannte Frist 30 Tage. Für die Prüfung xenogener Zelltherapeutika gibt es keine zeitliche Begrenzung für den Genehmigungszeitraum.**

**(3) Betrifft der Antrag eine klinische Prüfung der Phase I, die als Teil eines mehrere klinische Prüfungen umfassenden Entwicklungsprogramms auf einer durch die zuständige Bundesoberbehörde genehmigten klinischen Prüfung desselben Entwicklungsprogramms aufbaut, verkürzt sich die jeweils geltende Frist auf 14 Tage, sofern dem Antrag die Angaben nach § 7 Abs. 4 Nr. 1 Buchstabe a und b des bereits genehmigten Antrags unverändert zu Grunde liegen. Diese Fristverkürzung gilt nicht bei klinischen Prüfungen der in Absatz 4 genannten Arzneimittel.**

**(4) Bei klinischen Prüfungen von Gentransfer-Arzneimitteln, somatischen Zelltherapeutika oder Arzneimitteln, die aus einem gentechnisch veränderten Organismus oder einer Kombination von gentechnisch veränderten Organismen bestehen oder solche enthalten, verlängert sich die Frist des § 42 Abs. 2 Satz 8 Halbsatz 1 des Arzneimittelgesetzes auf höchstens 90 Tage; eine weitere Verlängerung der Frist auf insgesamt höchstens 180 Tage tritt ein, wenn die zuständige Bundesoberbehörde zur Vorbereitung ihrer Entscheidung Sachverständige beizieht oder Gutachten anfordert. Für die Prüfung xenogener Zelltherapeutika gibt es keine zeitliche Begrenzung für den Genehmigungszeitraum. Bei Prüfpräparaten, die aus einem gentechnisch veränderten Organismus oder einer Kombination von gentechnisch veränderten Organismen bestehen oder solche enthalten, entscheidet die zuständige Bundesoberbehörde im Benehmen mit dem Bundesamt für gesundheitlichen Verbraucherschutz und Lebensmittelsicherheit; die Genehmigung der klinischen Prüfung durch die zuständige Bundesoberbehörde umfasst die Genehmigung der Freisetzung dieser gentechnisch veränderten Organismen im Rahmen der klinischen Prüfung.**

**(5) Zur Vorbereitung ihrer Entscheidung kann die zuständige Bundesoberbehörde die im Antrag nach § 42 Abs. 2 Satz 1 und 2 des Arzneimittelgesetzes enthaltenen oder nach § 10 Abs. 1 geänderten Angaben in der Prüfstelle, der Herstellungseinrichtung des Prüfpräparates, den an der Prüfung beteiligten Laboratorien, den Einrichtungen des Sponsors oder in sonstigen Einrichtungen überprüfen. Zu diesem Zweck können Beauftragte der zuständigen Bundesoberbehörde im Benehmen mit der zuständigen Behörde Betriebs- und Geschäftsräume zu den üblichen Geschäftszeiten betreten, Unterlagen einsehen und, soweit es sich nicht um personenbezogene Daten handelt, hieraus Abschriften oder Ablichtungen anfertigen sowie Auskünfte verlangen.**

### § 10
### Nachträgliche Änderungen

**(1) Änderungen einer von der zuständigen Bundesoberbehörde genehmigten oder von der zuständigen Ethik-Kommission zustimmend bewerteten klinischen Prüfung, die geeignet sind,**

**1. sich auf die Sicherheit der betroffenen Personen auszuwirken,**

2. die Auslegung der wissenschaftlichen Dokumente, auf die die Prüfung gestützt wird, oder die wissenschaftliche Aussagekraft der Studienergebnisse zu beeinflussen,
3. die Art der Leitung oder Durchführung der Studie wesentlich zu verändern,
4. die Qualität oder Unbedenklichkeit der Prüfpräparate zu beeinträchtigen oder
5. bei klinischen Prüfungen mit Arzneimitteln, die aus gentechnisch veränderten Organismen bestehen oder diese enthalten, die Risikobewertung für die Gesundheit nicht betroffener Personen und die Umwelt zu verändern,

darf der Sponsor nur vornehmen, wenn diese Änderungen von der zuständigen Ethik-Kommission zustimmend bewertet wurden, soweit sie die Angaben und Unterlagen nach § 7 Abs. 2 oder 3 betreffen, und wenn sie von der zuständigen Bundesoberbehörde genehmigt wurden, soweit sie die Angaben und Unterlagen nach § 7 Abs. 2 oder 4 betreffen. Die zustimmende Bewertung ist bei der zuständigen Ethik-Kommission, die Genehmigung ist bei der zuständigen Bundesoberbehörde zu beantragen. Der Antrag ist zu begründen.

(2) Die zuständige Ethik-Kommission hat eine Entscheidung über den ordnungsgemäßen Antrag auf zustimmende Bewertung der Änderungen innerhalb von 20 Tagen nach Eingang dem Sponsor und der zuständigen Bundesoberbehörde zu übermitteln. Bei multizentrischen klinischen Prüfungen, die im Geltungsbereich des Arzneimittelgesetzes in mehr als einer Prüfstelle durchgeführt werden, bewertet die federführende Ethik-Kommission die Änderungen im Benehmen mit den beteiligten Ethik-Kommissionen. Die beteiligten Ethik-Kommissionen prüfen die Qualifikation der Prüfer und die Geeignetheit der Prüfstellen in ihrem Zuständigkeitsbereich. Bei Arzneimitteln, die somatische Zelltherapeutika oder Gentransfer-Arzneimittel oder Arzneimittel sind, die gentechnisch veränderte Organismen enthalten oder deren Wirkstoff ein biologisches Produkt menschlichen oder tierischen Ursprungs ist oder biologische Bestandteile menschlichen oder tierischen Ursprungs enthält oder zu seiner Herstellung derartige Bestandteile erfordert, beträgt die Frist 35 Tage. Bei xenogenen Zelltherapeutika gibt es keine zeitliche Begrenzung für den Bewertungszeitraum.

(3) Übermittelt die zuständige Bundesoberbehörde dem Sponsor innerhalb von höchstens 20 Tagen nach Eingang des ordnungsgemäßen Änderungsantrags keine mit Gründen versehenen Einwände gegen die Änderungen, so gelten sie als genehmigt. Die zuständige Bundesoberbehörde kann den Sponsor auffordern, die von ihm vorgeschlagenen Änderungen nach ihren Maßgaben abzuändern. Bei Arzneimitteln, die somatische Zelltherapeutika oder Gentransfer-Arzneimittel sind, die gentechnisch veränderte Organismen enthalten oder deren Wirkstoff ein biologisches Produkt menschlichen oder tierischen Ursprungs ist oder biologische Bestandteile menschlichen oder tierischen Ursprungs enthält oder zu seiner Herstellung derartige Bestandteile er-

**fordert, beträgt die Frist 35 Tage. Bei xenogenen Zelltherapeutika gibt es keine zeitliche Begrenzung für den Genehmigungszeitraum.**

**(4) Zusätzliche Prüfstellen im Geltungsbereich des Arzneimittelgesetzes darf der Sponsor nur dann in die klinische Prüfung einbeziehen, wenn die zuständige Ethik-Kommission, die die klinische Prüfung zustimmend bewertet hat, die Einbeziehung der jeweiligen zusätzlichen Prüfstelle zustimmend bewertet. Dem Antrag auf Erteilung der zustimmenden Bewertung sind die auf die zusätzlichen Prüfstellen bezogenen Angaben nach § 7 Abs. 2 Nr. 5 und 8, Abs. 3 Nr. 4, 6 bis 8, 13, 14, 16 und 18 beizufügen. Jede Ethik-Kommission, die nach Landesrecht für einen Prüfer zuständig ist, der in einer zusätzlichen Prüfstelle für die Durchführung der klinischen Prüfung verantwortlich ist, erhält eine Kopie des ursprünglichen Antrags und der Unterlagen auf zustimmende Bewertung der klinischen Prüfung, der zustimmenden Bewertung der in Satz 1 genannten Ethik-Kommission und des Antrags auf zustimmende Bewertung der Einbeziehung der zusätzlichen Prüfstelle. Die federführende Ethik-Kommission setzt sich mit ihr ins Benehmen. Die zustimmende Bewertung gilt als erteilt, wenn die federführende Ethik-Kommission dem Sponsor nicht innerhalb von 30 Tagen nach Eingang des ordnungsgemäßen Antrags begründete Bedenken übermittelt. Die federführende Ethik-Kommission unterrichtet die zuständige Bundesoberbehörde über die Bewertung.**

### § 11
### Maßnahmen zum Schutz vor unmittelbarer Gefahr

**(1) Unbeschadet des § 10 treffen der Sponsor und der Prüfer unverzüglich alle gebotenen Maßnahmen zum Schutz der betroffenen Personen vor unmittelbarer Gefahr, wenn neue Umstände die Sicherheit der betroffenen Personen beeinträchtigen können.**

**(2) Bei klinischen Prüfungen mit Arzneimitteln, die aus einem gentechnisch veränderten Organismus oder einer Kombination von gentechnisch veränderten Organismen bestehen oder solche enthalten, treffen der Sponsor und der Prüfer unbeschadet des § 10 alle gebotenen Maßnahmen zum Schutz der Gesundheit nicht betroffener Personen und der Umwelt.**

#### I. Die Bedeutung der Rechtsnormen

1 Der Dritte Abschnitt bildet das Kernstück der Verordnung. In diesem Abschnitt finden sich, detailliert geregelt, die Vorschriften für das Verfahren zur Genehmigung der klinischen Prüfungen mit Arzneimitteln am Menschen durch die Bundesoberbehörde sowie das Verfahren zur Bewertung der klinischen Prüfung durch eine Ethik-Kommission. Beide Verfahren laufen separat. Mit einer bewundernswerten Detailgenauigkeit sind in § 7 die unzähligen Unterlagen aufgelistet, die der Sponsor als Antragsteller der Bundesoberbehörde einerseits und der Ethik-Kommission andererseits für die Durchführung der jeweiligen Verfahren vorzulegen hat. Die große Zahl einzureichender Unterlagen hat ihre Ursache in der Prüftiefe beider Einrichtungen, die aber durch die Vorschriften der Richtlinie

2001/20/EG zwingend vorgegeben ist. Das Ergebnis der Umsetzung in nationales Recht pflegt man wohl landläufig mit dem Begriff „Bürokratie„ zu belegen. Die, wenn sie erst einmal entstanden ist, vorzugsweise bei Politikern (auch noch bei Altlasten) für einen Abbau vorgesehen ist.[2]

## II. Die Bewertung der klinischen Prüfung durch die Ethik-Kommission

Das Ergebnis des Verfahrens vor der Ethik-Kommission ist eine Bewertung (kein Votum) des eingereichten Antrags einer klinischen Prüfung (keiner Studie). Entweder ist die Bewertung zustimmend oder sie ist ablehnend. Im ersten Fall kann mit der klinischen Prüfung begonnen werden (sofern die Genehmigung der Bundesoberbehörde vorliegt oder ihr Vorliegen fingiert wird) im zweiten Fall muss sie ganz oder doch in einigen ungeeigneten Prüfstellen unterbleiben. 2

### 1. Die Rechtsnatur der Bewertung

Über die Rechtsnatur der Bewertung (also die Entscheidung der Ethik-Kommission) wird – der Gesetzgeber hat sich auch in den Materialien hierzu gänzlich ausgeschwiegen – im Schrifttum ausgiebig gestritten.[3] Es ist dies weder eine akademische Fingerübung der Beteiligten noch der berühmte Streit um des Kaisers Bart. Von der Entscheidung hängt es nämlich ab, ob die Bewertung im Ergebnis rechtmäßig oder rechtswidrig zustande gekommen ist. Erheblich ist die Entscheidung der Streitfrage aber nur für die ablehnende Bewertung, weil sich daran entscheidet, welche rechtlichen Schritte der Sponsor gegen die Ablehnung unternehmen kann. Qualifiziert man die Bewertung als Verwaltungsakt, so sind die Vorschriften des Verwaltungsverfahrensgesetzes zu beachten, sofern von ihnen nicht in zulässiger Weise abgewichen werden kann. 3

---

[2] Der Begriff „Bürokratieabbau“ könnte bei dieser Gelegenheit als inhaltsleerste und wohlfeilste Worthülse auch noch zum Unwort des letzten Jahrzehnts gekürt werden. Stattfinden tut er nur in der Form, dass eine schon bestehende durch eine noch kompliziertere ersetzt wird.

[3] Dafür: Deutsch, Spickhoff, Medizinrecht, 5. Aufl. 2004, Rz. 760; Rehmann, vor § 40, Rz. 7, § 42 Rz. 2, auch v. Dewitz, Luft, Pestalozza, Gutachten, S. 182ff., die allerdings nicht erklären können, warum bei klinischen Prüfungen, bei denen die Universität selbst der Sponsor ist, die Bewertung der Ethik-Kommission ein Verwaltungsakt sein soll (Außenwirkung ??); Für die Auffassung des Verfassers, die Bewertung der Ethik-Kommission sei eine Stufe im Rahmen des Genehmigungsverfahrens bei der Bundesoberbehörde, und gegen diese Entscheidung der Bundesoberbehörde müsste das Rechtsmittel eingelegt und die Entscheidung der Ethik-Kommission inzidenter überprüft werden, hat sich die Praxis nicht so recht erwärmen können Für die Bewertung klinischer Prüfungen nach dem MPG wird demnächst dieselbe Rechtslage gelten.
Für die anderen Bewertungen von Forschungsprojekten, für die die Ethik-Kommissionen ebenfalls zuständig sind, wird allerdings die Qualifizierung als Verwaltungsakt nach wie vor ausscheiden.

## 2. Verfahren-(svorschriften)

### a. Allgemeines

4 Das Verfahren zur Bewertung der klinischen Prüfung vor der Ethik-Kommission findet nur auf Antrag statt. Diesem Antrag sind die in § 7 Abs. 2 und Abs. 3 aufgeführten Unterlagen beizufügen. § 7 Abs. 1 sieht vor, die dem Antrag beizufügenden Unterlagen könnten auch in englischer Sprache abgefasst sein. Diese Vorschriften steht im Widerspruch zu § 23 VwVfG. Danach ist Amtssprache Deutsch. § 23 VwVfG hat als gesetzliche Regelung Vorrang vor § 7 GCP- Verordnung. Man wird § 7 Abs. 1 aber gesetzeskonform dahin auslegen können, dass die Ethik-Kommission die Vorlage englischsprachiger Unterlagen akzep-tieren kann, aber nicht muss. Besteht die Ethik-Kommission auf einer Überset-zung, so setzt dies die Fristen nach der GCP- Verordnung nicht in Lauf. § 23 Abs. 2 VwVfG hat Vorrang. Es ist dies kein „ Nachfordern" von fehlenden Unterlagen i. S. v. § 8 Abs. 1 GCP-Verordnung. Das (Verwaltungs-)verfahren vor der Ethik-Kommission ist als formloses nach § 10 VwVfG anzusehen, auch wenn der Umfang der einzureichenden Unterlagen einen daran zweifeln lassen könnte. Die §§ 63ff. VwVfG dürften nicht anwendbar sein, da die (landesrechtlichen) Verfahrensvorschriften für die Ethik-Kommission Vorrang haben. Dies gilt auch für die Bewertung von klinischen Prüfungen mit Arzneimitteln durch die neugebildeten Ethik-Kommissionen der Länder Berlin und Sachsen-Anhalt.

5 Der überaus rührige Arbeitskreis medizinischer Ethik-Kommissionen in Deutschland hat seinen Mitgliedern zur Umsetzung des neuen Verfahrens vorgeschlagen, eine umfangreiche Reihe von Formularen zu verwenden. Die damit zwangsläufig verbundene Bürokratisierung wird ärztlicherseits offenbar (im Gegensatz zu anderer Bürokratie) vielleicht weil sie selbst geschaffen ist (noch?) toleriert. Inzwischen wird entsprechend dem ärztlich - wissenschaftlichen Verständnis folgend die „Leitlinisierung„ des Verfahrens bei den Ethik-Kommissionen betrieben (Erarbeitung von SOP's für die Arbeit der Ethik-Kommission). Ein besonders abschreckendes Beispiel stellt dabei das Begleitschreiben für die Einreichung der Antragsunterlagen dar. Eine Leitlinien könnte hier natürlich noch ein bisschen perfektionieren. So könnte die Größe des einzuhaltenden Seitenabstandes, Schrifttype und -grad aber auch der einzuhaltende Zeilenabstand vorgegeben und überdies auch noch die Stelle für das Aufbringen des Eingangsstempels (samt dessen Größe, einfarbig oder zweifarbig) bestimmt werden, um diesen exakt positionieren zu können. Leider ist das Lochen der in Papierform eingereichten Unterlagen einer Leitlinisierung nicht mehr zugänglich: die zu verwendenden Geräte sind bereits auf eine DIN-Norm eingestellt. Auch dafür , wie Geschäftsbriefe abzufassen sind gibt es im übrigen seit langem eine DIN, was den „Leitlinisierern" offenbar entgangen zu sein scheint Difficile est, satiram non scribere.[4]

4 Spötter vermuten bereits, eine Amtszeit in einer Ethik-Kommissionen, die klinische Prüfungen mit Arzneimitteln am Menschen bewerte, sei künftig ein ausreichender Nachweis dafür, diese Zeit als Zeit der Weiterbildung, für einen Facharzt für Bürokratie und Schriftverkehr anzuerkennen.

### b. Die zweijährige Erfahrung des Prüfarztes (§§ 40 Abs. 1 Nr. 5 AMG, 7 Abs. 3 Nr. 6 GCP-V)

Die Ausführungen in der Literatur[5] zu diesem Aspekt helfen nicht besonders weiter. Obwohl die Anforderungen an die Qualifikation der Prüfer von den letzten Änderungen des Arzneimittelgesetzes ausgenommen waren, hat sich über die Änderung von § 67 Abs. 1 im Rahmen der 12. Novelle eine neue Sachlage ergeben: bei der Anzeige einer klinischen Prüfung am Menschen sind den zuständigen Aufsichtsbehörden auch sämtliche Prüfer mit ihrer Stellung innerhalb der Prüfung (Hauptprüfer, Leiter der klinischen Prüfung) zu benennen. Im Laufe der Beratungen, die zum Erlass der GCP-Verordnung führten, ist § 7 Abs. 3 Nr. 6 noch ergänzt worden. Danach können außer Lebensläufen auch andere geeignete Qualifikationsnachweise vorgelegt werden. Es steht zu erwarten, dass sich künftig auch die Aufsichtsbehörden über die Qualifikation der Prüfer näher informieren werden. 6

In der Praxis bereitet die Feststellung der Erfahrung der Prüfer Probleme. Häufig werden der Ethik-Kommission (und den beteiligten Ethik-Kommissionen) lediglich Lebensläufe eingereicht, aus denen sich zumeist nicht viel mehr als die (ebenfalls bedeutsame) klinische Erfahrung des Prüfers ergibt, nicht aber konkret diejenige bei der Durchführung von klinischen Prüfungen. Der Wortlaut des Gesetzes ist nicht eindeutig. Sicher ist nur, dass zum Schutz des Patienten oder Probanden die Qualifikation des Prüfers die eines Facharztes abdecken muss. Es ist nicht einzusehen, warum bereits die normale Therapie eines Patienten mit Arzneimitteln den Facharztstandard voraussetzt, bei der klinischen Prüfung eines (zukünftig einzusetzenden) Arzneimittels dieser Standard aber nicht gefordert werden soll. Werden mehrere Prüfer an einer Prüfstelle benannt, so ist es Aufgabe des Sponsors nicht nur die Notwendigkeit für diese Benennung darzulegen, sondern dann auch die Hierarchie der Prüfer untereinander festzulegen. 7

Fraglich ist in diesem Zusammenhang auch nach wie vor, wie künftige Prüfer ihre Qualifikation erwerben können, vor allem aber wie dieser Erwerb zu dokumentieren ist und wie er nachgewiesen werden kann. Eine spannende Frage ist auch, wem gegenüber der Nachweis erfolgen soll. Ein Verfahren ähnlich demjenigen, welches bei der ärztlichen Weiterbildung eingeführt ist, ist denkbar.[6] 8

---

5 Vgl. z.B. Rehmann, vor § 40 Rz. 9, § 40 Rz. 7; Sander, § 4 Anm. 30f., § 40 Anm. 8c; zur identischen Problematik im MPG: Nöthlichs, § 20 4.5; Deutsch in: Deutsch, Lippert, Ratzel, MPG, § 20 Rz. 14.

6 Zur Bewertung der Qualifikation der Prüfer klinischen Prüfung mit Arzneimitteln und der Prüfstellen, in denen sie stattfinden sollen gibt es neuestens eine Empfehlung der Bundesärztekammer (DÄ 2010 B-40), die auf einen Vorschlag des Arbeitskreises medizinischer Ethikkommissionen zurückgeht Vgl. hierzu auch Lippert, GesR 2008, 120, differenziert: Felder, KliFoRe 2008, 103. Hält man es für zutreffend, dass nur ein Prüfer über die zweijährige Erfahrung verfügen muss, dann stellt sich automatisch die Frage, was die Bestellung weiterer Prüfer in einer Prüfstelle (unter Einschaltung der Ethik-

### c. Angaben zu möglichen wirtschaftlichen Interessen der Prüfer (§ 7 Abs. 3 Nr. 7 GCP-V)

9 Eher lust- und lieblos pflegen Prüfer sich der Pflicht zu entledigen, mögliche wirtschaftliche Interessen und daraus resultierende Interessenkonflikte im Zusammenhang mit der Durchführung der klinischen Prüfung mit Arzneimitteln zu offenbaren. Problematisch ist dabei selten das Aktienpaket des Prüfers am Unternehmen des Sponsors, wie umfangreich auch immer es sein mag. Ethisch ungleich problematischer ist die Situation desjenigen Prüfers, der mit der Durchführung klinischer Prüfungen völlig am Tropf eines oder mehrerer pharmazeutischer Unternehmen als seiner Sponsoren hängt. Aus den durchgeführten klinischen Prüfungen mit Arzneimitteln erhält er sein Honorar, welches ihm als Drittmittel zur Verfügung steht. Von deren Höhe ist wiederum seine (leistungsorientierte) inneruniversitäre Mittelzuweisung und damit letztlich sehr häufig die Personalausstattung der eigenen Einrichtung abhängig. In dieser Situation wird man das Angebot auf Durchführung einer klinischen Prüfung mit Arzneimitteln am Menschen oder einer Anwendungsbeobachtung (die keine klinische Prüfung ist) auch dann eher ungern ausschlagen, wenn mit ihr keine große neue wissenschaftliche Erkenntnis verbunden sein sollte. Bei den Erklärungen über finanzielle Interessenskonflikte wird man den Leitern derjenigen Einrichtungen, in denen sie stattfinden sollen, schon etwas mehr Aussagekraft abverlangen dürfen, jedenfalls was die Offenbarung gegenüber der zuständigen Ethik-Kommission angeht.

10 Die von Sponsoren derzeit für die Offenlegung finanzieller Verpflichtungen und Interessenkonflikte zum Sponsor verwendeten Formulare bilden gerade diesen im universitären Bereich wurzelnden Konflikt nicht ab (es ist ja auch nicht derjenige des Sponsors, welcher die Formulare zur Verfügung stellt).

### 3. Multizentrische klinische Prüfungen

11 Zur Verfahrenskonzentration hat der Gesetzgeber bei multizentrischen Prüfungen ein gestuftes Verfahren eingeführt, bei welchem einer federführenden Kommission die für die weiteren Prüfstellen zuständigen (beteiligten) Kommissionen zuarbeiten. Die beteiligten Kommissionen haben dabei nicht den gesamten Antrag zu bewerten. Sie prüfen nur die Eignung des lokalen Prüfers und der lokalen Prüfstellen. Soweit die Theorie. Die Praxis sieht (immer noch) so aus: auch die beteiligten Kommissionen überprüfen den gesamten Antrag und geben der federführenden Kommission mehr oder weniger hilfreiche Ratschläge und Hinweise darauf, was diese alles bei ihrer Prüfung der Unterlagen keinesfalls übersehen dürfe.[7]

---

Kommission) für einen Sinn machen soll. Zumindest besteht seitens des Sponsors dafür Erklärungsbedarf. Nochmals zum Thema: Lippert, GesR 2009, 573.

7 Das alte Steckenpferdreiten der beteiligten Kommissionen lässt grüßen. Diese Hinweise könnte man in rechtlicher Terminologie auch als „aufgedrängte Bereicherung“ qualifizieren.

Nur von der zuständigen Ethik-Kommission, nicht dagegen von der oder den beteiligten Ethik-Kommissionen zu prüfen ist der Abschluß einer Probandenversicherung(§ 7 Abs. 3. Nr. 13 GCP-V).

### 4. Rechtsbehelfe

Gegen eine ablehnende Bewertung der klinischen Prüfung durch die Ethik-Kommission kann in aller Regel Widerspruch erhoben werden. Die Durchführung des Vorverfahrens kann aber auch, wie etwa bei der Ethik-Kommission des Landes Berlin, durch Gesetz ausgeschlossen sein. Dann kann gegen den Bescheid direkt Klage erhoben werden. Schwer tun sich in der Praxis die Ethik-Kommissionen immer noch damit, dass die Gründe für eine ablehnende Bewertung in § 42 Abs. 1 Ziffern 1-3 weitgehend abschließend geregelt sind und nur darauf gestützt werden können. 12

In diesem Zusammenhang besteht Anlass zu dem Hinweis, dass die Bewertungen der meisten Ethik-Kommissionen (Bescheide) insoweit noch nicht den gesetzlichen Vorgaben entsprechen. Enthalten sie keine oder eine unvollständige Rechtsbehelfsbelehrung, so werden sie nicht innerhalb von vier Wochen bestandskräftig und können ein Jahr lang mit dem entsprechenden Rechtsbehelf (Widerspruch oder Klage) angefochten werden. 13

Auch zustimmende Bewertungen müssen mit einer Rechtsbehelfsbelehrung versehen werden, wenn z.B. die beantragte Einbeziehung einer Prüfstelle wegen deren mangelnder Qualifikation abgelehnt werden sollte. Bei multizentrischen Prüfungen kann nur gegen die Bewertung der federführenden Ethik-Kommission ein Rechtsbehelf eingelegt werden. Will sich der Sponsor dagegen zur Wehr setzen, dass die Durchführung der klinischen Prüfung an einer oder mehreren Prüfstellen mangels zustimmender Bewertung von Prüfarzt und/oder Prüfzentrum nicht durchgeführt werden kann, so muss er gegen die (eingeschränkte) Bewertung der federführenden Ethik-Kommission mit Rechtsmitteln vorgehen. Die beteiligte Ethik-Kommision ist hier kein Anspruchsgegner. 14

## III. Das Genehmigungsverfahren bei der Bundesoberbehörde

Dass die Genehmigung der klinischen Prüfung aber auch deren Versagung durch die Bundesoberbehörde einen Verwaltungsakt darstellt, war bereits unter der alten Rechtslage unstreitig. Daran hat sich nichts geändert. Das Verfahren folgt den Vorschriften des Verwaltungsverfahrensgesetzes.[8] Das oben bei der Bewertung der klinischen Prüfung durch die Ethik-Kommission zur Amtssprache gesagte gilt auch für dieses Genehmigungsverfahren. Gegen die Versagung der Genehmigung ist als Rechtsbehelf der Widerspruch gegeben. Da die Bundesoberbehörde keine obersten Bundesbehörde ist, ist § 68 Abs. 1 Nr. 1 VwGO nicht einschlägig. 15

---

8 So schon Lippert in: Ratzel, Lippert, MBO, § 15 Rz. 36.

### IV. Nachträgliche Änderungen

16 Sollen an der von der Bundesoberbehörde genehmigten, von einer Ethik-Kommission zustimmend bewerteten klinischen Prüfung eines Arzneimittels wesentliche Änderungen vorgenommen werden, so darf dies erst geschehen, wenn sowohl die Bundesoberbehörde sie genehmigt als auch die zuständige Ethik-Kommission sie zustimmend bewerteten hat (§ 10 Abs. 1 Nr. 1 bis 5 GCP- Verordnung).

17 Auch die Einbeziehung zusätzlicher Prüfstellen in eine bereits zustimmend bewertete und genehmigte klinische Prüfung bedarf der zustimmenden Bewertung der für den hinzukommenden Prüfer zuständigen Ethik-Kommission. Die federführende Ethik-Kommission unterrichtet die Bundesoberbehörde. Wird eine ursprünglich monozentrische klinische Prüfung durch Hereinnahme einer oder mehrerer weiterer Prüfstellen dadurch zu einer multizentrischen Prüfung, dann wird die zuerst befasst gewesene, für den Sponsor zuständige Ethik-Kommissionen zur federführenden Ethik-Kommission.

### V. Der Schutz der Prüfungsteilnehmer

18 Eigentlich einen selbstverständlichen Vorgang regelt § 11: Sponsor und Prüfer haben alles zu unternehmen, um den Schutz der Prüfungsteilnehmer in jeder Phase der klinischen Prüfung sicherzustellen. Bei Arzneimitteln aus gentechnisch veränderten Organismen erweitert sich diese Verpflichtung um den Schutz nicht betroffener Personen und die Umwelt.

## ABSCHNITT 4
## DOKUMENTATIONS- UND MITTEILUNGSPFLICHTEN, DATENBANKEN, LNSPEKTIONEN

### § 12
### Anzeige-, Dokumentations- und Mitteilungspflichten des Prüfers

**(1) Der Prüfer fügt seiner Anzeige nach § 67 des Arzneimittelgesetzes bei der zuständigen Behörde für jede von ihm durchgeführte klinische Prüfung die folgenden Angaben bei:**

1. **Name, Anschrift und Berufsbezeichnung des zur Anzeige verpflichteten Prüfers,**
2. **Bezeichnung der zuständigen Bundesoberbehörde sowie Datum der erteilten Genehmigung und, sofern zutreffend, Daten von Genehmigungen nachträglicher Änderungen nach § 10 Abs. 1,**
3. **Bezeichnung und Anschrift der nach § 42 Abs. 1 Satz 1 oder 2 des Arzneimittelgesetzes zuständigen Ethik-Kommission sowie Datum ihrer zustimmenden Bewertung und, sofern zutreffend, Daten von Genehmigungen nachträglicher Änderungen nach § 10 Abs. 1,**

4. Bezeichnung und Anschrift der für den Prüfer und die Prüfstelle zuständigen beteiligten Ethik-Kommission sowie Datum ihrer diesbezüglichen Bewertung,
5. EudraCT-Nummer des Prüfplans,
6. Name oder Firma und Anschrift des Sponsors und, sofern zutreffend, seines in der Europäischen Union oder in einem Vertragsstaat des Abkommens über den Europäischen Wirtschaftsraum niedergelassenen Vertreters,
7. Name und Anschrift des Leiters der klinischen Prüfung sowie des Hauptprüfers,
8. Name und Anschrift der Prüflaboratorien und anderer Einrichtungen, die vom Prüfer eingebunden worden sind,
9. vollständiger Titel des Prüfplans einschließlich Prüfplancode und Zielsetzung,
10. zu prüfendes Anwendungsgebiet,
11. Art der klinischen Prüfung und ihrer Durchführung, einschließlich Angaben zu den besonderen Merkmalen betroffener Personen, auf die die besonderen Voraussetzungen nach § 41 des Arzneimittelgesetzes Anwendung finden,
12. geplanter Beginn und voraussichtliche Dauer,
13. Bezeichnung, Stärke, Darreichungsform, arzneilich wirksame Bestandteile und Art der Anwendung des Prüfpräparates,
14. Information, ob Regelungen des Betäubungsmittelrechts, des Gentechnikrechts oder des Strahlenschutzrechts zu beachten sind oder es sich um ein somatisches Gentherapeutikum oder Gendiagnostikum handelt,
15. Anzahl und Art der mitgeführten Vergleichspräparate.

(2) Der Prüfer unterrichtet die zuständige Behörde innerhalb von 90 Tagen über die Beendigung der klinischen Prüfung. Wurde die klinische Prüfung durch den Sponsor abgebrochen oder unterbrochen, erfolgt die Unterrichtung innerhalb von 15 Tagen unter Angabe der Gründe für den Abbruch oder die Unterbrechung.

(3) Der Prüfer kann dem Sponsor die Durchführung der Anzeige bei der zuständigen Behörde übertragen und hat dies zu dokumentieren.

(4) Der Prüfer hat den Sponsor unverzüglich über das Auftreten eines schwerwiegenden unerwünschten Ereignisses, ausgenommen Ereignisse, über die laut Prüfplan oder Prüferinformation nicht unverzüglich berichtet werden muss, zu unterrichten und ihm anschließend einen ausführlichen schriftlichen Bericht zu übermitteln. Personenbezogene Daten sind vor ihrer Übermittlung unter Verwendung des Identifizierungscodes der betroffenen Person zu pseudonymisieren.

(5) Über unerwünschte Ereignisse und unerwartete klinisch-diagnostische Befunde, die im Prüfplan für die Bewertung der klinischen Prüfung als entscheidend bezeichnet sind, unterrichtet der Prüfer den Sponsor innerhalb der im Prüfplan angegebenen Fristen. Absatz 1 Satz 2 gilt entsprechend.

**(6) Im Fall des Todes einer betroffenen Person übermittelt der Prüfer der zuständigen Ethik-Kommission, bei multizentrischen Studien auch der beteiligten Ethik-Kommission, der zuständigen Bundesoberbehörde sowie dem Sponsor alle für die Erfüllung ihrer Aufgaben erforderlichen zusätzlichen Auskünfte. Personenbezogene Daten sind vor ihrer Übermittlung unter Verwendung des Identifizierungscodes der betroffenen Person zu pseudonymisieren.**

**(7) Bei klinischen Prüfungen mit Arzneimitteln, die aus einem gentechnisch veränderten Organismus oder einer Kombination von gentechnisch veränderten Organismen bestehen oder solche enthalten, hat der Prüfer den Sponsor unverzüglich über Beobachtungen von in der Risikobewertung nicht vorgesehenen etwaigen schädlichen Auswirkungen auf die Gesundheit nicht betroffener Personen und die Umwelt zu unterrichten.**

## § 13
## Dokumentations- und Mitteilungspflichten des Sponsors

**(1) Der Sponsor hat alle ihm von den Prüfern mitgeteilten unerwünschten Ereignisse ausführlich zu dokumentieren. Diese Aufzeichnungen werden der zuständigen Bundesoberbehörde und den zuständigen Behörden anderer Mitgliedstaaten der Europäischen Union und anderer Vertragsstaaten des Abkommens über den Europäischen Wirtschaftsraum, in deren Hoheitsgebiet die klinische Prüfung durchgeführt wird, auf Anforderung übermittelt. Personenbezogene Daten sind vor ihrer Übermittlung unter Verwendung des Identifizierungscodes der betroffenen Person zu pseudonymisieren.**

**(2) Der Sponsor hat über jeden ihm bekannt gewordenen Verdachtsfall einer unerwarteten schwerwiegenden Nebenwirkung unverzüglich, spätestens aber innerhalb von 15 Tagen nach Bekanntwerden, die zuständige Ethik-Kommission, die zuständige Bundesoberbehörde und die zuständigen Behörden anderer Mitgliedstaaten der Europäischen Union und anderer Vertragsstaaten des Abkommens über den Europäischen Wirtschaftsraum, in deren Hoheitsgebiet die klinische Prüfung durchgeführt wird, sowie die an der klinischen Prüfung beteiligten Prüfer zu unterrichten. Personenbezogene Daten sind vor ihrer Übermittlung unter Verwendung des Identifizierungscodes der betroffenen Person zu pseudonymisieren.**

**(3) Der Sponsor hat bei jedem ihm bekannt gewordenen Verdachtsfall einer unerwarteten schwerwiegenden Nebenwirkung, die zu einem Todesfall geführt hat oder lebensbedrohlich ist, unverzüglich, spätestens aber innerhalb von sieben Tagen nach Bekanntwerden, der zuständigen Ethik-Kommission, der zuständigen Bundesoberbehörde und den zuständigen Behörden anderer Mitgliedstaaten der Europäischen Union und anderer Vertragsstaaten des Abkommens über den Europäischen Wirtschaftsraum, in deren Hoheitsgebiet die klinische Prüfung durchgeführt wird, sowie den an der Prüfung beteiligten Prüfern alle für die Bewertung wichtigen Informationen und innerhalb von höchstens acht weiteren Tagen die weiteren relevanten Informationen**

**zu übermitteln. Personenbezogene Daten sind vor ihrer Übermittlung unter Verwendung des Identifizierungscodes der betroffenen Person zu pseudonymisieren.**

**(4) Der Sponsor unterrichtet unverzüglich, spätestens aber innerhalb von 15 Tagen nach Bekanntwerden, die zuständige Bundesoberbehörde, die zuständige Ethik-Kommission und die zuständigen Behörden anderer Mitgliedstaaten der Europäischen Union und anderer Vertragsstaaten des Abkommens über den Europäischen Wirtschaftsraum, in deren Hoheitsgebiet die klinische Prüfung durchgeführt wird, über jeden Sachverhalt, der eine erneute Überprüfung der Nutzen-Risiko-Bewertung des Prüfpräparates erfordert. Hierzu gehören insbesondere**

1. **Einzelfallberichte von erwarteten schwerwiegenden Nebenwirkungen mit einem unerwarteten Ausgang,**
2. **eine Erhöhung der Häufigkeit erwarteter schwerwiegender Nebenwirkungen, die als klinisch relevant bewertet wird,**
3. **Verdachtsfälle schwerwiegender unerwarteter Nebenwirkungen, die sich ereigneten, nachdem die betroffene Person die klinische Prüfung bereits beendet hat,**
4. **Ereignisse im Zusammenhang mit der Studiendurchführung oder der Entwicklung des Prüfpräparates, die möglicherweise die Sicherheit der betroffenen Personen beeinträchtigen können.**

**(5) Sofern Maßnahmen nach § 11 ergriffen werden, unterrichtet der Sponsor unverzüglich die zuständige Bundesoberbehörde, die zuständige Behörde, die zuständige Ethik-Kommission und die zuständigen Behörden anderer Mitgliedstaaten der Europäischen Union und anderer Vertragsstaaten des Abkommens über den Europäischen Wirtschaftsraum, in deren Hoheitsgebiet die klinische Prüfung durchgeführt wird, über diese sowie die sie auslösenden Umstände.**

**(6) Der Sponsor hat der zuständigen Ethik-Kommission, der zuständigen Bundesoberbehörde und den zuständigen Behörden anderer Mitgliedstaaten der Europäischen Union und anderer Vertragsstaaten des Abkommens über den Europäischen Wirtschaftsraum, in deren Hoheitsgebiet die klinische Prüfung durchgeführt wird, während der Dauer der Prüfung einmal jährlich oder auf Verlangen eine Liste aller während der Prüfung aufgetretenen Verdachtsfälle schwerwiegender Nebenwirkungen sowie einen Bericht über die Sicherheit der betroffenen Personen vorzulegen.**

**(7) Erhält der Sponsor bei klinischen Prüfungen mit Arzneimitteln, die aus einem gentechnisch veränderten Organismus oder einer Kombination von gentechnisch veränderten Organismen bestehen oder solche enthalten, neue Informationen über Gefahren für die Gesundheit nicht betroffener Personen und die Umwelt, hat er diese der zuständigen Bundesoberbehörde unverzüglich mitzuteilen.**

**(8) Der Sponsor unterrichtet die zuständige Behörde, die zuständige Bundesoberbehörde, die zuständige Ethik-Kommission und die zuständigen Behörden anderer Mitgliedstaaten der Europäischen Union und anderer Vertragsstaaten des Abkommens über den Europäischen Wirtschaftsraum, in deren Hoheitsgebiet die klinische Prüfung durchgeführt wird, innerhalb von 90 Tagen über die Beendigung der klinischen Prüfung. Wurde die klinische Prüfung durch den Sponsor abgebrochen oder unterbrochen, erfolgt die Unterrichtung innerhalb von 15 Tagen unter Angabe der Gründe für den Abbruch oder die Unterbrechung.**

**(9) Der Sponsor übermittelt der zuständigen Bundesoberbehörde und der zuständigen Ethik-Kommission innerhalb eines Jahres nach Beendigung der klinischen Prüfung eine Zusammenfassung des Berichts über die klinische Prüfung, der alle wesentlichen Ergebnisse der klinischen Prüfung abdeckt.**

**(10) Der Sponsor stellt sicher, dass die wesentlichen Unterlagen der klinischen Prüfung einschließlich der Prüfbögen nach der Beendigung oder dem Abbruch der Prüfung mindestens zehn Jahre aufbewahrt werden. Andere Vorschriften zur Aufbewahrung von medizinischen Unterlagen bleiben unberührt.**

## § 14
## Mitteilungspflichten der zuständigen Bundesoberbehörde

**(1) Die zuständige Bundesoberbehörde unterrichtet die für die Überwachung zuständigen Behörden, die zuständige Ethik-Kommission sowie die Kommission der Europäischen Gemeinschaften unverzüglich und unter Angabe von Gründen über die Anordnung von Abhilfemaßnahmen nach § 42a Abs. 5 des Arzneimittelgesetzes.**

**(2) Die zuständige Bundesoberbehörde übermittelt der für die Überwachung jeweils zuständigen Behörde auf Ersuchen alle hierfür benötigten Unterlagen.**

**(3) Die zuständige Bundesoberbehörde übermittelt Angaben an die bei der Europäischen Arzneimittel-Agentur eingerichtete Europäische Datenbank für klinische Prüfungen (EudraCT-Datenbank), insbesondere**

1. **Angaben zum Antrag auf Genehmigung der klinischen Prüfung durch die zuständige Bundesoberbehörde,**
2. **Angaben zum Antrag auf zustimmende Bewertung der klinischen Prüfung durch die zuständige Ethik-Kommission,**
3. **Änderungen des Antrags auf Genehmigung der klinischen Prüfung nach § 9 Abs. 2 Satz 2,**
4. **nachträgliche Änderungen nach § 10,**
5. **Beendigung der klinischen Prüfung,**
6. **Angaben über durchgeführte Inspektionen zur Überprüfung der Übereinstimmung mit der Guten Klinischen Praxis.**

**Personenbezogene Daten werden nicht übermittelt.**

**(4) Auf Anfrage der zuständigen Behörden anderer Mitgliedstaaten der Europäischen Union und anderer Vertragsstaaten des Abkommens über den Europäischen Wirtschaftsraum, der Europäischen Arzneimittel-Agentur oder der Europäischen Kommission übermittelt die zuständige Bundesoberbehörde die Informationen nach Absatz 3, die noch nicht in die EudraCT-Datenbank eingegeben wurden. Personenbezogene Daten werden nicht übermittelt.**

**(5) Die zuständige Bundesoberbehörde übermittelt Angaben zu allen Verdachtsfällen unerwarteter schwerwiegender Nebenwirkungen eines Prüfpräparates unverzüglich an die bei der Europäischen Arzneimittel-Agentur eingerichtete Eudravigilanz-Datenbank.**

**(6) Bei klinischen Prüfungen von Arzneimitteln, die aus einem gentechnisch veränderten Organismus oder einer Kombination von gentechnisch veränderten Organismen bestehen oder solche enthalten, unterrichtet die zuständige Bundesoberbehörde die Öffentlichkeit über den hinreichenden Verdacht einer Gefahr für die Gesundheit Dritter oder für die Umwelt in ihrem Wirkungsgefüge einschließlich der zu treffenden Vorsichtsmaßnahmen. Wird in den Fällen des Satzes 1 gemäß § 42a des Arzneimittelgesetzes die Genehmigung zurückgenommen oder widerrufen, das befristete Ruhen der Genehmigung oder eine Änderung der Bedingungen für die klinische Prüfung angeordnet und ist diese Maßnahme unanfechtbar geworden oder sofort vollziehbar, so soll die Öffentlichkeit auch hierüber unterrichtet werden. Die §§ 17a und 28a Abs. 2 Satz 2 und 3, Abs. 3 und 4 des Gentechnikgesetzes in der Fassung der Bekanntmachung vom 16. Dezember 1993 (BGBl. I S. 2066), das zuletzt durch Artikel 1 des Gesetzes vom 17. März 2006 (BGBl. I S. 534) geändert worden ist, gelten entsprechend.**

## § 15
## Inspektionen

**(1) Inspektionen im Rahmen der Überwachung laufender oder bereits abgeschlossener klinischer Prüfungen werden nach § 64 Abs. 1 des Arzneimittelgesetzes durch die zuständige Behörde durchgeführt. Inspektionen zur Überprüfung der Übereinstimmung mit den Angaben aus den Unterlagen nach § 7 oder § 10 oder mit den Unterlagen nach § 22 Abs. 2 Nr. 3 des Arzneimittelgesetzes werden durch die zuständige Bundesoberbehörde durchgeführt.**

**(2) Die Inspektionen erfolgen im Namen der Europäischen Gemeinschaft. Ihre Ergebnisse werden von den anderen Mitgliedstaaten der Europäischen Union anerkannt. Die zuständige Behörde oder Bundesoberbehörde kann die zuständigen Behörden anderer Mitgliedstaaten um Unterstützung bei der Durchführung von Inspektionen bitten und ihrerseits bei von diesen Behörden initiierten Inspektionen Unterstützung leisten. Absatz 1 gilt entsprechend.**

**(3) Vorbehaltlich der zwischen der Europäischen Union und Drittländern getroffenen Vereinbarungen kann die zuständige Bundesoberbehörde einen mit Gründen versehenen Antrag an die Europäische Kommission richten, mit dem in einem Drittland um eine Inspektion der Prüfstelle, der Einrichtungen des Sponsors oder der Einrichtungen des Herstellers gebeten wird. Betrifft die Inspektion ein Arzneimittel, für das ein Antrag auf Zulassung bei der zuständigen Bundesoberbehörde gestellt wurde, kann diese die Inspektion in dem Drittland in eigener Zuständigkeit durchführen.**

**(4) Betrifft die Inspektion ein Arzneimittel, für das ein Antrag auf Zulassung nach den Verfahren der Verordnung (EG) Nr. 726/2004 des Europäischen Parlaments und des Rates vom 31. März 2004 zur Festlegung von Gemeinschaftsverfahren für die Genehmigung und Überwachung von Human- und Tierarzneimitteln und zur Errichtung einer Europäischen Arzneimittel-Agentur (ABl. EU Nr. L 136 S. 1) gestellt wurde, so unterliegt sie der Koordinierung durch die Europäische Arzneimittel-Agentur; sie wird durch die zuständige Bundesoberbehörde unter Berücksichtigung der von der Europäischen Arzneimittel-Agentur festgelegten Verfahren durchgeführt.**

**(5) Eine erneute Inspektion ist durchzuführen, wenn sie von der Europäischen Kommission auf Ersuchen eines anderen von der klinischen Prüfung betroffenen Mitgliedstaats oder der Europäischen Arzneimittel-Agentur aus dem Grund gefordert wird, dass sich bei der Überprüfung der Einhaltung der Guten Klinischen Praxis Unterschiede zwischen den einzelnen Mitgliedstaaten der Europäischen Union gezeigt haben.**

**(6) Die von der zuständigen Behörde durchgeführte Inspektion ist nach schriftlich festgelegtem Verfahren und nach einem im Voraus festgelegten Plan durchzuführen.**

**(7) Über das Ergebnis der Inspektion ist zeitnah ein Inspektionsbericht anzufertigen, in dem alle wesentlichen Feststellungen der Inspektion, insbesondere Mängel und Beanstandungen aufzunehmen sind. Im Fall einer Inspektion nach § 64 Abs. 1 des Arzneimittelgesetzes sind im Inspektionsbericht zusätzlich Anordnungen zur Abstellung der festgestellten Mängel und Beanstandungen aufzunehmen. Der von der zuständigen Behörde erstellte Inspektionsbericht wird der inspizierten Einrichtung und dem Sponsor mit der Aufforderung zur Abstellung der Mängel und Beanstandungen übermittelt, wobei der Schutz vertraulicher Angaben sicherzustellen ist. Die zuständige Behörde übermittelt der zuständigen Bundesoberbehörde die nach § 14 Abs. 3 Nr. 6 für die Übermittlung an die EudraCT-Datenbank notwendigen Angaben über durchgeführte Inspektionen. Ergibt die Inspektion, dass die Eignung des für die Durchführung der klinischen Prüfung in einer Prüfstelle verantwortlichen Prüfers oder die Eignung der Prüfstelle nicht gegeben sind, wird der Inspektionsbericht der für diesen Prüfer zuständigen Ethik-Kommission, bei multizentrischen klinischen Prüfungen auch der federführenden Ethik-Kommission, zur Verfügung gestellt. Auf begründetes Ersuchen wird der Inspektionsbericht auch der Europäischen Arzneimittel-**

**Agentur und den zuständigen Behörden anderer Mitgliedstaaten der Europäischen Union zur Verfügung gestellt. Die Bewertung der vom Sponsor übermittelten Antwort zur Abstellung der Mängel und Beanstandungen obliegt der zuständigen Behörde nach einem festgelegten Verfahren.**

**(8) Bei Gefahr im Verzug ordnet die zuständige Behörde die sofortige Unterbrechung der Prüfung an und übermittelt diese Anordnung unverzüglich dem Sponsor und der zuständigen Bundesoberbehörde. Die zuständige Bundesoberbehörde prüft die Einleitung von Maßnahmen nach § 42a des Arzneimittelgesetzes und informiert die zuständigen Behörden über die von ihr ergriffenen Maßnahmen. Die zuständige Behörde kann, soweit erforderlich, weitere Maßnahmen nach § 69 des Arzneimittelgesetzes in eigener Zuständigkeit ergreifen.**

**(9) Die zuständige Behörde sowie die zuständige Bundesoberbehörde müssen über ein umfassend geplantes und korrekt geführtes Qualitätssicherungssystem verfügen, das zumindest die Organisationsstrukturen, Verantwortlichkeiten und Verfahren beinhaltet. Das Qualitätssicherungssystem ist vollständig zu dokumentieren und seine Funktionstüchtigkeit zu überwachen. Das für die Durchführung der Inspektionen verantwortliche Personal muss in ausreichender Zahl zur Verfügung stehen und für seine Aufgaben qualifiziert sowie unabhängig und frei von kommerziellen, finanziellen oder anderen Zwängen sein, die seine Entscheidung beeinflussen können. Den mit der Überwachung beauftragten Personen soll Gelegenheit gegeben werden, regelmäßig an fachlichen Fortbildungsveranstaltungen teilzunehmen. Die Qualifikation des Personals ist zu überprüfen.**

### I. Die Bedeutung der Rechtsnormen

Die Vorschriften des 4. Abschnitts der Verordnung schlagen die Brücke zur Pharmaüberwachung nach §§ 64ff. AMG. Sie regeln die Anzeige-, Dokumentations- und Mitteilungspflicht des Prüfers, des Sponsors sowie deren Inhalt und Umfang. § 15 schließlich regelt das Verfahren für die Inspektionen bei der Überwachung der klinischen Prüfungen. Die Dokumentations- und Meldepflichten im Zusammenhang mit der Durchführung klinischer Prüfungen mit Arzneimitteln sind jetzt gänzlich in der GCP-Verordnung konzentriert. 1

### II. Dokumentations-, Anzeige- und Mitteilungspflicht

§ 12 legt fest, was der Überwachungsbehörde im Zusammenhang mit der Durchführung einer klinischen Prüfung mit Arzneimitteln mitzuteilen ist. Er konkretisiert auch, was davon der Bundesoberbehörde anzuzeigen ist. § 12 regelt überdies die (nach Schwere und Bedeutung für die klinische Prüfung und den Schutz der Prüfungsteilnehmer abgestufte) Anzeige unerwünschter Ereignisse, die im Zusammenhang mit der Prüfung auftreten können (pharmadenglisch: SUSAR genannt). 2

Hieran knüpft § 13 an, der es dem Sponsor auferlegt, die mitgeteilten unerwünschten Ereignisse zu dokumentieren und den zuständigen Behörden national und EU-weit auf Anforderung zur Verfügung zu stellen. Die Absätze 2 bis 4 regeln das Verfahren im Umgang mit schwerwiegenden Nebenwirkungen. Bei schwerwiegenden Nebenwirkungen mit Todesfall hat der Sponsor der Mitteilung Informationen beizugeben, die eine Bewertung des Vorganges ermöglichen. Absatz 6 verlangt vom Sponsor einen jährlichen Bericht über die aufgetretenen Nebenwirkungen und ihre Folgen für die Sicherheit der in die klinische Prüfung einbezogenen Prüfungsteilnehmer. Der Abschluss der Prüfung ist ebenfalls mitzuteilen.

**3** Bedeutsam für den gesamten Komplex auch die Pflicht, die bei der Durchführung der klinischen Prüfung angefallenen Unterlagen 10 Jahre aufzubewahren. Diese Frist wird über den Prüfarztvertrag weitergegeben werden müssen, da die Klinika, in denen klinische Prüfungen stattfinden, häufig die (normalen) Krankenakten aus Kapazitätsgründen in ihren Archiven nicht so lange aufbewahren. In § 14 sind die Mitteilungspflichten der Bundesoberbehörde gegenüber den (nationalen) Überwachungsbehörden und der EU-Kommission über ergriffenen Maßnahmen nach § 42a AMG geregelt, sowie der Umgang mit entsprechenden Anfragen von Behörden aus anderen EU - Staaten.

## III. Inspektionen

**4** Die Überwachung klinischer Prüfungen mit Arzneimitteln ist Aufgabe der zuständigen Überwachungsbehörden, also der Länder. Die Bundesoberbehörde ist zuständig für die Überprüfung der Zulassungsunterlagen im Hinblick auf die Übereinstimmung mit §§ 7,10 GCP-Verordnung (§ 15 Abs. 1). Sodann wird die Kooperation der Überwachungsbehörden mit denen in anderen Ländern der EU geregelt, sowie der Ablauf der Inspektionen bis hin zur Einführung eines Qualitätssicherungssystems für diese Inspektionen (Abs. 9). Mit § 15 schließt sich für klinische Prüfungen mit Arzneimitteln der Kreis zu §§ 64ff. AMG. Verletzungen der Mitteilungs-, Unterrichtungs- und Vorlagepflichten sind als Ordnungswidrigkeiten in § 16 sanktioniert. Bei der Durchführung der Inspektionen ist aber streng darauf zu achten, dass bei klinischen Prüfungen, die vor dem Inkrafttreten der 12. Novelle zum AMG begonnen worden sind, noch die Maßstäbe der bis dahin geltenden Vorschriften zu beachten sind. Es kann nicht angehen, diese klinische Prüfungen bereits mit dem Auge des Prüfers nach dem Erlass der 12. Novelle und ihrer Neuerungen zu beurteilen.

**5** Es besteht besonderer Anlass, gerade Nichtjuristen (die diese Inspektionen ja häufig auch vor Ort durchführen) auf diesen Umstand hinzuweisen, damit sie sich nicht zu sehr vom Pfad der Tugend (und vor allem dem des Rechts) entfernen. Es ist eben im Hinblick auch auf bestehende Verschwiegenheitspflichten rechtlich alles andere als belanglos, mit welchen Ergebnissen einer Inspektion ein Prüfer und die betroffene Ethik-Kommission in einem bekannten deutschen Montagsmagazin vorgeführt werden.

§ 15 über die Inspektionen im Namen der Gemeinschaft ist Sondervorschrift gegenüber § 64 AMG[9]. GCP-Inspektionen können dabei zu drei unterschiedlichen Zeitpunkten stattfinden: zum einen im Rahmen des Genehmigungsverfahrens nach § 42 AMG, im Rahmen des Zulassungsverfahrens nach § 25 AMG und schließlich im Rahmen der Überwachung nach § 64 AMG[10]. Da die Ethikkommission kein Betrieb ist, in welchem Arzneimittel geprüft werden, erstreckt sich die Befugnis der Bundesoberbehörde zur Überwachung nicht auf diese, auch nicht auf ihren Träger. Die Aufsichtsmaßnahmen nach § 64 Abs. 4 AMG sind nicht, auch nicht analog, anwendbar[11]. 6

§ 15 Abs. 8 gibt der Behörde die Möglichkeit, die sofortige Unterbrechung einer laufenden klinischen Prüfung anzuordnen, sofern Gefahr im Verzuge ist. Rechtsgrundlage für § 15 Abs. 8 ist § 42 Abs.3 S. 1 Nr. 3. Sie ist eine Maßnahme, die unter die Generalklausel des § 69 Abs. 1 S. 1 zu subsumieren ist. § 15 Abs. 8 hat dabei die Funktion, den sachlichen Zuständigkeitsbereich und die Befugnisse der für die Pharmaüberwachung zuständigen (Landes-)behörden gemäß § 69 Abs. 1 S. 1 AMG gegenüber den Befugnissen und Zuständigkeiten der Bundesoberbehörde nach § 42a AMG abzugrenzen[12] 7

## ABSCHNITT 5
## ÜBERGANGS- UND SCHLUSSBESTIMMUNGEN

### § 16
### Ordnungswidrigkeiten

**Ordnungswidrig im Sinne des § 97 Abs. 2 Nr. 31 des Arzneimittelgesetzes handelt, wer vorsätzlich oder fahrlässig**

1. **entgegen § 12 Abs. 4 Satz 1 oder Abs. 7 oder § 13 Abs. 2 Satz 1 eine Unterrichtung nicht, nicht richtig, nicht vollständig oder nicht rechtzeitig vornimmt,**
2. **entgegen § 13 Abs. 3 Satz 1 eine Information nicht, nicht richtig, nicht vollständig oder nicht rechtzeitig übermittelt,**
3. **entgegen § 13 Abs. 6 eine Liste oder einen Bericht nicht, nicht richtig, nicht vollständig oder nicht rechtzeitig vorlegt oder**
4. **entgegen § 13 Abs. 7 eine Mitteilung nicht, nicht richtig, nicht vollständig oder nicht rechtzeitig macht.**

---

9 Vgl. auch oben § 64 Rz. 6; Kloesel, Cyran, § 64 Nr. 21a.
10 So Schwarz, S. 626; Kloesel, Cyran, § 64 Nr. 21a.
11 So im Ergebnis auch Kloesel, Cyran, § 64 Nr. 21a.
12 So auch Kloesel, Cyran, § 69 Nr. 16 f.

**§17**
**Übergangsbestimmungen**

**Für klinische Prüfungen von Arzneimitteln, für die vor dem 6. August 2004 die nach § 40 Abs. 1 Satz 2 des Arzneimittelgesetzes in der bis zum 6. August 2004 geltenden Fassung erforderlichen Unterlagen der für den Leiter der klinischen Prüfung zuständigen Ethik-Kommission vorgelegt worden sind, finden die Vorschriften dieser Verordnung keine Anwendung.**

**§18**
**Inkrafttreten**

**Die Verordnung tritt am zweiten Tage nach der Verkündung in Kraft.**

### I. Die Bedeutung der Rechtsnormen

1 § 16 GCP-V enthält die in Rechtsverordnungen üblichen Tatbestände von Ordnungswidrigkeiten. Sanktioniert wird durch sie ein Verstoß gegen Pflichten aus der GCP-V, die kein kriminalstrafrechtliches Verhalten darstellen. Mit der Sanktionierung als Ordnungswidrigkeiten will der Gesetzgeber den Normadressaten aber dazu anhalten auch Verwaltungsvorschriften nach der GCP-V einzuhalten und Verstöße hiergegen mittels Androhung von Bußgeld geahndet wissen. Wegen der Einzelheiten zum Recht der Ordnungswidrigkeiten vgl. die Kommentierung zu § 97 AMG.

2 § 17 regelt, welche Rechtsvorschriften auf klinische Prüfungen von Arzneimitteln anzuwenden sind, wenn diese Prüfung vor dem Inkrafttreten der GCP-V begonnen worden sind. Es gelten die bisherigen Regelungen. In der Praxis der Ethik-Kommissionen hat diese Vorschrift zusammen mit § 138 Abs. 2 AMG dazu geführt, dass noch in großem Umfang klinische Prüfungen nach altem Recht zur Beurteilung eingereicht worden sind und auch noch eingereicht werden z.B. als Beitritte zu klinischen Prüfungen, die noch nach altem Recht bewertet worden sind (me-too-Prüfungen). Zur Durchführung von Inspektionen vgl. das oben Rz. 21 soeben gesagte.

# Anhang

E. Deutsch, H.-D. Lippert (Hrsg.), *Kommentar zum Arzneimittelgesetz (AMG),*
DOI 10.1007/978-3-642-01455-0, © Springer-Verlag Berlin Heidelberg 2011

# 1. Verordnung über den Betrieb von Apotheken (Apothekenbetriebsordnung – ApBetrO) *

in der Fassung der Bekanntmachung vom 26. September 1995 (BGBl. I S.1195), zuletzt geändert durch Artikel 35 des Gesetzes zur Stärkung des Wettbewerbs in der gesetzlichen Krankenversicherung vom 26. März 2007 (BGBl I S. 378) und durch Artikel 2 der Verordnung zur Änderung der Arzneimittelverschreibungsverordnung und der Apothekenbetriebsordnung vom 2. Dezember 2008 (BGBl I S. 2338)

## Inhaltsübersicht



---

* Diese Verordnung dient der Umsetzung von Artikel 66 der Richtlinie 2001/82/EG des Europäischen Parlaments und des Rates vom 6. November 2001 zur Schaffung eines Gemeinschaftskodexes für Tierarzneimittel (ABl. EG Nr. L 311 S. 1), der zuletzt durch die Richtlinie 2004/28/EG des Europäischen Parlaments und des Rates vom 31. März 2004 (ABl. EG Nr. L 136 S. 58) geändert worden ist.

**Dritter Abschnitt**
**Der Betrieb von Krankenhausapotheken**



**Vierter Abschnitt**
**Ordnungswidrigkeiten, Übergangs- und Schlußvorschriften**



**Anlagen***



## ERSTER ABSCHNITT
## ALLGEMEINE BESTIMMUNG

### § 1
### Anwendungsbereich

**(1) Diese Verordnung findet Anwendung auf den Betrieb und die Einrichtung von öffentlichen Apotheken einschließlich der Apotheken, die gemäß § 14 Abs. 4 des Gesetzes über das Apothekenwesen ein Krankenhaus mit Arzneimitteln versorgen (krankenhausversorgende Apotheken), Zweig- und Notapotheken sowie von Krankenhausapotheken. Ihre Vorschriften legen fest, wie die ordnungsgemäße Arzneimittelversorgung der Bevölkerung sicherzustellen ist.**

**(2) Diese Verordnung findet auf den Apothekenbetrieb insoweit keine Anwendung, als eine Erlaubnis nach § 13 oder § 72 des Arzneimittelgesetzes erteilt worden ist.**

**(3) Die Medizinprodukte-Betreiberverordnung in der Fassung der Bekanntmachung vom 21. August 2002 (BGBl. I S. 3396) und die Medizinprodukte-Sicherheitsplanverordnung vom 24. Juni 2002 (BGBl. I S. 2131), jeweils in der geltenden Fassung, bleiben unberührt.**

---

* nicht abgedruckt

## ZWEITER ABSCHNITT
## DER BETRIEB VON ÖFFENTLICHEN APOTHEKEN

### § 2
### Apothekenleiter

(1) Apothekenleiter ist

1. bei einer Apotheke, die nach § 1 Abs. 2 des Gesetzes über das Apothekenwesen betrieben wird, der Inhaber der Erlaubnis nach § 2 des Apothekengesetzes, im Falle der Verpachtung, der Pächter,
2. bei einer Apotheke oder Zweigapotheke, die nach § 13 oder § 16 des Gesetzes über das Apothekenwesen verwaltet wird, der Inhaber der Genehmigung,
3. bei einer Apotheke, die nach § 17 des Gesetzes über das Apothekenwesen betrieben wird, der von der zuständigen Behörde angestellte und mit der Leitung beauftragte Apotheker,
4. bei einer Hauptapotheke nach § 2 Abs. 5 Nr. 1 des Apothekengesetzes der Inhaber der Erlaubnis nach § 2 Abs. 4 des Apothekengesetzes,
5. bei einer Filialapotheke nach § 2 Abs. 5 Nr. 2 des Apothekengesetzes der vom Betreiber benannte Verantwortliche.

(2) Der Apothekenleiter hat die Apotheke persönlich zu leiten. Er ist dafür verantwortlich, daß die Apotheke unter Beachtung der geltenden Vorschriften betrieben wird. Neben dem Apothekenleiter nach Absatz 1 Nr. 5 ist auch der Betreiber für die Einhaltung der zum Betreiben von Apotheken geltenden Vorschriften verantwortlich.

(3) Der Apothekenleiter hat jeden Betrieb einer weiteren Apotheke in einem anderen Mitgliedstaat der Europäischen Gemeinschaften oder in einem anderen Vertragsstaat des Abkommens über den Europäischen Wirtschaftsraum sowie jede berufliche Tätigkeit, die er neben seiner Tätigkeit als Apothekenleiter ausübt, vor ihrer Aufnahme der zuständigen Behörde anzuzeigen.

(4) Der Apothekenleiter darf neben Arzneimitteln und apothekenpflichtigen Medizinprodukten die in § 25 genannten Waren nur in einem Umfang anbieten oder feilhalten, der den ordnungsgemäßen Betrieb der Apotheke und den Vorrang des Arzneimittelversorgungsauftrages nicht beeinträchtigt.

(5) Der Apothekenleiter muß sich, sofern er seine Verpflichtung zur persönlichen Leitung der Apotheke vorübergehend nicht selbst wahrnimmt, durch einen Apotheker vertreten lassen. Die Vertretung darf insgesamt drei Monate im Jahr nicht überschreiten. Die zuständige Behörde kann eine Vertretung über diese Zeit hinaus zulassen, wenn ein in der Person des Apothekenleiters liegender wichtiger Grund gegeben ist.

(6) Kann ein Apothekenleiter seiner Verpflichtung nach Absatz 5 Satz 1 nicht nachkommen, kann er sich von einem Apothekerassistenten oder Pharmazieingenieur vertreten lassen, sofern dieser insbesondere hinsichtlich seiner Kenntnisse und Fähigkeiten dafür geeignet ist und im Jahre vor dem Vertretungsbeginn mindestens sechs Monate hauptberuflich in einer öffentlichen Apotheke oder Krankenhausapotheke beschäftigt war. Der Apothekenleiter darf sich nicht länger als insgesamt vier Wochen im Jahr von Apothekerassistenten oder Pharmazieingenieuren vertreten lassen. Der Apothekenleiter hat vor Beginn der Vertretung die zuständige Behörde unter Angabe des Vertreters zu unterrichten. Die Sätze 1 bis 3 gelten nicht für die Vertretung des Inhabers einer Erlaubnis nach § 2 Abs. 4 des Apothekengesetzes und nicht für die Vertretung des Leiters einer krankenhausversorgenden Apotheke.

(7) Der mit der Vertretung beauftragte Apotheker oder Apothekerassistent oder Pharmazieingenieur hat während der Dauer der Vertretung die Pflichten eines Apothekenleiters.

§ 3
Apothekenpersonal

(1) Das Apothekenpersonal besteht aus pharmazeutischem und nichtpharmazeutischem Personal. Es darf nur entsprechend seiner Ausbildung und seinen Kenntnissen eingesetzt werden.

(2) Zur Gewährleistung eines ordnungsgemäßen Betriebs der Apotheke muß das notwendige pharmazeutische Personal vorhanden sein. Das zur Versorgung eines Krankenhauses zusätzlich erforderliche Personal ergibt sich aus Art und Umfang einer medizinisch zweckmäßigen und ausreichenden Versorgung des Krankenhauses mit Arzneimitteln unter Berücksichtigung von Größe, Art und Leistungsstruktur des Krankenhauses.

(3) Das pharmazeutische Personal umfaßt
1. Apotheker,
2. Personen, die sich in der Ausbildung zum Apothekerberuf befinden,
3. pharmazeutisch-technische Assistenten,
4 Personen, die sich in der Ausbildung zum Beruf des pharmazeutisch-technischen Assistenten befinden,
5. Apothekerassistenten,
6. Pharmazieingenieure,
7. Personen, die sich in der Ausbildung zum Beruf des Pharmazieingenieurs befinden,
8. Apothekenassistenten,
9. pharmazeutische Assistenten.

Zum nichtpharmazeutischen Personal gehören insbesondere die Apothekenhelfer, Apothekenfacharbeiter und pharmazeutisch-kaufmännische Angestellte; im Rahmen der pharmazeutischen Tätigkeiten unterstützen sie das pharmazeutische Personal bei der Herstellung und Prüfung der Arzneimittel sowie durch Bedienung, Pflege und Instandhaltung der Arbeitsgeräte und beim Abfüllen, Abpacken und bei der Vorbereitung der Arzneimittel zur Abgabe.

(4) Pharmazeutische Tätigkeiten im Sinne dieser Verordnung sind die Entwicklung, Herstellung, Prüfung und Abgabe von Arzneimitteln, die Information und Beratung über Arzneimittel sowie die Überprüfung der Arzneimittelvorräte in Krankenhäusern.

(5) Es ist verboten, pharmazeutische Tätigkeiten von anderen Personen als pharmazeutischem Personal auszuführen oder ausführen zu lassen, soweit in dieser Verordnung nichts anderes bestimmt ist. Die jeweilige Person muss insoweit der deutschen Sprache mächtig sein und über Kenntnis des in Deutschland geltenden Rechts verfügen, wie es für die Ausübung ihrer jeweiligen Tätigkeit notwendig ist. Pharmazeutische Tätigkeiten, die von den in Absatz 3 Nr. 2 bis 4, 7 und 9 genannten Personen ausgeführt werden, sind vom Apothekenleiter zu beaufsichtigen oder von diesem durch einen Apotheker beaufsichtigen zu lassen. Die in Absatz 3 Nr. 9 genannten Personen dürfen keine Arzneimittel abgeben.

(6) Zur Versorgung eines Krankenhauses mit Ausnahme der Zustellung darf der Apothekenleiter nur Personal einsetzen, das in seinem Betrieb tätig ist.

## § 4
## Beschaffenheit, Größe und Einrichtung der Apothekenbetriebsräume

(1) Die Betriebsräume müssen nach Art, Größe, Zahl, Lage und Einrichtung geeignet sein, einen ordnungsgemäßen Apothekenbetrieb, insbesondere die einwandfreie Entwicklung, Herstellung, Prüfung, Lagerung, Verpackung sowie eine ordnungsgemäße Abgabe von Arzneimitteln und die Information und Beratung über Arzneimittel, auch mittels Einrichtungen der Telekommunikation, zu gewährleisten. Soweit die Apotheke Arzneimittel versendet oder elektronischen Handel betreibt, gilt Satz 1 entsprechend. Sie sind in einwandfreiem hygienischen Zustand zu halten.

(2) Eine Apotheke muß mindestens aus einer Offizin, einem Laboratorium, ausreichendem Lagerraum und einem Nachtdienstzimmer bestehen. Die Offizin muß einen Zugang zu öffentlichen Verkehrsflächen haben; sie muß so eingerichtet sein, daß die Vertraulichkeit der Beratung gewahrt werden kann. Das Laboratorium muß mit einem Abzug mit Absaugvorrichtung oder mit einer entsprechenden Einrichtung, die die gleiche Funktion erfüllt, ausgestattet sein. Die qualitätsgerechte Herstellung der in Absatz 7 genannten Darreichungsformen sowie eine Lagerhaltung unterhalb einer Temperatur von 20 Grad C müssen möglich sein. Die Grundfläche der in Satz 1 benannten Apothekenbetriebsräume muß insgesamt mindestens 110 qm betragen. Für krankenhausversorgende Apotheken gilt § 29 Abs. 1 und 3 entsprechend.

(3) Eine Zweigapotheke muß mindestens aus einer Offizin, ausreichendem Lagerraum und einem Nachtdienstzimmer bestehen.

(4) Die Betriebsräume sollen so angeordnet sein, daß jeder Raum ohne Verlassen der Apotheke zugänglich ist. Das gilt nicht für das Nachtdienstzimmer, für Betriebsräume, die ausschließlich der Arzneimittelversorgung von Krankenhäusern dienen oder in denen anwendungsfertige Zytostatikazubereitungen hergestellt werden oder die den Versand und den elektronischen Handel mit Arzneimitteln sowie die Beratung und Information in Verbindung mit diesem Versandhandel einschließlich dem elektronischen Handel betreffen. Diese Räume müssen jedoch in angemessener Nähe zu den übrigen Betriebsräumen liegen. Die Anmietung von Lagerraum innerhalb des zu versorgenden Krankenhauses ist nicht zulässig.

(5) Die Betriebsräume müssen von anderweitig gewerblich oder freiberuflich genutzten Räumen sowie von öffentlichen Verkehrsflächen und Ladenstraßen durch Wände oder Türen abgetrennt sein.

(6) Wesentliche Veränderungen der Größe und Lage der Betriebsräume sind der zuständigen Behörde vorher anzuzeigen.

(7) Die Apotheke muß so mit Geräten ausgestattet sein, daß Arzneimittel in den Darreichungsformen Kapseln, Salben, Pulver, Drogenmischungen, Lösungen, Suspensionen, Emulsionen, Extrakte, Tinkturen, Suppositorien und Ovula ordnungsgemäß hergestellt werden können. Die Herstellung von sterilen Arzneimitteln und von Wasser für Injektionszwecke muß möglich sein.

(8) In der Apotheke müssen insbesondere die in Anlage 1 aufgeführten Geräte und Prüfmittel vorhanden sein. Diese können durch andere Geräte und Prüfmittel ersetzt werden unter der Voraussetzung, daß damit die gleichen Ergebnisse erzielt werden. Sofern die Prüfmittel in der Apotheke hergestellt werden können, genügt es, wenn die zu ihrer Herstellung erforderlichen Stoffe und Zubereitungen vorhanden sind. Bei den Indikatoren genügt es, wenn die entsprechende Zubereitung (z. B. Lösung, Verreibung) vorrätig gehalten wird.

## § 5
## Wissenschaftliche und sonstige Hilfsmittel

In der Apotheke müssen vorhanden sein

1. wissenschaftliche Hilfsmittel, die zur Herstellung und Prüfung von Arzneimitteln und Ausgangsstoffen nach den anerkannten pharmazeutischen Regeln im Rahmen des Apothekenbetriebs notwendig sind, insbesondere das Arzneibuch, der Deutsche Arzneimittel-Codex und ein Verzeichnis der gebräuchlichen Bezeichnungen für Arzneimittel und deren Ausgangsstoffe (Synonym-Verzeichnis),
2. wissenschaftliche Hilfsmittel, die zur Information und Beratung des Kunden über Arzneimittel notwendig sind, insbesondere Informationsmaterial über die Zusammensetzung, Anwendungsgebiete, Gegenanzeigen, Nebenwirkungen, Wechselwirkungen mit anderen Mitteln, Dosierungsanleitung und die Hersteller der gebräuchlichen Fertigarzneimittel sowie über die gebräuchlichen Dosierungen von Arzneimitteln,
3. wissenschaftliche Hilfsmittel, die zur Information und Beratung der zur Ausübung der Heilkunde, Zahnheilkunde oder Tierheilkunde berechtigten Personen über Arzneimittel erforderlich sind,
4. Texte der geltenden Vorschriften des Apotheken-, Arzneimittel-, Betäubungsmittel-, Heilmittelwerbe- und Chemikalienrechts.

## § 6
## Allgemeine Vorschriften über die Herstellung und Prüfung

(1) Arzneimittel, die in der Apotheke hergestellt werden, müssen die nach der pharmazeutischen Wissenschaft erforderliche Qualität aufweisen. Sie sind nach den anerkannten pharmazeutischen Regeln herzustellen und zu prüfen; enthält das Arzneibuch entsprechende Regeln, sind die Arzneimittel nach diesen Regeln herzustellen und zu prüfen. Dabei können für die Prüfung auch andere Methoden angewandt und andere Geräte benutzt werden, als im Deutschen Arzneibuch beschrieben sind, unter der Voraussetzung, daß die gleichen Ergebnisse wie mit den beschriebenen Methoden und Geräten erzielt werden. Soweit erforderlich, ist die Prüfung in angemessenen Zeiträumen zu wiederholen.

(2) Bei der Herstellung von Arzneimitteln ist Vorsorge zu treffen, daß eine gegenseitige nachteilige Beeinflussung der Arzneimittel sowie Verwechslungen der Arzneimittel und des Verpackungs- und Kennzeichnungs-Materials vermieden werden.

(3) Die Prüfung der Arzneimittel kann unter Verantwortung des Apothekenleiters auch außerhalb der Apotheke in einem Betrieb, für den eine Erlaubnis nach § 13 des Arzneimittelgesetzes oder nach § 1 Abs. 2 in Verbindung mit § 2 des Gesetzes über das Apothekenwesen erteilt ist, oder durch einen Sachverständigen im Sinne des § 65 Abs. 4 des Arzneimittelgesetzes erfolgen. Der für die Prüfung Verantwortliche des beauftragten Betriebes hat unter Angabe der Charge sowie des Datums und der Ergebnisse der Prüfung zu bescheinigen, daß das Arzneimittel nach den anerkannten pharmazeutischen Regeln geprüft worden ist und die erforderliche Qualität aufweist (Prüfzertifikat). In der Apotheke ist mindestens die Identität des Arzneimittels festzustellen; über die durchgeführten Prüfungen sind Aufzeichnungen zu machen. § 10 Abs. 6 bleibt unberührt.

**(4) Das Umfüllen einschließlich Abfüllen und das Abpacken sowie Kennzeichnen von Arzneimitteln darf unter Aufsicht eines Apothekers auch von nichtpharmazeutischem Personal ausgeführt werden.**

## § 7
## Rezeptur

**(1) Wird ein Arzneimittel auf Grund einer Verschreibung von Personen, die zur Ausübung der Heilkunde, Zahnheilkunde oder Tierheilkunde berechtigt sind, hergestellt, muß es der Verschreibung entsprechen. Andere als die in der Verschreibung genannten Bestandteile dürfen ohne Zustimmung des Verschreibenden bei der Herstellung nicht verwendet werden. Dies gilt nicht für Bestandteile, sofern sie keine eigene arzneiliche Wirkung haben und die arzneiliche Wirkung nicht nachteilig beeinflussen können. Enthält eine Verschreibung einen erkennbaren Irrtum, ist sie unleserlich oder ergeben sich sonstige Bedenken, so darf das Arzneimittel nicht hergestellt werden, bevor die Unklarheit beseitigt ist. Bei Einzelherstellung ohne Verschreibung ist Satz 4 entsprechend anzuwenden.**

**(2) Bei einer Rezeptur kann von einer Prüfung abgesehen werden, sofern die Qualität des Arzneimittels durch das Herstellungsverfahren gewährleistet ist.**

## § 8
## Defektur

**(1) Werden Arzneimittel im Rahmen des üblichen Apothekenbetriebs im voraus in Chargengrößen bis zu hundert abgabefertigen Packungen oder in einer diesen entsprechenden Menge an einem Tag hergestellt, so ist ein Herstellungsprotokoll anzufertigen, das mindestens zu enthalten hat**

1. **die Bezeichnung und Darreichungsform,**
2. **die Art, Menge, Qualität, Chargenbezeichnung oder Prüfnummer der verwendeten Ausgangsstoffe,**
3. **die der Herstellung des Arzneimittels zugrundeliegenden Herstellungsvorschriften,**
4. **das Herstellungsdatum oder die Chargenbezeichnung,**
5. **das Verfalldatum,**
6. **das Namenszeichen des für die Herstellung verantwortlichen Apothekers.**

**(2) Verfahren, Umfang, Ergebnisse und Datum der Prüfung sind in einem Prüfprotokoll festzuhalten. In dem Prüfprotokoll hat der prüfende oder der die Prüfung beaufsichtigende Apotheker mit Datum und eigenhändiger Unterschrift zu bestätigen, daß das Arzneimittel geprüft worden ist und die erforderliche Qualität hat.**

**(3) Von der Prüfung des Arzneimittels kann abgesehen werden, soweit die Qualität durch das Herstellungsverfahren gewährleistet ist. Wird von der Prüfung abgesehen, ist dies im Herstellungsprotokoll zu vermerken.**

## § 9
## Großherstellung

**(1) Werden Arzneimittel im Rahmen des üblichen Apothekenbetriebs über den in § 8 genannten Umfang hinaus hergestellt, ist ein Apotheker als Verantwortlicher für die Herstellung zu bestellen. Dieser ist dafür verantwortlich, daß die Arzneimittel entsprechend den Vorschriften über den Verkehr mit Arzneimitteln hergestellt, gelagert und gekennzeichnet sowie mit der vorgeschriebenen Packungsbeilage versehen werden. Er darf nicht zugleich für die Prüfung verantwortlich sein, es sei denn, es handelt sich**

**ausschließlich um das Umfüllen einschließlich Abfüllen, Abpacken oder Kennzeichnen von Arzneimitteln.**

**(2) Arzneimittel sind nach schriftlicher Anweisung des für die Herstellung verantwortlichen Apothekers (Herstellungsanweisung) herzustellen und zu lagern. Die Herstellungsanweisung ist vor der Herstellung schriftlich anzufertigen und muß für jedes Arzneimittel mindestens Angaben enthalten über**
**1. die Bezeichnung und Darreichungsform,**
**2. die Art, Menge und Qualität der Ausgangsstoffe,**
**3. das Verfahren zur ordnungsgemäßen Herstellung,**
**4. die Kennzeichnung des Arzneimittels in den einzelnen Herstellungsstufen,**
**5. die bei der Herstellung zu verwendenden Geräte, die zur laufenden Kontrolle während der Herstellung (Inprozeßkontrolle) zu verwendenden Verfahren und Geräte sowie die zulässigen Grenzwerte für die Herstellung,**
**6. die Art der zu verwendenden Abgabebehältnisse, der äußeren Umhüllung sowie des Kennzeichnungs- und Verpackungsmaterials,**
**7. den Wortlaut der für das Abgabebehältnis, die äußere Umhüllung und die Packungsbeilage vorgesehenen Angaben,**
**8. das Verfahren und den Umfang der Probeziehung zur Inprozeßkontrolle,**
**9. den Zeitpunkt, von dem an nach dieser Anweisung herzustellen ist.**
**Bei Arzneimitteln, die zugelassen oder registriert sind, muß die Herstellungsanweisung den Zulassungs- oder den Registrierungsunterlagen entsprechen. Bei Arzneimitteln, die von der Zulassung oder Registrierung freigestellt sind, muß die Herstellungsanweisung der Verordnung über Standardzulassungen oder der Verordnung über Standardregistrierungen entsprechen. Die zur Herstellung angewandten Verfahren und Geräte sind nach dem jeweiligen Stand der Technik zu validieren; die Ergebnisse sind zu dokumentieren.**

**(3) Soweit Arzneimittel in Chargen hergestellt werden, sind Aufzeichnungen mit Datumsangabe über die Herkunft der Ausgangsstoffe und vollständige Angaben über die Herstellung der Arzneimittel (Herstellungsprotokoll) anzufertigen. Das Herstellungsprotokoll muß mindestens enthalten**
**1. die Bezeichnung und Darreichungsform,**
**2. die Chargenbezeichnung oder Prüfnummer der verwendeten Ausgangsstoffe,**
**3. das Herstellungsdatum und die Chargenbezeichnung,**
**4. Angaben über die Menge des in einem Herstellungsgang hergestellten Arzneimittels und dessen Zusammensetzung in den einzelnen Herstellungsstufen,**
**5. die Ergebnisse der Inprozeßkontrolle,**
**6. die Bestätigung der ordnungsgemäßen Herstellung entsprechend der Herstellungsanweisung durch Namenszeichen der für die einzelnen Herstellungsstufen beauftragten Personen,**
**7. besondere Beobachtungen während der Herstellung,**
**8. Angaben über die Art der verwendeten Abgabebehältnisse, der äußeren Umhüllungen und des sonstigen Verpackungsmaterials,**
**9. Angaben über die Art und Anzahl der Chargenproben.**
**Der für die Herstellung verantwortliche Apotheker hat im Herstellungsprotokoll mit Datum und eigenhändiger Unterschrift zu bestätigen, daß das Arzneimittel entsprechend der Herstellungsanweisung hergestellt und mit der vorgeschriebenen Packungsbeilage versehen worden ist. In Fällen kurzfristiger Verhinderung, insbesondere durch Krankheit oder Urlaub, kann anstelle des für die Herstellung verantwortlichen Apothekers ein Beauftragter, der über ausreichende Ausbildung und Kenntnisse ver-**

fügt, das Herstellungsprotokoll unterzeichnen. Dieses ist dem für die Herstellung verantwortlichen Apotheker nach seiner Rückkehr unverzüglich zur Bestätigung vorzulegen. Soweit das Arzneimittel nicht in Chargen hergestellt wird, gelten die Sätze 1 bis 5 entsprechend.

(4) Die Herstellung von Arzneimitteln nach Absatz 1 darf auch durch nichtpharmazeutisches Personal erfolgen, soweit es unter Aufsicht eines Apothekers arbeitet.

(5) Ist es erforderlich, einzelne Herstellungsstufen außerhalb der Apotheke anfertigen zu lassen, muß dies nach der Herstellungsanweisung des Absatzes 2 in Betrieben erfolgen, für die eine Herstellungserlaubnis nach § 13 des Arzneimittelgesetzes erteilt ist.

## § 10
## Prüfung und Freigabe bei der Großherstellung

(1) Für die Prüfung der nach § 9 hergestellten Arzneimittel ist ein Apotheker als Verantwortlicher zu bestellen. Er ist dafür verantwortlich, daß die Arzneimittel entsprechend den Vorschriften über den Verkehr mit Arzneimitteln auf die erforderliche Qualität geprüft werden. Er darf nicht zugleich für die Herstellung verantwortlich sein, es sei denn, es handelt sich ausschließlich um das Umfüllen einschließlich Abfüllen, Abpacken oder Kennzeichnen von Arzneimitteln.

(2) Die Prüfung ist nach schriftlicher Anweisung des für die Prüfung verantwortlichen Apothekers (Prüfanweisung) durchzuführen. Die Prüfanweisung ist vor der Prüfung schriftlich anzufertigen und muß für jedes Arzneimittel mindestens Angaben enthalten über
1. die Bezeichnung und Darreichungsform,
2. die Anforderungen an die erforderliche Qualität der Ausgangsstoffe und des Arzneimittels in den einzelnen Herstellungsstufen,
3. das Verfahren und den Umfang der Prüfung des Arzneimittels in den einzelnen Herstellungsstufen und der Chargenproben,
4. das Verfahren und den Umfang der Probeziehung,
5. den Zeitpunkt, von dem an nach dieser Prüfanweisung zu prüfen ist.

Bei Arzneimitteln, die zugelassen oder registriert sind, muß die Prüfanweisung den Zulassungs- oder den Registrierungsunterlagen entsprechen. Bei Arzneimitteln, die von der Zulassung oder Registrierung freigestellt sind, muß die Prüfanweisung der Verordnung über Standardzulassungen oder der Verordnung über Standardregistrierungen entsprechen. Die zur Prüfung angewandten Verfahren und Geräte sind nach dem jeweiligen Stand der Technik zu validieren; die Ergebnisse sind zu dokumentieren.

(3) Für die Prüfung von Behältnissen, äußeren Umhüllungen, Kennzeichnungsmaterial, Packungsbeilagen und Packmitteln gelten Absatz 2 Satz 1 und § 6 Abs. 1 entsprechend.

(4) Soweit Arzneimittel in Chargen hergestellt werden, müssen über den Ablauf und die Ergebnisse der Prüfung schriftliche Aufzeichnungen mit Datumsangabe angefertigt werden (Prüfprotokoll). Das Prüfprotokoll muß mindestens Angaben enthalten über
1. die Bezeichnung und Darreichungsform,
2. das Herstellungsdatum und die Chargenbezeichnung,
3. die Ergebnisse der Prüfung des Arzneimittels in den einzelnen Herstellungsstufen,
4. die Bestätigung der ordnungsgemäßen Prüfung entsprechend der Prüfanweisung durch Namenszeichen der für die einzelnen Prüfungen beauftragten Personen,
5. besondere Beobachtungen während der Prüfung.

**Der für die Prüfung verantwortliche Apotheker hat im Prüfprotokoll mit Datum und eigenhändiger Unterschrift zu bestätigen, daß das Arzneimittel entsprechend der Prüfanweisung geprüft worden ist und die erforderliche Qualität hat. In Fällen kurzfristiger Verhinderung, insbesondere durch Krankheit oder Urlaub, kann anstelle des für die Prüfung verantwortlichen Apothekers ein Beauftragter, der über ausreichende Ausbildung und Kenntnisse verfügt, das Prüfprotokoll unterzeichnen. Dieses ist dem für die Prüfung verantwortlichen Apotheker nach seiner Rückkehr unverzüglich zur Bestätigung vorzulegen. Wenn das Arzneimittel nicht in Chargen hergestellt ist, gelten die Sätze 1 bis 5 entsprechend.**

**(5) Die Prüfung von Arzneimitteln nach Absatz 1 darf unter Aufsicht eines Apothekers auch von nichtpharmazeutischem Personal ausgeführt werden.**

**(6) Die Prüfung von Arzneimitteln nach Absatz 1 kann teilweise auch außerhalb der Apotheke nach einer einheitlichen Prüfanweisung in Betrieben erfolgen, für die eine Herstellungserlaubnis nach § 13 des Arzneimittelgesetzes erteilt ist.**

**(7) Ist die erforderliche Qualität festgestellt, sind die Arzneimittel entsprechend kenntlich zu machen; das Verfalldatum ist anzugeben.**

**(8) Arzneimittel dürfen erst als freigegeben kenntlich gemacht werden (Freigabe), wenn Herstellungs- und Prüfprotokoll ordnungsgemäß unterzeichnet sind. § 32 des Arzneimittelgesetzes bleibt unberührt.**

**(9) In der Apotheke nach § 9 hergestellte Arzneimittel dürfen nur in den Verkehr gebracht werden, nachdem sie nach Absatz 7 freigegeben worden sind.**

### § 11
### Ausgangsstoffe

**(1) Zur Herstellung von Arzneimitteln dürfen nur Ausgangsstoffe verwendet werden, deren ordnungsgemäße Qualität festgestellt ist. Auf die Prüfung der Ausgangsstoffe finden die Vorschriften des § 6 Abs. 1 und 3 sowie § 10 entsprechende Anwendung. Ausgangsstoffe, deren ordnungsgemäße Qualität nicht festgestellt wurde, sind als solche kenntlich zu machen und abzusondern.**

**(2) Werden Ausgangsstoffe bezogen, deren Qualität durch ein Prüfzertifikat nach § 6 Abs. 3 nachgewiesen ist, ist in der Apotheke mindestens die Identität festzustellen. Die Verantwortung des Apothekenleiters für die ordnungsgemäße Qualität der Ausgangsstoffe bleibt unberührt. Über die in der Apotheke durchgeführten Prüfungen sind Aufzeichnungen mit Namenszeichen des prüfenden oder die Prüfung beaufsichtigenden Apothekers zu machen.**

**(3) Werden Arzneimittel, die keine Fertigarzneimittel sind, zur Herstellung anderer Arzneimittel bezogen, gelten die Absätze 1 und 2 entsprechend.**

### § 12
### Prüfung der nicht In der Apotheke hergestellten Fertigarzneimittel

**(1) Fertigarzneimittel, die nicht in der Apotheke hergestellt worden sind, sind stichprobenweise zu prüfen. Dabei darf von einer über die Sinnesprüfung hinausgehenden Prüfung abgesehen werden, wenn sich keine Anhaltspunkte ergeben haben, die Zweifel an der ordnungsgemäßen Qualität des Arzneimittels begründen.**

**(2) Das anzufertigende Prüfprotokoll muß mindestens enthalten**
**1. den Namen oder die Firma des pharmazeutischen Unternehmers,**
**2. die Bezeichnung und Darreichungsform des Arzneimittels,**
**3. die Chargenbezeichnung oder das Herstellungsdatum,**
**4. das Datum und die Ergebnisse der Prüfung,**
**5. das Namenszeichen des prüfenden oder die Prüfung beaufsichtigenden Apothekers.**

## § 13
## Behältnisse

**(1) In der Apotheke hergestellte Arzneimittel dürfen nur in Behältnissen in den Verkehr gebracht werden, die gewährleisten, daß die Qualität nicht mehr als unvermeidbar beeinträchtigt wird.**

**(2) (weggefallen)**

## § 14
## Kennzeichnung

**(1) In der Apotheke hergestellte Arzneimittel, die zur Anwendung bei Menschen oder bei Tieren, die nicht der Gewinnung von Lebensmitteln dienen, bestimmt und keine Fertigarzneimittel sind, dürfen nur abgegeben werden, wenn auf den Behältnissen und, soweit verwendet, den äußeren Umhüllungen in gut lesbarer Schrift, auf dauerhafte Weise und mit Ausnahme der Nummer 4 in deutscher Sprache angegeben sind:**
**1. der Name oder die Firma des Inhabers der Apotheke und deren Anschrift,**
**2. der Inhalt nach Gewicht, Rauminhalt oder Stückzahl,**
**3. die Art der Anwendung und gegebenenfalls die in der Verschreibung angegebene Gebrauchsanweisung,**
**4. die wirksamen Bestandteile nach Art und Menge,**
**5. das Herstellungsdatum,**
**6. ein Hinweis auf die begrenzte Haltbarkeit.**
**Soweit es sich bei den Arzneimitteln um aus Fertigarzneimitteln entnommene Teilmengen handelt, sind neben der vom Arzneimittelgesetz geforderten Kennzeichnung Name und Anschrift der Apotheke anzugeben.**

**(2) Fertigarzneimittel, die Arzneimittel im Sinne des § 2 Abs. 2 Nr. 2 oder 3 des Arzneimittelgesetzes sind und in der Apotheke hergestellt werden, dürfen nur in den Verkehr gebracht werden, wenn die Behältnisse und, soweit verwendet, die äußeren Umhüllungen nach § 10 des Arzneimittelgesetzes gekennzeichnet sind. Die Angaben über die Darreichungsform, die wirksamen Bestandteile und die Wartezeit können entfallen. Bei diesen Arzneimitteln sind auf dem Behältnis oder, falls verwendet, auf der äußeren Umhüllung oder einer Packungsbeilage, soweit bekannt, zusätzlich anzugeben**
**1. die Anwendungsgebiete,**
**2. die Gegenanzeigen,**
**3. die Nebenwirkungen,**
**4. die Wechselwirkungen mit anderen Mitteln.**

**(3) Fertigarzneimittel, die Arzneimittel im Sinne des § 2 Abs. 2 Nr. 4 des Arzneimittelgesetzes sind und in der Apotheke hergestellt werden, dürfen nur in den Verkehr gebracht werden, wenn die Behältnisse und, soweit verwendet, die äußeren Umhül-**

lungen entsprechend § 10 des Arzneimittelgesetzes gekennzeichnet sind. Angaben über die Darreichungsform können entfallen.

(4) In der Apotheke hergestellte Arzneimittel, die keine Fertigarzneimittel und zur Anwendung bei Tieren, die der Gewinnung von Lebensmitteln dienen, bestimmt sind, dürfen nur in den Verkehr gebracht werden, wenn die Behältnisse und, soweit verwendet, die äußeren Umhüllungen mit den Angaben entsprechend den §§ 10 und 11 des Arzneimittelgesetzes versehen sind.

(5) Arzneimittel mit gefährlichen physikalischen Eigenschaften, die keine Fertigarzneimittel sind, sind in entsprechender Anwendung der Gefahrstoffverordnung mit einem Gefahrensymbol, der Gefahrenbezeichnung, den Hinweisen auf die besonderen Gefahren und den Sicherheitsratschlägen zu kennzeichnen.

## § 15
## Vorratshaltung

(1) Der Apothekenleiter hat die zur Sicherstellung einer ordnungsgemäßen Arzneimittelversorgung der Bevölkerung notwendigen Arzneimittel, insbesondere die in der Anlage 2 aufgeführten Arzneimittel, sowie Verbandstoffe, Einwegspritzen und Einwegkanülen in einer Menge vorrätig zu halten, die mindestens dem durchschnittlichen Bedarf für eine Woche entspricht. Die in der Anlage 3 genannten Arzneimittel müssen vorrätig gehalten werden, die in Anlage 3 Nr. 1 bis 3, 7 und 8 genannten Arzneimittel in einer Darreichungsform, die eine parenterale Anwendung ermöglicht.

(2) Die in der Anlage 4 genannten Arzneimittel müssen entweder in der Apotheke vorrätig gehalten werden, oder es muß sichergestellt sein, daß sie kurzfristig beschafft werden können.

(3) Der Leiter einer krankenhausversorgenden Apotheke muß die zur Sicherstellung einer ordnungsgemäßen Arzneimittelversorgung der Patienten des Krankenhauses notwendigen Arzneimittel in einer Menge vorrätig halten, die mindestens dem durchschnittlichen Bedarf für zwei Wochen entspricht. Diese Arzneimittel sind aufzulisten.

## § 16
## Lagerung

(1) Arzneimittel, Ausgangsstoffe, apothekenübliche Waren und Prüfmittel sind übersichtlich und so zu lagern, daß ihre Qualität nicht nachteilig beeinflußt wird und Verwechslungen vermieden werden. Soweit ihre ordnungsgemäße Qualität nicht festgestellt ist, sind sie unter entsprechender Kenntlichmachung gesondert zu lagern. Dies gilt auch für Behältnisse, äußere Umhüllungen, Kennzeichnungsmaterial, Packungsbeilagen und Packmittel. Die Vorschriften der Gefahrstoffverordnung über die Lagerung und Kennzeichnung gefährlicher Stoffe und Zubereitungen bleiben unberührt.

(2) Die Vorratsbehältnisse für Arzneimittel müssen so beschaffen sein, daß die Qualität des Inhalts nicht beeinträchtigt wird. Sie müssen mit gut lesbaren und dauerhaften Aufschriften versehen sein, die den Inhalt eindeutig bezeichnen. Dabei ist eine gebräuchliche wissenschaftliche Bezeichnung zu verwenden. Der Inhalt ist durch zusätzliche Angaben zu kennzeichnen, soweit dies zur Feststellung der Qualität und zur Vermeidung von Verwechslungen erforderlich ist. Soweit für ein Arzneimittel größte Einzel- oder Tagesgaben gesetzlich festgelegt sind, müssen diese auf den Vorratsbehältnissen angegeben werden.

(3) Die Aufschriften der Vorratsbehältnisse für Arzneimittel sind in schwarzer Schrift auf weißem Grund auszuführen, soweit nicht im Arzneibuch etwas anderes bestimmt ist. Aufschriften von Vorratsbehältnissen für Arzneimittel, die im Arzneibuch nicht aufgeführt sind, aber in ihrer Zusammensetzung oder Wirkung den „vorsichtig" oder „sehr vorsichtig" zu lagernden Mitteln des Arzneibuches gleichen oder ähnlich sind, insbesondere Mittel, die der Verschreibungspflicht unterliegen, sind in roter Schrift auf weißem Grund beziehungsweise in weißer Schrift auf schwarzem Grund auszuführen.

(4) Nach dieser Verordnung vorgeschriebene Chargenproben von Arzneimitteln, die ein Verfalldatum tragen, müssen mindestens ein Jahr nach Ablauf des Verfalldatums gelagert werden. Chargenproben von Arzneimitteln, deren Dauer der Haltbarkeit weniger als ein Jahr beträgt, müssen mindestens ein halbes Jahr nach Ablauf des Verfalldatums gelagert werden. Chargenproben von Arzneimitteln ohne Verfalldatum sind mindestens fünf Jahre nach der Freigabe der Charge zu lagern.

## § 17
## Inverkehrbringen von Arzneimitteln und der apothekenüblichen Waren

(1) Arzneimittel dürfen, außer im Falle des § 11a des Apothekengesetzes und des Absatzes 2a, nur in den Apothekenbetriebsräumen in den Verkehr gebracht und nur durch pharmazeutisches Personal ausgehändigt werden.

(2) Die Zustellung durch Boten der Apotheke ist im Einzelfall ohne Erlaubnis nach § 11a des Apothekengesetzes zulässig; dabei sind die Arzneimittel für jeden Empfänger getrennt zu verpacken und jeweils mit dessen Namen und Anschrift zu versehen. Absatz 2a Satz 1 Nr. 1 und 2 und Satz 2 gilt entsprechend; Absatz 2a Satz 1 Nr. 5 bis 7 und 9 ist, soweit erforderlich, ebenfalls anzuwenden. Bei Zustellung durch Boten ist dafür Sorge zu tragen, daß die Arzneimittel dem Empfänger in zuverlässiger Weise ausgeliefert werden. Die Vorschriften des § 43 Abs. 5 des Arzneimittelgesetzes über die Abgabe von Arzneimitteln, die zur Anwendung bei Tieren bestimmt sind, bleiben unberührt.

(2a) Bei dem nach § 11a des Apothekengesetzes erlaubten Versand hat der Apothekenleiter sicherzustellen, dass

1. das Arzneimittel so verpackt, transportiert und ausgeliefert wird, dass seine Qualität und Wirksamkeit erhalten bleibt,
2. das Arzneimittel entsprechend den Angaben des Auftraggebers ausgeliefert und gegebenenfalls die Auslieferung schriftlich bestätigt wird. Der Apotheker kann in begründeten Fällen entgegen der Angabe des Auftraggebers, insbesondere wegen der Eigenart des Arzneimittels, verfügen, dass das Arzneimittel nur gegen schriftliche Empfangsbestätigung ausgeliefert wird,
3. der Besteller in geeigneter Weise davon unterrichtet wird, wenn erkennbar ist, dass die Versendung des bestellten Arzneimittels nicht innerhalb der in § 11a Nr. 3 Buchstabe a des Apothekengesetzes genannten Frist erfolgen kann,
4. alle bestellten Arzneimittel, soweit sie im Geltungsbereich des Arzneimittelgesetzes in den Verkehr gebracht werden dürfen und verfügbar sind, geliefert werden,
5. für den Fall von bekannt gewordenen Risiken bei Arzneimitteln dem Kunden Möglichkeiten zur Meldung solcher Risiken zur Verfügung stehen, der Kunde über ihn betreffende Risiken informiert wird und zur Abwehr von Risiken bei Arzneimitteln innerbetriebliche Abwehrmaßnahmen durchgeführt werden,

6. die behandelte Person darauf hingewiesen wird, dass sie mit der behandelnden Ärztin oder dem behandelnden Arzt Kontakt aufnehmen soll, sofern Probleme bei der Anwendung des Arzneimittels auftreten,
7. die behandelte Person darauf hingewiesen wird, dass ihr die Beratung durch pharmazeutisches Personal auch mittels Einrichtungen der Telekommunikation zur Verfügung steht; die Möglichkeiten und Zeiten der Beratung sind ihnen mitzuteilen,
8. eine kostenfreie Zweitzustellung veranlasst wird und
9. ein System zur Sendungsverfolgung unterhalten wird.

Die Versendung darf nicht erfolgen, wenn zur sicheren Anwendung des Arzneimittels ein Informations- oder Beratungsbedarf besteht, der auf einem anderen Wege als einer persönlichen Information oder Beratung durch einen Apotheker nicht erfolgen kann.

(2b) Für Arzneimittel, die die Wirkstoffe Thalidomid oder Lenalidomid enthalten, ist ein Inverkehrbringen im Wege des Versandes nach § 43 Abs. 1 Satz 1 des Arzneimittelgesetzes nicht zulässig.

(3) Der Apothekenleiter darf Arzneimittel, die der Apothekenpflicht unterliegen, nicht im Wege der Selbstbedienung in den Verkehr bringen.

(4) Verschreibungen von Personen, die zur Ausübung der Heilkunde, Zahnheilkunde oder Tierheilkunde berechtigt sind, sind in einer der Verschreibung angemessenen Zeit auszuführen.

(5) Die abgegebenen Arzneimittel müssen den Verschreibungen und den damit verbundenen Vorschriften des Fünften Buches Sozialgesetzbuch zur Arzneimittelversorgung entsprechen. Enthält eine Verschreibung einen für den Abgebenden erkennbaren Irrtum, ist sie nicht lesbar oder ergeben sich sonstige Bedenken, so darf das Arzneimittel nicht abgegeben werden, bevor die Unklarheit beseitigt ist. Der Apotheker hat jede Änderung auf der Verschreibung zu vermerken und zu unterschreiben oder im Falle der Verschreibung in elektronischer Form der elektronischen Verschreibung hinzuzufügen und das Gesamtdokument mit einer qualifizierten elektronischen Signatur nach dem Signaturgesetz zu versehen. Die Vorschriften der Betäubungsmittel-Verschreibungsverordnung bleiben unberührt.

(5a) Abweichend von Absatz 5 Satz 1 darf der Apotheker bei der Dienstbereitschaft während der allgemeinen Ladenschlußzeiten ein anderes, mit dem verschriebenen Arzneimittel nach Anwendungsgebiet und nach Art und Menge der wirksamen Bestandteile identisches sowie in der Darreichungsform und pharmazeutischen Qualität vergleichbares Arzneimittel abgeben, wenn das verschriebene Arzneimittel nicht verfügbar ist und ein dringender Fall vorliegt, der die unverzügliche Anwendung des Arzneimittels erforderlich macht.

(6) Bei der Abgabe der Arzneimittel sind auf der Verschreibung anzugeben oder im Falle der Verschreibung in elektronischer Form der elektronischen Verschreibung hinzufügen

1. der Name oder die Firma des Inhabers der Apotheke und deren Anschrift,
2. das Namenszeichen des Apothekers, des Apothekerassistenten, des Pharmazieingenieurs oder des Apothekenassistenten, der das Arzneimittel abgegeben, oder des Apothekers, der die Abgabe beaufsichtigt hat; im Falle der Verschreibung in elektronischer Form ist das Namenszeichen durch eine elektronische Signatur nach dem Signaturgesetz zu ersetzen, wobei der Apothekenleiter die Rückverfolgbarkeit zum jeweiligen Unterzeichner und deren Dokumentation sicherzustellen hat,

3. das Datum der Abgabe,
4. der Preis des Arzneimittels,
5. das in § 300 Abs. 3 Nr. 1 des Fünften Buches Sozialgesetzbuch genannte bundeseinheitliche Kennzeichen für das abgegebene Fertigarzneimittel, soweit es zur Anwendung bei Menschen bestimmt ist.

Abweichend von Nummer 2 kann der Apothekenleiter nach Maßgabe des § 3 Abs. 5 die Befugnis zum Abzeichnen von Verschreibungen auf pharmazeutisch-technische Assistenten übertragen. Der pharmazeutisch-technische Assistent hat in den Fällen des Absatzes 5 Satz 2 und bei Verschreibungen, die nicht in der Apotheke verbleiben, die Verschreibung vor, in allen übrigen Fällen unverzüglich nach der Abgabe der Arzneimittel einem Apotheker vorzulegen.

(6a) Bei dem Erwerb und der Abgabe von Blutzubereitungen, Sera aus menschlichem Blut und Zubereitungen aus anderen Stoffen menschlicher Herkunft sowie gentechnisch hergestellten Plasmaproteinen zur Behandlung von Hämostasestörungen sind zum Zwecke der Rückverfolgung folgende Angaben aufzuzeichnen:
1. die Bezeichnung des Arzneimittels,
2. die Chargenbezeichnung,
3. das Datum der Abgabe,
4. Name und Anschrift des verschreibenden Arztes und
5. Name, Vorname, Geburtsdatum und Adresse des Patienten oder bei der für die Arztpraxis bestimmten Abgabe der Name und die Anschrift des verschreibenden Arztes.

(6b) Bei dem Erwerb und der Abgabe von Arzneimitteln mit den Wirkstoffen Thalidomid oder Lenalidomid und dem Erwerb dieser Wirkstoffe sind folgende Angaben aufzuzeichnen:
1. die Bezeichnung des Arzneimittels oder des Wirkstoffs,
2. die Menge des Arzneimittels oder des Wirkstoffs,
3. das Datum des Erwerbs,
4. das Datum der Abgabe,
5. Name oder die Firma und die Anschrift des Lieferanten,
6. Name und Anschrift der verschreibenden Ärztin oder des verschreibenden Arztes und
7. Name und Anschrift der Person, für die das Arzneimittel bestimmt ist.

(7) Soweit öffentliche Apotheken Krankenhäuser mit Arzneimitteln versorgen, gelten die Vorschriften des § 31 Abs. 1 bis 3 sowie § 32 entsprechend.

(8) Das pharmazeutische Personal hat einem erkennbaren Arzneimittelmißbrauch in geeigneter Weise entgegenzutreten. Bei begründetem Verdacht auf Mißbrauch ist die Abgabe zu verweigern.

## § 18
## Einfuhr von Arzneimitteln

(1) Werden Fertigarzneimittel nach § 73 Abs. 3 des Arzneimittelgesetzes in den Geltungsbereich dieser Verordnung verbracht, sind folgende Angaben aufzuzeichnen
1. die Bezeichnung des eingeführten Arzneimittels,
2. der Name oder die Firma und die Anschrift des pharmazeutischen Unternehmers,
3. die Menge des Arzneimittels und die Darreichungsform,
4. der Name oder die Firma und die Anschrift des Lieferanten,
5. der Name und die Anschrift der Person, für die das Arzneimittel bestimmt ist,
6. der Name und die Anschrift des verschreibenden Arztes,

7. das Datum der Bestellung und der Abgabe,
8. das Namenszeichen des Apothekers, der das Arzneimittel abgegeben oder die Abgabe beaufsichtigt hat. Soweit aus Gründen der Arzneimittelsicherheit besondere Hinweise geboten sind, sind diese bei der Abgabe mitzuteilen. Diese Mitteilung ist aufzuzeichnen.

(2) Fertigarzneimittel, die aus einem Mitgliedstaat der Europäischen Gemeinschaften über den Umfang von § 73 Abs. 3 des Arzneimittelgesetzes hinaus in den Geltungsbereich dieser Verordnung verbracht werden, dürfen von einer Apotheke nur dann erstmals in den Verkehr gebracht werden, wenn sie entsprechend § 10 in Verbindung mit § 6 Abs. 3 Satz 1 und 2 geprüft sind und die erforderliche Qualität bestätigt ist. Von der Prüfung kann abgesehen werden, wenn die Arzneimittel in dem Mitgliedstaat nach den dort geltenden Rechtsvorschriften geprüft sind und dem Prüfprotokoll entsprechende Unterlagen vorliegen.

## § 19
## Erwerb und Abgabe von verschreibungspflichtigen Tierarzneimitteln

(1) Über den Erwerb und die Abgabe von verschreibungspflichtigen Arzneimitteln, die zur Anwendung bei Tieren bestimmt sind, sind zeitlich geordnete Nachweise zu führen. Als ausreichender Nachweis ist anzusehen:
1. für den Erwerb die geordnete Zusammenstellung der Lieferscheine, Rechnungen oder Warenbegleitscheine, aus denen sich ergibt:
   a) Name oder Firma und Anschrift des Lieferanten,
   b) Bezeichnung und Menge des Arzneimittels, einschließlich seiner Chargenbezeichnung,
   c) das Datum des Erwerbs;
2. für die Abgabe ein Doppel oder eine Ablichtung der Verschreibung mit Aufzeichnungen über
   a) Name und Anschrift des Empfängers,
   b) Name und Anschrift des verschreibenden Tierarztes,
   c) Bezeichnung und Menge des Arzneimittels einschließlich seiner Chargenbezeichnung,
   d) das Datum der Abgabe.

Soweit nach § 4 Abs. 2 der Arzneimittelverschreibungsverordnung eine Verschreibung nicht in schriftlicher oder elektronischer Form vorgelegt wird, sind bei der Abgabe die Angaben nach Satz 2 Nr. 2, auch in Verbindung mit Satz 4, zu dokumentieren. Soweit in den Fällen des Satzes 2 Nr. 1 Buchstabe b und Nr. 2 Buchstabe c das Arzneimittel nicht in Chargen in den Verkehr gebracht wird und ein Herstellungsdatum trägt, ist dieses anzugeben.

(2) Verschreibungspflichtige Arzneimittel, die zur Anwendung bei Tieren, die der Gewinnung von Lebensmitteln dienen, bestimmt sind, dürfen nur auf eine Verschreibung, die in zweifacher Ausfertigung vorgelegt wird, abgegeben werden. Das Original der Verschreibung ist für den Tierhalter bestimmt, die Durchschrift verbleibt in der Apotheke. Auf dem Original ist die Chargenbezeichnung des abgegebenen Arzneimittels anzugeben; soweit es nicht in Chargen in den Verkehr gebracht wird und ein Herstellungsdatum trägt, ist dieses anzugeben.

(3) Der Apothekenleiter hat mindestens einmal jährlich die Ein- und Ausgänge der zur Anwendung bei Tieren bestimmten verschreibungspflichtigen Arzneimittel gegen den vorhandenen Bestand dieser Arzneimittel aufzurechnen und Abweichungen festzustellen.

## § 20
## Information und Beratung

(1) Der Apotheker hat Kunden und die zur Ausübung der Heilkunde, Zahnheilkunde oder Tierheilkunde berechtigten Personen zu informieren und zu beraten, soweit dies aus Gründen der Arzneimittelsicherheit erforderlich ist. Durch die Information und Beratung der Kunden darf die Therapie der zur Ausübung der Heilkunde, Zahnheilkunde oder Tierheilkunde berechtigten Personen nicht beeinträchtigt werden. Soweit Arzneimittel ohne Verschreibung abgegeben werden, hat der Apotheker dem Kunden die zur sachgerechten Anwendung erforderlichen Informationen zu geben.

(2) Dem Leiter einer krankenhausversorgenden Apotheke oder dem von ihm beauftragten Apotheker obliegt die Information und Beratung der Ärzte des Krankenhauses über Arzneimittel. Er ist Mitglied der Arzneimittelkommission des Krankenhauses.

## § 21
## Arzneimittelrisiken, Behandlung nicht verkehrsfähiger Arzneimittel

Der Apothekenleiter hat dafür zu sorgen, daß bei Arzneimittelrisiken und nicht verkehrsfähigen Arzneimitteln die folgenden Maßnahmen getroffen werden:
1. Alle Informationen über Beanstandungen bei Arzneimitteln, insbesondere über Arzneimittelrisiken wie Qualitäts- und Verpackungsmängel, Mängel der Kennzeichnung und Packungsbeilage, Nebenwirkungen, Wechselwirkungen mit anderen Arzneimitteln, Gegenanzeigen und mißbräuchliche Anwendung sind ihm oder dem von ihm beauftragten Apotheker unverzüglich mitzuteilen.
2. Er oder der von ihm beauftragte Apotheker hat die Informationen zu überprüfen und die erforderlichen Maßnahmen zur Gefahrenabwehr zu veranlassen.
3. Ist bei Arzneimitteln oder Ausgangsstoffen, die die Apotheke bezogen hat, die Annahme gerechtfertigt, daß Qualitätsmängel vorliegen, die vom Hersteller verursacht sind, ist die zuständige Behörde unverzüglich zu benachrichtigen.
4. Bei Rückruf von Arzneimitteln, die in der Apotheke hergestellt worden sind, ist die zuständige Behörde unter Angabe des Grundes unverzüglich zu benachrichtigen.
5. Über Arzneimittelrisiken, die in der Apotheke festgestellt werden, sowie über die daraufhin veranlaßten Überprüfungen, Maßnahmen und Benachrichtigungen sind Aufzeichnungen zu machen.
6. Bei krankenhausversorgenden Apotheken hat er unbeschadet der Nummern 1 bis 5 die ihm bekannt werdenden Arzneimittelrisiken unverzüglich den leitenden Ärzten und der Arzneimittelkommission des Krankenhauses mitzuteilen.
7. Arzneimittel oder Ausgangsstoffe, die nicht verkehrsfähig sind oder für die eine Aufforderung zur Rückgabe vorliegt, sind umzuarbeiten, zurückzugeben oder zu vernichten; sofern sie nicht sofort umgearbeitet, zurückgegeben oder vernichtet werden, sind sie als solche kenntlich zu machen und abzusondern. Über die Maßnahmen sind Aufzeichnungen zu machen.
8. Gefälschte Arzneimittel, die im Vertriebsnetz festgestellt werden, sind bis zur Entscheidung über das weitere Vorgehen getrennt von verkehrsfähigen Arzneimitteln und gesichert aufzubewahren, um Verwechslungen zu vermeiden und einen unbefugten Zugriff zu verhindern. Sie müssen eindeutig als nicht zum Verkauf bestimmte Arzneimittel gekennzeichnet werden. Über das Auftreten von Arzneimittelfälschungen ist die zuständige Behörde unverzüglich zu informieren. Die getroffenen Maßnahmen sind zu dokumentieren.

## § 22
## Dokumentation

(1) Alle Aufzeichnungen über die Herstellung, Prüfung, Überprüfung der Arzneimittel im Krankenhaus, Lagerung, Einfuhr, das Inverkehrbringen, den Rückruf, die Rückgabe der Arzneimittel auf Grund eines Rückrufes, die Bescheinigungen nach § 6 Abs. 3 Satz 2 und § 11 Abs. 2 Satz 1 sowie die Nachweise nach § 19 sind vollständig und mindestens bis ein Jahr nach Ablauf des Verfalldatums, jedoch nicht weniger als fünf Jahre lang, aufzubewahren. Der ursprüngliche Inhalt einer Eintragung darf nicht unkenntlich gemacht werden. Es dürfen keine Veränderungen vorgenommen werden, die nicht erkennen lassen, ob sie bei oder nach der ursprünglichen Eintragung vorgenommen worden sind.

(1a) Im Falle der Lieferung von Arzneimitteln an andere Apotheken oder des Bezugs von anderen Apotheken muss zusätzlich die Chargenbezeichnung des jeweiligen Arzneimittels dokumentiert und dem Empfänger mitgeteilt werden.

(1b) Aufzeichnungen nach § 17 Abs. 6 Satz 1 Nr. 2 Halbsatz 2 sind nach der letzten Eintragung drei Jahre lang aufzubewahren.

(2) Aufzeichnungen können auch auf Bild- oder Datenträgern vorgenommen und aufbewahrt werden. Hierbei muss sichergestellt sein, dass die Daten während der Aufbewahrungsfrist verfügbar sind und innerhalb einer angemessenen Frist lesbar gemacht werden können. Bei einer Aufzeichnung und Aufbewahrung ausschließlich auf Datenträgern ist ein nach dieser Verordnung gefordertes Namenszeichen durch eine elektronische Signatur nach dem Signaturgesetz und eine eigenhändige Unterschrift durch eine qualifizierte elektronische Signatur nach dem Signaturgesetz zu ersetzen.

(3) Die Aufzeichnungen und Nachweise sind der zuständigen Behörde auf Verlangen vorzulegen.

(4) Abweichend von Absatz 1 sind die Aufzeichnungen nach § 17 Abs. 6a mindestens dreißig Jahre aufzubewahren oder zu speichern und zu vernichten oder zu löschen, wenn die Aufbewahrung oder Speicherung nicht mehr erforderlich ist. Werden die Aufzeichnungen länger als dreißig Jahre aufbewahrt oder gespeichert, sind sie zu anonymisieren.

## § 23
## Dienstbereitschaft

(1) Die Apotheke muß außer zu den Zeiten, in denen sie auf Grund einer Anordnung nach § 4 Abs. 2 des Ladenschlußgesetzes geschlossen zu halten ist, ständig dienstbereit sein. Die von einer Anordnung betroffene Apotheke ist zu folgenden Zeiten von der Verpflichtung zur Dienstbereitschaft befreit:
1. montags bis samstags von 6 Uhr bis 8 Uhr,
2. montags bis freitags von 18.30 Uhr bis 20 Uhr,
3. samstags von 14 Uhr bis 20.00 Uhr,
4. (weggefallen)

(2) Von der Verpflichtung zur Dienstbereitschaft kann die zuständige Behörde für die Dauer der ortsüblichen Schließzeiten, der Mittwochnachmittage, Sonnabende oder der Betriebsferien und, sofern ein berechtigter Grund vorliegt, auch außerhalb dieser

**Zeiten befreien, wenn die Arzneimittelversorgung in dieser Zeit durch eine andere Apotheke, die sich auch in einer anderen Gemeinde befinden kann, sichergestellt ist.**

**(3) Die zuständige Behörde kann eine Apotheke, die keiner Anordnung nach § 4 Abs. 2 des Ladenschlußgesetzes unterliegt, für bestimmte Stunden oder für Sonn- und Feiertage von der Dienstbereitschaft befreien.**

**(4) Während der allgemeinen Ladenschlußzeiten genügt es zur Gewährleistung der Dienstbereitschaft, wenn sich der Apothekenleiter oder eine vertretungsberechtigte Person in unmittelbarer Nachbarschaft zu den Apothekenbetriebsräumen aufhält und jederzeit erreichbar ist. Die zuständige Behörde kann in begründeten Einzelfällen einen Apothekenleiter auf Antrag von der Verpflichtung nach Satz 1 befreien, wenn der Apothekenleiter oder eine vertretungsberechtigte Person jederzeit erreichbar und die Arzneimittelversorgung in einer für den Kunden zumutbaren Weise sichergestellt ist.**

**(5) Am Eingang der nicht dienstbereiten Apotheken ist an sichtbarer Stelle ein gut lesbarer Hinweis auf die nächstgelegenen dienstbereiten Apotheken anzubringen.**

**(6) Apotheken, die Krankenhäuser mit Arzneimitteln versorgen, haben unbeschadet der Vorschriften der Absätze 1 bis 4 mit dem Träger des Krankenhauses eine Dienstbereitschaftsregelung zu treffen, die die ordnungsgemäße Arzneimittelversorgung des Krankenhauses gewährleistet.**

## § 24
## Rezeptsammelstellen

**(1) Einrichtungen zum Sammeln von Verschreibungen (Rezeptsammelstellen) dürfen nur mit Erlaubnis der zuständigen Behörde unterhalten werden. Die Erlaubnis ist dem Inhaber einer Apotheke auf Antrag zu erteilen, wenn zur ordnungsgemäßen Arzneimittelversorgung von abgelegenen Orten oder Ortsteilen ohne Apotheken eine Rezeptsammelstelle erforderlich ist. Die Erlaubnis ist zu befristen und darf die Dauer von drei Jahren nicht überschreiten. Eine wiederholte Erteilung ist zulässig.**

**(2) Rezeptsammelstellen dürfen nicht in Gewerbebetrieben oder bei Angehörigen der Heilberufe unterhalten werden.**

**(3) Die Verschreibungen müssen in einem verschlossenen Behälter gesammelt werden. Auf dem Behälter müssen deutlich sichtbar der Name und die Anschrift der Apotheke sowie die Abholzeiten angegeben werden. Ferner ist auf oder unmittelbar neben dem Behälter ein deutlicher Hinweis darauf anzubringen, daß die Verschreibung mit Namen, Vornamen, Wohnort, Straße und Hausnummer des Empfängers zu versehen ist. Der Behälter muß zu den auf ihm angegebenen Zeiten durch einen Boten, der zum Personal der Apotheke gehören muß, geleert oder abgeholt werden.**

**(4) Die Arzneimittel sind in der Apotheke für jeden Empfänger getrennt zu verpacken und jeweils mit dessen Namen und Anschrift zu versehen. Sie sind, sofern sie nicht abgeholt werden, dem Empfänger in zuverlässiger Weise auszuliefern.**

### § 25
### Apothekenübliche Waren

Apothekenübliche Waren sind
1. Medizinprodukte, auch soweit sie nicht der Apothekenpflicht unterliegen,
2. Mittel sowie Gegenstände und Informationsträger, die der Gesundheit von Menschen und Tieren mittelbar oder unmittelbar dienen oder diese fördern,
3. Prüfmittel, Chemikalien, Reagenzien, Laborbedarf,
4. Schädlingsbekämpfungs- und Pflanzenschutzmittel,
5. Mittel zur Aufzucht von Tieren.

### § 25a
### Abwehr von bedrohlichen übertragbaren Krankheiten

Im Falle einer bedrohlichen übertragbaren Krankheit, deren Ausbreitung eine sofortige und das übliche Maß erheblich überschreitende Bereitstellung von spezifischen Arzneimitteln erforderlich macht, findet § 11 Abs. 2 keine Anwendung auf Ausgangsstoffe, die zur Herstellung von Arzneimitteln im Sinne von § 21 Abs. 2 Nr. 1c des Arzneimittelgesetzes verwendet werden, sofern
1. deren Qualität durch ein Prüfzertifikat nach § 6 Abs. 3 nachgewiesen ist,
2. das Behältnis so verschlossen ist, dass ein zwischenzeitliches Öffnen des Behältnisses ersichtlich wäre und
3. weder das Behältnis noch der Verschluss beschädigt sind.

Sofern das Behältnis durch einen Großhändler zum Zwecke des Umfüllens oder Abpackens des Ausgangsstoffes in unveränderter Form geöffnet wurde, findet § 11 Abs. 2 dann keine Anwendung, wenn der Apotheke eine Kopie des Prüfzertifikats nach § 6 Abs. 3 sowie eine schriftliche Bestätigung des Großhändlers vorliegt, dass bei Öffnung des Gefäßes die Voraussetzungen nach Satz 1 Nr. 1 bis 3 vorlagen und die Ausgangsstoffe in geeignete Behältnisse umgefüllt oder abgepackt wurden.

## DRITTER ABSCHNITT
## DER BETRIEB VON KRANKENHAUSAPOTHEKEN

### § 26
### Begriffsbestimmung, anzuwendende Vorschriften

(1) Die Krankenhausapotheke ist die Funktionseinheit eines Krankenhauses, der die Sicherstellung der ordnungsgemäßen Versorgung von einem oder mehreren Krankenhäusern mit Arzneimitteln obliegt.

(2) Die Vorschriften des § 4 Abs. 1 und 6 sowie der §§ 5 bis 14, 16, 18, 20 Abs. 1 und der §§ 21, 22, 25 und 25a gelten für den Betrieb von Krankenhausapotheken entsprechend.

### § 27
### Leiter der Krankenhausapotheke

(1) Apothekenleiter ist der vom Träger des Krankenhauses angestellte und mit der Leitung beauftragte Apotheker.

(2) Der Leiter der Krankenhausapotheke ist dafür verantwortlich, daß die Apotheke unter Beachtung der geltenden Vorschriften betrieben wird. Ihm oder dem von ihm beauftragten Apotheker obliegt die Information und Beratung der Ärzte des Krankenhauses über Arzneimittel. Er ist Mitglied der Arzneimittelkommission des Krankenhauses.

(3) Der Leiter der Krankenhausapotheke kann nur von einem Apotheker vertreten werden. Dieser hat während der Dauer der Vertretung die Pflichten des Apothekenleiters.

(4) Die Vorschriften des § 2 Abs. 3 und 5 gelten entsprechend.

§ 28
Personal der Krankenhausapotheke

(1) Das für einen ordnungsgemäßen Betrieb der Krankenhausapotheke notwendige pharmazeutische Personal muß vorhanden sein. Der Personalbedarf ergibt sich aus Art und Umfang einer medizinisch zweckmäßigen und ausreichenden Versorgung des Krankenhauses mit Arzneimitteln unter Berücksichtigung von Größe, Art und Leistungsstruktur des Krankenhauses. Satz 2 gilt entsprechend, soweit die Krankenhausapotheke auch andere Krankenhäuser versorgt.

(2) Für den Einsatz des Apothekenpersonals ist der Leiter der Krankenhausapotheke verantwortlich.

(3) Die Vorschriften des § 3 Abs. 3 bis 6 gelten entsprechend.

§ 29
Räume und Einrichtung der Krankenhausapotheke

(1) Die für einen ordnungsgemäßen Betrieb der Krankenhausapotheke notwendigen Räume müssen vorhanden sein. Dabei sind Art, Beschaffenheit, Größe und Zahl der Räume sowie die Einrichtung der Krankenhausapotheke an den Maßstäben des § 28 Abs. 1 Satz 2 auszurichten.

(2) Die Krankenhausapotheke soll mindestens aus einer Offizin, zwei Laboratorien, einem Geschäftsraum und einem Nebenraum bestehen und muß über ausreichenden Lagerraum verfügen; in einem Laboratorium muß sich ein Abzug mit Absaugvorrichtung befinden. Eine Lagerung unterhalb einer Temperatur von 20 Grad C muß möglich sein. Die Grundfläche dieser Betriebsräume muß insgesamt mindestens 200 qm betragen.

(3) Art und Anzahl der Geräte zur Herstellung, Prüfung und Bestimmung von Ausgangsstoffen und Arzneimitteln sowie Art und Anzahl der Prüfmittel haben sich an Größe, Art und Leistungsstruktur des Krankenhauses auszurichten. Die Vorschriften des § 4 Abs. 7 und 8 finden Anwendung.

§ 30
Vorratshaltung von Arzneimitteln in der Krankenhausapotheke

Die zur Sicherstellung einer ordnungsgemäßen Arzneimittelversorgung der Patienten des Krankenhauses notwendigen Arzneimittel müssen in ausreichender Menge vorrätig gehalten werden, die mindestens dem durchschnittlichen Bedarf für zwei Wochen entsprechen muß. Diese Arzneimittel sind aufzulisten.

## § 31
## Abgabe von Arzneimitteln in der Krankenhausapotheke

**(1) Arzneimittel dürfen an Stationen oder andere Teileinheiten des Krankenhauses nur auf Grund einer Verschreibung im Einzelfall oder auf Grund einer schriftlichen Anforderung abgegeben werden. Die Vorschriften der Verordnung über verschreibungspflichtige Arzneimittel bleiben unberührt.**

**(2) Bei der Abgabe an Stationen und andere Teileinheiten des Krankenhauses sind die Arzneimittel vor dem Zugriff Unbefugter zu schützen. Die Arzneimittel sind in einem geeigneten, verschlossenen Behälter abzugeben, auf dem die Apotheke und der Empfänger anzugeben sind. Teilmengen von Fertigarzneimitteln, die an Patienten im Zusammenhang mit einer vor- oder nachstationären Behandlung oder einer ambulanten Operation zur Anwendung außerhalb des Krankenhauses ausgehändigt werden sollen, sind nach Maßgabe des § 14 Abs. 1 Satz 2 zu kennzeichnen und mit einer Packungsbeilage zu versehen.**

**(3) Arzneimittel aus zur Abgabe an den Verbraucher bestimmten Packungen dürfen nur dann ohne äußere Umhüllung abgegeben werden, wenn auf dem Behältnis die Bezeichnung des Arzneimittels, die Chargenbezeichnung und, soweit für das Arzneimittel vorgeschrieben, das Verfalldatum sowie Aufbewahrungshinweise angegeben sind und die Packungsbeilage hinzugefügt wird.**

**(4) Die Vorschriften des § 17 Abs. 1 Satz 1, Abs. 4, 5 und 6 Satz 1 Nr. 1 bis 3 sowie Satz 2 und 3, Abs. 6a und 6b gelten entsprechend.**

## § 32
## Überprüfung der Arzneimittelvorräte auf den Stationen

**(1) Die Verpflichtung des Leiters der Krankenhausapotheke oder eines von ihm beauftragten Apothekers zur Überprüfung der Arzneimittelvorräte nach § 14 Abs. 6 des Gesetzes über das Apothekenwesen erstreckt sich auf alle auf den Stationen und in anderen Teileinheiten des Krankenhauses vorrätig gehaltenen Arzneimittel; die Überprüfung der Arzneimittelvorräte muß mindestens halbjährlich erfolgen.**

**(2) Der überprüfende Apotheker und das ihn unterstützende Apothekenpersonal sind befugt, die Räume zu betreten, die der Arzneimittelversorgung dienen. Die Krankenhausleitung und das übrige Krankenhauspersonal haben die Durchführung der Überprüfung zu unterstützen.**

**(3) Der Leiter der Krankenhausapotheke oder der von ihm beauftragte Apotheker hat über jede Überprüfung ein Protokoll in dreifacher Ausfertigung anzufertigen. Das Protokoll muß mindestens enthalten**

**1. das Datum der Überprüfung,**
**2. die Bezeichnung der Station oder der anderen Teileinheit des Krankenhauses,**
**3. den Namen des Apothekers und der anderen an der Überprüfung beteiligten Personen,**
**4. die Art und den Umfang der Überprüfung, insbesondere bezüglich**
   **a) der allgemeinen Lagerungs- und Aufbewahrungsbedingungen,**
   **b) der Lagerung und Aufbewahrung der Arzneimittel nach den anerkannten pharmazeutischen Regeln,**
   **c) der Beschaffenheit einschließlich der Kennzeichnung der Arzneimittel,**
   **d) der Verfalldaten,**

5. die festgestellten Mängel,
6. die zur Beseitigung der Mängel veranlaßten Maßnahmen,
7. den zur Beseitigung der Mängel gesetzten Termin,
8. Angaben über die Beseitigung früher festgestellter Mängel,
9. die Unterschrift mit Datum des für die Überprüfung verantwortlichen Apothekers.

Eine Ausfertigung des Protokolls ist der Krankenhausleitung zuzuleiten, eine weitere ist dem für die Arzneimittelversorgung der Station oder der anderen Teileinheit des Krankenhauses zuständigen Arzt auszuhändigen und die dritte ist in der Apotheke aufzubewahren.

§ 33
Dienstbereitschaft der Krankenhausapotheke

Eine die ordnungsgemäße Arzneimittelversorgung des Krankenhauses gewährleistende Dienstbereitschaft ist durch den Inhaber der Erlaubnis sicherzustellen.

## VIERTER ABSCHNITT ORDNUNGSWIDRIGKEITEN, ÜBERGANGS- UND SCHLUSSVORSCHRIFTEN

§ 34
Ordnungswidrigkeiten

Ordnungswidrig im Sinne des § 25 Abs. 2 des Gesetzes über das Apothekenwesen handelt, wer vorsätzlich oder fahrlässig

1. entgegen § 3 Abs. 5 Satz 1 in Verbindung mit Satz 2 pharmazeutische Tätigkeiten ausführt oder entgegen § 17 Abs. 1 Arzneimittel aushändigt,

1a. entgegen § 17 Abs. 2b ein dort genanntes Arzneimittel im Wege des Versandes in den Verkehr bringt,

2. als Apothekenleiter
   a) einer Vorschrift des § 2 Abs. 5 oder 6 Satz 1, 2 oder 3 über die Vertretung des Apothekenleiters zuwiderhandelt,
   b) entgegen § 3 Abs. 5 Satz 1 in Verbindung mit § 2 Abs. 2 Satz 2 und 3 oder § 3 Abs. 5 Satz 2 pharmazeutische Tätigkeiten ausführen lässt,
   c) entgegen § 3 Abs. 5 Satz 3 in Verbindung mit § 2 Abs. 2 Satz 2 und 3 pharmazeutische Tätigkeiten nicht beaufsichtigt oder nicht durch einen Apotheker beaufsichtigen läßt,
   d) entgegen § 15 Abs. 1 Satz 1 in der Anlage 2 aufgeführte Arzneimittel oder Verbandstoffe, Einwegspritzen oder Einwegkanülen nicht oder nicht in der vorgeschriebenen Menge oder entgegen § 15 Abs. 1 Satz 2 in der Anlage 3 genannte Arzneimittel nicht oder nicht in der vorgeschriebenen Darreichungsform vorrätig hält,
   e) entgegen § 17 Abs. 1 Satz 1 Arzneimittel außerhalb der Apothekenbetriebsräume oder entgegen § 17 Abs. 3 apothekenpflichtige Arzneimittel im Wege der Selbstbedienung in den Verkehr bringt,
   f) entgegen § 17 Abs. 7 in Verbindung mit § 31 Abs. 1 Satz 1 oder Abs. 3, jeweils auch in Verbindung mit § 2 Abs. 2 Satz 2 und 3, Arzneimittel abgibt oder abgeben läßt,
   g) entgegen § 17 Abs. 7 in Verbindung mit § 32 Abs. 1 und mit § 2 Abs. 2 Satz 2 und 3 auf den Stationen oder in anderen Teileinheiten des Krankenhauses

vorrätig gehaltene Arzneimittel nicht, nicht vollständig oder nicht rechtzeitig überprüft oder durch einen Apotheker überprüfen läßt oder entgegen § 17 Abs. 7 in Verbindung mit § 32 Abs. 3 und mit § 2 Abs. 2 Satz 2 das vorgeschriebene Protokoll nicht, nicht richtig oder nicht vollständig anfertigt, nicht der Krankenhausleitung zuleitet, nicht dem zuständigen Arzt aushändigt oder nicht aufbewahrt oder diese Maßnahmen nicht durch einen Apotheker ausführen läßt,

h) entgegen § 21 nicht dafür sorgt, daß die dort genannten Maßnahmen bei Arzneimittelrisiken oder nicht verkehrsfähigen Arzneimitteln getroffen werden,
i) entgegen § 23 Abs. 1 die Apotheke nicht dienstbereit hält,
j) entgegen § 23 Abs. 5 in Verbindung mit § 2 Abs. 2 Satz 2 und 3 an sichtbarer Stelle einen gut lesbaren Hinweis auf die nächstgelegenen dienstbereiten Apotheken nicht anbringt oder nicht anbringen läßt,
k) entgegen § 24 Abs. 1 Satz 1 eine Rezeptsammelstelle ohne die erforderliche Erlaubnis unterhält,
l) entgegen § 25 in Verbindung mit § 2 Abs. 2 Satz 2 und 3 in der Apotheke andere als die dort bezeichneten Waren in den Verkehr bringt oder in den Verkehr bringen läßt,

3. als Apothekenleiter oder Angehöriger des pharmazeutischen Personals
   a) entgegen § 6 Abs. 1 Satz 2 Arzneimittel nicht nach den Regeln des Arzneibuches herstellt oder prüft,
   b) entgegen § 7 Abs. 1 Satz 1 Arzneimittel nicht entsprechend der Verschreibung herstellt oder entgegen § 7 Abs. 1 Satz 2 bei der Herstellung andere als in der Verschreibung genannte Bestandteile ohne Zustimmung des Verschreibenden verwendet,
   c) entgegen § 8 Abs. 1, 2 oder 3 Satz 2, § 9 Abs. 2 Satz 2 oder Abs. 3 Satz 1, 2 oder 3, § 10 Abs. 2 Satz 2 oder Abs. 4 Satz 1, 2 oder 3, § 11 Abs. 1 Satz 2 oder Abs. 3 oder § 12 Abs. 2 eine Herstellungsanweisung, ein Herstellungsprotokoll, eine Prüfanweisung oder ein Prüfprotokoll nicht, nicht richtig, nicht vollständig, nicht in der vorgeschriebenen Weise oder nicht rechtzeitig anfertigt,
   d) entgegen § 14 Abs. 1 Arzneimittel ohne die vorgeschriebene Kennzeichnung abgibt,
   e) entgegen § 16 Abs. 1 Satz 1 Arzneimittel oder Ausgangsstoffe nicht so lagert, daß ihre Qualität nicht nachteilig beeinflußt wird und Verwechslungen vermieden werden oder entgegen § 16 Abs. 1 Satz 2 Arzneimittel oder Ausgangsstoffe, deren ordnungsgemäße Qualität nicht festgestellt ist, nicht unter entsprechender Kenntlichmachung gesondert lagert,
   f) Chargenproben nicht entsprechend § 16 Abs. 4 lagert,
   g) (weggefallen)
   h) entgegen § 18 Abs. 1 Satz 1 bei dem Verbringen von Arzneimitteln die vorgeschriebenen Angaben nicht aufzeichnet,
   i) entgegen § 19 Abs. 1 Satz 1 die dort vorgeschriebenen Nachweise nicht führt oder entgegen § 19 Abs. 2 Satz 1 die dort genannten Arzneimittel abgibt, ohne daß eine Verschreibung in zweifacher Ausfertigung vorliegt,
   j) Aufzeichnungen, Bescheinigungen oder Nachweise nicht entsprechend § 22 Abs. 1 Satz 1 aufbewahrt oder entgegen § 22 Abs. 1 Satz 2 oder 3 Aufzeichnungen, Bescheinigungen oder Nachweise unkenntlich macht oder Veränderungen vornimmt,
   k) entgegen § 22 Abs. 4 Satz 1 eine Aufzeichnung nicht oder nicht mindestens dreißig Jahre aufbewahrt und nicht oder nicht mindestens dreißig Jahre speichert oder

4. als Leiter einer Krankenhausapotheke
   a) entgegen § 26 Abs. 2 in Verbindung mit § 21 nicht dafür sorgt, daß die dort genannten Maßnahmen bei Arzneimittelrisiken oder nicht verkehrsfähigen Arzneimitteln getroffen werden,
   b) entgegen § 28 Abs. 3 in Verbindung mit § 3 Abs. 5 Satz 1 und mit § 27 Abs. 2 Satz 1 pharmazeutische Tätigkeiten ausführen lässt,
   c) entgegen § 28 Abs. 3 in Verbindung mit § 3 Abs. 5 Satz 3 und mit § 27 Abs. 2 Satz 1 pharmazeutische Tätigkeiten nicht beaufsichtigt oder nicht durch einen Apotheker beaufsichtigen läßt,
   d) entgegen § 31 Abs. 1 Satz 1, Abs. 3 oder 4 in Verbindung mit § 17 Abs. 5 Satz 1, jeweils in Verbindung mit § 27 Abs. 2 Satz 1, Arzneimittel abgibt oder abgeben läßt oder
   e) entgegen § 32 Abs. 1 in Verbindung mit § 27 Abs. 2 Satz 1 auf den Stationen oder in anderen Teileinheiten des Krankenhauses vorrätig gehaltene Arzneimittel nicht, nicht vollständig oder nicht rechtzeitig überprüft oder durch einen Apotheker überprüfen läßt oder entgegen § 32 Abs. 3 in Verbindung mit § 27 Abs. 2 Satz 1 das vorgeschriebene Protokoll nicht, nicht richtig oder nicht vollständig anfertigt, nicht der Krankenhausleitung zuleitet, nicht dem zuständigen Arzt aushändigt oder nicht aufbewahrt oder diese Maßnahmen nicht durch einen Apotheker ausführen läßt.

### § 35
### Übergangsvorschriften

(1) Arzneimittel, die vor dem Inkrafttreten dieser Verordnung nicht den Vorschriften dieser Verordnung entsprechend hergestellt und geprüft oder nicht nach den Vorschriften dieser Verordnung gekennzeichnet und verpackt sind, dürfen von dem Apothekenleiter noch bis zum 30. Juni 1988 in den Verkehr gebracht werden.

(2) Auf Apotheken, für die vor Inkrafttreten dieser Verordnung eine Erlaubnis erteilt worden ist, findet § 4 Abs. 2 Satz 2 bis zum 1. Januar 1999 keine Anwendung; bis zu diesem Zeitpunkt muß die Offizin jedoch weiterhin den bis zum Inkrafttreten dieser Verordnung geltenden Vorschriften entsprechen. Nach dem 1. Januar 1999 kann die zuständige Behörde für diese Apotheken Ausnahmen von der Vorschrift des § 4 Abs. 2 Satz 2 zulassen, wenn ein wichtiger Grund vorliegt.

(3) Auf Arzneimittel im Sinne des § 2 Abs. 2 Nr. 2 bis 4 des Arzneimittelgesetzes finden die Vorschriften dieser Verordnung ab 1. Januar 1988 Anwendung.

### § 35a

(1) Auf Apotheken in dem in Artikel 3 des Einigungsvertrages genannten Gebiet, für die gemäß § 28a Abs. 3 des Gesetzes über das Apothekenwesen eine Erlaubnis als erteilt gilt, finden § 4 Abs. 2 bis 5 und 8 sowie § 29 Abs. 2 bis zum 1. Januar 1996 keine Anwendung. Die Apotheken müssen jedoch bis zu diesem Zeitpunkt in der Anzahl, Grundfläche, Anordnung und Ausstattung der Betriebsräume weiterhin den Vorschriften entsprechen, die bis zum Wirksamwerden des Beitritts für sie gegolten haben. Die Vorschriften der Sätze 1 und 2 gelten auch, wenn eine Apotheke nach Satz 1 auf Grund einer neuen Erlaubnis weiter betrieben werden soll.

(2) In Apotheken gemäß Absatz 1 ist abweichend von den Vorschriften des § 6 Abs. 3 Satz 3 und § 11 Abs. 2 Satz 1 die Identität des Arzneimittels oder der Ausgangsstoffe nur dann festzustellen, wenn die Identität des Inhalts eines jeden Behältnisses nicht auf andere Weise sichergestellt ist.

**(3) Krankenhausapotheken, für die gemäß § 28a Abs. 2 Satz 2 des Gesetzes über das Apothekenwesen eine Genehmigung zur Belieferung von Verschreibungen von Ärzten der zum Krankenhaus gehörenden Poliklinik erteilt ist, dürfen abweichend von § 31 Abs. 1 Arzneimittel auch auf Grund solcher Verschreibungen abgeben.**

**§ 35b**
**Übergangsbestimmungen**

**Abweichend von § 17 Abs. 6 Nr. 5 muss bis zum 31. März 2005 das Kennzeichen nur dann auf der Verschreibung angegeben werden, wenn diese auf einem normierten Formular vorgelegt wird, das in der Form dem in der Gesetzlichen Krankenversicherung verwendeten Verordnungsblattvordruck entspricht. Wird ein solches Formular nicht vorgelegt, ist das Kennzeichen auf dem vorgelegten Formular oder auf einem gesonderten Blatt aufzudrucken.**

§ 36

**(weggefallen)**

§ 37

**(Inkrafttreten, Außerkrafttreten)**

Vom Abdruck der Anlagen wird abgesehen.

## 2. Allgemeine Versicherungsbedingungen für eine versicherungspflichtige klinische Prüfung von Arzneimitteln (AVB-Prob/AMG-Objekt) 6/2007 Musterbedingungen des GDV (Stand: Juni 2007)



### 1 Versichertes Risiko

#### 1.1 Gegenstand der Versicherung, Versicherungsfall

Der Versicherer gewährt Versicherungsschutz für den Fall, dass bei der im Versicherungsschein dokumentierten, vom Versicherungsnehmer durchgeführten oder veranlassten oder als Sponsor i. S. v. § 4 Abs. 24 AMG verantworteten versicherungspflichtigen klinischen Prüfung eines Arzneimittels in Deutschland eine Person, bei der die klinische Prüfung durchgeführt wurde (versicherte Person), getötet oder ihr Körper oder ihre Gesundheit verletzt wird (Gesundheitsschädigung).

Als versicherte Person gilt auch die bei der Durchführung der klinischen Prüfung bereits gezeugte Leibesfrucht der versicherten Person.

#### 1.2 Ethikkommission und Genehmigungsbehörde

Voraussetzung für den Versicherungsschutz ist, dass gemäß § 40 Abs. 1 Satz 2 AMG für die Durchführung der klinischen Prüfung vor deren Beginn eine zustimmende Bewertung der zuständigen Ethikkommission erteilt wird und die zuständige Bundesoberbehörde die Durchführung der klinischen Prüfung genehmigt.

Der Versicherungsschutz erlischt in dem Zeitpunkt, in dem die Genehmigung durch die zuständige Bundesoberbehörde zurückgenommen, widerrufen oder ruhend gestellt wird. Jedoch besteht für alle Maßnahmen, die im Zusammenhang mit der klinischen Prüfung bis zum Zeitpunkt der Rücknahme, des Widerrufs oder der Ruhendstellung der zuständigen Bundesoberbehörde durchgeführt wurden, weiterhin Versicherungsschutz im Rahmen und Umfang des Vertrages. Versicherungsschutz im Rahmen und Umfang des Vertrages besteht ebenfalls für nach der Rücknahme, dem Widerruf oder der Ruhendstellung notwendige Abschlussmaßnahmen (sogenannter Follow-up) bei bereits in die klinische Prüfung einbezogenen versicherten Personen, längstens jedoch für sechs Monate ab Wirksamkeit der Rücknahme, des Widerrufs oder der Ruhendstellung. Eine Verlängerung dieser Frist bedarf besonderer Vereinbarung.

### 1.3 Versicherungsumfang

1.3.1 Versicherungsschutz besteht für Gesundheitsschädigungen, die Folge von den bei der klinischen Prüfung angewandten Arzneimitteln und/oder Stoffen sind.

1.3.2 Unter den Versicherungsschutz fallen auch Gesundheitsschädigungen durch Maßnahmen, die an dem Körper der versicherten Person im Zusammenhang mit der klinischen Prüfung des Arzneimittels durchgeführt werden.

1.3.3 Soweit unabhängig von der klinischen Prüfung bestehende Krankheiten oder andere Ursachen bei der Gesundheitsschädigung mitgewirkt haben, besteht Versicherungsschutz nur für den entsprechenden ursächlichen Anteil der klinischen Prüfung an der Gesundheitsschädigung.

### 1.4 Ausschlüsse

Ausgeschlossen von der Versicherung sind:

1.4.1 Gesundheitsschädigungen einer versicherten Person, wenn sie an einer Krankheit leidet, zu deren Behebung das zu prüfende Arzneimittel angewendet werden soll, und soweit diese Gesundheitsschädigungen
(1) durch mit Sicherheit eintretende und der versicherten Person bekannt gemachte Wirkungen/Ereignisse verursacht worden sind und
(2) über ein nach den Erkenntnissen der medizinischen Wissenschaft vertretbares Maß nicht hinausgehen.

1.4.2 Gesundheitsschädigungen und Verschlimmerungen bereits bestehender Gesundheitsschädigungen, die auch dann eingetreten wären oder fortbestünden, wenn die versicherte Person nicht an der klinischen Prüfung teilgenommen hätte;

1.4.3 genetische Schädigungen (Veränderung am Erbgut [Genom], an den Chromosomen, an den Genen oder an einzelnen Nukleotiden). Versicherungsschutz besteht jedoch, soweit die Veränderung bei der versicherten Person organische Gesundheitsschädigungen mit Auswirkungen auf das klinische Erscheinungsbild (Phänotyp) zur Folge haben;

1.4.4 Gesundheitsschädigungen, soweit sie eingetreten sind, weil die versicherte Person vorsätzlich den ausdrücklichen Anweisungen der Personen, die mit der Durchführung der klinischen Prüfung beauftragt sind, zuwidergehandelt hat.

### 1.5 Zeitliche Geltung

1.5.1 Die klinische Prüfung umfasst, sofern der Prüfplan keine anderweitige Regelung vorsieht, den Zeitraum von der Screening-/Rekrutierungsphase bis hin zu eventuell vorgesehenen Nachbehandlungen/-beobachtungen.

1.5.2 Versicherungsschutz besteht für Gesundheitsschädigungen, die spätestens fünf Jahre nach Abschluss der bei der versicherten Person durchgeführten klinischen Prüfung eingetreten sind und nicht später als zehn Jahre nach Beendigung der klinischen Prüfung dem Versicherer gemeldet werden.

Die Gesundheitsschädigung gilt im Zweifel als in dem Zeitpunkt eingetreten, in dem der Geschädigte erstmals einen Arzt wegen Symptomen konsultiert hat, die sich bei diesem Anlass oder später als Symptome der betreffenden Gesundheitsschädigung erweisen.

**2 Beginn des Versicherungsschutzes, Dauer des Vertrages**

2.1 Der Versicherungsschutz beginnt zu dem im Versicherungsschein angegebenen Zeitpunkt, wenn der Versicherungsnehmer den einmaligen oder ersten Beitrag rechtzeitig im Sinne von Ziffer 6.1 zahlt.

2.2 Der Vertrag ist für die im Versicherungsschein angegebene Zeit abgeschlossen. Eine Verlängerung des Vertrages bedarf besonderer Vereinbarung.

**3 Leistungen des Versicherers**

**3.1 Versicherungsleistung, Versicherungssummen**

**3.1.1 Versicherungsleistung**

(1) Der Versicherer leistet im Rahmen der vereinbarten Versicherungssummen nach Maßgabe von Ziffer 3.1.2 den Geldbetrag, der zum Ausgleich des durch die Gesundheitsschädigung der versicherten Person oder durch deren Tod eingetretenen materiellen Schadens im Sinne der Absätze (2) bis (4) erforderlich ist. Immaterielle Schäden (z. B. Schmerzensgeld) bleiben vom Versicherungsschutz ausgeschlossen.

(2) Materieller Schaden ist der Unterschiedsbetrag zwischen der tatsächlichen Vermögenslage der versicherten Person und der Vermögenslage, die bestehen würde, wenn die Gesundheitsschädigung nicht eingetreten wäre. Folgende von Dritten zu gewährende Leistungen sind beim Vergleich der Vermögenslagen mindernd zu berücksichtigen: Ansprüche der versicherten Person oder ihrer Hinterbliebenen auf Leistung aus einer Sozialversicherung, gegen einen Krankenversicherer oder ein gesetzlicher Anspruch auf Lohn- und Gehaltsfortzahlung, auf Fortzahlung von Dienst- oder Amtsbezügen oder auf Gewährung von Versorgungsbezügen. Bei Streit über die Entstehung solcher Ansprüche wird der Versicherer gegen Abtretung der strittigen Ansprüche die Leistung vorab gewähren. Im Übrigen finden bei der Berechnung des Schadens die Grundsätze der §§ 249, 843 BGB entsprechende Anwendung. Das heißt, die versicherte Person wird so gestellt, wie sie stehen würde, wenn ein Schädiger ihr gegenüber nach deutschem Recht haftpflichtig wäre.

(3) Im Falle der Verletzung des Körpers oder der Gesundheit leistet der Versicherer im Rahmen des Angemessenen

a) Heilbehandlungskosten;
b) eine Geldrente, wenn infolge der Gesundheitsschädigung die Erwerbsfähigkeit der versicherten Person aufgehoben oder gemindert wird, oder eine Vermehrung seiner Bedürfnisse eintritt. Im Einvernehmen von Versicherer und versicherter Person kann anstelle einer Rentenleistung eine Kapitalabfindung gewährt werden;
c) sonstige vermehrte Aufwendungen.

(4) Im Falle des Todes der versicherten Person ersetzt der Versicherer demjenigen die Kosten der Beerdigung, welchem die Verpflichtung obliegt, die Kosten zu tragen. Stand die versicherte Person zu diesem Zeitpunkt zu einem Dritten in einem Verhältnis, aufgrund

dessen sie diesem gegenüber kraft Gesetzes unterhaltspflichtig war oder unterhaltspflichtig werden konnte, und ist dem Dritten infolge der Tötung das Recht auf den Unterhalt entzogen, so erbringt der Versicherer Unterhaltsleistungen insoweit, als die versicherte Person während der mutmaßlichen Dauer ihres Lebens zur Gewährung des Unterhalts verpflichtet gewesen sein würde. Der Versicherer erbringt die Leistungen auch dann, wenn der Dritte zur Zeit des Todes der versicherten Person gezeugt, aber noch nicht geboren war.

(5) Mögliche Ansprüche auf Grundlage ausländischen Rechts bleiben vom Versicherungsschutz ausgeschlossen.

(6) Hat der Versicherungsnehmer an den Geschädigten Rentenzahlungen zu leisten und übersteigt der Kapitalwert der Rente die Versicherungssumme oder den nach Abzug etwaiger sonstiger Leistungen aus dem Versicherungsfall noch verbleibenden Restbetrag der Versicherungssumme, so wird die zu leistende Rente nur im Verhältnis der Versicherungssumme bzw. ihres Restbetrages zum Kapitalwert der Rente vom Versicherer erstattet.

Für die Berechnung des Rentenwertes gilt die entsprechende Vorschrift der Verordnung über den Versicherungsschutz in der Kraftfahrzeug-Haftpflichtversicherung in der jeweils gültigen Fassung zum Zeitpunkt des Versicherungsfalles.

### 3.1.2 Versicherungssummen

(1) Es gelten die im Versicherungsschein genannten Versicherungssummen
- für die einzelne versicherte Person und
- für alle Versicherungsfälle einer klinischen Prüfung.

(2) Die Versicherungsleistungen für die einzelnen versicherten Personen ermäßigen sich - soweit nicht etwas anderes vereinbart wurde - im entsprechenden Verhältnis, wenn die Summe der einzelnen Versicherungsleistungen die Versicherungssumme für alle Versicherungsfälle einer klinischen Prüfung überschreiten würde.

### 3.2 Kosten

3.2.1 Der Versicherer übernimmt auch die auf seine Anweisung oder mit seinem Einverständnis erwachsenden notwendigen Kosten einer medizinischen Begutachtung.

3.2.2 Vom Versicherungsschutz ausgeschlossen bleiben Kosten, die dem Versicherungsnehmer durch die Zuziehung eines rechtlichen Beistandes entstehen.

3.2.3 Ziffer 3.4.2 (3) bleibt unberührt.

### 3.3 Erklärung über die Leistungspflicht

Der Versicherer ist verpflichtet, sich innerhalb von einem Monat darüber zu erklären, ob und inwieweit eine Entschädigungspflicht anerkannt wird. Die Frist beginnt mit dem Eingang der notwendigen Unterlagen, die zur Feststellung des Schadens dem Grunde und der Höhe nach beizubringen sind.

### 3.4 Verfahren bei Meinungsverschiedenheiten

#### 3.4.1 Entscheidung des Ärzteausschusses

(1) Im Falle von Meinungsverschiedenheiten über Art und Umfang der Gesundheitsschädigung oder darüber, ob und in welchem Umfang die Gesundheitsschädigung auf die klinische Prüfung im Sinne der Ziffer 1.3 zurückzuführen ist, entscheidet ein Ärzteausschuss; für alle sonstigen Streitpunkte sind die ordentlichen Gerichte zuständig.

(2) Die Entscheidung des Ärzteausschusses ist von der versicherten Person bis zum Ablauf von sechs Monaten, nachdem ihr die Erklärung des Versicherers nach Ziffer 3.3 zugegangen ist, zu beantragen. Versicherer und versicherte Person können jedoch bis zum Ablauf dieser Frist verlangen, dass anstelle des Ärzteausschusses die ordentlichen Gerichte entscheiden. Wird dieses Verlangen gestellt, so kann die versicherte Person nur Klage erheben.

(3) Lässt der Anspruchserhebende die unter Abs. (2) genannte Frist verstreichen, ohne dass er entweder die Entscheidung des Ärzteausschusses verlangt oder Klage erhebt, so sind weitergehende Ansprüche, als sie vom Versicherer anerkannt sind, ausgeschlossen. Auf diese Rechtsfolge hat der Versicherer in seiner Erklärung hinzuweisen.

#### 3.4.2 Für den Ärzteausschuss gelten folgende Bestimmungen:

(1) Zusammensetzung:

a) Der Ärzteausschuss setzt sich zusammen aus zwei Ärzten, von denen jede Partei einen benennt, und einem Obmann. Dieser wird von den beiden von den Parteien benannten Ärzten gewählt und muss ein auf dem medizinischen Fachgebiet, in das die klinische Prüfung fällt, erfahrener Arzt sein, der nicht in einem Abhängigkeitsverhältnis zu einer der Parteien steht. Einigen sich die von den Parteien gewählten Ärzte nicht binnen eines Monats über den Obmann, so wird dieser auf Antrag einer Partei von dem Vorsitzenden der für den letzten inländischen Wohnsitz der versicherten Person zuständigen Ärztekammer benannt. Hat die versicherte Person keinen inländischen Wohnsitz, so ist die für den Sitz des Versicherers zuständige Ärztekammer maßgebend. Der Obmann kann einen auf dem betroffenen Fachgebiet besonders erfahrenen medizinischen oder pharmakologischen Sachverständigen als Gutachter zuziehen. Benennt eine Partei ihr Ausschussmitglied nicht binnen eines Monats, nachdem sie von der anderen Partei hierzu aufgefordert ist, so wird dieses Ausschussmitglied gleichfalls durch den Vorsitzenden der Ärztekammer ernannt.

(2) Verfahren:

a) Sobald der Ausschuss zusammengesetzt ist, hat der Versicherer unter Einsendung der erforderlichen Unterlagen den Obmann um die Durchführung des Verfahrens zu ersuchen. Der Obmann bestimmt im Benehmen mit den beiden Ausschussmitgliedern Ort und Zeit des Zusammentritts und gibt hiervon den Parteien mindestens eine Woche vor dem Termin Nachricht. Es bleibt ihm unbenommen, sich wegen weiterer Aufklärung des Sachverhalts an die Parteien zu wenden.
b) Im Rahmen der Sitzung ist die versicherte Person, soweit möglich, zu hören und erforderlichenfalls zu untersuchen. Erscheint die versicherte Person unentschuldigt nicht, so kann der Ausschuss aufgrund der Unterlagen entscheiden.
c) Die Entscheidung ist schriftlich zu begründen und vom Obmann zu unterzeichnen.

(3) Kosten:
Ist die Entscheidung des Ärzteausschusses für die versicherte Person günstiger als das ursprüngliche Angebot des Versicherers, so sind die Kosten vom Versicherer zu tragen. Anderenfalls werden sie zu ... % der geforderten Entschädigung, höchstens bis zu EUR ...... der versicherten Person auferlegt.

## 4 Obliegenheiten

### 4.1 Vorvertragliche Anzeigepflichten des Versicherungsnehmers

#### 4.1.1 Vollständigkeit und Richtigkeit von Angaben über gefahrerhebliche Umstände

Der Versicherungsnehmer hat bis zur Abgabe seiner Vertragserklärung dem Versicherer alle ihm bekannten Gefahrumstände anzuzeigen, nach denen der Versicherer in Textform gefragt hat und die für den Entschluss des Versicherers erheblich sind, den Vertrag mit dem vereinbarten Inhalt zu schließen. Der Versicherungsnehmer ist auch insoweit zur Anzeige verpflichtet, als nach seiner Vertragserklärung, aber vor Vertragsannahme der Versicherer in Textform Fragen im Sinne des Satzes 1 stellt. Gefahrerheblich sind die Umstände, die geeignet sind, auf den Entschluss des Versicherers Einfluss auszuüben, den Vertrag überhaupt oder mit dem vereinbarten Inhalt abzuschließen. Wird der Vertrag von einem Vertreter des Versicherungsnehmers geschlossen und kennt dieser den gefahrerheblichen Umstand, muss sich der Versicherungsnehmer so behandeln lassen, als habe er selbst davon Kenntnis gehabt oder dies arglistig verschwiegen.

#### 4.1.2 Rücktritt

(1) Unvollständige und unrichtige Angaben zu den gefahrerheblichen Umständen berechtigen den Versicherer, vom Versicherungsvertrag zurückzutreten.

(2) Der Versicherer hat kein Rücktrittsrecht, wenn der Versicherungsnehmer nachweist, dass er oder sein Vertreter die unrichtigen oder unvollständigen Angaben weder vorsätzlich noch grob fahrlässig gemacht hat. Das Rücktrittsrecht des Versicherers wegen grob fahrlässiger Verletzung der Anzeigepflicht besteht nicht, wenn der Versicherungsnehmer nachweist, dass der Versicherer den Vertrag auch bei Kenntnis der nicht angezeigten Umstände, wenn auch zu anderen Bedingungen, geschlossen hätte.

(3) Im Fall des Rücktritts besteht kein Versicherungsschutz. Tritt der Versicherer nach Eintritt des Versicherungsfalls zurück, bleibt er zur Leistung verpflichtet, wenn der Versicherungsnehmer nachweist, dass der unvollständig oder unrichtig angezeigte Umstand weder für den Eintritt des Versicherungsfalls noch für die Feststellung oder den Umfang der Leistung ursächlich war. Auch in diesem Fall ist er aber von der Verpflichtung zur Leistung frei, wenn der Versicherungsnehmer die Anzeigepflicht arglistig verletzt hat. Dem Versicherer steht der Teil des Beitrages zu, der der bis zum Wirksamwerden der Rücktrittserklärung abgelaufenen Vertragszeit entspricht.

### 4.1.3 Beitragsänderung oder Kündigungsrecht

Ist das Rücktrittsrecht des Versicherers ausgeschlossen, weil die Verletzung einer Anzeigepflicht weder auf Vorsatz noch auf grober Fahrlässigkeit beruhte, kann der Versicherer den Vertrag unter Einhaltung einer Frist von einem Monat in Schriftform kündigen. Das Kündigungsrecht ist ausgeschlossen, wenn der Versicherungsnehmer nachweist, dass der Versicherer den Vertrag auch bei Kenntnis der nicht angezeigten Umstände, wenn auch zu anderen Bedingungen, geschlossen hätte. Kann der Versicherer nicht zurücktreten oder kündigen, weil er den Vertrag auch bei Kenntnis der nicht angezeigten Umstände, aber zu anderen Bedingungen, geschlossen hätte, werden die anderen Bedingungen auf Verlangen des Versicherers rückwirkend Vertragsbestandteil. Hat der Versicherungsnehmer die Pflichtverletzung nicht zu vertreten, werden die anderen Bedingungen ab Kenntnis des Versicherungsnehmers von den gefahrerheblichen Umständen Vertragsbestandteil. Erhöht sich durch die Vertragsanpassung der Beitrag um mehr als 10% oder schließt der Versicherer die Gefahrabsicherung für den nicht angezeigten Umstand aus, kann der Versicherungsnehmer den Vertrag innerhalb eines Monats nach Zugang der Mitteilung des Versicherers fristlos in Schriftform kündigen. Der Versicherer muss die ihm nach Ziffer 4.1.2 und 4.1.3 zustehenden Rechte innerhalb eines Monats schriftlich geltend machen. Die Frist beginnt mit dem Zeitpunkt, zu dem er von der Verletzung der Anzeigepflicht, die das von ihm geltend gemachte Recht begründet, Kenntnis erlangt. Er hat die Umstände anzugeben, auf die er seine Erklärung stützt; er darf nachträglich weitere Umstände zur Begründung seiner Erklärung abgeben, wenn für diese die Monatsfrist nicht verstrichen ist. Dem Versicherer stehen die Rechte nach den Ziffern 4.1.2 und 4.1.3 nur zu, wenn er den Versicherungsnehmer durch gesonderte Mitteilung in Textform auf die Folgen einer Anzeigepflichtverletzung hingewiesen hat. Der Versicherer kann sich auf die in den Ziffern 4.1.2. und 4.1.3 genannten Rechte nicht berufen, wenn er den nicht angezeigten Gefahrumstand oder die Unrichtigkeit der Anzeige kannte.

### 4.1.4 Anfechtung

Das Recht des Versicherers, den Vertrag wegen arglistiger Täuschung anzufechten, bleibt unberührt. Im Fall der Anfechtung steht dem Versicherer der Teil des Beitrages zu, der der bis zum Wirksamwerden der Anfechtungserklärung abgelaufenen Vertragszeit entspricht.

### 4.1.5 Anspruch der versicherten Person

Im Falle der Leistungsfreiheit bleibt der Versicherer der versicherten Person nicht aber dem Versicherungsnehmer zur Leistung verpflichtet. Dem Versicherer steht insoweit ein Rückgriffsrecht gegen den Versicherungsnehmer zu.

### 4.2 Obliegenheiten des Versicherungsnehmers vor Eintritt des Versicherungsfalles

4.2.1 Soweit der Versicherungsnehmer die klinische Prüfung selbst durchführt, ist er verpflichtet,

(1) die Vorschriften der §§ 40 bis 42 a des Arzneimittelgesetzes (AMG) einzuhalten und die Arzneimittel-Prüfrichtlinien (§ 26 AMG) in ihrer jeweils gültigen Fassung zu beachten;

(2) die versicherten Personen bzw. in den Fällen des § 40 Abs. 4 AMG und § 41 Abs. 2 und 3 AMG den gesetzlichen Vertreter oder Bevollmächtigten über das Bestehen des Vertrages zu unterrichten und

(3) die versicherten Personen bzw. in den Fällen des § 40 Abs. 4 AMG und § 41 Abs. 2 und 3 AMG den gesetzlichen Vertreter oder Bevollmächtigten ausdrücklich anzuweisen,
   a) dass sich die versicherte Person während der Dauer der klinischen Prüfung nur nach Rücksprache mit dem klinischen Prüfer einer anderen medizinischen Behandlung unterziehen darf, es sei denn, es handelt sich um einen medizinischen Notfall;
   b) den klinischen Prüfer von einer Notfallbehandlung unverzüglich zu unterrichten.

4.2.2 Soweit der Versicherungsnehmer die klinische Prüfung durch von ihm beauftragte Dritte durchführen lässt, hat er diese zur Wahrung der Pflichten gem. 4.2.1 vertraglich anzuhalten.

**4.3 Obliegenheiten des Versicherungsnehmers und der versicherten Person nach Eintritt des Versicherungsfalles**

4.3.1 Eine Gesundheitsschädigung, die als Folge der klinischen Prüfung eingetreten sein könnte, ist dem Versicherer unverzüglich anzuzeigen.

4.3.2 Der Versicherungsnehmer und die versicherte Person müssen nach ihren Möglichkeiten jeweils für die Abwendung und Minderung des Schadens sorgen. Sie haben dem Versicherer ausführliche und wahrheitsgemäße Schadenberichte zu erstatten und ihn bei der Schadenermittlung und -regulierung zu unterstützen. Weisungen des Versicherers sind dabei zu befolgen, soweit es für sie zumutbar ist. Alle Umstände, die nach Ansicht des Versicherers für die Bearbeitung des Schadens wichtig sind, müssen mitgeteilt sowie alle dafür angeforderten Schriftstücke übersandt werden.

4.3.3 Hat der Versicherungsfall den Tod zur Folge, so ist dies unverzüglich anzuzeigen (Ziff. 9.1), und zwar auch dann, wenn eine Meldung nach Ziffer 4.3.1 bereits erfolgt ist. Dem Versicherer ist das Recht zu verschaffen, eine Obduktion durch einen von ihm beauftragten Arzt vornehmen zu lassen.

4.3.4 Die Obliegenheiten der versicherten Person gelten in den Fällen des § 40 Abs. 4 AMG und § 41 Abs. 2 und 3 AMG für deren gesetzlichen Vertreter oder Bevollmächtigten entsprechend.

**4.4 Rechtsfolgen von Obliegenheitsverletzungen**

**Rechtsfolgen**

**4.4.1 des Versicherungsnehmers**

(1) Verletzt der Versicherungsnehmer oder dessen mit der Leitung der klinischen Prüfung verantwortlich Beauftragte eine Obliegenheit aus diesem Vertrag, die er vor Eintritt des Versicherungsfalles zu erfüllen hat, kann der Versicherer den Vertrag innerhalb eines Monats ab Kenntnis von der Obliegenheitsverletzung fristlos kündigen. Der Versicherer hat kein Kündigungsrecht, wenn der Versicherungsnehmer nachweist, dass die Obliegenheitsverletzung weder auf Vorsatz noch auf grober Fahrlässigkeit beruhte.
(2) Verletzt der Versicherungsnehmer oder dessen mit der Leitung der klinischen Prüfung verantwortlich Beauftragte eine Obliegenheit aus diesem Vertrag vorsätzlich, so bleibt der Versicherer der versicherten Person nicht aber dem Versicherungsnehmer zur Leistung

verpflichtet. In diesem Fall steht dem Versicherer ein Rückgriffsrecht gegen den Versicherungsnehmer zu.Bei grob fahrlässiger Verletzung einer Obliegenheit ist der Versicherer berechtigt, sein Rückgriffsrecht in einem der Schwere des Verschuldens des Versicherungsnehmers entsprechenden Verhältnis auszuüben. Der vollständige oder teilweise Wegfall der Leistungspflicht gegenüber dem Versicherungsnehmer hat bei Verletzung einer nach Eintritt des Versicherungsfalls bestehenden Auskunfts- oder Aufklärungsobliegenheit zur Voraussetzung, dass der Versicherer den Versicherungsnehmer durch gesonderte Mitteilung in Textform auf diese Rechtsfolge hingewiesen hat. Weist der Versicherungsnehmer nach, dass er die Obliegenheit nicht grob fahrlässig verletzt hat, entfällt das Rückgriffsrecht. Das Rückgriffsrecht entfällt auch dann, wenn der Versicherungsnehmer nachweist, dass die Verletzung der Obliegenheit weder für den Eintritt oder die Feststellung des Versicherungsfalls noch für die Feststellung oder den Umfang der dem Versicherer obliegenden Leistung ursächlich war. Das gilt nicht, wenn der Versicherungsnehmer die Obliegenheit arglistig verletzt hat. Die vorstehenden Bestimmungen dieses Absatzes (2) gelten unabhängig davon, ob der Versicherer ein ihm nach Abs. (1) zustehendes Kündigungsrecht ausübt.

### 4.4.2 der versicherten Person

Verletzt die versicherte Person eine Obliegenheit vorsätzlich, so ist der Versicherer nicht zur Leistung verpflichtet. Bei grob fahrlässiger Verletzung einer Obliegenheit ist der Versicherer berechtigt, seine Leistung in einem der Schwere des Verschuldens entsprechenden Verhältnis zu kürzen. Der vollständige oder teilweise Wegfall der Leistungspflicht gegenüber der versicherten Person hat bei Verletzung einer nach Eintritt des Versicherungsfalls bestehenden Auskunfts- oder Aufklärungsobliegenheit zur Voraussetzung, dass der Versicherer die versicherte Person durch gesonderte Mitteilung in Textform auf diese Rechtsfolge hingewiesen hat. Weist die versicherte Person nach, dass sie die Obliegenheit nicht grob fahrlässig verletzt hat, bleibt die Leistungspflicht bestehen. Die Leistungspflicht bleibt auch bestehen, wenn die versicherte Person nachweist, dass die Verletzung der Obliegenheit weder für die Feststellung des Versicherungsfalls noch für die Feststellung oder den Umfang der dem Versicherer obliegenden Leistung ursächlich war. Das gilt nicht, wenn die versicherte Person die Obliegenheit arglistig verletzt hat. Die Regelungen dieser Ziffer 4.4.2 gelten in den Fällen von Obliegenheitsverletzungen durch den gesetzlichen Vertreter oder Bevollmächtigten gemäß § 40 Abs. 4 AMG und § 41 Abs. 2 und 3 AMG entsprechend.

## 5 Gefahrerhöhung

### 5.1 Begriff der Gefahrerhöhung

Eine Gefahrerhöhung liegt vor, wenn nach Abgabe der Vertragserklärung des Versicherungsnehmers die tatsächlich vorhandenen Umstände so verändert werden, dass der Eintritt des Versicherungsfalls oder eine Vergrößerung des Schadens oder die ungerechtfertigte Inanspruchnahme des Versicherers wahrscheinlicher wären. Dies ist der Fall, wenn eine nachträgliche Änderung der klinischen Prüfung im Sinne des § 10 Abs. 1 Nr. 1 der Verordnung über die Anwendung der Guten Klinischen Praxis bei der Durchführung von klinischen Prüfungen mit Arzneimitteln zur Anwendung bei Menschen (GCP-V) erfolgt, die geeignet ist, sich auf die Sicherheit der versicherten Personen auszuwirken und die von der zuständigen Ethikkommission zustimmend bewertet sowie von der zuständigen Bundesoberbehörde genehmigt wurde.

### 5.2 Pflichten des Versicherungsnehmers

5.2.1 Der Versicherungsnehmer darf nach Abgabe seiner Vertragserklärung ohne vorherige Zustimmung des Versicherers keine Gefahrerhöhung vornehmen oder deren Vornahme durch einen Dritten gestatten.

5.2.2 Erkennt der Versicherungsnehmer nachträglich, dass er ohne vorherige Zustimmung des Versicherers eine Gefahrerhöhung vorgenommen oder gestattet hat, so muss er diese dem Versicherer unverzüglich anzeigen.

5.2.3 Tritt nach Abgabe der Vertragserklärung des Versicherungsnehmers eine Gefahrerhöhung unabhängig von seinem Willen ein, muss er sie dem Versicherer unverzüglich anzeigen, nachdem er von der Gefahr-Erhöhung Kenntnis erlangt.

### 5.3 Rechtsfolgen von Pflichtverletzungen

#### 5.3.1 Kündigung

Verletzt der Versicherungsnehmer seine Verpflichtung nach Ziffer 5.2.1, kann der Versicherer den Vertrag fristlos kündigen, wenn der Versicherungsnehmer seine Verpflichtung vorsätzlich oder grob fahrlässig verletzt hat. Beruht die Verletzung auf einfacher Fahrlässigkeit, kann der Versicherer den Vertrag unter Einhaltung einer Frist von einem Monat kündigen. Der Versicherer kann nicht kündigen, wenn der Versicherungsnehmer nachweist, dass er die Pflichtverletzung nicht zu vertreten hat. Wird dem Versicherer eine Gefahrerhöhung in den Fällen nach Ziffer 5.2.2 und 5.2.3 bekannt, kann er den Vertrag unter Einhaltung einer Frist von einem Monat kündigen.

#### 5.3.2 Vertragsanpassung

Statt der Kündigung kann der Versicherer ab dem Zeitpunkt der Gefahrerhöhung einen seinen Geschäftsgrundsätzen für diese höhere Gefahr entsprechenden höheren Beitrag verlangen oder die Absicherung der höheren Gefahr ausschließen. Erhöht sich in diesem Fall der Beitrag um mehr als 10% oder schließt der Versicherer die Absicherung der höheren Gefahr aus, kann der Versicherungsnehmer den Vertrag innerhalb eines Monats nach Zugang der Mitteilung des Versicherers ohne Einhaltung einer Frist kündigen. In der Mitteilung hat der Versicherer den Versicherungsnehmer auf dieses Kündigungsrecht hinzuweisen.

#### 5.3.3 Erlöschen

Die Rechte des Versicherers zur Kündigung oder Vertragsanpassung erlöschen, wenn diese nicht innerhalb eines Monats ab Kenntnis des Versicherers von der Gefahrerhöhung ausgeübt werden oder wenn der Zustand wiederhergestellt ist, der vor der Gefahrerhöhung bestanden hat.

### 5.4 Umfang des Versicherungsschutzes bei Gefahrerhöhung

5.4.1 Tritt nach einer Gefahrerhöhung der Versicherungsfall ein, ist der Versicherer nicht zur Leistung verpflichtet, wenn der Versicherungsnehmer seine Pflichten nach Ziffer 5.2.1 vorsätzlich verletzt hat. Verletzt der Versicherungsnehmer diese Pflichten grob fahrlässig, so ist der Versicherer berechtigt, seine Leistung in dem Verhältnis zu kürzen, das der

Schwere des Verschuldens des Versicherungsnehmers entspricht. Das Nichtvorliegen einer groben Fahrlässigkeit hat der Versicherungsnehmer zu beweisen.

5.4.2 Bei einer Gefahrerhöhung nach Ziffer 5.2.2 und 5.2.3 ist der Versicherer bei vorsätzlicher Verletzung der Pflichten von der Leistung frei, wenn der Versicherungsfall später als einen Monat nach dem Zeitpunkt eintritt, zu dem die Anzeige dem Versicherer hätte zugegangen sein müssen. Verletzt der Versicherungsnehmer seine Pflichten grob fahrlässig, so gelten Ziffer 5.4.1 Satz 2 und 3 entsprechend. Der Versicherer ist in diesen Fällen gleichwohl zur Leistung verpflichtet, wenn dem Versicherer die Gefahrerhöhung zu dem in Satz 1 genannten Zeitpunkt bekannt war.

5.4.3 Der Versicherer bleibt ferner zur Leistung verpflichtet,

a) soweit der Versicherungsnehmer nachweist, dass die Gefahrerhöhung nicht ursächlich für den Eintritt des Versicherungsfalles oder den Umfang der Leistungspflicht war oder
b) wenn zur Zeit des Eintrittes des Versicherungsfalles die Frist für die Kündigung des Versicherers abgelaufen und eine Kündigung nicht erfolgt war.

**5.5 Mitversicherte Gefahrerhöhung**

Die vorstehenden Regelungen der Ziffern 5.2. bis 5.4 finden keine Anwendung, wenn sich die Gefahr nur unerheblich erhöht hat oder nach den Umständen als vereinbart anzusehen ist, dass die Gefahrerhöhung mitversichert sein soll.

**5.6 Anspruch der versicherten Person**

Im Falle der Leistungsfreiheit bleibt der Versicherer der versicherten Person nicht aber dem Versicherungsnehmer zur Leistung verpflichtet. Dem Versicherer steht insoweit ein Rückgriffsrecht gegen den Versicherungsnehmer zu.

**6 Beitragszahlung**

**6.1 Zahlung und Folgen verspäteter Zahlung/einmaliger oder erster Beitrag**

6.1.1 Der einmalige oder erste Beitrag wird unverzüglich nach Ablauf von zwei Wochen nach Zugang des Versicherungsscheines fällig. Ist die Zahlung des Beitrages in Raten vereinbart, gilt als erster Beitrag nur die erste Rate des ersten Beitrages.

6.1.2 Zahlt der Versicherungsnehmer den einmaligen oder ersten Beitrag nicht rechtzeitig, kann der Versicherer vom Vertrag zurücktreten, solange der Beitrag nicht gezahlt ist. Der Versicherer kann nicht zurücktreten, wenn der Versicherungsnehmer nachweist, dass er die Nichtzahlung nicht zu vertreten hat.

6.1.3 Zahlt der Versicherungsnehmer den einmaligen oder ersten Beitrag nicht rechtzeitig, sondern zu einem späteren Zeitpunkt, beginnt der Versicherungsschutz erst ab diesem Zeitpunkt. Für Versicherungsfälle, die in der Zwischenzeit eintreten, bleibt der Versicherer der versicherten Person nicht aber dem Versicherungsnehmer zur Leistung verpflichtet. In diesem Fall steht dem Versicherer ein Rückgriffsrecht gegen den Versicherungsnehmer zu.

Das gilt nicht, wenn der Versicherungsnehmer nachweist, dass er die Nichtzahlung nicht zu vertreten hat. Für Versicherungsfälle, die bis zur Zahlung des Beitrages eintreten, ist der

Versicherer dem Versicherungsnehmer gegenüber nur dann nicht zur Leistung verpflichtet, wenn er den Versicherungsnehmer durch gesonderte Mitteilung in Textform oder durch einen auffälligen Hinweis im Versicherungsschein auf diese Rechtsfolge der Nichtzahlung des Beitrages aufmerksam gemacht hat.

**6.2 Zahlung und Folgen verspäteter Zahlung/Folgebeitrag**

6.2.1 Die Folgebeiträge sind, soweit nicht etwas anderes bestimmt ist, am Monatsersten des vereinbarten Beitragszeitraumes fällig. Die Zahlung gilt als rechtzeitig, wenn sie zu dem im Versicherungsschein oder in der Beitragsrechnung angegebenen Zeitpunkt erfolgt.

6.2.2 Wird ein Folgebeitrag nicht rechtzeitig gezahlt, gerät der Versicherungsnehmer ohne Mahnung in Verzug, es sei denn, dass er die verspätete Zahlung nicht zu vertreten hat. Der Versicherer ist berechtigt, Ersatz des ihm durch den Verzug entstandenen Schadens zu verlangen. Wird ein Folgebeitrag nicht rechtzeitig gezahlt, kann der Versicherer dem Versicherungsnehmer auf dessen Kosten in Textform eine Zahlungsfrist bestimmen, die mindestens zwei Wochen betragen muss. Die Bestimmung ist nur wirksam, wenn sie die rückständigen Beträge des Beitrages, Zinsen und Kosten im Einzelnen beziffert und die Rechtsfolgen angibt, die nach den Ziffern 6.2.3 und 6.2.4 mit dem Fristablauf verbunden sind.

6.2.3 Ist der Versicherungsnehmer nach Ablauf dieser Zahlungsfrist noch mit der Zahlung in Verzug, ist der Versicherer ab diesem Zeitpunkt bis zur Zahlung der versicherten Person nicht aber dem Versicherungsnehmer zur Leistung verpflichtet. In diesem Fall steht dem Versicherer ein Rückgriffsrecht gegen den Versicherungsnehmer zu, wenn dieser mit der Zahlungsaufforderung nach Ziffer 6.2.2 Satz 3 und 4 darauf hingewiesen wurde.

6.2.4 Ist der Versicherungsnehmer nach Ablauf dieser Zahlungsfrist noch mit der Zahlung in Verzug, kann der Versicherer den Vertrag ohne Einhaltung einer Frist kündigen, wenn er den Versicherungsnehmer mit der Zahlungsaufforderung nach Ziffer 6.2.2 Satz 3 und 4 darauf hingewiesen hat. Hat der Versicherer gekündigt, und zahlt der Versicherungsnehmer danach innerhalb eines Monats den angemahnten Betrag, besteht der Vertrag fort. Für Versicherungsfälle, die zwischen dem Zugang der Kündigung und der Zahlung eingetreten sind, ist der Versicherer der versicherten Person nicht aber dem Versicherungsnehmer zur Leistung verpflichtet. In diesem Fall steht dem Versicherer ein Rückgriffsrecht gegen den Versicherungsnehmer zu.

**6.3 Rechtzeitigkeit der Zahlung bei Lastschriftermächtigung**

Ist die Einziehung des Beitrages von einem Konto vereinbart, gilt die Zahlung als rechtzeitig, wenn der Beitrag zum Fälligkeitstag eingezogen werden kann und der Versicherungsnehmer einer berechtigten Einziehung nicht widerspricht.

Konnte der fällige Beitrag ohne Verschulden des Versicherungsnehmers vom Versicherer nicht eingezogen werden, ist die Zahlung auch dann noch rechtzeitig, wenn sie unverzüglich nach einer in Textform abgegebenen Zahlungsaufforderung des Versicherers erfolgt. Kann der fällige Beitrag nicht eingezogen werden, weil der Versicherungsnehmer die Einzugsermächtigung widerrufen hat, oder hat der Versicherungsnehmer aus anderen Gründen zu vertreten, dass der Beitrag nicht eingezogen werden kann, ist der Versicherer berechtigt, künftig Zahlung außerhalb des Last-Schriftherfahrens zu verlangen. Der Versicherungsnehmer ist zur Übermittlung des Beitrages erst verpflichtet, wenn er vom Versicherer hierzu in Textform aufgefordert worden ist.

**6.4 Teilzahlung und Folgen bei verspäteter Zahlung**

Ist die Zahlung des Beitrages in Raten vereinbart, sind die noch ausstehenden Raten sofort fällig, wenn der Versicherungsnehmer mit der Zahlung einer Rate im Verzug ist.

**7 Ergänzende Bestimmungen zur Beitragsberechnung**

7.1 Der Beitrag richtet sich, soweit nichts anderes vereinbart ist, nach der Anzahl der an der klinischen Prüfung teilnehmenden Probanden/Patienten (versicherte Personen). Der in Rechnung gestellte Beitrag enthält die Versicherungsteuer, die der Versicherungsnehmer in der jeweils vom Gesetz bestimmten Höhe zu entrichten hat.

7.2 Die Berechnung des Beitrages erfolgt für den vereinbarten Versicherungszeitraum als vorläufiger Beitrag und wird im Voraus erhoben. Nach Abschluss der klinischen Prüfung wird eine endgültige Beitragsberechnung vorgenommen. Zu diesem Zweck hat der Versicherungsnehmer nach Aufforderung nachfolgende Angaben zu machen. Die Angaben sind innerhalb eines Monats nach Zugang der Aufforderung zu machen:

- tatsächliche Anzahl der in die klinische Prüfung einbezogenen Probanden/Patienten (versicherte Personen),
- das tatsächliche Beginn- und Endeldatum der klinischen Prüfung.

7.3 Soweit nichts anderes vereinbart ist, ist der Versicherer berechtigt, einen angemessenen Beitrag zu vers-langen, wenn die klinische Prüfung nicht begonnen wurde.

**8 Rechtsverhältnis Dritter**

8.1 Die Ausübung der Rechte aus dem Versicherungsvertrag steht dem Versicherungsnehmer zu. Den Anspruch auf die Versicherungsleistung kann auch die versicherte Person unmittelbar geltend machen.

8.2 Alle für den Versicherungsnehmer bzw. die versicherte Person geltenden Vorschriften finden auf deren Rechtsnachfolger Anwendung.

8.3 Die Versicherungsansprüche können vor ihrer endgültigen Feststellung ohne ausdrückliche Zustimmung des Versicherers weder übertragen noch verpfändet werden.

**9 Sonstige Bestimmungen**

**9.1 Anzeigen und Willenserklärungen**

9.1.1 Alle für den Versicherer bestimmten Anzeigen und Erklärungen sollen an die Hauptverwaltung des Versicherers oder an die im Versicherungsschein oder in dessen Nachträgen als zuständig bezeichnete Geschäftsstelle gerichtet werden.

9.1.2 Hat der Versicherungsnehmer eine Änderung seiner Anschrift dem Versicherer nicht mitgeteilt, genügt für eine Willenserklärung, die dem Versicherungsnehmer gegenüber abzugeben ist, die Absendung eines eingeschriebenen Briefes an die letzte dem Versicherer bekannte Anschrift. Die Erklärung gilt drei Tage nach der Absendung des Briefes als zugegangen. Dies gilt entsprechend für den Fall einer Namensänderung des Versicherungsnehmers.

9.1.3 Hat der Versicherungsnehmer die Versicherung für seinen Gewerbebetrieb abgeschlossen, finden bei einer Verlegung der gewerblichen Niederlassung die Bestimmungen der Ziffer 9.1.2 entsprechende Anwendung.

**9.2 Zuständiges Gericht**

9.2.1 Für Klagen aus dem Versicherungsvertrag gegen den Versicherer bestimmt sich die gerichtliche Zuständigkeit nach dem Sitz des Versicherers oder seiner für den Versicherungsvertrag zuständigen Niederlassung. Ist der Versicherungsnehmer eine natürliche Person, ist auch das Gericht örtlich zuständig, in dessen Bezirk der Versicherungsnehmer zur Zeit der Klageerhebung seinen Wohnsitz oder, in Ermangelung eines solchen, seinen gewöhnlichen Aufenthalt hat.

9.2.2 Ist der Versicherungsnehmer eine natürliche Person, müssen Klagen aus dem Versicherungsvertrag gegen ihn bei dem Gericht erhoben werden, das für seinen Wohnsitz oder, in Ermangelung eines solchen, den Ort seines gewöhnlichen Aufenthalts zuständig ist. Ist der Versicherungsnehmer eine juristische Person, bestimmt sich das zuständige Gericht auch nach dem Sitz oder der Niederlassung des Versicherungsnehmers. Das gleiche gilt, wenn der Versicherungsnehmer eine Offene Handelsgesellschaft, Kommanditgesellschaft, Gesellschaft bürgerlichen Rechts oder eine eingetragene Partnerschaftsgesellschaft ist.

9.2.3 Sind der Wohnsitz oder der gewöhnliche Aufenthalt des Versicherungsnehmers im Zeitpunkt der Klageerhebung nicht bekannt, bestimmt sich die gerichtliche Zuständigkeit für Klagen aus dem Versicherungsvertrag gegen den Versicherungsnehmer nach dem Sitz des Versicherers oder seiner für den Versicherungsvertrag zuständigen Niederlassung.

**9.3 Anzuwendendes Recht**

Für diesen Vertrag gilt deutsches Recht.

**9.4 Gesetzliche Verjährung**

9.4.1 Die Ansprüche aus dem Versicherungsvertrag verjähren in drei Jahren. Die Fristberechnung richtet sich nach den allgemeinen Vorschriften des Bürgerlichen Gesetzbuches.

9.4.2 Ist ein Anspruch aus dem Versicherungsvertrag bei dem Versicherer angemeldet worden, ist die Verjährung von der Anmeldung bis zu dem Zeitpunkt gehemmt, zu dem die Entscheidung des Versicherers dem Anspruchsteller in Textform zugeht.

# Sachregister

Fett = §§ des AMG oder weitere Rechtsnormen gefolgt von der Randziffer der Kommentierung




E. Deutsch, H.-D. Lippert (Hrsg.), *Kommentar zum Arzneimittelgesetz (AMG)*,
DOI 10.1007/978-3-642-01455-0, © Springer-Verlag Berlin Heidelberg 2011

C



D

## F

## H

**I**

## Q



## R

S

T

## U



## V

W

MIX
Papier aus verantwortungsvollen Quellen
Paper from responsible sources
FSC® C105338

If you have any concerns about our products,
you can contact us on
**ProductSafety@springernature.com**

In case Publisher is established outside the EU,
the EU authorized representative is:
**Springer Nature Customer Service Center GmbH**
**Europaplatz 3, 69115 Heidelberg, Germany**

Printed by Libri Plureos GmbH
in Hamburg, Germany